〔宋〕歐陽修　宋祁　撰

新唐書

中華書局

唐書卷七十二上

表第十二上

宰相世系二上

長孫氏出自拓拔鬱律。生二子：長曰沙莫雄，次曰什翼犍。什翼犍即後魏道武皇帝祖也。後魏法，七分其國人，以兄弟分統之。沙莫雄爲南部大人，後改名仁，號爲拓拔氏。生嵩，太尉、柱國大將軍、北平宣王。道武以嵩宗室之長，改爲長孫氏。至孝文，以獻帝長兄爲紇骨氏，次兄普氏爲周氏，又次兄爲達奚氏，又次兄爲伊婁氏，改爲婁氏，又次兄敦丘氏爲丘氏，次兄俟氏爲万俟氏，叔父之後乙旃氏爲叔孫氏，疏屬車焜氏改爲車氏，是爲十姓。太和中，詔自代北而徙者皆爲河南洛陽人。嵩三子：泰、同、敦。泰，征南將軍、都督中外諸軍事。生黃門侍郎、大將軍延年。延年生陝州刺史、鄶國公儉，儉生相州刺史、昌寧公平。二子：道生、道開〔一〕。道生，太尉、上黨靖王。三子：旃、太一、德一。旃，司空、上黨康王，

生觀。觀，司徒、上黨定王，生稚、澄。稚字幼卿，西魏尚書令、太師、上黨文宣王。二子：子裕、子彥。子裕，右武衛將軍、平原公。二子：紹遠、兕。

紹遠字師，西魏大司空、河中獻公。			
覽字休因，後周大司徒、薛公。			
洪，普州刺史。	寬。		龕，房州刺史。
	昭，鄧州刺史。		
	仲宣。	庶幾。	
		昴，西河太守。	子哲，信安太守。
	鑄，倉部員外郎。		

				兕，後周絳州刺史、平原公。
				敞，宗正少卿、平原安男。
操，金部郎中、樂壽安男。				无慮，右監門將軍。
憲，屯田員外郎。	誼，睦州刺史。	鑒。	詮，尚衣奉御、駙馬都尉。	
	永，屯田員外郎。			
		湯。		

熾，隋戶部尚書、饒陽公。	晟字季晟，隋淮陽太守、齊獻公。			
安世。	无乃，左監門衛將軍、清都郡公。	无傲，昌寧郡公。	无憲，兵部尚書、薛國公。	
祥，刑部尚書。				安業，右監門將軍。
孝紀，左司員外郎。				

无忌字輔機，相太宗、高宗。						
沖，祕書監、駙馬都尉。						
延，通事舍人。						
元翼，宣州刺史。						
訓，寧州刺史、陳留縣公。						
釗，福昌尉。						
守貞，鴻臚卿。						守英。
全緒，寧州刺史。						
燧，涇原營田判官、試太子通事舍人。				慥，邠州刺史。		
紹先。	恭先。	孝先。	稚先。	凝，刑部尚書。	匜，隰川主簿。	

							渙，鴻臚少卿、上黨郡公。	潛，常州刺史、安康伯。
					絢。	頊。	翃。	嘉平，幽州司兵參軍。
			元冀。	元遐。				琮。
	節。	操。						
守廉。								

		淹，長水令、安城縣公。	溫，尚衣直長。	潞，太子洗馬。	淨，尚衣奉御。		
					崇宗。	崇一。	崇信。
瓌。	琦。						

			激，成州刺史。				湛，襄州刺史。	津，尚衣奉御。
崇寅。	崇賢。	崇順。	瓚。	璉。	珪。	球。		

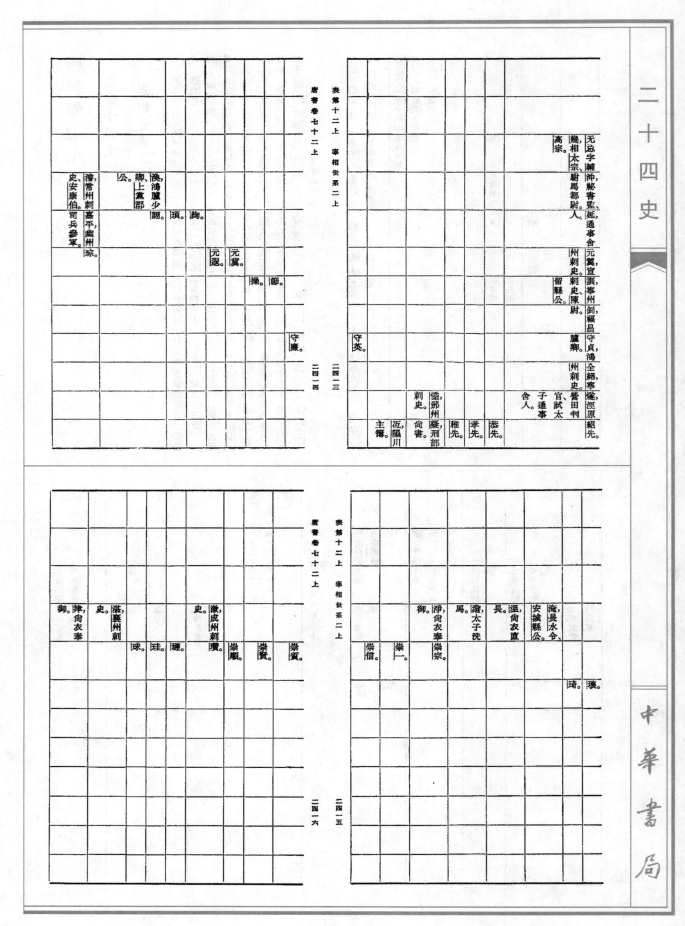

			澤，左千牛衛長史。	瑋。							
				璦。							
				琓。							
				珩。							
				瑛。							
			潤，太常少卿、金城縣子。								
		无逸，雲麾將軍、郕縣公。									

義莊，邢州刺史。										

長孫氏宰相一人。无忌。

杜氏出自祁姓，帝堯裔孫劉累之後。在周爲唐杜氏，成王滅唐，以封弟叔虞，改封唐氏子孫於杜城，京兆杜陵縣是也。杜伯入爲宣王大夫，無罪被殺，子孫分適諸侯之國，居杜城者爲杜氏。在魯有杜洩，避季平子之難，奔於楚，生大夫綽。綽生段，段生赫，赫爲秦大將軍，食采於南陽衍邑，世稱爲「杜衍」。赫少子秉，上黨太守，生南陽太守札。札生周，御史大夫，以豪族徙茂陵。三子：延壽、延考、延年。延年字幼公，御史大夫、建平敬侯。六子：緩、繼、他、紹、緒、熊。熊字少卿，荊州刺史，生後漢諫議大夫穰，字子饒。二子：敦、篤。敦字仲信，西河太守，生邦，字召伯，中散大夫。三子：賓、宏、繁。賓字叔達，舉有道不就。二子：翕、崇。崇字伯括，司空掾，生畿。畿字伯侯，魏河東太守、豐樂戴侯。三子：恕、理、寬。恕字伯務，弘農太守、幽州刺史。生預，字元凱，晉荊州刺史、征南大將軍、當陽侯。四子：錫、躋、耽、尹。錫字世嘏，爲尚書左丞。曾孫懿。二子：楚、秀。秀二子：果、皎。皎生徽，徽字暐，隋懷州長史、豐鄉侯。生吒、淹。

吒，隋昌州司馬。	如晦字克明，相太宗。	構，慈州刺史。									
		荷，駙馬都尉、襄陽公。									
	楚客，工部尚書。										
淹字執禮，相太宗。	敬愛。										
	敬同，中書舍人、東陽公。	從則，工部侍郎。	自遠。	繁。	佐，大理正。	元穎，相穆宗。		審禮，京兆少尹。			

								敏求字千之。			
								延雍字道光。			
						元絳，太子賓客。		審權字殷衡，相宣宗、懿宗。	讓能字羣懿，相昭宗。	光乂字啓之。	
										曉字明遠，膳部郎中、翰林學士。	

				昌遠。
				倚，左衛將軍。
			蔚字日彰。	
彥林字寧臣，中書舍人。	弘徽字範華，吏部尚書。	用礪字巖臣。		

		愛同，易州刺史。
志遠。		
俾，易州刺史。	僭。	

京兆杜氏：漢建平侯延年二十世孫文、瑤，與義興公杲同房。

瑤，隋復州刺史。		
玄道，左千牛。		
含章，定州司法參軍。		
繹，秀容令。		
孟寅，侍御史。	亞字少公，檢校禮部尚書。	麟，河南士曹參軍。

	綰，京兆府司錄參軍。		
平，太子舍人。	黃裳字遵素，相憲宗。		黃中，峽州刺史。
	勝字斌卿，天平節度使。	戴。	
	庭堅字輔堯，衛州刺史。		

襄陽杜氏出自當陽侯預少子尹，字世甫，晉弘農太守。二子：綝、弼。綝字弘固，奉朝請。生襲，字祖嗣，上洛太守。襲生摽，摽字文湛，中書侍郎、池陽侯。生沖，字方進，中書侍郎，襲池陽侯。生洪泰，字道廓，南徐州刺史，襲池陽侯。二子：祖悅、顒。

顒字思顏，後周雍州刺史、安平公。				
景仲，鄜州刺史、廣陽公。			景秀，後周渭州刺史、思寧公。	
整。			懿，隋殿內監、甘棠公。	
孝彝。	孝弊，撫州刺史。	孝弇。	乾播。	
		元琰，左金吾將軍。	崇胤，成州刺史。	
			正義。	
惟慎，監察御史。			望之，溱州刺史。	
			正心。	
			齊之。	
			南昇，京兆功曹參軍。	南榮，長安主簿。

乾祐。
續，主客郎中。
知讓，明堂令。
虞。
隨，果州刺史。
惠，高陵令。
濟字應匡。
物，給事中、京兆尹。
陟。
絳。
寧。
楊。
知謙，邢州刺史。

乾祚。
操，殿中監、侍御史。
遜，柏仁令。
淹，本縣中正。
行敏，益州長史、南陽襄公。
崇憲，益州司倉參軍。
崇㲄，宮尹丞、右司員外郎、麗正殿學士。
希奭，右千牛。
希望，河西隴右節度使、太僕卿、
信，太子賓客。

襄陽縣男。
位，考功郎中、湖州刺史。
液。
佋，詹事司直、金城丞。
尙。
參。
任，河南府兵曹參軍。

儒字巨卿，武進主簿。
佑字君卿，相德、順、憲三宗。
師損，工部郎中、司農少卿。
詮字詮夫，復州司馬。
愉。
承昭字子昌。
羔，延陵令，避亂徙黃巖。
宗之，夏州司法參軍。
詢字誠之，河中府功曹參軍。
參軍。生
鷃字遐

舉，祕書監。二子：光遜、光遠。

式方字惲，富平尉。

考元，桂管觀察使。

憓，興平尉。

悰字永裕，相武宗、懿宗。

裔休字徽之。

逝休。

孺休字休之。

恂。

慆，泗州刺史。

從郁，駕部員外郎。

牧字牧之，中書舍人。

承澤字濬之。

晦辭字行之，左補闕。

德祥字應之，禮部侍郎。

遵。

顗字勝之，淮南節度判官。

无逸。

淪字正猷。

澥字文輝。

供，洪州長史。

巨卿，兼侍御史。

行鍼，郊社令。

行則，游擊將軍。

景恭，鄜州刺史、康城公。

德裕，幽州刺史、殿中少監、安衆公。

敬則，邛州司馬。

元同，萬年尉。

彥先，奉更令。

元志，考功郎中、杭州刺史。

逢時。

伯卿。

暐，殿中侍御史。

繼。

信字立師古，懷州參軍。

言，刑部員外郎、杭州刺史。

承慶。

襲慶。

禮。

佐。

梅。

孝輔，大理寺丞。

虔，大理司直。

興。

賢。

應。

鸞。

清，檢校員外郎。

師古，吉州刺史。

湘。

翔字擇木。

義符，初名師義。

師禮。

翦字文垂。

謨，陝州司倉參軍。

寅，京兆法曹參軍。

倫，水部郎中、澧州刺史。

嶠，監察御史。

諒。

元振。

誠。

洹水杜氏出自戴侯恕少子寬，字務叔，孝廉，郎中。曾孫曼，仕石趙，從事中郎、河東太守。初居鄴，葬父洹水，後亦徙居洹水。五世孫君賜，君賜生景、宣明。景生子裕。

子裕字慶延，隋樂陵令。

正玄字知禮，豫章王記室。

正藏字爲善，隋行軍長史。

志靜，出繼叔正倫，安福令、嗣襄陽公。

僑，懷州長史。

咸，涼州都督。

損，大理少卿。

存，左贊善大夫。

占。

介。

廙，鄭州錄事參軍，死安祿山難。

曾，左金吾兵曹參軍。

冀，太學博士。

					正倫，相高宗。
			戩。		
兼字處弘，河南尹。			羔，刑部郎中。		
柔立，天長主簿。	詞立，壽州參軍。	誼立，順宗挽郎。	中立，義武節度使。	思立。	

正儀。	正德。

濮陽杜氏出自赫子威，世居濮陽，裔孫模，後魏濮陽太守，因家焉。模生亮。

亮，後魏陳留太守。		
伽，北齊膠州刺史、竟陵公。		
保，隋鴈門太守。		
義博。		義寬，滕王府諮議、蘇州司馬。
仁端。		無忝。
元揆，天官員外郎。		兼愛。
希晏，太子洗馬。		詁。
華。	萬，檢校郎中。	殷，同官令。
		陟字子遷。

		愼行，荊益二州長史、建平侯。			
兼拯。		鵬舉，安州都督。			
	鎮，起居郎。	靈璦，太康主簿。	鳳舉。	鴻漸字之巽，相代宗。	
順休，兼殿中侍御史。				收，戶部郎中。	威。
				鑫慶。	

		承志，天官員外郎。			
		遷，相玄宗。			
		孝友，殿中監。			昱，給事中。
封。	鼎，丹王府長史。	延壽，武進尉。	孝孫。	孝恭，殿中侍御史。	

杜氏宰相十一人。如晦、淹、元穎、審權、讓能、黃裳、佑、悰、正倫、鴻漸、暹。

李氏武陽房出自興聖皇帝第七子豫，其後爲武陽房。

豫字士寧，東晉西海太守。		
琰之字景珍，後魏兼侍中、文簡公。		
剛，宜州刺史。		
充節，隋朔州刺史、武陽公。		
大通。	大辯。	大亮，右衛大將軍、武陽懿公。
道裕。	直瓘，德州刺史。	守一，庫部員外郎。
		如璧，監察御史。

充信。	充穎，後周滑州刺史、流江郡公。			
	義本，宜州刺史。	玄明，濟州刺史、成紀縣公。	敬本，豫州刺史。	思本。
	迴秀字茂實，相武后。		璡，恆州刺史。	崇敏，司勳郎中。
法靜，商州刺史。	俊，黃州刺史。			

懋。			
充弼。			
嘉，蘇州刺史。		文楷，殿中少監。	
虔緒，洛州刺史。	虔繹，兵部尚書。		

姑臧大房出自興聖皇帝第八子翻，字士舉，東晉祁連、酒泉、晉昌太守。三子：寶、懷達、抗。抗，東萊太守。生思穆，字叔仁，後魏營州刺史、樂平宣惠伯。生獎，字道休，北齊魏尹、廣平侯。生瓌，黃門郎。生斌，散騎侍郎，襲樂平伯。寶七子：承、茂、輔、佐、公業、沖、仁宗。承號姑臧房。

承字伯業，後魏滎陽太守、姑臧穆侯。
韶字元伯，定州刺史，襲姑臧文恭侯。
璵字道璠，北齊前將軍、安城縣伯。
尙德，都官員外郎。
士曾。

			瑾字道瑜，後魏通直散騎侍郎、文恭侯。			
			蒨之字曼容，北齊尙書考功郎中。			
			元儉。			
	元恪，冀州刺史。	來甫，朗州刺史。	義璹。			義珙。
愼機。		引。				
季回，忠州刺史。	幼清。					

義瑋。紹，鄆州刺史。

整。震，起居郎。晊。

晉，汝州刺史。

義瑛。弼。

穎，兵部郎中。

咸，工部郎中。

巢。

義琛，工部侍郎。緒，吏部郎中。先，黎州刺史。

惟。長，通州刺史。

亘一。瓊，普州刺史。

辿，考功郎中。

燕，水部郎中。賓喜。

準。

武卿。玄德，廮陶令。義琰，相高宗。起。詢甫，主客員外郎。

義瓘。敷，同州刺史。

義璡。融。稹，河內太守。

恆，殿中侍御史。回，工部員外郎。

賜，都官員外郎。耿。

沆。

元澄，泉州刺史。

昭一作照。

行之字義夷道。通隋唐州下溠郡太守固始縣男，

玄道，秦府學士、常州刺史。正基，太子舍人。亶字景信，給事中。成裕，祕書監。授字端卿，相肅宗。輿公，侍御史。

佐公，河中少尹。
元陟，畿尉。
歸魯，兼殿中侍御史。
元賓，右衛兵曹參軍。
絢，長壽令。
元易，鹽城令。
歸文，滄州節度判官。
元贊，太僕卿。
檢，河南少尹。
冉，右司郎中。

儉。
漸，補闕。
次公，殿中侍御史。
元夔，宗正少卿。
岫，殿中侍御史。
元周，王屋令。
幼公，杭州刺史。
元裔，奉天令。
愔。
汾。
衡。
均。
隨，祕書監。
正範，庫部郎中。
樞。

諴。
上公，祕書監。
景業，太子庶子。
蔚字茂林，相僖宗。
蔚三子：渥，禮部侍郎；洵，福建觀察使；涗字殷澤。
縉字權化。
纂字圖南。

景回，國子司業。
勗。
申。
繪字德彰。
弘甫，宗正卿，涇原節度使。
涗字巨川，池州刺史。
皆，司封員外郎。
震，泉州刺史。
成績，虞部郎中。

						亨字嘉會,淄州刺史。
					成式,淮南道採訪使。	成性,太子右贊善大夫。
虬。						樂,潤州司功參軍。
益,祕書少監。						
當,刑部尚書。		敞。	崇。	奕。		
藻,尚書右丞。	拯字昌時。					

				雲將,尚書右丞。		
				晏。	絳,滑州刺史。	繕。
		成毅,文學。	成紀。	顏。		
挺,監察御史。	慶,越州參軍。	表。		歸期。		
				逢吉字虛舟,相憲宗。		

			凝之字惠堅,光州中從事。			
			君志。	君範。		
				孝深。		
綺,諫議大夫。	維。					
		仲華,庫部郎中。			詢軌。	
					涓,商州刺史。	涉,美原令。

君徹。	君可。	君异。			君德。	君平,冀州刺史。	
		稚川,倉部員外郎。					
元珍。		夔。	思言。	惇。			
構,泉州刺史。		嘉。	寔。	光庭。			
		隼,監察御史。					佋,袁州刺史。
						顓,蘇州錄事。	

贇字道瑋，後魏司徒參軍事。

偺年，大將軍開府士曹參軍事。

玄表，庫部郎中。

思誨，潁州司馬。

旻。

獻。

彊。

俊。

昕，司門員外郎。

蘧。

聰，洋州刺史。

彥字夾仲，後魏秦州刺史，諡曰孝貞。

燮字德諧，司徒主簿。

士萬，高都太守。

大壽，袁州參軍。

傑。

劇。

爽字德明。

元相。

乾昇，秦府戶曹參軍。

岑，水部郎中、眉州刺史、

舟字公受，虔州刺史、隴西縣男。

丹，豪州刺史。

崟，開州刺史。

亘，司勳員外郎。

權實字子重。

博。

伏陁。

崇基，尚書左丞、權御史大夫。

景融。

康時。

虔字叔恭，後魏驃騎大將軍、高平宜景男。

喚字仁明，尚書左外兵部。

裒，章武郡守。

德基，亳州法曹參軍。

思文，同官丞。

況。

景昌。

操。

防，右衛長史，一作昉。

玄就，右神武軍參軍事。

玄成，試太常寺協律郎。

玄度。

玄爽。

列。

凝。

潔。

涼。

憑。

衆字師，湖南團練觀察使、左散騎常侍。

玄爽。

晧字仁昭，後魏散騎侍郎。

士操，北齊儀同開府參軍事。

昇期，給事中。

何，汜水令。

	曉字仁略，北齊廣武東郡太守。					
	超字仲舉，隋冀州清江令。					
	大師字君威，渤海郡主簿。					
	慶孫。	正禮。	利王。			
		元瓚。	元道。			元德。
				位，房州刺史。	緄，殿中侍御史。	光遠。
儋，殿中侍御史。						構。

		行師，邛州刺史、虞部員外郎。			
延壽，符璽郎。	安世。	玄運。		玄父，潤州刺史。	
		元璥，濟州刺史。		上義，右庶子、揚州長史。	叔儀。
		推。	損。		庭言，楚州刺史。
			鋌。		恭懿。
					榮賓。

	玄約。	玄挺，相州刺史。				
		尙盧。	尙詞，申州刺史。			
			俠。	欽回。	中庸。	昭。
	鎔，陵、嘉二州刺史。					瓚。
休。						
弘式。						
龜圖字玄錫。						

		蕤字延賓，後魏司農少卿。
	季遠。	
		仁瑋，衡州刺史。
踐中，臨汝太守。		

丹楊房：晉東莞太守雍長子曰倫，五世孫文度，西涼安定太守，與族人寶入後魏，因居京兆山北。

文度。
權，後魏河秦二州刺史、杜縣公。
崇義，後周雍州大中正、廣和復硤殷五州
詮，隋趙郡太守、臨汾襄公。
藥王。
脩志。
元愼，洛州刺史。

刺史、永康縣公。

脩行，汝州刺史。

靖字藥師，相太宗。

德謇，太府少卿。

德獎。

浚，嘉州刺史。

混。

汗。

沅，兼殿中侍御史。

客師，左領軍大將軍、幽州都督、丹楊公。

嘉字大善，隰川令，襲公。

守節，光化令。

思孝，夏州都督。

大惠。

炅。

鉷，儀州刺史。

琛。

正封字中護，監察御史。

大志，右金吾將軍。

令哲，會州刺史。

令問，殿中監、宋公。

正明，右衛將軍。

志覽。

慶遠。

志貞。

偉節，隋司隸州刺史、

乾祐，刑部尚書。

昭德，相武后。

元紘。

餘福，監察御史。

漢騎都尉陵降匈奴，裔孫歸魏，見於丙殿，賜氏曰丙。後周有信州總管龍居縣公明，明生粲，唐左監門大將軍、應國公，高祖與之有舊，以避世祖名，賜姓李氏。

粲。

寬，奉常正卿、隴西公。

道廣字太丘，相武后。

元綜，屯田郎中、荊府長史。

舒，工部郎中。

莒。

元釋，都水使者。

元紘字大綱，相玄宗。

有季。

有容。

有功。

元絾，鄆州刺史。

晏，紀王府參軍。
承業，絳州刺史。
承嘉，御史大夫、襄武郡公。
希逸，左率府兵曹參軍。
希遂，涇州司馬。
希遠，同州司兵參軍。

隴西李氏，後徙京兆。

嵩，岷州刺史。
思恭，洮州刺史。
欽，左金吾衛大將軍。
晟字良器，相德宗。
愿，河中節度使。

聰，光祿寺主簿。
總，太子中允。
愻，左神武軍大將軍。
憑，右威衛大將軍。
恕，光祿卿。
憲，嶺南節度使。

愬，檢校左僕射、同平章事。
懿，渭南尉。
聽字正思，檢校司徒、涼國公。
琢，左神武將軍。
璋，太常寺太祝。
瑾。

璩，侍御史內供奉。
[illegible]，左千牛衛將軍。
瓊，福昌尉。
琟，光王府參軍。
惎，右羽林軍將軍。

				懋，嵐州刺史。							

隴西李氏定著四房：其一曰武陽，二曰姑臧，三曰燉煌，四曰丹楊。宰相十人。

武陽房有迥秀；姑臧大房有義琰、蔚、揆、逢吉；丹楊房有靖、昭德；又有道廣、元紘、晟。

趙郡李氏，出自秦司徒曇次子璣，字伯衡，秦太傅。三子：雲、牧、齊。牧爲趙相，封武安君，始居趙郡。趙納頓弱之間，殺牧。齊爲中山相，亦家焉，即中山始祖也。牧三子：汨、弘、鮮。汨，秦中大夫、詹事，生諒、左車、仲車。左車，趙廣武君，生常伯、遐。遐字伯友，漢涿郡守，生岳、德、文、班。岳字長卿，諫議大夫，生秉、義。秉字世範，潁川太守，因徙家焉。生翼、協、敏。敏，五大夫將軍，生謨、道、朗。謨字道謀，臨淮太守，生哆、華、旭。哆字子讓，上黨太守，生護、元。護字鴻默，酒泉太守，生武、昭、奮。武字昭先，東郡太守、太常卿，生讚、脩、弈、就。脩字伯游，後漢太尉，生諒、叔、訓、季。諒字世益，趙國相。生膺，字元禮，河南尹。生瓌、瓚、瑾。瑾字叔瑜，東平相，避難復居趙，生志、恢、宜。恢字叔興，生定、臺、

奬、碩。定字文義，魏水衡都尉、漁陽太守，生伯括、機、叔括、季括。機字仲括，太學博士、臨江樂安二郡太守，生羣、瓌、密、楷、越。楷字雄方，晉司農丞、治書侍御史，避趙王倫之難，徙居常山。五子：輯、晃、芬、勁、叡。叡子勗，兄弟居巷東；勁子盛，兄弟居巷西。故叡爲東祖，芬與弟勁共稱西祖，輯與弟晃共稱南祖。自楷徙居平棘南，通號平棘李氏。輯字護宗，高密太守，子愼敦，居柏仁，子孫甚微，與晃南徙故壘，故輯、晃皆稱南祖。晃字仲黃，鎮南府長史。生義，字敬仲，燕司空長史。生吉，字彥同，東宮舍人。生聰，字小時，尚書郎。二子眞、融。

眞字令才，中書侍郎。	紹字嗣宗，殷州別駕。	義深，北齊行梁州刺史。	陶餘，隋絳州長史。	政藻，宜州長史。	叔眘，刑部侍郎。	懲道，左司郎中。					
						游道，相武后。	景宣，台州刺史。	球。			
						諸道。	景祐，婺州刺史。				

				政起。	行沖，駕部員外郎。						
					行敦，離狐主簿。	懷一，晉陽尉。	雍門，湖城令。	湜。	塡，三原令。		
								澥字堅冰，刑部郎中。	騰，隰州刺史。		
								陽冰，將作少監。	服之。		
				政期，水部郎中。	素立，蒲州刺史、高邑平侯。	休烈，鄭令。	鵬字至遠，壁州刺史。	畬字玉田，考功郎中。	承，山南東道節度使。	藩〔三〕。	

								暐。			
							蕭，左衛錄事參軍。				
							戴，河陽令。				
						昇遠，水部員外郎。	雄飛。	矩。			
								崶，左補闕。			

從遠，黃門侍郎、趙郡懿公。					
巖，兵部侍郎、贊皇縣伯。				常，同安郡別駕。	甲，恆王友。
則，河南少尹。	範。	威。	盛。		

							素誠。
希遠，晉陽尉。						昌遠。	
弁，揚州左司馬。						美。	
峴，廬江令。		規，壽州刺史。	覲。	覦。	觀。		
固言字仲樞，相文宗。		將順，袁州刺史。					
儻，河南功曹參軍。	悅，一子出身。						

融，後魏中書侍郎。
蘭集。
公昌，給事中。
令莊。

羲之後有萬安，自趙郡徙于管城。

萬安，鄒平郡丞。					
項。					
日知，相玄宗。					伊衡。
雍尹，太原府司錄參軍。					
玄之，洪洞令。					
彬，新野尉。	彤，吏部尚書。	彩，太康尉。	彣。	彧。	

南祖之後有善權，後魏譙郡太守，徙居譙。生延觀，徐梁二州刺史，生績。

績，馬頭太守。				
顯達，隋潁州刺史。				
遷，德州刺史。				
孝卿，穀州治中。				
敬玄，相高宗。				忱字敬一。
思沖，工部侍郎。	守一，成都郫令。			惠子。
	晤，金壇令。		晦。	希言，禮部侍郎。
	紳字公垂，相武宗。			縱，金州刺史。
	開，水部員外郎。	乾祐，建州刺史。		
	無逸，算曹博士。	業，容管經略判官。		
	復圭。	昊。		
	肱。	孝連。		

紓字仲傴。
寬中字
綽字肩
舒，吏部侍郎。
子量。
孟。
昌謀字愼機。
元素相武后。
志德，隴州刺史。
構。

東祖叡，字幼黃，高平太守、江陵寧公。生勗，字景賢，頓丘太守、大中正。生頤，字彥祖，高陽太守、武安公。四子：勰、系、奉、會。

勰字少同，蘭陵太守。
靈字虎符，後魏洛州刺史、鉅鹿簡公。
恢字祚，定州刺史、鉅鹿貞公。
悅祖，中山太守、高邑伯。
蓮字伯瑜，大司農卿、文公。
子服，陽濯太守。
伏惠，主簿。
世起，深州司兵參軍。
承眞，盧州司兵參軍。

挺秀。
敬叔，後周聘陳使、義陽太守。
君昂，濟陽長。
仁方，洛陽尉。
玄乂。
玄本。
仁則。
仁表。
君素。
君節。
子智，晉陵太守。
孝儼。
文幹，冀州司法參軍。
仙務。

仙幹。
華，後魏中山太守。
敬義，散騎常侍。
仲通，陽平太守。
孝端，隋獲嘉丞。
知本，夏津令。
懲，富平尉。
處玄，棗彊令。
恕，襄陽令。
錫，長洲丞。
允宗。
道宗。
欽，曲阿尉。
鈞，蜀州刺史。
怦。
銳。
銓，經城尉。

玩。
處厚。
懲，度支郎中。
同悅。
處實。
渙。
融。
處直，給事中。
南榮。
孫閑，檢校郎中、
西昇。
處沖，櫟陽令。
悌。
仙壽。
處恭。
明道。
言道。

二四八五

列	第七格	第八格	第九格
一			勤道。
二			謀道。
三		處虛，方城尉。	
四	思，萊州長史。	瓌，揚州長史。	胡。
五		琡，襄邑丞。	冊。
六			艮。
七			韶，太子通事舍人。

二四八六

列	第八格	第九格
一	珂，澤州刺史。	涉。
二		擇。
三		漪。
四		瀾。
五		汪。
六		從。
七		徽。
八		覬，監察御史。
九	瑝，西平令。	芳，無錫尉。

二四八七

列	第六格	第七格	第八格	第九格
一				浚，武昌尉。
二			璞，九隴尉。	滔。
三			璥，曹州參軍。	
四	知隱，閿尉。	伊慈，櫟陽丞。	咺，隰州刺史。	光輔。
五				光弼。
六			旭，雲陽主簿。	光復。
七				光宰。

二四八八

列	第七格	第八格	第九格
一	愨，明堂尉。	顒，給事中。	宗，鄭州參軍。
二			寧，涇州參軍。
三			寀，江州刺史。
四			安石。
五	志，沂州刺史。	全璧，洋州刺史。	載。
六			衡。
七			嘉。

全昌，光祿少卿。

登，懿德太子廟丞。

賓。

同復，潞城令。

全交，忠州司馬。

審度，左補闕。

諒。

孝徹。

知約，偃師尉。

誕。

延世，趙郡太守。

子眞。

長卿。

玄操。

玄乂。

喬卿。

子遠，騎兵將軍。

君信。

素臣，曲阿尉。

君壽，安州司功參軍。

思恭。

君武，蔚州司馬。

无思。

處靜。

仙童。

思貞。

崇憲。

綜，行河間郡。

遵字良軌，後魏度支郎中，謚曰簡。

渾字季初，北齊海州刺史、涇陽縣男。

汪字處季，廣宗令。

國寶。

世寶，河南郡東曹掾。

友益，中書侍郎。

元恭，初名豫，工部郎中。

元休。

元甫。

元儉，潞州司功參軍。

承仙。

智積，海陵令。

元嗣。

元符。

人寶，眞定令。

損之，洛州總管府典籤。

守禮。

依禮。

元貞。

繪字敬文，北齊博陵太守，謚曰景。

君章，雍丘令。

師表，黃安令。

挺立，梓州司馬。

承家。

承愨。

二十四史

中華書局

緯字乾經，北齊太子家令，謚曰文。
立言。
納義，考城令。
常。

均字善德，後魏趙郡太守。
璪字世顯，恆山太守、始豐懿侯。
元茂，徐州刺史，襲始豐順侯。
子雲字鳳昇，鉅鹿太守。
道宗，直閤將軍、駙馬都尉。
山壽，北齊兵部郎中。
仁則。

文尚，華州司功參軍。
玄奬。

玄福。

仁贍，梁州長史。
玄祐，瀛州司戶參軍。
玄恩。
察，少府監。
光之。
寔。

全壽，監察御史。
元楷，慈丘令。
元規。
元軌。
元韞。

宣茂，後魏幽州刺史，謚曰惠。
籍之字脩遠，司徒諮議參軍。
徹，北齊濟州長史、迎勞使、尚書右丞。
純，隋介州刺史。
德饒字世文，司隸從事。
高行，曹州刺史。
延慶。
元瑒。

元琰，嘉興令。
鉉。
元瑜。

高節，泉尉。
福慶，襄城主簿。
道長。
鎬。
鈞。
鍰。

元璀，衡陽尉。
曅。
王戎。
王喬。
王烈。
王粲。

思義。
思敬。
德範，魏令。
弄璋。
思安。
思玄。
啓期。

			德紹，陵水令。		德矩，許州司功參軍。		
楚人。	啓方。	玄昶。	延年。	高亮。	玄威。	玄乂。	玄靜。

德旻，洛陽令。							
玄同，度支員外郎。							
璯，給事中。							
迪。					遮。	遠，鞏令。	
詠。	諷。	訊。	諍。	諫。	崗，恆山府司馬。	議。	老。

					悊，湖州司馬。		
遜，猗氏尉。				迴。	延喜，潭州司戶參軍。	逢。	
計。	識。	守義。	守物。			遙。	建。

			公緒字穆叔，後魏冀州司馬，棄官，賜號潛居公。
			少連，邵州司戶參軍。
			守沖。
		懋，博州司功參軍。	
邁，婺州司戶參軍。	進。		

守玄。	守忱。	守素，秦王府學士、天策倉曹參軍。		延祖。
	公召，亳州司戶參軍。	乾悆，上洛令。		仲將。
		仲宣，德州刺史。		映，宛丘令。
		暉。	辨，巴州刺史。	

			志之，鄆州刺史。			
迷，越州功曹參軍。		槩，字季節，北齊并州功曹參軍。	璡，青州刺史。			
賢。	莊生。	山圖。	公節，上蔡主簿。			
			行詡，將仕郎。	行禮。	行純。	行指。
			元慶，昭陵令。			

		粹之，步兵校尉。						
季璵。	季略。	士高，征虜將軍。			士儀。	士章。	士政。	士達。
		公儼。	公嗣。					
		輔仁，箕州司法參軍。	輔義，單父令。	輔智，九隴主簿。				

叔胤，南郡太守。								
弼，魏郡太守。								
士瑜，趙郡功曹。			士璜。	士瓘，趙郡功曹。				
孝慈。				祖忽。	仲忽。			
德源，丹川尉。		德逸。			師信。			
儀王。	儀道。				神景，虔州司法參軍。			
					楚珪，象州司法參軍。	楚璋。	楚璧。	楚筠。
					彙金，安德丞。			
					詠。			

神懿。
翼，定州刺史。
幼達，廣郡太守。
德積善，本州主簿。
玄恭。
昭善。
萬善。
仲胤，光州刺史。
敦，散騎常侍。
逖，瀛州鎧曹。
善慶，汴州總管府長史。
行充，陽翟令。
全節，唐州司馬。
奉兌。
仁元，虞州刺史。

善昌。
玄紀。
玄明，潭州司倉參軍。
固，本州主簿。
多能。
客師，富水令。
湛然，屯田郎中。
系字和叔，後魏平棘令，追封平蕀縣男。
順字德正，四部尚書、高平宣王。
式字景則，西兗州刺史、濮陽侯。
憲字仲軌，揚州刺史，襲濮陽文
靜伯。
希遠字景
沖，散騎侍
郎、新豐文
公。
祖悛，左
衛將軍，
襲濮陽
文公。
君策，考
功郎中。
胤卿，高
陵尉。
君約。

君穎。
君弘，趙郡主簿。
師大，恆安府旅帥。
齊彥。
師稚字玄素，丹
孝仁，隋山簿。
謁者臺
將仕郎。
審言。
審義。
師仲。
閑善。
收善。
惠善。

君亮。
君儀。
玄度。
光悅。
子游。
子貢。
子哲。
嘉璧。
濞。
滋。
玄惲。
稚昌，青州司法參軍。

		希宗字景玄，北齊行上黨太守、文簡公。		
		祖昇，齊州刺史、貞烈公。		
君盛，青州司戶參軍。	君褒。	德璉，殷州刺史，以祖揖子繼。		
		師旦，右領軍錄事。	師橐。	師裔，臨渙令。

師藺，上柱國、儀同三司。								
元穆。					元悅。			
曉。					昕。		嘉休。	暭。
昃。					鐃。	鋭。		
金覺。	暕。	晈。	晤，一作昈。	晦。				

元恩，常山令。							
晙，桂州司馬。	晅，長洲主簿。				鈞，泗州司倉參軍。		
	涇。	潤。	漣。	灞。	濟。	潛。	滻。

	祖勳，北齊右僕射、丹楊文孝公。	祖勖，北齊光祿卿。			
	德璋，隋寧州司戶參軍。	德瑞，江陵令。			
	知仁。	胡摩。	正節。	正度。	正美。
	釋意。				
植，廣州司兵參軍。					

正禮。
德玘。
德珽，州主簿。
政戚。
禪師，上騎都尉。
璡。
祖挹，北齊冀州別駕、忠公。
德珪，隋司徒長史。
行敏，左威衛長史。
行矩，易州司馬。
玄慶，陽武主簿。
怡。
悌。
濤。
彥方。

惲，監門胄曹參軍。
詷。
偶，尉氏令。
脩。
巽。
玄起，鍾山丞。
諫，城固令。
帆，蕲春令。
守虛，和津尉。
津。
深，臨安尉。

協，溫王府參軍。
祖欽，隋總管府長史、南縣子。
德琰。
文範。
文則，潁州司倉參軍。
延禧，光山丞。
昱，清平丞。
翁壁，新野丞。
暠，南和令。
岫。

嗣福，監門直長。
景祥。
瑰。
琇。
嘉福，餘干令。
曜，阜平尉。
彝福。
寄客。
俛。
德璋，鄂州司戶參軍。
文敬，內鄉丞。
震，溧水尉。
昭，武進丞。
紹，櫟陽尉。
預。
循，來庭尉。
暘，寧陵尉。

弈字景世，後魏都官尚書、安平侯。

慶業，館陶令。

祖稱字叔衞，征虜將軍。

孝深。

希仁字景山，北齊太子詹事、靈武文昭公。

公源，襲男。

普願，右衞倉曹參軍。

彥之，羽衞尉。

德瑛，河間令。

表慶，左翊衞。

同十，壽陽令。

齊志，郾城尉。

寔，內鄉丞。

宏，左補闕。

希鸞字希義，後魏黃門侍郎、文惠公。

元卿，隋淮陽令。

大倫，散騎常侍。

承嗣，鳳州刺史。

紹先，洛州司戶參軍。

嵇，當塗主簿。

壽餘。

俗，鄱陽尉。

君既，單父丞。

畬，武康尉。

文炳。

奉先，義王文學。

繼，碭山尉。

芳時。

欣時。

昌時。

晉，大理評事。

緄，臨海尉。

嵒。

約。

諮。

仚，澤州司士參軍。

義先，舒州長史。

岳，澧州司田參軍。

可瞻。

昱，蘇州參軍。

郾。

郇。

鄴。

罡，全椒丞。

祖先，宮門郎。

嵩，壽昌令。

會，彭城丞。

大儼。

大衍，雲夢主簿。

惠登。

辟惡。

恭禮。

敬節。

敬業。
敬道。
敬瑜，潞州錄事參軍。
處惠。
仲卿，中山王開府諮議。
文琬。
文立，右衞翊衞。
公會，朗山尉。

文政，虢州別駕。
思過，滏陽丞。
南容，周王府隊正。
忠順。
當璧。
巘。
愼，淮陰令。
貞道。
晉客，司農卿、元氏縣男。
貞悌，懷州司馬，襲男。
懷昌。
敏子。
賁子。
嵒。
混。
儒子。

导，揚州別駕。
湯。
淸。
楚。
纘。
絢。
決，睦州司倉參軍，孫孟嘗、信陵、穎士。
汪。
泳，建德尉。
昕，義烏尉。

儲生若
愚、遐，蘇州司法參軍。
源，河間丞。
環，無錫丞。
汾，嘉興令。
正諫。
正規。
五福。
得一。

上士。

潛，武康令。

復慶，常州司戶參軍。

和睦。

岑。

珍。

椿。

貞簡，司農卿。

崗，成武令。

長倩。

元善，襄州錄事參軍。

絳字深之，相憲宗，生璆、頊、璟。璆，河南府司錄參軍，生隱，字巖士。頊，衢州刺史，生軒，字德輿；轂字致之；軫字輝之。璋字重

禮，宣歙觀察使、生讓兒、左庶子；愼徽；德鄰字朋言；少徽；德休字表逸，相

如令。

經，司農少卿，生瑜、昈、況、璩、義、揖、瑜生恰、

長裕，鄱陽令。

忻。恰，湘潭尉；忻生連慶。昈，江陵少尹，生琚、蓬、防。琚，石山令；蓬，辰州刺史；防，歙州刺史，生寬、靈。

緒，江西觀察判官。生瑊，

揚州參軍；琡，彭澤主簿；玩，虔州分巡官。緷，雲都令，四子：璬、顓、陶、暧。璬，唐興令，二子：崇規、崇矩。崇矩生敬通、延通、敬通、乂

貞愻，京兆府法曹參軍。

峯，和州司戶參軍。

貞恕，大理評事。

嵩，平原主簿。

通、俊通。顓生崇丘、崇鼎。陶，率更丞，生崇節。暧，建德丞，生崇威、崇鑑。

文乂，鄭丞。

文友，東城令。

守仁，永年丞。

同愛。

侒。

愔。

恪，安平游擊將軍。

摶，右衛親府郎將。

抗，濮陽司戶參軍。

相，茂州參軍。

憬，秦州刺史。

拯，長洲尉。

象。

釭。

幼復。

陟。

文立，九門丞。

希禮字景節，北齊信州刺史、文公。

孝貞字元操，隋馮翊太守、武安縣公。

賓王，太子舍人。

暹王。

讓王字撝道，襲武安縣公。

師王。

來王，散騎常侍。

思諒，金部郎中。

敬忠，許王府典籤。

晈。

昭。

暕，都水使者。

瓊，易州參軍。

震，大理丞。

端，臨川尉。生虞仲，字見之，中書舍人。

珉，轂熟令。

爽，一名奭。

韶。

戎，生殷、正範。

彬。

昂，倉部員外郎。

胄，比部郎中，生乂、重。乂，監察御史。

翼。

房，陸渾尉。

敬節，洛州司士參軍。

皓，許州司馬。

松年，常熟尉。

龜年，京兆府司戶參軍。

鈞，臨潁主簿，生存範、存誠。存範，檢校金部員外郎，生嵩，濮陽主簿。存誠，中牟尉。

縱，河西令。

鉉。

涇。

											激。
											鉷，餘杭主簿，生存亮。
										鶴年，和州司馬。	湜。
											清，和州長史。
											涉。
											涚。
									曉。		
									昕，汴州長史。	逢年，司農卿。	鉦，綿竹丞。

											鎮，越州參軍。
											鋗。
											鑄，越州錄事參軍。
											錆。
											鐶。
											錞，河南參軍。
										堯年，會稽令。	鋭。
											鋒。

											鋋。
											銛，句容尉。
								思言，堂邑令。	敬玄，平陽令。	子公。	
									敬本。		回。
									敬一。	暹。	
										濯。	
										潤。	
								敬同。			
								敬宗。	暉，南充尉。	柏舟。	

									晦。		
									望仙。		
									夢周。		
									浮丘。		
								敬之，鄭王騎曹參軍。	少彌，頓丘尉。		
									晞。		
									曎。		
								敬彝，宣城令。	昶，南皮尉。		
								敬臣。	愿。	恕。	

懐。
盈。
倚。
運。
檀陀。
僧伽。
偃。
倨。
允王，武安尉。
崇業，滑州司戶參軍。
崇德，給事中。
謙，定州長史。
迅，襄城丞。
迥，臨汾主簿。

造，左威衛錄事。
幼積。
繼武。
進，樂壽令。
誠，大理少卿。
選，常州別駕。
彥，太湖令。
儒。
處厚。
哲，常州錄事。
士約，蕭山令，生郱。

從約，錢塘令，生部、都、郇。
臻，洪州參軍。
璟。
端友。
況。
淯。
洮。
洽。
湛。

浼，左金吾兵曹參軍。
衎。
湍。
渢，閬尉。
坦。
墉。
遷，盆都令。
諶，鄂州司戶參軍。
堅。
孟宣，蘇州錄事。
生鵬、鎬、
鐵、擢、損、
勗、勔、叔
玉、武、式。

孝甚，隋晉王文學。
野王，魯郡功曹。
鎮惡，襄城令。
偘，台州司法參軍。
昭，鄖城令。
還，大理評事。
逢，柘城令。
適，安州錄事參軍。
晄，冀州刺史。
惟賢。

嶠字巨山，相武后。
暢，相州刺史。
惟和，大理司直。
琰，合肥令，生長倩。
晤，伊闕尉。
惟徽，淮陰令。
惟淸，鹽城令。
伯容。
裕，海州刺史。
惟寧。
惟戚。
粲，濮州刺史。

東王，衡水令。
守文。
蘭客，蔚州長史。
奉泌。
奉胤。
奉胄。
邵。
彥輔，固安丞。
彥莊。
守節。
懿，華陰郡太守。
惟岳，監察御史。
惟乂，新安主簿。

孝俊，隋淸池令。
壽王，司勳郎中。
翁父。
翁孫。
翁叔。
勳王，襄令。
世徽，零陵令。
嘉祚，衞州刺史。
渙，美原丞。
銑。
道遇。
胐，壽王府參軍。
澮，鄆州長史。
銛，南梁州司功參軍。
虢希，屯田郎中。

端，饒州刺史，生
城。
況，右衛長史。
注，河池郡太守。
鍠，金吾錄事。
璵。
珣。
璟，饒東主簿。
瓘，江陽令。

颺王，晉州刺史。
休徵，東安主簿，以勤王次子繼。
嘉會。
嘉淳。
多侯。
嘉寔。
演。
珩。
仲子。
賛王，蘭州長史、濮陽男。
處約。
處秘。

處義，都水使者。
楚。
華。
處恭，烏江丞。
璩，睦州司馬。
銳。
璲，括倉尉。
釗。
鐶。
鉽。
鎬。
珽，屯留丞。
鍠。
鎮。
錄。

鍾。
有意，猗氏令。
琬，鹽城令。
羍。
醢。
芳。
芬。
高岳，衡州長史。
琰，湯陰主簿。
璪，胙城主簿。
瑗，安次尉。
萏。

			孝威，隋大理少卿。			
			大眞，趙州刺史。			
			構字承業，齊州刺史。			承訓，杭州司功參軍。
			逸客，蒲城令。		踐一，泌陽丞。	
蒨。	芊。	萬。	怡顏，衡水尉。	澤。		
			鷁。	辯，以怡顏長子繼。		

格字承敬，汴州司功參軍。					
	仙客。	踐忠。			
			愔，澤州安平府別將。		
			寬。	翹，大理評事。	
				瑞。	珮，硤石主簿。

		踐義。			
	演闓。	怡，涇丞。			佋，左驍衛兵曹參軍。
	亮，淮西節度參謀、監察御史。	弘簡。	弘素。		
璠。			能，寶應尉。	椅梧。	

			太初，許州司馬。				
			宣道，臨汾丞。				
			延孫。	延祚，蓨令。			
儃。	俌，玉山尉。	伋，萍鄉令。		縝，湯陰尉。	紓。	縱。	澤，陸渾尉。
							應，蘇州刺史。
							敬彝。

敬。
行餘。
宜德,許州司馬。
延祐,信王府功曹參軍。
湊,蘭州長史。
泌。
繁,懷州錄事。
太沖,雍王友。
固,字宋業,翊衞。
元珪,字伯威。
如玉,邢州司士參軍。
恆。

劭。
隆業,藍田丞。
重丘,博州參軍。
重光,翊衞。
唐卿。
璩。
嗣業,同州司功參軍。
處己,安邑令。
萬,萊州倉曹參軍。
韶,延陵丞。
君,越州錄事參軍。

恕己,典設郎。
華,字遐鷟。
叔,吏部員外郎。
肇,大理評事。
延業,洪洞令。
光紹,揚州錄事。
愍,眞定簿。
昭業,冀州士曹參軍。
宣業,鱗游令。
庭秀,正平令。
潤,淄川尉。
翊。

知業。
慶業,陝州司兵參軍。
庭光,棣王屬。
詵。
諲,鄆州司功參軍。
諄。
穌,城父令。
宗師。
從古。
珙,監利丞。

紹先。
專。
峯，滑州司倉參軍。
巖，眞定令。
瑳，恆州司法參軍。
敬業，汲令。
志廣，房陵主簿。
鄴，著作郎。
璐，京兆府功曹參軍。
琚。

孝衡。
秦王，隋左親仗。
仁亮，於潛令。
延安，潞州司倉參軍。
鉉，舞陽尉。
琮。
鎔，鄮令。
徽，靈寶尉。
弘慶、弘範。
弘慶，金州刺史，生愼知。
詢，宋城令。
準。
璘，大理評事。
積善。
琇，任城令。
羣，奉先丞。

犖。
襲慶。
鉦，新息尉。
璲。
延固，安陽令。
鑒，藁城令。
鎣，長洲尉。
表質，密州司倉參軍。
鑾。
疆誠。

若思。
仁濟，櫟陽令。
延嗣。
九思，廣州司馬。
宅相。
寶鼎。
伯思，深州長史。
延宗，棣州刺史。
瑄。
玢，臨朐令。
仲思，藍田尉。
珉，臨濟府司馬。
敬道。

琳，河南府參軍。 / 復，司農寺丞，生
睦護。
文通，生 / 友直。
璆。
璩，獲嘉尉。 / 從規。
從矩。
瑅。
珽，巴州司馬。

璠，金吾將軍。
幼廷，連州錄事參軍。
叔恩，廬州司馬。
再恩，廬州司馬。
璲，潭州司戶參軍。

瓛，南陵令。 / 錫，襄城尉。
從，湘鄉尉。
理，大理司直。 / 輔弼，涼州參軍。
季思。
昭思。
延節，長沙尉。
延喜，兵部郎中。 / 進思。 / 紹，金吾長史。 / 惟忠。
惟孝。

惟省。
儼思，荆州司功參軍。 / 鍠。
鈴。
令思，蕭山丞。 / 嵩。
嶧。
敬思，上輕車都尉。
仁緯，東光令。 / 同思，江州刺史。 / 參，潞州長史。 / 諷。

		許，大理評事。	
		論，汜水丞。	
	偃，綿州參軍。	廣利。	
延之，坊州刺史。	蘭，郫尉。	充，伊闕令。	昭，興安丞。
			暐，萬年尉。
		良，光祿丞。	
		永。	

		卞。	
	退思，禮部員外郎。		
	均，懷州參軍。	子章，趙城尉。	
延祐，益州司士參軍。	輔，趙州刺史。	武，大理評事。	
		眞。	
	韜，壽王記室。	漸，嘉興尉。	承規，生
			彰明。
			士規。

				士矩。
			潛。	
			潾，都昌尉。	元成。
				元用。
			瀫，峩眉令。	倈，肥鄉丞。
仁疆。	延休，華州長史。	亢，慈州別駕。	弈。	
		期，襄城令。	弊，盧城令。	
			齦之，端州刺史。	

		茂實。
延紀，常州司功參軍。	正辭，六合令。	弨字存誠，江夏令。
		弣，安吉尉。
		弼。
	迪，新鄭尉。	
	逑，東海尉。	
	朝昇。	

正議，全椒令。
招。
元輔。
延載，平遙令。
惲，益州錄事參軍。
懍，新興尉。
綬。
悍，臨渙丞。
彈，餘干令。
弁。
惇。
憬。
延昌。
瑗，阜城尉。
俛。

信。
倫，范令。
鄭卿，襄陵尉，生
諫，信豐令。
偶，宋州參軍。
君仲。
準，符離丞。
延雍，衢州兵曹參軍。

脩基，後魏陳留太守。
羨，策秀才。
鴻鸞，河間太守。
士永，清河太守。
希寔，通州長史。
孝通，鉅鹿太守。
那舍，翊衛。
弘睿。
弘操。
守藏。
善意。
善守。
君威。
君協。
君選。
慈師。
希傑，皐陵太守。
仲德。

希彥，趙州別駕。
道常。
公瑜，漢王參軍。
遜言。
君淑。
德珪。
義珪。
信璋。
元素。
希猷。
孝德。
士安，行臺郎中。
士僑，本州主簿。
叔蓁，秦州外軍參軍。

- 希文
- 仲貞。
- 觀遠。
- 仲賓。
- 文長。
- 季確。
- 君逸。
- 研字探幽，高平太守。
- 元則，并州長史。
- 文殊，高平太守。
- 德潤。
- 彥雲。
- 守順。
- 守行。
- 孝叡，鴈門太守。
- 德延，漳南令。
- 治端，同州倉曹參軍。
- 玄徽。
- 玄恪。
- 玄朗。

- 玄庸。
- 治高。
- 德義。
- 鏡。
- 素民。
- 曾字慶子，後魏趙郡太守、柏仁懿子。
- 祥字元善，中書侍郎、平棘憲子。
- 安世字德含，相州刺史、假節，趙郡公。
- 瑒字琚羅，岐州刺史。
- 撝，清河太守。
- 君正，南皮令。
- 志道，兵部郎中。
- 思仁。
- 君偉，朝請大夫。
- 陳師，濟河令。
- 思禮，長城令。
- 君游。

- 孝伯，後魏秦州刺史、宣城文昭公。
- 豹子，中山太守。
- 叔讓，湖州長史。
- 孝緒，後周芮城令。
- 延壽，隋儒林郎。
- 璣衡，荊山丞。
- 仁穎，都水丞。
- 詳，太子少保。
- 幷，渭南尉。
- 紘。
- 紓。
- 纓。
- 縱。
- 交。
- 納。
- 申，監察御史。
- 緝。

薦三子：謫古、延嗣、龜謀。謫古字垂卿；延嗣字耀

- 輯。
- 丹，浙西觀察使。
- 袞，祕書郎。
- 君系。
- 詡，左庶子。
- 何忌，諫議大夫。
- 事舉，蘇州刺史。

卿；龜謀字直卿，生技，字有之。

纘，曹州刺史，生近仁、禮仁。近仁汝州刺史，生煦、薰，煦字

		諶，監察御史。	
	子父，上黨令。	懿，浚儀尉。	居中，光祿主簿。
秉融。體仁，江州刺史，生崇鼎、成彥，崇鼎字重周。			

						仁軌。	仁則。
		誠，河南府法曹參軍。		謙。	詵。		汨。
準，常州司士參軍。	遇，江都尉。	仲連。	秀。				旭。
位。							奉初。
							存。

	孝約，司徒錄事參軍。	孝純。
	子行，豫州刺史。	子廉。
	致。	瓌。
	師本。	師幹。
		玄珪。
達。		

東祖之後又有謂。

謂，隋南和公。	
爽，左金吾衞將軍。	
震，太子中允。	
光朝，鄂州司馬。	
仲塾，鹽鐵判官、兼監察御史。	
珏字待價，相文宗。	
階，度支判官、兼殿中侍御史。	弱翁，鹽鐵判官、兼監察御史。

諧字昌之，兗海從事、校書郎。	愈，密尉。

西祖勁字少黃，晉治書侍御史。二子：盛、隆。

盛，中書侍郎。	
纘字緯業，太子祭酒。	
延字紹元，後魏假趙郡太守。	
建。	
公淹，右司郎中。	
自勗，膳部員外郎。	自挹，杭州刺史。
	令志。

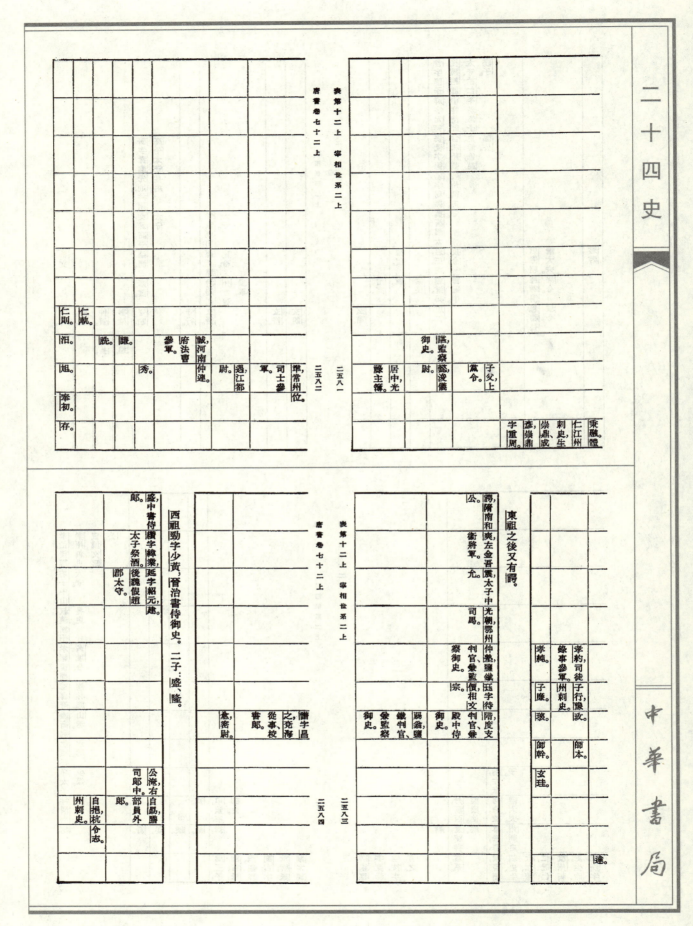

		連。		
		摶，固始令。		
		惠明，熊州司倉佐。		
		大智，新政令。		
		尚一。	尚貞，博州刺史。	乂字尚眞，中山貞公。
藏諸。			惔，益州司馬、知留後。	寧。
雄。	萱，絳州刺史。			

			龜字神龜，後魏州主簿。
			鳳林。
			裔字徽伯，以秀林子繼，陝州刺史、固安縣伯。
			子雄，隋河北道行臺兵部尚書、高都郡公。
			公宏。
宙，殿中侍御史。	審，左司郎中。	宿，緱氏尉。	

				休字紹則，後魏散騎侍郎。
				詵字令世，京兆太守。
		秀林，後魏定州大中正。		
		伯茂。		
公挺，襲高都郡公。				士衡，趙州刺史
世辯。	緯，戶部尚書。			
		景昕。		
		仲囊，左司員外郎。	叔囊，監察御史，生撰。	

襲。		
閣。		
傑。	侔。	
	恃顯。	恃和。
		彥琮，趙州長史。
		嗣眞，太常卿。
公敏。		默之。
懷遠，相武后。		
景伯，禮部侍郎，生彭年、喬年。彭年，吏部侍郎，生收、孚。收，給事中。喬年，右司郎中。		

隆字太彝，後魏阜城令。

謀，幕令。

昞，始平太守。

伯膺，東郡太守。

弘節，北齊廣平郡守。

道謙，太府卿。

道信。

思恭，韶州刺史。

去伐。

齊莊，倉部員外郎。

同亨。

知讓，長水主簿。

渙。

洽，兼御史中丞。

承胤，江州別駕。

巍，右武衛錄事參軍。

巽字令叔，吏部尚書、度支鹽鐵轉運使，生紹、繼、紓、綸、緘。

紹，鳳翔節度判

謀孫元稱，後魏廷尉。

孝恭。

懷柔。

懷宗。

祖威，倉部郎中。

君逸，隋謁者臺

思行，嘉州刺史，樂安公。

肅然。

辟邪，陝州刺史。

載。

栖筠字老彭，侍

貞一，贊御史。

官。

繼，京兆府參軍，生荊、薦。

荊字處中，薦字茂穎。

緘字德高。

郎。

皇文獻公。

吉甫字弘憲，相憲宗。

德脩，楚州刺史。

德裕字文饒，相文、武。生椅、渾、燁。

渾比部員外郎。

燁郴尉，生殷衡、延古。

殷

衡右補闕，延古司勳員外郎。

自然。

玄乂。

叔度，左諫議大夫。

恭懿。

行諶。

行敏。

行恭生啓。

叔儀。

遼東李氏:璣少子齊,趙相,初居中山,十三世孫寶,字君長,後漢玄菟都尉,徙襄平。生雄,車騎長史。生亮,字威明,原武令。生敏,河內太守。生信。生胤,字宣伯,晉司徒、廣陸成侯。生固,字萬基,散騎郎。生志,字彥道,陽平太守、嗣廣陸侯。弟沉,沉孫根。

根,後燕中書令。	宣,鄴郡守、龍驤將軍。	貴,後魏征東將軍、汝南公。	永,太中大夫。	弼字景和,後周太師、隴西武公。	曜,開府邢國公。	寬,隋梁州總管、蒲山公。	密字玄邃。	知古,右臺監察裏行。			
							匡民。				
						偉,左千衛將軍。	檀,亳州刺史、燉煌公。	暕,永陽郡長史、襲燉煌公。	鐈字浩,清江、汧陽太守,襲燉煌公。	澄,義成節度使、武威郡王。	克寧。

										溫,太僕少卿。	
					暉。						
					安。						
					衍,後周太宮伯、冀鄉夙公。	仲威。					
								承休。	泌字長源,相德宗。	絙,高陵尉。	
										綮,和州刺史。	

										縡,咸陽尉。	
										紩,涪州刺史。	
										絢,華州文學。	
									昂。		
						仲文。					
						仲武。					
						義方。	元通。				
						仲賢。					
					綸。	長。					
						稚。					

									知古。		
									翁歸。		
					晏。						
					椿。			祖光。			
									元素字大祁,戶部尚書。		

江夏李氏:漢酒泉太守護次子昭,昭少子就,後漢會稽太守、高陽侯,徙居江夏平春。六世孫式,字景則,東晉侍中。生嶷。嶷生倚,字茂仲。生矩,字茂約,江州刺史。生充,字弘度,中書侍郎。生顒,郡舉孝廉,七世孫元哲。

元哲,徙居廣陵。	嗇,蘭臺郎。	邕字泰和,北海太守。	岐。	正臣,大理卿。	漸。	師諒。					

						師稷。	誥字思輸。	齷字內文。			
			顥。	正叔，工部員外郎。	翹。	謂字德遠。					
				正卿。	公敏。	潛字德曜。					
						沆字映之。					
	昉。	璞，鄆州司戶參軍。	暄，起居郎。	鄲。							
				鄘字建侯，相憲宗。	拭，起居舍人。	磎字景望，相昭宗。	沆字東濟。				

漢中李氏：漢東郡太守、太常卿武孫頡，後漢博士，始居漢中南鄭。生郃，字孟節，司徒。生固，字子堅，太尉。生三子：基字憲公，茲字季公，燮字德公，安平相。十二世孫德林。

德林，隋內史、安平公。	百藥，禮部侍郎、宗正卿、安平文公。	安期，相高宗。	宗師，鄄城令。	羲仲，中書舍人。	泳。	嵤。					
						嚞。					
			宗臣。								
			宗玄。								
			宗墨。	容成，壽春太守。							

				力牧，餘杭太守。	良相。						
					良卿。						
				夷吾，竟陵太守。	幹，同州司戶參軍。	端。					
						序，殿中侍御史。					

趙郡李氏定著六房：其一曰南祖，二曰東祖，三曰西祖，四曰遼東，五曰江夏，六曰漢中。宰相十七人。南祖有游道、藩、固言、日知、敬玄、紳、元素；東祖有絳、嶠、珏；西祖有懷遠、吉甫、德裕；遼東有泌；江夏有鄘、磎；漢中有安期。

校勘記

〔一〕儉生相州刺史昌寧公平二子道生道開　按魏書卷二五長生道生傳，道生爲嵩從子，與嵩同事魏道武帝；又查周書卷二六長孫儉傳，儉仕於北周，嵩爲儉五世祖。此言儉爲道生祖，嵩爲道生六世祖，豈祖爲北周臣，而其孫乃先百數十年與遠祖同事北魏開國之帝？待考。

〔二〕藩　各本原作「潘」，據本書卷一六九及舊書卷一四八李藩傳、白氏長慶集卷六八海州刺史裴君夫人李氏墓誌銘改。

二十四史

新唐書

宋 歐陽修 宋祁 撰

第九册

卷七二中至卷七三上（表）

中華書局

唐書卷七十二中

表第十二中

宰相世系二中

王氏出自姬姓。周靈王太子晉以直諫廢爲庶人，其子宗敬爲司徒，時人號曰「王家」，因以爲氏。八世孫錯，爲魏將軍。生賁，爲中大夫。賁生渝，爲上將軍。渝生息，爲司寇。息生恢，封伊陽君。生元，元生頤，皆以中大夫召，不就。生翦，秦大將軍。生賁，字典，武陵侯。生離，字明，武城侯。二子：元、威。元避秦亂，遷于琅邪，後徙臨沂。四世孫吉，字子陽，漢諫大夫，始家皐虞，後徙臨沂都鄉南仁里。生駿，字偉山，御史大夫。二子：崇、游。崇字德禮，大司空、扶平侯。生遵，字伯業，後漢中大夫、義鄉侯。生二子：旹、音。音字少玄，大將軍掾。四子：誼、叡、典、融。融字巨偉。二子：祥、覽。覽字玄通，晉宗正卿、卽丘貞子。六子：裁、基、會、正、彥、琛。裁字士初，撫軍長史，襲卽丘子。三子：導、穎、敞。導字茂弘，丞相始興文獻公。六子：悅、恬、劭、洽、協、薈。洽字敬和，散騎侍郎。二子：珣、珉。珣字元琳，尙書令、前將軍，謚曰獻穆。五子：弘、虞、柳、孺、曇首。曇首，宋侍中、太子詹事、豫寧文侯。二子：僧綽、僧虔。僧綽，中書侍郎，襲豫寧愍侯。生儉，字仲寶，齊侍中、尙書令、南昌文憲公。生騫，字思寂，梁給事中、南昌安侯。生規，字威明，左戶尙書、南昌章侯。生褒，褒字子淵，後周光祿大夫、石泉康侯。生鼒，字玉鉉，隋安都通守、石泉明威侯。生二子弘讓、弘直。

弘讓字敬宗，中書舍人，專掌機密。		
方士字玄逸，臨邛令。	方則字玄憲，光祿卿。	
崇禮，沂州司馬。	景，蘭州刺史。	
瑤，涿城府果毅。	綰，常遷。	
	混。	液。

中華書局

			綺,越州倉曹參軍。	浩。			
				渙。			
			純,成武令。	濬。			
				沂。			
			緒,祕書郎。	坦。			
				湑。	源,廣管城尉。		
					德文。		
			練,莘尉。				
			紓,通事舍人。				

		晏,益州倉曹參軍。	安期。				
			佺期。				
			棨期。				
		昱,好畤丞。	維。				
			綱,臨洺丞。				
		昇,夏州長史。	繪。				
			縱。				
	方泰字玄敏,太府少卿。	鴻,馮翊丞。	志悌,宜壽尉。	汶,殿中少監。	衮,御史知雜。	宜陽。	
						紹。	

			志凝,襄垣尉。				
		源,虢州參軍。	志福。				
			志斌,長上果毅。				
		澄。	志深,襄樂尉。				
		澮,南昌丞。					
		濛,宋王屬。	志簡,常選。				
弘直字長宗,魏州刺史,謚曰孝。	緘字方舉,隋州司馬。	思哲,洛州參軍。	撝。				

			擢。				
		思恭,峨嵋丞。	希倩,光州刺史。	珪,漢州別駕。	海字巨元。	建子。	台老,明經及第。
						銓。	寶子。
							馬老。
					添字益源,祕書丞。	銑。	
						銳。	
						邁字退舉,黃巖令。	知魯。

知蘊字積中，蜀王諮議。	慎微字表仁，吉州長史。	章。
		融。
		彥範。
	璆，范陽丞。	
	昌禹，山南東道節度推官、試大理評事。	瓚。
	彥規。	

	知進，肅清簿。
	知綬，眞鄉令。
逸字從之，平望戍副。	綱。
	縞。
	進。
迺字匡忍，常選。	師迴。
	師達。
	師逸。

	師遂。	
	師述。	
	師逞。	
	師造。	
檢字德中，檢校刑部尚書、琅邪郡子。	昌嗣。	給字執中，壽州法曹參軍。
	昌裔，上虞令。	
	涑字澡源，會稽令。	紳，寧國令。

							知古。
							希古。
					遏，南宮令。		
續字方紹，羅川令。	愔。	延璀。					
		延祚。					
		延肅。					
		延之。					
績字方節，越王府法曹參軍。	思敬。	海雲。					

	綝字方慶，相武后。	晞字光烈，鄜州刺史，襲石泉侯。	備字靈龜，定州刺史。	濡，膳部員外郎、黃州刺史。	牧，涇陽尉。				
					源茂，榮州刺史。	璋，左衞兵曹參軍。	晉。		
							存。		
					遂，沂海觀察使。	新豐，蓬州刺史。			
						果，鳳翔府參軍。			
					長文，禮賓使。	早，大理丞。			

					昶，太子詹事。	仲鸞，徐州節度判官。			
					暐，福建觀察推官。				
					晟，明經及第。				
					昇，舞陽尉。				
			澄，洋州刺史。	造，太子諭德。					

				迺，淄州刺史。	鈦。				
					鎬。				
					鎔。				
				逵，殿中少監。	鍊，祕書省正字。				
					錫。				
					鏄。				
				邁，淄州刺史。					
				迅。					
			沐，御史中丞。	源上，華陰令。					

				源長，渭南令。					
				源通，衞佐。					
			淮，御史中丞。	子文，平山尉。					
				子西，恆州參軍。					
				子尙，恆山令。					
			濟，尙衣奉御。	源永，澧州參軍。					

沼，集州刺史。魯卿。質，偃師丞。
實。
賀。
贊。
賈。
潤，杭州別駕。遇，著作郎。
源中字
擢字嵒
正蒙，天臣。
平節度使。
應。

叔鳳。
叔鸞。
敬元，散騎常侍。
逢元。
廸。
適，侍御史。季羽。
高，安邑尉。希範。
潤，汝州長史。
源植，福愿，襄邑尉。
建觀察使。

賜，永城尉。
恪，同州參軍。
愼。
愖。
憬。
柷字不
耀，給事中。
源會，絳州司馬。

源端，令。
灌，湖州文學。
源蒙，四門助敎。
退思，晉陵丞。
侁，舒州刺史。
漪，衞尉丞。
泛。
邈，徐城令。
師貞。
渼。
源謙。
源評。
脩禮。
源誠。

晦字光遠，冀王執仗。
休，以晦再從弟脊子繼，灉水令。
曒字光輔。
寵。
仲連，揚府錄事參軍。
紹。
瑛，相肅宗。
及，中書舍人。
鐬字聲仁，右諫議大夫。
摶字昭逸，相昭宗。
偶字垂光，鄠尉，直弘文館。
俠，河南府文學。
倫，校書郎。
鍼字公蕣。
鄭。
參字內睿。

損字中禮。
拯字蘊華。
乂。
宰，國子司業。
嗣宗。
汶。
來。
嗣昌。
嗣端。
士則，挽郎。

嗣源，饒州參軍。
嗣恭。
師寶。
平子。
晊字光賓，監察殿中侍御史。
寰，河東丞。
嗣立，晉州參軍。
源潔，建昌尉。
寂。
嗣文。
專。
仲文，義烏尉。
忠君，溧陽丞。

仲武。
曄，殿中侍御史。
偎，挽郎。
昄字光庭，明威將軍。
份，咸陽令。
復，奉天尉。
宗卿，分寧丞。
麗。
儒卿，好畤令。
河。
偕，臨汾尉。
和。
道固。
元貞，管城令。
孝源。
雄。
溥。
源矩。

	第三格	第四格	第五格	第六格
1				源明。
2			濤。	源孚。
3				源采。
4				源芳。
5				源旭。
6		侗，大理主簿。	佛奴，虔州刺史。	
7	曀字光範，明威將軍。	俶，荊州刺史。	金刀。	
8			鼎子。	
9		傑。	現。	源奕。
10				源奭。

	第三格	第四格	第五格	第六格	第七格
1				源爽。	
2		儀。	灉。	天養。	
3			貞。		
4	昕字光業，忠王司馬。				
5	暐字光緒，萬州司馬。	佺，金牛令。	和及。	冕。	
6				冠。	
7				求。	
8			和友。	罕。	亭。
9					謝老。
10				寬。	

	第二格	第三格	第四格	第五格	第六格	第七格
1					覺。	
2					寬。	相老。
3			佋，睦州司馬、祁縣男。	激。		
4				湜。		
5			洞玄，金州司馬。	彭。		
6		暉字光嗣，安化郡司馬。	佖。			
7			伸。			
8			信。			
9	緄字方操。	令賓，商洛丞。				

	第一格	第二格	第三格
1			輝遠。
2			延客，姑臧尉。
3	弘度字承宗。		
4	弘仁字嗣宗。	方誕。	
5		方寔。	
6	弘義字林宗，荊王屬。	方諝，海州錄事參軍。	眘，宋州參軍。
7	弘訓字孟宗。	方茂。	

方智，戶部郎中。
固忠，維丞。
固基。
固信。
固貞，胙城令。
固業，涼州司倉參軍。
固廉，隴州參軍。
固已，單父令。

弘道字玄宗，丹徒令。
弘藝字延宗，膳部郎中。
方壽。

正字士則，晉尚書郎。三子：虞、曠、彬。彬字世儒，尚書右僕射、肅侯。二子：彭之、彪之。彪之字叔武，尚書令，謚曰簡。二子：越之、臨之。臨之生納之，皆御史中丞。納之生准之，字元魯，宋丹楊尹。生輿之，征虜將軍。生進之，梁左衞將軍、建寧公。生清，安南將軍、中盧公。生猛。

猛字世雄，初名勇，陳東衡州刺史、應陽成公。
綽，隋晉州刺史。

纘，鼓旗將軍、楚州刺史。
德儉字守節，御史中丞、歸仁縣男。
瑨字希琢，相武后。
大有，左衞中郎。
同人，泗州刺史。
既濟，荊府功曹參軍。
休明，南和尉。
休光，博州別駕。

休名，相州刺史。
休言，解令。
纘，吏部郎中。
德秦，閬州刺史。
鼎，工部員外郎。
璩，屯田郎中。
瑜字希璧，侍御史。
瑤，右驍騎將軍。

		德本，西臺舍人。	搖，右衞將軍。	承慶，駙馬都尉。							
				承先。		重華，左拾遺。					
						蕭，左司員外郎。					
						重明。	拱，虞部郎中。				
							權，國子祭酒。	申伯。	莘，司勳郎中。		
								貞伯。	葆字禮羽。		

									師甫，江西觀察使。		
									藩，戶部郎中。		
									堯。		
							楷，虞部郎中、右庶子。				

太原王氏出自離次子威，漢揚州刺史，九世孫霸，字儒仲，居太原晉陽，後漢連聘不至。霸生咸，咸十九世孫澤，字季道，鴈門太守。生昶，字文舒，魏司空、京陵穆侯。二子：渾、濟。渾字玄沖，晉錄尚書事、京陵元侯。生湛，字處沖，汝南內史。生承，字安期，鎮東府從事中郎、藍田縣侯。生述，字懷祖，尚書令、藍田簡侯。生坦之，字文度，左衞將軍、藍田獻侯。生愉，字茂和，江州刺史。生緝，散騎侍郎。生慧龍，後魏寧南將軍、長社穆侯。生寶興，龍驤將軍。生瓊，字世珍，鎮東將軍。四子：遵業、廣業、延業、季和，號「四房王氏」。

大房王氏：

遵業，黃門郎。	長明。										
	松年，北齊黃門侍郎、高邑平侯。	邵字君懋，隋祕書少監。	孝京，揚州司馬。	子奇，青州司戶參軍。	慶賢，美原丞。	光謙，淮陰令。	翃，吏部侍郎。	重，河東令。	文仲，王屋令。		
									君仲。		
									衆仲，衢州刺史。	淙。	鎬字仁固。

										凝字成庶，一字致平，宜歙觀察使，諡貞。	鐻字中御。
										洧。	鉅字弘猷。
								倉，兼御史中丞。	叔仲。		
									敬仲。	寡言。	鍇字豐祥。
							翊，陽翟尉。	勳。			

烏丸王氏。生神念。北齊亡，徙家萬年。

神念，梁冀州刺史、壯侯。
僧辯，太尉、領侍中、永寧公。
頍，侍中、樂陵守。
琛。
闓。
思泰字美暢。
暢字昕，司農卿、薛公。
知約，鄭州刺史。
通理，司封郎中、薛公。
警，渭州刺史。
翼，盩厔令。
弼，長安丞。
玢，符璽郎。

珪字叔玠，相太宗。
崇基，主爵員外郎。
體仁，朝散大夫。
尚逸字伯夷，定州長史，襄公。
齊望，通州刺史。
旭，左司郎中。
茂時。
光大，司勳郎中。
燕，給事中。
遂，大理少卿。
輝，千牛。

僧修。
景孝，隋屯田侍郎。
銓，汾州刺史、歙縣男。
文濟，給事中。
仁忠字巖，右衛長史。
揖，左千牛將軍。
頍。
遵，工部員外郎。
齊休，倉部郎中。
嵩，尚衣奉御。
崑，司農寺主簿。
敬直，南城縣男。
遵，蘇州刺史。

文泊。
仁皎字守一，太子少保。
鳴鶴，特進、祁昭宣公。
鑒，懷州刺史。
礎，黔中觀察使。
專。
芳。
崇，京兆府參軍。
嵒。

冏五世孫元政。

元政，幽州別駕。

實，安吉令。

祚，青州司馬。

晃，溫州刺史。

沼，禮部郎中。

潔，國子司業。

涯字廣津，相憲宗、文宗。

孟堅，工部郎中、集賢院學士。

仲翔，太常博士。

中山王氏亦出晉陽。永嘉之亂，涼州參軍王軌子孫因居武威姑臧。五世孫橋，字法生，侍御史、贈武威定王。生叡，封中山王，號「中山王氏」，後徙樂陵。

叡字洛誠，後魏尚書令、中山宣王。

驥字元孫，後魏吏部尚書、中山惠王。

忻，散騎常侍、肆州刺史，諡曰穆。

子景，北豫州司馬。

元季，隋大中正、開府儀同三司。

有方，岷州刺史。

行果，長安尉。

晙，相玄宗。

殷任，太原少尹、易州刺史。

曒，永壽令。

冀，巢令。

怡，戶部侍郎。

汾州長史王滿，亦太原晉陽人，生大璡。

大璡，嘉州司馬。

昇。

昇，咸陽令。

恕字士寬，揚府倉曹參軍。

播字明敭，相文宗。

鎮，祕書丞。

冰，京兆府參軍。

起字舉之，魏郡文懿公。

式，武寧節度使。

龜字大年，浙東觀察使。

蕘，右司員外郎。

權。

定保字翊聖。

檀字秀山。

鐐字德耀，汝州刺史。

蘋字玄禮。

鑄字台臣。

炎字逢時，太常博士。

鐸字昭範，相僖宗。

華陰王氏，後徙京兆新豐。

孝傑，相武后。

無擇，左驍衛將軍。

京兆王氏出自姬姓。周文王少子畢公高之後，封魏，至昭王彤，生公子無忌，封信陵君。無忌生閒憂，襲信陵君。秦滅魏，閒憂子卑子逃難于太山，漢高祖召爲中涓，封蘭陵侯。時人以其故王族也，謂之「王家」。卑子生悼，悼生賢，濟南太守，宣帝徙豪傑居霸陵，遂爲京兆人。賢七世孫黨，上郡太守。卑子九世孫遵，字子春，後漢河南尹、上樂莊侯。遵生魴，魴孫康，康生諶，諶生鵠。魴別孫景，生均、忠。均八世孫羆，至易從徙居汲郡。

羆字羆，後魏雍州刺史、萬年忠公。			
慶遠，直閤將軍。		明遠，周司金上士。	
逖字長安，隋柱國、龍門莊公。		壽，隋州都七職主簿。	
		喆，河西令。	
無畏，都官郎中。	儼，工部侍郎。	慶，浦州長史。	
		易從，揚州刺史。	
		賓。	寔。
	懷濟。		

				敬從，右庶子。
宥。	密，越州刺史。	定字鎮卿、太子右庶子、集賢院學士。		竂，右驍衛錄事參軍。
	行古。	逢，殿中侍御史。	仲周，攝監察長史。	
	收字穡德。			
	超字子榮。			

擇從，京兆士曹參軍、麗正殿學士。			朋從。	言從。
嶷，連州刺史。				
自立，緱氏令。				
徽字昭文，相僖宗。				
楷。	樗。	松字夢禎。		

忠七世孫直。

直，瓜州刺史。
承家，都官郎中。
滔，果州刺史。
何，丹王傅。

武宣，岳州刺史。				長諧。	
德本，鄧州刺史。	德眞，相高宗、武后。			德玄，倉部郎中、唐州刺史。	
	九思，三原令。			九功。	九言，駕部郎中、并州司馬。
	潛，告城令。	坦。	裔。	沖之，度支郎中。	

			士會，陸渾令。	某，寧王掾。							

王氏定著三房：一曰琅邪王氏，二曰太原王氏，三曰京兆王氏。宰相十三人[二]。琅邪有方慶、璵、摶、璿；太原有溥、縉、珪、涯、晙、播、鐸；京兆有徽、德眞。

魏氏出自姬姓。周文王第十五子畢公高受封於畢，其後國絕，裔孫萬爲晉獻公大夫，封於魏，河中河西縣是也，因爲魏氏。萬生芒、季。季生武子犨。犨生悼子。悼子生昭子絳。絳生嬴。嬴生獻子舒。舒生襄子曼多。曼多生文子須。須生桓子。桓子孫文侯都。都生武侯擊。擊生惠王罃。罃生襄王嗣。嗣生哀王。哀王生昭王。昭王生公子無忌。孫無知，漢高梁侯。生均。均生恢。恢二子：伯倫、彥。彥字叔綸，張掖太守。生歆，字子胡，鉅鹿太守，初居下曲陽。二子：愉、悅。愉字彥長，侍中。生宙，字惠開，平原郡守。生紹。曾孫宜，北海公。孫紞。二子：儔、植。儔爲東祖，植爲西祖。儔孫蔵。三子：儵、意、豎。意裔孫士廓。

士廓，隋治書侍御史。	乂，濮陽令。	玄同，字和初，相武后。	愔，著作郎。	長裕，河南法曹參軍。	充。						
					霓。						
					尤。						
				季隨，膳部郎中。							
				季邁，長安尉。							
			懍，御史主簿。	方回，淄、青二州刺史。							
				方進，御史大夫。	元。	叔正，兼監察御史。					

					循，郴州刺史。						
				廣業，昇州刺史。	甫。						
			恬，鄭州刺史。	嶠。	黃裳，開州刺史。						
			協。								
			確，司議郎。								

館陶魏氏本出漢兗州刺史衡曾孫珉，始居館陶。珉孫彥。

彥，字惠卿，後魏光州長史。	釗，字顯義，義陽太守、陵江將軍。	伯胤。									

		長賢，北齊屯留令。	徵，字玄成，相太宗。	叔玉，光祿少卿。	膺，祕書丞。						
				叔瑜，職方郎中。	華，禮部侍郎。	瞻，駕部郎中。					
				叔琬。							
				叔璘。							
					殷，汝陽令。	明，監察御史。	憑，獻陵臺令。	謩，字申之，相宣宗。	潛，字蘊華。	敖。	
									滂，殿中進馬。		
						隋，蓬州刺史。					

						萬，彙御史中丞。					
		德振。									

宋城魏氏：

元忠，相武后、中宗。	昇，太僕少卿。										
	晃。										

鹿城魏氏：

知古，相玄宗。	喆，延安太守。										

	悊，陽安太守。										
	林，朔州刺史。										
	珏，鴻臚少卿。										
	曬，贊善大夫。										

又有魏盈之族：

盈。	昌。	扶，字相之，相宣宗。	譽，字守之，刑部侍郎。								

魏氏宰相六人。玄同、徵、謩、元忠、知古、扶。

温氏出自姬姓。唐叔虞之後，以公族封於河內温，因以命氏。又郤至食采于温，亦號温季。漢有温疥，封栒侯，謚曰順。生仁，仁子何，始居太原祁縣。何六代孫序，字次房，後漢護羌校尉。二子：壽、益。壽，鄃平侯相。益字伯起，兗州刺史。生恕，孫恢，魏揚州刺史。生濟南太守恭。恭二子：羨、憺。憺，晉河東太守。生嶠，字太眞，江州刺史、始安忠武公。從子楷，隨桓謐奔于後魏。兄孫奇，馮翊太守。曾孫裕，太中大夫，生君攸。

君攸，隋泗州司馬。	大雅，字彥弘，禮部尚書、黎孝公。	無隱，工部侍郎。	克讓。								
			克明。								
			晉昌。								
		釋胤，坊州刺史。									

				景倩，南鄭令。	佶，字輔國，太常丞。	邈。					
						造，字簡輿，河陽節度使、禮部尚書、祁縣子。	瑄，字子侯。				
							璋，京兆尹、檢校吏部尚書。				
						遜。					

	彥博字大臨，相太宗。	振，太子舍人。	翁歸，庫部郎中。	緬。			
				續，閬州刺史、虞公。	晧。		
					晙。		
					曦，太僕卿、駙馬都尉。	西華，祕書監、駙馬都尉。	瑒。
				纘。			
				繙。			
				紹。	早，道州刺史。		
				緘。			

				絢，比部員外郎。			
			翁念，太僕少卿。				
			翁愛。				
		挺，延州刺史、駙馬都尉。	常節。	履言，左羽林軍將軍。	冬日。		
					光嗣。		
	彥將字大有，中書侍郎、清源敬公。	瓚。	焯。				

			燁。				
			炫。				
		瑜，祠部郎中。					
		璀。					
		璩，職方郎中、陝州刺史，	延賞，陳州刺史。				
			愼徽，鄭州刺史。				
			道沖，和州刺史。	任。	袞。	初，國子主簿。	

				佐。			
				佚。			

温氏宰相一人。彥博。

戴氏出自子姓，宋戴公之孫，以祖父謚爲氏。至漢信都太傅戴德，世居魏郡斥丘。裔孫景珍。

景珍，後魏司州從事。	冑字玄胤，相太宗。						
	仲孫。	至德，相高宗。	良紹。				

戴氏宰相二人。冑、至德。

侯氏出自姒姓。夏后氏之裔封於侯，子孫因以爲氏。一云本出姬姓，晉侯緡爲曲沃武公所滅，子孫適於他國，以侯爲氏。鄭有侯宣多，生晉。漢末徙上谷，裔孫恕爲北地太守，因家于北地三水。四世孫植，從魏孝武西遷，賜姓侯伏氏，又賜姓賀吐氏，其後復舊。

植字仁幹，周驃騎大將軍、肥城節公。	君集，相太宗。									

侯氏宰相一人。君集。

岑氏出自姬姓。周文王異母弟耀子渠，武王封爲岑子，其地梁國北岑亭是也。子孫因以爲氏，世居南陽棘陽。後漢有征南大將軍、舞陽壯侯岑彭，字君然。生屯騎校尉、細陽侯

遵。遵曾孫像，南郡太守。生晊，字公孝，黨錮難起，逃于江夏山中，徙居吳郡。生亮伯，亮伯生軻，吳會稽鄱陽太守。六子：龍、昬、安、頌、廣、晏。後徙鹽官。十世孫善方。

善方，梁起居舍人、尚書、長寧公。	之象，邯鄲令。	文本字景仁，相太宗。	曼倩，雍州長史，襲公。	獻，國子司業、梁公。	定，淮南節度判官。				
					弘，太子通事舍人。				
					通，太常寺太祝。				
					至，祕書省校書郎。				

						靖，復州刺史。	融，忠州錄事參軍。			
							玢，晉州別駕。			
				羲字伯華，相中宗、睿宗。	敷。					
				仲翔，太子中允、陝州刺史、博望公。	賁字明數，右驍衛倉曹參軍。					
				仲休。	尹，著作郎。					

					炅，藥丞。	贊，司門郎中、衡州刺史。				
						賓，殿中侍御史。				
			景倩，麟臺少監、衞州刺史、昭文館學士。	植，仙、晉二州刺史。	謂，澄城丞。					
					況，湖州別駕。	則，右衛率府兵曹參軍。				

					參，庫部郎中、嘉州都督〔二〕。			卓兒。
					乘，太子贊善大夫。			
					垂，長葛丞。			
				棣，沛令。	臾，眉州刺史。			
				楷，安喜令。	冬卿，邢州長史。			

				椅，監察御史。	終，吉州刺史。	橫，鳳翔戶曹參軍。		
						顥，長城尉。		
		文叔。	長倩，相武后。	靈源。				
				廣成。				

岑氏宰相三人。文本、羲、長倩。

校勘記

〔一〕宰相十三人　按本卷華陰王氏表載：「孝傑，相武后。」與舊書卷六則天紀、本書卷一一一及舊書卷九三王孝傑傳合，此處漏計。

〔二〕參庫部郎中嘉州都督　按全唐文卷四五九岑嘉州集序、唐才子傳卷三岑參傳俱云「出爲嘉州刺史」，非任都督。

唐書卷七十二下

表第十二下

宰相世系二下

張氏出自姬姓。黃帝子少昊青陽氏第五子揮爲弓正，始制弓矢，子孫賜姓張氏。周宣王時有卿士張仲，其後裔事晉爲大夫。張侯生老，老生趯，趯生骼。至三卿分晉，張氏仕韓。韓相張開地，生平，凡相五君。平生良，字子房，漢留文成侯。良生不疑。不疑生典。典生默。默生大司馬金。金生陽陵公乘千秋，字萬雅。千秋生嵩。嵩五子：壯、讚、彭、睦、述。壯生胤。胤生皓，字叔明，後漢司空，世居武陽犍爲。皓生宇，北平、范陽太守，避地居方城。宇孫肥如侯孟成。孟成生平，魏漁陽郡守。平生華，字茂先，晉司空、壯武公。二子：禕、韙。禕字彥仲，散騎侍郎。生輿，字公安，太子舍人，襲壯武公。生次惠，宋濮陽太守。二子：穆之、安之。安之之族，徙居襄陽。

穆之，宋交州刺史。	安之，宋青州主簿。		
弘籍字眞藝，齊鎮西參軍。	弘策字眞簡，梁衞尉卿、洮陽閔侯。		
纘字伯緖，以弘策第三子繼梁，雍州刺史、利亭簡憲公。	紑，後周宣納上士，隋巴州錄事參軍。		
	則，澧陽令。		
	玄弼，益府功曹參軍。		
德政，鄆州都督、范陽公。	柬之字孟將，相武后、中宗。		
	漪，著作郎。		
	愿，吳郡太守、兼江東採訪使。	惎，左補闕。	緄，荊府倉曹參軍。
	煦，殿中侍御史。		

韙，晉散騎常侍，隨元帝南遷，寓居江左。六世孫隆，太常卿，復還河東，後徙洛陽。生子犯。子犯生俊，河東從事。生弋。

			嶧。	琪，晉州刺史。	
軫，河南參軍。	某，戶部郎中。	昪，大理評事。			
					纁。

弋字嵩之，周通道館學士。				
洛。				
隲字威隲，洪洞丞。				
光，國子祭酒。	珪，戶部郎中、懷州刺史。	說字道濟，相睿宗、玄宗。		
	浣。	均字均，刑部尚書、大理卿，襲燕公。		
		垍。	密。	濛，中書舍人、禮部侍郎。

嵤，洛陽丞。
岩。
坦，太常卿、駙馬都尉。
渙。
倓。
瑊，給事中。
嶧，瀛州刺史。

河東張氏本出晉司空華裔孫吒子，隋河東郡丞，自范陽徙居河東猗氏，生長度。

長度，銀青光祿大夫。
俊興，相國府檢校郎將。
思義，成紀丞。
嘉貞，相玄宗。
延賞初名寶符，相德宗。
弘靖字元理，初名調，相憲宗。
文規，桂管觀察使。
彥遠，祠部員外郎。

景初，殿中侍御史。
天保。
嗣慶，河南少尹。
彥脩。
次宗，舒州刺史。
曼容。
彥回字幾之。
茂樞字休府。
諗，主客員外郎。
師賓，郴州刺史。

嘉祐，左金吾將軍、相州刺史。
宏。

始興張氏亦出自晉司空華之後，隨晉南遷，至君政，因官居于韶州曲江。

守禮，隋滏山丞。
君政，韶州別駕。
子虔，竇州錄事參軍。
弘雅，明經及第。
處讓。
餘悌。
濟。
秘。
稔。
附。
處玄。
意乂。
行扶。
景當。
處璆。

弘矩，洪州都督府參軍。
昱，初名處欽。
如琁。
輔。
友。
如玘。
潁。
天，湖水環。
主簿。
處泰。
弘載，端州錄事。
處榮。
續，曲江令。
存。
匪躬。
諧。
護。
處茂。
繪。

		緬。		
		緘。	偲。	
	處倫。	纓。		
		繼。	垌。	
			郁。	
	處閑。	隨。		
弘顯，戎城丞。	處承。			
	處讜。	翃，興寧令。	察。	克脩。
			循。	慈明。
				克戎。

					思齊。
					亮。
				瞻。	
子胄，剡令。	弘藏。	允齡。	鳳初，容州司馬。	液。	貢。
					廉。
					賁。
					聰。
				冰，登州文學。	元昌。
			鳳立。	來。	透。
				准。	宥。

鳳規。	烈。	
鳳翔。	歡然。	瑾。
		琛。
	皓然。	亞之。
		獻之。
鳳匡。	朋。	愼。
鳳鷚。	瑩。	
	异。	
鳳珽。		
鳳筠。	潤。	伯堯。
		敬叔。
	滿。	鋒。

			深。	伯川。
弘毅。	軫齡。	駰。		
		騤。	諶。	
			談。	
		搢。	仲宣。	
	擅齡，番禺令。	駢。	浼。	僢。
				仍。
				佶。
		騄。	仲灣。	玩。
				瑱。
				瑹。

					弘智。			弘愈，索盧丞。	
		澄昱。			處捴。	處琁。	處遷。	九齡字子壽，相玄宗。	
		恁。	恕。					拯，右贊善大夫。	
仲贄。	仲懿。	仲彥。	仲文。	仲儒。				藏器，長水丞。	
可記。								敦慶，袁州司倉參軍。	
								景新。	
								涓，嶺南觀察衙推。	
								千壽。	皓，仁化令。
									譔生澄巽。

			鄖，湖南鹽鐵判官。			
			鈞。	道輿。		起，端州司戶參軍。
颻。	謠。	諧。	偉二子：瑒、珙。珙二子：文璉、文智。	繼生綰。	太玄。	維四子：贄、琟、嗣宗、居賀。

	景重，洪州都督府參軍。	
	熕，歸善令。	
	廷傑。	
縉六子：貴英、再英、仲英、萬英、韶英、可英。	涉二子：璲、璀。璲二子：光敏、光濟。璀生文範。	濕生琇。琇生元吉。

淪三子：琮、瓊、璨。琮二子：乾用、利用。瓊二子：克柔、克已。璨生樂。	沼二子：珽、璵。珽二子：隆、斂。璵生亨。

燿，樂昌令。
曋，滇陽丞。
文達。
洪二子：珣、瑛。珣生克從。瑛四子：錫、祜、休、鑄。
文曜，三子：威、纂、和。威生怡，纂生士衡。

九皋，殿中監、南康縣伯。
捷，端州刺史。
仲通，潮陽令。
季延，平樂令。
顒。
喬。
希範。
文嵩，監東太倉，三子：允恭、允明、化璘。允恭生廉、允明生士調。

擢，右金吾兵曹參軍。
拱。
仲連。
季賓。
仲師。
仲慰，樂昌令。
勳。
仲熊，端州錄事參軍。
季長。
季重。
仲寧。
季康。
仲傪。
仲餘。

仲友。
撝，昭州刺史。
仲建，平樂令。
鼐，晉康主簿。
景思，陽江主簿。
璠。
珂。
九思。
幼之。
抗，朔方行軍司馬、檢校戶部郎中。
仲端，都昌令。
雄。

仲膺，嶺南節度判官、殿中侍御史。	仲宗，義興尉。			仲蓍，江都令。
	嘉潁，遂昌丞。		可復，潮陽主簿。	師老，永康令。
	遵業，雷鄉主簿。		歈。	紹儒，明經及第。
	解，太子中舍。			
	詹，侍御史。			
	璞，端州錄事參軍。	璉。		

仲方字靖之。秘書監、曲江成伯。	
孟常初名景宣，右淸道率府胄曹參軍。	茂宣，太原節度掌書記。
	克儉，戎城主簿。
	綺，梧州刺史。
	崇紀，宜州軍事推官。
	瑞，仁化令，二子：文倚、文蔚。文倚二子：採、授。文蔚二子：揆、操。

澤三子：緗、緒、繐。緗二子：忠順、忠璨。緒生忠謂。繐二子：忠治、忠晟。	瀾四子：玓、珣、璦、璣。玓三子：惟正、惟吉、惟聰。珣二子：惟稔、

	仲孚，監察御史、廣州節度判官。		
	叔敖，信安尉。		
	誕。	隋。	晏，韶州判官。
		難老，	
惟辟。璦生惟德。璣二子：惟克、惟哲。			

纖文，韶州司法參軍。
智。
溎。
俊，韶州司倉參軍。
忠，明經及第。
溫其，絳州刺史。
溫士，刑部郎中。

德璘，太原少尹、御史中丞。
仲本。
仲威。
晳。
捍，建陽令。
仲寬。
閱。
滕。
斂。
貞。
幼挺，初名仲舉，字敦古，度支郎中。
復魯字演，初名球。
陳許節度副使。

復珪字環中，諫議大夫。
瑊。
仲道。
揆。
仲宇。
仲楚，漳濱，韶州浦尉。
鹽場巡官。
仲清。
仲丹。
仲則。
仲綽。

仲僧。
拔。
敬唐，韶州錄事參軍。
敬直。
敬寬。
九章，鴻臚卿。
招，大理評事。
諶。
復。
至。
翮。
和。
據，金華令。
管。
倚。

授，陽川主簿。　仲誼。　琛。
操，沂州司馬。
撗。
授。
搆。　易簡。　頤。
易從。
採，雷州刺史。　克恭，河源令。　希虞，潮州錄事參軍。　齊彥。
齊穎。
希璧。

克和，戎城主簿。　汝翊，賀州軍事判官。　師迎。
用晦。　桃符。
克讓，新州司馬。　璉，永順令。　思猷。
瑤。
仍裕。
克紹，正議令。　袞，如和令。　鍛。　溫卿。　道昭。
溫裕。
溫彥。
溫業。

括。
九賓。　拾，江都丞。　仲恭，袁州錄事參軍。　汝翼。　珩。
球。
汝亮。
撫，懷州參軍。　仲修，
仲嗣，永平令。　講。
譜。
抃，豐城令。　仲雍，都城令。

挹。　士儉。
仲綱。
仲綽。
措，程鄉令。　衢，恭城主簿。
術。　珽。
播，封川主簿。
衒。
子卿。　欽環。　震。　諷。　曼。
誼。　琛。
欽瑒。

		子冲。	弘讓，循州錄事參軍。	庭訓。	緒。	璨。
						玲。
				庭貴。		
			弘驥。	庭秀。	璀。	
				庭逸。		
		子謇。	弘衍，崖州錄事參軍。	釗。		
		子猷。	弘胤。	欽專。	振。	說。

馮翊張氏本出後漢司空皓少子綱，字文紀，後漢廣陵太守。曾孫翼，字伯恭，蜀冀州刺史。子孫自犍爲徙下邽。

德言，龍州刺史。	榮。	仁愿，相中宗。	之輔，金吾將軍。	通儒，事安祿山。

				知微，初名通幽，倉部郎中。

吳郡張氏本出嵩第四子睦，字選公，後漢蜀郡太守，始居吳郡。裔孫顯，齊廬江太守，生紹。

紹，梁零陵郡太守。	沖，字叔玄，隋漢王侍讀。	後胤，字嗣宗，國子祭酒、新野康公。	震，左衞靈池府折衝都尉、富陽縣公。
			濟。
			謙。
			巽。

		律師，王府諮議參軍。	繼本，泗州刺史。		
			義方，字儀，邢州刺史。	府上，朔方節度使、東京留守。	鎰，字季權，相德宗。
			承訓，博州刺史。		
			承纘，將作少匠。		
				珣，吏部郎中。	縝，度支員外郎。
		小師，朱陽令。	承休，恆州長史。		

			成繪，邢王府長史。	瑄。
		統師，金部郎中。		
		豐仁，庫部郎中。		
		彥師，禮部、職方二郎中。		
		瑾，武德令。	清朝，試大理寺丞。	舟，安南都護、武城縣男。
		道師。		

清河東武城張氏本出漢留侯良裔孫司徒歆。歆弟協，字季期，衞尉。生魏太山太守岱，自河內徙清河。曾孫幸，後魏青州刺史、平陸侯。生準，東青州刺史，襲侯。生靈眞。生彝，
隋末徙魏州昌樂。

彝字慶賓，後魏侍中、平陸孝侯。			
始均字孝衡，光祿卿、平陸孝侯。			
晏之字熙德，北齊兗州刺史、恭公。			
虔威字元敬，隋江都贊務。			虔雄，隋陽城令。
		文瑒，刑部員外郎。	文禮，常熟主簿。
詢古，吏部侍郎。	詢孝，太僕少卿。		某，昌樂令。
談，考功郎中。			某，河西行軍司馬。
	纖，遂州刺史。		雲字方慶，桐城令。
			字，揚州戶曹參軍。

	文瓘字稚圭，相高宗。				
		潛，揚州長史。		沛，同州刺史。	洽，魏州刺史。
		寬，庫部郎中。	齐，杭州刺史。	成綺，金吾將軍。	宥，揚州長史。
					衮，虢州刺史。
宋，秘書省校書郎。					載華，秉御史中丞。
					正則。
					知實字冠仁。
					保望字渭叟。

				文琮，吏部侍郎。	
	涉，殿中監、汴州刺史。		沖字孝源，介休令。	戩，江州刺史。	挹，比部郎中。
	鵬，陸渾丞。	士矩，右司郎中。			
褒。					

		文收，太子率更令。
錫，相武后、溫王。		孝詢，太常少卿。
獻。	寂，司勳郎中。	
惟一，華州刺史。		

河間張氏，漢常山景王耳之後，世居鄚縣。後周有司成中大夫、虞鄉定公張羨，賜姓叱羅氏。生照，照字士鴻，隋冀州刺史，復爲張氏。三子：惠寶、惠瑤、惠珍。

惠寶，隋絳丞。	惠瑤，瓜州司馬。
	祖政，杭州刺史。
	晤，懷遠令。

			惠珍。			
祖令,巫州刺史。						
處沖。	處訥。	處珣。	約。	通,曹州刺史。		
				寂。		
				游藝,遂州別駕。		
				昪。		
				參,國子司業。	絢,房州刺史。	纈,京兆司錄參軍。

癸。			豐,侍御史。
綢,蘭溪令。			
君卿,正字。			
禓字公表,天平節度使。			
文蔚字在華,相哀帝。	濟美字舜舉。	貽憲字去華,戶部巡官、集賢校理。	

	孝開,蒲州刺史。			
	知久,洪州都督。			
震,江西採訪使、洪州刺史。	栖貞,汝州刺史。			
	咸。			
	應,安南都護。			
	仲素,中書舍人。			
	鐸字司振。			
	濬字禹川,相昭宗。		泳。	沆。
	格字承之,太學博士、直弘文館。	播,右拾遺。	偘字樂聖。	林字徵之。

				賓庭,洛陽尉。
				鳳力,扶溝令。
仲連。	幼蘭。	季眞。	季遐。	蘄,通州刺史。

中山張氏出漢北平文侯倉之後,世居中山義豐。

長諧。	
行鈞。	
希臧,雍州司戶參軍。	
昌期,岐、汝二州刺史。	昌儀,司府少卿。

			同休，司禮少卿。	
			易之，麟臺監、恆公。	
			昌宗，司衛卿、鄴國公。	
		魯客，長安令。		
	行成，相太宗、高宗。	洛客。	翕喜，陳州刺史。	
			彥起，司封郎中。	

		梁客，吏部郎中。		

魏郡張氏世居繁水。

公謹字弘慎，襄州總管、鄴襄公。	大象，戶部侍郎。			
	大素，給事中。	悱，國子司業。		
			翽，汲郡長史。	
	大安，相高宗。	洽，左金吾將軍。	之緒，都官郎中。	堊。

				鷙。
		涗，同州刺史。	臻，秘書少監。	
			揆。	
		浚，侍御史。		之積。

汲郡張氏世居平原。

善見，越州司馬。	武定，荊州戶曹參軍。	知古，代州司功參軍。	鎬字從周，相肅宗。

鄭州張氏：

亮，相太宗。	慎微。

張氏宰相十七人〔一〕。柬之、說、嘉貞、延賞、弘靖、九齡、仁愿、鎰、錫、文瓘、光輔、文蔚、濬、行成、大安、鎬、亮。

馬氏出自嬴姓，伯益之後。趙王子趙奢爲惠文王將，封馬服君，生牧，亦爲趙將，子孫因以爲氏，世居邯鄲。秦滅趙，牧子興徙咸陽，秦封武安侯。三子：珪、琛、嵩。嵩生述，字貞惠，漢太子大夫、平通侯。生權，爲寧東將軍。三子：何羅、通、倫。通字達，黃門郎、侍中、重合侯，坐何羅反，徙扶風茂陵成懽里。生賓，議郎、繡衣使者。三子：慶、昌、襃。昌生仲〔二〕，玄武司馬。四子：況、余、員、援。余字聖卿，中壘校尉、揚州牧。二子：嚴、敳。嚴字威卿〔三〕，後漢將作大匠。七子：固、伉、歆、鱄、融、留、續。歆十一世孫默，十二世孫岫。

默，後魏雍州持中。				
思歡。				
祚。				
仲緒，隋荊府長史。				
匡武，瀛州刺史。	匡儉。			
	克忠，洛陽尉。			
	搆，駕部員外郎。	措。	擇，兵部員外郎、河間太守。	
	會。		昔。	署。
				逢，彙監察御史，

岫字子岳，後周荊州刺史、扶風肅公。				
喬卿，梁襄州主簿。				
君才，右武侯大將軍、南陽郡公。				
琨，萬歲令。				
季龍，嵐州刺史、大同軍使。				
炬。	炫字弱翁，一字抱元，刑部侍郎。			燧字洵美，相德宗。
當，右諭德。	陶，太子中舍。			彙，太僕少卿。
	賓。	慶。		赦，左衞倉曹參軍。
		巢。	儉。	

		懿，均州刺史。
	暢，少府監。	
歐，右清道率府倉曹參軍。	繼祖，殿中少監。	

扶風馬氏：

曛。
植字存之，相宣宗。
郁。
儔字後已。

茌平馬氏，北齊有茌平令還，因家焉。

還。			
瑗，本郡戶曹從事。			
周字賓王，相太宗。			
載，尚書左丞、吏部侍郎。			恂，河南令、丹州刺史。
	覬，吏部郎中。		
	元振。	元拯。	

馬氏宰相三人。燧、植、周。

褚氏出自子姓。宋共公子段，字子石，食采於褚，其德可師，號曰「褚師」，生公孫肥，子孫因爲褚氏。漢梁相褚大，元、成間有褚先生少孫。裔孫重，始居河南陽翟。裔孫招，安東將軍、揚州都督、關內侯。孫䂮，字武良，晉安東將軍，始徙丹楊。五子：頠、誕、洽、裕、衍。洽，武昌太守。生征討大都督、都鄉元穆侯裒，字季野。二子：歆、熙。歆字幼安，祕書監。生爽，字義弘，會稽王諮議參軍。爽五子：秀之、粹之、陟之、裕之、淡之。秀之字長倩，宋太常。四子：僩之、湛之、貞之、法顯。

法顯，宋鄱陽太守。	
炫字彥緒，齊安成王師，諡曰貞。	
漢，梁御史中丞、中書侍郎。	
蒙，太子舍人。	
玠字溫理，陳御史中丞、掌東宮管記。	
亮字希明，左散騎常侍、陽翟康侯。	
遂賢，鄧王友，襄侯。	
秉藝，永州司功參軍。	
璆，吏部郎中。	琇，給事中、常州刺史。

	遂良字登善，相高宗。				
	彥甫，秘書郎。				彥沖，城門郎。
珣，京兆士曹參軍。	僑。	休。			倫。
元方，大理評事。					
			五世孫虔。	七世孫軺。	

		遂功。	逢年。	
	彥季。		鳴鶴。	鳴謙。
儼。	松，司農少卿。			

褚氏宰相一人。遂良。

崔氏出自姜姓。齊丁公伋嫡子季子讓國叔乙，食采於崔，遂爲崔氏。濟南東朝陽縣西北有崔氏城是也。季子生穆伯。穆伯生沃。沃生野。八世孫夭生杼，爲齊正卿。生子成、子明、子彊，皆爲慶封所殺。子明奔魯，生良〔四〕，十五世孫意如，爲秦大夫，封東萊侯。二子：業、仲牟。業字伯基，漢東萊侯，居清河東武城。生太常信侯昱。昱生襄國太守穆侯

紹。紹生光祿勳嗣侯雅。雅生揚州刺史忠。忠生散騎常侍泰。泰字世榮，始居歙縣。二子：恪、景。恪，丞相司直，生郡功曹殷。七子：雙、邯、寓、金、虎、審、固。雙爲東祖，邯爲西祖，寓爲南祖，亦號中祖。寓四世孫林，字德儒，魏司空、安陽孝侯。曾孫悅，前趙司徒、左長史、關內侯。三子：渾、潛、湛。湛生顗，後魏平東府諮議參軍。生蔚，自宋奔後魏，居滎陽，號鄭州崔氏。

蔚，後魏郢州刺史。		
暹字元欽，武川鎮都督、武津縣公。		
瓚字紹珍，兼尚書左丞。		慶賓。
茂字祖昂，襲武津縣公。		
		神鼎，亳州刺史。
	玄靚，吏部員外郎。	克讓，晉州刺史。

貞固。
廣，眉州刺史。
幼字季陽，後魏永昌郡守。
彥珍。
何，朗州刺史。
溫卿。
景茂。
士憲，益州行臺兵部尚書、普安公。
叔瑜，吏部郎中。
元弈，秋官郎中。
彥璋。
公禮，泗州刺史。

彥穆字彥穆，後周少司徒、東都公。
君綽，丞相府賓曹參軍。
君肅，隋黃門侍郎。
思默，邢州刺史。
思約，和州刺史。
竊。
逢年。
言道，岳州刺史。
哲，巴令。
均，丹州刺史。

志廉，右庶子。
傑。
儒。
仙，右拾遺。
廣。
君宙。
思敬。
希喬，監察御史。
千里。
元綜，相武后。
君瞻，隋秋官侍郎。

彥昇。
玄籍，利州刺史。
恪，申州刺史。
勝。
郃字秉公。
憬、
恂，杭州刺史、清河男。

許州鄢陵房：蔚少子彧，居鄢陵。

彧。
子今，隋本州主簿。
樞，利州刺史。
義直，峽州刺史。
知悌，戶部尚書。
知久。
祜之，博州刺史。
韙之，鄂州刺史。
齊之，左司郎中。

	玄之，度支郎中。		肅。
			洌。
知儉。			
知讓。			
知溫，相高宗。	泰之，左丞、黃門侍郎、工部尚書，初以職方郎中預平二張。		備，工部郎中。

	謂之，少府監、趙國公，初以商州司馬豫平韋后，功第二。
知遜。	

南祖崔氏：泰少子景，字子威，淮陽太守，生挺，字子建。挺生破虜將軍權。權生諫議大夫濟，字元先，亦稱南祖。濟生湫，字道初。湫生安定侯融，字子長。融生中書令溫，字道和。溫生魏常山太守就，字伯玄。就生上谷太守公安。公安生晉大司徒、關內侯岳，字元嵩。岳生後趙尚書右僕射牧，字伯蘭。牧生後趙征東大將軍蔭，字道崇。蔭生聊城令怡，字少業。怡生宋樂陵太守曠，隨慕容德度河居齊郡烏水，號烏水房。　生清河太守二子：靈延、靈茂〔三〕。靈茂，宋庫部郎中，居全節。生稚寶，稚寶，後魏祠部郎中。生逵，字景通，北齊三公郎中。生周司徒長史德仁。德仁生君實。

君實，許州治中。	縣解，宜君丞。	谷神。	侚，祠部郎中。	侑。	
				重，下邽主簿。	綱，交城主簿。
					緯。
			偘，朔州刺史。		
			絛，晉陽丞。		

融字文成，清河文公。	禹錫字洪	引，河東尉。	約。	集。	
	範，中書舍人、清河貞子。				
			絢，監察裏行。	師。	謀。
		亘字爲式，殿中侍御史。			
	緄，歙州錄事參軍。	證。			
	緷。				
	緝。				

綴。				
紹。	蘊，監察御史。	綜。		
		則。		
	升，稷山尉。	繼。	榮。	
翹，禮部尚書、清河成公。	陵，詹事府司直。	庛。	璨字潤中。	昭符字子信。
				昭原字勛美。
				昭緯字蘊曜，相昭宗。

		昭矩字表謀。
夔，於潛尉。	懽，襄陵尉。	
	悅，林慮主簿。	述，河南府士曹參軍。
		嚴，倉部員外郎。
	忻，河南法曹參軍。	
巋，光祿丞。		

同，大理少卿。	峯。	應。
		廈，襄城主簿。
	厰，惠陵令。	公弼。
		公度。
		弘本。
		延齡。
		允中。
		彥雍。
	平仲，鳳翔少尹。	

巽，渠州刺史。	照，將作監丞。	稔，鉅野令。	郜。	臨。	充美。
			溥。		
		嶮，澠池令。	賁。		
			德雍，周易博士。		
		岐，江陰主簿。	鄴。		
		嶙。			
		嶚。	弢，河東令。		

達，江陵少尹。

顥。

彥恭。

勵，陝府司馬。

夾瑛。

能字子才，嶺南節度使、清河郡公。

師蒙。

由道。

彥曾，初名宣孝，徐州觀察使。

虬，京兆府參軍。

祜之，滎陽尉。

從字子乂，淮南節度使、清河縣伯。

彥方，壽安尉。

敬嗣，太子詹事。

整字文莊，廣州支使。

慎由字敬止，相宣宗。

昌遐字貽休，太子賓客。

胤字垂休，相昭宗。

纁。

綸。

蠡。

溥。

億。

周恕，初名慎經，司封員外郎。

有鄰字鈞。

朋善，祠部郎中。

安潛字進之，太子太傅、貞孝公。

梲字制之，太常卿。

曦字濟之，右拾遺。

伽護。

彥沖，太子賓客。

勍字思柔，太常博士。

就字德成，戶部侍郎。

讓郎，興元少尹。

揔，太子諭德。
憲，西主簿。
諒。
彥儒，盩厔尉。
彥崇。
彥弘。
涓字虛己，司封員外郎。
讜字得車，太常丞。

縣象。
縣黎，主爵員外郎。
鼎。
系，伊陽丞。
朔，京兆府法曹參軍。
或，太子少詹事。
季恭，兼監察御史。

伯基八世孫密。密二子：霸、琰。霸曾孫遵。

遵，後燕太常卿。
撫，宋汝南太守。
暈，後魏冀州刺史，始居藍田。
稜，隋藍田太守。
君摸。
文舉。
督，相武后。

君操。
文仲，吏部郎中。
斌，蘇州長史。
安石，汝州長史。
崙。
銳，大理少卿。
韶。
護字殷功，嶺南節度使、武城縣子。
咸字重易。
縉字公綬。
承裕，涇原觀察推官。
翔字圖南。

琰字季珪，魏尚書。生諒，字士文。生遇。遇生瑜。瑜生湜，字叔祖。湜生禕。禕四世孫溉。

溉。
義玄，御史大夫、清丘貞公。
神基，相武后。
神慶，司刑卿、魏縣子。
琳，太子少保。
儼，諫議大夫。
睦，絳州刺史。
珪，懷州刺史。
侁，工部侍郎。
球，鄆州刺史。
瑤，光祿卿。
傑。

		神福，荊州長史。
	琨，石州刺史。	
儀，兼御史中丞。	偉，鄂州刺史。	

清河大房：遷少子讜，宋青、冀二州刺史。生靈和，宋員外散騎常侍。生後魏贈清河太守宗伯。生休、寅。休號大房。

休字惠盛，後魏殿中尚書、文貞侯。
悛字長孺，北齊七兵尚書。
瞻字彥通，吏部郎中、武城文公。
龍藏。
子源，同州刺史。
叔封。

	仲文，北齊光祿大夫。				
	儦，隋內史舍人。				
智藏。	世濟，太子洗馬。				
	元謩，湖州刺史。	元敬，和州刺史。	元祚，大理司直。	元德。	元獎，吏部侍郎、杭州刺史。
		希古，藍田令。			庭玉，右驍衛將軍、冀州刺史。
忱，千牛將軍。		迴，大理評事。			孝童，監察御史、濮州刺史。
瑛，光祿少卿。		瑰。			
瑾，駙馬都尉。		綬。			
		璐字大圭。			
		賁字昌衡。			

		元異。	元彥，正平令。			
			逸甫。			法言，相州別駕。
嗣童，陵州刺史。	惠童，駙馬都尉。		端。			
			敫，太常博士。			
			操。	換。	摶。	

隱甫，刑部尚書、忠公。						
瀓。	微，河南少尹。		潛，處州刺史。		悉。	渙。
	溉，太常少卿。	泳字君易，陸渾尉。	勝。	豐。		
	倬。					

載。	虔。					
元紀。	盆字元友。					慶復，大理少卿。
守默。	昕，雅州別駕。			暉，唐州刺史。		
從一。	審。	容。	邃。	誠。		
				黄。		
				龜從字玄告，相宣宗。		
				殷夢字濟川。		
				晊字正封。	昕字漢傑。	

叔仁，後魏潁州刺史、							
挺。		彥武，隋魏正、辨、豐陽、玄彭、烏蘭州刺史。					
		男。					
		令。		玄默。			
				思慶。	思貞，隰州刺史。		
				延賓。	庭曜	庭曒	庭晦，國子博士。
	沖，少府少監。	述，右諭德。	邈。	嘉祥。			嵩。
	通。						
輅。	樞，祕書監。						

	子佩，後魏通直常侍。	子聿，後魏東莞太守、			
		求言。	張蒼。		
		同，博州刺史。			
	思隱。				
			少通。	少容。	
暠。				豐，洛陽丞。	
					公輔，雅州刺史。

清河小房：寅字敬禮，後魏太子舍人、樂安郡守。生長諧，給事中、青州刺史，生子令、公華。

子令，高唐令。					公華。		
世瑛。					大質，復州刺史。		
					玄覽。		
	奉節。	奉孝。					
		欽讓。	欽古。	欽善。			
					滋字滋然，鄭州長史。		
					虔，大理司直。		
					稱，戶部員外郎。	穜，侍御史。	
						翼。	峴字公升。
							羲字尚逸。

秩。

千字藩之。

玘。

彥辭。

膠字壽卿。

彥回字瑞源。

彥昭，相僖宗。

礪字般誥。

朝字懿忠，鄭、懷二州刺史。

積字實方，檢校金部郎中。

羣字敦詩，相憲宗。

嚴，同州參軍。

充字茂用，東都留守。

鑄源字司鈞。

申，侍御史、內供奉。

漸。

誼字宜之。

稧。

程。

稅。

準，宣歙觀察使。

粲。

玄弼，延州刺史。

弘默。

沌。

道默，赤尉。

寬，赤尉。

岳。

師本。

季長。

道郁。

綜，醴泉令。

佶，太子中允。

諲，大理寺主簿。

鄖字士則，楚州刺史、淮南營田副使。

鍔，當塗尉。

行古。

璉。

珹。

陲，御史中丞。

邠字處仁，太常卿，謚曰文簡。

璜，吏部郎中。

彥緯字有裕。

鄴，司農卿。

璀字汝器，吏部尚書。

彥融字應求，萬年令。

協字思化。

頎。

頌。

壽。

貞。

鄖字廣略，浙西觀察使，謚曰德。

瑀。

義進字待舉。

瑤字韞中，鄂岳觀察使。	
瑾字休瑜，湖南觀察使。	廷表字漢臣。
	廷憲字舜舉。
璆字致美，相黃巢。	
郇，大理卿。	

邯。	璜字錫勳。	
鄯，右金吾將軍。	琢字子文。	仁穎字處之。
	瑄字右玉。	仁遇字贊堯。
	璪字眞器。	
	珮字聲諫。	
	琪字庭秀。	

				鄆，相宣宗。
				鄽字德章。
			嶠字巖士。	
		佃，河陰尉。	諷，枝江令。	
道楨。	子美。	泉，兵部郎中。		
		濟。	敦，太常卿。	
			斅。	

			汝。	
			敏，永州刺史。	貽哲。
				貽儉。
			教。	行先。
		激，溫州刺史。	徽。	
			敞。	
			務。	
			放，檢校郎中。	
道猷，左庶子、清河公。	瑩。			

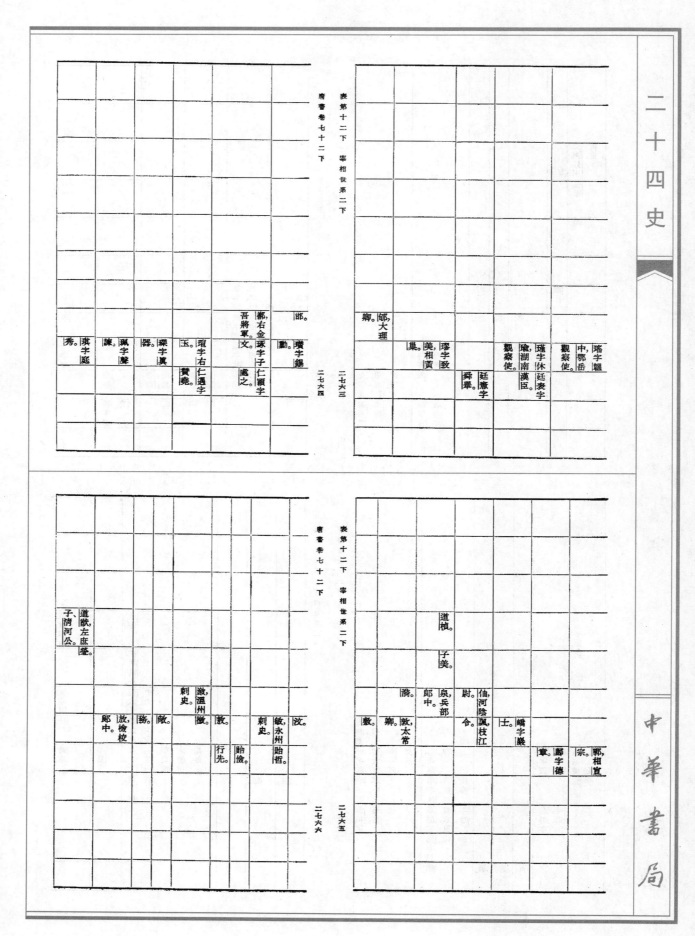

秀，岐州刺史。									
著。				冀。	羡。	益。	荐。		
褒。	袞。	裹。	兗。				庠。	文。	
丕。								廣字長言。	
								濛字遐澤。	溢字德信。

				玄機，陳州刺史。	玄泰，綿竹令。			
			志德，京兆參軍。	循禮。	行溫，延州刺史。			
		收。		融，右司郎中。	紹，鄆州刺史。	綺。		絳。
特。	顒。				顏。	鎮。	鵬。	
					義，虞部郎中。			謙，太子詹事。
					儉。			郜。
					隋字邵業。			

			路。		貢。			
			信，滁州刺史。	禮。	祜。	永。	濟，處州刺史。	威。
鄂。	鄘。	郯。	元藻字袞華，武功令。					
	坦。							
	璘字垂裕。							

				行堅，金州司馬。		行集，冀州刺史。
				綱。		
			參。	汪。		
象。	廣。	暐。	包。	師周。	師魯。	
			逖。			
			珏字夢之。			

清河青州房：琰生欽。欽生京。京孫瓊，慕容垂車騎屬。生輯，宋泰山太守，徙居青州，號青州房。輯生脩之、目連。

脩之。					
元孫,宋尚書郎。					
亮字敬,後魏侍中、僕射、貞烈公。	敬默,魏征虜長史。				
士泰,征蠻別將、樂陵文肅公。	思韶,冀州司馬、武城子。				
肇師,北齊中書侍郎、襄城縣男。					
	子布。		子治。	子叶。	
道淹。			弘道,濟州刺史。		
方纂,萬年主簿、臨洺子。					
貞固,武功主簿。					
景晊,大理評事。	成爽。	成周。		澣,庫部郎中。	
圓,相肅宗。				經。	絢。
褒。					

			目連。	
		幼孫。	僧淵,後魏南青州刺史。	
		光伯,後魏太傅諮議參軍。		
		洛,後魏殷州別駕。		
		信明,懷州刺史。		
		冬日,天官鸞臺侍郎。	惟怦,海、沂等州司馬。	
			鏡邈。	國輔,禮部員外郎。
				度。
洽,成都少尹。				
繹。	繕。			

			敬纂,侍御史。
知道,大理司直。			
玄同,相州刺史。			
倚。			
翰字叔濟,汴宋觀察巡官、試大理評事。	華。	國況。	

博陵安平崔氏:仲牟生融。融生石。石生廓,字少通,生寂。寂生欽。欽生朝,漢侍御史。生舒,漢四郡太守。二子:發、篆。篆,郡文學,生毅。毅生駰,字亭伯,長岑長。二子:盤、寔。盤生烈,後漢太尉、城門校尉。生鈞,字州平,西河太守。十世孫昂。

昂。			
仁師,相太宗、高宗〔六〕。			
挹,亳州刺史,襲安平公。	擢字揚庭,雍州司功參軍、安平男。		
	液,吏部員外郎,襲安平男。		
	鯨,奉天令。		
	昇,監察御史。		
	審,大理卿。		
	鏐,舒州團練判官、試大理評事。	鉦,嶺南節度副使。	
		又新。	又初,永泰令。

				攝，恆州刺史。	揭，戶部尚書。	
					湜，相中宗。	泌，刑部員外郎。
鯢。						諷，戶部郎中。
暈。						
簡，連州刺史。		策，監察御史。	宮。			
鐸。	鐔字一用。					
弘裕字道益。						

			仁術。		
			晃，郃陽令。		
	滌，祕書監、安喜縣子。	涖，吏部員外郎。	表，嶺南節度副使、殿中侍御史。		
論，大理卿。			道雅，壽州團練推官。	道晉，棗陽令。	道融，右補闕。
					隋，司勳郎中。
					篤，蘇州司功參軍。
					溥。
					絢。

	道猷，度支江陵院巡官、試大理評事。	道紀字玄涯，汜水令。風，處州刺史。	
晉，祕書省正字。			洵，青州平盧節度掌書記。

				賓，桂州觀察推官、祕書省校書郎。
道樞。				
昌範，隋州軍事判官。	昌遠，曹州刺史。	昌符。	昌胤。	

大房崔氏：駰少子寔，字子眞，後漢尚書，生晧。晧生質。質生讚。讚生洪，字良夫，晉大司農。生廓。廓生遄。遄生懿，字世茂。五子：連、琨、格、邈、殊，又三子：怡、豹、偘爲

一房，號「六房」。連字景遇，鉅鹿令，號「大房」。生郡功曹綽。二子：標、鑒。標字洛祖，行博陵太守。生後魏鎮南長史廣，字仲慶。生元猷，元猷生當。

當字文業，後魏中書侍郎。
伯謙字士遜，鴻臚卿，謚曰懿。
淵字孝源，青、冀二州司馬。
綜字君維，長安令。
愼字行謹，胡蘇令。
玄暐，相武后、中宗。
璩，禮部侍郎，襲博陵郡公。
震。　渙，門下侍郎。
縱，御史大夫、恆山忠公。　捷，萬年尉。　揚，三原丞。
元方，沔州刺史。
碣字東善。　標。

珪，汾、相等州刺史。　瑨，主客郎中。
賁，侍御史。　巽，常州刺史。　益，朗州刺史。　復，鳳翔少尹。　覲，大理評事。
括。

昇字玄樂，刑部侍郎。
璆。　璘，馮翊郡太守、兼採訪使。
解，光祿卿。　頤，兼侍御史。　嬰，郢州刺史。
操，檢校郎中。　哲。　貞固，楡次尉。
戣，檢校司勳員外郎。　戎字可大，兗海刺史。
庾字韜德，荊南觀察支使。　序字東玉。　雍，和州刺史。
黨兒。

觀察使、安平縣公。
福字昌遠，員外郎。　裕字寬中。　厚字致之，司勳郎中。
歸僧。　晏字道安。

			行簡，刑部員外郎。	行功，祕書監。	
			旭。	旻。	
		璉。	翫。	瑊，左金吾將軍。	訓，文州刺史。
		督，殿中侍御史。	耿。		
			曄字挺秀。		
	戩。				
	朗字內明，長安令。				
晟字景熙。					

	景。	昱。	暑。	晃。
訢，華州刺史。				銑，駙馬都尉、太僕卿。
	署。	峒，左補闕。		鸞，信王傅。
太素。			損字至無，相德宗。	

					仲讓，西魏鴻臚少卿。	
					鳳林，刑部郎中。	
			行眞。		從俗。	
暈。	晟。	昊，眉州刺史。	曇，澧州刺史。	量。	無詭。	無畏。
行整，雍州錄事參軍。					倚。	
	纈，和州刺史。				圩，汾州刺史。	

			叔仁。
	鳳舉。		元嗣，隰州刺史。
	從令。	從禮，太子家令，安喜公。	
無詖，滎陽郡太守。	無諍。		

鑒字神具，後魏東徐州刺史、安平康侯。三子：含、秉德、習。秉德，驃騎大將軍，謚曰靖穆。子忻、君哲、仲哲。

仲哲，後魏司徒行參軍。
長瑜，開府中兵參軍。
子博，隋泗州長史。
元平，侍御史。
行範。
安儼，主客員外
藏類。

						軍、安平縣男。
仲琰。						
君昭。	子信。					
播。						
玄亮。	義起，戶部侍郎。		行則。			
無縱。			慎徽，復州刺史。			郎。
望之。		光緒，夔州刺史。	光業。		藏頵。	
倜，沁州刺史。		憓。		鋽，兼御史。	諸。	

				渾之。	藏之，膳部員外郎。	釋之，屯田郎中。
				儆，尚書右丞。	俠，郴州刺史。	
				元略，義成節度使。		
				鉉字台碩，相武宗、宣宗。		
沂字德潤。	潭字德鑒。	汀。		沆字內融，相僖宗。		

					元受，直史館、高陵尉。		
錤。					鈞字秉一。	鎡。	
	瀞字幾化。	濯字昭美。	泳字表聖。		澤字中極。		濟字德澤。
					⿰金冓字高秀。		

溫之，鄧州刺史。	琨之。						
璠。		元儒。			元式，相宣宗。		
		鍇。	鉦字挺業。	⿰金刪字君。	鎮字重威。		銖，安、濮二州刺史。
							滁，刑部郎中。
						梲。	檢。

書字貴禮，後魏河東太守。
仲業。
仁睿。
玄暐。
寬，比部郎中。
其輿。
君昇。
道洽，膳部郎中。
誠，刑部郎中。
明允，禮部員外郎。
無怠。
河圖，諫議大夫。
無固，汴州司馬。
玄祗，刑部侍郎。

叔業，後魏南兗州別駕。
仲立，亳州刺史。

第二房崔氏：琨字景龍，饒陽令，行本郡太守。二子：經、鬱。經生辯，字神通，後魏武邑太守、饒陽侯，謚曰恭。二子：逸、楷。

楷字季則，後魏殷州刺史、後將軍。
士元。
育王。北齊起部郎。
蔚字文豹，本州大中正。
勵德。
慎知，濟州刺史。
頲。

士謙，周江陵總管、武康郡公。
曠，隋浙州刺史。
丕。
順，湖州刺史。
弈，芮州刺史。
大方，海州刺史。
大起。
萬石，中書舍人。
權。
慎微，汾西令。
浙，樂陵令。
庶，陳留尉。
行檢字惠文。
塈用，池州刺史。
珍，洋州刺史。
綰，隴州刺史。
佶，漢州刺史。

礭，隴州刺史。
恭禮，駙馬都尉、博陵郡男。
去惑。
嵩。
揆。
潁，信州刺史。
興宗，饒州長史。
僑，臨渙丞。
懿。
頤，同州刺史。
瑄字從律，山南西道節度使。
珦。
汪字希度。
璪，刑部尚書。
滔字深之。

珙，相武宗。

涓字道源，御史大夫。

仁魯字化元。

仁矩。

仁寶字國華。

瀛字爲中。

瑰字朗士，河中節度使。

瀚字知止，吏部侍郎。

遠字昌之，相昭宗。

勃字晏之。

瑨，常州刺史。

球字叔休。

瀆字遙源。

澄字鑒之。

頤，宋州刺史。

顗。

頲，賀州刺史。

進思，黃州刺史。

侁，長安令。

器，御史大夫。

昌容。

潤之。

琦。

固本。

彭字子彭，隋左領軍大將軍、領慈州事、安陽肅侯。

寶德，主爵郎中。

道斌。

鎮，倉部員外郎。

銘。

延，職方員外郎。

知德，絳丞、安陽男。

景運。

寓，吏部郎中。

宣，京兆少尹。

宥，工部郎中。

知機，洛州刺史。

仲恭，幽州功曹參軍。

曄。

漢衡，兵部尚書。

勵，太子左諭德。

說，後周大將軍、安平壯公。

弘度字摩訶，隋檢校太府卿、武鄉郡公。

奉賢，洮州刺史。

弘昪，隋左武衛大將軍、黃臺縣公。
處直。
晉，揚州司馬。
處仁。
璆，刑部郎中。
琬，同州刺史。
頊，壁州刺史。
弘峻，隋趙王府長史。
儼，雒令。
暄，汝州長史。
詎字若虛，太子賓客。

皓，安平公。
渾，監察御史。
沔字若成甫。
沖，太子賓客、清河孝公。
祜甫字貽孫，相德宗。
晊，徐州司馬。
濤，大理少卿。
儀甫，大理丞。
倰字德長，戶部尚書、安平肅公。
嚴字標詹，襄州觀察掌書記。
瞻字藏用。

瓛，武連令。
滂，巴州刺史。
嬰甫。
植字公脩，相穆宗。
弘壽，左監門將軍、獲嘉侯。
萬善，閬州刺史，成安縣男，謚曰信。
文憲，右武衛將軍，襲成安縣男。
樟，吏部員外郎。
文宣。
嵩，駙馬都尉。
文操，滑州刺史。
潤，醴泉令。
立之。
弘正，鄭公。

弘舟，隋內府監、安平郡公。
璉，隋左千牛。
士順，周同開府行參軍。
文緒。
伯陽，御史中丞、同州刺史。
倚，澧州刺史。

鬱，後魏濮陽太守，生挺。

挺字雙根，後魏司徒、泰昌景子。
孝芬字恭梓，太常卿、太昌縣公。
勉字宣祖，定州大中正。
龍子，司州治中，以宣度子繼。

猷字宣猷，隋大將軍、汲郡胡公。

仲方字不齊，信都太守、固安縣伯。

曉。

燾字大德，鳳泉令、石城縣男。

安上字脩業，太子通事舍人。

敦禮，相高宗。

處實，虞部郎中。

守業，刑部侍郎。

貞簡，坊州刺史。

貞慎，兵部侍郎。

貞敏，鄜州刺史。

元暢。

同業，主爵郎中。

崇業，主客員外郎。

餘慶，兵部尚書。

遵業，夔州司馬。

恆，河南司士參軍。

紹業，秋官郎中。

續。

輔。

令。

承福，越、廣二州都督。

先意，鄧州刺史。

巘，滎陽郡長史。

淙字君濟，同州刺史。

栯字茂孝。

杞，駙馬都尉。

濤，戶部郎中。

梲，殿中侍御史。

湘。

峒，玄武令。

峻，左司員外郎。

先志。

峋。

嵽，光祿少卿。

先事。

涵。

瑜。

周楨，右補闕。

周衡字可權，處州刺史。

先知。

叔重，隋虞部侍郎、固安縣公。

幹字道貞，黃門侍郎、博陵元公。

濬，主客員外郎。

宣度，隋恆農太守。					宣軌，隋考功郎中。
公業。					
元植。			輪王，司部郎中、安平公。		
茂，袁州刺史。					
璬。	珽，合州刺史。		懷從，戶部員外郎。		
	銳，起居舍人。	令欽，國子司業。	璿之。		
廙，舒州刺史。		眞。	淼。	公餘，檢校郎中。	
洌。					

				孝暐，後魏趙郡太守，諡曰簡。			
宣質。	宣靜。	宣略。	長昇，魯山令。	昂字懷遠，北齊祠部尚書。			
				君讚，瀛州刺史。			
				德厚。			
				恂，司農丞。	行成，戶部郎中。		
					淳，稷州司戶參軍。		
						季孫。	仲孫。

液字君洽，隋中書侍郎。				
曇首，掖令。				
謐，中書舍人。	紹睿，武邑令。			
	頂，白水尉。			
	昪之，汾西令。			
	遴，建昌丞。	造字玄宰，相德宗。	述字元明，房州刺史。	
	景伯。	懿伯。	文伯。	武伯。

洽，隋散騎常侍。							
治，武強令。							
預，監察御史。							
育，江陰令。							
孚，長城令。							
弘禮字從周，刑部尚書。							
彥防。	彥佐。	彥輔。	彥博。	彥恭。	彥光。	彥金。	彥載。

第三房崔氏：格二子，蕃、潁。蕃生天護。潁八世孫不疑，左補闕。

天護。

穆字子和，後魏州主簿。

謀開。

暹字季倫，北濟尚書右僕射、儀同三司，謚曰貞節。

達摯，後周御府大夫。

纂字叔則，後魏冀州刺史，謚曰簡。

缺，北齊散騎常侍。

鹹。

儀表。

敬嗣，房州刺史。

悅，洛州司戶參軍。

光遠，劍南節度使。

千齡。

搆。

據，成都少尹。

光迪。

抗，揚府司馬、通事舍人、將作少監。

玄亮字煜。

彙晦叔，虢州刺史。

鍚言字詢之，昭義節度判官。

貽孫字伯垂。

罕言。

綬，中牟尉。

定言字安道。

望孫字圭卿。

純亮。

寅亮。

仁亮。

聰，以玄亮子繼。

逵。

悰，主爵員外郎。

行表。

玄胤，司農卿。

貴成，邛州刺史。

世立，隋大理少卿、安平縣子。

固儉。

抗，郃陽令。

潛，濟州刺史。

承構，鳳閣舍人。

良佐，湖城簿。

元翰，比部郎中。

文輿。

鵠。

良弼。

恭，汾州刺史。

漪，河間丞。

日用，相睿宗、玄宗。

宗之，右司郎中。

儒，戶部郎中。

汲，長安丞。

日新。

復，興州刺史。

日知字子駿，潞州長史、

禹，坊州刺史。

中山襄公。

衆，工部員外郎。

日宣。

盇，宣州衙推。

綽。

重明，虞部員外郎。

寄，河東令。

琬，祝阿令。

載，深州治中。

育，兼殿中侍御史。

仁。

坦，司勳員外郎。

融字循業，後魏定州別駕。

鴻翻，本郡功曹。

祖仁。

叔獻，藤州刺史。

祖俠。

待詔，殿中侍御史。

玄範。

密，富州刺史。

玄獎。

有信。

齊顏，工部比部郎中、秘書少監。

玄景。

涇。

浩，贊善大夫。

玄頤，虞部郎中。

鳳舉。

澤，洛陽尉。

約。

智辨，豐、洮等州都督。

崔氏定著十房：一曰鄭州，二曰鄢陵，三曰南祖，四曰清河大房，五曰清河小房，六曰清河青州房，七曰博陵安平房，八曰博陵大房，九曰博陵第二房，十曰博陵第三房。宰相二十三人〔七〕。鄭州崔氏有元綜；鄢陵有知溫；南祖有昭緯、愼由、胤、當、神基；清河大房有龜從，小房有彥昭、群、鄲；青州房有圓；安平房有仁師、湜；博陵大房有玄暐、損、鉉、元式，第二房有珙、遠、祐甫、植，第三房有日用。

于氏出自姬姓。周武王第二子邘叔，子孫以國爲氏，其後去「邑」爲于氏。其後自東海郯縣隨拓拔鄰徙代，改爲萬紐于氏。後魏孝文時復爲于氏。外都大官新安公栗磾生侍中、尙書令洛拔。洛拔六子：烈、敦、果、勁、洎、天恩。天恩，內行長、遼西太守，生太中大夫仁。仁生高平郡都將子安。子安生隴西郡守建平郡公子提。子提生謹，字思敬，從西魏孝武帝入關，遂爲京兆長安人，仕後周，太師、燕文公。九子：寔、翼、義、智、紹、弼、簡、禮、廣。

寔字賓實，後周司空、燕安公，號蘭陵院。

顗字元武，隋黔州總管。

世虞。

哲，亳州刺史。

儉，左屯衛將軍。

仲文字次武，隋右翊衛大將軍、延壽公。

欽明，彭州刺史。

敏同，中書舍人。

經野，戶部侍郎。

敏直，相州刺史。

光運，滁州刺史。

惲。

敬之，復州刺史。

象賢，隋驃騎大將軍、黔昌定公。

德基。

素，倉部員外郎。

德威，郇令。

玄範，顯武令。

汪，祕書監。

公胄。

頵。

頩。

庭順。

庭誨。

顒，天興令。

昣，長安尉。

庭謂。

頎，工部尚書。

申，屯田員外郎。

廣。

鞏，岳州錄事參軍。

穎。

頲，太原府司錄參軍。

當，吉州刺史。

頤，監察御史。

夐字叔遐，泗州司馬。

頊，戶部侍郎、判度支。

頂，長安令。

明，盂令。

敬言，右龍武兵曹參軍。

興宗，河南少尹。

溫，河南丞。

頔字允元，相憲宗。

正方，太原府少尹〔八〕。

敏，太常丞。

季友，絳、宋等州刺史、駙馬都尉。

晦，象州刺史。

容，揚州錄事參軍。

恪，襲州刺史。
蘊，高郵令。
堯，六合令。
彥珣，湖城令。
滉，靈武節度推官、虞部郎中。

倸，司農少卿、知太倉給納。
周，雲陽令、大理評事。
因。
思讓。
思謙，靜難軍營田判官、檢校右散騎常侍。
韶。
超。

慎思，壁州刺史。
懿孫，河西令。
盾，滎州刺史。
頎，洋州司戶參軍。
冀。
貞。
濆字子湇，泗州判官。
可封，國子司業。

敬同。
安仁，江州刺史。
德行，恆州刺史。
玄徹，滄州刺史。
思言，大府卿。
德方，越州刺史，黔昌男。
翼字文若，璽字伯符，志本。
隋太尉、任江陵總管，
穆公，號永黎陽靜公。
寧院。

詮，吏部下大夫、常山公。

篤，太僕卿。

元嗣，金吾將軍。

瑾，駕部郎中。

抱誠，成州刺史。

邵字德門，禮部侍郎。

汝錫字元福。

尹躬，中書舍人。

訢字弘道。

諴字薦之。

皐暮，戶部郎中。

人文。

德孫字承休，吏部侍郎。

德材，涇原支使。

德晦，同州刺史。

圻，京兆府司錄參軍。

義字慈恭，隋潼州總管、建平剛公。

宣道字元明，隋上儀同、威安獻公。

宣敏字仲達，隋奉車都尉。

永寧，商州刺史。

志寧字仲謐，以宣道子繼，相太宗、高宗。

遂古，隰州刺史。

立政字匡時，太僕少卿、虢州刺史。

遊藝，江都令，襲公。

伯獻，涼州都督。

郢，衞尉少卿。

寮師。

雍來。

知微字辯機，兖州都督、東海郡公。

克勤，密州別駕、東海郡公。

克構，左監門率府長史、武陽縣男。

克懋，華州司戶參軍。

				光遠，通、陵二州刺史。							
				大猷字徽本，明堂令。							
			愼言。	安貞，吳興令。	仙鼎，沁州刺史。						
					默成，沛令。	嘉祥。					
						休徵。					
						休烈，工部尚書、東海元公。	益，諫議大夫。				

							肅，給事中。	敖字蹈中，戶部侍郎。	球。	梲字拱臣。	
									珪字子光。	競字德源。	
									瓌字匡德。		
									琄，平盧節度使。		
									琮字禮用，相懿宗。		

		保寧。	承範，平州刺史。								
			承慶。			結，諫議大夫。					

于氏宰相三人。頎、志寧、琮。

校勘記

〔一〕張氏宰相十七人　上表僅宰相十六人，無光輔世系。按光輔相武后，舊書卷九〇有傳，表漏列。

〔二〕生賓議郎繡衣使者三子慶昌襄昌生仲　按東觀漢記卷一二馬援傳云：「曾祖父通生賓，宣帝時以郎持節，號使君；使君生仲。」是仲乃賓之子。

〔三〕嚴字威卿　「威卿」，各本原作「聖卿」。按上文言嚴父余字聖卿，父子不可能同字。東觀漢記卷一二馬援傳云「余字聖卿」，同卷馬嚴傳及後漢書卷二四馬援傳並謂「嚴字威卿」，據改。

〔四〕生子成子明子彊皆爲慶封所殺子明奔魯生良　按既云三子皆爲慶封所殺，子明何得又奔魯生良？考左傳襄公二七年云：「（慶封）使盧蒲嫳帥甲以攻崔氏，……殺成與彊而盡俘其家。……辛巳，崔明來奔。」史記卷三二齊太公世家亦僅言殺成、彊，未及子明。此並子明言之，乃行文之失。

〔五〕生清河太守二子靈延靈茂　按魏書卷六七及北史卷四四崔光傳，靈延爲曠之子，此處有誤。

〔六〕仁師相太宗高宗　按舊書卷七四崔仁師傳云：「永徽初起授簡州刺史，尋卒。」本書卷九九崔仁師傳略同。又查本書卷六一宰相表亦無相高宗之記載。「高宗」二字疑衍。

〔七〕宰相二十三人　考異卷五〇云：「博陵大房有沆，字內融，相僖宗；博陵二房有安上，字敦禮，相高宗；造字玄宰，相德宗。皆失舉其目。又玄暐孫渙，明皇西狩，拜門下侍郎、同中書門下平章事。表但云『門下侍郎』，不云相玄宗，亦誤也。」按所舉四人，本書及舊書俱有傳可證。

〔八〕正方　按舊書卷一五六及本書卷一七二于頔傳，「正」「方」爲二人。

唐書卷七十三上

表第十三上

宰相世系三上

柳氏出自姬姓。魯孝公子夷伯展孫無駭生禽，字季，爲魯士師，謚曰惠，食采於柳下，遂姓柳氏。楚滅魯，仕楚。秦幷天下，柳氏遷於河東。秦末，柳下惠裔孫安，始居解縣。安孫隗，漢齊相。六世孫豐，後漢光祿勳。六世孫軌，晉吏部尚書。生景猷，晉侍中。二子：耆、純。耆，太守，號「西眷」。耆二子：恭、璩。恭，後魏河東郡守，南徙汝、潁，遂仕江表。曾孫緝，宋州別駕、宋安郡守。生僧習，與豫州刺史裴叔業據州歸于後魏，爲揚州大中正、尚書右丞、方輿公。五子：鷟、慶、虬、檜、鷙。

鷟，後魏臨淮王記室。

帶韋字孝孫，後周黃門侍郎、康城愷公。

祚，隋司勳侍郎。

震，鄆州刺史。

俊，棣州刺史。

範，尚書右丞。

齊物，睦州刺史。

喜。

貢。

并字伯存，殿中侍御史。

道倫。

淡字中庸，洪府戶曹參軍。

中行。

宋。

翰字周臣。

陟字堯卿。

幹，工部員外郎。

惲。

奕，昇州刺史。

儒，戶部侍郎。

翊，膳部員外郎。

績，儀曹郎中。

慶字更興，後魏侍中、左僕射、平齊景公。

機字匡時，隋納言、建安簡公。

述字業隆，隋兵部尚書、參知機務。

逖，職方郎中。

嵩，隴州刺史。

叔璘，端州刺史、

應規，彝殿中侍御史，

光庭，祠部員外郎。

充庭，薊州都督。

莽。

世							
二			亘字匡德，隋黃門侍郎、新城男。				
三	逵，考功郎中。	逞，禮部郎中。	夔，都官郎中。		則，隋左衛騎曹參軍。		
四			子房，戶部侍郎。	子寶。	奭字子燕，相高宗。		
五					知人，水部郎中。	爽。	
六						嘉泰字祐良。	元亨，右武衛將軍。
七					無忝，潭州刺史。		

世					
三		綽，膳部員外郎。	楷，濟、房、蘭、廓四州刺史。		
四				子敬。	
五	産，膳部員外郎。			約，房州刺史。	繹，夏令。
六			元寂，主客員外郎。		遺愛，太子司議郎。
七			少安，撫州刺史。		開，侍御史。
八					寬字存諒，荊南永安軍判官。

世						
四	子夏，徐州長史。					
五		從心。			從裕，清池令。	
六		回。	因。	固。	某，臨邛令。	察躬，德清令。
七					某，旌德令。	鎮，侍御史。
八						宗元字子厚，柳州刺史。
九						告字用益。

世						
三					亨，岐州刺史、太常卿、壽陵侯。	
四					子陽、	
五					誠言，冀州司馬。	
六					渙，中書舍人、	澤，太子右庶子、
七	某，朔方營田副使、殿中侍御史。	纁，華陰主簿。	綜。	纘。		

					華州刺史。						
			子貫。		良器，冀州刺史。						
	肅字匡仁，隋工部郎中。	大隱，台州刺史。									
虬字仲盤，後周中書侍郎、美陽孝公。	鴻漸。				暉，寧州刺史。						
	蔡年，後周順州刺史。	謇之字公正，隋黃門侍郎。	威明，吏部郎中。								

			慈明，職方郎中。		弼，貝州刺史。						
					懿，辰州都督。			立。			
			然明，施州刺史。								
		諤之。	保隆，膳部郎中。								
		頵之，屯田員外郎。		存業，鄜州刺史。	栖，嬀州刺史。						
		挺之，中書舍人。									

	止戈，後周洛州刺史。			憬，海州長史。	璿，伊陽丞。						
				惇，資陽令。	初，延州司馬。	頤，寧國丞。	元方，萬年丞。	弘禮。			
								傳禮。			
								好禮。			
						建，金部郎中。					
	待價。		言思，祠部郎中。								
			虬裔孫彥昭，太子文學。	芳字仲敷，右司郎中、集賢學士。	登字成伯，大理少卿。	璟字德暉，郴州刺史。	韶字臧用。				

						瓌，邵州長史。	祺字玄裕。				
					冕字敬叔，福建觀察使。						
檜。	雄亮。	贊，都官郎中。			鄭卿，咸安太守。						

晉太常卿、平陽太守純六世孫懿，後魏車騎大將軍、汾州刺史。生敏，字白澤，隋上大將軍、武德郡公。從祖弟道茂。

道茂。	孝斌。	客尼。	明偉，義川令。	正巳。		甫。					

正禮，邠州司戶參軍。
子華，檢校金部郎中。
公度，光祿少卿。
謙字匡言。
器〔二〕。
希顏。
珮字輝長。
仲遜。
璨字昭之，相昭宗。
瑀。
瑊。
子溫，丹州刺史。
公綽字寬，兵部尚書，諡曰元。
仲郢字諭蒙，天平節度使。
璞字韜玉，著作郎。

珪字郊玄，一字鎮方，衛尉少卿。
璧字寶玉，右諫議大夫。
懷素字知白。
玭，御史大夫。
公權字誠懸，太子太保。
仲憲。
璩字虛中。
公諒，南鄭令。

子金，南鄭令。
子平。
惟則，檢校員外郎。
明亮。
五臣，水部郎中。
明讜，和州刺史。
正元，大理評事。
寶積，職方員外郎。
明逸，刑部員外郎。
明肅，度支郎中。

平陽太守純生卓，晉永嘉中自本郡遷於襄陽，官至汝南太守。四子：輔、恬、傑、奮，號「東眷」。

輔。
平。
敬起。
昶。
誂。
果仁。
崇禮，房州刺史。
固節。
仲矩。
粹。
季華。
恬，西涼太守。
遐，馮翊太守。
叔宗字雙麟，宋建威參軍。
世隆字彥緒，南齊尚書令、貞陽忠武公。
惔字文通，梁左僕射、曲江穆侯。
昞。
裘，隋大將軍。
儁，右金吾將軍。

暉，梁吏部尚書。		映。	
顧言，隋祕書監、漢南公。		奭。	
遜。		善才，荆王侍讀。	
尚異，司門員外郎。		尚素，江寧令。	
思讓，巴州刺史。	儉，兵部員外郎。	慶休，渤海丞。	
		識字方明，屯田郎中、集賢殿學士。	渾字德載，相德宗。

叔珍，義陽內史。				
慶遠字文和，梁侍中、雲杜忠惠侯。			季遠，梁中書侍郎、宜都太守。	
津字元舉，左民部尚書。			遐字子升，後周霍州刺史。	
仲禮，司州刺史、西魏侍中。			莊，隋黃門侍郎。	
玄。	彧，隋持書御史。		慶孫。	
	紹，左庶子。		楚賢，光祿少卿、杭州刺史。	
行滿，給事中。			溫。	洽。
	晦，文州刺史。	如芝，衡州刺史。		升，長安令。
				元。

			傑。			
			雙虬。			
			元章。		仲仁。	
			景賓。	景鴻。		
				儉。		
					崇貞，太原令。	季貞。
		沖，太子賓客、平陽公。	秀誠，揚州長史。			賁，長安令。
輔。	應。					

	奮。
季和。	
贊，冀州刺史。	
	貞望，江州刺史。

柳氏宰相三人。奭、璨、渾。

韓氏出自姬姓。晉穆侯費少子曲沃桓叔成師生武子萬，食采韓原，生定伯，定伯生子輿，子輿生獻子厥，從封，遂爲韓氏。十五世孫襄王倉，爲秦所滅。少子蟣蝨，生信，漢封韓王。生弓高侯穨當。穨當生孺。孺生案道侯說。說生長君。長君生龍頟侯增。增生河南尹騫，避王莽亂，居赭陽。九世孫河東太守術，生河東太守純。純生魏司徒南鄉恭侯暨〔三〕。六世孫延之，字顯宗，後魏魯陽侯。孫瓌，平涼太守，安定公。生恆州刺史演。演生褒。

襃字弘業，後周少保、三水貞伯。				
紹字繼伯。	仲良，戶部尚書、潁川公。			
				瑗字伯玉，純臣。相高宗。
	某，郢州刺史。			
	某，著作郎。			
	某，萬州刺史。			
	愼，溫主簿。	豐字茂實。	泰字安平，祠部郎中。	

			遜。	湧。
				同慶，司勳郎中。
琪。				
澄，汲郡太守。				
炅。				
儉。				
琦，左監門大將軍。	祜。			
滑，蜀州刺史。	溱，左補闕。			
	憬，亳州刺史。	協，駕部郎中。		

弓高侯頹當裔孫尋，後漢隴西太守，世居潁川，生司空稜，字伯師，其後徙安定武安。

後魏有常山太守、武安成侯耆，字黃耈，徙居九門。生茂，字元興，尚書令、征南大將軍、安定桓王。二子：備、均。均字天德，定州刺史、安定康公。生晙，雅州都督。生仁泰。

仁泰，曹州司馬。				
叡素，桂州長史。				
晉卿，同州司法參軍。	季卿，義王府胄曹參軍。	子卿，陝府功曹參軍。	仲卿，祕書郎。	
			會，起居舍人。	介，率府參軍。
				百川。

		愈字退之，吏部侍郎，謚曰文。		
老成。		昶。		州仇，富平令。
湘字北渚，大理丞。	滂，寶雞丞。	綰字持之。	袞字獻之。	

雲卿，禮部郎中。

俞，開封令。

无競，河南參軍。

啓餘，潤州司功參軍。

州來，唐興令。

紳卿，京兆府司錄參軍。

岌，虢州司戶參軍。

家。

升卿，易州司法參軍。

河東太守純四世孫安之，晉員外郎。二子：潛、恬。恬，玄菟太守。二子：都、偃。偃，

臨江令，生後魏從事郎中穎。穎生播，字遠游，徙昌黎棘城。二子：勵、紹。紹字延宗，揚州別駕。二子：弈、胄。

胄字弘胤，北齊膠州刺史。

護字靈祐，後周商州刺史、洪雅公。

賢字思齊，隋鄀州刺史、襲黃臺公。

符字節信，巫州刺史。

大壽，吏部郎中。

歸仁，上黨令。

曜。

詢。

延慶。

諶，朝邑令。

鍊。

鉞，宋城令。

僎，獲嘉主簿。

光期。

鋒，武功尉。

紓。

朴。

華，衛尉少卿。

署。

師魯。

延範。

君祐，涪州刺史。

道紀。

鎮，藍田令。

纁，三水令。

繇，大理評事。

大智字不偲，祕書郎。

滔，輔唐令。

暈，丹陽令。

惑，洛州司戶參軍。

阜，長水丞。

舉，殿中侍御史。

寮，秋浦令。

郵。

鄂。

都。

邢。

郯。

居厚。

鐔，殿中侍御史。

鄆。

部。

寓。

鄩。

容。

捧。

審。

鄰。

嚴。

休字良士，相玄宗。

浩，高陵尉。

洽，監察御史。

洪，邢州長史。

章，兵部侍郎。

挹，太原少尹。

居實，南鄭丞。

釧，磁州錄事參軍。

晟，左散騎常侍。

居業。

挍，潤州司倉參軍。

摳，揚子尉。

操，靈寶尉。

宰。

平。

牟。

翬。

華。

濟，郊社丞。

泫，諫議大夫。

卓，殿中丞。

準，洛陽令。

鐵，咸陽令。

超。

濡。

錄。

起。

銖。

越。

鼎。

滉字太沖，相德宗。

臯，禮部員外郎。

察，明州刺史。

諫師。

宥，衞尉卿。

寬，右金吾兵曹參軍。

臯字仲閎，尚書左僕射。

充，舒王府錄事參軍。

袞。

紹，京兆文學。

玫，成都少尹。

諷。

洞，京兆府錄事參軍。

渾，太常少卿。

逃，都官郎中、閬州刺史。

復，洋州刺史。

鉤，左司員外郎。

鑄字台臣，檢校兵部尚書。

環，太子司議郎。

瓌，櫰令。

弼。

士通，原州司戶參軍。

士約，大理評事。

玹。

解，太子中允。

谿，金部員外郎。

轂，流溪令。

孚，興元少尹。

巘。

武，右拾遺。

抗，眞源尉。

逵。

枳。

繕。

佀。

梲。

坤。

櫓。

巽。

杞。

友信。

絢。

揆，河南丞。

洄字幼來，兵部侍郎。

舉，司封郎中。

賓，亳州刺史。

造。

鄘字正飾。

封，遂州刺史。

潁。

鄗。

宁。

據。

常，岳州刺史。

密。

抗，吳令。

彝。

睿。

弈，涇陽尉。

最。

平，興平令。

蹇。

中，歸州刺史。

操。

倩，殿中丞。						
演，和州刺史。	混，率府錄事參軍。					
	滌，河南兵曹參軍。					
	承訓，洛陽令。			承徽。		
	乂，定遠令。			宗簡。	玄亮，中牟尉。	玄著。
	庶。		鍔。			
	釧。		巘。			

					大敏。
					份，著作郎。
			湜，眞源丞。		
			肇，宜城尉。		
宗古，蕭令。	籌，右諫議大夫。	範。	囊。	潘。	楷，海陵尉。
	邠，蘇州刺史。				

佺，虞城尉。				

南鄉恭侯暨子孫其後徙陽夏。

望。			
陲。			
弘，相憲宗。			充，檢校司徒、宣武節度使，謚曰肅。
肅元。	公武字從繼之。		
	偃，右驍衛上將軍。		
		繼宗。	

韓氏宰相四人。瑗、休、滉、弘。

來氏出自子姓。商之支孫食采於郲，因以爲氏，其後避難去「邑」。秦末徙新野。漢有光祿大夫來漢，從楊僕擊南越。孫仲，諫議大夫。生歙，字君叔，中郎將。生稜。稜生歷，爲執金吾。生定，中郎將。孫豔，司空。生敏，字敬達，蜀執愼將軍。七世孫則，始徙江都。

則。			
繪。			
護兒，隋左翊衛大將軍、榮國公。			
恆，相高宗。		濟，相高宗。	
景業，虞部郎中。		敬業，潤州刺史。	慶遠，中書舍人。

來氏宰相二人。濟、恆。

許氏出自姜姓。炎帝裔孫伯夷之後，周武王封其裔孫文叔於許，後以爲太嶽之嗣，至元公結爲楚所滅，遷于容城，子孫分散，以國爲氏。自容城徙冀州高陽北新城都鄉樂善里。秦末有許猗，隱居不仕。曾孫晰，漢侍中、太常。生德，字伯饒，安定、汝南太守，因居平輿。四子：據、政、遨、勁。據，大司農。生允，字士崇，魏中領軍、鎮北將軍。三子：殷、勛、猛。允孫式，式二子：敗、邁。敗字仲仁，晉司徒掾。四子：茂、詢、嶷、雅。詢字玄度，四子：元之、仲之、季之、珪。珪，宋給事、著作郎、桂陽太守。生勇慧，齊太子家令、冗從僕射、晉陵縣侯。二子：懋、胤。懋，梁天門太守、中庶子，生亨。德亥子政，字羲先，別居邵陵。

亨，陳衛尉卿。	善心，隋黃門侍郎。	敬宗字延族，相高宗。	昂，虞化令。	彥伯，太子舍人。	望，右羽林將軍。	遠，侍御史、睢陽太守。	峴，袁州刺史。				
				韶伯，右屯衛將軍、平恩公。							

			昱。								
			昪，明堂令。								
			杲，泰陵令。								
			景，工部郎中、判右羽林大將軍。								

安陸許氏出自詢五世孫君明，梁楚州刺史，生弘周。

弘周，楚州刺史。	法光，後周岳州刺史。	紹，峽州刺史。	善，隋宣城郡主簿。	力士，洛州長史。	欽寂，夔州刺史。	輔乾，右金吾大將軍。	諫，河南丞。				
							論，監察御史。				

							詵，歸州刺史。				
							諷，監察御史。				
						輔德，宕州刺史。					
					欽明，梁州都督、安西大都護。	誠惑，鴻臚少卿。	子房。				
							季常，萬年丞。				
							子端，岳州刺史。				

						誠言，太子僕卿、右衛大將軍、	餘，壽州刺史。				
					欽淡，深州刺史、光祿卿。	叔冀，滑汴節度使。	孝常，亳州刺史。				
							仲容，鄧州刺史。	志倫。			
								志雍，兼監察御史。			
			伯裔。								

智仁，右屯衛將軍、許昌公。	圉師，相高宗。		
	自牧。	自遂。	自正，澤州刺史。

許氏宰相二人。敬宗、圉師。

辛氏出自姒姓。夏后啓封支子於莘，「莘」「辛」聲相近，遂爲辛氏。周太史辛甲爲文王臣，封於長子。秦有將軍辛騰，家于中山苦陘。曾孫蒲，漢初以豪族徙隴西狄道。曾孫柔，字長沉，光祿大夫、右扶風都尉、馮翊太守。四子：臨、衆、武賢、登翁。武賢，破羌將軍。生

慶忌，左將軍、光祿大夫，常樂公。生子產，豫章太守。曾孫茂，後漢成義將軍、酒泉太守、侍中。三子：緘、述、孟孫。孟孫生長水校尉伯眞。伯眞二子：孟興、叔興。孟興二子：恩、殷。恩生子焉。子焉三子：寅、裕、胥。

寅。		
寅，四世孫猷。 顏。		
猷孫巨明，後魏侍中。		
顯宗，馮翊郡守。		
元忠，青州刺史、平陽伯。	慶之字餘慶，西魏祕書監。	
迪，隋龍州刺史。	加陵，後周主寢上士。	
德本，黄州刺史、平桑公。		
		道源，監察御史。
		思禮，邵州刺史。

珍之，後魏北海太守，諡曰恭。	豁字仲略。		
鰲，北齊都官尚書。	昂字進君，後周潼州總管、繁昌公。	政。	寬。
		肇。	諤，中書舍人。
文粲，鳳州刺史。		茂將，相高宗。	
		希業，駕部郎中。	

裕。				
裕五世孫敬宗。 冕。				
		闡。		
樹寶。	靈寶。			
琛字僧貴，後魏南梁太守。	徽，後魏徐州刺史。			
術字懷哲，北齊吏部尚書。	季慶，青州刺史。	寶剛。		
衡卿，太常丞。	公義，隋司隸大夫。	爽。		
郁，禮部侍郎。	亮，侍御史。	澄。		良，禮部侍郎。
		玄慶。	玄同，戶部員外郎。	玄道，比部郎中。
		怡諫，壽州刺史。		廣嗣，禮部侍郎。
				恆。

										晉。	
									長儒，都官郎中。	咸。	
						晨。			利涉，度支員外郎。		

辛氏宰相一人。茂將。

任姓出自黃帝少子禹陽，受封於任，因以爲姓。十二世孫奚仲，爲夏車正，更封於薛。又十二世孫仲虺，爲湯左相。太戊時有臣扈，武丁時有祖巳，皆徙國於邳。祖巳七世孫成侯，又遷於摯，亦謂之摯國。漢有御史大夫廣阿侯任敖，世居于沛，其後徙居渭南。

雅相，相高宗。			鵬，陵州刺史。	迪簡，易定節度使。	憲字亞司。						

任氏宰相一人。雅相。

盧氏出自姜姓。齊文公子高，高孫傒爲齊正卿，謚曰敬仲，食采於盧，濟北盧縣是也，其後因以爲氏。田和篡齊，盧氏散居燕、秦之間。秦有博士敖，子孫家于涿水之上，遂爲范陽涿人。裔孫植，字子幹，漢北中郎將。生毓，字子象，魏司空、容城成侯。三子：欽、簡、珽。欽，晉尚書僕射。珽字子笏，晉侍中尚書、廣燕穆子。三子：浮、皓、志。志字子道，晉中書監、衛尉卿。三子：諶、謐、詵。諶字子諒，晉侍中、中書監。五子：勗、凝、融、偃、徽。勗居巷南，號「南祖」。偃居北，號「北祖」。偃仕慕容氏，營丘太守。二子：邈、闡。邈，范陽太守。生玄，字子眞，後魏中書侍郎、固安宣侯。二子：巡、度世。度世字子遷，青州刺史固安惠侯。四子：陽烏、敏、昶、尚之，號「四房盧氏」。

陽烏字伯源，後魏祕書監、固安懿侯，號大房。	道將字祖業，燕郡太守、固安獻侯。	懷祖，太學博士。	莊，後周都水使者。	燿，滄州司功參軍。	循，襄陽尉。						
		懷仁字子友，後魏弘農太守。	彥卿，石門令、東宮學士。	大道，荊州刺史。	元福，祕書少監。						
					元珪，當塗令。	滋。					
						澹。					
						澂，豐令。	岳，上洛郡司馬。	仲粥。			

							屈，衛尉卿。				
							岳，滎陽尉。				
							懋，明經直太常。				
							昷。				
						璪，祕書少監、固安侯。	震，兗州參軍。				
							竦，右金吾將軍。	隗。			
								巎，鄧州刺史。			

山甫。

愼思，和州刺史。

諭，黃州長史。

長宗，大理評事。

周諒。

仲宗，揚州參軍。

詵，武安尉。

愔。

安石，曹州司馬。

師老，司門郎中。

昭。

脩，懷州司兵參軍。

師丘，金部郎中、懷州刺史。

暕，泗州刺史。

暉，魏州刺史。

向。

彧。

端。

泰。

師莊，司議郎。

晈。

汪。

大觀。

師昉。

宗謙。

行嘉，青州錄事參軍。

知遠。

守賓。

知順，太谷丞。

方壽。

思敬。

令涓，沂州司馬。

思順。

曦，涼王府司馬。

元寓。

震。

迅，殿中侍御史。

彥章，武彊令。

莊道，刑部員外郎。

玉昆，桐廬令。

游，司勳郎中、河南少尹。

肇。

單。

敷，冤句令。

頠，譙令。

戢，開封尉。

金友，水部員外郎、滁州刺史。

勸。

伯成，萬年丞。

協，汾州司錄參軍。

雅，封丘令。

晏。

暈。

炅，大理主簿。

計，揚州兵曹參軍。

銳，平陸尉。

鈇，大理評事。

鐶，睦州刺史。

珪字子美。

鈞字子和，太子太師。

鄴字潭臣，祕書省校書郎。

潚字子莊。

鐇，左庶子。

庚，檢校比部郎中。

羣。

彥高，萬年長。

倓壽，太常丞。

維惠，許州司兵參軍。

仙壽，雍丘令。

友浹，黎陽令。

秀，清河令。

霸，司封郎中、將作少監。

友儋，黎陽令。

融，長水令。

萬，隰州刺史。

友季，太原府士曹參軍。

儒壽。

法智。

弘壽，衞州司馬。

友坦。

渾。

友裕，信都主簿。

相，高郵令。

甫。

峴，丹楊丞。

構，濟州刺史。

和。

華。

士瞻，大理少卿。

衍。

啓。

播，戶部郎中。

居易。

賚實。

用晦。

藏密。

將明。

寬中。

處厚。

椿。

將順。

抗。　嶠。

子廓。　光臣。

遺福。　皋。　長慶。

友挹。　服，晉陽令。　論。

詡。　紹。

渥。

峯，河內尉。

璥，沂州錄事參軍。　某，襄陽令。　居簡，金吾兵曹參軍。

行簡，大理主簿。

可久。

道亮字仲業。　思演。　朗，潤、青等州刺史。　廣微，婺州刺史。　幼卿，亳州刺史。

廣明。

廣敬，汝陽令。　含光，鄭丞。　玄卿字居貞，左　子眞，檢神武軍　校左威衞曹參　衞上將軍。

軍、蒯國公。

居簡。

居易。

居中。

居道。

廣濟，和州刺史。

思道字子行，隋武陽太守。　赤松，太子率更令、范陽郡公。　承慶字子餘，相高宗。　諝，吏部郎中。　鄖，滁州刺史。

垣。　幼臨，刑部郎中。

承思。　休期。　日新，商州刺史。　建，常州刺史。

承悌。　綱，城門郎。　侑，太原尉。

暄。　瀷，杭州刺史。

幼平，太子賓客。　賞，邵州刺史。　弘宗。　峻字子翰。

承基，主客郎中。　元莊，嘉州刺史。　知遠，資州刺史。　巽。

孚。

明遠，太原少尹。

承業，雍揚二州長史、魏縣簡子。	承泰，字齊卿，太子詹事、廣陽郡公。		
徽遠，潤州刺史。	成務，壽、杭、濮、洺、魏五州刺史。	成軌。	
		佋，御史中丞。	倕，衡州刺史。

承禮，湖州司馬。					
璥，魏州長史。					
成麟。	徽明，洋州刺史。	藏用，字子潛，黔州長史。	若虛，起居舍人。	重玄，司勳郎中。	
偘，戶部郎中。	俶，趙州刺史。				

承福，考功郎中。					
瑤。	玢，貝、絳二州刺史。				
伯初，太原少尹。	全操，房州刺史。	全義，臨汝太守。	全誠，饒陽太守。	全壽，金吾將軍。	
卿。	惲。				
知退。	知晦。				
準，字昭儉。	導，字熙化。				

道虔，字慶祖，後魏幽州刺史，諡曰文恭。					
昌衡，隋太子左庶子。					
寶素，隋澤州內部長、晉州別駕。					
安壽，綿州長史。					
正紀，汝州司馬。					
全眘。	伉，聞喜令。				
絳。	繪。	締。	維。	嶠，永州司馬。	岳，字周載。	鑰，陝虢觀察使。
嘉猷。	戣。				

正勳。
侹，臨清令。
汝，監察御史。
士珏。
戢。
占。
弘宣字子章，太子少傅、固安縣伯。
告字子有，左補闕。
朋龜字子益。
含。
更牢。
同休。
正道，鄂州刺史。

安志，萬年丞。
游道。
肅誠。
傳禮，均州刺史。
絢，太子詹事。
纖。
鎮。
鴻應。
耕字子成。
正義。
緬。
瀾。
溥。
景明，陝州司馬。
濊。
澤，兼殿中侍御史。

正言，左監門衞將軍，諡曰光。
眺字日淩，西華主簿。
且，深州司馬。
炅，大理主簿。
況，汝陽主簿。
溉，新鄉尉。
灄，祠部郎中。
士理，漢州刺史。

士瓊字孺方。
德卿，河南府司錄參軍。
嗣宗。
嗣業。
士瑛，岳州刺史。
處約。
震字子威。
士玟，太子賓客。
士瑍。
儔。
絳字子華。

清，萍鄉主簿。
士牟，和州刺史。
執顏，戶部員外郎。
巉徽。
先之。
沐。
湘。
潘字子
濬。
洋。
泚。
沛。

浚，西華尉。
汶。
士珙。
孚字子
讓。
正容，潤州司戶參軍。
光懿。
滋。
渚。
光烈。
光遠。
光裕。

光宗。
澥，兼殿中侍御史。
寶胤，博州刺史。
元亮，宋州司功參軍。
元規。
遜。
固然。
逷，給事中、荊府長史。
奥。
元德，義清令。
庭光。
廣全。
元貞。
怡，中書舍人、御史中丞。
膺，大理評事。
裔，檢校工部郎中。

道舒字幼安，後魏中書侍郎，襲固安縣爵。
熙裕。
士綸。
同吉。
元亨。
庭言。
晶。
庭昌，歙州刺史。
恆，殿中侍御史。
魏客。
諤，遂州刺史。
庭芳。
利貞。
子翼。
炅。
華字戴初，義成節度使。

						叔慈。		諶，峽州刺史。			
						元茂。	韞價，長社，偃師尉。 安鑵。				
								抃。			
								校，衢州參軍。			
							遠價。	頵。			
			士綽。								
			士緝。								
			士繹。				昱，檢校工部郎中。				

			士綸。	嘉慶。	重明，亳州刺史。	令章，屯田員外郎。	儀，安陸丞。				
					見義，魏郡太守。						
					見象，石州刺史。						
				方慶。	受彩。		國淳。				
					昭彩。	襲乂，給事中。	國佐，睦州刺史。				
							國英。				
敏字仲通，後魏議郎、	義僖字遠慶，都官	慈之，太尉尚記室參軍。	文構。	君肅。							

諡曰靖，號第二房。	書，諡曰孝 簡。										
				處實。	守直，興州刺史。						
					昇，福州刺史。	峻。	給。				
						乾。					
					旻。	放。					
					景，同官尉。	誅。					
				君胤，忠州刺史。	幼孫，常州刺史。	獻，鸞臺侍郎。	翔。	甚字去甚。			

							翊，鄂州刺史。	昂，澧州刺史。	長。		
									廣，河南尉。	商字爲臣，相宣宗。	知遠。
											知微。
											知宗。
											僧朗。
											堯字待問，生協，字熙績，兵部員外郎。

盛，恆州刺史。
令。
輔國。
敦禮。
員。
暹。
翹，兵部郎中、廣陵長史。
進賢。
進賓。
嘩。
畯。
晊，殿中侍御史。
逢，戶部郎中。
聽。
[illegible]。

懿。
蘊字積中。
著字弘中。
莊字敬中，生鼎、擢。
鼎字調臣，起居舍人，與起居郎蘇楷、羅衮請改昭宗謚曰襄。

荀字秉中。
瑀，給事中、國子祭酒。
復，夔州刺史。
詞。
湜字子
膺字公
章，檢校司徒。
禮，刑部侍郎。
慶字昌舜。
紹字子美，太子少保。
庥字垂禮。

麟字垂禎。
沼字明源。
沆字德遠。
操。
寶。
政，檢校郎中。
瑗，欽州刺史。
珣。
璡，河中少尹。
璠。

頊，澤州刺史。
蔚字剛中。
玠。
珙。
君亮，冤句令。
文壽。
鉉，祠部郎中。
文挹。
君胄。
貞栱。
履冰，右補闕。
元裕。
正己，刑部尚書。
翰，相德宗。

君靜。
萬石，司農卿、昌平公。
昭，峽州刺史。
暄，太原少尹。
瑗。
珽，常州刺史。
懋之，後魏散騎常侍。
彪。
慈龍，濟源令。
同德，樂壽令。
勤國，渭南令。
勤敬，桃林令。
守悌。
勤禮。
抱素。

勤嘉，青州別駕。
克周。
克明，高陽令。
洽。
潤。
沼，芮城令。
邁字子玄，相德宗。
洵。
淬。
濟。
澶，殿中侍御史。

德衡。
息之，後魏開府參軍。
彥博，雍州參軍。
義惇。
景開。
仲俊。
之道，太子舍人。
之信，洛州司功參軍。
璡。
璟。
思殷，潤州司倉參軍。
全濟，封丘丞。
元哲，金州刺史。
珙。

		景柔，蘭陵太守、南州刺史。			
	叔粲。	元幹。		海相，涇令。	
				彥恭，伊闕令。	
				昭度，監察御史。	
				詢，晉州司馬。	
貞諒，刑部侍郎。		貽，河南府法曹參軍。			
		於陵。	渾。		
		羲。	元中。		
			嗣立，字子復。		則，監察御史。

					楚玉。
	彥倫，盩厔令。				
昭禮，渭州長史。	昭亮，任城簿。	昭道，比部員外郎。			
伯超。					
端。		滔。	演。		秦卿，秦州刺史。
	仙宗，兼監察御史。			佋，檢校郎中。	裔。
					玄暉，字子餘。

	昶，字叔達，後魏鎮西將軍，謚曰穆，號第三房。				
羲安。	元隆。				
	士熙，北齊彭城太守。				
	子令。				
	君通。				
虛舟，祕書少監。	圓公。				圜吏，考功郎中。
褒。	仁祖，相州錄事參軍。				
	不器，刑部郎中。			不動，霍山丞。	
	豫。	盆。		隨，祁丞。	撝謙，合州刺史。
	翽。				昪。
			式中。	景亮，字長晦，中書舍人。	嘉績。

子哲，靈昌、伏陸二令。				
	挺，潭州司戶參軍。			
	懷愼，相玄宗。			
茂伯，度支員外郎。	奐，尚書右丞、漁陽縣伯。		弈，御史中丞。	
	振，國子主簿。	鈞，左武衞兵曹參軍。	杞，字子良，相德宗。	櫧。
			元輔，華州刺史。	
			順之，字子謨。	
			曉，字子昭。	

懷莊，駕部郎中。	會昌，倉部郎中。	元德。	仁師。	宣，河陰尉。	宰，饒陽令。
淑，魏令。		士澈，昌樂令，徐州別駕。	世表。		維，太中大夫。
		勝。	弘肅。		
			廣，商州刺史。		
			寧。		

弘僤，汝州刺史。	倬。	偡，汝州長史。	弘愼，兵部侍郎。	弘贍，陳留令。	和玉。	震，兗州參軍。	霽。
脩，中書舍人。	淌。		庇，侍御史。	密，壽安令。	涉。		臨。
				辭玉。			

世矩，梓愼七州刺史、北平元公。	韶，許昌尉。	謨，太子中允。	仲連。	正師，眞定主簿。	善祚，潁州司馬。
弘軌，道王府參軍。	仲雍，鄄城令。	仲舉。		習信，東陽令。	巨源，原州長史。
福會，軍器監。				善觀，貴鄉丞。	援，義興丞。
歆，當陽令。					
仲甫，中牟尉。					

彭壽，太常寺奉禮郎。	諭，比部員外郎。	允，給事中。	敬直，鄢陵主簿。	懿卿，少府丞。	師智，萬其尉。
尙卿。	晉。			敬賓，汾西令。	大辯。
敬一。				烜。	
從愿字子龔，刑部尙書。					
纖，王屋令。					

荀之字季儒，後魏濟州刺史，號第四房。

文甫字元祐，司空行參軍。

敬通，太常博士。

正觀，龍丘令。

壽童，當陽令。　仙童。　羽客，衛南丞。

茂道，玄武尉。　茂實。

佶，懷州長史。

晫，監察御史。　嵒。

沇，鄆、亳二州刺史。　惟穆。

翬。　單。　汶。　濟。　安，倉部郎中、閬州刺史。

從範。

瞻生授，字皦。

釗，永寧令。

辭玉，濟州司馬。

之翰，臨黃尉。

綸字允言，檢校戶部郎中。

簡能字子拙，檢校司封郎中、鳳翔節度判官。　簡辭字子策，山南東道節度使。

知猷字子謩，檢校司空。生文度，字子澄。　貽殷，光祿少卿。生文渙，字子林。　玄禧字子裕，國子博士。

弘止字子彊，宣武節度使。　簡求字子臧，河東節度使。

虔灌字子肅，祕書監。　商脩字子脩。　汝弼字子諧，祠部郎中、知制誥。　嗣業字子通，檢校禮部郎中。生

文翼字仲祐，後魏右將軍、范陽子。

士偉，齊州司馬。

德基，南安令。　正命。　正倫。

萬金。　孝道。　萬石字萬石，監察御史、昌平縣侯。

文勵，膳部郎中。

伯陽。

同宰，明州刺史。

鋋，國子博士。

文紀，字子持，殿中侍御史。

		義幹，永寧令。						
		眞惠。			眞相，諸城令。		眞行。	
		玄範。			子義，鄆主簿。		大樸。	大薇。
			崇道，太常少卿。		守節。	伯玉。		无忌。
			鷗。	鵝。		沔。		
							仲長。	
鎮。	鏐。							
徹。								
躅字子範。								

		士朗，殿中郎。				
		仁爽。				
		審經，瑕丘令。				
		河童，豐令。				
		岳，河中倉曹參軍。	岳。	嵇。	昷。	樹。
			增。			坦字保衡，劍南東川節度使。
仁杞。						玠，霍丘尉。
佐元。						
飄。	近思。					
溥字子翻。	拯字勳之。					

						擇壽，開府參軍。
				審忠。		買臣。
				彥。	仲臻。	
				鎬。	銛，延州刺史。	
			常師，光祿少卿。		高。	
大琰。	大璟，河南府參軍。	瓚。				

	士嬰。						
	瑀。						珣，同州參軍。
輔臣，館陶令。	法德。						買德。
			彝倫，上蔡令。				虔。
	玄約。		子輿，泌陽令。				
	昊。	序。	同，望江令。				
	肅，石州刺史。	徹，吉州刺史。	東美，考功員外郎。				
			暢。		申。	易。	
			專字子專。	立。			

					壽王。						
					醫王。	子愼。					
						玄明，均州刺史。					
					藥王。						
				孝德。	仁弘，雍澤令。	元節，果州參軍。					
						元休，武德尉。					
						元昉，遂城尉。					
							鼎臣。				
			瑱。								

	文符字叔偉，後魏通直散騎侍郎。	士遜字子淹，中山太守。	正力，屯田郎中。

范陽盧氏又有盧損。

損。	求。	撝字子升，相僖宗。	晏字望卿，壽安尉、直弘文館。

又有盧賨。

賨。	璧。	光濟字子垂。

		光啓字子忠，相昭宗。

盧氏宰相八人。大房有商〔三〕、承慶；第二房有翰、邁；第三房有懷愼、杞；范陽有撝、光啓。

校勘記

〔一〕器　本書卷一六三柳子華傳及舊書卷一七九柳璨傳均作「公器」。

〔二〕南鄉恭侯暨　「南」，各本原作「甫」。按三國志卷二四韓暨傳，暨黃初中進封南鄉亭侯，卒謚恭侯。本卷下文亦作「南鄉恭侯暨」。據改。

〔三〕大房有商　上表列商第二房。未知孰是。

宋 歐陽修 宋祁 撰

新唐書

第一〇册

卷七三下至卷七四下（表）

中華書局

唐書卷七十三下

表第十三下

宰相世系三下

上官氏出自芈姓。楚王子蘭爲上官大夫，以族爲氏。漢徙大姓以實關中，上官氏徙隴西上邽。漢有右將軍安陽侯桀，生安，車騎將軍、桑樂侯，以反伏誅。遺腹子期，裔孫勝，蜀太尉。二子：曰茂、曰先。先徙東郡，後徙陜郡。五世孫回。至弘爲江都總監，又徙揚州。

回，後周襄城太守。			
弘，隋比部、儀曹郎中、江都總監。			
儀字游韶，相高宗。			
庭芝，周王府屬，天水郡公。			
庭璋，太子僕。			
經野，德州刺史。	經國。	經緯。	
		韶，侍御史。	

上官氏宰相一人。儀。

樂氏出自子姓。宋戴公生公子衎，字樂父，生傾父澤，澤生夷父須，子孫以王父字爲氏。須生大司寇樂呂，呂孫喜，喜生司城子罕。裔孫樂羊，爲魏文侯將，封於靈壽，其後子孫因家焉。裔孫毅，趙封望諸君。毅孫臣叔，漢封華成君，子孫自趙徙長陵。裔孫親，後漢本縣吏。生恢，字伯奇，尚書僕射。生羽林監乾，徙南陽淯陽。孫仁，爲武陵太守。生清河太守玕。玕生散騎常侍方。生廣，字彥輔，晉尚書令、信陵公。裔孫恂。

中華書局

惀，梁西揚州刺史。	亮，後周固道郡守。	宗，青城令。	彥瑋字德珪，相高宗。	思順，白水令。							
				思晦，相武后。							

樂氏宰相二人。彥瑋、思晦。

孫氏出自姬姓。衞康叔八世孫武公和生公子惠孫，惠孫生耳，爲衞上卿，食采於戚，生武仲乙，以王父字爲氏。乙生昭子炎，炎生莊子紇，紇生宣子鰌，鰌生桓子良夫，良夫生文子林父，林父生嘉，世居汲郡。晉有孫登，卽其裔也。又有出自芈姓。楚蚡冒生王子蔿章，字無鉤，生蔿叔伯呂臣，孫蔿賈伯嬴生蔿艾獵，卽令尹叔敖，亦爲孫氏。又有出自嬀姓。齊田完字敬仲，四世孫桓子無宇，無宇二子：恆、書。書字子占，齊大夫，伐莒有功，景公賜姓孫氏，食采於樂安。生憑，字起宗，齊卿。憑生武，字長卿，以田、鮑四族謀爲亂，奔吳，爲將軍。三子：馳、明、敵。明食采於富春，自是世爲富春人。明生臏，臏生勝，字國輔，秦將。勝

生蓋，字光道，漢中守。生知，字萬方，封武信君。知生念，字甚然，二子：豐、益。益字玄器，生卿，字伯高，漢侍中。生憑，字景純，將軍。二子：居、詢。詢字會宗，安定太守。二子：鸞、騏。鸞生爰居，爰居生福，爲太原太守，遇赤眉之難，遂居太原中都。太原之族有嵐州刺史昉，生存進，安定太守。詢次子騏，字士龍，安邑令。二子：通、賓。通子孫世居清河，後魏有清河太守靈懷。武德中，子孫因官徙汝州郟城。靈懷曾孫茂道。

茂道，初名處約，字歷道，相高宗。	侹，延州刺史、富春男。										
	侑。										
	俊，荆府長史、樂安子。										
	徵，濟州刺史。										

	俓，幽州都督、會稽公。										

安邑令騏少子賓，字子遠，後漢天水太守，徙居青州。生厚，字重殷，大將軍掾。生瑤，字良玉，中郎將。生邃，字伯淵，清河太守。生儵，字士彥，洛陽令。生國，字明元，尚書郎。生軌，字玄志，漢陽太守。二子：鍾、旃。鍾，吳先主權卽其裔也。旃字子之，太原太守。二子：炎、歷。炎字叔然，魏祕書監。生倭，字仲颯，太官令。生道恭，字雅遜，晉長秋卿。二子：顗、芳。顗字士若。芳，中書令。子烈，避趙王倫之難，徙居昌黎。生岳，前燕侍中，子孫稱昌黎孫氏，歷幽州刺史、右將軍。生旂，字伯旗，平南將軍，坐與孫秀合謀，夷三族。顗避地河朔，居武邑武遂。生煇，字光休，後趙射聲校尉。生緯，字元文，幽州都督。生周，字季洽，後燕高陽王文學。生敬仁，字士和，北燕司隸功曹。二子：苑、蔚。蔚字伯華，一字叔炳，後魏祕書監、棗彊戴男。二子：伯禮、方嗣。

伯禮，後魏巴州刺史，襄棗彊男。	元琥，北齊文宣帝相國騎曹。	靈暉，北齊治中、大將軍司馬。	萬安，隋徐、兗、婺三州刺史。	彥昉，滑州長史。	矩，滑州長史。	行成，左翊衛。	迆，樂陵主簿。				

							逌。				
							逸。				
						承家。					
				基貞，九巖道門令。	侚。						
					儆。						
					休。						
				藻，儒林丞。	昱，烏江令。	僎。					
						舍利。					
				彥皎，和州刺史。							

萬壽，大理司直。
孝敏，隋晉陽令。
仲將，壽張丞。
希莊，韓王典籤。
嘉之，宋州司馬。
逖，刑部侍郎、右庶子，諡曰文。
宿，華州刺史。
公器，邕府經略、兼御史中丞。
華清，太原尉。
儒郎。
小盛。
正，河中少尹。
詢，郃陽尉。
簡，東都留守、太子太保。
景蒙，左贊善大夫。
繹，本名景章，永州刺史。

讜，蓬州刺史。
景裕，孟州司馬。
紓，工部員外郎。
徽，常州刺史。
緑字子章，河中支使。
繼。

範，監察御史。
觀，清河令。
緯字中隱，歙州刺史、吏部侍郎。
糾，侍御史。
鑄，許州法曹參軍。

玩，蓬州刺史。
小遠。
縉字純化，睦州軍事判官。
小胤。
緒，平陽令。
璲。
晏，初名節。
獻可，大理司直。

絳，右補闕。	成字思退，桂州刺史、中丞、樂安孝男。		
	惟肖，監察御史。		保衡，鄂州節度判官、檢校司封郎中。
	匡辟，白水主簿。	匡方。	
		粲字文威，中書舍人。	

徵仲，汭州刺史。	審象，汝州司馬。					
庶立，樊澤尉。	履度，南陵尉。	方紹，登州刺史。	賓。	尚復，德清令。	贊。	倜，江都尉。
			諫。			

	遹，左羽林兵曹參軍。			
覼，太常寺太祝、協律郎。	會，常州刺史、晉安縣男。			
替否，鼓城令。	公紹。			公乂，睦州刺史。
	曦。	璉。	錄，宜城尉。	頊，右庶子、京兆少尹。

瑴字子相，河南尹。	瑱。	碧，汀州刺史。	璡字子澤，鳳翔少尹。	
			揆字聖圭，刑部侍郎。	拙字幾玄，中書舍人。

公胄，海鹽尉。

晏，袁州錄事參軍。

士桀，長洲令。

嗣宗，於潛尉。

嗣初，崑山令。

爽字化方老。

南，度支職方郎中。

朝陽。

堯，夔州刺史。

進，亳州長史。

公彥，睦州長史。

瓊。

璩，於潛尉。

客卿，盱眙令。

公輔，陸澤丞。

復禮，貝州刺史。

大名。

由禮。

元宗。

守崇，鳳翔少尹。

起，白馬令。

非熊，黄梅尉。

景商，天平節度使、檢校禮部尚書，謚曰康。

備，字禮用，直弘文館、藍田尉。

儲，字文府，京兆尹、樂安郡侯。

涗，檢校員外郎。

洽，字道弘，祕書省校書郎。

伾，興元少尹。

儉，字德府，昭義判官、檢校工部員外郎。

偃，字龍光，相昭宗。

溥，字熙化。

伉，春秋博士。

								伯字文節，集賢院直學士、司勳郎中。			
							清，太原少尹。				
					造，詹事司直。	賈，右內率府騎曹參軍。	藹。				
								滔。			
						嬰，藍田尉。	圓。	道師。			

								德師。			
	廣烈，汧陽丞。	嘉猷。									
		希業，永陽令。	徽之。								
			翹。								
			啓。								
方嗣，後魏建威將軍。	仲瑜，隋吏部侍郎。	敬文，石邑令。	弘立，睦州司功參軍。								
		孝哲，會稽令。	弘文，飛狐令。	璧，上柱國。	章，霍山尉。	子盛，洹水令。					
						子榮。					

						子韶，中郎將。	諫，右武衛兵曹參軍。				
							暅。				
						子鑠，鹿邑令。	晨。				

孫氏宰相二人。清河有茂道。武邑有偓。

姜姓本炎帝，生於姜水，因以爲姓。其後子孫變易他姓。堯遭洪水，共工之從孫佐禹治水，爲四嶽之官，以其主四嶽之祭，尊之，故稱曰「大嶽」，命爲侯伯，復賜以祖姓曰姜，以紹炎帝之後。裔孫太公望封齊，爲田和所滅，子孫分散。漢初，姜氏以關東大族徙關中，遂居天水。蜀大將軍平襄侯維，裔孫明，世居上邽。

明，後魏兗州刺史、天水郡公。	遠，後周荆秦二州刺史、朝邑縣公。	寶誼，左武衛大將軍、永安剛公。	恪，相高宗。		知友。						
			協字壽，夏州都督、成紀威公。	亨。							
					昂，司勳郎中。		還，虔州刺史、將作少監。	鷺字昇之。			
								鷹字用之。			

九眞姜氏，本出天水。

神翊，舒州刺史。	
挺。	
公輔，相德宗。	復，比部郎中。

姜氏宰相二人。恪、公輔。

陸氏出自媯姓。田完裔孫齊宣王少子通，字季達，封於平原般縣陸鄉，即陸終故地，因以氏焉。通謚曰元侯，生恭侯發，爲齊上大夫。發二子：萬、皋。皋生邕，邕生漢太中大夫賈。萬生烈，字伯元，吳令、豫章都尉，既卒，吳人思之，迎其喪，葬于胥屏亭，子孫遂爲吳郡吳縣人。二子：衡、盱。盱字子光，褒賁令。生鴻，字叔鸞，本州從事。鴻生建，字公榮，渤海太守。建生暐，字奉光，本州從事。生恭，字彥祖，御史中丞、京兆尹。恭生璜，字公伯。璜生文，字孝平，弘農都尉。文生親，字公道，成都令。親生衆，字世業，舉秀才，除郎中。生賜，字思祖，丞相府主簿。生閎，字子春，潁川太守、尚書令。三子：卬、溫、桓，號潁川枝。桓

字叔文，生續，字知初，揚州別駕。三子：稠、逢、褒，號荆州枝。稠，荆州刺史。二子：肅、誼。肅，丹徒令，號丹徒枝。十世孫鎮之。

鎮之，梁給事中。				
瑨。				
雍，陳豫章王諮議。				
元朗字德明，秦王府學士。				
敬義，蓬州刺史。		敦信，相高宗。		
宣懋。	遵楷，祕書郎。	郢客。	邢卿。	
		大鯤，慶州都督。	大訓。	大盈。

	越賓，陝州刺史。	慶叶，屯田員外郎、雍州司馬。		
大鈞，左金吾大將軍。		翰，大理司直。		
湯。		桂，工部員外郎。		
		子野，荆門令。		
		耽，涇原節度使、檢校工部尚書。		
		戚宇岐，兵部侍郎。	虯，侍御史。	咸，雲陽令。

揚州別駕續中子逢，漢尚書右僕射、樂安侯。五子：涉、表、瓊、昊、招，號樂安枝。表生漢海鹽縣令穰，字子仁。生恢，晉諫議大夫。恢生永興縣令弘，號諫議枝。揚州別駕續少子褒，字叔明。褒第三子紆，字叔盤，吳城門校尉。五子：黨、愔、颯、贇、駿。駿字季才，九江都尉、太學博士。二子：遜、瑁。瑁字子璋，選曹尚書。六子：滂、喜、穎、英、偉、顏。穎第三子海隅縣令濯，生漢公。漢公生冽。冽生晉本郡從事元之，隱居魚圻，號魚圻枝。生英，字季子，長沙太守、高平相、員外散騎常侍。六子：衎、舉、暐、玩、粹、瓘。玩字士瑤，侍中、司空，贈太尉、興平康伯。六子：謐、儒、側、納、乂、始，號太尉枝。始字祖興，五兵尚書、侍中。二子：俶、萬載。萬載，臨海太守、祕書監、侍中。四子：道玩、叔元、覃、子眞。子眞字同宗，宋東陽太守。四子：惠曉、惠恭、惠徹、惠遠。惠徹字監，齊司徒府左曹掾。三子：覿、閑、引。閑字遐業，揚州別駕。四子：厥、絳、完、襄。

完字楚卿，梁琅邪太守。	
丘公字子岳，黃門侍郎。	
璪字潔玉，陳黃門侍郎。	
柬之，司議郎、崇文侍書學士。	靜之。
彥遠，贊善大夫。	
會。	

玄之字又玄，豫章尉。
元方，相武后。
象先，本名景初，相玄宗。
泛，祕書少監，襲兗公。
冀，城門郎、橋陵令。
咸，湖城尉。
暈，汝州參軍。
彙物，汜水令、吳縣男。
憩，海鹽丞。
彙弁，揚府戶曹參軍。
高。
嗣，揚州兵曹參軍。
楚，永嘉令。

翹，婺州刺史。
淶，刑部郎中。
演，汜水令。
招。
權。
該，溧水令。
鏻。
廣，沂州刺史。
眺，夏陽令、大理司直。
偃，泉州刺史。
謀，丹楊丞。

泌，奉天尉。
預。
景倩，右臺監察御史。
溥，少府少監、平昌縣男。
序，平陸令。
義舉。
厚。
康，澤州刺史。
孝甄名寘，河南司錄參軍。
晝，監察御史。
正輿。
賓虞字韶卿，侍御史。
鑑蒙字魯望。

文舉。
應，下邽令。
緯，殿中侍御史。
庶，福建觀察使。
縱，鄭令。
綜，河南府戶曹參軍。
繪，信州刺史。
紹，潁州刺史。
翊，校書郎。

審傳，工部侍郎。
甚夷，校書郎。
緄之，永嘉令。
景融，工部尚書。
沛，屯田郎中。
敏，江夏令。
峴，潤州司戶參軍。
馴，陳州司馬。
志和。
惠和。
泳，秦州刺史。
盛，黃巖令。
棄平。
棄長。

素剛。
淸。
涓，陽翟令。
孟儒，蘇州司士參軍。
翺，字楚臣。
希聲，相昭宗。
恕。
崇。
恭，符寶郎。
愿，左司郎中。
德方。
德輿，義烏、桐廬尉。

仲文。
嵩，祕書省校書郎。
愬。
德昭。
德休，越州法曹參軍。
德謙。
德鄰，庫部員外郎。

季雍，太平令。
漸。
瑋。
景獻，屯田郎中。
包，工部郎中。
翊，應山令。
沇。
易，徐州刺史。
亘，虢州司士參軍。
僩，舒城令。
詹。
廉。
玭，明州長史。
俛，新鄭令。
嚴。

					令公，梁宣城王記室參軍。
				璡。	珣，陳右軍將軍。
				遜之，都官員外郎。	
	秀方。	彥恭，杭州刺史。			餘慶，太子詹事。
景裔，光祿卿。		棣，嘉興令。	向，漳州刺史。		珙。
條，上元令。					瑒字仲海，湖州刺史。采，汾州刺史。
儉，大理評事。					

	雲公字子龍，梁中書黃門郎。
	瓊字伯玉，陳度支尚書。
	從典字由儀，隋南陽主簿。
	鑑。
長源字行儉。泳，汴宋節度使。	
復。	

長沙太守英次子瓘，晉中書侍郎，號侍郎枝。五世孫文盛，齊散騎常侍。生宣猛，字觀明，梁宣威將軍。宣猛生陳吏部侍郎澤，澤九世孫齊望。

齊望，祕書監。	
泌，左散騎常侍。	瀘。主客郎中。
	休符字昌期。

	潤，左司員外郎。	漼，兵部郎中。	瀟〔一〕，吏部郎中。	滻，戶部郎中。
師德，侍御史。			贄字敬輿，相德宗。	則，杭州刺史、左司郎中。
墀，青州從事、監察御史。			簡禮，兵部郎中。	
扆字祥文，相昭宗。				

渭，戶部侍郎。	澧，侍御史。
贇，監察御史。	

陸氏宰相六人。丹徒枝有敦信；太尉枝有元方、象先、希聲；侍郎枝有扆、贄。

趙氏出自嬴姓。顓頊裔孫伯益，帝舜賜以嬴姓。十三世孫造父，周穆王封於趙城，因以爲氏。其地河東永安縣是也。六世孫奄父，號公仲，生叔帶，去周仕晉文侯。五世孫夙，晉獻公賜采邑於耿，河東皮氏縣有耿鄉是也。夙生共孟，共孟生衰，字子餘，謚曰成季。成季十八世孫遷，爲秦所滅，趙人立遷兄嘉爲代王，後降於秦。秦使嘉子公輔主西戎，西戎懷之，號曰趙王，世居隴西天水西縣。公輔十二世孫融，字長，後漢右扶風、大鴻臚。融七世孫瑤。

瑤，後魏河北太守。

乾贇，隋幽州刺史、武公。

玄極，忻州陽刺史。

仁本，相高宗。

諠，左司郎中、司僕少卿。

道先字德宗，洪州錄事參軍。

憬字退翁，相德宗。

宜亮。

全亮。

元亮。

承亮。

諫，左羽林將軍。

新安趙氏，後徙京兆奉天。

德冑，回樂令。

景旦，普安令。

灌然，城平令。

植字道茂，嶺南節度使、檢校工部尚書，諡曰簡。

公儀，下邽尉。

遵約。

仁約。

存約，興元節度判官。

隱字大隱，相懿宗、僖宗。

光逢字延吉，太常卿。

光裔字煥業，膳部郎中，知制誥。

損。

承讓。

承讜。

益。

光胤字垂裕，駕部郎中。

鸑字玄錫，華州刺史。

光遠。

從約。

蒙字不欺。

昌翰字德藩。

蘊字中美。

滂字思濟。

峻字儀山。

崇字爲山，御史大夫。

峋字德山。

燉煌趙氏。

子遷，隋鷹揚郎將。

武蓋，監察御史。

彥昭字奐然，相中宗。

南陽趙氏亦世居宛縣，後徙平原。

鑒，後魏太常卿。	桀，隋庫部侍郎。	德言，主客員外郎。	景，好畤令。	歆先，殿中侍御史。	肆，祕書監。	宗儒，字秉文，相德宗。		
			仁泰，南和令。	愼己，告成丞。	駰，京兆士曹參軍。	涉，侍御史。	脩，監察御史。	
						渾，大理丞。	伉，昭應尉。	璘，字澤章。
								璉，字幾顏。
								璜，字牂牙。

						倅，初名儹，字德融。		
						佶，兼監察御史。		
				愼庶，殿中侍御史。				

趙氏宰相四人。仁本、懷、彥昭、宗儒。

閻氏出自姬姓。周武王封太伯曾孫仲弈於閻鄉，因以爲氏。又云，昭王少子生而手文曰「閻」，康王封於閻城。又云，唐叔虞之後晉成公子懿，食采於閻邑，晉滅，子孫散處河洛，前漢末，居滎陽。尙書閻章生暢，侍中、北宜春侯。三子：顯、景、晏。顯，車騎將軍、長社侯。顯生穆，避難徙于巴西之安漢。顯孫甫，魏武帝封爲平樂鄉侯，復居河南新安。生牂柯太守璞，璞生晉殿中將軍、漢中太守讚。讚生遼西太守亨。亨生北平太守安成亭侯鼎，字玉鉉，死劉聰之難。子昌，奔于代王猗盧，遂居馬邑。孫滿，後魏諸曹大夫，自馬邑又徙河南。孫善，龍驤將軍、雲中鎭將，因居雲州盛樂。生車騎將軍、燉煌鎭都大將提，提生盛樂郡守進。進少子慶，字仁度，後周小司空、上柱國、石保成公，賜姓大野氏，至隋復舊。生毗。

毗，隋將作少監、石保公。	立德，工部尚書、大安公。	玄邃，司農少卿、澤州刺史。	知微，左豹韜將軍。		
			巨源，射洪令。	用之，左金吾將軍。	定。
					寀。
					宰。
					宣。

	立行，少府監。	玄秀，岐州刺史。	
	立本，相高宗。	克儉。	叔子，同州刺史。
		嘉賓，司農卿。	

閻氏宰相一人。立本。

郝氏出自郝省氏，太昊之佐也。商帝乙之世，裔孫期封於太原之郝鄉，因以爲氏。裔孫晏，秦上卿。晏孫瑗，太原守。生夔，漢匈奴中郎將。裔孫晉末因官徙潤州丹楊。七世孫迥，自丹楊徙安陸。

迴，梁江夏太守。		
破敵，後周汭州太守。		
相貴，滁州刺史。		
處俊，相高宗。		
北叟，司諫郎。	南容，祕書郎。	處傑，鄜州刺史。

郝氏宰相一人。處俊。

薛氏出自任姓。黃帝孫顓頊少子陽封於任，十二世孫奚仲爲夏車正，禹封爲薛侯，其地魯國薛縣是也。奚仲遷于邳，十二世孫仲虺，復居薛，爲湯左相。臣扈、祖巳皆其胄裔也。祖巳七世孫曰成，徙國於摯，更號摯國。女大任，生周文王，至武王克商，復封爲薛侯。

齊桓霸諸侯，獨薛侯不從，黜爲伯。歷三代，凡六十四世，其可記者：畛生初，初生厲侯陵，陵生宣武侯房，房生哀侯褒，褒生莊侯元，元生平侯貴，貴生昭侯直，直生襄侯夷，夷生桓侯辨，辨生康侯安興，安興生定公箱，箱生恭侯倘，倘生景侯魏，魏生宣侯伯勤，伯勤生簡侯文歎，文歎生惠侯夷黃，夷黃生靈侯英，英生文侯俱，俱生隱侯清，清生愍侯洪，爲楚所滅。公子登仕楚懷王爲沛公，不仕，隱於博徒，因以國爲氏，所謂薛公也。生雲，雲生卬，卬生倪，倪生翁，翁生蘷，漢初獻策滅黥布，封千戶侯。生瑑，瑑生茂宣，茂宣生懷則，懷則生引孫，引孫生廣德，字廣德，御史大夫。廣德生饒，長沙太守。饒生愿，爲淮陽太守，因徙居焉。生方丘，字夫子。方丘生漢，字公子，後漢千乘太守。漢生彪，字輔國，司徒祭酒。彪生侍御史安期，安期生中山相脩，脩生馬邑都尉山塗，山塗生山陽太守固，固生龍丘令文伯，文伯生東海相衍，衍生兗州別駕蘭，爲曹操所殺。子永，字茂長，從蜀先主入蜀，爲蜀郡太守。永生齊，字夷甫，巴、蜀二郡太守，蜀亡，率戶五千降魏，拜光祿大夫，徙河東汾陰，世號蜀薛。二子：懿、始。懿字元伯，一名奉，北地太守，襲鄢陵侯。三子：恢、雕、興。恢一名開，河東太守，號「北祖」；雕號「南祖」；興，「西祖」。雕生徙，徙六子：堂、暉、推、煥、渠、黃。堂生廣，晉上黨太守，生安都。

安都字休達，後魏鎮南將軍、河東康王。			
眞龍。			
顯，晉州刺史。			
世斌。			世璡。
伯琳，靜州刺史。	師。		敏濟，左金吾大將軍。
	操。		
	朏。		
	南金，著作佐郎。	彙金，蒲州刺史。	

道龍。				
榮，後魏新野武關二郡太守、都督、澄城縣公。				
仲孫。				
衍，後周御伯中大夫。				
軌，隋襄城郡贊治。				
仁貴名禮，松漠道大總管。				
訥，相玄宗。				
徽，左金吾將軍。			直，綏州刺史。	
揖，相州刺史。	振。	抃，欽州刺史。	堅，邢州刺史。	幹，洺州刺史。

暢，左羽林將軍。

慎惑，司光。

禮主簿。

雄，衢州刺史。

洽。

楚卿。

楚珍。

楚玉字璣，清河郡司戶參軍。

璐，左羽林將軍、汾陰縣伯。

岌，右金吾將軍。

譽，相衛節度使、太子少師。

嵩字嵩，相衛節度使、平陽郡王。

平字坦塗，左龍武大將軍、韓國公。

廣。

文範。

文度，監察御史裏行。

湘，初名儉，許州司士參軍。

宜僚，家令丞。

從字順之，左領軍將軍、河東縣子。

廉，虢州司法參軍。

勤。

雲石，監門將軍。

文紹，蜀州司馬。

文讓。

季方，宋丘尉。

文緯。

敫，前鄉貢明法。

寘。

昌朝，保信軍節度使。

文繼，監察御史。

貽謀，兵部侍郎。

敬叔，涇陽尉。

元士，虢州參軍。

朗。

及。

弘獻。

弘禮。

昌族，陳州刺史、侍御史。

珂，嘉興尉。

存亮，下邽尉。

昌期，儀州刺史、兼侍御史。

建。

文裳。

擢，齊州司兵參軍。

宇，金州戶曹參軍。

文略。

昌宗，廬州長史。

元輔，下邑丞。

文質，鄭王府參軍。

行甫。

昌運，監察御史。

存簡，潞府參軍。

文規。

存易。

皐，貝州長史。

婺，亳州司戶參軍。

文綱，益都令。

瓌生顏、勍、超、戡、潯。顏生約，約生阿卿。勍生紹業。超，安邑主簿。戡，殿中侍御史，生彬、彪、岑、彭。岑，夏州都督。潯，一名正，生顯。

										顧生戩。
									文宙。	
									文演。	
									眞。	
									文英。	
									文來。	
								聿，金鄉令。	仲宣，寧陵令。	
									仲遠。	
									仲達。	
							岸。			

西祖興，字季達，晉河東太守、安邑莊公。三子：紘、清、濤。濤字伯略，中書監，襲安邑忠惠公，與北祖、南祖分統部衆，世號「三薛都統」。三子：彊、遺、清。彊字公偉，秦大司徒、馮翊宣公。三子：辯、邕、寵。辯字元伯，後魏雍州刺史、汾陰武侯。生謹，字法慎，內都坐大官、涪陵元公。五子：洪祚、洪隆、瑚、昂、積善，號「五房」，亦爲漢上五門薛氏大房。

洪隆字菩提，河東太守，謚曰簡。	驎字景游，中書侍郎，謚曰宣。	慶集，滄州刺史。	綱。	勳嘉。	元珪。	諤。					
		英集，黃門侍郎。	端，吏部尚書。	胄，隋刑部尚書。	獻，工部侍郎、內陽公。	元撮。	孝廉，工部郎中。	自勗，杭州別駕。	愉，徐州刺史。		
									懌。	伯高，刑部郎中。	
								自勵，河南府功曹參軍。	恬，殿中侍御史。		

								自勉，餘杭太守。	誼，職方員外郎。		
								自勸。			
								融，清河太守。	退，著作佐郎。		
								公兌，建州刺史。			
							孝侑。		延。		
									近。		
			彌敏，隋通州總管。							泚，吏部侍郎。	務寬，滁州刺史。
	驥字景逸，黃門侍郎，謚曰昭。	亮。	琰。	濬	玄祚，駕部員外郎。						

				謨。	文思，中書舍人。	希曾。	元曖，隰城丞。	彥輔，大理評事。			
								彥國。			
								彥偉，監察御史。			
								彥生。			
								彥雲。			
						希莊，撫州刺史。	元暉，什仿令。	播，水部郎中。			
								摠，監察御史。			
								據，禮部侍郎。	公逵。		

- 瑚字破胡，後魏河東太守，謚曰簡。
- 聰字延智，黃門侍郎、簡懿侯。
- 孝通字伯達，中書侍郎。
- 溫周，鄀州刺史。
- 邁。
- 元敬，秦府學士、太子舍人。
- 象之，絳州刺史。
- 态。
- 公儀，殿中侍御史。
- 臨字知微。
- 蒙字中明。
- 標字垂範。
- 公幹，比部郎中。
- 損字後己。

- 道衡字玄卿，隋益州總管、臨河貞公。
- 大年。
- 行成，易令。
- 仁方，岳州刺史。
- 仁偉。
- 稷，相中、伯陵。
- 睿。
- 迪。
- 元簡，殿中侍御史。
- 仲璉，監察御史。
- 元穆，戶部員外郎。
- 遠。
- 恆。

- 收字伯褒，秦王府十八學士、汾陰獻公。
- 振字元超，相高宗。
- 耀字昇華，給事中，襲汾陰男。
- 黃童，滑州司功參軍。
- 承規。
- 向。
- 泳。
- 承鼎。
- 承輔。
- 承裕。
- 伯陽，左千牛將軍、駙馬都尉。
- 歟，衛尉卿、駙馬都尉。

- 金童，壯武將軍。
- 承輪，晉安府果毅都尉。
- 承寵。
- 榮童，永寧丞。
- 崇，江陰尉。
- 顏童。
- 襄童，果州司戶參軍。
- 璠。
- 環。
- 瓌。
- 琠。

				穀字仲雄，太子舍人。
鳳童字公輸，兗州司馬，襄汾陰男。		雲童，潤州參軍。		儒童字勝流，醴泉令。
嵩。	巖。	岑。	岸，肥鄉府果毅、	睦。

舒字仲和，黔中經略使、河東縣伯。				
安親，新鄉丞。	安國，左金吾兵曹參軍。	安都，永王參軍。	遵誠，奉禮郎。	遵誨，協律郎。

	海童字深源，新鄉丞。		江童字靈遠，陳留太守、河南採訪使。
			寧字孝本，著作郎。
遵訓，太常寺太祝。	安遷，洛南尉。	安爲，華亭令。	當，錢塘令。

裳，檢校尚書、水部員外郎、知度支東川院。	謨，吳尉。	鎮，錢塘令。		鐧字幾中，大理評事。
延休，河清尉。		莊。	鴈。	賁字抱素，司封員外郎。
				遐舉，生正元。

鵬舉，大寧令，生坦、塤。
滂字德符，婺州刺史。
殷圖，華陰尉。
平。
邕字公應，本名和，宣歙觀察使。
載，京兆府兵曹參軍。
康，殿中監、駙馬都尉。
鈇，司農丞。

鉦，洛陽令。
弘範，豐陵令。
曬，唐昌令。
皓，光祿丞。子磔，太子舍人。
弘遠，宋州錄事參軍。
鈹，京兆府倉曹參軍。
肱，鳳翔府倉曹參軍。
蒙。

象。
鈞，通州刺史。
弘志，鳳翔府司錄參軍。
庾，趙城主簿。
弘宗，司農卿。
潘，聞喜令。
弘宣，蘄州錄事參軍。
巖，蘄州司馬。
嶠。
巍。

弘休，膳部員外郎。
嵩老字仲甫，膳部員外郎，號「南薛」。生籀。
夔，睦州刺史。
劍，祕書監。
弘紹，醴泉令。
礶。
蟾。
弘懿，商州長史。

				弘裕，宋城尉。
		晏，嶺南推官。	鎔。	
俊字爽之，慈州刺史。	上童，隴西郡太守。	垂。		
		萬，富陽令。	正封。	
		華。		
	獻童字替否，馮翊郡太守。	武，河南府士曹參軍。	仲躬字端己，邢州參軍。	潛。

	行周，信州長史。	
仲約字易簡，南陵令。	溫，吳尉。	
	渾。	
仲誨字易簡，餘杭、江西從事。	漳。	
仲棻，河東節度判官。	滦。	坤符。

	鑄，烏程尉。	廣。	魯。
		浼。	
		溪。	
		涂。	
		諧，殿中侍御史。	韜，改名鄴，盩江令。生澂。
			郢。
		行實。	
韞，沁州別駕。	叔達，忻州司馬。	行立。	
		行方。	

夔，大理評事。	仲翔字鵬舉，河南府士曹參軍。	休。	
		砅。	
		植字子正，侍御史。	遐翼，嚴州刺史。
		洸，許州支使。	昭遠，沁水丞。
崟。			

貞童字文幹，岐州司法參軍。

緐字公茂，河南府戶曹參軍。

正則，長春宮判官。

正倫，殿中侍御史。

邈，駕部員外郎、

元朋，儋州刺史。生善慧。

彥遠，南部令。生鏷，導江令、侍御史。

諶，國子四門博士。

諴字符，司農卿。

茂脩，太常博士。生錯、銳。

銳，檢校工部員外郎。

延樞，武功尉、左拾遺。生鍘、鑣、鏻。

茂昌，檢校兵部員外郎。

陟字元遜，彭城令。

正文，陽武令。

論，芮城令、檢校戶部員外郎。

鼎，光祿主簿。

彥明。

庶。

璭，侍御史，知浙西鹽鐵院。

彥損，河中、河東尉。

護，河東尉。

謂字昌臣，京兆府功曹參軍。

厚，西城令。

嶕，魏城令。

嶢，高陵尉、右拾遺。

諤字匡臣，大理評事、度

彥規，曲沃令。生導。

支巡官。
彥矩。

彥錫。

讓，大理
寺主簿。

誕。
昌遠，鴻
臚卿。

迺，棣州
錄事參
軍。

奇童字壽，靈石
靈孺，蒸尉。
州刺史。

懋，忠州
錄事參
軍。

季童字
仲孺，祕
書正字。

彧字邁智，長瑜，洛州稜伽。
尚書。
刺史、征東
大將軍。

德義。

景山。

胤字孝沖。
褎。

源。

淡。

元嗣，洛溫，膳部昭。
州長史。郎中。

譪。

芬。

綦。

瑨，左武
衞將軍。

元宗，虢
州刺史。

珣，殿中
侍御史。

鄭賓，濮
州刺史。

弘悌，工
部郎中。

鏡一，虞
部郎中。

和字邁睦，善周京兆粹。
後魏南州尹、博平公。
刺史，謚文。

大鼎，貝州克構，麟徹元。
刺史。
臺監。

克勤，宗
正卿。

褒。
臻德。

善晉。

裕。
敬仁，閬州
刺史。

敬德，果州崇本。
刺史。
待聘。
瑩，杭州
刺史。
銑，忠州
刺史。

鄘。

良吏，杞構。
王傅。

敬倫。
瓌，丹州
刺史。

			逸字智都，殿中監。		芳字季令。
	愼。	濟。	相，北地太守。		膺字元禮，處靜。諫議大夫。
淹。		文度，曹州刺史。	綱，高平公。		
廉，吉州刺史。	道昱，禮部員外郎。		昭，澤州刺史。		
		瑾，左拾遺。	防，淮陰侯。		
			岑，夏州都督。		揚名。
			福，安州刺史。		反光。
			衡。		
			玉。		
			俊。		
			神生國，國生紹，紹生信，信生問、閎。	康鎮。	

		蕃。		
		處道。		
		德祖。	德元。	
德晟。	敏恭，司宰卿。	懷操，祠部郎中。	懷昱，饒州刺史。	
	玄立，左羽林將軍。		瓘，光祿卿、駙馬都尉。	
			顥，黃門侍郎。	緒。
				崇允。
				回。
				景先，左金吾大將軍。

		懷晏。		
		琡。		
紹，左散騎常侍、駙馬都尉。		紹，禮部郎中。	紀。	
崇胤，太常卿、壽陽王。	崇簡，太僕卿、立節王。	崇一。	愿，汝南太守。	慤，主客郎中。
愬。		顒，殿中侍御史。		頲，太子中舍。

			德備。		德閎。
			懷嘉。		懷智，膳部員外郎。
			玄嘉，興州刺史。		
	鏊。	儆，鄧州刺史、駙馬都尉。	植，膳部郎中。		
		鏞，光祿卿、駙馬都尉。			
頊，蓬州刺史。			灦。	悏。	

懷讓，懷州刺史。
懷侃，尚書左丞。
賓居。
成己。

審，咸寧郡長史。
勝，左拾遺。
存誠，給事中。
庭範字輔國。
保雍字昌之。

昭謩。

庭章字介。
保厚字鎮章。

庭望字遂之，虢州刺史。
貽矩字式瞻，一字熙用，御史大夫。
暐。

庭老字商叟，吏部侍郎。
保遜字遜之，司農卿。
昭緯字紀化，御史中丞。

存規，衞尉卿。
庭傑，右拾遺。
瑱。
沖。

懿，胙城令。

璩，荊南節度書記。
貞贊。

正表字子昭，左諫議大夫。
般藏生知素。

貞，

嗣。

璘。

正朋。
貞齊。

昂字破氏，後魏河東太守。
欽。

馥，後周荊州刺史、陽城公。
道實，隋禮部侍郎、臨汾公。
德儒，隋濟北司馬。
寶積，潤州刺史。
待詔，代州司馬。
瞻。

侃，陝州司馬。
嗣先，衞尉少卿。
蒼，光祿卿、駙馬都尉。

葳。

華。

順先，奉先尉。
萊。

莘。

芳。

萃。

苹，浙西觀察使。
膺，婺州刺史。
調。

褒字魯志。
訢字敦美，生汾，字鼎川。

蟠字宗聖。

休字羕
志。
庠字蒙
志。
齊。
常先，太子詹事。
蒖，江陵少尹。
弼，滑州刺史。
茂先。
鹽。
粲先。
巨先。
順連。

伯連，河東尹。
延智。
悌。
珹。
喬。
延光。
仲連。
幼連，京兆府戶曹參軍。
易知，慈州刺史。
延，鳳翔少尹。
賁，左司員外郎。
季連，工部侍郎。

鍼。
紹。
績。
通庭。
寶胤，少府少監。
纘。
恆。
懋。
銳。
鍰。
鎬。
諸。
詣。
鈞。
純，秦州都督。
麟，倉部郎中。
絢，好時令。
如瑤。
弁，江州刺史。
元方。

仲方。
綰，濟源令。
翼，右補丕。
闕。
繪，祠部郎中。
承規。
承矩。
謇，泗州刺史。
紘，華州刺史。
用。
兢，殿中侍御史。
朋。

			縉，廬、和二州刺史。		緈。
羽，新平太守。	珏，嶺南節度使。		林。	枝。	
	弘慶。	存慶。			
		耽，字敬交，東川節度使。			

纖，金部員外郎。					
同，湖州長史。					
乂，溫州刺史。	丹，廬州刺史。	戎，字元夫，浙東觀察使。		放，江西觀察使。	朗。
		泝。	洽。		
					壽弘，合州刺史。

慶，字積善，後魏河東太守。								
隆宗。								
仲玉，東夏州刺史。								
粲。								
深。								
世弘。								
仁軌，虞部郎中。								
思貞，鄆州刺史。								記，絳州刺史。
怦。		忻，侍御史。			愐。			和，左僕射。
廣。	庤。	灕。	漸。	備。	中孚。	隨。	蒙。	經。

仁惠。	
思誨。	思行，右金吾將軍。
嘻，監察御史。	昭，普州刺史。
	晃，鄧州刺史。
	晟，御史大夫。生逵，逵生倠。

薛氏定著二房：一曰南祖，二曰西祖。宰相三人。南祖有訥；西祖有稷、元超。

校勘記

〔一〕灕　舊書卷一三九陸贄傳及權德輿陸宣公翰苑集序均作「偘」。

唐書卷七十四上

表第十四上

宰相世系四上

韋氏出自風姓。顓頊孫大彭爲夏諸侯，少康之世，封其別孫元哲于豕韋，其地滑州韋城是也。豕韋、大彭迭爲商伯，周赧王時，始失國，徙居彭城，以國爲氏。韋伯遐二十四世孫孟，爲漢楚王傅，去位，徙居魯國鄒縣。孟四世孫賢，漢丞相、扶陽節侯，又徙京兆杜陵。生玄成，丞相。生寬。寬生育。育生浚，後漢尚書令。生豹，梓潼太守。生著，東海相。孫胄，魏詹事、安城侯。三子：潛、穆、愔。潛號「西眷」，穆號「東眷」。潛曾孫惠度，後魏中書侍郎。生千雄，略陽太守。生鄭子，字英，代郡守、兗州刺史。生瑱，字世珍，後周侍中、平齊惠公，號平齊公房。二子：峻、師。

峻，後周車騎大將軍、儀同三司，襲平齊公。				
貞字德正，隋監遼東城西面軍縣事。				
懷敬，左領軍將軍。	懷辯，開府。	懷質，光祿卿。		
知藝，襄州刺史。			希緘，江都令。	
		顥，陰平太守。	濬，臨汾主簿。	
			漸，陵州刺史。	
			宗禮，陝虢觀察支使。	文恪字從易。　敬之，將

	澂。		
作監，充內作使。	審規，壽州刺史。	象，殿中侍御史。	
	殷字知人，工部員外郎。	元貞。	
	究字繼山，右諫議大夫。	駿字端士，武昌軍節度使。	
		德鄰，信州刺史。	保衡字蘊用，相懿宗。

保殷，長安令。	慎思，泰寧軍節度判官。	保範，邠寧節度副使。	保乂，翰林學士、兵部侍郎。
	瓌，祕書郎。		肅字內莊，洛州團練副使。

	方憲，台州刺史。			
	鈞，福建觀察判官。			從易，國子太學博士。
保合，邠寧觀察支使。	贊字致雍。	允之，襄州錄事參軍。		
		仁濟，陳州錄事參軍。	襄，祕書丞。	

					師字公穎，隋汴州刺史、井陘定侯。
				匡素，和州刺史。	弘敏，相武后。
				洽，考功郎中。	
				收，殿中侍御史。	
詢，滁州刺史。	從龜，左庶子。	鐸，烏程令。	鈴，屯田郎中。		

	仁爽，鳳州刺史。		棻立，主爵員外郎。	
容成，驍衛將軍。				
		瑶，果州刺史。		
				屺，宋州刺史。

東眷韋氏：穆曾孫楷，晉長樂、淸河二郡守。生逵，慕容垂大長秋卿。生閬，字友觀，避地薊城，後魏太武召爲咸陽太守。時關中大亂，所部獨安。明元帝嘗曰：「我欲有臣皆如閬。」當時以爲美談。子孫因自別爲閬公房。二子：範、道珍。

範，後魏高平男。				
法儁，都水使者、高平貞男。				
子粲字暉茂，北齊豫州刺史、西魏忠男。	榮亮字子昱，北齊左衛大將軍。			
孝謇，集州刺史。	綱字世紀，隋趙州長史。			
	文宗。			
	德敏，太府少卿。			
	璆，衡州刺史、魯縣康公。			
	元誠，范陽郡倉曹參軍。	元濟。	元賓。	元曾字穎叔，吏部郎中。
	彤，濮州刺史。			
	蘄字勿喜。			

	珙，光祿少卿。	元方。	
		元志。	
	玢，司農卿。	元甫，尚書右丞。	悅，長安令。
		元懍。	愃，巴州刺史。
德基，金部郎中。	瑗。		
	琳，廣州都督。	裕。	
		延安，鄂州刺史。	

				球。		之晉，湖南觀察使。	祐。
		文傑。		玠，榮州刺史。		瑴，金部員外郎。	
顥。	碁，隋蒲州刺史、晉安郡公。	士讓，羅州別駕。					
祖獻。		世師，博州刺史。	眞泰，戶部侍郎。	瓊，考功郎中。			
			脩業，水部員外郎。				

崇操。	月將，以直諫死中宗朝。
	晶，眉州刺史。
	忠，普州刺史。

道珍字秦寶，後魏威遠將軍、扶風馮翊二郡太守。生邕，著作郎、諫議大夫。生鴻冑。

二子：澄、淹。淹生雲起，封彭城公，因號彭城公房。

鴻冑，後周儀同三司、本州大都督、新豐昭公。	澄字清仁，綿州刺史、彭城敬公。	慶嗣，太子家令，襲公。	正禮，太子舍人。	承彥。

正德。	廣宗，丹楊丞。		
	守素，絳州司功參軍。	忻。	
		協。	
正名，東海令。	元昭，渭州司法參軍。	善處，都水丞。	
	元暉，恆王府諮議參軍。	適，監察御史。	鎮。

邈，校書郎。
彭侯。
成侯。
暹，雲陽尉。
公舉。
公安。
公衡。
正道，太子通事舍人。
正己，工部員外郎。
懷撝，彭原尉。
東箭。

懷搆，申王府諮議參軍。
紹，郃陽令。
仿，郃陽令。
正象，雍丘令。
元震。
璆，左衞中郎。
玢。
玠。
正履，潁州司馬。
齊物。
伯鐵，著作郎。
彪，唐州刺史。
中立。
愼樞字欲訥。
彤，太常博士。

千齡。
峻，秦王府倉曹參軍。
峴，南陽主簿。
正矩，殿中監、駙馬都尉。
慶植，魏王府長史。
璠，駕部員外郎。
鈞字季和，漢州司馬。
悅然，晉州長史。
逵。
遇。
怡然，贊善大夫。
巡。

忻然，大理丞。
迪。
懌然，鄂州別駕。
遷。
鈙，虞部郎中。
瑩，司門郎中。
默，神烏令。
遂，左武衞騎曹參軍。
琳，瀫水令。
珣，清河令。
鉽。
至誠，吳尉。
密，信安丞。

1	2	3	4	5	6	7	8	9	10
				鍵，臨潁令。	千秋，樂壽丞。	去泰。			
						去奢。			
						去甚。			
				銑，魏州刺史、河北採訪使。	藍，祕書郎。	微，河中府戶曹參軍。			
						宣，左千牛。			宥，宣州刺史。
					壹，著作郎。				
					鑒，潁王府司馬。				

1	2	3	4	5	6	7
			璡。			
			琇。			
			珽，倉部郎中。	鎬，興州司馬。	萬春，果毅。	
					詵，荊府士曹參軍。	
				銛，徐州別駕。	脩，密州錄事參軍。	
					倚，光祿少卿。	

1	2	3	4	5	6	7
					倫，莒令。	
				鍔，滏澤令。	儒，河池郡司馬。	
					倩，臨洛主簿。	
			璿，三原令。	渙。		
				滔。		
				清。		
				濟。		
			頊，工部尚書。	鐵，太子少保、駙馬都尉。	友謙，陳王府長史。	績，天興

1	2	3	4	5	6	7
						纁，徐城令。
						縱，左金吾衛兵曹參軍。
					友信，泉、吉、婺三州刺史。	瀕。
						繕。
						續，試金吾衛長史。

	友諒，右衛將軍。			友柔，太子舍人。	
巖，屯田郎中。		約。	緯，相州參軍。	總，勝州刺史。	絳，襄州司法參軍。

					琰，左千牛。	
					寧，絳州司兵參軍。	寬，通事舍人。
友剛，漳州刺史。			友順，山陰令。			
蘊，檢校太子詹事。	縮。	紹，一名鼎。				

慶餘，初名慶基，兵部郎中。								
玄眞，校書郎。	玄昱，明經。					玄符。	玄直。	
元一。	履恬，絳令。	履惇，婺州法曹參軍。	履愔。	履恪。	履協。		元寂。	元覃。

玄胤。	玄寶，安州司法參軍。				玄錫，台州刺史。		
黃冠。	從一。	彥談。	仲良。	季良。	元寂，楚丘令。	元洮，襄陽令。	元濟，商州司戶參軍。

		競，初名慶臣山。		元旦，中書舍人。							
		儼，庫部員外郎。									
				元曄，司勳員外郎。							
				元晨，殿中侍御史。	涵。	顥，洋州刺史。	力仁，駙馬都尉。				
					登。	萬，忠州刺史。					
						順。					
						倪。					
						顓。					

		慶祚。	頲，宋州刺史。	行詳。							
				行誠，著作郎。		幹，太子詹事。					
					子文，明皇帝廟令。	德器字器，富平尉。	公右，昭應令。	及，三原令。			
				行詮，尚書右丞。	良宰。						
					利見，嶺南節度使。	明宸，劍州刺史。					

		慶本，洪府長史。									
		慶暕，戶部員外郎。	昪，澤州刺史。			明宗，左贊善大夫。					
	奄。	雲起，司農卿、益州行臺僕射。	師實，秦州都督。	方賓，相武后。							
				方直，兵部郎中。							
		雲表字之玄，祕書監，襲晉陽公。	師經，齊王府司馬。	友道。							

				俠客。							
				眞客。							
				楚客。							
			師莊，著作郎。	昉。							
				暟。							
				晙。							
		雲平，度支郎中。	師貞。	元晟，綿州刺史。	汪，岷州刺史。						
				元珪，宗正卿。	堅字子全，刑部尚書、韋城縣男。	証，果州刺史。					

諒，河南府戶曹參軍。

蘭，將作少監。

冰，鄠令。

芝，兵部員外郎。

逍遙公房出自閬弟子眞嘉，後魏侍中、馮翊扶風二郡守。二子：旭、祉。旭，南幽州刺史、文惠公。二子：夐、叔裕。夐字敬遠，後周逍遙公，號逍遙公房。八子：世康、洸、瓘、頤、仁基、藝、沖、約。

世康，隋荊州總管、安文公。

福嗣，隋內史舍人。

悰，御史中丞。

愷，尚書左丞。

希元，上黨尉。

啓，左補闕。

彭。

鑾，吏部侍郎。

綬，左散騎常侍。

溫字弘有，宣歙觀察使。

礭，四門助教。

瑮字信卿。

瓌。

璆。

貫之字正理，相憲宗。

澳字子斐，河南尹。

庾，刑部侍郎，判戶部事。

庠字賓虞。

華字表文。

雝字德華，戶部侍郎、翰林承旨學士。

序字休之。

福奬，隋通事舍人。

寡尤，洋州刺史。

瑋，湖州刺史。

藏金，河南府參軍。

黃裳，昇州刺史。

昊，河南府參軍。

博字大業，昭義節度使。

鄖，監門率府錄事參軍。

魯，涇州營田判官。

班，衡州刺史。

洒。

纁，吏部郎中。

溝。

郊字延秀。

洸字世穆，隋廣州總管、襄陽敬公。
協字欽仁，秦州刺史。
仲銳，金部郎中。
叔銳。
文彥。
良嗣，給事中。
稹，京兆少尹，知府事。
極。
珍。
承貽字貽之。
承裕字天錫。

瓌字世恭，隨州刺史、遂安公。
萬頃。
元整，曹州刺史。
顒。
晤，戶部郎中。
仁基，龍州刺史。
元祚，丹州刺史。
霸，吏部郎中、汝州刺史。
仁祚，宋州刺史。
旅，給事中。
皎，許州司馬。
愨，渭南主簿。
商伯，金鄉尉。
偉，著作郎。
光遠字德鑑。

藥字世文，後周營州總管、魏興懷公。
彤。
彥師，撫州刺史。
承徽，忠州刺史。
彥方。
徽。
衡，原州都督。
寂，司農太府少卿。
峴。
哲。
元輔。
原叔。
曄。
儹，睦州刺史。
峻。
岵。
巇。

衎。
萬，兼監察御史。
處厚字德載，相文宗。
京，富平令。
衢，殿中監、閑廄使。
同，洪州都督。
衎，右驍衛將軍。
少華，太府卿。
晟。
元方，禮部郎中。

	1	2	3	4	5	6
		晏字宣，馬嶺令。	鼎，將作監丞。	希仲，太常卿、扶陽公。	景先，湖州刺史。	
					歐先，拾遺。	
					冑先，殿中侍御史。	
					象先。	珣，將作少監、通事舍人。
				希叔字季，薛王友。	襲先，蜀州參軍。	
					奉先，鼓山令。	

	1	2	3	4	5
					令先，冀州參軍。
					宗先，易州參軍。
					昭先。
		宣敏。	嶠，秋官侍郎。	友直，司門郎中。	
				友淸。	郯，坊州刺史。
	沖字世沖，隋戶部尚書、義豐公。	挻，象州刺史。	待價，相武后。	令儀，宗正少卿。	鑒。

	5	6	7	8	9	10	11	12
	瑩。	應物，蘇州刺史。	慶復。	退之。				
			厚復。	徹字中式。 鎣。		播。	匡字化 權。	遜字遐 美。
					鑑。	莊字端 己。		
	錡。							
	鎔。	綮，岳州刺史。						
	鎰，監察御史。	武，京兆尹、御史中丞。						

	3	4	5	6	7
		烈。	嗣立，宣州司戶參軍。	堯，興道令。	弘景，禮部尚書。
	履冰。				
	興宗。	令望。	叔卿，丹州刺史。	滓，昭應令。	
				滌，戶部員外郎。	
		令悌。		汎，江州刺史。	周方。
		令裕，屯田員外郎。			
	萬石，太常少卿。				

	德運。	山甫，屯田郎中。									
約，隋儀同、觀城公。	克巳。	遙光，萬年令。									
	後巳。			誠奢，殿中侍御史。	晊，兵部郎中。	公輔。					
						公素字復禮。					
								荷字敬止，嶺南節度使。	藝字德輝。		
									偃字仁會。		

									墊字德祥。		
						公度。					
						公璵。					
						公肅，太常博士。					

鄖公房：文惠公旭次子叔裕，字孝寬，隋尚書令、鄖襄公。六子：諶、總、壽、霽、津、靜，號鄖公房。

總字善會，後周京兆尹、河南貞公。	柱成，襲鄖國公。										

	匡伯，隋尚衣奉御、舒國懿公。	思言。	湜，光祿卿。								
		思齊，尚書右丞、司稼正卿。	紀，衛尉卿、懷寧公。								
		思仁，尚衣奉御。	巨源，相武后、中宗。	明歙，華州刺史。							
			液。		寡悔。						
	圓照。	觀。	爽，太僕少卿。	潤。	昭信，滄州長史。						
				湜，齊州刺史。	昭訓，太子僕。	光宰，太府少卿。					

						光裔字叔陽，少府監。	廣，太原府參軍。				
						光弼，大理卿。	鳶。				
							庠。				
							泜。				
						光胄，太常少卿。	慶。				
						光輔字光輔，衢州刺史。	康。				
							膺。				

允節。

光憲，太子少詹事。

壽字世齡，隋毛州刺史、滑定公。

保繼，右衞副率。

知遠，監察御史。

義節，刑部侍郎、襄城公。

慎行。

潛，澧州刺史。

渙，嘉州刺史。

慎名，彭州刺史。

慎惑，右驍衞將軍。

津，陵州刺史、壽光縣男。

全璧。

悅，給事中。

勉，復州刺史。

幹。

忻，兵部郎中。

希先，比部郎中。

奐，虞部郎中。

希一。

謇。

季重。

烈，都官員外郎。

邁。

迪。

儋，定州長史。

千里名昂，以字行，白水丞。

宏。

琬，成州刺史。

令則。

晟，棣州刺史。

叔夏，禮部侍郎。

紹，太子少師。

弘。

協義。

季良。

才絢，鄜王府司馬。

求。

回。

正名。

由，金吾將軍。

士英，監察御史。

詔，明州刺史。

大冏。

嬰，鄭令。

士南，萬州刺史。

士文，祕書少監。

安石，相武后、中宗。
陟字殷卿，吏部尚書、郇國公。
士瞻。
允，吏部員外郎、潁州刺史。
同元。
同訓。
承秦，昭義節度判官。
遑，國子祭酒。
璡字禮卿。

瑕，工部尚書、少府卿。
紘，都水使者。
斌，臨安太守。
袞，駕部員外郎。
同懿。
同休。
同憲。
逢。
同翊字啓之。
曼。
淵，洛陽令。
襄。
專。

凜，朗州刺史。
況，諫議大夫。
玢，司農卿。
季弼。
廉，考功員外郎。
肅。
端。
縝。
紓。
現字玄理，太子詹事、武陽貞侯。
暢。
抗，刑部尚書，謚曰貞。
翹，同州刺史。

拯，戶部郎中。
演。
展，少府監主簿。
渤，閬州刺史。
幼平，金部員外郎。
抱貞，梓州刺史。
綖。
清。
磻，司封郎中、太原河東行軍司馬。
滂，汝州錄事參軍。
潘字游之。
政，維丞。
丹字文賓。
明，武陽郡公。

宙，嶺南節度使、檢校左僕射、同中書門下平章事。		審，大理評事。
蒙，河南府司錄參軍。	臨，京兆府司錄參軍。	瓚，胙城尉。
		鐔，宛丘令。

					璲，倉部郎中。	瑜，歙州刺史。
	調。	翼字從善，太府卿、武陽平公。				
		愼習。	恂如。	悟微。		
	崟，隴州刺史。					
政實，河中府士曹參軍。						

南皮公房：安城侯胄次子愔。愔七代孫景略，後周驃騎將軍、右光祿大夫、青州刺史。生瓚，隋倉部侍郎、尚書右丞、司農卿、南皮縣伯。四子：叔諧、季武、叔謙、季貞，因號南皮公房。瓚從子元遜，從祖弟子逑。

叔諧，庫部郎中。				
福字玄福，綏州刺史。				玄獎。
湊字彥宗，彭城文公。				光乘，朔方節度使、衛尉卿。
見素，相玄宗。				偎，江西觀察使。
倜，給事中。	謂，給事中。	益，工部員外郎。	晳，光祿少卿。	良。
頎，庫部郎中。		顗，兵部員外郎。		
損，初名諶。		遼字鵬舉。		

				季武，主爵郎中。	叔謙，考功郎中。	
					知人，司戎大夫。	
					維字文紀，右庶子、南皮縣公。	
	倫，太子少保。		俛，衛尉少卿。		虛心，工部尚書。	虛舟，刑部侍郎。
放。	敦。	徽。	正己。		有方，左司員外郎。	有象。

縱。		縝。			
虛受，通州刺史。	昭理，常州刺史。	幼成，山南採訪使。	幼卿，洛陽令。	幼奇，楚丘令。	幼章，楚州刺史。
			翃，侍御史。		
			詷字踐之，湖南觀察使。		
			懲字持之。		

					元遜。
					玄泰，度支郎中、陝州刺史。
					光，資州刺史。
綱字綱，初名紹，陳王傅。					
豫，麟游尉。	巽，三水主簿。		咸，汴州司戶參軍。	觀，洛陽尉。	
譽，魏州參軍。	沇，緱氏尉。	禧。	武。		

	述。	
堅。		
信，舒州刺史。	緜，考功郎中。	
	少游，吏部郎中。	少華，中書舍人。
	復，建州刺史。	

駙馬房：東眷穆四代孫自璧，自璧四代孫延賓，延賓三子：璋、福、議。至溫，諸子尚主者數人，因號駙馬房。

璋、	
岌	
玄郁。	玄謩。
澮，職方郎中。	嬰，左金吾將軍。

			福。	議。	
				仁，隋坊州刺史、恆安縣公。	
			昌，左驍衛大將軍、晉安公。	弘慶。	
	玄誕。			玄希。	
顗，太子僕。	瓊，司勳郎中。	瑅，宗正少卿。		淮，光祿少卿、曹國公。	灌，太僕卿、駙馬都尉。
					會，太子贊善大夫。
					鷂。

					鵬。		
					鶚。		
			玄璡。	涉，太僕少卿。			
		弘度。		淑，衛尉少卿。	藏鋒。		
		弘表，曹王府典軍。	玄儼，邢州刺史、博城縣公。	灌。	構，太僕少卿、魯國公。		
					播，吏部郎中、宋國公。		

				溫，相中宗、殤帝。			
				湑字潤甫，左羽林大將軍。	捷，祕書少監、駙馬都尉。		
			玄貞，豫州刺史。	洵。			
				浩。			
				洞。			
				洸。			
		弘素。	玄昭。	濬，衛尉少卿。			

龍門公房：安城侯冑次子愔，愔生達，達六世孫挺傑，後周撫軍將軍、平州刺史。二子：遵、通。遵，驃騎大將軍、晉州大總管府長史、龍門縣公，因號龍門公房。通生善嗣。

善嗣，上谷郡太守。	崇德，太子諭德。	會。	仲昌，京兆少尹。	漸。			
				浼，一名蒨，巴州刺史。	執中，泉州刺史。		
					執誼，相順、憲。	曙。	
						暄字賓之，鄭州刺史。	
						昶字文明。	布震字熙化。

						旭字就之。	
			叔昂，左司郎中。	汎。	萬。	古。	遐字思永。
			伯詳，考功郎中。				
		弼字國楨，商州刺史。	伯陽字春，倉部郎中、北都副留守。	建字正封，祕書監。	宗卿，侍御史、戶部員外郎，以季莊孫繼。		
				迢，嶺南節度行軍司馬。	夏卿字雲客，太子少保。		延範字承之。

- 瓘字宜之。
- 周卿。
- 正卿。
- 珩。
- 瓘字茂弘。
- 造，大理評事。
- 季莊，扶風郡太守。
- 仲長。
- 叔將，豫州刺史。

小逍遙公房出自東眷穆曾孫鍾。鍾生華，隨宋高祖度江居襄陽，生玄，以太尉掾召，不赴。二子：祖征，光祿勳；祖歸，寧遠長史。祖歸三子：褰、闡、叡。褰，南齊司徒記室參軍。曾孫弘瑗，至嗣立更號小逍遙公房。

- 弘瑗，隋武陽令。
- 德倫，任丘令。
- 思謙，相武后。
- 承慶字延休，相武后。
- 晉，常州刺史。
- 長裕，祠部員外郎。
- 當，富平令。
- 嗣立字延構，相武后、中宗。
- 孚，左司員外郎。
- 恆，陳留太守。
- 懿，留州刺史。

- 濟，馮翊太守。
- 士模，彭州刺史。
- 逢，虞部員外郎。
- 貞伯，給事中。
- 尚敬字執勇。
- 成季，兵部郎中。
- 士勛，河南少尹。
- 涵，邵州刺史。
- 史。
- 淑，安州都督。

- 仁慎，駕部郎中。
- 奉先，金部郎中。
- 潛，梓州刺史。
- 知止，庫部郎中。
- 嗣業。
- 希。
- 朗。
- 損。
- 常。

又有京兆韋氏。

- 宗立。
- 式。
- 匡範字廷臣。
- 昭範字憲之。

昌範字禹用晦。籌，考工郎中。	貽範字垂憲，相昭宗。
轂字唐後。	

又有京兆韋氏。

綬。
逢。
昭度字正紀，相僖宗、昭宗。

韋氏定著九房：一曰西眷，二曰東眷，三曰逍遙公房，四曰鄖公房，五曰南皮公房，六曰駙馬房，七曰龍門公房，八曰小逍遙公房，九曰京兆韋氏。宰相十四人〔一〕。平齊公房有保衡、弘敏；東眷有方質；逍遙公房有貫之、處厚、待價；鄖公房有巨源；南皮公房有見素；駙馬房有溫；龍門公房有執誼；襄陽有思謙、嗣立；京兆有貽範、昭度。

郭氏出自姬姓。周武王封文王弟虢叔於西虢，封虢仲於東虢。西虢地在虞、鄭之間，平王東遷，奪虢叔之地與鄭武公，楚莊王起陸渾之師伐周，責王滅虢，於是平王求虢叔裔孫序，封於陽曲，號曰郭公。「虢」謂之「郭」，聲之轉也，因以爲氏。後漢末，大司農郭全代居陽曲，生蘊。蘊生準、配、鎮。鎮，謁者僕射、昌平侯。裔孫徙潁川。

育，北齊黃門侍郎。			
處範，諸城丞。			
待舉，相高宗。			
泰方。	泰初。		
	潤，起居舍人。	納，陳留採訪使。	
			謨。

霸。	
	岡，監察御史。

華陰郭氏亦出自太原。漢有郭亭，亭曾孫光祿大夫廣智，廣智生馮翊太守孟儒，子孫自太原徙馮翊。後魏有同州司馬徽，徽弟進。

徽。		
榮，隋大將軍、蒲城公。	弘道，同州刺史、郇國公。	
福善，兵部侍郎。	敬君。	廣敬，左威衛大將軍。
	依仁，沁州刺史。	

進。			
履球，金州司倉參軍。			
昶，隋涼州法曹。			
通，美原尉。			
敬之字子璘。敬之，吉、渭、壽、綏、憲五州刺史。			
	子儀字子儀，相肅、代、德三宗。		
暐。	曜字曜，太子少保、太原孝公。		
	銳，嘉王府長史。	鋒，光祿少卿。	鍵。

鎬，京兆倉曹參軍。				
璐，庶子。				珙，度支給納使、戶部尚書。
唐夫，汜水令。				景初，雙流令。
軫，檢校兵部尚書。	蘋，鳳翔少尹。	韶，太子率更令。	覓，虞鄉令。	

					琮，濮州刺史。
漢夫，鳳翔功曹參軍。	磻，成州刺史。	堯夫，直羅令。			端夫，太原令。
			鞏，太原少尹。	慶裕，新繁令。	彥崇，上津令。

			珮，通州刺史。	璪，檢校右僕射。	
					巢穎，著作郎。
在徽，衛尉少卿。	在巖，三水令。	在徵，右千牛統軍。			

封穎，簡州刺史。	栖穎，太子司議郎。	紳，右贊善大夫。	績，天興令。	緄，右金吾將軍。	總，尚輦奉御。

玗，鴻臚卿同正。　晞，工部尚書。

鈞，工部侍郎。　鐲，監察御史。　鍊，太常丞。

承嘏字復卿，刑部侍郎。

紘，祕書丞。　纘，太子家令。

鉷。　錸。　鏶。　鑲。

咄，試鴻臚卿。　晤字晤，兵部郎中。

鑰，櫟陽尉。　錹，咸陽尉。　釬，試奉禮郎。

鉦，京兆府功曹參軍。　鐈，京兆府戶曹參軍。　鍵，太僕寺主簿。　鐙，試殿中監。　鐇，萬年尉。　鋑。

曖，左散騎常侍、駙馬都尉。

鏻，雲陽丞。　鎮，太子宮門丞。　鑄，左庶子。　釗，衞尉少卿。

仲文，祕書少監。　仲恭，殿中監、駙馬都尉。

仲詞，檢校殿中少監、駙馬都尉，襲太原郡公。

仲謙，衛尉少卿。

仲謝，通事舍人。

仲宣，河東令。

仲武，朗州刺史。

縱字利用，檢校戶部尚書、駙馬都尉。

仲元，以外孫沈氏爲嗣。

銛，太子詹事。

曙，右金吾將軍、祁國公。

暎，右庶子、壽陽男。

鍜，度支荆襄水陸運判官。

銑，試太常主簿。

銓，武寧節度使。

鋌，太僕卿。

鍭，光祿卿。

處嚴，龍門令。

處殷，易定節度副使。

處弘，方義令。

言揚，監察御史。

宗識，合肥令。

江，潮州刺史。

藹，冊州錄事參軍。

緘，同州司法參軍。

就，河中府戶曹參軍。

庠，度支安邑院官、檢校虞部郎中。

嗣立，富平令。

弘業，右金吾將軍。

元鐵，通事舍人。

行貫，著作郎。

涓，沔陽令。

知微，康州刺史。

苗，生昭文，字子龍。

子雲，左領軍將軍。

子曠，渭北節度使、檢校右僕射。

子瑛，延州司法參軍。

晛，試協律郎、晉陽男。

子珪。

仁寓，常熟令。

幼賢，副都護。

昉，試太子中舍。

曉，試左衞率府兵曹參軍。

旼，邠寧節度使。

暘，右庶子。

幼儒字幼儒，成都少尹。

昕，協律郎。

	暄，河南丞。
	晊。
	暐。
	晠。
	曄。
幼明，少府監、太原公。	煦，鴻臚少卿。
	暅。

	昕，檢校左僕射、磧西節度，譜云：子雲子。
	晧，兼殿中侍御史。
	晫。
幼沖，太子詹事。	暐。
	晦。
幼謙。	

昌樂郭氏亦出自太原。後漢郭泰，字林宗，世居介休，司徒黃瓊辟太常，趙典舉有道，皆不應，世稱爲郭有道。裔孫居魏州昌樂。唐有濟州刺史善愛。

善愛。	元振，相睿宗。		
		鴻。	
		鵬，左驍衛將軍。	琡，兵部員外郎。
		仲翔，代州司戶參軍。	

中山郭氏世居鼓城。唐有正一，相高宗。生忠，通事舍人。

郭氏宰相四人。待舉、子儀、元振、正一。

武氏出自姬姓。周平王少子生而有文在手曰「武」，遂以爲氏。漢有武臣，爲趙王。梁鄒孝侯臣，生德。德生東武亭侯最。最生敬襄侯嬰。嬰生中涓、濟陰侯山附，後以酎金國除。山附生陳留太守、內黃侯都。都生汝南太守宣，字文達。宣二子：尙、浮。浮字元海，司徒、左長史。生臨濟令靜，字伯濟。靜生烈，字文照。烈生光祿勳篤，字猗伯。篤生太常、中壘校尉悌，字周篤。悌生九江太守、臨穎侯端。端生魏侍中、南昌侯周，周三子：陔、韶、茂。陔字元夏，晉左僕射、薛定侯。陔生太山太守、嗣薛侯越。越生威遠將軍、嗣薛侯鋪。鋪生太子洗馬暇。暇生洛州長史、歸義侯念。念生平北將軍、五兵尙書晉陽公洽，別封大陵縣，賜田五十頃，因居之。生祭酒神龜。龜生本州大中正、司徒越王長史、襄壽陽公克己。己生北齊鎭遠將軍、襄壽陽公居常。常生後周永昌王諮議參軍儉。生華。

華，隋東都丞。	士稜，司農少卿、宣城公。	君雅。	敬眞，太子洗馬。
			敬宗。

沖字士讓，太廟令、楚僖王。
懷亮。
守官字惟良，始州刺史、建安郡王。
攸宜，冬官尚書。
攸緒，揚州長史。
若訥。
懷道，右監門長史。
攸暨，相中宗。
崇敏字正卿。
崇行。
攸寧，相武后。
文瑛。

荀瑛。
弘度字懷運，魏州刺史、九江郡王。
勝。
充字處典。
受。
異。
愿。
攸歸，九江王。
良臣，商州刺史。
攸止，恆安王、司賓卿。
昕忠，鴻臚卿。
信忠，祕書監同正。

攸望，少府監、蔡公。
徹，洋州刺史。
溫眘。
士逸，始州刺史、鄣國節公。
志元，倉、庫部郎中。
懿宗，河間王。
震，殿中監。
鎰，試太子中允。
嗣宗，蒲州刺史、管公。
瓘。
璲。

仁範，雲陽令、河間郡王。
尚賓，河間王、益王府長史。
重規，高平王、禮部尚書。
成卿。
成藝。
載德，千牛大將軍、潁川武烈王。
甄字平一，考功員外郎、脩文館直學士。
集，梓州刺史。
備，殿中侍御史。

就字廣成，潤州司馬。

譚，金壇令。

元衡字伯蒼，相憲宗。

弼黃字坤輿，大理卿。

登，江陰令。

儒衡字庭碩，中書舍人。

忱字希玄。

徹。

安業，零陵令。

求已，太子僕、少卿。

士讓，工部尚書、應國公。

元慶，宗正少卿。

審思，申王。

再思，宮門郎、蔡王。

三思，相武后、中宗。

崇訓，高陽王、駙馬都尉。

繼植，左衛將軍。

崇謙，光祿卿、梁公。

崇烈，新安王、尚乘奉御。

崇撝。

崇操。

元爽，虞部郎中、少府監。

承嗣，相武后。

延基，右羽林將軍。

延義，嗣魏王。

延安，光祿卿、邢公。

延壽，衛尉少卿、燕公。

延光。

延秀，駙馬都尉、恆公。

承業，驍衛大將軍。

延暉，駙馬都尉、陳公。

惲。

斌。

延祚，光祿少卿、鄶公。

延嘉，祕書少監、莒公。

武氏宰相五人。攸暨、攸寧、元衡、三思、承嗣。

騫氏出自孔子弟子閔損,字子騫,其孫文,以王父字命氏。後漢質帝時有騫宏,字弘伯,避地允吾,爲金城別駕,封金城侯,子孫因家焉。裔孫彊,晉將軍、平陽郡太守。二子:白、昊。白四世孫敬,字宗之,後魏奉朝請、金城郡守、尙書庫部郎中、征南將軍、金城侯、散騎常侍、和州刺史。一子威,裔孫行本,唐靈州都督長史。彊五世孫威。

威,後魏鄯州刺史、隰成公。			直,華州長史。	味道,相武后。	愼金。				
					辭玉。				
					公胤。				

騫氏宰相一人。味道。

沈氏出自姬姓。周文王第十子聃叔季,字子揖,食采於沈,汝南平輿沈亭,卽其地也,春秋魯成公八年爲晉所滅。沈子生逞,字循之,奔楚,遂爲沈氏。生嘉,嘉字惟良,二子:尹丙、尹戌。尹戌字仲達,奔楚隱於零山,爲楚左司馬。生諸梁,諸梁字子高,亦爲左司馬,食采於葉,號葉公。二子:尹射、尹文。尹射字脩文,爲楚令尹,旬日亡去,隱于華山。二子:尹朱、尹赤。尹赤字明囿,生郢。郢字文明,召爲丞相,不就,生平。平字俊之,封竹邑侯,生遂。遂字佐時,秦博士。生倧,字文甫,左庶長、竹邑侯,生遵。遵字伯吾,漢齊王太傅、敷德侯,徙居九江壽春。二子:盛、達。達字伯弘,驃騎將軍。生乾,字仲元,尙書令。生泓,泓字元良,南陽太守、彭城侯。生勗,勗字子衡,揚武校尉、鎭軍將軍。三子:嵩、奮、奉。奮字仲巽,御史中丞。生格,格字仲悌,將作大匠。生謙,謙字文恭,御史中丞。生靖,靖字文光,濟陰太守,避王莽之難,隱居桐柏山。三子:勳、戎、臺。戎字威卿,後漢先祿勳,以九江從事降劇賊尹良,封爲海昏侯,辭不就,徙居會稽之烏程。靈帝分烏程爲永安縣,孫皓分吳郡爲吳興郡,晉改永安爲武康,卽爲郡人。戎生四子:酆、懿、齊、恭。酆字聖通,零陵太守。四子:滸、仲、高、景。景,河間相,生彥。彥裔孫君諒。

君諒,相武后。			超。	崧字文甫。		

沈氏宰相一人。君諒。

蘇氏出自己姓。顓頊裔孫吳回爲重黎,生陸終。生樊,封於昆吾。昆吾之子封於蘇,其地鄴西蘇城是也。蘇忿生爲周司寇,世居河內,後徙武功杜陵,至漢代郡太守建,徙扶風平陵,封平陵侯。三子:嘉、武、賢。嘉,奉車都尉。六世孫南陽太守、中陵鄉侯純,字桓公,生章,字孺文,并州刺史。五世孫魏東平相、都亭剛侯則,字文師。四子:恬、愉、遁、援。愉字休豫,晉太常光祿大夫、尙書。七世孫彤。二子:雅、振。

振。	世長,諫議大夫。	良嗣,相高宗。	踐言,祕書監。	務寂,梓州刺史。		
				務昇。		

			踐峻。		震,駙馬都尉。	
				彥伯,駙馬都尉。		
			踐義。	務廉。		
			踐節。			禮,太府卿。

魏都亭剛侯則第三子遁八世孫綽,周度支尙書、邳公。生威。

威,隋左僕射、房公。	夔,隋鴻臚少卿。	勗,吏部侍郎、駙馬都尉。	均,虔州刺史。	僖。		
			幹,工部尙書。	獻,駕部郎中。		

昱，濟州刺史。
亶，台州刺史。
瓌字延碩〔三〕，相中宗、睿宗。
頲，相玄宗。
譽。
易，黃州刺史。
縈，滁州刺史。
貲字延卿。
虔字執儀，國子司業。
震，河南尹。
敦。
發。
敿。
徹。
墩。
敢。
儼。
冰。

詵，給事中、魏縣男。
奕，光州刺史。
益。
乂，京兆少尹。
復。
妙，泉州刺史。
頌。
盈，嘉王傅。
炎。
顏，淮安太守。
寬。
琛，廣州都督。
絅。

趯，驍衛將軍。
季子。
澄，沁州刺史。
縮，工部郎中。
紘。

趙郡蘇氏出自漢并州刺史章之後，因官居趙州。

味道，相武后。
佃，膳部員外郎。
份。
倜，兗州刺史。

俛，職方員外郎。
味玄，膳部員外郎。
佺。
汭。
淮。
湯，郴州刺史。

又有武功蘇氏。

迢。
蕤。
檢字聖用，相昭宗。

蘇氏宰相五人。良嗣、瓌、頲、味道、檢。

范氏出自祁姓，帝堯裔孫劉累之後。在周爲唐杜氏，周宣王滅杜，杜伯之子隰叔奔晉爲士師，曾孫士會，食采於范，其地濮州范縣也，子孫遂爲范氏。至後漢博士滂，世居河內。唐有履冰。

履冰，相武后。	冬芬，宣州刺史。								履冰裔孫隋，歷冰丞。

范氏宰相一人。履冰。

邢氏出自姬姓。周公第四子封於邢，後爲衞所滅，子孫以國爲氏。世居滁州全椒。唐有內史文偉，相武后。

邢氏宰相一人。文偉。

傅氏出自姬姓。黃帝裔孫大由封於傅邑，因以爲氏。商時虞、虢之界，有傅氏居于巖傍，號爲傅巖。盤庚得說於此，命以爲相。裔孫漢義陽侯介子始居北地。曾孫長復，封義陽侯。生章，章生叡，叡生後漢弘農太守允，字固。二子：嘏、松。嘏字蘭石，魏尚書僕射、陽都元侯。十一世孫弈，唐中散大夫、太史令、泥陽縣男。北齊有行臺僕射傅伏武，孫文傑，唐杞王府典軍。

清河傅氏出自後漢漢陽太守壯節侯燮，字南容。生幹，字彥林，魏扶風太守。生晉司隸校尉、鶉觚剛侯玄，字休弈，生司隸校尉、貞侯咸，子孫自北地徙清河。裔孫仕後魏爲南陽太守，生交益。

交益，殿中侍御史。	元淑，地官侍郎、冬官尚書。	伯玉。							
		黃中，司勳郎中。							
	依仁。	延嗣，侍御史。							
	遊藝，相武后。								

傅氏宰相一人。遊藝。

史氏出自周太史佚之後，子孫以官爲氏。漢有魯國史恭。三子：高、曾、玄。高，大司馬、樂陵安侯。二子：術、丹。丹，左將軍、武陽頃侯。孫均，均子崇，自杜陵受封溧陽侯，遂爲郡人。崇裔孫宋樂鄉令瓌。

瓌。							務滋，相武后。	惟肖，清河令。	
								翾，御史大夫。	

史氏宰相一人。務滋。

宗氏出自子姓。宋襄公母弟敖仕晉，孫伯宗爲三卿所殺，子州犂奔楚，食采於鍾離。州犂少子連，家於南陽，以王父字爲氏，世居河東。

明，隋司隸刺史。	岌，魏王府記室、巴西主簿。	秦客，相武后。							

楚客字叔敖,相武后、中宗。	晉卿,司農卿。	鄭卿。

宗氏宰相二人。秦客、楚客。

格氏出自允格之後。漢有御史班,裔孫顯。

顯,後魏青州刺史。			
德仁,隋剡丞。	處仁。		
	希玄,洛州司法參軍。	輔元,相武后。	
		遵,殿中侍御史。	達。

格氏宰相一人。輔元。

校勘記

〔一〕宰相十四人　按上表,鄖公房尚有安石相武后、中宗、睿宗,小逍遙公房尚有承慶相武后,與本書及舊書則天中宗睿宗紀、韋安石傳、韋承慶傳相合,此處漏計。

〔二〕瓌字廷碩　本書卷一二五及舊書卷八八蘇瓌傳、文苑英華卷八八三蘇瓌神道碑俱云「瓌字昌容」。又按本書卷一二五蘇頲傳,「廷碩」乃瓌子頲之字。此疑舛錯。

唐書卷七十四下

表第十四下

宰相世系四下

歐陽氏出自姒姓。夏少康庶子封于會稽,至越王無彊爲楚所滅,無彊子蹄更封於烏程歐餘山之陽,爲歐陽亭侯,遂以爲氏。後有爲涿郡太守,子孫或居渤海。晉頓丘太守建爲趙王所殺,兄子質,字純之,居長沙臨湘。七世族孫景達,字敬遠,齊本州治中。生荔浦令僧寶,字士章。僧寶生梁陽山穆公頠,字靖世。頠二子:紇、約。

紇字奉聖,廣州刺史。								
詢字少信,率更令、渤海縣男。								
長卿。	肅。	倫。	通字通師,相武后。					
	顗。		幼明字仲廉。					
			昶字子愿,渤海子。					
			琛字崇文,候官令。	琮,吉州刺史。				
				琮八世孫萬,安福令。				
				雅字正言。				
				劬字德用,韶陽簿。				遠。
				譔。	託字達明。			鉉。
				鄭。	鄂。	郴。	邦。	

						約。		
			亮。	德。	器。	胤，光州刺史、南海郡公。		
						諶，鞏令。		
		幼讓。				禎。		巖，什邡令。
								雎字雎，商州刺史。
						何。	儇。	嵩。
楚。								
	成。							
郾。								

崙。	峯。

歐陽氏宰相一人。通。

狄氏出自姬姓。周成王母弟孝伯封於狄城，因以爲氏。孔子弟子狄黑裔孫漢博士山，世居天水。後秦樂平侯伯支裔孫恭，居太原，生湛，東魏帳內正都督、臨邑子。孫孝緒。

孝緒，尚書左丞、臨潁男。		
知儉，江陰令。	知本，營州司馬。	
	仁珪。	仁權。

知遜，越州刺史。						
仁傑字懷英，相武后。			仁貞。	仁節。	仁恪。	仁矩。
光嗣，戶部郎中。	光遠，州司馬。	光昭字子亮，職方員外郎。				
博通。						
玄範。						

狄氏宰相一人。仁傑。

袁氏出自嬀姓。陳胡公滿生申公犀侯，犀侯生靖伯庚，庚生季子惛，惛生仲牛甫，甫生聖伯順，順生伯他父，他父生戴伯，戴伯生鄭叔，鄭叔生仲爾金父，金父生莊伯，莊伯生諸，字伯爰，孫宣仲濤塗，賜邑陽夏，以王父字爲氏。宣仲生選，選生聲子突，突生惠子雅，雅生頗，奔鄭。秦末，裔孫告辟難居于河、洛之間，少子政，以袁爲氏。九世孫袁生生玄。孫幹，封貴鄉侯，復居陳郡陽夏。八世孫良，二子：昌、璋。昌，成武令，生漢司徒安，字邵公。三子：賞、京、敞。京，蜀郡太守，二子：彭、湯。湯字仲河，太尉、安國康侯。三子：成、逢、隗。成，左中郎，生紹，紹中子熙，其後世居樂陵東光。熙裔孫令喜。

令喜，同州持中。	
異弘，瀘州參軍。	異度，太府少卿。
恕己，相中宗。	
建康，淮陽太守。	
高，給事中。	

異，式戶部郎中。
倜，工部員外郎。
師儉，
僑。

璋生司徒滂，字公熙。滂生渙，字曜卿，魏御史大夫。四子：侃、寓、奥、準。準字孝尼，晉給事中。生沖，字景玄，光祿勳。生耽，字彥道，歷陽太守。耽生質，字道和，東陽太守。二子：湛、豹。豹字士蔚，丹楊尹。二子：洵、濯。洵，宋吳郡太守，謚曰貞。二子：顗、覬。顗字國章，宋雍州都督。二子：戩、昂。

昂字千里，梁司空、穆正公。
君正字世忠，吳郡太守。
憲字憲章，隋開府儀同三司，謚曰簡。
承序，晉王友、弘文館學士。
承家，隋給事中。

頲，後周驃騎大將軍。
子溫字君士
恪，隋左衛大將軍。
政，南州刺史。
倫，當陽令。
知玄，石州司馬。
暴，咸寧令。
滋字德深，相憲宗。
炯，江陵戶曹參軍。
寔，河中功曹參軍。
均，太子典膳郎。
都字之美，右拾遺。
郊字之乾，虢州刺史。

樞字踐言，陳僕射，謚曰簡懿。
朔，給事中、汝南男。
誼，蘇州刺史。
敬字子恭，陳特進，謚曰靖德。
元友，隋內史舍人。
利貞，祠部員外郎。
斌，太子典膳丞。
導，左補闕內供奉。
光裔，揚府別駕。
弘休，亳州司戶參軍。
光輔，泗州刺史。
昌復，宋城主簿。
匡符，合州刺史。
敦復，采石軍判官。
蕃，桂管觀察支使。
藹，黟令。

蔚，淮南節度副使。
薰。
泌，陳兼侍中，謚曰質。
方華。

河東袁氏本出陳郡。

智弘，相高宗。
瀞，兼御史中丞。

袁氏宰相三人。恕己、滋、智弘。

姚姓，虞舜生於姚墟，因以爲姓。陳胡公裔孫敬仲仕齊爲田氏，其後居魯，至田豐，王莽封爲代睦侯，以奉舜後。子恢避莽亂，過江居吳郡，改姓爲嬀。五世孫敷，復改姓姚，居吳興武康。敷生信，吳選曹尚書。八世孫僧垣，隋開府儀同三司、北絳公。二子：察、最。

察，隋太子內舍人，襲公。	思廉，左散騎常侍、修文館學士、豐城康男。	懽字處平，豫州司戶參軍。	璹字令璋，相武后。	昌演，諫議大夫。				
				昌沛。				
			珽，戶部尚書。	昌原。	體權。			
				昌潤，宣州刺史。	循棣。	殷覲。		

				昌溫。	喬栩，將作少監。			
					齊梧，左金吾大將軍。			
				昌濟。				
		惲，符寶郎，襲豐城公。	敬文。	行表，郢王府司馬。	崇桂，太子司議郎。	希齊，湖州司功參軍。	弘慶字玉斧。	
							引之，蘇州刺史。	孟瑜。
								晥，泗州參軍。
								嶹。

							瞵。	
最，蜀王友。	思聰，左庶子。	愼盈，壽州刺史。						
				續，曲沃令。	玄，宋城令。	發，右領軍衛將軍。	南仲，右僕射。	衮，太僕寺主簿。
							亮。	

陝郡姚氏亦出自武康。梁有征東將軍吳興郡公宣業，生安仁，隋汾州刺史。生祥。

祥，隋懷州長史，檢校函谷都尉。	懿字善意，巂州都督、文獻公。	元景，潭州刺史。	孝孫，壺關令。		

		元之名崇，相武后、中、睿、玄。	彝，鄧、海二州刺史。	閩，越州長史。	係，門下典儀。
					俟，太常寺太祝。
				闐，郫令。	倍，須山令。
					倫，揚州大都督府倉曹參軍。
					伹。

						异，大理卿。
闓，貴鄉令。			閱，太子司議郎。	闞，河南丞。		閱，左拾遺。
侑，黃梅令。		伾。		偁，涇主簿。	僧，監察御史。	怦，寶應令。
承宗。	珙，霍山令。			勗，諫議大夫。	烈，殿中侍御史內供奉。	丹，陸渾令。
						增，滎陽令。

				浼，楚丘令。	溫，尉氏令。
均，金華令。	蘊，大理司直。				
	頲，浙西館驛巡官。	圭，南昌主簿。	進。		

				閈。	
悟，襄王傅。	憺，淮寧節度押衙，攝鄧州刺史。	惇，朝城令。	惕，華原令。	恬。	憕。

	弈字弈，永陽郡太守。				
閱，洛州參軍。	闌，侍御史。				
	恆，都水少監。	愷。	協，松陽令。	愐，右監門率府兵曹參軍。	忱，恆王府主簿。

					惲，左千牛衛兵曹參軍。						
		元素，宗正少卿。	弇，楚州長史。	閑，濮州司戶參軍。							
				闡，睢陽太守、右金吾將軍。							
			馮，通事舍人。	闇，餘干丞。							
				論，豫州司戶參軍。							

			算，陽陵令。	閈，臨河令。	合，祕書監。						

姚氏宰相二人。璹、元之。

婁氏出自妘姓。夏少康裔孫東樓公封於杞，爲楚所滅，子孫食邑於婁，因以爲氏，城陽諸縣有婁鄉是也。

師德，相武后。	思潁，介休令。	志學，千乘令。									
			圖南。								

婁氏宰相一人。師德。

豆盧氏本姓慕容氏。燕主廆弟西平王運生尚書令臨澤敬侯制，制生右衛將軍北地愍王精，降後魏，北人謂歸義爲「豆盧」，因賜以爲氏，居昌黎棘城。二子：醜、勝。

醜。		萇。	永恩。	通。	寬，禮部尚書、芮定公。	承業，領軍將軍。	欽望，相武后、中宗。	靈昭，宣州刺史。	器，桑泉令。	鶚。	署字正名，河南少尹，中牟縣男。生書，修武主簿；求，虞州參軍。
							欽爽，光祿少卿。		參，右衛將軍。		
									回，京兆少尹。		

									友，萬年令。		
											籍，左司郎中兼侍御史，知雜事。
						欽肅。					
						懷讓。	貞松，宗正卿，中山公。	光祚。	建，駙馬都尉。		
						方則。	玄儼。	至靜。			
勝。	魯元，後魏太保、襄城公。				達，殿中監、靈壽公。	仁宗。					

	陸渾。	
	詳。	
子翳，監察御史。	讓。	順。
		靜。
	挹。	
	鄭麟。	

豆盧氏宰相一人。欽望。

周氏出自姬姓。黃帝裔孫后稷，后稷封於邰，其地扶風斄鄉是也。后稷子不窋失其官，竄於西戎，曾孫慶節，立國於豳，其地新平漆縣東北有豳亭是也。七世孫古公亶父，爲狄所逼，徙居岐下之周原，改國號曰周，其地扶風美陽南是也。武王克商，十一世平王遷都王城，河南縣是也。平王少子烈，食采汝墳。烈生懋，懋生文，文生昇，昇生興，興生晏，晏生安，安生弘，弘生明，明生隱，隱生壽，壽生容，容生休，休生雄，雄生暉，暉生寬，寬生員，員生成，成生邕。秦滅周，并其地，遂爲汝南著姓。生秀，秀生仁，字季房。漢興，續周之嗣，復封爲汝墳侯，賜號正公。以汝墳下濕，徙于安成。十子，長曰球，執金吾，生平陵令應。應

生郎中、孝廉道，道生五官中郎約，約生決曹掾燕，燕裔孫表。

表，梁義、衡二州刺史，襲蓬陵侯。	
才卿，隋德、延二州刺史、永城敬侯。	
懷義，太子右宗衛率。	
基字崇業，常州長史。	
允元，相武后。	

永安周氏亦出自決曹掾燕。九世孫防，防十三世孫靈超。其先避西晉之亂，南徙居永安黃岡。

靈超，梁桂州刺史、褒城侯。	
法僧。	
孝節，嘉州刺史。	
鳳。	
應。	
克構，房州刺史。	
潯。	灌字用玉。

		法尙，隋起部尙書、譙信公。		
		紹嗣。	紹範，左屯衛大將軍、譙敬公。	
	鴻。		道務，左驍衛將軍、駙馬都尉、譙襄公。	
	譒，給事中。		伯瑜，楚州刺史。	勵言字仲玉，少府少監、汝南恭男。
			擇從，宣州刺史。	先義，左金吾將軍。
			萬。	
滌。	儉。			

	炅字法明，黃州總管、道國公。			
	惲，梁令。			
	沛，左拾遺。			
先孝，左羽林軍長上。	頲，左驍衛兵曹參軍。			
	墀字德升，相宣宗。			
	寬饒，崇文館校書郎。	咸喜，京兆府參軍。	承規字遐慶。	承矩字後慶。
				泳字應群。

周氏宰相二人。允元、墀。

吉氏出自姞姓。黃帝裔孫伯儵封於南燕，賜姓曰姞，其地東郡燕縣是也，後改爲吉。

哲，易州刺史。	頊，相武后。	渾，司勳郎中。							
	琚，鄠令。	溫，武、禮二部侍郎。							

吉氏宰相一人。頊。

顧氏出自己姓。顧伯，夏商侯國也，子孫以國爲氏，初居會稽。吳丞相雍孫榮，晉司空。雍弟徽，侍中，又居鹽官。徽十世孫越，陳黃門侍郎，孫胤。

胤，著作郎、餘杭公。	琮，相武后。	潤，祕書郎。						
		浚，齊安太守。						

顧氏宰相一人。琮。

朱氏出自曹姓。顓頊之後有六終，產六子，其第五子曰安。周武王克商，封安苗裔俠於邾，附庸于魯，其地魯國鄒縣是也。自安至儀父十二世，始見春秋。齊桓行霸，儀父附從，進爵稱子，桓公以下，春秋後八世而爲楚所滅，故子孫去「邑」爲朱氏，世居沛國相縣。前漢大司馬長史詡生浮，字公叔，大司馬、大司空、新息侯。生下邳太守永，永九世孫吏部尚書倘，倘生質，司徒。質二子：禹、卓。禹，司隸校尉、青州刺史，坐黨錮誅，子孫避難丹楊，丹楊朱氏之祖也。卓生扶風太守龢，龢生上洛太守越，越字元勝。越八世孫丞相行參軍詢。二子濟，濟生沖，沖生威則，散騎常侍、給事中。生騰，字龍懷，陳郡太守。三子：憲、斌、緯。

緯字祖明，西陽太守。二子：齡石、超石。騰裔孫建，後周太子洗馬。生僧寧，隋睢陽太守。生操。

操，上開府。	仁軌字德容，孝友先生、太子洗馬。	景，右衛率府兵曹參軍。	守乾，衛尉丞。	子羔。					
			守瓌，金吾衛大將軍。	子詵。					
				子轉，沂州參軍。	重愔。	伸。	沅。		
							播時。	渙。	
								會。	堅。
									潛。
									言。

								列。	訓。	濬。
										龜從。
										牢。
						傪。	彥時。	亟。	修己。	
									縉。	
									宣。	阮。
										迎。
										光序。
									巖。	
								餘。	常。	歸道。
										禮。
										鶴。

										倜。
						齊時。	康時。	佐時。	厚時。	
黨。										
從。	已治，九門令。	可芝，右門主簿。	貞。							
			危。	延龜。	延翮。					

				重寬。	重邦。	重誨。					
侮。					公弁。	少伯。	志宏。				
立少。	恆生。	素文。	珂。				惠。	幹。	瑄。	玠。	
							瓊。	整。	圖。	頊。	
								芝。		悛。	正奇。

					暈。		杲，楚州錄事參軍。		徵，洹水令。
					守言，海州文學。	守信。	守訥。	守瓊，國子監明經。	守讓。
				子欽。		子華。	子路。	子岳。	子輿。
		志方。	志才。						
瞻。	晲。								

守諫，零陵尉。										守璉。
子昇，崇仁尉。										子恂，睦州錄事參軍。
郢。										元詳。
殷衡。	毅衡。	季。					存。			
		戡。	液。				岸。	頴。	寮。	
		訃。	郜。	朏。	郅。	才。		翾。		
			受。			琳。				
						應。				

					道秀。						
				子金。							
	玘璠，著作郎、太子典膳郎。	昊，鄭州錄事參軍。	守賓，明州錄事參軍。	子琪。	昭。						
					演。	烈。	燿。	隨。			
				子賁。							
				子璋。							
			守泰。	子良。							
		旻，恆王府參軍。	守璿。								
			守臣。	子隱。							
				子輿。							

			守登。								
		暹，奉禮郎。	守瑕。								
			守顏。								
		旦。									
	敬則，相武后。	光迪，豐州別駕。	守溫，洛陽令。								
			守同，堂陽令。	泳，豐州司馬。	省。	躬。	璠。				
				澈，高平令。							
				渙。	重熙。	詠，良鄉令。	輔。	積。	賓。	降。	
										璉。	

										碓，湖陽令。	頎，河南主簿，生曇、晧。曇生見昌。
											頎。
											頊。
										泜。	勳。
											敏。
											姚。
									剋。	專。	
										斛。	
										麟。	

										鵬，上庸令。	
										廷殷。	
									庠。		
									廓。		
							翼。	佐。			
								儹。	令廼。		
									令稀。		
								仲。	咸。	阜。	
										璟。	
										迴。	密，工部郎中。

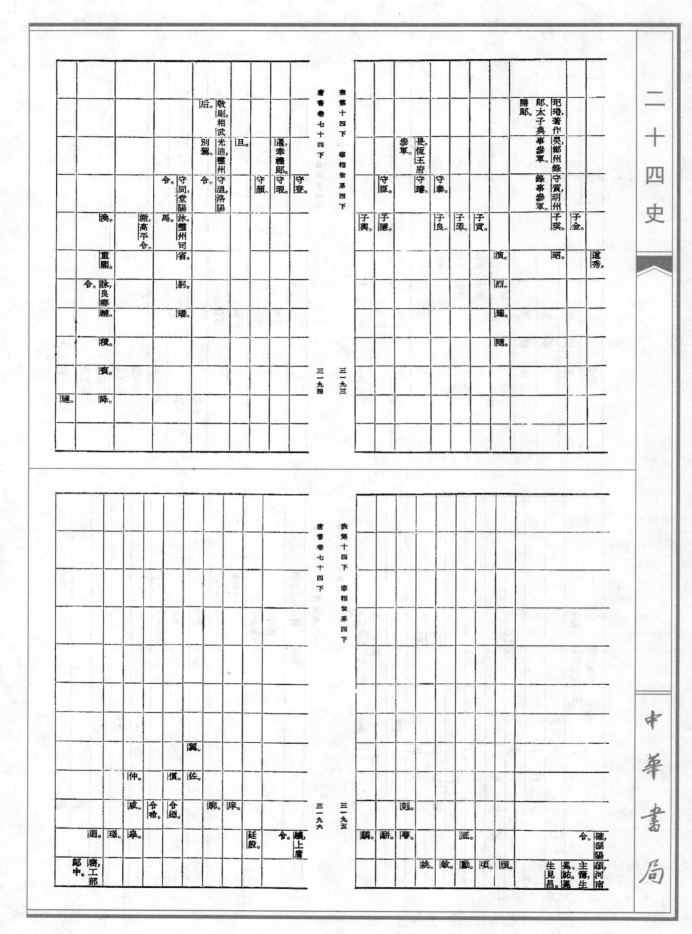

暠，大理評事。

岳，工部尚書。

存古，穀熟令，生顥、華、坤。

顓，漣水令，生慶，徐州戶曹參軍。慶生景豐，洛州別駕。景

豐生仁濟、仁祚、仁愿。華，楚州錄事參軍，生閱，殿中侍御史。閱生廩，祕書監，生洞。

規。

知用。

知柔生濤，濤生選益。

傳。

僎。

光啓，戶部尚書。

衍。

仁壽。

自新。

仁範，春、秋博士。

丕。

瑋。

嶠。

奉新。

恆春。

少昌。

少京。

琮。

表。

均。

恆觀。

重胤。

重魄。

重制。

緒。

筠。

紹。

可南。

實。

諫。

周。

韜。

輔。

弼。

重馴。

思。

得一。

忠。

璪。

少連。

幼。

知彥，生絢。

守和，奉禮郎。
守滔。
涔，殿中監。
知虔，生羲溪。

朱氏宰相一人。敬則。

唐氏出自祁姓。帝堯初封唐侯，其地中山唐縣是也。舜封堯子丹朱爲唐侯，至夏時，丹朱裔孫劉累遷于魯縣，累孫猶守故地，至商，更號豕韋氏，周復改爲唐公。成王滅唐，以封弟叔虞，其後更封劉累裔孫在魯縣者爲唐侯，以奉堯嗣，其地唐州方城是也。魯定公五年，楚滅唐，子孫以國爲氏，分仕晉、楚。有唐雎，爲魏大夫。孫厲，居沛國，漢封斥丘懿侯。生朝，朝生賢，賢生遵，遵生蒙，中郎將。生臨邛令都，都生倫，倫生林。林，尙書令，王莽封建德侯。生蔚，國除，徙居潁川。生武威長惠，惠生侍御史賓，賓生大司空珍，珍生會稽太

守瑁，瑁生翊，爲丹楊太守，因家焉。二子：固、滂。固，吳尙書僕射。生別部司馬瓊，瓊生宣，宣生晉鎭西校尉上庸襄侯彬，字儒宗。二子：熙、極。熙，太常丞，娶涼州刺史張軌女，永嘉末，遂居涼州。生輝，字子產，仕前涼陵江將軍，徙居晉昌。七子：伯廉、威、季賢、幼賢、孝、達、季禮。威爲永世令，生弘。三子：瑤、偕、諧，號「三祖」。

弘字友明，西涼武興太守。
瑤字昌仁，西涼晉昌太守、永興侯。
契字永穪，伊吾王。
褒字玄達，後魏華州刺史、晉昌公。
茂字興，散騎常侍、秦州刺史。
文祖，散騎常侍、大夏郡守。
廣貴，諫議大夫。
懷義，儀同三司、賓部大夫。
孝舉。
翼字保相，後魏涼州守。
毅字仲卿，後周驃騎將軍、洪和公。
世達，光州守，襲洪和公。
秀實，成州司馬，襲洪和公。
行敏，相州別駕、將陵縣公。
伏郎，襲將陵公。
紹宗。

文安。
文舉，隋右千牛。
文豪。
行表。
行立。
行基。
行端。
行直。
尙演，漢州司馬。
尙惜，亳州司法參軍。
紹圖。
萬頃。
萬鈞。

文度，鄆州刺史、尋陽縣男。
文壽，雍令。
處一，南浦令。
藝臣，雲中兵曹參軍。
仁儉，左翊衛兵曹參軍。
懷一。
固儉。
劍客。
同泰，邛州刺史。

文表。	文邃，隋國子博士。	文寂。	文戚。		
			婆伽。	思孝，左翊衛兵曹參軍。	元一，衛州司法參軍。

	濟，潁川郡守、陽夏縣公。			
	玄成。	玄德，隋親衛。	玄都。	玄通，遂州司馬、陽夏縣男。
思忠，左翊衛。		義寔。		孝約，瀛州參軍，襲陽夏縣男。

表第十四下　宰相世系四下

世徹，後周鄜州刺史、五原郡公。				世榮，後周武始郡將。			
朝政，隋鄜州府郎將。	禮政。	修政。	弘政。	文哲，隋右衛兵曹參軍。	文律。	文廓。	文儼。
行滿。				孝讓。			

唐書卷七十四下

	世寵。	世雅，隋右衛長史。					
文鋮，臨城令。		文協。	文琮，東宮勳衛。	文會，魏令。			
				固本。	守一。	抱一。	敬。

中華書局

世恭，隋左監門將。
文奬，韓州別駕、貴平縣男。
善行，光州錄事。
善言。
善見。
世愼，隋沁州別駕、魏平縣男。
乾蓋，博野令。
希一，霍王府戶曹參軍。
乾肅。
世昊。
文褒。
孝贇。
孝寔。

文襲。
詮字叔卿，後魏大夏郡守。
仕遷，隋監門直長。
文才。
文軌，隋五泉府別將。
文實。
文智。
延澄，開府儀同三司。

雄字休彥，和州郡守、安陽公。
紹伯，隋朔州總管。
楷字子武，左勳衛將軍。
萬壽，純德府果毅。
白澤。
師，隋左勳衛將軍。
太素。
太力。

具貴，後魏大都督、車騎將軍。
世儁。
世珍。
旭字保光，後周瓜州刺史。
仲璨，秦州守、安樂公。
遐顯，隋邵亳二州守、安樂公。
禕。
奉義，靈州總管。
惲，雍州參軍。

仕超，隋雍州司馬、上庸公。

修文，清流令。

奉禮，蒲州錄事參軍。

崇德。

行實。

仕琰，隋車騎將軍、樊道縣侯。

孝威，建節尉。

孝睦。

保建，後周綏夏二州守、姑臧公。

伯裕，宜城郡守。

毖字懷遠，隋宜陽令。

儼。

伯華，北齊徐州長史。

德宗，隋領勳衛都督、建節尉。

智節。

智堯。

德儁。

智英。

智寂。

智深。

智亮。

詢明，隋新州守。

君春，秦王府虞侯總管。

振。

寔。

日輪。

羲和。

晟字遵明，隋晉齊府鷹揚郎將。

世辯。

世才。

世進，懷舊府別將、龍支縣男。

玄靜。

玄默。

玄道，清水令。

珽。

珪。

瑗，宕州錄事參軍。

國昌。

玠。

石師。

小師，上騎都尉。

和耆。

瓚，淄川尉。

淄川。

無竭。

文敎。

純字玄粹，後魏大原太守。

令世。

靈芝，北齊尚書令、右僕射、溫國公。

邕，尚書

義字君明，隋應州刺史、安富公。

茂倫。

茂言，朝請大夫。

嗣宗。

懿，隋雍州太守、晉昌公。

憲字茂彝，雲麾將軍、安富縣公。

思睿，左千牛。

思廉，趙王府典軍。

茂純，右勳衛將軍。

節廉，邠州府左果毅。

茂琅。

儉字茂約，禮部尚書、特進、莒國公。

松齡，太常卿。

蒙，臨涇府折衝。

循，奉膳大夫。

睦。

同人，司農少卿。

踐貞，揚州都督府參軍。

元珍。

嘉會，洋州刺史。

從心，殿中監。

昕，鴻臚卿。

畯，太常少卿。

晦。

睎。

簡心，洛州司錄參軍。

昭，河南尹。

曦，寧王府別駕。

啓心，綿州刺史。

暉。

晤。

善識,駙馬都尉。　觀字黃若,祕書監。　波若,趙州司馬。　授衣,汝州司馬。

見日。　建初。　建亭。　趯。　恕,扶溝丞。

暄,義王府戶曹參軍。

敏字季卿,延、濮、青、汴、邠等州刺史。

守臣,舒王府記室。

志。　愿。　懿。　惎。　玘。　璀。　琰。

暖,通事舍人。

爭臣。

瑊,郢、陵二州刺史。　瑜。　瑾。　南金。　玄表,左衞大將軍。

思齊,長汀丞。　思悅,澧州刺史。　思貞,集州刺史。

和,後魏兗州刺史。

欽字眞孟,陝州守,襲酒泉公。

歆,龍驤將軍。

政,後周安東太守。

規,雲州守、酒泉公。

世宗,隋洛陽令。

壽,折衝都尉。

休琰,茂州都督。

玄逸,魯王府參軍。　思莊,鄄令。　思哲。　奉先。

思寬,藍田丞。　思璽,成都府兵曹參軍。　思一。　詒。　誨。

遊方。
釋之。
去俗，南鄭丞。
鸞金。
季鷹。
儉，霍王府友。
表顗，樂陵令。
渙，鳳州司馬。
諧，咸陽令。
休璟，相中宗。
先睿，陳州刺史。
履潔。
先擇，右金吾將軍。
鷙。

晏，汾州刺史。
昇，亳州刺史。
脩忠，福州別駕。
脩孝，南鄭尉。
履直，太原府司錄參軍。
畛，太常博士。
正心，邵州刺史。
潁。

會，大理評事。
公羽。
公重。
僉。
諮字守仁，後魏晉昌太守。
揣字子化，北海太守、晉昌公。
儼字整之，東海太守。
輪字文轉，青州太守。
永，後周儀同三司、平壽忠武公。
陵字子雲，儀同三司，襲平壽達公。
怡字君長，內史大夫、漢陽公。
譽字承休，殷州太守，襲漢陽公。
有道字立仁，太僕卿。
璿字溫忠，安養令。
成構。
璲字溫禮，左屯衞郎將。
延構，黃岡令。
承構。

克構。
履構，宗成尉。
有方。
鑒字承明。
懿字君德，隋、相二州刺史。
傑字志文，安鄉令。
貞亮字固言，巴、隆二州參軍。
嗣本。
嗣華，嘉興令。
嗣宗。
同芳。

	貞松字固本，沂水令。					
嗣之，武連丞。	昭華，亳州司倉參軍。			昭德，洹水令。		昭訓，濮陽尉。
	震。	漸。	復。	咸。	賁。	豐。

			貞篔字固節，博州參軍。	貞濱字固行，上縣令。	
昭忠，望都主簿。	昭明，益都令。			昭容，遂州司馬。	
濟。	堯卿。	喬卿。		渙。	渥。

			奭字志明，相州別駕。		
			貞操字守直，隆山令。		貞泰，祠部員外郎。
昭獻，犀浦尉。	昭望，千乘尉。	昭彥。	踐正，胙令。	履冰。	越客，滎澤尉。

貞敏字守訥，唐隆令。						貞節。	貞觀字守禮，霍邑令。
曉，司勳郎中。		晦，吏部常選。	昭。	暄。	昕。		璹，嚴道丞。
求吉。	令言。						

師字志範。
英。

貞廉字守潔。
貞行字守信,九門令。

瓘。
遷字君遹,太子中舍。
昱,上邽令。
昌,臨海令。
晏,魏州參軍。

防,工部員外郎。

君侯。
貞儀。
貞休,鄜州刺史。

翊,唐州司倉參軍。
誠。

晃,桂州參軍。
汶字文編,中書舍人。

扶字雲翔,福建團練使。
生嶠,字仲申。

嵩字贊休。
持字德守,容管經略、朔方昭義節度使、檢校戶部尚書。
生彥謙,字茂業,河中興元節度副使,晉、絳、隰、壁

遜字志順,簡州刺史。

謐,國子監丞。

歡。
歙字嘉言,侍御史。
欣。
戩,韶州刺史。

四州刺史,號鹿門先生。
生澳。
技字己有,刑部郎中。

璡字子璦，後周開府儀同三司、臨淄文獻公。
詮，車騎大將軍，襲臨淄公。
大智，崇賢館學士，襲臨淄公。
敬輿。
文徽、
知正。
諒字君直。
則字君憲，太常少卿、項城伯。
推賢字尚直，殿中丞。

讓德字後己，宋城令。
思忠。
思雅。
思元。
歆字無擇，岐州參軍。
寶藏。
戚行。
弘字君裕，職方侍郎。
簡字本元，河南令。
抱一字寡悔。
玄珍。

抱璞字僧。
楚珍，雍丘令。
抱素字儒珍，靈丘尉。
炎。
皎字本明，尚書左丞、益州長史。
如珪字成宗。
令問，秘書郎。

如玉字令德，河南府兵曹參軍。
倩。
偉。
僊。
不占字思義，金部員外郎。
巖金。
南金。
緘金。

	不佞字思直，考城令。	之武字知言，懷集令。		之奇字知子，給事中。
渾金，隰州司戶參軍。	訓字辭金，鄜安尉。	惇。	悰。	系。
	國華。			

			嚴字本親，記室。	臨字本德，雍州長史、工刑兵禮戶吏六尚書。
		遺孝字幼忠，汴州倉曹參軍。		且字曉明，太子中舍。
杲。	繁。			

晃字正明，晉州長史。			景字廣明，河南府士曹參軍。	
黔。	默。	點。	紹字遵業，給事中。	
			朝徹，并府參軍、	宣慈，右武衛將軍。

		濬字君曠，駕部郎中。				
	亨字本貞。	離題。	季友。	季札。	長仁。	叔慈。
昇字高明，邢州司功參軍。						

義謙字睿微，合泉令。

奉仁，百州參軍。

義友，絳州長史。

言思。

進思，樂蟠令。

邕，左勳衞府功曹參軍。

穆字衷良，通化令。

重昌。

重潤。

重曜。

望見。

敬字衷鍾，將軍。

悌。

謙字衷潔。

諫字衷朝，坊州錄事。

慎字衷和。

重華。

入進。

唐氏宰相一人。休璟。

重弼字同節，朔府中郎。

虔字衷纂。

愔。

宋 歐陽修 宋祁 撰

新唐書

第一一册

卷七五至卷七九（表傳）

中華書局

中華書局

唐書卷七十五上

表第十五上

宰相世系五上

敬氏出自嬀姓。陳厲公子完適齊，謚曰敬仲，子孫以謚爲氏。敬仲之後至秦有敬丕，丕生敫，爲河東太守，子孫因官家焉。裔孫韶，漢末爲揚州刺史，生昌，封猗氏侯。昌生歸。

歸，南涼枹罕太守。

頵，後魏北絳太守。

顯儁字孝英，北齊僕射、永安侯。

長瑜，合州刺史。

德亮，隋尚書郎。

法延。

仁綱。

彥琮，雯州刺史。

山松，澄城令。

暉字仲曄，相中宗。

讓，尚舍奉御。

誠，右衛大將軍。

詢，比部員外郎。

譔，主客員外郎。

暉曾孫元膺，河南丞。

法朗。

君弘，右衛將軍、黔昌公。

播，給事中。

昭道。

仙客，蔚州刺史。

羽，道州刺史。

悱，虞部員外郎。

挺，三原尉。生寔。

肅字弘儉，隋潁川郡丞。

祠，許州司馬。

則，臨汾令。

德，祕書郎。

擇字伯謙，太子家令。

賓，大理詹事。

寓，河清尉。

擢。

括字叔弓，御史大夫，謚曰獻。

謇，大理司直。

密，渠州刺史。生昈，字日休。

寬，太子詹事。四子：昕字

日觀，睟字日新，並右散騎常侍；晦字日彰，太子賓客；煦字日彊。

昕生蒙，字子正，漳浦尉。

晦六子：湘，廬州刺史；沆，易定觀

察支使；濟，宣城尉；澥，隴州防禦判官；淑，鳳翔參軍；沉，溧水尉。

騫，建州刺史。二子：晤，北都留守判官；晊，江西觀察推官。

			攜，太子舍人。
晤生禮，鴻臚丞。	謐生館，館生沼。	安，大理評事。	

敬氏宰相一人。暉。

桓氏出自姜姓。齊桓公之後，以謚爲氏。又云，出自子姓，宋桓公之後向魋，亦號桓氏。後漢有太子少傅桓榮，世居譙國龍亢。榮八世孫彝，晉宣城內史。五子：雲、温、豁、祕、沖。

沖，荊州刺史、豐城公，生嗣、謙、修。修，晉護軍將軍、長社侯，過江居丹楊。生尹，尹生崇之，崇之七世孫法嗣。

法嗣，鄎王府諮議參軍。	
思敏，少府丞。	
彥範，相中宗。	臣範，京兆尹。
	庭昌，刑部郎中。

桓氏宰相一人。彥範。

祝氏出自姬姓。周武王克商，封黃帝之後於祝，後爲齊所并，其封域至齊之間祝阿、祝丘是也。後漢有司徒恬，孫羲生廣，廣爲始平太守，子孫留家焉。生魏太中大夫仍，仍生諶，晉驃騎府司馬。諶生偃，散騎常侍，以平關中兵寇，封始平縣伯。生瑜，瑜生熙，熙生寶，三世襲封。二子：老、歸。老，後魏輔國將軍、中外都督。二子：猷、侯。

侯，後魏中散大夫、博平縣侯。				
昭。				
統字文宗，後周武平令，襲侯。				
臧字伯良。	嘉字仲良。	綝字叔良，峽州司法參軍。		
		玄珪字文命，修武令。		欽明字文思，相中宗。
			駰。	

祝氏宰相一人。欽明。

紀氏出自姜姓。炎帝之後封於紀，侯爵，爲齊所滅，因以國爲氏。隋有司農少卿和整，世居天水上邽，生士騰。

士騰，隋翼州刺史。			
儼，雍州司倉參軍。			及，鄜州刺史。
先知，御史中丞。	全經，戶部郎中。		處訥，相中宗。
黃中。	謙。	咸。	

紀氏宰相一人。處訥。

鄭氏出自姬姓。周厲王少子友封於鄭，是爲桓公，其地華州鄭縣是也。生武公，與晉

文侯夾輔平王，東遷于洛，徙溱、洧之間，謂之新鄭，其地河南新鄭是也。十三世孫幽公爲韓所滅，子孫播遷陳、宋之間，以國爲氏。幽公生公子魯，魯六世孫榮，號鄭君，生當時，漢大司農，居滎陽開封。生韜，韜生江都守仲，仲生房，房生趙相季，季生議郎奇。奇生稺，漢末自陳居河南開封，晉置滎陽郡，遂爲郡人。稺生御史中丞賓，賓生興，字贛，蓮勺令。興生衆，字仲師，大司農。衆生城門校尉安世，安世生騎都尉綝，綝生上計掾熙，熙二子：泰、渾。渾，魏少府大匠。渾生崇，晉荆州刺史。崇生遹，遹生隨，扶風太守。隨生趙侍中略，略六子：豁、豁、淵、靜、悅、楚。豁字君明，燕太子少傅、濟南公，生溫。溫四子：濤、曄、簡、恬。濤居隴西。曄，後魏建威將軍、南陽公，爲北祖。簡爲南祖。恬爲中祖。曄生中書博士茂，一名小白，七子：白驎、胤伯、叔夜、洞林、歸藏、連山、幼驎，因號「七房鄭氏」。大房白驎後絕，第三房叔夜後無聞。

胤伯，後魏鴻臚少卿。	希儁，州主簿。	道育。	德政。	玄蘊，蒲圻令。	楚基，青州司馬。	文權，梧蒼丞。	望。				
							仙，饒州長史。	迪，棘城尉。			

							楚。				
						仁瓘，安平丞。	仙居，光祿寺丞。	九皋，徐王功曹參軍。			
								幼奇。	廣壽。		
									廣名。		
					知節，渤海令。	休文。	洮，封丘丞。	萬石。			
								黃通。			
								黃裳。			
							淳，盆都丞。	彥甫。			
								夷甫。			

								潤甫。			
								山甫。			
								鎣甫。			
								琇甫。			
							滔。				
						休鄰，徐城令。	岸，魯山丞。				
							崿。				
							岌。				
							崖。				
						休徽，封丘丞。	徽。				

				玄珽，翼水令。	大力，一名延嗣，攸丞。	睿。	荀鶴，密州司倉參軍。	閬，秦州司馬。			
								閈。			
							卓然，新鄉令。	閬。			
								閑。			
								闓。			
						續，比部郎中。	展，虢州長史。	增。			
								鷹。			
							闞。				
							選。				

玄珪。
延州，寧州司馬。
春卿，汴州功曹參軍。
鄧，湖州兵曹參軍。
鶴。
小賓，海陵尉。
叔卿。
貽孫。
小觀。
子賓。
德睿，固安令。
元將，武昌令。
宣道，雍州司法參軍。
愛同，澤州參軍。
元簡，聞喜主簿。
鴻。
鸞。
神力，侍御史。
觀喬，與令。
方歇明。

藏明。
含章，滑州司士參軍。
萱，松陽令。
鵬。
鶚。
鵙。
日休，曲沃令。
調。
諗。
智藏。
敬之。
元器，易州倉曹參軍。
崇慶。
琮。
讓。

克禮，滑州戶曹參軍。
喜，棗彊丞。
鴟。
坦。
昇，定州法曹參軍。
暄，內丘丞。
昱。
峴。
睿。

崇業。
令安。
元弼。
知運。
琨。
胤，獻陵令。
敦佺。
脩松，一名進思，句容尉。
元宗，莘令。
茂先，安陸尉。
揚名，渝州司馬。
昌。
暈，滑州參軍。
旻。
光輔，豐城尉。
宰。
濤。

抱劍，海州司戶參軍。
台。

敬賓。
琨。

茵。

退思，長葛令。
茂實，撫州錄事參軍。
幼睦，餘干尉。
換。

據。

揔。

抒，湖城令。

偃，郟城令。
札。

援，上元主簿。
承。

偘，汲丞。
勸。
玉山。

伾。
揀。

操。

瓘，登州戶曹參軍。
守廣，昇州司倉參軍。
早，六合尉。
子中。

杲。

兗。
建。

翃，宋州司兵參軍。
異，扶溝尉。

潤。
穎子。

言思，泗州刺史。
琇，霍丘令。
蕙。
震。

惲。

荃，潁王府胄曹參軍。
亘，屯留丞。

嬰，大理評事。

豐，正平令。
小誦，神童出身。

益，黃梅丞。
最新。

僑，通川令。
賁。
良寶。

忠恕，吳令。

韶舟，南宮尉。
有悌。

植，壁州刺史。
惲，蒲州參軍。

								忏，湘潭令。			
							若，代州參軍。				
							華，南陵令。	宥，博州參軍。			
								字。			
						懷隰，齊州刺史。	縯。	邈。			
								造。			
							芬，鹿城令。				

							紃，魯山令。	進。			
						球，歷城令。	萬，緱氏丞。				
							藝。				
							翽。				
					行恩，臨汾主簿。	沛，原武令。	友義，一名堅。				
						如玉，撫州長史。	壘，荆州錄事參軍。				
							士宗。	閎子。			
							衞。				

							文宗。				
						潞，華州司士參軍。					
						淑，蘄鄉丞。	敦伶。	懿。			
						玘，一名弇。		遂。			
						綺。					
								連。			
							長詢，江都丞。	從正。			
								汝爲。			
								汝良。			

								汝弼。			
								汝方。			
							贊，懷州倉曹參軍。				
							準，揚子丞。	自敏。			
								自寬。			
							申，滎澤尉。				
					延徽，翼城令。	澤。	釗。				
							銑。				

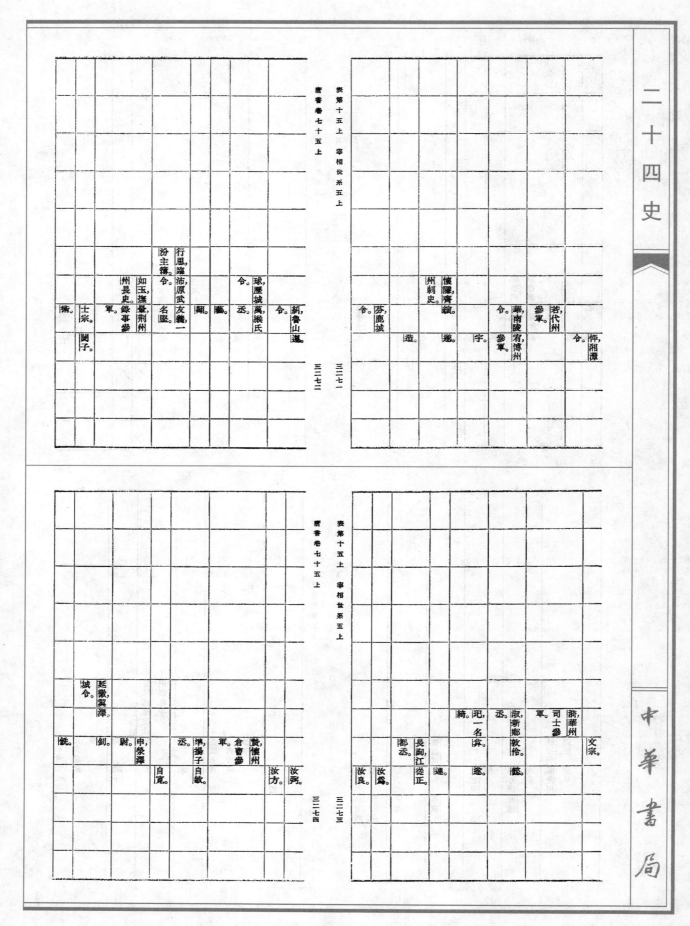

幼成。
瓛，昭義主簿。
扎。
說，長洲尉。
楚，潭州參軍。
元叶，房州司馬。
芝，監察御史。
萱。
芷。
蕃。

孚。
晉客，清溪令。
勵。
纂。
琳，文州錄事參軍。
蘭，廣州參軍。
勤思，項城令。
隨武，西城尉。
介，歷城尉。
合。
如琨。
翰。

再思，一名崇順，鄆州刺史。
嵩，涇州錄事參軍。
子明。
子猛。
岌，芮城丞。
仲适，涇尉。
宰。
犀。
岑，司門郎中。
象初。
子裕，武康太守。
弘諒，涇州司法參軍。
仁儉，壽春令。
思敏，餘杭尉。
令秀。
光應。

仁愷，密州刺史。
愛客，貝州刺史。
令同，沂州司馬。
光訓。
纘。
光誼，鞏丞。
綸。
絢。
令賓，澤州司士參軍。
秦客，澤州司馬。
令一，介休主簿。
尊。
齊客，齊州司馬。
庭玉，復州刺史。
膺夢，司農主簿。
隲，太原府參軍。

騊。

路。

溦字顯文。

周，一名膺緜。

驥。

驥。

膺石，一名漠，少府丞。

駒。

騏。

知十，永年令。

延業，宣州司戶參軍。

光賓。

延祚，楚州司馬。

光國。

孟訾。

光振，廬州錄事參軍。

求道。

光裔，左驍衞倉曹參軍。

令則，金鄉令。

光系，蒲圻尉。

令構，遂州長史。

光鄰，河間丞。

光昭，餘姚尉。

光宗，果州別駕。

光贊。

洪，一名盧客，臨汾令。

令從，符離令。

令源，鹽州團練判官。

令球。

令諲，潁州司功參軍。

光襲，汝州錄事參軍。

光紹，滁州司戶參軍。

光林。

光儀。

光被。

令瑜，汴州參軍。

成溢，信王府參軍。

越客，一名固忠，工部侍郎。
令瑰，太僕寺主簿。
季良，澧陽尉。
惟清。
令詵。
光進。
光遂。
慈明，豪州刺史。
令瑋，申州兵曹參軍。
令璡，左司郎中、國子祭酒。
受，京兆府參軍。
權，萬年令。

萬。
載。
甫，舒州刺史。
逌，右衞率府倉曹參軍。
奉。
邠卿，宋州刺史。
信卿，武城令。
令超，頓丘令。
黃通，清流令。
溢，合肥尉。
成孫，陽翟尉。

有，鄆城尉。
申，京兆府司兵參軍。
令望，滑州司馬。
豫，太康尉。
鼎。
子柔，合州別駕。
師萬，靈山令。
依仁。
依義，湘鄉令。
允恭，潞州錄事參軍。
東里，陽翟尉。
之均，匡城尉。

之久，臨邑尉。
之峻，安豐丞。
偲。
修。
克濟。
之成，豫州參軍。
之秀，豫州參軍。
南郭，陽翟尉。
之象，陳州司兵參軍。

之相。

之尙，鍾山尉。

依禮。

依智，偃師尉。
允元，來庭尉。
良，伊陽尉。
之英，武德尉。

允貞，登封令。
常，鳳翔司戶參軍。

長。
之衆。

穆先，隋夷陵令。
弘幹，鼓城尉。
思玄，沁州司馬。
瓚，河南少尹。
溥，左庶子。
華，太常博士。

韋，陽翟尉。

平，吉州刺史。
壽孫。

洌，鞏丞。
杞，江都尉。
暐，華陰尉。

暉。

晾。

申，魯山令。

卑，常州參軍。
魴，字嘉魚。

閱，殿中侍御史。

思靜。
玠。

璥。
兢，下邑令。
畢，易州參軍。

翬。
黃中，洪洞尉。

德英。
嘉瞻，合肥令。
知微，大理司直。
遂，武康令。

弘簡，鄄丞。
崇由，周令。
曇，歷城丞。
遵悌。

暹，長山主簿。
愛，汝州司士參軍。
芳，潞州司兵參軍。
鎮。

昇，穀熟令。
韶，鉅鹿尉。
常。

遵憲，蓬萊令。
順。

庭璘。

巨，廣州司法參軍。

昂，長河令。
發，武城尉。
方回。

損，蕲尉。

利，資陽令。

九辨，安平令。　宏之，定州刺史。　超，奉先尉。　迪。

庭休，益州司士參軍。

賁，許州刺史。　迟，浚儀尉。

巽。　興門。

豐，銅鞮尉。　榮門。

景。　進。　燕。

宥。

遵意，易州刺史。　良輔，相州司馬。

遵古，中郎將。

回。

清一。　臨。

丘。　宅栩。

顔，太子舍人。　大聰。

澄一。　子哲。

幼儒，後魏侍中。　敬道，開州刺史。　正則，復州刺史。　孝讓。　行信。　拯。　言。

貞。　如珪。

如璋。

孝徹。　行瑜。　元果。　光復。

光庭，海州倉曹參軍。

行琳。　處寂。

德峯，通事舍人。　行善，廬州司馬。　思挹，和州別駕。　緒。　環。

珙。

緯，豪州法曹參軍。　瑱。

美秀。　延惠。

繹，巴州錄事參軍。　琬。　興嗣。

璆。

瑍。

琪。

紀。

綝，洛水尉。

			行之，亳州刺史。			
	思本，婺州司法參軍。		思宗，潞州錄事參軍。	思莊，孝義丞。		
縝。	緘。	綜。	紹，金鄉丞。	續，義陽丞。		
	楷，沂州司戶參軍。		銑，襄州參軍。	僤，潁陽丞。		憬，沛令。
				遇。	遵。	
					天雄。	

		德秀，江陵令。		
		行邕，荆王府參軍。		
	思齊，秋官員外郎。	元祥。		
		茂先。	叔丘，雍州錄事參軍。	季立。
愉，長城令。			彭祖。	

行頎，衛州司馬。						
元祚。	元裕，柏仁令。				元哲，儀王文學。	
履貞。	履信，郿令。		履讓，博州長史。	履義。	履順，代州參軍。	方說。
公幹。	公器。	公才。		公舉，鄆州司戶參軍。	公璜，潞州參軍。	公禮。

		行欽，合州長史。			
		遠，河內令。			
		子良，信王府文學參軍。		子展，鄆城令。	子產，汴州司士參軍。
公瑜。	公璠。	寬，洛陽尉。	恕，成武尉。	咸，盛唐令。	盛，遂安尉。
					從長。

元祐，洹水令。	子昂，建州司法參軍。	桑。
榮，河中倉曹參軍。		
荣，郊社丞。		
子晏，相州司法參軍。	彙。	
集。		

思訓，雷澤令。	子罕。		
德挺。	行純，滑州長史。	守素，左清道細引。	昌期。 論。
行顗。	恭先，合州功曹參軍。	恆，左清道率府率。	幹。
行倫，宿預令。	宗先，洵陽令。		
紹先，溫州司馬。	曅。		

崇先，冀州功曹參軍。	昱。			
晁。				
暈。				
景先，饒州戶曹參軍。	僑。			
偃。				
倨。				
伋。				
德本，晉州長史。	行表，鄧州司馬。	炯，劍州長史。	虛己。	才子。

庭珍，鹿邑令。	渾，左清道錄事參軍。	
湜，浚儀丞。		
潤，汴州參軍。		
羽客。	百宜。	
千宜。		
萬宜。		
佺期。		
爗，密令。	虛受，太康令。	濬。

盧舟，德州司戶參軍。

漸，恆州參軍。

盧心，亳州倉曹參軍。

涉，枝江丞。

鳳池。

洽。

泌。

盧白。

煟，邵州倉曹參軍。

昌庭。

燧，滏陽令。

庭芳。

庭璥。

庭玢。

庭珪。

炫，左司禦率。

過庭，鞏洛府別將。

光庭，貝州參軍。

銳，洛陽尉。

慈明。

季方。

據。

焯，邢州功曹參軍。

敷，德州司士參軍。

行賓，柏仁令。

行儀，汲令。

守忠，劍州功曹參軍。

恆。

彪。

守毅，東陽主簿。

趨庭，潁州司馬。

演。

瑄。

游。

士素。

沼。

沈。

誠庭。

行均。

煥，宋城尉。

載。

子方。

德淹。

行諶，薩寶果毅。

琰，歷城主簿。

嵩，長水令。

湜。

銳，餘杭尉。

殿，京兆少尹。

潤，太府寺主簿。

鉷，太康丞。

淮，本名鎰，昭應尉。

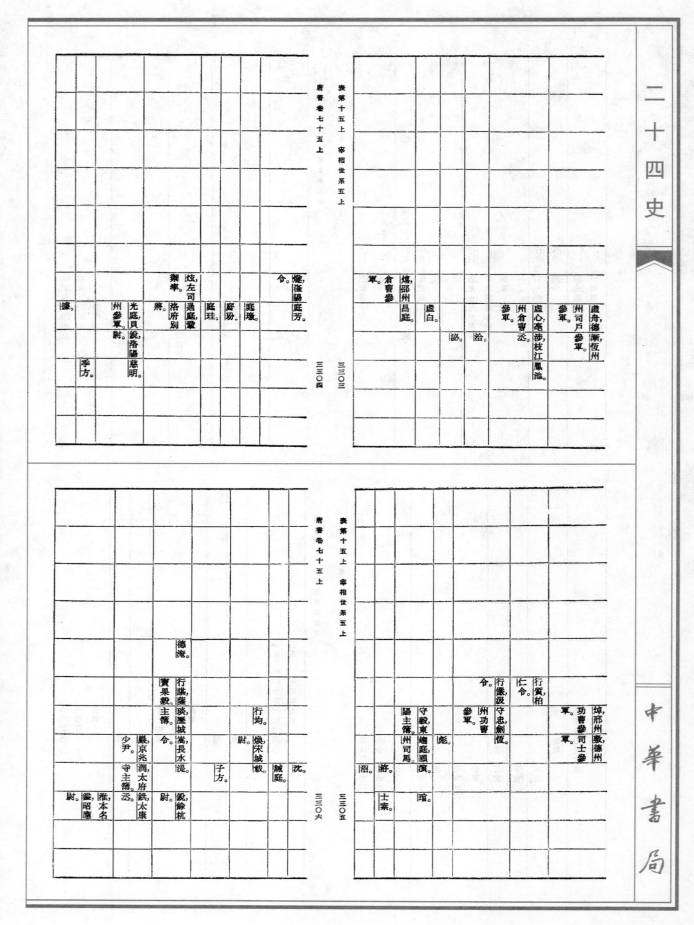

鋒，京兆府倉曹參軍。
鍊，萬年尉。
錞。
湘。
泌，長安尉。
粤，倉部郎中。
澣，洪州功曹參軍。
越。

滂，監察御史。
錩，贊善大夫。
渾，坊州刺史。
邈，滎陽丞。
澟，蔡州倉曹參軍。
崟，宋州刺史。
澄，河陽丞。
滌，乘氏尉。
濟。

溶，江都尉。
汶，密尉。
湑，天長尉。
瑾。
茇，揚州參軍。
淑。
洌。
正義，隰州司馬。
文沾，并州司戶參軍。
延祚。
延業。
文湛，洪州別駕。
行顓。
思慎。

敬德，後周青州刺史、新陽伯。
振，紀王錄事參軍。
元良。
大壽，胡蘇令。
崇憲，萊州長史。
嚮，曹州司兵參軍。
恕。
郁。
歆，扶風令。
韶，新平令。
子潤，海州倉曹參軍。
彥輔。
彥倫。
子光，楚州功曹參軍。

顯宗。

廣。　羨門，臨海尉。　師門，鉅野令。　雍門，齊州倉曹參軍。　廙，脩武尉。

子倩，監察御史。　懿。　慤。　昌意。　安期，魏丞。　衡。　光期，白檀府果毅。

觀。

元軌，緱氏令。

玄豆，太谷令。

知人字行滿，周王府典籤。

昂，成武尉。　銑，武進主簿。

佺期，須昌丞。　多適，扶溝令。　容卿。　袞，金鄉丞。　脩。

內省，兗州司戶參軍。　鏶。　竦。

知賢，一名行誓，蜀州長史。

鈇，義興尉。　鈞，光州司馬。　洽。　汪，長林令。

循，華陽尉。　見。　琁。　昭。　暉。　晅。

機，義寧令。

世翼，揚州錄事參軍。

玄之，鍾離尉，以弟子繼。

知道，雅州司法參軍。　文，著作佐郎。

濟，信都尉。　平，太府寺主簿。　昂。　厚，池州司馬。

萱。　兼。　蒨。　遜，襄城尉。　迪，太廟令。　運，全柳丞。

復，靈昌尉。　魯字子賢。　儒。

堯字堯臣。
薦字茂華。
藹字虞風。
昌阜，新鄭主簿。
翬，壺關令。
謙，脩武尉。
達。
詵。

原，河中府倉曹參軍。
迥，梁主簿。
迺。
遵，天長主簿。
蘧。
季良，衢州錄事參軍。
造。
遐，衡山令。

日新，榆次令。
肱，朝邑尉。
倫。
召。
奇童。
撙。
振，江陵府倉曹參軍。
斌爛。
詢謀，長安主簿。
諫誨。

遷，洛州倉曹參軍。
梓材，太廟齋郎。
仙壽。
巉。
世斌，左司郎中。
玄嘉，長水令。
延暉。
世將。
世方，安次丞。
玄一，左千牛衛長史。
永，比部郎中、陽武男。
伯邕，金州刺史。
係，京兆府倉曹參軍。
康老。
仲和，萬年尉。
佐。

佑。

叔華，職方郎中。侶，萬年尉。惟直。

惟恭。

惟義。

惟表。

惟簡。

叔清字仲宇君休。

貽慶，夔州都督。舒，鄂岳觀察使。

修，馮翊尉。

侹，虢州文學。

季榮，京兆府士曹參軍。循，脩武尉。

儀。

玄縱，千牛長史。勉，紫徽舍人。豐，無錫尉。立言，蕭主簿。

立則，左驍衛兵曹參軍。

盎。

武，竟陵令。解，殿中侍御史。

撝，後周行臺左丞。弼諧，東莞令。脩道，隴州司戶參軍。奉忠。

延禕。

奉先。

弼誠，解令。九思，流水令。曾，慈州刺史。長裕，許州刺史。迅，監察御史。文通，山尉。曾倣。受一。

歡，侍御史。球之。

叔獻，容城令。

叔向。

仲容。

季達。

仲堪。

季熊。

仲均。

珪璋。

韞玉。

藏師。

諒，冠氏令。珣瑜，相德宗。覃，相文宗。裔綽，祕書監。

朗字有勤規。

融，相宣宗。

潛字無悶。

權。

顥。

泳。

咸悅，安邑尉。

利用，澤州刺史。

涯，檢校左僕射、同中書門下平章事。

紹素字昌符。

合敬，諫議大夫。

延休，山南西道節度使。

生拱，字公庭。

紹業，荊南節度

使。生鈞，字化光。

泐，兗海節度使。

弘業，二子：寔字蘊文，稼字德豐。

弘範字昌儀。

良弼。

慈明，太子舍人。

餘慶，相德宗。

澣，本名淳，興元節度使。

允謨，宋州刺史、

從讜，相僖宗。生璘，字華聖。

處誨字延美，吏部侍郎。五子：羲字堯卿，福字子貞，祁字爲霖，祚，祐字垂吉。生受

錳，字謙光。
茂休，初名茂諶。
承慶。
膺甫，楚州刺史、
漳，太子少傅。
泓，河西丞。
具瞻，涇陽尉。
涓字道一，太原節度使。
昌圖字光業，戶部侍郎。

羽客，通州刺史、
灣。
溶。
洿。
濆。
嘉賓，兼殿中侍御史。
見利，當陽令。
渾。
申，金華尉。
式瞻，衢州刺史、
遐。
彥特字翊臣。

則之，驍衞兵曹參軍。
猗，撫州刺史。
允升。
延昌，相昭宗。
延濟字正卿，太常博士。
少微，岐州刺史、
朝，金州刺史。
弘宗。
弘毅。
景復，殿中侍御史。

景融。
九臣，山在令。
子晉，新鄭尉。
紹。
子春，監察御史。
叔文，河清尉。
士深。
士清。
伯高。
翁歸。
翁喜。
翁胤。
季札。
士林，著作郎。
士平。

仲均。
士良，鳳翔少尹。
士則。
季隨。
子長，盱眙令。
九言，徐州參軍。
詮。
杳，婺州刺史。
成，宣城尉。
琬，亳州司戶參軍。
倚。
偶。

倕。
僔。
鼐。
香。
九同，上黨丞。
普。
會。
九徵。
習。
衡，太子司議郎。
璩，太子司議郎。
昱。
昇。

說。
璆。
淑。
恕。
瓊。
愻。

南祖鄭氏：

簡，後魏平南諮議參軍。
靈虬，滎陽太守。
悅，安遠司馬。
鼎，後周西豫州刺史。
常，隋郢州刺史。
篤，綿州刺史。
孝仁，臨洮郡司戶參軍。
君巖，湘源令。
興宗。
君徽，內直監。
林宗。
景宗。
智積。

孝德。
君璉。
孝儒，南會州長史。
君瑾。
神符，隋殿內少監。
孝寬，黃州刺史。
文亮，渠州刺史。
思言。
元瑜。
文哲，潞州參軍。
思證。
思晉。
思謂。

昌，隋永熙郡太守。		衡，隋潞州長史。	威，隋涿郡掾。	
孝昂。		玄膺。	道果，吉州參軍。	
知詳。	知瑤。	保護。	君琰，晉州司馬。	
			居士，壽丘主簿。	
			憑。	
			逖，左金吾兵曹參軍。	迥，宣州兵曹參軍。

						師，隋祠部員外郎。	
						胄，儀曹郎。	
					孝儹。	喜見，宋州司士參軍。	
			君業。	君璋。	乾福，壽春丞。	亨。	素。
	眺。	鈞。			儼。		
邁，長子尉。							

道德，安州刺史。						
希義，兗州刺史。						
道蓋，太常少卿。						
元長，隋洛南令。	元胤。	元恭，隋義興丞。				
大隱，萬州參軍。	仁統，楚州司倉參軍。	正衡，綿竹令。				
志玄，九門主簿。	遺福。	從周。				
		儁，殿中侍御史。			倓。	佚。
		諝，眞源尉。	諗，瀛州長史。	說，汝陽主簿。		
		季良。				

					白虬。
					尚仁，吉州刺史。
					彥。
	德猷，司徒中兵參軍。				景山，北齊雄毅將軍。
元讓。	元直，隋新安令。				伯愛，鄆州司倉參軍。
師伯，括州司馬。	為範。			為善，邢州司兵參軍。	身正，高苑令。
	文譽。		勞心。	虛受，大斌丞。	
	休祥。	休業。	休光。		
			推。		

文珍。
寶，隋和州刺史。
道成，紀王府司馬。
履仁，鄜令。
元敬，地官員外郎。
正則，鄚州刺史。
審則，明州刺史。
季方，汝陽太守。
盆生，後周光州刺史。
鴻猛，和州刺史。
士則，隋閬州刺史。
文表，蓬州刺史。
思忠，桂州司法參軍。
之諒。
進。
之信。
逸。
之皓。
遏。

士譽。
才挺。
大絢，給事中。
德琮，嵐州司法參軍。
令問。
令望。
鴻泉，驃騎將軍。
貴，永城令。
福常。
思義，蓬州參軍。
思宰。
攸縱。
季騶，滎陽郡太守。
頴，宛陵令。
子規，後周溫州刺史。
海，陟州刺史。
德仁，藍田令。
大雅，陳州司戶參軍。
嗣某，聊城主簿。
君嘉。
構。
胤。
祚。

挺。
履忠。
秀。
嗣沖。
大惠。
嗣諶。
神玉。
嗣默。
嗣倫，安如玉。
仁儉。
叔獻。
季常。
嗣同。
嗣畬。

嗣丘。
喜。
成家，左司郎中。
宜。
激。
渙。
成相。
大威，河陽令。
文叡，清河令。
懋。
愿。
懿。
弘禮，懷州刺史。
景略。

景福。

德崇，憲部郎中。

德玄，藍田令。

言約，陳州刺史。

道爽，鄭州司倉參軍。

道明，綿州司法參軍。

道望。

諤。

揔。

道宏。

乾嘉，隋侍御史。

大令，介休令。

抱本，金州參軍。

利國。

利涉。

遵古。

言顧，魏州司戶參軍。

福安。

福慶，普安令。

福同。

居貞，澤州司兵參軍。

胥，河間太守。

伯欽，冀州刺史。

孝紀，郡中正。

過庭，蓨令。

玄崇，江夏令。

損之。

景初。

崇節。

元輔。

崇業，本名崇基，永州司馬。

杳，河陽丞。

洄。

幼成。

岳，鄠令。

羨，池州刺史。

紞，西尉、大理評事。

細字文明，相德宗。

祗德，兵部尚書。

顥字養正，駙馬都尉。二子：韜光，戶部尚書；凜字冬暉。

頊，廣文館助教。八子：承休、孺復、蕃、表微、寡尤、嶠、嗣光、嗣宗。承休，

戶部尚書。

儒復，復州刺史，生曙，龍興尉。

藩字內華。

表微，江陵少尹。

寡尤，解州權鹽巡官。

嶠，太子詹事，三子：蒞，華陰令；革，

武功令；蕆，泌陽令。嗣光，奉先令，生譜。

顗字叉仁，嶺南節度副使。

碩，眞源令。

頻，眉州軍事判官。

綬，洛陽令。

秉彝，懷州長史。

弘乂，昭應尉。

頎，禮部侍郎。

就字成美。

晳字澤美。

緼，職方郎中。

處沖，檢校禮部尚書。

揆，長安令。

損字慶遠，禮部尚書。

抽字道弘，都官郎中。

撰字文規，河中少尹。

習，宋城尉。

汭，諫議大夫。　援，京兆司田參軍。

紓。　純。　縉。　緄，太子洗馬。

憲字均持。

頎字廷美。

閑，萊州刺史。　倫，丹陽尉。

繪。　綽。　總，寧國令。　緗。　絅，登州長史。　縱。　約，尉氏令。

昞。

嘉範，景谷令。　撫俗，徐城令。　洪，涼州司戶參軍。　脩，檢校工部尚書、河東節度使。

仁本。　仁約。　仁載。

滎陽鄭氏又有鄭少鄰。

少鄰，鄭州司士參軍。

穆，河清令。

亞字子佐，循州刺史。

畋字台文，相僖宗。　畯，祕書監。　毗字輔臣。

凝績字裕聖，戶部侍郎。

紹餘字垂芳。

滄州鄭氏：

蔣。

則。

玄昇，衢州刺史。

侚，右拾遺。　愔，相中宗。

鄭氏定著二房：一曰北祖，二曰南祖。宰相九人。北祖有珣瑜、覃、朗、餘慶、從讜、延昌；南祖有絪；滎陽鄭氏有畋；滄州鄭氏有愔。

鍾氏出自子姓，與宋氏皆晉伯宗之後也。伯宗子州犂仕楚，食采於鍾離，因以爲姓。楚漢時有鍾離眛，爲項羽將，有二子：長曰發，居九江，仍故姓；次曰接，居潁川長社，爲鍾氏。漢有西曹掾皓，字季明，二子：迪、敷。迪，郡主簿，生繇、演。繇字元常，魏太傅、定陵侯。生毓、會。毓字稚叔，侍中、廷尉。生駿，駿字伯道，晉黃門侍郎。生曅，字叔光，公府掾。生雅，字彥冑，過江仕晉，侍中。生誕，字世長，中軍參軍。生靖，字道寂，潁川太守。生源，字循本，後魏永安太守。生挺，字法秀，襄城太守、潁川郡公。生蹈，字之義，南齊中軍。二子：

嶼、嶸。嶼字秀望,梁永嘉縣丞。生寵,字元輔,爲臨海令。避侯景之難,徙居南康贛縣,生寶慎。

寶慎字無惑,隋睦州參軍。	子威字之武,安福令。	法遵字從道。	紹京字可大,相睿宗。	嘉璧,晉州長史。							
				嘉謨,太子典膳郎、山陰縣公。							
				嘉偉,左領軍衛長史。							
	山操,洛邑府統軍。										

鍾氏宰相一人。紹京。

宋氏出自子姓。殷王帝乙長子啓,周武王封之於宋,三十六世至君偃,爲楚所滅,子孫以國爲氏。楚有上將軍義,義生昌,漢中尉,始居西河介休。十二世孫晃,晃三子:恭、畿、洽,徙廣平利人〔一〕。

恭,前燕河南太守。			藥師。	毓。	良,北齊東郡太守。	乾。	大辯,邛州刺史。	守恭,遂安令。	楚璧,兵部郎中。		
								守睿,襄陽尉。	庭瓌,庫部員外郎。		
									庭瑜,司農少卿。	顒,常州刺史。	

畿,後燕衛軍司馬。	榮國。		曾孫弁,後魏吏部尚書,襲利人子。	紀字仲烈。	欽道,北齊黃門侍郎。	元節,定州田曹。	弘峻,大理丞。	務本,櫟陽令。	玄撫,衞州司戶參軍。	璟,相玄宗。	復,同州司功參軍。
				景。		孝王,北齊北平王文學。	俠。				
						子晧。		陽元,洛陽尉。			
								守儉,洛州司馬。	鼎,兵部郎中。	悅,鄆州刺史。	禝。
									庭璘,兵部郎中。		

											昇,太僕少卿。
											尚,漢東太守。生寔。
											渾,太子左諭德。
											恕,都官郎中。生衮,太常丞。
											延,太原少尹。

華，尉氏令。生儼，蘇州刺史；佶，河南尉；倚，虢州長史。	衡，河西節度行軍司馬、檢校左散騎常侍。生傚。

		洽，後魏七兵尚書。		
		讜。		
		欽。	瓊。	
			仲羨，後燕渤海太守。	
	欽仁。			
	閻。	正文，祕書郎。		
			延慶。	
			長威。	季緒。
			正言，洛州司馬。	本立。
曾孫渤。曾孫堅，太樂令。	七世孫處秀，大理正。			卓然，益府長史。

又有廣平宋氏：

素。	
叔夜。	
申錫字慶臣，相文宗。	
球。	慎微，城固尉。
綯字韜文。	

宋氏宰相二人。璟、申錫。

源氏出自後魏聖武帝詰汾長子疋孤。七世孫禿髮傉檀，據南涼，子賀降後魏，太武見之曰：「與卿同源，可改爲源氏。」位太尉、隴西宣王。生侍中馮翊惠公懷，懷二子：子邕、子恭。子恭字靈順，中書監、臨汝文獻公，周、隋之際，居鄴郡安陽。生彪，字文宗，隋莒州刺史、臨潁縣公，生師民。

師民字踐言，隋刑部侍郎。					
崑玉，比部郎中。				直心，司刑太常丞。	
翁歸，比部郎中。				乾珍。	乾曜，相玄宗。
脩業，涇州刺史。					復，華州刺史。
光俗〔三〕，尚書左丞。					
洧，給事中。	光乘，同州刺史。	光譽，戶部侍郎。	光時，濟陰太守。		
		休。			

弼，工部郎中。

潔，河南令。

清，駙馬都尉。

誠心，洛州司馬。

匡度，黃州刺史、臨漳公。

安都，太原少尹。

匡讚，國子祭酒。

伯良。

歆幹，虔州刺史。

幼良。

少良，司勳員外郎。

行莊，戶部郎中。

匡友。

源氏宰相一人。乾曜。

牛氏出自子姓。宋微子之後司寇牛父，子孫以王父字爲氏。漢有牛邯，爲護羌校尉，因居隴西，後徙安定，再徙鶉觚。

通。

會。

意。

仙客，相玄宗。

安定牛氏，出自漢隴西主簿崇之後。

遂允，後周工部尚書、臨淮公。

弘，隋吏部尚書、奇章公。

方大，內史舍人。

方裕，金部郎中、左庶子。

方智。

休克，集州刺史。

紹，太常博士。

幼聞，鄭尉。

僧孺，字思黯，相敬宗、文宗。

蔚，字大章，檢校兵部尚書、興元尹。

徽，字深之。

循，字晦之。

希逸，字景華。

徽，字勛美，太子賓客、奇章男。

藂，字表齡，吏部尚書。

嶠，字松卿。

奉倩，洛陽尉。

鳳及，春官侍郎。

牛氏宰相二人。仙客、僧孺。

苗氏出自芈姓。楚若敖生鬬伯比，伯比生子良。子良生越椒，字伯棼，以罪誅。其子賁皇奔晉，晉侯與之苗邑，因以爲氏，其地河內軹縣南有苗亭，即其地也。上黨長子縣有苗襲夔。

襲夔。	殆庶。	如蘭，永王府諮議參軍。	立怡。	武昭。			
		晉卿字元輔，相肅宗、代宗。	收，太子通事舍人。				

			發，駕部員外郎。				
			丕，河南少尹。				
			堅。				
			粲，給事中。	眈字毅臣。			
			稷。	詹字浚源。			
			垂。				
			向。				
			昌，戶部員外郎。	縕。	澥字德廣。		

				約。			
				纘。			
		茂林。					
		澄，清漳主簿。					
	良瓚。						
	昭理。	含潤。					
	延嗣，中書舍人、太原少尹。	含澤。					
		含液。	頲。	蕃。	著。	愔字宜之。	台符字節巖。

						惲字甚魯。	延乂字子章。
						恪字无悔。	

苗氏宰相一人。晉卿。

呂氏出自姜姓。炎帝裔孫爲諸侯，號共工氏，有地在弘農之間，從孫伯夷，佐堯掌禮，使偏掌四岳，爲諸侯伯，號太岳。又佐禹治水，有功，賜氏曰呂，封爲呂侯。呂者，膂也，謂能爲股肱心膂也。其地蔡州新蔡是也。歷夏、商，世有國土，至周穆王，呂侯入爲司寇，宣王世改「呂」爲「甫」，春秋時爲彊國所并，其地後爲蔡平侯所居。呂侯枝庶子孫，當商、周之際，或爲庶人。呂尙字子牙，號太公望，封於齊。十九世孫康公貸爲田和所篡，遷於海濱。康公七世孫禮，秦昭襄王十九年自齊奔秦，爲柱國、少宰、北平侯。二子：伯昌、仲景。伯昌生青，以令尹從漢高祖，封陽信侯，謚曰胡。唐有隋州刺史仁宗，即其後也。康公未失國時，

呂氏子孫先已散居韓、魏、齊、魯之間,其後又徙東平壽張。魏有徐州刺史萬年亭侯虔,字子路,孫行鈞,其後世居河東。

行鈞,後魏東平太守。		雄,左十四監。	崇禮。								
			崇粹,兵部郎中。		季重,欽州刺史。						
					季卿,循州刺史。						
				諲,相肅宗。	仁本,磁州司馬。	璜,太子通事舍人。	傆,吉昌令。				
							修,左衛兵曹參軍。				

							皓,正平令。				
								伯禽,宜州司戶參軍。			
								時中,成武主簿。			
								絳,鄭令。			
						琳,淄王府參軍。	伸,試萬州長史。	緄,道州司功參軍。			
								綱,奉禮郎。			

								紓,左內率府兵曹參軍。			
								綸,試嘉王府參軍。			
								紡。			
								縝,奉禮郎。			
								纓。			
								綜			
					春卿,尚舍奉御。						

					夏卿。						
					冬卿,伊闕令。						
				詒。							

呂氏宰相一人。諲。

第五氏出自嬀姓。齊諸田,漢初多徙奉園陵者,故以次第爲氏。唐有第五華,弟琦。

琦,相肅宗。	峯,台州刺史。										

平，京兆兵曹參軍。	申。
	牟，兼御史中丞。

第五氏宰相一人。琦。

校勘記

〔一〕恭畿洽徙廣平利人　下表亦云畿曾孫弁「襲利人子」。按魏書卷六三宋弁傳「利人」作「列人」，與漢書卷二八下地理志、魏書卷一〇六上地形志合，則當以「列人」爲是。

〔二〕光俗　本書卷一二七、舊書卷九八源乾曜傳作「光裕」。源光乘墓誌、源溥墓誌（拓片）作「光俗」，光乘、光譽爲光俗弟。光乘、光譽、光時疑當上移一格，與光俗同列。

唐書卷七十五下

表第十五下

宰相世系五下

常氏出自姬姓。衞康叔支孫食采常邑，因以爲氏。唐有新豐常氏。

緒，咸安令。			
毅，杞王府司馬。			
楚珪，雍王府文學。			
無名，禮部員外郎。			
著，侍御史。	曾，弘農令。	普，戶部郎中。	魯，渭南尉。

無爲，三原丞。		無欲。	無求，右補闕。
皆，司農卿。	衮，相代宗、德宗。		
仲孺，諫議大夫。			

常氏宰相一人。衮。

喬氏出自姬姓，本橋氏也。漢太尉玄六世孫勤，後魏平原內史，從孝武入關，居同州，生朗，朗生達，後周文帝命橋氏去「木」，義取高遠也。世居太原。

琳，相德宗。	
彝。	
琛。	

喬氏宰相一人。琳

闞氏出自商大夫闞龍逢之後。蜀前將軍、漢壽亭侯羽，生侍中興，其後世居信都。裔孫播，相德宗。

闞氏宰相一人。播

渾氏出自匈奴渾邪王，隨拓拔氏徙河南，因以爲氏。自迴貴至瑊，世襲皋蘭州都督。

潭，隋左玉鈐衛大將軍。	迴貴，豹韜衛大將軍、靈丘縣伯。	元慶，鎮國大將軍、檢校禮部尚書。	大德，左武衛大將軍。	澄之，左領軍衛大將軍、檢校司徒。	旻，永王府參軍。	徽，靈武節度判官。	
						儉，少府監。	
						特，司農卿。	
						正元，吏部員外郎。	
						徽，潘州刺史。	
						宰，揚州司馬。	
						正孫，秦州司馬。	

				夔，檢校水部郎中。	
				景之，坊州刺史。	
			大壽，太僕丞。		
			釋之，字釋之，左武衛大將軍、寧朔郡王。		
			瓌，太子中允。		
			瑊，相德宗。		
			鍊，左羽林將軍。		
				鎬，義武軍節度使。	

					大寧，左衛率府率。
				玘，左領軍將軍、武當郡王。	
鉦，雅州刺史。					
鋼，天德軍防禦使。					
鐬，振武軍節度使。					

			大封，內八作使。	
			大猷，左羽林大將軍、酒泉郡公。	
			大鼎，尚衣奉御。	
			大義，左金吾衛大將軍。	

渾氏宰相一人。瑊。

齊氏出自姜姓。炎帝裔孫呂尙後封於齊，因以爲氏。漢有平敬侯齊受，傳封四世，居高陽。晉有武邑侯齊琰。

琰。	健。									
	澄。						暕，虞部郎中。	說，檢校員外郎、	猗。	
									暢。	
	粹。				虔，光州刺史。	知玄，長山令。	澣，平陽太守。	翺，信州刺史。		
								翊，左龍武倉曹參軍。	抗字遐舉，相德宗。	餗，洛陽尉。

瀛州齊氏：

								翊，吏部郎中。	摠，衢州刺史。
								翺。	

玘	昭，殿中侍御史。	孝若，大理正。
	汶，澤州刺史。	
	映，相德宗。	
	暭，京兆司錄參軍。	

	照，池州刺史。
	煦字德溫、

齊氏宰相二人。抗、映。

董氏出自姬姓。黃帝裔孫有飂叔安，生董父，舜賜姓董氏。裔孫辛有，辛有子孫分適晉，有董狐。裔孫翳，項羽封爲翟王，都高奴，子孫遂居隴西。漢江都相仲舒少子之孫，自廣川徙隴西，裔孫徙河東。

仁琬，梁州博士。	大禮。	伯良，新沛主簿。	晉字混成，相德宗。	全道，殿中少監。	
				溪，商州刺史。	居中。

					從直。
					居敬。
				全素，太子中舍人。	
				濰，太常寺太祝。	

董氏宰相一人。晉。

賈氏出自姬姓。唐叔虞少子公明，康王封之於賈，爲賈伯，河東臨汾有賈鄉，即其地也，爲晉所滅，以國爲氏。晉公族狐偃之子射姑爲晉太師，食邑於賈，字季他，亦號賈季。漢有長沙王太傅誼，生璠，尚書中兵郎。生二子：嘉、惲。嘉，宜春太守，生秩，游擊將軍。五子：洪、潤、汭、湘、注。汭，輕騎將軍，生曄，下邳太守。二子：冰、淵。淵，遼東太守。三子：納、邠、丕。丕生沂，祕書監。二子：廷玉、秀玉。秀玉，武威太守，生衍，兗州刺史。生

襲，輕騎將軍，徙居武威。二子：綵、翮。翮，魏太尉、肅侯，生璣，駙馬都尉、關內侯，又徙長樂。二子：通、延。通，侍中、車騎大將軍。三子：仲安、仲謀、仲達。仲達，潁川太守。生疋，字彥度，輕車將軍、雍州刺史、酒泉郡公。二子：乂、康。康，祕書監。二子：鍇、鈞。鈞生弼，散騎侍郎。二子：躬之、匪之。躬之，宋太宰參軍。四子：希鏡、希遠、希逸、希叟。希鏡，南齊外兵郎，生梲，義興郡太守。生執，梁太府卿。二子：遷、肇。肇二子：褒、宏。宏，後梁中軍長史。生緦，北齊青兗等州刺史、河東公。二子：嶂、巘。巘，殿中監。三子：懿、愍、憲。憲避葛榮之難，避地浮陽。

憲字元楷，後周祕書監。					
	處靜，隋成州長史。				
		敬言，刑部郎中、滑州刺史。			
			令思，禮部員外郎。		
				晉，衛尉卿。	
				恆，司門員外郎、池州刺史。	
					元敏，澄城令。

					元遜，殿中丞。						
			遠則，長河尉。								
				知義，沁源主簿。							
					元琰，沁水丞。						
						耽字敦詩，相德宗。					
							疇，司農寺主簿、				
							暽，少府監，襲魏國公。				
								侁，左武衛胄曹參軍。			
									惟慶，丹州刺史、河東縣男。		
										洮，西水令。	
											翔，檢校尚書、水部員外郎。
											翮。
										激，華原尉。	

							睬，楚州刺史。
		敬忠，歸州刺史。					
	處澄，涇陽令。						
		玄禕。					
		玄暐。					
			季良，奉天尉。				
				炭，檢校員外郎。			
					稜，大理評事。		
					穜字嘉穎。		
			季隣，長安主簿。				
				岩。			
				巖。			

河南賈氏，世居姑臧。

胄。	寧。	竦，著作郎。							
		餗字子美，相文宗。							

賈氏宰相二人。耽、餗。

權氏出自子姓。商武丁之裔孫封於權，其地南郡當陽縣權城是也。楚武王滅權，遷於那處，其孫因以爲氏。秦滅楚，遷大姓於隴西，因居天水。漢有左輔都尉忠，十四世孫翼，字子良，前秦右僕射、安丘敬公。生宣吉、宣褒。宣褒，後秦黃門侍郎，六世孫榮。

榮，隋儀同、鄜城公。	文誕，涪常二州刺史、平涼公。	崇嗣。				南仲。			

		崇基，屯田員外郎。	上仁。	良史，澤州刺史。					
		崇先，水部員外郎。							
		崇本，匡城令。	無待，成都尉。	倕。	皐字士繇，著作郎。	德輿字載之，相憲宗。	璩字大圭，鄭州刺史。		
							珽字大玉。		
				伋，臨潁令。	隼字子鷟，華州司士參軍。	少成，桐廬尉。	頊，兩當令。		

							琯，華州參軍。		
							審字子詢。		
						少清。			
				倬。					
			若訥，桂、欽、梓三州刺史。	倣，紫溪令。	有方，蘄令。	長孺字直卿。			
				僎，安平令。	逵字達，咸陽丞。	塤。			
			恩。			絳。			
			無已。	偉。	寅。				

				儦。					
			同光。	儇。					
				侹。					

權氏宰相一人。德輿。

皇甫氏出自子姓。宋戴公白生公子充石，字皇父。皇父生季子來，來生南雍䧹，以王父字爲氏。䧹六世孫孟之，孟之生遇，避地奔魯。裔孫鸞，漢興，自魯徙茂陵，改「父」爲「甫」。裔孫晉廣魏太守固；生柴，徙襄陽，後又徙壽春，裔孫珍義。

珍義，資、建二州刺史、	文亮，高陵令。	鏡幾。	恂。	岳。					
				嵒。					

		隣幾，太子洗馬。	憬。								
			悰。								
			愔。								
			愉。	鏞字穌卿，太子少保。	瑊。						
					珧。						
				鎛，相憲宗。	珪字德	蘊字待					
					卿。	價。					
		知常，洛州、揚州長史。	懌。								

			悟。								
	文房，黃門侍郎。	希莊，麟臺郎。	翼字謀安，淮。青州刺史。								

皇甫氏宰相一人。鎛。

程氏出自風姓。顓頊生稱，稱生老童。老童二子：重、黎。重爲火正，司地，其後世爲掌天地之官。裔孫封於程，是謂程伯，雒陽有上程聚，卽其地也。至周宣王時，程伯休父失其官守，以諸侯入爲王司馬，又有司馬氏。程氏世居長安。

思恭，利州刺史。	子珪，左贊善大夫。	獻可，太子左諭德。	异字師舉，相憲宗。	巽。							

程氏宰相一人。异。

令狐氏出自姬姓。周文王子畢公高裔孫畢萬，爲晉大夫，生芒季。芒季生武子魏犨。犨生顆，以獲秦將杜回功，別封令狐，生文子頡，因以爲氏，世居太原。秦有太原守五馬亭侯範，十四世孫漢建威將軍邁，與翟義起兵討王莽，兵敗死之。三子：伯友、文公、稱，皆奔燉煌。伯友入龜茲，文公入疏勒，稱爲故吏所匿，遂居効穀。稱六子：扶、堅、由、羨、瑾、猛。由字仲平，後漢伊吾都尉。六子：禹、羇、容、明、渙、淳。禹字巨先，博陵太守。四子：煇、洽、延、溥。溥字文悟，蒼梧太守。三子：瑱、叡、瑒。溥五世孫晉諫議大夫馨，馨孫亞，字就胤，前涼西海太守、安人亭侯。二子：璽、綏。亞孫敏，字永昌，前涼鳴沙令。四子：達、忠、禮、越。敏五世孫虬，字惠獻，後魏燉煌郡太守、鸕陰縣子。四子：元保、整、慶保、休。整，周御正中大夫、彭陽襄公，賜姓宇文氏，生熙。

熙，隋吏部尚書、武康公。			元超，撫寧令。	濬，上邽令。	崇亮，昌明令。	承簡字居易，太原府功曹參軍。	楚字殼士，相憲宗。	緒，河南少尹。			

								綯字子直，相宣宗。	滈，太常博士。		
									澄。		
									專。		
									渙，中書舍人。		
							從，檢校膳部郎中。				
							定字履常，桂管觀察使。	緘字識之。	漊字中化。		

								湘。			
	德棻，國子祭酒。	脩己。	伯陽。								
				滔，丹楊郡司馬。	峴，刑部員外郎。						
					峘，祕書丞，太僕少監。						
					崿，和州刺史。						

令狐氏宰相二人。楚、綯。

段氏出自姬姓。鄭武公子共叔段，其孫以王父字爲氏。漢有北地都尉卬，世居武威。十四世孫後魏晉興太守紛。五世孫偃師，徙河南。

偃師，太子家令。	志玄，右驍衛大將軍、褒國忠壯公。	瓚，右屯衛大將軍。	懷簡，坊州刺史。								
		瓘，朝邑令。	懷昶，德州參軍。	諤，棣州刺史。	文昌字墨卿，相穆宗。	成式字柯古。					
			懷晏。								
			懷皎。								
		珪，宣州長史。	懷本，禮部郎中。								

段氏宰相一人。文昌。

元氏出自拓拔氏。黃帝生昌意，昌意少子悃，居北，十一世爲鮮卑君長。平文皇帝鬱律二子：什翼犍、烏孤。什翼犍，昭成皇帝也，始號代王，至道武皇帝改號魏，至孝文帝更爲元氏。

什翼犍七子：一曰寔君，二曰翰，三曰閼婆，四曰壽鳩，五曰紇根，六曰力眞，七曰窟咄。寔君生道武皇帝珪，珪生明元皇帝嗣，嗣生太武皇帝燾，燾生景穆皇帝晃。景穆諸子唯濬、新成、子推、天錫、雲、禎、胡兒、休八房子孫聞於唐。濬，文成皇帝也。文成諸子唯弘、長樂二房子孫聞於唐。弘，獻文皇帝也。獻文諸子唯宏、幹、羽、勰四房子孫聞於唐。宏，孝文帝也。七子：恂、恪、懷、愉、懌、悅〔一〕。恪，宣武皇帝也。懷，廣平文穆王，生廣平文懿王悌，悌生侍中、驃騎大將軍、廣平王贊，贊生謙。

謙，後周韓國公。	菩提，周襄公。	寶琳，綏州刺史，襄公。	昭。	穎。	庭珍。	伯明，陳王府諮議參軍，襄韓公。	紹俊，襄公。	文贊，襄公。	應，襄城尉。		

									悉，汴州文學。		
									懸，新井令。		
									承裕，汧陽主簿。		
			顒道，明堂令。								

什翼犍第六子力眞，力眞二子：意烈、意勁。意勁，彭城公。五世孫敷州刺史禎，禎二子：巖、威。

巖字君山，隋兵部尚書、平昌公。	琳。	義恭。	孝節，工部員外郎。	通理，給事中。	從，右司員外郎。						

		弘，隋北平太守。				
		義端，魏州刺史。				
		延壽，睦州刺史。	延福。			
	希聲，吏部侍郎。	愷，通州刺史。	怡。			
修，河南少尹。			偕，歸州刺史。		伾。	偉，平原尉。

延景，岐州參軍。				
悱，南頓丞。				
寬，比部郎中、舒王長史。				宵，侍御史。
沂，汝陽尉。	秬，萬年尉。	穡，司農少卿。	稹字微之，相穆宗。	
			道護。	

延祚，司議郎。						
平叔，綿州長史。						
挹，吏部員外郎。						
注。	洪，饒州刺史。	錫字君貺，淄王傅。				銑。
	晦。	緜。	復禮。	壽。	琯。	

爲，太常博士。	持，都官郎中。

元氏宰相一人。稹。大曆宰相元載，本景氏，故不著。

路氏出自姬姓。帝摯子玄元，堯封於中路，歷虞、夏稱侯，子孫以國爲氏。漢符離侯博德始居平陽。裔孫嘉，字君賓，晉安東太守。孫藻，藻二子：纂、建。

纂。	
濤，後魏青州刺史。	
寄奴。	
恃慶，安州刺史。	思令。
	君儒，北齊員外郎。
	德惟，相州刺史。
	勵業。

神龜，恆州刺史。
勵言，曹州刺史。
欽正。
欽古。
勵節，華州刺史。
欽訓。
勵行，翬令。
文逸，申州司馬。
敬淳，太常博士。
敬澄。
敬滋，雍州司馬。
暢。

建。
建曾孫慶，後魏太常卿。
彩，後周夏州刺史。
堯，隋兵部侍郎、閬鄉公。
文昇字文昇，平愛秦三州刺史、宣城縣公。
元叡，吏二郎中、廣州都尉。
勵幼玉，監察御史。
齊暉，徐、宋二州刺史。
嶷，監察御史。
長輿。
敬潛，中書舍人。
廣心，大理司直。
常，兼監察御史。
季登，諫議大夫。
羣字正大。
嶽字周翰。
招隱字希龍。
巖字魯瞻，相懿宗。
德延字昌遠。
延規字希聖。

庠。
晚金，果州刺史。
元哲，楡次令。
太一，太原令。
果客。
忒，岳州刺史。
黃中。
嗣恭字懿範，初名劍客，廣州都督、冀國公。
應，宜州觀察使。

惄，太子詹事、鄜坊節度使。
異，兗州刺史。
偕，司農卿。
憑，侍御史。

又有越王府東閤史祭酒節，生惟恕。

惟恕，睦州刺史。
俊之，太子通事舍人。
泌字安期，副元帥判官、檢校戶部郎中。
隋字南式，相文宗。

路氏宰相二人。巖、隋。

舒氏出自偃姓。皋陶之後封於蓼，安豐蓼縣即其地也。春秋魯文公五年，爲楚所滅，其後更復爲楚屬國，亦名曰舒，又曰羣舒，又曰舒蓼，又曰舒庸，又曰舒鳩，一國而有五名。春秋魯襄二十五年，楚又滅之，子孫以國爲氏，世居廬江。

復，武昌軍將校。	元輿，相文宗。								
	元肱，字良哉。								
	元迥，字子穎，山南東道從事。								
	元褒，司封員外郎。								

舒氏宰相一人。元輿。

白氏出自姬姓。周太王五世孫虞仲封於虞，爲晉所滅。虞之公族井伯奚媵伯姬于秦，受邑於百里，因號百里奚。奚生視，字孟明，古人皆先字後名，故稱爲孟明視。孟明視二子：一曰西乞術，二曰白乞丙，其後以爲氏。裔孫武安君起，賜死杜郵，始皇思其功，封其子仲於太原，故子孫世爲太原人。二十三世孫後魏太原太守邕，邕五世孫建。

建，字彥舉，後周弘農郡守、邵陵縣男。	君恕，倉部郎中。	大威，梓州刺史。							

	君愻，寧州別駕。		知慎，戶部郎中。						
			知節。						
	士通，利州都督。	志善，尚衣奉御。	溫，檢校都官郎中。	鍠，鞏令。	季庚，襄州別駕。	幼文，浮梁簿。			
						居易，字樂天，刑部尚書。	景受，孟懷觀察支使，以從子繼。	邦翰，司封郎中。	思齊，鄭州錄事參軍。
						行簡，字退之，膳部郎中。	味道，成都少尹。		

					季軫，許昌令。				
				潾，揚州錄事參軍。	季康，溧水令。	敏中，字用晦，相宣宗。	順求，字幾聖。		
							崇嗣，字光祚。		
							傳規，字慶餘。		
					季平，河南主簿。				

白氏宰相一人。敏中。

夏侯氏出自姒姓。夏禹裔孫東樓公封爲杞侯，至簡公爲楚所滅，弟佗奔魯，魯悼公以其夏禹之後，給以采地爲侯，因以爲氏焉。後去魯之沛，分沛爲譙，遂爲郡人。唐有駕部郎中審封。

審封。	敏			
	敬。			
	孜字好學，相宣宗、懿宗。	潭字虛中，禮部侍郎。	坦。	映字光文。
		潭字表中。		
	斐。			
	澂。	澡字司文。		

夏侯氏宰相一人。孜。

蔣氏出自姬姓。周公第三子伯齡封於蔣，其地光州仙居縣是也，宋改爲樂安，蔣爲彊國所滅，子孫因以爲氏。漢有蔣詡，十世孫休，自樂安徙義興陽羨縣。十一世孫元遜，陳左衞將軍。其族有太子洗馬、弘文館學士瓌，生將明。

將明，國子司業、集賢殿學士、副知院使。	乂字德源，祕書監、義興懿公。	係，檢校左僕射、淮陽公。	兆、	承初字昌
				遠。
			曙字耀之。	延翰。
			廧字台臣。	

	伸字大直，相宣宗、懿宗。	泳字越之。
	偕，左補闕。	
	仙。	
	佶。	琛字獻之。

蔣氏宰相一人。伸。

畢氏出自姬姓。周文王第十五子高，封於畢，以國爲氏。後漢兗州別駕諶，世居東平。五世孫衆慶，宋本州大中正。五世孫憬。

憬，司衞少卿、許州刺史。	構，戶部尚書、魏景公。	抗，兵部員外郎、吳郡太守、江南採訪使。	坰，王屋尉。	鎬。	
				銋。	
				錄。	
				銳。	
			增。		
	栩，豐王府司馬。	浚，汾州長史。	匀，協律郎。	誠字存之，相懿宗。	紹顏，渭南尉、直史館。

					知顏，千牛備身。						
		曬，侍御史。									

畢氏宰相一人。誠。

曹姓出自顓頊。五世孫陸終第五子安，爲曹姓，至曹挾，封之於邾，爲楚所滅，復爲曹姓。唐有河南曹氏。

周。	景伯。	確字剛中，相懿宗。	希甫字嵩臣。								
		汾字道謙，戶部侍郎。	希幹字衎臣。								

曹氏宰相一人。確。

徐氏出自嬴姓。皐陶生伯益，伯益生若木，夏后氏封之於徐，其地下邳僮縣是也。至偃王三十二世爲周所滅，復封其子宗爲徐子。宗十一世孫章禹，爲吳所滅，子孫以國爲氏。章禹十三世孫詵，爲秦莊襄王相。生仲，仲字景伯。生延，字方遠。延生由，字智卿。由生諛，字昌言。諛生光，字子暉，漢下邳太守。光生大司農靜，字君安。靜生益州刺史萬秋，字蘭卿。萬秋生左曹給事充，字彥通。充生諫議大夫安仁。二子：豐、霸。豐爲北祖，霸爲南祖。

北祖上房徐氏：豐字仲都，司空掾。生明，明字玄通，侍中。生邈，字少卿，侍中。生宣，宣字休璥。二子：琳、瑙。瑙字元珪，下邳太守。二子：諶、師儉。師儉字世節，京兆尹。二子：逖、超。超字彥孫，魏散騎常侍。二子：崇、統。統字耀卿，晉江陽太守。三子：瓌、璣、合。合字叔衡，丹楊令。三子：禕、祆、諸。諸字萬秋，太子洗馬。二子：寧、恭。寧字安期，吏部侍郎。五子：豐之、寶之、仁之、祚之、育之。祚之字興民，祕書監。三子：尙之、羨之、欽之。欽之字眞宇，宋丞相、東莞公。三子：逵之、佩之、邁之。逵之字幼道，中書侍郎。二子：淳之、湛之。湛之字孝源，丞相、枝江忠烈侯。二子：恆之、聿之。恆之字景方，工部郎中，襲侯。二子：孝規、孝嗣。孝嗣字始昌，齊太尉、文忠公。六子：況、戩、碏、會、嘉、緄。

緄字仲文，齊侍中。	君數字懷眞，陳常侍。	榮字子德，隋通事舍人。	恕字克己，尙食直長。	筠字南美，春官尙書、枝江郡公。	皎字景融，左驍衞兵曹參軍。	翽字擇賢，許州司馬，襲枝江男。	儀字行甫，祠部員外郎。	雅。			
								粲字宜遠，檢校戶部郎中。	寂，海陵令。	郜，光、處、齊、淄、明、泗六州刺史。	
										持。	

							向字文伯，衢、江、陳、潁、鄭、宋六州刺史。	嚴字景鼎，麻城令。	敎復。	鑾。	
								綽字元白，校書郎。	臣賓。	公閱。	爽生景調，景調生巽，巽生侃之。
									峻之。		
						謂。					
						謐。					
						譔。					

詡。

證。

摯。

昭字德光，虞部郎中。

孟詧字允義，安州都督。

昕字光烈，又字景韻，字脩文，洛州長史。

琇，冀州長史。

縝，虢州別駕。

縝。

弘毅，大理評事。

綜，江陵參軍。

玭。

晦。

晧。

君賓字客卿，梁五兵尚書。

澈字甘泉，一名澄，陳祕書監。

文遠字廣義，國子博士。

士安字奉衆，王屋令。

有功字弘敏，秋官侍郎。

倫字堅，岐、慶二王司馬。

轂字和玉，襄東莞男，安定太守。

濤字浚源，侍御史。

杜。

宰字舜鈞，大理評事。

商字義聲，相懿宗。

彥若字俞之，相昭宗。生綰，兵部郎中。

仁嗣。

仁矩字廣裕。

仁範。

仁勗字道誨。

宮字應黃，濮州刺史。

仁規。

單。

般。

毅。

恂字固行，越州司法參軍。

寵字知方，臨洪丞。

液字既濟，金華令。

義立字道彰，襄州別駕。

有慶字廟榮，濠州從事。

弘嗣字致君，宣武行營判官，生

彥休。

容字梁萬，義烏尉。

汶字涵光，殿中侍御史。

鋌字周器，王府長史。

寮字遠知，明州司戶參軍。

曹字司之，越州司馬。

灌字海康，金吾衛倉曹參軍。

壅字居方，武進丞。

憬字元士，揚州

穀字良儒，天長

湜，大理司直。

		有道字弘度，鞏丞。	有業。	
法曹參軍。	愃字德美，金華令。	憚字揖，河內採訪使。	徽，少監。	
尉。	毅，句容尉。		漢字淵寧，水部員外郎。	
	澄字瀛都，淮南從事。		黨，祠部員外郎。	
			次彭字壽卿，洪州別駕。	
			魯苗。	禹苗。

		士會。	士雅。	士師。		
		弘禮。	有慶，鄄城令。	弘仁，揚州司馬。	弘信，太原府戶曹參軍。	弘度。
			忱。			
頊，雲陽令。	鷹，武陟令。					
次聃。						

文達字幼通，金山令。		
奉緘。	奉信。	昌時，天長令。
		有鄰字善之，金壇令。
		悅字泰之，廬陵令。
		收字藏之，鳳翔府司錄參軍。
		寶符字靈通，杭州錄事參軍。
		璡字德玉，徐州司法參軍。
		搏。

高平北祖上房徐氏：詵次子矩，矩字弘深，生邕。邕字文和，生廉。廉字元平，生則。則字元度，生倚。倚字光漢，大司農，生費。費字子文，金威將軍、東莞侯，生升。升字玄明，司空掾，襲東莞侯，生珪。珪字少玉，姑熟令，生欽。欽字思祖，大中大夫，生長卿。長卿字德師。二子：萬、僉。萬字士諧，平原太守，生績。績字承先，城門校尉。二子：寵、惠。惠字士安，司空掾，生冑。冑字彥光，本郡主簿功曹。二子：允、訓。允字仲和，生鄙。鄙字子頑。二子：訪、隆。訪字公謀，魏鎮北將軍。二子暢字彥春，晉隴西內史。四子：沈、胤、敷、

勱。勱字石侯，侍御史，生澹。澹字洛川，長壽令，生乾。乾字文祚，給事中，生道娛。道娛字道福，員外郎，生道祖。道祖字弘業，宋車騎行將軍，生玄英。玄英字智仁，奉朝請。生景初，尚書正員外郎。二子：弘師、弘道，世居曹州離狐，隋末徙滑州衞南。至世勣，預屬籍為李氏，武后世復舊。

弘師字德令，南齊直閣舍人。		
琛，侍御史。		
懋，梁荊州刺史。		
元起字山立，隋濮陽太守。		
蓋字廣濟，陵州刺史、舒國公。		
世勣字茂功，相太宗、高宗。		
震，梓州刺史。		
敬業，柳州司馬。	敬猷，盩厔令。	思順字知通，鴻臚卿。
		湘字漢津，壽州刺史。
		弘光字大明，岐王傅。

				康字德榮,譙郡太守。	騁,司衛正卿。						
弘道字太玄,陳太常卿。	珍字大器,隋閣下舍人。	元隱字嚴客,彭澤令。	唐字景明,沛令。	羌字景方,鄭州長史。							

徐氏宰相三人。商、彥若、世勣。

孔氏出自子姓。商帝乙長子微子啓封於宋,弟微仲衍曾孫湣公捷生弗父何,何生宋父周,周生世父勝,勝生正考父,父生嘉,字孔父。孔父生木金父,金父生睪夷父,以王父字爲氏。生防叔,避華父督之難,奔魯,爲大夫。生伯夏,夏生鄹大夫叔梁紇。紇二子:孟皮、仲尼。仲尼爲魯司寇,攝相事。生鯉,字伯魚。伯魚生伋,字子思,爲魯穆公師。生白,字子上,齊威王相。白生求,字子家。求生箕,字子京,魏相。箕生穿,字子高。穿生斌,字子愼,一名胤,魏文侯相文信君。三子:鮒、騰、樹。騰字子襄,漢孝惠博士、長沙太傅。生忠,字

子貞,博士。忠二子:武、安國。武生延年,大將軍、太傅。延年生霸,字次孺,給事中、高密相、褒成烈君。四子:福、振、喜、光。福,關內侯。生房,房生均,字長平,尙書郎。生大司馬元成侯志,志生損。自均皆世襲褒成侯,及損,徙封褒亭侯。生曜,曜生完,無子,以弟子魏奉議郎羨爲嗣。羨生晉太常卿、黃門侍郎震,震生嶷,嶷生豫章太守撫,撫生從事中郎懿。自羨以下襲奉聖侯。生宋崇聖侯鮮,鮮生後魏崇聖大夫乘,乘生祕書郎靈珍,靈珍生文泰。自靈珍以下襲崇聖侯。文泰生渠。

渠,後周鄒國公。	長孫,襲公。	嗣哲,隋吳郡主簿、紹聖侯。	德倫,褒聖侯。	崇基,襲侯。	璲之字藏輝,都水使者,襲文宣公。	萱,泗水令。	齊卿,青州司兵參軍。	惟晊,兗州參軍。	策。	振字國文,刑部員外郎。	昭儉,祕書郎、曲阜令。
										拯字弘濟。	

										郁。	述字彰聖。

下博孔氏出自關內侯福七世孫都,後漢冀州刺史。生揚,下博亭侯,子孫因居焉。七世孫靈龜,後魏國子博士。生碩。

碩,後魏治書侍御史。	安,北齊青州法曹參軍。	穎達字沖遠,國子祭酒、曲阜憲公。	志玄,國子司業。	惠元,國子司業。	立言,祠部郎中。						
					脊言,黃州刺史。						
			志約,禮部郎中。	琮,洪州都督。							

曲阜憲公穎達族孫務本。自孔子至是三十五世。

務本,東光令。	如珪,海州司戶參軍。	岑父,著作佐郎。									
			戢,給事中。	溫質。	絢字延休。						
					綸字昌言。						
					繻字徽夫。						

				溫孺。	緯字化文，相僖宗、昭宗。	昌弼字佐化。				
					絳字受文。					
					緘。	昌廣。				
				溫憲。						
				溫裕。	紓字特卿。					
					纘字胤脩。					

				戡字君勝，昭義節度判官。						
				戢，庫部員外郎。	溫業字遜志。	晦字文爲。	昌序字昭舉。			
						昊字濟美，萊州刺史。	昌庶字幾聖，虞部郎中。	莊字文承恭。		
								愿。		
					溫諒。	績。	昌明字昭儀。			
				戵。						
				威。						

		巢父，給事中。								

孔氏宰相一人。緯。

獨孤氏出自劉氏。後漢世祖生沛獻王輔，輔生釐王定，定生節王丐。丐二子：廣、廙。廙，洛陽令。生穆，穆生度遼將軍進伯，擊匈奴，兵敗被執，囚之孤山下。生尸利，單于以爲谷蠡王，號獨孤部。尸利生烏利。二子：去卑、猛。猛生副論。副論生路孤，路孤生眷，眷生羅辰，從後魏孝文徙洛陽，爲河南人，初以其部爲氏，位定州刺史、永安公。生廷尉貞公萬齡。萬齡生稽，字延平，鎮東將軍、文公。稽生鎮東將軍歸，歸生冀。

冀字希顏，定州刺史、武安烈公。	永業字世基，周大司寇、臨川郡王。	子佳，隋淮州刺史，武安公。	義恭。							

			義盛。	士約。		冊，戶部郎中。				
						恩。	華，兵部郎中。			
			叔德。	文惠，明威將軍。	楷，潁川郡長史。	憕。				
						丕字山甫，剡主簿。				
						萬。				
					峻，越州都督、左金吾大將軍。					

峴，大理少卿。

義順字偉

元愷，給事中。

思莊，右金吾大將軍。

悌，虞杭簡三州刺史、洛南郡公。

思行，洋州刺史。

元康。

明，駙馬都尉。

元慶。

思暕，鄂令。

賓庭，左補闕。

含章，左金吾兵曹參軍。

問俗，鄂州刺史。

勉，揚子令。

勛。

助，太子舍人。

申叔，校書。

遐叔。

勸。

易知。

通理，殿中侍御史、潁川郡長史。

汜，睦州刺史。

巨，右驍衛兵曹參軍。

及字至之，常州刺史，諡曰文。

朗，協律郎。

郁字古風，祕書少監。

庠字賢府。

正，眞定尉。

道濟，導江丞。

愧。

愐，左司郎中。

寔，兼殿中侍御史。

寂。

密，雲州刺史。

蒙。

雲字公回。

遠，吏部侍郎。

									損字又損，相昭宗。
									遲字後已。
								霖，祕書監。	憲字正風。

獨孤氏宰相一人。損。

柳城李氏，世爲契丹酋長，後徙京兆萬年。

令節，左威衛大將軍、幽州經略軍副使。	重英，鴻臚卿兼檀州刺史。	楷洛，左羽林大將軍、朔方節度副使、薊郡公。	遵宜，將軍。						
			遵行，將軍。						
			光弼，太尉兼侍中、臨淮武穆王。	義忠，太僕卿。					
				象，太僕卿。					
				彙，宿州刺史。					

					黯，景州刺史。				
			光琰。						
			光顏，鴻臚卿。						
			光進字太應，刑部尚書、武威郡王。	元弈。					
				元遇。					

武威李氏，本安氏，出自姬姓。黃帝生昌意，昌意次子安，居于西方，自號安息國。後漢末，遣子世高入朝，因居洛陽。晉、魏間，家于安定，後徙遼左，以避亂又徙武威。後魏有

難陀孫婆羅，周、隋間，居涼州武威爲薩寶。生興貴、脩仁。至抱玉賜姓李。

興貴，左武候大將軍、歸國宜公。	恆安。	文成。	忠敬，松、鄯、會三州都督。	抱玉，初名重璋，守司徒、平章事、涼國昭武公。	自正字緒，京兆府少監，襲公。	縱，寶鼎主簿。			
					倚貞，少府參軍。				
						綜，河中參軍。			
						絳。			
	元表。								

脩仁，左驍衞大將軍、邴國公。

永壽，右領軍將軍。

永達。

永昌。

懷恪，陳州司馬。

齋管，

玄暉，殿中侍御史、貝州刺史。

義仲，閤門府果毅。

抱眞，檢校司空、平章事、義陽郡王。

緘，少府監。

幼成

幼清。

義穆。

季明。

高麗李氏：

正己，本名懷玉，平盧節度使、守司空、饒陽郡王。

納，平盧節度使、檢校司空。

承務。

師古，平盧節度使、檢校司徒兼侍中。

明安，闔州司戶參軍

師道，平盧節度使、檢校尚書右僕射。

弘方。

師賢。

師智。

經。

洧，正己從父兄，徐海觀察使、檢校戶部尚書。

瀘，徐州團練副使。

柳城李氏，本奚族，不知何氏，至寶臣爲張鏁高養子，冒姓張氏，後賜姓李氏。

棗，左驍衞大將軍。

越，左金吾衞大將軍。

佶，左武衞大將軍。

寶臣字爲輔，成德節度使、守司空、清河郡王。

惟誠，濮州刺史。

惟岳，成德軍司馬。

惟簡，鳳翔節度使，檢

元孫，三原尉。

校戶部尚書、武安郡王。

元賓，濮陽尉。

元立，興平尉。

元本，河南府參軍。

銖。

寶正。

鷄田李氏，本河曲部落稽阿跌之族，至光進賜姓李。

良臣，襲鷄田州刺史。

光進，振武節度使。

光顏，河東節度使、守司徒兼侍中。

范陽李氏，自云常山愍王之後。

凝，檢校太子賓客兼侍御史。

庭弼，澶州刺史。

休祚，薊州刺史。

載義，字方轂，守太保兼侍中、河東節度使、武威郡王。

正源，右羽林將軍兼御史大夫。

弘源，太子左諭德。

代北李氏，本沙陀部落，姓朱邪氏。至國昌，賜姓李，附鄭王屬籍。

執宜，代北行營招撫使、蔚州刺史。

國昌本名赤心，代北節度使、檢校太尉。

克恭。

克儉。

克用，河東節度使、守太師、中書令、晉王。

存勗，隰州刺史、檢校司空。

赤忠。

奉國。

克柔，代州刺史。

存霸。

存渥。

存紀。

存乂。

存美。

存確。

存禮。

李氏三公七人，三師二人。柳城李氏有光弼；武威李氏有抱玉；高麗李氏有正己。又柳城李氏有寶臣；鷄田李氏有光顏；范陽李氏有載義；代北李氏有克用。

營州王氏，本高麗之族。

虔威，朔方軍將。
思禮，司空、霍國武烈公。

太原王氏，世居祁縣，後徙平州，至縉，從侯希逸南遷，遂居河內溫縣。

靖，右武衞大將軍。
瓌，左金吾衞大將軍。
縉，太子詹事。
智興字匡諫，宣武節度使、守太傅、鴈門郡王。
晏平，永州司戶參軍。

宰，太原節度使。
晏皐，左威衞將軍。
晏實。
晏恭。
晏逸。
晏深。
晏斌。
晏韜。

安東王氏，本阿布思之族，世隸安東都護府，曰五哥之，左武衞將軍，生末怛活。

末怛活，左金吾衞大將軍。
升朝，檢校太子賓客、樂安郡王。
廷湊，成德節度使。
元逵，檢校司徒、同平章事、成德節度使。
紹鼎，檢校尚書左僕射、成德節度使。
景胤，深州刺史。
景崇，檢校太傅、中書令、成德節度使、常山郡王。
鎔，太尉、中書令、成德節度使。
昭祚。
景蓴。

紹懿，檢校司空、成德節度使。

王氏三公二人，三師一人。營州王氏有思禮；河內王氏有智興；安東王氏有鎔。

田氏出自嬀姓。陳厲公子完，字敬仲，仕齊，初有采地，因號田氏。又云，「陳」「田」聲相近也。至田和篡齊為諸侯，九世至王建，為秦所滅。漢興，諸田徙陽陵，後徙北平。魏議郎田疇，字子泰。二十二世孫璟。

璟，鄭州司馬。
守義，安東副都護。
承嗣，魏博節度使、太尉、鴈門郡王。
維，魏州刺

朝，神武將軍。

華，太常少卿、駙馬都尉。

繹。

綸。

縉。

緒，魏博節度使、檢校左僕射同平章事、駙馬都尉、常山郡王。

季和，澶州刺史。

季安字夔，魏博節度使、檢校司徒。

懷諫，右監門衛將軍。

懷禮。

懷詢。

懷讓。

季直，魏博衙將。

繪。

純。

紳。

縉字雲長，右領軍將軍、扶風郡公。

季宗，監察御史。

季昌，福王府參軍。

季阜。

季麐。

季卿。

季黃。

季芳。

庭琳。

延惲，安東都護府司馬。

庭玠，相州刺史。

弘正字安道，成德節度使、檢校司徒兼中書令、沂忠愍公。

早，安南都護。

牟，天平節度使。

布字執禮，魏博節度使、檢校工部尚書、孝公。

鐬，天平節度使、檢校尚書左僕射。

					在宥，安南都護。				
				章，洛陽令。	在賓。	鶚，盱眙令。			

田氏三公一人。承嗣。

烏氏出自姬姓。黃帝之後，少昊氏以鳥名官，以世功命氏。齊有烏之餘，裔孫世居北方，號烏洛侯，後徙張掖。

察，左武衛大將軍。	令望，左領軍大將軍。	蒙，左武衛中郎將。	承恩。						

			承玼，右威衛將軍、檢校殿中監、昌化郡王。	重胤字保君，天平節度使、守司徒、邠國公。	漢弘，左羽林將軍。				
					行專，密州刺史。				
					漢貞，左金吾將軍。				
					行方，河南丞。				
					漢封，衛尉寺丞。				

				重元。	漢章，右驍衛倉曹參軍。				
					行思，左衛倉曹參軍。				

烏氏三公一人。重胤。

唐宰相三百六十九人，凡九十八族。再入五十七人：長孫无忌、楊師道、李勣、褚遂良、李義府、劉仁軌、竇味道、狄仁傑、姚璹、李元素、婁師德、陸元方、蘇味道、楊再思、杜景佺、宗楚客、魏元忠、張錫、唐休璟、韋嗣立、蘇瓌、蕭至忠、岑羲、宋璟、郭元振、竇懷貞、源乾曜、苗晉卿、李峴、杜鴻漸、李勉、鄭餘慶、武元衡、李吉甫、張弘靖、李逢吉、王涯、王播、牛僧孺、李宗閔、李德裕、崔鉉、杜悰、白敏中、劉瞻、盧攜、鄭從讜、裴澈、蕭遘、韋昭度、孔緯、徐彥若、李谿、王摶、陸扆、崔遠、裴樞。三入十二人：武承嗣、武攸寧、豆盧欽望、武三思、李嶠、李懷遠、崔湜、劉幽求、張說、張延賞、王鐸、鄭畋。四入三人：韋巨源、姚元之、韋安石。五入三人：蕭瑀、裴度、崔胤。三公三師七十一人：宗室親王二十人：秦王世民、齊王元吉、荆王元景、吳王恪、徐王元禮、韓王元嘉、霍王元軌、舒王元名、相王旦、宋王憲、申王撝、邠王守禮、忠王浚、薛王業、慶王琮、廣平郡王俶、福王綰、撫王紘、榮王憒、建王震。以宰相及前宰相遷者二十七人：裴寂、房玄齡、長孫无忌、李勣、武三思、楊國忠、杜佑、裴度、王涯、李德裕、李讓夷、杜悰、白敏中、令狐綯、夏侯孜、韋保衡、王鐸、鄭畋、鄭從讜、蕭遘、韋昭度、孔緯、杜讓能、徐彥若、崔胤、王摶、柳璨。以軍功進者二十人：李光弼、郭子儀、王思禮、僕固懷恩、李抱玉、田承嗣、李正己、朱泚、李寶臣、侯希逸、馬燧、李晟、李光顏、烏重胤、王智興、李載義、李克用、王建、韓建、朱全忠。以恩澤進者四人：武攸暨、李輔國、于頔、韓弘。皆通見宰相世系。別著田氏、烏氏二族。希逸，亡其世系。輔國，中官也；懷恩，叛臣也；朱泚、王建、韓建、朱全忠，唐之盜也，皆削而不著。

校勘記

〔一〕七子恂恪懷愉懌悅　按魏書卷二二孝文五王傳云「皇子恌未封早夭」，此處漏載。

唐書卷七十六

列傳第一

后妃上

太穆竇皇后　文德長孫皇后　徐賢妃　王皇后　則天武皇后

和思趙皇后　韋皇后 上官昭容　肅明劉皇后　昭成竇皇后

王皇后　貞順武皇后　元獻楊皇后　楊貴妃

唐制：皇后而下，有貴妃、淑妃、德妃、賢妃，是爲夫人。昭儀、昭容、昭媛、脩儀、脩容、脩媛、充儀、充容、充媛，是爲九嬪。婕妤、美人、才人各九，合二十七，是代世婦。寶林、御女、采女各二十七，合八十一，是代御妻。自餘六尙，分典乘輿服御，皆有員次。後世改復不常。開元時，以后下復有四妃非是，乃置惠、麗、華三妃，六儀，四美人，七才人，而尙宮、

尙儀、尙服各二，參合前號，大抵踵周官相損益云，然則尙矣。

禮本夫婦，詩始后妃，治亂因之，興亡係焉。盛德之君，帷薄嚴奧，裏謁不忓于朝，外言不內諸閫，關雎之風行，彤史之化脩，故淑範懿行，更爲內助。若夫豔孌之興，常在中主。第裯既交，則情與愛遷；顏辭媚熟，則事爲私奪。乘易昏之明，牽不斷之柔，險言似忠，故受而不詰，醜行已效，反狃而爲好。左右附之，憸壬恭之，狡謀鉗其悟先，哀誓權於寵初，天下之事已去，而恬不自覺，此武、韋所以遂篡弒而喪王室也。至於楊氏未死，玄亂厥謀；張后制中，肅幾斂衽。吁，可嘆哉！中葉以降，時多故矣，外有攻討之勤，內寡燕溺之私，羣閹朋進，外戚勢分，后妃無大善惡，取充職位而已，故列著于篇。

高祖太穆順聖皇后竇氏，京兆平陵人。父毅，在周爲上柱國，尙武帝姊襄陽長公主，入隋爲定州總管、神武公。

后生，髮垂過頸，三歲與身等。讀女誡、列女等傳，一過輒不忘。武帝愛之，養宮中，異它甥。時突厥女爲后，無寵，后密諫曰：「吾國未靖，虜且彊，願抑情撫接，以取合從，則江南、關東不吾梗。」武帝嘉納。及崩，哀毀同所生。聞隋高祖受禪，自投牀下，曰：「恨我非男子，不能救舅家禍。」毅遽掩其口，曰：「毋妄言，赤吾族！」常謂主曰：「此女有奇相，且識不凡，何可妄與人？」因畫二孔雀屏間，請昏者使射二矢，陰約中目則許之。射者閱數十，皆不合。高祖最後射，中各一目，遂歸於帝。

始，元貞太后羸老有疾，而性素嚴，諸姒娣皆畏，莫敢侍。后事之，獨怡謹盡孝，或淹月不釋衣履。工爲篇章規誡，文有雅體。又善書，與高祖書相雜，人不辨也。崩於涿郡，年四十五。

帝在煬帝時，多畜善馬，后見曰：「上性樂此，盍以獻？徒留之速罪，無益也。」不聽，頃果坐譴。帝後見隋政亂，多妄誅殛，乃爲自安計，數奏鷹犬異駒，煬帝果喜，擢位將軍。因泣謂諸子曰：「早用而母言，得此久矣！」帝有天下，詔即所葬園爲壽安陵，謚曰穆。及祔獻陵，尊爲太穆皇后。

始，太宗生，有二龍之符，后於諸子中愛視最篤。後即位，過慶善宮，覽觀梗欷，顧侍臣曰：「朕生於此，今母后永違，育我之德不可報。」因號慟，左右皆流涕。乃享后于正寢。它日幸九成宮，夢后若平生，既悟，潸然不自勝。明日，詔有司大發倉賑貧瘠，以爲后報焉。上元中，益謚太穆神皇后。

太宗文德順聖皇后長孫氏，河南洛陽人。其先魏拓拔氏，後爲宗室長，因號長孫。高祖稚，大丞相、馮翊王。曾祖裕，平原公。祖兕，左將軍。父晟，字季，涉書史，趫鷙曉兵，仕隋爲右驍衞將軍。

后喜圖傳，視古善惡以自鑒，矜尙禮法。晟兄熾，爲周通道館學士。嘗聞太穆勸撫突厥女，心誌之。每語晟曰：「此明睿人，必有奇子，不可以不圖昏。」故晟以女太宗。后歸寧，舅高士廉妾見大馬二丈立后舍外，懼，占之，遇坤之泰。卜者曰：「坤順承天，載物無疆；馬，地類也；之泰，是天地交而萬物通也，又以輔相天地之宜。繇協歸妹，婦人事也。女處尊位，履中而居順，后妃象也。」時隱太子釁鬩已構，后內盡孝事高祖，謹承諸妃，消釋嫌猜。及帝授甲宮中，后親尉勉，士皆感奮。尋爲皇太子妃，俄爲皇后。

性約素，服御取給則止。益觀書，雖容櫛不少廢。與帝言，或及天下事，辭曰：「牝雞司晨，家之窮也，可乎？」帝固要之，訖不對。後廷有被罪者，必助帝怒請繩治，俟意解，徐爲開治，終不令有寃；下嬪生豫章公主而死，后視如所生；媵侍疾病，輟所御飲藥資之。下懷其仁。兄无忌，於帝本布衣交，以佐命爲元功，出入臥內，帝將引以輔政，后固謂不可，乘間曰：「妾託體紫宮，尊貴已極，不願私親更據權于朝。漢之呂、霍，可以爲誡。」帝不聽，自

用无忌爲尚書僕射。后密諭令牢讓，帝不獲已，乃聽，后喜見顏間。異母兄安業無行，父喪，逐后、无忌還外家。后貴，未嘗以爲言。擢位將軍。後與李孝常等謀反，將誅，后叩頭曰：「安業罪死無赦。然向遇妾不以慈，戶知之；今論如法，人必謂妾釋憾於兄，無乃爲帝累乎！」遂得減流越巂。太子承乾乳媼請增東宮什器，后曰：「太子患無德與名，器何請爲？」

從幸九成宮，方屬疾，會柴紹等急變聞，帝甲而起，后輿疾以從，宮司諫止，后曰：「上震驚，吾可自安？」疾稍亟，太子欲請大赦，汎度道人，祓塞災會。后曰：「死生有命，非人力所支。若脩福可延，吾不爲惡；使善無效，我尙何求？且赦令，國大事，佛、老異方教耳，皆上所不爲，豈宜以吾亂天下法！」太子不敢奏，以告房玄齡，玄齡以聞，帝嗟美。而羣臣請遂赦，帝旣許，后固爭止。及大漸，與帝決，時玄齡小譴就第，后曰：「玄齡久事陛下，預奇計祕謀，非大故，願勿置也。妾家以恩澤進，無德而祿，易以取禍，無屬樞柄，以外戚奉朝請足矣。妾生無益於時，死不可以厚葬，願因山爲壠，無起墳，無用棺槨，器以瓦木，約費送終，是妾不見忘也。」又請帝納忠容諫，勿受讒，省遊畋作役，死無恨。崩，年三十六。

后嘗采古婦人事著女則十篇，又爲論斥漢之馬后不能檢抑外家，使與政事，乃戒其車馬之侈，此謂開本源，恤末事。常誡守者：「吾以自檢，故書無條理，勿令至尊見之。」及崩，

宮司以聞，帝爲之慟，示近臣曰：「后此書可用垂後，我豈不通天命而割情乎！顧內失吾良佐，哀不可已已！」謚曰文德，葬昭陵，因九嵕山，以成后志。帝自著表序始末，揭陵左。上元中，益謚文德聖皇后。

太宗賢妃徐惠，湖州長城人。生五月能言，四歲通論語、詩，八歲自曉屬文。父孝德，嘗試使擬離騷爲小山篇曰：「仰幽巖而流盼，撫桂枝以凝想。將千齡兮此遇，荃何爲兮獨往？」孝德大驚，知不可掩，於是所論著遂盛傳。太宗聞之，召爲才人。手未嘗廢卷，而辭致贍蔚，文無淹思。帝益禮顧，擢孝德水部員外郎，惠再遷充容。

貞觀末，數調兵討定四夷，稍稍治宮室，百姓勞怨。惠上疏極諫，且言：「東戍遼海，西討崑丘，士馬罷耗，漕饟漂沒。捐有盡之農，趨無窮之壑；圖未獲之衆，喪已成之軍。故地廣者，非常安之術也；人勞者，爲易亂之符也。」又言：「翠微、玉華等宮，雖因山藉水，無築構之苦，而工力和僦，不謂無煩。有道之君，以逸逸人；無道之君，以樂樂身。」又言：「伎巧爲喪國斧斤，珠玉爲蕩心酖毒，侈麗纖美，不可以不遏。志驕於業泰，體逸於時安。」其剴切精詣，大略如此。帝善其言，優賜之。帝崩，哀慕成疾，不肯進藥，曰：「帝遇我厚，得先狗馬侍園寢，吾志也。」復爲詩、連珠以見意。永徽元年卒，年二十四，贈賢妃，陪葬昭陵石室。

惠之弟齊聃，齊聃子堅，皆以學聞，女弟爲高宗婕妤，亦有文藻，世以擬漢班氏。

高宗廢后王氏，幷州祁人，魏尙書左僕射思政之孫。從祖母同安長公主以后婉淑，白太宗以爲晉王妃。王居東宮，妃亦進册，擢父仁祐陳州刺史。帝卽位，立爲皇后。仁祐以特進封魏國公；母柳，本國夫人。仁祐卒，贈司空。

初，蕭良娣有寵，而武才人貞觀末以先帝宮人召爲昭儀，俄與后、良娣爭寵，更相毀短。而昭儀詭險，卽誣后與母挾媚道蠱上，帝信之，解魏國夫人門籍，罷后舅柳奭中書令。李義府等陰佐昭儀，以偏言怒帝，遂下詔廢后、良娣皆爲庶人，囚宮中。后母兄、良娣宗族悉流嶺南。許敬宗又奏：「仁祐無他功，以宮掖故，超列三事，今庶人謀亂宗社，罪宜夷宗，仁祐應斲棺，陛下不窮其誅，家止流竄。仁祐不宜引庇廕宥逆子孫。」有詔盡奪仁祐官爵。而后及良娣俄爲武后所殺，改后姓爲「蟒」，良娣爲「梟」。

初，帝念后，間行至囚所，見門禁錮嚴，進飲食竇中，惻然傷之，呼曰：「皇后、良娣無恙乎？今安在？」二人同辭曰：「妾等以罪棄爲婢，安得尊稱耶？」流涕嗚咽。又曰：「陛下幸念

疇日，使妾死更生，復見日月，乞署此爲『回心院』。」帝曰：「朕卽有處置。」武后知之，促詔杖二人百，剔其手足，反接投釀甕中，曰：「令二嫗骨醉！」數日死，殊其尸。初，詔旨到，后再拜曰：「陛下萬年！昭儀承恩，死吾分也。」至良娣，罵曰：「武氏狐媚，翻覆至此！我後爲猫，使武氏爲鼠，吾當扼其喉以報。」后聞，詔六宮毋畜猫。武后頻見二人被髮瀝血爲厲，惡之，以巫祝解謝，卽徙蓬萊宮，厲復見，故多駐東都。中宗卽位，皆復其姓。

高宗則天順聖皇后武氏，幷州文水人。父士彠，見外戚傳。文德皇后崩，久之，太宗聞士彠女美，召爲才人，方十四。母楊，慟泣與訣，后獨自如，曰：「見天子庸知非福，何兒女悲乎？」母韙其意，止泣。旣見帝，賜號武媚。及帝崩，與嬪御皆爲比丘尼。高宗爲太子時，入侍，悅之。王皇后久無子，蕭淑妃方幸，后陰不悅。它日，帝過佛廬，才人見且泣，帝感動。后廉知狀，引內後宮，以撓妃寵。

才人有權數，詭變不窮。始，下辭降體事后，后喜，數譽於帝，故進爲昭儀。一旦顧幸在蕭右，寖與后不協。后性簡重，不曲事上下，而母柳見內人尙宮無浮禮，故昭儀伺后所薄，必款結之，得賜予，盡以分遺。由是后及妃所爲必得，得輒以聞，然未有以中也。昭儀

生女，后就顧弄，去，昭儀潛斃兒衾下，伺帝至，陽爲歡言，發衾視兒，死矣。又驚問左右，皆曰：「后適來。」昭儀即悲涕，帝不能察，怒曰：「后殺吾女，往與妃相讒媢，今又爾邪！」由是昭儀得入其訾，后無以自解，而帝愈信愛，始有廢后意。久之，欲進號「宸妃」，侍中韓瑗、中書令來濟言：「妃嬪有數，今別立號，不可。」昭儀乃誣后與母厭勝，帝挾前憾，實其言，將遂廢之。長孫无忌、褚遂良、韓瑗及濟濒死固爭，帝猶豫；而中書舍人李義府、衞尉卿許敬宗素險側，狙勢即表請昭儀爲后，帝意決，下詔廢后。詔李勣、于志寧奉璽綬進昭儀爲皇后，命羣臣及四夷酋長朝后肅義門，內外命婦入謁。朝皇后自此始。

后見宗廟，再贈士彠至司徒，爵周國公，謚忠孝，配食高祖廟。母楊，再封代國夫人，家食魏千戶。后乃製外戚誡獻諸朝，解釋譏譟。於是逐无忌、遂良，踵死徙，寵煽赫然。后城宇深，痛柔屈不恥，以就大事，帝謂能奉己，故扳公議立之。已得志，即盜威福，施施無憚避，帝亦懦昏，舉能鉗勒，使不得專，久稍不平。麟德初，后召方士郭行眞入禁中爲蠱祝，宦人王伏勝發之，帝怒，因是召西臺侍郎上官儀，儀指言后專恣，失海內望，不可承宗廟，與帝意合，乃趣使草詔廢之。左右馳告，后遽從帝自訴，帝羞縮，待之如初，猶意其恚，且曰：「是皆上官儀教我！」后諷許敬宗構儀，殺之。

初，元舅大臣怫旨，不閱歲屠覆，道路目語，及儀見誅，則政歸房帷，天子拱手矣。羣臣

朝、四方奏章，皆曰「二聖」。每視朝，殿中垂簾，帝與后偶坐，生殺賞罰惟所命。當其忍斷，雖甚愛，不少隱也。帝晚益病風不支，天下事一付后。后乃更爲太平文治事，大集諸儒內禁殿，譔定列女傳、臣軌、百僚新誡、樂書等，大氐千餘篇。因令學士密裁可奏議，分宰相權。

始，士彠娶相里氏，生子元慶、元爽。又娶楊氏，生三女：伯嫁賀蘭越石，蚤寡，封韓國夫人；仲即后；季嫁郭孝愼，前死。楊以后故，寵日盛，徙封榮國。始，兄子惟良、懷運與元慶等遇楊及后禮薄，后銜不置。及是，元慶爲宗正少卿，元爽少府少監，惟良司衞少卿，懷運淄州刺史。它日，夫人置酒，酣，謂惟良曰：「若等記疇日事乎？今謂何？」對曰：「幸以功臣子位朝廷，晚緣戚屬進，憂而不榮也。」夫人怒，諷后僞爲退讓，請惟良等外遷，無示天下私。繇是，惟良爲始州刺史；元慶，龍州；元爽，濠州，俄坐事死振州。元慶至州，憂死。韓國出入禁中，一女國姝，帝皆寵之。韓國卒，女封魏國夫人，欲以備嬪職，難於后，未決。后內忌甚，會封泰山，惟良、懷運以岳牧來集，從還京師，后毒殺魏國，歸罪惟良等，盡殺之，氏曰「蝮」，以韓國子敏之奉士彠祀。初，魏國卒，敏之入弔，帝爲慟，敏之哭不對。后曰：「兒疑我！」惡之。俄貶死。楊氏徙酆、衞二國，咸亨元年卒，追封魯國，謚忠烈，詔文武九品以上及五等親與外命婦赴弔，以王禮葬咸陽，給班劍、葆仗、鼓吹。時天下旱，后僞表求

避位，不許。俄又贈士彠太尉兼太子太師、太原郡王，魯國忠烈夫人爲妃。

上元元年，進號天后，建言十二事：一、勸農桑，薄賦徭；二、給復三輔地；三、息兵，以道德化天下；四、南北中尙禁浮巧；五、省功費力役；六、廣言路；七、杜讒口；八、王公以降皆習老子；九、父在爲母服齊衰三年；十、上元前勳官已給告身者無追覈；十一、京官八品以上益稟入；十二、百官任事久，材高位下者得進階申滯。帝皆下詔略施行之。

蕭妃女義陽、宣城公主幽掖廷，幾四十不嫁，太子弘言于帝，后怒，酖殺弘。帝將下詔遜位于后，宰相郝處俊固諫，乃止。后欲外示寬裕，劫人心使歸己，即奏言：「今羣臣納半俸、百姓計口錢以贍邊兵，恐四方妄商虛實，請一罷之。」詔可。

儀鳳三年，羣臣、蕃夷長朝后于光順門。即并州建太原郡王廟。帝頭眩不能視，侍醫張文仲、秦鳴鶴曰：「風上逆，砭頭血可愈。」后內幸帝殆，得自專，怒曰：「是可斬，帝體寧刺血處邪？」醫頓首請命。帝曰：「醫議疾，烏可罪？且吾眩不可堪，聽爲之！」醫一再刺，帝曰：「吾目明矣！」言未畢，后簾中再拜謝，曰：「天賜我師！」身負繒寶以賜。

帝崩，中宗即位，天后稱皇太后，遺詔軍國大務聽參決。嗣聖元年，太后廢帝爲廬陵王，自臨朝，以睿宗即帝位。后坐武成殿，帝率羣臣上號册。越三日，太后臨軒，命禮部尙書攝太尉武承嗣、太常卿攝司空王德眞册嗣皇帝。自是太后常御紫宸殿，施慘紫帳臨朝。

追贈五世祖後魏散騎常侍克己爲魯國公，妣裴即其國爲夫人；高祖齊殷州司馬居常爲太尉、北平郡王，妣劉爲王妃；曾祖永昌王諮議參軍、贈齊州刺史儉爲太尉、金城郡王，妣宋爲王妃；祖隋東郡丞、贈并州刺史、大都督華爲太尉、太原郡王，妣趙爲王妃。皆置園邑，戶五十。考爲太師、魏王，加實戶滿五千，妣爲王妃，王園邑守戶百。時睿宗雖立，實囚之，而諸武擅命。又謚魯國公曰靖，裴爲靖夫人；北平郡王曰恭肅，金城郡王曰義康，太原郡王曰安成，妃從夫謚。太后遣册武成殿使者告五世廟室。

於是柳州司馬李敬業、括蒼令唐之奇、臨海丞駱賓王疾太后脅逐天子，不勝憤，乃募兵殺揚州大都督府長史陳敬之，據州欲迎廬陵王，衆至十萬。楚州司馬李崇福連和。盱眙人劉行舉嬰城不肯從，敬業攻之，不克。太后拜行舉游擊將軍，擢其弟行實楚州刺史。敬業南度江取潤州，殺刺史李思文〔一〕，曲阿令尹元貞拒戰死。太后詔左玉鈐衞大將軍李孝逸爲揚州道行軍大總管，率兵三十萬討之，戰于高郵，前鋒左豹韜果毅成三朗爲唐之奇所殺。又以左鷹揚衞大將軍黑齒常之爲江南道行軍大總管，并力。敬業興三月敗，傳首東都，三州平。

始，武承嗣請太后立七廟，中書令裴炎沮止，及敬業之興，下炎獄，殺之，并殺左威衞大將軍程務挺。太后方怫恚，一日，召羣臣廷讓曰：「朕於天下無負，若等知之乎？」羣臣唯唯。

太后曰：「朕輔先帝踰三十年，憂勞天下。爵位富貴，朕所與也；天下安佚，朕所養也。先帝棄羣臣，以社稷爲託，朕不敢愛身，而知愛人。今爲戎首者皆將相，何見負之遽？且受遺老臣伉扈難制有若裴炎乎？世將種能合亡命若徐敬業乎？宿將善戰若程務挺乎？彼皆人豪，不利於朕，朕能戮之。公等才有過彼，蚤爲之。不然，謹以事朕，無詒天下笑。」羣臣頓首，不敢仰視，曰：「惟陛下命。」

久之，下詔陽若復辟者。睿宗揣非情，固請臨朝，制可。乃冶銅匭爲一室，署東曰「延恩」，受干賞自言；南曰「招諫」，受時政失得；西曰「申冤」，受抑枉所欲言；北曰「通玄」，受讖步祕策。詔中書門下一官典領。

太后不惜爵位，以籠四方豪桀自爲助，雖妄男子，言有所合，輒不次官之，至不稱職，尋亦廢誅不少縱，務取實材眞賢。又畏天下有謀反逆者，詔許上變，在所給輕傳，供五品食，送京師，即日召見，厚餌爵賞歆動之。凡言變，吏不得何詰，雖耘夫蕘子必親延見，稟之客館。敢稽若不送者，以所告罪之。故上變者徧天下，人人屛息，無敢議。

新豐有山因震突出，太后以爲美祥，赦其縣，更名慶山。荆人俞文俊上言：「人不和，疣贅生；地不和，堆阜出。今陛下以女主處陽位，山變爲災，非慶也。」太后怒，投嶺外。詔毀乾元殿爲明堂，以浮屠薛懷義爲使督作。懷義，鄠人，本馮氏，名小寶，偉岸淫毒，

佯狂洛陽市，千金公主嬖之。主上言：「小寶可入侍。」后召與私，悅之。欲掩迹，得通籍出入，使祝髮爲浮屠，拜白馬寺主。詔與太平公主婿薛紹通昭穆，紹父事之。給廄馬，中官爲騶侍，雖承嗣、三思皆尊事惟謹。至是護作，士數萬，巨木率一章千人乃能引。又度明堂後爲天堂，鴻麗嚴奧次之。堂成，拜左威衞大將軍、梁國公。

始作崇先廟于西京，享武氏。承嗣僞款洛水石，導使爲帝，遣雍人唐同泰獻之，后號爲「寶圖」，擢同泰游擊將軍。於是汜人又上瑞石，太后乃郊上帝謝況，自號聖母神皇，作神皇璽，改寶圖曰「天授聖圖」，號洛水曰永昌水，圖所曰聖圖泉，勒石洛壇左曰「天授聖圖之表」，改汜水曰廣武。時柄去王室，大臣重將皆撓不得逞，宗室孤外無寄足地。於是，韓王元嘉等謀舉兵唱天下，迎還中宗。琅邪王沖、越王貞先發，諸王倉卒無應者，遂敗。元嘉與魯王靈夔等皆自殺，餘悉坐誅，諸王率連死滅殆盡，子孫雖嬰褓亦投嶺南。太后身拜洛受圖，天子率太子、羣臣、蠻夷以次列，大陳珍禽、奇獸、貢物、鹵簿壇下，禮成去。

永昌元年，享萬象神宮，改服衮冕，搢大圭，執鎭圭，睿宗亞獻，太子終獻。合祭天地，五方帝、百神從，以高祖、太宗、高宗配，引魏王士彠從配。班九條，訓百官。遂大饗羣臣。號士彠周忠孝太皇，楊忠孝太后。以文水墓爲章德陵，咸陽墓爲明義陵。太原安成王爲周安成王，金城郡王爲魏義康王，北平郡王爲趙肅恭王，魯國公爲太原靖王。

載初中，又享萬象神宮，以太穆、文德二皇后配皇地祇，引周忠孝太后從配。作曌、𠀑、埊、㞢、囝、〇、𠀑、𢘑、𠀃、𠡦、𠦚、𡔈十有二文。太后自名曌。改詔書爲制書。以周、漢爲二王後，虞、夏、殷後爲三恪，除唐屬籍。拜薛懷義輔國大將軍，封鄂國公，令與羣浮屠作大雲經，言神皇受命事。春官尚書李思文詭言：「周書武成爲篇，辭有『垂拱天下治』，爲受命之符。」后喜，皆班示天下，稍圖革命。然畏人心不肯附，乃陰忍鷙害，肆斬殺怖天下。內縱酷吏周興、來俊臣等數十人爲爪吻，有不慊若素疑憚者，必危法中之。宗姓侯王及它骨鯁臣將相駢頸就鈇，血丹狴戶，家不能自保。太后操奩具坐重幃，而國命移矣。

御史傅游藝率關內父老請革命，改帝氏爲武。又脅羣臣固請，妄言鳳集上陽宮，赤雀見朝堂。天子不自安，亦請氏武，示一尊。太后知威柄在己，因大赦天下，改國號周，自稱聖神皇帝，旗幟尚赤，以皇帝爲皇嗣。立武氏七廟于神都。尊周文王爲文皇帝，號始祖，妣曰文定皇后；武王爲康皇帝，號睿祖，妣姜曰康惠皇后；太原靖王爲成皇帝，號嚴祖，妣曰成莊皇后；趙肅恭王爲章敬皇帝，號肅祖，妣曰章敬皇后；魏義康王爲昭安皇帝，號烈祖，妣曰昭安皇后；祖周安成王爲文穆皇帝，號顯祖，妣曰文穆皇后；考忠孝太皇爲孝明高皇帝，號太祖，妣曰孝明高皇后。罷唐廟爲享德廟，四時祠高祖以下三室，餘廢不享。至日，祀上帝萬象神宮，以始祖及考妣配，以百神從祀。盡王諸武。詔幷州文水縣爲武興，比

漢豐、沛，百姓世給復。以始祖冢爲德陵，睿祖爲喬陵，嚴祖爲節陵，肅祖爲簡陵，烈祖爲靖陵，顯祖爲永陵，章德陵爲昊陵，明義陵爲順陵。

太后雖春秋高，善自塗澤，雖左右不悟其衰。俄而二齒生，下詔改元爲長壽。明年，享神宮，自制大樂，舞工用九百人，以武承嗣爲亞獻，三思爲終獻。帝之爲皇嗣，公卿往往見之，會尚方監裴匪躬、左衞大將軍阿史那元慶、白澗府果毅薛大信、監門衞大將軍范雲仙潛謁帝，皆腰斬都市，自是公卿不復上謁。

有上封事言嶺南流人謀反者，太后遣攝右臺監察御史萬國俊就按，得實即論決。國俊至廣州，盡召流人，矯詔賜自盡，皆號哭不服，國俊驅之水曲，使不得逃，一日戮三百餘人。乃誣奏流人怨望，請悉除之。於是太后遣右衞翊府兵曹參軍劉光業、司刑評事王德壽、苑南面監丞鮑思恭、尙輦直長王大貞、右武衞兵曹參軍屈貞筠，皆攝監察御史，分往劍南、黔中、安南等六道訊鞫，而擢國俊左臺侍御史。光業等亦希功于上，惟恐殺人之少。光業殺者九百人，德壽殺七百人，其餘亦不減五百人。太后久乃知其冤，詔六道使所殺者還其家。國俊等亦相踵而死，皆見有物爲厲云。

太后又自加號金輪聖神皇帝，置七寶于廷：曰金輪寶，曰白象寶，曰女寶，曰馬寶，曰珠寶，曰主兵臣寶，曰主藏臣寶，率大朝會則陳之。又尊其顯祖爲立極文穆皇帝，太祖爲

無上孝明皇帝。延載二年，武三思率蕃夷諸酋及耆老請作天樞，紀太后功德，以黜唐興周，制可。使納言姚璹護作。乃大裒銅鐵合冶之，署曰「大周萬國頌德天樞」，置端門外。其制若柱，度高一百五尺，八面，面別五尺，冶鐵象山爲之趾，負以銅龍，石鑱怪獸環之。柱顚爲雲蓋，出大珠，高丈，圍三之。作四蛟，度丈二尺，以承珠。其趾山周百七十尺，度二丈。無慮用銅鐵二百萬斤。乃悉鐫羣臣、蕃酋名氏其上。

薛懷義寵稍衰，而御醫沈南璆進，懷義大望，因火明堂，太后羞之，掩不發。懷義愈佷恣怏怏。乃密詔太平公主擇健婦縛之殿中，命建昌王武攸寧、將作大匠宗晉卿率壯士擊殺之，以畚車載尸還白馬寺。懷義負幸昵，氣蓋一時，出百官上，其徒多犯法。御史馮思勗劾其姦，懷義怒，遇諸道，命左右毆之，幾死，弗敢言。默啜犯塞，拜新平、伐逆、朔方道大總管，提十八將軍兵擊胡，宰相李昭德、蘇味道爲之長史、司馬。後厭入禁中，陰募力少年千人爲浮屠，有逆謀。侍御史周矩劾狀請治驗，太后曰：「第出，朕將使詣獄。」矩坐臺，少選，懷義怒馬造廷，直往坐大榻上，矩召吏受辭，懷義即乘馬去。矩以聞，太后曰：「是道人素狂，不足治，力少年聽窮劾。」矩悉投放醜裔。懷義構矩，俄免官。

太后祀天南郊，以文王、武王、士彠與唐高祖并配。太后加號天册金輪聖神皇帝。遂封嵩山，禪少室，册山之神爲帝，配爲后。封壇南有大槲，赦日置雞其杪，賜號「金雞樹」。自

制升中述志，刻石示後。改明堂爲通天宮，鑄九州鼎，各位其方，列廷中。又斂天下黃金作大儀鐘，不克。久之，以崇先廟爲崇尊廟，禮視太廟，旋復崇尊廟爲太廟。

自懷義死，張易之、昌宗得幸，乃置控鶴府，有監，有丞及主簿、錄事等，監三品，以易之爲之。太后自見諸武王非天下意，前此中宗自房州還，復爲皇太子，恐百歲後爲唐宗室躪藉無死所，即引諸武及相王、太平公主誓明堂，告天地，爲鐵券使藏史館。改昊陵署爲攀龍臺。久視初，以控鶴監爲天驥府，又改奉宸府，罷監爲令，以左右控鶴爲奉宸大夫，易之復爲令。

神龍元年，太后有疾，久不平，居迎仙院。宰相張柬之與崔玄暐等建策，請中宗以兵入誅易之、昌宗。於是羽林將軍李多祚等帥兵自玄武門入，斬二張于院左。太后聞變而起，桓彥範進請傳位，太后返臥，不復語。中宗於是復卽位。徙太后上陽宮，帝率百官詣觀風殿問起居，後率十日一詣宮，俄朔望。廢奉宸府官，遷東都武氏廟于崇尊廟，更號崇恩，復唐宗廟。諸武王者咸降爵。是歲，后崩，年八十一。遺制稱則天大聖皇太后，去帝號。謚曰則天大聖后，祔乾陵。

會武三思蒸韋庶人，復用事。於是大旱，祈陵輒雨。三思訹帝詔崇恩廟祠如太廟，齋郎用五品子。博士楊孚言：「太廟諸郎取七品子，今崇恩取五品，不可。」帝曰：「太廟如崇恩可乎？」孚曰：「崇恩太廟之私，以臣準君則僭，以君準臣則惑。」乃止。及韋、武黨誅，詔則天大聖皇后復號天后，廢崇恩廟及陵。景雲元年，號大聖天后。太平公主奸政，請復二陵官，又尊后曰天后聖帝，俄號聖后。太平誅，詔黜周孝明皇帝號，復爲太原郡王，后爲妃，罷昊、順等陵。開元四年，追號則天皇后。太常卿姜皎建言：「則天皇后配高宗廟，主題天后聖帝，非是，請易題爲則天皇后武氏。」制可。

中宗和思順聖皇后趙氏，京兆長安人。祖綽，武德中，戰有功，終右領軍將軍。父瓌，尚高祖常樂公主。

帝爲英王，聘后爲妃。高宗於公主恩尤隆。武后不喜，乃幽妃內侍省。瓌自定州刺史、駙馬都尉貶括州，絕主朝謁，隨瓌之官。妃既囚，扃鍵牢謹，日給餉料。衞者候其突煙數日不出，披戶視之，死腐矣。瓌以壽州刺史與主預越王事，死。神龍元年，追謚妃曰恭皇后，贈瓌左衞大將軍。中宗崩，議陵事，韋庶人不臣，不得祔，有司加上尊謚，以后祔定陵。

中宗庶人韋氏，京兆萬年人。祖弘表，貞觀中曹王府典軍。

帝在東宮，后被選爲妃。嗣聖初，立爲皇后。俄與帝處房陵，每使至，帝輒恐，欲自殺。后止曰：「禍福何常，早晚等死耳，無遽！」及帝復卽位，后居中宮。

是時，上官昭容與政事，方敬暉等將盡誅諸武，武三思懼，乃因昭容入請，得幸於后，卒謀暉等誅之。初，帝幽廢，與后約：「一朝見天日，不相制。」至是與三思升御牀博戲，帝從旁典籌，不爲忤。三思諷羣臣上后號爲順天皇后。乃親謁宗廟，贈父玄貞上洛郡王。左拾遺賈虛己建言：「非李氏王者，盟書共棄之。今復國未幾，遽私后家，且先朝禍釁未遠，甚可懼也。如令皇后固辭，使天下知後宮謙讓，不亦善乎？」不聽。神龍三年，節愍太子舉兵敗。宗楚客率羣臣請加號「翊聖」，詔可。禁中謬傳有五色雲起后衣笥，帝圖以示諸朝，因大赦天下，賜百官母、妻封號。太史迦葉志忠表上桑條歌十二篇，言后當受命，曰：「昔高祖時，天下歌桃李；太宗時，歌秦王破陣；高宗時，歌堂堂；天后世，歌武媚娘；皇帝受命，歌英王石州；后今受命，歌桑條韋，蓋后妃之德專蠶桑，共宗廟事也。」乃賜志忠第一區，綵七百段。太常少卿鄭愔因之被樂府。楚客又諷補闕趙延禧離釋桑條爲九十八代，帝大喜，擢延禧諫議大夫。

於是昭容以武氏事動后。即表增出母服；民以二十三爲丁，限五十九免；五品而上母妻不繇夫、子封者，喪得用鼓吹。數改制度，陰儲人望。稍寵樹親屬，封拜之。昭容與母及尚宮賀婁等多受金錢。封巫趙隴西夫人，出入禁中，勢與上官埒。繇是墨敕斜封出矣。三年，帝親郊，引后亞獻。明年，正月望夜，帝與后微服過市，彷徉觀覽，縱宮女出游，皆淫奔不還。國子祭酒葉靜能善禁架，常侍馬秦客高醫，光祿少卿楊均善烹調，皆引入後廷。均、秦客蒸於后，嘗褻免，不厯旬輒起。

帝遇弒，議者讙咎秦客及安樂公主。后大懼，引所親議計，乃以刑部尚書裴談、工部尚書張錫輔政，留守東都，詔將軍趙承福、薛簡以兵五百衞譙王重福，與兄温定策，立温王重茂爲皇太子，列府兵五萬分二營屯京師，然後發喪。太子即位，是爲殤帝。皇太后臨朝，温總內外兵，檢護宮省。族弟濯、播，宗子捷、璿，璿甥高崇及武延秀，分領左右屯營、羽林、飛騎、萬騎。京師大恐，傳言且革命。播、璿入軍中，鞭督萬騎欲立威，士怨不爲用。俄而臨淄王引兵夜披玄武門入羽林，殺璿、播、崇於寢，斧關叩太極殿，后遁入飛騎營，爲亂兵所殺。斬延秀、安樂公主。分捕諸韋、諸武與其支黨，悉誅之，梟后及安樂首東市。翌日，追貶爲庶人，葬以一品禮。

上官昭容者，名婉兒，西臺侍郎儀之孫。父廷芝，與儀死武后時。母鄭，太常少卿休遠之姊。

婉兒始生，與母配掖廷。天性韶警，善文章。年十四，武后召見，有所制作，若素構。自通天以來，內掌詔命，掞麗可觀。嘗忤旨當誅，后惜其才，止黥而不殺也。然羣臣奏議及天下事皆與之。

帝即位，大被信任，進拜昭容，封鄭沛國夫人。婉兒通武三思，故詔書推右武氏，抑唐家，節愍太子不平。及舉兵，叩肅章門索婉兒，婉兒曰：「我死，當次索皇后、大家矣！」以激怒帝，帝與后挾婉兒登玄武門避之。會太子敗，乃免。婉兒勸帝侈大書館，增學士員，引大臣名儒充選。數賜宴賦詩，君臣賡和，婉兒常代帝及后、長寧安樂二主，衆篇並作，而采麗益新。又差第羣臣所賦，賜金爵，故朝廷靡然成風。當時屬辭者，大抵雖浮靡，然所得皆有可觀，婉兒力也。鄭卒，謚節義夫人。婉兒請降秩行服，詔起爲婕妤，俄還昭容。帝即婉兒居穿沼築巖，窮飾勝趣，即引侍臣宴其所。是時，左右內職皆聽出外，不何止。婉兒與近嬖至皆營外宅，衺人穢夫爭候門下，肆狎昵，因以求劇職要官。與崔湜亂，遂引知政事。湜開商山道，未半，因帝遺制，虛列其功，加甄賞。韋后之敗，斬闕下。

初，鄭方妊，夢巨人畀大稱曰：「持此稱量天下。」婉兒生踰月，母戲曰：「稱量者豈爾邪？」輒啞然應。後內秉機政，符其夢云。景雲中，追復昭容，謚惠文。始，從母子王昱爲拾遺，昱戒曰：「上往囚房陵，武氏得志矣，卒而中興，天命所在，不可幸也。三思雖乘釁，天下知必敗，今昭容上所信，而附之，且滅族！」鄭以責婉兒，不從。節愍誅三思，果索之，始憂懼。及草遺制，即引相王輔政。臨淄王兵起，被收。婉兒以詔草示劉幽求，幽求言之王，王不許，遂誅。開元初，裒次其文章，詔張說題篇。

睿宗肅明順聖皇后劉氏，祖德威，自有傳。儀鳳中，帝在藩，納爲孺人，俄爲妃。生寧王、壽昌代國二公主。帝即位，爲皇后。會帝降號皇嗣，復爲妃。長壽二年，爲戶婢誣與竇德妃挾蠱道祝詛武后，並殺之宮中，葬祕莫知。景雲元年，追謚肅明皇后。

睿宗昭成順聖皇后竇氏，曾祖抗，父孝諶，自有傳。

后婉淑，尤循禮則。帝爲相王，納爲孺人；即位，進德妃。生玄宗及金仙、玉眞二公主。與肅明同追謚，並招魂葬東都之南，肅明曰惠陵，后曰靖陵，立別廟曰儀坤以享云。帝

崩，追稱皇太后，與肅明祔橋陵。后以子貴，故先祔睿宗室。肅明以開元二十年乃得祔廟。

初，太常加謚后曰「大昭成」。或言：「法宜引『聖眞』冠謚，而曰『大昭成』，非也。以單言配之，應曰『聖昭』若『睿成』；以復言配之，應曰『大聖昭成』、『聖眞昭成』。」又引太穆皇后始謚穆，及高祖崩，合帝謚曰太穆，追增太穆神皇后；文德皇后始謚文德，及太宗崩，合謚文德聖皇后。又援范曄著漢光烈等爲比。太常謂：「曄以帝號標后謚，是史家記事體，婦人非必與夫同也。入廟稱后，繫夫；在朝稱太，繫子。『文母』，生號也；『文王』，既沒謚也。周公豈以夫從婦乎？漢法不可以爲據。」制曰「可」。天寶八載制詔，自太穆而下六皇后，並增上「順聖」二謚云。

玄宗皇后王氏，同州下邽人。梁冀州刺史神念之裔孫。帝爲臨淄王，聘爲妃。將清內難，預大計。先天元年，立爲皇后。久無子，而武妃稍有寵，后不平，顯詆之。然撫下素有恩，終無肯譖短者。帝密欲廢后，以語姜皎。皎漏言，即死。后兄守一懼，爲求厭勝，浮屠明悟教祭北斗，取霹靂木刻天地文及帝諱合佩之，曰：「後有子，與則天比。」開元十二年，事覺，帝自臨劾有狀，乃制詔有司：「皇后天命不祐，華而不實，有無將之心，不可以承宗廟、母

中華書局

儀天下，其廢爲庶人。」賜守一死。

始，后以愛弛，不自安。承間泣曰：「陛下獨不念阿忠脫紫半臂易斗麪，爲生日湯餅邪？」帝憫然動容。阿忠，后呼其父仁皎云。繇是久乃廢。當時王諲作翠羽帳賦諷帝。未幾卒，以一品禮葬。後宮思慕之，帝亦悔。寶應元年，追復后號。

玄宗貞順皇后武氏，恆安王攸止女，幼入宮。帝卽位，寖得幸。時王皇后廢，故進册惠妃，其禮秩比皇后。

初，帝在潞，趙麗妃以倡幸，有容止，善歌舞。開元初，父兄皆美官。及妃進，麗妃恩亦弛，以十四年卒，謚曰和。生太子瑛。而皇甫德儀生鄂王，劉才人生光王，皆藩邸之舊，後愛薄，而妃乃專寵。封所生母楊鄭國夫人，弟忠國子祭酒，信祕書監。將遂立皇后，御史潘好禮上疏曰：「禮，父母讎，不共天。春秋，子不復讎，不子也。陛下欲以武氏爲后，何以見天下士！妃再從叔三思也，從父延秀也，皆干紀亂常，天下共疾。夫惡木垂蔭，志士不息；盜泉飛溢，廉夫不飲。匹夫匹婦尚相擇，況天子乎？願愼選華族，稱神祇之心。春秋：宋人夏父之會，無以妾爲夫人；齊桓公誓葵丘曰：『無以妾爲妻。』此聖人明嫡庶之分。分

定，則窺競之心息矣。今人間咸言右丞相張說欲取立后功圖復相，今太子非惠妃所生，而妃有子，若一儷宸極，則儲位將不安。古人所以諫其漸者，有以也！」遂不果立。

妃生子必秀嶷，凡二王、一主，皆不育。及生壽王，帝命寧王養外邸。又生盛王、咸宜太華二公主。後李林甫以壽王母愛，希妃意陷太子、鄂光二王，皆廢死。會妃薨，年四十餘，贈皇后及謚，葬敬陵。

玄宗元獻皇后楊氏，華州華陰人。曾祖士達，爲隋納言。天授中，以武后母黨，追封士達爲鄭王，父知慶太尉。

帝在東宮，后以景雲初入宮爲良媛。時太平公主忌帝，而宮中左右持兩端，纖悉必聞。媛方娠，帝不自安，密語侍讀張說曰：「用事者不欲吾多子，奈何？」命說挾劑以入，帝於曲室自煑之。夢若有介而戈者環鼎三，而三煑盡覆。以告說，說曰：「天命也！」乃止。生男，是爲肅宗。

帝卽位，爲貴嬪。其姊，節愍太子妃也。初，肅宗生，卜云：「不宜養。」乃命王皇后舉之。后無子，撫肅宗如所生。後又生寧親公主，乃薨。說以舊恩，故子垍得尙寧親。肅宗卽位，

至德二載，太上皇自蜀詔有司「其議尊稱」，遂上册謚。寶應末，祔泰陵。

玄宗貴妃楊氏，隋梁郡通守汪四世孫。徙籍蒲州，遂爲永樂人。幼孤，養叔父家。始爲壽王妃。開元二十四年，武惠妃薨，後廷無當帝意者。或言妃姿質天挺，宜充掖廷，遂召內禁中，異之，卽爲自出妃意者，丐籍女官，號「太眞」，更爲壽王聘韋詔訓女，而太眞得幸。善歌舞，邃曉音律，且智算警穎，迎意輒悟。帝大悅，遂專房宴，宮中號「娘子」，儀體與皇后等。

天寶初，進册貴妃。追贈父玄琰太尉、齊國公。擢叔玄珪光祿卿，宗兄銛鴻臚卿，錡侍御史，尙太華公主。主，惠妃所生，最見寵遇。而釗亦寖顯。釗，國忠也。三姊皆美劭，帝呼爲姨，封韓、虢、秦三國，爲夫人，出入宮掖，恩寵聲焰震天下。每命婦入班，持盈公主等皆讓不敢就位。臺省、州縣奉請託，奔走期會過詔敕。四方獻餉結納，門若市然。建平、信成二公主以與妃家忤，至追內封物，駙馬都尉獨孤明失官。

它日，妃以譴還銛第，比中仄，帝尙不御食，笞怒左右。高力士欲驗帝意，乃白以殿中供帳、司農酒餼百餘車送妃所，帝卽以御膳分賜。力士知帝旨，是夕，請召妃還，下鑰安興坊

門馳入。妃見帝，伏地謝，帝釋然，撫尉良渥。明日，諸姨上食，樂作，帝驟賜左右不可貲。由是愈見寵，賜諸姨錢歲百萬爲脂粉費。銛以上柱國門列戟，與錡、國忠、諸姨五家第舍聯亙，擬憲宮禁，率一堂費緡千萬。見它第有勝者，輒壞復造，務以瓌侈相夸詡，土木工不息。帝所得奇珍及貢獻分賜之，使者相銜於道，五家如一。

妃每從游幸，乘馬則力士授轡策。凡充錦繡官及冶瑑金玉者，大抵千人，奉須索，奇服祕玩，變化若神。四方爭爲怪珍入貢，動駭耳目。於是嶺南節度使張九章、廣陵長史王翼以所獻最，進九章銀青階，擢翼戶部侍郎，天下風靡。妃嗜荔支，必欲生致之，乃置騎傳送，走數千里，味未變已至京師。

天寶九載，妃復得譴還外第，國忠謀於吉溫。溫因見帝曰：「婦人過忤當死，然何惜宮中一席廣爲鈇鑕地，更使外辱乎？」帝感動，輟食，詔中人張韜光賜之。妃因韜光謝帝曰：「妾有罪當萬誅，然膚髮外皆上所賜，今且死，無以報。」引刀斷一繚髮奏之，曰：「以此留訣。」帝見駭惋，遽召入，禮遇如初。因又幸秦國及國忠第，賜兩家鉅萬。

國忠既遙領劍南，每十月，帝幸華淸宮，五宅車騎皆從，家別爲隊，隊一色，俄五家隊合，爛若萬花，川谷成錦繡，國忠導以劍南旗節。遺鈿墮舄，瑟瑟璣琲，狼藉于道，香聞數十里。十載正月望夜，妃家與廣寧主僮騎爭闤門，鞭挺讙競，主墮馬，僅得去。主見帝泣，乃

詔殺楊氏奴，貶駙馬都尉程昌裔官。國忠之輔政，其息昢尚萬春公主，暄尚延和郡主；弟鑑尚承榮郡主。又詔爲玄琰立家廟，帝自書其碑。銛、秦國早死，故韓、虢與國忠貴最久。而虢國素與國忠亂，頗爲人知，不恥也。每入謁，並驅道中，從監、侍姆百餘騎，炬蜜如晝，靚妝盈里，不施幃障，時人謂爲「雄狐」。諸王子孫凡婚聘，必先因韓、虢以請，輒皆遂，至數百千金以謝。

初，安祿山有邊功，帝寵之，詔與諸姨約爲兄弟，而祿山母事妃，來朝，必宴餞結歡。祿山反，以誅國忠爲名，且指言妃及諸姨罪。帝欲以皇太子撫軍，因禪位，諸楊大懼，哭于廷。國忠入白妃，妃銜塊請死，帝意沮，乃止。及西幸至馬嵬，陳玄禮等以天下計誅國忠，已死，軍不解。帝遣力士問故，曰：「禍本尚在！」帝不得已，與妃訣，引而去，縊路祠下，裹尸以紫茵，瘞道側，年三十八。

帝至自蜀，道過其所，使祭之，且詔改葬。禮部侍郎李揆曰：「龍武將士以國忠負上速亂，爲天下殺之。今葬妃，恐反仄自疑。」帝乃止。密遣中使者具棺槨它葬焉。啓瘞，故香囊猶在，中人以獻，帝視之，悽感流涕，命工貌妃於別殿，朝夕往，必爲鯁欷。

馬嵬之難，虢國與國忠妻裴柔等奔陳倉，縣令率吏追之，意以爲賊，棄馬走林。虢國先殺其二子，柔曰：「丐我死！」即并其女刺殺之，乃自剄，不殊，吏載置于獄，問曰：「國家乎？

賊乎？」吏曰：「互有之。」乃死，瘞陳倉東郭外。

贊曰：或稱武、韋亂唐同一轍，武持久，韋亟滅，何哉？議者謂否。武后自高宗時挾天子威福，脅制四海，雖逐嗣帝，改國號，然賞罰己出，不假借羣臣，僭於上而治於下，故能終天年，阽亂而不亡。韋氏乘夫，淫蒸于朝，斜封四出，政放不一，既煽殺帝，引睿宗輔政，權去手不自知，戚地已疏，人心相挻，玄宗藉其事以撼豪英，故取若掇遺，不旋踵宗族夷丹，勢奪而事淺也。然二后遺後王戒，顧不厚哉！

校勘記

〔一〕敬業南度江取潤州殺刺史李思文　按本書卷九三李敬業傳云：李思文爲潤州刺史，城陷，「思溫等欲殺之，敬業不許。及揚楚平，乃獨免」。通鑑卷二〇三略同。云敬業殺思文，疑誤。

唐書卷七十七

列傳第二

后妃下

張皇后　章敬吳太后　貞懿獨孤皇后　睿眞沈太后
昭德王皇后 韋賢妃　莊憲王皇后　懿安郭太后　孝明鄭太后
恭僖王太后　貞獻蕭太后　宣懿韋太后 尚宮宋若昭　郭貴妃
王賢妃　元昭鼂太后　惠安王太后　郭淑妃　恭憲王太后
何皇后

肅宗廢后庶人張氏，鄧州向城人，家徙新豐。祖母竇，昭成皇后女弟也。玄宗幼失昭成，母視姨，鞠愛篤備。帝即位，封鄧國夫人，親寵無比。五息子，曰去惑、去疑、去奢、去

逸、去盈，皆顯官。去盈尚常芬公主。去逸生后。

肅宗爲忠王時，納韋元珪女爲孺人。既建太子，以孺人爲妃，后爲良娣。妃兄堅爲李林甫構死，太子懼，請與妃絕，毀服幽禁中。安祿山反，陷于賊，至德中薨。

始，妃既絕，良娣得專侍太子，慧中而辯，能迎意傅合。玄宗西幸，娣與太子從，度渭，民鄣道乞留復長安，太子不聽。中人李輔國密啓，娣又贊其謀，遂定計北趣靈武。時軍衞單寡，夕次，娣必寢前，太子曰：「暮夜可虞，且捍賊非婦人事，宜少戒。」對曰：「方多事，若倉卒，妾自當之，殿下可徐爲計。」駐靈武，產子三日，起縫戰士衣，太子敕止，對曰：「今豈自養時邪？」乾元初，册拜淑妃，贈其父尚書左僕射，姊妹皆封號，弟淸、潛尚大寧、延和二郡主。遂立爲皇后，詔內外命婦悉朝光順門。

后能牢寵，稍稍豫政事，與李輔國相助，多以私謁橈權。親蠶苑中，羣命婦相禮，儀物甚盛。二年，羣臣上帝尊號，后亦諷羣臣尊己號「翊聖」，帝問李揆，揆爭不可。會月蝕，帝以咎在後宮，乃止。又與輔國謀徙上皇西內。端午日，帝召見山人李唐，帝方擁幼女，顧唐曰：「我念之，無怪也。」唐曰：「太上皇今日亦當念陛下。」帝泫然涕下，而內制於后，卒不敢謁西宮。帝不豫，后自箴血寫佛書以示誠。

初，建寧王倓數短后於帝，上皇在蜀，以七寶鞍賜后，而李泌請分以賞戰士，倓助泌請，

故后怨，卒被譖死。繇是太子深畏，事后謹甚。后猶欲危之，然以子佋早世而侗幼，故太子得無患。寶應元年，帝大漸，后與內官朱輝光等謀立越王係，而李輔國、程元振以兵衞太子，幽后別殿。代宗已立，羣臣白帝請廢爲庶人，殺之。㴋、潛與舅竇履信皆流放，支黨伏誅。

肅宗章敬皇后吳氏，濮州濮陽人。父令珪，以郫丞坐事死，故后幼入掖廷。

肅宗在東宮，宰相李林甫陰構不測，太子內憂，鬢髮斑禿。後入謁，玄宗見不悅，因幸其宮，顧廷宇不汛掃，樂器塵蠹，左右無顏侍，帝愀然謂高力士曰：「兒居處乃爾，將軍叵使我知乎？」詔選京兆良家子五人虞侍太子，力士曰：「京兆料擇，人得以藉口，不如取掖廷衣冠子，可乎？」詔可。得三人，而后在中，因蒙幸。忽寢厭不寤，太子問之，辭曰：「夢神降我，介而劍，決我脅以入，殆不能堪。」燭至，其文尙隱然。生代宗，爲嫡皇孫。生之三日，帝臨澡之。孫體攣弱，負姆嫌陋，更取他宮兒以進。帝視之不樂，姆叩頭言非是。帝曰：「非爾所知，趣取兒來！」於是見嫡孫，帝大喜，向日視之，曰：「福過其父。」帝還，盡留內樂宴具，顧力士曰：「可與太子飲，一日見三天子，樂哉！」

后性謙柔，太子禮之甚渥，年十八薨。代宗即位，羣臣請以后祔肅宗廟，乃追尊爲皇后，上謚，合葬建陵。啓故窆，貌澤若生，衣皆赭色，見者嘆異，謂有聖子之符云。

代宗貞懿皇后獨孤氏，失其何所人。父穎，左威衞錄事參軍。

天寶中，帝爲廣平王，時貴妃楊氏外家貴寵戚里，祕書少監崔峋妻韓國夫人以其女女皇孫爲妃。妃生子偲，所謂召王者。妃倚母家，頗驕媢。諸楊誅，禮寖薄，及薨，后以姝豔進，居常專夜。王卽位，册貴妃，生韓王迥、華陽公主。

大曆十年薨，追號爲皇后，上謚。帝悼思不已，故殯內殿，累年不外葬。後三年，始詔於都左治陵，欲朝夕望見之。補闕姚南仲諫而止，乃葬莊陵。詔宰相常袞爲哀册，帝於后厚，故送終華廣，務稱其情，袞極道悽婉，以中帝意。又詔羣臣爲挽辭，帝擇其尤悲者令歌之。

初，后愛遇第一，官其宗叔卓少府監，兄良佐太子中允。

代宗睿眞皇后沈氏，吳興人。開元末，以良家子入東宮，太子以賜廣平王，實生德宗。

天寶亂，賊囚后東都掖廷。王入洛，復留宮中。時方北討，未及歸長安，而河南爲史思明所沒，遂失后所在。代宗立，以德宗爲皇太子，詔訪后在亡，不能得。

德宗卽位，乃先下詔贈后曾祖士衡太保，祖介福太傅，父易直太師，弟易良司空，易直子震太尉。一日封拜百二十七人，詔制皆錦翠池飾，以廄馬負載賜其家。易良妻崔入謁，帝易服，召王、韋美人出拜，詔崔勿答。

建中元年，乃具册前上皇太后尊號，帝供張含元殿，具袞冕，出自左序，立東方，羣臣在位，帝再拜奉册，欷歔感咽，左右皆泣。於是中書舍人高參上議：「漢文帝卽位，遣薄昭迎太后于代。今宜用漢故事，令有司擇日分遣諸沈行州縣物色咨訪，以述宣皇帝孝思意，冀上天降休，靈命允答。須審知皇太后行在，然後遣大臣備法駕奉迎。」帝乃以睦王述爲奉迎使，工部尙書喬琳副之，昇平公主侍起居，使者分行天下。

故中官高力士女頗能言禁中事，與女官李眞一嘗從后游。李見高，疑問之，含糊不堅，而年狀差似后。又后嘗削脯哺帝，傷左指，高亦嘗剖瓜傷指。是時宮中無識后者。於是迎還上陽宮，馳以聞。帝喜，羣臣皆賀。力士子知非是，具言其情，詔貸之。帝謂左右：「吾寧受百罔，冀一得眞。」於是自謂太后者數矣，及索驗左，皆辭窮，終帝世無聞焉。貞元七年，

詔贈外高祖琳爲司徒，封徐國公，爲立五廟，以琳爲始祖，詔族子房爲金吾將軍，奉其祀。

憲宗卽位，有司建言：「皇太后沈氏厭代二十有七年，大行皇帝至孝，哀思罔極，建中時，發明詔，遣使者奉迎，凡舟車所至罔不逮，歲推月遷，參訪理絕。請因大行皇帝啓殯，詔羣臣爲皇太后發哀肅章內殿，中人奉褘衣置幄坐，宮中朝夕上食，告天地宗廟，上太皇太后謚册，作神主祔代宗廟，備法駕，奉褘衣，納于元陵祠室。」詔曰「可」。

德宗昭德皇后王氏，本仕家，失其譜系。帝爲魯王時納爲嬪，生順宗，尤見寵禮。旣卽位，册號淑妃，贈其父遇揚州大都督，子姓姻出悉得官。

貞元三年，妃久疾，帝念之，遂立爲皇后。册禮方訖而后崩，羣臣大臨三日，帝七日釋服。將葬，后母郕國鄭夫人請設奠，有詔祭物無用寓，欲祭聽之。葬靖陵，置令丞如它陵臺。渾瑊等皆祭，自發塗日奠，終發引乃止。

敕宰相張延賞、柳渾等製樂曲，帝嫌文不工，李紓上謚册曰「大行皇后」，帝又謂不典。並詔翰林學士吳通玄改譔，册曰「咨后王氏」。然議者謂岑文本所上文德皇后册言「皇后長孫氏」爲得禮。永貞元年，改祔崇陵。

德宗賢妃韋氏，咸里舊族也。祖濯，尚定安公主。初爲良娣，德宗貞元四年，册拜賢妃。宮壼事無不聽，而性敏淑，言動皆有繩矩，帝寵重之，後宮莫不師其行。帝崩，自表留奉崇陵園。元和四年薨。

順宗莊憲皇后王氏，琅邪人。祖難得，有功名於世。代宗時，后以良家選入宮，爲才人。順宗在藩，帝以才人幼，故賜之，爲王孺人，是生憲宗。王在東宮，册爲良娣。后性仁順，宮中化其德，莫不柔雍。順宗即位，疾已瘖顛，后侍醫藥不少怠。將立后，會病棘而止。憲宗內禪，尊爲太上皇后。元和元年，乃上尊號曰皇太后。

后謹畏，深抑外家，無豪絲假貸，訓厲內職，有古后妃風。十一年崩，年五十四。遺令曰：「皇太后敬問具位。萬物之理，必歸於有極，未亡人嬰霜露疾，日以衰頓，幸終天年，得奉陵寢，志願獲矣，其何所哀。易月之典，古今所共。皇帝宜三日聽政，服二十七日釋。天下吏民，令到臨三日止。宮中非朝暮臨，無輒哭。無禁昏嫁、祠祀、飲食酒肉。已釋服，聽舉樂。侍醫無加罪。陪祔如舊制。」有司上謚，葬豐陵。

憲宗懿安皇后郭氏，汾陽王子儀之孫。父曖，尚昇平公主，實生后。憲宗爲廣陵王，娉以爲妃。順宗以其家有大功烈，而母素貴，故禮之異諸婦，是生穆宗。元和元年，進册貴妃。八年，羣臣三請立爲后，帝以歲子午忌，又是時後廷多嬖艷，恐后得尊位，鉗掣不得肆，故章報聞罷。

穆宗嗣位，上尊號皇太后，贈曖太尉，母齊國大長公主，擢兄釗刑部尚書，鏦金吾大將軍。后移御興慶宮，凡朔望三朝，帝率百官詣宮門爲壽。或歲時慶問燕饗，後宮咸里內外婦，車騎駢蹇，環佩之響滿宮。帝亦豪矜，朝夕供御，務華衍侈大稱后意。后嘗幸驪山，登覽裴回，詔景王督禁甲從，帝自到昭應奉迎，留帳飲數日還。帝崩，中人有爲后謀稱制者，后怒曰：「吾效武氏邪？今太子雖幼，尚可選重德爲輔，吾何與外事哉？」

敬宗立，號太皇太后。寶曆倉卒，后召江王嗣皇帝位，是爲文宗。文宗性謹孝，事后有禮，凡羞果鮮珍及四方奇奉，必先獻宗廟、三宮，而後御之。

武宗喜畋游，角武扑，擇五坊小兒得出入禁中。它日問后起居，從容請曰：「如何可爲盛天子？」后曰：「諫臣章疏宜審覽，度可用用之，有不可，以詢宰相。毋拒直言，勿納偏言，以忠良爲腹心，此盛天子也。」帝再拜，還索諫章閱之，往往道游獵事，自是畋幸稀，小兒武扑等不復橫賜矣。

宣宗立，於后，諸子也，而母鄭，故侍兒，有曩怨。帝奉養禮稍薄，后鬱鬱不聊，與一二侍人登勤政樓，將自隕，左右共持之。帝聞不喜，是夕后暴崩。有司上尊謚，葬景陵外園。太常官王皞請后合葬景陵，以主祔憲宗室，帝不悅，令宰相白敏中讓之。皞曰：「后乃憲宗東宮元妃，事順宗爲婦，歷五朝母天下，不容有異論。」敏中亦怒，周墀又責謂，皞終不撓，墀曰：「皞信孤直。」俄貶皞句容令。懿宗咸通中，皞還爲禮官，申抗前論，乃詔后主祔于廟。

憲宗孝明皇后鄭氏，丹楊人，或言本尒朱氏。元和初，李錡反，有相者言后當生天子。錡聞，納爲侍人。錡誅，沒入掖廷，侍懿安后。憲宗幸之，生宣宗。宣宗爲光王，后爲王太妃。及即位，尊爲皇太后。太后不肯別處，故帝奉養大明宮，朝夕躬省候焉。懿宗立，尊后爲太皇太后。咸通三年，帝奉后宴三殿，命翰林學士侍立結綺樓下。六年崩，移仗西內，上謚册，葬景陵旁園。

穆宗恭僖皇后王氏，越州人，本仕家子。幼得侍帝東宮，生敬宗。長慶時，册爲妃。敬宗立，上尊號爲皇太后，贈后父紹卿司空，母張追封趙國夫人。文宗時，稱寶曆太后。大和五年，宰相建白以太皇太后與寶曆太后稱號未辨，前代詔令不敢斥言，皆以宮爲稱，今寶曆太后居義安殿，宜曰義安太后。詔可。會昌五年崩，有司上謚，葬光陵東園。

穆宗貞獻皇后蕭氏，閩人也。穆宗爲建安王，后得侍，生文宗。文宗立，上尊號曰皇太后。

初，后去家入長安，不復知家存亡，惟記有弟，帝爲訪之。俄有男子蕭洪因后姊婿呂璋白見之，太后謂得眞弟，悲不自勝。帝拜洪金吾將軍，出爲河陽三城節度使，稍徙鄜坊。始，節度自神策出者，舉軍爲辦裝，因三倍取償。洪所代未及償而死，軍中併責償於洪，洪不許，左軍中尉仇士良憾之。會閩有男子蕭本又稱太后弟，士良以聞，自鄜坊召洪下獄按治，洪乃代人，詔流驩州，不半道，賜死。擢本贊善大夫，寵贈三世，帝以爲眞，不淹旬，賜累

鉅萬。然太后眞弟庸輭莫能自達，本給得其家系，士良主之，遂聽不疑。歷衞尉卿、金吾將軍。會福建觀察使唐扶上言，泉州男子蕭弘自言太后弟，御史臺參治非是，昭義劉從諫又爲言，請與本辨，有詔三司高元裕、孫簡、崔郇雜問，乃皆妄。本流愛州，弘儋州，而太后終不獲弟。

初，大和中，懿安太后居興慶宮，寶曆太后居義安殿，后居大內，號「三宮太后」。帝每五日問安及歲時慶謁，率繇複道至南內，羣臣及命婦詣宮門候起居。有司獻四時新物送三宮，亦稱賜，帝曰：「上三宮，何可言賜？」遽索筆滅「賜」爲「奉」。開成中，正月望夜，帝御咸泰殿，大然鐙作樂，迎三宮太后，奉觴進壽，禮如家人，諸王、公主皆得侍。武宗時，徙積慶殿，又號積慶太后。大中元年崩，上今謚。

穆宗宣懿皇后韋氏，失其先世。穆宗爲太子，后得侍，生武宗。長慶時，册爲妃。武宗立，妃已亡，追册爲皇太后，上尊謚，又封后二女弟爲夫人。有司奏：「太后陵宜別制號。」帝乃名所葬園曰福陵。既又問宰相：「葬從光陵與但祔廟孰安？」奏言：「神道安於靜，光陵因山爲固，且二十年，不可更穿。福陵崇築已有所，當遂就。臣等請奉主祔穆宗廟

便。」帝乃下詔：「朕因誕日展禮于太皇太后，謂朕曰：『天子之孝，莫大於承續。』今穆宗皇帝虛合享之位，而宣懿太后實生嗣君，當以祔廟。」繇是奉后合食穆宗室。

尚宮宋若昭，貝州淸陽人，世以儒聞。父廷芬，能辭章，生五女，皆警慧，善屬文。長若莘，次若昭、若倫、若憲、若荀。莘、昭文尤高。皆性素潔，鄙薰澤靚妝，不願歸人，欲以學名家，家亦不欲與寒鄉凡裔爲姻對，聽其學。若莘誨諸妹如嚴師，著女論語十篇，大抵準論語，以韋宣文君代孔子，曹大家等爲顏、冉，推明婦道所宜。若昭又爲傳申釋之。貞元中，昭義節度使李抱眞表其才，德宗召入禁中，試文章，并問經史大誼，帝咨美，悉留宮中。帝能詩，每與侍臣賡和，五人者皆預，凡進御，未嘗不蒙賞。又高其風操，不以妾侍命之，呼學士。擢其父饒州司馬，習藝館內敎，賜第一區，加穀帛。元和末，若莘卒，贈河內郡君。自貞元七年，祕禁圖籍，詔若莘總領，穆宗以若昭尤通練，拜尚宮，嗣若莘所職。歷憲、穆、敬三朝，皆呼先生，后妃與諸王、主率以師禮見。寶曆初卒，贈梁國夫人，以鹵簿葬。若憲代司祕書，文宗尚學，以若憲善屬辭，粹論議，尤禮之。大和中，李訓、鄭注用事，惡宰相李宗閔，譖言因駙馬都尉沈𥫗厚賂若憲求執政。帝怒，幽若憲外第，賜死，家屬徙

嶺南。訓、注敗，帝悟其讒，追恨之。若倫、若荀早卒。廷芬男獨愚不可敎，爲民終身。

敬宗貴妃郭氏，右威衞將軍義之子，失義何所人。長慶時，后以容選入太子宮。太子即位，爲才人，生晉王普。帝以早得子，又淑麗冠後廷，故寵異之。踰年，爲貴妃，贈義禮部尚書，兄環少府少監，賜大第。文宗立，愛晉王若己子，待妃禮不衰。亡其薨年。

武宗賢妃王氏，邯鄲人，失其世。年十三，善歌舞，得入宮中。穆宗以賜潁王。性機悟。開成末，王嗣帝位，妃陰爲助畫，故進號才人，遂有寵。狀纖頎，頗類帝。每畋苑中，才人必從，袍而騎，校服光侈，略同至尊，相與馳出入，觀者莫知孰爲帝也。帝欲立爲后，宰相李德裕曰：「才人無子，且家不素顯，恐詒天下議。」乃止。

帝稍惑方士說，欲餌藥長年，後寖不豫。才人每謂親近曰：「陛下日燎丹，言我取不死。膚澤消槁，吾獨憂之。」俄而疾侵，才人侍左右，帝熟視曰：「吾氣奄奄，情慮耗盡，顧與汝

辭。」答曰：「陛下大福未艾，安語不祥？」帝曰：「脫如我言，奈何？」對曰：「陛下萬歲後，妾得以殉。」帝不復言。及大漸，才人悉取所常貯散遺宮中，審帝已崩，即自經幄下。當時嬪媛雖常妬才人專上者，返皆義才人，爲之感慟。宣宗即位，嘉其節，贈賢妃，葬端陵之柏城。

宣宗元昭皇后鼂氏，不詳其世。少入邸，最見寵答。及即位，以爲美人。大中中薨，贈昭容，詔翰林學士蕭寘銘其窆，具載生鄆王、萬壽公主。後夔、昭等五王居內院，而鄆獨出閤。及即位，是爲懿宗。外頗疑帝非長。寘出銘辭以示外廷，乃解。帝追册昭容爲皇太后，上尊謚，詔后二等以上親悉官之，配主宣宗廟，自建陵曰慶陵，置宮寢。

懿宗惠安皇后王氏，亦失所來。咸通中，册號貴妃，生普王。七年薨。十四年，王即位，是爲僖宗。追尊皇太后，册上謚號，祔主懿宗廟，即其園爲壽陵。后屬緦以上，帝悉官之。

懿宗淑妃郭氏，幼入鄆王邸。宣宗在位，春秋高，惡人言立太子事。王以嫡長居外宮，心常憂惴。妃護侍左右，慰安起居，終得無恙。生女未能言，忽曰：「得活。」王驚異之。及即位，以妃爲美人，進拜淑妃。

女爲同昌公主，下嫁韋保衡。保衡處內宅，妃以主故，出入娛飲不禁，是時譁言與保衡亂，莫得其端。僖宗立，保衡緣它罪爲人所發，且汙舊謗，卒貶死。妃猶處禁中。黃巢之難，天子出蜀倉卒，妃不及從，遂流落閭里，不知所終。

懿宗恭憲皇后王氏，其出至微。咸通中，列後廷，得幸，生壽王而卒。王立，是爲昭宗，追號皇太后，上謚，祔主懿宗室，即故葬號安陵，召后弟瓌官之。

景福初，瓌位任寖重，帝亦以外家倚之，爲中尉楊復恭所媢，表爲黔南節度使。瓌之鎮，道吉柏江，復恭密喻楊守亮覆其家。

昭宗皇后何氏，梓州人，系族不顯。帝爲壽王，后得侍，婉麗多智，恩答厚甚。既即位，號淑妃。從狩華州，詔册爲皇后。

光化三年，帝獵夜歸，后遣德王還邸，遇劉季述，留王紫廷院。明日，季述等挾王陳兵召百官，脅帝內禪。后恐賊臣加害天子，即取璽授季述，與帝同幽東宮。賊平，反正。

天復中，從帝駐鳳翔，李茂貞請帝勞軍，不得已，后從御南樓。會朱全忠逼帝東遷，后謂帝曰：「此後大家夫婦委身賊手矣！」涕數行下。帝弃播既屢，威柄盡喪，左右皆悍逆庸奴，后侍膳服，無須臾去側。至洛，帝憂，忽忽與后相視無死所。已而遇弒。

哀帝即位，尊爲皇太后，宮中不敢哭，徙居積善宮，號積善太后。帝將禪天下，后亦遇害。初，蔣玄暉爲全忠邀九錫，入喻，后度不免，見玄暉垂泣祈哀，以母子託命。宣徽使趙殷衡譖於全忠曰：「玄暉等銘石像瘞積善宮，將復唐。」全忠怒，遂遣縊后，以醜名加之，廢爲庶人。

唐書卷七十八

列傳第三

宗室

江夏王道宗 廣寧縣公道興 永安王孝基 涵 淮陽王道玄 漢
長平王叔良 郇國公孝協 彭國公思訓 新興郡王晉 長樂王幼良
襄武王琛 河間王孝恭 晦 漢陽王瓌 廬江王瑗
淮安王神通 膠東王道彥 梁郡公孝逸 國貞 暠 說 齊物 復
襄邑王神符 從晦 隴西公博乂 渤海王奉慈 截

太祖八子：長延伯，次眞，次世祖皇帝，次璋，次繪，次禕，次蔚，次亮。

南陽公延伯，蚤薨，無嗣。高祖武德中，與六王同追封。

譙王眞，從太祖戰歿，無嗣。

畢王璋，仕周爲梁州刺史，與趙王祐謀殺隋文帝，不克，死。生二子：曰韶，曰孝基。韶死隋世，武德時追封東平王，生子道宗。

江夏郡王道宗字承範。高祖即位，授左千牛備身、略陽郡公。裴寂與劉武周戰度索原，寂敗，賊逼河東，道宗年十七，從秦王討賊。王登玉壁城以望，謂道宗曰：「賊怙衆欲戰，爾計謂何？」對曰：「武周席勝，剽然鋒未可當，正宜以計摧之。且烏合之衆憚持久，若堅壁以頓其銳，須食盡氣老，可不戰禽也。」王曰：「而意與我合。」既而賊糧匱，夜引去，追戰滅之。出爲靈州總管。時梁師都弟洛仁連突厥兵數萬傳于壘，道宗閉城守，伺隙出戰，破之。高祖謂裴寂曰：「昔魏任城王彰有卻敵功，道宗似之。」因封任城王。

始，突厥郁射設入居五原，道宗逐出之，震耀威武，斥地贏千里。貞觀元年，召拜鴻臚卿，遷大理。太宗方經略突厥，復授靈州都督。三年，爲大同道行軍總管，助李靖破虜，親執頡利可汗，賜封六百戶，還爲刑部尙書。吐谷渾寇邊，靖出崑丘道，詔與侯君集爲靖副。賊聞兵且至，走嶂山數千里。諸將欲止，獨道宗請窮追，靖曰：「善。」君集未從。道宗以單師進，去大軍十日，及之。吐谷渾拒險殊死鬬，道宗陰引千騎超山乘其後，賊驚，遂大潰。徙封江夏，授鄂州刺史。久之，坐貪贓，帝聞，怒曰：「朕提四海之富，士馬若林，如使轍跡環天下，游觀不度，采絕域之玩、海表之珍，顧不得邪？特以勞民自樂，不爲也。人心無藝，當以誼制之。今道宗已王，稟賜多而貪不止，顧不鄙哉！」乃免官，削封戶，以王就第。明年，召爲茂州都督，未行，拜晉州刺史。遷禮部尙書。侯君集破高昌還，頗怨望。道宗嘗從容奏言：「君集智小言大，且爲戎首。」帝問所以知必反者，對曰：「見其忌而矜功，恥爲房、李下，官尙書，常鬱鬱不平。」帝曰：「君集誠有功，材無不堪，朕寧惜爵位邪？弟未及耳。不宜輕億度，使自猜危。」既而君集反，帝笑曰：「如公素揣。」

帝將討高麗，先遣營州都督張儉輕騎度遼規形勢，儉畏，不敢深入。道宗請以百騎往，帝許之，約其還，曰：「臣請二十日行，留十日覽觀山川，得還見天子。」因秣馬束兵，旁南山

入賊地，相易險，度營陣便處。將還，會高麗兵斷其路，更走間道，謁帝如期。帝曰：「賁、育之勇何以過！」賜金五十斤，絹千匹。

乃詔與李勣爲前鋒，濟遼，拔蓋牟城。會賊救至，道宗與總管張君乂領騎裁四千，虜十倍，皆欲浚溝保險須帝至，道宗曰：「賊遠來，其兵必疲，我一鼓摧之，固矣。昔耿弇不以賊遺君父，吾爲前軍，當清道迎乘輿，尙何待？」勣善之。選壯騎數十，突進賊營，左右出入，勣合擊，大破之。帝至，咨美，賜奴婢四十口。乃築拒闉，攻安市城，闉毀傅城，道宗失部分，反爲賊據。帝斬其果毅傅伏愛，道宗跣行請罪，帝曰：「漢武帝殺王恢，不如秦穆公赦孟明。」遂置不問。在陣傷足，帝親加砭治，賜御膳。還，以疾辭劇就閑，改太常卿。高宗永徽初，房遺愛以反誅，長孫无忌、褚遂良與道宗有宿怨，誣與遺愛善，流象州，道病薨，年五十四。无忌等得罪，詔復爵邑。道宗晚好學，接士大夫，不倨于貴。國初宗室，唯道宗、孝恭爲最賢。子景恆，封盧國公，相州刺史。

道宗弟道興，武德初，爵廣寧郡王，以屬疏降封縣公。貞觀九年，爲交州都督，以南方瘴厲，恐不得年，頗忽忽憂悵，卒于官，贈交州都督。

永安壯王孝基，武德初得王，歷陝州總管、鴻臚卿，以罪奪官。

二年，劉武周寇太原，夏人呂崇茂以縣應賊。詔孝基爲行軍總管攻之，工部尙書獨孤懷恩、內史侍郎唐儉、陝州總管于筠隸焉。筠請急攻城，絕外援，且當有變。時懷恩挾異計，紿說孝基曰：「夏城堅，攻之引日，宋金剛在近，內拒外彊，一敗塗地。不如頓兵待秦王破賊，則夏自孤，此謂不戰而屈人也。」孝基謂然。會尉遲敬德至，與崇茂夾虘官師，遂大敗。孝基及筠等皆執於賊，謀亡歸，爲賊所害。高祖爲發哀，優賜其家。晉陽平，購尸不獲，招魂以葬，贈左衞大將軍及謚。

無子，以兄子道立嗣，封高平王，後降封縣公，終陳州刺史。曾孫涵。

涵，簡素忠謹，爲宗室俊。累授贊善大夫。郭子儀表爲關內鹽池判官。肅宗至平涼，未知所從。朔方留後杜鴻漸等倏士馬倉廥，使涵奉牋馳謁肅宗。涵既見，敷奏明辯，肅宗悅，除左司員外郎，再遷宗正少卿。寶應初，河朔平，涵方母喪，奪哀持節宣慰，所至州縣，非公事未嘗言，蔬飯水飲，席地以瞑。使還，固請終制，代宗見其癯毀，許之。服除，擢給事中，遷兵部侍郎。朱希彩殺李懷仙，復宣慰河北，還爲浙西觀察使。居五歲，入朝，拜御史大夫、京畿觀察使。德宗嗣位，以涵和易無所繩舉，除太子少傅、山陵副使。以父諱徙光祿卿。未幾，遷

左散騎常侍，以尙書右僕射致仕，累封襄武縣公，卒，贈太子太保。

子鰅，貞元初爲饒州別駕。妾高以善歌入宮，鰅因御醫許詠通書，坐誅。

雍王繪爲隋夏州總管。子贄，追爵河南王，生道玄。

淮陽壯王道玄，性謹厚，習技擊，然進止都雅。武德初，例王。年十五，從秦王擊宋金剛於介州，先登，王壯之，賞予良厚。討王世充，戰多。竇建德屯虎牢，王輕騎致賊，遣道玄伏以待，賊至，走之。轉戰汜水，登南坂，貫賊陣出其背，復引還，賊皆靡，所發命中。王喜，以副騎給之。每赴敵，飛矢著身如蝟，氣益厲。東都平，爲洛州總管。府廢，更授刺史。俄爲山東道行軍總管討劉黑闥，以多見褒。

黑闥再亂，道玄率史萬寶戰下博，越濘馳，約萬寶繼進，萬寶素少之，不肯前，曰：「吾被詔，以王兒子名大將，而軍進退實在我。今其輕鬬，若大軍竭馳，必陷濘，莫如以王啗賊，我結陣待之，雖不利王，而利國也。」道玄遂戰歿，年十九。萬寶爲賊所乘，舉軍潰，身獨免。太宗追悼曰：「自兵興，兒常從我，每見我深入輒克，故慕之。惜其少，遠圖不究，哀哉！」因

流涕。贈左驍衛大將軍及謚。

無子，以弟道明嗣王，遷左驍衛大將軍。貞觀十四年，與武衛將軍慕容寶節送弘化公主於吐谷渾，坐漏言主非帝女，奪王，終鄆州刺史。六世孫漢。

漢字南紀，少事韓愈，通古學，屬辭雄蔚，爲人剛，略類愈。愈愛重，以子妻之。擢進士第，遷累左拾遺。

敬宗侈宮室，舶賈獻沈香亭材，帝受之，漢諫曰：「以沈香爲亭，何異瑤臺瓊室乎？」是時，王政謬僻，漢言切，多所救補。坐婞訐出佐興元幕府。

文宗立，召爲屯田員外郎、史館修撰。論次憲宗實錄，書宰相李吉甫事不假借，子德裕惡之。會李宗閔當國，擢知制誥，稍進御史中丞，吏部侍郎。初，德裕貶袁州，漢助爲排擠，後德裕復輔政，漢坐宗閔黨出爲汾州刺史，宗閔再逐，改州司馬。詔有司不二十年不得用。然不數歲，徙絳州長史，遂不復振。大中時，召拜宗正少卿，卒。

始，漢爲中丞，表孔温業爲御史，及漢晚見召，温業已爲中丞，每燕集，人以爲榮。

郇王禕，爲隋上儀同三司。生子叔良、德良、幼良。

長平肅王叔良，武德初，例王，鎮涇州，捍薛仁杲。仁杲內史令翟長孫以衆降。於是大饑，米斗千錢，叔良不恤士，損糧以漁利，下皆怨。仁杲知之，陽言食盡，去，遣高墌人詭降。叔良遣驃騎劉感受之，未至城，三烽發，仁杲兵自南原譟而還，大戰百里細川，感爲賊執。叔良懼，悉出金勞軍，委事於長孫，乃克安。久之，突厥入寇，詔叔良率五將軍擊之，中流矢，道薨。贈左翊衛大將軍、靈州總管。

子孝協嗣。

孝協，始王范陽，俄降爲郇國公、魏州刺史。麟德中，坐贓抵死，司宗卿隴西王博乂等爲言於高宗求貸，帝不許，遂自殺。

弟孝斌爲原州都督府長史。生子思訓，爲江都令。武后多殺宗室，思訓棄官去。中宗復位，以耆舊擢宗正卿，封隴西郡公，歷益州都督府長史。開元初，進彭國公，加戶滿四百，進右武衛大將軍。卒，贈秦州都督，陪葬橋陵。思訓善畫，世所謂「李將軍山水」者。弟思誨，爲揚州參軍事。子林甫，自有傳。

新興郡王德良，少以疾不任職。薨，贈涼州都督。

孫晉，先天中，爲雍州長史，治有名，襲王。坐豫太平公主謀被誅，改氏「厲」。晉就刑，僚吏奔解，唯司功參軍李撝從王如它日，晉死，哭其尸盡哀。姚元崇歎曰：「欒、向儔邪！」擢爲尚書郎。

長樂郡王幼良，資暴急，高祖數曉勒，不悛。有盜其馬者，輒殺之。帝怒曰：「盜信有罪，王而專殺可乎？」詔禮部尚書李綱召宗室卽朝堂杖之百，乃釋。出爲涼州都督，嘯不逞爲左右，市里苦之。

太宗立，或告王陰養士，交境外。詔中書令宇文士及往代，并按狀。士及繩之急，左右恐，欲劫王由間道趨長安自明，不卽北奔突厥。士及露劾，帝復遣侍御史孫伏伽鞫視，無異辭，遂賜死。六世孫回，別傳。

蔡烈王蔚爲周朔州總管，生子安、哲。

西平懷王安，仕隋爲右領軍大將軍，封趙公。武德時，例王。生子琛、孝恭、瑊、瓌。

襄武郡王琛字仲寶。木訥少文。隋義寧初，封襄武郡公，與太常卿鄭元璹持女伎聘突厥始畢可汗，約和親。始畢禮之，贈遺蕃渥，遣骨吐祿特勒隨琛入獻，授刑部侍郎。武德初，始王，歷利、蒲、絳三州總管。宋金剛陷澮州，稽胡多叛，詔琛鎮隰州，政寬簡，爲夷夏愛便。薨，子儉襲王，例降爲公。

河間元王孝恭，少沈敏，有識量。

高祖已定京師，詔拜山南招尉大使，徇巴蜀，下三十餘州。進擊朱粲，破之，俘其衆，諸將曰：「粲徒食人，摯賊也，請阬之。」孝恭曰：「不然，今列城皆吾寇，若獲之則殺，後渠有降者乎？」悉縱之。繇是騰檄所至輒下。

明年，拜信州總管，承制得拜假。當是時，蕭銑據江陵，孝恭數進策圖銑，帝嘉納。進王趙郡，以信州爲夔州。乃大治舟艦，肄水戰。會李靖使江南，孝恭倚其謀，遂圖江陵，盡召巴蜀首領子弟收用之，外示引擢而內實質也。俄進荊湘道總管，統水陸十二軍發夷陵，破銑二鎮，縱戰艦放江中。諸將曰：「得舟當濟吾用，棄之反資賊，奈何？」孝恭曰：「銑之境，

南際嶺，左薄洞庭，地險士衆，若城未拔而援至，我且有內外憂，舟雖多，何所用之？今銑瀕江鎮戍，見艫舳蔽江下，必謂銑已敗，不即進兵，覘候往返，以引救期，則吾既拔江陵矣。」已而救兵到巴陵，見船，疑不進。銑內外阻絕，遂降。帝悅，遷荆州大總管，詔圖破銑狀以進。

孝恭治荆，爲置屯田，立銅冶，百姓利之。遷襄州道行臺左僕射。時嶺表未平，乃分遣使者，綏輯安慰，其款附者四十有九州，朝廷號令暢南海矣。

未幾，輔公祏反，寇壽陽，詔孝恭爲行軍元帥討之。引兵趨九江，李靖、李勣、黃君漢、張鎭州、盧祖尙皆稟節度。將發，大饗士，杯水變爲血，坐皆失色，孝恭自如，徐曰：「禍福無基，唯所召爾！顧我不負於物，無重諸君憂。公祏禍惡貫盈，今仗威靈以問罪，杯中血，乃賊臣授首之祥乎！」盡飲罷，衆心爲安。公祏將馮惠亮等拒險邀戰，孝恭堅壁不出，遣奇兵絕饟道，賊饑，夜薄營，孝恭臥不動。明日，使羸兵扣賊壘挑之，祖尙選精騎陣以待。俄而兵卻，賊追北且囂，遇祖尙軍，薄戰，遂大敗。惠亮退保梁山，孝恭乘勝破其別鎭，賊赴水死者數千計。公祏窮，棄丹楊走，騎窮追，生禽之，江南平。璽書褒美，賜甲第一區、女樂二部、奴婢七百口、寶玩不貲。進授東南道行臺左僕射。行臺廢，更爲揚州大都督。孝恭再破巨賊，北自淮，東包江，度嶺而南，盡統之。欲以威重夸遠俗，乃築第石頭城，

陳盧徼自衞。或誣其反，召還，頗爲憲司鐫詰，既無狀，赦爲宗正卿。賜實封千二百戶。歷涼州都督、晉州刺史。貞觀初，爲禮部尙書，改王河間。

性奢豪，後房歌舞伎百餘，然寬恕退讓，無矜伐色，太宗用是親重之，宗室莫比也。嘗謂人曰：「吾所居頗壯麗，非吾心也。當別營一區，令粗足充事而已。吾歿後，子也才，易以守；不才，不爲他人所利。」十四年，中飲暴薨，年五十。帝哭之慟，贈司空、揚州都督及謚，陪葬獻陵。

始，隋亡，盜賊徧天下，皆太宗身自討定，謀臣驍帥並隸麾下，無特將專勳者，惟孝恭獨有方面功以自見云。子崇義、晦。

崇義嗣王，降封譙國公，歷蒲、同二州刺史、益州都督府長史，有威名。終宗正卿。

晦，乾封中爲營州都督，以治狀聞，璽書勞賜。遷右金吾將軍，檢校雍州長史，擿擿姦伏無留隱，吏下畏之。高宗將幸洛，詔晦居守，謂曰：「關中事一以屬公，然法令牽制，不可以成政，法令外苟可以利人者行之，毋須以聞。」故晦治有異績。武后時，遷秋官尙書。卒，贈幽州都督。初，晦第起觀閣，下臨肆區，其人候晦曰：「庶人不及以禮，然室家之私，不願外窺，今將辭公。」晦驚，遽毀徹之。子榮，奉吳王恪祀。

濟北郡王瑊，武德中，爲尙書左丞，例王。終始州刺史。

漢陽郡王瓌，始爲郡公，進王。高祖使持幣遺突厥頡利可汗言和親事。頡利始見瓌，倨甚。瓌開說，示以厚幣，乃大喜，改容加禮。因遣使隨入獻名馬。後復聘，頡利謂其下曰：「前瓌來，悔不少屈之，當使拜我。」瓌伺知之，既見頡利，卽長揖。頡利怒，留不遣。瓌意象自若，不爲屈。虜知不可劫，卒以禮遣。

遷左武候將軍，代孝恭爲荆州都督，政務清靜。嶺外酋豪數相攻，瓌遣使諭威德，皆如約，不敢亂。後例爲公。長史馮長命者，嘗爲御史大夫，素貴，事多專決，瓌怒，杖之，坐免。起爲宜州刺史、散騎常侍，薨。

濟南郡王哲，爲隋柱國、備身將軍，追王。

子瑗。

廬江郡王瑗字德圭。武德時，例王，累遷山南東道行臺右僕射。與河間王孝恭合討蕭銑，無功。更爲幽州都督。瑗素懦，朝廷恐不任職，乃以右領軍將軍王君廓輔行。君廓，

故盜也，其勇絕人，瑗倚之，許結婚，寄心腹。

時隱太子有陰謀，厚結瑗。太子死，太宗令通事舍人崔敦禮召瑗，瑗懼有變。君廓內險賊，欲以計陷瑗而取已功，卽謂瑗曰：「事變未可知，大王國懿親，受命守邊，擁兵十萬，而從一使者召乎？且趙郡王前已屬吏，今太子、齊王又復爾，大王勢能自保邪？」因泣。瑗信之，曰：「以命累公。」乃囚敦禮，勒兵，召北燕州刺史王詵與計事。兵曹參軍王利涉說瑗曰：「王今無詔擅發兵，則反矣。當須權結衆心。若諸刺史召之不至，將何以全？」瑗曰：「奈何？」對曰：「山東豪傑嘗爲竇建德所用，今失職與編戶夷，此其思亂，若旱之望雨。王能發使，使悉復舊職，隨在所募兵，有不從，得輒誅之，則河北之地可呼吸而有。然後遣王詵外連突厥，繇太原南趨蒲、絳，大王整駕西入關，兩軍合勢，不旬月天下定矣。」瑗從之，以內外兵悉付君廓。利涉以君廓多翻覆，請以兵屬詵，瑗猶豫，君廓密知之，馳斬詵首，徇于軍曰：「李瑗與王詵反，錮敕使，擅追兵，今詵已斬，獨瑗在，無能爲也。諸君從之且族滅，助我者富貴可得！」衆曰：「願討賊。」乃出敦禮于獄。瑗聞之，率左右數百被甲出。君廓呼曰：「瑗誖亂，諸君皆詿誤，若何從之以取夷戮？」衆反走。瑗罵君廓曰：「小人賣我，行自及！」卽禽瑗縊之，傳首京師，廢爲庶人，絕屬籍。

鄭孝王亮，仕隋爲海州刺史，追王。生子神通、神符。

淮安靖王神通，少輕俠。隋大業末在長安。會高祖兵興，吏逮捕，亡命入鄠南山，與豪英史萬寶、裴勣、柳崇禮等舉兵應太原，約司竹賊帥何潘仁連和，進與平陽公主兵合，徇鄠下之。自署關中道行軍總管，以萬寶爲副，勣爲長史，崇禮爲司馬，令狐德棻爲記室。從平京師，爲宗正卿，典兵宿衞。王永康郡，俄徙淮安。

武德初，拜山東安撫大使，黃門侍郎崔幹副之，進擊宇文化及于魏。化及敗走聊城，神通追北，賊糧盡願降，神通不肯受，幹請納之，神通曰：「師久暴露，今賊食盡，克不旦暮，正當破之，以玉帛酬戰力。若降，吾何所藉手？」幹曰：「竇建德危至，而化及未平，我轉側兩賊間，勢必危，王又貪其玉帛，敗不日。」神通怒，囚幹軍中。會士及自濟北餽軍，化及復振。神通進兵薄其壘，貝州刺史趙君德先登拔堞，神通忌其功，止軍不進。君德怒，詬而還，城復堅。神通遣兵走魏州取攻具，爲莘人所乘，引却。後二日，建德拔聊城，勢遂張，山東州縣靡然歸之。神通麾下多亡，乃退保黎陽，依李世勣，俄爲建德所虜。後與同安公主自賊歸。及建德滅，復授河北行臺左僕射。從平劉黑闥，遷

左武衞大將軍。薨，贈司空。

神通十一子，得王者七人，道彥、孝詧、孝同、孝慈、孝友、孝節、孝義，後皆降王。孝逸爵公。孝銳不得封，有子齊物顯。

膠東郡王道彥，幼孝謹。初，神通避吏于鄠，被疾山谷間，累旬食盡，道彥羸服丐人間，或採野實以進；神通未食，不敢先，卽有所分，辭以飽，乃藏弃以待。高祖初，封義興郡公，例得王。貞觀初，爲相州都督，徙岷州，以父喪解。荷土就墳，躬蒔松柏，偃廬柴毀，雖親友不復識。太宗嗟歎，敕侍中王珪臨諭。

服除，復拜岷州都督。間遣入党項諭國威靈，區落降。從李靖擊吐谷渾，詔道彥爲赤水道總管。帝厚以利啖党項，使爲鄉導，其酋拓拔赤辭詣靖自言：「隋擊吐谷渾，我資其軍，而隋無信，反見仇剽。今將軍若無它，我願資糧，將復如隋乎？」諸將與歃血遣之。道彥至闊水，見無備，因掠其牛羊，諸羌怨，卽引兵障野狐峽，道彥不得進，爲赤辭所乘，軍大敗，死者數萬，退保松州。詔減死，謫戍邊。久之，召爲嬀州都督。卒，贈禮部尙書。

初，武德五年同封者，孝詧爲高密王，孝同淄川王，孝慈廣平王，孝友河間王，孝節清河王，孝義膠西王。於是唐始興，務廣支蕃鎭天下，故從昆弟子自勝衣以上，皆爵郡王。太宗卽位，舉屬籍問大臣曰：「盡王宗子於天下，可乎？」封德彝曰：「漢所封，惟帝子若親昆弟，其屬遠，非大功不王。如周郇滕、漢賈澤尙不得茅土，所以別親疏也。先朝一切封之，爵命崇而力役多，以天下爲私奉，非所以示至公。」帝曰：「朕君天下以安百姓，不容勞百姓以養己之親。」於是疏屬王者皆降爲公，唯嘗有功者不降。故道彥等並降封公。

孝逸，少好學，頗屬文。始封梁郡公。高宗時，四遷益州大都督府長史。武后擅國，入爲左衞將軍，親遇之。

徐敬業稱兵，以孝逸爲左玉鈐衞大將軍、揚州行軍大總管，帥師南討。至淮，而敬業已攻潤州，遣弟敬猷壓淮陰，僞將韋超據都梁山以拒孝逸，超衆憑險完屯。孝逸會諸將議曰：「賊今負山，攻則士無所用力，騎不得騁，寇救死，傷夷必衆。不如偏旅綴之，全軍趨揚州，勢不數日可破。」支度使薛克構曰：「超雖據險，然兵少，若置小敵不擊，無以示威；披衆以守，則戰有闕。捨之則後憂，不如擊之。若克超，淮陰自震，淮陰破，楚諸縣開門候官軍矣。由是以趨江都，逆首可取。」孝逸從之，登山急擊超，殺數百人，薄暝解，超夜走。進擊敬猷淮陰，破之。敬業回軍下阿溪，孝逸引兵直度，敬業大敗，遂拔揚州。以功進鎭軍大將軍，

徙封吳國公，威名稜然。武承嗣等忌之，以讒下遷施州刺史。又使人騰惡語聞上，武后信之，以嘗有功，貸死，流儋州，薨。景雲初，贈金州大都督。

孝同曾孫國貞。

國貞父廣業，爲劍州長史。國貞剛鯁，有吏才。乾元中，由長安令遷河南尹。史思明寇東都，李光弼壁河陽，國貞率官吏西走陝，數月，召爲京兆尹。

上元初，拜劍南節度使，召爲殿中監，以戶部尙書持節朔方、鎭西、北庭、興平、陳鄭節度行營兵馬及河中節度都統處置使，治于絳。尋加晉、絳、慈、隰、沁等州觀察處置使。既至，糧乏，而所儲陳腐，民貧不忍遽斂，上書以聞。而軍中讙謗，突將王振乘衆怨紿曰：「具畚鍤以待役事。」衆皆怒，夜燒牙門。左右奔告，請避之，國貞曰：「吾被命爲將，其可棄城乎？」固請，乃逃獄中。振引衆劫取之，置食其前曰：「食是而役其力，可乎？」國貞曰：「與爾等方討賊，何事役爲？正緣儲食腐儉，已請諸朝，吾何所負？」衆服其言，且引去。振曰：「都統不死，吾曹殆矣！」遂害之，并殺其二子及三大將。

有詔以郭子儀代之。國貞清白善用法，世稱辦吏，然峻於操下，故其衆思得子儀，而

振因肆其惡。及子儀至，振自謂且見德，子儀怒曰：「汝臨賊境而害主將，賊若乘虛，是無絳矣，又欲爲功乎？」卽斬以徇。詔贈國貞揚州大都督。

子錡，自有傳。

孝節曾孫暠，少孤，事母孝。始爲校江丞，荆州長史張柬之曰：「帝宗千里駒，吾得其人！」累擢衞尉少卿。居母喪，柴瘠，訖除，家人未嘗見言笑。與兄昇、弟暈相友。開元初，爲汝州刺史，政嚴簡，有治稱。昆弟繇東都候之，輒羸服往，州人無知者，其清慎舉如此。四遷至黃門侍郎，檢校太原以北諸軍節度使。太原俗爲浮屠法者，死不葬，以尸棄郊飼鳥獸，號其地曰「黃阬」。有狗數百頭，習食胔，頗爲人患，吏不敢禁。暠至，遣捕羣狗殺之，申厲禁條，約不再犯，遂革其風。二十一年，以工部尚書持節使吐蕃，旣還，金城公主請明疆埸，表石赤嶺上，盟遂堅定。還，以奉使有指，再遷吏部。暠，美風儀，以莊重稱，當時有宰相望。累爲太子少傅、武都縣伯。卒，贈益州大都督。

暈至太僕少卿。暈子進亦知名，好從當世賢士游，賙人之急，累擢給事中。至德初，從廣平王東征，以工部侍郎署雍王元帥府行軍司馬，爲回紇鞭之幾死。還兵部。卒，贈禮部尚書。

孝節四世孫說，字巖甫。父遇及，天寶時爲御史中丞、東畿採訪使。說以蔭補率府兵曹參軍。馬燧節度太原，辟署少尹，遷汾州刺史。李自良代燧，復奏爲少尹。大將張瑤得士心，嘗請告未許，而自良卒，說與監軍王定遠祕其喪，前給瑤告，以毛朝陽代之，然後告喪。詔以通王爲節度大使，授說行軍司馬、節度留後。

定遠自以有勞於說，頗橫恣，請別賜印，監軍有印自定遠始。於是擅補吏，易置諸將。彭令茵者，以久勞不服，定遠怒，殺之，埋馬矢中，其家請尸，不許，舉軍怨。說上其事，德宗以奉天扈從功，恕死免官。詔未至，定遠謀刺說，說走而免。定遠召諸將，出筲中詔書給曰：「詔以李景略知留後，召說還。公等皆有除。」諸將欲拜，大將馬良輔呼曰：「妄言也，不可受！」定遠懼，走乾陽樓，召麾下皆不至，自投下死。說盡斬同謀者，乃安。擢說檢校禮部尚書、節度使。累封隴西縣男。

說精于職，築天成軍，邊備積完。晚被疾，不能事，軍幾亂。卒，贈尚書右僕射。

齊物字道用。天寶初，擢累陝州刺史。開砥柱，通漕路，發重石，下得古鐵戟若鏵然，銘曰「平陸」。上之，詔因以名縣。遷河南尹，坐與李適之善，貶竟陵太守，還，遷京兆尹，太子太傅，兼宗正卿。卒，贈太子太師。性苛察少恩，喜發人私，然絜廉自喜，吏無敢欺者。忿陝尉裴冕，械而折愧之，及冕當國，除齊物太子賓客，世善冕能損怨云。

子復。

復字初陽，以蔭仕，累爲江陵司錄參軍。衞伯玉才之，表江陵令。遷少尹，歷饒、蘇二州刺史。李希烈叛，荆南節度使張伯儀數爲賊窘，朝廷以復在江陵得士心，卽母喪奪爲少尹，充行軍司馬，佐伯儀。會伯儀罷，改容州刺史，兼本管招討使。先是，西原亂，吏獲反者沒爲奴婢，長役之。復至，使訪親戚，一皆原縱。在容三年，人以賴安。轉嶺南節度使，時安南經略使高正平、張應繼卒，其佐李元度、胡懷義等因阻兵脅州縣，肆爲姦贓。復至，誘懷義杖死，流元度，南裔肅然。教民作陶瓦，鐫諭蠻獠，收瓊州，置都督府，以綏定其人。召拜宗正卿。歷華州刺史。貞元十年鄭滑節度使李融卒，軍亂，以復檢校兵部尚書代融節度。復下令罷營田以稟其軍，而賦不及民，衆悅。加檢校尚書右僕射。卒，年五十九，贈司空，謚曰昭。復更方鎭，所在稱治，然頗嗜財，爲世所譏。

從父若水，爲左金吾大將軍，兼通事舍人，容貌瓌偉，在朝三十年，多識舊儀，每宣勞揖

贊，進止閑華，有可觀者。

襄邑恭王神符字神符，少孤，事兄謹。高祖兵興，神符留長安，爲衞文昇所囚。京師平，封安吉郡公。帝受禪，例王。遷幷州總管。頡利可汗盜邊，神符與戰汾東，斬級五百，獲馬二千。又戰沙河，獲乙利達官，得可汗所乘馬及鎧。召爲太府卿。遷揚州大都督，自丹楊度江，治隋江都故郡，揚人利之。然少威嚴，不爲下所畏。累擢宗正卿，以足不良改光祿大夫，歸第，月給羊酒。太宗就第尉問，又令乘小輿入紫微殿，三衞挾輿以升。遷開府儀同三司。永徽二年薨，年七十三，贈司空、荆州都督，陪葬獻陵。

子七人，並爵郡王，例降公。惟德懋、文暕知名。德懋，官少府監、臨川郡公。五世孫從晦。文暕，幽州都督、魏國公。垂拱中，坐累貶藤州別駕，誅。子挺、捷，捷襲封。挺曾孫程，捷曾孫石，別傳。

從晦祖模，仕至德中爲猗氏令。史思明陷洛陽，賊帥掠諸縣，模率衆拒平之。稍遷黔中觀察使。終太子賓客，贈太子太保，謚曰敬。

從晦寶曆初及進士第，擢累太常博士。甘露之禍，御史中丞李孝本被誅，從晦以族昆弟貶朗州司戶參軍。改澶王府諮議，分司東都。忌者重發前坐，下遷亳州司馬。久乃轉吏部郎中，兼侍御史，知雜事。出爲常州刺史，鎭海軍節度使。李琢表其政，賜金紫。歷京兆尹、工部侍郎、山南西道節度使。又以最就進銀青光祿大夫。卒，年六十三，贈吏部尚書。從晦委質偉岸，所至以風力聞。少與崔龜從、李景讓、裴休善。獎目後進，名知人，楊收方布衣，進謁，從晦一見如雅識，即待以公輔，後果宰相。

世祖四子：長曰澄，次湛，次洪，次高祖神堯皇帝。

梁王澄，蚤薨，無嗣。武德初，與二王同追封。

蜀王湛，生子博乂、奉慈。

隴西恭王博乂，武德初，與奉慈例王。高宗時，擢累禮部尚書，特進。驕侈不循法度，伎妾數百，曳羅紈，甘粱肉，放於聲樂以自娛。其弟奉慈亦荒縱，皆爲帝所鄙。嘗曰：「吾仇人有善且用之，況親戚乎？王等昵小人，專爲不軌，先王墳典不聞學，何以爲善哉？」各賜市書絹二百疋，以愧切之，然不自克也。薨，贈開府儀同三司、荊州都督。

渤海敬王奉慈，顯慶時，爲原州都督，薨。

七世孫戡。

戡字定臣，幼孤。年十歲所即好學，大寒，掇薪自炙。夜無然膏，默念所記。年三十，明六經，舉進士，就禮部試，吏唱名乃入，戡恥之。明日，徑返江東，隱陽羨里。陽羨民有鬬爭不決，不之官而詣戡以辨。凡論著數百篇。常惡元和有元、白詩，多纖豔不逞，而世競重之。乃集詩人之類夫古者，斷爲唐詩，以譏正其失云。平盧節度使王彥威表爲巡官，府遷，還洛陽，卒。

贊曰：景、元子孫，當草昧之初，乘運而奮，方高祖撥除四方，所以宣力，皆顯顯爲世豪英。至河間之功，江夏之略，可謂宗室標的者也。始，唐興，疏屬畢王，至太宗，稍稍降封。時天下已定，帝與名臣蕭瑀等喟然講封建事，欲與三代比隆，而魏徵、李百藥皆謂不然。徵意以唐承大亂，民人彫喪，始復生業，遽起而瓜分之，故有五不可之說。百藥稱帝王自有命，曆祚之短長不繫封建。又舉春秋二百四十二年之禍，亟於哀、平、桓、靈，而詆曹元首、陸士衡之言以爲繆悠。而顏師古獨議建諸侯，當少其力，與州縣雜治，以相維持。然天子由是罷不復議。

至名儒劉秩目武氏之禍，則建論以爲設爵無土，署官不職，非古之道，故權移外家，宗廟絕而更存。存之之理，在取順而難逆；絕之之原，在單弱而無所憚。至謂郡縣可以小寧，不可以久安。大抵與曹、陸相上下。而杜佑、柳宗元深探其本，據古驗今，而反復焉。佑之言曰：「夫爲人置君，欲其蕃息則在郡縣，然而主祚常促；爲君置人，不病其寡則在建國，然而主祚常永。故曰，建國利一宗，列郡利百姓。且立法未有不敝者，聖人在度其患之長短而爲之。建國之制，初若磐石，然敝則鼎峙力爭，陵遲而後已，故爲患也長。列郡之制，始天下一軌，敝則世崩俱潰，然而戡定者易爲功，故其爲患也短。」又謂：「三王以來，未見郡縣之利，非不爲也，後世諸儒因泥古彊爲之說，非也。」

宗元曰：「封建非聖人意，然而歷堯、舜、三王莫能去之，非不欲去之，勢不可也。秦破六國，列都會，置守宰，據天下之圖，攝制四海，此其得也。二世而亡，有由矣。暴威刑，竭人力，天下相合，劫令殺守，圜視而並起，時則有叛民，無叛吏。漢矯秦枉，剖海內，立宗子功臣，數十年間奔命扶傷不給，時則有叛國，無叛郡。唐興，制州縣，而桀黠時起，失不在州而在於兵，時則有叛將，無叛州。」以爲「矯而革之，垂二百年，不在諸侯明矣」。又言「湯之興，諸侯歸者三千，資以勝夏；武王之興，會者八百，資以滅商。徇之爲安，故仍以爲俗，是湯、武之不得已也。不得已，非公之大也，私其力於己也。秦革之者，其爲制，公之大者也；其情，私也。然而公天下之端自秦始」云。

觀諸儒之言，誠然。然建侯置守，如質文遞救，亦不可一槩責也。救土崩之難，莫如建諸侯；削尾大之勢，莫如置守宰。唐有鎭帥，古諸侯比也。故王者視所救爲之，勿及於敝則善矣。若乃百藥推天命，佑言郡縣利百姓而主祚促，乃臆論也。

中華書局

唐書卷七十九

列傳第四

高祖諸子

隱太子建成　衞王玄霸　巢王元吉　楚王智雲　荆王元景
漢王元昌　酆王元亨　周王元方　徐王元禮　韓王元嘉　黄公譔
彭王元則　鄭王元懿　霍王元軌　虢王鳳　道王元慶
鄧王元裕　舒王元名　魯王靈夔　江王元祥　密王元曉
滕王元嬰

高祖二十二子：竇皇后生建成、太宗皇帝、玄霸、元吉，萬貴妃生智雲，莫嬪生元景，孫嬪生元昌，尹德妃生元亨，張氏生元方，郭婕妤生元禮，宇文昭儀生元嘉及第十九子

靈夔，王才人生元則，張寶林生元懿，張美人生元軌，楊美人生鳳，劉婕妤生元慶，崔嬪生元裕，小楊嬪生元名，楊嬪生元祥，魯才人生元曉，柳寶林生元嬰。

隱太子建成小字毗沙門。資簡弛，不治常檢，荒色嗜酒，畋獵無度，所從皆博徒大俠。隋末，高祖被詔捕賊汾、晉間，留建成護家，居河東。高祖已起兵，密召與元吉赴太原，隋人購之急，從間道至，授左領軍大都督，封隴西郡公。引兵略定西河，從平京師。唐國建，爲世子，開府置官屬。又遷撫軍大將軍，爲東討元帥，將萬人徇洛陽，授尚書令。

高祖受禪，立爲皇太子。詔率將軍桑顯和擊司竹羣盜，平之。涼州人安興貴殺李軌，以衆降，詔趣原州應接。建成素驕，不恤士，雖甚暑，晝夜馳獵，衆不堪其勞，亡者過半。帝欲其習事，乃敕非軍國大務聽裁決之。又以李綱、鄭善果爲宮官，參謀議。稽胡劉仚成寇邊，詔建成進討，破之鄜州，斬虜千計，引渠長悉官之，使還招羣胡。仚成與它大帥降，建成畏其衆，紿欲城州縣者，使降胡操築，陰勒兵殺六千人，仚成奔梁師都。嘗循行北邊，遇賊四百出降，悉馘其耳縱之。

中允王珪、洗馬魏徵以帝初興，建成不知謀，而秦王數平劇寇，功冠天下，英豪歸之，陰許立爲皇太子，勢危甚。會劉黑闥亂河北，珪等進說曰：「殿下特以嫡長居東宮，非有功德爲人所稱道。今黑闥痍瘢殘孽，衆不盈萬，利兵鏖之，唾手可決，請往討，因結山東英俊心，自封殖。」建成遂請行。黑闥敗洛水，建成問徵曰：「山東其定乎？」對曰：「黑闥雖敗，殺傷太甚，其魁黨皆縣名處死，妻子係虜，欲降無繇，雖有赦令，獲者必戮，不大蕩宥，恐殘賊嘯結，民未可安。」既而黑闥復振，廬江王瑗棄洺州，山東亂。命齊王元吉討之，有詔降者赦罪，衆不信。建成至，獲俘皆撫遣之，百姓欣悅。賊懼，夜奔，兵追戰。黑闥衆猶盛，乃縱囚使相告曰：「褫而甲還鄉里，若妻子獲者，既已釋矣。」衆乃散，或縛其渠長降，遂禽黑闥。

帝晚多內寵，張婕妤、尹德妃最幸，親戚分事宮府。建成與元吉通謀，內結妃御以自固。當是時，海內未定，秦王數將兵在外，諸妃希所見。及洛陽平，帝遣諸妃馳閱後宮，見府庫服玩，皆私有求索，爲兄弟請官。秦王已封帑簿，及官爵非有功不得，妃媛曹怨之。會爲陝東道行臺，有詔屬內得專處決。王以美田給淮安王神通，而張婕妤爲父丐之，帝手詔賜田，詔至，神通已前得，不肯與。婕妤妄曰：「詔賜妾父田，而王奪與人。」帝怒，召秦王讓曰：「我詔令不如爾敎邪？」他日，謂裴寂曰：「兒久典兵，爲儒生所誤，非復我昔日子。」秦府屬杜如晦騎過尹妃父門，恚其傲，率家童捽毆，折一指。父懼，即使妃前訴秦王左右暴其父，帝不察，大怒，詰王曰：「兒左右乃凌我妃家，況百姓乎？」王自辨曉，訖不置，繇是見疏。帝

召諸王燕，秦王感母之不及有天下也，偶獨泣，帝顧不樂，妃媛因得中傷之，爲建成游說曰：「海內無事，陛下春秋高，當自娛，秦王輒悲泣，正爲嗔忌妾屬耳。使陛下萬歲後，王得志，妾屬無遺類。東宮慈愛，必能全養。」乃皆悲不自勝。帝惻然，遂無易太子意。突厥入寇，帝議遷都，秦王苦諫止。建成見帝曰：「秦王欲外禦寇，沮遷都議，以久其兵，而謀篡奪。」帝寖不悅。

初，帝令秦王居西宮承乾殿，元吉居武德殿，與上臺、東宮晝夜往來，皆攜弓刀，相遇如家人禮。由是皇太子令、秦齊二王敎與詔敕雜行，內外懼，莫知所從。建成等私募四方驍勇及長安惡少年二千人爲宮甲，屯左右長林門，號「長林兵」。又令左虞候率可達志募幽州突厥兵三百內宮中，將攻西宮。或告於帝，帝召建成責謂，乃流志巂州。

華陰楊文幹素凶詖，建成昵之，使爲慶州總管，遣募兵送京師，欲爲變。時帝幸仁智宮，秦王、元吉從，建成謂元吉曰：「秦王且偏見諸妃，彼金寶多，有以賂遺之也。吾安得箕踞受禍？安危之計決今日。」元吉曰：「善。」乃命郎將尒朱煥、校尉橋公山齎甲遺文幹，趣興兵。煥等懼，至豳鄉白反狀，寧州人杜鳳亦上變。帝以建成首謀，未忍治，即詔捕王珪、魏徵及左衞率韋挺、舍人徐師謩、左衞車騎馮世立，欲殺之以薄太子罪。乃手詔召建成，建成懼，不敢往。師謩勸遂

舉兵，詹事主簿趙弘智諫建成損車服，輕往謝罪。乃詣行在所，未至，屏官屬，徑入謁，叩頭請死，投身於地，不能起。帝怒，夜囚幕中，使兵衞守。會文幹陷寧州，帝驚，以宮近賊，夜率衞士南趣，山行十餘里，明乃還宮。召秦王問計，對曰：「文幹豎子耳，官司當即禽之；就使假刻漏之久，正須遣一將可辦。」帝曰：「事連建成，恐應者衆。爾自行，還，吾以爾爲太子，使建成王蜀，蜀地狹，不足爲變，若不能事汝，取之易也。」秦王率衆趣寧州，文幹爲其下所殺，以其首降，執宇文穎送京師。秦王之行，元吉及內嬖更爲建成請，封德彝亦陰說帝，由是意解，復詔建成居守，但責兄弟不相容，而謫王珪、韋挺、天策兵曹參軍杜淹於遠方。然怨猜日結。

建成等召秦王夜宴，毒酒而進之，王暴疾，嗀血數升，淮安王扶掖還宮。帝問疾，因敕建成：「秦王不能酒，毋夜聚。」又謂秦王曰：「吾起晉陽，平天下，皆爾力，將定東宮，爾亟讓，故成而美志。又太子立多歷年，吾重奪之。觀而兄弟終不相下，同在京師，忿鬩且深。爾還洛陽行臺，自陝以東悉主之，建天子旌旗，如梁孝王故事。」王泣曰：「非所願也，不可遠膝下。」帝曰：「陸賈，漢臣也，猶遞過諸子，況我天下主，東西兩宮，思汝即往，何所悲邪？」王將行，建成等謀曰：「秦王得土地甲兵，必爲患；留之京師，一匹夫耳。」因密使人說帝，言「秦王左右皆山東人，聞還洛，皆洒然喜，觀其意，不復來矣」。事果寢。

俄而突厥寇邊，太子薦元吉北討，欲因其兵作亂。長孫无忌、房玄齡、杜如晦、尉遲敬德、侯君集等勸秦王先圖之。王乃密奏建成等與後宮亂，因曰：「臣無負兄弟，今乃欲殺臣，是爲世充、建德復仇。使臣死，雖地下，愧見諸賊。」帝大驚，報曰：「旦日當窮治，而必早參。」建成曰：「善，然不共入朝，事何繇知？」張婕妤馳語建成，乃召元吉謀，曰：「請勒宮甲，託疾不朝。」遲明，乘馬至玄武門，秦王先至，以勇士九人自衞。時帝已召裴寂、蕭瑀、陳叔達、封德彝、宇文士及、竇誕、顏師古等入。建成、元吉至臨湖殿，覺變，遽反走，秦王隨呼之，元吉引弓欲射，不能彀者三。秦王射建成即死，元吉中矢走，敬德追殺之。俄而東宮、齊府兵三千攻玄武門，閉不得入。接戰久之，矢及殿屋。王左右數百騎至，合擊之，衆遂潰。帝謂裴寂等曰：「事今奈何？」蕭瑀、陳叔達曰：「臣聞內外無限，父子不親，失而弗斷，反蒙其亂。建成、元吉自草昧以來，未始與謀，既立，又無功德，疑貳相濟，爲蕭墻憂。秦王功蓋天下，內外歸心，立爲太子，付軍國大務，陛下釋重負矣。」帝曰：「此吾志也！」乃召秦王至，尉撫之曰：「朕幾有投杼之惑。」秦王號泣不能止。

建成死年三十八。長子承宗爲太原王，早卒；承道安陸王，承德河東王，承訓武安王，承明汝南王，承義鉅鹿王，皆坐誅。詔除建成、元吉屬籍。其黨疑懼，更相告，廬江王瑗遂反。乃下詔建成、元吉、瑗支黨不得相告訐，由是遂安。太宗立，追封建成爲息王，謚曰隱，以禮改葬，詔東宮舊臣皆會，帝於宜秋門哭之，以子福爲後。十六年，追今贈。

宇文穎者，代人。自李密所來降，爲農圃監，封化政郡公。性貪昏，與元吉厚善，故豫文幹謀。事敗，帝責曰：「朕以文幹叛，故遣卿，乃同逆邪？」穎無以對，斬之。

衞懷王玄霸字大德。幼辯惠。隋大業十年薨，年十六，無子。武德元年，追王及謚，又贈秦州總管、司空。以太宗子泰爲宜都王，奉其祀，葬芷陽。泰徙封越，更以宗室西平王瓊子保定嗣。薨，無子，國除。

巢剌王元吉小字三胡。高祖兵已西，留守太原，封姑臧郡公，進齊國，總十五郡諸軍事，加鎮北將軍、太原道行軍元帥。帝受禪，進王齊，爲并州總管。

初，元吉生，太穆皇后惡其貌，不舉，侍媪陳善意私乳之。及長，猜鷙好兵，居邊久，益驕侈。常令奴客、諸妾數百人被甲習戰，相擊刺，死傷甚衆。後元吉中創，善意止之，元吉恚，命壯士拉死，私謚慈訓夫人。

劉武周略汾、晉，詔遣右衞將軍宇文歆助守。元吉喜鷹狗，出常載罝罔三十車，曰：「我寧三日不食，不可一日不獵。」夜潛出淫民家，府門不閉。歆驟諫，不納，乃顯表於帝曰：「王數出與竇誕縱獵，蹂民田，縱左右攘奪，畜產爲盡。每射於道，觀人避矢以爲樂。百姓怨毒。不可與共守。」有詔召還。元吉密諷民詣闕請，乃得歸。武周以五千騎屯黃蛇嶺，元吉使將軍張達以步卒百人嘗寇，達辭兵少，彊之，至則盡沒。達怒，導武周陷榆次。元吉保祁，賊急攻之，遁還并州，賊張甚。元吉紿司馬劉德威曰：「公以老弱守，吾率銳士拒賊。」因齎寶物，攜妻妾夜出，委軍奔京師，并州陷。帝怒，自是嘗令從秦王征討，不復顓軍矣。

尋授侍中、襄州道行臺尚書令、稷州刺史。秦王圍東都，竇建德來援，王以精騎逆戰，留元吉、屈突通守，而世充易之，輒出兵；元吉設伏劫之，斬首八百級，禽其將。東都平，拜司空，賜衮冕服、鼓吹二部、班劍二十人、黃金二千斤，與太子、秦王得三鑪鑄錢。累進司徒，兼侍中、并州大都督。

時秦王有功，而太子不爲中外所屬，元吉喜亂，欲并圖之。乃構於太子曰：「秦王功業日隆，爲上所愛，殿下雖爲太子，位不安，不早計，還踵受禍矣，請爲殿下殺之。」太子不忍，元吉數諷不已，許之。於是邀結宮掖，厚賂中書令封德彝，使爲游說，帝遂疏秦王，愛太子。元吉乃多匿亡命壯士，厚賜之，使爲用。元吉記室參軍榮九思爲詩刺之曰：「丹青飾成慶，

玉帛禮專諸。」元吉見之，弗悟也。其典籤裴宣儼免官，往事秦府，元吉疑事泄，鴆殺之。自是人莫敢言。秦王嘗從帝幸元吉第，伏護軍宇文寶寢內，將以刺王，太子固止之，元吉愠曰：「為兄計，於我何害？」

突厥郁射設入圍烏城，建成薦元吉北討，乃多引秦王府驍將秦叔寶、尉遲敬德、程知節、段志玄與行，又籍秦府精兵益麾下。帝知之，不能禁。元吉承間密請害秦王，帝曰：「是有定四海功，殺之無名。」元吉曰：「王昔平東都，顧望不即西，散金帛樹私惠，豈非反邪？」帝不應。太子與元吉謀：「兵行，吾與秦王至昆明池，伏壯士拉之，以暴卒聞，上無不信。然後說帝付吾國，吾以爾為皇太弟，而盡擊殺叔寶等。」率更令王晊密以謀告秦王，王召僚屬謀，皆曰：「元吉戾很，使得志，且不能事其兄。往者護軍薛寶以元吉字合之，其文成『唐』，元吉喜曰：『但除秦王，取東宮如反掌耳！』為亂未克，已復傾奪，大王不蚤正之，社稷非復唐有。」秦王由是定計。

死年二十四。子承業為梁郡王，承鸞漁陽王，承獎普安王，承裕江夏王，承度義陽王，並伏誅。貞觀初，改葬，追爵海陵郡王及謚。後改封巢，以曹王明嗣。

楚哀王智雲初名稚詮。善射，工書、弈。隋大業末，從建成寓河東。高祖初，建成走太原，吏捕智雲送長安，為陰世師所害，年十四。武德元年，追王及謚。

母萬貴妃，性恭順，為帝所禮，宮中事一一咨決。

三年，以太宗子寬為嗣，又贈涼州總管、司徒。寬早薨，國除。貞觀二年，復以濟南公世都子靈龜嗣，歷魏州刺史，為政威嚴，盜賊不發；鑿永濟渠，通新市，百姓利之。薨，子福嗣，降為公。卒，子承況嗣，神龍中為右羽林將軍，同節愍太子死于難。

荊王元景，武德三年始王趙，與魯、酆二王同封。貞觀初，累遷雍州牧。十年，徙封荊。

明年，詔荊州都督荊王元景、梁州都督漢王元昌、徐州都督徐王元禮、潞州都督韓王元嘉、遂州都督彭王元則、鄭州刺史鄭王元懿、絳州刺史霍王元軌、虢州刺史虢王鳳、豫州刺史道王元慶、鄧州刺史鄧王元裕、壽州刺史舒王元名、幽州都督燕王靈夔、蘇州刺史許王元祥、安州都督吳王恪、相州都督魏王泰、齊州都督齊王祐、益州都督蜀王愔、襄州刺史蔣王惲、揚州都督越王貞、并州都督晉王治、秦州都督紀王慎所任刺史并功臣令世世襲，

會長孫无忌等固讓，遂廢不行。徙鄜州。永徽初，進位司徒，賜實封至千五百戶。

房遺愛謀反，坐子則與往還繫獄。時吳王亦抵罪，高宗謂大臣曰：「朕欲從公丐叔及兄死。」兵部侍郎崔敦禮曰：「陛下雖申恩，不可詘天下法。」遂賜死。久之，追封沈黎王，以渤海王奉慈子長沙嗣，降為侯。神龍初，復王爵，以孫遜嗣〔一〕。薨，無子，國除。

漢王元昌，初王魯，累遷梁州都督，後徙封漢。有勇力，善騎射。數觸軌憲，太宗手詔誨督，乃怨望，附太子承乾，通饋謝。來朝京師，宿東宮，嘗有醜語；又見帝側有宮人善琵琶，乃曰：「事成幸賜我。」承乾許之，割臂血盟。事敗，帝弗忍誅，欲免死，高士廉、李勣等固爭不奉詔，乃賜死，國除。

酆悼王元亨，貞觀二年，授金州刺史，之藩，太宗憐其幼，思之，數遣使為勞問，賜金盞以娛樂之。六年薨，無子，國除。

周王元方，武德四年始王，與鄭、宋、荊、滕四王同封。貞觀三年薨，無子，國除。

徐康王元禮性恭畏，善騎射。始王鄭，即授鄭州刺史。後徙王徐，遷徐州都督。為絳州刺史，有治名，璽書勞勉，實封至千戶。永徽中，加司徒，兼潞州刺史。薨，贈太尉、冀州大都督，陪葬獻陵。

三子，茂為淮南王，餘爵公。

茂險薄無行。初，元禮疾，姬趙有美色，茂逼蒸之，元禮切責，茂恚，屏侍衞藥膳，曰：「為王五十年足矣，何服藥為？」以不食薨。茂嗣。上元中，事洩，流死振州。

神龍初，以茂子璀嗣，開元中，為宗正員外卿。薨，子延年嗣。拔汗那王入朝，延年將以女嫁之，為右相李林甫劾奏，貶文安郡別駕，終餘杭司馬，國除。永泰初，延年增黔中觀察使趙國珍言諸朝，詔以其子諷嗣王。

韓王元嘉字元嘉。始王宋，後改王徐，爲潞州刺史。母昭儀，宇文述女也，寵於高祖，既即位，欲立爲后，固辭。元嘉以母寵故，特爲帝愛，後出諸子無及者。在潞時，年十五，聞太妃病，涕泣不食。居喪毀甚，太宗數尉勉。少好學，藏書至萬卷，皆以古文字參定同異。與弟靈夔友愛，燕見終日如布衣禮，閨門脩整，當世稱之。

貞觀九年，更封韓，遷滑州都督。高宗末，爲澤州刺史。武后得政，進授太尉，徙定州刺史，以霍王元軌爲司徒，舒王元名爲司空，滕王元嬰開府儀同三司，魯王靈夔太子太師，越王貞太子太傅，紀王慎太子太保，外示尊寵，而內將圖之。

垂拱中，元嘉徙絳州刺史，與子譔及越王子沖糾合宗室同舉兵，未發。會武后詔宗室朝明堂，元嘉遣使告諸王曰：「大享後，太后必盡誅諸王，不如先事起。不然，李氏無種矣。」乃爲中宗詔，督諸王發兵。沖即以兵五千攻濟州，而諸王倉卒兵不至，遂敗。元嘉至京師，謀泄，后逼令自殺，年七十。詔改氏元嘉、魯王、越王爲「虺」。

元嘉六子。訓，潁川王，蚤卒。誼，武陵王。諶，上黨公〔三〕。譔，黃公，工爲辭章，孟利貞嘗稱其文曰：「劉隣之、周思茂不過也。」出爲通州刺史，辭疾歸，且謀應越王也。諶通音律，歷杭州別駕，與譔俱死。時籍沒者衆，惟沖、譔家書爲多，皆文句詳正，祕府所不及。

神龍初，追復元嘉爵土，以第五子訥嗣。薨，子叔璩嗣，歷國子司業。薨，子煒嗣。建中中，改王鄆。後懿宗以鄆王即位，復改嗣韓王云。

彭思王元則字彝。初王荆，出爲婺州刺史。貞觀十年徙王，爲遂州都督，以冠服奢僭免。久之，爲澧州刺史，更折節厲行。薨，贈司徒、荆州大都督，陪葬獻陵。高宗登望春宮，過其喪，哭之慟。

無子，以霍王子絢嗣，龍朔中，封南昌王。薨，子志暕嗣，開元中，爲宗正卿。

鄭惠王元懿，始王滕，貞觀中，出爲兗州刺史，徙王，歷鄭、潞、絳三州刺史，實封千戶。喜經術，數斷大獄，務寬平，高宗嘉之，璽詔褒錫。薨，贈司徒、荆州大都督，陪葬獻陵。

十子，長子璥嗣王，爲鄂州刺史。薨，子希言嗣，開元中，爲右金吾大將軍，再爲太子詹事。弟察言，生二子，曰自仙、翻。自仙爲楚州別駕，生夷簡。翻爲陳留公，生宗閔。璥弟琳，安德郡公，生擇言，擇言生勉。勉、宗閔、夷簡皆位宰相，別有傳，時稱小鄭王後，亦曰惠鄭王後，以別鄭王亮云。

霍王元軌，武德六年始王蜀，與豳、漢二王同封，後徙吳。多材藝，高祖愛之。太宗嘗問羣臣曰：「朕子弟孰賢？」魏徵曰：「臣愚不盡知其能，唯吳王數與臣言，未嘗不自失。」帝曰：「朕亦器之，然卿以爲前代孰比？」對曰：「經學文雅，漢河間、東平也。至孝行，曾、閔不能過。」帝由是遇益厚。詔納徵女爲妃。嘗從獵，遇羣豕，帝使射之，筈不虛彀，豕爲盡。帝撫其背曰：「爾藝過人，顧今無所施。方天下未定，得若豈不用乎？」

貞觀七年，爲壽州刺史。高祖崩，去官，毀瘠甚，服除，遂菜食布衣終身，至忌日，輒累晝不食。十年，徙王，歷絳、徐、定三州刺史，實封至千戶。所至閉閤讀書，以吏事委長史、司馬。謙慎未嘗與物忤。數引見處士劉玄平，爲布衣交。或問王所長於玄平，答曰：「無長。」問者不解，玄平曰：「人有短，所以見長。若王無所不備，吾何以稱之。」

突厥寇定州，元軌令開城門，偃旗幟，虜疑，不敢入，夜遁。州人李嘉運潛結賊，詔窮誅支黨，元軌以寇近且彊，人心危，但殺嘉運，餘無所詰，因自劾。帝喜曰：「朕固悔之。非王

之明，幾失定州矣。」

王文操者，與賊戰，敗，二子鳳、賢更以身蔽父，得全，二子死。縣抑不爲言，元軌廉知之，遣使弔祭，上其事。詔贈鳳、賢朝散大夫，旌禮其閭。

元軌每朝，數上疏陳得失，多所裨正，帝尊重之，有大事，常密驛咨逮。帝崩，與侍中劉齊賢同知山陵事。元軌淹練故事，齊賢歎曰：「是非吾等及已！」嘗遣國令督封租，令請貿易取贏，答曰：「汝當正吾失，反訹吾以利邪？」不納。進司徒，出爲襄、青二州刺史。越王敗，坐嘗通謀，徙黔州，檻車載至陳倉，薨。

六子，緒爲江都王，純安定王，餘皆爵爲公。緒有名譽，爲金州刺史，誅。神龍初，並復官爵，以緒孫暉嗣王，開元中，爲左千牛員外將軍。

虢莊王鳳字季成。始王豳，爲鄧州刺史。俄徙王，歷虢、豫、青三州刺史，實封千戶。喜畋游，遇官屬尤嫚。使奴蒙虎皮，怖其參軍陸英俊幾死，因大笑爲樂。薨，贈司徒、揚州大都督，陪葬獻陵。

七子，長子翼嗣，爲平陽王。薨，子寓嗣。寓無子，爵不傳。次子茂融，以勇聞，垂拱中

爲申州刺史。黃公譔與越王謀舉兵，倚以爲助。時詔諸王公赴東都，茂融私問所親高子貢，子貢報曰：「來必死。」乃稱疾不朝，以俟兵期。及得越王書，倉卒不能應，僚屬勸白其書，擢太子右贊善大夫，俄爲黨屬所引，誅。

中宗更以鳳孫邕嗣王，娶韋后妹，累遷祕書監，知隴右三使仗內諸廄。徙王汴。未幾，韋氏敗，邕殺其妻，送首於朝，議者鄙之。削爵，貶沁州刺史，不事。後復爵，還戶二百，累遷衞尉卿。薨，子巨嗣。

巨剛鋭果決，略通書史，好屬辭。天寶五載，出爲西河太守。坐資給柳勣支黨，貶義陽司馬。明年，御史中丞楊愼矜得罪，其附離史敬忠與巨善，又坐免官，錮置南賓郡。召拜夷陵太守。

安祿山陷東京，玄宗方擇將帥，張垍言巨有謀，可屬大事。召至京師，楊國忠忌之，謂人曰：「小兒詎可使對天子？」踰月不得見。帝知之，召入禁中，對合旨，帝大悅，敕宰相與語，久不得罷，國忠怠，謂巨曰：「比來人多口打賊，君不爾乎？」巨曰：「誰爲相公手打賊者乎？」乃授陳留、譙郡太守，攝御史大夫、河南節度使。明日謝，帝驚曰：「何攝爲？」即詔兼御史大夫。巨奏：「方艱難時，賊多詐，有如陛下召臣，何以取信？」乃析契授之。

俄兼統嶺南何履光、黔中趙國珍、南陽魯炅三節度使事。時炅戰數屈，詔貶爲果毅，以來瑱代之。巨奏：「炅若能存孤城，功足補過，則何以處之？」帝曰：「卿隨所處置。」巨至內鄉，賊將畢思琛解圍走，遂趣南陽，貶炅白衣從軍，其暮，稱詔復職。

京師平，拜留守，兼御史大夫。明年，拜太子少師，兼河南尹、東畿採訪使。征乘牛之出入市者，斥所得佐用度，然稍自盜沒。其妃即張皇后從女弟，內不睦。巨遷府縣官備使令，妃亦引蒲博少年分黨招貨賄，橈政事。宗正卿李遵素私張，發巨贓事，貶遂州刺史。會段子璋反，道遂州，巨倉卒不知所出，即迎謁，爲子璋所殺。

子則之，嗜學，年五十餘，尙執經太學，嗣曹王皐薦之。貞元二年，繇睦王府長史遷左金吾衞大將軍。坐與從甥竇申善，貶昭州司馬。

道孝王元慶，始王漢，後徙陳，出爲趙州刺史。貞觀十年，徙王，授豫州刺史，累實封千戶。時諸王奉給薄於帝子，至數窶乏，大臣莫敢言。十八年，黃門侍郎褚遂良爲太宗從容言之，不能行。高宗時，歷滑州刺史，以治績聞，數蒙褒賜。遷徐、沁、衞三州刺史。事母謹，及喪，請躬脩墳墓，詔不聽。薨，贈司徒、益州都督，陪葬獻陵。

九子，誘爲嗣，王臨淮，爲澧州刺史，坐贓削爵。更以次子詢之子徽嗣，終宗正卿。子錬嗣，廣德中，亦至宗正卿。

鄧康王元裕，貞觀五年始王鄶，十一年徙王。始王及徙，皆與譙、魏、許、密四王同封。累實封至千二百戶。

好學，善談名理，與典籤盧照隣爲布衣交。五爲州刺史，遷兗州都督。薨，贈司徒、益州大都督，陪葬獻陵。無子，以江王子廣平公炅嗣。薨，子孝先嗣，開元中，爲冠軍大將軍。

舒王元名，始王譙，後徙王。高祖之在大安宮，太宗晨夕使尙宮問起居，元名纔十歲，保媼言：「尙宮有品當拜。」元名曰：「此帝侍婢耳，何拜爲？」太宗壯之，曰：「眞吾弟也！」及長，矜嚴疏財，未嘗問家人生業。歷五州刺史，實封至千戶。

子豫章王亶，治江州，有美政。高宗以元名善訓子，手詔褒美。又欲授元名大州，辭曰：「臣忝屬籍，豈以州郡爲仕進資邪？」治石州二十年，數游山林，有高蹈意。垂拱中，徙

鄭州，境接東畿，諸王貴戚爲刺史者縱家人暴百姓，元名至，一革之，爲治廉威。進加司空。

武后時，亶爲丘神勣所構，繫詔獄死，元名坐遷利州，尋被殺。神龍初，詔復官爵，贈司徒。時少子鄅國公昭已卒，乃以亶子津嗣，開元中，爲左威衞將軍。薨，子萬嗣。薨，子藻嗣。

魯王靈夔，篤學，善草隸，通音律。初王魏，後王燕，爲幽州都督。已而徙王，實封至千戶。頻歷五州刺史，遷太子太師。垂拱元年，徙相州，坐與越王謀起兵，流振州，自殺。

子詵，爲清河王，早夭。藹爲范陽王，知越王必敗，白發其謀，得不誅。歷右散騎常侍，爲酷吏所害。神龍初，悉追復王爵，以藹子道堅嗣。

道堅方嚴有禮法，閨門肅如也。七爲州刺史，遷國子祭酒。開元中，選授汴州刺史、河南道採訪使。州據水陸都會，前後刺史多濱利，唯道堅以清毅稱。入爲宗正卿。薨，贈禮部尙書。子宇嗣，從玄宗至蜀，爲右金吾將軍。寶應初，皇太子子封魯王，更封宇爲嗣鄒王。弟道邃封戴國公，恭默自守，以脩山東婚姻故事，數任清職，終尙書右丞。

中華書局

江安王元祥，始王許，後徙王，四爲州刺史，實封至千戶。性庸濇，所至營財產無厭。時滕、蔣、虢三王皆貪暴，得其府官者惡之不願行，故時語曰：「寧向儋、崖、振、白，不事江、滕、蔣、虢。」元祥魁大，帶十圍，食兼數人。韓、虢、魏亦鴻偉，然不逮也。薨，贈司徒、并州大都督，陪葬獻陵。

七子，晫爲永嘉王，有禽獸行，誅死；晈爲武陽王，餘皆爵公，武后時，多及誅。晈子叢，以幼流死嶺表，葬南安，人號其冢爲「天孫墓」。中宗立，以從子欽嗣王，又以晈封絕，更取弟子繼宗嗣，既而以郡王不襲，降灃國公。

密貞王元曉，貞觀中爲虢州刺史，實封至千戶。徙澤州。薨，贈司徒、揚州都督，陪葬獻陵。

子穎嗣，爲南安王。薨，子勗嗣，早薨。神龍初，以穎弟亮養子奰嗣。開元五年，更詔元曉再從孫東莞郡公徹嗣，徙封濮陽郡王，歷宗正卿、金紫光祿大夫。

滕王元嬰，貞觀十三年始王，實封千戶。爲金州刺史，驕縱失度。在太宗喪，集官屬燕飲歌舞，狎昵廝養；巡省部內，從民借狗求罝，所過爲害；以丸彈人，觀其走避則樂；城門夜開，不復有節。高宗以書切責曰：「朕以王至親，不忍致于法，今署下上考，冀媿王心。」久之，遷洪州都督。官屬妻美者，紿爲妃召，逼私之。嘗爲典籤崔簡妻鄭嫚罵，以履抵元嬰面血流，乃免。元嬰慙，歷旬不視事。後坐法削戶及親事帳內之半，謫置滁州。起授壽州刺史，徙隆州，復不循法。錄事參軍事裴聿諫正其失，元嬰捽辱之。聿入計具奏，帝遷聿六品上階。帝嘗賜諸王綵五百，以元嬰及蔣王貪黷，但下書曰：「滕叔、蔣弟不須賜，給麻二車，助爲錢緡。」二王大慙。武后時，進拜開府儀同三司、梁州都督。薨，贈司徒、冀州都督，陪葬獻陵。

子十八人，長子脩琦嗣，爲長樂王，餘爵公。垂拱中，六人死詔獄。神龍初，更以少子脩信子涉嗣，開元中，授左驍衞將軍。薨，子湛然嗣，從玄宗至蜀，擢左金吾將軍。

校勘記

〔一〕以孫逖嗣　各本「逖」上原有「元」字，據本書卷七〇上宗室世系表、舊書卷六四荆王元景傳及冊府卷二八四刪。

〔二〕訓潁川王蚉卒諡武陵王諶上黨公　各本「蚉卒」二字原在「上黨公」下。按下文云「諶通音律，歷杭州別駕，與譔俱死」，不得言「蚉卒」。舊書卷六四韓王元嘉傳謂「元嘉長子訓，高祖時封潁川王，早卒」。「蚉卒」乃指訓，據改。

宋 歐陽修 宋祁 撰

新唐書

第一二册

卷八〇至卷九七(傳)

中華書局

唐書卷八十

列傳第五

太宗諸子

常山王承乾 鬱林王恪 成王千里 吳王琨 信安王禕 趙國公峘
嗣吳王祗 嗣吳王巘 濮王泰 庶人祐 蜀王愔 蔣王惲 之芳
越王貞 琅邪王沖 紀王慎 義陽王琮 曹王明 嗣曹王皐 象古 道古

太宗十四子：文德皇后生承乾，又生第四子泰、高宗皇帝，後宮生寬，楊妃生恪，又生第六子愔，陰妃生祐，王氏生惲，燕妃生貞，又生第十一子囂，韋妃生慎，後宮生簡，楊妃生福，楊氏生明。

常山愍王承乾字高明，生承乾殿，卽以命之。武德三年，始王常山郡，與長沙、宜都二王同封。俄徙中山。太宗卽位，立爲皇太子。

甫八歲，特敏惠，帝愛之。在諒闇，使裁決庶政，有大體，後每行幸，則令監國。及長，好聲色慢游，然懼帝，祕其迹。臨朝，言諄諄必忠孝，退乃與羣不逞狎慢。左右或進諫，危坐斂容，痛自咎，飾非辯給，諫者拜答不暇，故人人以爲賢而莫之察。後過惡寖聞，宮臣若孔穎達、令狐德棻、于志寧、張玄素、趙弘智、王仁表、崔知機等皆天下選，每規爭承乾，帝必厚賜金帛，欲以厲其心。承乾慠不悛，往往遣人陰圖害之。時魏王泰有美名，帝愛重。而承乾病足，不良行，且懼廢，與泰交惡。泰亦謀奪長，各樹黨。

東宮有俳兒，善婆首，承乾嬖愛，帝聞震怒，收兒殺之，坐死者數人。承乾意爲泰告，望甚。內念兒不已，築室圖其象，贈官樹碑，爲起冢苑中，朝夕祭。承乾至其處裴回，涕數行下，愈怨懟，稱疾不朝，累數月。

又使戶奴數十百人習音聲，學胡人椎髻，翦綵爲舞衣，尋橦跳劍，鼓鞞聲通晝夜不絕。造大銅鑪、六熟鼎，招亡奴盜取人牛馬，親視烹燖，召所幸廝養共食之。又好突厥言及所服，選貌類胡者，被以羊裘，辮髪，五人建一落，張氈舍，造五狼頭纛，分戟爲陣，繫幡旗，設

穹廬自居，使諸部斂羊以烹，抽佩刀割肉相啗。承乾身作可汗死，使衆號哭剺面，奔馬環臨之。忽復起曰：「使我有天下，將數萬騎到金城，然後解髮，委身思摩，當一設，顧不快邪！」左右私相語，以爲妖。又嬰氈爲鎧，列丹幟，勒部陣，與漢王元昌分統，大呼擊刺爲樂。不用命者，披樹抶之，或至死，輕者輒腐之。嘗曰：「我作天子，當肆吾欲；有諫者，我殺之，殺五百人，豈不定？」

又召壯士左衞副率封師進、刺客張師政、紇干承基等謀殺魏王泰，不克，遂與元昌、侯君集、李安儼、趙節、杜荷鑱臂血晤之，謀以兵入西宮。貞觀十七年，齊王祐反齊州，承乾謂承基等：「我宮西牆，去大內正可二十步棘耳，豈與齊州等？」會承基連齊王事繫獄當死，即上變。帝詔長孫无忌、房玄齡、蕭瑀、李勣、孫伏伽、岑文本、馬周、褚遂良雜治，廢爲庶人，徙黔州。十九年死，帝爲廢朝，葬以國公禮。

子象，爲懷州別駕，厥鄂州別駕。開元中，象子適之爲宰相，贈還承乾始王，象越州都督、郇國公。

楚王寬，武德三年，出後楚哀王，蚤薨，貞觀初追封。

鬱林王恪，始王長沙，俄進封漢。貞觀二年徙蜀，與越、燕二王同封。不之國，久乃爲齊州都督。帝謂左右曰：「吾於恪豈不欲常見之？但令早有定分，使外作藩屏，吾百歲後，庶兄弟無危亡憂。」十年，改王吳，與魏、齊、蜀、蔣、越、紀六王同徙封。授安州都督。帝賜書曰：「汝惟茂親，勉思所以藩王室，以義制事，以禮制心。外之爲君臣，內之爲父子，今當去膝下，不遺汝珍，而遺汝以言，其念之哉！」坐與乳媼子博簺，罷都督，削封戶三百。高宗即位，拜司空、梁州都督。

恪善騎射，有文武才。其母隋煬帝女，地親望高，中外所向。帝初以晉王爲太子，又欲立恪，長孫无忌固爭，帝曰：「公豈以非己甥邪？且兒英果類我，若保護舅氏，未可知。」无忌曰：「晉王仁厚，守文之良主，且舉棋不定則敗，況儲位乎？」帝乃止。故无忌常惡之。永徽中，房遺愛謀反，因遂誅恪，以絕天下望。臨刑呼曰：「社稷有靈，无忌且族滅！」四子，仁、瑋、琨、璄並流嶺表。顯慶五年，追王鬱林，爲立廟，以河間王孝恭孫榮爲鬱林縣侯以嗣。神龍初，贈司空，備禮改葬。

光宅中，仁遇赦還，適會榮以罪斥，故得襲鬱林縣男，歷岳州別駕，爵郡公。嘗使江左，州人遺以金，拒不內。武后遣使者勞曰：「兒，吾家千里駒。」更名千里。自天授後，宗室賢者多株夷，唯千里詭躁不情，數進符瑞諸異物，得免。中宗反正，改王成紀。未幾，進王成。

節愍太子誅武三思，千里與其子天水王禧率數十人斬右延明門以入。太子敗，誅死，籍其家，改氏「蝮」。睿宗立，詔還氏及官爵。

瑋蚤卒，中宗追封朗陵王。子祕，出繼蜀王愔。開元中，以傍繼國改封廣漢郡王，遷太僕卿同正員，薨。

琨，武后時歷六州刺史，皆有名。聖曆中，爲嶺南招慰使，安輯反獠，甚得其宜。卒，贈司衞卿。神龍初，贈張掖郡王。開元中，以子褘貴，追封吳王。

褘少有志尚，事繼母謹，撫異母弟祇，以友稱。當襲封，固讓祇，中宗嘉其意，特封嗣江王，以繼囂後。開元時，亦以傍繼徙信安郡王。累爲州刺史，治嚴辦。遷禮部尚書、

朔方節度使。

初，吐蕃據石堡城，數盜塞，詔褘與河西、隴右議攻取。既到屯，諏日進師。或謂：「城險，賊所愛，必固守。今兵深入，有如不捷，吾軍必奔，不如持重伺賊勢。」褘曰：「人臣之節，豈憚險不進乎？必衆寡不敵者，吾以死繼之。」於是分兵迮賊路，督諸將倍道進，遂拔之。自是河、隴諸軍游弈，拓地至千里。玄宗喜，更號其城曰振武軍。

契丹牙官可突于叛，詔拜忠王爲河北道行軍元帥討之，敕褘以副。王不行，故褘率裴耀卿諸將分道出范陽北，擊二蕃，破之，禽酋長以還，餘部竄伏。加開府儀同三司，領關內支度營田採訪處置使，授二子官。

褘功多，執政害之，賞不讎，爲當時所恨。久之，擢兵部尚書，爲朔方節度大使。坐事下除衢州刺史。歷滑、懷二州。天寶初，以太子少師致仕。明年，遷太師，未拜，薨。

褘治家嚴，教子有法度，故峘、嶧、峴皆顯。

峘性質厚，歷官有美名，以王孫封趙國公。楊國忠亂政，悉斥不附己者。峘由考功郎中拜睢陽太守，以淸簡爲二千石最。方入計，而玄宗入蜀，即走行在。除武部侍郎，兼御史大夫。俄拜蜀郡太守、劍南節度採訪使。郭千仞反，與陳玄禮共討平之。上皇還京，遷戶

部尙書，改越國。

乾元元年，持節都統江淮節度宣慰觀察使。都統之號，自峘始。明年，宋州刺史劉展有異志，詔拜展爲淮南節度使，密詔峘與揚州長史鄧景山圖之。時展強扈，既受詔，卽悉兵度淮，峘、景山拒之，戰壽春，敗績，峘走丹楊。詔貶袁州司馬，卒于官，贈揚州大都督。弟峴別傳。

祇封嗣吳王，出爲東平太守。安祿山反，河南、陳留、滎陽、靈昌相繼陷，祇募兵拒賊，玄宗壯之。累遷陳留太守，持節河南道節度採訪使。歷太僕、宗正卿。代宗大曆時，祇既宗室老，以太子賓客爲集賢院待制。是時，勳望大臣無職事者皆得待詔于院，給飧錢署舍以厚其禮，自左僕射裴冕等十三人爲之。

子巘，以廕補五品官。祇薨，兄祜得罪，乃以巘嗣王。累至宗正卿，檢校刑部尙書。薨，贈太子少保。性介直，面刺人短。歷官清白，居室不能庇風雨。收恤甥姪，慈愛過人，家無留儲，公卿合賻乃克葬。

璄，神龍初封歸政郡王，歷宗正卿，坐千里事，貶南州司馬。

濮恭王泰字惠褒。始王宜都，徙封衞，繼懷王後。又徙封越，爲揚州大都督。再遷雍州牧、左武候大將軍。改王魏。帝以泰好士，善屬文，詔卽府置文學館，得自引學士。又以泰大腰腹，聽乘小輿至朝。司馬蘇勗勸泰延賓客著書，如古賢王。泰乃奏撰括地志，於是引著作郎蕭德言、祕書郎顧胤、記室參軍蔣亞卿、功曹參軍謝偃等撰次。衞尉供帳，光祿給食，士有文學者多興，而貴游子弟更相因藉，門若市然。泰悟其過，欲速成，乃分道計州，繙緝疏錄，凡五百五十篇，歷四期成。詔藏祕閣，所賜萬段。後帝幸泰延康坊第，曲赦長安死罪，免坊人一年租，府僚以差賜帛。

又泰月稟過皇太子遠甚，諫議大夫褚遂良諫曰：「聖人尊嫡卑庶，謂之儲君，故用物不會，與王共之，庶子不得爲比，所以塞嫌萌，杜禍源。先王制法，本諸人情，知有國家者必有嫡庶，庶子雖愛，不得過嫡子。如當親者疏，當尊者卑，則私恩害公，惑志亂國。今魏王稟料過東宮，議者以爲非是。昔漢竇太后愛梁王，封四十餘城。王築苑三百里，治宮室，爲複道，費財鉅萬，出警入蹕，一不得意，遂發病死。宣帝亦驕淮陽王，幾至於敗，輔以退讓之臣，乃克免。今魏王新出閤，宜當示以節儉，自可在後月加歲增。又宜擇師傅，敦以謙儉，勉以文學，就成德器，此所謂聖人之敎，不肅而成也。」

帝又敕泰入居武德殿，侍中魏徵亦言：「王爲陛下愛子，欲安全之，則不當使居嫌疑之地。今武德殿在東宮之西，昔海陵居之矣，論者爲不可。雖時與事異，人之多言，倘或可畏。又王之心亦弗遑舍，願罷之，成王以寵爲懼之美。」帝悟，乃止。

時皇太子承乾病蹇，泰以計傾之，乃引駙馬都尉柴令武、房遺愛等布腹心，而韋挺、杜楚客相繼攝府事。二人者，爲泰要結中朝臣，津介賂遺，羣臣更附爲朋黨。承乾懼，陰遣人稱泰府典籤詣玄武門上封，帝省之，書言泰罪，帝怒，卽遣捕詰，不獲。既而太子敗，帝陰許立泰，岑文本、劉洎請遂立泰爲太子。長孫无忌固欲立晉王，帝以太原石文有「治萬吉」，復欲從无忌。泰微知之，因語晉王：「爾善元昌，得無及乎？」王憂甚，帝怪之，以故對，帝憮然悟。會召承乾譴勒，承乾曰：「臣貴爲太子，尙何求？但爲泰所圖，與朝臣謀自安爾。無狀之人，遂敎臣爲不軌事。若泰爲太子，正使其得計耳。」帝曰：「是也，有如立泰，則副君可詭求而得。使泰也立，承乾、治俱死；治也立，泰、承乾可無它。」卽幽泰將作監，解雍州牧、相州都督、左武候大將軍，降王東萊。因詔：「自今太子不道，藩王窺望者，兩棄之，著爲令。」然帝猶謂无忌曰：「公勸我立雉奴，雉奴仁懦，得無爲宗社憂，奈何？」雉奴，高宗小字。

泰尋改王順陽，居均州之鄖鄉。帝嘗持泰表語左右曰：「泰文辭可喜，豈非才士？我心念泰無已時，但爲社稷計，遣居外，使兩相完也。」二十一年進王濮。高宗卽位，詔泰開府置僚屬，車服羞膳異等。薨鄖鄉，年三十五，贈太尉、雍州牧。二子：欣、徽。

欣嗣王，武后時爲酷吏所陷，貶昭州別駕，薨。子嶠，神龍初得嗣王。開元中爲國子祭酒，以罪貶鄧州別駕，薨。徽封新安郡王。

庶人祐字贊。武德八年，王宜陽，進王楚，又王燕，已乃封齊，領齊州都督。貞觀十一年始歸國。明年入朝，以疾留京師。其舅尙乘直長陰弘智，憸人也，說祐曰：「王兄弟多，卽上萬歲後，何以自全？要須得士自助。」乃引客燕弘信謁祐，祐悅，賜金帛，使募劍客。十五年還州。

初，帝用王府長史、司馬，必取骨鯁敢言者，有過失輒聞。而祐溺羣小，好弋獵，長史薛大鼎屢諫不聽，帝以輔王無狀，免之，更用權萬紀。萬紀性剛急，以法繩祐。有昝君謩、梁猛虎者，騎射得幸，萬紀斥之，祐私引與狎昵。帝數以書讓祐，萬紀恐并獲罪，卽說祐曰：「王，上愛子，上欲王改悔，故數敎責王。誠能飭躬引咎，萬紀請入朝言之，上意宜解。」祐因

二十四史

中華書局

上書謝罪。萬紀見帝，言祐且自新，帝悅，厚賜萬紀，而仍譙戒祐。祐聞萬紀見勞，而己蒙責，以爲賣己，益不平。會萬紀又以疑貳繫君謩等，制祐不出國門，悉暴祐罪于朝，祐不勝忿。有詔刑部尙書劉德威臨訊，頗實，帝召祐、萬紀還京師。祐與燕弘亮等謀，射殺萬紀，支解之。左右勸祐遂發兵，乃募城中男子年十五以上悉發，私署左右上柱國，光祿大夫，開府儀同三司，托東、托西等王，斥庫貲行賞，驅人築堞浚隍，繕甲兵。人惡之，皆夜縋亡去。

詔兵部尙書李勣與劉德威發便道兵討之。祐日夜引弘亮等五人對其妃宴樂。語官軍，則弘亮妄言：「王毋憂，右手持酒啗，左手刀拂之。」祐信愛弘亮，聞之喜。帝手敕祐曰：「吾常戒汝勿近小人，正爲此耳。往吾子，今國讎，我上慙皇天，下愧后土。」題畢，涕而遣。祐檄諸縣，縣輒以聞。祐窮蹙，上表曰：「臣，帝子也，爲萬紀讒搆，上天降靈，罪人斯得。臣狂失心，惝怳驚悸，左右無兵，卽欲顚走，所以頗仗械以自衞護。」時勣未至，而青、淄等州兵已集。或勸祐虜子女走豆子䴚爲盜，計未決，兵曹杜行敏夜勒兵鑿垣入，祐與弘亮等閉門拒，至日中，行敏呼曰：「吾爲國討賊，不速降，且焚。」士積薪，祐乃出，執送京師。賜死內侍省，貶爲庶人，葬以國公禮。詔齊州給復一年，擢行敏巴州刺史，封南陽郡公。

祐喜養鬬鴨，方未反，狸齰鴨四十餘，絕其頭去。及敗，率連誅死者凡四十餘人。

祐之亂，州人羅石頭數祐罪，以刀直前刺祐，不克，殺之。詔贈亳州刺史。

嘗引騎徇邑聚，野人高君狀曰：「上親平寇難，土地甲兵不勝計。今王以數千人爲亂，猶一手搖泰山，又如君父何？」祐擊禽之，愧其言，不能殺。詔擢楡社令〔一〕。

蜀悼王愔，貞觀五年始王梁，與郯、漢、申、江、代五王同封。徙王蜀，實封八百戶。出爲岐州刺史。數畋游，爲非法，帝頻責敎，不悛，怒曰：「禽獸可擾於人，鐵石可爲器，愔曾不如之！」乃削封戶及國官牛，徙虢州。久之，還戶，增至千。復出馳弋，敗民稼。典軍楊道整叩馬諫，愔捽擊之。御史大夫李乾祐劾愔罪，高宗怒，貶黃州刺史。擢道整匡道府折衝都尉。

吳王恪得罪，愔以母弟廢爲庶人，徙巴州。俄封涪陵王，薨。咸亨初，復爵土，贈益州大都督，陪葬昭陵，以子璠嗣王。璠，武后時謫死歸誠州。神龍初，以朗陵王瑋子禴嗣〔二〕。

蔣王惲，始王郯，又徙王蔣，拜安州都督，賜實封千戶。永徽三年，徙梁州。惲造器物服玩，多至四百車，所經州縣驫然護送，爲有司劾奏，詔貸不問。上元中，遷箕州刺史。錄事參軍張君徹誣告惲反，詔使者按驗，惲惶懼自殺。高宗知其枉，斬君徹，贈惲司空、荊州大都督，陪葬昭陵。三子：煒、煌、休道。

煒初王汝南郡，惲薨，遂嗣王，爲武后所害。神龍初，以嫡孫紹宗爲嗣蔣王，薨，子欽福嗣，爲率更令。

煌封蔡國公。孫之芳，有令譽，安祿山奏爲范陽司馬。祿山反，自拔歸京師。歷工部侍郎、太子右庶子。廣德初，詔兼御史大夫使吐蕃，被留二歲乃得歸。拜禮部尙書，改太子賓客。

休道子琚，神龍初封嗣趙王，開元中改王中山。

越王貞，始王漢，後徙原，已乃封越。貞善騎射，涉文史，有吏幹，爲宗室材王。武后初，遷累太子太傅、豫州刺史。中宗廢居房陵，貞乃與韓王元嘉及王子黃公譔、魯王靈夔、王子范陽王藹、霍王元軌、王子江都王緒，及子琅邪王沖計議反正。

垂拱四年，明堂成，悉追宗室行享禮，共疑后遂大誅戮不遺種，事且急，譔乃矯帝璽書

賜沖曰：「朕幽縶，諸王宜卽起兵。」於是命長史蕭德琮募兵，告諸王師期。八月，沖先發，諸王莫有應者，獨貞將兵攻上蔡，破之，而沖已敗。貞稍徇屬縣，得士七千，列五營：貞爲中營，以裴守德爲大將軍，領中營；趙成美爲左中郎將，領左營；閭弘道爲右中郎將，領右營；安摩訶爲郎將，領後軍；王孝志爲右將軍，領前軍。以韋慶禮爲司馬，署官五百。然脅誘無鬬志，家童皆佩符以辟兵。九月，后遣左豹韜衞大將軍麴崇裕、夏官尙書岑長倩率兵十萬討之，以鳳閣侍郎張光輔爲諸軍節度，乃下詔削貞父子屬籍，改氏「虺」。崇裕等次豫州，貞少子規及裴守德拒戰，兵潰，貞乃閉門守。守德者，驍勇士。貞始起，以女妻之，委以腹心。至是，欲殺貞自贖。會軍薄城，家人白貞：「今事乃爾，王豈受戮辱者邪？」卽仰藥死。規自殺，守德與主俱縊。起凡二十日敗。始，貞臨水自鑒，不見其首，惡之，未幾及禍。

沖，貞長子也。好學，勇而才，累遷博州刺史。初發，有士五千，度河趣武水，武水令告急魏州，州遣莘令馬玄素領兵先乘城，沖攻之，因風，積薪焚其門，火作風反，衆心沮解，其屬董元寂誦言：「王與國家戰，乃反爾。」沖斬以徇，衆懼，遂潰，唯家僮數十從之，乃走博州，爲當關刺死。后命丘神勣討之，兵未至，沖已死，起七日敗。二弟：蒨、溫。蒨，常山公，坐死。溫以前告，流嶺南。

初，貞膺檄壽州刺史趙瓌，諭以興兵且假道。瓌得檄，許爲應，瓌妻常樂長公主亦趣諸王蚤立功，故瓌與主皆死。濟州刺史薛顗與其弟紹謀應沖，率所部庸、調，治兵募士，沖敗，下獄死。顗，駙馬都尉瓘之子，母城陽長公主，封河東縣侯。紹尚太平公主，擢累右玉鈐衞員外將軍，以主婿不加戮，餓死河南獄。

神龍初，敬暉等奏沖父子死社稷，請復爵土，爲武三思等沮罷。開元四年，乃復爵土，有司謚死不忘君曰敬。五年，又詔：「王嗣絕國除，朕甚悼焉。其以貞從孫故許王子夔國公琳嗣王，奉王祀。」琳薨，爵不傳。

貞最幼息珍子謫嶺表，數世不能歸。開成中，女孫持四世喪北還，求祔王塋。詔嘉憫，敕宗正寺、京兆府爲訪其兆，非陪陵者聽葬。女名元眞，爲道士。

紀王慎，始王申，後徙紀，食戶八百。貞觀中，遷襄州刺史，以治當最，天子璽書勞勉，人爲立石頌德。二十三年，進戶至千。文明初，累遷太子太師、貝州刺史。慎少好學，善星步，與越王齊名，當世號「紀越」。

初，貞連諸王起兵，慎知時未可，獨拒不與合。將就誅而免，改氏「虺」，載以檻車，謫

巴州，薨于道。七子：續、琮、叡、秀、獻、欽、證。續與秀最知名。

續王東平，歷和州刺史，薨。琮義陽王，叡楚國公，秀襄陽郡公，獻廣化郡公，欽建平郡公，五人並爲武后所殺。神龍初，以證嗣王，擢左驍衞將軍，薨。子行同嗣。

琮三子：行遠、行芳、行休。始，琮與二弟同死桂林。開元四年，行休請身迎柩，既至，無封樹，議者謂不可復得。行休歸，地布席以祈。是夜夢王乘舟，舟判爲二。既而適野，見東洲中斷，乃悟焉。又靈堂鎖一夕莖自屈，管上有指迹，一奇二並。使卜人筮之，曰：「屈，於文爲尸出；指者，示也；一奇二並，三殯也。先王告之矣。」乃趣其所，發之如言，而一節獨闕。行休號而寢，夢琮告曰：「在洛南洲。」明日，直殯南得之。於是以三喪歸，陪葬昭陵，贈琮陳州刺史。永昌時，行遠、行芳斥嶲州，六道使至，行遠先就戮，行芳幼當赦，抱持請代，遂與俱死，西南人稱死悌云。

慎女東光縣主，始八歲，聞慎有疾，不食，父哀之，紿云已愈，主察顏色未平，終不肯御。內外稱之。長適太子司議郎裴仲將。時妃、主多恃貴，以奢豫相矜，主獨儉素，姊弟誚曰：「人生富貴在得志，獨勤苦，欲何求？」答曰：「我幼好禮，今行之不違，非得志謂何？且自古賢妃淑女以恭遜著名，驕縱敗德，況榮寵貴盛，儻來物也，可恃以淩人乎？」及王死，號慟，嘔血數升。免喪，絕膏沐者二十年。始，諸王、妃、主自垂拱後被害者皆藁掩之。神龍初，詔州縣普加求訪，祭以牲牢，復官爵，諸王皆陪葬昭、獻二陵。主聞，感慟，卒，敕其子曰：「爲我謝親戚，酷憤已雪，下見先王無恨矣！」中宗爲舉哀章善門，下詔褒揚。

江殤王囂，封之明年薨，無後。

代王簡，已封薨，無後。

趙王福，貞觀十三年始王，出後隱太子。遷累梁州都督，實封八百戶。薨，贈司空、并州都督，陪葬昭陵。無子，神龍初，以蔣王惲孫思順嗣王。

曹王明，母本巢王妃，帝寵之，欲立爲后，魏徵諫曰：「陛下不可以辰嬴自累。」乃止。貞觀二十一年，始王曹，累爲都督、刺史。高宗詔出後巢王。永隆中，坐太子賢事，降王零陵，徙黔州。都督謝祐逼殺之，帝聞，悼甚，黔官吏皆坐免。景雲中，陪葬昭陵。三子：俊、傑、備。

俊嗣王，南州別駕，傑爲黎國公，垂拱時並及誅。神龍初，以傑子胤爲嗣曹王。是時，

諸王子孫自嶺外還，入見中宗，皆號慟，帝爲泣下。初，武后時，壯者誅死，幼皆沒爲官奴，或匿人間庸保。至是，相繼出，帝隨屬遠近封拜云。後備自南還，詔停胤封而封備，歷衞尉少卿同正員，薨。開元十二年，復封胤。薨，子戢嗣，位左衞率府中郎將。子皋嗣。

皋字子蘭，少補左司禦兵曹參軍。天寶十一載嗣王。事母太妃鄭以孝聞。安祿山反，奉母逃民間，間走蜀，謁玄宗，由都水使者遷左領軍將軍。上元初旱歉，皋祿不足養，請補外，不許，乃故抵輕法，貶溫州長史，俄攝州事。州大饑，發官廩數十萬石賑餓者，僚史叩庭請先以聞，皋曰：「人日不再食且死，可俟命後發哉？苟殺我而活衆，其利大矣！」既貸，乃自劾，優詔開許，就進少府監。時殿中侍御史李鈞與其弟京兆法曹參軍鍔官既遂，不肯還鄉，母窮不自給。皋行縣見之，歎曰：「入則孝，出則悌，有餘力則學。若二子者可與事君乎哉？」舉劾之，並錮死。召還，未得見，即上書言治道，詔授衡州刺史，爲觀察使讒劾，貶潮州。會楊炎起道州爲宰相，知皋直，復用爲衡州刺史。初，御史覆訊，皋懼憂其母，出則囚服，入乃衣冠，貌言如平常。及爲潮，以遷入告。至是復位，乃言其實。

建中元年，進拜湖南觀察使。前帥辛京杲貪虐，使部將王國良戍武岡，韜其富，即劾以死，國良恐，據縣反，斂荊、黔、洪、桂兵討之，再歲不能下。皋至，遺書曰：「觀將軍非敢大逆

者，特逃讒抗死爾！將軍遇我，可以降，我固爲京杲誣者，幸蒙雪，何忍以兵加將軍哉？以爲不然，我以陣術破將軍陣，以攻法屠將軍城，非將軍所度也。」國良得書，喜且畏，因請降，然內倘首鼠。皋卽日單騎稱使者造國良壘，賊延使者入，皋大呼其軍曰：「有識曹王者乎？乃我也。來受良降，良今安在？」一軍愕眙，不敢動，國良迎拜，叩頭請罪。皋執手，約爲昆弟，則盡焚攻守具，散其兵。有詔赦之，賜名惟新。

明年，持母喪至江陵。會梁崇義反，奪爲左衞大將軍，復觀察湖南。李希烈反，遷江西節度使。受命日，不宿家，至豫章，大令將吏曰：「有功未申與懷器謀不發者，皆自言。」得裨校伊愼、李伯潛、劉旻，悉補大將。擢王鍔爲中軍，以馬彝、許孟容爲幕府。治戰艦，裒兵二萬，以士二千五百委愼等敎之。自將五百人，敎以秦兵團力法，聯其賞罰，弛張如一，乃約以五百人鼛愼卒二千五百，莫能當其鋒，卽盡以敎之。初，愼嘗從希烈平襄州，至是，希烈懼爲皋用，卽反間，德宗信之，將誅愼，皋請赦之，使自效。會與賊夾江陣，皋勉愼立功，以所乘馬及器鎧賜之，使將先鋒，斬賊數百級，乃免。

賊柵蔡山不可攻，皋聲言西取蘄，引兵艦循厓泝江上。賊聞，以羸師保柵，悉軍行江北，與皋直。西去蔡山三百里，皋遣步士悉登舟，順流下，攻蔡山，拔之。間一日，賊救至，遂大敗，乃取蘄州，降其將李良，平黃州，兵益振。

會舒王爲元帥，授皋前軍兵馬使。俄而天子狩奉天，鹽鐵使包佶爲陳少游所窘，以運艚泝江，次蘄口，希烈使杜少誠將步騎三萬將絕江道，皋遣伊愼兵七千禦于永安，走之。以功進工部尚書。帝駐梁州，皋之貢助相望。以天子處外，乃不敢居城府，出屯西塞山大洲，徙郡縣爲軍市。改戶部尚書。又遣伊愼、王鍔攻安州，未下，希烈遣劉戒虛以步騎八千援之，皋命李伯潛迎擊於應山，俘之，遂下安州，斬僞刺史王嘉祥。希烈別遣兵援隋州，皋破之厲鄉，因下平靜、白雁關，賊遂不敢南略。遷荊南節度使，賜實封三百戶。凡戰大小三十二，取州五、縣二十，斬首三萬三千，禽生萬六千，未嘗敗。師所過，不敢伐桑棗、踐禾稼。朝廷仰食江淮，而西道出九江，至大別，皆與賊接，皋轉戰數千里，餉路遂通，江漢倚皋爲固。淮西平，乃請護喪歸東都，帝走中人唁弔。訖葬來朝，還就鎭。

初，江陵東北傍漢有古鄣，不治，歲輒溢。皋脩塞之，得其下良田五千頃。規江南廢洲爲廬舍，構二橋跨江，而流人自占者二千餘家。繇荊抵樂鄉二百里，其間墟聚凡數十，不井飲，皋始命鑿井以便人。貞元初，吳少誠擅蔡，故徙皋鎭山南東道，割隋、汝以益軍，練兵峙糧，市回鶻馬以益戰騎，歲時大畋以教士，少誠畏之。

皋性勤儉，能知人疾苦。參聽徼隱，盡得吏下短長，其賞罰必信。所至常平物估，豪舉不得擅其利。教爲戰艦，挾二輪蹈之，鼓水疾進，駛于陣馬。有所造作，皆用省而利長。以物遺人，必自視衡量，庫帛皆印署，以杜吏謾。扶風馬彝未知名，皋識之，卒以正直稱。張柬之有園圃在襄陽，皋嘗宴集，將市取之。彝曰：「漢陽有中興功，今遺業當百世共保，柰何使其子孫鬻乎？」皋謝曰：「主吏失詞，以爲君羞，微君安得聞此言？」卒年六十，贈尚書右僕射，謚曰成。

皋嘗自創意爲欹器，以髹木上出五瓴，下銳圓，爲盂形，所容二豆，少則水弱，多則彊，中則水器力均，雖動搖，乃不覆云。

子象古、道古。

象古，元和中，自衡州刺史擢安南都護，貪縱不法。驩州刺史楊清者，蠻酋也，象古忌其豪，召爲牙門將，常鬱鬱思亂。會討黃賊，象古發甲助之，乃授清兵三千。清與子志烈還襲安南，殺象古幷其家。詔赦清爲瓊州刺史，以桂仲武爲都護。清拒命，仲武分諭渠酋，兵皆附，破城，斬清，夷其族。

道古，舉進士，獻書闕下，擢校書郎、集賢院學士。累遷司門員外郎，歷利、隋、唐、睦四州刺史。柳公綽鎭鄂岳，爲飛譖上聞，憲宗欲代之。裴度言：「嗣曹王皋嘗能以江漢兵制

李希烈，威惠在人，今以其子將，必有功。」會道古自黔中觀察使入朝，乃代公綽，倍道入其軍，公綽惶遽出，財貲皆被奪。元和十二年，攻申州，破其郛，進圍中城。守卒夜縋女子登而譟，發懸門以出，道古衆亂，多死於賊。李聽守安州，未嘗敗，道古誣逐之。自將出木陵關，士卒驕，不能制，又度支錢道古悉以饋權倖，故賜不給，其下怨怒，戰不甚力，賊亦易之。故再入申，不能下，卒無功。淮西平，加檢校御史大夫，召爲宗正卿、左金吾將軍。

帝喜服餌，道古欲自媚，而所善柳泌自謂能化金爲不死藥，乃因宰相皇甫鎛以聞，俄會帝崩。穆宗爲太子，惡之，既立，誅泌，貶鎛，斥道古爲循州司馬。終以服丹歐血死。長慶初，詔還其官。道古巧于宦，便佞傾下，游公卿間，常與弈博，僞不勝，厚進所償，嗜利者多得其懽心，故少盜美名。及死，賣宅以葬。

校勘記

〔一〕詔擢楡社令 「社」，各本原作「杜」，通鑑卷一九六作「社」。按本書及舊書卷三九地理志、元和志卷一三及通典卷一七九，楡社縣屬遼州（卽儀州）。據改。

〔二〕以朗陵王瑋子祕嗣 「瑋」，各本原作「褘」。據本卷鬱林王恪傳、本書卷七〇下宗室世系表及舊書卷七六吳王恪傳、蜀王愔傳改。

唐書卷八十一

列傳第六

三宗諸子

燕王忠　澤王上金　許王素節 褒信王璆　孝敬皇帝弘 裴居道

章懷太子賢 邠王守禮　廣武王承宏　燉煌王承寀　懿德太子重潤

譙王重福　節愍太子重俊　讓皇帝憲 汝陽王璡　漢中王瑀　景儉

惠莊太子撝　惠文太子範 嗣岐王珍　惠宣太子業 嗣薛王知柔

高宗八子：後宮劉生忠，鄭生孝，楊生上金，蕭淑妃生素節，武后生弘、賢、中宗皇帝、睿宗皇帝。

燕王忠字正本。帝始爲太子而忠生，宴宮中，俄而太宗臨幸，詔宮臣曰：「朕始有孫，欲共爲樂。」酒酣，帝起舞，以屬羣臣，在位皆舞，賚賜有差。貞觀二十年，始王陳。永徽初，拜雍州牧。王皇后無子，后舅柳奭說后，以忠母微，立之必親己，后然之，請於帝；又奭與褚遂良、韓瑗、長孫无忌、于志寧等繼請，遂立爲皇太子。后廢，武后子弘甫三歲，許敬宗希后旨，建言：「國有正嫡，太子宜同漢劉彊故事。」帝召見敬宗曰：「立嫡若何？」對曰：「正本則萬事治，太子，國本也。且東宮所出微，今知有正嫡，不自安；竊位而不自安，非社稷計。」帝曰：「忠固自讓。」敬宗曰：「能爲太伯，不亦善乎？」於是降封梁王、梁州都督，賜甲第，實封戶二千，物二萬段。俄徙房州刺史。忠寖懼不聊生，至衣婦人衣，備刺客。數有妖夢，嘗自占。事露，廢爲庶人，囚黔州承乾故宅。

麟德初，宦者王伏勝得罪於武后，敬宗乃誣忠及上官儀與伏勝謀反，賜死，年二十二。無子。明年，太子弘表請收葬，許之。神龍初，追封，又贈太尉、揚州大都督。

原悼王孝，永徽元年始王許，與杞、雍二王同封。早薨。神龍初，追封及謚。

澤王上金，始王杞。永徽三年，遙領益州大都督。歷鄜、壽二州刺史。武后疾其母，故有司誣奏，削封邑，徙置澧州。久之，后陽若可喜者，表杞王上金、鄱陽王素節聽朝集，義陽、宣城二公主各增夫秩。由是上金爲沔州刺史，素節岳州刺史，然卒不朝。高宗崩，詔上金、素節、二公主赴哀。文明元年，徙王畢，又徙王澤。歷五州刺史。載初中，武承嗣諷周興誣上金、素節謀反，召繫御史獄。上金聞素節已被殺，即雉經，七子並流死顯州。神龍初，追還官爵，以子義珣嗣王。

義珣始被譴，匿身爲傭保，而嗣許王瓘利其爵邑，告義珣假冒，復流嶺外。開元初，以素節子璆爲後，而玉眞公主表義珣實上金子，乃奪璆爵，復使義珣嗣王，拜率更令。薨，子漉嗣。

許王素節，始王雍，授雍州牧。方羈丱，即誦書日千言。師事徐齊聃，淬勉自彊，帝愛之。轉岐州刺史，更王郇。母被譖死，出素節爲申州刺史。乾封初，詔素節病無入朝。而實不病，乃著忠孝論自明。倉曹參軍張柬之以聞，欲帝省其誣，武后滋不悅，坐受賕降王鄱陽，削封戶什七，徙置袁州，錮終身。儀鳳三年，爲岳州刺史，更王葛，又徙王，歷三州刺史。與上金同追逮赴都，道聞遭喪哭者，謂左右曰：「病死何可得，而須哭哉？」至龍門驛被縊，年四十三，葬以庶人禮。子瑛等九人並誅，惟琳、瓘、璆、欽古尚幼，長囚雷州。

中宗復位，追故封，又贈開府儀同三司、許州刺史，陪葬乾陵。詔瓘嗣王，實封戶四百。開元初，封琳爲嗣越王，璆嗣澤王。琳至右監門衞將軍，子隨封夔國公。瓘爲衞尉卿，以抑上金子不得封，貶鄂州別駕。因詔外繼嗣王者皆歸宗，乃以嗣江王禕爲信安王，嗣蜀王褕爲廣漢王，嗣密王徹爲濮陽王，嗣曹王臻爲濟國公，嗣趙王琚爲中山王，武陽王繼宗爲澧國公。瓘累遷太子詹事。薨，贈蜀郡大都督。二子解、隱皆幼，以璆子益嗣。天寶十四載，解始襲王。

璆，初封嗣澤王，降爲郢國公，官宗正、光祿卿，進封褒信王。初，張九齡撰龍池頌，刊石興慶宮，宗子以爲不稱盛德，更命璆爲頌，建花萼樓北。天寶初，復拜宗正卿。性友弟聰敏，宗子有一善，無不薦延，故宗室在省闥者多璆所啓。薨，贈江陵郡大都督。二子：謙爲郢國公、梓州刺史，巽汝南郡公。

欽古封巴國公，子賁嗣。

孝敬皇帝弘，永徽六年始王代，與潞王同封。顯慶元年，立爲皇太子。受春秋左氏於率更令郭瑜，至楚世子商臣弒其君，喟而廢卷曰：「聖人垂訓，何書此邪？」瑜曰：「孔子作春秋，善惡必書，褒善以勸，貶惡以誡，故商臣之罪雖千載猶不得滅。」弘曰：「然所不忍聞，

顧讀它書。」翰拜曰：「里名勝母，曾子不入。殿下睿孝天資，黜凶悖之迹，不存視聽。臣聞安上治民，莫善於禮，故孔子稱『不學禮，無以立』。請改受禮。」太子曰：「善。」四年，加元服。又命賓客許敬宗、右庶子許圉師、中書侍郎上官儀、中舍人楊思儉即文思殿擿采古今文章，號瑤山玉彩，凡五百篇。書奏，帝賜物三萬段，餘臣賜有差。又詔五日一赴光順門決事。總章元年，釋采國學，請贈顏回爲太子少師，曾參太子少保，制可。

會有司以征遼士亡命及亡命不即首者，身殊死，家屬沒官。弘諫以爲「士遇病不及期，或被略若溺、壓死，而軍法不因戰亡，則同隊悉坐，法家曰亡命，而家屬與眞亡者同沒。傳曰：『與殺不辜，寧失不經。』臣請條別其科，無使淪胥」。詔可。帝幸東都，詔監國。時關中饑，弘視廡下兵食有榆皮、蓬實者，愀然命家令寺給米。

義陽、宣城二公主以母故幽掖廷，四十不嫁，弘聞眙恻，建請下降。武后怒，即以當上衞士配之，由是失愛。又請以同州沙苑分假貧民。會納妃裴，而有司奏贄用白鴈，適苑中獲之，帝喜曰：「漢獲朱鴈，爲樂府歌。今得白鴈爲婚贄，婚乃人倫首，我則無愧。」禮畢，曲赦岐州。

帝嘗語侍臣：「弘仁孝，賓禮大臣，未嘗有過。」而后將騁志，弘奏請數怫旨。上元二年，從幸合璧宮，遇酖薨，年二十四，天下莫不痛之。詔曰：「太子嬰沈瘵，朕須其痊復，將遜于

位。弘性仁厚，既承命，因感結，疾日以加。宜申往命，謚爲孝敬皇帝。」葬緱氏，墓號恭陵，制度盡用天子禮，百官從權制三十六日釋服。帝自製睿德紀，刻石陵側。營陵功費鉅億，人厭苦之，投石傷所部官司，至相率亡去。妃薨，謚哀皇后。無子。永昌初，以楚王隆基嗣。中宗立，詔以主祔太廟，號義宗。開元中，有司奏：「孝敬皇帝宜建廟東都，以謚名廟。」詔可。於是罷義宗號。

妃即裴居道女，有婦德，而居道以妃故拜內史納言，歷太子少保、翼國公，爲酷吏所陷，下獄死。

章懷太子賢字明允。容止端重，少爲帝愛。甫數歲，讀書一覽輒不忘，至論語「賢賢易色」，一再誦之。帝問故，對曰：「性實愛此。」帝語李世勣，稱其夙敏。始王潞，歷幽州都督、雍州牧。徙王沛，累進揚州大都督、右衞大將軍。更名德。徙王雍，仍領雍州牧、涼州大都督，實封千戶。上元年，復名賢。

是時，皇太子薨，其六月，立賢爲皇太子。俄詔監國，賢於處決尤明審，朝廷稱焉，帝手敕褒賜。賢又招集諸儒：左庶子張大安、洗馬劉訥言、洛州司戶參軍事格希玄、學士許叔牙、成玄一、史藏諸、周寶寧等，共注范曄後漢書。書奏，帝優賜段物數萬。

時正諫大夫明崇儼以左道爲武后所信，崇儼言英王類太宗，而相王貴，賢聞，惡之。宮人或傳賢乃后姊韓國夫人所生，賢益疑，而后撰少陽政範、孝子傳賜賢，數以書讓勒，愈不安。調露中，天子在東都，崇儼爲盜所殺，后疑出賢謀，遣人發太子陰事，詔薛元超、裴炎、高智周雜治之，獲甲數百首於東宮。帝素愛賢，薄其罪，后曰：「賢懷逆，大義滅親，不可赦。」乃廢爲庶人，焚甲天津橋，貶大安普州刺史，流訥言於振州，坐徙者十餘人。開耀元年，徙賢巴州。

武后得政，詔左金吾將軍丘神勣檢衞賢第，迫令自殺，年三十四。后舉哀顯福門，貶神勣疊州刺史，追復舊王。神龍初，贈司徒，遣使迎喪，陪葬乾陵。睿宗立，追贈皇太子及謚。三子：光順、守禮、守義。

光順爲樂安王，徙義豐，被誅。守義爲犍爲王，徙封桂陽，薨。先天中，追封光順莒王，守義畢王。

守禮嗣王，始名光仁，授太子洗馬。武后革命，畏疾宗室，而守禮以父得罪，與睿宗諸子閉處宮中十餘年。睿宗封相王，許出外邸，於是守禮等始居外，改司議郎。中宗即位，復故封，拜光祿卿，實封戶五百。唐隆元年，進封邠王。睿宗立，兼檢校左金吾衞大將軍，出爲幽州刺史，遙兼單于大都護，遷司空。開元初，累爲州刺史。時寧、申、岐、薛王同爲刺史，

皆擇僚首持綱紀。守禮惟弋獵酣樂，不領事，故源乾曜、袁嘉祚、潘好禮皆爲邠府長史、州佐，督檢之。後還諸王京師，守禮以外支爲王，不甚才而多寵嬖，子六十餘人，無可稱者。常負息錢數百萬。或勸少治居產，守禮曰：「豈天子兄無葬者邪？」諸王每白上以爲歡。岐王嘗奏守禮知雨暘，帝問故，答曰：「臣無它，當天后時，太子被罪，臣幽宮中，歲被敕杖凡四三，累創痕膚，前雨則沈懣，霽則佳，以此知之。」因泣下，帝爲惻然。薨，年七十，贈太尉。子承宏、承寧、承寀可記者。

承宏，爵廣武王，坐交非其人，貶房州別駕，還爲宗正卿。廣德元年，吐蕃入京師，天子如陝，虜宰相馬重英立承宏爲帝，以翰林學士于可封、霍瓌爲宰相。賊退，詔放承宏于華州，死。

承寧封嗣邠王。

承寀，燉煌王，拜宗正卿，與僕固懷恩使回紇和親，即納其女爲妃，封毗伽公主。薨，贈司空。

唐制：嗣郡王加四品階，親王子服緋。開元中，張九齡奏：「寧、薛及邠王三子爲王者賜紫，餘皆服緋，官不越六局郎，王府掾屬仍員外置。」後從帝至蜀者皆服紫。

中華書局

中宗四子：韋庶人生重潤，後宮生重福、重俊、殤帝。

懿德太子重潤，本名重照，避武后諱改焉。帝爲皇太子時，生東宮，高宗喜甚，乳月滿，爲大赦天下，改元永淳。是歲，立爲皇太孫，開府置官屬。帝問吏部侍郎裴敬彝、郎中王方慶，對曰：「禮有嫡子，無嫡孫。漢、魏太子在，子但封王。晉立愍懷太子爲皇太孫，齊立文惠子爲皇太孫，皆居東宮。今有太子，又立太孫，於古無有。」帝曰：「自我作故若何？」對曰：「禮，君子抱孫不抱子，孫可以爲王父尸者，昭穆同也。陛下肇建皇孫，本支千億之慶。」帝悅，詔議官屬。敬彝等奏置師、傅、友、文學、祭酒、左右長史、東西曹掾、主簿、管記、司錄、六曹等官，加王府一級，然卒不補。將封嵩山，召太子赴東都，以太孫留守京師。中宗失位，太孫府廢，貶庶人，別囚之。帝復位，封邵王。大足中，張易之兄弟得幸武后，或譖重潤與其女弟永泰郡主及主壻竊議，后怒，杖殺之，年十九。

重潤秀容儀，以孝愛稱，誅不緣罪，人皆流涕。神龍初，追贈皇太子及謚，陪葬乾陵，號墓爲陵，贈主爲公主。

譙王重福，高宗時王唐昌郡，徙封平恩。長安末乃進王。神龍初，韋庶人譖與張易之兄弟陷重潤，貶濮州員外刺史，徙合、均二州，不領事。景龍三年，中宗親郊，赦天下，十惡者咸宥，流人得還。重福不得歸，自陳「蒼生皆自新，而一子擯棄，皇天平分，固若此乎！」不報。

韋后得政，詔左屯衞大將軍趙承恩、薛思簡以兵護守。睿宗立，徙集州，未行，洛陽男子張靈均說重福曰：「大王居嫡長，當爲天子。相王雖平大難，安可越居大位？昔漢誅諸呂，乃東迎代王。今百官士庶皆願王來。王若陰幸東都，殺留守，擁兵西據陝，徇河南、河北，天下可圖也。」重福又遣靈均與其黨鄭愔計，愔亦密招重福爲天子，豫尊睿宗爲皇季叔，重茂皇太弟，制稱中元克復元年，愔自署左丞相，知內外文武事，以靈均爲右丞相、天柱大將軍，知出征事，其餘以次除署。重福自均州與靈均乘驛趨東都，舍駙馬裴巽家。洛陽令候巽，重福驚，遽出，欲劫左右屯營兵，至天津橋，願從者數百人。侍御史李邕遇之，先馳至右屯營，呼曰：「譙王得罪先帝，擅入都爲亂。公等勉立功取富貴。」稍稍閉皇城諸門以拒。重福徇右營不能動，趨左掖門，已闔，怒，縱火燒之。左營兵寖逼，衆遂潰，重福走山谷。明日，留守裴談總兵大索，投漕渠死，年三十一，磔其屍。帝詔以三品禮葬。

節愍太子重俊，聖曆三年王義興，神龍初王衞，拜洛州牧，實封千戶。俄領揚州大都督。明年爲皇太子，與太后喪，殺冊禮，詔在藩食封，歲納東宮。給事中盧粲上言：「太子與列國同入封，不可爲法。」詔罷之。

重俊性明果，然少法度。既楊璬、武崇訓爲賓客，二人馮貴寵，無學術，惟狗馬蹴踘相戲昵。左庶子姚珽數上疏諍導，右庶子平貞慎又獻孝經議、養德等傳，太子納而不克用。武三思挾韋后勢，將圖逆，內忌太子，而崇訓又三思子，尙安樂公主，常教主辱重俊，以非韋出，詈爲奴，數請廢，自爲皇太女。

三年七月，重俊恚忿，遂率李多祚洎左羽林將軍李思沖、李承況、獨孤禕之、沙吒忠義，矯發左羽林及千騎兵殺三思、崇訓并其黨十餘人，使左金吾大將軍成王千里守宮城，自率兵趨肅章門，斬關入，索韋后、安樂公主、昭容上官所在。后挾帝升玄武門，宰相楊再思、蘇瓌、李嶠及宗楚客、紀處訥統兵二千餘人守太極殿，帝召右羽林將軍劉仁景等率留軍飛騎百人拒之，多祚兵不得進。帝據檻語千騎曰：「爾乃我爪牙，何忽爲亂？能斬賊者有賞。」於是士倒戈斬多祚，餘黨潰。重俊亡入終南山，欲奔突厥，楚客遣果毅趙思慎追之，重俊憩于野，爲左右所殺。詔殊首朝堂，獻太廟，并以告三思、崇訓柩。睿宗立，加贈謚，陪葬定陵。

初，重俊被害，官屬莫敢視，惟永和丞甯嘉勗號哭，解衣裹其首，時人義之；楚客怒，收付獄，貶平興丞，卒。至是，亦贈永和令。

重俊子宗暉，景雲三年封湖陽郡王，天寶中，至太常員外卿，薨。

睿宗六子：肅明皇后生憲，宮人柳生撝，昭成皇后生玄宗皇帝，崔孺人生範，王德妃生業，後宮生隆悌。

讓皇帝憲，始王永平。文明元年，武后以睿宗爲皇帝，故憲立爲皇太子；睿宗降爲皇嗣，更冊爲皇孫，與諸王皆出閤，開府置官屬。長壽二年，降王壽春，與衡陽、巴陵、彭城三王同封，復詔入閤。中宗立，改王蔡，固辭不敢當。唐隆元年，進封宋。

睿宗將建東宮,以憲嫡長,又嘗為太子,而楚王有大功,故久不定。憲辭曰：「儲副，天下公器，時平則先嫡，國難則先功，重社稷也。使付授非宜，海內失望，臣以死請。」因涕泣固讓。時大臣亦言楚王有定社稷功，且聖庶抗嫡，不宜更議。帝嘉憲讓，遂許之，立楚王爲皇太子，以憲爲雍州牧、揚州大都督、太子太師，實封至二千戶，賜甲第，物段五千，良馬二

十，奴婢十房，上田三十頃。進尚書左僕射，又兼司徒。讓司徒，更爲太子賓客。

時太平公主有醜圖，姚元崇、宋璟白帝，請出憲及申王成義爲刺史，以銷釋陰計，乃以司徒兼蒲州刺史，進司空。玄宗既討定蕭、岑之難，進憲位太尉，增千戶，固辭，更授開府儀同三司，解太尉，揚州大都督。徙王寧，又兼太常卿。開元十四年，表解卿。久之，復爲太尉。歷澤、岐、涇三州刺史，累封至五千五百戶。二十九年薨。

初，帝五子列第東都積善坊，號「五王子宅」。及賜第上都隆慶坊，亦號「五王宅」。玄宗爲太子，嘗製大衾長枕，將與諸王共之。睿宗知，喜甚。及先天後，盡以隆慶舊邸爲興慶宮，而賜憲及薛王第於勝業坊，申、岐二王居安興坊，環列宮側。天子於宮西、南置樓，其西署曰「花萼相輝之樓」，南曰「勤政務本之樓」，帝時時登之，聞諸王作樂，必亟召升樓，與同榻坐，或就幸第，賦詩燕嬉，賜金帛侑歡。諸王日朝側門，既歸，即具樂縱飲，擊毬、鬬雞、馳鷹犬爲樂，如是歲月不絕，所至輒中使勞賜相踵，世謂天子友悌，古無有者。帝於敦睦蓋天性然，雖讒邪亂其間，而卒無以搖。時有鶺鴒千數集麟德殿廷樹，翔棲浹日。左清道率府長史魏光乘作頌，以爲天子友悌之祥。帝喜，亦爲作頌。

憲尤謹畏，未嘗干政而與人交，帝益信重，嘗以書賜憲等曰：「魏文帝詩：『西山一何高，高高殊無極。上有兩僊童，不飲亦不食。賜我一丸藥，光耀有五色。服之四五日，身體生

羽翼。』朕每言服藥而求羽翼，寧如兄弟天生之羽翼乎？陳思王之才，足以經國，絕其朝謁，卒使憂死，魏祚未終，司馬氏奪之，豈神丸効耶？虞舜至聖，捨象傲以親九族，九族既睦，平章百姓。今數千載，天下歸善焉，此朕廢寢忘食所慕歎也。頃因餘暇，選僊錄得神方，云餌之必壽。今持此藥，願與兄弟共之，偕至長齡，永永無極也。」後申王等相繼薨，唯憲在，帝親待愈益厚。每生日必幸其第爲壽，往往留宿；居常無日不賜遺，尚食總監及四方所獻酒酪異饌，皆分餉之。憲嘗請歲盡錄賜目付史官，必數百紙。後有疾，護醫將膳，騎相望也。僧崇一者療之，少損，帝喜甚，賜緋袍、銀魚。已而疾寖劇，薨，年六十三。帝失聲號慟，左右皆泣下。

帝以憲實推天下，有高世之行，非大號不稱，乃追謚讓皇帝，遣尚書左丞相裴耀卿、太常卿韋縚持節奉册。其子璡表陳憲宿素退讓，不敢當大號。制不許。及斂，出天子服一稱，詔右監門大將軍高力士以手書寘靈坐，贈妃元爲恭皇后，葬橋陵旁。及葬，敕中使諭璡等，送終之具，使來見之，示以儉薄。所司請如諸陵，設千味食內壙中，監護使耀卿建言：「尚食料水陸千餘種及馬、牛、驢、犢、麞、鹿、鵝、鴨、魚、鴈體節之味，幷藥酒三十名，盛夏胎養，不可多殺，考求禮據，無所憑依。陛下每申讓帝之志，務存約素，請蠲省折衷。」詔可。既發引，大雨，有詔慶王潭等涉塗泥，步送十里，號其墓曰惠陵。

憲嘗從帝按舞萬歲樓，帝從複道上見衞士已食，棄其餘竇中。帝怒，詔高力士杖殺之，憲從容曰：「從複道上窺人之私，恐士不自安，且失大體，豈以性命輕於餘殘乎？」帝遽止，謂力士曰：「王於我，可謂有急難也。不然，且誤殺士。」又涼州獻新曲，帝御便坐，召諸王觀之。憲曰：「曲雖佳，然宮離而不屬，商亂而暴，君卑逼下，臣僭犯上。發於忽微，形於音聲，播之詠歌，見於人事，臣恐一日有播遷之禍。」帝默然。及安、史亂，世乃思憲審音云。

憲本名成器，避昭成太后謚，與申王成義俱改今名。憲子十九人，其聞者璡、嗣莊、琳、瑀。

璡眉宇秀整，性謹絜，善射，帝愛之。封汝陽王，歷太僕卿。與賀知章、褚庭誨、梁涉等善。薨，贈太子太師。

嗣莊幼有令名，爲太子左諭德，封濟陰王。薨，贈幽州大都督。

琳以祕書監爲嗣寧王，從天子幸蜀，薨。

瑀早有材望，偉儀觀。始封隴西郡公。從帝幸蜀，至河池，封漢中王，山南西道防禦使。乾元初，寧國公主降回紇，詔瑀以特進、太常卿持節册拜回紇爲威遠可汗。瑀亦知音，嘗早朝過永興里，聞笛音，顧左右曰：「是太常工乎？」曰：「然。」它日識之，曰：「何故臥吹？」笛工驚謝。又聞康昆崙奏琵琶，曰：「琵聲多，琶聲少，是未可彈五十四絲大絃也。」樂

家以自下逆鼓曰琵，自上順鼓曰琶云。肅宗詔收羣臣馬助戰，瑀與魏少游等持不可。帝怒，貶蓬州長史。薨，贈太子太師，謚曰宣。孫景儉。

景儉字寬中。及進士第。彊記多聞，善言古成敗王霸大略，高自負，於士大夫無所屈。王叔文等更譽之以爲管仲、諸葛亮比。叔文敗，景儉以母喪得不坐。韋夏卿守東都，辟幕府。竇羣任中丞，引爲監察御史，羣貶，景儉亦爲江陵戶曹參軍。累擢忠州刺史。元和末，入朝，不見用，復爲澧州刺史。素與元稹、李紳善。二人方在翰林，言其才。及延英奉辭，景儉自陳見抑遠，穆宗憐之，追詔爲倉部員外郎，不遣。閱月，拜諫議大夫。性矜誕，使酒縱氣，語侵宰相，蕭俛、段文昌訴于帝，貶建州刺史。稹得君，爲之助，故還爲諫議大夫。與馮宿、楊嗣復、温造、李肇等集史官獨孤朗所，景儉醉，至中書，慢罵宰相王播、崔植、杜元穎，吏爲遜言厚謝，乃去，坐貶漳州刺史，宿等皆逐矣。未及漳，稹輔政，改楚州刺史，議者謂景儉辱丞相，貶未至卽遷，非是。稹懼，改少府少監，悉還宿等。景儉既湮阨不得志，卒。然其爲人輕財，篤于義，既沒，士悵悼之。

惠莊太子撝，本名成義。初生，武后以母賤，欲不齒，以示浮屠萬回，回詭曰：「此西土樹神，宜兄弟。」后喜，乃畜之。垂拱三年，始王恆，與衞、趙二王同封。俄改王衡陽。睿宗

立，進王申，與岐、薛二王同封。累遷右衞、金吾二大將軍，實封至千戶。進司徒，兼益州大都督，四爲州刺史。開元八年，停刺史，復爲司徒。薨，册書贈太子及謚，陪葬橋陵。

撝性寬裕，儀貌瓌重。無嗣，詔以讓帝子琎嗣，爲懷寧王，徙封同安。薨。天寶中，復以讓帝子璹嗣。

惠文太子範，始名隆範。玄宗立，與薛王隆業避帝諱去二名。初王鄭，改封衞。俄降封巴陵，進王岐，爲太常卿、幷州大都督、左羽林大將軍。從玄宗誅太平公主，以功賜封，與薛王業並滿五千戶。歷爲州刺史，遷太子太傅。開元十四年薨，册書贈太子及謚，陪葬橋陵。帝哭之慟，徹常膳至累旬，羣臣勉請乃復。

範好學，工書，愛儒士，無貴賤爲盡禮。與閻朝隱、劉廷琦、張諤、鄭繇等善，常飲酒賦詩相娛樂。又聚書畫，皆世所珍者。初，隋亡，禁內圖書湮放，唐興募訪，稍稍復出，藏祕府。長安初，張易之奏天下善工潢治，乃密使摹肖，殆不可辨，竊其眞藏于家。既誅，悉爲薛稷取去，稷又敗，範得之，後卒爲火所焚。駙馬都尉裴虛己善讖緯，坐私與範游，徙嶺南，廷琦貶雅州司戶，諤爲山茌丞，然帝於範無少間也，謂左右曰：「兄弟情天至，於我豈有異哉！趨競者彊相附，我終不以爲纖介。」時王毛仲等起賤微，暴貴，諸王見必加禮，獨範接之自如。

子瑾嗣。

瑾落魄不飭名檢，沈酒色，歷太僕卿，封河東王，暴薨，贈太子少師。天寶中，復以薛王子略陽公珍爲嗣岐王。

珍儀觀豐偉，爲宗正員外卿，與蔚州鎭將朱融善。融嘗言珍似上皇，因有陰謀，往語金吾將軍邢濟曰：「關外寇近，京師草草，奈何？」濟曰：「我金吾，天子押衙，以死生從，安自脫？」融曰：「見嗣岐王無慮矣。」濟以聞，肅宗詔廢珍爲庶人，賜死，融黨皆誅，擢濟爲桂管防禦使。

惠宣太子業，始王趙，降封中山，授都水使者。徙彭城，兼陳州別駕，進王薛，爲羽林大將軍、荆州大都督。以好學授祕書監。開元初，進太子少保，即拜太保，累歷州刺史。

初，母早終，從母賢妃鞠之。八年，迎賢妃外邸，事之甚謹。其女弟淮陽、涼國二公主亦早卒，撫甥與己子均，帝益愛之。嘗被疾，帝自祝禬。既瘉，幸其第，置酒賦詩爲初生歡。帝嘗不豫，業妃弟內直郎韋賓與殿中監皇甫恂妄言休咎事，賓坐死，恂貶錦州刺史。妃恐，降服待罪，業亦不敢入謁，帝聞，遽召之，業伏殿下請罪，帝趨就執其手曰：「吾所猜于兄弟者，天地共咎之！」遂復燕歡，仍諭妃復位。俄進司徒。二十二年，業有疾，帝憂之，一昔容髮爲變，因假寢，夢獲方，瘉而業少閒，邠王守禮等請以事付史官。及薨，帝悲不能食，册書加贈及謚，陪葬橋陵。

十一子，其聞者瑗、瑒、琄。帝後追思業，引見瑗等，傷之，乃下詔共賜實封千戶。瑗爲樂安王。瑒榮陽王、宗正卿。琄爲嗣薛王，歷鴻臚卿。天寶中，琄舅韋堅爲李林甫所搆，坐貶夷陵別駕，徙置夜郎、南浦。及安祿山亂，乃還京師。

曾孫知柔，嗣王，再爲宗正卿。久之，擢京兆尹。始，鄭、白渠梗壅，民不得歲。知柔調三輔，治復舊道，灌浸如約，遂無旱虞，民詣闕請立石紀功，知柔固讓得止。加累檢校司徒、同中書門下平章事。又詔營緝太廟，判度支，充諸道鹽鐵轉運使。昭宗出莎城，獨知柔從，乘輿器用庖頓皆主之，大細畢給。性儉約，雖位通顯，無居第。未幾，出拜清海軍節度使，在鎭廉絜，貢獻時入，進檢校太傅，兼侍中。仕凡四紀，常爲宗室冠。卒于鎭。

隋王隆悌，始封汝南王。早薨，睿宗追王，贈荆州大都督，爵不傳。

贊曰：中宗失道，身爲母所廢，妻所弒，而四子皆不得其死，嗣亦不傳，殆天穢其德而絕之，何耶？彼固自絕于天云爾。睿宗有聖子，一受命，一追帝，三贈太子，天與之報，福流無窮，盛歟！

唐書卷八十二

列傳第七

十一宗諸子

奉天皇帝琮　太子瑛　棣王琰　鄂王瑤　靖恭太子琬　光王琚
潁王璬　永王璘　壽王瑁　延王玢　盛王琦　豐王珙　汴王璥
越王係　承天皇帝倓　彭王僅　襄王僙　嗣王熅　恭懿太子佋
昭靖太子邈　睦王述　舒王誼　通王諶　虔王諒　肅王詳
文敬太子謜　郯王經　惠昭太子寧　澧王惲　絳王悟　建王恪
懷懿太子湊　安王溶　悼懷太子普　陳王成美　莊恪太子永
通王滋　吉王保　德王裕

玄宗三十子：劉華妃生琮、第六子琬、第十二子璲，趙麗妃生瑛，元獻皇后生肅宗皇帝，錢妃生琰，皇甫德儀生瑤，劉才人生琚，武惠妃生一、第十五子敏、第十八子瑁、第二十一子琦，高婕妤生璬，郭順儀生璘，柳婕妤生玢，鍾美人生環，盧美人生瑝，閻才人生玼，王美人生珪，陳才人生珙，鄭才人生瑱，武賢儀生璿、第三十子璥；餘七子夭，母氏失傳。

奉天皇帝琮，景雲元年，王許昌郡，與眞定王同封。先天元年，進王郯，與郢王同封。開元四年，領安西大都護、安撫河東關內隴右諸蕃大使。十三年，徙王慶，與忠、棣、榮、光、儀、潁、永、壽、延、盛、濟十一王同封。十五年，與十王並領節度，不出閤。琮以涼州都督兼河西諸軍節度大使。天寶元年，改節河東。十載薨，贈太子，謚靖德。

肅宗立，詔曰：「靖德太子琮，親則朕兄，睿哲聰明，朕昔踐儲極，顧誠非次，君父有命，不敢違，永言懇讓，不克如素。宜進謚奉天皇帝，妃竇爲恭應皇后。」詔尚書右僕射裴冕持節改葬，羣臣素服臨送達禮門，帝御門哭以過喪，墓號齊陵。無子，以太子瑛子俅嗣王。

琮始名嗣直，太子嗣謙，棣王嗣眞，鄂王嗣初，靖恭太子嗣玄。開元十三年，更名曰潭，曰鴻，曰洽，曰涓，曰滉。後十年改今名。

太子瑛，始王眞定，進王郢。開元三年，立爲皇太子。七年，詔太子、諸王入國學行齒冑禮，太常擇日謁孔子，太子獻。詔右散騎常侍褚无量執經，羣臣、學官、諸生以差賜帛。明年，瑛加元服，見太廟。十六年，詔九品官息女可配太子者，有司採閱待進止，以太常少卿薛縚女爲妃。帝種麥苑中，瑛、諸王侍登，帝曰：「是將薦宗廟，故親之，亦欲若等知稼穡之難。」因分賜侍臣，曰「春秋書『無麥禾』，古所甚重。比詔使者閱田畝，所對不以實，故朕自蒔以觀其成」云。

初，瑛母以倡進，善歌舞，帝在潞得幸。及即位，擢妃父元禮、兄常奴皆至大官。鄂、光二王母亦帝爲臨淄王時以色選。及武惠妃寵幸傾後宮，生壽王，愛與諸子絕等。而太子、二王以母失職，頗怏怏。惠妃女咸宜公主婿楊洄揣妃旨，伺太子短，譁爲醜語，惠妃訴于帝，且泣，帝大怒，召宰相議廢之。中書令張九齡諫曰：「太子、諸王日受聖訓，天下共慶。陛下享國久，子孫蕃衍，奈何一日棄三子？昔晉獻公惑嬖姬之讒，申生憂死，國乃大亂；漢武帝信江充巫蠱，禍及太子，京師蹀血；晉惠帝有賢子，賈后譖之，乃至喪亡；隋文帝聽后言，廢太子勇，遂失天下。今太子無過，二王賢。父子之道，天性也，雖有失，尙當掩之。惟陛下裁赦。」帝默然，太子得不廢。俄而九齡罷，李林甫專國，數稱壽王美以揠妃意，妃果德之。

二十五年，洄復搆瑛、瑤、琚與妃之兄薛鏽異謀。惠妃使人詭召太子、二王，曰：「宮中有賊，請介以入。」太子從之。妃白帝曰：「太子、二王謀反，甲而來。」帝使中人視之，如言，遽召宰相林甫議，答曰：「陛下家事，非臣所宜豫。」帝意決，乃詔：「太子瑛、鄂王瑤、光王琚同惡均罪，並廢爲庶人；鏽賜死。」瑛、瑤、琚尋遇害，天下冤之，號「三庶人」。歲中，惠妃數見庶人爲祟，因大病。夜召巫祈之，請改葬，且射行刑者瘞之，訖不解。妃死，祟亡。寶應元年，詔贈瑛皇太子，瑤等復王。

瑛子五人：儼、伸、倩、俅、備。瑛之廢，帝使慶王畜儼等爲子。儼封新平郡王，伸平原郡王，俅嗣慶王，備太僕卿，倩失傳。

棣王琰，開元二年始王鄫，與鄂、鄄二王同封。後徙王棣，領太原牧、太原以北諸軍節度大使。天寶初，爲武威郡都督，經略節度河西、隴右。會妃韋以過置別室，而二孺人爭寵不平，求巫者密置符琰履中以求媚。仇人告琰厭魅上，帝伺其朝，使人取履視之，信。帝怒責琰，琰頓首謝曰：「臣罪宜死，然臣與婦不相見二年，有二孺人爭長，臣恐此三人爲之。」及推，果驗。然帝猶疑琰，怒未置，太子以下皆爲請，乃囚於鷹狗坊，以憂薨。妃，縚之女，無子，還本宗。

琰凡五十五子，得王者四人，僎王汝南郡，僑宜都，俊濟南，倓順化；倹太僕卿，俠國子祭酒，仁殿中監，僾祕書監。寶應元年，詔復琰王爵。

鄂王瑤，既封，遙領幽州都督、河北節度大使。開元二十三年，與榮、光、儀、潁、永、壽、延、盛、濟、信、義十一王並授開府儀同三司，實封二千戶。詔詣東宮、尚書省，上日百官集送，有司供張設樂。是日，悉拜王府官屬，然未有府也，而選任冒濫，時不以爲榮。

靖恭太子琬，始王鄄，徙王榮。爲京兆牧，領隴右節度大使。又詔親巡按隴右，選關內、河東飛騎五萬防盛秋。累兼單于、安北大都護。安祿山反，詔琬爲征討元帥，募河、隴兵屯陝，以高仙芝副之，會薨。琬風格秀整，有素望，中外倚之。及薨，莫不爲國悵悵。詔加贈謚。

琬男女五十八人，得王者三人，俯王濟陰郡，偕北平，倩陳留；倞衞尉卿，儇祕書監，佩鴻臚卿。

光王琚，開元十三年始王，與儀、潁、永、壽、延、盛、濟七王同封。俄領廣州都督。勇力

善騎射，帝愛之。與鄂王同居，友睦甚，皆篤學。既廢，無嗣。初，琚名涺，儀王濰，潁王澐，永王澤，壽王清，延王洄，盛王沐，濟王溢，信王沔，義王漼，陳王沚，豐王澄，恆王潓，涼王漎，汴王滔，至二十三年，詔悉改今名。

夏悼王一，生韶秀，以母寵，故鍾愛，命之曰一。未免懷薨，追爵及謚。時帝在東都，故葬龍門東岑，欲宮中望見云。

儀王璲，既封，授河南牧。薨，贈太傅。子佚王鍾陵郡，健廣陵。

潁王璬，喜讀書，好文辭。開元十五年，遙領安東都護。安祿山反，詔領劍南節度大使，以楊國忠爲之副。帝西出，令御史大夫魏方進爲置頓使，移書劍南屬郡，託璬之藩，大設儲偫。璬先即鎮，更以蜀郡長史崔圓爲副。璬濟江，舟中以綵席藉步，命徹之，曰：「此可褻，奈何踐之？」璬之出遽，不及受節，司馬史賁請建大槊，蒙油囊，先驅以威道路。璬笑曰：「既爲眞王矣，安用假節爲？」將至成都，崔圓迎拜馬前，璬不爲禮，圓銜之。璬視事再踰月，人便其寬，圓奏罷居內宅。乃詔宣慰肅宗於彭原，從還京師。建中四年薨，年六十六。

子伸爲滎陽王，僻高邑王，倪楚國公，偉夔國公。

懷思王敏，貌豐秀若圖畫，帝愛之。甫晬薨，追爵及謚，祔葬敬陵。

永王璘，少失母，肅宗自養視之。長聰敏好學。貌陋甚，不能正視。既封，領荊州大都督。安祿山反，帝至扶風，詔璘即日赴鎮。俄又領山南、江西、嶺南、黔中四道節度使，以少府監竇昭爲副。璘至江陵，募士得數萬，補署郎官、御史。

時江淮租賦鉅億萬，在所山委。璘生宮中，於事不通曉，見富且彊，遂有闚江左意，以薛鏐、李臺卿、韋子春、劉巨鱗、蔡駉爲謀主。肅宗聞之，詔璘還覲上皇于蜀，璘不從。其子襄城王偒，剛鷙乏謀，亦樂亂，勸璘取金陵。即引舟師東下，甲士五千趨廣陵，以渾惟明、季廣琛、高仙琦爲將，然未敢顯言取江左也。

會吳郡採訪使李希言平牒璘，璘因發怒曰：「寡人上皇子，皇帝弟，地尊禮絕。今希言乃平牒抗威，落筆署字，何邪？」乃使惟明襲希言，而令廣琛趨廣陵，攻採訪使李成式。璘至當塗，希言已屯丹楊，遣將元景曜等拒戰，不勝，降於璘，江淮震動。

明年，肅宗遣宦者啖廷瑤等與成式謀招喻之。時河北招討判官李銑在廣陵，有兵千餘，

廷瑤邀銑屯揚子，成式又遣裴茙以廣陵卒三千戍伊婁埭，張旗幟，大閱士。璘與偒登陴望之，有懼色。廣琛知事不集，謂諸將曰：「與公等從王，豈欲反邪？上皇播遷，道路不通，而諸子無賢於王者。如總江淮銳兵，長驅雍、洛，大功可成。今乃不然，使吾等名絓叛逆，如後世何？」衆許諾，遂割臂盟。於是惟明奔江寧，馮季康奔白沙，廣琛以兵六千奔廣陵。璘使騎追躡之，廣琛曰：「我德王，故不忍決戰，逃命歸國耳。若逼我，且決死。」追者止，乃免。

是夜，銑陣江北，夜然束葦，人執二炬，景亂水中，覘者以倍告，璘軍亦舉火應之。璘疑王師已濟，擕兒女及麾下遁去。遲明覺其紿，復入城，具舟檝，使偒驅衆趨晉陵。諜者告曰：「王走矣！」成式以兵進，先鋒至新豐，璘使偒、仙琦逆擊之。銑合勢，張左右翼，射偒中肩，軍遂敗。仙琦與璘奔鄱陽，司馬閉城拒，璘怒，焚城門入之，收庫兵，掠餘干，將南走嶺外。皇甫侁兵追及之，戰大庾嶺，璘中矢被執，侁殺之。偒爲亂兵所害，仙琦逃去。

璘未敗時，上皇下誥：「降爲庶人，徙置房陵。」及死，侁送妻子至蜀，上皇傷悼久之。肅宗以少所自鞠，不宣其罪。謂左右曰：「皇甫侁執吾弟，不送之蜀而擅殺之，何邪？」由是不復用。薛鏐等皆伏誅。

子僙爲餘姚王，偵莒國公，僨郯國公，伶、儀並國子祭酒。

壽王瑁，母惠妃頻姙不育，及瑁生，寧王請養邸中，元妃自乳之，名爲己子，故封比諸王最後。開元十五年，遙領益州大都督。初，帝以永王等尚幼，詔不入謁。瑁七歲，請與諸兄來謝，拜舞有儀矩，帝異之。寧王薨，請制服以報私恩，詔可。大曆十年薨，贈太傅。

子王者三人，僾王德陽郡，伓濟陽郡，僙廣陽郡，伉薛國公，傑國子祭酒。

延王玢，母尚書右丞範之孫，帝重其名家，而玢亦仁愛有學。既封，遙領安西大都護。帝入蜀，玢凡三十六子，不忍棄，故徐進，數日，見行在所，帝怒，漢中王瑀申救得解，聽歸靈武。興元元年薨。

子倬王彭城郡，侹平陽，倞魯國公，偃荆國公，优太僕卿。

盛宜王琦，既封，領揚州大都督。帝之西，詔爲廣陵大都督、淮南江東河南節度大使，以劉彙爲副，李成式爲副大使，琦不行。廣德二年薨，贈太傅。

子儹封眞定王，佩武都王，俗徐國公，係許國公。

濟王環，逸其薨年。子僳王永嘉郡，俛平樂郡。

信王瑝，開元二十一年始王，與義、陳、豐、恆、涼、汴六王同封。子佟封新安王，倜晉陵王。

義王玼，與信王並失薨年。子儀爲舞陽王，僇高密王。

陳王珪，二十一子，得王者三人，倫王安南郡，佗臨淮，佼安陽。

豐王珙，已封，爲左衞大將軍。帝至普安，授珙武威都督、河西隴右安西北庭節度大使，以隴西太守鄧景山爲副，珙不行。

廣德初，吐蕃入京師，代宗幸陝，將軍王懷忠閉苑門，以五百騎劫諸王西迎虜，遇郭子儀，懷忠曰：「上東遷，宗社無主，今僕奉諸王西奔，以係天下望。公爲元帥，惟所廢置。」子儀未對。珙輒曰：「公何如？」司馬王延昌質責珙曰：「上雖蒙塵，未有失德，王爲藩翰，安得狂悖之言？」子儀亦讓之，卽護送行在所，帝赦不責。珙語不遜，羣臣恐其亂，請除之，乃賜死。

子佻爲齊安王。

恆王瑱，好方士，常服道士服。從帝幸蜀，還，代宗時薨。

涼王璿，母高平王重規之女，宮中號小武妃者。璿薨代宗時。子仂爲瀘陽郡王。

汴哀王璥，於諸子爲最少，初封纔數歲，容貌秀澈，有成人風，帝愛之。開元二十三年，授右千牛衞大將軍。明年，薨。

唐制，親王封戶八百，增至千，公主三百，長公主止六百。高宗時，沛英豫三王、太平公主武后所生，戶始踰制。垂拱中，太平至千二百戶。聖曆初，相王、太平皆三千，壽春等五王各三百。神龍初，相王、太平至五千，衞王三千，溫王二千，壽春等王皆七百，嗣雍、衡陽、臨淄、巴陵、中山王五百，安樂公主二千，長寧千五百，宣城、宜城、宣安各千，相王女爲縣主，各三百。相王增至七千，安樂三千，長寧二千五百，宜城以下二千。相王、太平、長寧、安樂以七丁爲限，雖水旱不蠲，以國租、庸滿之。中宗遺詔，雍、壽春王進爲親王，戶千。開元後，天子敦睦兄弟，故寧王戶至五千五百，岐、薛五千，申王以外家微，戶四千，邠王千八百，帝妹戶千，中宗諸女如之，通以三丁爲限。及皇子封王，戶二千，公主五百。咸宜公主以母惠妃故，封至千，自是，諸公主例千戶止。

初，文德皇后崩，晉王最幼，太宗憐之，不使出閤。豫王亦以武后少子不出閤，嗣聖初，

卽帝位，及降封相王，乃出閤。中宗時，譙王失愛，遷外藩，溫王年十七，猶居宮中，遂立爲帝。開元後，皇子幼，多居禁內，既長，詔附苑城爲大宮，分院而處，號「十王宅」，所謂慶、忠、棣、鄂、榮、光、儀、潁、永、延、盛、濟等王，以十，舉全數也。中人押之，就夾城參天子起居。家令日進膳。引詞學士入授書，謂之侍讀。壽、信、義、陳、豐、恆、涼七王就封，亦居十宅。鄂、光廢死，忠王立爲太子，慶、棣繼薨，唯榮、儀十四王居院，而府幕列於外坊，歲時通名起居。既又諸孫多，則於宅外更置「百孫院」。天子歲幸華清宮，又置十王、百孫院于宮側。宮人每院四百餘，百孫院亦三四十人。禁中置維城庫，以給諸王月奉。諸孫納妃，嫁女，就十王宅。太子不居東宮，處乘輿所幸別院。太子、親王、公主婚嫁並供帳於崇仁之禮院。此承平制云。

肅宗十四子：章敬皇后生代宗皇帝，宮人孫生係，張生倓，王生佖，陳婕妤生僅，韋妃生僩，張美人生侹，後宮生榮，裴昭儀生僙，段婕妤生倕，崔妃生偲，張皇后生佋、侗，後宮生僖。

越王係，生開元時。玄宗末年，悉王太子子，故係王南陽郡。帝卽位，至德二載十二月，

進王趙，與彭、兗、涇、鄆、襄、杞、召、興、定九王同封。

乾元二年，九節度兵潰河北，朝廷震駭，乃以李光弼代郭子儀總兵關東，而光弼請賢王爲帥，於是詔係充天下兵馬元帥，而光弼以司空兼侍中、薊國公副，知節度行營事，係留京師。史思明陷洛陽，係請行，不聽。明年，徙王越。

帝寢疾，皇太子監國，張皇后與中人李輔國有隙，因召太子入，謂曰：「輔國典禁軍，用事久，四方詔令皆出其口，矯天子制，逼徙聖皇，天下側目。今上疾彌留，輔國常怏怏，忌吾與汝。又程元振陰結黃門，圖不軌。若釋不誅，禍不移頃。」太子泣曰：「此二人者，陛下勳舊，而上體不豫，重以此事，得無震驚乎？願出外徐計之。」后曰：「是難與共事者！」乃召係曰：「汝能行此乎？」係許諾。卽遣內謁者監段恆俊選材勇宦者二百人，授甲長生殿，以帝命召太子。元振以告輔國，乃相與勒兵凌霄門，迎太子，以難告。太子曰：「上疾亟，吾可懼死不赴乎？」元振曰：「赴則及禍。」乃以兵護太子止飛龍廄，勒兵夜入三殿，收係及恆俊等百餘人繫之，幽后別殿。后及係皆爲輔國所害。係三子：建王武威郡，逌興道，逾齊國公。

承天皇帝倓，始王建寧。英毅有才略，善騎射。祿山亂，典親兵，扈車駕。度渭，百姓遮道留太子，太子使喻曰：「至尊播遷，吾可以違左右乎？」倓進說曰：「逆胡亂常，四海崩

分，不因人情圖興復，雖欲從上入蜀，而散關以東非國家有。夫大孝莫若安社稷，殿下當募豪桀，趣河西，收牧馬。今防邊屯士不下十萬，而光弼、子儀全軍在河朔，與謀興復，策之上者。」廣平王亦贊之，於是議定。太子北過渭，兵仗鹽惡，士氣崩沮，日數十戰。倓以驍騎數百從，每接戰，常身先，血殷袂，不告也。太子或過時未食，倓輒涕泗不自勝，三軍皆屬目。

至靈武，太子卽帝位，議以倓爲天下兵馬元帥，左右固請廣平王。帝曰：「廣平既冢嗣，安用元帥？」答曰：「太子從曰撫軍，守曰監國。元帥，撫軍也，莫宜於廣平王。」帝從之，更詔倓典親軍，以李輔國爲府司馬。時張良娣有寵，與輔國交搆，欲以動皇嗣者。倓忠謇，數爲帝言之，由是爲良娣、輔國所譖，妄曰：「倓恨不總兵，鬱鬱有異志。」帝惑偏語，賜倓死，俄悔悟。

明年，廣平王收二京，使李泌獻捷。泌與帝雅素，從容語倓事，帝改容曰：「倓於艱難時實自有力，爲細人間闘，欲害其兄，我計社稷，割愛而爲之所。」泌曰：「爾時臣在河西，知其詳。廣平於兄弟篤睦，至今言建寧，則嗚咽不自已。陛下此言得之讒口耳。」帝泣下曰：「事已爾，末耐何！」泌曰：「陛下嘗聞黃臺瓜乎？高宗有八子，天后所生者四人，自爲行，而睿宗最幼。長曰弘，爲太子，仁明孝友，后方圖臨朝，鴆殺之，而立次子賢。賢日憂惕，每侍上，不敢有言，乃作樂章，使工歌之，欲以感悟上及后。其言曰：『種瓜黃臺下，瓜熟子離離。一摘使瓜好，再摘令瓜稀。三摘尚云可，四摘抱蔓歸。』而賢終爲后所斥，死黔中。陛下今一摘矣，愼無再！」帝愕然曰：「公安得是言？」是時，廣平有大功，亦爲后所構，故泌因對及之，廣平遂安。及卽位，追贈倓齊王。大曆三年，有詔以倓當艱難時，首定大謀，排衆議，於中興有功，乃進謚承天皇帝，以興信公主季女張爲恭順皇后，冥配焉，葬順陵，祔主奉天皇帝廟，同殿異室云。

初，李泌請加贈倓，代宗曰：「倓性忠孝，而困於讒，追帝之，若何？」答曰：「開元中，上皇兄弟皆贈太子。」帝曰：「是特祖宗友愛耳，豈若倓有功乎？」於是追帝號。遣使迎喪彭原，既至城門，喪輴不動。帝謂泌曰：「豈有恨邪？卿往祭之，以白朕意。且卿及知倓艱難定策者。」泌爲挽詞二解，追述倓志，命挽士唱，泌因進酹，輴乃行，觀者皆爲垂泣。

衞王泌，始王西平。蚤薨。寶應元年五月，與鄆王同追封。

彭王僅，始王新城，進封彭。史思明陷河、洛，人心震騷，羣臣請以諸王臨統方鎭兵，遙相維壓。於是詔僅充河西節度，兗王北庭，涇王隴右，杞王陝西，興王鳳翔，並爲大使。是歲僅薨。

子鎭爲常山郡王。

兗王僩，始王潁川，進王兗。寶應元年薨。

涇王侹，始王東陽，進王涇。興元元年薨。

鄆王榮，始王靈昌。蚤薨，追封。

襄王僙，至德二載始王，與杞、召、興、定四王同封。貞元七年薨。子宣爲伊吾郡王，宲樂安王。宣裔孫熅。

熅，性謹柔，材無過人者。光啓二年，田令孜逼僖宗幸興元，邠寧節度使朱玫以五千騎追乘輿不及。熅以疾不能從，玫劫之，駐鳳翔，得臺省官百餘，乃脅宰相蕭遘等率羣臣盟石鼻驛，奉熅爲嗣襄王，監軍國事，因還京師，卽封拜官屬。初，遘執不可，於是罷遘，而玫自爲侍中，號令己出。以裴澈爲門下侍郎，鄭昌圖中書侍郎，皆平章事。遣柳陟等十餘人分諭天下嗣襄王所以監國意，皆得進官。玫又脅太子太師裴璩等奉牋勸進，熅五讓乃卽位，改元建貞，尊僖宗爲太上元皇聖帝。河中節度使王重榮率諸藩貢奉，歸者十八九，而蔡州秦宗權自僭號，惟太原李克用不從。時帝遣使喻重榮、克用，故二人聽命。樞密使

楊復恭等傳檄三輔，募能斬玫者，以邠寧節度畀之。其僞將王行瑜自鳳州入京師殺玫，而煴與澈、昌圖并官屬奔東渭橋。重榮紿使迎之，煴與官屬別，且泣曰：「朕見重榮，當令備所服迓公等。」至蒲，執殺之，因械澈等于獄，誅殺僞官，函煴首至行在所。煴卽僞位凡九月敗。始，煴首至，羣臣白帝御興元南門受之，百官稱賀。太常博士殷盈孫奏言：「禮，公族有罪，有司曰：『某之罪在大辟。』君曰：『赦之。』如是者三，走出，致刑焉，君爲素服不舉者三日。今煴皇族，以不能固節，迫脅至此，宜廢爲庶人，絕屬籍，葬以庶人禮。大捷之慶，須朱玫首至乃賀。」詔可。

杞王倕，貞元十四年薨。

召王偲，元和元年薨。

恭懿太子佋，始封興王。上元元年薨。佋生，后方專愛，帝最憐之。后數撼儲嫡，欲以佋嗣，會薨，計塞。是夕，帝及后夢佋辭決流涕去，帝鯁悵，故册贈皇太子。

定王侗，寶應初薨。

代宗二十子：睿眞皇后生德宗皇帝，崔妃生邈，貞懿皇后生迥；十七王，史亡其母之氏、位。

昭靖太子邈，好學，以賢聞。上元二年始王益昌。帝卽位，寶應元年進王鄭，與韓王同封。淄青牙將李懷玉逐其帥侯希逸，詔邈爲平盧淄青節度大使，以懷玉知留後。大曆初，代皇太子爲天下兵馬元帥。八年薨，遂罷元帥府。

均王遐，早薨。貞元八年追封。

睦王述。大曆十年，田承嗣不臣，而昭靖夭，無疆王，帝乃悉王諸子，領諸鎭軍，威天下。於是以述爲睦王，領嶺南節度，逾郴王、渭北鄜坊節度，迥韓王、汴宋節度，造忻王、昭義節度，皆爲大使；連爲恩王，遘鄜王，暹韶王，遇端王，遹循王，通恭王，逵原王，逸雅王，並開府儀同三司，然不出閤。

德宗建中初，周天下訪太后所在，述於諸王最長，故拜奉迎太后使，以工部尚書喬琳副之。貞元七年薨。

丹王逾，始王郴，建中四年，與簡王同徙封。元和十五年薨。

恩王連，元和十二年薨。

韓王迥，始王延慶郡，以母寵，故與鄭王先徙封。貞元十二年薨。

簡王遘，始王鄜，徙封簡。元和四年薨。

益王迺，大曆十四年始王。亡薨年。

隋王迅，興元元年薨。

荆王選，蚤薨，建中二年追王。

蜀王遡，本名遂，大曆十四年始王，建中二年改今名。

忻王造，元和六年薨。

韶王暹，貞元十二年薨。

嘉王運，貞元十七年薨。

端王遇，貞元七年薨。

循王遹，亡薨年。

恭王通，亡薨年。

原王逵，大和六年薨。

雅王逸，貞元十五年薨。

德宗十一子：昭德皇后生順宗皇帝，帝取昭靖太子子誼爲第一子，又取順宗子謜爲第六子；餘八王，史亡其母之氏、位。

舒王誼，初名謨。帝愛其幼，取爲子。大曆十四年始王舒，與通、虔、肅、資四王同封。拜開府儀同三司，詔有司給奉稍，俄以軍興罷。謨於諸王最長，帝欲試以事，故拜涇原節度大使。時尙父郭子儀病篤，帝臨軒遣謨持詔往視。謨冠遠游冠，御絳袍，乘象輅四馬，飛龍士三百，國府官皆袴褶以從。子儀手叩頭謝恩。謨宣詔已，乃易服勞問還。於是，李希烈反，招討使李勉戰不勝，奔宋州，朝廷大震。乃拜謨揚州大都督、荆襄江西沔鄂節度使、諸軍行營兵馬都元帥。改名誼。軍中以哥舒翰由元帥敗，而王所封同之，帝乃

使徒王普。以兵部侍郎蕭復爲統軍長史，湖南觀察使孔巢父爲行軍左司馬，山南東道節度行軍司馬樊澤爲右，刑部員外郎劉從一、侍御史韋儹爲判官，兵部員外郎高參掌書記，右金吾大將軍渾瑊爲中軍虞候，江西節度使嗣曹王皋爲前軍兵馬使，鄂岳團練使李兼副之，山南東道節度使賈耽爲中軍兵馬使，荆南節度使張伯儀爲後軍兵馬使，左神武軍使王价、左衞將軍高承謙、檢校太子詹事郭曙、檢校右庶子常愿爲押衙。未及行，涇原兵反，詔從帝出奉天。朱泚攻城，誼晝夜傳勞諸軍不解帶。帝還京師，復故封揚州大都督如故。永貞元年薨。

通王諶，始王，拜開府儀同三司。貞元九年，領宣武節度大使，以李萬榮爲留後，二年徙河東，以李說爲留後，皆不出閤。

虔王諒，以王拜開府儀同三司。貞元二年，領蔡州節度大使，以吳少誠爲留後；十年，徙節朔方靈鹽，以李欒爲留後；明年，領橫海，又徙徐州，以程懷信、張愔爲留後。不出閤。

肅王詳，資秀異，帝愛之。建中二年薨，甫四歲。帝欲用浮屠說，塔而不墳，禮儀判官李岧諫非禮，乃止。詔贈揚州大都督。

文敬太子謜，見愛於帝，命爲子。貞元初，先諸王王邕。歷義武、昭義二軍節度大使，以張茂昭、王虔休爲留後，不出閤。十五年薨，年十八，追贈及謚。葬日，羣臣以位而哭通化門外。陵及廟置令、丞云。

資王謙，亡薨年。

代王諲，始王縉雲郡。蚤薨，建中二年追王。

昭王誠，貞元二十一年始王。亡薨年。

欽王諤，順宗卽位，與珍王同封。亡薨年。

珍王諴，大和六年薨。

順宗二十七子：莊憲皇后生憲宗皇帝及綰，張昭訓生經，趙昭儀生結，王昭儀生總、約、緄；餘二十王，史亡母之氏、位，四王蚤薨，亡官謚。

郯王經，本名漢。貞元四年，始王建康郡，與廣陵、洋川、臨淮、弘農、漢東、晉陵、高平、雲安、宣城、德陽、河東、洛交十二王同封。二十一年，又與均、溆、莒、密、郇、邵、宋、集、冀、和、衡、欽、會、珍、福、撫、岳、袁、桂、翼二十王皆進王。王二十九年，大和八年薨。

均王緯，初名洒。王洋川，後進王。王三十三年，開成二年薨。

溆王縱，初名洵。王臨淮，後進王。王三十二年，開成元年薨。

莒王紓，初名浼。爲祕書監。王弘農，後進王。王二十九年，大和八年薨。

密王綢，初名泳。王漢東，後進王。王三年，元和二年薨。

郇王總，初名湜。授少府監。王晉陵，後進王。王四年，元和三年薨。

邵王約，初名潋。爲國子祭酒。王高平，進王。王二年，元和元年薨。

宋王結，初名滋。王雲安，進王。王十八年，長慶二年薨。

集王緗，初名淮。王宣城，進王。王十八年，長慶二年薨。

冀王絿，初名滑。爲太常卿。王德陽，進王。王三十年，大和九年薨。

和王綺，初名浥。王河東，進王。王二十八年，大和七年薨。

衡王絢，王二十二年，寶曆二年薨。

會王纁，王六年，元和五年薨。

福王綰，歷魏博節度大使。咸通元年，進拜司空。王五十七年，咸通二年薨。

珍王繕，初名況。王洛交，後進王。亡薨年。

撫王紘，咸通初，歷司空，又進司徒、太尉。王七十三年，乾符三年薨。

岳王緄，王二十三年，大和二年薨。

袁王紳，王五十六年，咸通元年薨。

桂王綸，王十年，元和九年薨。

翼王綽，王五十八年，咸通三年薨。

蘄王緝，王六年，咸通八年薨。

欽王績，亡薨年。

憲宗二十子：紀美人生寧，懿安皇后生穆宗皇帝，孝明皇后生宣宗皇帝；餘十七王，皆後宮所生，史逸其母之號、氏。

惠昭太子寧，貞元二十一年，始王平原，與同安、彭城、高密、文安四王同封。帝即位，進王鄧，與澧、深、洋、絳四王同封。

於是國嗣未立，李絳等建言：「聖人以天下爲大器，知一人不可獨化，四海不可無本，故建太子以自副，然後人心定，宗祏安，有國不易之常道。陛下受命四年，而冢子未建，是開窺覦之端，乖慎重之義，非所以承列聖，示萬世。」帝曰：「善。」以寧爲皇太子，更名宙，前以制示絳等。未幾，復初名。冊禮用孟夏，雨，不克，改用孟秋，亦雨，多十月克行禮。明年薨，年十九。

澧王惲，始王同安，後進王。惠昭之喪，吐突承璀議復立儲副，意屬惲，帝自以穆宗爲太子。帝崩之夕，承璀死，王被殺，祕不發喪，久之以告，廢朝三日。三子：曰漢，王東陽郡；曰源，安陸；曰演，臨安。

初，惲名寬，深王察，洋王寰，絳王寮，建王審，元和七年，並改今名。

深王悰，始王彭城郡，進王深。子潭王河內，淑吳興。

洋王忻，始王高密，進王洋。大和二年薨。子沛王潁川郡。

絳王悟，始王文安，進王。敬宗崩，蘇佐明等矯詔以王領軍國事。王守澄等立文宗，王見殺。二子：洙王新安，滂高平。

建王恪，元和元年始封。時淄青節度使李師古死，其弟師道丐符節，故詔恪爲鄆州大都督，平盧軍淄青等州節度大使，以師道爲留後，然不出閤。長慶元年薨，無嗣。

鄜王憬，長慶元年始王，與瓊、沔、婺、茂、淄、衢、澶七王同封。開成四年薨。子溥平陽郡王。

瓊王悅，子津河間郡王。

沔王恂，子瀛晉陵郡王。

婺王懌，子清新平郡王。

茂王愔，子濾武功郡王。

淄王協，開成元年薨。子滸許昌郡王，渙馮翊郡王。

衢王憺〔二〕，子涉晉平郡王。

澶王悅，子濘鴈門郡王。

棣王惴，大中六年始王，與彭、信二王同封。咸通三年薨，無嗣。

彭王惕，乾寧中，韓建殺之石隄谷。無嗣。

信王憻，咸通八年薨，無嗣。

榮王憒，咸通三年始王。廣明初，拜司空。子令平嗣王。

凡八王，史失其薨年。

穆宗五子：恭僖皇后生敬宗皇帝，貞獻皇后生文宗皇帝，宣懿皇后生武宗皇帝；餘二王，亡其母之氏、位。

懷懿太子湊，少雅裕，有尋矩。長慶元年始王漳，與安王同封。

文宗即位，疾王守澄顓很，引支黨橈國，謀盡誅之，密引宰相宋申錫使爲計。守澄客鄭注伺知之，以告，乃謀先事殺申錫。又以王賢，有中外望，因欲株聯大臣族夷之。乃令神策虞候豆盧著上飛變，且言：「宮史晏敬則、朱訓與申錫昵吏王師文圖不軌，訓嘗言上多疾，太子幼，若兄終弟及，必漳王立。申錫陰以金幣進王，而王亦以珍服厚答。」即捕訓等繫神策獄，榜掠定其辭。諫官羣伏閤極言，出獄牒付外雜治。注等懼事洩，乃請下詔貶王。帝未之悟，因黜湊爲巢縣公，時大和五年也。命中人持詔即賜，且慰曰：「國法當爾，無它憂！」

八年薨，贈齊王。注後以罪誅，帝哀湊被譖死不自明，開成三年追贈。

安王溶。初，楊賢妃得寵於文宗，晚稍多疾，妃陰請以王爲嗣，密爲自安地。帝與宰相李珏謀，珏謂不可，乃止。及帝崩，仇士良立武宗，欲重己功，即擿溶嘗欲以爲太子事，殺之。

敬宗五子：妃郭氏生普，餘四王，亡母之氏、位。

悼懷太子普，姿性韶悟。寶曆元年始王晉。文宗愛之若己子，嘗欲爲嗣。大和二年薨，帝惻念不能已，故贈卹加焉。

敬宗第二子休復，文宗開成二年封梁王，第三子執中爲襄王，第四子言揚爲紀王，第五子成美爲陳王。

陳王成美。執中子湊爲樂平郡王。

初，文宗以莊恪薨，大臣數請建東宮，開成四年，帝乃立成美爲皇太子，典冊未具而帝崩，仇士良立武宗，殺之於邸。子儼王宣城郡。

文宗二子：王德妃生永，後宮生宗儉。

莊恪太子永，大和四年始王魯。帝以王幼，宜得賢輔，因召見傅和元亮。元亮以卒史進，有所問，不能答。帝責謂宰相：「王可教，官屬應任士大夫賢者，寧元亮比邪！」於是劇選戶部侍郎庾敬休兼王傅，太常卿鄭肅兼長史，戶部郎中李踐方兼司馬。六年，遂立爲皇太子。帝承寶曆荒怠，身勤儉率天下，謂晉王生謹敏，欲引爲嗣，會蚤夭，故久不議東宮事。及太子立，天下屬心焉。

開成三年，詔宮臣詣崇明門謁朔望，侍讀偶日入對。太子稍事燕豫，不能壹循法，保傅戒告，愁不納。又母愛弛，楊賢妃方幸，數譖之。帝它日震怒，御延英，引見羣臣，詔曰：「太子多過失，不可屬天下，其議廢之。」羣臣頓首言：「太子春秋盛，雖有過，尚可改。且天下本，不可輕動，惟陛下幸赦。」御史中丞狄兼謩流涕固爭，帝未決，罷。羣臣又連章論救，意稍釋，詔太子還少陽院，以中人護視，誅倖昵數十人，敕侍讀竇宗直、周敬復詣院授經。然太子終不能自白其讒，而行已亦不加脩也。是年暴薨，帝悔之。

明年，下詔以陳王爲太子，置酒殿中。有俳兒緣橦，父畏其顚，環走橦下。帝感動，謂左右曰：「朕有天下，返不能全一兒乎！」因泣下。即取坊工劉楚才等數人付京兆榜殺之，及禁中女倡十人斃永巷，皆短毀太子者。宰相楊嗣復等不及知，因言：「楚才等罪當誅，京兆殺之，不覆奏，敢以請。」翌日，詔京兆後有決死敕不覆者，亦許如故事以聞。

蔣王宗儉，開成二年始王。亡薨年。

武宗五子，其母氏、位皆不傳。

杞王峻，開成五年始王；

益王峴，會昌二年始王，與兗、德、昌三王同封：

兗王岐；

德王嶧；

昌王嵯：並逸其薨年。

宣宗十一子：元昭太后生懿宗皇帝，餘皆亡其母之氏、位。

靖懷太子渼，會昌六年始王雍，與夔、慶二王同封。大中六年薨，有詔追册。

雅王涇，大中元年始王。亡薨年。

通王滋，會昌六年始王夔，與慶王沂同封。帝初詔鄆王居十六宅，餘五王處大明宮內院，以諫議大夫鄭漳、兵部郎中李鄴爲侍讀，五日一謁乾符門，爲王授經。鄆王立爲懿宗，乃罷。滋徙王。

昭宗乾寧三年，領侍衞諸軍。是時，誅王行瑜，而李茂貞怨，以兵入覲，詔滋與諸王分統安聖、奉宸、保寧、安化軍衞京師。天子將狩太原，韓建道迎之，留次華州。建畏王等有兵，遣人上急變，告諸王欲殺建，脅帝幸河中。帝驚，召建諭之，稱疾不肯入。敕滋與睦王、濟王、韶王、彭王、韓王、沂王、陳王謁建自解，建留軍中，奏言：「中外異體，臣不可以私見。」又言：「晉八王擅權，卒敗天下。請歸十六宅，悉罷所領兵。」帝不許。建以兵環行在，請誅

大將李筠。帝懼，斬筠以謝。建盡逐衞兵，自是天子孤弱矣。

初，帝使嗣延王戒丕、嗣丹王允往見李克用，二王還，建惡之；又嗣覃王嗣督軍伐茂貞，於是劾奏：「比歲兵纏近輔，諸王階其禍，使乘輿越在下藩，不得安，臣已請解其兵。今延、覃、丹三王尚陰計以危國，請誅之。」帝曰：「渠至是邪？」後三日，與劉季述矯詔以兵攻十六宅。諸王被髮乘垣走，或升屋極號曰：「帝救我！」建乃將十一王并其屬至石隄谷殺之，徐以謀反聞，天下冤之。濟、韶、彭、韓、沂、陳、延、覃、丹九王，史逸其系胄云。

慶王沂，大中十四年薨。

濮王澤，大中二年始王。亡薨年。

鄂王潤，大中五年始王。乾符三年薨。

懷王洽，大中八年與昭、康二王同封。亡薨年。

昭王汭，乾符三年薨。

康王汶，乾符四年薨。

廣王澭，大中十一年始王，與衞王同封。乾符四年薨。

衞王灌，大中十四年薨。

懿宗八子：惠安皇后生僖宗皇帝，恭憲皇后生昭宗皇帝，餘六王亡其母氏、位。

魏王佾，咸通三年始王，與涼、蜀二王同封。

涼王侹，乾符六年薨。

蜀王佶。

威王偘，咸通六年始王郢，十年徙王。

吉王保，咸通十三年始王，與睦王同封。王於兄弟爲最賢。始，僖宗崩，王最長，將立之，楊復恭獨議以昭宗嗣。乾寧元年，李茂貞等以兵入京師，謀廢帝立王，會李克用以兵逐行瑜，乃止。

恭哀太子倚，初封睦王。爲劉季述所殺，天復初追贈。

僖宗二子，史失其母氏、位。

建王震，中和元年始王；

益王陞，光啓三年始王：並亡薨年。

昭宗十七子：積善皇后生裕及哀皇帝，餘皆失母之氏、位。

德王裕，大順二年始王。帝幸華州，韓建已奪諸王兵，不自安，乃請王皇子之未王者，既又殺諸王，因請立裕爲皇太子，釋言於四方，時乾寧四年也。劉季述等幽帝東內，奉裕即皇帝位。季述誅，裕匿右軍，或請殺之，帝曰：「太子沖孺，賊彊立之，且何罪？」詔還少陽院，復爲王。

朱全忠自鳳翔還，見王春秋盛，標宇軒秀，忌之，密語崔胤曰：「王既竊帝矣，大義滅親，渠可留？公任宰相，盍啓之？」胤從容言如全忠意，帝不許。他日，以語全忠，全忠曰：「此國大事，臣安敢與？此必胤賣臣也。」乃免。帝遷洛，它日謂蔣玄暉曰：「德王，朕愛子，全忠奈何欲殺之？」言已泣下，自齧指流血。玄暉即摘語全忠，全忠恚。帝被弑，玄暉置酒邀諸王九曲池，飲酣，皆殺之，投尸水中。

棣王祤，乾寧元年始王，與虔、沂、遂三王同封。

虔王禊。

沂王禋。

遂王禕。

景王祕，乾寧四年始王，與祁王同封。

祁王祺。

雅王禛，光化元年始王，與瓊王同封。

瓊王祥。

端王禎，天祐元年始王，與豐、和、登、嘉四王同封。

豐王祁。

和王福。

登王禧。

嘉王祜。

潁王禔，天祐二年始王，與蔡王祐同封。

蔡王祐。

贊曰：唐自中葉，宗室子孫多在京師，幼者或不出閤，雖以國王之，實與匹夫不異，故無赫赫過惡，亦不能爲王室軒輊，運極不還，與唐俱殫。然則曆數短長，自有底止。彼漢七國、晉八王，不得其效，愈速禍云。

校勘記

〔一〕衢王憺　「衢」，各本原作「衡」，本書卷八及舊書卷一六穆宗紀、册府卷二六五、通鑑卷二四一和本卷上文均作「衢」，據改。

唐書卷八十三

列傳第八

諸帝公主

世祖一女　高祖十九女　太宗二十一女　高宗三女　中宗八女
睿宗十一女　玄宗二十九女　肅宗七女　代宗十八女
德宗十一女　順宗十一女　憲宗十八女　穆宗八女　敬宗三女
文宗四女　武宗七女　宣宗十一女　懿宗八女　僖宗二女
昭宗十一女

世祖一女。

同安公主，高祖同母媦也。下嫁隋州刺史王裕。貞觀時，以屬尊進大長公主。嘗有疾，太宗躬省視，賜縑五百，姆侍皆有賚予。永徽初，賜實戶三百。薨年八十六。

裕，隋司徒柬之子，終開府儀同三司。

高祖十九女。

長沙公主，下嫁馮少師。

襄陽公主，下嫁竇誕。

平陽昭公主，太穆皇后所生，下嫁柴紹。初，高祖兵興，主居長安，紹曰：「尊公將以兵清京師，我欲往，恐不能偕，奈何？」主曰：「公行矣，我自爲計。」紹詭道走并州，主奔鄠，發家貲招南山亡命，得數百人以應帝。於是，名賊何潘仁壁司竹園，殺行人，稱總管，主遣家奴馬三寶喻降之，共攻鄠。別部賊李仲文、向善志、丘師利等各持所領會戲下，因略地盩厔、武功、始平，下之。乃申法誓衆，禁剽奪，遠近咸附，勒兵七萬，威振關中。帝度河，紹以數百騎並南山來迎，主引精兵萬人與秦王會渭北。紹及主對置幕府，分定京師，號「娘子軍」。帝即位，以功給賚不涯。

武德六年薨，葬加前後部羽葆、鼓吹、大路、麾幢、虎賁、甲卒、班劍。太常議：「婦人葬，古無鼓吹。」帝不從，曰：「鼓吹，軍樂也。往者主身執金鼓，參佐命，于古有邪？宜用之。」

高密公主，下嫁長孫孝政，又嫁段綸。綸，隋兵部尚書文振子，爲工部尚書、杞國公。永徽六年主薨，遺命：「吾葬必令墓東向，以望獻陵，冀不忘孝也。」

長廣公主，始封桂陽。下嫁趙慈景。慈景，隴西人，帝美其姿制，故妻之。帝起兵，或勸亡去，對曰：「母以我爲命，且安往？」吏捕繫于獄。帝平京師，引拜開化郡公，爲相國府文學。進兵部侍郎。爲華州刺史。討堯君素戰死，贈秦州刺史，謚曰忠。公主更嫁楊師道。聰悟有思，工爲詩，豪侈自肆，晚稍折節，以壽薨。

長沙公主，始封萬春。下嫁豆盧寬子懷讓。

房陵公主，始封永嘉。下嫁竇奉節，又嫁賀蘭僧伽。

九江公主，下嫁執失思力。

廬陵公主，下嫁喬師望，爲同州刺史。

南昌公主，下嫁蘇勗。

安平公主，下嫁楊思敬。

淮南公主，下嫁封道言。

眞定公主，下嫁崔恭禮。

衡陽公主，下嫁阿史那社尒。

丹陽公主，下嫁薛萬徹。萬徹蠢甚，公主羞，不與同席者數月。太宗聞，笑焉，爲置酒，悉召它壻與萬徹從容語，握槊賭所佩刀，陽不勝，遂解賜之。主喜，命同載以歸。

臨海公主，下嫁裴律師。

館陶公主，下嫁崔宣慶。

安定公主，始封千金。下嫁溫挺。挺死，又嫁鄭敬玄。

常樂公主，下嫁趙瓌。生女，爲周王妃，武后殺之。逐瓌括州刺史，徙壽州。越王貞將舉兵，遣瓌書假道，瓌將應之。主進使者曰：「爲我謝王，與其進，不與其退。

若諸王皆丈夫，不應淹久至是。我聞楊氏篡周，尉遲迥乃周出，猶能連突厥，使天下響震，況諸王國懿親，宗祏所託，不捨生取義，尙何須邪？人臣同國患爲忠，不同爲逆，王等勉之。」王敗，周興劾瓌與主連謀，皆被殺。

太宗二十一女。

襄城公主，下嫁蕭銳。性孝睦，動循矩法，帝敕諸公主視爲師式。有司告營別第，辭曰：「婦事舅姑如父母，異宮則定省闕。」止葺故第，門列雙戟而已。銳卒，更嫁姜簡。永徽二年薨，高宗舉哀於命婦朝堂，遣工部侍郎丘行淹馳赗弔祭，陪葬昭陵。喪次故城，帝登樓望哭以送柩。

汝南公主，蚤薨。

南平公主，下嫁王敬直，以累斥嶺南，更嫁劉玄意。

遂安公主，下嫁竇逵。逵死，又嫁王大禮。

長樂公主，下嫁長孫沖。帝以長孫皇后所生，故敕有司裝賫視長公主而倍之。魏徵曰：

「昔漢明帝封諸王曰：『朕子安得同先帝子乎？』然則長公主者，尊公主矣。制有等差，渠可越也？」帝以語后，后曰：「嘗聞陛下厚禮徵而未知也，今聞其言，乃納主於義，社稷臣也。妾於陛下，夫婦之重，有所言，猶俟顏色，況臣下情隔禮殊，而敢犯嚴顏陳忠言哉！願許之，與天下爲公。」帝大悅，因請齎帛四百匹、錢四十萬即徵家賜之。

豫章公主，下嫁唐義識。

比景公主，始封巴陵。下嫁柴令武，坐與房遺愛謀反，同主賜死。顯慶中追贈，立廟於墓，四時祭以少牢。

普安公主，下嫁史仁表。

東陽公主，下嫁高履行。高宗即位，進爲大長公主。韋正矩之誅，主坐婚家，斥徙集州。又坐章懷太子累，奪邑封。以長孫无忌舅族也，故武后惡之，垂拱中，并二子徙置巫州。

臨川公主，韋貴妃所生。下嫁周道務。主工籀隸，能屬文。高宗立，上孝德頌，帝下詔褒答。永徽初，進長公主，恩賞卓異。永淳初薨。

道務，殿中大監、譙郡公範之子。初，道務襁褓時，以功臣子養宮中。範卒，還第，毀瘠如成人。復內之，年十四乃得出。歷營州都督，檢校右驍衞將軍。謚曰襄。

淸河公主名敬，字德賢，下嫁程懷亮，薨麟德時，陪葬昭陵。懷亮，知節子也，終寧遠將軍。

蘭陵公主名淑，字麗貞，下嫁竇懷悊，薨顯慶時。懷悊官兗州都督，太穆皇后之族子。

晉安公主，下嫁韋思安，又嫁楊仁輅。

安康公主，下嫁獨孤諶。

新興公主，下嫁長孫曦。

城陽公主，下嫁杜荷，坐太子承乾事誅，又嫁薛瓘。

初，主之婚，帝使卜之，繇曰：「二火皆食，始同榮，末同戚，請晝昏則吉。」馬周諫曰：「朝謁以朝，思相戒也；講習以晝，思相成也；燕飲以昃，思相歡也；婚合以夜，思相親也。故上下有成，內外有親，動息有時，吉凶有儀。今先亂其始，不可爲也。夫卜所以決疑，若黷禮慢先，聖人所不用。」帝乃止。

麟德初，瓘歷左奉宸衞將軍。主坐巫蠱，斥瓘房州刺史，主從之官。咸亨中，主薨而瓘卒，雙柩還京師。

子顗，封河東縣侯、濟州刺史。琅邪王沖起兵，顗與弟紹以所部庸、調作兵募士，且應之。沖敗，殺都吏以滅口。事泄，下獄俱死。

合浦公主，始封高陽。下嫁房玄齡子遺愛。主，帝所愛，故禮異它婿。主負所愛而驕，房遺直以嫡當拜銀靑光祿大夫，讓弟遺愛，帝不許。玄齡卒，主導遺愛異貲，既而反譖之，遺直自言，帝痛讓主，乃免。自是稍疏外，主怏怏。會御史劾盜，得浮屠辯機金寶神枕，自言主所賜。初，浮屠廬主之封地，會主與遺愛獵，見而悅之，具帳其廬，與之亂，更以二女子從遺愛，私餉億計。至是，浮屠殊死，殺奴婢十餘。主益望，帝崩無哀容。又浮屠智勗迎占禍福，惠弘能視鬼，道士李晃高醫，皆私侍主。主使掖廷令陳玄運伺宮省禨祥，步星次。永徽中，與遺愛謀反，賜死。顯慶時追贈。

金山公主，蚤薨。

晉陽公主字明達，幼字兕子，文德皇后所生。未嘗見喜慍色。帝有所怒責，必伺顏徐徐辯解，故省中多蒙其惠，莫不譽愛。后崩，時主始孩，不之識；及五歲，經后所游地，哀不自勝。帝諸子，唯晉王及主最少，故親畜之。王每出閤，主送至虔化門，泣而別；王勝衣，

班于朝，主泣曰：「兄今與羣臣同列，不得在內乎？」帝亦爲流涕。主臨帝飛白書，下不能辨。薨年十二。帝閔三旬不常膳，日數十哀，因以癯羸。羣臣進勉，帝曰：「朕渠不知悲愛無益？而不能已，我亦不知其所以然。」因詔有司簿主湯沐餘貲，營佛祠墓側。

常山公主，未及下嫁，薨顯慶時。

新城公主，晉陽母弟也。下嫁長孫詮，詮以罪徙嶲州。更嫁韋正矩，爲奉冕大夫，遇主不以禮。俄而主暴薨，高宗詔三司雜治，正矩不能辯，伏誅。以皇后禮葬昭陵旁。

高宗三女。

義陽公主，蕭淑妃所生，下嫁權毅。

高安公主，義陽母弟也。始封宣城。下嫁潁州刺史王勗。天授中，勗爲武后所誅。神龍初，進册長公主，實封千戶，開府置官屬。睿宗立，增戶千。薨開元時，玄宗哭於暉政門，遣大鴻臚持節赴弔，京兆尹攝鴻臚護喪事。

太平公主，則天皇后所生，后愛之傾諸女。榮國夫人死，后丐主爲道士，以幸冥福。儀鳳中，吐蕃請主下嫁，后不欲棄之夷，乃眞築宮，如方士薰戒，以拒和親事。久之，主衣紫袍玉帶，折上巾，具紛礪，歌舞帝前。帝及后大笑曰：「兒不爲武官，何遽爾？」主曰：「以賜駙馬可乎？」帝識其意，擇薛紹尚之。假萬年縣爲婚館，門隘不能容翟車，有司毀垣以入，自興安門設燎相屬，道樾爲枯。紹死，更嫁武承嗣，會承嗣小疾，罷昏。后殺武攸暨妻，以配主。主方額廣頤，多陰謀，后常謂「類我」。而主內與謀，外檢畏，終后世無它訾。

永淳之前，親王食實戶八百，增至千輒止；公主不過三百，而主獨加戶五十。及聖曆時，進及三千戶。預誅二張功，增號鎭國，與相王均封五千，而薛、武二家女皆食實封。主與相王衞王成王、長寧安樂二公主給衞士，環第十步一區，持兵呵衞，僭肖宮省。神龍時，與長寧、安樂、宜城、新都、定安、金城凡七公主，皆開府置官屬，視親王。安樂戶至三千，長寧二千五百，府不置長史。宜城、定安非韋后所生，戶止二千。主三子：崇簡、崇敏、崇行，皆拜三品。

韋后、上官昭容用事，自以謀出主下遠甚，憚之。主亦自以軋而可勝，故益橫。於是推進天下士，謂儒者多窶狹，厚持金帛謝之，以動大議，遠近翕然響之。玄宗將誅韋氏，主與祕計，遣子崇簡從。事定，將立相王，未有以發其端者。主顧温王乃兒子，可劫以爲功，乃入見王曰：「天下事歸相王，此非兒所坐。」乃挾王下，取乘輿服進睿宗。睿宗卽位，主權由此震天下，加實封至萬戶，三子封王，餘皆祭酒、九卿。主每奏事，漏數徙乃得退，所言皆從。有所論薦，或自寒冗躐進至侍從，旋踵將相。朝廷大政事非關決不下，間不朝，則宰相就第咨判，天子殆畫可而已。主侍武后久，善策人主微指，先事逢合，無不中。田園徧近甸，皆上腴。吳、蜀、嶺嶠市作器用，州縣護送，道相望也。天下珍滋譎怪充于家，供帳聲伎與天子等。侍兒曳紈縠者數百，奴伯媼監千人，隴右牧馬至萬匹。

長安浮屠慧範畜貲千萬，諂結權近，本善張易之。及易之誅，或言其豫謀者，於是封上庸郡公，月給奉稍。主乳媪與通，奏擢三品御史大夫。御史魏傳弓劾其姦贓四十萬，請論死。中宗欲赦之，進曰：「刑賞，國大事，陛下賞已妄加矣，又欲廢刑，天下其謂何？」帝不得已，削銀青階。大夫薛謙光劾慧範不法，不可貸，主爲申理，故謙光等反得罪。

玄宗以太子監國，使宋王、岐王總禁兵。主恚權分，乘輦至光範門，召宰相白廢太子。於是宋璟、姚元之不悅，請出主東都，帝不許，詔主居蒲州。主大望，太子懼，奏斥璟、元之以銷戢怨嫌。監察御史慕容珣復劾慧範事，帝疑珣離間骨肉，貶密州司馬。主居外四月，太子表追還京師。

時宰相七人，五出主門下。又左羽林大將軍常元楷、知羽林軍李慈皆私謁主。主內忌

太子明，又宰相皆其黨，乃有逆謀。先天二年，與尚書左僕射竇懷貞、侍中岑羲、中書令蕭至忠崔湜、太子少保薛稷、雍州長史李晉、右散騎常侍昭文館學士賈膺福、鴻臚卿唐晙及元楷、慈、慧範等謀廢太子，使元楷、慈舉羽林兵入武德殿殺太子，懷貞、羲、至忠舉兵南衙爲應。既有日矣，太子得其姦，召岐王、薛王、兵部尚書郭元振、將軍王毛仲、殿中少監姜皎、中書侍郎王琚、吏部侍郎崔日用定策。前一日，因毛仲取內閑馬三百，率太僕少卿李令問、王守一、內侍高力士、果毅李守德叩虔化門，梟元楷、慈於北闕下，縛膺福內客省，執羲、至忠至朝堂，斬之，因大赦天下。主聞變，亡入南山，三日乃出，賜死于第。諸子及黨與死者數十人。

崇簡素知主謀，苦諫，主怒，榜掠尤楚，至是復官爵，賜氏李。

始，主作觀池樂游原，以爲盛集，既敗，賜寧、申、岐、薛四王，都人歲祓禊其地。

中宗八女。

新都公主，下嫁武延暉。

宜城公主，始封義安郡主。下嫁裴巽。巽有嬖姝，主恚，刵耳劓鼻，且斷巽髮。帝怒，斥爲縣主，巽左遷。久之，復故封。神龍元年，與長寧、新寧、義安、安樂、新平五郡主皆進封。

定安公主，始封新寧郡。下嫁王同皎。同皎得罪，神龍時，又嫁韋濯。濯，卽韋皇后從祖弟，以衞尉少卿誅，更嫁太府卿崔銑。主薨，王同皎子請與父合葬，給事中夏侯銛曰：「主義絕王廟，恩成崔室，逝者有知，同皎將拒諸泉。」銑或訴於帝，乃止。銛坐是貶瀘州都督。

長寧公主，韋庶人所生，下嫁楊愼交。造第東都，使楊務廉營總。第成，府財幾竭，乃擢務廉將作大匠。又取西京高士廉第、左金吾衞故營合爲宅，右屬都城，左頫大道，作三重樓以馮觀，築山浚池。帝及后數臨幸，置酒賦詩。又幷坊西隙地廣鞠場。東都廢永昌縣，主丐其治爲府，以地瀕洛，築鄣之，崇臺、蜚觀相聯屬，無慮費二十萬。魏王泰故第，東西盡一坊，瀦沼三百畝，泰薨，以與民。至是，主丐得之，亭閣華詭埒西京。內倚母愛，寵傾一朝，與安樂宜城二主、后娣郕國崇國夫人爭任事，賕謁紛紜。東都第成，不及居，韋氏敗，斥愼交絳州別駕，主偕往，乃請以東都第爲景雲祠，而西京鬻第，評木石直，爲錢二十億萬。

開元十六年，愼交死，主更嫁蘇彥伯。務廉卒坐贓數十萬，廢終身。

永壽公主，下嫁韋鐬。蚤薨，長安初追贈。

永泰公主，以郡主下嫁武延基。大足中，忤張易之，爲武后所殺。帝追贈，以禮改葬，號墓爲陵。

安樂公主，最幼女。帝遷房陵而主生，解衣以褓之，名曰裹兒。姝秀辯敏，后尤愛之。下嫁武崇訓。帝復位，光艷動天下，侯王柄臣多出其門。嘗作詔，箝其前，請帝署可，帝笑從之。又請爲皇太女，左僕射魏元忠諫不可，主曰：「元忠，山東木彊，烏足論國事？阿武子尙爲天子，天子女有不可乎？」與太平等七公主皆開府，而主府官屬尤濫，皆出屠販，納訾售官，降墨敕斜封授之，故號「斜封官」。

主營第及安樂佛廬，皆憲寫宮省，而工緻過之。嘗請昆明池爲私沼，帝曰：「先帝未有以與人者。」主不悅，自鑿定昆池，延袤數里。定，言可抗訂之也。司農卿趙履溫爲繕治，累石肖華山，隥彴橫邪，回淵九折，以石瀵水。又爲寶鑪，鏤怪獸神禽，間以璖貝珊瑚，不可涯計。

崇訓死，主素與武延秀亂，卽嫁之。是日，假后車輅，自宮送至第，帝與后爲御安福門臨觀，詔雍州長史竇懷貞爲禮會使，弘文學士爲儐，相王障車，捐賜金帛不貲。翌日，大會羣臣太極殿，主被翠服出，向天子再拜，南面拜公卿，公卿皆伏地稽首。武攸暨與太平公主偶舞爲帝壽。賜羣臣帛數十萬。帝御承天門，大赦，因賜民酺三日，內外官賜勳，緣禮官屬兼階、爵。奪臨川長公主宅以爲第，旁徹民廬，怨聲囂然。第成，禁藏空殫，假萬騎仗、內音樂送主還第，天子親幸，宴近臣。崇訓子方數歲，拜太常卿，封鎬國公，實封戶五百。公主滿孺月，帝、后復幸第，大赦天下。

時主與長寧、定安三家廝臺掠民子女爲奴婢，左臺侍御史袁從一縛送獄，主入訴，帝爲手詔喩免。從一曰：「陛下納主訴，縱奴驅掠平民，何以治天下？臣知放奴則免禍，劾奴則得罪於主，然不忍屈陛下法，自偸生也。」不納。

臨淄王誅庶人，主方覽鏡作眉，聞亂，走至右延明門，兵及，斬其首。追貶爲「悖逆庶人」。睿宗卽位，詔以二品禮葬之。

趙履溫諂事主，嘗褫朝服，以項挽車。庶人死，蹈舞承天門呼萬歲，臨淄王斬之，父子同刑。百姓疾其興役，割取肉去。

成安公主，字季姜。始封新平。下嫁韋捷。捷以韋后從子誅，主後薨。

睿宗十一女。

壽昌公主，下嫁崔眞。

安興昭懷公主，蚤薨。

荆山公主，下嫁薛伯陽。

淮陽公主，下嫁王承慶。

代國公主名華，字華婉，劉皇后所生。下嫁鄭萬鈞。

涼國公主字華莊，始封仙源。下嫁薛伯陽。

薛國公主，始封淸陽。下嫁王守一。守一誅，更嫁裴巽。

鄎國公主，崔貴妃所生。三歲而妃薨，哭泣不食三日，如成人。始封荆山。下嫁薛儆，又嫁鄭孝義。開元初，封邑至千四百戶。

金仙公主，始封西城縣主。景雲初進封。太極元年，與玉眞公主皆爲道士，築觀京師，以方士史崇玄爲師。崇玄本寒人，事太平公主，得出入禁中，拜鴻臚卿，聲勢光重。觀始興，

詔崇玄護作，日萬人。尋浮屠疾之，以錢數十萬賂狂人段謙冒入承天門，升太極殿，自稱天子。有司執之，辭曰：「崇玄使我來。」詔流嶺南，且敕浮屠、方士無兩競。太平敗，崇玄伏誅。

玉眞公主字持盈，始封崇昌縣主。俄進號上清玄都大洞三景師。天寶三載，上言曰：「先帝許妾捨家，今仍叨主第，食租賦，誠願去公主號，罷邑司，歸之王府。」玄宗不許。又言：「妾，高宗之孫，睿宗之女，陛下之女弟，於天下不爲賤，何必名繫主號、資湯沐，然後爲貴？請入數百家之產，延十年之命。」帝知至意，乃許之。薨寶應時。

霍國公主，下嫁裴虛己。

玄宗二十九女。

永穆公主，下嫁王繇。

常芬公主，下嫁張去奢。

孝昌公主，蚤薨。

唐昌公主，下嫁薛鏽。

靈昌公主，蚤薨。

常山公主，下嫁薛譚，又嫁竇澤。

萬安公主，天寶時爲道士。

開元新制：長公主封戶二千，帝妹戶千，率以三丁爲限；皇子王戶二千，主半之。左右以爲薄。帝曰：「百姓租賦非我有，士出萬死，賞不過束帛，女何功而享多戶邪？使知儉嗇，不亦可乎？」於是，公主所稟殆不給車服。後咸宜以母愛益封至千戶，諸主皆增，自是著于令。主不下嫁，亦封千戶，有司給奴婢如令。

上仙公主，蚤薨。

懷思公主，蚤薨，葬築臺，號登眞。

晉國公主，始封高都。下嫁崔惠童。貞元元年，與衞、楚、宋、齊、宿、蕭、鄧、紀、郜國九公主同徙封。

新昌公主，下嫁蕭衡。

臨晉公主，皇甫淑妃所生。下嫁郭潛曜[一]。薨大曆時。

衞國公主，始封建平。下嫁豆盧建，又嫁楊說。薨貞元時。

眞陽公主，下嫁源清，又嫁蘇震。

信成公主，下嫁獨孤明。

楚國公主，始封壽春。下嫁吳澄江。上皇居西宮，獨主得入侍。興元元年，請爲道士，詔可，賜名上善。

普康公主，蚤薨。咸通九年追封。

昌樂公主，高才人所生。下嫁竇鍔。薨大曆時。

永寧公主，下嫁裴齊丘。

宋國公主，始封平昌。下嫁溫西華，又嫁楊徽。薨元和時。

齊國公主，始封興信，徙封寧親。下嫁張垍，又嫁裴穎，末嫁楊敷。薨貞元時。

咸宜公主，貞順皇后所生。下嫁楊洄，又嫁崔嵩。薨興元時。

宜春公主，蚤薨。

廣寧公主，董芳儀所生。下嫁程昌胤，又嫁蘇克貞。薨大曆時。

萬春公主，杜美人所生。下嫁楊朏，又嫁楊錡。薨大曆時。

太華公主，貞順皇后所生。下嫁楊錡。薨天寶時。

壽光公主，下嫁郭液。

樂城公主，下嫁薛履謙，坐嗣岐王珍事誅。

新平公主，常才人所生。幼智敏，習知圖訓，帝賢之。下嫁裴玪，又嫁姜慶初。慶初得罪，主幽禁中。薨大曆時。

壽安公主，曹野那姬所生。孕九月而育，帝惡之，詔衣羽人服。代宗以廣平王入謁，帝字呼主曰：「蟲娘，汝後可與名王在靈州請封。」下嫁蘇發。

肅宗七女。

宿國公主，始封長樂。下嫁豆盧湛。

蕭國公主，始封寧國。下嫁鄭巽，又嫁薛康衡。乾元元年，降回紇英武威遠可汗，乃置府。二年，還朝。貞元中，讓府屬，更置邑司。

和政公主，章敬太后所生。生三歲，后崩，養于韋妃。性敏惠，事妃有孝稱。下嫁柳潭。

安祿山陷京師，寧國公主方嫠居，主乘三子，奪潭馬以載寧國，身與潭步，日百里，潭躬水薪，主射爨，以奉寧國。

初，潭兄澄之妻，楊貴妃姊也，勢幸傾朝，公主未嘗干以私；及死，撫其子如所生。從玄宗至蜀，始封，遷潭駙馬都尉。郭千仞反，玄宗御玄英樓諭降之，不聽。潭率折衝張義童等殊死鬭，主彀弓授潭，潭手斬賊五十級，平之。

肅宗有疾，主侍左右勤勞，詔賜田，以女弟寶章主未有賜，固讓不敢當。阿布思之妻隸掖廷，帝宴，使衣綠衣爲倡。主諫曰：「布思誠逆人，妻不容近至尊；無罪，不可與群倡處。」帝爲免出之。自兵興，財用耗，主以貿易取奇贏千萬瞻軍。及帝山陵，又進邑入千萬。

代宗初立，屢陳人間利病，國家盛衰事，天子鄉納。吐蕃犯京師，主避地南奔，次商於，遇羣盜，主諭以禍福，皆稽顙願爲奴。代宗以主貧，詔諸節度餉億，主一不取。親紉裧褰衣，諸子不服紈綺。廣德時，吐蕃再入寇，主方妊，入語備邊計，潭固止，主曰：「君獨無兄乎？」入見內殿。翌日，免乳而薨。

鄎國公主，始封大寧。下嫁張清。薨貞元時。

紀國公主，始封宜寧。下嫁鄭沛。薨元和時。

永和公主，韋妃所生。始封寶章。下嫁王詮。薨大曆時。

郜國公主，始封延光。下嫁裴徽，又嫁蕭升。升卒，主與彭州司馬李萬亂，而蜀州別駕蕭鼎、澧陽令韋惲、太子詹事李昪皆私侍主家。久之，姦聞。德宗怒，幽主它第，杖殺萬，斥鼎、惲、昪嶺表。貞元四年，又以厭蠱廢。六年薨。子位，坐爲蠱祝，囚端州，佩、儒、偲囚房州，前生子駙馬都尉裴液囚錦州。主女爲皇太子妃，帝畏妃怨望，將殺之，未發，會主薨，太子屬疾，乃殺妃以厭災，謚曰惠。

代宗十八女。

靈仙公主，蚤薨，追封。

眞定公主，蚤薨，追封。

永清公主，下嫁裴倣。

齊國昭懿公主，崔貴妃所生。始封升平。下嫁郭曖。大曆末，寰內民訴涇水爲磑壅不得溉田，京兆尹黎幹以請，詔撤磑以水與民。時主及曖家皆有磑，丐留，帝曰：「吾爲蒼生，若可爲諸戚唱！」即日毀，由是廢者八十所。憲宗即位，獻女伎，帝曰：「太上皇不受獻，朕何敢違？」還之。薨元和時，贈虢國，賜謚。穆宗立，復贈封。

華陽公主，貞懿皇后所生。韶悟過人，帝愛之。視帝所喜，必善遇；所惡，曲全之。大曆七年，以病丐爲道士，號瓊華眞人。病甚，嚙帝指傷。薨，追封。

玉清公主，蚤薨，追封。

嘉豐公主，下嫁高怡。與普寧公主同降，有司具冊禮光順門，以雨不克，罷。薨建中時。

長林公主，下嫁衞尉少卿沈明。貞元二年具冊禮，德宗不御正殿，不設樂，遂爲故事。薨元和時。

太和公主，蚤薨，追封。

趙國莊懿公主，始封武清。貞元元年，徙封嘉誠。下嫁魏博節度使田緒，德宗幸望春亭臨餞。厭翟敝不可乘，以金根代之。公主出降，乘金根車，自主始。薨元和時，贈封及謚。

玉虛公主，蚤薨。

普寧公主，下嫁吳士廣。

晉陽公主，下嫁太常少卿裴液。薨大和時。

義清公主，下嫁祕書少監柳杲。

壽昌公主，下嫁光祿少卿竇克良。薨貞元時。

新都公主，貞元十二年下嫁田華，具禮光順門，五禮由是廢。

西平公主，蚤薨。

章寧公主，蚤薨。

德宗十一女。

韓國貞穆公主，昭德皇后所生。幼謹孝，帝愛之。始封唐安。將下嫁祕書少監韋宥，未克而朱泚亂，從至城固薨，加封謚。

魏國憲穆公主，始封義陽。下嫁王士平。主恣橫不法，帝幽之禁中；錮士平于第，久之，拜安州刺史，坐交中人貶賀州司戶參軍。門下客蔡南史、獨孤申叔爲主作團雪散雪辭狀離曠意。帝聞，怒，捕南史等逐之，幾廢進士科。薨，追封及謚。

鄭國莊穆公主，始封義章。下嫁張孝忠子茂宗。薨，加贈及謚。

臨眞公主，下嫁祕書少監薛釗。薨元和時。

永陽公主，下嫁殿中少監崔譔。

普寧公主，蚤薨。

文安公主，丐爲道士。薨大和時。

燕國襄穆公主，始封咸安。下降回紇武義成功可汗，置府。薨元和時，追封及謚。

義川公主，蚤薨。

宜都公主，下嫁殿中少監柳昱。薨貞元時。

晉平公主，蚤薨。

順宗十一女。

漢陽公主名暢，莊憲皇后所生。始封德陽郡主。下嫁郭鏦。辭歸第，涕泣不自勝，德宗曰：「兒有不足邪？」對曰：「思相離，無他恨也。」帝亦泣，顧太子曰：「眞而子也。」

永貞元年，與諸公主皆進封。時戚近爭爲奢詡事，主獨以儉，常用鐵簪畫壁，記田租所入。文宗尤惡世流侈，因主入，問曰：「姑所服，何年法也？今之弊，何代而然？」對曰：「妾

自貞元時辭宮，所服皆當時賜，未嘗敢變。元和後，數用兵，悉出禁藏纖麗物賞戰士，由是散於人間，內外相矜，忸以成風。若陛下示所好于下，誰敢不變？」帝悅，詔宮人視主衣製廣狹，徧諭諸主，且敕京兆尹禁切浮靡。主嘗誨諸女曰：「先姑有言，吾與若皆帝子，驕盈貴侈，可戒不可恃。」開成五年薨。

梁國恭靖公主，與漢陽同生。始封咸寧郡主，徙普安。下嫁鄭何。薨，追封及謚。

東陽公主，始封信安郡主。下嫁崔杞。

西河公主，始封武陵郡主。下嫁沈翬。薨咸通時。

雲安公主，亦漢陽同生。下嫁劉士涇。

襄陽公主，始封晉康縣主。下嫁張孝忠子克禮。主縱恣，常微行市里。有薛樞、薛渾、李元本皆得私侍，而渾尤愛，至謁渾母如姑。有司欲致詰，多輿金，使不得發。克禮以聞，穆宗幽主禁中。元本乃功臣惟簡子，故貸死，流象州，樞、渾崖州。

潯陽公主，崔昭儀所生。大和三年，與平恩、邵陽二公主並爲道士，歲賜封物七百匹。

臨汝公主，崔昭訓所生。蚤薨。

虢國公主，始封淸源郡主，徙陽安。下嫁王承系。薨，追封。

平恩公主，蚤薨。

邵陽公主，蚤薨。

憲宗十八女。

梁國惠康公主，始封普寧。帝特愛之。下嫁于季友。元和中，徙永昌。薨，詔追封及謚。將葬，度支奏義陽、義章公主葬用錢四千萬，有詔減千萬。

永嘉公主，爲道士。

衡陽公主，蚤薨。

宣城公主，下嫁沈蟻。

鄭國溫儀公主，始封汾陽。下嫁韋讓。薨，追封及謚。

岐陽莊淑公主，懿安皇后所生。下嫁杜悰，帝爲御正殿臨遣，繇西朝堂出，復御延喜門，止主車，大賜賓從金錢。開第昌化里，疏龍首池爲沼。后家上尙父大通里亭爲主別館。貴震當世。然主事舅姑以禮聞，所賜奴婢偃蹇，皆上還，丐直自市。悰爲澧州刺史，主與偕，

從者不二十婢，乘驢，不肉食，州縣供具，拒不受。姑寢疾，主不解衣，藥糜不嘗不進。開成中，悰自忠武入朝，主疾侵，曰：「願朝興慶宮，雖死於道，不恨。」道薨。

陳留公主，下嫁裴損。損爲太子諭德。

眞寧公主，下嫁薛翃。薨咸通時。

南康公主，下嫁沈汾。薨咸通時。

臨眞公主，始封襄城。下嫁衞洙。薨咸通時。

普康公主，蚤薨。

眞源公主，始封安陵。下嫁杜中立。

永順公主，下嫁劉弘景。

安平公主，下嫁劉異。宣宗即位，宰相以異爲平盧節度使，帝曰：「朕唯一妹，欲時見之。」乃止。後隨異居外，歲時輒乘馹入朝。薨乾符時。

永安公主，長慶初，許下嫁回鶻保義可汗，會可汗死，止不行。大和中，丐爲道士，詔賜邑印，如尋陽公主故事，且歸婚貲。

義寧公主，未及下嫁薨。

定安公主，始封太和。下嫁回鶻崇德可汗。會昌三年來歸，詔宗正卿李仍叔、祕書監

李踐方等告景陵。主次太原，詔使勞問係塗，以黠戛斯所獻白貂皮、玉指環往賜。至京師，詔百官迎謁再拜。故事：邑司官承命答拜，有司議：「邑司官卑，不可當。」羣臣請以主左右上媵戴鬢帛承拜，兩襠持命。又詔神策軍四百具鹵簿，羣臣班迓。主乘輅謁憲、穆二室，欷歔流涕，退詣光順門易服、褫冠鐶待罪，自言和親無狀。帝使中人勞慰，復冠鐶乃入，羣臣賀天子。又詣興慶宮。明日，主謁太皇太后。進封長公主，遂廢太和府。主始至，宣城以下七主不出迎，武宗怒，差奪封絹贖罪。宰相建言：「禮始中壼，行天下，王化之美也，請載于史，示後世。」詔可。

貴鄉公主，蚤薨。

穆宗八女。

義豐公主，武貴妃所生。下嫁韋處仁。薨咸通時。

淮陽公主，張昭儀所生。下嫁柳正元。

延安公主，下嫁竇澣。

金堂公主，始封晉陵。下嫁郭仲恭。薨乾符時。

清源公主，薨大和時。

饒陽公主，下嫁郭仲詞。

義昌公主，爲道士。薨咸通時。

安康公主，爲道士。乾符四年，以主在外頗擾人，詔與永興、天長、寧國、興唐四主還南內。

敬宗三女。

永興公主。

天長公主。

寧國公主，薨廣明時。

文宗四女。

興唐公主。

西平公主。

朗寧公主，薨咸通時。

光化公主，薨廣明時。

武宗七女。

昌樂公主。

壽春公主。

長寧公主，薨大中時。

延慶公主。

靜樂公主，薨咸通時。

樂溫公主。

永清公主，薨咸通時。

宣宗十一女。

萬壽公主，下嫁鄭顥。主，帝所愛，前此下詔：「先王制禮，貴賤共之。萬壽公主奉舅姑，宜從士人法。」舊制：車輿以鏤金釦飾。帝曰：「我以儉率天下，宜自近始，易以銅。」主每進見，帝必諄勉篤誨，曰：「無鄙夫家，無忤時事。」又曰：「太平、安樂之禍，不可不戒！」故諸主祗畏，爭爲可喜事。帝遂詔：「夫婦，教化之端。其公主、縣主有子而寡，不得復嫁。」

永福公主。

齊國恭懷公主，始封西華。下嫁嚴祁。祁爲刑部侍郎。主薨大中時，追贈及謚。

廣德公主，下嫁于琮。初，琮尚永福公主，主與帝食，怒折匕筯，帝曰：「此可爲士人妻乎？」更許琮尚主。琮爲黃巢所害，主泣曰：「今日誼不獨存，賊宜殺我！」巢不許，乃縊

室中。

主治家有禮法，嘗從琮貶韶州，侍者纔數人，卻州縣饋遺。凡內外冠、婚、喪、祭，主皆身答勞，琮戚咸得其心，爲世賢婦。

義和公主。

饒安公主。

盛唐公主。

平原公主，薨咸通時，已而追封。

唐陽公主。

許昌莊肅公主，下嫁柳陟。薨中和時。

豐陽公主。

懿宗八女。

衞國文懿公主，郭淑妃所生。始封同昌。下嫁韋保衡。咸通十年薨。帝既素所愛，自製挽歌，羣臣畢和。又許百官祭以金貝、寓車、廞服，火之，民爭取煨以汰寶。及葬，帝與妃坐延興門，哭以過柩，仗衞彌數十里，冶金爲俑，怪寶千計實墓中，與乳保同葬。追封及謚。

安化公主。

普康公主。

昌元公主，薨咸通時。

昌寧公主。

金華公主。

仁壽公主。

永壽公主。

僖宗二女。

唐興公主。

永平公主。

昭宗十一女。

新安公主。

平原公主，積善皇后所生。帝在鳳翔，以主下嫁李茂貞子繼偘，后謂不可。帝曰：「不爾，我無安所！」是日，宴內殿，茂貞坐帝東南，主拜殿上。繼偘族兄弟皆西向立，主徧拜之。及帝還，朱全忠移茂貞書，取主還京師。

信都公主。

益昌公主。

唐興公主。

德清公主。

太康公主。

永明公主，蚤薨。

新興公主。

普安公主。

樂平公主。

贊曰：婦人內夫家，雖天姬之貴，史官猶外而不詳。又僖、昭之亂，典策埃滅，故諸帝公主降日、薨年，粗得其概，亡者闕而不書。

校勘記

〔一〕郭潛曜 「郭」，各本及唐會要卷六同。本書卷一九五孝友傳、冊府卷三〇〇作「鄭」。孝友傳並云「潛曜父萬鈞，駙馬都尉，滎陽郡公，母代國長公主」，與本卷上文「代國公主……下嫁鄭萬鈞」相合。糾謬卷六謂作「郭」誤。

唐書卷八十四

列傳第九

李密 單雄信 祖君彥

李密字玄邃，一字法主，其先遼東襄平人。曾祖弼，魏司徒，賜姓徒何氏，入周爲太師、魏國公。祖曜，邢國公。父寬，隋上柱國、蒲山郡公。遂家長安。

密趣解雄遠，多策略，散家貲養客禮賢不愛藉。以蔭爲左親衞府大都督、東宮千牛備身。額銳角方，瞳子黑白明澈。煬帝見之，謂宇文述曰：「左仗下黑色小兒爲誰？」曰：「蒲山公李寬子密。」帝曰：「此兒顧盼不常，無入衞。」它日，述諭密曰：「君世素貴，當以才學顯，何事三衞閒哉！」密大喜，謝病去，感厲讀書。聞包愷在緱山，往從之。以蒲韉乘牛，挂漢書一帙角上，行且讀。越國公楊素適見于道，按轡躡其後，曰：「何書生勤如此？」密識素，下拜。問所讀，曰：「項羽傳。」因與語，奇之。歸謂子玄感曰：「吾觀密識度，非若等輩。」

玄感遂傾心結納。嘗私密曰：「上多忌，隋曆且不長，中原有一日警，公與我孰後先？」密曰：「決兩陣之勝，噫嗚咄嗟，足以讋敵，我不如公。擥天下英雄馭之，使遠近歸屬，公不如我。」

大業九年，玄感舉兵黎陽，遣人入關迎密。密至，謀曰：「今天子遠在遼左，去幽州尚千里，南限鉅海，北阻彊胡，號令所通，惟榆林一道爾。若鼓而入薊，直扼其喉，高麗抗其前，我乘其後，不旬月齎糧竭，舉麾召之，衆可盡取，然後傳檄而南，天下定矣，上計也。關中四塞之地，彼留守衞文昇，易人耳。若徑行勿留，直保長安，據函、崤，東制諸夏，是隋亡襟帶，我勢萬全，中計也。若因近趣便，先取東都，頓兵堅城下，不可以勝負決，下計也。」玄感曰：「公之下計，乃吾上策。今百官家屬皆在洛，當先取之，以搖其心。且經城不拔，何以示武？」密計不行。玄感至東都，所戰必克，自謂功在且暮。既獲內史舍人韋福嗣，遂任之，故謀不專密。福嗣恥見執，策議皆持兩端。密揣其貳，謂玄感曰：「福嗣窮，爲我虜，志在觀望。公初舉大事，姦人在側，事必敗，請斬以徇。」不從。密謂所親曰：「玄感好反而不圖勝，吾屬虜矣！」福嗣果遁去。會左武候大將軍李子雄得罪，傳送行在，道殺使者，奔玄感，勸舉大號。玄感問密，密曰：「昔張耳諫陳勝自王，荀彧止魏武求九錫，皆見疑外。今密將無類之乎？然阿諛順旨，非義士也。且公雖屢勝，而郡縣未有應者，東都尚彊，救兵踵來，公當率精甲，身定關中，奈何亟自帝？」玄感笑而止。

及隋軍至，玄感曰：「策安決？」密曰：「元弘嗣方戍隴右，可陽言其反，使迎我，因引軍西。」從之。至陝，欲圍弘農宮，密曰：「今紿衆入關，機在速，而追兵踵我，若前不得據險，退無所守，何以共完！」玄感不聽。留攻三日，不能拔，引去，至閿鄉，追及而敗。

密羸行入關，爲邏所獲，與支黨護送帝所。密謂衆曰：「吾等至行在，且葅醢，今尚可以計脫，何爲安就鼎鑊？」衆然之。乃令出所有金示監使曰：「即死，幸報德。」使者顧金，禁漸弛，益市酒，飲笑讙譁，守者懈，密等遂夜亡去。抵平原，賊郝孝德不見禮，去之淮陽。歲饑，削木皮以食。變姓名爲劉智遠，教授諸生自給，鬱鬱不得志，哀吟泣下。人有告太守趙佗者，佗捕之，遁免。往依媦婿雍丘令丘君明，轉匿大俠王季才家，爲吏迹捕，復亡去。

時東郡賊翟讓聚黨萬人，密因介其徒王伯當以策干讓曰：「今主昏於上，人怨於下，銳兵盡之遼海，和親絕於突厥，南巡流連，空棄關輔，此實劉、項挺興之會。足下資豪桀，士馬精勇，指罪誅暴，爲天下先，楊氏不足亡也。」讓由是加禮，遣說諸賊，至輒下。因爲讓計曰：「今稟無見糧，難以持久，卒遇敵，其亡無時。不如取滎陽，休兵館穀，待士逸馬肥，乃可與人爭利。」讓聽之，遂破金隄關，徇滎陽諸縣，皆下。滎陽太守楊慶、河南討捕大使張須陁合兵討讓，讓素憚須陁，欲引去。密曰：「須陁健而無謀，且驟勝易驕，吾爲公破之。」讓不得

已，陣而待。密率驍勇常何等二十人爲游騎，伏千兵莽間。須陁素輕讓，引兵搏之，讓少却，伏發，與游軍乘之，遂殺須陁。

十三年，讓分兵與密，別爲牙帳，號蒲山公。密持軍嚴，雖盛夏號令，士皆若負霜雪，然戰得金寶，盡散之，繇是人爲用。復說讓曰：「今羣豪競興，公宜先天下攘除羣凶，寧常剽奪草間求活哉？若直取興洛倉，發粟以賑窮乏，百萬之衆一朝可附，霸王之業成矣。」讓曰：「僕起畎隴，志不及此，須君得倉，更議之。」

二月，密以千人出陽城北，踰方山，自羅口拔興洛倉，據之，獲縣長柴孝和。開倉賑食，衆繈屬至數十萬。隋越王侗遣將劉長恭、房崱討密，又令裴仁基統兵出成皋西。密乃爲十隊，跨洛水，抗東、西二軍。令單雄信、徐世勣、王伯當騎爲左右翼，自引麾下急擊長恭等，破之。東都震恐，衆保太微城，臺寺俱滿。

讓等乃推密爲主，建號魏公。鞏南設壇場，即位，刑牲歃血，改元永平，大赦，其文移稱行軍元帥魏公府。以讓爲司徒，邴元眞左長史，房彥藻右長史，楊德方左司馬，鄭德韜右司馬，單雄信左武候大將軍，徐世勣右武候大將軍，祖君彥記室。城洛口，周四十里，居之。命護軍將軍田茂廣造雲旝三百具，以機發石，爲攻城械，號「將軍礮」。進逼東都，燒上春門。

中華書局

四月，隋虎牢將裴仁基、淮陽太守趙佗降，長白山賊孟讓以所部歸密。以仁基爲上柱國，與讓率兵二萬襲回洛倉，守之。入都城掠居人，火天津橋。隋出軍乘之，仁基等敗，還保鞏。司馬楊德方戰死。密自督衆三萬，破隋軍於故城，復得回洛倉。俄而德韜死，乃以鄭頲爲左司馬，鄭虔象右司馬。諸賊帥黎陽李文相、洹水張昇、清河趙君德、平原郝孝德皆歸密，因襲取黎陽倉。永安大族周法明舉江、黃地附之，齊郡賊徐圓朗、任城大俠徐師仁來歸。密令幕府移檄州縣，列煬帝十罪，天下震動。

護軍柴孝和說密曰：「秦地阻山帶河，項背之亡，漢得之王。今公以仁基壁回洛，翟讓保洛口，公東鎧倍道趣長安，百姓誰不郊迎？是征而不戰也。衆附兵彊，然後東向，指撝豪桀，天下廓廓無事矣。今遲之，恐爲人先。」密曰：「僕懷此久，顧我部皆山東人，今未下洛，安肯與我偕西？且諸將皆羣盜，不相統一，敗則掃地矣。」遂止。是時，隋軍益出，密負銳急與之确，中流矢，臥營中，隋軍乘之，密衆潰，棄倉守洛口。

高祖起師太原，密自謂主盟，遣將軍張仁則致書于帝，呼爲兄，請以步騎會河內。帝覽書，笑曰：「密陸梁，不可折簡致之。吾方定京師，未能東略，若不與，是生一隋。密適爲吾守成皋，拒東都兵，使不得西，更遣票將莫如密。吾寧推順，使驕其志，我得留撫關中，大事濟矣。」令記室温大雅作報書，厚禮尊讓。密大喜，示其下，曰：「唐公見推，顧天下無可慮者。」遂專事隋。

九月，遣將李士才將兵十二萬，攻隋鷹揚郎將張珣河陰，舉之。珣極罵不屈死。齊方士徐鴻客上書勸密因士氣趣江都，挾帝以令天下。密異其言，具幣邀之，已亡去。煬帝遣王世充選卒十萬擊密，世充營洛西，戰不利，更陳洛北，登山以望洛口。密引度洛，與世充戰。密兵多騎與長槊，而北薄山，地隘騎迮不得騁。世充多短兵盾穳，蹙之，密軍卻，世充乘勝進攻密月城。密還洛南，引而西，突世充營，世充奔還。師徒多喪，孝和溺死洛水，密哭之慟。自是大小六十餘戰。

翟讓部將王儒信憚密威望，勸讓自爲大冢宰，總秉衆務，收密權。讓兄寬亦曰：「天子當自取，何乃授人？」密聞之，與鄭頲陰圖讓。會世充兵又至，讓出拒，少退，密馳助之，戰石子河，世充走。明日，高會饗士，讓至密所，密令房彥藻引其左右就別帳飲。密出名弓示讓，讓挽滿，遣劍士蔡建從後擊之，并殺其兄、姪及儒信。密馳入讓壁慰諭，士無敢動者，以徐世勣、單雄信、王伯當分統其兵。隋將楊慶守滎陽，因說下之。世充夜襲倉城，密伏甲殪其衆。

義寧二年，世充復營洛北，爲浮梁，絕水以戰，密以千騎迎擊，不勝。世充進薄其壘，密提敢死士數百邀之，世充大潰，士爭橋溺死者數萬，洛水爲不流，殺大將六人，獨世充脫。會

夜大雨雪，士卒僵死且盡。密乘銳拔偃師，脩金墉城居之，有衆三十萬。又與東都留守韋津戰上春門，執津於陣。將作大匠宇文愷子儒童、河南留守職方郎柳續、河陽都尉獨孤武都、河內郡丞柳燮皆降。於是海岱、江淮間爭響附，竇建德、朱粲、楊士林、孟海公、徐圓朗、盧祖尚、周法明等悉上表勸進，府官屬亦請之。密曰：「東都未平，且勿議。」

五月，越王侗稱帝。六月，宇文化及擁兵十餘萬至黎陽。侗遣使授密太尉、尚書令、東南道大行臺行軍元帥、魏國公，令平化及而後入輔，密受之。乃引兵東追化及黎陽。密知化及乏食，利速戰，乃持重以老其兵，使徐世勣保黎陽倉，化及攻不可下。密與隔水陣，遙謂化及曰：「公家本戎隸破野頭爾，父子兄弟受隋恩，至妻公主。上有失德不能諫，又虐弒之，冒天下之惡，今安往？能即降，尚全後嗣。」化及默然良久，乃瞋目爲鄙語辱密。密顧左右曰：「此庸人，圖爲帝，吾當折箠驅之。」乃以輕騎五百焚其攻具，火終夜不滅。度化及糧盡，乃僞與和，化及喜，使軍恣食，既而密饋不至，乃寤。遂大戰童山下，密中矢，頓汲縣堅壁。化及勢窮，掠汲郡，趣魏縣。其將陳智略、張童仁等率所部兵歸密，前後相踵。

初，化及留輜重東郡，遣所署刑部尚書王軌守之。至是，軌舉郡降密。由是引而西，遣使朝東都，執弒逆人于弘達獻於侗。侗召密入朝，至温，聞世充殺元文都，乃止。遂歸金墉，拘侗使不遣。

初，密既殺翟讓，心稍驕，不卹士，素無府庫財，軍戰勝，無所賜與，又厚撫新集，人心始離。民食興洛倉者，給授無檢，至負取不勝，委於道，踐輮狼扈。密喜，自謂足食。司倉賈潤甫諫曰：「人，國本；食，人天。今百姓飢捐，暴骨道路。公雖受命，然賴人之天以固國本。而稟取不節，敖庾之藏有時而偈，粟竭人散，胡仰而成功？」不聽。徐世勣數規其違，密內不憙，使出就屯，故下苟且無固志。初，世充乏食，密少帛，請交相易，難之。邴元眞好利，陰勸密許焉。後世充士飽，降者益少，密悔而止。

武德元年九月，世充悉衆決戰，先以騎數百度河，密遣迎戰，驍將十餘人皆被創返。明日，密留王伯當守金墉，自引精兵出偃師，北阻邙山待之。密議所便，裴仁基曰：「世充悉勁兵來，東都必虛，請選衆二萬向洛，世充必自拔歸，我整軍徐還。兵法所謂彼歸我出，彼出我歸，以疲之也。」密眩於衆，不能用。仁基擊地嘆曰：「公後必悔！」遂出兵陣。世充陰索貌類密者，使縛之。既兩軍接，埃霧囂塞，世充軍，江淮士，出入若飛，密兵心動。世充督衆疾戰，使牽類密者過陣，譟曰：「獲密矣！」士皆呼萬歲，密軍亂，遂潰。裴仁基、祖君彥皆爲世充所禽，偃師劫鄭頲叛歸世充。密提衆萬餘馳洛口，將入城，邴元眞已輸款世充，潛導其軍。密知不發，期世充度兵半洛水，掩擊之。候騎不時覺，比出，世充絕河矣。即引騎遁武牢，元眞遂降，衆稍散。

中華書局

密將如黎陽，或曰：「向殺翟讓，世勣傷幾死，瘡猶未平，今可保乎？」時王伯當棄金墉屯河陽，密輕騎歸之，謂曰：「敗矣，久苦諸君，我今自刎以謝衆！」伯當抱密慟絕，衆皆泣，莫能仰視。密復曰：「幸不相棄，當共歸關中，密雖無功，諸君必富貴。」掾柳燮曰：「昔盆子歸漢，尚食均輸。公與唐同族，雖不共起，然遏隋歸路，使無西，故唐不戰而據京師，亦公功也。」密又謂伯當曰：「將軍族重，豈復與孤俱行哉？」伯當曰：「昔蕭何舉宗從漢，今不昆季盡行，以爲媿。豈公一失利，輕去就哉？雖隕首穴胸，所甘已。」左右感動，遂來歸。

初，密建號登壇，疾風鼓其衣，幾仆；及即位，狐鳴於旁，惡之。及將敗，羣數有回風發於地，激砂礫上屬天，白日爲晦；屯營羣鼠相銜尾西北度洛，經月不絕。

及入關，兵尚二萬。高祖使迎勞，冠蓋相望，密大喜，謂其徒曰：「吾所舉雖不就，而恩結百姓，山東連城數百，以吾故，當盡歸國。功不減竇融，豈不以台司處我？」及至，拜光祿卿，封邢國公，殊怨望。帝嘗呼之弟，妻以表妹獨孤氏。後禮寖薄，執政者又求賄，滋不平。因朝會進食，謂王伯當曰：「往在洛口，嘗欲以崔君賢爲光祿，不意身自爲此。」

未幾，聞故所部將多不附世充者，高祖詔密以本兵就黎陽招撫故部曲，經略東都，伯當以左武衞將軍爲密副。馳驛東至稠桑驛，有詔復召密，密大懼，謀叛。伯當止之，不從，乃曰：「士立義，不以存亡易慮。公顧伯當厚，願畢命以報。今可同往，死生以之，然無益也。」

乃簡驍勇數十人，衣婦人服，戴羃䍦，藏刀裙下，詐爲家婢妾者，入桃林傳舍，須臾變服出，據其城。掠畜產，趣南山而東，馳告張善相以兵應己。

熊州副將盛彥師率步騎伏陸渾縣南邢公峴之下，密兵度，橫出擊，斬之，年三十七，伯當俱死，傳首京師。時徐世勣尚爲密保黎陽，帝遣使持密首往招世勣。世勣表請收葬，詔歸其尸，乃發喪，具威儀，三軍縞素，以君禮葬黎陽山西南五里，墳高七仞。密素得士，哭多歐血者。

邴元眞之降也，世充以爲行臺僕射，鎭滑州。密故將杜才幹恨其背密，僞以兵歸之，斬取其首，祭密冢，已乃歸國。

單雄信，曹州濟陰人。與翟讓友善。能馬上用槍，密軍中號「飛將」。偃師敗，降世充，爲大將。秦王圍東都，雄信拒戰，槍幾及王，徐世勣呵之曰：「秦王也！」遂退。後東都平，斬洛渚上。

祖君彥，齊僕射孝徵子。博學彊記，屬辭贍速。薛道衡嘗薦之隋文帝，帝曰：「是非殺斛律明月人兒邪？朕無用之。」煬帝立，尤忌知名士，遂調東都書佐，檢校宿城令，世謂祖宿城。負其才，常鬱鬱思亂。及爲密草檄，乃深斥主闕。密敗，世充見之，曰：「汝爲賊罵國足未？」君彥曰：「跖客可使刺由，但愧不至耳！」世充令撲之。既困臥樹下，世充已自欲盜隋，中悔，命醫許惠照往視之，欲其蘇。郎將王拔柱曰：「弄筆生有餘罪。」乃蹙其心，即死，戮尸於偃師。

贊曰：或稱密似項羽，非也。羽興五年霸天下，密連兵數十百戰不能取東都。始玄感亂，密首勸取關中；及自立，亦不能鼓而西，宜其亡也。然禮賢得士，乃田橫徒歟，賢陳涉遠矣！噫，使密不爲叛，其才雄亦不可容於時云。

中華書局

唐書卷八十五

列傳第十

王世充　竇建德

王世充字行滿。祖西域胡，號支頹耨，後徙新豐，死，其妻與霸城人王粲爲庶妻。頹耨子收從之，冒粲姓，仕隋，歷懷、汴二州長史。生世充，豺聲卷髮，忌刻深阻。涉書傳，喜兵法，通龜策、推步。以蔭爲左翊衞，遷御府直長、兵部員外郎。從楊素北伐，爲幽州長史。

大業初，爲民部侍郎，善占對，習法，敢舞文上下。人或辨駁，世充以口舌緣飾，衆知其非，亦不能屈也。出爲江都贊治，遷郡丞。煬帝數南幸，世充善伺帝顏色，阿邑順旨。性機巧，飾臺沼、陰奏遠方珍物以媚帝，帝愛昵之，拜江都通守，兼知宮監事。

世充覩隋政方亂，而江左浮剽易動，乃陰結豪桀，有繫獄者，皆橈法貸減，以樹私恩。楊玄感反，吳人朱燮、晉陵人管崇起江南應之，兵十餘萬。隋將吐萬緒、魚俱羅討之不克，

世充以偏將募江都萬人，頻擊破之。每捷必歸功於下，虜獲盡推與士卒，故人爭爲效，由是功最多。

大業十年，齊賊孟讓轉寇諸郡，至盱眙，世充拒之，保都梁山，列五壁不戰，羸兵以示弱。讓笑曰：「世充文法吏，安知兵？吾今生縛之，鼓行下江都矣！」時百姓皆入保，野無所掠，讓衆餒，又苦五壁閉道不得南，即分兵圍之。世充數戰，陽不利，走壁；讓益驕，數日，稍分其下南略，裁留兵足圍壁。世充知賊懈，夜夷竈撤幕，爲方陣外向，毀垣，旦而出，奮擊，大破之，讓以數十騎去，斬首萬級，虜十餘萬人。煬帝以世充有將帥略，復委捕諸盜，所向輒定。會突厥圍帝鴈門，世充悉發江都兵赴難，詐爲可喜事以邀聲譽。在軍蓬首垢面，日夜悲泣，不釋甲，臥必席藁。帝以爲忠，愈屬信之。

厭次賊格謙兵十餘萬屯豆子䴚，太僕卿楊義臣殺謙，世充討其餘黨，夷之。進擊賊盧明月於南陽，俘係數萬。還，帝自持酒爲勞。

世充啓帝：「江淮良家女願備後廷，無繇進。」帝喜，令閱端麗者，以庫貲爲聘，費不可校，署計簿云「敕別用」，有司不敢鬭。具舟送東都宮，會道路剽奪，使者苦之，或沈舟亡去，世充屏不奏。

李密逼東都，詔世充爲將軍，以兵屯洛口。大小百餘戰，無大勝負。詔即拜右翊衞將

軍，趣破賊。十四年，世充引軍與密戰洛南，有氣若城壓其營，世充大敗，衆幾盡，走保河陽。自繫獄，請罪於越王侗，侗以書慰勉，賜金帛安之，召還洛，裒亡散得萬人，屯含嘉城，畏縮不敢出。

會江都弑逆，羣臣奉侗爲帝，以世充爲吏部尚書，封鄭國公。宇文化及擁兵北還，侗聽內史令元文都、盧楚等謀，以重官畀李密，使討賊，若化及破而密兵亦疲，乘其弊，可得志。乃遣使以太尉、尚書令即軍中拜密，趣兵北討。密稱臣奉制，引兵從化及黎陽，戰勝來告，衆大悅；世充獨謂其下曰：「文都等刀筆才，必爲密禽，且我軍與賊戰，多殺其父子兄弟，一旦爲之下，吾屬無類矣！」以此言激衆，文都等聞，大懼。

侗欲以文都爲御史大夫，世充不許，曰：「嘗與公等約，左右僕射、尚書令、御史大夫，留待勳舊。今各欲得，則流競開矣，何以共守？」文都憾焉，潛與楚謀，因世充入殿伏甲殺之。納言段達庸怯，畏不果，馳告世充。世充夜以兵襲含嘉門，圍宮城。右武衞大將軍皇甫無逸等遣將費曜、田闍拒戰太陽門，曜敗，世充入之，無逸以單騎遁，收楚殺之。時紫微宮尚閉，世充扣門，紿侗曰：「元文都等欲執陛下降李密，臣不反，誅反者耳。」段達執文都送世充，殺之。世充悉遣腹心代衞士，然後入謝曰：「文都、楚無狀，規相屠戮，臣急爲此，非敢它。」侗與之盟，進拜尚書左僕射，總督內外諸軍事。乃去含嘉城，居尚書省，專宰朝政。以其兄

世惲爲內史令，居禁中，子弟皆將兵。分官吏爲十頭，以主軍政。

未幾，李密破化及，還屯金墉，勁兵良馬多死。世充欲擊之，恐士心未一，乃謀以鬼動衆，令德陽門衞張永通言夢人謂己曰：「我，周公，能以兵助討密。」世充白侗，立祠洛旁，使巫宣言：「周公令急擊密，有大功；不然，兵且疫。」世充下皆楚人，信妖，遂請戰。乃簡精卒二萬、騎二千，跨洛水爲三橋以度兵。密軍偃師北山，新破敵，有輕世充心，不設壁壘。世充夜遣二百騎蔽山伏，因秣馬蓐食，遲明薄之，密陣未成，伏兵上北原，乘高馳下，壓其營，縱焚廬落，密衆大潰，降其將張童仁、陳智略，進拔偃師。初，密得世充兄世偉及子玄應於化及軍，囚之，至是皆歸。世充兵次洛口，密長史邴元眞、司馬鄭虔象以城降，悉收美人、寶貨而還。密以數十騎跳奔。

於是，世充自爲太尉、尚書令，加黃門印綠綟綬，以尚書省爲府，置官屬。乃設三榜於府外，其一求文學堪濟世務者，其一武幹絕衆、摧鋒陷陣者，其一能治冤抑不申者。繇是上書陳事日數百，皆慰勞省接，雖吏卒，必飾詞誘納。而世充素詭妄，不能讎其語，士大夫遂貳。初，殺文都，欲詭衆取信，乃請事侗母劉太后爲假子，至是加號聖感太后。散騎常侍崔德本曰：「此王莽文母何異乎？」後食侗前，得嘔疾，疑見毒，遂不復朝。以將張績、董濬衞宮城。

武德二年，𠊎侗詔假黃鉞，相國總百揆，封鄭王，授九錫，冕十有二旒，建天子旌旗，金根車，駕六馬，備五時副車、旄頭雲罕，舞八佾，設宮縣，出入警蹕。術士桓法嗣自言能決讖，乃上孔子閉房記，畫男子持一干驅羊狀，因說世充曰：「隋，楊姓也；於文，『干一』爲『王』，王處羊後，大王代隋之符。」又陳莊周人間世、德充符二篇曰：「上下篇與大王名協，明受符命，德被人間，爲天子也。」世充喜曰：「天命也！」拜受之。以法嗣爲諫議大夫。又羅取飛鳥，書符命於帛，繫鳥頸縱之，有彈捕得鳥而獻者亦拜官。諷百官勸進。時納言蘇威老就第，世充以威隋大臣，有素望，每表必署威名。使段達等脅侗曰：「天命不常，今鄭王功德甚盛，請揖讓，用堯、舜故事。」侗怒曰：「天下者，高祖天下，若隋德未究，此言不可發。必天命遂改，尙何禪？公非先帝舊臣乎？朕何賴？」達等流涕。世充又詐曰：「天下未定，須鎭以長君，待天下安，則復子明辟。」

四月，𠊎侗策禪位，幽侗於含涼殿，猶三讓。遣諸將以兵淸宮，世充襲戎服，法駕，導鼓吹入宮，每歷一門，從者必呼。至東上閤，更袞冕，即正殿僭位。建元開明，國號鄭。乃封兄世衡爲秦王，世偉楚王，世惲齊王，諸族屬以次封拜，以子玄應爲皇太子，玄恕爲漢王。世充每聽朝決政，誨喩言語諄複百緖，以示勤篤，百司奏事者聽受爲疲。出則輕騎，無警蹕，游歷衢肆，行者但止立，徐謂百姓曰：「故時天子居九重，在下之情無繇察。世充非食位

者，本救時耳。正若一州刺史，事皆親覽，當與士人共議之。恐門衞有禁，無以盡通，今止順天門外置座聽事。」又詔西朝堂聽寃訴，東朝堂延諫者。繇是章牘塡委，觀省不暇，後亦不能復出。

五月，裴仁基與其子行儼及宇文儒童、崔德本等謀劫世充，復立侗，不克，夷三族。六月，鴆殺侗，以絕衆望。世充率衆東徇地至滑，以兵臨黎陽。時黎陽爲竇建德守，故建德亦破世充殷州，以報其役。

三年，下書大赦，槊棘兵臺於伊闕。守將羅士信、豆盧達稍稍歸國，世充顧下多背己，乃峻誅暴禁以威之。戶一人逃，家無少長皆坐，父子、兄弟、夫婦許相告免。令伍伍相保，一家叛，舉伍誅。樵牧出入皆爲限，公私不聊生。遣臺省官督十二郡營田，行者自謂仙去。以宮城爲大獄，意所猜惡，必收繫其人，內家屬宮中。或命將，亦質其孥乃遣。既而囚質且萬口，食不足，餓死者日數十。

七月，高祖詔秦王率兵攻之，至新安，屯保多下，敗世充於慈澗城。八月，王陳兵靑城宮，世充悉精兵來拒，隔澗言曰：「隋失其國，天下分崩，長安、洛陽各有分地，吾常自守，不敢西顧。熊、穀二州在度內，不取，敦鄰好也。今王遠涉吾地，越三崤，饋糧千里，勤師遠出，將何求？」王曰：「四海之人皆承唐正朔，獨公迷不復。東都士民來請師，陛下重

違，我是以來。公若降，富貴可保；必拒我，勉之，無多言！」世充約割地，不許。潁州總管田瓚請擧山南二十五郡歸。九月，王君廓進拔轘轅，徇地至管城，河南州縣以次降定。始竇建德與世充隙，至是建德遣使結好，幷陳赴援意。世充遣兄子琬、內史令長孫安世報，且乞師。

四年二月，靑城宮守將以宮降，王進保之。世充引兵出方諸門，臨穀水以戰，王陣北邙，令屈突通步士五千踰水擊之。兵接，王以騎決戰，世充排矟兵殊死鬭，自辰及午乃潰，俘斬八千人。王傅城，塹而守之。世充糧且盡，人相食，至以水汨泥去礫，取浮土糅米屑爲餠。民病腫股弱，相藉倚道上，其尙書郞盧君業、郭子高等皆餓死。御史大夫鄭頲丐爲浮屠，世充惡其言，殺之。然氣竭，但嬰城須建德之救。

五月，王禽建德，幷獲王琬、長孫安世，俘示東都城下，且遣安世入言敗狀。世充惶惑，將突圍出保襄、漢，謀於諸將，皆不答，遂率將吏降軍門。王受之，以屬吏，陳兵入城，發府庫賚將士。其黃門侍郞薛德音以移檄嫚逆，崔弘丹造弩多傷士，前誅之；又收段達、楊汪、孟孝義、單雄信、楊公卿、郭士衡、郭什柱、董濬、張童仁、朱粲、王德仁等斬洛渚上。以世充歸長安，高祖數其罪，世充曰：「計臣罪不容誅，但秦王許臣以不死。」乃赦爲庶人，與其族徙于蜀。將行，爲羽林將軍獨孤脩德所殺。初，脩德父機嘗仕越王侗，世充既簒，謀歸唐，爲

所屠者也。高祖免脩德官。子玄應，兄世偉，在道謀反，伏誅。世充簒，凡三年滅。

竇建德，貝州漳南人。世爲農，自言漢景帝太后父安成侯充之苗裔。材力絕人，少重然許，喜俠節。鄉人喪親，貧無以葬，建德方耕，聞之太息，遽解牛與給喪事，鄉黨異之。盜夜劫其家，建德立戶下，盜入，擊三人死，餘不敢進。請其尸，建德曰：「可投繩係取之。」盜投繩，建德乃自縻，使盜曳出，躍起捉刀，復殺數人，繇是益知名。爲里長，犯法亡，會赦歸。久之，父卒，里中送葬千餘人，所贈予皆讓不受。

隋大業七年，募兵伐遼東，建德補隊長。方如軍，會邑人孫安祖盜羊，爲縣令捕劾笞辱。安祖刺殺令，亡抵建德，建德陰舍之。時山東饑，羣盜起，乃謀曰：「往文皇帝時，天下盛彊，發百萬衆伐遼東，猶爲所敗。今水潦爲災，民力刓敝，主上不是恤，而親駕臨遼。且往歲西征，十不一返，今創夷未平，又重發兵，人情危駭，易以搖動。丈夫不死，當建功于世，渠爲亡命虜乎！我聞高雞泊廣袤數百里，葭薍阻奧，可以違難；承間竊出，椎埋掠奪，足以自資。因得聚豪桀，且觀時變，以就大計。」安祖然之。建德爲招亡兵及民無產者數百，使安祖率之，入高雞爲盜，安祖號「摸羊公」。

時鄃人張金稱亦結衆萬餘，依河渚間；蓨人高士達兵千餘屯清河鄃上。諸盜往來漳南者多剽殺人，焚鄉聚，獨不入建德閭，郡縣意建德與賊通，捕族其家。建德至河間，聞家屠滅，卽率麾下二百人亡歸士達。士達自稱東海公，以建德爲司兵。安祖爲金稱所殺，其下數千人歸建德，衆益盛，至萬人，猶保高雞泊。然傾身接物，其執苦與士卒均，由是能致人死力。

十二年，涿郡通守郭絢率兵萬人討士達，士達自以智略不及建德，乃推爲軍司馬，以兵屬焉。建德旣統衆，思用奇厭伏羣盜，乃請士達守輜重，自以精兵七千迎絢，詐爲亡狀。士達取所虜，陽言建德妻子，殺之。建德遺絢書約降，請前驅執賊自效。絢信之，引兵從建德至長河界，欲與盟，兵懈不設備。建德襲殺其軍數千人，獲馬千匹，絢以數十騎去，追斬於平原，獻首士達，威振山東。

隋遣太僕卿楊義臣討破張金稱於淸河，殘黨畏誅，復屯嘯歸建德。義臣乘勝欲遂入高雞泊，窮剗根穴。建德謂士達曰：「隋善將獨義臣耳，新破金稱，其鋒不可當。宜引兵避之，彼欲戰不得，軍老食乏，乘之可有功。」士達不納，留建德守壁，身將兵逆戰，置酒享士。建德聞，曰：「東海公未捷，遽自矜大，禍至不日矣。隋兵勝，必長驅而來，吾不能獨支。」乃留衆保壁，帥銳士據險待。後五日，義臣斬士達於陣，追北薄壘，守兵潰。建德不能軍，以

百餘騎走饒陽，饒陽無備，因取之。義臣已殺士達，謂餘黨不足憂，引去。故建德得還平原，收士達士死胔葬焉。爲士達發喪，軍皆縞素。招潰卒，得數千人，軍復振，自稱將軍。初，他盜得隋官及士人必殺之，唯建德恩遇甚備，引故饒陽長宋正本爲客，尊任之，參決軍議。隋郡縣吏多以地歸之，勢益張，兵至十餘萬。上谷賊王須拔自號「漫天王」，以兵略幽州，戰死。其下魏刀兒號「歷山飛」，壁深澤，衆十萬。建德以計襲取之，并有其地。

十三年正月，築壇場於河間樂壽，自立爲長樂王。

十四年五月，更號夏王，建元丁丑，署官屬，分治郡縣。

七月，隋右翊衞將軍薛世雄督兵三萬討之，屯河間七里井，建德以勁兵伏旁澤中，悉拔諸城僞遁。世雄以爲畏，稍弛備，建德率敢死士千人襲之。會大霧晝冥，跬不可視，隋軍驚，遂潰，相騰藉，死者如丘，世雄引數百騎亡去。盡得其衆，獲河間丞王琮，勞遣之。琮復嬰城，建德進攻未下，而河間食盡，聞煬帝遇弒，琮率吏發喪，乘城大臨，建德遣使入弔，琮因請降。建德爲退舍，飭饌具。琮率郡屬素服面縛軍門，建德親釋徽纆，與言隋之亡，琮伏哭極哀，建德亦爲泣。麾下或言：「河間久拒守，多殺士，今力窮而下，請烹之。」建德曰：「琮，誼士也，吾方旌擢以勵事君者。且往爲盜，可妄殺人，今將安百姓，定天下，而害忠臣乎？」卽令其軍曰：「與琮隙者敢輒搖，罪三族！」乃授琮瀛州刺史。

始都樂壽，號金城宮，備百官，準開皇故事。冬至，大會僚吏，有五大鳥集其宮，羣鳥從之。又宗城人獻玄圭一，景城丞孔德紹曰：「昔天以是授禹，今瑞與之侔，國宜稱夏。」建德然之。改元五鳳，以德紹爲內史侍郎。

武德元年，宇文化及至魏縣，建德謂其納言宋正本及德紹曰：「吾，隋民也；隋，吾君也。今化及殺之，大逆不道，乃吾讎，欲爲天下誅之，何如？」正本等曰：「大王奮布衣，起漳南，隋之列城莫不爭附者，以能杖順扶義、安四方也。化及爲隋姻里，倚之不疑，今戕君而移其國，仇不共天，請鼓行執其罪。」建德善之。卽引兵討化及，連戰破之。化及保聊城，乃縱撞車機石，四面乘城，拔之。建德入，先謁蕭皇后，語稱臣。執宇文智及、楊士覽、元武達、許弘仁、孟景等，召隋文武官共臨斬之，梟首轅門；囚化及并其子，載以檻車，至大陸縣斬之。

建德性約素，不喜食肉，飯脫粟加蔬具，妻曹未嘗衣紈綺。及爲王，妾侍裁十數。每下城破敵，貲寶並散賚將士。至是，得隋宮人尙千數，悉放去；其文武、驍果尙萬餘，各聽所之。乃以誅化及報越王侗，侗封之夏王，遂號大夏。以隋黃門侍郎裴矩爲尙書右僕射，兵部侍郎崔君肅爲侍中，少府令何稠爲工部尙書，餘隨才署職，委以政事。有願往關中及東都者，恣聽不留，仍給道里費，以兵護出于境。

二年，陷邢、趙、滄三州。復陷冀州，執刺史麴稜，赦之，復以爲刺史。八月，陷洺州，虜刺史袁子幹，遂遷都焉，更號萬春宮。使人如灌津祠充墓，置守冢三十家。又遣使朝侗，因與王世充結歡，北聘突厥，士馬益精雄。俄而世充廢侗，乃絕之。始建天子旌旗，出入警蹕，書稱詔。追謚隋煬帝爲閔帝，以齊王暕子政道爲鄖公。義成公主在突厥，遣使迎蕭后，建德自將千餘騎送之，并獻化及首。

未幾，連突厥侵相州，刺史呂珉死之。進攻衞州，執河北大使淮安王神通、同安長公主、黎陽守將李世勣，釋之。復使世勣守黎陽，館王、公主，饋以客禮。滑州刺史王軌爲奴所殺，奴以首奔建德，建德曰：「奴殺主，大逆。納之不可不賞，賞逆則廢敎，將焉用爲？」命斬奴而返軌首，滑人德之，遂降，齊、濟二州亦降。兗賊徐圓朗聞風送款。

三年，世勣自拔歸國，吏白建德誅其父，建德曰：「世勣，唐臣，不忘其主，忠也。父何罪？」釋不問。高祖遣使脩好，建德卽以公主等歸京師。嘗執趙州刺史張志昂、邢州刺史陳君賓、大使張道源等，將殺之，國子祭酒凌敬諫曰：「夫犬吠非其主，彼悉力堅守，以窮就禽，伏節士也。今殺之，無以勸。」建德怒曰：「我傅其城，猶不下，勞費士旅，何可赦？」敬曰：「王之大將高士興抗羅藝於易南，兵未交，士興卽降，王以爲可乎？」建德悟，卽釋之。然其大將王伏寶數持兵，功略在諸帥上，或譖其反，建德殺之。伏寶臨死呼曰：「我無罪，王何

信讒，自刈左右手乎？」後戰數不利。

九月，建德自帥師圍幽州，爲羅藝所敗，藝乘勝襲其營，建德陣營中，塡塹而出，敗藝衆，進薄其城，不能拔，乃還。濟陰賊孟海公兵三萬，據周橋城以掠河南，建德自擊之。會秦王伐東都，其中書舍人劉斌獻說曰：「唐據關內，鄭王河南，夏有冀方，此鼎足相持勢也。今唐悉兵臨鄭，出入二年，鄭人日蹙。二國兵不解，唐彊鄭弱，勢必舉鄭，鄭滅則大夏有齒寒之憂。爲大王計，莫若援鄭，使鄭抗其內，我攻其外，唐之兵必卻，唐卻而鄭完，然後徐觀其變。鄭若可圖，因而取之，并二國兵，乘唐師老，長驅而西，關中可遂有也。」建德曰：「善。」乃遣使聘世充，與連和，會世充亦自乞師，卽令其臣李大師、魏處繪來朝，請解鄭圍，秦王留之不答。

四年，建德克周橋，虜海公，留其將范願戍之。悉發海公、徐圓朗之衆，并兵號三十萬救世充，至滑州，世充行臺僕射韓弘開城納之。建德進逼元、梁、管三州，皆陷，遂屯滎陽。運糧泝河西上，舟相屬不絕。壓成皋東原，築營板渚。遣使與世充約期，又遺秦王以書。三月，王進據虎牢。翌日，以騎五百覘建德營，設伏道側，獨以數騎去賊營三里，覺，賊出騎追之，王漸卻，誘至伏所，卒起奮擊。賊騎驚，引去，追斬三百級，獲其將殷秋、石瓚，乃報建德以書。建德失二將，又聞唐兵精，得書猶豫，頓六十日不敢西。

時世充弟世辯爲徐州行臺，亦遣將郭士衡、兵數千人從建德，王遣王君廓以輕騎抄其饟，執賊大將張青特。建德懼，人情攜駭，其諸將又新破海公，掠獲盈給，日夜思歸。凌敬說建德曰：「今唐以重兵圍東都，守虎牢，我若悉兵濟河，取懷州河陽，以重將戍之，然後鳴鼓建旗，踰太行，入上黨，傳檄旁郡，進壺口以駭蒲津，收河東地，此上策也。且有三利：乘虛擣境，師有萬全，一也；拓土得衆，二也；鄭圍自解，三也。」建德將從之，而王琬、長孫安世日請兵西，每言必流涕，又陰齎金玉啗諸將，以橈其謀。衆乃曰：「凌敬書生，豈知戰？」建德乃謝曰：「今士心銳，天贊我也，師將大捷。方用衆議，不得如公言。」敬固爭，建德怒，命扶出。其妻諫曰：「祭酒計甚善，王盍用之？夫自滏口道乘唐之虛，連營漸進以取山北，因招突厥西抄關中，唐必還師自救，鄭難紓矣。今頓兵虎牢下，徒自苦，恐無功。」建德曰：「此非女子所知。且鄭朝暮待吾來，旣許之，豈可見難而退，且示天下不信。」

五月，建德自板渚出爲陣，西薄汜南，屬鵲山，亙二十里，鼓而前。郭士衡爲游兵。秦王登虎牢城望其軍，按甲不戰，曰：「賊起山東，未嘗見大敵，今度險士囂，令不肅也；逼城而陣，有輕我心。待其飢，破之果矣。」日中，建德士皆坐列，渴爭飲，意益怠。王麾軍先登，騎怒，塵大漲，乃率史大柰、秦叔寶纏麾幟，馳出賊陣後，建德軍顧而驚，遂大潰。建德被重創，竄牛口谷。車騎將軍白士讓、楊武威獲之，傳而西，斬長安市，年四十九。初，其軍有謠曰：「豆入牛口，勢不得久。」至是果敗。

建德妻與其左僕射齊善行以騎數百遁還洺州。餘黨欲立其養子爲主，善行曰：「夏王奄定河朔，號爲威彊，今一出不復，非天命有歸哉？不如委心請命，無爲塗炭生民也！」遂分府庫散給將士，令各解去。善行乃與右僕射裴矩、行臺曹旦率官屬及建德妻奉山東地幷傳國八璽來降。建德起兵至滅凡六年。

贊曰：煬帝失德，天醜其爲，生人顩辜，羣盜乘之，如蝟毛而奮。其劇者，若李密因黎陽，蕭銑始江陵，竇建德連河北，王世充舉東都，皆磨牙搖毒以相噬螫。其間亦假仁義，禮賢才，因之擅王僭帝，所謂盜亦有道者。本夫孽氣腥焱，所以亡隋，觸唐明德，折北不支，禍極凶殫，乃就殲夷，宜哉！

唐書卷八十六

列傳第十一

薛舉 仁杲 李軌 劉武周 高開道 劉黑闥 徐圓朗

薛舉，蘭州金城人。容貌魁岸，武敢善射。殖產鉅萬，好結納邊豪，爲長雄。隋大業末，任金城府校尉。會歲凶，隴西盜起，金城令郝瑗將討賊，募兵數千，檄舉將。始授甲，大會置酒，舉與子仁杲及其黨劫瑗于坐，矯稱捕反者，卽起兵，囚郡縣官，發粟以賑貧乏，自號西秦霸王，建元秦興，以仁杲爲齊公，少子仁越爲晉公。它賊宗羅睺帥衆下之，以爲義興公。更招附餘盜，剽馬牧。兵鋒銳甚，所徇皆下。

隋將皇甫綰兵萬人屯枹罕，舉以精卒二千襲之，遇於赤岸。大風且澍，逆舉陣，綰不擊。俄反風，綰屯，氣色曀冥，部伍錯亂，舉介騎先衆乘之，綰陣大潰，進陷枹罕。岷山羌鍾利俗以衆二萬降，舉大振。進仁杲爲齊王、東道行軍元帥，羅睺爲義興王副之；仁越晉王、河州刺史。因徇下鄯、廓二州。不閱旬，盡有隴西地，衆十三萬。

十三年，僭帝號于蘭州，以妻鞠爲后，仁杲爲太子。卽其先墓置陵邑，立廟城南，陳兵數萬，展墓訖，大饗。使仁杲圍秦州；仁越趨劍口，掠河池，太守蕭瑀拒卻之。遣將常仲興度河擊李軌，與軌將李贇戰昌松，仲興敗，軍沒於軌。仁杲克秦州，舉往都之。

仁杲寇扶風，汧源賊唐弼拒，不得進。初，弼立李弘芝爲天子，有衆十萬。舉遣使招弼，弼殺弘芝從舉。仁杲間弼無備，襲之，盡奪其衆，弼以數百騎走。軍益張，號二十萬，將窺京師。會高祖入關，遂留攻扶風，秦王擊破之，斬首數千級，逐北至隴還。舉畏王，遂踰隴走，問其下曰：「古有降天子乎？」僞黃門侍郎褚亮曰：「昔趙佗以南粵歸漢，蜀劉禪亦仕晉，近世蕭琮，其家今存，轉禍爲福，嘗有之。」衞尉卿郝瑗曰：「亮之言非也。昔漢祖兵屢敗，蜀先主嘗亡其妻子。夫戰固有勝負，豈可一不勝便爲亡國計乎？」舉亦悔其言，乃曰：「聊試公等。」卽厚賜瑗，以爲謀主。瑗請連梁師都，厚賂突厥，合從東向。舉從之，約突厥莫賀咄設犯京師。會都水監宇文歆使突厥，歆說止其兵，故舉謀塞。

武德元年，豐州總管張長遜擊羅睺，舉悉兵援之，屯析墌，以游軍掠岐、豳。秦王禦之，次高墌，度舉糧少，利速鬬，堅壁老其兵。會王疾，臥屯不出，而舉數挑戰。行軍長史劉文靜、殷開山觀兵於高墌，恃衆不設備，舉兵掩其後，遂大敗，死者十六，大將慕容羅睺、李安遠、劉弘基皆沒。王還京師，舉拔高墌，仁杲進逼寧州。郝瑗謀曰：「今唐新破，將卒禽俘，人心搖矣，可乘勝直趨長安。」舉然之。方行而病，召巫占視，言唐兵爲祟，舉惡之，未幾死。仁杲代立，僞謚舉武皇帝，未葬而仁杲滅。

仁杲多力善騎射，軍中號萬人敵，性賊悍。初，舉每破陣，軍獲俘，仁杲必斷舌刈鼻，或舂斮之。其妻亦凶暴，喜鞭楚人，見不勝痛宛轉於地者，則埋其足，露腹背受棰。人畏而不親。仁杲多殺人，淫略民人妻妾。嘗得庾信子立，怒其不降，磔之火，漸割以啖士。拔秦州，取富人倒縣，以酢注鼻，或杙其隱，以求財。雖舉殘猛，亦惡之，每戒曰：「汝材略足辦事，而傷於虐，終覆吾宗。」

及繼立，與諸將素有隙者，咸猜懼。郝瑗哭舉，病不起，繇是兵稍衰。秦王率諸將復壁高墌，諸將請戰，王曰：「我軍新衂，銳氣少；賊驟勝而驕，有輕我心。我閉壘以折之，伺衰而擊，可一戰禽也。」因令軍中曰：「敢言戰者斬！」久之，仁杲糧乏，挑戰，不許。其將牟君才、內史令翟長悉以衆降，左僕射鍾俱仇以河州降。王策賊可破，遣將軍龐玉擊宗羅睺於淺水原，戰酣，王以勁兵擣其背，羅睺敗，王率騎追奔，於是悉軍馳之，曰：「勢破竹，不可失也。」夜半，至析墌，遲明，圍合。仁杲率僞官屬降，王受之，以仁杲歸京師，及酋黨數十人皆斬之。舉父子盜隴西五年滅〔一〕。

初，仁杲降，諸將賀，且問曰：「羅睺雖破，而賊城尙堅，王能下之，何也？」王曰：「羅睺健將，非急追之，使得還城，未可取也。故吾使賊不及計，是以克之。」諸將咨服。

仁杲已敗，其將旁企地降，詔卽統其兵，未幾復叛。企地，羌豪也，舉父子信倚之。至是入南山，繇商洛出漢川，衆數千，所過剽害，敗大將龐玉。至始州，掠王氏女，醉寢于野，王取企地所佩刀斬之，送首梁州。詔封女爲崇義夫人。

李軌字處則，涼州姑臧人。略知書，有智辯。家以財雄邊，好賙人急，鄉黨稱之。隋大業中，補鷹揚府司兵。薛舉亂金城，軌與同郡曹珍、關謹、梁碩、李贇、安脩仁等計曰：「舉暴悍，今其兵必來。吏孱怯，無足與計者。欲相戮力，據河右，以觀天下變，庸能束手以妻子餌人哉？」衆允其謀，共舉兵，然莫適敢主。曹珍曰：「我聞讖書，李氏當王。今軌賢，非天啓乎！」遂共降拜以聽命。脩仁夜率諸胡入內苑城，建旗大呼，軌集衆應之，執虎賁郎將謝統師、郡丞韋士政，遂自稱河西大涼王，署官屬，準開皇故事。

初，突厥曷娑那可汗弟達度闕設內屬，保會寧川，至是稱可汗，降於軌。謹等議盡殺隋

官，分其莚。軌曰：「諸公既見推，當稟吾約。今軍以義興，意在救亂，殺人取財是爲賊，何以求濟乎？」迺以統師爲太僕卿，士政太府卿。會薛舉遣兵來侵，軌遣將敗之昌松，斬首二千級，悉虜其衆，軌縱還之。李贇曰：「今力戰而俘，又縱以資敵，不如盡阬之。」軌曰：「不然。若天命歸我，當禽其主，此皆我有也；不者，徒留何益？」遂遣之。未幾，拔張掖、燉煌、西平、枹罕，悉有河西。

武德元年，高祖方事薛舉，遣使涼州，璽書慰結，謂軌爲從弟。軌喜，乃遣弟懋入朝。帝拜懋大將軍，還之，詔鴻臚少卿張侯德持節册拜軌涼王、涼州總管，給羽葆鼓吹一部。會軌僭帝號，建元安樂，以其子伯玉爲太子，長史曹珍爲尚書左僕射，攻陷河州。侯德至，軌召其下議曰：「李氏有天下，曆運所屬，已宅京邑。一姓不可競王，今欲去帝號，東向受册，可乎？」曹珍曰：「隋亡，英雄焱起，號帝王者瓜分鼎峙。唐自保關、雍，大涼奄河右，業已爲天子，奈何受人官？必欲以小事大，請行蕭詧故事，稱粱帝而臣於周。」軌從之，乃遣僞尚書左丞鄧曉來朝，奉書稱「從弟大涼皇帝」。帝怒曰：「軌謂朕爲兄，此不臣也。」囚曉不遣。

初，軌以粱碩爲謀主，授吏部尚書。碩有算略，衆憚之，嘗見故西域胡種族盛，勸軌備之，因與戶部尚書安脩仁交怨；又軌子仲琰嘗候碩，碩不爲起，仲琰憾之。乃相與譖碩。軌不察，齎鴆其家殺之，繇是故人稍疑懼，不爲用。有胡巫妄曰：「上帝將遣玉女從天來。」遂

召兵築臺以候女，多所糜損。屬荐飢，人相食，軌毀家貲賑之，不能給，議發倉粟，曹珍亦勸之。謝統師等故隋官，內不附，每引結羣胡排其用事臣，因是欲離沮其衆，乃廷詰珍曰：「百姓餓死皆弱不足事者，壯勇士終不肯困。且儲廩以備不虞，豈宜妄散惠孱小乎？僕射苟附下，非國計。」軌曰：「善。」乃閉粟。下益怨，多欲叛去。

會脩仁兄興貴本在長安，自表詣涼州招軌。帝曰：「軌據河西，連吐谷渾、突厥，今興兵討擊尚爲難，單使弄頰可下邪？」興貴曰：「軌盛彊誠然，若曉以逆順禍福，宜聽。如憑固不受，臣世涼州豪望，多識其士民，而脩仁爲軌信任，典事樞者數十人，若候隙圖之，無不濟。」帝許之。興貴至涼州，軌授以左右衞大將軍，因間訪興貴以自安策。興貴對曰：「涼州僻遠，財力凋耗，雖勝兵十萬，而地不過千里，無險固自守。又濱接戎狄，戎狄，豺狼也，非我族類。今唐家據京師，略定中原，攻必下，戰必勝，蓋天啓也。若舉河西地奉圖東歸，雖漢竇融未足吾比。」軌默不答，久之，曰：「昔吳王濞以江左兵猶稱己爲東帝，我今舉河右，不得爲西帝乎？雖唐彊大，如我何？君無爲唐誘致我。」興貴懼，謝曰：「竊聞富貴不居故鄉，如衣錦夜行。今合宗蒙任，敢有它志！」興貴知軌不可以說，乃與脩仁等潛引諸胡兵圍其城，軌以步騎千餘出戰。先是，薛舉柱國奚道宜率羌兵奔軌，軌許以刺史而不與，道宜怨，故共擊軌。軌敗入城，引兵登陴，須外援。興貴傳言曰：「唐使我來取軌，不從者罪三族。」於是

諸城不敢動。軌嘆曰：「人心去矣，天亡我乎？」攜妻子上玉女臺，屬酒爲別。脩仁執送之，斬於長安。自起至亡凡三年。詔興貴爲右武候大將軍，封涼國公，賜帛萬段；脩仁左武候大將軍，申國公：並給田宅，封六百戶。時鄧曉聞軌敗，入賀帝。帝曰：「而委質李軌，以使來，聞其亡，不少慼，乃蹈抃以悅我。不盡心於軌，能竭節於我乎？」遂廢不齒。

劉武周，瀛州景城人。父匡，徙馬邑。母趙嘗夜坐廷中，見若雄雞，光燭地，飛投其懷，起振衣，無有，感而娠，生武周。

武周爲人驍悍，善騎射，喜交豪桀。兄山伯嘗詈辱之曰：「汝不擇所與，必滅吾宗！」武周因去至洛，爲太僕楊義臣帳下。募征遼，有功，補建節校尉。還馬邑，爲鷹揚府校尉。太守王仁恭以其州里雄，頗愛遇之，令總虞候，直閤下。久之，盜仁恭侍兒，懼覺誅，又見天下已亂，陰有異計，因宣言于衆曰：「今歲饑，死者骨相枕於野，府君閉倉不卹，豈憂百姓意乎？」以市怒其軍，皆憤怨。武周知人已搖，因稱疾臥家，豪桀往候謁，遂椎牛縱酒大言曰：「盜賊方起，衆又飢，壯士守分，死溝壑。今官粟紅腐于倉，誰能與我共取之？」諸惡少年皆

願從。隋大業十三年，與其徒張萬歲等十餘人候仁恭視事，武周上謁，萬歲自後入斬仁恭，持首出徇，郡中無敢動者。遂開倉賑窮絶，馳檄屬城，皆下，得兵萬餘，自稱太守，遣使附突厥。

鴈門丞陳孝意、虎賁郎將王智辯合兵圍其桑乾鎭，會突厥至，武周與共擊智辯，破之，孝意奔還鴈門，鴈門人殺之，以城歸武周。武周因襲破樓煩，進據汾陽宮，取宮人賂突厥，始畢可汗報以馬，其衆遂大，攻得定襄。突厥以狼頭纛立武周爲定楊可汗，僭稱皇帝，以妻沮爲后，建元天興，衞士楊伏念爲左僕射，妹壻苑君璋爲內史令。

初，上谷賊宋金剛有衆萬餘，與魏刀兒連和。刀兒爲竇建德所攻，金剛救之，大敗，率餘衆四千保西山。建德招之，金剛恚曰：「建德殺魏王，吾義不往，諸君可以吾首取富貴。」乃拔刀，將自刎，衆抱之泣，遂與皆歸武周。武周素聞金剛善兵，得之喜，封爲宋王，屬以軍，分家貲半遺之。金剛亦自結，出其妻而聘武周妹，說武周取晉陽，南向爭天下。武周授金剛西南道大行臺。

武德二年，總兵二萬入寇，次黃蛇鎭，又連突厥，鋒無前，遂破榆次，拔介州，進圍太原。詔遣太常少卿李仲文禦之，爲賊所執，舉軍沒，仲文逃還。賊因破平遙，取石州，殺刺史王儉，略浩州。詔右僕射裴寂爲晉州道行軍總管拒之，寂戰敗績。齊王元吉委幷州遁，武周

入據之。遣金剛攻陷晉州，執右驍衛將軍劉弘基，進破澮州。夏縣人呂崇茂殺其令，自號魏王以應賊。隋河東守將王行本與武周合。關中震動。

高祖詔秦王督兵進討，屯柏壁。又詔永安王孝基與于筠、獨孤懷恩、唐儉等攻夏縣，不克，軍城南。崇茂與賊將尉遲敬德襲破孝基軍，四將被執。敬德還澮州，王邀戰，破之於美良川。敬德復與別帥尋相援王行本於蒲，王又破卻其軍，蒲州降。帝幸蒲津關，王自柏壁輕騎謁行在，金剛遂圍絳州。王還屯，金剛引退。武周攻李仲文於浩州，不勝。遣將黃子英護饟道，驃騎大將軍張德政襲斬之，虜其衆，武周部將稍離。金剛以糧道乏卒飢引去，王追至雀鼠谷，日中八戰，賊皆敗，斬級數萬，獲輜重千乘。金剛走介州，官軍迫之，以餘衆二萬出西門，背城陣，亙七里。王令李世勣、程齩金、秦叔寶爲北軍，翟長愻、秦武通爲南軍。既戰，小卻，王以精騎突擊破之，金剛將輕騎去，賊將尉遲敬德、尋相、張萬歲降，收其精兵，遂復介州。武周引騎五百，棄并州，北走突厥。金剛收散卒，將還拒，衆不爲用，亦以百騎奔突厥。并州平，河東地盡復。未幾，金剛背突厥，欲還上谷，爲其追騎斬之。武周亦謀歸馬邑，計露，突厥殺之。起兵六年而滅。

高開道，滄州陽信人。世煑鹽爲生。少趫勇，走及奔馬。隋大業末，依河間賊格謙，未甚奇之。會謙爲隋兵圍捕，左右奔散，無救者，開道獨身決戰，殺數十人，捕兵解，謙得免，遂引爲將軍。謙滅，與其黨百餘人亡海曲。後出剽滄州，衆稍附，因北掠戍保，自臨渝至懷遠皆破有之。復引兵圍北平，未下，隋守將李景自度不能支，拔城去，開道據其地。武德元年，陷漁陽郡有之。有鎧馬數千，衆萬人，自號燕王。

先是，懷戎浮屠高曇晟因縣令具供，與其徒襲殺令，僞號大乘皇帝，以尼靜宣爲耶輸皇后，建元法輪，遣使約開道爲兄弟，封齊王，開道引衆從之。居三月，殺曇晟，幷其衆，復稱燕王，建元，署置百官。

竇建德圍羅藝於幽州，藝請救，開道以騎二千赴之，建德解去，乃因藝使請降，詔以爲蔚州總管、上柱國、北平郡王，賜姓李。開道以輕騎五百抵幽州，欲圖藝。自從數騎入都督府，且觀藝，藝與張飲盡歡，知不可圖，遂去。五年，幽州饑，開道許輸以粟。藝遣老弱湊食，皆厚遇之。藝悅，不爲虞，更發兵三千、車數百、馬驢千往請粟，開道悉留不遣，遂北連突厥，告絕於藝，復稱燕，與劉黑闥聯兵入寇。開道攻易州不克，遣將謝稜詭降於藝，請兵應接。藝衆至，稜縱擊破之，因導突厥俱南，恆、定、幽、易等騷然罹患。頡利以開道善攻具，與俱攻馬邑，拔之。時羣盜相繼平，開道欲降，自疑反覆得罪，猶恃突厥自安。然將士多山東人，思歸，衆益猒亂。

初，開道募壯士數百爲養子，衞閤下，及劉黑闥將張君立亡歸，開道命與愛將張金樹分督之。金樹潛令左右數人僞與諸養子戲，至夕，入閤，絕其弓弦，又取刀矟聚牀下。既暝，金樹以其徒譟攻之，數人者抱刀矟出閤。諸養子將搏戰，亡弓矟。君立舉火外城應之，帳下大擾，養子窮，爭歸金樹。開道顧不免，擐甲挺刃據堂坐，與妻妾奏妓飲酒，金樹畏不敢前。天且明，開道先縊其妻妾及諸子而後自殺。金樹羅兵取養子，皆斬之，亦殺君立而歸。開道起兵凡八年滅。以其地爲嬀州，詔以金樹爲北燕州都督。

劉黑闥，貝州漳南人。嗜酒，喜蒱博，不治產，亡賴，父兄患苦之。與竇建德少相友，建德每資其費，黑闥所得輒盡，建德亦弗之計。

隋末，亡命從郝孝德爲盜，後事李密爲裨將。密敗，王世充虜之，以其武健，補馬軍總管，鎮新鄉。時李世勣陷於竇建德，建德使攻新鄉，虜黑闥獻之，建德用爲將，封漢東郡公。黑闥與諸盜游，素獷武，多狙詐。建德有所經略，常委以斥候，陰入敵中覘虛實，每乘隙奮奇兵，出不意，多所摧克，軍中號爲神勇。

武德四年，建德敗，還匿漳南，杜門不出。會高祖召建德故將范願、董康買、曹湛、高雅賢，將用之。願等疑畏，謀曰：「王世充舉洛陽降，驍將楊公卿、單雄信之徒皆夷滅。今召吾等，若西入關，必無全。且夏王於唐固有德，往禽淮安王、同安公主，皆厚遣還之。今唐得夏王，即加害。我不以餘生爲王復讎，無以見天下義士。」於是謀反。卜所主，劉氏吉。共往見故將劉雅，告之，雅不從，衆怒，殺雅去。范願曰：「漢東公黑闥果敢多奇略，寬仁容衆，恩結士卒。吾嘗聞劉氏當王，今欲收夏王亡衆，集大事，非其人莫可。」乃之漳南，謁黑闥以告。黑闥喜，椎牛饗士，得兵百餘人。襲漳南縣破之。貝州刺史戴元祥、魏州刺史權威合勢討擊，元祥等皆敗死，收其器械，有衆千人。建德故時左右稍歸之，兵寖盛。乃設壇漳南，祭建德，告以舉兵意。自稱大將軍。陷歷亭，殺守將王行敏。饒陽賊崔元遜攻陷深州，殺刺史裴晞應之。兗州賊徐圓朗亦相連和。遂取瀛州，攻定州，殘之。乃移檄趙、魏，建德將吏往往殺令、尉附賊。北連高開道，勢雄張。進至宗城，衆數萬。黎州總管李世勣戰敗，走洺州，黑闥追之，步卒五千皆覆，世勣挺身免。乃以王琮爲中書令，劉斌爲中書侍郎，遣使北結突厥頡利，頡利遣俟斤宋邪那率騎從之，軍大振，不半年，盡有建德故地。高祖詔秦王及齊王元吉討之。

五年，黑闥陷相州，號漢東王，建元天造，以范願爲左僕射，董康買兵部尙書，高雅賢爲

左領軍，王小胡爲右領軍，召建德僚屬，悉復用之，都洺州。秦王率兵次汲，數困賊，進下相州。棣州人復殺刺史叛歸黑闥。二月，秦王破之于列人，取洺水，使總管羅士信守之。黑闥攻陷洺水，士信死。王阻水爲連營，分奇兵絕其餽路。黑闥數挑戰，堅壁不爲動。三月，賊糧盡，王度必決戰，豫壅洺水上流，敕吏曰：「須賊度，亟決之。」黑闥果率騎二萬絕水陣，與王師大戰，衆潰，水暴至，賊衆不得還，斬首萬餘級，溺死數千，黑闥與范願等以殘騎奔突厥。山東平，秦王還。

黑闥藉突厥兵復入寇，攻定州。舊將曹湛、董康買先逃鮮虞〔二〕，聚兵應之。帝以淮陽王道玄爲河北總管，與原國公史萬寶討賊，戰下博，敗績，道玄死于陣，萬寶輕騎逸，繇是河北復叛歸賊。黑闥仍都洺州。九月，略瀛州，殺刺史。詔齊王元吉擊之，不進。又詔皇太子督兵并力，頻戰皆捷。十二月，皇太子、齊王悉兵戰館陶，黑闥大敗，引軍走，躡北至毛州。黑闥整衆，背永濟渠陣，縱騎搏之，賊赴水死者數千，黑闥遁去。騎將劉弘基追躡，賊不得休。明年正月，馳至饒陽，騎能屬者纔百餘，困且餒。黑闥所署總管崔元遜迎拜，延之入。黑闥不許，元遜固請，且泣，乃進城下。元遜饋之，方飯，車騎諸葛德威勒兵前，黑闥罵曰：「狗輩負我！」遂執詣皇太子所斬之。德威舉郡降，山東遂定。餘黨及突厥兵間道亡，定州總管雙士洛邀戰，破平之。

初，秦王建天策府，其弧矢制倍於常。逐黑闥也，爲突厥所窘，自以大箭射卻之。突厥得箭，傳觀，以爲神。後餘大弓一、長矢五，藏之武庫，世寶之，每郊丘重禮，必陳于儀物之首，以識武功云。

徐圓朗者，兗州人。隋末爲盜，據本郡，以兵徇琅邪以西，北至東平，盡有之，勝兵二萬，附李密。密敗，歸竇建德。山東平，授兗州總管、魯郡公。

高祖遣葛國公盛彥師安輯河南，抵任城，會黑闥兵起，圓朗執彥師應之，自號魯王，黑闥以爲大行臺元帥。兗、鄆、陳、杞、伊、洛、曹、戴等州豪桀皆殺吏應賊。秦王已破黑闥，遣兵屯濟陰經略之。圓朗懼。河間人劉復禮說圓朗曰：「彭城有劉世徹，才略不常，有異相，士大夫許其必王。將軍欲自用，恐敗，不如迎世徹立之，功無不濟。」圓朗謂然，乃迎之。盛彥師以世徹若聯叛，禍且不解，卽謬說曰：「聞公迎劉世徹，信乎？公亡無日矣！獨不見翟讓用李密哉？」圓朗信之。世徹至，奪其兵，以爲司馬，遣徇地，所至皆下，忌而殺之。會淮安王神通、李世勣合兵攻圓朗，圓朗數敗，總管任瓌遂圍兗州，降者爭踰城。圓朗窮，棄城，與下數騎夜亡，爲野人所殺。

校勘記

〔一〕舉父子盜隴西五年滅　按隋書卷四煬帝紀、本書及舊書卷一高祖紀、通鑑卷一八三、一八六，薛舉父子以大業十三年四月起兵，武德元年十一月敗亡，前後不到二年。

〔二〕舊將曹湛　「湛」，各本原作「諶」。據本卷上文、舊書卷五五劉黑闥傳及通鑑卷一九〇改。

唐書卷八十七

列傳第十二

蕭銑　輔公祏　沈法興　李子通 朱粲 林士弘 張善安　梁師都 劉季眞

蕭銑，後梁宣帝曾孫也。祖巖，開皇初叛隋降陳，陳亡，文帝誅之。銑少貧，傭書，事母孝。煬帝以外戚擢爲羅川令。

大業十三年，岳州校尉董景珍、雷世猛，旅帥鄭文秀、許玄徹、萬瓚、徐德基、郭華，沔人張繡等謀反隋，且推景珍爲主，景珍曰：「吾素微，雖假名號，衆不厭。羅川令，故梁裔也，寬仁大度，有武皇遺風。且吾聞帝王之興，必有符命。隋冠帶悉號『起梁』，蕭氏中興象也。今推之，以應天順人，不亦可乎？」乃遣人告銑。銑卽報景珍書曰：「我先君昔事隋，職貢無廢，乃貪我土宇，滅我宗祊，我是以痌心疾首，思刷厥恥。今天誘乃衷，公等降心，將大復梁緖，徼福于先帝，吾敢不糾厲士衆以從公哉！」卽募兵數千，揚言跡盜，將以應景珍。

會潁川賊沈柳生寇縣，銑出戰不利，謂其下曰：「岳陽豪桀將推我爲主，今天下叛隋，吾能守節獨完哉？且吾先人國于此，若徇其請復梁祚，因以半紙檄召羣盜，誰敢不從？」衆悅。乃以十月稱梁公，旂幟服色悉用其舊。柳生以衆歸銑，用爲車騎大將軍。不五日，遠近爭附，衆數萬，乃趨巴陵。景珍遣徐德基、郭華率彊姓數百迎謁，而先見柳生。柳生與其下謀曰：「梁公起，我最先附，勳第一。今岳陽兵衆而位多，誰肯爲我下？不如殺德基，質其人，獨挾梁主以進，則吾誰先？」因殺德基，詣中軍白銑。銑驚曰：「今欲撥亂，遽自相屠，我不能爲若主矣！」步出軍門。柳生懼，伏地請罪。銑責宥之，陳兵而進。景珍曰：「德基倡義竭誠，柳生擅殺之，不誅，無以爲政。且凶賊與共處，必爲亂。」銑因斬柳生。於是築壇城南，柴上帝，自稱梁王。有異鳥至，建元爲鳳鳴。

義寧二年，僭稱皇帝，署百官，一用梁故事。追謚從父琮爲孝靖帝，祖巖河間忠烈王，父璿文憲王。封景珍晉王，雷世猛秦王，鄭文秀楚王，許玄徹燕王，萬瓚魯王，張繡齊王，楊道生宋王。隋將張鎭州、王仁壽擊銑，不能克，及隋亡，乃與甯長眞等率嶺南州縣降於銑。時林士弘據江南，銑遣將蘇胡兒拔豫章，使楊道生取南郡，張繡略定嶺表。西至三峽，南交趾，北距漢水，皆附屬，勝兵四十萬。

武德元年，徙都江陵，復園廟。引岑文本爲中書侍郞，掌機密。遣道生攻峽州，刺史許紹擊破之，士死過半。

三年，高祖詔夔州總管趙郡王孝恭討之，拔通、開二州，斬僞東平王闍提。諸將擅兵橫恣，銑恐寖不制，乃陽議休兵營農，以黜其權。大司馬董景珍之弟爲將軍，怨之，謀作亂，事泄，被誅。景珍方鎭長沙，銑下書赦之，召還江陵。景珍懼，遣使詣孝恭，舉地降。銑遣張繡攻景珍，景珍曰：「前年醢彭越，往年殺韓信，獨不見乎！奈何相攻？」繡不答，圍之。景珍潰而走，麾下殺之。銑進繡爲尙書令。繡恃功，亦驕蹇，銑又誅之。銑性外寬內忌，疾勝己者，於是大臣舊將皆疑間，多叛去，銑不能禁，由此愈弱。

四年，詔孝恭與李靖率巴蜀兵順流下，廬江王瑗繇襄陽道，黔州刺史田世康出辰州道，會兵圖銑。僞將周法明以四州降，卽詔爲黃州總管，趣夏口道，攻安州，克之。僞將雷長穎以魯山降。銑乃遣將文士弘拒孝恭，戰清江口，孝恭大破之，獲鬭艦千艘，拔宜昌、當陽、枝江、松滋，僞江州將蓋彥舉以城降。孝恭、靖直逼其都。

初，銑放兵，止留宿衞數千人，及倉卒追集，江、嶺回遠，未及赴。孝恭布長圍守之，數日，破其水城，取樓船數千。交州總管丘和、長史高士廉、司馬杜之松詣靖降。銑度救不至，謂其下曰：「天不祚梁乎？待窮而下，必害百姓。今城未拔，先出降，可免亂。諸人何患無君？」乃麾而令，守陴者皆慟。以太牢告于廟，率官屬緦衰布幘詣軍門，謝曰：「當死者銑

爾，百姓非罪也，請無殺掠！」孝恭受之，護送京師。後數日，救兵至，且十餘萬。知銑降，乃送款。銑至，高祖讓之，對曰：「隋失其鹿，英雄競逐。銑無天命，故爲陛下禽，猶田橫南面，豈負漢哉？」帝怒其不屈，詔斬都市，年三十九。自僭國至滅凡五年。

贊曰：銑，故梁子孫，起文吏，掩東南而有之，荆、楚好亂，氣俗然也。覩銑武雖不足，文有餘矣，大抵盜仁義，詭世亂俗者，聖人所必誅。若銑力困計殫，以好言自釋於下，係虜在廷，抗辭不屈，僞辯易窮，卒以殊死，高祖聖矣哉！

輔公祏，齊州臨濟人。隋季與鄉人杜伏威爲盜，轉掠淮南。伏威兵寖盛，自號總管，以公祏爲長史。賊李子通據江都，伏威使公祏以精卒數千度江擊之。子通拒戰，衆十倍，銳甚。公祏選甲士千人，操長刀居前，別以千人隨之，令曰：「卻者斬！」公祏以衆殿。俄而子通方陣而進，長刀千人皆決死鬭，公祏縱左右翼搏之，子通大潰，降其衆數千。伏威旣遣使歸國，武德二年，詔授公祏淮南道行臺尙書左僕射，封舒國公。

初，伏威與公祏少相愛，又兄事之，故軍中呼輔伯，尊禮略等。伏威稍忌之，乃署養子

闞稜爲左將軍，王雄誕爲右將軍，推公祏爲僕射，陰解其柄。公祏內怏怏不平，乃與故人左游仙僞學辟穀以自晦。

六年，伏威入朝，留公祏居守，復令雄誕握兵副之，陰誡曰：「吾至京不失職，無容公祏爲變。」後左游仙說公祏反，會雄誕以疾臥家，公祏奪其兵，紿言伏威移書令舉事。八月，遂僭位，國稱宋，即陳故宮都之；殺王雄誕，署百官，以左游仙爲兵部尚書、東南道大使、越州總管；增脩器械，轉廩食，遣將徐紹宗侵海州，陳正通寇壽陽。詔趙郡王孝恭趨九江，嶺南大使李靖下宣城，懷州總管黃君漢出譙，齊州總管李世勣繇淮、泗討之。孝恭取蕪湖，下梁山三鎮。河南安撫大使任瓌拔揚子城，降僞將龍龕，遂據揚州。公祏復遣將馮惠亮、陳當世屯博望山，陳正通、徐紹宗屯青州山〔一〕以拒戰，孝恭率諸將破之，惠亮、正通走，李靖躡追百餘里，衆悉潰，正通等以五百騎奔丹楊。公祏懼，棄城奔左游仙於會稽，兵尚數萬。夜至毗陵，能從者裁五百。僞將吳騷、孫安謀執之，公祏棄妻子斬關遁，與腹心士數十抵武康，野人執送丹楊，孝恭斬之，傳首京師。

始公祏佐伏威起據江東，距公祏死，凡十三年。

沈法興，湖州武康人。父恪，陳廣州刺史。法興隋大業末爲吳興郡守，東陽賊樓世幹略其郡，煬帝詔與太僕丞元祐討之。

義寧二年，江都亂，法興自以世南士，屬姓數千家，遠近嚮服，乃與祐將孫士漢、陳果仁執祐，名誅宇文化及，三月發東陽，行收兵，趨江都，下餘杭，比至烏程，衆六萬。毗陵通守路道德拒之，法興約連和，因襲殺之，據其城，遂定江表十餘州，自署江南道總管。聞越王侗立，乃上書稱大司馬、錄尚書事、天門公，承制置百官，以陳果仁爲司徒，孫士漢司空，蔣元超尚書左僕射，殷芊左丞，徐令言右丞，劉子翼選部侍郎，李百藥爲掾。後聞侗被廢，高祖武德二年，稱梁王，建元爲延康，易隋官儀，頗用陳氏故事。

法興自意南方諸城可跂而平，專事威戮，下有細過即誅之，繇是將士攜解。俄遣子綸救陳稜〔二〕，擊李子通，反爲所敗。子通乘鋒度江，破京口。使將蔣元超戰庱亭，大敗，死之。法興懼，棄城與左右數百投吳郡賊聞人嗣安，嗣安遣將葉孝辯迎之。法興中悔，將殺孝辯，趨會稽，爲所覺，懼，自沈於江。起義寧至武德，凡三年滅。

李子通，沂州承人〔三〕。少貧，以漁獵爲生。居其鄉，見班白負戴，必代之，家有餘，則以賙人，而喜報仇。

隋大業末，長白山賊左才相自號博山公，子通依之，以武力雄其間。鄉人有陷賊者，子通專經護之。方是時，羣盜暴忍，獨子通仁愛，歸者遂多，不半歲，有徒萬人。才相畏忌，子通乃引衆度淮，與杜伏威合。爲隋將來整所破，奔海陵，得衆二萬，自稱將軍。大業十一年僭號楚王。

宇文化及殺煬帝，以右御衞將軍陳稜爲江都太守，已而稜降，高祖授以總管，即守其郡。子通攻稜，稜窮，乞師於沈法興、杜伏威。伏威自將屯清流，法興遣子綸屯揚子，間數十里。子通納言毛文深請募吳人詐爲法興兵夜襲伏威，二人遂交惡，無敢先戰者。子通得悉力取江都，遂據之，稜奔而免。子通僭即皇帝位，國號吳，建元明政。齊賊樂伯通先爲化及守丹楊，即以衆萬餘降之，子通用爲尚書左僕射。又敗法興兵，遂取晉陵，以法興所署掾李百藥爲內史侍郎，典文檄，尚書左丞殷芊爲太常卿，司禮樂，繇是江南士人多歸之。會伏威命輔公祏拔丹楊，進屯溧水，子通戰敗，糧且盡，棄江都，保京口，伏威盡得其地。俄東走太湖，裒散兵二萬人，復張，襲法興吳郡，破之。據餘杭。東畢會稽，南距嶺，西抵宣城，北太湖，悉有之。

武德四年，伏威遣將王雄誕討子通。戰蘇州，敗績，退保餘杭，雄誕進傅城。子通窮，

乃降，伏威受之，幷樂伯通送京師。高祖薄其罪，賜宅一區、田五頃，賚予頗厚。及伏威來朝，子通語伯通曰：「東南未靖，而伏威來。我故兵多在江外，若收之，可建大功。」遂皆亡。及藍田，爲關吏所獲，幷伏誅。

方子通等僭盛時，復有朱粲、林士弘、張善安亦竊名號於淮、楚間。

朱粲，亳州城父人。初爲縣史。大業中從軍，伐賊長白山，亡命去爲盜，號「可達寒賊」，自稱迦樓羅王，衆十萬。度淮屠竟陵、沔陽，轉剽山南，所至殘戮無遺噍。僭號楚帝，建元爲昌達。攻拔南陽。

義寧末，與山南撫慰使馬元規戰冠軍，大敗，收餘衆，復振，至二十萬。粲所克州縣皆發藏粟以食，遷徙無常，去輒燔廥聚，毀城郭，不務稼穡，專以劫爲資。於是人大餧，死者係路，其軍亦匱，乃掠小兒烝食之。戒其徒曰：「味之珍寧有加人者？弟使佗國有人，我卹無儲哉！」勒所部略婦人孺兒分烹之，又稅諸城細弱以益糧。隋著作佐郎陸從典、通事舍人顏愍楚謫南陽，粲初引爲賓客，後盡食兩家。俄而諸城懼，皆逃散。

顯州首領楊士林、田瓚起兵攻粲，旁郡響赴，戰淮源，粲大敗，挈殘士奔菊潭，遣使乞降。高祖以前御史大夫段確假散騎常侍勞之。確醉，戲粲曰：「君噉人多矣，若爲味？」粲

曰：「啖嗜酒人，正似糟豚。」確悸，罵曰：「狂賊，歸朝乃一奴耳，復得噉人乎？」粲懼，收確于坐，并從者數十悉烹之，以饗左右。遂屠菊潭，奔王世充，署龍驤大將軍。東都平，斬洛水上。士庶競擲瓦礫擊其尸，須臾若冢。

林士弘，饒州鄱陽人。隋季與鄉人操師乞起爲盜。師乞自號元興王，建元天成，大業十二年據豫章，以士弘爲大將軍。隋遣治書侍御史劉子翊討賊，射殺師乞，而士弘收其衆，復戰彭蠡，子翊敗，死之。遂大振，衆十餘萬，據虔州，自號南越王。俄僭號楚，稱皇帝，建元爲太平。侍御史鄭大節以九江郡下之。士弘任其黨王戎爲司空。臨川、廬陵、南康、宜春豪桀皆殺隋守令以附，北盡九江，南番禺，悉有之。後蕭銑以舟師破豫章，士弘獨有南昌、虔、循、潮之地。銑敗，其亡卒稍歸之，復振。趙郡王孝恭招慰，降循、潮二州。

武德五年，士弘弟鄱陽王藥師以兵二萬圍循州，總管楊世略破斬之，士弘請降。王戎亦獻南昌地，詔戎爲南昌州總管。士弘復遁保安城山，誘潰亡，謀復亂，袁人相聚應之，爲張善安所察，以兵赴討。會士弘死，其黨乃解。

張善安，兗州方與人。年十七，亡命爲盜，轉掠淮南。會孟讓敗，得其散卒八百，襲破

廬江郡。依林士弘，不見信，憾之，反襲士弘，焚其郛，去保南康。蕭銑取豫章，遣將蘇胡兒守之，善安奪其地，據以歸國，授洪州總管。

武德六年反，輔公祏以爲西南道大行臺。善安掠孫州，執總管王戎，襲殺黃州總管周法明。會李大亮兵至，爲開曉禍福，答曰：「善安初不反，爲部下詿誤。降，今易耳，恐不免，奈何？」大亮曰：「總管定降，吾固不疑。」因獨入其陣，與善安握手語，乃大喜，將數十騎詣大亮營。大亮引入，命壯士執之。騎皆驚，引去，悉兵來戰。大亮諭以善安自歸，無庸鬭。其黨罵曰：「總管賣我！」遂潰。送善安京師，稱不與公祏謀，高祖赦之。公祏破，得其書，遂伏誅。

梁師都，夏州朔方人。爲郡豪姓。仕隋鷹揚府郎將。大業末罷歸，結徒起爲盜，殺郡丞唐世宗，據郡稱大丞相，聯兵突厥。與隋將張世隆戰，敗之，因略定雕陰、弘化、延安。自爲梁國，僭皇帝位，祭天於城南，坎地瘞玉得印，以爲瑞，建元永隆。始畢可汗遺以狼頭纛，號大度毗伽可汗、解事天子，遂導突厥兵居河南地，拔鹽川郡。

武德二年，寇靈州，長史楊則擊走之。又與突厥千騎營野猪嶺，延州總管段德操勒兵

不戰，師都氣懈，遣兵進擊，戰酣，德操自以輕騎出其旁乘之，師都大潰，逐北二百里，俘馘甚衆。未幾，以步騎五千入寇，德操又盡虜其軍，降堡將張舉、劉旻。師都懼，遣尚書陸季覽說處羅可汗曰：「隋亡，中國裂爲四五，勢均力弱，皆爭附突厥。今唐滅劉武周，國益大，兵方四出。師都將朝夕亡，然次亦及突厥，願可汗如魏孝文，兵引而南，師都請爲鄉道。」處羅納之，令莫賀咄設入五原，泥步設與師都趨延州，處羅自攻太原，突利可汗與奚、霫、契丹、靺鞨繇幽州道合，竇建德自滏口會晉、絳。已而處羅死，兵不出，又爲德操所破。

六年，其將賀遂、索周以所部十二州降。德操悉兵攻之，拔東城，師都保西城不敢出，求救於突厥頡利，頡利以勁兵萬騎赴之。先是，稽胡大帥劉仚成以衆附師都，因讒見殺，其下疑懼，乃多叛。師都日益蹙，遂往朝頡利，敎使南略，故突厥盜邊無寧歲，遂窺渭橋。

後突厥政亂，太宗以師都寖危，乃諭以書使歸，不從。詔夏州長史劉旻、司馬劉蘭經略之。獲生口，縱以爲間，君臣離橈。出輕騎蹂其稼，城中飢虛。又天狗墮其城。辛獠兒、李正寶、馮端皆其健將，謀執師都降，不果，正寶挺身歸。

貞觀二年，旻、蘭表可取狀，詔柴紹、薛萬均併力，令旻以勁卒直據朔方東城。頡利來援，會大雪，羊馬死，紹逆戰，破之，進屯城下。其從父弟洛仁斬師都降，擢洛仁爲右驍衛將軍、朔方郡公。自起至滅十二年。以其地爲夏州。

始師都據郡時，劉季眞、郭子和者亦俱起，子和自有傳。

劉季眞，離石胡人。父龍兒，大業十年舉兵自稱王，以季眞爲太子，弟六兒爲永安王。後虎賁郎將梁德破殺龍兒，衆乃散。

唐兵起，六兒復聚爲盜，附劉武周，季眞從之，自號太子王，六兒爲拓定王，迭爲邊害。西河公張綸、眞鄉公李仲文合兵討之，季眞降，詔以爲石州總管，賜姓李，封彭山郡王。宋金剛戰澮州，勢未決，遂復連武周。及敗，秦王執六兒斬之，季眞奔高滿政，俄被殺。

校勘記

〔一〕青州山　本書卷九三李靖傳、舊書卷五六輔公祏傳、通鑑卷一九〇均作「青林山」。

〔二〕俄遣子綸救陳稜　「綸」，各本原作「倫」。據本卷下文李子通傳、舊書卷五六沈法興傳及通鑑卷一八七改。

〔三〕沂州承人　「承」，衲本及本書卷三八地理志同，十行、汲、殿、局本及舊書卷三八地理志作「丞」，元和志卷一一及寰宇紀卷二三作「承」。按「丞」「承」古通。讀史方輿紀要卷三二丞城條云：「漢置丞縣，以丞水所經而名。丞讀拯，俗作承，誤也。」

唐書卷八十八

列傳第十三

劉文靜 裴寂

趙文恪 李思行 李高遷 姜寶誼 許世緒 劉師立 劉義節 錢九隴 樊興 公孫武達 龐卿惲 張長遜 張平高 李安遠 馬三寶 李孟嘗 元仲文 秦行師

劉文靜字肇仁，自言系出彭城，世居京兆武功。父韶，仕隋戰死，贈上儀同三司。文靜以死難子，襲儀同。倜儻有器略。大業末，爲晉陽令，與晉陽宮監裴寂善。寂夜見邏堞傳烽，咤曰：「天下方亂，吾將安舍？」文靜笑曰：「如君言，豪英所資也。吾二人者可終羇賤乎？」

高祖爲唐公，鎭太原，文靜察有大志，深自結。既又見秦王，謂寂曰：「唐公子，非常人也，豁達神武，漢高帝、魏太祖之徒歟！殆天啓之也。」寂未謂然。文靜俄坐李密姻屬繫獄，

秦王顧它無可與計者，私入視之。文靜喜，挑言曰：「喪亂方剡，非湯、武、高、光不能定。」王曰：「安知無其人哉？今過此，非兒女子姁姁相憂者。世道將革，直欲共大計，試爲我言之。」文靜曰：「上南幸，兵塡河、洛，盜賊蜉結，大連州縣，小阻山澤，以萬數，須眞主取而用之。誠能投天會機，奮襼大呼，則四海不足定也。今汾、晉避盜者皆在，文靜素知其豪桀，一朝號召，十萬衆可得也。加公府兵數萬，一下令，誰不願從？鼓而入關，以震天下，王業成矣。」王笑曰：「君言正與我意合。」乃陰部署賓客。

將發，恐唐公不從，文靜謀因裴寂開說，於是介寂以交王，遂得進議。及突厥敗高君雅兵，唐公被劾，王遣文靜、寂共說曰：「公據嫌疑之地，勢不圖全。今部將敗，方以罪見收，事急矣，尙不爲計乎？晉陽士健馬彊，宮庫饒豐，大事可舉也。今關中空虛，代王弱，賢豪輩興，未有適歸，願公引兵西，誅暴除亂。乃受單使囚乎？」唐公私可，會得釋而止。

王敎文靜僞爲詔「發太原、西河、雁門、馬邑男子年二十至五十悉爲兵，期歲盡集涿郡以伐遼。」繇是人心愁擾，益思亂。文靜謂寂曰：「公聞先發制人，後發制於人乎？唐公名載圖讖，聞天下，尙可怗怗以待禍哉？」又脅寂曰：「公爲監，以宮人侍客，公死何憾，奈何累唐公？」寂懼，乃勸起兵。秦王即委文靜、長孫順德等募士，聲討劉武周。文靜與寂作符敕，發宮監庫物佐軍興。會王威、高君雅猜貳，文靜與劉政會爲急變書，詣留守告二人反，候

唐公與威、君雅視事，文靜進曰：「有密牒言反者。」公目威等省牒，政會不肯，曰：「所告乃副留守，唯唐公得觀。」公驚曰：「詎有是乎？」讀已，語威曰：「人告公等，信乎？」君雅詬曰：「反人欲殺我耳。」文靜叱左右執之，由是舉兵。

唐公乃開大將軍府，以文靜爲司馬。文靜勸改旗幟，章特興，又請與突厥連和，唐公從之。遣文靜使始畢可汗，始畢曰：「唐公兵何事而起？」文靜曰：「先帝廢冢嗣以授後主，故大亂。唐公，國近戚，懼毀王室，起兵黜不當立者。願與突厥共定京師，金幣、子女盡以歸可汗。」始畢大喜，即遣二千騎隨文靜至，又獻馬千匹。公喜曰：「非君何以致之？」尋拒屈突通於潼關，與其將桑顯和苦鬭，死者數千。文靜度顯和軍怠，以奇兵從後掩之，顯和敗績。通兵尙數萬，欲引而東，文靜命將追執之，徇新安以西，皆下。轉大丞相府司馬，進光祿大夫、魯國公。

唐公踐天子位，擢納言。時多引貴臣共榻，文靜諫曰：「今率土莫不臣，而延見羣下，言尙稱名。帝坐嚴尊，屈與臣子均席，此王導所謂太陽俯同萬物者也。」帝曰：「我雖應天受命，宿昔之好何可忘？公其無嫌。」薛舉寇涇州，以元帥府長史與司馬殷開山出戰，大敗，奔還京師，坐除名。與討仁杲，平之，復爵邑，授民部尙書、陝東道行臺左僕射。從秦王鎭長春宮。

文靜自以材能過裴寂遠甚，又屢有軍功，而寂獨用故舊恩居其上，意不平。每論政多戾駁，遂有隙。嘗與弟散騎常侍文起飲酣，有怨言，拔刀擊柱曰：「當斬寂！」會家數有怪，文起憂，召巫夜被髮銜刀爲禳厭。文靜妾失愛，告其兄上變，遂下吏。帝遣裴寂、蕭瑀訊狀，對曰：「昔在大將軍府，司馬與長史略等。今寂已僕射，居甲第，寵賚不貲。臣官賞等衆人，家無贏，誠不能無少望。」帝曰：「文靜此言，反明甚。」李綱、蕭瑀明其不反；秦王亦以文靜首決非常計，事成乃告寂，今任遇弗等，故怨望，非敢反，宜賜全宥。帝素疏忌之，寂又言：「文靜多權詭，而性猜險，忿不顧難，醜言怪節已暴驗，今天下未靖，恐爲後憂。」帝遂殺之，年五十二。文起亦死，籍其家。文靜臨刑，撫膺曰：「高鳥盡，良弓藏，果不妄。」

貞觀三年，追復官爵，以子樹義襲魯國公，詔尙主。然怨父不得死，謀反，誅。

裴寂字玄眞，蒲州桑泉人。幼孤，兄鞠之。年十四，補郡主簿。及長，偉容貌，涉知書傳。隋開皇中，調左親衞。家貧，徒步走京師，過華山祠，祈神自卜，夜夢老人謂曰：「君年踰四十當貴。」

大業中，爲齊州司戶參軍，歷侍御史，晉陽宮副監。唐公雅與厚，及留守太原，契分愈

密，至蒲酒通晝夜。秦王與劉文靜方建大計，未敢白公，以寂最厚善，乃出私錢數百萬餉龍山令高斌廉，俾與寂博，陽不勝，寂得進多，大喜，日茲昵。太宗以情告之，許諾。寂嘗以宮人侍唐公，恐事發誅，閒飲酣，乃白秦王將舉兵狀，因言：「今盜徧天下，城闉外即戰場，雖徇小節，猶不脫死。若舉義師，不特免禍，且就大功。」唐公然所計。兵起，寂進宮女五百，米九百萬斛，雜綵五萬段，鎧四十萬首。

大將軍府建，爲長史。下臨汾，封聞喜縣公。至河東，屈突通未下，而三輔豪桀多歸者。唐公欲先取京師，恐通掎其後，猶豫未決，寂說曰：「今通據蒲關，未下而西，我腹背支敵，敗之符也。不若破通而後趨京師。」秦王曰：「不然。兵尚權，權利於速。今乘機度河以奪其心。且關中羣盜處處屯結，疑力相杖，易以招懷，撫而有之，衆附兵彊，何向不克。通自守賊耳，庸能患我？一失其機，勝負未可計也。」唐公兩從之，留兵圍蒲，而遣秦王入關。長安平，賜寂田千頃、甲第一區，物四萬段，遷大丞相府長史，進魏國公，邑三百戶。

隋帝禪位，公固讓，寂閱陳符命以勸，又督太常具儀、撰日。唐公即位，曰：「使我至此者，公也。」拜尚書右僕射，賜服玩不貲，詔尚食日給御膳，視朝必引與同坐，入閤則延臥內，言無不從，呼爲裴監，不名也，貴震當世。

武德二年，劉武周寇太原，守將數困，寂請行，授晉州道行軍總管討賊，以便宜決事。

賊將宋金剛據介州，寂屯度索原，賊埭水上流，寂徙屯，爲賊所搏，兵大潰，死亡略盡。寂晝夜馳抵平陽，鎮戍皆沒。上書謝罪，高祖薄其過，下詔慰諭，俾留撫河東。寂無它才，惟飛檄郡縣，促入屯壘相保聚，焚積聚，人益惴駭思亂。夏人呂崇茂殺其令，反，爲賊守，寂攻之，復爲所敗。召還，帝責讓良久，以屬吏，俄釋之，遇待如初。

帝每巡幸，必委以居守。麟州刺史韋雲起告寂反，按訊無狀，帝謂曰：「朕有天下，公推轂成之也，容有貳哉？所以訊吏，欲天下人信公不反耳。」詔三貴妃齎玉食寶器宴其家，經宿去。帝嘗從容夸語曰：「前王多興細微，間關行陣而後成功。我家隴西舊族，世姻婭帝室，一呼唱義，不三月有天下，公復華胄，職宦光顯，非劉季亭長、蕭曹刀筆吏比也。我與公無媿焉。」四年，改鑄錢，賜一鑪得自鑄。又聘其女爲趙王元景妃。遷左僕射。帝置酒含章殿，歡甚，寂頓首曰：「始陛下發太原，約天下已定，許上印綬。今四海妥安，願賜骸骨歸田里。」帝泣下曰：「未也，要當相與老爾。公爲宗臣，我爲太上皇，逍遙晚歲，不亦善乎！」九年，册拜司空，遣尚書員外郎日一人直第。貞觀初，太宗親郊，命寂與長孫无忌升金輅，寂辭，帝曰：「公有佐命勳，无忌宣力王室，非二人誰可參乘者？」遂同載歸。

浮屠法雅坐訞言，辭連寂，坐免官，削封邑半，歸故郡。寂請留京師，帝讓曰：「公勳不稱位，徒以恩澤居第一。武德之政，間或弛紊，職公爲之。今歸掃墳墓，尚何辭？」寂遂歸。未幾，汾陰狂男子謂寂奴曰：「公有天分。」監奴白寂，寂惶懼不敢聞，遣監奴殺所言者。奴盜寂封邑錢百萬，寂捕急，遂上變。帝怒曰：「寂有死罪四：爲三公，與妖人游，一也；既免官，乃恚稱國家之興皆其所謀，二也；匿妖人言不奏，三也；專殺以滅口，四也。我戮之非無辭。」議者多請貸，乃放靜州。會山羌反，或言劫寂爲主。帝曰：「國家於寂有恩，必不爾。」既而寂率家僮破賊。帝念寂功，詔入朝，會卒，年六十。贈相州刺史、工部尚書、河東郡公。

子律師嗣，尚臨海長公主，終汴州刺史。律師子承先，武后時爲殿中監，酷吏殺之。

始，高祖論太原首功，詔尚書令秦王、尚書左僕射裴寂、納言劉文靜恕二死；左驍衞大將軍長孫順德、右驍衞大將軍劉弘基、右屯衞大將軍竇琮、左翊衞大將軍柴紹、內史侍郎唐儉、吏部侍郎殷開山、鴻臚卿劉世龍、衞尉少卿劉政會、都水監趙文恪、庫部郎中武士彠、驃騎將軍張平高、李思行、李高遷、左屯衞府長史許世緒等十四人恕一死。

武德九年十月，太宗又定功臣封戶，時文靜已死，乃自寂而下差功大小第之，總四十三人。寂戶千五百，長孫无忌、王君廓、尉遲敬德、房玄齡、杜如晦戶千三百，長孫順德、柴紹、羅藝、趙郡王孝恭戶千二百，侯君集、張公謹、劉師立戶千，李勣、劉弘基戶九百，高士廉、宇文士及、秦叔寶、程知節戶七百，安興貴、安脩仁、唐儉、竇軌、屈突通、蕭瑀、封德彝、

劉義節戶六百，錢九隴、樊興、公孫武達、李孟嘗、段志玄、龐卿惲、張亮、李藥師、杜淹、元仲文戶四百，張長遜、張平高、李安遠、李子和、秦行師、馬三寶戶三百。寂等三十人已見於傳。自趙文恪等十八人功不甚顯，然參附義始事，班班見當世。今次第其名，總出左方云。

趙文恪，并州人。爲隋鷹揚府司馬。義兵起，授右三統軍。武德二年，擢都水監，封新興郡公。時中國經大亂，馬耗，會突厥講和，詔文恪至并州，與齊王誘市邊馬以備軍。劉武周寇太原，屬城盡沒，李仲文守浩州，兵力孤絕，齊王使文恪率步騎千餘助守。會太原陷，遂棄城遁，詔下獄死。

李思行，趙州人，避仇太原。唐公將起，使覘詗長安，還，具論機策，以贊大議授左三統軍。從破霍邑，平京師，擢累嘉州刺史、樂安郡公。卒，贈洪州都督，謚曰襄。

李高遷，岐州人，客太原，唐公引致左右。執高君雅等有功，以右三統軍從下霍邑，圍長安，戰力。遷左武衞大將軍、江夏郡公、檢校西麟州刺史。突厥寇馬邑，高滿政請救，詔

高遷督兵助守。賊盛，乃夜斬關走，所將皆沒，坐除名徙邊。後歷資州刺史，卒，贈涼州都督。

姜寶誼，秦州上邽人。父遠，仕周爲秦州刺史、朝邑縣公。寶誼游太學，受書，業不進，去爲左翊衞，以積勞遷鷹揚郎將，領府兵，從高祖督盜太原。及起兵，授左統軍，下西河、霍邑，以多，爵累永安縣公，歷右武衞大將軍。

劉武周使黃子英數盜雀鼠谷，帝遣寶誼擊之。賊輕甲挑師，戰接而三遁，逐之，伏發，寶誼爲賊執，俄亡歸。與裴寂拒宋金剛，戰汾州，兵合，寂棄軍走，寶誼復爲所禽。帝聞爲泣下曰：「彼烈士，必不下賊，死矣！」賜其家物千段，米三百斛。果謀還，被害。且死，西向大呼曰：「臣無狀，負陛下。」賊平，詔迎其柩，贈左衞大將軍、幽州總管，謚曰剛。

子協，字壽，善篆籀。歷燕然都護、夏州都督，封成紀縣侯，謚曰威。

許世緒，幷州人。隋鷹揚府司馬。知隋將亡，請唐公曰：「天輔德，人與能，乘機不發，後必蹈悔。隋政不綱，天下搖亂，公姓名已著謠籙，今擧五郡之兵，據四戰之衝，苟無奇計，禍不反踵。若收取英俊，爲天下倡，帝王業也。」公奇之，顧倚親密。兵起，授右一府司馬。

累除蔡州刺史、眞定郡公，卒。

弟洛仁，亦從起晉陽，錄功至冠軍大將軍。卒，贈代州都督，謚曰勇，陪葬昭陵。

劉師立，宋州虞城人。始事王世充爲親將，洛陽平，當誅，秦王壯其才，釋不死，引爲左親衞。建成之釁，師立參奉密議，後與尉遲敬德、龐卿惲、李孟嘗等九人錄功拜左衞率。遷左驍衞將軍、襄武郡公，賜絹五千匹。有告師立姓在符讖欲反者，太宗謂曰：「人言卿將反，果乎？」師立對曰：「臣爲隋官，不過六品，材駑下，不敢希富貴。今遭非常之會，位將軍，顧已極矣，何敢反？」帝笑曰：「朕知妄耳！」賜束帛，召入臥內慰勉。

羅藝反，京師震駭，詔師立檢校右武候大將軍，勒兵備非常。藝平，有司劾黨與，師立坐與善，除名。尋以藩邸舊，檢校岐州都督。上書請討吐谷渾，未報，即遣使間諭部落，多降附者，列其地爲開、橋二州。又党項酋拓拔赤辭先附吐谷渾，倚險自守，亦遣說下之，詔赤辭爲西戎州都督。師立以母喪解，岐人表留，遂不得赴哀。時河西党項破丑氏嘗苦邊，又阻新附，師立討之。軍未至，破丑懼，遁去，師立窮追之，抵卹于眞山而還。又戰吐谷渾於小莫門川，破之。轉始州刺史，卒，謚曰肅。

劉義節，幷州人。隋大業末，補晉陽鄉長，富於財。裴寂薦之唐公，又與王威、高君雅游，然於唐公爲最厚。兵將起，威、君雅疑之，義節刺知其情，得先事禽威等。從平京師，爲鴻臚卿。時傾府庫爲軍賞，帑財大乏。義節曰：「今京師屯兵多，樵貴帛賤，若伐街苑樹爲薪，以易布帛，歲數十萬可致。」又請軸舒藏內見繒，取羨尺，補雜費，得十餘萬段，調度遂給。遷太府，封葛國公。

義節本名世龍，或言世龍子名鳳昌，父子非人臣兆，高祖不聽，更賜今名。貞觀初，轉少府監，坐貴入賈人珠及故出署丞罪，廢爲民，徙嶺南，終欽州別駕。

從子思禮，武后時爲箕州刺史。少學相人於張憬藏，憬藏謂思禮歷刺史，位至太師。萬歲通天二年，授箕州，益喜，以爲太師位尊，非佐命不可得，乃結洛州錄事參軍綦連耀謀反，謂耀曰：「君體有龍氣如大帝。」耀亦曰：「公金刀，當輔我。」陰約君臣。思禮因以術眩衆，見者必曰：「當三品」，使嗜進者充望，然後云：「綦連耀且受命，公等皆因之。」事敗，武懿宗按之，陰弛思禮禁，使多逮引。思禮冀自脫，悉引素相忤者，將刑猶不寤，與衆人斬於市。其知名者，如李元素、孫元亨、石抱忠、王勮、勮兄勔、路敬淳等三十餘族，竄逐千餘人。

錢九隴字永業，湖州長城人。父文彊，爲吳明徹裨將，與明徹俱敗彭城。入隋，以罪沒

爲奴，故九隴事唐公。善騎射，常備左右。兵起，以功授金紫光祿大夫。從戰薛仁杲、劉武周，擢累爲右武衞將軍。從平洛陽，佐皇太子建成討劉黑闥魏州，力戰破賊，以功最封郇國公，以本官爲苑游將軍。貞觀初，爲眉州刺史，改巢國。卒，贈左武衞大將軍、潭州都督，謚曰勇，陪葬獻陵。

樊興，安州人。以罪爲奴。從唐公平長安，授左監門將軍。從秦王積戰多，封營國公，數賜黃金雜物。後坐事削爵。

貞觀六年，陵州獠反，命討之，爲左驍衞將軍。又從李靖擊吐谷渾，爲赤水道行軍總管。後軍期，士多死，亡失器仗，以勳減死。後爲左監門大將軍、襄城郡公。太宗征遼，以興忠謹，副房玄齡留守京師，檢校右武候將軍。卒，贈左武候大將軍、洪州都督，陪葬獻陵。

公孫武達，京兆櫟陽人。以豪俠稱，爲隋驍果。兵興，武達至長春宮上謁。從秦王討劉武周，苦戰功多，累遷秦府右三軍驃騎，封淸水縣公。

貞觀初，爲肅州刺史。突厥騎數千、輜重萬餘入寇，謀南趣吐谷渾，武達以精兵二千人與戰，虜稍却，復殊死鬭，薄之張掖河，潛命上流度兵，虜已半濟，乃兩岸夾擊，斬溺略盡。璽書勞之，還左監門將軍。靈州突厥叛，詔武達趣靈州，追及賊，賊方度河，乃據南涯陣，武達擊之，斬其帥可邏拔屈，進封東萊郡公。終右武衞大將軍，贈荆州都督，陪葬昭陵，謚曰壯。

龐卿惲，并州人。從討隱太子有功，拜右驍衞將軍，邾國公。卒，追改濮國。子同善，右金吾大將軍。同善子承宗，開元初仕至太子賓客。

張長遜，京兆櫟陽人。精馳射，在隋爲里長。以平陳功，擢上開府，累遷五原郡通守。遭亂，附突厥，突厥號爲割利特勒。義兵起，以郡降，即拜五原太守、安化郡公，徙封范陽。時梁師都、薛舉請突厥兵南度河，長遜矯作詔與莫賀咄設，以伐其謀，會唐使亦至，突厥兵不出。武德元年，詔右武候驃騎將軍高世靜聘始畢可汗，至豐州而始畢死，詔留金幣不遣。突厥怒，引兵南至河。長遜遣世靜出塞勞之，且若專致賻賜者，虜引還。授總管，改楊國公。及討薛舉，不待命輒引兵

會，賜錦袍金甲。或譖長遜居豐久，恐與突厥爲脣齒，乃請入朝，授右武候將軍，徙息國公，加賜宮人、綵千段。屬有疾，高祖親問之。後竇軌率巴、蜀兵擊王世充，以長遜檢校益州行臺左僕射。歷遂、夔二總管，政以惠稱。貞觀十一年卒。

張平高，綏州人。爲隋鷹揚府校尉，戍太原，遂預謀議。從唐公平京城，累授左領軍將軍，封蕭國公。貞觀初，爲丹州刺史，坐事，以右光祿大夫還第。卒，追封羅國，贈潭州都督。

李安遠，夏州人。父徹，隋上柱國、雲州刺史。世爲將家，以財雄。安遠少無檢，與博徒游，至破產。晚乃折節嚮書，從士大夫，苟勝己，必傾心交之。襲爵城陽公。與王珪坐王頍得罪，當流，安遠爲營護免。後補正平令。兵起，攻絳州，安遠與通守陳叔達嬰城拒。唐公素與安遠善，及拔絳，撫慰其家，引與同食，授右翊衞統軍、正平縣公。後從破屈突通，進上柱國、右武衞大將軍。數從秦王征討，積功，累封至廣德郡公。奉使吐谷渾，安遠與約和，吐谷渾乃請爲互市，邊場利之。隱太子將亂，陰使誘動，安遠介無貳志，秦王益親重。

貞觀初，嘗命統邏騎部下，督盜賊。歷潞州都督、懷州刺史，皆以幹用顯，然急刻少恩，由是損名。卒，贈涼州都督，謚曰安，追封遂安郡公。

馬三寶，性敏獪。事柴紹爲家僮。紹尚平陽公主，高祖兵起，紹間道走太原。三寶奉公主遁司竹園，說賊何潘仁與連和。潘仁入謁，以百兵爲主衞。三寶自稱總管，撫接羣盜，兵至數萬。唐公濟河，授三寶左光祿大夫。秦王至竹林宮，三寶以兵詣軍門謁，遂從平京師，拜太子監門率。別擊叛胡劉拔眞於北山，破之。從平薛仁杲。與柴紹擊吐谷渾於岷州，先鋒陷陣，斬名王，俘執數千，以功封新興縣男。後高祖幸司竹園，顧謂曰：「汝興兵處邪？衞青大不惡。」貞觀初，拜左驍衞大將軍，進爵爲公，卒謚曰忠。

李孟嘗，趙州人。終右威衞大將軍、漢東郡公。

元仲文，洛州人。終右監門將軍、河南縣公。

秦行師，并州人。終右監門將軍、淸水郡公。

贊曰：應龍之翔，雲雺滃然而從，震風薄怒，萬空不約而號，物有自然相動耳。觀二子非有踔越之姿，當高祖受命，赫然利見於世，故能或翼或從，尸天之功云。文靜數履軍陷陣，以才自進，而寂專用串昵顯。外者易乘，邇者難疏，故文靜先被躁望誅，寂後坐訞言斥，誠異夫蕭何、曹參矣！

唐書卷八十九

列傳第十四

屈突通　尉遲敬德　張公謹大安　秦瓊　唐儉憲　次　扶　持
彥謙　段志玄文昌　成式

屈突通，其先蓋昌黎徒何人，後家長安。仕隋爲虎賁郎將。文帝命覆隴西牧簿，得隱馬二萬匹，帝怒，收太僕卿慕容悉達、監牧官史千五百人，將悉殊死。通曰：「人命至重，死不復生。陛下以至仁育四海，豈容以畜產一日而戮千五百士？」帝叱之，通進頓首曰：「臣願身就戮，以挺衆死。」帝寤，曰：「朕不明，乃至是。今當免悉達等，旌爾善言。」遂皆以減論。擢左武衞將軍。莅官勁正，有犯法者，雖親無所回縱。其弟蓋爲長安令，亦以方嚴顯。時爲語曰：「寧食三斗艾，不見屈突蓋；寧食三斗葱，不逢屈突通。」

煬帝卽位，遣持詔召漢王諒。先是，文帝與諒約，若璽書召，驗視敕字加點，又與玉麟

符合，則就道。及是，書無驗，諒覺變，詰通，通占對無屈，竟得歸長安。大業中，與宇文述共破楊玄感，以功遷左驍衞大將軍。秦、隴盜起，授關內討捕大使。安定人劉迦論反，衆十餘萬據鵰陰。通發關中兵擊之，次安定，初不與戰，軍中意其怯。通陽言旋師，而潛入上郡。賊未之覺，引而南，去通七十里舍，分兵徇地。通候其無備，夜簡精甲襲破之，斬迦論并首級萬餘，築京觀於上郡南山，虜老弱數萬口。後隋政益亂，盜賊多，士無鬭志，諸將多覆。通每向必持重，雖不大克，亦不敗負。帝南幸，使鎮長安。

高祖起，代王遣通守河東，戰久不下，高祖留兵圍之，遂濟河，破其將桑顯和於飲馬泉。通大懼，乃留鷹揚郎將堯君素守蒲，將自武關趨藍田以援長安。至潼關，阻劉文靜兵不得進，相持月餘。通令顯和夜襲文靜，詰朝大戰，顯和縱兵破二壁，唯文靜一壁獨完，然數入壁，短兵接，文靜中流矢，軍垂敗，顯和以士疲，乃傳餐食，文靜因得分兵實二壁。會游軍數百騎自南山還，擊其背，三壁兵大呼，奮而出，顯和遂潰，盡得其衆。通勢蹙，或說之降，曰：「吾蒙國厚恩，事二主，安可逃難？獨有死報爾！」每自摩其頸曰：「要當爲國家受人一刀！」其訓勉士卒必流涕，故力雖窮，而人尚爲之感奮。帝遣其家僮往召，通趣斬之。俄聞京師平，家盡沒，乃留顯和保潼關，率兵將如洛。既行，而顯和來降。文靜遣竇琮、段志玄精騎追及於稠桑，通結陣拒之。琮縱其子壽往諭使降，通大呼曰：「昔與汝父子，今則讎

也！」命左右射之，顯和呼其衆曰：「京師陷，諸君皆家關西，何爲復東？」衆皆捨兵。通知不免，遂下馬東南向，再拜號哭曰：「臣力屈兵敗，不負陛下。」遂被禽，送長安。帝勞曰：「何相見晚邪？」泣曰：「通不能盡人臣之節，故至此，爲本朝羞。」帝曰：「忠臣也！」釋之，授兵部尚書、蔣國公，爲秦王行軍元帥長史。

從平薛仁杲，時賊珍用山積，諸將爭得之，通獨無所取。帝聞，曰：「清以奉國，名定不虛。」特賚金銀六百兩、綵千段。判陝東道行臺左僕射，從討王世充。時通二子在洛，帝曰：「今以東略屬公，如二子何？」通曰：「臣老矣，不足當重任。然疇昔陛下釋俘纍，加恩禮，以蒙更生，是時口與心誓，以死許國。今日之行，正當先驅，二兒死自其分，終不以私害義。」帝太息曰：「烈士徇節，吾今見之。」及竇建德來援賊，秦王分麾下半以屬通，俾與齊王圍洛。世充平，論功第一，拜陝東道大行臺右僕射，鎮東都。數歲，召爲刑部尚書。自以不習文，固辭，改工部。建成之變，復檢校行臺僕射，馳鎮洛。貞觀初，行臺廢，爲洛州都督，進左光祿大夫。卒，年七十二，贈尚書左僕射，謚曰忠。後詔配饗太宗廟廷。永徽中，贈司空。

二子壽、詮，壽襲爵。太宗幸洛，思通忠節，故詮以少子拜果毅都尉，賜粟帛䘏其家，終瀛州刺史。詮子仲翔，神龍中，復守瀛州。

初，桂州都督李弘節亦以清愼顯。既歿，其家賣珠。太宗疑弘節實貪，欲追坐舉者。

魏徵曰：「陛下過矣！且今號清白死不變者，屈突通、張道源。通二子來調，共一馬；道源子不能自存。審其清者不加䘏，疑其濁者罪所舉，亦好善不篤矣。」帝曰：「朕未之思。」置不問。故通之清益顯云。

尉遲敬德名恭，以字行，朔州善陽人。隋大業末，從軍高陽，積閱爲朝散大夫。劉武周亂，以爲偏將。與宋金剛南侵，得晉、澮等州，襲破永安王孝基，執獨孤懷恩等。武德二年，秦王戰柏壁，金剛敗奔突厥，敬德合餘衆守介休。王遣任城王道宗、宇文士及諭之，乃與尋相舉地降，引爲右一府統軍，從擊王世充。會尋相叛，諸將疑敬德且亂，囚之。行臺左僕射屈突通、尚書殷開山曰：「敬德慓敢，今執之，猜貳已結，不卽殺，後悔無及也。」王曰：「不然。敬德必叛，寧肯後尋相者邪？」釋之，引見臥內，曰：「丈夫以氣相許，小嫌不足置胸中，我終不以讒害良士。」因賜之金，曰：「必欲去，以爲汝資。」是日獵榆窠，會世充自將兵數萬來戰，單雄信者，賊驍將也，騎直趨王，敬德躍馬大呼橫刺，雄信墜，乃翼王出，率兵還戰，大敗之，禽其將陳智略，獲排矟兵六千。王顧曰：「比衆人意公必叛，我獨保無它，何相報速邪？」賜金銀一篋。

竇建德營板渚，王命李勣等爲伏，親挾弓，令敬德執矟，略其壘，大呼致師。建德兵出，乃稍引却，殺數十人，衆益進。伏發，大破之。時世充兄子琬使於建德，乘隋帝廄馬，鎧甲華整，出入軍中以夸衆。王望見，問「誰可取者？」敬德請與高甑生、梁建方三騎馳往，禽琬，引其馬以歸，賊不敢動。從討劉黑闥，賊以奇兵襲李勣，王勒兵掩其後，俄而賊衆四面合，敬德率壯士馳入賊，王乘陣亂乃得出。又破徐圓朗。以功授王府左二副護軍。

隱太子嘗以書招之，贈金皿一車。辭曰：「敬德起幽賤，會天下喪亂，久陷逆地，秦王實生之，方以身徇恩。今於殿下無功，其敢當賜？若私許，則懷二心，徇利棄忠，殿下亦焉用之哉？」太子怒而止。敬德以聞。王曰：「公之心如山岳然，雖積金至斗，豈能移之？然恐非自安計。」巢王果遣壯士刺之。敬德開門安臥，賊至，不敢入。因譖於高祖，將殺之，王固爭，得免。

其後隱、巢計日急，敬德與長孫无忌入白曰：「大王不先決，社稷危矣！」王曰：「我惟同氣，所未忍。伺其發，而後以義討之，如何？」敬德曰：「人情畏死，衆以死奉王，此天授也。天與不取，反得其咎。大王卽不聽，請從此亡，不能交手蒙戮。」无忌曰：「王不從敬德言，敬德亦非王有，今敗矣。」王曰：「寡人之謀，未可全棄，公更圖之。」敬德曰：「處事有疑非智，臨難不決非勇。王今自計如何？勇士八百人悉入宮控弦被甲矣，尙何辭？」後又與侯君集等懇熟勸進，計乃定。時房玄齡、杜如晦被斥在外，召不至。王怒曰：「是背我邪？」因解所佩刀

授之，謂曰：「卽不從，可斬其首以來。」敬德遂往諭玄齡等，與入計議。隱太子死，敬德領騎七十趨玄武門，王馬逸，隊林下，元吉將奪弓窘王，敬德馳叱之，元吉走，遂射殺之。宮、府兵屯玄武門，戰不解，敬德持二首示之，乃去。時帝泛舟海池，王命敬德往侍，不解甲趨行在。帝驚曰：「今日之亂爲誰？爾來何邪？」對曰：「秦王以太子、齊王作亂，舉兵誅之，恐陛下不安，遣臣宿衞。」帝意悅。於是南衙、北門兵與府兵尙雜鬬，敬德請帝手詔諸軍聽秦王節度，內外始定。

王爲皇太子，授左衞率。時坐隱、巢者百餘家，將盡沒入之。敬德曰：「爲惡者二人，今已誅，若又窮支黨，非取安之道。」由是普原。論功爲第一，賜絹萬匹，舉齊府金幣、什器賜焉。除右武候大將軍，封吳國公，實封千三百戶。

突厥入寇，授涇州道行軍總管。虜至涇陽，輕騎與戰，敗之。敬德所得財，必散之士卒。

然婞直，頗以功自負，又廷質大臣得失，與宰相不平。出爲襄州都督。累遷同州刺史。嘗侍宴慶善宮，有班其上者，敬德曰：「爾何功，坐我上？」任城王道宗解喩之，敬德勃然，擊道宗目幾眇。太宗不懌，罷，召讓曰：「朕觀漢史，嘗怪高祖時功臣少全者。今視卿所爲，乃知韓、彭夷戮，非高祖過。國之大事，惟賞與罰，橫恩不可數得，勉自脩飭，悔可及乎！」敬德頓首謝。後改封鄂國，歷鄜、夏二州都督。老就第，授開府儀同三司，朔望

帝將討高麗，敬德上言：「乘輿至遼，太子次定州，兩京空虛，恐有玄感之變。夷貊小國，不足枉萬乘，願委之將臣，以時摧滅。」帝不納。詔以本官行太常卿，爲左一馬軍總管。師還，復致仕。顯慶三年卒，年七十四。高宗詔京官五品以上及朝集使赴第臨弔，册贈司徒、并州都督，謚曰忠武。給班劍、羽葆、鼓吹，陪葬昭陵。

敬德晚節，謝賓客不與通。飾觀、沼，奏清商樂，自奉養甚厚。又餌雲母粉，爲方士術延年。其戰，善避矟，每單騎入賊，雖羣刺之不能傷，又能奪取賊矟還刺之。齊王元吉使去刃與之校，敬德請王加刃，而獨去之，卒不能中。帝嘗問：「奪矟與避矟孰難？」對曰：「奪矟難。」試使與齊王戲，少選，王三失矟，遂大愧服。

張公謹字弘愼，魏州繁水人。爲王世充洧州長史，與刺史崔樞挈城歸天子，授檢校鄒州別駕，遷累右武候長史，未知名。李勣、尉遲敬德數啓秦王，乃引入府。王將討隱、巢亂，使卜人占之，公謹自外至，投龜於地曰：「凡卜以定猶豫，決嫌疑。今事無疑，何卜之爲？卜而不吉，其可已乎？」王曰：「善。」隱太子死，其徒攻玄武門，銳甚，公謹獨閉關拒之。以功授左武候將軍，封定遠郡公，實封一千戶。

貞觀初，爲代州都督，置屯田以省餽運。數言時政得失，太宗多所采納。後副李靖經略突厥，條可取狀於帝曰：「頡利縱欲肆凶，誅害善良，昵近小人，此主昏於上，可取一也。別部同羅、僕骨、回紇、延陀之屬，皆自立君長，圖爲反噬，此衆叛於下，可取二也。突利被疑，以輕騎免，拓設出討，衆敗無餘，欲谷喪師，無託足之地，此兵挫將敗，可取三也。北方霜旱，稟糧乏絕，可取四也。頡利疏突厥，親諸胡，胡性翻覆，大軍臨之，內必生變，可取五也。華人在北者甚衆，比聞屯聚，保據山險，王師之出，當有應者，可取六也。」帝然所謀。及破定襄，敗頡利，璽詔慰勞，進封鄒國公，改襄州都督，以惠政聞。卒官下，年四十九。帝將出次哭之，有司奏：「日在辰，不可。」帝曰：「君臣猶父子也，情感於內，安有所避！」遂哭之。詔贈左驍衞大將軍，謚曰襄。十三年，追改郯國公。永徽中，加贈荆州都督。

子大素，龍朔中，歷東臺舍人，兼脩國史，著書百餘篇，終懷州長史。

次子大安，上元中，同中書門下三品。章懷太子令與劉納言等共註范曄漢書。太子廢，故貶爲普州刺史，終橫州司馬。子悱，仕玄宗時爲集賢院判官，詔以其家所著魏書、說林入院，綴脩所闕，累擢知圖書、括訪異書使，進國子司業，以累免官。

秦瓊字叔寶，以字顯，齊州歷城人。始爲隋將來護兒帳內，母喪，護兒遣使襚弔之。吏怪曰：「士卒死喪，將軍未有所問，今獨弔叔寶何也？」護兒曰：「是子才而武，志節完整，豈久處卑賤邪？」

俄從通守張須陀擊賊盧明月下邳，賊衆十餘萬，須陀所統纔十之一，堅壁未敢進，糧盡，欲引去。須陀曰：「賊見兵却，必悉衆追我，得銳士襲其營，且有利，誰爲吾行者？」衆莫對。惟叔寶與羅士信奮行。乃分勁兵千人伏莽間，須陀委營遁，明月悉兵追躡。叔寶等馳叩賊營，門閉不得入，乃升樓拔賊旗幟，殺數十人，營中亂，即斬關納外兵，縱火焚三十餘屯。明月奔還，須陀回擊，大破之。又與孫宣雅戰海曲，先登。以前後功擢建節尉。

從須陀擊李密滎陽。須陀死，率殘兵附裴仁基。仁基降密，密得叔寶大喜，以爲帳內驃騎，待之甚厚。密與宇文化及戰黎陽，中矢墮馬，濱死，追兵至，獨叔寶捍衞得免。

後歸王世充，署龍驤大將軍。與程齩金計曰：「世充多詐，數與下呪誓，乃巫嫗，非撥亂主也。」因約俱西走，策其馬謝世充曰：「自顧不能奉事，請從此辭。」賊不敢逼，於是來降。

高祖俾事秦王府，王尤獎禮。從鎭長春宮，拜馬軍總管。戰美良川，破尉遲敬德，功多，帝賜以黃金瓶，勞曰：「卿不卹妻子而來歸我，且又立功，使朕肉可食，當割以啖爾，況子女玉帛乎！」尋授秦王右三統軍，走宋金剛於介休，拜上柱國。從討世充、建德、黑闥三盜，

未嘗不身先鋒鏖陣，前無堅對。積賜金帛以千萬計，進封翼國公。每敵有驍將銳士震燿出入以夸衆者，秦王輒命叔寶往取之，躍馬挺槍刺於萬衆中，莫不如志，以是頗自負。及平隱、巢，功拜左武衞大將軍，實封七百戶。

後稍移疾，嘗曰：「吾少長戎馬間，歷二百餘戰，數重創，出血且數斛，安得不病乎？」卒，贈徐州都督，陪葬昭陵。太宗詔有司琢石爲人馬立墓前，以旌戰功。貞觀十三年，改封胡國公。

後四年，詔司徒、趙國公无忌，司空、河間王孝恭，司空、萊國公如晦，司空、太子太師、鄭國公徵，司空、梁國公玄齡，開府儀同三司、鄂國公敬德，特進、衞國公靖，特進、宋國公瑀，輔國大將軍、褒國公志玄，輔國大將軍、夔國公弘基，尚書左僕射、蔣國公通，陝東道行臺右僕射、鄖國公開山，荊州都督、譙國公紹，荊州都督、邳國公順德，洛州都督、鄖國公亮，吏部尚書、陳國公君集，左驍衞大將軍、郯國公公謹，左領軍大將軍、盧國公知節，禮部尚書、永興郡公世南，戶部尚書、渝國公政會，戶部尚書、莒國公儉，兵部尚書、英國公勣，幷叔寶，並圖形凌煙閣。高宗永徽六年，遣使致祭名臣圖形凌煙閣者凡七人，徵、士廉、瑀、志玄、弘基、世南、叔寶，皆始終著名者也。

唐儉字茂約，幷州晉陽人。祖邕，北齊尚書左僕射。父鑒，隋戎州刺史，與高祖善，嘗偕典軍衞，故儉雅與秦王游，同在太原。儉爽邁少繩檢，然事親以孝聞。見隋政寖亂，陰說秦王建大計。高祖嘗召訪之，儉曰：「公日角龍廷，姓協圖讖，係天下望久矣。若外嘯豪桀，北招戎狄，右收燕、趙，濟河而南，以據秦、雍，湯、武之業也。」高祖曰：「湯、武之事豈可幾？然喪亂方剡，私當圖存，公欲拯溺者，吾方爲公思之。」及大將軍府開，授記室參軍、渭北道元帥司馬。從定京師，爲相國府記室，晉昌郡公。

武德初，進內史舍人，遷中書侍郎、散騎常侍。呂崇茂以夏縣反，與劉武周連和，詔永安王孝基、獨孤懷恩、于筠率兵致討，儉以使適至軍。會孝基等爲武周所虜，儉亦見禽。始，懷恩屯蒲州，陰與部將元君實謀反，會俱在賊中，君實私語儉曰：「獨孤尚書將舉兵圖大事，猶豫不發，故及此。所謂當斷不斷而受亂者。」俄而懷恩脫歸，詔復守蒲。君實曰：「獨孤拔難歸，再戍河上，寧其王者不死乎？」儉恐必亂，密遣劉世讓歸白發其謀。會高祖幸蒲津，舟及中流而世讓至，帝驚，曰：「豈非天也！」命趨還舟，捕反者，懷恩自殺，餘黨皆誅。俄而武周敗，亡入突厥。儉封府庫、籍兵甲以待秦王。帝嘉儉身幽辱而不忘朝廷，詔復舊官，仍爲幷州道安撫大使，許以便宜。盡簿懷恩貲產賜儉。還爲禮部尚書、天策府長

史、檢校黃門侍郎、莒國公。仍爲遂州都督，食緜州六百戶。

貞觀初，使突厥還，太宗謂儉曰：「卿觀頡利可取乎？」對曰：「銜國威靈，庶有成功。」四年，馳傳往誘使歸款，頡利許之，兵懈弛，李靖因襲破之，儉脫身還。歲餘，爲民部尚書。從獵洛陽苑，羣豕突出于林，帝射四發，輒殪四豕。一豕躍及鐙，儉投馬搏之。帝拔劍斷豕，顧笑曰：「天策長史不見上將擊賊邪，何懼之甚？」對曰：「漢祖以馬上得之，不以馬上治之。陛下神武定四方，豈復快心于一獸？」帝爲罷獵。詔其子善識尚豫章公主。

儉居官不事事，與賓客縱酒爲樂。坐小法，貶光祿大夫。永徽初，致仕，加特進。顯慶初卒，年七十八。贈開府儀同三司、幷州都督，陪葬昭陵，謚曰襄。

少子觀，爲河西令，知名。

孫從心，神龍中，以其子晙娶太平公主女，擢累殿中監。晙太常少卿，坐太平黨誅。

儉弟憲。

憲字茂彝，仕隋爲東宮左勳衞。太子廢，罷歸。不治細行，好馳獵，藏亡命，所交皆博徒輕俠。高祖領太原，頗親遇之，參與大議。義師起，授正議大夫，置左右，尤所信倚。封

安富縣公。武德中，進累雲麾將軍，加郡公。貞觀中，終金紫光祿大夫。

裔孫次，字文編。建中初，及進士第，歷侍御史。竇參數薦之，改禮部員外郎。參貶，出爲開州刺史，積十年不遷。韋皐鎭蜀，表爲副使，德宗諭皐罷之。次身在遠，久抑不得申，以爲古忠臣賢士罹讒毀被放，至殺身，君且不悟者，因采獲其事，爲辨謗略三篇上之。帝益怒，曰：「是乃以古昏主方我！」改夔州刺史。憲宗立，召還，授禮部郎中，知制誥，終中書舍人。憲宗雅惡朋比傾陷者，嘗覽辨謗略，善之。謂學士沈傳師曰：「凡君人者，宜所觀省。然次編錄未盡，卿可廣其書。」傳師乃與令狐楚、杜元穎論次，起周訖隋，增爲十篇，更號元和辨謗略。

子扶，字雲翔，仕歷屯田郎中。大和五年，爲山南宣撫使。內鄉倉督鄧琬負度支漕米七千斛，吏責償之，繫其父子至孫凡二十八年，九人死於獄，扶奏申釋之。詔切責鹽鐵、度支二使，天下監院償逋繫三年以上者，皆原。進中書舍人，出爲福州觀察使。濫殺人，風績不立。會卒，奴婢爭財，有司按其貲至十餘萬，時議蚩薄之。

扶弟持，字德守，中進士第。大和中，爲渭南尉，試京兆府進士。時尹杜悰欲以親故託

之，持輒趨降階伏，悰語塞，乃止。累遷工部郎中，出爲容州刺史。遷給事中，歷朔方、昭義節度使，卒。

子彥謙字茂業，多通技藝，尤工爲詩，負才無所屈。乾符末，避亂漢南。王重榮鎭河中，辟幕府，累表爲副，歷晉、絳二州刺史。重榮軍亂，彥謙貶興元參軍事。節度使楊守亮表爲判官，遷副使，終閬、壁二州刺史。

段志玄，齊州臨淄人。父偃師，仕隋爲太原司法書佐。從義師，官至郢州刺史。志玄姿質偉岸，少無賴，數犯法。大業末，從父客太原，以票果，諸惡少年畏之，爲秦王所識。

高祖興，以千人從，授右領大都督府軍頭。下霍邑、絳郡，攻永豐倉，推鋒最。歷左光祿大夫。從劉文靜拒屈突通于潼關。文靜爲桑顯和所襲，軍且潰，志玄率壯騎馳賊，殺十餘人，中流矢，忍不言，突擊自如，賊衆亂，軍乘之，唐兵復振。通敗走，與諸將躡獲於稠桑，以多，授樂游府車騎將軍。從討王世充，深入，馬跌，爲賊禽。兩騎夾持其髻，將度洛，志玄忽騰而上，二人者俱墮，於是奪其馬馳歸，尾騎數百不敢近。破竇建德，平東都，遷秦王府右二護軍。隱太子嘗以金帛誘之，拒不納。秦王卽位，累遷左驍衛大將軍，封樊國公，實封九百戶。詔率兵至靑海奪吐谷渾牧馬，逗留，免。未幾復職。

文德皇后之葬，與宇文士及勒兵衛章武門，太宗夜遣使至二將軍所，士及披戶內使，志玄拒曰：「軍門不夜開。」使者示手詔，志玄曰：「夜不能辨。」不納。比曙，帝歎曰：「眞將軍，周亞夫何以加！」改封褒國公，歷鎭軍大將軍。貞觀十六年疾，帝臨視，泣顧曰：「當與卿子五品官。」頓首謝，請與母弟，乃拜志感左衛郎將。及卒，帝哭之慟。贈輔國大將軍、揚州都督，陪葬昭陵，謚曰壯肅。

三世孫文昌。

文昌字墨卿，一字景初，世客荆州。疏爽任義節，不爲齷齪小行。節度使裴冑禮之。冑採古今禮要爲書，數從文昌質判所疑。後依劍南節度韋皐，皐表爲校書郎。宰相李吉甫才之，擢登封尉、集賢校理，再遷左補闕。憲宗數欲親用，頗爲韋貫之奇詆，偃蹇不得進。貫之罷，引爲翰林學士，遷中書舍人，遂爲承旨。穆宗卽位，屢召入思政殿顧問，率至夕乃出。俄拜中書侍郎、同中書門下平章事。未踰年，自表還政。授劍南西川節度使、同平章事。

文昌素諳蜀利病，大抵治寬靜，間以威斷，不常任也，羣蠻震服。長慶二年，黔中蠻叛，觀察使崔元略以聞，文昌使一介開曉，蠻卽引還，彭濮蠻大酋蹉祿來請立石刊誓，脩貢獻。入

遷兵部尚書。文宗立，拜御史大夫，進封鄒平郡公。俄檢校尚書右僕射、平章事，節度淮南。大和四年，檢校左僕射，徙帥荆南。州或旱，禬解必雨；或久雨，遇出游必霽。民爲語曰：「旱不苦，禱而雨；雨不愁，公出游。」南詔襲南安，帝以文昌得蠻夷心，詔使下檄尉讓，卽日解而去。復節度西川。九年卒，贈太尉。

文昌先墓在荆州，歲時享祠，必薦以音樂歌舞，習禮者譏其非。少羈窶，所向少諧。及居將相，享用奢侈，士議尤替。

子成式，字柯古，推蔭爲校書郎。博學彊記，多奇篇祕籍。侍父于蜀，以畋獵自放，文昌遣吏自其意諫止。明日以雉兔徧遺幕府，人爲書，因所獲儷前世事，無復用者，衆大驚。擢累尚書郎，爲吉州刺史，終太常少卿。著酉陽書數十篇。子安節，乾寧中，爲國子司業。善樂律，能自度曲云。

贊曰：屈突通盡節於隋，而爲唐忠臣，何哉？惟其一心，故事兩君而無嫌也。敬德之來，太宗以赤心付之，桑蔭不徙而大功立。君臣相遇，古人謂之千載，顧不諒哉！投機之會，間不容穟，公謹所以抵龜而決也。

唐書卷九十

列傳第十五

劉弘基　殷開山　劉政會 奇　崇望　崇龜　崇魯　許紹 圉師　欽寂　欽明　程知節　柴紹　任瓌　丘和 行恭

劉弘基，雍州池陽人。少以蔭補隋右勳侍。大業末，從征遼，貲乏，行及汾陰，度後期且誅，遂與其屬椎牛犯法，吏諷捕繫。歲餘，以贖論，因亡命，盜馬自給。至太原，陰事高祖。又察太宗資度非常，益自託。由是蒙親禮，出入連騎，間至臥內。兵將舉，弘基募士，得二千人。王威等軀大事，弘基與長孫順德伏閤後，麾左右執之。從攻下西河，宋老生敗，棄馬投塹，弘基斬其首，拜右光祿大夫。師至蒲，引兵先濟河，下馮翊。爲渭北道大使，命殷開山副之。西徇扶風，衆至六萬，南度渭，次長安故城，振隊金光門。隋將衞文昇來拒，弘基逆擊，擒甲士千餘，馬數百。時諸軍尙未至，弘基最先勝。高祖悅，賜馬二十匹。京師平，功

第一，授右驍衞大將軍。

討薛舉，戰淺水原，八總管軍皆沒，唯弘基一軍戰力，矢盡，爲賊拘。帝以臨難不屈，優護其家。仁杲平，乃克歸，官之如初。劉武周犯太原，弘基屯平陽，復陷賊。俄自拔歸，授左一總管。從秦王屯柏壁，以勁卒二千繇隰州趣西河，躡賊歸路。賊銳甚，弘基堅壁儲勇。及宋金剛遁走，率騎尾之介休，與王合擊，大破之。累封任國公。從擊劉黑闥，還，除井鉞將軍。會突厥患邊，督步騎萬人備塞，自豳北東拒子午嶺，西抵臨涇，築障遮虜。貞觀初，李孝常等謀反，坐與交，除名爲民。歲餘，起爲易州刺史，復封爵。召授衞尉卿，改封夔國。以老乞骸，爲輔國大將軍，朝朔望，祿賜同職事。太宗征遼，召爲前軍大總管，戰駐蹕山，有功，累加封戶至千一百。卒，贈開府儀同三司、并州都督，陪葬昭陵，謚曰襄。始，弘基病，給諸子奴婢各十五人，田五頃，謂所親曰：「使賢，固不藉多財；即不賢，守此可以脫飢凍。」餘悉散之親黨。子仁實，襲封。

殷開山名嶠，以字行，世居江南。祖不害，仕陳爲司農卿。陳亡，徙京兆，爲鄠人。開山涉書，工爲尺牘，爲隋大谷長。高祖兵起，召補大將軍掾，從攻西河。爲渭北道元帥長史。時關輔羣盜驁力自張，不相君，命開山招慰，皆下。與劉弘基屯故城，破衞文昇之兵，賜爵陳郡公，遷丞相府掾。

以吏部侍郎從秦王討薛舉。會王疾甚，臥營，委軍於劉文靜，誡曰：「賊方熾，邀速戰利。公等毋與爭，糧盡衆枵，乃可圖。」開山銳立事，說文靜曰：「王屬疾，憂公弗克濟，故不欲戰。今宜逗機制敵，無專以賊遺王也。請勒兵以怖之。」遂戰折墌，爲舉所乘，遂大敗。下吏當死，詔貸之，除名爲民。頃之，從平仁杲，復爵位，兼陝東道行臺兵部尙書，遷吏部。從討王世充，以功進爵鄖國公。征劉黑闥，道病卒，王哭之慟，詔贈陝東道大行臺右僕射，謚曰節。貞觀十四年，與淮安王神通、河間王孝恭、民部尙書劉政會俱配饗高祖廟廷。永徽中，加贈司空。

劉政會，滑州胙人。隋大業中，爲太原鷹揚府司馬，以兵隸高祖麾下。王威等旣貳，秦王欲先事除之，遣政會爲急變書告其反。時募士已集，乃執威等囚之，然後舉兵，政會功也。

大將軍府建，爲戶曹參軍，遷丞相府掾。武德初，授衞尉少卿，留守太原，調輯戎政，遠近懽服。會劉武周寇并州，晉陽豪桀舉應之，政會爲武周所擒，每密表賊形勢。旣平，復官爵，歷光祿卿，封邢國公。貞觀初，轉洪州都督，卒。太宗手詔：「政會昔預義舉，有殊功，葬宜異等。」於是贈民部尙書，謚曰襄。後追徙渝國。

子玄意襲爵，尙南平公主。高宗時爲汝州刺史。

次子奇，長壽中，爲天官侍郎，薦張鷟、司馬鍠爲監察御史，二人因申屠瑒以謝，奇正色曰：「舉賢本無私，何見謝？」聞者皆竦。後爲酷吏陷，被誅。

七世孫崇望，字希徒，及進士第，宣歙王凝辟轉運巡官。崔安潛帥許及劍南，崇望昆弟四人同幕府，世以爲才。安潛入爲吏部尙書，崇望又以員外郎主南曹，選事淸辦。僖宗幸山南，王重榮怨宦豎，不肯率職；時高選使者，即河中鐫諭使自新，崇望以諫議大夫持節往。既至，陳君臣大義動之，重榮順服，請誅朱玫自效。使還，稱旨，擢翰林學士。昭宗即位，進中書侍郎、同中書門下平章事。張濬伐太原，崇望固執不可，濬果敗。代爲門下侍郎、判度支。玉山都將楊守信反，夜陳兵闕下。帝列兵延喜門，命崇望守度支庫。遲旦，含光門未闢，禁卒左右植立，將大掠長安中。俄聞傳呼宰相來者，門闢，崇望駐馬勞曰：「上自將在中營，公等禁軍也，不帝前殺賊取功，而苟欲剽掠成惡名乎？」士皆唯唯。至長樂門，

賊望兵至，乃遁去，軍中咸呼「萬歲」。是日，京師不亂，繄其力。進尚書左僕射。朱全忠謀取徐、泗，表請以大臣代時溥，乃授崇望武寧軍節度使。溥拒命，崇望還爲太常卿。會王珂、王珙爭河中，詔以崔胤爲節度使。珂，李克用婿也。太原邸吏薛志勤曰：「崔公鎭河中，不若光德劉公於我公最善。」光德，崇望所居坊也。後李茂貞、王行瑜入誅執政，坐是，貶昭州司馬。行瑜誅，克用直其冤，召爲吏部尚書。會王摶以吏部輔政，徙兵部。王建欲幷東川，詔崇望爲劍南東川節度使、同中書門下平章事。未至，建已使王宗滌知留後，崇望乃還爲兵部尚書。卒，贈司空。

兄崇龜，字子長。擢進士，仕累華要，終淸海軍節度使。廣有大賈，約倡女夜集，而它盜殺女，遺刀去。賈入倡家，踐其血乃覺，乘艑亡。吏跡賈捕劾，得約女狀而不殺也。崇龜方大饗軍中，悉集宰人，至日入，乃遣。陰以遺刀易一雜置之。詰朝，羣宰即庖取刀，一人不去，曰：「是非我刀。」問之，得其主名。往視，則亡矣。崇龜取它囚殺之，聲言賈也，陳諸市。亡宰歸，捕詰具伏。其精明類此。姻舊或干以財，率不答，但寫荔支圖與之。然不能防檢其家，既沒，有鬻珠翠羽者，由是名損。

弟崇魯，字郊文，亦第進士，擢左補闕、翰林學士，僖宗避難山南，爲嗣襄王熅史館修撰，得不誅。景福中，以水部郎中知制誥。雅與崔昭緯善。帝以韋昭度、李磎輔政，而昭緯

外倚邠、岐兵爲援，以久其權。於是天子厚禮磎，昭緯懼見奪，共謀沮之。及磎墨麻出，崇魯輒掠麻大哭。帝問焉，崇魯曰：「今雖乏人，豈宜取憸人爲宰相。磎以楊復恭、西門重遂得近職，奈何用之？前日杜讓能叢戮未刷，尚忍蹈覆轍乎？」磎由是不得相。磎亦劾奏其姦，因自陳「爲山南楊守亮詆毀，不容與復恭交私」。又言：「崇望爲宰相，使親吏日夕謁左軍，與復恭相親厚。紘巾慘帶，不入禁門；崇魯向殿哭，厭詛天祚，殆人之妖。且其父坐賄飲藥死。崇魯身爲朱玫史官，作勸進表。在太原府使西川，見田令孜，沒階趨，廢制度自崇魯始。」其相詈訾，俚淺稽校，譬市人然。崇龜始聞哭麻，恚不食。曰：「吾兄弟未始以聲利敗名，今不幸乃生是兒。」後王行瑜、崔昭緯相繼誅，崇魯貶崖州司戶參軍。終水部員外郎。

許紹字嗣宗，安州安陸人。父法光，在隋爲楚州刺史。元皇帝爲安州總管，紹時爲兒，與高祖同學，相愛也。大業末，任夷陵通守，會盜起，州境獨完，流人自占數十萬，開倉賑給。煬帝崩問至，紹率人吏三日臨，以所部遙屬越王侗。後王世充簒立，遂遣使以黔安、武陵、澧陽歸國，授峽州刺史，封安陸郡公。高祖賜書道平生舊，以加慰納。蕭銑將董景珍降，命紹率兵應接。以破銑功，擢其子智仁爲溫州刺史。銑遣楊道生圍峽州，紹擊走之。銑將陳普環具大艦遡江，與開州賊蕭闍提略巴、蜀，紹遣智仁及婿張玄靖、掾李弘節追戰西陵，覆其兵，禽普環，悉獲戰艦。江之南有安蜀城，地直夷陵，荊門城峙其東，皆峭險處。銑以兵戍守，紹遣智仁等攻荊門，取之。制書褒美，許以便宜。紹境連王世充及銑，其下爲賊剽者皆見殺，紹得敵人，獨資遣之，二邦感義，殺掠爲止。進譙國公，賜帛千段。

趙郡王孝恭等伐銑，復詔督兵圖荊州。會病，卒于軍，帝爲流涕。貞觀中，贈荊州都督。

智仁，初以勳授封孝昌縣公，紹卒，繼守夷陵，終涼州都督。

次子圉師。

圉師有器幹，硏涉藝文，擢進士第。累遷給事中、黃門侍郎、同中書門下三品。龍朔中，爲左相。高宗自書詔賜遼東諸將，謂許敬宗曰：「圉師愛書，可示之。」俄坐其子獵犯人田，有辭，怒而射之，圉師掩不奏，爲人告擿。帝讓曰：「宰相而暴百姓，非作威福乎？」圉師謝，且言：「作威福者，彊兵重鎭，嫚天子法。臣文吏，何敢然！」帝曰：「慊無兵邪？」敬宗因是劾抵，遂免官。

久之，爲虔州刺史，稍遷相州，專以寬治，州人刻石頌美。部有受賕者，圉師不忍按，但賜淸白箴，其人自愧，後脩飭，更爲廉士。進戶部尚書。卒，贈幽州都督，謚曰簡，陪葬恭陵。

紹初爵譙國公，以子智仁自有封，故詔孫力士襲之，終洛州長史。子欽寂嗣封。萬歲通天元年，契丹入寇，詔爲隴山軍討擊副使，戰崇州，敗，爲虜所禽。方圍安東，脅令說屬城未下者。欽寂呼安東都護裴玄珪曰：「賊朝夕當滅，幸謹守！」賊怒，害之。武后下制褒美，贈蘄州刺史，謚曰忠。子輔乾，以父死難，授左監門衞中候，爲海東慰勞使，使迎柩還葬。

欽寂弟欽明，以軍功擢左玉鈐衞將軍、安西大都護、鹽山郡公。出爲涼州都督。嘗輕騎按部，會突厥默啜兵奄至，被執。賊與皆至靈州，使說之降。欽明至城下，呼曰：「我乏食，有美醬乎？有粱米乎？幷乞墨一枝！」時賊營四面阻水，惟一路得入。欽明欲選將束兵，乘夜襲虢也，而城中無寤其廋者，遂見害。兄弟死王事，世名其忠。

程知節本名齩金，濟州東阿人。善馬矟。隋末，所在盜起，知節聚衆數百保鄉里。後事李密，而密料士八千隸四驃騎，分左右以自衞，號「內軍」，常曰：「此可當百萬。」知節領驃騎之一，恩遇隆特。王世充與密戰，知節以內騎營北邙，單雄信以外騎營偃師。世充襲雄信，密遣知節及裴行儼助之。行儼中流矢墜馬，知節馳救之，殺數人，軍辟易，乃抱行儼重騎馳。追兵以槊撞之，知節折其槊，斬追者，乃免。後密敗，爲世充所獲。惡其爲人，與秦叔寶來奔，授秦王府左三統軍。從破宋金剛、竇建德、王世充，並領左一馬軍總管，搴旗先登者不一，以功封宿國公。

七年，隱太子譖之，出爲康州刺史，白秦王曰：「大王去左右手矣，身欲久全，得乎？知節有死，不敢去！」事平，拜太子右衞率。尋遷右武衞大將軍，實封七百戶。貞觀中，歷瀘州都督、左領軍大將軍，改封盧國。

顯慶二年，授葱山道行軍大總管，以討賀魯。師次怛篤城，胡人數千出降，知節屠其城去，賀魯因遠遁。軍還，坐免。未幾，起爲岐州刺史，致仕。卒，贈驃騎大將軍、益州大都督，陪葬昭陵。

子處亮，尙淸河公主。

柴紹字嗣昌，晉州臨汾人。幼趫悍，有武力，以任俠聞。補隋太子千牛備身。高祖妻以平陽公主。將起兵，紹走間道迎謁。時太子建成、齊王元吉亦自河東往，遇諸塗。建成曰：「追書急，恐吏逮捕，請依劇賊，冀自全。」紹曰：「不可。賊知君唐公子，必執以爲功，徒死爾。不如疾走太原。」既入雀鼠谷，聞義兵起，謂紹有謀，乃相賀。授右領軍大都督府長史，領㲄騎，發晉陽。先抵霍邑城下，覘形勢。還白：「宋老生一夫敵，我兵到必出戰，可虜也。」大師至，老生果出，紹力戰有功。從下臨汾、絳郡，隋將桑顯和來戰，紹引軍繚其背，與史大柰合攻之。顯和敗，遂平京師。進右光祿大夫，封臨汾郡公。高祖卽位，拜左翊衞大將軍，累從征討，以多，進封霍國公，遷右驍衞大將軍。

吐谷渾、党項寇邊，敕紹討之，虜據高射紹軍，雨矢，士失色。紹安坐，遣人彈胡琵琶，使二女子舞。虜疑之，休射觀。紹伺其懈，以精騎從後掩擊，虜大潰，斬首五百級。

貞觀二年，平梁師都，轉左衞大將軍。出爲華州刺史，加鎭軍大將軍，徙譙國。旣病，太宗親問之。卒，贈荆州都督，謚曰襄。二子：哲威、令武。

哲威爲右屯衞將軍，襲封。坐弟謀反，免死，流邵州。起爲交州都督，卒。

令武尙巴陵公主，遷太僕少卿、衞州刺史、襄陽郡公。與房遺愛謀反，貶嵐州刺史，自殺。公主亦賜死。

任瓌字瑋，廬州合淝人。父七寶，陳將忠之弟，爲陳定遠太守。瓌早孤，忠撫愛甚，每曰：「吾子雖多，庸保耳。所以寄門戶者，瓌也！」年十九，試守靈溪令。遷衡州司馬，都督王勇盡以州務屬瓌。陳亡，瓌勸勇據嶺外，立陳後輔之。勇不從，以地降隋，瓌棄官去。仁壽中，調韓城尉，未幾，罷。

高祖討捕於汾、晉，瓌上謁轅門，承制署河東縣戶曹。高祖之晉陽，留隱太子託之。義師起，瓌至龍門請見。高祖曰：「隋失其政，四海羣沸，吾以外戚據重任，不忍坐觀其亡。晉陽，天下用武處，兵精馬彊，今率之，將厭國難。公，將家子，智算練達，論吾此舉其濟乎？」瓌曰：「今主政殘酷，兵役不止，天下之人，思見拯亂，與之息肩。公天付神武，杖順而起，軍令嚴明，所下城邑，無秋豪之犯。關中起兵者跂踵而待。擁義師，迎衆欲，何不濟哉！瓌在馮翊久，悉其人情，願爲一介使，入關宣布威靈，以收左輔。繇梁山濟河，直趣韓城，逼郃陽，徇朝邑。蕭造文吏，勢當自下。次招諸賊，然後鼓行而前，據永豐積粟，雖未得京師，關中固已定矣。」高祖曰：「是吾心也！」乃授銀靑光祿大夫。遣陳演壽、史大柰步騎六千趣梁山，以瓌及薛獻爲招慰大使。高祖謂演壽曰：「閫外事與任瓌籌之。」旣而賊孫華、白玄度等果降，且具舟于河以濟師。瓌行說下韓城，與諸將進擊歙馬泉，破之。拜左光祿大夫，留戍永豐倉。

高祖卽位，授穀州刺史。王世充數攻新安，瓌拒破之。以功封管國公。秦王東討，瓌從至邙山，主水運餉軍。

關東平，爲河南安撫大使。王世辯以徐州降瓌，瓌至宋州，會徐圓朗反，副使柳濬勸退保汴，瓌笑曰：「公何怯？老將居邊久，自當有計。」俄而賊陷楚丘，將圍虞城，瓌遣崔樞、張公謹自鄢陵領諸州豪質子百餘守之。濬曰：「樞等故世充將，且諸州質子父兄皆反，奈何令保城？」瓌不答。樞至，則分質子與土人合隊，賊近，質子稍叛，樞卽斬其隊帥。城中人懼曰：「是皆賊子弟，安可與守乎？」樞因聽諸隊殺質子，梟首門外。瓌陽怒曰：「去者遣招慰，何乃殺之？」退謂濬曰：「固知崔樞辦之。縣殺賊子，爲怨已大，人今自爲戰矣。」圓朗攻虞城，不能拔。賊平，遷徐州總管，仍爲大使。

輔公祏反，詔以兵自揚子津濟江討之。公祏平，拜邗州都督，遷陝州。瓌弟璨，爲隱太子典膳監。太子廢，璨得罪，瓌亦左授通州都督。貞觀四年卒。

瓌歷職有功，然補吏多爲親故人私，至負勢賕請，瓌知，不甚禁遏，世以此譏之。瓌卒，

時有司以在外對仗白奏，太宗怒曰：「昔杜如晦亡，朕不能事者數日。今瓌喪，所司不以狀言，豈朕意乎？有如朕子弟不幸死，當此奏邪！」自是大臣喪，遂不對仗奏云。

丘和，河南洛陽人，後徙家郿。少重氣俠，閑弓馬，長乃折節自將。仕周開府儀同三司。入隋爲右武衞將軍，封平城郡公，歷資、梁、蒲三州刺史，以寬惠著名。漢王諒反，使卒衣婦人衣，襲取蒲州，和挺身免，坐廢爲民。宇文述有寵，和傾心附納。俄以發武陵公元胄罪，復拜代州刺史。煬帝北巡，和饋獻精腆，至朔州，而刺史楊廓無所進，帝不悅。述盛稱和美，帝用爲博陵太守，詔廓就視和爲式。後帝過博陵，和上食加豐，愈喜。由是所過競爲珍侈獻，自和發也。然和善撫吏士，得其心。還天水郡守，入爲左禦衞將軍。大業末，海南苦吏侵，數怨畔。帝以和所莅稱淳良，而黄門侍郎裴矩亦薦之，遂拜交阯太守，撫接盡情，荒憹安之。

煬帝崩，而和未知。於是鴻臚卿甯長眞舉鬱林附蕭銑，馮盎舉珠崖、番禺附林士弘，各遣使招和，不從。林邑西諸國，數遺和明珠、文犀、金寶，故和富埒王者。銑聞，利之，命長眞以南粵蠻、俚攻交阯，和遣長史高士廉率兵擊走之，郡爲樹石勒其功。會隋驍果自江都來，

乃審隋亡，和即陳款歸國，而嶺嶠閉帽，乃權附銑。銑平，遂得歸。詔李道裕即授和交州大總管，爵譚國公。和遣士廉奉表請入朝，詔其子師利迎之。及謁見，高祖爲興，引入臥內，語平生，歡甚，奏九部樂饗之，除左武候大將軍。和時已老，以稷州其故鄉也，令爲刺史以自養。尋除特進。貞觀十一年卒，年八十六，贈荆州總管，謚曰襄，陪葬獻陵。

有子十五人，多至大官，而行恭爲知名。

行恭有勇，善騎射。大業末，與師利聚兵萬人保郿城，人多依之，羣盜不敢窺境。後原州奴賊圍扶風，太守竇璡堅守。賊食盡無所掠，衆稍散歸行恭。行恭遣其酋說賊共迎高祖，乃自率五百人負糧持牛酒詣賊營。奴帥長揖，行恭手斬之，謂衆曰：「若皆豪桀也，何爲事奴乎？使天下號曰奴賊。」衆皆伏，曰：「願改事公。」行恭乃率其衆，與師利迎謁秦王於渭北，拜光祿大夫。累從戰伐，功多，遷左一府驃騎，錫勞甚厚。隱太子誅，以功擢左衞將軍。貞觀中，坐與兄爭葬所生母，廢爲民。從侯君集平高昌，封天水郡公，進右武候將軍。高宗立，遷大將軍、冀陝二州刺史，致仕。卒，年八十，贈荆州刺史，謚曰襄，陪葬昭陵。

行恭所守嚴烈，僚吏畏之。數坐事免，太宗思其功，不踰時輒復官。初，從討王世充，戰邙山。太宗欲嘗賊虛實，與數十騎衝出陣後，多所殺傷，而限長堤，與諸騎相失，唯行恭從。賊騎追及，流矢著太宗馬，行恭回射之，發無虛鏃，賊不敢前。遂下拔箭，以己馬進太宗，步執長刀，大呼導之，斬數人，突陣而還。貞觀中，詔斲石爲人馬，象拔箭狀，立昭陵闕前，以旌武功云。子神勣，見酷吏傳。

贊曰：帝王之將興，其威靈氣焰有以動物悟人者，故士有一槩，皆塡然躍而附之，若榱梁柱以成大室，又負偃植，各安所施而無遺材，諸將之謂邪。然皆能禮法自完，賢矣哉！

唐書卷九十一

列傳第十六

溫大雅 彥博 大有 佶 造 璋 廷筠 廷皓　皇甫無逸　李襲志 襲譽

姜謩 行本 晈 慶初 晦　崔善爲　李嗣眞

溫大雅字彥弘，幷州祁人。父君悠，北齊文林館學士，入隋爲泗州司馬，見朝政不綱，謝病歸。大雅性至孝，與弟彥博、大有皆知名。薛道衡見之，嘆曰：「三人者，皆卿相才也。」初爲東宮學士、長安尉，以父喪解，會天下亂，不復仕。

高祖鎮太原，厚禮之。兵興，引爲大將軍府記室參軍，主文檄。帝受禪，與竇威、陳叔達討定儀典，遷黃門侍郎，而彥博亦爲中書侍郎，對管華近。帝嘗從容謂曰：「我起晉陽，爲卿一門耳。」進工部侍郎、陝東道大行臺尚書。隱太子圖亂，秦王表大雅鎭洛陽須變，數陳祕畫，多所嘉納。王即位，轉禮部，封黎國公。改葬其祖，卜人占其地，曰：「弟則吉，不利於君，若何？」大雅曰：「如子言，我含笑入地矣。」歲餘卒，謚曰孝。永徽五年，贈尚書右僕射。

彥博字大臨，通書記，警悟而辯。開皇末，對策高第，授文林郎，直內史省。隋亂，幽州總管羅藝引爲司馬。藝以州降，彥博與有謀，授總管府長史，封西河郡公。召入爲中書舍人，遷侍郎。高麗貢方物，高祖欲讓而不臣，彥博執不可，曰：「遼東本周箕子國，漢玄菟郡，不使北面，則四夷何所瞻仰？」帝納而止。

突厥入寇，彥博以幷州道行軍長史戰太谷，王師敗績，被執。突厥知近臣，數問唐兵多少及國虛實，彥博不肯對，囚陰山苦寒地。太宗立，突厥歸款，得還。授雍州治中，尋檢校吏部侍郎。彥博欲汰擇士類，寡術不能厭衆，訟牒滿廷，時譏其煩碎。復爲中書侍郎，遷御史大夫，檢校中書侍郎事。貞觀四年，遷中書令，封虞國公。突厥降，詔議所以安邊者，彥博請如漢置降匈奴五原塞，以爲捍蔽，與魏徵廷爭，徵不勝其辯，天子卒從之。其後突利可汗弟結社率謀反(一)，帝始悔云。

彥博善辭令，每問四方風俗，臚布詔命，若成誦然；進止詳華，人皆拭目觀。高祖嘗宴近臣，遣秦王諭旨，既而顧左右曰：「何如溫彥博？」十年，遷尚書右僕射，明年卒，年六十三。

彥博性周愼，既掌機務，謝賓客不通，進見必陳政事利害。卒後，帝歎曰：「彥博以憂國故，耗思殫神，我見其不逮再期矣，恨不許少閑以究其壽。」家貧無正寢，殯別室，帝命有司爲構寢。贈特進，謚曰恭，陪葬昭陵。

子振、挺。振歷太子舍人，居喪以毀卒。挺尚千金公主，官延州刺史。

彥博曾孫曦，尚涼國長公主。

大有字彥將。隋仁壽中，李綱薦之，授羽林騎尉。高祖舉兵，引爲太原令。從秦王徇西河，將行，高祖曰：「士馬單少，要須經略，以君參軍事，事之濟否，卜是行也。」西河下，擢大將軍府記室，與兄大雅同掌機近，不自安，請徙它職。帝曰：「我虛心待卿，何所自疑？」武德初，累遷中書侍郎，封清河郡公。卒，贈鴻臚卿，謚曰敬。

初，顏氏、溫氏在隋最盛，思魯與大雅俱事東宮，愍楚、彥博同直內史省，游秦、大有典校祕閣，顏以學業優，而溫以職位顯於唐云。

大雅四世孫佶，字輔國，以字行。安祿山亂，往見平原太守顏眞卿，助爲守計。李光弼厚遇之。後居鄴，薛嵩薦之朝，授太常丞，一謝嵩即去，屏處郊野，世推其高節。

子造。

造字簡輿，姿表瑰傑，性嗜書，然盛氣，少所降屈。不喜爲吏，隱王屋山，人號其居曰「處士墅」。壽州刺史張建封聞其名，書幣招禮，造欣然曰：「可人也！」往從之。建封雖咨謀，而不敢縻以職事。及節度徐州，造謝歸下邳，慨然有高世心。建封恐失造，因妻以兄子。

時李希烈反，攻陷城邑，天下兵鎭陰相撼，逐主帥自立，德宗患之。以劉濟方納忠于朝，密詔建封擇縱橫士往說濟，佐其必。建封彊署造節度參謀，使幽州。造與濟語未訖，濟俯伏流涕曰：「僻陋不知天子神聖，大臣盡忠，願率先諸侯效死節。」造還，建封以聞，詔馳驛入奏。天子愛其才，問造家世及年，對曰：「臣五世祖大雅，外五世祖李勣，臣犬馬之齒三十有二。」帝奇之。將用爲諫官，以語泄乃止。復去，隱東都。烏重胤奏致幕府。

長慶初，以京兆司錄爲太原幽鎭宣諭使，召見，辭曰：「臣，府縣吏也，不宜行，恐四方易朝廷。」穆宗曰：「朕東宮時聞劉總，比年上書請覲，使問行期，乃不報。卿爲我行喩意，毋多讓。」因賜緋衣。至范陽，總櫜鞬郊迎。造爲開示禍福，總懼，矍然若兵在頸，繇是籍所部

九州入朝。還，遷殿中侍御史。田弘正遇害，以起居舍人復宣慰鎮州行營。

頃之，李景儉以酒得過宰相，造坐與飲，出爲朗州刺史。開後鄉渠百里，溉田二千頃，民獲其利，號「右史渠」。召授侍御史，知彈奏。請復朱衣豸冠示外廡，不聽。夏州節度使李祐拜大金吾，違詔進馬，造正衙抨劾。祐曰：「吾夜入蔡州擒吳元濟，未嘗心動，今日膽落於溫御史。」遷左司郎中，知御史雜事，進中丞。

大和二年，內昭德寺火，延禁中「野狐落」，野狐落者，宮人所居也，死者數百人。是日，宰相、兩省官、京兆尹、中尉、樞密皆集日華門，督神策兵救火所及，獨御史府不至。造自劾曰：「臺繫賊，恐人緣以構姦，申警備，乃得入。臣請入三十直，崔蠡、姚合二十直，自贖。」宰相劾造不待罪於朝，而自許輕比，不可聽。有詔皆奪一月俸。

造性剛急，人或忤己，雖貴勢，亦以氣出其上。道遇左補闕李虞，恚不避，捕從者笞辱。左拾遺舒元褒等建言：「故事，供奉官惟宰相外無屈避。造棄蔑典禮，無所畏；辱天子侍臣。凡事小而關分理者，不可失；失之，則亂所由生。遺、補雖卑，侍臣也，中丞雖高，法吏也；侍臣見陵則恭不廣；法吏自恣則法壞。聞元和、長慶時，中丞呵止不半坊，今乃至兩坊，謂之籠街。造擅自尊大，忽僭擬之嫌，請得論罪。」帝乃詔臺官、供奉官共道路，聽先後行，相値則揖。中丞傳呼不得過三百步。造彈擊無所回畏，威望隱然，發南曹僞官九十人，

主史皆論死。遷尚書右丞，封祁縣子。

興元軍亂，殺李絳，衆謂造可夷其亂，文宗亦以爲能，乃授檢校右散騎常侍、山南西道節度使，許以便宜從事。帝慮其勞費，造曰：「臣計諸道戍蠻之兵方還，願得密詔受約束，用此足矣。」許之。命神策將董重質、河中將溫德彝、郃陽將劉士和從造。而興元將衞志忠、張丕、李少直自蜀還，造喻以意，皆曰：「不敢二。」乃用八百人自從，五百人爲前軍。既入，前軍呵護諸門。造至，欲大宴，視聽事，曰：「此隘狹，不足饗士。」更徙牙門。坐定，將卒羅拜，徐曰：「吾欲聞新軍去住意，可悉前，舊軍無得進。」勞問畢，就坐，酒行，從兵合，卒有覺者，欲引去，造傳言叱之，乃不敢動。卽問軍中殺絳狀，志忠、丕夾階立，拔劍傳呼曰：「悉殺之！」圍兵爭奮，皆斬首，凡八百餘人。親殺絳者，醢之；號令者，殊死。取百級祭絳，三十級祭死事官王景延等，餘悉投之漢江。監軍楊叔元擁造靴祈哀，造以兵衞出之。詔流康州。叔元，始激兵亂者也，人以造不戮爲恨。以功加檢校禮部尚書，賜萬縑賞其兵。

入爲兵部侍郎，以病自言，出東都留守。俄節度河陽。奏復懷州古秦渠枋口堰，以溉濟源、河內、溫、武陟四縣田五千頃。召爲御史大夫。方倚以相，會疾，不能朝，改禮部尚書。卒，年七十，贈尚書右僕射。

兄邈，弟遜。邈，長慶、大和中，累以拾遺、補闕召，不應。遜嘗爲邑宰，解印綬去。

造子璋。

璋以父蔭累官大理丞。陰平吏盜官物，而焚其帑，璋刺得其情，擢侍御史，賜緋衣。遷婺州刺史，以政有績，賜金紫。徙廬、宋二州刺史。宣州逐鄭薰也，崔鉉調淮南兵討之，以璋爲宣州刺史。事平，就拜觀察使，擢武寧節度使。銀刀軍驕橫，累將姑息，而璋政嚴明，懼之，相率逐璋，詔徙邠寧節度，歷京兆尹。璋素彊幹，鉏宿弊，豪右慴服，加檢校吏部尚書。同昌公主薨，懿宗誅醫無狀者，繫親屬三百餘人。璋與劉瞻極諫，貶振州司馬，歎曰：「生不逢時，死烏足惜！」仰藥死。

彥博裔孫廷筠，少敏悟，工爲辭章，與李商隱皆有名，號「溫李」。然薄於行，無檢幅。又多作側辭豔曲，與貴胄裴誠、令狐滈等蒲飲狎昵。數舉進士不中第。思神速，多爲人作文。大中末，試有司，廉視尤謹，廷筠不樂，上書千餘言，然私占授者已八人，執政鄙其爲，授方山尉。徐商鎭襄陽，署巡官，不得志，去歸江東。令狐綯方鎭淮南，廷筠怨居中時不爲助力，過府不肯謁。丐錢揚子院，夜醉，爲邏卒擊折其齒，訴於綯。綯爲劾吏，吏具道其汙行，綯兩置之。事聞京師，廷筠徧見公卿，言爲吏誣染。俄而徐商執政，頗右之，欲白用。會商

罷，楊收疾之，遂廢卒。本名岐，字飛卿。

弟廷晧，咸通中，署徐州觀察使崔彥曾幕府。龐勛反，以刃脅廷晧，使爲表求節度使，廷晧紿曰：「表聞天子，當爲公信宿思之。」勛喜。歸與妻子決，明日復見，勛索表，倨答曰：「我豈以筆硯事汝邪？其速殺我。」勛熟視笑曰：「儒生有膽耶，吾動衆百萬，無一人操檄乎！」囚之，更使周重草表。彥曾遇害，廷晧亦死，詔贈兵部郎中。

皇甫無逸字仁儉，京兆萬年人。父誕，隋幷州總管府司馬，漢王諒反，逼之不從，見殺。無逸在長安，聞變卽號慟，人問故，對曰：「吾父生平重節義，必無苟免者。」頃訃至，果然。時五等廢，煬帝嘉誕忠，特封無逸平輿侯，而贈誕柱國、弘義郡公。

無逸歷淯陽太守，治爲天下最，再遷右武衞將軍。帝幸江都，詔居守洛陽。帝被殺，乃與段達、元文都立越王侗。及王世充篡，棄母妻，斬關自歸。追騎及，無逸顧曰：「吾有死，終不能同爾爲逆。」解金帶投之地，曰：「以與爾，無相困。」騎爭下取，由是獲免。高祖以無逸本隋勳舊，尊遇之，拜刑部尚書，封滑國公。歷陜東道行臺民部尚書，遷御史大夫。時蜀新定，吏多橫恣，人不聊，詔無逸持節巡撫，得承制除吏。既至，黜貪暴，用廉

善，法令嚴明，蜀人以安。

皇甫希仁，憸人也，誣告無逸爲母故陰交世充，帝判其詐，斬希仁，遣給事中李公昌馳諭。又有告無逸交通蕭銑者，時無逸與行臺僕射竇璡不協，因表自陳，并上璡罪。有詔劉世龍、溫彥博按之，無狀，遂斬告者而黜璡。及還，帝勞曰：「比多譖毀，但以正直爲佞人憎爾。」無逸頓首謝，帝曰：「卿無負，何所謝？」

拜民部尚書，出爲同州刺史，徙益州大都督府長史。所至輒閉閤不通賓客，左右無敢出入者；所須皆市易它境。嘗按部，宿民家，鐙炷盡，主人將續進，無逸抽佩刀斷帶爲炷，其廉介類如此。然過自畏慎，每上表疏，讀數十猶懼未審，使者上道，追省再三乃得遣。母在長安疾篤，太宗命馳驛召還承問，憂悴不能食，道病卒。贈禮部尚書，謚曰孝。王珪駁曰：「無逸入蜀，不能與母俱，留卒京師，子道未足稱，不可謂孝。」乃更謚良。

李襲志字重光。其先本隴西狄道人，五世祖避地，更爲金州安康人。仕隋始安郡丞。大業末，盜賊起，襲志傾私產募士，得三千人，乘城拒盜，蕭銑、林士弘屢攻之不下。聞煬帝喪，乃與士民縞素三日臨，或說曰：「公臨郡久，士大夫悅向，蠻夷畏威，雖曰隋臣，實君長

也。今四海分裂，自王者非一姓，宜遂據嶺表，取百粵，豈遽不若尉佗乎？」襲志曰：「吾世隋臣，今江都雖淪，宗社尚有奉，諸君當相與勠力刷讎恥，豈怙亂圖不義哉？吾寧蹈忠死，不逆節以生，尉佗不足爲吾法也。」欲斬說者，衆諫，乃止。遂固守凡二年，力窮援絕，爲銑所陷，僞署工部尚書、桂州總管。

武德初，高祖賜書，命其子玄嗣召之。襲志約嶺南酋永平郡守李光度潛圖歸國。帝復以書諭曰：「公朕之宗，不可與異姓比，宜及子弟並豫宗正屬籍。」及銑平，嶺南六十餘州皆送款，襲志誘而致云。趙郡王孝恭承制授桂州總管。五年來朝，進柱國，封始安郡公、江州都督。後討輔公祏，爲水軍總管，轉桂州都督。襲志守桂二十八年，政尚清省，南荒便之。表請入朝，以光祿大夫、汾州刺史致仕，卒。

弟襲譽，字茂實，通敏有識度。仕隋爲冠軍府司兵。陰世師輔代王守京師也，三輔盜蠭聚，襲譽請以兵據永豐倉，發粟賑窮乏，出庫物賞戰士，馳檄郡縣，共逐捕賊。世師不從。乃求出募山南兵，至漢中，高祖已定長安，召授太府少卿、安康郡公。

伐王世充也，拜潞州總管。時突厥已和親，又通使世充，襲譽捕斬之。詔委典運，以饟東軍。擢累揚州大都督府長史、江南巡察大使，多所黜陟。揚州，江、吳大都會，俗喜商賈，不事農；襲譽爲引雷陂水，築句城塘，溉田八百頃，以盡地利，民多歸本。召爲太府卿。

爲人嚴慗，以威肅聞。居家儉，厚于宗親，祿稟隨多少散之。以餘貲寫書，罷揚州，書遂數車載。嘗謂子孫曰：「吾性不喜財，遂至窶乏。然負京有賜田十頃，能耕之，足以食；河內千樹桑，事之可以衣；江都書，力讀可進求宦。吾歿後，能勤此，無資於人矣。」遷涼州都督，改同州刺史。坐在涼州以私憾杖殺番禾丞劉武，當死，廢爲民，流泉州，卒。

姜謩，秦州上邽人。隋大業末，爲晉陽長。高祖在太原，謩前識之，謂所親曰：「隋政亂將亡，必有聖人受之。唐公負王霸資度，其必撥亂得天下。」乃深自結。及大將軍府建，引爲司功參軍，從平霍邑、絳郡，兵遂度河，謩部勒一夕濟，高祖歎其略。進平長安，除相國曹參軍、長道縣公。

薛舉寇秦州，以謩山西豪望，詔安撫隴外，委以便宜。將行，請曰：「公天人之望已屬，宜膺圖緯，光有神器。謩老矣，恐先朝露，幸一見踐阼，死不恨。」高祖嘉納。乃與竇軌出散關，下河池、漢陽，遇薛舉，與戰，軌敗，召謩還朝，爲員外散騎常侍。後仁杲平，擢秦州刺史。帝曰：「昔人稱衣錦故鄉，今以本州相授，所以償功。涼州荒梗，宜有以靖之。」謩至，撫

邊俗以恩信，盜賊衰止。人喜曰：「不意復見太平官府。」改守隴州，以老去職。貞觀元年卒，贈岷州都督，謚曰安。

子確。

確字行本，以字顯。貞觀中，爲將作少匠，護作九成、洛陽宮及諸苑籞，以幹力稱，多所賚賞，游幸無不從，遷宣威將軍。太宗選趫才，衣五色袍，乘六閑馬，直屯營，宿衞仗內，號曰「飛騎」，每出幸，即以從，拜行本左屯衞將軍，分典之。

高昌之役，爲行軍副總管，出伊州，距柳谷百里，依山造攻械，增損舊法，械益精。其處有漢班超紀功碑，行本磨去古刻，更刊頌陳國威靈。遂與侯君集進平高昌，戰有功，璽書尉勞。還，爲金城郡公，賜奴婢七十人，帛百五十段。帝將征高麗，行本諫未宜輕用師，不從。至蓋牟城，中流矢，卒。帝賦詩悼之，贈左衞大將軍、郕國公，謚曰襄，陪葬昭陵。子簡嗣。

行本性恪敏。所居官，雖祁寒烈暑無懈容，加有巧思，凡朝之營繕，所司必諮而後行。魏徵見其倚昵，恐寖啓侈端，勸帝斥之，帝賴其彊濟，不斥也。

子柔遠，美姿容，敷奏詳辯。武后時，至左鷹揚衞將軍，攝地官尚書通事舍人、內供奉。子晈、晦。

皎，長安中爲尙衣奉御，玄宗在藩邸，皎識其有非常度，委心焉。及卽位，自潤州長史召授殿中少監。出入臥內，陪燕私，詔許捨敬，坐與妃嬪連榻，間擊毬鬪鷄，呼之不名也。賜宮女、廄馬及它珍物，前後不勝計。帝在殿廷翫一嘉樹，皎盛贊之，帝遽令徙植其家。

後將誅竇懷貞等，皎與密議，以功進殿中監、楚國公，食封四百戶。議者譏短皎任遇太過，帝以其藩邸舊，思有以宣布之，乃下詔曰：「殿中監、楚國公皎，往事朕於藩國，雖彭祖同書，子陵共學，不過也。朕嘗遊長楊，鄠、杜間，皎于時奉侍，數謂朕曰：『相王必登天位，王且儲副。』朕叱而後止，復言於朕兄弟近戚。語聞太上皇，太上皇奏之中宗，遣嗣虢王邕等鞫問，皎一意保護，罔或貳言。宗楚客、紀處訥等請投皎炎荒，中宗特詔貶潤州長史。專以忠力戴朕，謂天且有命，故履危蹈艱而無變焉。朕既卽位，又參誅姦臣，將厚以光寵，每所撝遜。造膝匪躬，舉多規益。而悠悠之談，醜正惡直，天下之人，其未及識皎之功，何見之異也？昔漢昭之任霍光，魏祖之明程昱，朕之不德，庶幾於此。且否當其悔，則必滅乃宗；泰至于亨，則所酬未補。豈流言之聽，而厚德之忘哉？苟謀始有之，圖終可也。」尋遷太常卿，監脩國史。弟晦又爲吏部侍郎，有權寵，宋璟以爲非久安策，請抑損之。

開元五年，下詔放歸田里，使自娛。久之，復爲祕書監。十年，坐洩禁中語，爲嗣濮王

嶠所劾，敕中書門下究狀。嶠亦王守一姻家，中書令張嘉貞陰希其意，傅致皎獄。詔免殊死，杖之，流欽州。道病死，年五十。親厚坐謫死者數人，世以爲冤。時源乾曜方侍中，不能正，爲人所譏詆。帝後思皎舊勳，令遞柩還，以禮葬之，存問其家，追贈澤州刺史。後以子尙主，更贈吏部尙書，仍賜封二百戶爲祠享費。

子慶初。

慶初生方晬，帝許尙主，後淪謫二十餘年。天寶初，皎甥李林甫爲宰相，爲帝言之，始命以官，襲楚國公。十載，尙新平公主。新平故嘗歸裴玲，玲卒，乃降慶初。主慧淑，閑文墨，帝賢之，歷肅、代朝，恩禮加重，慶初亦得幸。舊制，駙馬都尉多不拜正官，特拜慶初太常卿。會脩植建陵，詔爲之使，誤毀連岡，代宗怒，下吏論不恭，賜死，建陵使史忠烈等皆誅，裴玲子倣，亦削官。主幽禁中，大曆十年薨。

故事，太常職奉陵廟。開元末，濮陽王徹爲宗正卿，有寵，始請宗正奉陵。天寶中，張垍以主婿任太常，故復舊。及慶初敗，又以陵廟歸宗正云。

晦，起家蒲州參軍，累爲高陵令，治有聲，遷長安令，人畏愛之。開元初，擢御史中丞。先

是，永徽、顯慶時，御史不拜宰相，銜命使四方者，廷中揖見，後稍屈下。至晦，獨循舊體，謂御史曰：「不如故事，且奏譴公等。」由是臺儀復振。轉太常少卿。

時國馬乏，晦請以詔書市馬六胡州，率得馬三十，署游擊將軍，詔可。閑廄乃稍備。除黃門侍郎，辭不拜，改兵部。滿歲，爲吏部侍郎，主選。曹史嘗請託爲姦，前領選者周棘扃藩，檢窒內外，猶不禁。至晦，悉除之，示無防限，然處事精明，私相屬謁，罪輒得，皆以爲神。始，晦革舊示簡，廷議恐必敗，既而賕路塞，而流品有敍，衆乃伏。皎被放，晦亦左除宗正卿，貶春州司馬，徙海州刺史，卒。

崔善爲，貝州武城人。祖顒，爲魏散騎侍郎。善爲巧于曆數，仕隋，調文林郎。督工徒五百營仁壽宮，總監楊素索簿閱實，善爲執板暗唱，無一差謬，素大驚。自是四方有疑獄，悉令按訊，皆究其情。仁壽中，遷樓煩司戶書佐，高祖爲太守，尤禮接。

善爲見隋政日紊，密勸高祖圖天下。及兵起，署大將軍府司戶參軍，封清河縣公。擢累尙書左丞，用清察稱。諸曹史惡之，以其短而傴，嘲曰：「曲如鉤，例封侯。」欲沮罷所任。帝聞，勉之曰：「昔齊末姦吏歌斛律明月，而高緯闇不察，至滅其家。朕雖不德，幸免是。」因下

令購謗者，謗乃止。傅仁均撰戊寅曆，李淳風詆其疏，帝令善爲考二家得失，多所裁正。

貞觀初，爲陝州刺史。時議，戶猥地狹者徙寬鄉，善爲奏：「畿內戶衆，而丁壯悉籍府兵，若聽徙，皆在關東，虛近實遠，非經通計。」詔可。歷大理、司農二卿，坐與少卿不平，出爲秦州刺史。卒，贈刑部尙書，謚曰忠。

初，天下既定，羣臣居喪者皆奪服，善爲建言其敝。武德二年，始許終喪，然猶時以權迫不能免，如房玄齡、褚遂良者衆矣。

李嗣眞字承胄，趙州柏人人。多藝數，舉明經，中之，累調許州司功參軍。賀蘭敏之脩撰東臺，表嗣眞直弘文館，與學士劉獻臣、徐昭皆少有名，號「三少」。高宗東封還，詔贈孔子太師，命有司爲祝，司文郎中雷少穎文不稱旨，更命嗣眞，成不淹頃，帝覽稱善，詔加兩階。敏之等倚恩自如，嗣眞不喜，求補義烏令。敏之敗，學士多連坐，嗣眞獨免。

調露中，爲始平令，風化大行。時章懷太子作寶慶曲，閱於太清觀，嗣眞謂道人劉槩、輔儼曰：「宮不召商，君臣乖也；角與徵戾，父子疑也。死聲多且哀，若國家無事，太子任其咎。」俄而太子廢，槩等奏其言，擢太常丞，知五禮儀，封常山縣子。嗣眞常曰：「隋樂府有

堂堂曲，明唐再受命，比日有「側堂堂，橈堂堂」之謠，側，不正也，橈，危也。皇帝病日侵，事皆決中宮，持權與人，收之不易。宗室雖衆，居中制外，勢且不敵。諸王殆爲后所蹂踐，吾見難作不久矣。」太常缺黃鍾，鑄不能成，嗣眞居崇業里，疑土中有之，弗得其所。道上逢一車，有鐸聲甚厲，嗣眞曰：「宮聲也。」市以歸，振於空地，若有應者，掘之得鍾，衆樂遂和。嘗引工展器于廷，后奇其風度應對，召相王府參軍閻玄靜圖之，吏部郎中楊志誠爲贊，祕書郎殷仲容書，時以爲寵。

永昌初，以右御史中丞知大夫事，請周、漢爲二王後，詔可。命巡撫河東，薦宋温瑾、袁嘉祚、李日知，拔州縣職，皆至顯官。來俊臣獄方熾，嗣眞上書諫，以爲「昔陳平事漢祖，謀疏楚君臣，行反間，項羽遂亡。今殆有如平者謀陛下君臣，恐爲社稷禍」。不納。出爲潞州刺史。俊臣誣以反，流藤州，久得還。自筮死日，豫具棺斂，如言卒桂陽。有詔州縣護喪還鄉里，贈濟州刺史，謚曰昭。

武后嘗問嗣眞儲貳事，對曰：「程嬰、杵臼存趙氏孤，古人嘉之。」后悟，中宗乃安。神龍初，贈御史大夫。所撰述尤多。

時雍州人裴知古亦善樂律，長安中，爲太樂令。神龍元年正月，享太廟，樂作，知古密語萬年令元行沖曰：「金石諧婉，將有大慶，在唐室子孫乎！」是月，中宗復位。人有乘馬者，

知古聞其嘶，乃曰：「馬鳴哀，主必墜死。」見新婚者，聞佩聲，曰：「終必離。」訪之，皆然。

校勘記

〔一〕結社率　各本原無「率」字。本書卷二太宗紀、卷九七魏徵傳、卷二一五上突厥傳、舊書卷一九四上突厥傳及貞觀政要卷九均作「結社率」。據補。

唐書卷九十二

列傳第十七

杜伏威 闞稜 王雄誕　張士貴　李子和　苑君璋　羅藝　王君廓

杜伏威，齊州章丘人。少豪蕩，不治生貲，與里人輔公祏約刎頸交。公祏數盜姑家牧羊以餽伏威，縣迹捕急，乃相與亡命爲盜，時年十六。伏威狡譎多算，每剽劫，衆用其策皆效。嘗營護諸盜，出爲導，入爲殿，故其黨愛服，共推爲主。

隋大業九年，入長白山，依賊左君行，不得意，舍去，轉剽淮南，稱將軍。下邳賊苗海潮擁衆鈔暴，伏威遣公祏脅諭曰：「天下共苦隋，豪桀相與興義，然力弱勢分不相統，若合以爲彊，則無事隋矣。公能爲主，吾且從，不然，一戰以決。」海潮懼，卽以衆下之。江都留守遣校尉宋顥將兵捕擊，伏威與戰，僞北，誘顥墮葭榛澤中，順風縱火迫之，步騎燒死幾盡。海陵

賊趙破陣聞伏威兵少，輕之，召使幷力。伏威引親將十人操牛酒謁，勒公祏嚴兵待變。破陣引伏威入幕，置酒，悉召酋首高會。伏威突斬破陣，衆眙愕不及救，復殺數十人，下皆畏服，公祏兵亦至，遂幷其衆，至數萬。攻安宜，屠之。隋遣虎牙郎將來整戰于黃花輪，伏威大敗，身重創，與公祏財有衆數百，亡去，行收卒得八千，與虎牙郎將公孫上哲戰鹽城，覆其軍。

煬帝遣右禦衞將軍陳稜以精兵討之，稜不敢戰，伏威遺以婦人服，書稱陳姥，怒其軍。稜果悉兵至，伏威迎出挑戰，稜軍射中其額，伏威怒曰：「不殺汝，矢不拔！」遂馳入稜陣，大呼衝擊，衆披靡，獲所射將，使拔箭已，斬之，攜其首入稜軍示之，又殺數十人，遂大潰，稜走而免。

進破高郵，引兵度淮，攻歷陽，據之，稱總管。分兵徇屬縣，皆下，江淮羣盜爭附。伏威選敢死士五千，號「上募」，寵厚之，與均甘苦，每攻取，必先登，戰罷，閱創在背者殺之。所虜獲必分與麾下，士有戰死，以其妻殉，故人自奮戰，無完敵。宇文化及以爲歷陽太守，不受。徙丹楊，自稱大行臺。始進用士人，繕利兵械，薄賦斂，除殉葬法，民姦若盜及吏受賕，雖輕，皆殺無赦。上表越王侗，侗以爲東南道大總管，封楚王。

是時，秦王方討王世充，遣使招懷，伏威乃獻款。高祖授以東南道行臺尚書令、江淮安撫大使、上柱國、吳王，賜姓，豫屬籍，以其子德俊爲山陽公，賜帛五千段，馬三百匹。伏威

遣其將陳正通、徐紹宗以兵會，取世充之梁郡。又遣將王雄誕討李子通於杭州，禽以獻。破汪華於歙州。盡有江東、淮南地，南屬嶺，東至于海。秦王已平劉黑闥，師次曹、兗，伏威懼，乃入朝。詔拜太子太保兼行臺尚書令，留京師，位在齊王元吉上，以寵之。

伏威好神仙長年術，餌雲母被毒，武德七年二月，暴卒。初，公祏反，矯伏威令以紿衆，趙郡王孝恭既平公祏，得反書以聞。高祖追其官，削屬籍，沒入家產。貞觀元年，太宗知其冤，詔復官爵，以公禮葬，仍還其子封。

伏威有養子三十人，皆壯士，屬以兵，與同衣食，唯闞稜、王雄誕知名。

闞稜，伏威邑人也。貌魁雄，善用兩刃刀，其長丈，名曰「拍刀」，一揮殺數人，前無堅對。伏威據江淮，以戰功顯，署左將軍。部兵皆羣盜，橫相侵牟，稜案罪殺之，雖親故無脫者，至道不舉遺。

從伏威入朝，拜左領軍將軍、越州都督。公祏反，稜與南討，青山之戰，與陳正通遇，陣方接，稜脫兜鍪謂衆曰：「不識我邪？何敢戰！」其徒多稜舊部，氣遂索，至有拜者。公祏破，稜功多，然頗自伐。公祏被禽，乃誣與己謀；又伏威、王雄誕及稜貲產在丹楊者當原，而趙郡王孝恭悉籍入之，稜自訴，忤孝恭。遂以謀反誅。

王雄誕，曹州濟陰人。少彊果，膂力絕人。伏威之起，用其計，戰多克，署驃騎將軍。

初，伏威度淮與李子通合，後子通憚其才，襲之，伏威被創墮馬，雄誕負逃葭澤中，裒嘯散亡，又爲隋將來整所窘，衆復潰。別將西門君儀妻王勇決而力，負伏威走，雄誕總麾下壯士十餘人從之。追兵至，雄誕還拒，數被創，氣彌厲，伏威遂脫。闞稜年長於雄誕，故軍中號稜「大將軍」，雄誕「小將軍」。

後伏威令輔公祏擊子通，以雄誕、稜爲副，戰溧水，子通敗，公祏乘勝追之，反爲所擠，士皆走壁。雄誕曰：「子通狃于勝，無營壘，今急擊之，必克。」公祏不從。雄誕獨提私卒數百，銜枚夜往，乘風火之，子通大敗走，度太湖。武德四年，與子通戰蘇州，却之。子通以精兵保獨松嶺，雄誕遣將陳當率千兵出不意，乘高蔽嶮，張疑幟，夜縛炬于樹，徧山澤。子通懼，燒營遁，保餘杭，雄誕追禽之。

歙賊汪華據郡稱王且十年，雄誕還師攻之，華以勁甲出新安洞拒戰，雄誕伏兵山谷，以弱卒數千嬲，輒走壁，華來攻，壁中奮殊死，不可下。會暮還，雄誕伏兵已據洞口，不得歸，遽面縛降。蘇賊聞人遂安據崑山，無所屬，伏威使討之，雄誕以邑險而完，攻之引日，遂單騎造壘門，陳國威靈，因開曉禍福，遂安即降。以前後功授歙州總管，封宜春郡公。

伏威入朝，以兵屬雄誕。輔公祏將反，患其異己，縱反間，陽言得伏威敎，責雄誕貳。雄誕素質直，信之，乃歸臥疾。公祏奪其兵，遣西門君儀諭計，雄誕始悔寤，曰：「天下方靖，王在京師，當謹守藩，奈何爲族夷事？雄誕雖死，誼不從！」公祏遂縊之。雄誕愛人，善撫士，能致下死力，每破城邑，整衆山立，無絲毫犯。死之日，江南士庶爲流涕。高祖嘉其節，以子世果襲宜春郡封。太宗立，優詔贈左驍衛大將軍、越州都督，謚曰忠。

世果，垂拱初至廣州都督、安西大都護。

張士貴，虢州盧氏人，本名忽峍。彎弓百五十斤，左右射無空發。隋大業末，起爲盜，攻剽城邑，當時患之，號「忽峍賊」。

高祖移檄招之，士貴即降，拜右光祿大夫。從征伐有功，賜爵新野縣公。又從平洛，授虢州刺史。帝曰：「顧令卿衣錦晝游耳。」進封虢國公、右屯衛大將軍。貞觀七年，爲龔州道行軍總管，破反獠還，太宗聞其冒矢石先登，勞之曰：「嘗聞以忠報國者不顧身，於公見之。」累遷左領軍大將軍。顯慶初，卒，贈荊州都督，陪葬昭陵。

李子和，同州蒲城人，本郭氏。爲隋左翊衛，以罪徙榆林。大業末，郡饑，子和與死士十八人執丞王才，數以不恤下，斬之，開倉賑窮乏。自號永樂王，建元丑平，號其父爲太公，以弟子政爲尚書令，子端、子升爲左右僕射，有騎兵二千。南連梁師都，北事突厥，納弟爲質。始畢可汗册子和爲平楊天子，不敢當，乃更署爲屋利設。

武德元年獻款，授靈州總管、金河郡公，徙郕國公。襲師都寧朔城，克之。又伺突厥虛實，陰以章聞，爲虜邏騎所獲，處羅可汗怒，囚子升，於是子和危畏，舉部南徙，詔內延州故城。五年，從平劉黑闥有功，賜姓，拜右武衛將軍。十一年，爲婺州刺史[1]，徙夷國公。顯慶初，轉黔州都督，乞骸骨，許之，進金紫光祿大夫，卒。

苑君璋，馬邑豪也，以驕雄自奮。劉武周以兵入寇，君璋曰：「唐以一州兵擬取三輔，所向風靡，此殆天命，非人謀，不可爭也。太原而南多巖阻，今束甲深入，無踵軍，有失不可償，不如連突厥與唐合從，南面稱孤，上策也。」武周不聽，使君璋守朔州，引衆內侵，未幾

敗，泣曰：「廢君言，乃至此！」即與共趨突厥。

武周死，突厥以君璋爲大行臺，統武周部曲，使郁射設監兵，與舊將高滿政夜襲代州，不克。高祖遣使招之，賜鐵券，約不死。君璋拒命，進寇代州，刺史王孝德拒却之。滿政勸君璋曰：「夷狄無禮，豈可北面臣之？請盡殺其衆以歸唐。」君璋不從。而馬邑困於兵，人厭亂，滿政因衆不忍，夜脅君璋，君璋奔突厥。滿政以城歸，詔拜朔州總管，封榮國公。君璋引突厥攻陷馬邑，殺滿政，夷其黨，乃去，退保恆安。其部皆中國人，多叛去，君璋窮，乃降，自請鄭虜贖罪。

高祖遣鴈門人元普賜金券，會頡利亦召之，意猶豫。子孝政諫曰：「大人許唐降，又貳頡利，自取亡也。今糧盡衆攜，不即決，恐衿肘變生，孝政不忍見禍之酷也！」即單騎南奔，君璋喻返之，召衆與議。恆安人郭子威曰：「恆安故王者都，山川足以自固，突厥方彊，我援之，可觀天下變，何遽降？」君璋然之，執元普送突厥，頡利德之，遺以錦裘羊馬。其下怨，投書于門曰：「不早附唐，父子誅。」孝政懼，欲自歸，爲君璋所拘。與突厥寇馬邑，犯太原，邊人苦之。見頡利政亂，知將亡，遂率所部降，頡利追，擊走其兵。

入朝，拜安州都督，封芮國公，食五百戶，賜帛四千匹。君璋不曉書，然天資習事，歷職有惠稱。貞觀中，卒。

羅藝字子廷，襄州襄陽人，家京兆之雲陽。父榮，隋監門將軍。藝剛愎不仁，勇攻戰，善用槊。大業中，以戰力補虎賁郎將。遼東之役，李景以武衛大將軍督饟北平，詔藝以兵屬，分部嚴一。然任氣，嘗慢侮景，頻爲景辱。

天下盜起，涿郡號富饒，伐遼兵仗多在，而倉庤盈羨，又臨朔宮多珍寶，屯師且數萬，苦盜賊侵掠，留守將趙什住、賀蘭誼、晉文衍等不能支。藝捍寇，數破卻之，勇常冠軍，爲諸將忌畏。藝陰自計，因出師，詭說衆曰：「吾軍討賊數有功，而食乏。官粟若山，而留守不賑卹，豈安人彊衆意邪？」士皆怨。既還，郡丞出郊謁，藝執之，陳兵入，什住等懼，爭聽命。藝即發庫賚賜戰士，倉粟給窮人，境內大悅。殺異己者渤海太守唐禕等，威動北邊，柳城、懷遠並歸附。黜柳城太守楊林甫，改郡曰營州，以襄平太守鄧暠爲總管，藝自稱幽州總管。

宇文化及至山東，遣使招藝，藝曰：「我隋舊臣，今大行顛覆，義不辱于賊。」斬使者，爲煬帝發喪三日。時竇建德、高開道亦遣使於藝，藝謂官屬曰：「建德等皆劇賊，不足共功名，唐公起兵據關中，民望所係，王業必成，吾決歸之。敢異議者戮！」會張道源撫輯山東，亦諭藝降，武德二年，乃奉表以地歸。詔封燕王，賜姓，豫屬籍。數與建德戰，多所禽馘。秦王擊劉黑闥，高祖詔藝弟監門將軍壽以兵從，藝自率衆數萬破劉什善、張君立於徐河。黑闥引突厥入寇，藝復以兵與皇太子建成會洺州，遂請入朝。帝厚禮之，拜左翊衛大將軍。

藝負其功，且貴重不少屈，秦王左右嘗至其營，藝疻辱之。高祖怒，以屬吏，久乃釋。時突厥放横，藉藝威名欲憚虜，詔以本官領天節軍將，鎮涇州。

太宗即位，進開府儀同三司。藝內懼，乃圖反，詭言閱武。兵既集，稱被密詔入朝，軍至豳，治中趙慈皓出謁，遂據州。帝命長孫无忌、尉遲敬德擊之，未至，慈皓與統軍楊岌謀誅藝，藝覺，執慈皓。岌居外，即攻之，藝敗，棄妻子，從數百騎奔突厥。抵寧州，騎稍亡，左右斬之，傳首，梟于都市。壽時爲利州都督，亦及誅。

先是，濟陰女子李，自言通鬼道，能愈疾，四方惑之，詔取致京師。嘗往來藝家，謂藝妻孟曰：「妃相貴，當母天下。」孟令視藝，又曰：「妃之貴由於王，貴色且發。」藝妻信之，亦贊以反，既敗，與李皆斬。

王君廓，并州石艾人。少孤貧，爲駔儈，無行，善盜。嘗負竹笥如魚具，內置逆刺，見鬻

繒者，以笥囊其頭，不可脫，乃奪繒去，而主不辨也，鄉里患之。

大業末，欲聚兵爲盜，請與叔俱，不從，乃誣鄰人通叔母者，與叔共殺之，遂皆亡命。衆稍集，掠夏、長平。河東丞丁榮拒之，且遣使慰召。君廓見使，謬爲欲歸首者。榮輕之，因陳兵登山，君廓悉伏甲山谷中。榮軍還，掩擊，破之。又與賊韋寶、鄧豹等掠虞鄉，宋老生與戰，君廓不利，保方山，老生列營迫之。君廓糧盡，詐請降，與老生隔澗語，祈請哀到。老生爲感動，稍緩之，君廓一昔遁去。

高祖兵起，召之，不從。歸李密，密不甚禮，乃歸國。授上柱國、假河內太守、常山郡公，遷遼州刺史，徙封上谷。從戰東都有功，爲右武衛將軍。詔勞之曰：「爾以十三人破賊萬，自古以少制衆，無有也！」賜雜綵百段。別下轘轅、羅川二縣，破世充將魏隱，擊糧道緱氏，沈米艘三十柁。

進爵彭國公，鎮幽州。擊突厥，俘斬二千，獲馬五千匹。入朝，帝賜所乘馬，令自廷中乘以出，謂侍臣曰：「昔藺相如叱秦王，目眥皆裂。君廓往擊建德，李勣遏之，至發憤大呼，鼻耳皆流血，其勇何特古人哉！朕當不以例賞。」乃賜錦袍金帶，還幽州。

會大都督廬江王瑗反，欲奪君廓兵以委王詵。君廓本紿瑗使亂爲己功，乃從數騎候詵，留騎于外，曰：「聞呼聲則入。」乃獨款詵，詐曰：「有急變，當白！」詵方沐，握髮出，即斬之，

因執瑗。以功授幽州都督，瑗家口悉賜之，進左光祿大夫，賜帛千段。居職不守法度，長史李玄道數以法繩督，猜惑不自安。會被召，至渭南，殺驛史，亡奔突厥，野人斬之。太宗顧前功，爲收葬，待其家如初。御史大夫溫彥博奏：「君廓叛臣，不宜食封邑，有司失所宜言。」乃貶爲庶人。

校勘記

〔一〕十一年爲婺州刺史　上文記武德五年事，武德止九年，「十一年」當非承武德年號。按舊書卷五六李子和傳，子和除婺州刺史在貞觀十一年。此處疑脫「貞觀」二字。

唐書卷九十三

列傳第十八

李靖 客師　令問　彥芳　李勣 敬業　思文

李靖字藥師，京兆三原人。姿貌魁秀，通書史。嘗謂所親曰：「丈夫遭遇，要當以功名取富貴，何至作章句儒！」其舅韓擒虎每與論兵，輒歎曰：「可與語孫、吳者，非斯人尚誰哉！」仕隋爲殿內直長，吏部尚書牛弘見之曰：「王佐才也！」左僕射楊素拊其牀謂曰：「卿終當坐此！」

大業末，爲馬邑丞。高祖擊突厥，靖察有非常志，自囚上急變，傳送江都，至長安，道梗。高祖已定京師，將斬之，靖呼曰：「公起兵爲天下除暴亂，欲就大事，以私怨殺誼士乎？」秦王亦爲請，得釋，引爲三衞。從平王世充，以功授開府。

蕭銑據江陵，詔靖安輯，從數童騎道金州，會蠻賊鄧世洛兵數萬屯山谷間，廬江王瑗討

不勝，靖爲瑗謀，擊卻之。進至硤州，阻銑兵不得前。帝謂逗留，詔都督許紹斬靖，紹爲請而免。開州蠻冉肇則寇夔州，趙郡王孝恭戰未利，靖率兵八百破其屯，要險設伏，斬肇則，俘禽五千。帝謂左右曰：「使功不如使過，靖果然。」因手敕勞曰：「既往不咎，向事吾久已忘之。」靖遂陳圖銑十策。有詔拜靖行軍總管，兼攝孝恭行軍長史，軍政一委焉。

武德四年八月，大閱兵夔州。時秋潦，濤瀨漲惡，銑以靖未能下，不設備。諸將亦請江平乃進。靖曰：「兵機事，以速爲神。今士始集，銑不及知，若乘水傅壘，是震霆不及塞耳，有能倉卒召兵，無以禦我，此必禽也。」孝恭從之。

九月，舟師叩夷陵，銑將文士弘以卒數萬屯清江，孝恭欲擊之，靖曰：「不可。士弘健將，下皆勇士，今新失荆門，悉銳拒我，此救敗之師，不可當。宜駐南岸，待其氣衰乃取之。」孝恭不聽，留靖守屯，自往與戰，大敗還。賊委舟散掠，靖視其亂，縱兵擊破之，取四百餘艘，溺死者萬人。卽率輕兵五千爲先鋒，趨江陵，薄城而營。破其將楊君茂、鄭文秀，俘甲士四千。孝恭軍繼進，銑大懼，檄召江南兵，不及到，明日降。靖入其都，號令靜嚴，軍無私焉。或請靖籍銑將拒戰者家貲以賞軍，靖曰：「王者之兵，弔人而取有罪，彼其脅驅以來，藉以拒師，本非所情，不容以叛逆比之。今新定荆、郢，宜示寬大，以慰其心，若降而籍之，恐自荆而南，堅城劇屯，驅之死守，非計之善也。」止不籍。由是江、漢列城爭下。以功封永康縣公，

檢校荊州刺史。乃度嶺至桂州，分道招慰。酋領馮盎等皆以子弟來謁，南方悉定。裁量款效，承制補官。得郡凡九十六，戶六十餘萬。詔書勞勉，授嶺南撫慰大使、檢校桂州總管。以嶺海陋遠，久不見德，非震威武、示禮義，則無以變風。卽率兵南巡，所過問疾苦，延見長老，宣布天子恩意，遠近懽服。

輔公祏據丹楊反，詔孝恭爲帥，召靖入朝受方略，副孝恭東討，李世勣等七總管皆受節度。公祏遣馮惠亮以舟師三萬屯當塗，陳正通步騎二萬屯青林，自梁山連鎖以斷江道。築却月城，延袤十餘里，爲掎角。諸將議曰：「彼勁兵連柵，將不戰疲老我師。若直取丹楊，空其巢窟，惠亮等自降。」靖曰：「不然。二軍雖精，而公祏所自將亦銳卒也，既保石頭，則牢未可拔。我留不得志，退有所忌，腹背蒙患，非百全計。且惠亮、正通百戰餘賊，非怯野鬭，今方持重，特公祏立計爾。若出不意，挑攻其城，必破之。惠亮拔，公祏禽矣。」孝恭聽之。靖率黃君漢等水陸皆進，苦戰，殺傷萬餘人，惠亮等亡去。靖將輕兵至丹楊，公祏懼，衆尙多，不能戰，乃出走，禽之，江南平。置東南道行臺，以爲行臺兵部尙書。賜物千段、奴婢百口、馬百匹。行臺廢，檢校揚州大都督府長史。帝歎曰：「靖迺銑、公祏之膏肓也，古韓、白、衞、霍何以加！」

八年，突厥寇太原，爲行軍總管，以江淮兵萬人屯太谷。時諸將多敗，獨靖以完軍歸。

俄權檢校安州大都督。太宗踐阼，授刑部尙書，錄功，賜實封四百戶，兼檢校中書令。突厥部種離畔，帝方圖進取，以兵部尙書爲定襄道行軍總管，率勁騎三千繇馬邑趨惡陽嶺。頡利可汗大驚，曰：「兵不傾國來，靖敢提孤軍至此？」於是帳部數恐。靖縱諜者離其腹心，夜襲定襄，破之，可汗脫身遁磧口。進封代國公。帝曰：「李陵以步卒五千絕漠，然卒降匈奴，其功尙得書竹帛。靖以騎三千，蹀血虜庭，遂取定襄，古未有輩，足澡吾渭水之恥矣！」

頡利走保鐵山，遣使者謝罪，請舉國內附。以靖爲定襄道總管往迎之。又遣鴻臚卿唐儉、將軍安脩仁尉撫。靖謂副將張公謹曰：「詔使到，虜必自安，若萬騎齎二十日糧，自白道襲之，必得所欲。」公謹曰：「上已與約降，行人在彼，奈何？」靖曰：「機不可失，韓信所以破齊也。如唐儉輩何足惜哉！」督兵疾進，行遇候邏，皆俘以從，去其牙七里乃覺，部衆震潰，斬萬餘級，俘男女十萬，禽其子疊羅施，殺義成公主。頡利亡去，爲大同道行軍總管張寶相禽以獻。於是斥地自陰山北至大漠矣。帝因大赦天下，賜民五日酺。

御史大夫蕭瑀劾靖持軍無律，縱士大掠，散失奇寶。帝召讓之，靖無所辯，頓首謝。帝徐曰：「隋史萬歲破達頭可汗，不賞而誅，朕不然，赦公之罪，錄公之功。」乃進左光祿大夫，賜絹千匹，增戶至五百。既而曰：「向人譖短公，朕今悟矣。」加賜帛二千匹，遷尙書右僕射。

靖每參議，恂恂似不能言，以沈厚稱。時遣使十六道巡察風俗，以靖爲畿內道大使，會足疾，懇乞骸骨。帝遣中書侍郎岑文本諭旨曰：「自古富貴而知止者蓋少，雖疾頓憊，猶力于進。公今引大體，朕深嘉之。欲成公美，爲一代法，不可不聽。」乃授檢校特進，就第，賜物段千，尙乘馬二，祿賜、國官、府佐皆勿廢。若疾少閒，三日一至門下中書平章政事。加賜靈壽杖。

頃之，吐谷渾寇邊。帝謂侍臣曰：「靖能復起爲帥乎？」靖往見房玄齡，曰：「吾雖老，尙堪一行。」帝喜，以爲西海道行軍大總管，任城王道宗、侯君集、李大亮、李道彥、高甑生五總管兵皆屬。軍次伏俟城，吐谷渾盡火其莽，退保大非川。諸將議，春草未牙，馬弱不可戰。靖決策深入，遂踰積石山。大戰數十，多所殺獲，殘其國，國人多降，吐谷渾伏允愁蹙自經死。靖更立大寧王慕容順而還。甑生軍繇鹽澤道後期，靖簿責之。既歸而憾，與廣州長史唐奉義告靖謀反，有司按驗無狀，甑生等以誣罔論。靖乃闔門自守，賓客親戚一謝遣。改衞國公。其妻卒，詔墳制如衞、霍故事，築闕象鐵山、積石山，以旌其功，進開府儀同三司。

帝將伐遼，召靖入，謂曰：「公南平吳，北破突厥，西定吐谷渾，惟高麗未服，亦有意乎？」對曰：「往憑天威，得效尺寸功。今疾雖衰，陛下誠不棄，病且瘳矣。」帝憫其老，不許。二十三年，病甚，帝幸其第，流涕曰：「公乃朕生平故人，於國有勞。今疾若此，爲公憂之。」薨，年七十九，贈司徒、并州都督，給班劍、羽葆、鼓吹，陪葬昭陵，謚景武。

子德謇嗣，官至將作少匠，坐善太子承乾，流嶺南，以靖故徙吳郡。

靖兄端，字藥王，以靖功襲永康公，梓州刺史。

弟客師，右武衞將軍，累戰功封丹楊郡公。致仕，居昆明池南。善騎射，喜馳獵，雖老猶未衰。自京南屬山，西際灃水，鳥鵲皆識之，每出，從之翔噪，人謂之「鳥賊」。卒，年九十，贈幽州都督。

孫令問，玄宗爲臨淄王時與雅舊。及卽位，以協贊功，遷殿中少監。預誅竇懷貞，封宋國公，實封五百戶。進散騎常侍，知尙食事，恩待甚渥。然未嘗輒干政，率游畋自娛，厚奉養，侈飲食，至躬視刲宰。有譏之者，答曰：「此畜豢，天所以養人，與蔬果何異，安用妄分別邪？」後坐其子與回紇部酋承宗連婚，貶撫州別駕，卒。

靖五代孫彥芳，大和中，爲鳳翔司錄參軍。家故藏高祖、太宗賜靖詔書數函，上之。一曰：「兵事節度皆付公，吾不從中治也。」一曰：「有晝夜視公疾大老嫗遣來，吾欲熟知公起居狀。」皆太宗手墨，它大略如此。文宗愛之不廢手。其舊物有佩筆，以木爲管弢，刻金其上，別爲環以限其間，筆尙可用也。靖破蕭銑時，所賜于闐玉帶十三胯，七方六刓，胯各附環，以

金固之，所以佩物者。又有火鑑、大觿、算囊等物，常佩于帶者。天子悉留禁中。又敕摸詔本，還賜彥芳，并束帛衣服。權德輿嘗讀太宗手詔，至流涕曰：「君臣之際乃爾邪！」

李勣字懋功，曹州離狐人。本姓徐氏，客衞南。家富，多僮僕，積粟常數千鍾。與其父蓋皆喜施貸，所周給無親疎之間。

隋大業末，韋城翟讓爲盜，勣年十七，往從之。說曰：「公鄉壤不宜自剽殘，宋、鄭商旅之會，御河在中，舟艦相屬，往邀取之，可以自資。」讓然之。劫公私船取財，繇是兵大振。李密亡命雍丘，勣與浚儀王伯當共說讓，推密爲主。以奇計破王世充。密署勣右武候大將軍、東海郡公。當是時，河南、山東大水，隋帝令飢人就食黎陽倉，吏不時發，死者日數萬。勣說密曰：「天下之亂本于飢，今若取黎陽粟以募兵，大事濟矣。」密以麾下兵五千付勣，與郝孝德等濟河，襲黎陽，守之。開倉縱食，旬日，勝兵至二十萬。宇文化及擁兵北上，密使勣守倉，周掘塹以自環。化及攻之，勣爲地道出鬬，化及敗，引去。

武德二年，密歸朝廷，其地東屬海，南至江，西直汝，北抵魏郡，勣統之，未有所屬。謂長史郭孝恪曰：「人衆土宇，皆魏公有也。吾若獻之，是利主之敗爲己功，吾所羞也。」乃錄

郡縣戶口以啓密，請自上之。使至，高祖訝無表，使者以意聞。帝喜曰：「純臣也。」詔授黎州總管，封萊國公。賜姓，附宗正屬籍，徙封曹，給田五十頃，甲第一區。封蓋濟陰王，固辭，改舒國公。詔勣總河南、山東兵以拒王世充。及密以謀反誅，帝遣使示密反狀。勣請收葬，詔從之。勣爲密服縗絰，葬訖乃釋。

俄爲竇建德所陷，質其父，使復守黎陽。三年，自拔來歸。從秦王伐東都，戰有功。東略地至虎牢，降鄭州司兵沈悅。平建德，俘世充，乃振旅還，秦王爲上將，勣爲下將，皆服金甲，乘戎輅，告捷于廟。蓋亦自洺州與裴矩入朝，詔復其官。

又從破劉黑闥、徐圓朗，累遷左監門大將軍。圓朗復反，詔勣爲河南大總管，討平之。趙郡王孝恭討輔公祏也，遣勣以步卒一萬度淮，拔壽陽，攻江西賊壁，馮惠亮、陳正通相次潰，公祏平。

太宗卽位，拜并州都督，賜實封九百戶。貞觀三年，爲通漢道行軍總管，出雲中，與突厥戰，走之。引兵與李靖合。因曰：「頡利若度磧，保於九姓，果不可得，我若約齎薄之，不戰縛虜矣。」靖大喜，以與己合，於是意決。靖率衆夜發，勣勒兵從之。頡利欲走磧，勣前屯磧口，不得度，由是酋長率部落五萬降于勣。詔拜光祿大夫，行并州大都督府長史。父喪解，奪哀還官，徙封英。治并州十六年，以威肅聞。帝嘗曰：「煬帝不擇人守邊，勞中國築長城

以備虜。今我用勣守并，突厥不敢南，賢長城遠矣！」召爲兵部尚書，未至，會薛延陀子大度設以八萬騎侵李思摩。詔勣爲朔方道行軍總管，將輕騎六千，擊度設青山，斬名王一，俘口五萬。以功封一子爲縣公。

晉王爲皇太子，授詹事，兼左衞率，俄同中書門下三品。帝曰：「吾兒方位東宮，公舊長史，以宮事相委，勿以賫屈爲嫌也。」後帝自將征高麗，以勣爲遼東道行軍大總管。破蓋牟、遼東、白崖等城，從戰駐蹕山，功多，封一子爲郡公。延陀部落亂，詔將二百騎發突厥兵討之，大戰烏德鞬山，破之，降其首領梯眞達干，而可汗咄摩支遁入荒谷，磧北遂定。改太常卿，仍同中書門下三品，復爲詹事。

勣既忠力，帝謂可託大事。嘗暴疾，醫曰：「用須灰可治。」帝乃自翦須以和藥。及愈，入謝，頓首流血。帝曰：「吾爲社稷計，何謝爲！」後留宴，顧曰：「朕思屬幼孤，無易公者。公昔不遺李密，豈負朕哉？」勣感涕，因齧指流血。俄大醉，帝親解衣覆之。帝疾，謂太子曰：「爾於勣無恩，今以事出之，我死，宜卽授以僕射，彼必致死力矣！」乃授疊州都督。

高宗立，召授檢校洛州刺史、洛陽宮留守，進開府儀同三司、同中書門下，參掌機密，遂爲尚書左僕射。永徽元年，求解僕射，聽之，仍以開府儀同三司知政事。四年，册進司空。始太宗時，勣已畫象淩煙閣，至是，帝復命圖其形，自序之。又詔得乘小馬出入東、西臺，卑

官日一人迎送。

帝欲立武昭儀爲皇后，畏大臣異議，未決。李義府、許敬宗又請廢王皇后。帝召勣與長孫无忌、于志寧、褚遂良計之，勣稱疾不至。帝曰：「皇后無子，罪莫大于絕嗣，將廢之。」遂良等持不可，志寧顧望不對。帝後密訪勣，曰：「將立昭儀，而顧命之臣皆以爲不可，今止矣！」答曰：「此陛下家事，無須問外人。」帝意遂定，而王后廢。詔勣、志寧奉册立武氏。帝東封泰山，爲封禪大使。嘗墜馬傷足，帝以所乘馬賜之。

高麗莫離支男生爲其弟所逐，遣子乞師。詔勣爲遼東道行軍大總管，率兵二萬討之。破其國，執高藏、男建等，裂其地州縣之。詔勣獻俘昭陵，明先帝意，具軍容告于廟。進位太子太師，增食千一百戶。

總章二年，卒，年八十六。帝曰：「勣奉上忠，事親孝，歷三朝未嘗有過，性廉慎，不立產業。今亡，當無贏貲。有司其厚賵卹之。」因泣下。舉哀光順門，七日不視朝。贈太尉、揚州大都督，謚貞武。給祕器，陪葬昭陵。起冢象陰、鐵、烏德鞬山，以旌功烈。葬日，帝與皇太子幸未央古城，哭送，百官送故城西北。

初，勣拔黎陽倉，就食者衆，高季輔、杜正倫往客焉，及平虎牢，獲戴胄，咸引見臥內，推禮之，後皆爲名臣，世以勣知人。平洛陽，得單雄信，故人也。表其材武，且言：「若貸死，必

有以報，請納官爵以贖。」不許。乃號慟，割股肉啗之曰：「生死永訣，此肉同歸于土！」爲收養其子焉。性友愛，其姊病，嘗自爲粥而燎其須。姊戒止。答曰：「姊多疾，而勣且老，雖欲數進粥，尚幾何？」

其用兵多籌算，料敵應變，皆契事機。聞人善，抵掌嗟嘆。及戰勝，必推功于下。得金帛，盡散之士卒，無私貯。然持法嚴，故人爲之用。臨事選將，必訾相其奇厖福艾者遣之。或問故，答曰：「薄命之人，不足與成功名。」既沒，士皆爲流涕。

自屬疾，帝及皇太子賜藥即服，家欲呼醫巫，不許。諸子固以藥進，輒曰：「我山東田夫耳，位三公，年踰八十，非命乎！生死係天，寧就醫求活耶？」弟弼，始爲晉州刺史。以勣疾，召爲司衞卿，使省視。忽語曰：「我似少愈，可置酒相樂。」於是奏樂宴飲，列子孫于下。將罷，謂弼曰：「我即死，欲有言，恐悲哭不得盡，故一訣耳！我見房玄齡、杜如晦、高季輔皆辛苦立門戶，亦望詒後，悉爲不肖子敗之。我子孫今以付汝，汝可愼察，有不厲言行、交非類者，急榜殺以聞，毋令後人笑吾，猶吾笑房、杜也。我死，布裝露車載柩，斂以常服，加朝服其中，儻死有知，庶著此奉見先帝。明器惟作五六寓馬，下帳施幔，爲皂頂白紗裙，中列十偶人，它不得以從。衆妾願留養子者聽，餘出之。葬已，徙居我堂，善視小弱。苟違我言，同戮尸矣！」乃不復語。弼等遵焉。勣本二名，至高宗時，避太宗偏諱，故但名勣。後配享

高宗廟廷。

季弟感，年十五，有奇操。李密敗，陷于世充。世充令作書召勣，對曰：「兄尚節義，今已事主，昆弟不能移也。」固不從，殺之。

勣子震嗣，終桂州刺史。震子敬業、敬猷。

敬業，少從勣征伐，有勇名。歷太僕少卿，襲英國公，爲眉州刺史。嗣聖元年，坐贓，貶柳州司馬。會給事中唐之奇貶括蒼令，詹事府司直杜求仁貶黟令，長安主簿駱賓王貶臨海丞，敬猷自盩厔令坐事免，俱客揚州，失職怏怏。

時武后既廢中宗，又立睿宗，實亦囚之。諸武擅命，唐子孫誅戮，天下憤之。敬業等乘人怨，謀起兵，先諭其黨監察御史薛璋，求使江都。及至，令雍人韋超告州長史陳敬之反，璋乃收繫之。敬業即矯制殺敬之，自稱州司馬，且言奉密詔募兵，討高州叛酋。即開府庫，令參軍李宗臣釋繫囚、役工數百人，授甲，斬錄事參軍孫處行以徇。乃開三府，一曰匡復府，二曰英公府，三曰揚州大都督府。自稱匡復府上將，領揚州大都督，以之奇爲左長史，求仁右長史，宗臣左司馬，璋右司馬，江都令韋知止爲英公府長史，賓王爲藝文令，前盩厔尉魏思溫爲軍師。旬日，兵十餘萬。傳檄州縣，疏武氏過惡，復廬陵王天子位。又索狀類太子賢者奉之，詭衆曰：「賢實不死。」楚州司馬李崇福率所部三縣應之。

武后遣左玉鈐衞大將軍李孝逸兵三十萬往擊之，削其祖父官爵，毀冢藏，除屬籍，赦揚、楚民脅從者。購得敬業首，授官三品，賞帛五千；得之奇等首，官五品，帛三千。

敬業問計於思溫，對曰：「公既以太后幽縶天子，宜身自將兵直趨洛陽。山東、韓、魏知公勤王，附者必衆，天下指日定矣！」璋曰：「不然。金陵負江，其地足以爲固。且王氣尚在，宜先并常、潤爲霸基，然後鼓行而北。」思溫曰：「鄭、汴、徐、亳士皆豪桀，不願武后居上，蒸麥爲飯，以待我師。奈何欲守金陵，投死地乎？」敬業不從。使敬猷屯淮陰，韋超屯都梁山，自引兵擊潤州，下之，署宗臣爲刺史。始回兵屯高郵，下阿谿。思溫歎曰：「兵忌分，今敬業不知掃地度淮，率山東士先襲東都，吾知無能爲也！」

武后又使黑齒常之將江南兵爲孝逸援，進擊，淮陰、都梁兵皆敗。後軍總管蘇孝祥率奇兵五千夜度擊敬業，孝祥死，兵溺者過半，孝逸軍退守石梁。有烏羣噪敬業營上，監軍御史魏眞宰曰：「賊其敗乎！風順荻乾，火攻之利也。」固請戰，遂度谿擊之。敬業置陣久，士疲，皆顧望不正列，孝逸乘風縱火逼其軍，軍稍却。敬業麾精兵居前，弱者在後，陣亂不能制，乃敗，斬七千餘級。敬業與敬猷、之奇、求仁、賓王輕騎遁江都，悉焚其圖籍，攜妻子奔潤州，潛蒜山下，將入海逃高麗，抵海陵，阻風遺山江中，其將王那相斬之，凡二十五首，

傳東都，皆夷其家。中宗反正，詔還勣官封屬籍，葺完塋冢焉。

初，敬業之叔思文爲潤州刺史。敬業兵起，以使間道聞，固守踰月。城陷，敬業責曰：「廬陵王繼天下，無罪見廢，今兵以義動，何過拒邪？若太后是助，宜即姓武。」思溫等欲殺之，敬業不許。及揚、楚平，乃獨免。后遂賜武姓，歷春官尚書。或言本與敬業謀者，乃復徐氏，卒。子欽憲，開元中，仕至國子祭酒。

贊曰：唐興，其名將曰英、衞，擢皆羿亡之餘，遂能依乘風雲，勒功帝籍。蓋君臣之際，固有以感之，獨推期運，非也。若靖闔門稱疾，畏遠權逼，功大而主不疑，雖古哲人，何以尚茲？勣之節，見于黎陽，故太宗勤勤於託孤，誠有爲也。至以老臣輔少主，會房帷易奪，天子畏大臣，依違不專，委誠取決，惟議是聽。勣乃私己畏禍，從而導之，武氏奮而唐之宗屬幾殲焉。及其孫，因民不忍，舉兵覆宗，至掘冢而暴其骨。嗚呼，不幾一言而喪邦乎？惜其不通學術，昧夫臨大節不可奪之誼，反與許、李同科，可不戒哉！世言靖精風角、鳥占、雲祲、孤虛之術，爲善用兵。是不然，特以臨機果，料敵明，根于忠智而已。俗人傳著怪詭禨祥，皆不足信。故列靖所設施如此。

唐書卷九十四

列傳第十九

侯君集　張亮　薛萬均 萬徹　萬備　盛彥師　盧祖尚　劉世讓　劉蘭　李君羨

侯君集，幽州三水人。以材雄稱。少事秦王幕府，從征討有功，擢累左虞候、車騎將軍，封全椒縣子。預誅隱太子尤力。王即位，拜左衞將軍，進封潞國公，邑千戶。貞觀四年，遷兵部尚書，俄檢校吏部尚書，參議朝政。

李靖討吐谷渾，以君集爲積石道行軍總管〔一〕。師次鄯州，議所向。君集曰：「王師已至，而賊不走險，天贊我也。若以精兵掩不備，彼不我虞，必有大利。若遁岨山谷，克之實難。」靖然其計，簡鋭士，約齎深入，追及其衆於庫山，大戰，破之，進會大非川，平其國。會詔世封功臣，授陳州刺史，更封陳；羣臣不願封，進吏部尚書。君集本以行伍奮，不

知學；後貴，益自喜，好書。及典選，分明課最，有譽於時。

吐蕃圍松州，授當彌道行軍大總管以擊之。高昌不臣，拜交河道行軍大總管出討。王麴文泰笑曰：「唐去我七千里，磧鹵二千里無水草，多風裂肌，夏風如焚，行賈至者百之一，安能致大兵乎？使能頓吾城下一再旬，食盡當潰，吾且係而虜之。」君集次磧口，而文泰死，子智盛襲位。進營柳谷，候騎言國方葬死君，諸將請襲之。君集曰：「不可，天子以高昌驕慢，使吾襲行天罰，今襲人於墟墓間，非問罪也。」於是鼓而前。賊嬰城自守，遣諭之，不下。乃刊木塞塹，引撞車毀其堞，飛石如雨，所向無敢當，因拔其城，俘男女七千，進圍都城。初，文泰與西突厥欲谷設約，有急相援。及是，欲谷設益懼，西走，智盛失援，乃降。高昌平，君集刻石紀功還。

初，君集配沒罪人不以聞，又私取珍寶、婦女，將士因亦盜入，不能制。及還京師，有司劾之，詔君集詣獄簿對。中書侍郎岑文本諫曰：「高昌之罪，議者以其遐遠，欲置度外，唯陛下奮獨見之明，授決勝之略，君集得指期平殄。今推勞將帥，從征之人悉蒙重賞，未踰數日，更以屬吏，天下聞之，謂陛下錄過遺功，無以勸後。且古之出師，克敵有重賞，不勝蒙顯戮。當其有功也，雖貪財縱欲，尙蒙爵邑；其無功也，雖勤躬絜己，不免鈇鉞。故曰：『記人之功，忘人之過，宜爲君者也。』昔李廣利貪不愛卒，陳湯盜所收康居財物，二主皆赦其罪，

封侯賜金。夫將帥之臣，廉愼少而貪沒多。軍法曰：『使智，使勇，使貪，使愚。故智者樂立其功，勇者好行其志，貪者邀趨其利，愚者不計其死。』是以前聖使人，必收所長而棄所短。陛下宜申宥君集，俾復朝列，以勸有功。」帝寤，釋不問。

君集自恃有功，以它罪被繫，居怏怏不平。會張亮出洛州都督，君集謬激說曰：「何爲見排？」亮曰：「公排我，尙誰咎？」君集曰：「我平一國還，觸天子嗔，何能排君？」因攘袂曰：「鬱鬱不可活，能反乎？當與公反。」亮密以聞。帝曰：「卿與君集皆功臣，今獨相語而無左驗，奈何？」祕不發，待君集如初。皇太子承乾數有過，慮廢，知君集怨望，因其壻賀蘭楚石爲千牛，私引君集入，問自安計。君集舉手謂曰：「此手當爲殿下用之。」又遣楚石語承乾曰：「魏王得愛，陛下若有詔召，願毋輕入。」承乾納之。然君集常畏謀洩，忽忽不自安，或中夕驚吒，妻怪之，曰：「公，國大臣，何爲爾？若有所負，宜自歸，首領尙可全。」不從。

承乾事覺，捕君集下獄。楚石告狀，帝自臨問，曰：「我不欲令刀筆吏辱公。」君集辭窮不能對。帝語羣臣曰：「君集於國有功，朕不忍置諸法，將丐其命，公卿其許我乎？」羣臣皆曰：「君集罪大逆不道，請論如法。」帝乃謂曰：「與公訣矣，今而後，徒見公遺像已！」因泣下，遂斬之，籍其家。君集臨刑色不變，謂監吏曰：「我豈反者乎？蹉跌至此。然嘗爲將，破

二國，若言之陛下，丐一子以守祭祀。」帝聞，原其妻及一子，徙嶺表。

始，帝命李靖教君集兵法，既而奏：「靖且反，兵之隱微，不以示臣。」帝以讓靖，靖曰：「方中原無事，臣之所教，足以制四夷，而求盡臣術，此君集欲反耳。」靖爲右僕射，君集爲兵部尚書，同還省，君集馬過門數步乃覺，靖語人曰：「君集其有異慮乎？」後果如言。

張亮，鄭州滎陽人。起畎畝，志趣奇譎，雖外敦厚而內不情。隋大業末，李密略地滎、汴，亮從之，未甚甄識。時軍中有謀叛去者，亮輒以告，密愛其誠，乃署驃騎將軍，隸李勣。勣以黎陽歸，亮頗佐佑之，擢鄭州刺史。會王世充取鄭，亮提孤軍不敢入，亡命共城山。俄檢校定州別駕。勣討劉黑闥，使亮守相州，賊方盛，棄城遁。

房玄齡以亮沈果有謀，白秦王，引爲車騎將軍。隱太子將作難，命亮統左右千人之洛陽，陰結山東豪桀以備變。齊王告亮反，高祖以屬吏詰訊，終無所言，乃得釋。王即位，除右衞將軍，封長平郡公。累遷御史大夫，進封鄅國公，食益州戶五百。歷幽、夏、鄜三州都督、相州長史，徙鄖國。召拜工部尚書。亮爲政多伺察，發擿隱微，示神明，抑彊恤弱，所至有績。拜太子詹事，出爲洛州都督。侯君集已誅，以刑部尚書參預朝政。

時茂州俚童張仲文自稱天子，有司論斥乘輿有害當死，攝刑部尚書韋挺奏：「童乃妖言，無死坐。」帝怒曰：「爾作威福于下，而歸虐朕耶！」挺失據趨出。亮爲挺直之，帝曰：「公欲取剛正名乎？」亮不謝，帝窘曰：「寧屈我，以申公之請。」童免死。

帝將伐高麗，亮頻諫，不納，因自請行，詔爲平壤道行軍大總管。引兵自東萊浮海，襲破沙卑城，進至建安，營壁未立，賊奄至，亮不知所爲，踞胡牀直視無所言，衆謂其勇，得自安。於是副將張金樹鼓于軍，士奮擊，因破賊。及從帝還，至并州，乃得罪。

初，亮棄故妻，更娶李氏。李妬悍，私通歌兒，養爲子，名愼幾。亮子顗數諫止，亮不納。李好左道，交通巫覡，橈政事。亮爲相州，假子公孫節以讖有「弓長之主當別都」，亮自以相舊都，「弓長」其姓，陰有怪謀。術家程公穎者，亮素與厚，陰謂曰：「君前言陛下眞天下主，何其神邪！」公穎內曉，即稱亮臥若龍，當大貴。亮曰：「國家殆必亂，吾臂龍鱗奮矣，愼幾且大貴。」公孫常者，節兄也，亮謂曰：「吾有妾，相者云必爲諸王姬。」常曰：「我兄子大品言，有神告公名在讖書。」亮悅。會陝人常德發其謀，并言亮養假子五百。帝使馬周案之，亮讕辭曰：「因等畏死，見誣耳。」因自陳佐命舊臣。帝曰：「亮養子五百將何爲？正欲反耳。」詔百官議，皆言亮當誅。帝遣長孫无忌、房玄齡就獄謂曰：「法者，天下平，與公共爲之。公不自脩，乃至此，將奈何？」於是斬西市，籍其家。

薛萬均，本燉煌人，後徙京兆咸陽。父世雄，大業末爲涿郡太守，萬均與弟萬徹因客幽州，以材武爲羅藝所厚善。與藝歸款，高祖授萬均上柱國、永安郡公。

竇建德帥衆十萬寇范陽，藝迎拒之。萬均曰：「衆寡不敵，宜以計勝。」即教藝羸兵阻水以誘之，萬均自以精騎百匿城左。建德師度水，邀半度擊之，大敗其衆。明年，建德以二十萬騎來攻，兵已緣堞，萬均與萬徹率死士百人出地道，掩擊其背，衆驚潰去。秦王平劉黑闥，引萬均爲右二護軍，北門長上。

柴紹之討梁師都也，以萬均爲副，萬徹亦從。距朔方數十里，突厥兵驟至，王師却，萬均兄弟橫擊之，斬其驍將，虜陣譟，乘之，俘殺相藉。突厥走，遂圍師都。諸將以城險未可下，萬均曰：「城中氣死，鼓不能聲，破亡兆也。」既而賊果斬師都降。拜左屯衞將軍。

俄爲沃沮道行軍副總管，從李靖討吐谷渾。軍次青海，萬均、萬徹各以百騎行前，卒與虜遇，萬均單騎馳突，無敢當者。還語諸將曰：「賊易與。」復馳進擊，斬數千級，勇蓋三軍。追奔至積石山，大風折旗，萬均曰：「虜且來！」乃勒兵。俄而虜至，萬均直前斬其將，衆遂潰，追至圖倫磧乃還，與靖會青海。璽書勉勞，遷本衞大將軍。又副侯君集擊高昌，麴智盛堅守未下，萬均麾軍進，智盛懼，乃降。進潞國公。

會有訴萬均與高昌女子亂，太宗欲窮治。魏徵曰：「君使臣以禮，若所訴實，罪且輕，虛則所失重矣。」詔勿治。後帝幸芙蓉園，坐清宮不謹下獄，憂憤卒。帝驚悼，爲舉哀，詔陪葬昭陵。後嘗賜羣臣膜皮，及萬徹而誤呼萬均，愴然曰：「萬均朕勳舊，忽口其名，豈死者有知，冀此賜乎？」因命取焚之，舉坐感歎。

弟萬徹、萬淑、萬備。

萬徹與萬均歸高祖，授車騎將軍、武安縣公，事隱太子。太子誅，萬徹督宮兵戰玄武門，譟而趨秦府，衆失色；乃示以太子首，然後去，與數十騎亡之南山。秦王數使貸諭，乃出謝。王以其忠於所事，不之罪也。

從李靖討突厥頡利可汗，以功授統軍，進爵郡公。歷右衞將軍、蒲州刺史。副李勣擊薛延陀，與虜戰磧南，率數百騎爲先鋒，繞擊陣後。虜顧見，遂潰，斬首三千級，獲馬萬五千，封一子爲縣侯。改左衞將軍，尚丹楊公主，加駙馬都尉。遷代州都督、右武衞大將軍。太宗嘗曰：「當今名將，唯李勣、江夏王道宗、萬徹而已。勣、道宗雖不能大勝，亦未嘗大敗；至萬徹，非大勝即大敗矣。」

貞觀二十二年，以青丘道行軍總管帥師三萬伐高麗，次鴨淥水，以奇兵襲大行城，與高麗步騎萬餘戰，斬虜將所夫孫。虜皆震恐，遂傅泊汋城。虜衆三萬來援，擊走之，拔其城。萬徹在軍中，任氣不能下人，或有上書言狀者，帝愛其功，直加讓勗而已，即爲焚書。副將裴行方亦言其怨望。李勣曰：「萬徹位大將軍，親主壻，而內懷不平，罪當誅。」因詔除籍徙邊，會赦，還。

高宗永徽二年，授寧州刺史。入朝，與房遺愛昵甚，因曰：「我雖病足，坐置京師，諸輩猶不敢動。」遺愛曰：「若國有變，當與公共輔荊王。」謀洩下獄，誅。臨刑曰：「萬徹大健兒，留爲國効死，安得坐遺愛殺之！」遂解衣顧監刑者曰：「亟斬我！」斬之不殊，叱曰：「胡不力！」三斬乃絕。

萬淑亦以戰功顯。歷右領軍將軍、梁郡公、暢武道行軍總管。

萬備有至行，居母喪，廬墓前，太宗詔表異其門。以尚輦奉御從伐高麗。李勣圍白巖，虜遣兵萬餘來援，將軍契苾何力以八百騎苦戰，中槊創甚，爲賊所窘，萬備單馬進救，何力獲免。仕至左衞將軍。

在武德、貞觀時，又有盛彥師、盧祖尚、劉世讓、劉蘭、李君羨等，頗以功力顯，而皆不

終，附于左。

盛彥師者，宋州虞城人。少任俠。隋大業末，爲澄城長。高祖兵至汾陰，彥師率賓客上謁，授行軍總管，從平京師，與史萬寶鎮宜陽。李密叛，謀出山南，萬寶懼，謂彥師曰：「密，驍賊也，以王伯當輔之，挾思東歸之士，非計出萬全不爲也，殆不可當。」彥師笑曰：「請以數千兵爲公梟其首。」萬寶問計，答曰：「兵詭道也，難豫言。」即引衆踰洛水，入熊耳山，命士持滿夾道，伏短兵溪谷間，令曰：「賊半度乃擊。」所部皆笑曰：「賊趣洛州，何爲備此？」彥師曰：「密聲言入洛，其實走襄城就張善相，我據其要，必禽之。」密果至，彥師橫擊，首尾不相救，遂斬密及伯當。以功封葛國公，授武衞將軍，鎮熊州。

討王世充也，彥師與萬寶軍伊闕，絕山南路。世充平，爲宋州總管。始，彥師入關，世充以陳寶遇爲宋州刺史，待其家不以禮。及是，彥師因事殺之，又殺平生所惡數十家，州人震駭，皆重足立。

徐圓朗反，詔爲安撫大使，戰敗，爲賊所執。圓朗待之厚，命作書招其弟，使舉虞城叛。彥師爲書曰：「吾奉使無狀，爲賊禽，誓死報國。若宜善侍母，勿以我爲念。」圓朗笑曰：「將軍，壯士也。」置之。武德六年，圓朗平，彥師得還。高祖以罪誅之。

盧祖尚字季良，光州樂安人。家饒財，好施，以俠聞。隋大業末，募壯士捕盜，時年十九，善御衆，所向有功，盜畏，不入境。宇文化及之亂，據州稱刺史，歃血誓衆，士皆感泣。越王侗立，遣使歸地，因署本州總管，封沈國公。

王世充僭位，以州歸高祖，授刺史，封弋陽郡公。從趙郡王孝恭討輔公祏，爲前軍總管，下宣、歙，進擊賊帥馮惠亮、陳正通，破之。歷蔣州刺史、壽州都督、瀛州刺史，有能名。

貞觀二年，交州都督以賄敗，太宗方擇人任之，咸以祖尚才備文武，可用也。召見內殿，謂曰：「交州去朝廷遠，前都督不稱職，公爲我行，無以道遠辭也。」祖尚頓首奉詔，既而託疾自解，帝遣杜如晦等諭意曰：「匹夫不負然諾，公既許朕矣，豈得悔？三年當召，不食吾言。」對曰：「嶺南瘴癘，而臣不能飲，當無還理。」遂固辭。帝怒曰：「我使人不從，何以爲天下！」命斬朝堂。既而悔之，詔復其官。

劉世讓字元欽，京兆醴泉人。仕隋爲徵仕郎。高祖入長安，以漳川歸，授通議大夫。時唐弼餘黨寇扶風，世讓自請安輯，許之，得其衆數千，因授安定道行軍總管，率兵二萬拒薛舉，戰不勝，與弟寶皆沒於賊。舉令至城下，紿說使降。世讓陽許之，至則告守者曰：「賊兵極於此矣，善自固！」舉重其節，不加害。秦王方屯高墌，世讓密遣寶間走王，言賊虛實。高祖悅，賜其家帛千匹。舉平，授彭州刺史。俄領陝東道行軍總管，從永安王孝基討呂崇茂於夏縣，軍敗，爲賊所囚。聞獨孤懷恩有逆謀，唐儉語世讓曰：「懷恩謀行，則國難未息，可亡歸，白發之。」世讓逃還，高祖方濟河幸懷恩營，驚曰：「世讓之來，天也！」因封爲弘農郡公，賜田百畝、錢百萬。母喪免，起爲檢校并州總管。

竇建德之援王世充也，世讓率萬騎出黃沙嶺，襲洺州。會突厥入寇，又詔以兵屯鴈門，世讓馳騎八百赴之，而可汗軍大至，乃保武州。可汗與高開道、苑君璋合衆攻之，城數壞，輒立栅完拒。鄭元璹先使可汗，可汗使來說，世讓叱曰：「丈夫奈何爲夷狄作說客邪？」久之，虜引去。元璹還，具道其忠，賜良馬、金帶。襄邑王神符鎮并州，世讓數以氣凌之，坐是削籍徙康州。

未幾，召授廣州總管。帝問以備邊策，答曰：「突厥數南寇者，恃有馬邑爲地耳。如使勇將屯崞城，厚儲金帛以招降者，數出奇兵略城下，踐禾稼，不踰歲，馬邑可圖也。」帝曰：「非公無可任者。」乃使馳驛經略，於是世讓至馬邑。高滿政以地來降，突厥患之，縱反間，云：「世讓與可汗爲亂。」帝不之察，因誅之，籍其

家。貞觀初，突厥降者言世讓無逆謀，乃原其妻子。

劉蘭字文郁，青州北海人。仕隋鄱陽郡書佐。涉圖史，能言成敗事。性陰狡，以天下將亂，見北海完富，潛介賊破其鄉，取子女玉帛。淮安王神通安撫山東，率宗黨歸順。

貞觀初，梁師都未平，蘭上書陳方略，太宗以爲夏州都督府司馬。師都以突厥兵頓城下，蘭仆旗息鼓，賊疑不敢迫，夜引去。蘭追擊，破之，遂進軍夏州。師都平，遷豐州刺史，召爲右領軍衞將軍。十一年，爲夏州都督長史。時突厥攜貳，郁射設阿史那摸末率屬帳居河南，蘭縱反間離之，頡利果疑。摸末懼，來降，頡利急追，蘭逆拒，卻其衆。封平原郡公，俄檢校代州都督。

初，長社許絢解讖記，謂蘭曰：「天下有長年者，咸言劉將軍當爲天下主。」蘭子昭又曰：「讖言海北出天子，吾家北海也。」會鄠縣尉游文芝以罪繫獄當死，因發其謀，蘭及黨與皆伏誅。

李君羨，洛州武安人。初事李密，後爲王世充驃騎。惡世充爲人，率其屬歸高祖，授上輕車都尉。秦王引置左右，從破宋金剛於介休，加驃騎將軍，賜以宮人、縉帛。從討王世充，

爲馬軍副總管。世充子玄應自武牢轉糧入洛，君羡俘其軍，玄應走。從破竇建德、劉黑闥，所向必先登摧其鋒，累授左衞府中郎將。突厥至渭橋，君羡與尉遲敬德擊破之。太宗曰：「使皆如君羡者，虜何足憂！」改左武候中郎將，封武連縣公，北門長上。在仗讀書不休，帝嘉勞。歷蘭州都督、左監門衞將軍。

先是，貞觀初，太白數晝見，太史占曰：「女主昌。」又謠言「當有女武王者」。會內宴，爲酒令，各言小字，君羡自陳曰「五娘子」。帝愕然，因笑曰：「何物女子，乃此健邪！」又君羡官邑屬縣皆「武」也，忌之。未幾，出爲華州刺史。會御史劾奏君羡與狂人爲妖言，謀不軌，下詔誅之。天授中，家屬詣闕訴冤，武后亦欲自詫，詔復其官爵，以禮改葬。

贊曰：侯君集位將相私謁太子，張亮養子五百人，薛萬徹與狂豎謀，皆死有餘責，又何咎哉？以太宗之明德，蔽于謠讖，濫君羡之誅，徒使孽后引以自神，顧不哀哉！

校勘記

〔一〕以君集爲積石道行軍總管　「積」，各本原作「磧」，本書卷二太宗紀、卷六一宰相表、卷二二一上吐谷渾傳、舊書卷一九八吐谷渾傳及通鑑卷一九四均作「積」，據改。

唐書卷九十三

列傳第二十

高儉　履行　眞行　重　竇威　軌　琮　抗　靜　誕　璡　德玄

高儉字士廉，以字顯，齊清河王岳之孫，父勵樂安王，入隋爲洮州刺史。士廉敏惠有度量，狀貌若畫，觀書一見輒誦，敏於占對。隋司隸大夫薛道衡、起居舍人崔祖濬皆宿臣顯重，與爲忘年友，繇是有名。自以齊宗室，不欲廣交，屏居終南山下。吏部侍郎高孝基勸之仕，仁壽中，舉文才甲科，補治禮郎。斛斯政奔高麗，坐與善，貶爲朱鳶主簿，以母老不可居瘴癘地，乃留妻鮮于奉養而行。會世大亂，京師阻絕，交趾太守丘和署司法書佐。時欽州俚帥甯長眞以兵侵交趾，和懼，欲出迎，士廉曰：「長眞兵雖多，縣軍遠客，勢不得久，城中勝兵尚可戰，奈何受制於人？」和因命爲行軍司馬，逆擊破之。

高祖遣使徇嶺南，武德五年與和來降，於是秦王領雍州牧，薦士廉爲治中，親重之。

隱太子與王隙已熾，乃與長孫无忌密計討定，是日率吏卒釋囚授甲，趨芳林門助戰。王爲皇太子，授右庶子。進侍中，封義興郡公。坐匿王珪奏不時上，左授安州都督。

進益州大都督府長史。蜀人畏鬼而惡疾，雖父母病皆委去，望舍投餌哺之，昆弟不相假財。士廉爲設條敎，辯告督勵，風俗翕然爲變。又引諸生講授經藝，學校復興。秦時李冰導汶江水灌田，瀕水者頃千金，民相侵冒。士廉附故渠厮引旁出，以廣溉道，人以富饒。

入爲吏部尚書，進封許國公。雅負裁鑒，又詳氏譜，所署用，人地無不當者。高祖崩，攝司空，營山陵；加特進，遷尙書右僕射。士廉三世居此官，世榮其貴。

太宗幸洛陽，太子監國，命攝少師。手詔曰：「端拱三川，不憂關中者，以屬卿也。」久之，請致仕，聽解僕射，加開府儀同三司、同中書門下三品，知政事。帝伐高麗，皇太子監國駐定州，又攝太傅，同掌機務。太子令曰：「寡人資公訓道，而比聽政，據案對公，情所未安，所司宜別設案奉太傅。」士廉固辭。

還至幷州，有疾，帝卽所舍問之。貞觀二十一年疾甚，帝幸其第，爲流涕，卒年七十一。又欲臨弔，房玄齡以帝餌金石，諫不宜近喪。帝曰：「朕有舊故姻戚之重，君臣之分，卿置勿言。」卽從數百騎出。長孫无忌伏馬前，陳士廉遺言，乞不臨喪，帝猶不許，无忌至流涕，乃

遷入東苑，南向哭。詔贈司徒、并州都督，謚曰文獻，陪葬昭陵。方寒食，敕尚宮以食四簋往祭，帝自爲文。喪出橫橋，又登城西北樓望哭以過喪。高宗即位，加贈太尉，配享太宗廟廷。

士廉進止詳華，凡有獻納，搢紳皆屬以目。奏議未嘗不焚稿，家人無見者。士廉少識太宗非常人，以所出女歸之，是爲文德皇后。及遺令墓不得它藏，惟置衣一襲與平生所好書示先王典訓可用終始者。

初，太宗嘗以山東士人尚閥閱，後雖衰，子孫猶負世望，嫁娶必多取貲，故人謂之賣昏。由是詔士廉與韋挺、岑文本、令狐德棻責天下譜諜，參考史傳，檢正眞僞，進忠賢，退悖惡，先宗室，後外戚，退新門，進舊望，右膏粱，左寒畯，合二百九十三姓，千六百五十一家，爲九等，號曰氏族志，而崔幹仍居第一。帝曰：「我於崔、盧、李、鄭無嫌，顧其世衰，不復冠冕，猶恃舊地以取貲，不肖子偃然自高，販鬻松檟，不解人間何爲貴之？齊據河北，梁、陳在江南，雖有人物，偏方下國，無可貴者，故以崔、盧、王、謝爲重。今謀士勞臣以忠孝學藝從我定天下者，何容納貨舊門，向聲背實，買昏爲榮耶？太上有立德，其次有立功，其次有立言，其次有爵爲公、卿、大夫，世世不絕，此謂之門戶。今皆反是，豈不惑邪？朕以今日冠冕爲等級高下。」遂以崔幹爲第三姓，班其書天下。

高宗時，許敬宗以不敍武后世，又李義府恥其家無名，更以孔志約、楊仁卿、史玄道、呂才等十二人刊定之，裁廣類例，合二百三十五姓，二千二百八十七家，帝自敍所以然。以四后姓、酅公、介公及三公、太子三師、開府儀同三司、尚書僕射爲第一姓，文武二品及知政事三品爲第二姓，各以品位高下敍之，凡九等，取身及昆弟子孫，餘屬不入，改爲姓氏錄。當時軍功入五品者，皆昇譜限，搢紳恥焉，目爲「勳格」。義府奏悉索氏族志燒之。又詔後魏隴西李寶、太原王瓊、滎陽鄭溫、范陽盧子遷、盧渾、盧輔，清河崔宗伯、崔元孫，前燕博陵崔懿，晉趙郡李楷，凡七姓十家，不得自爲昏；三品以上納幣不得過三百匹，四品五品二百，六品七品百，悉爲歸裝，夫氏禁受陪門財。先是，後魏太和中，定四海望族，以竇等爲冠。其後矜尚門地，故氏族志一切降之。王妃、主婿皆取當世勳貴名臣家，未嘗尚山東舊族。後房玄齡、魏徵、李勣復與昏，故望不減。然每姓第其房望，雖一姓中，高下縣隔。李義府爲子求昏不得，始奏禁焉。其後天下衰宗落譜，昭穆所不齒者，皆稱「禁昏家」，益自貴，凡男女皆潛相聘娶，天子不能禁，世以爲歎云。

士廉六子，履行、審行、眞行有名。

履行居母喪毀甚，太宗諭使彊食。尚東陽公主，襲爵。繇戶部尚書爲益州大都督府長史，政有名。坐長孫无忌，左授洪州都督，改永州刺史。

眞行至左衞將軍。其子岐連章懷太子事，詔令自誡切，眞行以佩刀刺殺之，斷首棄道上，高宗鄙其爲，貶睦州刺史。

審行自戶部侍郎貶渝州刺史。

士廉五世孫重，字文明，以明經中第，李巽表鹽鐵轉運巡官，善職，凡十年，進累司門郎中。

敬宗愼置侍講學士，重以簡厚惇正，與崔郾偕選，再擢國子祭酒。文宗好左氏春秋，命分列國各爲書，成四十篇。與鄭覃刊定九經于石。出爲鄂岳觀察使，以美政被褒。久之，拜太子賓客，分司東都。卒，贈太子少保。

贊曰：古者受姓受氏以旌有功，是時人皆土著，故名宗望姓，舉郡國自表，而譜系興焉，所以推敍昭穆，使百代不得相亂也。遭晉播遷，胡醜亂華，百宗蕩析，士去墳墓，子孫猶挾系錄，以示所承，而代閥顯者，至賣昏求財，汨喪廉恥。唐初流弊仍甚，天子屢抑不爲衰。至中葉，風教又薄，譜錄都廢，公靡常產之拘，士亡舊德之傳，言李悉出隴西，言劉悉出

彭城，悠悠世胙，訖無考按，冠冕皂隸，混爲一區，可太息哉！

竇威字文蔚，岐州平陸人。父熾，在周爲上柱國，入隋爲太傅，太穆皇后，其從兄弟女也。

威沈邃有器局，貫覽羣言，家世貴，子弟皆喜武力，獨威尚文，諸兄詆爲書癡。內史令李德林舉秀異，授祕書郎，當還不肯調者十年，故其學益博。而諸兄以軍功位通顯矣，薄威職閑冗，更謂曰：「昔仲尼積學成聖，猶棲遲不偶，汝尚何求耶？」威笑不答。蜀王秀辟爲記室，威以秀多不法，謝疾去。秀廢，府屬皆得罪，威獨免。大業中，累遷內史舍人，數諫忤旨，轉考功郎中，後坐事免。

高祖入關，召補大丞相府司錄參軍。方天下亂，禮典湮缺，威多識朝廷故事，乃裁定制度。帝語裴寂曰：「威，今之叔孫通也。」武德元年，授內史令。每論政事得失，必陳古爲諭，帝益親矚，嘗引入臥內，謂曰：「昔周有八柱國，吾與公家是也。今我爲天子，而公爲內史令，事固有不等耶？」威懼，頓首謝曰：「臣家在漢，再爲外戚。至元魏，有三皇后。今陛下龍興，臣復以姻戚進，夙夜懼不克任。」帝笑曰：「公以三后族夸我邪！關東人與崔、盧婚者，猶

自矜大，公世爲帝戚，不亦貴乎。」

後寢疾，帝臨問，及卒，哭之慟。贈同州刺史，追封延安郡公，謚曰靖。威性儉素，家不樹產，比喪，無餘貲，遺令薄葬。詔皇太子、百官臨送。

兄子軌，字士則。父恭，仕周爲雍州牧、酇國公。軌性剛果有威，大業中，爲資陽郡東曹掾，去官歸。高祖起兵，軌募衆千餘人迎謁長春宮。帝大悅，賜良馬十匹，使略地渭南，下永豐倉，收兵五千，從平京師。封贊皇縣公，爲大丞相諮議參軍。

稽胡賊五萬掠宜春，詔軌討之。次黃欽山，遇賊乘高叢射，衆爲却。軌斬部將十四人，更拔其次代之，身擁數百騎殿，令曰：「聞鼓不進者斬。」既鼓，士爭赴賊，賊射不勝，大破之，斬首千級，獲男女二萬。擢太子詹事。赤排羌與薛舉叛將鍾俱仇寇漢中，拜秦州總管，討賊連戰有功，餘黨悉降。復酇國舊封，遷益州道行臺左僕射。党項引吐谷渾寇松州，詔軌與扶州刺史蔣善合援之。善合先期至，敗之鉗川。軌進軍臨洮，擊左封，走其衆。度羌必爲患，始屯田松州。詔率所部兵從秦王討王世充。明年，還蜀。

軌既貴，益嚴酷，然能自勤苦，每出師臨敵，身未嘗解甲，其下有不用命即誅，至小過亦鞭箠流血，人見者皆重足股慄，由是蜀盜悉平。初，以其甥爲腹心，嘗夜出，呼不時至，斬

之。又戒家奴毋出外，忽遣奴取漿公廚，既而悔焉，曰：「要當借汝頭以明法。」命斬奴，奴稱冤，監刑者疑不時決，軌幷斬之。後入朝，賜坐御榻，容不肅，又坐對詔，帝怒曰：「公入蜀，車騎、驃騎從者二十人，公斬誅略盡，我隴種車騎，尙不足給公。」因繫詔獄。俄釋之，還鎭益州。

軌與行臺尙書韋雲起、郭行方素不協，及隱太子誅，詔至，軌內詔懷中，雲起問詔安在，軌不肯示，因執殺之。行方懼，奔京師，得免。是歲，行臺廢，授益州都督，加食邑戶六百。

貞觀元年，召授右衞大將軍，出爲洛州都督。周洛間，因隋亂，人不土著，軌下令諸縣，有游手末作者按之，由是威信大行，民皆趣本。卒，贈幷州都督。

子奉節，尙永嘉公主，歷左衞將軍、秦州都督。

軌弟琮，有武幹。大業末，犯法亡命太原，依高祖。與秦王有憾，不自安。王方收天下豪英，降禮接之，與出入臥內，琮意乃釋。大將軍府建，引爲統軍。從平西河，破霍邑。授金紫光祿大夫，封扶風郡公。從劉文靜擊屈突通於潼關，敗其將桑顯和，通遁去，琮以輕騎追獲於稠桑。進兵下陝縣，拔太原倉。遷左領軍大將軍，賜物五百段。隋河陽都尉獨孤武潛謀歸款，命琮總萬騎，自柏崖迎之，逗留不進，武見殺，坐除名。

武德初，爲右屯衞大將軍。時將圖洛陽，詔琮留守陝，護饋道。王世充將羅士信數以兵鈔絕，琮使人說降之。東都平，檢校晉州總管。從隱太子平劉黑闥，以功封譙國公，賜黃金五十斤。卒，贈左衞大將軍，謚曰敬。永徽五年，加贈特進。

威從兄子抗，字道生。父榮定，爲隋洛州總管、陳國公，謚曰懿。母，隋文帝姊安成公主也。抗美容儀，性通率，涉見圖史。以帝甥蚤貴，入太學，釋褐千牛備身、儀同三司。侍父疾，束帶五旬不弛；居喪，哀癯過常。襲爵，累轉梁州刺史。將之官，文帝幸其第，酣宴如家人禮。母卒，數號絕，詔宮人節哭。歲餘，爲岐州刺史，轉幽州總管，所至以寬惠聞。漢王諒反，煬帝疑抗爲應，遣李子雄馳往代之。子雄因誣抗得諒書不奏，按鞫無狀，然坐是遂廢。

抗與高祖少相狎，及楊玄感反，抗謂高祖曰：「玄感爲我先耳，李氏名在圖籙，天所啓也。」高祖曰：「爲禍始不祥，公無妄言。」煬帝遣抗出靈武，逴護長城，聞高祖已定京師，喜曰：「此吾家壻，豁達有大度，眞撥亂主也。」因歸長安。高祖見之喜，握手曰：「李氏果王，何如？」因置酒爲樂，授將作大匠兼納言，尋罷爲左武候大將軍。

帝聽朝，或引升御坐，既退，入臥內，從容談笑，極平生歡，以兄呼之，宮中稱爲舅，或留宿禁省，侍燕豫，然未嘗干朝廷事。後從秦王平薛舉，功第一；又從征王世充。東都平，册勳於廟者九人，抗與從弟軌與焉。賜女樂一部，珍幣不貲。卒，贈司徒，謚曰密。

子衍、靜、誕，衍襲爵。

靜字元休，在隋佐親衞，以父得罪煬帝，久不之進。高祖入京師，擢幷州大總管府長史。時突厥數爲邊患，糧道不屬，靜表請屯田太原，以省饋運。議者以流亡未復，不宜重困，於是召入與裴寂、蕭瑀、封倫廷議，寂等不能屈，帝從之，歲收粟十萬斛。詔檢校幷州大總管。又請斷石嶺以爲鄣塞，制突厥之入。

太宗即位，授司農卿，封信都縣男。趙元楷爲少卿，靜鄙其聚斂，因會官屬大言曰：「如煬帝奢侈，竭四海自奉，司農須公矣。今天子躬節儉，屈一人安兆庶，惡用公哉？」元楷大慙。改夏州都督。

突厥攜貳，諸將出征者過靜，靜爲陳虜中虛實，諸將由是大克獲。又聞其部落，郁射所部鬱孤尼等九俟斤皆內附。帝嘉之，賜馬百匹、羊千口。及禽頡利，詔處其衆河南。靜上書曰：「夷狄窮則搏噬，飽則羣聚，不可以刑法繩、仁義敎也。衣食仰給，不恃耕桑。今損有

爲之民，貪無知之虜，得之無益於治，失之不害於化。況首丘未忘，則一旦變生，犯我王略矣。不如因其破亡，假以賢王一號，妻之宗女，披其土地部落，使權弱勢分，易爲羈制，則世爲藩臣矣。」帝雖不從，然嘉其忠，優詔答曰：「北方之務，悉以相委，以卿爲寧朔大使，朕無北顧憂矣。」再遷民部尙書。卒，謚曰肅。

子逵，尙遂安公主，襲爵。

誕，隋末起家朝請郎。義寧初，辟丞相府祭酒，封安豐郡公，尙襄陽公主。從秦王征薛舉，爲元帥府司馬。累遷太常卿。高祖諸子幼，未出宮者十餘王，國司家事，皆誕主之。出爲梁州都督。貞觀初，召授右領軍大將軍，進莘國公，爲宗正卿。太宗與語，昏謬失對。乃下詔曰：「誕比衰耗，不能事，朕知而任之，是謂不明。且爲官擇人者治，爲人擇官者亂。其以光祿大夫罷就第。」卒，贈工部尙書、荆州刺史，謚曰安。

抗弟璡，字之推，性沈厚。隋大業末，爲扶風太守。唐兵起，以郡歸，歷民部尙書。從秦王平薛仁杲，賜錦袍。尋鎭益州，時蜀盜賊多，皆討平之。與皇甫無逸不協，數相訴毀，

因請入朝，至半道，詔還之。璡內憂恐。會使者至，璡引宴臥內，厚餉遺。無逸以聞，坐免官。未幾，授祕書監，封鄧國公。貞觀初，還將作大匠，詔脩洛陽宮，鑿池起山，務極侈浮，費不勝算。太宗怒，詔毀之，免其官。以鄧王納璡女爲妃，復位。卒，贈禮部尙書，謚曰安。璡有巧思，工書。武德中，與太常少卿祖孝孫受詔定雅樂，是正鍾律云。

威從孫德玄，隋大業中，起家國學生。祖照，尙周文帝義陽公主，封鉅鹿郡公。父彥，襲爵，終隋西平太守。兄德明，師事陳留王孝逸，通知文史。漢王諒反，遣將綦良攻黎州。德明年十八，募士五千，號令嚴整，倍道擊賊，破之。以功擢累齊王府屬。坐事免。高祖兵叩長安，而宗室孝基、神符、道宗及竇誕、趙慈景等並繫獄，隋將衞文昇、陰世師欲殺之，德明諫曰：「罪不在此，殺之無傷於彼，祇取怨焉，不如挺之。」乃止。長安平，謁高祖，終不自言，時稱長者。拜考功郎中。從秦王擊王世充。封顯武男，歷常、愛二州刺史，卒。

德玄始爲高祖丞相府千牛，歷太宗時不甚顯，高宗以舊臣，自殿中少監爲御史大夫，歲中遷司元太常伯。時帝又以源直心爲奉常正卿，劉祥道爲司刑太常伯，上官儀爲西臺侍極，郝處俊爲太子左中護，凡十餘人，皆帝自擇，以示宰相李勣等，皆頓首謝。麟德初，進檢校左相，勤職約己，天子嘗臨朝，咨其淸素，加以賜賚。居位數年，贊圖封禪事，與李勣皆爲使。帝次濮陽，問古謂帝丘，德玄不能對，許敬宗具道其然，帝稱善。敬宗自矜于人，德玄知，不爲忤，衆服其量。禮成，進爵二級。以弟德遠未及爵，願分封，詔可，故德玄封鉅鹿男，德遠樂安男。德玄迎時取合，未嘗有過，然無它補益。卒，年六十九，贈光祿大夫、幽州都督，謚曰恭。

贊曰：高、竇雖緣外戚姻家，然自以才猷結天子，廁跡名臣，垂榮無窮，時有遇合，故見諸事業。古來賢豪，不遭興運，埋光鏟采，與草木俱腐者，可勝咤哉！竇宗自魏訖唐，支冑扶疏數百年，所馮厚矣。

唐書卷九十六

列傳第二十一

房玄齡 遺愛 杜如晦 楚客 淹 元穎 審權 讓能

房玄齡字喬，齊州臨淄人。父彥謙，仕隋，歷司隸刺史。玄齡幼警敏，貫綜墳籍，善屬文，書兼草隸。開皇中，天下混壹，皆謂隋祚方永，玄齡密白父曰：「上無功德，徒以周近親，妄誅殺，攘神器有之，不爲子孫立長久計，淆置嫡庶，競侈僭，相傾閡，終當內相誅夷。視今雖平，其亡，跬可須也。」彥謙驚曰：「無妄言！」年十八，舉進士。授羽騎尉，校讎祕書省。吏部侍郎高孝基名知人，謂裴矩曰：「僕觀人多矣，未有如此郎者，當爲國器，但恨不見其聳壑昂霄云。」補隰城尉。漢王諒反，坐累，徙上郡。顧中原方亂，慨然有憂天下志。會父疾，緜十旬，不解衣；及喪，勺飲不入口五日。

太宗以燉煌公徇渭北，杖策上謁軍門，一見如舊，署渭北道行軍記室參軍。公爲秦王，

卽授府記室，封臨淄侯。征伐未嘗不從，衆爭取怪珍，玄齡獨收人物致幕府，與諸將密相申結，人人願盡死力。王嘗曰：「漢光武得鄧禹，門人益親。今我有玄齡，猶禹也。」居府出入十年，軍符府檄，或駐馬卽辦，文約理盡，初不著藁。高祖曰：「若人機識，是宜委任。每爲吾兒陳事，千里外猶對面語。」

隱太子與王有隙，王召玄齡與計，對曰：「國難世有，惟聖人克之。大王功蓋天下，非特人謀，神且相之。」乃引杜如晦協判大計。累進陝東道大行臺考功郎中、文學館學士。故太子忌二人者，奇譖于帝，皆斥逐還第。太子將有變，王召二人以方士服入，夜計事。事平，王爲皇太子，擢右庶子。太子卽位，爲中書令。第功班賞，與如晦、長孫无忌、尉遲敬德、侯君集功第一，進爵邗國公，食邑千三百戶，餘皆次敍封拜。帝顧羣臣曰：「朕論公等功，定封邑，恐不能盡，無有諱，各爲朕言之。」淮安王神通曰：「義師起，臣兵最先至，今玄齡等以刀筆吏居第一，臣所未喻。」帝曰：「叔父兵誠先至，然未嘗躬行陣勞，故建德之南，軍敗不振，討黑闥反動，望風輒奔。今玄齡等有決勝帷幄、定社稷功，此蕭何所以先諸將也。叔父以親，宜無愛者，顧不可緣私與功臣競先後爾。」初，將軍丘師利等皆怙跋攘袂，或指畫自陳說，見神通愧屈，乃曰：「陛下至不私其親，吾屬可妄訴邪！」

進尙書左僕射，監脩國史，更封魏。帝曰：「公爲僕射，當助朕廣耳目，訪賢材。比聞閱牒訟日數百，豈暇求人哉？」乃敕細務屬左右丞，大事關僕射。

帝嘗問：「創業、守文孰難？」玄齡曰：「方時草昧，羣雄競逐，攻破乃降，戰勝乃尅，創業則難。」魏徵曰：「王者之興，必乘衰亂，覆昏暴，殆天授人與者。既得天下，則安于驕逸。人欲靜，徭役毒之；世方敝，裒刻窮之。國繇此衰，則守文爲難。」帝曰：「玄齡從我定天下，冒百死，遇一生，見創業之難。徵與我安天下，畏富貴則驕，驕則怠，怠則亡，見守文之不爲易。然創業之不易，既往矣；守文之難，方與公等愼之。」

會詔大臣世襲，授宋州刺史，徙國梁，而羣臣讓世襲事，故罷刺史，遂爲梁國公。未幾，加太子少師。始詣東宮，皇太子欲拜之，玄齡讓不敢謁，乃止。居宰相積十五年，女爲王妃，男尙主，自以權寵隆極，累表辭位，詔不聽。頃之，進司空，仍總朝政。玄齡固辭，帝遣使謂曰：「讓，誠美德也。然國家相眷賴久，一日去良弼，如亡左右手。顧公筋力未衰，毋多讓！」晉王爲皇太子，改太子太傅，知門下省事。以母喪，賜塋昭陵園。起復其官。會伐遼，留守京師。詔曰：「公當蕭何之任，朕無西顧憂矣。」凡糧械飛輸，軍伍行留，悉裁總之。玄齡數上書勸帝，願毋輕敵，久事外夷。固辭太子太傅，見聽。

晚節多病，時帝幸玉華宮，詔玄齡居守，聽臥治事。稍棘，召許肩輿入殿，帝視流涕，玄齡亦感咽不自勝。命尙醫臨候，尙食供膳，日奏起居狀。少損，卽喜見于色。玄齡顧諸

子曰：「今天下事無不得，惟討高麗未止，上含怒意決，羣臣莫敢諫，吾而不言，抱愧沒地矣！」遂上疏曰：

上古所不臣者，陛下皆臣之；所不制者，陛下皆制之矣。爲中國患，無如突厥，而大小可汗相次束手，弛辮握刀，分典禁衞。延陀、鐵勒，披置州縣；高昌、吐渾，偏師掃除。惟高麗歷代逋命，莫克窮討。陛下責其弑逆，身自將六軍，徑荒裔，不旬日拔遼東，虜獲數十萬，殘衆、孽君縮氣不敢息，可謂功倍前世矣。易曰：「知進退存亡不失其正者，其惟聖人乎！」蓋進有退之義，存有亡之機，得有喪之理，爲陛下惜者此也。傳曰：「知足不辱，知止不殆。」陛下威名功烈既云足矣，拓地開疆亦可止矣。邊夷醜種，不足待以仁義，責以常禮，古者以禽魚畜之。必絕其類，恐獸窮則搏，苟救其死。且陛下每決死罪，必三覆五奏，進疏食，停音樂，以人命之重爲感動也。今士無一罪，驅之行陣之間，委之鋒鏑之下，使肝腦塗地，老父孤子、寡妻慈母望櫬車，抱枯骨，摧心掩泣，其所以變動陰陽，傷害和氣，實天下之痛也。使高麗違失臣節，誅之可也；侵擾百姓，滅之可也；能爲後世患，夷之可也。今無是三者，而坐敝中國，爲舊王雪恥，新羅報仇，非所存小、所損大乎？臣願下沛然之詔，許高麗自新，焚陵波之船，罷應募之衆，卽臣死骨不朽。

帝得疏，謂高陽公主曰：「是已危惙，尙能憂吾國事乎！」

疾甚，帝命鑿苑垣以便候問，親握手與決。詔皇太子就省。擢子遺愛右衞中郎將，遺則朝散大夫，令及見之。薨，年七十一，贈太尉、并州都督，謚曰文昭，給班劍、羽葆、鼓吹、絹布二千段、粟二千斛，陪葬昭陵。高宗詔配享太宗廟廷。

玄齡當國，夙夜勤彊，任公竭節，不欲一物失所。無媢忌，聞人善，若己有之。明達吏治，而緣飾以文雅，議法處令，務爲寬平。不以己長望人，取人不求備，雖卑賤皆得盡所能。或以事被讓，必稽顙請罪，畏惕，視若無所容。

貞觀末年，以譴還第，黃門侍郎褚遂良言於帝曰：「玄齡事君自無所負，不可以一眚便示斥外，非天子任大臣意。」帝悟，遽召于家。後避位不出。久之，會帝幸芙蓉園觀風俗，玄齡敕子弟汛埽廷唐，曰：「乘輿且臨幸。」有頃，帝果幸其第，因載玄齡還宮。帝在翠微宮，以司農卿李緯爲民部尙書，會有自京師來者，帝曰：「玄齡聞緯爲尙書謂何？」曰：「惟稱緯好鬚，無它語。」帝遽改太子詹事。帝討遼，玄齡守京師，有男子上急變，玄齡詰狀，曰：「我乃告公。」玄齡馹遣追帝，帝視奏已，斬男子。下詔責曰：「公何不自信！」其委任類如此。治家有法度，常恐諸子驕侈，席勢凌人，乃集古今家誡，書爲屏風，令各取一具，曰：「留意於此，足以保躬矣！漢袁氏累葉忠節，吾心所尙，爾宜師之。」子遺直嗣。

次子遺愛，誕率無學，有武力。尙高陽公主，爲右衞將軍。公主，帝所愛，故禮與它壻絕。主驕蹇，疾遺直任嫡，遺直懼，讓爵，帝不許。主稍失愛，意怏怏。與浮屠辯機亂，帝怒，斬浮屠，殺奴婢數十人，主怨望，帝崩，哭不哀。高宗時，出遺直汴州刺史，遺愛房州刺史。主又誣遺直罪，帝敕長孫无忌鞫治，乃得主與遺愛反狀，遺愛伏誅，主賜死。遺直以先勳免，貶銅陵尉。詔停配享。

杜如晦字克明，京兆杜陵人。祖果，有名周、隋間。如晦少英爽，喜書，以風流自命，內負大節，臨機輒斷。隋大業中，預吏部選，侍郎高孝基異之，曰：「君當爲棟梁用，願保令德。」因補滏陽尉，棄官去。

高祖平京師，秦王引爲府兵曹參軍，徙陝州總管府長史。時府屬多外遷，王患之。房玄齡曰：「去者雖多，不足吝，如晦王佐才也。大王若終守藩，無所事；必欲經營四方，捨如晦無共功者。」王驚曰：「非公言，我幾失之！」因表留莫府。從征伐，常參帷幄機祕。方多事，裁處無留，僚屬共才之，莫見所涯。進陝東道大行臺司勳郎中，封建平縣男，兼文學館學士。天策府建，爲中郎。王爲皇太子，授左庶子，遷兵部尙書，進封蔡國公，食三千戶，別食益州千三百戶。俄檢校侍中，攝吏部尙書，總監東宮兵，進位尙書右僕射，仍領選。

與玄齡共筦朝政，引士賢者，下不肖，咸得職，當時浩然歸重。監察御史陳師合上拔士論，謂一人不可總數職，陰剴諷如晦等。帝曰：「玄齡、如晦不以勳舊進，特其才可與治天下者，師合欲以此離間吾君臣邪？」斥嶺表。

久之，以疾辭職，詔給常俸就第，醫候之使道相屬。會病力，詔皇太子就問，帝親至其家，撫之梗塞。及未亂，擢其子左千牛構兼尙舍奉御。薨，年四十六，帝哭爲慟，贈開府儀同三司。及葬，加司空，謚曰成。手詔虞世南勒文于碑，使言君臣痛悼意。

它日，食瓜美，輟其半奠焉。嘗賜玄齡黃銀帶，曰：「如晦與公同輔朕，今獨見公。」泫然流涕曰：「世傳黃銀鬼神畏之。」更取金帶，遣玄齡送其家。後忽夢如晦若平生，明日爲玄齡言之，敕所御饌往祭。明年之祥，遣尙宮勞問妻子，國府官佐亦不之罷，恩禮無少衰。後詔功臣世襲，追贈密州刺史，徙國萊。

方爲相時，天下新定，臺閣制度，憲物容典，率二人討裁。每議事帝所，玄齡必曰：「非如晦莫籌之。」及如晦至，卒用玄齡策也。蓋如晦長於斷，而玄齡善謀，兩人深相知，故能同心濟謀，以佐佑帝，當世語良相，必曰房、杜云。

構位慈州刺史。次子荷，性暴詭不循法，尙城陽公主，官至尙乘奉御，封襄陽郡公。承乾謀反，荷曰：「琅邪顏利仁善星數，言天有變，宜建大事，陛下當爲太上皇。請稱疾，上必臨問，可以得志。」及敗，坐誅。臨刑，意象軒驁。構以累貶死嶺表。

如晦弟楚客，少尙奇節，與叔父淹皆沒於王世充。淹與如晦有隙，譖其兄殺之，并囚楚客瀕死。世充平，淹當誅。楚客請于如晦，不許。楚客曰：「叔殘兄，今兄又棄叔，門內幾盡，豈不痛哉！」如晦感悟，請之高祖，得釋。

方建成難作，楚客遁舍嵩山。貞觀四年，召爲給事中。太宗曰：「君居山似之矣，謂非宰相不起，渠然邪？夫走遠者自近，人不卹無官，患才不副。而兄與我異支一心者，爾當如兄事吾而輔我。」楚客頓首謝，因擢爲中郎將。每入直，盡夕不釋仗，帝知而勞之，進蒲州刺史，政有能名，徙瀛州。後爲魏王府長史，遷工部尙書，攝府事，以威肅聞。揣帝意薄承乾，乃爲王諧媚用事臣，數言王聰睿可爲嗣，人或以聞，帝隱恚。及王貶爵，暴其罪，以如晦功免死，廢于家，終虔化令。

淹字執禮，材辯多聞，有美名。隋開皇中，與其友韋福嗣謀曰：「上好用隱民，蘇威以隱

者召，得美官。」乃共入太白山，爲不仕者。文帝惡之，謫戍江表。赦還，高孝基爲雍州司馬，薦授承奉郎，擢累御史中丞。王世充僭號，署少吏部，頗親近用事。洛陽平，不得調，欲往事隱太子。時封倫領選，以諗房玄齡，玄齡恐失之，白秦王，引爲天策府兵曹參軍、文學館學士。嘗侍宴，賦詩尤工，賜銀鍾。慶州總管楊文幹反，辭連太子，歸罪淹及王珪、韋挺，並流越巂，王知其誣，餉黃金三百兩。

及踐阼，召爲御史大夫，封安吉郡公，食四百戶。淹建言諸司文桉稽期，請以御史檢促。太宗以問僕射封倫，倫曰：「設官各以其事治，御史劾不法，而索桉求疵，是太苛，且侵官。」淹嘿然。帝曰：「何不申執？」對曰：「倫所引國大體，臣伏其議，又何言？」帝悅，以資博練，帝敕東宮儀典簿最悉聽淹裁訂。

俄檢校吏部尚書，參豫朝政。所薦贏四十人，後皆知名。嘗白邽懷道可用，帝問狀。淹曰：「懷道及隋時位吏部主事，方煬帝幸江都，羣臣迎阿，獨懷道執不可。」帝曰：「卿時何云？」曰：「臣與衆。」帝折曰：「事君有犯無隱，卿直懷道者，何不讜言？」謝曰：「臣位下，又顧諫不從，徒死無益。」帝曰：「內以君不足諫，尚何仕？食隋粟忘隋事，忠乎？」因顧羣臣：「公等謂何？」王珪曰：「比干諫而死，孔子稱仁，泄冶諫亦死，則曰：『民之多僻，無自立辟。』祿重責深，從古則然。」帝笑曰：「卿在隋不諫，宜置。世充親任，胡不言？」對曰：「固嘗

言，不見用。」帝曰：「世充復諫飾非，卿若何而免？」淹辭窮不得對。帝勉曰：「今任卿已，可有諫未？」答曰：「願死無隱。」貞觀二年疾，帝爲臨問。卒，贈尚書右僕射，謚曰襄。始，淹典二職，貴重於朝矣，而亡清白名，獲譏當世。子敬同襲爵，官至鴻臚卿。

如晦五世孫元穎，貞元末及進士第，又擢宏詞。數從使府辟署，稍以右補闕爲翰林學士，敏文辭，憲宗特所賞歎。吳元濟平，論書詔勤，遷司勳員外郎，知制誥。穆宗以元穎多識朝章，尤被寵，拜中書舍人、戶部侍郎，爲學士承旨，以本官同中書門下平章事，封建安縣男。自帝即位，不閱歲至宰相，搢紳駭異。甫再期，出爲劍南西川節度使、同平章事，帝爲御安福門臨餞。

敬宗驕僻不君，元穎每欲中帝意以固幸，乃巧索珍異獻之，踵相躡於道，百工造作無程，斂取苛重，至削軍食以助裒畜。又給與不時，戍人寒飢，乃仰足蠻徼。於是人人咨苦，反爲蠻內覘，戎備不脩。大和三年，南詔乘虛襲戎、巂等州，諸屯聞賊至，輒潰，戍者爲鄉導，遂入成都。已傅城，元穎尚不知，乃率左右嬰牙城以守。賊大掠，焚郛郭，殘之，留數日去，蜀之寶貨、工巧、子女盡矣。初，元穎計迫，將挺身走，會救至乃止。文宗遣使者臨撫

南詔，南詔上言：「蜀人祈我誅虐帥，不能克，請陛下誅之，以謝蜀人。」由是貶邵州刺史。議者不猒，斥爲循州司馬。官屬崔璜、紇干臮、盧并悉奪秩，分逐之。元穎死於貶所，年六十四。將終，表丐贈官，乞歸葬。詔贈湖州刺史。

元穎與李德裕善，會昌初，德裕當國，因赦令復其官。

弟元絳，終太子賓客。元絳子審權。

審權字殷衡，第進士，辟浙西幕府。舉拔萃中，爲右拾遺。宣宗時，入翰林爲學士，累遷兵部侍郎、學士承旨。懿宗立，進同中書門下平章事，再遷門下侍郎，出爲鎭海軍節度使、同平章事。龐勛亂徐州，審權與令狐綯、崔鉉連師掎角，餽粟相銜，王師賴濟。勛破，進檢校司空，入爲尚書左僕射、襄陽郡公。繼領河中、忠武節度使。卒，贈太子太師，謚曰德。

審權清重寡言，性長厚，居翰林最久，終不漏禁近語。在方鎭，視事有常處，要非日入未始就內寢。坐必斂衽，常若對大賓客。或晝日少息，則顧直將解簾；即旁無人，自起徹鉤，手擁簾徐下，乃退。與杜悰俱位將相，悰先進，故世謂審權爲「小杜公」。

子讓能，字羣懿，擢進士第，從宣武王鐸府爲推官，以長安尉爲集賢校理。喪母，以孝聞。又辟劉鄴、牛蔚二府，稍進兵部員外郎。蕭遘領度支，引判度支桉。僖宗狩蜀，奔謁行在，三遷中書舍人，召爲翰林學士。方關東兵興，調發綏徠，書詔叢浩，讓能思精敏，凡號令行下，處事值機，無所遺算，帝倚重之。從還京師，再遷兵部尚書，封建平縣子。

李克用兵至，帝夜出鳳翔，蒼黃無知者。讓能方直，徒步從十餘里，得遺馬，褫紳爲靮乘之。朱玫兵逼乘輿，帝走寶雞，獨讓能從。翌日，孔緯等乃至。俄而進狩梁。是時棧道爲山南石君涉所毀，天子間關嶮澁，讓能未嘗暫去側。帝勞曰：「朕失道，再違宗廟。方艱難時，卿不少捨朕，蓋古所謂忠於所事邪！」讓能頓首曰：「臣世蒙國厚恩，陛下不以臣不肖，使扞牧圉，臨難苟免，臣之恥也。」帝次褒中，擢兵部侍郎、同中書門下平章事。

於時，嗣襄王熅即僞位，彊藩大鎭附者已十八，貢賦不輸行在，無以備賞勞，衞兵往往乏食，君臣搏手無它策。讓能建遣大使入河中，以諭王重榮，重榮果奉詔。已而京師平，進中書侍郎，徙封襄陽郡公。官吏多汙僞署，有司皆欲論死，讓能以脅從不足深治，固爭之，多所全貸。昭宗立，進尚書左僕射、晉國公，賜鐵券，累進太尉。

李茂貞守鳳翔，自大順後兵寖彊，恃有功，不奉法，朝廷弱，弗能制。會楊復恭走山南，茂貞欲兼有梁、漢，請以師問罪，未報而兵出，帝忿其專，然不得已從之。山南平，詔茂貞領

興元、武定，而以徐彥若爲鳳翔節度使，分果、閬州隸武定軍。茂貞怨，不赴鎭，上章語悖慢。又詒書讓能詆責，以爲助守亮爲亂，抑忠臣，奪己功，其言醜肆。京師匈懼，日數千人守闕下，候中尉西門重遂出，請與茂貞鳳翔地，爲百姓計。答曰：「事出宰相，我無預。」茂貞益怨。帝怒，詔讓能計議，且趣調發，經月不就第。

時宰相崔昭緯陰結茂貞及王行瑜，讓能所言悉漏之，茂貞乃以倢兒數百雜市人，候昭緯與鄭延昌歸第，擁肩輿譟曰：「鳳翔無罪，幸公不加討以震驚都輦！」昭緯曰：「上委杜太尉，吾等何知？」市人不識孰爲太尉，即投瓦石妄擊，昭緯等走而免，遂喪其印。帝愈怒，捕首惡誅之。京師爭避亂，逃山谷間。讓能諫帝曰：「茂貞固宜誅，然大盜適去，鳳翔國西門，又陛下新即位，願少寬假，以貞元故事姑息之，不可使怨望。」帝曰：「今詔令不出城門，國制橈弱，賈生慟哭時也。朕顧奄奄度日，坐觀此邪！卿爲我圖之，朕自以兵屬諸王。」讓能曰：「陛下欲削滌僭嫚，剛主威，隆王室，此中外大臣所宜共成之，不宜專任臣。」帝曰：「卿，元輔，休戚與我均，何所避？」泣曰：「臣位宰相，所以未乞骸骨者，思有以報陛下，敢計身乎！且陛下之心，憲祖心也，但時有所未便。它日臣蒙晁錯之誅，顧不足弭七國患，然敢不奉詔！」

景福二年，以嗣覃王爲招討使，神策將李鐬副之，率師三萬送彥若赴鎭。昭緯內畏有

功，密語茂貞曰：「上不喜兵，一出太尉。」茂貞乃悉兵迎戰盩厔，覃王敗，乘勝至三橋。讓能曰：「臣固豫言之，臣請歸死以紓難。」帝涕下不能已，曰：「與卿決矣！」再貶雷州司戶參軍。茂貞尙駐兵請必殺之，乃賜死，年五十三。

弟彥林，官御史中丞；弘徽，戶部侍郎，皆及誅。帝痛之，後贈太師。

子光乂，次子曉，不復仕。曉入梁，貴顯于世。

贊曰：太宗以上聖之才，取孤隋，攘羣盜，天下已平，用玄齡、如晦輔政。興大亂之餘，紀綱彫弛，而能興仆植僵，使號令典刑粲然罔不完，雖數百年猶蒙其功，可謂名宰相。然求所以致之之蹟，逮不可見，何哉？唐柳芳有言：「帝定禍亂，而房、杜不言功；王、魏善諫，而房、杜讓其直；英、衞善兵，而房、杜濟以文。持衆美效之君。是後，新進更用事，玄齡身處要地，不吝權，善始以終，此其成令名者。」諒其然乎！如晦雖任事日淺，觀玄齡許與及帝所親款，則謨謀果有大過人者。方君臣明良，志叶議從，相資以成，固千載之遇，蕭、曹之勛，不足進焉。雖然，宰相所以代天者也，輔贊彌縫而藏諸用，使斯人由而不知，非明哲曷臻是哉？彼揚己取名，瞭然使戶曉者，蓋房、杜之細邪！

唐書卷九十七

列傳第二十二

魏徵　蕃

魏徵字玄成，魏州曲城人。少孤，落魄，棄貲產不營，有大志，通貫書術。隋亂，詭爲道士。武陽郡丞元寶藏舉兵應李密，以徵典書檄。密得寶藏書，輒稱善，既聞徵所爲，促召之。徵進十策說密，不能用。王世充攻洛口，徵見長史鄭頲曰：「魏公雖驟勝，而驍將銳士死傷略盡；又府無見財，戰勝不賞。此二者不可以戰。若浚池峭壘，曠日持久，賊糧盡且去，我追擊之，取勝之道也。」頲曰：「老儒常語耳！」徵不謝去。

後從密來京師，久之未知名。自請安輯山東，乃擢秘書丞，馳驛至黎陽。時李勣尙爲密守，徵與書曰：「始魏公起叛徒，振臂大呼，衆數十萬，威之所被半天下，然而一敗不振，卒歸唐者，固知天命有所歸也。今君處必爭之地，不早自圖，則大事去矣！」勣得書，遂定計

歸，而大發粟饋淮安王之軍。

會竇建德陷黎陽，獲徵，僞拜起居舍人。建德敗，與裴矩走入關，隱太子引爲洗馬。徵見秦王功高，陰勸太子早爲計。太子敗，王責謂曰：「爾鬩吾兄弟，奈何？」答曰：「太子蚤從徵言，不死今日之禍。」王器其直，無恨意。

即位，拜諫議大夫，封鉅鹿縣男。當是時，河北州縣素事隱、巢者不自安，往往曹伏思亂。徵白太宗曰：「不示至公，禍不可解。」帝曰：「爾行安喻河北。」道遇太子千牛李志安、齊王護軍李思行傳送京師，徵與其副謀曰：「屬有詔，宮府舊人普原之。今復執送志安等，誰不自疑者？吾屬雖往，人不信。」卽貸而後聞。使還，帝悅，日益親，或引至臥內，訪天下事。徵亦自以不世遇，乃展盡底蘊無所隱，凡二百餘奏，無不剴切當帝心者。由是拜尙書右丞，兼諫議大夫。

左右有毀徵阿黨親戚者，帝使溫彥博按訊，非是。彥博曰：「徵爲人臣，不能著形迹，遠嫌疑，而被飛謗，是宜責也。」帝謂彥博行讓徵。徵見帝，謝曰：「臣聞君臣同心，是謂一體，豈有置至公，事形迹？若上下共由茲路，邦之興喪未可知也。」帝矍然曰：「吾悟之矣！」徵頓首曰：「願陛下俾臣爲良臣，毋俾臣爲忠臣。」帝曰：「忠、良異乎？」曰：「良臣，稷、契、咎陶也；忠臣，龍逢、比干也。良臣，身荷美名，君都顯號，子孫傳承，流祚無疆；忠臣，已嬰禍誅，

君陷昏惡，喪國夷家，祇取空名。此其異也。」帝曰：「善。」因問：「爲君者何道而明，何失而暗？」徵曰：「君所以明，兼聽也；所以暗，偏信也。堯、舜氏闢四門，明四目，達四聰。雖有共、鯀，不能塞也，靖言庸違，不能惑也。秦二世隱藏其身，以信趙高，天下潰叛而不得聞；梁武帝信朱异，侯景向闕而不得聞；隋煬帝信虞世基，賊偏天下而不得聞。故曰，君能兼聽，則姦人不得壅蔽，而下情通矣。」

鄭仁基息女美而才，皇后建請爲充華，典册具。或言許聘矣。徵諫曰：「陛下處臺榭，則欲民有棟宇；食膏粱，則欲民有飽適；顧嬪御，則欲民有室家。今鄭已約昏，陛下取之，豈爲人父母意！」帝痛自咎，即詔停册。

貞觀三年，以秘書監參豫朝政。高昌王麴文泰將入朝，西域諸國欲因文泰悉遣使者奉獻。帝詔文泰使人厭怛紇干迎之。徵曰：「異時文泰入朝，所過供擬不能具，今又加諸國焉，則瀕塞州縣以乏致罪者衆。彼以商賈來，則邊人爲之利；若賓客之，中國蕭然耗矣。漢建武時，西域請置都護、送侍子，光武不許，不以蠻夷弊中國也。」帝曰：「善。」追止其詔。

於是帝即位四年，歲斷死二十九，幾至刑措，米斗三錢。先是，帝嘗嘆曰：「今大亂之後，其難治乎？」徵曰：「大亂之易治，譬飢人之易食也。」帝曰：「古不云善人爲邦百年，然後

勝殘去殺邪？」答曰：「此不爲聖哲論也。聖哲之治，其應如響，期月而可，蓋不其難。」封德彝曰：「不然。三代之後，澆詭日滋。秦任法律，漢雜霸道，皆欲治不能，非能治不欲。徵書生，好虛論，徒亂國家，不可聽。」徵曰：「五帝、三王不易民以教，行帝道而帝，行王道而王，顧所行何如爾。黃帝逐蚩尤，七十戰而勝其亂，因致無爲。九黎害德，顓頊征之，已克而治。桀爲亂，湯放之；紂無道，武王伐之。湯、武身及太平。若人漸澆詭，不復返朴，今當爲鬼爲魅，尚安得而化哉！」德彝不能對，然心以爲不可。帝納之不疑。至是，天下大治。蠻夷君長襲衣冠，帶刀宿衞。東薄海，南踰嶺，戶闔不閉，行旅不齎糧，取給於道。帝謂羣臣曰：「此徵勸我行仁義，既効矣。惜不令封德彝見之！」

俄檢校侍中，進爵郡公。帝幸九成宮，宮御舍圍川宮下。僕射李靖、侍中王珪繼至，吏改館宮御以舍靖、珪。帝聞，怒曰：「威福由是等邪！何輕我宮人？」詔并按之。徵曰：「靖、珪皆陛下腹心大臣，宮人止後宮掃除隸耳。方大臣出，官吏諮朝廷法式；歸來，陛下問人間疾苦。夫官舍，固靖等見官吏之所，吏不可不謁也。至宮人則不然，供饋之餘無所參承。以此按吏，且駭天下耳目。」帝悟，寢不問。

後宴丹霄樓，酒中謂長孫无忌曰：「魏徵、王珪事隱太子、巢刺王時，誠可惡，我能棄怨用才，無羞古人。然徵每諫我不從，我發言輒不即應，何哉？」徵曰：「臣以事有不可，故諫；若不從輒應，恐遂行之。」帝曰：「弟即應，須別陳論，顧不得？」徵曰：「昔舜戒羣臣：『爾無面從，退有後言。』若面從可，方別陳論，此乃後言，非稷、禼所以事堯、舜也。」帝大笑曰：「人言徵舉動疏慢，我但見其嫵媚耳！」徵再拜曰：「陛下導臣使言，所以敢然；若不受，臣敢數批逆鱗哉！」

七年，爲侍中。尚書省滯訟不決者，詔徵平治。徵不素習法，但存大體，處事以情，人人悅服。進左光祿大夫、鄭國公。多病，辭職，帝曰：「公獨不見金在鑛何足貴邪？善冶鍛而爲器，人乃寶之。朕方自比於金，以卿爲良匠而加礪焉。卿雖疾，未及衰，庸得便爾？」徵懇請，數却愈牢。乃拜特進，知門下省事，詔朝章國典，參議得失，祿賜、國官、防閤並同職事。

文德皇后既葬，帝即苑中作層觀，以望昭陵，引徵同升，徵孰視曰：「臣眊昏，不能見。」帝指示之，徵曰：「此昭陵邪？」帝曰：「然。」徵曰：「臣以爲陛下望獻陵，若昭陵，臣固見之。」帝泣，爲毀觀。尋以定五禮，當封一子縣男，徵請封孤兄子叔慈。帝愴然曰：「此可以勵俗。」即許之。

後幸洛陽，次昭仁宮〔一〕，多所譴責。徵曰：「隋惟責不獻食，或供奉不精，爲此無限，而至於亡。故天命陛下代之，正當兢懼戒約，奈何令人悔爲不奢。若以爲足，今不啻足矣；

以爲不足，萬此寧有足邪？」帝驚曰：「非公不聞此言。」退又上疏曰：

書稱「明德愼罰」，「惟刑之恤」。禮曰：「爲上易事，爲下易知，則刑不煩。」「上多疑，則百姓惑；下難知，則君長勞。」夫上易事，下易知，君長不勞，百姓不惑，故君有一德，臣無二心。夫刑賞之本，在乎勸善而懲惡。帝王所與，天下畫一，不以親疏貴賤而輕重者也。今之刑賞，或由喜怒，或出好惡。喜則矜刑於法中，怒則求罪於律外；好則鑽皮出羽，惡則洗垢索瘢。蓋刑濫則小人道長，賞謬則君子道消。小人之惡不懲，君子之善不勸，而望治安刑措，非所聞也。且暇豫而言，皆敦尚孔、老；至於威怒，則專法申、韓。故道德之旨未弘，而鍥薄之風先摇。昔州犂上下其手而楚法以敝，張湯輕重其心而漢刑以謬，況人主而自高下乎！頃者罰人，或以供張不贍，或不能從欲，皆非致治之急也。

且我之所代，實在有隋。以隋府藏況今之資儲，以隋甲兵況今之士馬，以隋戶口況今之百姓，絜長度大，曾何等級焉！然隋以富彊而喪，動之也；我以貧寡而安，靜之也。靜之則安，動之則亂，人皆知之，非隱而難見、微而難察也。不蹈平易之塗，而遵覆車之轍，何哉？安不思危，治不念亂，存不慮亡也。方隋未亂，自謂必無亂；未亡，自謂必不亡。所以甲兵亟動，徭役不息，以至戮辱而不悟滅亡之所由也，豈不哀哉！

夫監形之美惡，必就止水；監政之安危，必取亡國。詩曰：「殷鑒不遠，在夏后之世。」臣願當今之動靜，以隋爲鑒，則存亡治亂可得而知。思所以危則安矣，思所以亂則治矣，思所以亡則存矣。存亡之所在，在節嗜欲，省游畋，息靡麗，罷不急，慎偏聽，近忠厚，遠便佞而已。夫守之則易，得之實難。今既得其所難，豈不能保其所易？保之不固，驕奢淫泆有以動之也。

帝宴羣臣積翠池，酣樂賦詩。徵賦西漢，其卒章曰：「終藉叔孫禮，方知皇帝尊。」帝曰：「徵言未嘗不約我以禮。」它日，從容問曰：「比政治若何？」徵見久承平，帝意有所忽，因對曰：「陛下貞觀之初，導人使諫。三年以後，見諫者悅而從之。比一二年，勉彊受諫，而終不平也。」帝驚曰：「公何物驗之？」對曰：「陛下初卽位，論元律師死，孫伏伽諫以爲法不當死，陛下賜以蘭陵公主園，直百萬。或曰：『賞太厚。』答曰：『朕卽位，未有諫者，所以賞之。』此導人使諫也。後柳雄妄訴隋資，有司得，劾其僞，將論死，戴冑奏罪當徒，執之四五然後赦。謂冑曰：『弟守法如此，不畏濫罰。』此悅而從諫也。近皇甫德參上書言『修洛陽宮，勞人也；收地租，厚斂也；俗尚高髻，宮中所化也。』陛下恚曰：『是子使國家不役一人，不收一租，宮人無髮，乃稱其意。』臣奏：『人臣上書，不激切不能起人主意，激切卽近訕謗。』于時，陛下雖從臣言，賞帛罷之，意終不平。此難於受諫也。」帝悟曰：「非公，無能道此者。人苦不自覺

耳！」

先是，帝作飛山宮，徵上疏曰：

隋有天下三十餘年，風行萬里，威讋殊俗，一旦舉而棄之。彼煬帝者，豈惡治安、喜滅亡哉？恃其富彊，不虞後患也。驅天下，役萬物，以自奉養，子女玉帛是求，宮宇臺榭是飾，徭役無時，干戈不休，外示威重，內行險忌，讒邪者進，忠正者退，上下相蒙，人不堪命，以致殞匹夫之手，爲天下笑。聖哲乘機，拯其危溺。今宮觀臺榭，盡居之矣；奇珍異物，盡收之矣；姬姜淑媛，盡侍於側矣；四海九州，盡爲臣妾矣。若能鑒彼所以亡，念我所以得，焚寶衣，毀廣殿，安處卑宮，德之上也。若成功不廢，卽仍其舊，除其不急，德之次也。不惟王業之艱難，謂天命可恃，因基增舊，甘心侈靡，使人不見德而勞役是聞，斯爲下矣。以暴易暴，與亂同道。夫作事不法，後無以觀。人怨神怒，則災害生；災害生，則禍亂作；禍亂作，而能以身名令終者鮮矣。

是歲，大雨，穀、洛溢，毀宮寺十九，漂居人六百家。徵陳事曰：

臣聞爲國基於德禮，保於誠信。誠信立，則下無二情；德禮形，則遠者來格。故德禮誠信，國之大綱，不可斯須廢也。傳曰：「君使臣以禮，臣事君以忠。」「自古皆有死，民無信不立。」又曰：「同言而信，信在言前；同令而行，誠在令外。」然則言而不行，言不信也；令而不從，令無誠也。不信之言，不誠之令，君子弗爲也。

自王道休明，緜十餘載，倉廩愈積，土地益廣，然而道德不日博，仁義不日厚，何哉？由待下之情，未盡誠信，雖有善始之勤，而無克終之美。故便佞之徒得肆其巧，謂同心爲朋黨，告訐爲至公，彊直爲擅權，忠讜爲誹謗。謂之朋黨，雖忠信可疑；謂之至公，雖矯僞無咎。彊直者畏擅權而不得盡，忠讜者慮誹謗而不敢與之爭。熒惑視聽，鬱於大道，妨化損德，無斯甚者。

今將致治則委之君子，得失或訪諸小人，是譽毀常在小人，而督責常加君子也。夫中智之人，豈無小惠，然慮不及遠，雖使竭力盡誠，猶未免傾敗，況內懷姦利，承顏順旨乎？故孔子曰：「君子而不仁者有矣，未有小人而仁者。」然則君子不能無小惡，惡不積無害於正；小人時有小善，善不積不足以忠。今謂之善人矣，復慮其不信，何異立直木而疑其景之曲乎？故上不信則無以使下，下不信則無以事上。信之爲義大矣！

昔齊桓公問管仲曰：「吾欲使酒腐於爵，肉腐於俎，得無害霸乎？」管仲曰：「此固非其善者，然無害霸也。」公曰：「何如而害霸？」曰：「不能知人，害霸也；知而不能用，害霸也；用而不能任，害霸也；任而不能信，害霸也；既信而又使小人參之，害霸也。」晉中行穆伯攻鼓，經年而不能下，餽閒倫曰：「鼓之嗇夫，閒倫知之，請無疲士大

夫，而鼓可得。」穆伯不應。左右曰：「不折一戟，不傷一卒，而鼓可得，君奚不爲？」穆伯曰：「閒倫之爲人也，佞而不仁。若使閒倫下之，吾不可以不賞，若賞之，是賞佞人也。佞人得志，是使晉國捨仁而爲佞，雖得鼓，安用之！」夫穆伯，列國大夫，管仲，霸者之佐，猶能慎於信任，遠避佞人，況陛下之上聖乎？若欲令君子小人是非不雜，必懷之以德，待之以信，厲之以義，節之以禮，然後善善而惡惡，審罰而明賞，無爲之化何遠之有！善善而不能進，惡惡而不能去，罰不及有罪，賞不加有功，則危亡之期或未可保。

帝手詔嘉答。於是，廢明德宮玄圃院賜遭水者。

它日，宴羣臣，帝曰：「貞觀以前，從我定天下，間關草昧，玄齡功也。貞觀之後，納忠諫，正朕違，爲國家長利，徵而已。雖古名臣，亦何以加！」親解佩刀，以賜二人。帝嘗問羣臣：「徵與諸葛亮孰賢？」岑文本曰：「亮才兼將相，非徵可比。」帝曰：「徵蹈履仁義，以弼朕躬，欲致之堯、舜，雖亮無以抗。」時上封者衆，或不切事，帝厭之，欲加譴黜，徵曰：「古者立謗木，欲聞己過。封事，其謗木之遺乎！陛下思聞得失，當恣其所陳。言而是乎，爲朝廷之益；非乎，無損於政。」帝悅，皆勞遣之。

十三年，阿史那結社率作亂，雲陽石然，自冬至五月不雨，徵上疏極言曰：

中華書局

臣奉侍帷幄十餘年，陛下許臣以仁義之道，守而不失；儉約朴素，終始弗渝。德音在耳，不敢忘也。頃年以來，寖不克終。謹用條陳，裨萬分一。

陛下在貞觀初，清淨寡欲，化被荒外。今萬里遣使，市索駿馬，并訪怪珍。昔漢文帝却千里馬，晉武帝焚雉頭裘。陛下居常論議，遠輩堯、舜，今所爲，更欲處漢文、晉武下乎？此不克終一漸也。子貢問治人。孔子曰：「懍乎若朽索之馭六馬。」子貢曰：「何畏哉？」對曰：「不以道導之，則吾讎也，若何不畏！」陛下在貞觀初，護民之勞，煦之如子，不輕營爲。頃既奢肆，思用人力，乃曰：「百姓無事則易驕，勞役則易使。」自古未有百姓逸樂而致傾敗者，何有逆畏其驕而爲勞役哉？此不克終二漸也。陛下在貞觀初，役己以利物，比來縱欲以勞人。雖憂人之言不絕於口，而樂身之事實切諸心。無慮營構，輒曰：「弗爲此，不便我身。」推之人情，誰敢復爭？此不克終三漸也。在貞觀初，親君子，斥小人。比來輕褻小人，禮重君子。重君子也，恭而遠之；輕小人也，狎而近之。近之莫見其非，遠之莫見其是。莫見其是，則不待間而疏；莫見其非，則有時而昵。昵小人，疏君子，而欲至治，非所聞也。此不克終四漸也。在貞觀初，不貴異物，不作無益。而今難得之貨雜然並進，玩好之作無時而息。上奢靡而望下朴素，力役廣而冀農業興，不可得已。此不克終五漸也。貞觀之初，求士如渴，賢者所舉，卽信

而任之，取其所長，常恐不及。比來由心好惡，以衆賢舉而用，以一人毁而棄，雖積年任而信，或一朝疑而斥。夫行有素履，事有成迹，一人之毁未必可信，積年之行不應頓虧。陛下不察其原，以爲臧否，使讒佞得行，守道疏間。此不克終六漸也。在貞觀初，高居深拱，無田獵畢弋之好。數年之後，志不克固，鷹犬之貢，遠及四夷，晨出夕返，馳騁爲樂，變起不測，其及救乎？此不克終七漸也。在貞觀初，遇下有禮，羣情上達。今外官奏事，顏色不接，間因所短，詰其細過，雖有忠款，而不得申。此不克終八漸也。在貞觀初，孜孜治道，常若不足。比恃功業之大，負聖智之明，長傲縱欲，無事興兵，問罪遠裔。親狎者阿旨不肯諫，疏遠者畏威不敢言。積而不已，所損非細。此不克終九漸也。貞觀初，頻年霜旱，畿內戶口並就關外，攜老扶幼，來往數年，卒無一戶亡去。此由陛下矜育撫寧，故死不攜貳也。比者疲於徭役，關中之人，勞弊尤甚。雜匠當下，顧而不遣。正兵番上，復別驅任。市物襁屬於廛，遞子背望於道。脫有一穀不收，百姓之心，恐不能如前日之帖泰。此不克終十漸也。

夫禍福無門，惟人之召，人無釁焉，妖不妄作。今旱熯之災，遠被郡國，凶醜之孽，起於轂下，此上天示戒，乃陛下恐懼憂勤之日也。千載休期，時難再得，明主可爲而不爲，臣所以鬱結長歎者也！

疏奏，帝曰：「朕今聞過矣，願改之，以終善道。有違此言，當何施顏面與公相見哉！方以所上疏，列爲屛障，庶朝夕見之，兼錄付史官，使萬世知君臣之義。」因賜黃金十斤，馬二匹。

高昌平，帝宴兩儀殿，歎曰：「高昌若不失德，豈至於亡！然朕亦當自戒，不以小人之言而議君子，庶幾獲安也。」徵曰：「昔齊桓公與管仲、鮑叔牙、甯戚四人者飲，桓公請叔牙曰：『盍起爲寡人壽？』叔牙奉觴而起曰：『願公無忘在莒時，使管仲無忘束縛於魯時，使甯戚無忘飯牛車下時。』桓公避席而謝曰：『寡人與二大夫能無忘夫子之言，則社稷不危矣。』」帝曰：「朕不敢忘布衣時，公不得忘叔牙之爲人也。」

帝遣使者至西域立葉護可汗，未還，又遣使賫金帛諸國市馬。徵曰：「今立可汗未定，卽詣諸國市馬，彼必以爲意在馬，不在立可汗。可汗得立，必不懷恩。諸蕃聞之，以中國薄義重利，未必得馬而先失義矣。魏文帝欲求市西域大珠，蘇則以爲惠及四海，則不求自至；求而得之，不足貴也。陛下可不畏蘇則言乎！」帝遂止。

是後右僕射缺，欲用徵，徵讓，得不拜。皇太子承乾與魏王泰交惡，帝曰：「當今忠謇貴重無踰徵，我遣傅皇太子，一天下之望。」徵以疾辭，詔答曰：「漢太子以四皓爲助，我賴公，其義也。公雖臥，可擁全之。」

十七年，疾甚。徵家初無正寢，帝命輟小殿材爲營構，五日畢。并賜素褥布被，以從其尙。令中郎將宿其第，動靜輒以聞，藥膳賜遺無算，中使者綴道。帝親問疾，屛左右，語終日乃還。後復與太子至徵第，徵加朝服，拖帶。帝悲懣，拊之流涕，問所欲。對曰：「嫠不恤緯，而憂宗周之亡！」帝將以衡山公主降其子叔玉，時主亦從，帝曰：「公彊視新婦！」徵不能謝。是夕，帝夢徵若平生，及旦，薨。帝臨哭，爲之慟，罷朝五日。太子舉哀西華堂。詔內外百官朝集使皆赴喪，贈司空、相州都督，謚曰文貞，給羽葆、鼓吹、班劍四十人，陪葬昭陵。將葬，其妻裴辭曰：「徵素儉約，今假一品禮，儀物褒大，非徵志。」見許，乃用素車，白布幨帷，無塗車、芻靈。帝登苑西樓，望哭盡哀。晉王奉詔致祭。帝作文于碑，遂書之。又賜家封戶九百。

帝後臨朝歎曰：「以銅爲鑑，可正衣冠；以古爲鑑，可知興替；以人爲鑑，可明得失。朕嘗保此三鑑，內防己過。今魏徵逝，一鑑亡矣。朕比使人至其家，得書一紙，始半藁，其可識者曰：『天下之事，有善有惡，任善人則國安，用惡人則國弊。公卿之內，情有愛憎，憎者惟見其惡，愛者止見其善。愛憎之間，所宜詳愼。若愛而知其惡，憎而知其善，去邪勿疑，任賢勿猜，可以興矣。』其大略如此。朕顧思之，恐不免斯過。公卿侍臣可書之於笏，知而必諫也。」

徵狀貌不逾中人，有志膽，每犯顏進諫，雖逢帝甚怒，神色不徙，而天子亦爲霽威。議者謂賁、育不能過。嘗上冢還，奏曰：「向聞陛下有關南之行，既辦而止，何也？」帝曰：「畏卿，遂停耳。」始，喪亂後，典章湮散，徵奏引諸儒校集秘書，國家圖籍粲然完整。嘗以小戴禮綜彙不倫，更作類禮二十篇，數年而成。帝美其書，錄寘內府。帝本以兵定天下，雖已治，不忘經略四夷也。故徵侍宴，奏破陣武德舞，則俛首不顧，至慶善樂，則諦玩無斁，舉有所諷切如此。

徵亡，帝思不已，登凌煙閣觀畫像，賦詩悼痛。聞者娼之，毀短百爲。徵嘗薦杜正倫、侯君集才任宰相，及正倫以罪黜，君集坐逆誅，孅人遂指爲阿黨；又言徵嘗錄前後諫爭語示史官褚遂良。帝滋不悅，乃停叔玉昏，而仆所爲碑，顧其家衰矣。

遼東之役，高麗、靺鞨犯陣，李勣等力戰破之。軍還，悵然曰：「魏徵若在，吾有此行邪！」即召其家到行在，賜勞妻子，以少牢祠其墓，復立碑，恩禮加焉。

四子：叔玉、叔琬、叔璘、叔瑜。叔玉襲爵爲光祿少卿。神龍初，以其子膺紹封。叔璘，禮部侍郎，武后時，爲酷吏所殺。叔瑜，豫州刺史，善草隸，以筆意傳其子華及甥薛稷。世稱善書者「前有虞、褚，後有薛、魏」。華爲檢校太子左庶子、武陽縣男。開元中，寢堂火，子孫哭三日，詔百官赴弔。

徵五世孫謩。

謩字申之。擢進士第，同州刺史楊汝士辟爲長春宮巡官。文宗讀貞觀政要，思徵賢，詔訪其後，汝士薦爲右拾遺。謩姿宇魁秀，帝異之。

邕管經略使董昌齡誣殺參軍衡方厚，貶溆州司戶，俄徙峽州刺史。謩諫曰：「王者赦有罪，唯故無赦。比昌齡專殺不辜，事跡暴章，家人銜冤，萬里投訴，獄窮罪得，特被矜貸，中外以爲屈法。今又授刺史，復使治人，紊憲章，乖至治，不見其可。」有詔改洪州別駕。

御史中丞李孝本，宗室子，坐李訓事誅死，其二女沒入宮。謩上言：「陛下即位，不悅聲色，于今十年，未始采擇。數月以來，稍意聲伎，教坊閱選，百十未已，莊宅收市，亹亹有聞。今又取孝本女內之後宮，宗姓不育，寵幸爲累，傷治道之本，速塵穢之嫌。諺曰：『止寒莫若重裘，止謗莫若自修。』惟陛下崇千載之盛德，去一旦之玩好。」帝即出孝本女，詔曰：「乃祖在貞觀時，指事直言，無所避，每覽國史，朕與嘉之。謩爲拾遺，屢有獻納。夫備灑埽於內，非曰聲妓，恤宗女之幼，不爲漁取，然疑似之間，不可戶曉。謩辭深切，其惜我之失，不亦至乎？謩雖居位日淺，朕何愛一官，增直臣之氣，其以謩爲右補闕。」

先是，帝謂宰相曰：「太宗得徵，參裨闕失，朕今得謩，又能極諫，朕不敢仰希貞觀，庶幾處無過之地。」教坊有工善爲新聲者，詔授揚州司馬，議者頗言司馬品高，郎官、刺史迭處，不可以授賤工，帝意右之。宰相諭諫官勿復言，謩獨固諫不可，工降潤州司馬。荆南監軍呂令琛縱傔卒辱江陵令，觀察使韋長避不發，移內樞密使言狀。謩劾長任察廉，知監軍侵屈官司，不以上聞，私白近臣，亂法度，請明其罰。不報。

俄爲起居舍人，帝問：「卿家書詔頗有存者乎？」謩對：「惟故笏在。」詔令上送。鄭覃曰：「在人不在笏。」帝曰：「覃不識朕意，此笏乃今甘棠。」帝因敕謩曰：「事有不當，毋嫌論奏。」謩對：「臣頃爲諫臣，故得有所陳；今則記言動，不敢侵官。」帝曰：「兩省屬皆可議朝廷事，而毋辭也！」帝索起居注，謩奏：「古置左、右史，書得失，以存鑒戒。陛下所爲善，無畏不書；不善，天下之人亦有以記之。」帝曰：「不然。我既嘗觀之。」謩曰：「向者取觀，史氏爲失職。陛下一見，則後來所書必有諱屈，善惡不實，不可以爲史，且後代何信哉？」乃止。

中尉仇士良捕妖民賀蘭進興及黨與治軍中，反狀具，帝自臨問，詔命斬囚以徇。御史中丞高元裕建言：「獄當與衆共之。刑部、大理，法官也，決大獄不與知，律令謂何？請歸有司。」未報。謩上言：「事繫軍，即推軍中。如齊民，宜付府縣。今獄不在有司，法有輕重，何從而知？」帝停決，詔神策軍以官兵留仗內，餘付御史臺。臺憚士良，不敢異，卒皆誅死。擢諫議大夫，兼起居舍人、弘文館直學士，謩固讓不見可，乃拜。

始謩之進，李珏、楊嗣復實推引之。武宗立，謩坐二人黨，出爲汾州刺史。俄貶信州長史。宣宗嗣位，移郢、商二州刺史。召授給事中，遷御史中丞，發駙馬都尉杜中立姦贓，權戚縮氣。俄兼戶部侍郎事，謩奏：「中丞，紀綱所寄，不宜雜領錢穀，乞專治戶部。」詔可。頃之，進同中書門下平章事。建言：「今天下粗治，惟東宮未立，不早以正人傳導之，非所以存副貳之重。」且泣下，帝爲感動。自敬宗後，惡言儲嫡事，故公卿無敢開陳者。時帝春秋高，嫡嗣未辨，謩輔政，白發其端，朝議歸重。

會詹毗國獻象，謩以爲非土性，不可畜，請還其獻。詔可。河東節度使李業殺降虜，邊部震擾，業內恃憑藉，人無敢言者，謩奏徙滑州。遷中書侍郎。大理卿馬曙有犀鎧數十首，懼而瘞之。奴王慶以怨告曙藏甲有異謀，按之無它狀，投曙嶺外，慶免。議者謂奴訴主，法不聽。謩引律固爭，卒論慶死。累遷門下侍郎，兼戶部尚書。

大中十年，以平章事領劍南西川節度使。上疾求代，召拜吏部尚書，用久疾，檢校尚書右僕射、太子少保。卒，年六十六，贈司徒。

謩爲宰相，議事天子前，它相或委抑規諷，惟謩讜切無所回畏。宣宗嘗曰：「謩名臣孫，有祖風，朕心憚之。」然卒以剛正爲令狐綯所忌，譏罷之。

贊曰：君臣之際，顧不難哉！以徵之忠，而太宗之睿，身歿未幾，猜譖遽行。始，徵之諫，累數十餘萬言，至君子小人，未嘗不反復爲帝言之，以佞邪之亂忠也。久猶不免。故曰：「皓皓者易汙，嶢嶢者難全」，自古所歎云。唐柳芳稱「徵死，知不知莫不恨惜，以爲三代遺直」。諒哉！謩之論議挺挺，有祖風烈，詩所謂「是以似之」者歟！

校勘記

〔一〕昭仁宮　貞觀政要卷一〇及通鑑卷一九四作「顯仁宮」。

宋　歐陽修　宋祁　撰

新唐書

第一三册

卷九八至卷一一四（傳）

中華書局

中華書局

唐書卷九十八

列傳第二十三

王珪 燾 薛收 元超 元敬 稷 伯陽 馬周 載 韋挺 待價 武 萬石

王珪字叔玠。祖僧辯，梁太尉、尚書令。父顗，北齊樂陵郡太守。世居郿。性沈澹，志量隱正，恬於所遇，交不苟合。隋開皇十三年，召入祕書內省，讎定羣書，爲太常治禮郎。季父頗，通儒有鑒裁，尤所器許。頗坐漢王諒反，誅，珪亡命南山十餘年。

高祖入關，李綱薦署世子府諮議參軍事。建成爲皇太子，授中舍人，遷中允，禮遇良厚。太子與秦王有隙，帝責珪不能輔導，流巂州。太子已誅，太宗召爲諫議大夫。帝嘗曰：「正主御邪臣，不可以致治；正臣事邪主，亦不可以致治。唯君臣同德，則海內安。朕雖不明，幸諸公數相諫正，庶致天下於平。」珪進曰：「古者，天子有爭臣七人，諫不用，則相繼以死。今陛下開聖德，收采芻言，臣願竭狂瞽，佐萬分一。」帝可，乃詔諫官隨中書、門下及三

品官入閤。珪推誠納善，每存規益，帝益任之。封永寧縣男、黃門侍郎，遷侍中。

它日進見，有美人侍帝側，本廬江王瑗姬也。帝指之曰：「廬江不道，賊其夫而納其室，何有不亡乎？」珪避席曰：「陛下以廬江爲是邪？非邪？」帝曰：「殺人而取妻，乃問朕是非，何也？」對曰：「臣聞齊桓公之郭，問父老曰：『郭何故亡？』曰：『以其善善而惡惡也。』公曰：『若子之言，乃賢君也，何至於亡？』父老曰：『不然，郭君善善不能用，惡惡不能去，所以亡。』今陛下知廬江之亡，其姬尚在，竊謂陛下以爲是。審知其非，所謂知惡而不去也。」帝嗟美其言。

帝使太常少卿祖孝孫以樂律授宮中音家，伎不進，數被讓。珪與溫彥博同進曰：「孝孫，脩謹士，陛下使教女樂，又責譙之，天下其以士爲輕乎！」帝怒曰：「卿皆我腹心，乃附下罔上，爲人游說邪？」彥博懼，謝罪，珪不謝，曰：「臣本事前宮，罪當死，陛下矜其性命，引置樞密，責以忠効。今疑臣以私，是陛下負臣，臣不負陛下。」帝默然慙，遂罷。明日，語房玄齡曰：「昔武王不用夷、齊，宣王殺杜伯，自古帝王納諫固難矣。朕夙夜庶幾于前聖，昨責珪等，痛自悔，公等勿懲是不進諫也！」

時珪與玄齡、李靖、溫彥博、戴冑、魏徵同輔政。帝以珪善人物，且知言，因謂曰：「卿標鑒通晤，爲朕言玄齡等材，且自謂孰與諸子賢？」對曰：「孜孜奉國，知無不爲，臣不如

玄齡；兼資文武，出將入相，臣不如靖；敷奏詳明，出納惟允，臣不如彥博；濟繁治劇，衆務必舉，臣不如冑；以諫諍爲心，恥君不及堯、舜，臣不如徵。至潔濁揚清，疾惡好善，臣於數子有一日之長。」帝稱善。而玄齡等亦以爲盡己所長，謂之確論。

進封郡公。坐漏禁近語，左除同州刺史。帝念名臣，俄召拜禮部尚書兼魏王泰師。王見之，爲先拜，珪亦以師自居。王問珪何以爲忠孝，珪曰：「陛下，王之君，事思盡忠；陛下，王之父，事思盡孝。忠孝可以立身，可以成名。」王曰：「忠孝既聞命矣，願聞所習。」珪曰：「漢東平王蒼稱『爲善最樂』，願王志之。」帝聞，喜曰：「兒可以無過矣！」

子敬直，尚南平公主。是時，諸主下嫁，以帝女貴，未嘗行見舅姑禮。珪曰：「主上循法度，吾當受公主謁見，豈爲身榮，將以成國家之美。」於是，與夫人坐堂上，主執笲盥饋乃退。其後公主降，有舅姑者備禮，本於珪。

十三年，病，帝遣公主就第省視，復遣民部尚書唐儉增損藥膳。卒，年六十九。帝素服哭別次。詔魏王率百官臨哭，贈吏部尚書，謚曰懿。

珪少孤且貧，人或饋遺，初無讓。及貴，厚報之，雖已亡，必酬贍其家。性不苛察，臨官務舉綱維，去甚不可者，至僕妾亦不見喜慍。奉寡嫂，家事咨而後行。教撫孤姪，雖其子不過也。宗族匱乏，周卹之，薄於自奉。獨不作家廟，四時祭于寢，爲有司所劾，帝爲立廟媿

之，不罪也。世以珪儉不中禮，少之。

始，隱居時，與房玄齡、杜如晦善，母李嘗曰：「而必貴，然未知所與游者何如人，而試與偕來。」會玄齡等過其家，李闚大驚，敕具酒食，歡盡日，喜曰：「二客公輔才，汝貴不疑。」

敬直封南城縣男，後坐交皇太子承乾，徙嶺外。

珪孫燾、旭。

燾，性至孝，爲徐州司馬。母有疾，彌年不廢帶，視絮湯劑。數從高醫游，遂窮其術，因以所學作書，號外臺祕要，討繹精明，世寶焉。歷給事中、鄴郡太守，治聞於時。旭，見酷吏傳。

薛收字伯褒，蒲州汾陰人。隋內史侍郎道衡子也，出繼從父孺。年十二，能屬文。以父不得死於隋，不肯仕，郡舉秀才，不應。聞高祖興，遁入首陽山，將應義舉。通守堯君素覺之，迎置其母城中，收不得去。及君素東連王世充，遂挺身歸國。房玄齡亟言之秦王，王召見，問方略，所對合旨，授府主簿，判陝東大行臺金部郎中。是時方討世充，軍事繁綜，收

爲書檄露布，或馬上占辭，該敏如素構，初不竄定。

竇建德來援，諸將爭言斂軍以覸賊形勢，收獨曰：「不然。世充據東都，府庫盈衍，其兵皆江淮選卒，正苦乏食爾，是以求戰不得，爲我所持。今建德身總衆以來，必飛轂轉糧，更相資餉。兩賊連固，則伊、洛間勝負未可歲月定也。不若勒諸將嚴兵締壘，浚其溝防，戒毋出兵。大王親督精鋭據成皋，厲兵按甲，邀建德路。彼以疲老，當吾堂堂之鋒，一戰必舉。不旬日，二賊可縛致麾下矣。」王曰：「善。」遂禽建德，降世充。

王入觀隋宮室，且嘆煬帝無道，殫人力以事夸侈。收進曰：「峻宇彫牆，殷辛以亡；土階茅茨，唐堯以昌。始皇興阿房而秦禍速，文帝罷露臺而漢祚永。後主曾不是察，奢虐是矜，死一夫之手，爲後世笑，何此之能保哉？」王重其言。俄授天策府記室參軍。從平劉黑闥，封汾陰縣男。嘗上書諫王止畋獵，王答曰：「覽所陳，知成我者卿也。明珠兼乘，未若一言，今賜黃金四十挺。」

武德七年，寢疾，王遣使臨問，相望於道。命輿疾至府，親舉袂撫之，論敘生平，感激涕泗。卒，年三十三。王哭之慟，與其從兄子元敬書曰：「吾與伯褒共軍旅間，何嘗不驅馳經略，款曲襟抱，豈期一朝成千古也。且家素貧而子幼，善撫安之，以慰吾懷。」因遣使弔祭，贈帛三百段。其後圖學士像，歎其早死不得與。既即位，語房玄齡曰：「收若在，朕當以中

書令處之。」又嘗夢收如平生，賜其家粟、帛。貞觀七年，贈定州刺史。永徽中，又贈太常卿，陪葬昭陵。

子元超，九歲襲爵。及長，好學，善屬文。尚巢王女和靜縣主，累授太子舍人。高宗即位，遷給事中，數上書陳當世得失，帝嘉納。轉中書舍人、弘文館學士。省中有盤石，道衡爲侍郎時，常據以草制，元超每見輒泫然流涕。以母喪解，奪服授黃門侍郎、檢校太子左庶子。所薦豪俊士，若任希古、高智周、郭正一、王義方、孟利貞、鄭祖玄、鄧玄挺、崔融等，皆以才自名於時。

累拜東臺侍郎。李義府流嶲州，舊制，流人不得乘馬，元超爲請，坐貶簡州刺史。歲餘，又坐與上官儀文章款密，流嶲州。上元初，赦還，拜正諫大夫。三年，遷中書侍郎、同中書門下三品。

帝校獵温泉，諸蕃酋長得持弓矢從。元超奏：「夷狄野心，而使挾兵在圍中，非所宜。」帝納可。嘗宴諸王，召元超與，從容謂曰：「任卿中書，寧藉多人哉！」俄拜中書令兼左庶子。帝幸東都，留輔太子監國，手敕曰：「朕留卿，若失一臂。顧太子未習庶務，關中事，卿悉專之。」時太子射獵，詔得入禁籞，故太子稍怠政事。元超諫曰：「內苑之地，繚叢薄，冒豁薈，絕磴險塗。殿下截輕禽，逐狡兔，銜橛之變，詎無可虞？又戶奴多反逆餘族，或夷狄遺醜，使兇謀竊發，將何以禦哉？夫爲人子者，不登高，不臨深，謂其近危辱也。天皇所賜書戒丁寧，惟殿下罷馳射之勞，留情墳典，豈不美歟！」帝知之，遣使厚賜慰其意，召太子還東都。

帝疾劇，政出武后。因陽喑，乞骸骨。加金紫光祿大夫。卒，年六十二，贈光祿大夫、秦州都督，陪葬乾陵。

子曜，聖曆中，附會張易之，官正諫大夫。

元敬，隋選部郎邁之子，與收及收族兄德音齊名〔一〕，世稱「河東三鳳」。收爲長離，德音爲鸑鷟，元敬年最少，爲鵷鶵。武德中，爲祕書郎、天策府參軍，直記室、文學館學士。是時，收與房、杜處心腹之寄，更相結附。元敬謹畏，未嘗申款曲。如晦嘆曰：「小記室不可得而親，不可得而疏！」秦王爲皇太子，除舍人。於是軍國之務總於東宮，而元敬掌文翰，號稱職。卒于官。

稷字嗣通，道衡曾孫。擢進士第。累遷禮部郎中、中書舍人，與從祖兄曜更踐兩省，俱

以辭章自名。景龍末，爲諫議大夫、昭文館學士。初，貞觀、永徽間，虞世南、褚遂良以書顓家，後莫能繼。稷外祖魏徵家多藏虞、褚書，故鋭精臨倣，結體遒麗，遂以書名天下。畫又絕品。

睿宗在藩，喜之，以其子伯陽尚仙源公主。及踐阼，遷太常少卿，封晉國公，實封三百戶。會鍾紹京爲中書令，稷諷使讓，因入言於帝曰：「紹京本胥史，無素才望，今特以勳進，師長百僚，恐非朝廷具瞻之美。」帝然之，遂許紹京讓，改戶部尚書。翌日，遷稷黃門侍郎，參知機務。與崔日用數爭事帝前，罷爲左散騎常侍。歷太子少保、禮部尚書。帝以翊贊功，每召入宮中與決事，恩絕羣臣。竇懷貞誅，稷以知本謀，賜死萬年獄，年六十五。

伯陽爲駙馬都尉、安邑郡公，別食實封四百戶。稷死，坐貶晉州員外別駕，又流嶺表，自殺。

伯陽子談，尚玄宗恒山公主，拜駙馬都尉、光祿員外卿。

馬周字賓王，博州茌平人。少孤，家窶狹。嗜學，善詩、春秋。資曠邁，鄉人以無細謹，

薄之。武德中，補州助教，不治事。刺史達奚恕數咎讓，周乃去，客密州。趙仁本高其才厚以裝，使入關。留客汴，爲浚儀令崔賢所辱，遂感激而西，舍新豐，逆旅主人不之顧，周命酒一斗八升，悠然獨酌，衆異之。至長安，舍中郎將常何家。

貞觀五年，詔百官言得失。何，武人，不涉學，周爲條二十餘事，皆當世所切。太宗怪問何，何曰：「此非臣所能，家客馬周教臣言之。客，忠孝人也。」帝卽召之，間未至，遣使者四輩敦趣。及謁見，與語，帝大悅，詔直門下省。明年，拜監察御史，奉使稱職。帝以何得人，賜帛三百段。周上疏曰：

臣每讀前史，見賢者忠孝事，未嘗不廢卷長想，思履其迹。臣不幸早失父母，犬馬之養，已無所施；顧來事可爲者，惟忠義而已。是以徒步二千里，歸于陛下。陛下不以臣愚，擢臣不次。竊自惟念無以論報，輒竭區區，惟陛下所擇。

臣伏見大安宮在宮城右，牆宇門闕方紫極爲卑小。東宮，皇太子居之，而在內；大安，至尊居之，反在外。太上皇雖志清儉，愛惜人力，陛下不敢違，而蕃夷朝見，四方觀聽，有不足焉。臣願營雉堞門觀，務從高顯，以稱萬方之望，則大孝昭矣。

臣伏讀明詔，以二月幸九成宮。竊惟太上皇春秋高，陛下宜朝夕視膳。今所幸宮去京三百里而遠，非能旦發暮至也。萬有一太上皇思感，欲卽見陛下，何以逮之？今

茲本爲避暑行也，太上皇留熱處，而陛下走涼處，溫凊之道，臣所未安。然詔書既下，業不中止，願示還期，以開衆惑。

臣伏見詔宗室功臣悉就藩國，遂貽子孫，世守其政。竊惟陛下之意，誠愛之重之，欲其裔緒承守，與國無疆也。臣謂必如詔書者，陛下宜思所以安存之，富貴之，何必使世官也？且堯、舜之父，有朱、均之子。若令有不肖子襲封嗣職，兆庶被殃，國家蒙患。正欲絕之，則子文之治猶在也；正欲存之，則欒黶之惡已暴也。必曰與其毒害於見存之人，寧割恩於已亡之臣，則向所謂愛之重之者，適所以傷之也。臣謂宜賦以茅土，疇以戶邑，必有材行，隨器而授。雖幹翮非彊，亦可以免累。漢光武不任功臣以吏事，所以終全其世者，良得其術也。願陛下深思其事，使得奉大恩，而子孫終其福祿也。

臣聞聖人之化天下，莫不以孝爲本，故曰「孝莫大於嚴父，嚴父莫大於配天」，「國之大事，在祀與戎」，孔子亦言「吾不與祭如不祭」，是聖人之重祭祀也。自陛下踐祚，宗廟之享，未嘗親事。竊惟聖情，以乘輿一出，所費無藝，故忍孝思，以便百姓。而一代史官，不書皇帝入廟，將何以貽厥孫謀、示來葉邪？臣知大孝誠不在俎豆之間，然聖人訓人，必以己先之，示不忘本也。

臣聞致化之道，在求賢審官。孔子曰：「惟名與器，不可以假人。」是言愼舉之爲重也。臣伏見王長通、白明達本樂工輿皁雜類；韋槃提、斛斯正無他材，獨解調馬。雖術踰等夷，可厚賜金帛以富其家。今超授高爵，與外廷朝會，騶騻倡子，鳴玉曳履，臣竊恥之。若朝命不可追改，尚宜不使在列，與士大夫爲伍。

帝善其言，除侍御史。又言：

臣歷觀夏、商、周、漢之有天下，傳祚相繼，多者八百餘年，少者猶四五百年，皆積德累業，恩結於人，豈無僻王，賴先哲以免。自魏、晉逮周、隋，多者五六十年，少者三二十年而亡。良由創業之君不務仁化，當時僅能自守，後無遺德可思，故傳嗣之主，其政少衰，一夫大呼，天下土崩矣。今陛下雖以大功定天下，而積德日淺，固當隆禹、湯、文、武之道，使恩有餘地，爲子孫立萬世之基，豈特持當年而已。然自古明王聖主，雖因人設教，而大要節儉於身，恩加於人，故其下愛之如父母，仰之如日月，畏之如雷霆，卜祚遐長，而禍亂不作也。今百姓承喪亂之後，比於隋時纔十分一，而徭役相望，兄去弟還，往來遠者五六千里，春秋冬夏，略無休時。陛下雖詔減省，而有司不得廢作，徒行文書，役之如故。四五年來，百姓頗嗟怨，以爲陛下不存養之。堯之茅茨土階，禹之惡衣菲食，臣知不可復行於今。漢文帝惜百金之費而罷露臺，集上書囊以爲殿帷，所幸愼夫人衣不曳地；景帝亦以錦繡纂組妨害女功，特詔除之，所以百姓安樂。至

孝武帝雖窮奢極侈，承文、景遺德，故人心不搖。向使高祖之後卽值武帝，天下必不能全。此時代差近，事迹可見。今京師及益州諸處，營造供奉器物，幷諸王妃主服飾，皆過靡麗。臣聞昧旦丕顯，後世猶怠，作法於治，其弊猶亂。陛下少處人間，知百姓辛苦，前代成敗，目所親見，尚猶如此，而皇太子生長深宮，不更外事，卽萬歲後，聖慮之所當憂也。

臣竊尋自古黎庶怨叛，聚爲盜賊，其國無不卽滅，人主雖悔，未有重能安全者。凡脩政教，當脩之於可脩之時。若事變一起而後悔之，無益也。故人主每見前代之亡，則知其政教之所由喪，而不知其身之失。故紂笑桀之亡，而幽、厲笑紂之亡，隋煬帝又笑齊、魏之失國也。今之視煬帝，猶煬帝之視齊、魏也。

往貞觀初，率土霜儉，一匹絹纔易斗米，而天下帖然者，百姓知陛下憂憐之，故人人自安無謗讟也。五六年來，頻歲豐稔，一匹絹易粟十餘斛，而百姓咸怨，以爲陛下不憂憐之。何則？今營爲者，多不急之務故也。自古以來，國之興亡，不由積畜多少，在百姓苦樂也。且以近事驗之，隋貯洛口倉而李密因之，積布帛東都而王世充據之，西京府庫亦爲國家之用。向使洛口、東都無粟帛，王世充、李密未能必聚大衆。但貯積者，固有國之常，要當人有餘力而後收之，豈人勞而強斂之以資寇邪？

夫儉以息人，貞觀初，陛下已躬爲之，今行之不難也。爲之一日，則天下知之，式歌且舞矣。若人既勞，而用之不息，萬一中國水旱，而邊方有風塵之警，狂狡竊發，非徒旰食晏寢而已。古語云：「動人以行不以言，應天以實不以文。」以陛下之明，誠欲厲精爲政，不煩遠采上古，但及貞觀初，則天下幸甚。

昔賈誼謂漢文帝云「可痛哭及長歎息者」，言：當韓信王楚、彭越王梁、英布王淮南之時，使文帝卽天子位，必不能安。又言：賴諸王年少，傅相制之，長大之後，必生禍亂。後世皆以誼言爲是。臣竊觀今諸將功臣，陛下所與定天下，無威略振主如韓、彭者；而諸王年並幼少，縱其長大，陛下之日，必無他心，然則萬代之後，不可不慮。漢、晉以來，亂天下者，何嘗不在諸王。皆由樹置失宜，不豫爲節制，以至滅亡。人主豈不知其然，溺於私愛爾。故前車既覆，而後車不改轍也。今天下百姓尚少，而諸王已多，其寵遇過厚者，臣愚慮之，非特恃恩驕矜也。昔魏武帝寵陳思王，文帝卽位，防守禁閉同獄囚焉。何則？先帝加恩太多，故嗣王疑而畏之也。此武帝寵陳思王，適所以苦之也。且帝子身食大國，何患不富，而歲別優賜，曾無限極。里語曰：「貧不學儉，富不學奢。」言自然也。今大聖創業，豈唯處置見子弟而已，當制長久之法，使萬代奉行。

臣聞天下者以人爲本。必也使百姓安樂，在刺史、縣令爾。縣令既衆，不可皆賢，

但州得良刺史可矣。天下刺史得人，陛下端拱巖廊之上，夫復何爲？古者郡守、縣令皆選賢德，欲有所用，必先試以臨人，或由二千石高第入爲宰相。今獨重內官，縣令、刺史頗輕其選。又刺史多武夫勳人，或京官不稱職始出補外；折衝果毅身力彊者入爲中郎將，其次乃補邊州。而以德行才術擢者，十不能一。所以百姓未安，殆在于此。

疏奏，帝稱善。擢拜給事中，轉中書舍人。

周善敷奏，機辯明銳，動中事會，裁處周密，時譽歸之。帝每曰：「我蹔不見周卽思之。」岑文本謂所親曰：「馬君論事，會文切理，無一言可損益，聽之纚纚，令人忘倦。蘇、張、終、賈正應此耳。然鳶肩火色，騰上必速，恐不能久。」俄遷治書侍御史，兼知諫議大夫，檢校晉王府長史。王爲皇太子，拜中書侍郎，兼太子右庶子。十八年，遷中書令，猶兼庶子。時置太子司議郎，帝高其除。周歎曰：「恨吾資品妄高，不得歷此官。」帝征遼，留輔太子定州。及還，攝吏部尚書，進銀青光祿大夫。帝嘗以飛白書賜周曰：「鸞鳳沖霄，必假羽翼；股肱之寄，要在忠力。」

周病消渴連年，帝幸翠微宮，求勝地爲構第，每詔尚食具膳，上醫使者視護，躬爲調藥，太子問疾。疾甚，周取所上章奏悉焚之，曰：「管、晏暴君之過，取身後名，吾不爲也！」二十二年卒，年四十八，贈幽州都督，陪葬昭陵。

初，帝遇周厚，周頗自負。爲御史時，遣人以圖購宅，衆以其興書生，素無貲，皆竊笑。它日，白有佳宅，直二百萬，周遽以聞，詔有司給直，并賜奴婢什物，由是人乃悟。周每行郡縣，食必進雞，小吏訟之。帝曰：「我禁御史食肉，恐州縣廣費，食雞尚何與？」榜吏斥之。及領選，猶廢淩儀令。

先是，京師晨暮傳呼以警衆，後置鼓代之，俗曰「鼕鼕鼓」；品官舊服止黄紫，於是三品服紫，四品五品朱，六品七品綠，八品九品青；城門入由左，出由右；飛驛以達警急；納居人地租；宿衞大小番直；截驛馬尾；城門、衞舍、守捉士，月散配諸縣，各取一，以防其過；皆周建白。自周亡，帝思之甚，將假方士術求見其儀形。高宗卽位，追贈尚書右僕射、高唐縣公。垂拱中，配享高宗廟庭。

子載，咸亨中爲司列少常伯，與裴行儉分掌選事，言吏部者稱裴、馬焉。終雍州長史。

贊曰：周之遇太宗，顧不異哉！由一介草茅言天下事，若素宦于朝、明習憲章者，非王佐才，疇以及玆？其自視與築巖、釣渭亦何以異！迹夫帝銳于立事，而周所建皆切一時，以明佐聖，故君宰間不膠漆而固，恨相得晚，宜矣。然周才不逮傳說、呂望，使後世未有述焉，惜乎！

韋挺，京兆萬年人。父沖，仕隋爲民部尚書。挺少與隱太子善，高祖平京師，署隴西公府祭酒。累遷太子左衞驃騎，檢校左衞率。太子遇之厚，宮臣無與比。武德七年，帝避暑仁智宮。或言太子與宮臣謀逆，又慶州刺史楊文幹坐大逆誅，辭連東宮，帝專責宮臣，由是挺與杜淹、王珪等皆流越巂。未幾，召拜主爵郎中。貞觀初，王珪數薦之，遷尚書右丞。歷吏部、黄門侍郎，拜御史大夫、扶陽縣男。太宗謂挺曰：「卿之任大夫，獨朕意，左右無爲卿地者！」挺曰：「臣駑下，不足以辱高位，且非勳非舊，而在藩邸故僚上，願後臣以勸立功者。」不聽。

是時承隋大亂，風俗薄惡，人不知敎。挺上疏曰：「父母之恩，昊天罔極；創巨之痛，終身何已。今衣冠士族，辰日不哭，謂爲重喪；親賓來弔，輒不臨舉。又閭里細人，每有重喪，不卽發問，先造邑社，待營辦具，乃始發哀。至假車乘，雇棺槨，以榮送葬。既葬，鄰伍會集，相與酣醉，名曰出孝。夫婦之道，王化所基，故有三日不息燭、不舉樂之感。今昏嫁之初，雜奏絲竹，以窮宴歡。官司習俗，弗爲條禁。望一切懲革，申明禮憲。」俄復爲黄門侍

郎，兼魏王泰府事。時泰有寵，太子多過失，帝密欲廢立，語杜正倫，正倫以漏言貶。帝謂挺曰：「不忍復置卿于法。」改太常卿。

初，挺爲大夫時，馬周爲監察御史，挺不甚禮。及周爲中書令，帝欲湔拭用之，周言挺佷于自用，非宰相器，遂止。帝將討遼東，擇主餉運者。周言挺才任粗使，帝謂然。挺父故爲營州總管，嘗經略高麗，故札藏家，挺上之。帝悅曰：「自幽距遼二千里無州縣，吾軍靡所仰食，卿爲朕圖之。苟吾軍用不乏，是公之功。其自擇文武官四品十人爲子使，取幽、易、平三州銳士若馬各二百以從。」即詔河北列州皆取挺節度，許以便宜。帝親解貂裘及中廄馬賜之。挺遣燕州司馬王安德行渠，作漕艫轉糧，自桑乾水抵盧思臺，行八百里，渠塞不可通。挺以方苦寒，未可進，遂下米臺側，廥之，待凍泮乃運以爲解。即上言：「度王師至，食且足。」帝不悅曰：「兵寧拙速，無工遲。我明年師出，挺乃度它歲運，何哉？」即詔繁時令韋懷質馳按。懷質還劾：「挺在幽州，日置酒，弗憂職，不前視渠長利，即造船行粟，緜八百里，乃悟非是，欲進則不得，還且水涸。六師所須，恐不如陛下之素。」帝怒，遣將作少監李道裕代之。敕治書侍御史唐臨馳傳，械挺赴洛陽，廢爲民，使白衣從。

帝破蓋牟城，詔挺將兵鎭守，示復用。城與賊新城接，日夜轉鬭無休時。挺以失職，內不平，作書謝所善公孫常。常，善數者也，以他事繫，投繯死。索橐中得挺書，言所屯危蹙，

意怨望，貶象州刺史。歲餘卒，年五十八。

子待價、萬石。

待價，初爲左千牛備身，永徽中，江夏王道宗得罪，待價以婿貶盧龍府果毅。時將軍辛文陵招慰高麗，次吐護眞水，爲虜所襲，待價與中郎將薛仁貴率所部兵殺之〔二〕，文陵亦苦戰，遂免。待價重創，矢著左足，隱不言，卒以疾免。起爲蘭州刺史。吐蕃盜邊，高宗以沛王賢爲涼州大都督，而待價爲司馬。俄遷肅州刺史，以功召拜右武衞將軍。儀鳳三年，吐蕃復入寇，以待價檢校涼州都督，兼知鎭守兵馬事。召還，封扶陽侯。

武后臨朝，攝司空，護營乾陵，改天官尚書、同鳳閣鸞臺三品。待價起武力，典選無銓總才，故朝野共嗤薄之。俄爲燕然道行軍大總管，禦突厥。踰年還，拜文昌右相、同鳳閣鸞臺三品。不自安，累表辭職，不聽。且請盡力行陣，許之，於是拜安息道行軍大總管，督三十六總管以討吐蕃，進爵公。軍至寅識迦河，與吐蕃合戰，勝負略相當。會其副閻溫古逗留，又天大寒，待價不善撫御，師人多死，餉道乏，乃旋師頓高昌。后大怒，斬溫古，流待價繡州，卒。

曾孫武。

武，少孤。年十一，蔭補右千牛，累遷長安丞。德宗幸梁州，委妻子奔行在，除殿中侍御史。戶部侍郎元琇爲水陸轉運使，表武以倉部員外郎充判官。謀不用，杜門數月而琇敗。轉刑部員外郎。是時，帝以反正告郊廟，大兵後，典章苟完，執事者時時咨武。武酌宜約用，得禮之衷，羣司奉焉。

後爲絳州刺史，鑿汾水灌田萬三千餘頃，璽書勞勉。憲宗時，入爲京兆尹，護治豐陵，未成，卒，贈吏部尚書。

萬石，頗涉學，善音律。上元中，遷累太常少卿。當時郊廟燕會樂曲，皆萬石與太史令姚元辯增損之，號任職。始，萬石奏「太樂博士弟子遭喪者，先無它業，請以卒哭追集」。侍御史劉思立劾奏萬石曰：「移風易俗，莫善於樂；睦親化人，莫善於孝。所以三年之禮，天下通喪。今遣音聲人釋服爲樂，帶絰治音，豈以小人不能執禮，遂欲約爲非法？萬石官太常，首紊風化，請付吏論罪。」高宗方委任萬石，罷其奏。後知吏部選事，卒于官。

贊曰：王者用人非難，盡其才之爲難。觀太宗之責任也，謀斯從，言斯聽，才斯奮，洞然不疑，故人臣未始遺力，天子高拱操成功，致太平矣。始皆奮亡命布衣，嬪然列置上衮。薛收雖蚤夭，帝本以中書令待之。御臣之方，顧不善哉！挺晚節流落，蓋有致而然。

校勘記

〔一〕與收及收族兄德音齊名　各本「及」下原無「收」字。按北史卷三六及隋書卷五七薛道衡傳俱云收爲道衡子（本卷上文同），德音爲道衡從子，是德音與收爲從兄弟。舊書卷七三薛元敬傳正作「收族兄德音」，據補。

〔二〕待價與中郎將薛仁貴率所部兵殺之　「殺之」，舊書卷七七韋待價傳作「救之」。

唐書卷九十九

列傳第二十四

李綱 安仁 安靜　李大亮 道裕 迥秀　戴胄 至德　劉洎 樂彥瑋
崔仁師 湜 液 澄

李綱字文紀，觀州蓨人。少慷慨，尚風節。始名瑗，慕張綱爲人，改焉。仕周爲齊王憲參軍事。宣帝將殺憲，召僚屬誣左其罪，綱矢死無橈辭。及憲誅，露車載尸，故吏奔匿，綱撫棺號慟，爲瘞訖，乃去。

事隋爲太子洗馬。太子勇宴宮臣，左庶子唐令則奏琵琶，又歌武媚娘曲。綱曰：「令則官調護，乃自比倡優，進淫聲，惑視聽，誠使上聞之，豈不爲殿下累乎？臣請正其罪。」勇曰：「置之，我欲爲樂耳！」後勇廢，文帝切讓，官屬無敢對，綱獨曰：「陛下不素教，故太子至此。太子資中人，得賢者輔而善，得不肖導而惡，奈何歌舞鷹犬纖兒使日侍側？何特太子罪

邪？」帝曰：「以汝爲洗馬，何不擇人？」綱曰：「臣非東宮得言者。」帝曰：「朕過矣！」擢尚書右丞。時楊素、蘇威用事，綱据正不詭迎隨，素等參憾。會大將軍劉方討林邑，素言林邑多珍貲，非綱不可任，遂署行軍司馬。方揣素指，數危辱之，幾殆。軍還，不得調。稍除齊王府司馬。復詔出南海，應接林邑。久不召，乃身入奏。威劾綱擅去所部，以屬吏。會赦免，屏居鄠。大業末，賊帥何潘仁劫爲長史。

高祖平京師，綱上謁，授丞相府司錄參軍，封新昌縣公，領選舉。受禪，拜禮部尚書兼太子詹事。齊王元吉爲幷州總管，縱左右攘奪，民愁苦，宇文歆諫，不聽，騰狀顯言，王坐免。俄而復留，下危惴。劉武周入太原，元吉懼，棄軍奔京師，幷州陷。帝怒，謂綱曰：「王年少，不習事，故以歆及竇誕佐之。太原，興王地，兵十萬，粟支十年，奈何一旦棄去？歆建此計，我當斬于軍。」綱曰：「王過惡，誕養成之。歆事王淺，有闕必諍。今賴歆計，使陛下不失愛子，且有功，又可加罪乎？」翼日，帝悟，引綱升御榻，勞曰：「卿不言，我幾濫罰。」於是釋歆，然猶貸誕也。

帝以舞工安叱奴爲散騎常侍，綱諫曰：「周家均工樂胥不得預士伍，雖復妙如師襄，才如子野，皆繼世不易業。故魏武使禰衡擊鼓，衡先解朝衣，曰：『不敢以先王法服爲伶人衣。』齊高緯封曹妙達爲王，以安馬駒開府，有國家者，可爲鑒戒。今新造天下，開太平之基，功

臣賞未及偏，高才猶伏草茅，而先令舞胡鳴玉曳組，位五品，趨丹地，殆非創業垂統、貽子孫之道也。」帝不納。

綱在東宮，太子建成尤加禮，嘗游温湯，綱疾不從。有進魚者，太子使膾之，唐儉、趙元楷自言其能。太子曰：「操刀膾鯉和鼎味，公等善之。若弼諧審諭，固屬綱矣。」遣使賜絹二百匹。後太子褻狎亡賴，猜間朝廷，綱頻諫不見聽，遂乞骸骨。帝罵曰：「卿爲潘仁長史，而羞朕尚書邪？」綱頓首曰：「潘仁，賊也，志殘殺，然每諫輒止，爲其長史，故無愧。陛下功成，厚自伐，臣言如持水內石，敢久爲尚書乎？且臣事東宮，東宮又與臣忤，是以上印綬。」帝謝曰：「知公直士，幸卒輔吾兒。」乃拜太子少保，尚書、詹事如故。綱上書太子曰：「綱老矣，幸未就木，備位保傅，冀得効愚鄙。日殿下飲酒過量，非養生之道。凡爲人子，務孝謹，以慰上心，不宜聽受邪說，與朝廷生萁間。」太子覽書不懌，所爲益縱。綱悒悒不自賴，固請老，優詔解尚書。帝以綱隋名臣，手敕未嘗名。

貞觀四年，復爲少師。以足疾賜步輿，聽乘至閤，問以政事。詣東宮，太子承乾爲拜，每聽政，必詔綱與房玄齡、王珪侍坐。嘗言曰：「託六尺之孤，寄百里之命，古人爲難，綱以爲易！」故發言陳事，毅然不可奪。及疾，帝遣玄齡至家存問。明年卒，年八十五，贈開府儀同三司，謚曰貞，太子爲立碑。

初，齊王憲女孀居，綱厚卹之。及卒，女被髮號哭，如喪其親然。綱在隋，宦不進，筮之得鼎。筮人曰：「君當爲卿輔，然待易姓乃如志。仕不知退，折足爲敗。」故綱雖顯於唐，數稱疾辭位云。

孫安仁、安靜。

安仁，永徽中爲太子左庶子，太子忠廢還邸，寮屬奔散，獨安仁泣拜而去。終恆州刺史。

安靜，天授中爲右衞將軍。武氏革命，羣臣皆勸進，安靜獨無所請。及收繫獄，來俊臣問狀，安靜曰：「正以我唐舊臣，殺之可也。若詰其狀，吾誰欺？」俊臣誣殺之。會昌中，錄忠臣後，訪子孫已絕，乃贈安靜太子少師。

自綱五世同居，安仁、安靜復以義烈聞，世稱李氏不衰。

李大亮，京兆涇陽人。祖琰，爲魏度支尚書。大亮有文武才略，隋末，署龐玉行軍兵曹。李密寇東都，玉戰敗，大亮被禽。賊將張弼異之，就執百餘人皆死，獨釋大亮，引與語，

遂定交。

高祖入關，大亮自歸，授土門令。方歲飢，境多盜賊。大亮招亡散，撫貧瘠，賣所乘馬，稍稍資業之，勸墾田，歲大熟。間出擊盜，所至輒平。秦王行北境，下書獎勞，賜馬五乘，帛五十段。頃之，胡賊大至，大亮度不能拒，乃單馬詣營說豪帥，爲分別禍福，賊衆感服，遂相率降。大亮殺所乘馬與之食，至步而返。帝聞之悅，擢金州總管府司馬。王弘烈據襄陽，詔大亮安撫樊、鄧，因圖之，進擊，下十餘城。遷安州刺史。復使徇廣州，至九江，會輔公祏反，以計禽其將張善安。公祏方圍猷州，刺史左難當固守，大亮率兵擊走之。遷越州都督。

貞觀初，徙交州，封武陽縣男。召授太府卿，復出涼州都督。嘗有臺使見名鷹，諷大亮獻之。大亮密表曰：「陛下絕畋獵久矣，而使者求鷹。信陛下意邪，乃乖昔旨；如其擅求，是使非其才。」太宗報書曰：「有臣如此，朕何憂！古人以一言之重訂千金，今賜胡瓶一，雖亡千鎰，乃朕所自御。」又賜荀悅漢紀，曰：「悅論議深博，極爲政之體，公宜繹味之。」

時突厥亡，帝遂欲懷四夷，諸部降者，人賜袍一領、帛五匹，首領拜將軍、中郎將，列五品者贏百員。又置降胡河南。詔大亮爲西北道安撫大使，使以綏大度設、拓設、泥熟特勒及七姓種落之未附者，峙糧磧口賑其飢。大亮上言：「臣聞欲綏遠者必自近。中國，天下本

根，四夷猶枝葉也。殘本根，厚枝葉，而曰求安，未之有也。屬者突厥傾國入朝，陛下不卽俘江淮變其俗，而加賜物帛，悉官之，引處內地，豈久安計哉？今伊吾雖臣，遠在荒鹵。臣以爲諸稱藩請附者，宜羈縻受之，使居塞外，畏威懷德，永爲藩臣。謂之荒服者，故臣而不內，所謂行虛惠，收實禍。河西積困夷狄，州縣蕭條，加因隋亂，殘耗已甚。臣愚願停招慰，省勞役，使邊人得就農畮，此中國利也。」帝納其計。

八年，爲劍南道巡省大使。會討吐谷渾，爲河東道行軍總管，與李靖俱出北道，涉青海，觀河源，與虜遇蜀渾山，大戰，破之，俘其名王，獲雜畜數萬，進爵爲公。拜右衞大將軍。晉王爲皇太子，詔大亮兼右衞率，又兼工部尚書，身三職，宿衞兩宮。每番直，常假寐。帝勞曰：「公在，我得酣臥。」

十八年，幸洛陽，詔副房玄齡居守。玄齡稱「有王陵、周勃節，可倚大事」。俄寢疾，帝親和藥，驛賜之。臨終，表請罷遼東役；又言京師宗廟所在，願以關中爲意。就橐，歎曰：「吾聞男子不死婦人手！」命屛左右，言終卒，年五十九。將斂，家無珠玉爲含，惟貯米五斛、布三十端。帝哭爲慟。贈兵部尚書、秦州都督，謚曰懿，陪葬昭陵。

大亮性忠謹，外若不能言，而內剛烈，不可干非其義。對天子爭是非，無回撓。至妻子未始見惰容，事兄嫂以禮聞。位通顯，居陋狹甚。在越州寫書數百卷，及去，留都督署。初，

破公祏，以功賜奴婢百口，謂曰：「而曹皆衣冠子女，不幸破亡，吾何忍錄而爲隸乎？」縱遣之。高祖聞，咨美，更賜俚婢二十。後破吐谷渾，復賜奴婢百五十口，悉以遺親戚。葬宗族無後者三十餘柩，賞遂加焉。

嘗以張弼脫其死，及貴，念有以報之。時弼爲將作丞，匿不見，大亮求之不能得。一日，識諸涂，持弼泣，悉推家財與之，弼拒不受。乃言於帝曰：「臣及事陛下，張弼力也，願悉臣官爵授之。」帝爲遷弼中郎將、代州都督。世皆賢大亮能報，而多弼不自伐也。歿後，所育孤姓爲大亮行服如所親者十餘人。

兄子道裕，貞觀末爲將作匠。有告張亮反者，詔百官議。皆言亮當誅，獨道裕謂反形未具。帝怒不暇省，斬之。歲餘，刑部侍郎缺，宰相屢進名，不可。帝曰：「朕得之矣。是嘗議張亮者，朕時雖不從，今尙悔之。」遂命道裕。終大理卿。

大亮族孫迥秀。

迥秀字茂之。及進士第，又中英才傑出科。調相州參軍事。累轉考功員外郎。武后愛其材，遷鳳閣舍人。大足初，檢校夏官侍郎，仍領選，銓汰文武，號稱職，進同鳳閣鸞臺平章事。張易之兄弟貴驕，因橈意諂媚，士論頓減。俄坐贓貶廬州刺史。易之誅，貶衡州長

史。中宗卽位，召授將作少監。累遷鴻臚卿、脩文館學士。出朔方道行軍大總管，還拜兵部尙書。卒，年五十，贈侍中。

迥秀少聰悟，多通賓客。喜飲酒，雖多不亂，當時稱其風流。母少賤，妻嘗詈媵婢，母聞不樂，迥秀卽出其妻。或問之，答曰：「娶婦要欲事姑，苟違顏色，何可留？」武后嘗遣內人候其母，或迎置宮中。後所居堂產芝草，犬乳鄰猫，中宗以爲孝感，旌大門閭。

子齊損，開元中以謀逆誅。

戴冑字玄胤，相州安陽人。性堅正，幹局明彊，善簿最。隋末，爲門下錄事，納言蘇威、黃門侍郎裴矩厚禮之。爲越王侗給事郎。王世充謀篡，冑說曰：「君臣大分均父子，休戚同之。公當社稷之任，與存與亡，正在今日。願尊輔王室，擬伊、周以幸天下。」世充詭曰：「善。」俄脅九錫，冑又切諫，不納。出爲鄭州長史，使與王行本守武牢。秦王攻拔之，引爲府士曹參軍，封武昌縣男。

大理少卿缺，太宗曰：「大理，人命所繫，冑淸直，其人哉。」卽日命冑。長孫无忌被召，不解佩刀入東上閤。尙書右僕射封德彝論監門校尉不覺，罪死當；无忌贖。冑曰：「校尉

與无忌罪均，臣子於尊極不稱誤。法著：御湯劑、飲食、舟船，雖誤皆死。陛下錄无忌功，原之可也。若罰无忌，殺校尉，不可謂刑。」帝曰：「法爲天下公，朕安得阿親戚！」詔復議，德彝固執，帝將可。胄曰：「不然。校尉緣无忌以致罪，法當輕；若皆誤，不得獨死。」繇是與校尉皆免。

時選者盛集，有詭資蔭冒牒取調者，詔許自首；不首，罪當死。俄有詐得者，獄具，胄以法當流。帝曰：「朕詔不首者死，而今當流，是示天下不以信，卿賣獄邪？」胄曰：「陛下登殺之，非臣所及。既屬臣，敢虧法乎？」帝曰：「卿自守法，而使我失信，奈何？」胄曰：「法者，布大信於人；言乃一時喜怒所發。陛下以一朝忿將殺之，既知不可而寘於法，此忍小忿、存大信也。若阿忿違信，臣爲陛下惜之。」帝大感寤，從其言。胄犯顏據正數矣，參處法意，至析秋豪，隨類指擿，言若泉涌，帝益重之。遷尙書左丞。矜其貧，特詔賜錢十萬。

會僕射蕭瑀免，封德彝卒，帝謂胄曰：「尙書總國綱維，失一事，天下有受其弊者。今以令、僕委卿，宜副朕舉。」胄明敏，長于操決，無宿疑。議者美其振職，謂武德以來殆無其輩。復拜諫議大夫，與魏徵更日供奉。進民部尙書。杜如晦遺言，請以選舉委胄，由是檢校吏部尙書。然好抑文雅，奬法吏，時以寡學爲訾。

貞觀四年，以本官參豫朝政，進爵郡公。帝將脩復洛陽宮，胄上疏諫曰：「比關中、河外

置軍團，彊夫富室悉爲兵，九成之役又興，司農、將作見丁無幾。大亂之後，戶口單破，一人就役，舉室揖業。籍軍者督戎仗，課役者責糧齎，竭貲經紀，猶不能濟。七月以來，霖潦未止，瀕河南北，田正洿下，年之有亡未可知。壯者盡行，賦調不給，則帑藏虛矣。今宮殿足庇風雨、容羽衞，數年後成，猶不謂晚，何憚而遽自生勞擾邪？」帝寬奏，罷役。胄所敷內，緣政得失，咸有可觀。奏已，即削稾，祕外莫知。帝嘗謂左右曰：「胄於我非肺腑親，然事之機切無不聞，惟其忠槩所激耳。」

七年，卒，帝爲舉哀，贈尙書右僕射，追封道國公，謚曰忠；以第舍陋不容祭，詔有司爲立廟。聘其女爲道王妃。房玄齡、魏徵與胄善，每至生平故處，輒流涕。

胄無子，以兄子至德爲後。

至德，乾封中累遷西臺侍郎、同東西臺三品。閱十數年，父子繼爲宰相，世詑其榮。高宗嘗爲飛白書賜侍臣，賜至德曰「泛洪源，俟舟檝」，郝處俊曰「飛九霄，假六翮」，李敬玄曰「資啓沃，罄丹誠」，崔知悌曰「竭忠節，贊皇猷」，皆見意於辭云。

還尙書右僕射。時劉仁軌爲左，人有所訴，率優容之；至德乃詰究本末，理直者密爲奏，終不顯私恩。由是，當時多稱仁軌者，號仁軌爲「解事僕射」。嘗更日聽訟，有嫗詣省，至德已收牒，嫗乃復取，曰：「初以爲解事僕射，今乃非是。」至德笑還之。人伏其長者。或以問，至德答曰：「慶賞刑罰，人主之柄，爲臣豈得與人主爭也！」帝知，歎美之。儀鳳四年卒，詔百官哭其第。贈開府儀同三司、幷州大都督，謚曰恭。

劉洎字思道，荆州江陵人。初爲蕭銑黃門侍郎，南略地嶺表，下五十城，未還而銑敗，遂以城自歸，授南康州都督府長史。

貞觀七年，擢給事中，封清苑縣男，轉治書侍御史。於時，尙書省詔敕稽壅，按成復下，彌年不能決。洎言：「尙書，萬機本，貞觀初未有令、僕，職併務繁，左丞戴胄、右丞魏徵應事彈舉，無所回橈，百司震肅不敢懈。比者勳親在位，品非其任，功勢相傾，雖欲自彊，先懼囂謗。故郎中嘿奪，惟事咨稟；尙書依違，不得專裁。筦轄玩弛，綱紀不振。今宜精選左右丞、兩司郎中，使皆得人，非惟救曠滯之弊，固當嬌拂趨競也。」未幾，拜尙書右丞。洎健于職，於是尙書復治如徵時。累加銀青光祿大夫、散騎常侍，攝黃門侍郎。

太宗好持論，與公卿言古今事，必往復難詰，究臧否。洎諫曰：「帝王之與臣庶，聖哲之與庸愚，等級遼絕，勢不倫擬。故課愚對聖，持卑抗尊，雖思自彊，不可得已。陛下降慈旨，

假柔顏，虛心聽納，猶恐羣臣惴縮不敢進。況以神機天辯，飾辭援古，而迮其議哉！夫天以無言爲尊，聖以不言爲德，皆弗欲煩也。且多記損心，多語耗氣，心氣內損，形神外勞，初雖無覺，久且爲弊。且今之雍平，陛下力行所至耳。欲其長久，匪由辯博，但當忘愛憎，愼取捨，若貞觀初可矣！」手詔答曰：「非慮無以臨下，非言無以述慮。雖然，驕人輕物，恐由權論致之。若形神心氣，不爲勞也。」

皇太子初立，洎謂宜尊賢重道，上書曰：「太子宗祧是繫，善惡之習，興亡在焉。弗勤于始，將悔于末。故鼂錯上書，令通政術；賈誼奏計，務知禮教。今太子孝友仁愛，挺自天姿，然春秋鼎盛，學當有漸。以陛下多才多藝，尙垂精厲志，以博異聞，而太子優游，坐棄白日。陛下每退朝，引見羣臣，訪以今古，咨以得失；而太子處內，不接正人，不聞正論，臣所未諭。古者，問安而退，以廣敬也；異宮而處，以遠嫌也。閒者，太子一入侍，逾旬不出，師傅寮寀，具員而已，非所謂愛之也。臣愚以爲授以良書，娛以佳賓，使耳所未聞，睹所未見，儲德愈光，羣生之福也。」帝於是敕洎與岑文本、馬周遞日直東宮。帝嘗怒苑西監穆裕，有詔斬朝堂，皇太子驟諫。帝喜曰：「朕始得魏徵，朝夕進諫。徵亡，劉洎、岑文本、馬周、褚遂良繼之。兒在吾膝前，見朕悅諫熟矣，故有今日言也。誠習以性成哉！」稍遷侍中。帝忽謂羣臣曰：「朕今欲聞己過，卿等爲朕言之。」長孫无忌、李勣、楊師道同辭對曰：「陛下以盛德

致太平，臣等愚不見其過。」洎曰：「然頃上書有不稱旨，或面窮詰，無不羞汗，恐非所以進言者路。」帝曰：「卿言善，朕能改之。」

及征遼東，詔兼太子左庶子、檢校民部尚書，輔皇太子監國。帝曰：「以卿輔太子，社稷安危在焉，宜識朕意。」洎曰：「願無憂！即大臣有罪，臣謹按法誅之。」帝怪其語謬，戒曰：「君不密則失臣，臣不密則失身。卿性疏而果，恐以此敗。」洎與褚遂良不相中。帝還，不豫，洎與馬周入候，出，見遂良，泣曰：「上體患癰，殊可懼！」遂良即誣奏「洎曰：國家不足慮，正當輔少主行伊、霍事，大臣有異者，誅之。」帝愈，召洎問狀，洎引馬周爲左。遂良執不已，帝惑之，乃賜死。方死時，索筆牘，欲自言，有司不敢與。帝後知之，有司皆得罪。顯慶中，其子弘業詣闕訴遂良譖死狀，李義府右之。高宗問近臣，給事中樂彥瑋曰：「辨之，是暴先帝過刑。」事寢。文明初，詔復官爵。

彥瑋字德珪，長安人。麟德元年，以西臺侍郎同東西臺三品。數月，罷爲大司憲。卒，贈齊州都督。

贊曰：劉洎之才之烈，易所謂「王臣蹇蹇」者。然性剛疏，輔太子，欲身任安危，以言掩

其衆，爲娼忌所乘，卒陷罪誅。嗚呼！以太宗之明，蔽於所忿，洎之忠不能自申於上，況其下哉？古人以言爲戒，可不愼歟！

崔仁師，定州安喜人。武德初擢制舉，調管州錄事參軍。陳叔達薦仁師才任史官，遷右武衞錄事參軍，與脩梁、魏史。貞觀初，改殿中侍御史。時青州有男子謀逆，有司捕支黨，纍係塡獄，詔仁師按覆。始至，悉去囚械，爲具食，飲湯濯，以情訊之，坐止魁惡十餘人，它悉原縱。大理少卿孫伏伽謂曰：「原雪者衆，誰肯讓死？就決而事變，奈何？」仁師曰：「治獄主仁恕，故諺稱『殺人刖足，亦皆有禮』。豈有知枉不申，爲身謀哉？使吾以一介易十囚命，固吾願也！」及敕使覆訊，諸囚咸叩頭曰：「崔公仁恕，必無枉者。」舉無異辭。由是知名。

遷度支郎中。嘗口陳移用費數千名，太宗怪之，詔黃門侍郎杜正倫持簿，使仁師對唱，無一謬。帝奇之。時校書郎王玄度注尚書、毛詩，抵孔、鄭舊學，請遂廢。詔諸儒大議，博士以下不能詰。河間王孝恭請與孔、鄭並行，仁師以玄度不經，條不合大義者奏之。玄度報罷。

遷給事中。時有司以律「反逆者緣坐兄弟沒官」爲輕，詔八坐議。咸言漢、魏、晉謀反夷三族，請改從死。仁師曰：「父子天屬，足累其心，此而不卹，何愛兄弟？」房玄齡曰：「祖有蔭孫義，則孫祖親重，而兄弟屬輕。今應重者流而輕者死，非用刑意。」遂不改。

後密請魏王爲太子，失帝旨，左遷鴻臚少卿。稍進民部侍郎。及征遼東，副韋挺知海運，又別知河南漕事。仁師以漕路回遠，恐所輸不時至，以便宜發近海租賦餉軍。坐運卒亡命不以聞，除名。帝還至中山，起爲中書舍人、檢校刑部侍郎。幸翠微宮，上清暑賦以諷。帝稱善，賜帛五十段。二十二年，遷中書侍郎，參知機務，被遇尤渥。中書令褚遂良忌之，會有伏閤訴者，仁師不時上，帝大怒，流連州。永徽初，授簡州刺史，卒。

子挹，挹子湜。

湜字澄瀾。少以文詞稱。第進士，擢累左補闕，稍遷考功員外郎。時桓彥範等當國，畏武三思甚構，引湜使陰汋其姦。中宗稍疏功臣，三思日益寵，湜反以彥範等計告三思，驟遷中書舍人。彥範等被徙，又說三思速殺之以絕人望。三思問誰可使者，乃進其外兄周利貞。利貞往，彥範等皆死。擢利貞御史中丞。湜附託昭容上官氏，數與宣淫於外。景龍二年，遷兵部侍郎，而挹爲禮部侍郎。武德以來，父子同爲侍郎，惟挹、湜云。俄拜中書侍郎、

檢校吏部侍郎、同中書門下平章事，與鄭愔同典選。納賂遺，銓品無序，爲御史李尙隱劾奏，貶江州司馬。上官與安樂公主從中申護之，改襄州刺史。未幾，入爲尙書左丞。韋氏稱制，復以吏部侍郎同中書門下三品。睿宗立，出爲華州刺史。俄除太子詹事。

初，湜建言山南可引丹水通漕至商州，自商鑱山出石門，抵北藍田，可通輓道。中宗以湜充使，開大昌關，役徒數萬，死者十五。禁舊道不得行，而新道爲夏潦奔壓，數摧壓不通。至是論功，加銀青光祿大夫。景雲中，太平公主引爲同中書門下三品。進拜中書令。時挹以戶部尙書得謝，而性貪，數爲人請託以干湜。湜多不從，由是父子相失。

玄宗在東宮，數至其第中款密。湜陰附主，時人危之，爲寒毛。門下客獻海鷗賦以諷，湜稱善而不自悛。帝將誅蕭至忠等，召湜示腹心。弟滌諫曰：「上有所問，愼無隱。」湜不從。及見，對問失旨。至忠等誅，湜徙嶺外。時雍州長史李晉亦坐誅，歎曰：「此本湜謀，今我死而湜生，何也？」又宮人元稱嘗與湜謀進酖於帝。追及荊州賜死，年四十三。

初，在襄州，與譙王數相問遺。王敗，湜當死，賴劉幽求、張說護免。及爲宰相，陷幽求嶺表，密諷廣州都督周利貞殺之，不克。又與太平公主逐張說。其猜毒詭險殆天性，雖蠆虺不若也。

與弟液、滌、從兄涖並以文翰居要官。每宴私，自比東晉王、謝。嘗曰：「吾一門入仕，歷

官未嘗不爲第一。丈夫當先據要路以制人，豈能默默受制於人哉！」故進趣不已，至於敗。湜執政時，年三十八，嘗暮出端門，緩轡諷詩。張說見之，歎曰：「文與位固可致，其年不可及也。」

液字潤甫，尤工五言詩，湜歎，因字呼曰：「海子，我家龜龍也！」官至殿中侍御史。坐湜當流，亡命郢州，作幽征賦以見意，詞甚典麗。遇赦還，卒。

子論，有吏幹，乾元中爲州刺史，以治行稱。大曆末，遷同州刺史，爲黜陟使庾何所按，議者不直何，故復用爲衢州刺史。德宗以舊族耆年，擢大理卿，卒。

澄本名滌，玄宗改焉。帝在藩，與同里居。出潞州，賓友餞者止國門，而澄獨從至華。及即位，寵昵甚。湜既誅，帝仍念之，用爲祕書監。開元二年，欲贈其父挹吏部尚書，宰相持不可，遂用四品禮葬，贈和州刺史。澄侍左右，與諸王不讓席坐。性滑稽善辯，帝恐漏禁中語，以「愼密」字親署笏端。累遷金紫光祿大夫，封安喜縣子。卒，贈兗州刺史。

唐書卷一百

列傳第二十五

陳叔達　楊恭仁 思訓 師道 執柔　封倫　裴矩　宇文士及
鄭善果 元璹　權萬紀 懷恩　閻立德 立本　蔣儼　韋弘機 岳子
姜師度 強循　張知謇

陳叔達字子聰，陳宣帝子也。少封義陽王，歷丹楊尹、都官尚書。入隋，久不試。大業中，授內史舍人，出爲絳郡通守。高祖西師，以郡聽命，授丞相府主簿，封漢東郡公。與溫大雅同筦機祕，方禪代時，書册誥詔皆其筆也。武德初，授黃門侍郎，判納言，封江國公。

叔達明辯，善爲容，每占奏，搢紳屬目。江左士客長安，或汩振，多薦諸朝。嘗賜食，得蒲陶不擧，帝問之，對曰：「臣母病渴，求不能致，願歸奉之。」帝流涕曰：「卿有母遺乎？」因賜之，又賚物百段。貞觀初，與蕭瑀爭殿中，坐忿誶不恭，免官。未幾，居母喪，又有疾，太宗

憂之，遣使禁卻弔者。喪除，爲遂州都督，病不拜。頃之，擢禮部尚書。始，太子建成等閒太宗，帝惑之，叔達極意救辯，至是謂曰：「武德內難，卿有讜言，故以此報。」叔達謝曰：「豈獨爲陛下，乃社稷計耳。」後閨薄汙慢，爲有司露劾，帝以名臣爲護掩，授散秩歸第。卒，謚曰繆。久之，贈戶部尚書，更謚曰忠。

楊恭仁，隋觀王雄子也。仁壽中，累遷甘州刺史，臨事不苛細，徼人安之。文帝謂雄曰：「匪特朕得人，乃卿善教子矣。」大業初，轉吏部侍郎。楊玄感叛，詔率兵經略，與玄感戰破陵，敗之。遂與屈突通追獲賊。煬帝召見曰：「比聞與賊戰尤力，向但知卿奉法，而乃勇決如此，朕用自愧。」蘇威曰：「仁者必有勇，殆謂此邪。」時威及宇文述、裴蘊、裴矩參掌選事，皆受賕不法，恭仁素廉正，故惡之，出爲河南道大使，使捕寇賊。至譙郡，爲朱粲所敗，奔江都。宇文化及弒逆，署吏部尚書，爲化及守魏縣。元寶藏執送京師，高祖素知之，授黃門侍郎，封觀國公。尋爲涼州總管。

恭仁久乘邊，習種落情僞，悉心綏慰，由葱嶺以東，皆奉貢贄。就加納言。突厥頡利率衆數萬獵其境，恭仁應機設拒，張疑屯虛幟示之，頡利懼而走。瓜州刺史賀拔行威叛，朝廷

未卽討。恭仁募趫盜，倍道進，賊不虞其來，遂克二城。縱所俘還之，衆感悅，遂相與縛行威降。召拜吏部尙書，兼中書令，檢校涼州諸軍事。遷左衞大將軍。武德末，拜雍州牧、揚州大都督府長史。遷洛州都督。太宗勞謂曰：「洛陽要重，朕子弟不爲少，恐非所任，故以委公。」

恭仁性沖厚，以禮自閑衞，未嘗與物忤，時人方漢石慶。旣貴，不以勢倚人，故譽望益重。病，乞骸骨，詔以特進歸第。卒，贈潭州都督，陪葬昭陵，謚曰孝。

子思訓襲爵。顯慶中，歷右屯衞將軍。從高宗幸幷州。右衞大將軍慕容寶節夜邀思訓與謀亂，思訓不敢對。寶節懼，毒酒以進，思訓死。妻訴之，流寶節嶺表，至龍門，追斬之。乃詔以寘毒人者重其法。

思訓孫睿交，尙長寧公主，豫誅張易之，賜實封五百戶。神龍中爲祕書監，貶絳州別駕。

師道字景猷，恭仁弟。淸警有才思。客洛陽，爲王世充所拘，間歸高祖，授上儀同，爲備身左右。尙桂陽公主，除吏部侍郎。改太常卿，封安德郡公。貞觀十年，拜侍中，參豫朝政，親遇隆渥。性周謹，未嘗語禁省事。嘗曰：「吾讀孔光傳，想其餘風，或庶幾云。」太宗數訪羣臣才行，師道雖有所推進，而乏甄品。久之，遷中書令。太子承乾得罪，詔與長孫无忌

等雜治其獄。師道妻異姓子趙節與承乾通謀，乃徼諷帝，欲活之。帝怒，罷爲吏部尙書。師道起貴冑，四海人物，非所練悉，至銓署，專抑勢貴親黨以遠嫌，用人多違其才，不爲時所稱。帝亦曰：「師道資性純淑，自應無過，而實怯懦，罕更事，緩急不得其力。」從征高麗，攝中書令。軍還，頗不職，改工部尙書，復爲太常卿。

師道善草隸，工詩，每與有名士燕集，歌詠自適。帝見其詩，爲擿諷嗟賞。後賜宴，帝曰：「聞公每酣賞，捉筆賦詩，如宿構者，試爲朕爲之。」師道再拜，少選輒成，無所竄定，一坐嗟伏。卒，贈吏部尙書、幷州都督，謚曰懿，陪葬昭陵，詔爲立碑。

子豫之，尙巢王元吉女壽春縣主。居母喪，與永嘉公主亂，爲主壻竇奉節所殺。

執柔，恭仁從孫，歷地官尙書。武后母，卽恭仁叔父達之女。及臨朝，武承嗣、攸寧相繼用事。后曰：「要欲我家及外氏常一人爲宰相。」乃以執柔同中書門下三品。未幾，卒。

弟執一，亦以誅張易之功封河東郡公，累官右金吾衞大將軍。

始，雄在隋，以同姓貴；自武德後，恭仁兄弟名位益盛；又以武后外家尊寵，凡尙主者三人，女爲王妃五人，贈皇后一人，三品以上者二十餘人。

封倫字德彝，以字顯，觀州蓨人。祖隆之〔一〕，北齊太子太保。倫年方少，舅盧思道曰：「是兒識略過人，當自致卿相。」

隋開皇末，江南亂，內史令楊素討之，署倫行軍記室。泊海上，素召計事，倫墜水，免，易衣以見，訖不言。久乃素知，問故，謝曰：「私事也，所不敢白。」素異其爲，以從妹妻之。素營仁壽宮，表爲土工監，規構鴻侈。宮成，文帝怒曰：「素殫百姓力，爲吾搰怨天下。」素大懼。倫曰：「毋恐，皇后至，自當免。」明日，帝果勞素曰：「公知吾夫婦老，無以自娛樂，而盛飾此宮邪？」因大悅。素退問：「何料而知？」倫曰：「上節儉，故始見必怒。然雅聽后言。后，婦人，惟侈麗是好。后悅，則帝安矣。」素曰：「吾不及也。」素負才勢，多所淩藉，惟於倫降禮賞接，或與論天下事，袞袞不勌，每撫其牀曰：「封郎終當據此。」薦之帝，擢內史舍人。

虞世基得幸煬帝，然不悉吏事，處可失宜。倫陰爲裁晝，內以諂承主意，百官章奏若忤旨，則寢不聞；外以峻文繩天下，有功當賞，輒抑不行。由是世基之寵日隆，而隋政日壞矣。宇文化及亂，持帝出宮，使倫數帝罪，帝曰：「卿，士人，何至是！」倫羞縮去。化及署爲內史令，從至聊城，知化及敗，乃結士及，得出護餉道。化及死，遂與士及來降。高祖知其諂附

逆黨，方切讓，使就舍。倫以祕策干帝，帝悅，更拜內史舍人。遷侍郎兼內史令。

秦王討王世充，命倫參謀軍事。時兵久不決，帝欲班師，王遣倫西見帝曰：「賊地雖多，羈縻不相使，所用命者洛陽爾，計窮力屈，死在旦暮。今解而西，則賊勢磐結，後難以圖。」帝納之。賊平，帝謂侍臣曰：「始議東討，時多沮解者，唯秦王謂必克，倫贊其行，雖張華叶策晉武，亦何以加於是！」封平原縣公，判天策府司馬。初，竇建德援洛，王將趣虎牢，倫與蕭瑀諫不可，至是入賀。王笑曰：「不用公言，今日幸而捷，豈智者千慮或有失乎？」倫謝素不及。頃之，突厥寇太原，且遣使和親。帝問計，羣臣咸請許之可紓戰。倫曰：「不然。彼有輕中國心，謂我不能戰，若乘其怠擊之，勢必勝，勝而後和，威德兩全。今雖不戰，後必復來。臣以爲擊之便。」詔可。尋檢校吏部尙書，進封趙國公，徙密國。

太宗立，拜尙書右僕射，實封六百戶。始，倫之歸，蕭瑀數薦之。及是，瑀爲左僕射，每議事，倫初堅定，至帝前輒變易，由是有隙。貞觀元年，遘疾，臥尙書省，帝親臨視，命尙輦送還第。卒，年六十，贈司空，謚曰明。

倫資險佞內挾，數刺人主意，陰導而陽合之。外謹順，居處衣服陋素，而交宮府，賄賂狼藉。然善矯飾，居之自如，人莫能探其膺肺。隱、刺之亂，數進忠策，太宗以爲誠，橫賜累萬。又密言於高祖曰：「秦王恃功，頡頏太子下，若不早立，則亟圖之。」倩白太子曰：「爲四

海不顧其親，乞糞者謂何？」及高祖議廢立，倫固諫止。當時語祕無知者，卒後，事寖聞。十七年，治書侍御史唐臨追劾姦狀，帝下其議百官。民部尚書唐儉等議〔三〕：「倫寵極生前，而罪暴身後，所歷官不可盡奪，請還贈改謚，以懲憸壬。」有詔奪司空，削食封，改謚爲繆。

子言道，尚淮南長公主，官至宋州刺史。

裴矩字弘大，絳州聞喜人。父訥之，爲齊太子舍人。矩在乳而孤，及長好學，有文藻智數。再補高平王文學。齊亡，不得調。隋高祖爲定州總管，召補記室，以母憂去職。高祖已受禪，遷給事郎，奏舍人事。帝伐陳，爲元帥記室。江左平，詔矩巡撫嶺南，未行，而高智慧等亂，道不通，帝難其遣，矩請速進，許之。次南康，得兵數千人。是時，俚帥王仲宣逼廣州，遣別將圍東衡州，矩與將軍鹿愿赴之。賊立九壁，屯大庾嶺，矩進擊，破之。賊懼，釋東衡州之圍，據愿長嶺，又擊破之，斬其帥。自南海趣廣州，仲宣懼，潰去。綏集二十餘州，承制署渠帥爲刺史、縣令。還報，帝大悅，詔升殿勞苦之。拜開府，爵聞喜縣公，賜賚異等。遷累內史侍郎。時突厥彊盛，都藍與突利構難，屢犯塞，詔太平公史萬歲爲行軍總管，出定襄道，以矩爲長史。破達頭可汗而萬歲誅，矩功不見錄。還爲尚書左丞，遷吏部侍郎，名稱職。

煬帝時，西域諸國悉至張掖交市，帝令矩護視。矩知帝勤遠略，乃訪諸商胡國俗、山川險易，撰西域圖記三篇，合四十四國，凡裂三道：北道起伊吾，徑蒲類、鐵勒、突厥可汗廷，亂北流河至拂菻；中道起高昌、焉耆、龜茲、疏勒，踰葱嶺，鏺汗、蘇對沙那、康、曹、何、大小安、穆諸國，至波斯；南道起鄯善、于闐、朱俱波、喝槃陀，亦度葱嶺，涉護密、吐火羅、挹怛、忛延、漕國，至北婆羅門。皆竟西海。諸國亦自有空道交通。既還，奏之。帝引內矩，問西方事，矩盛言：「胡多瓌怪名寶，俗土著，易并吞。」帝由是甘心四夷，委矩經略。再遷黃門侍郎，參豫朝政。

大業三年，帝有事恆山，西方來助祭者十餘國。矩遣人說高昌、伊吾等，啗以厚利，使入朝。帝西巡燕支山，高昌等二十七國謁道左，皆使佩金玉，服錦罽，奏樂歌舞，令士女盛飾縱觀，亙數十里，示中國彊富。後遂破吐谷渾，拓地數千里，遣兵出戍，歲委輸巨億萬計。帝謂矩有綏懷略，擢銀青光祿大夫。帝在東都，矩以蠻夷朝貢踵至，諷帝悉召天下奇倡怪伎，大陳端門前，曳錦縠，珥金琲者十餘萬，詔百官都人列繒樓幔閣夾道，被服光麗。廛邸皆供帳，池酒林胾。譯長縱蠻夷與民貿易，在所令邀飲食，相娛樂。蠻夷嗟咨，謂中國爲「仙晨帝所」。天子以爲誠，謂宇文述、牛弘曰：「矩所建白，皆朕之志，要未發，矩輒先聞，非悉心奉國，疇能是邪？」又助城伊吾，脅處羅入朝。帝益喜，賜貂裘、西胡珍器。從帝巡塞北，幸啓民帳。時高麗遣使先在突厥，啓民引見帝。矩因奏言：「高麗本孤竹國，周以封箕子，漢分三郡，今乃不臣，先帝疾之，欲討久矣。方陛下時，安得不事？今其使朝突厥，及見啓民，舉國臣服，脅令入朝，可致也。請面詔其使，令歸語王，有如旅拒，方率突厥誅之。」帝納焉。高麗不聽命，征遼自此始。王師再臨遼，皆從，以勞加右光祿大夫。時綱紀汩振，宇文述、虞世基用事，官以賄遷，唯矩挺節無穢聲，世頗稱之。

矩以始畢可汗衆漸盛，建請以宗女嫁叱吉設，建爲南面可汗，分其勢。叱吉不敢受。始畢聞之，稍怨望。矩又言：「突厥淳陋，易離間，但內多羣胡教導之。臣聞史蜀胡悉尤有謀，幸於始畢，請殺之。」帝曰：「善。」矩因詭計召胡悉受賜〔四〕，斬馬邑下，報始畢曰：「史蜀胡悉背可汗，我所共惡，今既誅之。」始畢知狀，由是不朝。後帝北巡，始畢率騎十萬圍帝鴈門，詔矩與虞世基宿朝堂待顧問。圍解，從幸江都宮。時盜賊蜂結，郡縣上奏不可計，矩言于帝。帝怒，遣詣京師，以疾解。俄而高祖入關，帝令虞世基問方略，矩曰：「唯願陛下亟西，天下定矣。」

矩性勤謹，未嘗忤物，見天下方亂，其待遇士尤厚，雖廝役皆得其歡。是時，衞兵數逃去，帝憂之，以問矩。矩曰：「今乘輿淹狩已二年，諸驍果皆無家，人無匹合，則不久安，臣請皆聽納室。」帝笑曰：「公定多智。」因詔矩盡召江都女子、孀家，恣將士所欲，即配之，人情翕

然相悅，曰：「裴公惠也！」宇文化及亂，衆劫矩。賊皆曰：「裴黃門無豫也。」既而衆以秦王子浩爲帝，詔矩爲侍內，隨而北。化及僭位，署矩尚書右僕射，爲河北道安撫大使。又爲竇建德所獲，建德以矩隋舊臣，遇之厚。建德起羣盜，非有君臣制度，矩爲略制朝儀，不閱月，憲章擬王者，建德尊禮之。

建德敗，來朝，擢殿中侍御史，爵安邑縣公。累遷太子詹事、檢校侍中。時突厥數盜邊，高祖遣使約西突厥連和，突厥因請婚。帝曰：「彼勢與我絕，緩急不爲用，奈何？」矩曰：「然北虜方熾，歲苦邊，若權順許，以示外援，須我完實更議之。」帝然其計。隱太子敗，餘黨保宮城不解。秦王遣矩諭之，乃聽命。遷民部尚書。

太宗即位，疾貪吏，欲痛懲乂之，乃間遣人遺諸曹，一史受饋縑，帝怒，詔殺之。矩曰：「吏受賕，死固宜。然陛下以計紿之，因即行法，所謂罔人以罪，非道之以德之誼。」帝悅，爲羣臣言之，曰：「矩遂能廷爭，不面從，物物若此，天下有不治哉？」年八十，精明不忘，多識故事，見重于時。貞觀元年卒，贈絳州刺史，謚曰敬。

宇文士及字仁人，京兆長安人。父述，爲隋右衞大將軍。開皇末，以述勳封新城縣公。

文帝引入臥內，與語，奇之。詔尙煬帝女南陽公主，爲尙輦奉御，從幸江都。以父喪免，起爲鴻臚少卿。其兄化及謀弑逆，以主壻忌之，弗告。已弑帝，乃封蜀王。

初，士及爲奉御，而高祖任殿中少監，雅自款結。及從化及至黎陽，帝手書召之。士及亦遣家童間道走長安，通諄勤，且獻金鐶。帝悅曰：「我嘗與士及共事，今以此獻，是將來矣。」化及兵日蹙，士及勸歸命，不從，乃與封倫詭求督鑲。俄而化及敗，於是濟北豪傑謀起齊兵擊竇建德以收河北，觀形勢，士及不納，與倫等自歸。帝讓之曰：「汝兄弟率思歸之人爲入關計，爾時得我父子，尙肯相假乎？今欲何地自處？」士及謝曰：「臣罪當死，但臣往在涿郡，嘗與陛下夜論世事，頃又奉所獻，冀以此贖罪。」帝笑謂裴寂曰：「彼與我論天下事，逮今六七年，公等皆在其後。」時士及女弟爲昭儀，有寵，由是見親禮，授上儀同。從秦王平宋金剛，錄功，復隋舊封，以宗室女妻之，遷王府驃騎將軍。從討王世充等，進爵郢國公。武德八年，權檢校侍中，兼太子詹事。

王卽位，拜中書令，眞食益州七百戶，以本官檢校涼州都督。時突厥數入寇，士及欲立威以鎭燿邊鄙，每出入，盛陳兵衞，又痛折節下士。或告其反，訊無狀，召爲殿中監，以疾改蒲州刺史。政尙寬簡，人皆宜之。擢右衞大將軍。太宗延入閤語，或至夜分出，遇休沐，往往馳召。士及益自謹，其妻嘗問向遽召何所事，士及卒不對。帝嘗玩禁中樹曰：「此嘉木

也！」士及從旁美歎。帝正色曰：「魏徵常勸我遠佞人，不識佞人爲誰，乃今信然。」謝曰：「南衙羣臣面折廷爭，陛下不得舉手。今臣幸在左右，不少有將順，雖貴爲天子，亦何聊？」帝意解。又嘗割肉，以餅拭手，帝屢目，陽若不省，徐啗之。其機悟率類此。後以雅舊，別封一子新城縣公。久之，復爲殿中監。卒，贈左衞大將軍、涼州都督，陪葬昭陵。士及撫幼弟、孤兄子，以友睦稱。好周卹親戚故人，然過自奉養，服玩食飲必極豐侈。有司謚曰恭，黃門侍郎劉洎曰：「士及居家侈肆，不可謂『恭』。」乃改曰縱。

贊曰：封倫、裴矩，其姦足以亡隋，其知反以佐唐，何哉？惟姦人多才能，與時而成敗也。妖禽蘗狐，當晝則伏自如，得夜乃爲之祥。若倫僞行匿情，死乃暴聞，免兩觀之誅，幸矣。太宗知士及之佞，爲游言自解，亦不能斥。彼中材之主，求不惑於佞，難哉！

鄭善果，鄭州榮澤人。祖在魏爲顯家。父誠，周大將軍、開封縣公，討尉遲迥，戰死。善果方九歲，以死事子襲爵，家人爲其幼，弗告也；及受詔，號慟不自勝。隋開皇初，進封武德郡公。年十四，爲沂州刺史。累轉魯郡太守。

善果母崔，賢明曉政治，嘗坐閤內聽善果處決，或當理則悅，有不可，則引至牀下，責媿之。故善果所至有績，號清吏。嘗與武威太守樊子蓋考爲天下第一，煬帝賜物千段、黃金百兩。再遷大理卿。突厥圍帝鴈門，以守禦功拜右光祿大夫。從幸江都。宇文化及弑逆，署民部尙書，從至聊城〔四〕。淮安王神通攻之，善果督戰，中流矢。神通解。俄爲竇建德所獲，王琮讓之曰：「公，隋大臣，自尊夫人亡，名稱衰。今以忠臣子爲逆賊徇命至傷夷，謂何？」善果慙，欲自殺，或止之，得不死。建德不之禮，乃歸神通。送京師，擢太子左庶子，更封滎陽郡公。數爲太子陳得失。未幾，檢校大理卿，兼民部尙書。奉法持正，風績顯公卿間。詔與裴寂等十人每奏事若侍得升殿，而從父兄元璹亦與，時以爲榮。坐事免。會山東平，持節爲招撫大使。以選舉失實除名。後歷刑部尙書。貞觀初，出爲岐州刺史，以累去。復拜江州刺史，卒。

元璹字德芳，隋沛國公譯之子。性察慧，愛尙文藝。以父功拜儀同，襲爵。累遷右衞將軍，更封莘國公。大業末，出爲文城郡守。

高祖兵興，遣將張綸西略地，攻拔其城，係致軍門，釋之，授太常卿。與襄武王琛使

突厥，還爲參旗將軍。元璹習軍旅事，帝令教諸屯軍法。劉武周將宋金剛與突厥處羅可汗掎角寇汾、晉，詔元璹諭罷可汗兵，不聽，乃進爲武周援。會暴疾，其下意元璹置毒，囚之。處羅死，頡利立，留帳中數年。帝既許可汗婚，元璹始得還。帝勞曰：「卿不辱於虜，可輩蘇武、張騫矣。」拜鴻臚卿，母喪免。

會突厥提精騎數十萬，身自將攻太原，詔卽苫次起元璹持節往勞。既至，虜以不信咎中國，元璹隨語折讓，無所屈，徐乃數其背約，突厥愧服。因好謂頡利曰：「突厥得唐地無所用，唐得突厥不可臣而使，兩不爲用而相攻伐，何哉？今掠財資，劫人口，皆入所部，可汗一不得，豈若仆旗接好，則金玉重幣一歸可汗。且唐有天下，約可汗爲兄弟，使馹銜箠於道，今坐受其利不肯，乃蔑德貽怨，自取勞苦，若何？」頡利當其言，引還。太宗賜書曰：「知公口伐，可汗如約，遂使邊火息燧，朕何惜金石賜於公哉！」貞觀三年，復使突厥，還言：「夷狄以馬羊準盛衰，今突厥六畜不蕃，人色若菜，牙內飯粟化爲血，不三年必亡。」無幾，突厥果敗。後轉左武候大將軍，坐事免。起爲宜州刺史，以老致仕。卒，贈幽州刺史，謚曰簡。

元璹幹敏，所至常有譽。五聘絕域，危不脫，終不自爲解。然譯事後母不謹，隋文帝嘗賜孝經愧勗之；至元璹亦不以孝聞，士醜其行。

從孫杲，知名武后世，終天官侍郎。

權萬紀，其先出天水，後徙京兆，爲萬年人。父琢玠，隋匡州刺史，以慤愿聞。萬紀倖直廉約，自潮州刺史擢治書侍御史。尙書右僕射房玄齡、侍中王珪掌內外官考，萬紀劾其不平，太宗按狀，珪不伏。魏徵奏言：「房玄齡等皆大臣，所考有私，萬紀在考堂無訂正，今而彈發，非誠心爲國者。」帝乃置之，然以爲不阿貴近，繇是獎禮。萬紀又建言：「宇文智及受隋恩，賊殺其君，萬世共棄，今其子乃任千牛，請斥屏以懲不軌。」帝從之。萬紀與侍御史李仁發既以言得進，頗掉礊自肆，衆情懍懍。徵奏：「萬紀等闇大體，詆訐彈射皆不實，陛下收其一切，遂敢附下罔上，釣彊直名，迷奪聖明，以小謀大，羣下離心。如玄齡等且不得申，況疏賤之臣哉？」帝寤，徙萬紀散騎常侍，而免仁發。數年，復召萬紀爲持書御史，即奏言：「宣、饒部中可鑿山冶銀，歲取數百萬。」帝讓曰：「天子所乏，嘉謀善政有益於下者。公不推賢進善，乃以利規我，欲方我漢桓、靈邪？」斥使還第。

久之，由御史中丞進尙書左丞，出爲西韓州刺史。徙吳王長史。王畏其直，善遇之。齊王祐不奉法，帝素奇萬紀能左右吳王者，乃徙爲祐長史。祐暱比羣小，萬紀驟諫不入，即條過失以聞。帝遣劉德威按問，因召祐入朝。祐恐，與所嬖燕弘亮謀殺之，而萬紀先引道。

祐遣弘亮馳轂騎追擊，斬首，殊支體，投圂中。又殺典軍韋文振。文振本以校尉從帝征伐，以質謹自將，帝使事祐，典廄馬，切諫不納，輒見萬紀道之，故祐內嘗忿疾。萬紀死，文振懼，馳去，追騎獲之。祐平，贈萬紀齊州都督、武都郡公，食二千戶，謚曰敢〔三〕；文振左武衛將軍、襄陽縣公，食千戶。

萬紀子玄初，高宗時兵部侍郎。

懷恩，萬紀族孫。祖弘壽，爲隋臨汾司倉書佐，高祖平京師，擢太僕卿、盧國公，卒，謚曰恭。故懷恩以蔭累遷尙乘奉御，襲爵。毆人安畢羅爲高宗所寵，見帝，戲慢不恭，懷恩奏事，適見之，退杖四十。帝嗟賞曰：「良吏也！」擢萬年令。賞罰明，見惡輒取。時語曰：「寧飲三斗塵，無逢權懷恩。」其姿狀沈毅，每盛服，妻子不敢仰視。更慶、萊、衞、邢、宋五州刺史，洛州長史。所居威名赫然，吏重足立。嘗過汴州，時刺史楊德幹亦以嚴稱，與懷恩名相埒。汴橋新成，立木中途，止過車者。懷恩適過之，示德幹曰：「民不可止邪，焉用此？」德幹慙服。遷益州大都督府長史，卒。

從子楚璧，爲左領軍衞兵曹參軍。玄宗在東都，楚璧乃與李迥秀子齊損、陳倉尉盧玢、左屯營長上折衝周履濟等謀反，以兄子梁山詐爲襄王子，號光帝，擁營兵百餘夜入宮城，欲劫留守王志愔，不克。遲明，兵斬楚璧等，傳首東都，籍其家。

閻讓字立德，以字行，京兆萬年人。父毗，爲隋殿內少監，本以工藝進，故立德與弟立本皆機巧有思。武德初，爲秦王府士曹參軍，從平東都。遷尙衣奉御，制袞冕六服、腰輿、傘扇，咸有典法。貞觀初，歷將作少匠、大安縣男。護治獻陵，拜大匠。文德皇后崩，攝司空，營昭陵，坐弛職免。起爲博州刺史。太宗幸洛陽，詔立德按爽塏建離宮清暑，乃度地汝州西山，控汝水，睨廣成澤，號襄城宮，役凡百餘萬。宮成，煩燠不可居，帝廢之，以賜百姓，坐免官。

未幾，復爲大匠，即洪州造浮海大航五百艘，遂從征遼，攝殿中監，規築土山，破安市城。師還，至遼澤，亙二百里，淖不可通，立德築道爲橋梁，無留行。帝悅，賜予良厚。又營翠微、玉華二宮，擢工部尙書。帝崩，復攝司空，典陵事，以勞進爵大安縣公。永徽五年，高宗幸萬年宮，留守京師，領徒四萬治京城。卒，贈吏部尙書、幷州都督，陪葬昭陵，謚曰康。

立本，顯慶中以將作大匠代立德爲工部尙書。總章元年，自司平太常伯拜右相、

博陵縣男。初，太宗與侍臣泛舟春苑池，見異鳥容與波上，悅之，詔坐者賦詩，而召立本侔狀。閤外傳呼畫師閻立本，是時已爲主爵郎中，俯伏池左，研吮丹粉，望坐者羞悵流汗。歸戒其子曰：「吾少讀書，文辭不減儕輩，今獨以畫見名，與厮役等，若曹愼毋習！」然性所好，雖被訾屈，亦不能罷也。既輔政，但以應務俗材，無宰相器。時姜恪以戰功擢左相，故時人有「左相宣威沙漠，右相馳譽丹青」之嘲。咸亨元年，官復舊名，改中書令。卒，謚曰文貞。

立德孫知微，曾孫用之。

知微，聖曆初爲豹韜衞將軍。武后時，突厥默啜請和親，后遣知微攝春官尙書，持金帛護送武延秀聘其女。默啜怒非天子子，囚延秀，挾知微入寇趙、定，尊之如可汗，以示華人，自河以北蕭然。朝廷以知微賣國，夷其族。知微不知，逃還。武后業已然，乃曰：「惡臣疾子，賜百官甘心焉。」於是骨斷臠分，非要職者不能得。子則先，以武三思壻免死。玄宗在藩時，以善劀蒙寵。開元中，有司奏擬供奉，姚元崇以爲則先刑戮家，又逆人姻屬，不可留京師。詔曰：「朕在外日，嘗驅使，宜令供奉。」

用之，初爲彭州參軍，嘗攝錄事，一日糾愆謬不法數十事，太守以爲材。後舉通事舍人，累遷右衞郎將，知引駕仗。金吾將軍李賀升殿不解刀，呵卻之，請按以法，左右震悚。始，

中華書局

有司以三衛執扇登殿，用之奏三衛皆趫悍，不宜升陛邇御坐，請以宦者代，遂爲故事。天寶中，女爲義王玼妃。終左金吾將軍。

蔣儼，常州義興人。擢明經第，爲右屯衛兵曹參軍。太宗將伐高麗，募爲使者，人皆憚行，儼奮曰：「以天子雄武，四夷畏威，蕞爾國敢圖王人？有如不幸，固吾死所也。」遂請行。爲莫離支所囚，以兵脅之，不屈，內窟室中。高麗平，乃得歸。帝奇其節，授朝散大夫。爲幽州司馬，劉祥道以巡察使到部，表最狀，擢會州刺史。再遷殿中少監，數陳時政病利，高宗輒優納。進蒲州刺史，戶羨充夥，訴犴積年不平，前刺史踵以罪去，儼至，發隱禁姦，號良二千石。永隆二年，以老致仕。未幾，復召爲太僕卿，以父諱辭官，徙太子右衛副率。

中宗在東宮，儼數爭過失，不見用。自以總何護，不應諫。於是田游巖興處士爲洗馬，太子所尊禮，儼詒書責之曰：「太子年鼎盛，聖道有所未盡，足下受調護之寄，居責言之地，唯唯悠悠，不出一談。向使不湌王粟，僕何敢議？今祿及親矣，尙何酬塞？」游巖愧不能答。儼尋徙右衛大將軍，封義興縣子，以太子詹事致仕。卒，年七十八。中宗立，以舊恩贈禮部尙書。

韋弘機，京兆萬年人。祖元禮，隋浙州刺史〔六〕。弘機仕貞觀時爲左千牛冑曹參軍，使西突厥，册拜同俄設爲可汗。會石國叛，道梗，三年不得歸。裂裾錄所過諸國風俗、物產，爲西征記。比還，太宗問外國事，卽上其書。帝大悅，擢朝散大夫。累遷殿中監。顯慶中，爲檀州刺史，以邊人陋僻，不知文儒貴，乃脩學官，畫孔子、七十二子、漢晉名儒象，自爲贊，敦勸生徒，繇是大化。契苾何力討高麗，次灤水，會暴漲，師留三日。弘機輸給資糧，軍無飢，高宗善之，擢司農少卿，主東都營田苑。宦者犯法，杖乃奏，帝嗟賞，賜絹五十匹，曰：「後有犯，治之，毋奏。」遷司農卿。

太子弘薨，詔蒲州刺史李沖寂治陵，成而玄堂阸，不容終具，將更爲之。役者過期不遣，衆怨，夜燒營去。帝詔弘機嗣作，弘機令開稆左右爲四便房，撙制禮物，裁工程，不多改作，如期而辦。帝嘗言：「兩都，我東西宅，然因隋宮室日仆不完，朕將更作，柰財用何？」弘機卽言：「臣任司農十年，省惜常費，積三十萬緡，以治宮室，可不勞而成。」帝大悅，詔兼將作、少府二官，督營繕。初作宿羽、高山等宮，徙洛中橋於長夏門，廢利涉橋，人便之。天子乃登洛北絕岸，延眺良久，歎其美，詔卽其地營宮，所謂上陽者。尙書左僕射劉仁軌謂侍御史狄仁傑曰：「古天子陂池臺榭皆深宮複禁，不欲百姓見之，恐傷其心。而今列岸謻廊亙王城外，豈愛君哉？」弘機猥曰：「天下有道，百官奉職，任輔弼者，則思獻替事。我乃府藏臣，守官而已。」仁傑非之。俄坐家人犯盜，劾免官。

初，東都方士朱欽遂爲武后所寵，姦贓狠藉。弘機白：「欽遂假中宮驛策，依倚形勢，虧紊皇明，爲禍亂之漸。」帝遣中使慰諭，敕毋漏言，逐欽遂于邊，后恨之。永淳中，帝幸東都，至芳桂宮，召弘機使白衣檢校園苑，將復任之，爲后掎而止。終檢校司農少卿事。

孫岳子、景駿。景駿別傳。

岳子，武后時爲汝州司馬，以辦治稱。召授尙舍奉御，入見，后賞其能，曰：「卿家事，朕悉知之。」因問舊故，至家人皆不忘。出爲太原令，以不習武固辭，忤旨，下遷宋州長史。歷廬、海等州刺史，皆著風迹，恩嚴兩施。睿宗立，召爲殿中少監，恩遇尤異。竇懷貞等誅，而岳子舊與經過，爲姜晈所劾，貶渠州別駕。起授陝州刺史，卒。孫皐，別有傳。

姜師度，魏州魏人。擢明經，調丹陵尉、龍崗令，有清白稱。神龍初，試爲易州刺史、河北道巡察，兼支度營田使。好興作，始廝溝於蓟門，以限奚、契丹，循魏武帝故迹，並海鑿平虜渠，以通餉路，罷海運，省功多。遷司農卿。出爲陝州刺史。太原倉水陸運所湊，轉屬諸河，師度使依高爲廥，而注米于舟，以故人不勞。拜太子詹事。

玄宗徙營州治柳城，拜營田支度脩築使。進爲河中尹。安邑鹽池涸廢，師度大發卒，洫引其流，置鹽屯，公私收利不貲。徙同州刺史。又派洛灌朝邑、河西二縣，闕河以灌通靈陂，收棄地二千頃爲上田，置十餘屯。帝幸長春宮，嘉其功，下詔褒美，加金紫光祿大夫，賜帛三百匹。進將作大匠。左拾遺劉彤建榷天下鹽鐵利內之官，免貧民賦，詔戶部侍郎強循與師度並假御史中丞，會諸道按察使議所以榷之之法，俄爲議者沮，閣不行。卒，年七十餘。

師度喜渠漕，所至繇役紛紜，不能皆便，然所就必爲後世利。是時太史令傅孝忠以知星顯，時爲語曰：「孝忠知仰天，師度知相地。」嘲所嗜也。

強循字季先，鳳州人。仕累雍州司士參軍。華原無泉，人畜多暍死。循教人渠水以溉田，一方利之，號強公渠。詔書褒予甚厚。歷大理少卿、太子右庶子。爲政辦給，不爲威嚴，遇人盡信不疑，然當時恨其少文云。

張知謇字匪躬，幽州方城人，徙家岐。兄弟五人，知玄、知晦、知泰、知默皆明經高第，曉吏治，清介有守，公卿爭爲引重。調露時，知謇監察御史裏行，知默左臺侍御史。知謇歷十一州刺史，所莅有威嚴，武后降璽書存問。萬歲通天中，自德州刺史入計，后奇其貌，詔工圖之，稱其兄弟容而才，謂之兩絕。又門皆列戟，白雀巢其廷，后數寵賜。知泰歷益州長史、中臺左丞、兵部侍郎，封陳留縣公。

中宗在房州，禁察苛嚴。知謇與董玄質、崔敬嗣繼爲刺史，供餽保戴不少弛。帝復位，拜知謇左衞將軍，加雲麾將軍，封范陽郡公；知泰御史臺大夫，加銀青光祿大夫，封漁陽郡公。伯仲華首同貴，時以爲榮。知泰忤武三思，故出爲幷州刺史、天兵軍使。終魏州刺史，謚曰定。知謇歷東都副留守、左右羽林大將軍、同華州刺史，大理卿致仕。年八十，開元時卒。

知謇敏且亮，惡請謁求進，士或不才冒位，視之若仇。每敕子孫「經不明不得舉」，家法可稱云。

武后革命，知泰奏置東都諸關十七所，譏斂出入。百姓驚駭，樵米踊貴，卒罷不用，議者羞薄之。

知默與監察御史王守慎、來俊臣、周興掌詔獄，數陷大臣。守慎雖其甥，惡鞫引之暴，不得去，請度爲浮屠，后許之。而知默卒陷酷吏，子孫禁錮，爲張氏羞。

知玄子景昇，知泰子景佚，開元中皆顯官。

校勘記

〔一〕祖隆之　各本原脫「之」字，據舊書卷六三封倫傳、北史卷二四及北齊書卷二一封隆之傳補。

〔二〕民部尙書唐儉等議　「唐儉」，各本原作「唐倫」。舊書卷六三封倫傳、唐會要卷八〇及通鑑卷一九七均作「唐儉」，據改。

〔三〕胡悉　各本原無「悉」字。按史蜀胡悉不當簡稱「胡」。隋書卷六七裴矩傳作「胡悉」，據補。

〔四〕聊城　各本原作「遼城」，本書及舊書卷一高祖紀、本書卷七八及舊書卷六〇淮安王神通傳均作「聊城」。按聊城屬河北博州，李神通攻宇文化及正其地。據改。

〔五〕謚曰敢　「敢」，舊書卷一八五上權懷恩傳及唐會要卷八〇均作「敬」。

〔六〕隋淅州刺史　「淅州」，各本原作「浙州」。按隋無浙州。隋書卷三〇地理志有淅陽郡，注云「西魏置淅州」。寰宇記卷一四二鄧州內鄉縣下云：後魏孝文於此置淅陽郡，隋置淅州。「浙州」當是「淅州」之訛，據改。

唐書卷一百一

列傳第二十六

蕭瑀　鈞　嗣業　嵩　華　復　俛　倣　廩　遘　定

蕭瑀字時文，後梁明帝子也。九歲，封新安王。國除，以女兄爲隋晉王妃，故入長安。瑀愛經術，善屬文。性鯁急，鄙遠浮華。嘗以劉孝標辯命論詭悖不經，乃著論非之，以爲：「人稟天地而生而謂之命，至吉凶禍福則繫諸人。今一於命，非先王所以教人者。」通儒柳顧言、諸葛穎歎曰：「是足鍼孝標膏肓矣！」

晉王爲太子，授右千牛。卽帝位，妃爲后，而瑀寖親寵，頻遷尙衣奉御、檢校左翊衞鷹揚郎將。感末疾，不呼醫，曰：「天若假吾餘年，因得爲遁階矣！」后聞，責謂曰：「爾亡國後不安小官，而高爲怪語，罪不測。」瑀復治疾，良已。拜內史侍郎，數言事忤旨，稍見忌。

帝至鴈門，爲突厥所圍，瑀謀曰：「夷俗，可賀敦與兵馬事，況義成公主以帝女爲之。若

走一介使鐫喻，宜不戰而解。又衆商陛下已平突厥，方復事遼東，故怠不肯戰。願下詔赦高麗，專討突厥，則人自奮矣。」帝從之。既而主詭辭謂突厥，果解圍去。然帝素意伐遼，又銜瑀以謀撅其機，謂羣臣曰：「突厥何能爲，瑀乘未解時乃紿恐我！」遂出瑀爲河池郡守。部有鈔賊萬人，吏不制，瑀募勇敢士擊降之，悉捐貲畜賜有功。又擊走薛舉衆數萬。

高祖入京師，招之，挈郡自歸，授光祿大夫，封宋國公，拜民部尙書。秦王領右元帥，攻洛陽，署瑀府司馬。武德元年，遷內史令，帝委以樞筦，內外百務悉關決。或引升御榻，呼曰蕭郎。瑀自力孜孜，抑過繩違無所憚。上便宜，每見納用。手詔曰：「得公言，社稷所賴；朕既寶之，故賜黃金一函，公其勿辭。」

是歲，州置七職，秦王爲雍州牧，以瑀爲州都督。詔嘗下中書，未卽行，帝讓其稽，瑀曰：「隋季內史詔敕多違舛，百司不知所承。今朝廷初基，所以安危者繫號令。比承一詔，必覆審，使先後不謬，始得下，此所以稽留也。」帝曰：「若爾，朕何憂乎？」初，瑀關內田宅悉賜勳家，至是，還給之。瑀盡以分宗族，獨留廟室奉祠。王世充平，進尙書右僕射。七年，以熒惑犯右執法，避位，不許。久之，遷左僕射。

貞觀初，房玄齡、杜如晦新得君，事任稍分，瑀不能無少望，乘罅切詆，辭旨疏躁。太宗怒，廢于家。俄拜特進、太子少師，復爲左僕射，實封六百戶。帝問瑀：「朕欲長保社稷　奈

何？」瑀曰：「三代有天下所以能長久者，類封建諸侯以爲藩屏。秦置守令，二世而絕。漢分王子弟，享國四百年。魏、晉廢之，亡不旋跬。此封建之有明效也。」帝納之，始議封建。坐與陳叔達忿爭御前不恭，免。歲餘，起爲晉州都督。入拜太常卿，遷御史大夫，參預朝政。瑀論議明辯，然不能容人短，意或褊駁不通，而向法深，房玄齡、魏徵、溫彥博頗裁正之，其言多黜，瑀亦不平。會玄齡等小過失，瑀即痛劾，不報，由是自失，罷爲太子少傅，加特進，復爲太常卿。拜河南道巡省大使。九年，復參預政事。

帝嘗曰：「武德季，太上皇有廢立議，顧朕挾不賞之功，於昆弟弗見容，瑀於爾時不可以利怵死懼，社稷臣也。」因賜詩曰：「疾風知勁草，版蕩識誠臣。」又曰：「公守道耿介，古無以過，然善惡太明，或有時而失。」瑀頓首謝曰：「既蒙教，又許以忠亮，雖死日，猶生年也。」魏徵曰：「臣有逆衆持法，主恕之以公；孤特守節，主恕之以介。昔聞其言，乃今見之。使瑀不遇陛下，庸能自保邪？」晉王爲皇太子，拜太子太保、同中書門下三品。帝曰：「三師，以德導太子者也，禮不尊，則無所取法。」乃詔：「師入謁，太子出門迎拜，師答拜；每門，讓乃入；師坐，然後坐；書前後著名，稱惶恐。」

瑀素貴，但中狹。每燕見，輒言：「玄齡輩朋黨盜權，若膠固然，特未反耳。」帝曰：「知臣莫若君。朕雖不明，寧頓憒憒否？」因爲瑀曉解。瑀好

浮屠法，間請捨家爲桑門，帝許之矣，復奏自度不能爲，又足疾不入謁，帝曰：「瑀豈不得其所邪？」乃詔奪爵，下除商州刺史。未幾，復其封，加特進。卒，年七十四。遺命斂以單衣，無卜日。詔贈司空、荊州都督，陪葬昭陵。太常謚曰肅，帝以其性忌，改謚貞褊。

子銳，尚襄城公主，爲太常少卿。

鈞，瑀從子，有才譽。永徽中，累遷諫議大夫、弘文館學士。左武候屬盧文操跳堞盜庫財，高宗以其職主幹，當自盜罪死。鈞曰：「囚罪誠死，然恐天下聞，謂陛下重貨輕法，任喜怒殺人。」帝曰：「眞諫議也。」詔原死。太常工爲宮人通訊遺，詔殺之，且附律。鈞言：「禁當有漸，雖附律，工不應死。」帝曰：「如姬竊符，朕以爲戒，今不濫工死，然喜得忠言。」即宥工，徙遠裔。終太子率更令。

子瓘，爲渝州長史，居母喪，以毀卒。

鈞兄子嗣業，少從煬帝后入突厥，貞觀九年歸，以其知虜曲折，詔領突厥衆。擢累鴻臚卿，兼單于都護府長史。調露中，突厥叛，嗣業與戰，敗績。高宗責曰：「我不殺薛仁貴、郭待封，故使爾至此。然爾門與我家有雅舊，故貸死。」乃流桂州。

嵩，瓘子，貌偉秀，美須髯。始，娶會稽賀晦女，僚婿陸象先，宰相子，時爲洛陽尉，已有名，士爭往交，而嵩汩汩未仕，人不之異。夏榮者善相，謂象先曰：「君後十年，貴冠人臣，然不若蕭郎位高年艾，舉門蕃熾。」時人不許。

神龍元年，始調洛州參軍事。桓彥範爲刺史，待以異禮。河北黜陟使姜師度表爲判官。開元初，擢中書舍人。時崔琳、王丘、齊澣皆有名，以嵩少術學，不以輩行許也，獨姚崇稱其遠到。歷宋州刺史，遷尚書左丞。

十四年，以兵部尚書領朔方節度使。既赴軍，有詔供帳餞定鼎門外，玄宗賦詩勞行。會吐蕃大將悉諾邏恭祿及燭龍莽布支陷瓜州，執刺史田元獻；回紇又殺涼州守將王君㚟，河、隴大震。帝擇堪任邊者，徙嵩河西節度使，判涼州事，封蘭陵縣子。嵩表裴寬、郭虛己、牛仙客置幕府，以建康軍使張守珪爲瓜州刺史，完樹陴堄，懷保邊人。於時悉諾邏恭祿威懾諸部，吐蕃倚其健嚙邊，嵩乃縱反間，示疑端，贊普果誅之。使悉末明攻瓜州，守珪拒甚力，虜引卻。會鄯州都督張志亮破賊青海西，嵩又遣副將杜賓客率彊弩四千與吐蕃戰祁連城下，自晨鬭訖晡，乃大潰，斬一將，虜哭震山谷。露布至，帝大悅，授嵩同中書門下三品，又官一子，恩顧第一。

十七年，進兼中書令。自張說罷宰相，令缺四年，嵩得之，然常遙領河西節度。在公愼密，人莫見其際。子衡，尚新昌公主。嵩妻入謁，帝呼爲親家，儀物貴甚。俄封徐國公。

初，裴光庭與嵩數不協，光庭卒，帝委嵩擇相，嵩推韓休。及休同位，峭正不相假，至校曲直帝前。嵩慚，乞骸骨。帝慰之曰：「朕未厭卿，何庸去乎？」嵩伏曰：「臣待罪宰相，爵位既極，幸陛下未厭，得以乞身。有如厭臣，首領且不保，又安得自遂？」因流涕。帝爲改容曰：「卿言切矣，朕未能決。弟歸，夕當有詔。」俄遣高力士詔嵩曰：「朕將爾留，而君臣誼當有始有卒者。」乃授尚書右丞相，與休皆罷。是日，荊州進黃甘，帝以紫帕包賜之。擢子華給事中。

久之，進太子太師。而幽州節度使張守珪坐賂中人牛仙童得罪，李林甫素忌嵩，因言嵩嘗以城南墅遺仙童，貶青州刺史。尋復拜太子太師。固請老，見許。嵩退，脩葺園區，優游自怡。家饒財，而華爲工部侍郎，衡以尚主位三品，就養，年踰八十，士豔其榮。天寶八載卒，贈開府儀同三司。

華，謹重方雅，有家法，嗣爵。天寶末，爲兵部侍郎。祿山亂，陷賊，逼守魏州。郭子儀攻安慶緒於相州，華間道奏表，欲舉魏以應，爲賊所執。會崔光遠得魏州，破械出之。魏人

德華庇免，爭來詣光遠乞留，有詔即授刺史。思明反，子儀擢復失華，乃表崔光遠代之，而召置軍中。相州兵潰，華還朝，猶以汙賊降試祕書少監。稍遷尙書右丞，擢河中晉、絳節度使。上元初，以中書侍郎同中書門下平章事。李輔國用事，求宰相，華拒之，輔國怨。會肅宗大漸，矯詔罷華爲禮部尙書，引元載以代。方代宗諒闇，載助輔國，貶華爲峽州司馬，卒。二子：恆、悟。

復字履初，衡子。生戚里，姻從豪汰，以服御輿馬相夸，復常衣垢弊，居一室，學自力，非名士夙儒不與游，以清操顯。華每歎曰：「此子當興吾宗！」推主蔭爲宮門郎。廣德中，歲大饑，家百口，不自振，議鬻昭應墅。宰相王縉欲得之，使弟紘說曰：「以君才宜在左右，胡不以墅奉丞相取右職？」復曰：「鬻先人墅以濟孀單，吾何用美官，使門內餒且寒乎？」縉憾之，由是廢。數歲，乃歷歙、池二州刺史，治狀應條。遷湖南觀察使。改同州刺史，歲歉，州有京畿觀察使儲粟，復輒發以貸人，有司劾治，詔削階，停刺史。或弔之，復曰：「苟利於人，胡責之辭！」久乃拜兵部侍郎。

普王爲襄漢元帥，進復戶部尙書、統軍長史。舊制謂「行軍長史」，德宗以復父諱更之。未行，扈狩奉天。帝惡庳隘，欲西如鳳翔依張鎰。復曰：「鳳翔乃泚舊兵，今泚悖亂，當

有同惡者。雖鎰，臣畏不免。」帝曰：「朕業行，留一日以驗爾言！」俄而鎰爲李楚琳所害，於是拜吏部尙書、同中書門下平章事。

復嘗言：「艱難以來，始用宦者監軍，權望太重，是曹正可委宮掖事，兵要政機，叵使參領。」帝不聽。又言：「陛下厥初清明，自楊炎、盧杞放命穢盛德，播越及茲。今阽于危，當懲乂前敗。」因述君臣大端，卽自言：「若使臣依阿偷免，不敢當宰相。」杞對上或諂諛阿匼，復厲言：「杞詞不正！」帝色眙，謂左右曰：「復慢我。」因詔復充山南、江淮、湖南、嶺南等道宣撫、安慰使。

興元初，進門下侍郎。初，淮南陳少游左附李希烈，而張鎰判官韋皋殺郛、隴叛卒，不應楚琳。復還執政，建言：「陛下反正，功臣已貴矣，唯甄善汰惡爲未明。少游位將相，首臣賊，皋名淺官下，獨挺挺抗忠。如以皋代少游，則天下瞭然知逆順之理。」帝許之。復出，中官馬欽緒揖宰相劉從一，附耳語，既而從一密諭復曰：「有詔與公議向所奏，不欲李勉、盧翰聞知。」復曰：「堯、舜有『僉曰』之言，朝廷大事尙當謀及公卿。如勉等非其人，當罷去。既曰宰相，而謀議可獨避之乎？今與公行此或可，弟恐寖以生常，政由是敝。」從一以聞，帝不悅。復辭疾上政事，許之。

弟升，尙郜國大長公主，肅宗女也。升早卒，主以姦蠱事再得罪廢，諸子悉逐醜地，女

爲皇太子妃，太子請離婚，帝銜纍忮，故復坐是檢校太子左庶子，廢居饒州。貞元四年卒，年五十七。

復望閥高華，厲名節，不通狎流俗。及爲相，臨事嚴方，數咈帝意，故居位亟解。然性孝友，既貶晏然，口未嘗言所累。

復子湛。湛子寘，咸通中位宰相，無顯功，史逸其傳。

俛字思謙，恆子。貞元中，及進士第，又以賢良方正對策異等，拜右拾遺。元和六年，召爲翰林學士，凡三年，進知制誥。會張仲方以李吉甫數調發疲天下，訾其謚，憲宗怒，逐仲方，而俛坐與善，奪學士，下除太僕少卿。皇甫鎛薦爲御史中丞。鎛與令狐楚皆善俛，兩人同輔政，數稱其善，故帝待俛厚。穆宗立，逐鎛，議所以代者，楚薦之，授中書侍郎、同中書門下平章事，進門下侍郎。襲徐國公。

吐蕃寇涇州，調兵護邊，帝因問：「兵法有必勝乎？」俛曰：「兵凶器，聖人不得已用之，故武不可玩，玩則無震。夫以仁討不仁，以義討不義，先招懷，後掩襲，故有不殺厲，不禽二毛，不犯田稼，其救人如免水火，此必勝術也。若乃以小不忍輕任干戈，師曲而敵怨，非徒不勝，又將自危，是以聖王愼於兵。」帝重其言。嘗詔俛撰王承宗先銘，俛奏：「承宗比不臣，

迷而後復，臣不忍稱道其先。又辭成當有餉謝，拒之，則非朝廷撫納意；受之，臣誼不當取。」帝善而止。

令狐楚罷執政，西川節度使王播賂權幸求宰相，俛劾播纖佞不可汚台宰，帝不許。自請罷，冀有感寤，帝亦不省。俄罷爲尙書左僕射，用播爲鹽鐵使，後卒相。俛自謂輔政淺，固辭僕射，換吏部尙書。又避選事，徙兵部，移病求分司，不許。授太子少保，爲同州刺史。復以少保分司東都。

性簡絜，以聲利爲汙，疾邪太甚，孤特一槩，故輕去位無所藉。文宗卽位，召授少師，稱疾力不拜，乃還左僕射，許致仕。莊恪太子時，議選舊德，保輔東宮，復以少師召，輒上還制書，堅辭。卽遷太子太傅，優詔褒尙。開成初，弟俶爲楚州刺史，召見。帝曰：「俛先帝賢宰相，筋力未衰，可一來，爾善道朕意。」乃以詔書并絹三百因俶致之。俛終不起，以壽卒。

母韋，賢明，治家嚴，俛雖宰相，侍左右如褐衣時。居喪哀毀。既老，家於洛，歲時賓客請謝，以爲煩，乃舍濟源墅，自放山野，優游窮年。然其居位頗介謹持法，重名器，狹於用人，每除吏，常憂不稱，鮮有簡拔。

穆宗初，兩河底定，俛與段文昌當國，謂四方無虞，遂議太平事，以爲武不可黷，勸帝偃革尙文，乃密詔天下鎭兵，十之，歲限一爲逃、死，不補，謂之銷兵。既而籍卒逋亡，無生業，

曹聚山林間爲盜賊。會朱克融、王廷湊亂燕、趙，一日悉收用之。朝廷調兵不充，乃召募市人烏合，戰輒北，遂復失河朔矣。

贊曰：俛議銷兵，寧不野哉！當此時，河朔雖挈地還天子，而悍卒頑夫開口仰食者故在，彼皆不能自返於本業者也。又朱克融等客長安，餓且死，不得一官，而俛未有以措置，便欲去兵，使羣臣失職，一日叫呼，其從如市，幽、魏相挻，復爲賊淵，可謂見豪末而不察輿薪矣。宰相非其人，禍可旣乎！

倣字思道，悟子。大和中，擢進士第。除累給事中。宣宗力治，喜直言，嘗以李璲爲嶺南節度使，使者已賜節，而倣封還詔書。帝方作樂，不暇命使，遣優工趣出追之，未及璲所而還。後以封敕脫誤，法當罰，侍講學士孔溫裕曰：「給事中駁奏，爲朝廷論得失，與有司奏事不類，不應罰。」詔可。令狐綯用李琢經略安南，琢以暴沓免，俄起爲壽州團練使，倣劾奏琢無所回，時推其直。自集賢學士拜嶺南節度使。南方珍賄叢夥，不以入門。家人病，取槁梅於廚以和劑，倣知，趣市還之。

咸通初，爲左散騎常侍。懿宗怠政事，喜佛道，引桑門入禁中爲禱祠事，數幸佛廬，廣施予。倣諫，以爲：「天竺法割愛取滅，非帝王所尚慕。今筆梵言，口佛音，不若懲謬賞濫罰，振殃祈福。況佛者可以悟取，不可以相求。」帝雖昏縱，猶嘉歎其言。後官數遷，拜義成軍節度使。滑州瀕河，累歲水壞西北防，倣徙其流遠去，樹堤自固，人得以安。以兵部尚書再判度支，進中書侍郎、同中書門下平章事。再遷司空，蘭陵縣侯。時天下盜起，宦人持兵柄，倣以鯁正爲權近所忌。卒年八十。

子廩，字富侯。第進士，遷尚書郎。倣領南海，解官往侍。爲人退約少合。南海多穀紙，倣敕諸子繕補殘書。廩諫曰：「州距京師且萬里，書成不可露齎，必貯以囊笥，貪者伺望，得無薏苡嫌乎？」倣曰：「善，吾思不及此。」乃止。廣明初，以諫議大夫知制誥，請厲止夜行以備賊諜，出太倉粟賤估以濟貧民。俄遷京兆尹。田令孜養子有罪亡，摯捕吏，繫獄，請救匭門，廩不納，杖殺之，內外畏讋。令孜拒黃巢，以廩爲糧料使，辭疾，貶賀州司戶參軍事。會襄王竊據，挈族逃河朔，鎮冀節度使王鎔厚禮之。光化中，以給事中召，不至，卒。

遘字得聖，寘子。咸通中，擢進士第，辟節度府。入朝，拜右拾遺。與韋保衡聯第，而遘姿宇秀偉，氣孤峻，嘗慕李德裕爲人。保衡才下，諸儒靳薄之，不甚齒，獨呼遘太尉，保衡憾焉。於是保衡已爲相，摭遘罪，繇起居舍人斥播州司馬。道三峽，方迫畏不暝，若有人謂曰：「公無恐，予爲公呵禦。」遘悅悟。俄謁白帝祠，見帝貌類向所睹，異之。未幾，保衡死，召爲禮部員外郎。乾符中，累擢戶部侍郎、翰林學士承旨。

僖宗入蜀，以兵部判度支，次緜州，拜同中書門下平章事。始，王鐸主貢舉而得遘，及是，與鐸並位。鐸年老，嘗入對踣殿中，遘掖起之。帝喜曰：「遘善事長，大臣和，予之幸也！」遘曰：「不止以長，乃鐸門生。」帝笑曰：「鐸選士，朕選宰相，卿無負我！」遘頓首謝。從還京師，累拜司空，封楚國公。

遘負大節，以王佐自任。旣當國，風采峭整，天子器之。時藩鎮多興於盜賊，橫放莫能制，權綱灌弛。支詳在徐州，引散騎常侍李損子凝吉爲佐，會牙將時溥逐詳而取節度，溥爲蠹幹所毒，不死，或讒凝吉爲詳報仇者，溥怒殺之。損時在朝，溥即上言損連謀，請并誅。田令孜受溥金，劾損，付御史獄，中丞盧渥傅成其罪。御史王華嫉惡甚，表損不知狀。令孜請移神策獄，華不奉詔，奏言：「損近臣，法當死即死，獨不宜取辱於宦人手。」遘即時叩延英手曰：「凝吉以冤就屠，已不可言。損與子音問不接且數期，安得謂同謀哉？溥恃功壞天子法，請案近臣，卑侮王室，有無將之萌。今損可無罪誅，禍且及臣輩。」帝寤，止免官。當此時，令孜持禁軍，權寵可炙，公卿無不附順，唯遘未嘗少下。

後令孜取安邑池鹽給衞軍，王重榮固爭，乃徙重榮它鎮，不受詔。令孜以兵討之，重榮引沙陀拒王師。王師敗，逐而西，帝驚，幸鳳翔。諸節度共劾令孜生事，離間大臣。遘素惡之，與裴澈計，共召朱玫於邠。玫起邠兵五千奉迎，與沙陀等連和。令孜迫帝幸陳倉，夜出，百官不及從。玫怒令孜，并望帝不諒其心，謂遘曰：「上奔播六年，中原之人，與賊肝髓流野，得復宗廟，遺老殘民聞輿馬音，流涕相歡。上曾不念，以諸侯勤王功爲敕使之寵。今姦臣爲國產怨，我奉命而來，返以爲脅君。羣臣報國極矣，戰力殫矣，尚能垂頭塌翅求生於黃門哉！喪君有君，公其圖之。」遘曰：「上無負天下，顧爲令孜掣制，每言必涕數行下。陳倉之行，又劫於兵。公誠有憂王室意，宜還藩奉表，請天子復國，策無宜此。」玫曰：「諸王才可任天下者不乏。」遘曰：「人非伊、霍，欲爲禍首，未或利也。」玫退曰：「我擇一王爲帝，違者斬，尚何事？」乃立嗣襄王煴，而召遘作册，遘苦辭，玫更委鄭昌圖，滋恨遘。及還長安，使昌圖相煴，罷遘爲太子太保。移疾不出。方其弟蘧爲永樂令，往從之。帝還宮，宰相孔緯與遘雅隙，乃劾嘗爲僞臣，即賜死其所，實光啓三年。

遘見柄任凡五期，行完而材，逢世多故，召愎臣以濟亂，身汙僞署，不得其死，人爲哀之。

定字梅臣，瑀曾孫。以蔭起家陝州參軍事、金城丞。莅事清挺。選補黜陟使裴遵慶表爲判官，還調萬年主簿。歷左右司郎中。爲元載所惡，外遷袁、潤等六州刺史。大曆中，有司差天下刺史治最，定與常州蕭復、豪州張鎰爲第一，而劭桑稼，均賦稅，業倈游口，在鎰、復右。遷戶部侍郎、太常卿。朱泚反，詭姓名爲張謏，匿里中，與蔣沇不浼于賊。事平，擢太子少師。卒，年七十七，贈太子太師。

贊曰：梁蕭氏興江左，實有功在民，厥終無大惡，以寖微而亡，故餘祉及其後裔。自瑀逮遘，凡八葉宰相，名德相望，與唐盛衰。世家之盛，古未有也。

唐書卷一百二

列傳第二十七

岑文本 羲 長倩 格輔元 虞世南 李百藥 安期 褚亮 劉孝孫 李玄道 李守素 姚思廉 璹 珽 令狐德棻 峘 鄧世隆 顧胤 李延壽

岑文本字景仁，鄧州棘陽人。祖善方，後梁吏部尚書，更家江陵。父之象，仕隋爲邯鄲令，坐爲人訟，不得申。文本年十四，詣司隸理冤，辨對哀暢無所詘，衆屬目，命作蓮華賦，文成，合臺嗟賞，遂得直。

性沈敏，有姿儀，善文辭，多所貫綜。郡舉秀才，不應。蕭銑僭號，召爲中書侍郎，主文記。河間王孝恭平荆州，其下欲掠奪，文本說孝恭曰：「自隋無道，四海救死，延頸以望眞主。蕭氏君臣決策歸命者，意欲去危就安。大王誠縱兵剽係，恐江、嶺以南，向化心沮，狼顧鶩驚。不如厚撫荆州，勸未附，陳天子厚惠，誰非王人？」孝恭善之，遽下令止侵略。署

文本別駕。從擊輔公祏，典檄符。進署行臺考功郎中。

貞觀元年，除祕書郎，兼直中書省。太宗既藉田，又元日朝羣臣，文本奏藉田、三元頌二篇，文致華贍。李靖復薦于帝，擢中書舍人。時顏師古爲侍郎，自武德以來，詔誥或大事皆所草定。及得文本，號善職，而敏速過之。或策令叢遽，敕吏六七人泚筆待，分口占授，成無遺意。師古以譴罷，温彥博爲請帝曰：「師古練時事，長於文誥，人少逮者，幸得復用。」帝曰：「朕自舉一人，公毋憂。」乃授文本侍郎，專典機要。封江陵縣子。是時，魏王泰有寵，侈第舍，冠諸王。文本上疏，勸崇節儉，陳嫡庶分，宜有抑損。帝善之，賜帛三百段。踰年爲令，從伐遼東，事一委倚，至糧漕最目、甲兵凡要、料配差序，籌不廢手，由是神用頓耗，容止不常。帝憂曰：「文本今與我同行，恐不與同返矣！」至幽州暴病，帝臨視流涕。卒，年五十一。是夕，帝聞夜嚴，曰：「文本死，所不忍聞。」命罷之。贈侍中、廣州都督，謚曰憲，陪葬昭陵。

始，文本貴，常自以興孤生，居處卑，室無茵褥幃帟。事母以孝顯，撫弟姪篤恩義。生平故人，雖羇賤必鈞禮。帝每稱其忠謹，「吾親之信之」。晉王爲皇太子，大臣多兼宮官，帝欲文本兼攝，辭曰：「臣守一職，猶懼其盈，不願希恩東宮，請一心以事陛下。」帝乃止，但詔五日一參東宮。每進見，太子答拜。始爲中書令，有憂色，母問之，答曰：「非勳非舊，責重位

高，所以憂也。」有來慶者，輒曰：「今日受弔不受賀。」或勸其營產業，文本歎曰：「吾漢南一布衣，徒步入關，所望不過祕書郎、縣令耳。今無汗馬勞，以文墨位宰相，奉稍已重，尚何殖產業邪？」故口未嘗言家事。

既任職久，賚錫豐饒，皆令弟文昭主之。文昭任校書郎，多交輕薄，帝不悅，謂文本曰：「卿弟多過，朕將出之。」文本曰：「臣少孤，母所鍾念者弟也，不欲離左右。今若外出，母必憂，無此弟，是無老母也！」泣下嗚咽。帝愍其意，召文昭讓敕，卒無過。

孫羲。從子長倩。

羲字伯華，第進士，累遷太常博士。坐伯父長倩貶郴州司法參軍。遷金壇令。時弟仲翔爲長洲令，仲休爲溧水令，皆有治績。宰相宗楚客語本道巡察御史：「毋遺江東三岑。」乃薦羲爲汜水令。武后令宰相舉爲員外郎者，韋嗣立薦羲，且言惟長倩爲累，久不進。后曰：「羲誠材，何諉之拘？」即拜天官員外郎。於是，坐親廢者皆得援而進矣。俄爲中書舍人。中宗時，武三思用事，敬暉欲上表削諸武封王者，衆畏三思，不敢爲草，獨羲爲之，詞誼勁切，由是下遷祕書少監。進吏部侍郎。時崔湜、鄭愔及大理少卿李元恭分掌選，皆以賄聞，獨羲勁廉，爲時議嘉仰。帝崩，詔擢右散騎常侍、同中書門下三品。睿宗立，罷爲陝州

刺史，再遷戶部尚書。景雲初，復召同三品，進侍中，封南陽郡公。初，節愍太子之難，冉祖雍誣帝及太平公主連謀，賴羲與蕭至忠保護得免，羲監脩中宗實錄，自著其事。帝見之，賞歎，賜物三百段、良馬一匹，下詔褒美。

時羲兄獻爲國子司業，仲翔陝州刺史，仲休商州刺史，兄弟子姪在淸要者數十人。羲歎曰：「物極則反，可以懼矣！」然不能抑退。坐豫太平公主謀誅，籍其家。

長倩，少孤，爲文本鞠愛。永淳中，累官至兵部侍郎、同中書門下平章事。垂拱初，自夏官尚書遷內史，知夏官事。俄拜文昌右相，封鄧國公。武后擅位，喜符瑞事，羣臣爭言之。長倩懼，間亦開陳，請改皇嗣爲武氏，且爲周家儲貳。后順許，賜實封戶五百，加特進、輔國大將軍。鳳閣舍人張嘉福、洛州民王慶之建請以武承嗣爲皇太子，長倩謂皇嗣在東宮，不宜更立，與格輔元不署，奏請切責嘉福等。和州浮屠上大雲經，著革命事，后喜，始詔天下立大雲寺。長倩爭不可，繇是與諸武忤，罷爲武威道行軍大總管，征吐蕃。未至，召還，下獄。來俊臣脅誣長倩與輔元、歐陽通數十族謀反，斬于市，五子同賜死，發暴先墓。睿宗立，追復官爵，備禮改葬。

輔元者，汴州浚儀人。父處仁，仕隋爲剡丞，與同郡王孝逸、繁師元、靖君亮、鄭祖咸、鄭師善、李行簡、盧協皆有名，號「陳留八俊」。輔元擢明經，累遷殿中侍御史，歷御史中丞、同鳳閣鸞臺平章事。旣持承嗣不可，遂及誅。

子遜，亦舉明經第，爲太常寺太祝，亡命匿中牟十餘年。神龍初，訴父冤，擢累贊善大夫。

輔元兄希元，洛州司法參軍，同章懷太子注范曄後漢書者。

虞世南，越州餘姚人。出繼叔陳中書侍郎寄之後，故字伯施。性沈靜寡欲，與兄世基同受學于吳顧野王餘十年，精思不懈，至累旬不盥櫛。文章婉縟，慕僕射徐陵，陵自以類己，由是有名。陳天嘉中，父荔卒，世南毀不勝喪。文帝高荔行，知二子皆博學，遣使至其家護視，召爲建安王法曹參軍。時寄陷於陳寶應，世南雖服除，仍衣布飯蔬；寄還，乃釋布啖肉。至德初，除西陽王友。陳滅，與世基入隋。世基辭章淸勁過世南，而贍博不及也，俱名重當時，故議者方晉二陸。煬帝爲晉王，與秦王俊交辟之。大業中，累至祕書郎。煬帝雖愛其才，然疾峭正，弗甚用，爲七品十年不徙。世基佞敏得君，日貴盛，妻妾被服擬王者，

而世南躬貧約，一不改。宇文化及已弑帝，間殺世基，而世南抱持號訴請代，不能得，自是哀毀骨立。從至聊城，爲竇建德所獲，署黃門侍郎。秦王滅建德，引爲府參軍，轉記室，遷太子中舍人。王踐祚，拜員外散騎侍郎、弘文館學士。時世南已衰老，屢乞骸骨，不聽，遷太子右庶子，固辭，改祕書監，封永興縣子。

世南貌儒謹，外若不勝衣，而中抗烈，論議持正。太宗嘗曰：「朕與世南商略古今，有一言失，未嘗不悵恨，其懇誠乃如此！」

貞觀八年，進封縣公。會隴右山崩，大蛇屢見，山東及江、淮大水，帝憂之，以問世南，對曰：「春秋時，梁山崩，晉侯召伯宗問焉。伯宗曰：『國主山川，故山崩川竭，君爲之不舉，降服，乘縵，徹樂，出次，祝幣以禮焉。』梁山，晉所主也，晉侯從之，故得無害。漢文帝元年，齊、楚地二十九山同日崩，水大出，詔郡國無來貢，施惠天下，遠近洽穆，亦不爲災。後漢靈帝時，青蛇見御坐。晉惠帝時，大蛇長三百步，見齊地，經市入廟。蛇宜在草野，而入市，此所以爲怪耳。今蛇見山澤，適其所居。又山東淫雨，江、淮大水，恐有冤獄枉繫，宜省錄纍囚，庶幾或當天意。」帝然之，於是遣使賑饑民，申挺獄訟，多所原赦。

後星孛虛、危，歷氐，餘百日，帝訪羣臣。世南曰：「昔齊景公時，彗見，公問晏嬰，嬰曰：『公穿池沼畏不深，起臺榭畏不高，行刑罰畏不重，是以天見彗爲戒耳。』景公懼而脩德，後

十六日而滅。臣願陛下勿以功高而自矜，勿以太平久而自驕，慎終于初，彗雖見，猶未足憂。」帝曰：「誠然，吾良無景公之過，但年十八舉義兵，二十四平天下，未三十即大位，自謂三王以來，撥亂之主莫吾若，故負而矜之，輕天下士。上天見變，其爲是乎？秦始皇剗除六國，隋煬帝有四海之富，卒以驕敗，吾何得不戒邪？」

高祖崩，詔山陵一準漢長陵故事，厚送終禮，於是程役峻暴，人力告弊。世南諫曰：

古帝王所以薄葬者，非不欲崇大光顯以榮其親，然高墳厚隴，寶具珍物，適所以累之也。聖人深思遠慮，安於菲薄，爲長久計。昔漢成帝造延、昌二陵，劉向上書曰：「孝文居霸陵，悽愴悲懷，顧謂羣臣曰：『嗟乎！以北山石爲椁，用紵絮斮陳漆其間，豈可動哉？』張釋之曰：『使其中有可欲，雖錮南山猶有隙；使無可欲，雖無石椁，又何戚焉？』夫死者無終極，而國家有廢興。孝文寤焉，遂以薄葬。」

又漢法，人君在位，三分天下貢賦之一以入山陵。武帝歷年長久，比葬，方中不復容物。霍光暗於大體，奢侈過度，其後赤眉入長安，破茂陵取物，猶不能盡。無故聚斂，爲盜之用，甚無謂也。

魏文帝爲壽陵，作終制曰：「堯葬壽陵，因山爲體，無封樹，寢殿、園邑，棺槨足以藏骨，衣衾足以朽肉。吾營此不食之地，欲使易代之後不知其處。無藏金銀銅鐵，一以

瓦器。喪亂以來，漢氏諸陵無不發者，至乃燒取玉匣金縷，骸骨並盡，乃不重痛哉！若違詔妄有變改，吾爲戮屍地下，死而重死，不忠不孝，使魂而有知，將不福汝。以爲永制，藏之宗廟。」魏文此制，可謂達於事矣。

陛下之德，堯、舜所不逮，而俯與秦、漢君同爲奢泰，此臣所以尤戚也。今爲丘隴如此，其中雖不藏珍寶，後世豈及信乎？臣愚以爲霸陵因山不起墳，自然高顯。今所卜地勢即平，宜依周制爲三仞之墳，明器一不得用金銀銅鐵，事訖刻石陵左，以明示大小高下之式，一藏宗廟，爲子孫萬世法，豈不美乎！

書奏，未報。又上疏曰：「漢家即位之初，便營陵墓，近者十餘歲，遠者五十年。今以數月之程，課數十年之事，其於人力不亦勞矣。漢家大郡，戶至五十萬，今人衆不逮往時，而功役一之，此臣所以致疑也。」時議者頗言宜奉遺詔，於是稍稍裁抑。

帝嘗作宮體詩，使賡和。世南曰：「聖作誠工，然體非雅正。上之所好，下必有甚者，臣恐此詩一傳，天下風靡。不敢奉詔。」帝曰：「朕試卿耳！」賜帛五十匹。帝數出畋獵，世南以爲言，皆蒙嘉納。嘗命寫列女傳於屏風，於時無本，世南暗疏之，無一字謬。帝每稱其五絕：一曰德行，二曰忠直，三曰博學，四曰文詞，五曰書翰。世南始學書於浮屠智永，究其法，爲世秘愛。

十二年，致仕，授銀青光祿大夫，弘文館學士如故，祿賜防閤視京官職事者。卒，年八十一，詔陪葬昭陵，贈禮部尚書，謚曰文懿。帝手詔魏王泰曰：「世南於我猶一體，拾遺補闕，無日忘之，蓋當代名臣，人倫準的。今其云亡，石渠、東觀中無復人矣！」後帝爲詩一篇，述古興亡，既而歎曰：「鍾子期死，伯牙不復鼓琴。朕此詩將何所示邪？」敕起居郎褚遂良即其靈坐焚之。後數歲，夢進讜言若平生，翌日，下制厚恤其家。

子昶，終工部侍郎。

李百藥字重規，定州安平人。隋內史令德林子也。幼多病，祖母趙以「百藥」名之。七歲能屬文，父友陸乂等共讀徐陵文，有「刈琅邪之稻」之語，嘆不得其事。百藥進曰：「春秋『鄅子藉稻』，杜預謂在琅邪。」客大驚，號奇童。引蔭補三衛長。乃性疏倪，喜劇飲。開皇初，授太子通事舍人，兼學士。被讒，輒謝病去。十九年，召見仁壽宮，襲父爵安平公。僕射楊素、吏部尚書牛弘愛其才，署禮部員外郎。奉詔定五禮、律令、陰陽書。

初以疾去舍人也，煬帝在揚州，召不赴，銜之。及即位，奪爵，爲桂州司馬。官廢，還鄉里。大業九年，戍會稽，管崇亂，城守有功，帝顧其名謂虞世基曰：「是子故在，宜斥醜處。」

乃授建安郡丞。至烏程，江都難作，沈法興、李子通、杜伏威更相滅，百藥轉側寇亂中，數被僞署，危得不死。會高祖遣使招伏威，百藥勸朝京師，既至歷陽，中悔，欲殺之，飲以石灰酒，因大利，瀕死，既而宿病皆愈。伏威詒書輔公祏使殺之，爲王雄誕保護得免。公祏反，授吏部侍郎。或譖帝：「百藥與同反。」帝大怒。及平，得伏威所與公祏書，乃解，猶貶涇州司戶。

太宗至涇州，召與語，悅之。貞觀元年，拜中書舍人，封安平縣男。明年，除禮部侍郎。時議裂土與子弟功臣，百藥上封建論，理據詳切，帝納其言而止。四年，授太子右庶子。太子數戲媟無度，乃作贊道賦以諷。它日，帝曰：「朕見卿賦，述古儲貳事，勸勵甚詳，向任卿，固所望耳！」賜綵三百段。遷散騎常侍，進左庶子、宗正卿，爵爲子。久之，固乞致仕。帝嘗與偕賦帝京篇，歎其工，手詔曰：「卿何身老而才之壯，齒宿而意之新乎？」卒，年八十四，謚曰康。

百藥，名臣子，才行世顯，爲天下推重。侍父母喪還鄉，徒跣數千里。服雖除，容貌癯瘠者累年。好奬薦後進，得俸祿與親黨共之。翰藻沈鬱，詩尤其所長，樵廝皆能諷之。所撰齊史行於時。

子安期。

中華書局

安期，亦七歲屬文。父貶桂州，遇盜，將加以刃，安期跪泣請代，盜哀釋之。貞觀初，爲符璽郎。累除主客員外郎。高宗即位，遷中書舍人、司列少常伯，數豫決國事。帝屢責侍臣以不能進賢，衆不敢對。安期進曰：「邑十室且有忠信，天下至廣，不爲無賢。比見公卿有所薦進，皆劾爲朋黨，滯抑者未申，而主薦者已訾，所以人人爭噤默以避罵謗。若陛下忘其親讎，曠然受之，惟才是用，塞讒毀路，其誰敢不竭忠以聞上乎？」帝納之。尋檢校東臺侍郎、同東西臺三品，出爲荆州大都督府長史。卒，謚曰烈。

自德林至安期，三世掌制誥，孫羲仲又爲中書舍人。

褚亮字希明，杭州錢塘人。曾祖湮，父玠，皆有名梁、陳間。亮少警敏，博見圖史，一經目輒誌于心。年十八，詣陳僕射徐陵，陵與語，異之。後主召見，使賦詩，江總諸詞人在席，皆服其工。累遷爲尚書殿中侍郎。入隋，爲東宮學士，遷太常博士。煬帝議改宗廟之制，亮請依古七廟，而太祖、高祖各一殿，法周文、武二祧，與始祖而三，餘則分室而祭，始祖二祧，不從迭毀。未及行，坐與楊玄感善，煬帝矜己嫉才，因是亦貶西海司戶。時博士潘徽貶

威定主簿，亮與俱至隴山。徽死，爲斂瘞，人皆義之。

後爲薛舉黃門侍郎。舉滅，秦王謂曰：「寡人受命而來，嘉於得賢。公久事無道君，得無勞乎？」亮頓首曰：「舉不知天命，抗王師，今十萬衆兵加其頸，大王釋不誅，豈獨亮蒙更生邪？」王悅，賜乘馬、帛二百段，即授王府文學。高祖獵，親格虎，亮懇悃致諫，帝禮納其言。王每征伐，亮在軍中，嘗預祕謀，有裨輔之益。貞觀中累遷散騎常侍，封陽翟縣侯，老于家。

太宗征遼，子遂良從，詔亮曰：「疇日師旅，卿未嘗不在中，今朕薄伐，君已老。俛仰歲月，且三十載，眷言及此，我勞如何！今以遂良行，想君不惜一子於朕耳。善居加食。」亮頓首謝。及寢疾，帝遣醫、中使候問踵相逮。卒，年八十八，贈太常卿，陪葬昭陵，謚曰康。遂良自有傳。

初，武德四年，太宗爲天策上將軍，寇亂稍平，乃鄉儒，宮城西作文學館，收聘賢才，於是下教，以大行臺司勳郎中杜如晦、記室考功郎中房玄齡及于志寧、軍諮祭酒蘇世長、天策府記室薛收、文學褚亮姚思廉、太學博士陸德明孔穎達、主簿李玄道、天策倉曹參軍事李守素、王府記室參軍事虞世南、參軍事蔡允恭顏相時、著作郎攝記室許敬宗薛元敬、太學助教蓋文達、軍諮典簽蘇勗，並以本官爲學士。七年，收卒，復召東虞州錄事參軍劉孝孫補之。凡分三番遞宿于閣下，悉給珍膳。每暇日，訪以政事，討論墳籍，榷略前載，無常禮之間。命閻立本圖象，使亮爲之贊，題名字爵里，號「十八學士」，藏之書府，以章禮賢之重。方是時，在選中者，天下所慕向，謂之「登瀛洲」。

劉孝孫者，荆州人。祖貞，周石臺太守。孝孫少知名。大業末，爲王世充弟杞王辯行臺郎中。辯降，衆引去，獨孝孫攀援號慟，送于郊。貞觀六年，遷著作佐郎、吳王友。歷諮議參軍。遷太子洗馬，未拜，卒。

李玄道者，本隴西人。世居鄭州。仕隋爲齊王府屬。李密據洛口，署記室。密敗，爲王世充所執，衆懼不能寐，獨玄道曰：「死生有命，憂能了乎？」寢甚安。及見世充，辭色不撓，釋縛，爲著作佐郎。東都平，爲秦王府主簿。貞觀初，累遷給事中，姑臧縣男。出爲幽州長史，佐都督王君廓，專持府事。君廓不法，每以義裁糾之。嘗遺玄道婢，乃良家子爲所掠，遣去不納，由是始隙。君廓入朝，玄道寓書房玄齡，玄齡本甥也。君廓發其書，不識草字，疑以謀己，遂反。坐是流巂州。未幾，擢常州刺史，風績清簡，下詔褒美，賜縑帛。久之，致仕，加銀青光祿大夫，以祿歸第，卒。

李守素者，趙州人。王世充平，召署天策府倉曹參軍，通氏姓學，世號「肉譜」。虞世南與論人物，始言江左、山東，尚相酬對；至北地，則笑而不答，歎曰：「肉譜定可畏。」許敬宗曰：「倉曹此名，豈雅目邪？宜有以更之。」世南曰：「昔任彥昇通經，時稱『五經笥』，今以倉曹爲『人物志』，可乎？」時渭州刺史李淹亦明譜學，守素所論，惟淹能抗之。

姚思廉，本名簡，以字行，陳吏部尚書察之子。陳亡，察自吳興遷京兆，遂爲萬年人。思廉少受漢書於察，盡傳其業。寡嗜欲，惟一於學，未嘗問家人生貲。仕陳會稽王主簿。入隋，爲漢王府參軍事，以父喪免。服除，補河間郡司法書佐。初，察在陳，嘗脩梁、陳二史，未就，死，以屬思廉，故思廉表父遺言，有詔聽續。煬帝又詔與起居舍人崔祖濬脩區宇圖志。遷代王侍讀。高祖定京師，府僚皆奔亡，獨思廉侍王，兵將升殿，思廉厲聲曰：「唐公起義，本安王室，若等不宜無禮於王。」衆眙却，布列階下。帝義之，聽扶王至順陽閣，泣辭去。觀者歎曰：「仁者有勇，謂此人乎！」俄授秦王府文學。王討徐圓朗，嘗語隋事，慨然歎曰：「姚思廉蒙素刃以明大節，古所難者。」時思廉在洛陽，遣使遺

物三百段，致書曰：「景想節義，故有是贈。」

王爲皇太子，遷洗馬。即位，改著作郎、弘文館學士。詔與魏徵共撰梁、陳書，思廉采謝炅、顧野王等諸家言，推究綜括，爲梁、陳二家史，以卒父業。賜雜綵五百段，加通直散騎常侍。以藩邸恩，凡政事得失，許密以聞，思廉亦展盡無所諱。帝幸九成宮，思廉以爲「離宮游幸是秦皇、漢武事，非堯、舜、禹、湯所爲」。帝諭曰：「朕嘗苦氣疾，熱即頓劇，豈爲游賞者乎？」賜帛五十匹，拜散騎常侍，豐城縣男。卒，贈太常卿，謚曰康，陪葬昭陵。

孫璹。

贊曰：隋煬帝失德，高祖總豪英，興北方，鼓行入關，舉京師，轟若震霆。思廉以諸生侍孱王，奮然陳大義，挫虓虎而奪之氣，勇夫悍心，褫駭自卻，不敢加無禮於其君。誠使有國家者舉不失義，天下其何以抗之哉？宜太宗之尊表云。

璹字令璋，少孤，撫昆娟友愛。力學，才辯捷邁。永徽中，舉明經第，補太子宮門郎。以論撰勞，進祕書郎。稍遷中書舍人，封吳興縣男。武后時，擢夏官侍郎。坐從弟敬節叛，貶桂州長史。后方以符瑞自神，璹取山川草樹名有「武」字者，以爲上應國姓，裒類以聞。后大

悅，拜檢校天官侍郎，擢文昌左丞、同鳳閣鸞臺平章事。永徽後，左右史唯對仗承旨，仗下謀議不得聞。璹以帝王謨訓不可闕紀，請仗下所言軍國政要，責宰相自撰，號時政記，以授史官。從之。時政有記自璹始。坐事，降司賓少卿。延載初，拜納言，有司以璹族犯法，不可爲侍臣者，璹曰：「王敦犯順，導典樞機；嵇康被戮，紹以忠死。是能爲累乎？」后曰：「此朕意，卿無恤浮言。」

證聖初，加秋官尚書。明堂火，后欲避正殿，應天變。璹奏：「此人火，非天災也。昔宣榭火，周世延；建章焚，漢業昌。且彌勒成佛，七寶臺須臾散壞。聖人之道，隨物示化，況明堂布政之宮，非宗廟，不宜避正殿，貶常禮。」左拾遺劉承慶曰：「明堂所以宗祀，爲天所焚，當側身思過，振除前犯。」璹挾前語以傾后意。后乃更御端門，大酺，燕羣臣，與相娛樂，遂造天樞著己功德，命璹爲使，董督之。功費浩廣，見金不足，乃斂天下農器并鑄。以功賜爵一級。后封嵩山，詔璹總知儀注，爲封禪副使。更造明堂，又以使護作，加銀青光祿大夫。大食使者獻師子，璹曰：「是獸非肉不食，自碎葉至都，所費廣矣。陛下鷹犬且不蓄，而厚資養猛獸哉！」有詔大食停獻。時九鼎成，后欲用黃金塗之。璹奏：「鼎者，神器，貴質朴，不待外飾。臣觀其上先有五采雜眮，豈待塗金爲符曜耶？」后乃止。

契丹李盡忠盜塞，副梁王武三思爲榆關道安撫使。坐累，下遷益州長史。始，蜀吏貪暴，璹擿發之，無所容貸。后聞，降璽詔慰勞，因謂左右曰：「爲二千石清其身者易，使吏盡清者難，唯璹爲兼之。」新都丞朱待辟坐贓應死，待辟所厚浮屠理中謀殺璹，據劍南。有密告后者，詔璹窮按。璹深探其獄，跡疑似皆捕逮，株黨牽聯數千人。獄具，后遣洛州長史宋玄爽、御史中丞霍獻可覆視，無所翻，坐沒入五十餘族，知反流徙者什八以上，道路冤譟。監察御史袁恕己劾奏璹獄不平，有詔勿治。召拜地官、冬官二尚書。久之，致仕。卒，年七十四，遺令薄葬。贈越州都督，謚曰成。

弟珽(一)。

珽，篤學有立志，擢明經。歷六州刺史，政皆有績，數被褒賜，累封宣城郡公。遷太子詹事，兼左庶子。時節愍太子稍失道，珽凡四上書諫。

其一曰：「臣聞賈誼稱『選天下端士，使與太子居處出入，故太子見正事，聞正言，行正道，左右前後皆正人也。夫習與正人居，不能無正；習與不正人居，不能無不正。教得而左右正，則太子正；太子正，天下定矣』。伏見內置作坊，諸工伎得入宮闈之內，禁衞之所，或言語內出，或事狀外通，小人無知，因爲詐僞，有點盛德。臣望悉出宮內造作付所司。」

其二曰：「漢文帝身弋綈，足革舄。齊高帝闌檻用銅者，皆易以鐵。經侯帶玉具劍，環

佩以過魏太子，太子不視。經侯曰：『魏國亦有寶乎？』太子曰：『主信臣忠，魏之寶也。』經侯委劍佩去，杜門不出。夫聖賢以簡素爲貴，皇王以菲薄爲德，惟殿下留心恭儉，損省玩好，以訓天下。」

其三曰：「前世東宮門閤，往來皆有簿籍。殿下時有所須，唯門司宣令，姦僞乘之，因緣增損。近呂昇之乃代署宣敕，賴殿下糾發其姦。以後墨令及覆事，並請內印畫署，冀免詐繆。」

其四曰：「聖人不專其德，賢智必有所師。今司經無學士，供奉無侍讀。宜視膳時奏請其人，俾奉講勸。夫經所以立行修身，史所以諳識成敗，斯急務也。」太子雖稱善，不能用其言。及敗，索宮中，得珽諫書，中宗嘉歎。時宮臣皆得罪，獨珽擢右散騎常侍，遷祕書監。睿宗立，拜戶部尚書。所歷定州刺史、尚書官，皆與璹相繼云。卒，年七十四。

始，曾祖察嘗撰漢書訓纂，而後之注漢書者，多竊取其義爲己說，珽著紹訓以發明舊義云。

令狐德棻，宜州華原人。父熙，隋鴻臚卿。其先乃燉煌右姓。德棻博貫文史。大業末，

爲藥城長，屬亂，不就官。淮安王神通據太平宮起兵，立總管府，署德棻府記室。高祖入關，引直大丞相府記室。武德初，爲起居舍人，遷祕書丞。帝嘗問：「丈夫冠，婦人髻，比高大，何邪？」德棻對曰：「冠髻在首，君之象也。晉之將亡，君弱臣彊，故江左士女，衣小而裳大。宋武帝受命，君德尊嚴，衣裳隨亦變改。此近事驗也。」帝然之。

方是時，大亂後，經籍亡散，祕書湮缺，德棻始請帝重購求天下遺書，置吏補錄。不數年，圖典略備。又建言：「近代無正史，梁、陳、齊文籍猶可據，至周、隋事多脫捐。今耳目尚相及，史有所憑；一易世，事皆汩暗，無所掇拾。陛下受禪于隋，隋承周，二祖功業多在周，今不論次，各爲一王史，則先烈世庸不光明，後無傳焉。」帝謂然。於是詔中書令蕭瑀、給事中王敬業、著作郎殷聞禮主魏，中書令封德彝、舍人顏師古主隋，大理卿崔善爲、中書舍人孔紹安、太子洗馬蕭德言主梁，太子詹事裴矩、吏部郎中祖孝孫、祕書丞魏徵主齊，祕書監竇璡、給事中歐陽詢、文學姚思廉主陳，侍中陳叔達、太史令庾儉及德棻主周。整振論譔，多歷年不能就，罷之。

貞觀三年，復詔撰定。議者以魏有魏收、魏澹二家，書爲已詳，惟五家史當立。德棻更與祕書郎岑文本、殿中侍御史崔仁師次周史，中書舍人李百藥次齊史，著作郎姚思廉次梁、陳二史，祕書監魏徵次隋史，左僕射房玄齡總監。脩撰之原，自德棻發之，書成，賜絹四百

匹。遷禮部侍郎，兼修國史。累進爵彭城縣子。轉太子右庶子。太子承乾廢，坐除名爲民。召拜雅州刺史，又坐事免。會修晉家史，房玄齡奏起之。預柬凡十有八人，德棻爲先進，故類例多所諏定。除祕書少監。

永徽初，復爲禮部侍郎、弘文館學士，監修國史，遷太常卿。高宗嘗召宰相及弘文學士坐中華殿，問：「何脩而王？若而霸？又當孰先？」德棻曰：「王任德，霸任刑。夏、殷、周純用德而王，秦專刑而霸，至漢雜用之，魏、晉以降，王霸兩失。若用之，王爲先，而莫難焉。」帝曰：「今茲何爲而要？」對曰：「古者爲政，清心簡事爲本。今天下無虞，年穀豐衍，惟薄賦斂、省征役爲要。」又問禹、湯、桀、紂所以興亡，對曰：「傳稱：『禹、湯罪己，其興也勃焉；桀、紂罪人，其亡也忽焉。』然二主惑嬖色，戮諫者，造炮烙之刑，此所以亡也。」帝悅，厚賜以答其言。遷國子祭酒、崇賢館學士，爵爲公。以金紫光祿大夫致仕。卒，年八十四，謚曰憲。

時又有鄧世隆、顧胤、李延壽、李仁實皆以史學稱當世。

鄧世隆者，相州人。隋大業末，王世充兄子太戍河陽，引爲賓客。秦王攻洛陽，遺書諭太，世隆報書夸慢。洛陽平，亡命，變姓名，號隱玄先生，棲白鹿山。貞觀初，召授國子主簿，與崔仁師、慕容善行、劉顗、庾安禮、敬播俱爲修史學士。世隆內負罪，居不聊。太宗遺房玄齡諭曰：「爾爲太作書，各忠其主耳。我爲天子，尚甘心疋夫邪？毋有後疑！」改著作佐郎，歷衞尉丞。初，帝以武功定天下，晚始嚮學，多屬文賦詩，天格贍麗，意悟沖邁。十三年，世隆上疏，請加集錄，帝謙不許。終著作郎。

顧胤，蘇州吳人。父覽，仕隋祕書學士。胤，永徽中累遷起居郎，兼脩國史，以撰太宗實錄勞，加朝散大夫、弘文館學士。論次國史，加朝請大夫，封餘杭縣男。終司文郎中。

子琮，武后時爲天官侍郎、同鳳閣鸞臺平章事。卒，后曰：「琮不幸，令雖不舉哀，然朕以股肱，特廢視事一日。」

李延壽者，世居相州。貞觀中，累補太子典膳丞、崇賢館學士。以脩撰勞，轉御史臺主簿，兼直國史。初，延壽父大師，多識前世舊事，常以宋、齊、梁、陳、齊、周、隋天下參隔，南方謂北爲「索虜」，北方指南爲「島夷」。其史於本國詳，佗國略，往往訾美失傳，思所以改正，擬春秋編年，刊究南北事，未成而歿。

延壽既數與論譔，所見益廣，乃追終先志。本魏登國元年，盡隋義寧二年，作本紀十二、列傳八十八，謂之北史；本宋永初元年，盡陳禎明三年，作本紀十、列傳七十，謂之南史。

凡八代，合二書百八十篇，上之。其書頗有條理，刪落釀辭，過本書遠甚。時人見年少位下，不甚稱其書。遷符璽郎，兼脩國史，卒。

嘗撰太宗政典，調露中，高宗觀之，咨美直筆，賜其家帛五十段，藏副祕閣，仍別錄以賜皇太子云。

李仁實，魏州頓丘人。官至左史。著格論、通曆等書，行于時。

峘，德棻五世孫。天寶末，及進士第。遇祿山亂，去隱南山豹林谷。楊綰微時，數從之游，而峘博學有口辯。綰爲禮部侍郎，脩國史，薦峘，自華原尉拜右拾遺、兼史職。累遷起居舍人。撰玄宗實錄，屬起居注亡散，峘裒掇詔策，備一朝之遺。自開元、天寶間名臣事多漏略，拙于取棄，不稱良史。大曆中，以刑部員外郎判南曹。遷司封郎中，知制誥，兼史館脩撰。德宗立，詔元陵制度務極優厚，當竭帑藏奉用度。峘諫曰：「臣伏讀漢劉向論山陵之誡，良史咨欷。何者？聖賢勤儉，不作無益。昔舜葬蒼梧，弗變其肆；禹葬會稽，不改其列；周武葬畢陌，無丘壟處；漢文葬霸陵，不起山墳。禹非不忠，啓非不順，周公非不悌，景帝非不孝，其奉君親，皆以儉觳爲無窮計。宋文公厚葬，春秋書華元爲不臣；桓魋爲石

柳，夫子以爲不如速朽。由是觀之，有德者葬薄，無德者葬厚，章章可見。陛下仁孝切於聖心，然尊親之義貴合于禮。先帝遺詔，送終之制，一用儉約，不得以金銀緣飾。陛下奉先志，無違物，若務優厚，是咈顧命，盭經誼，臣竊懼之。今赦令甫下，諸條未出，望速詔有司從遺制便。」詔答曰：「朕頃議山陵，荒哀迷謬，以違先旨。卿引據典禮，非唯中朕之失，亦使朕不遺君親于患。敢不聞義而從，奉以終始？雖古遺直，何以加焉！」

峘在吏部，因尚書劉晏力。時楊炎爲侍郎，故峘內德晏，至分闕，以善闕奉晏，惡闕與炎，炎心不平。建中初，峘爲禮部侍郎，炎執政，不爲憾。炎出故宰相杜鴻漸門下，其子封求弘文生，以託峘，峘謝使者曰：「得公手署，峘得以議。」炎不疑，署遣之。峘即日奏言：「宰相迫臣以私，從之負陛下，不從則害臣。」帝以詰炎，炎具道所以然。帝怒曰：「此姦人，無可奈何！」欲殺之，炎苦救解，乃貶衡州別駕。遷刺史。李泌執政，召拜太子右庶子，復爲脩撰。

性愎且介，人人與爲怨。孔述睿同脩史，峘忿細故，數侵之，述睿長者，無所校。貞元五年，坐守衡州冒前刺史戶口爲己最，竇參素惡之，貶吉州別駕，稍遷刺史。齊映爲江西觀察使，按部及州。峘輕映後出先至宰相，今雖屬刺史，自挾所以過映者，至迎謁，頗快快。以語其妻，妻曰：「君自視何如人，以白頭走小生前。君不以此見映，雖黜死，我無憾。」映至，峘入謁，從容步進，不袜首屬戎器，映以爲恨。去至府，擿峘舉奏前刺史過失無狀，不宜按

部，貶衢州別駕。刺史田敦，峘門生也，與峘昧生平，至是迎拜，分俸半以賙給之。在衢十年，順宗立，以祕書少監召，未至，卒。

初，受詔撰代宗實錄，未就，會貶，詔聽在外成書。元和中，其子太僕丞丕獻之。以勞贈工部尚書。

贊曰：文本才猷，世南鯁諤，百藥之持論，亮、思廉之邃雅，德棻之辭章，皆治世華采，而泱汨於隋，光明於唐，何哉？蓋天下未嘗無賢，以不用亡；不必多賢，以見用興。夫典章圖史，有國者尤急，所以考存亡成敗，陳諸前而爲之戒。方天下初定，德棻首發其議，而後唐之文物粲然，誠知治之本歟！

校勘記

〔一〕弟珽　「珽」，汲、殿、局本作「班」；衲本缺筆作「班」，下文亦作「班」。按本書卷七四下宰相世系表、卷八一節愍太子重俊傳及舊書卷七三姚思廉傳、卷八九姚珽傳，衲本均作「珽」或缺末筆。考異卷五二云：「班、珽字形相涉，或宋初避諱，珽字缺末筆，後人誤爲班耳。」據改。

唐書卷一百三

列傳第二十八

蘇世長 良嗣 弁　韋雲起 方質　孫伏伽　張玄素

蘇世長，京兆武功人。祖彤，仕後魏通直散騎常侍。父振，周宕州刺史，建威縣侯。世長十餘歲，上書周武帝，帝異其幼，問讀何書，對「治孝經、論語」。帝曰：「何言可道？」答曰：「爲國者不敢侮於鰥寡。爲政以德。」帝曰：「善。」使卒學虎門館。父死王事，有詔襲爵，世長號踊不自勝，帝爽然改容。

入隋，爲長安令，數條上便宜。大業末，爲都水少監，督漕上江。會煬帝被弒，發喪，慟聞行路。更爲王世充太子太保、行臺右僕射，與世充兄子弘烈及其將豆盧行褒戍襄陽，高祖與之舊，數遣使者諭降，輒殺之。

洛陽平，始與弘烈歸，帝誅褒而誚世長，頓首謝曰：「古帝王受命，以比逐鹿，一人得禽，

萬夫斂手。豈有獲鹿後忿同獵者，問爭肉罪邪？今陛下應天順民，安可忘管仲、雍齒事？且武功舊人，亂離以來，死亡略盡，唯臣得見太平。若殺之，是絕其類。」帝笑釋之。授玉山屯監。引見玄武門，與語平生，調之曰：「卿自謂佞邪，直邪？」對曰：「愚且直。」帝曰：「若直者，何爲背賊歸我？」對曰：「洛陽平，天下爲一，臣智窮力屈，乃歸陛下。使世充不死，臣據漢南，尙爲勍敵。」帝大笑，嘲曰：「何名長而意之短，口正而心之邪？」世長曰：「名長意短，誠如聖旨。口正心邪，不敢奉詔。昔竇融以河西降漢，十世侯之；臣舉山南以歸，唯蒙屯監。」帝悅，拜諫議大夫。

從獵涇陽，大獲。帝入旌門，詫左右曰：「今日畋，樂乎？」世長曰：「陛下廢萬機，事游獵，不滿十旬，未爲樂也。」帝色變，既而笑曰：「狂態發邪？」曰：「爲臣計則狂，爲陛下計忠矣。」時武功、郿新經突厥寇掠，鄉聚凋虛，帝將遂獵武功，世長諫曰：「突厥向盜劫人，陛下救卹之言未出口，又獵其地，殆百姓不堪所求。」帝不聽。侍宴披香殿，酒酣，進曰：「此煬帝作邪？何雕麗底此！」帝曰：「卿好諫似直，然詐也。豈不知此殿我所營，乃詭云煬帝邪？」對曰：「臣但見傾宮、鹿臺，非受命聖人所爲者。陛下武功舊第，纔蔽風雨，時以爲足。今天下厭隋之侈，以歸有道，陛下宜刈奢淫，復朴素。今乃即其宮加雕飾焉，欲易其亂，得乎？」帝容重其言。歷陝州長史、天策府軍諮祭酒，引爲學士。貞觀初，使突厥，與頡利爭禮，不

屈，拒御路遺，朝廷壯之。出爲巴州刺史，舟敗，溺死。

世長有機辯，淺于學，嗜酒，簡率無威儀。初在陝，邑里犯法不能禁，乃引咎自撻于廛，五伯疾其詭，鞭之流血，世長不勝痛，呼而走，人笑其不情。

子良嗣，高宗時爲周王府司馬，王年少不法，良嗣數諫王，以法繩府官不職者，甚見尊憚。帝異之，遷荊州長史。帝遣宦者采怪竹江南，將蒔上苑，宦者所過縱暴，至荊，良嗣囚之，上書言狀。帝下詔慰獎，取竹棄之。徙雍州。時關內饑，人相食，良嗣政上嚴，每盜發，三日內必禽，號稱神明。

垂拱初，遷多官尙書，拜納言，封溫國公，留守西京，賞遇尤渥。尙方監裴匪躬案諸苑，建言鬻果蔬，儲利佐公上。良嗣曰：「公儀休一諸侯相，拔葵去織，未聞天子賣果蔬與人爭利。」遂止。遷文昌左相、同鳳閣鸞臺三品。遇薛懷義于朝，懷義偃蹇，良嗣怒，叱左右批其頰，曳去。武后聞之，戒曰：「弟出入北門，彼南衙宰相行來，毋犯之。」載初元年，罷左相，加特進，仍知政事。與韋方質素不平，方質坐事誅，引逮之。后辨其非，良嗣悸，謝不能興，輿還第，卒，年八十五。詔百官往弔，贈開府儀同三司、益州都督。始，良嗣爲洛州長史，坐僚掾累，下徙冀州刺史。其人往謝，良嗣色泰定，曰：「初不聞有

罪。」在荊州時，州有河東寺，本蕭詧爲兄河東王所建，良嗣曰：「江、漢間何與河東乎？」奏易之，而當世恨其少學云。

子踐言，官太常丞，爲酷吏所陷，死嶺南，削父爵，沒其家。神龍元年，復贈司空，以踐言子務元襲爵，終邠王府長史。

從孫弁，字元容，擢進士，調奉天主簿。德宗出狩，而縣令計事在府，官屬皆惶恐，欲遁走。弁曰：「昔肅宗幸靈武，至新平、安定，二太守坐伏匿，斬以徇。諸君知之乎？」衆乃定。車駕至，儲偫畢給，帝嘉之，試大理司直。朱泚平，進監察御史，擢累倉部郎中，判度支案。裴延齡死，帝召弁見延英，賜紫衣金魚，以度支郎中副知度支事，位郎中上。知度支有副自弁始。弁通學術，吏事精明，承延齡後，平賦緩役，略煩苛，人賴其寬。

久之，遷戶部侍郎，判度支，改太子詹事。舊制，詹事位在太常宗正卿下，御史中丞竇參卑之，徙班河南、太原尹下。弁造朝，輒就舊著，有司疑詰，紿曰：「我已白宰相，復舊班。」殿中侍御史鄭儒立劾奏，待罪金吾，有詔原罪。坐前以腐粟給邊，貶汀州司戶參軍。是時，兄袞爲贊善大夫，冕京兆士曹參軍，以弁故，貶袞永州，冕信州司戶參軍。袞年老，瞑不能覩，帝閔之，聽還。又有稱冕才者，帝悔不用，而袞以老先還，重追冕。更問大臣昆弟可

任者，左右以王紹之兄紓、韓臯之兄羣對。帝乃擢紓右補闕，羣考功員外郎，冕遂不復用。數年，起弁爲滁州刺史，卒。

弁聚書至二萬卷，手自讎定，當時稱與祕府埒。弁之判度支，方大旱，州縣有逋米，斷貞元八年以前，凡三百八十萬斛，人亡數在，弁奏請出以貸貧民，至秋而償，詔可。當時譏其罔君云。

韋雲起，京兆萬年人。隋開皇中，以明經補符璽直長。嘗奏事文帝前，帝曰：「外事不便，可言之。」時兵部侍郎柳述侍，雲起即奏：「述性豪侈，未嘗更事，特緣主壻私，握兵要，議者謂陛下官不擇賢，此不便者。」帝顧述曰：「雲起言，而藥石也，可師之。」仁壽初，詔百官舉所知，述舉雲起通事舍人。大業初，改謁者。建言：「今朝廷多山東人，自作門戶，附下罔上，爲朋黨。不抑其端，必亂政。」因條陳姦狀。煬帝屬大理推究，於是左丞郎蔚之、司隸別駕郎楚之等皆坐免。

會契丹寇營州，詔雲起護突厥兵討之，啓民可汗以二萬騎受節度。雲起使離爲二十屯，屯相聯絡，四道並引，令曰：「鼓而行，角而止，非公使，毋走馬。」三喩五復之。既而紇斤

一人犯令，即斬以徇。於是突厥酋長入謁者，皆膝而進，莫敢仰視。始，契丹事突厥無間，且不虞雲起至。既入境，使突厥紿云詣柳城與高麗市易，敢言有隋使在者斬。契丹不疑。因引而南，過賊營百里，夜還陣，以遲明掩擊之，獲契丹男女四萬，以女子及畜產半賜突厥，男子悉殺之，以餘衆還。帝大喜，會百官於廷，曰：「雲起將突厥兵平契丹，以奇用師，有文武才，朕自舉之。」拜治書御史。因劾奏：「內史侍郎虞世基、御史大夫裴蘊怙寵放命，四方有變不以聞，聞不以實。朝議少賊，不多發兵，官兵少，賊衆，數見敗北，賊氣日張。請付有司案罪。」大理卿鄭善果奏：「雲起訾大臣，毀朝政，所言不情。」貶大理司直。帝幸江都，請告歸。

高祖入關，上謁長樂宮，授司農卿、陽城縣公。武德初，進上開府儀同三司，判農圃監。時議討王世充，雲起上言：「京師初平，人未堅附，百姓流離，仍歲無年。盩厔司竹、藍田谷口，盜賊羣屯。京都椎剽，乘夜竊發。重以梁師都嫁情北胡，陰計內鈔，爲腹心患。釋此不圖，而窺兵函、洛，姦人乘虛，一旦有變，禍且不細。臣愚以爲不若戢兵務農，須關中妥安，士氣餘飽，然議討伐，一舉可定。」從之。

會突厥入寇，詔總豳、寧以北九州兵禦之，得一切便宜。改遂州都督、益州行臺兵部尙書。時僕射竇軌數奏生獠反，冀得集兵以威衆，雲起數持掣，軌宣言雲起通賊營私，由是始隙。雲起弟慶儉、慶嗣事隱太子。太子死，詔軌息馳驛報。軌疑雲起有變，陰設備，乃告

中華書局

之。雲起不信，曰：「詔安在？」軌曰：「公建成黨，今不奉詔，反明矣。」遂殺之。初，雲起師太學博士王頗，每歎曰：「韋生識悟，富貴可自致；然疾惡甚，恐不得死。」訖如言。

孫方質，光宅初爲鳳閣侍郎、同鳳閣鸞臺平章事，遷地官尚書。嘗屬疾，武承嗣兄弟往候，方質據牀自若。或曰：「倨見權貴，且速禍。」答曰：「吉凶命也，丈夫豈能折節近戚以茍免邪？」俄爲酷吏所陷，流死儋州，沒其家。神龍初，復官爵。

孫伏伽，貝州武城人。仕隋，以小史累勞補萬年縣法曹。高祖武德初，上言三事。其一：

臣聞「天子有爭臣，雖無道不失其天下」。隋失天下者何？不聞其過也。方自謂功德盛五帝、邁三王，窮侈極欲，使天下士肝腦塗地，戶口殫耗，盜賊日滋。當時非無直言之臣，卒不聞悟者，君不受諫，而臣不敢告之也。向使開不諱之路，官賢授能，賞罰時當，人人樂業，誰能搖亂者乎？陛下舉晉陽，天下響應，計不旋跬，大業以成。勿以得天下之易，而忘隋失之不難也。天子動則左史書之，言則右史書之。凡蒐狩當順四時，不可妄動。且陛下即位之明日，有獻鷂者，不卻而受，此前世弊事，奈何行之？相

國參軍事盧牟子獻琵琶，長安丞張安道獻弓矢，並被賚賞。以率土之富，何索不致，豈少此物哉？

其二：

百戲散樂，本非正聲，隋末始見崇用，此謂淫風，不得不變。近太常假民裙襦五百稱，以衣妓工，待玄武門游戲。臣以爲非詒子孫之謀。傳曰：「放鄭聲，遠佞人。」今散妓者，匪韶匪夏，請並廢之，以復雅正。

其三：

臣聞「性相近，習相遠」。今皇太子諸王左右執事，不可不擇。大抵不義無賴及馳騁射獵歌舞聲色慢游之人，止可悅耳目，備驅馳，至拾遺補闕，決不能也。汎觀前世，子姓不克孝，兄弟不克友，莫不由左右亂之。願選賢才，澄僚友之選。

帝大悅，卽詔：「周、隋之晚，忠臣結舌，是謂一言喪邦者。朕惟寡德，不能性與天道，然冀弼諧以輔不逮，而羣公卿士罕進直言。伏伽至誠慷慨，據義懇切，指朕失無所諱。其以伏伽爲治書侍御史，賜帛三百匹。」初，帝受禪，伏伽最先諫，帝欲盡下情，故不次見拔，以示羣臣。

是時，軍興賦斂重，伏伽數請蠲損。帝語裴寂曰：「隋爲無道，主驕於上，臣諂於下，下上蔽蒙，至身死匹夫手，寧不痛哉！我今不然，平亂責武臣，守成責儒臣，程能付事，以佐不逮；虛心盡下，冀聞嘉言。若李綱、孫伏伽，可謂諍臣矣。俛首喋默，豈朕所望哉？」

東都平，大赦天下，又欲責賊支黨，悉流徙惡地。伏伽諫曰：「臣聞王者無戲言，書稱『爾無不信，朕不食言』，言之不可不慎也。陛下制詔曰：『常赦不免，皆原之。』此非直赦有罪，是亦與天下更新辭也。世充、建德所部，赦後乃欲流徙。書曰：『殲厥渠魁，脅從罔治。』渠魁尚免，脅從何辜？且蹠狗吠堯，吠非其主。今與陛下結髮雅故，往爲賊臣，彼豈忘陛下哉，壅隔故也。至疏者安得而罪之？由古以來，何始無君，然止稱堯、舜者，何也？直由善名難得也。昔天下未平，容應機制變。今四方已定，設法須與人共之。法者陛下自作，須自守之，使天下百姓信而畏也。自爲無信，欲人之信，若爲得哉？賞罰之行，無貴賤親疏，惟義所在。臣愚以爲賊黨於赦當免者，雖甚無狀，宜一切加原，則天下幸甚。」又表置諫官。帝皆欽納。

太宗卽位，封樂安縣男，遷大理少卿。帝數出馳射，伏伽諫曰：「臣聞天子之居，禁衞九重，出也警，入也蹕，非直尊其居處，爲社稷生人計也。比聞陛下走馬射帖，娛悅羣臣，殆非所以導養聖躬、垂憲後代，此直少年諸王務耳，安得旣爲天子，尚行之乎？竊爲陛下不取。」帝悅曰：「卿能言朕失，朕能改之，天下庶有瘳乎！」後坐奏囚失，免官。起爲刑部郎中。累遷大理卿。時司農市木橦，倍直與民，右丞韋悰劾吏隱沒，事下大理訊鞫。伏伽曰：「緣官市貴，故民直賤。臣見司農識大體，不見其罪。」帝悟，顧悰曰：「卿不逮伏伽遠矣。」久之，出

爲陝州刺史，致仕。顯慶三年卒。

始，伏伽拜御史時，先被內旨，而制未出，歸臥于家，無喜色。頃之，御史造門，子弟驚白，伏伽徐起見之。時人稱其有量，以比顧雍云。

張玄素，蒲州虞鄉人。仕隋，爲景城縣戶曹。竇建德陷景城，執將殺之，邑人千余號泣請代，曰：「此淸吏，殺之是無天也。」大王卽定天下，無使善人解體。」建德命釋縛，署治書侍御史，不拜。聞江都已弑，始爲建德黃門侍郎。賊平，授景州錄事參軍。

太宗卽位，問以政，對曰：「自古未有如隋亂者，得非君自專、法日亂乎？且萬乘之尊，身決庶務，日斷十事，五不中，中者信善，有如不中者何？一日萬機，積其失，不亡何待？若上賢右能，使百司善職，則高居深拱，疇敢犯之？隋末盜起，爭天下者不十數，餘皆保城邑以須有道聽命，是欲背上怙亂者果鮮，特人君不能安之而挺之亂也。以陛下聖神，跡所以危，鑒所以亡，日愼一日，雖堯、舜何以加！」帝曰：「善。」拜侍御史，遷給事中。

貞觀四年，詔發卒治洛陽宮乾陽殿，且東幸。玄素上書曰：

臣惟秦始皇帝藉周之餘，夷六國，統壹尊，將貽之萬世，及子而亡者，殫嗜奔欲，以

逆天害人也。天下不可以力勝，唯當務儉約，薄賦斂，以身先之，乃能大安。

今東都未有幸期，前事土木，戚王出藩，又當營構，科調繁仍，失疲人望，一不可也。陛下向平東都，曾觀廣殿，皆撤毀之，天下翕然，一口頌歌。豈有初惡侈靡而後好雕麗哉？二不可也。陛下每言巡幸者不急之務，徒爲虛費。今國儲無兼年，又興別都之役，以產怨讟，三不可也。百姓承亂離之後，財賦殫空，雖蒙更生，意未完定，奈何營未幸之都，重耗其力，四不可也。漢祖將都洛陽，婁敬一言，卽日西駕。非不知地土中，道里所均，但形勝不及關內，弗敢康也。伏惟陛下化凋弊之俗，爲日尙淺，詎可東巡以搖人心？五不可也。

臣嘗見隋家造殿，伐木於豫章，二千人挽一材，以鐵爲轂，行不數里，轂輒壞，別數百人齎轂自隨，終日行不三十里。一材之費，已數十萬工，揆其餘可知已。昔阿房成，秦人散；章華就，楚衆離；乾陽畢功，隋人解體。今民力未及隋日，而役殘創之人，襲亡國弊，臣恐陛下之過，甚於煬帝。

帝曰：「卿謂我不如煬帝，何如桀、紂？」對曰：「若此殿卒興，同歸於亂。臣聞東都始平，太上皇詔宮室過度者焚之，陛下謂瓦木可用，請賜貧人，事雖不從，天下稱爲盛德。今復度而宮之，是隋役又興。不五六年間，一捨一取，天下謂何？」帝顧房玄齡曰：「洛陽朝貢天下

中，朕營之，意欲便四方百姓。今玄素言如此，使後必往，雖露坐，庸何苦？」卽詔罷役，賜綵二百匹。魏徵名梗挺，聞玄素言，歎曰：「張公論事，有回天之力，可謂仁人之言哉。」

歷太子少詹事，遷右庶子。時太子承乾事游畋，不悅學。玄素上書曰：

天道無親，惟德是輔。苟違天道，人神棄之。古者田三驅，非以教殺，除民害也。今反以獵爲娛，行之無常，不損盛德哉？傳曰：「事不師古，匪說攸聞。」然則探道在學古，學古在師訓。孔穎達奉詔講勸，宜數逮問，裨萬分。博選賢傑，朝夕侍左右，與相規摩。日知所亡，月無忘所能，此則善美矣。

夫在人上者常求爲善也，然性不勝情，耽惑成亂，下有諛言，君道乃虧。古人有云：「勿以惡小不去，善小不爲。」禍福之來，皆根於初，護終若始，猶懼其替，始不護焉，終將安歸？

太子不納。又上書曰：

周公資聖人，而握沐吐飧，下白屋，況下周公之人哉？殿下睿質天就，尙須學以表飾之。孔穎達、趙弘智皆宿德鉅髦，兼識政機，望數召見，迹古今，增懿明德。雕蟲小技，正可閒召，代博弈，不宜屢也。騎射畋游，褻戲酣歌，悅耳目，移情靈，不可以御。夫心爲萬事主，動而無節則亂，敗德之原，實在於此。

帝知數財正太子，頻擢至銀青光祿大夫，行左庶子。

太子久不見賓友，玄素曰：「宮中所見止婦人，不知如樊姬等可與益聖德者幾何？若無之，卽便詖豔嬖，何足顧哉！上惟東宮之重，高署賢才爲寮佐，今乃不得進見，將何以朝納誨、夕補遺哉？」太子諱其切，夜遣戶奴以騎檛狙擊，危脫死。嘗聞宮中擊鼓，叩閤正言，太子出鼓，對玄素破之。既不悛，醜德日聞。玄素不能已，上書曰：

孔子曰：「能近取譬，可謂仁之方也。」書傳所載或遠，臣請以近事喻之。周武帝平山東，庳宮陋食以安海內，而太子贇有穢德，烏丸軌以聞，帝慈仁不忍廢。及踐祚，狂暴日熾，宗祀以亡，隋文帝所代是也。文帝因周衰，藉女資，雖無大功於人，然布德行惠，上下安賴。勇爲太子，驕肆敗度，今宮中山池，殿下所親見者也。當是時，自謂有太山之安，詎知壬臣敢進其說哉？向使動靜有常，進止有度，親君子，疏小人，黜浮華，守恭儉，雖有離間，烏能致慈父之隙哉？蓋積德弗純，令問不著，一遭讒，遂成其禍。

今上以殿下父子親，故所資用不爲限節，然詔未六旬，而用踰七萬，驕奢亡藝，孰有過此？龍樓、望苑，爲工匠之肆，既闕視膳問安之宜，又無悅學好道之實。上違君父慈訓之方，下有因緣戮辱之罪。所施與者，不游手雜色，則圖畫雕鏤之人。外所瞻仰，此失已暴，內隱密者，尙可勝計哉？右庶子趙弘智經明行脩，臣謂宜數進召，以廣徽

美；今反猜嫌，謂妄相推引。從善若流，尙恐不逮，飾非拒諫，禍可旣乎？

書入，太子怒，遣刺客伺之。會宮廢，玄素坐除名爲民。頃之，召授潮州刺史，徙鄧州，訖不復親近。高宗時，以老致仕。麟德初卒。

始，玄素與孫伏伽在隋皆爲令史，太宗嘗問玄素宦立所來，深自羞汗。褚遂良見帝曰：「君子不失言於人，明主不失言於戲。故言則史書之，禮成之，樂歌之。居上能禮其臣，乃盡力以奉其上。近世宋武帝侮靳朝臣，攻其門戶，至恥懼狼狽，前史以爲非。陛下昨問玄素在隋任何官，對曰：『縣尉。』又問未爲尉時，曰：『流外。』又問何曹司，玄素出不能徙步，顏若死灰，精爽頓盡，見者咸共驚怪。唐家創業，任官以才，卜祝庸保，量能並用。陛下以玄素擢任三品，佐皇儲，豈宜復對羣臣使辭窮負恥，欲責其伏節死義，安可得乎？」帝曰：「朕亦悔之。」伏伽雖廣坐，陳說往事，無少隱焉。

贊曰：始唐有天下，懲刈隋敝，敷內讜言，而世長等仇然獻忠，時主方褎聽，藉以勸天下，雖觸禁忌，而無忤情。及禍亂已平，君位尊安，後者視前人之爲，猶以鯁論期榮，故時時遭斥讓，爲所厭苦。非言有巧拙，所遭之時異也。夫性有不可移，雖堯、舜弗能訓。承乾之惡，根著于心，而歸責玄素，其何救哉？此士亹辭不能傅太子，諒矣。

唐書卷一百四

列傳第二十九

于志寧 休烈 敖 琮 龐嚴　高季輔　張行成 易之 昌宗

于志寧字仲謐，京兆高陵人。曾祖謹，有功於周，爲太師、燕國公。父宣道，仕隋至內史舍人。大業末，志寧調冠氏縣長，山東盜起，棄官歸。

高祖入關，率羣從迎謁長春宮，詔授渭北道行軍元帥府記室，與殷開山參謀議。薛仁杲平，議褚亮於囚虜中，遷天策府中郎、文學館學士，引亮與同列。貞觀三年，爲中書侍郎。太宗嘗宴近臣，問：「志寧安在？」有司奏：「敕召三品，志寧品第四。」帝悟，特詔預宴，因加散騎常侍、太子左庶子、黎陽縣公。是時議立七廟，羣臣請以涼武昭王爲始祖，志寧以涼非王業所因，獨建議違之。帝詔功臣世襲刺史，志寧奏：「古今異時，慕虛名，遺實患，非久安計。」帝皆從之。嘗謂志寧曰：「古者太子既生，士負之，卽置輔弼。昔成王以周、召爲師

傅，日聞正道，習以成性。今太子幼，卿當輔以正道，無使邪僻啓其心。勉之，官賞可不次得也。」太子承乾數有過惡，志寧欲救止之，上諫苑以諷。帝見大悅，賜黃金十斤、絹三百匹。俄兼詹事，以母喪免，有詔起復本官，固請終喪，帝遣中書侍郎岑文本敦譬曰：「忠孝不兩立，今太子須人教約，卿彊起，爲我卒輔道之。」志寧乃就職。

時太子以農時造曲室，累月不止，又好音樂過度。志寧諫，以爲「今東宮乃隋所營，當時號爲侈麗，豈容復事磨礱彩飾於其間？丁匠官奴皆犯法亡命，鉗鑿槌杵，往來出入，監門、宿衞、直長、千牛不得苛問。爪牙在外，廝役在內，其可無憂乎？又宮中數聞鼓聲，太樂伎兒輒留不出，往年口敕丁寧，殿下可不思之？」太子不納。而左右多任宦官，志寧復諫曰：「奄官者，體非全氣，專柔便佞，託親近爲威權，假出納爲禍福。故伊戾敗宋，易牙亂齊，趙高亡秦，張讓傾漢。近高齊任鄧長顒爲侍中，陳德信爲開府，內預宴私，外干朝政，齊卒顚覆。今殿下左右前後皆用寺人，輕忽高班，陵轢貴仕，品命失序，經紀不立，行路之人咸以爲怪。」太子益不悅。東宮僕御舊得番休，而太子不聽，又私引突厥，與相狎比。志寧懷不能已，上疏極言曰：「竊見僕寺司馭，爰及獸醫，自春迄夏，不得番息。或家有慈親，以闕溫凊，或室有幼弱，以虧撫養，殆非恕愛之意。又突厥達哥支等，人狀野心，不可以禮教期，不可以仁信待。狎而近之，無益令望，有損盛德。況引內閤中，使常親近，人皆震駭，而殿

下獨安此乎？」太子大怒，遣張師政、紇干承基往刺之。二人者入其第，見志寧憔然在苫塊中，不忍殺，乃去。太子敗，帝知狀，謂曰：「聞公數諫，承乾不聽公，故至此。」是時宮臣皆罪廢，獨志寧蒙勞勉。

晉王爲皇太子，復拜左庶子，遷侍中，加光祿大夫，進封燕國公，監脩國史。永徽二年，洛陽人李弘泰誣告太尉長孫无忌反，有詔不待時斬之。志寧以爲：「方春少陽用事，不宜行刑，且誣謀非本惡逆，請依律待秋分乃決。」從之。衡山公主旣公除，將下嫁長孫氏。志寧以爲：「禮，女十五而笄，二十而嫁，有故，二十三而嫁，固知遇喪須終三年。春秋，魯莊公如齊納幣，母喪未再期而圖婚，二家不譏，以其失禮明也。今議者云『公除從吉』，此漢文創制，爲天下百姓耳。公主身服斬衰，服可以例除，情不可以例改。心喪成婚，非人情所忍。」於是詔公主待服除乃婚。拜尙書左僕射、同中書門下三品。頃之，兼太子少師。四年，隕石十八于馮翊，高宗問曰：「此何祥也？朕欲悔往脩來以自戒，若何？」志寧對：「春秋：『隕石于宋五。』內史過曰：『是陰陽之事，非吉凶所生。』物固有自然，非一繫人事。雖然，陛下無災而戒，不害爲福也。」俄遷太傅。嘗與右僕射張行成、中書令高季輔俱賜田，志寧奏：「臣家自周、魏來，世居關中，貲業不墜。今行成、季輔始營產土，願以臣有餘賜不足者。」帝嘉之，分其田以與二人。

顯慶四年，以老乞骸骨，詔解僕射，更拜太子太師，仍同中書門下三品。王皇后之廢，長孫无忌、褚遂良固爭不見從，志寧不敢言。武后以其不右己，銜之，後因殺无忌，坐免官，出爲榮州刺史，改華州，聽致仕。卒，年七十八，贈幽州都督，謚曰定。後追復左光祿大夫、太子太師。

志寧愛賓客，樂引後進，然多嫌畏，不能有所薦達也，爲士議所少。凡格式、律令、禮典，皆與論譔，賞賜以巨萬。

初，志寧與司空李勣脩定本草并圖，合五十四篇。帝曰：「本草尙矣，今復脩之，何所異邪？」對曰：「昔陶弘景以神農經合雜家別錄註詺之，江南偏方，不周曉藥石，往往紕繆，四百餘物，今考正之，又增後世所用百餘物，此以爲異。」帝曰：「本草、別錄何爲而二？」對曰：「班固唯記黃帝內、外經，不載本草，至齊七錄乃稱之。世謂神農氏嘗藥以拯含氣，而黃帝以前文字不傳，以識相付，至桐、雷乃載篇册，然所載郡縣，多在漢時，疑張仲景、華佗竄記其語。別錄者，魏、晉以來吳普、李當之所記，其言華葉形色，佐使相須，附經爲說，故弘景合而錄之。」帝曰：「善。」其書遂大行。

曾孫休烈。

休烈機警融敏，善文章，與會稽賀朝、萬齊融、延陵包融齊名。開元初，第進士，又擢制科，歷祕書省正字。吐蕃金城公主請文籍四種，玄宗詔祕書寫賜。休烈上疏曰：「戎狄，國之寇；經籍，國之典也。戎之生心，不可以無備。昔東平王求史記、諸子，漢不與之，以史記多兵謀，諸子雜詭術也。東平，漢之懿戚，尚不示征戰之書，今西戎國之寇讎，安可貽以經典？且吐蕃之性慓悍果決，善學不回。若達於書，則知戰；深於詩，則知武夫有師干之試；深於禮，則知月令有廢興之兵；深於春秋，則知用師詭詐之計；深於文，則知往來書檄之制：此何異假寇兵資盜糧也！臣聞魯秉周禮，齊不加兵；吳獲乘車，楚屢奔命。喪法危邦，可取鑒也。公主下嫁異國，當用夷禮，而反求良書，恐非本意，殆有姦人勸導其中。若陛下慮失其情，示不得已，請去春秋。夫春秋當周德既衰，諸侯盛彊，征伐競興，情僞於是乎生，變詐於是乎起，有以臣召君、取威定霸之事。誠與之，國之患也。狄固貪婪，貴貨易土，正可錫以錦綵，厚以金玉，無足所求以資其智。」疏入，詔中書門下議。侍中裴光庭曰：「吐蕃不識禮經，孤背國恩，今求哀啓顙，許其降附，漸以詩、書，陶一聲教，斯可致也。休烈但見情僞變詐於是乎生，不知忠信節義亦於是乎在。」帝曰：「善。」遂與之。累遷起居郎、直集賢殿學士、比部郎中。楊國忠爲宰相，斥不附己者，出爲中部郡太守。

肅宗立，休烈奔行在，擢給事中，遷太常少卿，知禮儀事，兼脩國史。帝嘗謂曰：「良史

者，君舉必書。朕有過失，顧卿何如？」對曰：「禹、湯罪己，其興也勃焉。有德之君不忘規過。」於時經大盜後，史籍燔缺，休烈奏：「國史、開元實錄、起居注及餘書三千八百餘篇藏興慶宮，兵興焚煬皆盡，請下御史覈史館所由，購府縣有得者，許上送官。一書進官一資，一篇絹十匹。」凡數月，止獲一二篇，唯韋述以其家藏國史百三十篇上獻。中興文物未完，休烈獻五代論，討著舊章，天子嘉之。轉工部侍郎，仍脩史。宰相李揆矜己護前，羞與同史任爲等列，奏徙休烈爲國子祭酒，權留史館脩撰，以卑下之，休烈安然無屑意。乾元初，始詔百官元日、冬至於光順門賀皇后。休烈奏：「周禮有命夫朝人君，命婦朝女君。自顯慶以來，則天皇后甫行此禮，而命婦與百官雜處，在禮不經。」帝罷之。

代宗嗣位，甄別名品，元載稱其清諒。拜右散騎常侍，兼脩國史，加禮儀使，遷太常卿。累進工部尚書，封東海郡公。雖歷清要，不治產。性恭儉仁愛，無喜慍之容。樂賢下善，推轂士甚衆。年老，篤意經籍，嗜學不厭。妻韋卒，天子嘉休烈父子著儒行，詔贈韋國夫人，葬給鹵簿、鼓吹。歲中，休烈亦卒，年八十一。帝爲歎息，贈尚書左僕射，謚曰元，遣謁者就第宣慰，爲儒者榮。

二子：益、肅，及休烈時，相繼爲翰林學士。益，天寶初及進士第。肅，終給事中，贈吏部侍郎。

肅子敖，字蹈中，擢進士，爲祕書省校書郎。楊憑、李鄘、呂元膺相繼辟幕府。元和初，拜監察御史，五遷至右司郎中。進給事中、左拾遺。龐嚴爲元稹、李紳所厚，與蔣防俱薦爲翰林學士。李逢吉誣紳罪逐之，而出嚴爲信州刺史，防汀州刺史。敖封還詔書，摺紳意中嚴枉，及駁奏下，乃論貶嚴太輕，衆皆嗤誚。逢吉乃厚敖，三遷至戶部侍郎，出爲宣歙觀察使。敖脩謹，家世用文學進，初爲時所稱，及居官，無所建明，不迕物以自容，名益減。卒，贈禮部尚書。

四子：球、珪、瓌、琮，皆清顯。琮知名。

龐嚴者，字子肅，壽州壽春人。第進士，舉賢良方正，策第一，拜拾遺。辭章峭麗，累遷駕部郎中，知制誥。坐累出。復入，稍遷太常少卿。大和五年，權京兆尹，彊幹不阿貴勢，然貪利，溺聲色。卒于官。

琮字禮用，落魄不事事，以門資爲吏，久不調，駙馬都尉鄭顥獨器之。宣宗詔選士人尚公主者，顥語琮曰：「子有美才，不飾細行，爲衆毀所抑，能爲之乎？」琮許諾。中書舍人

李潘知貢舉，顥以琮託之，擢第，授左拾遺。初尚永福公主，主未降，食帝前，以事折匕箸，帝知其不可妻士大夫，更詔尚廣德公主。咸通中，以水部郎中爲翰林學士，遷中書舍人。閱五月，轉兵部侍郎、判戶部。八年，同中書門下平章事，進中書侍郎，兼戶部尚書。爲韋保衡所構，檢校司空、山南東道節度使，三貶韶州刺史。保衡敗，僖宗以太子少傅召，未幾，復爲山南節度使，入拜尚書右僕射。黃巢陷京師，以病臥家，巢欲起爲相，琮辭疾，賊迫脅不止，乃曰：「吾死在旦夕，位宰相，義不受汚。」賊遂害之。

高馮字季輔，以字行，德州蓨人。居母喪，以孝聞。兄元道，仕隋爲汲令，縣人反城應賊，殺元道。季輔率其黨與縣人戰，禽之，斬首以祭，賊衆畏伏，更歸附之，至數千人。俄與武陟李厚德將其衆降，授陟州總管府戶曹參軍。

貞觀初，拜監察御史，彈治不避權要。累轉中書舍人，列上五事，以爲：

今天下大定，而刑未措，何哉？蓋謀猷之臣、臺閣之吏不崇簡易，而昧經遠，故執憲者以深刻爲奉公，當官者以侵下爲益國。如尚書八坐，人主所責成者也，宜擇溫厚脩絜者任之。敦樸素，革浮僞，使家識慈孝，人知廉恥，過行者被嗤於鄉，不昵者蒙擯於

親，自然禮節興矣。

陛下身帥節儉，而營繕未息，丁匠不能給驅使，又和雇以重勞費。人主所欲，何求而不得。願愛其財，毋使殫；惜其力，毋使弊。畿內數州，京師之本，土狹人庶，儲畜少而科役多，宜蒙優貸，令得休息，彊本弱支之義也。至江南、河北，人頗舒閑，宜爲差等，均量勞逸。

公侯勳戚之家，邑入、俸稍足以奉養，而貸息出舉，爭求什一，下民化之，競爲錐刀，宜加懲革。

今外官卑品，皆未得祿，故饑寒之切，夷、惠不能全其行。爲政之道，期於易從，不恤其匱，而須其廉，正恐巡察歲出，輶軒繼軌，而侵漁不息也。宜及戶口之繁，倉庾且實，稍加稟賜，使得事父母、養妻子，然後督責其効，則官人畢力矣。

密王元曉等俱陛下懿親，當正其禮。比見帝子拜諸叔，諸叔答拜。爵封既同，當明昭穆，願垂訓正，以爲彝法。

書奏，太宗稱善，進授太子右庶子。數上書言得失，辭誠切至。帝賜鍾乳一劑，曰：「而進藥石之言，朕以藥石相報。」後爲吏部侍郎，善銓敍人物，帝賜金背鏡一，況其淸鑒焉。久之，遷中書令、兼檢校吏部尚書，監脩國史，進爵蓨縣公。永徽初，加光祿大夫、侍

中、兼太子少保。感疾歸第，有詔以其兄虢州刺史季通爲宗正少卿，視疾，遣中使日候增損。卒，年五十八，贈開府儀同三司、荊州都督，謚曰憲。官給轜車，歸葬於鄉。

子正業，仕至中書舍人。坐善上官儀，貶嶺表。

張行成字德立，定州義豐人。少師事劉炫，炫謂門人曰：「行成體局方正，廊廟才也。」隋大業末，察孝廉，爲謁者臺散從員外郎。後爲王世充度支尚書。世充平，以隋資補穀熟尉。家貧，代計吏集京師，擢制舉乙科，改陳倉尉。高祖謂吏部侍郎張銳曰：「今選吏豈無才用特達者？朕將用之。」銳言行成，調富平主簿，有能名。召補殿中侍御史，糾劾嚴正。太宗以爲能，謂房玄齡曰：「古今用人未嘗不因介紹，若行成者，朕自舉之，無先容也。」

嘗侍宴，帝語山東及關中人，意有同異。行成曰：「天子四海爲家，不容以東西爲限，是示人以隘矣。」帝稱善，賜名馬一、錢十萬、衣一稱。自是有大政事，令與議焉。累遷給事中。帝嘗謂羣臣：「朕爲人主，兼行將相事，豈不是奪公等名？舜、禹、湯、武得稷、卨、伊、呂而四海安，漢高祖有蕭、曹、韓、彭而天下寧，玆事朕皆兼之。」行成退，上疏曰：「有隋失道，天下沸騰，陛下撥亂反正，拯人塗炭，何周、漢君臣所能比數。雖然，盛德含光，規模宏遠。

左右文武誠無將相材，奚用大庭廣衆與之量校，損萬乘之尊，與臣下爭功哉？」帝嘉納之。轉刑部侍郎、太子少詹事。

太子駐定州監國，謂曰：「吾乃送公衣錦過鄉邪！」令有司祠其先墓。行成薦里人魏唐卿、崔寶權、馬龍駒、張君劼皆以學行聞，太子召見，以其老不可任以事，厚賜遣之。太子使行成詣行在，帝見悅甚，賜勞尤渥。還爲河南巡察大使，稱旨，檢校尚書左丞。是歲，帝幸靈州，詔皇太子從。行成諫曰：「皇太子宜留監國，對百寮日決庶務，既爲京師重，且示四方盛德。」帝以爲忠。遷侍中、兼刑部尚書。

高宗卽位，封北平縣公，監脩國史。時晉州地震不息，帝問之，對曰：「天，陽也，君象；地，陰也，臣象。君宜動，臣宜靜。今靜者顧動，恐女謁用事，大臣陰謀。又諸王、公主參承起居，或伺閒隙，宜明設防閑。且晉，陛下本封，應不虛發，伏願深思以杜未萌。」帝然之，詔五品以上極言得失。俄拜尚書左僕射、太子少傅。永徽四年，自三月不雨至五月，行成懼，以老乞身，制答曰：「古者策免，乖罪己之義。此在朕寡德，非宰相咎。」乃賜宮女、黃金器，敕勿復辭。行成固請，帝曰：「公，朕之舊，奈何舍朕去邪？」泫然流涕。行成惶恐，不得已復視事。未幾，卒於尚書省舍，年六十七。詔九品以上就第哭。比斂，三遣使賜內衣服，尚宮宿其家護視。贈開府儀同三司、幷州都督，祭以少牢，謚曰定。弘道元年，詔配享高宗

廟廷。

族子易之、昌宗。

易之幼以門蔭仕，累遷尚乘奉御。既冠，頎晳美姿製，音技多所曉通。武后時，太平公主薦其弟昌宗，得侍。昌宗白進易之材用過臣，善治鍊藥石。卽召見，悅之。兄弟皆幸，出入禁中，傅朱粉，衣紈錦，盛飾自喜。卽日拜昌宗雲麾將軍、行左千牛中郎將，易之司衞少卿，賜甲第，帛五百段，給奴婢、橐它、馬牛充入之。不數日，進拜昌宗銀青光祿大夫，賜防閤，同京官朔望；追贈父希臧爲襄州刺史，母韋、母臧並封太夫人，尚宮問省起居。詔尚書李迥秀私侍臧。昌宗興不旬日，貴震天下。諸武兄弟及宗楚客等爭造門，伺望顏色，親執轡箠，號易之爲「五郎」，昌宗「六郎」。又加昌宗右散騎常侍。聖曆二年，始置控鶴府，拜易之爲監。久之，更號奉宸府，以易之爲令。乃引知名士閻朝隱、薛稷、員半千爲供奉。

后每燕集，則二張諸武雜侍，摴博爭道爲笑樂，或嘲詆公卿，淫蠱顯行，無復羞畏。時無檢輕薄者又諂言昌宗乃王子晉後身，后使被羽裳、吹簫、乘寓鶴，裴回庭中，如仙去狀，詞臣爭爲賦詩以媚后。后知醜聲甚，思有以掩覆之，乃詔昌宗卽禁中論著，引李嶠、張說、

宋之問、富嘉謨、徐彥伯等二十有六人譔三教珠英。加昌宗司僕卿，易之麟臺監，權勢震赫。皇太子、相王請封昌宗爲王，后不聽，遷春官侍郎，封鄴國公，易之恆國公，實封各三百戶。

后既春秋高，易之兄弟顓政，邵王重潤與永泰郡主竊議，皆得罪縊死。御史大夫魏元忠嘗劾奏易之等罪，易之訴於后，反誣元忠與司禮丞高戩約曰：「天子老，當挾太子爲耐久朋。」后問：「孰爲證左？」易之曰：「鳳閣舍人張說。」翌日庭辯，皆不讎，然元忠、說猶皆被逐。其後易之等益自肆，姦贓狠藉，御史臺劾奏之，乃詔宗晉卿、李承嘉、桓彥範、袁恕己參鞫，而司刑正賈敬言窺望后旨，奏昌宗彊市，罪當贖，詔曰可。承嘉、彥範進曰：「昌宗贓四百萬，尙當免官。」昌宗大言曰「臣有功於國，不應免官。」后問宰相，內史令楊再思曰：「昌宗主鍊丹劑，陛下餌之而驗，功最大者也。」卽詔釋之，歸罪其兄昌儀、同休，皆貶官。已而后久疾，居長生院，宰相不得進見，惟昌宗等侍側。昌宗恐后不諱，禍且及，乃引支黨日夜與謀爲不軌事。然小人疏險，道路皆知之，至有榜其事於衢左者。左臺御史中丞宋璟亟請按擿，后陽許璟，俄詔璟外按幽州都督屈突仲翔，更敕司刑卿崔神慶問狀。神慶妄奏云「昌宗應原。」璟執奏「昌宗法當斬」。后不答，左拾遺李邕進曰：「璟之言，社稷計也，願可之。」后終不許。

神龍元年，張柬之、崔玄暐等率羽林兵迎皇太子入，誅易之、昌宗於迎仙院，及其兄昌期、同休、從弟景雄皆梟首天津橋，士庶歡踊，臠取之，一夕盡。坐流貶者數十人。天寶九載，昌期女上表自言，楊國忠助之，詔復易之兄弟官爵，賜同休一子官。

贊曰：于志寧諫太子承乾，幾遭賊殺，然未嘗懼，知太宗之明，雖匕首揕胸不愧也。及武后立，不敢出一言，知高宗之昧，雖死無益也。季輔、行成數進諫，然雍容有禮，皆長厚君子哉！

唐書卷一百五

列傳第三十

長孫无忌 敞 操 詮 順德　褚遂良 璆　韓瑗　來濟 恆　李義琰 巢 義琛　上官儀

長孫无忌字輔機。性通悟，博涉書史。始，高祖兵度河，進謁長春宮，授渭北道行軍典籤。從秦王征討有功，累擢比部郎中、上黨縣公。

皇太子建成毒王，王病，舉府危駭。房玄齡謂无忌曰：「禍隙已牙，敗不旋踵矣。夫就大計者遺細行，周公所以紬管、蔡也。」遂俱入白王，請先事誅之，王未許。无忌曰：「大王以舜何如人？」王曰：「濬哲文明，爲子孝，爲君仁，又何議哉？」對曰：「向使濬井弗出，得爲孝乎？塗廩弗下，得爲仁乎？大杖避，小杖受，良有以也。」王未決。事益急，乃遣无忌陰召房玄齡、杜如晦定計。无忌與尉遲敬德、侯君集、張公謹、劉師立、公孫武達、獨孤彥雲、

杜君綽、鄭仁泰、李孟嘗討難，平之。王爲皇太子，授左庶子。卽位，遷吏部尙書，以功第一，進封齊國公。帝以无忌皇后兄，又少相友，眷倚日厚，常出入臥內。進尙書右僕射。

突厥頡利可汗已盟而政亂，諸將請遂討之。帝顧新歃血，不取爲失機，取之失信，計猶豫，以問大臣。蕭瑀曰：「兼弱攻昧，討之便。」无忌曰：「今我務戢兵，待夷狄至，乃可擊。使遂弱，且不能來，我又何求？臣謂按甲存信便。」帝曰：「善。」然卒取突厥。

或有言无忌權太盛者，帝持表示无忌曰：「我與公君臣間無少疑，使各懷所聞不言，斯則蔽矣。」因普示羣臣曰：「朕子幼，无忌於我有大功，視之猶子也。疏間親、新間舊之謂不順，朕無取焉。」无忌亦自懼貴且亢，后又數言之，遂解僕射，授開府儀同三司。與房玄齡、杜如晦、尉遲敬德皆以元勳封一子郡公。進册司空，知門下、尙書省事，无忌辭，又因高士廉口陳「以外戚位三公，嫌議者謂天子以私后家」。帝曰：「朕任官必以才，不者，雖親若襄邑王神符，不妄授；若才，雖仇如魏徵，不棄也。夫緣后兄愛昵，厚以子女玉帛，豈不得？以其兼文武兩器，朕故相之，公等孰不曰然？」无忌固讓，詔答曰：「黃帝得力牧，爲五帝先；夏禹得咎繇，爲三王祖；齊桓得管仲，爲五伯長。朕得公，遂定天下。公其無讓！」帝又思所與共艱難，賴无忌以免，作威鳳賦以賜，且況其功。

帝欲功臣並世襲刺史，貞觀十一年，乃詔有司：「朕憑明靈之祐，賢佐之力，克翦多難，

中華書局

清宇內。蓋時屯共賫其力，世安專享其利，朕所不取。刺史，古諸侯，雖名不同，而監統一也。无忌等義貫休戚，効挺夷險，嘉庸懿績，簡在朕心。其改錫土宇，用世及之制。」乃以无忌爲趙州刺史，以趙爲公國；房玄齡宋州刺史，國於梁；杜如晦贈密州刺史，國於萊；李靖濮州刺史，國於衛；高士廉申州刺史，國於申；侯君集陳州刺史，國於陳；道宗鄂州刺史，王江夏；孝恭觀州刺史，王河間；尉遲敬德宣州刺史，國於鄂；李勣蘄州刺史，國於英；段志玄金州刺史，國於褒；程知節普州刺史，國於盧；劉弘基朗州刺史，國於夔；張亮澧州刺史，國於鄖。凡十有四人，餘官食邑尙不在。无忌等辭曰：「羣臣披荆棘，事陛下。今四海混一，誠不願違遠左右，而使世牧外州，與遷徙等。」帝曰：「割地封功臣，欲公等後嗣長爲藩翰，而薄山河之誓，反爲怨望，朕亦安可彊公土宇邪？」遂止。後帝幸其第，自家人姻婭勞賜皆有差。久之，進位司徒。

太子承乾廢，帝欲立晉王，未決，坐兩儀殿，羣臣已罷，獨留无忌、玄齡、勣言東宮事，因曰：「我三子一弟，未知所立，吾心亡聊。」即投牀，取佩刀自向，无忌等驚，爭抱持，奪刀授晉王，而請帝所欲立。帝曰：「我欲立晉王。」无忌曰：「謹奉詔，異議者斬！」帝顧王曰：「舅許汝矣，宜即謝。」王乃拜。帝復曰：「公等與我意合，天下其謂何？」答曰：「王以仁孝聞天下久矣，固無異辭；有如不同，臣負陛下百死。」於是遂定。以无忌爲太子太師、同中書門

列傳第三十　長孫无忌　四〇一九

唐書卷一百五　四〇二〇

下三品，「同三品」自此始。帝又欲立吳王恪，无忌密爭止之。帝征高麗，詔攝侍中。還，辭師傅官，聽罷太子太師，遙領揚州都督。

帝嘗從容問曰：「朕聞君聖臣直，人常苦不自知，公宜面攻朕得失。」无忌曰：「陛下神武聖文，冠卓千古，性與天道，非臣等愚所及，誠不見有所失。」帝曰：「朕冀聞過，公等乃相諛悅。朕當評公等可否以相規。」謂：「高士廉心術警悟，臨難不易節，所乏者骨鯁耳。唐儉有辭，善和解人，酒杯流行，發言可喜，事朕二十年，未嘗一言國家事。楊師道性謹審，自能無過，而懦不更事，緩急非可倚。岑文本敦厚，文章、論議其所長也，謀常經遠，自當不負於物。劉洎堅正，其言有益，不輕然諾於人，能自補闕。馬周敏銳而正，評裁人物，直道而行，所任皆稱朕意。褚遂良鯁亮，有學術，竭誠親於朕，若飛鳥依人，自加憐愛。无忌應對機敏，善避嫌，求於古人，未有其比；總兵攻戰，非所善也。」

二十三年，帝疾甚，召入臥內，帝引手捫无忌頤，无忌哭，帝感塞，不得有所言。翌日，與遂良入受詔，顧遂良曰：「我有天下，无忌力也。爾輔政，勿令讒毀者害之。」有頃，崩。方在離宮，皇太子悲慟，无忌曰：「大行以宗廟、社稷屬殿下，宜速即位。」因祕不發喪，請還宮。

太子即位，是爲高宗。進无忌太尉，檢校中書令，猶知門下、尙書二省。固辭尙書省，許之。帝欲立武昭儀爲后，无忌固言不可。帝密以寶器錦帛十餘車賜之，又幸其第，擢三子皆朝散大夫，昭儀母復詣其家申請。許敬宗數勸之，无忌厲色折拒。帝後召无忌、遂良及于志寧言后無息，昭儀有子，必欲立之者。无忌已數諫，即曰：「先帝付託遂良，願陛下訪之。」遂良極道不可，帝不聽。

后既立，以无忌受賜而不助己，銜之。敬宗揣后指，陰使洛陽人李奉節上无忌變事，與侍中辛茂將臨按，傅致反狀。帝驚曰：「將妄人構間，殆不其然。」敬宗具言：「反跡已露，陛下不忍，非社稷之福。」帝泣曰：「我家不幸，高陽公主與我同氣，往謀反，今舅復爾，使我重愧天下，奈何？」對曰：「房遺愛口乳臭，與女子反，安能就事？无忌姦雄，天下所畏伏，一旦竊發，陛下誰使禦之？今即急，恐攘袂一呼，以嘯同惡，且爲宗廟憂。陛下不見隋室乎？宇文化及父宰相，弟尙主，而身掌禁兵，煬帝處之不疑，然而起爲戎首，遂亡隋。願陛下決之。」帝猶疑，更詔審覈。明日，敬宗言无忌反明甚，請逮捕。帝泣曰：「舅果爾，我決不忍殺，後世其謂我何？」敬宗曰：「漢文帝舅薄昭，從代來有功，後坐殺人，帝惜撓法，令朝臣喪服就哭之，昭自殺，良史不以爲失。今无忌忘先帝之德，捨陛下至親，乃欲移社稷、敗宗廟，豈特昭比邪？在法夷五族。臣聞當斷不斷，反受其亂。乘機亟行，緩必生變。无忌與先帝謀取天下，天下伏其智，王莽、司馬懿之流。今逆徒自承，何疑而不決？」帝終不質問。遂下詔削官爵封戶，以揚州都督一品俸置于黔州，所在發兵護送；流其子祕書監沖等於嶺外；從

列傳第三十　長孫无忌　四〇二一

唐書卷一百五　四〇二二

弟渝州刺史知仁貶翼州司馬。後數月，又詔司空勣、中書令敬宗、侍中茂將等覆按反獄。敬宗令大理正袁公瑜、御史宋之順等即黔州暴訊。无忌投繯卒，沖免死，殺族子祥，流族弟恩于檀口，大抵期親皆謫徙。

初，无忌與遂良悉心奉國，以天下安危自任，故永徽之政有貞觀風。帝亦賓禮老臣，拱己以聽。綱紀設張，此兩人維持之也。既二后廢立計不合，姦臣陰圖，帝暗於聽受，卒以屠覆，自是政歸武氏，幾至亡國。

上元元年，追復官爵，以孫元翼襲封。初，无忌自作墓昭陵塋中，至是許還葬。文宗開成三年，詔曰：「每覽國史至太尉无忌事，未嘗不廢卷而歎。其以裔孫鈞爲猗氏令。」

无忌從父敞，字休明。隋煬帝爲晉王，敞以庫直從畋驪山，王凌危逐鹿，諫曰：「大王冒垂堂，淫原獸，可乎？」王遂止。即位，頗見識擢。及幸江都，留守禁籞。高祖入關，率子弟謁新豐，授將作少監，出爲杞州刺史。貞觀初，坐受賕免。太宗以后屬，歲私給稟，償其費。累封平原郡公。卒贈幽州都督，謚曰良，陪葬昭陵。

從父弟操，字元節。父覽，爲周大司徒、薛國公。操有學術。初，高祖辟署相國府金曹

參軍。未幾，檢校虞州刺史。從秦王征討，常侍旁，與聞祕謀。徙陝州，城中無井，人勤于汲，操爲醧河溜入城，百姓利安。以母喪解，長老守闕頌遺愛。服除，封樂壽縣男。爲齊、揚、益三州刺史，課皆最，下詔褒揚。永徽初，以陝州刺史卒，贈吏部尚書，謚曰安，葬給鼓吹，至虞罷。

子詮，尚新城公主。詮女兄爲韓瑗妻。无忌得罪，詮流巂州，有司希旨殺之。詮有甥趙持滿者，工書，善騎射，力搏虎，走逐馬，而仁厚下士，京師無貴賤愛慕之。爲涼州長史，嘗逐野馬，射之，矢洞于前，邊人畏伏。詮之貶，許敬宗懼持滿才能仇己，追至京，屬吏訊掠，色不變，曰：「身可殺，辭不可枉！」吏代爲占，死獄中。

无忌族叔順德。

順德仕隋爲右勳衞，征遼當行，亡命太原，素爲高祖親厚。太宗將起兵，令與劉弘基募士於外，聲備賊，至數萬人，乃結隊按屯。大將軍府建，授統軍，從平霍邑、臨汾、絳郡有功。與劉文靜擊屈突通於潼關，通將奔洛陽，順德䠞追桃林，執通以獻，遂定陝縣。以多進左驍衞大將軍，封薛國公。討建成餘黨，食千二百戶，賜宮女，詔宿內省。俄以受賕爲有司劾發，帝曰：「順德元勳外戚，爵隆位厚至矣。若令觀古今自鑒，有以

益國家者，朕當與共府庫，何至以貪冒聞乎？」因賜帛數十媿切之。大理少卿胡演曰：「順德以賂破法，不可赦，奈何又賜之？」帝曰：「使有恥者，得賜甚於戮；如不能，乃禽獸也，殺之何益？」

李孝常謀反，坐與交，削籍爲民。歲餘，帝閱功臣圖，見其像，憐之，遣宇文士及視順德，順德方頹然醉，遂召爲澤州刺史，復爵邑。順德素少檢，侈放自如，至是折節爲政，以嚴明稱。先時守長多通餉問，順德繩擿無所容，遂爲良吏。前刺史張長貴、趙士達占部中腴田數十頃，奪之以給貧單。尋坐累還第。喪息女，感疾甚，帝薄之，謂房玄齡曰：「順德無剛氣，以兒女牽愛至大病，胡足卹？」未幾，卒，遣使弔之，贈荊州都督，謚曰襄。貞觀十三年，封邳國公。永徽中，加贈開府儀同三司。

褚遂良字登善，通直散騎常侍亮子。隋大業末，爲薛舉通事舍人。仁杲平，授秦王府鎧曹參軍。貞觀中，累遷起居郎。博涉文史，工隸楷。太宗嘗歎曰：「虞世南死，無與論書者！」魏徵白見遂良，帝令侍書。帝方博購王羲之故帖，天下爭獻，然莫能質眞僞。遂良獨論所出，無舛冒者。

十五年，帝將有事太山，至洛陽，星孛太微，犯郎位。遂良諫曰：「陛下撥亂反正，功超古初，方告成岱宗，而彗輒見，此天意有所未合。昔漢武帝行岱禮，優柔者數年，臣愚願加詳慮。」帝寤，詔罷封禪。

遷諫議大夫，兼知起居事。帝曰：「卿記起居，大抵人君得觀之否？」對曰：「今之起居，古左右史也，善惡必記，戒人主不爲非法，未聞天子自觀史也。」帝曰：「朕有不善，卿必記邪？」對曰：「守道不如守官，臣職載筆，君舉必書。」劉洎曰：「使遂良不記，天下之人亦記之矣。」帝曰：「朕行有三：一，監前代成敗，以爲元龜；二，進善人，共成政道；三，斥遠羣小，不受讒言。朕能守而勿失，亦欲史氏不能書吾惡也。」

是時，魏王泰禮秩如嫡，羣臣未敢諫。帝從容訪左右曰：「方今何事尤急？」岑文本汎言禮義爲急，帝以不切，未領可。遂良曰：「今四方仰德，誰弗率者？唯太子、諸王宜有定分。」帝曰：「有是哉！朕年五十，日以衰怠，雖長子守器，而弟、支子尙五十人，心常念焉。自古宗姓無良，則傾敗相仍，公等爲我柬賢者保傅之。夫事人久，情娟熟，則非意自生，其令王府官不得過四考，著爲令。」帝嘗怪：「舜造漆器，禹雕其俎，諫者十餘不止，小物何必爾邪？」遂良曰：「雕琢害力農，纂繡傷女工，奢靡之始，危亡之漸也。漆器不止，必金爲之，金又不止，必玉爲之，故諫者救其源，不使得開。及夫橫流，則無復事矣。」帝咨美之。

于時皇子雖幼，皆外任都督、刺史，遂良諫曰：「昔二漢以郡國參治，雜用周制。今州縣率倣秦法，而皇子孺年並任刺史，陛下誠以至親扞四方。雖然，刺史，民之師帥也，得人則下安措，失人則家勞劬。故漢宣帝曰：『與我共治，惟良二千石乎。』臣謂皇子未冠者，可且留京師，敎以經學，畏仰天威，不敢犯禁，養成德器，審堪臨州，然後敦遣。昔東漢明、章諸帝，友愛子弟，雖各有國，幼者率留京師，訓飭以禮。訖其世，諸王數十百，惟二人以惡敗，自餘淪和染敎，皆爲善良。此前事已驗，惟陛下省察。」帝嘉納。

太子承乾廢，魏王泰間侍，帝許立爲嗣，因謂大臣曰：「泰昨自投我懷中云：『臣今日始得爲陛下子，更生之日也。臣惟有一子，百年後，當殺之，傳國晉王。』朕甚憐之。」遂良曰：「陛下失言。安有爲天下主而殺其愛子，授國晉王乎？陛下昔以承乾爲嗣，復寵愛泰，嫡庶不明，紛紛至今。若必立泰，非別置晉王不可。」帝泣曰：「我不能。」卽詔長孫无忌、房玄齡、李勣與遂良等定策立晉王爲皇太子。

時飛雉數集宮中，帝問：「是何祥也？」遂良曰：「昔秦文公時，有侲子化爲雉，雌鳴陳倉，雄鳴南陽。侲子曰：『得雄者王，得雌者霸。』文公遂雄諸侯，始爲寶雞祠。漢光武得其雄，起南陽，有四海。陛下本封秦，故雄雌並見，以告明德。」帝悅，曰：「人之立身，不可以無學。遂良所謂多識君子哉！」俄授太子賓客。

薛延陀請婚，帝已納其聘，復絕之。遂良曰：「信爲萬事本，百姓所歸。故文王許枯骨而不遺，仲尼去食存信，貴之也。延陀，曩一俟斤耳。因天兵北討，蕩平沙塞，威加諸外，而恩結於內，以爲餘寇不可以無酋長，故璽書鼓纛，立爲可汗。負抱之恩，與天無極。數遣使請婚於朝，陛下既開許，爲御北門受獻食。今一朝自爲進退，所惜少，所失多，虧信夷狄，方生嫌恨，殆不可以訓戎兵、勵軍事也。且龍沙以北，部落牛毛，中國擊之不能盡，亦猶可比敗，芮芮興，突厥亡，延陀盛。是以古人虛外實內，懷之以德。使爲惡，在夷不在華；失信，在彼不在此也。惟陛下裁幸。」不納。

帝欲自討遼東，遂良固勸無行：「一不勝，師必再興；再興，爲忿兵。兵忿者，勝負不可必。」帝然可。會李勣詆其計，帝意遂決東。遂良懼，上言：「臣請譬諸身。兩京，腹心也；四境，手足也；殊裔絕域，殆非支體所屬。高麗王陛下所立，莫離支殺之。討其逆，夷其地，固不可失，但遣一二慎將，付銳兵十萬，翔旝雲輣，唾手可取。昔侯君集、李靖皆庸人爾，猶能擬高昌，纓突厥，陛下止發蹤指示，得歸功聖明。前日從陛下平天下，虓士爪臣，氣力未衰，可驅策，惟陛下所使。臣聞涉遼而左，或水潦，平地淖三尺，帶方、玄菟，海壤荒漫，決非萬乘六師所宜行。」是時，帝銳意蕩平，不見省。進黃門侍郎，參綜朝政。莫離支遣使貢金，遂良曰：「古者討殺君之罪，不受其賂。魯納郜鼎太廟，春秋譏之。今莫離支所貢不臣之

篚，不容受。」詔可，以其使屬吏。

帝既平高昌，歲調兵千人往屯，遂良諫諍不可，帝志取西域，寘其言不用。西突厥寇西州，帝曰：「往魏徵、褚遂良勸我立麴文泰子弟，不用其計，乃今悔之。」帝於寢宮側別置院居太子，遂良諫，以爲「朋友深交者易怨，父子滯愛者多愆。宜許太子間還東宮，近師傅，專學藝，以廣懿德。」帝從其言。會父喪免，起復，拜中書令。

帝寢疾，召遂良、長孫无忌曰：「漢武帝寄霍光，劉備託諸葛亮，朕今委卿矣。太子仁孝，其盡誠輔之。」謂太子曰：「无忌、遂良在，而毋憂。」因命遂良草詔。高宗即位，封河南縣公，進郡公。坐事出爲同州刺史。再歲，召拜吏部尚書、同中書門下三品，監脩國史，兼太子賓客。進拜尚書右僕射。

帝將立武昭儀，召長孫无忌、李勣、于志寧及遂良入。或謂无忌當先諫，遂良曰：「太尉，國元舅，有不如意，使上有棄親之譏。」又謂勣上所重，當進，曰：「不可。司空，國元勳，有不如意，使上有斥功臣之嫌。」曰：「吾奉遺詔，若不盡愚，無以下見先帝。」既入，帝曰：「罪莫大於絕嗣，皇后無子，今欲立昭儀，謂何？」遂良曰：「皇后本名家，奉事先帝。先帝疾，執陛下手語臣曰：『我兒與婦今付卿！』且德音在陛下耳，可遽忘之？皇后無它過，不可廢。」帝不悅。翌日，復言，對曰：「陛下必欲改立后者，請更擇貴姓。昭儀昔事先帝，身接帷第，

今立之，奈天下耳目何？」帝羞默。遂良因致笏殿階，叩頭流血，曰：「還陛下此笏，丐歸田里。」帝大怒，命引出。武氏從幄後呼曰：「何不撲殺此獠？」无忌曰：「遂良受顧命，有罪不加刑。」會李勣議異，武氏立，乃左遷遂良潭州都督。

顯慶二年，徙桂州，未幾，貶愛州刺史。遂良內憂禍，恐死不能自明，乃上表曰：「往者承乾廢，岑文本、劉洎奏東宮不可少曠，宜遣濮王居之，臣引義固爭。明日仗入，先帝留无忌、玄齡、勣及臣定策立陛下。當受遺詔，獨臣與无忌二人在，陛下方草土號慟，臣即奏請即位大行柩前。當時陛下手抱臣頸，臣及无忌請即還京，發哀大告，內外寧謐。臣力小任重，動貽伊戚，螻螘餘齒，乞陛下哀憐。」帝昏懦，牽於武后，訖不省。歲餘，卒，年六十三。

後二歲，許敬宗、李義府奏長孫无忌逆謀皆遂良驅煽，乃削官爵。二子彥甫、彥沖流愛州，殺之。帝遺詔聽其家北還。神龍中，復官爵。德宗追贈太尉。文宗時，詔以遂良五世孫虔爲臨汝尉。安南觀察使高駢表遂良客窆愛州，二男一孫祔。咸通九年，詔訪其後護喪歸葬陽翟云。

遂良曾孫璆，字伯玉，擢進士第，累拜監察御史裏行。先天中，突厥圍北庭，詔璆持節

監總督諸將，破之。遷侍御史，拜禮部員外郎。而氣象凝挺，不減在臺時。

韓瑗字伯玉，京兆三原人。父仲良，武德初，與定律令，建言：「周律，其屬三千，秦、漢後約爲五百。依古則繁，請崇寬簡，以示惟新。」於是採開皇律宜於時者定之。終刑部尚書、秦州都督府長史、潁川縣公。

瑗少負節行。博學，曉吏事。貞觀中，以兵部侍郎襲爵。永徽三年，遷黃門侍郎。俄同中書門下三品，監脩國史。進侍中，兼太子賓客。王后之廢，瑗雪泣言曰：「皇后乃陛下在藩時先帝所娶，今無罪輒廢，非社稷計。」不納。明日復諫曰：「王者立后，配天地，象日月。匹夫匹婦尚知相擇，況天子乎？詩云：『赫赫宗周，褒姒威之。』臣讀至此，常輟卷太息，不圖本朝親見此禍。宗廟其不血食乎！」帝大怒，詔引出。褚遂良貶潭州都督，明年瑗上言：「遂良受先帝顧託，一德無二，向日論事，至誠懇切，詎肯令陛下後堯、舜而塵史册哉？遭厚謗醜言，損陛下之明，折志士之銳。況被遷以來，再離寒暑，其責塞矣。願寬無辜，以順衆心。」帝曰：「遂良之情，朕知之矣。其孛戾好犯上，朕責之，詎有過邪？」瑗曰：「遂良，社稷臣。蒼蠅點白，傅致有罪。昔微子既去，殷以亡；張華不死，晉不及亂。陛下富有四

海，安於清泰，忽驅逐舊臣，遂不省察乎？」帝愈不聽。瑗憂憤，自表歸田里，不報。

顯慶二年，許敬宗、李義府奏「瑗以桂州授遂良，桂用武地，倚之謀不軌」。於是貶振州刺史，踰年，卒，年五十四。長孫无忌死，義府等復奏瑗與通謀，遣使即殺之；既至，瑗已死，發棺驗視乃還。追削官爵，籍其家，子孫謫廣州官奴。神龍初，武后遺詔復官爵。

自瑗與遂良相繼死，內外以言為諱將二十年。帝造奉天宮，御史李善感始上疏極言，時人喜之，謂為「鳳鳴朝陽」。

來濟，揚州江都人。父護兒，隋左翊衞大將軍。宇文化及難，闔門死之，濟幼得免。轉側流離，而篤志為文章，善議論，曉暢時務，擢進士。貞觀中，累遷通事舍人。太子承乾敗，太宗問侍臣何以處之，莫敢對。濟曰：「陛下上不失為慈父，太子得盡天年，則善。」帝納之。除考功員外郎。十八年，初置太子司議郎，高其選，而以濟為之，兼崇賢館直學士。遷中書舍人。永徽二年，拜中書侍郎，兼弘文館學士，監脩國史。俄同中書門下三品，封南陽縣男。遷中書令，檢校吏部尚書。

帝將以武氏為后，濟諫曰：「王者立后，以承宗廟、母天下，宜擇禮義名家、幽閑令淑者，

副四海之望，稱神祇之意。故文王興姒，關雎之化，蒙被百姓，其福如彼；成帝縱欲，以婢為后，皇統中微，其禍如此。惟陛下詳察。」初，武氏被寵，帝特號「宸妃」，濟與韓瑗諫：「妃有常員，今別立號，不可。」武氏已立，不自安。后更謾言濟等忠鯁，恐前經執奏，輒懷反仄，請加賞慰，而實銜之。帝示濟及瑗，濟等益懼。

顯慶初，兼太子賓客，進爵為侯。帝嘗從容問取下所宜，濟曰：「昔齊桓公出遊，見老人，命之食，曰：『請遺天下食。』遺之衣，曰：『請遺天下衣。』公曰：『吾府庫有限，安得而給？』老人曰：『春不奪農時，即有食；夏不奪蠶工，即有衣。』由是言之，省傜役，取下之宜也。」於時山東役丁，歲別數萬人，又議取庸以償雇，紛然煩擾，故濟對及之。二年，兼詹事。尋坐褚遂良事，貶台州刺史。久之，徙庭州。龍朔二年，突厥入寇，濟總兵拒之，謂其衆曰：「吾嘗絓刑罔，蒙赦死，今當以身塞責。」遂不介冑而馳賊，沒焉，年五十三。贈楚州刺史，給靈轝還鄉。

初，濟與高智周、郝處俊、孫處約客宣城石仲覽家，仲覽衍於財，有器識，待四人甚厚。私相與言志，處俊曰：「願宰天下。」濟及智周亦然。處約曰：「宰相或不可冀，願為通事舍人足矣。」後濟領吏部，處約始以瀛州書佐入調，濟遽注曰「如志」，遂以處約為通事舍人。後皆至公輔云。

濟異母兄恆，上元中，為黃門侍郎、同中書門下三品。父本驍將，而恆、濟俱以學行稱，相次知政事。時虞世南子昶無才術，歷將作少匠、工部侍郎，主工作。許敬宗曰：「護兒兒作相，世南男作匠，文武豈有種邪？」

李義琰，魏州昌樂人，其先出隴西望姓。及進士第，補太原尉。李勣為都督，僚吏憚其威，義琰獨敢廷辨曲直，勣甚禮之。徙白水令，有能名，擢司刑員外郎。義琰姿體魁秀，博學，有智識。累遷中書侍郎。上元中，進同中書門下三品，兼太子右庶子。高宗欲使武后攝國政，義琰與郝處俊固爭，事得寢。章懷太子之廢，盡赦宮臣罪，庶子薛元超等皆蹈舞，義琰獨引咎涕泣，搢紳義之。帝每顧問，必鯁切不回。宅無正寢，弟義璡為市堂材送之，義琰曰：「以吾為國相，且自愧，尚營美宅，是速吾禍，豈愛我者邪？」義璡曰：「凡仕為丞尉，且崇第舍，兄位高，安可偪下哉？」答曰：「不然。事難全遂，物不兩興。既處貴仕，又廣居宇，非有令德，必受其殃。」卒不許。後其木久腐，乃棄之。

義琰改葬其先，使舅家移塋而兆其所。帝聞，怒曰：「是人不可使秉政。」義琰懼，以疾

乞骸骨，遷銀青光祿大夫，聽致仕，乃歸田里。公卿以下悉祖餞通化門外，時人比漢疏廣。垂拱初，起為懷州刺史，自以失武后意，辭不拜，卒。

子巢，幼豪俊，善騎射，而不治細行。義琰嘗拘之，絕其交游。後亡走闕下，獻書陳利害。拜監察御史，與李義府同按柳奭、韓瑗獄，遷殿中。上書忤旨，貶龍編主簿。

義琰從祖弟義琛。

義琛擢進士第，歷監察御史。貞觀中，文成公主貢金，遇盜於岐州，主名不立。太宗召羣御史至，目義琛曰：「是人神情爽拔，可使推捕。」義琛往，數日獲賊。帝喜，為加七階。初，義琰使高麗，其王據榻召見，義琰不拜，曰：「吾，天子使，可當小國之君，奈何倨見我？」王詞屈，為加禮。及義琛再使，亦坐召之，義琛匍匐拜伏。時人由是見兄弟優劣。

累遷刑部侍郎。為雍州長史，時關輔大饑，詔貧人就食商、鄧，義琛恐流徙不還，上疏固爭。左遷黎州都督，終岐州刺史。

子綰，為柏人令，有仁政，縣為立祠。

上官儀字游韶，陝州陝人。父弘，爲隋江都宮副監，大業末，爲陳稜所殺。時儀幼，左右匿免，冒爲沙門服。寖工文詞，涉貫墳典。貞觀初，擢進士第，召授弘文館直學士。遷祕書郎。太宗每屬文，遣儀視藁，宴私未嘗不預。轉起居郎。高宗即位，爲祕書少監，進西臺侍郎、同東西臺三品。時以雍州司士參軍韋絢爲殿中侍御史，或疑非遷，儀曰：「此野人語耳。御史供奉赤墀下，接武夔龍，簉羽鵷鷺，豈雍州判佐比乎？」時以爲清言。儀工詩，其詞綺錯婉媚。及貴顯，人多効之，謂爲「上官體」。

麟德元年，坐梁王忠事下獄死，籍其家。初，武后得志，遂牽制帝，專威福，帝不能堪；又引道士行厭勝，中人王伏勝發之。帝因大怒，將廢爲庶人，召儀與議。儀曰：「皇后專恣，海內失望，宜廢之以順人心。」帝使草詔。左右奔告后，后自申訴，帝乃悔；又恐后怨恚，乃曰：「上官儀教我。」后由是深惡儀。始，忠爲陳王時，儀爲諮議，與王伏勝同府。至是，許敬宗構儀與忠謀大逆，后志也。自褚遂良等元老大臣相次屠覆，公卿莫敢正議，獨儀納忠，禍又不旋踵，由是天下之政歸於后，而帝拱手矣。

子庭芝，歷周王府屬，亦被殺。庭芝女，中宗時爲昭容，追贈儀爲中書令、秦州都督、楚國公；庭芝黃門侍郎、岐州刺史、天水郡公，以禮改葬。

贊曰：高宗之不君，可與爲治邪？內牽嬖陰，外劫讒言，以无忌之親，遂良之忠，皆顧命大臣，一旦誅斥，忍而不省。反天之剛，撓陽之明，卒使牝咮鳴辰，胙移后家，可不哀哉！天以女戎間唐而興，雖義士仁人抗之以死，決不可支。然瑗、濟、義琰、儀四子可謂知所守矣。噫，使長孫不逐江夏、害吳王，褚不譖死劉洎，其盛德可少訾乎！

唐書卷一百六

列傳第三十一

杜正倫 求仁 咸　崔知溫 知悌　高智周 石仲覽　郭正一
趙弘智 來章　崔敦禮 弘武 元禮 纂　盧承慶 齊卿
劉祥道 齊賢 從一　李敬玄 元素　劉德威 審禮 延景 昇 延嗣
孫處約 佺　邢文偉 高子貢

杜正倫，相州洹水人。隋世重舉秀才，天下不十人，而正倫一門三秀才，皆高第，爲世歆美。調武騎尉。太宗素知名，表直秦王府文學館。貞觀元年，魏徵薦其才，擢兵部員外郎。帝勞曰：「朕舉賢者，非朕獨私，以能益百姓也。我於宗婭故人，苟無能，終不得任。卿宜思有以稱吾舉者。」俄遷給事中，知起居注。帝嘗曰：「朕坐朝，不敢多言，必待有利于民，乃出諸口。」正倫曰：「臣職左史，陛下一言失，非止損百姓，且筆之書，千載累德。」帝悅，賜綵段二百。進累中書侍郎。與韋挺、虞世南、姚思廉論事稱旨，帝爲設宴具，召四人者，謂曰：「我聞神龍可擾以馴，然頷有逆鱗，嬰者死，人君亦有之。卿屬遂犯吾鱗，朕其慮危亡哉！思卿至意，故舉酒以相樂也。」各賜帛有差。

太子監國，詔正倫行左庶子，兼崇賢館學士。帝謂正倫：「吾兒幼，未有就德，我常物物戒之。今當監國，不得朝夕見，故輟卿於朝以佐太子。」它日又言：「朕年十八，猶在人間，情僞無不嘗；及即位，處置有失，必待諫，乃釋然悟，況太子生深宮不及知邪？且人主不可自驕，今若詔天下，敢諫者死，將無復發言矣。故朕孜孜延進直言。卿其以是曉太子，冀裨益之。」擢中書侍郎，封南陽縣侯，仍兼太子左庶子。出入兩宮，典機密，以辦治稱。後太子稍失道，帝語正倫：「太子數私小人，卿可審喻之，教而不徙，其語我來。」故正倫顯諫無所避。太子不從，輒道帝語督切，太子即表聞。帝責曰：「何漏洩我語？」對曰：「開示不入，故以陛下語怖之，冀當反善。」帝怒，出爲穀州刺史，再貶交州都督。太子廢，坐受金帶，流驩州。久之，授郢、石二州刺史。

顯慶元年，擢黃門侍郎，兼崇賢館學士，進同中書門下三品。又兼度支尚書，仍知政事。遷中書令，封襄陽縣公。初，正倫已通貴，李義府官尚微，及同執政，不能下。中書侍郎李友益，義府族也，晚附正倫，同摭義府釁缺。義府使人告正倫、友益交通罔上，有異計。

中華書局

高宗惡之，出正倫爲橫州刺史，流友益峯州。正倫卒于貶。

正倫與城南諸杜昭穆素遠，求同譜，不許，銜之。諸杜所居號杜固，世傳其地有壯氣，故世衣冠。正倫既執政，建言鑿杜固通水以利人。既鑿，川流如血，閱十日止，自是南杜稍不振。正倫工屬文，嘗與中書舍人董思恭夜直，論文章。思恭歸，謂人曰：「與杜公評文，今日覺吾文頓進。」無子，以兄子志靜爲嗣。

從子求仁、從孫咸皆顯名。

求仁有雅才。永淳中，授監察御史，坐事爲黜令。與徐敬業舉兵，爲興復府左長史，死于難。

咸擢進士第。累遷右臺監察御史。牂柯反，咸監軍出討。賊保壘自固，道荒漫，師不能進。咸乃息士，示不欲戰，陰伺之。時旱暑風熾，咸縱火，譟而前，賊眩怖相失，自騰踐死，擒其酋，遂平之。遷侍御史，出爲汾州長史。開元中，爲河北按察使，坐用法深，貶睦州司馬。

崔知溫字禮仁，許州鄢陵人。仕爲左千牛，稍遷靈州司馬。境有渾、斛薩萬帳，數擾齊民，農皆釋耒習騎射以扞賊。知溫表徙河北，虜不樂遷，將軍契苾何力爲言，乃止。知溫固請，疏十五報，卒徙河北，自是人得就耕。渾、斛薩至徙地，顧善水草，亦忘遷。後入朝，過州，謝曰：「初徙且怨公，今地膏腴，衆孳夥，更荷公恩。」皆再拜。

四遷蘭州刺史。党項兵三萬入寇，州兵寡，衆懼，莫知所出。知溫披闔不設備，羌怪之，不敢進。俄會將軍權善才率兵至，大破其衆。善才欲遂窮追取之，知溫曰：「古善戰弗逆奔，且谿谷復深，草木荒延，萬分一有變，不可悔。」善才曰：「善。」分降口五百贈知溫，辭曰：「我議公事，圖私利邪？」

累遷尚書左丞，轉黃門侍郎，脩國史。永隆初，以秩卑，特詔同門下三品，兼脩國史。遷中書令。卒，年五十七，贈幽州大都督，謚曰忠。子泰之，開元時，爲工部尚書；諤之，爲將作少匠，與誅二張功，封博陵縣侯，實封戶二百，終少府監。

兄知悌，亦至中書侍郎。與戴至德、郝處俊、李敬玄等同賜飛白書贊，而知悌、敬玄以忠勤見表。遷尚書左丞。裴行儉之破突厥，斬泥孰匐，殘落保狼山，詔知悌馳往定襄慰將士，佐行儉平遺寇，有功。終戶部尚書。

高智周，常州晉陵人。第進士，補越王府參軍。遷費令，與丞、尉均取俸，民安其化，刻石頌美。入擢祕書郎、弘文館直學士。嘗覆弈、誦碑，無謬者。三遷蘭臺大夫。孝敬在東宮，與司文郎中賀敳、司經大夫王眞儒並爲侍讀，得告還鄉里，嘆曰：「進不知退，取禍之道也。」即移病去。

俄拜壽州刺史，其治尚文雅，行部，先見諸生，質經義及政得失，既乃錄獄訟，考耕餉勤墮，以爲常。遷正諫大夫、黃門侍郎。儀鳳初，進同中書門下三品。遷太子左庶子。是時崔知溫、劉景先脩國史，故智周與郝處俊監莅。久之，罷爲御史大夫，與薛元超、裴炎同治章懷太子獄，無所同異，固表去位。高宗美其槩，授右散騎常侍。請致仕，聽之。卒，年八十二，贈越州都督，謚曰定。

智周始與郝處俊、來濟、孫處約共依江都石仲覽。仲覽傾產結四人驩，因請各語所期。處俊曰：「丈夫惟無仕，仕至宰相乃可。」智周、濟如之。處約曰：「得爲舍人，在殿中周旋吐納可也。」仲覽使相工視之，工語仲覽曰：「高之貴，君不及見之。來早顯而末躓，高晚顯而

壽。吾聞速登者易顚，徐進者少患，天道也。」後濟居吏部，處約以瀛州參軍入調，濟曰：「如志。」擬通事舍人。畢，降階勞問平生。既仲覽卒，而濟等益顯。

智周所善義興蔣子愼，有客嘗視兩人，曰：「高公位極人臣，而嗣少弱；蔣侯官不達，後且興。」子愼終建安尉。其子繪往見智周，智周方貴，以女妻之。生子挺，歷湖、延二州刺史。生子洌、渙，皆擢進士。洌爲尚書左丞。渙，永泰初歷鴻臚卿，日本使嘗遺金帛，不納，唯取牋一番，爲書以貽其副云。挺之卒，洌兄弟廬墓側，植松柏千餘。渙終禮部尚書，封汝南公。洌子鍊，渙子銖，又有清白名。而高氏後無聞。

郭正一，定州鼓城人。貞觀時，由進士署第，歷中書舍人、弘文館學士。永隆中，遷祕書少監，檢校中書侍郎，詔與郭待舉、岑長倩、魏玄同並同中書門下承受進止平章事。平章事自正一等始。永淳中，眞遷中書侍郎。執政久，明習故事，文辭詔敕多出其手。

劉審禮與吐蕃戰青海，大敗。高宗召羣臣問所以制戎，正一曰：「吐蕃曠年梗寇，師數出，坐費糧貲。近討則喪威，深入則不能得其巢穴。今上策莫如少募兵，且明烽候，勿事侵擾，須數年之遲，力有餘，人思戰，一舉可破矣。」劉齊賢、皇甫文亮等議，亦與正一合，帝

納之。

武后專國，罷爲國子祭酒，出檢校陝州刺史。與張楚金、元萬頃皆爲周興所誣構，殺之，籍入其家，妻息流放。文章無存者。

趙弘智，河南新安人，元魏車騎大將軍肅之孫。蚤喪母，事父篤孝。通書傳，仕隋爲司隸從事。武德初，大理卿郎楚之白爲詹事府主簿。太宗時，豫論譔，錄勤，繇太子舍人進黃門侍郎，兼弘文館學士。移病出爲萊州刺史，稍遷太子右庶子。父事兄弘安，俸祿歸之，不敢私。弘安卒，哀慟過期，奉嫂謹甚，撫兄子慈均所生。會太子廢，免官。俄拜光州刺史。永徽初，入爲陳王師。講孝經百福殿，於是宰相、弘文館學士、太學生皆在，弘智舉五孝，諸儒更詰辨，隨問酬悉，舌無留語。高宗喜曰：「試爲我陳經之要，以輔不逮。」對曰：「『天子有爭臣七人，雖無道，不失天下。』願以此獻。」帝悅，賜絹二百、名馬一。四年，進國子祭酒，仍爲學士。卒，年八十二，謚曰宣。弘安亦終國子祭酒。

曾孫矜，舉明經，調舞陽主簿，與少誠反，以縣歸，徙襄城主簿，賜牙緋。歷襄陽丞。客

死柳州，官爲斂葬。後十七年，子來章始壯，自襄陽往求其喪，不得，野哭。再閱旬，卜人秦誗爲筮曰：「金食其墨，而火以貴，其墓直丑，在道之右，南有貴神，冢土是守。宜遇西人，深目而髯，乃其得實。」明日，有老人過其所，問之，得矜墓，直社北，遂歸葬弘安墓次。時人哀來章孝，皆爲出涕云。

崔敦禮字安上。祖仲方，在隋爲禮部尚書。其先，博陵著姓，魏末，徙爲雍州咸陽人。敦禮涉書傳，以節義自將。武德中，官通事舍人。善辭令進止，觀者皆竦。嘗持節幽州召廬江王瑗，瑗已舉兵，執之，脅問朝廷事，敦禮不爲言，太宗壯之。還，除左衞郎將，賜金幣良馬。擢中書舍人，四遷兵部侍郎。出爲靈州都督。召還，拜兵部尚書。詔撫輯回紇、鐵勒部姓，會薛延陀寇邊，與李勣合兵破之，置祁連州處其餘衆。瀚海都督回紇吐迷度爲下所殺，詔往綏定，立其嗣而還。敦禮通知四夷情僞，其少，慕蘇武爲人，故屢使突厥，前後建明，允會事機。

永徽四年，拜侍中，監脩國史。累封固安縣公。進中書令兼檢校太子詹事。以久疾，自言不任事奉兩宮。更拜太子少師、同中書門下三品。弟餘慶，時爲定襄都督府司馬，召使侍疾。卒，年六十一。高宗爲舉哀東雲龍門，賻布、祕器尤厚，贈開府儀同三司、并州大都督，謚曰昭，陪葬昭陵。餘慶位亦至兵部尚書。

楊弘禮字履莊，隋尚書令素弟之子。雅與玄感不咸，表其必亂。玄感誅，父岳繫長安獄，煬帝使赦之，比至，岳已死。高祖即位，以素有功于隋，詔弘禮襲清河郡公，除太子通事舍人。貞觀中，累遷中書舍人。

太宗征遼東，拜兵部侍郎。駐蹕之役，領步騎二十四軍跳出賊背，所向摧靡。帝自山下望其衆，袍仗精整，人人盡力，壯之，謂許敬宗曰：「越公兒郎，故有家風。」時宰相悉留定州輔皇太子，唯褚遂良、敬宗、弘禮掌行在機務。還，拜中書侍郎。遷司農卿。爲崑丘道副大總管，破處密，殺焉耆王，降駁支部，獲龜茲、于闐王，凱旋。會帝崩，大臣疾之，下遷涇州刺史。永徽初，追論其功，遷勝州都督，改太府卿。卒，贈蘭州都督，謚曰質。

弟弘武。

弘武少脩謹。永徽中，累爲吏部郎中、太子中舍人。高宗東封泰山，自荆州司馬擢司

戎少常伯，從帝。還，詔補授吏部五品官，遷西臺侍郎。帝嘗讓曰：「爾在戎司，授官多非其才，何邪？」弘武曰：「臣妻剛悍，此其所屬，不敢違。」以諷帝用后言也。帝笑不罪。乾封二年，同東西臺三品。弘武無它才，特謙慎自守，然居職以清簡稱。卒，贈汴州刺史，謚曰恭。

三子：元亨、元禧、元禕。

元禧爲尚舍奉御，善醫，武后所信愛。嘗忤張易之，易之奏「素在隋有逆節，子孫不可供奉」。后乃詔「素及兄弟有子若孫，不得任京官及侍衞」。貶元亨睦州刺史，元禧資州刺史，元禕梓州司馬。易之誅，復任京官，並至刺史。

纂字續卿，弘禮族父。大業時，第進士，爲朔方郡司法書佐。坐玄感近屬，廢居蒲城。高祖度河，上謁長春宮。遷累侍御史。數上書言事，稱旨，除考功郎中。貞觀初，爲長安令，賜爵長安縣男。有告女子袁妖逆者，纂按之，情不得。袁敗，太宗惡其不忠，將殺之，中書令温彥博以過誤當宥，乃免。後爲吏部侍郎，有俗才，抑文雅，進黠吏，度時舞數以自進。終戶部尚書，贈幽州都督，謚曰恭。

纂從子昉，武后時爲肅機。宇文化及子訴治先蔭，昉方食，未即判，遽曰：「肅機，而未食，庸知天下有寃而求食乎？」昉怒，取牒署曰：「父弒隋主，子訴隋資，可乎？」人服其敏。終工部尚書。

盧承慶字子餘，幽州涿人，隋散騎侍郎思道之孫。父赤松，爲河東令，與高祖雅故，聞兵興，迎見霍邑，拜行臺兵部郎中，終率更令、范陽郡公。

承慶美儀矩，博學而才。少襲爵。貞觀初，爲秦州參軍，入奏軍事，太宗偉其辯，擢考功員外郎。累遷民部侍郎。帝問歷代戶版，承慶敍夏、商至周、隋增損曲折，引據該詳，帝嗟賞。俄兼檢校兵部侍郎，知五品選。辭曰：「選事在尚書，臣掌之爲出位。」帝不許，曰：「朕信卿，卿何不自信？」歷雍州別駕、尚書左丞。

高宗永徽時，坐事貶簡州司馬。閱歲，改洪州長史。帝將幸汝湯泉，故拜汝州刺史。顯慶四年，以度支尚書同中書門下三品，坐調非法，免。俄拜潤州刺史。拜刑部尚書。以金紫光祿大夫致仕，卒。臨終，誡其子曰：「死生至理，猶朝有暮。吾死，斂以常服，晦朔無薦牲，葬勿卜日，器用陶漆，棺而不椁，墳高可識，碑志著官號年月，無用虛文。」贈幽州都

督，謚曰定。

初，承慶典選，校百官考，有坐漕舟溺者，承慶以「失所載，考中下」。以示其人，無慍也。更曰「非力所及，考中中」。亦不喜。承慶嘉之曰：「寵辱不驚，考中上。」其能著人善類此。

弟承業、承泰。承業繼爲雍州長史、尚書左丞，有能名。

承泰子齊卿，長安初，爲雍州參軍。武后詔長史薛季昶擇僚吏堪御史者，季昶訪於齊卿。齊卿白長安尉盧懷愼、李休光，萬年尉李乂、崔湜，咸陽丞倪若水，盩厔尉田崇璧，新豐尉崔日用。季昶用其言，後皆爲通顯巨人。及拜幽州刺史，而張守珪隸果毅，齊卿厚遇，曰：「君十年至節度使。」已而果然。喜飲酒，踰斗不亂。寬厚樂易，士友以此親之。終太子詹事、廣陽縣公。

承慶從孫藏用別有傳。

劉祥道字同壽，魏州觀城人。父林甫，武德時爲內史舍人，典機密，以才稱。與蕭瑀等撰定律令，著律議萬餘言。歷中書、吏部二侍郎，賜爵樂平縣男。唐沿隋制，十一月選集，

至春停，日薄事叢，有司不及研諦。林甫建請四時聽選，隨到輒擬，於是官無滯人。始，天下初定，州府及詔使以赤牒授官，至是罷，悉集吏部調，至萬員，林甫隨才銓錄，咸以爲宜；論者方隋高孝基。

祥道少襲爵，歷御史中丞。顯慶中，遷吏部黃門侍郎，知選事。既世職，乃釐補敝闕，上疏陳六事：

一曰：今取士多且濫。入流歲千四百，多也；雜色入流，未始銓汰，濫也。故共務者，善人少，惡人多。臣謂應雜色進者，切責有司試判爲四等，第一付吏部，二付兵部，三付主爵，四付司勳。若坐負當責，雖經赦，仍配三司，不者還本貫，則官不雜矣。

二曰：內外官，一品至九品萬三千四百六十五員。大抵三十而仕，六十而退，取其中數，不三十年，存者略盡。若歲入流五百人，則三十年自相充補。況三十年外，在官猶多，不慮其少。今入流歲千四百，其倍兩之，又停選六七千人，復年別新加，其類寖廣，殆非經久之制。古者爲官擇人，不聞取人多而官少也。

三曰：永徽以來，在官者或以善政擢，論事者或以單言進，而庠序諸生未聞甄異，是獎勸之道未周也。

四曰：唐有天下四十年，未有舉秀才者，請自六品以下至草野，審加搜訪，無令赫

赫之辰，斯學遂絕。

五曰：唐、虞三載考績，黜陟幽明。二漢用人，亦久其職。今任官率四考罷，官知秩滿，則懷去就；民知遷徙，則苟且。以去就之官，臨苟且之民，欲移風振俗，烏可得乎？請四考進階，八考聽選，以息迎新送故之弊。

六曰：三省都事、主事、主書，比選補，皆取流外有刀筆者，雖欲參用士流，率以儔類爲恥。前後相沿，遂成故事。且掖省崇峻，王言祕密，尚書政本，人物所歸，專責曹史，理有未盡，宜稍革之，以清其選。

會中書令杜正倫亦言入流者衆，爲官人敝，乃詔與祥道參議，而執政憚改作，又以勳戚子進取無他門，遂格。

稍遷司刑太常伯。每覆大獄，必歔欷累歎。奏決日，爲再不食。詔巡察關內道，多振寃滯。兼沛王府長史。麟德元年，拜右相。祥道性審謹，居宰相，憂畏不自堪，數陳老病丐解。坐與上官儀善，罷爲司禮太常伯。高宗封泰山，有司請太常卿亞獻，光祿卿終獻。祥道建言：「三代六卿重，故得佐祠。漢、魏以來，權歸臺省，九卿爲常伯屬官。今封岱大禮不以八坐，用九卿，無乃徇古名忘實事乎？」帝可其議，以司徒徐王元禮亞獻，祥道終獻。禮成，進爵廣平郡公。乾封元年，以金紫光祿大夫致仕。卒，年七十一，贈幽州都督，謚曰宣。

子齊賢，襲爵，繇侍御史出爲晉州司馬。帝以其方直，僉憚之。時將軍史興宗從獵苑中，言晉州出佳鶻，可捕取。帝曰：「齊賢豈捕鶻人邪？卿安得以此待之？」累遷黃門侍郎，脩國史。永淳元年，進同中書門下平章事。武后時，代裴炎爲侍中，辨炎不反，后怒，左遷普州刺史，道貶吉州長史。永昌中，爲酷吏所陷，繫州獄，自經死，沒其家。建中三年，贈太子太保。

齊賢三世至兩省侍郎，典選。從父應道吏部郎中，從父弟令植禮部侍郎，凡八人前後歷吏部郎中、員外，世以爲罕。

令植孫從一，擢進士宏詞第，調渭南尉。雅爲常袞、盧杞所厚，薦授監察御史。普王討李希烈，表爲元帥判官。德宗居奉天，超拜刑部侍郎、同中書門下平章事。從幸梁州，改中書侍郎，帝遇之善。然無它材能，容身遠罪而已。貞元初，以疾自乞，罷爲戶部尚書。卒，贈太子太傅。

李敬玄，亳州譙人。該覽羣籍，尤善於禮。高宗在東宮，馬周薦其材，召入崇賢館侍讀，假中祕書讀之。爲人峻整，然造請不憚寒暑。許敬宗頗薦延之。歷西臺舍人、弘文館學士。遷右肅機，檢校太子右中護。拜西臺侍郎、同東西臺三品，兼檢校司列少常伯。時員外郎張仁禕有敏才，敬玄委以曹事，仁禕爲造姓歷、狀式、銓簿，鉗鍵周密，病心太勞死。敬玄因其法，銜綜有序。自永徽後，選員寖多，惟敬玄居職有能稱。性彊記，雖官萬員，遇諸道，未嘗忘姓氏。有來訴者，口諭書判參舛及殿累本末無少繆，天下伏其明。杭州參軍徐太玄哀其僚張惠以贓抵死，而惠母老，乃詣獄自言與惠偕受，薄其罪，惠得不死，太玄坐免官十年。敬玄廉知之，擢爲鄭州司功參軍，後至祕書少監、申王師，以德行聞。其鑒拔率若此。

咸亨二年，轉中書侍郎。又改吏部，兼太子右庶子、同中書門下三品。監脩國史。進吏部尚書。居選部久，人多附嚮。凡三娶皆山東舊族，又與趙李氏合譜，故臺省要職多族屬姻家。高宗知之，不能善也。儀鳳元年，拜中書令，封趙國公。

劉仁軌西討吐蕃，有所建請，敬玄數持異，由是有隙，因奏河西鎮守非敬玄不可。敬玄辭以非將帥才，且仁軌逞憾，故彊臣以不能。帝厭之，因曰：「仁軌若須朕，朕且行，卿安得辭？」乃拜洮河道大總管，兼鎮撫大使，檢校鄯州都督，統兵十八萬，代仁軌。與吐蕃將論欽陵戰青海，使劉審禮爲先鋒，鏖虜，敬玄按軍自如，審禮戰歿，倚首鼠不進，乃頓承風嶺，又阻溝淖，莫能前，賊屯高壓其營。偏將黑齒常之率死士夜擊賊，敬玄始得至鄯州。又戰湟川，遂大敗。數稱疾求罷歸，許之。既入見，不引謝，即還府視事。帝察實不病，貶衡州刺史。久之，遷揚州長史。卒官，贈兗州都督，謚曰文憲。撰次禮論及它書數十百篇。二子：思沖、守一。

思沖，神龍初，歷工部侍郎、左羽林軍將軍，從節愍太子誅武三思，見殺，籍其家。守一鄎令。孫紳別傳。

敬玄弟元素，爲武德令。刺史李文暕橫調民黃金造常滿尊以獻，官屬無敢諫，元素固爭，文暕爲少損，更以私財助之。延載初，繇文昌左丞遷鳳閣侍郎、同鳳閣鸞臺平章事。爲武懿宗所構，與綦連耀等同誅。神龍中，追洗其辜。

劉德威，徐州彭城人。姿皃魁秀，有幹略。隋大業末，從裴仁基討淮賊，手劍賊酋，傳行在。後歸李密，密分麾下兵使守懷州。密降，俱入朝，授左武候將軍，封滕縣公。詔將兵

擊劉武周，因判并州總管府司馬。裴寂失律，齊王元吉棄州遁，德威總留府事。賊薄城，民皆叛附賊，遂爲武周所獲，使率本部徇地浩州，得自拔歸，盡上賊中虛實，高祖嘉納，改彭城縣公。未幾，檢校大理少卿，從平洛陽，有功，轉刑部侍郎，加散騎常侍，妻以平壽縣主。

貞觀初，歷大理卿、綿州刺史。政號廉平，百姓立石頌德。尋檢校益州大都督府長史。入爲大理卿。太宗問曰：「比刑網寖密，咎安在？」德威曰：「在君不在臣。下之寬猛，視主之好。律：失入者減三，失出者減五。今坐入者無辜，坐出者有罪，所以吏務深文，爲自營計，非有教使然也。」帝然其言。後遷刑部尚書，檢校雍州別駕。詔至齊州按齊王祐獄，還，半道聞祐反，入據濟州。詔德威就發河南兵經略之，會母喪免。既除，爲同州刺史。永徽三年，卒官，年七十一，贈禮部尚書、幽州都督，謚曰襄，陪葬獻陵。

德威於閨門友睦，爲人寬平，生平所得奉祿，以分宗親，無留藏。子審禮。

審禮少喪母，爲祖母元所養。隋末大亂，道不通，審禮尚少，自鄉里負祖母度江，轉側避地。及天下平，西入長安。元每疾病，必親煑藥，嘗而進。元曰：「兒孝通幽顯，吾一願念，疾輒閒。」貞觀中，歷左驍衞郎將。父喪免。比葬，徒跣血流，行路咨嘆。服除，當襲爵，

讓其弟，不聽。見父執必感泗滂沱。事繼母尤謹，與弟延景爲聞友，得祿多賚之，而妻子執寒苦，晏如也。再從皆同居，合二百口，內外無間言。遷工部尚書，檢校左衞大將軍。

儀鳳三年，吐蕃寇涼州，副中書令李敬玄討之。遇虜青海上，與戰，敬玄逗撓不前，審禮敗，爲虜執。其子尙乘直長殆庶及延景詣闕待罪，請入賊以贖。有詔審禮徇忠以沒，非有罪，宜各還職。特詔殆庶弟易從省之。既至，而審禮卒，易從晝夜哭不止，吐蕃哀其志，乃還父尸，徒跣萬里，扶護以歸，見者流涕。審禮贈工部尚書，謚曰僖。

延景字多日，終陝州刺史。睿宗初，以后父追贈尚書右僕射，陪葬乾陵。

易從果遷彭州長史〔一〕、任城縣男。永昌中，爲酷吏周興誣搆，坐死。將刑，百姓奔走，爭解衣投地，曰：「爲長史祈福。」有司平直，乃十餘萬。當時號「孝義劉家」。及易從以非禍死，天下冤之。

子昇，年十餘歲流嶺表，六道使誅流人，昇以信愛爲首領所庇免。後易姓温，北歸洛。景雲中，特授右武衞騎曹參軍。開元中，累遷中書舍人、太子右庶子。昇能文，善草隸。

審禮從弟延嗣，爲潤州司馬。徐敬業攻潤州，延嗣與刺史固守。俄而城陷，敬業邀以降，延嗣曰：「吾世蒙恩，今城不守，所負多矣，詎能苟生爲宗族羞？」敬業怒，將斬之，其黨魏思温救止，繫江都獄。敬業敗，錄忠當敍，以裴炎近親，裁遷梓州長史。轉汾州刺史。宗族至刺史者二十餘人。

孫處約，始名道茂，汝州郟城人。貞觀中，爲齊王祐記室。祐多過失，數上書切諫。王誅，帝得其書，咨嘆之，擢中書舍人。高宗即位，令杜正倫請增舍人員。帝曰：「處約一人，足辦我事。」止不除。以論譔勞，數賜段物。再遷司禮少常伯。麟德元年，以西臺侍郎同東西臺三品。爲少司成，以老致仕，卒。

子佺，延和初，爲羽林將軍、幽州都督，率兵十二萬討奚李大酺，分三屯，以副將李楷洛、周以悌領之。次冷陘，楷洛與大酺戰，不勝，壯校多沒。佺氣褫，乃紿言：「天子詔我招慰奚，楷洛違詔妄戰，當斬。」遣人謝大酺。大酺曰：「審爾，願出天子賜，明不欺。」佺揪聚軍中幣萬餘匹，悉袍、帶并與之。大酺知佺詐，好語勸引還，而佺部伍離沮，奚逼之，大敗，死者數萬。佺、以悌同見獲，送默啜所殺之。

邢文偉，滁州全椒人。與歷陽高子貢、壽春裴懷貴俱以博學聞。咸亨中，歷太子典膳丞。時孝敬罕見宮臣，文偉即減膳，上書曰：「古者太子既冠，則有司過之史、虧膳之宰。史不書過，死之；宰不徹膳，死之。皇帝簡料英俊，自庶子至司議、舍人、學士、侍讀，使佐殿下，成就聖德。比者不甚廷議，謁對稀簡，三朝之後，與內人獨居，何繇發揮天資，使濬哲文明哉？今史既闕官，宰得奉職，謹守禮經以聞。」太子答曰：「幼嗜墳典，欲研精極意，而未閑將衞，耽誦致勞。比苦風虛，奉陛下恩旨，不許彊勉，加以趨侍朝夕，無自專之道，屢闕坐朝，乖廢學緒。覩尋來請，良符宿志。自非義均弼諧，渠能進此藥石？」文偉由是益知名。後右史缺，高宗謂侍臣曰：「文偉切諫吾兒，此直臣也。」遂授之。

武后時，累遷鳳閣侍郎，兼弘文館學士。載初元年，爲內史。后御明堂，詔文偉發孝經。后問：「天與帝異稱云何？」文偉曰：「天、帝一也。」制曰：「郊后稷以配天，祀文王于明堂以配上帝，奈何而一？」對曰：「先儒執論不同，昊天及五方總六天帝。」后曰：「帝有六，則天不同稱，固矣。」文偉不得對。后曰：「移風易俗，莫善於樂。伯牙鼓琴，鍾期聽之，知意

在山水，是人能移風易俗矣。何取樂邪？」文偉曰：「聖人作樂，平人心，變風俗。末世樂壞，則爲人所移。」后喜，賜帛。宗秦客以姦贓抵罪，文偉坐所善，貶珍州刺史。會它使者至，文偉內悸，自經死。

高子貢，善太史書，與朱敬則善，擢明經。歷祕書省正字、弘文館直學士。不得志，因棄官去。徐敬業起兵，弟敬猷統兵五千逼和州，子貢率鄉人數百拒之，賊引去。以功擢朝散大夫，爲成均助教。東莞公融嘗爲和州刺史，從子貢受業。及融謀舉兵，令黃公譔見子貢，推爲謀主，書疏往返，因結諸王內應。謀泄，坐死。

校勘記

〔一〕易從果遷彭州長史　「彭州」，各本原作「彭城」，通鑑卷二〇四作「彭州」。本書卷四二地理志劍南道彭州下有「武后時長史劉易從」興修水利之記載。明「彭城」爲「彭州」之誤，據改。

唐書卷一百七

列傳第三十二

傅奕 呂才 方數 陳子昂 王無競 趙元

傅奕，相州鄴人。隋開皇中，以儀曹事漢王諒。諒反，問奕：「今茲熒惑入井，果若何？」對曰：「東井，黃道所由，熒惑之舍，烏足怪邪？若入地上井，乃爲災。」諒怒。俄及敗，奕以對免，徙扶風。

高祖爲扶風太守，禮之。及卽位，拜太史丞。會令庾儉以父質占候忤煬帝死，懲其事，恥以術宦，薦奕自代。奕遷令，與儉同列，數排毀之，儉不爲恨。於是人多儉仁，罪奕遽且忿。

時國制草具，多仍隋舊，奕謂承亂世之後，當有變更，乃上言：「龍紀、火官，黃帝廢之；咸池、六英，堯不相沿；禹弗行舜政，周弗襲湯禮。易稱『巳日乃孚，革而信也』，故曰『革之

時大矣哉』。有隋之季，違天害民，專峻刑法，殺戮賢俊，天下兆庶同心叛之。陛下撥亂反正，而官名、律令一用隋舊。且懲沸羹者吹冷齏，傷弓之鳥驚曲木，況天下久苦隋暴，安得不新其耳目哉？改正朔，易服色，變律令，革官名，功極作樂，治終制禮，使民知盛德之隆，此其時也。然官貴簡約，夏后官百不如虞氏五十，周三百不如商之百。」又曰：「夏有亂政而作禹刑，商有亂政而作湯刑，周有亂政而作九刑。衞鞅爲秦制法，增鑿顚、抽脅、鑊烹等六篇，始皇爲挾書律，此失於煩，不可不監。」

是時，太僕卿張道源建言：「官曹文簿繁總易欺，請減之以鈐吏姦。」公卿舉不爲然，奕獨是之，爲衆沮訾，不得行。

武德七年，上疏極詆浮圖法曰：

西域之法，無君臣父子，以三塗六道嚇愚欺庸。追既往之罪，窺將來之福，至有身陷惡逆，獄中禮佛，口誦梵言，以圖偷免。且生死壽夭，本諸自然；刑德威福，繫之人主。今其徒矯託，皆云由佛，攘天理，竊主權。書曰：「惟辟作福，惟辟作威，惟辟玉食。臣有作福作威玉食，害于而家，凶于而國。」

五帝三王，未有佛法，君明臣忠，年祚長久。至漢明帝始立胡祠，然惟西域桑門自傳其敎。西晉以上，不許中國髡髮事胡。至石、苻亂華，乃弛厥禁，主庸臣佞，政虐祚短，事佛致然。梁武、齊襄尤足爲戒。昔褒姒一女，營惑幽王，能亡其國，況今僧尼十萬，刻繒泥像，以惑天下，有不亡乎？陛下以十萬之衆自相夫婦，十年滋產，十年敎訓，兵農兩足，利可勝旣邪？昔高齊章仇子他言僧尼塔廟，外見毀宰臣，內見疾妃嬙，陽讒陰謗，卒死都市，周武帝入齊，封寵其墓，臣竊賢之。

又上十二論，言益痛切。帝下奕議有司，唯道源佐其請。中書令蕭瑀曰：「佛，聖人也，非聖人者無法，請誅之。」奕曰：「禮，始事親，終事君。而佛逃父出家，以匹夫抗天子，以繼體悖所親。瑀非出空桑，乃尊其言，蓋所謂非孝者無親。」瑀不答，但合爪曰：「地獄正爲是人設矣。」帝善奕對，未及行，會傳位止。

初，九年，太白躔秦分，奕奏秦王當有天下，帝以奏付王。及太宗卽位，召賜食，謂曰：「向所奏，幾敗我！雖然，自今毋有所諱而不盡言。」又嘗問：「卿拒佛法，奈何？」奕曰：「佛，西胡黠人爾，欺誑夷狄以自神。至入中國，而孅兒幻夫摸象莊、老以文飾之，有害國家，而無補百姓也。」帝異之。

貞觀十三年，卒，年八十五。奕病，未嘗問醫，忽酣臥，蹶然悟曰：「吾死矣乎！」卽自誌曰：「傅奕，青山白雲人也。以醉死，嗚乎！」遺言戒子：「六經名敎言，若可習也；妖胡之法，愼勿爲。吾死當倮葬。」奕雖善數，然嘗自言其學不可以傳。又注老子，并集晉、魏以來

與佛議駮者爲高識篇。武德時，所改漏刻，定十二軍號，皆詔奕云。

呂才，博州清平人。貞觀時，祖孝孫增損樂律，與音家王長通、白明達更質難，不能決。太宗詔侍臣舉善音者，中書令溫彥博白才天悟絕人，聞見一接，輒究其妙；侍中王珪、魏徵盛稱才製尺八凡十二枚，長短不同，與律諧契。卽召才直弘文館，參論樂事。

帝嘗覽周武帝三局象經，不能通，或言太子洗馬蔡允恭能之，召問允恭，少通其略，老乃忘。試問才，退一昔卽解，具圖以聞。允恭記其舊，與才正同，由是知名。擢累太常博士。

帝病陰陽家所傳書多謬僞淺惡，世益拘畏，命才與宿學老師刪落煩訛，掇可用者爲五十三篇，合舊書四十七，凡百篇，詔頒天下。才於持議儒而不俚，以經誼推處其驗術，諸家共訶短之，又舉世相惑以禍福，終莫悟云。才之言不甚文，要欲救俗失，切時事，俾易曉也。故剟其三篇。

卜宅篇曰：

易稱「上古穴居而野處，後世聖人易之以宮室。蓋取諸大壯」。殷、周時有卜擇之

文，詩稱「相其陰陽」，書卜洛食。近世乃有五姓，謂宮也，商也，角也，徵也，羽也，以爲天下萬物悉配屬之，以處吉凶，然言皆不類。如張、王爲商，武、庾爲羽，是以音相諧附；至柳爲宮，趙爲角，則又不然。其間一姓而兩屬，復姓數字不得所歸。是直野人巫師說爾。按堪輿經，黃帝對天老，始言五姓。且黃帝時獨姬、姜數姓耳，後世賜族者寖多，然管、蔡、郕、霍、魯、衞、毛、聃、郜、雍、曹、滕、畢、原、酆、郇本之姬姓，孔、殷、宋、華、向、蕭、亳、皇甫本之子姓，至因官命氏，因邑賜族，本同末異，叵爲配宮商哉？春秋以陳、衞、秦爲水姓，齊、鄭、宋爲火姓，或所出之祖，所分之星，所居之地，以著由來，非宮、商、角、徵、羽相管攝也。

祿命篇曰：

漢宋忠、賈誼譏司馬季主曰：「卜筮者高人祿命，以悅人心；矯言禍福，以規人財。」王充曰：「見骨體，知命祿；見命祿，知骨體。」此則言祿命尙矣。推索本原，固不其然。「積善之家，必有餘慶」，豈建祿而後吉乎？「積惡之家，必有餘殃」，豈劫殺而後災乎？「皇天無親，常與善人」，天人之交如影響。「有夏多罪，天命勦絕」；宋景脩德，妖星退舍。「學也祿在其中」，不生當建學。文王憂勤損壽，非初值空亡〔一〕；長平坑降卒，非俱犯三刑；南陽多近親，非俱當六合；歷陽成湖，不共河魁；蜀郡炎火，不盡災

厄。世有同建與祿，而貴賤殊域；共命若胎，而夭壽異科。魯桓公六年七月，子同生，是爲莊公。按曆，歲在乙亥，月建申，然則值祿空亡，據法應窮賤。又觸句絞六害，偝驛馬，身剋驛馬三刑，法無官。命火也，生當病鄉，法曰「爲人尫弱矬陋」，而詩言莊公曰：「猗嗟昌兮，頎而長兮。美目揚兮，巧趨蹌兮。」唯向命一物，法當壽，而公薨止四十五。一不驗。秦昭襄王四十八年，始皇帝生以正月〔二〕，故名政。是歲壬寅正月，命偝祿，於法無官，假得祿，奴婢應少。又破驛馬三刑，身剋驛馬，法望官不到。命金也，正月爲絕，無始有終，老而吉。又建命生，法當壽，帝崩時不過五十。二不驗。漢武帝以乙酉歲七月七日平旦生，當祿空亡，於法無官。雖向驛馬，乃隔四辰，法少無官，老而吉；武帝即位，年十六，末年戶口減耗。三不驗。後魏高祖孝文皇帝生皇興元年八月，是歲丁未，爲偝祿命與驛馬三刑，身剋驛馬，於法無官。又生父死中，法不見父，而孝文受其父顯祖之禪。禮，君未踰年，不得正位，故天子無父，事三老也。孝文率天下以事其親，而法不合識父。四不驗。宋高祖癸亥三月生，祿與命皆空亡，於法無官。又生子墓中，法宜嫡子，雖有次子，當早卒，而高祖長子先被弑，次子義隆享國。又生祖祿下，法得嫡孫財若祿；其孫劭、濬皆篡逆，幾失宗祧。五不驗。

葬篇曰：

易稱：「古之葬者，衣之以薪，不封不樹，喪期無數，後世聖人易之以棺槨。蓋取諸大過。」經曰：「葬者，藏也，欲人之弗得見也。」又曰：「卜其宅兆，而安厝之。」以是爲感慕之所也，魂神之宅也。朝市貿遷不可知，石泉頹齧不可常，是其謀及卜筮，庶無後艱，斯則備於慎終之禮也。後代葬說出于巫史，一物有失，便謂災及死生，多爲妨禁，以售其術，附妄憑妖，至其書乃有百二十家。春秋：「王者七日而殯，七月而葬；諸侯五日而殯，五月而葬；大夫三月，士庶人踰月而已。」貴賤不同，禮亦異數。此直爲赴弔遠近之期，量事制法。故先期而葬，謂之不懷也；後期不葬，謂之殆禮也。此則葬有定期，不擇年與月，一也。又曰：「丁巳，葬定公，雨，不克葬，至于戊午襄事。」君子善之。禮「卜先遠日」者，自末而進，避不懷也。今法已亥日用葬最凶，春秋是日葬者二十餘族。此葬不擇日，二也。禮：「周尙赤，大事用旦；殷尙白，大事用日中；夏尙黑，大事用昏。」大事者何？喪禮也。此直取當代所尙，而不擇時早晚也。鄭卿子產及子太叔葬簡公。於是，司墓大夫室當柩路，若壞其室，即平旦而堋；不壞其室，即日中而堋。子產不欲壞室，欲待日中。子太叔曰：「若日中而堋，恐久勞諸侯大夫來會葬者。」然子產、太叔不問時之得失，惟論人事可否而已。曾子曰：「葬逢日蝕，舍於路左，待明而行。」所以備非常也。按法，葬家多取乾、艮二時，乃近夜半，文與禮乖。此葬不擇時，

三也。經曰：「立身行道，揚名於後世，以顯父母。」易謂：「聖人之大寶曰位，何以守位曰仁。」而法曰：「官爵富貴，葬可致也；年壽脩促，子姓蕃衍，葬可招也。」夫日愼一日，澤及無疆；德則不建，而祚乃無永。臧孫有後于魯，不聞葬得吉也；若敖絕祀於荆，不聞葬得凶也。此葬有吉凶不可信，四也。今法皆據五姓爲之。古之葬，並在國都之北，趙氏之葬，在九原，漢家山陵，或散處諸域，又何上利下利、大墓小墓爲哉？然劉之子孫，本支不絕，趙後與六國等王。此則葬用五姓不可信，五也。且人有初賤而後貴、始泰而終否者。子文爲令尹，三仕三已，展禽三黜於士師。彼冢墓已定而不改，此名位不常，何也？故知榮辱升降，事關諸人，而不由於葬，六也。世之人爲葬巫所欺，忘擗踴荼毒，以期徼幸。由是相塋隴，希官爵；擇日時，規財利。謂辰日不哭，欣然而受弔；謂同屬不得臨壙，吉服避送其親。詭斁禮俗，不可以法，七也。

帝又詔造方域圖及教飛騎戰陣圖，屢稱指。擢太常丞。麟德中，以太子司更大夫卒。生平豫脩書及著述甚多。

子方毅，七歲能誦經。太宗聞其敏，召見，奇之，賜束帛。長爲右衞鎧曹參軍。母喪，以毀卒。布車從母葬，通人郎餘令以白粥、玄酒、生芻祭路隅，世共哀之。

陳子昂字伯玉，梓州射洪人。其先居新城，六世祖太樂，當齊時，兄弟競豪桀，梁武帝命爲郡司馬。父元敬，世高貲，歲飢，出粟萬石賑鄉里。舉明經，調文林郎。

子昂十八未知書，以富家子，尚氣決，弋博自如。它日入鄉校，感悔，即痛脩飭。文明初，舉進士。時高宗崩，將遷梓宮長安，於是，關中無歲，子昂盛言東都勝塏，可營山陵。上書曰：

臣聞秦據咸陽，漢都長安，山河爲固，而天下服者，以北假胡、宛之利，南資巴、蜀之饒，轉關東之粟，而收山西之寶，長羈利策，橫制宇宙。今則不然，燕、代迫匈奴，巴、隴嬰吐蕃，西老千里贏糧，北丁十五乘塞，歲月奔命，秦之首尾不完，所餘獨三輔間耳。頃遭荒饉，百姓荐飢，薄河而右，惟有赤地；循隴以北，不逢青草。父兄轉徙，妻子流離。賴天悔禍，去年薄稔，羸耗之餘，幾不沈命。然流亡未還，白骨縱橫，阡陌無主，至於蓄積，猶可哀傷。陛下以先帝遺意，方大駕長驅，按節西京，千乘萬騎，何從仰給？山陵穿復，必資徒役，率癯弊之衆，興數萬之軍，調發近畿，督扶稚老，鏟山輂石，驅以就功，春作無時，何望有秋？彫耄遺噍，再罹艱苦，有不堪其困，則逸爲盜賊，揭梃叫

嘽，可不深圖哉！

且天子以四海爲家，舜葬蒼梧，禹葬會稽，豈愛夷裔而鄙中國耶？示無外也。周平王、漢光武都洛，而山陵寢廟並在西土者，實以時有不可，故遺小存大，去禍取福也。今景山崇秀，北對嵩、邙，右眄汝、海，祝融、太昊之故墟在焉。園陵之美，復何以加？且太原廥鉅萬之倉，洛口儲天下之粟，乃欲捨而不顧，儻鼠竊狗盜，西入陝郊，東犯虎牢，取敖倉一抔粟，陛下何與遏之？

武后奇其才，召見金華殿。子昂貌柔野，少威儀，而占對慷慨，擢麟臺正字。垂拱初，詔問羣臣「調元氣當以何道？」子昂因是勸后興明堂、大學，即上言：

臣聞之於師曰：元氣，天地之始，萬物之祖，王政之大端也。天地莫大於陰陽，萬物莫靈於人，王政莫先於安人。故人安則陰陽和，陰陽和則天地平，天地平則元氣正。先王以人之通於天也，於是養成羣生，順天德，使人樂其業，甘其食，美其服，然後天瑞降，地符升，風雨時，草木茂遂。故顓頊、唐、虞不敢荒寧，其書曰：「百姓昭明，協和萬邦，黎人於變時雍。迺命羲和，欽若昊天，曆象日月星辰，敬授人時。」和之得也。夏、商之衰，桀、紂昏暴，陰陽乖行，天地震怒，山川神鬼，發妖見災，疾疫大興，終以滅亡，和之失也。迨周文、武創業，誠信忠厚加于百姓，故成、康刑措四十餘年，天人方和。而幽、厲亂常，苛慝暴虐，詬黷天地，川冢沸崩，人用愁怨。其詩曰：「昊天不惠，降此大戾」，不先不後，爲虐爲瘵，顧不哀哉！近隋煬帝恃四海之富，鑿渠決河，自伊、洛屬之揚州，疲生人之力，洩天地之藏，中國之難起，故身死人手，宗廟爲墟。逆元氣之理也。臣觀禍亂之動，天人之際，先師之說，昭然著明，不可欺也。

陛下含天地之德，日月之明，眇然遠思，欲求太和，此伏羲氏所以爲三皇首也。昔者，天皇大帝攬元符，東封太山，然未建明堂，享上帝，使萬世鴻業闕而不照，殆留此盛德，以發揮陛下哉！臣謂和元氣，睦人倫，捨此則無以爲也。昔黃帝合宮，有虞總期，堯衢室，夏世室，皆所以調元氣，治陰陽也。臣聞明堂有天地之制，陰陽之統，二十四氣、八風、十二月、四時、五行、二十八宿，莫不率備。王者政失則災，政順則祥。臣願陛下爲唐恢萬世之業，相國南郊，建明堂，與天下更始，按周禮、月令而成之。迺月孟春，乘鸞輅，駕蒼龍，朝三公、九卿、大夫于青陽左个，負斧扆，馮玉几，聽天下之政。躬藉田、親蠶以勸農桑，養三老、五更以教孝悌，明訟恤獄以息淫刑，脩文德以止干戈，察孝廉以除貪吏。後宮非妃嬪御女者，出之；珠玉錦繡、雕琢伎巧無益者，棄之；巫鬼淫祀營惑於人者，禁之。臣謂不數期且見太平云。

又言：

陛下方興大化，而太學久廢，堂皇埃蕪，詩、書不聞，明詔尚未及之，愚臣所以私恨也。太學者，政教之地也，君臣上下之取則也，俎豆揖讓之所興也，天子于此得賢臣焉。今委而不論，雖欲睦人倫，興治綱，失之本而求之末，不可得也。「君子三年不爲禮，禮必壞，三年不爲樂，樂必崩」，奈何爲天下而輕禮樂哉？願引胄子使歸太學，國家之大務不可廢已。

后召見，賜筆札中書省，令條上利害。子昂對三事。其一言：

九道出大使巡按天下，申黜陟，求人瘼，臣謂計有未盡也。且陛下發使，必欲使百姓知天子夙夜憂勤之也，羣臣知考績而任之也，姦暴不逞知將除之也，則莫如擇仁可以恤孤、明可以振滯、剛不避彊禦、智足以照姦者，然後以爲使，故輶軒未動，而天下翹然待之矣。今使且未出，道路之人皆已指笑，欲望進賢下不肖，豈可得邪？宰相奉詔書，有遺使之名，無任使之實。使愈出，天下愈弊，徒令百姓治道路，送往迎來，不見其益也。臣願陛下更選有威重風槩爲衆推者，因御前殿，以使者之禮禮之，諄諄戒敕所以出使之意，乃授以節。自京師及州縣，登拔才良，求人瘼，宣布上意，令若家見而戶曉。昔堯、舜不下席而化天下，蓋黜陟幽明能折衷者。陛下知難得人，則不如少出使。彼煩數而無益於化，是烹小鮮而數撓之矣。

其二言：

刺史、縣令，政教之首。陛下布德澤，下詔書，必待刺史、縣令謹宣而奉行之。不得其人，則委棄有司，掛牆屋耳，百姓安得知之？一州得才刺史，十萬戶賴其福；得不才刺史，十萬戶受其困。國家興衰，在此職也。今吏部調縣令如補一尉，但計資考，不求賢良。有如不次用人，則天下囂然相謗矣，狃于常而不變也。故庸人皆任縣令 敎化之陵遲，顧不甚哉！

其三言：

天下有危機，禍福因之而生。機靜則有福，動則有禍，百姓安則樂生，不安則輕生者是也。今軍旅之弊，夫妻不得安，父子不相養，五六年矣。自劍南盡河、隴，山東由青、徐、曹、汴，河北舉滄、瀛、趙、鄭，或困水旱，或頓兵疫，死亡流離略盡。尙賴陛下憫其失職，凡兵戍調發，一切罷之，使人得妻子相見，父兄相保，可謂能靜其機也。然臣恐將相有貪夷狄利，以廣地彊武說陛下者，欲動其機，機動則禍構。宜脩文德，去刑罰，勸農桑，以息疲民。蠻夷知中國有聖王，必累譯至矣。

于時，吐蕃、九姓叛，詔田揚名發金山道十姓兵討之。十姓君長以三萬騎戰，有功，遂請入朝。后責其嘗不奉命擅破回紇，不聽。子昂上疏曰：

國家能制十姓者，繇九姓彊大，臣服中國，故勢微弱，委命下吏。今九姓叛亡，北蕃喪亂，君長無主，回紇殘破，磧北諸姓已非國有，欲掎角亡叛，唯金山諸蕃共爲形勢。有司乃以揚名擅破回紇，歸十姓之罪，拒而遣還，不使入朝，恐非羈戎之長策也。夫戎有鳥獸心，親之則順，疑之則亂，今阻其善意，則十姓內無國家親信之恩，外有回紇報讎之患，懷不自安，鳥駭狼顧，則河西諸蕃自此拒命矣。且夷狄相攻，中國之福。今回紇已破，既無可言；十姓非罪，又不當絕。罪止揚名，足以慰其酋領矣。

近詔同城權置安北府，其地當磧南口，制匈奴之衝，常爲劇鎭。臣頃聞磧北突厥之歸者已千餘帳，來者未止，甘州降戶四千帳，亦置同城。今磧北喪亂、荒饉之餘，無所存仰，陛下開府招納，誠覆全戎狄之仁也。然同城本無儲峙，而降附蕃落不免寒飢，更相劫掠。今安北有官牛羊六千，粟麥萬斛，城孤兵少，降者日衆，不加救卹，盜劫日多。夫人情以求生爲急，今有粟麥牛羊爲之餌，而不救其死，安得不爲盜乎？盜興則安北不全，甘、涼以往，躡以待陷，後爲邊患，禍未可量。是則誘使亂，誨之盜也。且夷狄代有雄桀，與中國抗，有如勃起，招合遺散，衆將係興，此國家大機，不可失也。

又謂：

河西諸州，軍興以來，公私儲蓄，尤可嗟痛。涼州歲食六萬斛，屯田所收不能償壂。陛下欲制河西，定亂戎，此州空虛，未可動也。甘州所積四十萬斛，觀其山川，誠河西喉咽地，北當九姓，南逼吐蕃，姦回不測，伺我邊罅。故甘州地廣粟多，左右受敵，但戶止三千，勝兵者少，屯田廣夷，倉庾豐衍，瓜、肅以西，皆仰其餫，一旬不往，士已枵飢。是河西之命係于甘州矣。且其四十餘屯，水泉良沃，不待天時，歲取二十萬斛，但人力寡乏，未盡墾發。異時吐蕃不敢東侵者，繇甘、涼士馬彊盛，以振其入。今甘州積粟萬計，兵少不足以制賊，若吐蕃敢大入，燔蓄聚，蹂諸屯，則河西諸州，我何以守？宜益屯兵，外得以防盜，內得以營農，取數年之收，可飽士百萬，則天兵所臨，何求不得哉？

其後吐蕃果入寇，終后世爲邊患最甚。

后方謀開蜀山，由雅州道翦生羌，因以襲吐蕃。子昂上書以七驗諫止之，曰：

臣聞亂生必由於怨。雅州羌未嘗一日爲盜，今無罪蒙戮，怨必甚，怨甚則蜂駭且亡，而邊邑連兵守備不解，蜀之禍構矣。東漢喪敗，亂始諸羌，一驗也。吐蕃黠獪，抗天誅者二十餘年。前日薛仁貴、郭待封以十萬衆敗大非川，一甲不返；李敬玄、劉審禮舉十八萬衆困青海，身執賊廷，關、隴爲空。今迺欲建李處一爲上將，驅疲兵襲不可幸之吐蕃，舉爲賊笑，二驗也。夫事有求利而得害者。昔蜀與中國不通，秦以金牛、美女

啖蜀侯，侯使五丁力士棧褒斜，鑿通谷，迎秦之饋。秦隨以兵，而地入中州，三驗也。吐蕃愛蜀富，思盜之矣，徒以障隧隘絕，頓餓喙不得噬。今撤山羌，開阪險，使賊得收奔亡以攻邊，是除道待賊，舉蜀以遺之，四驗也。蜀爲西南一都會，國之寶府，又人富粟多，浮江而下，可濟中國。今圖僥倖之利，以事西羌，得羌地不足耕，得羌財不足富。是過殺無辜之衆，以傷陛下之仁，五驗也。蜀所恃，有險也；蜀所安，無役也。今開蜀險，役蜀人，險開則便寇，人役則傷財。臣恐未及見羌，而姦盜在其中矣。異時益州長史李崇眞託言吐蕃寇松州，天子爲盛軍師，趣轉餉以備之。不三年，巴、蜀大困，不見一賊，而崇眞姦臧已鉅萬。今得非有姦臣圖利，復以生羌爲資？六驗也。蜀士尫孱不知兵，一虜持矛，百人不敢當。若西戎不即破滅，臣見蜀之邊垂且不守，而爲羌夷所暴，七驗也。國家近廢安北，拔單于，棄龜茲、疏勒，天下以爲務仁不務廣，務養不務殺，行太古三皇事。今徇貪夫之議，誅無罪之羌，遺全蜀患，此臣所未諭。方山東飢，關隴弊，生人流亡，誠陛下寧靜思和天人之時，安可動甲兵、興大役，以自生亂？又西軍失守，北屯不利，邊人駭情，今復舉興師投不測，小人徒知議夷狄之利，非帝王至德也。善爲天下者，計大而不計小，務德而不務刑，據安念危，值利思害。願陛下審計之。

后復召見，使論爲政之要，適時不便者，毋援上古，角空言。子昂乃奏八科：一措刑，二官人，三知賢，四去疑，五招諫，六勸賞，七息兵，八安宗子。其大權謂：

今百度已備，但刑急罔密，非爲政之要。凡大人初制天下，必有凶亂叛逆之人爲我驅除，以明天誅。凶叛已滅，則順人情，赦過宥罪。蓋刑以禁亂，亂靜而刑息，不爲承平設也。太平之人，樂德而惡刑，刑之所加，人必慘怛，故聖人貴措刑也。比大赦，澡蕩羣罪，天下蒙慶，咸得自新。近日詔獄稍滋，鉤捕支黨，株蔓推窮，蓋獄吏不識天意，以抵慘刻。誠宜廣愷悌之道，敕法愼罰，省白誣冤，此太平安人之務也。

官人惟賢，政所以治也。然君子小人各尚其類。若陛下好賢而不任，任而不能信，信而不能終，終而不賞，雖有賢人，終不肯至，又不肯勸。反是，則天下之賢集矣。

議者乃云「賢不可知，人不易識」。臣以爲固易知，固易識。夫尙德行者無凶險，務公正者無邪朋，廉者憎貪，信者疾僞，智不爲愚者謀，勇不爲怯者死，猶鸞隼不接翼，薰蕕不共氣，其理自然。何者？以德並凶，勢不相入；以正攻佞，勢不相利；以廉勸貪，勢不相售；以信質僞，勢不相和。智者尙謀，愚者所不聽；勇者徇死，怯者所不從。此趣向之反也。賢人未嘗不思効用，顧無其類則難進，是以湮汨于時。誠能信任俊良，

知左右有灼然賢行者，賜之尊爵厚祿，使以類相擧，則天下之理得矣。

陛下知得賢須任，今未能者，蓋以常信任者不效。如裴炎、劉禕之、周思茂、騫味道固蒙用矣，皆孤恩前死，以是陛下疑於信賢。臣固不然。昔人有以噎得病，乃欲絕食，不知食絕而身殞。賢人於國，猶食在人，人不可以一噎而止飡，國不可以謬一賢而遠正士，此神鑒所知也。

聖人大德，在能納諫，太宗德參三王，而能容魏徵之直。今誠有敢諫骨鯁之臣，陛下廣延順納，以新盛德，則萬世有述。

臣聞勞臣不賞，不可勸功；死士不賞，不可勸勇。今或勤勞死難，名爵不及；偷榮尸祿，寵秩妄加，非所以表庸勵行者也。願表顯徇節，勵勉百僚。古之賞一人，千萬人悅者，蓋云當也。

今事之最大者，患兵甲歲興，賦役不省，興師十萬，則百萬之家不得安業。自有事北狄，于今十年，不聞中國之勝。以庸將御冗兵，傜役日廣，兵甲日敝。願審量損益，計利害，勢有不可，毋虛出兵，則人安矣。

䣕賊干紀，自取屠滅，罪止魁逆，無復緣坐，宗室子弟，皆得更生。然臣願陛下重曉慰之，使明知天子慈仁，下得自安。臣聞人情不能自明則疑，疑則懼，懼則罪生。惟賜愷悌之德，使居無過之地。

俄遷右衞胄曹參軍。

后既稱皇帝，改號周，子昂上周受命頌以媚悅后。雖數召見問政事，論亦詳切，故奏聞輒罷。以母喪去官，服終，擢右拾遺。

子昂多病，居職不樂。會武攸宜討契丹，高置幕府，表子昂參謀。次漁陽，前軍敗，擧軍震恐，攸宜輕易無將略，子昂諫曰：「陛下發天下兵以屬大王，安危成敗在此擧，安可忽哉？今大王法制不立，如小兒戲。願審智愚，量勇怯，度衆寡，以長攻短，此刷恥之道也。夫按軍尙威嚴，擇親信以虞不測。大王提重兵精甲，頓之境上，朱亥竊發之變，良可懼也。王能聽愚計，分麾下萬人爲前驅，契丹小醜，指日可禽。」攸宜以其儒者，謝不納。居數日，復進計，攸宜怒，徙署軍曹。子昂知不合，不復言。

聖曆初，以父老，表解官歸侍，詔以官供養。會父喪，廬冢次，每哀慟，聞者爲涕。縣令段簡貪暴，聞其富，欲害子昂，家人納錢二十萬緡，簡薄其賂，捕送獄中。子昂之見捕，自筮，卦成，驚曰：「天命不祐，吾殆死乎！」果死獄中，年四十三。

子昂資褊躁，然輕財好施，篤朋友，與陸餘慶、王無競、房融、崔泰之、盧藏用、趙元最厚。

唐興，文章承徐、庾餘風，天下祖尙，子昂始變雅正。初，爲感遇詩三十八章，王適曰：「是必爲海內文宗。」乃請交。子昂所論著，當世以爲法。大曆中，東川節度使李叔明爲立旌德碑於梓州，而學堂至今猶存。

子光，復與趙元子少微相善，俱以文稱。光終商州刺史。子易甫、簡甫，皆位御史。

王無競者，字仲烈，世徙東萊，宋太尉弘之遠裔。家足于財，頗負氣豪縱。擢下筆成章科，調欒城尉，三遷監察御史，改殿中。會朝，宰相宗楚客、楊再思離立偶語，無競揚笏曰：「朝禮上敬，公等大臣，不宜慢常典。」楚客怒，徙無競太子舍人。神龍初，詆權幸，出爲蘇州司馬。張易之等誅，坐嘗交往，貶廣州，仇家矯制榜殺之。

趙元者，字貞固，河間人。祖掞，號通儒，在隋，與同郡劉焯俱召至京師，補黎陽長，徙居汲。

元少負志略，好論辯。來游雒陽，士爭慕嚮，所以造謁皆搢紳選。武后方稱制，擢不容其高，調宜祿尉。到職，非公事不言，彈琴蒔藥，如隱者之操。自傷位不配才，卒年四十九。其友魏元忠、孟詵、宋之問、崔璩等共謚昭夷先生。

贊曰：子昂說武后興明堂太學，其言甚高，殊可怪笑。后竊威柄，誅大臣、宗室，脅逼長君而奪之權。子昂乃以王者之術勉之，卒爲婦人訕侮不用，可謂薦圭璧於房闥，以脂澤汙漫之也。瞽者不見泰山，聾者不聞震霆，子昂之于言，其聾瞽歟。

校勘記

〔一〕學也祿在其中不生當建學文王憂勤損壽非初值空亡　通典卷一〇五「不生當建學」作「豈得生當建命」，「文王」作「武王」。唐會要卷三六、文苑英華卷七四〇呂才五行祿命葬書論作「學也祿在，豈待生當建王；憂勤損壽，不關月值空亡」。

〔二〕秦昭襄王四十八年始皇帝生以正月　「昭襄」，各本原作「莊襄」。按秦莊襄王爲昭襄王之孫，始皇之父。史記卷六秦始皇紀載：秦始皇「以秦昭王四十八年生於邯鄲」。又卷五秦紀云秦莊襄王在位三年卒而始皇立。「秦昭王」卽「秦昭襄王」。此處「莊襄」顯爲「昭襄」之誤，今改。

唐書卷一百八

列傳第三十三

劉仁軌　裴行儉 光庭　稹　倩　均　婁師德

劉仁軌字正則，汴州尉氏人。少貧賤，好學。值亂，不能安業，每動止，畫地書空，寓所習，卒以通博聞。武德初，河南道安撫大使任瓌上疏有所論奏，仁軌見其稾，爲竄定數言。瓌驚異，赤牒補息州參軍。轉陳倉尉。部人折衝都尉魯寧者，豪縱佷法，縣莫敢屈。仁軌約不再犯，而寧暴橫自如，仁軌榜殺之。州以聞，太宗曰：「尉而殺吾折衝，可乎？」召詰讓。仁軌對曰：「寧辱臣，臣故殺之。」帝以爲剛正，更擢咸陽丞。

貞觀十四年，校獵同州。時秋斂未訖，仁軌諫曰：「今茲澍澤霑足，百穀熾茂，收纔十二。常日費調，已有所妨。又供獵事，繕橋治道，役雖簡省，猶不損數萬。少延一旬，使場圃畢勞，陛下六飛徐驅，公私交泰。」璽書褒納。拜新安令。累遷給事中。爲李義府所惡，

出爲青州刺史。顯慶五年，伐遼，義府欲斥以罪，使督漕，而船果覆沒。坐免官，白衣隨軍。

初，蘇定方既平百濟，留郎將劉仁願守其城，左衞中郎將王文度爲熊津都督，撫納殘黨。文度死，百濟故將福信及浮屠道琛迎故王子扶餘豐立之，引兵圍仁願。詔仁軌檢校帶方州刺史，統文度之衆，幷發新羅兵爲援。仁軌將兵嚴整，轉鬬陷陣，所向無前。信等釋仁願圍，退保任存城。旣而福信殺道琛，幷其衆，招還叛亡，勢張甚。仁軌與仁願合，則解甲休士。時定方伐高麗，圍平壤不克。高宗詔仁軌拔軍就新羅與金法敏議去留計。將士咸欲還，仁軌曰：「春秋之義，大夫出疆，有可以安社稷、便國家者，得專之。今天子欲滅高麗，先誅百濟，留兵鎭守，制其心腹。雖孽豎跳梁，士力未完，宜厲兵粟馬，乘無備，擊不意，百下百全。戰勝之日，開張形勢，騰檄濟師，聲援接，虜亡矣。今平壤不勝，熊津又拔，則百濟之燼復炎，高麗之滅無期。吾等雖入新羅，正似坐客，有不如志，悔可得邪？扶餘豐猜貳，表合內攜，勢不支久。宜堅守伺變以圖之，不可輕動。」衆從其議，乃請益兵。

時賊守眞峴城，仁軌夜督新羅兵薄城扳堞，比明，入之，遂通新羅饟道。而豐果襲殺福信，遣使至高麗、倭丐援。會詔遣右威衞將軍孫仁師率軍浮海而至，士氣振。於是，諸將議所向，或曰：「加林城水陸之衝，盍先擊之？」仁軌曰：「兵法避實擊虛。加林險而固，攻則

傷士，守則曠日。周留城，賊巢穴，羣凶聚焉。若克之，諸城自下。」於是仁師、仁願及法敏帥陸軍以進，仁軌與杜爽、扶餘隆繇熊津白江會之。遇倭人白江口，四戰皆克，焚四百艘，海水爲丹。扶餘豐脫身走，獲其寶劍。僞王子扶餘忠勝、忠志等率其衆與倭人降，獨酋帥遲受信據任存城未下。始，定方破百濟，酋領沙吒相如、黑齒常之嘯亡散，據險以應福信，至是皆降。仁軌以赤心示之，畀取任存自効，即給鎧仗糧糒。仁師曰：「夷狄野心難信，若受甲濟粟，資寇便也。」仁軌曰：「吾觀相如、常之忠而謀，因機立功，尚何疑？」二人訖拔其城。遲受信委妻子奔高麗，百濟餘黨悉平。仁師等振旅還，詔留仁軌統兵鎭守。百濟再被亂，殭屍如莽，仁軌始命瘞埋弔祭焉。葺復戶版，署官吏，開道路，營聚落，復防堰，賑貧貸乏，勸課耕種，爲立官社，民皆安其所。遂營屯田，以經略高麗。仁願至京師，帝勞曰：「若本武將，軍中奏請，皆有文理，何道而然？」對曰：「仁軌之辭，非臣所能。」帝歎賞之，超進仁軌六階，眞拜帶方州刺史，賜第一區，厚賚妻子，璽書褒勉。

先是，貞觀、永徽中，士戰歿者皆詔使弔祭，或以贈官推授子弟。顯慶後，討伐恩賞殆絕；及破百濟、平壤，有功者皆不甄敍。州縣購募，不願行，身壯家富者，以財參逐，率得避免。所募皆傭劣寒憊，無鬭志。仁軌具論其弊，請加慰賚，以鼓士心。又表用扶餘隆，使綏定餘衆。帝乃以隆爲熊津都督。

時劉仁願爲卑列道總管，詔率兵度海，使代舊屯，與仁軌俱還。仁軌曰：「上巡狩方岳，又經略高麗。方農時，而吏與兵悉被代，新至者未習，萬一蠻夷生變，誰與捍之？不如留舊兵畢穫，等級遣還。仁軌當留，未可去。」仁願不可，曰：「吾但知準詔耳。」仁軌曰：「不然。苟利國家，知無不爲，臣之節也。」因陳便宜，願留屯。詔可。由是以仁願爲不忠。

始，仁軌任帶方州，謂人曰：「天將富貴此翁邪！」乃請所頒曆及宗廟諱，或問其故，答曰：「當削平遼海，頒示本朝正朔。」卒皆如言。及封泰山，仁軌乃率新羅、百濟、儋羅、倭四國酋長赴會。天子大悅，擢爲大司憲。遷右相，兼檢校太子左中護。累功封樂城縣男。

總章元年，爲熊津道安撫大使，兼浿江道總管，副李勣討高麗，平之。以疾辭位，進金紫光祿大夫，聽致仕。俄召爲隴州刺史，拜太子左庶子、同中書門下三品，監脩國史。咸亨五年，爲雞林道大總管，東伐新羅。仁軌率兵絕瓠蘆河，攻大鎭七重城，破之。進爵爲公，子及兄子授上柱國者三人，州黨榮之，號所居爲「樂城鄉三柱里」。俄拜尚書左僕射兼太子賓客，仍知政事。

吐蕃入寇，命爲洮河道行軍鎭守大使。永隆二年，加太子少傅。數乞骸骨，聽解左僕射。帝幸東都，太子監國，詔仁軌與裴炎、薛元超留輔。及太子赴東都，又詔太孫重照留守，仁軌副之。武后臨朝，復拜左僕射。太孫廢，仁軌專知留守事。上疏辭疾，因陳呂后、祿、產禍敗事以規后，后遣武承嗣齎璽書慰勉。改文昌左相、同鳳閣鸞臺三品。卒年八十五。詔百官赴哭，册贈開府儀同三司、幷州大都督，陪葬乾陵。賜其家實封三百戶。

仁軌雖貴顯，不自矜踞，接舊故如布衣時。嘗爲御史袁異式所劾，慢辱之，脅使引決。及拜大司憲，異式尚在臺，不自安，因醉以情自解。仁軌持觴曰：「所不與公者，有如此觴。」後既執政，薦爲司元大夫。然宦由州縣至宰輔，善致聲譽，得吏下歡心。及鎭洮河，奏請機急，多爲中書令李敬玄抑卻，仁軌乃表敬玄爲帥以代己，果覆其衆。裴炎下獄，仁軌方留守京師，郎將姜嗣宗以使來，因語炎事，且曰：「炎異於常久矣。」仁軌曰：「使人知邪？」曰：「知。」及還，表嗣宗知炎反狀不告。武后怒，拉殺之。

子濬，官太子舍人。垂拱中，爲酷吏所殺。中宗即位，以仁軌有東宮舊，再贈司空。濬子晃，開元中，爲給事中，表請立碑，追謚曰文獻。

裴行儉字守約，絳州聞喜人。父仁基，隋光祿大夫，自王世充所謀歸國，被害。贈原州都督，謚曰忠。

行儉幼引蔭補弘文生。貞觀中，舉明經，調左屯衞倉曹參軍。時蘇定方爲大將軍，謂

曰：「吾用兵，世無可教者，今子也賢。」乃盡畀以術。遷長安令。高宗將立武昭儀，行儉以爲國家憂從此始，與長孫无忌、褚遂良祕議，大理袁公瑜擿語昭儀母，左除西州都督府長史。麟德二年，擢累安西都護，西域諸國多慕義歸附。召爲司文少卿。遷吏部侍郎，與李敬玄、馬載同典選，有能名，時號「裴馬」。行儉始設長名榜、銓注等法，又定州縣升降、資擬高下爲故事。

上元三年，吐蕃叛，出爲洮州道左二軍總管，改秦州右軍，並受周王節度。儀鳳二年，十姓可汗阿史那都支及李遮匐誘蕃落以動安西，與吐蕃連和，朝廷欲討之。行儉議曰：「吐蕃叛換方熾，敬玄失律，審禮喪元，安可更爲西方生事？今波斯王死，其子泥涅師質京師，有如遣使立之，即路出二蕃，若權以制事，可不勞而功也。」帝因詔行儉册送波斯王，且爲安撫大食使。徑莫賀延磧，風礫晝冥，導者迷，將士饑乏。行儉止營致祭，令曰：「水泉非遠。」衆少安。俄而雲徹風恬，行數百步，水草豐美，後來者莫識其處。衆皆驚，以方漢貳師將軍。至西州，諸蕃郊迎，行儉召豪桀千餘人自隨。揚言「大熱，未可以進，宜駐軍須秋」。都支覘知之，不設備。行儉徐召四鎭酋長，僞約畋，謂曰：「吾念此樂未始忘，孰能從吾獵者？」於是子弟願從者萬人，乃陰勒部伍。數日，倍道而進，去都支帳十餘里，先遣其所親問安否，外若閑暇，非討襲者。又使入趣召都支。都支本與遮匐計，及秋拒使者，已而聞

軍至，倉卒不知所出，率子弟五百餘人詣營謁，遂禽之。是日，傳契箭，召諸部酋長悉來請命，並執送碎葉城。簡精騎，約賚，襲遮匐。道獲遮匐使者，釋之，俾前往諭其主，并言都支已禽狀，遮匐乃降，悉俘至京師。將吏爲刻石碎葉城以紀功。帝親勞宴，曰：「行儉提孤軍，深入萬里，兵不血刃而叛黨禽夷，可謂文武兼備矣，其兼授二職。」卽拜禮部尚書兼檢校右衞大將軍。

調露元年，突厥阿史德温傅反，單于管二十四州叛應之，衆數十萬。都護蕭嗣業討賊不克，死敗係踵。詔行儉爲定襄道行軍大總管討之。率太僕少卿李思文、營州都督周道務部兵十八萬，合西軍程務挺、東軍李文暕等，總三十餘萬，旗幟亙千里，行儉咸節制之。

先是，嗣業饋糧，數爲虜鈔，軍餒死。行儉曰：「以謀制敵可也。」因詐爲糧車三百乘，車伏壯士五輩，齎陌刀、勁弩，以羸兵挽進，又伏精兵踵其後。虜果掠車，羸兵走險。賊驅就水草，解鞍牧馬。方取糧車中，而壯士突出，伏兵至，殺獲幾盡。自是糧車無敢近者。

大軍次單于北，暮，已立營，塹壕既周，行儉更命徙營高岡。吏白：「士安堵，不可擾。」不聽，促徙之。比夜，風雨暴至，前占營所，水深丈餘，衆莫不駭嘆，問何以知之，行儉曰：「自今弟如我節制，毋問我所以知也。」

賊拒黑山，數戰皆敗，行儉縱兵，前後殺虜不勝計。僞可汗泥熟匐爲其下所殺，持首來

降；又禽大首領奉職而還，餘黨走狠山。行儉既還，阿史那伏念僞稱可汗，復與温傅合。明年，行儉還總諸軍，頓代州之陘口，縱反間，說伏念，令與温傅相貳。伏念懼，密送款，且請縛傅自効。行儉祕不布，密以聞。後數日，煙塵漲天而南，斥候惶駭，行儉曰：「此伏念執温傅來降，非他也。且受降如受敵。」乃敕嚴備，遣單使往勞。既而果然。於是，突厥餘黨悉平。帝悅，遣戶部尚書崔知悌勞軍。

初，行儉許伏念以不死，侍中裴炎害其功，建言：「伏念爲程務挺、張虔勗脅逐，又磧北回紇逼之，計窮而降。」卒斬伏念及温傅於都市。行儉之功不錄。封聞喜縣公。行儉歎曰：「渾、濬之事，古今恥之。但恐殺降則後無復來矣！」遂稱疾不出。永淳元年，十姓突厥車薄叛，復爲金牙道大總管，未行卒，年六十四，贈幽州都督，謚曰獻。詔皇太子遣官護視家事，子孫能自立乃停。中宗卽位，再贈揚州大都督。

行儉工草隸，名家。帝嘗以絹素詔寫文選，覽之，祕愛其法，賚物良厚。行儉每曰：「褚遂良非精筆佳墨，未嘗輒書，不擇筆墨而妍捷者，余與虞世南耳。」所譔選譜、草字雜體數萬言。又爲營陣、部伍、料勝負、別器能等四十六訣，武后詔武承嗣就第取去，不復傳。

行儉通陰陽、曆術，每戰，豫道勝日。善知人，在吏部時，見蘇味道、王勮，謂曰：「二君後皆掌銓衡。」李敬玄盛稱王勃、楊炯、盧照鄰、駱賓王之才，引示行儉，行儉曰：「士之致遠，

先器識，後文藝。如勃等，雖有才，而浮躁衒露，豈享爵祿者哉？炯頗沈嘿，可至令長，餘皆不得其死。」所引偏裨，若程務挺、張虔勗、崔智䂮、王方翼、黨金毗、劉敬同、郭待封、李多祚、黑齒常之，類爲世名將，像奏至刺史將軍者數十人。

嘗賜馬及珍鞍，令史私馳馬，馬蹶鞍壞，懼而逃。行儉招還之，不加罪。初，平都支、遮匐，獲瓌寶不貲，蕃酋將士願觀焉，行儉因宴，徧出示坐者。有碼碯盤廣二尺，文彩粲然，軍吏趨跌盤碎，惶怖，叩頭流血。行儉笑曰：「爾非故也，何至是？」色不少吝。帝賜都支資產皿金三千餘物，槖駝馬牛稱是，行儉分給親故洎麾下，數日輒盡。

子光庭。

光庭字連城，早孤。母厙狄氏，有婦德，武后召入宮，爲御正，甚見親寵，光庭由是累遷太常丞。以武三思壻，坐貶郢州司馬。開元中，擢兵部郎中、鴻臚少卿。性靜默，寡交游，雖驟歷臺省，人未之許，既而以職業稱，議者更推之。

玄宗有事岱宗，中書令張說以天子東巡，京師空虛，恐夷狄乘間竊發，議欲加兵守邊，召光庭與謀，對曰：「封禪者，所以告成功也。夫成功者，德無不被，人無不安，萬國無不懷。今將告成而懼夷狄，非昭德也；大興力役，用備不虞，非安人也；方謀會同，而阻戎心，非

懷遠也。此三者，名實乖矣。且諸蕃，突厥爲大，贄幣往來，願修和好有年矣，若遣一使，召其大臣使赴行在，必欣然應命。突厥受詔，則諸蕃君長必相率而來，我偃旗息鼓，不復事矣。」說曰：「善，吾所不及。」因奏用其策，突厥果遣使來朝。

東封還，遷兵部侍郎。久之，拜中書侍郎、同中書門下平章事，兼御史大夫。遷黃門侍郎，拜侍中，兼吏部尚書、弘文館學士。撰搖山往則、維城前軌二篇獻之。手制褒美，詔皇太子、諸王於光順門見光庭，謝所以規諷意。光庭又引壽安丞李融、拾遺張琪、著作佐郎司馬利賓直弘文館，撰續春秋經傳，自戰國訖隋，表請天子修經，光庭等作傳。書久不就。時有建言唐應爲金德者，中書令蕭嵩請百官普議。光庭以唐符命表著天下久矣，不可改，亟奏罷之。二十年，封正平縣男。初，知星者言，上象變，不利大臣，請禳之。光庭曰：「使禍可禳而去，則福可祝而來也！」論者以爲知命。卒，年五十八，贈太師。

初，吏部求人不以資考爲限，所奬拔惟其才，往往得俊乂任之，士亦自奮。其後士人猥衆，專務趨競，銓品枉橈。光庭懲之，因行儉長名榜，乃爲循資格，無賢不肖，一據資考配擬；又促選限盡正月。任門下省主事閻麟之專主過官，凡麟之裁定，光庭輒然可，時語曰：「麟之口，光庭手。」素與蕭嵩輕重不平，及卒，嵩奏一切罷之，光庭所引，盡斥外官。博士孫琬以其用循資格，非奬勸之誼，謚曰克平，時以爲希嵩意。帝聞，特賜謚曰忠憲，詔中書

令張九齡文其碑。

子稹，以蔭仕，累遷起居郎。開元末，壽王瑁以母寵，欲立爲太子，稹陳申生、戾園禍以諫，玄宗改容謝之，詔授給事中。稹曰：「陛下絕招諫之路，爲日滋久，今臣一言而荷殊寵，則言者將衆，何以錫之？」帝善其讓，止不拜。俄授祠部員外郎，卒。子倩，字容卿，歷信州刺史。勸民墾田二萬畝，以治行賜金紫服，代第五琦爲度支郎中。卒，謚曰節。子均。

均字君齊，以明經爲諸暨尉。數從使府辟，硜硜以才顯。張建封鎮濠、壽，表團練判官。時李希烈以淮、蔡叛，建封扞賊，均參贊之。以勞加上柱國，襲正平縣男。遷累膳部郎中，擢荆南節度行軍司馬，就拜荆南節度使。劉闢叛，先騷黔、巫，脅荆、楚，以固首尾，均發精甲三千，逆擊之，賊望風奔却。加檢校吏部尚書。

初，均與崔太素俱事中人竇文場，太素嘗晨省文場，入臥內，自謂待己至厚，徐觀後榻有頻伸者，乃均也。德宗以均任方鎮，欲遂相之，諫官李約上疏斥均爲文場養子，不可汙台輔，乃止。

元和三年，入爲尚書右僕射，判度支。上日唱、授桉、送印，皆尚書郎爲之，文武四品五品、郎官、御史拜廷下，御史中丞、左右丞升階答拜，時以爲禮太重。俄檢校左僕射、同中

書門下平章事，爲山南東道節度使，累封郇國公。以財交權倖，任將相凡十餘年，荒縱無法度。卒，年六十二，贈司空。

婁師德字宗仁，鄭州原武人。第進士，調江都尉。揚州長史盧承業異之，曰：「子，台輔器也，當以子孫相諉，詎論僚吏哉？」

上元初，爲監察御史。會吐蕃盜邊，劉審禮戰沒，師德奉使收敗亡於洮河，因使吐蕃。其首領論贊婆等自赤嶺操牛酒迎勞，師德喻國威信，開陳利害，虜爲畏悅。後募猛士討吐蕃，乃自奮，戴紅抹額來應詔，高宗假朝散大夫，使從軍。有功，遷殿中侍御史，兼河源軍司馬，并知營田事。與虜戰白水澗，八遇八克。

天授初，爲左金吾將軍，檢校豐州都督。衣皮袴，率士屯田，積穀數百萬，兵以饒給，無轉饋和糴之費。武后降書勞之。長壽元年，召授夏官侍郎，判尚書事，進同鳳閣鸞臺平章事。后嘗謂師德：「師在邊，必待營田，公不可以劬勞憚也。」乃復以爲河源、積石、懷遠軍及河、蘭、鄯、廓州檢校營田大使。入遷秋官尚書、原武縣男，改左肅政御史大夫，並知政事。證聖中，與王孝傑拒吐蕃於洮州，戰素羅汗山，敗績，貶原州員外司馬。萬歲通天二年，入

爲鳳閣侍郎、同鳳閣鸞臺平章事。後與武懿宗、狄仁傑分道撫定河北，進納言，更封譙縣子、隴右諸軍大使，復領營田。

聖曆三年，突厥入寇，詔檢校并州長史、天兵軍大總管。九月，卒于會州，年七十。贈幽州都督，謚曰貞，葬給往還儀仗。

師德長八尺，方口博脣。深沈有度量，人有忤己，輒遜以自免，不見容色。嘗與李昭德偕行，師德素豐碩，不能遽步，昭德遲之，恚曰：「爲田舍子所留。」師德笑曰：「吾不田舍，復在何人？」其弟守代州，辭之官，教之耐事。弟曰：「人有唾面，絜之乃已。」師德曰：「未也。絜之，是違其怒，正使自乾耳。」在夏官注選，選者就桉閱簿。師德曰：「容我擇之可乎？」選者不去，乃灑筆曰：「墨汙爾！」

狄仁傑未輔政，師德薦之，及同列，數擠令外使。武后覺，問仁傑曰：「師德賢乎？」對曰：「爲將謹守，賢則不知也。」又問：「知人乎？」對曰：「臣嘗同僚，未聞其知人也。」后曰：「朕用卿，師德薦也，誠知人矣。」出其奏，仁傑慚，已而歎曰：「婁公盛德，我爲所容乃不知，吾不逮遠矣！」總邊要、爲將相者三十年，恭勤樸忠，心無適莫，方酷吏殘鷙，人多不免，獨能以功名始終，與郝處俊相亞，世之言長者，稱婁、郝。

贊曰：仁軌等以兵開定四夷，其勇無前，至奉上則瞿瞿若不及，行儉臨下以恕，師德寬厚，其能以功名始終者，蓋近乎勇于敢則殺，勇于不敢則活者邪！

唐書卷一百九

列傳第三十四

崔義玄 神基 神慶 琳　楊再思 季昭　竇懷貞 兢　宗楚客 晉卿
紀處訥　祝欽明 郭山惲　王璵

崔義玄，貝州武城人。隋大業亂，往見李密，密不用。河內賊黃君漢爲密守柏崖，義玄見羣鼠度河，矟刃有華文，曰：「此王敦亡兆也。」因說君漢以城歸，乃拜君漢懷州刺史、行軍總管，以義玄爲司馬。王世充將高毗寇河內，義玄擊走之，多下屯堡。君漢以所掠子女金帛分之，拒不受。以功封淸丘縣公。太宗討世充，數用其謀。東都平，轉隰州都督府長史。貞觀初，歷左司郎中，兼韓王府長史，與王友孟神慶志趣不同，而俱以介直任。永徽中，累遷婺州刺史。時睦州女子陳碩眞舉兵反。始，碩眞自言仙去，與鄉鄰辭訣，或告其詐，已而捕得，詔釋不問。於是姻家章叔胤妄言碩眞自天還，化爲男子，能役使鬼

物，轉相熒惑，用是能幻衆。自稱文佳皇帝，以叔胤爲僕射，破睦州，攻歙殘之，分遣其黨圍婺州。義玄發兵拒之，其徒爭言碩眞有神靈，犯其兵輒滅宗，衆兇懼不肯用。司功參軍崔玄籍曰：「仗順起兵，猶無成，此乃妖人，勢不持久。」義玄乃署玄籍先鋒，而自統衆繼之。至下淮戍，禽其諜數十人。有星墜賊營，義玄曰：「賊必亡。」詰朝奮擊，左右有以盾鄣者，義玄曰：「刺史而有避邪，誰肯死？」敕去之。由是衆爲用，斬首數百級，降其衆萬餘。賊平，拜御史大夫。

義玄有章句學，先儒疑繆，或音故不通者，輒采諸家，條分節解，能是正之。高宗詔與博士討論五經義。

武氏爲皇后，義玄贊帝決，又以后旨按長孫无忌等誅之。終蒲州刺史，年七十一。贈幽州都督，謚曰貞。后持政，贈揚州大都督，賜其家實封戶二百。

子神基襲爵。

神基，長壽中，爲司賓卿、同鳳閣鸞臺平章事。爲酷吏所構，流嶺南。中宗初，稍用爲大理卿。

弟神慶，舉明經，武后時，累遷萊州刺史。入朝，待制億歲殿，奏事稱旨。后以歷官有佳政，且其父於已有功，擢拜幷州長史，謂曰：「幷州，朕鄉里，宿兵多，前長史皆尚書爲之，今授卿，宜知所以委重者。」乃親爲按行圖，諏日而遣。神慶始至，有詔改錢幣法，州縣布下，俄而物價踊昂，百賈驚擾，神慶質其非于朝，果豪猾妄爲之。后喜，下制褒美。初，州隔汾爲東、西二城，神慶跨水聯堞，合而一之，省防禦兵歲數千。神基既下獄，馳赴都告變，得召見，后出具獄示之，神慶爲申理，得減死，然用是貶歙州司馬。

長安中，累轉禮部侍郎，數上疏陳時政。轉太子右庶子，封魏縣子。是時，突厥使者入見，皇太子應朝，有司移文東宮召太子。神慶諫曰：「五品以上佩龜者，蓋防徵召之詐，內出龜以合之，況太子乎？古者召太子用玉契，此誠重愼防萌之意，不可不察。凡慮事於未萌之前，故長無悔吝之咎。今太子與陛下異宮，非朝朔望而別喚者，請降墨敕玉契。」詔可。尋詔與詹事祝欽明更日侍讀東宮。歷司刑卿，劾張昌宗獄，頗闊略不盡。神龍初，昌宗伏誅，坐流欽州，卒。五王得罪，緣昌宗被流者皆詔原雪，贈神慶幽州都督。

神慶子琳，明政事，開元中，與高仲舒同爲中書舍人。侍中宋璟親禮之，每所訪逮，嘗曰：「古事問仲舒，今事問琳，尙何疑？」累遷太子少保。天寶二年卒，祕書監潘肅聞之，泫然曰：「古遺愛也！」琳長子儼，諫議大夫。

其羣從數十人，自興寧里謁大明宮，冠蓋騶哄相望。每歲時宴于家，以一榻置笏，猶重積其上。琳與弟太子詹事珪、光祿卿瑤俱列棨戟，世號「三戟崔家」。開元、天寶間，中外宗屬無緦麻喪。初，玄宗每命相，皆先書其名，一日書琳等名，覆以金甌，會太子入，帝謂曰：「此宰相名，若自意之，誰乎？即中，且賜酒。」太子曰：「非崔琳、盧從愿乎？」帝曰：「然。」賜太子酒。時兩人有宰相望，帝欲相之數矣，以族大，恐附離者衆，卒不用。

楊再思，鄭州原武人，第明經，爲人佞而智。初，調玄武尉，使至京師，舍逆旅，有盜竊其衣囊，再思遇之，盜窘謝。再思曰：「而苦貧，故至此。囊中檄無所事，幸留，它物可持去。」初不爲人言，但假貸以還。累遷天官員外郎，歷左肅政御史中丞。延載初，擢鸞臺侍郎、同鳳閣鸞臺平章事，加兼左肅政御史大夫，封鄭縣侯，遷內史。

居宰相十餘年，阿匼取容，無所薦達。人主所不喜，毀之；所善，譽之。畏愼足恭，未嘗忤物。或曰：「公位尊，何自屈折？」答曰：「世路孔艱，直者先禍。不爾，豈全吾軀？」於時水沴，閉坊門以禳。再思入朝，有車陷于濘，叱牛不前，恚曰：「癡宰相不能和陰陽，而閉坊門，遣我艱于行！」再思遣吏謂曰：「汝牛自弱，不得獨責宰相。」

二十四史

中華書局

張昌宗坐事，司刑少卿桓彥範劾免其官，昌宗訴諸朝，武后意申釋之，問宰相：「昌宗於國有功乎？」再思曰：「昌宗爲陛下治丹，餌而愈，此爲有功。」后悅，昌宗還官。自是天下貴彥範，賤再思。左補闕戴令言賦「兩脚狐」以譏之，再思怒，謫令言爲長社令，士愈蚩誚。

易之兄司禮少卿同休，請公卿宴其寺，酒酣，戲曰：「公面似高麗。」再思欣然，翦縠綴巾上，反披紫袍，爲高麗舞，舉動合節，滿坐鄙笑。昌宗以姿貌倖，再思每曰：「人言六郎似蓮華，非也；正謂蓮華似六郎耳。」其巧諛無恥類如此。俄檢校右庶子。

中宗立，拜戶部尙書、同中書門下三品、京師留守，封弘農郡公，加兼揚州長史，檢校中書令。改侍中，鄭國公，賜實封戶三百，爲順天皇后奉册使。武三思誣陷王同晈，再思與李嶠、韋巨源按獄，希意抵同晈死，衆以爲冤。復拜中書令，監脩國史。遷尙書右僕射，仍同三品。卒，贈特進、并州大都督，陪葬乾陵，謚曰恭。

弟季昭，中茂才第，爲殿中侍御史。武后誅駙馬都尉薛紹，紹兄顗爲濟州刺史，命季昭按之，不得反狀，后怒，放于沙州。赦還，爲懷州司馬。

竇懷貞字從一，左相德玄子。少詭激，衣服羸儉，不爲輿馬豪侈事。仕累清河令，有治狀。後遷越州都督、揚州長史。

神龍中，進左御史大夫兼檢校雍州長史。會歲除，中宗夜宴近臣，謂曰：「聞卿喪妻，今欲繼室可乎？」懷貞唯唯。俄而禁中寶扇鄣衛，有衣翟衣出者，已乃韋后乳媪王，所謂莒國夫人者，故蠻婢也。懷貞納之不辭。又避后先諱，而以字稱。世謂媪壻爲阿𤕤，懷貞每謁見奏請，輒自署「皇后阿𤕤」，而人或謂爲「國𤕤」，軒然不慙，以自媚於后。時政令多門，赤尉由墨制授御史者衆，或戲曰：「尉入臺多，而縣辦否？」對曰：「辦於異日。」問其故，答曰：「佳吏在，僥倖去，故辦。」聞者皆笑。又附宗楚客、安樂公主等以取貴位，爲素議所斥，名稱盡矣。韋后敗，斬妻獻其首，貶濠州司馬，再徙益州長史，乃復故名。

景雲初，以殿中監召，閱月遷左御史大夫、同中書門下平章事，封中山縣公。再遷侍中。方太平公主干政，懷貞傾己附離，日視事退，輒詣主第，刺取所欲。睿宗爲金仙、玉眞二公主營觀，費鉅萬，諫者交疏不止，唯懷貞勸成之，躬護役作。族弟維鍌諫曰：「公位上袞，當思獻可替否輔天子，而計校瓦木，雜廁工匠間，使海內何所瞻仰乎？」不答，督繕益急。時語曰：「前作后國𤕤，後爲主邑丞。」言事公主如邑官屬也。在位半歲，無所事，帝引見承天門，切責之。俄與李日知、郭元振、張說皆罷。爲左御史大夫。于時，歲犯左執法，術

家又言懷貞且有禍，大懼，表請爲安國寺奴，不許。踰年，復同中書門下三品，兼太子詹事，監脩國史。又以尙書右僕射兼御史大夫，軍國重事宜共平章。玄宗受內禪，進左僕射，封魏國公。與太平公主謀逆，既敗，投水死，追戮其尸，改姓毒氏。然生平所得俸祿，悉散親族無留畜，敗時，家惟粗米數石而已。

性諂詐，善諧結權貴，宦者用事，尤所畏奉，或見無須者，誤爲之禮。監察御史魏傳弓嫉中人輔信義，欲劾奏其姦，懷貞曰：「是安樂所信任者，奈何繩之？」傳弓曰：「王綱壞矣，正坐此屬。今日殺之，明日誅，無所悔！」懷貞猶固止之。傳弓者，鉅鹿人，忠謇士也，終司農丞。

懷貞從子兢，字思愼，舉明經，爲英王府參軍、尙乘直長。調鄠令，脩鄠舍道路，毀冠婚喪紀法，百姓德之。

宗楚客字叔敖，其先南陽人。曾祖丕，後梁南弘農太守，梁亡入隋，居河東之汾陰，故爲蒲州人。父岌，仕魏王泰府，與謝偃等撰括地志。

楚客，武后從姊子，長六尺八寸，明晳美須髯。及進士第，累遷戶部侍郎。兄秦客，

垂拱中，勸武后革命，進爲內史，而弟晉卿典羽林兵。後兄弟並坐姦贓流嶺外。歲餘，秦客死，而楚客等還。俄檢校夏官侍郎、同鳳閣鸞臺平章事。與武懿宗不協，會賜將作材營第，僭侈過度，爲懿宗所劾，自文昌左丞貶播州司馬，晉卿流峯州。稍爲豫州長史，遷少府少監、岐陝二州刺史。久之，復以夏官侍郎同鳳閣鸞臺平章事。坐聘邵王妓，貶原州都督。

神龍初，爲太僕卿、郢國公。武三思引爲兵部尙書，以晉卿爲將作大匠。節愍太子敗，逃于鄠，被殺，殊其首祭三思等柩，楚客請之也。俄同中書門下三品。韋后、安樂公主親賴之，與紀處訥爲黨，世號「宗紀」。

景龍二年，詔突厥娑葛爲金河郡王，而其部闕啜忠節路楚客等罷之，娑葛怨，將兵患邊。監察御史崔琬廷奏：「楚客、處訥專威福，有無君心，納境外交，爲國取怨；晉卿專徇贓私，驕恣跋扈。並請收付獄，三司推鞫。」故事，大臣爲御史對仗彈劾，必趨出，立朝堂待罪。楚客乃厲色大言：「性忠鯁，爲琬誣詆。」中宗不能窮也，詔琬與楚客、處訥約兄弟兩解之，故世謂帝爲「和事天子」。尋遷中書令。韋氏敗，與晉卿同誅。

楚客性明達。武后時，降突厥沓實力吐敦者，部落在平夏。會邊書至，言吐敦反，楚客爲兵部員外郎，后召問方略，對曰：「吐敦者，臣昔與之言，其爲人忠義和厚，且國家與有恩，必不反。其兄之子默子者，狡悍，與吐敦不和，今言叛，疑默子爲之，然無能爲。」俄而夏州

表默子劫部落北奔，爲州兵及吐敦所禽。後張仁亶請築三城，議者或不同，獨楚客言：「萬世利也。」然冒于權利，嘗諷右補闕趙延禧陳符命以媚帝，曰：「唐有天下，當百世繼周，陛下承母禪，周、唐一統，其符兆有八：天皇再以陛下爲周王，是在唐興周，則天立陛下爲皇太子，是在周興唐，一也；天后立文王廟，二也；唐同泰洛水圖云：『永昌帝業』，三也；讖曰：『百代不移宗』，四也；孔子曰：『百世繼周』，五也；桑條韋歌，應二聖在位九十八年，而子孫相承九十八世，六也；乃二月慶雲五色，天應以和，七也；去六月九日，內出瑞蒜，八也。起則天爲一世，聖朝爲二世，後子孫相承九十八，其數正滿百世，唐之曆乃三千餘年。」帝大喜，擢延禧諫議大夫。識者以楚客等欺神誣君，且有大咎。又嘗密語其黨曰：「始，吾在卑位，尤愛宰相；及居之，又思天子，南面一日足矣。」雖外附韋氏，而內畜逆謀，故卒以敗。

晉卿髯貌雄偉，聲如鍾。雖不學，然性倜儻。垂拱後，武后任之，宮苑、閑廄、內外衆作無不總。開中嶽，造明堂，鑄九鼎，有力焉。

紀處訥者，秦州上邽人。爲人魁岸，髯長數尺。其妻武三思婦之姊，縱使通三思，繇是款昵，進爲太府卿。神龍元年夏，大旱，穀價騰踊，中宗召問所以救人者。三思知之，陰諷

太史迦葉志忠奏「是夜攝提入太微，近帝坐，此天子與大臣接，有納忠之符」。帝信之，下詔褒美，賜處訥衣一副、綵六十段。與楚客並同三品，進侍中。後伏誅。

祝欽明字文思，京兆始平人。父綝，字叔良，少通經，頗著書質諸家疑異；門人張後胤既顯官，薦于朝，詔對策高第，終無極尉。

欽明擢明經，爲東臺典儀。永淳、天授間，又中英才傑出、業奧六經等科，拜著作郎，爲太子率更令。中宗在東宮，欽明兼侍讀，授太子經，兼弘文館學士。中宗復位，擢國子祭酒、同中書門下三品。進禮部尚書，封魯國公，食實封戶三百。桓彥範、崔玄暐、袁恕己、敬暉等皆從受周官大義，朝廷尊之。以匿親忌日，爲御史中丞蕭至忠所劾，貶申州刺史。入爲國子祭酒。

景龍三年，天子將郊，欽明與國子司業郭山惲陰迎韋后意，謬立議曰：

周官天神曰祀，地祇曰祭，宗廟曰享。大宗伯曰：祀大神，祭大祇，享大鬼，王有故不預，則攝而薦。追師掌后首服，以待祭祀。內司服掌后六服，祭祀則供。又九嬪，凡大祭祀，后祼獻則贊瑤爵。然則后當助天子祀天神、祭地祇。鄭玄稱：闕狄，后助王祭羣小祀服。小祀尙助，況天地哉？闕狄之上，褘、褕狄，三服皆以助祭，知褘衣助大祀也。王之祭服二：曰先王袞冕，先公鷩冕。故后助祭，亦以褘衣祭先王，褕狄祭先公。不言助祭天地，舉此以明彼，反三隅也。祭統曰：「祭也者，必夫婦親之，所以備內外之官。」哀公問孔子曰：「冕而親迎，不已重乎？」答曰：「合二姓之好，以繼先聖之後，以爲天地宗廟社稷主，君何謂已重焉？」則知后宜助祭。臣請因經誼，制儀典。

帝雖不審，猶疑之，召禮官質問。於是太常博士唐紹、蔣欽緒對：「欽明所引，皆宗廟禮，非祭天地者。周、隋而上，無皇后助祭事。」帝令宰相參訂，紹、欽緒又引博士彭景直共議曰：

周官所云祀、祭、享，皆互言。典瑞：「兩圭以祀地。」司几筵：「設祀先王昨席。」內宗：「掌宗廟祭祀。」傳曰：「聖人爲能饗帝。」「春秋祭祀，以時思之。」此祀天稱享，享廟稱祭也。禮家凡稱大祭祀，不獨主天。鬱人〔一〕：「大祭祀，與量人受舉斝之卒爵。」祭天不祼，則九嬪贊瑤爵，容廟稱大祭祀也〔二〕。欽明據大宗伯之職，以謂后有祭天地之禮。按經：「凡祀大神、祭大祇、享大鬼，帥執事而卜宿，視滌濯，涖玉鬯，省牲鑊，奉玉齍，制大號。若王不與祭祀，則攝位。」自凡而推，兼言王祭天地宗廟也。下言：「凡大祭祀，王后不與，則攝而薦。」直王后祭廟一凡耳。若當助祭天地，應不列重凡。且內

宗、外宗所掌，皆佐王后廟薦，無佐祭天地語。有如助祭天地，誰當贊佐者？是則攝薦爲宗廟明甚。內司服掌后祭服，無祭天服。禮家說曰：「后不助祭天地五岳，故無其服。」又言：「后有五輅，以重翟從祭先王先公，以厭翟從饗諸侯，以安車朝夕見王，以翟車采桑，以輦車游宴。」按此，后無祭天車明甚。然后助王祭天地，古無聞焉。

時左僕射韋巨源助后掎掣帝，奪政事，卽傅欽明議，帝果用其言，以皇后爲亞獻。取大臣李嶠等女爲齋娘，奉豆籩。禮成，詔齋娘有夫者悉進官。

初，后屬婚，上食禁中，帝與羣臣宴，欽明自言能八風舞，帝許之。欽明體肥醜，據地搖頭睆目，左右顧眄，帝大笑。吏部侍郎盧藏用歎曰：「是舉五經掃地矣！」景雲初，侍御史倪若水劾奏：「欽明、山惲等腐儒無行，以諂佞亂常改作，百王所傳，一朝墮放。今聖德中興，不宜使小人在朝，請斥遠之，以肅具臣。」乃貶欽明饒州刺史，山惲括州刺史。欽明於五經爲該淹，自見坐不孝免，無以澡祓，乃阿附韋氏，圖再用，又坐是見逐，諸儒共羞之。後徙洪州都督，入爲崇文館學士，卒。

山惲者，河東人。善治禮。景龍中，累遷國子司業。帝昵宴近臣及脩文學士，詔徧爲伎。工部尚書張錫爲談容娘舞，將作大匠宗晉卿爲渾脫舞，左衞將軍張洽爲黃麞舞，給

事中李行言歌駕車西河曲，餘臣各有所陳，皆鄙黷；而山惲奏：「無所習，惟知誦詩。」乃誦鹿鳴、蟋蟀二篇，未畢，中書令李嶠以其近規諷，止之。帝嘉其直，下詔褒咨，賜服一稱。其後與欽明僻論阿世，不能終其守。久之，復拜國子司業。

贊曰：欽明以經授中宗，爲朝大儒，乃詭聖僻說，引豔妻郊見上帝，腥德播聞，享胙不終。蓋與少正卯順非而澤，莊周以詩書破冢者同科。獨保腰領死家簀，寧不幸邪！後之託儒爲姦者，可少戒云。

王璵者，方慶六世孫，少爲禮家學。玄宗在位久，推崇老子道，好神仙事，廣脩祠祭，靡神不祈。璵上言，請築壇東郊祀靑帝，天子入其言，擢太常博士、侍御史，爲祠祭使。璵專以祠解中帝意，有所禳祓，大抵類巫覡。漢以來葬喪皆有瘞錢，後世里俗稍以紙寓錢爲鬼事，至是璵乃用之。

肅宗立，累遷太常卿，又以祠禱見寵。乾元三年，拜蒲同絳等州節度使，俄以中書侍郎同中書門下平章事。時大兵後，天下願治，璵望輕，無它才，不爲士議諧可，旣驟得政，中外

悵駭。乃奏置太一壇，勸帝身見九宮祠。帝由是專意，它議不能奪。帝嘗不豫，太卜建言祟在山川。璵遣女巫乘傳分禱天下名山大川，巫皆盛服，中人護領，所至干託州縣，賂遺狼藉。時有一巫美而蠱，以惡少年數十自隨，尤憸狡不法。馳入黃州，刺史左震晨至館請事，門鐍不啓。震怒，破鐍入，取巫斬廷下，悉誅所從少年，籍其贓得十餘萬，因遣還中人。旣以聞，璵不能詰，帝亦不加罪。明年，罷璵爲刑部尚書，又出爲淮南節度使，猶兼祠祭使，徙浙東。召入，再遷太子少師。卒，贈開府儀同三司，謚曰簡懷。

始，璵託鬼神致位將相，當時以左道進者紛紛出焉。李國禎者，以術士顯，廣德初，建言「唐家仙系，宜崇表福區，招致神靈，請度昭應南山作天華上宮、露臺、大地婆父祠，并三皇、道君、太古天皇、中古伏羲、女媧等各爲堂皇，給百戶掃除」。又即義扶谷故湫祠龍，置房宇。有詔從之，乃除地課工，方歲饑，人不堪命。昭應令梁鎭上疏切諫，以爲有七不可：「天地之神，推之尊極者，掃地可祭，精意可享。今廢先王之典，爲人祈福，福未至而人已困。又違神虐人，何從而致福邪？宗廟月無三祭，此不宜然。婆父之鄙語，不經見，若爲地建祖廟，上天必貽向背之責。夫湫者，龍所託耳，今湫竭已久，龍安所存？不宜崇去龍之穴，破生人之產。若三皇、五帝、道君等，兩京及所都各有宮廟，春秋彝饗，此復營造，是謂瀆神。夫休咎豐凶本於五事，不在山川百神明矣。」卽劾國禎等「動衆則得人，興工則獲利，祭祀則受胙，主執則市權，營罔天聽，負抱橐稽，道路相望，無時而息，人神胥怨，災孽並至。臣昨受命，有所安輯，陛下許以權宜，今所興造，臣謹以便宜悉停」。帝從之。鎭忼慨有名士也，仕至司門郎中。璵曾孫摶，別傳。

校勘記

〔一〕鬱人　各本及舊書卷一八九下祝欽明傳作「爵人」。按此引周禮春官鬱人職文，「爵」顯爲「鬱」之形訛。唐會要卷九上錄舊書已改作「鬱人」。今據改。

〔二〕容廟稱大祭祀也　「容廟」，舊書卷一八九下祝欽明傳作「宗廟」。

唐書卷一百一十

列傳第三十五

諸夷蕃將

史大柰 馮盎 智戴 子猷 阿史那社尒 忠 執失思力
契苾何力 明 黑齒常之 李謹行 泉男生 獻誠 李多祚 李湛
論弓仁 惟貞 尉遲勝 尚可孤 裴玢

史大柰，本西突厥特勒也(一)，與處羅可汗入隋，事煬帝。從伐遼，積勞爲金紫光祿大夫。後分其部於樓煩。高祖興太原，大柰提其衆隸麾下。桑顯和戰飲馬泉，諸軍却，大柰以勁騎數百背擊顯和，破之，軍遂振。授光祿大夫。從平長安，以多，賞帛五千匹，賜姓史。從秦王平薛舉、

王世充、竇建德、劉黑闥，功殊等，積前後賜侍女三、雜綵萬段。貞觀初，擢累右武衞大將軍，檢校豐州都督，封竇國公，食封戶三百。卒，贈輔國大將軍。

馮盎字明達，高州良德人，本北燕馮弘裔孫。弘不能以國下魏，亡奔高麗，遣子業以三百人浮海歸晉。弘已滅，業留番禺，至孫融，事梁爲羅州刺史。子寶，聘越大姓洗氏女爲妻，遂爲首領，授本郡太守，至盎三世矣。

隋仁壽初，盎爲宋康令，潮、成等五州獠叛，盎馳至京師，請討之。文帝詔左僕射楊素與論賊形勢，素奇之，曰：「不意蠻夷中乃生是人！」即詔盎發江、嶺兵擊賊，平之，拜漢陽太守。從煬帝伐遼東，遷左武衞大將軍。隋亡，奔還嶺表，嘯署酋領，有衆五萬。番禺、新興名賊高法澄、洗寶徹等受林士弘節度，殺官吏，盎率兵破之。寶徹兄子曰智臣，復聚兵拒戰，盎進討，兵始合，輒釋胄大呼曰：「若等識我耶？」衆委戈，袒而拜，賊遂潰，禽寶徹、智臣等，遂有番禺、蒼梧、朱崖地，自號總管。或說盎曰：「隋季崩蕩，海內震騷，唐雖應運，而風教未孚，嶺越無所係屬。公克平二十州，地數千里，名謂未正，請上南越王號。」盎曰：「吾居越五世矣，牧伯惟我一姓，子女玉帛吾有也，人生富貴，如我希矣。常恐忝先業，尚自王哉？」

武德五年，始以地降，高祖析爲高、羅、春、白、崖、儋、林、振八州，授盎上柱國、高州總管，封越國公。拜其子智戴爲春州刺史，智彧爲東合州刺史。盎徙封耿。貞觀初，或告盎叛，盎舉兵拒境。太宗詔右武衞將軍藺謩發江淮甲卒將討之，魏徵諫曰：「天下初定，創夷未復，大兵之餘，疫癘方作，且王者兵不宜爲蠻夷動，勝之不武，不勝爲辱。且盎不及未定時略州縣，搖遠夷，今四海已平，尚何事？反未狀，當懷之以德，盎懼，必自來。」帝乃遣散騎常侍韋叔諧喻盎，盎遣智戴入侍。帝曰：「徵一言，賢於十萬衆。」時嶺兵已出，欲遂有功，遣副將上盎可擊狀，帝不許，罷之。

五年，盎來朝，宴賜甚厚。俄而羅、竇諸洞獠叛，詔盎率衆二萬爲諸軍先鋒。賊據險不可攻，盎持弩語左右曰：「矢盡，勝負可知矣。」發七矢斃七人，賊退走，盎縱兵乘之，斬首千餘級。帝詔智戴還慰省，賞予不可計，奴婢至萬人。盎善爲治，閱簿最，擿姦伏，得民懽心。卒，贈左驍衞大將軍、荆州都督。

子三十人，智戴知名，勇而有謀，能撫衆，得士死力，酋帥皆樂屬之。嘗隨父至洛陽，統本部銳兵宿衞。煬帝弒，引其下逃歸。時盜賊多，嶺嶠路絕，智戴轉戰而前。至高源，俚帥脅爲謀主，會盎至，智戴得與盎俱去。後入朝，帝勞賜加等，授衞尉少卿。聞其善兵，指雲問曰：「下有賊，今可擊乎？」對曰：「雲狀如樹，方辰在金，金利木柔，擊之勝。」帝奇其對。累

遷左武衞將軍。卒，贈洪州都督。

盎族人子猷，以豪俠聞。貞觀中，入朝，載金一舸自隨。高宗時，遣御史許瓘視其貲。瓘至洞，子猷不出迎，後率子弟數十人，擊銅鼓、蒙排，執瓘而奏其罪。帝馳遣御史楊璟驗訊。璟至，卑辭以結之，委罪於瓘。子猷喜，遺金二百兩、銀五百兩。璟不受。子猷曰：「君不取此，且留不得歸。」璟受之，還奏其狀，帝命納焉。

阿史那社尒，突厥處羅可汗之次子。年十一，以智勇聞。拜拓設，建牙磧北，與頡利子欲谷設分統鐵勒、回紇、僕骨、同羅諸部。處羅卒，哀毀如禮。治衆十年，無課斂。或勸厚賦以自奉，答曰：「部落豐餘，於我足矣。」故首領咸愛之。頡利數用兵，社尒諫，弗納。

貞觀元年，鐵勒、回紇、薛延陀等叛，敗欲谷設於馬獵山，社尒助擊之，弗勝。明年，將餘衆西保可汗浮圖城。會頡利滅，西突厥統葉護又死，奚利邲咄陸可汗與泥孰爭國，社尒引兵襲之，得其半國，有衆十餘萬，乃自號都布可汗。謂諸部曰：「始爲亂破吾國者，延陀也，今我據西方，而不平延陀，是忘先可汗，非孝也。事脫不勝，死無恨。」酋長皆曰：「我新

得西方,須留撫定。今直乘之,遠擊延陀,延陀未禽,葉護子孫將復吾國。」社尒不從,選騎五萬,討延陀磧北,連兵十旬,士苦其久,稍潰去。延陀縱擊,大敗之,乃走保高昌,衆纔萬人,又與西突厥不平,由是率衆內屬。

十年入朝,授左驍衞大將軍,處其部于靈州。詔尚衡陽長公主,爲駙馬都尉,典衞屯兵。十四年,以交河道行軍總管平高昌,諸將咸受賞,社尒以未奉詔,秋毫不敢取,見別詔,然後受,又所取皆老弱陳弊。太宗美其廉,賜高昌寶鈿刀、雜綵千段,詔檢校北門左屯營,封畢國公。從征遼東,中流矢,拔去復戰,所部奮厲,皆有功。還,擢兼鴻臚卿。

二十一年,以崑丘道行軍大總管與契苾何力、郭孝恪、楊弘禮、李海岸等五將軍發鐵勒十三部及突厥騎十萬討龜茲。師次西突厥,擊處蜜、處月〔三〕,敗之。入自焉耆西,兵出不意,龜茲震恐。進屯磧石,伊州刺史韓威以千騎先進,右驍衞將軍曹繼叔次之。至多褐城,其王率衆五萬拒戰。威陽卻,王悉兵逐北,威與繼叔合,殊死戰,大破之。社尒因拔都城,王輕騎遁。社尒留孝恪守,自率精騎追躡,行六百里。王據大撥換城,嬰險自固。社尒攻凡四十日,入之,禽其王,并下五大城。遣左衞郎將權祗甫徇諸酋長,示禍福,降者七十餘城,宣諭威信,莫不歡服。刻石紀功而還。因說于闐王入朝,王獻馬畜三百餉軍。西突厥、焉耆、安國皆爭犒師。孝恪之在軍,牀帷器用多飾金玉,以遺社尒,社尒不受。帝

聞,曰:「二將優劣,不復問人矣。」帝崩,請以身殉,衞陵寢,高宗不許。遷右衞大將軍。永徽六年卒,贈輔國大將軍、并州都督,陪葬昭陵,治冢象蔥山,謚曰元。

子道眞,歷左屯衞大將軍。咸亨初,爲邏娑道副大總管,與薛仁貴討吐蕃以援吐谷渾,爲論欽陵所敗,盡失其兵。詔有司問狀,免死爲民。

阿史那忠者,字義節,蘇尼失子也。資淸謹。以功擢左屯衞將軍,尚宗室女定襄縣主,始詔姓獨著史。居父喪,哀慕過人。會立阿史那思摩爲突厥可汗,以忠爲左賢王。及出塞,不樂,見使者必泣,請入侍,許焉。封薛國公,擢右驍衞大將軍。宿衞四十八年,無纖隙,人比之金日磾。卒,贈鎭軍大將軍,謚曰貞,陪葬昭陵。

執失思力,突厥酋長也。貞觀中,護送隋蕭后入朝,授左領軍將軍。會頡利敗,太宗令思力諭降渾、斛薩部落,稍親近。帝逐兔苑中,思力諫曰:「陛下爲四海父母,乃自輕,臣竊殆之。」帝異其言。後復逐鹿,思力脫巾帶固諫,帝爲止。

及討遼東,詔思力屯金山道,領突厥扞薛延陀。延陀兵十萬寇河南,思力示羸,不與确,賊深入至夏州,乃整陣擊敗之,追躡六百里。會毗伽可汗死,耀兵磧北而歸。復從江夏王道宗破延陀餘衆。與平吐谷渾。詔尚九江公主,拜駙馬都尉,封安國公。坐交房遺愛,高宗以其戰多,赦不誅,流巂州。主請削封邑偕往。主前卒。龍朔中,以思力爲歸州刺史,卒。麟德元年,復公主封邑,贈思力勝州都督,謚曰景。

契苾何力,鐵勒哥論易勿施莫賀可汗之孫。父葛,隋末爲莫賀咄特勒,以地近吐谷渾,陰陿多癘暍,徙去熱海上。何力九歲而孤,號大俟利發。

貞觀六年,與母率衆千餘詣沙州內屬,太宗處其部於甘、涼二州,擢何力左領軍將軍。九年,與李大亮、薛萬徹、萬均討吐谷渾於赤水川。萬均率騎先進,爲賊所包,兄弟皆中創墮馬,步鬬,士死十七八。何力馳壯騎,冒圍奮擊,虜披靡去。是時吐谷渾王伏允在突淪川,何力欲襲之,萬均懲前敗,以爲不可。何力曰:「賊無城郭,逐薦草美水以爲生,不乘其不虞,正恐鳥驚魚駭,後無以窺其巢穴。」乃閱精騎千餘,直擣其牙,斬首數千級,獲橐它、馬、牛、羊二十餘萬,俘其妻子,伏允挺身免。有詔勞軍於大斗拔谷。萬均恥名出其下,乃排何

力,引功自名。何力不勝憤,挺刀起,將殺之,諸將勸止。

及還,帝責謂其故,何力具言萬均敗狀。帝怒,將解其官授何力。何力頓首曰:「以臣而解萬均官,恐四夷聞者,謂陛下重夷輕漢,則誣告益多。又夷狄無知,謂漢將皆然,非示遠之義。」帝重其言,乃止。有詔宿衞北門,檢校屯營事,尚臨洮縣主。十四年,爲蔥山道副大總管,與討高昌,平之。

始,何力母姑臧夫人與弟沙門在涼州,沙門爲賀蘭都督。十六年,詔何力往覲母。於是薛延陀毗伽可汗方強,契苾諸酋爭附之,乃脅其母、弟使從。何力驚謂其下曰:「上於爾有大恩,且遇我厚,何遽反?」皆曰:「可敦、都督去矣,尚何顧?」何力曰:「弟往侍足矣,我義許國,不可行。」衆執之,至毗伽牙下。何力箕踞,拔佩刀東向呼曰:「有唐烈士受辱賊廷邪?天地日月,臨鑒吾志。」即割左耳,誓不屈。毗伽怒,欲殺之,其妻諫而止。何力被執也,或讒之帝曰:「何力入延陀如涸魚得水,其脫必遽。」帝曰:「不然。若人心如鐵石,殆不背我。」會使至言狀,帝泣下。即詔兵部侍郎崔敦禮持節許延陀尚主,因求何力,乃得還。授右驍衞大將軍。公主行有日,何力陳不可。帝曰:「天子無戲言,旣許之,叵奈何?」何力曰:「禮有親迎,宜詔毗伽身到京師,或詣靈武。彼畏我,必不來,則姻不成,而憂憤不知所出,下必攜貳,不及一年,交相疑沮。毗伽素很戾,必死,死則二子爭國。內判外攜,不戰而禽矣。」

帝然之。毗伽果不敢迎，鬱邑不得志，恚而死，少子拔酌殺其庶兄突利失自立，國中亂，如其策云。

帝征高麗，詔何力爲前軍總管。次白崖城，中賊矟，創甚，帝自爲傅藥。城拔，得刺何力者高突勃，驅使自殺之，辭曰：「彼爲其主，冒白刃以刺臣，此義士也。犬馬猶報其養，況於人乎？」卒捨之。俄以崑丘道總管平龜茲。帝崩，欲以身殉，高宗諭止。

永徽中，西突厥阿史那賀魯以處月、處蜜、姑蘇、歌邏祿、卑失五姓叛，寇庭州，陷金嶺，略蒲類，詔何力爲弓月道大總管，率左武衛大將軍梁建方，統秦、成、岐、雍及燕然都護回紇兵八萬討之。處月酋朱邪孤注遂殺招慰使果毅都尉單道惠，據牢山以守。何力等分兵數道，攀藟而上，急攻之，賊大潰，孤注夜遁。輕騎窮躡，行五百里，孤注戰死。虜渠帥六十，俘斬萬餘，牛馬雜畜七萬，取處蜜時健俟斤、合支賀等以歸。遷左驍衛大將軍，封郕國公。

顯慶中，爲浿江軍行軍大總管〔三〕，與蘇定方及右驍衛大將軍劉伯英伐高麗，不克。龍朔初，復拜遼東道行軍大總管，率諸蕃三十五軍進討，帝欲自率師繼之。次鴨綠水，蓋蘇文遣男生以精兵數萬拒險，衆莫敢濟。會冰合，何力引兵譟而濟，賊驚，遂潰。追奔，斬首三萬級，餘衆降，男生脫身走。有詔班師。

時鐵勒九姓叛，詔何力爲安撫大使。何力以輕騎五百馳入其部，虜大驚。何力喻曰：

「朝家知而詿誤，遂及翻動，使我貰爾過，得自新。罪在凶渠，取之則已。」九姓大喜，共擒僞葉護及特勒等二百人以歸，何力數其罪，誅之，餘衆遂安。士卒道死者，令所在收瘞，蠲護其家。

未幾，蓋蘇文死，男生爲弟所逐，使子詣闕請降，乃拜何力爲遼東道行軍大總管、安撫大使經略之，副李勣同趨高麗。勣已拔新城，留何力守。時高麗兵十五萬屯遼水，引靺鞨數萬衆據南蘇城，何力奮擊，破之，斬首萬級，乘勝進拔八城。引兵還，與勣會合，攻辱夷、大行二城，克之。進拔扶餘。勣勒兵未進，何力率兵五十萬先趨平壤，勣繼進，攻凡七月，拔之，虜其王以獻。進鎮軍大將軍，行左衛大將軍，徙封涼。

總章、儀鳳間，吐蕃滅吐谷渾，勢益張，入寇鄯、廓、河、坊等州，詔周王爲洮州道、相王爲涼州道行軍元帥，率何力等討之。二王不行，亦會何力卒。贈輔國大將軍、并州大都督，陪葬昭陵，謚曰毅。

始，龍朔中，司稼少卿梁脩仁新作大明宮，植白楊于廷，示何力曰：「此木易成，不數年可庇。」何力不答，但誦「白楊多悲風，蕭蕭愁殺人」之句，脩仁驚悟，更植以桐。

子明，字若水，孺褓授上柱國，封漁陽縣公。年十二，遷奉輦大夫。李敬玄征吐蕃，明爲柏海道經略使，以戰多，進左威衛大將軍，襲封，賜錦袍、寶帶，它物蕃夥。擢嫡子三品官。再遷雞田道大總管，至烏德鞬山，誘附二萬帳。武后時，明妻及母臨洮縣主皆賜姓武。以左鷹揚衛大將軍卒，年四十六，贈涼州刺史，謚曰靖。

明性淹厚，喜學，長辯論。子聳，襲爵。

黑齒常之，百濟西部人。長七尺餘，驍毅有謀略。爲百濟達率兼風達郡將，猶唐刺史云。蘇定方平百濟，常之以所部降。而定方囚老王，縱兵大掠，常之懼，與左右酋長十餘人遁去，嘯合逋亡，依任存山自固，不旬日，歸者三萬。定方勒兵攻之，不克，常之遂復二百餘城。龍朔中，高宗遣使招諭，乃詣劉仁軌降。累遷左領軍員外將軍、洋州刺史。

儀鳳三年，從李敬玄、劉審禮擊吐蕃。審禮敗，敬玄欲引還，阻泥溝，兵不得出，賊屯高壓官軍。常之夜率敢死士五百人掩其營，殺掠數百人，賊酋跋地設棄軍走。帝歎其才，擢左武衛將軍，檢校左羽林軍，賜金帛殊等。進爲河源軍副使。調露中，吐蕃使贊婆等入寇，屯良非川。李敬玄之敗，常之引精騎三千夜襲其軍，斬首二千級，獲羊馬數萬，贊婆等單騎去。卽拜河源道經略大使。因建言河源當賊衝，宜增兵鎮守，而運饟須廣。乃斥地置烽七

十所，墾田五千頃，歲收粟斛百餘萬。由是食衍士精，戍邏有備。永隆二年，贊婆營青海，常之馳掩其屯，破之，悉燒糧庾，獲羊、馬、甲首不貲。詔書勞賜。凡涖軍七年，吐蕃憺畏，不敢盜邊。封燕國公。

垂拱中，突厥復犯塞，常之率兵追擊，至兩井，忽與賊遇，賊騎三千方擐甲，常之見其囂，以二百騎突之，賊皆棄甲去。其暮，賊大至，常之潛使人伐木，列炬營中，若烽燧然。會風起，賊疑救至，遂夜遁。久之，爲燕然道大總管，與李多祚、王九言等擊突厥骨咄祿、元珍於黃花堆，破之，追奔四十里，賊潰歸磧北。會左監門衛中郎將爨寶璧欲窮追要功，詔與常之共計，寶璧獨進，爲虜所覆，舉軍沒，寶璧下吏誅，常之坐無功。會周興等誣其與右鷹揚將軍趙懷節反，捕繫詔獄，投繯死。

常之御下有恩，所乘馬爲士所箠，或請罪之。答曰：「何遽以私馬鞭官兵乎？」前後賞賜分麾下，無留貲。及死，人皆哀其枉。

李謹行，靺鞨人。父突地稽，部酋長也。隋末，率其屬千餘內附，居營州，授金紫光祿大夫、遼西太守。武德初，奉朝貢，以其部爲燕州，授總管。劉黑闥叛，突地稽身到定州，上書

秦王，請節度。以戰功封耆國公，徙部居昌平。高開道以突厥兵攻幽州，突地稽邀擊，敗之。貞觀初，進右衞將軍，賜氏李，卒。

謹行偉容貌，勇蓋軍中，累遷營州都督，家童至數千，以財自雄，夷人畏之。爲積石道經略大使，論欽陵衆十萬寇湟中，候邏不知，士樵采半散。謹行聞虜至，卽植旗伐鼓，開門以伺。欽陵疑有伏，不敢進。上元三年，破吐蕃于青海，璽書勞勉，封燕國公。卒，贈幽州都督，陪葬乾陵。

泉男生字元德，高麗蓋蘇文子也。九歲，以父任爲先人。遷中裏小兄，猶唐謁者也。又爲中裏大兄，知國政，凡辭令，皆男生主之。進中裏位頭大兄[三]。久之，爲莫離支，兼三軍大將軍，加大莫離支，出按諸部。而弟男建、男產知國事，或曰：「男生惡君等逼己，將除之。」建、產未之信。又有謂男生：「將不納君。」男生遣諜往，男建捕得，卽矯高藏命召，男生懼，不敢入。男建殺其子獻忠。男生走保國內城，率其衆與契丹、靺鞨兵內附，遣子獻誠訴諸朝。高宗拜獻誠右武衞將軍，賜乘輿、馬、瑞錦、寶刀，使還報。詔契苾何力率兵援之，男生乃免。授平壤道行軍大總管，兼持節安撫大使，舉哥勿、南蘇、倉巖等城以降。帝又命

西臺舍人李虔繹就軍慰勞，賜袍帶、金釦七事。

明年，召入朝，詔所過州縣傳舍作鼓吹，右羽林將軍李同以飛騎仗延寵。遷遼東大都督、玄菟郡公，賜第京師。因詔還軍，與李勣攻平壤，使浮屠信誠內間，引高麗銳兵潛入，禽高藏。詔遣子齎手制、金皿，卽遼水勞賜。還，進右衞大將軍、卞國公，賜寶器、宮侍女二、馬八十。儀鳳二年，詔安撫遼東，幷置州縣，招流冗，平斂賦，罷力役，民悅其寬。卒，年四十六，帝爲舉哀，贈并州大都督。喪至都，詔五品以上官哭之，謚曰襄，勒碑著功。

男生純厚有禮，奏對敏辯，善射藝。其初至，伏斧鑕待罪，帝宥之，世以此稱焉。

獻誠，天授中以右衞大將軍兼羽林衞。武后嘗出金幣，命宰相、南北牙羣臣舉善射五輩，中者以賜。內史張光輔舉獻誠，獻誠讓右玉鈐衞大將軍薛吐摩支，摩支固辭。獻誠曰：「陛下擇善射者，然皆非華人。臣恐唐官以射爲恥，不如罷之。」后嘉納。來俊臣嘗求貨，獻誠不答，乃誣其謀反，縊殺之。后後知其冤，贈右羽林衞大將軍，以禮改葬。

李多祚，其先靺鞨酋長，號「黃頭都督」，後入中國，世系湮遠。至多祚，驍勇善射，以軍功累遷右鷹揚大將軍。討黑水靺鞨，誘其渠長，置酒高會，因醉斬之，擊破其衆。室韋及孫萬榮之叛，多祚與諸將進討，以勞改右羽林大將軍，遂領北門衞兵。

張柬之將誅二張，以多祚素感槩，可動以義，乃從容謂曰：「將軍居北門幾何？」曰：「三十年矣。」「將軍擊鍾鼎食，貴重當世，非大帝恩乎？」多祚泣數行下，曰：「死且不忘！」柬之曰：「將軍知感恩，則知所以報，今在東宮乃大帝子，而嬖豎擅朝，危逼宗社。國家廢興在將軍，將軍誠有意乎？捨今日尚何在？」答曰：「苟緣王室，惟公所使。」乃引天地以自誓，辭氣毅然，柬之遂定謀。以敬暉、李湛爲右羽林將軍，命總禁兵，與多祚、王同皎請太子至玄武門，斬關入。及長生殿，白武后曰：「諸將誅逆臣易之、昌宗，恐漏大謀，不敢豫奏，頓首請歸死。」后病臥，顧湛曰：「我於而父子不薄，亦豫是邪？」

中宗復位，封多祚遼陽郡王，食實戶八百，子承訓爲衞尉少卿。湛遷大將軍，封趙國公，食實戶五百。帝祠太廟，特詔多祚與相王登輿夾侍。監察御史王覿謂多祚夷人，雖有功，不宜共輿輦。帝曰：「朕推以心腹，卿勿復言。」

崔玄暐等得罪，多祚畏禍及，故陽厚韋氏。節愍太子誅武三思，多祚與成王千里率兵先至玄武樓下，具言所以誅三思狀，按兵不戰。宮闈令楊思勗方侍帝，卽挺刀斬其壻羽林中郎將野呼利，兵因沮潰，多祚爲其下所殺，二子亦見害，籍沒其家。景雲初，追復官爵，并

宥家屬。

湛者，義府最幼子，字興宗，沈厚有度。六歲，授周王府文學，累遷右散騎常侍，襲河間郡公。武后徙上陽宮，留湛宿衞。頃之，復爲右散騎常侍，賜鐵券。三思惡之，貶果州刺史。歷洺、絳二州，累遷左領軍大將軍。開元十年卒，贈幽州都督。初，義府以立武后故得宰相，而湛爲中興功臣，世不以其父惡爲貶云。

論弓仁，本吐蕃族也。父欽陵，世相其國。聖曆二年，弓仁以所統吐渾七千帳自歸，授左玉鈐衞將軍，封酒泉郡公。神龍三年，爲朔方軍前鋒游弈使。時張仁愿築三受降城，弓仁以兵出諾眞水、草心山爲邏衞。

開元初，突厥九姓亂，弓仁引軍度漠，踰白檉林，收火拔部喩多眞種落，降之。默啜思太叛，戰赤柳澗，弓仁騎才五百，自新堡進，時賊四環之，衆不敵，弓仁椎牛誓士自若，再宿潰圍出，人服其壯。凡閱大小戰數百，未嘗負。賜寶玉、甲第、良田，等列莫與比。累遷左驍衞大將軍、朔方副大使。會病，玄宗遣上醫馳視。卒，年六十六，贈撥川郡王，謚曰忠。

孫惟貞。

惟貞名瑀，以字行。志向恢大。開元末，爲左武衞將軍。肅宗在靈武，以衞尉少卿募兵綏、銀，閱旬，衆數萬。從還鳳翔，遷光祿卿，爲元帥前鋒討擊使。戰陝州，以功進殿中監。

史思明攻李光弼於河陽，周摯以兵二十萬陣城下，惟貞請銳卒數千，鑿數門出，自旦及午，苦戰破之。光弼表爲開府儀同三司。光弼討史朝義，以惟貞守徐州。賊將謝欽讓據陳，乃假惟貞潁州刺史，斬賊將，降者萬人。封蕭國公，實封百戶。光弼病，表以自代。擢左領軍衞大將軍，爲英武軍使，卒。

尉遲勝本王于闐國。天寶中，入朝，獻名玉、良馬。玄宗以宗室女妻之，授右威衞將軍、毗沙府都督。歸國，與安西節度使高仙芝擊破薩毗、播仙。累進光祿卿。

安祿山反，勝使弟曜攝國事，身率兵五千赴難。國人固留勝，勝以少女爲質而行。肅宗嘉之，拜特進，兼殿中監。廣德中，進驃騎大將軍，遣還，固請留宿衞。加開府儀同三司，封

武都郡王，實封百戶。勝請授國於曜，詔可。勝既留，乃穿築池觀，厚賓客，士大夫多從之游。從德宗至興元，爲右領軍將軍，歷睦王傅。貞元初，曜上言：「國中以嫡承嗣，今勝讓國，請立其子銳。」帝欲遣銳襲王。勝固辭，以「曜久行國事，人安之；銳生京華，不習其俗，不可遣」。當是時，兄弟讓國，人莫不賢之。睦府除，徙原王傅。卒，贈涼州都督。

尚可孤字可孤，東部鮮卑宇文之別種，世處松、漠間。天寶末，隸范陽節度使安祿山，復事史思明。上元中，自賊所歸，累授左、右威衞大將軍，封白水縣伯，爲神策大將。以功試太常卿。徙封馮翊郡王，食實戶一百五十〔五〕。

魚朝恩主衞兵，器其勇，養爲子，名智德。使將兵三千，屯扶風、武功，歷十餘年，隊伍閑整。朝恩死，詔賜氏李，名嘉勳。李希烈叛，擢爲招討，應援荆襄，使復本姓名，累戰有功。

朱泚之難，召可孤，可孤率兵三千，道襄、鄧而西，屬賊兵銳，乃壁七盤。僞將仇敬忠等來寇，可孤擊卻之，遂收藍田。德宗將還梁州，命引兵守灞上，拜神策、京畿、渭南、商州節度招討使。敬忠拒戰，可孤急擊斬之。進軍與李晟收長安，爲先鋒。以功加檢校尚書右僕射，封馮翊郡王，食實戶二百。又會諸軍進討李懷光，次沙苑，卒于軍，贈司空。

可孤性謹審沈壯，既有勳勞，未嘗自論功，御衆公嚴，晟數稱之。

裴玢，五世祖糾，本王疏勒，武德中來朝，拜鷹揚大將軍，封天山郡公，留不去，遂籍京兆。

玢初事金吾將軍論惟明爲傔力。德宗在奉天，以功封忠義郡王。從惟明鎭鄜坊，署牙將。後節度使王棲曜卒，中軍將何朝宗夜縱火作亂，玢獨匿不出。遲明，禽朝宗以待命。有詔并軍司馬崔輅斬之，以同州刺史劉公濟領節度，擢玢爲司馬。踰年，公濟卒，乃授玢節度使。元和二年，徙山南西道。

玢爲治嚴稜，畏遠權勢，不務貢奉。蔬食弊衣，居處取避風雨而已。倉庫完實，百姓安之，當世將帥，未有及者。以疾辭位。入朝，不事騶仗。妻乘竹輿，二侍婢，黃碧縑服。七年卒，贈尚書左僕射，謚曰節。

贊曰：夷狄性悍固，其能知義所在者，驁挺不可遷，蓋巧不足而諒常有餘。觀大柰等事君，皆一其志，無有顧望，用能功績光明，爲天子倚信。至渾瑊、趺跌、光顏輩，烈垂無窮，惟其諒有餘故也。瑊、光顏自有傳，今類其人著之篇。

校勘記

〔一〕特勒　據契苾明碑、闕特勤碑應作「特勤」。下同。

〔二〕處月　「月」，各本原作「眞」，據本書卷二太宗紀、舊書卷三太宗紀及卷一九八龜茲傳、通鑑卷一九九改。

〔三〕浿江　「浿」，各本原作「沮」，據本書卷三高宗紀、冊府卷九八六、通鑑卷二〇〇改。

〔四〕進中裏位頭大兄　「頭」，各本原作「鎭」。泉男生墓誌（拓片）、三國史記卷四九泉男生傳及東國通鑑卷八均作「頭」。據改。

〔五〕徙封馮翊郡王食實戶一百五十　下文又謂「以功加檢校尚書右僕射，封馮翊郡王，食實戶二百」。文重而實封數異。按舊書卷一四四尚可孤傳云「以功陞檢校右僕射，封馮翊郡王，增邑通前八百戶，實封二百戶」。疑實封戶當是「二百」。

二十四史

中華書局

唐書卷一百一十一

列傳第三十六

郭孝恪 張儉 延師 王方翼 珣 蘇定方 薛仁貴 訥 嵩 平 從
程務挺 王孝傑 唐休璟 張仁愿 張敬忠 王晙

郭孝恪，許州陽翟人。少有奇節，不治貲產，父兄以爲無賴。隋亂，率少年數百附李密。密喜，謂曰：「世言汝、潁多奇士，不謬也。」使與李勣守黎陽。密敗，勣遣孝恪送款，封陽翟郡公，拜宋州刺史。詔與勣經略武牢以東，所定州縣，委以選補。

竇建德之援洛也，孝恪上謁秦王，進計曰：「王世充力竭計窮，其面縛可跂足待。建德悉衆遠來，糧餉阻絕，殆天亡時也。若固守武牢，以軍氾水，逐機應變，禽殄必矣！」王然之。賊平，置酒大會洛陽宮，語諸將曰：「孝恪策禽賊，王長先下漕，功固在諸君右。」遷上柱國。歷貝、趙、江、涇四州刺史，所至有能名。改左驍衛將軍，累加金紫光祿大夫。

貞觀十六年，拜涼州都督，改安西都護、西州刺史。其地高昌舊都，流徙罪人與鎮兵雜，限以沙磧，隔絕中國，孝恪推誠撫御，盡得其歡心。初，王師滅高昌，詔以所虜焉耆生口七百還焉耆王。王叛歸欲谷設可汗，孝恪請擊之，即拜西州道行軍總管，率步騎三千出銀山道，夜襲其王龍突騎支，虜之。帝悅，降璽書褒勞。

俄拜崑丘道副大總管，進討龜茲，破其國城，乃自留守，遣餘軍分道進。龜茲國相那利遁去。孝恪以餘部未平，出營於外。國人有謂孝恪曰：「那利素得士心，今亡在外，勢必爲變，城中頗有異志，願公備之。」孝恪忽其言，不設備。那利果率衆陰與城內胡爲應，薄城鼓譟，始覺之，乃率千餘人合戰，城中舉應那利，孝恪殊死鬭，中流矢卒，子待詔亦歿。將軍曹繼叔進兵，復拔其城。太宗責孝恪斥候不明，至顚覆，奪其官。後愍死戰，更爲舉哀。高宗即位，追還官爵，贈待詔游擊將軍，賻物三百段。

次子待封，官左豹韜衞將軍。咸亨初，副薛仁貴討吐蕃，戰大非川，敗績，貸死爲民。

張儉字師約，京兆新豐人。隋相州刺史、皖城郡公威孫。父植，車騎將軍、連城縣公。儉，高祖從外孫也。高祖起，儉以功除右衞郎將，遷朔州刺史。時頡利可汗方彊，每有求取，所遣書輒稱詔敕，邊吏奉承不敢卻。及儉，獨拒不受。大敎民營田，歲收穀數十萬斛。雖霜旱，勸百姓相振贍，免飢殍，州以完安。李靖既平突厥，有思結部者，窮歸于儉，儉受而安輯之。其在磧北者，親戚私相過省，儉不禁，示羈縻而已。儉徙勝州，後將不察其然，遽奏思結叛，朝廷議進討，時儉以母喪，奪服爲使者撫納之。儉單騎入其部，召酋帥慰諭，推腹心，咸匍匐歸命，因舉徙代州，遂檢校代州都督。儉勸墾田力耕，歲數稔，私蓄富實。儉恐虜易驕，乃建平糴法，入之官，虜悅喜，由是儲斛流羨。

遷營州都督，兼護東夷校尉。坐事免，詔白衣領職。營州部與契丹、奚、霫、靺鞨諸蕃切畛，高麗引衆入寇，儉率兵破之，俘斬略盡。復拜營州都督。太宗將征遼東，遣儉率蕃兵先進，略地至遼西，川漲，久未度。帝以爲畏懦，召還。見洛陽宮，陳水草美惡、山川險易，幷久不進狀。帝悅，拜行軍總管，使領諸蕃騎，爲六軍前鋒。時高麗候者言莫離支且至，帝詔儉自新城路邀擊，虜不敢出。儉進度遼，趨建安城，破賊，斬數千級。累封皖城郡公。後改東夷校尉官爲都護府，即以儉爲都護。永徽初，加金紫光祿大夫。卒，年六十，諡曰密。

儉兄大師，太僕卿、華州刺史、武功縣男。

弟延師，左衞大將軍、范陽郡公。性謹畏，典羽林兵三十年，未嘗有過。卒，贈荊州都督，諡曰敬，陪葬昭陵。

儉兄弟三人門皆立戟，時號「三戟張家」。

王方翼字仲翔，幷州祁人。祖裕，隨州刺史，尙同安大長公主，官開府儀同三司，卒，諡曰文。

方翼早孤，哀毀如成人，時號孝童。母李，爲主所斥，居鳳泉墅。方翼尙幼，雜庸保，執苦不棄日，墾田植樹，治林垠，塈完牆屋，燎松丸墨，爲富家。主薨，還京師。嘗夜行，見長人丈餘，引弓射仆之，乃朽木也。太宗聞，擢右千牛。高宗立，而從祖女弟爲皇后，調安定令，誅滅大姓，姦豪脅息。徙瀚海都護司馬，坐事下遷朔州尙德府果毅，歲餘代還。居母喪，哀瘠甚，帝遣侍醫療視。其友趙持滿誅死，尸諸道，親戚莫敢視，方翼曰：「欒布哭彭越，義也；周文王掩骼，仁也。絕友義，蔽主仁，何以事君？」遂往哭其尸，具禮收葬。金吾劾槩，帝嘉之，不罪。

再遷肅州刺史。州無隍塹，寇易以攻，方翼乃發卒建樓堞，廝多樂水自環，烽邏精明。儀鳳間，河西蝗，獨不至方翼境，而它郡民或餒死，皆重繭走方翼治下。乃出私錢作水磑，簿其贏，以濟飢瘵，構舍數十百楹居之，全活甚衆，芝產其地。

裴行儉討遮匐，奏爲副，兼檢校安西都護，徙故都護杜懷寶爲庭州刺史。方翼築碎葉城，面三門，紆還多趣以詭出入，五旬畢。西域胡縱觀，莫測其方略，悉獻珍貨。未幾，徙方翼庭州刺史，而懷寶自金山都護更鎮安西，遂失蕃戎之和。

永淳初，十姓阿史那車簿啜叛，圍弓月城，方翼引軍戰伊麗河，敗之，斬首千級。俄而三姓咽麪兵十萬踵至，方翼次熱海，進戰，矢著臂，引佩刀斷去，左右莫知。所部雜虜謀執方翼爲內應，方翼悉召會軍中，厚賜，以次出壓外，縛之。會大風，雜金鼓，而號譟無聞者，殺七千人。卽遣騎分道襲咽麪等，皆驚潰，烏鶻引兵遁去，禽首領突騎施等三百人，西戎震服。初，方翼次葛水，暴漲，師不可度，沈祭以禱，師涉而濟。又七月次葉河，無舟，而冰一昔合。時以爲祥。

西域平，以功遷夏州都督。屬牛疫，民廢田作，方翼爲耦耕法，張機鍵，力省而見功多，百姓順賴。明年，召方翼議西域事，引見奉天宮，賜食帝前，帝見衣有汙濯處，問其故，具對熱海苦戰狀。視其創，帝咨嗟久之，賜賚良厚。

俄而妖賊白鐵余以綏州反，詔方翼與程務挺討之。飛旝擊賊，火其柵，平之，封太原郡公。阿史那元珍入寇，被詔進擊。時庫無完鎧，方翼斷六板，畫虎文，鉤聯解合，賊馬忽見，奔駭，遂敗，獲大將二，因降桑乾、舍利二部。

武后時，王后屬無在者，方翼自視功多，冀不坐，而后內欲因罪除之，未得也。及務挺被殺，卽并坐方翼，追入朝，捕送獄，流崖州，卒于道，年六十三。神龍初，復官爵。方翼善書，與魏叔琬齊名。

子珣，字伯玉，與兄瑱、弟璿以文學稱，時號「三王」。天授初，珣及進士第，應制科，遷藍田尉。以拔萃擢長安尉，因進見，武后召問刑政，嘉之。詢其族氏，對曰：「廢后，臣之姑也。」后不悅，左遷亳州司法參軍。神龍初，爲河南丞，武三思矯制貶臨川令。宋璟輔政，召授侍御史。出許州長史。歲旱，珣時假刺史事，開廩振民，卽自劾，玄宗赦之。累遷工部侍郎。而璿至中書舍人。珣嘗爲祕書少監，數年而璿繼職。終右散騎常侍，卒，贈戶部尙書，諡曰孝。

子鋗，天寶中歷右補闕、殿中侍御史。璿子鉷，自有傳。

蘇烈字定方，以字行，冀州武邑人，後徙始平。父邕，當隋季，率里中數千人爲本郡討賊。定方驍悍有氣決，年十五，從父戰，數先登陷陣。邕卒，代領其衆，破劇賊張金稱、楊公卿，追北數十里，自是賊不舍境，鄉黨賴之。

貞觀初，爲匡道府折衝，從李靖襲突厥頡利於磧口，率敢馬二百爲前鋒，乘霧行，去賊一里許，霧霽，見牙帳，馳殺數十百人，頡利及隋公主惶窘各遁去，靖亦尋至，餘黨悉降。再遷左衞中郎將。與程名振討高麗，破之。拜右屯衞將軍、臨淸縣公。

從葱山道大總管程知節征賀魯，至鷹娑川，賀魯率二萬騎來拒，總管蘇海政連戰未決，鼠尼施等復引二萬騎爲援。定方始休士，見塵起，率精騎五百，踰嶺馳擣賊營，賊衆大潰，殺千餘人，所棄鎧仗、牛馬藉藉山野不可計。副總管王文度疾其功，謬謂知節曰：「賊雖走，軍死傷者衆。今當結輜重陣間，被甲而趨，賊來卽戰，是謂萬全。」又矯制收軍不深入。於是馬癯卒勞，無鬭志。定方說知節曰：「天子詔討賊，今反自守，何功之立哉？且公爲大將，而閫外之事不得專，顧副將乃得專之，理不其然！胡不囚文度待天子命？」不從。至怛篤城，有胡人降，文度猥曰：「師還而降，且爲賊，不如殺之，取其貲。」定方曰：「此乃自作賊耳，寧曰伐叛！」及分財，定方一不取。高宗知之〔二〕，比知節等還，悉下吏，當死，貸爲民。

擢定方伊麗道行軍大總管，復征賀魯，以任雅相、回紇婆潤爲副。出金山北，先擊處木昆部，破之，俟斤嬾獨祿擁衆萬帳降，定方撫之，發其千騎并回紇萬人，進至曳咥河。賀魯

率十姓兵十萬拒戰，輕定方兵少，舒左右翼包之。定方令步卒據高，攢矟外向，親引勁騎陣北原。賊三突步陣，不能入，定方因其亂擊之，鏖戰三十里，斬首數萬級，賊大奔。明日，振兵復進，五弩失畢舉衆降，賀魯獨與處木昆屈律啜數百騎西走。定方令副將蕭嗣業、回紇婆潤率雜虜兵趨邪羅斯川追北，定方與雅相領新附兵絕其後。會大雪，吏請少休，定方曰：「虜恃雪，方止舍，謂我不能進，若縱使遠遁，則莫能禽。」遂勒兵進至雙河，與彌射、步眞合，距賀魯所百里，下令陣而行，薄金牙山。方賀魯將畋，定方縱擊，破其牙下數萬人，悉歸所部。賀魯走石國，彌射子元爽以兵與嗣業會，縛賀魯以還。由是脩亭障，列隧隧，定疆畛，問疾收胔，唐之州縣極西海矣。高宗臨軒，定方戎服奉賀魯以獻。策功拜左驍衞大將軍、邢國公，別封子慶節爲武邑縣公。

會思結闕俟斤都曼先鎭諸胡，劫所部及疏勒、朱俱波、喝槃陀三國復叛，詔定方還爲安撫大使。率兵至葉葉水，而賊堞馬頭川。定方選精卒萬、騎三千襲之，晝夜馳三百里，至其所。都曼驚，戰無素，遂大敗，走馬保城。師進攻之，都曼計窮，遂面縛降。俘獻於乾陽殿，有司請論如法。定方頓首請曰：「臣向諭陛下意，許以不死，願丐其命。」帝曰：「朕爲卿全信。」乃宥之。葱嶺以西遂定。加食邢州鉅鹿三百戶，遷左武衞大將軍。

出爲神丘道大總管，率師討百濟。自城山濟海至熊津口，賊瀕江屯兵，定方出左涯，乘

山而陣，與之戰，賊敗，死者數千。王師乘潮而上，舳艫銜尾進，鼓而譟，定方將步騎夾引，直趨眞都城。賊傾國來，酣戰，破之，殺虜萬人，乘勝入其郛，王義慈及太子隆北走。定方進圍其城，義慈子泰自立爲王，率衆固守。義慈之孫文思曰：「王與太子出，而叔豈得擅爲王？若王師還，我父子安得全？」遂率左右縋城下，人多從之，泰不能止。定方使士登城，建唐旗幟。於是泰開門請命，其將禰植與義慈降，隆及諸城送款，百濟平，俘義慈、隆、泰等獻東都。

定方所滅三國，皆生執其王，賞賚珍寶不勝計，加慶節尙輦奉御。未幾，定方爲遼東道行軍大總管，俄徙平壤道。破高麗之衆於浿江，奪馬邑山爲營，遂圍平壤。會大雪，解圍還。拜涼州安集大使，以定吐蕃、吐谷渾。乾封二年卒，年七十六。帝悼之，責謂侍臣曰：「定方於國有功，當褒贈，若等不言，何邪？」乃贈左驍衞大將軍、幽州都督，謚曰莊。

薛仁貴，絳州龍門人。少貧賤，以田爲業。將改葬其先，妻柳曰：「夫有高世之材，要須遇時乃發。今天子自征遼東，求猛將，此難得之時，君盍圖功名以自顯？富貴還鄉，葬未晚。」仁貴乃往見將軍張士貴應募。

至安地，會郎將劉君卬爲賊所圍，仁貴馳救之，斬賊將，係首馬鞍，賊皆懾伏，由是知名。王師攻安市城，高麗莫離支遣將高延壽等率兵二十萬拒戰，倚山結屯，太宗命諸將分擊之。仁貴恃驍悍，欲立奇功，乃著白衣自標顯，持戟，腰鞬兩弓，呼而馳，所向披靡；軍乘之，賊遂奔潰。帝望見，遣使馳問：「先鋒白衣者誰？」曰：「薛仁貴。」帝召見，嗟異，賜金帛、口馬甚衆，授游擊將軍、雲泉府果毅，令北門長上。師還，帝謂曰：「朕舊將皆老，欲擢驍勇付閫外事，莫如卿者。朕不喜得遼東，喜得虓將。」遷右領軍中郎將。

高宗幸萬年宮，山水暴至，夜突玄武門，宿衞皆散走，仁貴曰：「當天子緩急，安可懼死？」遂登門大呼，以警宮內，帝遽出乘高。俄而水入帝寢，帝曰：「賴卿以免，始知有忠臣也。」賜以御馬。

蘇定方討賀魯，仁貴上疏曰：「臣聞兵出無名，事故不成，明其爲賊，敵乃可服。今泥熟不事賀魯，爲其所破，虜係妻子。王師有於賀魯部落轉得其家口者，宜悉取以還，厚加賚遺，使百姓知賀魯爲暴而陛下至德也。」帝納之，遂還其家屬，泥熟請隨軍効死。

顯慶三年，詔副程名振經略遼東，破高麗於貴端城，斬首三千級。明年，與梁建方、契苾何力遇高麗大將温沙多門，戰橫山，仁貴獨馳入，所射皆應弦仆。又戰石城，有善射者，殺官軍十餘人，仁貴怒，單騎突擊，賊弓矢俱廢，遂生禽之。俄與辛文陵破契丹於黑山，執其王阿卜固獻東都。拜左武衞將軍，封河東縣男。

詔副鄭仁泰爲鐵勒道行軍總管。將行，宴內殿，帝曰：「古善射有穿七札者，卿試以五甲射焉。」仁貴一發洞貫，帝大驚，更取堅甲賜之。時九姓衆十餘萬，令驍騎數十來挑戰，仁貴發三矢，輒殺三人，於是虜氣懾，皆降。仁貴慮爲後患，悉坑之。轉討磧北餘衆，擒僞葉護兄弟三人以歸。軍中歌曰：「將軍三箭定天山，壯士長歌入漢關。」九姓遂衰。

鐵勒有思結、多覽葛等部，先保天山，及仁泰至，懼而降，仁泰不納，虜其家以賞軍，賊相率遁去。有候騎言：「虜輜重畜牧被野，可往取。」仁泰選騎萬四千卷甲馳，絕大漠，至仙蕚河，不見虜，糧盡還。人飢相食，比入塞，餘兵纔二十之一。仁貴亦取所部爲妾，多納賕遺，爲有司劾奏，以功見原。

乾封初，高麗泉男生內附，遣將軍龐同善、高偘往慰納，弟男建率國人拒弗納，乃詔仁貴率師援送同善。至新城，夜爲虜襲，仁貴擊之，斬數百級。同善進次金山，衂虜不敢前，高麗乘勝進，仁貴擊虜斷爲二，衆即潰，斬首五千，拔南蘇、木底、蒼巖三城，遂會男生軍。手詔勞勉。仁貴負銳，提卒二千進攻扶餘城，諸將以兵寡勸止。仁貴曰：「在善用，不在衆。」身帥士，遇賊輒破，殺萬餘人，拔其城，因旁海略地，與李勣軍合。扶餘既降，它四十城相率送款，威震遼海。有詔仁貴率兵二萬與劉仁軌鎭平壤，拜本衞大將軍，封平陽郡公，

檢校安東都護，移治新城。撫孤存老，檢制盜賊，隨才任職，褒崇節義，高麗士衆皆欣然忘亡。

咸亨元年，吐蕃入寇，命爲邏娑道行軍大總管，率將軍阿史那道眞、郭待封擊之，以援吐谷渾。待封嘗爲鄯城鎭守，與仁貴等夷，及是，恥居其下，頗違節度。初，軍次大非川，將趨烏海，仁貴曰：「烏海地險而瘴，吾入死地，可謂危道，然速則有功，遲則敗。今大非嶺寬平，可置二柵，悉內輜重，留萬人守之，吾倍道掩賊不整，滅之矣。」乃約齎，至河口，遇賊，破之，多所殺掠，獲牛羊萬計。進至烏海城，以待後援。待封初不從，領輜重躡進，吐蕃率衆二十萬邀擊取之，糧仗盡沒，待封保險。仁貴退軍大非川，吐蕃益兵四十萬來戰，王師大敗。仁貴與吐蕃將論欽陵約和，乃得還，吐谷渾遂沒。仁貴歎曰：「今歲在庚午，星在降婁，不應有事西方，鄧艾所以死於蜀，吾固知必敗。」有詔原死，除名爲庶人。

未幾，高麗餘衆叛，起爲鷄林道總管。復坐事貶象州，會赦還。帝思其功，乃召見曰：「疇歲萬年宮，微卿，我且爲魚。前日殄九姓，破高麗，爾功居多。人有言向在烏海城下縱虜不擊，以至失利，此朕所恨而疑也。今遼西不寧，瓜、沙路絕，卿安得高枕不爲朕指麾邪？」於是拜瓜州長史、右領軍衞將軍、檢校代州都督，率兵擊突厥元珍於雲州。突厥問曰：「唐將爲誰？」曰：「薛仁貴。」突厥曰：「吾聞薛將軍流象州死矣，安得復生？」仁貴脫兜

黎見之，突厥相視失色，下馬羅拜，稍稍遁去。仁貴因進擊，大破之，斬首萬級，獲生口三萬，牛馬稱是。

永淳二年卒，年七十。贈左驍衞大將軍、幽州都督，官給輿，護喪還鄉里。

子訥，字愼言，起家城門郎，遷藍田令。富人倪氏訟息錢於肅政臺，中丞來俊臣受財，發義倉粟數千斛償之。訥曰：「義倉本備水旱，安可絕衆人之仰私一家？」報上不與。會俊臣得罪，亦止。

後突厥擾河北，武后以訥世將，詔攝左威衞將軍、安東道經略使。對同明殿，具言：「醜虜憑暴，以廬陵王藉言，今雖還東宮，議不堅信。若太子無動，賊不討而解。」后納其言。俄遷幽州都督、安東都護。改幷州長史，檢校左衞大將軍。訥久處邊，有戰功。開元初，玄宗講武新豐，詔訥爲左軍節度。時諸部頗失序，唯訥與解琬軍不動。帝令輕騎召之，至軍門，不得入。禮成，尤見慰勞。

明年，契丹、奚、突厥連和，數入邊，訥建議請討，詔監門將軍杜賓客、定州刺史崔宣道與訥帥衆二萬出檀州。賓客議「方暑，士負戈羸糧深討，慮恐無功」，姚元崇亦持不可，訥獨曰：「夏草薦茂，羔犢方息，不費饋饟，因盜資，振國威靈，不可失也。」天子方欲夸威四夷，喜

奇功，乃聽訥言，而授紫微黃門三品以重之。師至灤河，與賊遇，諸將不如約，爲虜覆，盡亡其軍。訥脫身走，而罪宣道及大將李思敬等八人，有詔斬以徇，獨賓客免，盡奪訥官爵。

俄而吐蕃大酋坌達延、乞力徐等衆十萬寇臨洮，入蘭州，剽牧馬，詔訥白衣攝羽林將軍，爲隴右防禦使，與王晙擊之。追及賊，戰武階驛，掎角劫之，破其衆；尾北至洮水，又戰長城堡，殺鹵數萬，禽其酋六指鄉彌洪，悉收所掠及仗械不貲。時帝欲自將北伐，及訥大克，乃止行。命紫微舍人倪若水即軍陟功狀，拜訥左羽林大將軍，復封平陽郡公，以子暢爲朝散大夫。又授涼州鎭軍大總管，赤水、建康、河源邊州皆隸節度。俄爲朔方行軍大總管。久之，以老致仕。卒，年七十二，贈太常卿，謚曰昭定。

訥性沈勇寡言，其用兵，臨大敵益壯。

弟楚玉，開元中爲范陽節度使，以不職廢。生子嵩。

嵩生燕、薊間，氣豪邁，不肯事產利，以膂力騎射自將。豫安祿山亂，晚爲史朝義守相州。僕固懷恩破朝義，長驅河朔，嵩震懼，迎拜軍門，懷恩釋之，奏爲檢校刑部尚書、相衞洺邢等州節度使。方大亂後，人亦厭禍，嵩謹奉職，頗有治名。大曆初，封高平郡王，實封二百戶，號其軍爲昭義。遷檢校尚書右僕射，更封平陽。七年卒，贈太保。

詔其弟崿知留後事，累加檢校太子少師。十年，爲其將裴志清所逐，以兵歸田承嗣。崿奔洺州。請入朝，降服待罪銀臺門，赦之。乃分其地，以嵩族子擇爲相州刺史，雄衞州刺史，堅洺州刺史。承嗣誘雄亂，不從，遣客刺殺之。

初，嵩好蹴鞠，隱士劉鋼勸止曰：「爲樂甚衆，何必乘危邀晷刻歡？」嵩悅，圖其形坐右。

嵩子平。

平字坦塗，年十二，爲磁州刺史。父喪，軍吏以故事脅知留務，僞許之，已而讓崿，夕以喪歸。累授右衞將軍，宿衞三十年。宰相杜黃裳擢爲汝州刺史，治有風績。王師討蔡，繇左龍武大將軍授鄭滑節度使，數戰有功。始，河溢瓠子，東泛滑，距城纔二里所。平按求故道出黎陽西南，因命其佐裴弘泰往請魏博節度使田弘正，弘正許之。乃籍民田所當者易以它地，疏道二十里，以釃水悍，還壖田七百頃於河南，自是滑人無患。入爲左金吾衞大將軍。未幾，復帥鄭滑。

李師道平，詔分淄、青、齊、登、萊五州爲平盧軍，徙平爲節度使。王廷湊圍牛元翼，棣州危，詔平出援。平遣將李叔佐率兵二千往，刺史王稷餽餉陋狹，衆潰而歸，推突將馬士端爲帥，劫屯士萬人，薄州堞。城中兵寡，平悉公帑家貲募銳卒二千迎戰，以奇兵掩賊

輜重，賊狼顧，遂大敗，降，餘黨平。引謀亂者二千人斬堂皇下，脅從皆縱還田里，威震一方。詔還檢校尚書右僕射，封魏國公。在鎭六年，兵鎧完礪，徭賦均一。寶曆初，入朝，民鄣路願留，數日得出。拜檢校司空、河中絳隰節度使，復得隸晉、慈二州，益兵三千。進檢校司徒，更封韓。召拜太子太保。以司徒致仕。卒，年八十，贈太傅。

子從，字順之，以蔭授左清道率府兵曹參軍，累遷汾州刺史，隄文谷、濾河二水，引溉公私田，汾人利之。徙濮州，儲粟二萬斛以備凶災。於是山東大水，詔右司郎中趙傑爲賑卹使，傑表其才，擢將作監。終左領軍衞上將軍。贈工部尚書。

程務挺，洺州平恩人。

父名振，隋大業末，仕竇建德爲普樂令，盜不跡境。俄棄賊自歸，高祖詔授永寧令，使率兵經略河北，即夜襲鄴縣，俘男女千餘人以歸，去數舍，閱婦人方乳者九十餘人，還之，鄴人感其仁。劉黑闥陷洺州，名振與刺史陳君賓自拔歸，母妻爲賊所得。名振率衆千餘，掠冀、貝、滄、瀛等州，邀擊糧道，悉毀賊水陸餉具。黑闥怒，殺其母妻。賊平，請手斬黑闥，以其首祭母。拜營州長史，封東平郡公，賜物二千段、黃金三百兩。轉洺州刺史。太宗征

遼東，召問方略，不合旨，帝勃然詰之，名振辯對益詳，帝意解，謂左右曰：「房玄齡常在朕前，見朕嗔餘人，色不能主。名振生平未識我，一旦詰讓，而辭吐不屈，奇士哉！」拜右驍衞將軍、平壤道行軍總管。攻沙卑城，破獨山陣，皆以少擊衆，號爲名將。遷營州都督，兼東夷都護。擊高麗於貴端水，焚其新城。歷晉、蒲二州刺史，鏤方道總管。卒，贈右衞大將軍，謚曰烈。

務挺少從父征討，以勇力聞，拜右領軍衞中郎將。破突厥六萬騎於雲州。會僞可汗阿史那伏念叛，總管李文暕等三將以次奔敗。詔裴行儉討之，以務挺副，檢校豐州都督。時伏念屯金牙山，務挺與副總管唐玄表引兵赴之，伏念懼，乃間道降於行儉，故裴炎以爲非行儉功，遷務挺右武衞將軍，封平原郡公。

綏州部落稽白鐵余據城平叛，建僞號，署置百官，進攻綏德、大斌〔三〕，殺官吏，火區舍。詔務挺與夏州都督王方翼討之，務挺生禽白鐵余。進左驍衞大將軍，檢校左羽林軍。嗣聖初，與右領軍大將軍張虔勗等豫廢中宗、立豫王爲皇帝，累被褒賚。以左武衞大將軍爲單于道安撫大使，禦突厥。務挺善綏禦，士服其威愛，突厥憚之，不敢盜邊。

裴炎下獄，務挺密表申治，又素與唐之奇、杜求仁善，或言務挺與炎及徐敬業潛相援結，后遣左鷹揚將軍裴紹業即軍中斬之，籍其家。突厥聞務挺死，率相慶，爲立祠，每出師，

輒禱焉。

王孝傑，京兆新豐人。少以軍功進。儀鳳中，劉審禮討吐蕃，孝傑以副總管戰大非川，爲虜執，贊普見之，曰「貌類吾父」，故不死，歸之。武后時，爲右鷹揚衞將軍。孝傑居虜中久，悉其虛實。長壽元年，爲武威道總管，與阿史那忠節討吐蕃，克龜茲、于闐、疏勒、碎葉等城。武后曰：「貞觀中，西境在四鎭，其後不善守，棄之吐蕃。今故土盡復，孝傑功也。」乃遷左衞大將軍。進夏官尚書、同鳳閣鸞臺三品，清源縣男。證聖初，復爲朔方道總管，與吐蕃戰不利，免。

會契丹李盡忠等叛，有詔起白衣爲清邊道總管，將兵十八萬討之。軍至東硤石谷，與賊接。道隘虜衆，孝傑率銳兵先驅，出谷整陣，與賊戰，而後軍總管蘇宏暉以其軍退，援不至，爲虜所乘，軍潰，孝傑墮谷死，士相蹂且盡。初，進軍平州，白鼠晝入營頓伏。皆謂「鼠坎精，胡象也，白質歸命，天亡之兆」。及戰，乃孝傑覆焉。時張說以管記還白狀，后問之，說具陳：「孝傑乃心國家，敢深入，以少當衆，雖敗，功可錄也。」乃贈夏官尚書、耿國公，以其子无擇爲朝散大夫。遣使者斬宏暉，使未至而宏暉已立功，遂贖罪。

唐璿字休璟，以字行，京兆始平人。曾祖規，爲後周驃騎大將軍。休璟少孤，授湯於馬嘉運，傳禮於賈公彥，舉明經高第。爲吳王府典籤，改營州戶曹參軍。會突厥誘奚、契丹叛，都督周道務以兵授休璟，破之於獨護山，數馘多，遷朔州長史。

永淳中，突厥圍豐州，都督崔智辯戰死，朝廷議棄豐保靈、夏。休璟以爲不可，上疏曰：「豐州控河遏寇，號爲襟帶，自秦、漢以來，常郡縣之。土田良美，宜耕牧。隋季喪亂，不能堅守，乃遷就寧、慶，戎羯得以乘利而交侵，始以靈、夏爲邊。唐初，募人以實之，西北一隅得以完固。今而廢之，則河傍地復爲賊有，而靈、夏亦不足自安，非國家利也。」高宗從其言。垂拱中，遷安西副都護。會吐蕃破焉耆，安息道大總管韋待價等敗，休璟收其潰亡，以定西土，授靈州都督。乃陳方略，請復四鎭。武后遣王孝傑拔龜茲等城，自休璟倡之。

聖曆中，授涼州都督、右肅政御史大夫、持節隴右諸軍副大使。吐蕃大將麴莽布支率騎數萬寇涼州，入洪源谷，休璟以兵數千臨高望之，見賊旗鎧鮮明，謂麾下曰：「吐蕃自欽陵死，贊婆降，莽布支新將兵，欲以示武，且其下皆貴臣酋豪子弟，騎雖精，不習戰，吾爲諸君取之。」乃被甲先登，六戰皆克，斬二將，獲首二千五百，築京觀而還。吐蕃來請和，既宴，使

者屢覘休璟，后問焉，對曰：「洪源之戰，是將軍多殺臣士卒，其勇無比，今願識之。」后嗟異，擢爲右武威、金吾二衞大將軍。

西突厥烏質勒失諸蕃和，舉兵相攻，安西道閉。武后詔休璟與宰相計議，不少選，晝所當施行者。既而邊州建請屯置，盡如休璟策。后曰：「恨用卿晚。」進拜夏官尚書、同鳳閣鸞臺三品。后謂楊再思、李嶠、姚元崇等曰：「休璟練知邊事，卿輩十不當一。」改太子右庶子，仍知政事。

會契丹入塞，復以夏官尚書檢校幽營等州都督、安東都護。時中宗爲皇太子，休璟將行，進啓曰：「易之兄弟恩寵過幸，數入禁闥，非人臣所宜，願加防察。」帝復位，召授輔國大將軍、同中書門下三品、酒泉郡公。謂曰：「初欲召公計事，以有北狄憂，前日直言，今未忘也。」加特進、尚書右僕射，賜邑戶三百，封宋國公。

是歲大水，上疏自劾免，不許。累遷檢校吏部尚書。景龍二年致仕〔四〕。未幾，復起爲太子少師、同中書門下三品，監脩國史。景雲初，以特進爲朔方行軍大總管，備突厥；停舊封，別賜百戶。明年，復請老，給一品全祿。延和元年卒，年八十六，贈荆州大都督，諡曰忠。

休璟以儒者號知兵，自碣石踰四鎭，其間縣地幾萬里，山川夷岨，障塞之要，皆能言之，

故行師料敵未嘗敗。初得封，以賦絹數千散賙其族，又出財數十萬大爲塋墓，盡葬其五服親，當時稱重。惟張仁愿議築受降城，而休璟獨謂不可，卒就之，而漠南無虜患。始老，已踰八十，猶託倚權近求復用。於是賀婁尚宮方用事，附者輒榮赫，休璟乃爲子娶其義女，故復起宰相，頗爲時譏訾。其當國，亦無它毗益云。

子先愼至陳州刺史，先擇爲右金吾衞將軍。

張仁愿，華州下邽人。本名仁亶，以睿宗諱音近避之。有文武材。武后時，累遷殿中侍御史。御史郭弘霸者，稱后乃彌勒佛身，又鳳閣舍人張嘉福、王慶之請以武承嗣爲皇太子，邀仁愿聯章，仁愿正色拒之。後王孝傑爲吐剌軍總管，與吐蕃戰不利，仁愿監其軍，因入言狀，孝傑坐免，擢仁愿侍御史。

萬歲通天中，監察御史孫承景監淸邊軍，戰還，自圖先鋒當矢石狀。武后歎曰：「御史乃能如是乎！」擢爲右肅政臺中丞，詔仁愿卽敍其麾下功。仁愿先問承景破敵曲折，承景實不行，所問皆窮。仁愿劾奏承景罔上，虛列虜級。貶爲崇仁令，以仁愿代爲中丞，檢校幽州都督。

默啜寇趙、定，還出塞，仁愿以兵邀之，賊引去，矢著其手，武后遣使勞問，賜藥注傅。遷幷州都督長史。神龍中，進左屯衞大將軍，兼檢校洛州長史。會穀貴多盜，仁愿一切捕殺，胔積府門，畿甸震慴，無敢犯。先是，賈敦頤嘗爲長史，有政績，時人爲之語曰：「洛有前賈後張，敵京兆三王。」

三年，朔方軍總管沙吒忠義爲突厥所敗，詔仁愿攝御史大夫代之。旣至，賊已去，引兵蹑擊，夜掩其營，破之。始，朔方軍與突厥以河爲界，北厓有拂雲祠，突厥每犯邊，必先謁祠禱解，然後料兵度而南。時默啜悉兵西擊突騎施，仁愿請乘虛取漠南地，於河北築三受降城，絕虜南寇路。唐休璟以爲「兩漢以來皆北守河，今築城虜腹中，終爲所有」。仁愿固請，中宗從之。表留歲滿兵以助功，咸陽兵二百人逃歸，仁愿禽之，盡斬城下，軍中股慄，役者盡力，六旬而三城就。以拂雲爲中城，南直朔方，西城南直靈武，東城南直榆林，三壘相距各四百餘里，其北皆大磧也，斥地三百里而遠。又於牛頭朝那山北置烽候千八百所。自是突厥不敢踰山牧馬，朔方益無寇，歲損費億計，減鎭兵數萬。初建三城也，不置壅門、曲敵、戰格。或曰：「邊城無守備，可乎？」仁愿曰：「兵貴攻取，賊退守。寇至，當併力出拒，敢回望城者斬，何事守備，退恧其心哉！」後常元楷代爲總管，始築壅門，議者益重仁愿而輕元楷。

景龍二年，拜左衞大將軍[三]、同中書門下三品，封韓國公。春還朝，秋復督軍備邊，帝爲賦詩祖道，賞賚不貲。遷鎭軍大將軍。睿宗立，乃致仕。加兵部尙書，稟祿全給。開元二年卒，贈太子少保。

仁愿爲將，號令嚴，將吏信伏，按邊撫師，賞罰必直功罪。後人思之，爲立祠受降城，出師輒享焉。宰相文武兼者，當時稱李靖、郭元振、唐休璟、仁愿云。在朔方，奏用御史張敬忠、何鸞、長安尉寇泚、鄠尉王易從、始平主簿劉體微分總軍事，太子文學柳彥昭爲管記，義烏尉晁良貞爲隨機，皆著稱，後至大官，世名仁愿知人。

子之輔，至趙州刺史。

張敬忠自監察御史累遷吏部郎中，開元七年拜平盧節度使。

王晙，滄州景城人，後徙洛陽。父行果，爲長安尉，知名。晙少孤，好學。祖有方奇之，曰：「是子當興吾宗。」長豪曠，不樂爲衞檢事。擢明經第，始調淸苑尉，歷除殿中侍御史。會朔方元帥魏元忠討賊不利，劾奏副將韓思忠敗，律當誅。晙以「思忠偏裨，權不己制，且其

人勇智可惜，不宜獨誅」，固爭，得釋，晙亦出爲渭南令。

景龍末，授桂州都督。州有兵，舊常仰餉衡、永。晙始築羅郛，罷戍卒；堨江，開屯田數千頃，以息轉漕，百姓賴之。後求歸上冢，州人詣闕留。有詔：「桂往罹寇暴，戶口彫瘵，宜卽留，以須政成。」在桂踰期年，人丐刻石頌德。初，劉幽求放封州，廣州都督周利貞欲必殺之，道出晙所，晙知其故，留不遣。利貞移書督趣，幽求懼曰：「勢且難全，正恐累君，奈何？」晙曰：「公之坐，非朋友所絕。晙在，終不忍公無罪就死。」俄崔湜等誅，幽求復執政，故詔幽求爲刻石辭。遷鴻臚少卿、隴右羣牧使。

開元二年，吐蕃以精甲十萬寇臨洮，次大來谷，其酋坌達延以兵踵而前。晙率所部二千與臨洮軍合，料奇兵七百，易胡服，夜襲，去賊五里，令曰：「前遇寇，士大呼，鼓角應之。」賊驚，疑伏在旁，自相鬬死者萬計。俄而薛訥至武階，距大來二十里，賊陣兩軍間，亙一舍而近。晙往迎訥，夜使壯士銜枚壓突，虜駭引去，追至洮水，敗之，俘獲如積。以功加銀青光祿大夫、淸源縣男，兼原州都督；以子珽爲朝散大夫。又進幷州都督長史。

明年，突厥默啜爲拔曳固所殺，其下多降，分置河曲。旣而小殺繼立[五]，降者稍稍叛去。晙上言：

突厥向以國亂，故款塞，與部落無間也。延儐北風，何嘗忘之？今徙處河曲，使內伺邊釁，久必爲患。比者不受要約，兵已屢動，擅作烽區，閉障行李。虜脫南牧，降帳必與連衡，以相應接，表裏有敵，雖韓、彭、孫、吳，無所就功。請至農隙，令朔方軍大陳兵，召酋豪，告以禍福，啗以金繒，且言南方麋鹿魚米之饒，並遷置淮右、河南寬鄉，給之程糧。雖一時之勞，然不二十年，漸服諸華，料以充兵，則皆勁卒。議者若謂降狄不可以南處，則高麗舊俘置沙漠之西，城傍編夷居青、徐之右，何獨降胡不可徙歟？

臣復料議者必曰：「故事，置于河曲，前日已寧，今無獨異。」且往者頡利破亡，邊鄙安定，故降戶得以久安。今虜未殄滅，此降人皆戚屬，固不與往年同已。臣請以三策料之：悉其部落置內地，獲精兵之實，閉黠虜之患，此上策也；亭障之下，蕃華參處，廣屯戍，爲備擬，費甚人勞，下策也；置之朔塞，滋成禍萌，此無策也。不然，前至河冰，且必有變。

書未報，而虜已叛，乃敕晙將并州兵濟河以討。晙間行，卷甲捨幕趨山谷，夜遇雪，恐失期，誓於神曰：「晙事君不以忠，不討有罪，天所殛者，當自蒙罰，士衆無罪。心誠忠，而天監之，則止雪反風，以獎成功。」俄而和霽。時叛胡分二道走，晙自東道追及之，獲級三千。以功遷左散騎常侍、朔方行軍大總管。改御史大夫。跌跌部及僕固都督勺磨等散保受降城

列傳第三十六　王晙　四一五五

唐書卷一百一十一　四一五六

之鄙，潛引突厥內擾，晙密言上，盡誘而誅之。拜兵部尚書，復爲朔方軍大總管。

九年，蘭池胡康待賓據長泉反，陷六州，詔郭知運與晙討平之。封淸源公，官一子。玄宗以宮人賜知運等，晙獨不敢取，曰：「臣之事君，猶子事父，詎有常近闈掖而臣子敢當乎？誓死以免。」見聽。初，晙奏：「朔方兵力有餘，願罷知運，獨當戍。」未報，而知運至，故不協。晙所降附，知運輒縱擊，賊意晙賣己，乃復叛。晙坐貶梓州刺史。改太子詹事、中山郡公。進吏部尚書、太原尹。代張說爲兵部尚書、同中書門下三品，充朔方軍節度大使，河北、河西、隴右、河東之軍盡屬。是多，帝親郊，追會大禮，晙以冰壯，請留將兵待邊，手敕慰勉。會有人告許州刺史王喬謀反，辭逮晙，詔源乾曜、張說雜訊，無狀，以黨與貶蘄州刺史，遷定州。復以戶部尚書爲朔方軍節度使。卒，贈尚書左丞相，謚曰忠烈。

晙氣皃偉特，時謂爲熊虎相。感慕節義，有古人風。其操下肅壹，吏人畏愛。始，二張之誣魏元忠，晙獨上疏申治。宋璟曰：「魏公全矣，子再觸逆鱗，其殆乎！」晙曰：「魏公以忠獲罪，苟得辨，雖死弗悔。」

晙卒後，信安王禕討奚於幽州，告捷，且言「戰時，士咸見晙與部將高昭麾兵赴敵」，天子嗟異。戶部郎中陽伯成上疏，請封晙墓，表異之，優其子孫。帝乃遣使祭晙廟，進諸子官。

贊曰：唐所以能威振夷荒、斥大封域者，亦有虎臣爲之牙距也。至師行數千萬里，窮討殊鄙，獵取其國由鹿豕然，可謂選値其才歟！夫宰相代天秩物，變化人神，惟有德者宜之。若休璟、仁愿，用以丞弼，非彊所不能邪？據功名之地，則綽綽矣。

校勘記

〔一〕高宗知之　「高宗」，各本原作「太宗」。按本書卷三及舊書卷四高宗紀、本書卷九〇及舊書卷六八程知節傳、通鑑卷二〇〇，此乃高宗顯慶中事，據改。

〔二〕進攻綏德大斌　「德」，各本及舊書卷八三程務挺傳作「息」，冊府卷三五八及通鑑卷二〇三作「德」。按綏德、城平、大斌均綏州屬縣。「德」古作「悳」，「息」當爲「悳」之形誤，今改。

〔三〕景龍二年致仕　「景龍」，本書卷四及舊書卷七中宗紀、本書卷六一宰相表、通鑑卷二〇八作「神龍」。

〔四〕左衞大將軍　舊書卷九三張仁愿傳同。本書卷六一宰相表、舊書卷七中宗紀及通鑑卷二〇九均作「左屯衞大將軍」。

列傳第三十六　校勘記　四一五七

唐書卷一百一十一　四一五八

〔五〕既而小殺繼立　「立」，各本原作「降」。按舊書卷九三王晙傳云：「突厥默啜爲九姓所殺，其下部長多款塞投降，置之河曲之內。俄而小殺繼立，降者漸叛。」舊書卷八玄宗紀及通鑑卷二一一合。此處「降」當作「立」，蓋涉上下文而誤。今改。

唐書卷一百一十二

列傳第三十七

王義方 員半千石抱忠 韓思彥琬 蘇安恆 薛登 王求禮

柳澤範 奭 馮元常元淑 蔣欽緒沇 清

王義方，泗州漣水人，客于魏。孤且窶，事母謹甚。淹究經術，性謇特，高自標樹。舉明經，詣京師，客有徒步疲于道者，自言：「父宦遠方，病且革，欲往省，困不能前。」義方哀之，解所乘馬以遺，不告姓名去，由是譽振一時。不肯造請貴勢，太宗使宰相聽其論。於是尚書外郎獨孤悊以儒顯，給事中許敬宗推悊確論，義方引逮百家異同，連拄悊，直出其上。左右爲悊不平，輒罷會。補晉王府參軍，直弘文館。魏徵異之，欲妻以夫人之姪，辭不取。俄而徵薨，乃取女。人問其然，曰：「初不附宰相，今感知己故也。」素善張亮，亮抵罪，故貶吉安丞。道南海，舟師持酒脯請福，義方酌水誓曰：「有如忠獲

戾，孝見尤，四維廓氛，千里安流。神之聽之，無作神羞。」是時盛夏，濤霧蒸湧，既祭，天雲開霽。人壯其誠。吉安介蠻夷，梗悍不馴，義方召首領，稍選生徒，爲開陳經書，行釋奠禮，清歌吹籥，登降跽立，人人悅順。久之，徙洹水丞。而亮兄子皎自朱崖還，依義方。將死，諉妻子，願以尸歸葬，義方許之。以皎妻少，故與之誓於神，使奴負柩，轄馬載皎妻，身步從之。既葬皎原武，歸妻其家，而告亮墓乃去。遷雲陽丞。

顯慶元年，擢侍御史，不再旬，會李義府縱大理囚婦淳于，迫其丞畢正義縊死，無敢白其姦。義方自以興縣屬，不三時拜御史，且疾當世附離匪人以欺朝廷，內決劾奏，意必得罪，即問計於母。母曰：「昔王母伏劍，成陵之誼。汝能盡忠，吾願之，死不恨。」義方即上言：「天子置公卿大夫士，欲水火相濟，鹽梅相成，不得獨是獨非也。昔堯失之四凶，漢高祖失之陳豨，光武失之逢萌，魏武失之張邈〔一〕。彼聖傑之主，然皆失於前而得於後。今陛下撫萬邦而有之，蠻區夷落，罪無逃罰，況輦轂下姦臣肆虐乎？殺人滅口，此生殺之柄，不自主出，而下移佞臣，履霜堅冰，彌不可長。請下有司雜治正義死狀。」即具法冠對仗，叱義府下，跪讀所言。帝方安義府狡佞，恨義方以孤士觸宰相，貶萊州司戶參軍。歲終不復調，往客昌樂，聚徒教授。母喪，隱居不出。卒，年五十五。

義方爲御史時，買第，後數日，愛廷中樹，復召主人曰：「此佳樹，得無欠償乎？」又予之

錢。其廉不貪類此。始，魏徵愛其材也，每恨太直，後卒以疾惡不容于時。既死，門人員半千、何彥先行喪，蒔松柏冢側，三年乃去。彥先，齊州全節人。武后時，位天官侍郎。

員半千字榮期，齊州全節人。其先本彭城劉氏，十世祖凝之，事宋，起部郎，及齊受禪，奔元魏，以忠烈自比伍員，因賜姓員，終鎮西將軍、平涼郡公。

半千始名餘慶，生而孤，爲從父鞠愛，羈丱通書史。客晉州，州舉童子，房玄齡異之，對詔高第，已能講易、老子。長與何彥先同事王義方，以邁秀見賞。義方常曰：「五百歲一賢者生，子宜當之。」因改今名。凡舉八科，皆中。咸亨中，上書自陳：「臣家貲不滿千錢，有田三十畝，粟五十石。聞陛下封神岳，舉豪英，故鬻錢走京師。朝廷九品無葭莩親，行年三十，懷志潔操，未嘗一官，不能陳力歸報天子。陛下何惜玉陛方寸地，不使臣披露肝膽乎？得天下英才五千，與權所長，有一居先，臣當伏死都市。」書奏，不報。

調武陟尉，歲旱，勸令殷子良發粟振民，不從。及子良謁州，半千悉發之，下賴以濟。刺史大怒，囚半千于獄。會薛元超持節度河，讓太守曰：「君有民不能恤，使惠出一尉，尚可罪

邪？」釋之。俄舉岳牧，高宗御武成殿，問：「兵家有三陣，何謂邪？」衆未對，半千進曰：「臣聞古者星宿孤虛，天陣也；山川向背，地陣也；偏伍彌縫，人陣也。臣謂不然。夫師以義出，沛若時雨，得天之時，爲天陣；足食約費，且耕且戰，得地之利，爲地陣；舉三軍士如子弟從父兄，得人之和，爲人陣。捨是，則何以戰？」帝曰：「善。」既對策，擢高第。

歷華原、武功尉。厭卑劇，求爲左衞胄曹參軍。使吐蕃，將行，武后曰：「久聞爾名，謂爲古人，乃在朝邪！境外事不足行，宜留待制。」即詔入閤供奉。遷司賓寺主簿。稍與丘悅、王勮、石抱忠同爲弘文館直學士，又與路敬淳分日待制顯福門下。擢累正諫大夫，兼右控鶴內供奉。半千以控鶴在古無有，而授任者皆浮狹少年，非朝廷德選，請罷之，忤旨，下遷水部郎中。會詔擇牧守，除棣州刺史。復入弘文館爲學士。武三思用事，以賢見忌，出豪、蘄二州刺史。半千不顧任吏，常以文雅粉澤，故所至禮化大行。睿宗初，召爲太子右諭德，仍學士職。累封平原郡公。表丐骸骨，有詔聽朝朔望。

半千事五君，有清白節，年老不衰，樂山水自放。開元九年，遊堯山、沮水間，愛其地，遂定居。卒，年九十四，即葬焉。吏民哭野中。

抱忠，長安人。名屬文。初置右臺，自清道率府長史爲殿中侍御史，進檢校天官郎中，

與侍郎劉奇、張詢古共領選，寡廉潔，而奇號清平，二人坐綦連耀伏誅。

悅，河南人。亦善論譔，仕至岐王傅。

韓思彥字英遠，鄧州南陽人。游太學，事博士谷那律。律爲匪人所辱，思彥欲殺之，律不可。萬年令李乾祐異其才，舉下筆成章、志烈秋霜科，擢第。授監察御史，昌言當世得失。高宗夜召，加二階，待詔弘文館，仗內供奉。

巡察劍南，益州高貲兄弟相訟，累年不決，思彥敕廚宰飲以乳。二人寤，齧肩相泣曰：「吾乃夷獠，不識孝義，公將以兄弟共乳而生邪！」乃請輟訟。至西洱河，誘叛蠻降之。會蜀大饑，開倉振民，然後以聞，璽書褒美。使并州，方賊殺人，主名不立，醉胡懷刀而汙，訊掠已服。思彥疑之，晨集童兒數百，暮出之，如是者三。因問：「兒出，亦有問者乎？」皆曰：「有之。」乃物色推訊，遂禽眞盜。

後太白晝見，勸帝修德答天譴。帝讓中書令李義府曰：「八品官能言得失，而卿冒沒富貴，主何事邪？」義府謝罪。司農武惟良擅用并州賦二百萬緡，思彥劾處死，武后爲請而免。義府與諸武共譖思彥，出爲山陽丞。初，尉遲敬德子姓陷大逆，思彥按釋其冤，至是贈

黃金良馬，思彥不受。至官閱月，自免去，放蹟江、淮間。久之，補建州司戶參軍。帝召問：「不見卿久，今何官邪？」思彥泣道所以然。帝謂宰相：「此亦太屈。」復召爲御史。

俄出爲江都主簿，又徙蘇州錄事參軍。罷，客汴州。張僧徹者，廬墓三十年，詔表其閭，請思彥爲頌，餉縑二百，不受。時歲凶，家窶甚，僧徹固請，爲受一匹，命其家曰：「此孝子縑，不可輕用。」上元中，復召見。思彥久去朝，儀矩梗野，拜忘蹈舞，又詆外戚擅權，后惡之。中書令李敬玄劾奏思彥見天子不蹈舞，負氣鞅鞅，不可用。時已拜乾封丞，故徙朱鳶丞。遷賀州司馬，卒。

始，思彥在蜀，引什邡令鄧惲右坐，曰：「公且貴，願以子孫諉公。」比其斥，而惲已爲文昌左丞。

子琬。

琬字茂貞，喜交酒徒，落魄少崖檢。有姻勸舉茂才，名動里中。刺史行鄉飲餞之，主人揚觶曰：「孝于家，忠于國，今始充賦，請行無算爵。」儒林榮之。擢第，又舉文藝優長、賢良方正，連中。拜監察御史。景雲初，上言：

國安危在於政。政以法，暫安焉必危；以德，始不便焉終治。夫法者，智也；德

者，道也。智，權宜也；道，可以久大也。故以智治國，國之賊；不以智治國，國之福。貞觀、永徽之間，農不勸而耕者衆，法施而犯者寡；俗不偷薄，器不行竊；吏貪者士恥同列，忠正清白者比肩而立；罰雖輕而不犯，賞雖薄而勸；位尊不倨，家富不奢；學校不勵而勸，道佛不懲而戒；土木質厚，裨販弗蚩。其故奈何？維以皇道也。自茲以來，任巧智，斥謇諤；趨勢者進，守道者退；諧附者無黜剝之憂，正直者有後時之歎；人趨家競，風俗淪替。其故奈何？行以霸道也。貞觀、永徽之天下，亦今日天下，淳薄相反，由治則然。

夫巧者知忠孝爲立身之階，仁義爲百行之本，託以求進，口是而心非，言同而意乖，陛下安能盡察哉！貪冒者謂能，清貞者謂孤，浮沉者爲黠，剛正者爲愚。位下而驕，家貧而奢。歲月漸漬，不救其弊，何由變浮之淳哉？不務省事而務捉搦。夫捉搦者，法也。法設而滋章，滋章則盜賊多矣。法而益國，設之可也。比法令數改，或行未見益，止未知損。譬弈者一棋爲善，而復之者愈善，故曰設法不如息事，事息則巧不生。聖人防亂未然，天下何繇不治哉？

永淳時，雍丘令尹元貞坐婦女治道免官，今婦夫女役常不知怪。調露時，河內尉劉憲父喪，人有請其員者，有司以爲名教不取，今謂爲見機。太宗朝，司農以市木橦

倍價抵罪，大理孫伏伽言：「官木橦貴，故百姓者賤。臣見司農識大體，未聞其過。」太宗曰：「善。」今和市顓刻剝，名爲和而實奪之。往者學生、佐史、里正每一員闕，擬者十人，今當選者亡匿以免。往選司從容有禮，今如仇敵買販。往官將代，儲什物俟其至；今交罷，執符紛競校在亡。往商賈出入萬里，今市井至失業。往家藏鏹積粟相夸，今匿貲示羸以相尙。往夷狄款關，今軍屯積年。往召募，人買其勇；今差勒，闔宗逃亡。往倉儲盈衍，今所在空虛。

夫流亡之人非愛羈旅、忘桑梓也，斂重役亟，家產已空，鄰伍牽連，遂爲游人。窮詐而犯禁，救死而抵刑。夫亂繩已結，急引之則不可解。今刻薄吏能結者也，舉劾吏能引者也，則解者不見其人。願取奇材卓行者，量能授官。

又言：

仕路太廣，故棄農商而趨之。一夫耕，一婦蠶，衣食百人，欲儲蓄有餘，安可得乎？

書入，不報。

出監河北軍，兼按察使。先天中，賦絹非時，於是穀賤縑益貴，丁別二縑，人多徙亡。琬曰：「御史乃耳目官，知而不言，尙何賴？」又上言：「須報則弊已甚，移檄罷督乃聞。」詔可。

開元中，遷殿中侍御史，坐事貶官，卒。

蘇安恆，冀州武邑人。博學，尤明周官、春秋左氏學。武后末年，太子雖還東宮，政事一不與，大臣畏禍無敢言。安恆投匭上書曰：「陛下膺先聖顧託，受嗣子揖讓，應天順人，二十餘年，豈不聞虞舜褰裳、周公復辟事乎？今太子孝謹，春秋盛壯，使統臨宸極，何異陛下身撫天下哉！胡不傳位東宮，休安聖躬？自昔天下無二姓並興，且梁、河內、建昌諸王，以親得封，恐萬歲後不能良計，宜退就公侯，任以閑簡。又陛下二十餘孫，無尺土封，非長久計也，請以都督府要州分而王之。縱今尚幼，且擇立師傅，養成德器，藩屏皇家。」書奏，后雖猜克，不能無感，乃召見賜食，厚慰遣之。

明年，復諫曰：「臣聞天下者，高祖、太宗之天下。有隋失馭，羣雄鹿駭，唐家親事戎旅，以平宇縣，指河爲誓，非李氏不王，非功臣不封。陛下雖居正統，實唐舊基。前日太子在諒闇，相王非長嗣，唐祚中弱，故陛下因以即位。今太子年德已盛，尚貪有大寶，忘母子之恩，蔽其元良，以據神器，何施顏面見唐家宗廟、大帝陵寢哉！臣謂天意人事，還歸李氏。物極則復，器滿則覆；當斷不斷，將受其亂。誠能高揖萬機，自怡聖心，史臣書之，樂府歌之，斯

盛事也。臣聞見過不諫非忠，畏死不言非勇。陛下以臣爲忠，則擇是而用；以爲不忠，則斬臣頭以令天下。」書聞，不報。

於是魏元忠爲張易之兄弟所構，獄方急，安恆獨申救，曰：

王者有容天下之量，故濟其心；能進天下之善，故除其惡。不然，則神鬼馮怒，陰陽紛舛。陛下始革命，勤秉政樞，博逮謀猷，天下以爲明主。暮年厭怠，讒佞熾結，水火相災，百姓不親，五品不遜，天下以爲暗君。邪正糅進，獄訟冤劇。何昔是而今非邪？居安忘危之失也。

竊見元忠廉直有名，位宰相，履忠正，邪佞之徒嫉之若讎。易之兄弟無功無德，但以馮附，不閱數期，位勢隆極，指馬獻蒲，先害善良。自元忠下獄，人人偶語，謂易之交亂，且及四國。烈士撫髀，忠臣鉗口，懼易之之權，恐先諫受戮，虛死無名。況賊虜方彊，賦斂重困，而自縱讒慝，搖變遐邇。臣恐四夷低目窺覘，爲邊鄙患，百姓託義以清君側，逐鹿之人叩關而至，陛衞左右，從中以應，爭鋒朱雀之門，問鼎大明之宮，陛下何以謝之？臣今計者，莫若收雷電之威，解恢恢之網，復爵還位，君臣如初，則天下幸甚。陛下縱不能斬佞臣，塞人望，且當抑奪榮寵，翦其羽翅，無使驕横爲社稷之憂。

疏奏，易之等大怒，遣刺客邀殺之，賴鳳閣舍人桓彥範等悉力營解，乃免。

神龍初，爲習藝館內敎。節愍太子難，或讒安恆豫謀，死獄中。睿宗立，知其枉，詔贈諫議大夫。

薛登，常州義興人。父士通，爲隋鷹揚郎將。江都亂，與州民聞人嗣安據城拒賊。武德初，持地自歸，授東武州刺史。輔公祏反，士通與賊將西門君儀戰，破之。及平，封臨汾侯。終泉州刺史。

登通貫文史，善議論，根證該審，與徐堅、劉子玄齊名。調閬中主簿。天授中，累遷左補闕。時選舉濫甚，乃上疏曰：

比觀舉薦，類不以才，馳聲假譽，互相推引，非所謂報國求賢者也。古之取士，考素行之原，詢鄉邑之譽，崇禮讓，明節義，以敦樸爲先，雕文爲後。故人崇勸讓，士去輕浮，以計貢賢愚爲州之榮辱。昔李陵降而隴西慙，干木隱而西河美。名勝於利，則偷競日銷；利勝於名，則貪暴滋煽。蓋冀缺以禮讓升而晉人知禮，文翁以經術敎而蜀士多儒。未有上好而下不從者也。漢世求士，必觀其行，故士有自脩，爲閭里推舉，然後府寺交辟。魏取放達，晉先門閥，梁、陳薦士特尚詞賦。隋文帝納李諤之言，詔禁文

章浮詞，時泗州刺史司馬幼之表不典實得罪，由是風俗稍改。煬帝始置進士等科，後生復相馳競，赴速趨時，緝綴小文，名曰策學，不指實爲本，而以浮虛爲貴。

方今舉士，尤乖其本。明詔方下，固已驅馳府寺之廷，出入王公之第，陳篇希恩，奏記誓報。故俗號舉人皆稱覓舉。覓者，自求也，非彼知之義。是以耿介之士羞於自拔，循常小人弃疎取附。願陛下降明制，頒峻科，斷無當之游言，收實用之良策，文試效官，武閱守禦。昔吳起將戰，左右進劍，吳子辭之，諸葛亮臨陣，不親戎服，蓋不取弓劍之用也。漢武帝聞司馬相如之文，恨不與同時，及其至也，終不處以公卿之位，非所任故也。漢法，所舉之主，終身保任。楊雄之坐田儀，成子之得魏相，賞罰之令行，則請謁之心絕，退讓之義著，則貪競之路銷。請寬年限，以容簡汰，不實免官，得人加賞，自然見賢不隱，食祿不專矣。

時四夷質子多在京師，如論欽陵、阿史德元珍、孫萬榮，皆因入侍見中國法度，及還，並爲邊害。登諫曰：

臣聞戎、夏不雜，古所戒也。故斥居塞外，有時朝謁，已事則歸，三王之法也。漢、魏以來，革襲衣冠，築室京師，不令歸國。較其利害，三王是而漢、魏非，拒邊長而質子短。昔晉郭欽、江統以夷狄處中夏必爲變，武帝不納，卒有永嘉之亂。伏見突厥、吐蕃、

契丹往因入侍，並被奬遇，官戎秩，步黌門，服改氈罽，語習楚夏，窺圖史成敗，熟山川險易。國家雖有冠帶之名，而狼子孤恩，患必在後。

昔申公奔晉，使子狐庸爲吳行人，教吳戰陣，使之叛楚。漢遷五部匈奴於汾、晉，卒以劉、石作難。竊計秦幷天下，及劉、項用兵，人士凋散，以冒頓之盛，乘中國之虛，而高祖困厄平城，匈奴卒不入中國者，以其生長磧漠，謂穹廬賢於城郭，氈罽美於章紱，既安所習，是以無窺中國心，不樂漢故也。元海五部散亡之餘而能自振者，少居內地，明習漢法，鄙單于之陋，竊帝王之稱。使其未嘗內徙，不過劫邊人繒綵、麴糵歸陰山而已。

今皇風所覃，含識革面，方由余効忠，日磾盡節。然臣慮備豫不謹，則夷狄稱兵不在方外，非貽謀之道。臣謂願充侍子可一切禁絕，先在國者不使歸蕃，則夷人保疆，邊邑無爭。

武后不納。

久之，出爲常州刺史。屬宣州賊鍾大眼亂，百姓潰震，登嚴勒守備，闔境賴安。再遷尙書左丞。景雲中，爲御史大夫。僧慧範怙太平公主勢，奪民邸肆，官不能直，登將治之，或勸以自安，答曰：「憲府直枉，朝奏暮黜可矣。」遂劾奏，反爲主所構，出岐州刺史。遷太子賓

客。開元初，爲東都留守，再爲太子賓客。登本名謙光，以與皇太子名同，詔賜今名。坐子累歸田里，家苦貧，詔給致仕祿。卒，年七十三，贈晉州刺史。

王求禮，許州長社人。武后時，爲左拾遺、監察御史。后方營明堂，琱飾譎怪，侈而不法。求禮以爲「鐵鷟金龍、丹雘珠玉，乃商瓊臺、夏瑤室之比，非古所謂茅茨棌椽者。自軒轅以來，服牛乘馬，今輦以人負，則人代畜」，上書譏切。久不報。

契丹叛，使孫萬榮寇河北，詔河內王武懿宗禦之，懦擾不進，賊敗數州去。懿宗乃條華人爲賊詿誤者數百族，請誅之。求禮劾奏曰：「詿誤之人無良邊吏教習，城不完固，爲虜脅制，寧素持叛心哉？懿宗擁兵數十萬，聞敵至，走保城邑，今乃移禍無辜之人，不亦過乎？請斬懿宗首以謝河北。」懿宗大懼，后盡赦其人。

當是時，契丹陷幽州，饋餫屈竭，左相豆盧欽望請停京官九品以上兩月奉助軍興。求禮曰：「公祿萬鍾，正可輟，仰祿之人可奈何？」欽望拒不應。既奏，求禮歷階進曰：「天子富有四海，何待九品奉，使宰相奪之以濟軍國用乎？」姚璹曰：「秦、漢皆有稅算以佐軍，求禮不識大體。」對曰：「秦、漢虛天下事邊，奈何使陛下効之？」后曰：「止。」

久視二年三月，大雨雪，鳳閣侍郎蘇味道等以爲瑞，率羣臣入賀。求禮讓曰：「宰相燮和陰陽，而季春雨雪，乃災也。果以爲瑞，則冬月雷，渠爲瑞雷邪？」味道不從。既賀者入，求禮卽厲言：「今陽氣僨升，而陰冰激射，此天災也。主荒臣佞，寒暑失序，戎狄亂華，盜賊繁興，正官少，僞官多，百司非賄不入，使天有瑞，何感而來哉？」羣臣震恐，后爲罷朝。然以剛正故，宦齟齬。神龍初，終衞王府參軍。

柳澤，蒲州解人。曾祖亨，字嘉禮，隋大業末，爲王屋長，陷李密，已而歸京師。姿貌魁異，高祖奇之，以外孫竇妻之。三遷左衞中郎將，壽陵縣男。以罪貶邛州刺史，進散騎常侍。代還，數年不得調。持兄喪，方葬，會太宗幸南山，因得召見，哀之。數日，入對北門，拜光祿少卿。亨射獵無檢，帝謂曰：「卿於朕舊且親，然多交游，自今宜少戒。」亨由是痛飭厲，謝賓客，身安靜素，力吏事。終檢校岐州刺史，贈禮部尙書、幽州都督，謚曰恭。

澤耿介少言笑，風度方嚴。景雲中，爲右率府鎧曹參軍。先是，中宗時，長寧、宜城、定安諸公主及后女弟〔三〕、昭容上官與其母鄭、尙宮柴、隴西夫人趙及姻聯數十族，皆能降墨敕授官，號斜封。及姚元崇、宋璟輔政，白罷斜封官數千員。元崇等罷去，

太平公主盡奏復之。澤詣闕上疏曰：

臣聞藥不毒不可以蠲疾，詞不切不可以補過。故習甘旨者，非攝養之方；邇諛佞者，非治安之宜。臣竊見神龍以來，綱紀大壞，內寵專命，外嬖制權，因貴憑勢，賣官鬻爵。妃主之門同商賈然，舉選之署若闤闠然，屠販者由邪忝官，廢黜者因姦冒進。耳目所親，豈可忘鑒誡哉？且斜封官者，皆僕妾私謁，迷謬先帝，豈盡先帝意邪？陛下卽位之初，用元崇等計，悉以停廢，今又收用之。若斜封之人不可棄邪，韋月將、燕欽融不應褒贈，李多祚、鄭克乂不容盪雪也。陛下何不能忍於此而能忍於彼，使善惡混幷，反覆相攻，道人以非，勸人以僻。今天下咸稱太平公主與胡僧慧範以此誤陛下，故語曰：「姚、宋爲相，邪不如正；太平用事，正不如邪。」臣恐流遁致遠，積小爲大，累微成高。勿謂何傷，其禍將長；勿謂何害，其禍將大。

又言：

尙醫奉御彭君慶以巫覡小伎超授三品，奈何輕用名器，加非其人？臣聞賞一人而千萬人悅者，賞之；罰一人而千萬人勸者，罰之。惟陛下裁察。

疏入，不報。

中華書局

澤入調，會有詔選者得言事。乃上書曰：

頃者韋氏蠱亂，姦臣同惡，政以賄成，官以寵進，言正者獲戾，行殊者見疑，海內寒心，人用不保。陛下神聖勇智，安宗社於已危，振黎苗之將溺。乃今蠲煩省徭，法明德舉，萬邦愷樂，室家胥歡。詩曰：「靡不有初，鮮克有終。」惟陛下愼厥初，脩其終。書曰：「惟德罔小，萬邦惟慶；惟不德罔大，墜厥宗。」甚可懼也。

夫驕奢起於親貴，綱紀亂於寵倖。禁之於親貴，則天下從；制之於寵倖，則天下畏。親貴爲而不禁，寵倖撓而不制，故政不常，令不一，則姦詐起而暴亂生焉，雖朝施暮戮，而法不行矣。陛下欲親與愛，莫若安之福之。夫寵祿之過，罪之階也，謂安之邪？驕奢之淫，危之梯也，謂福之邪？前事不忘，後之師也。陛下敷求俊哲，使朝夕納誨。其有逆于耳、謬于心者，無速罰，姑求之道；順于耳、便于身者，無急賞，姑求之非道。羞淫巧者拒之，則淫巧息；進忠讜者賞之，則忠讜進。

臣聞生於富者驕，生於貴者傲。書曰：「罔淫於逸，罔遊於樂。」今儲宮肇建，王府復啓，願采温良、博聞、恭儉、忠鯁者爲之僚友，仍請東宮置拾遺、補闕，使朝夕講論，出入侍從，授以訓誥，交修不逮。

臣又聞「馳騁畋獵，令人發狂」。今貴戚打毬擊鼓，飛鷹奔犬，狎比宵人，盤游藪澤。

書曰：「內作色荒，外作禽荒。」惟陛下誕降謀訓，勸以學業，示之以好惡，陳之以成敗，則長享福祿矣。

臣聞「富不與驕期而驕自至，驕不與罪期而罪自至，罪不與死期而死自至」。頃韋庶人、安樂公主、武延秀等可謂貴且寵矣，權侔人主，威震天下。然怙侈滅德，神怒人棄，豈不謂愛之太極、富之太多乎？「殷鑒不遠，在夏后之世。」今陛下何勸？其皇祖謀訓之則乎！陛下何懲？其孝和寵任之失乎！故愛而知其惡，憎而知其善。夫寵愛之心未有能免，要去其太甚，閑之以禮，則可矣。諸王、公主、駙馬，陛下之所親愛也，矯枉監戒，宜在厥初，使居寵思危，覩過務善。書曰：「三風十愆，卿士有一于身，家必喪，邦君有一于身，國必亡。」惟陛下黜奢僭驕怠，進樸素行業，以勖其非心。

臣聞「常厥德，保厥位；厥德匪常，九有以亡」。願陛下不作無益，不啓私門，不差刑，不濫賞，則惟德是輔，惟人之懷，天祿永終矣。

睿宗善之，拜監察御史。

開元中，轉殿中侍御史，監嶺南選。時市舶使、右威衞中郎將周慶立造奇器以進，澤上書曰：「『不見可欲，使心不亂』，是知見可欲而心必亂矣。慶立雕製詭物，造作奇器，用浮巧爲珍玩，以譎怪爲異寶，乃治國之巨蠹，明王所宜嚴罰者也。昔露臺無費，明君不忍；象箸非大，忠臣憤歎。慶立求媚聖意，搖蕩上心。陛下信而使之乎，是宣淫於天下；慶立矯而爲之乎，是禁典之所無赦。陛下新即位，固宜昭宣菲薄，廣示節儉，豈可以怪好示四方哉！」書奏，玄宗稱善。歷遷太子右庶子。爲鄭州刺史，未行，卒，贈兵部侍郎。

澤從祖範、奭。

範，貞觀中爲侍御史，時吳王恪好田獵，範彈治之。太宗曰：「權萬紀不能輔道恪，罪當死。」範進曰：「房玄齡事陛下，猶不能諫止畋獵，豈宜獨罪萬紀？」帝怒，拂衣起。頃之，召謂曰：「何廷折我？」範謝曰：「主聖則臣直，陛下仁明，臣敢不盡愚？」帝乃解。高宗時，歷尙書右丞、揚州大都督府長史。

奭字子邵。以父隋時使高麗卒焉，故往迎喪，號踊盡哀，爲夷人所慕。貞觀中，累遷中書舍人。外孫爲皇后，遷中書侍郎，進中書令。皇后挾媚道覺，罷爲吏部尙書。后廢，貶愛州刺史。許敬宗等構奭通宮掖，謀行鴆毒，與褚遂良朋黨，罪大逆。遣使殺之，沒其家，期以上親並流嶺表，奭房隸桂州爲奴婢。

神龍初，乃復官爵，子孫親屬緣坐者悉免。開元初，澤兄渙爲中書舍人，上言：「臣從伯

祖奭，去顯慶三年與褚遂良等五門同被譴戮，雖被原雪，而子孫殆盡，唯曾孫无忝客籍龔州。陛下先天後詔書，嘗任宰相家並錄其後。況臣之伯祖無辜被誅，今藁窆未還，後嗣僑處，願許伯祖歸葬，孤孫北遷。」於是詔无忝護奭柩歸鄉里，官給喪事。无忝後歷潭州都督。

馮元常，相州安陽人，其先蓋長樂信都著姓。曾祖子琮，北齊右僕射。叔祖慈明，有文辭，仕隋爲內史舍人。奉詔討李密，爲密將所縛，身數創，密厚禮之，情謂曰：「東都危蹙，我欲率四方賢豪建功業，幸公同之。」慈明曰：「公家事先帝，名在王室，乃挾玄感舉兵，亡命至今，復圖反噬，何耶？」密囚之。俄爲翟讓所殺。武德初，贈吏部尙書，謚壯武。

元常舉明經及第，調浚儀尉。高宗時，擢累監察御史、劍南道巡察使，興利除害，蜀人順賴。歷尙書左丞。嘗密諫帝中宮權重，宜少抑，帝雖置其計，而內然之，由是爲武后所惡。元常在職脩舉，識鑒澄遠，帝委遇特厚。及不豫，詔平章百司奏事。武后擅朝，嵩陽令樊文進瑞石，后暴石朝堂示百官。元常奏石妄僞，不可以示羣臣。后怒，出爲隴州刺史。會天下岳牧集乾陵，后不欲元常得會，故道徙眉州刺史。劍南有光火盜，夜掠人，晝伏山谷。元常喻以恩信，約悔過自新，賊相率脫甲面縛。賊平，轉廣州都督，詔便驛走官。安南酋領

李嗣仙殺都護劉延祐，劫州縣，詔元常討之。率士卒航海，馳檄先示禍福，賊黨多降，元常縱兵斬首惡而還。雖有功，猶以拂旨見怨，不錄功。凡三徙，終不得至京師，卒爲酷吏周興所陷，追赴都，下獄死。元常閨門雍睦，有禮法，雖小功喪不御私室。神龍中，旌其家，大署曰「忠臣之門」。天下高其節，凡名族皆願通婚。

從弟元淑，及后時，歷清漳、浚儀、始平三縣令，右善去惡，人稱爲神明。與奴僕日一食，馬日一秣，所至不挈妻子，斥奉餘以給貧窮。或譏其近名，元淑曰：「吾性也，不爲苦。」中宗降璽書勞勉，付狀史官。元淑約潔過於元常，然剛直不及也。終祠部郎中。

蔣欽緒，萊州膠水人。頗工文辭，擢進士第，累遷太常博士。中宗始親郊，國子祭酒祝欽明建言，皇后應亞獻，欲以媚韋氏。天子疑之，詔禮官議。衆曲意阿徇，欽緒獨抗言不可，諸儒壯其節。

歷吏部員外郎。始，韓琬爲高郵主簿，使京師，自負其才，有不遇之言題客舍。它日，

欽緒見之，笑曰：「是子歎後時耶？」久之，琬舉賢良方正，欽緒擢其文異等，因謂曰：「朋友之過免未？」琬曰：「今日乃見君子之心。」其務薦引士類此。

欽緒精治道，馭吏整嚴，雖銖秒罪不貸。出爲華州長史。蕭至忠自晉州被召，過欽緒，欽緒本姻家，因戒曰：「以君才不患不見用，患非分而求耳。」至忠竟及禍。開元十三年，以御史中丞錄河南囚，宣尉百姓，振窮乏。徙吏部侍郎，歷汴、魏二州刺史，卒。性孤潔自守，唯與賈曾、郭利貞相友云。

子沇，亦專潔博學，少有名。以孝廉授洛陽尉，遷監察御史，與兄演、溶、弟清俱爲才吏，有名天寶間。始，河南尹韓朝宗、裴迴嘗委訊覆檢句，而處事平，剖斷精允，羣寮莫能望也。乾元中，歷陸渾、盩厔、咸陽、高陵四縣令，美政流行，長老紀焉。郭子儀軍出其縣，敕麾下曰：「蔣沇，賢令，供億當有素，士得蔬飯足矣，毋撓其清也！」遷長安令，以刑部郎中兼侍御史，領渭橋運出納使。

元載持政，守道士類不遷，沇以故滯郎位，不得調。常衮代相，閧士議恨沇屈，故擢御史中丞、東都副留守。再遷大理卿，持法明審，號稱職。德宗出奉天，沇奔行在，爲賊所拘，欲誘署僞職，沇絕食不應命，竄伏里中，不復見。京師平，乃出，擢右散騎常侍。卒年七十四，贈工部尚書。

清舉明經中第，調犨丞。東京留守李憕賢之，表爲判官，與憕同死安祿山亂，贈禮部侍郎。敬宗時，錄其孫鄘爲伊闕令。初，清蒙難，以秩卑不及謚。大和初，其出吏部郎中王高言之朝，追謚曰忠。

校勘記

〔一〕漢高祖失之陳豨光武失之逢萌魏武失之張邈　按後漢書卷一二龐萌傳載，龐萌爲侍中，漢光武視爲「社稷之臣」，拜平狄將軍，後乃以兵反。與陳豨、張邈正相類似。而逢萌不事光武，後漢書列入逸民傳，與此處所論毫不相關。「逢萌」當是「龐萌」之誤。

〔二〕中宗時長寧宜城定安諸公主　「定安」，各本原作「安定」。按本書卷八三諸帝公主傳及唐會要卷六，安定爲唐高祖女，此應爲定安，據改。

唐書卷一百一十三

列傳第三十八

唐臨 晈 紹　張文瓘 文琮 錫 文收　徐有功 商 彥若

唐臨字本德，京兆長安人。周內史瑾之孫。其先自北海內徙。武德初，隱太子討王世充，臨以策進說，太子引直典書坊，授右衞率府鎧曹參軍。太子廢，出爲萬泉丞。有輕囚久繫，方春，農事興，臨說令可且出囚，使就畎畝。不許。臨曰：「有所疑，丞執其罪。」令移疾，臨悉縱歸，與之約，囚如期還。

再遷侍御史。大夫韋挺責著位不肅，明日，挺越次與江夏王道宗語，臨進曰：「王亂班。」道宗曰：「與大夫語，何至爾！」臨曰：「大夫亦亂班。」挺失色，衆皆悚伏。俄持節按獄交州，出冤繫三千人。累遷大理卿。高宗嘗錄囚，臨占對無不盡，帝喜曰：「爲國之要在用法，刻則人殘，寬則失有罪，惟是折中，以稱朕意。」它日復訊，餘司斷者輒紛訴不臣，獨臨所訊無一言。帝問故，答曰：「唐卿斷囚不冤，所以絕意。」帝歎曰：「爲獄者固當若是。」乃自述其考曰「形如死灰，心若鐵石」云。

永徽元年，拜御史大夫。蕭齡之嘗任廣州都督，受賕當死，詔羣臣議，請論如法，詔戮于朝堂。臨建言：「羣臣不知天子所以議之之意。在律有八。王族戮于隱，議親也；刑不上大夫，議貴也。今齡之貪贓狼扈，死有餘咎。陛下以異於它囚，故議之有司，又令入死，非堯、舜所以用刑者，不可爲後世法。」帝然之。齡之，齊高帝五世孫，由是免死。

臨累遷吏部尚書。初，來濟謫台州，李義府謫普州，臨奏許褘爲江南巡察使，張倫劍南巡察使。褘與濟善，而倫與義府有隙。武后常右義府，察知之，謂臨遣所私督其過，坐免官。起爲潮州刺史，卒，年六十。

臨儉薄寡欲，不好治第宅。性旁通，專務掩人過。見妻子，必正衣冠。

兄晈，武德初，爲秦王府記室，從王征討，掌書檄。貞觀中，官吏部侍郎。先是，選集四時補擬，不爲限。晈請以冬初集，盡季春止，後遂爲法。終益州長史，贈太常卿。子之奇，給事中。坐章懷太子屬徙邊。後除括蒼令，與徐敬業起兵，誅。

臨孫紹，神龍時爲太常博士。遷左臺侍御史、度支員外郎，常兼博士。韋庶人請妃、公主、命婦以上葬給鼓吹，詔可。紹曰：「鼓吹本軍容，黃帝戰涿鹿，以爲警衞，故曲有靈夔吼、鵰鶚爭、石墜崖、壯士怒之類。惟功臣詔葬，得兼用之。男子有四方功，所以加寵。雖郊祀天地，不參設，容得接閨閫哉？在令，五品官昏葬，無給鼓吹者，唯京官五品則假四品，蓋班秩在夫若子。請置前詔，用舊典。」不省。

中宗始郊，國子祭酒祝欽明等知韋后能制天子，欲迎諂之，即奏以皇后亞獻，安樂公主終獻，又四時及列帝誕日，遣使者詣陵如事生。紹以爲非禮，引正誼固爭。帝又詔武氏陵及諸武墓皆置守戶，紹謂：「吳、順二陵守戶五百，與昭陵同。在令，先世帝王陵戶二十，今雖崇奉外家，宜準附常典。又親王墓戶十，梁、魯乃追贈，不可踰眞王。褒德衞卒，至踰宗廟，不可明甚，請罷之。」又言：「比羣臣務厚葬，以俑人象駿眩耀相矜，下逮衆庶，流宕成俗。願按令切敕裁損，凡明器不許列衢路，惟陳墓所。昏家盛設障車，擁道爲戲樂，邀貨捐貲動萬計，甚傷化紊禮，不可示天下。」事雖不從，議者美歎。睿宗即位，數言政損益，再遷給事中，兼太常少卿。先天二年，玄宗講武驪山，紹以典儀坐失軍容，當斬。帝怒甚，執纛下，左右猶冀少貸，金吾將軍李邈遽傳詔斬之。時深咎邈，帝亦悔，俄詔罷邈官，擯于家。

張文瓘字稚圭，貝州武城人。隋大業末，徙家魏州之昌樂。幼孤，事母、兄以孝友聞。貞觀初，第明經，補并州參軍。時李勣爲長史，嘗歎曰：「稚圭，今之管、蕭，吾所不及。」勣入朝，文瓘與屬僚二人皆餞，勣贈二人以佩刀、玉帶，而不及文瓘。文瓘以疑請，勣曰：「子無爲嫌。若某，尤豫少決，故贈以刀，欲其果於斷；某放誕少檢，故贈以帶，俾其守約束。若子才，無施不可，焉用贈？」因極推引。再遷水部員外郎。時兄文琮爲戶部侍郎，於制，兄弟不並臺閣，出爲雲陽令。累授東西臺舍人，參知政事。乾封二年，遷東臺侍郎、同東西臺三品，遂與勣同爲宰相。俄知左史事。

時高宗造蓬萊、上陽、合璧等宮，復征討四夷，京師養廄馬萬匹，帑廥寖虛。文瓘諫曰：「王者養民，逸則富以康，勞則怨以叛。秦、漢廣事四夷，造宮室，至二世土崩，武帝末年戶口減半。夫制治於未亂，保邦於未危。人罔常懷，懷于有仁。臣願撫之，無使勞而生怨。隋監未遠，不可不察。」帝善其言，賜縑錦百段，爲減廄馬數千。改黃門侍郎，兼太子右庶子，又兼大理卿。不旬日，斷疑獄四百，抵罪者無怨言。嘗有

小疾，囚相與齋禱，願亟視事。時以執法平恕方戴胄。後拜侍中，兼太子賓客。諸囚聞其遷，皆垂泣，其得人心如此。性嚴正，未嘗回容，諸司奏議，悉心糾駁，故帝委之。或時移疾，佗宰相奏事，帝必問與文瓘議未。若不者，曰：「往共籌之。」或曰：「已議。」即皆報可。

新羅叛，帝將出兵討之。時文瓘病臥家，自力請見，曰：「吐蕃盜邊，兵屯境未解，新羅復叛，議者欲出師，二虜俱事，臣恐人不堪弊，請息兵修德，以懷異俗。」詔可。

初，同列以堂饌豐餘，欲少損。文瓘曰：「此天子所以重樞務、待賢才也，吾等若不任職，當自引避，不宜節減，以自取名。」衆乃止。卒，年七十三，贈幽州都督，謚曰懿。以嘗事孝敬皇帝，詔陪葬恭陵。

四子：潛，爲魏州刺史；沛，同州刺史；洽，衞尉卿；涉，殿中監。父子皆至三品，時謂「萬石張家」。韋温誅，涉爲亂兵所殺。

文琮，好自寫書，筆不釋手。子弟諫止，曰：「吾好此，不爲倦。」貞觀中，爲治書侍御史，遷亳州刺史。永徽初，獻文皇帝頌，優制褒美，拜戶部侍郎。坐房遺愛從母弟，出爲建州刺史。州尚淫祀，不立社稷，文琮下敎曰：「春秋二社本于農，今此州廢不立，尙何觀？比歲田畝卒荒，或未之思乎！神在于敬，可以致福。」於是始建祀場，民悅從之。卒于官。

子錫，久視初，爲鳳閣侍郎、同鳳閣鸞臺平章事，代其甥李嶠爲宰相。請還廬陵王，不爲張易之所右。與鄭杲俱知選，坐洩禁中語，又賕謝鉅萬，時蘇味道亦坐事，同被訊，繫鳳閣，俄徙司刑三品院。錫按轡專道，神氣不懾，日膳豐鮮，無損貶。味道徒步赴逮，席地菜食。武后聞之，釋味道，將斬錫，既而流循州。神龍中，累遷工部尚書，兼修國史，東都留守。韋后臨朝，詔同中書門下三品，旬日，出爲絳州刺史。累封平原郡公，卒。

文琮從父弟文收，終太子率更令。善音律，著新樂書十餘篇。

徐有功名弘敏，避孝敬皇帝諱，以字行，國子博士文遠孫也。舉明經，累補蒲州司法參軍，襲封東莞縣男。爲政仁，不忍杖罰，民服其恩，更相約曰：「犯徐參軍杖者，必斥之。」訖代不辱一人。累遷司刑丞。時武后僭位，畏唐大臣謀己。於是周興、來俊臣、丘神勣、王弘義等揣識后指，置總監牧院諸獄，捕將相，俾相鉤逮，掩搦護送，楚掠凝慘。又汙引天下豪桀，馳使者即按，一切以反論。吏爭以周內竊詆相高，后輒勸以官賞，於是以急變相告訾者無虛日。朝野震恐，莫敢正言，獨有功數犯顏爭枉直，后厲語折抑，有功爭益牢。

時博州刺史琅邪王沖，責息錢于貴鄉，遣家奴督斂，與尉顏餘慶相聞知，奴自市弓矢還。會沖坐逆誅，魏州人告餘慶豫沖謀，后令俊臣鞫治，以反狀聞。有司議：「餘慶更永昌赦，法當流。」侍御史魏元忠謂：「餘慶爲沖督償、通書，合謀明甚，非曰支黨，請殊死，籍其家。」詔可。有功曰：「永昌赦令：『與虺貞同惡，魁首已伏誅，支黨未發者原之。』書曰：『殲厥渠魁』，律以『造意爲首』，尋赦已伏誅，則魁首無遺。餘慶赦後被言，是謂支黨。今以支爲首，是以生入死。赦而復罪，不如勿赦；生而復殺，不如勿生。竊謂朝廷不當爾。」后怒曰：「何謂魁首？」答曰：「魁者，大帥；首者，元謀。」后曰：「餘慶安得不爲魁首？」答曰：「若魁首者，虺貞是已。既已伏誅，餘慶今方論罪，非支黨何？」后意解，乃曰：「公更思之。」遂免死。當此時，左右及衞仗在廷陛者數百人，皆縮項不敢息，而有功氣定言詳，撤然不橈。

有韓紀孝者，受徐敬業僞官，前已物故，推事使顧仲琰籍其家，詔已報可。有功追議曰：「律，謀反者斬。身亡即無斬法，無斬法則不得相緣。所緣之人亡，則所因之罪減。」詔從之，皆以更赦免，如此獲宥者數十百姓。

累轉秋官郎中。鳳閣侍郎任知古、多官尚書裴行本等七人被誣當死，后謂宰相曰：「古人以殺止殺，我今以恩止殺，就羣公丐知古等，賜以再生，可乎？」俊臣、張知默固請如法，后不許。俊臣獨引行本更驗前罪。有功奏曰：「俊臣違陛下再生之賜，不可以示信。」於是

悉免死。

道州刺史李仁褒兄弟爲人誣構，有功爭不能得。秋官侍郎周興劾之曰：「漢法，附下罔上者斬，面欺者亦斬。在古，析言破律者殺。有功故出反囚，罪當誅，請按之。」后不許，猶坐免官。

俄起爲左肅政臺侍御史，辭曰：「臣聞鹿走山林而命繫庖廚者，勢固自然。陛下以法官用臣，臣守正行法，必坐此死矣。」后固授之。天下聞有功復進，洒然相賀。時有詔：「公坐流、私坐徒以上會赦免，踰百日不首者，復論。」有功奏曰：「陛下寬殊死罪，已發者原之；是通改過之心、自新之路。故律，告赦前事，以其罪坐之。若無告言，所犯終不自發；如告言赦前事，則與律乖。今赦前之罪，不自言者，還以法論，即恩雖布天下，而一罪不能貸，臣竊爲陛下不取。」后更詔五品以上議可。

又上疏曰：「天下員有定，比選者日多，選曹諉囑公行，囂謗滿路。唐季人多逆節，鞫訊結斷，刑慘獄嚴，革命歲久，其流弗改。事表生情，法外構理，而刻薄吏驅扇成姦。雖朝堂進表，列匭內牒，叫閽弗聽，叩鼓弗聞，使申其冤，正增其枉。誠令天官銓注有所不平，法司推斷舞法深詆，三司理匭受所上章擁塞不白者，皆許臣按驗劾發，奪祿貶勞，不越月踰時，可致刑措。」后納之。

竇孝諶妻龐爲其奴怖以妖祟，敎爲夜解，因告以厭詛。給事中薛季昶鞫之，龐當死。子希瑊訟冤，有功明其枉。季昶劾有功黨惡逆，當棄市。有功方視事，令史泣以告。有功曰：「豈吾獨死，而諸人長不死邪？」安步去。后召詰曰：「公比斷獄多失出，何耶？」對曰：「失出，臣小過；好生，陛下大德。」后默然。龐得減死，有功免爲民。

起拜左司郎中，轉司刑少卿。與皇甫文備同按獄，誣有功縱逆黨。久之，文備坐事下獄，有功出之。或曰：「彼嘗陷君於死，今生之，何也？」對曰：「爾所言者私忿，我所守者公法，不可以私害公。」

嘗謂所親曰：「大理，人命所繫，不可阿旨詭辭，以求苟免。」故有功爲獄，常持平守正，以執據冤罔，凡三坐大辟，將死，泰然不憂，赦之，亦不喜，后以此重之。所全活甚衆，酷吏爲少衰，然疾之如讎矣。改司僕少卿。卒，年六十八，贈司刑卿。中宗卽位，加贈越州都督，遣使就第弔祭，賜物百段，授一子官。開元初，竇希瑊等請以己官讓有功子惀，以報舊德，由是自大理司直遷恭陵令。會昌中，追謚忠正〔一〕。

初，鹿城主簿潘好禮慕有功爲人，論之曰：「昔稱張釋之爲廷尉，天下無冤人，今有功斷獄，亦天下無冤人。然釋之當漢文帝時，中外無事，守法而已。有功居革命之際，周興、來俊臣等掩義隱賊，崇飾惡言，以誣盛德，有功守死明道，身瀕殆者數矣，此其賢於釋之明

甚。」或稱有功仁恕過漢于、張。起居舍人盧若虛曰：「徐公當雷霆之震，而能全仁恕，雖千載未見其比。」

贊曰：徐有功不以唐、周貳其心，惟一於法，身蹈死以救人之死，故能處猜后、酷吏之間，以恕自將，內挫虐焰，不使天下殘於燎，可謂仁人也哉！議者謂過漢于、張，渠不信夫！

五世孫商。

商字義聲，或字秋卿，客新鄭再世，因爲新鄭人。幼隱中條山。擢進士第。大中時，擢累尙書左丞。宣宗詔爲巡邊使，使有指，拜河中節度使。突厥殘種保特峨山，以千帳度河自歸，詔商綏定。商表處山東寬鄉，置備征軍，凡千人，襞紙爲鎧，勁矢不能洞。徙節山南東道，襄多山棚，爲票賊，商取材卒爲捕盜將，別爲屯營，寇所發，輒迹捕，捕必得，遂爲精兵。江西都將反，韋宙乘傳抵山南發兵，商命部將韓季友以捕盜營士往。賊平，宙表留季友所部爲綱紀。咸通初，以刑部尙書爲諸道鹽鐵轉運使，封東莞縣子。四年，進同中書門下平章事，出爲荆南節度使。累進太子太保，卒。

子彥若，事僖宗爲中書舍人。昭宗立，再用爲御史中丞。張濬師敗太原，以彥若爲戶

部侍郎、同中書門下平章事。俄代李茂貞爲鳳翔節度使，不得入，還爲御史大夫。乾寧初，復當國，進位太保、齊國公。崔胤專政，以彥若位己右，不悅，以平章事爲淸海軍節度使，卒於鎭，而行軍司馬劉隱因主留務。方時多難，彥若最見信于帝，有以事自陳者，帝曰：「汝當問彥若。」其所倚任如此。

校勘記

〔一〕忠正　考異卷五三云：「謚法無『正』字，宋時避仁宗嫌名，改『貞』爲『正』。」

唐書卷一百一十四

列傳第三十九

崔融 從 能 愼由 安潛 彥曾 徐彥伯 蘇味道 豆盧欽望
史務滋 崔元綜 周允元

崔融字安成，齊州全節人。擢八科高第。累補宮門丞、崇文館學士。中宗爲太子時，選侍讀，典東朝章疏。武后幸嵩高，見融銘啓母碣，歎美之。及巳封，卽命銘朝覲碑。授著作佐郎，遷右史，進鳳閣舍人。時有司議關市，行人盡征之，融上疏謂：「周官九賦，其七曰關市。以市多淫巧，而關通末游，欲止抑之，故加稅耳。然唯斂工商，而不及往來。今一切通取，則事不師古。且四人異業舊矣，復動而搖之。市者，兼受善惡也。若甚，則細人無所容，細人無所容，久必爲亂。天下之關必險道，市必要津，豪宗、惡少在焉，聞一旦變法，或致騷動，恐南走蠻，北走狄。今江津、河濟列鋪率稅，檢覆稽留，加主司僦略邀丐，則商人廢業。魏、晉、齊、隋所不行，況陛下乎？有如師興費廣，雖倍算商旅、加斂齊人可也。」后納之。

張易之兄弟頗延文學士，融與李嶠、蘇味道、麟臺少監王紹宗降節佞附。易之誅，貶袁州刺史。召授國子司業。與脩武后實錄勞，封淸河縣子。融爲文華婉，當時未有輩者。朝廷大筆，多手敕委之，其洛出寶圖頌尤工。譔武后哀册最高麗，絕筆而死，時謂思苦神竭云。年五十四。贈衞州刺史，謚曰文。膳部員外郎杜審言爲融所奬引，爲服緦麻。

六子，其聞者禹錫、翹。禹錫，開元中，中書舍人，贈定州刺史，謚曰貞。翹，禮部尚書，贈荊州大都督，謚曰成。

孫巨，右補闕，亦有文。

曾孫從。

從字子乂，少孤貧，與兄能偕隱太原山中。會歲饑，拾橡實以飯，講學不廢。擢進士第。從山南嚴震府爲推官，以母喪免。兄弟廬墓，手藝松柏。喪闋，不應辟命。久之，韋皋引爲西山運務使。奏遷判官，攝守邛州。前刺史有以盜繫獄，辭巳具。從疑其冤，縱不治，俄得眞盜。皋卒，劉闢反，欲并東川。從以書諭止闢，闢怒，從乃募兵嬰城守。闢方悉兵拒高崇文，戰而敗，從完州自如。盧坦表宣州副使。

入爲殿中侍御史，遷吏部員外郎。異時，史給選者成牒，以先後丐賕，從一限出之，後遂爲法。裴度爲御史中丞，奏以右司郎中知雜事。度巳相，代爲中丞。所彈治，不屈權幸。事繫臺閣而付仗內者，必請還有司。薦引御史，務取質重廉退者。李脩以寵得京兆尹，爲莊憲太后山陵橋道使，務以減末徭費爲功，至不治道，輴車留渭橋，久不得進。從三劾之，無少貸。

俄授陝虢觀察使。遷尚書右丞。王承宗請割德、棣而遣子入侍也，憲宗選堪使者，以命從。議者謂承宗很驁，非單使可屈。次魏，田弘正請以五百騎從，辭之，惟童騎十數，疾趨鎭。集軍士毬場宣詔，爲陳逆順大節禍福之效，音辭暢厲，士感動，承宗自失，貌愈恭，至泣下，卽按二州戶口、符印上之。還爲山南西道節度使。帝欲遂相，監軍使揣知，爲用事者求金，從不肯答，用是不得相。長慶初，繇尚書左丞領鄜坊節度。屬部多神策屯軍，數亂法驕橫，吏不能制，從一繩以法，下皆重足畏之。党項互市羊馬，類先遺帥守，從獨不取，而厚慰待之，羌不敢盜境。寶曆初，爲東都留守。故事，留司官入宮城門列戟衙見留守。吏誕傲，久廢，至是復行。

召拜戶部尚書。宰相李宗閔以從裴度、李德裕所善，內不喜。從求致仕，除太子賓客，

分司東都，告滿百日去。於是衆譁語不平，宗閔懼，復授檢校尚書左僕射、淮南節度副大使，知節度事。揚州凡交易貲產、奴婢有貫率錢，畜羊有口算，又貿麴牟其贏，以佐用度，從皆蠲除之。官吏俸帛常加估以給，獨節度使則否，從皆與之同。大和六年卒，年七十二。下有刲股肉以祭者。贈司空，謚曰貞。

從爲人嚴偉，立朝稜稜有風望，不喜交權利，忠厚而讓。階品當立門戟，終不請。位方鎭，內無聲妓娛玩。士大夫賢之。

能字子才。朱泚之亂，渾瑊以朔方軍戰武功，引佐幕府。進累侍御史。河東鄭儋表爲判官。累遷黔中觀察使，以讒坐貶。從爲中丞，奏以自代。繇將作監授嶺南節度使，與從皆秉節居鎭，世傳爲榮。卒，年六十八，贈禮部尚書。

從子愼由、安潛。能子彥曾。

愼由字敬止。聰警彊記，資端厚，有父風采。繇進士第擢賢良方正異等。鄭滑高銖辟府判官。入爲右拾遺，進翰林學士。授湖南觀察使。召還，由刑部侍郎領浙西。入遷戶部侍郎，判戶部。始，愼由苦目疾，不得視，醫爲治刮，適愈而召。

中華書局

俄進工部尙書、同中書門下平章事。與蕭鄴有隙，鄴輔政，引劉瑑，而出愼由爲東川節度使。初，宣宗餌長年藥，病渴且中躁，而國嗣未立。帝對宰相欲肆赦，患無其端。愼由曰：「太子，天下本。若立之，赦爲有名。」帝惡之，不答。鄴等乘是譖去之，時大中十二年也。咸通初，徙華州刺史，改河中節度使。以吏部尙書請老，授太子太保，分司東都。卒，贈司空，諡曰貞。子胤，別傳。

安潛字進之。進士擢第。咸通中，歷江西觀察、忠武節度使。乾符初，王仙芝寇河南，安潛募人增陴繕械，不以力費仰朝廷。首請會兵討捕，號令精明，賊畏之，不犯陳許境。使大將張自勉將兵七千援宋州。時宋威屯曹州，而官軍數却，賊圍宋益急。自勉收南月城，斬賊二千級，仙芝夜解去。宰相鄭畋建言：「請以陳許兵三千隸宋威。」而威忌自勉，乞盡得安潛軍，使自勉隸麾下。畋謂威有疑忿，必殺自勉，奏言：「今以兵悉畀威，是自勉以功受辱。安潛抗賊有功，乃取銳兵付威，後有緩急，何以戰？是勞不蒙賞，無以示天下。」詔止以四千付威，餘還自勉。

俄代高駢領西川節度。吏倚駢爲姦利者，安潛皆誅之，數更除繆政，於是盜賊衰，蜀民以安。宰相盧攜素厚駢，乃誣以罪，罷爲太子賓客，分司東都。

僖宗避賊劍南，召爲太子少師。王鐸任都統，表以自副。鐸解兵，安潛復爲少師、東都留守。青州王敬武卒，詔拜平盧節度使，檢校太師兼侍中。會敬武子師範專地，不得入而還。後還太子太傅。卒，贈太子太師，諡貞孝。

安潛於吏事尤長，雖位將相，閱具獄，未嘗不身聽之。

彥曾，咸通初，繇太僕卿爲徐州觀察使。曉律令，然卞急，爲政剛猛。徐軍素驕，而彥曾長于撫民，短治軍，士多怨之。

初，蠻寇五管，陷交趾，詔節度使孟球募兵三千往屯，以八百人戍桂林。舊制，三年一更。至期請代，而彥曾親吏尹戡、徐行儉貪不恤士，乃議稟賜乏，請無發兵，復留屯一年。戍者怒，殺都將王仲甫，脅糧料判官龐勛爲將，取庫兵，剽湘、衡，虜丁壯，合衆千餘北還，自浙西趨淮南，達泗口。所過先遣俳兒弄木偶，伺人情，以防邀遏。彥曾命牙將田厚簡慰勞，而用都虞候元密伏甲任山館擊賊。勛遣吏紿言士思歸，不敢遏，請至府解甲自歸，彥曾斬其吏。勛陷宿州，發膺錢募兵，亡命者從亂如歸，船千艘，與騎夾岸，譟而進。彥曾料丁男乘城。或勸率衆奔兗州，彥曾曰：「我，方帥也，奉命守此，惟有死爾。」斬議者一人號于衆。俄而勛傅城，城中大霧如晝。彥曾悉誅賊家屬，勛衆四面超墉入，囚彥曾大彭館。有曹君長

者說勛曰：「貴者不並處，今朝廷未以留後命公，蓋觀察使存爾。」勛乃殺彥曾於寢，自監軍使逮官屬皆死。始，彥曾治第鄭州，引水灌沼，水十步忽化爲血。署張佛㦹，液蜜爲人，一昔鼠齧皆斷首。徐有子亭，下瀦水爲沱，彥曾導清河灌之，鑴石龍首注溜，蔽以屋。徐人謂屋覆龍，於文爲「龐」；清河，崔望也，爲吞噬云。贈刑部尙書。乾符中，錄其子祜之爲滎陽尉。

徐吏有路審中者，彥曾知其能，頗任之。既遇害，賂守卒，斂藏其尸。張玄稔攻徐州，審中率死士應官軍，開南白門，官兵入，因得破勛。後位嵐州刺史。鄭畋謂審中節貫神明，請擢爲右羽林將軍，詔可。

有許鐸者，罷武城令，客於徐，勛脅以官，不從。彥曾官屬被囚，鐸潛饋資糧，及死，爲收瘞，匿免其子弟，賊平，乃皆歸其喪。詔拜石首令，賜銀緋。僚官焦璐、溫廷皓、李棁、崔蘊、柳泰、盧崇嗣、韋廷範贈官有差，錄其子官之。

徐彥伯，兗州瑕丘人，名洪，以字顯。七歲能爲文。結廬太行山下。薛元超安撫河北，表其賢，對策高第。調永壽尉、蒲州司兵參軍。時司戶韋暠善判，司士李亘工書，而彥

伯屬辭，時稱「河東三絕」。遷職方員外郎，奉迎中宗房州，進給事中。武后撰三教珠英，取文辭士，皆天下選，而彥伯、李嶠居首。遷宗正卿，出爲齊州刺史。帝復位，改太常少卿。以脩武后實錄勞，封高平縣子。爲衞州刺史，政善狀，璽書嘉勞。移蒲州，以近畿，會郊祭，上南郊賦一篇，辭致典縟。擢脩文館學士、工部侍郎。歷太子賓客。以疾乞骸骨，許之。開元二年卒。

彥伯事寡嫂謹，撫諸姪同己姓。秉筆累朝，後來翕然慕倣。晚爲文稍■澀，然當時不及也。

始，武后時，大獄興，王公卿士以語言爲酷吏所引，死徙不可計。彥伯著樞機論，以謂：「言者，德之柄，行之主，志之端，身之文也。君子之樞機，動則物應，得失之見也。可以濟身，亦以覆身，否泰榮辱一繫之。能審思而應，精慮而動，擇其交以後談，則悔吝何由而生？怨惡何由而至？如此乃可以言也。」以爲戒世云。

蘇味道，趙州欒城人。九歲能屬辭，與里人李嶠俱以文翰顯，時號「蘇李」。逮冠，州舉進士，中第。累調咸陽尉。吏部侍郎裴行儉才之，會征突厥，引管書記。裴居道爲左金吾衞

中華書局

將軍，倩味道作章，攬筆而具，閑徹清密，當時盛傳。延載中，以鳳閣舍人檢校侍郎、同鳳閣鸞臺平章事，歲餘爲眞。證聖元年，與張錫俱坐法繫司刑獄。錫雖下吏，氣象自如，味道獨席地飯蔬，爲危惴可憐者。武后聞，放錫嶺南，纔降味道集州刺史。召爲天官侍郎。聖曆初，復以鳳閣侍郎、同鳳閣鸞臺三品。更葬其親，有詔州縣治喪事。味道因役庸過程，遂侵毀鄉人墓田，蕭至忠劾之，貶坊州刺史。遷益州大都督府長史。張易之敗，坐黨附，貶眉州刺史。復還益州長史，未就道卒，年五十八，贈冀州刺史。

味道練臺閣故事，善占奏。然其爲相，特具位，未嘗有所發明，脂韋自營而已。常謂人曰：「決事不欲明白，誤則有悔，摸稜持兩端可也。」故世號「摸稜手」。性友愛。其弟味元，味元嘗請託不遂，因慢折之，味道怡然不屑。所論著行于時。

豆盧欽望，雍州萬年人。祖寬，隋文帝外孫，爲梁泉令。高祖定關中，與郡守蕭瑀率豪姓進款。擢累殿中監。子懷讓，尙萬春公主。詔寬用魏太和詔，去「豆」姓，著「盧」。貞觀中，遷禮部尙書、左衞大將軍，芮國公。卒，贈特進、并州都督，陪葬昭陵，謚曰定。復其

舊姓。

欽望累官越州都督、司賓卿。長壽二年，拜內史，封芮國公。李昭德被罪，有司劾奏欽望阿順昭德不執正，附臣罔君，貶趙州刺史。入爲司府卿，遷秋官尙書。中宗還東宮，拜太子宮尹。進文昌右相，同鳳閣鸞臺三品。罷爲太子賓客。帝復位，擢尙書左僕射、平章軍國重事。欽望居宰相積十餘年，方易之、三思等怙勢宣烝，窺間王室，戮忠戚，觖冀非常，不能有所裁抑，獨謹身諄諄自全。進開府儀同三司，檢校安國相王府長史。卒，年八十，贈司空、并州大都督，陪葬乾陵，謚曰元。

武后時，宰相又有史務滋、崔元綜、周允元，略可述者附左方。

史務滋，宣州溧陽人。累吏勞，遷司賓卿，進拜納言。后革命，詔務滋等十人分行天下。雅州刺史劉行實兄弟爲侍御史來子珣誣其反，詔務滋與來俊臣雜治，俊臣言務滋與囚善，掩其反狀，后命俊臣幷治，遂自殺。

崔元綜，鄭州新鄭人。祖君肅，武德中爲黃門侍郎、鴻臚卿。元綜，天授初以鸞臺侍郎、同鳳閣鸞臺平章事。性恪愼，坐政事堂，束帶，終日不休偃，尤護細槩。外若謹厚，而中刻薄。每受制鞫獄，必澡垢索疵，不入死不肯止，人畏鄙之。未幾，坐事流振州，搢紳爲慶。會赦還，除監察御史。遷蒲州刺史，致仕。善攝生，年九十餘卒。

周允元字汝良，豫州安城人。自右肅政御史中丞，拜檢校鳳閣侍郎、同鳳閣鸞臺平章事。武后宴宰相，詔陳書傳善言，允元曰：「恥其君不如堯、舜。」武三思劾奏語指斥，后曰：「聞其言足以誡，安得爲過？」卒，贈貝州刺史。

二十四史

宋 歐陽修 宋祁 撰

新唐書

第一四册

卷一一五至卷一三一（傳）

中華書局

唐書卷一百一十五

列傳第四十

狄仁傑 光嗣 兼謨　郝處俊 象賢　朱敬則 仁軌

狄仁傑字懷英，并州太原人。爲兒時，門人有被害者，吏就詰，衆爭辨對，仁傑誦書不置，吏讓之，答曰：「黃卷中方與聖賢對，何暇偶俗吏語耶？」舉明經，調汴州參軍。爲吏誣訴，黜陟使閻立本召訊，異其才，謝曰：「仲尼稱觀過知仁，君可謂滄海遺珠矣。」薦授并州法曹參軍。親在河陽，仁傑登太行山，反顧，見白雲孤飛，謂左右曰：「吾親舍其下。」瞻悵久之，雲移乃得去。同府參軍鄭崇質母老且疾，當使絕域。仁傑謂曰：「君可貽親萬里憂乎？」詣長史藺仁基請代行。仁基咨美其誼，時方與司馬李孝廉不平，相語曰：「吾等可少愧矣！」則相待如初，每曰：「狄公之賢，北斗以南，一人而已。」

稍遷大理丞，歲中斷久獄萬七千人，時稱平恕。左威衞大將軍權善才、右監門中郎將

范懷義坐誤斧昭陵柏，罪當免，高宗詔誅之。仁傑奏不應死，帝怒曰：「是使我爲不孝子，必殺之。」仁傑曰：「漢有盜高廟玉環，文帝欲當之族，張釋之廷諍曰：『假令取長陵一抔土，何以加其法？』於是罪止棄市。陛下之法在象魏，固有差等。犯不至死而致之死，何哉？今誤伐一柏，殺二臣，後世謂陛下爲何如主？」帝意解，遂免死。數日，授侍御史。左司郎中王本立怙寵自肆，仁傑劾奏其惡，有詔原之。仁傑曰：「朝廷借乏賢，如本立者不尠。陛下惜有罪，虧成法，奈何？臣願先斥，爲羣臣戒。」本立抵罪。繇是朝廷肅然。使岐州，亡卒數百剽行人，道不通。官捕繫盜黨窮訊，而餘曹紛紛不能制。仁傑曰：「是其計窮，且爲患。」乃明開首原格，出繫者，稟而縱之，使相曉，皆自縛歸。帝嘆其達權宜。

遷度支郎中。帝幸汾陽宮，爲知頓使。并州長史李沖玄以道出妬女祠，俗言盛服過者，致風雷之變，更發卒數萬改馳道。仁傑曰：「天子之行，風伯清塵，雨師灑道，何妬女避邪？」止其役。帝壯之，曰：「眞丈夫哉！」出爲寧州刺史，撫和戎落，得其歡心，郡人勒碑以頌。入拜多官侍郎、持節江南巡撫使。吳、楚俗多淫祠，仁傑一禁止，凡毀千七百房，止留夏禹、吳太伯、季札、伍員四祠而已。

轉文昌右丞，出豫州刺史。時越王兵敗，支黨餘二千人論死。仁傑釋其械，密疏曰：「臣欲有所陳，似爲逆人申理；不言，且累陛下欽恤意。表成復毀，自不能定。然此皆非本

中華書局

惡，詿誤至此。」有詔悉謫戍邊。囚出寧州，父老迎勞曰：「狄使君活汝耶！」因相與哭碑下。囚齋三日乃去。至流所，亦爲立碑。初，宰相張光輔討越王，軍中恃功，多暴索，仁傑拒之。光輔怒曰：「州將輕元帥邪？」仁傑曰：「亂河南者一越王，公董士三十萬以平亂，縱使暴橫，使無辜之人咸墜塗炭，是一越王死，百越王生也。且王師之至，民歸順以萬計，自縋而下，四面成蹊。奈何縱邀賞之人殺降以爲功，冤痛徹天？如得上方斬馬劍加君頸，雖死不恨！」

光輔還，奏仁傑不遜，左授復州刺史。徙洛州司馬。

天授二年，以地官侍郎同鳳閣鸞臺平章事。武后謂曰：「卿在汝南有善政，然有譖卿者，欲知之乎？」謝曰：「陛下以爲過，臣當改之；以爲無過，臣之幸也。譖者乃不願知。」后嘆其長者。時太學生謁急，后亦報可。仁傑曰：「人君惟生殺柄不以假人，至簿書期會，宜責有司。尙書省決事，左、右丞不句杖，左、右丞相不判徒，況天子乎？學徒取告，丞、簿職耳，若爲報可，則冑子數千，凡幾詔耶？爲定令示之而已。」后納其言。

會爲來俊臣所構，捕送制獄。于時，訊反者一問卽臣，聽減死。俊臣引仁傑置對，答曰：「有周革命，我乃唐臣，反固實。」俊臣乃挺繫。其屬王德壽以情謂曰：「我意求少遷，公爲我引楊執柔爲黨，公且免死。」仁傑歎曰：「皇天后土，使仁傑爲此乎！」卽以首觸柱，血流沫面。德壽懼而謝。守者寖弛，卽丐筆書帛，置褚衣中，好謂吏曰：「方暑，請付家徹絮。」

仁傑子光遠得書上變，后遣使案視。俊臣命仁傑冠帶見使者，私令德壽作謝死表，附使以聞。后乃召見仁傑，謂曰：「臣反何耶？」對曰：「不臣反，死笞掠矣。」示其表，曰：「無之。」后知代署，因免死。武承嗣屢請誅之，后曰：「命已行，不可返。」時同被誣者鳳閣侍郎任知古等七族悉得貸。御史霍獻可以首叩殿陛苦爭，欲必殺仁傑等，乃貶仁傑彭澤令，邑人爲置生祠。

萬歲通天中，契丹陷冀州，河北震動，擢仁傑爲魏州刺史。前刺史懼賊至，驅民保城，修守具。仁傑至，曰：「賊在遠，何自疲民？萬一虜來，吾自辦之，何預若輩？」悉縱就田。虜聞，亦引去，民愛仰之，復爲立祠。俄轉幽州都督，賜紫袍、龜帶，后自製金字十二於袍，以旌其忠。

召拜鸞臺侍郎，復同鳳閣鸞臺平章事。時發兵戍疏勒四鎭，百姓怨苦。仁傑諫曰：

天生四夷，皆在先王封域之外。東距滄海，西隔流沙，北橫大漠，南阻五嶺，天所以限中外也。自典籍所紀，聲教所暨，三代不能至者，國家既已兼之。詩人矜薄伐於太原，化行於江、漢，前代之遐裔，而我之域中，過夏、商遠矣。今乃用武荒外，邀功絕域，竭府庫之實，以爭磽确不毛之地，得其人不足以增賦，獲其土不可以耕織。苟求冠帶遠夷，不務固本安人，此秦皇、漢武之所行也。傳曰：「與覆車同軌者未嘗安。」此言雖小，可以喻大。

臣伏見國家師旅歲出，調度之費狃以寖廣，右戍四鎭，左屯安東，杼軸空匱，轉輸不絕，行役既久，怨曠者多。上不是恤，則政不行；政不行，則害氣作；害氣作，則蟲螟生，水旱起矣。方今關東荐饑，蜀漢流亡，江、淮而南，賦斂不息。人不復本，則相率爲盜，本根一搖，憂患非淺。所以然者，皆貪功方外，耗竭中國也。昔漢元帝納賈捐之之謀而罷珠崖，宣帝用魏相之策而棄車師田。貞觀中，克平九姓，册拜李思摩爲可汗，使統諸部，夷狄叛則伐，降則撫，得推亡固存之義，無遠戍勞人之役。今阿史那斛瑟羅，皆陰山貴種，代雄沙漠，若委之四鎭，以統諸蕃，建爲可汗，遣禦寇患，則國家有繼絕之美，無轉輸之苦。損四鎭，肥中國，罷安東，實遼西，省軍費於遠方，并甲兵於要塞，恆、代之鎭重，而邊州之備豐矣。

且王者外寧，容有內危。陛下姑敕邊兵謹守備，以逸待勞，則戰士力倍；以主禦客，則我得其便；堅壁淸野，寇無所得。自然深入有顚躓之慮，淺入無虜獲之益。不數年，二虜不討而服矣。

又請廢安東，復高姓爲君長，省江南轉餽以息民，不見納。

張易之嘗從容問自安計，仁傑曰：「惟勸迎廬陵王可以免禍。」會后欲以武三思爲太子，以問宰相，衆莫敢對。仁傑曰：「臣觀天人未厭唐德。比匈奴犯邊，陛下使梁王三思募勇士於市，踰月不及千人。廬陵王代之，不浹日，輒五萬。今欲繼統，非廬陵王莫可。」后怒，罷議。久之，召謂曰：「朕數夢雙陸不勝，何也？」於是，仁傑與王方慶俱在，二人同辭對曰：「雙陸不勝，無子也。天其意者以儆陛下乎！且太子，天下本，本一搖，天下危矣。文皇帝身蹈鋒鏑，勤勞而有天下，傳之子孫。先帝寢疾，詔陛下監國。陛下掩神器而取之，十有餘年，又欲以三思爲後。且姑姪與母子孰親？陛下立廬陵王，則千秋萬歲後常享宗廟；三思立，廟不祔姑。」后感悟，卽日遣徐彥伯迎廬陵王於房州。王至，后匿王帳中，召見仁傑語廬陵事。仁傑敷請切至，涕下不能止。后乃使王出，曰：「還爾太子！」仁傑降拜頓首，曰：「太子歸，未有知者，人言紛紛，何所信？」后然之。更令太子舍龍門，具禮迎還，中外大悅。初，吉頊、李昭德數請還太子，而后意不回，唯仁傑每以母子天性爲言，后雖忮忍，不能無感，故卒復唐嗣。

尋拜納言，兼右肅政御史大夫。突厥入趙、定，殺掠甚衆，詔仁傑爲河北道行軍元帥，假以便宜。突厥盡殺所得男女萬計，由五回道去，仁傑追不能逮。更拜河北安撫大使。時民多脅從於賊，賊已去，懼誅，逃匿。仁傑上疏曰：「議者以爲虜入寇，始明人之逆順，或迫脅，或願從，或受僞官，或爲招慰。誠以山東之人重氣，一往死不爲悔。比緣軍興，調發煩

重，傷破家產，鬻屋賣田，人不爲售。又官吏侵漁，州縣科役，督趣鞭笞，情危事迫，不循禮義，投跡犬羊，以圖賒死，此君子所愧，而小人之常。民猶水也，壅則爲淵，疏則爲川，通塞隨流，豈有常性。昔董卓之亂，神器播越，卓已誅禽，部曲無赦，故事窮變生，流毒京室。此由恩不溥洽，失在機先。今負罪之伍，潛竄山澤，赦之則出，不赦則狂。山東羣盜，緣茲聚結。故臣以爲邊鄙暫警不足憂，中土不寧可爲慮也。夫持大國者不可以小治，事廣者不可以細分。人主所務，弗檢常法。願曲赦河北，一不問罪。」詔可。

還，除內史。后幸三陽宮，王公皆從，獨賜仁傑第一區，眷禮卓異，時無輩者。是時李楷固、駱務整討契丹，克之，獻俘含樞殿，后大悅。二人者，本契丹李盡忠部將，盡忠入寇，楷固等數挫王師，後降，有司請論如法。仁傑稱其驍勇可任，若貸死，必感恩納節，可以責功。至是凱旋，后舉酒屬仁傑，賞其知人。授楷固左玉鈐衞大將軍、燕國公，賜姓武；務整右武威衞將軍。

后將造浮屠大像，度費數百萬，官不能足，更詔天下僧日施一錢助之。仁傑諫曰：「工不役鬼，必在役人；物不天降，終由地出。不損百姓，且將何求？今邊垂未寧，宜寬征鎭之徭，省不急之務。就令顧作，以濟窮人，既失農時，是爲棄本。且無官助，理不得成。既費官財，又竭人力，一方有難，何以救之？」后由是罷役。

聖曆三年卒，年七十一。贈文昌右相，謚曰文惠。仁傑所薦進，若張柬之、桓彥範、敬暉、姚崇等，皆爲中興名臣。始居母喪，有白鵲馴擾之祥。中宗卽位，追贈司空。睿宗又封梁國公。

子光嗣、景暉。

光嗣，聖曆初，爲司府丞。武后詔宰相各舉尚書郎一人，仁傑薦光嗣，由是拜地官員外郎，以稱職聞。后曰：「祁奚內舉，果得人。」歷淄、許、貝三州刺史。母喪，奪爲太府少卿，固讓，睿宗嘉其誠，許之。累遷揚州長史，以罪貶歙州別駕，卒。

景暉，官魏州司功參軍，貪暴爲虐，民苦之，因共毀其父生祠，不復奉。至元和中，田弘正鎭魏博，始奏葺之，血食不絕。

族孫兼謨。

兼謨字汝諧，及進士第。辟襄陽使府，剛正有祖風。令狐楚執政，薦授左拾遺，數上書言事。歷刑部郎中，蘄、鄧、鄭三州刺史。歲旱饑，發粟賑濟，民人不流徙。改蘇州，以治最，擢給事中。左藏史盜度支縑帛，文宗以經赦詔勿治，兼謨封還詔書，帝問之，對曰：「典史犯贓，不可免。」帝曰：「朕已赦其長官，吏亦宜宥，與其失信，寧失罪人。」既而曰：「後或事有不可，勿以還詔爲憚。」遷御史中丞。帝曰：「御史臺朝廷綱紀，一臺正，則朝廷正，朝廷正，則天下治。畏忌顧望，則職業廢矣。卿，梁公後，當嗣家聲，不可不愼。」兼謨頓首謝。江西觀察使吳士矩加給其軍，擅用上供錢數十萬。兼謨劾奏：「觀察使爲陛下守土，宜國詔條，知臨戎賞士，州有定數，而與奪由已，貽弊一方，爲諸道觖望，請付有司治罪。」士矩繇是貶蔡州別駕。歷兵部侍郎、河東節度使。還爲尚書左丞。武宗子峴封益王，命兼謨爲傅。俄領天平節度使，辭疾，以祕書監歸洛陽，遷東都留守，卒。

郝處俊，安州安陸人。父相貴，因隋亂，與婦翁許紹據峽州，歸國，拜滁州刺史，封甑山縣公。處俊甫十歲而孤，故吏歸千縑賵之，已能讓不受。及長，好學，嗜漢書，崖略暗誦。貞觀中，第進士，解褐著作佐郎，襲父爵。兄弟友睦，事諸舅謹甚。再轉滕王友，恥爲王府屬，棄官去。久之，召拜太子司議郎，累遷吏部侍郎。高麗叛，詔李勣爲浿江道大總管，處俊副之。師入虜境，未陣，賊遽至，舉軍危駭。處俊方據胡牀，體胖，安餐乾糒不顧，密畀料精銳擊之，虜卻，衆壯其謀。

入拜東臺侍郎。時浮屠盧伽逸多治丹，曰「可以續年」。高宗欲遂餌之，處俊諫曰：「脩短固有命，異方之劑，安得輕服哉？昔先帝詔浮屠那羅邇娑寐案其方書爲祕劑，取靈藕怪石，歷歲乃能就。先帝餌之，俄而大漸，上醫不知所爲。羣臣請顯戮其人，議者以爲取笑夷狄，故法不得行。前鑑不遠，惟陛下深察。」帝納其言，弟拜盧伽逸多爲懷化大將軍，進處俊同東西臺三品。

咸亨初，幸東都，皇太子監國，諸宰相皆留，而處俊獨從。帝嘗曰：「王者無外，何爲守禦？而重門擊柝，庸待不虞邪？我嘗疑秦法爲寬，荆軻匹夫耳，匕首竊發，羣臣皆荷戟侍莫敢拒，豈非習慢使然？」處俊對曰：「此乃法急耳。秦法，輒升殿者，夷三族。人皆懼族，安有敢拒邪？魏曹操著令曰：『京城有變，九卿各守其府。』後嚴才亂，與徒數十人攻左掖門，操登銅爵臺望之，無敢救者。時王脩爲奉常，聞變，召車騎未至，領官屬步至宮門。操曰：『彼來者，必王脩乎！』此由脩察變識幾，故冒法赴難。向若拘常，則遂成禍矣。故王者設法不可急，亦不可慢。詩曰『不懈于位，人之攸塈』，仁也；『式遏寇虐，無俾作慝』，刑也。書曰『高明柔克，沈潛剛克』，中道也。」帝曰：「善。」

轉中書侍郎，監脩國史。初，顯慶中，令狐德棻、劉胤之撰國史，其後許敬宗復加緒次。帝恨敬宗所紀失實，更命宰相刊正，且曰：「朕昔從幸未央宮，辟仗既過，有横刀伏草中者，

先帝斂轡却，謂朕曰：『事發，當死者數十人，汝可命出之。』史臣惟敍此爲實。」處俊曰：「先帝仁恩溥博，類非一。臣之弟處傑被擇供奉，時有三衞誤拂御衣者，懼甚。先帝曰：『左右無御史，我不汝罪。』」帝曰：「此史臣應載。」處俊乃表左史李仁實欲删整僞辭，會仁實死而止。

上元初，帝觀酺翔鸞閣，時赤縣與太常音技分東西朋，帝詔雍王賢主東，周王顯主西，因以角勝，處俊曰：「禮所以示童子無誑者，恐其欺詐之心生也。二王春秋少，意操未定，乃分朋造黨使相誇，彼俳兒優子，言辭無度，爭負勝，相譏誚，非所以導仁義，示雍和也。」帝遽止，歎曰：「處俊遠識，非衆臣所逮。」遷中書令，兼太子賓客，檢校兵部尚書。

帝多疾，欲遜位武后，處俊諫曰：「天子治陽道，后治陰德，然則帝與后猶日之與月，陽之與陰，各有所主，不相奪也。若失其序，上讁見于天，下降災諸人。昔魏文帝著令，帝崩，不許皇后臨朝。今陛下奈何欲身傳位天后乎？天下者，高祖、太宗之天下，非陛下之天下，正應謹守宗廟，傳之子孫，不宜持國與人，以喪厥家。」中書侍郎李義琰曰：「處俊言可從，惟陛下不疑。」事遂沮。又兼太子左庶子，拜侍中，罷爲太子少保。

開耀元年卒，年七十五。贈開府儀同三司、荆州大都督。帝哀歎其忠，舉哀光順門，祭以少牢，賻絹布八百段、米粟八百石，詔百官赴哭，官庀葬事。子北叟固辭，未聽。裴炎爲

白帝曰：「處俊阽死，誒臣曰：『生無益于國，死無煩費，凡詔賜，願一罷之。』」帝聞惻然，答其意，止賻物而已。

處俊資約素，土木形骸，然臨事敢言，自秉政，在帝前議論諄諄，必傅經義，凡所規獻，得大臣體。武后雖忌之，以其操履無玷，不能害。與舅許圉師同里，俱宦達；鄉人田氏、彭氏以高貲顯。故江、淮間爲語曰：「貴如郝、許，富如田、彭。」

孫象賢，垂拱中，爲太子通事舍人，后素銜處俊，故因事誅之。臨刑，極罵乃死，后怒，令離磔其尸，斲夷祖、父棺冢。自是訖后世，將刑人，必先以木丸窒口云。

朱敬則字少連，亳州永城人。以孝義世被旌顯，一門六闕相望。敬則志尚恢博，好學，重節義然諾，善與人交，振其急難，不責報於人。與左史江融、左僕射魏元忠善。咸亨中，高宗聞其名，召見，異之，爲中書令李敬玄所毁，故授洹水尉。久之，除右補闕。

初，武后稱制，天下頗流言，遂開告密羅織之路，興大獄，誅將相大臣。至是，已革命，事益寧。敬則諫曰：

臣聞李斯之相秦也，行申、商之法，重刑名之家；杜私門，張公室；棄無用之費，損不急之官；惜日愛功，亟戰疾耕。既庶而富，遂屠諸侯。此救弊之術也。故曰：「刻薄可施於進趨，變詐可陳於攻戰。」天下已平，故可易之以寬簡，潤之以淳和。秦乃不然，淫虐滋甚，往而不反，卒至土崩。此不知變之禍也。

陸賈、叔孫通事漢祖，當滎陽、成皋間，糧餉窮，智勇困，未嘗敢開一說，效一奇，唯進豪猾貪暴之人。及區宇適定，乃陳詩、書，說禮、樂，開王道。高帝忿然曰：「吾以馬上得之，安事詩、書？」對曰：「馬上得之，可馬上治之乎？」帝默然。於是賈著新語，通定禮儀。此知變之善也。向若高帝斥二子，置詩、書，重攻戰，尊首級，則複道爭功，拔劍擊柱，晷漏之不保，何十二帝二百年乎？故曰：仁義者，聖人之蘧廬；禮者，先王之陳迹。祠祝畢，芻狗捐；淳精流，糟粕棄。仁義尚爾，況其輕乎？

國家自文明以來，天地草昧，內則流言，外則構難。故不設鉤距，無以順人；不切刑罰，無以息暴。於是置神器，開告端，故能不出房闥，而天下晏然易主矣。臣聞急趨者無善迹，促柱者無和聲；拯溺不規行，療饑不鼎食。即向時祕策，今之芻狗也。願鑒秦、漢之失，考時事之宜，毁蘧廬，遺糟粕；下寬大之令，流曠蕩之澤，去萋斐之角牙，頓姦險之芒刃，塞羅織之妄源，掃朋黨之險迹，曠然使天下更始，豈不樂哉！

后善其言。

遷正諫大夫，兼脩國史。乃請高史官選，以求名才。侍中韋安石嘗閱其槀史，歎曰：「董狐何以加！世人不知史官權重宰相，宰相但能制生人，史官兼制生死，古之聖君賢臣所以畏懼者也。」時賦斂繁重，民多蕩析，后數召入禁中訪失得。進同鳳閣鸞臺平章事。張易之構魏元忠、張說，欲誅之，無敢言者。敬則獨奏曰：「元忠、說秉心忠一，而所坐無名，殺之失天下望。」乃得不死。

以老疾還政事，俄改成均祭酒、冬官侍郎。易之等集名儒撰三教珠英，又繪武三思、李嶠、蘇味道、李迥秀、王紹宗等十八人像以爲圖，欲引敬則，固辭不與，世絜其爲人。出爲鄭州刺史，遂致仕。侍御史冉祖雍誣奏與王同晈善，貶涪州刺史。既明其非罪，改廬州。代還，無淮南一物，所乘止一馬，子曹步從以歸。卒年七十五。

敬則與三從昆弟居四十年，貲產無異。及執政，每以用人爲先，細務不省也。嶺表蠻叛，以裴懷古有文武才，用爲桂州都督，蠻服其威惠，相率降。薦魏知古爲鳳閣舍人，張思敬爲右史，皆稱職。初，二張權寵盛，敬則密謂敬暉曰：「公若假太子令，舉北軍誅易之兄弟，兩飛騎力耳。」暉卒用其策。始崔寔、仲長統、王朗、曹冏論封建，指秦爲失，敬則以爲秦、漢世禮義陵遲，不可復用周制封諸侯，著論明之，儒者以爲知言。

中華書局

睿宗嗣位，嘗曰：「神龍以來，忠於本朝者，李多祚、王同晈、韋月將、燕欽融並褒復矣，尙有遺者耶？」劉幽求曰：「朱敬則忠正義烈，天下所推，往爲宗楚客、冉祖雍等所誣，謫守刺史。長安中，嘗語臣曰：『相王必受命，當悉心事之。』及韋氏干紀，臣遂見危赴難。雖天誘其衷，亦敬則啓之。」於是追贈祕書監，謚曰元。

敬則兄仁軌，字德容，隱居養親。常誨子弟曰：「終身讓路，不枉百步；終身讓畔，不失一段。」有赤烏、白鵲棲所居樹，按察使趙承恩表其異。及卒，郭山惲、員半千、魏知古共謚爲孝友先生。

贊曰：武后乘唐中衰，操殺生柄，劫制天下而擭神器。仁傑蒙恥奮忠，以權大謀，引張柬之等，卒復唐室，功蓋一時，人不及知。故唐呂温頌之曰：「取日虞淵，洗光咸池。潛授五龍，夾之以飛。」世以爲名言。方高宗舉天下將以禪后，處俊固爭，不使妻乘夫，陰反陽，至姦人銜怨，仇訾以逞。蓋所謂諠形於主耶。敬則一諫，而羅織之獄衰，時而後言者歟！

唐書卷一百一十六

列傳第四十一

王綝 倕 遂 搏　韋思謙 承慶 嗣立 恆 濟 弘景　陸元方 象先
景倩 景融 希聲 餘慶 璪　王及善　李日知　杜景佺
李懷遠 景伯 彭年

王綝字方慶，以字顯。其先自丹楊徙雍咸陽。父弘直，爲漢王元昌友。王好畋游，上書切諫，王稍止，然益疏斥。終荆王友。

方慶起家越王府參軍，受司馬遷、班固二史於記室任希古，希古它遷，就卒其業。武后時，遷累廣州都督。南海歲有崑崙舶市外區琛琲，前都督路元叡冒取其貨，舶酋不勝忿，殺之。方慶至，秋毫無所索。始，部中首領沓墨，民詣府訴，府曹素相餉謝，未嘗治。方慶約官屬不得與交通，犯者痛論以法，境內淸畏。議者謂治廣未有如方慶者，號第一，下詔賜瑞

錦、雜綵，以著善政。轉洛州長史，封石泉縣子。遷鸞臺侍郎、同鳳閣鸞臺平章事，進鳳閣侍郎。

神功初，淸邊道大總管武攸宜破契丹凱還，且獻俘，內史王及善以孝明帝忌月，請鼓吹備而不作，方慶曰：「晉穆帝納后，當康帝忌月，時以爲疑。荀訥謂禮有忌日無忌月，自月而推，則忌時忌年，愈無理據。世用其言。臣謂軍方大凱，作樂無嫌。」詔可。武后幸玉泉祠，以山道險，欲御腰輿。方慶奏：「昔張猛諫漢元帝『乘船危，就橋安』。帝乃從橋。今山阿危峭，隥道曲狹，比於樓船，又復甚危，陛下奈何輕踐畏塗哉？」后爲罷行。方慶嘗以「令，期及大功喪，未葬，不聽朝賀；未除，弗豫享宴。比羣臣不遵用，頹紊教誼，不可長」。有詔申責，內外畏之。

后嘗就求羲之書，方慶奏：「十世從祖羲之書四十餘番，太宗求之，先臣悉上送，今所存惟一軸。并上十一世祖導、十世祖洽、九世祖珣、八世祖曇首、七世祖僧綽、六世祖仲寶、五世祖騫、高祖規、曾祖褒并九世從祖獻之等凡二十八人書共十篇。」后御武成殿徧示羣臣，詔中書舍人崔融序其代閥，號寶章集，復以賜方慶，士人歆其寵。以老乞身，改麟臺監，脩國史。中宗復爲皇太子，拜方慶檢校左庶子。

后欲季冬講武，有司不時辦，遂用明年孟春。方慶曰：「按月令『孟冬，天子命將帥講

武，習射御，角力。』此乃三時務農，一時講武，安不忘危之道。孟春不可以稱兵。兵，金也，金勝木。方春木王，而舉金以害盛德，逆生氣。孟春行冬令，則水潦爲敗，雪霜大摯，首種不入。今孟春講武，以陰政犯陽氣，害發生之德，臣恐水潦敗物，霜雪損稼，夏麥不登。願陛下不違時令，前及孟冬，以順天道。」手制褒允。

是歲，眞拜左庶子，進封公，奉入同職事三品，兼侍太子讀書。方慶奏：「人臣於天子未有斥太子名者，晉山濤啓事稱皇太子不名。孝敬爲太子，更『弘』爲『崇』；沛王爲太子，更『賢』爲『文』。今東宮門殿名多嫌觸，請一改之，以協舊典。」制可。長安二年卒，贈兗州都督，謚曰貞。中宗復位，以東宮舊臣，贈吏部尚書。

方慶博學，練朝章，著書二百餘篇，尤精三禮。學者有所咨質，酬復淵詣，故門人次爲雜禮答問。家聚書多，不減祕府，圖畫皆異本。方慶歿後，諸子不能業，隨皆散亡。

孫倩。六世孫璵，別傳。璵會孫摶。

贊曰　李德裕著書稱：「方慶爲相時，子爲眉州司士參軍。武后曰：『君在相位，何子之遠？』對曰：『廬陵是陛下愛子，今尚在遠，臣之子庸敢相近？』以比倉唐悟文侯事。」嗟乎，君子哉！雖造次不忘悟君於善。及建言不斥太子名，以動羣臣，示中興之漸，所謂人難言

者，於方慶難乎哉！德裕之稱，爲不誣矣。

倩字靈龜。明經，調莫州參軍，辟范陽節度使張守珪幕府。時契丹屈烈部將謀入寇，河北騷然。倩至虜中，喬說禍福，虜乃不入。安祿山叛，拜博陵、常山二太守，副河北招討。卒，贈太常卿。自褒至倩，六世封石泉云。倩孫遂。

遂好興利，操下以嚴。累遷鄧州刺史、太府卿、西北供軍使。與度支潘孟陽爭營田事，憲宗怒，出遂爲柳州刺史。親吏韋行素、柳季常當受課料兩池，吏見遂斥，即抵以罪。始，詔書出，左丞呂元膺劾：「遂補吏犯贓，法當坐，而詔稱『清能業官』，按遂犯有狀，不宜謂清。且柳，大州，不可使治。」帝喩之，乃下。會兵宿淮西，亟財賦，藉遂幹彊，拜宣歙觀察使。蔡已平，師東討李師道，召爲光祿卿、淄靑行營糧料使。辭卿職，換檢校左散騎常侍，兼御史大夫。始，調兵食歲三百萬，俄而賊誅，遂簿羨貲百萬以獻，帝高其能。于時析齊爲三鎭，卽拜遂沂兗海觀察使。

遂資褊刻，杖扑皆踰制。盛夏，治署舍牆垣，程督慘峭。將吏素悍戾，遂輒罵曰：「反殘賊！」人人羞忿。裨校王弁與役人浴于川，語曰：「天方雨，牆且毀，等罪耳！」乃謀亂。明日，遂方燕，弁率其黨挾兵進，遂驚，匿廁下，執而數其罪，殺之。其副張敦實、官屬李矩甫皆死。弁自知留事。帝以沂、海新定，畏靑、鄆亦搖，乃拜弁開州刺史。至徐州，械送京師，斬東市。監軍上遂所製杖，出示於朝爲戒云。

摶字昭逸。擢進士第，辟佐王鐸滑州節度府，累遷蘇州刺史。久之，以戶部侍郎判戶部。乾寧初，進同中書門下平章事。董昌誅，出爲威勝節度使。未行，加檢校尚書右僕射、浙東西宣撫使。會錢鏐兼領二浙，故留拜門下侍郎、同中書門下平章事、判度支。昭宗建嫡后，摶請因赦天下以尊大其禮。正拜右僕射，遷司空，封魯國公。

初，中官權盛，帝欲翦抑之。自石門還，政一決宰相，羣宦不平，構藩鎭內脅天子。摶曰：「人君務平心大體，御萬物，偏聽産亂，古所戒也。今奄人盜威福，偪制君上，道路人皆知之。方朝廷多難，未可卒除，當徐以計去之。事急，且有變。」崔胤與摶並位，素忌摶明達有謀，卽劾摶爲中官外應。會胤罷宰相，疑摶擠斥，乃厚結朱全忠薦己復輔政，卽誣摶與樞密使宋道弼、景務脩交私，將危社稷。全忠因顯疏其尤。光化三年，罷爲工部侍郎，貶溪州刺史。又貶崖州司戶參軍事，賜死藍田驛。

韋思謙名仁約，以近武后父諱爲嫌，遂以字行。其先出雍州杜陵，後客襄陽，更徙爲鄭州陽武人。八歲喪母，以孝聞。及進士第，累調應城令，負殿，不得進官。吏部尚書高季輔曰：「予始得此一人，豈以小疵棄大德邪？」擢監察御史。常曰：「御史出使，不能動搖山岳，震慴州縣，爲不任職。」中書令褚遂良市地不如直，思謙劾之，罷爲同州刺史。及復相，出思謙淸水令。或弔之，答曰：「吾狷直，觸機輒發，暇卹身乎？丈夫當敢言地，要須明目張膽以報天子，焉能錄錄保妻子邪？」沛王府長史皇甫公義引爲倉曹參軍，謂曰：「公非池中物，屈公爲數旬客，以重吾府。」

改侍御史，高宗賢之，每召與語，雖甚倦，徙倚軒檻，猶數刻罷。疑獄劇事，多與參裁。武候將軍田仁會誣奏御史張仁禕，帝廷詰，仁禕懦不得對。思謙爲辯其枉，因言仁會營罔陷人不測者，詞旨詳暢，帝善之，仁禕得不坐。累遷右司郎中、尚書左丞，振明綱轄，朝廷肅然。進御史大夫。

性謇諤，顏色莊重，不可犯。見王公，未嘗屈禮。或以爲譏，答曰：「耳目官固當特立。鵰、鶚、鷹、鸇，豈衆禽之偶，奈何屈以狎之？」帝崩，思謙扶疾入臨，涕泗冰須，俯伏號絕，詔給扶侍。轉司屬卿，復爲右肅政大夫。故事，大夫與御史鈞禮，思謙獨不答。或以爲疑，

思謙曰：「班列固有差，奈何尙姑息邪？」垂拱初，封博昌縣男，同鳳閣鸞臺三品。轉納言，辭疾，不許，詔肩輿以朝，聽子孫侍。以太中大夫致仕，卒，贈幽州都督。

子承慶、嗣立。

承慶字延休。性謹畏，事繼母爲篤孝。擢進士第，補雍王府參軍，府中文翰悉委之。王爲太子，遷司議郎。

儀鳳中，詔太子監國，太子稍嗜聲色，興土功。承慶見造作玩好浮廣，倡優鼓吹讙譁，戶奴小人皆得親左右、承顏色，恐因是作威福，宜加繩察，乃上疏極陳其端，又進諭善箴，太子頗嘉納。承慶嘗謂人所以擾濁浮躁，本之於心，乃著靈臺賦，譏揣當世，亦自廣其志。太子廢，出爲烏程令。累遷鳳閣舍人，掌天官選。屬文敏無留思，雖大詔令，未嘗著藁。失大臣意，出爲沂州刺史。

明堂災，上疏諫，以「文明、垂拱後，執政者未滿歲，率以罪去，大抵皆惡逆不道。夫構大廈，濟巨川，必擇文梓、艅艎。若亟毀而敗，則是庇朽木、乘膠船也。臣謂陛下求賢之意切，而取人之路寬，故一言有合，而付大任。夫以堯舉舜，猶歷試諸難，況庸庸者可超處輔相，以百揆萬機畀小人哉？」書聞不報。未幾，復爲舍人，掌選。病免，改太子諭德。歷豫、虢

二州刺史，有善政。轉天官侍郎，脩國史。凡三掌選，銓授平允，議者公之。

長安中，拜鳳閣侍郎、同鳳閣鸞臺平章事。張易之誅，承慶以素附離，免冠待罪。時議草赦令，咸推承慶，召使爲之，無橈色誤辭，援筆而就，衆歎其壯。然以累猶流嶺表。歲餘，拜辰州刺史，未行，以祕書員外少監召，兼脩國史，封扶陽縣子。詔撰武后紀聖文，中宗善之。遷黃門侍郎，未拜，卒。帝悼之，召其弟相州刺史嗣立會葬，因拜黃門侍郎繼其位。贈禮部尙書，謚曰溫。

嗣立字延構，與承慶異母。少友悌，母遇承慶嚴，每笞，輒解衣求代，母不聽，即遣奴自捶，母感寤，爲均愛。世比晉王覽。第進士，累調雙流令，政爲二川最。承慶解鳳閣舍人，武后召嗣立謂曰：「爾父嘗稱二子忠且孝，堪事朕。比兄弟稱職，如而父言。今使卿兄弟自相代。」即拜鳳閣舍人。

時學校廢，刑濫及善人，乃上書極陳：「永淳後，庠序隳散，胄子衰缺，儒學之官輕，章句之選弛。貴閥後生以徼倖升，寒族平流以替業去。垂拱間，仕入彌多，公行私謁，選補逾濫，經術不聞，猛暴相夸。陛下誠下明詔，追三館生徒，敕王公以下子弟一入太學，尊尙師儒，發揚勸獎，海內知嚮。然後審畀銓總，各程所能。以之臨人，則官無曠，民樂業

矣。」

又曰：「揚豫以來，大獄屢興，窮治連捕，數年不絕。大猾伺間，陰相影會，構似是之言，正不赦之辜，恣行楚慘，類自誣服，王公士人，至連頸就戮。道路藉藉，咸知其非，而鍛練已成，不可翻動。小則身誅，大則族夷，相緣共坐者庸可勝道？彼皆報讎復嫌，苟圖功求官賞耳。臣願陛下廓天地之施、雷雨之仁，取垂拱以來罪無重輕所不赦者，普皆原洗。死者還官，生者霑恩，則天下曉然，知向所陷罪，非陛下意也。」

長安中，拜鳳閣侍郎、同鳳閣鸞臺平章事。時州縣非其人，后以爲憂。李嶠、唐休璟曰：「今朝廷重內官，輕外職，每除牧守，皆訴不行，非過累不得遣。請選臺閣賢者分典大州，自近臣始。」后曰：「誰爲朕行？」嗣立曰：「內典機要，非臣所堪，請先行以示羣臣。」后悅，以本官檢校汴州刺史，由是左肅政大夫楊再思等十八人悉補外。未幾，承慶知政事，嗣立以成均祭酒徙魏、洺二州，政無它異。坐善二張，貶饒州長史。繇相州刺史入爲黃門侍郎。轉太府卿、修文館大學士。

中宗景龍中，拜兵部尙書、同中書門下三品。時崇飾觀寺，用度百出。又恩倖食邑者衆，封戶凡五十四州，皆據天下上腴。一封分食數州，隨土所宜，牟取利入。至安樂、太平公主，率取高貲多丁家，無復如平民有所損免，爲封戶者亟於軍興。監察御史宋務光建言：

「願停徵封，一切附租庸輸送。」不納。嗣立建言：

今廩帑耗竭，無一歲之儲。假遇水旱，人須賑給，不時軍興，士待資裝，陛下何以具之？伏見營立寺觀，累年不絕，鴻侈繁麗，務相矜勝，大抵費常千萬以上。轉徙木石，廢功害農；地藏開發，蟄蟲傷露。上聖至慈，理必不然。準之道法則乖，質之生人則損。陛下豈不是思？

又食封之家，日月猥衆，凡用戶部丁六十萬，人課二絹，則固一百二十萬。臣見太府歲調絹纔百萬匹，少則十之二，有所貸免，曾不半在。比諸封家，所入已寡。國初功臣，共定天下，食封不三十家，今橫恩特賜，家至百四十以上。天下租賦，在公不足，而私有餘。又封家徵求，各遣奴皁，凌突侵漁，百姓怨嘆。或貿易斷盜，誅責紛紜，曾無少息。下民宴乏，何以堪命？臣願以丁課一送太府，封家詣左藏仰給，禁止自徵，以息重困。

臣聞設官建吏，本於治人而務安之也。明官得其人，則天下治。古者取士，先鄉曲之譽，然後辟於州；州已試，然後辟五府；五府著聞，乃升諸朝。得不謂所擇悉而所歷深乎？今之取人，未試而遽遷，務進徼幸，比肩係踵。故文者治官，則回邪贓汚；武者治軍，則庸懦怯弱。補授亡限，員外置官，吏困供承，官竭資奉。國家大事，豈

甚於此？

古者，設爵待士，才者有之。不才者進，則有才之路塞。賢人據正，遠僥倖之門。僥倖開，則賢者隱矣。賢者隱，則人不安；人不安，國將危矣。刺史、縣令，治人之首，比年不加簡擇，京官坐負及聲稱下者乃典州，吏部年高不善刀筆者乃擬縣。朝輕用人，何以治國？願下有司，精加汰擇。凡諸曹侍郎、兩省、二臺及五品以上清望官，當先選用刺史、縣令，所冀守宰稱職，以興太平。

帝不聽。

嗣立與韋后屬疏，帝特詔附屬籍，顧待甚渥。嘗別第驪山鸚鵡谷，帝臨幸，命從官賦詩，制序冠篇，賜況優備，因封嗣立逍遙公，名所居曰清虛原幽棲谷。嗣立獻木桮、藤盤數十物。唐隆初，拜中書令。韋后敗，幾死于亂，寧王爲救免。出爲許州刺史，以定策立睿宗，賜封百戶，徙汝州。入爲國子祭酒、太子賓客。坐宗楚客等削遺制事，不執正，貶岳州別駕。再徙爲陳州刺史。開元中，河南道巡察使表其廉，欲復用，會卒，年六十六，贈兵部尚書，謚曰孝。

初，嗣立代承慶爲鳳閣舍人、黃門侍郎；承慶亦代爲天官侍郎及知政事。父子並爲宰相，世罕其比。有二子恆、濟，知名。

恆，開元初爲碭山令，政寬惠，吏民愛之。天子東巡，州縣供張，皆鞭扑趣辦，恆不立威而事給。姑子御史中丞宇文融薦恆有經濟才，讓以其位，擢殿中侍御史。累轉給事中，爲隴右、河西黜陟使。時河西節度使蓋嘉運恃左右援，橫恣不法，妄列功狀，恆劾奏之，人代其恐，出爲陳留太守，卒。

濟，開元初調鄄城令。或言吏部選縣令非其人，既衆謝，有詔問所以安人者，對凡二百人，惟濟居第一，不能對者悉免官。於是擢濟醴泉令，侍郎盧從愿、李朝隱並貶爲刺史。濟四遷戶部侍郎，爲太原尹。著先德詩四章，世服其典懿。天寶中，授尚書左丞，凡三世居之。濟文雅，頗能脩飾政事，所至有治稱。終馮翊太守。子奧，夏令，亦以能政聞。

嗣立孫弘景，擢進士第，數佐節度府。以左補闕召爲翰林學士。蘇光榮爲涇原節度使，弘景當草詔，書辭不如旨，罷學士。遷累度支郎中。張仲方黜李吉甫謚得罪，憲宗意弘景摘助，出爲綿州刺史。李夷簡鎮淮南，奏以自副。召入，再遷給事中。駙馬都尉劉士涇賂權近，擢太僕卿，弘景上還詔書，穆宗使喻：「其先人昌有功，朕所以念功睦親者。」弘景固執，帝怒，使宣慰安南。由是有名。

時蕭俛輔政，弘景議論常佐佑之。還，再遷吏部侍郎，銓綜平序，貴幸憚其嚴，不敢恩以私。歷陝虢觀察使，召拜尚書左丞，駁正吏銓所除六十餘官不當進資，於是鄭絪、丁公著、楊嗣復皆奪俸，郎吏肅然，望風脩整。吏部員外郎楊虞卿以累下吏，詔弘景與御史詳讞。虞卿私造門，弘景厲言曰：「有詔按公，尚私謁邪？」虞卿多朋助，自謂必見納，及是，惶恐去。遷禮部尚書、東都留守。卒，年六十六，贈尚書左僕射。

弘景以直道進，議論持正有守，當時風教所倚賴，爲長慶名卿。

陸元方字希仲，蘇州吳人。陳給事黃門侍郎琛之曾孫。伯父柬之，善書名家，官太子司議郎。

元方初明經，後舉八科皆中。累轉監察御史。武后時，使嶺外，方涉海，風濤驚壯，舟人懼，元方曰：「吾受命不私，神豈害我？」趣使濟，而風訖息。使還，除殿中侍御史，擢鳳閣舍人、秋官侍郎。爲來俊臣所陷，后置不罪。遷鸞臺侍郎、同鳳閣鸞臺平章事。坐附會李昭德，貶綏州刺史。擢天官侍郎，兼司衞卿。或言其薦引皆親黨，后怒，免官，令白衣領職。元方

薦人如初，后召讓之，對曰：「舉臣所知，不暇問讎黨。」又薦其友崔玄暐有宰相才。后知無它，復拜鸞臺侍郎、同鳳閣鸞臺平章事。后嘗問外事，對曰：「臣備位宰相，大事當白奏，民間碎務，不敢以聞。」忤旨，下除太子右庶子。進文昌左丞，卒。

元方素清慎，再執政，每進退羣臣，后必先訪問，外祕莫知。臨終，取奏稿焚之，曰：「吾陰德在人，後當有興者。」又曰：「吾當壽，但領選久，耗傷吾神。」有一柙，生平所緘鑰者，歿後，家人發之，乃前後詔敕。贈越州都督。

諸子皆美才，而象先、景倩、景融尤知名。

象先器識沈邃，舉制科高第，爲揚州參軍事。時吉頊與元方同爲吏部侍郎，頊擢象先爲洛陽尉，元方不肯當，頊曰：「爲官擇人，豈以吏部子廢至公邪？」卒以授。俄遷監察御史。累授中書侍郎。景雲中，進同中書門下平章事，監脩國史。

初，太平公主謀引崔湜爲宰相，湜曰：「象先人望，宜幹樞近，若不者，湜敢辭。」主不得已爲言之，遂並知政事。然其性恬靜寡欲，議論高簡，爲時推向。湜嘗曰：「陸公加於人一等。」公主既擅權，宰相爭附之，象先未嘗往謁；及謀逆，召宰相議，曰：「寧王長，不當廢嫡立庶。」象先曰：「帝得立，何也？」主曰：「帝有一時功，今失德，安可不廢？」對曰：「立以功

者，廢必以罪。今不聞天子過失，安得廢？」主怒，更與竇懷貞等謀，卒誅死。時象先與蕭至忠、岑羲等坐爲主所進，將同誅，玄宗遽召免之，曰：「歲寒然後知松柏之後凋也！」以保護功，封兗國公，賜封戶二百。

初，難作，睿宗御承天樓，羣臣稍集，帝麾曰：「助朕者留，不者去！」於是有投名自驗者。事平，玄宗得所投名，詔象先收按，象先悉焚之。帝大怒，欲并加罪，頓首謝曰：「赴君之難，忠也。陛下方以德化天下，奈何殺行義之人？故臣違命，安反側者，其敢逃死？」帝寤，善之。時窮治忠、羲等黨與，象先密爲申救，保全甚衆，當時無知者。

罷爲益州大都督府長史、劍南按察使，爲政尚仁恕。司馬韋抱眞諫曰：「公當峻扑罰以示威，不然，民慢且無畏。」答曰：「政在治之而已，必刑法以樹威乎？」卒不從，而蜀化。累徙蒲州刺史，兼河東按察使。小史有罪，誡遣之，大吏白爭，以爲可杖，象先曰：「人情大抵不相遠，謂彼不曉吾言邪？必責者，當以汝爲始。」大吏慙而退。嘗曰：「天下本無事，庸人擾之爲煩耳。弟澄其源，何憂不簡邪？」故所至民吏懷之。

入爲太子詹事，歷戶部尚書，知吏部選事，母喪免。起爲揚州大都督府長史。遷太子少保。卒，年七十二，贈尚書左丞相，謚曰文貞。

始，象先名景初，睿宗曰：「子能紹先構，是謂象賢者。」乃賜名焉。

弟景倩爲扶溝丞。河南按察使畢構覆州縣殿最，欲必得實。有吏言狀曰：「某彊清，某詐清，惟景倩日眞清。」終監察御史。

景融長七尺，美姿質，寬中而厚外。博學，工筆札。以蔭補千牛，轉新鄭令，政有風績。累遷工部尚書、東京留守。卒，贈廣陵郡都督。景融於象先，後母弟也。象先被笞，景融諫，不入，則自楚，母爲損威，人多其友。四世孫希聲。

希聲博學善屬文，通易、春秋、老子，論著甚多。商州刺史鄭愚表爲屬。後去，隱義興。久之，召爲右拾遺。時憸腐秉權，歲數歉，梁、宋尤甚。希聲見州縣剋斂，上言當謹視盜賊。明年，王仙芝反，株蔓數十州，遂不制。擢累歙州刺史。昭宗聞其名，召爲給事中，拜戶部侍郎、同中書門下平章事。在位無所輕重，以太子少師罷。李茂貞等兵犯京師，輿疾避難。卒，贈尚書左僕射，謚曰文。

元方從父餘慶。

餘慶，陳右衞將軍珣孫，方雅有祖風。已冠，名未顯，兄玄表謂曰：「爾名宦不立，奈何？」餘慶感激，閉戶誦書三年，以博學稱。舉制策甲科，補蕭尉。累遷陽城尉。武后封嵩山，以辦具勞，擢監察御史。聖曆初，靈、勝二州党項誘北胡寇邊，詔餘慶招慰，喻以恩信，蕃酋率衆內附。遷殿中侍御史、鳳閣舍人。后嘗命草詔殿上，恐懼不能得一詞，降左司郎中。久之，封廣平郡公、太子右庶子。

餘慶於寒品晚進，必悉力薦藉。人有過，輒面折，退無一言。開元初，爲河南、河北宣撫使，薦富春孫逖、京兆韋述、吳興蔣冽、河南達奚珣，後皆爲知名士。遷大理卿。終太子詹事，謚曰莊。

雅善趙貞固、盧藏用、陳子昂、杜審言、宋之問、畢構、郭襲徵、司馬承禎、釋懷一，時號「方外十友」。餘慶才不逮子昂等，而風流敏辯過之。

初，武后時，酷吏用事，中宗朝，倖臣貴主斜封大行，蹈利畜禍之人，與相乾沒，雖亟貴驟用，而戮不反踵。餘慶以道自將，雖仕不赫赫，訖無悔尤。

子璪，字仲采。舉明經，補長安尉，以清幹稱。開元初，中朝臣子弟不任京畿，改新鄉令，人爲立祠。用按察使宇文融薦，遷澠池令。累遷兵部郎中，東畿騎使。還，除洛陽令，

時車駕在洛，摧勒姦豪，人不敢犯，爲中書令蕭嵩所器。嵩罷，佗宰相俾陰廉嵩短，璪曰：「與人交，過且不可言，況無有邪？」以是忤貴近，出爲太原少尹。累徙西河太守，封平恩縣男。屬邑多虎，前守設檻穽，璪至，徹之，而虎不爲暴。

王及善，洺州邯鄲人。父君愕，有沈謀。隋亂，幷州人王君廓掠邯鄲，君愕往說曰：「隋氏失御，豪俊共救其亂，宜撫納遺甿而保全之，觀時變，待眞主。足下無尺寸之地、兼旬之糧，劫衆而興，但恣殘剽，所過失望，竊爲足下羞之。」君廓謝曰：「計安出？」答曰：「井陘之險可先取。」君廓從其言，遂屯井陘山。高祖入關，與君廓偕來，拜君愕大將軍，封新興縣公，累遷左武衞將軍。從太宗征遼，領左屯營兵，與高麗戰駐蹕山，死于陣。贈左衞大將軍、幽州都督、邢國公，陪葬昭陵。

及善以父死事，授朝散大夫，襲邢國公爵。皇太子弘立，擢及善左奉裕率。太子宴于宮，命宮臣擲倒，及善辭曰：「殿下自有優人，臣苟奉令，非羽翼之美。」太子謝之。高宗聞，賜絹百匹。除右千牛衞將軍，帝曰：「以爾忠謹，故擢三品要職。羣臣非搜辟，不得至朕所。爾佩大橫刀在朕側，亦知此官貴乎？」病免。召爲衞尉卿。垂拱中，歷司屬卿。山東飢，詔爲

巡撫賑給使。拜春官尚書。出爲秦州都督、益州長史，加光祿大夫，以老病致仕。

神功元年，契丹擾山東，擢魏州刺史，武后勞曰：「逆虜盜邊，公雖病，可與妻子行，日三十里，爲朕臥治，爲屏蔽也。」因延問朝政得失，及善陳治亂所宜，后悅曰：「禦寇末也，輔政本也，公不可行。」留拜內史。來俊臣繫獄當死，后欲釋不誅，及善曰：「俊臣凶狡不道，引亡命，汙戮善良，天下疾之。不剸絕元惡，且搖亂胎禍，憂未旣也。」后納之。廬陵王之還，密贊其謀。既爲皇太子，又請出外朝，以安羣臣。

及善不甚文，而清正自將，臨事不可奪，有大臣節。時二張怙寵，每侍宴，無人臣禮，及善數裁抑之，后不悅曰：「卿年高，不宜侍游燕，但檢校閣中。」及善即移病餘月，后不復問。歎曰：「中書令可一日不見天子乎？」遂乞骸骨，猶不許，改文昌左相、同鳳閣鸞臺三品。卒，年八十二，贈益州大都督，謚曰貞，陪葬乾陵。

李日知，鄭州滎陽人。及進士第。天授中，歷司刑丞。時法令嚴，吏爭爲酷，日知猶平寬無文致。嘗免一囚死，少卿胡元禮執不可，曰：「吾不去曹，囚無生理。」日知曰：「僕不去曹，囚無死法。」皆以狀讞，而武后用日知議。

神龍初，爲給事中。母老病，取急調侍，數日須髮輒白。母未及封而卒。方葬，吏乃齎贈制，日知殞絕于道，左右爲泣，莫能視。巡察使路敬潛欲表其孝，使求狀，辭不報。服除，累遷黃門侍郎。

景雲初，同中書門下平章事〔一〕，轉御史大夫，仍知政事。初，安樂公主館第成，中宗臨幸，燕從官，賦詩，日知卒章，獨以規誡。睿宗它日謂曰：「嚮時雖朕亦不敢諫，非公挺直，何能爾？」即拜侍中。先天元年，罷爲刑部尚書。屢乞骸骨，許之。日知將有請，不謀于家，歸乃治行，妻驚曰：「產利空空，何辭之遽？」日知曰：「仕至此，已過吾分。人亦何厭之有？若厭于心，無日而足也。」既罷，不治田園，唯飾臺池，引賓客與娛樂。開元三年卒。日知貴，諸子方總角，皆通婚名族，時人譏之。後少子伊衡以妾爲妻，鬻田宅，至兄弟訟鬩，家法遂替云。

杜景佺，冀州武邑人。性嚴正。舉明經中第。累遷殿中侍御史。出爲益州錄事參軍。時隆州司馬房嗣業徙州司馬，詔未下，欲即視事，先笞責吏以示威。景佺謂曰：「公雖受命爲司馬，州未受命，何急數日祿邪？」嗣業怒，不聽。景佺曰：「公持咫尺制，眞僞莫辨，即欲攬亂一府，敬業揚州之禍，非此類邪？」叱左右罷去，既乃除荊州司馬，吏歌之曰：「錄事意，與天通；州司馬，折威風。」由是寖知名。

入爲司刑丞，與徐有功、來俊臣、侯思止專治詔獄，時稱「遇徐、杜者生，來、侯者死」。改秋官員外郎，與侍郎陸元方按員外郎侯味虛罪，已推，輒釋之。武后怒其不待報，元方大懼，景佺獨曰：「陛下明詔六品、七品官，文辨已定，待命于外，今雖欲罪臣，奈明詔何？」宰相曰：「詔爲司刑設，何預秋官邪？」景佺曰：「詔令一布，無臺、寺之異。」后以爲守法，擢鳳閣舍人。遷洛州司馬。

延載元年，檢校鳳閣侍郎、同鳳閣鸞臺平章事。后嘗季秋出棃華示宰相以爲祥，衆賀曰：「陛下德被草木，故秋再華，周家仁及行葦之比。」景佺獨曰：「陰陽不相奪倫，瀆即爲災。故曰：『冬無愆陽，夏無伏陰，春無淒風，秋無苦雨。』今草木黃落，而木復華，瀆陰陽也。竊恐陛下布德施令，有所虧紊。臣位宰相，助天治物，治而不和，臣之咎也。」頓首請罪。后曰：「眞宰相！」會李昭德下獄，景佺苦申救，后以爲面欺，左遷溱州刺史。入拜司刑卿。聖曆元年，復以鳳閣侍郎同鳳閣鸞臺平章事。契丹入寇，陷河北數州，虜已去，武懿宗欲盡論其罪，景佺以爲脅從可原，后如其議。罷爲秋官尚書。坐漏省內語，降司刑少卿。出爲并州長史，道病卒，贈相州刺史。初名元方，垂拱中改今名。

李懷遠字廣德，邢州柏仁人。少孤，嗜學。宗人欲藉以高蔭，懷遠辭，退而曰：「因人之勢，高士恥之。假蔭而官，吾志邪？」擢四科第，累轉司禮少卿，出爲本州刺史，改冀州，遷揚、益二都督府長史，徙同州刺史。治尚清簡。累遷鸞臺侍郎，進同鳳閣鸞臺平章事，封平鄉縣男。以左散騎常侍同中書門下三品，爵趙郡公，賜實封戶三百。以老，聽致仕。中宗還京師，召知東都留守，復加同中書門下三品。

懷遠久貴，益素約，不治居室。嘗乘款段馬，僕射豆盧欽望謂曰：「公貴顯，顧當然邪？」答曰：「吾幸其馴，不願它駿。」神龍二年卒，帝賜錦衾斂，自爲文祭之，贈侍中，謚曰成。

子景伯，景龍中爲諫議大夫。中宗宴侍臣及朝集使，酒酣，各命爲回波詞，或以諂言媚上，或要丐寵，至景伯，獨爲箴規語以諷帝，帝不悅。中書令蕭至忠曰：「眞諫官也。」景雲中，進太子右庶子。時有建言置都督府非是，詔羣臣普議，景伯與太子舍人盧俌議：「今天下諸州分隸都督，專生殺刑賞。使授非其人，則權重釁生，非彊幹弱枝、經邦軌物之誼。願

罷都督，留御史，以時按察，秩卑任重，以制姦宄便。」繇是停都督。終右散騎常侍。

子彭年，有才，剖析明悟。歷遷中書舍人、吏部侍郎。與李林甫善。常慕山東著姓，爲婚姻，引就清列。典選七年，卒以贓敗，長流臨賀郡。天寶十二載，擢爲濟陰太守，徙馮翊。天子幸蜀，陷於賊，脅以僞官，憂憤死，贈禮部尚書。

校勘記

〔一〕景雲初同中書門下平章事　「雲」，各本原作「龍」，據本書卷五睿宗紀、卷六一宰相表及舊書卷一八八李日知傳改。

唐書卷一百一十七

列傳第四十二

裴炎 伷先　劉禕之 郭翰　魏玄同 恬　李昭德　吉頊

裴炎字子隆，絳州聞喜人。寬厚，寡言笑，有奇節。補弘文生，休澣，它生或出游，炎讀書不廢。有司欲薦狀，以業未就，辭不舉，服勤十年，尤通左氏春秋。舉明經及第。補濮州司倉參軍，歷御史、起居舍人，寖遷黃門侍郎。調露二年，同中書門下三品。進拜侍中。高宗幸東都，留皇太子京師，以炎調護。帝不豫，太子監國，詔炎與劉齊賢、郭正一於東宮平章政事。及大漸，受遺輔太子，是爲中宗。改中書令。舊，宰相議事門下省，號政事堂，長孫无忌以司空、房玄齡以僕射、魏徵以太子太師皆知門下省事，至炎，以中書令執政事筆，故徙政事堂於中書省。

中宗欲以后父韋玄貞爲侍中及授乳媪子五品官，炎固執不從，帝怒曰：「我意讓國與

玄貞，豈不可？何惜侍中邪？」炎懼，因與武后謀廢帝。后命炎洎劉禕之率羽林將軍程務挺、張虔勗勒兵入宮，宣太后令，扶帝下殿，帝曰：「我何罪？」后曰：「以天下與玄貞，安得無罪？」乃廢帝爲廬陵王，更立豫王爲皇帝。以定策功，封永清縣男。

后已持政，稍自肆，於是武承嗣請立七廟，追王其先，炎諫曰：「太后天下母，以盛德臨朝，宜存至公，不容追王祖考，示自私。且獨不見呂氏事乎！」后曰：「呂氏之王，權屬生人，今追崇先世，在亡迹異，安得同哉！」炎曰：「蔓草難圖，漸不可長。」后不悅而罷。承嗣又諷太后誅韓王元嘉、魯王靈夔，以絕宗室望，劉禕之、韋仁約畏默不敢言，炎獨固爭，后愈銜怒。未幾，賜爵河東縣侯。

豫王雖爲帝，未嘗省天下事。炎謀乘太后出游龍門，以兵執之，還政天子。會久雨，太后不出而止。徐敬業兵興，后議討之，炎曰：「天子年長矣，不豫政，故豎子有辭。今若復子明辟，賊不討而解。」御史崔詧曰：「炎受顧託，身總大權，聞亂不討，乃請太后歸政，此必有異圖。」后乃捕炎送詔獄，遣御史大夫騫味道、御史魚承曄參鞫之。鳳閣侍郎胡元範曰：「炎社稷臣，有功於國，悉心事上，天下所知，臣明其不反。」納言劉齊賢、左衞率蔣儼繼辨之，后曰：「炎反有端，顧卿未知耳。」元範、齊賢曰：「若炎反，臣輩亦反矣。」后曰：「朕知炎反，卿輩不反。」遂斬于都亭驛。

炎被劾，或勉其遜辭，炎曰：「宰相下獄，理不可全。」卒不折節。籍其家，無儋石之贏。

初，炎見裴行儉破突厥有功，沮薄之，乃斬降虜阿史那伏念等五十餘人，議者恨其娼克，且使國家失信四夷，以爲陰禍有知云。睿宗立，贈太尉、益州大都督，謚曰忠。

元範者，申州義陽人。介廉有才，以炎故，流死嶲州。

炎從子伷先。

伷先未冠，推蔭爲太僕丞。炎死，坐流嶺南。上變求面陳得失，后召見，盛氣待之，曰：「炎謀反，法當誅，尙何道？」伷先對曰：「陛下唐家婦，身荷先帝顧命，今雖臨朝，當責任大臣，須東宮年就德成，復子明辟，奈何遽王諸武、斥宗室？炎爲唐忠臣，而戮逮子孫，海內憤怨。臣愚謂陛下宜還太子東宮，罷諸武權。不然，豪桀乘時而動，不可不懼！」后怒，命曳出，杖之朝堂，長流瀼州。

歲餘，逃歸，爲吏蹟捕，流北庭。無復名檢，專居賄，五年至數千萬。娶降胡女爲妻，妻有黃金、駿馬、牛羊，以財自雄。養客數百人，自北庭屬京師，多其客，詗候朝廷事，聞知十常七八。時補闕李秦授爲武后謀曰：「讖言『代武者劉』，劉無彊姓，殆流人乎？今大臣流放者數萬族，使之叶亂，社稷憂也。」后謂然，夜拜秦授考功員外郎，分走使者，賜墨詔，慰安流

人，實命殺之。伷先前知，以橐它載金幣、賓客奔突厥，行未遠，都護遣兵追之，與格鬭，爲所執，械繫獄，以狀聞。會武后度流人已誅，畏天下姍誚，更遣使者安撫十道，以好言自解釋曰：「前使使慰安有罪，而不曉朕意，擅誅殺，殘忍不道，朕甚自咎。今流人存者一切縱還。」繇是伷先得不死。

中宗復位，求炎後，授伷先太子詹事丞〔一〕。遷秦、桂、廣三州都督。坐累且誅，賴宰相張說右之，免官。久乃擢范陽節度使，太原、京兆尹。以京師官冗，奏罷畿縣員外及試官。進工部尙書。年八十六，以東京留守累封翼城縣公，卒官下。

劉禕之字希美，常州晉陵人。

父子翼，字小心，在隋爲著作郎。峭直有行，嘗面折僚友短，退無餘訾。李伯藥曰：「子翼晉人，人都不憾。」貞觀初，召之，辭以母老，詔許終養。江南道巡察使李襲譽嘉其孝，表所居爲孝慈里。母已喪，召拜吳王府功曹參軍，終著作郎、弘文館直學士。

禕之少與孟利貞、高智周、郭正一俱以文辭稱，號「劉孟高郭」，並直昭文館。俄遷右史、弘文館直學士。上元中，與元萬頃等偕召入禁中，論次新書凡千餘篇。高宗又密與參

決時政，以分宰相權，時謂「北門學士」。兄懿之，亦給事中，同兩省。先是，姊爲內官，武后遣至外家問疾，禕之因賀蘭敏之私省之，坐流嶲州。后爲丐還，除中書舍人。

儀鳳中，吐蕃寇邊，帝訪侍臣所以置之、討之之宜，人人異謀，禕之獨勸帝：「夷狄猶禽獸，雖被馮陵，不足校，願戢威，紓百姓之急。」帝內其言。俄拜相王府司馬，檢校中書侍郎，帝謂曰：「卿家忠孝，朕子賴卿以師矩，冀蓬在麻不扶而挺也。」

后既立王爲帝，以其參奉大議，愈親之，擢中書侍郎、同中書門下三品，賜爵臨淮縣男。方是時，詔令叢繁，禕之思致華敏，裁可占授，少選可待也。司門員外郎房先敏坐累貶衞州司馬，訴于相府，內史騫味道謂曰：「太后旨。」禕之曰：「乃上從有司所奏云。」后聞，以味道歸非於上，貶青州刺史，加禕之太中大夫，賜物百段。后因曰：「君爲元首，臣爲股肱，以手足疾移於腹背，尙爲一體乎？禕之引咎於己，忠臣也。」納言王德眞推順曰：「戴至德無異才，惟能歸善於君，爲時所服。」后曰：「善。」後私語鳳閣舍人賈大隱曰：「后能廢昏立明，盍反政以安天下？」大隱表其言，后怒曰：「禕之乃負我！」垂拱中，或告禕之受歸誠州都督孫萬榮金，與許敬宗妾私通，太后遣肅州刺史王本立鞫治，以敕示禕之，禕之曰：「不經鳳閣鸞臺，何謂之敕！」后以爲拒制使，賜死于家，年五十七。

初，禕之得罪，睿宗以舊屬申理之，姻友冀得釋。禕之曰：「吾死矣。太后威福由己，

而帝營救，速吾禍也！」在獄上疏自陳。臨誅，洗沐，神色自若。命其子執筆占爲表，子號塞不能書，禕之乃自捉筆，得數紙，詞懇哀到，人皆傷之。麟臺郎郭翰、太子文學周思鈞悵歎其文，后惡之，貶翰巫州司法參軍，思鈞播州司倉參軍。睿宗嗣位，贈禕之中書令。

翰者，嘗爲御史，巡察隴右，多所按劾。次寧州，時狄仁傑爲刺史，民爭言有異政。翰就館，以筆紙置于桉，謂僚屬曰：「入其境，其政可知，願薦使君美於朝，毋久留。」即命駕去。性寬簡，讀老子至「和其光，同其塵」，慨然曰：「大雅君子，以保其身。」乃辭憲官，改麟臺郎云。

魏玄同字和初，定州鼓城人。祖士廓，仕齊爲輕車將軍。玄同進士擢第，調長安令。累官司列大夫。坐與上官儀善，流嶺外。既廢，不自護藉，乃馳逐爲生事。上元初，會赦還，工部尙書劉審禮表其材，拜岐州長史。再遷吏部侍郎。永淳元年，詔與中書、門下同承受進止平章事，封鉅鹿男。上疏言選舉法弊曰：

方今人不加富、盜賊未衰、禮誼寖薄者，下吏不稱職，庶官非其才，取人之道有所未盡也。武德、貞觀，庶事草創，人物固乏。天祚大聖，享國永年，異人間出。諸色入

流，歲以千計，官有常員，人無定限，選集猥至，十不收一，取捨淆紊。

夏、商以前，制度多闕。至周，煥然可觀。諸侯之臣不皆命天子，王朝庶官不專一職。穆王以伯冏爲太僕正，命曰：「愼簡乃僚。」此乃自擇下吏之言也。太僕正，特中大夫耳，尙以僚屬委之，則三公、九卿亦當然也。故太宰、內史並掌爵祿廢置，司徒、司馬別掌興賢詔事，是分任羣司而統以數職，王命其大者，而自擇其小者。

漢制，諸侯自置吏四百石以下，其傅、相大臣則漢爲置之；州郡掾史、督郵、從事，悉任之牧守。

自魏、晉以後，始歸吏部，而迄于今。以刀筆量才，簿書察行，法與世弊，其來久矣。尺丈之量，鍾庾之器，非所及則不能度，非所受則無以容，況天下之大、士類之衆，可委數人手乎？又尸厥任者，間非其選，至爲人擇官，爲身擇利，下筆繫親疏，措情觀勢要，悠悠風塵，此焉奔競，使百行折之一面，九能斷之數言，不亦難乎？

且臣聞莅官者，不可以無學。傳曰：「學以從政，不聞以政入學。」今貴戚子弟一皆早仕，弘文、崇賢、千牛、輦脚之類，程較既淺，技能亦薄，而門閥有素，資望自高。夫所謂胄子者，必裁諸學，少則受業，長而入官，然後移家事國，謂之德進。夫少仕則不務學，輕試則無才。又勳官、三衛、流外之屬，不待州縣之舉，直取書判，非先德後言

之謚。

臣聞國之用人，如人用財，貧者止糟糠，富者餘粱肉。故當衰弊之乏，則磨策朽鈍以馭之；太平多士，則遴柬髦俊而使之。今選者猥多，宜以簡練爲急。竊見制書，三品至九品並得薦士，此誠仄席旁求意也。但褒貶不明，故上不憂黜責，下不盡搜揚，莫愼所舉，而苟以應命。且惟賢知賢，聖人篤論。皋陶既舉，不仁者遠。身苟濫進，庸及知人？不擇舉者之賢，而責所舉之濫，不可得已。以陛下聖明，國家德業，而不建經久之策，但顧望魏、晉遺風，臣竊惑之。願少遵周、漢之規，以分吏部選，即所用詳，所失鮮矣。

不納。進拜文昌左丞、鸞臺侍郎、同鳳閣鸞臺三品。遷地官尙書，檢校納言。玄同與裴炎締交，能保終始，故號「耐久朋」。

先是，狄仁傑督太原運，失米萬斛，將坐誅，玄同救免。而河陽令周興未知也[三]，數於朝堂聽命。玄同曰：「明府可去矣，毋久留。」興以爲沮己，銜之，至是誣玄同言「太后老矣，當復皇嗣」。后不察，賜死于家，年七十三。初，監察御史房濟監刑，謂曰：「丈人盍上變？冀召見，得自陳。」玄同曰：「人殺與鬼殺等耳，不能爲告事人！」

玄同子恬，字安禮，事親以孝聞。第進士，爲御史主簿。開元中，至潁王傅。

李昭德，雍州長安人。

父乾祐，貞觀初爲殿中侍御史。鄃令裴仁軌私役門卒，太宗欲斬之，乾祐曰：「法令與天下共之，非陛下獨有也。仁軌以輕罪致極刑，非畫一之制。刑罰不中，則民無所措手足。」帝意解，繇是免死。遷侍御史。母卒，廬墓側，負土成墳。帝遣使就弔，表異其閭。歷治書侍御史，有能名。永徽初，擢御史大夫，爲褚遂良所惡，出爲邢、魏二州刺史。乾祐雖彊直，而昵小人。嘗爲書與所善吏，刺取朝廷事，迷隱其辭，爲吏所賣，遂良白發於朝，坐流驩州。召拜滄州刺史。入爲司刑太常伯，舉雍州司功參軍崔擢爲尙書郎，不得報，私語擢所以然。後擢犯罪，告乾祐漏禁中語以自贖，詔免官，卒。

昭德彊幹有父風，擢明經，累官御史中丞。永昌初，坐事貶振州陵水尉。還爲夏官侍郎。如意元年，拜鳳閣侍郎、同鳳閣鸞臺平章事。武后營神都，昭德規創文昌臺及定鼎、上東諸門，標置華壯。洛有二橋，司農卿韋機徙其一直長夏門，民利之，其一橋廢，省巨萬計。然洛水歲淙齧之，繕者告勞。昭德始累石代柱，銳其前，廝殺暴濤，水不能怒，自是無

患。俄檢校內史。薛懷義討突厥，以昭德爲行軍長史，不見虜還。

武承嗣任文昌左相，昭德諫曰：「承嗣已王，不宜典機衡，以惑衆庶。且父子猶相篡奪，況姑姪乎？」后矍然曰：「我未之思也。」乃罷承嗣爲太子少保。洛陽人王慶之率險佞數百人請以承嗣爲皇太子，后不許；固請，后遣昭德詰其故。昭德笞殺慶之，餘黨散走。因奏曰：「自古有姪爲天子而爲姑立廟乎？以親親言之，天皇，陛下夫也；皇嗣，陛下子也。當傳之子孫爲萬世計。陛下承天皇顧託而有天下，又立承嗣，臣見天皇不來食矣。」后乃止。承嗣恨，譖短之。后曰：「吾任昭德而獲安枕，是代我勞，非而所知也。」有人獲洛水白石而赤文者，獻闕下曰：「此石赤心，故以獻。」昭德叱曰：「洛水餘石豈盡能反邪？」時來俊臣、侯思止舞文法，數誅陷大臣，人皆懾懼。昭德每奏其誣罔不道狀，卒榜殺思止，其黨稍摧沮。

然昭德頗怙權，爲衆指目。魯王府功曹參軍丘愔上疏曰：「臣聞魏冉誅庶族以安秦，忠也；弱諸侯以彊國，功也；然出入自專，擊斷無忌，威震人主，不聞有王，張祿一言而卒用憂死。向使昭王不即覺悟，則秦之霸業或不傳子孫。陛下天授以前，萬機獨斷，公卿百執具職而已。自長壽以來，厭怠細政，擢委昭德，乘總權綱，而才小任重，負氣彊愎，聾盲下民，猲狗同列，刻薄慶賞，聲威翕習，天下杜口。臣伏見南臺敕目，羣臣奏請，陛下制已曰『可』，而昭德建言不可，制又從之。且人臣參奉機密，獻可替否，事或便利，不豫咨謀，而

靈可已行，方興駿異，是揚露擅命，以示於人，歸美引咎，誼不類此。一切奏讞皆承風指，除柏傅會。臣覩其膽，乃大於身，鼻息所衝，上拂雲漢。夫小家治生，有千百之貲，將以託人，尚憂失授，況天下之重，可輕委寄乎？履霜堅冰，須防其漸。大權一去，收之良難。願陛下察臣之言。」又果毅鄧注著石論數千言，述其專恣，鳳閣舍人逄弘敏以聞。后由是惡之，謂姚璹曰：「誠如所言，昭德固負國矣！」乃貶欽州南賓尉。俄召授監察御史。時甚雨，衆庶莫不冤昭德萬歲通天二年，來俊臣誣以逆謀，既而俊臣亦下獄，同日誅。時甚雨，衆庶莫不冤昭德而快俊臣。神龍二年，贈左御史大夫。建中三年，加贈司空。

吉頊，洛州河南人。長七尺，性陰克，敢言事。舉進士及第。調明堂尉。父哲爲易州刺史，坐賕當死，頊往見武承嗣，自陳有二女弟，請侍王巾盥者。承嗣喜，以犢車迎之。三日未言，問其故，答曰：「父犯法且死，故憂之。」承嗣爲表貸哲死，遷頊龍馬監。劉思禮謀反，頊上變事，后命武懿宗雜訊，因諷囚引近臣高閑生平所牾者凡三十六姓，捕繫詔獄，榜楚百慘，以成其獄，同日論死，天下冤之。擢右肅政臺中丞。來俊臣下獄，司刑當以死，狀三日不下。頊從武后游苑中，因間言：「臣爲陛下耳目，知

俊臣狀入不出，人以爲疑。」后曰：「朕以俊臣有功，徐思之。」頊曰：「于安遠告虺貞反，今爲成州司馬。俊臣誣殺忠良，罪惡如山，國蠹賊也，尚何惜？」於是后斬俊臣，而召安遠爲尚食奉御。

突厥陷趙、定，授檢校相州刺史，且募兵制虜南向。頊辭不知武，后曰：「賊方走，藉卿坐鎭耳。」初，太原溫彬茂死高宗時，封一笥書，誘妻曰：「吾死後，須年及垂拱獻之。」垂拱初，妻上其書，言后革命事及突厥至趙去，故后知虜且還。頊至，募士無應者，俄詔以皇太子爲元帥，應募日數千。頊還言狀，后曰：「人心若是邪？卿可爲羣臣道之。」頊誦語于朝，諸武惡之。

始，頊善張易之、殿中少監田歸道、鳳閣舍人薛稷、正諫大夫員半千、夏官侍郎李迥秀，皆爲控鶴內供奉。頊又彊敏，故后倚爲腹心。聖曆二年，進天官侍郎、同鳳閣鸞臺平章事。爲刺史時，武懿宗討契丹，退保相州。後爭功殿中，懿宗陋短俯僂，頊嚴語侵之，無所容假。后怒曰：「我在，乃藉諸武，它日安可保？」銜之。

張易之兄弟以寵盛，思自全，問頊計安出。頊曰：「公家以倖進，非有大功於天下，勢必危。吾有不朽策，願效之，非止保身，且世世不絕胙。」易之流涕請，頊曰：「天下思唐久矣！廬陵斥外，相王幽閉。上春秋高，武諸王非海內屬意。公盍從容請相王、廬陵，以副人望？易弔爲賀之資也。」易之、昌宗乘間如頊教，后意乃定。既而知頊與謀，召見問狀，頊對：「廬陵、相王皆陛下子，先帝顧託於陛下，當速有所付。」乃還中宗。

明年，頊坐弟冒僞官貶琰川尉，及辭，召見，泣曰：「臣去國，無復再謁，願有所言。然病棘，請須臾間。」后命坐，頊曰：「水土皆一盎，有爭乎？」曰：「無。」曰：「以爲塗，有爭乎？」曰：「無。」曰：「以塗爲佛與道，有爭乎？」曰：「有之。」頊頓首曰：「雖臣亦以爲有。夫皇子、外戚，有分則兩安。今太子再立，而外家諸王並封，陛下何以和之？貴賤親疏之不明，是驅使必爭，臣知兩不安矣。」后曰：「朕知之，業已然，且奈何？」頊尋徙始豐尉，客江都，卒。

中宗之立，頊實倡之，會得罪，無知者。睿宗初，有發明其忠，乃下詔贈御史大夫。

贊曰：異乎，炎之暗于幾也！知中宗之不君，不知武后之盜朝，假虎翼而責其搏人，死固宜哉！昭德、頊進不以道，君子恥之。雖然，一情區區，抑武興唐，其助有端，則賢炎遠矣。禕之、玄同漏言及誅，不失所以事君者云。

校勘記

〔一〕中宗復位求炎後授伷先太子詹事丞　按中宗爲裴炎等所廢，後復位。通鑑卷二〇八載中宗神龍元年制云：「文明已來破家子孫皆復舊資廕，唯徐敬業、裴炎不在免限。」同書卷二一〇睿宗景雲元年十一月載：「追復裴炎官爵……至是求炎後，獨伷先在，拜詹事丞。」是伷先任詹事丞，在睿宗景雲時，此作中宗時，誤。

〔二〕玄同救免而河陽令周興未知也　通鑑卷二〇四載：「高宗之世，周興以河陽令召見，上欲加擢用，或奏以爲非清流，罷之。興不知，數於朝堂待命。」是「周興未知」云云，自另一事。疑「玄同救免」下有闕文。

唐書卷一百一十八

列傳第四十三

張廷珪 韋湊 見素 諤 顗 知人 維 縉 虛心 韓思復 朝宗 佽
宋務光 呂元泰 辛替否 李渤 裴潾 張皋 李中敏 李款 李甘

張廷珪，河南濟源人。慷慨有志尚。第進士，補白水尉。舉制科異等。累遷監察御史，按劾平直。武后稅天下浮屠錢，營佛祠於白司馬坂，作大象，廷珪諫，以爲：「傾四海之財，殫萬民之力，窮山之木爲塔，極冶之金爲象，然猶有爲之法，不足高也。填塞澗穴，覆壓蟲蟻，且巨億計。工員窮窶，驅役爲勞，饑渴所致，疾疹方作。又僧尼乞丐自贍，而州縣督輸，星火迫切，鬻賣以充，非浮屠所謂隨喜者。今天下虛竭，蒼生彫弊，謂宜先邊境，實府庫，養人力。」后善之，召見長生殿，賞慰良厚，因是罷役。

會詔市河南河北牛羊、荆益奴婢，置監登、萊，以廣軍資。廷珪上書曰：「今河南牛疫，

十不一在，詔雖和市，甚於抑奪。併市則價難準，簡擇則吏求賄，是牛再疫，農重傷也。高原耕地奪爲牧所，兩州無復丁田，牛羊踐暴，舉境何賴？荆、益奴婢多國家戶口，姦豪掠買，一入於官，永無免期。南北異宜，至必生疾，此有損無益也。抑聞之，君所恃在民，民所恃在食，食所資在耕，耕所資在牛；牛廢則耕廢，耕廢則食去，食去則民亡，民亡則何恃爲君？羊非軍國切要，假令蕃滋，不可射利。」后乃止。

張易之誅，議窮治黨與。廷珪建言：「自古革命，務歸人心，則以刑勝治。今唐曆不移，天地復主，宜以仁化蕩宥。且易之盛時，趨附奔走半天下，盡誅則已暴，罰一二則法不平，宜一切洗貸。」中宗納之。

神龍初，詔白司馬坂復營佛祠，廷珪方奉詔抵河北，道出其所，見營築勞亟，懷不能已，上書切爭，且言：「自中興之初，下詔書，弛不急，斥少監楊務廉，以示中外。今土木復興，不稱前詔；掘壞伐木，寖害生氣。願罷之，以紓窮乏。」帝不省。尋爲中書舍人。再遷禮部侍郎。

玄宗開元初，大旱，關中飢，詔求直言。廷珪上疏曰：「古有多難興國，殷憂啓聖，蓋事危則志銳，情苦則慮深，故能轉禍爲福也。景龍、先天間，凶黨構亂，陛下神武，汛掃氛垢，日月所燭，無不濡澤，明明上帝，宜錫介福。而頃陰陽愆候，九穀失稔，關輔尤劇。臣思天意，殆以陛下春秋鼎盛，不崇朝有大功，輕堯、舜而不法，思秦、漢以自高，故昭見咎異，欲日慎一日，永保大和，是皇天於陛下睠顧深矣，陛下得不奉若休旨而寅畏哉！誠願約心削志，考前王之書，敦素樸之道，登端士，放佞人，屏後宮，減外廄，場無蹴鞠之玩，野絕從禽之樂，促遠境，罷縣戍，矜惠惸獨，蠲薄徭賦，去淫巧，捐珠璧，不見可欲，使心不亂。或謂天戒不足畏，而上帝馮怒，風雨迷錯，荒饉日甚，則無以濟下矣；或謂人窮不足恤，而億兆攜離，愁苦昏墊，則無以奉上矣。斯安危所繫，禍福之原，奈何不察？今受命伊始，華夷百姓清耳以聽，刮目以視，冀有聞見，何遽孤其望哉？」

再遷黃門侍郎。監察御史蔣挺坐法，詔決杖朝堂，廷珪執奏：「御史有譴，當殺殺之，不可辱也。」士大夫服其知體。

王琚持節巡天兵諸軍，方還，復詔行塞下，議者皆謂將襲回紇，廷珪陳五不可，且言：「中國步多騎少，人齎一石糧，負甲百斤，盛夏長驅，晝夜不休，勞逸相絕，其勢不敵，一也。出軍掩敵，兵不數萬，不可以行，廢農廣饋，饑歲不支，二也。千里遠襲，其誰不知？賊有斥候，必能預防，三也。狄人獸居磧漠，譬之石田，克而無補，四也。天下無年，當養人息兵，五也。」又請復十道按察使，巡視州縣，帝然納之，因詔陸象先等分使十道。時遣使齎繒錦至石國市犬馬，廷珪曰：「犬馬非土性弗畜，珍禽異獸不育于國，不宜勞遠人致異物，願省

無益之故，救必然之急，天下之幸。」

坐漏禁內語，出爲沔州刺史。頻徙蘇、宋、魏三州。初，景龍中，宗楚客、紀處訥、武延秀、韋温等封戶多在河南、河北，諷朝廷詔兩道蠶產所宜，雖水旱得以蠶折租。廷珪謂：「兩道倚大河，地雄奧，股肱走集，宜得其歡心，安可不恤其患而殫其力？若以桑蠶所宜而加別稅，則隴右羊馬、山南椒漆、山之銅錫鉛鍇、海之蜃蛤魚鹽，水旱皆免，寧獨河南、北外於王度哉？願依貞觀、永徽故事，準令折免。」詔可。在官有威化。入爲少府監，封范陽縣男。以太子詹事致仕。卒，贈工部尚書，謚貞穆。

廷珪偉姿儀，善八分書，與李邕友善，及邕躓於仕，屢表薦之，人尚其方介云。

韋湊字彥宗，京兆萬年人。祖叔諧，貞觀中爲庫部郎中，與弟吏部郎中叔謙、兄主爵郎中季武同省，時號「三列宿」。

湊，永淳初，解褐婺州參軍事。徙資州司兵，觀察使房昶才之，表于朝，遷揚州法曹。州人孟神爽罷仁壽令，豪縱，數犯法，交通貴戚，吏莫敢繩，湊按治，杖殺之，遠近稱伏。入爲相王府屬，時姚崇兼府長史，嘗曰：「韋子識遠文詳，吾恨晚得之。」六遷司農少卿。忤

宗楚客，出爲貝州刺史。

睿宗立，授鴻臚少卿。徙太府，兼通事舍人。時改葬故太子重俊，有詔加謚，又詔雪李多祚等罪，議贈官。湊上言：

王者發號出令，必法大道，善善著，惡惡明也。賞罰所不加，則考行立謚以褒貶之。臣議其君，子議其父，曰「靈」曰「厲」者，不敢以私亂公也。臣伏見故太子與多祚等擁北軍，犯宸居，破扉斬關，兵指黃屋，騎騰紫微，和帝御玄武門親諭逆順，太子據鞍自若，督衆不止；逆黨悔非，回兵執賊，多祚伏誅，太子乃遁去。明日帝見羣臣，涕數行下，曰「幾不與公等相見」，其爲危甚矣！

臣子之禮，過位必趨，蹙路馬芻有誅。昔漢成帝爲太子，行不敢絕馳道。秦師免冑過周北門，王孫滿策其必敗。推此，則太子稱兵宮中，爲悖已甚。以斬三思父子而嘉之乎，則弄兵討逆以安君父可也；因欲自立，則是爲逆，又奚可褒？此時韋氏逆未明，義未絕，於太子母也，子無廢母之理；非中宗命廢之，則又劫父廢母。且君或不君，臣安可不臣？父或不父，子安可不子？晉太子申生謚曰恭，漢太子據謚曰戾，今太子乃謚節閔，臣所未諭。願與議謚者質於御前，使臣言非耶，甘鼎鑊之誅，申大義示天下；臣言是耶，咸蒙冰釋，不復異議。如曰未然，奈何使後世亂臣賊子資以爲辭？宜

易謚以合經禮，多祚等罪云「免」而不云「雪」。

帝瞿然，引內閣中，勞曰：「誠如卿言。業已爾，奈何？」對曰：「太子實逆，不可以褒，請質行以謚。」時大臣亦重改，唯罷多祚等贈官。

景雲初，作金仙等觀，湊諫，以爲：「方農月興功，雖貲出公主，然高直售庸，則農人捨耕取顧，趨末棄本，恐天下有受其飢者。」不聽。湊執爭，以「萬物生育，草木昆蚑傷伐甚多，非仁聖本意」。帝詔外詳議。中書令崔湜、侍中岑羲曰：「公敢是耶？」湊曰：「食厚祿，死不敢顧，況聖世必無死乎？」朝廷爲減費萬計。出爲陝、汝、岐三州刺史。

開元初，欲建碑靖陵，湊以古園陵不立碑，又方旱不可興工，諫而止。遷將作大匠。詔復孝敬皇帝廟號義宗，湊諫曰：「傳云：『必也正名。』禮：祖有功，宗有德，其廟百世不毀。商有三宗，周宗武王，漢文帝爲太宗，武帝爲世宗。歷代稱宗者，皆方制海內，德澤可尊，列於昭穆，是謂不毀。孝敬皇帝未嘗南面，且別立寢廟，無稱宗之義。」遂罷。

遷右衞大將軍，玄宗謂曰：「故事，諸衞大將軍與尚書更爲之，近時職輕，故用卿以重此官，其毋辭！」尋徙河南尹，封彭城郡公。會洛陽主簿王鈞以賕抵死，詔曰：「兩臺御史、河南尹縱吏侵漁，春秋重責帥，其出湊曹州刺史，侍御史張洽通州司馬。」久之，遷太原尹，兼北都軍器監，邊備修舉，詔賜時服勞勉之。及病，遣上醫臨治。卒，年六十五，贈幽州都

督，謚曰文。子見素。

見素字會微，質性仁厚。及進士第，授相王府參軍，襲父爵，擢累諫議大夫。天寶五載，爲江西、山南、黔中、嶺南道黜陟使，繩糾吏治，所至震畏。遷文部侍郎，平判皆誦於口，銓敍平允，官有丐求，輒下意聽納，人多德之。

十三載，玄宗苦雨潦閱六旬，謂宰相非其人，罷左相陳希烈，詔楊國忠審擇大臣。時吉溫得幸，帝欲用之。溫爲安祿山所厚，國忠懼其進，沮止之。謀於中書舍人竇華、宋昱，皆以見素安雅易制，國忠入白帝，帝亦以相王府屬，有舊恩，遂拜武部尚書、同中書門下平章事、集賢院學士，知門下省事。

明年，祿山表請蕃將三十二人代漢將，帝許之，見素不悅，謂國忠曰：「祿山反狀暴天下，今又以蕃代漢，難將作矣。」國忠不應，見素曰：「知禍之牙不能防，見禍之形不能制，焉用彼相？明日當懇論之。」既入，帝迎諭曰：「卿等有疑祿山意耶？」國忠、見素趨下，流涕具陳祿山反明甚，詔復位，因以祿山表置帝前乃出。帝令中官袁思藝傳詔曰：「此姑忍，朕徐圖之。」由是奉詔。然每進見，未嘗不爲帝言之，帝不入其語。未幾，祿山反，從帝入蜀。陳玄禮之殺國忠也，兵傷其首，衆傳聲曰：「毋害韋公父子！」獲免。帝令壽王賜藥傅創。次

巴西，詔兼左相，封豳國公。

肅宗立，與房琯、崔渙持節奉傳國璽及册，宣揚制命，帝曰：「太子仁孝，去十三載已有傳位意，屬方水旱，左右勸我且須豐年。今帝受命，朕如釋負矣。煩卿等遠去，善輔導之。」見素涕泣拜辭，又命見素子諤及中書舍人賈至爲册使判官，謁見肅宗於順化郡。肅宗聞琯名且舊，虛懷待之；以見素嘗附國忠，禮遇獨減。

是歲十月丙申，有星犯昴，見素言於帝曰：「昴者，胡也。天道謫見，所應在人，祿山將死矣。」帝曰：「日月可知乎？」見素曰：「福應在德，禍應在刑。昴金忌火，行當火位，昴之昏中，乃其時也。既死其月，亦死其日。明年正月甲寅，祿山其殪乎！」帝曰：「賊何等死？」答曰：「五行之說，子者視妻所生。昴犯以丙申。金，木之妃也；木，火之母也。丙火爲金，子申亦金也。二金本同末異，還以相剋，賊殆爲子與首亂者更相屠戮乎！」及祿山死，日月皆驗。

明年三月至鳳翔，拜尚書右僕射，罷知政事。初，行在所承喪亂後，兵吏三銓簿領煬散，選部文符僞濫，帝欲廣懷士心，至者一切補官，不加檢復。見素奏宜明條綱以爲持久，帝未及從。既還都，選者猥集，補署無所，日訴于朝，乃追行其言。會郭子儀亦爲僕射，徙見素太子太師，詔至蜀郡奉迎太上皇。以功食實封三百戶。上元初，以疾求致仕，許之，詔

朝朔望。寶應元年卒，年七十六，贈司徒，謚忠貞。子諤。

贊曰：楊國忠本與安祿山爭寵，故捕吉溫以激其亂，陰儲蜀貲，待天子之出，則已與韋見素流涕爭祿山反狀，將信所言，以久其權。見素能言祿山反，不能言所以反，是佐國忠敗王室也。玄宗不悟，仍相之。卒爲後帝所薄，然猶完其要領，幸矣。謂見素爲前知，果非也。

諤歷京兆府司錄參軍。國忠之死，軍聚不解，陳玄禮請殺貴妃以安衆，帝意猶豫，諤諫曰：「臣聞以計勝色者昌，以色勝計者亡。今宗廟震驚，陛下棄神器，奔草莽，惟割恩以安社稷。」因叩頭流血。帝寤，賜妃死，軍乃大悅。擢諤御史中丞，爲置頓使。乘輿將行，或曰「國忠死，不可往蜀」，請之河、隴，或請幸太原、朔方、涼州，或曰如京師，雜然不一。帝心向蜀，未能言。諤曰：「今兵少，不能捍賊，還京非萬全計，不如至扶風，徐圖去就。」帝問於衆，衆然之，遂至扶風，乃決西幸。後終給事中。

顗字周仁，諤弟益之子。蚤孤，事姊恭順。及長，身不衣帛。通陰陽象緯，博知山川風俗，論議典據。以門調補千牛備身。自鄠尉判入等，授萬年尉。歷御史、補闕，與李約、

李正辭更進諷諫，數移大事。裴垍、韋貫之、李絳、崔羣、蕭俛皆布衣舊，繼爲宰相，朝廷典章多所咨逮，嘗曰：「吾儕五人，智不及一韋公。」長慶初爲大理少卿。累遷給事中。敬宗立，授御史中丞，爲戶部侍郎，徙吏部。卒，贈禮部尚書。

所著易緼解，推演終始，有深誼。旣喜接士，後出莫不造門。而李逢吉方結黨與，擅國政，頗傅會之，素議遂衰。然節儉自居，天下推其尙云。

知人字行哲，叔謙子。弱而好古。以國子舉授校書郎。高宗時，擢州參軍八人爲中臺郎，知人自荆府兵曹遷司庫員外郎，兼判司戎大夫事。未幾卒。子維、繩。

維字文紀。進士對策高第，擢武功主簿。督役乾陵，會歲飢，均力勸功，人不知勞。坐徐敬業親，貶五泉主簿。徙內江令，教民耕桑，縣爲刻頌。遷戶部郎中，善裁剖，時員外宋之問善詩，故時稱「戶部二妙」。終太子右庶子。

繩長文辭。撫養宗屬孤幼無異情。舉孝廉，以母老不肯仕。踰二十年，乃歷長安尉，威行京師。擢監察御史，更泗、涇、鄜三州刺史。天寶初，入爲祕書少監，玄宗尙文，視其職如尙書丞、郎。繩刊是圖簡，以善職稱。終陳王傅。

虛心字無逸，維子。舉孝廉。遷大理丞、侍御史。神龍中，按大獄，僕射竇懷貞、侍中劉幽求有所輕重，虛心據正不橈。景龍中，屬羌叛，旣禽捕，有詔悉誅，虛心惟論酋長死，原活其餘。遷御史中丞。歷荆、潞、揚三大都督府長史。荆州有鄉豪，負勢干法，虛心籍其訾入之官。以廬江多盜，遂縣舒城，盜賊爲衰。入爲工部尙書、東京留守。累封南皮郡子。卒，贈揚州大都督，謚曰正。

弟虛舟，歷洪、魏二州刺史，有治名。入爲刑部侍郎。

初，維爲郎，蒔柳于廷，及虛心兄弟居郎省，對之輒斂容。自叔謙後，至郎中者數人，世號「郎官家」。

韓思復字紹出，京兆長安人。祖倫，貞觀中歷左衞率，封長山縣男。思復少孤，年十歲，母爲語父亡狀，感咽幾絕，故倫特愛之，嘗曰：「此兒必大吾宗。」然家富有，金玉、車馬、玩好未嘗省。篤學，舉秀才高第，襲祖封。永淳中，家益窶，歲飢，京兆杜瑾者，以百綾餉思復，思復方併日食，而綾完封不發。

調梁府倉曹參軍，會大旱，輒開倉賑民，州劾責，對曰：「人窮則濫，不如因而活之，無趣

爲盜賊。」州不能詘。轉汴州司戶，仁恕，不行鞭罰。以親喪去官，鬻薪自給。姚崇爲夏官侍郎，識之，擢司禮博士。五遷禮部郎中。建昌王武攸寧母亡，請鼓吹，思復持不可而止。坐爲王同晈所薦，貶始州長史。遷滁州刺史，州有銅官，人鏟鑿尤苦，思復爲買他鄙，費省獲多。有黃芝五生州署，民爲刻頌其祥。徙襄州。

入拜給事中。帝作景龍觀，思復諫曰：「禍難初弭，土木遽興，非憂物恤人所急。」不見省。嚴善思坐譙王重福事，捕送詔獄，有司劾善思「任汝州刺史，與王游；至京師，不纂王謀，但奏東都有兵氣。」匿反罔上，宜伏誅。」思復曰：「往韋氏擅內，謀危社稷，善思詣相府，白陛下必卽位。今詔追善思，書發卽至，使有逆節者，肯遽奔命哉？請集百官議。」議多同，善思得免死，流靜州。遷中書舍人，數指言得失，頗見納用。

開元初爲諫議大夫。山東大蝗，宰相姚崇遣使分道捕瘞。思復上言：「夾河州縣，飛蝗所至，苗輒盡，今游食至洛。使者往來，不敢顯言。且天災流行，庸可盡瘞？望陛下悔過責躬，損不急之務，任至公之人，持此誠實以答譴咎，其驅蝗使一切宜罷。」玄宗然之，出其疏付崇，崇建遣思復使山東按所損，還，以實言。崇又遣監察御史劉沼覆視，沼希宰相意，悉易故牒以聞，故河南數州賦不得蠲。崇惡之，出爲德州刺史。拜黃門侍郎。帝北巡，爲行在巡問賑給大使。遷御史大夫，性恬澹，不喜爲繩察，徙太子賓客，進爵伯。累遷吏部侍

郎。復爲襄州刺史，治行名天下。代還，仍拜太子賓客。卒，年七十四，謚曰文。天子親題其碑曰「有唐忠孝韓長山之墓」。故吏盧僎、邑人孟浩然立石峴山。

初，鄭仁傑、李無爲者，隱居太白山，思復少從二人游，嘗曰：「子識清貌古，恨仕不及宰相也。」子朝宗。

朝宗初歷左拾遺。睿宗詔作乞寒胡戲，諫曰：「昔辛有過伊川，見被髮而祭，知其必戎。今乞寒胡非古不法，無乃爲狄？又道路藉藉，咸言皇太子微服觀之。且匈奴在邸，刺客卒發，大憂不測，白龍魚服，深可畏也。況天象變見，疫癘相仍，厭兵助陰，是謂無益。」帝稱善，特賜中上考。帝傳位太子，朝宗與將軍龐承宗諫曰：「太子雖睿聖，宜且養成盛德。」帝不聽。累遷荆州長史。

開元二十二年，初置十道採訪使，朝宗以襄州刺史兼山南東道。襄州南楚故城有昭王井，傳言汲者死，行人雖暍困，不敢視，朝宗移書諭神，自是飲者亡恙，人吏號韓公井。坐所任吏擅賦役，貶洪州刺史。天寶初，召爲京兆尹，分渭水入金光門，匯爲潭，以通西市材木。出爲高平太守。始，開元末，海內無事，訛言兵當興，衣冠潛爲避世計，朝宗廬終南山，爲長安尉霍仙奇所發，玄宗怒，使侍御史王鉷訊之，貶吳興別駕，卒。

朝宗喜讓拔後進，嘗薦崔宗之、嚴武於朝，當時士咸歸重之。

朝宗孫佽，字相之，性清簡。元和初第進士。自山南東道使府入爲殿中侍御史。累遷桂管觀察使，部二十餘州，自參軍至縣令無慮三百員，吏部所補纔十一，餘皆觀察使商才補職。佽下車，悉來謁，一吏持籍請補缺員，佽下教曰：「居官治，吾不奪；其不奉法，無望縱舍。缺者，須按籍取可任任之。」會春服使至，鄉有豪猾厚進賄使者，求爲縣令，使者請佽，佽許之。既去，召鄉豪責以撓法，笞其背，以令部中，自是豪右畏戢。時詔置五管監兵，盡境賦不足充其費，佽處以儉約，遂爲定制，衆以爲難。卒，贈工部侍郎。

宋務光字子昂，一名烈，汾州西河人。舉進士及第，調洛陽尉。遷右衞騎曹參軍。神龍元年，大水，詔文武九品以上官直言極諫，務光上書曰：

后王樂聞過，罔不興；拒諫，罔不亂。樂聞過則下情通，下情通則政無缺，此所以興也。拒諫則羣議壅，羣議壅則上孤立，此所以亂也。

臣嘗觀天人相與之際，有感必應，其間甚密，是以敎失於此，變生於彼。易曰：「天垂象，見吉凶，聖人象之。」竊見自夏以來，水氣勃戾，天下多罹其災，洛水暴漲，漂損百姓。傳曰：「簡宗廟，廢祠祀，則水不潤下。」夫王者即位，必郊祀天地，嚴配祖宗。自陛下御極，郊、廟、山川不時薦見。又水者陰類，臣妾之道，氣盛則水泉溢，頃虹蜺紛錯，暑雨滯霪，陰勝之沴也。後廷近習或有離中饋之職以干外政，願深思天變，杜絕其萌。

又自春及夏，牛多病死，疫氣浸淫。傳曰：「思之不睿，時則有牛禍。」意者萬機之事，陛下未躬親乎？晁錯曰：「五帝其臣不及，則自親之。」今朝廷賢佐雖多，然莫能仰陛下清光。願勤思法宮，凝就大化。以萬方爲念，不以聲色爲娛；以百姓爲憂，不以犬馬爲樂。臣聞三五之君不能免淫亢，顧備禦存乎人耳。災興細微，安之不怪，及禍變已成，駭而圖之，猶水決治防，病困求藥，雖復僶俛，尙何救哉！夫塞變應天，實繫人事。今霖雨即閉坊門，豈一坊一市能感發天道哉？必不然矣。故里人呼坊門爲宰相，謂能節宣風雨。天工人代，乃爲虛設。

又數年以來，公私匱竭，戶口減耗，家無接新之儲，國乏侯荒之蓄。陛下近觀朝市，則以爲既庶且富，試踐閭陌，則百姓衣馬牛之衣，食犬彘之食，十室而九。丁壯盡於邊塞，孀孤轉於溝壑，猛吏奮毒，急政破資。馬困斯佚，人窮斯詐。起爲姦盜，從而刑之，良可嘆也。今人貧而奢不息，法設而僞不止；長吏貪冒，選舉以私，稼穡之人

少，商旅之人衆。願坦然更化，以身先之。凋殘之後，緩其力役；久弊之極，訓以敦厖。十年之外，生聚方足。

臣聞太子者，君之貳，國之本，所以守器承祧，養民贊業。願擇賢能，早建儲副，安社稷，慰黎元。姻戚之間，謗議所集，積疑成患，憑寵生災，愛之適以害之也。如武三思等，誠不宜任以機要，國家利器，庸可久假於人？祕書監鄭普思、國子祭酒葉靜能挾小道淺術，列朱紫，取銀黃，虧國經，悖天道。書曰：「制治于未亂，保邦于未危。」此誠治亂安危之秋也。願陛下遠佞人，親有德，乳保之母，妃主之家，以時接見，無令媟黷。

疏奏不省。

俄以監察御史巡察河南道。時滑州輸丁少而封戶多，每配封人，皆亡命失業。務光建言：「通邑大都不以封。今命侯之家專擇雄奥，滑州七縣，而分封者五，王賦少於侯租，入家倍於輸國。請以封戶均餘州。」又請「食賦附租庸歲送，停封使，息傳驛之勞」。不見納。以考最，進殿中侍御史。遷右臺。嘗薦汝州參軍事李欽憲，後爲名臣。卒，年四十二。

時又有清源尉呂元泰，亦上書言時政曰：「國家者，至公之神器，一正則難傾，一傾則難

正。今中興政化之始，幾微之際，可不愼哉？自頃營寺塔，度僧尼，施與不絕，非所謂急務也。林胡數叛，獫虜內侵，帑藏虛竭，戶口亡散。夫下人失業，不謂太平；邊兵未解，不謂無事；水旱爲災，不謂年登；倉廩未實，不謂國富。而乃驅役飢凍，彫鐫木石，營構不急，勞費日深，恐非陛下中興之要也。比見坊邑相率爲渾脫隊，駿馬胡服，名曰『蘇莫遮』。旗鼓相當，軍陣勢也；騰逐喧譟，戰爭象也；錦繡夸競，害女工也；督斂貧弱，傷政體也；胡服相歡，非雅樂也；渾脫爲號，非美名也。安可以禮義之朝，法胡虜之俗？詩云：『京邑翼翼，四方是則。』非先王之禮樂而示則於四方，臣所未諭。書：『曰謀，時寒若。』何必贏形體，灌衢路，鼓舞跳躍而索寒焉？」書聞不報。

辛替否字協時，京兆萬年人。景龍中爲左拾遺。時置公主府官屬，而安樂府補授尤濫；武崇訓死，主棄故宅，別築第，侈費過度，又盛興佛寺，公私疲匱。替否上疏曰：

古之建官不必備，九卿有位而闕其選。故賞不僭，官不濫；士有完行，家有廉節；朝廷餘奉，百姓餘食；下忠於上，上禮於下；委裘無倉卒之危，垂拱無顚沛之患。夫事有惕耳目，動心慮，作不師古，以行於今，臣得言之。陛下倍百行賞，倍十增官，金銀

不供於印，束帛不充於錫，何所媿於無用之臣、無力之士哉？

古語曰：「福生有基，禍生有胎。」且公主，陛下愛子也，選賢嫁之，設官輔之，傾府庫以賜之，壯第觀以居之，廣池籞以嬉之，可謂至重至憐也。然用不合古義，行不根人心，將變愛成憎，轉福爲禍。何者？竭人之力，費人之財，奪人之家，怨也。愛一女，取三怨於天下，使邊疆士不盡力，朝廷士不盡忠。人心散矣，獨持所愛，何所恃乎？向使魯王賞同諸壻，則有今日之福，無曩日之禍。人徒見其禍，不知禍所來，所以禍者，寵過也。今棄一宅，造一宅，忘前悔，忽後禍，臣竊謂陛下乃憎之，非愛之也。臣聞君以人爲本，本固則邦寧，邦寧則陛下夫婦母子長相保也。願外謀宰臣，爲久安計，不使姦臣賊子有以伺之。

今疆埸危駭，倉廩空虛，卒輸不充，士賞不及，而大建寺宇，廣造第宅。伐木空山，不給棟梁；運土塞路，不充牆壁。所謂佛者，清淨慈悲，體道以濟物，不欲利以損人，不榮身以害教。今三時之月，掘山穿地，損命也；殫府虛帑，損人也；廣殿長廊，榮身也。損命則不慈悲，損人則不愛物，榮身則不清淨，寧佛者之心乎？昔夏爲天子二十餘世而商受之，商二十餘世而周受之，周三十餘世而漢受之，由漢而後，歷代可知已。咸有道之長，無道之短，豈窮金玉修塔廟享久長之祚乎？臣以爲減彫琢之費以賙不足，是有佛之德；息穿掘之苦以全昆蟲，是有佛之仁；罷營構之直以給邊垂，是有湯、武之功；回不急之祿以購廉淸，是有唐、虞之治。陛下緩其所急，急其所緩，親未來，疏見在，失眞實，冀虛無，重俗人之所爲，而輕天子之業，臣竊痛之。

今出財依勢，避役亡命，類度爲沙門，其未度者，窮民善人耳。拔親樹知，豈離朋黨；畜妻養孥，非無私愛。是致人毀道，非廣道求人也。陛下常欲塡池塹，捐苑囿，以賑貧人。今天下之寺無數，一寺當陛下一宮，壯麗用度尙或過之。十分天下之財而佛有七八，陛下何有之矣？雖役不食之人，不衣之士，猶尙不給，況必待天生地養，風動雨潤而後得之乎？臣聞國無九年之儲，曰非其國。今計倉廩，度府庫，百僚共給，萬事用度，臣恐不能卒歲。假如兵旱相乘，則沙門不能擐甲冑，寺塔不足穰飢饉矣。

帝不省。

睿宗立，罷斜封官千餘人，俄詔復之。方營金仙、玉眞觀，替否以左補闕上疏曰：

臣謂古之用度不時，爵賞不當，國破家亡者，口說不若身逢，耳聞不若目見，臣請以有唐治道得失，陛下所及見者言之。

太宗，陛下之祖，撥亂立極，得至治之體。省官清吏，舉天下職司無虛授，用天下財帛無枉費；賞必待功，官必得才，爲無不成，征無不服。不多寺觀而福祿至，不度

僧尼而咎殃滅。陰陽不愆，五穀遂成，粟腐帛爛。萬里貢賦，百蠻歸款。享國久長，多歷年所。陛下何憚而不法之？

中宗，陛下之兄，居先帝之業，忽先帝之化，不聽賢臣之言，而悅子女之意。虛食祿者數千人，妄食土者百餘戶；造寺蠹財數百億，度人免租、庸數十萬。是故國家所出日加，所入日減，倉乏半歲之儲，庫無一時之帛。所惡者逐，逐必忠良；所愛者賞，賞皆讒慝。朋佞喋喋，交相傾動。奪百姓之食以養殘凶，剝萬人之衣以塗土木。人怨神怒，親忿衆離，水旱疾疫，六年之間，三禍爲變。享國不永，受終於凶婦，取譏萬代，詒笑四夷，陛下所見也。若法太宗治國，太山之安可致也；法中宗治國，累卵之危亦可致也。

頃淫雨不解，穀荒于壟，麥爛于場，入秋亢旱，霜損蟲暴，草木枯黃，下人咨嗟，未知所濟。而營寺造觀，日繼于時，道路流言，計用緡錢百餘萬。陛下知倉有幾歲儲？庫有幾歲帛？百姓何所活？三邊何所輸？民散兵亂，職此由也。而以百萬構無用之觀，受天下之怨。陛下忍棄太宗之治本，不忍棄中宗之亂階；忍棄太宗久長之謀，不忍棄中宗短促之計。何以繼祖宗、觀萬國耶？陛下在韋氏時，切齒羣凶；今貴爲天子，不改其事，恐復有切齒於陛下者。

往見明敕，一用貞觀故事。且貞觀有營寺觀，加浮屠、黄老，益無用之官，行不急之務者乎？往者和帝之憐悖逆也，宗晉卿勸爲第宅，趙履温勸爲園亭，工徒未息，義兵交馳，亭不得游，宅不得息，信邪僻之說，成骨肉之刑，陛下所見也。今茲二觀，得無晉卿之徒陰勸爲之，冀誤骨肉？不可不察也。惟陛下停二觀以須豐年，以所費之財給貧窮、塡府庫，則公主福無窮矣。

疏奏，帝不能用，然嘉切直。稍遷右臺殿中侍御史。雍令劉少徽恃權貪贓，替否按之，岑羲屢以爲請，替否曰：「我爲憲司，懼勢以縱罪，謂王法何？」少徽坐死。遷累潁王府長史。卒，年八十。

李渤字濬之，魏橫野將軍、申國公發之裔。父鈞，殿中侍御史，以不能養母廢于世。渤恥之，不肯仕，刻志於學，與仲兄涉偕隱廬山。嘗以列禦寇拒粟，其妻怒，是無婦也；樂羊子捨金，妻讓之，是無夫也。乃摭古聯德高蹈者，以楚接輿、老萊子、黔婁先生、於陵子、王儒仲、梁鴻六人圖象讚其行〔二〕，因以自儆。久之，更徙少室。

元和初，戶部侍郎李巽、諫議大夫韋況交章薦之，詔以右拾遺召。於是河南少尹杜兼

遣吏持詔、幣卽山敦促，渤上書謝：「昔屠羊說有言：『位三旌，祿萬鍾，知貴於屠羊，然不可使吾君妄施。』彼賤賈也，猶能忘己愛君。臣雖欲盜榮以濟所欲，得無愧屠羊乎？」不拜。洛陽令韓愈遺書曰：

有詔河南敦喻遺公，朝廷士引頸東望，若景星、鳳鳥始見，爭先覩之爲快。方今天子仁聖，小大之事皆出宰相，樂善言如不得聞，自卽大位，凡所出而施者無不得宜。勤儉之聲，寬大之政，幽閨婦女、草野小子飽聞而厭道之。愈不通於古，請問先生，茲非太平世歟？加又有非人力而至者，年穀屢熟，符貺委至。干紀之姦不戰而拘纍，彊梁之凶銷鑠縮栗，迎風而委伏。其有一事未就正，視若不成人。四海所環，無一夫甲而兵者。若此時也，遺公不疾起與天下士樂而享之，斯無時矣。昔孔子知不可爲而爲之不已，跡接於諸侯之國。今可爲之時，自藏深山，牢關而固拒，卽與仁義者異守矣。想遺公冠帶就車，惠然肯來，舒所畜積，以補綴盛德之闕，利加于時，名垂將來。踴躍懷企，頃刻以冀。又竊聞朝廷議，必起遺公，使者往若不許，卽河南必繼以行。拾遺徵若不至，更加高秩。如是辭少就多，傷於廉而害於義，遺公必不爲也。善人進，其類皆有望於公。公不爲起，是使天子不盡得良臣，君子不盡得顯位，人庶不盡被惠利，其害不爲細。必審察而諦思之，務使合於孔子之道乃善。

渤心善其言，始出家東都，每朝廷有闕政，輒附章列上。

元和九年討淮西，上平賊三術：一曰感，二曰守，三曰戰。感不成，不失爲守，守不成，不失爲戰。又上禦戎新錄，乃以著作郎召，渤遂起。歲餘，遷右補闕，以直忤旨，下遷丹王府諮議參軍，分司東都。十三年，上言：

至德以來，天下思致治平，訖今不稱者，人倦而不知變。天以變通之運遺陛下，陛下順而革之，則悠久。宜乘平蔡之勢，以德羈服恆、兗，無不濟，則恩威暢矣。昔舜、禹以匹夫宅四海，其烈如彼；今以五聖營太平，其難如此。臣恐宰相羣臣蘊晦術略，啓沃有所未盡，使陛下翹然思文、武、禹、湯而不獲也。宜正六官，敍九疇，脩王制、月令，崇孝悌，敦九族，廣諫路，黜選舉，復俊造，定四民，省抑佛、老，明刑行令，治兵禦戎。願下宰相公卿大夫議，博引海內名儒，大開學館，與羣臣參講，據經稽古，應時便俗者，使切磋周復，作制度，合宣父繼周之言。謹上五事：一禮樂，二食貨，三刑政，四議都，五辨讎。

渤雖處外，然志存朝廷，表疏凡四十五獻。擢爲庫部員外郎。會皇甫鎛輔政，務剝下佐用度，而渤奉詔弔郗士美喪，在道上言：「渭南長源鄉戶四百，今纔四十；閿鄉戶三千，而今千。它州縣大抵類此。推其敝，始於攤逃人之賦。假令十室五逃，則均責未逃者，若抵石

于井，非極泉不止，誠繇聚斂之臣剝下媚上。願下詔一賜禁止，計不三年，人必歸于農。夫農，國之本，本立而太平可議矣。」又言：「道路茀不治，驛馬多死。」憲宗得奏咨駭，卽詔出飛龍馬數百給畿驛。渤既以峭直觸要臣意，乃謝病歸。

穆宗立，召拜考功員外郎。歲終，當校考。渤自宰相而下升黜之，上奏曰：「宰相俛、文昌、植，陛下卽位，倚以責功，安危治亂繫也。方陛下敬大臣，未有昵比左右自驕之心，而天下事一以付之，俛等不推至公，陳先王道德，又不振祓舊典，復百司之本。政之興廢在賞罰。俛等未聞慰一首公，使天下吏有所勸；黜一不職，使尸祿有所懼。士之邪正混然無章。陛下比幸驪山，宰相、學士皆股肱心腹，宜皆知之，不先事以諫，陷君於過。俛與學士杜元穎等請考中下。御史大夫李絳、左散騎常侍張惟素、右散騎常侍李益諫幸驪山，鄭覃等諫畋游，得事君之禮，請考上下。崔元略當考上下，前考于臯不實，臯以賄死，請降中中。大理卿許季同，任臯者，應考中下；然頃陷劉闢，棄家以歸，宜補厥過，考中中。少府監裴通職修舉，考應中上；以封母，捨嫡而追所生，請考中下。」奏入，不報。會渤請急，馮宿領考功，以「考課令取歲中善惡爲上下，郞中校京官四品以下黜陟之，由三品上爲清望官，歲進名聽內考，非有司所得專。渤舉舊事爲褒貶，違朝廷制，請如故事」。渤議遂廢。

會魏博節度使田弘正表渤爲副，元穎劾奏：「渤賣直售名，資狂躁，干進不已，外交方鎭

求尉薦，不宜在朝。」出爲虔州刺史。渤奏還信州移稅錢二百萬，免賦米二萬石，廢冗役千六百人。觀察使上狀。不閱歲，遷江州刺史。

度支使張平叔斂天下逋租，渤上言：「度支所收貞元二年流戶賦錢四百四十萬，臣州治田二千頃，今旱死者千九百頃。若徇度支所斂，臣懼天下謂陛下當大旱責民三十年逋賦。臣刺史，上不能奉詔，下不忍民窮，無所逃死，請放歸田里。」有詔蠲責。渤又治湖水，築隄七百步，使人不病涉。

入爲職方郎中，進諫議大夫。時敬宗晏朝紫宸，入閤，帝久不出，羣臣立屏外，至頓仆。渤見宰相曰：「昨論晏朝事，今益晚，是諫官不能移人主意，渤請出閤待罪。」會喚仗，乃止。退上疏曰：「今日入閤，陛下不時見羣臣，羣臣皆布路跛倚。夫跛倚形諸外，則憂思結諸內。憂倦既積，災釁必生，小則爲旱爲孽，大則爲兵爲亂。禮：『三諫不聽，則逃之。』陛下新即位，臣至三諫，恐危及社稷。」又言：「左右常侍職規諷，循默不事，若設官不責實，不如罷之。」俄充理匭使，建言：「事大者以聞，次白宰相，下以移有司。有司不當，許再納匭。妄訴者加所坐一等，以絕冒越。」詔可。

時政移近倖，紀律蕩然，渤勁正不顧患，通章封無閡日。天子雖幼昏，亦感寤，擢給事中，賜金紫服。

五坊卒夜鬬，傷縣人，鄠令崔發怒，敕吏捕捽，其一中人也，釋之。帝大怒，收發送御史獄。會大赦，改元，發以囚坐雞竿下，俄而中人數十持梃亂擊，發敗面折齒，幾死，吏哀請乃去。既而囚皆釋，而發不得原。渤上疏曰：「縣令曳辱中人，中人敺御囚，其罪一也。然令罪在赦前，而中人在赦後，不寘于法，臣恐四夷聞之，慢倍之心生矣。」渤又誦言：「前神策軍在𨽻城，簒京兆進食牙盤，不時治，致宦人益橫。」帝以問左右，皆曰「無之」。帝謂渤有黨，出爲桂管觀察使。它日，宰相李逢吉等見帝曰：「發暴中人誠不敬，然其母故宰相韋貫之姊，年八十，憂發成疾。陛下方孝治，宜少挺之。」帝惻然曰：「比諫官但言發枉，未嘗道此。」即遣使送發於家，且撫尉其母。韋拜詔，泣對使者杖發四十。猶奪其官。至文宗，乃用發爲懷州長史。

桂有灕水，出海陽山，世言秦命史祿伐粵，鑿爲漕，馬援討徵側，復治以通餽；後爲江水潰毀，渠遂廞淺，每轉餉，役數十戶濟一艘。渤釃浚舊道，鄣泄有宜，舟楫利焉。踰年，以病歸洛。大和中，召拜太子賓客。卒，年五十九，贈禮部尚書。

渤，孤操自將，不苟合於世，人咸謂之沽激。屢以言斥，而悻直不少衰，守節者尚之。

裴潾，本河東聞喜人。篤學，善隸書。以蔭仕。元和初，累遷左補闕。於是兩河用兵，憲宗任宦人爲館驛使，檢稽出納。有曹進玉者，尤恃恩倨甚，使者過，至加捽辱，宰相李吉甫奏罷之。會伐蔡，復以中人領使。潾諫曰：「凡驛，有官專尸之，畿內以京兆尹，道有觀察使、刺史相監臨，臺又御史爲之使，以察過闕。猶有不職，則宜明科條督責之，誰不惕懼？若復以宮闈臣領之，則內人而及外事，職分亂矣。夫事不善，誠於初；體有非，不必大。方開太平，澄本正末，宜塞侵官之原、出位之漸。」帝雖不用，而嘉其忠，擢起居舍人。

帝喜方士，而柳泌爲帝治丹劑，求長年。帝御劑，中躁病渴。潾諫曰：

夫除天下之害者，常受天下之利；共天下之樂者，常饗天下之福。故上自黃帝、顓頊、堯、舜、禹、湯、文、武，咸以功濟生人，天皆報以耆壽，垂榮無疆。陛下以孝安宗廟，以仁牧黎庶，攘剗祅凶，復張太平，賓禮賢俊，待以終始。神功聖德，前古所不及。陛下躬行之，天地宗廟必相陛下以億萬之永。今乃方士韋山甫、柳泌等以丹術自神，更相稱引，詭爲陛下延年。臣謂士有道者皆匿名滅景，無求於世，豈肯干謁貴近，自鬻其伎哉？今所至者，非曰知道，咸求利而來。自言飛鍊爲神，以訹權賄，僞窮情得，不恥遁亡。豈可信厥術、御其藥哉？

臣聞人食味、別聲、被色而生者也。味以行氣，氣以實志。水火鹽梅以亨魚肉，宰

夫和之，齊之以味，君子食之，以平其心。夫三牲五穀，稟五行以生也，發爲五味。天地生之，所以奉人，聖人節調，以致康彊。若乃藥劑者，所以禦疾，豈常進之餌哉？況又金石性託酷烈，而燒治積年，包炎產毒，未易可制。夫秦、漢之君亦信方士矣，如盧生、徐福、欒大、李少君，後皆詐譎無成功。事暴前策，皆可驗視。

禮：「君之藥，臣先嘗之；父之藥，子先嘗之。」臣、子一也，願以所治劑，俾其人服之，竟一歲以考眞僞，則無不驗矣。

帝怒，貶江陵令。

穆宗立，泌等誅，召潾，再遷刑部郎中。前率府倉曹參軍曲元衡杖民柏公成母死，有司以死在辜外，推元衡父蔭贖金，公成受賕不訴，以赦免。潾議曰：「杖捶者，官得施所部，非所部，雖有罪，必請有司，明不可擅也。元衡非在官，公成母非所部，不可以蔭免。公成取賄仇家，利母之死，逆天性，當伏誅。」有詔元衡流，公成論死。久之，繇給事中爲汝州刺史，越法杖人輒死，以太子左庶子分司東都。遷左散騎常侍、集賢殿學士。改刑部侍郎，爲華州刺史。召拜兵部侍郎，出爲河南尹，復還舊官。卒，贈戶部尚書，謚曰敬。

潾以道自任，悉心事上，疾黨附，不爲權近所持。嘗哀古今辭章，續梁昭明太子文選，自號大和通選，上之。當時文士非與遊者皆不取，世恨其隘。憲宗竟以藥棄天下，世益謂

濟知言。

穆宗雖誅泌，而後稍稍復惑方士。有布衣張皋者，上疏曰：「神慮澹則血氣和，嗜欲勝則疾疹作。古之聖賢務自頤養，不以外物橈耳目、聲色敗情性，繇是和平自臻，福慶用昌。在易，『無妄之疾，勿藥有喜』，在詩，『自天降康，降福穰穰』，此天人符也。然則藥以攻疾，無疾不用藥也。高宗時，處士孫思邈達於養生，其言曰：『人無故不應餌藥。藥有所偏助，則藏氣爲不平。』推此論之，可謂達見至理。夫寒暑爲賊，節宣乖度，有資於醫，尙當重愼。故禮稱：『醫不三世，不服其藥。』庶士猶爾，況天子乎？先帝晚節喜方士，累致危疾，陛下所自知，不可蹈前覆、迎後悔也。今人人竊議，直畏忤旨，莫敢言。臣蓬蔽之生，非以邀寵，顧忠義可爲者，聞而默，則不安，願陛下無忽。」帝善其言，詔訪皋，不獲。

李中敏字藏之，系出隴西。元和中，擢進士第。性剛峭，與杜牧、李甘善，其文辭氣節大抵相上下。沈傳師觀察江西，辟爲判官。入拜侍御史。鄭注誣逐宰相宋申錫，天下以目。大和六年，大旱，文宗內憂，詔詢所以致雨者。中敏

時以司門員外郎上言：「雨不時降，夏陽驕愆，苗欲槁枯，陛下憂勤，降德音，俾下得盡言。臣聞昔東海誤殺一孝婦，大旱三年。臣頃爲御史臺推四，華封儒殺良家子三人，陛下赦封儒死。然三人者，亦陛下赤子也。神策士李秀殺平民，法當死，以禁衞，刑止流。宋申錫位宰相，生平饋致一不受，其道勁正，姦人忌之，陷不測之辜，獄不參驗，銜恨而沒，天下士皆指目鄭注。臣知數冤必列訴上帝，天之降災，殆有由然。漢武帝國用空竭，桑弘羊興筦榷之利，然卜式請亨以致雨。況申錫之枉，天下知之，何惜斬一注以快忠臣之魂，則天且雨矣。」帝不省。中敏以病告滿，歸潁陽。注誅，以司勳員外郎召。

累遷諫議大夫，爲理匭使，建言：「上書者將納於匭，有司先審其副，有不可，輒卻之。臣謂匭出禁中，暮而入，爲下開必達之路，廣聰明，直枉結。若有司先裁可否，恐事不重密，非窮塞得自申意。請一裁諸上。」詔可。遷給事中。仇士良以開府階蔭其子，中敏曰：「內謁者監安得有子？」士良慙恚。繇是復棄官去。開成末，爲婺、杭二州刺史，卒于官。

中敏所善李款，字言源。長慶初第進士，爲侍御史。注自邠寧入朝，款伏閤劾奏：「注內通敕使，外結朝臣，往來兩地，卜射財賄。」帝不省。後寖用事，款被斥去。注死，繇倉部員外郎累遷江西觀察使。終澶王傅。

李甘字和鼎。長慶末，第進士，舉賢良方正異等。累擢侍御史。鄭注侍講禁中，求宰相，朝廷譁言將用之，甘顯倡曰：「宰相代天治物者，當先德望，後文藝。注何人，欲得宰相？白麻出，我必壞之。」既而麻出，乃以趙儋爲鄜坊節度使，甘坐輕肆，貶封州司馬。而李訓內亦惡注，繇是注卒不相。甘終于貶。

始，河南人楊牢，字松年，有至行。甘方未顯，以書薦於尹曰：「執事之部孝童楊牢，父茂卿，從田氏府，趙軍反，殺田氏，茂卿死。牢之兄蜀，三往索父喪，慮死不果至。牢自洛陽走常山二千里，號伏叛壘，委髮羸骸，有可憐狀，讎意感解，以尸還之。單縗冬月，往來太行間，凍膚皸瘃，銜哀雨血。行路稠人爲牢泣，歸責其子，以牢勉之。牢爲兒踐操如此，未聞執事門唁而書顯之，豈樹風扶教意耶？且鄉人能醫疽刳胜，急親之病，皆一時決耳，猶蒙表其閭，脫之徭，上有大禮則差問以粟帛。今河北驕叛，萬師不能擣，而牢徒步請尸仇手，與夫含腐忍瘡者孰多？牢絕乳即能詩，洛陽兒曹壯於牢者皆出其下。聞牢之贖喪，潞帥償其費，其葬也，滑帥賻之財，斯執事之事，他人既篡之矣。即有稱牢於上者，執事能無恨其後乎？」其激卬自任類此。牢後亦擢進士第。

贊曰：夫以下摩上，士所甚患，然取名最多，故上失德則與下爭名，而後有誅夷斥竄事。然或依古肆言，高而難從，以邀主賈直者，逆之似傷道，行之不切時，此言事常弊也。若廷珪數子，優游彌縫，皆中時病，非所謂賈直自榮者也。至渤爭晏朝，濟諫方士，甘斥鄭注不可作宰相，排寵救危，不得不爾，賢哉！

校勘記

〔一〕以楚接輿……王儒仲梁鴻六人圖象讚其行　「儒仲」，各本原作「仲儒」。按後漢書卷八三逸民傳，王霸，字儒仲，「隱居守志」，與梁鴻等合傳。「仲儒」顯爲倒文，今改正。

唐書卷一百一十九

列傳第四十四

武平一　李乂　賈曾 至　白居易 行簡　敏中

武平一名甄，以字行，潁川郡王載德子也。博學，通春秋，工文辭。武后時，畏禍不敢與事，隱嵩山脩浮圖法，屢詔不應。中宗復位，平一居母喪，迫召爲起居舍人，丐終制，不見聽。景龍二年，兼脩文館直學士。時天子暗柔不君，韋后烝亂，外戚盛。平一重斥語，即自請抑母黨，上言：「去歲熒惑入羽林，太白再經天，太陽虧，月犯大角。臣聞災不妄生，上見下應，信如景響。詩曰：『唯此文王，小心翼翼，昭事上帝，聿懷多福。』陛下天性孝愛，戚屬外家，恩洽澤濡。臣一宗，階三等，家數侯，朱輪華轂，過許、史、梁、鄧遠甚。恩崇者議積，位厚者釁速，故月滿必虧，日中則移，時不再來，榮難久藉。昔永淳之後，王室多難，先聖從權，故臣家以宗子竊祿疏封。今上聖復辟，宜退守園廬，乃再假光寵，爵封如初，高班厚位，

遂超涯極。故陰氣僭陽，河、洛氾溢。昔王族驕盈，梅福上書；竇氏專縱，丁鴻進諫。且后妃之家，恩過寵深，一朝覆沒，遂無噍類。願思抑損之宜、長遠之策，推遠時權，以全親親。」帝慰勉，不許。遷考功員外郎。

于時，太平、安樂公主各立黨相損毀，親貴離閒，帝患之，欲令敦和，以訪平一。因上書曰：「病之在四體者，跡分而易逐；居心腹者，候邃而難治。刑政乖舛，四支疾也；親權猜間，心腹患也。書曰：『克明俊德，以親九族，九族既睦，平章百姓。』詩曰：『協比其鄰，婚姻孔云。』是知親族以輯睦爲義也。自頃權貴猜防，外和內離，怨結姻婭，疑生骨肉。邀榮之徒，詭獻忠款；膂臂之伍，苟輸讒計。脅肩邸第之中，躡頤媼宦之側。故過從絕，猜嫌構，親愛乖，黨與生。積霜成冰，禍不可既。願悉召近親貴人，會宴內殿，告以輯睦，申以恩勸，斥姦人，塞讒路。若猶未已，則捨近圖遠，抑慈示嚴，惟陛下之命。」帝美其忠切，卒不用。

初，崔日用自言明左氏春秋諸侯官族。它日，學士大集，日用折平一曰：「君文章固耐久，若言經，則敗績矣。」時崔湜、張說素知平一該習，勸令酬詰，平一乃請所疑。日用曰：「魯三桓，鄭七穆，奈何？」答曰：「慶父、叔牙、季友，桓三子也。孟孫至彘凡九世，叔孫舒、季孫肥凡八世。鄭穆公十一子，子然及士子子孔三族亡[一]，子羽不爲卿，故稱七穆，子罕、子駟、子良、子國、子游、子印、子豐也。」一坐驚服。平一問日用曰：「公言齊桓公、楚莊王時，諸侯屬齊若楚凡幾？平公、靈王時，諸侯屬晉、楚凡幾？晉六卿，齊、楚執政幾何人？」日用謝曰：「吾不知，君能知乎？」平一條舉始末，無留語。日用曰：「吾請北面。」闔坐大笑。

後宴兩儀殿，帝命后兄光祿少卿嬰監酒，嬰滑稽敏給，詔學士嘲之，嬰能抗數人。酒酣，胡人襪子、何懿等唱「合生」，歌言淺穢，因倨肆，欲奪司農少卿宋廷瑜賜魚。平一上書諫曰：「樂，天之和，禮，地之序；禮配地，樂應天。故音動於心，聲形于物，因心哀樂，感物應變。樂正則風化正，樂邪則政教邪，先王所以達廢興也。伏見胡樂施于聲律，本備四夷之數，比來日益流宕，異曲新聲，哀思淫溺。始自王公，稍及閭巷，妖伎胡人、街童市子，或言妃主情貌，或列王公名質，詠歌蹈舞，號曰『合生』。昔齊衰，有行伴侶，陳滅，有玉樹後庭花，趨數驁僻，皆亡國之音。夫禮慊而不進即銷，樂流而不反則放。臣願屏流僻，崇肅雍，凡胡樂，備四夷外，一皆罷遣。況兩儀、承慶殿者，陛下受朝聽訟之所，比大饗羣臣，不容以倡優媟狎虧汙邦典。若聽政之暇，苟玩耳目，自當奏之後廷可也。」不納。

玄宗立，貶蘇州參軍，徙金壇令。平一見寵中宗，時雖宴豫，嘗因詩頌規誡，然不能卓然自引去，故被謫。既謫而名不衰。開元末，卒。孫元衡、儒衡別傳。

李乂字尚眞，趙州房子人。少孤。年十二，工屬文，中書令薛元超曰：「是子且有海內名。」第進士、茂才異等，累調萬年尉。長安三年，詔雍州長史薛季昶選部吏才中御史者，季昶以乂聞，擢監察御史。劾奏無避。景龍初，葉靜能怙勢，乂條其姦，中宗不納。遷中書舍人、脩文館學士。

帝遣使江南，發在所庫貲以贖生，乂上疏以爲：「江南魚鼈之利，衣食所資。江湖之生無既，而府庫之財有限，與其拯物，不如憂民。且鬻生之徒惟利所視，錢刀日至，網罟歲廣，施之一朝，營之百倍。若回所贖之貲，減方困之徭，其澤多矣。」

韋氏之變，詔令嚴促，多乂草定。進吏部侍郎，仍知制誥。與宋璟等同典選事，請謁不行，時人語曰：「李下無蹊徑。」改黃門侍郎，封中山郡公。制敕不便，輒駁正。貴幸有求官者，睿宗曰：「朕非有靳，顧李乂不可過耳！」諫罷金仙、玉眞二觀，帝雖不從，優容之。太平公主干政，欲引乂自附，乂深自拒絕。

開元初，姚崇爲紫微令，薦爲侍郎，外託引重，實去其糾駁權，畏乂明切也。未幾，除刑部尚書。卒，年六十八，贈黃門監，謚曰貞。遺令薄葬，毋還鄉里。

乂沈正方雅，識治體，時稱有宰相器。葬日，蘇頲、畢構、馬懷素往祖之，哭曰：「非公爲

慟而誰慟歟！」乂事兄尙一、尙貞孝謹甚，又俱以文章自名，弟兄同爲一集，號李氏花萼集，乂所著甚多。尙一終淸源尉，尙貞博州刺史。

賈曾，河南洛陽人。

父言忠，貌魁梧，事母以孝聞，補萬年主簿。護役蓬萊宮，或短其苛，高宗廷詰，辯列詳諦，帝異之，擢監察御史。方事遼東，奉使稾軍餉，還，奏上山川道里，幷陳高麗可破狀。帝問：「諸將材否？」對曰：「李勣舊臣，陛下所自悉。龐同善雖非鬬將，而持軍嚴。薛仁貴票勇冠軍，高偘忠果而謀，契苾何力性沈毅，雖忌前，有統御才。然夙夜小心，忘身憂國，莫逮於勣者。」帝然所許，衆亦以爲知言。累轉吏部員外郎。李敬玄兼尙書，言忠倚氣，及主選，不能下，貶邵州司馬。失武懿宗意，下獄幾死，左除建州司戶參軍，卒。

曾少有名，景雲中，爲吏部員外郎。玄宗爲太子，遴選宮僚，以曾爲舍人。太子數遣使采女樂，就率更寺肄習，曾諫曰：「作樂崇德，以和人神。韶、夏有容，咸、英有節，而女樂不與其間。昔魯用孔子幾霸，戎有由余而彊，齊、秦遺以女樂，故孔子行，由余出奔。良以冶容哇咬，蠱心喪志，聖賢疾之最甚。殿下渴賢之美未彰，好伎之聲先聞，非所以追啓誦、嗣

堯舜之烈也。餘閑宴私，後廷伎樂，古亦有之，猶當祕隱，不以示人，況闕之所司，明示羣臣哉！願下令屏倡優女子，諸使者採召，一切罷止。」太子手令嘉答。

俄擢中書舍人，以父嫌名不拜，徙諫議大夫，知制誥。天子親郊，有司議不設皇地祇位，曾請合享天地如古制并從祀等坐。睿宗詔宰相禮官議，皆如曾請。開元初，復拜中書舍人，曾固辭。議者謂中書乃曹司，非官稱，嫌名在禮不諱，乃就職。與蘇晉同掌制誥，皆以文辭稱，時號「蘇賈」。後坐事貶洋州刺史。歷虔、鄭等州刺史，遷禮部侍郎，卒。子至。

至字幼鄰，擢明經第，解褐單父尉。從玄宗幸蜀，拜起居舍人，知制誥。帝傳位，至當譔册，既進稾，帝曰：「昔先天誥命，乃父爲之辭，今茲命册，又爾爲之，兩朝盛典，出卿家父子手，可謂繼美矣。」至頓首，嗚咽流涕。歷中書舍人。

至德中，將軍王去榮殺富平令杜徽，肅宗新得陝，且惜去榮材，詔貸死，以流人使自效。至諫曰：「聖人誅亂，必先示法令，崇禮義。漢始入關，約法三章，殺人者死，不易之法也。按將軍去榮以朔方偏裨提數千士，不能整行列，挾私怨殺縣令，有犯上之逆。或曰去榮善守，陝新下，非去榮不可守，臣謂不然。李光弼守太原，程千里守上黨，許叔冀守靈昌，魯炅守南陽，賈賁守雍丘，張巡守睢陽，初無去榮，未聞賊能下也。以一能而免死，彼弧矢絕倫、劍術無前者，恃能犯上，何以止之！若捨去榮，誅將來，是法不一而招罪人也。惜一去榮，殺十去榮之材，其傷蓋多。彼逆亂之人，有逆於此而順於彼乎？亂富平而治於陝乎？悖縣令，能不悖於君乎？律令者，太宗之律令，陛下不可以一士小材，廢祖宗大法。」帝詔羣臣議，太子太師韋見素、文部郎中崔器等皆以爲：「法者，天地大典，王者不敢專也。帝王不擅殺，而小人得擅殺者，是權過人主。開元以前，無敢專殺，尊朝廷也；今有之，是弱國家也。太宗定天下，陛下復鴻業，則去榮非至德罪人，乃貞觀罪人也。其罪祖宗所不赦，陛下可易之耶？」詔可。

蒲州刺史以河東瀕賊，徹傅城廬舍五千室，不使賊得保聚，民大擾。詔遣至尉安，官助營完，蒲人乃安。坐小法，貶岳州司馬。

寶應初，召復故官，遷尙書左丞。楊綰建請依古制，縣令舉孝廉于刺史，刺史升天子禮部。詔有司參議，多是綰言。至議以爲：「自晉後，衣冠遷徙，人多僑處，因緣官族，所在占籍。今鄉舉取人未盡，請廣學校，增國子博士員，十道大州得置大學館，詔博士領之，召置生徒。使保桑梓者，鄉里舉焉；在流寓者，庠序推焉。」議者更附至議。轉禮部侍郎，待制集賢院。

大曆初，徙兵部。累封信都縣伯，進京兆尹。七年，以右散騎常侍卒，年五十五，贈禮

部尙書，謚曰文。

白居易字樂天，其先蓋太原人。北齊五兵尙書建，有功于時，賜田韓城，子孫家焉。又徙下邽。父季庚，爲彭城令，李正己之叛，說刺史李洧自歸，累擢襄州別駕。

居易敏晤絕人，工文章。未冠，謁顧況。況，吳人，恃才少所推可，見其文，自失曰：「吾謂斯文遂絕，今復得子矣！」貞元中，擢進士、拔萃皆中，補校書郎。元和元年，對制策乙等，調盩厔尉，爲集賢校理，月中，召入翰林爲學士。遷左拾遺。

四年，天子以旱甚，下詔有所蠲貸，振除災沴。居易見詔節未詳，卽建言乞盡免江淮兩賦，以救流瘠，且多出宮人。憲宗頗采納。是時，于頔入朝，悉以歌舞人內禁中，或言普寧公主取以獻，皆頔嬖愛。居易以爲不如歸之，無令頔得歸曲天子。李師道上私錢六百萬，爲魏徵孫贖故第，居易言：「徵任宰相，太宗用殿材成其正寢，後嗣不能守，陛下猶宜以賢者子孫贖而賜之。師道人臣，不宜掠美。」帝從之。河東王鍔將加平章事，居易以爲：「宰相天下具瞻，非有重望顯功不可任。按鍔誅求百計，不卹彫瘵，所得財號爲『羨餘』以獻。今若假以名器，四方聞之，皆謂陛下得所獻，與宰相。諸節度私計曰：『誰不如鍔？』爭裒割

生人以求所欲。與之則綱紀大壞，不與則有厚薄，事一失不可復追。」是時，孫璹以禁衞勞，擢鳳翔節度使。張奉國定徐州，平李錡有功，遷金吾將軍。居易爲帝言：「宜罷璹，進奉國，以竦天下忠臣心。」度支有囚繫閿鄉獄，更三赦不得原。又奏言：「父死，縶其子，夫久繫，妻嫁，債無償期，禁無休日，請一切免之。」奏凡十餘上，益知名。

會王承宗叛，帝詔吐突承璀率師出討，居易諫：「唐家制度，每征伐，專委將帥，責成功，比年始以中人爲都監。韓全義討淮西，賈良國監之；高崇文討蜀，劉貞亮監之。且興天下兵，未有以中人專統領者。神策既不置行營節度，即承璀爲制將，又充諸軍招討處置使，是實都統。恐四方聞之，必輕朝廷。後世且傳中人爲制將自陛下始，陛下忍受此名哉？且劉濟等洎諸將必恥受承璀節制，心有不樂，無以立功。此乃資承宗之姦，挫諸將之銳。」帝不聽。既而兵老不決，居易上言：「陛下討伐，本委承璀，外則盧從史、范希朝、張茂昭。今承璀進不決戰，已喪大將，希朝、茂昭數月乃入賊境，覼其勢，似陰相爲計，空得一縣，即壁不進，理無成功。不亟罷之，且有四害。以府帑金帛、齊民膏血助河北諸侯，使益富彊，一也。河北諸將聞吳少陽受命，將請洗滌承宗，章一再上，無不許，則河北合從，其勢益固。與奪恩信，不出朝廷，二也。今暑濕暴露，兵氣熏烝，雖不顧死，孰堪其苦？又神策雜募市人，不忸于役，脫奔逃相動，諸軍必搖，三也。回鶻、吐蕃常有游偵，聞討承宗歷三時無功，則兵

之彊弱，費之多少，彼一知之，乘虛入寇，渠能救首尾哉？兵連事生，何故蔑有？四也。事至而罷，則損威失柄，祇可逆防，不可追悔。」亦會承宗請罪，兵遂罷。

後對殿中，論執彊鯁，帝未諭，輒進曰：「陛下誤矣。」帝變色，罷，謂李絳曰：「是子我自拔擢，乃敢爾，我叵堪此，必斥之！」絳曰：「陛下啓言者路，故羣臣敢論得失。若黜之，是箝其口，使自爲謀，非所以發揚盛德也。」帝悟，待之如初。歲滿當遷，帝以資淺，且家素貧，聽自擇官。居易請如姜公輔以學士兼京兆戶曹參軍，以便養，詔可。明年，以母喪解，還，拜左贊善大夫。

是時，盜殺武元衡，京都震擾。居易首上疏，請亟捕賊，刷朝廷恥，以必得爲期。宰相嫌其出位，不悅。俄有言「居易母墮井死，而居易賦新井篇，言浮華，無實行，不可用」。出爲州刺史。中書舍人王涯上言不宜治郡，追貶江州司馬。既失志，能順適所遇，託浮屠生死說，若忘形骸者。久之，徙忠州刺史。入爲司門員外郎，以主客郎中知制誥。

穆宗好畋游，獻續虞人箴以諷，曰：

唐受天命，十有二聖。兢兢業業，咸勤厥政。鳥生深林，獸在豐草。春蒐冬狩，取之以道。鳥獸蟲魚，各遂其生。民野君朝，亦克用寧。在昔玄祖，厥訓孔彰：「馳騁畋獵，俾心發狂。」何以效之，曰羿與康。曾不是誡，終然覆亡。高祖方獵，蘇長進言：「不

滿十旬，未足爲懽。」上心既悟，爲之輟畋。降及宋璟，亦諫玄宗。溫顏聽納，獻替從容。璟趨以出，鷂死握中。噫！逐獸于野，走馬于路。豈不快哉，銜橛可懼。審其安危，惟聖之慮。

俄轉中書舍人。田布拜魏博節度使，命持節宣諭，布遺五百縑，詔使受之，辭曰：「布父讎國恥未雪，人當以物助之，乃取其財，誼不忍。方論問旁午，若悉有所贈，則賊未殄，布貲竭矣。」詔聽辭餉。

是時，河朔復亂，合諸道兵出討，遷延無功。賊取弓高，絕糧道，深州圍益急。居易上言：「兵多則難用，將衆則不一。宜詔魏博、澤潞、定、滄四節度，令各守境，以省度支貲餉。每道各出銳兵三千，使李光顏將。光顏故有鳳翔、徐、滑、河陽、陳許軍無慮四萬，可徑薄賊，開弓高糧路，合下博，解深州之圍，與牛元翼合。還裴度招討使，使悉太原兵西壓境，見利乘隙夾攻之，間令招諭以動其心，未及誅夷，必自生變。且光顏久將，有威名，度爲人忠勇，可當一面，無若二人者。」於是，天子荒縱，宰相才下，賞罰失所宜，坐視賊，無能爲。居易雖進忠，不見聽，乃丐外遷。爲杭州刺史，始築堤捍錢塘湖，鍾洩其水，溉田千頃；復浚李泌六井，民賴其汲。久之，以太子左庶子分司東都。復拜蘇州刺史，病免。

文宗立，以祕書監召，遷刑部侍郎，封晉陽縣男。大和初，二李黨事興，險利乘之，更相

奪移，進退毀譽，若旦暮然。楊虞卿與居易姻家，而善李宗閔，居易惡緣黨人斥，乃移病還東都。除太子賓客分司。踰年，即拜河南尹，復以賓客分司。開成初，起爲同州刺史，不拜，改太子少傅，進馮翊縣侯。會昌初，以刑部尚書致仕。六年，卒，年七十五，贈尚書右僕射，宣宗以詩弔之。遺命薄葬，毋請謚。

居易被遇憲宗時，事無不言，湔剔抉摩，多見聽可，然爲當路所忌，遂擯斥，所蘊不能施，乃放意文酒。既復用，又皆幼君，偃蹇益不合，居官輒病去，遂無立功名意。與弟行簡、從祖弟敏中友愛。東都所居履道里，疏沼種樹，構石樓香山，鑿八節灘，自號醉吟先生，爲之傳。暮節惑浮屠道尤甚，至經月不食葷，稱香山居士。嘗與胡杲、吉皎、鄭據、劉眞、盧眞、張渾、狄兼謨、盧貞燕集，皆高年不事者，人慕之，繪爲九老圖。

居易於文章精切，然最工詩。初，頗以規諷得失，及其多，更下偶俗好，至數千篇，當時士人爭傳。雞林行賈售其國相，率篇易一金，甚僞者，相輒能辯之。初，與元稹酬詠，故號「元白」；稹卒，又與劉禹錫齊名，號「劉白」。其始生七月能展書，姆指「之」、「無」兩字，雖試百數不差；九歲暗識聲律。其篤於才章，蓋天稟然。敏中爲相，請謚，有司曰文。後履道第卒爲佛寺。東都、江州人爲立祠焉。

贊曰：居易在元和、長慶時，與元稹俱有名，最長於詩，它文未能稱是也，多至數千篇，唐以來所未有。其自敍言：「關美刺者，謂之諷諭；詠性情者，謂之閑適；觸事而發，謂之感傷；其它爲雜律。」又譏「世人所愛惟雜律詩，彼所重，我所輕。至諷諭意激而言質，閑適思澹而辭迂，以質合迂，宜人之不愛也」。今視其文，信然。而杜牧謂：「纖豔不逞，非莊士雅人所爲。流傳人間，子父女母交口教授，淫言媟語入人肌骨不可去。」蓋救所失不得不云。

觀居易始以直道奮，在天子前爭安危，冀以立功，雖中被斥，晚益不衰。當宗閔時，權勢震赫，終不附離爲進取計，完節自高。而稹中道徼險得宰相，名望漼然。嗚呼，居易其賢哉！

行簡字知退，擢進士，辟盧坦劍南東川府。罷，與居易自忠州入朝，授左拾遺。累遷主客員外郎，代韋詞判度支桉，進郎中。長慶時，振武營田使賀拔志歲終結課最，詔行簡閱實，發其妄，志懼，自刺不殊。行簡敏而有辭，後學所慕尙。寶曆二年卒。

敏中字用晦，少孤，承學諸兄。長慶初，第進士，辟義成節度使李聽府，聽一見，許其遠

到。遷右拾遺，改殿中侍御史，爲符澈邠寧副使，澈卒以能政聞。御史中丞高元裕薦爲侍御史，再轉左司員外郎。武宗雅聞居易名，欲召用之。是時，居易足病廢，宰相李德裕言其衰苶不任事，即薦敏中文詞類其兄而有器識。即日知制誥，召入翰林爲學士。進承旨。宣宗立，以兵部侍郎同中書門下平章事，遷中書侍郎，兼刑部尙書。德裕貶，敏中抵之甚力，議者訾惡。德裕著書亦言「惟以怨報德爲不可測」，蓋斥敏中云。歷尙書右僕射、門下侍郎，封太原郡公。自員外，凡五年十三遷。

崔鉉輔政，欲專任，患敏中居右。會党項數寇邊，鉉言宜得大臣鎭撫，天子嚮其言，故敏中以司空、平章事兼邠寧節度、招撫、制置使。初，帝愛萬壽公主，欲下嫁士人。時鄭顥擢進士第，有閥閱，敏中以充選。顥與盧氏婚，將授室而罷，銜之。敏中自以居外，畏顥讒，自訴于帝。帝曰：「朕知久矣。若用顥言，庸相任耶？」顧左右取書一函，發視，悉顥所上，敏中乃安。及行，帝御安福樓以餞，頒璽書諭尉，賜通天帶，衞以神策兵，開府辟士，禮如裴度討淮西時。次寧州，諸將已破羌賊，敏中即說諭其衆，皆願棄兵爲業。乃自南山并河按屯保，回繞千里。又規蕭關通靈威路，使爲耕戰具。踰年，檢校司徒，徙劍南西川，增壘軍，完創關壁。治蜀五年，有勞，加兼太子太師，徙荆南。

懿宗立，召拜司徒、門下侍郎，還平章事。數月足病不任謁，固求避位，不許，中使者勞問，俾對別殿，毋拜。右補闕王譜奏言：「敏中病四月，陛下坐朝，與他宰相語不三刻，安暇論天下事？願聽其請，無使有持寵曠貴之譏。」書聞，帝怒，斥譜陽翟令。給事中鄭公輿申救，不聽。譜者，侍中珪之遠裔。未幾，加敏中中書令。自裴度以勳德居，而敏中以恩澤進。

咸通二年，南蠻擾邊，召敏中入議，許挾扶升殿。固求免，乃出爲鳳翔節度使。三奏願歸守墳墓，除東都留守，不敢拜，許以太傅致仕。詔書未至，卒，册贈太尉。博士曹鄴責其病不堅退，且逐諫臣，舉怙威肆行，謚曰醜。

校勘記

〔一〕鄭穆公十一子子然及士子子孔三族亡　「士」，十行、汲、殿、局本作「二」，衲本作「士」。按左傳襄公二十六年「鄭七穆」杜預注：「子然、二子孔已亡，子羽不爲卿，故止七也。」二子孔爲子孔及士子孔，與子然並鄭穆公庶子，見襄公十九年傳。此依衲本，「士子」下疑脫「孔」字。如從十行等本「士」作「二」，則「二子」下衍「子」字。

唐書卷一百二十

列傳第四十五

桓彥範 盧藏秀 薛季昶 楊元琰 仲昌 敬暉 崔玄暐 渙 縱 碣 張柬之 袁恕己 高

桓彥範字士則，潤州丹楊人。以門蔭調右翊衞，遷司衞主簿。狄仁傑曰：「君之才，當自光大，毋卹于初。」厚爲禮。尋擢監察御史，遷累中丞。

長安中，爲司刑少卿。張昌宗引妖人迎占，言計不軌。宋璟請窮治其姦，武后以昌宗嘗自歸，不許。彥範諫曰：「昌宗謬橫恩，苞禍心，億測天命，皇神降怒，自擿其咎。推原厥情，蓋防事暴之日得引首以免，未敗則俟時爲逆。此凶詭之臣，營惑聖心。既自歸露，而尙與妖人祈福禳解，則果於必成，初無悔意。今而宥之，誠恐昌宗自謂應運，天下浩然從之。父在，子稱弇爲逆子；君在，臣圖位爲逆臣。逆而不誅，社稷懼亡。請付三司考治。」

不納。時內史李嶠等屢奏：「往爲酷吏破家者，請皆宥雪。」依違未從。彥範復上言：「自文明後得罪，惟揚、豫、博三州不免，它可悉赦。」疏十上，卒見聽。嘗曰：「大理，人命所縣，不可便辭詭合以自免。」

張柬之將誅易之等，引與定策。於是，以彥範、敬暉爲左、右羽林將軍，屬以禁兵。時中宗每北門起居，因得謁陳祕計。神龍元年正月，彥範、暉率羽林兵與將軍李湛、李多祚、楊元琰、薛思行等千騎五百人討賊。令湛、多祚就東宮迎中宗至玄武門，彥範等斬關入，士皆鼓譟，時武后處迎仙宮之集仙殿，斬易之等廡下。后聞變而起，見中宗曰：「乃汝耶？豎子誅，可還宮。」彥範進曰：「太子今不可以歸！往天皇棄羣臣，以愛子託陛下。今久居東宮，羣臣思天皇之德，不血刃，淸內難，此天意人事歸李氏。臣等謹奉天意，惟陛下傳位，萬世不絕，天下之幸。」后乃臥，不復言。明日，中宗復位，以彥範爲侍中，封譙郡公，賜實封五百戶。

上書戒帝曰：

詩以關雎爲始，言后妃者人倫之本，治亂之端也。故舜之興以皇、英，而周之興以任、姒。桀奔南巢，禍階末嬉；魯桓滅國，惑始齊姜。伏見陛下臨朝視政，皇后必施帷殿上，預聞政事。臣愚謂古王者謀及婦人，皆破國亡身，傾輈繼路。且以陰乘陽，違天也；以婦淩夫，違人也。違天不祥，違人不義。故書曰：「牝雞之晨，惟家之索。」易曰：「無攸遂，在中饋。」言婦人不得預外政也。伏願上以社稷爲重，令皇后無居正殿、干外朝，深居宮掖，脩陰教以輔佐天子。

又道路籍籍，皆云胡僧慧範託浮屠法，詭惑后妃，出入禁奧，濱撓朝政。陛下嘗輕騎微服，數幸其居，上下汙慢，君臣虧替。臣謂興化致治以康乂國家者，繇進善而棄惡。孔子曰：「執左道以亂政者殺，假鬼神以危人者殺。」今慧範亂政危人者也，不急誅，且有變。除惡務本，願早裁之。

帝孱昏，狃左右，不能有所省納。

俄墨敕以方士鄭普思爲祕書監，葉靜能爲國子祭酒。彥範執不可，帝曰：「要已用之，不可止。」彥範曰：「陛下始復位，制詔：『軍國皆用貞觀故事。』貞觀時，以魏徵、虞世南、顏師古爲監，以孔穎達爲祭酒，如普思等方伎猥下，安足繼蹤前烈。臣恐物議謂陛下官不擇才，以天秩加私愛。」不從。

時武三思以遷太后銜恚，慮不利諸武，而韋后雅爲帝寵畏，且三思與烝亂，由是朋譖奇中。未幾，罷彥範等政事。五月，加特進，封扶陽郡王，賜姓韋，同后屬籍，錫金銀、錦繡，皆以鐵券恕十死，令朝朔望。尋出爲洺州刺史，改濠州。王同晈謀誅三思，事洩，三思誣彥範

等同逆，陰令許州司功參軍鄭愔上變。乃貶彥範瀧州司馬，敬暉崖州司馬，袁恕己竇州司馬，崔玄暐白州司馬，張柬之新州司馬，悉奪勳封。三思又疏韋后隱穢，榜於道，請廢之。帝震怒，三思猥曰：「此殆彥範輩爲之。」命御史大夫李承嘉鞫狀，物色其人。承嘉卽奏：「彥範、暉、柬之、恕己、玄暐暴訕搖變，內託廢后，而實危君。人臣無將，當伏誅。」詔有司議罪。大理丞李朝隱執奏：「彥範等未訊卽誅，恐爲讎家誣衊，請遣御史按實。」卿裴談請卽誅斬，家籍沒。帝業嘗許以不死，遂流瀼州，禁錮終身，子弟年十六以上謫徙嶺外。擢承嘉金紫光祿大夫、襄武郡公，后又賜綵五百段、錦被一。進談刑部尙書，而貶朝隱。三思又諷節愍太子請夷彥範等三族，帝不從。三思慮五人者且復用，乃納崔湜計，遣周利貞矯制殺之。利貞至貴州，逢彥範，卽縛曳竹槎上，肉盡，杖殺之，年五十四。

睿宗卽位，彥範等並追復官爵，賜實封二百戶，還其子孫，謚曰忠烈。開元六年，詔與暉、玄暐、柬之、恕己勤勞王家，皆配享中宗廟庭。建中三年，復贈彥範爲司徒，暉太尉，玄暐太子太師，柬之司徒，恕己太子太傅。

彥範工屬文，然不甚喜觀書，所志惟忠孝大略。居若不能言，及議論帝前，雖被詰讓，而安辭定色，辨爭愈切。

誅二張也，柬之勒兵景運門，將遂夷諸武。洛州長史薛季昶勸曰：「二凶雖誅，產、祿猶

在，請除之。」會日暮事遽，彥範不欲廣殺，因曰：「三思机上肉爾，留爲天子藉手。」季昶歎曰：「吾無死所矣！」俄而三思竊入宮，因韋后反盜朝權。同功者歎曰：「死我者，桓君也。」彥範亦曰：「主上昔爲英王，故吾留武氏使自誅定。今大事已去，得非天乎！」初，將起事，告其母。母曰：「忠孝不並立，義先國家可也。」

御史李福業者，嘗與彥範謀，及被殺，福業亦流番禺。後亡匿吉州參軍敬元禮家，吏捕得，元禮俱坐死。福業將刑，謝元禮曰：「子有親，吾甚愧恨。」元禮曰：「公窮而歸我，我得已乎？」見者傷之。

時監察御史盧襲秀亦坐與桓、敬善，爲冉祖雍所按，不屈。或報曰：「南使至，桓、敬已死。」襲秀泫然。祖雍怒曰：「彥範等負國，君乃流涕。且君下獄，諸弟皆縱酒無憂色，何邪？」對曰：「我何負哉？正坐與彥範善耳。今盡殺諸弟則已，如獨殺襲秀，恐公不得高枕而瞑！」祖雍色動，握其手曰：「當活公。」遂得不坐。

襲秀者，其祖方慶，武德中，爲察非掾，秦王器之。嘗引與議建成事，方慶辭曰：「母老矣，丐身歸養。」王不逼也。貞觀中，爲稾城令。

彥範弟玄範，官至常州刺史；臣範，工部侍郎。

薛季昶者，絳州龍門人。武后時上書，自布衣擢監察御史，以累左遷平遙尉，復拜御史。屢按獄如旨，擢給事中。夏官郎中侯味虛將兵討契丹，不利，妄言「賊行有蛇虎導軍」。后惡其詭，拜季昶爲河北道按察使。季昶馳至軍，斬味虛以聞，威震北方。稾城尉吳澤射殺驛使，髡民女髮爲髢，州不能劾，季昶杖殺之。然後布恩信，甄表善良。或傳季昶蠱爲味虛笞辱，故深文報怨。自給事中數月爲御史中丞，坐事左遷。久乃入爲雍州長史，遷文昌左丞，爲洛州長史。

預誅易之等功，進戶部侍郎。五王失柄，出季昶荊州長史，貶儋州司馬。初，季昶與昭州首領周慶立、廣州司馬光楚客不叶，懼二怨，不敢往。歎曰：「吾至是邪！」卽具棺沐浴，仰藥死。葬昭州。睿宗立，詔贈左御史大夫，同彥範等賜一子官。

季昶剛烈，然喜入先語以爲實，後雖有辨理，不能得也。而敦愛故舊，禮有名士，其長可蓋所缺云。

楊元琰者，字温，虢州閿鄉人，漢太尉震十八代孫。生數歲未言，相者視曰：「語遲者神定，必爲重器。」及長，秀眉美鬚髯，崇肩博頤。居父喪，七日不食。服除，補梓州參軍、平棘令，課第一，御史府表其政，璽書褒厲。再擢永寧軍副使，忤用事者免。載初中，爲安南副都護，三徙爲荊府長史，五遷州刺史，咸有風績。

初，張柬之代爲荊州，共乘艫江中，私語外家革命，元琰悲涕慷慨，志在王室。柬之執政，故引爲右羽林將軍，謂曰：「江上之言，君叵忘之，今可以勉！」乃與李多祚等定計斬二張。進雲麾將軍，封弘農郡公，實封戶五百，賜鐵券恕十死。

敬暉等爲武三思所構，元琰知禍未已，乃詭計請祝髮事浮屠，悉還官封。中宗不許。暉聞，尙戲曰：「胡頭應祝。」以多鬚似胡云。元琰曰：「功成不退，懼亡。我不空言。」暉感之，然已不及計。暉等死，獨元琰全。

再遷衞尉卿，又上官封，願追寵其親，帝哀憐，贈越州都督長史。李多祚死太子難，元琰坐厚善，繫獄，蕭至忠救之，免。睿宗立，數上書乞骸骨，不聽。四遷刑部尙書，封魏國公。徙太子賓客，詔設位東宮，太子爲拜。俄致仕。開元六年卒，年七十九，謚曰忠。生平無留畜，中外食其家常數十人。臨終，敕諸子薄葬。

子仲昌，字蔓。以通經爲脩文生。累調，不甚顯。以河陽尉對策，玄宗擢第一，授蒲州法曹參軍，判入異等，遷監察御史。坐累爲孝義令。鸞降庭樹，太守蕭恕表其政，徙下邽。終吏部郎中。仲昌資長于吏，常分父邑租振宗黨。御身以約，善與人交，士樂從之游云。

敬暉字仲曄，絳州平陽人。弱冠舉明經。聖曆初，爲衞州刺史。是時，河北經突厥所騷，方秋而城，暉曰：「金湯非粟不守，豈有棄農畝，事池隍哉？」縱民歸斂，闔部賴安。遷夏官侍郎，出爲太州刺史，改洛州長史。武后幸長安，爲副留守，以治幹聞，璽書勞之，多賜物段。

長安二年，授中臺右丞。以誅二張功，加金紫光祿大夫，爲侍中、平陽郡公，實封五百戶，進封齊國。暉表請諸武王者宜悉降爵，繇是皆爲公。三思憤。俄封平陽郡王，加特進，罷政事。

初，易之已誅，薛季昶請收諸武，暉亦苦諫，不從。三思濁亂，暉每椎坐悵恨，彈指流血。尋及貶，又放瓊州，爲周利貞所害。睿宗時，追復官爵，又贈秦州都督，謚曰肅愍。

崔玄暐，博陵安平人，本名曅，武后時，有所避，改焉。少以學行稱，叔父祕書少監行功器之。舉明經，爲高陵主簿。居父喪盡禮。廬有燕，更巢共乳。母盧，有賢操，常戒玄暐曰：「吾聞姨兄辛玄馭云：『子姓仕宦，有言其貧窶不自存，此善也；若貲貨盈衍，惡也。』吾

嘗以爲確論。比見親表仕者務多財以奉親，而親不究所從來。必出于祿稟則善，如其不然，何異盜乎？若今爲吏，不能忠清，無以戴天履地。宜識吾意。」故玄暐所守以清白名。母亡，哀毀，甘露降庭樹。

後以庫部員外郎累遷鳳閣舍人。長安元年，爲天官侍郎，當公介然，不受私謁，執政忌之，改文昌左丞。不踰月，武后曰：「卿向改職，乃聞令史設齋相慶，此欲肆其貪耳，卿爲朕還舊官。」乃復拜天官侍郎，厚賜綵物。三年，授鸞臺侍郎、同鳳閣鸞臺平章事，兼太子左庶子。四年，遷鳳閣侍郎。先是，酷吏誣籍數百家，玄暐開陳其枉，后感悟，皆爲原洗。宋璟劾張昌宗不軌事，玄暐頗助璟。及有司正昌宗罪，而玄暐弟昪爲司刑少卿，執論大辟。兄弟守正如此。

后久疾，宰相不召見者累月。及少閒，玄暐奏言：「皇太子、相王皆仁明孝友，宜侍醫藥，不宜引異姓出入禁闈。」后慰納。以誅二張功爲中書令、博陵郡公。后遷上陽宮，顧玄暐曰：「諸臣進皆因人，而玄暐我所擢，何至是？」對曰：「此正所以報陛下也。」俄拜博陵郡王，罷政事，册其妻爲妃，賜實封五百戶，檢校益州大都督府長史，知都督事。會貶，又流古州。道病卒，年六十九，謚曰文獻。

玄暐三世不異居，家人怡怡如也。貧寓郊墅，羣從皆自遠會食，無它爨，與昪尤友愛。

族人貧孤者，撫養教勵。後雖秉權，而子弟仕進不使踰常資，當時稱重。少頗屬辭，晚以非己長，不復搆思，專意經術。

子璩，亦有文。開元二年詔：「玄暐、柬之，神龍之初，保乂王室，姦臣忌焉，謫殁荒海，流落變遷，感激忠義。宜以玄暐子璩、柬之孫毖，並爲朝散大夫。」璩終禮部侍郎。璩子渙。

渙博綜經術，長論議。十歲居父喪，毀辟加人，陸元方異之。起家亳州司功參軍，還調。於是入判者千餘，吏部侍郎嚴挺之施特榻試彝尊銘，謂曰：「子清廟器，故以題相命。」累遷司門員外郎。楊國忠惡不附己，出爲巴西太守。玄宗西狩，迎謁于道。帝見占奏，以爲明治體，恨得之晚，房琯亦薦之，卽日拜門下侍郎、同中書門下平章事。肅宗立，與韋見素等同赴行在。時京師未復，舉選不至，詔渙爲江淮宣諭選補使。收采遺逸，不以親故自嫌。常曰：「抑才虞謗，吾不忍爲。」然聽受不甚精，以不職罷爲左散騎常侍，兼餘杭太守、江東採訪防禦使。入遷吏部侍郎、集賢院侍制。簡淡自處，時望尤重。遷御史大夫。

元載輔政，與中官董秀槃結固寵，渙疾之，因進見，慨然論載姦。代宗曰：「載雖非重愼，然協和中外無間然，能臣也。」對曰：「和之爲貴者，由禮節也，不節之以禮，焉得和？今干戈甫定，品物思乂。載爲宰相，宜明制度，易海內耳目。而怙權樹黨，毀法爲通，鬻恩爲怨，附下苟容，乃幽國卑主術，臣所未喻。」帝默然。會渙兼稅地青苗錢物使，以錢給百官，而吏用下直爲使料，上直爲百司料。載諷皇城副留守張清擿其非，詔尚書左丞蔣渙按實，且載所惡，由是貶道州刺史。卒，贈太子太傅，謚曰元。子縱。

縱繇協律郎三遷監察御史。會詔擇令長，授藍田令，德化大行，縣人立碑頌德。渙之貶，縱棄金部員外郎就養。

後爲汴西水陸運、兩稅、鹽鐵等使。王師圍田悅，乏食，詔縱餉四節度糧，軍無乏。德宗出奉天，方鎮兵未至。縱勸李懷光奔命，悉軍財稱所須。懷光兵疲久戰，次河中，遷延不進。縱以金帛先度，曰：「濟者卽賜。」衆趨利爭西，遂及奉天。遷京兆尹。上言：「懷光反覆不情，宜備之。」及帝徙梁州，追扈不及，左右短縱素善懷光，殆不來。帝曰：「知縱者，朕也，非爾輩所及。」後數日至，授御史大夫。處大體，不急細事，獄訴付成僚屬而已。

自兵興，內外官冗溢，時議併省。縱奏：「兵未息，仕進者多緒，在官則累遷，有功而褒賞，不可廢也。比選集，乃據闕留人，怨望滋結。朝廷頻詔錄勞，而諸道敍優日廣。若停減

吏員，非但承優者無官可敍，亦恐序進者無路勝置矣。」詔可。

貞元元年，天子郊見，爲大禮使。歲旱用屈，縱撙裁文物，儉而不陋。除吏部侍郎，尋爲河南尹。時兵雖定，民彫耗，縱治簡易，蠲略細苛。先是戍邊者道由洛，儲餼取於民。縱始令官辦，使五家相保，自占發斂，以絕胥史之私。又引伊、洛溉高仰，通利里閈，人甚宜之。入爲太常卿，封常山縣公。卒，年六十二，贈吏部尚書，謚曰忠。

初，渙爲元載所抑，縱訖載世，不求聞達。渙有嬖妾，縱以母事之。妾剛酷，雖縱顯官而數笞詬，然率妻子候顏色，承養不懈，時以爲難。孫碣。

碣字東標，及進士第，遷右拾遺。武宗方討澤潞，碣建請納劉稹降，忤旨，貶鄧城令。稍轉商州刺史。擢河南尹、右散騎常侍，再爲河南尹。邑有大賈王可久，轉貨江、湖間。値龐勛亂，盡亡其貲，不得歸。妻詣卜者楊乾夫咨在亡。乾夫名善數，而內悅妻色，且利其富。既占，陽驚曰：「乃夫殆不還矣！」卽陰以百金謝媒者，誘聘之，妻乃嫁乾夫，遂爲富人。它年徐州平，可久困甚，丐衣食歸閭里，往見妻。乾夫大怒，詬逐之。可久恨歎，遂失明。碣之來，可久陳冤，碣得其情，卽敕吏掩乾夫幷前獄史下獄，悉發贓姦，一日殺之，以妻還可久。時淫潦，獄決而霽，都

民相語，歌舞于道。徙陝虢觀察使。軍亂，貶懷州司馬，卒。

張柬之字孟將，襄州襄陽人。少涉經史，補太學生。祭酒令狐德棻異其才，便以王佐期之。中進士第，始調清源丞。永昌元年，以賢良召，時年七十餘矣。對策者千餘，柬之爲第一。授監察御史，遷鳳閣舍人。

時突厥默啜有女請和親，武后欲令武延秀娶之。柬之奏：「古無天子取夷狄女者。」忤旨，出爲合、蜀二州刺史。故事，歲以兵五百戍姚州，地險瘴，到屯輒死。柬之論其弊曰：

臣按姚州，古哀牢國，域土荒外，山岨水深。漢世未與中國通，唐蒙開夜郎、滇、筰，而哀牢不附。東漢光武末，始請內屬，置永昌郡統之。賦其鹽布氈罽以利中土。其國西大秦，南交趾，奇珍之貢不闕。劉備據蜀，甲兵不充，諸葛亮五月度瀘，收其產入以益軍，使張伯岐選取勁兵，以增武備。故蜀志稱亮南征後，國以富饒。此前世置郡，以其利之也。今鹽布之稅不供，珍奇之貢不入，戈戟之用不實於戎行，寶貨之資不輸於大國。而空竭府庫，驅率平人，受役蠻夷，肝腦塗地。臣竊爲陛下惜之。

昔漢歷博南山，涉蘭倉水，更置博南、哀牢二縣。蜀人愁苦，行者作歌曰：「歷博南，

越蘭津，度蘭倉，爲他人。」蓋譏其貪珍奇之利，而爲蠻夷所驅役也。漢獲其利，人且怨歌。今減耗國儲，費調日引，使陛下赤子身膏野草，骸骨不歸，老母幼子哀號望祭於千里之外。朝廷無絲髮利，而百姓蒙終身之酷，臣竊爲國家痛之。

往諸葛亮破南中，卽用渠率統之，不置漢官，不留戍兵。言置官留兵有三不易：置官必夷漢雜居，猜嫌將起；留兵轉糧，爲患滋重；後忽反叛，勞費必甚。故粗設綱紀，自然久定。臣謂亮之策，誠盡羈縻蠻夷之要。今姚州官屬，既無固邊厭寇之心，又無亮且縱且擒之伎。唯詭謀狡算，恣情割剝；扇動酋渠，遣成朋黨；折支諂笑，取媚蠻夷，拜跪趨伏，無復爲恥；提挈子弟，嘯引凶愚，聚會蒱博，一擲累萬。凡逋逃亡命在彼州者，戶贏二千，專事剽奪。且姚州本龍朔中武陵主簿石子仁奏置，其後長史李孝讓、辛文協死於羣蠻，詔遣郎將趙武貴討擊，兵無噍類，又以將軍李義摠繼往，而郎將劉惠基戰死，其州遂廢。臣竊以亮有三不易，其言卒驗。

垂拱中，蠻郎將王善寶、昆州刺史爨乾福復請置州，言課稅自支，不旁取於蜀。及置，州掾李稜爲蠻所殺。延載中，司馬成琛更置瀘南七鎮，戍以蜀兵，蜀始擾矣。且姚府總管五十七州間，皆巨猾游客。國家設官，所以正俗防姦，而無恥之吏，敗謬至此。今劫害未止，恐驚擾之禍日滋。宜罷姚州，隸嶲府，歲時朝覲同蕃國；廢瀘南諸

鎮，而設關瀘北，非命使，不許交通；增嶲屯兵，擇淸良吏以統之。臣愚以爲便。

疏奏不納。俄爲荊州大都督府長史。

長安中，武后謂狄仁傑曰：「安得一奇士用之？」仁傑曰：「陛下求文章資歷，今宰相李嶠、蘇味道足矣。豈文士齷齪，不足與成天下務哉？」后曰：「然。」仁傑曰：「荊州長史張柬之雖老，宰相材也。用之必盡節於國。」卽召爲洛州司馬。它日又求人，仁傑曰：「臣嘗薦張柬之，未用也。」后曰：「遷之矣。」曰：「臣薦宰相而爲司馬，非用也。」乃授司刑少卿，遷秋官侍郎。後姚崇爲靈武軍使，將行，后詔舉外司可爲相者，崇曰：「張柬之沈厚有謀，能斷大事，其人老，惟亟用之。」卽日召見，拜同鳳閣鸞臺平章事，進鳳閣侍郎。

誅二張也，柬之首發其謀。以功擢天官尚書、同鳳閣鸞臺三品、漢陽郡公，實封五百戶。不半歲，以漢陽郡王加特進，罷政事。柬之既失權，願還襄州養疾，乃授襄州刺史。中宗爲賦詩祖道，又詔羣臣餞定鼎門外。至州，持下以法，雖親舊無所縱貸。會漢水漲齧城郭，柬之因壘爲隄，以遏湍怒，闔境賴之。又懇辭王爵，不許。俄及貶，又流瀧州，憂憤卒，年八十二。景雲元年，贈中書令，謚曰文貞，授一子官。柬之剛直不傅會，然邃於學，論次書數十篇。

子愿、漪。愿仕至襄州刺史。漪以著作佐郎侍父襄陽，恃其家立功，簡接鄉人，鄉人

怨之。

初，易之等誅後，中宗猶監國告武氏廟，而天久陰不霽。侍御史崔渾奏：「陛下復國，當正唐家位號，稱天下心。奈何尚告武氏廟？請毀之，復唐宗廟。」帝嘉納。是日詔書下，霽翳澄廓，咸以爲天人之應。

袁恕己，滄州東光人。仕累司刑少卿，知相王府司馬。與誅二張，又從相王統南衙兵備非常，以功加銀青光祿大夫、中書侍郎、同中書門下三品，封南陽郡公，實封五百戶。

將作少匠楊務廉者，以工巧進。恕己恐其復啓游娛侈麗之漸，言於中宗曰：「務廉位九卿，忠言嘉謨不聞，而專事營構以媚上，不斥之，亡以昭德。」乃授陵州刺史。未幾，拜中書令、特進、南陽郡王，罷政事。例及貶，又流環州，爲周利貞所逼，恕己素餌黃金，至是飲野葛數升，不死，憤懣，抔土以食，爪甲盡，不能絕，乃擊殺之。謚曰貞烈。孫高。

高字公頤。少慷慨有節尙。擢進士第。代宗時，累遷給事中。建中中，拜京畿觀察

使，坐累貶韶州長史，復拜給事中。德宗將起盧杞爲饒州刺史，高當草詔，見宰相盧翰、劉從一曰：「杞當國，矯誣陰賊，斥忠誼，傲明德，反易天常，使宗祏失守，天下疣痏，朝廷不寘以法，才示貶黜，今還授大州，天下其謂何？」翰等不悅，命舍人作詔。詔出，高執不下，奏曰：「陛下用杞爲相，出入三年，附下罔上，使陛下越在草莽，羣臣願食其肉且不厭。漢法，三光不明，雨旱不時，皆宰相請罪，小者免，大者戮。杞罪萬誅，陛下赦不誅，止貶新州，俄又內移，今復拜刺史，誠失天下望。」帝曰：「杞不逮，是朕之過。朕已再赦。」答曰：「杞天資詭險，非不逮，彼固所餘。赦者，止赦其罪，不宜授刺史。願問外廷，并敕中人聽於民。若億兆異臣之言，臣請前死。」諫官亦力爭帝前。帝曰：「與上佐可乎？」羣臣奉詔。翌日，遣使慰高曰：「朕惟卿言切至，已如奏。」太子少保韋倫曰：「高言勁挺，自是陛下一良臣，宜加優禮。」

貞元二年，帝以大盜後關輔百姓貧，田多荒茀，詔諸道上耕牛，委京兆府勸課。量地給牛，不滿五十畝不給。高以爲聖心所憂，乃在窮乏。今田不及五十畝卽是窮人，請兩戶共給一牛。從之。卒，年六十，中外悵惜。憲宗時，李吉甫言其忠謇，特贈禮部尚書。

文宗開成三年，又詔：玄暐曾孫郢爲監察御史，暉曾孫元膺河南丞，柬之四世孫憬壽安尉，恕己曾孫德文校書郎。始，帝訪御史中丞狄兼謩以仁傑功，且言五王遺烈，乃求其後，

秩以官。唯彥範後無聞云。

贊曰：五王提衞兵誅嬖臣，中興唐室，不淹辰天下晏然，其謀深矣。至謂中宗爲英王，不盡誅諸武，使天子藉以爲威，何其淺耶？釁牙一啓，爲豔后、豎兒所乘，劫持戮辱，若放豚然，何哉？無亦神奪其明，厚韋氏毒，以興先天之業乎？不然，安李之功，賢於漢平、勃遠矣！

唐書卷一百二十一

列傳第四十六

劉幽求　鍾紹京　崔日用 日知　王琚 張暐　王毛仲 李守德

陳玄禮

劉幽求，冀州武彊人。聖曆中，舉制科中第。調閬中尉，刺史不禮，棄官去。久之，授朝邑尉。桓彥範等誅張易之、昌宗，而不殺武三思，幽求謂彥範曰：「公等無葬地矣。不早計，後且噬臍。」不從。既，五王皆爲三思構死。

臨淄王入誅韋庶人，預參大策，是夜號令詔敕一出其手。以功授中書舍人，參知機務，爵中山縣男，實封二百戶，授二子五品官，二代俱贈刺史。睿宗立，進尚書右丞、徐國公，增封戶至五百，賜物千段、奴婢二十人、第一區、良田千畝、金銀雜物稱是。景雲二年，以戶部尚書罷政事。不旬月，遷吏部，拜侍中。璽詔曰：「頃王室不造，中宗

厭代，戚孽專亂，將隕社稷，朕與王公皆幾于難。幽求處危思奮，翊贊聖儲，協和義士，震殄元惡。國家之復存，緊幽求是賴，厥庸茂焉，朕用嘉之。雖胙以土宇，而賦入未廣。昔西漢行封，更擇多戶；東京定賞，復增大邑。宜加賜實封二百戶，子子孫孫傳國無絕，特免十死，銘諸鐵劵，以傳其功。」先天元年，爲尚書右僕射、同中書門下三品，監脩國史。

幽求自謂有勞于國，在諸臣右，意望未滿，而竇懷貞爲左僕射，崔湜爲中書令，殊不平，見於言面。已而湜等附太平公主，有逆計。幽求與右羽林將軍張暐定計，使暐說玄宗曰：「湜等皆太平黨與，日夜陰計，若不早圖，且產大害，太上不得高枕矣。臣請督羽林兵除之。」帝許之。未發也，而暐漏言於侍御史鄧光賓，帝懼，卽列其狀。睿宗以幽求等屬吏，劾奏以疎間親，罪應死。帝密申右之，乃流幽求於封州，暐於峯州，光賓於繡州。明年，太平公主誅，卽日召復舊官，知軍國事，還封戶，賜錦衣一襲。

開元初，進尚書左丞相，兼黃門監，俄以太子少保罷。姚崇素忌之，奏幽求鬱怏散職，有怨言。詔有司鞫治，宰相盧懷愼等奏言：「幽求輕肆不恭，失大臣體，乖崖分之節。」翌日，貶睦州刺史，削實封戶六百。遷杭、郴二州，恚憤卒于道，年六十一。贈禮部尚書，謚曰文獻。六年，詔與蘇瓌配享睿宗廟廷。建中中，追贈司徒。

鍾紹京，虔州贛人。初爲司農錄事，以善書直鳳閣。武后時署諸宮殿、明堂及銘九鼎，皆其筆也。景龍中，爲苑總監，會討韋氏難，紹京帥戶奴、丁夫從。事平，夜拜中書侍郎，參知機務。明日，進中書令、越國公，實封五百戶，賚賜與劉幽求等。既當路，以賞罰自肆，當時惡之。因上疏讓官，睿宗用薛稷謀，進戶部尚書，出爲彭州刺史。

玄宗卽位，復拜戶部尚書，增實封，改太子詹事。不爲姚崇所喜，與幽求並以怨望得罪，貶果州刺史，賜封邑百戶。後坐它事，貶懷恩尉，悉奪階封，再遷溫州別駕。十五年入朝，見帝泣曰：「陛下忘疇日事邪，忍使棄死草莽！且同時立功者，今骨已朽，而獨臣在，陛下不垂愍乎？」帝惻然，卽日授太子右諭德。久之，遷少詹事。年踰八十，以官壽卒。紹京嗜書畫，如王羲之、獻之、褚遂良眞跡，藏家者至數十百卷。建中中，追贈太子太傅。

崔日用，滑州靈昌人。擢進士第，爲芮城尉。大足元年，武后幸長安，陝州刺史宗楚客委以頓峙，饋獻豐甘，稱過賓使者。楚客歎其能，亟薦之，擢爲新豐尉，遷監察御史。陰附安樂公主，得稍遷。神龍中，鄭普思納女後宮，日用劾奏，中宗初不省，廷爭切至，普思由是

得罪。時諸武若三思、延秀及楚客等權寵交煽，日用多所結納，驟拜兵部侍郎。宴內殿，酒酣，起爲回波舞，求學士，卽詔兼脩文館學士。

帝崩，韋后專制，畏禍及，更因僧普潤、道士王曄私謁臨淄王以自託，且密贊大計。王曰：「謀非計身，直紓親難爾。」日用曰：「至孝動天，舉無不克。然利先發，不則有後憂。」及韋氏平，夜詔權雍州長史，以功授黃門侍郎，參知機務，封齊國公，賜實戶二百。坐與薛稷相忿競，罷政事，爲婺州長史。歷揚、汴、兗三州刺史。

由荊州長史入奏計，因言：「太平公主逆節有萌，陛下往以宮府討有罪，臣、子勢須謀與力，今據大位，一下制書定矣。」帝曰：「畏驚太上皇，奈何？」日用曰：「庶人之孝，承順顏色；天子之孝，惟安國家，定社稷。若令姦先竊發，以亡大業，可爲孝乎？請先安北軍而後捕逆黨，於太上皇固無所驚。」帝納之。及討逆，詔權檢校雍州長史，以功益封二百戶，進吏部尚書。

會帝誕日，日用采詩大、小雅二十篇及司馬相如封禪書獻之，借以諷諭，且勸告成事。有詔賜衣一副、物五十段，以示無言不酬之義。

久之，坐兄累，出爲常州刺史。後以例減封戶三百，徙汝州。開元七年，詔曰：「唐元之際，日用實贊大謀，功多不宜減封，復食二百戶。」徙幷州長史，卒年五十。幷人懷其惠，吏民數百皆縞服送喪。贈吏部尚書，謚曰昭。再贈荊州大都督。

日用才辯絕人，而敏于事，能乘機反禍取富貴。先天後，求復相，然亦不獲也。嘗謂人曰「吾平生所事，皆適時制變，不專始謀。然每一反思，若芒刺在背」云。

子宗之，襲封。亦好學，寬博有風檢，與李白、杜甫以文相知者。

日用從父兄日知，字子駿，少孤貧，力學，以明經進至兵部員外郎。與張說同爲魏元忠朔方判官，以健吏稱。遷洛州司馬，會譙王重福之變，官司逃，日知獨率吏卒助屯營擊賊，以功加銀青光祿大夫。遷殿中少監，建言「廄馬多，請分牧隴右，省關畿芻調」。授荊州長史，四遷京兆尹，封安平縣侯。坐贓，爲御史李如璧所劾，貶歙縣丞。後歷殿中監，進中山郡公。說執政，薦爲御史大夫，帝不許，遂爲左羽林大將軍，而自用崔隱甫。隱甫繇是怨說。日知俄授太常卿。自以處朝廷久，每入謁，必與尙書齒，時謂「尙書裏行」。終潞州長史，謚曰襄。

王琚，懷州河內人。少孤，敏悟有才略，明天文象緯。以從父隱客嘗爲鳳閣侍郎，故數

與貴近交。時年甫冠，見駙馬都尉王同皎，同皎器之。會謀刺武三思，琚義其爲，卽與周璟、張仲之等共計。事洩亡命，自傭於揚州富商家，識非庸人，以女嫁之，厚給以貲，琚亦賴以濟。睿宗立，琚自言本末，主人厚齎使還長安。玄宗爲太子，閒游獵韋、杜閒，怠休樹下，琚以儒服見，且請過家，太子許之。至所廬，乃蕭然窶陋。坐久，殺牛進酒殊豐厚，太子駭異。自是每到韋、杜，輒止其廬。

初，太子在潞州，襄城張暐爲銅鞮令，性豪殖，喜賓客弋獵事，厚奉太子，數集其家。山東倡人趙元禮有女，善歌舞，得幸太子，止暐第，其後生子瑛者也。太子已平內難，召暐，拜宮門郎，與姜皎、崔滌、李令問、王守一、薛伯陽等並侍左右。令問累擢殿中少監，守一太僕少卿。此數人以東宮皆勢重天下。

琚是時方補諸暨縣主簿，過謝東宮，至廷中，徐行高視，侍衞何止曰：「太子在！」琚怒曰：「在外惟聞太平公主，不聞有太子。太子本有功於社稷，孝於君親，安得此聲？」太子遽召見，琚曰：「韋氏躬行弑逆，天下動搖，人思李氏，故殿下取之易也。今天下已定，太平專思立功，左右大臣多爲其用，天子以元妹，能忍其過，臣竊爲殿下寒心。」太子命坐，且泣曰：「計將安便？」琚曰：「昔漢蓋主供養昭帝，其後與上官桀謀殺霍光，不及天子，而帝猶以大義去之。今太子功定天下，公主乃敢妄圖，大臣樹黨，有廢立意。太子誠召張說、劉幽求、

郭元振等計之，憂可紓也。」太子曰：「先生何以自隱而日與寡人游？」琚曰：「臣善丹沙，且工諧隱，願比優人。」太子喜，恨相知晚。翌日，授詹事府司直、內供奉，兼崇文學士。日以諸王及姜皎等入侍，獨琚常豫祕謀。不踰月，遷太子舍人，兼諫議大夫。太子受內禪，擢中書侍郎。

公主謀益甚，幽求、暐謀先事誅之，侍御史鄧光賓漏謀，不克，皆得罪。久之，琚見事迫，請帝決策。先天二年七月，乃與岐王、薛王、姜皎、李令問、王毛仲、王守一以鐵騎至承天門。太上皇聞外譁譟，召郭元振升承天樓，閉關以拒，俄而侍御史任知古召募數百人於朝堂，不得入。少選，琚從帝至樓下，誅蕭至忠、岑羲、竇懷貞，斬常元楷李慈北闕下、賈膺福李猷於內客省。事平，琚進戶部尙書，封趙國公，皎工部尙書、楚國公，毛仲輔國大將軍、霍國公，守一太常卿、晉國公，各食實戶五百；令問殿中監、宋國公，實戶三百。琚、皎、令問辭不就，以舊官增戶二百。於是帝召燕內殿，賜金銀雜皿皆一牀、帛二千、第一區。

帝於琚眷委特異，豫大政事，時號「內宰相」。每見閤中，視日薄乃得出。遇休日，使者至第召之，而皇后亦使尙宮勞琚母，賜賚接足，羣臣不能無望。或說帝曰：「王琚、麻嗣宗皆譎詭縱橫，可與履危，不可與共安。方天下已定，宜益求純樸經術士以自輔。」帝悟，稍疏

之。俄拜御史大夫，持節巡天兵以北諸軍。改紫微侍郎，道未至，拜澤州刺史，削封戶百。歷九刺史，復封戶。又改六州、二郡。

琚自以立勳，至天寶時爲舊臣，性豪侈，其處方面，去故就新，受饋遺至數百萬，侍兒數十，寶帳備具，闔門三百口。既失志，稍自放，不能遵法度。在州與官屬小史會豪飲諢、摴博、藏鉤爲樂。每徙官，車馬數里不絕。從賓客女伎馳弋，凡四十年。李邕故與琚善，皆華首外遷，書疏往復，以譴謫留落爲慊。右相李林甫恨琚恃功使氣，欲除之，使人劾發琚宿贓，削封階，貶江華員外司馬。又使羅希奭深按其罪，琚懼，仰藥，未及死，希奭縊之。時人哀其無罪。始，琚爲中書侍郎，母居洛陽，來京師，讓琚曰：「爾家上世皆州縣職，今汝無攻城野戰勞，以諂佞取容，海內切齒，吾恐汝家墳墓無人復掃除也。」琚卒不免。寶應元年，贈太子少保。

太平之誅，張暐召還爲大理卿，封鄧國公，實封戶三百，進京兆尹，入侍宴樂，出主京邑，時人以爲寵，然自以幹治稱。累遷太子詹事，判尙書左右丞，再爲羽林大將軍，三至左金吾大將軍，以年高加特進。子履冰、季良，弟晤，仕皆清近。暐嘗還鄉上冢，帝賜詩及錦袍繒綵。乘馹就道，子弟車馬聯咽。使者賜賚，敕州縣供儗，居處尊顯。天寶五載卒，年九十，贈開府儀同三司。履冰，歷金吾將軍，季良，殿中監，俱列棨戟。

王毛仲，高麗人。父坐事，沒爲官奴，生毛仲，故長事臨淄王。王出潞州，有李守德者，爲人奴，善騎射，王市得之，並侍左右，而毛仲爲明悟。景龍中，王還長安，二人常負房箙以從。王數引萬騎帥長及豪俊，賜飲食金帛，得其驩心。毛仲曉旨，亦布誠結納，王嘉之。韋后稱制，令韋播、高嵩爲羽林將軍，押萬騎，以苛峭樹威。果毅葛福順、陳玄禮訴於王，王方與劉幽求、薛崇簡及利仁府折衝麻嗣宗謀舉大計，幽求諷之，皆願效死，遂入討韋氏。守德從帝止苑中，而毛仲匿不出，事定數日，乃還，不之責，例擢將軍。

王爲皇太子，以毛仲知東宮馬駝鷹狗等坊。不旬歲，至大將軍，階三品。與誅蕭至忠等，以功進輔國大將軍，檢校內外閑廄，知監牧使，進封霍國公，實封戶五百。與諸王及姜皎等侍禁中，至連榻而坐。帝暫不見，惘惘若有失，見則釋然。開元九年，詔持節爲朔方道防禦討擊大使，與左領軍大總管王晙、天兵軍節度使張說、幽州節度使裴伷先等數計事。

毛仲始見飾擢，頗持法，不避權貴，爲可喜事。兩營萬騎及閑廄官吏憚之，無敢犯，雖官田草萊，樵斂不敢欺。於牧事尤力，娩息不訾。初監馬二十四萬，後乃至四十三萬，牛羊皆數倍。蒔茼麥、苜蓿千九百頃以禦冬。市死畜，售絹八萬。募嚴道僰僮千口爲牧圉。檢勒

務蕆無漏隱，歲贏數萬石。從帝東封，取牧馬數萬匹，每色一隊，相間如錦繡，天子才之。還，加開府儀同三司，自開元後，唯王仁皎、姚崇、宋璟及毛仲得之。

然資小人，志既滿，不能無驕，遂求爲兵部尙書，帝不悅，毛仲鞅鞅。及與葛福順爲姻家，而守德及左監門將軍盧龍子唐地文、左右威衞將軍王景耀高廣濟數十人與毛仲相倚杖爲姦。毛仲恃舊，最不法。中使至其家稱詔，毛仲不甚恭，位卑者，或踞見，迕意即侮詬，以氣凌之，直出其上。高力士、楊思勗等銜之。毛仲有兩妻，其一上所賜，皆有國邑。嘗生子，帝命力士就賜，仍授子五品官，還，問曰：「毛仲喜乎？」力士奏：「毛仲熟視臣曰：『是子亦何辱三品官？』」帝怒曰：「前毛仲負我，未嘗爲意，今以嬰兒顧云云。」力士等知帝怒，它日，從容曰：「北門奴官皆毛仲所與，不除之，必起大患。」後毛仲移書太原索甲仗，少尹嚴挺之以聞，帝恐毛仲遂亂，匿其狀。十九年，有詔貶瀼州，福順壁州，守德嚴州，盧龍子唐地文振州，王景耀黨州，高廣濟道州，並爲別駕員外置。毛仲四子悉奪官，貶惡地，緣坐數十人。有詔縊毛仲於零陵。

守德本名宜得，立功乃改今名，位武衞將軍。嘗遇故主於道，主走避，守德命左右迎之至第，親上食奉酒，主流汗不敢當。數日，入奏曰：「臣蒙國恩過分，而故主無寸祿，請解官授之。」帝嘉其志，擢爲郎將。

陳玄禮宿衞宮禁，以淳篤自檢。帝嘗欲幸虢國夫人第，諫曰：「未宜敕，不可輕去就。」帝爲止。後在華淸宮，正月望夜，帝將出游，復諫曰：「宮外曠野無備豫，陛下必出游，願歸城闕。」帝不能奪。安祿山反，謀誅楊國忠闕下，不克，至馬嵬，卒誅之。從入蜀。還，封蔡國公。及李輔國遷帝西內，玄禮以老卒。

贊曰：幽求之謀，紹京之果，日用之智，琚之辯，皆足濟危紓難，方多故時，必資以成功者也。雄邁之才，不用其奇則厭然不滿，誠不可與共治平哉！姚崇勸不用功臣，宜矣。然待幽求等恨太薄云。毛仲小人，志得而驕，不足論已。

唐書卷一百二十二

列傳第四十七

魏元忠　韋安石 陟 斌 叔夏 紹 抗　郭元振

魏元忠，宋州宋城人。爲太學生，跌蕩少檢，久不調。盩厔人江融曉兵術，元忠從之游，盡傳所學。儀鳳中，吐蕃數盜邊，元忠上封事洛陽宮，言命將用兵之要曰：

天下之柄有二，文武而已，至制勝御人，其道一也。今言武者先騎射，不稽之權略；言文者首篇章，不取之經綸。臣觀魏、晉、齊、梁才固不乏，然何益治亂哉！養由基射能穿札，不止鄢陵之奔，陸機識能辨亡，無救河橋之敗，斷可見已。

夫才生於世，世實須才。何世而不生才？何才而不資世？故物有不求，未有無物之歲；士有不用，未有無士之時也。志士在富貴與賤貧，皆思立功名以傳于後，然知已難而所遇罕。士之懷琬琰就煨塵、抱棟幹困溝壑者，悠悠之人直覩此士之貧賤，

安知其方略哉！故漢拜韓信，舉軍驚笑；蜀用魏延，羣臣觖望。此富貴者易爲善，貧賤者難爲功也。昔漢文帝不知魏尙賢而囚之，知李廣才而不用，乃歎其生不逢時。夫以廣之才，天下無雙，時方歲事匈奴，而卒不任。故近不知尙、廣之賢，而遠想廉頗、李牧，馮唐是以知其有而不能用也。此身爲時主所知，不得盡其才也。晉羊祜謀舉吳，賈充、荀勗沮之，祜歎曰：「天下事不如意十常七八。」以二人不同，終不大舉。此據立功之地，而不獲展其志也。布衣之人，懷奇抱策，而望朝奏夕召，豈易得哉？臣願歷訪文武五品以上，得無有智如羊祜、武如李廣而不得騁其才者乎？使各言其志，毋令久失職。

又言：

人無常俗，政有治亂；軍無常勝，將有能否。兵爲王者大事，存亡繫焉，將非其任，則殄人敗國。齊段孝玄有言：「持大兵如擎盤水，一致蹉跌，求止可得哉？」周亞夫堅壁以挫吳、楚，司馬懿閉營而困諸葛亮，此皆全軍制勝，不戰而卻敵。是知大將臨戎，以智爲本。今之用人，類將家子，或死事孤兒，進非幹略，雖竭力盡誠，不免於傾敗，若之何用之？且建功者，言其所濟，不言所來；言其所能，不言所藉。若陳湯、呂蒙、馬隆、孟觀悉出貧賤，而勳伐甚高，不聞其家世將帥也。故陰陽不和，擢士爲相；蠻貊

不廷，擢校爲將。今以四海之廣，億兆之衆，豈無卓越之士？臣恐未之思乎！

又賞者禮之基，罰者刑之本。禮崇則謀夫竭其能，賞厚則義士輕其死，刑正故君子勗其心，罰重則小人懲其過。賞罰者軍國之綱紀，政教之藥石。吐蕃本非彊敵，而薛仁貴、郭待封至棄甲喪師，脫身以免。國家寬政，罪止削除，網漏吞舟，何以過此。雖陛下顧收後效，然朝廷所少，豈此一二人乎？夫賞不勸，謂之止善；罰不懲，謂之縱惡。臣誠疏賤，干非其事，豈欲間陛下君臣生薄厚哉？正以刑賞一虧，百年不復。故國無賞罰，雖堯、舜不能爲。今罰既不行，賞復難信，故議者皆謂比日征行，虛立賞格，而無其實。蓋忘大體之臣，恐賚勳庸，竭府庫，留意錐刀，以爲益國，所謂惜毫釐失千里者也。且黔首雖微，不可以欺，安有寓不信之令，設虛賞之格乎？自蘇定方平遼東，李勣破平壤，賞既不行，勳亦淹廢，歲月紛淆，眞僞相錯。臣以吏不奉法，慢自京師，僞勳所由，主司過也，其則不遠，近在尚書省中。然未聞斬一臺郎、戮一令史，使天下知之。陛下何照遠而不照近哉？神州化首，文昌政本，治亂攸在，臣故冒死而言。夫明鑑所以照形，往事所以知今，臣請借近以爲諭：貞觀中，萬年尉司馬玄景舞文飾智，以邀乾沒，太宗棄之都市；後征高麗，總管張君乂不進擊賊，斬之旗下。臣以爲僞勳之罪，多於玄景；仁貴等敗，重於君乂。使早誅之，則諸將豈復有負哉？慈父多敗子，嚴

家無格虜。且人主病不廣大，人臣病不節儉，臣恐陛下病之於不廣大，過在於慈父，斯日月一蝕也。

又今將吏貪暴，所務口馬、財利，臣恐戎狄之平，未可旦夕望也。凡人識不經遠，皆言吐蕃戰，前隊盡，後隊方進，甲堅騎多，而山有氛瘴，官軍遠入，前無所獲，不積穀數百萬，無大舉之資。臣以爲吐蕃之望中國，猶孤星之對太陽，有自然之大小、不疑之明暗，夷狄雖禽獸，亦知愛其性命，豈肯前盡死而後進哉？由殘迫其人，非下所願也。必其戰不顧死，則兵法許敵能鬭，當以智算取之，何憂不克哉！向使將能殺敵，橫尸蔽野，斂其頭顱以爲京觀，則此虜聞官軍鍾鼓，望塵卻走，何暇前隊皆死哉！自仁貴等覆師喪氣，故虜得跳梁山谷。

又師行必藉馬力，不數十萬，不足與虜爭。臣請天下自王公及齊人挂籍之口，人稅百錢；又弛天下馬禁，使民得乘大馬，不爲數限，官籍其凡，勿使得隱。不三年，人間畜馬可五十萬，即詔州縣以所稅口錢市之，若王師大舉，一朝可用。且虜以騎爲彊，若一切使人乘之，則市取其良，以益中國，使得漸耗虜兵之盛，國家之利也。

高宗善之，授祕書省正字，直中書省，仗內供奉。

遷監察御史。帝嘗從容曰：「外以朕爲何如主？」對曰：「周成、康，漢文、景也。」「然則有遺恨乎？」曰：「有之。王義方一世豪英，而死草萊。議者謂陛下不能用賢。」帝曰：「我適用之，聞其死，顧已無及。」元忠曰：「劉藏器行副於才，陛下所知，今七十爲尚書郎。徒歎彼而又棄此。」帝默然慚。

遷殿中侍御史。徐敬業舉兵，詔元忠監李孝逸軍。至臨淮，而偏將雷仁智爲賊敗，孝逸懼其鋒，按兵未敢前。元忠曰：「公以宗室將，天下安危繫焉。海內承平久，聞狂狡竊發，皆傾耳翹心以待其誅。今軍不進，使遠近解情，萬有一朝廷以他將代公，且何辭？」孝逸然之，乃部分進討。時敬業保下阿谿，弟敬猷屯淮陰，咸請「先擊下阿，下阿敗，淮陰自破。今淮陰急，敬業必救，是敵在腹背也」。元忠曰：「不然。賊勁兵盡守下阿，利在一決，苟有負，則大事去矣。敬猷博徒不知戰，且其兵寡易搖，大軍臨之，勢宜克。敬業畏直擣江都，必將邀我中路，吾今乘勝進，又以逸擊勞，破之必矣。譬之逐獸，弱者先禽。今捨必禽之弱，而趨難敵之彊，非計也。」孝逸乃引兵擊淮陰，敬猷脫身遁，遂進擊敬業，平之。還，授司刑正。

遷洛陽令。陷周興獄當死，以平揚、楚功，得流。歲餘，爲御史中丞，復爲來俊臣所構。將就刑，神色不動，前死者宗室子三十餘，尸相枕藉於前，元忠顧曰：「大丈夫行居此矣。」俄敕鳳閣舍人王隱客馳騎免死，傳聲及于市，諸囚歡叫，元忠獨堅坐，左右命起，元忠曰：「未

知實否。」既而隱客至，宣詔已，乃徐謝，亦不改容。流費州。復爲中丞。歲餘，陷侯思止獄，仍放嶺南。酷吏誅，人多訟元忠者，乃召復舊官。因侍宴，武后曰：「卿累負謗鑠，何邪？」對曰：「臣猶鹿也，羅織之吏如獵者，苟須臣肉爲之羹耳，彼將殺臣以求進，臣顧何辜？」

聖曆二年，爲鳳閣侍郎、同鳳閣鸞臺平章事，俄檢校幷州長史、天兵軍大總管，以備突厥。遷左肅政臺御史大夫，兼檢校洛州長史，治號威明。張易之家奴暴百姓，橫甚，元忠笞殺之，權豪憚服。俄爲隴右諸軍大使，以討吐蕃；又爲靈武道行軍大總管禦突厥。元忠馭軍持重，雖無赫然功，而亦未嘗敗。

中宗在東宮，爲檢校左庶子。時二張勢傾朝廷，元忠嘗奏曰：「臣承先帝之顧，且受陛下厚恩，不能徇忠，使小人在君側，臣之罪也。」易之等恨怒，因武后不豫，即共譖元忠與司禮丞高戩謀挾太子爲耐久朋，遂下制獄。詔皇太子、相王及宰相引元忠等辨於廷，不能決。昌宗乃引張說爲證，說初僞許之，至是迫使言狀，不應，后又促之，說曰：「臣不聞也。」易之等遽曰：「說與同逆。說曩嘗謂元忠爲伊、周。夫伊尹放太甲，周公攝王位。此反狀明甚。」說曰：「易之、昌宗安知伊、周，臣乃能知之。伊尹、周公，歷古以爲忠臣，陛下不遣學伊、周，將何效焉？」說又曰：「臣知附易之朝夕可宰相，從元忠則族滅。今不敢面欺，懼元忠

之冤。」后寤其讒，然重違易之，故貶元忠高要尉。

中宗復位，召爲衞尉卿、同中書門下三品。不閱旬，遷兵部尚書，進侍中。武后崩，帝居喪，軍國事委元忠裁可，拜中書令，封齊國公。神龍二年，爲尚書右僕射，知兵部尚書，當朝用事，羣臣莫敢望。謁告上冢，詔宰相諸司長官祖道上東門，賜錦袍，給千騎四人侍，賜銀千兩。元忠到家，於親戚無所賑施。及還，帝爲幸白馬寺迎勞之。

安樂公主私請廢太子，求爲皇太女，帝以問元忠，元忠曰：「公主而爲皇太女，駙馬都尉當何名？」主恚曰：「山東木彊安知禮？阿母子尚爲天子，我何嫌？」宮中謂武后爲阿母子，故主稱之。元忠固稱不可，自是語塞。

武三思用事，京兆韋月將、渤海高軫上書言其惡，帝榜殺之，後莫敢言。王同皎謀誅三思，不克，反被族。元忠居其間，依違無所建明。初，元忠相武后，有清正名，至是輔政，天下傾望，冀幹正王室，而稍憚權倖，不能賞善罰惡，譽望大減。陳郡男子袁楚客者以書規之曰：

今皇帝新服厥德，任官惟賢才，左右惟其人，因以布大化，充古誼，以正天下。君侯安得事循默哉？苟利社稷，專之可也。夫安天下者先正其本，本正則天下固，國之興亡繫焉。太子天下本，譬之大樹，無本則枝葉零悴，國無太子，朝野不安。儲君有次

及之勢，故師保教以君人之道，用蘊崇其德，所以重天下也。今皇子既長，未定嫡嗣，是天下無本。天下無本，猶樹而亡根，枝葉何以存乎？願君侯以清宴之閒言於上，擇賢而立之，此安天下之道。曠而不置，朝廷一失也。

女有內則，男有外傅，豈相濫哉？幕府者，丈夫之職。今公主並開府置吏，以女處男職，所謂長陰抑陽也，而望陰陽不愆、風雨時若，得乎？此朝廷二失也。

今度人既多，緇衣半道，不本行業，專以重寶附權門，皆有定直。昔之賣官，錢入公府，今之賣度，錢入私家。以茲入道，徒爲游食。此朝廷三失也。

唯名與器，不可以假人。故曰：「天工，人其代之。」夫代天，非材不可也。代非其人，必失天意。失天意而無患禍，未之有也。今倡優之輩，因耳目之好，遂授以官，非輕朝廷、亂正法邪？人君無私，私怒害物，私賞費財，況私人以官乎？此朝廷四失也。

賢者邦家之光，任之致治，棄之生亂。近詔博求多士，雖有好賢之名，無得賢之實。蓋有司選士，非賄即勢，上失天心，下違人望，非爲官擇吏，乃爲人擇官。葛洪有言：「舉秀才，不知書；察孝廉，濁如泥；高第賢良吝如黽。」此朝廷五失也。

閹豎者，給宮掖掃除事，古以奴隸畜之。中古以來，大道乖喪，疏賢哲，親近習，乃委之以事，授之以權。故豎刁亂齊，伊戾敗宋。君側之人，衆所畏懼，所謂鷹頭之蠅、廟垣之鼠者也。後漢時用事尤甚，晚節卒亂天下。今大君中興，獨有閹豎坐升班秩，既無正闕，率授員外，乃盈千人，綰青紫，耗府藏。前事之驗，後事之師。此朝廷六失也。

古者茅茨採椽，以儉約遺子孫，所以愛力也。今公主所賞傾庫府，所造皆官供，其疏築臺沼，崇峙觀廡，山無本石，木無近産，造之終歲，功用不絕。夫爲君所以養人，非以害人，今外戚不助養而反害之，是使人主受謗天下。此朝廷七失也。

官以安人，非以害于人也。先王欲人治必選材，欲人安必省事，此誠同天下憂也。人有樂，君共之，君有樂，人慶之，可謂同樂矣。如此，則上下無間，而均一體也。今天下困窮，州牧、縣宰，非以選進，割剝自私，人不聊生，是下有憂而上不卹也。而更員外置官，非助桀歟？夫人情自以員外吏，恐下不已畏也，必峻法懼之；恐財不已奉也，必枉道奪之。欲不亂，可得哉？古語有之，十羊九牧，羊既不得食，人亦不得息。書曰：「官不必備，惟其人。」此言正員猶難其備，況員之外乎！此朝廷八失也。

政出多門，大亂之漸。近封數夫人，皆先帝宮嬪。以爲備內職，則不當知外；不備內職，則自可處外。而令出入禁掖，使內言必出，外言必入，固將弄君之法，縱而不禁，非所以重宗廟、固國家。孔子曰：「彼婦之口，可以出走；彼婦之謁，可以死敗。」此

朝廷九失也。

不以道事其君者，所以危天下也，危天下之臣不可不逐，安天下之臣不可不任。今有引鬼神、執左道以惑主者，託鬼神爲難知，故致其詐，而據非才之地，食非德之祿，此國盜也。傳曰：「國將興，聽於民；將亡，聽於神。」今幾聽於神乎？此朝廷十失也。

君侯不正，誰與正之？

元忠得書益慚。以三思專權，思有以誅之。會節愍太子起兵，與聞其謀。太子已誅三思，引兵走闕下，元忠子太僕少卿昇遇於永安門，太子脅使從戰，已而被殺。議者未辨逆順，元忠誦言曰：「既誅賊謝天下，雖死鼎鑊所甘心。惟皇太子沒爲恨耳。」帝以其嘗有功，且爲高宗、武后素所禮，置不問。宗楚客、紀處訥大怒，固請夷其族，不聽。元忠不自安，上政事及國封，詔以特進、齊國公致仕，朔望朝。楚客等引右衞郎將姚廷筠爲御史中丞，暴奏反狀，繇是貶渠州司馬。楊再思、李嶠皆希順楚客，傅致元忠罪，唯蕭至忠議當申宥之。楚客復遣再思與冉祖雍奏元忠緣逆不宜處內地，監察御史袁守一固請行誅，遂貶務川尉。守一又劾：「天后嘗不豫，狄仁傑請陛下監國，元忠止之，此其逆久萌。」帝謂楊再思曰：「守一非是。事君者一其心，豈有上少疾遽異論哉？朕未見元忠過也。」

元忠至涪陵，卒，年七十餘。景龍四年，贈尚書左僕射、齊國公、本州刺史。睿宗詔陪葬定陵，以實封一百五十戶賜其子晃。開元六年，謚曰貞。

元忠始名眞宰，以諸生見高宗，高宗慰遣，不知謝卽出，儀擧自安，帝目送謂薛元超曰：「是子未習朝廷儀，然名不虛謂，眞宰相也。」避武后母諱，改今名。

韋安石，京兆萬年人。曾祖孝寬，爲周大司空、鄖國公。祖津，隋大業末爲民部侍郎，與元文都等留守洛，拒李密，戰上東門，爲密禽。後王世充殺文都而津獨免，密敗，復歸洛。世充平，高祖素與津善，授諫議大夫，檢校黃門侍郎，陵州刺史，卒。父琬，仕爲成州刺史。

安石擧明經，調乾封尉，雍州長史蘇良嗣器之。永昌元年，遷雍州司兵參軍。良嗣當國，謂安石曰：「大才當大用，徒勞州縣可乎？」薦于武后，擢膳部員外郎，遷幷州司馬，有善政，后手制勞問，陟拜德、鄭二州刺史。安石性方重，不苟言笑，其政尚清嚴，吏民尊畏。

久視中，遷文昌右丞，以鸞臺侍郎同鳳閣鸞臺平章事，兼太子左庶子，仍侍讀，尋知納言事。時二張及武三思寵橫，安石數折辱之。會侍宴殿中，易之引蜀商宋霸子等博塞后前，安石跪奏：「商等賤類，不當戲殿上。」顧左右引出，坐皆失色，后以安石辭正，改容慰勉。鳳

閣侍郎陸元方自以爲不及，退告人曰：「韋公眞宰相。」后嘗幸興泰宮，議趨疾道，安石曰：「此道板築所成，非自然之固。千金子且誡垂堂，況萬乘可輕乘危哉？」后爲回輦。長安二年，同鳳閣鸞臺三品，俄又知納言，檢校揚州大都督府長史。神龍元年，罷政事，俄復同三品，遷中書令，兼相王府長史，封鄖國公，賜封三百戶，加特進，爲侍中。中宗與韋后以正月望夜幸其第，賚賜不貲。帝嘗幸安樂公主池，主請御船，安石曰：「御輕舟，乘不測，非帝王事。」乃止。

睿宗立，授太子少保，改封郇國，復爲侍中、中書令，進開府儀同三司。太平公主有異謀，欲引安石，數因其壻唐晙邀之，拒不往。帝一日召安石曰：「朝廷傾心東宮，卿胡不察？」對曰：「太子仁孝，天下所稱，且有大功。陛下今安得亡國語？此必太平公主計也。」帝矍然曰：「卿勿言，朕知之。」主竊聞，乃構飛變，欲訊之，賴郭元振保護，免。遷尚書右僕射兼太子賓客、同三品，俄罷政事，留守東都。

會妻薛怨婿婢，笞殺之，爲御史中丞楊茂謙所劾，下遷蒲州刺史，徙青州。安石在蒲，太常卿姜皎有所請，拒之。皎弟晦爲中丞，以安石昔相中宗，受遺制，而宗楚客、韋溫擅削相王輔政語，安石無所建正，諷侍御史洪子輿劾擧，子輿以更赦不從。監察御史郭震奏之，有詔與韋嗣立、趙彥昭等皆貶，安石爲沔州別駕。皎又奏安石護作定陵，有所盜沒，詔籍其

贓。安石歎曰：「祇須我死乃已。」發憤卒，年六十四。開元十七年，贈蒲州刺史。天寶初，加贈左僕射、郇國公，謚文貞。二子：陟、斌。

陟字殷卿，與弟斌俱秀敏異常童。安石晚有子，愛之。神龍二年，安石爲中書令，陟甫十歲，授溫王府東閣祭酒、朝散大夫。風格方整，善文辭，書有楷法，一時知名士皆與游。開元中居喪，以父不得志歿，乃與斌杜門不出八年。親友更往敦曉，乃彊調爲洛陽令。宋璟見陟歎曰：「盛德遺範，盡在是矣。」累除吏部郎中，中書令張九齡引爲舍人，與孫逖、梁涉並司書命，時號得才。

遷禮部侍郎。陟於鑒裁尤長。故事，取人以一日試爲高下。陟許自通所工，先就其能試之，已乃程考，由是無遺材。遷吏部侍郎，選人多僞集，與正調相冒，陟有風采，擿辨無不伏者，黜正數百員，銓綜號爲公平。然任威嚴，或至詈詰，議者訾其峻。又自以門品可坐階三公，居常簡貴，視僚黨謷然；其以道誼合，雖後進布衣與均禮。

李林甫惡其名高，恐逼己，出爲襄陽太守，徙河南採訪使，以判官員錫善訊覆，支使韋元甫工書奏，時號「員推韋狀」，陟皆倚任之。俄襲郇國公，坐事貶守鍾離、義陽，後爲河東太守。以失職，內怏怏，乃毀廉隅，頗餉謝權倖欲自結。天寶十二載，入考華清宮，

楊國忠忌其才，諷拾遺吳豸之曰：「子能發陟罪乎？吾以御史相處。」豸之乃劾陟饋遺事，國忠又使甥壻韋元志左驗，陟惶悸，路吉溫求救，由是俱得罪，陟貶桂嶺尉，坐不行，徙平樂。會安祿山陷洛陽，弟斌沒賊，國忠欲構陟與賊通，密諭守吏，令脅陟使憂死，州豪傑共說曰：「昔張說被竄，匿陳氏以免。今若詔書下，誰敢庇公？願公乘扁舟遁去，事寧乃出，不亦美乎？」陟慨然曰：「命當爾，其敢逃刑？」因謝遣，堅臥不出。

歲餘，肅宗卽位，起爲吳郡太守，使者趣追，未至，會永王兵起，委陟招諭，乃授御史大夫、江東節度使。與高適、來瑱會安州，陟曰：「今中原未平，江淮騷離，若不齋盟質信，以示四方，知吾等協心戮力，則無以成功。」乃推瑱爲地主，爲載書，登壇曰：「淮西節度使瑱、江東節度使陟、淮南節度使適，銜國威命，糾合三垂，剪除兇慝，好惡同之，毋有異志。有渝此盟，墜命亡族，罔克生育。皇天后土，祖宗明神，實鑒斯言。」辭旨慷慨，士皆隕泣。

永王敗，帝趣陟赴鳳翔。初，季廣琛從永王亂，非其本謀，陟表廣琛爲歷陽太守，尉安之。至是，恐廣琛有後變，乃馳往諭詔恩釋其疑，而後趣召。帝雅聞陟名，欲倚以相，及是遷延，疑有顧望意，止除御史大夫。會杜甫論房琯，詞意迂慢，帝令陟與崔光遠、顏眞卿按之，陟奏：「甫言雖狂，不失諫臣體。」帝繇是疏之。富平人將軍王去榮殺其縣令，帝將宥之，陟曰：「昔漢高帝約法，殺人者死。今陛下殺人者生，恐非所宜。」時朝廷尚新，羣臣班殿中，

有相弔哭者，帝以陟不任職，用顏眞卿代之，更拜吏部尚書。久之，宗人伐墓柏，坐不相教，貶絳州刺史。還授太常卿。呂諲入輔，薦爲禮部尚書、東京留守。史思明逼伊、洛，李光弼議守河陽，陟率東京官屬入關避之，詔授吏部尚書，令就保永樂，以圖收復。卒，年六十五，贈荊州大都督。

陟早有名，而爲林甫、國忠擯廢。及肅宗擇相，自謂必得，以後至不用。任事者皆新進，望風憚之，多言其驕倨。及入關，又不許至京師。鬱鬱不得志，成疾，且卒，歎曰：「吾道窮於此乎！」性侈縱，喜飾服馬，侍兒閹童列左右常數十，侔於王宮主第。窮治饌羞，擇膏腴地藝穀麥，以鳥羽擇米，每食視庖中所棄，其直猶不減萬錢，宴公侯家，雖極水陸，曾不下筯。常以五采牋爲書記，使侍妾主之，其裁答受意而已，皆有楷法，陟唯署名，自謂所書「陟」字若五朵雲，時人慕之，號「郇公五雲體」。然家法脩整，敕子允就學，夜分視之，見其勤，且日問安，色必怡；稍怠則立堂下不與語。雖家僮數十，然應門賓客，必允主之。

永泰元年，贈尚書左僕射。太常博士程皓議謚「忠孝」，顏眞卿以爲許國養親不兩立，不當合二行爲謚，主客員外郎歸崇敬亦駁正之。右僕射郭英乂無學術，卒用太常議云。

斌，父爲相時授太子通事舍人。少脩整，好文藝，容止嚴峭，有大臣體，與陟齊名。

開元中，薛王業以女妻之，遷祕書丞。天寶中，爲中書舍人，兼集賢院學士，改太常少卿。時陟李林甫構韋堅獄，斌以宗累，貶巴陵太守，移臨汝。久之，拜銀青光祿大夫，列五品。時陟守河東，而從兄由爲右金吾衞將軍，縚爲太子少師，四第同時列戟，衣冠罕比者。祿山陷洛陽，斌爲賊得，署以黃門侍郎，憂憤卒。乾元元年，贈祕書監。

斌天性質厚，每朝會，不敢離立笑言。嘗大雪，在廷者皆振裾更立，斌不徙足，雪甚，幾至韡，亦不失恭。

子況，少隱王屋山，孔述睿稱之，及述睿以諫議大夫召，薦況爲右拾遺，不拜。未幾，以起居郎召，半歲，輒棄官去，徙家龍門。除司封員外郎，稱疾固辭。元和初，授諫議大夫，勉諭到職，數月，乞骸骨，以太子左庶子致仕，卒。況雖世貴，而志沖遠，不爲譽利所遷，當時重其風操。

叔夏，安石兄。通禮家學。叔父太子詹事琨嘗曰：「而能繼漢丞相業矣。」擢明經第，歷太常博士。高宗崩，卹禮亡缺，叔夏與中書舍人賈大隱、博士裴守眞譔定其制，擢春官員外郎。武后拜洛，享明堂，凡所沿改，皆叔夏、祝欽明、郭山惲等所裁討。每立一議，衆咨服之。累遷成均司業。后又詔：「五禮儀物，司禮博士有所脩革，須叔夏、欽明等評處，然後以聞。」進位春官侍郎。中宗復位，轉太常少卿，爲建立廟社使，進銀青光祿大夫，累封沛郡公，國子祭酒。卒，贈兗州都督、脩文館學士，謚曰文。子縚。

縚，開元時歷集賢脩撰、光祿卿，遷太常。

唐興，禮文雖具，然制度時時謬缺不倫。至顯慶中，許敬宗建言：「籩豆以多爲貴，宗廟乃踰于天，請大祀十二、中祀十、小祀八。大祀、中祀，簠、簋、㽅、俎皆一，小祀無㽅。」詔可。二十三年，敕令以籩豆之薦，未能備物，宜詔禮官學士共議以聞。縚請「宗廟籩豆皆加十二」。又言「郊奠，爵容止一合，容小則陋，宜增大之」。

兵部侍郎張均、職方郎中韋述議曰：「禮：『天之所生，地之所長，苟可薦者，莫不咸在。』聖人知孝子之情深，而物類無限，故爲之節，使物有品，器有數，貴賤差降，不得相越。周制：王，食用六穀，膳用六牲，飲用六清，羞用百有二十品，珍用八物，醬用百有二十罋，而以四籩、四豆供祭祀。此祀與賓客豐省不得同，舊矣。且嗜好燕私之饌，與時而遷，故聖人一約以禮。雖平生所嗜，非禮則不薦；所惡，是禮則不去。屈建命去祥祭之芰曰：『祭典有之，不羞珍異，不陳庶侈。』此則禮外之食，前古不薦。今欲以甘旨肥濃皆充於祭，苟踰舊制，其何極焉。雖籩豆有加，不能備也。若曰以今之珍，生所嗜愛，求神無方，是簠、簋可去，而盤、

盂、杯、案當御矣；韶、頀可抵，而箜篌、笙、笛應奏矣。且自漢以來，陵有寢宮，歲時朔望，薦以常饌，固可盡孝子之心。至宗廟法享，不可變古從俗。有司所承，一升爵，五升散。禮，凡宗廟，貴者以爵，賤者以散，此貴小賤大，以示節儉。請如故。」

太子賓客崔沔曰：「古者，有所飲食，必先嚴獻，未火化，則有毛血之薦，未麴蘗，則有玄酒之奠。至後王，作酒醴，用犧牲，故有三牲、八簋、五齊、九獻。然神尚玄，可存而不可測也；祭主敬，可備而不可廢也。蓋薦貴新，味不尚褻，雖曰備物，猶有節制存焉。鉶、俎、籩、豆、簠、簋、尊、罍，周人時饌也，其用通於燕享賓客，周公乃與毛血玄酒共薦。晉中郎盧諶家祭，皆晉日食，則當時之食，不可闕於祀已。唐家清廟時享，禮饌備進，周法也；園寢上食，時膳具陳，漢法也。職貢助祭，致遠物也；有新必薦，順時令也。苑囿芻豢所入，蒐田親發所中，皆因宜以薦，薦而後食。則濃腴鮮美盡在矣。又敕有司著于令，不必加籩豆之數也。大凡祭器，視物所宜。故大羹，古饌也，盛以㽅，㽅，古器也；和羹，時饌也，盛以鉶，鉶，時器也。有古饌而用時器者，則毛血于盤，玄酒于尊。未有進時饌用古器者，古質而今文，有所不稱也。雖加籩豆十二，未足盡天下之美，而措諸廟，徒以近侈而見訾抵。臣聞墨家者流，出於清廟，是廟貴儉不尚奢也。」

禮部員外郎楊仲昌、戶部郎中陽伯成、左衞兵曹參軍劉秩等，請如舊禮便。宰相白奏，

玄宗曰：「朕承祖宗休德，享祀粢盛，實貴豐絜。有如不應於法，亦不敢用。」乃詔太常，擇品味可增者稍加焉。縚又請「室加籩、豆各六，每四時以新果珍饗實之」。制「可」。又詔：「獻爵祼薦升所容，以合古。」

二十三年，詔書服紀所未通者，令禮官學士詳議。縚上言：「禮喪服：舅，緦麻三月。從母，小功五月，傳曰：『何以小功，以名加也。』而堂姨、舅母，恩所不及焉。外祖父母，小功五月，傳曰：『何以小功，以尊加也。』舅，緦麻三月，皆情親而屬疏也。外祖正尊，服同從母；姨、舅一等，而有輕重；堂姨、舅親未疏，不相為服；親舅母不如同爨。其亦古意有所未暢。且外祖小功，此為正尊，請進至大功；姨、舅侔親，服宜等，請進舅至小功；堂姨舅以疏降親舅從母一等；親舅母古未有服，請從祖免。」

於是韋述議曰：「自高祖至玄孫并身謂之九族。由近及遠，差其輕重，遂為五服。傳曰：『外親服皆緦。』鄭玄曰：『外親之服異姓，正服不過緦。』外祖父母小功，以尊加；從母小功，以名加；舅、甥、外孫、中外昆弟，皆緦。以匹言之，外祖則祖也，舅則伯叔也，父母之恩不殊，而獨殺於外者有以也。禽獸知母而不知父，野人則父母等，都邑之士則知尊禰，大夫則知尊祖，諸侯及太祖，天子及始祖。聖人究天道，厚祖禰，繫姓族，親子孫，則母黨之於本族，不同明甚。家無二尊，喪無二斬，人之所奉，不可貳也。為人後，降其父母喪。女子嫁，

殺其家之喪。所存者遠，抑者私也。若外祖及舅加一等，而堂舅及姨著服，則中外其別幾何？且五服有上殺之義，伯叔父母服大功，從父昆弟亦大功，以其出於祖，服不得過於祖也。從祖祖父母、從祖父母、從祖昆弟皆小功，以其出於曾祖，服不得過曾祖也。族祖祖父母、族祖父母、族昆弟皆緦，以其出於高祖，服不得過高祖也。堂姨、舅出外曾祖，若為之服，則外曾祖父母、外伯叔祖父母亦可制服矣。外祖至大功，則外曾祖小功、外高祖緦。推而廣之，與本族無異。棄親錄疏，不可謂順。且服皆有報，則堂甥、外曾孫、姪女之子皆當服。聖人豈薄其骨肉恩愛哉？蓋本於公者末於私，義有所斷，不得不然。苟可加也，則可減也，如是，禮可隳矣。請如古便。」楊仲昌又言：「舅服小功，魏徵嘗進之矣。今之所請，正同徵論。堂舅、堂姨、舅母，皆升祖免，則外祖父母進至大功，不加報於外孫乎？外孫而報以大功，則本宗之庶孫用何等邪？」

帝手敕曰：「朕謂親姨、舅服小功，則舅母於舅有三年之喪，不得全降於舅，宜服緦。堂姨、舅古未有服，朕思睦厚九族，宜祖免。古有同爨緦，若比堂姨、舅於同爨，不已厚乎？傳曰：『外親服皆緦。』是亦不隔堂姨、舅也。若謂所服不得過本，而復為外曾祖父母、外伯叔父母制服，亦何傷？皆親親敦本意也。」

侍中裴耀卿、中書令張九齡、禮部尚書李林甫奏言：「外服無降，甥為舅母服，舅母亦報之。夫之甥既報，則夫之姨、舅又當服，恐所引益疏。臣等愚，皆所不及。」詔曰：「從服六，此其一也。降殺於禮無文，皆自身率親為之數。姨、舅屬近，以親言之，亦姑伯之匹，可曰所引疏耶？婦人從夫者也，夫於姨舅既服矣，從夫而服，是謂睦親。卿等宜熟計。」耀卿等奏言：「舅母緦，堂姨舅祖免。請準制旨，自我為古，罷諸儒議。」制曰：「可。」

初，帝詔歲率公卿迎氣東郊，至三時，常以孟月讀時令於正寢。二十六年，詔縚月奏令一篇，朔日於宣政側設榻，東向置案，縚坐讀之，諸司官長悉升殿坐聽。歲餘，罷。

高宗上元三年，將祫享。議者以禮緯三年祫，五年禘；公羊家五年再殷祭。二家舛互，諸儒莫能決。太學博士史玄璨曰：「春秋：僖公三十三年十二月薨。文公之二年八月丁卯，大享。公羊曰：『祫也。』則三年喪畢，新君之二年當祫，明年當禘羣廟。又宣公八年，禘僖公。宣公八年皆有禘，則後禘距前禘五年。此則新君之二年祫、三年禘爾。後五年再殷祭，則六年當祫，八年禘。昭公十年，齊歸薨。十三年，喪畢當祫，為平丘之會。多，公如晉，至十四年祫，十五年禘。傳曰『有事於武宮』是也。至十八年祫，二十年禘；二十三年祫，二十五年禘。昭公二十五年『有事於襄宮』是也。則禘後三年而祫，又二年而禘，合於禮。」議遂定。後睿宗喪畢，祫於廟。至開元二十七年，禘祭五，祫祭七。是歲，縚奏：「四月嘗已禘，孟多又祫，祀禮叢數，請以夏禘為大祭之源。」自是相循，五年再祭矣。

縚終太子少師。

抗者，安石從父兄子。弱冠舉明經，累官吏部郎中。景雲初，為永昌令，輦轂繁要，抗不事威刑而治，前令無及者。遷右御史臺中丞，邑民詣闕留，不聽，乃立碑著其惠。開元三年，自太子左庶子為益州大都督府長史，授黃門侍郎。河曲胡康待賓叛，詔持節慰撫。抗於武略非所長，稱疾逗留，不及賊而返。俄代王晙為御史大夫，兼按察京畿。弟拯方為萬年令，兄弟領本部，時以為榮。坐薦御史非其人，授安州都督，改蒲州刺史。入為大理卿，進刑部尚書，分掌吏部選，卒。抗歷職以清儉，不治產，及終無以葬，玄宗聞之，特給轜車。贈太子少傅，謚曰貞。

所表奉天尉梁昇卿、新豐尉王倕、華原尉王燾，皆為僚屬，後皆為顯人。昇卿涉學工書，於八分尤工，歷廣州都督，書東封朝覲碑，為時絕筆。倕累遷河西節度使，天寶中，功聞于邊。它所辟舉，如王維、王縉、崔殷等，皆一時選云。

郭震字元振，魏州貴鄉人，以字顯。長七尺，美須髯，少有大志。十六，與薛稷、趙彥昭

同爲太學生，家嘗送資錢四十萬，會有縗服者叩門，自言「五世未葬，願假以治喪」。元振舉與之，無少吝，一不質名氏。稷等嘆駭。

十八擧進士，爲通泉尉。任俠使氣，撥去小節，嘗盜鑄及掠賣部中口千餘，以餉遺賓客，百姓厭苦。武后知所爲，召欲詰，旣與語，奇之，索所爲文章，上寶劍篇，后覽嘉歎，詔示學士李嶠等，卽授右武衞鎧曹參軍，進奉宸監丞。

會吐蕃乞和，其大將論欽陵請罷四鎭兵，披十姓之地，乃以元振充使，因覘虜情。還，上疏曰：

利或生害，害亦生利。國家所患，唯吐蕃與默啜耳，今皆和附，是將大利於中國也。若圖之不審，害且隨之。欽陵欲裂十姓地，解四鎭兵，此動靜之機，不可輕也。若直遏其意，恐邊患必甚於前，宜以策緩之，使其和望勿絕，而惡不得萌，固當取捨審也。夫患在外者，十姓、四鎭是也；患在內者，甘、涼、瓜、肅是也。關隴屯戍，向三十年，力用困竭，脫甘、涼有一日警，豈堪廣調發耶？

善爲國者，先料內以敵外，不貪外以害內，然後安平可保。欽陵以四鎭近己，畏我侵掠，此吐蕃之要；然靑海、吐渾密邇蘭、鄯，易爲我患，亦國家之要。今宜報欽陵曰：「四鎭本扼諸蕃走集，以分其力，使不得併兵東侵。今委之，則蕃力益彊，易以擾動。保

後無東意，當以吐渾諸部、靑海故地歸於我，則俟斤部落還吐蕃矣。」此足杜欽陵口，而和議未絕。且四鎭久附，其倚國之心，豈與吐蕃等？今未知利害情實而分裂之，恐傷諸國意，非制御之算。

后從之。

又言：「吐蕃倦徭戍久矣，咸願解和；以欽陵欲裂四鎭，專制其國，故未歸款。陛下誠能歲發和親使，而欽陵常不從，則其下必怨，設欲大擧，固不能，斯離間之漸也。」后然其計。後數年，吐蕃君臣相猜攜，卒誅欽陵，而其弟贊婆等來降，因詔元振與河源軍大使夫蒙令卿率騎往迎。授主客郎中。

久之，突厥、吐蕃聯兵寇涼州，后方御洛城門宴，邊遽至，因輟樂，拜元振爲涼州都督，卽遣之。初，州境輪廣纔四百里，虜來必傅城下。元振始於南硤口置和戎城，北磧置白亭軍，制束要路，遂拓境千五百里，自是州無虜憂。又遣甘州刺史李漢通闢屯田，盡水陸之利，稻收豐衍。舊涼州粟斛售數千，至是歲數登，至匹縑易數十斛，支廥十年，牛羊被野。治涼五歲，善撫御，夷夏畏慕，令行禁止，道不擧遺。河西諸郡置生祠，揭碑頌德。

神龍中，遷左驍衞將軍、安西大都護。西突厥酋烏質勒部落盛彊，款塞願和，元振卽牙帳與計事。會大雨雪，元振立不動，至夕凍冽；烏質勒已老，數拜伏，不勝寒，會罷卽死。其子娑葛以元振計殺其父，謀勒兵襲擊，副使解琬知之，勸元振夜遁，元振不聽，堅臥營爲不疑者。明日，素服往弔，道逢娑葛兵，虜不意元振來，遂不敢逼，揚言迎衞。進至其帳，脩弔贈禮，哭甚哀，爲留數十日助喪事，娑葛感義，更遣使獻馬五千、駝二百、牛羊十餘萬。制詔元振爲金山道行軍大總管。

烏質勒之將闕啜忠節與娑葛交怨，屢相侵，而闕啜兵弱不支。元振奏請追闕啜入宿衞，徙部落置瓜、沙間。詔許之。闕啜遂行。至播仙城，遇經略使周以悌，以悌說之曰：「國家厚秩待君，以部落有兵故也。今獨行入朝，一羇旅胡人耳，何以自全？」乃教以重寶賂宰相，無入朝；請發安西兵導吐蕃以擊娑葛；求阿史那獻爲可汗以招十姓；請郭虔瓘使拔汗那蒐其鎧馬以助軍，旣得復讎，部落更存。闕啜然之，卽勒兵擊于闐坎城，下之。因所獲，遣人間道齎黃金分遺宗楚客、紀處訥，使就其謀。元振知之，上疏曰：

國家往不與吐蕃十姓、四鎭而不擾邊者，蓋其諸豪泥婆羅等屬國自有攜貳，故贊普南征，身殞寇庭，國中大亂，嫡庶競立，將相爭權，自相翦屠，士畜疲癘，財力困窮，顧人事、天時兩不諧契，所以屈志於漢，非實忘十姓、四鎭也。如其有力，後且必爭。今忠節忽國家大計，欲爲吐蕃鄉導主人，四鎭危機恐從此啓。吐蕃得志，忠節亦當在賊掌股，若爲復得事我哉？往吐蕃於國無有恩力，猶欲爭十姓、四鎭；今若効力樹恩，則

請分于闐、疏勒者，欲何理抑之？且其國諸蠻及婆羅門方自嫌阻，藉令求我助討者，亦何以拒之？是以古之賢人，不願夷狄妄惠，非不欲其力，懼後求無厭，益生中國事也。臣愚以爲用吐蕃之力，不見其便。

又請阿史那獻者，豈非以可汗子孫能招綏十姓乎？且斛瑟羅及懷道與獻父元慶、叔僕羅、兄俀子，俱可汗子孫也。往四鎭以他匐十姓之亂，請元慶爲可汗，卒亦不能招來，而元慶沒賊，四鎭淪陷。忠節亦嘗請以斛瑟羅及懷道爲可汗矣，十姓未附而碎葉幾危。又吐蕃亦嘗以俀子、僕羅并拔布爲可汗矣，亦不能得十姓而皆自亡滅，此非它，其子孫無惠下之才，恩義素絕故也。豈止不能招懷，且復爲四鎭患，則冊可汗子孫其效固試矣。獻又遠於其父兄，人心何繇卽附，若兵力足取十姓，不必要須可汗子孫也。

又請以郭虔瓘蒐兵稅馬於拔汗那。往虔瓘已嘗與忠節擅入其國，臣時在疏勒，不聞得一甲一馬，而拔汗那挾忿侵擾，南導吐蕃，將俀子，以擾四鎭。且虔瓘往至拔汗那國，四面無助，若履虛邑，猶引俀子爲敵。況今北有娑葛，知虔瓘之西，必引以相援，拔汗那倚堅城而抗于內，突厥邀伺于外，虔瓘等豈能復如往年得安易之幸哉？

疏奏不省。

楚客等因建遣攝御史中丞馮嘉賓持節安撫闕啜，以御史呂守素處置四鎭，以牛師奬爲

安西副都護，代元振領甘、涼兵，召吐蕃併力擊娑葛。娑葛之使娑臘知楚客謀，馳報之。娑葛怒，卽發兵出安西、撥換、焉耆、疏勒各五千騎。於是闕啜在計舒河與嘉賓會，娑葛兵奄至，禽闕啜，殺嘉賓，又殺呂守素於僻城、牛師獎於火燒城，遂陷安西，四鎭路絕。元振屯疏勒水上，未敢動。楚客復表周以悌代元振，且以阿史那獻爲十姓可汗，置軍焉耆以取娑葛。娑葛遺元振書，且言：「無仇于唐，而楚客等受闕啜金，欲加兵擊滅我，故懼死而鬬。且請斬楚客。」元振奏其狀。楚客大怒，誣元振有異圖，召將罪之。元振使子鴻間道奏乞留定西土，不敢歸京師。以悌乃得罪，流白州，而赦娑葛。

睿宗立，召爲太僕卿。將行，安西酋長有剺面哭送者，旌節下玉門關，去涼州猶八百里，城中爭具壺漿歡迎，都督嗟歎以聞。景雲二年，進同中書門下三品，遷吏部尚書，封館陶縣男。先天元年，爲朔方軍大總管，築豐安、定遠城，兵得保頓。明年，以兵部尚書復同中書門下三品。

玄宗誅太平公主也，睿宗御承天門，諸宰相走伏外省，獨元振總兵扈帝，事定，宿中書者十四昔乃休。進封代國公，實封四百戶，賜一子官，物千段。俄又兼御史大夫，復爲朔方大總管，以備突厥。未行，會玄宗講武驪山，旣三令，帝親鼓之，元振遽奏禮止，帝怒軍容不整，引坐纛下，將斬之。劉幽求、張說扣馬諫曰：「元振有大功，雖得罪，當宥。」乃赦死，流

新州。開元元年，帝思舊功，起爲饒州司馬，怏怏不得志，道病卒，年五十八。十年，贈太子少保。

元振雖少雄邁，及貴，居處乃儉約，手不置書，人莫見其喜慍。建宅宣陽里，未嘗一至諸院廏。自朝還，對親欣欣，退就室，儼如也。距國初仕至宰相而親具者，唯元振云。

贊曰：魏、韋皆感概而奮，似矣。及在昏上側臣閒，臨機會，不一引手揕姦邪之謀，誠可鄙哉。至孽后蠱主以柔譖撼宗社，亦不肯從也。古所謂具臣者。諒乎，元振功顯節完，一跌未復，世恨其蚤歿云。

唐書卷一百二十三

列傳第四十八

李嶠　蕭至忠　盧藏用　韋巨源　趙彥昭　和逢堯

李嶠字巨山，趙州贊皇人。早孤，事母孝。爲兒時，夢人遺雙筆，自是有文辭，十五通五經，薛元超稱之。二十擢進士第，始調安定尉。舉制策甲科，遷長安。時畿尉名文章者，駱賓王、劉光業，嶠最少，與等夷。

授監察御史。高宗擊邕、巖二州叛獠，詔監其軍，嶠入洞喻降之，由是罷兵。稍遷給事中。會來俊臣構狄仁傑、李嗣眞、裴宣禮等獄，將抵死，敕嶠與大理少卿張德裕、侍御史劉憲覆驗，德裕等內知其冤，不敢異。嶠曰：「知其枉不申，是謂見義不爲者。」卒與二人列其枉，忤武后旨，出爲潤州司馬。久乃召爲鳳閣舍人，文册大號令，多主爲之。

初置右御史臺，察州縣吏善惡、風俗得失，嶠上疏曰：「禁網上疏，法象宜簡，簡則法易

行而不煩雜，疏則所羅廣而不苛碎。伏見垂拱時，諸道巡察使科條四十有四，至別敕令又三十。而使以三月出，盡十一月奏事，每道所察吏，多者二千，少亦千計，要在品覈才行而褒貶之。今期會迫促，奔逐不暇，欲望詳究所能，不亦艱哉。此非隳於職，才有限，力不逮耳。臣願量其功程以爲節制，使器周於用，力濟於時，然後得失可以精覈矣。」又言：「今所察按，準漢六條而推廣之，則無不包矣，烏在多張事目也？且朝廷萬機非無事，而機事之動，常在四方，故出使者冠蓋相望。今已置使，則外州之事悉得專之，傳驛減矣。請率十州置一御史，以期歲爲之限，容其身到屬縣，過閭里，督察姦訛，采風俗，然後可課其成功。且御史出入天禁，勵已自脩，比他吏相百也。按劾回庸，糾擿隱欺，比他吏相十也。陛下誠用臣言，妙擇能者委之，莫不盡力効死矣。」武后善之，下制析天下爲二十道，擇堪使者。爲衆議沮止。

俄知天官侍郞事，進麟臺少監、同鳳閣鸞臺平章事。遷鸞臺侍郞。會張錫輔政，嶠，其出也，罷爲成均祭酒。俄檢校文昌左丞，留守東都。長安三年，以本官復爲平章事，知納言。遷內史，嶠辭劇，復爲成均祭酒、平章事。

武后將建大像於白司馬坂，嶠諫：「造像雖俾浮屠輸錢，然非州縣承辦不能濟，是名雖不稅而實稅之。臣計天下編戶，貧弱者衆，有賣舍、帖田供王役者。今造像錢積十七萬緡，

若頒之窮人，家給千錢，則紓十七萬戶飢寒之苦，德無窮矣。」不納。

張易之敗，坐附會貶豫州刺史，未行，改通州。數月，以吏部侍郎召，俄遷尚書。神龍二年，代韋安石爲中書令。

嶠在吏部時，陰欲藉時望復宰相，乃奏置員外官數千。既吏衆猥，府庫虛耗，乃上書歸咎于時，因蓋向非，曰：

元首之尊，居有重門擊柝之衞，出有淸警戒道之禁，所以備非常，息異望，誠不可易舉動，慢防閑也。陛下厭崇邃，輕尊嚴，微服潛游，閱廛過市，行路私議，朝廷驚懼，如禍產意外，縱不自惜，奈宗廟蒼生何？

又分職建官，不可以濫。傳曰：「官不必備，惟其人。」自帝室中興，以不愼爵賞爲惠，冒級躐階，朝陞夕改，正闕不給，加以員外。內則府庫爲殫，外則黎庶蒙害，非求賢助治之道也。願愛惜班榮，息匪服之議。今文武六十以上，而天造含容，皆矜恤之。老病者已解還授，員外者既遣復留，恐非所以消敝救時也。請敕有司料其可用進，不可用退。又遠方夷人不堪治事，國家向務撫納而官之，非立功酋長，類糜俸祿。願商度非要者，一切放還。

又易稱：「何以守位曰仁，何以聚人曰財。」今百姓乏窶，不安居處，不可以守位。倉

儲蕩耗，財力傾殫，不足以聚人。山東病水潦，江左困輪轉。國匱於上，人窮於下。如令邊埸少竦，恐逋亡遂多，盜賊羣行，何財召募？何衆閑遏乎？又崇作寺觀，功費浩廣。今山東歲饑，糟糠不厭。而投艱阸之會，收庸、調之半，用吁嗟之物，以榮土木，恐怨結三靈，謗蒙四海。

又比緣征戍，巧詐百情，破役隱身，規脫租賦。今道人私度者幾數十萬，其中高戶多丁，黠商大賈，詭作臺符，羼名僞度。且國計軍防，並仰丁口，今丁皆出家，兵悉入道，征行租賦，何以備之？

又重賂貴近，補府若史，移沒籍產，以州縣甲等更爲下戶。當道城鎭，至無捉驛者，役逮小弱，即破其家。願許十道使訪察括取，使姦猾不得而隱。

又太常樂戶已多，復求訪散樂，獨持大鼓者已二萬員，願量留之，餘勒還籍，以杜妄費。

中宗以嶠身宰相，乃自陳失政，丐罷官，無所嫁非，手詔詰讓。嶠惶恐，復視事。三年，加脩文館大學士，封趙國公，以特進同中書門下三品。睿宗立，罷政事，下除懷州刺史，致仕。初，中宗崩，嶠嘗密請相王諸子不宜留京師。及玄宗嗣位，獲其表宮中，或請誅之。張說曰：「嶠誠懵逆順，然爲當時謀，吠非其主，不可追罪。」天子亦顧數更赦，遂免，貶滁州別駕，聽隨子虔州刺史暢之官。改廬州別駕，卒，年七十。

嶠富才思，有所屬綴，人多傳諷。武后時，汜水獲瑞石，嶠爲御史，上皇符一篇，爲世譏薄。然其仕前與王勃、楊盈川接，中與崔融、蘇味道齊名，晚諸人沒，而爲文章宿老，一時學者取法焉。

蕭至忠，沂州丞人。祖德言，爲祕書少監。至忠少與友期諸路，會雨雪，人引避，至忠曰：「寧有與人期可以失信？」卒友至乃去，衆歎服。仕爲伊闕、洛陽尉。遷監察御史，劾奏鳳閣侍郎蘇味道贓貪，超拜吏部員外郎。至忠長擊斷，譽聞當時。中宗神龍初，爲御史中丞。始，至忠爲御史，而李承嘉爲大夫，嘗讓諸御史曰：「彈事有不咨大夫，可乎？」衆不敢對，至忠獨曰：「故事，臺無長官。御史，天子耳目也，其所請奏當專達，若大夫許而後論，即劾大夫者，又誰白哉？」承嘉慚。至是，承嘉爲戶部尚書，至忠劾祝欽明、竇希玠與承嘉等罪，百寮震悚。遷吏部侍郎，猶兼中丞。

節愍太子以兵誅武三思而敗，宗楚客等諗侍御史冉祖雍上變，言相王與太子謀。帝欲按之，至忠泣曰：「往者，天后欲以相王爲太子，而王不食累日，獨請迎陛下，其讓德天下莫

不聞。陛下貴爲天子，不能容一弟，受人羅織耶？竊爲陛下不取。」帝納其言，止。尋授中書侍郎、同中書門下平章事。上疏陳時政曰：

求治之道，首于用賢。苟非其才則官曠，官曠則事廢，事廢則人殘，歷代所以陵遲者此也。今授職用人，多因貴要爲粉飾，上下相蒙，苟得爲是。夫官爵，公器也；恩倖，私惠也。王者正可金帛富之，粱肉食之，以存私澤也。若公器而私用之，則公義不行而勞人解體，私謁開而正言塞。日朘月削，卒見凋弊。

今列位已廣，冗員復倍。陛下降不訾之澤，近戚有無厓之請，臺閣之內，朱紫充滿，官秩益輕，恩賞彌數。才者不用，用者不才，故人不効力，官匪其人，欲求治固難矣。

又宰相要官子弟，多居美爵，並罕才藝，而更相誘託。詩云：「私人之子，百寮是試。」或以其酒，不以其漿，鞙鞙佩璲，不以其長。」此言王政不平而衆官廢職，私家子列試榮班，徒長其佩爾。臣願陛下愛惜爵賞，官無虛授，進大雅以樞近，退小人於閑左，使政令惟一，私不害公，則天下幸甚。且貞觀故事，宰相子弟多居外職，非直抑彊宗，亦以擇賢才爾。請自宰相及諸司長官子弟，並授外官，共寧百姓，表裏相統。

帝不納。俄爲侍中、中書令。時楚客懷姦植黨，而韋巨源、楊再思、李嶠務自安，無所弼正，

至忠介其間，獨不詭隨，時望翕然歸重。帝亦曰：「宰相中，至忠最憐我。」韋后嘗爲其弟洵與至忠殤女冥婚。至忠又以女妻后舅崔從禮子無詖。兩家合禮，帝主蕭，后主崔，時謂「天子嫁女，皇后娶婦」。

唐隆元年，以后黨應坐，而太平公主爲言，出爲晉州刺史，治有名。默啜遣大臣來朝，見至忠風采，逡巡畏俯，謂人曰：「是宜相天子，何乃居外乎？」太平寖用事，至忠乃自附納，且丐還，主以至忠子任千牛死韋氏難，意怨望易動，能助己，請于帝。拜刑部尙書，復爲中書令，封酇國公，乃參主逆謀。先天二年，主敗，至忠遁入南山。數日，捕誅之，籍其家。

至忠始在朝，有風望，容止閑敏，見推爲名臣。外方直，糾擿不法，而內無守，觀時輕重而去就之。始爲御史，桓彥範等頗引重。五王失政，更因武三思得中丞，附安樂公主爲宰相。及韋氏敗，遽發韋洵墓，持其女柩歸。後依太平，復當國。嘗出主第，遇宋璟，璟戲曰：「非所望於蕭傅。」至忠曰：「善乎宋生之言。」然不能自返也。娣嫁蔣欽緒，欽緒每戒之，至忠不聽。歎曰：「九世卿族，一舉而滅之，可哀也已！」不喜接賓客，以簡儉自高，故生平奉賜，無所遺施，及籍沒，珍寶不可計。然玄宗賢其爲人，後得源乾曜，亟用之，謂高力士曰：「若知吾進乾曜遽乎？吾以其貌言似蕭至忠。」力士曰：「彼不嘗負陛下乎？」帝曰：「至忠誠國器，但晚謬爾，其始不謂之賢哉？」

弟元嘉，工部侍郎；廣徽，工部員外郎。

盧藏用字子潛，幽州范陽人。父璥，魏州長史，號才吏。藏用能屬文，舉進士，不得調。與兄徵明偕隱終南、少室二山，學練氣，爲辟穀，登衡、廬，彷洋岷、峨。與陳子昂、趙貞固友善。

長安中，召授左拾遺。武后作興泰宮於萬安山，上疏諫曰：「陛下離宮別觀固多矣，又窮人力以事土木，臣恐議者以陛下爲不愛人而奉己也。且頃歲穀雖頗登，而百姓未有儲。陛下巡幸，訖靡休息，斤斧之役，歲月不空，不因此時施德布化，而又廣宮苑，臣恐下未易堪。今左右近臣，以諛意爲忠，犯忤爲患，至令陛下不知百姓失業，百姓亦不知左右傷陛下之仁也。忠臣不避誅震以納君於仁，明主不惡切詆以趣名于後。陛下誠能發明制，以勞人爲辭，則天下必以爲愛力而苦己也。不然，下臣此章，得與執事者共議。」不從。

姚元崇持節靈武道，奏爲管記。還應縣令舉，甲科，爲濟陽令。神龍中，累擢中書舍人，數糾駁僞官。歷吏部、黃門侍郎，脩文館學士。坐親累，降工部侍郎。進尙書右丞。附太平公主，主誅，玄宗欲捕斬藏用，顧未執政，意解，乃流新州。或告謀反，推無狀，流驩州。會交阯叛，藏用有捍禦勞，改昭州司戶參軍，遷黔州長史，判都督事，卒于始興。

藏用善蓍龜九宮術，工草隸、大小篆、八分，善琴、弈，思精遠，士貴其多能。嘗以俗徇陰陽拘畏，乖至理，泥變通，有國者所不宜專。謂：「天道從人者也。古爲政者，刑獄不濫則人壽，賦斂省則人富，法令有常則邦寧，賞罰中則兵彊。禮者士所歸，賞者士所死，禮賞不倦，則士爭先。否者，雖揆時行罰，涓日出號，無成功矣。故任賢使能，不時日而利；明法審令，不卜筮而吉；養勞貴功，不禱祠而福。」乃爲析滯論以暢其方，世謂「知言」。子昂、貞固前死，藏用撫其孤有恩，人稱能終始交。始隱山中時，有意當世，人目爲「隨駕隱士」。晚乃徇權利，務爲驕縱，素節盡矣。司馬承禎嘗召至闕下，將還山，藏用指終南曰：「此中大有嘉處。」承禎徐曰：「以僕視之，仕宦之捷徑耳。」藏用慚。無子。

弟若虛，多才博物。隴西辛怡諫爲職方，有獲異鼠者，豹首虎臆，大如拳。怡諫謂之鼮鼠而賦之。若虛曰：「非也，此許愼所謂鼨鼠，豹文而形小。」一坐驚服。終起居郎，集賢院學士。

韋巨源與安石同系，後周京兆尹總曾孫。祖貞伯，襲鄖國公，入隋，改舒國。巨源有吏幹，武后時累遷夏官侍郎、同鳳閣鸞臺平章事。其治委碎無大體，句校省中遺隱，下符斂

克不少蠲，雖收其利，然下所怨苦。坐李昭德累，貶鄜州刺史〔一〕。累拜地官尙書。

神龍初，以吏部尙書同中書門下三品。時要官缺，執政以次用其親，巨源秉筆，當除十人，楊再思得其一，試問餘授，皆諸宰相近屬。再思喟然曰：「吾等誠負天下。」巨源曰：「時當爾耳。」是時雖賢有德，終莫得進，士大夫莫不解體。會安石爲中書令，避親罷政事。尋還侍中，舒國公。韋后與敍昆弟，附屬籍。武三思封戶在貝州，屬大水，刺史宋璟議免其租，巨源以爲蠶桑可輸，繇是河朔人多流徙者。景龍二年，韋后自言衣笥有五色雲，巨源倡其僞，勸中宗宣布天下，帝從其言，因是大赦。巨源見帝昏惑，乃與宗楚客、鄭愔、趙延禧等推處祥妖，陰導韋氏行武后故事。俄遷尙書左僕射，仍知政事。帝方南郊，巨源請后爲亞獻，而自爲終獻。及臨淄王平諸韋，家人請避之，巨源曰：「吾大臣，無容見難不赴。」出都街，亂兵殺之，年八十。

睿宗立，贈特進、荊州大都督。博士李處直請謚爲「昭」，戶部員外郎李邕以巨源附武三思爲相，託韋后親屬，謚「昭」爲非。處直執不改，邕列陳其惡，不見用，然世皆直邕。韋氏自安石及武后時宰相待價、巨源皆近親，其族至大官者，又數十人。

趙彥昭字奐然，甘州張掖人。父武孟，少游獵，以所獲饋其母，母泣曰：「汝不好書而敖蕩，吾安望哉？」不爲食。武孟感激，遂力學，淹該書記。自長安丞爲右臺侍御史，著河西人物志十篇。

彥昭少豪邁，風骨秀爽。及進士第，調爲南部尉。與郭元振、薛稷、蕭至忠善。自新豐丞爲左臺監察御史。景龍中，累遷中書侍郎、同中書門下平章事。金城公主嫁吐蕃，始以紀處訥爲使，處訥辭，乃授彥昭。彥昭顧己處外，恐權寵奪移，不悅。司農卿趙履温曰：「公天宰，而爲一介使，不亦鄙乎！」彥昭問計安出，履温乃爲請安樂公主留之，遂以將軍楊矩代。睿宗立，出爲宋州刺史，坐累貶歸州。俄授涼州都督，爲政嚴，下皆股慄。入爲吏部侍郎，持節按邊。遷御史大夫。蕭至忠等誅，郭元振、張說言彥昭與祕謀，改刑部尚書、封耿國公，實封百戶。

彥昭本以權幸進，中宗時，有巫趙挾鬼道出入禁掖，彥昭以姑事之。嘗衣婦服，乘車與妻偕謁，其得宰相，巫力也。於是殿中侍御史郭震劾暴舊惡。會姚崇執政，惡其爲人，貶江州別駕，卒。

和逢堯，岐州岐山人。武后時，負鼎詣闕下上書，自言願助天子和飪百度。有司讓曰：「昔桀不道，伊尹負鼎于湯；今天子聖明，百司以和，尙何所調？」逢堯不能答，流莊州。十餘年，乃舉進士高第，累擢監察御史。

突厥默啜請尙公主，逢堯以御史中丞攝鴻臚卿，報可。默啜遣貴近頡利來曰：「詔送金鏤具鞍，乃塗金，非天子意。使者不可信，雖得公主，猶非實，請罷和親。」欲馳去，左右色動，逢堯呼曰：「我大國使，不受我辭，可輒去。」乃牽持其人謂曰：「漢法重女婿而送鞍具，欲安且久，不以金爲貴。可汗乃貪金而不貴信邪？」默啜聞曰：「漢使至吾國衆矣，斯食鐵石人，不可易。」因備禮以見。逢堯說之曰：「天子昔爲單于都護，思與可汗通舊好，可汗當嚮風慕義，襲冠冕，取重諸蕃。」默啜信之，爲斂髮紫衣，南面再拜稱臣，遣子入朝。逢堯以使有指，擢戶部侍郎。坐善太平公主，斥朗州司馬，終柘州刺史。逢堯詼詭，當大事敢徼福，故卒以附麗廢，然唐興奉使者稱逢堯。

贊曰：異哉，玄宗之器蕭至忠也，不亦惑乎！至忠本非賢，而寄賢以奸利，失之則邀利以喪賢，姻豔后，挾寵主，取宰相，謀間王室，身誅家破，遺臭無窮。而帝以乾曜似之，遽使當國，是帝舉不知至忠之不可用，又不知乾曜之所可用也。或稱帝不以罪掩才，益可怪嘆。嗚呼！力士誠腐夫庸人，不能發擿天子之迷，若曰「至忠賢於初，固不繆於末；既繆於末，果不賢於初。惟陛下圖之」，如是，帝且悟往失而精來鑒已。其後相李林甫、將安祿山，皆基于不明，身播岷陬，信自取之歟。

校勘記

〔一〕貶鄜州刺史　「鄜」，各本及通鑑卷二〇五作「麟」，本書卷四則天紀、卷六一宰相表、舊書卷六則天紀、卷九二韋巨源傳俱作「鄜」。按本書卷三七及舊書卷三八地理志、元和志卷四，唐玄宗時始析勝州置麟州。「麟」當爲「鄜」之形訛，今改。

唐書卷一百二十四

列傳第四十九

姚崇 奕 合 勗 宋璟 渾

姚崇字元之，陝州硤石人。父懿，字善懿，貞觀中，爲巂州都督，贈幽州大都督，謚文獻。

崇少倜儻，尚氣節，長乃好學。仕爲孝敬挽郎，舉下筆成章，授濮州司倉參軍。五遷夏官郎中。契丹擾河北，兵檄叢進，崇奏決若流，武后賢之，卽拜侍郎。后嘗語左右：「往周興、來俊臣等數治詔獄，朝臣相逮引，一切承反。朕意其枉，更畀近臣臨問，皆得其手牒不冤，朕無所疑，卽可其奏。自俊臣等誅，遂無反者，然則向論死得無冤邪？」崇曰：「自垂拱後，被告者類自誣。當是時，以告言爲功，故天下號曰『羅織』，甚於漢之鉤黨。雖陛下使近臣覆訊，彼尚不自保，敢一搖手以悖酷吏意哉！且被問不承，則重罹其慘，如張虔勗、李安靜

等皆是也。今賴天之靈，發寤陛下，凶豎殲夷，朝廷乂安，臣以一門百口保內外官無復反者。陛下以告牒置弗推，後若反有端，臣請坐知而不告。」后悅曰：「前宰相務順可，陷我爲淫刑主，聞公之言，乃得朕心。」賜銀千兩。

聖曆三年，進同鳳閣鸞臺平章事。遷鳳閣侍郎，俄兼相王府長史，以母老納政歸侍，乃詔以相王府長史侍疾，月餘，復兼夏官尚書、同鳳閣鸞臺三品。崇建言：「臣事相王，而夏官本兵，臣非惜死，恐不益王。」乃詔改春官。張易之私有請於崇，崇不納，易之譖於后，降司僕卿，猶同鳳閣鸞臺三品。出爲靈武道大總管。

張柬之等謀誅二張，崇適自屯所還，遂參計議。以功封梁縣侯，實封二百戶。后遷上陽宮，中宗率百官起居，王公更相慶，崇獨流涕。柬之等曰：「今豈涕泣時邪？恐公禍由此始。」崇曰：「比與討逆，不足以語功，然事天后久，違舊主而泣，人臣終節也，由此獲罪甘心焉。」俄爲亳州刺史。後五王被害，而崇獨免。歷宋、常、越、許四州。睿宗立，拜兵部尚書、同中書門下三品，進中書令。

玄宗在東宮，太平公主干政，宋王成器等分典閑廄、禁兵。崇與宋璟建請主就東都，出諸王爲刺史，以壹人心。帝以謂主，主怒。太子懼，上疏以崇等恭間王室，請加罪，貶爲申州刺史。移徐、潞二州，遷揚州長史。政條簡肅，人爲紀德于碑。徙同州刺史。

先天二年，玄宗講武新豐。故事，天子行幸，牧守在三百里者，得詣行在。時帝亦密召崇，崇至，帝方獵渭濱，卽召見，帝曰：「公知獵乎？」對曰：「少所習也。臣年二十，居廣成澤，以呼鷹逐獸爲樂。張憬藏謂臣當位王佐，無自棄，故折節讀書，遂待罪將相。然少爲獵師，老而猶能。」帝悅，與俱馳逐，緩速如旨，帝歡甚。既罷，乃咨天下事，衮衮不知倦。帝曰：「卿宜遂相朕。」崇知帝大度，銳于治，乃先設事以堅帝意，卽陽不謝，帝怪之。崇因跪奏：「臣願以十事聞，陛下度不可行，臣敢辭。」帝曰：「試爲朕言之。」崇曰：「垂拱以來，以峻法繩下；臣願政先仁恕，可乎？朝廷覆師青海，未有牽復之悔；臣願不倖邊功，可乎？比來壬佞冒觸憲網，皆得以寵自解；臣願法行自近，可乎？后氏臨朝，喉舌之任出閹人之口；臣願宦豎不與政，可乎？戚里貢獻以自媚于上，公卿方鎭寖亦爲之；臣願租賦外一絕之，可乎？外戚貴主更相用事，班序荒雜；臣請戚屬不任臺省，可乎？先朝褻狎大臣，虧君臣之嚴；臣願陛下接之以禮，可乎？燕欽融、韋月將以忠被罪，自是諍臣沮折；臣願羣臣皆得批逆鱗，犯忌諱，可乎？武后造福先寺，上皇造金仙、玉眞二觀，費鉅百萬；臣請絕道佛營造，可乎？漢以祿、莽、閻、梁亂天下，國家爲甚；臣願推此鑒戒爲萬代法，可乎？」帝曰：「朕能行之。」崇乃頓首謝。翌日，拜兵部尚書、同中書門下三品，封梁國公，遷紫微令。固辭實封，乃停舊食，賜新封百戶。

中宗時，近戚奏度僧尼，溫戶彊丁因避賦役。至是，崇建言：「佛不在外，悟之于心。行事利益，使蒼生安穩，是謂佛理。烏用姦人以汩眞教？」帝善之，詔天下汰僧僞濫，髮而農者餘萬二千人。

崇嘗於帝前序次郎吏，帝左右顧，不主其語。崇懼，再三言之，卒不答，崇趨出。內侍高力士曰：「陛下新卽位，宜與大臣裁可否。今崇亟言，陛下不應，非虛懷納誨者。」帝曰：「我任崇以政，大事吾當與決，至用郎吏，崇顧不能而重煩我邪？」崇聞乃安。由是進賢退不肖而天下治。

開元四年，山東大蝗，民祭且拜，坐視食苗不敢捕。崇奏：「詩云：『秉彼蟊賊，付畀炎火。』漢光武詔曰：『勉順時政，勸督農桑。去彼螟蜮，以及蟊賊。』此除蝗誼也。且蝗畏人易驅，又田皆有主，使自救其地，必不憚勤。請夜設火，坎其旁，且焚且瘞，蝗乃可盡。古有討除不勝者，特人不用命耳。」乃出御史爲捕蝗使，分道殺蝗。汴州刺史倪若水上言：「除天災者當以德，昔劉聰除蝗不克而害愈甚。」拒御史不應命。崇移書誚之曰：「聰僞主，德不勝祆，今祆不勝德。古者良守，蝗避其境，謂脩德可免，彼將無德致然乎？今坐視食苗，忍而不救，因以無年，刺史其謂何？」若水懼，乃縱捕，得蝗十四萬石。時議者喧譁，帝疑，復以問崇，對曰：「庸儒泥文不知變。事固有違經而合道，反道而適權者。昔魏世山東蝗，小忍

不除，至人相食；後秦有蝗，草木皆盡，牛馬至相噉毛。今飛蝗所在充滿，加復蕃息。且河南、河北家無宿藏，一不穫則流離，安危繫之。且討蝗縱不能盡，不愈於養以遺患乎？」帝然之。黄門監盧懷愼曰：「凡天災安可以人力制也！且殺蟲多，必戾和氣。願公思之。」崇曰：「昔楚王吞蛭而厥疾瘳，叔敖斷虵福乃降。今蝗幸可驅，若縱之，穀且盡，如百姓何？殺蟲救人，禍歸於崇，不以諉公也！」蝗害訖息。

於是，帝方躬萬機，朝夕詢逮，它宰相畏帝威決，皆謙憚，唯獨崇佐裁決，故得專任。崇第賖僻，因近舍客廬。會懷愼卒，崇病痁移告，凡大政事，帝必令源乾曜就咨焉。乾曜所奏善，帝則曰：「是必崇畫之。」有不合，則曰：「胡不問崇？」乾曜謝其未也，乃已。帝欲崇自近，詔徙寓四方館，日遣問食飲起居，高醫、尙食踵道。崇以館局華大，不敢居。帝使語崇曰：「恨不處禁中，此何避？」久之，紫微史趙誨受夷人賕，當死。崇素親倚，署奏營減，帝不悅。時曲赦京師，惟誨不原。崇惶懼，上還宰政，引宋璟自代，乃以開府儀同三司罷政事。

帝將幸東都，而太廟屋自壞，帝問宰相，宋璟、蘇頲同對曰：「三年之喪未終，不可以行幸。壞壓之變，天所以示敎戒，陛下宜停東巡，脩德以答至譴。」帝以問崇，對曰：「臣聞隋取苻堅故殿以營廟，而唐因之。且山有朽壤乃崩，況木積年而木自當蠹乎。但壞與行會，不

緣行而壞。且陛下以關中無年，輸餉告勞，因以幸東都，所以爲人不爲己也。百司已戒，供擬既具，請車駕如行期。舊廟難復完，盍奉神主舍太極殿，更作新廟，申誠奉，大孝之德也。」帝曰：「卿言正契朕意。」賜絹二百匹，詔所司如崇言，天子遂東。因詔五日一參，入閤供奉。

八年，授太子少保，以疾不拜。明年卒，年七十二。贈揚州大都督，謚曰文獻〔一〕。十七年，追贈太子太保。

崇析貲產，令諸子各有定分。治令曰：

比見達官之裔多貧困，至銖尺是競，無論曲直，均受嗤詆。田宅水磑既共有之，至相推倚以頓廢。陸賈、石苞，古達者也，亦先有定分以絕後爭。

昔楊震、趙咨、盧植、張奐咸以薄葬，知眞識去身，貴速朽耳。夫厚葬之家流于俗，以奢靡爲孝，令死者戮尸暴骸，可不痛哉！死者無知，自同糞土，豈煩奢葬；使其有知，神不在柩，何用破貲徇侈乎？吾亡，斂以常服，四時衣各一稱。性不喜冠衣，毋以入墓。紫衣玉帶，足便於體。

今之佛經，羅什所譯，姚興與之對翻，而興命不延，國亦隨滅。梁武帝身爲寺奴，齊胡太后以六宮入道，皆亡國殄家。近孝和皇帝發使贖生，太平公主、武三思等度人

造寺，身嬰夷戮，爲天下笑。五帝之時，父不喪子，兄不哭弟，致仁壽，無凶短也。下逮三王，國祚延久，其臣則彭祖、老聃皆得長齡，此時無佛，豈抄經鑄像力邪？緣死喪造經像，以爲追福。夫死者生之常，古所不免，彼經與像何所施爲？兒曹愼不得爲此！

崇尤長吏道，處決無淹思。三爲宰相，常兼兵部，故屯戍斥候、士馬儲械，無不諳記。玄宗初立，賓禮大臣故老，雅尊遇崇，每見便殿，必爲之興，去輒臨軒以送，它相莫如也。時承權戚干政之後，綱紀大壞，先天末，宰相至十七人，臺省要職不可數。崇常先有司罷冗職，脩制度，擇百官各當其材，請無廣釋道，無數移吏。繇是天子責成于下，而權歸于上矣。

然資權譎。如爲同州，張說以素憾，諷趙彥昭劾崇。及當國，說懼，潛詣岐王申款。崇它日朝，衆趨出，崇曳踵爲有疾狀，帝召問之，對曰：「臣損足。」曰：「無甚痛乎？」曰：「臣心有憂，痛不在足。」問以故，曰：「岐王陛下愛弟，張說輔臣，而密乘車出入王家，恐爲所誤，故憂之。」於是出說相州。魏知古，崇所引，及同列，稍輕之，出攝吏部尙書，知東都選，知古憾焉。時崇二子在洛，通賓客餽遺，憑舊請託。知古歸，悉以聞。他日，帝召崇曰：「卿子才乎，皆安在？」崇揣知帝意，曰：「臣二子分司東都，其爲人多欲而寡愼，是必嘗以事干魏知古。」帝始以崇私其子，或爲隱，徵以言動之。及聞，乃大喜，問：「安從得之？」對曰：

「知古，臣所薦也，臣子必謂其見德而請之。」帝於是愛崇不私而薄知古，欲斥之。崇曰：「臣子無狀，橈陛下法，而逐知古，外必謂陛下私臣。」乃止，然卒罷爲工部尙書。

崇始名元崇，以與突厥叱剌同名，武后時以字行；至開元世，避帝號，更以今名。三子：彝、异、弈，皆至卿、刺史。

弈少脩謹。始，崇欲使不越官次而習知吏道，故自右千牛進至太子舍人，皆平遷。開元中，有事五陵，有司以鷹犬從，弈曰：「非禮也。」奏罷之。請治劇，爲睢陽太守，召授太僕卿。後爲尙書右丞。

子閎，居右相牛仙客幕府。仙客病甚，閎彊使薦弈及盧奐爲宰相，仙客妻以聞，閎坐死，弈貶永陽太守，卒。

曾孫合、勗。合，元和中進士及第，調武功尉，善詩，世號姚武功者。遷監察御史，累轉給事中。奉先、馮翊二縣民訴牛羊使奪其田，詔美原主簿朱儔覆按，猥以田歸使，合劾發其私，以地還民。歷陝虢觀察使，終祕書監。

勗字斯勮。長慶初擢進士第，數爲使府表辟，進監察御史，佐鹽鐵使務。累遷諫議大

夫，更湖、常二州刺史。爲宰相李德裕厚善。及德裕爲令狐綯等譖逐，擿索支黨，無敢通勞問；既居海上，家無資，病無湯劑，勗數饋餉候問，不傳時爲厚薄。終夔王傅。自作壽藏於萬安山南原崇塋之旁，署兆曰「寂居穴」，墳曰「復眞堂」，中劉土爲牀曰「化臺」，而刻石告後世。

宋璟，邢州南和人。七世祖弁爲元魏吏部尚書。璟耿介有大節，好學，工文辭，舉進士中第。調上黨尉，爲監察御史，遷鳳閣舍人。居官鯁正，武后高其才。張易之誣御史大夫魏元忠有不臣語，引張說爲驗，將廷辯，說惶遽，璟謂說曰：「名義至重，不可陷正人以求苟免。」說感其言，以實對，元忠免死。

璟後遷左臺御史中丞，會飛書告張昌宗引相工觀吉凶者，璟請窮治，后曰：「易之等已自言於朕。」璟曰：「謀反無容以首原，請下吏明國法。易之等貴寵，臣言之且有禍，然激於義，雖死不悔。」后不懌，姚璹遽傳詔令出，璟曰：「今親奉德音，不煩宰相擅宣王命。」后意解，許收易之等就獄。俄詔原之，敕二張詣璟謝，璟不見，曰：「公事公言之，若私見，法無私

也。」顧左右歎曰：「吾悔不先碎豎子首而令亂國經。」嘗宴朝堂，二張列卿三品，璟階六品，居下坐。易之諂事璟，虛位揖曰：「公第一人，何下坐？」璟曰：「才劣品卑，卿謂第一何邪？」是時朝廷以易之等內寵，不名其官，呼易之「五郎」，昌宗「六郎」。鄭善果謂璟曰：「公奈何謂五郎爲卿？」璟曰：「以官正當爲卿。君非其家奴，何郎之云？」會有喪，告滿入朝，公卿以次謁，通禮意。易之等後至，促步前，璟舉笏却揖唯唯。故積怨，常欲中傷，后知之，得免。然以數忤旨，詔按獄揚州，璟奏：「按州縣纔監察御史職耳。」又詔按幽州都督屈突仲翔，辭曰：「御史中丞非大事不出使。仲翔罪止贓，今使臣往，此必有危臣者。」既而詔副李嶠使隴、蜀，璟復言：「隴右無變，臣以中丞副李嶠，非朝廷故事。」終辭。易之初冀璟出則劾奏誅之，計不行，乃伺璟家婚禮，將遣客刺殺之。有告璟者，璟乘庳車舍他所，刺不得發。俄二張死，乃免。

神龍初，爲吏部侍郎。中宗嘉其直，令兼諫議大夫、內供奉，仗下與言得失。遷黃門侍郎。武三思怙烝寵，數有請于璟。璟厲答曰：「今復子明辟，王宜以侯就第，安得尙干朝政，獨不見產、祿事乎？」後韋月將告三思亂宮掖，三思諷有司論大逆不道，帝詔殊死，璟請付獄按罪，帝怒，岸巾出側門，謂璟曰：「朕謂已誅矣，尙何請？」璟曰：「人言后私三思，陛下不問即斬之，臣恐有竊議者，請按而後刑。」帝愈怒。璟曰：「請先誅臣，不然，終不奉詔。」帝乃

流月將嶺南。會還京師，詔璟權檢校并州長史，未行，又檢校貝州刺史。時河北水，歲大饑，三思使斂封租，璟拒不與，故爲所擠。歷杭、相二州，政淸毅，吏下無敢犯者。遷洛州長史。

睿宗立，以吏部尙書、同中書門下三品。玄宗在東宮，兼右庶子。先是崔湜、鄭愔典選，爲戚近干奪，至迎用二歲闕，猶不能給，更置比多選，流品淆并，璟與侍郎李乂、盧從愿澄革之，銓總平允。

太平公主不利東宮，嘗駐輦光範門，伺執政以諷。璟曰：「太子有大功，宗廟社稷主也，安得異議？」乃與姚崇白奏出公主、諸王於外，帝不能用。貶楚州刺史，歷兗冀魏三州、河北按察使，進幽州都督，以國子祭酒留守東都，遷雍州長史。

玄宗開元初，以雍州爲京兆府，復爲尹。進御史大夫，坐小累爲睦州刺史，徙廣州都督。廣人以竹茅茨屋，多火。璟敎之陶瓦築堵，列邸肆，越俗始知棟宇利而無患災。召拜刑部尙書。四年，遷吏部兼侍中。

帝幸東都，次崤谷，馳道隘，稽擁車騎，帝命黜河南尹李朝隱、知頓使王怡等官。璟曰：「陛下富春秋，今始巡守，以道不治而罪二臣，繇此相飭，後有受其敝者。」帝遽命捨之。璟謝曰：「陛下向以怒責之，以臣言免之，是過歸於上而恩在下。姑聽待罪於朝，然後詔還其

職，進退得矣。」帝善之。累封廣平郡公。廣人爲璟立遺愛頌，璟上言：「頌所以傳德載功也。臣之治不足紀，廣人以臣當國，故爲溢辭，徒成諂諛者。欲釐正之，請自臣始。」有詔許停。

帝嘗命璟與蘇頲制皇子名與公主號，遂差次所封，且詔別擇一美稱及佳邑封上。璟奏言：「七子均養，詩人所稱。今若同等別封，或母寵子愛，恐傷鳲鳩之平。昔袁盎引却愼夫人席，文帝納之，夫人亦不爲嫌，以其得長久計也。臣不敢別封。」帝歎重其賢。

皇后父王仁皎卒，將葬，用昭成皇后家竇孝諶故事，墳高五丈一尺。璟等請如著令，帝已然可，明日，復詔如孝諶者。璟還詔曰：「儉，德之恭；侈，惡之大也。僭禮厚葬，前世所誡，故古墓而不墳。人子於哀迷則未皇以禮自制，故聖人制齊、斬、緦、免，衣衾棺槨，各有度數。雖有賢者，斷其私懷。衆皆務奢，獨能以儉，所謂至德要道者。中宮若謂孝諶踰制，初無非者，一切之令固不足以法。貞觀時嫁長樂公主，魏徵謂不可加長公主，太宗欣納，而文德皇后降使厚謝。韋庶人追王其父，擅作酆陵，而禍不旋踵。國家知人情無窮，故爲制度，不因人以搖動，不變法以愛憎。比來人間競務靡葬，今以后父重戚，不憂乏用，高冢大寢，不畏無人，百事官給，一朝可就，而區區屢聞者，欲成朝廷之政、中宮之美爾。儻中宮情不可奪，請準令一品陪陵墳四丈，差合所宜。」帝曰：「朕常欲正身紀綱天下，於后容有私

邪？然人所難言，公等乃能之。」即可其奏。又遣使賚綵絹四百匹。

會日食，帝素服俟變，錄囚多所貸遣，賑卹災患，罷不急之務。璟曰：「陛下降德音，卹人隱，末宥輕繫，惟流、死不免，此古所以愼赦也。恐議者直以月蝕脩刑，日蝕脩德，或言分野之變，冀有揣合。臣以謂君子道長，小人道銷。止女謁，放讒夫，此所謂脩德也。囹圄不擾，兵甲不瀆，官不苛治，軍不輕進，此所謂脩刑也。陛下常以爲念，雖有薄食，將轉而爲福，又何患乎？且君子恥言浮於行，願動天以誠，無事空文。」帝嘉納。後以開府儀同三司罷政事。

京兆人權梁山謀逆，敕河南尹王怡馳傳往按。牢械充滿，久未決，乃命璟爲京留守，覆其獄。初，梁山詭稱婚集，多假貸，吏欲并坐貸人。璟曰：「婚禮借索大同，而狂謀率然，非所防億。使知而不假，是與爲反。貸者弗知，何罪之云？」平縱數百人。

十二年，東巡泰山，璟復爲留守。帝將發，謂曰：「卿，國元老，別方歷時，宜有嘉謀以遺朕。」璟因一二極言。手制答曰：「所進當書之坐右，出入觀省，以誡終身。」賜賚優渥，進兼吏部尚書。十七年，爲尚書右丞相，而張說爲左丞相，源乾曜爲太子少傅，同日拜。有詔太官設饌，太常奏樂，會百官尚書省東堂。帝賦三傑詩，自寫以賜。二十年，請致仕，許之，仍賜全祿。退居洛。乘輿東幸，璟謁道左。詔榮王勞問，別遣使賜藥餌。二十五年卒，年七十

五，贈太尉，謚文貞。

璟風度凝遠，人莫涯其量。始，自廣州入朝，帝遣內侍楊思勗驛迓之，未嘗交一言。思勗自以將軍貴幸，訴之帝，帝益嗟重。璟爲宰相，務淸政刑，使官人皆任職。聖曆後，突厥默啜負其彊，數窺邊，侵九姓拔曳固，負勝輕出，爲其狙擊斬之，入蕃使郝靈佺傳其首京師。靈佺自謂還必厚見賞。璟顧天子方少，恐後干寵蹈利者夸威武，爲國生事，故抑之，踰年，纔授右武衞郎將，靈佺恚憤不食死。張嘉貞後爲相，閱堂案，見其危言切議，未嘗不失聲歎息。六子：昇、尙、渾、恕、華、衡。

昇，太僕少卿。尙，漢東太守。渾，與李林甫善，歷諫議大夫、平原太守、御史中丞、東京採訪使。在平原，暴斂求進，至重取民一年庸、租。使東畿，薛稷甥女鄭寡而美，渾使河南尉楊朝宗聘而已納之，薦朝宗爲赤尉。恕，以都官郎中爲劍南採訪判官，數貪縱不法，陰養刺客。天寶中，渾、恕、尙並以贓敗，渾流高要，恕流海康，尙貶臨海長史。華、衡亦皆坐貪得罪。廣德中，渾起爲太子諭德，物議穢薄之，留死江嶺。昆弟皆荒飲俳嬉，而衡最險悖，廣平之風衰焉。

贊曰：姚崇以十事要說天子而後輔政，顧不偉哉，而舊史不傳。觀開元初皆已施行，信不誣已。宋璟剛正又過於崇，玄宗素所尊憚，常屈意聽納。故唐史臣稱崇善應變以成天下之務，璟善守文以持天下之正。二人道不同，同歸于治，此天所以佐唐使中興也。嗚呼！崇勸天子不求邊功，璟不肯賞邊臣，而天寶之亂，卒悼其害，可謂先見矣。然唐三百年，輔弼者不爲少，獨前稱房、杜，後稱姚、宋，何哉？君臣之遇合，蓋難矣夫！

校勘記

〔一〕謚曰文獻　「文獻」，舊書卷九六姚崇傳、唐會要卷八〇及文苑英華卷八四一徐復鄭珣瑜謚議同。文苑英華卷八八四姚崇神道碑作「文貞」。

唐書卷一百二十五

列傳第五十

蘇瓌 頲 詵 震 幹 張說 均 垍

蘇瓌字昌容，雍州武功人，隋尚書僕射威之曾孫。擢進士第，補恆州參軍。居母喪，哀毀加人，左庶子張大安表舉孝悌，擢豫王府錄事參軍，歷朗、歙二州刺史。

時來俊臣貶州參軍，人懼復用，多致書請瓌，瓌叱其使曰：「吾忝州牧，高下自有體，能過待小人乎？」遂不發書。俊臣未至追還，恨之。由是連外徙，不得入。久之，轉揚州大都督府長史。州據都會，多名珍怪產，前長史張潛、于辯機貲取鉅萬，瓌單身㒒被自將。徙同州刺史。

歲旱，兵當番上者不能赴。瓌奏：「宿衞不可闕，宜月賜增半糧，俾相給足，則不闕番。又宜却進獻，罷營造不急者。」不見省。時十道使括天下亡戶，初不立籍，人畏搜括，卽流入

比縣旁州，更相廋蔽。瓌請罷十道使，專責州縣，豫立簿注，天下同日閱正，盡一月止，使柅姦匿，歲一括實，檢制租調，以免勞弊。武后鑄浮屠，立廟塔，役無虛歲。瓌以爲「糜損浩廣，雖不出國用，要自民產日殫。百姓不足，君孰與足？天下僧尼濫僞相半，請併寺，著僧常員數，缺則補。」后善其言。

神龍初，入爲尚書右丞，封懷縣男。瓌明曉法令，多識臺省舊章，一朝格式，皆所刪正。再遷戶部尚書，拜侍中，留守京師。

中宗復政，鄭普思以妖幻位祕書員外監，支黨徧岐、隴間，相煽訹爲亂。瓌捕繫普思窮訊，普思妻以左道得幸韋后，出入禁中，有詔勿治。瓌廷爭不可，帝猶依違。司直范獻忠，瓌使按普思者，進曰：「瓌爲大臣，不能前誅逆豎而報天子，罪大矣，臣請先斬瓌。」於是，僕射魏元忠頓首曰：「瓌長者，用刑不枉，普思法當死。」帝不得已，流普思於儋州，餘黨論死。累拜尚書右僕射、同中書門下三品，進封許國公。

帝南郊，國子祭酒祝欽明建白皇后爲亞獻，安樂公主爲終獻。瓌以爲非禮，帝前折愧之。帝昏懦，不能從。時大臣初拜官，獻食天子，名曰「燒尾」，瓌獨不進。及侍宴，宗晉卿嘲之，帝默然。瓌自解於帝曰：「宰相燮和陰陽，代天治物。今粒食踊貴，百姓不足，衞兵至三日不食，臣誠不稱職，不敢燒尾。」帝崩，遺詔皇太后臨朝，相王以太尉輔政。后召宰相

韋安石、韋巨源、蕭至忠、宗楚客、紀處訥、韋溫、李嶠、韋嗣立、唐休璟、趙彥昭洎瓌議禁中。楚客猥曰：「太后臨朝，相王有不通問之嫌，不宜輔政。」瓌正色曰：「遺制乃先帝意，安得輒改？」楚客等怒，卒削相王輔政事，瓌稱疾不朝。是月，韋氏敗，睿宗卽位，進左僕射。

景雲元年，老病，罷爲太子少傅。卒，年七十二，贈司空、荊州大都督，諡曰文貞。皇太子別次發哀。遺令薄葬，布車一乘。

瓌治州考課常最，爲宰相，陳當世病利甚多。韋溫始爲汴州司倉參軍，以贓被杖，及用事，憚瓌正，卒不敢傷。開元二年，賜其家實封百戶，長子頲固辭，乃擢中子乂左補闕。六年，詔與劉幽求配享睿宗廟廷。文宗大和中，錄舊德，官其四代孫翔。

瓌諸子，頲、詵顯。

頲字廷碩，弱敏悟，一覽至千言，輒覆誦。第進士，調烏程尉。武后封嵩高，舉賢良方正異等，除左司禦率府冑曹參軍。吏部侍郎馬載曰：「古稱一日千里，蘇生是已。」再遷監察御史。長安中，詔覆來俊臣等冤獄，頲驗發其誣，多從洗宥。遷給事中、脩文館學士，拜中書舍人。時瓌同中書門下三品，父子同在禁筦，朝廷榮之。玄宗平內難，書詔塡委，獨頲在太極後閤，口所占授，功狀百緒，輕重無所差。書史白

曰：「丐公徐之，不然，手腕脫矣。」中書令李嶠曰：「舍人思若涌泉，吾所不及。」遷太常少卿，仍知制誥。遭父喪，起爲工部侍郎，辭不拜，終制乃就職。帝問宰相：「有自工部侍郎得中書侍郎乎？」對曰：「陛下任賢惟所命，何資之計？」乃詔以頲爲中書侍郎。帝勞曰：「方美官缺，每欲用卿，然宰相議遂無及者，朕爲卿恨。陸象先歿，紫微侍郎未嘗補，朕思其人無易卿者。」頲頓首謝。明日加知制誥，給政事食，給食自頲始。時李乂對掌書命，帝曰：「前世李嶠、蘇味道文擅當時，號『蘇李』。今朕得頲及乂，何愧前人哉！」俄襲封許國公。

吐蕃盜邊，諸將數敗，虜益張，秣騎內侵。帝怒，欲自將兵討之。頲諫曰：「古稱荒服，取荒忽之義，非常奉職貢也。故來則拒，去則勿逐，以禽獸畜之，羈縻御之。譬若獵然，羽毛不入服用，體肉不登郊廟，則王者不射也。況萬乘之重，與犬羊蚊虻語負勝哉？遠夷左衽，不足以辱天子，亦可見矣。雖然，兵法先聲後實，陛下姑班親征之詔，而敕虓將謀夫投會濟師，則吐蕃不日崩破，亦無待躬致天討也。臣謂岐、隴凋弊積年，若千乘萬騎，供億不涯，誠恐徭役內興，寇掠外虞，斯人不堪，一也。戎虜之性，驟往倏來，敗不恥奔，勝不讓成。若大軍一臨邊，怖震鳥散，彼出多方，我受其誤，二也。太上皇聞陛下身對寇場，不能無憂，烝烝之思，何以自安？三也。漢蒯成侯諫高帝曰：『上嘗自勞，豈謂無人使哉？』高帝以爲愛我。今將相大臣，豈無爲陛下宣力者，何親行之遽邪？」不省。

復上言：「王者之師 有征無戰，藩貢或闕，王命征之，於是乎治兵其郊，獲辭而止，非謂按甲自臨，敵人畏之莫敢戰也。古天子無親將，惟黃帝五十二戰，當未平之時。自阪泉功成，則脩身閒居，無爲無事。陛下撥定禍亂，方當深視高居，制禮作樂，禪梁父，登空桐，何至厭天居，袵金革，爲一日之敵？今吐蕃遣渠領干犯國令，軍吏一不勝，而陛下屈至尊爲之敵，雖朝鼎夕砧，猶未可以夸四夷，安足勞聖躬哉？虜之入，唯盜羊馬，發窖襛衣，未嘗殺略邊人，其罪易原也。臣恐虜情狠頋，牽連北狄，聞六師之行，入幽、并，犯靈、夏，南動京師，太上皇一致憂勞，是陛下以天下之安，不能寧其親也。臣固曰，居中制勝，策之上者。若夫擇良將，募重而約嚴，違律必誅，殺敵必賞，多出金以購酋長，虜亡無日矣。願稍遷延，以須西音。」亦會薛訥大破吐蕃，俘獲不貲，由是帝止不行。

時詔立靖陵碑，命頲爲之詞，辭曰：「前世帝后不志碑，事弗稽古，謂之不法。審當可者，祖宗諸陵，一須營立，後嗣謂何？」帝不納其言。

開元四年，進同紫微黃門平章事，脩國史，與宋璟同當國。璟剛正，多所裁決，頲能推其長。在帝前敷奏，璟有未及，或少屈，頲輒助成之，有不會意，頲更申璟所執，故帝未嘗不從，二人相得歡甚。璟嘗曰：「吾與蘇氏父子同爲宰相，僕射長厚，自是國器；若獻可替否，事至即斷，盡公不顧私，則今丞相爲過之。」

八年，罷爲禮部尚書。俄檢校益州大都督長史，按察節度劍南諸州。時蜀彫𢧐，人流亡，詔頲收劍南山澤鹽鐵自贍。頲尙簡靜，重興力役，即募戍人，輸屋直，開井置鑪，量入計出，分所贏市穀，以廣見糧。時前司馬皇甫恂使蜀，檄取庫錢市錦半臂、琵琶捍撥、玲瓏鞭，頲不肯予，因上言：「遣使銜命，先取不急，非陛下以山澤贍軍費意。」或謂頲：「公在遠，叵得忤上意。」頲曰：「不然。明主不以私愛奪至公，吾可以遠近廢忠臣節邪？」嶲州蠻酋苴院與吐蕃連謀入寇，獲諜者，吏請討之，頲不聽，移書還其諜曰：「毋得爾。」苴院羞悔，不敢侵邊。

從封泰山，詔頲朝覲壇，世咨其文。還，分主十銓事。卒，年五十八。帝猶視朝，起居舍人韋述上疏曰：「貞觀、永徽時，大臣薨，輒置朝舉哀，成終始恩，上有旌賢錄舊之德，下有生榮死哀之美。昔晉知悼子卒，平公宴樂，杜蕢一言而悟，春秋載之。故禮部尙書頲累葉輔弼，奉事軒陛二十餘年，今奄忽不還，邦人痛嗟。惟帷蓋之舊，股肱之戚，宜即廢朝，明君臣之誼。」帝曰：「固朕意也。」即日帳次哭洛城南門，不朝。詔贈右丞相，謚曰文憲。葬日，帝游咸宜宮，將獵，聞之，曰：「頲且葬，我忍自娛哉！」半道而還。

頲性廉儉，奉稟悉推散諸弟親族，儲無長貲。自景龍後，與張說以文章顯，稱望略等，故時號「燕許大手筆」。帝愛其文，曰：「卿所爲詔令，別錄副本，署臣某撰，朕當留中。」後遂爲故事。其後李德裕著論曰「近世詔誥，惟頲敍事外自爲文章」云。

詵字廷言，舉賢良方正高第，補汾陰尉，遷祕書詳正學士，累轉給事中，時頲爲紫微侍郎，固辭。帝曰：「古有內舉不避親者乎？」對曰：「晉祁奚是也。」帝曰：「若然，朕自用詵，卿言非公也。」頃之，出徐州刺史，治有迹。卒，贈吏部侍郎。

詵子震，以蔭補千牛。十餘歲，彊學有成人風。頲曰：「吾家有子。」累遷殿中侍御史、長安令。安祿山陷京師，震與尹崔光遠殺開遠門吏，棄家出奔。會肅宗興師靈武，震晝夜馳及行在，帝嘉之，拜御史中丞，遷文部侍郎。廣平王爲元帥，崇擇賓佐，以震爲糧料使。二京平，封岐陽縣公，改河南尹。九節度兵敗相州，震與留守崔圓奔襄、鄧，貶濟王府長史。起爲絳州刺史，進戶部侍郎，判度支，爲泰陵、建陵鹵簿使，以勞封岐國公，拜太常卿。代宗將幸東都，復以震爲河南尹，未行，卒，贈禮部尙書。

幹，瓌從父兄也。父勗，字愼行，武德中，爲秦王諮議、典籤、文學館學士，尙南康公主，拜駙馬都尉。遷魏王泰府司馬，博學有美名，泰重之。勸開館引文學士，著書名家。歷吏

部侍郎、太子左庶子，卒。

幹擢明經，授徐王府記室參軍，王好畋，每諫止之。垂拱中，遷魏州刺史。河朔饑，前刺史苛暴，百姓流徙，幹檢吏督姦，勸課農桑，由是流冗盡復，以治稱。拜右羽林軍將軍，遷冬官尙書。來俊臣素忌之，誣幹與琅邪王沖通書，繫獄，發憤卒。

張說字道濟，或字說之，其先自范陽徙河南，更爲洛陽人。永昌中，武后策賢良方正，詔吏部尙書李景諶糊名較覆，說所對第一，后署乙等，授太子校書郞，遷左補闕。

后嘗問：「諸儒言氏族皆本炎、黃之裔，則上古乃無百姓乎？若爲朕言之。」說曰：「古未有姓，若夷狄然。自炎帝之姜、黃帝之姬，始因所生地而爲之姓。其後天子建德，因生以賜姓，黃帝二十五子，而得姓者十四。德同者姓同，德異者姓殊。其後或以官，或以國，或以王父之字，始爲賜族，久乃爲姓。降唐、虞，抵戰國，姓族漸廣。周衰，列國既滅，其民各以舊國爲之氏，下及兩漢，人皆有姓。故姓之以國者，韓、陳、許、鄭、魯、衞、趙、魏爲多。」后曰：「善。」

久視中，后逭暑三陽宮，汔秋未還。說上疏曰：

宮距洛城百六十里，有伊水之隔，崿坂之峻，過夏涉秋，水潦方積，道壞山險，不通轉運，河廣無梁，咫尺千里，扈從兵馬，日費資籩。太倉、武庫，並在都邑，紅粟、利器，蘊若山丘，奈何去宗廟之上都，安山谷之僻處？是猶倒持劍戟，示人鐏柄，臣竊爲陛下不取。夫禍變之生，在人所忽，故曰：「安樂必戒，無行所悔。」不可一也。告成褊小，萬方輻湊，填郛溢郭，併錙無所。排斥居人，蓬宿草次，風雨暴至，不知庇託，孤惸老病，流轉衢巷。陛下作人父母，將若之何？不可二也。池亭奇巧，蕩誘上心。削巒起觀，竭流漲海，俯貫地脉，仰出雲路，易山川之氣，奪農桑之土。延木石，運斧斤，山谷連聲，春夏不輟。勸陛下作此者，豈正人邪？詩云：「人亦勞止，迄可小康。」不可三也。御苑東西二十里，外無墻垣扃禁，內有榛叢谿谷，猛獸所伏，暴慝所憑。陛下往往輕行，警蹕不肅，歷蒙密，乘險巇，卒有逸獸狂夫，驚犯左右，豈不殆哉？易曰：「思患豫防。」願爲萬姓持重。不可四也。

今北有胡寇覷邊，南有夷獠騷徼，關西小旱，耕稼是憂，安東近平，輸漕方始。臣願及時旋軫，深居上京，息人以展農，修德以來遠，罷不急之役，省無用之費。澄心澹懷，惟億萬年，蒼蒼羣生，莫不幸甚。臣度芻議，十不從一，何者？沮盤游之娛，閒林沚之玩，規遠圖，替近適，要後利，棄前歡，未沃明主之心，已捩貴臣之意。然不愛死者，

懼言責不職耳。

后不省。

擢鳳閣舍人。張易之誣陷魏元忠也，援說爲助。說廷對「元忠無不順言」，忤后旨，流欽州。中宗立，召爲兵部員外郎，累遷工部、兵部二侍郎，以母喪免。既期，詔起爲黃門侍郎，固請終制，祈陳哀到。時禮俗衰薄，士以奪服爲榮，而說獨以禮終，天下高之。除喪，復爲兵部，兼脩文館學士。

睿宗卽位，擢中書侍郎兼雍州長史。譙王重福死，東都支黨數百人，獄久不決，詔說往按，一昔而罪人得，乃誅張靈均、鄭愔，餘詿誤悉原。帝嘉其不枉直，不漏惡，慰勞之。玄宗爲太子，說與褚无量侍讀，尤見親禮。踰年，進同中書門下平章事，監脩國史。景雲二年，帝謂侍臣曰：「術家言五日內有急兵入宮，爲我備之。」左右莫對。說進曰：「此讒人謀動東宮耳，陛下若以太子監國，則名分定，姦臆破，蜚禍塞矣。」帝悟，下制如說言。明年，皇太子卽皇帝位，太平公主引蕭至忠、崔湜等爲宰相，以說不附己，授尙書左丞，罷政事，爲東都留守。說知太平等懷逆，乃因使以佩刀獻玄宗，請先決策，帝納之。至忠等已誅，召爲中書令，封燕國公，實封二百戶。

始，武后末年，爲潑寒胡戲，中宗嘗乘樓從觀。至是，因四夷來朝，復爲之。說上疏曰：

「韓宣適魯，見周禮而歎；孔子會齊，數倡優之罪。列國如此，況天朝乎？今四夷請和，使者入謁，當接以禮樂，示以兵威，雖曰戎夷，不可輕也。焉知無駒支之辯，由余之賢哉？且乞寒潑胡，未聞典故，裸體跳足，汨泥揮水，盛德何觀焉？恐非干羽柔遠、樽俎折衝之道。」納之，自是遂絕。

素與姚元崇不平，罷爲相州刺史、河北道按察使。坐累徙岳州，停實封。說既失執政意，內自懼。雅與蘇瓌善，時瓌子頲爲相，因作五君詠獻頲，其一紀瓌也，候瓌忌日致之。頲覽詩嗚咽，未幾，見帝陳說忠謇有勳，不宜棄外，遂遷荆州長史。

俄以右羽林將軍檢校幽州都督，入朝以戎服見。帝大喜，授檢校幷州長史，兼天兵軍大使，脩國史，敕齎藁卽軍中論譔。朔方軍大使王晙誅河曲降虜阿布思也，九姓同羅、拔野固等皆疑懼。說持節從輕騎二十，直詣其部，宿帳下，召見酋豪慰安之。副使李憲以虜難信，不宜涉不測。說報曰：「吾肉非黃羊，不畏其食；血非野馬，不畏其刺。士當見危致命，亦吾効死秋也。」由是九姓遂安。晙後討蘭池叛胡康待賓，詔說相聞經略。時党項羌亦連兵攻銀城，說將步騎萬人出合河關掩擊，破之，追北駱駝堰。羌、胡自相猜，夜鬬，待賓遁入鐵建山，餘衆奔潰。說招納党項，使復故處。副使史獻請盡誅之，說不從，奏置麟州以安羌衆。

召拜兵部尙書、同中書門下三品，讓宋璟、陸象先，不許。明年，詔爲朔方節度大使，親

行五城，督士馬。時慶州方渠降胡康願子反，自爲可汗，掠牧馬，西涉河出塞。說進討，至木槃山禽之，俘獲三千。乃議徙河曲六州殘胡五萬於唐、鄧、仙、豫間，空河南朔方地。以功賜實封三百戶。故時，邊鎭兵贏六十萬，說以時平無所事，請罷二十萬還農。天子以爲疑，說曰：「邊兵雖廣，諸將自衞、營私爾，所以制敵，不在衆也。以陛下之明，四夷畏威，不慮減兵而招寇，臣請以闔門百口爲保。」帝乃可。時衞兵貧弱，番休者亡命略盡，說建請一切募勇彊士，優其科條，簡色役。不旬日，得勝兵十三萬，分補諸衞，以彊京師，後所謂「彍騎」者也。

帝自東都將還京，因幸幷州。說見帝曰：「太原王業所基，陛下巡幸，振耀威武，以申永思。繇河東入京師，有漢武脽上祠，此禮廢闕，歷代莫舉，願爲三農祈穀，誠四海之福。」帝納其言，過祠后土乃還。進中書令。

說又倡封禪議，受詔與諸儒草儀，多所裁正。帝召說與禮官學士置酒集仙殿，曰：「朕今與賢者樂于此，當遂爲集賢殿。」乃下制改麗正書院爲集賢殿書院，而授說院學士，知院事。東封還，爲尙書右丞相兼中書令。詔說撰封禪壇頌，刻之泰山，以夸成功。初，源乾曜不欲封禪，說固請，乃不相平。及升山，執事官當從者，說皆引所厚超階入五品，從兵唯加勳而不賜，衆怨其專。

宇文融先獻策，括天下游戶及籍外田，署十道勸農使，分行郡縣。說畏其擾，數沮格

之。至是，融請吏部置十銓，與蘇頲等分治選事，有所論請，說頗抑之，於是銓綜失敍。融恨恚，乃與崔隱甫、李林甫共劾奏說「引術士王慶則夜祠禱解，而奏表其閭；引僧道岸窺詗時事，冒署右職；所親吏張觀、范堯臣依據說勢，市權招賂，擅給太原九姓羊錢千萬」。其言醜慘。帝怒，詔乾曜、隱甫、刑部尚書韋抗即尚書省鞫之，發金吾兵圍其第。說兄左庶子光詣朝堂刑耳列冤，帝遣高力士往視，見說蓬首垢面，席藁，家人以瓦器饋脫粟鹽蔬，爲自罰憂懼者。力士還奏，且言：「說往納忠，於國有功。」帝憮然，乃停說中書令，誅慶則等，坐者猶十餘人。說既罷政事，在集賢院專脩國史。又乞停右丞相，不許。然每軍國大務，帝輒訪焉。隱甫等恐說復用，巧文詆毀，素忿說者又著疾邪篇，帝聞，因令致仕。

始爲相時，帝欲事吐蕃，說密請講和以休息鄣塞，帝曰：「朕待王君㚟計之。」說出告源乾曜曰：「君㚟好兵以求利，彼入，吾言不用矣。」後君㚟破吐蕃於青海西，說策其且敗，因上巂州鬬羊於帝，以申諷諭，曰：「使羊能言，必將曰『鬬而不解，立有死者』。所賴至仁無殘，量力取歡焉。」帝識其意，納之，賜綵千匹。後瓜州失守，君㚟死。

十七年，復爲右丞相，遷左丞相。上日，敕所司供帳設樂，內出醪饌，帝爲賦詩。俄授開府儀同三司。十八年卒，年六十四，爲停正會，贈太師，謚曰文貞，羣臣駁異未決，帝爲製碑，謚如太常，繇是定。

說敦氣節，立然許，喜推藉後進，於君臣朋友大義甚篤。帝在東宮，所與祕謀密計甚衆，後卒爲宗臣。朝廷大述作多出其手，帝好文辭，有所爲必使視草。善用人之長，多引天下知名士，以佐佑王化，粉澤典章，成一王法。天子尊尚經術，開館置學士，脩太宗之政，皆說倡之。爲文屬思精壯，長於碑誌，世所不逮。既謫岳州，而詩益悽婉，人謂得江山助云。常典集賢圖書之任，間雖致仕一歲，亦脩史於家。

始，帝欲授說大學士，辭曰：「學士本無大稱，中宗崇寵大臣，乃有之，臣不敢以爲稱。」固辭乃免。後宴集賢院，故事，官重者先飲，說曰：「吾聞儒以道相高，不以官閥爲先後。太帝時脩史十九人，長孫无忌以元舅，每宴不肯先舉爵。長安中，與脩珠英，當時學士亦不以品秩爲限。」於是引觴同飲，時伏其有體。中書舍人陸堅以學士或非其人，而供儗太厚，無益國家者，議白罷之。說聞曰：「古帝王功成，則有奢滿之失，或興池觀，或尚聲色。今陛下崇儒向道，躬自講論，詳延豪俊，則麗正乃天子禮樂之司，所費細而所益者大。陸生之言，蓋未達邪。」帝知，遂薄堅。

說嘗自爲其父碑，帝爲書其額曰：「嗚呼，積善之墓。」說歿後，帝使就家錄其文，行於世。開元後，宰相不以姓著者，曰燕公云。大曆中，詔配享玄宗廟廷。子均、垍、埱。

均亦能文。自太子通事舍人累遷主爵郎中、中書舍人。開元十七年，說授左丞相，校京官考，注均考曰：「父教子忠，古之善訓，王言帝載，尤難以任。庸以嫌疑，而撓紀綱？考上下。」當時亦不以爲私。後襲燕國公，累遷兵部侍郎，以累貶饒、蘇二州刺史。久之，復爲兵部侍郎。

自以己才當輔相，爲李林甫所抑，林甫卒，倚陳希烈，冀得其處。既而楊國忠用事，希烈罷，而均爲刑部尚書。坐垍，貶建安太守。還，授大理卿，居常觖望不平。祿山盜國，爲僞中書令。肅宗反正，兄弟皆論死。房琯聞之，驚曰：「張氏滅矣。」乃見苗晉卿，營解之。帝亦顧說有舊，詔免死，流合浦。建中初，贈太子少傅。

子濛，事德宗，爲中書舍人。

垍尚寧親公主。時說居中秉政，均爲舍人，諸父光爲銀青光祿大夫，榮盛冠時。玄宗眷垍厚，即禁中置內宅，侍爲文章，珍賜不可數。均供奉翰林，而垍以所賜夸均，均曰：「此婦翁遺壻，非天子賜學士也。」垍嘗爲帝贊禮，舉止都雅，帝悅之。因幸內宅，顧垍曰：「希烈辭宰相，孰可代者？」垍錯愕，未得對。帝曰：「無易吾壻。」垍頓首謝。會貴妃聞，以語國忠，國忠惡之，及希烈罷，薦韋見素代之，垍始怨上。

天寶十三載，祿山入朝，以破奚、契丹功，求平章事，國忠曰：「祿山有軍功，然不識字，與之，恐四夷輕漢。」乃止。及還范陽，詔高力士餞滻坡，力士歸曰：「祿山內鬱鬱，若知欲相而不行者。」帝以語國忠，國忠曰：「所告者必張垍。」帝怒，盡逐其兄弟，以均守建安，而垍爲盧溪郡司馬，埱自給事中爲宜春郡司馬。歲中，還，垍爲太常卿。

帝西狩至咸陽，唯韋見素、楊國忠、魏方進從。帝謂力士曰：「若計朝臣當孰至者？」力士曰：「張垍兄弟世以恩戚貴，其當即來。房琯有宰相望，而陛下久不用，又爲祿山所器，此不來矣。」帝曰：「未可知也。」後琯至，召見流涕。帝撫勞，且問：「均、垍安在？」琯曰：「臣之西，亦嘗過其家，將與偕來。均曰：『馬不善馳，後當繼行。』然臣觀之，恐不能從陛下矣。」帝嗟悵，顧力士曰：「吾豈欲誣人哉？均等自謂才器亡雙，恨不大用，吾向欲始終全之，今非若所料也。」垍遂與希烈皆相祿山，垍死賊中。

贊曰：說於玄宗最有德，及太平用事，納忠惓惓，又圖封禪，發明典章，開元文物彬彬，說力居多。中爲姦人排擯，幾不免，自古功名始終亦幾希，何獨說哉！至子以利遽敗其家。若瓌、頲再世稱賢宰相，盛矣！

唐書卷一百二十六

列傳第五十一

魏知古　盧懷慎奐　李元紘　杜暹鴻漸　張九齡拯　仲方

韓休洪　滉　皋　洄

魏知古，深州陸澤人。方直有雅才，擢進士第。以著作郎脩國史，累遷衞尉少卿，檢校相王府司馬。神龍初，爲吏部侍郎，以母喪解。服除，爲晉州刺史。睿宗立，以故屬拜黄門侍郎，兼脩國史。

會造金仙、玉眞觀，雖盛夏，工程嚴促，知古諫曰：「臣聞『古之君人，必時視人之所勤，人勤於力則功築罕，人勤於財則貢賦少，人勤於食則百事廢』。故曰『不作無益害有益』。又曰『罔咈百姓以從己之欲』。禮：『季夏之月，樹木方盛，無有斬伐，不可以興土功。』此皆興化立治、爲政養人之本也。今爲公主造觀，將以樹功祈福，而地皆百姓所宅，卒然迫逼，令其

轉徙，扶老攜幼，剔椽發瓦，呼嗟道路。乖人事，違天時，起無用之作，崇不急之務，羣心震搖，衆口藉藉。陛下爲人父母，欲何以安之？且國有簡册，君舉必記，言動之微，可不慎歟！願下明詔，順人欲，除功役，收之桑榆，其失不遠。」不納。復諫曰：「自陛下戡翦凶逆，保定大器，蒼生顒顒，以謂朝有新政。今風教頽替日益甚，府藏空屈，人力勞敝，營作無厓，吏員寖增，諸司試補、員外、檢校官已贏二千，太府之帛爲殫，太倉之米不支。臣前請停金仙、玉眞，訖亦未止。今前水後旱，五穀不立，繇茲向春，必甚饑饉，陛下欲何方以賑之？又突厥於中國爲患自久，其人非可以禮義誠信約也。雖遣使請婚，恐豺狼之心，弱則順伏，彊則驕逆，月滿騎肥，乘中國飢虛，講親際會，窺犯亭鄣，復何以防之？」帝嘉其直，以左散騎常侍同中書門下三品。玄宗在春宮，又兼左庶子。

先天元年，爲侍中。從獵渭川，獻詩以諷，手制褒答，并賜物五十段。明年，封梁國公。竇懷貞等詭謀亂國，知古密發其姦，懷貞誅，賜封二百戶，物五百段。玄宗恨前賞薄，手敕更加百戶，旌其著節。是多，詔知東都吏部選事，以稱職聞，優詔賜衣一副。自是恩意尤渥，由黄門監改紫微令。與姚元崇不協，除工部尚書，罷政事。開元三年卒，年六十九。宋璟聞而歎曰：「叔向古遺直，子産古遺愛，兼之者其魏公乎！」贈幽州都督，謚曰忠。

所薦洹水令呂太一、蒲州司功參軍齊澣、右内率騎曹參軍柳澤、密尉宋遙、左補闕

袁暉、右補闕封希顏、伊闕尉陳希烈，後皆有聞於時。

文宗大和二年，求其曾孫處訥，授湘陽尉，與魏徵、裴冕後擢任之。

盧懷慎，滑州人，蓋范陽著姓。祖悊，仕爲靈昌令，遂爲縣人。懷慎在童丱已不凡，父友監察御史韓思彦歎曰：「此兒器不可量！」及長，第進士，歷監察御史。神龍中，遷侍御史。中宗謁武后上陽宫，后詔帝十日一朝。懷慎諫曰：「昔漢高帝受命，五日一朝太公於櫟陽宫，以起布衣登皇極，子有天下，尊歸於父，故行此耳。今陛下守文繼統，何所取法？況應天去提象纔二里所，騎不得成列，車不得方軌，於此屢出，愚人萬有一犯屬車之塵，雖罪之何及。臣愚謂宜遵内朝以奉温凊，無煩出入。」不省。

遷右御史臺中丞。上疏陳時政曰：

臣聞「善人爲邦百年，可以勝殘去殺」。孔子稱：「苟用我者，期月而已，三年有成。」故書：「三載考績，三考黜陟幽明。」昔子産相鄭，更法令，布刑書，一年人怨，思殺之，三年人德而歌之。子産，賢者也，其爲政尚累年而後成，況常材乎？比州牧、上佐、兩畿令或一二歲，或三五月即遷，曾不論以課最，使未遷者傾耳以聽，企踵以望，冒進亡廉，

亦何暇爲陛下宣風恤人哉？禮義不能興，戶口益以流，倉庫愈匱，百姓日敝，職爲此耳。人知吏之不久，不率其教；吏知遷之不遙，不究其力。媮處爵位，以養資望，雖明主有勤勞天下之志，然僥幸路啓，上下相蒙，寧盡至公乎？此國病也。賈誼所謂蹠盭，乃小小者耳。此而不革，雖和、緩將不能爲。漢宣帝綜覈名實，興治致化，黄霸良二千石也，加秩賜金，就旌其能，終不肯遷。故古之爲吏，至長子孫。臣請都督、刺史、上佐、畿令任未四考，不得遷。若治有尤異，或加賜車裘祿秩，降使臨問，璽書慰勉，須公卿闕，則擢之以勵能者。其不職或貪暴，免歸田里，以明賞罰之信。

昔唐、虞稽古，建官惟百。夏、商官倍，亦克用乂。此省官也。故曰「官不必備，惟其才」，「無曠庶官，天工人其代之」。此擇人也。今京諸司員外官數十倍，近古未有。謂不必備，則爲有餘，求其代工，乃多不釐務，而奉稟之費，歲巨億萬，徒竭府藏，豈致治意哉？今民力敝極，河、渭廣漕，不給京師，公私耗損，邊隅未靜。儻炎暵成沴，租税減入，疆埸有警，賑救無年，何以濟之？「毋輕人事，惟艱；毋安厥位，惟危。」此慎徽也。原員外之官，皆一時良幹，擢以才不中其用，會以名不任其力，自昔用人，豈其然歟？臣請才堪牧宰上佐，並以遷授，使宣力四方，責以治狀。有老病若不任職者，一廢省之，使賢不肖確然殊貫，此切務也。

夫冒于寵賂，侮于鰥寡，爲政之蠹也。竊見內外官有贓餉狼藉，劓剝蒸人，雖坐流黜，俄而遷復，還爲牧宰，任以江、淮、嶺、磧，粗示懲貶，內懷自棄，徇貨掊貲，訖無悛心。明主之於萬物，平分而無偏施，以罪吏牧遐方，是謂惠姦而遺遠。遠州陬邑，何負聖化，而獨受其惡政乎？邊徼之地，夷夏雜處，憑險恃遠，易擾而難安；官非其才，則黎庶流亡，起爲盜賊。由此言之，不可用凡才，況猾吏乎？臣請以贓論廢者，削迹不數十年，不賜收齒。書曰「旌別淑慝」，卽其誼也。

疏奏，不報。

遷黃門侍郎、漁陽縣伯。與魏知古分領東都選。開元元年，進同紫微黃門平章事。三年，改黃門監。薛王舅王仙童暴百姓，憲司按得其罪，業爲申列，有詔紫微、黃門覆實。懷愼與姚崇執奏：「仙童罪狀明甚，若御史可疑，則它人何可信？」由是獄決。懷愼自以才不及崇，故事皆推而不專，時譏爲「伴食宰相」。又兼吏部尙書，以疾乞骸骨，許之。卒，贈荆州大都督，謚曰文成。遺言薦宋璟、李傑、李朝隱、盧從愿，帝悼歎之。

懷愼清儉不營產，服器無金玉文綺之飾，雖貴而妻子猶寒飢，所得祿賜，於故人親戚無所計惜，隨散輒盡。赴東都掌選，奉身之具，止一布囊。既屬疾，宋璟、盧從愿候之，見敝簀單藉，門不施箔。會風雨至，舉席自障。日晏設食，蒸豆兩器、菜數杯而已。臨別，執二人

手曰：「上求治切，然享國久，稍倦於勤，將有憸人乘間而進矣。公弟志之！」及治喪，家亡留儲。帝時將幸東都，四門博士張星上言：「懷愼忠清，以直道始終，不加優錫，無以勸善。」乃下制賜其家物百段、米粟二百斛。帝後還京，因校獵鄠、杜間，望懷愼家，環堵庳陋，家人若有所營者，馳使問焉，還白懷愼大祥，帝卽以縑帛賜之，爲罷獵。經其墓，碑表未立，停蹕臨視，汍然流涕，詔官爲立碑，令中書侍郎蘇頲爲之文，帝自書。

子奐、弈。

奐早修整，爲吏有清白稱。歷御史中丞，出爲陝州刺史。開元二十四年，帝西還，次陝，嘉其美政，題贊於聽事曰：「專城之重，分陝之雄，亦既利物，內存匪躬，斯爲國寶，不墜家風。」尋召爲兵部侍郎。天寶初，爲南海太守。南海兼水陸都會，物產瓌怪，前守劉巨鱗、彭杲皆以贓敗，故以奐代之。汙吏斂手，中人之市舶者亦不敢干其法，遠俗爲安。時謂自開元後四十年，治廣有清節者，宋璟、李朝隱、奐三人而已。終尙書右丞。弈見忠義傳。

李元紘字大綱，其先滑州人，後世占京兆萬年，本姓丙氏。曾祖粲，仕隋爲屯衞大將軍，煬帝使督京師之西二十四郡盜賊，善撫循，能得士心。高祖與之厚，及兵入關，以衆歸，授宗正卿、應國公，賜姓李。後爲左監門大將軍，以其老，聽乘馬按視宮禁。年八十餘卒，謚曰胡。祖寬，高宗時爲太常卿、隴西公。父道廣，武后時爲汴州刺史，有善政。突厥、契丹寇河北，議發河南兵擊之，百姓震擾，道廣悉心撫定，人無離散。遷殿中監、同鳳閣鸞臺平章事，封金城侯。卒，贈秦州都督，謚曰成。

元紘早修謹，仕爲雍州司戶參軍。時太平公主勢震天下，百司順望風指，嘗與民競碾磑，元紘還之民。長史竇懷貞大驚，趣改之，元紘大署判後曰：「南山可移，判不可搖也。」改好畤令，遷潤州司馬，以辦治得名。開元初，爲萬年令，賦役稱平，擢京兆少尹。詔決三輔渠。時王、主、權家皆旁渠立磑，瀦堨爭利，元紘敕吏盡毀之，分溉渠下田，民賴其恩。三遷吏部侍郎。會戶部楊瑒、白知愼坐支調失宜，貶刺史，帝求可代者，公卿多薦元紘。帝欲擢爲尙書，宰相以資薄，乃爲戶部侍郎。條陳利害及政得失，帝才之，謂可丞輔，賜衣一稱、絹二百匹。明年，遂拜中書侍郎、同中書門下平章事，封清水縣男。

元紘當國，務峻涯檢，抑奔競，夸進者憚之。五月五日，宴武成殿，賜羣臣襲衣，特以紫服、金魚錫元紘及蕭嵩，羣臣無與比。是時，廢京司職田，議者欲置屯田。元紘曰：「軍國不同，中外異制，若人閑無役，地棄不墾，以閑手耕棄地，省饋運，實軍糧，於是有屯田，其爲益

倘矣。今百官所廢職田不一縣，弗可聚也；百姓私田皆力自耕，不可取也。若置屯，卽當公私相易，調發丁夫。調役則業廢於家，免庸則賦闕於國，內地爲屯，古未有也。恐得不補失，徒爲煩費。」遂止。初，左庶子吳兢爲史官，譔唐書及春秋，未成，以喪解，後上書請畢其功，詔許就集賢院成書；張說致仕，詔在家修史。元紘因言：「國史記人君善惡、王政損益，褒貶所繫，前聖尤重。今國大典，分散不一，且太宗別置史館禁中，所以祕嚴之也。請勒說以書就館，參會譔錄。」詔可。

後與杜暹不協，數辨爭帝前，帝不懌，皆罷之，以元紘爲曹州刺史，徙蒲州，引疾去。後以戶部尙書致仕，復起爲太子詹事。卒，贈太子少傅，謚曰文忠。

元紘再世宰相，有清節，其當國累年，未嘗改治第宅，僮馬敝弱，得封物賙給親族。宋璟嘗歎曰：「李公引宋遙之美，黜劉晃之貪，爲國相，家無留儲，雖季文子之德，何以加之！」

杜暹，濮州濮陽人。父承志，武后時爲監察御史。懷州刺史李文暕爲人所告，詔承志推驗，無實。文暕，宗室近屬也，卒得罪，承志貶爲方義令，遷天官員外郎。見羅織獄興，移疾去，卒于家。

自高祖至暹，五世同居。暹尤恭謹，事繼母孝。擢明經第，補婺州參軍，秩滿歸，吏以紙萬番贐之，暹爲受百番，衆歎曰：「昔清吏受一大錢，何異哉？」爲鄭尉，復以清節顯。華州司馬楊孚，公挺人也，每咨重暹。會孚遷大理正，暹適以累當坐，孚曰：「使若人得罪，衆安勸乎？」以狀言執政，繇是擢爲大理評事。

開元四年，以監察御史覆屯磧西。會安西副都護郭虔瓘與西突厥可汗阿史那獻、鎮守使劉遐慶更相訟，詔暹卽按。入突騎施帳，究窾左驗。虜以金遺暹，暹固辭，左右曰：「公使絕域，不可失戎心。」乃受焉，陰埋幕下。已出境，乃移文界取之。突厥大驚，度磧追，不及，去。遷給事中，以母喪解。會安西都護張孝嵩遷太原尹，或言暹往使安西，虜伏其清，今猶慕思，乃奪服拜黃門侍郎兼安西副大都護。明年，于闐王尉遲朓約突厥諸國叛，暹覺其謀，發兵討斬之，支黨悉誅，更立君長，于闐遂安。以功加光祿大夫。守邊四年，撫戎練士，能自勤勵，爲夷夏所樂。

十四年，召同中書門下平章事，遣中使往迎。謁見，賜絹二百、馬一匹、第一區。與李元紘輕重不得，罷爲荊州都督長史，歷魏州刺史、太原尹。帝幸北都，進戶部尙書，許扈蹕。還，復東幸，以暹爲京留守。暹率當番衞士繕三宮城，浚池，督役不少懈。帝聞嘉之，數賜書褒勞，進禮部尙書，封魏縣侯。

二十八年卒，贈尙書右丞相，遣使護喪，禁中出絹三百匹賜之，太常謚曰貞肅。右司員外郎劉同昇等以暹行忠孝，謚有未盡，博士裴總謂暹往以墨衰受命安西，雖勤勞于國，不得盡孝。其子列訴，帝更敕有司考定，卒謚貞孝。

暹友愛，撫異母弟昱甚厚。其爲人少學術，故當朝議論，時時失淺薄。然能以公清勤約自將，亹亹爲之，自弱冠誓不通親友獻遺，以終身。既卒，尙書省及故吏致賻，其子孝友一不受，以行暹素志云。

暹族子鴻漸。

鴻漸字之巽。父鵬舉，與盧藏用隱白鹿山，以母疾，與崔沔同授醫蘭陵蕭亮，遂窮其術。歷右拾遺。玄宗東行河，因游畋，上賦以風。終安州刺史。

鴻漸第進士，解褐延王府參軍，安思順表爲朔方判官。祿山亂，皇太子按軍平涼，未知所適，議出蕭關趣豐安。鴻漸與六城水運使魏少游、節度判官崔漪、支度判官盧簡金、關內鹽池判官李涵謀曰：「胡羯亂常，二京覆沒，太子治兵平涼，然散地難恃也。今朔方制勝之會，若奉迎太子，西詔河、隴，北結回紇，回紇固與國，收其勁騎，與大兵合，鼓而南，雪社稷之恥，不亦易乎！」卽具上兵馬招輯之勢，且錄軍資、器械、儲廥凡最，使涵詣平涼見太子，

太子大悅。會裴冕至自河西，亦勸之朔方。而鴻漸與漪至白草頓迎謁，說曰：「朔方天下勁兵，靈州用武地。今回紇請和，吐蕃結附，天下列城堅守，以待王命。縱爲賊據，日夜望官軍，以圖收復。殿下治兵長驅，逆胡不足滅也。」太子喜曰：「靈武我之關中，卿乃吾蕭何也。」

既至靈武，鴻漸卽與冕等勸卽皇帝位，以係中外望。六請，見聽。鴻漸明習朝章，採舊儀，設壇壝城南，先一日草其儀上之。太子曰：「聖皇在遠，寇逆方結，宜罷壇場，它如奏。」太子卽位，是爲肅宗。授鴻漸兵部郎中，知中書舍人事。俄爲武部侍郎，遷河西節度使。兩京平，又節度荊南。乾元二年，襄州大將康楚元等反，刺史王政脫身走，楚元僞稱南楚霸王，因襲荊州。鴻漸棄城遁，人皆南奔，爭舟溺死者甚衆。澧、朗、復、郢等州聞鴻漸出，皆竄伏山谷。俄而商州刺史韋倫平其亂。

久之，乃召鴻漸爲尙書右丞、太常卿，充禮儀使。泰、建二陵制度皆鴻漸綜正，以優，封衞國公。又建言：「周官：『凶荒殺禮。』今承大亂，民人夷殘，其婚葬鹵簿，非於國有大功及二等以上親皆不許給。」詔可。

代宗廣德二年，以兵部侍郎同中書門下平章事。尋進中書侍郎。崔旰殺郭英乂據成都，邛州牙將柏貞節、瀘州牙將楊子琳、劍州牙將李昌巎以兵討旰，蜀、劍大亂。命鴻漸以宰相

兼成都尹、山南西道劍南東川副元帥、劍南西川節度副大使往鎭撫之。鴻漸性畏怯，無它遠略，而晚節溺浮圖道，畏殺戮。及逾劍門，懲艾張獻誠敗，且憚旰雄武，先許以不死。既見，禮遇之，不敢加譙責，反委以政，日與從事杜亞、楊炎縱酒高會，因薦旰爲成都尹，而授貞節邛州刺史，子琳瀘州刺史，各罷兵。乃請入朝，許之。及見帝，盛言旰威略可任，宜爲留後。獻寶器五牀、羅錦十五牀、麝臍五石。復輔政。議者疾其長亂。進門下侍郎。大曆三年，兼東都留守、河南淮西山南東道副元帥，辭疾不行。又讓山南、劍南副元帥，聽之。四年，疾甚，辭宰相，罷三日卒，年六十一，贈太尉，謚曰文憲。

鴻漸自蜀還，食千僧，以爲有報，搢紳效之。病甚，令僧剔頂髮，遺命依浮圖葬，不爲封樹。

張九齡字子壽，韶州曲江人。七歲知屬文，十三以書干廣州刺史王方慶，方慶歎曰：「是必致遠。」會張說謫嶺南，一見厚遇之。居父喪，哀毀，庭中木連理。擢進士，始調校書郎，以道侔伊呂科策高第，爲左拾遺。時玄宗卽位，未郊見，九齡建言：

天，百神之君，王者所由受命也。自古繼統之主，必有郊配，蓋敬天命，報所受也。

不以德澤未洽，年穀未登，而闕其禮。昔者周公郊祀后稷以配天，謂成王幼沖，周公居攝，猶用其禮，明不可廢也。漢丞相匡衡曰：「帝王之事，莫重乎郊祀。」董仲舒亦言：「不郊而祭山川，失祭之序，逆於禮，故春秋非之。」臣謂衡、仲舒古之知禮，皆以郊之祭所宜先也。陛下紹休聖緒，于今五載，而未行大報，考之于經，義或未通。今百穀嘉生，鳥獸咸若，夷狄內附，兵革用弭，乃怠於事天，恐不可以訓。願以迎日之至，升紫壇，陳采席，定天位，則聖典無遺矣。

又言：

乖政之氣，發爲水旱。天道雖遠，其應甚邇。昔東海枉殺孝婦，天旱久之。一吏不明，匹婦非命，則天昭其冤。況六合元元之衆，縣命於縣令，宅生於刺史，陛下所與共治，尤親於人者乎！若非其任，水旱之繇，豈唯一婦而已。今刺史，京輔雄望之郡，猶少擇之，江、淮、隴、蜀、三河大府之外，稍非其人。繇京官出者，或身有累，或政無狀，用牧守之任，爲斥逐之地。或因附會以忝高位，及勢衰，謂之不稱京職，出以爲州。武夫、流外，積資而得，不計於才。刺史乃爾，縣令尙可言哉？甿庶，國家之本，務本之職，乃爲好進者所輕，承弊之民，遭不肖所擾，聖化從此銷鬱，繇不選親人以成其敝也。古者刺史入爲三公，郎官出宰百里。今朝廷士入而不出，其於計私，甚自得也。京師

衣冠所聚，身名所出，從容附會，不勤而成，是大利在於內，而不在於外也。智能之士，欲利之心，安肯復出爲刺史、縣令哉？國家賴智能以治，而常無親人者，陛下不革以法故也。臣愚謂欲治之本，莫若重守令，守令既重，則能者可行。宜遂科定其資：凡不歷都督、刺史，雖有高第，不得任侍郎、列卿；不歷縣令，雖有善政，不得任臺郎、給、舍；都督、守、令雖遠者，使無十年任外。如不爲此而救其失，恐天下猶未治也。

又古之選士，惟取稱職，是以士修素行，而不爲徼幸，姦僞自止，流品不雜。今天下不必治於上古，而事務日倍於前，誠以不正其本而設巧於末也。所謂末者，吏部條章，舉贏千百。刀筆之人，溺於文墨；巧史猾徒，緣姦而奮。臣以謂始造簿書，備遺忘耳，今反求精於案牘，而忽於人才，是所謂遺劍中流，契舟以記者也。凡稱吏部能者，則曰自尉與主簿，繇主簿與丞，此執文而知官次者也，乃不論其賢不肖，豈不謬哉！夫吏部尙書、侍郎，以賢而授者也，豈不能知人？如知之難，拔十得五，斯可矣。今膠以格條，據資配職，爲官擇人，初無此意，故時人有平配之誚，官曹無得賢之實。

臣謂選部之法，敝於不變。今若刺史、縣令精覈其人，則管內歲當選者，使考才行，可入流品，然後送臺，又加擇焉，以所用衆寡爲州縣殿最，則州縣愼所舉，可官之才多，吏部因其成，無庸人之繁矣。今歲選乃萬計，京師米物爲耗，豈多士哉？蓋冒濫抵

此爾。方以一詩一判，定其是非，適使賢人遺逸，此明代之闕政也。天下雖廣，朝廷雖衆，必使毀譽相亂，聽受不明，事則已矣。如知其賢能，各有品第，每一官缺，不以次用之，豈不可乎？如諸司要官，以下等叨進，是議無高卑，唯得與不爾。故清議不立，而名節不修，善士守志而後時，中人進求而易操也。朝廷能以令名進人，士亦以修名獲利，利之出，衆之趨也。不如此，則小者得於苟求，一變而至阿私；大者許以分義，再變而成朋黨矣。故於用人不可不第其高下，高下有次，則不可以妄干，天下之士必刻意脩飾，而刑政自清，此興衰之大端也。

俄遷左補闕。九齡有才鑒，吏部試拔萃與舉者，常與右拾遺趙冬曦考次，號稱詳平。改司勳員外郎。時張說爲宰相，親重之，與通譜系，常曰：「後出詞人之冠也。」遷中書舍人內供奉，封曲江男，進中書舍人。會帝封泰山，說多引兩省錄事主書及所親攝官升山，超階至五品。九齡當草詔，謂說曰：「官爵者，天下公器，先德望，後勞舊。今登封告成，千載之絕典，而清流隔於殊恩，胥史乃濫章韍，恐制出，四方失望。方進草，尙可以改，公宜審計。」說曰：「事已決矣，悠悠之言不足慮。」既而果得謗。御史中丞宇文融方事田法，有所關奏，說輒建議違之。融積不平，九齡爲言，說不聽。俄爲融等痛詆，幾不免，九齡亦改太常少卿，出爲冀州刺史。以母不肯去鄉里，故表換洪州都督。徙桂州，兼嶺南按察選補使。

始，說知集賢院，嘗薦九齡可備顧問。說卒，天子思其言，召爲祕書少監、集賢院學士，知院事。會賜渤海詔，而書命無足爲者，乃召九齡爲之，被詔輒成。遷工部侍郎，知制誥。數乞歸養，詔不許。以其弟九皋、九章爲嶺南刺史，歲時聽給驛省家。遷中書侍郎，以母喪解，毀不勝哀，有紫芝產坐側，白鳩、白雀巢家樹。是歲，奪哀拜中書侍郎、同中書門下平章事。固辭，不許。明年，遷中書令。始議河南開水屯，兼河南稻田使。上言廢循資格，復置十道採訪使。

李林甫無學術，見九齡文雅，爲帝知，內忌之。會范陽節度使張守珪以斬可突干功，帝欲以爲侍中。九齡曰：「宰相代天治物，有其人然後授，不可以賞功。國家之敗，由官邪也。」帝曰：「假其名若何？」對曰：「名器不可假也。有如平東北二虜，陛下何以加之？」遂止。又將以涼州都督牛仙客爲尙書，九齡執曰：「不可。尙書，古納言，唐家多用舊相，不然，歷內外貴任，妙有德望者爲之。仙客，河、湟一使典耳，使班常伯，天下其謂何？」又欲賜實封，九齡曰：「漢法非有功不封，唐遵漢法，太宗之制也。邊將積穀帛，繕器械，適所職耳。陛下必賞之，金帛可也，獨不宜裂地以封。」帝怒曰：「豈以仙客寒士嫌之邪？卿固素有門閥哉？」九齡頓首曰：「臣荒陬孤生，陛下過聽，以文學用臣。仙客擢胥史，目不知書。韓信，淮陰一壯夫，羞絳、灌等列。陛下必用仙客，臣實恥之。」帝不悅。翌日，林甫進曰：

中華書局

「仙客，宰相材也，乃不堪尚書邪？九齡文吏，拘古義，失大體。」帝由是決用仙客不疑。九齡既戾帝旨，固內懼，恐遂爲林甫所危，因帝賜白羽扇，乃獻賦自況，其末曰：「苟効用之得所，雖殺身而何忌？」又曰：「縱秋氣之移奪，終感恩於篋中。」帝雖優答，然卒以尚書右丞相罷政事，而用仙客。自是朝廷士大夫持祿養恩矣。嘗薦長安尉周子諒爲監察御史，子諒劾奏仙客，其語援讖書。帝怒，杖子諒于朝堂，流瀼州，死於道。九齡坐舉非其人，貶荊州長史。雖以直道黜，不戚戚嬰望，惟文史自娛，朝廷許其勝流。久之，封始興縣伯，請還展墓，病卒，年六十八，贈荊州大都督，謚曰文獻。

九齡體弱，有醞藉。故事，公卿皆搢笏于帶，而後乘馬。九齡獨常使人持之，因設笏囊，自九齡始。後帝每用人，必曰：「風度能若九齡乎？」初，千秋節，公、王並獻寶鑑，九齡上「事鑒」十章，號千秋金鑑錄，以伸諷諭。與嚴挺之、袁仁敬、梁昇卿、盧怡善，世稱其交能終始者。及爲相，諤諤有大臣節。當是時，帝在位久，稍怠於政，故九齡議論必極言得失，所推引皆正人。武惠妃謀陷太子瑛，九齡執不可。妃密遣宦奴牛貴兒告之曰：「廢必有興，公爲援，宰相可長處。」九齡叱曰：「房幄安有外言哉！」遽奏之，帝爲動色，故卒九齡相而太子無患。安祿山初以范陽偏校入奏，氣驕蹇，九齡謂裴光庭曰：「亂幽州者，此胡雛也。」及討奚、契丹敗，張守珪執如京師，九齡署其狀曰：「穰苴出師而誅莊賈，孫武習戰猶戮宮嬪，

守珪法行于軍，祿山不容免死。」帝不許，赦之。九齡曰：「祿山狼子野心，有逆相，宜卽事誅之，以絕後患。」帝曰：「卿無以王衍知石勒而害忠良。」卒不用。帝後在蜀，思其忠，爲泣下，且遣使祭於韶州，厚幣卹其家。開元後，天下稱曰曲江公而不名云。建中元年，德宗賢其風烈，復贈司徒。

子拯，居父喪，有節行，後爲伊闕令。會祿山盜河、洛，陷焉，而終不受僞官。賊平，擢太子贊善大夫。

九齡弟九皋，亦有名，終嶺南節度使。其曾孫仲方。

仲方，生歧秀，父友高郢見，異之，曰：「是兒必爲國器，使吾得位，將振起之。」貞元中，擢進士、宏辭，爲集賢校理，以母喪免。會郢拜御史大夫，表爲御史。進累倉部員外郎。會呂溫等以劾奏宰相李吉甫不實，坐斥去，仲方以溫黨，補金州刺史。官人奪民田，仲方三疏申理，卒與民直。入爲度支郎中。吉甫卒，太常謚恭懿，博士尉遲汾請謚敬憲，仲方挾前怨未已，因上議曰：「古之謚，考大節，略細行，善善惡惡，一言而足。按吉甫雖多才多藝，而側媚取容，疊致台衮，寡信易謀，事無成功。且兵凶器，不可從我始，至以伐罪，則邀必成功。今內有賊輔臣之盜，外有懷毒蠆之臣，師徒暴野，農不得在畝，婦不得在桑，耗賦殫畜，尸僵血流，胔骼成岳，毒痛之痛，訴天無辜，階禍之發，實始吉甫。」又言：「吉甫平易柔寬，名不配行。請俟蔡平，然後議之。」憲宗方用兵，疾其言醜訐，貶爲遂州司馬。稍進河南少尹、鄭州刺史。

敬宗立，李程輔政，引爲諫議大夫。帝時詔王播造競渡舟三十艘，度用半歲運費。仲方見延英，論諍堅苦，帝爲減三之二。又詔幸華清宮，仲方曰：「萬乘之行，必具葆衞，易則失威重。」不從，猶見慰勞。鄠令崔發以辱黃門繫獄，逢赦不見宥。仲方曰：「恩被天下，而不行御前乎？」發繇是不死。大和初，出爲福建觀察使。召還，進至左散騎常侍。李德裕秉政，以太子賓客分司東都。德裕罷，復拜常侍。

李訓之變，大臣或誅或繫。翌日，羣臣謁宣政，牙闔不啓。羣臣錯立朝堂，無史卒贊候，久乃半扉啓，使者傳召仲方曰：「有詔，可京兆尹。」然後門闢，喚仗。于時族夷將相，顱足旁午，仲方皆密使識其尸。俄許收葬，故胔骸不相亂。已而禁軍橫，多撓政，仲方勢窘，不能有所繩劾。宰相鄭覃更以薛元賞代之，出爲華州刺史。召入，授祕書監。人頗言覃助德裕，擯仲方不用，覃乃擬丞、郎以聞。文宗曰：「侍郎，朝廷華選。彼牧守無狀，不可得。」但封曲江縣伯。卒，七十二，贈禮部尚書，謚曰成。仲方確正有風節，既駁吉甫謚，世不直其言，卒不至顯。既歿，人多傷之。

始，高祖仕隋時，太宗方幼而病，爲刻玉像於熒陽佛祠以祈年，久而刓晦，仲方在鄭，敕吏治護，鏤石以聞，傳于時。

韓休，京兆長安人。父大智，洛州司功參軍，其兄大敏，仕武后爲鳳閣舍人。梁州都督李行褒爲部人告變，詔大敏鞫治。或曰：「行褒諸李近屬，后意欲去之，無列其冤，恐累公。」大敏曰：「豈顧身枉人以死乎？」至則驗出之。后怒，遣御史覆按，卒殺行褒，而大敏賜死于家。

休工文辭，舉賢良。玄宗在東宮，令條對國政，與校書郎趙冬曦並中乙科，擢左補闕，判主爵員外郎。進至禮部侍郎，知制誥。出爲虢州刺史。虢於東、西京爲近州，乘輿所至，常稅廄芻，休請均賦它郡。中書令張說曰：「免虢而與它州，此守臣爲私惠耳。」休復執論，吏白恐忤宰相意，休曰：「刺史幸知民之敝而不救，豈爲政哉？雖得罪，所甘心焉。」訖如休請。以母喪解，服除，爲工部侍郎，知制誥。遷尚書右丞。侍中裴光庭卒，帝敕蕭嵩舉所以代者，嵩稱休志行，遂拜黃門侍郎、同中書門下平章事。

休直方不務進趨，既爲相，天下翕然宜之。萬年尉李美玉有罪，帝將放嶺南。休曰：

中華書局

「尉小官，犯非大惡。今朝廷有大姦，請得先治。金吾大將軍程伯獻恃恩而貪，室宅輿馬僭法度，臣請先伯獻，後美玉。」帝不許，休固爭曰：「罪細且不容，巨猾乃置不問，陛下不出伯獻，臣不敢奉詔。」帝不能奪。大率堅正類此。初，嵩以休柔易，故薦之。休臨事或折正嵩，嵩不能平。宋璟聞之曰：「不意休能爾，仁者之勇也。」嵩寬博多可，休峭鯁，時政所得失，言之未嘗不盡。帝嘗獵苑中，或大張樂，稍過差，必視左右曰：「韓休知否？」已而疏輒至。嘗引鑑，默不樂。左右曰：「自韓休入朝，陛下無一日歡，何自戚戚，不逐去之？」帝曰：「吾雖瘠，天下肥矣。且蕭嵩每啓事，必順旨，我退而思天下，不安寢。韓休敷陳治道，多訐直，我退而思天下，寢必安。吾用休，社稷計耳。」後以工部尚書罷。遷太子少師，封宜陽縣子。卒，年六十八，贈揚州大都督，謚曰文忠。寶應元年，贈太子太師。

子浩、洽、洪、汯、滉、渾、洄，皆有學尚。

浩，萬年主簿，坐籍王鉷家貲有隱入，爲尹鮮于仲通所劾，流循州。洪爲司庫員外郎，與汯皆以累貶。洪後爲華州長史。渾，大理司直。安祿山盜京師，皆陷賊，賊逼以官，浩與洪、汯、滉、渾出奔，將走行在，浩、洪、渾及洪四子復爲賊禽殺之。洪善與人交，有節義，藉甚於時，見者爲流涕。肅宗以大臣子能死難，詔贈浩吏部郎中，洪太常卿，渾太常少卿。

汯，上元中終諫議大夫。洽，終殿中侍御史。

滉字太沖，以蔭補左威衞騎曹參軍。至德初，避地山南，採訪使李承昭表爲通川郡長史，改彭王府諮議參軍。初，汯知制誥，當草王璵詔，無借言，銜之。及當國，滉兄弟皆斥冗官。璵罷，乃擢殿中侍御史，三遷吏部員外郎。性彊直，明吏事，莅南曹五年，簿最詳緻。再遷給事中，知兵部選。時盜殺富平令韋當，賊隸北軍，魚朝恩私其凶，奏原死，滉執處，卒伏辜。遷右丞，知吏部選，以戶部侍郎判度支。

自至德軍興，所在賦稅無藝，帑司給輸乾隱。滉檢制吏下及四方輸將，犯者痛抿以法。會歲數稔，兵革少息，故儲積穀帛稍豐實。然覆治案牘，深文鉤剔，人亦咨怨。大曆十二年秋，大雨害稼什八，京兆尹黎幹言狀，滉恐有所蠲貸，固表不實。代宗命御史行視，實損田三萬餘頃。始，渭南令劉藻附滉，言部田無害，御史趙計按驗如藻言，帝又遣御史朱敖覆實，害田三千頃。帝怒曰：「縣令，所以養民，而田損不問，豈卹隱意邪？」貶南浦員外尉，計亦斥爲豐州司戶員外參軍。方是時，潦敗河中鹽池，滉奏池產瑞鹽。帝疑，遣諫議大夫蔣鎮廉狀，鎮畏滉，還乃賀帝，且請置祠，詔號寶應靈慶池。

德宗立，惡滉掊刻，徙太常卿。議者不厭，乃出爲晉州刺史。未幾，遷浙江東、西觀察

使，尋檢校禮部尚書爲鎮海軍節度使。綏輯百姓，均租、調，不踰年，境內稱治。帝在奉天，淮、汴震騷，滉訓士卒，分兵戍河南。既狩梁州，又獻縑十萬匹，請以鎮兵三萬助討賊，有詔嘉勞，進檢校尚書右僕射，封南陽郡公。李希烈陷汴州，滉遣裨將王栖耀、李長榮、柏良器以勁卒萬人進討，次睢陽，而賊已攻寧陵，栖耀等破走之，漕路無梗，完靖東南，滉功多。

時里胥有罪，輒殺無貸，人怪之。滉曰：「袁晁本一鞭背史，禽賊有負，聚其類以反，此輩皆鄉縣豪黠，不如殺之，用年少者，惜身保家不爲惡。」又以賊非牛酒不嘯結，乃禁屠牛，以絕其謀。婺州屬縣有犯令者，誅及鄰伍，坐死數十百人。又遣官分察境內，罪涉疑似必誅，一判輒數十人，下皆愁怖。

聞京都未平，乃閉關梁，禁牛馬出境，築石頭五城，自京口至玉山。毀上元道、佛祠四十區，修塢壁，起建業，抵京峴，樓雉相望。以爲朝廷有永嘉南走事，置館第數十於石頭城，穿井皆百尺。命偏將丘涔督役，日數千人，涔虐用其衆，朝令夕辦，先世丘壟皆發夷。造樓艦三千柁，以舟師由海門大閱，至申浦乃還。追李長榮等歸，以親吏盧復爲宣州刺史，增營壘，教習長兵，毀鍾鑄軍器。陳少游在揚州，以甲士三千臨江大閱，滉亦總兵臨金山，與少游會，以金繒相餉酬。然滉握彊兵，遷延不赴難，而調發糧帛以濟朝廷者繈屬，當時實賴

之。李晟方屯渭北，滉運米餽之，船置十弩以相警捍，賊不能剽。始，漕船臨江，滉顧僚吏曰：「天子蒙塵，臣下之恥也。」乃自舉一囊，將佐爭負之。貞元元年，加檢校左僕射、同中書門下平章事、江淮轉運使，封鄭國公。以繕治石頭城，人頗言有窺望意，雖帝亦惑之。會李泌間關辯數，帝意乃解。二年，更封晉。是歲入朝。滉既宿齒先達，頗簡倨，接新進用事，不能滿其意，衆怨之。獻羨錢五百餘萬緡，詔加度支諸道轉運、鹽鐵等使。

右丞元琇判度支也，以關輔旱，請運江南租米西給京師。帝委滉專督之，而琇畏其剛愎難共事，請自江至揚子，滉主之；揚子以北，自主之。滉由是銜琇。會琇以京師錢重貨輕，發江東鹽監院錢四十萬緡入關。滉給奏「運錢至京師，率費萬致千，不可從。」帝責謂琇，琇曰：「千錢其重與斗米均，費三百可致。」帝以諭滉，滉執不可。至是，誣劾琇餽米與淄青李納、河中李懷光。帝怒，不復究驗，貶琇雷州司戶參軍。左丞董晉白宰相劉滋、齊映曰：「昨關輔用兵，方蝗旱，琇不增一賦，而軍興皆濟，可謂勞臣。今被譴無名，刑濫人懼，假令權臣逞志，公胡不請三司鞫之？」滋、映不能用。給事中袁高抗疏申執，滉指爲黨與，寢不報。

劉玄佐不朝，帝密詔滉諷之。及過汴，玄佐素憚滉，修屬吏禮。滉辭不敢當，因結爲兄

弟，入拜其母，置酒設女樂。酒行，滉曰：「宜早見天子，不可使夫人白首與新婦子孫塡宮掖也。」玄佐泣悟。滉以錢二十萬緡爲玄佐辦裝，又以綾二十萬犒軍。玄佐入朝，滉薦可任邊事。時兩河罷兵，滉上言：「吐蕃盜河、湟久，近歲寖弱，而西迫大食，北扞回鶻，東抗南詔，分軍外戰，兵在河、隴者不過五六萬，若朝廷命將，以十萬衆城涼、鄯、洮、渭，各置兵二萬爲守禦，臣請以本道財賦饋軍，給三年費，然後營田積粟，且耕且戰，則河、隴之地可翹足而復。」帝善其言，因訪玄佐，玄佐請行。會滉病甚，張延賞奏減州縣冗官，收祿俸，募戰士西討。玄佐慮延賞斬削資儲，辭犬戎未釁，不可輕進，因稱疾。帝遣中人勞問，臥受命。延賞知不可用，乃止。滉尋卒，年六十五，贈太傅，謚曰忠肅。

滉雖宰相子，性節儉，衣裘茵衽，十年一易。甚暑不執扇，居處陋薄，取庇風雨。門當列戟，以父時第門不忍壞，乃不請。堂先無挾廡，弟洄稍增補之，滉見即徹去，曰：「先君容焉，吾等奉之，常恐失墜。若摧圮，繕之則已，安敢改作以傷儉德？」居重位，清絜疾惡，不爲家人資產。自始仕至將相，乘五馬，無不終櫪下。好鼓琴，書得張旭筆法，畫與宗人幹相埒。嘗自言：「不能定筆，不可論書畫。」以非急務，故自晦，不傳於人。善治易、春秋，著通例及天文事序議各一篇。初判度支，李晟以裨將白軍事，滉待之加禮，使其子拜之，厚遺器幣鞍馬。後晟終立大功。滉幼時已有美名，所與游皆天下豪俊。晚節益苛慘，故論者疑

其飾情希進，既得志，則彊肆，蓋自其性云。子羣、皋。

羣終國子司業。

皋字仲聞，資質重厚，有大臣器。由雲陽尉策賢良方正異等，拜右拾遺。累遷考功員外郎。父喪，德宗遣使弔問，俾論譔滉行事，號泣承命，立草數千言以進，帝嘉之。服除，宰相擬考功郎中，帝爲加知制誥。遷中書舍人、御史中丞、兵部侍郎，號稱職。俄拜京兆尹，奏署鄭鋒爲倉曹參軍。鋒苛斂吏，乃說皋悉索府中雜錢，折糴粟麥三十萬石獻於帝，皋悅之，奏爲興平令。貞元十四年，大旱，民請蠲租賦，皋府帑已空，內憂恐，奏不敢實。會中人出入，百姓遮道訴之，事聞，貶撫州員外司馬。未幾，改杭州刺史，入拜尚書右丞。王叔文用事，皋嫉之，謂人曰：「吾不能事新貴。」從弟曅以告叔文，叔文怒，出爲鄂岳蘄沔觀察使。叔文敗，即拜節度，徙鎭海，入爲戶部尚書，歷東都留守、忠武軍節度使。大抵以簡儉治，所至有績。召拜吏部尚書，兼太子少傅。莊憲太后崩，充大明宮留守。穆宗以舊傅恩，加檢校尚書右僕射，俄爲眞。又進左僕射。長慶四年，復爲東都留守，卒於道，年七十九，贈太子太保，謚曰貞。

皋貌類父，既孤，不復覩鑑。生知音律，常曰：「長年後不願聽樂，以門內事多逆知之。」聞鼓琴，至止息，歎曰：「美哉！嵇康之爲是曲，其當晉、魏之際乎。其音主商，商爲秋，秋者天將搖落肅殺，其歲之晏乎。晉乘金運，商又金聲，此所以知魏方季而晉將代也。緩其商絃，與宮同音，臣奪君之義，知司馬氏之將簒也。王陵、毌丘儉、文欽、諸葛誕繼爲揚州都督，咸有興復之謀，皆爲司馬懿父子所殺。康以揚州故廣陵地，陵等皆魏大臣，故名其曲曰廣陵散，言魏散亡自廣陵始。『止息』者，晉雖暴興，終止息於此。其哀憤、躁蹙、憯痛、迫脅之音，盡於是矣。永嘉之亂，其兆乎！康避晉、魏之禍，託以鬼神，以俟後世知音云。」

洄字幼深，蔭補弘文生，滿歲，參調吏部侍郎，達奚珣以地望抑之。除章懷太子陵令，無慍容。安祿山亂，家七人遇害，洄避難江南，蔬食不聽樂。乾元中，授睦州別駕，劉晏表爲屯田員外郎，知揚子留後。召拜諫議大夫，與補闕李翰數上章言得失，擢知制誥。坐與元載善，貶邵州司戶參軍。德宗即位，起爲淮南黜陟使，復爲諫議大夫。

晏被罪，天下錢穀歸尚書省，而省司廢久，無綱紀，莫總其任，乃擢洄戶部侍郎，判度支。洄上言：「江、淮七監，歲鑄錢四萬五千緡輸京師，工用運轉，每緡度二千，是本倍於子。今商州紅崖冶產銅，而洛源監久廢，請鑿山取銅，即治舊監，置十鑪鑄之，歲得錢七萬二千緡，度費每緡九百，則得可浮本矣。江、淮七監，請皆罷。」又言：「天下銅鐵冶，乃山澤利，當歸王者，請悉隸鹽鐵使。」從之。復罷省胥史冗食二千人，積米長安、萬年二縣各數十萬石，

視年豐耗而發斂焉，故人不艱食。

洄與楊炎善，炎得罪，不自安。無何，皋上疏理炎罪，帝意洄教之，貶蜀州刺史。興元元年，入爲兵部侍郎，轉京兆尹。貞元十年，終國子祭酒，贈戶部尚書。

贊曰：人之立事，無不銳始而工於初，至其半則稍怠，卒而漫澶不振也。觀玄宗開元時，厲精求治，元老魁舊，動所尊憚，故姚元崇、宋璟言聽計行，力不難而功已成。及太平久，左右大臣皆帝自識擢，狎而易之，志滿意驕，而張九齡爭愈切，言益不聽。夫志滿則忽其所謀，意驕則樂軟熟、憎鯁切，較力雖多，課所效不及姚、宋遠矣。終之胡雛亂華，身播邊陬，非曰天運，亦人事有致而然。若知古等皆宰相選，使當天寶時，庸能有救哉！

唐書卷一百二十七

列傳第五十二

張嘉貞 延賞 弘靖 文規 次宗 嘉祐 源乾曜 光裕 洧 裴耀卿 佶

張嘉貞字嘉貞，本范陽舊姓，高祖子吒，仕隋終河東郡丞，遂家蒲州，爲猗氏人。以五經舉，補平鄉尉，坐事免。長安中，御史張循憲使河東，事有未決，病之，問吏曰：「若頗知有佳客乎？」吏以嘉貞對。循憲召見，咨以事。嘉貞條析理分，莫不洗然。循憲大驚，試命草奏，皆意所未及；它日，武后以爲能，循憲對皆嘉貞所爲，因請以官讓。后曰：「朕寧無一官自進賢邪？」召嘉貞見內殿，以簾自鄣。嘉貞儀止秀偉，奏對偘偘，后異之。因請曰：「臣草茅之人，未覩朝廷儀，陛下過聽，引對禁近。今天威咫尺，若隔雲霧，恐君臣之道有未盡也。」后曰：「善。」詔上簾，引拜監察御史，擢循憲司勳郎中，酬其得人。累遷兵部員外郎。時功狀盈几，郎吏不能決，嘉貞爲詳處，不閱旬，廷無稽牒。進中書

舍人。歷梁秦二州都督，并州長史，政以嚴辦，吏下畏之。奏事京師，玄宗善其政，數慰勞。嘉貞自陳：「少孤，與弟嘉祐相恃以長，今爲鄯州別駕，願內徙，使少相近，冀盡力報，死無恨。」帝爲徙嘉祐忻州刺史。

突厥九姓新內屬，雜處太原北，嘉貞請置天兵軍綏護其衆，卽以爲天兵使。明年入朝，或告其反，按無狀，帝令坐告者。嘉貞辭曰：「國之重兵利器皆在邊，今告者一不當卽罪之，臣恐塞言路，且爲未來之患。昔天子聽政於上，瞍賦，矇誦，百工諫，庶人謗，今將坐之，則後無繇聞天下事。」遂得減死。天子以爲忠，且許以相。嘉貞因曰：「昔馬周起徒步，謁人主，血氣方壯，太宗用之，能盡其才，甫五十而沒。向使用少晚，則無及已。陛下不以臣不肖，必用之，要及其時，後衰無能爲也。且百年壽孰爲至者？臣常恐先朝露死溝壑，誠得效萬一，無負陛下足矣！」帝曰：「弟往，行召卿。」

及宋璟等罷，帝欲果用嘉貞，而忘其名。夜詔中書侍郎韋抗曰：「朕嘗記其風操，而今爲北方大將，張姓而複名，卿爲我思之。」抗曰：「非張齊丘乎？今爲朔方節度使。」帝卽使作詔以爲相。夜且半，因閱大臣表疏，舉一則嘉貞所獻，遂得其名，卽以爲中書侍郎、同中書門下平章事。遷中書令。居位三年，善傅奏，敏於裁遣。然彊躁，論者恨其不裕。

帝數幸東都，洛陽主簿王鈞者，爲嘉貞繕第，會以贓聞，有詔杖之朝堂。嘉貞畏蠖染，

促有司速斃以滅言。祕書監姜皎得罪，嘉貞希權幸意，請加詔杖，已而皎死。會廣州都督裴伷先抵罪，帝問法如何，嘉貞復援皎比，張說曰：「不然，刑不上大夫，以近君也。士可殺不可辱。向皎得罪，官三品，且有功，若罪應死，卽殺，獨不宜廷辱，以卒伍待也。況勳貴在八議乎？事往不可咎，伷先豈容復濫哉？」帝然之。嘉貞退，不悅曰：「言太切。」說曰：「宰相，時來則爲，非可長保。若貴臣盡杖，正恐吾輩及之，渠不爲天下士君子地乎？」

初，嘉貞在兵部，而說已爲侍郎。及皆相，說位其下，議論無所讓，故說不平。未幾，嘉祐拜金吾將軍，兄弟要近，人頗憚娼。帝幸太原，嘉祐以贓聞，說訹嘉貞素服待罪，不謁，遂出爲幽州刺史，說代其處。嘉貞銜悔，謂人曰：「中書令幸二員，何相迫邪？」踰年，爲戶部尙書、益州長史，判都督事，詔宴中書省，與宰相會。嘉貞銜說不已，於坐慢罵說，源乾曜、王晙共平解，乃得去。

明年，王守一死，坐與厚善，貶台州刺史。俄拜工部尙書，爲定州刺史，知北平軍事，封河東侯。及行，帝賦詩，詔百官祖道上東門。久之，以疾丐還東都，詔醫馳驛護視。卒，年六十四，贈益州大都督，謚曰恭肅。

嘉貞性簡疏，與人不疑，內曠如也，或時以此失。有嗜進者，汲引之，能以恩終始。所薦中書舍人苗延嗣、呂太一，考功員外郎員嘉靜，殿中侍御史崔訓，皆位淸要，日與議政事。

故當時語曰：「令君四俊，苗、呂、崔、員。」其始爲中書舍人，崔湜輕之，後與議事，正出其上。湜驚曰：「此終其坐。」後十年而爲中書令。嘉貞雖貴，不立田園。有勸之者，答曰：「吾嘗相國矣，未死，豈有飢寒憂？若以譴去，雖富田產，猶不能有也。近世士大夫務廣田宅，爲不肖子酒色費，我無是也。」

引萬年主簿韓朝宗爲御史，卒後十餘歲，朝宗以京兆尹見帝曰：「陛下待宰相，進退皆以禮，身雖沒，子孫咸在廷。張嘉貞晚一息寶符，獨未官。」帝惘然，召拜左司禦率府兵曹參軍，賜名曰延賞。

延賞雖蚤孤，而博涉經史，通吏治，苗晉卿尤器許，以女妻之。肅宗在鳳翔，擢監察御史，辟署關內節度使王思禮府。思禮守北都，表爲副，入遷刑部郎中。始，元載被用，以晉卿力，故厚遇延賞，薦爲給事中、御史中丞。

大曆初，除河南尹、諸道營田副使。河、洛當兵衝，邑里墟榛，延賞政簡約，輕傜賦，疏河渠，築宮廟。數年，流庸歸附，都闕完雄，有詔褒美。時罷河南、山南等副元帥，兵屯東都，詔延賞知留守，以兵屬。居五年，治行第一，召還。

會李少良劾元載陰罪，載斥其狂，下御史臺治訊，而延賞適拜大夫，不滿所私，出爲

淮南節度使。歲旱，民它遷，吏禁之。延賞曰：「食者，人恃以活。拘此而斃，不如適彼而生。苟存吾人，何限爲？」乃具舟遣之，敕吏爲修室廬，已逋債，而歸者更增於舊。瓜步舟艫津湊，而遙繫江南，延賞請度屬揚州，自是行無稽壅。

會母喪免，服除，累拜荆南、劍南西川節度使。建中中，西山兵馬使張朏襲成都爲亂，延賞奔鹿頭戍。朏酣亂不設備，延賞諜知之，遣將叱干遂捕斬朏，復成都。自楊國忠討南蠻，三蜀疲罄。及乘輿臨狩，糜用百出。後更郭英乂、崔寧、楊子琳亂，益矜僭，公私蕭然。延賞事爲之制，薄入謹出，府庫遂實。德宗在奉天，貢獻踵道。及次梁，倚劍蜀爲根本。卽拜中書侍郎、同中書門下平章事。

帝還，詔入秉政。初，吐蕃寇劍南，李晟總神策軍戍之，及還，以成都倡自隨，延賞遣吏奪取，故晟銜之；至是，鎭鳳翔，帝所倚重，表陳宿憾，帝不得已，罷延賞爲尙書左僕射，然雅意決用之，以晟嘗爲韓滉識擢，命滉移書道意。及俱入朝，滉從容邀晟平憾，且使薦延賞於帝，於是復拜平章事。既而宴禁中，帝出瑞錦一端分繫之，以示和解。晟因爲子請婚，延賞不許。晟曰：「吾武夫雖有舊惡，盃酒間可解。儒者難犯，外睦而內含怒，今不許婚，釁未忘也。」

先時，吐蕃尙結贊請和，晟奏戎狄無信，不可許。滉亦請調軍食峙邊，無聽和。帝疑將

帥邀功生事，議未決。會滉卒，延賞揣帝意，遂罷晟兵，奏以給事中鄭雲逵代之。帝曰：「晟有社稷功，俾自擇代者。」乃用邢君牙，而拜晟太尉兼中書令，奉朝請。是夏，吐蕃背約，劫渾瑊，將校多沒，如晟等策。故事，臨軒冊拜三公，中書令讀冊，侍中贊禮，或闕，則宰相攝事。晟當拜，而延賞薄其禮，用尙書崔漢衡、劉滋代攝。

時議遣劉玄佐復河、湟，延賞因建言：「今官繁費廣，州縣殘困，宜併省其員，悉收稟料糧課輸京師，賞戰士。」帝許之。卽詔：「上州留上佐、錄事參軍、司戶、司兵、司士各一員，餘參軍留半；中州減司士；上縣令、尉具；中縣省尉；京兆、河南府司錄、判官，赤縣丞、簿、尉，各省半；餘府準上州。」詔下，內外始怨。玄佐辭西討，延賞更用李抱眞。抱眞怨延賞奪晟兵，不肯行。由是功臣解體。

是年，除吏千五百員，當省者千餘。道路嗸謗，浸淫聞於上。延賞懼，請詔州縣：「或考先滿、或攝掌遇停限而官見乏者，聽在所擇省員有幹譽者權補，以才不以資。」而大臣馬燧、白志貞、韋倫表言省官太甚，不可行。會延賞疾困，不能事，宰相李泌一切奏復。卒，年六十一，贈太保，謚曰成肅。

延賞更四鎭，所至民頌其愛。及當國，飾情復怨，不稱所望，亦早不幸，未及有所建明。然帝待遇厚，稱其奏議有宰相體，專屬以吏事，而以軍食委李泌，刑法委柳渾，時以爲任職。

子弘靖。

弘靖字元理，雅厚信直，以蔭爲河南參軍。杜亞辟佐其府。亞疑牙將令狐運劫餉絹，弘靖直其枉，亞怒，斥出府。裴延齡爲德陽公主治第，欲徙弘靖先廟，上疏自言，德宗異之，擢監察御史。累遷戶部侍郎、陝州觀察使，徙河中節度使。元和中，拜刑部尙書、同中書門下平章事。

吳少陽死，其子元濟擅總留務，憲宗欲誅之。弘靖請先遣使者弔贈，待不恭，乃加兵，詔可。進中書侍郎，封高平縣侯。

武元衡遇害，賊未得，王承宗邸廝卒張晏被告，詔付御史臺劾驗，有狀。弘靖疑御史傅致晏罪，言之帝，不聽，遂誅晏，并討承宗。弘靖曰：「戎事並興，鮮有濟。不如悉力淮西，已平，乃治河朔。」議再迕，乃歸政，以檢校吏部尙書、同平章事，爲河東節度使。未及鎭，詔伐承宗。弘靖自以諫不聽，思自効，乃大閱兵，請身討賊。詔許出軍，無親往。既王師無功，帝憶曩言，下詔褒美。弘靖亦遣使間道喩承宗，承宗款附。召拜吏部尙書，徙節宣武。宣武承韓弘虐政，代以寬簡，民便安之。

長慶初，劉總舉所部內屬，請弘靖爲代，進檢校司空，仍同中書門下平章事，充盧龍節

度使。始入幽州，老幼夾道觀。河朔舊將與士卒均寒暑，無障蓋安輿，弘靖素貴，肩輿而行，人駭異。俗謂祿山、思明爲「二聖」，弘靖懲始亂，欲變其俗，乃發墓毀棺，衆滋不悅。旬一決事，賓客將吏罕聞其言。委成於參佐韋雍、張宗厚，又不通大體，朘刻軍賜，專以法拫治之。官屬輕侻酣肆，夜歸，燭火滿街，前後呵止，其詬責士皆曰「反虜」，嘗曰：「天下無事，而輩挽兩石弓，不如識一丁字。」軍中以氣自任，銜之。總之朝，詔以錢百萬緡賚將士，弘靖取二十萬市府雜費，有怨言。會雍欲鞭小將，薊人未嘗更笞辱，不伏，弘靖繫之。是夕軍亂，囚弘靖薊門館，掠其家貲婢妾，執雍等殺之。判官張徹始就職，得不殺，與弘靖同被囚。會詔使至，徹謂弘靖曰：「公無負此土人，今天子使至，可因見衆辨，幸得脫歸。」卽推門求出。衆畏其謀，欲遷別館。徹大罵曰：「汝何敢反！前日吳元濟斬東市，李師道斬軍中，同惡者，父母妻子肉飽狗鼠鴟鴉。」衆怒，擊殺之。數日，吏卒稍自悔，詣館謝弘靖，願革心事之。三請，不對。衆曰：「公不赦我矣，軍中可一日無帥乎？」遂取朱克融主留後。詔貶弘靖太子賓客，分司東都。再貶吉州刺史。明年，出幽州，改撫州刺史，稍遷太子少師。卒，年六十五，贈太子太保。

弘靖少有令問，杜鴻漸、杜佑皆器許。歷臺閣顯級，人以爲有輔相才。及居位，簡默自處，無所規拂。幽薊初效順，不能因俗制變，故范陽復亂。家聚書畫，侔祕府。先第在東都

思順里，盛麗甲當時，歷五世無所增葺，時號「三相張家」云。子：文規、次宗。

裴度秉政，引文規爲右補闕。度出襄陽，貶溫令，度奏置幕府。累轉吏部員外郎。右丞韋溫劾文規父昔被囚，逗留不赴難，不宜任省署。出爲安州刺史，終桂管觀察使。子彥遠，博學有文辭，乾符中至大理卿。

次宗，開成初爲起居舍人。文宗始詔左右史立螭頭下記宰相奏對，既退，帝召見審正是非。故開成時事爲最詳。以稱職，兼集賢院直學士。文規左遷，改國子博士、史館修撰。李德裕再當國，引爲考功員外郎，知制誥。出灃、明二州刺史，卒。

孫茂樞，字休府，及進士第。天祐中，累遷祠部郎中，知制誥。坐柳璨事，貶博昌尉。

嘉祐，嘉貞弟，有幹略。方嘉貞爲相時，任右金吾衞將軍，昆弟每上朝，軒蓋騶導盈閭巷，時號所居坊曰「鳴珂里」。後貶浦陽府折衝。開元末，爲相州刺史。舊刺史多死官，衆疑畏。嘉祐以周總管尉遲迥死國難，忠臣也，立祠房解祓衆心。三歲，入爲左金吾將軍。後吳兢爲刺史，又加神冕服，遂無患。

源乾曜，相州臨漳人。祖師民，隋刑部侍郎。父直心，高宗時太常伯，流死嶺南。

乾曜第進士。神龍中，以殿中侍御史黜陟江東，奏課最，頻遷諫議大夫。景雲後，公卿百官上巳、九日廢射禮，乾曜以爲：「聖王教天下，必制禮以正人情。君子三年不爲禮，禮必壞；三年不爲樂，樂必崩。古之擇士，先觀射禮，非取一時樂也。夫射者，別邪正，觀德行，中祭祀，辟寇戎，古先哲王莫不遞襲。比年以來，射禮不講，所司怯費，而舊典爲虧。臣愚謂所計者財，所虧者禮，故孔子不愛羊而存禮也。大射謂春秋不可廢。」

開元初，邠王府吏犯法，玄宗敕左右爲王求才長史，太常卿姜皎薦乾曜，自梁州都督召見，神氣爽澈，占對有序，帝悅之，擢少府少監，兼邠王府長史。累進尚書左丞。四年，拜黃門侍郎、同紫微黃門平章事。踰月，與姚崇俱罷。

會帝東幸，以京兆尹留守京師。治尚寬簡，人安之。居三年，政如始至。仗內白鷹因縱失之，詔京兆督捕，獲於野，絓榛死。吏懼得罪，乾曜曰：「上仁明，不以畜玩置罪，苟其獲戾，尹專之。」遂入自劾失旨。帝一不問，衆伏其知體而善引咎。

八年，復爲黃門侍郎、同中書門下三品，進位侍中。建言：「大臣子併求京職，俊乂率任外官，非平施之道。臣三息俱任京師，請出二息補外，以示自近始。」詔可。乃以子河南參軍弼爲絳州司功，太祝絜爲鄭尉。詔曰：「乾曜身率庶寮以讓，既請外其子，又復下遷。傳不云乎：『范宣子讓，其下皆讓。』『晉國之人，於是大和。』道之或行，仁豈遠哉。其令文武官父子昆弟三人在京司者，分任于外。」繇是公卿子弟皆出補。

帝嘗自較其考，與張說偕賜。時議者言：「國執政所以同休戚，不崇異無以責功。」帝乃詔中書、門下共食實戶三百，堂封自此始。

東封還，爲尚書左丞相，兼侍中。久之，罷侍中，遷太子少師。避祖名，更授少傅，安陽郡公。帝幸東都，以老疾不任陪扈。卒，贈幽州大都督。

乾曜性謹重，其始仕已四十餘，歷官皆以清慎恪敏得名。爲相十年，與張嘉貞、張說、李元紘、杜暹同秉政，居中未嘗廷議可否事，晚節唯唯聯署，務爲寬平惇大，故鮮咎悔。姜皎爲嘉貞所排，雖得罪，訖不申救，君子譏焉。

族孫光裕，亦有名，居官號清愿，撫諸弟友義。爲中書舍人，與楊滔、劉令植同刪著開元新格。歷尚書左丞，會選諸司長官爲刺史，光裕任鄭州，爲世良吏。卒官。

子洧，以雍睦保家，士友推之。天寶中，爲給事中、襄州刺史。安祿山犯河、洛，爲江陵大都督長史以禦賊，卒，贈禮部尚書，謚曰懿。

裴耀卿字煥之，寧州刺史守眞次子也。數歲能屬文，擢童子舉，稍遷祕書省正字、相王府典籤，與掾丘悅、文學韋利器更直，備顧問，府中號「學直」。王即帝位，授國子主簿，累遷長安令。舊有配戶和市法，人厭苦，耀卿一切責豪門坐賈，豫給以直，絕僦欺之斂。及去，人思之。

爲濟州刺史，濟當走集，地廣而戶寡。會天子東巡，耀卿置三梁十驛，科斂均省，爲東州知頓最。封禪還，次宋州，宴從官，帝歡甚，謂張說曰：「前日出使巡天下，觀風俗，察吏善惡，不得實。今朕有事岱宗，而懷州刺史王丘餼牽外無它獻，我知其不市恩也；魏州刺史崔沔遣使供帳，不施錦繡，示我以儉，此可以觀政也；濟州刺史裴耀卿上書數百言，至曰『人或重擾，則不足以告成』，朕置書座右以自戒，此其愛人也。」

俄徙宣州。前此大水，河防壞，諸州不敢擅興役。耀卿曰：「非至公也。」乃躬護作役，未訖，有詔徙官。耀卿懼功不成，弗即宣，而撫巡飭厲愈急。隄成，發詔而去。濟人爲立碑頌德。歷冀州，入拜戶部侍郎。

開元二十年，副信安王禕討契丹，又持帛二十萬賜立功奚官，耀卿曰：「幣涉寇境，不可以不備。」乃令先與期，而分道賜之，一日畢。突厥、室韋果邀險來襲，耀卿已還。

遷京兆尹。明年秋，雨害稼，京師飢。帝將幸東都，召問所以救人者。耀卿曰：「陛下既東巡，百司畢從，則太倉、三輔可遣重臣分道賑給，自東都益廣漕運，以實關輔，關輔既實，則乘輿西還，事蔑不濟。且國家大本在京師，但秦地狹，水旱易匱。往貞觀、永徽時，祿稟者少，歲漕粟二十萬略足；今用度寖廣，運數倍且不支，故數東幸，以就敖粟。爲國大計，臣願廣陝運道，使京師常有三年食，雖水旱不足憂。今天下輸丁約四百萬，使丁出百錢爲陝、洛運費，又益半爲營窖用，分納司農、河南、陝州。又令租米悉輸東都。從都至陝，河益湍沮，若廣漕路，變陸爲水，所支尚贏萬計。且江南租船候水始進〔一〕，吳工不便河漕，處處停留，易生隱盜。請置倉河口，以納東租，然後官自顧載，分入河、洛。度三門東西各築敖倉，自東至者，東倉受之；三門迫險，則旁河鑿山，以開車道，運十數里，西倉受之。度宜徐運抵太原倉，趨河入渭，更無留阻，可減費鉅萬。」天子然其計，拜黃門侍郎、同中書門下平章事，充轉運使。

於是置河陰、集津、三門倉，引天下租繇盟津泝河而西。三年積七百萬石，省運費三十萬緡。或曰：「以此緡納於上，足以明功。」答曰：「是謂以國財求寵，其可乎？」敕吏爲和市費。遷侍中。

二十四年，以尚書左丞相罷，封趙城侯。夷州刺史楊濬以贓抵死，有詔杖六十，流古州。

耀卿上言：「刺史、縣令異諸吏，爲人父母，風化所瞻。今使裸躬受笞，事太逼辱。法至死，則天下共之。然一朝下吏，屈挫牽頓，民且哀憐，是忘免死之恩，而有傷心之痛，恐非崇守長、勸風俗意。又雜犯抵死無杖刑，必三覆後決，今非時不覆，或夭其命，非所以寬宥之也。凡大暑決囚多死，秋冬乃有全者。請今貸死決杖，會盛夏生長時並停，則有再生之實。」

是時，特進蓋嘉運破突騎施還，詔爲河西、隴右節度使，因令經略吐蕃。嘉運以新立功，日酣遨未赴屯。耀卿言於帝曰：「嘉運精勁勇烈誠有餘，然臣見其夸言驕色，竊憂之，恐不足與立事。今盛秋防邊，日月已薄，當與軍中士卒相見。若不素講，雖決在一時，恐非制勝萬全之義。且兵未及訓，不能知法；士未懷惠，不可共心。使幸而有功，非師出以律之善。又萬人之命倚於將，示不得已，故鑿凶門而出。今酣喫朝夕，肸蠁自安，非愛人憂國者，不可不察。苟不易帥，宜嚴詔申約，以督其行。」帝乃促嘉運詣部，卒無功還。

天寶初，進尚書左僕射，俄改右僕射，而李林甫代之。上日，林甫至本省，具朝服劍佩，博士導，郎官唱案。禮畢，就耀卿聽事，乃常服，以贊者主事導唱。林甫驚曰：「班爵與公同，而禮數異，何也？」耀卿曰：「比苦眩，不堪重衣。又郎、博士紛泊，非病士所宜。」林甫默然慚。居一歲，卒，年六十三，贈太子太傅，謚曰文獻。子綜，吏部郎中。綜子佶。

佶字弘正，幼能文。第進士，補校書郎，判等高，授藍田尉。德宗詔發畿縣民城奉天，嚴郢爲京兆，政刻急，本曹尉韋重規妻乳且疾，不敢免。佶請代役，要如程，當時稱其義。

帝幸梁，佶奔見行在，授補闕。李懷光以河中叛，佶建議請討，帝深器之。詔用盧杞爲饒州刺史，與諫官執不可。歷遷諫議大夫。黔中觀察使韋士文爲夷獠所逐，詔佶代之，部夷安服。

歷同州刺史、中書舍人，遷尚書右丞。時李巽以兵部尚書領鹽鐵，將遷使局就本曹，經構已半，會佶至，以爲不可。巽雖怙恩而彊，猶撤之，時重其有守。改吏部侍郎，以疾爲國子祭酒、工部尚書。卒，贈吏部尚書，謚曰貞。

佶清勁明銳，所與友皆第一流，鄭餘慶尤厚善。既歿，餘慶爲行服，士林美之。

贊曰：開元之盛，所置輔佐，皆得賢才，不者若張、源等，猶惓惓事職，其建明有足稱道。朝多君子，信太平基歟！張氏三世宰相，然器有所窮，嘉貞窮於俗，延賞窮於忮，弘靖窮於權，惜哉！

校勘記

〔一〕江南　各本原作「河南」。據本書卷五三及舊書卷四九食貨志、通典卷一〇、唐會要卷八七及冊府卷四九八改。

唐書卷一百二十八

列傳第五十三

蘇珦 晉 尹思貞 畢構 栩 李傑 鄭惟忠 王志愔
許景先 潘好禮 倪若水 席豫 齊澣 抗

蘇珦，雍州藍田人。中明經第，調鄠尉。時李義琰爲雍州長史，鄠多訟，日至長史府，珦裁決明辦，自是無訴者。義琰異之，顧聽事曰：「此公坐也，恨吾齒晚，不及見。」

垂拱初，爲監察御史。武后殺韓、魯諸王，付珦密牒按訊，珦推之無狀。或言珦助韓、魯者，后詰之，挺議無所橈，后不悅曰：「卿，大雅士，此獄不足誣卿。」卽詔監軍河西。五遷右司郎中。御史王弘義附來俊臣爲酷，世畏疾，莫敢觸其鋒。會督伐材於虢，笞督過程，人多死，珦按奏，弘義坐免。遷給事中，進左肅政臺御史大夫。后營大像白司馬坂，糜用億計，珦上疏切諫，見納。

中宗將斬韋月將，珦執據時令不可以大戮，忤三思意，改右臺，俄出爲岐州刺史。復爲右臺大夫。會節愍太子敗，詔株索支黨。時睿宗居藩，爲獄辭牽逮，珦密啓保辯，亦會宰相開陳，帝感悟，多所含貸。擢戶部尙書，封河內郡公。以檢校太子詹事致仕。卒，年八十一，贈兗州都督，謚曰文。

子晉，數歲知爲文，作八卦論，吏部侍郎房穎叔、祕書少監王紹宗歎曰：「後來之王粲也。」擧進士及大禮科，皆上第。先天中，爲中書舍人。玄宗監國，所下制命，多晉及賈曾稾定。屢獻讜言，天子嘉允。出爲泗州刺史，以珦老，請解職奉養。珦卒，歷戶部侍郎，襲爵，遷吏部。時宋璟兼尙書事，晉與齊澣更典二都選，旣糊名校判，而晉獨事賞拔，當時譽之。及裴光庭知尙書，有過官被却者，就籍以朱點頭而已。晉因榜選院曰「門下點頭者更擬」，光庭以爲侮己，出晉汝州刺史。遷魏州，終太子左庶子。

始，晉與洛人張循之、仲之兄弟善，而二人以學顯。循之上書忤武后，見殺。仲之神龍中謀去武三思，爲宋之愻等所發，死，晉厚撫其子漸，爲營婚宦。晉卒，漸喪之若諸父云。

尹思貞，京兆長安人。弱冠以明經第，調隆州參軍事。屬邑豪蒲氏驁肆不法，州檄思貞按之，擿其姦贓萬計，卒論死，部人稱慶，刻石歎頌。遷明堂令，以善政聞。擢殿中少監，檢校洛州刺史。會契丹孫萬榮亂，朔方震驚，思貞循撫境內，獨無擾。武后璽書褒尉。

長安中，遷秋官侍郎，忤張昌宗意，出爲定州刺史。召授司府少卿。時卿侯知一亦厲威嚴，吏爲語曰：「不畏侯卿杖，祗畏尹卿筆。」加銀青光祿大夫。其家坎地，獲古戟十二，俄而門樹戟，時人異焉。

神龍初，擢大理卿。雍人韋月將告武三思大逆，中宗命斬之，思貞以方發生月，固奏不可，乃決杖，流嶺南。三思諷所司加法殺之，復固爭，御史大夫李承嘉助三思，而以他事劾思貞，不得謁。思貞謂承嘉曰：「公爲天子執法，乃擅威福，慢憲度，諛附姦臣圖不軌，今將除忠良以自恣邪？」承嘉慚怒，劾思貞，爲青州刺史。或問曰：「公敏行，何與承嘉辯？」答曰：「石非能言者，而或有言。承嘉恃權而侮吾，義不辱，亦不知言何從而至。」治州有績，蠶至歲四熟，黜陟使路敬潛至部，歎曰：「是非善政致祥乎！」表言之。

睿宗立，召授將作大匠，封天水郡公。僕射竇懷貞護作金仙、玉眞觀，廣調夫匠，思貞數有損節。懷貞讓之，答曰：「公，輔臣也，不能宣贊王化，而土木是興，以媚上害下，又聽小人譖以廷辱士，今不可事公矣。」乃拂衣去，闔門待罪。帝知之，特詔令視事。懷貞誅，拜御

史大夫，累遷工部尙書。請致仕，許之。開元四年卒，年七十七，贈黃門監，謚曰簡。思貞前後爲刺史十三郡，其政皆以清最聞。

畢構字隆擇，河南偃師人。六歲能爲文。及冠，擢進士第，補金水尉，遷九隴主簿。居親喪，毀棘甚，已除，猶屛處丘園。武后召爲左拾遺。神龍初，遷中書舍人。敬暉等表諸武不宜爲王，構當讀表，抗聲析句，左右皆曉知。三思疾之，出爲潤州刺史，政有惠愛。徙衞、同、陝三州，遷益州府長史。

景龍末，召爲左御史大夫。會平諸韋，治其黨，衣冠多坐，構詳比重輕，皆得其情。時李傑爲河南尹，與構皆一時選，世謂「畢李」。封魏縣男。復爲益州長史，按察劍南，振弊梶私，號爲淸嚴。睿宗嘉構脩絜獨行，有古人風，其治術又爲諸使最，乃賜璽書、袍帶。再遷吏部尙書，並遙領益州長史，徙廣州都督。

玄宗立，授河南尹，進戶部尙書。久之，移疾，帝手疏醫方賜之。當時以戶部爲凶官，遽改太子詹事，冀其愈。會卒，贈黃門監，謚曰景。

始，構喪繼母，而二妹襁褓，身鞠養至成人。妹爲構服三年。弟栩，以太府主簿留司

東都，聞疾馳歸，哀毀如大喪，雖變服未嘗笑，天下稱其友悌。終荊州司馬。

構子阬，天寶末爲廣平太守，拒安祿山，城陷，覆其家。贈戶部尙書。阬生垌，始四歲，與弟增以細弱得不殺，爲賞口。河北平，宗人宏以財贖出之。後舉明經，爲臨渙尉。徐州節度使張建封高阬節，聞垌篤行，表署幕府，攝符離令。後調王屋尉，以謹廉聞。喜賓客，家未嘗以有無計。及歿，無貲以治喪云。

李傑本名務光，相州滏陽人。後魏并州刺史寶之裔孫。少以孝友著。擢明經第，解褐齊州參軍事，遷累天官員外郎。爲吏詳敏，有治譽。以採訪使行山南，時戶口逋蕩，細弱下戶爲豪力所兼，傑爲設科條區處，檢防亡匿，復業者十七八。神龍中，爲河東巡察黜陟使，課最諸道。先天中，進陝州刺史、水陸發運使。置使自傑始。改河南尹。

傑既精聽斷，雖行來食飲，省治不少廢，繇是府無淹事，人吏愛之。寡婦有告其子不孝者，傑物色非是，謂婦曰：「子法當死，無悔乎？」答曰：「子無狀，寧其悔！」乃命市棺還斂之，使人迹婦出，與一道士語，頃持棺至，傑令捕道士按問，乃與婦私不得逞。傑殺道士，內于棺。河、汴之交舊有梁公堰，廢不治，南方漕弗通，傑調汴、鄭丁男復作之，不費而利。

入代宋璟爲御史大夫。尙衣奉御長孫昕素惡傑，遇于道，內侍玄宗姬婿，與所親楊仙玉共毆辱之。傑訴曰：「敗髮膚，痛在身；辱衣冠，恥在國。」帝怒，詔斬昕等朝堂。左散騎常侍馬懷素建言：「陽和月，不可以殊死。」乃敕杖殺之，謝百官，降書慰傑。

以護作橋陵，封武威縣子。初，傑引侍御史王旭爲護陵判官，旭貪贓，傑將繩之，未及發，反爲所構，出衢州刺史。遷揚州大都督府長史，復爲御史劾免。開元六年卒，帝悼之，特贈戶部尙書。

鄭惟忠，宋州宋城人。第進士，補井陘尉。天授中，以制舉召見廷中，武后問舉者，何所事爲忠，對皆不合旨。惟忠曰：「外揚君之美，內正君之惡。」后曰：「善。」擢左司禦胄曹參軍事，遷水部員外郎。后還長安，復以待制召。后曰：「非嘗於東都對忠臣者乎？朕今不忘。」遷鳳閣舍人。

中宗立，擢黃門侍郎。時議禁嶺南酋戶不得畜兵，惟忠曰：「善爲政者因其俗。且吳人所謂家鶴膝，戶犀渠，此民風也，禁之得無擾乎？」遂止。進大理卿。節愍太子敗，守衞詿誤皆流，已決，諸韋黨請悉誅之，帝欲改推。惟忠奏：「大獄始判，復改訊，恐反側者不自安，且失信天下。」有詔百司參議，卒論如前，所全貸爲多。俄授御史大夫，持節賑給河北道，且許黜陟守宰。還奏稱旨，封滎陽縣男，遷太子賓客。卒，贈太子少保。

王志愔，博州聊城人。擢進士第。中宗神龍中，爲左臺侍御史，以剛鷙爲治，所居人吏畏讋，呼爲「皁鵰」。遷大理正，嘗奏言：「法令者，人之隄防，不立則無所制。今大理多不奉法，以縱罪爲仁，持文爲苛，臣執刑典，恐且得謗。」遂上所著應正論以見志，因規帝失。大抵以「易萃之六二曰『引吉无咎』，謂處萃之時，己獨居正，異操而聚，獨正者危，未能以遠害。惟九五應之，乃履正迎吉，由己居下位而中正是託，期於上應之，不括囊以守祿也。」又言：「刑賞二柄，惟人主操之。故曰：『以力役法者，百姓也；以死守法者，有司也；以道變法者，君上也。』魏游肇爲廷尉，帝私敕肇有所降恕，肇執不從，曰：『陛下自能恕之，豈可令臣曲筆也？』」又言：「爲國當以嚴致平，非以寬致平。嚴者，非凝網重罰，在人不易犯而防難越也。故捨銜策於奔踶，則王良不能御馵；停藥石於膚腠，則俞附不能攻疾。」又言：「漢武帝甥昭平君殺人，以公主子，廷尉上請，帝垂涕曰：『法令者，先帝之所造也，用親故誣先帝法，吾何面目入高廟乎？』卒可其奏。隋文帝子秦王俊爲并州總管，以奢縱免官。楊素

曰：『王，陛下愛子，請赦之。』帝曰：『法不可違，若如公意，我乃五兒之父，非兆人之父，何不別制天子子律乎？』故天子操法有不變之義。」凡數千言，帝嘉之。

景雲初，以左御史中丞遷大理少卿。時詔用漢故事，設刺史監郡，於天下劇州置都督，選素威重者授之。遂拜志愔齊州都督，事中格，復授齊州刺史、河南道按察使。徙汴州，封北海縣男。太極元年，兼御史中丞內供奉，實封百戶。出爲魏州刺史，改揚州長史。所至破碎姦猾，令行禁信，境內肅然。

開元九年，帝幸東都，詔留守京師。京兆人權梁山妄稱襄王子，與左右屯營官謀反，自稱光帝，夜犯長樂門，入宮城，將殺志愔，志愔踰垣走，而屯營兵悔，更斬梁山等自歸，志愔慚悸卒。

許景先，常州義興人。曾祖緒，武德時以佐命功，歷左散騎常侍，封眞定公，遂家洛陽。

景先由進士第釋褐夏陽尉。神龍初，東都造服慈閣，景先獻賦，李迥秀見其文，畏歎曰：「是宜付太史！」擢左拾遺。以論事切直，外補滑州司士參軍。舉手筆俊拔、茂才異等

進中，進揚州兵曹參軍。還爲左補闕。宋璟、蘇頲擇殿中侍御史，久不補，以授景先，時議僉愜。抨按不避近彊。與齊澣、王丘、韓休、張九齡更知制誥，以雅厚稱。張說曰：「許舍人之文，雖乏峻峯激流，然詞旨豐美，得中和之氣。」

開元十年，伊、汝溢，壞廬舍甚衆，景先見侍中源乾曜曰：「災眚所降，王者宜修德應之，因遣大臣存問失職，罪己引咎，以答天譴。公在元弼，庸可默乎？」乾曜悟，遽白玄宗，遣陸象先持節振贍。

十三年，帝自擇刺史，景先由吏部侍郎爲刺史治虢州，大理卿源光裕鄭州，兵部侍郎寇泚宋州，禮部侍郎鄭溫琦邠州，大理少卿袁仁敬杭州，鴻臚少卿崔志廉襄州，衞尉少卿李昇期邢州，太僕少卿鄭放定州，國子司業蔣挺湖州，左衞將軍裴觀滄州，衞率崔誠遂州，凡十一人。治行，詔宰相、諸王、御史以上祖道洛濱，盛具，奏太常樂，帛舫水嬉，命高力士賜詩，帝親書，且給筆紙令自賦，賚絹三千遣之。後徙岐州，入爲吏部侍郎，卒。

潘好禮，貝州宗城人。第明經，累遷上蔡令，治在最，擢監察御史。坐小累，下除芮城令，拜侍御史，徙岐王府司馬。居後母喪，詔奪服，固辭不出。

開元初，爲邠王府長史。王爲滑州刺史，好禮兼府司馬、知州事。王御下不能肅，有詔好禮檢督王家，至過失皆上聞。王每游觀，好禮必諫諭禁切。農月，王出獵，家奴羅迾，好禮遮道諫，王初不許，乃臥馬下譟曰：「今農在田，王何得非時暴禾稼，以損下人？要先踐殺司馬，然後聽所爲！」王慚，爲還。

遷豫州刺史。勤力于治，清廉無所私，然喜察細事，下厭其苛。子請舉明經，好禮曰：「經不明，不可妄進。」乃自試之，不能通，怒笞之，械而徇於門。復以公累，徙溫州別駕，卒。

好禮博學，能論議，節行脩整，一意無所傾附。未嘗自列階勳，居室服用粗苟至終身，世謂近名。

倪若水字子泉，恆州藁城人。擢進士第，累遷右臺監察御史。黜陟劍南道，繩舉嚴允，課第一。開元初，爲中書舍人、尚書右丞，出爲汴州刺史，政清淨。增脩孔子廟，興州縣學廬，勸生徒，身爲教誨，風化興行。玄宗遣中人捕鵁鶄、溪鶒南方，若水上言：「農方田，婦方蠶，以此時捕奇禽怪羽爲園籞之玩，自江、嶺而南，達京師，水舟陸齎，所飼魚蟲、稻粱，道路之言，不以賤人貴鳥望陛下邪？」帝手詔褒答，悉放所玩，諭使人過取罪，而賜若水帛四十段。

時天下久平，朝廷尊榮，人皆重內任，雖自冗官擢方面，皆自謂下遷。班景倩自揚州採訪使入爲大理少卿，過州，若水餞于郊，顧左右曰：「班公是行若登仙，吾恨不得爲騶僕。」未幾，入爲戶部侍郎，復拜右丞，卒。

席豫字建侯，襄州襄陽人。後周昌州刺史固七世孫，後徙河南。長安中，舉學兼流略、詞擅文場科，擢上第，時年十六，以父喪罷。復舉手筆俊拔科，中之。補襄邑尉，奏事闕下，會節愍太子難，安樂公主請爲皇太女，豫曰：「昔梅福上書譏后族，彼何人哉！」乃上疏請立皇太子，語深切，人爲寒懼。太平公主聞其名，將表爲諫官，豫恥汙詖謁，遁去。俄舉賢良方正異等，爲陽翟尉。

開元初，觀察使薦豫賢，遷監察御史，出爲樂壽令。前令以親喪解，而豫母病，訴諸朝，改懷州司倉參軍。復舉超拔羣類科。會母喪去。服除，授大理丞，遷考功員外郎，進紬清明。爲中書舍人，與韓休、許景先、徐安貞、孫逖名相甲乙。出鄭州刺史。韓休輔政，舉代

已，入拜吏部侍郎。玄宗曰：「卿前日考功職詳事允，故有今授。」豫典選六年，拔寒遠士多至臺閣，當時推知人，號席公云。天寶六載，進禮部尚書，累封襄陽縣子。凡四以使者按行江南、江東、淮南、河北。南方俗死不葬，暴骨中野，豫敎以埋斂，明列科防，俗爲之改。

豫清直亡欲，當官不爲勢權所撼。性謹畏，與子弟、屬吏書，不作草字。或曰：「此細事耳，何留慮？」答曰：「細不謹，況大事邪？」及疾篤，遺令：「三日斂，斂已即葬，勿久留以黷公私；貲不足，可賣居宅以終事。」卒，年六十九，贈江陵大都督，謚曰文。

帝嘗登朝元閣賦詩，羣臣屬和，帝以豫詩最工，詔曰：「詩人之冠冕也。」弟晉，亦以文名當時。

齊澣字洗心，定州義豐人。少開敏，年十四，見特進李嶠，嶠稱有王佐才。中宗在廬陵，澣上言請抑諸武，迎太子東宮，不報。及太子還，武后召澣宴同明殿，諭曰：「朕母子如初，卿豫有力焉，方不次待爾。」澣辭母老不忍遠離，賞而罷。聖曆初，及進士第，以拔萃調蒲州司法參軍。有父子連坐論死者，澣曰：「條落則本枯，奈何俱死？」議貸其父；太守不聽，固爭，卒原。景雲初，姚崇取爲監察御史。凡劾奏，常先風教，號善職。睿宗

將祠太廟，刑部尚書裴談攝太尉，先告。澣奏：「孝享攝事，稽首而拜，恭明神也，而談慢媟不恭。」并劾談「神昏形滓，挾邪以罔上。神龍時，事武三思，陷敬暉，沒其家以獲進。妻外淫，男女不得姓氏。夫告神慢，事主不忠，家不治，有是三罪，不可不寘之法。」談由是下除汾州刺史。

開元初，姚崇復相，用爲給事中、中書舍人。論駁及誥詔皆援準古誼，朝廷大政必咨之，時號「解事舍人」。數諷崇年老宜避位。時宋璟在廣州，因勸崇舉自代，崇用其謀。璟爲相，它日問曰：「吾不敢冀房、杜，比爾日諸公云何？」澣曰：「不如。」璟請故，答曰：「前時近郊戶三百以爲困，今不百戶，是以知之。」馬懷素等緒次四庫書，表澣爲副，改祕書少監。

出爲汴州刺史，地當舟車湊集，事浩繁，前刺史數不稱職，唯倪若水與澣以清毅聞，吏民頌美。玄宗封太山，歷汴、宋、許，車騎數萬，王公妃主四夷君長馬、橐駝亦數萬，所頓彌數十里。澣列長棚，帟幕聯亙，上食凡千輿，納莞籥，身進膳，帝以爲知禮，喜甚，爲留三日，賜帛二千匹。澣以淮至徐城險急，鑿渠十八里，入青水，人便其漕。

中書令張說擇丞轄，以王丘爲左，澣爲右。李元紘、杜暹當國，表宋璟爲吏部尚書，澣及蘇晉爲侍郎，世謂臺選。嘗奏事，帝指政事堂曰：「非卿尚誰居者。」

是時，開府王毛仲寵甚，與龍武將軍葛福順相婚嫁，毛仲奏請無不從。澣乘閒曰：「福順

典兵馬，與毛仲爲婚家，小人寵極則姦生，不預圖，且有後患。高力士小心謹畏，加宦人可備禁中驅使，腹心所委，何必毛仲哉？」又言：「君不密失臣，臣不密失身，惟陛下密此言。」帝嘉納，且勞曰：「卿第出，我徐計其宜。」會大理丞麻察坐事，出爲興州別駕，澣往餞，因道諫語。察素姦佻，遽言狀。帝怒，召澣入殿中曰：「卿向疑朕不密，而反告察，謂何？且察輕躁無行，常游太平門者，詎不知邪？」澣免冠頓首謝，貶高州良德丞，察再貶皇化尉，其黨齊斂、郭稟皆流放。

久之，澣徙寀盧丞、郴州長史、濠常二州刺史。遷潤州，州北距瓜步沙尾，紆匯六十里，舟多敗溺。澣徙漕路繇京口埭，治伊婁渠以達揚子，歲無覆舟，減運錢數十萬。又立伊婁埭，官征其入；招還流人五百戶，置明州以安輯之。復徙汴州。

澣中失勢，益悵恨，素操寖衰。更倚力士助，得爲兩道採訪使，興利以中天子意，裒貨財遺謝貴幸。納劉戒女爲妾，不答其妻。李林甫惡其行，欲擠而廢之。會其幕府坐贓，事連澣，詔矜澣老，放歸田里。天寶初，召爲太子少詹事，留司東都。嚴挺之亦爲林甫所廢，與澣家居，杖屨經過不缺日，林甫畏之，乃用澣爲平陽太守，離其謀。更以黃老清靜爲治，卒，年七十二。肅宗時，錄林甫所陷者，皆褒洗，故澣贈禮部尚書。

澣嘗稱陳希烈、宋遙、苗晉卿、韋述之才，後皆大顯。

察者，河東人，由明經第五遷殿中侍御史。魏元忠子昇死節愍太子難，而元忠繫大理，昇妻鄭父遠，嘗納錢五百萬，以女易官。武后重元忠舊臣，欲榮其姻對，授遠河內令，子洛州參軍。元忠下獄，遣人絕婚，許之。明日，嫁其女。察劾遠敗風教，請錮終身，遠遂廢。當時謂察爲公，而終以憸險斥云。

澣孫抗。

抗字遐舉，少值天寶亂，奉母夫人隱會稽。壽州刺史張鎰辟署幕府。抗吏事閑敏，有文雅，從鎰鎮江西。及以宰相領鳳翔，奏署監察御史。李楚琳亂，奔奉天，授侍御史，遷戶部員外郎。蕭復引爲江淮宣慰判官。德宗自梁、洋還，財用大屈，鹽鐵使元琇薦抗材，改倉部郎中，幹鹽利。俄爲水陸運副使，護漕江淮，給京師。歷諫議大夫，坐小累，爲處州刺史。歷蘇州，徙潭州觀察使，召爲給事中，遷河南尹，進太常卿，以中書侍郎同中書門下平章事。

抗無遠謀大略，雖用心至精，末乃滋彰苛刻。以病乞身，罷爲太子賓客。卒，年六十五，贈戶部尚書，謚曰成。

初，吏部歲考書言，以它官第上下，中書、門下遣官覆實，以爲常。抗以尚書、侍郎皆大

臣選，今更覆覈，非任人勿疑之道。禮部侍郎試貢士，其姻舊悉試考功，謂之「別頭」，皆奏罷之。又省州別駕、田曹司田官、判司雙曹者，減中書吏員。此其稍近治者云。

中華書局

唐書卷一百二十九

列傳第五十四

裴守眞 子餘 行立　崔沔　盧從愿　李朝隱　王丘
嚴挺之 武 綬 澈

裴守眞，絳州稷山人，後魏冀州刺史叔業六世孫。父眘，隋大業中爲淮安司戶參軍。郡人楊琳、田瓚等亂，劫吏多死，唯眘以仁愛故，賊約其屬無敢害，護送還鄉。

守眞早孤，母喪，哀毀癯盡。舉進士，六科連中，累調乾封尉。養寡姊謹甚，士推其禮法。永淳初，關中旱，悉稟祿奉姊及諸甥，與妻息惡食不贍也。

授太常博士。守眞善容典，時謂才稱其官。高宗將封嵩山，詔諸儒議射牲事。守眞奏：「古者郊祀天地，天子自射牲。漢武帝封太山，令侍中儒者射之，帝不親也。今按禮，前明十五刻，宰人鸞刀割牲，質明行事，毛血已具，天子至，奠玉酌獻而已。今若前祀一

日射牲，則早於事；及日，則晚不逮事。漢又天子不親，古今異宜，恐不可行。」是時，破陣、慶善二樂舞入，帝常立以視，須樂闋乃坐。守眞并言：「二舞誠祖宗盛德，然古無天子立觀者。化育詒庇，孰非厥功，不應鼓舞別申嚴奉。」詔可，未及行。會帝崩，大行舊禮無在者，守眞與博士韋叔夏、輔抱素等討按故事，稱情爲文，咸適所宜，時人服其得禮。

天授中，爲司府丞，推覈詔獄，多裁恕，全免數十姓。不合武后旨，出爲汴州司馬。遷累成州刺史，政不務威嚴，吏民兩懷之。徙寧州，送者千數，出境尚不止。長安中卒，贈戶部尚書。

子子餘、耀卿、巨卿。曾孫行立。耀卿、巨卿別有傳。

子餘事繼母爲聞孝，中明經，補鄠尉。時同舍李朝隱、程行諶以文法稱，而子餘以儒顯，或問優劣於長史陳崇業，答曰：「蘭菊異芬，胡有廢者？」景龍中，爲左臺監察御史。涇、岐有隋世番戶子孫數千家，司農卿趙履溫奏籍爲奴婢，充賜口。子餘曰：「官戶以恩原爲番戶，且今又子孫，可抑爲賤乎？」履溫倚宗楚客勢，辯于廷，子餘執對不撓，遂詘其議。開元初，累遷冀州刺史，爲政惠裕，人稱有恩。入爲岐王府長史。卒，謚曰孝。時

程行諶謚貞。中書令張說歎曰：「二謚可無媿矣！」子餘居官清，家閨友愛，兄弟六人，皆有志行云。

行立重然諾，學兵有法。母亡，泣血幾毀。以軍勞累授沁州刺史，遷衞尉少卿。口陳顧治民，試一縣自效，除河東令，寬猛時當。

繇蘄州刺史遷安南經略使。環王國叛人李樂山謀廢其君，來乞兵，行立不受，命部將杜英策討斬之，歸其孥，蠻人悅服。英策及范廷芝者，皆谿洞豪也，隸于軍，它經略使多假借，暴恣干治，行立陰把其罪，貸之，許自效，故能得英策死力。廷芝嘗休沐，久不還，行立召之，約曰：「軍法，踰日者斬，異時復然，爾且死！」後廷芝踰期，行立笞殺之，以尸還范氏，更爲擇良子弟以代，於是威聲風行。徙桂管觀察使。黃家洞賊叛，行立討平之。俄代桂仲武爲安南都護。銳於立功，爲時所讐。召還，道卒，年四十七，贈右散騎常侍。

崔沔字善沖，京兆長安人，後周隴州刺史士約四世孫，自博陵徙焉。純謹無二言，事親篤孝，有才章。擢進士。舉賢良方正高第，不中者誦訾之，武后敕有司覆試，對益工，遂爲第

一。再補陸渾主簿，入調吏部，侍郎岑羲歎曰：「君今郤詵也！」薦爲左補闕。性舒遲，進止雍如也，當官則正言，不可得而詘。

睿宗召授中書舍人，以母病東都不忍去，固辭求侍，更表陸渾尉郭鄰、太樂丞封希顏、處士李喜以代己處。詔改虞部郎中，俄檢校御史中丞。請發太倉粟及減苑囿鳥獸所給以賑貧乏，人賴其利。監察御史宋宣遠與盧懷愼姻家，恃以弄法；姚崇子彝留司東都，通賓客，招賄賂。沔將按劾，崇、懷愼方執政，共薦沔有史才，轉著作郎，去其權，蓋憚之也。久之，爲太子左庶子。母亡，受弔廬前，賓客未嘗至柩室。語人曰：「平生非至親不升堂入謁，豈以存亡變禮邪？」中書令張說數稱之。服除，還中書侍郎。

玄宗以仙州數喪刺史，欲廢之，沔請治舞陽，舞陽，故樊噲國也，更爲樊州，帝不納，州卒廢。沔既喜論得失，或曰：「今中書宰相承制，雖侍郎貳之，取充位而已。」沔曰：「百官分職，上下相維，以成至治，豈可俛首懷祿邪？」凡詔敕曹事，多所異同，說不悅，出爲魏州刺史。雨潦敗稼，沔弛禁便人。召還，分掌吏部十銓，以左散騎常侍爲集賢脩撰，歷祕書監、太子賓客。

是時，太常議加宗廟籩豆，又欲增喪服，於是卿韋縚請坐增籩豆至十二；外祖服大功，舅小功，堂姨若舅、舅母袒免。沔曰：「祭祀上矣，古者飲食必先嚴獻。未有火化，故有毛血

之薦，未有麴蘖，故有玄酒之奠。後王作爲酒醴、犧牲以致馨香，故有三牲、八簋、五齊、九獻。神道主敬，可備而不敢廢也，雖曰備物，而節制存焉。銒俎、籩豆、簠簋、尊罍之實，皆周時饌，其用通宴饗賓客，而周公與毛血、玄酒同薦於先祖。晉盧諶家祭禮，所薦皆晉時常食，不純用古。此聖賢變文而通其情也。然當時飲食不可闕於祭，明矣。國家清廟時享，禮饌具設，周制也，古物存焉。園寢上食，時膳備列，漢法也，它珍極焉。職貢來祭，致遠物也。有新必薦，順時令也。苑囿躬稼所收，蒐狩親中，莫不薦而後食，盡誠敬也。若此至矣，無以加矣。諸珍羞鮮物，弟敕有司悉使著于令，因宜而薦，不必加籩豆以爲嗛也。大羹，古食也，盛於古器。和羹，常饌也，盛於時器。毛血盛於盤，玄酒盛於尊。未有薦時饌而用古器者，繇古質而今文，便事也。故加籩豆未足盡天下美物，而措諸廟，徒近侈耳。魯丹桓宮之楹，刻其桷，春秋非之。班固稱：『墨家出於清廟，是以貴儉。』然清廟不奢，舊矣。太常所請，臣所未安。」

又太常言：「爵小不及合，執持至難。」沔曰：「禮有以小爲貴者，獻以爵是也。然今不及制，則非禮，自有司之陋也。隨失制宜，不待議而革云。」又言：「禮本於家正，家正而天下定。家不可以貳，故父以尊崇，母以厭降。是以內服齊斬，外服緦，尊名所加，不過一等，今古不易之道也。昔辛有適伊川，見被髮而祭，知其將戎，禮先亡也。比制唐禮，推廣舅恩，

故弘道以來，國命再移於外姓，本禮驗亡，可不戒哉！」時職方郎中韋述、戶部郎中陽伯成、禮部員外郎楊仲昌、監門兵曹參軍劉秩等議與沔合，又詔中書門下參裁，於是宗廟籩豆坐各六，姨若舅小功，舅母緦麻，堂姨袒免，餘仍舊制。

每朝廷有疑議，皆咨逮取衷。卒，年六十七，贈禮部尚書，謚曰孝。沔儉約自持，祿稟隨散宗族，不治居宅，嘗作陋室銘以見志。子祐甫至宰相，別傳。

盧從愿字子龔。六世祖昶，仕後魏爲度支尚書，自范陽徙臨漳，故從愿爲臨漳人。擢明經，爲夏尉。又舉制科高第，拜右拾遺，遷監察御史，爲山南黜陟巡撫使，還奏稱旨，進累中書舍人。

睿宗立，拜吏部侍郎。吏選自中宗後綱紀耗蕩，從愿精力于官，僞牒詭功，擿檢無所遺，銓總六年，以平允聞。帝異之，特官其一子。從愿請贈其父敬一爲鄭州長史，制可。初，高宗時，吏部號稱職者裴行儉、馬載，及是，從愿與李朝隱爲有名，故號「前有裴、馬，後有盧、李」。

開元四年，玄宗悉召縣令策於廷，考下第者罷之。從愿坐擬選失實，下遷豫州刺史。

政嚴簡，奏課爲天下第一，賚書勞問，賜絹百匹。召爲工部侍郎，遷尚書左丞、中書侍郎，以工部尚書留守東都，代韋抗爲刑部尚書。數充校考使，升退詳確。

御史中丞宇文融方用事，將以括田戶功爲上下考，從愿不許，融恨之，乃密白「從愿盛殖產，占良田數百頃」，帝自此薄之，目爲多田翁。後欲用爲相屢矣，卒以是止。十八年，復爲東都留守，坐子起居郎論輸糴于官取利多，貶絳州刺史，遷太子賓客。二十年，河北飢，詔爲宣撫處置使，發倉廥賑飢民。使還，乞骸骨，授吏部尚書致仕，給全祿終身。卒，贈益州大都督，謚曰文。

李朝隱字光國，京兆三原人。明法中第，調臨汾尉，擢至大理丞。武三思構五王，而侍御史鄭愔請誅之，朝隱獨以「不經鞫實，不宜輕用法」，忤旨，貶嶺南醜地。宰相韋巨源、李嶠言於中宗曰：「朝隱素清正，一日遠逐，恐駭天下。」帝更以爲聞喜令。

遷侍御史、吏部員外郎。時政出權幸，不關兩省而內授官，但斜封其狀付中書，卽宣所司。朝隱執罷千四百員，怨誹讙騰，朝隱胖然無避屈。遷長安令，宦官閭興貴有所干請，曳去之。睿宗嘉歎，後御承天門，對百官及朝集使褒諭其能，使徧聞之。進太中大夫一階，賜

中上考，絹百匹，以旌剛烈。成安公主奪民園，不酬直，朝隱取主奴杖之，由是權豪斂伏。爲執政所擠，出通州都督，徙絳州刺史。開元初，遷吏部侍郎，銓敍明審，與盧從愿並授一子官。久之，以策縣令有下第，降滑州刺史，徙同州。玄宗東幸，召見慰勞，賜以衣、帛。擢河南尹，政嚴清，姦人不容息。太子舅趙常奴怙勢橫閭里，朝隱曰：「此不繩，不可爲政。」執而搒辱之，帝賜書慰勉。

入爲大理卿。武彊令裴景仙丐贓五千匹，亡命，帝怒，詔殺之。朝隱曰：「景仙，其先寂有國功，載初時，家爲酷吏所破，誅夷略盡，而景仙獨存，且承嫡，於法當請。又丐乞贓無死比，藉當死坐，猶將宥之，使私廟之祀無餒魂可也。」帝不許，固請曰：「生殺之柄，人主專之；條別輕重，有司當守。且贓惟枉法抵死，今丐贓卽斬，後有枉法，亦又何加？且近發德音，杖者聽減，流者給程，豈一景仙獨過常法？」有詔決杖百，流嶺南。

朝隱更授岐州刺史，母喪解。召爲揚州大都督府長史，固辭，見聽。時年已衰，而篤于孝，自致毀瘠，士人以爲難。明年，詔書敦遣揚州就職。還爲大理卿，封金城伯，代崔隱甫爲御史大夫。天下以其有素望，每大夫缺，冀朝隱得之。及居職，不爭引大體，惟先細務，由是名少衰。進太常卿，出爲嶺南採訪處置使，兼判廣州。卒於官，贈吏部尚書，官給車檐北還，謚曰貞。

王丘字仲山，同晈從子也。父同晊，終太子左庶子。丘十一擢童子科，它童皆專經，而獨屬文，繇是知名。及冠，舉制科中第，授奉禮郎。氣象淸古，行脩絜，於詞賦尤高。族人方慶及魏元忠更薦之，自偃師主簿擢監察御史。開元初，遷考功員外郎。考功異時多請託，進者濫冒，歲數百人。丘務覈實材，登科纔滿百，議者謂自武后至是數十年，采錄精明無丘比。其後席豫、嚴挺之亦有稱，然出丘下。其奬用如山陰尉孫逖、桃林尉張鏡微、湖城尉張晉明、進士王泠然，皆一時茂秀。久之，爲黃門侍郎。

會山東旱飢，議以中朝臣爲刺史，制詔：「臯陶稱：『在知人，在安民。』皆念存邦本，乾乾夕惕，無忘一日。今長吏或未稱，蒼生謂何？深思循良，以革頹敝，宜重刺史之選，自朝廷始。」乃以丘與中書侍郎崔沔等並爲山東刺史。而丘守懷州，尤淸嚴，爲下畏慕。入知吏部選，改尙書左丞，以父喪解。服除，爲右散騎常侍，仍知制誥。裴光庭卒，蕭嵩與丘善，將引與當國，丘固辭，盛推韓休行能。及休秉政，薦爲御史大夫。丘訥於言，所白奏帝多不喜，改太子賓客，襲父封。以疾徙禮部尙書，致仕。

丘更履華劇，而所守淸約，未嘗通饋遺，室宅童騎敝陋，旣老，藥餌不自給。帝歎之，以謂有古人節，下制給全祿以旌絜吏。天寶二年卒，贈荊州大都督，謚曰文。

嚴挺之名浚，以字行，華州華陰人。少好學，姿質軒秀。舉進士，并擢制科，調義興尉，號材吏。姚崇爲州刺史，異之。崇執政，引爲右拾遺。

睿宗好音律，每聽忘倦。先天二年正月望夜，胡人婆陁請然百千燈，因弛門禁，又追賜元年酺，帝御延喜、安福門縱觀，晝夜不息，閱月未止。挺之上疏諫，以爲：「酺者因人所利，合醵爲歡也，不使靡敝。今暴衣冠，羅伎樂，雜鄭、衞之音，縱倡優之玩，不深戒愼，使有司跛倚，下人罷劇，府縣里閭課賦苛嚴，呼嗟道路，貿壞家產，營百戲，擾方春之業，欲同其樂而反遺之患。」乃陳「五不可」，誠意忠到，帝納焉。

侍御史任正名恃風憲，至廷中責詈衣冠，挺之讓其不敬，反爲所劾，貶萬州員外參軍事。開元中，爲考功員外郎，累進給事中，典貢舉，時號平允。會杜暹、李元紘爲相，不相中。暹善挺之，而元紘善宋遙，用爲中書舍人。遙校吏部判，取捨與挺之異，言於元紘，元紘屢詰譙，挺之厲言曰：「公位相國，而愛憎反任小人乎？」元紘曰：「小人爲誰？」曰：

「宋遙也。」繇是出爲登州刺史，改太原少尹。

初，殿中監王毛仲持節抵太原、朔方籍兵馬，後累年，仍移太原取兵仗，挺之不肯應，且以毛仲寵幸，久恐有變，密啓於帝。俄改濮、汴二州刺史，所治皆嚴威，吏至重足脅息。會毛仲敗死，帝以挺之言忠，召爲刑部侍郎，遷太府卿。

宰相張九齡雅知之，用爲尙書左丞，知吏部選。李林甫與九齡同輔政，以九齡方得君，諂事之，內實不善也。戶部侍郎蕭炅，林甫所引，不知書，嘗與挺之言，稱「蒸嘗伏臘」乃爲「伏獵」。挺之白九齡：「省中而有伏獵侍郎乎！」乃出炅岐州刺史，林甫恨之。九齡欲引以輔政，使往謁林甫，挺之負正，陋其爲人，凡三年，非公事不造也，林甫益怨。會挺之有所諉於蔚州刺史王元琰，林甫使人暴其語禁中，下除洺州刺史，徙絳州。

天寶初，帝顧林甫曰：「嚴挺之安在？此其材可用。」林甫退召其弟損之與道舊，諄諄款曲，且許美官，因曰：「天子視絳州厚，要當以事自解歸，得見上，且大用。」因給挺之使稱疾，願就醫京師。林甫已得奏，卽言挺之春秋高，有疾，幸閑官得自養。帝恨吒久之，乃以爲員外詹事，詔歸東都。挺之鬱鬱成疾，乃自爲文誌墓，遺令薄葬，斂以時服。

挺之重交游，許與生死不易，嫁故人孤女數十人，當時重之。然溺志于佛，與浮屠惠義善，義卒，衰服送其喪，已乃自葬於其塔左，君子以爲偏。子武。

武字季鷹。幼豪爽。母裴不爲挺之所答，獨厚其妾英。武始八歲，怪問其母，母語之故。武奮然以鐵鎚就英寢，碎其首。左右驚白挺之曰：「郎戲殺英。」武辭曰：「安有大臣厚妾而薄妻者，兒故殺之，非戲也。」父奇之，曰：「眞嚴挺之子！」然數禁敕。武讀書不甚究其義，以蔭調太原府參軍事，累遷殿中侍御史。

從玄宗入蜀，擢諫議大夫。至德初，赴肅宗行在，房琯以其名臣子，薦爲給事中。已收長安，拜京兆少尹。坐琯事貶巴州刺史。久之，遷東川節度使。上皇合劍南爲一道，擢武成都尹、劍南節度使。還，拜京兆尹，爲二聖山陵橋道使，封鄭國公。遷黃門侍郎。與元載厚相結，求宰相不遂，復節度劍南。破吐蕃七萬衆于當狗城，遂收鹽川。加檢校吏部尙書。

武在蜀頗放肆，用度無藝，或一言之悅，賞至百萬。蜀雖號富饒，而峻掊亟斂，閭里爲空，然虜亦不敢近境。梓州刺史章彝始爲武判官，因小忿殺之。琯以故宰相爲巡內刺史，武慢倨不爲禮。最厚杜甫，然欲殺甫數矣。李白爲蜀道難者，乃爲房與杜危之也。永泰初卒，母哭，且曰：「而今而後，吾知免爲官婢矣。」年四十，贈尙書左僕射。

挺之從孫綬。綬父丹，嘗爲劍南鹽鐵、青苗、租庸使，以武在蜀，辭不拜。綬擢進士第，以侍御史副劉贊爲宣歙團練使。贊卒，綬總留事，悉庫物以獻，召爲刑部員外郎。賓佐進率由綬始。

河東節度使李說病，軍司馬鄭儋總其政，說卒，代爲節度。時德宗務姑息，方鎭若帥死，不它命，卽用軍司馬代之，以和厭衆情。至是，帝頗憶綬所獻，故擢爲河東司馬。明年，儋卒，卽檢校工部尚書，代其使。憲宗立，楊惠琳反夏州，劉闢反蜀，綬建言：「天子始卽位，不可失威，請必誅。」選銳兵，遣大將李光顏助討賊。二賊平，檢校尚書左僕射，封扶風郡公，進司空。在鎭九年，尚寬惠，治稱流聞，士馬孳息。嘗大閱，旗幟周七十里，回鶻梅錄將軍在會，聞金鼓震伏。入爲尚書右僕射。

綬既名冑，於吏事有方略，然銳進趣，素議薄之。始就廊下食，在百官上，帝使中人賜含桃，綬見拜之，爲御史劾奏，綬慚懼待罪，詔釋綬而貶中人。出爲荆南節度使，封鄭國公。

溆州蠻張伯靖殺吏，據辰、錦州，連九洞自固，詔綬進討。綬勒兵出次，遣將齎檄開曉，羣蠻悉降。吳元濟反，僉以綬明恕可大事，乃徙山南東道節度使，加淮西招撫使。綬引師壓賊境，多出金帛賞士，以厚賂謝中人，招聲援，旣未有以制賊，閉屯彌年不戰。宰相裴度

謂綬非將才，以太子少保召還，檢校司徒，判光祿卿事，進少傅。卒，年七十七，贈太保。

綬才不踰中人，然歷三鎭，所奏辟及綬時位將相者九人。初，綬未顯，過于闃鄉尉李達，達不禮，方飯它客，不召綬。後達罷彭城令，過幷州，晨入謁，不知綬也。綬方大宴賓客，召達至，戒客勿起，讓曰：「吾昔羈旅闃鄉，君方召客食而不顧我，今我召客亦不敢留君。」達慚，不得去，左右引出，悸而瘖，臥館數月，其佐令狐楚爲請，乃免。

河東李進賢者，善畜牧，家高貲，得幸於綬，署牙門將。元和中，進賢累爲振武節度使，辟綬子澈爲判官。澈年少，治苛刻，軍中苦之。回鶻入辟鵜泉，進賢發兵討之，吏稟糧不實，次鳴砂，焚殺其將楊遵憲而還。進賢大怒，衆懼，因燔城門，攻進賢，左右拒戰不勝，縋而去，奔靖邊軍。乃殺澈而屠進賢家。詔以夏綏銀節度使張煦代之，誅亂首數百人乃定。

唐書卷一百三十

列傳第五十五

裴漼寬　諝　冑　陽嶠　宋慶禮　楊瑒　崔隱甫　李尙隱　解琬

裴漼，絳州聞喜著姓。父琰之，永徽中爲同州司戶參軍，年甚少，不主曹務，刺史李崇義內輕之，鐫諭曰：「同，三輔，吏事繁，子盍求便官？毋留此！」琰之唯唯。吏白積案數百，崇義讓使趣斷，琰之曰：「何至逼人？」乃命吏連紙進筆爲省決，一日畢，旣與奪當理，而筆詞勁妙。崇義驚曰：「子何自晦，成吾過耶？」由是名動一州，號「霹靂手」。後爲永年令，有惠政，吏刻石頌美。以倉部郎中病廢。漼侍疾十餘年，不肯仕。琰之沒，始擢明經，調陳留主簿，遷監察御史。

時崔湜、鄭愔典吏部，坐姦贓，爲李尙隱所劾，詔漼按訊，而安樂公主、上官昭容爲阿

右，漼執正其罪，天下稱之。累進中書舍人。睿宗造金仙、玉眞二觀，時旱甚，役不止，漼上言：「春夏毋聚大衆，起大役，不可興土功，妨農事。若役使乖度，則有疾疫水旱之災，此天人常應也。今自冬徂春，雨不時降，人心憔然，莫知所出，而土木方興，時暵之孽，職爲此發。今東作云始，丁壯就功，妨多益少，飢寒有漸。春秋莊公三十一年冬，不雨，是時歲三築臺；僖公二十一年夏，大旱，是時作南門。陛下以四方爲念，宜下明制，令二京營作、和市木石，一切停止。有如農桑失時，戶口流散，雖寺觀營立，能救飢寒敝哉！」不報。遷兵部侍郎。以銓總勞，特授一子官。開元五年，爲吏部侍郎，甄拔士爲多。拜御史大夫。

漼雅與張說善，說方宰相，數薦之，漼長於敷奏，天子亦自重焉，擢吏部尙書。世儉素，而晚節稍畜伎妾，爲奢侈事，議者以爲缺。改太子賓客。卒，贈禮部尙書，謚曰懿。從祖弟寬。

寬性通敏，工騎射、彈棋、投壺，略通書記。景雲中，爲潤州參軍事。刺史韋詵有女，擇所宜歸，會休日登樓，見人於後圃有所瘞藏者，訪諸吏，曰：「參軍裴寬居也。」與偕來，詵問狀，答曰：「寬義不以包苴汙家，適有人以鹿爲餉，致而去，不敢自欺，故瘞之。」詵嗟異，乃引爲按察判官，許妻以女。歸語妻曰：「常求佳壻，今得矣。」明日，幃其族使觀之。寬時衣碧，

瘠而長，既入，族人皆笑，呼爲「碧鸛雀」。詵曰：「愛其女，必以爲賢公侯妻也，何可以貌求人？」卒妻寬。

舉拔萃，爲河南丞，遷長安尉。宇文融爲侍御史，括天下田，奏爲江東覆田判官。改太常博士。禮部建言忌日享廟應用樂，寬自以情立議曰：「廟尊忌卑則作樂，廟卑忌尊則備而不奏。」中書令張說善之，請如寬議。遷刑部員外郎。萬騎將軍馬崇白日殺人，而王毛仲方以貴倖，將翳其獄，寬固執不肯從。河西節度使蕭嵩表爲判官，歷兵部侍郎。宰相裴耀卿領江淮運，列倉河陰，奏寬爲戶部侍郎自副。遷吏部。出爲蒲州刺史，州久旱，寬入境輒雨。徙河南尹，不屈附權貴，河南大治。繇金吾大將軍授太原尹，玄宗賦詩褒餞。天寶初，由陳留太守拜范陽節度使。時北平軍使烏承恩，虜酋也，與中人通，數冒賄，寬以法繩治。檀州刺史何僧獻生口數十，寬悉歸之，故夷夏感附。

三載，用安祿山守范陽，召寬爲戶部尚書，兼御史大夫。裴敦復平海賊還，廣張功簿，寬密白其妄。會河北部將入朝，盛譽寬政，且言華虜猶思之，帝嗟賞，睠倚加厚。李林甫恐其遂相，又惡寬善李適之，乃漏寬語以激敦復，敦復任氣而疎，以林甫爲誠。先是，寬以所善請於敦復，即欲白發其言，林甫趣之。敦復未及聞，屬幸溫泉宮。而其下裨將程藏曜、曹鑒自以他事繫臺，寬捕按之，敦復謂寬求致其罪，遽以金五百兩賂貴妃姊，因得事聞於

帝，由是貶寬睢陽太守。及韋堅獄起，寬復坐親，貶安陸別駕。林甫任羅希奭殺李適之也，亦使過安陸，將怖殺寬，寬叩頭祈哀，希奭乃去。寬懼終見殺，丐爲浮屠，不許。稍遷東海太守，徙馮翊，入爲禮部尚書。卒，年七十五，贈太子太傅。

寬兄弟八人，皆擢明經，任臺、省、州刺史。雅性友愛，於東都治第，八院相對，甥姪亦有名稱，常擊鼓會飯。其爲政務清簡，所莅人愛之，世皆冀其得宰相。天寶間稱舊德，以寬爲首。然惑于佛，喜與桑門游，習誦其書，老彌篤云。子諝。

諝字士明，擢明經，調河南參軍事。性通綽，舉止不煩。累遷京兆倉曹參軍。虢王巨表署襄、鄧營田判官。母喪，居東都。會史思明亂，逃山谷間。思明故爲寬將，德寬舊恩，且聞諝名，遣捕騎跡獲之，喜甚，呼爲「郎君」，僞授御史中丞。賊殘殺宗室，諝陰緩之，全活者數百人。又嘗疏賊虛實於朝，事泄，思明恨罵，危死而免。賊平，除太子中允，遷考功郎中，數燕見奏事。

代宗幸陝，諝徒步挾考功南曹印赴行在，帝曰：「疾風知勁草，果可信。」將用爲御史中丞，爲元載沮却，故拜河東租庸、鹽鐵使。時關輔旱，諝入計，帝召至便殿，問榷酤利歲出內幾何，諝久不對。帝復問，曰：「臣有所思。」帝曰：「何邪？」諝曰：「臣自河東來，涉三百里，

而農人愁歎，穀菽未種。誠謂陛下軫念元元，先訪疾苦，而乃責臣以利。孟子曰：『治國者，仁義而已，何以利爲？』故未敢即對。」帝曰：「微公言，朕不聞此。」拜左司郎中，數訪政事。載忌之，出爲虔州刺史，歷饒、廬、亳三州，除右金吾將軍。

德宗新即位，以刑名治天下，百吏震服。時大行將葬陵事，禁屠殺，尚父郭子儀家奴宰羊，諝列奏，帝謂不畏彊禦，善之。或曰：「尚父有社稷功，豈不爲庇之？」諝笑曰：「非君所知。尚父方貴盛，上新即位，必謂黨附者衆。今發其細過，以明不恃權耳。吾上以盡事君之道，下以安大臣，不亦可乎？」

時朝堂別置三司決庶獄，辨爭者輒擊登聞鼓。諝上疏曰：「諫鼓、謗木之設，所以達幽枉，延直言。今詭猾之人，輕動天聽，爭纖微，若然者，安用吏治乎？」帝然之，於是悉歸有司。諝惡法吏舞文，或挾宿怨爲重輕，因獻獄官箴以諷。坐所善誅，貶閬州司馬。俄召爲太子右庶子，進兵部侍郎，至河南尹、東都副留守。凡五世爲河南，諝視事未嘗敢當正處。以寬厚和易爲治，不鞫人以贓。卒，年七十五，贈禮部尚書。

寬弟子胄，字胤叔，擢明經，佐李抱玉鳳翔幕府。不得意，謝歸，更從宣歙觀察使陳少游，抱玉怒，劾貶桐廬尉。時李栖筠觀察浙西，幕府皆一時高選，判官許鳴謙名知人，

見崔造及胄，器之，白栖筠取胄爲支使。代宗惡宰相元載怙權，召栖筠爲御史大夫，欲以相，栖筠引胄殿中侍御史，尤爲載所惡。會栖筠卒，胄護喪歸洛陽，人爲危之，胄屹然不沮惴。少游復表爲淮南觀察判官。載誅，始拜刑部員外郎，遷宣州刺史。楊炎當國，爲載復讎，窮摭所惡。會胄部人積胄雜奉爲贓，炎遣員寓蔓劾峭詆，貶汀州司馬。稍遷京兆少尹，以父名不拜，換國子司業。遷江西觀察使。初，李兼嘗罷南昌卒千餘人，收資稟爲月進，胄白罷之。樊澤徙襄州，宰相議所代，德宗雅記胄才，遂拜荆南節度使。

是時，方鎮爭剝下希恩，製重錦異綾，名貢奉，有中使者，即悉公帑市歡。胄待之有節，獻餉直不數金，宴勞止三爵。是時武臣多粗暴庸人，待賓介不以禮，少失意，則以罪中傷之，胄亦劾斥其管記，世恨胄之流于俗。卒，年七十五，贈尚書右僕射，謚曰成。

陽嶠，其先北平人，世徙洛陽，北齊尚書右僕射休之四世孫。舉八科皆中，調將陵尉，累遷詹事司直。長安中，左右御史中丞桓彥範、袁恕己爭取爲御史。楊再思素與嶠善，知其意不樂彈抨事，爲語彥範，彥範曰：「爲官擇人，豈待情樂乎？唯不樂者固與之，以伸雜

進、抑躁求也。」遂爲右臺侍御史。久乃遷國子司業。嶠資謹飭好學，喜誘勸後生，脩講舍，人以爲善職。

睿宗立，進尚書右丞。時議建都督府，擇最吏，故嶠爲涇州都督。議罷，歷魏州刺史、荆州長史、本道按察使，率以清白聞。魏州人薦耳闕下，請嶠爲刺史，故再治魏。入爲國子祭酒，封北平縣伯。

引尹知章、范行恭、趙玄默爲學官，皆名儒冠云。生徒游惰者至督以鞭楚，人怨之，乘夜毆嶠道中，事聞，詔捕毆者殺之。嶠撫孤姪與子均，常語人曰：「吾備位方伯，而心亦昔時一尉耳。」以老致仕。卒，謚曰敬。

宋慶禮，洛州永年人〔一〕。擢明經，補衞尉。武后詔侍御史桓彥範行河北，鄣斷居庸、五回等路，以支突厥，召慶禮與議，見其方略，器之。俄遷大理評事，爲嶺南採訪使。時崖、振五州首領更相掠，民苦于兵，使者至，輒苦瘴癘，莫敢往。慶禮身到其境，諭首領大誼，皆釋仇相親，州土以安，罷戍卒五千。歷監察、殿中侍御史。以習識邊事，拜河東、河北營田使。善騎，日能馳數百里。性甘於勞苦，然好興作，濱塞掘穽植兵，以邀虜徑，議者嗤其不

切事。稍遷貝州刺史，復爲河北支度營田使。

初，營州都督府治柳城，扼制奚、契丹。武后時，趙文翽失兩蕃情，攻殘其府，更治東漁陽城。玄宗時，奚、契丹款附，帝欲復治故城，宋璟固爭不可，獨慶禮執處其利，乃詔與太子詹事姜師度、左驍衞將軍邵宏等爲使，築裁三旬畢。俄兼營州都督，開屯田八十餘所，追拔漁陽、淄青沒戶還舊田宅，又集商胡立邸肆。不數年，倉廥充，居人蕃輯。

卒，贈工部尚書。慶禮爲政嚴，少私，吏畏威不敢犯。太常博士張星以好巧自是，謚曰「專」。禮部員外郎張九齡申駁曰：「慶禮國勞臣，在邊垂三十年。往城營州，士纔數千，無甲兵彊衞，指期而往，不失所慮，遂罷海運，收歲儲，邊亭晏然。其功可推，不當醜謚。」慶禮兄子辭玉亦自詣闕訴。改謚曰敬。

楊瑒字瑤光，華州華陰人。五世祖縉爲陳中書舍人，名屬文，終交、愛九州都督、武康郡公。子林甫代領都督，隋滅陳，踰三年乃降，徙長安。林甫字衞卿，爲柳城太守，高祖軍興，遣其子琮招之，挈郡以來，授檢校總管，足疾不能造朝。帝以絳州寒涼，拜刺史，累封宜春郡公。琮字孝璋，爲上津令。會天下亂，去官，與秦王同里居。武德初，爲王府參軍，兼

庫直。隱太子事平，詔親王、宰相一人入宴，而琮獨預，太宗賜懷昔賦，申以恩意。歷沔、綏二州刺史。姆饋孺子以餅，妻僞受而棄之垣外，人咨其廉。

瑒始爲麟游令，時竇懷貞大營金仙、玉眞二觀，檄取畿內嘗負逆人貲者，暴斂之以佐費，瑒拒不應。懷貞怒曰：「縣令而拒大夫命乎？」瑒曰：「所論者民冤抑也，位高下乎何取？」懷貞壯其對，爲止。

初，韋后表民二十二爲丁限，及敗，有司追趣其課，瑒執不可，曰：「韋氏當國，擅擢士大夫，赦罪人，皆不改，奚獨取已寬之人重斂其租？非所以保下之宜。」遂止不課，由是名顯當世。

擢累侍御史。京兆尹崔日知貪沓不法，瑒與大夫李傑謀劾擧之，反爲日知先構。瑒廷奏曰：「肅繩之司，一爲恐脅所屈，開姦人謀，則御史府可廢。」玄宗直之，令傑還視事，而逐日知。

瑒進歷御史中丞、戶部侍郎。帝嘗召宰相大臣議天下戶版延英殿，瑒言利病尤詳，帝咨賞。於是宇文融建檢脫戶餘口，瑒執不便。融方貴，公卿唯默唯唯，獨瑒抗議，故出爲華州刺史。帝封太山，集樂工山下，居喪者亦在行。瑒謂起苴絰使和鍾律，非人情所堪，帝許，乃免。

入爲國子祭酒，表大儒王迥質、尹子路、白履忠等三人教授國子。有詔迥質諫議大夫、皇太子侍讀；履忠老不任職，拜朝散大夫罷歸；子路直弘文館。皆有名。瑒奏：「有司帖試明經，不質大義，乃取年頭、月尾、孤經、絕句，且今習春秋三家、儀禮者纔十二，恐諸家廢無日，請帖平文以存學家，其能通者稍加優宦，獎孤學。」從之，因詔以三家傳、儀禮出身者不任散官，遂著令。生徒爲瑒立頌太學門。

又言：「古者卿大夫子弟及諸侯歲貢小學之異者入太學，漸漬禮樂，知朝廷君臣之序，班以品類，分以師長，三德四教，學成然後爵之。唐興，二監舉者千百數，當選者十之二，考功覆校以第，謂經明行修，故無多少之限。今考功限天下明經、進士歲百人，二監之得無幾，然則學徒費官稟，而博士濫天祿者也。且以流外及諸色仕者歲二千，過明經、進士十倍，胥史浮虛之徒，眊先王禮義，非得與服勤道業者挈長短、絕輕重也。國家啓庠序，廣化導，將有以用而勸進之。有司爲限約以黜退之，欲望俊乂在朝，難矣。」帝然其言。再遷大理卿，以疾辭，改左散騎常侍。卒，年六十八，贈戶部尚書，謚曰貞。

瑒常歎士大夫不能用古禮，因其家冠、婚、喪、祭，乃據舊典爲之節文，揖讓威儀，哭踊衰殺，無有違者。在官淸白，吏請立石紀德，瑒曰：「事益於人，書名史氏足矣。若碑頌者，徒遺後人作碇石耳。」

瑒伯父志操，頗剛簡，未遇時，著閑居賦自託，常曰：「得田十頃、僮婢十人，下有兄弟布粟之資，上可供先公伏臘足矣。」位終司屬卿、安平縣男。瑒從父兄晏，精孝經學，常手寫數十篇，可教者輒遺之。

崔隱甫，貝州武城人。隋散騎侍郎儦曾孫。解褐左玉鈐衞兵曹參軍，遷殿中侍御史內供奉。浮屠惠範倚太平公主脅人子女，隱甫劾狀，反爲所擠，貶邛州司馬。玄宗立，擢汾州長史，兼河東道支度營田使，遷洛陽令。梨園弟子胡鶵善笛，有寵，嘗負罪匿禁中。帝以他事召隱甫，從容指曰：「就卿丐此人。」對曰：「陛下輕臣而重樂工，請解官。」再拜出。帝遽謝，與胡鶵，隱甫殺之，有詔貰死，不及矣。賜隱甫百縑。孫佺敗積于奚，擢隱甫幷州司馬護邊，會兄逸甫疾甚，未及行，詔責逗留，下除河南令。累拜華州刺史、太原尹，入爲河南尹。居三歲，進拜御史大夫。

初，臺無獄，凡有囚則繫大理。貞觀時，李乾祐爲大夫，始置獄，由是中丞、侍御史皆得繫人。隱甫執故事，廢掘諸獄。其後患囚往來或漏泄，復繫之廚院云。臺中自監察御史而下，舊皆得顓事，無所承諮。隱甫始一切令歸稟乃得行，有忤意輒劾正，多貶絀者，臺吏側

目，威名赫然。帝嘗詔校外官歲考。異時必委曲參審，竟春未定。隱甫一日會朝集使，詢逮檢實，其暮皆訖，議者服其敏。帝嘗謂曰：「卿爲大夫，天下以爲稱職。」張說當國，隱甫素惡之，乃與中丞宇文融、李林甫暴其過，不宜處位，說賜罷；然帝嫉朋黨，免其官，使侍母。歲餘，復爲大夫。遷刑部尚書，兼河南尹。帝還京師，即拜東都留守，累封清河郡公。卒，贈益州大都督，謚曰忠。

始，帝欲相隱甫也，謂曰：「牛仙客可與語，卿常見否？」對曰：「未也。」帝曰：「可見之。」隱甫終不詣。他日又問，對如初。帝乃不用。子弟或問故，答曰：「吾不以其人微易之也，其材不逮中人，可與之對耶？」隱甫所至絜介自守，明吏治，在職以彊正稱云。

贊曰：嚴挺之拒宰相不肯見李林甫，崔隱甫違詔不屈牛仙客，信剛者乎！二人坐是皆不得相，彼亦各申其志也。管夷吾以編棧論之，信曲與直不相函哉！

李尚隱，其先出趙郡，徙貫萬年。年二十，舉明經，再調下邽主簿，州刺史姚珽說其能，器之。神龍中，左臺中丞侯令德爲關內黜陟使，尚隱佐之，以最擢左臺監察御史。於是，崔湜、鄭愔典吏部選，附勢倖，銓擬不平，至逆用三年員闕，材廉者輒不進，俄而相踵知政事，尚隱與御史李懷讓顯劾其罪，湜等皆斥去。睦州刺史馮昭泰性鷙刻，人憚其彊，嘗誣繫桐廬令李師且二百餘家爲妖蠱，有詔御史覆驗，皆稱病不肯往。尚隱曰：「善良方蒙枉，不爲申明，可乎？」因請行，果推雪其冤。湜、愔復當路，乃出尚隱爲伊闕令，懷讓魏令。湜等伏誅，玄宗知尚隱方嚴，繇定州司馬擢吏部員外郎，懷讓自河陽令拜兵部員外郎。懷讓，蔣人，後歷給事中。

尚隱以將作少監營橋陵，封高邑縣男。未幾，進御史中丞。御史王旭招權，稍不制，仇家告其罪，尚隱窮治，具得姦贓，無假借，遂抵罪。進兵部侍郎。俄出爲蒲州刺史。浮屠懷照者，自言母夢日入懷生己，鏤石著驗，聞人馮待徵等助實其言。尚隱劾處妖妄，詔流懷照播州。再遷河南尹。

尚隱性剛亮，論議皆披心示誠，處事分明，御下不苛密。尤詳練故實，前後制令，誦記略無遺。妖賊劉定高夜犯通洛門，尚隱坐不素覺，左遷桂州都督。帝遣使勞曰：「知卿忠公，然國法須爾。」因賜雜綵百匹遣之。遷廣州都督、五府經略使。及還，人或袖金以贈，尚隱曰：「吾自性分不可易，非畏人知也。」

代王丘爲御史大夫。時司農卿陳思問引屬吏多小人，乾隱錢穀，尚隱按其違，贓累鉅萬，思問流死嶺南。改尚隱太子詹事。不閱旬，進戶部尚書。前後更揚、益二州長史、東都留守，爵高邑伯。開元二十八年，以太子賓客卒，年七十五，謚曰貞。

尚隱三入御史府，輒繩惡吏，不以殘摯失名，所發當也，素議歸重。仕官未嘗以過譴，惟劾詆幸臣及坐小法左遷，復見用，以循吏終始云。

自開元二十二年置京畿採訪處置等使，用中丞盧奐爲之，尚隱以大夫不充使。永泰以後，大夫王翊、崔渙、李涵、崔寧、盧杞乃爲之。

解琬，魏州元城人。舉幽素科，中之，調新政尉。後自成都丞奏事稱旨，躐除監察御史，以喪免。武后顧琬習邊事，迫追西撫羌夷，琬因乞終喪，后嘉許之，詔服除赴屯。遷侍御史，安撫烏質勒及十姓部落，以功擢御史中丞，兼北庭都護、西域安撫使。琬與郭元振善，宗楚客惡之，左授滄州刺史。爲政引大體，部人順附。

景龍中，遷御史大夫，兼朔方行軍大總管。前後乘邊積二十年，大抵務農習戰，多爲長利，華虜安之。景雲二年，復爲朔方軍大總管，分遣隨軍要籍官河陽丞張冠宗、肥鄉令

韋景駿、普安令于處忠料三城兵，省其戍十萬人。改右武衛大將軍，兼檢校晉州刺史、濟南縣男。

以老丐骸骨，不待報輒去，優詔以金紫光祿大夫聽致仕，準品給全祿，璽書勞問。會吐蕃騷邊，復召授左散騎常侍，詔與虜定經界，因諧輯十姓降戶。琬建言吐蕃不可以信約，請調兵十萬屯秦、渭間，防遏其姦。是多，吐蕃果入寇，爲秦、渭兵擊走之。俄復請老，不許，遷太子賓客。年八十餘，開元五年，終同州刺史。

校勘記

〔一〕洛州永年人　「永年」，各本原作「永平」。按本書及舊書卷三九地理志、元和志卷一五，洛州領縣有「永年」，無「永平」。舊書卷一八五下宋慶禮傳亦作「永年」。據改。

唐書卷一百三十一

列傳第五十六

宗室宰相

李適之　李峴　李勉　李夷簡、李程鄘　李石福　李回

李適之，恆山愍王孫也，始名昌。神龍初，擢左衞郎將。開元中，遷累通州刺史，以辦治聞。按察使韓朝宗言諸朝，擢秦州都督。徙陝州刺史、河南尹。其政不苛細，爲下所便。玄宗患穀、洛歲暴耗徭力，詔適之以禁錢作三大防，曰上陽、積翠、月陂，自是水不能患。刻石著功，詔永王璘書，皇太子瑛署額。進御史大夫。二十七年，兼幽州長史，知節度事。適之以祖被廢，而父象見逐武后時，葬有闕，至是丐陪瘗昭陵闕中，詔可。褒册典物，焜照都邑，行道爲咨歎。遷刑部尙書。適之喜賓客，飲酒至斗餘不亂。夜宴娛，晝決事，案無留辭。

天寶元年，代牛仙客爲左相，累封淸和縣公。嘗與李林甫爭權不協，林甫陰賊，卽好謂適之曰：「華山生金，采之可以富國，顧上未之知。」適之性疏，信其言，他日從容爲帝道之，帝喜以問林甫，對曰：「臣知之舊矣。顧華山陛下本命，王氣之舍，不可以穿治，故不敢聞。」帝以林甫爲愛己，而薄適之不親。於是，皇甫惟明、韋堅、裴寬、韓朝宗皆適之厚善，悉爲林甫所構得罪。適之懼不自安，乃上宰政求散職，以太子少保罷，欣然自以爲免禍。俄坐韋堅累，貶宜春太守。會御史羅希奭陰被詔殺堅等貶所，州縣震恐，及過宜春，適之懼，仰藥自殺。

李峴，吳王恪孫也。折節下士，長吏治。天寶時，累遷京兆尹。玄宗歲幸溫湯，甸內巧供億以媚上，峴獨無所獻，帝異之。楊國忠使客蹇昂、何盈擿安祿山陰事，諷京兆捕其第，得安岱、李方來等與祿山反狀，縊殺之。祿山怒，上書自言，帝懼變，出峴爲零陵太守。峴爲政得人心，時京師米翔貴，百姓乃相與謠曰：「欲粟賤，追李峴。」尋徙長沙。永王爲江陵大都督，假峴爲長史。至德初，肅宗召之，拜扶風太守，兼御史大夫。明年，擢京兆尹，封梁國公。

乾元二年，以中書侍郎同中書門下平章事。於是呂諲、李揆、第五琦同輔政，而峴位望最舊，事多獨決，諲等不平。李輔國用權，制詔或不出中書，百司莫敢覆。峴頓首帝前，極言其惡，帝悟，稍加檢制，輔國由是讓行軍司馬，然深銜峴。鳳翔七馬坊押官盜掠人，天興令謝夷甫殺之。輔國諷其妻使訴枉，詔監察御史孫鎣鞫之，直夷甫。其妻又訴，詔御史中丞崔伯陽、刑部侍郎李曄、大理卿權獻爲三司訊之，無異辭。妻不臣，輔國助之，乃令侍御史毛若虛覆按。若虛委罪夷甫，言御史用法不端，伯陽怒，欲質讓，若虛馳入自歸帝，帝留若虛簾中，頃，伯陽等至，劾若虛傅中人失有罪，帝怒叱之，貶伯陽高要尉、權獻杜陽尉，逐李曄嶺南，流鎣播州。峴謂責太重，入言於帝曰：「若虛希旨用刑，亂國法。陛下信爲重輕，示無御史臺。」帝怒，李揆不敢爭，乃出峴爲蜀州刺史。時右散騎常侍韓擇木入對，帝曰：「峴欲專權耶？乃云任毛若虛示無御史臺。朕今出之，尙恨法太寬。」擇木曰：「峴言直，不敢專權。陛下寬之，祇益盛德耳。」

代宗立，改荊南節度，知江淮選補使。入爲禮部尙書兼宗正卿。乘輿在陝，由商山走帝所。還京，拜門下侍郎、同中書門下平章事。故事，政事堂不接客。自元載爲相，中人傳詔者引升堂，置榻待之。峴至，即敕吏撤榻。又奏常參官舉才任諫官、憲官者，無限員。不踰月，爲要近譖短，遂失恩，罷爲太子詹事。遷吏部尙書，復知江淮選，改檢校兵部尙書兼

衢州刺史。卒年五十八。

初，東京平，陳希烈等數百人待罪，議者將悉抵死，帝意亦欲懲天下，故崔器等附致深文。峴時爲三司，獨曰：「法有首有從，情有重有輕，若一切論死，非陛下與天下惟新意。且羯胡亂常，誰不凌汙，衣冠奔亡，各顧其生，可盡責邪？陛下之親戚勳舊子若孫，一日皆血鈇砧，尙爲仁恕哉？書稱『殲厥渠魁，脅從罔治』。況河北殘孽劫服官吏，其人尙多，今不開自新之路而盡誅之，是堅叛者心，使爲賊致死。困獸猶鬬，況數萬人乎？」於是，器與呂諲皆齪齪文吏，操常議，不及大體，尙騰頰固爭，數日乃見聽。衣冠蒙更生，賊亦不能使人歸怨天子，峴力也。

峴兄峘、嶧。峘從上皇，峴翊戴肅宗，以勳力相高，同時爲御史大夫，俱判臺事，又合制封公，而嶧爲戶部侍郎、銀靑光祿大夫，同居長興里第，門列三戟。

李勉字玄卿，鄭惠王元懿曾孫。父擇言，累爲州刺史，封安德郡公，以吏治稱。張嘉貞爲益州都督，性簡貴，接部刺史倨甚，擇言守漢州，獨引同榻坐，講繹政事，名重當時。

勉少喜學，內沈雅，外淸整。始調開封尉，汴州水陸一都會，俗厖錯，號難治，勉摧姦決隱爲有名。從肅宗於靈武，擢監察御史。時武臣崛興，無法度，大將管崇嗣背闕坐，笑語譁縱，勉劾不恭，帝歎曰：「吾有勉，乃知朝廷之尊！」遷司膳員外郎。關東獻俘百，將即死，有歎者，勉過問，曰：「被脅而官，非敢反。」勉入見帝曰：「寇亂之汙半天下，其欲澡心自歸無繇。如盡殺之，是驅以助賊也。」帝馳騎完宥，後歸者日至。

累爲河東王思禮、朔方河東都統李國貞行軍司馬，進梁州刺史。勉假王晬南鄭令，晬爲權幸所誣，詔誅之。勉曰：「方藉牧宰爲人父母，豈以讒殺良吏乎？」即拘晬，爲請得免。晬後以推擇爲龍門令，果有名。

羌、渾、奴剌寇州，勉不能守，召爲大理少卿。然天子素重其正，擢太常少卿，欲遂柄用。而李輔國諷使下己，勉不肯，乃出爲汾州刺史。歷河南尹，徙江西觀察使。屬兵睦鄰，平賊屯。部人父病，爲蠱求厭者，以木偶署勉名埋之，掘治驗服，勉曰：「是爲其父，則孝也。」縱不誅。入爲京兆尹兼御史大夫。魚朝恩領國子監，威寵震赫，前尹黎幹諂事之，須其入，敕吏治數百人具以餉。至是吏請，勉不從，曰：「吾候太學，彼當見享，軍容幸過府，則脩具。」朝恩銜之，亦不復至太學。

尋拜嶺南節度使。番禺賊馮崇道、桂叛將朱濟時等負險爲亂，殘十餘州，勉遣將李觀率容州刺史王翃討斬之，五嶺平。西南夷舶歲至纔四五，譏視苛謹。勉既廉絜，又不暴征，

明年至者乃四十餘柁。居官久，未嘗抆飾器用車服。後召歸，至石門，盡搜家人所蓄犀珍投江中。時人謂可繼宋璟、盧奐、李朝隱；部人叩闕請立碑頌德，代宗許之。進工部尙書，封汧國公。

滑亳節度使令狐彰且死，表勉爲代，從之。勉居鎭且八年，以舊德方重，不威而治，東諸帥暴桀者皆尊憚之。田神玉死，詔勉節度汴宋，未行，汴將李靈耀反，魏將田悅以兵來，叩汴而屯，勉與李忠臣、馬燧合討之。淮西軍據汴北，河陽軍壓其東，大將杜如江、尹伯良與悅戰匡城，不勝。徙壘與靈耀合，忠臣將軍李重倩夜攻其營，與河陽軍合譟，賊不陣潰，悅走河北，靈耀奔韋城，爲如江所禽，勉縛以獻，斬闕下。既而忠臣專汴，故勉還滑臺。明年，忠臣爲麾下所逐，復詔勉移治汴。德宗立，就加同中書門下平章事。俄爲汴宋、滑亳、河陽等道都統。

建中四年，李希烈圍襄城，詔勉出兵救之，帝又遣神策將劉德信以兵三千援接。勉奏言：「賊以精兵攻襄城，而許必虛，令兵直擣許，則襄圍解。」不待報，使其將唐漢臣與德信襲許，未至數十里，有詔詰讓，二將懼而還，次扈澗，不設備，爲賊所乘，殺傷什五，輜械盡亡。漢臣走汴，德信走汝。勉懼東都危，復遣兵四千往戍，賊斷其後不得歸。於是希烈自將攻勉，勉氣索，嬰守累月，援莫至，哀兵萬人潰圍出，東保睢陽。

興元元年，勉固讓都統，以檢校司徒平章事召。既見帝，素服待罪，詔不許，勉內愧，取充位而已，不敢有所與。貞元初，帝起盧杞爲刺史，袁高還詔不得下。帝問勉曰：「衆謂盧杞姦邪，朕顧不知，謂何？」勉曰：「天下皆知，而陛下獨不知，此所以爲姦邪也。」時韙其對，然自是益見疏。居相二歲，辭位，以太子太師罷。卒年七十二，贈太傅，謚曰貞簡。

勉少貧狹，客梁、宋，與諸生共逆旅，諸生疾且死，出白金曰：「左右無知者，幸君以此爲我葬，餘則君自取之。」勉許諾，既葬，密置餘金棺下。後其家謁勉，共啓墓出金付之。位將相，所得奉賜，悉遺親黨，身沒，無贏藏。其在朝廷，鯁亮廉介，爲宗臣表。禮賢下士有終始，嘗引李巡、張參在幕府，後二人卒，至宴飲，仍設虛位沃饋之。遣戍兵，常視其資糧，春秋存問家室，故能得人死力。善鼓琴，有所自製，天下寶之，樂家傳「響泉」、「韻磬」，勉所愛者。

李夷簡字易之，鄭惠王元懿四世孫。以宗室子始補鄭丞。德宗幸奉天，朱泚外示迎天子，遣使東出關至華，候吏李翼不敢問。夷簡謂曰：「泚必反。向發幽、隴兵五千救襄城，乃賊舊部，是將追還耳。上越在外，召天下兵未至，若凶狡還西，助泚送死，危禍也。請驗之。」

翼馳及潼關，果得召符，白于關大將駱元光，乃斬賊使，收僞符，獻行在。詔卽拜元光華州刺史。元光掠功，故無知者。

夷簡棄官去，擢進士第，中拔萃科，調藍田尉。遷監察御史。坐小累，下遷虔州司戶參軍。九歲，復爲殿中侍御史。元和時，至御史中丞。京兆尹楊憑性驁倪，始爲江南觀察使，冒沒于財。夷簡爲屬刺史，不爲憑所禮。至是發其貪，憑貶臨賀尉，夷簡賜金紫，以戶部侍郎判度支。

俄檢校禮部尚書、山南東道節度使。初，貞元時，取江西兵五百戍襄陽，制蔡右脅，仰給度支，後亡死略盡，而歲取貲不置。夷簡曰：「迹空文，苟軍興，可乎？」奏罷之。閱三歲，徙帥劍南西川。嶲州刺史王顒積姦贓，屬蠻怒，畔去。夷簡逐顒，占檄諭禍福，蠻落復平。始，韋臯作奉聖樂，于頔作順聖樂，常奏之軍中，夷簡輒廢去，謂禮樂非諸侯可擅制，語其屬曰：「我欲蓋前人非，以詒戒後來。」

十三年，召爲御史大夫，進門下侍郎、同中書門下平章事。李師道方叛，裴度當國，帝倚以平賊，夷簡自謂才不能有以過度，乃求外遷，以檢校尚書左僕射平章事爲淮南節度使。穆宗立，有司方議廟號，夷簡建言：「王者祖有功，宗有德。大行皇帝有武功，廟宜稱祖。」詔公卿禮官議，不合，止。久之，請老，朝廷謂夷簡齒力可任，不聽，以右僕射召，辭不拜，復以檢校左僕射兼太子少師，分司東都。明年卒，年六十七，贈太子太保。夷簡致位顯處，以直自閑，未嘗苟辭氣悅人。歷三鎭，家無產貲。病不迎醫，將終，戒毋厚葬，毋事浮屠，無碑神道，惟識墓則已。世謂行己能有終始者。

李程字表臣，襄邑恭王神符五世孫也。擢進士宏辭，賦日五色，造語警拔，士流推之。調藍田尉，縣有滯獄十年，程單言輒判。京兆狀最，遷監察御史。召爲翰林學士，再遷司勳員外郎，爵渭源縣男。德宗季秋出畋，有寒色，顧左右曰：「九月猶衫，二月而袍，不爲順時。朕欲改月，謂何？」左右稱善，程獨曰：「玄宗著月令，十月始裘，不可改。」帝矍然止。學士入署，常視日影爲候，程性懶，日過八塼乃至，時號「八塼學士」。

元和三年，出爲隨州刺史，以能政賜金紫服。李夷簡鎭西川，辟成都少尹。以兵部郎中入知制誥。韓弘爲都統，命程宣慰汴州。歷御史中丞、鄂岳觀察使，還爲吏部侍郎。敬宗初，以本官同中書門下平章事。帝冲逸，好宮室畋獵，功用奢廣。程諫曰：「先王以儉德化天下，陛下方諒陰，未宜興作，願回所費奉園陵。」帝嘉納。又請置侍講學士，選名臣備訪問。加中書侍郎，進彭原郡公。寶歷二年，檢校吏部尚書、同平章事，爲河東節度使。

徙河中。召拜尚書左僕射。俄檢校司空，領宣武、山南東道節度。再爲僕射。先是，元和、長慶時，僕射視事，百官皆賀，四品以下官答拜。大和四年，詔不答拜。王涯、竇易直行之自如，程循其故，不自安，言諸朝。御史中丞李漢謂不答拜於禮太重，文宗不許，聽用大和詔書。議者不善也。

程爲人辯給多智，然簡倪無儀檢，雖在華密，而無重望。最爲帝所遇，嘗曰：「高飛之翮，長者在前。卿朝廷羽翮也。」武宗立，爲東都留守。卒，年七十七，贈太保，謚曰繆。子鄜，第進士，累遷刑部侍郎。大中中，拜武寧節度使，不能治軍。補闕鄭魯奏言：「新麥未登，徐必亂。」既而果逐鄜，乃擢魯起居舍人。

李石字中玉，襄邑恭王神符五世孫。元和中，擢進士第，辟李聽幕府，從歷四鎭，有材略，爲吏精明。聽每征伐，必留石主後務。大和中，爲行軍司馬。聽以兵北渡河，令石入奏，占對華敏，文宗異之。府罷，擢工部郎中，判鹽鐵案。令狐楚節度河東，引爲副使。入還給事中，累進戶部侍郎，判度支。

帝惡李宗閔等以黨相排，背公害政，凡舊臣皆疑不用，取後出孤立者，欲懲刈之，故李訓等至宰相。訓誅死，乃擢石以本官同中書門下平章事，仍領度支。石器雄遠，當軸秉權亡所撓。

方是時，宦寺氣盛，陵暴朝廷，每對延英，而仇士良等往往斥訓以折大臣，石徐謂曰：「亂京師者訓、注也，然其進，孰爲之先？」士良等恧縮不得對，氣益奪，搢紳賴以爲彊。它日紫宸殿，宰相進及陛，帝喟而嘆，石進曰：「陛下之歎，臣固未諭，敢問所從。」帝曰：「朕歎治之難也。且朕卽位十年，不能得治本。故前歲有疾，今茲震擾，皆自取之。夫託億兆之上，不能以美利及百姓，焉得久無事乎？」石曰：「陛下罪己當然，然責治太早，雖十年孜孜養德，適成爾。天下治不治，要自今觀之。且人之氣志，雖賢聖猶有優劣，故仲尼稱：『三十而立，四十不惑。』陛下春秋少，非起人間也，而知人情僞。今自視何如卽位時？」帝曰：「有間矣。」石曰：「古之聖賢，必觀書以考察往行，然後成治功。陛下積十年，盛德日新，然向所以疾戾震驚者，天其固陛下之志乎！誠務修將來之政，視太宗致昇平之期，猶不爲晚。」帝曰：「行之得至乎？」石曰：「今四海夷一，唯登拔才良，使小大各任其職，愛人節用，國有餘力，下不加賦，太平之術也。」

于時大臣新族死，歲苦寒，外情不安。帝曰：「人心未舒何也？」石曰：「刑殺太甚，則致

陰沴。比鄭注多募鳳翔兵，至今誅索不已，臣恐緣以生變，請下詔尉安之。」帝曰：「善。」又問：「奈何致太平之難？」鄭覃曰：「欲天下治，莫若恤人。」石卽贊曰：「恤之得術，尙何太平之難？陛下節用度，去宂食，薄最不得措其姦，則百司治。百司治，天下安矣。」帝戚然曰：「我思貞觀、開元時以視今日，卽氣拂吾膺。」石曰：「治道本於上，而下罔敢不率。」帝曰：「不然。張元昌爲左街副使，而用金唾壺，比坐事誅之。吾聞禁中有金鳥錦袍二，昔玄宗幸温泉，與楊貴妃衣之，今富人時時有之。」石曰：「毛玠以清德爲魏尙書，而人不敢鮮衣美食，況天子獨不可爲法乎？」

是時，宰相吏卒因內變多死，詔江西、湖南索募直助召士力。石建言：「宰相左右天子敎化，若徇正忘私，宗廟神靈，猶當祐之，雖有盜，無害也。有如挾姦自欺，植權黨，害正直，雖加之防，鬼得以誅。無所事於召募，請直以金吾爲衞。」帝嘗顧鄭覃曰：「覃老矣，當無妄，試論我猶漢何等主？」覃曰：「陛下文、宣主也。」帝曰：「渠敢望是！」石欲彊帝志使不怠，因曰：「陛下之問而覃之對，臣皆以爲非。顏回匹夫耳，自比於舜。陛下有四海，春秋富，當觀得失於前，日引月長，以齊堯、舜，奈何比文、宣而又自以爲不及。惟陛下開肆厥志，不以文、宣自安，則大業濟矣。」

中人自邊還，走馬入金光門，道路妄言兵且至，京師讙走塵起，百官或韈而騎，臺省吏稍稍遁去。鄭覃將出，石曰：「事未可知，宜坐須其定。宰相走，則亂矣。若變出不虞，逃將安適？人之所瞻，不可忽也。」益治簿書，沛然如平時。里閭羣無賴望南闕，陰持兵俟變。金吾大將軍陳君賞率衆立望仙門，內使趣闔門，君賞不從，日入乃止。當是時，非石鎭靜、君賞有謀，幾亂。

開成赦令：賜京畿一歲租；停方鎭正、至、端午三歲獻，以其直代百姓配緡；天下非藥物著果，它貢悉禁；又罷宣索、營造。帝曰：「朕務其實，不欲事空文。」石以異時詔令，天子多自踰之，因請「內置赦令一通，以時省覽。臨遣十道黜陟使，敕以政治根本，使與長吏奉行之，乃盡病利」。

俄進中書侍郎。帝嘗曰：「朕觀晉君臣以夷曠致傾覆，當時卿大夫過邪？」石曰：「然。古詩有之：『人生不滿百，常懷千歲憂』，畏不逢也；『晝短苦夜長』，闇時多也；『何不秉燭游』，勸之照也。臣願捐軀命濟國家，惟陛下鑒照不惑，則安人彊國其庶乎。」又言：「致治之道在得人。德宗多猜貳，仕進之塗塞，奏請輒報罷，東省閉闥累月，南臺惟一御史。故兩河諸侯競引豪英，士之喜利者多趨之，用爲謀主，故藩鎭日橫，天子爲旰食。元和間進用日廣，陛下嗣位，惟賢是咨，士皆在朝廷。彼彊宇甲兵如故，而低摧順屈者，士不之助也。」帝曰：「天下之勢猶持衡然，此首重則彼尾輕矣。其爲我博選士，朕且用之。」石奏：「咸陽令韓遼治

興成渠，渠當咸陽右十八里，左直永豐倉，秦、漢故漕。渠成，起咸陽，抵潼關，三百里無車輓勞，則轅下牛盡可耕，永利秦中矣。」李固言曰：「然恐役非其時，奈何？」帝曰：「以陰陽拘畏乎？苟利於人，朕奚慮哉？」石用韓益判度支案，以贓敗。石曰：「臣本以益知財利，不保其貪。」帝曰：「宰相任人，知則用，過則棄，謂之至公。它宰相所用，彊蔽其過，此其私也。」

三年正月，將朝，騎至親仁里，狙盜發，射石傷，馬逸，盜邀斫之坊門，絕馬尾，乃得脫。天子駭愕，遣使者慰撫，賜良藥。始命六軍衞士二十人從宰相。是日京師震恐，百官造朝纔十一。石因臥家固辭位，有詔以中書侍郎平章事爲荆南節度使。始，訓、注亂，權歸閹豎，天子畏偪，幾不立。石起爲相，以身徇國，不卹近倖，張權綱，欲彊王室，收威柄。而仇士良疾之，將加害，帝知其然，而未爲之，遂罷去。遺日，鑾賚都闕，士人恨憤。石讓中書侍郎，換檢校兵部尙書，它不聽。

會昌三年，檢校司空，徙節河東。會伐潞，詔以太原兵助王逢軍楡社。石起橫水戍千五百人，令別將楊弁領之。常日軍興，人賜二縑治裝，會財匱而給以半，士怨；又促其行，弁乘隙激衆以亂，還兵逐石出之。詔以太子少傅分司東都，俄檢校吏部尙書，卽拜留守。卒，年六十二，贈尙書右僕射。

弟福，字能之。大和中，第進士。楊嗣復領劍南，辟幕府。崔鄲輔政，兼集賢殿大學士，引爲校理。調藍田尉。後石當國，薦福可任治人，繇監察御史至戶部郎中，累歷州刺史，進諫議大夫。大中時，党項羌震擾，議者以將臣貪牟產虜怨，議擇儒臣治邊。乃授福夏綏銀節度使，宣宗臨軒諭遣。福以善政聞，徙鎭鄭滑，再遷兵部侍郎，判度支，出爲宣武節度使，入遷戶部尙書。會蠻侵蜀，詔福持節宣撫，卽拜劍南西川節度使，同中書門下平章事。與蠻戰敗績，貶蘄王傅，分司東都。

僖宗初，以檢校尙書左僕射就拜留守，改山南東道節度使。王仙芝寇山南，福團訓鄕兵，邀險須之，賊不敢入，轉略岳、鄂，以逼江陵。節度使楊知溫求援於福，乃自將州兵，率沙陀壯騎五百赴之。賊已殘江陵郛而聞福至，乃走。以勞檢校司空、同中書門下平章事。還朝，以太子太傅卒。

李回字昭度，新興王德良六世孫，本名躔，字昭回，避武宗諱改焉。長慶中，擢進士第，又策賢良方正異等，辟義成、淮南幕府，稍遷監察御史，累進起居郎。李德裕雅知之。爲人彊幹，所涖無不辦。繇職方員外郎判戶部案。四遷中書舍人。

會昌中，以刑部侍郎兼御史中丞。時方伐劉稹，武宗慮河朔列鎭陰相締以橈兵事，德裕薦回持節往諭何弘敬、王元逵，以「澤潞邇京、洛，非若河北三鎭，國家許世以壤地傳子孫者。且稹父子無功，悖誼理。上以邢、洺、磁三州與河北比境，用軍莫便魏、鎭。且王師不欲輕出山東，請公等取三州報天子」。二將聽命。又張仲武以幽州兵攻回鶻，而與劉沔不協。回至，諭以大義，仲武釋然，卽合太原軍攻潞。復以回爲使，督戰至蒲東，王宰、石雄橐鞬謁道左，回不弛行，顧左右呼直史責破賊限牒，宰等震恐，期六旬取潞，否則死之。未及期二日，賊平。以戶部侍郎判戶部事。俄進中書侍郎、同中書門下平章事。

武宗崩，爲山陵使，遷門下侍郎，兼戶部尙書。出爲劍南西川節度使。以與德裕善，決吳湘獄，時回爲中丞，坐不糾擿，貶湖南觀察使。俄以太子賓客分司東都。給事中還制，謂責回薄，遂貶賀州刺史。徙撫州長史，卒。大中九年，詔復湖南觀察使，贈刑部尙書。

贊曰：周之卿士，周、召、毛、原，皆同姓國也。唐宰相以宗室進者九人。林甫姦諛，幾亡天下。李程知柔，在位無所發明。其餘以材稱職，號賢宰相。秦、隋棄親侮賢，皆二世而滅。周、唐任人不疑，得親親用賢之道，饗國長久。嗚呼盛歟！

二十四史

中華書局

新唐書

宋　歐陽修　宋　祁　撰

第一五册

卷一三二至卷一五二（傳）

中華書局

唐書卷一百三十二

列傳第五十七

劉子玄 貺　滋　敦儒　餗　贊　迥　秩　迅　吳兢　韋述 蔣乂 係　曙　伸　偕　柳芳 登　璟　冕　沈既濟 傳師　詢

劉子玄名知幾，以玄宗諱嫌，故以字行。年十二，父藏器爲授古文尚書，業不進，父怒，楚督之。及聞爲諸兄講春秋左氏，冒往聽，退輒辨析所疑，歎曰：「書如是，兒何怠！」父奇其意，許授左氏。踰年，遂通覽羣史。與兄知柔俱以善文詞知名。擢進士第，調獲嘉主簿。

武后證聖初，詔九品以上陳得失。子玄上書，譏「每歲一赦，或一歲再赦，小人之幸，君子之不幸」。又言：「君不虛授，臣不虛受。妄受不爲忠，妄施不爲惠。今羣臣無功，遭遇輒遷，至都下有『車載斗量，杷椎椀脫』之諺。」又謂：「刺史非三載以上不可徙，宜課功殿，明賞罰。」后嘉其直，不能用也。

時吏橫酷，淫及善人，公卿被誅死者踵相及。子玄悼士無良而甘於禍，作思愼賦以刺時。蘇味道、李嶠見而歎曰：「陸機豪士之流乎，周身之道盡矣！」子玄與徐堅、元行冲、吳兢等善，嘗曰：「海內知我者數子耳。」

累遷鳳閣舍人，兼脩國史。中宗時，擢太子率更令，介直自守，累歲不遷。會天子西還，子玄自乞留東都，三年，或言子玄身史臣而私著述，驛召至京，領史事。遷祕書少監。時宰相韋巨源、紀處訥、楊再思、宗楚客、蕭至忠皆領監脩，子玄病長官多，意尙不一，而至忠數責論次無功，又仕偃蹇，乃奏記求罷去。因爲至忠言「五不可」，曰：「古之國史，皆出一家，未聞藉功于衆。唯漢東觀集羣儒，纂述無主，條章不建。今史司取士滋多，人自爲荀、袁，家自爲政、駿。每記一事，載一言，閣筆相視，含毫不斷，頭白可期，汗青無日。一不可。漢郡國計書上太史，副上丞相，後漢公卿所撰，先集公府，乃上蘭臺，故史官載事爲廣。今史臣唯自詢采，二史不注起居，百家弗通行狀。二不可。史局深籍禁門，所以杜顏面，防請謁也。今作者如林，儻示褒貶，曾未絕口，而朝野咸知。孫盛取嫉權門，王劭見讎貴族，常人之情，不能無畏。三不可。古者史氏各有指歸，故司馬遷退處士，進姦雄；班固抑忠臣，飾主闕。今史官注記，類稟監脩，或須直辭，或當隱惡，十羊九牧，其令難行。四不可。今監者不肯指授，脩者又不遵奉，務相推避，以延歲月。五不可。」又言：「朝廷厚用其才而薄其禮。」至忠得書，悵惜不許。楚客等惡其言詆切，謂諸史官曰：「是子作書，欲致吾何地？」

始，子玄脩武后實錄，有所改正，而武三思等不聽。自以爲見用於時而志不遂，乃著史通內外四十九篇，譏評今古。徐堅讀之，歎曰：「爲史氏者宜置此坐右也。」又嘗自比揚雄者四：「雄好雕蟲小伎，老而爲悔；吾幼喜詩賦而壯不爲，期以述者自名。雄準易作經，當時笑之；吾作史通，俗以爲愚。雄著書見尤於人，作解嘲；吾亦作釋蒙。雄少爲范逡、劉歆所器，及聞作經，以爲必覆醬瓿；吾始以文章得譽，晚談史傳，由是減價。」其自感慨如此。

子玄內負有所未盡，乃委國史於吳兢，別撰劉氏家史及譜考。上推漢爲陸終苗裔，非堯後；彭城叢亭里諸劉，出楚孝王囂曾孫居巢侯般，不承元王。按據明審，議者高其博。嘗曰：「吾若得封，必以居巢紹司徒舊邑。」後果封居巢縣子。鄉人以其兄弟六人俱有名，號其鄉曰高陽，里曰居巢。

累遷太子左庶子，兼崇文館學士。皇太子將釋奠國學，有司具儀：從臣著衣冠，乘馬。子玄議：「古大夫以上皆乘車，以馬爲騑服。魏、晉後以牛駕車。江左尙書郎輒輕乘馬，則御史劾治。顏延年罷官，乘馬出入閭里，世稱放誕。此則乘馬宜從褻服之明驗。今陵廟巡謁、王公册命、士庶親迎，則盛服冠履，乘輅車。他事無車，故貴賤通乘馬。比法駕所幸，侍

臣皆馬上朝服。且冠履惟可配車，故博帶襃衣、革履高冠，是車中服。韈而鐙，跣而鞍，非唯不師於古，亦自取驚流俗。馬逸人顚，受嗤行路。」太子從之，因著爲定令。

開元初，遷左散騎常侍。嘗議孝經鄭氏學非康成注，舉十二條左證其謬，當以古文爲正；易無子夏傳，老子書無河上公注，請存王弼學。宰相宋璟等不然其論，奏與諸儒質辯。博士司馬貞等阿意，共黜其言，請二家兼行，惟子夏易傳請罷。詔可。會子貺爲太樂令，抵罪，子玄請於執政，玄宗怒，貶安州別駕。卒，年六十一。

子玄領國史且三十年，官雖徙，職常如舊。禮部尙書鄭惟忠嘗問：「自古文士多，史才少，何耶？」對曰：「史有三長：才、學、識，世罕兼之，故史者少。夫有學無才，猶愚賈操金，不能殖貨；有才無學，猶巧匠無楩柟斧斤，弗能成室。善惡必書，使驕君賊臣知懼，此爲無可加者。」時以爲篤論。子玄善持論，辯據明銳，視諸儒皆出其下，朝有論著輒豫。歿後，帝詔河南就家寫史通，讀之稱善。追贈工部尙書，謚曰文。

六子：貺、餗、彙、秩、迅、迥。

貺字惠卿。好學，多所通解。子玄卒，有詔訪其後，擢起居郎。歷右拾遺內供奉。獻續說苑十篇，以廣漢劉向所遺，而刊落怪妄。貺嘗以竹書紀年序諸侯列會皆舉謚，後人追

脩，非當時正史。如齊人殲于遂，鄭棄其師，皆孔子新意，師春一篇錄卜筮事，與左氏合，知按春秋經傳而爲也，因著外傳云。子滋、浹。

滋字公茂。通經術，喜持論。以蔭歷漣水令。楊綰薦材堪諫官，累授左補闕。久之，去，養親東都。河南尹李廙奏補功曹，母喪解。服除，以司勳員外郎判南曹，勤職奉法，進至給事中。興元元年，以吏部侍郎知南選。時大盜後，旱蝗相仍，吏不能詣京師，故命滋至洪州調補，以振職聞。貞元二年，擢左散騎常侍、同中書門下平章事。爲相無所設施，廉抑畏愼而已。明年罷。又明年，復爲吏部侍郎，遷尚書。會御史中丞韋貞伯劾奏：「吏選不實，澄覆疏舛，吏因得爲姦。」詔與侍郎杜黃裳奪階。卒，贈陝州大都督，謚曰貞。

浹亦有學稱。生子敦儒，家東都。母病狂易，非笞掠人不能安，左右皆亡去，敦儒日侍疾，體常流血，母乃能下食，敦儒怡然不爲痛隱。留守韋夏卿表其行，詔標闕于閭。元和中，權德輿復薦之，乃授左龍武軍兵曹參軍，分司東都。在母喪，毀瘠幾死，時謂劉孝子。後爲起居郎，達禮好古，有祖風云。

餗字鼎卿。天寶初，歷集賢院學士，兼知史官。終右補闕。父子三人更涖史官，著史例，頗有法。

彙，左散騎常侍，終荆南節度使。子贊，以蔭仕爲鄠丞。杜鴻漸自劍南還，過鄠，廚驛豐給。楊炎薦彙名儒子〔一〕，擢浙西觀察判官。炎入相，進歙州刺史，政幹彊濟。野媼將爲虎噬，幼女呼號搏虎，俱免。觀察使韓滉表贊治有異行，加金紫，徙常州。滉輔政，分所統爲三道，以贊爲宣州刺史、都團練觀察使，治宣十年。贊本無學，弟以剛猛立威，官吏重足一迹。宣既富饒，即厚斂，廣貢奉以結恩。又不能訓子，皆驕慠不度，素業衰矣。卒，贈吏部尚書，謚曰敬。

迥以剛直稱，第進士，歷殿中侍御史，佐江淮轉運使。時新更安史亂，迥餽運財賦，力于職。大曆初，爲吉州刺史，治行尤異。累遷給事中。

秩字祚卿。開元末，歷左監門衞錄事參軍事，稍遷憲部員外郎。坐小累，下除隴西司馬。安祿山反，哥舒翰守潼關，楊國忠欲奪其兵，秩上言：「翰兵天下成敗所繫，不可忽。」房琯見其書，以比劉更生。至德初，遷給事中。久之，出爲閬州刺史。貶撫州長史，卒。所著政典、止戈記、至德新議等凡數十篇。

迅字捷卿。歷京兆功曹參軍事。常寢疾，房琯聞，憂不寐，曰：「捷卿有不諱，天理欺矣！」陳郡殷寅名知人，見迅歎曰：「今黃叔度也！」劉晏每聞其論，曰：「皇王之道盡矣！」上元中，避地安康，卒。迅續詩、書、春秋、禮、樂五說。書成，語人曰：「天下滔滔，知我者希。」終不以示人云。

吳兢，汴州浚儀人。少厲志，貫知經史，方直寡諧比，惟與魏元忠、朱敬則游。二人者當路，薦兢才堪論譔，詔直史館，脩國史。遷右拾遺內供奉。

神龍中，改右補闕。節愍太子難，姦臣誣構安國相王與謀，朝廷大恐。兢上言：「文明後，皇運不殊如帶。陛下龍興，恩被骨肉，相王與陛下同氣，親莫加焉。今賊臣日夜陰謀，必欲寘之極法。相王仁孝，遭荼苦哀毀，以陛下爲命，而自託於手足。若信邪佞，委之於法，傷陛下之恩，失天下望。芟刈股肱，獨任胸臆，可爲寒心。自昔翦伐宗支，委任異姓，未有不亡者。秦任趙高，漢任王莽，晉家自相魚肉，隋室猜忌子弟，海內麋沸，驗之覆車，安可重跡？且根朽者葉枯，源涸者游竭。子弟，國之根源，可使枯竭哉！皇家枝幹，夷芟略盡。陛下即位四年，一子弄兵被誅，一子以罪謫去，惟相王朝夕左右。『斗粟』之刺，蒼蠅之詩，不可不察。伏願陛下全常棣之恩，慰罔極之心，天下幸甚！」

累遷起居郎，與劉子玄、徐堅等並職。玄宗初立，收還權綱，銳於決事，羣臣畏伏。兢慮帝果而不及精，乃上疏曰：

自古人臣不諫則國危，諫則身危。臣愚食陛下祿，不敢避身危之禍。比見上封事者，言有可采，但賜束帛而已，未嘗蒙召見，被拔擢。其忤旨，則朝堂決杖，傳送本州，或死於流貶。由是臣下不敢進諫。古者設誹謗木，欲聞己過。今封事，謗木比也。使所言是，有益於國；使所言非，無累於朝。陛下何遽加斥逐，以杜塞直言？道路流傳，相視怪愕。夫漢高帝赦周昌桀、紂之對，晉武帝受劉毅桓、靈之譏，況陛下豁達大度，不能容此狂直耶？夫人主居尊極之位，顓生殺之權，其爲威嚴峻矣。開情抱，納諫諍，下猶懼不敢盡，奈何以爲罪？且上有所失，下必知之。故鄭人欲毀鄉校，而子產不聽也。陛下初即位，猶有褚无量、張廷珪、韓思復、辛替否、柳澤、袁楚客等數上疏爭時政得失。自頃上封事，往往得罪，諫者頓少。是鵲巢覆而鳳不至，理之然也。臣誠恐天下骨鯁士以讜言爲戒，橈直就曲，斲方爲刓，偷合苟容，不復能盡節忘身，納君於道矣。

夫帝王之德，莫盛於納諫。故曰：「木從繩則正，后從諫則聖。」又曰：「朝有諷諫，

猶髮之有梳。猛虎在山林，藜藿爲之不采。」忠諫之有益如此。自古上聖之君，恐不聞已過，故堯設諫鼓，禹拜昌言。不肖之主，自謂聖智，拒諫害忠，桀殺關龍逢而滅於湯，紂殺王子比干而滅於周，此其驗也。夫與治同道罔不興，與亂同道罔不亡。人將疾，必先不甘魚肉之味；國將亡，必先不甘忠諫之說。嗚呼，惟陛下深監于茲哉！隋煬帝驕矜自負，以爲堯、舜莫己若，而諱亡憎諫，乃曰：「有諫我者，當時不殺，後必殺之。」大臣蘇威欲開一言，不敢發，因五月五日獻古文尚書，帝以爲訕己，卽除名。蕭瑀諫無伐遼，出爲河池郡守[三]。董純諫無幸江都，就獄賜死。自是蹇諤之士，去而不顧，外雖有變，朝臣鉗口，帝不知也。身死人手，子孫剿絕，爲天下笑。太宗皇帝好悅至言，時有魏徵、王珪、虞世南、李大亮、岑文本、劉洎、馬周、褚遂良、杜正倫、高季輔，咸以切諫，引居要職。嘗謂宰相曰：「自知者爲難。如文人巧工，自謂己長，若使達者大匠詆訶商略，則蕪辭拙跡見矣。天下萬機，一人聽斷，雖甚憂勞，不能盡善。今魏徵隨事諫正，多中朕失，如明鑑照形，美惡畢見。」當是時，有上書益於政者，皆黏寢殿之壁，坐望臥觀，雖狂瞽逆意，終不以爲忤。故外事必聞，刑戮幾措，禮義大行。陛下何不遵此道，與聖祖繼美乎？夫以一人之意，綜萬方之政，明有所不燭，智有所不周，上心未諭於下，下情未達於上。伏惟以虛受人，博覽兼聽，使深者不隱，遠者不塞，所謂「闢四

門，明四目」也。其能直言正諫不避死亡之誅者，特加寵榮，待以不次，則失之東隅，冀得之桑榆矣。

尋以母喪去官。服除，自陳脩史有緒，家貧不能具紙筆，願得少祿以終餘功。有詔拜諫議大夫，復脩史。睿宗崩，實錄留東都，詔兢馳驛取進梓宮。以父喪解，宰相張說用趙冬曦代之。終喪，爲太子左庶子。

開元十三年，帝東封太山，道中數馳射爲樂。兢諫曰：「方登岱告成，不當逐狡獸，使有垂堂之危、朽株之殆。」帝納之。明年六月，大風，詔羣臣陳得失。兢上疏曰：「自春以來，亢陽不雨，乃六月戊午，大風拔樹，壞居人廬舍。傳曰：『敬德不用，厥災旱。』上下蔽隔，庶位踰節，陰侵於陽，則旱災應。』又曰：『政悖德隱，厥風發屋壞木。』風，陰類，大臣之象。恐陛下左右有姦臣擅權，懷謀上之心。臣聞百王之失，皆由權移於下，故曰：『人主與人權，猶倒持太阿，授之以柄。』夫天降災異，欲人主感悟，願深察天變，杜絕其萌。且陛下承天后、和帝之亂，府庫未充，冗員尙繁，戶口流散，法出多門，賕謁大行，趨競彌廣。此弊未革，寔陛下庶政之闕也，臣不勝惓惓。願斥屛羣小，不爲慢游，出不御之女，減不急之馬，明選舉，愼刑罰，杜僥倖，存至公，雖有旱風之變，不足累聖德矣。」

始，兢在長安、景龍間任史事，時武三思、張易之等監領，阿貴朋佞，釀澤浮辭，事多不實。兢不得志，私撰唐書、唐春秋，未就。至是，丐官筆札，冀得成書。詔兢就集賢院論次。時張說罷宰相，在家脩史。大臣奏國史不容在外，詔兢等赴館撰錄。進封長垣縣男。久之，坐書事不當，貶荊州司馬，以史草自隨。蕭嵩領國史，奏遣使者就兢取書，得六十餘篇。

累遷洪州刺史，坐累下除舒州。天寶初，入爲恆王傅。雖年老衰傫甚，意猶願還史職。李林甫嫌其衰，不用。卒，年八十。

兢敍事簡核，號良史。晚節稍疏牾，時人病其太簡。初與劉子玄撰定武后實錄，敍張昌宗誘張說誣證魏元忠事，頗言「說已然可，賴宋璟等邀勵苦切，故轉禍爲忠，不然，皇嗣且殆」。後說爲相，讀之，心不善，知兢所爲，卽從容謬謂曰：「劉生書魏齊公事，不少假借，奈何？」兢曰：「子玄已亡，不可受誣地下。兢實書之，其草故在。」聞者歎其直。說屢以情蘄改，辭曰：「徇公之情，何名實錄？」卒不改。世謂今董狐云。

韋述，弘機曾孫。家廚書二千卷，述爲兒時，誦憶略徧。父景駿，景龍中爲肥鄉令，述從到官。元行沖，景駿姑子也，爲時儒宗，常載書數車自隨。述入其室觀書，不知寢食，行沖異之，試與語前世事，孰復詳諦，如指掌然。使屬文，受紙輒就。行沖曰：「外家之寶

也。」舉進士，時述方少，儀質陋侻，考功員外郎宋之問曰：「童子何業？」述曰：「性嗜書，所撰唐春秋三十篇，恨未畢，它唯命。」之問曰：「本求茂才，乃得遷、固。」遂上第。

開元初，爲櫟陽尉。祕書監馬懷素奏述與諸儒卽祕書續七志，五年而成。述好譜學，見柳沖所撰姓族系錄，每私寫懷之，還舍則又緒錄，故於百氏源派爲詳，乃更撰開元譜二十篇。累除右補闕。張說旣領集賢院，薦述爲直學士，遷起居舍人。從封太山，奏東封記，有詔褒美。先是，詔脩六典，徐堅構意歲餘，歎曰：「吾更脩七書，而六典歷年未有所適。」及蕭嵩引述撰定，述始摹周六官領其屬，事歸於職，規制遂定。初，令狐德棻、吳兢等譔武德以來國史，皆不能成。述因二家參以後事，遂分紀、傳，又爲例一篇。嵩欲蚤就，復奏起居舍人賈登、著作佐郎李銳助述紬績。逮成，文約事詳，蕭穎士以爲譙周、陳壽之流。改國子司業，充集賢學士，累遷工部侍郎，封方城縣侯。

述典掌圖書，餘四十年，任史官二十年，澹榮利，爲人純厚長者，當世宗之。接士無貴賤與均。蓄書二萬卷，皆手校定，黃墨精謹，內祕書不逮也。古草隸帖、祕書、古器圖譜無不備。安祿山亂，剽失皆盡，述獨抱國史藏南山。身陷賊，汙僞官。賊平，流渝州，爲刺史薛舒所困，不食死。廣德初，甥蕭直爲李光弼判官，詣闕奏事稱旨。因理述「蒼卒奔逼，能存國史，賊平，盡送史官于休烈，以功補過，宜蒙恩宥」。有詔贈右散騎常侍。

韋氏之顯者，孝友、詞學則承慶、嗣立，遼音樂有萬石，達禮儀則叔夏，史才博識有述。所著書二百餘篇行於時。弟逌、迪，學業亦亞述。與逌對爲學士，與迪並禮官，搢紳高之。時趙冬曦兄弟亦各有名。張說嘗曰「韋、趙兄弟，人之杞梓」云。

蔣乂字德源，常州義興人，徙家河南。祖瓌，開元中弘文館學士。父將明，天寶末，辟河中使府。安祿山反，以計佐其帥，全幷、潞等州。兩京陷，被拘，乃陽狂以免。虢王巨引致幕府，歷侍御史，擢左司郎中、國子司業、集賢殿學士。

乂性銳敏，七歲時，見庾信哀江南賦，再讀輒誦。外祖吳兢位史官，乂幼從外家學，得其書，博覽彊記。逮冠，該綜羣籍，有史才，司徒楊綰尤稱之。將明在集賢，値兵興，圖籍殽舛，白宰相請引乂入院，助力整比。宰相張鎰亦奇之，署集賢小職。乂料次踰年，各以部分，得善書二萬卷。再遷王屋尉，充太常禮院脩撰。貞元九年，擢右拾遺、史館脩撰。德宗重其職，先召見延英，乃命之。

張孝忠子茂宗尙義章公主，母亡，遺占丐成禮。帝念孝忠功，卽日召爲左衞將軍，許主下降。乂上疏，以爲：「墨縗禮本緣金革，未有奪喪尙主者。繆盭典禮，違人情，不可爲法。」

帝令中使者諭茂宗之母之請，乂意殊堅。帝曰：「卿所言，古禮也。今俗借吉而婚不爲少。」對曰：「俚室窮人子，旁無至親，乃有借吉以嫁，不聞男冒凶而娶。陛下建中詔書，郡、縣主當婚，皆使有司循典故，毋用俗儀。公主春秋少，待年不爲晚，請茂宗如禮便。」帝曰：「更思之。」會太常博士韋彤、裴堪諫曰：「婚禮，主人几筵聽命，稱事立文，謂之嘉，所以承宗廟，繼後嗣也。喪禮，創巨者日久，痛甚者愈遲，二十五月而畢，謂之凶，所以送死報終，示有節也。故夫義婦聽，父慈子孝。昔魯侯改服，晉襄墨縗，緣金革事則有權變。安有釋縗服，衣冕裳，去堊室，行親迎，以凶瀆嘉，爲朝廷爽法？」疏入，帝迂其言，促行前詔，然心嘉乂有守。

十八年，遷起居舍人，轉司勳員外，皆兼史任。帝嘗登凌煙閣，視左壁頹剝，題文漫缺，行纔數字，命錄以問宰相，無能知者。遽召乂至，答曰：「此聖曆中侍臣圖贊。」帝前口以誦補，不失一字。帝歎曰：「雖虞世南默寫列女傳，不是過。」會詔問神策軍建置本末，中書討求不獲，時集賢學士甚衆，悉亡以對。乃訪乂，乂條據甚詳。宰相高郢、鄭珣瑜歎曰：「集賢有人哉！」明日，詔兼判集賢院事。父子爲學士，儒者榮之。

順宗既葬，議祧廟，有司以中宗中興之君，當百代不遷。宰相問乂，乂曰：「中宗卽位，春秋已壯，而母后篡奪以移神器，賴張柬之等國祚再復，蓋曰反正，不得爲中興。凡非我失之，自我復之，爲中興，漢光武、晉元是也。自我失之，因人復之，晉孝惠、孝安是也。今中宗與惠、安二帝同，不可爲不遷主。」有司疑曰：「五王有安社稷功，若遷中宗，則配饗永絕。」乂曰：「禘祫功臣，乃合食太廟。中宗廟雖毀，而禘祫並陳太廟，此則五王配食與初一也。」由是遷廟遂定。遷兵部郞中。與許孟容、韋貫之刪正制敕三十篇，爲開元格後敕。李錡誅，詔宗正削一房屬籍。宰相召乂問：「一房自大功可乎？」答曰：「大功，錡之從父昆弟。其祖神通有功，配饗於廟，雖裔孫之惡，而忘其勳，不可。」「自期可乎？」曰：「期者錡昆弟。其父若幽死社稷，今以錡連坐，不可。」執政然之。故罪止錡及子息，無旁坐者。

未幾，改祕書少監，復兼史館脩撰，與獨孤郁、韋處厚脩德宗實錄。以勞遷右諫議大夫。裴垍罷宰相，而李吉甫惡垍，以嘗監脩，故授乂太常少卿。久之，遷祕書監，累封義興縣公。卒，年七十五，贈禮部尙書，謚曰懿。

乂在朝廷久，居史職二十年。每有大政事議論，宰相未能決，必咨訪之，乂據經義或舊章以參時事，其對允切該詳。初以是被遇，終亦忤貴近，介介不至顯官。然資質樸直，遇權臣秉政，輒數歲不遷。嘗疏裴延齡罪惡及拒王叔文，當世高之。結髮志學，老而不厭，雖甚寒暑，卷不釋于前，故能通百家學，尤明前世沿革。家藏書至萬五千卷。初名武，憲宗時因進見，請曰：「陛下今日偃武脩文，羣臣當順承上意，請改名乂。」帝悅。時討王承宗兵方罷，

乂恐天子銳於武，亦因以諷。它日，帝見侍御史唐武曰：「命名固多，何必曰武？乂既改之矣。」更曰慶。羣臣乃知帝且厭兵云。乂論譔百餘篇。

五子：係、伸、偕知名，仙、佶皆位刺史。

係善屬文，得父典實。大和初，授昭應尉，直史館。明年，拜右拾遺、史館脩撰，與沈傳師、鄭澣、陳夷行、李漢參撰憲宗實錄。轉右補闕。宋申錫被誣，文宗怒甚，係與左常侍崔玄亮涕泣苦諍，申錫得不死。歷膳部員外、工禮兵三部郞中，皆兼史職。開成末，轉諫議大夫。宰相李德裕惡李漢，以係友婿，出爲桂管觀察使，人安其治。復坐漢貶唐州刺史。宣宗立，召爲給事中、集賢殿學士判院事。轉吏部侍郞，歷興元、鳳翔節度使。懿宗初，拜兵部尙書，以弟伸位丞相，懇辭，乃檢校尙書右僕射，節度山南東道，封淮陽郡公。徙東都留守，卒。

子曙，字耀之。咸通末，由進士第署鄂岳團練判官，除虞、工二部員外，改起居郞。黃巢之難，曙闔門無噍類，以是絕意仕進，隱居沈痛。中和二年，表請爲道士，許之。

伸字大直，第進士。大中二年，以右補闕爲史館脩撰，轉駕部郞中，知制誥。白敏中領

邠寧節度，表伸自副，加右庶子。入知戶部侍郎。九年，爲翰林學士，進承旨。十年，改兵部侍郎，判戶部。

宣宗雅信愛伸，每見必咨天下得失。伸言：「比爵賞稍易，人且偷。」帝愕然曰：「偷則亂矣。」伸曰：「否，非遽亂，但人有覬心，亂由是生。」帝嗟嘆，伸三起三留，曰：「它日不復獨對卿矣。」伸不諭。未幾，以本官同中書門下平章事。踰四月，解戶部，加中書侍郎。

懿宗即位，兼刑部尚書，監脩國史。咸通二年，出爲河中節度使、同中書門下平章事，徙宣武。俄以太子少保分司東都。七年，用爲華州刺史。再遷太子太傅，表乞骸骨，以本官致仕。卒，贈太尉。

偕以父任，歷右拾遺、史館脩撰，轉補闕、主客郎中。初，柳芳作唐曆，大曆以後闕而不錄，宣宗詔崔龜從、韋澳、李荀、張彥遠及偕等分年撰次，盡元和以續云。累遷太常少卿。大中八年，與盧耽、牛叢、王渢、盧告撰次文宗實錄。蔣氏世禪儒，唯伸及係子兆能以辭章取進士第，然不爲文士所多。三世踵脩國史，世稱良筆，咸云「蔣氏日曆」，天下多藏焉。

柳芳字仲敷，蒲州河東人。開元末，擢進士第，由永寧尉直史館。肅宗詔芳與韋述綴輯吳兢所次國史，會述死，芳緒成之，興高祖，訖乾元，凡百三十篇。敍天寶後事，棄取不倫，史官病之。

上元中，坐事徙黔中。後歷左金吾衞騎曹參軍、史館脩撰。然芳篤志論著，不少選忘厭。承寇亂，史籍淪缺。芳始謫時，高力士亦貶巫州，因從力士質開元、天寶及禁中事，具識本末。時國史已送官，不可追刊，乃推衍義類，倣編年法，爲唐曆四十篇，頗有異聞。然不立褒貶義例，爲諸儒譏訕。改右司郎中、集賢殿學士，卒。

子登、冕。

登字成伯。淹貫羣書，年六十餘，始仕宦。元和初，爲大理少卿，與許孟容等刊正敕格。以病改右散騎常侍，致仕。卒，年九十餘，贈工部尚書。

子璟，字德輝。寶曆初，第進士、宏詞，三遷監察御史。時郊廟告祭，吏部以雜品攝上公。璟據開元、元和詔書，太尉以宰相攝事，司空、司徒以僕射、尚書、師、傅攝，餘司不及差限，請如舊制，從之。累遷吏部員外郎。文宗開成初，爲翰林學士。初，芳永泰中按宗正諜，斷自武德，以昭穆系承撰永泰新譜二十篇。璟因召對，帝歎新譜詳悉，詔璟攟摭永泰後事綴成之。復爲十篇，戶部供筆札稟料。遷中書舍人。武宗立，轉禮部侍郎。璟爲人寬信，好接士，稱人之長，游其門者它日皆顯於世。會昌二年，再主貢部，坐其子招賄，貶信州司馬，終郴州刺史。

冕字敬叔。博學富文辭，且世史官，父子並居集賢院。歷右補闕、史館脩撰。坐善劉晏，貶巴州司戶參軍。還爲太常博士。昭德王皇后崩，冕與張薦議皇太子宜依晉魏卒哭除服，左補闕穆質請依禮期而除，冕議見用。德宗既親郊，重慎祠事，動稽典禮。冕以吏部郎中攝太常博士，與薦及司封郎中徐岱、倉部郎中陸質脩飭儀矩。帝疑郊廟每升輒去劍履及象劍尺寸、祝語輕重，冕據禮以對，本末詳明，天子嘉異。

久之，以論議勁切，執政不善，出爲婺州刺史。十三年，兼御史中丞、福建觀察使。自以久疏斥，又性躁狷，不能無恨，乃上表乞代，且推明朝覲之意，曰：「臣竊惑江漢朝宗之誼，鹿鳴君臣之讌，頌聲之作，王道本始。國家自兵興，不遑議禮，方牧未朝，讌樂久缺。臣限一切之制，例無朝集，目不覩朝廷之禮，耳不聞宗廟之樂，足不踐軒墀之地，十有二年于茲矣。夫朝會，禮之本也。唐、虞之制，羣后四朝，以明黜陟。商、周之盛，五歲一見，以考制度。漢法，三載上計，以會課最。聖唐稽古，天下朝集，三考一見，皆以十月上計京師，十

一月禮見，會尚書省應考績事，元日陳貢棐，集於考堂，唱其考第，進賢以興善，簡不肖以黜惡。自安史亂常，始有專地；四方多故，始有不朝；戎臣恃險，或不悔過。臣忝牧圉之寄，憒不朝之臣，思一入覲，率先天下，使君臣之義，親而不疏；朝覲之禮，廢而復舉。誠恐負薪，溘先朝露，覲禮不展，臣之憂也。比聞諸將帥亡歿者衆，臣自憚何德以堪久長。鄉國，人情之不忘也；闕庭，臣子所戀也；朝覲，國家大禮也。三者，臣之大願。」表果上，其辭哀切，德宗許還。會冕奏閩中本南朝畜牧地，可息羊馬，置牧區於東越，名萬安監，又置五區於泉州，悉索部內馬驢牛羊合萬餘游畜之。不經時，死耗略盡，復調充之。民間怨苦。坐政無狀，代還。卒，贈工部尚書。

沈既濟，蘇州吳人。經學該明。吏部侍郎楊炎雅善之，既執政，薦既濟有良史才，召拜左拾遺、史館脩撰。

初，吳兢撰國史，爲則天本紀，次高宗下。既濟奏議，以爲：「則天皇后進以彊有，退非德讓，史臣追書，當稱爲太后，不宜曰上。中宗雖降居藩邸，而體元繼代，本吾君也，宜稱皇帝，不宜曰廬陵王。睿宗在景龍前，天命未集，假臨大寶，於誼無名，宜曰相王，未容曰帝。

且則天改周正朔，立七廟，天命革矣。今以周廁唐，列爲帝紀，考于禮經，是謂亂名。中宗嗣位在太后前，而敍年製紀反居其下，方之躋僖公，是謂不智。昔漢高后稱制，獨有王諸呂爲負漢約，無遷鼎革命事，時孝惠已歿，子非劉氏，不紀呂后，尙誰與哉？議者猶謂不可。況中宗以始年即位，季年復祚，雖尊名中奪，而天命未改，足以首事表年，何所拘閡而列爲二紀？魯昭公之出，春秋歲書其居曰：『公在乾侯。』君在，雖失位，不敢廢也。請省天后紀合中宗紀，每歲首，必書孝和在所以統之，曰：『皇帝在房陵，太后行其事，改某制。』紀稱中宗而事述太后，名不失正，禮不違常矣。夫正名所以尊王室，書法所以觀後嗣。且太后遺制，自去帝號，及孝和上謚，開元册命，而后之名不易。今祔陵配廟，皆以后禮，而獨承統于帝，是有司不時正，失先旨。若后姓氏名諱、才藝智略、崩葬日月，宜入皇后傳，題其篇曰則天順聖武皇后云。」議不行。

德宗立，銳于治。建中二年，詔中書、門下兩省，分置待詔官三十，以見官、故官若同正、試、攝九品以上者，視品給俸，至稟餼、幹力、什器、館宇悉有差；權公錢收子，贍用度。既濟諫曰：「今日之治，患在官煩，不患員少；患不問，不患無人。兩省官自常侍、諫議、補闕、拾遺四十員，日止兩人待對，缺員二十一員未補。若謂見官不足與議，則當更選其人。若廣聰明以收淹滯，先補其缺，何事官外置官？夫置錢取息，有司之權制，非經治法。今置員三

十，大抵費月不減百萬，以息準本，須二千萬得息百萬，配戶二百，又當復除其家，且得入流，所損尤甚。今關輔大病，皆言百司息錢毀室破產，積府縣，未有以革。臣計天下財賦耗斁大者唯二事：一兵資，二官俸。自它費十不當二者一。所以黎人重困，杼軸空虛。何則？四方形勢，兵未可去，資費雖廣，不獲已爲之。又益以閑官冗食，其弊奈何？藉舊而置猶可，若之何加焉？」事遂寢。

炎得罪，既濟坐貶處州司戶參軍。後入朝，位禮部員外郎，卒。撰建中實錄，時稱其能。

子傳師。

傳師字子言。材行有餘，能治春秋，工書，有楷法。少爲杜佑所器。貞元末，舉進士。時給事中許孟容、禮部侍郎權德輿樂挽轂士，號「權、許」。德輿稱之於孟容，孟容曰：「我故人子，盍不過我？」傳師往見，謝曰：「聞之丈人，脫中第，則累公舉矣，故不敢進。」孟容曰：「如子，可使我急賢詣子，不可使子因舊見我。」遂擢第。德輿門生七十人，推爲顏子。復登制科，授太子校書郎，以鄠尉直史館，轉左拾遺、左補闕、史館脩撰，遷司門員外郎，知制誥。召入翰林爲學士，改中書舍人。翰林缺承旨，次當傳師，穆宗欲面命，辭曰：

「學士、院長參天子密議，次爲宰相，臣自知必不能，願治人一方，爲陛下長養之。」因稱疾出。帝遣中使敦召。李德裕素與善，開曉諄切，終不出。遂以本官兼史職。俄出爲湖南觀察使。

方傳師與脩憲宗實錄，未成，監脩杜元穎因建言：「張說、令狐峘在外官論次國書，今藁史殘課，請付傳師即官下成之。」詔可。

寶曆二年，入拜尙書右丞。復出江西觀察使，徙宣州。傳師於吏治明，吏不敢罔。愼重刑法，每斷獄，召幕府平處，輕重盡合乃論決。嘗擇邸吏尹倫，遲魯不及事，官屬屢白易之，傳師曰：「始吾出長安，誡倫曰：『可闕事，不可多事。』倫如是足矣。」故所莅以廉靖聞。入爲吏部侍郎，卒，年五十九，贈尙書。

傳師性夷粹無競，更二鎭十年，無書賄入權家。初拜官，宰相欲以姻私託幕府者，傳師固拒曰：「誠爾，願罷所授。」故其僚佐如李景讓、蕭寘、杜牧，極當時選云。治家不威嚴，閨門自化。兄弟子姓，屬無親疏，衣服飲食如一。問餉姻家故人，帑無儲錢，鬻宅以葬。

子詢，字誠之，亦能文辭，會昌初第進士，補渭南尉。累遷中書舍人，出爲浙東觀察使，除戶部侍郎，判度支。咸通四年，爲昭義節度使，治尙簡易，人皆便安。奴私侍兒，詢將斃之，奴懼，結牙將爲亂，夜攻詢，滅其家。贈兵部尙書、左散騎常侍。劉潼代爲節度，馳至，

刳奴心，祭其靈坐。

贊曰：唐興，史官秉筆衆矣。然垂三百年，業鉅事叢，簡策挐繁，其間巨盜再興，圖典焚逸，大中以後，史錄不存。雖論著之人，隨世哀掇，而疏舛殘餘，本末顚倒。故聖主賢臣，叛人佞子，善惡汩汩，有所未盡，可爲永愾者矣。又舊史之文，猥釀不綱，淺則入俚，簡則及漏。寧當時儒者有所諱而不得騁耶？或因淺仍俗不足於文也？亦有待于後取當而行遠耶？何知幾以來，工訶古人而拙於用已歟！自韓愈爲順宗實錄，議者閧然不息，卒竄定無完篇，乃知爲史者亦難言之。游、夏不能措辭於春秋，果可信已！

校勘記

〔一〕楊炎薦彙名儒子　舊書卷一三六劉贊傳「彙」作「贊」。按上下文乃述贊之經歷，作「贊」較宜。

〔二〕出爲河池郡守　「河池」，各本原作「河西」。據本書卷一〇一及舊書卷六三蕭瑀傳、通鑑卷一八二、全唐文卷二九八吳兢上玄宗皇帝納諫疏改。

唐書卷一百三十三

列傳第五十八

郭虔瓘 郭知運 英傑 英乂 王君㚟 張守珪 獻誠 獻恭 煦 獻甫 王忠嗣 牛仙客

郭虔瓘，齊州歷城人。開元初，錄軍閥，遷累右驍衞將軍，兼北庭都護、金山道副大總管。明年，突厥默啜子同俄特勒圍北庭，虔瓘飭壘自守。同俄單騎馳城下，勇士狙道左突斬之。虜亡酋長，相率丐降，請悉軍中所資贖同俄死，聞已斬，舉軍慟哭去。虔瓘以功授冠軍大將軍、安西副大都護，封潞國公。建募關中兵萬人擊餘寇，遂前功，有詔募士給公乘，在所續食。將作大匠韋湊上言：「漢徙豪族以實關中，今畿輔戶口逋耗，異時戎虜入盜，丁壯悉行，不宜更募驍勇，以空京甸，資荒服。萬人所過，遞馱熟饔，亙六千里，州縣安所供億？秦、隴以西，多沙磧，少居人，若何而濟？縱有克獲，其補幾何？儻稽天誅，則誤大事。」

不省。既而虔瓘果不見虜，還，遷涼州刺史、河西節度大使，進右威衞大將軍。四年，奏家奴八人有戰功，求爲游擊將軍，宰相劾其恃功亂綱紀，不可聽，罷之。

陝王爲安西都護，詔虔瓘爲副。虔瓘與安撫招慰十姓可汗使阿史那獻數持異，交訴諸朝。玄宗遣左衞中郎將王惠齎詔書諭解曰：「朕聞師克在和，不在衆，以虔瓘、獻宿將，當捨嫌窒隙，戮力國家。自開西鎮，列諸軍，戍有定區，軍有常額，卿等所統，蕃漢雜之，在乎善用，何必加募？或云突騎施圍石城，獻所致也；葛邏祿稱兵，虔瓘所沮也。大將不協，小人以逞，何功可圖？昔相如能詘廉頗，寇恂不吝賈復，宜各曠然，終承朕命。今賜帛二千段及他珍器，俾諒朕意。」虔瓘奉詔。久之，卒軍中。以張孝嵩爲安西副都護。

孝嵩，偉姿貌，及進士第，而慷慨好兵。在安西勸田訓士，府庫盈饒。徙太原尹，卒。以黃門侍郎杜暹代。

郭知運字逢時，瓜州晉昌人。長七尺，猿臂虎口，以格鬭功累補秦州三度府果毅。從郭虔瓘破突厥有功，加右驍衞將軍，封介休縣公。吐蕃將坌達延、乞力徐寇渭源，盜牧馬，詔知運與薛訥、王晙等相掎角，敗之。進階冠

軍大將軍，兼臨洮軍使，封太原郡公，賜賚萬計。徙隴右諸軍節度大使、鄯州都督。突厥降戶阿悉爛、跌跌思泰率衆叛，執單于副都護張知運〔一〕，詔以朔方兵追擊，至黑山呼延谷敗之，虜棄仗走，取副都護還。詔知運兼隴右經略使，營柳城。開元五年，大破吐蕃，獻俘京師。明年，復出，將輕兵丙夜至九曲，獲精甲、名馬、犛牛甚衆。既獻獲，詔分賜文武五品以上清官及朝集使三品者。進兼鴻臚卿，攝御史中丞。六州胡康待賓反，率王晙討平之。拜左武衞大將軍，授一子官，賜金帛。九年，卒于軍，年五十五，贈涼州都督。知運屯西方，戎夷畏憚，與王君㚟功名略等，時號「王郭」。帝詔中書令張說紀其功於墓碑。上元中，配饗太公廟。永泰初，謚曰威。

子英傑、英乂。

英傑字孟武，爲左衞將軍、幽州副總管。開元二十三年，長史薛楚玉遣英傑與裨將吳克勤、烏知義、羅守忠帥萬騎及奚衆討契丹，屯榆關。契丹酋長可突于拒戰都山下，奚衆貳，官軍不利，知義、守忠引麾下遁去，英傑、克勤力戰死。其下尙六千人，殊死戰，虜示以英傑首，終不屈，師遂殲。

英乂字元武，以武勇有名河、隴間，累遷諸衞員外將軍。哥舒翰見之曰：「是當代吾節制者。」祿山亂，拜秦州都督、隴右採訪使。賊將高嵩擁兵入汧、隴，英乂僞勞之，且具饗，既而伏兵發，盡虜其衆。至德二年，加隴右節度使。召還，改羽林軍大將軍，掌衞兵。以喪去職。史思明陷洛陽，謀掠陳、蔡，詔英乂統淮南節度兵。賊叩陝、虢，又改陝西節度、潼關防禦使。進御史大夫，兼神策軍節度使。代宗卽位，以檢校戶部尙書兼大夫。雍王率諸將討賊洛陽，留英乂殿于陝。東都平，權知留守，無檢御才，其麾下與朔方、回紇遂大掠都城及鄭、汝，環千里無居人。

以功實封三百戶，召拜尙書右僕射，封定襄郡王。日驕蹇，爲侈汰。陰事宰相元載以久其權。未幾，嚴武死成都，乃拜劍南節度使。自以有內主，故肆志無所憚。初，玄宗在蜀時舊宮爲道士祠，冶金作帝象，盡繪乘輿侍衞，每尹至，先拜祠，後視事。英乂愛其地勝選，輒壞繪像自居之，衆始不平。又教女伎乘驢擊毬，鈿鞍寶勒及它服用，日無慮數萬費，以資倡樂，未嘗問民間事，爲政苛暴，人以目相謂。怨崔寧不已同也，出兵襲寧，不克。寧因人之怨，率麾下五千直擣成都。英乂拒戰，衆皆反戈內攻，乃奔簡州，次靈池，普州刺史韓澄斬首送寧，遂屠其家。

王君㚟字威明，瓜州常樂人。初事郭知運爲別奏，累功至右衞副率。知運卒，代爲河西隴右節度使、右羽林軍將軍，判涼州都督事。

開元十四年，吐蕃酋悉諾邏寇大斗拔谷，君㚟間其怠，率秦州都督張景順乘冰度青海襲破之。以功遷大將軍，封晉昌縣伯；拜其父壽爲少府監，聽不事。君㚟凱旋，玄宗宴君㚟及妻夏於廣達樓，賜金帛，夏亦自以戰功封武威郡夫人。俄而吐蕃陷瓜州，執刺史田元獻及壽，殺居人，取資糧，進攻玉門軍，使人斬君㚟曰：「將軍常自以忠勇，今不一進戰，奈何？」君㚟登陴西向哭，兵不敢出。

初，涼州有回紇、契苾、思結、渾四部，世爲酋長，君㚟微時，數往來，爲所輕。及節度河西，回紇等頗鞅鞅，恥爲下。君㚟怒，數督過之。既怨望，潛遣人至東都言狀。君㚟間驛奏四部有叛謀，帝使中人卽訊，回紇不能自直。於是瀚海大都督回紇承宗流瀼州，渾大得流吉州，賀蘭都督契苾承明流藤州，盧山都督思結歸國流瓊州，而承宗黨瀚海州司馬護輸等益不平，思有以復怨。會吐蕃使間道走突厥，君㚟率騎到肅州掩取之，還至甘州，護輸狙兵發，奪君㚟節，殺左右親吏，剖其心，曰：「是始謀者。」君㚟引帳下力戰，兵盡乃死。輸欲以尸奔吐蕃，追兵至，乃棄尸去。帝痛惜之，贈特進、荊州大都督。以喪還京師，官護其葬。詔

張說刻文墓碑，帝自書以寵之。

始，吐蕃寇瓜州，分遣莽布支攻常樂，令賈師順乘城守。俄而瓜州陷，悉諾邏并兵攻之。數日，虜衆有姻家在城中，使夜見師順曰：「州已失守，虜悉衆來，孤城渠可久，不早降以全噍類乎？」師順曰：「吾受天子命守此，義不可下賊。」數日，又說師順曰：「明府不降，吾衆且還，宜有以贈我。」師順請脫士卒衣襦。悉諾邏知無有，乃夜徹營去，毀瓜州城。師順開門收器械，復完守備。吐蕃果使精騎還襲，見有備，乃去。以功遷鄯州都督、隴右節度使。師順，岐州人，終左領軍將軍。

張守珪，陝州河北人。姿榦瓌壯，慷慨尚節義，善騎射。以平樂府別將從郭虔瓘守北庭〔三〕。突厥侵輪臺，遣守珪往援，中道逢賊，苦戰，斬首千餘級，禽頡斤一人。開元初，虜復攻北庭，守珪從儳道奏事京師，因上書言利害，請引兵出蒲昌、輪臺夾擊賊。再遷幽州良杜府果毅。時盧齊卿爲刺史，器之，引與共榻坐，謂曰：「不十年，子當節度是州，爲國重將，願以子孫託，可僚屬相期邪？」稍遷建康軍使。

王君㚟死，河西震懼，詔以守珪爲瓜州刺史、墨離軍使，督餘衆完故城。版築方立，虜奄至，衆失色。守珪曰：「創痍之餘，詎可矢石相确，須權以勝之。」遂置酒城上，會諸將作樂。虜疑有備，不敢攻，引去，守珪縱兵擊敗之。於是脩復位署，招流冗使復業。有詔以瓜州爲都督府，卽詔守珪爲都督。州地沙堉不可蓺，常潴雪水溉田。是時，渠堨爲虜毀，材木無所出。守珪密禱于神，一昔水暴至，大木數千章塞流下，因取之，脩復堰防，耕者如舊，州人神之，刻石紀事。遷鄯州刺史、隴右節度使。徙幽州長史、河北節度副大使。俄加採訪處置等使。

契丹、奚連年梗邊，牙官可突干，胡有謀者，前長史趙含章、薛楚玉等不能制，守珪至，每戰輒勝，虜遂大敗。帝喜，詔有司告九廟。契丹酋屈剌及突干恐懼，乃遣使詐降。守珪得其情，遣右衞騎曹王悔詣部計事，屈剌無降意，徙帳稍西北，密引突厥衆將殺悔以叛。契丹別帥李過折與突干爭權不叶，悔因間誘之，夜斬屈剌及突干，盡滅其黨，以衆降。守珪次紫蒙川，大閱軍實，賞將士，傳屈剌、突干首於東都。

二十三年，入見天子，會藉田畢，卽酺燕爲守珪飲至，帝賦詩寵之。加拜輔國大將軍、右羽林大將軍，賜金綵，授二子官，詔立碑紀功。

久之，復討契丹餘黨于捺祿山，鹵獲不訾。會裨將趙堪、白眞陀羅等彊使平盧軍使烏知義度湟水邀叛奚，且蹂其稼，知義辭不往，眞陀羅矯詔脅之。知義與虜鬭，不勝，還，

守珪匿其敗，但上克獲狀。事頗泄，帝遣謁者牛仙童按實，守珪逼眞陀羅自殺，厚賂使者，還奏如狀。後仙童以贓敗，事逮守珪，以功貶括州刺史，疽發背死。

子獻誠。

獻誠，天寶末，陷安祿山，授僞署。後事史思明，將兵數萬守汴州。東都平，史朝義走還汴，獻誠不內，籍所統兵以州降，詔卽拜汴州刺史，封南陽郡公。改寶應軍左廂兵馬使，更封鄧國公。既來朝，代宗禮賜尤渥。擢山南西道節度使，討南山劇賊高玉，禽之。俄兼劍南東川節度。時崔旰殺郭英乂，獻誠率衆戰梓州，大敗。大曆三年，以疾歸京師，舉其弟獻恭自代。以檢校戶部尚書知省事，病甚，固乞辭位，卒。

始，獻誠喜功名，爲政寬裕，有機略，隨方制變，而簡廉不逮於父。

從弟獻恭，數有軍功，以右羽林軍代爲節度使。大曆末，破吐蕃於岷州。久之，拜東都留守，累遷檢校吏部尚書。德宗欲徙盧杞爲饒州刺史，給事中袁高上還詔書，苦爭。獻恭見帝曰：「高所奏宜聽。」帝不答。復前曰：「高乃陛下良臣，當優異之。」上遂不徙杞。世咨其不橈。

子煦，積閱亦至夏州節度使。元和八年，振武軍逐節度使李進賢，屠其家及判官嚴澈。憲宗怒，詔煦以本軍進討，許以便宜，賜縑三萬爲軍資，河東王鍔遣兵五千爲援。煦入，捕亂卒蘇國珍等數百人，誅之。卒，贈太子太保。

獻誠從弟獻甫，以軍功試光祿卿、殿中監，從河中節度使賈耽討梁崇義有勞。德宗西幸，又從渾瑊討朱泚，戰多，累遷至金吾將軍、檢校工部尙書。李懷光叛，吐蕃盜邊，獻甫領禁兵戍咸陽累年，兵農悅安。

貞元四年，代韓游瓌領邠寧節度使。邠寧軍素驕，憚獻甫嚴，因游瓌去，遂縱掠，邀范希朝爲帥。都將楊朝晟誅首亂者，獻甫乃得入。於是斷山浚塹，選巖要地築烽堡。請復鹽州及洪門、洛原鎭屯兵，詔可。獻甫遣兵馬使魏茪逐吐蕃，築鹽、夏二城，虜衆畏，不敢入寇。十二年，加檢校尙書左僕射。卒，贈司空。

王忠嗣，華州鄭人。父海賓，太子右衞率、豐安軍使。開元二年，吐蕃寇隴右，詔隴右防禦使薛訥率杜賓客、郭知運、王晙、安思順禦之。以海賓爲先鋒，戰武階，追北至壕口，殺

其衆。進戰長城堡，諸將娼其功，按兵顧望，海賓戰死，大軍乘之，斬賊萬七千級，獲馬七萬、牛羊四十萬。玄宗憐其忠，贈左金吾大將軍。

忠嗣時年九歲，始名訓，授尙輦奉御。入見帝，伏地號泣，帝撫之曰：「此去病孤也，須壯而將之。」更賜今名，養禁中。肅宗爲忠王，帝使與游。及長，雄毅寡言，有武略，上與論兵，應對蠭起，帝器之，曰：「後日爾爲良將。」試守代州別駕，大猾閉門自斂，不敢干法。數以輕騎出塞，忠王言於帝曰：「忠嗣敢鬬，恐亡之。」由是召還。

信安王褘在河東，蕭嵩出河西，數引爲麾下。帝以其年少，有復讎志，詔不得特將。嵩入朝，忠嗣曰：「從公三年，無以歸報天子。」乃請精銳數百襲虜。會贊普大酋閱武鬱標川，其下欲還，忠嗣不從，提刀略陣，斬數千人，獲羊馬萬計。嵩上其功，帝大悅。累遷左威衞將軍、代北都督，封清源縣男。與皇甫惟明輕重不得，構忠嗣罪，貶東陽府左果毅。

河西節度使杜希望欲取吐蕃新城〔三〕，有言忠嗣才者，希望以聞，詔追赴河西。進拔其城。忠嗣錄多，授左威衞郎將，專知兵馬。俄吐蕃大出，欲取當新城，晨壓官軍陣，衆不敵，舉軍皆恐。忠嗣單馬進，左右馳突，獨殺數百人，賊衆囂相蹂，軍彥翼掩之，虜大敗。拜左金吾衞將軍，領河東節度副使、大同軍使，尋爲節度使。二十九年，節度朔方，兼靈州都督。天寶元年，北討奚怒皆，戰桑乾河，三遇三克，耀武漠北，高會而還。時突厥新有難，

忠嗣進軍磧口經略之。烏蘇米施可汗請降，忠嗣以其方彊，特文降耳，乃營木剌、蘭山，諜虛實。因上平戎十八策，縱反間於拔悉密與葛邏祿、回紇三部，攻多羅斯城，涉昆水，斬米施可汗，築大同、靜邊二城，徙清塞、橫野軍實之，幷受降、振武爲一城，自是虜不敢盜塞。徙河東節度使，進封縣公。

忠嗣本負勇敢，及爲將，乃能持重安邊，不生事，嘗曰：「平世爲將，撫衆而已。吾不欲竭中國力以幸功名。」故訓練士馬，隨缺繕補。有漆弓百五十斤，每弢之，示無所用。軍中士氣盛，日夜思戰，忠嗣縱諜間，伺虜隙，時時出奇兵襲敵，所向無不克，故士亦樂爲用。軍每出，召屬長付以兵，使授士卒，雖弓矢亦誌姓名其上。軍還，遺弦亡鏃，皆按名第罪。以是部下人自勸，器甲充牣。自朔方至雲中袤數千里，據要險築城堡，斥地甚遠。自張仁亶後四十餘年，忠嗣繼其功。

俄爲河西、隴右節度使，權朔方、河東節度，佩四將印，勁兵重地，控制萬里，近世未有也。又授一子五品官。後數出戰青海、積石，虜輒奔破。又討吐谷渾於墨離，平其國。乃固讓朔方、河東二節度，許之。

帝方事石堡城，詔問攻取計，忠嗣奏言：「吐蕃舉國守之，若頓兵堅城下，費士數萬，然後可圖，恐所得不讎所失，請厲兵馬，待釁取之。」帝意不快。而李林甫尤忌其功，日鉤摭過

咎。會董延光建言請下石堡，詔忠嗣分兵應接，忠嗣不得已爲出軍，而士無賞格，延光不悅。河西兵馬使李光弼入說曰：「大夫愛惜士卒，有拒延光心，雖名受詔，實奪其謀。然大夫已付萬衆，而不立重賞，何以賈士勇？且大夫惜數萬段賜，以啓讒口，有如不捷，歸罪大夫，大夫先受禍矣。」忠嗣曰：「吾固審得一城不足制敵，失之未害於國。吾忍以數萬人命易一官哉！明日見責，不失一金吾、羽林將軍，歸宿衞；不者，黔中上佐耳。」光弼謝曰：「大夫乃行古人事，光弼又何言！」趨而出。延光過期不克，果訴忠嗣沮兵。又安祿山城雄武，扼飛狐塞，謀亂，請忠嗣助役，因欲留其兵；忠嗣先期至，不見祿山而還。數上言祿山且亂，林甫益惡之，陰使人誣告「忠嗣嘗養宮中，云吾欲奉太子」。帝怒，召入付三司訊驗，罪應死。哥舒翰方有寵，白上，請以官爵贖忠嗣罪，帝意解，貶漢陽太守。久之，徙漢東郡，卒，年四十五。後翰引兵攻石堡，拔之，死亡略盡，如忠嗣言，故當世號爲名將。

初，在朔方，至互市，輒高償馬直，諸蕃爭來市，故蕃馬寖少，唐軍精。及鎭河、隴，又請徙朔方、河東九千騎以實軍。迄天寶末，益滋息。寶應元年，追贈兵部尙書。

贊曰：以忠嗣之才，戰必破，攻必克，策石堡之得不當所亡，高馬直以空虜資，論祿山亂有萌，可謂深謀矣。然不能自免於讒，卒死放地。自古忠賢，工謀於國則拙於身，多矣，可

勝吒哉！

牛仙客，涇州鶉觚人。初爲縣小史，令傅文靜器之，會爲隴右營田使，引與計事，積功遷洮州司馬。河西節度使王君㚟召爲判官。君㚟死，仙客獨得免。蕭嵩代節度，復委以軍政。仙客清勤不懈，接士大夫以信。及嵩還執政，因薦之。稍遷太僕少卿，判涼州別駕，知節度留後事，俄爲節度使。開元二十四年，代信安王禕爲朔方行軍大總管。始在河西，嗇事省用，倉庫積鉅萬，器械犀銳。崔希逸代之，卽以聞。帝令刑部員外郎張利貞馳傳覆視，如狀。帝悅，將用爲尙書，宰相張九齡持不可，乃封隴西郡公，實封戶二百。李林甫探知帝旨，稱其材。會九齡罷，故以工部尙書、同中書門下三品，知門下事，遙領河東節度副大使。

爲相謹身無它，與時沈浮，唯唯恭愿。前後錫與，緘庋不敢用。百司諮決，無所處可，輒曰：「如令式。」帝既用仙客，知時議不歸，乘閒以問高力士，力士曰：「仙客本胥史，非宰相器。」帝忿然曰：「朕且用康䛒！」蓋恚言也。有爲䛒言者，䛒以爲實，喜甚。久之，封豳國公，加左相。卒，贈尙書右丞相，謚曰貞簡。

校勘記

〔一〕執單于副都護張知運　各本原無「副」字，與下文「取副都護還」不合。據本書卷五玄宗紀、卷二一五下突厥傳、舊書卷一〇三郭知運傳補。

〔二〕平樂府別將　「將」，各本原作「駕」。按唐折衝府有「別將」，無「別駕」。據舊書（衲本）卷一〇三張守珪傳及册府卷三八四改。

〔三〕新城　各本原作「新羅城」，與下文「欲取當新城」不合。本書卷二一六上吐蕃傳、册府卷三八四、通鑑卷二一四及金石萃編卷一〇〇王忠嗣碑均作「新城」。「羅」字衍，今删。

唐書卷一百三十四

列傳第五十九

宇文融　韋堅　楊愼矜　王鉷　盧鉉

宇文融，京兆萬年人，隋平昌公㢸裔孫。祖節，明法令，貞觀中，爲尙書右丞，謹幹自將。江夏王道宗以事請節，節以聞，太宗喜，賚絹二百，勞之曰：「朕比不置左右僕射，正以公在省耳。」永徽初，遷黃門侍郎、同中書門下三品，代于志寧爲侍中。坐房遺愛友善，貶桂州，卒。

融明辯，長於吏治。開元初，調富平主簿。源乾曜、孟溫繼爲京兆，賢其人，厚爲禮。時天下戶版刓隱，人多去本籍，浮食閭里，詭脫繇賦，豪弱相并，州縣莫能制。融由監察御史陳便宜，請校天下籍，收匿戶羨田佐用度。玄宗以融爲覆田勸農使，鉤檢帳符，得僞勳亡丁甚衆。擢兵部員外郎，兼侍御史。融乃奏慕容琦、韋洽、裴寬、班景倩、庫狄履溫、

賈晉等二十九人爲勸農判官，假御史，分按州縣，括正丘畝，招徠戶口而分業之。又兼租地安輯戶口使。於是諸道收沒戶八十萬，田亦稱是。歲終，羨錢數百萬緡。帝悅，引拜御史中丞。然吏下希望融旨，不能無擾，張空最，務多其獲，而流客頗脫不止。初，議者以生事，沮詰百端，而帝意向之，宰相源乾曜等佐其舉。又集羣臣大議，公卿雷同不敢異，唯戶部侍郎楊瑒以爲籍外取稅，百姓困弊，得不酬失。瑒坐左遷。融乃自請馳傳行天下，事無巨細，先上勸農使，而後上臺省，臺省須其意，乃行下。融所過，見高年，宣天子恩旨，百姓至有感涕者。使還言狀，帝乃下詔：「以客賦所在，並建常平倉，益貯九穀，權發斂；官司勸作農社，使貧富相恤。凡農月，州縣常務一切罷省，使趨刈穫。流亡新歸，十道各分官屬存撫，使遂厥功。復業已定，州縣季一申牒，不須挾名。」

中書令張說素惡融，融每建白，說輒引大體廷爭。融揣說不善，欲先事中傷之。張九齡謂說曰：「融新用事，辯給多詐，公不可以忽。」說曰：「狗鼠何能爲！」會帝封太山還，融以選限猥多，請分吏部爲十銓。有詔融與禮部尙書蘇頲、刑部尙書韋抗、工部尙書盧從愿、右散騎常侍徐堅、蒲州刺史崔琳、魏州刺史崔沔、荆州長史韋虛心、鄭州刺史賈曾、懷州刺史王丘分總，而不得參事，一決於上。融奏選事，說屢卻之，融怒，乃與御史大夫崔隱甫等廷劾說引術士解禱及受賕，說由是罷宰相。融畏說且復用，訾詆不已。帝疾其黨，詔說致仕，

放隱甫于家，出融爲魏州刺史。

方河北大水，卽詔領宣撫使，俄兼檢校汴州刺史、河南北溝渠隄堰決九河使。又建請罄九河故地爲稻田，權陸運本錢，收其子入官。興役紛然，而卒無成功。入爲鴻臚卿，兼戶部侍郎。明年，進黃門侍郎、同中書門下平章事。融曰：「使吾執政得數月久，天下定矣。」乃薦宋璟爲右丞相，裴耀卿爲戶部侍郎，許景先爲工部侍郎，當時長其知人。而性卞急，少所推下。既居位，日引賓客故人與酣飲。然而神用警敏，應對如響，雖天子不能屈。信安王禕節度朔方，融畏其權，諷侍御史李宙劾奏之。禕密知，因玉眞公主、高力士自歸。翌日，宙通奏，帝怒，罷融爲汝州刺史。居宰相凡百日去，而錢穀亦自此不治。帝思之，讓宰相曰：「公等暴融惡，朕既罪之矣，國用不足，將奈何？」裴光庭等不能對，卽使有司劾融交不逞，作威福，其息受賕饋狼藉，乃貶融平樂尉。歲餘，司農發融在汴州給隱官息錢巨萬，給事中馮紹烈深文推證，詔流于巖州。道廣州，遷延不行，爲都督耿仁忠所讓，惶恐上道，卒。

初，融廣置使額以侈上心，百姓愁恐。有司寖失職，自融始。帝猶思其舊功，贈台州刺史。其後言利得幸者踵相躡，皆本於融云。

子審，字審。融之貶也，審與兄弟侍母京師。及聞融再貶，不告其家，徒步號泣省父，

使者憐之，以車共載達于巖州。後擢進士第，累遷大理評事。以夏楚大小無制，始創杖架，以高庳度杖長短，又鑄銅爲規，齊其巨細。楊國忠顓政，殺嶺南流人，以中使傳口敕行刑，畏議者嫉其酷，乃以審爲嶺南監決處置使，活者甚衆。後終永、和二州刺史。

韋堅字子全，京兆萬年人。姊爲惠宣太子妃，妹爲皇太子妃，中表貴盛，故仕最早。繇祕書丞歷奉先、長安令，有幹名。見宇文融、楊愼矜父子以聚斂進，乃運江、淮租賦，所在置吏督察，以佐國稟，歲終增鉅萬。玄宗咨其才，擢爲陝郡太守、水陸運使。

漢有運渠，起關門〔二〕，西抵長安，引山東租賦，汔隋常治之。堅爲使，乃占咸陽，壅渭爲堰，絕灞、滻而東，注永豐倉下，復與渭合。初，滻水銜苑左，有望春樓，堅于下鑿爲潭以通漕，二年而成。帝爲升樓，詔羣臣臨觀。堅豫取洛、汴、宋山東小斛舟三百首貯之潭，篙工柂師皆大笠、侈袖、芒屩，爲吳、楚服。每舟署某郡，以所產暴陳其上。若廣陵則錦、銅器、官端綾繡；會稽則羅、吳綾、絳紗；南海瑇瑁、象齒、珠琲、沈香；豫章力士瓷飲器、茗鐺、釜；宣城空青、石綠；始安蕉葛、蚺膽、翠羽；吳郡方文綾。船皆尾相銜進，數十里不絕。關中不識連檣挾櫓，觀者駭異。先是，人間唱得体紇那歌，有「揚州銅器」語。開元末，得寶符於桃林，而陝尉崔成甫以堅大輸南方物與歌語叶，更變爲得寶歌，自造曲十餘解，召吏唱習。至是，衣缺胯衫、錦半臂，絳冒頟，立艫前，倡人數百，皆巾幗鮮冶，齊聲應和，鼓吹合作。船次樓下，堅跪取諸郡輕貨上於帝，以給貴戚、近臣。上百牙盤食，府縣教坊音樂迭進，惠宣妃亦出寶物供具。帝大悅，擢堅左散騎常侍，官屬賞有差，蠲役人一年賦，舟工賜錢二百萬，名潭曰廣運。堅進兼江淮南租庸、轉運、處置等使，又兼御史中丞，封韋城縣男。

堅妻，姜皎女，李林甫舅子也。初甚昵比，既見其寵，惡之。堅亦自以得天子意，銳於進，又與左相李適之善，故林甫授堅刑部尙書，奪諸使，以楊愼矜代之。堅失職，稍怨望。河西、隴右節度使皇甫惟明數於帝前短林甫，稱堅才，林甫知之。惟明故爲忠王友，王時爲皇太子矣。正月望夜，惟明與堅宴集，林甫奏堅外戚與邊將私，且謀立太子。有詔訊鞫，林甫使楊愼矜、楊國忠、王鉷、吉溫等文致其獄，帝惑之，貶堅縉雲太守，惟明播川太守，籍其家。堅諸弟訴枉，帝大怒。太子懼，表與妃絕。復貶堅江夏別駕。未幾，長流臨封郡。弟蘭爲將作少匠，冰鄠令，芝兵部員外郎，子諒河南府戶曹，皆譴去。歲中，遣監察御史羅希奭就殺之，殺惟明於黔中，惟堅妻得原。從坐十餘人，倉部員外郎鄭章、右補闕內供奉鄭欽說、監察御史豆盧友楊惠、嗣薛王瑁皆免官被竄。

堅始鑿潭，多壞民冢墓，起江、淮，至長安，公私騷然。及得罪，林甫遣使江、淮，鉤索堅

罪，捕治舟夫漕史，所在獄皆滿。郡縣剝斂償輸，責及鄰伍，多裸死牢戶。林甫死，乃止。

楊愼矜，隋齊王暕曾孫。祖正道，從蕭后入突厥，及破頡利可汗，乃得歸，爲尙衣奉御。父隆禮，歷州刺史，善檢督吏，以嚴辯自名。開元初，爲太府卿，封弘農郡公。時御府財物羨積如丘山，隆禮性詳密，出納雖尋尺皆自按省，凡物經楊卿者，號無不精麗，歲常愛省數百萬。任職二十年，年九十餘，以戶部尙書致仕，卒。

愼矜沈毅任氣，健而才。初爲汝陽令，有治稱。隆禮罷太府，玄宗訪其子可代父任者，宰相以愼餘、愼矜、愼名皆得父淸白。帝喜，擢愼矜監察御史，知太府出納，愼餘太子舍人，主長安倉，愼名大理評事，爲含嘉倉出納使，被眷尤渥。

愼矜遷侍御史，知雜事，高置風格。始議輸物有汙傷，責州縣償所直，轉輕齎入京師，自是天下調發始煩。天寶二年，權判御史中丞、京畿採訪使，太府出納如故。於時李林甫用事，愼矜進非其意，固讓不敢拜，乃授諫議大夫、兼侍御史，更以蕭諒爲中丞。諒爭輕重不平，罷爲陝郡太守。林甫知愼矜爲己屈，卒授御史中丞，兼諸道鑄錢使。

韋堅之獄，王鉷等方文致，而愼矜依違不甚力，鉷恨之，雖林甫亦不悅。鉷父與愼矜外

兄弟也，故與鉷狎。及爲侍御史，繇愼矜所引，後遷中丞，同列，愼矜猶以子姓畜之，鉷負林甫勢，滋不平。會愼矜擢戶部侍郎，仍兼中丞，林甫疾其得君，且逼己，乃與鉷謀陷之。

明年，愼矜父冢草木皆流血，懼，以問所善胡人史敬忠。敬忠使身桎梏，裸而坐林中厭之；又言天下且亂，勸愼矜居臨汝，置田爲後計。會婢春草有罪，將殺之，敬忠曰：「勿殺，賣之可市十牛，歲耕田十頃。」愼矜從之。婢入貴妃姊家，因得見帝。帝愛其辯惠，留宮中，寖侍左右。帝常問所從來，婢奏爲愼矜家所賣。帝曰：「彼乏錢邪？」對曰：「固將死，賴史敬忠以免。」帝素聞敬忠挾術，問質其然。婢具言敬忠夜過愼矜，坐廷中，步星變，夜分乃去；又白厭勝事。帝怒。而婢漏言於楊國忠，國忠、鉷方睦，陰相語。始，愼矜奪鉷職田，辱詬其母，又嘗私語讖書，鉷銜之，未有發也。至聞國忠語，乃喜，且欲嘗帝以取驗。異時奏事，數稱引愼矜，帝悖然曰：「爾親邪，毋相往來！」鉷知帝惡甚，後見愼矜，輒慢侮不爲禮，愼矜怒。鉷乃與林甫作飛牒，告愼矜本隋後，蓄讖緯妖言，與妄人交，規復隋室。帝方在華清宮，聞之震怒，收愼矜尚書省，詔刑部尚書蕭炅、大理卿李道邃、殿中侍御史盧鉉楊國忠雜訊。馳遣京兆士曹參軍吉溫繫愼餘、愼名於洛陽獄考治。捕太府少卿張瑄致會昌傳舍，劾瑄與愼矜共解圖讖，搒掠不服。鉉遣御史崔器索讖書，於愼矜下妻臥內得之，詬曰：「逆賊所寘固密，今得矣！」以示愼矜，愼矜曰：「它日無是，今得之，吾死，命矣夫！」

溫又誘敬忠首服語言，愼矜不能對。有詔杖敬忠，賜愼矜、瑄死，籍其家，子女悉置嶺南。姻黨通事舍人辛景湊、天馬副監万俟承暉、閑廄使殿中監韋衢等坐竄徙者十餘族，所在部送，近親不得仕京師。

遣御史顏眞卿馳洛陽決獄。愼餘、愼名聞兄死，皆哭，既讀詔，輟哭。愼名曰：「奉詔不敢稽死，但寡姊垂白，作數行書與別。」眞卿許之。索筆，曰：「拙於謀己，兄弟併命，姊老孤煢，何以堪此！」遂縊，手指天而絕。愼矜兄弟友愛，事姊如母，儀幹皆秀偉，愛賓客，標置不凡，著稱於時。愼名嘗覗鑑歎曰：「兄弟皆六尺餘，此貌此才，欲見容當世，難矣！胡不使我少體弱邪？」世哀其言。寶應初，愼矜、王琚、韋堅皆復官爵。

王鉷，中書舍人瑨側出子也。初爲鄠尉，遷監察御史，擢累戶部郎中。數按獄深文，玄宗以爲才，進兼和市和糴、長春宮、戶口色役使，拜御史中丞、京畿關內採訪黜陟使。

林甫方興大獄，撼東宮，誅不附己者，以鉷險刻，可動以利，故倚之，使鷙擊狠噬。鉷所摧陷，多抵不道。又厚誅斂，嚮天子意，人雖被蠲貸，鉷更奏取脚直，轉異貨，百姓間關輸送，乃倍所賦。又取諸郡高戶爲租庸脚士，大抵貲業皆破，督責連年，人不賴生。帝在位久，妃御服玩脂澤之費日侈，而橫與別賜不絕于時，重取於左右藏。故鉷迎帝旨，歲進錢鉅億萬，儲禁中，以爲歲租外物，供天子私帑。帝以鉷有富國術，寵遇益厚，以戶部侍郎仍御史中丞，加檢察內作、閑廄使，苑內、營田、五坊、宮苑等使，隴右羣牧、支度營田使。

天寶八載，方士李渾上言見太白老人告玉版祕記事，帝詔鉷按其地求得之，因是羣臣奉上帝號。明年，鉷爲御史大夫，兼京兆尹，加知總監、栽接使。於是領二十餘使，中外畏其權。鉷於第左建大院，文書叢委，吏爭入求署一字，累數日不得者。天子使者賜遺相望，聲焰薰灼。帝寵任鉷亞林甫，而楊國忠不如也。然鉷畏林甫，謹事之。安祿山怙寵，見林甫白事，稍自怠，林甫欲示之威，託以事召王大夫，俄而鉷至，趨進俯伏，祿山不覺自失，鉷語久，祿山益恭。故林甫雖忌其盛，亦以附己親之。

子準，爲衞尉少卿，以鬬雞供奉禁中，林甫子岫，亦親近，準驕甚，陵岫出其上。過駙馬都尉王繇，以彈彈其巾，折玉簪爲樂，既置酒，永穆公主親視供具。萬年尉韋黃裳、長安尉賈季鄰等候準經過，饌具倡樂必素辨，無敢迕意。

鉷事嫡母孝，而與弟銲友愛。銲疾鉷宦達，常忿慢不弟，鉷終不異情。銲歷戶部郎中。鉷與銲召術士語不軌，術士驚，引去。鉷畏事泄，託它事捕殺之以絕口。王府司馬定安公主子韋會竊語於家〔三〕，左右往白鉷，鉷遣季鄰收會長安獄，夜縊死，以尸還家。會姻屬權近，

而惕息不敢言。

鉷封太原縣公，兼殿中監。爲中丞也，與楊國忠同列，用林甫薦爲大夫，故國忠不悅。銲與邢縡善，縡，鴻臚少卿璹子也，以功名相期，鉷因銲亦交縡。十一載四月，縡與銲謀引右龍武軍萬騎燒都門、誅執政作難。先二日事覺，帝召鉷付告牒。鉷意銲與縡連，故緩其事，但督兩縣尉捕賊。賈季鄰逢銲於路，銲謂曰：「我與縡有舊，今反，恐妄相引，君勿受。」既至，縡與其黨持弓刃突出格鬬，鉷與國忠繼至，縡黨相語曰：「勿鬬大夫。」或白國忠曰：「賊語陰相謂不可戰。」會高力士以飛龍小兒甲騎四百至，斬縡，盡禽其黨。國忠奏鉷與謀，帝不信，林甫亦爲鉷言，故帝原銲不問。然欲鉷請銲罪，使國忠諷之，鉷良久曰：「弟爲先人所愛，義不欲捨而謀存。」帝聞頗怒，而陳希烈固爭當以大逆。鉷未知，方上表自解，有詔希烈訊鉷矣，有司不肯通奏。鉷見林甫，林甫曰：「事後矣。」俄而銲至，國忠問曰：「大夫與否？」未及應，侍御史裴冕叱銲曰：「上以大夫故官君五品，君爲臣不忠，爲弟不誼。大夫豈與反事乎？」國忠愕然曰：「與，固不可隱；不與，不可妄。」銲乃曰：「兄不與。」獄具，詔銲杖死，鉷賜死三衞廚。冕請國忠，以其尸歸斂葬之。諸子悉誅，家屬徙遠方。有司籍第舍，數日不能徧，至以寶鈿爲井幹，引泉激霤，號「自雨亭」，其奢侈類如此。鉷兄錫，見諸弟貴盛，不肯仕，鉷彊之，爲太子僕。至是，貶東區尉，死於道，時人傷焉。

初，鉷附楊慎矜以貴，已而佐林甫陷慎矜，覆其家。凡五年，而鉷亦族矣。

盧鉉者，本以御史事韋堅爲判官，堅被劾，鉉發其私以結林甫。又善張瑄，及按慎矜，則誣瑄死。至鉷得罪，方爲閑廄判官，妄曰：「大夫以牒索馬五百，我不與。」衆疾其反覆，貶廬江長史。它日，見瑄如平生，乃曰：「公何得來此？願假須臾。」卒死。

贊曰：開元中，宇文融始以言利得幸。於時天子見海內完治，偃然有攘卻四夷之心，融度帝方調兵食，故議取隱戶剩田，以中主欲。利說一開，天子恨得之晚，不十年而取宰相。雖後得罪，而追恨融才有所未盡也。孟子所謂「上下征利而國危」者，可不信哉！天寶以來，外奉軍興，內蠱豔妃，所費愈不貲計。於是韋堅、楊慎矜、王鉷、楊國忠各以裒刻進，剝下益上，歲進羨緡百億萬爲天子私藏，以濟橫賜，而天下經費自如，帝以爲能，故重官累使，尊顯烜赫。然天下流亡日多於前，有司備員不復事。而堅等所欲既充，還用權娼以相屠脅，四族皆覆，爲天下笑。夫民可安而不可擾，利可通而不可竭。觀數子乃欲擾而竭之，斂怨基亡，則向所謂利

者，顧不反哉！鉷、國忠後出，橫虐最甚，當方毒，天下復思融云。

校勘記

〔一〕漢有運渠起關門　「關」，各本原作「闕」，本書卷五三食貨志及舊書卷一〇五韋堅傳作「關」。按「關」即潼關，「闕」爲形誤。今改。

〔二〕定安公主子韋會竊語於家　「定安」，各本原作「安定」，舊書卷一〇五王鉷傳作「定安」。通鑑卷二一六同舊書，胡注：「定安公主，中宗女，下嫁王同皎，生繇；又嫁韋濯，生會。」按「安定」爲唐高祖女，此當是「定安」，據改。

唐書卷一百三十五

列傳第六十

哥舒翰 曜　高仙芝　封常清

哥舒翰，其先蓋突騎施酋長哥舒部之裔。父道元，爲安西都護將軍、赤水軍使，故仍世居安西。翰少補效轂府果毅，家富于財，任俠重然諾，縱蒱酒長安市。年四十餘，遭父喪，不歸。不爲長安尉所禮，慨然發憤，游河西，事節度使王倕。倕攻新城，使翰經略，稍知名。又事王忠嗣，署衙將。翰能讀左氏春秋、漢書，通大義。疏財，多施予，故士歸心。爲大斗軍副使，佐安思順，不相下。忠嗣更使討吐蕃，副將倨見，翰怒，立殺之，麾下爲股抃。遷左衛郎將。

吐蕃盜邊，與翰遇苦拔海。吐蕃枝其軍爲三行，從山差池下，翰持半段槍迎擊，所嚮輒披靡，名蓋軍中。擢授右武衛將軍，副隴右節度，爲河源軍使。先是，吐蕃候積石軍麥熟，

歲來取，莫能禁。翰乃使王難得、楊景暉設伏東南谷。吐蕃以五千騎入塞，放馬褫甲，將就田，翰自城中馳至壘闞，虜駭走，追北，伏起，悉殺之，隻馬無還者。翰嘗逐虜，馬驚，陷于河，吐蕃三將欲刺翰，翰大呼，皆擁矛不敢動，救兵至，追殺之。翰有奴曰左車，年十六，以旅力聞。翰工用槍，追及賊，擬槍於肩，叱之，賊反顧，翰刺其喉，剔而騰之，高五尺許，乃墮，左車卽下馬斬其首，以爲常。

會忠嗣被罪，帝召翰入朝，部將請齎金帛以救忠嗣，翰但齎襆裝，曰：「使吾計從，奚取於是？不行，用此足矣。」翰至，帝虛心待，與語，異之，拜鴻臚卿，爲隴右節度副大使。翰已謝，卽極言忠嗣之枉。帝起入禁中，翰叩頭從帝，且泣。帝寤，爲末貸其罪，忠嗣不及誅。朝廷稱其義。

踰年，築神威軍青海上，吐蕃攻破之。更築於龍駒島，有白龍見，因號應龍城。翰相其川原宜畜牧，謫罪人二千戍之，由是吐蕃不敢近青海。天寶八載，詔翰以朔方、河東羣牧兵十萬攻吐蕃石堡城。數日未克，翰怒，捽其將高秀巖、張守瑜，將斬之。秀巖請三日期，如期而下。遂以赤嶺爲西塞，開屯田，備軍實。加特進，賜賚彌渥。十一載，加開府儀同三司。

翰素與安祿山、安思順不平，帝每欲和解之。會三人俱來朝，帝使驃騎大將軍高力士

宴城東，翰等皆集。詔尙食生擊鹿，取血瀹腸爲熱洛何以賜之。翰母，于闐王女也。祿山謂翰曰：「我父胡，母突厥；公父突厥，母胡。族類本同，安得不親愛？」翰曰：「諺言『狐向窟嗥，不祥』，以忘本也。兄旣見愛，敢不盡心。」祿山以翰譏其胡，怒罵曰：「突厥敢爾！」翰欲應之，力士目翰，翰託醉去。

久之，進封涼國公，兼河西節度使。攻破吐蕃洪濟、大莫門等城，收黃河九曲，以其地置洮陽郡，築神策、宛秀二軍。進封西平郡王，賜音樂、田園，又賜一子五品官，裨將賞拜有差。宰相楊國忠惡祿山，白發其反狀，故厚結翰。俄進太子少保。翰耆酒，極聲色，因風痹，體不仁。旣疾廢，遂還京師，闔門不朝請。

十四載，祿山反，封常清以王師敗。帝乃召見翰，拜太子先鋒兵馬元帥，以田良丘爲軍司馬，蕭昕爲判官，王思禮、鉗耳大福、李承光、高元蕩、蘇法鼎、管崇嗣爲屬將，火拔歸仁、李武定、渾蕚、契苾寧以本部隸麾下，凡河、隴、朔方、奴剌等十二部兵二十萬守潼關。師始東，先驅牙旗觸門，墮注旄，干折，衆惡之。天子御勤政樓臨送，詔翰以軍行，過門毋下，百官郊餞，旌旗亙二百里。翰惶恐，數以疾自言，帝不聽。然病痼不能事，以軍政委良丘，使王思禮主騎，李承光主步。三人爭長，政令無所統一，衆攜弛，無鬬意。明年，進拜尙書左僕射、同中書門下平章事。祿山遣子慶緒攻關，翰擊走之。

始，安思順度祿山必反，嘗爲帝言，得不坐。翰旣惡祿山，又怨思順。及是，知重兵在己，有所論請，天子重違，因僞爲賊書遺思順者，使關邏禽以獻。翰因疏七罪，請誅之。有詔思順及弟元貞皆賜死，徙放其家。國忠始懼。或說翰曰：「祿山本以誅國忠故稱兵，今若留卒三萬守關，悉精銳度滻水誅君側，此漢挫七國計也。」思禮亦勸翰。翰猶豫未發，謀頗露。國忠大駭，入見帝曰：「兵法，安不忘危。大兵在潼關而無後殿，萬有一不利，京師危矣。」卽募牧兒三千人，日夜訓練，以劍南列將分統之。又募萬人屯灞上，使腹心杜乾運爲帥。翰疑圖己，表請乾運兵隸節下，因詭召乾運計事者，至軍，卽斬首梟牙門，幷其軍。國忠愈恐，謂其子曰：「吾無死所矣！」

然翰亦不自安，又謀久不決。數奏言：「祿山雖竊據河朔，不得人心，請持重以敝之，待其離隙，可不血刃而禽。」賊將崔乾祐守陝郡，仆旗鼓，羸師以誘戰。覘者曰：「賊無備，可圖也。」帝信之，詔翰進討。翰報曰：「祿山習用兵，今始爲逆，不能無備，是陰計誘我。賊遠來，利在速戰。王師堅守，毋輕出關，計之上也。且四方兵未集，宜觀事勢，不必速。」

當是時，祿山雖盜河、洛，所過殘殺，人人怨之，淹時月不能進尺寸地。又郭子儀、李光弼兵益進，取常山十數郡。祿山始悔反矣，將還幽州以自固。而國忠計迫，謬說帝趣翰出潼關復陝、洛。時子儀、光弼遙計曰：「翰病且耄，賊素知之，諸軍烏合不足戰。今賊悉銳兵南破宛、洛，而以餘衆守幽州，吾直擣之，覆其巢窟，質叛族以招逆徒，祿山之首可致。若師出潼關，變生京師，天下怠矣。」乃極言請翰固關無出軍。而帝入國忠之言，使使者趣戰，項背相望也。翰窘不知所出。六月，引而東，慟哭出關，次靈寶西原，與乾祐戰。由關門七十里，道險隘，其南薄山，北阻河，賊以數千人先伏險。翰浮舟中流以觀軍，謂乾祐兵寡，易之，促士卒進，道岨無行列。賊乘高頹石下擊，殺士甚衆。翰與良丘登北阜，以軍三萬夾河鳴鼓，思禮等以精卒居前，餘軍十萬次之。乾祐爲陣，十十五五，或却或進，而陌刀五千列陣後。王師覩其陣無法，指觀嗤笑，曰：「禽賊乃會食。」

及戰，乾祐旗少偃，如欲遁者，王師懈，不爲備。伏忽起薄戰，皆奮死鬬。翰以氈蒙馬車，畫龍虎，飾金銀爪目，將駭賊，掎戈矢逐北。賊負薪塞路，順風火其車，熛焱熾突，騰煙如夜，士不復相辨，自相鬬殺，尸血狼籍，久乃悟，又棄甲奔山谷及陷河死者十一二。有艘百餘，軍爭濟，艘輒沈，至縛矛盾乘以度，喧叫振天地。賊乘之，奔潰略盡。始，關門有三塹，廣二丈，深一丈，士馬奔蹴相壓迮，少選塹平，後至者踐之以入。

旣敗，翰引數百騎絕河還營，羸兵裁八千，至潼津，收散卒復守關。乾祐進攻，於是火拔歸仁等紿翰出關，翰曰：「何邪？」曰：「公以二十萬衆，一日覆沒，持是安歸？公不見

高仙芝等事乎？」翰曰：「吾寧效仙芝死，汝舍我。」歸仁不從，執以降賊，械送洛陽，京師震動，由是天子西幸。祿山見翰責曰：「汝常易我，今何如？」翰俯伏謝罪曰：「陛下撥亂主。今天下未平，李光弼在土門，來瑱在河南，魯炅在南陽，臣爲陛下以尺書招之，三面可平。」祿山悅，卽署司空、同中書門下平章事。執火拔歸仁，曰：「背主忘義，吾不爾容。」斬之。翰以書招諸將，諸將皆讓翰不死節。祿山知事不可就，囚之。東京平，安慶緒以翰度河。及敗，乃殺之。

翰爲人嚴，少恩。軍行未嘗卹士飢寒，有啗民椹者，痛笞辱之。監軍李大宜在軍中，不治事，與將士樗蒱、飲酒、彈箜篌琵琶爲樂，而士米粃不饜。帝令中人袁思藝勞師，士皆訴衣服穿空，帝卽斥御服餘者，製袍十萬以賜其軍，翰藏庫中，及敗，封鐍如故。

先是，有客梁愼初遺翰書，請壓勿戰以屈賊，翰善之，奏爲左武衞胄曹參軍，留幕府。及翰與國忠貳，愼初曰：「難將作矣。」乃遁去。翰失守，華陰、馮翊、上洛郡官吏皆潰。帝遣劍南將劉光庭等將新募兵萬餘人往助翰，未至而翰被縛云。其後贈太尉，謚曰武愍。

子曜，字子明。八歲，玄宗召見華清宮，擢尙輦奉御。累遷光祿卿。以翰陷賊，哀憤號

慟，故吏裴晃、杜鴻漸等見之歎息。

李光弼討河北，曜請行，拜鴻臚卿，爲光弼副。降安太清、救宋州有功，改殿中監，襲封，爲東都鎮守兵馬使。德宗立，召爲左龍武大將軍。李希烈陷汝州，以周晃爲僞刺史。詔拜曜東都、汝州行營節度使，將鳳翔、邠寧、涇原、奉天、好畤兵萬人討希烈。帝召見，問曰：「卿治兵孰與父賢？」對曰：「先臣，安敢比。但斬長蛇，殪封豕，然後待罪私室，臣之願也。」帝曰：「爾父在開元時，朝廷無西憂；今朕得卿，亦不東慮。」及行，帝祖通化門。是日，牙干折。時以翰出師已如此，而斬持旗者，卒以敗，今曜復爾，人憂之。曜擊賊，收汝州，禽晃以獻，斬其將二人。希烈退保許州。詔城襄城，曜以疲人版築不如按甲持重以挫之，帝不許。有詔督戰。曜進次潁橋，雷震軍中七馬斃，曜懼，還屯襄城。希烈遣衆萬人縱火攻栅，殪人于塹以薄壘，曜苦戰破之。居數月，希烈自率兵三萬圍曜，築甬道屬城，矢集如雨。帝遣神策將劉德信以兵三千援之，又詔河南都統李勉出兵相掎角。勉以「希烈在外，許守兵少，乘虛襲之，希烈自解」，乃遣部將與德信趨許，未至，有詔切讓，使班師。德信等惶惑還，軍無斥候，至扈澗，爲賊設伏詭擊，死者殆半，器械輜重皆亡。德信走汝州。勉恐東都危，使將李堅華以兵四千往守，賊梗道，不得入。汴兵沮，襄城圍益急。帝乃詔普王以荆、襄、江西、鄂、沔之師討蔡州，詔涇原節度使姚令言捄襄城。未行，京師

亂，帝幸奉天。襄城陷，曜走洛陽。會母喪，奪爲東都畿、汝節度使。還河南尹。

曜拙於統御，而銳殺戮，士畏而不懷。貞元元年，部將叛，夜焚河南門，曜挺身免。帝以汴州刺史薛珏代之，召入爲鴻臚卿。終右驍衞上將軍，贈幽州大都督。子七人，俱以儒聞。峘，茂才高第，有節概。崿、嵫、岜皆明經擢第。

高仙芝，高麗人。父舍雞，初以將軍隸河西軍，爲四鎮校將。仙芝年二十餘，從至安西，以父功補游擊將軍。數年，父子並班。仙芝美姿質，善騎射，父猶以其儒緩憂之。初事節度使田仁琬、蓋嘉運等，不甚知名。後事夫蒙靈詧，乃善遇之。開元末，表爲安西副都護、四鎮都知兵馬使。

小勃律，其王爲吐蕃所誘，妻以女，故西北二十餘國皆羈屬吐蕃。自仁琬以來三討之，皆無功。天寶六載，詔仙芝以步騎一萬出討。是時步兵皆有私馬自隨，仙芝乃自安西過撥換城，入握瑟德，經疏勒，登葱嶺，涉播密川，遂頓特勒滿川，行凡百日。特勒滿川，即五識匿國也。仙芝乃分軍爲三，使疏勒趙崇玭自北谷道、撥換賈崇瓘自赤佛道、仙芝與監軍邊令誠自護密俱入，約會連雲堡。堡有兵千餘。城南因山爲栅，兵九千守之。城下據

婆勒川。會川漲，不得度，仙芝殺牲祭川，命士人齎三日糒集水涯，士不甚信。既涉，旗不霑，韉不濡。兵已成列，仙芝喜，告令誠曰：「嚮吾方涉，賊擊我，我無類矣。今既濟而陣，天以賊賜我也。」遂登山挑戰，日未中，破之。拔其城，斬五千級，生禽千人，馬千餘匹，衣資器甲數萬計。仙芝欲遂深入，令誠懼，不肯行。仙芝留羸弱三千使守，遂引師行。三日，過坦駒嶺，嶺峻絕，下四十里。仙芝恐士憚險不敢進，乃潛遣二十騎，衣阿弩越胡服來迎，先語部校曰：「阿弩越胡來迎，我無慮矣。」既至，士不肯下，曰：「公驅我何去？」會二十人至，曰：「阿弩越胡來迎，已斷娑夷橋矣。」仙芝卽陽喜，令士盡下。娑夷河，弱水也。既行三日，越胡來迎。明日，至阿弩越城。遣將軍席元慶以精騎一千先往，謂小勃律王曰：「不闞若城，吾假道趨大勃律耳。」城中大酋領皆吐蕃腹心，仙芝密令元慶曰：「若酋領逃者，弟出詔書呼之，賜以繒綵，至，皆縛以待我。」元慶如言。仙芝至，悉斬之。王及妻逃山穴，不可得，仙芝招喻，乃出降，因平其國。急遣元慶斷娑夷橋，其暮，吐蕃至，不克度。橋長度一箭所及者，功一歲乃成。八月，仙芝以小勃律王及妻自赤佛道還連雲堡，與令誠俱班師。於是拂菻、大食諸胡七十二國皆震懾降附。

仙芝遣判官王庭芬奏捷京師。軍至河西，靈詧怒，不迎勞。既見，罵曰：「高麗奴，于闐使爾何從得之？」仙芝懼，且謝曰：「中丞力也。」又曰：「焉耆鎮守使、安西副都護、都知兵馬

使，皆何從得之？」答曰：「亦中丞力也。」靈詧曰：「審若此，捷書不待我而敢卽奏，何邪？奴當斬，顧新立功，故貸爾。」仙芝不知所爲。令誠密言狀於朝，且曰：「仙芝立功而以憂死，後孰爲朝廷用者？」帝乃擢仙芝鴻臚卿、假御史中丞，代靈詧爲四鎮節度使，而詔靈詧還，靈詧懼。仙芝朝夕見，輒趨走，靈詧益慚。副都護程千里、衙將畢思琛、行官王滔、康懷順、陳奉忠等皆嘗譖仙芝於靈詧者。既視事，呼千里嫚罵曰：「公面雖男兒，而心似婦女，何邪？」謂琛曰：「爾奪吾城東千石種田，憶之乎？」對曰：「公見賜者。」仙芝曰：「爾時吾畏汝威，豈憐汝而賜邪？」又召滔，欲捽辱。良久，皆釋，曰：「吾不恨矣。」由是舉軍安之。俄加左金吾衞大將軍，與一子五品官。

九載，討石國，其王車鼻施約降，仙芝爲俘獻闕下，斬之，由是西域不服。其王子走大食，乞兵攻仙芝於怛邏斯城，以直其冤。仙芝爲人貪，破石，獲瑟瑟十餘斛、黃金五六槖駝、良馬寶玉甚衆，家貲累鉅萬。然亦不甚愛惜，人有求輒與，不問幾何。

尋除武威太守，代安思順爲河西節度使，羣胡固留思順，更拜右羽林軍大將軍，封密雲郡公。祿山反，榮王爲元帥，仙芝副之，領飛騎、彍騎及朔方等兵，出禁財募關輔士五萬，繼封常清東討。帝御勤政樓，引榮王受命，宴仙芝以下。帝又幸望春亭勞遣，詔監門將軍邊令誠監軍。次陝郡，而常清敗還。仙芝急，乃開太原倉，悉以所有賜士卒，焚其餘，引

兵趨潼關。會賊至，甲仗資糧委於道，彌數百里。既至關，勒兵繕守具，士氣稍稍復振。賊攻關不得入，乃引還。

初，令誠數私於仙芝，仙芝不應，因言其逗橈狀以激帝，且云：「常清以賊搖衆，而仙芝棄陝地數百里，朘盜稟賜。」帝大怒，使令誠即軍中斬之。令誠已斬常清，陳尸於蘧蒢。仙芝自外至，令誠以陌刀百人自從，曰：「大夫亦有命。」仙芝遽下，曰：「我退，罪也，死不敢辭。然以我爲盜頡資糧，誣也。」謂令誠曰：「上天下地，三軍皆在，君豈不知？」又顧麾下曰：「我募若輩，本欲破賊取重賞，而賊勢方銳，故遷延至此，亦以固關也。我有罪，若輩可言；不爾，當呼枉。」軍中咸呼曰：「枉！」其聲殷地。仙芝視常清尸曰：「公，我所引拔，又代吾爲節度，今與公同死，豈命歟！」遂就死。

封常清，蒲州猗氏人。外祖教之讀書，多所該究。然孤貧，年過三十，未有名。夫蒙靈詧爲四鎮節度使，以高仙芝爲都知兵馬使。嘗出軍，奏傔從三十餘人，衣褠鮮明，常清慨然投牒請豫。常清素瘠，又脚跛，仙芝陋其貌，不納。明日復至，仙芝謝曰：「傔已足，何庸復來？」常清怒曰：「我慕公義，願事鞭靮，故無媒自前，公何見拒深乎？以貌取士，恐失之

子羽。公其念之。」仙芝猶未納，乃日候門下，仙芝不得已，寘名傔中。

會達奚諸部叛，自黑山西趣碎葉，有詔邀擊。靈詧使仙芝以二千騎追躡。達奚行遠，人馬疲，禽馘略盡。常清於幕下潛作捷布，具記井泉次舍，克賊形勢謀略，條最明審。仙芝取讀之，皆意所欲出，乃大駭，即用之。軍還，靈詧迎勞，仙芝已去奴褫帶刀，而判官劉眺、獨孤峻爭問：「向捷布誰作者？公幕下安得此人？」答曰：「吾傔封常清也。」眺等驚，進揖常清坐，與語，異之，遂知名。以功授疊州戍主，仍爲判官。

仙芝破小勃律，代靈詧爲安西節度使，常清以從戰有勞，擢慶王府錄事參軍事，爲節度判官。仙芝征討，常知後務。常清才而果，胸無疑事。仙芝委家事於郎將鄭德詮，其乳母子也，威動軍中。常清嘗自外還，諸將前謁。德詮見常清始貴，易之，走馬突常清驄士去。常清命左右引德詮至廷中，門輒閉，因離席曰：「吾起細微，中丞公過聽，以主留事，郎將安得無禮？」因叱曰：「須暫假郎將死，以肅吾軍。」因杖死，以面仆地曳出之。仙芝妻及乳母哭門外救請，不能得，遽以狀白仙芝，仙芝驚，及見常清，憚其公，不敢讓。常清亦不謝。會大將有罪，又殺二人，軍中莫不股慄。仙芝節度河西，復請爲判官。久之，擢安西副大都護、安西四鎮節度副大使，知節度事。未幾，改北庭都護，持節伊西節度使。常清性勤儉，耐勞苦，出軍乘騾，私廄裁二馬，賞罰分明。

天寶末入朝，而安祿山反，帝引見，問何策以討賊。常清見帝憂，因大言曰：「天下太平久，人不知戰。然事有逆順，勢有奇變，臣請馳至東京，悉府庫募驍勇，挑馬箠度河，計日取逆胡首以獻闕下。」天子壯之。明日，以常清爲范陽節度副大使，乘驛赴東京。常清募兵得六萬人，然皆市井庸保，乃部分旗幟，斷河陽橋以守。賊移書平原，令太守顏眞卿以兵七千防河。眞卿馳使司兵參軍事李平入奏。常清取平表發視，即倚帳作書遺眞卿，勸堅守，且傳購祿山檄數十函與之，眞卿得，以分曉諸郡。

祿山度河，陷滎陽，入罌子谷，先驅至葵園。常清使驍騎拒之，殺拓羯數十百人。賊大軍至，常清不能禦，退入上東門，戰不利。賊鼓而進，劫官吏。再戰於都亭驛，又不勝；引兵守宣仁門，復敗。乃自提象門出，伐大木塞道以殿，至穀水，西奔陝。語高仙芝曰：「賊鋭甚，難與爭鋒。潼關無兵，一夫奔突則京師危，不如急守潼關。」仙芝從之。

敗書聞，帝削常清官，使白衣隸仙芝軍效力。仙芝使衣黑衣監左右部軍。及邊令誠以詔書至，示之，常清曰：「吾所以不死者，恐汙國家節，受戮賊手。今死乃甘心。」始，常清敗，徑入關，欲見上陳討賊事。至渭南，有詔赴潼關。常清憂懼，爲表以謝，且言：「自東京陷，三遣使表論成敗，不得對。」又言：「臣死後，望陛下無輕此賊，則社稷安。」至是臨刑，以表授令誠而死。人多哀之。

贊曰：祿山裒百闕驍虜，乘天下忘戰，主德耄勤，故提戈內譟，人情崩潰。常清乃驅市人數萬以嬰賊鋒，一戰不勝，即奪爵土。欲入關見天子論成敗事，使者三輩上書，皆不報，回斬于軍。仙芝棄陝守關，遏賊西勢，以喪地被誅。玄宗雖爲左右蒙蔽，然荒奪其明亦甚矣。卒使叛將得藉口，執翰以降賊。嗚呼，非天孰其惡，使亂四海，舉黔首而殘之邪！彼二將奚誅焉？

唐書卷一百三十六

列傳第六十一

李光弼 弟光進 荔非元禮 郝廷玉 李國臣 白孝德 張伯儀 白元光 陳利貞 侯仲莊 柏良器 烏承玼

李光弼，營州柳城人。父楷洛，本契丹酋長，武后時入朝，累官左羽林大將軍，封薊郡公。吐蕃寇河源，楷洛率精兵擊走之。初行，謂人曰：「賊平，吾不歸矣。」師還，卒于道，贈營州都督，謚曰忠烈。

光弼嚴毅沈果，有大略，幼不嬉弄，善騎射。起家左衞親府左郎將，累遷左清道率，兼安北都護，補河西王忠嗣府兵馬使，充赤水軍使。忠嗣遇之厚，雖宿將莫能比。嘗曰：「它日得我兵者，光弼也。」俄襲父封。以破吐蕃、吐谷渾功，進雲麾將軍。朔方節度使安思順表爲副，知留後事，愛其材，欲以子妻之，光弼引疾去。隴右節度使哥舒翰異其操，表還長安。

安祿山反，郭子儀薦其能，詔攝御史大夫，持節河東節度副大使，知節度事，兼雲中太守。尋加魏郡太守、河北採訪使。光弼以朔方兵五千出土門，東救常山，次眞定，常山圍結子弟執賊將安思義降。自顏杲卿死，郡爲戰區，露胔蔽野，光弼酹而哭之，出爲賊幽閉者，厚恤其家。

時賊將史思明、李立節、蔡希德攻饒陽，光弼得思義，不殺，問其計，答曰：「今軍行疲勞，逢敵不可支，不如按軍入守，料勝而出。虜兵猋銳，弗能持重，圖之萬全。」光弼曰：「善。」據城待。明日，思明兵二萬傅堞，光弼兵不得出，乃以勁弩五百射之，賊退，徙陣稍北。光弼出其南，夾滹沱而軍。思明雖數困，然恃近救，解鞍休士。是日，饒陽賊五千至九門，光弼諜知之，提輕兵，斂旗鼓，伺賊方飯，襲殺之且盡。思明懼，引去，以奇兵斷饟道。馬食薦藉，光弼命將取芻行唐，賊鈔擊之，兵負戶戰，賊不能奪。會郭子儀收雲中，詔悉衆出井陘，與光弼合擊賊九門西，思明大敗，挺身走趙郡，立節中流矢死，希德走鉅鹿。收槀城等十縣，遂攻趙。詔加光弼范陽大都督府長史、范陽節度使。思明繇鼓城入博陵，殺官吏。景城、河間、信都、淸河、平原、博平六郡結營自守，以附光弼。光弼急攻趙，一日拔之。士多鹵掠，光弼坐譙門，收所獲，悉歸之民，城中大悅。進圍博陵，未下。與子儀合擊思明於嘉山，大破之。光弼以范陽本賊巢窟，當先取之，摇賊根本。會潼關失守，乃拔軍入井陘。

肅宗即位，詔以兵赴靈武，更授戶部尙書、同中書門下平章事，節度如故。光弼以景城、河間兵五千入太原。前此，節度使王承業政弛謬，侍御史崔衆主兵太原，每侮狎承業，光弼素不平。及是，詔衆以兵付光弼。衆素狂易，見光弼長揖，不即付兵，光弼怒，收繫之。會使者至，拜衆御史中丞。光弼曰：「衆有罪，已前繫，今但斬侍御史。若使者宣詔，亦斬中丞。」使者內詔不敢出，乃斬衆以徇，威震三軍。

至德二載，思明、希德率高秀巖、牛廷玠將兵十萬攻光弼。時銳兵悉赴朔方，而麾下卒不滿萬，衆議培城以守，光弼曰：「城環四十里，賊至治之，徒疲吾人。」乃徹民屋爲擂石車，車二百人挽之，石所及輒數十人死，賊傷十二。思明爲飛樓，障以木幔，築土山臨城，光弼遣穴地頽之。思明宴城下，倡優居臺上靳指天子，光弼遣人隧地禽取之。思明大駭，徙牙帳遠去，軍中皆視地後行。又潛滿營地，將沈其軍，乃陽約降。至期，以甲士守陴，遣裨校出，若送款者，思明大悅。俄而賊數千沒于塹，城上鼓譟，突騎出乘之，俘斬萬計。思明畏敗，乃去，留希德攻太原。光弼出敢死士搏賊，斬首七萬級，希德委資糧遁走。

初，賊至，光弼設公幄城隅以止息，經府門不顧。圍解，閱三昔乃歸私寢。收淸夷、橫野等軍。賊別將攻好時，破大橫關，光弼追敗之。加檢校司徒，尋遷司空，封鄭國公，食實戶八百。

乾元元年，入朝，詔朝官四品以上郊謁，進兼侍中。與九節度圍安慶緒於相州，大戰鄴西，敗之。光弼與諸將議：「思明勒兵魏州，欲以怠我，不如起軍逼之。彼懲嘉山之敗，不敢輕出，則慶緒可禽。」觀軍容使魚朝恩固謂不可。既而思明來援，光弼拒賊，戰尤力，殺略大當。會諸將驚潰，各引歸，所在剽掠，獨光弼整衆還太原。帝貸諸將罪，以光弼兼幽州大都督府長史，知諸道節度行營事。又代子儀爲朔方節度使。未幾，爲天下兵馬副元帥。光弼以河東騎五百馳東都，夜入其軍，且謂賊方闚洛，當扼虎牢，帥師東出河上。檄召兵馬使張用濟，用濟憚光弼嚴，教諸將逗留其兵。用濟單騎入謁，光弼斬之，以辛京杲代。復追都將僕固懷恩，懷恩懼，先期至。會滑汴節度使許叔冀戰不利，降賊，思明乘勝西嚮。光弼敦陣徐行，趨東京，謂留守韋陟曰：「賊新勝，難與爭鋒，欲詘之以計。然洛無見糧，危偪難守，公計安出？」陟曰：「益陝兵，公保潼關，可以持久。」光弼曰：「兩軍相敵，尺寸地必爭。今委五百里而守關，賊得地，勢益張。不如移軍河陽，北阻澤、潞，勝則出，敗則守，表裏相應，賊不得西，此猨臂勢也。夫辨朝廷之禮，我不如公；論軍旅勝負，公不如我。」陟不能答。判官韋損曰：「東都乃帝宅，公當守之。」光弼曰：「汜水、崿嶺盡爲賊蹊，子能盡守乎？」遂檄河南縱官吏避賊，閈無留人，督軍取戰守備。思明至偃師，光弼悉軍趨河陽，身以五百騎殿。賊游騎至石橋，諸將曰：「並城而北乎？

中華書局

當石橋進乎？」光弼曰：「當石橋進。」甲夜，士持炬徐引，部曲重堅，賊不敢逼。已入三城，衆二萬，軍纔十日糧，與卒伍均少棄甘。賊憚光弼，未敢犯宮闕，頓白馬祠，治塹溝，築月城以守。賊攻光弼，與戰中潬西，破逆黨，斬千級，溺死者甚衆，生執五千人。初，光弼謂李抱玉曰：「將軍能爲我守南城二日乎？」抱玉曰：「過期何若？」曰：「棄之。」抱玉許諾。卽給賊曰：「吾糧盡，明日當降。」賊喜，斂兵待期。抱玉已繕完，卽請戰。賊忿欺，急攻之。抱玉出奇兵夾擊，俘獲過當，賊帥周摯引却。光弼自將治中潬，樹壁掘塹。摯捨南城攻中潬，光弼遣荔非元禮戰羊馬〔一〕，賊大潰。摯收兵復振，與安太淸合衆三萬攻北城。光弼斂軍入，登陴望曰：「彼軍雖銳，然方陣而囂，不足虞也，日中當破。」乃出戰，及期未決，召諸將曰：「彼彊而可破者，亂也。今以亂擊亂，宜無功。」因問：「賊陣何所最堅？」曰：「西北隅。」召郝廷玉曰：「爲我以麾下破之。」曰：「廷玉所將步卒，請騎五百。」與之三百。復問其次，曰：「東南隅。」召論惟貞，辭曰：「蕃將也，不知步戰，請鐵騎三百。」與之二百。乃出賜馬四十，分給廷玉等。光弼執大旗曰：「望吾旗，麾若緩，可觀便宜。若三麾至地，諸軍畢入，生死以之，退者斬！」既而馮堞望廷玉軍不能前，趣左右取其首來。廷玉曰：「馬中矢，非卻也。」乃命易佗馬。有裨將援矛刺賊，洞馬腹，中數人，又有迎賊不戰而卻者，光弼召援矛者賜絹五百匹，不戰者斬。光弼麾旗三，諸軍爭奮，賊衆奔敗，斬首萬餘級，俘八千餘人，馬二千，軍資

器械以億計，禽周摯、徐璜玉、李秦授，惟太淸挺身走。思明未知，猶攻南城，光弼驅所俘示之，思明大懼，築壘以拒官軍。始，光弼將戰，內刀于韡，曰：「戰，危事。吾位三公，不可辱于賊。萬有一不捷，當自刎以謝天子。」及是，西向拜舞，三軍感動。太淸襲懷州，守之。

上元元年，加太尉、中書令。進圍懷州，思明來救，光弼再逐北。思明見兵河淸，聲度河絕餉路。光弼壁野水度，既夕還軍，留牙將雍希顥守，曰：「賊將高暉、李日越，萬人敵也，賊必使劫我。爾留此，賊至勿與戰，若降，與偕來。」左右竊怪語無倫。是日，思明果召日越曰：「光弼野次，爾以鐵騎五百夜取之，不然，無歸！」日越至壘，使人問曰：「太尉在乎？」曰：「去矣。」「兵幾何？」曰：「千人。」「將爲誰？」曰：「雍希顥。」日越謂其下曰：「我受命云何，今顧獲希顥，歸不免死。」遂請降。希顥與俱至，光弼厚待之，表授特進，兼右金吾大將軍。高暉聞，亦降。或問：「公降二將何易也？」光弼曰：「思明再敗，恨不得野戰，聞我野次，彼固易之，命將來襲，必許以死。希顥無名，不足以爲功。日越懼死，不降何待？高暉材出日越之右，降者見遇，貳者得不思奮乎？」諸軍決丹水灌懷州，未下。光弼令廷玉由地道入，得其軍號，登陴大呼，王師乘城，禽太淸、楊希仲，送之京師，獻俘太廟。進食實戶一千五百。

思明使諜宣言賊將士皆北人，謳吟思歸。朝恩信然，屢上賊可滅狀。詔諭光弼，光弼

固言賊方銳，未可輕動。僕固懷恩媢光弼功，陰佐朝恩陳掃除計。使者來督戰，光弼不得已，令李抱玉守河陽，出師次北邙。光弼使傅山陣，懷恩曰：「我用騎，今迫險，非便地，請陣諸原。」光弼曰：「有險，可以勝，可以敗；陣于原，敗斯殲矣。且賊致死于我，不如阻險。」懷恩不從。賊據高原，以長戟七百，壯士執刀隨之，委物僞遁。懷恩軍爭剽獲，伏兵發，官軍大潰。懷州復陷，光弼度河保聞喜，抱玉以兵寡，棄河陽。光弼請罪，帝以懷恩違令覆軍，優詔召光弼入朝。懇讓太尉，更拜開府儀同三司、中書令、河中尹、晉絳等州節度使。未幾，復拜太尉，兼侍中、河南副元帥，知河南、淮南東西、山南東、荆南五道節度行營事，鎭泗州。帝爲賦詩以餞。

朝義乘邙山之捷，進略申、光等十三州，光弼輿疾就道，監軍使以兵少，請保揚州。光弼曰：「朝廷以安危寄我，賊安知吾衆寡？若出不意，當自潰。」遂疾驅入徐州。時朝義圍李岑於宋州，使田神功擊走之。初，神功平劉展，逗留淮南，尙衡、殷仲卿相攻兗、鄆間，來瑱擅襄陽，及光弼至屯，朝義走，神功還河南，瑱、衡、仲卿踵入朝，其爲諸將憚服類此。寶應元年，進封臨淮郡王。光弼收許州，斬賊贏千級，縛僞將二十二人。朝義分兵攻宋州，光弼破走之。

浙東賊袁晁反台州，建元寶勝，以建丑爲正月，殘剽州縣。光弼遣麾下破其衆於衢州。

廣德元年，遂禽晁，浙東平。詔增實封戶二千，與一子三品階，賜鐵券，名藏太廟，圖形凌煙閣。

相州、北邙之敗，朝恩羞其策繆，故深忌光弼切骨，而程元振尤疾之。二人用事，日謀有以中傷者。及來瑱爲元振讒死，光弼愈恐。吐蕃寇京師，代宗詔入援，光弼畏禍，遷延不敢行。及帝幸陝，猶倚以爲重，數存問其母，以解嫌疑。帝還長安，因拜東都留守，察其去就。光弼以久須詔書不至，歸徐州收租賦爲解。帝令郭子儀自河中輦其母還京。二年，光弼疾篤，奉表上前後所賜實封，詔不許。將吏問後事，答曰：「吾淹軍中，不得就養，爲不孝子，尙何言哉！」取所餘絹布分遺部將。薨，年五十七。部將卽以其布遂爲光弼行喪，號哭相問。帝遣使弔卹其母，贈太保，謚曰武穆，詔百官送葬延平門外。

光弼用兵，謀定而後戰，能以少覆衆。治師訓整，天下服其威名，軍中指顧，諸將不敢仰視。初，與郭子儀齊名，世稱「李郭」，而戰功推爲中興第一。其代子儀朔方也，營壘、士卒、麾幟無所更，而光弼一號令之，氣色乃益精明云。

子彙，有志操，廉介自將。從賈耽爲裨將，奏兼御史大夫。元和初，分徐州苻離爲宿州，光弼有遺愛，擢彙爲刺史。後遷涇原節度使，罷軍中雜徭，出奉錢贖將士質賣子，還其家。卒，贈工部尙書。

光弼弟光進，字太應。初爲房琯裨將，將北軍戰陳濤斜，兵敗，奔行在，肅宗宥之。代宗即位，拜檢校太子太保，封涼國公。吐蕃入寇，至便橋，郭子儀爲副元帥，光進及郭英乂佐之。自至德後與李輔國並掌禁兵，委以心膂。光弼被譖，出爲渭北、邠寧節度使。永泰初，封武威郡王。累遷太子太保，卒。

母李，有鬚數十，長五寸許，封韓國太夫人，二子節制皆一品。死葬長安南原，將相奠祭凡四十四幄，時以爲榮。

光弼所部將李懷光、僕固懷恩、田神功、李抱玉、董秦、哥舒曜、韓游瓌、渾釋之、辛京杲自有傳。若荔非元禮、郝廷玉、李國臣、白孝德、張伯儀、白元光、陳利貞、侯仲莊、柏良器，皆章章可稱列者，附次左方。

荔非元禮起裨將，累兼御史中丞。光弼守河陽，周摯攻北城，光弼方壁中潬，摯聞，併兵從光弼。光弼使元禮守羊馬城，植小旗城東北隅，望摯軍。摯恃衆，直逼城，以車千乘載木鵝橦車，麾兵塡塹，八道並進。光弼諭元禮曰：「中丞視賊過兵不顧，何也？」報曰：「公欲守邪？戰歟？」光弼曰：「戰。」曰：「方戰，賊爲我實塹，復何怪？」光弼曰：「吾慮不及此，公勉之。」元禮遂出戰，摯軍小卻。元禮以敵堅，未可以馳，還軍示弱，怠其意。光弼怒，使召

元禮，欲按軍法。答曰：「方戰，不及往，請破賊以見。」因休柵中，良久，顧麾下曰：「向公來召，殆欲斬我。鬭死有名，無庸受戮。」乃下馬持刀，瞋目直前，銳士堵而進，左右奮擊，一當數人，斬賊數百首，摯遁去。以功累遷驃騎大將軍、懷州刺史，知鎭西、北庭行營節度使。上元二年，光弼進收洛陽，軍敗，元禮徙軍翼成，爲麾下所害。

郝廷玉驍勇善格鬭，爲光弼愛將。及保河陽，禽徐璜玉，功爲多。累封安邊郡王，授神策將軍。吐蕃犯京畿，與馬璘屯中渭橋。它日，魚朝恩聞其善布陣，請觀之。廷玉申號令，鳴鼓角，部伍坐作進退若一。朝恩歎曰：「吾處兵間久，今始識訓練法。」廷玉惻然曰：「此臨淮王遺法也。王善御軍，賞當功，罰適過，每校旗，不如令者輒斬。由是人皆自効，而赴蹈馳突，心破膽裂。自臨淮歿，無復校旗事，此安足賞哉？」累爲秦州刺史。卒，贈工部尚書。

李國臣，河西人，本姓安。力能抉關，以折衝從收魚海五城，遷中郎將。後爲朔方將，積勞擢雲麾大將軍，賜姓李。從光弼守河陽，累封臨川郡王。大曆八年，爲鹽州刺史。吐蕃敗渾瑊於黃菩原，將略汧、隴，國臣謂人曰：「虜乘勝，必擾京師，我趨秦原，彼當反顧。」乃引

兵登安樂山，鳴鼓而西，日行三十里。吐蕃聞之，自百里城回軍，踰險，瑊因擊敗之。卒，贈揚州大都督。

白孝德，安西人，事光弼爲偏裨。史思明攻河陽，使驍將劉龍仙以騎五十挑戰，加右足馬鬣上，嫚罵光弼。光弼登城顧諸將曰：「孰能取是賊？」僕固懷恩請行，光弼曰：「是非大將所宜。」左右以孝德對。召問所須幾兵，對曰：「願出五十騎，見可而進，大軍鼓譟以張吾氣，足矣。」光弼撫其背遣之。孝德挾二矛，策馬絕河，半濟，懷恩賀曰：「事克矣。其攬轡便辟，可萬全者。」龍仙見，易之，不爲動。將至，若引避然，孝德振手止之曰：「侍中使致辭，無它。」與語須之，瞋目曰：「賊識我乎？我，白孝德也。」龍仙罵之，乃躍馬前搏，城上因大譟，五十騎繼進，龍仙環隄走，追斬其首以還。

後累功至北庭行營節度使，徙邠寧。僕固懷恩引吐蕃兵入寇，孝德擊敗之。永泰初，吐蕃、回紇圍涇陽，郭子儀說回紇約盟，吐蕃退走，子儀使渾瑊以兵五千出奉天，命孝德應之，大戰赤沙烽，斬獲甚衆。累封昌化郡王，歷太子少傅。建中元年卒，贈太保。

張伯儀，魏州人，以戰功隸光弼軍。浙賊袁晁反，使伯儀討平之，功第一，擢睦州刺史。

後爲江陵節度使。樸厚不知書，然推誠遇人，軍中畏肅，民亦便之。李希烈反，詔與賈耽、張獻甫收安州。戰不利，伯儀中流矢，師卻，失所持節。賊追及，奮刀以禦之，兩刃相嚮不得下，會救至，免。至漢水，挐野人船以達沔州。潰兵至江陵，哭於廷，伯儀妻勞勉，出其家帛給之，乃定。伯儀收散卒還。久之，除右龍武統軍。卒，贈揚州大都督。既請謚，博士李吉甫議以「中興三十年而兵未戢者，將帥養寇藩身也。若以亡敗爲戒，則總干戈者必圖萬全，而不決戰。若伯儀雖敗，而其忠可錄」。遂謚曰恭。

白元光字元光，其先突厥人。父道生，歷寧、朔州刺史。元光初隸本軍，補節度先鋒。安祿山反，詔徙朔方兵東討，元光領所部結義營，長驅從光弼出土門。累遷太子詹事，封南陽郡王，爲兩都遊弈使。

長安平，率兵淸宮，進擊餘寇，身被數創，肅宗躬爲傅藥。轉衞尉卿，兼朔方先鋒。史思明攻河陽，光弼召主騎軍。其後歷靈武留後、定遠城使。貞元二年卒，贈越州都督。

陳利貞，幽州范陽人。初爲平盧將，安祿山亂，從光弼軍河南。張巡被圍睢陽也，光弼遣郝廷玉及利貞救之，輕騎出入，廷玉稱爲勝己，以子妻之。及歸，薦于光弼，自行間累遷

檢校太子賓客，封靜戎郡王。

李希烈叛，詔哥舒曜東討，利貞爲前鋒，次郟城〔二〕。賊衆大集，利貞出奇兵五百，橫擣其右，賊鋒詘，數月不敢前。及希烈攻曜襄城，利貞登陴捍守，七十日未嘗櫛沐，非議事不下城。

朱泚反，利貞及張廷芝所統士皆幽、薊、河、隴人，故與廷芝合謀應泚，而利貞麾下亦從爲亂。夜半，難作，利貞拔劍當軍門，大譟曰：「欲過門者，先殺我！」衆畏其勇，乃止。廷芝出奔。德宗嘉之，擢汝州防禦使。貞元五年，疽發首，卒。遺觀察使崔縱書，自陳受國恩，恨不得死所云。

侯仲莊字仲莊，蔚州人。爲光弼先鋒，授忠武將軍。禽安太淸有功，累加冠軍將軍。僕固懷恩以朔方反，仲莊爲都將，訓兵自守，號爲「平射」，人畏其鋒。懷恩敗，郭子儀代之，引爲腹心。封上谷郡王，爲神策京西將。德宗幸奉天，遷左衞將軍，爲防城使。脩壘堞，晝夜執戈徼循。從幸興元，殿軍駱谷，授防禦招收使。帝還都，復鎭奉天，幾二十年。卒，贈洪州都督。

柏良器字公亮，魏州人。父造，以獲嘉令死安祿山難。乃學擊劍，欲報賊。父友王奐爲光弼從事，見之曰：「爾額文似臨淮王，面黑子似顏平原，殆能立功。」乃薦之光弼。授兵平山越，遷左武衞中郎將。以部兵隸浙西，豫平袁晁、方淸。其後潘狩虎、胡參分據小傷、蒸里，又擊破之。是時年二十四，更戰陣六十二。

李希烈圍寧陵，遏水灌之，親令軍中明日拔城。良器以救兵至，擇弩手善游者，沿汴渠夜入，及旦，伏弩發，賊乘城者皆死。錄功封平原郡王，入爲左神策軍大將軍、知軍事，圖形凌煙閣。募材勇以代士卒市販者，中尉竇文場惡之，坐友人闌入，換右領軍衞。自是軍政皆中官專之。終左領軍衞大將軍，贈陝州大都督。子耆，別傳。

烏承玼字德潤，張掖人。開元中，與族兄承恩皆爲平盧先鋒，沈勇而決，號「轅門二龍」。

契丹可突于殺其王邵固降突厥，而奚亦亂，其王魯蘇挈族屬及邵固妻子自歸。是歲，奚、契丹入寇，詔承玼擊之，破於捺祿山。二十二年，詔信安王禕率幽州長史趙含章進討，承玼請含章曰：「二虜固劇賊，前日戰而北，非畏我，乃誘我也。公宜畜銳以折其謀。」含章不信，戰白城，果大敗。承玼獨按隊出其右，斬首萬計，可突于奔北奚。

渤海大武藝與弟門藝戰國中，門藝來，詔與太僕卿金思蘭發范陽、新羅兵十萬討之，無功。武藝遣客刺門藝於東都，引兵至馬都山，屠城邑。承玼窒要路，塹以大石，亙四百里，虜不得入。於是流民得還，士少休，脫鎧而耕，歲省度支運錢。

安慶緒使史思明守范陽，思明恃兵彊，爲自固計。慶緒密遣阿史那承慶、安守忠就督事，且圖之。承玼勸思明曰：「唐家中興，與天下更始，慶緒偷肆晷刻，公殆與俱亡。有如束身本朝，湔洗前汙，此反掌功耳。」思明善之，斬承慶等，奉表聽命。

始，承恩爲冀州刺史，失守，思明護送東都，故肅宗使自雲中趨幽州開說思明，與承玼謀投釁殺之，不克，死。承玼奔李光弼，表爲冠軍將軍，封昌化郡王，爲石嶺軍使。王思禮爲節度使，軍政倚辦焉。久之，移疾還京師，卒，年九十六。子重胤，別傳。

贊曰：李光弼生戎虜之緒，沈鷙有守。遭祿山變，拔任兵柄，其策敵制勝不世出，賞信罰明，士卒爭奮，毅然有古良將風。本夫終父喪不入妻室，位王公事繼母至孝，好讀班固漢書，異夫庸人武夫者。及困於口舌，不能以忠自明，奄侍內構，遂陷嫌隙，謀就全安，而身益危，所謂工於料人而拙於謀己邪。方擁袂徇國，天下風靡；一爲遷延，而田神功等皆不

受約束，卒以憂死。功臣去就，可不愼邪？嗚呼，光弼雖有不釋位之誅，然讒人爲害，亦可畏矣，將時之不幸歟！

校勘記

〔一〕光弼遣荔非元禮戰羊馬　「羊馬」，本卷荔非元禮傳及舊書卷一一〇李光弼傳均作「羊馬城」。按羊馬城指城外短垣，亦稱羊馬垣，非專名。通典卷一五二云：「城外四面壕內去城十步，更立小隔城，厚六尺，高五尺，仍立女牆，謂之羊馬城。」宋史卷三六六劉錡傳載「錡傅城築羊馬垣」即其例。此省「城」字，而但言「戰羊馬」，則不成話語。

〔二〕利貞爲前鋒次郟城　「郟」，各本原作「郟」。查本書及舊書卷三八地理志、通典卷一七七、元和志卷六，河南汝州有郟城縣，陳利貞戰李希烈正其地。「郟」爲形誤，今改。

唐書卷一百三十七

列傳第六十二

郭子儀 曜 晞 承嘏 曖 釗 鏦 銛 曙 幼明 昕

郭子儀字子儀，華州鄭人。長七尺二寸。以武舉異等補左衞長史，累遷單于副都護、振遠軍使。天寶八載，木剌山始築橫塞軍及安北都護府，詔即軍爲使。俄苦地偏不可耕，徙築永清，號天德軍，又以使兼九原太守。

十四載，安祿山反，詔子儀爲衞尉卿、靈武郡太守，充朔方節度使，率本軍東討。子儀收靜邊軍，斬賊將周萬頃，擊高秀巖河曲，敗之，遂收雲中、馬邑，開東陘。加御史大夫。賊陷常山，河北郡縣皆沒。會李光弼攻賊常山，拔之，子儀引軍下井陘，與光弼合，破賊史思明衆數萬，平稾城。南攻趙郡，禽賊四千，縱之，斬僞守郭獻璆，還常山。思明以衆數萬尾軍，及行唐，子儀選騎五百更出挑之。三日，賊引去，乘之，又破於沙河，遂趨常陽以守。祿山

益出精兵佐思明。子儀曰：「彼恃加兵，必易我；易我，心不固，戰則克矣。」與戰未決，戮一步將以徇，士殊死鬭，遂破之，斬首二千級，俘五百人，獲馬如之。於是晝揚兵，夜擣壘，賊不得息，氣益老。乃與光弼、僕固懷恩、渾釋之、陳回光等擊賊嘉山，斬首四萬級，獲人馬萬計。思明跣奔博陵。於是河北諸郡往往斬賊守，迎王師。方北圖范陽，會哥舒翰敗，天子入蜀，太子即位靈武，詔班師。子儀與光弼率步騎五萬赴行在。時朝廷草昧，衆單寡，軍容缺然，及是國威大振。拜子儀兵部尚書、同中書門下平章事，仍總節度。肅宗大閱六軍，鼓而南，至彭原。宰相房琯自請討賊，次陳濤，師敗，衆略盡，故帝唯倚朔方軍爲根本。

賊將阿史那從禮以同羅、僕骨騎五千，誘河曲九府、六胡州部落數萬迫行在。子儀以回紇首領葛邏支擊之，執獲數萬，牛羊不可勝計，河曲平。

至德二載，攻賊崔乾祐於潼關，乾祐敗，退保蒲津。會永樂尉趙復、河東司戶參軍韓旻、司士徐景及宗室子鋒在城中，謀爲內應，子儀攻蒲，復等斬陴者，披闔內軍。乾祐走安邑，安邑僞納之，兵半入，縣門發，乾祐得脫身走。賊安守忠壁永豐倉，子儀遣子旰與戰，多殺至萬級，旰死于陣。進收倉。於是關、陝始通。詔還鳳翔，進司空，充關內、河東副元帥。率師趣長安，次潏水上。賊守忠等軍清渠左。大戰，王師不利，委仗奔。子儀收潰卒保武功，待罪于朝，乃授尚書左僕射。俄從元帥廣平王率蕃、漢兵十五萬收長安。李嗣業爲前

軍，元帥爲中軍，子儀副之，王思禮爲後軍，陣香積寺之北，距灃水，臨大川，彌亙一舍。賊李歸仁領勁騎薄戰，官軍囂，嗣業以長刀突出，斬賊數十騎，乃定。回紇以奇兵繚賊背，夾攻之，斬首六萬級，生禽二萬，賊帥張通儒夜亡陝郡。翌日，王入京師，老幼夾道呼曰：「不圖今日復見官軍！」王休士三日，遂東。

安慶緒聞王師至，遣嚴莊悉衆十萬屯陝，助通儒，旌幟鉦鼓徑百餘里。師至新店，賊已陣，出輕騎，子儀遣二隊逐之，又至，倍以往，皆不及賊營輒反。最後，賊以二百騎掩軍，未戰走，子儀悉軍追，橫貫其營。賊張兩翼包之，官軍却。嗣業率回紇從後擊，塵且坌，飛矢射賊，賊驚曰：「回紇至矣！」遂大敗，僵尸相屬于道。嚴莊等走洛陽，挾慶緒度河保相州，遂收東都。於是河東、河西、河南州縣悉平。以功加司徒，封代國公，食邑千戶。入朝，帝遣具軍容迎灞上，勞之曰：「國家再造，卿力也。」子儀頓首陳謝。有詔還東都，經略北討。

乾元元年，破賊河上，執安守忠以獻，遂朝京師。詔百官迎於長樂驛，帝御望春樓待之。進中書令。帝即詔大舉九節度師討慶緒，以子儀、光弼皆元功，難相臨攝，弟用魚朝恩爲觀軍容宣慰使，而不立帥。

子儀自杏園濟河，圍衞州。慶緒分其衆爲三軍。將戰，子儀選善射三千士伏壁內，誡曰：「須吾却，賊必乘壘，若等譟而射。」既戰，僞遁，賊薄營，伏發，注射如雨。賊震駭，王師

整而奮，斬首四萬級，獲鎧冑數十萬，執安慶和，收衞州。又戰愁思岡，破之。連營進圍相州，引漳水灌城，漫二時，不能破。城中糧盡，人相食。慶緒求救於史思明，思明自魏來，李光弼、王思禮、許叔冀、魯炅前軍遇之，戰鄴南，夷負相當，炅中流矢。子儀督後軍，未及戰。會大風拔木，遂晦，跬步不能相物色，於是王師南潰，賊亦走，輜械滿野。諸節度引還。子儀以朔方軍保河陽，斷航橋。時王師衆而無統，進退相顧望，責功不專，是以及于敗。有詔留守東都，俄改東畿、山南東道、河南諸道行營元帥。

魚朝恩素疾其功，因是媒譖之，故帝召子儀還，更以趙王爲天下兵馬元帥，李光弼副之，代子儀領朔方兵。子儀雖失軍，無少望，乃心朝廷。思明再陷河、洛，西戎逼擾京輔，天子旰食，乃授邠寧、鄜坊兩節度使，仍留京師。議者謂子儀有社稷功，而孽寇首鼠，乃置散地，非所宜。帝亦悟。

上元初，詔爲諸道兵馬都統，以管崇嗣副之，率英武、威遠兵及河西、河東鎭兵，繇邠寧、朔方、大同、橫野軍以趨范陽。詔下，爲朝恩沮解。明年，光弼敗邙山，失河陽。又明年，河中亂，殺李國貞，太原戕鄧景山。朝廷憂二軍與賊合，而少年新將望輕不可用，遂以子儀爲朔方、河中、北庭、潞儀澤沁等州節度行營，兼興平、定國副元帥，進封汾陽郡王，屯絳州。時帝已不豫，羣臣莫有見者，子儀請曰：「老臣受命，將死于外，不見陛下，目不瞑。」

帝引至臥內，謂曰：「河東事一以委卿。」子儀嗚咽流涕。賜御馬、銀器、雜綵，別賜絹布九萬。子儀至屯，誅首惡王元振等數十人，太原辛雲京亦治害景山者，諸鎮皆惕息。代宗立，程元振自謂於帝有功，忌宿將難制，離構百計。因罷子儀副元帥，加實戶七百，爲肅宗山陵使。子儀懼讒且成，盡裒代宗所賜詔敕千餘篇上之〔二〕，因自明。詔曰：「朕不德，詒大臣憂，朕甚自愧，自今公毋有疑。」初，帝與子儀平兩京，同天下憂患，至是悔悟，眷禮彌重。

時史朝義尚盜洛，帝欲使副雍王，率師東討，爲朝恩、元振交訾之，乃止。會梁崇義據襄州叛，僕固懷恩屯汾州，陰召回紇、吐蕃寇河西，殘涇州，犯奉天、武功，遽拜子儀爲關內副元帥，鎭咸陽。初，子儀自相州罷歸京師，部曲離散，逮承詔，麾下才數十騎，驅民馬補行隊。至咸陽，虜已過渭水，並南山而東，天子跳幸陝。子儀聞，流涕，董行營還京師。遇射生將王獻忠以翳騎叛，劫諸王欲奔虜，子儀讓之，取諸王送行在。乃率騎南收兵，得武關防卒及亡士數千，軍寖完。會六軍將張知節迎子儀洛南，大閱兵，屯商州，威震關中。乃遣知節率烏崇福、羽林將長孫全緒爲前鋒，營韓公堆，擊鼓譟山，張旗幟，夜叢萬炬，以疑賊。初，光祿卿殷仲卿募兵藍田，以勁騎先官軍爲游弈，直度滻，民紿虜曰：「郭令公來。」虜懼。會故將軍王甫結俠少，夜鼓朱雀街，呼曰：「王師至！」吐蕃夜潰。於是遣大將李忠義屯苑

中，渭北節度使王仲昇守朝堂，子儀以中軍繼之。射生將王撫自署京兆尹，亂京城，子儀斬以徇。破賊書聞，帝以子儀爲京城留守。

自變生倉卒，賴子儀復安，故天下皆咎程元振，羣臣數論奏。元振懼，乃說帝都洛陽，帝可其計。子儀奏曰：

雍州古稱天府，右隴、蜀，左崤、函，襟馮終南、太華之險，背負淸渭、濁河之固，地方數千里，帶甲十餘萬，兵彊士勇，眞用武之國，秦、漢所以成帝業也。後或處而泰、去而亡者不一姓，故高祖先入關定天下，太宗以來居洛陽者亦鮮。先帝興朔方，誅慶緒，陛下席西土，戮朝義，雖天道助順，亦地勢則然。比吐蕃馮陵而不能抗者，臣能言其略。夫六軍皆市井人，竄虛名，逃實賦，一日驅以就戰，有百奔無一前；又宦豎掩迷，庶政荒奪，遂令陛下彷徨暴露，越在陝服。斯委任失人，豈秦地非良哉！今道路流言，不識信否，咸謂且都洛陽。洛陽自大盜以來，焚埃略盡，百曹榛荒，寰服不滿千戶，井邑如墟，豺狼羣嘷；東薄鄭、汴，南界徐，北綿懷、衞及相，千里蕭條，亭舍不煙，何以奉萬乘牲餼、供百官次舍哉？且地狹阸，裁數百里，險不足防，適爲鬬場。陛下意者不以京畿新罹剽蹂，國用不足乎？昔衞爲狄滅，文公廬于曹，衣大布之衣，冠大帛之冠，卒復舊邦，況赫赫天子，躬儉節用，寧爲一諸侯下哉？臣願陛下斥素餐，去冗食，抑閹寺，任直臣，薄征弛役，卹隱撫鰥，委宰相以簡賢任能，付臣以訓兵禦侮，則中興之功，日月可冀。惟時邁亟還，見宗廟，謁園陵，再造王家，以幸天下。

帝得奏，泣謂左右曰：「子儀固社稷臣也，朕西決矣。」乘輿還，子儀頓首請罪，帝勞曰：「用卿晚，故至此。」乃賜鐵券，圖形凌煙閣。

僕固懷恩縱兵掠幷、汾屬縣，帝患之，以子儀兼河東副元帥、河中節度使，鎭河中。懷恩子瑒屯榆次，爲帳下張惟岳所殺，傳首京師，持其衆歸子儀。懷恩懼，委其母走靈州。廣德二年，進太尉，兼領北道邠寧、涇原、河西通和吐蕃及朔方招撫觀察使。辭太尉不拜。懷恩誘吐蕃、回紇、党項數十萬入寇，朝廷大恐，詔子儀屯奉天。帝問計所出，對曰：「無能爲也。懷恩本臣偏將，雖慓果，然素失士心。今能爲亂者，誑思歸之人，劫與俱來，且皆臣故部曲，素以恩信結之，彼忍以刃相向乎？」帝曰：「善。」虜寇邠州，先驅至奉天，諸將請擊之。子儀曰：「客深入，利遠戰。彼下素德我，吾緩之，當自攜貳。」因下令：「敢言戰者斬！」堅壁待之，賊果遁。

子儀至自涇陽，恩賚崇縟，進拜尙書令，懇辭，不聽。詔趣詣省視事，百官往慶，敕射生五百騎執戟寵衞。子儀確讓，且言：「太宗嘗踐此官，故累聖曠不置員，皇太子爲雍王，定關東，乃得授，渠可猥私老臣，隳大典？且用兵以來，僭賞者多，至身兼數官，冒進亡恥。今

凶醜略平，乃作法審官之時，宜從老臣始。」帝不獲已，許之，具所以讓付史官。因賜美人六人，從者自副，車服帷帟咸具。

永泰元年，詔都統河南道節度行營，復鎭河中。懷恩盡說吐蕃、回紇、党項、羌、渾、奴剌等三十萬，掠涇、邠，躪鳳翔，入醴泉、奉天，京師大震。於是帝命李忠臣屯渭橋，李光進屯雲陽，馬璘、郝廷玉屯便橋，駱奉先、李日越屯盩厔，李抱玉屯鳳翔，周智光屯同州，杜冕屯坊州，天子自將屯苑中。急召子儀屯涇陽，軍纔萬人。比到，虜騎圍已合，乃使李國臣、高昇、魏楚玉、陳回光、朱元琮各當一面，身自率鎧騎二千出入陣中。回紇怪問：「是謂誰？」報曰：「郭令公。」驚曰：「令公存乎？懷恩言天可汗棄天下，令公卽世，中國無主，故我從以來。公今存，天可汗存乎？」報曰：「天子萬壽。」回紇悟曰：「彼欺我乎！」子儀使諭虜曰：「昔回紇涉萬里，戡大憝，助復二京，我與若等休戚同之。今乃棄舊好，助叛臣，一何愚！彼背主棄親，於回紇何有？」回紇曰：「本謂公云亡，不然，何以至此。今誠存，我得見乎？」子儀將出，左右諫：「戎狄野心不可信。」子儀曰：「虜衆數十倍，今力不敵，吾將示以至誠。」左右請以騎五百從，又不聽。卽傳呼曰：「令公來！」虜皆持滿待。子儀以數十騎出，免胄見其大酋曰：「諸君同艱難久矣，何忽亡忠誼而至是邪？」回紇捨兵下馬拜曰：「果吾父也。」子儀卽召與飲，遺錦綵結歡，誓好如初。因曰：「吐蕃本吾舅甥國，無負而來，棄親也。馬牛

被數百里，公等若倒戈乘之，若俯取一芥，是謂天賜，不可失。且逐戎得利，與我繼好，不兩善乎？」會懷恩暴死，羣虜無所統一，遂許諾。吐蕃疑之，夜引去。子儀遣將白元光合回紇衆追躡，大軍繼之，破吐蕃十萬於靈臺西原，斬級五萬，俘萬人，盡得所掠士女牛羊馬橐駝不勝計。遂自涇陽來朝，加實封二百戶，還河中。

大曆元年，華州節度使周智光謀叛，帝間道以蠟書賜子儀，令悉軍討之。同、華將吏聞軍起，殺智光，傳首闕下。二年，吐蕃寇涇州，詔移屯涇陽。邀戰於靈州，敗之，斬首二萬級。明年，還河中。吐蕃復寇靈武，詔率師五萬屯奉天，白元光破虜於靈武。議者以吐蕃數爲盜，馬璘孤軍在邠不能支，乃以子儀兼邠寧慶節度使，屯邠州，徙璘爲涇原節度使。回紇赤心請市馬萬匹，有司以財乏，止市千匹。子儀曰：「回紇有大功，宜答其意，中原須馬，臣請內一歲奉，佐馬直。」詔不聽，人許其忠。

九年，入朝，對延英，帝與語吐蕃方彊，慷慨至流涕。退，上書曰：

朔方，國北門，西禦犬戎，北虞獫狁，五城相去三千里。開元、天寶中，戰士十萬，馬三萬匹，僅支一隅。自先帝受命靈武，戰士從陛下征討無寧歲。頃以懷恩亂，痍傷彫耗，亡三分之二，比天寶中止十之一。今吐蕃兼吞河、隴，雜羌、渾之衆，歲深入畿郊，勢踰十倍，與之角勝，豈易得邪？屬者虜來，稱四節度，將別萬人，人兼數馬。臣所

統士不當賊四之一，馬不當賊百之二，外畏內懼，將何以安？臣惟陛下制勝，力非不足，但簡練不至，進退未一，時淹師老，地廣勢分。願於諸道料精卒滿五萬者，列屯北邊，則制勝可必。竊惟河南、河北、江淮大鎮數萬，小者數千，殫屈稟給，未始蒐擇。臣請追赴關中，勒步隊，示金鼓，則攻必破，守必全，長久之策也。

又自陳衰老，乞骸骨。詔曰：「朕終始倚賴，未可以去位。」不許。

德宗嗣位，詔還朝，攝冢宰，充山陵使，賜號「尚父」，進位太尉、中書令，增實封通前二千戶，給糧千五百人，芻馬二百匹，盡罷所領使及帥。建中二年，疾病，帝遣舒王到第傳詔省問，子儀不能興，叩頭謝恩。薨，年八十五。帝悼痛，廢朝五日。詔羣臣往弔，隨喪所須皆取于官。贈太師。陪葬建陵。及葬，帝御安福門，哭過其喪，百官陪位流涕。賜謚曰忠武，配饗代宗廟廷。著令，一品墳崇丈八尺，詔特增丈，以表元功。

子儀事上誠，御下恕，賞罰必信。遭幸臣程元振、魚朝恩短毀，方時多虞，握兵處外，然詔至，即日就道，無纖介顧望，故讒間不行。破吐蕃靈州，而朝恩使人發其父墓，盜未得。子儀自涇陽來朝，中外懼有變，及入見，帝唁之，即號泣曰：「臣久主兵，不能禁士殘人之墓，人今發先臣墓，此天譴，非人患也。」朝恩又嘗約子儀修具，元載使人告以軍容將不利公。其下衷甲願從，子儀不聽，但以家僮十數往。朝恩曰：「何車騎之寡？」告以所聞。朝恩泣

曰：「非公長者，得無致疑乎？」田承嗣傲佷不軌，子儀嘗遣使至魏，承嗣西望拜，指其膝謂使者曰：「茲膝不屈於人久矣，今爲公拜。」李靈耀據汴州，公私財賦一皆遏絕，子儀封幣道其境，莫敢留，令持兵衞送。麾下宿將數十，皆王侯貴重，子儀頤指進退，若部曲然。幕府六十餘人，後皆爲將相顯官，其取士得才類如此。與李光弼齊名，而寬厚得人過之。子儀歲入官俸無慮二十四萬緡。宅居親仁里四分之一，中通永巷，家人三千相出入，不知其居。前後賜良田、美器、名園、甲館不勝紀。代宗不名，呼爲大臣。以身爲天下安危者二十年，校中書令考二十四。八子七婿，皆貴顯朝廷。諸孫數十，不能盡識，至問安，但頷之而已。富貴壽考，哀榮終始，人臣之道無缺焉。

子曜、旰、晞、昢、晤、曖、曙、映，而四子以才顯。

曜性沈靜，資貌瑰傑。累從節度府辟署，破虜有功，爲開陽府果毅都尉。至德初，推子儀功，授衞尉卿，累進太子詹事、太原郡公。子儀專征伐，曜留治家事，少長無閒言。諸弟或飾池館，盛車服，曜獨以朴簡自處。子儀罷兵，遷太子少保，昆弟六人，共制拜官。子儀薨，以遺命簿上四朝所賜名馬珍物，德宗復賜之，乃悉散諸弟。居喪以禮，疾甚，或勸茹葱薤，終不屬口。後盧杞秉政，忌勳族，子儀婿太僕卿趙縱、少府少監李洞清、光祿卿王宰皆

以次得罪。姦人幸其危，多論奪田宅奴婢，曜大恐，獨宰相張鎰力保護。德宗稍聞之，詔有司曰：「尚父子儀有大勳力，保乂王家，嘗誓山河，琢金石，許宥十世。前日其家市田宅奴婢，而無賴者以尚父歿，妄論奪之，自今有司毋得受。」建中三年，卒，贈太子太傅，謚曰孝。

初，曜襲代國公，食二千戶。貞元初，詔減半以封晞、曖、映、曙，人二百五十戶。未幾，復詔四人各減五十戶，封曜子鋒、晤子鐇各百戶云。

晞善騎射，從征伐有功，復兩京，戰最力，出奇兵破賊，累進鴻臚卿。河中軍亂，子儀召首惡誅之，其支黨猶反仄，晞選親兵晝夜警，以備非常，姦人不得發。以功拜殿中監。吐蕃、回紇入寇，加御史中丞，領朔方軍援邠州，與馬璘合軍擊虜，破之。虜復來，陣涇水北，子儀遣晞率徒兵五千、騎五百襲虜。晞以兵寡不進，須暮，賊半濟，乃擊，斬首五千級。加御史大夫，子儀固讓，乃止。居父喪，值朱泚亂，南走山谷。賊舁致之，欲汙以官，佯瘖不答；賊露兵脅之，不動。數以城中事貽書李晟。既而奔奉天。天子還，改太子賓客。子鋼，從朔方杜希全幕府。希全檄爲豐州刺史，晞憐其弱不任事，丐罷。德宗遣使者召鋼，鋼疑得罪，挺身走吐蕃，不納。希全執送京師，賜死。晞坐免，尋復太子賓客。累封趙國公。卒，贈兵部尚書。孫承嘏。

承暇字復卿，幼秀異，通五經。元和中，及進士第，累遷起居舍人。居母喪，以孝聞。大和六年，爲諫議大夫，言政事得失。文宗以鄭注爲太僕卿，承嘏極論其非，注頗懼。進給事中。俄出爲華州刺史，給事中盧載還詔書，且言：「承嘏數封駁稱職，宜在禁闥。」帝曰：「朕謂久次，欲優其稍入耳。」乃復留給事中。時江淮旱，用度不支，詔宰相分領度支、戶部。承嘏言：「宰相調和陰陽，安黎庶。若使閱視簿書，校緡帛，非所宜。」帝順納。遷刑部侍郎。帝嘗稱其儒素，無貴驕氣，不類勳家。每進對，恩接備厚。方大任用，會卒。家無餘貲，親友爲辦喪祭。贈吏部尚書。

曖字曖，以太常主簿尚昇平公主。曖年與公主侔，十餘歲許昏。拜駙馬都尉，試殿中監，封清源縣侯，寵冠戚里。大曆末，檢校左散騎常侍。建中時，主坐事，留禁中。朱泚亂，逼署曖官，辭以居喪被疾。既而與公主奔奉天。德宗嘉之，釋主罪，進曖金紫光祿大夫，賜實封五十戶。尋遷太常卿。貞元三年，襲代國公。卒，年四十八，贈尚書左僕射。初，曖女爲廣陵郡王妃。王卽位，是爲憲宗。妃生穆宗。穆宗立，尊妃爲皇太后，贈曖太傅。四子：鑄、釗、鏦、銛。鑄襲封。

釗長七尺，方口豐下。代宗朝，以外孫爲奉禮郎。累官至左金吾大將軍，改檢校工部

尚書，爲邠寧節度使，入爲司農卿。憲宗寢疾，宦豎或妄議廢立者。穆宗問計於釗，答曰：「殿下爲太子，當旦夕視膳，何外慮乎？」時稱得元舅體。穆宗卽位，檢校戶部尚書兼司農卿。俄爲河陽三城節度使。徙河中尹，領晉絳慈隰節度。敬宗立，召拜兵部尚書，又帥劍南東川。大和中，南蠻寇蜀，取成都外郛，杜元穎不能禦，詔釗兼領西川節度。未行，蠻已略梓州。州兵寡，不可用。釗貽書譙蠻首嵯巔以侵叛意。嵯巔曰：「元穎不自守，數侵吾圉，我以是報。」乃與釗修好，約無相犯。天子嘉之，卽拜西川節度使。以疾請代，爲太常卿，卒，贈司徒。子仲文、仲恭、仲詞。開成二年，詔仲文襲太原郡公。給事中盧弘宣奏：「釗妻沈，公主女，代宗皇帝外孫，其子仲詞尚饒陽公主。仲文冒嫡不應襲。使仲文承嫡，則沈當黜，且仲詞亦不得尚主。」乃詔仲詞檢校殿中少監、駙馬都尉，襲封。而仲文以太皇太后故，置不問。仲恭歷詹事府丞，亦尚金堂公主。

鏦字利用，尚德陽郡主。順宗立，主進封漢陽公主，擢鏦檢校國子祭酒、駙馬都尉。自景龍後，外戚多爲檢校官，不治事。宰相薦其才，不當以外戚廢，乃拜右金吾將軍，封太原郡公。恭遜折節，不以富貴加人。性周畏，不立赫赫名。有諫於上，退必毀稿，家人子弟無知者。別墅在都南，尤勝塏，穆宗嘗幸之，置酒極歡。改太子詹事，充閑廄宮苑使。卒，贈尚書左僕射。

銛性和易，累爲殿中監，尚西河公主。鏦卒，代爲太子詹事、宮苑閑廄使。長慶三年，暴卒。太后遣使按問發疾狀，久乃解。初，西河主降沈氏，生一子，銛無嗣，以沈氏子嗣。

曙，代宗朝累官司農卿。德宗幸奉天，曙方領家兵獵苑北，聞蹕至，伏謁道左，遂從乘輿入駱谷。霖雨塗潦，衞兵或異語。帝召謂曰：「朕不德而苦公等，宜執朕送朱泚，以謝天下。」諸將皆感泣曰：「願死生從陛下。」時曙與功臣子李昇、韋淸、令狐建、李彥輔被甲請見，言曰：「南行路險，且虞姦變。臣等世蒙恩，今相誓，願更挾帝馬。」許之。帝還，曙、淸擢金吾大將軍，餘並爲禁軍將軍。曙終祁國公。

子儀母弟幼明，性謹愿無過，拙于武，喜賓客。以子儀故，終少府監，贈太子太傅。子昕，肅宗末爲四鎭留後。關、隴陷，不得歸，朝廷但命官遙領其使。建中二年，昕始與伊西、北庭節度使曹令忠遣使入朝。德宗詔曰：「四鎭、二庭，統西夏五十七蕃十姓部落，國朝以來，相與率職。自關、隴失守，王命阻絕，忠義之徒，泣血固守，奉遵朝法，此皆侯伯守將交修共治之効，朕甚嘉之。令忠可北庭大都護、四鎭節度留後，賜氏李，更名元忠。昕可安西大都護、四鎭節度使。諸將吏超七資敍官」云。

贊曰：天寶末，盜發幽陵，外阻內訌。子儀自朔方提孤軍，轉戰逐北，誼不還顧。當是時，天子西走，唐祚若贅斿，而能輔太子，再造王室。及大難略平，遭讒甚，詭奪兵柄，然朝聞命，夕引道，無纖介自嫌。及被圍涇陽，單騎見虜，壓以至誠，猜忍沮謀。雖唐命方永，亦由忠貫日月，神明扶持者哉。及光弼等畏偪不終，而子儀完名高節，爛然獨著，福祿永終，雖齊桓、晉文比之爲褊。唐史臣裴垍稱：「權傾天下而朝不忌，功蓋一世而上不疑，侈窮人欲而議者不之貶。」嗚呼！垍誠知言。其子孫多以功名顯，蓋盛德後云。

校勘記

〔一〕燾哀代宗所賜詔敕千餘篇上之　「代」，各本原作「肅」。按舊書卷一二〇郭子儀傳上唐代宗表，此所謂「詔敕」，乃代宗爲廣平王，與郭子儀收復兩京時，軍中往來之手札。「肅」當作「代」，據改。

唐書卷一百三十八

列傳第六十三

李嗣業 馬璘 李抱玉 抱眞 緘 路嗣恭 應 恕

李嗣業字嗣業，京兆高陵人。長七尺，膂力絕衆。開元中，從安西都護來曜討十姓蘇祿，先登捕虜，累功署昭武校尉。後應募安西，軍中初用陌刀，而嗣業尤善，每戰必爲先鋒，所嚮摧北。馬靈督爲節度，出戰必與俱。

高仙芝討勃律，署嗣業及中郎將田珍爲左右陌刀將。時吐蕃兵十萬屯娑勒城，據山瀕水，聯木作郛，以扼王師。仙芝潛軍夜濟信圖河，令曰：「及午破賊，不者皆死。」嗣業提步士升山，頹石四面以擊賊，又樹大旗先走險，諸將從之。虜不虞軍至，因大潰，投崖谷死者十八。鼓而驅至勃律，禽其主，平之。授右威衞將軍。從平石國及突騎施，以跳盪先鋒加特進。虜號爲「神通大將」。

初，仙芝特以計襲取石，其子出奔，因構諸胡共怨之，以告大食，連兵攻四鎭。仙芝率兵二萬深入，爲大食所敗，殘卒數千。事急，嗣業謀曰：「將軍深履賊境，後援既絕，而大食乘勝，諸胡銳于鬬，我與將軍俱前死，尙誰報朝廷者？不如守白石嶺以爲後計。」仙芝曰：「吾方收合餘燼，明日復戰。」嗣業曰：「事去矣，不可坐須葅醢。」卽馳守白石，路既隘，步騎魚貫而前。會拔汗那還兵，輜餉塞道不可騁，嗣業懼追及，手梃廛擊，人馬斃仆者數十百，虜駭走，仙芝乃得還。表嗣業功，進右金吾大將軍，留爲疏勒鎭使。城一隅阤，屢築輒壞，嗣業祝之，有白龍見，因其處耘祠以祭，城遂不壞。漢耿恭故井久涸，禱已，泉復出。初討勃律也，通道葱領，有大石塞隘，以足蹶之，抵穹壑，識者以爲至誠所感云。

天寶十二載，加驃騎大將軍。入朝，賜酒玄宗前，醉起舞，帝寵之，賜綵百、金皿五十物、錢十萬，曰：「爲解酲具。」

安祿山反，肅宗追之，詔至，卽引道，與諸將割臂盟曰：「所過郡縣，秋毫不可犯。」至鳳翔，上謁，帝喜曰：「今日卿至，賢於數萬衆。事之濟否，固在卿輩。」乃詔與郭子儀、僕固懷恩掎角。常爲先鋒，以巨棓笞闘，賊值，類崩潰。進四鎭、伊西、北庭行軍兵馬使。

廣平王收長安，嗣業統前軍，陣于香積祠北。賊酋李歸仁擁精騎薄戰，王師注矢逐之，走未及營，賊大出，掩追騎，還蹂王師，於是亂不能陣。嗣業謂子儀曰：「今日不蹈萬死取一

生，則軍無類矣。」卽袒持長刀，大呼出陣前，殺數十人，陣復整。步卒二千以陌刀、長柯斧堵進，所向無前。歸仁匿兵營左，覘軍勢，王分回紇銳兵擊其伏，嗣業出賊背合攻之，自日中至昃，斬首六萬級，塡澗壑死幾半，賊東走，遂平長安。進收東都，嗣業戰多。乃與張鎬、魯炅、來瑱、嗣吳王祗、李奐略定諸州。兼衞尉卿，封虢國公，實封戶二百。兼懷州刺史、北庭行營節度使。

與子儀等圍相州，師耄，諸將無功，獨嗣業被堅數奮，爲諸軍冠。中流矢，臥帳中，方愈，忽聞金鼓聲，知與賊戰，大呼，創潰，血流數升卒。謚曰忠勇，贈武威郡王，給靈輿護還在所。葬日，使中人臨弔，中朝臣祖泣，塋給掃除十戶。嗣業忠毅憂國，不計居產，有宛馬十疋，前後賞賜，皆上于官以助軍云。

子佐國，襲爵，歷丹王府長史。卒，推嗣業功，贈宋州刺史。

馬璘，岐州扶風人。少孤，流蕩無業所。年二十，讀漢馬援傳，至「丈夫當死邊野，以馬革裹尸而歸」，慨然曰：「使吾祖勳業墜于地乎？」開元末，挾策從安西節度府，以奇勞，累遷金吾衞將軍。

至德初，王室多難，統精甲三千，自二庭赴鳳翔。肅宗奇之，委以東討。初戰衞南，以百騎破賊五千衆。從李光弼攻洛陽，史朝義衆十萬陣北邙山，旗鎧照日，諸將尤疑，未敢擊。璘率部士五百，薄賊屯，出入三反，衆披靡，乘之，賊遂潰。光弼曰：「吾用兵三十年，未見以少擊衆，雄捷如馬將軍者！」遷試太常卿。

明年，吐蕃寇邊，詔璘移軍援河西。懷恩之叛，璘引還，間關轉闘至鳳翔，虜圍已合，節度使孫志直嬰城守。璘令士持滿外向，突入縣門，不解甲出戰，背城陣。虜潰，率輕騎追之，斬數千級，漂血丹渠。帝引見尉勞，擢兼御史大夫。

永泰初，拜四鎭行營節度、南道和蕃使。俄檢校工部尙書，北庭行營、邠寧節度使。元日，有卒犯盜，或曰宜赦，璘曰：「赦之，則人將伺其日爲盜。」遂戮之。天大旱，里巷爲土龍聚巫以禱，璘曰：「旱由政不修。」卽命撤之。明日雨，是歲大穰。未幾，徙涇原，權知鳳翔、隴右節度副使，四鎭、北庭如舊，復以鄭、潁二州隸之。

大曆八年，吐蕃內寇，渾瑊戰宜祿，不利。璘設伏潘原，與瑊合擊破之，俘級數萬。進檢校尙書右僕射。明年，入朝，求宰相，以檢校左僕射知省事，進扶風郡王。十一年，卒於軍，年五十六。贈司徒，謚曰武。

璘少學術，而武幹絕倫。遭時屯棘，以忠力奮。在涇八年，繕屯壁，爲戰守具，令肅不

殘,人樂爲用,虜不敢犯,爲中興銳將。初,涇軍乏財,帝諷李抱玉讓鄭、潁,璘因得裒積,且前後賜賚無算,家富不貲。治第京師,侈甚,其寢堂無慮費錢二十萬緡。方璘在軍,守者覆以油幔。及喪歸,都人爭入觀,假稱故吏入赴弔者日數百。德宗在東宮聞之,不喜。及即位,乃禁第舍不得踰制,詔毀璘中寢及宦人劉忠翼第。璘家懼,悉籍亭館入之官。其後賜羣臣宴,多在璘山池。而子弟無行,財亦尋盡。

李抱玉,本安興貴曾孫,世居河西,善養馬。始名重璋,閑騎射,少從軍。其爲人沈毅有謀,尤忠謹,李光弼引爲裨校。天寶末,玄宗以其戰河西有功,爲改今名。祿山亂,守南陽,斬賊使。至德二載,上言:「世占涼州,恥與逆臣共宗。」有詔賜之姓,因徙籍京兆,舉族以李爲氏。進至右羽林大將軍,知軍事,擢陳鄭潁亳節度使。

史思明已破東都,凶焰勃然,鼓而行,自謂無前。光弼壁河陽拒之,使抱玉守南城。賊急攻,抱玉縱奇兵出,表裏俘殺甚衆。賊乃捨去,從光弼戰,大敗,因不能西。差功第一,封欒城縣公。代宗立,兼澤潞節度使,統相、衞、儀、邢十一州兵。以功授司空,兼兵部尚書,武威郡王。懇辭王爵,徙涼國公,進司徒。

廣德中,吐蕃入寇,帝次陝,羣盜徧南山五谷間,東距虢,西抵岐,椎剽不勝計。詔太子賓客薛景仙爲南山五溪谷防禦使,引兵招捕,久不克。更詔抱玉討賊。抱玉盡得賊株柢蹊隧,分兵守諸谷,使牙將李崇客精騎四百,自桃林、虢川襲之。賊帥高玉脫身走城固,山南西道張獻誠禽以獻,悉索支黨斬之。不閱旬,五谷平。卽詔抱玉權鳳翔、隴右節度,抱玉懇讓司徒,故以尚書左僕射同中書門下平章事,河西、隴右副元帥。又讓僕射,故還爲兵部尚書。

大曆二年,來朝。久之,加山南西道副元帥兼節度使,屯盩厔。抱玉兼三節度、三副元帥,位望隆赫。乃上言:「隴坻逵扶、文,緜地二千里,虜孔道不一,梁、岷重則關輔輕。願擇能臣,帥西道當一面,臣得專事關、隴。」帝多其讓,許之。抱玉在鎭十餘年,雖無破虜功,而禁暴安人,爲將臣之良。卒,年七十四,贈太保,謚曰昭武。

從父弟抱眞。

抱眞字太玄,沈慮而斷。抱玉屬以軍事,授汾州別駕。僕固懷恩反,陷焉,挺身歸京師。代宗以懷恩倚回紇,所將朔方兵精,憂之,召抱眞問狀,答曰:「郭子儀嘗領朔方軍,人多德之。懷恩欺其下曰,『子儀爲朝恩所殺。』今起而用,是伐其謀,兵可不戰解也。」既而懷恩敗,如抱眞策。遷殿中少監、陳鄭澤潞節度留後。既謝,因言:「百姓勞逸在牧守,願得一州以自試。」更授澤州刺史,兼澤潞節度副使。徙懷州,仍爲懷澤潞觀察留後,凡八年。

抱眞策山東有變,澤、潞兵所走集,乘戰伐後,賦重人困,軍伍彫刓,乃籍戶三丁擇一,蠲其傜租,給弓矢,令閑月得曹偶習射,歲終大校,親按籍第能否賞責。比三年,皆爲精兵,舉所部得成卒二萬,既不稟于官,而府庫實。乃曰:「軍可用矣。」繕甲淬兵,遂雄山東,天下稱昭義步兵爲諸軍冠。久之,爲澤潞節度行軍司馬。會昭義節度李承昭病,詔抱眞權磁邢兵馬留後。德宗嗣位,檢校工部尚書,領昭義節度使。

建中中,田悅反,圍邢及臨洺。詔抱眞與河東馬燧合神策兵救之,敗悅於雙岡,斬其將楊朝光,又破之臨洺,遂解臨洺、邢之圍。以功檢校兵部尚書。復與悅戰洹水,走之。進圍魏,悅戰城下,大敗。進檢校尚書右僕射。會朱滔、王武俊反,救悅,抱眞退保魏。帝蒼卒狩奉天,聞問,諸將皆哭,各引麾下還屯。於時,李希烈陷汴,李納反鄆,李懷光相次反河中,抱眞獨以數州巀然橫絕潰叛中,離沮其姦,爲羣盜所憚。

興元初,檢校左僕射、同中書門下平章事,繇倪國公進義陽郡王。朱滔悉幽薊兵與回紇圍貝州,以應朱泚。而希烈既竊名號,則欲臣制諸叛,衆稍離。天子下罪己詔,並赦羣盜。抱眞乃遣客賈林以大義說武俊,使合從擊滔,武俊許諾,而內尤豫。抱眞將自造其壁,諉軍事於司馬盧玄卿曰:「吾此行,繫時安危,使遂不還,部勒以聽天子命,惟子;勵兵東向,雪

吾之恥,亦唯子。」卽以數騎馳入見武俊,曰:「泚、希烈爭竊帝號,滔攻貝州,此其志皆欲自肆于天下。足下既不能與競長雄,捨九葉天子而臣反虜乎?且詔書罪己,禹、湯之心也。方上暴露播越,公能自安乎?」因持武俊,涕下交頤,武俊亦感泣,左右皆泣。退臥帳中,甘寢久之。武俊感其不疑,乃益恭,指心誓天曰:「此身已許公死矣!」食訖,約爲昆弟而別。且日合戰,大破滔經城。進檢校司空,實封六百戶。貞元初,朝京師,詔還所鎭。

抱眞喜士,聞世賢者,必欲與之游,雖小善,皆卑辭厚幣數千里邀致之,至無可錄,徐以禮謝。會天下稍無事,乃飾臺沼以自娛。好方士,謂不死可致。有孫季長者爲治丹,且曰:「服此當僊去。」抱眞表署幕府。嘗語左右曰:「秦、漢君不偶此,我乃得之,後升天,不復見公等矣。」夜夢駕鶴,寤而刻寓鶴,衣羽服,習乘之。後益惑厭勝,因疾,請降官,七讓司空,還爲左僕射。餌丹二萬丸,不能食,且死,醫以彘肪穀漆下之。疾少間,季長曰:「危得僊,何自棄也?」益服三千丸,卒,年六十二。

其子殿中侍御史緘匿喪,與其屬盧會昌、元仲經謀,會諸將,仲經詭抱眞令曰:「吾疾不任事,令緘典軍,勉佐之。」副使李說及諸校俯首,皆譍曰:「諾。」緘盛服出,衆拜之,悉發府庫勞軍。會昌卽爲抱眞表,翌日,令諸將署章,請以節付緘。天子已聞抱眞喪,遣使者馳入軍,詔以事屬大將王延貴。緘謾若抱眞疾,請詰朝見,凡三日,緘乃出見使者,陳兵甚嚴。使

者曰：「朝廷已知公橐，詔以兵屬延貴，君速歸發喪。」緘愕然，謂諸將曰：「詔不許，若何？」衆不對。乃遽以印鑰上監軍，始發喪。使者趣延貴視事，護緘赴東都，仲經逃諸外，捕殺之，會昌得不坐。始，緘遣將陳榮以書抵武俊，假其財。武俊怒曰：「吾與乃公善者，恭王命，非同惡也。今聞已亡，誰詐其子使不俟朝制邪？」囚榮而讓緘焉。詔贈抱眞太保。

路嗣恭字懿範，京兆三原人，始名劍客，以世蔭爲鄠尉。席豫黜陟河朔，表爲蕭關令，連徙神烏、姑臧二縣，考績爲天下最。玄宗以爲可嗣漢魯恭，因賜名。轉渭南令，主杜化、東陽二驛。時關畿用兵，使人係道，嗣恭儲具有素，而民不擾。後爲郭子儀朔方節度留後，大將孫守亮擁重兵，驕蹇不受制，嗣恭因稱疾，守亮至，卽殺之，一軍皆震。永泰三年，檢校刑部尚書，知省事。出爲江西觀察使，以善治財賦稱。有賈明觀者，素事魚朝恩，朝恩誅，當坐死，宰相元載納其賂，遣效力江西，將行，居民數萬懷瓦石俟擊，載諭市吏禁止，乃得去。魏少游畏載，當回容之，及嗣恭代少游，卽日杖死。

大曆八年，嶺南將哥舒晃殺節度使呂崇賁，五嶺大擾。詔嗣恭兼嶺南節度使，封冀國公。嗣恭募勇敢士八千人，以流人孟瑤、敬冕爲才，擢任之。使瑤督大軍當其衝，冕率

輕兵由間道出不意，遂斬晃及支黨萬餘，築尸爲京觀。俚洞魁宿爲惡者，皆族夷之。還爲檢校兵部尚書，復知省事。嗣恭起州縣吏，以課治進至顯官，及晃事株戮舶商，沒其財數百萬私有之，代宗惡焉，故賞不酬功。德宗立，陰賕宰相楊炎，炎錄前効，更拜兵部尚書、東都留守。俄加懷鄭汝陝河陽三城節度、東都畿觀察使。卒，年七十一，贈左僕射。子應、恕。

應字從衆，以蔭爲著作郎。貞元初，出爲虔州刺史，詔嗣父封。鑿贛石梗嶮以通舟道。德宗時，李泌爲相，號得君。帝嘗曰：「誰於卿有恩者，朕能報之。」泌乃言：「曩爲元載所疾，謫江西，路嗣恭與載厚，臣嘗畏之。會與其子應並驅，馬齧其脛，臣惶恐不自安，應闔不言，勉起見父。臣常媿其長者，思有以報。」帝曰：「善。」卽日加應檢校屯田郎中，服金紫。累遷宣歙池觀察使，封襄陽郡王。李錡反，應發鄉兵救湖、常二州，以故錡不能拔。元和六年，以疾授左散騎常侍，卒，謚曰靖。

恕字體仁。從嗣恭討哥舒晃，授檢校工部員外郎，得從便宜，擢降將伊愼用之。賊平，恕功多。嗣恭節度河陽也，恕爲懷州刺史，年纔三十，楊炎用抒魏博，爲時嗤詆。累遷鄜坊、宣歙觀察使。坐事貶吉州刺史。以右散騎常侍致仕，卒，贈洪州都督。

唐書卷一百三十九

列傳第六十四

房琯 孺復 啓 式 張鎬 李泌 繁

房琯字次律，河南河南人。父融，武后時，以正諫大夫同鳳閣鸞臺平章事；神龍元年，貶死高州。琯少好學，風度沈整，以蔭補弘文生。與呂向偕隱陸渾山，十年不諳際人事。開元中，作封禪書，說宰相張說，說奇之，奏爲校書郎。舉任縣令科，授盧氏令。拜監察御史，坐訊獄非是，貶睦州司戶參軍。復爲縣，所至上德化，興長利，以治最顯。

天寶五載，試給事中，封漳南縣男。時玄宗有逸志，數巡幸，廣温泉爲華淸宮，環宮所置百司區署。以琯資機算，詔總經度驪山，疏巖剔藪，爲天子游觀。未畢，坐善李適之、韋堅，斥爲宜春太守。歷琅邪、鄴、扶風三郡，頻遷憲部侍郎。十五載，帝狩蜀，琯馳至普安上謁，帝喜甚，卽拜文部尚書、同中書門下平章事，從至成都，賜一子官。

俄與韋見素、崔渙奉册靈武，見肅宗，具言上皇所以傳付意，因道當時利病，箝索虜情，辭吐華暢，帝爲改容。琯既有重名，帝傾意待之，機務一二與琯參決，諸將相莫敢望。於是，第五琦言財利幸，爲江淮租庸使。琯諫曰：「往楊國忠聚斂，產怨天下。陛下卽位，人未見德，今又寵琦，是一國忠死，一國忠生，無以示遠方。」帝曰：「六軍之命方急，無財則散。卿惡琦可也，何所取財？」琯不得對。

北海太守賀蘭進明自河南至，詔攝御史大夫、嶺南節度使，入謝，帝曰：「朕語琯除正大夫，何爲攝邪？」進明銜之，因曰：「陛下知晉亂乎？惟以尙虛名，任王衍爲宰相，基祖浮華，不事天下事，故至於敗。方唐中興，當用實才，而琯性疏闊，大言無當，非宰相器。陛下待之厚，然孰肯爲陛下用乎？」帝曰：「何哉？」對曰：「陛下頃爲皇太子，太子出曰撫軍，入曰監國，而琯爲聖皇建遣諸王爲都統節度，乃謂陛下爲元子而付以朔方、河東、河北空虛之地，永王、豐王乃統四節度。此於聖皇似忠，於陛下非忠也。琯意諸子一得天下，身不失恩，又多樹私黨，以副戎權，推此而言，豈肯盡誠於陛下乎？」帝入其語，始惡琯。以進明爲御史大夫、河南節度使。

會琯請自將平賊，帝猶倚以成功，乃詔琯持節招討西京、防禦蒲潼兩關兵馬節度等使，得自擇參佐。乃以兵部尚書王思禮、御史中丞鄧景山爲副，戶部侍郎李揖爲行軍司馬，

中丞宋若思、起居郎知制誥賈至、右司郎中魏少游爲判官，給事中劉秩爲參謀。琯分三軍趨京師：楊希文將南軍，自宜壽入；劉悊將中軍，自武功入；李光進將北軍，自奉天入。琯身中軍先鋒。十月庚子，次便橋。辛丑，中軍、北軍遇賊陳濤斜，戰不利。琯欲持重有所伺，中人邢延恩促戰，故敗，士死麻葦。癸卯，率南軍復戰，遂大敗，希文、悊皆降賊。初，琯用春秋時戰法，以車二千乘繚營，騎步夾之。既戰，賊乘風譟，牛悉髀栗，賊投芻而火之，人畜焚燒，殺卒四萬，血丹野，殘衆才數千，不能軍。琯還走行在，見帝，肉袒請罪，帝宥之，使裒夷散，復圖進取。琯雅自負，以天下爲己任，然用兵本非所長。其佐李揖、劉秩等皆儒生，未嘗更軍旅，琯每詫曰：「彼曳落河雖多，能當我劉秩乎？」帝雖恨琯喪師，而眷任未衰。

崔圓自蜀來，最後見帝，琯謂帝不見省，易之。圓以金畀李輔國，不淹日被寵，遂怨琯。琯數稱疾不入。會御史大夫顏眞卿劾奏諫議大夫李何忌不孝，琯素善何忌，不欲以惡名錮之，託被酒入朝，貶西平郡司馬。琴工董廷蘭出入琯所，琯昵之。廷蘭藉琯勢，數招賕謝，爲有司劾治，琯訴于帝，帝因震怒，叱遣之，琯惶恐就第。罷爲太子少師。從帝還都，封清河郡公。琯之廢，朝臣多言琯謀包文武，可復用，雖琯亦自謂當柄任，爲天子立功。善琯者暴其言于朝。琯方日引劉秩、嚴武與宴語，移病自如。帝以琯虛言浮誕，內觖觖，挾黨背公，非大臣體。乾元元年，出琯爲邠州刺史，逐秩、武等，因下詔陳其比周狀，喩敕中外。始，邠以

武將領刺史，故綱目廢弛，卽治府爲營，吏擾民居相淆讙。琯至，一切革之，人以便安，政聲流聞。召拜太子賓客，遷禮部尚書，爲晉、漢二州刺史。寶應二年，召拜刑部尚書，道病卒，贈太尉。

琯有遠器，好談老子、浮屠法，喜賓客，高談有餘，而不切事。時天下多故，急於謀略攻取，帝以吏事繩下，而琯爲相，遽欲從容鎭靜以輔治之，又知人不明，以取敗橈，故功名隳損云。

贊曰：唐名儒多言琯德器，有王佐材，而史載行事，亦少貶矣。一舉喪師，訖不復振。原琯以忠誼自奮，片言悟主而取宰相，必有以過人者，用違所長，遂無成功。然盛名之下，爲難居矣。夫名盛則責望備，實不副則訾咎深。使琯遭時承平，從容帷幄，不失爲名宰。而倉卒濟難，事敗隙生，陷於浮虛比周之罪，名之爲累也，戒哉！

子孺復，幼頗能屬文，然狂縱不法。淮南節度使陳少游奏置幕府。多招術家言己三十當得宰相，以熏權近，希進取。後辟浙西韓滉府。兄宗偃喪自嶺外還，孺復不出臨弔。與妻鄭不相中，慈姆爲言，乃具棺召家人生斂之；鄭方乳，促上道，鄭死于行。又娶崔昭女，崔悍娟，殺二侍兒，私瘞之。觀察使以聞，貶連州司馬，聽崔去。既又與崔通，請復合，詔許。未幾復離。終容州刺史。

琯孫啓，以蔭補鳳翔參軍事，累調萬年令，素贅附王叔文。貞元末，叔文用事，除容管經略使，陰許以荊南帥節。啓至荊湖，宿留不肯進，會叔文與韋執誼內忿爭，不果拜。俄而皇太子監國，啓惶駭就鎭。凡九年，改桂管觀察使。州邸以賂請有司飛驛送詔，既而憲宗自遣宦人持詔賜啓，啓畏使者邀重餉，卽曰：「先五日已得詔。」使者紿請視，因馳歸以聞，貶太僕少卿。啓自陳獻使者南口十五，帝怒，殺宦人，貶啓虔州長史，死。始詔五管、福建、黔中道不得以口饋遺、博易，罷臘口等使。

琯族孫式，擢進士第，累遷忠州刺史。韋皋表爲雲南安撫副使、蜀州刺史。皋卒，劉闢反，式留不得行。賊平，高崇文保貸之，言諸朝，除吏部郎中。時河朔諸將劉濟、張茂昭等更相劾奏，帝欲和之，拜式給事中，使河北，還奏如旨。遷陝虢觀察使，改河南尹。會討王承宗鎭州，索餉車四千乘，民不能具。式建言：「歲凶人勞，不任調發。」又御史元稹亦言：「賊未禽，而河南民先困。」詔可，都鄙安之。改宣歙觀察使。卒，贈左散騎常侍，謚曰傾。

吏部郎中韋乾度曰：「始式刺蜀州，劉闢構難，卽謂闢曰：『向夢公爲上相，儀衞甚盛，幸無相忘。』闢喜，以爲祥。後闢發兵署牒，首曰闢，副曰式，參謀曰符載。大節已虧，不宜得謚。」博士李虞仲曰：「始闢反，爲其用者皆救死其頸，可盡被惡名乎？如式，不能去，又不能死，可謂求生害仁者也。闢走西山，召所疑畏者盡殺之，式在其間，會救得免。而曰大節已虧，近於溢言。」謚乃定。

張鎬字從周，博州人。儀狀瓌偉，有大志，視經史猶漁獵，然好王霸大略。少事吳兢，兢器之。游京師，未知名，率嗜酒鼓琴自娛。人或邀之，杖策往，醉卽返，不及世務。

天寶末，楊國忠執政，求天下士爲己重，聞鎬才，薦之。釋褐衣，拜左拾遺，歷侍御史。玄宗西狩，鎬徒步扈從。俄遣詣肅宗所。數論事，擢諫議大夫，尋拜中書侍郎、同中書門下平章事。時引內浮屠數百居禁中，號「內道場」，諷唄外聞，鎬諫曰：「天子之福，要在養人，以一函宇，美風化，未聞區區佛法而致太平。願陛下以無爲爲心，不以小乘橈聖慮。」帝然之。尋詔兼河南節度使，都統淮南諸軍事。賊圍宋州，張巡告急，鎬倍道進，檄濠州刺史閭丘曉趣救。曉愎撓，逗留不肯進，比鎬至淮口，而巡已陷。鎬怒，杖殺曉。帝還京師，封

南陽郡公，詔以本軍鎮汴州，捕平殘寇。

史思明提范陽獻順款，鎬揣其僞，密奏曰：「思明勢窮而服，包藏不測，可以計取，難以義招，不宜以威權假之。」又言：「滑州防禦使許叔冀狡獪，臨難必變，宜追還宿衞。」書入不省。時宦官絡繹出鎬境，未嘗降情結納。自范陽、滑州使還者，皆盛言思明、叔冀忠，而毀鎬無經略才。帝以鎬不切事機，遂罷宰相，授荆州大都督府長史。思明、叔冀後果叛，如鎬言。召拜太子賓客、左散騎常侍。坐市嗣岐王珍第，貶辰州司戶參軍。代宗初，起爲撫州刺史，遷洪州觀察使，更封平原郡公。袁晁寇東境，江介震騷，鎬遣兵屯上饒，斬首二千級。又襲舒城賊楊昭，梟之。沈千載者，新安大豪，連結椎剽，州縣不能禽，鎬遣別將盡殄其衆。改江南西道觀察使，卒。

鎬起布衣，二期至宰相。居身廉，不殖貲產。善待士，性簡重，論議有體。在位雖淺，而天下之人推爲舊德云。

李泌字長源，魏八柱國弼六世孫，徙居京兆。七歲知爲文。玄宗開元十六年，悉召能言佛、道、孔子者，相答難禁中。有員俶者，九歲升坐，詞辯注射，坐人皆屈。帝異之，曰：

「半千孫，固當然。」因問：「童子豈有類若者？」俶跪奏：「臣舅子李泌。」帝即馳召之。泌既至，帝方與燕國公張說觀弈，因使說試其能。說請賦「方圓動靜」，泌逡巡曰：「願聞其略。」說因曰：「方若棋局，圓若棋子，動若棋生，靜若棋死。」泌即答曰：「方若行義，圓若用智，動若騁材，靜若得意。」說因賀帝得奇童。帝大悅曰：「是子精神，要大於身。」賜束帛，敕其家曰：「善視養之。」張九齡尤所獎愛，常引至臥內。九齡與嚴挺之、蕭誠善，挺之惡誠佞，勸九齡謝絕之。九齡忽獨念曰：「嚴太苦勁，然蕭軟美可喜。」方命左右召蕭，泌在旁，帥爾曰：「公起布衣，以直道至宰相，而喜軟美者乎？」九齡驚，改容謝之，因呼「小友」。

及長，博學，善治易，常游嵩、華、終南間，慕神仙不死術。天寶中，詣闕獻復明堂九鼎議，帝憶其早惠，召講老子，有法，得待詔翰林，仍供奉東宮，皇太子遇之厚。嘗賦詩譏誚楊國忠、安祿山等，國忠疾之，詔斥置蘄春郡。

肅宗卽位靈武，物色求訪，會泌亦自至。已謁見，陳天下所以成敗事，帝悅，欲授以官，固辭，願以客從。入議國事，出陪輿輦，衆指曰：「著黃者聖人，著白者山人。」帝聞，因賜金紫，拜元帥廣平王行軍司馬。帝嘗曰「卿侍上皇，中爲朕師，今下判廣平行軍，朕父子資卿道義」云。始，軍中謀帥，皆屬建寧王，泌密白帝曰：「建寧王誠賢，然廣平冢嗣，有君人量，豈使爲吳太伯乎？」帝曰：「廣平爲太子，何假元帥？」泌曰：「使元帥有功，陛下不以爲儲副，得耶？太子從曰撫軍，守曰監國，今元帥乃撫軍也。」帝從之。

初，帝在東宮，李林甫數構譖，勢危甚，及卽位，怨之，欲掘冢焚骨。泌以天子而念宿嫌，示天下不廣，使脅從之徒得釋言於賊。帝不悅，曰：「往事卿忘之乎？」對曰：「臣念不在此。上皇有天下五十年，一旦失意，南方氣候惡，且春秋高，聞陛下錄故怨，將內慚不懌，萬有一感疾，是陛下以天下之廣不能安親也。」帝感悟，抱泌頸以泣曰：「朕不及此。」因從容問破賊期，對曰：「賊掠金帛子女，悉送范陽，有苟得心，渠能定中國邪？華人爲之用者，獨周摯、高尚等數人，餘皆脅制偷合，至天下大計，非所知也。不出二年，無寇矣，陛下無欲速。夫王者之師，當務萬全，圖久安，使無後害。今詔李光弼守太原，出井陘，郭子儀取馮翊，入河東，則史思明、張忠志不敢離范陽、常山，安守忠、田乾眞不敢離長安，是以三地禁其四將也。隨祿山者，獨阿史那承慶耳。使子儀毋取華，令賊得通關中，則北守范陽，西救長安，奔命數千里，其精卒勁騎，不逾年而弊。我常以逸待勞，來避其鋒，去翦其疲，以所徵之兵會扶風，與太原、朔方軍互擊之。徐命建寧王爲范陽節度大使，北並塞與光弼相掎角，以取范陽。賊失巢窟，當死河南諸將手。」帝然之。會西方兵大集，帝欲速得長安，曰：「今戰必勝，攻必取，何暇千里先事范陽乎？」泌曰：「必得兩京，則賊再強，我再困。且我所恃者，磧西突騎、西北諸戎耳。若先取京師，期必在春，關東早熱，馬且病，士皆思歸，不可

以戰。賊得休士養徒，必復來南。此危道也。」帝不聽。

二京平，帝奉迎上皇，自請歸東宮以遂子道。泌曰：「上皇不來矣。人臣尙七十而傳，況欲勞上皇以天下事乎。」帝曰：「柰何？」泌乃爲羣臣通奏，具言天子思戀晨昏，請促還以就孝養。上皇得初奏，答曰：「當與我劍南一道自奉，不復東矣。」帝甚憂。及再奏至，喜曰：「吾方得爲天子父！」遂下誥戒行。

崔圓、李輔國以泌親信，疾之。泌畏禍，願隱衡山。有詔給三品祿，賜隱士服，爲治室廬。泌嘗取松樛枝以隱背，名曰「養和」，後得如龍形者，因以獻帝，四方爭效之。代宗立，召至，舍蓬萊殿書閣。初，泌無妻，不食肉，帝乃賜光福里弟，彊詔食肉，爲娶朔方故留後李暐甥，昏日，敕北軍供帳。

元載惡不附己，因江西觀察使魏少游請僚佐，載稱泌才，以試祕書少監充判官。載誅，帝召還。復爲常衮所忌，出爲楚州刺史，辭不行，帝亦留之。會澧州缺，衮盛言南方凋瘵，請輟泌治之，乃授澧朗峽團練使，徙杭州刺史，皆有風績。

德宗在奉天，召赴行在，授左散騎常侍。時李懷光叛，歲又蝗旱，議者欲赦懷光。帝博問羣臣，泌破一桐葉附使以進，曰：「陛下與懷光，君臣之分不可復合，如此葉矣。」由是不赦。始，朱泚亂，帝約吐蕃赴援，賂以安西、北庭。既而渾瑊與賊戰咸陽，泚大敗，吐蕃以師追北

不甚力，因大掠武功而歸。京師平，來請如約。帝業許，欲遂與之。泌曰：「安西、北庭，控制西域五十七國及十姓突厥，皆悍兵處，以分吐蕃勢，使不得併兵東侵。今與其地，則關中危矣。且吐蕃向持兩端不戰，又掠我武功，乃賊也，奈何與之？」遂止。

貞元元年，拜陝虢觀察使。泌始鑿山開車道至三門，以便饟漕。以勞，進檢校禮部尙書。淮西兵防秋屯鄜州，已而四千人亡歸，或曰吳少誠密招之。既入境，泌邀險悉擊殺之。三年，拜中書侍郎、同中書門下平章事，累封鄴縣侯。初，張延賞減天下吏員，人情愁怨，至流離死道路者。泌請復之，帝未從，因問：「今戶口減承平時幾何？」曰：「三之二。」帝曰：「人既彫耗，員何可復？」泌曰：「不然。戶口雖耗，而事多承平十倍。陛下欲省州縣則可，而吏員不可減。今州或參軍署券，縣佐史判案。所謂省官者，去其冗員，非常員也。」帝曰：「若何爲冗員？」對曰：「州參軍無職事及兼、試額內官者。兼、試，自至德以來有之，比正員三之一，可悉罷。」帝乃許復吏員，而罷冗官。泌又條奏：「中朝官常侍、賓客十員，其六員可罷；左右贊善三十員，其二十員可罷。如舊制，諸王未出閤，官屬皆不除。而所收料奉，乃多於減員矣。」帝悅。

是時，州刺史月奉至千緡，方鎮所取無藝，而京官祿寡薄，自方鎮入八座，至謂罷權。薛邕由左丞貶歙州刺史，家人恨降之晚。崔祐甫任吏部員外，求爲洪州別駕。使府賓佐有

所忤者，薦爲郎官。其當遷臺閣者，皆以不赴取罪去。泌以爲外太重，內太輕，乃請隨官閑劇，普增其奉，時以爲宜。而竇參多沮亂其事，不能悉如所請。泌又白罷拾遺、補闕，帝雖不從，然因是不除諫官，唯用韓皋、歸登。泌因收其公廨錢，令二人寓食中書舍人署。凡三年，始以韋綬、梁肅爲左右補闕。

太子妃蕭母，郜國公主也，坐蠱媚，幽禁中，帝怒，責太子，太子不知所對。泌入，帝數稱舒王賢，泌揣帝有廢立意，因曰：「陛下有一子而疑之，乃欲立弟之子，臣不敢以古事爭。且十宅諸叔，陛下奉之若何？」帝赫然曰：「卿何知舒王非朕子？」對曰：「陛下昔爲臣言之。陛下有嫡子以爲疑，弟之子敢自信於陛下乎？」帝曰：「卿違朕意，不顧家族邪？」對曰：「臣衰老，位宰相，以諫而誅，分也。使太子廢，佗日陛下悔曰『我惟一子殺之，泌不吾諫，吾亦殺爾子』，則臣絕祀矣。雖有兄弟子，非所歆也。」卽噫嗚流涕。因稱：「昔太宗詔『太子不道，藩王窺伺者，兩廢之。』陛下疑東宮而稱舒王賢，得無窺伺乎？若太子得罪，請亦廢之而立皇孫，千秋萬歲後，天下猶陛下子孫有也。且郜國爲其女妬忌，而蠱惑東宮，豈可以妻母累太子乎？」執爭數十，意益堅，帝寤，太子乃得安。

初，興元後國用大屈，封物皆三損二。舊制，堂封歲三千六百縑，後纔千二百。至是，帝使還舊封。於是李晟、馬燧、渾瑊各食實封，悉讓送泌，泌不納。時方鎮私獻於帝，歲凡五十萬緡，其後稍損至三十萬，帝以用度乏問泌，泌請：「天下供錢歲百萬給宮中，勸不受私獻。凡詔旨須索，卽代兩稅，則方鎮可以行法，天下紓矣。」

帝嘗從容言：「盧杞淸介敢言，然少學，不能廣朕以古道，人皆指其姦而朕不覺也。」對曰：「陛下能覺杞之惡，安致建中禍邪？李揆和蕃，顏眞卿使希烈，其害舊德多矣。又楊炎罪不至死，杞擠陷之而相關播。懷光立功，逼使其叛。此欺天也。」帝曰：「卿言誠有之。然楊炎視朕如三尺童子，有所論奏，可則退，不許則辭官，非特杞惡之也。且建中亂，卿亦知桑道茂語乎？乃命當然。」對曰：「夫命者，已然之言。主相造命，不當言命。言命，則不復賞善罰惡矣。桀曰：『我生不有命自天〔一〕？』武王數紂曰：『謂己有天命。』君而言命，則桀、紂矣。」帝曰：「朕請不復言命。」俄加集賢殿、崇文館大學士，脩國史。泌建言：學士加大，始中宗時，及張說爲之，固辭，乃以學士知院事。至崔圓復爲大學士，亦引泌爲讓而止〔二〕。

帝以「前世上巳、九日，皆大宴集，而寒食多與上巳同時，欲以二月名節，自我爲古，若何而可？」泌謂：「廢正月晦，以二月朔爲中和節，因賜大臣戚里尺，謂之裁度。民間以青囊盛百穀瓜果種相問遺，號爲獻生子。里閭釀宜春酒，以祭勾芒神，祈豐年。百官進農書，以示務本。」帝悅，乃著令，與上巳、九日爲三令節，中外皆賜緡錢燕會。

四年八月，月蝕東壁，泌曰：「東壁，圖書府，大臣當有憂者。吾以宰相兼學士，當之矣。昔燕國公張說由是以亡，又可免乎？」明年果卒，年六十八，贈太子太傅。

泌出入中禁，事四君，數爲權倖所疾，常以智免。好縱橫大言，時時讜議，能寤移人主。然常持黃老鬼神說，故爲人所譏切。初，肅宗重陰陽巫祝，擢王璵執政，大抵興造工役，輒牽禁忌俗說。而黎幹以左道位京兆尹，嘗使禁工斲珠刺繡爲乘輿服，舉焚之以爲禳禬。德宗素不爲然，及嗣位，罷內道場，除巫祝。代宗將葬，帝號送承天門，而轀車行不中道，問其故，有司曰：「陛下本命在午，故避之。」帝泣曰：「安有枉靈駕以謀身利？」命直午而行。又宣政廊壞，太卜言：「孟冬魁岡，不可營繕。」帝曰：「春秋『啓塞從時』，何魁岡爲？」亟詔葺之。及桑道茂城奉天事驗，始尙時日拘忌，因進用泌，泌亦自有所建明。獨柳玭稱，兩京復，泌謀居多，其功乃大於魯連、范蠡云。子繁。

繁少才警，無行。泌始起陽城官諸朝，故城重德泌而親厚於繁。及疏裴延齡，既具藁，以繁可信，夜使繁書。已封，盡能誦憶，乃錄以示延齡。明日，延齡白帝曰：「城以疏示於朝。」卽擿其條以自訴解。城奏入，帝怒，遂不省。泌與梁肅善，故繁師事肅。及卒，烝其室，士議讙醜，由是擯棄積年。後爲太常博士，權德輿爲卿，奏斥之，改河南府士曹參軍。

累遷隋州刺史，罷歸，不得調。敬宗誕日，詔與兵部侍郎丁公著、太常少卿陸亘入殿中，抗老、佛誦論。改大理少卿、弘文館學士。諫官御史交章彈治，乃出爲亳州刺史。州有劇賊，剽室廬，略財貲爲患，它刺史不能禽，繁有機略，悉知賊巢藪所在，一旦出兵捕斬之。議者責繁不先啓觀察府，爲擅興。詔御史舒元輿按之，元輿與繁素隙，盡翻其獄，以爲濫殺不辜，有詔賜死，京兆人皆寃之。繁下獄，知且死，恐先人功業泯滅，從吏求廢紙掘筆，著家傳十篇，傳于世。

贊曰：泌之爲人也，異哉！其謀事近忠，其輕去近高，其自全近智，卒而建上宰，近立功立名者。觀肅宗披榛莽，立朝廷，單言暫謀有所寤合，皆付以政。當此時，泌於獻納爲不少，又佐代宗收兩京，獨不見錄，寧二主不以宰相器之邪？德宗晚好鬼神事，乃獲用，蓋以怪自置而爲之助也。繁爲家傳，言泌本居鬼谷，而史臣謬言好鬼道，以自解釋。既又著泌數與靈仙接，言舉不經，則知當時議者切而不與，有爲而然。繁言多浮侈，不可信，掇其近實者著于傳。至勸帝先事范陽，明太子無罪，亦不可誣也。

校勘記

〔一〕紂曰我生不有命自天　見尚書西伯戡黎，乃商紂語，此誤作桀。

〔二〕至崔圓復爲大學士亦引泌爲讓而止　按本書卷一四〇及舊書卷一〇八崔圓傳，圓卒於大曆中。而李泌辭大學士，在貞元三年，安能「引泌爲讓而止」？必有脫誤。

唐書卷一百四十

列傳第六十五

崔圓　苗晉卿　裴冕　裴遵慶 向 樞　呂諲

崔圓字有裕，貝州武城人，後魏尚書左僕射亮八世孫。少孤貧，志向卓邁，喜學兵家。開元中，詔舉遺逸，以鈐謀對策甲科，歷京兆府參軍，尹蕭炅薦之，遷會昌丞。楊國忠遙領劍南節度，引圓爲左司馬，知留後。

玄宗西出，次扶風，遷御史中丞、劍南節度副大使。圓銳功名，初聞難，刺國忠意，乃治城浚隍，列館宇，儲什具。帝次河池，圓疏具陳「蜀土腴穀羨，儲供易辦」。帝省書泣下曰：「世亂識忠臣。」卽日拜中書侍郎、同中書門下平章事，仍兼劍南節度使。天子至，朝廷百司殿宇帷幔皆具，益嗟賞之。肅宗立，命與房琯、韋見素赴行在所，帝爲製遺愛碑于蜀以寵之。至德二載，遷中書令，封趙國公，實封戶五百。乾元元年，罷爲太子少師，留守東都。於

是上皇所置宰相無在者。王師之敗相州也，軍所過，皆縱剽，圓懼，委東都，奔襄陽，詔削階、封。尋召拜濟王傅。李光弼表爲懷州刺史，改汾州，以治行稱。徙淮南節度使，在鎭六年，請朝京師，吏民乞留，詔檢校尚書右僕射，還之。久乃檢校左僕射，入知省事。大曆中卒，年六十四，贈太子太師，謚曰昭襄。

苗晉卿字元輔，潞州壺關人，世以儒素稱。擢進士第，調爲修武尉，累進吏部郎中、中書舍人，知吏部選事。選人訴索好官，厲言倨色紛于前，晉卿與相對，終日無慍顏。久之，進侍郎，積寬縱，而吏下因緣作姦。方時承平，選常萬人，李林甫爲尙書，專國政，以銓事委晉卿及宋遙，然歲命它官同較書判，覈才實。天寶二年，判入等者凡六十四人，分甲、乙、丙三科，以張奭爲第一。奭，御史中丞倚之子，倚新得幸於帝，晉卿欲附之，奭本無學，故議者嚚然不平。安祿山因間言之，帝爲御花蕚樓覆實，中裁十一二，奭持紙終日，筆不下，人謂之「曳白」。帝大怒，貶倚淮陽太守，遙武當太守，晉卿安康太守。

明年，徙魏郡，卽充河北採訪使。居三年，政化大行。嘗入計，謁歸壺關，望縣門輒步，吏諫止，晉卿以「公門當下，況父母邦乎」？郡太守迎犒，使所屬令行酒，酒至，必立飲白醻，

侍老有獻，降西階拜而飲，時美其恭。改河東郡，兼河東採訪使。徙扶風郡，封高平縣男。遷工部尚書、東都留守。召爲憲部，兼左丞。安祿山反，竇廷芝弃陝郡不守，楊國忠本忌其有望，卽奏「東道賊衝，非大臣不可鎭遏」，授陝郡太守、陝虢防禦使，晉卿見帝，以老辭，忤旨，聽致仕于家。車駕入蜀，搢紳多陷賊，晉卿間道走金州。

肅宗至扶風，召赴行在，拜左相。平京師，封韓國公，食五百戶，改侍中。既而乞骸骨，罷爲太子太傅。未幾，復拜侍中。玄宗崩，肅宗疾甚，詔晉卿攝冢宰，固讓曰：「大行遺詔，皇帝三日聽政，稽祖宗故事，則無冢宰之文，奉遺詔則宜聽朝。惟陛下順變以幸萬國。」帝不聽。後數日，代宗立，復詔攝冢宰，固辭乃免。時年老蹇甚，乞間日入政事堂，帝優之，聽入閤不趨，爲御小延英召對。宰相對小延英，自晉卿始。吐蕃犯京師，晉卿以病臥家，賊輿致脅之，噤不肯語，賊不敢害。帝還，拜太保，罷政事。

永泰初薨，年八十一，贈太師，京兆少尹護喪，諡曰懿獻，元載未顯時，爲晉卿所遇，載方相，故諷有司改諡文貞。

晉卿寬厚，所至以惠化稱。魏人爲營生祠，立石頌美。再秉政，出入七年，小心謹畏，不甚斥是非得失，故能安保寵名。然練達事體，百官簿最，一省無遺，議者比漢胡廣。肅宗欲以李輔國爲常侍，奏曰：「常侍近密，非賢不可居，豈宜任等輩？」罷之。朝廷欲論陳希烈

等死，晉卿曰：「陛下得張通儒、安守忠、孫孝哲等，何以加罪？」帝不從。俄而史思明亂，持是以誘衆。嘗自爲父碑文，有鵲巢碑上，賊入上黨，焚蕩略盡，而苗氏松檟獨無傷。大曆七年，配享肅宗廟廷。十子：發、丕、堅、粲、垂、向、呂、稷、望、咸。

粲，德宗時官至郎中，陸贄欲進粲官，帝不許，曰：「晉卿往攝政，有不臣之言。又名其子，皆與帝王同，粲等宜與外官。」贄奏：「王者爵人必於朝，刑人必於市，言與衆共之。獎而不言其善，斯謂曲貸；罰而不書其惡，斯謂中傷。曲貸，則授受不明，而私幸之門啓；中傷，則枉直無辨，而讒間之道行。可不慎哉！若陛下以晉卿姦邪，粲等應坐，則當公議其罪；若知見誣，亦宜擢粲等以示天下。且晉卿起文儒，致位台輔，謙柔敦厚，爲三朝所推，安肯爲族滅計？雖甚狂險猶不爲之，況老臣乎？」帝然之，而粲官終不顯。

裴冕字章甫，河中河東人，本冠族仕家，以蔭再調渭南尉。王鉷爲京畿採訪使，表署判官，歷殿中侍御史。冕少學術，然明銳，果於事，衆號稱職，鉷雅任之。及鉷得罪，有詔廷辨，冕位甚下，而抗言其誣。鉷死，李林甫方用事，僚屬懼，皆引去，獨冕爲斂葬，由是寖知名。河西節度使哥舒翰辟行軍司馬。

玄宗入蜀，詔皇太子爲天下兵馬元帥，拜冕御史中丞兼左庶子副之。初，冕在河西，方召還，而道遇太子平涼，遂從至靈武，與杜鴻漸、崔漪同辭進曰：「主上厭于勤，且南狩蜀，宗社神器，要須有歸。今天意人事，屬在殿下，宜正位號。有如逡巡，失億兆心，則大事去矣。」太子曰：「我平寇逆，奉迎乘輿還京師，退居涼貳，以侍膳左右，豈不樂哉！公等何言之過！」對曰：「殿下居東宮二十年，今多難啓聖，以安社稷，而所從將士皆關輔人，日夜思歸，大衆一驅，不可復集，不如因而撫之，以就大功。臣等昧死請。」太子固讓，凡五請，卒見聽。太子卽位，進冕中書侍郎、同中書門下平章事。乃建言賣官、度僧道士，收貲濟軍興。時取償既賤，衆不爲宜。

肅宗至鳳翔，罷冕政事，拜尚書右僕射。兩京平，封冀國公，實封五百戶，出爲劍南西川節度使。復爲右僕射，待制集賢院。俄充山陵使。於是，中書舍人劉烜爲李輔國所昵，冕表爲判官。烜抵法，坐降施州刺史，徙澧州。

大曆中，郭子儀言於代宗曰：「冕首佐先帝，馳驅靈武，有社稷勳，程元振忌其賢，遂加誣構，海內冤之。陛下宜還冕於朝，復俾輔相，必能致治成化。」時元載秉政，冕早所甄引，載德之，又貪其衰瘵，且下己，遂拜左僕射、同中書門下平章事。入見，拜不能興，載自扶之，代爲贊謝。俄兼河南江淮副元帥、東都留守。不踰月卒，有詔贈太尉。

冕以忠勤自將，然不知宰相大體。性豪侈，既素貴，輿服食飲皆光麗珍豐，櫪馬直數百金者常十數，每廣會賓客，不能名其饌，自製巾子工甚，人爭效之，號「僕射巾」。領使既衆，吏白俸簿月二千緡，冕顧視，喜見顏間，世訾其嗜利云。

始，肅宗廟惟苗晉卿配享，冕卒後二十餘年，有蘇正元者奏言：「肅宗爲元帥時，師纔一旅，冕於草創中，甄大義以勸進，收募驍勇幾十餘萬。既踰月，房琯來；又一年，而晉卿至。今晉卿從祀，而冕乃不與。」有詔冕配享肅宗廟。

裴遵慶字少良，絳州聞喜人。幼彊學，該綜圖傳，外晦內明，不干當世。年既長，始以仕家推蔭爲興寧陵丞，調大理丞。邊將蕭克濟督役苛暴，役者有醜言，有司以大逆論，遵慶曰：「財不足聚人，力不足加衆，焉能反？」由是全救數十族。頻擢吏部員外郎，判南曹。天寶時，選者歲萬計，遵慶性彊敏，視簿牒，詳而不苛，世稱吏事第一。

肅宗時，爲吏部侍郎。蕭華輔政，屢薦之，拜黃門侍郎、同中書門下平章事。代宗初，僕固懷恩反，帝以遵慶忠厚大臣，故奉詔宣慰，懷恩聽命將入朝，既而爲其將范志誠沮止。時帝在陝，遵慶脫身赴行在。帝還，遷太子少傅。罷爲集賢院待制，改吏部

中華書局

尚書，以尚書右僕射復知選事，朝廷優其老，聽就第注官，時以爲榮。

嘗有族子病狂易，告以謀反，帝識其謬，置不問。性惇正，老而彌謹。每薦賢，有來謝者，以爲恥。諫而見從，卽內益畏。雖親近，但記其削稾疏數，而莫知所言。大曆十年薨，年九十餘。初爲郞時，著王政記，述今古治體，識者知其有公輔器云。子向。

向字傃仁，以蔭得調。建中初，李紓爲同州刺史，奏署判官。李懷光叛河中，使其將趙貴先築壘於同州，紓奔奉天，而向領州務。貴先脅吏督役，不及期，將斬以徇，民皆駭散，向獨詣貴先壘開諭之，貴先乃降。同州不陷，向力也。累爲櫟陽、渭南令，奏課皆第一，擢戶部員外郞。德宗末，方鎭之副，多自選于朝，以待有變，次授之，故向以選爲太原少尹、行軍司馬，歷陝虢觀察使，以吏部尚書致仕。向能以學行持門戶，內外親屬百餘口，祿俸必均，世稱其孝睦。卒年八十，贈太子少保。

子寅，官累御史大夫。寅子樞。

樞字紀聖，咸通中，第進士。杜審權鎭河中，奏署幕府，再遷藍田尉。宰相王鐸知之，遂直弘文館。鐸罷，樞久不調。從僖宗入蜀，擢殿中侍御史。中和初，鐸爲都統，表署鄭滑

掌書記。龍紀初，進給事中，改京兆尹。與孔緯厚善，緯以罪貶，故樞改右庶子，出爲歙州刺史。還右散騎常侍，爲汴州宣諭使。

樞素與朱全忠相結納，故全忠聽命，修貢獻不絕。昭宗悅，遷兵部侍郞。時崔胤亦倚全忠專朝柄，因與樞善。俄以戶部侍郞同中書門下平章事。帝在鳳翔，貶胤官，樞亦罷爲工部尚書。已還宮，拜檢校尚書右僕射、同平章事。出爲清海節度使。全忠言樞有經世才，不宜棄外，復拜門下侍郞平章事，監修國史。累進右僕射、諸道鹽鐵轉運使。哀帝嗣位，柳璨方用事，全忠以牙將張廷範爲太常卿，樞以爲廷範勳臣，自宜任方鎭，何用爲卿，恐非王意，持不下。全忠怒謂賓佐曰：「吾常器樞不浮薄，今乃爾。」璨聞，卽罷樞政事，拜左僕射。俄貶登州刺史，又貶瀧州司戶參軍。至滑州，全忠遣人殺之白馬驛，投尸于河，年六十五。初，全忠佐吏李振曰：「此等自謂清流，宜投諸河，永爲濁流。」全忠笑而許之。

呂諲，河中河東人。少力於學，志行整飭。孤貧不自業，里人程氏財雄于鄉，以女妻諲，亦以諲才不久困，厚分貲贍濟所欲，故稱譽日廣。開元末，入京師，第進士，調寧陵尉，採訪使韋陟署爲支使。哥舒翰節度河西，表支度判官。歷太子通事舍人。性靜愼，勤總吏職，

諸僚或出游，諲獨頹然據案，鉤視簿最，翰益親之。累兼殿中侍御史。翰敗潼關，諲西趨靈武，由中人尉薦，肅宗才之，拜御史中丞，所陳事無不順納。從至鳳翔，遷武部侍郞。

帝復兩京，詔盡繫羣臣之汙賊者，以御史中丞崔器、憲部侍郞韓擇木、大理卿嚴向爲三司使處其罪，又詔御史大夫李峴及諲領使。諲於權宜知大體不及峴，而援律傳經過之，當時憚其持法，然以峴故，多所平反。

乾元二年，九節度兵敗，帝憂之。擢諲同中書門下平章事，知門下省，翌日，復以李峴、李揆、第五琦爲宰相，而苗晉卿、王璵罷。會母喪解，三月復召知門下省事，兼判度支，還執政。累封須昌縣伯，遷黃門侍郞。上元初，加同中書門下三品，當賜門戟，或勸諲以凶服受吉賜不宜，諲釋縗拜賜，人譏其失禮。

諲引妻之父楚賓爲衞尉少卿，楚賓子震爲郞官。中人馬尙言者，素暱於諲，爲人求官，諲奏爲藍田尉。事覺，帝怒，命敬羽窮治，殺尙言，以其肉賜從官，罷諲爲太子賓客。數月，拜荊州長史、澧朗峽忠等五州節度使。諲始建請荊州置南都，詔可。於是更號江陵府，以諲爲尹，置永平軍萬人，遏吳、蜀之衝，以湖南之岳、潭、郴、道、邵、連，黔中之涪凡七州隸其道。初，荊州長史張惟一以衡州蠻酋陳希昂爲司馬，督家兵千人自防，惟一親將牟遂金與相忤，希昂率兵至惟一所捕之，惟一懼，斬其首以謝，悉以遂金兵屬之，乃退，自是政一

出希昂，後入朝，遷常州刺史，過江陵入謁，諲伏甲擊殺之，誅黨偶數十人，積尸府門，內外震服。

妖人申泰芝用左道事李輔國，擢諫議大夫，置軍邵、道二州間，以泰芝總之，納羣蠻金，賞以緋紫，出褚中詔書賜衣示之，羣蠻忱於賞，而財不足，更爲剽掠，吏不敢制。潭州刺史龐承鼎疾其姦，因泰芝過潭，縛付吏，劾贓鉅萬，得左道讖記，并奏之。輔國矯追泰芝還京，既召見，反譖承鼎陷不辜，詔諲按罪。諲使判官嚴郢具獄，暴泰芝之惡。帝不省，賜承鼎死，流郢建州。後泰芝終以贓徙死，承鼎追原其誣。

諲爲治，不急細務，決大事剛果不橈。始在河西，悉知諸將能否，及爲尹，奏取材者數十人總牙兵，故威惠兩行。諲之相，與李揆不平，既斥，乃用善治聞。揆恐帝復用，卽妄奏置軍湖南非便，又陰遣人刺諲過失。諲上疏訟其事，帝怒，逐揆出之，顯條其罪。諲苦羸疾，卒，年五十一，贈吏部尚書。

諲在朝不稱任職相，及爲荊州，號令明，賦斂均一。其治尙威信，故軍士用命，闔境無盜賊，民歌詠之。自至德以來，處方面數十人，諲最有名。荊人生構房祠，及歿，吏裒錢十萬徙祠府西。始，諲知杜鴻漸、元載才，薦於朝，後皆爲宰相。

永泰中，嚴郢以故吏請謚有司，博士獨孤及謚曰「肅」，郢以故事宰相謚皆二名，請益

曰「忠肅」。及執奏，謂：「謚在義美惡，不在多名。文王伐崇，周公殺三監、淮夷，重耳一戰而霸，而謚曰文。冀缺之恪，甯俞之忠，隨會不忘其君，而謚曰武。故知稱其大、略其細也。且二名謚，非古也。漢興，蕭何、張良、霍去病、霍光以文武大略，佐漢致太平，一名不盡其善，乃有文終、文成、景桓、宣成之謚。唐興，參用漢制，魏徵以王道佐時近『文』，愛君忘身近『貞』，二者並優，廢一莫可，故曰文貞。蕭瑀端直近『貞』，性多猜近『褊』，言『褊』則失『貞』，稱『貞』則遺『褊』，故曰貞褊。蓋有爲爲之也。若跡無異稱，則易以一字。故杜如晦曰成，封德彝曰明，王珪曰懿，陳叔達曰忠，温彥博曰恭，岑文本曰憲，韋巨源曰昭，皆當時赫赫居宰相位者，謚不過一名。而言故事宰相必以二名，固所未聞。宜如前謚。」遂不改。

贊曰：孔子稱才難。然人之才有限，不得皆善。覸圓之銳，而失守出奔；晉卿雅厚，而少風采臧否；冕明彊，嗜利不知大體；諲輔政，功名不及治郡。然各以所長顯于時。故聖人使人也器之，不窮所不能而後爲治也。遵慶寡疵，中人之賢與。

唐書卷一百四十一

列傳第六十六

崔光遠　鄧景山 崔瓘　魏少游　衞伯玉　李澄 克寧

韓全義　盧從史　高霞寓

崔光遠，系出博陵，後徙靈昌。祖敬嗣，嗜酒摴博。中宗在房州，吏多肆慢不爲禮，敬嗣爲刺史，獨盡誠推奉，儲給豐衍，帝德之。及反正，有與敬嗣同姓名者，每擬官，帝輒超拜，後召見，悟非是。訪眞敬嗣，已死，即授其子汪五品官。

汪生光遠，勇決任氣，長六尺，瞳子白黑分明。開元末，爲唐安令，與楊國忠善，累遷京兆少尹，爲吐蕃弔祭使，還，會玄宗西狩，詔留光遠爲京兆尹、西京留守、採訪使。乘輿已出，都人亂，火左藏大盈庫，爭輦財珍，至乘驢入宮殿者。光遠乃募官攝府、縣，誰何宮闕，斬十數人，乃定。因僞使其子東見祿山，而祿山先署張休爲京兆尹，由是追休，授光遠故

官。俄而同羅背賊，以廄馬二千出奔，賊將孫孝哲、安神威招之不得，神威憂死，官吏驚走，獄囚皆逸。光遠以爲賊且走，命人守神威、孝哲等第，斬曳落河二人。孝哲馳白祿山，光遠懼，與長安令蘇震出開遠門，使人奔呼曰：「尹巡門！」門兵具器仗迎謁，至，皆斬之，募得百餘人，遂趨靈武。肅宗嘉之，擢拜御史大夫，復爲京兆尹，遣到渭北募僑民。會賊黨剽涇陽，休祠房，椎牛呼飲。光遠刺知之，率兵夜趨其所，使百騎彀滿狙其前，命驍士合譟。賊醉，不能師，斬其徒二千，得馬千噭，俘一酋長以獻。自是，賊常避其鋒。扈帝還，改禮部尚書、鄴國公，封實戶三百。

乾元元年，繇汴州刺史代蕭華爲魏州節度使。初，郭子儀與賊戰汲郡，光遠裁率汴師千人援之，不甚力。及守魏，使將軍李處崟拒賊，子儀不救，戰不勝，奔還，賊因傅城下詭呼曰：「處崟召我而不出，何也？」光遠信之，斬處崟。處崟善戰，衆倚以爲重，及死，人益危。魏城經袁知泰、能元皓等完築，牢甚，光遠不能守，夜潰圍出，奔京師。帝赦其罪，拜太子少保。

會襄州將康楚元、張嘉延反，陷荆、襄諸州，因拜持節荆、襄招討，充山南東道兵馬都使。又徙鳳翔尹。先是，岐、隴賊郭愔等掠州縣，峙五堡，光遠至，遣官喻降之。既而沈飮不親事，愔等陰約党項及奴剌、突厥，敗韋倫於秦、隴，殺監軍使。帝怒光遠無狀，召還。復

使節度劍南。會段子璋反東川，李奐敗走成都，光遠進討平之。然不能禁士卒剽掠士女，至斷腕取金者，夷殺數千人。帝詔監軍按其罪，以憂卒。

鄧景山，曹州人。本以文吏進，累至監察御史。至德初，擢拜青齊節度使，徙淮南。爲政簡肅。有鼺集城門，鄧珽語景山曰：「鼺，介物也。失所次，金不從革之象。其有兵乎？」未幾，宋州刺史劉展反。初，展有異志，淮西節度使王仲昇表其狀，詔遷揚州長史兼江淮都統，密詔景山執送京師。展知之，擁兵二萬度淮。景山逆擊不勝，奔壽州，因引平盧節度副使田神功討展。神功兵至揚州，大掠居人，發冢墓，大食、波斯賈胡死者數千人。展叛凡三月平，追景山入朝，拜尚書左丞，以崔圓代之。

王思禮在太原，儲庾羸衍，請輸半以實京師。會卒，管崇嗣代之，政弛不治，數月，爲下盜費略盡。帝聞，即以景山爲太原尹，封南陽郡公。至則振覈紀綱，檢覆干隱，衆大懼。而景山清約，子弟饌不過草具，用器止烏漆，待上賓惟豚、魚而已，取倉粟紅腐者食之，兼給麾下，麾下怨訕。左右白景山，景山曰：「此不食，留將安用邪？」因慢駡，士皆羞忿。有裨校抵死，諸將請贖，不許；其弟請代，不許；請納一馬贖，景山乃許減死。衆怒曰：「吾屬命纔

一馬直乎？」景山護失，叱遣之。少將黄抱節因衆怒作亂，景山遇害，時寶應元年也。肅宗以其統馭失方，不復究驗，遣使喻撫其軍，軍中請辛雲京爲節度，詔可。

景山與劉晏善，其後家寠窶，晏屢經紀之，嫁其孤女。謚曰敬。

崔瓘，博陵人，以士行脩謹聞。累官至澧州刺史，不爲煩苛，人便安之，流亡還歸，居二年，增戶數萬。詔特進五階，以寵異政。

大曆中，遷湖南觀察使，時將吏習寬弛，不奉法，瓘稍以禮法繩裁之，下多怨。別將臧玠、判官達奚覯忿爭，覯曰：「今幸無事。」玠曰：「欲有事邪？」拂衣去，是夜以兵殺覯。瓘聞難，惶懼走，遇害，帝悼惜之。

魏少游字少游，邢州鉅鹿人，以吏幹稱。天寶末，累遷朔方水陸轉運副使。肅宗幸靈武，杜鴻漸等奉迎，而留少游繕治宮室。少游大爲殿宇幄帟，皆象宮闕，諸王、公主悉有次舍，供儗窮水陸。又有千餘騎，鎧幟光鮮，振旅以入。帝見宮殿，不悅曰：「我至此欲就大事，安用是爲？」稍命去之。除左司郎中。

兩京平，封鉅鹿縣侯，遷陝州刺史。王師潰於鄴，河、洛震駭，少游鎮守自若。擢京兆尹。李輔國以其不附己，改衛尉卿。會率羣臣馬助軍，少游與漢中王瑀持異，帝怒，貶渠州長史。復爲京兆尹，始請：「中書門下省五品、尚書省四品、諸司正員三品、諸王、駙馬期以上親及壻若甥，不得任京兆官。」詔可。大曆二年，爲江西觀察使，進刑部尚書，改封趙國公。六年卒，贈太子太師。

少游四爲京兆，雖無赫赫名，然善任人，緣飾規檢，有足稱者。

衛伯玉，史失其何所人。少習武技，爲有力。天寶中，從安西府，積勞至員外諸衛將軍。肅宗即位，慨然願立功，乃歸長安，領神策兵馬使，出鎮陝州行營。乾元二年，賊將李歸仁以騎五千入寇，伯玉與戰彊子坂，破之，獲馬六百匹。遷羽林大將軍，徙四鎮、北庭行營節度使，俄爲神策軍節度。史思明遣子朝義夜襲陝，將動京師，伯玉迎擊，破之於永寧。加特進，封河東郡公。廣德元年，代宗幸陝，以伯玉有幹略，可方面大事，乃拜荆南節度使，進封城陽郡王。大曆初，以母憂當代，諷將吏留己，復詔節度荆南，議者醜其留。十一年，歸京師，卒。

李澄，遼東襄平人，隋蒲山公寬之遠胄。以勇票隸江淮都統李峘府爲偏將〔一〕。又從永平節度李勉軍，勉帥汴，表澄滑州刺史。李希烈陷汴，勉走，澄以城降賊，希烈以爲尚書令、節度永平軍。興元元年，澄遣盧融間道奉表詣行在。德宗嘉之，署帛詔內蜜丸，授澄刑部尚書、汴滑節度使，澄未即宣，乃先勒訓士馬。希烈疑，以養子六百戍之。賊急攻寧陵，邀澄至石柱，澄密令焚營爲驚遁者，養子輩果乘以剽掠，澄盡斬之，以告，希烈不能詰。賊遣將翟崇暉率精兵寇陳州，未還，汴軍寡，澄度不能制己，又中官薛盈珍持節至，封澄武威郡王，賜實封，乃燔賊旗節自歸。希烈既失澄，而崇暉復敗，繇是奔汝南。

澄引兵將取汴，屯其北門不敢進，及劉洽師屯東門，賊將田懷珍納之。比澄入，洽已保子城矣。澄乃舍浚儀，兩軍士日爭忿，未能安。會鄭州賊將孫液送款於澄，澄遣子清馳赴。先此，河陽李芃使偏將雍希顥攻鄭，數殘剽，液拒之。及納清，希顥大怒，急攻鄭。清助守，殺河陽兵數千，希顥焚陽武去，澄遂如鄭。詔授清檢校太子賓客，易名克寧。

貞元初，遷澄檢校尚書左僕射、義成軍節度使。二年卒，年五十四，贈司空。澄始封隴西公，後乃進王爵，每上章，必疊署二封，士大夫笑其野。

澄之喪，克寧閟不發，閱旬日，欲自領事，其行軍司馬馬鉉不許，克寧殺之，墨絰，加卒嬰城，將爲亂。劉洽以兵屯境上，遣使諭止，遂自戕，然道閉者半月。詔以賈耽代鎭，克寧乃護喪歸，悉案府中財夜出，軍士從剽之殆盡。澄柩至京，猶賜克寧莊一區、錢千緡、粟麥數千石云。

韓全義，家素寒，史失其先世。興卒伍，以巧佞事宦者竇文場，擢累長武城使，進拜夏綏銀宥節度使，詔以長武兵赴屯。全義素懦貪，無紀律，爲下斬狎。詔未下，軍中偏知之，謀曰：「夏州沙磧，無樹藝生業，不可往。」是夜，譟而亂，全義縋以逸，殺其親將王栖巖、趙虔曜等，軍虞候高崇文誅亂首，衆乃定，全義得赴屯。

吳少誠以蔡拒命，詔合十七鎭兵討之。時軍無帥統，惟以奄豎監之，遂敗于小溵。德宗以文場素爲全義地，因用爲淮西行營招討使，以陳許節度使上官涚副之，諸鎭兵皆屬。全義無它方略，號令悉稟監軍，每議攻戰，宦豎十數紛爭帳中，小人好自異，互詆訾不能決。賊知之，數請戰。遇賊廣利城，方暑，地沮洳，士皆病癘，全義未嘗存之。既戰，師皆潰，退保五樓，賊移屯逼之，乃與監軍賈英秀等保溵水，不能固，又入屯陳州。是時，唯陳許將

孟元陽、神策將蘇光榮守溵水，全義誘潞、滑州數大將殺之，然卒不振。宦人共掩其敗，帝不知。少誠度無能爲，卽謾書謝監軍，求洗前咎。帝下其議，宰相賈耽以爲五樓之敗，賊不追者，以冀恩耳，請納其誠。帝然之。

全義班師，過闕下，託疾不入謁。司馬崔放見帝，謝無功。帝曰：「全義誘少誠歸國，功大矣！何必殺敵乃爲功邪？」還屯夏州，中人卽第宴賚，然卒不見天子去。時恨帝失政，使姦人得肆云。憲宗在藩，疾之，既嗣位，全義大懼，願入覲，不復用，以太子少保致仕卒。其子獻女樂八人，帝不納，曰：「我方以儉治天下，惡用是爲？」

盧從史，其先在元魏時爲盛族，後徙籍不常。父虔，好學，由進士第歷御史、祕書監。

從史少好騎射，遊澤、潞間，節度使李長榮署爲督將。貞元後，藩臣缺，德宗必取本軍所喜戴者授之。從史在潞，姦獪得士心，又善附迎中人，會長榮卒，卽擢拜昭義節度副大使。既得志，寖恣不道，至奪部將妻，而能辯給紛澤其非。府屬孔戡等屢以直語爭刺，初唯唯，後益不從，皆引去。元和中，丁父喪未官，從史卽獻計誅王承宗，陰向帝旨，繇是奪服，復領澤、潞。因詔討賊，而勒兵逗留，陰與承宗交，得其密號授軍中，又高芻粟直以售度支。

卽上書求兼宰相，且誣諸軍與賊通，兵未可進。憲宗患之。

初，神策中尉吐突承璀與對壘，從史時過其營飲博，承璀多出寶帶、奇玩夸之。從史貪猥，所玩悅必遺焉。從史喜，益狎不疑。帝用裴垍謀，敕承璀圖之。承璀伏壯士幕下，伺其來與語，士突起捽持出帳後，縛內車中。從者驚亂，斬數十人，諭以密詔，而大將烏重胤素忠果，部勒其衆，乃定。會夜，疾驅，未明出境，道路無知者。於是五年夏四月，有詔慰其軍，疏從史罪惡，貶驩州司馬，賜死。子繼宗等並徙嶺南。

高霞寓，幽州范陽人。其先五代不異居，孝聞里閭。德宗初，採訪使洪經綸言之，詔表闕于門。

霞寓能讀春秋及兵法，頗以感概自尙，狡譎多變。往見長武城使高崇文，崇文異其才，檄任軍職。從擊劉闢，戰輒克，下鹿頭城，降李文悅、仇良輔等，追戰七盤城有功，禽闢於羊灌。擢拜彭州刺史。俄代崇文爲長武城使，封感義郡王。

元和中，以左威衞將軍隨吐突承璀討王承宗，諸將多覆軍，獨霞寓有功，詔藏所獲鎧仗於神策庫以旌之。承璀已執盧從史，其軍相驚，乃遣霞寓諭之，麾而大呼曰：「元惡縛矣，公

等宜自安！」卽脫鎧揖而前，衆遂定，欲留爲帥，霞寓間道去。拜豐州刺史、三城都團練防禦使。

討吳元濟也，析山南東道爲兩鎭，以霞寓宿將，拜唐鄧隋節度使，遏賊南衝。霞寓雖悍，而寡謀，統制尤非所善，始引兵趨蕭陂，戰小勝，進至文城柵，賊僞北，逐之，爲伏所掩，遂大敗，才以身免。詔貶歸州刺史。乃厚賂權宦，召爲右衞大將軍，拜振武節度使。會吐蕃攻鹽、豐二州，霞寓以兵五千屯拂雲堆，虜引去。浚金河，漑鹵地數千頃。改左武衞大將軍，又節度邠寧，位檢校司徒。寶曆中，疽發首，不能事，以右金吾衞大將軍召，卒于道，贈太保。

霞寓位既高，言多不遜，帝欲罷其兵，益自憂，乃上私第爲佛祠，請署曰「懷恩」，以塞帝疑。俄又詬侮僚屬，作慢語斥訕大臣，其反覆自任類此。

校勘記

〔一〕以勇票隸江淮都統李峘府爲偏將　「峘」，衲本作「勉」，十行、汲、殿、局本作「垣」，舊書卷一三二李澄傳作「峘」。按本書及舊書卷一三一李勉傳均未載勉任江淮都統。據本書卷八〇及舊書卷一一二李峘傳，任江淮都統者實爲峘。「勉」蓋涉下文而訛，「垣」則「峘」之形誤，今改。

唐書卷一百四十二

列傳第六十七

李麟　楊綰　崔祐甫 植 俊　柳渾 識　韋處厚　路隋

李麟，裔出懿祖，於屬最疏。父濬，歷潤、虢、潞三州刺史，以誠信號良吏。開元中，終劍南節度按察使，贈戶部尚書，謚曰誠。

麟好學，善文辭。以父廕補京兆府戶曹參軍，舉宗室異能，轉殿中侍御史。累擢兵部侍郎，與楊國忠同列，國忠怙權，疾之，改權禮部貢舉。國忠還，麟復本官。改國子祭酒。出爲河東太守，有淸政。安祿山反，朝廷以麟儒者，非禦侮才，還爲祭酒，封渭源縣男。

玄宗入蜀，麟走見帝，再遷憲部尚書，同中書門下平章事。時宰相韋見素、房琯、崔渙、崔圓踵赴肅宗行在，獨麟以宗室子留總百司。上皇還京，進同中書門下三品，封褒國公。張皇后挾李輔國寖橈政，苗晉卿、崔圓等畏其權，皆附離取安，獨麟守正不阿順，輔國忌恚。

乾元初，罷爲太子少傅。明年卒，年六十六，贈太子太傅，謚曰德。

楊綰字公權，華州華陰人。祖溫玉，在武后時爲顯官。世以儒聞。綰少孤，家素貧，事母謹甚。性沈靖，獨處一室，左右圖史，凝塵滿席，澹如也。不好立名，有所論著，未始示人。第進士，補太子正字。舉詞藻宏麗科，玄宗已試，又加詩、賦各一篇，綰爲冠，由是擢右拾遺。制舉加詩、賦，繇綰始。

天寶亂，肅宗即位，綰脫身見行朝，拜起居舍人，知制誥。累遷中書舍人，兼脩國史。故事，舍人年久者爲閤老，其公廨雜料獨取五之四。至綰，悉均給之。歷禮部侍郎，建復古孝廉、力田等科，天下高其議。俄遷吏部，品裁淸允，人服其公。是時，元載秉政，忌綰望高，疏薄之。宦者魚朝恩判國子監，既誅，因是建言太學當得天下名儒汰其選，即拜綰國子祭酒，外示尊重，而實以散地處之。載日貪冒，天下士議益歸綰，帝亦知之，自擢爲太常卿，充禮儀使。載得罪，拜中書侍郎、同中書門下平章事，脩國史。制下，士相賀於朝。綰固讓，帝不許。

時諸州悉帶團練使，綰奏：「刺史自有持節諸軍事以掌軍旅；司馬，古司武，所以副軍，即今副使；司兵參軍，今團練判官。官號重複，可罷天下團練、守捉使。」詔可。又減諸道觀察判官員之半。復言：「舊制，刺史被代若別追，皆降魚書，乃得去。開元時，置諸道採訪使，得專停刺史，威柄外移，漸不可久。其刺史不稱職若贓負，本道使具條以聞，不得擅追及停，而刺史亦不得輒去州詣使所。如其故闕，使司無署攝，聽上佐代領。」帝善其謀，於是高選州上佐，定上、中、下州，差置兵員，詔郎官、御史分道巡覆。又定府、州官月稟，使優狹相均。始，天下兵興，從權宜，官品同而祿例差。及四方粗定，元載、王縉當國，偷以爲利，因不改。故江淮大州至月千緡，而山劍貧險，雖上州刺史止數十緡。及此始復太平舊制。

綰素痼疾，居旬日寖劇，有詔就中書療治，每對延英殿，許挾扶。于時釐補穿敝，唯綰是恃。未幾薨，帝驚悼，詔羣臣曰：「天不使朕致太平，何奪綰之速邪？」即日詔贈司徒，遣使者冊授，欲及其未斂也。詔百官如第弔，賻絹千匹、布三百匹。太常謚曰文貞，比部郎中蘇端，憸人也，持異議，宰相常衮陰助之，帝以其言醜險不實，貶端巴州員外司馬，猶賜謚曰文簡。

綰儉約，未嘗問生事，祿稟分姻舊，隨多寡輒盡。造之者，淸談終晷，而不及榮利，欲干以私，聞其言，必內愧止。經誥微趣，學家疑晦者，一見即詣其極。始輔政，御史中丞崔寬

本豪侈，城南別墅池觀堂皇，爲當時第一，即日遣人毀之；京兆尹黎幹，出入從騶馭百數，省損才留十餘騎；中書令郭子儀在邠州行營，方大會，除書至，音樂散五之四；它聞風靡然自化者，不可勝紀。世以比楊震、山濤、謝安云。

崔祐甫字貽孫，太子賓客孝公沔之子也。世以禮法爲聞家。第進士，調壽安尉。安祿山陷洛陽，祐甫冒矢石入私廟，負木主以逃。自起居舍人累遷中書舍人。

性剛直，遇事不回。時侍郎闕，祐甫攝省事，數與宰相常衮爭議不平。衮怒，使知吏部選，每擬官，衮輒駮異，祐甫不爲下。會朱泚軍中貓鼠同乳，表其瑞，詔示衮，衮率羣臣賀，祐甫獨曰：「可弔不可賀。」詔使問狀，對曰：「臣聞禮：『迎貓，爲其食田鼠。』以其爲人去害，雖細必錄。今貓受畜於人，不能食鼠而反乳之，無乃失其性邪？貓職不脩，其應若曰法吏有不觸邪，疆吏有不扞敵。臣愚以爲當命有司察貪吏，誡邊候，勤徼巡，則貓能致功，鼠不爲害。」代宗異其言，衮益不喜。

帝崩，衮與禮官議：「禮，爲君斬衰三年。漢文帝權制三十六日。我太宗文皇帝崩，遺詔亦三十六日，羣臣不忍，既葬而除，略盡四月。高宗如漢故事。玄宗以來，始變天子喪爲

二十七日。乃者，遺詔雖曰『天下吏民，三日釋服』，羣臣宜如皇帝服二十七日乃除。」祐甫曰：「遺詔無臣、庶人之別，是皇帝宜二十七日，而羣臣三日也。」袞曰：「賀循稱，吏者，官長所署，非公卿百官也。」祐甫對：「傳曰『委之三吏』，乃三公也。史稱循吏、良吏，豈胥史歟？」袞曰：「禮非天降地出，人情而已。且公卿大臣膺受寵祿，今與黔首同，信宿而除，於公安乎？」祐甫曰：「若遺詔何？詔而可改，孰不可改？」意象殊厲。袞方入臨，遣從吏扶立殿墀上，祐甫指之謂衆曰：「臣哭君前，有扶禮乎？」袞不勝怒，乃劾祐甫率情變禮，橈國典，請貶潮州刺史。德宗以爲重，改河南少尹。始肅宗時，天下務劇，宰相更直掌事，若休沐還第，非大詔命，不待徧曉，則聽直者代署以聞。是時郭子儀、朱泚俱以平章事當署敕尾，而不行宰相事。帝新即位，袞如故事代署。子儀、泚入，言祐甫不宜貶，帝曰：「卿向何所言？今云非邪？」二人對初不知。帝怒，以袞爲罔上。是日，羣臣苴絰立月華門外，即兩換職，以袞河南少尹，而拜祐甫門下侍郎、同中書門下平章事。俄改中書侍郎。

自至德、乾元以來，天下戰討，啓丐塡委，故官賞繆紊。永泰後，稍稍平定，而元載用事，非賄謝不與官，刻塞公路，綱紀大壞。載誅，楊綰相，未幾卒。袞當國，懲其敝，凡奏請一杜絕之，惟文辭入第乃得進，然無所甄異，賢愚同滯焉。及祐甫，則薦舉惟其人，不自疑畏，推至公以行，未踰年，除吏幾八百員，莫不諧允。帝嘗謂曰：「人言卿擬官多親舊，何

邪？」對曰：「陛下令臣進擬庶官，夫進擬者必悉其才行，如不與聞知，何由得其實？」帝以爲然。神策軍使王駕鶴者，典衞兵久，權震中外，帝將代之，懼其變，以問祐甫，祐甫曰：「是無足慮。」即召駕鶴留語移時，而代者已入軍中矣。淄青李正己畏帝威斷，表獻錢三十萬緡，以覘朝廷。帝意其詐，未能答。祐甫曰：「正己誠詐，陛下不如因遣使勞其軍，以所獻就賜將士。若正己奉承詔書，是陛下恩洽士心；若不用，彼自斂怨，軍且亂。又使諸藩不以朝廷爲重賄。」帝曰：「善。」正己慚服。時議者韙其謨謀，謂可復貞觀、開元之治。

是歲被疾，詔肩輿至中書，臥而承旨，若還第，即遣使咨決。薨，年六十，贈太傅，謚曰文貞。故事，門下侍郎未有贈三師者，帝以其有大臣節，特寵異之。朱泚亂，祐甫妻王陷賊中，泚嘗與祐甫同列，遺以繒帛菽粟，受而緘鐍之，帝還京，具封以獻，士君子益重其家法云。

子植嗣。

植字公脩，祐甫弟廬江令嬰甫子也。祐甫病，謂妻曰：「吾歿，當以廬江次子主吾祀。」及卒，護喪者以聞，帝惻然，召植，使即喪次終服。補弘文生。博通經史，於易尤邃。與鄭覃同時爲補闕，皆賢宰相後，每朝廷有得失，兩人者更疏論執，譽望蔚然。

元和中，爲給事中。時皇甫鎛判度支，建言減百官奉稟，植封還詔書。鎛又請天下所納鹽酒利增估者，以新準舊，一切追償。植奏言：「用兵久，百姓凋罄，往雖估踰其實，今不可復收。」於是議者咸罪鎛，鎛懼而止。

長慶初，拜中書侍郎、同中書門下平章事。穆宗問：「貞觀、開元中治道最盛，何致而然？」植曰：「太宗資上聖，興民間，知百姓疾苦，故厲精思治，又以房玄齡、杜如晦、魏徵、王珪爲之佐，君明臣忠，聖賢相維，治致升平，固其宜也。玄宗在天后時，身踐憂患，既即位，得姚崇、宋璟，此二人蚤夜孜孜，納君於道。璟嘗手寫尚書無逸，爲圖以獻，勸帝出入觀省以自戒。其後朽暗，乃代以山水圖，稍怠于勤，左右不復箴規，姦臣日用事，以至于敗。昔德宗嘗問先臣祐甫開元、天寶事，先臣具道治亂所以然，臣在童丱，記其說。今願陛下以無逸爲元龜，則天下幸甚。」他日又問：「司馬遷言漢文帝惜十家產而罷露臺，身衣弋綈，履革舄，集上書囊爲殿帷，信乎？何太儉邪？」植曰：「良史非兗言。漢承秦侈縱之餘，海內凋窶，文帝從代來，知稼穡艱難，是以躬履儉約，爲天下守財。景帝遵而不改，故家給戶足。至武帝時，錢朽貫，穀紅腐，乃能出師征伐，威動四方；然侈靡不節，末年戶口減半，稅及舟車，人不聊，乃下哀痛詔，封丞相爲富人侯。然則帝王不可以不示儉而天下足。」帝曰：「卿言善，患行之爲難耳！」

時朝廷悉收河朔三鎭，而劉總又以幽、薊七州獻諸朝，且懼部將構亂，乃先籍豪銳不檢者送京師，而朱克融在籍中。植與杜元穎不知兵，謂藩鎭且平，不復料天下安危事，而克融等羈旅寒躓，願得官自效，日訴于前，皆抑不與。及遣張弘靖赴鎭，縱克融等北還，不數月，克融亂，復失河朔矣。天下尤之，植內慚。罷爲刑部尚書，旋授岳鄂觀察使。未幾，遷嶺南節度使，還拜戶部尚書。終華州刺史，贈尙書左僕射。

倰字德長，祐甫從子也。性介絜，矜己之淸，視贓負者若讎。以蘇州刺史奏課第一，遷湖南觀察使。湖南舊法，雖豐年，貿易不出境，鄰部災荒不恤也。倰至，謂屬吏曰：「此豈人情乎？無閉糴以重困民。」削其禁，自是商賈流通，貲物益饒。入爲戶部侍郎，判度支。時田弘正徙鎭州，以魏兵二千行。既至，留自衞，請度支給歲糧，倰固執不與，弘正不得已，遣魏卒。俄而鎭兵亂，弘正遇害，倰之爲也。時天子失德，倰黨與盛，有司不敢名其罪。出爲鳳翔節度使。踰年，徙河南尹。以戶部尙書致仕，卒，贈太子少保，謚曰肅。

贊曰：植輔政，當有爲之時，無經國才，履危防淺，機不知其潰而發也，手弛檻緤，縱虎

狠焉，一日而亡地數千里，爲天下笑；倹吝財資賊。又皆幸不誅。天以河北亂唐，故君臣不肖，勃繆其謀，惜哉！

柳渾字夷曠，一字惟深，本名載，梁僕射惔六世孫，後籍襄州。早孤，方十餘歲，有巫告曰：「兒相夭且賤，爲浮屠道可緩死。」諸父欲從其言，渾曰：「去聖教，爲異術，不若速死。」學愈篤，與游者皆有名士。天寶初，擢進士第，調單父尉，累除衢州司馬。棄官隱武寧山。召拜監察御史，臺僚以儀矩相繩，而渾放曠不樂檢局，乃求外職。宰相惜其才，留爲左補闕。

大曆初，江西魏少游表爲判官。州僧有夜飲火其廬者，歸罪瘖奴，軍候受財不詰，獄具，渾與其僚崔祐甫白奴冤，少游趣訊僧，僧首伏，因厚謝二人。路嗣恭代少游，渾遷團練副使。俄爲袁州刺史。祐甫輔政，薦爲諫議大夫、浙江東西黜陟使。入爲尙書右丞。

朱泚亂，渾匿終南山。賊素聞其名，以宰相召，執其子榜笞之，搜索所在。渾羸服步至奉天，改右散騎常侍。賊平，奏言：「臣名向爲賊汙，且『載』於文從戈，非偃武所宜。」乃更今名。

貞元元年，遷兵部侍郎，封宜城縣伯。李希烈據淮、蔡，關播用李元平守汝州，渾曰：

「是夫衒玉而賈石者也。往必見禽，何賊之攘？」既而果爲賊縛。三年，以本官同中書門下平章事，仍判門下省。帝嘗親擇吏宰畿邑，而政有狀，召宰相語，皆賀帝得人，渾獨不賀，曰：「此特京兆尹職耳。陛下當擇臣輩以輔聖德，臣當選京兆尹承大化，尹當求令長親細事。代尹擇令，非陛下所宜。」帝然之。玉工爲帝作帶，誤毀一銙，工不敢聞，私市它玉足之。及獻，帝識不類，擿之，工人伏罪。帝怒其欺，詔京兆府論死，渾曰：「陛下遽殺之則已，若委有司，須詳讞乃可。於法，誤傷乘輿器服，罪當杖，請論如律。」由是工不死。左丞田季羔從子伯彊請賣私第募兵助討吐蕃，渾曰：「季羔，先朝號名臣，由祖以來世孝謹，表闕于門。隋時舊第，惟田一族耳。討賊自有國計，豈容不肖子毀門構，徼一時倖，損風敎哉！請薄責以示懲沮！」帝嘉納。

韓滉自浙西入朝，帝虛己待之，奏事或日晏，他相取充位，滉遂省中榜吏自若。渾雖爲滉所引，惡其專，質讓曰：「省闥非刑人地，而榜吏至死。公家先相國以狷察，不滿歲輒罷，今公柰何蹈前非，顓立威福？豈尊主卑臣義邪？」滉悔悟，稍褫其威。白志貞除浙西觀察使，渾奏：「志貞興小史，縱嘉其才，不當超劇職。臣以死守，不敢奉詔。」會渾移疾出，即日詔付外施行。疾間，因乞骸骨，不許。門下吏白過官，渾愀然曰：「旣委有司，而復橈之，豈賢者用心邪？士或千里辭家以干祿，小邑主辦，豈慮不能？」是歲擬官，無退異者。

渾域與吐蕃會平涼，是日，帝語大臣以和戎息師之便。馬燧賀曰：「今日已盟，可百年無虜患。」渾跪曰：「五帝無誥誓，三王無盟詛，蓋盟詛之興皆在季末。今盛明之朝，反以季末事行於夷狄。夫夷狄人面獸心，易以兵制，難以信結，臣竊憂之。」李晟繼言曰：「蕃戎多不情，誠如渾言。」帝變色曰：「渾，儒生，未達邊事，而大臣亦當爾邪？」皆頓首謝。夜半，邠寧節度使韓游瓌飛奏吐蕃劫盟，將校皆覆沒。帝大驚，卽以其表示渾。明日，慰之曰：「卿，儒士，乃知軍戎萬里情乎？」益禮異之。

宰相張延賞怙權，嫉渾守正，遣親厚謂曰：「明公舊德，弟愼言於朝，則位可久。」渾曰：「爲吾謝張公，渾頭可斷，而舌不可禁。」卒爲所擠，以右散騎常侍罷政事。

渾警辯好談諧，與人交，豁如也。情儉不營產利。免後數日，置酒召故人出游，酣肆乃還，曠然無黜免意。時李勉、盧翰皆以舊相閩門奉朝請，歎曰：「吾等視柳宜城，眞拘俗之人哉！」五年卒，年七十五，謚曰貞。

渾母兄識，字方明，知名士也。工文章，與蕭穎士、元德秀、劉迅相上下，而識練理創端，往往詣極，雖趣尙非博，然當時作者伏其簡拔。渾亦善屬文，但沈思不逮於識云。

韋處厚字德載，京兆萬年人。事繼母以孝聞，親歿，廬墓終喪。中進士第，又擢才識兼茂科，授集賢校書郎。擧賢良方正異等，宰相裴垍引直史館。改咸陽尉。

憲宗初，擢左補闕。禮部尙書李絳請間言：「古帝王以納諫爲聖，拒諫爲昏。今不聞進規納忠，何以知天下事？」帝曰：「韋處厚、路隋數上疏，其言忠切，顧卿未知爾。」由是中外推其靖密。歷考功員外郎，坐與宰相韋貫之善，出開州刺史。以戶部郎中入知制誥。穆宗立，爲翰林侍講學士。處厚以帝沖怠不向學，卽與路隋合易、書、詩、春秋、禮、孝經、論語，掇其粹要，題爲六經法言二十篇上之，冀助省覽。帝稱善，並賜金幣。再遷中書舍人。張平叔以言利得幸於帝，建言官自鬻鹽，籠天下之財。宰相不能詰，下羣臣議，處厚發十難詣其迂謬，平叔愧縮，遂寢。

敬宗初，李逢吉得柄，構李紳，逐爲端州司馬。其黨劉栖楚等欲致紳必死，建言當徙醜地。處厚上言：「逢吉黨與，以紳之斥猶有餘辜，人情危駭。詩云『萋兮斐兮，成是貝錦。彼譖人者，亦已太甚』，『讒言罔極，交亂四國』。此古人疾讒之深也。孔子曰：『三年無改於父之道，可謂孝矣。』按紳先朝舊臣，就令有過，尙當祓瑕洗釁，成無改之美，況被讒乎！建中時，山東之亂興，宰相朋黨，楊炎爲元載復讎，盧杞爲劉晏償怨，兵連禍結，天下騷然。此陛

下親所聞見，得不深念哉！」紳繇是免。逢吉怒，至寶曆三月赦書〔一〕，不言左降官未量移者，以沮紳內徙。處厚復奏：「逢吉緣紳一人而使近歲流斥皆不蒙澤，非所以廣恩於天下。」帝悟，追改其條。進翰林承旨學士、兵部侍郎。方天子荒暗，月視朝才三四。處厚入見，即自陳有罪，願前死以謝。帝曰：「何哉？」對曰：「臣昔爲諫官，不能死爭，使先帝因畋與色而至不壽，於法應誅。然所以不死者，陛下在春宮，十有五矣。今皇子方襁褓，臣不敢避死亡之誅。」帝大感悟，賜錦綵以慰其意。王廷湊之亂，帝歎宰相不才，而使姦臣跋扈，處厚曰：「陛下有一裴度不能用，乃當饋而歎，恨無蕭、曹，此馮唐所以謂漢文帝有頗、牧不能用也。」

後禁中急變，文宗綏內難，猶豫未即下詔，處厚入，昌言曰：「春秋大義滅親，內惡必書，以明逆順；正名討罪，何所避諱哉？」遂奉教班諭。是夕，號令及它儀矩不暇責有司，一出處厚，無違舊章者。進拜中書侍郎、同中書門下平章事，封靈昌郡公。堂史湯銖數招權納財賂，處厚笑曰：「此半滑渙也。」斥出之，相府肅然。初，貞元時宰相齊抗奏罷州別駕及當爲別駕者引處之朝。元和後，兩河用兵，裨將立功得補東宮王府官，朱紫淆并，授受不綱。處厚乃置六雄、十望、十緊等州，悉補別駕，由是流品澄別。帝雖自力機政，然驟信輕改，搖於浮論。處厚嘗獨對曰：「陛下不以臣不肖，使待罪宰相，凡所奏可，中輒變易。自上心

出邪，乃示臣不信；得於橫議邪，即臣何名執政？且裴度元勳舊德，輔四朝，竇易直長厚忠實，經事先帝，陛下所宜親重委信之。臣乃陛下自擢，今言不見納，宜先罷。」即趨下頓首，帝矍然曰：「何至是？卿之忠力，朕自知之，安可遽辭以重吾不德？」處厚趨出，帝復召問所欲言，乃對：「近君子，遠小人，始可爲治。」諄複數百言。又言：「裴度忠，可久任。」帝嘉納之。自是無復橫議者。時李同捷叛，詔諸軍進討。魏博史憲誠懷向背，裴度待以不疑。憲誠遣吏白事中書，處厚召語曰：「晉公以百口保爾帥於天子，我則不然，正須所爲，以邦法從事耳。」憲誠懼，不敢貳，卒有功。李載義數破滄、鎭兵，皆剜剔以獻，處厚戒之，前後完活數百千人。大和二年，方奏事，暴疾，仆香案前，帝命中人翼扶之，輿還第，一昔薨，年五十六，贈司空。

處厚姿狀如甚懦者，居家亦循易，至廷爭，巖然不可回奪。剛于御吏，百僚謁事，畏惕未嘗敢及以私。推擇官材，往往棄瑕錄善，時亦譏其太廣。性嗜學，家書讎正至萬卷。爲拾遺時，譔德宗實錄。後又與路隋共次憲宗實錄，詔分日入直，創具凡例，未及成而終。本名淳，避憲宗諱，改今名。

路隋字南式，其先出陽平。父泌，字安期，通五經，端亮寡言，以孝悌聞。建中末，爲長安尉。德宗出奉天，棄妻子奔行在，扈狩梁州，排亂軍以出，再中流矢，裂裳濡血。以策說渾瑊，召置幕府。東討李懷光，奏署副元帥判官。從瑊會盟平涼，爲虜所執，死焉。

時隋嬰孺，以恩授八品官。逮長，知父執虜中，日夜號泣，坐必西嚮，不食肉。母告以貌類泌者，終身不引鏡。貞元末，吐蕃請和，隋三上疏宜許，不報。擧明經，授潤州參軍事。李錡欲困辱之，使知市事，隋怡然坐肆，不爲屈。韋夏卿高其節，辟置東都幕府。元和中，吐蕃款塞，隋五上疏請脩好，冀得泌還。詔可。遣祠部郎中徐復報聘，而泌以喪至，帝愍惻，贈絳州刺史，官爲治喪。服除，擢隋左補闕、史館脩撰，以鯁亮稱。

穆宗立，與韋處厚並擢侍講學士，再遷中書舍人、翰林學士。每除制出，以金幣來謝者，隋却之曰：「公事而當私貺邪？」進承旨學士，遷兵部侍郎。

文宗嗣位，以中書侍郎同中書門下平章事，監脩國史。初，韓愈撰順宗實錄，書禁中事爲切直，宦豎不喜，訾其非實，帝詔隋刊正。隋建言：「衛尉卿周居巢、諫議大夫王彥威、給事中李固言、史官蘇景胤皆上言改脩非是。夫史冊者，褒勸所在，匹夫美惡尚不可誣，況人君乎？議者至引雋不疑、第五倫爲比，以蔽聰明。臣宗閔、臣僧孺謂史官李漢、蔣係皆愈之壻，不可參撰，俾臣得下筆。臣謂不然。且愈所書已非自出，元和以來，相循逮今。雖漢等

以嫌，無害公誼。請條示甚謬誤者，付史官刊定。」有詔擿貞元、永貞間數事爲失實，餘不復改，漢等亦不罷。進門下侍郎、弘文館大學士。久之，辭疾，不聽，册拜太子太師。明年，李德裕貶袁州長史，不署奏，爲鄭注所忌，乃檢校尚書右僕射、同中書門下平章事、鎭海節度使。道病卒，年六十，贈太保，謚曰貞。

贊曰：縮以德服人，而人自化，可謂賢矣。其論議渾大，雖古王佐無以加。祜甫發正己隱情，渾策吐蕃必叛，伐謀知幾，君子哉！處厚事穆、敬、文三宗，主皆弗類，而一納以忠，寧不謂以堯事君者邪？隋輔政十年，歷牛、李、訓、注用事，無所迎將，善保位哉！

校勘記

〔一〕至寶曆三月赦書　「寶曆三月」，衲、十行、汲、局本同，殿本作「寶曆三年」，舊書卷一五九韋處厚傳、通鑑卷二四三作「寶曆元年四月」。查唐大詔令集卷一〇寶曆元年册尊號赦有「自寶曆元年四月二十二日昧爽已前」文，當以「寶曆元年四月」爲是。

唐書卷一百四十三

列傳第六十八

高適　元結　李承　韋倫　薛珏 存慶　崔漢衡　戴叔倫
王翃 正雅 翊 凝　徐申　郗士美　辛祕

高適字達夫，滄州渤海人〔一〕。少落魄，不治生事。客梁、宋間，宋州刺史張九皋奇之，舉有道科中第，調封丘尉，不得志，去。客河西，河西節度使哥舒翰表爲左驍衞兵曹參軍，掌書記。

祿山亂，召翰討賊，卽拜適左拾遺，轉監察御史，佐翰守潼關。翰敗，帝問羣臣策安出，適請竭禁藏募死士抗賊，未爲晚，不省。天子西幸，適走間道及帝於河池，因言：「翰忠義有素，而病奪其明，乃至荒踣。監軍諸將不恤軍務，以倡優蒲簺相娛樂，渾、隴武士飯糲米日不厭，而責死戰，其敗固宜。又魯炅、何履光、趙國珍屯南陽，而一二中人監軍更用事，是能

取勝哉？臣數爲楊國忠言之，不肯聽。故陛下有今日行，未足深恥。」帝頷之。

俄遷侍御史，擢諫議大夫，負氣敢言，權近側目。帝以諸王分鎭，適盛言不可，俄而永王叛。肅宗雅聞之，召與計事，因判言王且敗，不足憂。帝奇之，除揚州大都督府長史、淮南節度使。詔與江東韋陟、淮西來瑱率師會安陸，方濟師而王敗。李輔國惡其才，數短毀之，下除太子少詹事。

未幾蜀亂，出爲蜀、彭二州刺史。始，上皇東還，分劍南爲兩節度，百姓弊于調度，而西山三城列戍。適上疏曰：「劍南雖名東、西川，其實一道。自邛關、黎、雅以抵南蠻，由茂而西，經羌中、平戎等城，界吐蕃。瀕邊諸城，皆仰給劍南。異時以全蜀之饒，而山南佐之，猶不能舉，今裂梓、遂等八州專爲一節度，歲月之計，西川不得參也。嘉陵比困夷獠，日雖小定，而痍痏未平，耕紡亡業，衣食貿易皆資成都，是不可得役亦明矣。可稅賦者，獨成都、彭、蜀、漢四州而已，以四州耗殘當十州之役，其弊可見。而言利者，枘鑿萬端，窮朝抵夕，千梜百牘，皆取之民，官吏懼譴，責及隣保，威以罰抶，而逋逃益滋。又關中比饑，士人流入蜀者道路相係，地入有訖，而科斂無涯，爲蜀計者，不亦難哉！又平戎以西數城，皆窮山之顚，蹊隧險絕，運糧束馬之路，坐甲無人之鄉。爲戎狄言，不足利戎狄；爲國家言，不足廣土宇。柰何以彈丸地而困全蜀太平之人哉？若謂已戍之城不可廢，已屯之兵不可收，願罷東川，以一劍南併力從事。不爾，非陛下洗盪關東清逆亂之急也。蜀人又擾，則貽朝廷憂。」帝不納。

梓屯將段子璋反，適從崔光遠討斬之。而光遠兵不戢，遂大略，天子怒，罷光遠，以適代爲西川節度使。廣德元年，吐蕃取隴右，適率兵出南鄙，欲牽制其力，旣無功，遂亡松、維二州及雲山城。召還，爲刑部侍郎、左散騎常侍，封渤海縣侯。永泰元年卒，贈禮部尚書，謚曰忠。

適尙節義，語王霸衮衮不厭。遭時多難，以功名自許，而言浮其術，不爲搢紳所推。然政寬簡，所涖，人便之。年五十始爲詩，卽工，以氣質自高。每一篇已，好事者輒傳布。其詒書賀蘭進明，使救梁、宋以親諸軍；與許叔冀書，令釋憾；未度淮，移檄將校，絕永王，俾各自白，君子以爲義而知變。

元結，後魏常山王遵十五代孫。曾祖仁基，字惟固，從太宗征遼東，以功賜宜君田二十頃，遼口幷馬牝牡各五十，拜寧塞令，襲常山公。祖亨，字利貞，美姿儀。嘗曰：「我承王公餘烈，鷹犬聲樂是習，吾當以儒學易之。」霍王元軌聞其名，辟參軍事。父延祖，三歲而孤，

仁基敕其母曰：「此兒且祀我。」因名而字之。逮長，不仕，年過四十，親姬彊勸之，再調舂陵丞，輒棄官去，曰：「人生衣食，可適飢飽，不宜復有所須。」每灌畦掇薪，以爲「有生之役，過此吾不思也」。安祿山反，召結戒曰：「而曹逢世多故，不得自安山林，勉樹名節，無近羞辱」云。卒年七十六，門人私謚曰太先生。

結少不羈，十七乃折節向學，事元德秀。天寶十二載舉進士，禮部侍郎陽浚見其文，曰：「一第慁子耳，有司得子是賴！」果擢上第。復舉制科。會天下亂，沈浮人間。國子司業蘇源明見肅宗，問天下士，薦結可用。時史思明攻河陽，帝將幸河東，召結詣京師，問所欲言，結自以始見軒陛，拘忌諱，恐言不悉情，乃上時議三篇。其一曰：

議者問：「往年逆賊，東窮海，南淮、漢，西抵函、秦，北徹幽都，醜徒狠扈在四方者幾百萬，當時之禍可謂劇，而人心危矣。天子獨以匹馬至靈武，合弱旅，鉏彊寇，師及渭西，曾不踰時，摧銳攘凶，復兩京，收河南州縣，何其易邪？乃今河北姦逆不盡，山林江湖亡命尙多，盜賊數犯州縣，百姓轉徙，踵係不絕，將士臨敵而奔，賢人君子遁逃不出。陛下往在靈武、鳳翔，無今日勝兵而能殺敵，無今日檢禁而無亡命，無今日威令而盜賊不作，無今日財用而百姓不流，無今日爵賞而士不散，無今日朝廷而賢者思仕，何哉？將天子能以危爲安，而忍以未安忘危邪？」對曰：「此非難言之。前日天子恨愧陵

廟爲羯逆傷汙，憤悵上皇南幸巴、蜀，隱悼宗戚見誅，側身勤勞，不憚親撫士卒，與人權位，信而不疑，渴聞忠直，過弗諱改。此以弱制彊，以危取安之繇也。今天子重城深宮，燕和而居；凝晃大昕，纓佩而朝；太官具味，視時而獻；太常備樂，和聲以薦；國機軍務，參籌乃敢進；百姓疾苦，時有不聞；廏芻良馬，宮籍美女，輿服禮物，休符瑞諜，日月充備；朝廷歌頌盛德大業，聽而不厭；四方貢賦，爭上尤異；諧臣顛官，怡愉天顏；文武大臣至於庶官，皆權賞踰望。此所以不能以彊制弱，以未安忘危。若陛下視今日之安，能如靈武時，何寇盜彊弱可言哉！」

其二曰：

議者曰：「吾聞士人共自謀：『昔我奉天子拒凶逆，勝則家國兩全，不勝則兩亡，故生死決于戰，是非極於諫。今吾名位重，財貨足，爵賞厚，勤勞已極，外無仇讎害我，內無窮賤迫我，何苦當鋒刃以近死，忤人主以近禍乎？』又聞曰：『吾州里有病父老母、孤兄寡婦〔三〕，皆力役乞丐，凍餒不足，況於死者，人誰哀之？』又聞曰：『天下殘破，蒼生危窘，受賦與役者，皆寡弱貧獨，流亡死徙，悲憂道路，蓋亦極矣。天下安，我等豈無畎畝自處？若不安，我不復以忠義仁信方直死矣！』人且如此，柰何？」對曰：「國家非欲其然，蓋失於太明太信耳。夫太明則見其內情，將藏內情則罔惑生下。能令必信，

信可必矣，而太信之中，至姦尤惡之。如此遂使朝廷亡公直，天下失忠信，蒼生益冤結。將欲治之，能無端由？吾等議於野，又何所及？」

其三曰：

議者曰：「陛下思安蒼生，滅姦逆，圖太平，勞心悉精，於今四年，說者異之，何哉？」對曰：「如天子所思，說者所異，非不知之。凡有詔令丁寧事皆不行，空言一再，頗類諧戲。今有仁卹之令，憂勤之誥，人皆族立黨語，指而議之。天子不知其然，以爲言雖不行，猶足以勸。彼沮勸，在乎明審均當而必行也。天子能行已言之令，必將來之法，雜徭弊制，拘忌煩令，一切蠲蕩，任天下賢士，屏斥小人，然後推仁信威令，謹行不惑。此帝王常道，何爲不及？」

帝悅曰：「卿能破朕憂。」擢右金吾兵曹參軍，攝監察御史，爲山南西道節度參謀。募義士於唐、鄧、汝、蔡，降劇賊五千，瘞戰死露胔於泌南，名曰哀丘。

史思明亂，帝將親征，結建言：「賊銳不可與爭，宜折以謀。」帝善之，因命發宛、葉軍挫賊南鋒，結屯泌陽守險，全十五城。以討賊功遷監察御史裏行。荆南節度使呂諲請益兵拒賊，帝進結水部員外郎，佐諲府。又參山南東道來瑱府，時有父母隨子在軍者，結說瑱曰：「孝而仁者，可與言忠；信而勇者，可以全義。渠有責其忠信義勇而不勸之孝慈邪？將士父母，宜給以衣食，則義有所存矣。」瑱納之。瑱誅，結攝領府事。會代宗立，固辭，丐侍親歸樊上。授著作郎。益著書，作自釋，曰：

河南，元氏望也。結，元子名也。次山，結字也。世業載國史，世系在家諜。少居商餘山，著元子十篇，故以元子爲稱。天下兵興，逃亂入猗玗洞，始稱猗玗子。後家瀼濱，乃自稱浪士。及有官，人以爲浪者亦漫爲官乎，呼爲漫郎。既客樊上，漫遂顯。樊左右皆漁者，少長相戲，更曰聱叟。彼誚以聱者，爲其不相從聽，不相鉤加，帶笭箵而盡船，獨聱齖而揮車。酒徒得此，又曰：「公之漫其猶聱乎？公守著作，不帶笭箵乎？又漫浪於人間，得非聱齖乎？公漫久矣，可以漫爲叟。」於戲！吾不從聽於時俗，不鉤加於當世，誰是聱者，吾欲從之！彼聱叟不慚帶乎笭箵，吾又安能薄乎著作？彼聱叟不羞聱齖於隣里，吾又安能慚漫浪於人閒？取而醉人議，當以漫叟爲稱。直荒浪其情性，誕漫其所爲，使人知無所存有，無所將待。乃爲語曰：「能帶笭箵，全獨而保生；能學聱齖，保宗而全家。聱也如此，漫乎非邪！」

久之，拜道州刺史。初，西原蠻掠居人數萬去，遺戶裁四千，諸使調發符牒二百函，結以人困甚，不忍加賦，即上言：「臣州爲賊焚破，糧儲、屋宅、男女、牛馬幾盡。今百姓十不一在，耄孺騷離，未有所安。嶺南諸州，寇盜不盡，得守捉候望四十餘屯，一有不靖，湖南且

亂。請免百姓所負租稅及租庸使和市雜物十三萬緡。」帝許之。明年，租庸使索上供十萬緡，結又奏：「歲正租庸外，所率宜以時增減。」詔可。結爲民營舍給田，免徭役，流亡歸者萬餘。進授容管經略使，身諭蠻豪，綏定八州。會母喪，人皆詣節度府請留，加左金吾衞將軍。民樂其教，至立石頌德。罷還京師，卒，年五十，贈禮部侍郎。

李承，趙州高邑人。幼孤，其兄曄養之。既長，以悌聞。擢明經，遷累大理評事，爲河南採訪使判官。尹子奇陷汴州，拘承送洛陽，覘得賊謀，皆密啓諸朝。兩京平，例貶臨川尉。不三月，除德清令。尋擢監察御史，累遷吏部郎中，淮南西道黜陟使。奏置常豐堰於楚州，以禦海潮，溉屯田瘠鹵，收常十倍它歲。德宗將討梁崇義，李希烈揣知之，乃表崇義過惡，請先誅討，帝悅，數對左右稱其忠。會承使回，言希烈能立功，然恐後不可制，帝初謂不然，及崇義平，希烈果叛，始思其言，擢拜河中尹、晉絳觀察使。

承廉正有雅望，以才顯於時。未幾，改山南東道節度使。時希烈猶據襄州，帝慮不受命，欲以禁兵衞送承，承辭，請以單騎入。既至，希烈舍承外館，迫脅日萬端，承晏然誓以死守。希烈不能屈，遂大掠去，襄、漢蕩然。承輯綏撫安之，居一年，闔境完復。初，希烈雖去，

留部校守覘，往來踵舍，承因得使所厚臧叔雅結希烈腹心周曾、王玢、姚憺。及曾等謀殺希烈，承首謀也。密詔褒美。尋檢校工部尚書、湖南觀察使。建中四年卒，年六十二，贈吏部尚書。

韋倫，系本京兆。父光乘，在開元、天寶間爲朔方節度使。倫以蔭調藍田尉，幹力勤濟，楊國忠署爲鑄錢內作使判官。國忠多發州縣齊人令鼓鑄，督非所習，雖箠抶苛嚴，愈無功。倫請準直募匠，代無聊之人，繇是役用減，鼓鑄多矣。玄宗晚節盛營宮室，吏介以爲欺，倫閱實工員，省費倍。

從帝入蜀，以監察御史爲劍南節度行軍司馬、置頓判官。時中人衞卒多侵暴，尤難治，倫以清儉自將，西人賴濟。中官疾之，以讒貶衡州司戶參軍。度支使第五琦薦倫才，擢商州刺史、荆襄道租庸使。襄州裨將康楚元亂，自稱東楚義王，刺史王政棄城遁。賊南襲江陵，絕漢、沔餉道。倫調兵屯鄧州，厚撫降賊。寇益怠，乃擊禽楚元以獻，收租庸二百萬緡。召爲衞尉卿，俄兼寧、隴二州刺史。

乾元中，襄州亂，詔倫爲山南東道節度使，而李輔國方恣橫，倫不肯謁，憾之，中罷爲

秦州刺史。吐蕃、党項歲入邊，倫兵寡，數格虜，敗，貶巴州長史，徙務川尉。代宗立，連拜忠、台、饒三州刺史。宦者呂太一反嶺南，詔拜倫韶州刺史、韶連郴都團練使。爲太一反間，貶信州司馬，斥棄十年，客豫章。

德宗嗣位，選使絕域者，擢倫太常少卿，充和吐蕃使。倫至，諭天子威德，贊普順悅，乃入獻。還，進太常卿，兼御史大夫。再使，如旨。倫處朝，數論政得失，宰相盧杞惡之，改太子少保。從狩奉天。及杞敗，關播罷爲刑部尚書，倫在朝堂流涕曰：「宰相無狀，使天下至此，不失爲尚書，後何勸？」聞者憚其公。帝後欲復用杞爲刺史，倫苦諫，言懇至到，帝納之。進太子少師、郢國公，致仕。

時李楚琳以僕射兼衞尉卿，李忠誠以尚書兼少府監，倫言：「楚琳逆節，忠誠戎醜，不當寵以官。」又請爲義倉，以捍無年；擇賢者，任帝左右。謂吐蕃豺虎野心，不可事信約，宜謹備邊。帝善其言，厚禮之。居家以孝慈稱。卒，年八十三，贈揚州都督，謚曰肅。

薛珏字溫如，河中寶鼎人。以蔭爲懿德太子廟令，累遷乾陵臺令。歲中以淸白聞，課第一，改昭應令，人請立石紀德，珏固讓。遷楚州刺史。初，州有營田，宰相遙領使，而刺史得專達，俸及它給百餘萬，田官數百，歲以優得遷，別戶三千，備刺史廝役。珏至，悉條去之，租入贏異時。觀察使惡其絜，誣以罪，左授峽州刺史。建中初，德宗命使者分諸道察官吏升黜焉，而李承狀珏之簡，趙贊言其廉，盧翰稱其肅，書參聞，於是拜中散大夫，賜金紫。劉玄佐表兼汴宋行軍司馬。李希烈棄汴州走，卽拜珏刺史，遷河南尹。入爲司農卿。是時，詔舉堪刺史、縣令者且百人，延問人間疾苦、吏得失，取尤通達者什二，宰相欲校以文詞，珏曰：「求良吏不可責文學，宜以上愛人之本爲心也。」宰相多其計，所用皆稱職。

爲京兆尹，司農供三宮畜茹三十車，不足，請市京兆。是時，韋彤爲萬年令，珏使彤禁鬻賣，民苦之。德宗怒，奪珏、彤俸。帝疑下情不達，因詔延英坐日許百司長官二員言闕失，謂之巡對。珏剛嚴，曉法治，勤身以勸下，然苛察，無經術大體。坐善竇參，改太子賓客，出爲嶺南觀察使。卒，年七十四，贈工部尚書。

子存慶，字嗣德，貌偉岸。及進士第，歷御史、尚書郎。五遷給事中，與韋弘景封駁詔書，時稱其直。劉總以幽州歸，穆宗謂宰相曰：「必用薛存慶，可以宣朕意。」對延英一刻，遣之，至鎭州，疽發于背卒，贈吏部侍郎。

崔漢衡，博州博平人。沈懿博厚，善與人交。始爲費令，滑州節度使令狐彰表掌書記。大曆六年，以檢校禮部員外郎爲和蕃副使。還，遷右司郎中。建中二年，吐蕃請盟，擢殿中少監，爲和蕃使，與其使區頰贊俱來約盟。改鴻臚卿，持節送區頰贊歸，遂定盟淸水。德宗幸奉天，吐蕃以兵佐渾瑊，敗賊武功。轉祕書監。俄拜上都留守、兵部尚書、東都淄青魏博賑給宣慰使。又使幽州，還命稱指。貞元三年，豫吐蕃盟平涼，被執，虜將殺之，因夷言謂之曰：「我善結贊，無殺我！」而漢衡誠信素著，虜亦尊重，故至河州得還。明年，出爲晉慈隰觀察使，卒，贈尚書左僕射。

戴叔倫字幼公，潤州金壇人。師事蕭穎士，爲門人冠。劉晏管鹽鐵，表主運湖南，至雲安，楊子琳反[三]，馳客劫之曰：「歸我金幣，可緩死。」叔倫曰：「身可殺，財不可奪。」乃捨之。嗣曹王皋領湖南、江西，表在幕府。皋討李希烈，留叔倫領府事，試守撫州刺史。民歲爭溉灌，爲作均水法，俗便利之。耕餉歲廣，獄無繫囚。俄卽眞。期年，詔書褒美，封譙縣男，加金紫服。

齊映、劉滋執政，叔倫勸以「屯難未靖，安之者莫先於兵，兵所藉者食，故金穀之司不輕易人。天下州縣有上、中、下、緊、望、雄、輔者，有司銓擬，皆便所私，此非爲官擇人、爲人求治之術。其尤切者，縣令、錄事參軍事，此二者，宜出中書、門下，無計資序限，遠近高卑，一以殿最升降，則人知勸。」映等重其言。遷容管經略使，綏徠夷落，威名流聞。其治清明仁恕，多方略，故所至稱最。德宗嘗賦中和節詩，遣使者寵賜。代還，卒于道，年五十八。

王翃字宏肱，并州晉陽人。少治兵家。天寶中，授翃衞尉、羽林軍宿衞。擢才兼文武科，出爲辰州刺史。與討襄州康楚元有功，加兼祕書少監，遷朗州刺史。

大曆中，擢容管經略使。初，安祿山亂，詔嶺南兵隸南陽魯炅。炅敗績，衆奔潰。谿洞夷獠相挺爲亂，夷酋梁崇牽號「平南都統」，與別帥覃問合，又與西原賊張侯、夏永更誘嘯，因陷城邑，遂據容州。前經略使陳仁璬、元結、長孫全緒等皆僑治藤、梧。翃至，言於衆曰：「我，容州刺史，安可客治它所？必得容乃止。」即出私財募士，有功者許署吏，於是人自奮。不數月，斬賊帥歐陽珪。因至廣州，請節度使李勉出兵併力，勉不許，曰：「容陷賊久，獠方彊，今速攻，祇自敗耳。」翃曰：「大夫即不出師，願下書州縣，陽言以兵爲助，冀藉此聲，成萬

一功。」勉許諾。翃乃移書義、藤二州刺史，約皆進討，引兵三千與賊鏖戰，日數遇。勉檄止之，輒匿不發，戰愈力，卒破賊，禽崇牽，悉復容州故地。捷書聞，詔更置順州，以定餘亂。翃凡百餘戰，禽首領七十，覃問遁去。復遣將李寔等分討西原，平鬱林等諸州。累兼御史中丞，招討處置使。會哥舒晃反，翃命將悉師援廣州，問因合衆乘間來襲，翃設伏擊之，生禽問，嶺表平。代宗遣使慰勞，加金紫光祿大夫，賜第京師。

時吐蕃入寇，郭子儀悉河中兵乘邊，召翃爲河中少尹，領節度後務。悍將凌正數干法不逞，約其徒夜斬關逐翃。翃覺之，陰亂漏刻，以差其期，衆驚，不敢發。俄禽正誅之，一軍惕息。歷汾州刺史，爲振武軍使，綏、銀等州留後。入拜京兆尹。會起涇原兵討李希烈，次滻水，京兆主供擬，饗敗肉腐，衆怒曰：「食是而討賊乎？」遂叛。翃挺身走奉天，拜太子詹事。德宗還都，再遷大理卿，出爲福建觀察使。徙東都留守，既至，闢田二十餘屯，脩器械，皆良金壽革，練士卒，號令精明。俄而吳少誠叛，獨東畿爲有備，關東賴之。貞元十八年卒，贈尚書右僕射，謚曰肅。

翃雅善盧杞，杞之殺崔寧、沮李懷光不得朝，皆與其謀，議者以爲訾。

子正雅，字光謙，行謹飭，爲崔邠所器。元和初，擢進士，遷累監察御史。穆宗時，京邑多盜賊，正雅以萬年令威震豪彊。尹柳公綽言其能，就賜緋魚，擢累汝州刺史。屬監軍怙權，乃謝病去。入爲大理卿，會爭宋申錫獄，堅甚，申錫得不死。大和中卒，贈左散騎常侍。

翃兄翊，性謙柔，歷山南東道節度使。代宗目爲純臣，世稱謹廉。卒，贈戶部尚書，謚曰忠惠。

翊曾孫凝，字成庶，少孤，依其舅宰相鄭肅。舉明經、進士，皆中。歷臺省，寖知名，擢累禮部侍郎。不阿權近，出爲商州刺史。驛道所出，吏破產不能給，而州有冶賦羨銀，常摧直以優吏奉。凝不取，則以市馬，故無橫擾，人皆尉悅。徙湖南觀察使。

僖宗立，召爲兵部侍郎，領鹽鐵轉運使。坐舉非其人，以祕書監分司東都，即拜河南尹。遷宣歙池觀察使，時乾符四年也。王仙芝之黨屠至德，勢益張，凝遣牙將孟琢助池守。賊益兵來攻，實欲襲南陵，凝遣樊儔以舟師扼青陽。儔違令，輕與賊戰，不勝，凝斬以徇，諸將聞，皆股慄，以死綴賊，賊不能進。時江南環境爲盜區，凝以彊弩據采石，張疑幟，遣別將馬穎解和州之圍。明年，賊大至，都將王涓自永陽赴敵，凝大宴，謂涓曰：「賊席勝而驕，可

持重待之，愼毋戰。」涓意銳，日趨四舍，至南陵，未食即陣，死焉。監軍收餘卒數千，還走城，沮橈無去意，卒又恣橫不能禁，凝讓曰：「吏捕蝗者，不勝而仰食於民，則率暴以濟災也。今兵不能捍敵，又恣之犯民生業，何以稱朝廷待將軍意？」監軍詞屈，趣親吏入民舍奪馬，凝乘門望見，麾左右捕取殺之，由是不敢留。然益儲畜繕完以備賊，賊至不能加。會大星直寢庭墜，術家言宜上疾不視事以厭勝，凝曰：「東南，國用所出，而宣爲大府，吾規脫禍可矣，顧一方何賴哉？吾與城相存亡，勿復言！」既而賊去。未幾，卒，年五十八，贈吏部尚書，謚曰貞。

徐申字維降，京兆人。擢進士第，累遷洪州長史。嗣曹王皋討李希烈，檄申以長史行刺史事，任職辦，皋表其能，遷韶州刺史。韶自兵興四十年，刺史以縣爲治署，而令丞雜處民閭。申按公田之廢者，募人假牛犂墾發，以所收半畀之，田久不治，故肥美，歲入凡三萬斛。諸工計所庸，受粟有差，乃徙治故州。未幾，邑閈如初。創驛候，作大市，器用皆具。州民詣觀察使，以其有功於人，請爲生祠，申固讓，觀察使以狀聞，遷合州刺史。始來韶，戶止七千，比六年，倍而半之。

會初置景州，授刺史，賜錢五十萬，加節度副使。遷邕管經略使。黃洞納賀供賦，不敢

桀。踰年，進嶺南節度使。前使死，吏盜印，署府職百餘員，畏事泄，謀作亂。申覺，殺之，註誤一不問。遠俗以攻劫相矜，申禁切，無復犯。外蕃歲以珠、瑇瑁、香、文犀浮海至，申於常貢外，未嘗賸索，商賈饒盈。劉闢反，表請發卒五千，循馬援故道，繇爨蠻抵蜀，擣闢不備。詔可，加檢校禮部尙書，封東海郡公。詔未至，卒，年七十，贈太子少保，謚曰平。

郗士美字和夫，兗州金鄉人。父純，字高卿，舉進士、拔萃、制策皆高第，張九齡、李邕數稱之。自拾遺七遷至中書舍人。處事不回，爲宰相元載所忌。時魚朝恩以牙將李琮署兩街功德使，琮恃勢桀橫，衆辱京兆尹崔昭于禁中，純曰：「此國恥也。」即詣載請速處其罪，載不納，遂辭疾還東都，號「伊川田父」，十年不出。德宗立，崔祐甫輔政，召爲太子左庶子、集賢殿學士，不拜，以老乞身。改詹事，聽致仕。帝召見，褒歎良久，賜金紫，公卿以下咸祖都門，世高其節。

士美年十二，通五經、史記、漢書，皆能成誦。父友蕭穎士、顏眞卿、柳芳與相論繹，嘗曰：「吾曹異日當交二郗之間矣。」未冠爲陽翟丞，佐李抱眞潞州幕府。以才，歷王虔休、李元，皆留不徙。久乃進房州刺史、黔中經略觀察使。溪州賊向子琪以衆八千岨山剽劫，

士美討平之，加檢校右散騎常侍，封高平郡公。遷京兆尹，天子多所咨逮。

出爲鄂岳觀察使。時安黃節度使伊愼入朝，其子宥主後務，偃蹇，母死京師不發喪，欲固其權。士美知之，使府屬過其境，宥出迎，因以母訃告之，即爲辦裝，宥惶遽上道。改河南尹，檢校工部尙書，充昭義節度使。昭義自李抱眞以來皆武臣，私廚月費米六千石，羊千首，酒數十斛，潞人困甚。士美至，悉去之，出稟錢市物自給。又盧從史時，日具三百人膳以餉牙兵，士美曰：「卒衞於牙，固職也，安得廣費爲私恩？」亦罷之。討王承宗也，遣大將王獻督萬人爲前鋒，獻恣橫逗橈，士美即斬以徇，下令曰：「敢後者斬！」親鼓之，大破賊，下三營環柏鄉。時諸鎭兵合十餘萬繞賊，多玩寇犯法，獨士美兵銳整，最先有功。憲宗喜曰：「固知士美能辦吾事。」承宗大震懼。亡幾，會詔班師，然威震兩河。以疾召拜工部尙書。後檢校刑部尙書，爲忠武節度使。卒，年六十四，贈尙書左僕射，謚曰景。生平與人交，已然諾，以是名重於世。

辛祕，系出隴西。貞元中，擢明經第，授華原主簿。以判入等，調長安尉。其學於禮家尤洽，高郢爲太常卿，奏爲博士。再遷兵部員外郎，常兼博士。再辟禮儀使府。

憲宗初，拜湖州刺史。李錡反，遣大將先取支州。蘇、常、杭、睦四刺史，或戰敗，或拘脅，獨祕以儒者，賊易之。未及至，祕召牙將丘知二夜開城收壯士，得數百，逆賊大戰，斬其將，進焚營保。錡平，賜金紫。僉謂祕材任將帥，會河東范希朝出討王承宗，召祕爲希朝司馬，主留務。累遷汝、常州刺史，河南尹，進拜昭義軍節度使。是時，承討恆、趙之後，潞人彫耗。祕至，則約出入，嗇用度，比四年，儲錢十七萬緡、糧七十萬斛，器械堅良，隱然復爲完鎭。召還，道病卒，年六十四，贈尙書左僕射，謚曰肅，後更謚懿。

祕爲大官，居不易第，服不改初，其奉祿悉與褁表親屬。病，自銘其墓，作書一通緘之。卒後發視，則送終制也，儉而不違於禮云。

校勘記

〔一〕滄州渤海人　舊書卷一一一高適傳作渤海蓨人。按本書及舊書卷三九地理志，滄州卽渤海郡改名，渤海非縣名，此誤。

〔二〕孤兄寡婦　元次山集卷八及全唐文卷三八二時議中篇「兄」俱作「兒」。

〔三〕至雲安楊子琳反「子」，各本原作「惠」。按楊子琳爲瀘州刺史，大曆三年反，陷成都，敗走，入夔州，殺別駕張忠。見本書卷一四四崔寧傳及卷六代宗紀。楊惠琳爲夏綏銀節度留後，永貞元

年反，見本書卷七憲宗紀。劉晏管鹽鐵在唐代宗時，而此云「至雲安，楊惠琳反」。雲安屬夔州。根據時間和地理位置判斷，當是楊子琳反。今改。

中華書局

唐書卷一百四十四

列傳第六十九

來瑱 裴茙　田神功 神玉　侯希逸　崔寧 蠡 蕘 黯　嚴礪

來瑱，邠州永壽人。父曜，奮行間，開元末，持節磧西副大使、四鎮節度使，著名西邊，終右領軍大將軍。

瑱略知書，尚名節，崖然有大志。天寶初，從四鎮任劇職，累遷殿中侍御史、伊西北庭行軍司馬。詔舉智謀果決、才堪統衆者，拾遺張鎬薦瑱能斷大事，有禦侮才，擢潁川太守，充招討使。會母喪免，以孝聞。

安祿山反，張垍薦之，興塊次，拜汝南太守。未行，改潁川。賊攻潁川，方積粟多，瑱完埤自如，手射賊，皆應弦仆。賊使降將畢思琛招之，父故將也，拜城下，泣且弔，瑱不應，前後俘殺甚衆。賊懼，目爲「來嚼鐵」。以功就加防禦使、河南淮南游弈逐要招討使。徙山南

東道節度使代魯炅，會嗣虢王巨表炅方固守，乃還瑱故官。賊圍南陽急，瑱與魏仲犀合兵救之，不勝，人情恟懼，瑱能撫訓士，舉動安重，賊不得侵。改淮南西道節度。兩京平，封潁國公，食二百戶。

乾元二年，徙河西。未行，王師敗於相州，詔拜陝虢節度，兼潼關防禦團練鎮守使。明年，襄州部將張維瑾等殺其使史翽，徙瑱山南東道襄、鄧、均、房、金、商、隨、郢、復十州節度使〔一〕。既至，維瑾降。上元二年春，破史思明餘黨於魯山，俘賊渠，又戰汝州，獲馬、牛、槖駝，凡兩戰，斬首萬級。

明年，詔瑱還，瑱安襄、漢，士亦宜其政，因諷衆留己，而外示行；至鄧，復詔歸鎮。肅宗聞其謀，惡之，呂諲、王仲昇等皆言「瑱得士心，不可以留」，乃改山南東道襄、鄧、唐、復、隨、郢六州節度。俄而仲昇與賊戰申州，爲賊禽。初，仲昇被圍，而江陵呂諲病，瑱顧望不即救，及師出，仲昇已沒。行軍司馬裴茙表其狀，且言：「瑱善謀而勇，恐後難制，即除之，可一戰禽也。」帝頗謂然，遂改瑱淮西申、安、蘄、黃、光、沔兼河南陳、豫、許、鄭、汴、曹、宋、潁、泗十五州節度以寵之，陰奪其權，加茙襄、鄧等七州防禦使代瑱。瑱懼，釋言「淮西無糧，須麥收可上道」，又諷衆固留。

代宗立，復授襄州節度、奉義軍渭北兵馬使；密詔茙圖之。茙自均州率衆浮漢下。會日入，候者白瑱，瑱與帳下謀，其副薛南陽曰：「公奉詔留鎮，而茙以兵脅代，是無名也。茙智勇非公敵，而衆心不附。彼若乘我不虞，縱火夜攻，誠可憂也。若須明，則破之必矣。」明日，茙督軍五千陣穀水北，瑱以兵迎之，呼其軍，告曰：「爾何事來？」曰：「公不受命，故中丞伐罪。」瑱曰：「詔還瑱此州。」乃以詔書示之。皆曰：「僞也。吾千里討賊，豈空歸邪？」爭射之，瑱走旗下。薛南陽曰：「請公勒兵勿戰。」乃以三百騎爲奇兵，旁萬山，出其背夾擊之，其衆幾盡，茙脫身走，至申口，禽之，送京師。瑱因入朝謝罪，帝待之無疑，拜兵部尚書、同中書門下平章事，充山陵使。

是時，程元振居中用事，疾瑱，乃告與巫祝言不順。會王仲昇歸，又言由瑱與賊合，故陷賊。帝積怒，遂下詔削除官爵，貶播川尉，員外置。及鄠，賜死，籍其家。瑱之死，門下客散去，掩尸于坎，校書郎殷亮獨後至，哭尸側，爲備棺衾以葬。帝徐悟元振誣，以它罪流溱州。

先是，瑱行軍司馬龐充以兵二千戍河南，至汝，聞瑱死，乃還襲襄州，別將李昭禦之，走房陵。昭與薛南陽、梁崇義不相臣，崇義殺昭，帝以崇義爲節度使代瑱。既而爲瑱立祠，四時致饗，避瑱聽事不處，哀祈禮葬，詔可。廣德元年，追復官爵。

裴茙者，始以蔭爲京兆司錄參軍。瑱鎮陝州，引爲判官，移襄州，又爲行軍司馬，遇之厚。及瑱私漢上，茙欲得其處，故背瑱言狀，帝倚以圖瑱。而性輕褊少謀，師興，給用無節。及敗，有詔流費州，至藍田，賜死。

田神功，冀州南宮人。天寶末，爲縣史。會天下兵興，賊署爲平盧兵馬使，率衆歸朝，從李忠臣收滄、德，攻相州，拒杏園。後守陳留，戰不勝，與許叔冀降于史思明。思明使與南德信、劉從諫南略江淮，神功襲德信，斬之，從諫脫身走，乃幷將其兵。

詔拜鴻臚卿。襲敬釭鄆州，不克。劉展反，鄧景山引神功助討，自淄青濟淮，衆不整，入揚州，遂大掠居人貲產，發屋剔窌，殺商胡波斯數千人。俄而禽展送京師，遷淄青節度使。會侯希逸入青州，更徙兗鄆。時賊圍宋州急，李光弼奏神功往救，賊解去。又破法子營，復攻敬釭，降之。朝義聞，乃奔下博。進封信都郡王，徙河南節度、汴宋八州觀察使。

大曆二年來朝，加檢校尚書右僕射，詔宰相百官送至省。又判左僕射，知省事，加太子太師，還軍。神功事母孝。始，嘗倨驕自如，見光弼待官屬鈞禮，乃折節謙損。既寢疾，宋之將吏爲禳祈報恩。

八年，自力入朝，卒，代宗爲徹樂，贈司徒，詔其弟曹州刺史神玉知汴州留事，賻絹千匹、布五百端，百官弔喪，賜屏風茵褥，飯千桑門追福。至德後，節度使不兼宰相者，惟神功恩禮最篤。神玉終汴宋節度留後。

侯希逸，營州人。長七尺，豐下銳上。天寶末爲州裨將，守保定城。安祿山反，使中人韓朝颺傳命，希逸斬以徇。祿山又以親將徐歸道爲節度使，希逸率兵與安東都護王玄志斬之，遣使上聞，詔拜玄志平盧節度使。

玄志卒，副將李正己殺其子，共推希逸，有詔就拜節度使，兼御史大夫。與賊确，數有功。然孤軍無援，又爲奚侵掠，乃拔其軍二萬，浮海入青州據之，平盧遂陷。肅宗因以希逸爲平盧、淄青節度使。自是淄青常以平盧冠使。寶應初，與諸軍討平史朝義，加檢校工部尚書，賜實戶，圖形凌煙閣。

希逸始得青，治軍務農有狀。後稍怠肆，好畋獵，佞佛，興廣祠廬，人苦之。夜與巫家野次，李正己因衆怨閉闔不內，遂奔滑州。召還，檢校尚書右僕射，知省事。大曆末，封淮陽郡王。建中二年，遷司空，未及拜，卒，年六十二，遺敕其子上還前後實封，贈太保。

崔寧，本貝州安平人，後徙衞州。世儒家，而獨喜縱横事，因落魄，客劍南，以步卒事鮮于仲通。又從李宓討雲南，無功，還成都，行軍司馬崔論悅之，薦爲牙將。歷事崔圓、裴冕。冕被謗，朝廷疑之，遣使者問狀，寧部兵務耳白其冤，使者以聞。寧亦還京師，留爲折衝郎將。

寶應初，蜀亂，山賊乘險，道不通。嚴武白寧爲利州刺史，既至，賊遁去，由是知名。及武爲劍南節度使，過州，心欲與俱西，而利非所屬，使寧自爲計。寧曰：「節度使張獻誠見疑，難輒去。然獻誠嗜利，若厚賂之，寧可以從大夫矣。」武然之，以奇錦珍貝遺獻誠，且求寧，獻誠果喜，令自移疾去。武遂奏爲漢州刺史。

吐蕃引雜羌寇西山，破柘、靜等州，有詔收復。於是武遣寧將而西，既薄賊城，城皆累石，不得攻，惟東南不合者丈許，諜知之，乃爲地道，再宿而拔，拓地數百里。虜衆驚相謂曰：「寧，神兵也！」及還，武大悅，裝七寶輿迎入成都，以夸于軍。永泰元年，武卒。行軍司馬杜濟，別將郭英幹、郭嘉琳皆請英幹之兄英乂爲節度使，寧與其軍亦丐大將王崇俊。奏俱至，而朝廷既用英乂矣。英乂恨之，始署事即誣殺崇俊，又遣使召寧。寧恐，託拒吐蕃，不敢還。英乂怒，因出兵，聲言助寧，實欲襲取之，即徙寧家於成都，而淫其妾媵。寧懼，益負阻。英乂乃自將討之，會天大雪，馬多凍死，士心離，遂敗歸。寧聞英乂損裁將卒稟賜，下皆恨怨，又毀玄宗冶金像，乃令軍中曰：「英乂反，輒居先帝舊宮。」乃進薄成都。英乂陣城西，使柏茂琳爲前軍，英幹爲左軍，嘉琳爲後軍，與寧戰，茂琳等敗，軍多降寧。寧即署降將，使率兵還攻，英乂不勝，走靈池，爲韓澄所殺。

於是劍南大擾，楊子琳起瀘州，與邛州柏貞節連和討寧。明年，代宗詔宰相杜鴻漸爲山西劍南邛南等道副元帥、劍南西川節度使，往平其亂。鴻漸出駱谷，或進計曰：「公不如駐閬中，數騰書陳英乂罪，嘉寧方略，因以寧所署刺史即授之，使不疑。而後與東川張獻誠及諸帥合兵擾寧，不一年，寧勢且窮，必束身歸命。」鴻漸疑未決。會寧遣使至，獻繒錦數萬，辭卑約甚，鴻漸貪其利，遂入成都，政事一委寧，日與僚屬杜亞、楊炎縱酒高會。乃表貞節爲邛州刺史，子琳爲瀘州刺史，以和解之。又數薦寧於朝。先是，寧與張獻誠戰，奪其旌節，不肯與，故朝廷因授寧成都尹、西山防禦使、西川節度行軍司馬。鴻漸既還朝，遂爲節度使。

大曆三年來朝。寧本名旰，至是賜名。楊子琳襲取成都，帝乃還寧於蜀。未幾，子琳敗。寧見蜀地險，饒於財，而朝廷不甚有紀，乃痛誅斂；使弟寬居京師，以賂厚謝權貴，深

結元載父子，故寬驟擢御史中丞，寬兄審至給事中。寧在蜀久，兵寖彊，而肆侈窮欲，將吏妻妾多爲汙逼，朝廷隱忍，不能詰。累加尚書左僕射。

十四年，入朝，進檢校司空、同中書門下平章事，兼山陵使。俄以平章事爲御史大夫，即建白擇御史當出大夫，不宜謀及宰相。因奏李衡、于結等任御史，宰相楊炎怒，寢不行。炎方詆劉晏，寧申救於帝，又素事元載，而炎亦出載門，故銜之，未忍發。

是歲十月，南蠻與吐蕃合兵入文川、方維、邛郲，覆沒州縣，民逃匿山谷中。寧方在朝，軍無帥，德宗促寧還鎮。炎業與有嫌，恐已入蜀不可制，即說帝曰：「蜀，天下之奧壤，自寧擅制，朝廷失外府十四年矣。今寧雖來，以全師守蜀，賦稅入天子者與無地同。寧本與諸將等夷，獨因叛亂得位，不敢自有，以恩柔煦育，故威令不行。今雖歸之，必無功，是徒遣也；若其有功，誼不容奪。則西蜀之奧，敗固失之，勝亦非國家所有。惟陛下孰察。」帝曰：「卿策云何？」炎曰：「請無歸寧。今朱泚所部范陽勁卒戍近甸，趣與禁兵雜往，舉無不克；因是役得以親兵內其腹中，則蜀將破膽不敢動，然後換授他帥，以收其權，得千里肥饒之地，是謂因小禍受大福也。」帝曰：「善。」遂罷寧西川節度，改兼京畿觀察使、靈州大都督、單于鎮北大都護、朔方節度、鄜坊丹延州都團練觀察等使，託言重臣綏靜北陲，而每道置留後，使得自奏事，杜希全靈州，王翃振武，李建徽鄜州，及戴休顏、杜從政、呂希倩皆炎署置，

使伺寧過失。寧至夏州，與希倩招党項，降者甚衆。炎惡之，卽奏希倩無綏邊才，而以神武將軍時常春代之，更拜寧尚書右僕射、知省事，司空如故。

朱泚亂，帝出居奉天，寧後數日至，帝喜甚。寧謂所親曰：「上聰明，從善如轉規，但爲盧杞所惑至此爾。」因潸然涕下。杞聞之，思有以構寧於帝。會王翃赴難時，與寧俱出延平門而西，寧數下馬趨廁，輒迂久。翃懼賊追，卽呼曰：「既至此，而欲顧望乎？」杞徼聞，卽諷翃以聞。會泚行反間，而除柳渾爲宰相，署寧中書令。時朔方掌書記康湛爲盩厔尉，翃逼湛詐作寧遺泚書獻之，杞遂奏：「寧初無效順心，向聞與賊盟署中書令，今果後至，復得所與賊書，反狀明甚。若兒渠外逼，姦臣內謀，則大事去矣。」因俯伏歔欷曰：「臣備位宰相，危不能持，顚不能扶，罪當死。」帝命左右扶起之，乃召寧至朝堂，云使宣慰江淮。俄而中人引寧幕後，使二力士縊殺之，年六十一。

初，命陸贄草制，贄索寧與泚書，將坐其事。杞復云：「書已亡。」寧死，籍其家，中外冤之。帝乃赦寧親屬，而歸其資云。貞元十二年，寧故將夏綏銀節度使韓潭請以所加禮部尙書雪寧罪，有詔聽其家收葬。

始，寧入朝，留其弟寬守成都，楊子琳乘間起瀘州，以精騎數千襲據其城。寬戰力屈，寧妾任素驍果，卽出家財十萬募勇士，得千人，設部隊，自將以進。子琳大懼，會糧盡，且大

雨，引舟至廷，乘而去。子琳者，本瀘南賊帥，既降，詔隸劍南節度，屯瀘州，杜鴻漸表爲刺史。既敗，收餘兵沿江而下，諸刺史震慄，備餽牢以饗士。過黃草峽，守捉使王守仙伏兵五百，子琳前驅至，悉禽之，遂入夔州，殺別駕張忠，城守以請罪。朝廷以其本謀近忠，故授峽州刺史，移澧州鎭遏使。後歸朝，賜名猷。

寧季弟密，密子繪，俱以文辭稱。繪四子：蠡、黯、確、顏，皆擢進士第。

蠡字越卿，開成中爲戶部侍郎，白罷忌日百官行香，有詔褒可。歷平盧、天平軍節度使，終尙書左丞。

子蕘，字野夫，乾符中爲吏部侍郎，美文辭，談辯華給，以銓管非所長，出爲陝虢觀察使。是時王仙芝亂漢上，河南羣盜興，蕘簡倪不曉事，但以器韻自高，委政廝豎，不恤人疾苦。或訴旱者，指廷樹示之曰：「柯葉尙爾，何旱爲？」卽榜笞之，上下離心。俄爲軍吏所執，髡其鬚鬢。蕘再拜祈免，乃得去。渴甚，求飲於民，民飲以溺。坐失守，貶端州司馬，終左散騎常侍。

黯字直卿，開成初爲監察御史，奏郊廟祭事不虔。文宗語宰相曰：「宗廟之禮，朕當親之。但千乘萬騎，國用不給，故使有司侍祠，然是日朕正衣冠坐以俟旦。今聞主者不虔，祭器斁惡，豈朕事神蠲絜意邪？公宜敕有司道朕斯意。」黯乃具條以聞。擢員外郎，累遷諫議大夫。

確、顏，位皆郎中。

嚴礪字元明，震從祖弟也。少爲浮屠法，太守見之，偉其材，表爲玄武尉。震在山南，署牙將。德宗之幸，主饋餉有功。然輕躁多姦謀，以便佞自將。累爲興州刺史。震卒，以礪權主留府事，遺言薦之，卽拜本道節度使。詔下諫議大夫、給事中、補闕、拾遺合議，皆以爲「礪資淺，士望輕，不宜授節制」，帝不從。

礪在位，貪沓苟得，士民不勝其苦。素惡鳳州刺史馬勛，卽誣奏，貶賀州司戶參軍。劉闢反，以儲備有素，檢校尙書左僕射，節度東川。擅沒吏民田宅百餘所，稅外加斂錢及芻粟數十萬。元和四年，卒，贈司空。後監察御史元稹奉使東川，劾發其贓，請加惡謚。朝廷以其死，故但追田宅奴婢還其主，稅外所斂悉蠲除云。

校勘記

〔一〕徙瑱山南東道襄鄧均房金商隨郢復十州節度使　云十州而僅列九州，必有訛誤。按本書卷六七方鎭表載，至德二載升襄陽防禦使爲山南東道節度使，領襄、鄧、隨、唐、安、均、房、金、商九州。貞元三年始增領復州。疑上元中山南東道所領有唐、安，無復州。

唐書卷一百四十五

列傳第七十

元載 卓英璘　李少良　**王縉**　**黎幹**　**楊炎** 庾準　**嚴郢**

竇參 申　吳通玄

元載字公輔，鳳翔岐山人。父昇，本景氏。曹王明妃元氏賜田在扶風，昇主其租入，有勞，請於妃，冒爲元氏。

載少孤，既長，嗜學，工屬文。天寶初，下詔舉明莊、老、列、文四子學者，載策入高第，補新平尉。韋鎰監選黔中，苗晉卿東都留守，皆署判官，寖以名聞。至德初，江東採訪使李希言表載自副，擢祠部員外郎、洪州刺史。入爲度支郎中，占奏敏給，肅宗異之。累遷戶部侍郎，充度支、江淮轉運等使。

帝不豫，李輔國用事，輔國妻，載宗女也，因相綺昵。會京兆尹缺，輔國白用載，載意屬

國柄，固辭，輔國曉之，翌日，拜同中書門下平章事，領使如故。代宗立，輔國勢愈重，數稱其才，進拜中書侍郎、許昌縣子。載以度支繁浩，有吏事督責，損威寵，乃悉天下錢穀委劉晏。未幾，判天下元帥行軍司馬。

盜殺李輔國，載陰與其謀。乃復結中人董秀，厚啖以金，使刺取密旨，帝有所屬，必先知之，探微揣端，無不諧契，故帝任不疑。華原令顧繇上封白發其私，帝方倚以當國，乃斥繇，除名爲民。魚朝恩驕橫震天下，與載不叶，憚之，雖帝亦銜恚，乃乘間奏誅朝恩，帝畏有變，載結其愛將爲助。朝恩已誅，載得意甚，益矜肆。

時擬奏文武官功狀多謬舛，載虞有司駁正，乃請別敕授六品以下官，吏部、兵部即附甲團奏，不須檢勘，欲示權出於己。又與王縉請以河中爲中都，哀關輔河東十州稅奉京師，選兵五萬屯中都，鎮禦四方，杪秋行幸，上春還，可以避羌戎患。載以議入卽從，前敕所由吏於河中經圖宮殿，築私第。帝聞，惡之，置其議。

初，四鎮北庭行營節度使寄治涇州，大曆八年，吐蕃寇邠寧，議者謂三輔以西無襟帶之固，而涇州散地不足守。載嘗在西州，具知河西、隴右要領，乃言於帝曰：「國家西境極于潘原，吐蕃防戍乃在摧沙堡，而原州界其間，草薦水甘，舊壘存焉，比吐蕃毀夷垣墉，棄不居，其右則監牧故地，亘塹長壕，重複深固。原州雖早霜不可蓺，而平涼在其東，獨耕一縣，

可以足食。請徙京西軍戍原州，乘間築作，二旬可訖，貯粟一歲。戎人夏牧青海上，羽書比至，則我功集矣。徙子儀大軍在涇，以爲根本，分兵守石門、木峽，隴山之關北抵于河，皆連山峻險，寇不可越。稍置鳴沙縣、豐安軍爲之羽翼，北帶靈武五城，爲之形勢，然後舉隴右之地，以至安西，是謂斷西戎脛，朝廷高枕矣。」因圖上地形，使吏間入原州度水泉，計徒庸，車乘畚鍤之器悉具。而田神功沮短其議，乃曰：「興師料敵，老將所難，陛下信一書生言，舉國從之，誤矣。」帝由是疑不決。

載智略開果，久得君，以爲文武才略莫己若。外委主書卓英倩、李待榮，內劫婦言，縱諸子關通貨賄。京師要司及方面，皆擠遣忠良，進貪猥。凡仕進干請，不結子弟，則謁主書。城中開南北二第，室宇奢廣，當時爲冠。近郊作觀榭，帳帟什器不徙而供。膏腴別墅，疆畛相望，且數十區。名姝異技，雖禁中不逮。帝盡得其狀。載嘗獨見，帝深戒之，瞢然不悛。客有賦都盧尋橦篇諷其危，載泣下而不知悟。會李少良上書詆其醜狀，載怒，奏殺少良，道路目語，不敢復議。載由是非黨與不復接，生平道義交皆謝絕。

帝積怒，大曆十二年三月庚辰，仗下，帝御延英殿，遣左金吾大將軍吳湊收載及王縉，繫政事堂，分捕親吏、諸子下獄。詔吏部尚書劉晏、御史大夫李涵、散騎常侍蕭昕、兵部侍郎袁傪、禮部侍郎常袞、諫議大夫杜亞訊狀，而責辨端目皆出禁中。遣中使臨詰陰事，皆

服。乃下詔賜載自盡，妻王及子揚州兵曹參軍伯和、祠部員外郎仲武、校書郎季能並賜死，發其祖、父冢，斲棺棄尸，毀私廟主及大寧、安仁里二第，以賜百官署舍，披東都第助治禁苑。

王氏，河西節度使忠嗣女，悍驕戾沓，載叵禁。而諸子牟賊，聚斂無涯藝，輕浮者奔走。爭蓄妓妾，爲倡優褻戲，親族環觀不愧也。及死，行路無嗟隱者。籍其家，鍾乳五百兩，詔分賜中書、門下臺省官，胡椒至八百石，它物稱是。女眞一，少爲尼，沒入掖庭。德宗時，始告以載死，號踊投地，左右呵止，帝曰：「安有聞親喪責其哀殞乎？」命扶出。

帝爲太子也，實用載議。興元元年，詔復其官，聽改葬。故吏許初、楊晈、紀愔等合貲以葬，謚曰荒，後改曰成縱。

載敗，董秀、卓英倩、李待榮、術者李季連悉論死。其它與載厚善坐貶者，若楊炎、王昂、宋晦、韓洄、王定、包佶、徐縯、裴冀、王紀、韓會等凡數十百人。

英倩弟英璘，家金州，州人緣以授官者亦百餘，豪制鄉曲，聚無賴少年以伺變，恃載權，牧宰莫敢問。載誅，英璘盜庫兵據險以叛。詔發禁兵及山南西道兵二千討捕，刺史孫道平禽殺之。詔給復其州二年。

李少良者，以吏治由諸帥府遷累殿中侍御史。罷，遊京師，不見調，憤載不法，疏論其惡，帝留少良客省，欲究其事。其友韋頌者候之，漏言於陸珽。珽，善經子，與頌及少良善，又狎載子弟親黨，故載召珽問知之，乃奏下少良御史臺，劾其漏禁中語，并與頌、珽論殺之。載廉得其謀。

初，載盛時，人皆疾厭之。大曆八年，有晉州男子郇謨以麻總髮，持竹筍、葦席，行哭長安東市，人問之，曰：「我有字三十，欲以獻上，字言一事，即不中，以筍貯屍，席裹而棄之。」京兆以聞，帝召見，賜以衣，館內客省，問狀，多譏切載。其言「團」者，願罷諸州團練使，其言「監」者，請罷諸道監軍，大抵類此。先是，天下兵興，凡要州權署團練、刺史。載用事，授刺史者悉帶團練以悅人心，故謨指而刺云。

王縉字夏卿，本太原祁人，後客河中。少好學，與兄維俱以名聞。舉草澤、文辭清麗科上第，歷侍御史、武部員外郎。祿山亂，擢太原少尹，佐李光弼，以功加憲部侍郎，遷兵部。史朝義平，詔宣慰河北，使還有指，俄拜黃門侍郎、同中書門下平章事。進侍中，持節都統河南、淮西、山南東道諸節度行營事。辭侍中，加東都留守。歲餘，拜河南副元帥，損軍貲錢四十萬緡，營完宮室。朱希彩殺李懷仙也，詔拜盧龍節度使，至幽州，委軍於希彩乃還。會辛雲京卒，兼領河東節度，讓還河南副元帥、東都留守。太原將王無縱、張奉璋恃功，以縉儒者易之，不如律令，縉斬以徇，諸將股慄。再歲還，以本官復知政事。時元載專朝，天子拱手，縉曲意附離，無敢忤。又恃才多所狎侮，雖載亦疾其淩斬也。京兆尹黎幹數論執，載惡之，縉折幹曰：「尹，南方孤生，安曉朝廷事？」

縉素奉佛，不茹葷食肉，晚節尤謹。妻死，以道政里第爲佛祠，諸道節度、觀察使來朝，必邀至其所，諷令出財佐營作。初，代宗喜祠祀，而未重浮屠法，每從容問所以然，縉與元載盛陳福業報應，帝意向之。繇是禁中祀佛，諷唄齋薰，號「內道場」，引內沙門日百餘，饌供珍滋，出入乘廄馬，度支具稟給。或夷狄入寇，必合衆沙門誦護國仁王經爲禳厭，幸其去，則橫加錫與，不知紀極。胡人官至卿監、封國公者，著籍禁省，勢傾公王，羣居賴寵，更相凌奪，凡京畿上田美產，多歸浮屠。雖藏奸宿亂踵相逮，而帝終不悟，詔天下官司不得箠辱僧尼。初，五臺山祠鑄銅爲瓦，金塗之，費億萬計。縉給中書符，遣浮屠數十輩行州縣，斂丐貲貨。縉爲上言：「國家慶祚靈長，福報所馮，雖時多難，無足道者。祿山、思明毒亂方熾，而皆有子禍，僕固懷恩臨亂而踣，西戎內寇，未及擊輒去，非人事也。」故帝信愈篤。七

月望日，宮中造盂蘭盆，綴飾鏐琲，設高祖以下七聖位，幡節、衣冠皆具，各以帝號識其幡，自禁內分詣道佛祠，鐃吹鼓舞，奔走相屬。是日立仗，百官班光順門奉迎導從，歲以爲常。羣臣承風，皆言生死報應，故人事置而不修，大曆政刑，日以堙陵，由縉與元載、杜鴻漸倡之也。

性貪冒，縱親戚尼姏招納財賄，猥屑相稽，若市賈然。及敗，劉晏等鞫其罪，同載論死，晏曰：「重刑再覆，有國常典，況大臣乎！法有首從，不容俱死。」於是以聞，上憫其耄，不加刑，乃貶括州刺史。久之，遷太子賓客，分司東都。建中二年死，年八十二。

黎幹，戎州人。善星緯術，得待詔翰林，擢累諫議大夫，封壽春公。自負其辯，沾沾喜議論。

初，唐家郊祭天地，以高祖神堯皇帝配。寶應元年，杜鴻漸爲太常卿、禮儀使，於是禮儀判官薛頎、集賢校理歸崇敬等共建：「神堯獨受命之主，非始封君，不得冒太祖配天地。景皇帝受封于唐，即商之契、周之后稷，請奉景皇帝配天地，於禮宜甚。」幹非之，乃上十詰、十難，傳經誼，抵鄭玄，以折頎、崇敬等，曰：「頎等引禘者至日祭天於圓丘，周人以遠祖配，今宜以景皇帝爲始祖，配昊天圓丘。臣幹一詰：國語稱有虞氏、夏后氏並禘黃帝，商禘舜，周禘嚳。二詰：商頌『長發，大禘也』。三詰：周頌『雍，禘太祖也』。四詰：祭法，虞、夏並禘黃帝，商、周俱禘嚳。五詰：大傳『不王不禘，王者禘其祖之所自出，以其祖配之』。六詰：爾雅『禘，大祭也』。七詰：家語『凡四代帝王所郊，皆以配天；所謂禘，五年大祭也』。八詰：盧植以『禘，祭名〔一〕。禘，諦也，事取明諦，故云』。九詰：王肅言『禘，五年大祭』。十詰：郭璞亦云。此經傳先儒皆不言祭昊天於圓丘，根證章章，故臣謂禘止五年宗廟大祭，了無疑晦。」其十難：

一曰：「周頌雍之序曰：『禘，祭太祖也。』鄭玄說『禘，大祭也。太祖，謂文王也』。商頌『長發，大禘也』。玄曰：『大禘，祭天也。』商、周兩頌，同文異解，索玄之意，以禘加『大』，因曰『祭天』。臣謂春秋『大事于太廟』，雖曰『大』，得祭天乎？虞、夏、商、周禘黃帝與嚳，禮『不王不禘』，皆不言『大』，玄安得稱祭天乎？長發所歎，不及嚳與感生帝，故知不爲祭天侑嚳明矣。商、周五帝大祭見于經者甚詳，而禘主廟，不主天。今背孔子之訓言，取玄之偏誼，誣繆祀典，不見其可。」

二曰：「『不王不禘，王者禘其祖之所自出，以其祖配之』。此言惟天子當禘。如虞、夏出黃帝，商、周出嚳，以近祖配之。自出之祖無廟，乃自外至。自外至者，同之天地，得主而

止。又自出者在毋亦然。春秋傳『陳，則我周之自出』。詎可謂出太微五帝乎？玄以一『禘』爲三誼，在祭法則曰『祭昊天於圓丘』。在春秋傳則『郊以后稷配靈威仰』。在商頌曰『祭天』。在周頌則禘曰『大於四時祭，而小於祫』。本末駁舛，臆判自私，不足以訓。」

三曰：「商、周之前，禘所自出。自漢、魏以來，曠千餘歲，其禮不講。蓋玄所說不當於經，不貫于聖，先儒置之不用，是爲棄言。」

四曰：「今禮家行於世者，皆本玄學。臣請取玄之隙，還破頎等所建。頎等曰：『景皇帝爲始祖，以配天。』按王制『天子七廟』。玄曰：『周禮也。太祖與文、武之祧，合親廟四而七。商氏六廟，契與湯合二昭二穆而六。』據玄，則夏不以鮌、顓頊、昌意爲始祖，是又與玄乖背。自古未有以人臣爲始祖者，唯商以契，周以稷。夫稷、契皆天子元妃子。簡狄吞玄鳥卵而生契，契佐禹有大功，舜封之商，其詩曰：『天命玄鳥，降而生商，宅殷土芒芒。』后稷母曰姜嫄，出野履巨跡而生稷，稷勤稼穡，堯舉爲農師，舜封之邰，號曰后稷。其詩曰：『履帝武敏歆，攸介攸止。』『即有邰家室。』舜、禹有天下，契、稷在焉。傳曰：『功施於人則祀之，以死勤事則祀之。』契爲司徒，而人輯睦，稷勤百穀而山死，皆在祀典。及子孫而有天下，故尊而祖之。」

五曰：「既用玄說，小德配寡，而后稷止配一帝，不得全配五帝。今以景帝配昊天，於玄

爲可爲不可乎？」

六曰：「衆詰臣曰：『上帝一帝，周官：祀天旅上帝，祀地旅四望。旅，衆也。則上帝是五帝。』臣曰：『否，旅有衆義，出於爾雅。又爲祭名，亦曰陳也。如前所詰，旅上帝爲五帝，則季氏旅於泰山可得爲四鎮邪？』」

七曰：「援玄之言，則景帝親盡，主應在祧，反配天地，禮不相値。夫所謂始祖者，經綸草昧，功普體大，以比元氣含覆廣大者也。故曰萬物之始，天也；人之始，祖也；日之始，至也。掃地而祭，則質；器用陶匏，則性；牲用犢，則誠；兆於南郊，則就陽。至尊至質，不敢同於先祖也。白虎通義曰：『祭天歲一者何？事之不敢黷也。』故因歲之陽氣始達而祭之。今一歲四祭，黷莫大焉。上帝五帝，祀闕不舉，慝孰甚焉？黷與慝，皆失也。臣聞親有限，祖有常，聖人制禮不以情變。唐家累聖，歷祀百年，非不知景帝爲始封。當時通儒鉅工尊高祖以配天，宗太宗以配上帝，人神克厭，爲日既久。乃今以神堯降侑舍樞紐，而太宗仍配上帝，則樞紐上帝佐也。以子先父，非天地祖宗之意。」

八曰：「景皇帝非造我區夏，不得與夏之禹、商之契、周之稷、漢高帝、魏武帝、晉宣帝、唐神堯皇帝並功，而陟配圜丘，上與天匹，曾謂圜丘不如林放乎？」

九曰：「魏以武帝、晉以宣帝爲始祖者，夫操與懿皆人傑也。擁天下彊兵，挾弱主，制海內之命，名雖爲臣，勢實爲君，後世因之以成帝業，尊而祖之，不亦可乎？」

十曰：「神堯拯隋室之亂，振臂大呼，濟人塗炭，汛掃蕩攘，羣凶無餘，出入不數年而成王業，漢祖之功不能加焉。夏以禹，漢以高帝，我以神堯爲始祖，訂夏法漢，於義何嫌？今頎、崇敬革天對，易祖廟，事之大者不稽于古，難以疑文僻說定之。臣官以諫爲名，不敢不盡愚。」

議聞，代宗不韙其言。其後名儒大議，而景帝配天卒著于禮。

俄遷京兆尹，頗以治稱。京師苦樵薪乏，幹度開漕渠，興南山谷口，尾入于苑，以便運載。帝爲御安福門觀之。幹密具舸船作倡優水嬉，冀以媚帝。久之，渠不就。俄改刑部侍郎。魚朝恩敗，坐交通，出爲桂管觀察使。大曆八年，復召爲京兆尹。時大旱，幹造土龍，自與巫覡對舞，彌月不應。又禱孔子廟，帝笑曰：「丘之禱久矣。」使毀土龍，帝減膳節用，既而霔雨。十三年，涇水擁隔，請開鄭、白支渠，復秦、漢故道以溉民田，廢碾磑八十餘所。幹性貪暴，既復用，不暇念治，專徇財色，附會嬖近，挾左道希主恩，帝甚惑之。德宗在東宮，幹與宦者特進劉忠翼陰謀，幾危宗嗣。及即位，又詭道希進，密乘車謁忠翼。事覺，除名長流，既行，市人數百羣譟投礫從之，俄賜死藍田驛。

忠翼本名清潭，與左衞將軍董秀皆有寵於代宗。當盛時，爵賞在其口吻，掊冒財賄，貲

産累皆巨萬。至是積前罪，并及誅。

楊炎字公南，鳳翔天興人。曾祖大寶，武德初爲龍門令，劉武周攻之，死于守，贈全節侯。祖哲，以孝行稱。父播，舉進士，退居求志，玄宗召拜諫議大夫，棄官歸養。肅宗時，即家拜散騎常侍，號玄靖先生。

炎美須眉，峻風宇，文藻雄蔚，然豪爽尙氣。河西節度使呂崇賁辟掌書記。神烏令李太簡嘗醉辱之，炎令左右反接，榜二百餘，幾死，崇賁愛其才，不問。李光弼表爲判官，不應。召拜起居舍人，固辭。父喪，廬墓側，號慕不廢聲，有紫芝白雀之祥，詔表其閭。炎三世以孝行聞，至門樹六闕，古所未有。終喪，爲司勳員外郎，遷中書舍人，與常衮同時知制誥。衮長於除書，而炎善德音，自開元後言制詔者，稱「常楊」云。

宰相元載與炎同郡，炎又元出也，故擢炎吏部侍郎、史館脩撰。載當國，陰擇才可代己者，引以自近，初得禮部侍郎劉單，會卒，復取吏部侍郎薛邕，邕坐事貶，後得炎，親重無比。會載敗，坐貶道州司馬。

德宗在東宮，雅知其名，又嘗得炎所爲李楷洛碑，寘于壁，日諷玩之。及即位，崔祐甫

薦炎可器任，即拜門下侍郎、同中書門下平章事。

舊制，天下財賦皆入左藏庫，而太府四時以數聞，尚書比部覆出納，舉無干欺。及第五琦爲度支、鹽鐵使，京師豪將求取無節，琦不能禁，乃悉租賦進大盈內庫。天子以給取爲便，故不復出。自是天下公賦爲人君私藏，有司不得計贏少。而宦官以冗名持簿者三百人，奉給其間，根柢連結不可動。及炎爲相，言於帝曰：「財賦者，邦國大本，而生人之喉命，天下治亂重輕繫焉。先朝權制，以中人領其職，五尺宦豎操邦之柄，豐儉盈虛，雖大臣不得知，則無以計天下利害。陛下至德，惟人是恤，參計斂盡，莫與斯甚。臣請出之，以歸有司。度宮中經費一歲幾何，量數奉入，不敢以闕。如此，然後可以議政，惟陛下審察。」帝從之。乃詔歲中裁取以入大盈，度支具數先聞。

初，定令有租賦庸調法，自開元承平久，不爲版籍，法度抏敝。而丁口轉死，田畝換易，貧富升降，悉非向時，而戶部歲以空文上之。又戍邊者，蠲其租、庸，六歲免歸。玄宗事夷狄，戍者多死，邊將諱不以聞，故貫籍不除。天寶中，王鉷爲戶口使，方務聚斂，以其籍存而丁不在，是隱課不出，乃按舊籍，除當免者，積三十年，責其租、庸，人苦無告，故法遂大敝。至德後，天下兵起，因以饑癘，百役並作，人戶凋耗，版圖空虛。軍國之用，仰給於度支、轉運使；四方征鎮，又自給於節度、都團練使。賦斂之司數四，莫相統攝，綱目大壞。朝

廷不能覆諸使，諸使不能覆諸州。四方貢獻，悉入內庫，權臣巧吏，因得旁緣，公託進獻，私爲贓盜者，動萬萬計。河南、山東、荆襄、劍南重兵處，皆厚自奉養，王賦所入無幾。科斂凡數百名，廢者不削，重者不去，新舊仍積，不知其涯。百姓竭膏血，鬻親愛，旬輸月送，無有休息。吏因其苛，蠶食于人。富人多丁者，以宦、學、釋、老得免，貧人無所入則丁存。故課免於上，而賦增於下。是以天下殘瘁，蕩爲浮人，鄉居地著者百不四五。

炎疾其敝，乃請爲「兩稅法」以一其制。凡百役之費，一錢之斂，先度其數而賦於人，量出制入。戶無主客，以見居爲簿；人無丁中，以貧富爲差。不居處而行商者，在所州縣稅三十之一，度所取與居者均，使無僥利。居人之稅，秋夏兩入之，俗有不便者三之。其租、庸、雜傜悉省，而丁額不廢。其田畝之稅，率以大曆十四年墾田之數爲準，而均收之。夏稅盡六月，秋稅盡十一月，歲終以戶賦增失進退長吏，而尚書度支總焉。帝善之，使諭中外。議者沮詰，以爲租庸令行數百年，不可輕改。帝不聽。天下果利之。自是人不土斷而地著，賦不加斂而增入，版籍不造而得其虛實，吏不誡而姦無所取，輕重之權始歸朝廷矣。

炎興嶺表，以單議悟天子，中外翕然屬望爲賢相。居數月，崔祐甫疾，不能事，喬琳免，炎獨當國，遂多變祐甫之政，減薄護元陵功優，人始不悅。又請開豐州陵陽渠，發畿縣民役作，閭里騷然，渠卒不就。

素德元載，思有以報之，於是復議城原州，節度使段秀實謂「安邊郤敵，宜以緩計，方農事，不可遽興功」。炎怒，追秀實爲司農卿，以邠寧李懷光督作，遣朱泚、崔寧統兵各萬人翼之。詔書下，涇軍恚曰：「吾軍爲國西屛十餘年。始自邠土，農桑地著之安，徙此榛莽中，手披足踐，既立城壘，則又投之塞外，且安實此乎？」又懷光持法嚴，舉軍畏之。裨將劉文喜因人之怨，乃上疏求秀實、朱泚爲使。詔以泚代懷光，文喜不奉詔，閉城拒守，質其子吐蕃以求援。時方暘旱，人情騷擾，羣臣皆請赦文喜，帝不聽。詔減服御給軍，且趣師涇州，士當受春服者皆即賜。命泚、懷光率軍攻之，壘環其州。別將劉海賓斬文喜，獻其首，涇州平，而原卒不能城。

又以劉晏劾載，已坐貶，乃出晏忠州，用庾準爲荆南節度使，誣晏殺之，朝野側目。李正己表請晏罪，炎懼，乃遣腹心分走諸道：裴冀使東都、河陽、魏博，孫成使澤潞、磁邢、幽州，盧東美使河南、淄青，李舟使山南、湖南，王定使淮西。聲言宣慰，而實自辯解，言「晏往嘗傅會姦邪，謀立獨孤妃爲后，帝自惡之，非它過也」。帝聞，使中人復其言於正己，還報信然，於是帝意銜之，未發也。

會盧杞以門下侍郎同中書門下平章事，進炎中書侍郎，同秉政。杞無術學，貌么陋，炎薄之，託疾不與會食，杞陰爲憾。舊制，中書舍人分押尚書六曹，以平奏報。開元初，廢其

職。杞請復之，炎固以爲不可，杞益怒。又密啓主書過咎，逐之，炎曰：「主書，吾局吏也，吾當自治之，奈何相侵邪？」始，炎還朝，道襄、漢，因勸梁崇義入朝，後又使李舟遊說之，崇義益反側。及其叛，議者歸咎炎，以爲趣成之。帝欲以淮西李希烈統諸軍致討，炎曰：「希烈始與李忠臣爲子，逐忠臣取其位，此可以任乎？居無尺寸功，猶偃蹇不奉法，設使平賊，陛下將何以制之？」帝不能平，恚曰：「朕業許之，不能食吾言。」遂用希烈。又嘗訪羣臣可大任者，杞薦張鎰、嚴郢，而炎舉崔昭、趙惠伯。帝以炎論議疏闊，遂罷爲尚書左僕射。既謝，對延英訖，不至中書，杞怒，益欲中之。

先是，嚴郢爲京兆尹，不附炎，炎諷御史張著劾之，罷兼御史中丞。源休與郢不善，自流人擢休爲京兆少尹，令伺郢過。休反與郢善，炎怒。會張光晟謀殺回紇酋帥，乃使休使回紇。郢坐度田不實，下除大理卿。至是炎罷，其子弘業賕賂狼藉，故杞引郢爲御史大夫按之，并得它過。惠伯爲河南尹時，嘗市炎第爲官廨。御史劾炎宰相抑吏市私第，貴取其直。杞召大理正田晉評罪，晉曰：「宰相於庶官比監臨，計羨利，罪奪官。」杞怒，謫晉衡州司馬。於是當監主自盜，罪絞。開元時，蕭嵩嘗度曲江南，欲立私廟，以爲天子臨幸處乃止，後炎復取以立廟。飛語云：「地有王氣，故炎取之。」帝聞，震怒。會獄具，詔三司同覆，貶崖州司馬同正。未至百里，賜死，年五十五。貶惠伯多田尉，亦殺之。

初，炎矯飭志節，頗得名。既傳會元載抵罪，俄而得政，然忮害根中，不能自止。眦睚必讎，果於用私，終以此及禍。自道州還也，家人以綠袍木簡棄之，炎止曰：「吾嶺上一逐吏，超登上台，可常哉？且有非常之福，必有非常之禍，安可棄是乎？」及貶，還所服。久之，詔復其官，謚肅愍，左丞孔戣駁之，更曰平厲。

庾準者，常州人。無學術，以柔媚自進，得幸於王縉，驟至中書舍人，時流蚩薄之。再還尚書右丞。縉得罪，出爲汝州刺史。復入爲司農卿。又善炎，故炎使節度荆南；晏已誣死，引爲尚書左丞。建中三年卒，贈工部尚書。

嚴郢字叔敖，華州華陰人。父正誨，以才吏更七郡，終江南西道採訪使。郢及進士第，補太常協律郎，守東都太廟。祿山亂，郢取神主祕于家，至德初，定洛陽，有司得以奉迎還廟，擢大理司直。呂諲鎭江陵，表爲判官。方士申泰芝以術得幸肅宗，遨游湖、衡間，以妖幻詭衆，姦贓鉅萬，潭州刺史龐承鼎按治。帝不信，召還泰芝，下承鼎江陵獄。郢具言泰芝左道，帝遣中

人與諲雜訊有狀，帝不爲然。御史中丞敬羽白貸泰芝，郢方入朝，亟辨之。帝怒，叱郢去。郢復曰：「承鼎劾泰芝詭沓有實，泰芝言承鼎驗左不存。今緩有罪，急無罪，臣死不敢如詔。」帝卒殺承鼎，流郢建州。泰芝後坐妖妄不道誅。代宗初，追還承鼎官，召郢爲監察御史，連署帥府司馬。

郭子儀表爲關內、河東副元帥府判官，遷行軍司馬。子儀鎭邠州，檄郢主留務。河中士卒不樂戍邠，多逃還。郢取渠首尸之，乃定。歲餘，召至京師，元載薦之帝，時載得罪，不見用。御史大夫李栖筠亦薦郢，帝曰：「是元載所厚，可乎？」答曰：「如郢材力，陛下不自取，而留爲姦人用邪？」即日拜河南尹、水陸運使。大曆末，進拜京兆尹。嚴明持法令，疾惡撫窮，敢誅殺，盜賊一衰，減隸官匠丁數百千人，號稱職尹。

宰相楊炎請屯田豐州，發關輔民鑿陵陽渠，郢習朔邊病利，即奏：「舊屯肥饒地，今十不墾一，水田甚廣，力不及而廢。若發二京關輔民浚豐渠營田，擾而無利。請以內苑蒔稻驗之，秦地膏腴，田上上，耕者皆畿人，月一代，功甚易，又人給錢月八千，糧不在，然有司常募不能足。合府縣共之，計一農歲錢九萬六千，米月七斛二斗，大抵歲僦丁三百，錢二千八百八十萬，米二千一百六十斛，臣恐終歲穫不酬費。況二千里發人出塞，而歲一代乎？又自

太原轉糧以哺，私出資費倍之，是虛畿甸，事空塞也。」郢又言：「五城舊屯地至廣，請以鑿渠糧俾諸城，夏貸冬輸，取渠工布帛給田者，令據直轉穀，則關輔免調發，而諸城闢田。」炎不許，渠卒不成，棄之。

御史臺請天下斷獄一切待報，唯殺人許償死，論徙者得悉徙邊。郢言：「罪人徙邊，即流也。流有三，而一用之，誠難。且殺人外猶有十惡、僞造用符印、彊光火諸盜，今一徙之，法太輕，不足禁惡。又罪抵徒，科別差殊，或毆傷、夫婦離非義絕、養男別姓、立嫡不如式、私度關、冒戶等不可悉，而與十惡同徙，即輕重不倫。又按，京師天下聚，論徙者至廣，例不覆讞，今若悉待報，有司斷決有程，月不啻五千獄，正恐牒按填委，章程紊撓。且邊及近邊犯死徙流者，若何爲差？請下有司更議。」炎惡異己，陰諷御史張著劾郢匿發民浚渠，使怨歸上。繫金吾。長安中日數千人遮建福門訟郢冤，帝微知之，削兼御史中丞。人知郢得原，皆迎拜。會秋旱，郢請蠲租稅，炎令度支御史按覆，以不實，罷爲大理卿。

炎之罷，盧杞引郢爲御史大夫，共謀炎罪。即逮捕河中觀察使趙惠伯下獄，楚掠慘棘，鍛成其罪，卒逐炎崖州，惠伯費州。天下以郢挾宰相報仇爲不直。然杞用郢敗炎，內忌郢才，因按蔡廷玉事，殺御史鄭詹，出郢爲費州刺史。道逢柩殯，問之，或曰：「趙惠伯之殯。」郢內慚，忽忽歲餘卒。

竇參字時中，刑部尚書誕四世孫。學律令，爲人矜嚴悻直，果於斷。以蔭累爲萬年尉。同舍當夕直者，聞親疾惶遽，參爲代之。會失囚，京兆按直簿劾其人，參曰：「彼以不及謁而往，參當坐。」乃貶江夏尉，人皆義之。遷奉先尉。男子曹芬兄弟隸北軍，醉暴其妹，父救不止，恚赴井死。參當兄弟重辟，衆請俟免喪，參曰：「父繇子死，若以喪延，是殺父不坐。」皆榜殺之，一縣畏伏。

進大理司直，按江淮獄揚州，節度使陳少游偃蹇不郊迎，遣軍吏致問，參厲辭譙讓，少游慚，往謁參，參不顧即去。婺州刺史鄧珽盜贓八千緡，宰相右珽，欲免輸其財，詔百官集尚書省議，多希意爲助，參獨持法，卒輸入之。遷監察御史。湖南判官馬彝發部令贓千萬，令之子因權幸誣奏彝，參往按，直其侵蟣。彝後佐曹王皋，以幹直聞者也。

入爲御史中丞，舉劾無所回忌。德宗數召見，語天下事，或決大議，帝器之。然多與宰相駁異，數爲排卻，卒無以傷。參由是無所憚，或率情制事矣。時定百官班稟，參嘗爲大理司直，故多其入，使在丞上。惡詹事李昪，抑其班在諸府少尹下。中外稍惡其事。

進兼戶部侍郎。民家生豕二首四足，有司欲以聞，參曰：「此乃豕禍。」屏不奏。陳少游

死，子請襲封，參大署省門曰：「少游位將相，以艱危易節，上含垢不忍發，其息容得傳襲邪？」神策將軍孟華戰有功，或誣以反，龍武將軍李建玉陷吐蕃自拔歸，部曲告與虜通，皆論死。參悉治出之，人始屬望。

俄以中書侍郎同中書門下平章事，領度支、鹽鐵使。每延英對，它相罷，參必留，以度支爲言，實專政也。然參無學術，不能稽古立事，惟樹親黨，多所詗察，四方畏之。於是淄青李納厚饋參，外示嚴畏，實賂帝親近爲間，故左右爭毀短之。

申，其族子也，爲給事中，參親愛，每除吏多訪申，申因得招賂，漏禁密語，故申所至，人目爲「喜鵲」。帝聞，以戒參，且曰：「是必爲累，不如斥之。」參以情訴曰：「臣無彊子姓，申雖疏屬，無它惡。」帝曰：「而雖自保，如外言何？」參固陳丐。

初，陸贄與參不平，與通玄兄弟皆在翰林，與贄軒輊不得，申舅嗣虢王則之與通徵等善，遂共譖贄。帝得其姦，逐申爲道州司馬。不浹日，貶參郴州別駕。宣武劉士寧餉參絹五千，湖南觀察使李巽故與參隙，以狀聞，又中人爲之驗左，帝大怒，以爲外交戎臣，欲殺參。贄雖怨，然亦以殺之太重，乃貶驩州司馬，逐其息景伯于泉州，女尼于郴州，沒入貲產奴婢。帝又欲殺申、則之及屬人榮，贄固爭：「法有首從，首原則從減。榮與參雖善，然初無邪僻，數激憤有直言，晚頗疏忌，請貶榮遠官，申、則之除名流嶺南。」詔可。時宦侍謗沮

不已，參竟賜死于邕州，年六十。而杖殺申，免榮死，諸竇並逐云。

吳通玄者，海州人，與弟通微皆博學善文章。父道瓘，以道士詔授太子諸王經，故通玄等皆得侍太子游，太子待之甚善。始，通玄舉神童，補祕書正字。又擢文辭清麗科，調同州司戶參軍。德宗立，弟兄踵召爲翰林學士。頃之，通微遷職方郎中，通玄起居舍人，並知制誥。凡帝有譔述，非通玄筆未嘗愜。

與陸贄、吉中孚、韋執誼並位。贄文高有謀，特爲帝器遇，且更險難，有功。通玄等特以東宮恩舊進，昵而不禮，見贄驟擢，頗媢恨。贄自恃勁正，屢短通玄於帝前，欲斥遠之，即建言：「承平時，工藝書畫之宂，皆待詔翰林而無學士，至德以來，命集賢學士入禁中草書詔，待進止於翰林院，因以名官。今四方無事，制書職分宜歸中書舍人，請罷學士。」帝不許。通玄怨日結，謀奪其內職。會贄權知兵部侍郎，主貢舉，乃命爲眞。貞元十年，通玄拜諫議大夫，自以久次，當得中書舍人，大怨望。贄與竇參交惡，參從子申從舅嗣虢王則之方爲金吾將軍，故申介之使結通玄兄弟，共危贄。而通玄以宗室女爲外婦，帝知，未及責。則之飛謗云：「贄試進士，受賄謝。」帝惡誣構，大怒，罷參宰相，逐則之昭州司馬，通玄泉州司馬。又銜淫汙近屬事，自詰之，不敢答，賜死長城驛。贄遂相矣。

通玄死，通微白衣待罪於門，帝宥之，內懼禍，不敢行喪服。

贊曰：元載、楊炎各以才資奮，適主暗庸，故致位輔相。若其翦闒尹，城原州以謀西夏，還左藏有司，一租賦以檢制有亡，誠有取焉。然載本與輔國以利合，險刻著諸心，谿壑之欲發乎無厭。炎牽連載勢，興醜裔，秉國維綱，返爲載復讎，釋言於君，卒與妻子併誅，暴先骨，殛命于道，蓋自取之也。夫姦人多才，未始不爲患，故鄧舒以佞死，而鄧析以辯亡。若兩人者，所謂多才者邪！縉言福業報應，參得君自私，無可論者。易稱「鼎折足，其刑剭」，諒哉！

校勘記

〔一〕盧植以禘祭名「植」，各本原作「損」。據册府卷五九〇及全唐文卷四四六黎幹十詰十難改。

唐書卷一百四十六

列傳第七十一

李栖筠 吉甫 德脩 李鄘 磎

李栖筠字貞一，世爲趙人。幼孤。有遠度，莊重寡言，體貌軒特。喜書，多所通曉，爲文章勁迅有體要。不妄交游。族子華每稱有王佐才，士多慕向。始，居汲共城山下，華固請舉進士，俄擢高第。調冠氏主簿，太守李峴視若布衣交。

遷安西封常清節度府判官。常清被召，表攝監察御史，爲行軍司馬。肅宗駐靈武，發安西兵，栖筠料精卒七千赴難，擢殿中侍御史。

李峴爲大夫，以三司按羣臣陷賊者，表栖筠爲詳理判官。推源其人所以脅汙者，輕重以情，悉心助峴，故峴愛恕之，譽一旦出呂諲、崔器上。三遷吏部員外郎，判南曹。時大盜後，選簿亡舛，多僞冒，栖筠判折有條，吏氣奪，號神明。遷山南防禦觀察使。會峴去相，

栖筠坐所善，除太子中允，衆不直，改河南令。

李光弼守河陽，高其才，引爲行軍司馬，兼糧料使。改絳州刺史，擢累給事中。是時，楊綰以進士不鄉舉，但試辭賦浮文，非取士之實，請置五經、秀才科。詔羣臣議，栖筠與賈至、李廙以綰所言爲是。進工部侍郎。關中舊仰鄭、白二渠溉田，而豪戚壅上游取磑利，且百所，奪農用十七。栖筠請皆徹毀，歲得租二百萬，民賴其入，魁然有宰相望。元載忌之，出爲常州刺史。歲仍旱，編人死徙踵路，栖筠爲浚渠，厮江流灌田，遂大稔。宿賊張度保陽羨西山，累年吏討不克，至是發卒捕斬，支黨皆盡，里無吠狗。乃大起學校，堂上畫孝友傳示諸生，爲鄉飲酒禮，登歌降飲，人人知勸。以治行進銀青光祿大夫，封贊皇縣子，賜一子官。人爲刻石頌德。

蘇州豪士方清因歲凶誘流殍爲盜，積數萬，依黟、歙間，阻山自防，東南厭苦，詔李光弼分兵討平之。會平盧行軍司馬許杲恃功，擅留上元，有窺江、吳意，朝廷以創殘重起兵，卽拜栖筠浙西都團練觀察使圖之。栖筠至，張設武備，遣辯士厚齎金幣抵杲軍賞勞，使士歆愛，奪其謀。杲懼，悉衆度江，掠楚、泗而潰。以功進兼御史大夫。則又增學廬，表宿儒河南褚沖、吳何員等，超拜學官爲之師，身執經問義，遠邇趨慕，至徒數百人。又奏部豪姓多徙貫京兆、河南，規脫徭科，請量產出賦，以杜姦謀。詔可。

元載當國久，益恣橫，代宗不能堪，陰引剛鯁大臣自助，欲收綱權以黜載。會御史大夫敬括卒，卽召栖筠與河南尹張延賞，擇可爲大夫者。延賞先至，遂代括。會李少良、陸珽等上書劾載陰事，詔御史問狀，延賞稱疾，不敢鞫，少良、珽覆得罪死。帝殊失望，出延賞爲淮南節度使，引拜栖筠爲大夫。始，栖筠見帝，數奏明辯，不阿附，帝心善之，故制麻自中以授，朝廷莫知也，中外竦眙。栖筠素方挺，無所屈。於是華原尉侯莫陳怤以優補長安尉，當參臺，栖筠物色其勞，怤色動，不能對，乃自言爲徐浩、杜濟、薛邕所引，非眞優也。始，浩罷嶺南節度使，以瓌貨數十萬餉載，而濟方爲京兆，邕吏部侍郎，三人者，皆載所厚，栖筠幷劾之。帝未決。會月蝕，帝問其故，栖筠曰：「月蝕修刑，今罔上行私者未得，天若以儆陛下邪？」繇是怤等皆坐貶。故事，賜百官宴曲江，教坊倡顯雜侍，栖筠以任國風憲，獨不往，臺遂以爲法。

帝比比欲召相，憚載輒止。然有進用，皆密訪焉，多所補助。栖筠見帝猶違不斷，亦內憂憤，卒，年五十八，自爲墓誌。贈吏部尚書，謚曰文獻。

栖筠喜獎善，而樂人攻己短，爲天下士歸重，不敢有所斥，稱贊皇公云。

子吉甫。

吉甫字弘憲，以蔭補左司禦率府倉曹參軍。貞元初，爲太常博士，年尚少，明練典故。昭德皇后崩，自天寶後中宮虛，卹禮廢缺。吉甫草具其儀，德宗稱善。李泌、竇參器其才，厚遇之。陸贄疑有黨，出爲明州長史。贄之貶忠州，宰相欲害之，起吉甫爲忠州刺史，使甘心焉。既至，置怨，與結懽，人益重其量，坐是不徙者六歲。改郴、饒二州。會前刺史繼死，咸言牙城有物怪，不敢居。吉甫命菑除其署以視事，吏由是安。誅破姦盜窟穴，治稱流聞。

憲宗立，以考功郎中召，知制誥。俄入翰林爲學士，遷中書舍人。劉闢拒命，帝意討之，未決。吉甫獨請無置，宜絕朝貢以折姦謀。時李錡在浙西，厚賂貴幸，請用韓滉故事領鹽鐵，又求宣、歙。問吉甫，對曰：「昔韋皋蓄財多，故劉闢因以構亂。李錡不臣有萌，若益以鹽鐵之饒、采石之險，是趣其反也。」帝寤，乃以李巽爲鹽鐵使。高崇文圍鹿頭未下，嚴礪請出幷州兵，與崇文趨果、閬，以攻渝、合，吉甫以爲非是，因言：「漢伐公孫述，晉伐李勢，宋伐譙縱，梁伐劉季連、蕭紀，凡五攻蜀，繇江道者四。且宣、洪、蘄、鄂彊弩，號天下精兵，爭險地兵家所長，請起其兵擣三峽之虛，則賊勢必分，首尾不救，崇文懼舟師成功，人有鬭志矣。」帝從之。礪復請大臣爲節度，吉甫諫曰：「崇文功且成，而又命帥，不復盡力矣。」因請以西川授崇文，而屬礪東川，益資、簡六州，使兩川得以相制。由是崇文悉力。劉闢平，

吉甫謀居多。

吐蕃遣使請尋盟，吉甫議：「德宗初，未得南詔，故與吐蕃盟。自異牟尋歸國，吐蕃不敢犯塞，誠許盟，則南詔怨望，邊隙日生。」帝辭其使。復請獻濱塞亭障南北數千里求盟，吉甫謀曰：「邊境荒岨，犬牙相吞，邊吏按圖覆視，且不能知。今吐蕃縣山跨谷，以數番紙而圖千里，起靈武，著劍門，要險之地所亡二三百所，有得地之名，而實喪之，陛下將安用此？」帝乃詔謝贊普，不納。

張愔既得徐州，帝又欲以濠、泗二州還其軍，吉甫曰：「泗負淮，餉道所會，濠有渦口之險，前日授建封，幾失形勢。今愔乃兩廊壯士所立，雖有善意，未能制其衆。又使得淮、渦，阨東南走集，憂未艾也。」乃止。

中書史滑渙素厚中人劉光琦，凡宰相議爲光琦持異者，使渙請，常得如素。宦人傳詔，或不至中書，召渙於延英承旨，迎附羣意，即爲文書，宰相至有不及知者。由是通四方賂謝，弟泳官至刺史。鄭餘慶當國，嘗一責怒，數日即罷去。吉甫請間，劾其姦，帝使簿渙家，得貲數千萬，貶死雷州。又建言：「州刺史不得擅見本道使，罷諸道歲終巡句以絕苛斂；命有司舉材堪縣令者，軍國大事以實書易墨詔。」由是帝愈倚信。

元和二年，杜黃裳罷宰相，乃擢吉甫中書侍郎、同中書門下平章事。吉甫連蹇外遷十

餘年，究知閭里疾苦，常病方鎮彊恣，至是爲帝從容言：「使屬郡刺史得自爲政，則風化可成。」帝然之，出郎吏十餘人爲刺史。自王叔文時選任猥冒，吉甫始簿其員，人得敍進，官無留才。又度李錡必反，勸帝召之，使者三往，以病解，而多持金啗權貴，至爲錡游說者。吉甫曰：「錡，庸材，而所蓄乃亡命羣盜，非有鬭志，討之必克。」帝意決。復言：「昔徐州亂，嘗敗吳兵，江南畏之。若起其衆爲先鋒，可以絕徐後患。韓弘在汴州，多憚其威，誠詔弘子弟率兵爲掎角，則賊不戰而潰。」從之。詔下，錡衆聞徐、梁兵興，果斬錡降。以功封贊皇縣侯，徙趙國公。德宗以來，姑息藩鎮，有終身不易地者。吉甫爲相歲餘，凡易三十六鎮，殿最分明。

裴均以尚書右僕射判度支，結黨傾執政。會皇甫湜等對策，指摘權彊，用事者皆怒，帝亦不悅。均黨因宣言：「殆執政使然。」右拾遺獨孤郁、李正辭等陳述本末，帝乃解。吉甫本善竇羣、羊士諤、呂溫，薦羣爲御史中丞。羣即奏士諤侍御史，溫知雜事。吉甫恨不先白，持之，久不決，羣等銜之。俄而吉甫病，醫者夜宿其第，羣捕醫者，劾吉甫交通術士。帝大駭，訊之無狀，羣等皆貶。而吉甫亦固乞免，因薦裴垍自代，乃以檢校兵部尚書、兼中書侍郎、同中書門下平章事，爲淮南節度使。帝爲御通化門祖道，賜御餌禁方。居三歲，奏蠲逋租數百萬，築富人、固本二塘，溉田且萬頃。漕渠庳下不能居水，乃築隄閼以防不足，洩有

餘，名曰平津堰。江淮旱，浙東、西尤甚，有司不爲請，吉甫白以時救恤，帝驚，馳遣使分道賑貸。吉甫雖居外，每朝廷得失輒以聞。

六年，裴垍病免，復以前官召吉甫還秉政。入對延英，凡五刻罷。帝尊任之，官而不名。吉甫疾吏員廣，繇漢至隋，未有多於今者，乃奏曰：「方今置吏不精，流品龐雜，存無事之官，食至重之稅，故生人日困，冗食日滋。又國家自天寶以來，宿兵常八十餘萬，其去爲商販、度爲佛老、雜入科役者，率十五以上。天下常以勞苦之人三奉坐待衣食之人七。而內外官仰奉稟者，無慮萬員，有職局重出，名異事離者甚衆，故財日寡而受祿多，官有限而調無數。九流安得不雜？萬務安得不煩？漢初置郡不過六十，而文、景化幾三王，則郡少不必政紊，郡多不必事治。今列州三百、縣千四百，以邑設州，以鄉分縣，費廣制輕，非致化之本。願詔有司博議，州縣有可併併之，歲時入仕有可停停之，則吏寡易求，官少易治。國家之制，官一品，奉三千，職田祿米大抵不過千石。大曆時，權臣月奉至九千緡者，州刺史無大小皆千緡，宰相常袞始爲裁限，至李泌量閑劇稍增之，使相通濟。然有名在職廢，奉存額去，閑劇之間，厚薄頓異，亦請一切商定。」乃詔給事中段平仲、中書舍人韋貫之、兵部侍郎許孟容、戶部侍郎李絳參閱蠲減，凡省冗官八百員，吏千四百員。又奏收都畿佛祠田、磑租入，以寬貧民。

德宗時，義陽、義章二公主薨，詔起祠堂于墓百二十楹，費數萬計。會永昌公主薨，有司以請，帝命減義陽之半。吉甫曰：「德宗一切之恩，不可爲法。昔漢章帝欲起邑屋於親陵，東平王蒼以爲不可。故非禮之舉，人君所慎。請裁置墓戶，以充守奉。」帝曰：「吾固疑其冗，減之，今果然。然不欲取編民，以官戶奉墳而已。」吉甫再拜謝。帝曰：「事不安者弟言之，無謂朕不能行也。」十宅諸王既不出閤，諸女嫁不時，而選尚皆繇中人，厚爲財謝乃得遣。吉甫奏：「自古尚主必慎擇其人。江左悉取名士，獨近世不然。」帝乃下詔皆封縣主，令有司取門閥者配焉。

田季安疾甚，吉甫請任薛平爲義成節度使，以重兵控邢、洺，因圖上河北險要所在，帝張於浴堂門壁，每議河北事，必指吉甫曰：「朕日按圖，信如卿料矣。」劉澭舊軍屯普潤，數暴掠近縣，吉甫奏還涇原，畿民賴之。

八年，回鶻引兵自西城、柳谷侵吐蕃，塞下傳言且入寇。吉甫曰：「回鶻能爲我寇，當先絕和而後犯邊，今不足虞也。」因請起夏州至天德復驛候十一區，以通緩急；發夏州精騎五百屯經略故城，以護党項而已。既而果邊吏妄言。六胡州在靈武部中，開元時廢之，置宥州以處降戶，寓治經略軍，居中以制戎虜，北援天德，南接夏州。至德、寶應間，廢宥州，以軍遙隸靈武，道里曠遠，故党項孤弱，虜數擾之。吉甫始奏復宥州，乃治經略軍，以隸綏

銀道，取鄘城神策屯兵九千實之。以江淮甲三十萬給太原、澤潞軍，增太原馬千匹。由是戎備完輯。

自蜀平，帝銳意欲取淮西。方吉甫在淮南，聞吳少陽立，上下攜泮，自請徙壽州，以天子命招懷之，反間以撓其黨，會討王承宗，未及用。後田弘正以魏歸，吉甫知魏人謂田進誠才，而唐州乃蔡喉衿，請拔進誠爲刺史，以臨賊境，且慰魏心。烏重胤守河陽，吉甫以汝州捍蔽東都，聯唐、許，當蔡西面，兵寡不足憚寇，而河陽乃魏博之津，弘正歸國，則爲內鎭，不宜戍重兵示不信，請徙屯汝州。帝皆從之。後弘正拜檢校尚書右僕射，賜其軍錢二千萬，弘正曰：「吾未喜於移河陽軍也。」及元濟擅立，吉甫以內地無脣齒援，因時可取，不當用河朔故事，與帝意合。又請自往招元濟，苟逆志不悛，得指授羣帥俘賊以獻天子。不許，固請至流涕，帝慰勉之。會暴疾卒，年五十七。帝震悼，賻外別賜縑五百卹其家，自大斂至卒哭，皆中人臨弔。吉甫圖淮西地，未及上，帝敕其子獻之。及葬，祭以少牢，贈司空。有司謚曰敬憲，度支郎中張仲方非之，帝怒，貶仲方，更賜謚曰忠懿。

始，吉甫當國，經綜政事，衆職咸治。引薦賢士大夫，愛善無遺，褒忠臣後，以起義烈。與武元衡連位，未幾節度劍南，屢言元衡材，宜還爲相。及再輔政，天下想望風采，而稍脩怨，罷李藩宰相，而裴垍左遷，皆其謀也。李正辭晚相失，及與蕭俛同召爲翰林學士，獨用

俛而罷正辭，人莫不疑憚。帝亦知其專，乃進李絳，遂與有隙，數辯爭殿上，帝多直絳。然畏愼奉法，不忮害，顧大體。左拾遺楊歸厚嘗請對，日已旰，帝令它日見，固請不肯退。既見，極論中人許遂振之姦，又歷詆輔相，求自試，又表假郵置院具婚禮。帝怒其輕肆，欲遠斥之，李絳爲言，不能得。吉甫見帝，謝引用之非，帝意釋，得以國子主簿分司東都。初，政事堂會食，有巨牀，相傳徙者宰相輒罷，不敢遷，吉甫笑曰：「世俗禁忌，何足疑邪？」徹而新之。吉甫居安邑里，時號「安邑李丞相」。所論著甚多，皆行于世。前卒一歲，熒惑掩太微上相，吉甫曰：「天且殺我。」再遜位，不許。

子德脩，亦有志操，寶曆中爲膳部員外郎。張仲方入爲諫議大夫，德脩不欲同朝，出爲舒、湖、楚三州刺史，卒。

次子德裕，自有傳。

李鄘字建侯，北海太守邕之從孫。第進士，又以書判高等補祕書省正字。李懷光辟致幕府，擢累監察御史。懷光反河中，鄘與母、妻陷焉，因給懷光以兄病臥洛且革，母欲往視；懷光許可，戒妻子無偕行。鄘私遣之，懷光怒，欲加罪，謝曰：「鄘籍在軍，不得爲母駕，奈何不使婦往？」懷光止不問。後與高郢刺賊虛實及所以攻取者，白諸朝，德宗手詔褒答。懷光覺，嚴兵召二人問之，鄘詞氣不撓，三軍爲感動，懷光不殺，囚之。河中平，馬燧破械致禮，表佐其府，以言不用，罷歸洛中。召爲吏部員外郎。徐州張建封卒，兵亂，囚監軍，迫建封子愔主軍務。帝以鄘剛敢，拜宣慰使，持節直入其軍，大會士，喻以禍福，出監軍獄中，脫桎梏，使復位，衆不敢動。愔即上表謝罪，稱兵馬留後，鄘曰：「非詔命，安得輒稱之？」削去乃受。既還，稱旨，遷郎中。

順宗時，進御史中丞。憲宗立，爲京兆尹，進尚書右丞。元和初，京師多盜賊，復拜京兆。以檢校禮部尙書爲鳳翔、隴右節度使。是鎭常兼神策行營，前此用武將，始受詔，即詣軍修謁。鄘以爲不可，詔爲去神策行營號。俄徙河東，入爲刑部尙書、諸道鹽鐵轉運使。

拜淮南節度使。王師討蔡方急，李師道謀撓沮之，鄘以兵二萬分壓鄆境，貲餉不仰有司。是時兵興，天子憂財乏，使程异馳馹江淮，諷諸道輸貨助軍。鄘素富彊，即籍府庫留一歲儲，餘盡納于朝，諸道由是悉索以獻，繄鄘倡之。

先是，吐突承璀爲監軍，貴寵甚，鄘以剛嚴治，相禮憚，稍厚善。承璀歸，數稱薦之，召拜門下侍郎、同中書門下平章事。鄘不喜由宦倖進，及出祖，樂作泣下，謂諸將曰：「吾老安外鎭，宰相豈吾任乎？」至京師，不肯視事，引疾固辭，改戶部尙書。俄檢校尙書左僕射，兼

太子賓客，分司東都。以太子少傅致仕，卒，贈太子太保，謚曰肅。

鄘彊直無私，與楊憑、穆質、許孟容、王仲舒友善，皆以氣自任。而鄘當官，以峭法操下，所至稱治。猛決少恩，在淮南七年，其生殺禽擿，多委軍吏，而參佐束手不得與，人往往陷非法，議者亦以此少之。

子拭，仕歷宗正卿、京兆尹、河東鳳翔節度使，以祕書監卒。

拭子磎，字景望。大中末，擢進士，累遷戶部郎中，分司東都。劾奏內園使郝景全不法事，景全反摘磎奏犯順宗嫌名，坐奪俸。磎上言：「『因事告事，旁訟他人』者，咸通詔語也。禮，不諱嫌名；律，廟諱嫌名不坐。豈臣所引詔書而有司輒論奏？臣恐自今用格令者，委曲回避，旁緣爲姦也。」詔不奪俸。

黃巢陷洛，磎挾尙書八印走河陽，時留守劉允章爲賊脅，遣人就磎索印，拒不與。允章悟，亦不臣賊。嗣襄王之亂，轉側淮南，高駢受僞命，磎苦諫，不納。入爲中書舍人、翰林學士。辭職歸華陰，復以學士召。

乾寧元年，進禮部尙書、同中書門下平章事。崔昭緯素疾磎，諷劉崇魯掠其麻哭之，言：「磎懷姦，與中人楊復恭昵款，其弟爲時溥所殺，不可相天子。」翌日，下遷太子少傅。磎

乃自言爲崇魯誣汙，書十一上不止。初，崇魯父坐受賕，仰藥死，故磎以醜語及之，議者譏其非大臣體。昭宗素所器遇，決意復用之，而李茂貞等上言深詆其非，帝不獲已，又罷爲太子少師。於是茂貞及王行瑜、韓建擁兵闕下，列磎罪，殺之于都亭驛。行瑜誅，有詔復官爵，贈司徒，謚曰文。

磎好學，家有書至萬卷，世號「李書樓」。所著文章及註解諸書傳甚多。

子沇，字東濟，有俊才，亦遇害，贈禮部員外郎。

贊曰：剛者天德，故孔子稱「剛近仁」。骨彊四支，故君有忠臣，謂之骨鯁。若栖筠、鄘二子，其剛者歟！栖筠抗權邪，不及相；鄘得相，不願拜。非剛，疇克勝之？吉甫賤天幸，謀謨是矣，而鯁正有愧於父云。

唐書卷一百四十七

列傳第七十二

王思禮　魯炅　王難得 用　辛雲京 京杲 旻　馮河清 姚況
李芃　李叔明 昇　曲環　王虔休　盧羣　李元素　盧士玫

王思禮，高麗人，入居營州。父爲朔方軍將。思禮習戰鬬，從王忠嗣至河西，與哥舒翰同籍麾下。翰爲隴右節度使，思禮與中郎將周佖事翰，以功授右衞將軍、關西兵馬使。從討九曲，後期當斬，臨刑，翰釋之，思禮徐曰：「死固分也，何復貸爲？」諸將壯之。天寶十三載，吐谷渾蘇毗王款附，詔翰至磨環川應接，思禮墜馬，蹇甚。翰謂監軍李大宜曰：「思禮跛足，尙欲何之？」後加金城郡太守。

安祿山反，翰爲元帥，奏思禮赴軍，玄宗曰：「河、隴精銳，悉在潼關，吐蕃有釁，唯倚思禮耳。」翰固請，乃兼太常卿，充元帥府馬軍都將，翰委以軍事。密勸翰表誅楊國忠，翰不

應，復請以三十騎劫至潼關殺之，翰曰：「此乃吾反，何與祿山事？」

潼關失守，思禮與呂崇賁、李承光同走行在，肅宗責不堅守，引至纛下將斬之。宰相房琯諫，以爲可收後效，遂獨斬承光，赦思禮等。尋副房琯戰便橋，不利，更爲關內行營節度、河西隴右伊西行營兵馬使，守武功。賊安守忠來戰，思禮退保扶風。賊分兵略大和關，去鳳翔五十里，李光進戰未利，行在戒嚴，從官潛出其孥，帝使左右巡御史虞候譏其姓名，衆稍稍止。命郭子儀以朔方兵擊之。會崔光遠行軍司馬王伯倫、判官李椿以兵二千屯扶風，聞賊已西，欲乘虛襲京師，徑至高陵。賊引軍還擊椿等，椿已至中渭橋，殺守者千人，進攻苑門。伯倫戰死，椿被執。先是，賊餘衆留武功，既傳官軍入京師，乃燒營遁，自是賊不敢西。

長安平，思禮先入清宮；收東京，戰數有功。遷兵部尙書，封霍國公，食實戶五百。尋兼潞、沁等州節度。乾元元年，總關中、潞州行營兵三萬、騎八千，與子儀圍賊相州，軍潰，惟李光弼、思禮完軍還。尋破史思明別將萬餘衆於直千嶺。光弼徙河陽，代爲河東節度副大使。上元元年，加司空。自武德以來，三公不居宰輔，唯思禮而已。二年，薨，贈太尉，謚曰武烈。

思禮善守計，短攻戰。然持法嚴整，士不敢犯。在太原，器甲完精，儲粟至百萬斛云。

魯炅，幽州薊人。長七尺餘，略通書史。以蔭補左羽林長上。隴右節度使哥舒翰引爲別奏。顔眞卿嘗使隴右，謂翰曰：「君與郎將，總節制，亦嘗得人乎？」炅時立階下，翰指曰：「是當爲節度使。」從破石堡城，收河曲，遷左武衞將軍。後復以破吐蕃跳盪功，除右領軍大將軍。

安祿山反，拜上洛太守，將行，於帝前畫攻守勢，遷南陽太守，兼守捉防禦使，封金鄉公。尋爲山南節度使，以嶺南、黔中、山南東道子弟五萬屯滍水南。賊將武令珣、畢思琛等擊之，衆欲戰，炅不可。賊右趨，乘風縱火，鬱氣奔營，士不可止，負扉走，賊矢如雨，炅與中人薛道挺身走，舉衆沒賊。時嶺南節度使何履光、黔中節度使趙國珍、襄陽節度使徐浩未至，其子弟半在軍，挾金爲資糧，至是與械偕棄與山等，賊資以富。

炅挈散兵保南陽。潼關失守，賊使哥舒翰招下，不從，使武令珣攻之。令珣死，田承嗣繼往。潁川來瑱、襄陽魏仲犀合兵援炅。仲犀弟孟馴兵至明府橋，望賊走。炅城中食盡，米斗五十千，一鼠四百，餓者相枕藉。朝廷遣使者曹日昇宣慰，加炅特進、太僕卿，不得入。日昇請單騎致命，仲犀不可。會顔眞卿自河北至，謂曰：「使者不顧死，致天子命，設爲賊

獲，是亡一使者；脫能入城，則萬心固矣。」中官馮廷瓌亦曰：「將軍必入，我請以兩騎助。」仲犀益騎凡十輩。賊望見，知皆銳兵，不敢擊，遂入致命，人心益固。日昇復以騎趨襄陽，領兵千，由晉聲道運糧餉炅，故炅得與賊相持踰三月。炅被圍凡一年，晝夜戰，人至相食，卒無救。

至德二載五月，乃率衆突圍走襄陽。承嗣尾擊，炅殊死戰二日，斬獲甚衆，賊引去。俄拜御史大夫、襄鄧十州節度使。亦會二京平，賊走河北。時襄、漢數百里，鄉聚蕩然，舉無樵煙。初，賊欲剽亂江湖，賴炅適扼其衝，故南夏以完。策勳封岐國公，實封二百戶。

乾元元年，又加淮西節度、鄧州刺史。與九節度圍安慶緖於相州，炅領淮西、襄陽兩鎭步卒萬人、騎三百。明年，與史思明戰安陽，王師不利，炅中流矢，輒奔，諸節度潰去，所過剽奪，而炅軍尤甚。有詔來瑱節度淮西，徙炅鄭陳亳節度使。至新鄭，聞郭子儀整軍屯穀水，李光弼還太原，炅羞惴，仰藥死，年五十七。

王難得，沂州臨沂人。父思敬，少隸軍，試太子賓客。難得健于武，工騎射。天寶初，爲河源軍使。吐蕃贊普子郎支都者，恃趫敏，乘名馬，寶鈿鞍，略陣挑戰，甚閑暇，無敢校者。難得怒，挾矛騂馬馳，支都不暇鬭，直斬其首。玄宗壯其果，召見，令殿前乘馬挾矛作刺賊狀，大悅，賜錦袍、金帶。累授金吾將軍。從哥舒翰擊吐蕃，至積石，虜吐谷渾王子悉弄參及悉頰藏而還。復收五橋，拔樹惇城，進白水軍使。收九曲，加特進。

肅宗在靈武，軍賞乏，難得上家貲助軍，試衞尉卿。俄領興平軍及鳳翔兵馬使，收京師。方戰，麾下士失馬，難得馳救，矢著眉，披膚鄣目，乃拔箭斷膚，殊死前鬭，血幭面不已，帝嘉之。從郭子儀攻相州。累封琅邪郡公，爲英武軍使。寶應二年，卒，贈潞州大都督。

子子顔，少從父征討，檢校衞尉卿，生莊憲太后。元和元年，憲宗朝太后南宮，乃褒贈思敬爲司徒，難得太尉，子顔太師。唯子顔子用及封。

用字師柔。拜太子詹事，纔三月，封太原郡公，掌廄苑。累遷檢校左散騎常侍，兼右金吾大將軍。謙畏無過。卒，贈工部尚書。

辛雲京，蘭州金城人，客籍京兆，世爲將家。雲京有膽決，以禽生斬馘常冠軍，積功遷特進、太常卿。

史思明屯相州，雲京以銳兵四千襲滏陽，追破其衆，至浪井。錄多，授開府儀同三司，加代州都督、鎭北兵馬使。

太原軍亂，帝惡鄧景山繩下無漸，以雲京性沈毅，故授太原尹，進封金城郡王。雲京治謹于法，下有犯，雖絲毫比不肯貸，及賞功亦如之，故軍中畏而信。回紇恃舊勳，每入朝，所在暴鈔，至太原，雲京以戎狄待之，虜畏不敢惕息。數年，太原大治。加檢校尚書右僕射、同中書門下平章事。

大曆三年，檢校左僕射。卒，年五十五，代宗爲發哀流涕，贈太尉，謚曰忠獻。它日，郭子儀、元載見上，語及雲京，帝必泫然。及葬，命中使弔祠，時將相祭者至七十餘幄，喪車移晷乃得去。德宗時，第至德以來將相，雲京爲次。

從弟京杲，字京杲。信安王褘節度朔方，京杲與弟旻以策干說，褘評咨加異。後從李光弼出井陘，督趫盪先驅，戰嘉山尤力，肅宗異之，召見曰：「黥、彭、關、張之流乎！」累遷鴻臚卿，召爲英武軍使。代宗立，封肅國公，還左金吾衞大將軍，進晉昌郡王，歷湖南觀察使，後爲工部尚書致仕。朱泚盜京師，以老病不能從，西嚮慟而卒，贈太子少保。

旻亦從光弼定恆、趙，後署太原三城使。史思明屯相，軍及滏陽，旻逆擊走之。東都陷，退守河陽，卒于屯。

雲京曾孫讜，別傳。

馮河清，京兆人。始隸郭子儀軍，以戰多拜左衞大將軍。後從涇原節度使馬璘，充兵馬使，數以偏師與吐蕃遇，多效級，名聞軍中。

建中時，節度使姚令言率兵討關東，以河清知留後，幕府殿中侍御史姚況領州；而行師過闕，有急變，德宗走奉天。河清、況聞問，召諸將計事，東向哭，相勵以忠，意象軒毅，衆義其爲，無敢異言，卽發儲鎧完仗百餘乘獻行在。初，帝之出，六軍蒼卒無良兵，士氣沮。及河清輸械至，被堅勒兵，軍聲大振。卽拜河清涇原節度使、安定郡王，況行軍司馬。朱泚數遣諜人訹之，河清輒斬以徇。

興元元年，渾瑊以吐蕃兵敗賊韓旻等，涇人妄傳吐蕃有功，將以叛卒孥與貲歸之，衆大恐，且言：「不殺馮公，吾等無類矣。」田希鑒遂害河清，況挺身還鄉里。

京師平，贈河清尚書左僕射，拜況太子中舍人。況性簡退，未嘗言功，屬歲凶，奉稍不自給，以飢死。河清再贈太子少傳。

李芃字茂初，趙州人。解褐上邽主簿。嚴武爲京兆尹，薦補長安尉。李勉觀察江西，表署判官。

永泰初，宣饒劇賊方淸、陳莊西絕江，劫商旅爲亂，支黨槃結。芃請以秋浦置州，扼衿要，使不得合從。勉是其計，奏以宣之秋浦青陽、饒之至德置池州。卽詔芃行州事。後魏少游代勉，表署都團練副使，攝江州刺史。以母喪解。勉之節度永平，復辟幕府。會李靈耀反，署芃兼亳州防禦使，護陳、潁饟道，便軍興。

德宗立，授河陽三城鎭遏使。糧貲善者，必先以給士，士悅之。達練事宜，嚴備常若有敵。未幾，拜節度使，以東畿汜水等五縣隸屬。與馬燧等破田悅洹水上，以功檢校兵部尚書，實封百戶。進圍悅，悅將符璘以騎五百降，芃大開壁門納之。

興元初，檢校尚書右僕射。以疾將請老，謂所親曰：「歲方旱蝗，上厭征伐，天下城壘堅，戈鋋利，然務以力勝，其可盡乎？救敝者莫若德，方鎭之臣宜先退讓，死權錮祿，吾敢哉！言而不踐，非吾志也。」固求罷，歸東都。卒，年六十四，贈太子太保。

李叔明字晉，閬州新政人。本鮮于氏，世爲右族。兄仲通，字向，天寶末爲京兆尹、劍南節度使。兄弟皆涉學，輕財務施。

叔明擢明經，爲楊國忠劍南判官。乾元中，除司勳員外郎，副漢中王瑀使回紇，回紇遇瑀慢，叔明讓曰：「大國通好，使賢王持節。可汗，唐之婿，恃功而倨，可乎？」可汗爲加禮。復命，遷司門郎中。

東都平，拜洛陽令，招徠遺民，號能吏。擢商州刺史、上津轉運使。遷京兆尹，長安歌曰：「前尹赫赫，具瞻允若；後尹熙熙，具瞻允斯。」久之，以疾辭，除太子右庶子。崔旰擾成都，出爲邛州刺史。旰入朝，卽拜東川節度使、遂州刺史，徙治梓州。

大曆末，或言叔明本嚴氏，少孤，養外家，冒鮮于姓，請還宗，詔可。叔明初不知，意醜之，表乞宗姓，列屬籍，代宗從之。

建中初，吐蕃襲火井，掠龍州，陷扶、文、遠三州。叔明分五將邀擊，走之，以功加檢校戶部尚書。梁崇義阻命，詔引兵下峽，戰荆門，敗其衆。襄州平，遷檢校尚書左僕射。德宗幸興元，出家貲助軍，悉衣幣獻宮掖，加太子太傅，封蓟國公。初，東川承兵盜，鄉邑彫破，叔明治之二十年，撫接有方，華裔遂安。後朝京師，以病足，賜錦輦，令宦士肩舁以見，拜尚書右僕射。乞骸骨，改太子太傅致仕。貞元三年，卒，謚曰襄。始，叔明與仲通俱尹京兆，

及兼秩御史中丞，並節制劍南，又與子昪俱兼大夫，蜀人推爲盛門。

叔明素惡道、佛之弊，上言曰：「佛，空寂無爲者也；道，清虛寡欲者也。今迷其內而飾其外，使農夫工女墮業以避役，故農桑不勸，兵賦日屈，國用軍儲爲斁耗。臣請本道定寺爲三等，觀爲二等，上寺留僧二十一，上觀道士十四，每等降殺以七，皆擇有行者，餘還爲民。」德宗善之，以爲不止本道，可爲天下法，乃下尚書省雜議。於是都官員外郎彭偃曰：「王者之政，變人心爲上，因人心次之，不變不因爲下。今道士有名亡實，俗鮮歸重，於亂政輕；僧尼猥穢，皆天下不逞，苟避征役，於亂人甚。今叔明之請雖善，然未能變人心，亦非因人心者。夫天生蒸人，必將有職；游閑浮食，王制所禁。故賢者受爵祿，不肖者出租稅，古常道也。今僧、道士不耕而食，不織而衣，一僧衣食，歲無慮三萬，五夫所不能致。舉一僧以計天下，其費不貲。臣謂僧、道士年未滿五十，可令歲輸絹四，尼及女官輸絹二，雜役與民同之；過五十者免。凡人年五十，嗜欲已衰，況有戒法以檢其性情哉！」刑部員外郎裴伯言曰：「衣者，蠶桑也；食者，耕農也；男女者，繼祖之重也。而二教悉禁，國家著令，又從而助之，是以夷狄不經法反制中夏禮義之俗也。傳曰：『女子十四有爲人母之道，四十九絕生育之理；男子十六有爲人父之道，六十四絕陽化之理。』臣請僧、道士一切限年六十四以上，尼、女官四十九以上，許終身在道，餘悉還爲編人，官爲計口授地，收廢寺觀以爲廬舍。」

議雖上，罷之。

子昇，以少卿從德宗梁州。叔明嚴敕以死報，故昇有功，擢禁軍將軍。貞元初，遷太子詹事。坐郜國公主，貶羅州別駕。

叔明素豪侈，在蜀殖財，廣第舍田產。歿數年，子孫驕縱，貲產皆盡。世言多藏者以叔明爲鑒云。

曲環，陝州安邑人，客隴右。少喜兵法，資勇敢，善騎射。天寶中，從哥舒翰討吐蕃，拔石堡，取黃河九曲洪濟等城，授果毅別將。安祿山反，從魯炅守鄧州，與賊武令珣戰尤力，加左清道率。從李抱玉屯河陽。又自將兵守澤州，破賊銳將安曉，拜羽林將軍。與諸將討史朝義，平河北，累轉金吾大將軍。大曆中，戍隴州，數破吐蕃，以功兼太常卿。德宗初，虜寇劍南，詔環以邠、隴兵五千馳救，收七盤城、威武軍、維茂等州，虜破走，威名大振，加太子賓客，賜名馬。從討涇州劉文喜，遷開府儀同三司，封晉昌郡王，邠隴兵馬使。時李納逼徐州，環與劉玄佐救之，敗其衆，功最。建中三年，擢邠隴行營節度使。

李希烈陷汴州，環守寧陵，戰陳州，斬賊三萬五千級，禽其將翟崇暉，進檢校工部尚書，兼陳州刺史。希烈平，改陳許節度，賜封三百戶。二州比爲寇衝，民苦剽鹵，客他縣。環勤身節用，寬賦斂，簡條教，不三歲，歸者繈係。訓農治兵，穀食豐衍。轉檢校尚書左僕射。貞元十五年，卒，年七十四，贈司空。

王虔休字君佐，汝州梁人。少涉學，有材武，以信義爲鄉黨長慕。大曆中，刺史李深署爲裨將。

澤潞李抱眞聞其名，厚以幣招之，授兵馬使。抱眞討河北，戰雙岡、臨洺，虔休以多擢步軍都虞候，封同昌郡王，實封五十戶。抱眞卒，元仲經等謀樹其子緘，一軍思亂，虔休正色語衆曰：「軍，王軍；州，王土也。帥亡當稟天子，何云云有妄謀？」衆服其言，得不亂。德宗嘉之，以邕王爲昭義節度大使，擢虔休潞州左司馬，領留後。本名延貴，至是賜名。號令撫循，軍中大治。

初，抱眞之喪，軍司馬元誼據洺州叛，虔休遣將李廷芝討之，戰長橋，斬級數百；次雞澤，又破之。守戍皆奔魏博，即決水灌城，將壞，遣掌書記盧頊入見誼，陳利害。誼請朝，即以頊爲洺州別駕，使守洺。誼出，亦奔魏。

治潞二歲，遷昭義節度使，檢校工部尚書。始，屬城州縣守宰多署它職，不親政，故治苟簡。虔休悉增俸稟，遣就部，人以妥安。卒，年六十三，贈尚書左僕射，謚曰敬。

虔休性恪敏，節用度，既沒，所部帑廩皆可支數歲。嘗得太常樂家劉玠撰繼天誕聖樂，因帝誕日以獻。其樂，以宮爲均，示五聲有君也；以土爲德，本五運在中也；奏二十五疊，取二十四氣而成一歲；奏十六節，象元、凱登庸于朝云。後中和樂本于此。

子麗成等十人，並補太學生。

盧羣字載初，系出范陽。少學於垂山，淮南陳少游聞其名，奏署幕府，已而薦諸朝。李希烈反，以監察御史爲江西行營糧料使。嗣曹王皐節度江西，奏爲判官。皐徙荊襄，皆從其府，以勁正聞。入爲侍御史。郭子儀家與嬖人張昆弟訟財不平，又言嬖人宅匿珍寶。德宗促按之。羣奏言：「子儀有大勳德，今所訟皆其家事，且嬖人宅，子儀昔畀之，非子弟所宜言，請赦勿問。」從之。人謂羣識大體。累遷兵部郎中。淮西吳少誠擅決司洧水溉田，使者止之，不奉詔。命羣臨詰，少誠曰：「是於人有利。」羣曰：「臣道貴順，恭恪所以爲順也。專命廢順，雖利何有？且意於事上者，固不能責其下矣。」少誠聽命。羣又爲陳古今成敗事，逆順禍福皆有效，所以感動之，少誠竦然。既置酒，與賦詩，又歌以慰之。少誠感悅，不敢桀。以奉使稱旨，遷檢校秘書監、鄭滑節度行軍司馬。姚南仲入朝，即以羣代節度。羣嘗客于鄭，質良田以耕。至是則出券貸直，以田歸其人。卒，年五十九，贈工部尚書。

李元素字大朴，邢國公密裔孫，仕爲御史。東都留守杜亞惡大將令狐運，會盜劫輸絹於洛北，運適與其下畋近郊，亞疑而訊之。幕府穆員、張弘靖按鞫無狀，亞怒，更以愛將武金掠服之，死者甚衆。亞請斥運醜土，詔監察御史楊寧覆驗，事皆不讎。亞怒，劾寧罔上，寧抵罪。又自以不失盜爲功，因必其怒，傳致而周內之，若不可翻者。德宗信不疑，宰相難之。詔元素與刑部員外郎崔從質、大理司直盧士瞻馳按，亞迎，以獄告。元素徐察其冤，悉縱所囚以還。亞大驚，復劾元素失有罪。比元素還，帝已怒，奏獄未畢，帝曰：「出。」元素曰：「臣言有所未盡。」帝曰：「弟去。」元素曰：「臣以御史按獄，知冤不得盡辭，是無容復見陛下。」帝意解，即道運冤狀。帝感寤曰：「非卿，孰能辨之？」然運猶以擅捕人得罪，流

中華書局

歸州，死于貶。武金流建州。後歲餘，齊抗得眞盜，繇是天下重之。

遷給事中。後美官缺，咸冀元素得其處。會鄭滑節度使盧羣卒，拜元素檢校工部尚書節度其軍，治有異績。元和初，召爲御史大夫。大夫，自貞元後難其人不補，而元素以夙望召拜，中外企聽風采。既而一不建爲，容容持祿，內望作宰相。久之不見用，則謝賓客曰：「無以官散外我。」見屬吏輒先拜，人人失望。李錡反，拜浙西節度使。數月還，爲國子祭酒，進戶部尚書、判度支。

元素少孤，奉長姊謹悌，及沒，悲鯁成疾，因辭職屏居。其妻，石泉公王方慶之孫。前妻子皆不肖，而元素溺姬侍，王不見答。元素久疾，益昏惑，遂出之。王訴諸朝，詔免元素官，且令畀王貲五百萬。卒，贈陝州大都督。

盧士玫者，山東人。以文儒進，端厚無競。爲吏部員外郎，善于職。再遷知京兆尹。劉總入朝，與士玫故內姻，乃請析瀛、鄚兩州，用士玫爲觀察使。詔可。

俄而幽州亂，朱克融囚之，朝廷欲重其任，就加節度使。士玫空家貲助軍，然部卒多家幽州，陰導克融入，故士玫闔府皆見囚幽州。天子赦克融，得還。以太子賓客分司東都，

徐虢州刺史〔一〕，復爲賓客。卒，贈工部尚書。

校勘記

〔一〕徐虢州刺史　舊書卷一六二盧士玫傳作「旋除虢州刺史」。

唐書卷一百四十八

列傳第七十三

令狐彰 建 運 通　張孝忠 茂宗 茂昭 裴夷直 陳楚　康日知 志睦

承訓　李洧　劉澭　田弘正 布 牟　王承元　牛元翼 傅良弼

李寰　史孝章 憲忠

令狐彰字伯陽，京兆富平人，其先自燉煌內徙。父濞，爲世善吏。始，尉范陽，通民家女，生彰。罷歸，留彰母所。既長，志膽沈果，知書傳大義，射命中。從安祿山，署左衞郎將。與張通儒入長安，又署左街使。二京平，走河朔。史思明署博、滑二州刺史，屯滑臺。時中人楊萬定監滑州軍，彰欲以節自顯，募沒人夜度河，悉籍士馬州縣獻款，因萬定以聞。肅宗大悅，下書慰勞。彰移壁杏園渡，思明疑之，遣薛岌以兵劫彰。彰諭衆以大誼，皆感附死力，遂破岌兵，潰圍出，以麾下數百入朝，賜甲第、帷帳、什器，拜滑亳、魏博節度使。河朔平，加兼

御史大夫，封霍國公，檢校尚書右僕射。

始，滑當寇衝，城邑墟榛，彰躬訓吏下，檢軍力農，法令嚴，無敢犯者。田疇大闢，庫委豐餘，歲時貢賦如期。時吐蕃盜邊，召防秋兵，彰遣士三千，自齎糧，所過無秋毫犯，供儗讓不受，時韙其能。然猜阻忮忍，忤者輒死。怒潁州刺史李岵，遣姚奭代之，戒曰：「不時代，殺之。」岵知其謀，因殺奭，死者百餘人，奔汴州，上書自言，彰亦劾之。河南尹張延賞畏彰，留岵使，故彰書先聞，斥岵夷州，殺之。與魚朝恩有隙，及用事，彰不敢入朝。

會母喪，失明，卒。方疾甚，敕子建、通、運歸東都私第，悉上軍府兵仗財用簿最，表吏部尚書劉晏、工部尚書李勉堪大事，請以自代。代宗得表咨悼，下詔褒美其門閭，贈太傅。

建累官右龍武軍使。德宗幸奉天，建方肄士射，遂以四百人從，且殿。擢行在中軍鼓角使、左神武軍大將軍。其妻，成德節度使李寶臣女也，建將棄之，誣與門下客郭士倫通，榜殺士倫而逐其妻，士倫母痛憤卒。寶臣請劾按，無狀。建會赦免。帝取常膳錢五十萬葬士倫母子，并恤其家。俄起建爲右領軍大將軍。復坐專殺，以勳被貸。坐妄自陳，貶施州別駕，卒，贈右領軍大將軍，又加贈揚州大都督。

憲宗時，宰相李吉甫奏言：「彰將死，籍上土地兵甲，遣諸子還第，彰同時河朔諸鎮，傳子孫，熏灼數代，唯彰忠義奮發，而長子建坐事，幼子運無辜，皆竄死，今通幸存，惟陛下用之。」因授贊善大夫。時討蔡，故連徙壽州團練使。聞吉甫卒，不自安。每戰，虛張首級，敗則掩不奏。露布上，宰相武元衡却之。後爲賊攻，焚廥聚，破屯柵，通大懼，重塹不敢出。詔金吾大將軍李文通宣慰，將至，遂代之。貶昭州司戶參軍事。久乃召爲右衞將軍，給事中崔植還其制，帝使喻植，以彰有功，不忍棄其嗣，制乃下。終左衞大將軍。運爲東都留守將，爲杜亞所陷，流死歸州。

張孝忠字孝忠，本奚種，世爲乙失活酋長。父謐，開元中提衆納款，授鴻臚卿。孝忠始名阿勞，以勇聞，燕、趙間共推張阿勞、王沒諾干，二人齊名。沒諾干，王武俊也。孝忠魁偉，長六尺，性寬裕，事親孝。天寶末，以善射供奉仗內。安祿山奏爲偏將，破九姓突厥，以功擢漳源府折衝。祿山、史思明陷河、洛，常爲賊前鋒。

朝義敗，乃自歸，授左領軍將軍，以兵屬李寶臣。累加左金吾衞將軍，賜今名。寶臣以其沈毅謹詳，遂爲姻家，易州諸屯委以統制，十餘年，威惠流聞。田承嗣寇冀州，寶臣付兵

四千，使出上谷，屯貝丘。承嗣見其軍整嚴，歎曰：「阿勞在焉，冀未可圖也。」卽焚營去。寶臣與朱滔戰瓦橋，奏孝忠爲易州刺史，分精騎七千，當幽州。擢太子賓客，封苻陽郡王〔一〕。

寶臣晚節稍忌刻，殺大將李獻誠等而召孝忠，孝忠不往，復使其弟孝節召之。孝忠復命曰：「諸將無狀，連頸受戮。吾懼禍，不敢往，亦不敢叛，猶公不覲天子也。」孝節泣曰：「卽歸，且僇死。」孝忠曰：「偕往則并命，吾留，無患也。」果不敢殺。

然寶臣素善孝忠，及病不能語，以手指北而死。子惟岳擅立，詔朱滔以幽州兵討之。滔忌孝忠善戰，慮師出爲己患，使判官蔡雄往說曰：「惟岳孺子，弄兵拒命，吾奉詔伐罪，公乃宿將，安用助逆而不自求福也？今昭義、河東軍已破田悅，而淮西軍下襄陽，梁崇義尸出井中，斬漢江上者五千人，河南軍計日北首，趙、魏滅亡可見。公誠去逆蹈順，倡先歸國，可以建不世功。」孝忠然之，遣將程華報滔連和，遣易州錄事參軍事董稹入朝。德宗嘉之，擢孝忠檢校工部尚書、成德軍節度使，令與滔并力。孝忠子弟在恆州者皆死。孝忠重德滔，爲子茂和聘其女，締約益堅。

敗惟岳於束鹿，滔欲乘勝襲恆州，孝忠乃引軍西北，壁義豐。滔疑之，孝忠將佐諫曰：「尚書推赤心於朱司徒，可謂至矣。今逆賊已潰，元功不終，後且悔之。」孝忠曰：「本求破

賊，賊已破矣，而恆州多宿將，迫之則死鬬，緩之則改圖。且滔言大而識淺，可以慮始，難與守成。故吾堅壁于此，以待賊之滅耳。」滔亦止屯束鹿。月餘，王武俊果斬惟岳以獻。已而定州刺史楊政義以州降孝忠，遂有易、定。時三分成德地，詔定州置軍，名義武，以孝忠爲節度、易定滄等州觀察使。

後滔與武俊叛，復遣蔡雄說之，答曰：「吾旣爲唐臣，而天性樸彊，業已効忠，不復助惡矣。吾與武俊少相狎，然其心喜反覆，不可信。幸謝司徒，志鄙言。」滔復啖以金帛，皆不受。易、定介二鎭間，乃浚溝壘，脩器械，感厲將士，乘城固守。滔悉兵攻之，帝詔李晟、竇文場率師援孝忠，滔解去，遂全其軍。孝忠因與晟結婚。天子出奉天，孝忠遣將楊榮國以銳卒六百佐晟赴難，收京師。興元初，詔同中書門下平章事。

貞元二年，河北蝗，民餓死如積，孝忠與其下同粗淡，日膳裁豆䜺而已，人服其儉，推爲賢將。明年，檢校司空。詔其子茂宗尙義章公主，孝忠遣妻入朝，執親迎禮，賞賚甚厚。五年，爲將佐所惑，以兵襲蔚州，入之，奉詔還鎭。有司劾擅興，削司空。六年，還其官。卒，年六十二，追封上谷郡王，贈太師，謚曰貞武。

子茂昭、茂宗、茂和。

茂宗擢累光祿少卿、左衞將軍。元和中，歷閑廄使。初，至德時，西戎陷隴右，故隴右監及七廄皆廢，而閑廄私其地入，寶應初，始以其地給貧民。茂宗恃恩，奏悉收其賦，又奏取麟游岐陽牧地三百餘頃，民訴諸朝，詔監察御史孫革按行，還奏不可。茂宗負左右助，誣革所奏不實，復遣侍御史范傳式覆實，乃悉奪其田。長慶初，岐人列訴，下御史，盡以其地還民。寶歷初，遷兗海節度使。終左龍武統軍。

茂和歷左武衞將軍。裴度討蔡，奏爲都押衙。茂和數以膽勇求自試，謂度無功，辭不行。度請斬之以令軍，憲宗曰：「予以其家忠且孝，爲卿遠斥。」後終諸衞將軍。

茂昭本名昇雲，德宗時賜今名，字豐明。少沈毅，頗通書傳。孝忠時，累擢檢校工部尚書。孝忠卒，帝拜邕王謜爲義武軍節度大使〔二〕，以茂昭爲留後，封延德郡王。後二年，爲節度使。弟昇璘薄王武俊爲人，座上嫚罵，武俊怒，襲義豐、安喜、無極，掠萬餘人，茂昭嬰城，遣人厚謝，乃止。久之，入朝，爲帝從容言河朔事，帝竦聽，曰：「恨見卿晚！」召宴麟德殿，賜良馬、甲第、器幣優具，詔其子克禮尙晉康郡主。帝方倚之經置北方，會崩，故茂昭每入臨，輒哀不自勝。

順宗立，進同中書門下平章事，復遣之鎮，賜女樂二人，固辭，車至第門，茂昭引詔使辭曰：「天子女樂，非臣下所宜見。昔汾陽、咸寧、西平、北平皆有大功，故當是賜。今下臣述職以朝，奈何濫賞？後日有立功之臣，陛下何以加之？」復賜安仁里第，亦讓不受。憲宗元和二年，請朝，五奏乃聽。願留，不許，加兼太子太保。

既還，王承宗叛，詔河東、河中、振武、義武合軍爲恆州北道招討，茂昭治廩廐，列亭候，平易道路，以待西軍。承宗以騎二萬踰木刀溝與王師薄戰，茂昭躬擐甲爲前鋒，令其子克讓、從子克儉與諸軍分左右翼繞賊，大敗之，承宗幾危。會有詔班師，加檢校太尉，兼太子太傅。

乃請舉宗還朝，表數上，帝乃許。北鎮遣客間說，皆不納。詔左庶子任迪簡爲行軍司馬，乘馹往代。茂昭奉兩州符節、管鑰、圖籍歸之。先敕妻子上道，戒曰：「吾使而曹出易，庶後世不爲汙俗所染。」未半道，迎拜兼中書令，充河中晉絳慈隰節度使。至京師，雙日開延英，對五刻罷。又表還墳墓于京兆，許之。明年，疽發於首卒，年五十，册贈太師，謚曰獻武。帝思其忠，擢諸子皆要職，歲給絹二千匹。

少子克勤，開成中歷左武衞大將軍。有詔賜一子五品官，克勤以息幼，推與其甥，吏部員外郎裴夷直劾曰：「克勤畝有司法，引庇它族，開後日賣爵之端，不可許。」詔聽，遂著于令。

夷直字禮卿，亦婞亮，第進士，歷右拾遺，累進中書舍人。武宗立，夷直視册牒，不肯署，乃出爲杭州刺史，斥驩州司戶參軍。宣宗初內徙，復拜江、華等州刺史。終散騎常侍。

陳楚者，茂昭甥也，字材卿，定州人。有武幹，事茂昭，歷牙將，常統精卒從征伐。茂昭入朝，擢諸衞大將軍，封普寧郡王。元和末，義武節度使渾鎬喪師，定州亂，拜楚爲節度使，馳傳赴軍。及郊，無迎者，左右勸無入，楚曰：「定軍不來迎以試我。今不入，正墮計中。」乃冒雪行四十里，夜入其州，然軍校部伍，皆楚舊也，由是衆心乃定。徙河陽三城，入爲左羽林統軍，檢校司空。卒，年六十一，贈司空。

子君奕，亦至鳳翔節度使。

康日知，靈州人。祖植，當開元時，縛康待賓，平六胡州，玄宗召見，擢左武衞大將軍，封天山縣男。

日知少事李惟岳，擢累趙州刺史。惟岳叛，日知與別駕李濯及部將百人啐牲血共盟，固州自歸。惟岳怒，遣先鋒兵馬使王武俊攻之，日知使客謝武俊曰：「賊孱甚，安足共安危哉？吾城固士和，雖引歲未可下，且賊所恃者田悅耳，悅兵血巇邢，壕可浮，不能殘半堞，況吾城之完乎？」又紿爲臺檢示曰：「使者齎詔喻中丞，中丞奈何負天子，從小兒跳梁哉？」武俊悟，引兵還，斬惟岳以獻。德宗美其謀，擢爲深趙觀察使，賜實封戶二百。

會武俊拒命，遣將張鍾葵攻趙州，日知破之，上俘京師。興元元年，以深趙益成德，徙日知奉誠軍節度使，又徙晉絳，加累檢校尚書左僕射，封會稽郡王。貞元初卒，贈太子太師。

子志睦，字得衆。資趫偉，工馳射。隸右神策軍，遷累大將軍。討張韶，以多兼御史大夫，進平盧軍節度使。李同捷反，放兵略千乘，志睦挫其鋭，不得逞，遂下蒲臺，盡奪其械。加檢校尚書左僕射。徙涇原，封會稽郡公。卒，年五十七，贈司空。

子承訓，字敬辭。推門功進累左神武軍將軍。宣宗擢爲天德軍防禦使，軍中馬乏，虜

來戰，數負，承訓罷冗費，市馬益軍，軍乃奮張。始，党項破射鵰軍洛源鎮，悉俘其人，聞承訓威政，皆還俘不敢警。詔檢校工部尚書，封會稽縣男，擢義武節度。

會南詔破安南，詔徙嶺南西道，城邕州，合容管經略使隸之，遂統諸軍行營兵馬。南詔深入，承訓分兵六道出以掩蠻，戰不利，士死十八，唯天平卒二千還屯，闔軍震。於是節度副使李行素完城不出，南詔圍之四日，或請夜出兵襲蠻，承訓意索，不聽。天平裨將陰募勇兒三百，夜縋燒蠻屯，斬首五百，南詔恐，明日解而去。承訓謬言大破賊，告于朝，羣臣皆賀，加檢校尚書右僕射，籍子弟姻昵冒賞，而士不及，怨言嚾流。嶺南東道節度使韋宙白狀宰相，承訓慚，移疾，授右武衞大將軍，分司東都。

咸通中，南詔復盜邊。武寧兵七百戍桂州，六歲不得代，列校許佶、趙可立因衆怒殺都將，詣監軍使丐糧鎧北還，不許，即擅斧庫，刼戰械，推糧料判官龐勛爲長，勒衆上道。懿宗遣中人張敬思部送，詔本道觀察使崔彥曾慰安之。次潭州，監軍詭奪其兵，勛畏必誅，篡舟循江下，益裒兵，招亡命，收銀刀亡卒噍匿之。及徐城，謀曰：「吾等叩城大呼，衆必應，前日賞緡五十萬可得也。」衆喜。牙健趙武等欲亡，勛斬首送彥曾曰：「此搖亂者。」彥曾不能詰。勛怨都押衙尹戡、教練使杜璋、兵馬使徐行儉，又使白彥曾曰：「士負罪，不敢釋甲，請爲二屯。」且白退戡等。府屬温廷皓謂彥曾曰：「勛擅委戍，一可殺。專戕大將，二可殺。私置兵，

三可殺。士不子弟卽父兄，振袂而唱，內外必應，銀刀亡命復在其中，四可殺。請分兩營，脅去三將，五可殺。」彥曾謂然。乃禡纛黃堂前，選兵三千授都虞候元密。屯任山，須勛至劫取之，遣邏子嬴服覘賊。比暮，勛至，捕覘者，知其謀，卽蒞偶人，幬虛幟，而詭路襲苻離。密久乃寤，回屯城南。勛與宿將喬翔戰睢河，翔大敗，攝太守焦璐遁去。勛入據州，自稱兵馬留後。

初，璐決汴水，絕勛北道，水未至，勛度，比密兵攻宿，水大至，涉而傅城，不克攻。勛劫百艘運糧趨泗州，留婦弱持阪。翌日，密覺，追之，士未食。賊伏兵于舟而陣汴上，軍見密皆走。密追躡，伏發，夾攻之，密敗，衆殲。遂入徐州，囚彥曾及官屬，殺尹戡等。又徇下邳、漣水、宿遷、臨淮、蘄、虹諸縣，皆下。遣僞將屯柳子，屯豐，屯滕，屯沛，屯蕭，以張其軍，乃露章求節度使。

有周重者，隱濠、泗間，號有謀，勛迎爲上客，問策所出，因教勛：「赦囚徒，據揚州，北收兗、鄆，西舉汴、宋，東掠青、齊，拓境大河，食敖倉，可以持久。」勛無雄才，不納。僞將劉行及攻濠州，執刺史盧望回，自稱刺史。帝遣中人康道隱宣慰徐州，勛郊迎，旗鎧矛戟亙三十里，使騎鳴鼙角，聲動山谷。置酒毬場，引道隱閱其衆，紿爲賊來降六十人，妄戮平民，上首級夸勝。道隱還，固求節度。卽殘魚臺、金鄉、碭山、單父十餘縣，斬官吏，出金帛募兵，游

民多從之。

帝乃拜承訓檢校尚書右僕射、義成軍節度使、徐泗行營都招討使，以神武大將軍王晏權爲武寧軍節度使、北面行營招討使，羽林將軍戴可師爲南面行營招討使，率魏博、鄜延、義武、鳳翔、沙陀、吐渾兵二十萬討之。

勛好鬼道，有言漢高祖廟夜閱兵，人馬流汗，勛日往請命。巫言毬場有隱龍，得之可戰勝，勛大役徒鑿地，不能得。賊將李圓、劉佶攻泗，歐宗、丁從實分徇舒、廬、壽、沂、海。諸道兵屯海州，度賊至，作機橋，維以長緪，賊半度，緪絕，士溺死，度者不得戰，殲之。賊別取和州，破沭陽、下蔡、烏江、巢諸縣，揚州大恐，民悉度江。

淮南節度使令狐綯移書陳禍福，許助求節度，勛按甲聽命。淮南合宣、潤兵戍都梁山。勛夜度淮，遲曙薄壘，賊將劉行立、王弘立與勛合，敗淮南將李湘，屯淮口，劫盱眙。帝又詔將軍宋威與淮南幷力。

承訓屯新興，賊挑戰，時諸道兵未集，承訓帳下纔萬人，退壁宋州。勛益驕。光、蔡鉅賊陷滁州，殺刺史高錫望應勛。戴可師引兵三萬奪淮口，圍勛都梁山下，降其衆。可師恃勝不戒，弘立以兵襲之，可師不克陣而潰，士溺淮死，逸者數百人，賊取可師首傳徐州。詔以馬士舉爲淮南節度使、南面行營諸軍都統，馳傳入揚州。士舉曰：「城堅士多，賊何能

爲？」衆稍安。始，帝以晏權故智興子，節度武寧，欲以怖賊。及是，返爲賊困，不敢戰，乃更以隴州刺史曹翔爲兗海節度、北面都統招討使，屯滕、沛，魏博將薛尤屯蕭、豐。

賊首孟敬文欲絕勛自立，陰刻鑑爲文曰「天口云云，錫爾將軍」，夜瘞之野，耕者得之以獻，衆駭異，乃齋三日授之。勛知其謀，使人襲殺之。

於是承訓屯柳子右，夾汴築壘，連屬一舍。勛籍城中兵，止三千，劫民授甲，皆穿窟穴遁去。王弘立度睢，圍新興、鹿塘。承訓縱沙陀騎蹦之，弘立走，士赴水死，自鹿塘屬襄城，伏尸五十里，斮首二萬，獲器鎧不貲。承訓攻柳子，姚周度水戰，又敗，乘風火賊，周提餘卒去，沙陀躡之，及芳亭，死者枕藉，斬劉豐，而周以十騎走宿州，守將斬之。勛懼，乃害崔彥曾等，謂其下曰：「上不許我節度，與諸君眞反矣。」大索兵，得三萬。許佶、趙可立勸勛稱「天册將軍」，勛謁漢高祖廟受命，以其父舉直爲大司馬，守徐州。或曰：「方大事，不可私于父，失上下序。」舉直乃拜于廷，勛坐受之。引兵救豐，刻木作婦人，衣絳被髮，軍過，斫而火之，乃行。勛夜入城，外不知。勛出銳軍鑿援屯，魏博軍知勛自將，驚而潰。賊以所得送徐州以夸下。曹翔退保兗州。勛欲乘勝攻承訓，或曰：「今北兵敗，西軍搖，不足虞也。方蠶月，宜息衆力農，至秋士馬彊，決可以取勝。」舉直曰：「時不重得，願將軍無縱敵。」勛曰：「然。」時承訓方攻臨渙，聞勛計，追還兵仗以待。勛軍皆市人，囂而狂，未陣卽奔，相蹈藉死者四

萬。勛釋甲服垢襦脫，收夷痍士三千以歸，遣張行實屯第城。

馬士舉救泗州，賊解去，進攻賊濠州。是時，又詔黔中觀察使秦匡謀討賊，下招義、鍾離、定遠。勛遣吳迥屯北津援濠，士舉銳兵度淮，盡碎其營。初，勛之遁，懼衆不軍，妄言有神譟野中曰：「天符下，國兵休。」勛使下相語，符未降，故敗北津。

帝恨魏博軍不勝，以宋威爲西北面招討使，率兵三萬屯蕭、豐，約勛：「降者當赦之。」始，宿鄙人劉洪者，被黃袍，白馬，使人封檄叩觀察府曰：「我當王徐。」崔彥曾斬之，遺黨匿山谷，欲附勛，承訓喩降之。王師破臨渙，斬萬級，收襄城、留武、小睢諸壁。曹翔下滕，賊將以蘄、沛降，賊李直奔入徐州。翔又破豐、徐城、下邳，賊益蹙。

勛以張玄稔守宿州，張儒、劉景助之，自稱統軍，列壁相望。承訓拔第城，張行實奔宿州，承訓遂圍宿州。行實教勛：「官軍盡銳于此，西鄙虛單，將軍直擣宋、亳，出不意，宿圍自解。」勛喜，引而西，使舉直、許佶守徐。承訓攻敗，十遇皆勝。遣辯士以威動玄稔。玄稔，賊重將也，以帛書射城外，約誅勛自歸，使張皋獻期。俄與二將會柳溪，伏士於旁，玄稔馳騎譟曰：「龐勛首已梟僕射寨矣！」伏興，斬劉景、張儒。玄稔率諸將肉袒見承訓，自陳陷賊不早奮，久暴王師，願禽賊贖死。承訓許之。復請詐爲潰軍劫苻離。苻離不知，內之，已入，卽斬守將，得兵萬人，北攻徐州。許佶等不敢出。玄稔環城，彥曾故吏路審中啓白門內

玄稔兵，許佶等啓北門走，玄稔身追之，士大崩，皆赴水死，斬舉直、許佶、李直等，收叛卒親族悉夷之。

勛聞徐已拔，氣喪，無顧賴，衆尚二萬，自石山而西，所在焚掠。承訓悉兵八萬逐北，沙陀將朱耶赤衷急追至宋州，勛焚南城，爲刺史鄭處沖所破，將南趨亳，承訓兵循渙而東，賊走蘄縣，官兵斷橋，不及濟，承訓乃縱擊之，斬首萬級，餘皆溺死。閱三日，得勛尸。斬其子於京師。吳迥守濠州，糧盡食人，驅女孺運薪塞隍，并塡之，整旅而行，馬士舉斬以獻。勛之始得徐州，貲儲蕩然，乃四出剽取，男子十五以上皆執兵，舒鉏鉤爲兵，號「霍錐」，破十餘州，凡二歲滅。

詔擢張玄稔右驍衞大將軍，承訓遷檢校左僕射、同中書門下平章事，徙節河東。於是宰相路巖、韋保衡劾承訓討賊逗撓，貪虜獲，不時上功。貶蜀王傅，分司東都。再貶恩州司馬。僖宗立，授左千牛衞大將軍。卒，年六十六。子傳業，嘗從父征伐，終鄜坊節度使。

李洧者，淄青節度使正己從父兄也。始，署徐州刺史。建中初，正己卒，子納叛，攻

宋州，洧挈州自歸，加兼御史大夫，封潮陽郡王，實封戶二百，充招諭使。初，洧遣巡官崔程入朝，且白宰相：「徐州不足獨抗賊，得海、沂爲節度，可與成功。洧素與二州刺史有約，且不肯爲賊守。」程先沓張鎰，而盧杞怒不先白，故洧請中格。及納攻徐，劉玄佐與諸將擊退之。既賊方張，乃加洧徐海沂密觀察使。時海、密爲賊守，不受命，洧未有以取之。遷檢校戶部尙書。會疽發背，少間，肩輿過市，市人叫歡，洧驚，疽潰卒，贈尙書左僕射。以洧將高承宗代之。

其弟淡，險人也，恥居下，陰約納攻徐爲內應，并說滕將翟濟，濟執以聞。擢濟沂州刺史。召淡入京師，以洧赦不罪。

劉澭，盧龍節度使怦之次子，濟母弟也。涉書史，有材武，好施愛士，能得人死力。始事朱滔，常陳君臣大分，裁抑其凶。及怦得幽州，不三月病且死，澭侍湯液未嘗離，輒以父命召濟於莫州，濟嗣總軍事，故德澭之讓，以爲瀛州刺史，有如不諱，許代己。

久之，濟自用其子爲副大使，澭不能無恨，因請以所部爲天子戍隴，悉發其兵千五百馳歸京師，無一卒敢違令者。德宗甚寵之，拜秦州刺史，屯普潤。軍中不設音樂。士卒病，親

存問所欲，不幸死，哭之。

憲宗立，方士羅令則詣澭營，妄言廢立以動澭，命繫之，辭曰：「吾之黨甚衆，公無囚我，約大行梓宮發兵，無不濟。」澭械送闕下，殺之。錄功，號其軍曰保義。蕃戎畏懾，不敢入寇。常慨然有復河湟志，屢爲朝廷言之，未見省。封累彭城郡公。及病，籍士馬求代。旣還，卒于道，年四十九，贈尙書右僕射，謚曰景。

田弘正字安道。父廷玠，尙儒學，不樂軍旅，與承嗣爲從昆弟，仕爲平舒丞，遷樂壽、淸池、束城、河間四縣令，以治稱。遷滄州刺史。李寶臣、朱滔與承嗣不協，合兵圍滄州，廷玠固守連年，食雖盡無叛者。朝廷嘉其節，徙相州。承嗣盜磁、相，廷玠無所回染。及悅代立，忌廷玠之正，召爲節度副使。廷玠至，讓悅曰：「而承伯父緒業，當守朝廷法度以保富貴，何苦與恆、鄆爲叛臣？自兵興來，叛天子能完宗族者誰邪？而志不悛，盍殺我，無令我見田氏血汙人刀也！」遂稱疾不出。悅過謝之，杜門不納，憤而卒。

弘正幼通兵法，善騎射，承嗣愛之，以爲必興吾宗，名之曰興。季安時，爲衙內兵馬使、

同節度副使，封沂國公。季安侈汰，銳殺罰，弘正從容規切，軍中賴之，翕然歸重。季安內忌，出爲臨淸鎭將，欲因罪誅之。弘正陽痺痼，臥家不出，乃免。季安死，子懷諫襲節度，召還舊職。

懷諫委政於家奴蔣士則，措置不平，衆怒，咸曰：「兵馬使吾帥也。」牙兵卽詣其家迎之，弘正拒不納，衆譁于門，弘正出，衆拜之，脅還府，弘正頓于地，度不免，卽令于軍曰：「爾屬不以吾不肖，使主軍，今與公等約，能聽命否？」皆曰：「惟公命。」因曰：「吾欲守天子法，舉六州版籍請吏于朝，苟天子未命，敢有請吾旂節者死，殺人及掠人者死。」皆曰：「諾。」遂到府，殺士則及支黨十餘人。於是圖魏、博、相、衞、貝、澶之地，籍其人以獻，不敢署僚屬，而待王官。

先時，諸將出屯，質妻子，里民不得相往來。弘正悉除其禁，聽民通饋謝慶弔。服玩僭侈者，卽日徹毀之。承嗣時，正寢華顯，弘正避不敢居，更就採訪使堂皇聽事。幽、恆、鄆、蔡大懼，遣客鐫說鉤染，弘正皆拒遣之。憲宗美其誠，詔檢校工部尙書，充魏博節度使。又遣司封郎中知制誥裴度宣慰，賚其軍錢百五十萬緡，六州民給復一年，赦見囚，存問高年、惸獨、廢疾不能自存者。度明辯，具陳朝廷厚意，弘正不覺自失，乃深相結納，奉上益謹。復請度徧行其部，宣示天子恩詔。因令節度僉謀布衣崔權奉表陳謝，且言：「天寶以來，山東

奧壤，化爲戎墟，官封世襲，刑賞自出，國家含垢，垂六十年。臣若假天之齡，奉陛下宸算，冀道揚太和，洗濯僞風，然後退歸丘園，避賢者路，死不恨。」制詔褒答，且賜今名，錫與匪塗。

天子討蔡，弘正遣子布以兵三千進戰，數有功。李師道疑其襲己，不敢顯助蔡，故元濟失援，王師得致誅焉。王承宗叛，詔弘正以全師壓境，破其衆南宮，承宗懼，歸窮於弘正，弘正表諸朝，遂獻德、棣二州以謝，納二子爲質。

俄而李師道拒命，詔弘正與宣武等五節度兵進討。弘正自楊劉度河，距鄆四十里堅壁；師道大將劉悟率精兵屯河東。戰陽穀，再遇再北，斬萬餘級，賊勢蹙。悟乃反兵，斬師道首，詣弘正降，取十有二州以獻。初，悟既平賊，大張飲軍中，凡三日，設角觝戲，引魏博使至廷以爲歡，悟盱衡攘臂助其決，坐中皆憚悟勇。客有白弘正者，弘正曰：「鄆士疲於戰，瘡者未起，悟當卹亡弔乏，慰士大夫心，奈何取快目前邪？吾奉詔按軍，伺悟去就，今知其無能爲也。」既而詔悟爲義成軍節度使，狼狽上道，時稱知悟之明。

以功加弘正檢校司徒、同中書門下平章事。是歲來朝，對麟德殿，眷勞殊等；引見僚佐將校二百餘人，皆有班賜；進兼侍中，實封戶三百；擢其兄融爲太子賓客、東都留司。弘正數上表固請留闕下，帝勞曰：「昨韓弘以疾辭不就軍，朕既從之矣，今卿復爾，我不廳

違。但魏人樂卿之政，四鄰畏卿之威，爲朕長城，又安用辭？」弘正遂還。常欲變山東承襲舊風，故悉遣子姓仕朝廷，帝皆擢任之，朱紫滿門，榮冠當時。

穆宗立，王承元以成德軍請帥，帝詔弘正兼中書令，爲節度使。弘正以新與鎭人戰，有父兄怨，取魏兵二千自衞，入其軍。時天子賜錢一百萬緡，不時至，軍有怨言，弘正親加撫喩乃安。仍請留魏兵爲紀綱，以持衆心，度支崔倰吝其稟，沮卻之。長慶元年七月，歸衞卒於魏，是月軍亂，幷家屬將吏三百餘人皆遇害，年五十八。帝聞震悼，册贈太尉，謚曰忠愍。

弘正幼孤，事融甚謹，軍中嘗分曹習射，弘正注矢聯中，融退，挾怒之，故當季安猜暴時能自全。及爲軍中推迫，融不悅曰：「爾竟不自晦，取禍之道也。」朝廷知其友愛，詔拜相州刺史，賜金紫，不欲其相遠也。

弘正性忠孝，好功名，起樓聚書萬餘卷，通春秋左氏，與賓屬講論終日，客爲著沂公史例行于世。

弘正之禍也，其判官劉茂復獨免，士相戒曰：「是人議事盡忠，遇吾等信，敢干其家者共殺之。」

弘正子布、羣、牟。

布字敦禮，幼機悟。弘正戍臨清，布知季安且危，密白父，請以衆歸朝，弘正奇之。及得魏，使布總親兵。王師誅蔡，以軍隸嚴綬，屯唐州。帝以布大臣子，或有罪，且橈法，弘正請以董畹代，而士卒愛布願留，帝乃止。凡十八戰，破凌雲柵，下郾城，以功授御史中丞。裴度輕出觀兵沱口，賊將董重質以奇兵掩擊，布伏騎數百突出薄之，諸軍繼至，賊驚引還。蔡平，入爲左金吾衞將軍。諫官嘗論事帝前，同列將麾却之，布止曰：「使天子容直臣，毋輕進。」弘正徙成德，以布爲河陽節度使，父子同日受命。時韓弘與子公武亦皆領節度，而天下以忠義多田氏。布所至，必省冗將，募戰卒，寬賦勸穡，人皆安之。長慶初，徙涇原。

弘正遇害，魏博節度使李愬病不能軍，公卿議以魏彊而鎭弱，且魏人素德弘正，以布之賢而世其官，可以成功。穆宗遽召布，解縗拜檢校工部尙書、魏博節度使，乘傳以行。布號泣固辭，不聽；乃出伎樂，與妻子賓客決曰：「吾不還矣！」未至魏三十里，跣行被髮，號哭而入，居堊室，屛節旄。凡將士老者，兄事之。祿奉月百萬，一不入私門，又發家錢十餘萬緡頒士卒。以牙將史憲誠出麾下可任，乃委以精銳。時中人屢趣戰，而度支饋餉不繼，布輒以六州租賦給軍。引兵三萬進屯南宮，破賊二壘。

於是朱克融據幽州，與王廷湊脣齒。河朔三鎭舊連衡，桀驁自私，而憲誠蓄異志，陰欲

乘釁，又魏軍驕，憚格戰，會大雪，師寒糧乏，軍中謗曰：「它日用兵，團粒米盡仰朝廷。今六州刮肉與鎭、冀角死生，雖尙書瘠己肥國，魏人何罪？」憲誠得間，因以搖亂。會有詔分布軍合李光顏救深州，兵怒，不肯東，衆遂潰，皆歸憲誠，唯中軍不動。布以中軍還魏。

明日，會諸將議事，衆讙曰：「公能行河朔舊事，則生死從公，不然，不可以戰。」布度衆且亂，歎曰：「功無成矣！」卽爲書謝帝曰：「臣觀衆意，終且負國。臣無功，不敢忘死。願速救元翼，毋使忠臣義士塗炭於河朔。」哭授其從事李石訖，乃入，至几筵，引刀刺心曰：「上以謝君父，下以示三軍。」言訖而絕，年三十八。贈尙書右僕射，謚曰孝。

子鐬，宣宗時歷銀州刺史，坐以私鎧易邊馬論死，宰相崔鉉奏布死節於國，可貸鐬以勸忠烈，故貶爲州司馬。

羣，會昌中歷蔡州刺史，坐贓且抵死，兄牟聞之，不食卒。宰相李德裕奏：「漢河間人尹次、潁川人史玉坐殺人當死，次兄初、玉母渾詣官請代，因縊物故，於時皆赦其死。」於是武宗詔減死一等。

牟寬厚明吏治，爲神策大將軍。開成初，鹽州刺史王宰失羌人之和，詔牟代之。累遷

鄜坊節度使，再徙天平，三爲武寧，一爲靈武軍，官至檢校尚書左僕射，卒。諸子皆有方面功，以忠義爲當世所高。

王承元者，承宗弟也。有沈謀。年十六，勸承宗亟引兵共討李師道，承宗少之，不用，然軍中往往指目之。承宗死，未發喪，大將謀取帥它姓。參謀崔燧與諸校計，以祖母涼國夫人李命承元嗣。承元泣且拜，不受，諸將牢請，承元曰：「上使中貴人監軍，盍先請？」監軍至，又如命，乃謝曰：「諸君不忘王氏以及孺子，苟有命，其從我乎？」衆曰：「惟所命。」乃視事牙閤之偏，約左右不得稱留後，事一關參佐，密表請帥于朝。穆宗詔起居舍人柏耆宣慰。授承元檢校工部尚書、義成軍節度使。北鎮以兩河故事脅誘，承元不納，諸將皆悔。耆至，士哭于軍，承元令曰：「諸君不欲我去，意固善。雖然，格天子詔，我獲罪奈何？前李師道有詔赦死，欲舉族西，諸將止弗遣，他日乃共殺之。今君等幸置我，無與師道比。」乃偏拜諸將，諸將語塞。承元即出家貲盡賜之，斬不從命者十輩，軍乃定。於是諫議大夫鄭覃宣慰，賜其軍錢百萬緡，赦囚徒，問孤獨、廢疾不能自存者粟帛有差。

承元去鎮，左右裒器幣自隨，承元使空褚毋留。入朝，昆弟拜刺史者四人，位于朝者四

十人。祖母入見，帝命中宮禮賚異等。徙承元鄜坊丹延節度。俄徙鳳翔。鳳翔右衺涇、原，地平少巖險，吐蕃數入盜。承元據勝地爲鄣，置守兵千，詔號臨汧城。府郛左百賈州聚，異時爲虜剽奪，至燎烽相警，承元版堞繚之，人乃告安。以勞封岐國公。大和初，祖母喪，詔曰：「武俊當橫流時，拯定奔潰，功在史官。今李不幸，賵卹宜加厚。」且給儀仗以葬。

五年，徙節平盧、淄青。始，鹽禁未嘗行兩河，承元請歸有司，由是兗、鄆諸鎮皆奉法。承元資仁裕，所至愛利。卒，年三十三，贈司徒。

牛元翼，趙州人。材果而謀。王承宗時倚其計爲彊雄，與傅良弼二人冠諸將。王廷湊叛，穆宗以元翼在成德，名出廷湊遠甚，自深州刺史擢爲深冀節度使，以攜其軍。廷湊怒，遣部將王位以銳兵攻元翼，不勝，乃合朱克融共圍之。詔進元翼成德軍節度使，以宣武兵五百進援，元翼固守。長慶二年，詔赦廷湊罪，徙元翼山南東道，以深州賜廷湊，使中人促元翼南。廷湊恨之，已受詔，兵不解。招討使裴度詒書誚讓，克融解而歸，廷湊退舍。詔並加檢校工部尚書，兩悅之。

淹月，元翼率十餘騎冒圍跳德、棣，朝京師。廷湊入，盡殺元翼親將臧平等百八十人。

元翼見廷英，賚問優縟，命中人楊再昌取其家，并迎田弘正喪。廷湊辭以弘正殯亡在所，元翼家須秋遣。魏博節度使史憲誠遣其弟入趙，四返，說廷湊曰：「田公非得罪於趙，尸尚何惜？元翼去深州，乃一孤將，何利其家？」廷湊乃歸弘正喪于京師。元翼聞平等死，憤恚卒，悉還所賜于朝，廷湊遂夷其家。

良弼字安道，清河人。以射冠軍中。初，瀛之博野、樂壽，介范陽、成德間，每兵交，先薄二城，故常爲劇屯。德宗以王武俊破朱滔功，皆隸成德，故以良弼守樂壽，李寰守博野。廷湊之叛，兩賊交誘之，而堅壁爲國固守。有詔以樂壽爲左神策行營，拜良弼爲都知兵馬使；寰所領士隸右神策，號忻州營，亦以寰爲都知兵馬使。賜第京師。俄以良弼爲沂州刺史。良弼率衆出，戰力，乃得去。寰引兵三千趨忻州，廷湊邀之，寰斬三百級，追者不敢前。天子以良弼、寰忠有狀，乃更賜奴婢服馬。召良弼爲左神策軍將軍。寶曆初，擢夏綏銀節度使。異時蕃帳亡命來者，必償馬乃與，良弼至，皆執付其部，酋種歡懷。終橫海節度使。寰擢累保義軍節度使。

王智興討李同捷未克，而烏重胤卒，謂寰可共立功，請諸朝，乃授橫海節度使。師所過暴鈔，至屯，按軍不進，遂身入朝，盛陳賊勢，請濟師，欲大調發。羣臣議寰兵太重，且盜滄、

景，未決而棣州平。寰內愧不自安，願留京師，遂罷保義軍、忻州營，更授夏綏宥節度使，卒。

寰再易鎮，治無可言者。然廷湊之亂，聯軍十五萬無成功，賊鋒不可嬰，而樂壽、博野截然峙中者累歲，梗其呑暴，議者以爲難。敬宗世，寰圖其事上之。

史孝章字得仁，資脩謹。父憲誠，以戰力奮，賓客用挽彊擊劍相矜，孝章獨退讓如諸生，稱道皆詩、書。魏博節度使李愬閱大將子弟籍于軍，孝章願以文署職，愬奇之，檄試都督府參軍。

憲誠得魏，遷士曹參軍。孝章見父數奸命，內非之，承間諫曰：「大河之北號富彊，然而挻亂取地，天下指河朔若夷狄然。今大人身封侯，家富不貲，非痛洗濯，竭節事上，恐吾踵不旋禍且至。」因涕下沾衿。父粗武，不盡聽。文宗賢之，擢孝章節度副使，累遷檢校左散騎常侍。父欲助李同捷，孝章切爭，憲誠稍憚其義。又勸出師討同捷自明，帝益嘉之，進檢校工部尚書。及兵出，父敕孝章統之。入朝，勞予蕃厚。憲誠亦上書求覲，帝知非憲誠意，特緣孝章悟發，故分相、衞、澶而授孝章節度使。未至，魏人亂，父卒死于軍。帝念史氏禍而卹孝章，故奪喪拜右金吾衞將軍。徙節鄜坊，進檢校戶部尚書。久之，自邠寧以病丐還，

卒于行，年三十九，贈尚書右僕射。孝章本名唐，後改今名。

憲誠弟憲忠，字元貞，少爲魏牙門將。田弘正討齊、蔡，常爲先鋒，鬭三十戰，中流矢，酣鬭不解，由是著名。憲誠表爲貝州刺史。魏亂，奔京師，加累檢校右散騎常侍、隴州刺史。增亭鄣，徙客館于外，戎諜無所伺。

會昌中，築三原城，吐蕃因之數犯邊。拜憲忠涇原節度使以怖其侵，吐蕃遣使來請墮城，且願以嘗殺使者之人置塞上。憲忠使謝曰：「前吾未城。爾犯我地，安得禁吾城？爾知殺吾使爲負，宜先取罪人謝我，將無所不得。今與爾約，前節度使事一置之。」吐蕃情得而服。憲忠疏涇于隍，積緡錢十萬、粟百萬斛，戍人宜之。會党項羌內寇，又徙朔方，有詔馳驛赴屯，憲忠辭曰：「羌不得其心，故不自安。今亟往，知吾爲備，鬬益健，請徐行。」許之。乃移書與羌人，示要約。羌人乃皆喜，奉酒湩迎道。

大中初，突厥擾河東，鈔漕米行賈，徙節振武軍。于是故帥荒沓，使游奔兵覘戎有良馬牛，彊取之，歸直十一，戎人怒，因興盜掠。憲忠廉儉，少所欲，嘗曰：「吾居河朔，去此三千里，乃乘五健馬。今守邊，發吾餘奉，不患無馬，何忍豪市哉？」故所至莫不懷德。累封北海縣子，檢校尚書左僕射，兼金吾大將軍。以病自丐，改左龍武統軍。卒，年七十一，贈

司空。

校勘記

〔一〕封符陽郡王 舊書卷一四一張孝忠傳「符」作「范」。

〔二〕帝拜邕王謜爲義武軍節度大使 「謜」，各本原作「諒」。據本書卷八二及舊書卷一五〇文敬太子謜傳、唐會要卷七八改。

唐書卷一百四十九

列傳第七十四

劉晏 濛 暹 瀆 元琇 包佶 盧徵 李若初 于頎 第五琦 班宏

王紹 李巽

劉晏字士安，曹州南華人。玄宗封泰山，晏始八歲，獻頌行在，帝奇其幼，命宰相張說試之，說曰：「國瑞也。」卽授太子正字。公卿邀請旁午，號神童，名震一時。天寶中，累調夏令，未嘗督賦，而輸無逋期。舉賢良方正，補溫令，所至有惠利可紀，民皆刻石以傳。再遷侍御史。

祿山亂，避地襄陽。永王璘署晏右職，固辭。移書房琯，論封建與古異，「今諸王出深宮，一旦望桓、文功，不可致」。詔拜度支郎中，兼侍御史，領江淮租庸事。晏至吳郡而璘反，乃與採訪使李希言謀拒之。希言假晏守餘杭，會戰不利，走依晏。晏爲陳可守計，因發義

兵堅壁。會王敗，欲轉略州縣，聞晏有備，遂自晉陵西走。終不言功。召拜彭原太守，徙隴、華二州刺史，遷河南尹。時史朝義盜東都，乃治長水。進戶部侍郎，兼御史中丞、度支鑄錢鹽鐵等使。京兆尹鄭叔清、李齊物坐殘擊罷，詔晏兼京兆尹。總大體不苛，號稱職。會司農卿嚴莊下獄，已而釋，誣劾晏漏禁中語，宰相蕭華亦忌之，貶通州刺史。

代宗立，復爲京兆尹、戶部侍郎，領度支、鹽鐵、轉運、鑄錢、租庸使。晏以戶部讓顏眞卿，改國子祭酒。又以京兆讓嚴武，卽拜吏部尙書、同中書門下平章事，使如故。坐與程元振善，罷爲太子賓客。俄進御史大夫，領東都、河南、江淮轉運、租庸、鹽鐵、常平使。時大兵後，京師米斗千錢，禁膳不兼時，甸農挼穗以輸。晏乃自按行，浮淮、泗，達於汴，入于河。右循底柱、硤石，觀三門遺迹；至河陰、鞏、洛，見宇文愷梁公堰，厮河爲通濟渠，視李傑新堤，盡得其病利。然畏爲人牽制，乃移書於宰相元載，以爲：「大抵運之利與害各有四：京師三輔，苦稅入之重，淮、湖粟至，可減傜賦半，爲一利；東都彫破，百戶無一存，若漕路流通，則聚落邑廛漸可還定，爲二利；諸將有不廷，戎虜有侵盜，聞我貢輸錯入，軍食豐衍，可以震耀夷夏，爲三利；若舟車既通，百貨雜集，航海梯嶠，可追貞觀、永徽之盛，爲四利。起宜陽、熊耳，虎牢、成皋五百里，見戶纔千餘，居無尺椽，爨無盛煙，獸游鬼哭，而使轉車輓漕，功且難就，爲一病；河、汴自寇難以來，不復穿治，崩岸滅木，所在廞淤，涉泗千

里，如罔水行舟，爲二病；東垣、底柱、澠池、北河之間六百里，戍邏久絕，奪攘姦宄，夾河爲藪，爲三病；淮陰去蒲坂，亙三千里，屯壁相望，中軍皆鼎司元侯，每言衣無纊，食半菽，輓漕所至，輒留以饋軍，非單車使者折簡書所能制，爲四病。」載方內擅朝權，既得書，即盡以漕事委晏，故晏得盡其才。歲輸始至，天子大悅，遣衞士以鼓吹迓東渭橋，馳使勞曰：「卿，朕酇侯也。」凡歲致四十萬斛，自是關中雖水旱，物不翔貴矣。

再遷吏部尚書，又兼益湖南、荆南、山南東道轉運、常平、鑄錢使，與第五琦分領天下金穀。又知吏部三銓事，推處最殿分明，下皆慴伏。元載得罪，詔晏鞫之。晏畏載黨盛，不敢獨訊，更敕李涵等五人與晏雜治。王縉得免死，晏請之也。

常袞執政，忌晏有公望，乃言晏舊德，當師長百僚，用爲左僕射，實欲奪其權。帝以計務方治，詔以僕射領使如舊。初，晏分置諸道租庸使，愼簡臺閣士專之。時經費不充，停天下攝官，獨租庸得補署，積數百人，皆新進銳敏，盡當時之選，趣督倚辦，故能成功。雖權貴干請，欲假職仕者，晏厚以稟入奉之，然未嘗使親事，是以人人勸職。嘗言：「士有爵祿，則名重於利；吏無榮進，則利重於名。」故檢劾出納，一委士人，吏惟奉行文書而已。所任者，雖數千里外，奉敎令如目前，頻伸諧戲不敢隱。惟晏能行之，它人不能也。代宗嘗命考所部官吏善惡，刺史有罪者，五品以上輒繫劾，六品以下杖然後奏。

李靈耀反，河南節帥或不奉法，擅征賦，州縣益削。晏常以羨補乏，人不加調，而所入自如。第五琦始榷鹽佐軍興，晏代之，法益密，利無遺入。初，歲收緡錢六十萬，末乃什之，計歲入千二百萬，而榷居太半，民不告勤。京師鹽暴貴，詔取三萬斛以贍關中，自揚州四旬至都，人以爲神。至湖嶠荒險處，所出貨皆賤弱，不償所轉，晏悉儲淮、楚間，貿銅易薪，歲鑄緡錢十餘萬。其措置纖悉如此。諸道巡院，皆募駛足，置驛相望，四方貨殖低昂及它利害，雖甚遠，不數日即知，是能權萬貨重輕，使天下無甚貴賤而物常平，自言如見錢流地上。每朝謁，馬上以鞭算。質明視事，至夜分止，雖休澣不廢。事無閑劇，即日剖決無留。所居脩行里，粗樸庳陋，飲食儉狹，室無媵婢。然任職久，勢軋宰相，要官華使多出其門。自江淮茗橘珍甘，常與本道分貢，競欲先至，雖封山斷道，以禁前發，晏厚貲致之，常冠諸府，由是媢怨益多。饋謝四方有名士無不至，其有口舌者，率以利啖之，使不得有所訾短。故議者頗言晏任數固恩。大曆時政因循，軍國皆仰晏，未嘗檢質。德宗立，言者屢請罷轉運使，晏亦固辭，不許。又加關內河東三川轉運、鹽鐵及諸道青苗使。

始，楊炎爲吏部侍郎，晏爲尚書，盛氣不相下。晏治元載罪，而炎坐貶。及炎執政，銜宿怒，將爲載報仇。先是，帝居東宮，代宗寵獨孤妃，而愛其子韓王。宦人劉清潭與嬖幸請立妃爲后，且言王數有符異，以搖東宮。時妄言晏與謀。至是，炎見帝流涕曰：「賴祖宗神靈，先帝與陛下不爲賊臣所間，不然，劉晏、黎幹搖動社稷，凶謀果矣。今幹伏辜而晏在，臣位宰相，不能正其罪，法當死。」崔祐甫曰：「陛下已廓然大赦，不當究飛語，致人於罪。」朱泚、崔寧力相解釋，寧尤切至。炎怒，斥寧于外，遂罷晏使。坐新故所交簿物抗謬，貶忠州刺史，中官護送。炎必欲傳其罪，知庾準與晏素憾，乃擢爲荆南節度使。準即奏晏與朱泚書，語言怨望，又蒐卒，擅取官物，脅詔使，謀作亂。炎證成之。

建中元年七月，詔中人賜晏死，年六十五。後十九日，賜死詔書乃下，且暴其罪。家屬徙嶺表，坐累者數十人，天下以爲冤。時炎兼删定使，議籍沒，衆論不可，乃止。然已命簿錄其家，唯雜書兩乘，米麥數斛，人服其廉。淄青節度使李正己表誅晏太暴，不加驗實，先誅後詔，天下駭惋，請還其妻子。不報。興元初，帝寖寤，乃許歸葬。貞元五年，遂擢晏子執經爲太常博士，宗經祕書郎。執經還官，求追命，有詔贈鄭州刺史，又加司徒。

晏歿二十年，而韓洄、元琇、裴腆、李衡、包佶、盧徵、李若初繼掌財利，皆晏所辟用，有名於時。

晏既被誣，而舊吏推明其功。陳諫以爲管、蕭之亞，著論紀其詳，大略以「開元、天寶間天下戶千萬，至德後殘於大兵，饑疫相仍，十耗其九，至晏充使，戶不二百萬。晏通計天下經費，謹察州縣災害，蠲除振救，不使流離死亡。初，州縣取富人督漕輓，謂之『船頭』；主

郵遞，謂之『捉驛』；稅外橫取，謂之『白著』。人不堪命，皆去爲盜賊。上元、寶應間，如袁晁、陳莊、方清、許欽等亂江淮，十餘年乃定。晏始以官船漕，而吏主驛事，罷無名之斂，正鹽官法，以裨用度。起廣德二年，盡建中元年，黜陟使實天下戶，收三百餘萬。王者愛人，不在賜與，當使之耕耘織紝，常歲平斂之，荒年蠲救之，大率歲增十之一。而晏尤能時其緩急而先後之。每州縣荒歉有端，則計官所贏，先令曰：『蠲某物，貸某戶。』民未及困，而奏報已行矣。議者或譏晏不直賑救，而多賤出以濟民者，則又不然。善治病者，不使至危憊；善救災者，勿使至賑給。故賑給少則不足活人，活人多則闕國用，國用闕則復重斂矣；又賑給近僥幸，吏下爲姦，彊得之多，弱得之少，雖刀鋸在前不可禁。以爲二害。災沴之鄉，所乏糧耳，它產尙在，賤以出之，易其雜貨，因人之力，轉於豐處，或官自用，則國計不耍；多出菽粟，恣之糶運，散入村閭，下戶力農，不能詣市，轉相沾逮，自免阻飢，不待令驅。以爲二勝。晏又以常平法，豐則貴取，饑則賤與，率諸州米嘗儲三百萬斛。豈所謂有功於國者邪！」

琇後以尙書右丞判度支，國無橫斂而軍旅濟。爲韓滉所惡，貶雷州司戶參軍。坐私入廣州，賜死。腆以兵部侍郎判度支，封聞喜縣公。衡歷戶部侍郎。

佶字幼正，潤州延陵人。父融，集賢院學士，與賀知章、張旭、張若虛有名當時，號

「吳中四士」。佶擢進士第，累官諫議大夫。坐善元載，貶嶺南。晏奏起爲汴東兩稅使。晏罷，以佶充諸道鹽鐵輕貨錢物使，遷刑部侍郎，改祕書監，封丹陽郡公。

徵，幽州人。晏薦爲殿中侍御史。晏得罪，貶珍州司戶參軍。元琇判度支，薦爲員外郎。琇得罪，貶秀州長史，三遷給事中。戶部侍郎竇參善之，方倚以代己，會同州刺史缺，參請用尚書左丞趙憬，德宗惡參，欲間其腹心，更用徵爲之。久乃徙華州，厚結權近，冀進用。同、華地迫而貧，所獻嘗觳陋，至徵厚賦斂，有所奉入，輒加常數，人不堪其求。

若初者，事晏爲冗職，包佶稱之。歷太康令，勸刺史李芃斂羨錢，交權倖，芃厚遇之。累遷浙東觀察使。代王緯爲浙西觀察、諸道鹽鐵使。時天下錢少貨輕，州縣禁錢不出境，商賈不通。若初始奏縱錢以起萬貨，詔可。而持剛檢下，吏民畏服。卒，贈禮部尙書。

宗經終給事中、華州刺史。子濛，字仁澤。舉進士，累官度支郎中。會昌初，擢給事中。以材爲宰相李德裕所知。時回鶻衰，朝廷經略河、湟，建遣濛按邊，調兵械糧餉，爲宣慰靈夏以北党項使。始議造木牛運。宣宗立，德裕得罪，濛貶朗州刺史，終大理卿。

晏兄暹，爲汾州刺史。天資疾惡，所至以方直爲觀察使所畏。建中末，召爲御史大夫。宰相盧杞憚其嚴，更薦前河南尹于頎代之。暹終潮州刺史。

頎字休明，河南人。初爲京兆士曹參軍，尹史翽器之。翽鎭山南東道，表爲判官。翽死亂兵手，頎挺出收葬之，時稱其誼。累遷京兆尹，任機譎，爲政煩碎無大體，元載昵厚之。載得罪，出鄭州刺史，徙河南尹，以佞柔，故得爲大夫。三遷工部尙書，入朝，仆金吾仗下，御史劾之，以太子少師致仕，卒。

暹孫潼，字子固。擢進士第，杜悰判度支，表爲巡官，累遷祠部郎中。大中初，討党項羌，軍食乏，宰相欲以潼爲使，難其遣。潼見宰相曰：「上念邊餽，議遣使，潼畏不稱耳，安敢憚行？」遂命爲供軍使。會復河、湟，調師屯守，以潼判度支河、湟供軍案。

歷京兆少尹。山南有劇賊，依山爲剽，宣宗怒，欲討之，宰相崔鉉曰：「此陛下赤子，迫於飢寒，弄兵山谷間，不足討，請遣使喻釋之。」詔潼馳往。潼挺身直叩其壘曰：「有詔赦爾罪。」盜皆列拜，約潼就館而降。會山南節度使封敖遣兵擊賊，潼罷歸。

數陳邊事，擢右諫議大夫。出爲朔方、靈武節度使。坐累貶鄭州刺史，改湖南觀察使。召爲左散騎常侍。拜昭義節度使，徙河東，又徙西川。時李福討南詔，兵不利，潼至，塡以恩信，蠻皆如約。六姓蠻持兩端，爲南詔間候。有卑籠部落者請討之，潼因出兵襲擊，俘五千人。南詔大懼，自是不敢犯邊。以功加檢校尙書右僕射。卒，贈司空。

第五琦字禹珪，京兆長安人。少以吏幹進，頗能言彊國富民術。天寶中，事韋堅。堅敗，不得調。久之，爲須江丞，太守賀蘭進明才之。安祿山反，進明徙北海，奏琦爲錄事參軍事。時賊已陷河間、信都，進明未戰，玄宗怒，遣使封刀趣之，曰：「不亟進兵，即斬首。」進明懼，不知所出。琦勸厚以財募勇士，出賊不意。如其計，復收所陷郡。

肅宗駐彭原，進明遣琦奏事，既謁見，即陳：「今之急在兵，兵彊弱在賦，賦所出以江淮爲淵。若假臣一職，請悉東南寶貲，飛餉函、洛，惟陛下命。」帝悅，拜監察御史、句當江淮租庸使。遷司虞員外郎、河南等五道支度使。遷司金郎中，兼侍御史、諸道鹽鐵鑄錢使。鹽鐵名使，自琦始。進度支郎中，兼御史中丞。當軍興，隨事趣辦，人不益賦而用以饒，於是遷戶部侍郎、判度支，河南等道支度、轉運、租庸、鹽鐵、鑄錢，司農、太府出納，山南東西、江西、淮南館驛等使。乾元二年，進同中書門下平章事。

初，琦請鑄乾元重寶錢，以一代十。既當國，又鑄重規，一代五十。會物痛騰踊，餓饉相望，議者以爲非是，詔貶忠州長史。會有告琦納金者，遣御史馳按，琦辭曰：「位宰相，可自持金邪？若付受有狀，請歸罪有司。」御史不曉，以爲具服，獄上之，遂長流夷州。

寶應初，起爲朗州刺史，有異政，拜太子賓客。吐蕃盜京師，郭子儀表爲糧料使，兼御史大夫、關內元帥副使。改京兆尹。俄加判度支、鑄錢、鹽鐵、轉運、常平等使。累封扶風郡公。復以戶部侍郎兼京兆尹。坐與魚朝恩善，貶括州刺史。徙饒、湖二州。復爲太子賓客、東都留守。德宗素聞其才，將復用，召之。會卒，年七十一，贈太子少保。子峯、婦鄭，皆以孝著，表闕于門。

班宏，衞州汲人。父景倩，國子祭酒，以儒名家。宏，天寶中擢進士第，調右司禦胄曹參軍。高適鎭劍南，表爲觀察判官。青城人以左道惑衆，謀作亂。事覺，誣引屯將規緩死，衆兇懼，宏驗治，卽殺之，人心大安。郭英乂代適，表雜令，以病解。

大曆中，擢起居舍人，四遷給事中。李寶臣死，子惟岳匿喪求節度，帝遣宏使成德喻其軍，惟岳厚獻遺，宏不納，還報稱旨，擢刑部侍郎、京官考使。右僕射崔寧署兵部侍郎劉迺爲上下考，宏不從，曰：「今軍在節度，雖有尺籍伍符，省署不校也。夫上多虛美，則下趣競；上阿容，則下朋黨。」因削之。迺聞，謝曰：「敢掠一美以邀二罪乎？」進吏部侍郎。

貞元初，仍旱蝗，賦調益急，以戶部侍郎副度支使韓滉。俄而竇參當國，代滉使。而參

任大理司直時，宏已爲刑部侍郎。德宗以宏熟天下計，故進宏尚書副參，且曰：「朕藉宰相重，而衆務一委卿，無庸辭。」參亦以宏素貴，私謂曰：「閱歲當歸使於公。」宏喜。後參肸自安，不念前語。宏剛愎，以參欺己，議事稍不合。揚子院，鹽鐵轉運之委藏也，宏任御史中丞徐粲主之，粲以賄聞，參議所代，宏固不可。參選諸院吏，未始訪宏，宏數條參所用吏過惡以聞，輒留中。無何，參以使勞，加吏部尚書，而封宏蕭國公。恨參以虛寵加己，銜之。每制旨有所營建，必極瓌麗，親程役，媚結權嬖以傾參。

張滂先善於宏，薦爲司農少卿。及參欲滂分掌江、淮鹽鐵，宏以滂疾惡，且以法繩粲，因謬曰：「滂彊戾不可用。」滂聞，不喜。久之，參知帝遇己薄，乃讓使，然不欲宏專，問策於京兆尹薛珏，珏曰：「滂與宏交惡，而滂剛決。若分鹽鐵轉運，必能制宏。」參遂薦滂爲戶部侍郎、鹽鐵轉運使，而以宏判度支，分滂關內、河東、劍南、山南西道鹽鐵轉運隸宏，以悅其意。又還江淮兩稅，置巡院官，令宏、滂共差擇。滂欲得簿最，宏不與。及署院官，更持可否不能定，處處官乏不補。滂奏言：「臣職不修，無逃死，如國家大計何？」由是有詔分掌。宏見宰相辭曰：「宏主漕，歲得江、淮米五十萬斛，前年至七十萬。今職移於人，敢請罪。」滂在側儳曰：「公所言非也。朝廷不奪公職，乃公喪官緡，縱姦吏，自取咎爾。凡爲度支使，不一歲家輒鉅億，僮馬產第侈王公，非盜縣官財何以然？上既知之，故令滂分掌。今公無乃

歸怨上乎？」宏不答，於是移病歸第。宰相白其狀，詔許如劉晏、韓滉故事，以東都、河南、淮南、江南、山南東道兩稅，滂主之，東渭橋以東巡院隸焉；關內、河東、劍南、山南西道宏主之。滂至揚州，乃窮劾粲，悉發其贓至鉅萬，徙死嶺表。

宏清絜勤力，晨入官署夕而出，吏不堪其勞，而已益恭。參得罪，宏爲有力。卒，年七十三，贈尚書右僕射，謚曰敬。後二年，滂亦罷爲衞尉卿。

王紹，本名純，避憲宗諱改焉。自太原徙京兆之萬年。父端，第進士，有名天寶間，與柳芳、陸據、殷寅友善。據嘗言：「端之莊，芳之辯，寅之介，可以名世。」終工部員外郎。

紹少爲顏眞卿所器，字之曰德素，奏爲武康尉。再佐蕭復府。包佶領租庸、鹽鐵使，署判官。時李希烈阻兵江淮，輸物留梗，乃徙餉道自潁入汴。紹及關，德宗已西狩，乃督輕貨趣間道走洋州。紹先見行在，帝勞之曰：「吾軍乏春服，朕且衣裘，奈何？」紹流涕曰：「佶遣臣貢奉，無慮五十萬，當即至。」帝曰：「道回遠，經費方急，何可望邪？」後五日繼至，由是紓難。遷倉部員外郎。

是時，兵旱無年，詔戶部收闕官俸、稅茶及無名錢，以脩荒政。紹由員外郎判務，遷戶

部、兵部郎中，皆專領。進戶部侍郎，判度支，頃之還尚書。德宗臨御久，益不假借宰相，自竇參、陸贄斥罷，中書取充位，惟紹謹密，眷待殊厚。主計凡八年，每政事多所關訪，紹亦未嘗一言漏于人。

順宗立，王叔文奪其權，拜兵部尚書，出爲東都留守。元和初，檢校尚書右僕射，爲武寧軍節度使，復以濠、泗二州隸其軍。自張愔後，兵驕難治，紹蒐輯軍政，推誠示人，裨將安進遼、唐重靖謀亂，紹以計取之，出家貲賞士，舉軍安賴。復拜兵部尚書，判戶部。卒，年七十二，贈右僕射，謚曰敬。

李巽字令叔，趙州贊皇人。以明經補華州參軍事，舉拔萃，授鄠尉。進累左司郎中、常州刺史，召拜給事中，出爲湖南觀察使。貞元五年，徙江西。巽銳於爲治，持下以法，察無遺私，吏不敢少紿。順宗立，擢兵部侍郎。杜佑表爲鹽鐵、轉運副使，俄代佑。使任自劉晏後，職廢不振，賦入朘耗。巽涖職一年，較所入如晏最多之年，明年過之，又明年，增百八十萬緡。再遷吏部尚書。

天資長於吏事，至治家，亦句檢案牘簿書如公府。史有過，秋毫無所縱，股慄脅息，常

如與巽對。程异坐王叔文廢，巽特薦引之。异之計較精於巽，故巽能善職，蓋有助云。元和四年疾革，郎官省候，巽言不及病，但與商校程課功利。是夕卒，年六十三，贈尚書右僕射。

巽爲人忌刻校怨，在江西，有所憎恨輒殺之。始，竇參爲相，出巽常州，促其行。及參貶郴州，巽時觀察湖南，宣武節度使劉士寧致絹數千匹於參，巽即劾參交通藩鎮，以怒德宗，遂殺參云。

贊曰：生人之本，食與貨而已。知所以取，人不怨；知所以予，人不乏。道御之而王，權用之而霸，古今一也。劉晏因平準法，斡山海，排商賈，制萬物低昂，常操天下贏貲，以佐軍興。雖挐兵數十年，斂不及民而用度足。唐中償而振，晏有勞焉，可謂知取予矣。其經晏辟署者，皆用材顯，循其法，亦能富國云。

唐書卷一百五十

列傳第七十五

李揆 常袞 趙憬 崔造 齊映 盧邁

李揆字端卿，系出隴西，爲冠族，去客滎陽。祖玄道，爲文學館學士。父成裕，祕書監。揆性警敏，善文章。開元末，擢進士第，補陳留尉。獻書闕下，試中書，遷右拾遺，再轉起居郎，知宗子表疏，以考功郎中知制誥。扈狩劍南，拜中書舍人。

乾元二年，宗室請上皇后號曰「翊聖」。肅宗問揆，對曰：「前代后妃，終則有謚，景龍不君，韋氏專恣，乃稱翊聖。今陛下動遵典禮，奈何踵其亂哉？」帝驚曰：「幾誤我家事。」遂止。后郎張氏，有子數歲，欲立爲太子，而帝意未決。時代宗以封成王，帝從容語揆曰：「成王長，有功，將定太子，卿意謂何？」揆曰：「陛下此言，社稷福也。」因再拜賀。帝曰：「朕計決矣。」

俄兼禮部侍郎。揆病取士不考實，徒露搜索禁所挾，而迂學陋生，葄枕圖史，且不能自措于詞。乃大陳書廷中，進諸儒約曰：「上選士，弟務得才，可盡所欲言。」由是人人稱美。未卒事，拜中書侍郎、同中書門下平章事，修國史，封姑臧縣伯。揆美風儀，善奏對，帝歎曰：「卿門地、人物、文學皆當世第一，信朝廷羽儀乎！」故時稱三絕。於是京師多盜，至驂衢殺人，尸溝中，吏褫氣。李輔國方橫，請選羽林騎五百，備徼捕。揆曰：「漢以南、北軍相統攝，故周勃因南軍入北軍，以安劉氏。本朝置南、北衙，文武區別，更相檢伺。今以羽林代金吾，忽有非常，何以制之！」輔國議格。

揆決事明當，然銳於進，且近名。兄楷，有時稱，滯冗官不得遷。呂諲政事出揆遠甚，以故宰相鎮荊南，治聲尤高。揆懼復用，遣吏至諲所，構抉過失，諲密訴諸朝。帝怒，貶揆袁州長史。不三日，以楷爲司門員外郎。揆累年乃徙歙州刺史。

初，苗晉卿數薦元載，揆輕載地寒，謂晉卿曰：「龍章鳳姿士不見用，麞頭鼠目子乃求官邪？」載聞，銜之。及秉政，奏揆試祕書監，江淮養疾。家百口，貧無祿，丐食取給，牧守稍厭慁，則去之，流落凡十六年。載誅，始拜睦州刺史。入爲國子祭酒、禮部尙書。德宗幸山南，揆素爲盧杞所惡，用爲入蕃會盟使，拜尙書左僕射。揆辭老，恐死道路，不能達命，帝惻然。杞曰：「和戎者，當練朝廷事，非揆不可。異時年少揆者不敢辭。」揆至

蕃，酋長曰：「聞唐有第一人李揆，公是否？」揆畏留，因紿之曰：「彼李揆，安肯來邪？」還卒鳳州，年七十四，贈司空，謚曰恭。

常袞，京兆人，天寶末，及進士第。性狷潔，不妄交游。由太子正字，累爲中書舍人。文采贍蔚，長於應用，譽重一時。魚朝恩頼寵，兼判國子監。袞奏：「成均之任，當用名儒，不宜以宦臣領職。」始，回紇有戰功者，得留京師，虜性易驕，後乃創邸第、佛祠，或伏甲其間，數出中渭橋，與軍人格鬭，奪含光門魚契走城外。袞建言：「今西蕃盤桓境上，數入寇，若相連結，以乘無備，其變不細，請早圖之。」又天子誕日，諸道爭以侈麗奉獻，不則爲老子、浮屠解禱事。袞以爲：「漢文帝還千里馬不用，晉武帝焚雉頭裘，宋高祖碎琥珀枕，是三主者，非有聰明大聖以致治安，謹身率下而已。今諸道饋獻，皆淫侈不急，而節度使、刺史非能男耕而女織者，類出於民，是斂怨以媚上也，請皆還之。今軍旅未寧，王畿戶口十不一在，而諸祠寺寫經造像，焚幣埋玉，所以賞賚若比丘、道士、巫祝之流，歲巨萬計。陛下若以易芻粟，減貧民之賦，天下之福豈有量哉！」代宗嘉納。遷禮部侍郎。時宦者劉忠翼權震中外，涇原節度使馬璘爲帝寵任，有所干請，袞皆拒卻。

元載死，拜門下侍郎、同中書門下平章事，弘文、崇文館大學士，與楊綰同執政。綰長厚通可，而袞苛細，以清儉自賢。帝內重綰而顓任之，禮遇信愛，袞弗及也，每所恨忌。會綰卒，袞始當國。

先是，百官俸寡狹，議增給之。時韓滉使度支，與袞皆任情輕重。滉惡國子司業張參，袞惡太子少詹事趙恭，皆少給之。太子文學爲洗馬副，袞姻家任文學者，其給乃在洗馬上。其騁私崇怨類此。故事，日出內廚食賜宰相家，可十人具，袞奏罷之。又將讓堂封，它宰相不從，乃止。政事堂北門，異時宰相過舍人院咨逮政事，至袞乃塞之，以示尊大。懲元載敗，窒賣官之路，然一切以公議格之，非文詞者皆擯不用，故世謂之「黯伯」，以其黯黯無賢不肖之辨云。

袞爲相，散官纔朝議，而無封爵，郭子儀言于帝，遂加銀青光祿大夫，封河內郡公。德宗卽位，袞奏貶崔祐甫爲河南少尹。帝怒，使與祐甫換秩，再貶潮州刺史。

建中初，楊炎輔政，起爲福建觀察使。始，閩人未知學，袞至，爲設鄉校，使作爲文章，親加講導，與爲客主鈞禮，觀游燕饗與焉，由是俗一變，歲貢士與內州等。卒于官，年五十五，贈尙書左僕射。其後閩人春秋配享袞于學官云。

趙憬字退翁，渭州隴西人。曾祖仁本，仕爲吏部侍郎、同東西臺三品。憬志行峻潔，不自衒賈。寶應中，方營泰、建二陵，用度廣，又吐蕃盜邊，天下荐饑，憬褐衣上疏，請殺禮從儉，士林歎美。試江夏尉，佐諸使府，進太子舍人。母喪免，有芝生壞樹。建中初，擢水部員外郎。湖南觀察使李承表憬自副。承卒，遂代之。召還，闔門不與人交。李泌薦之，對殿中，占奏明辯，通古今，德宗欽悅，拜給事中。

貞元中，咸安公主降回紇，詔關播爲使，而憬以御史中丞副之。異時使者多私齎，以市馬規利入，獨憬不然。使未還，尚書左丞缺，帝曰：「趙憬堪此。」遂以命之。考功歲終，請如至德故事課殿最，憬自言薦果州刺史韋証，以貪敗，請降考。校考使劉滋謂憬知過，更以考升。

竇參當國，欲抑爲刺史，帝不許。參罷，進中書侍郎、同中書門下平章事，與陸贄同輔政。贄於裁決少所讓，又徙憬門下侍郎，繇是不平。自以不任職，數稱疾。時杜黃裳遭奄人讒詆，穆贊、韋武、李宣、盧雲等爲裴延齡構擿，勢危甚，憬救護申解，皆得免。初，贄約共執退延齡，既對，贄極言其姦，帝色變，憬不爲助，遂罷贄，乃始當國。憬精治道，常以國本在選賢、節用、薄賦斂、寬刑罰，懇懇爲天子言之。又陳前世損益、

當時之變，獻審官六議。一議相臣，曰：「中外知其賢者用之，能者任之，責材之備，爲不可得。」二議庶官，曰：「臣嘗謂拔十得五，賢愚猶半。陛下曰：『何必五也，十二可矣。』故廣任用，明殿最，舉大節，略小瑕，隨能試事，用人之大要也。」三議京司闕官，曰：「今要官闕多，閑官員多。要官以材行，閑官以恩澤，是選拔少，優容衆也。宜補缺員，以育人材。」四議考課，曰：「今內庶僚，外刺史，課最尤者，擢以不次，善矣。臣謂黜陟宜責歲限，若任要重未當遷者，加爵或秩。其餘進退，宜示遲速之常。若課在中、考如限者，平轉而歷試之，卽無苟且之心、滯淹之慮。」五議遺滯，曰：「陛下委宰輔舉才，不偏知也，則訪之庶僚；又不偏知也，訪之衆人。衆聲囂然，十譽之未信，一毀之可疑。臣謂宜采士論，以譽多者先用，非大故者勿棄。」六議藩府官屬，曰：「諸使辟署，務得才以重府望，能否已試，則引而置之朝，無俾久滯。」帝皆然之，下詔褒答。輔政五年卒，年六十一。其息上卒時藁奏，帝悼惜之。贈太子太傅，謚曰貞憲。

憬性清約，位台宰，而第室童獲猶儒先生家也。得稟入，先建家廟，而竟不營產。其鎭湖南也，令狐峘、崔儆並爲部刺史，不守法，憬以正彈治之，皆遣客暴憬失於朝。及爲相，乃擢儆自大理卿爲尚書右丞，峘方貶衢州別駕，引爲吉州刺史，人以爲賢。

崔造字玄宰，深州安平人。永泰中，與韓會、盧東美、張正則三人友善，居上元，好言當世事，皆自謂王佐才，故號「四夔」。浙西觀察使李栖筠辟爲判官，累遷左司員外郎。與劉晏善，晏得罪，貶信州長史。徙建州刺史。朱泚亂，造輒馳檄比州，發所部兵二千以待命，德宗嘉之。京師平，召還，至藍田，自以舅源休與賊同逆，上疏請罪。帝以爲有禮，下詔慰勉，擢給事中。

貞元二年，以給事中同中書門下平章事。帝謂造敢言，爲能立事，故不次用之。造久在江左，疾錢穀諸使罔上，或干沒自私，乃建言：「天下兩稅，請委本道觀察使、刺史選官部送京師。諸道水陸轉運使、度支巡院、江淮轉運使，請悉停，以度支鹽鐵務還尚書省，六曹皆宰相分領。」於是齊映判兵部，李勉刑部，劉滋吏、禮二部，造戶、工二部；又以戶部侍郎元琇判諸道鹽鐵、榷酒事，吉中孚度支諸道兩稅事。而浙江東、西歲入米七十五萬石，方歲饑，更以兩稅準米百萬，豪、壽、洪、潭二十萬，責韓滉、杜亞漕送東渭橋。諸道有鹽鐵處，仍置巡院。歲盡，宰相計最殿以聞。造厚元琇，故首命之。時滉方領轉運，有寵於帝，朝廷仰其須。滉持不可改，帝重違之，復以滉爲江淮轉運使，餘如造請。是秋，江淮米大集，帝美滉功，以滉專領度支諸道鹽鐵、轉運等使。造懼，始託疾辭位，乃罷爲太子右庶子，貶琇

雷州司戶參軍。於是造所請悉罷，以憂愧卒，年五十一。

議者謂造舉不適時，方用之乏，不能權濟大事，雖據舊典，奚能抗一切之制云。

齊映，瀛州高陽人。舉進士，博學宏詞，中之，補河南府參軍事。滑亳節度使令狐彰署掌書記，彰疾甚，引映託後事。映因說彰納節，歸諸子京師。彰從之，卽以女妻映。彰卒，軍亂，映間歸東都。

三城使馬燧辟爲判官。盧杞薦授刑部員外郎。又爲鳳翔張鎰判官。映練軍事，論奏數稱旨，進行軍司馬。會德宗出奉天，鎰儒緩不知兵，部將李楚琳者，素慓悍，欲介賊爲亂。映與齊抗請先事誅之，鎰不用，更示寬大，徐謂楚琳曰：「欲以君使外，若何？」楚琳恐，夜殺鎰以應賊，映雅爲軍中慕賴，故得免。奔奉天，授御史中丞。

從幸梁，道險澀，常爲帝御。會馬駭奔，帝恐傷映，詔捨轡，固不去，曰：「馬奔踶，不過傷臣；捨之，或犯清蹕，臣雖死不足償責。」帝嘉嘆，擢給事中。映爲人白皙長大，言音鴻爽，故帝常令侍左右，或前馬臚傳詔旨。進中書舍人。貞元二年，以舍人同中書門下平章事，俄改中書侍郎，封河間縣男，與崔造、劉滋並輔政。滋端重寡言，映謙不肯事否可，一顧

于造。會造疾，映乃當國。

吐蕃數入寇，關輔震騷，咸言帝欲避狄。映入諫曰：「戎狄不懲，臣之罪也。然內外恟恟，謂陛下具糗糧，欲治行。夫大幸不再，奈何不與臣等計乎？」因俯伏流涕，天子爲感寤。

後給事中袁高忤帝旨，而映以爲尙書左丞、御史大夫。始，映徼時，張延賞遇之善。及映相，而延賞爲左僕射，數爲映畫事，又爲所親求官，映不答，延賞恚。既復用，即劾映非宰相器。明年，貶夔州刺史，徙衡州。久之，爲桂管、江西兩觀察使。始，映罷不以罪，冀復進，乃掊斂獻貢，以中帝欲。初，諸藩銀大瓶止五尺，李兼爲江西，始獻六尺瓶，至映乃八尺云。卒，年四十八，贈禮部尙書，謚曰忠。

盧邁字子玄，河南河南人。性孝友。舉明經入第，補太子正字。以拔萃調河南主簿、集賢校理。公卿交薦之，擢右補闕。三遷吏部員外郎。以族屬客江介，出爲滁州刺史。召還，再遷諫議大夫。數條當世病利，進給事中。俄會考課，邁以不滿歲，固辭上考，薦紳高其讓。改尙書右丞。

將作監元亘攝祠，以私忌不聽誓，御史劾之。帝疑其罰，下尙書省議。邁曰：「按大夫

士將祭於公，既視濯而父母死，猶奉祭。禮，散齊有大功喪，致齊有期喪，齊有疾病，聽還舍，不奉祭。無忌日不受誓者。雖令忌日與告，且春秋不以家事辭王事，今攝祭特命也，亘以常令拒特命，執非所宜。」遂抵罪。

以本官同中書門下平章事。進中書侍郎。時陸贄、趙憬專大政，邁居中，治身循法無它過。久之，暴眩省中，輿還第。詔大臣即問，固乞骸骨，罷爲太子賓客。卒，年六十，贈太子太傅。

邁每有功、緦喪，必容稱其服，而情有加焉。叔下邽令休沐過家，邁終日與羣子姪均指使，無位貌之異。再娶無子，或勸畜姬媵，對曰：「兄弟之子，猶子也，可以主後。」所得稟賜，皆賑姻舊之乏。其從父弟迅喪還洛陽，過都，邁奏請往哭之，盡哀。時執政自以宰相貪，五服皆不過從問弔，而邁獨不徇時，議者重其仁而亮云。

贊曰：楊綰之德，陸贄之賢，而衮、憬以爲憎，何哉？士固蔽於娼前，然主聽不一，故乘以爲姦。昔齊桓、秦堅任管仲、王猛，興區區，霸天下，蓋不以不肖者參之。君臣相諒，果難哉！

唐書卷一百五十一

列傳第七十六

關播 李元平 董晉 溪 陸長源 劉全諒 袁滋 趙宗儒 竇易直

關播字務元，衞州汲人。及進士第。鄧景山節度青齊、淮南，再署幕府。還右補闕。與神策軍使王駕鶴爲姻家，元載惡之，出爲河南兵曹參軍事，數試屬縣，政異等。陳少游鎭浙東、淮南，表爲判官，攝滁州刺史。李靈耀叛，少游屯淮上，所在盜賊蝟奮，播儲貲力，給軍興，人無愁苦。楊綰、常衮皆善播，引爲都官員外郎。

德宗初，湖南峒賊王國良驚剽州縣，不可制，詔播宣輯，因得請事，對殿中。帝問政治之要，播曰：「爲政之本，要得有道賢人乃治。」帝曰：「朕比下詔求賢才，又遣使黜陟，搜逮所遺，須能者用之，若何？」播曰：「陛下雖求賢，又使舉薦，然止得求名文辭士，焉有有道賢人肯奉牒丐舉選邪？」帝悅，曰：「卿姑去，還當更議。」播且言：「奉詔平賊，有如不受命，臣請

發州兵剪定之。」帝曰：「善。」及還，再遷給事中。故事，諸司甲庫，以令史直曹，刓脫爲姦。播悉易以士人，時韙其法。

歷吏部侍郎。帝求宰相，盧杞雅知播韋柔可制，因從容言播材任宰相，其儒厚可鎭浮動。乃拜中書侍郎、同中書門下平章事，政一決於杞。嘗論事帝前，播意不可，避坐欲有所言，杞目禁輒止，退讓播曰：「以君寡言，故至此，奈何欲開口爭事邪！」播即喑畏毋敢輿。

時李元平、陶公達、張愻、劉承誡率輕薄子，游播門下，能侈言誕計，以功名自喜。播謂皆將相材，數請帝用之。元平本宗室疏裔，好論兵，鄙天下士大夫無可者，人人怨疾之。李希烈叛，帝以汝州據賊衝，刺史疲軟不勝任，播盛稱元平，帝召見，拜左補闕。不數日，檢校吏部郎中，兼汝州別駕，知州事。元平始至，募工築郛濬隍，希烈陰使亡命應募，凡內數百人，元平不寤。賊遣將李克誠以精騎薄城，募者內應，縛元平馳見希烈，遺矢於地。希烈以其眇小，無髯，戲克誠曰：「使爾取元平，乃以其子來邪？」因嫚罵曰：「盲宰相使汝當我，何待我淺邪！」僞署御史中丞。播聞詫曰：「元平事濟矣！」謂必覆賊而建功也，左右笑之。無何，僞署爲宰相，有告其貳者，元平斷一指自誓。公達等以元平屈賊，皆廢不用。

播從幸奉天。盧杞、白志貞已貶而播猶執政，議者不平，遂罷爲刑部尙書。韋倫等曰：「宰相不善謀，使天子播越，尙可尙書邪？」相與泣諸朝。未幾，知刪定使。

初，上元中，詔擇古名將十人配享武成廟，如十哲侑孔子。播奏：「太公，古賢臣，今其下稱亞聖。孔子十哲，皆當時弟子，今所配年世不同，請罷之。」詔可。

貞元初，檢校尚書右僕射，持節送咸安公主降迴鶻，虜人重其清。還，遷兵部尚書。以太子少師致仕，斥賣車騎，闔門不嬰外事。卒，年七十九，贈太子太保。

始，希烈死，或言元平雖屈賊，然有謀不克發，乃貸死流珍州。會赦還，住剡中，觀察使皇甫政表其至以發帝怒，遂流死賀州。

董晉字混成，河中虞鄉人。擢明經。肅宗幸彭原，上書行在，拜祕書省校書郎，待制翰林。出從淮南崔圓府爲判官。還朝，累遷祠部郎中。

大曆中，李涵持節送崇徽公主於回紇，署晉判官。回紇恃有功，見使者倨，因問：「歲市馬而唐歸我賄不足，何也？」涵懼，未及對，數目晉，晉曰：「我非無馬而與爾爲市，爲爾賜者不已多乎？爾之馬歲五至，而邊有司數皮償貲。天子不忘爾勞，敕吏無得問，爾反用是望我邪？諸戎以我之爾與也，莫敢确。爾父子寧，畜馬蕃，非我則誰使！」衆皆南面拜，不敢有言。還，遷祕書少監。

德宗立，授太府卿。不旬日，爲左散騎常侍，兼御史中丞，知臺事。出爲華州刺史。朱泚反，遣兵攻之，晉棄華走行在。改國子祭酒，宣慰恆州。還至河中而李懷光反，晉說之曰：「朱泚爲臣而背其君，苟得志，於公何有？且公位太尉，泚雖寵公，亦無以加。彼不能事君，能以臣事公乎？公能事彼，而有不能事君乎？公敵賊有餘力，若襲取之，清宮以迎天子，雖有大惡猶將掩焉，如公則誰敢議？」懷光喜且泣，晉亦泣。又語其將卒，皆拜。故懷光雖偃蹇，亦不助泚。

帝還京師，遷左金吾衞大將軍，改尚書左丞。是時，右丞元琇爲韓滉排笮得罪，滉勢振朝廷。晉見宰相，誦元琇非罪，士大夫壯其節。貞元五年，以門下侍郎同中書門下平章事。方竇參得君，裁可大事不關咨晉，晉循謹無所駮異。參欲以其姪申爲吏部侍郎，諷晉以聞。帝怒曰：「無乃參迫卿爲之邪？」晉謝，具道所以然。帝即問參過失，晉無敢隱，由是參罷宰相。晉惶恐，上疏固辭位。九年，罷爲禮部尚書，以兵部尚書爲東都留守。

會宣武李萬榮病且死，詔晉檢校尚書左僕射、同中書門下平章事，爲宣武節度副大使，知節度事。萬榮死，鄧惟恭總其軍。晉受命，不召兵，惟幕府騶傔從之，即日上道。至鄭，逆者不至，人勸止以覘便宜，晉不聽，直造汴，及郊，惟恭始出迎謁。既入，即委以軍政，無所改更，衆服晉有體，莫測其謀。始，惟恭謀代萬榮，故不遣吏以疑晉，令不敢入。及晉

至情得，則鞅鞅不能平。汴士素驕怙亂，嘗介勇士伏幕下，早暮番休，晉一罷之。惟恭乃結大將相里重晏等謀亂，晉覺之，殺其黨，械送惟恭京師。帝錄其縶李迺勞，貸死流汀州。帝恐晉儒愞，詔拜汝州刺史陸長源爲司馬，以佐晉。晉謙愿儉簡，事多循仍，故軍粗安。長源持法峭刻，數欲更張舊事，晉初許之，已而悉罷不用。以財賦委孟叔度，叔度爲人佻侻，軍中惡之。晉在軍凡五年，卒，年七十六，贈太傅，謚曰恭惠。

晉爲相也，五月朔，天子會朝，公卿在廷，侍中贊羣臣賀，竇參攝中書令，當傳詔，疾作，公卿相顧，未有詔，晉從容進曰：「攝中書令臣參病不能事，臣請代參事。」南面宣致詔詞，進退甚詳。金吾將軍沈房有期喪，公除，常服入閤，帝疑以問晉，對曰：「故事，朝官期以下喪，服絺縵，不復衣淺色，南班亦如之。」又問晉冠冕之制，對曰：「古者服冠冕，以佩玉節步。堂上接武，堂下布武，君前趨進而已。今或奔走以致顚仆。在式，朝臣皆綾袍，五品而上金玉帶，所以盡飾以奉上。故漢尚書郎含香，老萊采服，君父一也。若然，服絺縵，亦非禮也。」帝然其言。詔入閤官毋趨走，期以下喪不得以慘服會，令羣臣衣本品綾袍、金玉帶，自晉而復。

子溪，字惟深，亦擢明經，三遷萬年令。討王承宗也，擢度支郎中，爲東道行營糧料使。

坐盜軍貲流封州，至長沙，賜死。

子居中，善詩，爲張籍所稱。

陸長源者，吳人，字泳。祖餘慶，天寶中爲太子詹事，有清譽。長源贍於學，始辟昭義薛嵩幕府，嵩侈汏，常從容規切。嵩曰：「非君安能爲此。」歷建、信二州刺史。韓滉兼領江淮轉運使，辟署兼御史中丞以爲副。入遷都官郎中，復出汝州刺史。遂徙宣武，政皆出司馬。初，欲峻法繩驕兵，爲晉所持，不克行。而判官楊凝、孟叔度等又苛細，叔度淫縱，數入倡家調笑嬉褻。晉有所偷弛，長源輒裁正之。晉卒，長源總留後事，大言曰：「將士久慢，吾且以法治之！」衆始懼。軍中請出帑帛爲晉制服，不許。固請，止給其直。叔度希望又償直以鹽，乃高鹽直，賤帛估，人得鹽二斤，舉軍大怒。或勸長源曰：「故事，有大變則厚賜于軍，軍乃安。」長源曰「異時河北賊以錢買戍卒，取旌節，吾不忍爲。」衆怒益甚。長源性剛不適變，又不爲備。纔八日，軍亂，殺長源及叔度等，食其肉，放兵大掠。死之日，有詔拜節度使，遠近嗟悵，贈尚書左僕射。

長源好諧易，無威儀，而清白自將。去汝州，送車二乘，曰「吾祖罷魏州，有車一乘，而圖書半之，吾愧不及先人」云。

長源死，監軍俱文珍密召宋州刺史劉全諒使總後務。全諒至，其夜軍復亂，殺大將及部曲五百人乃定。帝卽詔全諒檢校工部尙書、宣武節度使。

全諒，始名逸淮，至是賜名，本懷州武涉人也。父客奴，以行戍留籍幽州，事平盧軍，以材力顯。開元中，室韋首領段普洛數苦邊，節度使薛楚玉使客奴單騎襲之，斬首以歸。興卒伍，拜左驍衞將軍，爲遊奕使。性謹樸，數戰有功。安祿山反，詔以平盧節度副使呂知誨爲使。客奴不平，與諸將共殺知誨，遣使與安東將王玄志相聞。賊遣韓朝陽誘之，知誨卽降，賊害安東副都護馬靈詧。客奴以平，攝御史大夫、平盧節度使，賜名正臣；以玄志爲安東副大都護。正臣客奴爲柳城郡太守，攝御史大夫、平盧節度使，賜名正臣；以玄志爲安東副大都護。

全諒事劉玄佐爲牙將，以勇果善騎射爲玄佐厚禮。累兼御史中丞。及玄佐子士寧代立，疑宋州刺史翟良佐不附己，揚言行部，至則以全諒代之，故汴將士多歸心焉。視事凡八月卒，贈尙書右僕射。軍中立韓弘代節度云。

袁滋字德深，蔡州朗山人，陳侍中憲之後。彊學博記。少依道州刺史元結，讀書自解其義，結重之。後客荆、郢間，起學廬講授。建中初，黜陟使趙贊薦于朝，起處士，授試校書郎。累辟張伯儀、何士幹幕府，進詹事府司直。部官以盜金下獄，滋直其冤，御史中丞韋貞伯聞之，表爲侍御史。刑部、大理覆罪人，失其平，憚滋守法，因權勢以請，滋終不署奏。遷工部員外郎。

韋皐始招來西南夷，南詔異牟尋內屬。德宗選郎吏可撫循者，皆憚行，至滋不辭，帝嘉之。擢祠部郎中，兼御史中丞，賜金紫，持節往。踰年還，使有指，進諫議大夫。遷尙書右丞，知吏部選。求外遷，爲華州刺史。政清簡，流民至者，給地居之，名其里曰義合。然專以慈惠爲本，未嘗設條敎，民愛向之。有犯令，時時法外縱舍。得盜賊，或哀其窮，出財爲償所亡。召爲左金吾衞大將軍，以楊於陵代之。滋行，耆老遮道不得去，於陵使諭曰：「吾不敢易袁公政。」人皆羅拜，乃得去，莫不流涕。

憲宗監國，進拜中書侍郎、同中書門下平章事。劉闢反，詔滋爲劍南兩川、山南西道安撫大使，半道，以檢校吏部尙書、平章事爲劍南東、西川節度使。是時，賊方熾，又滋兄峯在蜀爲闢所劫，滋畏不得全，久不進，貶吉州刺史。未幾，徙義成節度使。滑，用武地，東有淄青，北魏博，滋嚴備而推誠信，務在懷來。李師道、田季安畏服之。居七年，百姓立祠祭。以戶部尙書召，改檢校兵部，拜山南東道節度使，徙荆南。

吳元濟之反，滋言蔡兵勁，與下同欲，非朝夕計可下，宜廣方略，離潰其心。及宿兵三年，調發益屈，詔出禁錢繼之。滋揣天子且厭兵，自表入朝，欲議罷淮西事，道聞蕭俛、錢徽坐沮議黜去，滋翻其謀，更言必勝，順可天子意，乃得還。俄而高霞寓敗，帝思以恩信傾賊，且滋嘗云云，乃授彰義節度使，僑治唐州。又以滋儒者，拜陽旻爲唐州刺史，將其兵。滋先世墳墓在蔡，吳少陽時爲脩墓，禁芻牧，諸袁多署右職，稟給之。滋至治，去斥候，與元濟通好。賊圍新興，滋卑辭講解，賊因是易滋，不爲備。時帝責戰急，而滋至六月，以無功貶撫州刺史。未幾，遷湖南觀察使。累封淮陽郡公。卒，年七十，贈太子少保。

滋既病，作遺令處後事，訖三年，皆有條次。性寬易，與之接者，皆自謂可見肺肝，至家人不得見喜愠。薄居處衣食。能爲春秋，嘗以劉惲悲甘陵賦褒善斥惡戾春秋指，然其文不可廢，乃著後序。工篆隸，有古法。

子均，右拾遺；郊，翰林學士。

趙宗儒字秉文，鄧州穰人。八代祖彤，後魏征南將軍。父驊，字雲卿，少嗜學，履尙清鯁。開元中，擢進士第，補太子正字，調雷澤、河東丞。採訪使韋陟器之，表置其府。又爲陳留採訪使郭納支使。安祿山陷陳留，驊沒於賊。時江西觀察使韋儇族妹坐其夫爲僞官不供賊，沒爲婢。驊哀之，以錢贖韋，厚爲資給。賊平，訪近屬歸之，時人高其義。驊以嘗陷賊，貶晉江尉。久之，召拜左補闕，遷累尙書比部員外郎。建中初，遷祕書少監。敦交友行義，不以夷險恩操。少與殷寅、顏眞卿、柳芳、陸據、蕭穎士、李華、邵軫善，時爲語曰「殷顏柳陸，李蕭邵趙」，謂能全其交也。驊位省郎，衣食窶乏，俸單寡，諸子至徒步，人爲咨美。涇原兵反，驊竄山谷，病死，贈華州刺史。

宗儒第進士，授校書郎，判入等，補陸渾主簿。數月，拜右拾遺、翰林學士。時，父驊遷祕書少監，德宗欲寵其門，使一日並命。再遷司勳員外郎。貞元六年，領考功事。自至德後考績失實，內外悉考中上，殿最混淆，至宗儒，黜陟詳當，無所回憚。右司郎中獨孤良器、殿中侍御史杜倫以過黜考，左丞裴郁、御史中丞盧佋降考中中，凡入中上者，纔五十人。帝聞善之，進考功郎中。累遷給事中。十二年，以本官同中書門下平章事，賜服金紫。居二歲，罷爲太子右庶子，屛居愼靜，奉朝請而已。遷吏部侍郎，召見，勞曰：「知卿杜門六年，故有此拜，曩與先臣並命，尙念之邪？」宗儒俯伏流涕。元和初，檢校禮部尙書，充東都留守。

三遷至檢校吏部、荊南節度使，散冗食戍二千人。歷山南西道、河中二鎮，拜御史大夫，改吏部尚書。

穆宗立，詔先朝所召賢良方正，委有司試。宗儒建言：「應制而來者，當天子臨問。試有司，非國舊典，請罷之。」詔可。俄檢校右僕射，守太常卿。太常有五方師子樂，非大朝會不作。帝嗜聲色，宦官領教坊者，乃移書取之。宗儒不敢違，以訴宰相。宰相以事專有司，不應關白。以懦不職，罷爲太子少師。太和初，進太子太傅。文宗召訪政理，對曰：「堯、舜之化，慈儉而已，願陛下守之。」帝納其言。六年，授司空，致仕。卒，年八十七，册贈司徒，謚曰昭。

宗儒以文學歷將相，位任崇劇，然無儀矩，以治生瑣碎失名。

竇易直字宗玄，京兆始平人。擢明經，補校書郎。十年不應辟，以判入等，爲藍田尉。累遷吏部郎中。元和六年，進御史中丞。繇陝虢觀察使，入爲京兆尹。萬年尉韓晤坐賕，易直令官屬按之，得臧三十萬，憲宗疑未盡，詔覆治，至三百萬，貶易直爲金州刺史。久之，起爲宣歙、浙西觀察使。

長慶二年，李㝏以汴州叛，易直欲出庫財賞軍，或謂給與無名，必且生患，乃止。時江、淮旱，漕物淹積不能前，軍士聞易直嚮言，其部將王國清指漕貨激衆謀亂。易直知之，械國清送獄，其黨數千譟譁入獄，篡取之，欲大剽。易直登樓令曰：「能誅亂者，一級賞千萬！」衆喜，反縛爲亂者三百餘人，易直悉斬之。入爲戶部侍郎，判度支。四年，同中書門下平章事，轉門下侍郎，封晉陽郡公。卽讓度支，置其俸三月，有詔停判。文宗立，檢校尚書右僕射、同平章事，爲山南東道節度使。入爲左僕射、判太常卿事。頃之，檢校司空，爲鳳翔節度。以疾還京師。卒，贈司徒，謚曰恭惠。

易直以公潔自喜，方執政，未嘗引用親黨。初，元和中，鄭餘慶議，僕射上儀，不與隔品官亢禮，易直爲中丞，奏駁之。及爲僕射，乃自用隔品致恭，爲時鄙笑。妻父王涯被禍，宦官知易直子，得不死，貶循州司戶參軍。

贊曰：關播舉李元平守汝州，賊縛而臣之。宰相不知人，果可敗國，德宗不以是責宰相，幾喪天下。晉懦弛苟安，滋欲以恩信傾賊，迂暗之人，烏可語功名會哉！

唐書卷一百五十二

列傳第七十七

張鎰　姜公輔　武元衡 儒衡　李絳 璋　宋申錫

張鎰字季權，一字公度，國子祭酒後胤五世孫也。父齊丘，朔方節度使、東都留守。鎰以蔭授左衞兵曹參軍，郭子儀表爲元帥府判官，遷累殿中侍御史。乾元初，華原令盧樅以公事譙責邑人齊令詵。令詵，宦人也，銜之，構樅罪。鎰按驗當免官，有司承風以死論。鎰不直之，乃白其母曰：「今理樅，樅免死而鎰坐貶。嘿則負官，貶則爲太夫人憂，敢問所安？」母曰：「兒無累於道，吾所安也。」遂執正其罪，樅得流，鎰貶撫州司戶參軍。徙晉陵令。江西觀察使張鎬表爲判官，遷屯田、右司二員外郎。居母喪，以孝聞。不妄交游，特與楊綰、崔祐甫善。

大曆初，出爲濠州刺史，政條清簡，延經術士講教生徒。比去，州升明經者四十人。

李靈耀反于汴，鎰團閱鄉兵嚴守禦，有詔褒美，擢侍御史，兼緣淮鎮守使。以最遷壽州刺史。歷江西、河中觀察使。不閱旬，改汴滑節度使，以病固辭，詔留私第。建中二年，拜中書侍郎、同中書門下平章事。明年，以兩河用兵，詔省薄御膳及皇太子食物，鎰因奏減堂餐錢及百官稟奉三分一，以助用度。時黜陟使裴伯言薦潞州處士田佐時，詔除右拾遺、集賢院直學士。鎰以爲禮輕，恐士不勸，復詔州縣吏以絹百匹、粟百石就家致聘，佐時卒不至。

郭子儀婿太僕卿趙縱爲奴告，下御史劾治，而奴留內侍省。鎰奏言：「貞觀時有奴告其主謀反者，太宗曰：『謀反理不獨成，尚當有他人論之，豈藉奴告耶？』乃著令：奴告主者斬。由是賤不得干貴，下不得凌上，教本既修，悖亂不萌。頃者，長安令李濟以奴得罪，萬年令霍晏因婢坐譴。輿臺下類，主反畏之，悖慢成風，漸不可長。建中元年五月辛卯詔書：奴婢告主，非謀叛者，同自首法，並準律論。由是獄訴衰息。今縱事非叛逆，而奴留禁中，獨下縱獄，情所不厭。且將帥功孰大於子儀，冢土僅乾，兩婿前已得罪，縱復繼之，不數月斥其三婿。假令縱實犯法，事不緣奴，尚宜錄勳念亡，以從蕩宥，況爲奴所愬耶？陛下方貴武臣以討賊，彼雖見寵一時，不能忘懷於異日也。」帝納之，貶縱循州司馬，杖奴死。鎰召子儀家僮數百，暴示奴尸。

盧杞忌鎰剛直，欲去之。時朱泚以盧龍卒戍鳳翔，帝擇人以代，杞卽謬曰：「鳳翔將校，班秩素高，非宰相信臣，不可鎭撫，臣宜行。」帝不許。杞復曰：「陛下必以臣容貌蕞陋，不爲三軍所信，恐後生變，臣不敢自謀，惟陛下擇之。」帝乃顧鎰曰：「文武兼資，望重內外，無易卿者，其爲朕撫盧龍士。」乃以中書侍郎爲鳳翔、隴右節度使。鎰知爲杞陰中，然辭窮，因再拜受詔。頃之，與吐蕃相尙結贊盟淸水，約牛馬爲牲。鎰恥與盟，將末殺其禮，乃紿語吐蕃，以羊豕犬代之。

帝幸奉天，鎰罄家貲將自獻行在。而營將李楚琳者，嘗事朱泚，得其心。軍司馬齊映等謀曰：「楚琳必爲亂。」乃遣屯隴州。楚琳知之，稽故未行。鎰以帝在外，心憂惑，謂已亟去，不爲備。楚琳夜率其黨王汾、李卓、牛僧伽等作亂，齊映自竇出，齊抗託傭，皆免。鎰縋城走，不及遠，與二子爲候騎所執，楚琳殺之，屬官王沼、張元度、柳遇、李漵皆死。詔贈鎰太子太傅。

姜公輔，愛州日南人。第進士，補校書郎，以制策異等授右拾遺，爲翰林學士。歲滿當遷，上書以母老賴祿而養，求兼京兆戶曹參軍事。公輔有高材，每進見，敷奏詳亮，德宗

器之。

朱滔助田悅也，以蠟裹書間道邀泚，太原馬燧獲之，泚不知也，召還京師。公輔諫曰：「陛下若不能坦懷待泚，不如誅之，養虎無自詒害。」不從。俄而涇師亂，帝自苑門出，公輔叩馬諫曰：「泚嘗帥涇原，得士心，向以滔叛奪之兵，居常怫鬱不自聊，請馳騎捕取以從，無爲羣兇得之。」帝倉卒不及聽。既行，欲駐鳳翔倚張鎰。公輔曰：「鎰雖信臣，然文吏也，所領皆朱泚部曲，漁陽突騎，泚若立，涇軍且有變，非萬全策也。」帝亦記桑道茂言，遂之奉天。不數日，鳳翔果亂，殺鎰。帝在奉天，有言泚反者，請爲守備。盧杞曰：「泚忠正篤實，奈何言其叛，傷大臣心！請百口保之。」帝知羣臣多勸泚奉迎乘輿者，乃詔諸道兵距城一舍止。公輔曰：「王者不嚴羽衞，無以重威靈。今禁旅單寡而士馬處外，爲陛下危之。」帝曰：「善。」悉內諸軍。泚兵果至，如所言，乃擢公輔諫議大夫、同中書門下平章事。

帝徙梁，唐安公主道薨。主性仁孝，許下嫁韋宥，以播遷未克也。帝悼之甚，詔厚其葬。公輔諫曰：「卽平賊，主必歸葬，今行道宜從儉，以濟軍興。」帝怒，謂翰林學士陸贄曰：「唐安之葬，不欲事塋壠，令累甓爲浮圖，費甚寡約，不容宰相關預，苟欲指朕過爾！」贄曰：「公輔官諫議，職宰相，獻替固其分。本立輔臣，朝夕納誨，微而弼之，乃其所也。」帝曰：「不然，朕以公輔才不足以相，而又自求解，朕既許之，內知且罷，故賣直售名爾。」遂下遷太子左庶子，以母喪解。復爲右庶子。

久不遷，陸贄爲相，公輔數求官，贄密謂曰：「竇丞相嘗言，爲公擬官屢矣，上輒不悅。」公輔懼，請爲道士，未報。它日又言之，帝問故，公輔隱贄言，以參語對。帝怒，黜公輔泉州別駕，遣使齎詔讓參。順宗立，拜吉州刺史，未就官卒。憲宗時，贈禮部尙書。

武元衡字伯蒼。曾祖載德，則天皇后之族弟。祖平一，有名。元衡舉進士，累爲華原令。畿輔鎭軍督將，皆驕橫撓政，元衡移疾去。德宗欽其才，召拜比部員外郎，歲內三遷至右司郎中，以詳整任職。擢爲御史中丞。嘗對延英，帝目送之，曰：「是眞宰相器！」

順宗立，王叔文使人誘以爲黨，拒不納。俄爲山陵儀仗使，監察御史劉禹錫求爲判官，元衡不與，叔文滋不悅。數日，改太子右庶子。會册皇太子，元衡贊相，太子識之。及卽位，是爲憲宗，復拜中丞，進戶部侍郎。元和二年，拜門下侍郎、同中書門下平章事，兼判戶部事。帝素知元衡堅正有守，故眷禮信任異它相。浙西李錡求入覲，既又稱疾，欲賒其期。帝問宰相鄭絪，絪請聽之，元衡曰：「不可，錡自請入朝，詔既許之，而復不至，是可否在錡。陛下新卽位，天下屬耳目，若奸臣得遂其私，則威令去矣。」帝然之，遽追錡。而錡計窮，

果反。

是時，蜀新定，高崇文爲節度，不知吏治，帝難其代。詔元衡檢校吏部尙書，兼門下侍郎、同平章事，爲劍南西川節度使，繇臨淮縣伯封臨淮郡公，帝御安福門慰遣之。崇文去成都，盡以金帛、帟幕、伎樂、工巧行，蜀幾爲空。元衡至，綏靖約束，儉己寬民，比三年，上下完實，蠻夷懷歸。雅性莊重，雖淡於接物，而開府極一時選。

八年，召還秉政。李吉甫、李絳數爭事帝前，不叶，元衡獨持正無所違附，帝稱其長者。吉甫卒，淮、蔡用兵，帝悉以機政委之。王承宗上疏請赦吳元濟，使人白事中書，悖慢不恭，元衡叱去。承宗怨，數上章詆訾。未幾入朝，出靖安里第，夜漏未盡，賊乘暗呼曰：「滅燭！」射元衡中肩，復擊其左股，徒御格鬬不勝，皆駭走，遂害元衡，批顱骨持去。邏司傳譟盜殺宰相，連十餘里，達朝堂，百官恟懼，未知主名。少選，馬逸還第，中外乃審知。是日，仗入紫宸門，有司以聞，帝震驚，罷朝，坐延英見宰相，哀慟，爲再不食。贈司徒，謚曰忠愍。詔金吾、府、縣大索，或傳言曰：「無搜賊，賊窮必亂。」又投書於道曰：「毋急我，我先殺汝。」故吏卒不窮捕。兵部侍郎許孟容言於帝曰：「國相橫尸路隅而盜不獲，爲朝廷辱。」帝乃下詔：「能得賊者賞錢千萬，授五品官。與賊謀及舍賊能自言者亦賞。有不如詔，族之。」積錢東西市以募告者。於是左神策將軍王士則、左威衞將軍王士平以賊聞，捕得張晏等十八

人，言爲承宗所遣，皆斬之。逾月，東都防禦使呂元膺執淄青留邸賊門察、訾嘉珍，自言始謀殺元衡者，會晏先發，故藉之以告師道而竊其賞，帝密誅之。

初，京師大恐，城門加兵誰何，其偉狀異服、燕趙言者，皆驗訊乃遣。公卿朝，以家奴持兵呵衞，宰相則金吾彀騎導翼，每過里門，搜索喧譁。因詔寅漏上二刻乃傳點云。

從父弟儒衡。

儒衡字廷碩，姿狀秀偉，不妄言，與人交，終始一節。宰相鄭餘慶不事華絜，門下客多垢衣敗服，獨儒衡上謁，未嘗有所易，以莊詞正色見重於餘慶。元衡歿，帝待之益厚，累遷戶部郎中，知諫議大夫事，俄兼知制誥。皇甫鎛以宰相領度支，剝下以媚天子，儒衡疏其狀。鎛自訴於帝，帝曰：「乃欲報怨邪？」鎛不敢對。

儒衡論議勁正，有風節，且將大用。宰相令狐楚忌之，會以狄兼謨爲拾遺，楚自草制，引武后革命事，盛推仁傑功，以指切儒衡，且沮止之。儒衡泣見上曰：「臣祖平一，當天后時，避仕終老，不涉於累。」帝慰勉之，自是薄楚爲人也。遷中書舍人。時元稹倚宦官，知制誥，儒衡鄙厭之。會食瓜，蠅集其上，儒衡揮以扇，曰：「適從何處來，遽集於此？」一坐皆失色。然以疾惡太分明，終不至大任，以兵部侍郎卒，年五十六，贈工部尚書。

李絳字深之，系本贊皇。擢進士、宏辭，補渭南尉，拜監察御史。元和二年，授翰林學士，俄知制誥。會李錡誅，憲宗將輦取其貲，絳與裴垍諫曰：「錡僭侈誅求，六州之人怨入骨髓。今元惡傳首，若因取其財，恐非遏亂略、惠綏困窮者。願賜本道，代貧民租賦。」制可。樞密使劉光琦議遣中人持赦令賜諸道，以裒饋餉，絳請付度支鹽鐵急遞以遣，息取求之弊。光琦引故事以對，帝曰：「故事是耶，當守之；不然，當改。可循舊哉！」

帝嘗稱太宗、玄宗之盛：「朕不佞，欲庶幾二祖之道德風烈，無愧謚號，不爲宗廟羞，何行而至此乎？」絳曰：「陛下誠能正身勵己，尊道德，遠邪佞，進忠直。與大臣言，敬而信，無使小人參焉；與賢者游，親而禮，無使不肖與焉。去官無益於治者，則材能出；斥宮女之希御者，則怨曠銷。將帥擇，士卒勇矣；官師公，吏治輯矣。法令行而下不違，教化篤而俗必遷。如是，可與祖宗合德，號稱中興，夫何遠之有？言之不行，無益也；行之不至，無益也。」帝曰：「美哉斯言，朕將書諸紳。」即詔絳與崔羣、錢徽、韋弘景、白居易等搜次君臣成敗五十種，爲連屏，張便坐。帝每閱視，顧左右曰：「而等宜作意，勿爲如此事。」

是時，盛興安國佛祠，倖臣吐突承璀請立石紀聖德焉，營構華廣，欲使絳爲之頌，將遺錢千萬。絳上言：「陛下蕩積習之弊，四海延頸望德音，忽自立碑，示人以不廣。易稱：『大人與天地合德。』謂非文字所能盡，若令可述，是陛下美有分限。堯、舜至文、武，皆不傳其事，惟秦始刻嶧山，揚暴誅伐巡幸之勞，失道之君，不足爲法。今安國有碑，若敍游觀，即非治要；述崇飾，又非政宜。請罷之。」帝怒，絳伏奏愈切，帝悟曰：「微絳，我不自知。」命百牛倒石，令使者勞諭絳。襄陽裴均違詔書，獻銀壺甕數百具，絳請歸之度支，示天下以信。帝可奏，仍赦均罪。時議還盧從史昭義，已而將復召之，從史以軍無見儲爲解。李吉甫謂鄭絪漏其謀，帝召絳議，欲逐絪，絳爲開白，乃免。

絳見浴堂殿，帝曰：「比諫官多朋黨，論奏不實，皆陷謗訕，欲黜其尤者，若何？」絳曰：「此非陛下意，必憸人以此營誤上心。自古納諫昌，拒諫亡。夫人臣進言於上，豈易哉？君尊如天，臣卑如地，加有雷霆之威，彼晝度夜思，始欲陳十事，俄而去五六，及將以聞，則又憚而削其半，故上達者財十二。何哉？干不測之禍，顧身無利耳。雖開納獎勵，尚恐不至，今乃欲譴訶之，使直士杜口，非社稷利也。」帝曰：「非卿言，我不知諫之益。」

初，承璀討王承宗，議者皆言古無以宦人統師者，絳當制書，固爭，帝不能奪，止詔宰相授敕。承璀果無功還，加開府儀同三司。絳奏：「承璀喪師，當抵罪，今寵以崇秩，後有奔軍之將，蹈利干賞，陛下何以處之？」又數論宦官橫肆，方鎮進獻等事。自知言切，且斥去，悉

取內署所上疏稾焚之，以俟命。帝果怒，絳謝曰：「陛下憐臣愚，處之腹心之地，而惜身不言，乃臣負陛下；若上犯聖顏，旁忤貴倖，因而獲罪，乃陛下負臣。」於是帝動容曰：「卿告朕以人所難言者，疾風知勁草，卿當之矣。」遂繇司勳郎中進中書舍人。翌日，賜金紫，親擇良笏與之，且曰：「異時膺顧託南面，當如此。」絳頓首。

烏重胤縛盧從史，而承璀牒署昭義留後，絳曰：「澤潞據山東要害，磁、邢、洺跨兩河間，可制其合從。今孽豎就禽，方收威柄，遽以偏將莅本軍，綱紀大紊矣。河南、北諸鎮，謂陛下啗以官爵，使逐其帥，其肯默然哉？宜以孟元陽爲澤潞，而以重胤節度三城，兩河諸侯聞之，必欣然。」帝從之。

張茂昭舉族入覲，絳上言：「任迪簡既往代，則士之從茂昭，皆爲定人，宜亟授以官，且遣使者詔其麾下皆聽茂昭節度。」有詔拜河中節度使。會迪簡以帑廥匱竭，稍簡罷士之疲老者，人情不安，迪簡亦危，絳請斥禁帑絹十萬以濟事機。吳少誠病甚，絳建言：「淮西地不與賊接，若朝廷命帥，今乃其時，有如阻命，則決可討矣。然鎭、蔡不可幷取，願赦承宗，趣立蔡功。」時江淮大旱，帝下赦令有所蠲弛，絳言：「江淮流亡，所貸未廣，而宮人猥積，有怨曠之思，當大出之，以省經費。嶺南之俗，鬻子爲業，可聽；非券劑取直者，如掠賣法，敕有司一切苛止。」帝皆順納。

後閱月不賜對，絳謂：「大臣持祿不敢諫，小臣畏罪不敢言，管仲以爲害霸最甚。今臣等飽食不言，無履危之患，自爲計得矣，顧聖治如何？」有詔明日對三殿。帝嘗畋苑中，至蓬萊池，謂左右曰：「絳嘗以諫我，今可返也。」其見禮憚如此。

帝怪前世任賢以致治，今無賢可任，何耶？對曰：「聖王選當代之人，極其才分，自可致治。豈借賢異代，治今日之人哉？天子不以己能蓋人，痛折節下士，則天下賢者乃出。」帝曰：「何知其必賢而任之？」對曰：「知人誠難，堯、舜以爲病。然循其名，驗以事，所得十七。夫任官而辨廉，措事不阿容，無希望依違之辭，無邪媚愉悅之容，此近於賢矣。賢則當任，任則當久。賢者中立而寡助，舉其類則不肖者怨，杜邪徑則懷奸者疾，一制度則貴戚毀傷，正過失則人君疏忌。夫然，用賢豈容易哉？」帝曰：「卿言得之矣。」

六年，罷學士，遷戶部侍郎，判本司。帝以戶部故有獻，而絳獨無有，何哉？答曰：「凡方鎮有地則有賦，或畜用度羨餘以爲獻。臣乃爲陛下謹出納，烏有羨贏哉？若以爲獻，是徙東庫物實西庫，進官物結私恩。」帝瞿然悟。帝每有詢訪，隨事補益，所言無不聽，欲遂以相。而承璀寵方盛，忌其進，陰有毀短，帝乃出承璀淮南監軍；翌日，拜絳中書侍郎、同中書門下平章事。封高邑男。方江淮歲儉，民荐饑，有御史使還，奏不爲災，帝以語絳，答曰：「方隅皆陛下大臣，奏孰不實？而御史苟悅陛下耳。凡君人者當任大臣，無使小臣得

以間，願出其名顯責之。」李吉甫嘗盛贊天子威德，帝欣然，絳獨曰：「陛下自視今日何如漢文帝時？」帝曰：「朕安敢望文帝？」對曰：「是時賈誼以爲措火積薪下，火未及然，因以爲安，其憂如此。今法令所不及者五十餘州，西戎內訌，近以涇、隴爲鄙，去京師遠不千里，烽燧相接也；加比水旱無年，倉廩空虛。誠陛下焦心銷志求濟時之略，渠使高枕而臥哉！」帝入謂左右曰：「絳言骨鯁，眞宰相也。」遣使者賜酴醾酒。

魏博田季安死，子懷諫弱，軍中請襲節度，吉甫議討之，絳曰：「不然，兩河所懼者，部將以兵圖己也，故委諸將總兵，皆使力敵任均，以相維制，不得爲變。若主帥彊，則足以制其命。今懷諫乳方臭，不能事，必假權于人，權重則怨生，向之權力均者，將起事生患矣。衆所歸必在寬厚簡易、軍中素所愛者，彼得立，不倚朝廷亦不能安。惟陛下蓄威以俟之。」俄而田興果立，以魏博聽命，帝大悅。吉甫復請命中人宣尉，因刺其變，徐議所宜。絳獨謂：「不如推誠撫納，卽假旄節。它日使者持三軍表來，請與興，則制在彼，不在此，可奏與特授，安得同哉？」然帝重違吉甫，故詔張忠順持節往，而授興留後。絳固請曰：「如興萬有一不受命，卽姑息，復如向時矣。」由是卽拜興節度使。絳復曰：「王化不及魏博久矣，一日挈六州來歸，不大犒賞，人心不激。請斥禁錢百五十萬緡賜其軍。」有言太過者，絳曰：「假令舉十五萬衆，期歲而得六州，計所轉給三倍于費。今興天挺忠義，首變污俗，破兩河之膽，可嗇小費隳機事哉？」從之。

帝患朋黨，以問絳，答曰：「自古人君最惡者朋黨，小人揣知，故常藉口以激怒上心。朋黨者，尋之則無跡，言之則可疑。小人常以利動，不顧忠義；君子者，遇主知則進，疑則退，安其位不爲它計，故常爲奸人所乘。夫聖人同跡，賢者求類，是同道也，非黨也。陛下奉遵堯、舜、禹、湯之德，豈謂上與數千年君爲黨耶？道德同耳。漢時名節骨鯁士，同心愛國，而宦官小人疾之，起黨錮之獄，訖亡天下。趨利之人，常爲朋比，同其私也；守正之人，常遭構毀，違其私也。小人多，譖言常勝；正人少，直道常不勝。可不戒哉！」絳居中介特，尤爲左右所不悅，遂因以自明。

王播爲鹽鐵使，而事月進。絳曰：「比禁天下正賦外不得有它獻，而播妄名羨餘，不出祿稟家貲，願悉付有司。」帝曰：「善。」訖絳在位，獻不入禁中。

吐蕃犯涇州，掠人畜，絳因言：「濱塞虛籍多，實兵少。今京西、北神策鎮軍，本防盛秋，坐仰衣食，不使戰。事至之日，乃先稟中尉。夫兵不內御，要須應變，失毫氂，差千里。請分隸本道，則號令齊一，前戰不還踵矣。」然士卒樂兩軍姑息，宦者以爲言，議遂寢。

嘗盛夏對延英，帝汗浹衣，絳欲趨出，帝曰：「朕宮中所對，惟宦官、女子，欲與卿講天下事，乃其樂也。」絳或無所論諍，帝輒詰所以然。又言：「公等得無有姻故冗食者，當爲惜

官。」吉甫、權德輿皆稱無有。絳曰：「崔祐甫爲宰相，不半歲除吏八百人。德宗曰：『多公姻故，何耶？』祐甫曰：『所問當與不當耳，非臣親舊，孰知其才？其不知者，安敢與官？』時以爲名言。武后命官猥多，而開元中有名者皆出其選。古人言拔十得五，猶得其半。若情故自嫌，非聖主責成意。」帝曰：「誠然，在至當而已。」

帝又問：「玄宗開元時致治，天寶則亂，何一君而相反耶？」絳曰：「治生於憂危，亂生於放肆。玄宗嘗歷試官守，知人之艱難，臨御初，任用姚崇、宋璟，勵精聽納，故左右前後皆正人也。洎林甫、國忠得君，專引傾邪之人，分總要劇。於是上不聞直言，嗜欲日滋，內則盜臣勸以興利，外則武夫誘以開邊，天下騷動，故祿山乘隙而奮。此皆小人啓導，從逸而驕。繫時主所行，無常治，亦無常亂。」帝曰：「凡人舉事，病不通於理，追咎其失，古人處此有道耶？」絳曰：「事或過差，聖哲所不免。天子有諫臣，所以救過。上下同體，猶手足之於心膂，交相爲用。但矜能護失，常情所蔽，聖人改過不吝，願陛下以此處之。」

教坊使稱密詔閱良家子及別宅婦人內禁中，京師囂然。絳將入言于帝，吉甫曰：「此諫官所論列。」絳曰：「公嘗病諫官論事，此難言者，欲移之耶？」吉甫乃欲諷詔使止之，絳以吉甫畏不敢諫，遂獨上疏。帝曰：「朕以丹王等無侍者，比命訪閭里，以貲致之，彼不諭朕意，故至譁擾。」乃悉歸所取。

以足疾求免，罷爲禮部尚書。帝乃召承璀於淮南。絳雖去位，猶懷不能已，因上言：「北虜方彊，其憂有五。彼蔑信重利，歲入馬求直，今則置不取，當貯他謀，一也。屯士不足，斥候不明，城無完堞，非可應卒，二也。今之營築，不詢衆謀，遠規塞外，城非要地，虜一入寇，應援艱阻，三也。比年通好，往來窺覘，河山兵甲，悉知之矣，若寇掠驅脅，援兵非十日不至，既至虜去，兵罷復來，四也。北狄、西戎久爲仇敵，今回鶻思叛，脫相連約，數道並進，何以遏之？五也。」

十年，出爲華州刺史。承璀田多在部中，主奴擾民，絳捕繫之。會遣五坊使，帝戒曰：「至華宜自戢；絳，大臣，有奏即行法矣。」州有捕鷂戶，歲責貢限，絳以爲言，并勸止畋獵，有詔澤潞、太原、天威府幷罷之。入爲兵部尚書，母喪免。還授河中觀察使。河中故節制，而皇甫鎛惡絳，故薄其恩，議者不直。鎛得罪，復以兵部召。遷御史大夫。穆宗數游畋，絳率其屬叩延英切諫，不納。以疾辭，還兵部尚書，歷東都留守，徙東川節度使，復爲留守。寶曆初，拜尚書左僕射。絳偉儀質，以直道進退，望冠一時，賢不肖太分，屢爲讒邪所中。御史中丞王播遇絳於道，不之避。絳引故事論列，宰相李逢吉右播，下遷絳太子少師，分司東都。

文宗立，召爲太常卿，以檢校司空爲山南西道節度使，累封趙郡公。四年，南蠻寇蜀

道，詔絳募兵千人往赴，不半道，蠻已去，兵還。監軍使楊叔元者，素疾絳，遣人迎說軍曰：「將收募直而還爲民。」士皆怒，乃譟而入，劫庫兵。絳方宴，不設備，遂握節登陴。或言縋城可以免，絳不從。牙將王景延力戰歿，絳遂遇害，年六十七。幕府趙存約、薛齊皆死。事聞，諫官崔戎等列絳冤，册贈司徒，謚曰貞，賻禮甚厚。景延亦贈官，祿一子。大中初，詔史官差第元和將相，圖形凌煙閣，絳在焉，獨留中。

絳所論事萬餘言，其甥夏侯孜以授蔣偕，次爲七篇。

子璋，字重禮。大中初擢進士第，辟盧鈞太原幕府。遷監察御史，奏太廟祫享復用宰相攝事。進起居郎。舊制，設次郊丘，太僕盤車載樂，召羣臣臨觀，璋奏罷之。咸通中，累官尚書右丞、湖南宣歙觀察使。

宋申錫字慶臣，史失其何所人。少而孤，擢進士第，累辟節度府，後頻遷起居舍人，以禮部員外郎爲翰林學士。敬宗時，拜侍講學士。長慶、寶曆間，風俗囂薄，驅煽朋黨，申錫素孤直少與，及進用，議者謂可以激浮競。

文宗即位，再轉中書舍人，復爲翰林學士。帝惡宦官權寵震主，再致宮禁之變，而王守澄典禁兵，偃蹇放肆，欲劉除本根，思可與決大議者。察申錫忠厚，因召對，俾與朝臣謀去守澄等，且倚以執政，申錫頓首謝。未幾拜尚書右丞，踰月進同中書門下平章事。乃除王璠京兆尹，密諭帝旨。璠漏言，而守澄黨鄭注得其謀。大和五年，遣軍候豆盧著誣告申錫與漳王謀反，守澄持奏浴堂，將遣騎二百屠申錫家，宦官馬存亮爭曰：「謀反者獨申錫耳，當召南司會議，不然，京師跂足亂矣。」守澄不能對。時二月晦，羣司皆休，中人馳召宰相，馬奔乏死於道，易所乘以復命。申錫與牛僧孺、路隋、李宗閔至中書，中人唱曰：「所召無宋申錫。」申錫始知得罪，望延英門，以笏叩額還第。僧孺等見上出著告牒，皆駭愕不知所對。守澄捕申錫親吏張全眞、家人買子緣信及十六宅典史，脅成其罪。帝乃罷申錫爲太子右庶子，召三省官、御史中丞、大理卿、京兆尹會中書集賢院雜驗申錫反狀。京師讙言相驚，久乃定。

翌日，延英召宰相羣官悉入，初議抵申錫死，僕射竇易直率然對曰：「人臣無將，將而必誅。」聞者不然。於是左散騎常侍崔玄亮、給事中李固言、諫議大夫王質、補闕盧鈞、舒元褒、羅泰、蔣係、裴休、竇宗直、韋温，拾遺李羣、韋端符、丁居晦、袁都等伏殿陛，請以獄付外。帝震怒，叱曰：「吾與公卿議矣，卿屬弟出！」玄亮、固言執據愈切，涕泣懇到，繇是議貸申錫

於嶺表，京兆尹崔琯、大理卿王正雅苦請出著與申錫劾正情狀，帝悟，乃貶申錫開州司馬，從而流死者數十百人，天下以爲冤。擢豆盧著兼殿中侍御史。

初，申錫既歸，易素服俟命外舍，其妻責謂曰：「公何負天子，乃反乎？」申錫曰：「吾起孤生，位宰相，蒙國厚恩，不能鉏姦亂，反爲所陷，我豈反者乎？」初，申錫以清節進，疾要位者納賕餉，敗風俗，故自爲近臣，凡四方賂謝一不受。既被罪，有司驗劾，悉得所還問遺書，朝野爲咨閔。然在宰府無它謀略。七年，感憤卒，有詔歸葬。

開成元年，李石因延英召對，從容言曰：「陛下之政，皆承天心，惟申錫之枉，久未原雪。」帝憮曰：「我當時亦悟其失，而詐忠者迫我以社稷計故耳。使逢漢昭、宣時，當不坐此。」因追復右丞、同中書門下平章事，贈兵部尚書，錄其子慎微爲城固尉。會昌二年，賜謚曰貞。

贊曰：鎰、元衡暴忠王室，絳亘德大臣，皆爲賊姦所乘，不歿元身，蓋福善禍淫之訓有時而橈。雖然，賢者於忠誼，寧以一不幸，遽使慊然於其心哉！要躬可殞，而名與佁、崧等矣。公輔隙開，而猶納說焉。申錫謀小任大，顚沛從之，惜乎！

宋 歐陽修 宋祁 撰

新唐書

第一六册

卷一五三至卷一七〇(傳)

中華書局

唐書卷一百五十三

列傳第七十八

段秀實 伯倫 嶷 文楚 珂 劉海賓 顏眞卿

段秀實字成公，本姑臧人，曾祖師濬，仕爲隴州刺史，留不歸，更爲汧陽人。秀實六歲，母疾病，不勺飲至七日，病間乃肯食，時號「孝童」。及長，沈厚能斷，慨然有濟世意。舉明經，其友易之，秀實曰：「搜章擿句，不足以立功。」乃棄去。

天寶四載，從安西節度使馬靈詧討護蜜有功，授安西府別將。靈詧罷，又事高仙芝。仙芝討大食，圍怛邏斯城。會虜救至，仙芝兵卻，士相失。秀實夜聞副將李嗣業聲，識之，因責曰：「憚敵而奔，非勇也；免己陷衆，非仁也。」嗣業慚，乃與秀實收散卒，復成軍，還安西，請秀實爲判官。遷隴州大堆府果毅。後從封常清討大勃律，次賀薩勞城，與虜戰，勝之，常清逐北，秀實曰：「賊出羸師，餌我也，請大索。」悉得其廋伏，虜師熸。改綏德府折衝都

尉。

肅宗在靈武，詔嗣業以安西兵五千走行在，節度使梁宰欲逗留觀變，嗣業陰然可，秀實責謂曰：「天子方急，臣下乃欲晏然，公常自稱大丈夫，今誠兒女耳。」嗣業因固請宰，遂東師，以秀實爲副。嗣業爲節度使，而秀實方居父喪，表起爲義王友，充節度判官。安慶緒奔鄴，嗣業與諸將圍之，以輜重委河內，署秀實兼懷州長史，知州事，兼留後。時師老財乏，秀實督餽係道，募士市馬以助軍。諸軍戰愁思岡，嗣業中流矢卒，衆推荔非元禮代將其軍。秀實聞之，即遣白孝德書，使發卒護喪送河內，親與將吏迎諸境，傾私財葬之。元禮高其義，奏擢試光祿少卿。俄而元禮爲麾下所殺，將佐多死，惟秀實以恩信爲士卒所服，皆羅拜不敢害，更推白孝德爲節度使。秀實凡佐三府，益知名。

時吐蕃襲京師，代宗幸陝，勸孝德即日鼓行入援。孝德徙邠寧，署支度營田副使。於是邠寧乏食，乃請屯奉天，仰給畿內。時公廩竭，縣吏不知所出，皆逃去，軍輒散剽，孝德不能制。秀實曰：「使我爲軍候，豈至是邪？」司馬王稷言之，遂知奉天行營事。號令嚴壹，軍中畏戢。兵還，孝德薦爲涇州刺史，封張掖郡王。

時郭子儀以副元帥居蒲，子晞以檢校尚書領行營節度使，屯邠州，士放縱不法，邠人之嗜惡者，納賄竄名伍中，因肆志，吏不得問。白晝羣行丐頡於市，有不嗛，輒擊傷市人，椎釜

芻稾盎盈道，至撞害孕婦。孝德不敢劾，秀實自州以狀白府，願計事，至則曰：「天子以生人付公治，公見人被暴害，恬然，且大亂，若何？」孝德曰：「願奉教。」因請曰：「秀實不忍人無寇暴死，亂天子邊事。公誠以爲都虞候，能爲公已亂。」孝德卽檄署付軍。俄而晞士十七人入市取酒，刺酒翁，壞釀器，秀實列卒取之，斷首置槊上，植市門外。一營大譟，盡甲，孝德恐，召秀實曰：「奈何？」秀實曰：「請辭於軍。」乃解佩刀，選老躄一人持馬，至晞門下。甲者出，秀實笑且入，曰：「殺一老卒，何甲也！吾戴頭來矣。」甲爲愕眙。因曉之曰：「尚書固負若屬邪，副元帥固負若屬邪？奈何欲以亂敗郭氏！」晞出，秀實曰：「副元帥功塞天地，當務始終。今尚書恣卒爲暴，使亂天子邊，欲誰歸罪？罪且及副元帥。今邠惡子弟以貨竄名軍籍中，殺害人，藉藉如是，幾日不大亂？亂由尚書出。人皆曰尚書以副元帥故不戢士，然則郭氏功名，其與存者有幾！」晞再拜曰：「公幸教晞，願奉軍以從。」卽叱左右皆解甲，令曰：「敢譁者死！」秀實曰：「吾未晡食，請設具。」已食，曰：「吾疾作，願宿門下。」遂臥軍中。晞大駭，戒候卒擊柝衞之。旦，與俱至孝德所，謝不能。邠由是安。

初，秀實爲營田官，涇大將焦令諶取人田自占，給與農，約熟歸其半。是歲大旱，農告無入，令諶曰：「我知入，不知旱也。」責之急，農無以償，往訴秀實。秀實署牒免之，因使人遜諭令諶。令諶怒，召農責曰：「我畏段秀實邪？」以牒置背上，大杖擊二十，輿致廷中。

秀實泣曰：「乃我困汝。」卽自裂裳裹瘡注藥，賣己馬以代償。淮西將尹少榮頗剛鯁，入罵令諶曰：「汝誠人乎！涇州野如赭，人飢死，而爾必得穀，擊無罪者。段公，仁信大人，惟一馬，賣而市穀入汝，汝取之不恥。凡爲人傲天災、犯大人、擊無罪者，尚不愧奴隸邪！」令諶聞，大愧流汗，曰：「吾終不可以見段公。」一夕，自恨死。

馬璘代孝德，每所咨逮。璘處決不當，固爭之，不從不止。始，璘城涇州，秀實爲留後，以勞加御史中丞。大曆三年，遂徙涇州。是軍自四鎭、北庭赴難，征伐數有功，既騾徙，相與出怨言。別將王童之謀作亂，約曰：「聞警鼓而縱。」秀實知之，召鼓人，陽怒失節，戒曰：「每籌盡當報。」因延數刻，盡四鼓而曙。明日，復有告者曰：「夜焚稾積，約救火則亂。」秀實嚴警備。夜中果火發，令軍中曰：「敢救者斬！」童之居外，請入，不許。明日，捕之，并其黨八人斬以徇，曰：「後徙者族！」軍遂還涇州。于時，倉無久儲，郛無居人，朝廷患之，詔璘領鄭、潁二州以佐軍，命秀實爲留後。軍不乏資，二州以治。璘嘉其績，奏爲行軍司馬，兼都知兵馬使。

吐蕃寇邊，戰鹽倉，師不利。璘爲虜隔，未能還，都將引潰兵先入，秀實讓曰：「兵法，失將，麾下斬。公等忘死，而欲安其家邪！」乃悉城中士，使銳將統之，依東原列奇兵，示賊將戰。虜望之，不敢逼。俄而璘得歸。

久之，璘有疾，請秀實攝節度副使。秀實按甲備變，璘卒，命愿將馬頔主喪，李漢惠主賓客，家人位於堂，宗族位於廷，賓將位於牙內，尉吏士卒位於營次，非其親，不得居喪側。朝夕臨，三日止。有族談離立者，皆捕囚之。都虞候史廷幹、裨將崔珍張景華欲謀亂，秀實送廷幹京師，徙珍、景華宇外，一軍遂安。

卽拜四鎭北庭行軍、涇原鄭潁節度使。數年，吐蕃不敢犯塞。又按格令，官使二料取其一，非公會不舉樂飲酒，室無妓媵，無贏財，賓佐至，議軍政，不及私。十三年來朝，對蓬萊殿，代宗問所以安邊者，畫地以對，件別條陳。帝悅，慰賚良渥，又賜第一區，實封百戶。還之鎭。德宗立，加檢校禮部尚書。建中初，宰相楊炎追元載議，欲城原州，詔中使問狀，秀實言：「方春不可興土功，請須農隙。」炎謂沮己，遂召爲司農卿。

朱泚反，以秀實失兵，必恨憤，且素有人望，使騎往迎。秀實與子弟訣而入，泚喜曰：「公來，吾事成矣。」秀實曰：「將士東征，宴賜不豐，有司過耳，人主何與知？公本以忠義聞天下，今變起蒼卒，當諭衆以禍福，掃清宮室，迎乘輿，公之職也。」泚默然。秀實知不可，乃陽與合，陰結將軍劉海賓、姚令言判官岐靈岳、都虞候何明禮，欲圖泚〔一〕。三人者，皆秀實素所厚。會源休教泚僞迎天子，遣將韓旻領銳師三千疾馳奉天。秀實以爲宗社之危不容喘，乃遣人諭大吏岐靈岳竊取令言印，不獲，乃倒用司農印追其兵。旻至駱驛，得符還。

秀實謂海賓曰：「旻之來，吾等無遺類。我當直搏殺賊，不然則死。」乃約事急爲繼，而令明禮應於外。翌日，泚召秀實計事，源休、姚令言、李忠臣、李子平皆在坐，秀實戎服與休並。語至僭位，勃然起，執休腕，奪其象笏，奮而前，唾泚面大罵曰：「狂賊！可磔萬段，我豈從汝反邪！」遂擊之。泚舉臂捍笏，中顙，流血蝟面，匍匐走。賊衆未敢動，而海賓等無至者。秀實大呼曰：「我不同反，胡不殺我！」遂遇害，年六十五。海賓、明禮、靈岳等皆繼爲賊害。帝在奉天，恨用秀實不極才，垂涕悔悵。

初，秀實自涇州被召，戒其家曰：「若過岐，朱泚必致贈遺，愼毋納。」至岐，泚固致大綾三百，家人拒，不遂；至都，秀實怒曰：「吾終不以汙吾第。」以置司農治堂之梁間。吏後以告泚，泚取視，其封帕完新。

秀實嘗以禁兵寡弱，不足備非常，言於帝曰：「古者天子曰萬乘，諸侯曰千乘，大夫曰百乘，蓋以大制小，以十制一。今外有不廷之虜，內有梗命之臣，而禁兵寡少，卒有患難，何以待之？且猛虎所以百獸畏者，爲爪牙也，若去之，則犬彘馬牛，皆能爲敵。」帝不用。及涇卒亂，召神策六軍，無一人至者，世多其謀。

興元元年，詔贈太尉，謚曰忠烈。賜封戶五百，莊、第各一區；長子三品，諸子五品，並正員官。帝還都，又詔致祭，旌其門閭，親銘其碑云。大和中，子伯倫始立廟，有詔給鹵簿，

賜度支綾絹五百，以少牢致祭。

伯倫累官福建觀察使，終太僕卿。時宰相李石請文宗加賻襚，鄭覃曰：「自古殺身利社稷，未有如秀實者。」帝惻然，爲罷朝，可其請。

孫嶷、文楚、珂知名。

嶷自鄭滑節度使入爲右金吾衞大將軍，封西平郡公。甘露之變，嶷當誅，裴度奏忠臣後，宜免死，貶循州司馬。

文楚，咸通末爲雲州防禦使。時李國昌鎭振武，國昌子克用欲得雲中，引兵攻之，殺於鬬鷄臺下，沙陀之亂自此始。

珂，僖宗時居潁州，黃巢圍潁，刺史欲以城降，珂募少年拒戰，衆裹糧請從，賊遂潰，拜州司馬。

劉海賓者，彭城人，以義俠聞。爲涇原兵馬將，與秀實友善。累戰功，兼御史中丞。劉文喜據涇州叛，海賓與其子光國紿以奏請。及入對，因言姦慝可誅狀。既還，光國手斬文喜獻闕下，拜左驍衞大將軍，封五原郡王；海賓樂平郡王，贈太子太保，實封百戶。

顏眞卿字清臣，祕書監師古五世從孫。少孤，母殷躬加訓導。既長，博學，工辭章，事親孝。

開元中，舉進士，又擢制科。調醴泉尉。再遷監察御史，使河、隴。時五原有冤獄久不決，天且旱，眞卿辨獄而雨，郡人呼「御史雨」。復使河東，劾奏朔方令鄭延祚母死不葬三十年，有詔終身不齒，聞者聳然。遷殿中侍御史。時御史吉溫以私怨構中丞宋渾，謫賀州，眞卿曰：「奈何以一時忿，欲危宋璟後乎？」宰相楊國忠惡之，諷中丞蔣冽奏爲東都採訪判官。再轉武部員外郎。國忠終欲去之，乃出爲平原太守。

安祿山逆狀牙孽，眞卿度必反，陽託霖雨，增陴濬隍，料才壯，儲廥廩。日與賓客泛舟飲酒，以紓祿山之疑。果以爲書生，不虞也。祿山反，河朔盡陷，獨平原城守具備，使司兵參軍李平馳奏。玄宗始聞亂，歎曰：「河北二十四郡，無一忠臣邪？」及平至，帝大喜，謂左右曰：「朕不識眞卿何如人，所爲乃若此！」

時平原有靜塞兵三千，乃益募士，得萬人，遣錄事參軍李擇交統之，以刁萬歲、和琳、徐浩、馬相如、高抗朗等爲將，分總部伍。大饗士城西門，慷慨泣下，衆感勵。饒陽太守盧全誠、濟南太守李隨、清河長史王懷忠、景城司馬李暐、鄴郡太守王燾各以衆歸，有詔北海太守賀蘭進明率精銳五千濟河爲助。賊破東都，遣段子光傳李憕、盧奕、蔣清首徇河北，眞卿畏衆懼，紿諸將曰：「吾素識憕等，其首皆非是。」乃斬子光，藏三首。它日，結芻續體，斂而祭，爲位哭之。

是時，從父兄杲卿爲常山太守，斬賊將李欽湊等，清土門。十七郡同日自歸，推眞卿爲盟主，兵二十萬，絕燕、趙。詔卽拜戶部侍郎，佐李光弼討賊。眞卿以李暐自副，而用李銑、賈載、沈震爲判官。俄加河北招討採訪使。

清河太守使郡人李萼來乞師，萼曰：「聞公首奮裾唱大順，河朔恃公爲金城。清河，西鄰也，有江淮租布備北軍，號『天下北庫』，計其積，足以三平原之有，士卒可以二平原之衆。公因而撫有，以爲腹心，它城運之如臂之指耳。」眞卿爲出兵六千，謂曰：「吾兵已出，子將何以教我？」萼曰：「朝家使程千里統衆十萬，自太行而東，將出𡾰口，限賊不得前。公若先伐魏郡，斬賊守袁知泰，以勁兵披𡾰口，出官師使討鄴、幽陵，平原、清河合十萬衆徇洛陽，分犀銳制其衝。公堅壁勿與戰，不數十日，賊必潰，相圖死。」眞卿然之。乃檄清河等郡，遣大將李擇交、副將范冬馥和琳徐浩與清河、博平士五千屯堂邑。袁知泰遣將白嗣深、乙舒蒙等兵二萬拒戰，賊敗，斬首萬級，知泰走汲郡。

史思明圍饒陽，遣游弈兵絕平原救軍，眞卿懼不敵，以書招賀蘭進明，以河北招討使讓

之。進明敗於信都。會平盧將劉正臣以漁陽歸，眞卿欲堅其意，遣賈載越海遺軍資十餘萬，以子頗爲質。頗甫十歲，軍中固請留之，不從。肅宗已卽位靈武，眞卿數遣使以蠟丸裹書陳事。拜工部尙書兼御史大夫，復爲河北招討使。時軍費困竭，李萼勸眞卿收景城鹽，使諸郡相輸，用度遂不乏。第五琦方參進明軍，後得其法以行，軍用饒雄。

祿山乘虛遣思明、尹子奇急攻河北，諸郡復陷，獨平原、博平、清河固守。然人心危，不復振。眞卿謀於衆曰：「賊銳甚，不可抗。若委命辱國，非計也，不如徑赴行在，朝廷若誅敗軍罪，吾死不恨。」至德元載十月，棄郡度河，間關至鳳翔謁帝，詔授憲部尙書，遷御史大夫。

方朝廷草昧不暇給，而眞卿繩治如平日。武部侍郎崔漪、諫議大夫李何忌皆被劾斥降。廣平王總兵二十萬平長安，辭日，當闕不敢乘，趨出梐桓乃乘。王府都虞候管崇嗣先王而騎，眞卿劾之。帝還奏，慰答曰：「朕子每出，諄諄教戒，故不敢失。崇嗣老而躄，卿姑容之。」百官肅然。兩京復，帝遣左司郎中李選告宗廟，祝署「嗣皇帝」，眞卿謂禮儀使崔器曰：「上皇在蜀，可乎？」器遽奏改之，帝以爲達識。又建言：「春秋，新宮災，魯成公三日哭。今太廟爲賊毀，請築壇於野，皇帝東向哭，然後遣使。」不從。宰相厭其言，出爲馮翊太守。轉

蒲州刺史，封丹楊縣子。爲御史唐旻誣劾，貶饒州刺史。

乾元二年，拜浙西節度使。劉展將反，眞卿豫飭戰備，都統李峘以爲生事，非短眞卿，因召爲刑部侍郎。展卒舉兵度淮，而峘奔江西。

李輔國遷上皇西宮，眞卿率百官問起居，輔國惡之，貶蓬州長史。代宗立，起爲利州刺史，不拜，再遷吏部侍郎。除荆南節度使，未行，改尚書右丞。

帝自陝還，眞卿請先謁陵廟而卽宮，宰相元載以爲迂，眞卿怒曰：「用捨在公，言者何罪？然朝廷事豈堪公再破壞邪！」載銜之。俄以檢校刑部尚書爲朔方行營宣慰使，未行，留知省事，更封魯郡公。時載多引私黨，畏羣臣論奏，乃紿帝曰：「羣臣奏事，多挾讒毀。請每論事，皆先白長官，長官以白宰相，宰相詳可否以聞。」眞卿上疏曰：

諸司長官者，達官也，皆得專達於天子。郎官、御史，陛下腹心耳目之臣也，故出使天下，事無細大得失，皆俾訪察，還以聞。此古明四目、達四聰也。今陛下欲自屏耳目，使不聰明，則天下何望焉？詩曰：「營營青蠅，止于棘；讒言罔極，交亂四國。」以其能變白爲黑，變黑爲白也。詩人疾之，故曰：「取彼讒人，投畀豺虎；豺虎不食，投畀有北。」昔夏之伯明，楚之無極，漢之江充，皆讒人也。陛下惡之，宜矣。胡不回神省察？其言虛誣，則讒人也，宜誅殛之；其言不誣，則正人也，宜獎勵之。捨此不爲，使衆人

謂陛下不能省察而倦聽覽，以是爲辭，臣竊惜之。

昔太宗勤勞庶政，其司門式曰：「無門籍者有急奏，令監司與仗家引對，不得關礙。」防擁蔽也。置立仗馬二，須乘者聽。此其平治天下也。天寶後，李林甫得君，羣臣不先咨宰相輒奏事者，託以他故中傷之，猶不敢明約百司，使先關白。時閹人袁思藝日宣詔至中書，天子動靜，必告林甫，林甫得以先意奏請，帝驚喜若神，故權寵日甚，道路以目。上意不下宣，下情不上達，此權臣蔽主，不遵太宗之法也。陵夷至于今，天下之敝皆萃陛下，其所從來漸矣。自艱難之初，百姓尚未凋竭，太平之治猶可致，而李輔國當權，宰相用事，遞爲姑息。開三司，誅反側，使餘賊潰將北走党項，裒嘯不逞，更相驚恐，思明危懼，相挻而反，東都陷沒，先帝由是憂勤損壽。臣每思之，痛貫心骨。

今天下瘡痏未平，干戈日滋，陛下豈得不博聞讜言，以廣視聽，而塞絕忠諫乎？陛下在陝時，奏事者不限貴賤，羣臣以爲太宗之治可跂而待。且君子難進易退，朝廷開不諱之路，猶恐不言，況懷厭怠，令宰相宣進止，御史臺作條目，不得直進，從此人不奏事矣。陛下聞見，止於數人耳目，天下之士，方鉗口結舌，陛下便謂無事可論，豈知懼而不敢進，卽林甫、國忠復起矣。臣謂今日之事，曠古未有，雖林甫、國忠猶不敢公爲

之。陛下不早覺悟，漸成孤立，後悔無及矣。

於是中人等騰布中外。後攝事太廟，言祭器不飭，載以爲誹謗，貶峽州別駕。改吉州司馬，遷撫、湖二州刺史。

載誅，楊綰薦之，擢刑部尚書，進吏部。帝崩，以爲禮儀使，因奏列聖謚繁，請從初議爲定，袁傪固排之，罷不報。時喪亂後，典法湮放，眞卿雖博識今古，屢建議釐正，爲權臣沮抑，多中格云。

楊炎當國，以直不容，換太子少師，然猶領使。及盧杞，益不喜，改太子太師，幷使罷之，數遣人問方鎮所便，將出之。眞卿往見杞，辭曰：「先中丞傳首平原，面流血，吾不敢以衣拭，親舌舐之，公忍不見容乎！」杞矍然下拜，而銜恨切骨。

李希烈陷汝州，杞乃建遣眞卿：「四方所信，若往諭之，可不勞師而定。」詔可，公卿皆失色。李勉以爲失一元老，貽朝廷羞，密表固留。至河南，河南尹鄭叔則以希烈反狀明，勸不行，答曰：「君命可避乎？」既見希烈，宣詔旨，希烈養子千餘拔刃爭進，諸將皆慢罵，將食之，眞卿色不變。希烈以身扞，麾其衆退，乃就館。逼使上疏雪己，眞卿不從。乃詐遣眞卿兄子峴與從吏數輩繼請，德宗不報。眞卿每與諸子書，但戒嚴奉家廟，恤諸孤，訖無它語。希烈遣李元平說之，眞卿叱曰：「爾受國委任，不能致命，顧吾無兵戮汝，尚說我邪？」

希烈大會其黨，召眞卿，使倡優斥侮朝廷，眞卿怒曰：「公，人臣，奈何如是？」拂衣去。希烈大慚。時朱滔、王武俊、田悅、李納使者皆在坐，謂希烈曰：「聞太師名德久矣，公欲建大號而太師至，求宰相孰先太師者？」眞卿叱曰：「若等聞顏常山否？吾兄也，祿山反，首舉義師，後雖被執，詬賊不絕于口。吾年且八十，官太師，吾守吾節，死而後已，豈受若等脅邪！」諸賊失色。

希烈乃拘眞卿，守以甲士，掘方丈坎於廷，傳將阬之，眞卿見希烈曰：「死生分矣，何多爲！」張伯儀敗，希烈令齎旌節首級示眞卿，眞卿慟哭投地。會其黨周曾、康秀林等謀襲希烈，奉眞卿爲帥，事洩，曾死，乃拘送眞卿蔡州。眞卿度必死，乃作遺表、墓誌、祭文，指寢室西壁下曰：「此吾殯所也。」希烈僭稱帝，使問儀式，對曰：「老夫耄矣，曾掌國禮，所記諸侯朝覲耳！」

興元後，王師復振，賊慮變，遣將辛景臻、安華至其所，積薪于廷曰：「不能屈節，當焚死。」眞卿起赴火，景臻等遽止之。希烈弟希倩坐朱泚誅，希烈因發怒，使閹奴等害眞卿，曰：「有詔。」眞卿再拜。奴曰：「宜賜卿死。」曰：「老臣無狀，罪當死，然使人何日長安來？」奴曰：「從大梁來。」罵曰：「乃逆賊耳，何詔云！」遂縊殺之，年七十六。嗣曹王皐聞之，泣下，三軍皆慟，因表其大節。淮、蔡平，子頵、碩護喪還，帝廢朝五日，贈司徒，謚文忠，賻布

帛米粟加等。

眞卿立朝正色，剛而有禮，非公言直道，不萌於心。天下不以姓名稱，而獨曰魯公。如李正己、田神功、董秦、侯希逸、王玄志等，皆眞卿始招起之，後皆有功。善正、草書，筆力遒婉，世寶傳之。貞元六年赦書，授頵五品正員官。開成初，又以曾孫弘式爲同州參軍。

贊曰：唐人柳宗元稱：「世言段太尉，大抵以爲武人，一時奮不慮死以取名，非也。太尉爲人姁姁，常低首拱手行步，言氣卑弱，未嘗以色待物，人視之，儒者也。遇不可，必達其志，決非偶然者。」宗元不妄許人，諒其然邪，非孔子所謂仁者必有勇乎？當祿山反，哮噬無前，魯公獨以烏合嬰其鋒，功雖不成，其志有足稱者。晚節偃蹇，爲姦臣所擠，見殞賊手。毅然之氣，折而不沮，可謂忠矣。詳觀二子行事，當時亦不能盡信於君，及臨大節，蹈之無貳色，何耶？彼忠臣誼士，寧以未見信望于人，要返諸己得其正，而後慊於中而行之也。嗚呼，雖千五百歲，其英烈言言，如嚴霜烈日，可畏而仰哉！

校勘記

〔一〕陰結將軍劉海賓姚令言判官岐靈岳都虞候何明禮欲圖泚　各本原無「判官岐靈岳」五字。按姚令言爲朱泚忠實黨羽，段秀實豈得與合謀圖泚？查舊書卷一二八段秀實傳云：「秀實初詐從之，陰說大將劉海賓、何明禮、姚令言判官岐靈岳同謀殺泚。」通鑑卷二二八略同。是秀實所結非令言而爲令言之判官岐靈岳。觀本卷下文「乃遣人諭大吏岐靈岳竊取令言印，不獲」，亦明令言實不與謀，而舊書所記可信。今據補。

唐書卷一百五十四

列傳第七十九

李晟　愿　憲　愬　聽　琢　王佖

李晟字良器，洮州臨潭人。世以武力仕，然位不過裨將。晟幼孤，奉母孝。身長六尺。年十八，往事河西王忠嗣，從擊吐蕃。悍酋乘城，殺傷士甚衆，忠嗣怒，募射者，晟挾一矢殪之，三軍讙奮。忠嗣撫其背曰：「萬人敵也。」鳳翔節度使高昇召署列將。擊疊州叛羌於高當川，又擊連狂羌於罕山，破之。累遷左羽林大將軍。廣德初，擊党項有功，授特進，試太常卿。

大曆初，李抱玉署晟右軍將。吐蕃寇靈州，抱玉授以兵五千擊之，辭曰：「以衆則不足，以謀則多。」乃請千人。繇大震關趣臨洮，屠定秦堡，執其帥慕容谷鍾，虜乃解靈州去。遷開府儀同三司，以右金吾衞大將軍爲涇原、四鎭、北庭兵馬使。馬璘與吐蕃戰鹽倉，敗績，晟

率游兵拔璘以歸，封合川郡王。璘內忌晟威略，歸之朝，爲右神策都將。德宗始立，吐蕃寇劍南，方崔寧未還，蜀土大震，詔晟將神策兵救之。踰漏天，拔飛越等三城，絕大渡，斬虜千級，虜遁去。

建中二年，魏博田悅反，晟爲神策先鋒，與河東馬燧、昭義李抱眞合兵攻之。斬楊朝光，晟乘冰度洺水破悅；又戰洹水，悅大敗，遂進攻魏。加檢校左散騎常侍，兼魏府左司馬。朱滔、王武俊圍康日知于趙州也，抱眞分兵二千戍邢，燧怒，欲班師，晟曰：「奉詔東討者，吾三帥也。邢、趙比壤，今賊以兵加趙，是邢有晝夜憂，李公分衆守之，不爲過，公奈何遽引去！」燧悟，釋然，卽造抱眞壘，與交歡。晟建言：「以兵趨定州，與張孝忠合，以圖范陽，則武俊等當捨趙。」帝壯之，授御史大夫，又俾神策三將軍莫仁擢等隸之。晟自魏引而北，武俊果解去。晟留趙三日，與孝忠連兵，北略恆州。圍朱滔將鄭景濟於淸苑，決水灌之。悅、武俊引兵戰白樓，孝忠兵窄，晟引步騎擊破之，淸苑益急。滔、武俊大懼，悉起兵來救，圍晟軍。晟內攻景濟，而外抗滔等，自正月至五月不解。會晟疾甚，不能興，軍中共計引還定州，而賊猶不敢逼。

疾間，將復進，會帝出奉天，有詔召晟卽日治嚴。而孝忠以軍介二盜間，倚晟爲重，數止晟無西。晟語衆曰：「天子播越，人臣當百舍一息。義武欲止吾，吾當以子爲質。」乃以憑約

昏，并遺良馬。孝忠有親將謁晟，晟解玉帶遺之，使喻孝忠。乃得踰飛狐，次代州。詔迎拜神策行營節度使。進臨渭北，壘東渭橋，所過樵蘇無犯。時劉德信自扈澗敗歸，亦次渭南，軍囂無制。德信入謁晟，晟責所以敗，斬之，以數騎入壘勞其軍，無敢動。晟已并兵，則軍益振。

於是朔方李懷光方軍咸陽，不欲晟當一面，請與晟合。有詔徙屯，乃引趨陳濤斜，與懷光聯壘。晟每與賊戰，必錦裘繡帽自表，指顧陣前。懷光望見，惡之，戒曰：「將務持重，豈宜自表襮，爲賊餌哉！」晟曰：「昔在涇原，士頗相畏伏，欲令見之，奪其心爾。」懷光不悅，遷延有異志。晟使間說懷光曰：「賊據京邑，天子暴露于外，公宜速進兵。雖晟不肖，願爲公先驅，死且不悔。」懷光不納。

每兵至都城下，而懷光軍多鹵掠，晟軍整戢。懷光使分所獲遺之，又辭不敢受。懷光謀沮撓其軍，卽奏言：「神策兵給賜比方鎭獨厚，今桀逆未平，軍不可以異。且衆以爲言，臣無以解。惟陛下裁處。」懷光欲晟自削其軍，則士怨易撓。帝議諸軍與神策等，力且不贍，遣翰林學士陸贄臨詔懷光，令與晟計所宜者。懷光曰：「稟賜不均，軍何以戰！」贄數顧晟，晟曰：「公，元帥，軍政得專之。晟將一軍，唯所命，其增損費調，敢不聽？」懷光默然計塞，顧刻削稟賜事出己，乃止。

懷光屯咸陽凡八旬，帝數促戰，以伺賊隙爲言，卒不出兵，陰通朱泚，反迹寖露。晟懼爲所并，上言：「當先變制備，請假裨佐趙光銑、唐良臣、張彧爲洋、利、劍三州刺史，各勒兵以通蜀、漢衿喉。」未報。會吐蕃欲佐誅泚，帝議幸咸陽督戰，懷光大駭，疑帝奪其軍，圖反益急。晟與李建徽、陽惠元皆聯屯，適有使者到晟軍，晟乃令曰：「有詔徙屯。」卽結陣趨東渭橋。後數日，懷光并建徽、惠元兵，惠元死之。

是日，帝進狩梁州。駱谷道隘，儲供不豫，從官乏食，帝歎曰：「早用晟言，三蜀之利，可坐有也。」顧渾瑊曰：「渭橋在賊腹中，兵孤絕，晟能辦勝邪？」瑊曰：「晟秉義挺忠，卒然不可奪。臣策之，必破賊。」帝乃安。自行在遣晟將張少弘口詔進晟尚書左僕射、同中書門下平章事。晟受命，拜且泣曰：「京師，天下本，若皆執羈靮，誰將復之！」乃繕甲兵，治陴隍，以圖收復。

是時，晟提孤軍橫當寇鋒，恐二盜合以軋之，則卑詞厚幣，僞致誠於懷光者。時敖膾單要，乃使張彧假京兆少尹，多署吏，調畿內賦，不淹旬，芻米告具。乃陳兵下令曰：「國家多難，乘輿播遷，見危死節，自吾之分。公等此時不誅元凶，取富貴，非豪英也。渭橋斷賊首尾，吾欲與公戮力一心，建不世之功，可乎？」士皆雪泣曰：「惟公命。」於是駱元光以華州之衆守潼關，尚可孤以神策兵保七盤，皆受晟節度，戴休顏舉奉天，韓游瓌悉邠寧軍從晟，

懷光始懼。晟乃移書顯讓之，使破賊自贖。懷光不聽，然其下益攜落，畏爲晟襲，乃奔河中。其將孟涉、段威勇以兵數千自拔歸，晟皆表以要官。

帝遣使者間道詔晟兼河中、晉絳慈隰節度使，又兼京畿、渭北、鄜坊、丹延節度招討使。帝欲益西幸，晟請駐梁、漢以繫天下望。又進京畿、渭北、鄜坊、商華兵馬副元帥。時京兆司錄參軍李敬仲自賊中來，乃署節度府判官，以諫議大夫鄭雲逵爲行軍司馬，擢張彧自副。

神策軍及晟家皆爲賊質，左右有言者，晟涕數行下，曰：「陛下安在，而欲恤家乎？」泚使晟吏王無忌婿款壘門曰：「公等家無恙。」晟怒曰：「爾乃與賊爲間乎？」叱斬之。時輸縑不屬，盛夏，士有衣裘者，晟能與下同其苦，以忠誼感發士心，終無攜怨。邏士得姚令言、崔宣諜者，晟命釋縛，飯飲之，遣還，敕曰：「爲我謝令言等，善爲賊守，勿不忠于泚。」

乃引兵叩都門，賊不敢出，振旅而還。明日，會諸將圖所向，衆對先拔外城，然後清宮。晟曰：「外城有里閈之隘，若設伏格戰，居人囂潰，非計也。賊重兵精甲聚苑中，今直擊之，是披其心腹，將圖走不暇。」諸將曰：「善。」乃自東渭橋移壘光泰門，以薄都城，連溝柵。而賊將張庭芝、李希倩求戰，晟顧曰：「賊不出，是吾憂也。今乃冒死來，天誘之矣。」勒吳詵等縱兵鏖擊。賊攻華師急，晟以精騎馳救，中軍譟而從，大破之，乘勝入光泰門；再戰，敗卻，僵尸相藉，餘衆走白華，賊大哭，終夜不息。翌日，將復戰。或請待西師，晟曰：「賊既敗，當乘

機撲殄。苟俟西軍，是容其爲計，豈吾利邪？」乃悉軍軍光泰門，使王佖、李演將騎，史萬頃將步，抵苑北。晟先夜闢苑垣爲道二百步，比兵至，賊已伐木塞以拒戰。晟叱諸將曰：「安得縱賊？今先斬公矣！」萬頃懼，先登，拔柵以入，佖督騎繼之，賊崩潰，執其將段誠諫，大兵分道進，雷噪震地。令言、庭芝、希倩等殊死鬭，晟令唐良臣等步騎奔突，賊陣成輒北，十餘遇皆不勝，賊入白華。賊伏千騎出官軍背，晟以麾下百騎自馳之，左右呼曰：「相公來！」賊驚潰，禽馘略盡。泚率殘卒萬人西走，田子奇追之，餘黨悉降。

晟引軍屯含元外廷，舍右金吾次，令軍中曰：「五日內不得輒通家問，違者斬。」遣京兆尹李齊運部長安、萬年令，分慰居人，秋毫無所擾。別將高明曜取賊妓一，司馬伷取賊馬二，卽斬以徇。坊人之遠者，宿昔乃知王師之入也。明日，孟涉屯白華，尚可孤屯望仙門，駱元光屯章敬寺，晟屯安國寺。斬賊用事者及臣賊宦豎于市，表著節不屈者，擇文武攝臺省官，以俟乘輿。條脅汙于賊者，請以不死。

露布至梁，帝感泣，羣臣上壽，且言：「晟蕩夷兇慹，而市不易廛，宗廟不震，長安之人不識旗鼓，雖三代用師，不能加之。」帝曰：「天生晟，爲社稷萬人，豈獨朕哉！」拜晟司徒，兼中書令，實封千戶。

晟遣大將吳詵以兵三千到寶鷄清道，自請迎扈，不許。帝至自梁，晟以戎服見三橋，帝

駙馬勞之。晟再拜頓首，賀克殄大盜，廟朝安復，已卽跪陳：「備爪牙臣，不能指日破賊，致乘輿再狩，乃臣不任職之咎，敢請死。」伏道左，帝爲掩涕，命給事中齊映起之，使就位。有詔賜第永崇里、涇陽上田、延平門之林園、女樂一列。晟入第，京兆供帳，教坊鼓吹迎導，詔將相送之。帝紀其功，自文于碑，敕皇太子書，立于東渭橋，以示後世云。又令太子錄副以賜。始，晟屯渭橋也，熒惑守歲，久乃退，府中皆賀曰：「熒惑退，國家之利，速用兵者昌。」晟曰：「天子暴露，人臣當力死勤難，安知天道邪？」至是乃曰：「前士大夫勸晟出兵，非敢拒也。且人可用而不可使之知也。夫惟五緯盈縮不常，晟懼復守歲，則我軍不戰自屈矣！」皆曰：「非所及也。」

涇州倚邊，數戕其帥，晟請治不龔命者，因以訓耕積粟實塞下，羈制西戎。帝乃拜晟鳳翔、隴右、涇原節度使，兼行營副元帥，徙王西平郡，實封千五百戶。晟請與李楚琳俱行，亦將治殺張鎰罪，帝方務安反側，不許。晟至鳳翔，亂將王斌等十餘人以次伏誅。

時宦者尹元貞持節到同、華，擅入河中諭慰李懷光，晟劾元貞矯使，欲洗宥元惡，請治罪。又言：「赦懷光有五不可：河中抵京師三百里，同州制其衝，兵多則示未信，少則力不足，忽驚東偏，何以待之？一也。今赦懷光，則必以晉、絳、慈、隰還之，渾瑊、康日知又且遷徙，二也。兵力未窮，忽宥反逆，四夷聞之，謂陛下兵屈而自罷耳，今回紇拒北，吐蕃梗西，

希烈僭淮、蔡，若棄疆示弱，以招窺覦，三也。懷光既赦，則朔方將士悉復敍勳行賞，追還緣廩，今府庫空殫，物不酬滿，是激其叛，四也。既解河中，諸道還屯，當有賜賚，賞典不舉，怨言必起，五也。今河中米斗五百，芻槀且罄，人餓死牆壁間，其大將殺戮幾盡，圍之旬時，力窮且潰，願無養腹心疾爲後憂。臣請選精兵五千，約十日糧，可以破賊。」帝方以賊委馬燧、渾瑊，故不許。

晟至涇，而田希鑒迎謁，執之，并其黨石奇等悉伏誅。表右龍武將軍李觀爲涇原節度使。晟常曰：「河、隴之陷，非吐蕃能取之，皆將臣沓貪，暴其種落，不得耕稼，日益東徙，自棄之爾。且士無繒絮，人苦役擾，思唐之心豈有既乎？」因悉家貲懷輯降附，得大酋浪息曩，表以王號。每虜使至，必召息曩於坐，衣大錦袍，金帶，夸異之，虜皆指目歆豔。

吐蕃君臣大懼，相與議。尙結贊者善計，乃曰：「唐名將特李晟與馬燧、渾瑊爾，不去之，必爲吾患。」卽遣使委辭，因燧請和，且求盟，因盟謀執瑊以賣燧，於是結贊大興兵踰隴、岐，無所掠，陽怒曰：「召吾來，乃不牛酒犒軍。」徐引去，以是間晟。晟選兵三千，使王佖伏汧陽旁，擊其中軍，幾獲結贊。晟又遣野詩良輔等攻摧沙堡，拔之。結贊屢乞和，會晟朝京師，奏言：「戎狄無信，不可許。」宰相韓滉與晟合，因請調軍食以給西師。然天子內厭兵，疑將臣生事，亦會滉卒，而張延賞當國，故與晟有隙，後雖詔講解，而陰不與也，密言晟不可久持兵，更薦劉玄佐、李抱眞經略西北，俾立功以間晟。帝惑其言。

貞元三年，帝坐宣政殿引見晟，備册禮，進拜太尉、中書令，罷其兵。詔晟乘輅謁太廟，視事尙書省，賜良馬、錦綵千計。是歲，瑊與吐蕃盟平涼，虜劫之，瑊挺身免，詔罷燧河東，皆如結贊計云。通王府長史丁瓊者，嘗爲延賞擯抑，內怨望，乃見晟曰：「以公功，乃奪兵柄，夫惟位高者難全，盍蚤圖之？」晟曰：「君安得不祥之言？」執以聞。

明年，詔爲晟立五廟，追貴高祖芝以下祔其主，給牲器牀幄，禮官相事。它日，與馬燧見延英，帝嘉其勳，下詔曰：「昔我烈祖，乘乾坤盪滌，掃隋季荒茀，體元御極，作人父母，則有熊羆之士，不二心之臣，左右經綸，參翊締構，昭文德，恢武功，威不若，康不乂，用端命于上帝，付畀四方。王業既成，太階既平，乃圖厥容，列于凌煙閣，懋昭績效，表式儀形，以弗忘朝夕，永垂乎來裔。君臣之義，厚莫重焉。歲在己巳秋九月，我行西宮，瞻望崇構，見老臣遺像，顒然肅然，和敬在色。想雲龍之協期，感致業之艱難，覩往思今，取類非遠。且功與時並，才與世生，苟蘊其才，遇其時，尊主庇人，何代蔑有？在中宗時，有如桓彥範等，著輔戴之績；在玄宗時，有如劉幽求等，申弼翼之勳；在肅宗時，有如郭子儀，掃除氛祲。今顧晟等，保寧朕躬，咸宣力肆勤，光復宗祏，訂之前烈，夫豈多謝。闕而未錄，孰旌厥賢？況念功紀德，文祖所爲也，在予其曷敢怠？有司宜敍先後，各圖其象于舊臣之次。」命皇太子書

其文以賜晟，晟刻石于門。

七年，以臨洮未復，請附貫萬年，詔可。九年，薨，年六十七。帝聞流涕，詔百官就第進弔。比大斂，帝手詔，誓以存保世嗣，申告柩前。册贈太師，謚曰忠武。及葬，又御望春門臨送，遣謁者宣詔于柩車，百官拜哭于道。憲宗元和中，詔其家與屬籍，以晟配饗德宗廟廷。僖宗狩蜀，倉部員外郎袁皓采晟功烈，爲興元聖功錄，徧賜諸將，表勵之。

晟性疾惡，臨下明。每治軍，必曰：「某有勞，某長于是。」雖廝養小善，必記姓名，尤惡下爲朋黨者。篤分義，隆於故舊。嵐州刺史譚元澄嘗有德於晟，後貶死，晟既貴，直其枉，詔贈元澄寧州刺史，晟撫其二子，爲成就之。在鳳翔，嘗曰：「魏徵以直言致太宗于堯舜上，忠臣也。我誠慕焉。」行軍司馬李叔度曰：「彼搢紳儒者事，公勳德何希是哉？」晟曰：「君失辭。晟幸得備將相，苟容身不言，豈可謂有犯無隱邪？是非惟上所擇爾。」叔度慚。故晟每進對，謇謇盡大臣節，未嘗露于外。治家以嚴，子姪非晨昏不輒見，所與言未嘗及公事。正歲，崔氏女歸寧，讓曰：「爾有家，而姑在堂，婦當治酒食，且以待賓客。」卽卻之，不得進。達禮敦教類若此。

與馬燧皆在朝，每宴樂恩賜，使者相銜于道。兩家日出無鐘鼓聲，則金吾以聞。少選，使者至，必曰：「今日何不舉樂？」既薨，城鹽州，復故池，以新鹽賜宰相，帝思晟，乃致鹽靈

座。其眷遇終始，無與比者。

有十五子，其聞者愿、憲、愬、聽云。

愿少謙謹。晟立功時，諸子未官，宰相以聞，即日召授太子賓客、上柱國。故事，柱國門列戟，遂父子皆賜。

元和初，領夏綏銀宥節度使。政簡而嚴。部有失馬者，愿署牒于道，以金購之。三日，失馬并良馬一繫署下，且曰：「逸而至，不告，罪當死，謹以良馬贖。」愿歸失馬，而縱其良。境內肅然。徙節武寧軍。會伐靑、鄆，數有功，以久疾，用愬代之。召爲刑部尚書，俄檢校尚書左僕射、節度鳳翔，自是邇聲色而政衰矣。長慶中，徙宣武。始，張弘靖給其軍頗厚，愿至，府庫殫匱，賞賚不及弘靖時，而侈費過之。以威刑操下，用婚家竇緩典帳中兵，驕驁怠沓，牙將李臣則等因衆不忍，夜斬緩首。愿聞變，不及巾，與左右數人縋而逸，奪野人乘，馳以免。其家死於兵，三子匿而免。兵旣亂，因大掠，推李齐主後務，請諸朝。時責愿不職，貶隨州刺史。入爲左金吾衞大將軍，復拜河中、晉、絳等節度使。雖嘗以荒侈敗，不能自悛，軍政愈弛，結納權近，官賞隨賂遺輒盡。蒲人怨，且亂。會卒，贈司徒。

憲與愬於諸子號最仁孝。長喜儒，以禮法自矜制。調太原府參軍事、醴泉尉。于頔鎭襄陽，辟署於府。時吳少誠張淮西，獨憚頔威彊，時謂憲爲之助。又辟魏博田弘正幕府，遷衞州刺史，以治行稱。

徙絳州。絳有幻人怵民以亂，憲執誅之。河中兵本仰食于絳，而汾可輸河、渭，歲租與糴常數十萬石，故敖保山爲固，民之輸者，十牛不勝一車。憲濱汾相地治新倉，當費二百萬，請留垣縣粟糴河南，以錢還糴絳粟，旣免負載勞，又權其贏以完新倉，絳人賴利。入爲宗正少卿，副金吾大將軍胡証爲送太和公主使。還，獻回鶻道里記，遷太府卿。大和初，繇江西觀察使遷嶺南節度使。

憲，勳伐家子，所歷皆以吏能顯，政績暴著。善治律令，性明恕，詳正大獄，活無罪者數百人。卒官下。

愬字元直，有籌略，善騎射。以蔭補協律郎，遷累衞尉少卿。早喪所生，爲晉國王夫人所鞠。王卒，晟以非嫡，敕諸子服緦，愬獨號慟不忍，晟乃許服縗。旣練，晟薨，與憲廬墓側，德宗敦遣歸第，一夕復往，帝許之。服除，授太子右庶子。出爲坊、晉二州刺史，以治異等，

加金紫光祿大夫，進詹事。

憲宗討吳元濟，唐鄧節度使高霞寓旣敗，以袁滋代將，復無功。愬求自試，宰相李逢吉亦以愬可用，遂檢校左散騎常侍，爲隨唐鄧節度使。聰以其軍初傷夷，士氣未完，乃不為斥候部伍。或有言者，愬曰：「賊方安袁公之寬，吾不欲使震而備我。」乃令于軍曰：「天子知愬能忍恥，故委以撫養。戰，非吾事也。」衆信而安之。乃斥倡優，未嘗嬉樂。士傷夷病疾，親爲營護。蔡人以嘗敗辱霞寓等，又愬名非夙所畏者，易之，不爲備。愬沈鷙，務推誠待士，故能張其卑弱而用之。賊來降，輒聽其便，或父母與孤未葬者，給粟帛遣還，勞之曰：「而亦王人也，無棄親戚。」衆願爲愬死，故山川險易與賊情僞，一能曉之。

居半歲，知士可用，乃請濟師；詔益河中、鄜坊二千騎。於是繕鎧厲兵，攻馬鞍山，下之，拔道口柵，戰嵖岈山，以取鑪冶城，入白狗、汶港柵，拔楚城，襲朗山，再執守將。平靑陵城，禽票將丁士良，異其才，不殺，署捉生將。士良謝曰：「吳秀琳以數千兵不可破者，陳光洽爲之謀也。我能爲公取之。」乃禽以獻。於是秀琳舉文城柵降。遂以其衆攻吳房，殘外垣。始出攻，吏曰：「往亡日，法當避。」愬曰：「彼謂吾不來，此可擊也。」旣引還，賊以精騎尾擊，愬下馬據胡牀，令軍曰：「退者斬。」衆決死戰，射殺其將，賊乃走。或勸遂取吳房，愬曰：「不可。吳房拔，則賊力專，不若留之以分其力。」

初，秀琳降，愬單騎抵柵下與語，親釋縛，署以爲將。秀琳爲愬策曰：「必破賊，非李祐無與成功者。」祐，賊健將也，守興橋柵，其戰嘗易官軍。愬候祐護穫于野，遣史用誠以壯騎三百伏其旁，見羸卒若將燔聚者，祐果輕出，用誠禽而還。諸將素苦祐，請殺之，愬不聽，以爲客。待間，召祐及李忠義屛人語，至夜艾。忠義，亦賊將，所謂李憲者。軍中多諫此二人不可近，愬待益厚。乃募死士三千人爲突將，自敎之。會雨，自五月至七月不止，軍中以爲不殺祐之罰，將吏雜然不解。愬力不能獨完祐，乃持以泣曰：「天不欲平賊乎？何見奪者衆邪？」則械而送之朝，表言必殺祐，無與共誅蔡者。詔釋以還愬。愬乃令佩刀出入帳下，署六院兵馬使。六院者，隨、唐兵也，凡三千人，皆山南奇材銳士，故委祐統之。祐捧檄嗚咽，諸將乃不敢言，由是始定襲蔡之謀矣。舊令，敢舍諜者族。愬刊其令，一切撫之，故諜者反効以情，愬益悉賊虛實。

時李光顏戰數勝，元濟悉銳卒屯洄曲以抗光顏。愬知其隙可乘，乃遣從事鄭澥見裴度告師期，于時元和十一年十月己卯。師夜起，祐以突將三千爲前鋒，李忠義副之，愬率中軍三千，田進誠以下軍殿。出文城柵，令曰：「引而東。」六十里止，襲張柴，殲其戍。敕士少休，益治鞍鎧，發刃彀弓。會大雨雪，天晦，凜風偃旗裂膚，馬皆縮慄，士抱戈凍死于道十一二。張柴之東，陂澤阻奥，衆未嘗蹈也，皆謂投不測。始發，吏請所向，愬曰：「入蔡州取

吳元濟！」士失色，監軍使者泣曰：「果落祐計。」然業從愬，人人不敢自爲計。愬道分輕兵斷橋以絕洄曲道，又以兵絕朗山道。行七十里，夜半至懸瓠城，雪甚，城旁皆鵝鶩池，愬令擊之，以亂軍聲。賊恃吳房、朗山戍，晏然無知者。祐等坎墉先登，衆從之，殺門者，發關，留持柝傳夜自如。黎明，雪止，愬入駐元濟外宅，蔡吏驚曰：「城陷矣！」元濟尚不信，曰：「是洄曲子弟來索襦衣爾。」及聞號令曰：「常侍傳語。」始驚曰：「何常侍得至此！」率左右登牙城，田進誠兵薄之。愬計元濟且望救於董重質，乃訪其家尉安之，使無怖，以書召重質；重質以單騎白衣降，愬待以禮。進誠火南門，元濟請罪，梯而下，檻送京師。

申、光諸屯尚二萬衆，皆降，愬不戮一人。其爲賊執事帳內廚廄廝役，悉用其舊，使不疑。乃屯兵鞠場以俟裴度，至，愬以櫜鞬見，度將避之，愬曰：「此方廢上下分久矣，請因示之。」度以宰相禮受愬謁，蔡人聳觀。乃還屯文城柵。有詔進檢校尚書左僕射、山南東道節度使，封涼國公，實封戶五百，賜一子五品官。

帝方經略隴右，故徙愬節度鳳翔。李師道反，詔愬代愿帥武寧軍。旬日踐父兄兩鎮，世以爲榮。董重質得罪被斥，愬請賜軍中自効，許之，乃署爲牙將。愬與賊戰金鄉，破之。凡十一遇，禽其隊帥五十，俘馘萬計。淄青平，進同中書門下平章事，徙昭義節度，賜第興寧里。

會田弘正守鎮州，乃以愬帥魏博。長慶初，幽、鎮亂，殺弘正，愬素服以令軍曰：「魏人富庶而通于天化者，田公力也。上以其愛人，使往治鎮。且田公撫魏七年，今鎮人不道而戕害之，是無魏也。父兄子弟食田公恩者，何以報之？」衆皆哭。又以玉帶、寶劍遺牛元翼，曰：「此劍吾先人嘗以揃大盜，吾又以平蔡姦，今鎮人逆天，公宜用此夷之也。」元翼感動，謝曰：「敢有不承而愛其死力！」乃下令軍中，勒兵以俟。會愬疾甚，不能軍，詔田布代之，以太子少保還東都，卒，年四十九，贈太尉，謚曰武。

愬行己儉約，其昆弟賴家勳貴，飾輿馬，矜室廬，唯愬所處乃父時故院，無所增廣。始，晟克京師，市不改肆，愬平蔡，亦如之。功名之奇，近世所未有。晚雖忽于取士，與鄭注善，議者不以掩其賢。

贊曰：愬得李祐不殺，付以兵不疑，知可以破賊也。祐受任不辭，決策入死，以愬能用其謀也。祐之才，待愬乃顯，故曰平蔡功，愬爲多。

聽字正思，七歲以蔭爲協律郎，父吏少之，不甚敬，聽輒使鞭之，晟奇其才。長乃辟佐于頔府。吐突承璀討王承宗，以聽爲神策行營兵馬使。既戰，斬賊驍將，憲宗壯之，詔圖狀

以獻。承璀數問聽計，卒縛盧從史。遷左驍衞將軍，出爲蔚州刺史。州有銅冶，自天寶後廢不治，民盜鑄不禁。聽乃開五鑪，官鑄錢日五萬，人無犯者。徙安州。會觀察使柳公綽方討蔡，以聽典軍，一二咨之，聲振賊中。召爲羽林將軍。

帝討李師道，出聽楚州刺史。淮南兵緜弱，鄆人素易之。聽日整勒，士皆奮，即掩賊不虞，趨漣水，破沭陽，絕龍沮堰，遂取海州，攻朐山，降之，懷仁、東海兩城望風送款。以功兼御史大夫，夏綏銀宥節度使。又徙靈鹽。部有光祿渠，久廢，聽始復屯田以省轉餉，即引渠溉塞下地千頃，後賴其饒。進檢校工部尚書。穆宗初立，幽、鎮反，擇名臣節度太原者代裴度，使統兵北討。始，聽爲羽林時，有駿馬，帝在東宮，使左右諷取之，聽自以身宿衞，不敢獻。於是帝曰：「李聽往在軍中，不與朕馬，是必可任。」乃授檢校兵部尚書，充河東節度使。敬宗嗣位，改義成軍。大和初，討李同捷，而魏博將丌志沼反，詔聽出援，擊殺志沼。以功封涼國公，拜一子五品官。

王廷湊之亂，詔聽悉兵屯貝州，史憲誠懼聽因取道襲之，衷甲候諸郊。聽敕士櫜兵野次，魏人乃安。憲誠既請朝，魏人怨，詔聽兼帥魏博。聽遷延不即赴，魏遂亂，殺憲誠，共推大將何進滔乘城拒守。聽不得入，乃屯館陶。又不設備，魏人襲之，師驚潰，死失殆半，輜械盡棄之，聽晝夜馳以免。於是御史中丞温造等劾奏魏州亂，憲誠死，職繇于聽，請論如法。

天子不罪也，罷爲太子少師。

聽素以賂遺得權幸心，故多爲助力。未幾，拜邠寧節度使。邠署相傳不利治垣舍，前刺史視其壞，莫敢葺。聽曰：「將出鑿凶門，何避治署邪？」亟使完新之，卒無異。改帥武寧軍，有故奴爲徐將，不喜聽來，乃先殺親吏之使徐者以沮聽。聽果懼，以疾解，授太子少保。踰歲，節度鳳翔，又徙陳許。鄭注掎其過，詔以太子太保分司東都。開成初，爲河中晉絳慈隰節度使。文宗嘆曰：「付之兵不疑，退處散地不怨，惟聽爲可。」四年，以疾求還，復拜太子太保。卒，年六十一，贈司徒。

聽治官苛細，急聚斂，頗極所欲，盛飾車馬服玩。或誡之，聽曰：「家聲在人，若示衰薄，恐不見忠功之効，吾欲夸而勸之也。」好方書，擇其驗者，題於帷帟牆屋皆滿。

聽子琢，以家閥擢累義昌、平盧、鎮海三節度使，無顯功，不爲士大夫稱道。數免復遷。廣明時，沙陀數盜邊，於是琢爲宿將，拜檢校尚書右僕射，蔚朔等州招討、都統、行營節度使。徙河陽三城，坐逗撓，下遷刺史，卒。

王佖者，晟之甥，武敢，閑騎射。晟在師，佖無不從。攻朱泚於光泰門，賊方鋭，佖與李演鏖戰蹀血，賊數北，諸軍乘之，遂大振。以功擢神策將。擊吐蕃有功。晟視佖與子姓

等，其給與過之。晟兵罷，佖亦不見用，召爲左衞上將軍。元和中，拜朔方、靈鹽節度使。吐蕃欲作烏蘭橋以過師，積材河曲，朔方府常遣兵發其木，委于河，故莫能成。及佖至，虜知其寡謀，乃厚賂之，而亟遂功，築月城以守，自是虜歲入爲寇，朔方乘障不暇，人以咎佖。在鎭檢下亡術，猜忌多殺人。召還爲右衞將軍。故事，將相除徙，皆內出制，故號「白麻」，至佖，以責罷，遂中書進制。久之，卒。

贊曰：晟之屯東渭橋也，朱泚盜京師，李懷光反咸陽，河北三叛相王，李納獮河南，李希烈訌鄭、汳。晟無積貲輸糧，捉孤軍抗𦍕賊〔一〕，身佩安危而氣不少衰者，徒以忠誼感人，故豪英樂爲之死耳。至師入長安而人不知，雖三王之佐，無進其能，可謂仁義將矣！嗚呼，功能存社祏，不能見信於庸主，卒奪其兵，哀哉！雖然，功蓋天下者惟退，禍可以免。四子世似其勞，是宜有後哉。

校勘記

〔一〕捉孤軍抗𦍕賊　「捉」，十行本同，汲、殿、局本作「提」。按上文有「晟提孤軍橫當寇鋒」語，疑「捉」爲「提」之形誤。

唐書卷一百五十五

列傳第八十

馬燧 暢 炫　渾瑊 鎬 鐬

馬燧字洵美，系出右扶風，徙爲汝州郟城人。父季龍，舉孫吳倜儻善兵法科，仕至嵐州刺史。

燧姿度魁傑，長六尺二寸。與諸兄學，輟策歎曰：「方天下有事，丈夫當以功濟四海，渠老一儒哉？」更學兵書戰策，沈勇多算。

安祿山反，使賈循守范陽，燧說循曰：「祿山首亂，今雖舉洛陽，猶將誅覆。公盍斬向潤客、牛廷玠！傾其本根，使西不得入關，退亡所據，則坐受禽矣，此不世功也。」循許之，不時決。會顏杲卿招循舉兵，祿山遣韓朝陽召循計事，因縊殺之。燧走西山，間道歸平原。平原不守，復走魏。

寶應中，澤潞節度使李抱玉署爲趙城尉。時回紇還國，恃功恣睢，所過皆剽傷，州縣供餼不稱，輒殺人。抱玉將饋勞，賓介無敢往，燧自請典辦具。乃先賂其酋，與約，得其旗章爲信，犯令者得殺之。燧又取死囚給役左右，小違令輒戮死，虜大駭，至出境，無敢暴者。抱玉才之。因進說曰：「屬與回紇接，且得其情。觀僕固懷恩樹黨自重，裂河北以授李懷仙、張忠志、薛嵩、田承嗣等，其子瑒佻勇不義，將必窺太原，公當備之。」既而懷恩與太原將謀舉其城，辛雲京覺之，不克。嵩自相、衞歸懷恩糧，以絕河津。抱玉令燧說嵩，嵩告絕於懷恩。即署燧左武衞兵曹參軍。

累進至鄭州刺史。勸督農力，歲一稅，人以爲便。徙懷州。時師旅後，歲大旱，田莽不及耕。燧務勸教化，止橫調，將吏有親者，必造之，厚爲禮，遬暴貲，止煩苛。是秋，稆生于境，人賴以濟。抱玉守鳳翔，表燧隴州刺史。西山直吐蕃，其上有通道，虜常所出入者。燧聚石種樹障之，設二門爲譙櫓，八日而畢，虜不能暴。從抱玉入朝，代宗雅聞其才，召見，授商州刺史，兼水陸轉運使。

大曆中，河陽兵逐其將常休明，詔燧檢校左散騎常侍，爲三城使。汴將李靈耀反，帝務息人，即授以汴宋節度留後，靈耀不拜，引魏博田承嗣爲援。詔燧與淮西李忠臣討之。師次鄭，靈耀多張旗幟以犯王師，忠臣之兵潰而西，燧軍頓滎澤，鄭人震駭。忠臣將遂歸，燧

止之，益治軍，忠臣乃還收亡卒，復振。忠臣行汴南，燧行汴北，敗賊於西梁固。靈耀以銳卒八千，號「餓狼軍」，燧獨戰破之，進至浚儀。是時河陽兵冠諸軍，田悅帥衆二萬助靈耀，破永平將杜如江等，乘勝距汴一舍而屯。忠臣合諸軍戰不利，燧爲奇兵擊之，悅單騎遁，汴州平。

燧知忠臣暴傲，讓其功，出舍板橋。忠臣入汴，果因會擊殺宋州刺史李僧惠。燧還河陽。秋大雨，河溢，軍吏請具舟以避，燧曰：「使城中盡魚而獨完其家，吾不忍。」既而水不爲害。

遷河東節度留後，進節度使。太原承鮑防之敗，兵力衰單，燧募廝役，得數千人，悉補騎士，教之戰，數月成精卒。造鎧必短長三制，稱士所衣，以便進趨。爲戰車，冒以狻猊象，列戟于後，行以載兵，止則爲陣，遇險則制衝冒。器用完銳。居一年，闢廣場，羅兵三萬以肄，威震北方。建中二年，朝京師，遷檢校兵部尚書，封豳國公，還軍。

初，田悅新有魏博，恐下未附，即輸款朝廷，燧建言悅必反。既而悅果圍邢州，身攻臨洺，築重城絕內外援。邢將李洪、臨洺將張伾固守。詔燧以步騎二萬與昭義李抱眞、神策兵馬使李晟合軍救之。燧出𨜞口，未過險，移書抵悅，示之好。悅以燧畏己，大喜。既次邯鄲，悅使至，燧皆斬之，遣兵破其支軍，射殺賊將成炫之。悅聞，使大將楊朝光以兵萬人

據雙岡，築東西二柵以禦燧。燧率軍營二壘間。是夜，東壘遁，燧進營狗明山，取棄壘置輜重。悅計曰：「朝光堅柵，且萬人，雖燧能攻，未可以數日下，且殺傷必衆，則吾已拔臨洺，變士以戰，必勝術也。」即分恆州兵五千助朝光。燧令大將李自良等以騎兵守雙岡，戒曰：「令悅得過者斬！」燧乃推火車焚朝光柵，自晨訖晡，急擊，大破之，斬朝光，禽其將盧子昌，獲首五千，執八百人。居五日，進軍臨洺。悅悉軍戰，燧自以銳士當之，凡百餘返，士皆決死，悅大敗，斬首萬級，俘係千餘，館穀三十萬斛，邢圍亦解。以功遷尚書右僕射。初，將戰，燧約衆，勝則以家貲賞。至是，殫私財賜麾下。德宗嘉之，詔出度支錢五千萬償其財。進兼魏博招討使。

李納、李惟岳合兵萬三千人救悅，悅裒散兵二萬壁洹水，淄青軍其左，恆冀軍其右。燧進屯鄴，請益兵。詔河陽李芃以兵會，次于漳。悅遣將王光進以兵守漳之長橋，築月壘扼軍路。燧於下流以鐵鏁維車數百絕河，載土囊遏水而後度。悅知燧食乏，深壁不戰。燧令士齎十日糧，進營倉口，與悅夾洹而軍，造三橋逾洹，日挑戰。悅不出，陰伏萬人，將以掩燧。燧令諸軍夜半食，先雞鳴時鳴鼓角，而潛師並洹趨魏州，令曰：「聞賊至，止爲陣。」留百騎持火，待軍畢發，匿其旁，須悅衆度，即焚橋。燧行十餘里，悅率李納等兵踰橋，乘風縱火，譟而前。燧乃令士無動，命除榛莽廣百步爲場，募勇士五千人陣而待。比悅至，火止，

氣少衰，燧縱兵擊之，悅敗奏橋，橋已焚，衆赴水死者不可計，斬首二萬級，殺賊將孫晉卿、安墨啜，虜三千人，尸相駢藉三十里，淄青兵幾殲。悅夜走魏州，其將拒不納，比明，追不至，悅乃得入。

抱眞、芃問曰：「糧少而深入，何也？」燧曰：「糧少戰利速，兵善於致人。今悅與淄青、恆三軍爲首尾，欲不戰以老我師，若分擊左右，未可必破，悅且來助，是腹背支敵也。法有攻其必救，故趨魏以破之。」皆曰：「善。」

悅嬰城自守。於是李再春以博州，悅兄昂以洺州，王光進以長橋，皆降。悅使符璘、李瑤衞還淄青殘兵，璘等亦降。魏導御溝貫城，燧塞其上游，魏人恐，悅遣許士則、侯臧間行告窮於朱滔、王武俊。會二人者怨望，乃連和。悅恃燕、趙方至，即出兵背城陣，燧復與諸軍破之。進同中書門下平章事、北平郡王、魏州大都督長史。

滔、武俊聯兵五萬傅魏。會帝遣李懷光以朔方軍萬五千助燧。懷光勇于鬬，未休士，即與滔等戰，不利。悅決水灌軍，燧兵亦屈，退保魏縣。滔等瀕河爲壘。會涇師亂，帝幸奉天，燧還軍太原。

初，李抱眞欲殺懷州刺史楊鉥，鉥奔燧，燧奏其非罪，乃免，抱眞怒。及共解邢圍，獲軍糧，燧自有之，以餘給抱眞軍，抱眞益怒。洹之捷，軍進薄魏，悅以突騎犯燧營，李芃救之，

抱眞勒兵不出。燧將攻魏，取攻具於抱眞營，并請雜兩軍平其功，抱眞不聽，請獨當一面，繇是逗留。帝數遣使講解。武俊略趙地，抱眞分麾下二千人戍邢，燧怒謂：「抱眞以兵還守其地，我能獨戰死邪？」將引還，李晟和之，乃復與抱眞善。及田昂降，燧請以洺州隸抱眞，而用昭義副使盧玄卿爲刺史，兼魏博招討副使。李晟兵前獨隸抱眞，抱眞亦請兼隸于燧，以示協一。然議者咎燧私忿交惡，卒不成大功。

至太原，遣軍司馬王權以兵五千走奉天，又遣子彙與諸將子壓中渭橋，帝已幸梁，乃還。時天下方騷，北邊數有警，燧念晉陽王業所基，宜固險以示敵。乃引晉水架汾而屬之城，瀦爲東隍，省守陴萬人。又釃汾環城，樹以固隄。詔兼保寧軍節度使。

帝還京，李懷光反河中，詔燧爲河東保寧、奉誠軍行營副元帥，與渾瑊、駱元光合兵討之。時賊黨要廷珍守晉，毛朝敭守隰，鄭抗守慈，燧移檄鐫諭，皆以州降，因拜燧晉絳慈隰節度使。

武俊之圍趙也，康日知不支，將棄趙，燧請詔武俊擊朱滔，授以深、趙，以日知爲晉慈隰節度使。及三州降，燧固讓日知，且言因降受節，恐後有功者踵以爲利，帝嘉許。籍府庫兵仗以授日知，日知大喜過望。燧乃率步騎三萬次于絳，略定諸縣，降其將馮萬興、任象玉，遂圍絳，拔外郛，守將夜棄城去，降四千人。遣李自良定六縣，降其將辛銑，收卒五千。裨

將谷秀達令掠士女，斬以徇。與賊戰寶鼎，射殺賊將徐伯文，斬首萬級，獲馬五百。

于時天下蝗，兵艱食，物貨翔踊，中朝臣多請宥懷光者，帝未決。燧以「懷光逆計久，反覆不可信。河中近甸，捨之屈威靈，無以示天下」。乃捨軍入朝，爲天子自言之：「且得三十日糧，足平河中。」許之。乃與瑊、元光、韓游瓌之兵合。

賊將徐廷光守長春宮城。燧度長春不下，則懷光固守，久攻所傷必衆，乃挺身至城下見廷光。廷光憚燧威，拜城上。燧顧其心已屈，徐曰：「我自朝廷來，可西嚮受命。」廷光再拜。燧曰：「公等朔方士，自祿山以來，功高天下，奈何棄之爲族滅計？若從吾言，非止免禍，富貴可遂也。」未對。燧曰：「爾以吾爲欺邪？今不遠數步，可射我。」披而示之心。廷光感泣，一軍皆流涕，卽率衆降。燧以數騎入其城，衆大呼曰：「吾等更爲王人矣。」渾瑊亦自以爲不及也，歎曰：「嘗疑馬公能窘田悅，今觀其制敵，固有過人者，吾不逮遠矣！」

進營焦籬堡，堡將降，餘戍望風遁去。燧濟河，兵八萬陣城下。是日，賊將牛名俊斬懷光降，衆猶萬六千。誅其黨閻晏、孟寶、張清、吳冏等，它脅附悉赦之。不閱月，河中平。遷光祿大夫，兼侍中，賜一子五品官。還太原，帝賜宸扆、台衡二銘，以言君臣相成之美。勒石起義堂，帝榜其顏以寵之。

貞元二年，吐蕃尚結贊破鹽、夏二州，守之，自屯鳴沙；及春，畜產死，糧乏。詔燧爲綏

銀麟勝招討使，與駱元光、韓游瓌等會師擊虜。燧次石州。結贊懼，乞盟，帝不許。乃遣將論頰熱甘辭請于燧，且重幣申勤勤。明年，燧還太原，與論頰熱俱朝，盛言宜許以盟，天子然之。燧之朝，結贊遽引去。帝詔渾瑊與盟平涼，虜劫瑊，僅得免。吐蕃歸燧之兄子弇，曰：「河曲之屯，春草未生，吾馬飢，公若度河，我無種矣。賴公許和，今釋弇以報。」帝聞，悔怒，奪其兵，拜司徒，兼侍中，賜妓樂，奉朝請而已。與李晟皆圖象凌煙閣。後病足，不任謁。九年十月，自力朝延英，詔毋拜。時晟已卒，帝顧燧曰：「尚記與太尉晟俱來邪？今乃獨見公。」因悲涕。燧亦疾而仆，帝親掖之，詔左右扶去，送至陛，燧頓首泣謝。固乞骸，讓侍中，不許。卒，年七十，贈太傅，謚曰莊武。子彙、暢。

暢少以蔭至鴻臚少卿。建中中，燧討賊山東，暢留京師。於是大旱，朝廷議括商旅緡錢，多亡命入南山爲盜。暢客單超俊、李雲端等竊議，以爲事且危。暢是其言，遣奴諫燧班師。燧怒，執奴以聞，使兄炫拘暢請罪。帝方倚燧，貸不問，但誅其客，敕炫賜暢杖三十，然亦罷括商人令。

燧沒後，以貲甲天下，暢亦善殖財，家益豐。晚爲豪幸牟侵，又彙妻訟析產。貞元末，神策中尉楊志廉諷使納田產。至順宗時，復賜之。中官往往逼取，暢畏不敢吝，以至困窮。終少府監，贈工部尚書。諸子無室廬自託，奉誠園亭觀，卽其安邑里舊第云，故當世視暢以厚畜爲戒。有司謚曰縱。

子繼祖，生四歲以門功爲太子舍人，五遷至殿中少監。

燧兄炫，字弱翁。少以儒學聞，隱蘇門山，不應辟召。至德中，李光弼鎮太原，始署掌書記，常參軍謀，光弼器焉。遷刑部郎中。田神功帥宣武，署節度判官，授漣、潤二州刺史，以清白顯。燧爲司徒，授刑部侍郎，辭疾，以兵部尚書致仕，卒。

渾瑊，本鐵勒九姓之渾部也。世爲皋蘭都督。父釋之，有才武，從朔方軍，積戰多，遷累開府儀同三司、試太常卿、寧朔郡王。廣德中與吐蕃戰沒。

瑊年十一，善騎射，隨釋之防秋，朔方節度使張齊丘戲曰：「與乳媼俱來邪？」是歲立跳盪功。後二年，從破賀魯部，拔石堡城、龍駒島，其勇常冠軍。署折衝果毅。節度使安思順授瑊偏師，入葛祿部，略特羅斯山，破阿布思，與諸軍城永清及天安軍。遷中郎將。

祿山反，從李光弼定河北，射賊驍將李立節，貫其左肩，死之。肅宗卽位，瑊以兵趨行

在，至天德，與虜軍遇，敗之。從郭子儀復兩京，討安慶緒，勝之新鄉，擢武鋒軍使。從僕固懷恩平史朝義，大小數十戰，功最，改太常卿，實封二百戶。懷恩反，瑊以所部歸子儀，會釋之喪，起復朔方行營兵馬使。從子儀擊吐蕃邠州，留屯邠。虜復入，至奉天，瑊戰漠谷，有功，遷太子賓客，屯奉天。周智光反，子儀令瑊以步騎萬人下同州。智光平，以邠寧隸朔方軍，瑊屯宜祿。

大曆七年，吐蕃盜塞深入，瑊會涇原節度使馬璘討之。次黃菩原，瑊引衆據險，設槍壘自營，遏賊奔突。舊將史抗等內輕瑊，顧左右去槍，叱騎馳賊。既還，虜躡而入，遂大敗，死者十八。子儀召諸將曰：「朔方軍高天下，今敗于虜，奈何？」瑊曰：「願再戰。」乃馳朝那，與鹽州刺史李國臣趨秦原。吐蕃引去，瑊邀擊破之，悉奪所掠而還。自是歲防長武城盛秋。領邠州刺史。吐蕃入方渠、懷安，瑊擊走之。

子儀入朝，留知邠寧慶兵馬後務。回紇侵太原，破鮑防軍。拜瑊都知兵馬使，自石嶺關而南，督諸軍掎角，虜引去。進兼單于副都護、振武軍使。子儀爲太尉，德宗析所部爲三節度，以瑊兼單于大都護、振武、東受降城、鎮北大都護府、綏銀麟勝州節度副大使。未幾，崔寧領朔方，故召爲左金吾衞大將軍。建中中，李希烈詐爲瑊書，若同亂者，帝識其謀，用不疑，更賜良馬、錦幣。普王爲荊襄元帥討希烈也，以瑊爲中軍都虞候。

帝狩奉天，瑊率家人子弟以從，授行在都虞候、京畿渭北節度使。朱泚兵薄城，戰譙門，晨至日中不解。或以芻車至，瑊曳車塞門，焚以戰，賊乃解。泚治攻具，矢石四集如雨，晝夜不息，凡浹日，鑿塹圜城。城中死者可藉，人心危惴，或夜縋出掇蔬本供御，帝與瑊相泣。泚方據乾陵下瞰城，翠翟紅袍，左右宦人趨走，宴賜拜舞，又縱慢辭戲斥天子，以爲勝在景刻。使騎環馳，責大臣不識天命。造雲梁，廣數十丈，施大輪，濡氈及革冒之，周布水囊爲鄣，指城東北；構木廬，蒙革周置之，運薪土其下，將塞隍。帝召瑊，授以詔書千餘，自御史大夫、實封五百戶而下，募突將死士當賊；賜瑊筆，使量功署詔，不足則署衣以授。因曰：「朕與公訣矣，令馬承倩往，有急可奏。」瑊俯伏嗚咽，帝撫而遣之。瑊前與防城使侯仲莊揣雲梁所道，掘大隧，積馬矢及薪然之。賊乘風推梁以進，載數千人。王師乘城者皆凍餒，甲弊兵鹽，瑊但以忠義感率使當賊，人憂不支，羣臣號天以禱。瑊中矢，自握去，被血而戰愈厲。雲梁及隧而陷，風返悉焚，賊皆死，舉城歡譟。是日詔授瑊二子官，乃第賞將校。泚攻城益急，會李懷光奔難，賊乃去。進行在都知兵馬使，實封戶五百。

乘輿進狩山南，瑊以諸軍衞入谷口，懷光追騎至，後軍擊卻之。遷檢校尚書左僕射、同中書門下平章事，兼靈鹽豐夏定遠西城天德軍節度、朔方邠寧振武道永平軍奉天行營副元帥。帝臨軒授鉞，用漢拜韓信故事。制曰：「寇賊干紀，授爾節鉞，以戡多難，往欽哉！」瑊

頓首曰：「敢不畢力，以對揚天子休命。」乃率諸軍趨京師。

賊韓旻拒武功，瑊率吐蕃論莽羅兵破之武亭川，斬首萬級，遂屯奉天，以抗西面。李晟自東渭橋破賊，瑊與韓游瓌、戴休顏以西軍收咸陽，進屯延秋門。泚平，論功，以瑊兼侍中，實封戶八百。天子還宮，授河中絳慈隰節度使、河中同陝虢行營副元帥，繇樓煩郡王徙咸寧；賜大寧里甲第，女樂五人，將相送歸第，與李晟鈞禮。俄加朔方行營副元帥，與馬燧同討李懷光。懷光平，檢校司空，任一子五品官。還屯河中。

吐蕃相尚結贊陷鹽、夏，陰闚京師，而畏瑊與李晟、馬燧，欲以計勝之。乃詭辭重禮，請燧講好，燧苦贊，帝乃詔約盟平涼川，以瑊爲會盟使。爲結贊所劫，副使崔漢衡以下皆陷，惟瑊得免。自奉天入朝，羸服待罪，詔釋之。會吐蕃復入盜，使瑊鎭奉天。虜罷，還河中。貞元四年，虜入涇、邠，授邠寧慶副元帥。進檢校司徒，兼中書令。十五年卒，年六十四。羣臣奉慰延英，贈太師，謚曰忠武。喪車至自鎭，帝復廢朝。

瑊好書，通春秋、漢書，嘗慕司馬遷自敍，著行紀一篇，其辭一不矜大。天性忠謹，功高而志益下，歲時貢奉，必躬閱視。每有賜予，下拜跽受，常若在帝前，世方之金日磾，故帝終始信待。貞元後，天子常恐藩侯生事，稍桀驁則姑息之，惟瑊有所奏論不盡從可，輒私喜曰：「上不疑我。」故治蒲十六年，常持軍，猜間不能入。君子賢之。本名日進，稍顯改焉。五

子，鎬、鐬爲達官。

鎬謙謹，喜交士大夫，歷鄧、唐二州刺史，有政譽。元和中，延州沙陀部苦邊吏貪，震擾不安。李絳建言，宜選才職稱者爲刺史。乃任鎬延州。會討王承宗，而義武節度使任迪簡病不能軍，以鎬將家可用，乃遷檢校右散騎常侍、義武軍節度副使。俄代迪簡爲使。治兵頗有法，然短於計略，不持重。鎭、定二軍間不百里，鎬引兵壓鎭境而屯，距賊三十里，鼓角聲相聞。賊始亦畏，見鎬無斥候，乃潛師入定境，焚廥蓄，屠鄉聚，鎬軍遂搖。亦會中人督戰，乃出薄賊，大敗而還。詔以陳楚代之。時師飢凍，聞鎬方罷，遂亂，劫鎬之家，至裸辱。楚聞，馳入城，乃定。令軍中斂所剽歸鎬，以兵衞出之。貶韶州刺史。後代州刺史韓重華奏收鎬供軍金幣十餘萬，乃復貶循州。卒，贈工部尚書。

鐬以蔭補諸衞參軍，累擢至豐州刺史。坐贓七百萬，文宗以勳臣子，貶袁州司馬。還爲袁王傅，至太子詹事。訓、注亂，或言鐬匿賈餗，爲百騎所捕，苦辨乃免，然家爲兵剽皆盡。文宗憐之，授少府監，遷殿中。宰相以瑊之裔，擬刺史，帝曰：「是豈可以牧民？念其父功，富之可也。」宰相言鐬嘗治郡有績，從之，拜壽州刺史。終諸衞大將軍。

贊曰：唐史臣稱燧沈雄忠力，常先計後戰。每戰，親令于衆，無不感概用命，鬭必決死，未嘗折北，名蓋一時。然力能得田悅而不取，虜不可信而決信之，故河北三盜卒不臣，平涼大臣奔辱，燧之罪也。雖然，燧賢者也，天下以爲可責故責之，不以功掩罪，亦不可以罪廢功。瑊親與結贊盟，不能料虜詐，但以如詔爲恭，殆有猛志而無英才乎？李晟謂虜不可與盟，則燧、瑊固出晟下遠甚。功名大小，信其然乎！

唐書卷一百五十六

列傳第八十一

楊朝晟　戴休顏　陽惠元 旻　李元諒　李觀　韓游瓌

杜希全　邢君牙

楊朝晟字叔明，夏州朔方人。興行間，以先鋒功授甘泉府果毅。建中初，從李懷光討劉文喜涇州，斬獲多，加驃騎大將軍。李納寇徐州，從唐朝臣往討，常冠軍。懷光赴難奉天，屬朝晟兵千人下咸陽，賜實封百五十戶。

懷光反，韓游瓌退保邠、寧，賊黨張昕守邠州，大索軍實，多募士，欲潛歸之。朝晟父懷賓爲游瓌將，夜以數十騎斬昕及同謀者。游瓌遣懷賓告行在，德宗勞問，授兼御史中丞。朝晟泣見懷光曰：「父立功於國，子當誅，不可以主兵。」懷光縶之。及諸軍圍河中，游瓌營長春宮，而懷賓戰甚力。懷光平，帝原朝晟，因爲游瓌都虞候，父子皆開府、賓客、御史中

丞，軍中以爲榮。

吐蕃犯邊，游瓌自將守寧州，而御士寬，軍驕。及張獻甫來代，軍遂亂，朝晟逃於郊。衆脅監軍，請以范希朝爲節度使。希朝時已在京師。明日，朝晟出，紿衆曰：「予來賀所請之當也。」衆稍定。朝晟結諸將謀誅首惡者，居三日，紿遣人自邠來，曰：「前請報罷，張公已舍邠矣，反者皆當死，吾不願盡誅也，弟取首惡者。」衆所讙指，斬二百餘人，獻甫遂入于軍。帝以希朝爲節度副使，而朝晟加御史大夫。

貞元九年，城鹽州，發卒護境，朝晟屯木波堡。會獻甫卒，有詔代爲邠寧節度使。朝晟請城方渠、合道、木波以遏吐蕃路。詔問：「須兵幾何？」報曰：「部兵可辦。」帝問：「前日城五原，興師七萬，今何易邪？」對曰：「鹽州之役，虜先知之，今薄戎而城，虜料王師不十萬，勢難輕入。若發部兵，十日至塞下，未三旬城畢，積芻聚糧，留卒守之，寇至不可拔，萊野巓夷，虜且走，此萬全計也。若大發兵，閱月乃至，虜亦來，來必戰，戰則不暇城矣。」帝納其策。師次方渠，水乏。有青蛇降險下走，視其跡，水從而流，朝晟使築防環之，遂爲渟淵，士飲仰足，圖其事以聞。有詔置祠，命泉曰應聖。已城，吐蕃悉衆至，度不能害，乃引去。復城馬嶺而歸，開地三百里。十七年，卒于屯。

戴休顏字休顏，夏州人。家世尚武，志膽不常。郭子儀引爲大將，諭平党項羌，以安河曲。試太常卿，封濟陰郡公，進封咸寧郡王，兼朔方節度副使。城邠州功最，遷鹽州刺史。

朱泚反，率兵三千，晝夜馳，奔問行在，德宗嘉之，賜實戶二百。與渾瑊、杜希全、韓游瓌等扞禦有勞。帝進狩梁、洋，留守奉天。李懷光屯咸陽，使人誘之，休顏斬其使，勒兵自守。懷光眙駭，自涇陽夜走。遷檢校工部尚書、奉天行營節度使。合渾瑊兵破泚偏師，斬首三千級，追至中渭橋。京師平，又與瑊率兵趨岐陽，邀泚殘黨。加檢校尚書右僕射，進戶四百。從乘輿至京師，賜女樂、甲第，拜左龍武軍統軍。卒，贈揚州大都督。弟休璿，歷開府儀同三司，封東陽郡王；休晏，歷輔國大將軍，封彭城郡公。俱以將略稱。

陽惠元，平州人。以趫勇奮，事平盧軍。從田神功、李忠臣浮海入青州。詔以兵隸神策，爲京西兵馬使，鎮奉天。

德宗初立，稍繩諸節度跋扈者。於是李正己屯曹州，田悅增河上兵，河南大擾。詔移兵萬二千戍關東，帝御望春樓誓師，因勞遣諸將，酒至，神策將士不敢飲。帝問故，惠元曰：「初發奉天，臣之帥張巨濟與衆約：『是役也，不立功，毋飲酒。』臣不敢食其言。」既行，有饋於道，惟惠元軍瓶罌不發。帝咨歎不已，璽書慰勞。俄以兵三千會諸將擊田悅，戰御河，奪三橋，惠元功多。以兵屬李懷光。

及朱泚反，自河朔赴難，解奉天圍，加檢校工部尚書，攝貝州刺史。詔惠元與神策行營節度使李晟、鄜坊節度使李建徽及懷光聯營便橋。晟知懷光且叛，移屯東渭橋。翰林學士陸贄諫帝曰：「四將接壘，晟等兵寡位下，爲懷光所易，勢不兩完。晟既慮變，請與惠元東徙，則建徽孤立。宜因晟行，合兩軍皆往，以備賊爲解，趣裝進道，則懷光計無所施。」帝不從，使神策將李昪往伺，還奏：「懷光反明甚。」是夕，奪二軍，惠元、建徽走奉天，懷光遣將冉宗馳騎追及於好畤。惠元被髮呼天，血流出眥，袒裼戰而死。二子晟、暠匿井中，皆及害。建徽獨免。詔贈惠元尚書左僕射，晟殿中監，暠邠州刺史。

少子旻，字公素，惠元之死，被八創，墮別井，或救得免。歷邢州刺史。盧從史既縛，潞軍潰，有驍卒五千，從史嘗以子視者，奔于旻，旻閉城不內。衆皆哭曰：「奴失帥，今公有完

城，又度支錢百萬在府，少賜之，爲表天子求旌節。」晏開諭禍福遣之，衆感悟，遂還軍。憲宗嘉之，遷易州刺史。

王師討吳元濟，以唐州刺史提兵深入二百里，薄申州，拔外郛，殘其垣。以功加御史中丞。容州西原蠻反，授本州經略招討使，擊定之。進御史大夫，合邕、容兩管爲一道。卒，贈左散騎常侍。

李元諒，安息人，本安氏，少爲宦官駱奉先養息，冒姓駱，名元光。美鬚髯，驚敢有謀。以宿衞積勞，試太子詹事。李懷讓節度鎭國，署奏以自副。居軍十年，士心憚服。

德宗出奉天，賊遣將何望之襲華州，於是刺史董晉棄城走，望之欲聚兵以絕東道，元諒自潼關引兵徑薄其城，拔之。時兵興倉卒，裹鬬爲鎧，剡蒿爲矢，募兵數日至萬餘，軍氣乃振。賊來攻，輒卻。時尙可孤守藍田，元諒屯昭應，王權壁中渭橋，賊兵不能踰渭南。未幾，遷鎭國軍節度使，封武康郡王。先是，詔發幽、隴兵東討李希烈，師方出關，泚使劉忠孝召還，至華陰，華陰尉李夷簡說驛官捕之，追及關，元諒斬以徇，所召兵不得入，由是華州獨完。俄詔元諒與李晟收京師，次滻西。元諒先奮鏖賊，敗之，進屯苑東，晟使壞苑垣入。泚

連戰皆北，遂大潰，京師平。讓功於晟，退壁近郊。加檢校尙書左僕射，實封戶五百，賜甲第、女樂、一子六品官。

李懷光反，與馬燧、渾瑊討之。其將徐廷光素易元諒，數嫚罵，爲優胡戲斥侮其祖。又使約降，曰：「我降漢將耳。」及馬燧至，降於燧。元諒見韓游瓌曰：「彼詬吾祖，今日斬之，子助我乎？」許諾。既而遇諸道，卽數其罪，叱左右斬之，詣燧謝。燧大怒，將殺元諒，游瓌見曰：「殺一偏裨尙爾，卽殺一節度，法宜如何？」燧默然。元諒請輸錢百萬勞軍自贖，瑊亦爲請，燧赦之。帝以專殺，恐有司劾治，前詔勿論。

貞元三年，吐蕃請盟，詔以軍從瑊會平涼，元諒軍潘原，游瓌軍洛口以爲援。元諒曰：「潘原去平涼七十里，虜詐不情，如有急，何以赴？請與公連屯。」瑊以違詔，不聽。瑊壁盟所二十里，元諒密徙營次之。既會，元諒望雲物曰：「不祥，虜必有變！」傳令約部伍出陣。俄而虜劫盟，瑊奔還，元諒兵成列出，而涇原節度使李觀亦以精兵五千伏險，與元諒相表裏，虜騎乃解。是會也，微元諒、觀二人，瑊且不免。帝嘉歎，賜善馬金幣良厚，因賜姓及名。

更節度隴右，治良原。良原隍堞湮圮，旁皆平林薦草，虜入寇，常牧馬休徒於此。元諒培高浚淵，身執苦與士卒均，菑翳榛莽，闢美田數十里，勸士墾藝，歲入粟菽數十萬斛，什具

畢給。又築連弩臺，遠烽候，爲守備，進據勢勝，列新壁。虜至無所掠，戰又輒北，由是涇、隴以安，西戎憚之。卒，年六十二，贈司空，謚曰莊威。

李觀，其先自趙郡徙洛陽，故爲洛陽人。少沈厚寡言。以策干朔方節度使郭子儀，子儀遣佐坊州刺史吳伷，爲防遏使。以親喪解。吐蕃內寇，代宗幸陝，觀隱盩厔，率鄉里子姓千人守黑水，虜不敢侵。嶺南節度使楊愼微奏爲偏將，徐浩、李勉代節度，常倚以軍政，數捕平劇賊。還大將，試殿中監，召爲右龍武將軍。

涇師叛，觀適番上，卽領兵千餘扈德宗奉天。詔盡察諸軍，整飭誰邏，增募五千人，鼙旝譙豎，士氣益振。賜封戶二百，授二子八品官。從至梁州。帝還，詔總後軍。擢四鎭、北庭行軍涇原節度使。在屯四年，訓部伍，儲藏饒衍。平涼之盟，吐蕃不得志。是年，觀入朝，前一日就道，虜至期出精騎狙擊，不及，去。以少府監檢校工部尙書。卒，贈太子少傅。

韓游瓌，靈州靈武人，始爲郭子儀裨將。安祿山反，使阿史那從禮將同羅、突厥五千

騎僞降於朔方，出塞門，誘河曲九蕃府、六胡叛，部落凡五十萬。子儀使游瓌率辛京杲擊破之，九蕃府還附。累進邠寧節度留後。

奉天之狩，兵未集，游瓌與慶州刺史論惟明以兵三千來赴，自乾陵北趨醴泉，未至，有詔引軍屯便橋。次泥泉，與泚兵値，游瓌欲還奉天，監軍翟文秀曰：「吾壁于此，賊敢踰我而西，可夾攻取之。今入奉天，賊亦隨至，是引賊迫天子也。」游瓌曰：「不然，我寡賊衆，彼能分以亢我，餘衆猶能鼓而西也，不如先入衞天子。且奉天無彊卒，安得夾攻？吾士乏且寒，賊以利誘之，衆且潰。」遂還奉天。泚兵躡攻之，戰不利，泚兵奪門，游瓌殊死戰，乃解。泚大治戰棚、雲橋，士皆懼，游瓌曰：「賊取佛祠乾木爲攻具，可以火之。」既而賊大譟攻南雉，游瓌曰：「是分吾力也。」趨北雉，遣將郭詢、郭廷玉以銳士三百傅滿直出，火其棚，投薪於中，風返，棚皆燼，賊氣沮。故諸將推游瓌赴難功第一。帝以衞軍無職局，軍置統軍一員，以游瓌、惟明、賈隱林處之。

李懷光叛，誘游瓌爲變，游瓌白發其書，帝曰：「卿可謂忠義矣！」對曰：「臣安知忠義？但懷光誤臣，使震驚乘輿，後持臣自解。」帝嘉其誠，從問：「計欲安出？」對曰：「懷光總諸府兵，怙以爲亂。今邠有張昕，靈武有甯景璿，河中有呂鳴岳，振武有杜從政，潼關有李朝臣，渭北有竇覦，皆守將也，陛下以其衆與地授之，罷懷光權，而奪以元功，諸將仰首，各聽其

帥，彼安能以亂？」帝曰：「罷懷光權而泚益張，若何？」對曰：「陛下約士以不次之賞，今貢賦方至，發而酬之，其守自固。邠有萬精甲，臣得將之，可以誅賊。四方杖義而起，賊不足慮。」帝美其言。

會懷光誘復至，渾瑊得書，稍嚴卒以警。游瓌不知，發怒，嫚罵瑊。帝疑有變，即日幸梁州，游瓌使子從帝。懷光檄假游瓌邠州刺史，欲因張昕殺之。游瓌既失兵，不知所圖。有客劉南金說曰：「邠有留甲，可以立功，殆天假也！」游瓌悟，誘舊部兵八百馳入邠，說昕曰：「懷光自蹈禍機，公今可取富貴，無共汚不義也。我願以麾下爲公先驅。」昕不聽。游瓌移疾不出，陰結其將高固等。昕欲殺游瓌，戒左右吏甲入，昕小史李岌潛白游瓌，伏甲先起，高固等應之，斬昕首以聞。時懷光子玫在邠，游瓌衞出之，曰：「殺之祇以怒敵，至必遽，不如捨之。」玫至涇陽，懷光遂走蒲州。

游瓌屯七盤，受李晟節度。詔拜邠寧節度使，遂會渾瑊於奉天，與瑊、戴休顏分扼京西要險。李晟入長安，游瓌破泚兵咸陽。泚走涇州，游瓌使諭涇將楊澄，澄拒不納，泚遂敗。京師平，遷檢校尚書左僕射，實封戶四百。帝至自興元，游瓌及瑊、休顏從，而李晟、尙可孤、李元諒奉迎，論功與瑊等皆第一。游瓌還屯邠寧。懷光寇同州，瑊、元諒敗於乾坑。詔游瓌率兵幷力，敗賊衆五千于屯。遂會瑊、馬燧圍蒲城。師次焦籬堡，守將尉珪降。懷光

見勢單蹙，乃縊死。

貞元二年，吐蕃入涇、隴、邠、寧，游瓌追至安化，虜營合水北。游瓌策曰：「賊行無人地，必怠，可襲取之。」使將史履澄夜領兵五百入其營，斬數百級，取馬五千。遲明，虜以兵尾擊，游瓌羅幟自衞，鼙鼓四發，虜驚潰去。是歲，復圍鹽州，刺史杜彥光約與之城，吐蕃許之，又取銀、夏、麟等州。游瓌請收鹽州以斷戎人走集：「虜入漢，食禾菽，方春而病，此天亡時也。」有詔李元諒、韓全義率師一萬，會游瓌收鹽州。吐蕃請修清水盟，以歸侵地，馬燧爲之請。詔問游瓌，答曰：「西戎弱則請盟，彊則入寇，今侵地益深而乞盟，詐我也！」帝不從。會盟平涼，詔游瓌以軍屯洛口。盟之日，游瓌以勁騎五百待非常，令曰：「即有變，急趨柏泉以分虜勢。」瑊被劫，馳以免，虜見兵出，即解去。後吐蕃寇大回原，游瓌方壁長武，即選騎八百迎擊，自引兵繼之。監軍以爲戎不可易，答曰：「賊攻豐義，今游騎先破，則彼大衆不敢前，豐義全矣！」戰南原，敗之，吐蕃夜遁。

會子欽緒以射生將衞京師，與妖人李廣弘謀反，謀泄，奔邠州，中人捕斬，以狀示游瓌。游瓌懼，求歸死京師，帝不許。又執欽緒二息送京師，帝亦原之。未幾入朝，素服聽命，有詔復位，勞遇如故。

游瓌盛言城豐義以遏虜侵。帝悅，趣還軍。初，游瓌之朝，衆謂且得罪，故齎送殊薄。

既還，舉軍不自安。大將范希朝善兵，游瓌畏其偪，欲誅之，希朝奔鳳翔，帝聞，召入宿衞。游瓌遣兵築豐義，纔二板而潰，寧卒數百大掠，游瓌不能禁。詔用張獻甫代之。游瓌畏亂，委軍輕出，還京師，拜右龍武統軍。卒，諡曰襄。

廣弘者，自言宗室子，始爲浮屠，妄曰：「我嘗見岳、瀆神，當作天子，可復冠。」男子董昌舍廣弘於資敬寺，召相工唐郛視之，教郛告人曰：「廣弘且大貴。」乃誘欽緒、神策將魏循李傪、越州參軍事劉昉等作亂。昉家數具酒大會廣弘所，陰相署置。又妄曰：「神戒我十月十日趣舉。」約欽緒夜擊鼓，譟淩霄門，焚飛龍廄，循等以神策兵迎廣弘，事捷，大剽三日。循、傪上變，乃禽廣弘及支黨鞫仗內，付三司訊實，皆殊死。廣弘臨刑，色自如。由是禁人不得入觀、祠。

杜希全，京兆醴泉人。以裨將隸郭子儀，積功勞至朔方節度使。軍令整嚴，士畏其威。奉天之狩，希全與鄜坊節度使李建徽、鹽州刺史戴休顏、夏州刺史時常春引兵赴難。次漠谷，爲賊邀擊，乘高縱石下之，彊弩雜發。德宗使援之，不克，還保邠州。賊平，遷檢校尙書左僕射、靈鹽豐夏節度使，封餘姚郡王。將即屯，獻體要八章，砭切政病。帝嘉納，賜

君臣箴一篇。

尋兼夏綏銀節度都統，建言：「鹽州據要會，爲塞保鄣，自平涼背盟，城陷于虜，於是靈武勢縣，鄜坊單逼，爲邊深患，請復城鹽州。」乃詔希全及朔方、邠寧、銀夏、鄜坊、振武及神策行營諸節度合選士三萬五千屯鹽州，又敕涇原、劍南、山南軍深入吐蕃，牽橈其力，使不得犯塞。執築凡六千人，閱二旬畢。由是虜憚，不輕入。

希全居河西久，頗越法橫肆，帝數容掩其短。豐州刺史李景略名出希全上，疑逼己，遂排劾之，帝爲斥以答其意。素苦風眩，稍劇，益忌忍，遂誣殺判官李起，吏下累息。卒，贈司空。

邢君牙，瀛州樂壽人。少從幽薊、平盧軍，以戰功歷果毅、折衝郎將。安祿山反，從侯希逸涉海入青州。田神功爲兗鄆節度使，使君牙將兵屯好畤防盛秋。吐蕃犯京師，代宗出陜，以扈從功，累封河間郡公。

建中初，李晟從馬燧討田悅，以君牙爲都將，在武安、襄國間凡五戰，斬馘功最。德宗出奉天，晟率君牙倍道赴難，徙屯渭橋，軍中便宜，唯君牙得豫。晟在鳳翔，數行邊，常以

中華書局

惡靡不知，所祕靡不傳，所爲靡不效。敢以智則詐，示以疑則偷。接不以禮則其徇義輕，撫不以情則其效忠薄。上行則下從之，上施則下報之，若景附形，若響應聲。故曰：「惟天下至誠，爲能盡其性。」不盡於己而責盡於人，不誠於前而望誠於後，必紿而不信矣。今方鎮有不誠於國，陛下興師伐之；臣有不信於上，陛下下令誅之。有司奉命而不敢赦者，以陛下所有責彼所無也。故誠與信不可斯須去己。願陛下愼守而力行之，恐非所以爲悔也。

傳曰：「人誰無過？過而能改，善莫大焉。」仲虺歌成湯之德曰：「改過不吝。」吉甫美宣王之功曰：「衮職有闕，仲山甫補之。」夫成湯聖君也，仲虺聖輔也，以聖輔贊聖君，不稱其無過，稱其改過；周宣中興賢王也，吉甫文武賢臣也，歌誦其主，不美其無闕，而美其補闕。則聖賢之意，貴於改過，較然甚明。蓋過差者，上智下愚所不免，惟智者能改而之善，愚者恥而之非也。中古以降，其臣尙諛，其君亦自聖，掩盛德，行小道，乃有入則造膝，出則詭辭，姦由此滋，善由此沮，天子意由此惑，爭臣罪由此生，媚道行而害斯甚矣。太宗有文武仁義之德、治致太平之功，可謂盛矣，然而人到于今以從諫改過爲稱首。是知諫而能從，過而能改，帝王之大烈也。陛下謂諫官論事，引善自予，歸過於上者，信非其美，然於盛德，未有虧焉。納而不違，傳之適足增美；拒而違之，又安能

禁之勿傳？不宜以此梗進言之路也。

聖人不忽細微，不侮鰥寡。參言無驗不必用，質言當理不必違；遜於志不必然，逆於心不必否；異於人不必是，同於衆不必非；辭拙而效迂者不必愚，言甘而利重者不必智。考之以實，惟善所在，則可以盡天下之心矣。夫人情蔽於所信，阻於所疑；忽於所輕，溺於所欲。信偏則聽言不盡其實，故有過當之言；疑甚則雖實不聽其言，故有失實之聽。輕其人則遺可重之事，欲其事則存可棄之人。苟縱所私，不考其實，則是失天下之心矣。故常情之所輕，聖人之所重，不必慕高而好異也。

陛下又以雷同道說，加質則窮。臣謂陛下雖窮其辭而未窮其理，能服其口而未服其心。且下之情莫不願達於上，上之情莫不求知於下，然而下常苦上之難達，上常苦下之難知。若是者何？九弊不去也。所謂九弊者，上有六，下有三：好勝人，恥聞過，騁辯給，衒聰明，厲威嚴，恣彊愎，上之弊也；諂諛，顧望，畏懦，下之弊也。好勝而恥過，必甘佞辭，忌直言，則諂諛者進，而忠實之語不聞矣。騁辯而衒明，必折人以言，虞人以詐，則顧望者自便，而切摩之益不盡矣。厲威而恣愎，必不能降情接物，引咎在己，則畏懦者至，而情理之說不申矣。人之難知，堯、舜所病，胡可以一酬一詰，而謂盡其能哉？夫欲治天下，而不務得人心，則天下固不治矣；務得人心，而不勤接下，則心

固不得矣；務接下而不辨君子小人，則下固不可接矣；務辨君子小人，而惡直嗜諛，則君子小人固不可辨矣。趨和求媚，人之甚利存焉；犯顏冒禍，人之甚害存焉。居上者易其言而以美利利之，猶懼忠告之不暨，況疏隔而猜忌者乎？

是時，賊未平，帝欲明年遂改元，而術家爭言數鍾百六，宜有所變，示天下復始。帝乃議更益大號。贄曰：「今乘輿播越，大憝未去，此人情向背、天意去就之隙，陛下宜痛自貶勵，不宜益美名以累謙德。」帝曰：「卿言固善，然要當小有變革，爲朕計之。」贄奏言：「古之人君，德合於天曰『皇』，合於地曰『帝』，合於人曰『王』，父天母地以養人治物得其宜者曰『天子』，皆大名也。三代而上，所稱象其德，不敢有加焉。至秦乃兼曰『皇帝』，流及後世昏僻之君，始有聖劉、天元之號，故人主重輕，不在稱謂，視德何如耳。若以時屯當有變革，不若引咎降名，以祗天戒。且矯舊失，至明也；損虛飾，大知也。寧與加冗號以受實患哉？」帝從之。

會興元赦令方具，帝以稾付贄，使商討其詳。贄知帝執德不固，困則思治，泰則易驕，欲激之使彊其意，即建言：「履非常之危者，不可以常道安；解非常之紛者，不可以常令諭。陛下窮用兵甲，竭取財賦，變生京師，盜據宮闈。今假王者四凶，僭帝者二豎，其它顧瞻懷貳，不可悉數。而欲紓多難，收羣心，惟在赦令而已。動人以言，所感已淺，言又不切，人誰肯

懷？故誠不至者物不感，損不極者益不臻。夫悔過不得不深，引咎不得不盡，招延不可不廣，潤澤不可不弘。使天下聞之，廓然一變，人人得其所欲，安有不服哉？其須改革科條，已別封上。臣聞知過非難，改之難；言善非難，行之難。易曰：『聖人感人心而天下和平。』夫感者，誠發於心，而形於事，事或未諭，故宜之於言，言必顧心，心必副事，三者相合，乃可求感。惟陛下先斷厥志，以施其辭。度可行者而宣之，不可者措之。無苟於言，以重取悔。」帝納之。

始，帝播遷，府藏委棄，衞兵無褚衣。至是天下貢奉稍至，乃於行在夾廡署瓊林、大盈二庫，別藏貢物。贄諫，以爲：「瓊林、大盈於古無傳。舊老皆言：開元時貴臣飾巧以求媚，建言郡邑賦稅，當委有司以制經用，其貢獻悉歸天子私有之。蕩心侈欲，亦終以餌寇。今師旅方殷，瘡痛呻吟之聲未息，遽以珍貢私別庫，恐羣下有所觖望，請悉出以賜有功。令後納貢必歸之有司，先給軍賞，瓌怪纖麗無得以供。是乃散小儲成大儲，捐小寶固大寶也。」帝悟，即撤其署。

李懷光有異志，欲怒其軍使叛，即上言：「兵稾薄，與神策不等，難以戰。」李晟密言其變，因請移屯。帝遣贄見懷光議事。贄還奏：「懷光寇奔不追，師老不用，羣帥欲進，輒沮止其謀。此必反，宜有以制之。」因勸帝許晟移軍。初，贄與懷光語及晟，懷光妄詆曰：「吾無

所蓄晟。」贄即美其彊雄，使不得翻覆。至是，請下詔書如其意者，且無辭歸短於朝。又建：「遣李建徽、陽惠元與晟并屯東渭橋，託言晟兵寡不足支賊，俾為犄角。懷光雖不欲遣，且辭窮，無以沮解。」帝猶豫曰：「晟移屯，懷光固怏怏，若又遣建徽等俱東，彼且為辭。少須之。」晟已徙營，不閱旬，懷光果奪兩節度兵，建徽挺身免，惠元死之，行在震驚，遂徙辛梁。

道有獻瓜果者，帝嘉其意，欲授以試官，贄曰：「爵位，天下公器，不可輕也。」帝曰：「試官虛名，且已與宰相議矣，卿其無嫌。」贄奏：「信賞必罰，霸王之資也。輕爵褻刑，衰亂之漸也。非功而獲爵則輕，非罪而肆刑則褻。天寶之季，嬖幸傾國，爵以情授，賞以寵加，綱紀始壞矣。羯胡乘之，遂亂中夏。財賦不足以供賜，而職官之賞興焉。職員不足以容功，而散、試之號行焉。今所病者爵輕也，設法貴之，猶恐不重，若又自棄，將何勸焉？陛下謂試官為虛名，豈思之未熟邪？夫立國惟義與權，誘人惟名與利。名近虛，於教為重；利近實，於德為輕。凡所以裁是非，立法制，則存乎其義；參虛實，揣輕重，則存乎其權。專實利而不濟之以虛，則物有匱耗而不給矣；專虛名而不副之以實，則情有誕謾而不趨矣。故錫貨財，列臬秩，以彰實也；差品列，異服章，以飾虛也。居上者達其變，相須以為表裏，則為國之權得矣。桉甲令，有職事官，有散官，有勳官，有爵號。其賦事受奉者，惟職事一官，以敍才能，以位勳德，所謂施實利而寓虛名也。勳、散、爵號，止於服色、資蔭，以馭崇貴，以甄功

勞，所謂假虛名佐實利者也。今員外、試官與勳、散、爵號同，然而突銛鋒、排禍難者以是酬之，可謂重矣。今獻瓜一器、果一盛則受之，彼忘軀命者有以相謂矣，曰：『吾之軀命乃同瓜果。』瓜果，草木也。若草木然，人何勸哉？夫田父野人必欲得其歡心，厚賜之可也。」

俄以勞遷諫議大夫，仍為學士。時鳳翔節度使李楚琳殺張鎰得位，雖數貢奉，議者頗言其挾兩端，有所狙伺。然帝亦不能容，其使至，皆不得召，欲以渾瑊代之。贄諫曰：「楚琳之罪舊矣，今議者乃始紛紜，不亦晚哉？且勤王之師在畿內者，急宣亟告，晷刻不可差。商嶺既回遠，而駱谷又為賊所扼，通王命者唯褒斜爾。若復阻，則諸鎮之向背者，我勝則來，賊勝遂往，此焉幾會，不容差跌。使楚琳逞憾，敢為倡狂，南塞要衝，東與賊合，則我咽喉梗而心膂分矣，豈不病哉！今顧望兩端，是乃天誘其衷，通歸塗，濟大業也。」帝釋然，盡召見其使，優詔勞安之。

帝欲以內外從官普號「定難元從功臣」。贄曰：「宮官具寮，恪居奔走，勞則有之，何功之云？難則嘗之，何定之云？今與奮命者齒，恐沮戰士之心，結勳臣之憤。」帝乃止。

京師已平，帝欲詔渾瑊訪奔亡內人，給裝使赴行在，贄諫曰：「大難始平，而百役疲瘵之甿、重傷殘廢之卒，皆忍死扶疾，想聞德音。蓋事有先後，義有輕重，重者宜先，輕者宜後。昔武王克殷，有未下車而為之者，有下車而為之者。當今所務，謂宜以大臣馳傳，迎復神主，脩飭郊丘，展禋享之禮，申告謝之意，恤死義，犒有功，崇進忠直，優問耆耋，定反側，寬脅從，官失職，復廢業，是皆宜先不可後也。葺宮室，治服玩，耳目之娛，巾櫛之侍，是皆宜後不可先也。且內人當離潰之後，或為將士所私。昔人掩絕纓、飲盜馬者，豈忘其愛邪？知為君之體然也。天下固多褻人，何必獨此？」帝不復下詔，猶遣使諭瑊資遣。

初，劉從一、姜公輔等材下，不逮贄遠甚，徒以單言暫謀偶有合，由下位建台宰。而贄孤立一意，為左右權倖沮短，又言事無所回諱，陰失帝意，久之不得宰相。還京，但為中書舍人。母韋猶在江東，帝遣中人迎還京師。俄以喪解官，客東都。諸方賵遺一不取，惟韋皋以布衣交，先以聞，故所致輒稱詔受之。又詔中人護父柩至自吳會，葬洛陽。服除，以權知兵部侍郎復召為學士。入謝，伏地鯁泣，帝為興，改容慰撫。眷遇彌渥，天下屬以為相，而竇參素不平，忌之。贄亦數言參罪失。貞元七年，罷學士，以兵部侍郎知貢舉。明年，參黜，乃以中書侍郎同中書門下平章事。

帝始任楊炎、盧杞，引樹私黨，排忠良，天下怨疾。貞元後，懲艾其失，雖置宰相，至除用庶官，反覆參詰乃得下。及贄秉政，始請臺閣長官得自薦其屬，有不職，坐舉者。帝初許之，或言諸司所引皆親黨，招賂遺，無實才，帝復詔宰相自擇。贄奏言：「齊桓公問管仲害霸，對曰：『得賢不能任，害霸也。任賢不能固，害霸也。固始而不終，害霸也。與賢人謀

事，而小人議之，害霸也。』所謂小人者，非悉懷險詖以覆邦家也，蓋趣向狹促，以沮議為出衆，自異為不羣，趣小利，昧遠圖，効小信，傷大道爾。所謂臺省長官，僕射、尚書、丞、郎、御史大夫、中丞是也。陛下擇輔相多出其中，行實不能頓殊也。今乃謂不能進一二屬吏，豈後位宰相則可擇天下材乎？夫求才者貴廣，考課者貴精。往武后收人心，務拔擢，非徒人得薦士，亦許自舉其才，豈不易哉？然而課責嚴，進退速，故當世稱知人之明，累朝賴多士之用。陛下賞鑒獨任，難於公舉，有登延之路，無練覈之方。武后以易得人，陛下以精失士。今擇宰相以重於庶品，選長官以愈於下流，及宰相獻言，長吏薦士，則又納橫議，廢始謀，是任以重者輕其言，待以輕者重其事也。」帝雖嘉之，然卒停薦士詔。

舊制，吏部選以歲集。乾元後，天下兵興，率三年一調，吏員稽壅，則案牒叢淆，僞冒蒙眞，吏緣以為姦，廢置無綱，至十年不被調者，缺員或累歲不補。贄乃請以內外員三分之，每歲計闕集人，檢柅吏姦，天下便之。當是時，賈耽、盧邁、趙憬同輔政，凡有司關白，三人者更相顧不肯判。贄又請如故事，旬一人秉筆，所咨輒判。

又以西北邊歲調河南、江淮兵，謂之「防秋」。士不素練，戰數敗，將統制不一，亡以應敵。乃上陳其弊曰：

自祿山構亂，肅宗始撤邊備，以靖中邦，借外威，寧內難，於是吐蕃乘釁，回紇矜

功，中國不振，四十餘年。率傷耗之民，竭力以事，西輸賄繒，北償馬資，尚不足滿其意。於是調斂四方，以屯疆陲，又不能遏其侵。故小入則驅略，深入則戒嚴。于時議安邊者，皆務所難，忽所易，勉所短，略所長，行之而要不精，圖之而功靡就。

夫勢有難易，事有先後。力大而敵脆，則先所難，是謂奪人之心也；力寡而敵堅，則先所易，是謂觀釁而動也。今財匱於中，人勞未瘳，而欲發師徒以犯獵寇境，復其侵疆，攻其堅城，前有勝負未必之虞，後有餽運不繼之患，萬一橈敗，適所以啓戎心，挫國威也。以此安邊，可謂不量勢而務所難矣。天之授有分，地之產有宜，是以五方之俗，長短各殊。勉所短而敵長者殆，用所長而乘短者彊。且以水草爲居，討獵爲生，便於馳突，不恥敗亡，此戎狄所長，中國之短也。而欲益兵蒐乘，爭驅角力，交鋒原野之上，決命尋常之間，以此禦寇，可謂勉所短而校其長矣。務所難，勉所短，勞費百倍，終無成功，雖果成之，不挫則廢。誠以越天授，違地產，虧時勢，以反物宜者也。胡不守所易，用所長乎？

若乃擇將吏，脩紀律，訓齊師徒；耀德以佐威，能邇以示遠；禁侵暴以彰吾信，抑攻取以昭吾仁；彼求和則善之而勿與盟，彼爲寇則備之而不報復。此當今所易也。賤力貴智，好生惡殺；輕利重人，忍小全大；安其居而動，俟其時後行。脩封疆，守要

害，蹊塹隧，列屯營，謹禁防，明斥候，務農足食，非萬全不謀，非百克不鬬；寇小至則遏其入，寇大至則邀其歸，據險以乘之，多方以誤之，使其勇無所加，衆無所用，掠則靡獲，攻則不能，進有腹背支敵之虞，退有首尾不相救之患。是謂乘其弊，不戰而屈人兵。此中國之長也。我之所長，戎狄之短也；我之所易，戎狄之難也。以長制短，則用力寡而見功多；以易敵難，則財不匱而事速成。捨此不務而反爲所乘，斯謂倒持戈矛，以鐏授寇者也。今皆務之矣，尚且守封未固，寇戎未懲者何邪？病在謀無定用，衆無適從；任者不必才，才者不必任；聞不必實，實不必聞；所信不必誠，所誠不必信；行不必當，當不必行。

又有六失焉。夫兵有攻討，有鎭守。權以紓難，暫以應機，事有便宜，謀有奇詭，不卹常制，不徇衆情，死生進退，唯將所命，攻討之兵也。人情者利焉則勸，習焉則安，保親戚而後樂生，顧家業而後忘死，可以治術馭，不可以法制驅，鎭守之兵也。王者欲備封疆，禦戎狄，則選鎭守之兵以置之。古之善遷置者，必辨其土宜，察其技能，知其好惡。用其力，不違其性；齊其俗，不易其宜；引其善，不責其所不能；禁其非，不處其所不欲。類其部伍，安其家室，然後能使之樂其居，定其志。以惠則感而不驕，以威則肅而不死。靡督課而自用，弛禁防而不攜。故守則固，戰則彊。其術無它，便於人而

已。今遠調屯士，以戍邊陲，邀所不能，彊所不欲，廣其數不考於用，責其力不察其情，斯可爲羽衞之儀，而無益備禦之實也。何者？窮邊之地，千里蕭條，寒風裂膚，豺狼爲鄰，晝則荷戈以耕，夜則倚烽以覘，有剽害之慮，無休暇之娛，非生其域、習其風，幼而覩焉，長而安焉，則不能寧居而狎其敵也。關東百物阜殷，士忕溫飽，比諸邊隅，不翅天地。聞絕塞荒陬，則辛酸動容；聆彊蕃勁虜，則懾駭褫情。又使去親族，捨園廬，甘所辛酸，抗所懾駭，將冀爲用，不亦疏乎？又有休代之期，無統制之善，資奉姑息，譬如驕子，進不邀以成功，退不處以嚴憲，屈指計歸，張頤待飼，師一挫傷，則乘其危橈，布路東潰。平居殫資儲以奉浮冗，臨難棄城鎭以搖疆埸。其弊豈特無益哉？謫徙之人，本以增戶實邊，立功自贖，既無良之人，而思亂幸災又甚於戍卒，適有防衞之煩，而無立功之益。雖前代行之，固非可遵者也。帥臣身不臨邊，而以偏師戍守。大抵士之犀銳，悉選以自奉，委疲羸者以守要衝，寇至而不支，則劫執芟蹂，恣所欲得，比都府聞之，虜已旋返。治兵若此，斯可謂措置乖方。一失也。

賞以存勸，罰以示懲，以懋有庸，以威不恪。故賞罰之於馭衆，譬輗軏所以行車，銜勒所以服馬也。今將之號令不能行之軍，國之典刑不能施之將，上下遵養，以苟歲時。欲褒一有功，慮無功者怨，嫌疑而不賞；欲責一有罪，畏同惡者竦，隱忍而

不誅。故忘身効節者抵誤於衆，僨軍緩救者畜姦不畏。褒貶稱毀，紛然相亂。公者直己不求諸人，則罹困厄；姦者行私苟媚於衆，則取優崇。此義士勇夫所以痛心解體也。又如遇敵而守不固，陳謀而功不成，責將帥，將帥曰資糧不足，責有司，有司曰須給無乏，更相爲解，而朝廷含糊，未嘗究詰。故抱直者吞聲，罔上者不懲。馭衆若此，可謂課責虧度。二失也。

以課責之虧，措置之乖，將不得竭其才，卒不得盡其力，屯集雖衆，無施戰陣，虜常橫行，以謂境無人焉。吏習其常，惟曰兵少不敵，朝廷莫之省，則又調發益師，無裨於備禦，而有弊於供億。閭井日耗，斂求日繁，傾家析產，榷鹽稅酒，無慮所入半以事邊。制用若此，可謂財匱於兵衆矣。三失也。

今四夷最彊盛者，莫如吐蕃。舉吐蕃衆，未當中國十數大郡，而內虞外備與中國不殊，所以能寇邊者無幾。又器不犀利，甲不精完，材不趫敏。動則中國懾其衆不敢抗，靜則憚其彊不敢侵，何哉？良以我之節制多，而彼之統帥一也。且節制多，則人心不一；人心不一，則號令不行；號令不行，則進退難必；進退難必，則疾徐失宜；疾徐失宜，則機會不及；機會不及，則氣勢自衰。斯乃勇廢爲尩，衆失爲弱。開元、天寶時，制西北二蕃，則朔方、河西、隴右三節度而已，尚慮權分，或詔兼領之。中興未遑

外討，則儒四鎮隸安定，以隴右附扶風，所當二蕃，則朔方、涇原、隴右、河東四節度而已，以關東戍卒屬之。雖任未得人，而措置之法存焉。自賊泚亂以誘涇原，懷光反以汙朔方，則分朔方爲三節度，其鎮軍且四十，皆特詔任之，各有中人監軍，咸得相抗。旣無軍法臨下，莫能稟屬，邊書告急，方使關白用兵，是謂從容拯溺，揖讓救焚矣。兵以氣若勢爲用者也，氣聚則盛，散則消，勢合則威，析則弱。今之邊戍，勢弱氣消。建軍若此，可謂力分於將多矣。四失也。

治戎之要，在均齊而已。故軍法無貴賤之差，多少之異，所以同其志，盡其力也。被邊長鎮之兵，皆百戰傷夷，角所能則習，度所處則危，考服役則勞，察臨敵則勇，然衣稟止於當身，又爲家室所分，居常凍餒。而關東戍士，歲月更代，怯於應敵，懈於服勞，然衣稟優厚，繼以茶藥，資以蔬醬。豐寡相縣，勢則遼甚。又有以邊軍詭爲奏請遙隸神策者，稟賜之饒，有三倍之益。此士類所以忿恨，經費所以褊匱。夫事業未異，給養頓殊，人情所不甘也。不爲戎首，已可嘉者，況使協力同心，以攘寇難，臣知有所不能焉。養士若此，可謂怨生於不均矣。五失也。

凡任將帥，必先考察行能，然後指所授之方，所委之要，令自揣可否，以見要領。須某甲兵，藉某參屬，用若干步騎，計若干資糧，何所列屯，何時成功，覈其言，校其實。

若曰不足取，當艱之於初，不宜詒悔於後也。若曰可任，則當要之於終，不宜掣肘於內也。故疑者不使，使者不疑。勞神於拔選，端拱於委任，然後覈否臧，信賞罰，受賞者不爲濫，當罰者不敢辭，付授專則苟且之心息矣。是以古之遣將者，君推轂而命之，又賜鈇鉞，故軍容不入國，國容不入軍，機宜不以遠決，號令不以兩從。今陛下命帥，先求易制者，多其部使力分，輕其任使心弱。由是分閫責成之義廢，死綏任咎之志衰。一則聽命，二則聽命，止取承順可矣，若有意乎靖難則不可。兩疆相接，兩軍相持，事機所急，鱄不留息，況千里之遠，九重之深，陳述之難明，聽覽之不專，欲事無遺策，雖聖亦有所不能焉。守戍者以寡不敢抗，分鎮者以無詔不敢救，逗留之頃，寇已奔逼。牧馬屯牛，鞠椎剽矣；嗇夫樵婦，罄俘囚矣。假令詔至發兵，更相顧望，莫敢遮礙。敗者滅百爲一，獲者衍百爲千。帥守以總制在朝，不衄於罪，陛下以權出己，不究厥情。用帥若此，可謂機失於遙制矣。六失也。

臣愚謂宜罷四方之防秋者，以其數析而三之：其一，責本道節度，募壯士願屯邊者徙焉；其一，則弟以本道衣稟，責關內、河東募用蕃、夏子弟願傅軍者給焉；其一，以所輸資糧給應募者，以安其業。詔度支市牛，召工就諸屯繕完器具。至者家給牛一，耕耨水火之器畢具，一歲給二口糧，賜種子，勸之播蒔。須一年，則使自給，有餘粟者，縣官倍價以售。旣息調發之煩，又無幸免之弊，出則人自爲戰，處則家自爲耕。與夫暫屯遽罷，豈同日論哉！然後建文武大臣一人爲隴右元帥，自涇、隴、鳳翔薄長武城，盡山南西道，凡節度府之兵皆屬焉。又詔一人爲朔方元帥，由鄜坊、邠寧撻靈夏，凡節度府之兵屬焉。又詔一人爲河東元帥，舉河東、極振武，節度府之兵屬焉。各以臨邊要州爲治所，所部州若府遴柬良吏爲刺史，外奉軍興，內課農桑，愼守中國所長，謹行當今所易，則八利可致，六失可去矣。

帝愛重其言，不從也。

班宏判度支，卒官，贄薦李巽，帝漫許之，而自用裴延齡。贄言：「延齡僻戾躁妄，不可用。」不聽。俄而延齡姦佞得君，天下仇惡，無敢言。贄上書苦諫，帝不懌，竟以太子賓客罷。贄本畏愼，未嘗通賓客。延齡揣帝意薄，譖短百緒，帝遂發怒，欲誅贄，賴陽城等交章論辨，乃貶忠州別駕。後稍思之，會薛延爲刺史，諭旨尉勞。韋皋數上表請贄代領劍南，帝猶銜之，不肯與。順宗立，召還。詔未至，卒，年五十二，贈兵部尚書，謚曰宣。

始，贄入翰林，年尚少，以材幸，天子常以輩行呼而不名。在奉天，朝夕進見，然小心精潔，未嘗有過，由是帝親倚，至解衣衣之，同類莫敢望。雖外有宰相主大議，而贄常居中參裁可否，時號「內相」。嘗爲帝言：「今盜徧天下，宜痛自咎悔，以感人心。昔成湯罪己以興，

楚昭王出奔，以一言善復國。陛下誠不吝改過，以言謝天下，使臣持筆亡所忌，庶叛者革心。」帝從之。故奉天所下制書，雖武人悍卒無不感動流涕。後李抱眞入朝，爲帝言：「陛下在奉天、山南時，赦令至山東，士卒聞者皆感泣思奮。臣是時知賊不足平。」議者謂興元戡難功，雖爪牙宣力，蓋贄有助焉。狩山南也，道險澀，與從官相失，夜召贄不得，帝驚且泣，詔軍中得贄者賞千金。久之，上謁，帝喜見顏間，自太子以下皆賀。及輔政，不敢自顧重，事有可否必言之，所言皆剴拂帝短，懇到深切。或規其太過者，對曰：「吾上不負天子，下不負所學，皇它卹乎？」旣放荒遠，常闔戶，人不識其面。又避謗不著書，地苦瘴癘，祇爲今古集驗方五十篇示鄉人云。

贊曰：德宗之不亡，顧不幸哉！在危難時聽贄謀，及已平，追仇盡言，怫然以讒倖逐猶棄梗。至延齡輩，則寵任磐桓，不移如山，昏佞之相濟也。世言贄白罷翰林，以爲與吳通玄兄弟爭寵，竇參之死，贄漏其言，非也。夫君子小人不兩進，邪諂得君則正士危，何可訾耶？觀贄論諫數十百篇，譏陳時病，皆本仁義，可爲後世法，炳炳如丹，帝所用纔十一。唐胙不競，惜哉！

唐書卷一百五十八

列傳第八十三

韋皋 韋正貫 劉闢 張建封 愔 嚴震 讜 韓弘 公武 充

韋皋字城武，京兆萬年人。六代祖範，有勳力周、隋閒。皋始仕爲建陵挽郎，諸帥府更辟，擢監察御史。張鎰節度鳳翔，署營田判官。以殿中侍御史知隴州行營留事。德宗狩奉天，李楚琳殺鎰，劫衆叛歸朱泚，隴州刺史郝通奔降楚琳。始，泚以范陽軍鎮鳳翔，既歸節，而留兵五百戍隴上，以部將牛雲光督之。至是，雲光謀請皋爲帥，將劫以臣泚。別將翟曄伺知，以白皋。雲光懼不克，率衆出奔，至汧陽，遇泚奴使皋所，謂雲光曰：「太尉已爲天子，使我以御史中丞授皋，若聽，固吾人也，不受，可遂誅之，請以兵俱。」許之。皋迎勞，先納奴，僞受泚詔。即讓雲光曰：「既去而復，何也？」對曰：「向未知公之命，故去；今還，願與公同生死。」皋曰：「大使固善，苟無它圖，請釋甲以安衆，而後可入也。」雲光以皋

諸生，亡能爲，乃命士委仗鎧，皋受而內其卒。明日，置酒大會，奴、雲光與其下至，皋伏甲左右廡，酒行，盡殺之，以其首徇。泚復使它奴拜皋鳳翔節度使，皋亦斬之及從騎三人，縱一人使報泚。帝聞，乃授皋隴州刺史，置奉義軍，拜節度使，寵其功。皋遣兄平及弁繼至奉天，士氣益壯。乃築壇血牲與士盟曰：「協力一心，以誅元惡，有渝此盟，神其殛之。」又馳使吐蕃與連和，隴坻遂安。帝自梁、洋還，召爲左金吾衞將軍，遷大將軍。

貞元初，代張延賞爲劍南西川節度使。初，雲南蠻羈附吐蕃，其盜塞必以蠻爲鄉道。皋計得雲南則斬虜右支，乃閒使招徠之，稍稍通西南夷。明年，蠻大首領苴那時以王爵讓其兄子烏星。始，烏星幼，那時攝領其部，故請歸爵。皋上言：「禮讓行于殊俗，則悖戾者化，願皆封以示褒進。」詔可。又明年，雲南款邊求內屬，約東蠻鬼主驃傍、苴夢衝等絕吐蕃盟。五年，東蠻斷瀘水橋攻吐蕃，請皋濟師。皋遣精卒二千，與蠻共破吐蕃於臺登，殺青海大酋乞臧遮遮、臘城酋悉多楊朱及論東柴等，虜墜死崖谷不可計，多獲牛馬鎧裝。遮遮，尙結贊之子，虜貴將悍雄者也，既敗，酋長百餘行哭隨之。悍將已亡，則屯柵以次降定。進檢校吏部尙書。

初，東蠻地二千里，勝兵常數萬，南倚閤羅鳳，西結吐蕃，狙勢彊弱爲患，皋能綏服之，故戰有功。詔以那時爲順政王，夢衝懷化王，驃傍和義王，刻「兩林」、「勿鄧」等印以賜之。

而夢衝復與吐蕃盟，皋遣別將蘇嵬召之，詰其叛，斬于琵琶川，立次鬼主樣棄等，蠻部震服。乃建安夷軍於資州，維制諸蠻；城龍谿於西山，保納降羌。

九年，天子城鹽州，策虜且來橈襲，詔皋出師牽維之。乃命大將董勔、張芬分出西山、靈關，破峨和、通鶴、定廉城，踰的博嶺，遂圍維州，搏棲雞，攻下羊溪等三城，取劍山屯焚之。南道元帥論莽熱來援，與戰，破其軍，進收白岸，乃城鹽州。詔皋休士。以功爲檢校尙書右僕射、扶風縣伯。

於是西山羌女、訶陵、南水、白狗、逋租、弱水、清遠、咄霸八國酋長，皆因皋請入朝。乃遣幕府崔佐時由石門趣雲南，而南詔復通。石門者，隋史萬歲南征道也，天寶中，鮮于仲通下兵南溪，道遂閉。至是蠻徑北谷，近吐蕃，故皋治復之。繇黎州出邛部，直雲南，置青溪關，號曰「南道」。乃詔皋統押近界諸蠻、西山八國、雲南安撫使。俄進同中書門下平章事。

十三年，復巂州。吐蕃怨，完壘造舟，謀擾邊，皋輒破卻之。自是曩貢、臘城等九節度嬰嬰、籠官馬定德與大將舉落皆降，昆明管些蠻又內附。贊普怒，遂北掠靈、朔，破麟州以取償焉。帝詔皋深入以橈虜。皋遣大將陳洎等出三奇，崔堯臣趨石門無衣山，仇冕、董振走維州，邢玼出黃崖略棲雞、老翁城，高倜、王英俊繇峨和、清溪道薄故松州，元膺出灊山、

成溪，臧守至道黎、巂，韋良金趣平夷，路惟明自靈關、夏陽攻逋租、偏松城，王有道涉大度河，陳孝陽率蠻苴那時等道西瀘攻昆明、諾濟，師無慮五萬，以八月悉出塞。十月，大破吐蕃，拔其保鎭捕候，追奔轉戰千里，遂圍維州。吐蕃釋靈、朔兵，使論莽熱以內大相兼東境五節度大使，率雜虜十萬來救。師伏以待，虜乘勝深入，師譟而奮，虜大潰，生禽莽熱獻諸朝。帝悅，進檢校司徒兼中書令、南康郡王，帝製紀功碑褒賜之。

順宗立，詔檢校太尉。會王叔文等干政，皋遣劉闢來京師謁叔文曰：「公使私於君，請盡領劍南，則惟君之報。不然，惟君之怨。」叔文怒，欲斬闢，闢遁去。皋知叔文多釁，又自以大臣可與國大議，即上表請皇太子監國，又上牋太子，暴叔文、伾之姦，且勸進。會大臣繼請，太子遂受禪，因投殛姦黨。是歲，皋暴卒，年六十一，贈太師，謚曰忠武。

皋治蜀二十一年，數出師，凡破吐蕃四十八萬，禽殺節度、都督、城主、籠官千五百，斬首五萬餘級，獲牛羊二十五萬，收器械六百三十萬，其功烈爲西南劇。善拊士，至雖昏嫁皆厚資之，婿給錦衣，女給銀塗衣，賜各萬錢，死喪者稱是。其僚掾官雖顯，不使還朝，即署屬州刺史，自以侈橫，務蓋藏之。故劉闢階其厲，卒以叛。朝廷欲追繩其咎，而不與皋者詆所進兵皆鏤「定秦」字，有陸暢者上言：「臣向在蜀，知『定秦』者，匠名也。」繇是議息。暢字達夫，皋雅所厚禮。始，天寶時，李白爲蜀道難篇以斥嚴武，暢更爲蜀道易以美皋焉。

始，皋務私其民，列州互除租，凡三歲一復。皋沒，蜀人德之，見其遺象必拜。凡刻石著皋名者，皆鑱其文奪諱之。

兄聿，弟平〔一〕。

聿以蔭調南陵尉，遷祕書郎，以父嫌名換太子司議郎，辟淮南杜佑府。元和初，爲國子司業。劉闢與盧文若反，皋子行式娶文若女弟，聿不以聞。闢平，行式妻當沒掖庭，有司幷按聿，或以道遠不應坐，乃皆赦之。終太子右庶子。

平與皋斬朱泚使者，間走奉天上功，擢萬年尉。

平子正貫，字公理，少孤，皋謂能大其門，名曰臧孫。推蔭爲單父尉，不得意，棄官去，改今名。舉賢良方正異等，除太子校書郎，調華原尉。後又中詳閑吏治科，遷萬年主簿，擢累司農卿。坐尙食乏供，貶均州刺史。久之，進壽州團練使。

宣宗立，以治當最，拜京兆尹、同州刺史。俄擢嶺南節度使。南海舶賈始至，大帥必取象犀明珠，上珍而售以下直，正貫既至，無所取，吏咨其淸。南方風俗右鬼，正貫毀淫祠，教民毋妄祈。會海水溢，人爭咎撤祠事，以爲神不厭，正貫登城沃酒以誓曰：「不當神意，長人

任其咎，無逮下民。」俄而水去，民乃信之。居鎭三歲，既病，遣令無厚葬，無用鼓吹，無請諡。卒，年六十八，贈工部尙書。

劉闢者，字太初，擢進士宏詞科，佐韋皋府，遷累御史中丞、支度副使〔二〕。皋卒，闢主後務，諷諸將徼旄節，憲宗以給事中召之，不奉詔。時帝新卽位，欲靜鎭四方，卽拜檢校工部尙書、劍南西川節度使。闢意帝可動，益驁蹇，吐不臣語，求統三川，欲以所善盧文若節度東川，卽以兵取梓州。且以術家言五福、太一舍于蜀，乃造大樓以祈祥。帝始重征討，而宰相杜黃裳勸帝，且言：「闢，妄書生耳，可鼓而俘也。」薦高崇文、李元奕等將神策行營兵皆西，使嚴礪、李康掎角之。

詔許自新，闢不聽，崇文取東川，帝乃下詔奪其官，進破鹿頭關，遂下成都。闢從數十騎走至羊灌田，自投水，不能死，騎將酈定進禽之。文若先殺其族，縋石自沈于江，失其尸。檻車送闢京師，尙冀不死，食飲于道晏然，將至都，神策以兵迎之，係其首，曳而入，驚曰：「何至是邪？」帝御興安樓受俘，詔詰反狀，闢曰：「臣不敢反，五院子弟爲惡，不能制。」詔問：「遣使賜節何不受？」乃伏罪。獻廟社，徇于市，斬于城西南獨柳下。子超郎等九人，與部將崔綱以次誅。

始，闢嘗病，見問疾者必以手行入其口，闢卽裂食之。唯盧文若至，如平常，故益與之

厚，而皆夷族。

張建封字本立，鄧州南陽人，客隱兗州。父玠，少任俠。安祿山反，使李廷偉脅徇山東，魯郡太守韓擇木迎館之。玠率豪桀段絳等集兵，將斬以徇，擇木不許，唯司兵參軍張孚助其謀，乃殺廷偉幷其黨以聞。擇木、孚皆受賞，而玠去之江南，不自言功。

建封少喜文章，能辯論，慷慨尙氣，自許以功名顯。李光弼鎭河南，盜起蘇、常間，殘掠鄉縣。代宗詔中人馬日新與光弼麾下皆討。建封見中人，請前喻賊，可不須戰。因到賊屯開譬禍福，一日降數千人，縱還田里，由是知名。湖南觀察使韋之晉辟署參謀，授左淸道兵曹參軍，不樂職，輒去。令狐彰節度滑亳，奏置幕府，彰不朝覲，建封非之。往見轉運使劉晏，晏奏試大理評事，使莞漕務，歲餘罷。時馬燧爲三城鎭遏使，雅知之，表爲判官，擢監察御史。燧伐李靈耀，軍中事多所諮訪，從鎭河東，授侍御史，卽表其能於朝。楊炎將任以要職，盧杞不喜，出爲岳州刺史。

李希烈既破梁崇義，跋扈不臣，壽州刺史崔昭與相聞，德宗召宰相選代昭者，杞倉卒不暇取它吏，卽白用建封。希烈數敗王師，張甚，遂僭卽天子位，淮南節度使陳少游陰附之。

希烈遣將楊豐齎僞赦二，畀建封、少游。豐至，建封縛致軍中，會中人來，對之斬其首，因送僞書于行在。少游聞之，恚汗不自處，建封乃劾其附賊狀，帝方蒙難，不暇治也。希烈又署杜少誠爲淮南節度使，約破壽州，以趣江都。建封壓霍丘秋柵拒之，賊不能東。遷團練使。帝還自梁，少游卒憂死。進兼御史大夫、濠壽廬觀察使。是時，四方尙多故，乃繕陴隍，益治兵，四鄙附悅。希烈使票帥悍卒來戰，建封皆沮衂之。賊平，進封階，又任一子正員官。

貞元四年，拜御史大夫、徐泗濠節度使。始，李洧以徐降，洧卒，高承宗、獨孤華代之，地迫于寇，常困蹙不支。於是李泌建言：「東南漕自淮達諸汴，徐之埇橋爲江、淮計口，今徐州刺史高明應甚少，脫爲李納所幷，以梗餉路，是失江、淮也。請以建封代之，益與濠、泗二州。夫徐地重而兵勁，若帥又賢，卽淄青震矣。」帝曰：「善。」繇是徐復爲雄鎭。久之，檢校尙書右僕射。十三年，來朝，帝不待日召見延英殿，詔會朝赴大夫班，以示殊寵。建封賦朝天行以獻。帝眷遇異等，賜名馬珍具。

是時，宦者主宮市，置數十百人閱物廛左，謂之「白望」。無詔文驗覈，但稱宮市，則莫敢誰何，大率與直十不償一。又邀闤闠所奉及脚傭，至有重荷趨肆而徒返者。有農賣一驢薪，宦人以數尺帛易之，又取它費，且驅驢入宮，而農納薪辭帛，欲亟去，不許，恚曰：「惟有死耳！」遂擊宦者。有司執之以聞，帝黜宦人，賜農帛十匹，然宮市不廢也。諫臣交章列上，

皆不納，故建封請間爲帝言之，帝頗順聽。會詔書蠲民逋賦，帝問何如，答曰：「殘逋積負，決無可斂，雖蠲除之，百姓尙無所益。」又陳：「河東節度使李說、華州刺史盧徵皆病不能事，左右得以爲姦。右金吾大將軍李翰好刺細事規寵，人疾惡之。」帝悉嘉可。未幾，制詔：「官師過從，人情之常，自今金吾勿以聞。」

元巳，賜宴曲江，特詔與宰相同榻食。其還鎭，帝賦詩以餞，于時雖馬燧、渾瑊、劉玄佐、李抱眞等勳寵卓越，未有以詩餞者。帝又使左右以所持鞭賜之，曰：「卿節誼歲寒弗渝，故用此爲況。」建封又賦詩以自警勵。十六年，以病求代，詔韋夏卿代之，未至而建封卒，年六十六，册贈司徒。

治徐凡十年，躬於所事，一軍大治。善容人過，至健黠亦未嘗曲法假之。其言忠義感激，故下皆畏悅。性樂士，賢不肖游其門者禮必均，故其往如歸。許孟容、韓愈皆奏署幕府，有文章傳于時。

子愔，始以蔭補虢州參軍事。建封卒，府佐鄭通誠者攝留事，畏其軍亂，因浙西戍兵過徐，謀引以爲援。舉軍怒，斧庫取兵，環府大譟，殺通誠及大將數人，乃表于朝，請愔爲留後，假旌節。帝不許，披濠、泗隸淮南，詔杜佑討徐亂。泗州刺史張伾以兵攻埇橋，與徐軍

确，伾大敗。帝未有以制，乃授愔右驍衞將軍、徐州刺史，知留後。以伾爲泗州留後，杜兼爲濠州留後。俄進愔武寧軍節度使。

元和初，以疾求代，召爲工部尙書，以王紹節度武寧，還濠、泗隸徐。徐人喜，遂不敢亂，而愔得行。未踰境，卒。愔治徐七年，其政稱治。贈尙書右僕射。

嚴震字遐聞，梓州鹽亭人。本農家子，以財役里閭。至德、乾元中，數出貲助邊，得爲州長史。西川節度使嚴武知其才，署押衙，遷恆王府司馬，委以軍府衆務。武卒，罷歸。會東川節度使李叔明表爲渝州刺史，震以叔明姻家，移疾去。山南西道節度府又表爲鳳州刺史。母喪解。起爲興、鳳兩州團練使，好興利除害。建中中，劍南黜陟使韋楨狀震治行爲山南第一，乃賜上下考，封鄖國公。治鳳十四年，號稱清嚴，遠邇咨美。遷山南西道節度使。

朱泚反，遣腹心穆廷光等遺帛書誘之，震即斬以聞。是時，李懷光與賊連和，奉天危蹙，帝欲徙蹕山南，震聞，馳表奉迎，遣大將張用誠以兵五千扞衞。用誠至盩厔有反計，帝憂之，會震牙將馬勛嗣至，帝告以故，勛曰：「臣請歸取節度符召之，即不受，斬其首以復命。」帝悅，使計日往。勛還得符，請壯士五人與偕，出駱谷，用誠以爲未知其謀，以數百騎迓勛館之，左右嚴侍。勛未發，陰令焚草館外，士寒爭附火，勛從容引符示之，曰：「大夫召君。」用誠懼，將走，壯士自後禽之。用誠子斫勛傷首，左右扞刀得免，遂仆用誠，而格殺其子。勛即軍中，士皆擐甲矣。勛昌言曰：「若父母妻子在梁州，今棄之而反，何所利邪？大夫取用誠爾，若等無與！」衆乃服，不敢動。即縛用誠送於震，杖殺之，而拔其副以統師。始，勛赴行在，踰半日期，帝頗憂。比至，大喜。翌日，發奉天。既入駱谷，懷光以騎追襲，賴山南兵以免。

天子至梁州，宰相以爲地貧無所仰給，請進幸成都，震曰：「山南密邇畿輔，李晟銳於收復，方藉六師爲聲援，今引而西，則諸將顧望，責功無期。」帝未決，會晟表至，亦請駐蹕梁、洋，議遂定。然梁、漢間刀耕火耨，民采稆爲食，雖領十五郡，而賦入纔比東方數大縣。自安史後，山賊剽掠，戶口流散，震隨宜勸課，鳩斂有法，民不煩擾，而行在供億具焉。車駕將還，加檢校尙書左僕射。詔改梁州爲興元府，即用震爲尹，加實封二百戶。久之，進同中書門下平章事。貞元十五年卒，年七十六，贈太保，謚曰忠穆。

從孫譔，與宰相楊收善。咸通中，繇桂管觀察使擢爲江西節度使，改號鎭南軍。時南

蠻內寇，詔譔募士三萬備之。或言譔廣補卒，擅納縑廩，及收得罪，韋保衡以譔素善收，賕賄狼藉，遣使按覆，詔賜死。

韓弘，滑州匡城人。少孤，依其舅劉玄佐。舉明經不中，從外家學騎射。由諸曹試大理評事，爲宋州南城將。事劉全諒，署都知兵馬使。貞元十五年，全諒死，軍中思玄佐，以弘才武，共立爲留後，請監軍表諸朝，詔檢校工部尙書，充宣武節度副大使，知節度事。

先是，曲環死，吳少誠與全諒謀襲陳許，使數輩仍在館。弘始得帥，欲以忠自表於衆，即驅出少誠使斬之，選卒三千，會諸軍擊少誠，敗之。汴自劉士寧以來，軍益驕，及殺陸長源，主帥勢輕，不可制。弘察軍中素恣橫者劉鍔等三百人，一日，數其罪斬之牙門，流血丹道，弘言笑自如。自是訖弘去，無一敢肆者。李師古屯曹州，以謀鄭、滑，或告：「師古治道矣，兵且至，請備之。」弘曰：「師來不除道也。」師古情得，乃引去。累授檢校司空、同中書門下平章事，弘以官與太原王鍔等，詒書宰相，恥爲鍔下。憲宗方用兵淮西，藉其重，更授檢校司徒，班鍔上。

嚴綬以王師敗，乃拜弘淮西諸軍行營都統，使扞兩河，而令李光顏、烏重胤擊賊。弘不

中華書局

親屯，遣子公武領兵三千屬光顏，然陰爲逗橈計，以危國邀功者，每諸將告捷，輒累日不怡。元濟平，以功加兼侍中，封許國公。李師道誅，弘大懼，因請入朝，册拜司徒、中書令，以足疾，命中人掖拜，固願留京師。帝崩，攝冢宰。俄出爲河中節度使。以病請還，復拜司徒、中書令。卒，年五十八，贈太尉，謚曰隱。

始，弘自汴來朝，獻馬三千、絹五十萬、它錦紈三萬，而汴之庫廄錢尚百萬緡，絹亦百餘萬，馬七千，糧三百萬斛，兵械不可數。弘爲人莊重寡言，罪殺人，問法何如，不自爲輕重，沈謀勇斷，故少誠、師道等皆憚之。詔使至，或驁侮不爲禮。齊、蔡平，勢屈而後請覲，然天子尊寵異等，能以名位始終，亦其天幸。

子公武，字從僾，起家衞尉主簿，爲宣武行營兵馬使，以討蔡功檢校左散騎常侍、鄜坊等州節度使。弘入朝，爲右金吾將軍。弘出河中，弘弟充徙宣武，乃曰：「二父居重鎭，我以孺子又當執金吾職乎？」因固辭，改右驍衞大將軍。性恭遜，不以富貴自處。卒，贈戶部尚書，謚曰恭。

充本名璀，少亦依舅家。李元爲河陽節度使，署牙將。元改昭義，又從之。元嘗謂賓

佐曰：「充後當貴，諸君必善事之。」未幾，弘領宣武，召主親兵，元曰：「我知君舊矣，吾兒不才，無足累君者，二女方幼，以爲託。」遂辭去。累授御史大夫。

弘峻法，人人不自保。充謙愼無少懈，念弘在鎭久，不入見天子，身又得士，不自安，因請入宿衞，弘許之，不即遣。後因獵，單騎走洛陽，朝廷亮其節，擢右金吾衞將軍，轉大將軍，斥軍士虛名不如令者七百人。歷少府監，鄜坊等州節度使。

穆宗立，幽、鎭、魏復亂，王承元以冀兵二千屯滑州，朝廷恐冀兵相訹爲叛，徙承元鄜坊，而授充檢校尚書左僕射，爲義成軍節度使。會汴軍逐李愿，以李齐主留事。帝謂充素爲汴士悅向，詔節度宣武，兼統義成兵討齐。戰郭橋，破之。會李質斬齐，遂入汴。初，陳許李光顏亦奉詔討齐，屯尉氏，意先得汴，欲俘掠以餌軍，而汴監軍姚文壽亦欲內光顏，充陰其謀，馳至城下，汴人望見充，歡躍無復貳者。

始，帝遣人問破賊期，充對：「汴，天下咽喉，臣頗習其人，然王師臨之，一月可破。」方二旬即克。帝喜曰：「充料敵若神。」加檢校司空。籍齐所署爲兵者三萬，悉縱之。又責首亂者千餘，斥出境，令曰：「敢後者斬！」由是內外按堵，汴人愛賴之。卒，年五十五，贈司徒，謚曰肅。

充雖將家，性儉節，歷三鎭，居處服玩如儒先生，乘機決策無餘悔，世推善將。李元沒，充爲嫁二女，周其家。自弘去汴，監軍選軍中敢士二千直閤下，日秩酒肴，物力幾屈，然不敢廢。充未入時，李質總軍事，乃曰：「韓公至而頓去二千人食，豈不失人心乎？不去，且無以繼，可以弊事遺吾帥乎！」因悉罷之而後迎充。

李質者，節士也。始爲牙將，及齐爲留後，邀帥節，勸之不從，齐疽發于首，委質以兵，遂禽齐。終金吾將軍。

贊曰：皋、建封、弘本諸生，震興田畝間，未有以異人，及投隙龍驤，皆爲國梁棟，光奮一時。使不遭遇，與庸夫汨汨並齒而腐可也。皋、弘雖陰慝，卒能以誠言自解，長沒天年，宜哉！

校勘記

〔一〕弟平　「弟」，本卷上文、舊書卷一四〇韋皋傳及通鑑卷二二八俱作「兄」。

〔二〕支度副使　「支度」，各本原作「度支」。舊書卷一四〇韋皋、劉闢傳及通鑑卷二三六均作「支度」。按唐六典卷三，唐代中央設度支，邊軍設支度使。此應作「支度」，據改。

唐書卷一百五十九

列傳第八十四

鮑防　李自良　蕭昕　薛播　樊澤宗師　王緯　吳湊士矩
鄭權　陸亘　盧坦閻濟美　柳晟　崔戎雍

鮑防字子愼，襄州襄陽人。少孤窶，彊志于學，善辭章。及進士第，歷署節度府僚屬。入爲職方員外郎。薛兼訓帥太原，被病，代宗授防少尹、節度行軍司馬，召見，慰遣之。俄知留後，兼太原尹、節度使。人樂其治，詔圖形別殿。入爲御史大夫，歷福建、江西觀察使，召拜左散騎常侍。從德宗奉天，進禮部侍郎，封東海郡公。

貞元元年，策賢良方正，得穆賨、裴復、柳公綽、歸登、崔邠、韋純、魏弘簡、熊執易等，世美防知人。時比歲旱，策問陰陽祲沴，賨對：「漢故事，免三公，卜式請烹弘羊。」指當時輔政者。右司郎中獨孤愐欲下賨，防不許，曰：「使上聞所未聞，不亦善乎？」卒置賨高第，帝

見策嘉揖。

初，防與知雜御史竇參遇，導騎不引避，參譖其僕。及爲相，防尹京兆，迫使致仕，授工部尚書。防吒曰：「吾與蕭昕子齒，而同昕老，坐宰相餘忿邪！」不得志卒，年六十九，贈太子少保，謚曰宣。

防於詩尤工，有所感發，以譏切世敵，當時稱之。與中書舍人謝良弼友善，時號「鮑謝」云。

李自良，兗州泗水人。天寶亂，往從兗鄆節度使能元皓。以戰多，累授右衞率。從袁傪討賊袁晁，積閥至試殿中監，事浙東薛兼訓節度府。兼訓徙太原，又爲牙將。鮑防代總節度事，會回紇入寇，防遣大將焦伯瑜等擊之，自良曰：「寇遠來，難與爭鋒。請築二壘搤歸路，堅壁勿出，求戰不許，師老而墮，其勢易乘。」防不聽。伯瑜戰百井，大敗。由是知名。

馬燧代防，表爲軍候。自良爲人勤且有謀，燧倚信之。從討田悅還，攻李懷光河中，數履鋒陷陣，功在諸將右。貞元三年，燧來朝，德宗罷燧兵，以自良代之。自良以事燧久，不敢當，議者多其讓，乃授右龍武大將軍。入謝，帝終以河東近胡，謂曰：「卿於進退寧不有

禮？然守北門無易卿者，勉爲朕行。」乃以檢校工部尚書充河東節度使。居治九年，舉不愆法，簡儉易循，民不知有軍，上下諧附。卒于官，贈尚書左僕射。

蕭昕字中明，梁鄱陽王恢七世孫，世居河南。再中博學宏辭科，調壽安尉，累遷左補闕。哥舒翰爲副元帥拒安祿山，辟掌書記，翰敗，儳道走蜀。肅宗立，奉誥册見行在。歷中書舍人、禮部侍郎。代宗狩陝，昕由武關從帝，擢國子祭酒。建請崇太學以樹教本，帝寤其言，詔羣臣有籍于朝及神策六軍子弟隸業者，聽補生員。

大曆中，持節弔回紇。回紇恃功，廷讓昕曰：「乃中國亂，非我無以平，奈何市馬不時歸我直？」衆失色。昕徐曰：「國家龕定寇難，功雖絲毫不遺賞，況鄰國乎？僕固懷恩，我之叛臣，爾與連禍，又引吐蕃暴我郊甸。天舍其衷，吐蕃敗北，回紇悔懼，叩顙乞和。非天子卹舊功，則隻馬不得出塞下，孰爲失信者？」回紇大慚，因厚禮昕，遣使者約和。轉工部尚書，封晉陵侯。德宗出奉天，昕年八十餘，步出城。賊求之急，獨竄山谷間，僅至奉天。遷太子少傅，爵郡公，兼禮部尚書，知貢舉。久之，以太子少師致仕，卒，年九十三，贈揚州大都督，謚曰懿。

昕始薦張鎬、來瑱，在禮部擢杜黃裳、高郢、裴垍。其後鎬興布衣，不數年位將相，瑱爲將有威名，黃裳等繼輔政，並爲名宰云。

薛播，河中寶鼎人。曾祖文思，官中書舍人。播早孤，伯母林通經史，善屬文，躬授經諸子及播兄弟，故開元、天寶間，播兄弟七人皆擢進士第，衣冠光韙。累授殿中侍御史，遷武功、萬年令。温敏而裕，與人交有常，李栖筠、常衮、崔祐甫並器之。祐甫輔政，拜中書舍人，出爲汝州刺史。坐小累，貶泉州，再遷至河南尹。以禮部侍郎卒，贈本曹尚書。

子公達，擢進士第。佐鳳翔軍。會帥不文，嘗集射，設的高數十尺，令曰：「中者酬錦與金。」一軍莫能中。公達執弓矢揖曰：「請爲公歡。」射三發連中，衆大呼笑。帥不喜，乃自免去。復佐河陽軍。以國子助教居東都卒。

樊澤字安時，河中人。少孤，依外家客河朔。相衞節度使薛嵩表爲堯山令。舉賢良方正，次潼關，雨淖，困不能前。有熊執易者，同舍逆旅，哀之，輟所乘馬，傾褚以濟，自罷所

擧。是歲，澤上第，楊炎善之，擢左補闕。

澤有武力，喜兵法，議者謂有將帥器。嘗召對延英，德宗嘆其論兵「與我意合」。累遷山南東道司馬，就拜節度使。每射獵，諸將憚其材武。數與李希烈确，禽票將張嘉瑜、杜文朝、梁俊之等，賊氣沮縮，遂取唐、隨二州。貞元三年，爲荊南節度使。會山南東道嗣曹王皋卒，軍亂，剽居人。以澤威惠著襄、漢間，復徙山南東道，加檢校尚書右僕射。十四年卒，年五十七，贈司空，謚曰成。訃至，帝爲撤宴廢朝。

子宗師，字紹述。始爲國子主簿，元和三年，擢軍謀宏遠科，授著作佐郎。歷金部郎中、綿州刺史。徙絳州，治有迹。進諫議大夫，未拜卒。始，宗師家饒于財，悉散施姻舊賓客，妻子告不給，宗師笑不答。然力學多通解，著春秋傳、魁紀公、樊子凡百餘篇，別集尚多。韓愈稱宗師論議平正有經據，嘗薦其材云。

王緯字文卿，并州太原人。父之咸，爲長安尉，與弟之賁、之奐皆有文。緯擧明經，以書判入等，歷長安尉。大曆中，與李泌俱爲路嗣恭江西觀察判官。泌見惡於元載，嗣恭

希意欲殺之，緯護解，僅免。泌執政，奏於己有私恩，德宗許爲泌報，故進緯給事中。浙西觀察使缺，泌擬緯，帝曰：「是朕爲君報德者乎？黃門要地，獨不留議事耶？」對曰：「浙西賦入尤劇，緯清而忠，能惠養民，故請遣之。」制可。初，州縣有韓滉時罷錢未入者十八萬緡，府史請哀爲進奉，緯上疏願蠲以紓民，詔聽之。貞元十年，加御史大夫兼諸道鹽鐵轉運使。裴延齡以諸道負錢四百萬緡獻爲羨錢，以圖寵，緯奏「此諸州經費」，大忤延齡意，改檢校工部尚書。卒，年七十一，贈太子少保。

緯居官以清白稱，然好用刻深吏督察其下，條約苛碎，人不聊云。

吳湊，章敬皇后弟也。縣布衣與兄溆一日賜官封皆等，而湊長太盛，乞解太子詹事，換檢校賓客兼家令。進累左金吾衞大將軍。

湊才敏銳，而謙畏自將，帝數顧訪，尤見委信。是時，令狐彰、田神功等繼沒，其下乘喪挾兵，輒偃蹇搖亂。湊持節至汴、滑，委悉慰說，裁所欲爲奏，各盡其情，亦度朝廷可行者，故軍中驩附。帝才其爲，重之。元載當國久，愎狀日肆，帝陰欲誅，未發也，顧左右無可與計，卽召湊圖之。俄而收載賜死。於是王縉、楊炎、王昂、韓會、包佶等皆當坐，湊建言：「法有首從，從不應死，一用極刑，虧德傷仁。」縉等繇是得減死。丁後母喪解職。既除，拜右衞將軍。

德宗初，出爲福建觀察使，政勤淸，美譽四騰。與宰相竇參有憾，參數加短毀，又言湊風痹不良趨走，帝召還，驗其疾，非是，繇是不直參。擢湊陝虢觀察使，代李翼。翼，參黨也。宣武劉玄佐死，以湊檢校兵部尚書領節度使馳代。未至，汴軍亂，立玄佐子士寧。帝欲遣兵內湊，而參請授士寧以沮湊，還爲右金吾衞大將軍。

貞元十四年夏，大旱，穀貴，人流亡，帝以過京兆尹韓皋，罷之。卽召湊代皋，已謝，督視事，明日詔乃下。湊爲人彊力劬儉，瞿瞿未嘗擾民，上下愛向。京師苦宮市彊估取物，而有司附媚中官，率阿從無敢爭。湊見便殿，因言：「中人所市，不便脊民，徒紛紛流議。宮中所須，責臣可辦。若不欲外吏與聞禁中事，宜料中官高年謹信者爲宮市令，平賈和售，以息衆讙。」又言：「掌閑、彍騎、飛龍、內園、芙容園、禁兵諸司雜供役手，資課太繁，宜有蠲省。」帝輒順可。初，府中易湊貴戚子，不更簿領，每有疑獄，時其將出，則遮湊取決，幸蒼卒得容欺。湊卬鞍一視，凡指擿，盡中其弊，初無留思，衆畏服，不意湊精裁遣如此。僚史非大過不榜責，召至廷，詰服原去，其下傳相訓勗，擧無稽事。湊候帝閒徐言，極爭不

文敬太子、義章公主仍薨，帝悼念，厚葬之，車土治墳，農事廢。湊候帝閒徐言，極爭不避。或勸論事宜簡約，不爾，爲上厭苦，湊曰：「上明睿，憂勞四海，不以愛所鍾而疲民以逞也。顧左右鉗噤自安耳，若反復啓寤，幸一聽之，則民受賜爲不少。撟舌阿旨固善，有如窮民上訴，回云罪何？」以能，進兼兵部尚書。

及屬病，門不內醫巫，不嘗藥，家人泣請，對曰：「吾以庸謹起田畝，位三品，顯仕四十年，年七十，尚何求？自古外戚令終者可數，吾得以天年歸侍先人地下，足矣！」帝知之，詔侍醫敦進湯劑，不獲已，一飲之。卒，年七十一，贈尚書右僕射，謚曰成。

先是，街樾稀殘，有司蒔榆其空，湊曰：「榆非人所蔭玩。」悉易以槐，及槐成而湊已亡，行人指樹懷之。唐興，后族退居奉朝請者，猶以事失職，而湊任中外，未嘗以罪過罷，爲世外戚表云。

溆子士矩，文學蚤就，喜與豪英游，故人人助爲談說。開成初，爲江西觀察使，饗宴侈縱，一日費凡十數萬。初至，庫錢二十七萬緡，晚年纔九萬，軍用單匱，無所仰。事聞，中外共申解，得以親議，文宗弗窮治也，貶蔡州別駕。諫官執處其罪，不納。於是御史中丞狄兼謩建言：「陛下擢任士矩，非私也；士矩負陛下而治之，亦非私也。請遣御史至江西卽訊，使杜江淮它鎭循習意。」帝聽，乃流端州。

鄭權，汴州開封人。擢進士第，佐涇原節度劉昌府。昌被病入朝，度其軍必亂，以權寬厚容衆，檄主後務。昌去，軍果亂，權挺身冒白刃，明諭逆順，殺首亂者，一軍畏伏。德宗方厭兵，藩屯校佐得士心者，皆就命之，權自試參軍拜行軍司馬。擢累河南尹，進拜山南東道節度使，徙領德棣滄景軍。時討李師道，權身將兵出屯，奏置歸化縣，綏納降附。滄州刺史李宗奭數違命，權劾奏，詔追之，宗奭以州兵留己自解。憲宗更以烏重胤代權，滄人懼，共逐宗奭還京師，有詔斬以徇，徙權節度邠寧。或訟宗奭爲權所誣，左遷原王傅。改右金吾衞大將軍。

穆宗立，以左散騎常侍持節爲回鶻告哀使，以足疾辭，不許，肩舁就道。權議詣魁然，有閎辯。與可汗爭曲直，持議明壯，虜禮異之。使還，三遷工部尚書。用度豪侈，乃結權幸求鎭守，於是檢校尚書右僕射、嶺南節度使，多哀貲珍，使吏輸送，凡帝左右助力者皆有納焉，人笑之。卒于官。

陸亘字景山，蘇州吳人。元和三年，策制科中第，補萬年丞。再遷太常博士。禮史孟眞練容典，博士降色訪逮，史倚以倨橫。會將册皇太子，草儀，眞參議偃蹇，亘榜逐之，胥曹失色。遷累戶部郎中、太常少卿。歷兗蔡虢蘇四州刺史、浙東觀察使，徙宣歙。大和八年卒，年七十一，贈禮部尚書。

亘文明嚴重，所到以善政稱。初爲兗州，對延英，具陳：「節度分兵屯屬州，刺史不能制，故易亂。」帝因詔屯士得隸刺史。溫州瀕海，經賊亂，奪官吏半祿代民租，後相沿，更以爲姦，亘還官全稟，繩贓罪，吏畏而賴之。

盧坦字保衡，河南洛陽人。仕爲河南尉。時杜黃裳爲尹，召坦立堂下，曰：「某家子與惡人游，破產，盍察之？」坦曰：「凡居官廉，雖大臣無厚畜，其能積財者必剝下以致之。如子孫善守，是天富不道之家，不若恣其不道，以歸於人。」黃裳驚其言，自是遇加厚。李復爲鄭滑節度使，表爲判官。監軍薛盈珍數干政，坦每據理拒之。有善笛者，大將等悅之，諂復請爲重職，坦笑曰：「大將久在軍，積勞亟遷，乃及右職。奈何自薄，欲與吹笛少年同列邪？」諸將慚，遽出就坦謝。復病甚，盈珍以甲士五百內牙中，封府庫，舉軍大恐。坦勸止之，軍乃安。復卒，詔姚南仲代之，盈珍以南仲本書生，易之，曰：「是將材邪？」坦私謂人曰：「姚大夫外柔中剛，監軍若侵之，必不受。我留，恐及禍。」乃從復喪歸東都，爲壽安令。盈珍果與南仲不相中，幕府多黜死者。

河南賦限已窮，縣人訴機織未就，坦詣府請申十日，不聽。坦諭縣人弟輸，勿顧限，違之不過罰令俸爾。由是知名。累爲刑部郎中，兼侍御史知雜事。赤縣尉爲臺所按，京兆尹密救之，帝遣中人就釋。坦白中丞請中覆，中人走以聞，帝曰：「吾固宜先命有司。」遂下詔，乃釋。數月遷中丞。

初，諸道長吏罷還者，取本道錢爲進奉，帝因赦令一切禁止，而山南節度使柳晟、浙西觀察使閻濟美格詔輸獻，坦劾奏，晟、濟美白衣待罪。帝諭坦曰：「二人所獻皆家財，朕已許原，不可失信。」坦曰：「所以布大信者，赦令也。今二臣違詔，陛下奈何以小信失大信乎！」帝曰：「朕既受之，奈何？」坦曰：「出歸有司，以明陛下之德。」帝納之。李錡誅，有司將毀其祖墓，坦上疏諫止。裴均爲僕射，將居諫議、常侍上，坦引故事及姚南仲舊比，均曰：「南仲何人？」曰：「守正而不交權幸者。」均怒，遂罷爲左庶子。

數月，拜宣歙池觀察使。初，劉闢壻蘇彊坐誅，彊兄弘宦晉州，自免去，人莫敢用者。坦奏「弘有才行，其弟從闢時，距三千里，宜不通謀，今坐廢，非用人意」，因請署判官，帝曰：

「使彊不誅，尙錄其材，況彼兄耶！」時江淮旱，穀踊貴，或請抑其價，坦曰：「所部地狹，穀來他州，若直賤，穀不至矣，不如任之。」既而商以米坌至，乃多貸兵食出諸市，估遂平。再遷戶部侍郎，判度支。或告泗州刺史薛謇爲代北水運時，畜異馬，不以獻，事下度支。坦遣吏驗，未反，帝遲之，更遣中人劉泰昕往，坦曰：「事付有司，而又遣宦官，豈有司不足信乎？」三奏，帝乃止。表韓重華爲代北水運使，開廢田，列壁二十，益兵三千人，歲收粟二十萬石。

河毀西受降城，宰相李吉甫議徙天德。坦以爲：「城當磧口，得制北狄之要，美水豐草，邊鄣所利。若避河流，不過退徙數里，奈何徇一時省費，隳萬世策邪？天德故城地壤墝瘠，北倚山，去河遠，烽候無所統接，虜騎唐突，勢不容知，是無故而蹙地二百里，故曰非便。」城使周懷義亦以爲言。吉甫不悅，出坦爲東川節度。後數月，懷義憂死，燕重旰代之，遂徙天德，師人怨，殺重旰，覆其家。

初，坦與宰相李絳議多協，絳藉爲己助，及坦出半歲而絳罷。治東川，盡蠲山澤鹽井榷率之籍。吳少誠之誅，詔以兵二千屯安州，坦每朔望使人問其父母妻子，視疾病醫藥，故士皆感慰，無逃還者。惟請收軍吏閏月糧助行營，爲人所非。元和十二年卒，年六十九，贈禮部尚書。

舊制，官、階、勳俱三品始聽立戟，後雖轉四品官，非貶削者戟不奪。坦爲戶部侍郎時，階朝議大夫，勳護軍，以嘗任宣州刺史三品，請立戟，許之。時鄭餘慶淹練舊章，以爲非是。爲憲司劾正，詔罰一月俸，奪戟。自貞元以來，立戟十八家不應令，並追正之。

閻濟美者，第進士，有長者名。貞元末，繇婺州刺史爲福建觀察使，徙浙西。爲治簡易，居鎭未嘗增常賦。罷浙西也，方在道，見詔而貢獻無所還，故帝爲言之。尋出華州刺史，入爲祕書監，以工部尙書致仕。卒，謚曰溫。

柳晟，河中解人。六世祖敏，仕後周爲太子太保。父潭，尙和政公主，官太僕卿。晟年十二，居父喪，爲聞孝。代宗養宮中，使與太子諸王受學於吳大瓘幷子通玄，率十日輒上所學。旣長，詔大瓘等卽家教授。拜檢校太常卿。

德宗立，晟親信用事。朱泚反，從帝至奉天，自請入京師說賊黨以攜沮之，帝壯其志，得遣。泚將右將軍郭常、左將軍張光晟皆晟雅故，晟出密詔，陳禍福逆順，常奉詔受命，約自拔歸。要籍朱旣昌告其謀，泚捕繫晟及常外獄，晟夜半坎垣毀械而亡，斷髮爲浮屠，間歸

奉天，帝見，爲流涕。乘輿還京師，擢原王府長史。吳通玄得罪，晟上書理其辜，其弟止曰：「天子方怒，無詒悔！」不聽。凡三上書，帝意解，通玄得減死。

晟累遷將作少監，以護作崇陵，封河東縣子，授山南西道節度使。府兵討劉闢還，未叩城，復詔戍梓州，軍曹怒，脅監軍謀變。晟聞，疾驅入勞士卒，既而問曰：「若等何爲成功？」曰：「誅驕不受命者。」晟曰：「若知劉闢得罪天子而誅之，奈何復欲使後人誅若等耶？」士皆免胄拜，從所徙。入爲將作監。使回鶻，奉册立可汗，逆謂曰：「屬聞可汗無禮自大，去信自彊。夫禮信不能爲，何足奉中國乎？」可汗諸貴人愕然駭，皆跪伏成禮。還爲左金吾衞大將軍，爵爲公。卒，年六十九，詔從官臨弔，贈太子少保。

晟敏于辯，下士樂施，唯自興元入朝，貢獻不如詔，爲御史中丞盧坦所劾，憲宗以其賢，置弗暴云。

崔戎字可大，玄暐從孫也。舉明經，補太子校書郞。判入等，調藍田主簿。辟淮南李鄘府。衞次公代鄘，憲宗稱戎才，故次公倚成于職。裴度節度太原，署參謀。時王承宗以鎭叛〔一〕，度請戎往諭，承宗至泣下，乃聽命。入爲殿中侍御史，擢累諫議大夫。

雲南蠻亂成都，詔戎持節劍南爲宣撫使。奏罷稅外蓄芋錢。當賦錢者率三之，以其一準緡布，優其估以與民。綏招流亡。凡廢若置，公私莫不便之。還拜給事中。出爲華州刺史。吏以故事，置錢萬緡爲刺史私用，戎不取。及去，召吏曰：「籍所置錢享軍，吾重矯激以夸後人也。」徙兗海沂密觀察使，民擁留于道不得行，乃休傳舍，民至抱持取其韡。時詔使尙在，民泣詣使，請白天子丐戎還，使許諾。戎恚責其下，衆曰：「留公而天子怒，不過斬吾二三老人，則公不去矣。」戎夜單騎亡去，民追不及乃止。至兗州，鉏滅姦吏十餘輩，民大喜。歲餘卒，年五十五，贈禮部尙書。

子雍，字順中，由起居郞出爲和州刺史。龐勛以兵劫烏江，雍不能抗，遣人持牛酒勞之，密表其狀。民不知，訴諸朝，宰相路巖素不平，因是傳其罪，賜死宣州。

校勘記

〔一〕裴度節度太原署參謀時王承宗以鎭叛　按舊書卷一七〇裴度傳，度於元和十四年授太原尹、北都留守、河東節度使。長慶元年，「朱克融、王廷湊復亂河朔，詔度以本官充鎭州四面行營招討使」。本書卷八穆宗紀及舊書卷一四二王廷湊傳亦載廷湊于長慶元年以鎭州叛。而王承宗叛

在前，元和十三年已詔復官爵。事詳本書卷七及舊書卷一五憲宗紀。是裴度領太原時，以鎭州叛者乃王廷湊而非王承宗。下文「承宗」同誤。

唐書卷一百六十

列傳第八十五

徐浩　呂渭 溫 恭　孟簡　劉伯芻 寬夫 允章　楊憑 凝 敬之

潘孟陽　崔元略 鉉 沆 元式 崔龜從　韋綬

徐浩字季海，越州人。擢明經，有文辭。張說稱其才，繇魯山主簿薦爲集賢校理，見喜雨、五色鸚賦，咨嗟曰：「後來之英也！」進監察御史裏行。辟幽州張守珪幕府。歷河陽令，治有績。東都留守王倕表署其府。民有妄作符命者，衆不爲疑，浩獨按簿詰狀，果詐爲之。遷累都官郎中，爲嶺南選補使，又領東都選。

肅宗立，繇襄州刺史召授中書舍人。四方詔令，多出浩手，遣辭贍速，而書法至精，帝喜之。又參太上皇誥册，寵絕一時。授兼尚書右丞。浩建言：「故事，有司斷獄，必刑部審覆。自李林甫、楊國忠當國，專作威福，許有司就宰相府斷事，尚書以下，未省卽署，乖愼卹意。

請如故便。」詔可。故詳斷復自此始。進國子祭酒，爲李輔國譖，貶廬州長史。

代宗復以中書舍人召，遷工部侍郎、會稽縣公，出爲嶺南節度使。召拜吏部侍郎，與薛邕分典選。浩有妾弟冒優，託之邕，擬長安尉，御史大夫李栖筠劾之，帝怒，黜邕歙州刺史，浩明州別駕。德宗初，召授彭王傅，進郡公。卒，年八十，贈太子少師，謚曰定。

始，浩父嶠之善書，以法授浩，益工。嘗書四十二幅屛，八體皆備，艸隸尤工，世狀其法曰「怒猊抉石，渴驥奔泉」云。晚節治廣及領選，頗嗜財，惑於所嬖，卒以敗。

呂渭字君載，河中人。父延之，終浙東節度使。渭第進士，從浙西觀察使李涵爲支使，進殿中侍御史。大曆末，涵爲元陵副使，渭又爲判官。涵繇御史大夫擢太子少傅，渭建言：「涵父名少康，當避。」宰相崔祐甫善其言，擢司門員外郎。御史共劾渭：「昔涵再任少卿，不以嫌，今謂少傅爲慢官，疑渭爲涵游說。」乃貶渭歙州司馬。

貞元中，累遷禮部侍郎。始，中書省有古柳，建中末枯死，德宗自梁還，復榮茂，人以爲瑞柳，渭令貢士賦之。帝聞，不以爲善。又與裴延齡爲姻家，擢其子操上第，會入閣，遺私謁之書于廷。出爲潭州刺史。卒，贈陝州大都督。

四子：溫、恭、儉、讓。

溫字和叔，一字化光，從陸質治春秋，梁肅爲文章。貞元末，擢進士第。與韋執誼厚，因善王叔文。再遷爲左拾遺。以侍御史副張薦使吐蕃，會順宗立，薦卒於虜，虜以中國有喪，留溫不遣。時叔文秉權，與游者皆貴顯，溫在絕域不得還，常自悲。元和元年乃還，而柳宗元等皆坐叔文貶，溫獨免，進戶部員外郎。

溫操翰精富，一時流輩推尙。性險躁，譎詭而好利，與竇羣、羊士諤相昵。羣爲御史中丞，薦溫知雜事，士諤爲御史，宰相李吉甫持之，久不報，溫等怨。時吉甫爲宦侍所抑，溫乘其間謀逐之。會吉甫病，夜召術士宿于第，卽捕士掠訊，且奏吉甫陰事。憲宗駭異，旣詰辨，皆妄言，將悉誅羣等，吉甫苦救乃免，於是貶溫均州刺史，士諤資州。議者不厭，再貶爲道州。久之，徙衡州，治有善狀。卒，年四十。

恭字恭叔，尙氣節，喜縱橫、孫吳術。爲山南西道府掌書記，進殿中侍御史，終嶺南府判官。

儉亦爲御史。讓，太子右庶子。皆美材。

孟簡字幾道，德州平昌人。曾祖詵，武后時同州刺史。簡擧進士、宏辭連中，累遷倉部員外郎。王叔文任戶部，簡以不附離見疾，不敢顯黜，宰相韋執誼爲徙它曹。元和中拜諫議大夫，知匭事。韓泰、韓曄之復刺史，吐突承璀爲招討使，簡皆固爭，詣延英言不可狀，以悻切出爲常州刺史。州有孟瀆，久淤閼，簡治導，漑田凡四千頃，以勞賜金紫，召爲給事中。

代李遜爲浙東觀察使。遜抑士族，右編人，至橫恣不檢，及簡，一反之，農估兼受其弊，時謂兩失之。以工部侍郎召還。初，使府得代，詔至，署留後卽行。李脩觀察浙西，始請留故使交政。及簡還，半道堂牒還之，如例，乃聽解。

進戶部，加御史中丞。戶部有二員，判使桉者居別一署，謂之「左戶」，元和後，選委華重，宰相多由此進。崔羣既相，而簡代之，故簡意且柄任。及出山南東道節度使，內不樂。政頗嚴峭。時有詔置臨漢監以牧馬，命簡兼使職。簡以親吏陸翰主奏邸，關通閹侍，翰持之，數傲佷，簡怒，追還，以土囊斃之。家上變，發簡姦贓，御史劾驗，得遺吐突承璀貲七百萬。左授太子賓客，分司東都，再貶吉州司馬。以赦令進睦州刺史，復徙常州，仍太子賓客分

司，卒。

簡尤工詩，聞江、淮間。倘節義，與之交者，雖歿，視卹其孤不少衰。晚路殊躁急，佞佛過甚，爲時所誚。嘗與劉伯芻、歸登、蕭俛譯次梵言者。

劉伯芻字素芝，兵部侍郎迺之子。行脩謹。淮南杜佑奏署節度府判官。府罷，召拜右補闕，遷主客員外郎。數過友家飲噱，爲章執誼陰劾，貶虔州參軍。久乃除考功員外郎。裴垍待之善，擢累給事中。李吉甫當國而垍卒，不加贈，伯芻爲申理，乃贈太子少傅。或言其妻垍從母也，吉甫欲按之，求補虢州刺史。稍遷刑部侍郎、左散騎常侍。卒，贈工部尚書。

伯芻風度高嚴，善談辯，而動與時適，論者少之。

子寬夫，寶曆中爲監察御史。奏言：「以王府官攝祠，位輕，非嚴恭意，請以尚書省、東宮三品若左右丞、侍郎通攝。」俄轉左補闕。陳岵注浮屠書，因供奉僧以聞，除濠州刺史。寬夫劾狀，敬宗怒謂宰相曰：「岵不繇僧得州，諫臣安受此言？」寬夫曰：「衆劾岵，獨臣章狀，應伏誅。推言所從，恐累國體。」帝諒其言，釋之。

子允章，字蘊中，咸通中爲禮部侍郎。請諸生及進士第並謁先師，衣青衿，介幘，以還古制。改國子祭酒。又建言：「羣臣輸光學錢治庠序，宰相五萬，節度使四萬，刺史萬。」詔可。後爲東都留守。黃巢至，分司李磎挈尙書印走河陽，允章寄治河清。巢僭號，輒受僞官，文書盡用金統。遣取印磎所，磎不與，更悔愧，移檄近鎭起兵扞賊，磎持印還之。後廢于家。

楊憑字虛受，一字嗣仁，虢州弘農人。少孤，其母訓道有方。長善文辭，與弟凝、凌皆有名，大曆中，踵擢進士第，時號「三楊」。憑重交游，倘氣節然諾，與穆質、許孟容、李鄘相友善，一時歆慕，號「楊、穆、許、李」。

歷事節度府，召爲監察御史，不樂，輒免去。累遷太常少卿、湖南江西觀察使。性簡傲，接下脫略，人多怨之。在二鎭尤侈忲。入拜京兆尹。與御史中丞李夷簡素有隙，因劾憑江西姦贓及它不法，詔刑部尙書李鄘、大理卿趙昌即臺參訊。于時憑治第永寧里，功役叢煩，又幽妓妾於永樂別舍，謗議頗讙，故夷簡藉之痛擿發，欲抵以死。既置對，未得狀，即逮捕故官屬推蹠，薄憑家貲。翰林學士李絳奏言：「憑所坐贓，不當同逆人法。」乃止。憲宗以憑治京兆有績，但貶臨賀尉。始，德宗時假借方鎭，習爲僭侈事，夷簡首按憑，時以爲宜，而緣私怨，論者亦不與。俄徙杭州長史。以太子詹事卒。

憑所善客徐晦者，字大章，第進士、賢良方正，擢櫟陽尉。憑得罪，姻支憚累，無往候者，獨晦至藍田慰餞。宰相權德輿謂曰：「君送臨賀誠厚，無乃爲累乎？」晦曰：「方布衣時，臨賀知我，今忍遽棄邪？有如公異時爲姦邪譖斥，又可爾乎？」德輿歎其直，稱之朝。李夷簡遽表爲監察御史，晦過謝，問所以舉之由。夷簡曰：「君不負楊臨賀，肯負國乎？」後歷中書舍人，彊直守正，不汎浮於時。嗜酒喪明，以禮部尙書致仕，卒。

凝字懋功，由協律郎三遷侍御史，爲司封員外郎，坐黨正嫡媵封邑，爲權幸所忌，徙吏部，稍遷右司郎中。宣武董晉表爲判官，亳州刺史缺，晉以凝行州事。增墾田，決汴堰，築隄防，水患訖息。時孟叔度橫縱撓軍治，而凝亦荒湎，晉卒，亂作。凝走還京師，闔門三年。拜兵部郎中，以痼疾卒。

凌字恭履，最善文，終侍御史。子敬之。

敬之字茂孝，元和初，擢進士第，平判入等，遷右衞冑曹參軍。累遷屯田、戶部二郎中。

坐李宗閔黨，貶連州刺史。文宗尙儒術，以宰相鄭覃兼國子祭酒，俄以敬之代。未幾，兼太常少卿。是日，二子戎、戴登科，時號「楊家三喜」。轉大理卿，檢校工部尙書，兼祭酒，卒。

敬之嘗爲華山賦示韓愈，愈稱之，士林一時傳布，李德裕尤咨賞。敬之愛士類，得其文章，孜孜玩諷，人以爲癖。雅愛項斯爲詩，所至稱之，繇是擢上第。斯字子遷，江東人。敬之祖客灞上，見閭人濮陽愿，閱其文，大推挹，徧語公卿間。會愿死，敬之爲斂葬。

潘孟陽，史亡何所人。父炎，大曆末官右庶子，爲元載所惡，久不遷。載誅，進禮部侍郎，以病免。方劉晏任權，炎乃其壻，雖書疏報答，未嘗輒關，時稱有古人節。晏得罪，坐貶澧州司馬，時輿疾上道，不自言。于邵高其介，申救，不見聽。

孟陽少以廕，俄登博學宏辭科，補渭南尉，再遷殿中侍御史。公卿多父行及外家賓客，故被慰薦，擢累兵部郎中。貞元末，王紹以恩倖進，數稱孟陽才，權知戶部侍郎。杜佑判度支，奏以自副。時憲宗新立，詔孟陽馳驛江淮視財賦，加鹽鐵轉運副使，幷察諸使治否。孟陽恃奥主，又氣豪倨，從者數百人，所至會賓客，留連倡樂，招金錢，多補吏，譽望大喪。使還，罷爲大理卿。其後左司郎中鄭敬宣慰江淮，帝誡曰：「朕宮中用尺寸物皆有籍，唯賑

民無所計，卿是行，宜諭朕意，毋若潘孟陽殫財費酣飲游山寺而已。」

元和三年，出爲華州刺史，遷劍南東川節度使。宰相武元衡與孟陽舊，復以戶部侍郎召判度支，又兼京北五城營田使。太府王遂爲西北供軍使，持營田不可，至私忿恨，更請間論列，帝怒，罷孟陽左散騎常侍。明年，復舊官。盛葺第舍，帝微行至樂游原，望見之，以問左右，孟陽懼，輟不敢治。而伎媵用度過侈汰，人多指怒之。病風痺，復改左散騎常侍。卒，贈兵部尙書，謚曰康。

初，孟陽爲侍郎，年未四十，其母謂曰：「以爾之材而位丞郎，使吾憂之。」

崔元略，博州人。父儆，貞元時終尙書左丞。元略第進士，更辟諸府，遷累殿中侍御史，以刑部郎中知御史雜事，進拜中丞。時李夷簡召爲大夫，故詔元略留司東臺。改京兆少尹，行府事，數月，遷爲尹。徙左散騎常侍。

初，中丞缺，議者屬崔植，而元略謬謂植入閤不如儀，使御史彈治。及宰相以二人進，元略果得之。植恨悵。既當國，以元略爲宣撫党項使。辭疾不行。植奏：「不少責，無以示羣臣。」乃出爲黔南觀察使，徙鄂岳。久乃拜大理卿。

敬宗初，還京兆尹，兼御史大夫。收貸錢萬七千緡，爲御史劾奏，詔刑部郎中趙元亮、大理正元從質、侍御史溫造以三司雜治。元略素事宦人崔潭峻，頗左右之，獄具，削兼秩而已。俄授戶部侍郎，譏謗大興，諫官斥元略方劾而遷，有助力，元略自解辨，乃止。京兆劉栖楚又劾元略前造東渭橋，縱吏增估物不償直，取工徒贓二萬緡。詔奪一月俸。於是栖楚規相位，疑元略妨己路，故舉疑似蠛染之。大和三年，以戶部尙書判度支，出爲東都留守，改義成節度使。卒，贈尙書左僕射。子鉉。

鉉字台碩，擢進士第，從李石荊南爲賓佐，入拜司勳員外郎、翰林學士，遷中書舍人、學士承旨。武宗好蹴鞠、角抵，鉉切諫，帝褒納之。會昌三年，拜中書侍郎、同中書門下平章事。鉉入朝凡三歲至宰相，而石猶在江陵。澤潞平，兼戶部尙書。與李德裕不叶，罷爲陝虢觀察使。宣宗初，擢河中節度使，以御史大夫召，用會昌故官輔政，進尙書左僕射，兼門下侍郎，封博陵郡公。

鉉所善者鄭魯、楊紹復、段瓌、薛蒙，頗參議論，時語曰：「鄭、楊、段、薛，炙手可熱；欲得命通，魯、紹、瓌、蒙。」帝聞之，題於扆。是時，魯爲刑部侍郎，鉉欲引以相，帝不許，用爲河南尹。它日，帝語鉉曰：「魯去矣，事由卿否？」鉉惶懼謝罪。

久之，出爲淮南節度使，帝餞太液亭，賜詩寵之。因宣州軍亂，逐觀察使鄭薰，鉉出兵討擊，詔兼宣歙池觀察使。既平，加檢校司空，罷兼使。居九年，條教一下無復改，民以順賴。咸通初，徙山南東道、荊南二鎭，封魏國公。龐勛叛，自桂管北還，所過剽略。鉉聞，大募兵屯江、湘，邀賊歸路。賊懼，更踰嶺，自淮而北。朝廷壯其忠。卒官下。

子沆，字內融，累遷中書舍人。韋保衡逐于琮，沆亦貶循州司戶參軍。僖宗立，召爲永州刺史，復拜舍人，進禮部、吏部二侍郎。乾符五年，以戶部侍郎同中書門下平章事。昕旦告廟，大霧塞廷中，百僚就班脩慶，大風雨雹，時謂不祥。俄改中書侍郎，兼工部尙書。時王景崇進兼中書令，讓其兄景儒，求易定節度。沆謂魏博、盧龍且相援，執不可。盧攜專政，而黃巢勢寖盛，沆每建裁遏，多爲攜沮抑。賊陷京師，匿張直方第，遇害。

元略弟元受、元式、元儒，皆舉進士第。元受以高陵尉直史館。元和時，于皐謩爲河北行營糧料使，元受從之，督供饋。皐謩得罪，元受逐死嶺表。

元式始署帥府僚佐，累官湖南觀察使。會昌中，澤潞用兵，遷河中，拜河東、義成節度使。宣宗初，以刑部尙書判度支，拜門下侍郎、同中書門下平章事，進兼戶部尙書。以疾罷。卒，贈司空，謚曰莊。

大中時，又有宰相崔龜從，字玄告，初舉進士，復以賢良方正、拔萃，三中其科，拜右拾遺。大和初，遷太常博士。最明禮家沿革，問不虛酬。定敬宗廟室祝辭，皇帝不可云孝弟。九宮皆列星，不容爲大祠。大臣薨，不於卜日輟朝，乃在數日外。因引貞觀時，任瓌卒，有司對仗奏，太宗責其不知禮，岑文本歿，是夕罷警嚴，張公謹亡，哭不避辰日，故閔悼之切，不宜過時。又言三品以上官，非經任將相密近，不宜輟朝。詔皆可其議，九宮遂爲中祠。再遷至司勳郎中，知制誥，眞拜中書舍人，歷戶部侍郎。大中四年，以中書侍郎同中書門下平章事。再歲，罷爲宣武軍節度使，數徙鎭，卒。

韋綬字子章，京兆萬年人。有至性，然好不經，喪父，鑱臂血寫浮屠書。建中末，爲長安尉。朱泚亂，羸服走奉天，拜華陰令。佐襄陽于頔府，數譏諫刺頔横恣，頔不能容，薦諸朝。三遷職方郎中。

穆宗爲太子，綬入侍讀，遷諫議大夫。太子書「依」字輒去「人」，曰：「上以此可天下事，烏得全書耶？」綬白之，帝喜，卽賜綬錦綵。方太子幼，綬數爲俚言以悅太子，它日侍，太子

爲帝道之，帝怒曰：「綬當以經義輔導太子，而反語此，朕何賴焉？」外遷虔州刺史。

穆宗立，召爲尙書右丞、集賢院學士，出入禁中，怙寵甚。建白：「帝誕日，百官先詣光順門賀皇太后，然後上皇帝千萬歲壽。」詔可。久之，宰相奏古無生日稱賀者，綬議格。時大臣論啓或未決，綬居中助可否。九月九日宴羣臣曲江，綬請集賢學士得別會，帝一順聽。進位禮部尙書。帝問所以振災邀福者，對曰：「宋景公以善言退法星三舍，漢文除祕祝，敕有司祭而不祈，此二君皆受自至之福，書美前史。如失德以却災，媚神以丐助，神而有知，且因以譴也。」時帝不德，故託諷焉。

俄以檢校戶部尙書爲山南西道節度使。入辭，請門戟十二以行，又乞賜錢二百萬，官子元弼太常丞，帝以舊恩許之。綬耄而貪，不能事軍政，綱維亂弛。卒，贈尙書右僕射，帝遣中人弔其家。有司謚通醜，故吏以爲言，改謬醜，不報，罷。

唐書卷一百六十一

列傳第八十六

張薦 讀　趙涓 博宣　李紓　鄭雲逵　徐岱　王仲舒　馮伉
庾敬休

張薦字孝舉，深州陸澤人。祖鷟，字文成，早惠絕倫。爲兒時，夢紫文大鳥，五色成文，止其廷。大父曰：「吾聞五色赤文，鳳也；紫文，鸑鷟也。若壯，殆以文章瑞朝廷乎？」遂命以名。調露初，登進士第。考功員外郎騫味道見所對，稱天下無雙。授岐王府參軍。八以制舉皆甲科，再調長安尉，遷鴻臚丞。四參選，判策爲銓府最。員外郎員半千數爲公卿稱「鷟文辭猶青銅錢，萬選萬中」，時號鷟「青錢學士」。證聖中，天官侍郎劉奇以鷟及司馬鍠爲御史。性躁卞，儻蕩無檢，罕爲正人所遇，姚崇尤惡之。開元初，御史李全交劾鷟多口語訕短時政，貶嶺南，刑部尙書李日知訟斥太重，得內徙。鷟屬文下筆輒成，浮豔少理致，其

論著率詆誚蕪猥，然大行一時，晚進莫不傳記。武后時，中人馬仙童陷默啜，問：「文成在否？」答曰：「近自御史貶官。」曰：「國有此人不用，無能爲也。」新羅、日本使至，必出金寶購其文。終司門員外郎。

薦敏銳有文辭，能爲周官、左氏春秋。初，爲顏眞卿歎賞。大曆中，浙西觀察使李涵表薦才任史官，詔授左司禦率府兵曹參軍，以母老辭不就。喪除，禮部侍郎于邵以聞，召充史館脩撰，兼陽翟尉。眞卿爲李希烈所拘，遣兄子峴及家僕奏事五輩，皆留內客省，不得出。薦上疏曰：

去正月中，眞卿奉使淮西，期不先戒，行無素備。受命之後，不宿於家，親黨不遑告別，介副不及陳請，孱僮單騎，卽日載馳。冒姦鋒於臨汝，折元惡於許下，捐軀杖義，威詬羣凶，遂令脅制者回慮，忠勇者肆情。周曾奮發於外，韋淸伺應於內，希烈蒼黃窘迫，奔固舊穴，蓋眞卿義風所激也。眞卿逮事四朝，爲國元老，忠直孝友，羽儀王室。行年八十，被羸老之疾，拘囚環堵之間，顧眄鉤戟之下，呼嗟憤恚，失寢忘食，不知悲翁何以堪此！

伏聞希烈之母，鍾念幼子，目不絕泣，求責希烈；又希烈妻祖母郭及妻妹封並逮捕京師。此三人留之無益，請賓境上以贖眞卿，先降詔書，分明諭告。且希烈知眞卿

人望，不敢加害，既無嫌隙，但因循未遣耳。若歸其親愛，賊亦何吝還一使哉？臣又聞眞卿所遣兄子峴及家僮從官奉表來者五輩，皆留中，其子頵等拳拳實希一見，望許休澣，告以安否。」疏奏，盧杞持之，不報。

朱泚反，詭姓名伏匿城中，著史遁先生傳。京師平，擢左拾遺。詔復用杞爲刺史，薦與陳京、趙需等論杞姦惡傾覆不當用，入對挺確，德宗納之。

貞元元年，帝親郊。時更兵亂，禮物殘替，用薦爲太常博士，參綴典儀，略如舊章。刑部尚書關播持節送咸安公主于回紇，以薦爲判官。還，遷工部員外郎。久之，擢諫議大夫，復爲史館脩撰。

方裴延齡用事，中傷俊良，建白無不當帝意。薦將疏其惡，延齡知之，因言于帝曰：「諫議論朝政得失，史官書人君善惡，二者不可兼。」薦改祕書少監。延齡必欲以罪斥廢之。會遣使册回鶻毗伽懷信可汗，使薦至回鶻。還爲監。吐蕃贊普死，擢薦工部侍郎，爲弔祭使。薦占對詳辯，三使絕域，始兼侍御史、中丞，後大夫。次赤嶺，被病卒，年六十一，吐蕃傳其柩以歸。順宗立，問至，贈禮部尙書，謚曰憲。

薦自拾遺至侍郎，凡二十年，常兼史館脩撰。初，貞元時，京師旱，帝避正殿，減膳，薦

白限日以應古制。及定昭德皇后廟樂，遷獻、懿二祖，定太儀位號、大臣祔廟鼓吹法，莫不參裁，諸儒謂博而詳。所著書百餘篇。子又新，別有傳。

孫讀，字聖用，幼穎解。大中時第進士，鄭薫辟署宣州幕府。累遷禮部侍郎。中和初爲吏部，選牒精允。調者丐留二年，詔可，榜其事曹門。後兼弘文館學士，判院事，卒。

趙涓，冀州人。幼有文，天寶時第進士，補鄠城尉，稍歷臺省。河南王縉引署副元帥府判官。德宗初，爲衢州刺史。始，永泰時，禁中火，近東宮，代宗疑之。涓以監察御史爲巡使，驗治明諦，迹火所來，乃宦人直舍。帝在東宮頗德之。及治衢，不爲觀察使韓滉所容，奏免官，帝見其名，問宰相曰：「是豈永泰時御史乎？」對曰：「然。」詔拜尙書左丞。既至，勞之曰：「卿正直，朕所自知，乃以罪聞，不信也。」命典吏部選。從狩梁。興元元年卒，贈戶部尙書。

子博宣，亦擢進士第。藻翰豪邁，沈於酒，傲忽少檢。陳許曲環辟署於府，久不能堪，乃誣「受吳少誠金爲反間，數言休咎惑衆」。有詔杖四十，流康州，時人冤之。

李紓字仲舒，始仕爲校書郎，大曆初，李季卿薦爲左補闕，遷累中書舍人。德宗居奉天，繇禮部侍郎遷爲同州刺史。帝次梁，紓委城趨行在，擢兵部侍郎、高邑伯。建言享武成王廟不宜與文宣王等，制從之。

紓性樂易，喜接後進。其自奉養頗華裕，不爲齪齪崖檢。官雖貴，而游縱自如。奉詔爲興元紀功述及它郊廟樂章，論譔甚多。進吏部侍郎。年六十二卒，贈禮部尙書。

鄭雲逵，系本滎陽。父昕，爲鄠城尉，州刺史移職，民之暴譥者遮道留，昕誅殺六七人。採訪使奇之，言狀，擢北海尉。安祿山反，縣民孫俊驅市人以應，昕率衆擊殺之。改登州司馬。李光弼表爲武寧府判官，遷沂州刺史，諭降賊李浩五千人。終滁州刺史。

雲逵爲人誕譎敢言，已登進士第，去客燕朔，朱泚善之，表爲掌書記，妻以滔女。泚將

朝，使雲逵先入奏，同府蔡廷玉譖于泚，奏貶爲平州參軍。滔代泚將，復辟雲逵爲判官。廷玉與要藉官朱體微它日與泚從容言：「滔非長者，不可付以兵。」雲逵數漏其語以怒滔，故滔論廷玉等，皆得罪死。滔助田悅，雲逵諫，不從，遂棄室自歸。德宗悅，擢諫議大夫。帝在梁，雲逵依李晟，晟表以禮部侍郎爲軍司馬，時時咨逮戎略。元和初，爲京兆尹，卒。

弟方逵，悖悍，結徒剽劫，父欲殺之，不克。雲逵自劾「不能教，恐赤臣家」。詔錮死黔州。

徐岱字處仁，蘇州嘉興人，世農家子。於學無所不通，辯論明銳，座人常屈。大曆中，劉晏表爲校書郎。觀察使李栖筠欽其賢，署所居爲「復禮鄉」。名達于朝，擢偃師尉。禮儀使蔣鎭薦爲太常博士，專掌禮事。從德宗出奉天，以膳部員外郎兼博士。

貞元初，爲太子、諸王侍讀，遷給事中、史館脩撰。帝以誕日歲歲詔佛、老者大論麟德殿，并召岱及趙需、許孟容、韋渠牟講說。始三家若矛楯然，卒而同歸于善。帝大悅，賚予有差。兩宮恩遇無比。性篤愼，至宮殿中語未嘗近之，不談人短，宗族孤孺者皆爲婚嫁。然吝嗇，自持家管鑰，世所譏云。卒，贈禮部尙書。

王仲舒字弘中，并州祁人。少客江南，與梁肅、楊憑游，有文稱。貞元中，賢良方正高第，拜左拾遺。德宗欲相裴延齡，與陽城交章言不可。後入閤，帝顧宰相指曰：「是豈王仲舒邪？」俄改右補闕，遷禮部考功員外郎。奏議詳雅，省中伏其能。坐累爲連州司戶參軍，再徙荆南節度參謀。

元和初，召爲吏部員外郎，未幾，知制誥。楊憑得罪斥去，無敢過其家，仲舒屢存之。將直憑冤，貶峽州刺史，母喪解。服除，爲婺州刺史。州疫旱，人徙死幾空，居五年，里閭增完，就加金紫服。徙蘇州。隄松江爲路，變屋瓦，絕火災，賦調嘗與民爲期，不擾自辦。穆宗立，每言仲舒之文可思，最宜爲誥，有古風。召爲中書舍人。既至，視同列率新進少年，居不樂，曰：「豈可復治筆研於其間哉！吾久棄外，周知俗病利，得治之，不自愧。」宰相聞之，除江西觀察使。初，江西榷酒利多佗州十八，民私釀，歲抵死不絕，穀數斛易斗酒。仲舒罷酤錢九十萬。吏坐失官息錢三十萬，悉産不能償，仲舒焚簿書，脫械不問。水旱，民賦不入，歎曰：「我當減燕樂他用可乎！」爲出錢二千萬代之。有爲佛老法、興浮屠祠屋者，皆驅出境。卒于官，年六十二，贈左散騎常侍，謚曰成。

仲舒尚義概，所居急民廢置，自爲科條，初若煩密，久皆稱其便。

馮伉，魏州元城人，徙貫京兆。第五經、宏辭，調長安尉。三遷膳部員外郎，爲睦王等侍讀。李抱眞卒，伉持節臨弔，歸之帛，不受，又致京師，伉上表固拒。於是醴泉令缺，宰相高選，德宗曰：「前使澤潞不受幣者，其人淸，可用也。」遂以授伉。縣多嚚猾，數犯法，伉爲著諭蒙書十四篇，大抵勸之務農、進學，而敎以忠孝。鄉鄉授之，使轉相敎督。居七年，韋渠牟薦爲給事中、皇太子諸王侍讀。對殿中，賜金紫服。進兵部侍郎，出爲同州刺史。以散騎常侍召，領國子祭酒者再。卒，年六十六，贈禮部尙書。

庾敬休字順之，鄧州新野人。祖光烈，與弟光先不受安祿山僞官，遁去。光烈終大理少卿，光先吏部侍郎。父何，當朱泚反，又與弟倬逃山谷，不臣賊。官兵部郎中。敬休擢進士第，又中宏辭，辟宣州幕府。入拜右補闕、起居舍人。建言：「天子視朝，宰相羣臣以次對，言可傳後者，承旨宰相示左右起居，則載錄，季送史官，如故事。」詔可。既而執政以幾密有不可露，罷之。召爲翰林學士。文宗將立魯王爲太子，愼選師傅，敬休以戶部侍郎兼魯王傅。

初，劍南西川、山南道歲征茶，戶部自遣巡院主之，募賈人入錢京師。大和初，崔元略奏責本道主當歲以四萬緡上度支。久之，逗留多不至。敬休始請置院秭歸，收度支錢，乃無逋沒。又言：「蜀道米價騰踊，百姓流亡，請以本道闕官職田賑貧民。」詔可。再爲尙書左丞。卒，贈吏部尙書。

敬休夷澹，多容可，不飲酒食肉，不邇聲色。

弟簡休，亦至工部侍郎。

唐書卷一百六十二

列傳第八十七

姚南仲 獨孤及 朗 郁 庠 顧少連 韋夏卿 瓘 段平仲

呂元膺 許孟容 季同 薛存誠 廷老 李遜 方玄 建 訥

姚南仲，華州下邽人。乾元初，擢制科，授太子校書。遷累右補闕。大曆十年，獨孤皇后崩，代宗悼痛，詔近城爲陵，以朝夕臨望。南仲上疏曰：「臣聞人臣宅於家，帝王宅於國。長安乃祖宗所宅，其可興鑿建陵其側乎？夫葬者，藏也，欲人之不得見也。今西近宮闕，南迫大道。使近而可覩，歿而復生，雖宮以待之可也。如令骨肉歸土，魂無不之，雖欲自近，了復何益？且王者必據高明，燭幽隱，先皇所以因龍首而建望春也。今起陵目前，心一感傷，累日不能平。且匹夫向隅，滿堂不樂，況萬乘乎，天下謂何？陛下謚后以貞懿，而終以褻近，臣竊惑焉。今國人皆曰后陵在邇，陛下將日省而時望焉，斯有損聖德，無益先

后，欲寵反辱，惟陛下孰計。」疏奏，帝嘉納，進五品階以酬讜言。

坐善宰相常衮，出爲海鹽令。浙西觀察使韓滉表爲推官，擢殿中侍御史內供奉。召還，四遷爲御史中丞，改給事中、陝虢觀察使。拜義成節度使。監軍薛盈珍恃權橈政，不能逞，因毁南仲於朝，德宗惑之。俄遣小使程務盈誣表以罪。會南仲裨將曹文洽入奏，知其語，則晨夜追至長樂驛，及之，與同舍，夜殺務盈，投其誣于廁。爲二書，一抵南仲，一治南仲冤，且自言殺務盈狀，乃自殺。驛吏以聞，帝駭異。南仲不自安，固請入朝。帝勞曰：「盈珍橈卿政邪？」曰：「不橈臣政，臣瘝陛下法耳。如盈珍輩，所在有之，雖使羊、杜復生，撫百姓，御三軍，必不能成愷悌之化而正師律也。」帝默然。乃授尚書右僕射。貞元十九年卒，年七十五，贈太子太保，謚曰貞。

初，崔位、馬少微者，俱在南仲幕府。盈珍之譖也，出位爲遂州別駕，東川觀察使王叔邕希旨奏位，殺之。復出少微補外，使宦官護送，度江，投之水云。

獨孤及字至之，河南洛陽人。爲兒時，讀孝經，父試之曰：「兒志何語？」對曰：「立身行道，揚名於後世。」宗黨奇之。天寶末，以道舉高第補華陰尉，辟江淮都統李峘府，掌書記。

代宗以左拾遺召，既至，上疏陳政曰：

陛下屢發德音，使左右侍臣得直言極諫。壬辰詔書，召裴冕等十有三人集賢殿待制，以備詢問。此五帝盛德也。然頃者陛下雖容其直，而不錄其言，所上封皆寢不報。有容下之名，無聽諫之實，遂使諫者稍稍自鉗口飽食，相招爲祿仕，此忠鯁之人所以竊歎，而臣亦恥之。十室之邑，必有忠信，況朝廷之大，卿大夫之衆，陛下選授之精歟！假令不能如文王之多士，其中豈不有温故知新，可懋陳政要而億則屢中者？陛下議政之際，曾不採其一說，堯之疇咨，禹之昌言，豈若是耶？昔堯設謗木於五達之衢。孔子曰：「以能問於不能，以多問於寡。」然則多聞闕疑，不恥下問，聖人之心也。願陛下以堯、孔心爲心，日降清問，其不可者罷之，可者議於朝，與執事者共之。使知之必言，言之必行，行之必公，則君臣無私論，朝廷無私政，陛下以此辨可否於獻替，而建太平之階可也。

師興不息十年矣，人之生產，空於杼軸。擁兵者第館亙街陌，奴婢厭酒肉，而貧人羸餓就役，剝膚及髓。長安城中，白晝椎剽，吏不敢詰。官亂職廢，將墮卒暴，百揆隳刺，如沸粥紛麻。民不敢訴於有司，有司不敢聞陛下，茹毒飲痛，窮而無告。今其心顒

顒，獨恃於麥，麥不登，則易子齩骨矣。陛下不以此時厲精更始，思所以救之之術，忍令宗廟有累卵之危，萬姓悼心失圖，臣實懼焉。去年十一月丁巳夜，星隕如雨，昨清明降霜，三月苦熱，錯繆顚倒，沴莫大焉。此下陵上替，怨讟之氣取之也。天意丁寧譴戒，以警陛下，宜反躬罪己，旁求賢良者而師友之，黜貪佞不肖者，下哀痛之詔，去天下疾苦，廢無用之官，罷不急之費，禁止暴兵，節用愛人，兢兢乾乾，以徼福于上下，必能使天感神應，反妖災爲和氣矣。

又言：

減江淮、山南諸道兵以贍國用，陛下初不以臣言爲愚，然許卽施行，及今未有沛然之詔，臣竊遲之。今天下唯朔方、隴西有吐蕃、僕固之虞，邠、涇、鳳翔兵足以當之矣。自此而往，東洎海，南至番禺，西盡巴蜀，無鼠竊之盜，而兵不爲解。傾天下之貨，竭天下之穀，以給不用之軍，爲無端之費，臣不知其故。假令居安思危，以備不虞，自可厄害之地，俾置屯禦，悉休其餘，以糧儲扉屨之資充疲人貢賦，歲可以減國租半。陛下豈遲疑於改作，逡巡於舊貫，使大議有所壅，而率土之患日甚一日？是益其弊而厚其疾也。夫瘵擁者，必決之使潰。今兵之爲患，猶擁也，不以漸戢之，其害滋大，大而圖之，必力倍而功寡，豈易「不俟終日」之義邪？

俄改太常博士。或言景皇帝不宜爲太祖，及據禮條上。謚呂諲、盧弈、郭知運等無浮美，無隱惡，得褒貶之正。遷禮部員外郎，歷濠、舒二州刺史。歲饑旱，鄰郡庸亡什四以上，舒人獨安。以治課加檢校司封郎中，賜金紫。徙常州，甘露降其廷。卒，年五十三，謚曰憲。

及喜鑒拔後進，如梁肅、高參、崔元翰、陳京、唐次、齊抗皆師事之。性孝友。其爲文彰明善惡，長於論議。晚嗜琴，有眼疾，不肯治，欲聽之專也。

子朗、郁。

朗字用晦，由處士辟署江西、宣歙、浙東三府。元和中，擢右拾遺。建言：「宜用觀察使領本道鹽鐵，罷場監管榷吏，除百姓之患。」不聽。盜殺武元衡，朗請貶京兆尹，誅捕賊吏。因勸罷兵，忤憲宗意，貶興元戶曹參軍。久乃拜殿中侍御史，兼史館修撰。坐與李景儉飲，景儉使酒慢宰相，出爲韶州刺史。召還，再遷諫議大夫。

敬宗初，宦官毆鄠令崔發雞干下，朗請誅首惡以正常法。王播賂權近，還判鹽鐵，朗連疏論執。遷御史中丞。故事，選御史皆中丞自請。是時，崔晃、鄭居中繇宰相力，得監察御史，朗拒不納，晃、居中卒改他官。侍御史李道樞醉謁朗，朗劾不虔，下除司議郎。會殿中

王源植貶官，朗直其枉，書五上不報，即自劾執法不稱，願罷去。帝遣中人慰諭不許。

文宗初，遷工部侍郎，出爲福建觀察使，創發背卒，贈右散騎常侍。

郁字古風，始生而孤，與朗育於伯父汜。擢進士第，最爲權德輿所稱，以女妻之。元和初，舉制科高等，拜右拾遺，俄兼史館脩撰，進右補闕。吐突承璀討王承宗，郁執不可，挺議鯁固，號稱職。擢翰林學士。德輿輔政，以嫌去內職，拜考功員外郎，仍兼脩撰。憲宗歎德輿乃有佳壻，詔宰相高選世族，故杜悰尚岐陽公主，然帝猶謂不如德輿之得郁也。俄知制誥。德輿去位，還爲學士。九年，以疾辭禁近，徙祕書少監，屏居鄠，卒，年四十，贈絳州刺史。郁有雅名，帝遇之厚，議者亦謂當宰相，共以早世惜之。

子庠，字賢府，喪父始十歲，有至性，聞呼父官及弔客來，輒號慟幾絕。後舉進士，仕至尚書丞。

顧少連字夷仲，蘇州吳人。舉進士，尤爲禮部侍郎薛邕所器，擢上第，以拔萃補登封主簿。邑有虎孽，民患之，少連命塞陷穽，獨移文嶽神，虎不爲害。御史大夫于頎薦爲監察御

史。德宗幸奉天，徒步詣謁，授水部員外郎、翰林學士。再遷中書舍人，閱十年，以謹密稱。會請徙先兆于洛，帝重違去，詔遣其子往，且命中人護葬役。

歷吏部侍郎。裴延齡方橫，無敢忤者，嘗與少連會田鎬第，酒酣，少連挺笏曰：「段秀實笏擊賊臣，今吾笏將擊姦臣。」奮且前，元友直在坐，歡解之。改京兆尹。政尚寬簡，不爲灼名。先是，京畿租賦薄厚不能一，少連以法均之。遷吏部尚書，封本縣男，徙兵部。爲東都留守，表禁苑及汝閑田募耕以便民，閱武力，利鎧仗，號良吏。卒，年六十三，贈尚書右僕射，謚曰敬。

始，少連攜少子師閔奔行在，有詔同止翰林院，車駕還，授同州參軍。

韋夏卿字雲客，京兆萬年人。少邃於學，善文辭。大曆中，與弟正卿同舉賢良方正，皆策高等。授高陵主簿，累遷刑部員外郎。時仍歲旱蝗，詔以郎官宰畿甸，授奉天令，課第一，改長安令。轉吏部員外郎、郎中，擢給事中，出爲常、蘇二州刺史。徐州節度使張建封疾甚，詔夏卿爲徐泗行軍司馬，且代之。未至，而建封卒，徐軍立其子愔爲留後，召夏卿爲吏部侍郎。

時從弟執誼在翰林，嘗受人金，有所干請，密以金內夏卿懷中，夏卿毀懷不受，曰：「吾與爾賴先人遺德，致位及此，顧當是哉？」執誼大慚。轉京兆尹、太子賓客，檢校工部尚書，爲東都留守，辭疾，改太子少保。卒，年六十四，贈尚書左僕射，謚曰獻。

夏卿性通簡，好古，有遠韻，談說多聞。晚歲將罷歸，署其居曰大隱洞。與齊映、穆贊、贊弟員友善，雖同游，終年不見其喜怛。撫孤姪恩踰己子。爲政務通理，不甚作條教。所辟士如路隋、張賈、李景儉等，至宰相達官，故世稱知人。

正卿子瓘，字茂弘，及進士第，仕累中書舍人。與李德裕善，德裕任宰相，罕接士，唯瓘往請無間也。李宗閔惡之，德裕罷，貶爲明州長史。會昌末，累遷楚州刺史，終桂管觀察使。

段平仲字秉庸，本武威人，隋民部尚書達六世孫。擢進士第。杜佑、李復之節度淮南，連表掌書記。擢監察御史。磊落有氣節，嗜酒敢言。是時，德宗春秋高，躬自聽斷，天下事有所壅隔，羣臣畏帝苛察，無敢言。平仲常曰：「上聰明神武，但臣下畏怯，自爲循默爾。使

我一日得召見，宜大有開納。」會京師旱，詔擇御史、郎官開倉振恤。平仲與考功員外郎陳歸被選，同得對，粗陳振恤事，帝察其意有所畜，以歸在側未言。事訖，平仲方獨進，帝乃并留歸，正色問之，雜以它語，平仲錯啎不得言，乃謬稱名，帝怒，叱去之。蒼黃向幄後，歸趣降招之，乃得去。由是坐廢七年，然名由此顯。

元和初，爲諫議大夫，憲宗使吐突承璀討鎭州，亟疏爭不可。及還，無功，又請斬之。再遷尚書右丞。朝廷有得失，未嘗不論奏，世推其敢直云。終太子左庶子。

贊曰：君有常尊，臣有定卑，自然之勢也。然臣不自通於上，君不降而逮諸下，則治不得成而功不彰。返是而天下之務棨焉幾矣。德宗察察，欲折伏臣下，自爲聰明，而治愈疏。段平仲一忤上，蒼惶失對，而猶以取名，何哉？下知所職，而上喪其所以爲上也。故聖王屈己從諫，君臣兩得其美，知道之本歟！

呂元膺字景夫，鄆州東平人。姿儀瓌秀，有器識。始游京師，謁故宰相齊映，映嘆曰：「吾不及識婁、郝，殆斯人類乎！」策賢良高第，調安邑尉，辟長春宮判官。李懷光亂河中，

輒解去。論惟明節度渭北，表佐其府。惟明卒，王栖曜代之，德宗敕栖曜留元膺自佐，入拜殿中侍御史。歷右司員外郎。出爲蘄州刺史。嘗錄囚，囚或白：「父母在，明日歲旦不得省爲恨。」因泣，元膺惻然，悉釋械歸之，而戒還期。吏白不可，答曰：「吾以信待人，人豈我違？」如期而至。自是羣盜感愧，悉避境去。

元和中，累擢給事中。俄爲同州刺史。既謝，帝逮問政事，所對詳詣。明日，謂宰相曰：「元膺直氣讜言，宜留左右，奈何出之？」李藩、裴垍謝，因言：「陛下及此，乃宗社無疆之休。臣等昧死，請留元膺給事左右。」未幾，兼皇太子侍讀，進御史中丞。拜鄂岳觀察使。嘗夜登城，守者不許。左右曰：「中丞也。」對曰：「夜不可辨。」乃還。明日，擢守者爲大將。入拜尚書左丞。度支使潘孟陽、太府卿王遂交相惡，乃除孟陽散騎常侍，遂鄧州刺史，詔辭無所輕重。元膺上其詔，請明枉直，以顯褒懲。

江西裴堪按虔州刺史李將順受賕，不覆訊而貶。元膺曰：「觀察使奏部刺史，不加覆，雖當誅，猶不可爲天下法。」請遣御史按問，宰相不能奪。

選拜東都留守。故事，留守賜旗甲，至元膺不給。或上言：「用兵討淮西，東都近賊，損其儀，沮威望，請比華、汝、壽三州。」帝不聽，并三州罷之。留守不賜旗甲，自此始。都有李師道留邸，邸兵與山棚謀竊發，事覺，元膺禽破之。始，盜發，都人震恐，守兵弱不足恃，

元膺坐城門指縱部分，意氣閑舒，人賴以安。東畿西南通鄧、虢，川谷曠深，多麇鹿，人業射獵而不事農，遷徙無常，皆趫悍善鬬，號曰「山棚」。權德輿居守，將羈縻之，未克。至是，元膺募爲山河子弟，使衞宮城，詔可。

改河中節度使。時方鎭多姑息，獨元膺秉正自將，監軍及中人往來者，無不嚴憚。入拜吏部侍郎。正色立朝，有台宰望，處事裁宜，人服其有體。以疾改太子賓客。居官始終無訾缺。卒，年七十二，贈吏部尚書。

許孟容字公範，京兆長安人。擢進士異等，又第明經，調校書郎。辟武寧張建封府。李納以兵拒境，建封遣使諭止，前後三輩往，皆不聽。乃使孟容見納，敷引逆順，納即悔謝，爲罷兵。表爲濠州刺史。

德宗知其能，召拜禮部員外郎。公主子求補崇文生者，孟容固謂不可，主訴之帝，問狀，以著令對。帝嘉其守，擢郎中。累遷給事中。京兆上言「好畤風雹害稼」，帝遣宦人覆視，不實，奪尹以下俸。孟容曰：「府縣上事不實，罪應罰。然陛下遣宦者覆視，紊綱紀。宜更擇御史一人參驗，乃可。」不聽。

浙東觀察使裴肅誘判官齊摠暴斂以厚獻，厭天子所欲。會肅卒，帝擢摠自大理評事兼監察御史爲衢州刺史。衢，大州也。孟容還制曰：「方用兵處，有不待次而擢者。今衢不他虞，摠無功越進超授，羣議謂何？且摠本判官，今詔書乃言『權知留後，攝都團練副使』，初無制授，尤不見其可。假令摠有可錄，宜暴課最，解中外之惑。」會補闕王武陵等亦執爭，於是詔中停。帝召謂曰：「使百執事皆如卿，朕何憂邪？」自袁高爭盧杞後，凡十八年，門下無議可否者。至孟容數論駁，四方知天子開納多士，浩然想見其風。

貞元十九年夏，大旱，上疏言：「陛下齋居損膳，具牲玉，走羣望，而天意未答，豈豐歉有定，陰陽適然乎？竊惟天人交感之際，繫教令順民與否。今戶部錢非度支歲計，本備緩急，若取一百萬緡代京兆一歲賦，則京圻無流亡，振災爲福。又應省察流移征防當還未還，役作禁錮當釋未釋，負逋饋送，當免免之；沈滯鬱抑，當伸伸之：以順人奉天。若是而神弗祐，歲弗稔，未之聞也。」先是，爲裴延齡、李齊運流斥者，雖十年弗內移，故孟容因旱及之。帝始不悅，改太常少卿。

元和初，再遷尚書右丞、京兆尹。神策軍自興元後，日驕恣，府縣不能制。軍吏李昱貸富人錢八百萬，三歲不肯歸。孟容遣吏捕詰，與之期使償，曰：「不如期，且死！」一軍盡驚，訴於朝。憲宗詔以昱付軍治之，再遣使，皆不聽，奏曰：「不奉詔，臣當誅。然臣職司輦轂，

當爲陛下抑豪彊。錢未盡輸，昱不可得。」帝嘉其守正，許之。京師豪右大震。

累遷吏部侍郎。盜殺武元衡，孟容白宰相曰：「漢有一汲黯，姦臣寢謀。今朝廷無有過失，而狂賊敢爾，尚謂國有人乎？願白天子，起裴中丞輔政，使主兵柄，索賊黨，罪人得矣。」後數日，果相度。俄以尚書左丞宣慰汴宋陳許河陽行營，拜東都留守。卒，年七十六，贈太子少保，謚曰憲。

孟容方勁有禮學，每所折衷，咸得其正。好提腋士，天下清議上之。

弟季同，始署西川韋皋府判官。劉闢反，棄妻子歸，拜監察御史。歷長安令，再遷兵部郎中。孟容爲禮部侍郎，徙季同京兆少尹。時京兆尹元義方出爲鄜坊觀察使，奏劾宰相李絳與季同舉進士爲同年，才數月輒徙。帝以問絳，絳曰：「進士、明經，歲大抵百人，吏部得官至千人，私謂爲同年，本非親與舊也。今季同以兄嫌徙少尹，豈臣所助邪？且忠臣事君，不以私害公，設有才，雖親舊當白用。避嫌不用，乃臣下身謀，非天子用人意。」帝然之。終宣歙觀察使。

薛存誠字資明，河中寶鼎人。中進士第。擢累監察御史。元和初，討劉闢，郵傳事叢，詔以中人爲館驛使，存誠以爲害體甚，奏罷之。轉殿中侍御史，累遷給事中。瓊林庫廣籍工徒，存誠曰：「此姦人羼名以避征役，不可許。」又神策軍與咸陽尉袁儋不平，誣奏之，儋被罰。二敕皆執不下。憲宗悅，遣使勞之，拜御史中丞。浮屠鑒虛者，自貞元中關通賂遺，倚宦豎爲姦，會坐于頔、杜黃裳家事，逮捕下獄。存誠窮劾之，得贓數十萬，當以大辟。權近更保救於帝，有詔釋之，存誠不聽。明日，詔使詣臺諭曰：「朕須此囚面詰，非赦也。」存誠奏曰：「獄已具，陛下必欲召赦之，請先殺臣乃可。不然，臣不敢奉詔。」鑒虛卒抵死。江西監軍高重昌妄劾信州刺史李位謀反，追付仗內詰狀。存誠一日三表，請付位御史臺。及按，果無實。

未幾，復爲給事中。會御史中丞闕，帝謂宰相曰：「持憲無易存誠者。」乃復命之。會暴卒，帝悼惜，贈刑部侍郎。存誠性和易，於人無所不容，及當官，毅然不可奪。

子廷老。

廷老字商叟，及進士第，讜正有父風。寶曆中，爲右拾遺。敬宗政日僻，嘗與舒元褒、李漢入閤論奏曰：「比除拜不由宰司擬進，恐綱紀寖壞，姦邪放肆。」帝厲語曰：「更論何事？」元褒曰：「宮中興作太甚。」帝色變曰：「興作何所？」元褒不能對。廷老曰：「臣等以諫爲職，有聞卽應論奏。然見外葦材瓦絕多，知有所營。」帝曰：「已論。」時造清思院，殿中用銅鑑三千，薄金十萬餅，故廷老等懇言之。尋加史館修撰。

鄭注用事，嶺南節度使鄭權附之，悉盜公庫寶貨輸注爲謝。廷老表按權罪，由是中人切齒。又論李逢吉黨張權輿、程昔範不宜居諫爭官，逢吉怒。會廷老告滿百日，出爲臨晉令。文宗立，召爲殿中侍御史。李讓夷數薦之，拜翰林學士。日酣飲，不持檢操，帝不悅，并讓夷罷之。開成三年，遷給事中。在公卿間，偘偘不干虛譽，推爲正人。卒，贈刑部侍郎。

子保遜，第進士，擢累給事中。

保遜子昭緯，乾寧中，至禮部侍郎。性輕率，坐事貶磎州刺史。

李遜字友道，魏申公發之後，趙郡所謂申公房者，客居荊州。始署山南東道掌書記，累遷濠州刺史。初，濠州兵謀殺其將楊騰，騰走揚州，因滅騰家，曹亡剽劫。遜至，鐫諭利害，衆釋鎧自歸。觀察使旨限外浮斂，遜一不應。入爲虞部郎中。由衢州刺史以政最擢

浙東觀察使。當貞元初，福建軍亂，前觀察使奏益兵三千屯于境，以折閩衝，遂爲長戍，幾三十年。遜署事，卽停其兵。

入爲給事中。故事，天子以晦日聽政，對羣臣。遜奏：「陛下求治，而下有所陳，當不時上，豈宜限以日。如是，畢歲得望天子者幾何？」憲宗悅，從之。遷戶部侍郎。

代嚴綬爲山南東道節度使。時方討蔡，析山南東道爲兩節度，以唐、鄧、隋三州授高霞寓，得專攻討，而遜督襄、復、郢、均、房五州賦饋之。初，襄陽兵隸霞寓者多逃還，後霞寓戰賊不勝，言爲遜所橈。帝欲按狀，宰相請置不問，下遷太子賓客。中人誣之，更貶恩王傅。久乃歷京兆尹、國子祭酒。

以檢校禮部尚書爲忠武節度使。時吳元濟始平，治條疏纇，遜召會大衆，申嚴約束，明論賞罰，上下皆感畏，衆遂安。遜於爲政，抑彊植弱，貧富均一，所至有績可紀。長慶初，幽、鎭繼亂，遜首建誅討計，不聽。詔以兵萬人會行營，卽日上道，先諸軍至，由是進檢校吏部尚書。未幾，徙節鳳翔，過京師，以疾求解爲刑部尚書。卒，年六十三，贈尚書右僕射，謚曰貞。

子方玄，字景業，第進士。裴誼奏署江西府判官。有大獄，論死者十餘囚，方玄刺審其

寃，悉平貸之。累爲池州刺史。鉤檢戶籍，所以差量傜賦者，皆有科品程章，吏不得私。常曰：「沈約年八十，手寫簿書，蓋爲此云。」終處州刺史。

遜弟建，字杓直，與兄俱客荆州。鄉人爭鬬，不詣府而詣建，平決無頗。母憐其孝，每字之曰：「猨子勸吾食，吾輒飽；進藥，吾意其瘳。」貞元中，補校書郎。德宗思得文學者，或以建聞，帝問左右，宰相鄭珣瑜曰：「臣爲吏部時，當補校書者八人，它皆藉貴勢以請，建獨無有。」帝喜，擢左拾遺、翰林學士。

順宗立，李師古以兵侵曹州，建作詔諭還之，詞不假借。王叔文欲更之，建不可。左除太子詹事，改殿中侍御史。以兵部郎中知制誥。宰相有竄定稿詔者，亟請解職，除京兆少尹。會遜被讒，建申治之，出爲澧州刺史。召拜刑部侍郎。卒，贈工部尚書。

初，建爲學時，家苦貧。兄造知其賢，爲營丐，使成就之。故遜、建皆舉進士。後雖通顯，未嘗治垣屋，以清儉稱。

建子訥，字敦止，及進士第。遷累中書舍人，爲浙東觀察使。性疏卞，遇士不以禮，爲下所逐，貶朗州刺史。召爲河南尹。時久雨，洛暴漲，訥行水魏王堤，懼漂汨，疾馳去，水遂

大毀民廬。議者薄其材。初，訥居與宰相楊收接，收欲市訥宂舍以廣第，訥叱曰：「先人舊廬，爲權貴優笑地邪？」凡三爲華州刺史，歷兵部尚書，以太子太傅卒。遺命葬不請鹵簿，避贈謚，詔聽。

唐書卷一百六十三

列傳第八十八

孔巢父 戣 緯 戡 戢 溫業　穆寧 贊 賞 員　崔邠 郾 鄯 鄲

柳公綽 仲郢 璞 珪 璧 玭 公權 子華　楊於陵　馬揔

孔巢父字弱翁，孔子三十七世孫。少力學，隱徂來山。永王璘稱兵江淮，辟署幕府，不應，鏟蹟民伍。璘敗，知名。廣德中，李季卿宣撫江淮，薦爲左衞兵曹參軍。三遷庫部員外郎。出爲涇原行軍司馬。累拜湖南觀察使，未行，會普王爲荆襄副元帥，署行軍司馬。俄而德宗狩奉天，行在擢給事中，爲河中、陝、華招討使，累上破賊方略，帝嘉納。

未幾，兼御史大夫，爲魏博宣慰使。巢父辯而才，及見田悅，與言君臣大義，利害逆順，開曉其衆。是時，悅久不臣，下皆厭亂，雜然喜曰：「不圖今日還爲王人！」酒中，悅起，自陳騎射工，曰：「陛下見用，何敵不摧。」巢父曰：「若爾，不蚤自歸，乃一劇賊耳。」悅曰：「能爲劇

賊，豈不能爲功臣乎？」巢父曰：「國方多虞，待子而息。」悅謝焉。數日，田緒殺悅，與大將邢曹俊等聽命，巢父卽以緒權知軍務，紓其難。

李懷光據河中，帝復令巢父宣慰，罷其兵，以太子太保授之。懷光素服待命，巢父不止。衆忿曰：「太尉無官矣！」方宣詔，乃譟而合，害巢父，并殺中人啖守盈。初，巢父至，懷光以其使魏博而田悅死，疑其謀出巢父，故軍亂不肯救。帝聞震悼，贈尚書左僕射，謚曰忠。詔具禮收葬，賜其家粟帛，存卹之。

從子戣、戡、戢。

戣字君嚴，擢進士第。鄭滑盧羣辟爲判官，羣卒，攝總留務。監軍楊志謙雅自肆，衆皆恐。戣邀志謙至府，與對榻臥起，示不疑，志謙嚴憚不敢動。入爲侍御史，累擢諫議大夫。條上四事：一、多宂官，二、吏不奉法，三、百姓田不盡墾，四、山澤榷酤爲州縣弊。憲宗異其言。中人劉希光受賕二十萬緡，抵死，吐突承璀坐厚善，逐爲淮南監軍。太子舍人李涉知帝意，投匭上言承璀有功不可棄。戣得副章，不肯受，面質讓之。涉更因左右以聞，戣劾奏涉結近倖，營罔上聽。有詔斥涉峽州司馬，宦寵側目，人爲危之，戣自以適所志，軒軒甚得。

俄兼太子侍讀，改給事中。江西觀察使李少和坐贓，獄讞不下；博陵崔易簡殺從父兄，鞫狀具。京兆尹左右之，翻其情。戣慷慨論正，貶少和，殺易簡，奪尹三月俸。再遷尚書左丞。信州刺史李位好黃、老道，數祠禱，部將韋岳告位集方士圖不軌，監軍高重謙上急變，捕位劾禁中。戣奏：「刺史有罪，不容繫仗內，請付有司。」詔還御史臺。戣與三司雜治，無反狀。岳坐誣罔誅，貶位建州司馬。中人愈怒，故出為華州刺史。明州歲貢淡菜蚶蛤之屬，戣以為自海抵京師，道路役凡四十三萬人，奏罷之。歷大理卿、國子祭酒。

會嶺南節度使崔詠死，帝謂裴度曰：「嘗論罷蚶菜者誰歟？今安在？是可往，為朕求之。」度以戣對，卽拜嶺南節度使。既至，免屬州逋負十八萬緡、米八萬斛、黃金稅歲八百兩。先是，屬刺史俸率三萬，又不時給，皆取部中自衣食。戣乃倍其俸，約不得為貪暴，稍以法繩之。南方鬻口為貨，掠人為奴婢，戣峻為之禁。親吏得嬰兒於道，收育之，戣論以死。由是閭里相約不敢犯。士之斥南不能北歸與有罪之後百餘族，才可用用之，稟無告者，女子為嫁遣之。蕃舶泊步有下碇稅，始至有閱貨宴，所餉犀琲，下及僕隸。戣禁絕，無所求索。舊制，海商死者，官籍其貲，滿三月無妻子詣府，則沒入。戣以海道歲一往復，苟有驗者不為限，悉推與。自貞元中，黃洞諸蠻叛，久不平。容、桂二管利虜掠，幸有功，乃請合兵討之。戣固言不可，帝不聽，大發江、湖兵，會二管入討。士被瘴毒死者不勝計，安南乘之，殺都護李象古，而桂管裴行立、容管陽旻皆無功，憂死；獨戣不邀一旦功，交、廣晏然大治。

穆宗立，以吏部侍郎召，改右散騎常侍，還為左丞，以老自乞。雅善韓愈，謂曰：「公尚壯，上三留，何去之果？」戣曰：「吾豈要君者？吾年，一宜去；吾為左丞，不能進退郎官，二宜去。」愈曰：「公無留資，何恃而歸？」曰：「吾負二宜去，尚奚顧子言？」愈嗟歎，卽上疏言：「臣與戣同在南省，數與戣相見，其為人，守節清苦，論議正平。年七十，筋力耳目未衰，憂國忘家，用意至到。如戣輩，在朝不過三數人，陛下不宜苟順其求，不留自助也。禮，大夫七十致事，若不得謝，則賜之几杖安車，不必七十盡許致事。今戣據禮求退，陛下若不聽許，亦無傷義，而有貪賢之美。」不報。以禮部尚書致仕，歲致羊酒如漢徵士禮。卒，年七十三。贈兵部尚書，謚曰貞。

子遵孺；温裕，仕為天平節度使。遵孺子緯。

緯字化文，少孤，依諸父。多與有名者游，才譽蚤成。擢進士第，東川崔慎由表置幕府。從崔鉉淮南，復從慎由守河中，再遷觀察判官。宰相楊收薦以長安尉直弘文館。遷監察御史，進禮部員外郎、兼集賢直學士。母喪解。還為右司員外郎。趙隱言其才，拜翰林學士，俄知制誥。頻遷戶部侍郎，擢御史中丞。緯方雅，疾惡若讎，中外聞風，未繩輒肅。三遷吏部侍郎。權要私謁至盈几，一不省，當路不悅，改太常卿。

從僖宗西到蜀，以刑部尚書判戶部。蕭遘雅不喜，坐調度不給，改太子少保。及帝避朱玫，次陳倉，惟黃門衞士數百扈乘輿。詔拜緯御史大夫，令趣百官至行在。時羣臣露次盩厔，為盜剽脅，衣囊略盡。緯謁宰相，欲有所論，遘與裴澈怨田令孜，不欲行，辭不見。緯召御史曰：「吾等身被恩，誼不辭難，今詔羣臣皆不至，夫與人布衣游，猶緩急相卹，況於君乎？」且泣下。御史亦辭方寇奪，丐衣食，請辦一日費而行。緯曰：「吾妻疾，且暮盡，丈夫豈以家事後國事乎？公善自謀，吾行決矣。」往見李昌符曰：「詔書再至，而羣臣顧未行。僕，大夫也，不敢後。願假兵護送天子所。」昌符具資裝送之。既及行在，緯策玫必反，建言闢邑阨狹，不足駐六師，請幸梁州。卽日去陳倉而玫兵至，微緯言幾不脫。進拜兵部侍郎、同中書門下平章事。玫平，從帝還，領諸道鹽鐵轉運使，累遷尚書左僕射，賜號「持危啓運保乂功臣」，鐵券恕十死，又賜天興良田、善和里第各一區，兼京畿營田使。

昭宗卽位，進司空。以太學焚殘，乃兼國子祭酒，完治之。加司徒，封魯國公。帝將郊見，中尉樞密使索宰相朝服，有司白中人無衣冠助祭事，中尉怒，責禮官必得。緯言：「中人不朝服，國典也。陛下欲假借之，則請以所兼官為之服。」諫官固執，帝召謂曰：「方舉大禮，

為我容之。」進兼太保。時天武都頭李順節，疏暴人也，以浙西節度使兼平章事。臺史白：「已謝，當班見百官。」緯判止之。明日，順節盛服至，則無班，快快去。他日見緯，以為言，緯曰：「固疑公見望也。且百辟卿士，天子廷臣，班見宰相，以宰相為之長。公提天武健兒，據堂受禮，安乎？必欲用之，去都頭乃可。」順節慚縮不敢言。

張濬將伐太原，帝不決，以問緯，緯助濬請。既濬敗，坐傳會，出為荊南節度使，俄貶均州刺史。二人皆密結朱全忠，全忠為請，詔聽所便，乃屛居華陰。李茂貞入殺韋昭度，帝惡大臣朋比，與藩臣交，更召緯入朝，再擢吏部尚書，以司空、門下侍郎復輔政。使者敦勸，力疾到京師，見帝嗚咽流涕，自陳衰疾不任事，乞歸田里。帝動容，詔使者送緯至堂視事。會天子出次石門，從至莎城，以病還都。家人召醫視，緯曰：「天下方亂，何久求生？」不肯服藥，卒，贈太尉。

戩字勝始，進士及第，補修武尉，以大理評事佐昭義李長榮節度府。長榮死，盧從史自別將代之，留署掌書記。從史稍得志，益驕，與王承宗、田緒陰相結，欲久連兵以固其位。戩始陰爭不從，則於會肆言以折之，從史始若受其言，後偃蹇不軌，戩遂以疾歸洛陽。未幾，李吉甫鎭揚州，表置幕府，戩未應。從史曰：「是故舍我而從人邪？」卽誣以事，奏三上，

詔以衞尉丞分司東都。自貞元後，帥鎭勍奏僚佐，不驗輒斥。至是，給事中呂元膺執不可。憲宗遣使諭曰：「朕非不知戡，行用之矣。」未幾，卒，年五十七。從史敗，追贈司勳員外郞。

戢字方舉。初，父死難，詔與一子官，補脩武尉，不受，以讓其兄戡。擢明經，書判高等，爲校書郞、陽翟尉，累遷殿中侍御史，分司東都。昭義判官徐玫，故嘗助盧從史爲跋扈者，從史敗，孟元陽代，欲復用之。戢移書昭義前槩玫，乃上列其狀。帝怒，流玫播州。轉侍御史、庫部員外郞。始，朱泚以彭偃爲中書舍人，偃子充符得不死，辟鄜坊府。或薦其能，召還京師。戢謂京兆尹裴武曰：「泚所下詔令皆偃爲之，悖逆子不鳥竄獸伏，乃干譽求進乎？子盍效季孫行父逐莒僕以勉事君者？」武卽逐出充符。拜京兆少尹，再遷爲湖南觀察使，召授右散騎常侍、京兆尹。歲旱，文宗憂甚，戢躬祠曲江池，一夕大澍，帝悅，詔兼御史大夫。卒，贈工部尙書。

子溫業，字遜志，擢進士第。大中時，爲吏部侍郞。求外遷，宰相白敏中顧同列曰：「吾等可少警，孔吏部不樂居朝矣。」後爲太子賓客。

穆寧，懷州河內人。父元休，有名開元間，獻書天子，擢偃師丞，世以儒聞。

寧剛正，氣節自任。以明經調鹽山尉。安祿山反，署劉道玄爲景城守，寧募兵斬之，檄州縣幷力捍賊。史思明略境，郡守召寧攝東光令禦之。賊遣使誘寧，寧斬以徇。郡守恐怒賊，令致死，卽奪其兵，罷所攝。始，寧過平原，見顏眞卿，嘗商賊必反。及是，聞眞卿拒祿山，卽遺眞卿書曰：「夫子爲衞君乎？」眞卿喜，署寧河北採訪支使。寧以息屬其母弟曰：「苟不乏嗣，足矣！」卽馳謁眞卿曰：「先人有嗣矣，我可從公死。」既而賊攻平原，寧勸固守，眞卿不從，夜亡過河，見肅宗行在。帝問狀，眞卿對：「不用穆寧言，故至此。」帝異之，馳驛召寧，將以諫議大夫任之。會眞卿以直忤旨，寧亦罷。

上元初，爲殿中侍御史，佐鹽鐵轉運，住埇橋。李光弼屯徐州，餉不至，檄取資糧，寧不與。光弼怒，召寧欲殺之。或勸寧去，寧曰：「避之失守，亂自我始，何所逃罪乎？」卽往見光弼。光弼曰：「吾帥衆數萬，爲天子討賊，食乏則人散，君閉廩不救，欲潰吾兵耶？」答曰：「命寧主糧者，敕也，公可以檄取乎？今公求糧，而寧專饋；寧有求兵，而公亦專與乎？」光弼執其手謝曰：「吾固知不可，聊與君議耳。」時重其能守官。累遷鄂岳沔都團練及租庸鹽鐵轉運使。當是時，河漕不通，自漢、沔徑商山以入京師。淮西節度使李忠臣不奉法，設戍邏以征商賈，又縱兵剽行人，道路幾絕。與寧夾淮爲治，憚寧威，掠劫爲衰，漕賈得通。坐杖死沔州別駕，貶平集尉。

大曆初，起爲監察御史，三遷檢校祕書少監、兼和州刺史，治有狀。後刺史疾之，以天寶舊版校見戶，妄劾寧多逋亡，貶泉州司戶參軍事。子贊訴其枉，三年始得通。詔御史覆視，實增戶數倍。召入拜太子右諭德。寧性不能事權右，毅然寡合，執政者惡之，雖直其誣，猶置散位。寧默不樂，喟曰：「時不我容，我不時徇，又可以進乎！」遂移疾，滿百日屢矣，親友彊之，輒復一朝。德宗在奉天，奔詣行在，擢祕書少監，改太子右庶子。帝還京師，乃曰：「可以行吾志矣！」卽罷歸東都。以祕書監致仕，卒。

寧居家嚴，事寡姊恭甚。嘗譔家令訓諸子，人一通。又戒曰：「君子之事親，養志爲大，吾志直道而已。苟枉而道，三牲五鼎非吾養也。」疾病不嘗藥，時稱知命。

四子：贊、質、員、賞。寧之老，贊爲御史中丞，質右補闕，員侍御史，賞監察御史，皆以守道行誼顯。先是，韓休家訓子姓至嚴。貞元間，言家法者，尙韓、穆二門云。

贊字相明，擢累侍御史，分司東都。陝虢觀察使盧岳妻分貲不及妾子，妾訴之。中丞盧佋欲重妾罪，贊不聽。佋與宰相竇參共誣贊受金，捕送獄。弟賞上冤狀，詔三司覆治，無

之，猶出爲郴州刺史。參敗，召爲刑部郞中，對延英，擢御史中丞。裴延齡判度支，屬吏受賕，具獄，欲曲貸吏，贊執不可。延齡白贊深文，貶饒州別駕。久之，拜州刺史。憲宗立，進宣歙觀察使，卒于官。贈工部尙書。

質性彊直，舉賢良方正，條對詳切，頻擢至給事中，政事得失，未嘗不盡言。元和時，鹽鐵、轉運諸院擅繫囚，笞掠嚴楚，人多死。質奏請與州縣吏參決，自是不冤。後論吐突承璀不宜爲將，憲宗不悅，改太子左庶子。坐與楊憑善，出爲開州刺史，卒。

員字與直，工爲文章。杜亞留守東都，署佐其府，蚤卒。

兄弟皆和粹，世以珍味目之：贊少俗，然有格，爲「酪」；質美而多入，爲「酥」〔一〕；員爲「醍醐」；賞爲「乳腐」云。

崔邠字處仁，貝州武城人。父倕，三世一爨，當時言治家者推其法。至德初，獻賦行在，肅宗異其文，位吏部侍郞。

邠第進士，復擢賢良方正，授渭南尉，遷補闕。上疏論裴延齡姦，以鯁亮知名。由中書舍人再遷吏部侍郞。性溫裕沈密，行已又簡儉，憲宗器之，裴垍亦薦邠材可宰相。會病，遂

不拜。久乃爲太常卿，知吏部尚書銓。故事，太常始視事，大閱四部樂，都人縱觀。邠自第去帽，親導母輿，公卿見者皆避道，都人榮之。以母憂解，卒于喪，年六十。贈吏部尚書，謚曰文簡。

弟酆、郾、郇、鄯、鄲。

郾字廣略，姿儀偉秀，人望而慕之，然不可狎也。中進士第，補集賢校書郎。累遷吏部員外郎，下不敢欺，每擬吏，親挾格，褒黜必當，寒遠無留才。三遷諫議大夫。穆宗立，荒于游畋，內酣蕩，昕曙不能朝。郾進曰：「十一聖之功德，四海之大，萬國之衆，其治其亂，繫於陛下。自山以東百城，地千里，昨日得之，今日失之。西望戎壘，距宗廟十舍，百姓憔悴，畜積無有。願陛下親政事以幸天下。」帝動容慰謝，遷給事中。

敬宗嗣位，拜翰林侍講學士，旋進中書舍人，謝曰：「陛下使臣侍講，歷半歲，不一問經義。臣無功，不足副厚恩。」帝慚曰：「朕少間當請益。」高釴適在旁，因言：「陛下樂善而無所咨詢，天下之人不知有嚮儒意。」帝重咨謝，咸賜錦、幣。郾與高重類六經要言爲十篇，上之，以便觀省。

遷禮部侍郎，出爲虢州觀察使。先是，上供財乏，則奪吏奉助輸，歲率八十萬。郾曰：

「吏不能贍私，安暇卹民？吾不能獨治，安得自封？」即以府常費代之。又詔賦粟輸太倉者，歲數萬石，民困於輸，則又輦而致之河。郾乃旁流爲大敖受粟，竇而注諸艚。民悅，忘輸之勞。改鄂、岳等州觀察使。自蔡人叛，鄂、岳常苦兵，江湖盜賊顯行。郾修治鎧仗，造蒙衝，駛追窮躡，上下千里，歲中悉捕平。又觀察浙西，遷檢校禮部尚書，卒于官。贈吏部尚書，謚曰德。

郾不藏貲，有輒周給親舊，爲治其昏喪。居家怡然，不訓子弟，子弟自化。室處庳漏，無步廡，至霖淖，則客蓋而屐以就外位。治虢以寬，經月不笞一人。及治鄂，則嚴法峻誅，一不貸。或問其故，曰：「陝土瘠而民勞，吾撫之不暇，猶恐其擾；鄂土沃民剽，雜以夷俗，非用威莫能治。政所以貴知變者也。」聞者服焉。

五子：瑤、瑰、瑾、珮、璆。瑤任禮部侍郎、浙西、鄂岳觀察使。瑾禮部侍郎、湖南觀察使。瑰、珮俱達官。

鄯擢進士，累遷至左金吾衛大將軍，暴卒，以韓約代之。不閱旬，李訓亂，約死於難。世謂鄯之亡，崔氏積善報也。贈禮部尚書。

鄲及進士第，補渭南尉。累除刑部郎中，出副杜元穎西川節度府。召入爲工部侍郎、集賢殿學士。再遷吏部侍郎，由宣歙觀察使入爲太常卿。文宗末，擢同中書門下平章事，改中書侍郎，罷爲劍南西川節度使。宣宗初，以檢校尚書右僕射同平章事，節度淮南，卒于軍。

崔氏四世緦麻同爨，兄弟六人至三品，邠、郾、鄲凡爲禮部五，吏部再，唐興無有也。居光德里，構便齋，宣宗聞而歎曰：「鄲一門孝友，可爲士族法。」因題曰「德星堂」。後京兆民即其里爲「德星社」云。

柳公綽字寬，京兆華原人。始生三日，伯父子華曰：「興吾門者，此兒也。」因小字起之。幼孝友，性質嚴重，起居皆有禮法。屬文典正，不讀非聖書。舉賢良方正直言極諫，補校書郎。間一年，再登其科，授渭南尉。歲歉饉，其家雖給，而每飯不過一器，歲豐乃復。或問之，答曰：「四方病飢，獨能飽乎？」累遷開州刺史，地接夷落，寇常逼其城，吏曰：「兵力不能制，願以右職署渠帥。」公綽曰：「若同惡邪？何可撓法。」立誅之，寇亦引去。遷侍御史、吏部員外郎。時武元衡節度劍南，與裴度俱爲判官，尤相引重。召爲吏部郎中。

憲宗喜武功，且數出游畋，公綽奏太醫箴以諷曰：「天布寒暑，不私於人。品類既一，高卑以均。人謹好愛，能保其身。清靜無瑕，輝光以新。寒暑滿天地，浹肌膚於外；好愛在耳目，誘心知於內。端潔爲隄，奔射猶敗。氣行無間，隙不在大。謂天高矣，氛蒙晦之；謂地厚矣，橫流潰之。飲食資身，過則生患；衣服稱德，侈則生慢。唯過與侈，心必隨之。氣與心流，疾乃伺之。畋游恣樂，流情蕩志。馳騁勞形，叱吒傷氣。不養其外，前脩所忌。人乘氣生，嗜慾以萌。氣離有患，氣完則成。巧必喪眞，智實誘情。醫之上者，理於未然。患居慮後，防處事先。心靜樂行，體和道全。克施萬物，以享億年。聖人在上，各有攸處。臣司太醫，敢告諸御。」天子高其才，遣使謂曰：「卿言『氣行無間，隙不在大』，愛朕深者，當置之坐隅。」踰月，拜御史中丞。

公綽本與裴垍善，李吉甫復當國，出爲湖南觀察使。以地卑濕，不可迎養，求分司東都，不聽。後徙鄂岳觀察使。時方討吳元濟，詔發鄂岳卒五千，隸安州刺史李聽。公綽曰：「朝廷謂吾儒生不知兵邪！」即請自行，許之。引兵度江抵安州，聽以軍禮迎謁。公綽謂曰：「公所以屬鞬負弩，豈非兵事邪？若褫戎容，則兩郡守耳，何所統壹哉？以公世將曉兵，吾且欲署職，以兵法從事。」聽曰：「唯命。」即以都知兵馬使、中軍先鋒、行營都虞候三牒授之，選兵六千屬焉，戒諸校曰：「行營事一決都將。」聽被用畏威，遂盡力，當時服其知權。軍出，

公綽數省問其家，疾病生死厚給之，婦人敖蕩者，沈之江。軍中感服曰：「中丞爲我知家事，敢不死戰！」故鄂軍每戰輒克。

元和十一年，爲李道古代還，除給事中。李師道平，遣宣諭鄆州，復命，拜京兆尹。方赴府，有神策校乘馬不避者，卽時搒死。帝怒其專殺，公綽曰：「此非獨試臣，乃輕陛下法。」帝曰：「旣死，不以聞，可乎？」公綽曰：「臣不當奏。在市死，職金吾；在坊死，職左右巡使。」帝乃解。以母喪去官。服除，爲刑部侍郎，領鹽鐵轉運使，轉兵部，兼御史大夫。

長慶元年，復爲京兆尹。時幽、鎭用兵，補置諸將，使馹係道。公綽奏曰：「比館遞匱乏，驛置多闕。敕使衣緋紫者，所乘至三四十騎；黄綠者，不下十數。吏不得視券，隨口輒供。驛馬盡，乃掠奪民馬。怨嗟驚擾，行李殆絕。請著定限，以息其弊。」有詔中書條檢定數，由是吏得紓罪。宦官共惡疾之。改吏部侍郎，遷御史大夫。韓弘病，自河中還，詔百官問疾，弘遣子辭不能見，公綽謂曰：「上使百司省候，是謂異禮，宜力疾以見公卿，安可臥令子姓傳言耶？」弘懼，挾扶以出。

改禮部尚書，以祖諱換左丞。俄檢校戶部尚書、山南東道節度使。行部至鄧，縣吏有納賄、舞文二人同繫獄。縣令以公綽素持法，謂必殺貪者，公綽判曰：「贓吏犯法，法在；姦吏壞法，法亡。」誅舞文者。其廄馬害圉人，公綽殺之。或言良馬可愛，曰：「安有良馬而害人乎？」

寶曆元年，就遷檢校左僕射。牛僧孺罷政事，爲武昌節度使，公綽具軍容伏謁，左右諫止之，答曰：「奇章始去台宰，方鎭重宰相，所以尊朝廷也。」有道士獻丹藥，問所從來，曰：「自薊門。」時朱克融方叛，遽曰：「惜哉，藥自賊境來，雖驗何益！」卽棄藥而逐道士。入爲刑部尚書，俄拜邠寧節度使。先時神策諸鎭列屯部中，不聽本道節制，故虜得窺間。公綽論所宜，因詔屯營緩急悉受節度。復爲刑部尚書。京兆獄有姑鞭婦至死者，府欲殺之。公綽曰：「尊毆卑，非鬬也，且子在，以妻而戮其母，不順。」遂減論。

大和四年，爲河東節度。遭歲惡，撙節用度，輟宴飲，衣食與士卒鈞。北虜遣梅祿將軍李暢以馬萬匹來市，所過皆厚勞，飭兵以防襲奪。至太原，公綽獨使牙將單騎勞問，待以至意，闢牙門，令譯官引謁，宴不加常。暢德之，出涕，徐驅道中，不妄馳獵。陘北有沙陀部，勇武喜鬬，爲九姓、六州所畏。公綽召其酋朱邪執宜，治廢柵十一，募兵三千留屯塞上，其妻、母來太原者，令夫人飲食問遺之。沙陀感恩，故悉力保鄣。

以病乞代，授兵部尚書，不任朝請。忽顧左右召故吏韋長，衆謂屬諉以家事。及長至，乃曰：「爲我白宰相，徐州專殺李聽親吏，非用高瑀不能安。」因瞑目不復語，後二日卒，年六十八。贈太子太保，謚曰元。

公綽居喪毀慕，三年不澡沐。事後母薛謹甚，雖姻屬不知非薛所生。外兄薛宮早卒，爲育其女嫁之。嘗曰：「吾莅官未嘗以私喜怒加於人，子孫其昌乎！」與錢徽、蔣乂、杜元穎、薛存誠善，取士如許康佐、鄭朗、盧簡辭、崔璵、夏侯孜、李拭、韋長，皆知名顯貴云。

子仲郢。

仲郢字諭蒙。母韓，卽皐女也，善訓子，故仲郢幼嗜學，嘗和熊膽丸，使夜咀嚥以助勤。長工文，著尚書二十四司箴，爲韓愈咨賞。元和末，及進士第，爲校書郎。牛僧孺辟武昌幕府，有父風矩，僧孺歎曰：「非積習名教，安及此邪？」入爲監察御史，遷侍御史。有禁卒誣里人斫父墓柏，射殺之，吏以專殺論，而中尉護免其死，右補闕蔣係爭，不省。仲郢監罰，執曰：「賊不死，是亂典刑。」有詔御史蕭傑監之，傑復爭。遂獨詔京兆杖之，不監。朝廷嘉其守。

會昌初，累轉吏部郎中。時詔減官冗長者，仲郢條簡浹日，損千二百五十員，議者厭伏。遷左諫議大夫。武宗延方士築望仙臺，累諫諄切，帝遣中人愧諭。御史崔元藻以覆按吳湘獄得罪，仲郢切諫，宰相李德裕不爲嫌，奏拜京兆尹。置權量於東西市，使貿易用之，禁私製者。北司吏入粟違約，仲郢殺而尸之，自是人無敢犯，政號嚴明。會廢浮屠法，盡壞

銅象爲錢。仲郢爲鑄錢使，吏請以字識錢者，不答。旣，淮南鑄會昌字，久之，僧反取爲鍾鈸云。中書舍人紇干臯訴甥劉詡毆其母，詡爲禁軍校，仲郢不待奏，卽捕取之，死杖下，宦官以爲言，改右散騎常侍，知吏部銓。德裕頗抑進士科，仲郢無所徇。是時，以進士選，無受惡官者。又當調者，持闕簿令自閱，卽擬唱，吏無能爲姦。

宣宗初，德裕罷政事，坐所厚善，出爲鄭州刺史。周墀鎭滑，而鄭爲屬郡，高其績；及入相，薦授河南尹，召拜戶部侍郎。墀罷，它宰相惡仲郢，左遷祕書監。數月，復出河南尹，以寬惠爲政。或言不類京兆時，答曰：「輦轂之下，先彈壓；郡邑之治，本惠養。烏可類乎？」擢劍南東川節度使。大吏邊章簡挾勢肆貪，前帥不能制，仲郢因事殺之，官下肅然。居五年，召爲吏部侍郎，俄改兵部，領鹽鐵轉運使。有劉習者，以藥術進，詔署鹽官。仲郢以爲醫有本色官，若委錢穀，名分不正。帝悟，乃賜縑遣還。

大中十二年，辭疾，以刑部尚書罷使，轉戶部，封河東縣男，爲山南西道節度使。南鄭令權弈以罪，仲郢杖之，六日死，貶雷州刺史。頃之，以太子賓客分司東都，起爲虢州刺史，以檢校尚書左僕射東都留守。會盜發父墓，棄官歸華原。徙華州刺史，不拜。咸通五年，爲天平節度使。初，仲郢爲諫議大夫，後每遷，必烏集升平第，庭樹戟架皆滿，五日乃散。及是不復集。卒於鎭。

仲郢方嚴，尚氣義，事親甚謹。李德裕貶死，家無祿，不自振；及領鹽鐵，遂取其兄子從質爲推官，知蘇州院。宰相令狐綯持不可，乃移書開諭綯，綯感寤，從之。每私居內齋，束帶正色，服用簡素。父子更九鎭，五爲京兆，再爲河南，皆不奏瑞，不度浮屠。急於摘貪吏，濟單弱。每旱潦，必貸匱蠲負，里無逋家。衣冠孤女不能自歸者，斥稟爲婚嫁。在朝，非慶弔不至宰相第。其迹略相同。

家有書萬卷，所藏必三本：上者貯庫，其副常所閱，下者幼學焉。仲郢嘗手鈔六經，司馬遷、班固、范曄史皆一鈔，魏、晉及南北朝史再，又類所鈔它書凡三十篇，號柳氏自備，旁錄仙佛書甚衆，皆楷小精眞，無行字。

子璞、珪、璧、玭。

璞字韞玉，學不營仕。著春秋三氏異同義，又述天祚長曆，斷自漢武帝紀元，爲編年，以大政、大祥異、侵叛戰伐隨著之，閏位者附見其左。常謂「杜征南春秋後序述紀甲曆爲得實，自餘史家皆差」。蔣係以爲然。終著作郎。

珪字交玄。大中中，與璧繼擢進士，皆秀整而文，杜牧、李商隱稱之。杜悰鎭西川，表

在幕府，久乃至。會悰徙淮南，歸其積俸，珪不納；悰舉故事爲言，卒辭之。以藍田尉直弘文館，遷右拾遺，而給事中蕭倣、鄭裔綽謂珪不能事父，封還其詔。仲郢訴其子「冒處諫職爲不可，謂不孝則誣。請勒就養」。詔可。始，公綽治家埒韓滉，及珪被廢，士人愧悵。終衞尉少卿。

璧字賓玉。馬植鎭汴州，辟管書記。又從李瓚桂州，規止其不法，瓚不聽，乃拂衣去。未幾，軍亂。擢右補闕，再轉屯田員外郎。僖宗幸蜀，授翰林學士，累遷右諫議大夫。

玭以經明補祕書正字，由書判拔萃，累轉左補闕。高湜再鎭昭義，皆表爲副，擢刑部員外郎。湜貶高要尉，玭三疏申理。湜後得稿嗟歎，以爲其言雖自辨不加也。出爲嶺南節度副使。廨中橘熟，既食，乃納直於官。黃巢陷交、廣，逃還，除起居郎。巢入京師，奔行在，再遷中書舍人、御史中丞。文德元年，以吏部侍郎脩國史，拜御史大夫。直淸有父風，昭宗欲倚以相，中官譖玭煩碎，非廊廟器，乃止。坐事貶瀘州刺史，卒。光化初，帝自華還，詔復官爵。

玭常述家訓以戒子孫曰：

夫門地高者，一事墜先訓，則異它人，雖生可以苟爵位，死不可見祖先地下。門

高則自驕，族盛則人窺嫉。實藝懿行，人未必信；纖瑕微累，十手爭指矣。所以修己不得不至，爲學不得不堅。夫士君子生於世，己無能而望它人用，己無善而望它人愛，猶農夫鹵莽種之而怨天澤不潤，雖欲弗餒，可乎？余幼聞先公僕射言：「立己以孝悌爲基，恭默爲本，畏怯爲務，勤儉爲法。肥家以忍順，保交以簡恭，廣記如不及，求名如儻來，莅官則絜己省事，而後可以言家法，家法備，然後可以言養人。直不近禍，廉不沽名。憂與禍不偕，絜與富不並。」董生有云：「弔者在門，賀者在閭。」言憂則恐懼，恐懼則福至。又曰：「賀者在門，弔者在閭。」言受福則驕奢，驕奢則禍至。故世族遠長與命位豐約，不假問龜蓍星數，在處心行事而已。

昭國里崔山南琯子孫之盛，仕族罕比。山南曾祖母長孫夫人年高無齒，祖母唐夫人事姑孝，每旦，櫛縰笄拜階下，升堂乳姑，長孫不粒食者數年。一日病，言無以報吾婦，冀子孫皆得如婦孝。然則崔之門安得不大乎？東都仁和里裴尚書寬子孫衆盛，實爲名閥。天后時，宰相魏玄同選尚書之先爲壻，未成婚而魏陷羅織獄，家徙嶺表。及北還，女已踰笄。其家議無以爲衣食資，願下髮爲尼。有一尼自外至，曰：「女福厚豐，必有令匹，子孫將遍天下，宜北歸。」家人遂不敢議。及荆門，則裴齎裝以迎矣。今勢利之徒，捨信誓如返掌，則裴之蕃衍，乃天之報施也。余舊府高公先君兄

弟三人，俱居清列，非速客不二羹胾，夕食齕蔔瓠而已，皆保重名於世。

永寧王相國涯居位，竇氏女歸，請曰：「玉工貨釵直七十萬錢。」王曰：「七十萬錢，豈於女惜？但釵直若此，乃妖物也，禍必隨之。」女不復敢言。後釵爲馮球外郎妻首飾，涯曰：「爲郎吏妻，首飾有七十萬錢，其可久乎！」馮爲賈相國餗門人，賈有奴頗橫，馮愛賈，召奴責之，奴泣謝。未幾，馮晨謁賈，賈未出，有二青衣齎銀罌出，曰：「公恐君寒，奉地黃酒三杯。」馮悅，盡舉之。俄病渴且咽，因暴卒。賈爲歎息出涕，卒不知其由。明年，王、賈皆遘禍。噫，王以珍玩爲物之妖，信知言矣，而不知恩權隆赫之妖甚於物邪？馮以卑位貪貨，不能正其家，忠於所事，不能保其身，不足言矣。賈之奴害客于牆廡間而不知，欲終始富貴，其得乎？舒相國元輿與李繁有隙，爲御史，鞫譙獄，窮致繁罪，後舒亦及禍。今世人盛言宿業報應，曾不思視履考祥事歟？夫名門右族，莫不由祖考忠孝勤儉以成立之，莫不由子孫頑率奢傲以覆墜之。成立之難如升天，覆墜之易如燎毛。

余家本以學識禮法稱於士林，比見諸家於吉凶禮制有疑者，多取正焉。喪亂以來，門祚衰落，基構之重，屬於後生。夫行道之人，德行文學爲根株，正直剛毅爲柯葉。有根無葉，或可俟時；有葉無根，膏雨所不能活也。至於孝慈、友悌、忠信、篤行，乃食

之醯醬，可一日無哉？」其大概如此。

公權字誠懸，公綽弟也。年十二，工辭賦。元和初，擢進士第。李聽鎮夏州，表爲掌書記。因入奏，穆宗曰：「朕嘗於佛廟見卿筆蹟，思之久矣。」即拜右拾遺、侍書學士，再遷司封員外郎。帝問公權用筆法，對曰：「心正則筆正，筆正乃可法矣。」時帝荒縱，故公權及之。帝改容，悟其以筆諫也。公綽嘗寓書宰相李宗閔，言家弟本志儒學，先朝以侍書見用，頗類工祝，願徙散秩。乃改右司郎中、弘文館學士。

文宗復召侍書，遷中書舍人，充翰林書詔學士。嘗夜召對子亭，燭窮而語未盡，宮人以蠟液濡帋繼之。從幸未央宮，帝駐輦曰：「朕有一喜，邊戍賜衣久不時，今中春而衣已給。」公權爲數十言稱賀，帝曰：「當賀我以詩。」宮人迫之，公權應聲成文，婉切而麗。詔令再賦，復無停思，天子甚悅，曰：「子建七步，爾乃三焉。」常與六學士對便殿，帝稱漢文帝恭儉，因舉袂曰：「此三澣矣！」學士皆賀，獨公權無言。帝問之，對曰：「人主當進賢退不肖，納諫諍，明賞罰。服澣濯之衣，此小節耳，非有益治道者。」異日，與周墀同對，論事不阿，墀爲惴恐，公權益不奪，帝徐曰：「卿有諍臣風，可屈居諫議大夫。」乃自舍人下遷，仍爲學士知制誥。

開成三年，轉工部侍郎。召問得失，因言：「郭旼領邠寧，而議者頗有臧否。」帝曰：「旼，尚父從子，太皇太后季父，官無玷瑕，自大金吾位方鎮，何所更議？」答曰：「旼誠勳舊，然人謂獻二女乃有是除，信乎？」帝曰：「女自參承太后，豈獻哉？」公權曰：「疑嫌間不可戶曉。」因引王珪諫廬江王妃事。是日，帝命中官自南內送女還旼家。其忠益多類此。遷學士承旨。

武宗立，罷爲右散騎常侍。宰相崔珙引爲集賢院學士，知院事，李德裕不悅，左授太子詹事，改賓客。累封河東郡公，復爲常侍，進至太子少師。大中十三年，天子元會，公權稍耄忘，先羣臣稱賀，占奏忽謬，御史劾之，奪一季俸，議者恨其不歸事。咸通初，乃以太子太保致仕。卒，年八十八。贈太子太師。

公權博貫經術，於詩、書、左氏春秋、國語、莊周書尤邃，每解一義，必數十百言。通音律，而不喜奏樂，曰：「聞之令人驕怠。」其書法結體勁媚，自成一家。文宗嘗召與聯句，帝曰：「人皆苦炎熱，我愛夏日長。」公權屬曰：「薰風自南來，殿閣生餘涼。」它學士亦屬繼，帝獨諷公權者，以爲詞情皆足，命題於殿壁，字率徑五寸，帝歎曰：「鍾、王無以尚也！」其遷少師，宣宗召至御座前，書帋三番，作眞、行、草三體，奇祕，賜以器幣，且詔自書謝章，無限眞、行。當時大臣家碑誌，非其筆，人以子孫爲不孝。外夷入貢者，皆別署貨貝曰：「此購柳書。」嘗書京兆西明寺金剛經，有鍾、王、歐、虞、褚、陸諸家法，自爲得意。凡公卿以書貺遺，蓋鉅萬，而主藏奴或盜用。嘗貯盃盂一笥，縢識如故而器皆亡，奴妄言叵測者，公權笑曰：「銀盃羽化矣！」不復詰。唯研、筆、圖籍，自鐍祕之。

子華，公綽諸父也。始辟嚴武劍南府，累遷池州刺史。代宗將幸華清宮，先命完葺，欲以子華爲京兆少尹，尹惡其剛方，沮解之，遂爲昭應令，檢校金部郎中、脩宮使。設棘圍於市，徇邑中曰：「民有得華清瓦石材用，投圍中，踰三日不還者死。」不終日，已山積矣，營辦略足。宰相元載有別墅，以奴主務，自稱郎將，怙勢縱暴，租賦未嘗入官。子華因奴入謁，收付獄，劾發宿罪，杖殺之，一邑震伏。載不敢怨，遣吏厚謝。預知其終，自爲墓銘。

子公器、公度。公度善攝生，年八十餘，有彊力。常云：「吾初無術，但未嘗以氣海煖冷物，熟生物，不以元氣佐喜怒耳。」位光祿少卿。公器生遵，遵生璨，別有傳。

楊於陵字達夫，本漢太尉震之裔。父太清，倦宦，客河朔，死安祿山之亂。於陵始六歲，間關至江左，逮長，有奇志。十八擢進士，調句容主簿。節度使韓滉剛嚴少許可，獨奇於陵，謂妻柳曰：「吾求佳壻，無如於陵賢。」因以妻之。辟鄂岳、江西使府。滉居宰相，領財

賦，權震中外。於陵隨府罷，避親不肯調，退廬建昌，以文書自娛樂。滉卒，乃入爲膳部員外郎。以吏部判南曹，選者恃與宰相親，文書不如式，於陵駁其違，宰相怒，以南曹郎出使弔宣武軍。未幾，遷右司郎中，換吏部，出爲絳州刺史。德宗雅聞其名，留拜中書舍人。時京兆李實恃恩暴橫，於陵與所善許孟容不離附，爲所譖短，徙祕書少監。帝崩，宣遺詔於太原、幽州，節度獻遺無所納。拜華州刺史，遷浙東觀察使。越人飢，請出米三十萬石拯贍貧民，政聲流聞。

入爲京兆尹。先是，編民多竄北軍籍中，倚以橫閭里。於陵請限丁制，減三丁者不得著籍，姦人無所影賴，京師豪右大震。遷戶部侍郎。元和初，牛僧孺等以賢良方正對策，於陵被詔程其文，居第一，宰相惡其言，出爲嶺南節度使。辟韋詞、李翺等在幕府，咨訪得失，敎民陶瓦易蒲屋，以絕火患。監軍許遂振者，悍戾貪肆，憚於陵不敢撓以私，則爲飛語聞京師，憲宗不能無惑，有詔罷歸。遂振領留事，笞吏剔抉其贓，吏呼曰：「楊公尚拒他方賂遺，肯私官錢邪？」宰相裴垍亦爲帝別白言之，乃授吏部侍郎，而遂振終得罪。

初，吏部程判，別詔官參考，齊抗當國，罷之。至是，尚書鄭餘慶移疾，乃循舊制。於陵建言：「他官但第判能否，不知限員，有司計員爲留遣之格，事不相謀，莫如勿置。」於是有詔三考官止較科目選，至常調悉還吏部。又請修甲曆，南曹置別簿相檢實，吏不能爲姦。始

奏選者納直給符告，居四年，凡調三千員，時謂爲適。

以兵部兼御史大夫，判度支。王師討淮西，於陵用所親爲供軍使，主唐、鄧，而高霞寓騰牒度支，以餉道乏，及戰敗，詔責之，指以爲言。帝怒，貶於陵郴州刺史。徙原王傅，復以戶部侍郎知吏部選。李師道平，詔宣慰淄青。朝廷始議分其地，而劉悟節度滑州，未出鄆，於陵趣使上道。還奏，帝悅其能。會浙西觀察使李僱死，皇甫鎛素忌於陵，薦以代僱，帝不之可。穆宗立，遷戶部尚書，爲東都留守。數上疏乞身，不許。授太子少傅，封弘農郡公。俄以尚書左僕射致仕，詔賜實俸，讓不受。於陵器量方峻，進止有常度，節操堅明，始終不失其正，時人尊仰之。大和四年卒，年七十八。册贈司空，謚曰貞孝。

四子：景復仕至同州刺史，紹復中書舍人，師復大理卿，中子嗣復位宰相，自有傳。

馬摠字會元，系出扶風。少孤窶，不妄交游。貞元中，辟署滑州姚南仲幕府，監軍薛盈珍誣南仲不法，摠坐貶泉州別駕。盈珍入用事，福建觀察使柳冕希旨欲誅之，會刺史穆贊保護乃免，徙恩王傅。

元和中，以虔州刺史遷安南都護，廉淸不撓，用儒術教其俗，政事嘉美，獠夷安之。建

二銅柱於漢故處，鑱著唐德，以明伏波之裔。徙桂管經略觀察使，入爲刑部侍郎。十二年，兼御史大夫，副裴度宣慰淮西。吳元濟禽，爲彰義節度留後。蔡人習僞惡，相掉訏，獷戾有夷貊風。摠爲設教令，明賞罰，磨治洗汰，其俗一變。始奏改彰義爲淮西，尋擢拜淮西節度使，徙忠武，改華州防禦、鎭國軍使。李師道平，析鄆、曹、濮等爲一道，除摠節度，賜號天平軍。長慶初，劉總上幽、鎭地，詔總徙天平，而詔摠還，將大用之。會總卒，穆宗以鄆人附賴摠，復詔還鎭。二年，檢校尚書左僕射，入爲戶部尚書。摠篤學，雖吏事倥傯，書不去前，論著頗多。卒，贈右僕射，謚曰懿。

贊曰：巢父恃正義，觸羣不肖，謀不以權，遂喪其身。寧、邠皆所謂邦之司直者，後世卒蕃衍。公綽仁而勇，於陵方重，摠沈懿，皆有大臣風，才堪宰相而用不至，果時有不幸邪？穆、崔、柳代爲孝友聞家，君子之澤遠哉！

校勘記

〔一〕質美而多入爲酥　「入」，册府卷七八三作「文」。

唐書卷一百六十四

列傳第八十九

歸崇敬 登 融　奚陟　崔衍　盧景亮 王源中　薛苹 膺

衛次公 洙　薛戎 放　胡証　丁公著　崔弘禮　崔玄亮

王質　殷侑 盈孫　王彥威

歸崇敬字正禮，蘇州吳人。治禮家學，多識容典，擢明經。遭父喪，孝聞鄉里。調國子直講。天寶中，舉博通墳典科，對策第一，遷四門博士。有詔舉才可宰百里者，復策高等，授左拾遺。肅宗次靈武，再遷起居郎、贊善大夫、史館脩撰、兼集賢殿校理，脩國史、儀注。以貧求解。歷同州長史、潤州別駕。未幾，有事橋陵、建陵，召還參掌儀典，改主客員外郎，復兼脩撰。

代宗幸陝，召問得失，崇敬極陳：「生人疲敝，當以儉化天下，則國富而兵可用。」時百官

朝朔望，皆服袴褶，崇敬非之，建言：「三代逮漢無其制，隋以來，始有服者，事不稽古，宜停。」詔可。又言：「東都太廟不當置木主，按禮，『虞主用桑，練主用栗』，作栗主則瘞桑主，猶天無二日，土無二王也。東都太廟，本武后所建，以祀諸武，中宗去主存廟，以備行幸遷都之置。且商遷都前八後五，不必每都別立神主也。若曰神主已經奉祀，不得一日而廢，則桑主以虞，至練祭而埋之，明是不然。」時有方士巨彭祖建言：「唐家土德，請以四季月郊祀天地。」詔禮官儒者雜議。崇敬議：「禮以先立秋十八日迎黃靈，祀黃帝，黃帝於五行爲土，而火爲母，故火用事之末而祭之，三季月則否。彭祖牽緯候說，事詭不經，不可用。」又議：「五人帝於國家爲前後，無君臣義，天子祭宜毋稱臣，祭而稱臣，於天帝無異。」又「春秋釋奠孔子，祝版皇帝署，北面揖，以爲太重。宜准武王受丹書於師尚父，行東面之禮。」事皆施行。

大曆初，授倉部郎中，充弔祭册立新羅使。海道風濤，舟幾壞，衆驚，謀以單舸載而免，答曰：「今共舟數十百人，我何忍獨濟哉？」少選，風息。先是，使外國多齎金帛，貿舉所無，崇敬囊橐惟衾衣，東夷傳其淸德。還，授國子司業、兼集賢學士。八年，遣祀衡山，未至，而哥舒晃亂廣州，監察御史惲之，請望祀而還，崇敬正色曰：「君命豈有畏邪？」遂往。

皇太子欲臨國學行齒胄禮，崇敬以學與官名皆不正，乃建議：

古天子學曰辟雍。以制言之，壅水環繚如璧然；以誼言之，以禮樂明和天下云爾。在禮爲澤宮，故前世或曰璧池，或曰璧沼，亦言學省。漢光武立明堂、辟雍、靈臺，號「三雍宮」。晉武帝臨辟雍，行鄉飲酒禮，別立國子學，以殊士庶。永嘉南遷，唯有國子學。隋大業中，更名國子監。今聲明之盛，辟雍獨闕，請以國子監爲辟雍省。祭酒、司業之名，非學官所宜。業者，栒簴大版，今學不教樂，於義無當。請以祭酒爲太師氏，位三品；司業爲左師、右師，位四品。

近世明經，不課其義，先取帖經，顓門廢業，傳受義絕。請以禮記、左氏春秋爲大經，周官、儀禮、毛詩爲中經，尚書、周易爲小經，各置博士一員。公羊、穀梁春秋共準一中經，通置博士一員。博士兼通孝經、論語，依章疏講解。德行純絜、文詞雅正、形容莊重可爲師表者，委四品以上各舉所知，在外給傳，七十者安車蒲輪敦遣。國子、太學、四門三館，各立五經博士，品秩、生徒有差。舊博士、助教、直講、經直、律館算館助教，請皆罷。

教授法。學生謁師，贄用腶脩一束，酒一壺，衫布一裁，色如師所服。師出中門，延入與坐，割脩斞酒，三爵止。乃發篋出經，摳衣前請，師爲說經大略，然後就室，朝晡請益。師二時堂上訓授道義，示以文行忠信、孝悌睦友。旬省，月試，時考，歲貢，視生徒

及第多少爲博士考課上下。有不率教者，檟楚之，國子移禮部，爲太學生；太學又不變，徙之四門；四門不變，徙本州之學；復不變，繇役如初，終身不齒。雖率教，九年學不成者，亦歸之本州。

禮部考試法。請罷帖經。於所習經問大義二十而得十八，論語、孝經十得八，爲通；策三道，以本經對，通二爲及第。其孝行聞鄉里者，舉解具言，試日義闕一二，許兼收焉。天下鄉貢如之。習業考試，並以明經爲名，得第授官，與進士同。

有詔尚書省集百官議。皆以習俗久，制度難分明，省禁非外司所宜名，周官世職者稱氏，國學非世官，不得名辟雍省、太師氏。大抵憚改作，故無施行者。

坐史給稟錢不實，貶饒州司馬。德宗立，召還，復拜國子司業，稍遷翰林學士、左散騎常侍，充皇太子侍讀，又兼晉王元帥參謀，封餘姚郡公。田悅、李納稟命，持節宣慰，稱旨。表歸上冢，寵賜繒帛，儒先以爲榮。遷工部尚書，仍前職。年老，以兵部尚書致仕。卒，年八十八，贈尚書左僕射，謚曰宣。論撰數十篇。

子登。

登字沖之，事繼母篤孝。大曆中，舉孝廉高第。貞元初，策賢良，爲右拾遺。裴延齡得幸，德宗欲遂以相，右補闕熊執易疏論之，以示登，登動容曰：「願竄吾名，雷霆之下，君難獨處。」故同列有所諫正，輒聯署無所回諱。轉右補闕、起居舍人，凡十五年，僚類有出其下而進趨，自喜得顯官，惟登與右拾遺蔣武退然遠權勢，終不以淹晚概懷。遷兵部員外郎。順宗爲皇太子，登父子侍讀，及即位，以東宮恩超拜給事中，遷工部侍郎，復爲皇太子、諸王侍讀，獻龍樓箴以諷。徙左散騎常侍，入謝，憲宗問政所先，登知帝睿而果于斷，勸順納諫爭，內外傳爲讜言。後判國子祭酒事，進工部尚書，累封長洲縣男。卒，年六十七，贈太子少師，謚曰憲。

登性溫恕，家僮爲馬所踶，笞折馬足，登知，不加責。有遺金石不死藥者，紿曰已嘗，及登服幾死，訊之，乃未之嘗，人皆爲怒，而登不爲愠。常慕陸象先爲人，世亦許其類云。

子融。

融字章之，元和中，及進士第，累遷左拾遺。事文宗爲翰林學士，進至戶部侍郎。開成初，拜御史中丞。湖南觀察使盧周仁以南方屢火，取羨錢億萬進京師。融劾奏：「天下一家，中外之財皆陛下府庫，周仁陳小利，假異端，公違詔書，徇私希恩。恐海內效之，因緣漁刻，生人受弊，罪始周仁。請重責，還所進，代貧民租入。」詔不從，置錢河陰院以虞水旱。

初，戶部員外郎盧元中、左司員外郎判戶部案姚康受平糴官秦季元絹六千匹，貸乾沒錢八千萬，俱貶嶺南尉。數年，金部員外郎韓益判度支，子弟受賕三百萬，未入者半。帝問融：「益所犯與盧元中、姚康孰甚？」對曰：「元中等枉失庫錢，益所坐子弟受賄，事異法輕。」故益止貶梧州參軍。融遷京兆尹，李固言爲相，惡之，徙祕書監。固言罷，擢權知兵部侍郎。歲閒，出爲山南西道節度使，徙東川。還，歷兵部尚書，累封晉陵郡公。會昌後，儒臣少，朝廷禮典多本融議。辭疾，以太子少傅分司東都。大中七年，卒，贈尚書左僕射。

奚陟字殷卿，其先自譙亳西徙，故爲京兆人。少篤志，通羣書。大曆末，擢進士、文辭清麗科，授弘文館校書郎。德宗立，諫議大夫崔河圖持節使吐蕃，表陟自副，以親老辭不拜。楊炎輔政，召授左拾遺。居親喪，毀瘠過禮。朱泚反，走間道及車駕于興元，拜起居郎、翰林學士，不就職。賊平，改太子司議郎，歷金部、吏部員外。會左右丞缺，轉左司郎中。

貞元八年，遷中書舍人。於是江南、淮西皆大水，詔陟勞問循尉，所至人人便安。中書史倚宰相勢，常姑息，獨陟遇之無假借。先是，右省雜給視職田稟，主事與拾遺等，陟以奉

稍爲率，由是吏官有差。中書令李晟有紙筆猥料積于省，它日以遺舍人，而雜事舍人常私有之，陟均舍寮無厚薄。雖細務，皆身親其勞，久益彊力，人以爲難。

遷刑部侍郎。京兆尹李充有美政，裴延齡惡之，誣劾充比陸贄，數遺金帛，當抵罪，又乾沒京兆錢六十八萬緡，請付比部鉤校。時郎中崔元翰怨贄，揣延齡指，逮繫搒掠甚急，內以險文。陟持平無所上下，具獄上，且言「京兆錢給縣館傳，餘以度支符用度略盡」。充既免，元翰不得意，以恚死。

陟尋知吏部選事，遷侍郎。銓綜平允，時謂與李朝隱略等，不能擿發淸明如裴行儉、盧從愿也。十五年，病痱，帝遣醫療視，敕曰：「陟，賢臣，爲我善治之。」卒，年五十五，贈禮部尙書。

陟少自底厲，著名節。常薦權德輿爲起居舍人知制誥，楊於陵爲郎中，其後皆有名。

子敬玄，位左補闕。

崔衍字著，深州安平人。

父倫，字敍，居父喪，跣護柩行千里，道路爲流涕，廬冢彌年。服除，及進士第，歷吏部

員外郎。安祿山反，陷于賊，不汙僞官，使子弟間表賊事。賊平，下遷晉州長史。李齊物訟其忠，授長安令，封武邑縣男。寶應二年，以右庶子使吐蕃，虜背約，留二歲，執倫至涇州，逼爲書約城中降，倫不從，更囚還婆城，閱六歲，終不屈，乃許還。代宗見之，爲感動嗚咽。卽具陳虜情僞、山川險易，指畫帝前，人服其詳。遷尙書左丞，以疾改太子賓客。卒，年七十一，贈工部尙書，謚曰敬。

衍，天寶末擢明經，調富平尉。繼母李不慈，倫自吐蕃歸，李弊衣以見，問故，曰：「衍不吾給。」倫怒，召衍，將袒而鞭之，衍涕泣無所陳。倫弟殷趨白：「衍所稟舉送夫人所，尙何云！」倫悟，繇是譖無入。調淸源令，勸民力田，懷附流亡，觀察使馬燧表其能，徙美原。父卒，事李益謹，歲爲李子部償負不勝計，故官刺史，妻子僅免飢寒。

歷蘇、虢二州。虢居陝、華間，而賦數倍入，衍白太重。裴延齡領度支，方聚斂，私謂衍：「前刺史無發明，公當止。」衍不聽，復奏：「州部多巖田，又郵傳劇道，屬歲無秋，民舉流亡，不蠲減租額，人無生理。臣見長吏之患，在因循不以聞，不患陛下不憂卹也；患申請不實，不患朝廷不矜貸也。陛下拔臣大州，寧欲視民困而顧望不言哉？」德宗公其言，爲詔度支減賦。遷宣歙池觀察使，簡靜爲百姓所懷。幕府奏聘皆有名士，後多顯于時。卒，年六十九，贈工部尙書。衍儉約畏法，室無妾媵，祿稍周於親族，葬埋嫁娶，倚以濟者數十家。及卒，不能葬喪，表諸朝，賜賻帛三百段，米粟稱之。

先是，天下以進奉結主恩，州藏耗竭，韋皋、劉贊、裴肅爲之倡。贊死，衍代之。舊貢金錫凡十八品，皆倍直市于州，民匱，多逃去，衍至，蠲革之。居十年，嗇用度，府庫充衍。及穆贊代州，以錢四十萬緡假民賦，故雖旱，人不流捐，由衍蓄積有素也。路應爲觀察使，以衍有惠在民，言狀，元和元年，詔書褒美，賜一子官云。謚曰懿。

盧景亮字長晦，幽州范陽人。少孤，學無不覽。第進士、宏辭，授祕書郎。張延賞節度荆南，表爲枝江尉，掌書記。入遷右補闕。朱泚反，景亮勸德宗曰：「陛下罪己不至，則感人不深。」帝然之。景亮志義崒然，多激發，與穆質同在諫爭地，書數上，鯁毅無所回。宰相李泌劾景亮等嘗衆會，漏所上語言，引善在己，卽有惡歸之君。帝怒，貶爲朗州司馬，質亦斥去，廢抑二十年。至憲宗時，由和州別駕召還，再遷中書舍人。

景亮善屬文，根於忠仁，有經國志，嘗謂：「人君足食足兵而又得士，天下可爲也。」乃興軒、項以來至唐，劉治道之要，著書上下篇，號三足記。又作答問，言輓運大較及陳西戎利害，切指當世。公卿伏其達古今云。元和初卒，贈禮部侍郎。

憲宗時，以直諫知名者，又有王源中，字正蒙。擢進士、宏辭，累遷左補闕。是時，中官領禁兵，數亂法，捕臺府吏屬繫軍中。源中上言：「臺憲者，紀綱地，府縣責成之所。設吏有罪，宜歸有司，無令北軍亂南衙，麾下重於仗內。」帝納之。累轉戶部郎中、侍郎，擢翰林學士，進承旨學士。

源中嗜酒，帝召之，醉不能見。及寤，憂其慢，不悔不得進也。他日，又如之，遂失帝意。以疾自言，出爲山南西道節度使，入拜刑部侍郎。未幾，領天平節度使。開成三年卒，贈尙書右僕射。

源中澹名利，率身治人，約而簡，當時咨美。

薛苹，河中寶鼎人。七世祖道實，爲隋禮部尙書。父順爲奉天尉，與楊國忠有舊，及用事，將引之，輒謝絕。

苹以吏最拜長安令，歷虢州刺史。憲宗時，奏最，擢湖南觀察使，徙浙東，以治行遷浙西，加御史大夫，累封河東郡公。所居守法度，務在安人。治身儉薄，所衣綠袍更十年，

至緋衣乃易。居三鎮，聲樂不聞于家，所得祿，卽分散親屬故人，而無餘藏。除左散騎常侍，年七十致仕。是時有年過苹不肯去，故論者高苹。居四年，卒，贈工部尙書，諡曰宣。苹兄芳，有器幹；萊與苹，其母代宗從母也，以外戚奉朝請，皆贊善大夫。

苹子膺，大和初，爲右補闕內供奉。其弟齊佐興元李絳幕府，絳遇害，齊死于難。膺聞，不及請，馳赴之，哀甚，聞者垂泣。後歷工部員外郞。

衞次公字從周，河中河東人。舉進士，禮部侍郞潘炎異之，曰：「國器也。」高其第。調渭南尉。嚴震在興元，辟佐其府。累遷殿中侍御史。貞元中，擢左補闕、翰林學士。德宗崩，與鄭絪皆召至金鑾殿。時皇太子久疾，禁中或傳更議所立，衆失色。次公曰：「太子雖久疾，冢嫡也，內外係心久矣。必不得已，宜立廣陵王。」絪隨贊之，議乃定。順宗立，王叔文等用事，輕弄威柄，次公與絪多所持正。知禮部貢舉，斥華取實，不爲權力侵橈。由中書舍人充史館脩撰，改兵部侍郞。絪以宰相罷，坐與善，下除太子賓客。

久乃爲陝、虢州觀察使，蠲橫租錢歲三百萬。復入爲兵部侍郞。故英公李勣、大理卿徐有功之孫，皆以負不得調，次公召見曰：「子之祖，勳在王府，寧限常格乎？」卽優補而遣。進尙書左丞。時方討蔡，數建請罷兵，帝將相之，制稾具而蔡捷書至，乃追止。以檢校工部尙書爲淮南節度使。久之，召還，道病卒，年六十六，贈太子少傅，諡曰敬。

次公本善琴，方未顯時，京兆尹李齊運使子與游，請授之法，次公拒絕，因終身不復鼓。其節尙終始完潔。

子洙，舉進士，尙臨眞公主，檢校祕書少監、駙馬都尉。文宗曰：「洙起名家，以文進，宜諫官寵之。」乃爲左拾遺，歷義成節度使。咸通中卒。

薛戎字元夫，河中寶鼎人。客毗陵陽羨山，年四十餘不仕。江西觀察使李衡辟署幕府，三返乃肯應。故宰相齊映代衡，奏留之，府罷，復歸陽羨。福建觀察使柳冕辟佐其府。先是，馬摠佐鄭滑府，監軍宦人誣劾之，貶泉州別駕。冕欲除摠以附倖家，卽使戎攝刺史，按置其罪。戎曰：「以是待我耶？我始不顧仕，正謂此爾！」不肯從，還白其狀。冕怒，據案引

戎入，戎叱引者曰：「見賓客乃爾乎？」由東廂進。冕度未可屈，揖而去，囚之它館，環兵脅辱之，累月，戎終不爲屈。淮南節度使杜佑聞之，書責冕，會冕亦病死，得解，自放江湖間。

復爲藩府交奏，稍遷河南令。吐突承璀討鎭州，所過吏迎廷畏不及，治道前驅，惟戎境內按故無所治迓。留府卒犯令者，縛置獄，留守怒，遣將略出之，不與。累遷浙東觀察使，所部州觸酒禁者罪當死，橘未貢先鬻者死，戎弛其禁。卒治下，年七十五，贈左散騎常侍。

戎爲吏，不尙約束詭名譽，其有善，歸之所部，故居官時無灼灼可驚者，已罷則懷之。悉奉稟賙濟內外親，無疏遠皆歸之，既病，以所有分遺之曰：「吾死矣，可持爲歸資！」衆皆哭而去。

弟放，端厚寡言。第進士，擢累兵部郞中。穆宗爲太子，拜侍讀，及卽位，參贊機命。帝謂曰：「小子新立，懼不克荷，先生宜相，以輔不逮。」放叩頭曰：「臣庸淺，不足塵大任，自有賢能處之。」帝美其誠，進工部侍郞、集賢學士，寵待尤至。改刑部侍郞。

帝嘗問：「朕欲學經與史，何先？」放曰：「六經者，聖人之言，孔子所發明，天人之極也。史記道成敗得失，亦足以鑒，然謬於是非，非六經比。」帝曰：「吾聞學者白首不能通一經，安得其要乎？」對曰：「論語，六經之菁華也；孝經，人倫之本也。漢時論語首立於學官。光武

令虎賁士皆習孝經，玄宗爲注訓，蓋人知孝慈，則氣感和樂也。」帝曰：「聖人以孝爲至德要道，信然。」終江西觀察使，諡曰簡。

胡証字啓中，河中河東人。舉進士第，渾瑊美其才，又以鄉府奏寘幕下。繇殿中侍御史爲韶州刺史，以母老辭，爲太子舍人。更從襄陽于頔，署掌書記。入爲戶部郞中。田弘正以魏博內屬，請使自副，詔兼御史中丞，爲弘正副使。入遷諫議大夫。

元和九年，党項屢擾邊，而單于都護府累更武將，職事廢，証以儒而勇選拜振武軍節度使。道河中，時趙宗儒爲帥，以州民入謁，里人榮之。居四年，召任金吾大將軍，又充京西、京北巡邊使。

太和公主降回鶻，以檢校工部尙書爲和親使。舊制，行人有私覿禮，縣官不能具，召富人子納貲於使而命之官。証請儉受省費，以絕鬻官之濫。次漠南，虜人欲屈脅之，且言使者必易胡服，又欲主便道疾驅者，証固不從，以唐官儀自將，訖不辱命。還，拜工部侍郞，改京兆尹、左散騎常侍。寶曆初，以戶部尙書判度支，固辭，拜嶺南節度使。卒，年七十一，贈尙書右僕射。

廣有舶貝奇寶，証厚殖財自奉，養奴數百人，營第脩行里，彌亙閭陌，車服器用珍侈，遂號京師高訾。素與賈餗善，李訓敗，衞軍利其財，擊言餗匿其家，爭入剽劫，執其子溵內左軍，至斬以徇。

証旅力絕人。晉公裴度未顯時，羸服私飲，爲武士所窘，証聞，突入坐客上，引觥三釂，客皆失色。因取鐵燈檠，摘枝葉，㩁合其跗，横膝上，謂客曰：「我欲爲酒令，飲不釂者，以此擊之。」衆唯唯。証一飲輒數升，次授客，客流離盤杓不能盡，証欲擊之，諸惡少叩頭請去，証悉驅出。故時人稱其俠。

丁公著字平子，蘇州吳人。三歲喪母。甫七歲，見鄰媪抱子，哀感不肯食，請於父緒，願絕粒學老子道，父聽之。稍長，父勉敕就學，舉明經高第，授集賢校書郎，不滿秩輒去，侍養于家。父喪，負土作冢，貌力癯憊，見者憂其死孝。觀察使薛苹表上至行，詔刺史弔問，賜粟帛，旌闕其閭。淮南節度使李吉甫表授太子文學，兼集賢校理。會入輔政，擢爲右補闕，遷直學士，充皇太子、諸王侍讀，因著太子諸王訓十篇。

穆宗立，未聽政，召居禁中，條詢治理，且許以相。公著陳讓牢切，乃擢給事中，遷工部

侍郎，知吏部選事。公著內知帝欲進用，故辭疾求外，遷授浙西觀察使，徙爲河南尹，治以清靜聞。四遷禮部尚書、翰林侍講學士。長慶中，浙東災癘，拜觀察使，詔賜米七萬斛，使賑饑捐。久之，入爲太常卿。大和中，以病丐身還鄉里，卒，年六十四，贈尚書右僕射。

公著清約守道，每進一官，輒憂見顏間。四十喪妻，終身不畜妾。及卒，天下惜之。

崔弘禮字從周，系出博陵，北齊左僕射㦌遠六世孫。磊磊有大志，通兵略。過宣武，從劉玄佐獵夷門，玄佐酒酣，顧曰：「崔生獨不知此樂邪？」弘禮笑曰：「我固喜武，請爲公歡。」玄佐臂鷹與弘禮馳逐，急緩在手，一軍驚曰：「安得此奇客？」玄佐大悅，欲留之，固辭，厚爲賫餉。至京師，所善李觀病且死，弘禮殫褚爲治喪，葬畢乃去。

及進士第，平判異等。靈武李欒表爲判官，以親老不應，更署東都留守呂元膺參謀。時天子討蔡，李師道謀襲洛，脅沮朝廷以釋蔡危。弘禮爲揣揣賊情，部分設張，東都卒無患。還留守判官，擢忻、汾二州刺史。田弘正請朝，表弘禮徙衞州，兼魏博節度副使。伐李師道，弘正多所咨逮。還魏博，又表爲相州刺史。

長慶初，張弘靖鎮幽州，詔弘禮往副，未及行，軍亂，改絳州刺史。李㝏反于汴，詔徙河南尹，倚以捍賊。還河陽節度使，治河內秦渠，溉田千頃，歲收八萬斛。徙華州刺史，改天平節度使。

李同捷叛，與李聽合師討之。至濮州，大將李萬瑀、劉寀擁兵自固，弘禮表萬瑀守沂州，寀守黃州，奪其兵，擊賊禹城，破之，獲鎧裝數十萬。時徐泗節度使王智興檄兗、海、鄆、曹、淄、青當徐道者出車五千乘，轉粟餽軍，弘禮度道遠，乃自兗開盲山故渠，自黃隊抵青丘，師人大濟。李祐以鄭滑兵三千入齊而潰，弘禮悉斬之，爲出鄆兵二千，祐遂大破賊，尸藉十餘里，祐望鄆拜曰：「活我者崔公也！」加檢校尚書左僕射，徙東都留守。召還，以病自乞，改刑部尚書，復爲留守。卒，年六十五，贈司空。

弘禮短於治民，少愛利，晚頗務多積，素議訿之。

崔玄亮字晦叔，磁州昭義人。貞元初，擢進士第，累署諸鎮幕府。父喪，客高郵，臥苦終制，地下濕，因得痺病，不樂進取。元和初，召爲監察御史，累轉駕部員外郎。淸愼介特，澹如也。稍遷密、歙二州刺史。歙人馬牛生駒犢，官籍蹄噭，故吏得爲姦，玄亮焚其籍，一不問。民山處，輸租者苦之，下令許計斛輸錢，民賴其利。歷湖、曹二州，辭曹不拜。大和

四年，繇太常少卿改諫議大夫，朝廷推爲宿望，拜右散騎常侍。每遷官，輒讓形於色。

鄭注構宋申錫，捕逮倉卒，內外震駭。玄亮率諫官叩延英苦諍，反復數百言，文宗未諭，玄亮置笏在陛曰：「孟軻有言：衆人皆曰殺之，未可也；卿大夫皆曰殺之，未可也；天下皆曰殺之，然後察之，乃寘於法。今殺一凡庶，當稽典律，況欲誅宰相乎？臣爲陛下惜天下法，不爲申錫言也。」俯伏流涕，帝感悟，衆亦服其不橈，繇此名重朝廷。頃之，移疾歸東都，召爲虢州刺史。卒，年六十六，贈禮部尚書。

玄亮晚好黃、老淸靜術，故所居官未久輒去。遺言：「山東士人利便近，皆葬兩都，吾族未嘗遷，當歸葬滏陽，正首丘之義。」諸子如命。

王質字華卿。五世祖通爲隋大儒。質少孤，客壽春，力耕以養母。講學不倦，諸生從授業者甚衆。年逾四十，偃蹇無進取意，姻友苦勸以仕，乃舉進士，中甲科。繇祕書省正字累佐帥府，五遷侍御史，繇山南西道節度副使再轉諫議大夫。宋申錫之得罪，質與諫官伏閤，文宗開延英召見，泣涕陳諫，帝稍寤，申錫得不死。爲宦豎所惡，出虢州刺史。李德裕素器之，擢給事中、河南尹，徙宣歙觀察使。卒，年六十八，贈左散騎常侍，謚曰㝎。

賓清白畏慎，爲政必先究風俗，所至有惠愛。雖與德裕厚善，而中立自將，不爲黨。奏署幕府者，若河東裴夷直、天水趙晳、隴西李行方、梁國劉蕡，皆一時選云。

殷侑，陳州人。幼有志於學，不治貲產。長通經術，以講道爲娛。貞元末，及五經第，其學長於禮，擢太常博士。元和八年，回鶻請和親，朝廷以仰費廣劇，欲紓以期。詔侑、宗正少卿李孝誠使回鶻，可汗驕甚，盛陳甲兵，欲臣使者，侑不爲屈。已傳命，虜責其倨，宜言欲留不遣，衆色怖，侑徐曰：「可汗，唐婿，欲坐屈使者拜，乃可汗無禮，非使臣倨也。」虜憚其言，不敢逼。還，遷虞部員外郎。

王承宗叛，遣侑招諭，承宗聽命。進諫議大夫。侑論朝廷治亂得失，前後凡八十四通，以語切，出爲桂管觀察使。寶曆元年，徙江西。所至以絜廉稱。入爲衞尉卿。

文宗即位，李同捷叛，而王廷湊陰爲脣齒，兵久不解，詔五品以上官議尚書省。帝鋭欲討賊，羣臣無敢異論者，獨侑請舍廷湊而專事同捷，且言：「願以宗社安危爲計，善師攻心爲武，含垢安人爲遠圖，網漏吞舟爲至誠。」帝不納，然內嘉尚。同捷平，以侑嘗爲滄州行軍司馬，遂拜義昌軍節度使。於時痍荒之餘，骸骨蔽野，墟里

生荆棘，侑單身之官，安足粗淡，與下共勞苦，以仁惠爲治。歲中，流戶襁屬而還，遂爲營田，丐耕牛三萬，詔度支賜帛四萬匹佐其市。初，州兵三萬，仰稟度支，侑始至一歲，自以賦入贍其半，二歲則周用，乃奏罷度支所賜。戶口滋饒，廥儲盈腐，上下便安，請立石紀政。以勞加檢校吏部尚書。

六年，徙天平節度。自李師道亂，朝廷雖析三鎭，然務安反側，賦入盡爲軍貲，無輸王府者。侑以餉軍有羸，當上送官，乃裁制經費，歲以錢十五萬緡、粟五萬石歸有司。加檢校尚書右僕射。御史大夫溫造劾侑違制，擅賦斂民爲無名之獻，詔以庾承宣代還。會濮州掾崔元武受吏賕，又率屬邑奉錢，增私馬估售官，疊三罪計絹百二十匹。大理以入私馬一重，創三官，刑部覆訊當流，未決。侑奏：「三犯不同，坐所重。律，頻贓者累論。元武犯皆枉法，當死。」詔用覆訊，流元武賀州。帝嘉侑守法，進刑部尚書，以造所奏不直，復用爲天平節度。

開成元年，再召爲刑部尚書。時李訓、鄭注已誅，帝問侑治安術，侑言：「朝廷宜任耆德，毋輕用新進。」帝善之，賜絲三百匹。初，鹽鐵度支使屬官悉得以罪人繫在所獄，或私置牢院，而州縣不聞知，歲千百數，不時決。侑奏許州縣糾列所繫，申本道觀察使，并具獄上聞。許之，賜黃金十斤，以酬直言。

涇原節度使朱叔夜坐侵牟士卒，贓數萬，家畜兵器，罷爲左武衞大將軍，侑薄其罪，天子由是疏之，賜叔夜死，出侑爲山南東道節度使。坐減兵不先論啓，左遷太子賓客分司東都。俄領忠武節度。卒，年七十二，贈司空。

侑以經術進，臨事鋭敏，有彊直名，晚節內冀台輔，稍務交結，而素望少衰云。孫盈孫。

盈孫，廣明初，爲成都諸曹參軍。僖宗至蜀，聞有禮學，擢太常博士。光啓三年，帝將還京，而七廟焚殘，告享無所。盈孫白宰相：「始乘輿西，有司盡載神主以行，至鄠，悉爲盜奪。今天子還宮，宜前具其禮。」宰相建言，脩復宗廟，功費廣，請與禮官議。時佗博士不在，獨盈孫從，議曰：「故廟十一室，二十三楹，楹十一梁，垣墉廣袤稱之。今朝廷多難，宜少變禮。按至德時作神主長安殿，饗告如宗廟，廟成乃祔。今正衙外無它殿，伏聞詔旨以少府監寓太廟，請因增完爲十一室，其三太后廟，權舍西南夾廡，須廟成議遷。」詔可。自是神主、樂縣，皆所創定，舊學禮家當其議。

龍紀元年，昭宗郊祠，兩中尉及樞密皆以宰相服侍上。盈孫奏言：「先世典令，無內官朝服侍祠。必欲之，當隨所攝資品，雖無援據，猶免僭逼。」詔可。時喪亂後，制度彫棄，追補容典，皆盈孫折衷焉。終大理卿，贈吏部尚書。

王彥威，其先出太原。少孤，家無貲，自力於學。舉明經甲科，淹識古今典禮，未得調，求爲太常散吏，卿知其經生，補檢討官。彥威采獲隋以來下訖唐凡禮沿革，皆條次彙分，號元和新禮，上之。有詔拜博士。

憲宗以正月崩，有司議葬用十二月下宿，彥威建言：「天子之葬七月，春秋之義，志崩不志葬，必其時也。舉天下葬一人，故過期不葬則譏之。高祖、中宗葬皆六月，太宗四月，高宗九月，睿、代二宗皆五月，德宗十月，順宗七月，惟玄、肅二宗皆十二月，有爲爲之，非常典也。且葬畢而虞，虞而卒哭，卒哭而祔，皆卜日。今葬卜歲暮，則畢祔在明年正月，是改元慶賜皆廢矣。」有詔更用五月。

淮南李夷簡上言：「大行皇帝功高宜稱祖。」穆宗下其議，彥威奏：「古者始封爲太祖，由太祖而降，則又祖有功，宗有德。故夏人祖顓頊而宗禹，商人祖契而宗湯，周人祖文王而宗武王。魏、晉而下，務欲推美，自始祖外並建列祖之議，叔世亂象，不可以爲訓。唐本周禮，以景皇帝爲太祖，祖神堯而宗太宗，自高宗後咸稱宗，以爲成法。不然，太宗致升平，玄宗清內難，肅宗收復兩都，皆撥亂反正，猶不稱祖。今當本三代之制，黜魏、晉亂法，大行廟號

宜稱宗。」制可。又舊事，祔廟必告于太極殿，然後奉主入廟，既事則已，而有司祔主畢，又還告太極殿。彥威以爲不可，執政怒，坐祝辭誤，奪二季俸，削一階。彥威終不回屈。後累擢司封郎中、弘文館學士、諫議大夫。

李師道既平，其十二州賦法未均，詔彥威爲勘定兩稅使，差量纖悉，人不爲煩。還，兼史館脩撰。

興平民上官興殺人亡命，吏囚其父。興聞，自首請罪。京兆尹杜悰、御史中丞宇文鼎以自歸死免父之囚，可勸風俗，議減死。彥威上言：「殺人者死，百王共守。原而不殺，是教殺人。」有詔貸死，彥威詣宰相據法爭論，下遷河南少尹。俄改司農卿。

李宗閔執政，雅善之，進拜平盧節度使。開成初，召爲戶部侍郎，判度支。彥威於儒學固該邃，亦善吏事，但經總財用，出入米鹽，非所長也。而性剛訐自恃，嘗見文宗，顯奏曰：「百口家知有歲計，而軍用一切可不謹邪？臣按見財，量入以爲出，隨色占費，終歲用之，無毫釐差。假令臣一旦迷愚，欲自欺沒，亦不可得。」因上占額圖。又言：「至德訖元和，天下觀察者十，節度者二十有九，防禦者四，經略者三，大都通邑皆有兵，最凡八十餘萬。長慶籍戶三百五十萬，而兵乃九十九萬，率三戶資一兵。今舉天下之入，歲三千五百萬，上供者三之一，又三之二則衣賜仰給焉。自留州留使外，餘四十萬衆，皆仰度支。」又爲供軍圖上

之。彥威雖自謂檝梲姦冒，著定其費，於利害無益也。

始，神策軍多以稟縑於度支取直，吏私增賈厚給之，經用益耗，開成初，有詔禁止。時宦者仇士良、魚弘志方用事，彥威乃奏復與直，悅媚士良等。又劾王播貢羨羸以冀速進。會邊兵訴所賜不時，縑皆皺惡，攝吏送臺獄，而彥威視事自如，及詔停務，始惶恐就第。貶衞尉卿。俄檢校禮部尙書，爲忠武節度使，毀山房三千餘所，盜無所容。徙節宣武，封北海縣子。性彊敏，善著書，頗行于時。卒，贈尙書右僕射，謚曰靖。

贊曰：韓愈稱：「郡邑通得祀社稷、孔子，獨孔子用王者事，以門人爲配，天子以下，北面拜跪薦祭，禮如親弟子者。句龍、棄以功，孔子則以德，固自有次第。」崇敬乃請束揖，以殺太重。方是時，公卿無韓愈之賢，無有折其非是者。道州刺史薛伯高嘗謂：「夫子稱顏回爲庶幾，其從於陳、蔡者，亦各有號，出於一時，後世坐祀十人以爲哲，豈夫子志哉？」觀七十子之賢，未有加於十人，坐而祀之，始於開元，非特率於一時之稱號。記曰：「祭，有其舉之，莫敢廢也。」如崇敬誠不知禮，尊君以媚世，歷朝循而不改矣。伯高之語，柳宗元志之於其書，必有辨其妄者。

唐書卷一百六十五

列傳第九十

鄭餘慶 澣 處誨 從讜　鄭珣瑜 覃 裔綽 朗　高郢 定　鄭絪 顥
權德輿 璩　崔羣

鄭餘慶字居業，鄭州滎陽人，三世皆顯宦。餘慶少善屬文，擢進士第。嚴震帥山南西道，奏置幕府。貞元初，還朝，擢庫部郎中，爲翰林學士，以工部侍郎知吏部選。浮屠法湊以罪爲民訴闕下，詔御史中丞宇文邈、刑部侍郎張彧、大理卿鄭雲逵爲三司，與功德判官諸葛述參按。述，故史也，餘慶劾述猥賤，不宜與三司雜治，時韙其言。

貞元十四年，拜中書侍郎、同中書門下平章事。每奏對，多傅經義。素善度支使于頔，凡所陳，必左右之，頔坐事貶；又歲旱飢，朝廷議賑禁衞十軍，爲中書史漏言。曡二忤，故貶郴州司馬。

順宗以尙書左丞召，會憲宗立，即其官復拜同中書門下平章事。時主書滑渙與宦人劉光琦相倚爲姦，每宰相議，爲光琦沮變者，令渙往請必得，由是四方賞餉奔委之，弟泳至官刺史。杜佑、鄭絪執政，頗姑息，而佑常行輩待，不名也。至餘慶議事，渙傲然指畫諸宰相前，餘慶叱去。未幾，罷爲太子賓客。後渙以贓敗，帝寖聞叱去事，善之。改國子祭酒，累遷吏部尙書。

醫工崔環者，自淮南小將除黃州司馬，餘慶執奏：「諸道散將無功受五品正員，開徼幸路，不可。」權者不悅，改太子少傅，兼判太常卿事。自朱泚亂，都輦數驚，太常肄樂禁用鼓，餘慶以時久平，奏復舊制。出爲山南西道節度使。入拜太子少師，請老，不許。

時數赦，官多汎階；又帝親郊，陪祠者授三品、五品不計考；使府賓吏，以軍功借賜朱紫率十八；近臣謝、郎官出使，多所賜與。每朝會，朱紫滿廷而少衣綠者，品服大濫，人不以爲貴，帝亦惡之，始詔餘慶條奏懲革。遷尙書左僕射。僕射比非其人，乃餘慶以宿德進，公論浩然歸重。帝患典制不倫，謂餘慶淹該前載，乃詔爲詳定使，俾參裁訂正。餘慶引韓愈、李程爲副，崔郾、陳佩、楊嗣復、庾敬休爲判官，凡損增儀矩，號稱詳衷。

俄拜鳳翔尹，節度鳳翔。復爲太子少師，封滎陽郡公，兼判國子祭酒事。建言：「兵興以來，學校廢，諸生離散。今天下承平，臣願率文吏月俸百取一，以資完葺。」詔可。穆宗立，

加檢校司徒。卒，年七十五，贈太保，謚曰貞。帝以其貧，特給一月奉料爲賵襚。

餘慶少砥礪，行已完絜，仕四朝，其祿悉賙所親，或濟人急，而自奉粗狹，至官府，乃閎肆廣大，常語人曰：「祿不及親友而侈僕妾者，吾鄙之。」大抵中外姻嫁，其禮獻皆親閱之。後生內謁，必引見，諄諄敎以經義，務成就儒學。自至德後，方鎭除拜，必遣內使持幢節就第，至則多饋金帛，且以媚天子，唯恐不厚，故一使者納至數百萬緡。憲宗每命餘慶，必誡使曰：「是家貧，不可妄求取。」議者或詆其沽激，餘慶不屑也。奏議類用古言，如「仰給縣官」、「馬萬蹄」，有司不曉何等語，人嘗其不適時。與從父絪家昭國坊，絪第在南，餘慶第在北，世謂「南鄭相」、「北鄭相」云。

子澣。

澣本名涵，避文宗故名，改焉。第進士，累遷右補闕。敢言，無所諱，憲宗謂餘慶曰：「涵，卿令子，而朕直臣也，可更相賀。」遷起居舍人、考功員外郎。時刺史或迫吏下紀功愛，涵請責觀察使以杜其欺。餘慶爲僕射，避除國子博士、史館脩撰。

文宗立，入翰林爲侍講學士。帝使稡擷經史爲要錄，愛其博而精，試舉諸條擿問之，隨即酬析，無留答，因賜金紫服。累進尚書左丞，出爲山南西道節度使。始，餘慶在興元創學廬，澣嗣完之，養生徒，風化大行。以戶部尚書召，未拜，卒，年六十四，贈尚書右僕射，謚曰宣。

四子，處誨、從讜尤知名。

處誨字廷美，文辭秀拔。仕歷刑部侍郎、浙東觀察、宣武節度使，卒。先是，李德裕次柳氏舊聞，處誨謂未詳，更撰明皇雜錄，爲時盛傳。

從讜字正求。及進士第，補校書郎，遷累左補闕。令狐綯、魏扶皆澣門生，數進譽之，遷中書舍人。咸通中，爲吏部侍郎，銓次明允。出爲河東節度使，徙宣武，以善最聞，改嶺南東道節度。先是，林邑蠻內侵，召天下兵進援，會龐勛亂，不復遣，而北兵寡弱。從讜募土豪，署其酋右職，爲約束，使相捍禦，交、廣晏然。

僖宗立，召爲刑部尚書。久之，擢同中書門下平章事，進門下侍郎。沙陀都督李國昌間邊多虞，入據振武、雲朔等州，南略太谷。河東節度使康傳圭遣大將伊釗、張彥球、蘇弘軫引兵拒之，戰數負，傳圭斬軫以徇。彥球所部反，攻傳圭，殺之，劫府庫爲亂。朝廷以爲憂，帝欲大臣臨制，乃拜從讜檢校司徒，以宰相秩復爲河東節度兼行營招討使，詔自擇參佐。從讜即表長安令王調自副，兵部員外郎劉崇龜、司勳員外郎趙崇爲節度觀察府判官，前進士劉崇魯推官，左拾遺李渥掌書記，長安尉崔澤支使，皆一時選。京師士人比太原爲小朝廷，言得才多也。時承軍亂，剽奪日旁午，從讜既視事，姦無廋情，乃推捕反賊，誅其首惡。以彥球本善意，且才可任，釋不問，而付以兵，曠無餘猜，故得其死力。渠凶宿狡不敢發，發又輒得，士皆寒毛惕伏。

會黃巢犯京師，帝駐梁、漢，詔從讜發部兵屬北面招討副使諸葛爽入討。從讜團士五千，遣將論安從爽。而李克用謂太原可乘，以沙陀兵奄入其地，壓汾東，釋言討賊，須索繁仍。從讜以饟醪犒軍，克用陰謂曰：「我且引而南，欲與公面約。」從讜登城，開勉感慨，使立功報天子厚恩，克用辭窮，再拜去，然陰縱其下肆掠，以撼人心。從讜追安，使與將王蟾、高弁等踵擊，亦會振武契苾通至，與沙陀戰，沙陀大敗引還。即遣安等屯北百井，安擅還，從讜合諸將，命持安出，斬之鞠場。中和二年，朝廷赦沙陀，使擊賊自贖，兵不敢道太原，繇嵐、石並河而南，獨克用從數百騎過辭城下，從讜以名馬器幣歸之。明年，賊平，詔克用代領河東。克用使來曰：「方省親鴈門，願公徐行。」從讜即日以監軍周從寓知兵馬留後，掌書記劉崇魯知觀察留後，敕克用至按籍效之乃行。

黃頭軍以糧少劫其貲，從讜間走絳州，方道梗不通，數月，召拜司空，復秉政，進太傅兼

侍中。從帝至興元，以疾乞骸骨，拜太子太保，還第，卒，謚文忠。

從讜進止有禮法，性不矜滿，沈毅有謀。在汴時，以處誨歿於鎭，訖代，不奏樂牙中。識陸扆於後生，數稱譽之，扆後位宰相。張彥球者，拳摯善斷，累破虜有功，奏爲行軍司馬，後署金吾將軍。初，盜流中原，沙陀彊悍，而卒收其用者，蓋從讜爲太原重也。時鄭畋以宰相鎭鳳翔，移檄討賊，兩人以忠義相提衡，賊尤憚之，號「二鄭」云。

鄭珣瑜字元伯，鄭州滎澤人。少孤，值天寶亂，退耕陸渾山，以養母，不干州里。轉運使劉晏奏補寧陵、宋城尉，山南節度使張獻誠表南鄭丞，皆謝不應。大曆中，以諷諫主文科高第，授大理評事，調陽翟丞，以拔萃爲萬年尉。崔祐甫爲相，擢左補闕，出爲涇原帥府判官。入拜侍御史、刑部員外郎，以母喪解。訖喪，遷吏部。貞元初，詔擇十省郎治畿、赤，珣瑜檢校本官兼奉先令。明年，進饒州刺史。入爲諫議大夫，四遷吏部侍郎。

爲河南尹，未入境，會德宗生日，尹當獻馬，吏欲前取印，白珣瑜視事，且內贊。珣瑜徐曰：「未到官而遽事獻，禮歟？」不聽。性嚴重少言，未嘗以私託人，而人亦不敢謁以私。既至河南，清靜惠下，賤斂貴發以便民。方是時，韓全義將兵伐蔡，河南主餽運，珣瑜密儲之

中華書局

陽翟，以給官軍，百姓不知儳運勞。凡迎送敕使，皆有常處，吏密識其馬，進退不敷步差也。全義與監軍別撽有所取，非詔約者，珣瑜輒挂壁不酬，至軍罷，凡數百封。有諫者曰：「軍須期會爲急，公可不報？」珣瑜曰：「武士統戎，多恃以取求。苟以爲罪，尹宜坐之，終不爲萬人產沴也。」故下無怨讟。時謂治河南比張延賞，而重厚堅正過之。

復以吏部侍郎召，進門下侍郎、同中書門下平章事。李實爲京兆尹，剝下務進奉，珣瑜顯詰曰：「留府繒帛入有素，餘者應內度支。今進奉乃出何色邪？」具以對。實方幸，依違以免。

順宗立，即遷吏部尚書。王叔文起州吏爲翰林學士、鹽鐵副使，內交奄人，攘撓政機。韋執誼爲宰相，居外奉行。叔文一日至中書見執誼，直吏白：「方宰相會食，百官無見者。」叔文恚，叱吏，吏走入白，執誼起，就閤與叔文語。珣瑜與杜佑、高郢輟饔以待。頃之，吏白：「二公同飯矣。」珣瑜喟曰：「吾可復居此乎！」命左右取馬歸，臥家不出七日，罷爲吏部尚書。亦會有疾，數月卒，年六十八，贈尚書左僕射。太常博士徐復謚文獻，兵部侍郎李巽言：「文者，經緯天地。用二謚，非春秋之正，請更議。」復謂：「二謚，周、漢以來有之。威烈、愼靚，周也；文終、文成，漢也。況珣瑜名臣，二謚不嫌。」巽曰：「謚一，正也，堯、舜是也。二謚，非古也，法所不載。」詔從復議。

子覃。

覃以父蔭補弘文校書郎，擢累諫議大夫。憲宗取五中官爲和糴使，覃奏罷之。穆宗立，不卹國事，數荒昵。吐蕃方彊。覃與崔郾等延對曰：「陛下新即位，宜側身勤政，而內耽宴嬉，外盤游畋。今吐蕃在邊，狙候中國，假令緩急，臣下乃不知陛下所在，不敗事乎？夫金繒所出，固民膏血，可使倡優無功濫被賜與？願節用之，以所餘備邊，毋令有司重取百姓，天下之幸也。」帝不懌，顧宰相蕭俛曰：「是皆何人？」俛曰：「諫官也。」帝意解，乃曰：「朕之闕，下能盡規，忠也。」因詔覃曰：「閤中殊不款款，後有爲我言者，當見卿延英。」時閤中奏久廢，至是，士相慶。

王承元徙鄭滑節度使，鎭人固留不出。承元請以重臣勞安其軍，詔覃爲宣諭使，起居舍人王璠副之。始，鎭人慢甚，及覃傳詔，開朂大義，軍遂安，承元乃得去。

寶曆初，擢京兆尹。文宗召爲翰林侍講學士，進工部侍郎。覃於經術該深，諄篤守正，帝尤重之。李宗閔、牛僧孺知政，以覃與李德裕厚，忌其親近爲助力，陽遷工部尚書，罷侍講，欲推遠之。帝雅向學，頗思覃，復召爲侍講學士。德裕旣相，以爲御史大夫。帝嘗謂殷侑善言經，其爲人鄭覃比也。宗閔猥曰：「二人誠通經，然其議論不足取。」德裕曰：「覃、侑之言，它人不欲聞，惟陛下宜聞之。」俄德裕罷，宗閔復用，覃繇戶部尚書下除祕書監。宗閔得罪，遷刑部尚書，進尚書右僕射，判國子祭酒。李訓誅，帝召覃視詔禁中，遂拜同中書門下平章事，封滎陽郡公。

不喜文辭，病進士浮夸，建廢其科，曰：「南北朝所以不治，文采勝質厚也。士惟用才，何必文辭。」又言：「文人多佻薄。」帝曰：「純薄似賦性之異，奚特進士？且設是科二百年，渠可易？」乃止。帝嘗謂百司不可使一日弛惰，因指香案爐曰：「此始華好，用久則晦，不治飾，何由復新？」覃曰：「救世之敝，在先責實。比皆不攝職事，至慕王夷甫，以不及爲嘶。此本于治平，人人無事，安逸致然。」帝曰：「要在謹法度而已。」進門下侍郎、弘文館大學士。

帝坐延英論詩工否，覃曰：「孔子所刪，三百篇是已，其非雅正者，烏足爲天子道哉？夫風、大小雅，皆下刺上之變，非上化下爲之。故王者采詩，以考風俗得失。若陳後主、隋煬帝特能詩之章解，而不知王術，故卒歸於亂。章什譏誚，願陛下不取也。」

帝每言：「順宗事不詳實，史臣韓愈豈當時屈人邪？昔漢司馬遷與任安書，辭多怨懟，故武帝本紀多失實。」覃曰：「武帝中年大發兵事邊，生人耗瘁，府庫殫竭，遷所述非過言。」李石曰：「覃所陳，因武帝以諫，欲陛下終究盛德。」帝曰：「誠然，靡不有初，鮮克有終。」覃曰：「陛下樂觀書，然要義不過一二，陛下所道是矣，宜寢饋以之。」

覃旣名儒，故以宰相領祭酒，請太學五經，經置博士，祿廩比王府官。再遷太子太師。開成三年，旱，帝多出宮人，李珏入賀曰：「漢制，八月選人，晉武帝平吳，多采擇，仲尼所謂未見好德者。陛下以爲無益，放之，盛德也。」覃又推贊曰：「晉以采擇之失，舉天下爲左衽，宜陛下以爲殷鑒。」帝善其將美。以病乞去位，有詔解太子太師，許五日一入中書商量政事。俄罷爲尚書左僕射。武宗初，李德裕復用，欲援覃共政，固辭，乃授司空，致仕，卒。

覃清正退約，與人未嘗串狎。位相國，所居第不加飾，內無妾媵。女孫適崔皋，官裁九品衞佐，帝重其不昏權家。覃之侍講，每以厚風俗、黜朋比再三爲天子言，故終爲相。然疾惡多所不容，世以爲太過，憚之。始，覃以經籍刓繆，博士陋淺不能正，建言：「願與鉅學鴻生共力讎刊，準漢舊事，鏤石太學，示萬世法。」詔可。覃乃表周墀、崔球、張次宗、孔溫業等是正其文，刻于石。

子裔綽。

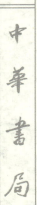

裔綽峭立有父風，以門蔭進，爲李德裕所知，擢渭南尉。直弘文館，累遷諫議大夫。宣宗初，劉潼繇鄭州刺史授桂管觀察使，裔綽固爭：「潼被責未久，不宜付廉察。」帝已遣使者頒詔，追罷之。遷給事中。楊漢公爲荆南節度使，坐貪沓，貶祕書監，尋拜同州刺史，

斎綽與鄭公輿封還制書。帝自即位，諫臣規正無不納。至是，有爲漢公地者，遂終不易。會賜宴禁中，天子擊毬，至門下官，謂二人曰：「近論漢公事，類朋黨者。」斎綽曰：「同州，太宗興王地，陛下爲人子孫，當慎所付。且漢公墨沒敗官，奈何以重地私之？」帝變色。翌日，貶商州刺史。時猶衣綠，因詔賜緋魚。後繇祕書監遷浙東觀察使，終太子少保。

覃弟朗。

朗字有融，始辟柳公綽山南幕府，入遷右拾遺。開成中，擢起居郎。文宗與宰相議政，適見朗執筆螭頭下，謂曰：「向所論事，亦記之乎？朕將觀之。」朗曰：「臣執筆所書者，史也。故事，天子不觀史，昔太宗欲觀之，朱子奢曰：『史不隱善，不諱惡。自中主而下，或飾非護失，見之，則史官無以自免，且不敢直筆。』褚遂良亦稱：『史記天子言動，雖非法必書，庶幾自飭。』」帝悅，謂宰相曰：「朗援故事，不畀朕見起居注，可謂善守職者。然人君之爲，善惡必記，朕恐平日言之不叶治體，爲將來羞，庶一見，得以自改。」朗遂上之。

累遷諫議大夫，爲侍講學士。由華州刺史入拜御史中丞、戶部侍郎。爲鄂岳、浙西觀察使，進義武、宣武二節度。歷工部尚書判度支、御史大夫，復爲工部尚書、同中書門下平章事。中人李敬寔排朗騶導馳去，朗以聞。宣宗詰敬寔，自言供奉官不避道，帝曰：「傳我

命則絕道行可也，而私出，不避宰相邪？」即斥敬寔。右拾遺鄭言者，故在幕府，朗以諫臣與輔相爭得失，不論則廢職，奏徙它官。久之，以疾自陳，罷爲太子少師。卒，贈司空。

始，朗舉進士，有相者言：「君當貴，然不可以科第進。」俄而有司擢朗第一，既又覆實被放，相者賀曰：「安之。」已而果相。

高郢字公楚，其先自渤海徙衛州，遂爲衛州人。九歲通春秋，工屬文，著語默賦，諸儒稱之。父伯祥爲好畤尉，安祿山陷京師，將誅之，郢尙幼，解衣請代，賊義，并貸之。寶應初，及進士第。代宗爲太后營章敬寺，郢以白衣上書諫曰：

陛下大孝因心，與天罔極，烝烝之思，要無以加。臣謂悉力追孝，誠爲有益，妨時勦人，不得無損。捨人就寺，何福之爲？昔魯莊公丹桓公廟楹而刻其桷，春秋書之爲非禮。漢孝惠、孝景、孝宣令郡國諸侯立高祖、文、武廟，至元帝，與博士、議郎斟酌古禮，一罷之。夫廟猶不越禮而立，況寺非宗祏所安、神靈所宅乎？殫萬人之力，邀一切之報，其爲不可亦明矣。

間者昆吾孔熾，荐食生人，百姓懍懍，無日不惕。遣將攘却，亡尺寸功，隴外壤地，委諸豺狼。太宗艱難之業，傳之陛下，一夫不獲，尺土見侵，告成之時，猶恐有闕。況用武以來十三年，傷者不救，死者不收，繕卒補乘，于今未已。夫興師十萬，日費千金，計十三年，舉百萬之衆，資糧屝屨，取足於人，勞罷宛轉，十不一在。父子兄弟，相視無聊，延頸嗷嗷，以役王命。縱未能出禁財，賙鰥寡，猶當稍息勞弊，以喚休之。奈何戎虜未平，侵地未復，金革未戢，疲人未撫，太倉無終歲之儲，大農有榷酤之斂，欲以此時興力役哉？比八月雨不潤下，菽麥失時，黔首狼顧，憂在艱食，若遂不給，將何以救之？無寺猶可，無人其可乎？然土木之勤，功用之費，不虛府庫，將焉取之？府庫既竭，則又誅求，若人不堪命，盜賊相挺而興，戎狄乘間，以爲風塵，得不爲陛下深憂乎？

臣聞聖人受命於天，以人爲主，苟功濟于天，天人同和，則宗廟受福，子孫蒙慶。傳曰：「德教加於百姓，刑于四海，天子之孝也。」又曰：「無念爾祖，聿脩厥德。」「既受帝祉，施于孫子。」是知王者之孝，在於承順天地，嚴配宗考，恭愼德教，以臨兆民。俾四海之內，懽心助祭，延福流祚，永永無窮。未聞崇樹梵宮，彫琢金玉之爲孝者。夏禹卑宮室，盡力溝洫，人到于今稱之。梁武帝窮土木，飾塔廟，人無稱焉。陛下若節用愛人，當與夏后齊美，何必勞人動衆，踵梁武遺風乎？及制作之初，役費尙淺，人貴量力，不貴必成，事貴相時，不貴必遂。陛下若回思慮，從人心，則聖德孝思，格于天地，千福

萬祿，先后受之，曾是一寺較功德邪？

書奏，未報。復上言：

王者將有爲也，將有行也，必稽于衆而順于人，則自然之福，不求而至，未然之禍，不除而絕。臣聞神人無功者，不爲有功之功；聖人無名者，不爲有名之名。不爲有功之功，故功莫大；不爲有名之名，故名莫厚。古之明王積善以致福，不費財以求福；脩德以銷禍，不勞人以攘禍。陛下之營作，臣竊惑之。若以爲功，則天覆地載，陰施陽化，未嘗有爲也。若以爲名，則至德要道，以順天下，未嘗有待也。若以致福，則通于神明，光于四海，不在費財。若以攘禍，則方務厥德，罔有天災，不在勞人。今興造趣急，人徒竭作，土木並起，日課萬工，不遑食息，搒笞愁痛，盈於道路。以此望福，臣恐不然。陛下戡定多難，勵精思治，務行寬仁，以幸天下。今固違羣情，徇左右過計，臣竊爲陛下惜之。

不納。

以茂才異行高第，累擢咸陽尉。郭子儀取爲朔方掌書記。子儀怒判官張曇，奏抵死，郢引拯甚力，忤子儀意，下徙猗氏丞。李懷光引佐邠寧府。懷光將還河中，郢勸不如西迎乘輿，懷光反方銳，不聽。既又欲悉兵鼓而西。時渾瑊提孤軍抗賊，羣將未集，郢恐爲懷光

所乘，與李鄘固止之。會懷光子璀候郢，郢因脅說曰：「君視天寶以來稱兵者，今尙誰在？且國家固有天命，人力不豫焉。今若恃衆而動，自絕于天。十室之小，必得忠信，安知三軍不有奔潰而助順者乎？」璀大懼，流汗不能語。郢因與其將呂鳴岳、張延英謀間道歸國，事洩，懷光先斬二將，然後引郢詰誚，郢抗詞無所愧隱，觀者爲泣下。懷光慚，赦之。孔巢父遇害，郢撫屍而哭。懷光已誅，李晟表其忠，馬燧奏管書記。召拜主客員外郎，還中書舍人。久之，進禮部侍郎。時四方士務朋比，更相譽薦，以動有司，徇名亡實，郢疾之，乃謝絕請謁，顓行藝。司貢部凡三歲，甄幽獨，抑浮華，流競之俗爲衰。遷太常卿。

貞元末，擢中書侍郎、同中書門下平章事。順宗立，病不能事，王叔文黨根據朝廷，帝始詔皇太子監國，而郢以刑部尙書罷。明年，爲華州刺史，政尙仁靜。初，駱元光自華引軍戍良原，元光卒，軍入神策，而州仍歲餉其糧，民困輸入，冡刺史憚不敢白，郢奏罷之。復召爲太常卿，除御史大夫。數月，改兵部尙書，固乞骸骨，以尙書右僕射致仕。卒，年七十二，贈太子太保，謚曰貞。

郢恭愼不與人交。常掌制誥，家無留槀，或勸盍如前人傳制集者，答曰：「王言不可藏私家。」生平不治產，有勸營之者，答曰：「祿稟雖薄，在我則有餘，田莊何所取乎？」郢之相也，與鄭珣瑜同拜。旣叔文用事，珣瑜憂甚，爭不能得，乃稱疾不出，郢未有所建白，俄與

珣瑜免，故議者賢珣瑜而咎郢。

子定。

贊曰：王叔文雖內連妞尹，外倚姦回，以攘天權。然是時太子已長，朝無嫌齬，若珣瑜、郢與杜佑等毅然引東宮監國，執退叔文輩，其力不難。顧循嘿苟安，所謂焉用彼相者矣。珣瑜一忿臥第，與郢、佑固位，二者亦不足相輕重云。

定辯惠，七歲讀尙書，至湯誓，跪問郢曰：「奈何以臣伐君？」郢曰：「應天順人，何云伐邪？」對曰：「用命賞于祖，不用命戮于社，是順人乎？」郢異之。小字董二，世重其早惠，以字顯。長通王氏易，爲圖合八出，上圓下方，合則重，轉則演，七轉而六十四卦，六甲、八節備焉。仕至京兆府參軍。

鄭絪字文明，餘慶從父行也。幼有奇志，善屬文，所交皆天下有名士。擢進士、宏辭高第。張延賞帥劍南，奏署掌書記。入爲起居郞、翰林學士，累遷中書舍人。

德宗自興元還，置六軍統軍視六尙書，以處功臣，除制用白麻付外。又廢宣威軍益左右神策，以監軍爲中尉。竇文場恃功，陰諷宰相進擬如統軍比。絪當作制，奏言：「天子封建，或用宰相，以白麻署制，付中書、門下。今以命中尉，不識陛下特以寵文場邪？遂著爲令也？」帝悟，謂文場曰：「武德、貞觀時，中人止內侍，諸衞將軍同正賜緋者無幾。自魚朝恩以來，無復舊制。朕因用爾不謂私，若麻制宣告，天下謂爾脅我爲之。」文場叩頭謝。更命中書作詔，并罷統軍用麻矣。明日，帝見絪曰：「宰相不能拒中人，得卿言乃悟。」

順宗病，不得語，王叔文與牛美人用事，權震中外，憚廣陵王雄睿，欲危之。帝召絪草立太子詔，絪不請輒書曰：「立嫡以長。」跪白之，帝頷乃定。

憲宗卽位，拜中書侍郎、同中書門下平章事，遷門下侍郎。始，盧從史陰與王承宗連和，有詔歸潞，從史辭潞乏糧，請留軍山東。李吉甫密譖絪漏言於從史，帝怒，坐浴堂殿，召學士李絳語其故，且曰：「若何而處？」絳曰：「誠如是，罪當族。然誰以聞陛下者？」曰：「吉甫爲我言。」絳曰：「絪任宰相，識名節，不當如犬彘梟鏡與姦臣外通。恐吉甫勢軋內忌，造爲醜辭以怒陛下。」帝良久曰：「幾誤我！」

先是杜黃裳方爲帝夷削節度，彊王室，建議裁可，不關決于絪，絪常默默。居位四年，罷爲太子賓客。久乃檢校禮部尙書，出爲嶺南節度使，後累遷河中節度。入爲御史大夫，

檢校尙書左僕射，兼太子少保。文宗大和中，年老乞骸骨，以太子太傅致仕。卒，年七十八，贈司空，謚曰宣。

絪本以儒術進，守道寡欲，所居不爲烜赫事，以篤實稱。善名理學，世以耆德推之。

孫顥，舉進士，以起居郞尙萬壽公主，拜駙馬都尉。有器識，宣宗時，恩寵無比。終檢校禮部尙書、河南尹。

權德輿字載之。父皋，見卓行傳。德輿七歲居父喪，哭踊如成人。未冠，以文章稱諸儒間。韓洄黜陟河南，辟置幕府。復從江西觀察使李兼府爲判官。杜佑、裴胄交辟之。德宗聞其材，召爲太常博士，改左補闕。

貞元八年，關東、淮南、浙西州縣大水，壞廬舍，漂殺人。德輿建言：「江、淮田一善熟，則旁資數道，故天下大計，仰於東南。今霖雨二時，農田不開，庸亡日衆。宜擇羣臣明識通方者，持節勞徠，問人所疾苦，蠲其租入，與連帥守長講求所宜。賦取於人，不若藏於人之固也。」帝乃遣奚陟等四人循行慰撫。裴延齡以巧倖進，判度支，德輿上疏斥言：「延齡以

常賦正額用度未盡者爲羨利，以夸己功；用官錢售常平雜物，還取其直，號別貯羨錢，因以罔上；邊軍乏，不稟糧，召禍疆場，其事不細。陛下疑爲流言，胡不以新利召延齡，質覈本末，擇中朝臣按覆邊實。如言者不謬，則邦國之務，不宜委非其人。」疏奏，不省。

遷起居舍人。歲中，兼知制誥，進中書舍人。當是時，帝親攬庶政，重除拜，凡命諸朝，皆手制中下。始，德輿知制誥，而徐岱給事中，高郢爲舍人。居數歲，岱卒，郢知禮部，德輿獨直兩省，數旬一還舍，乃上書言：「左右掖垣，承天子誥命，奉行詳覆，各有攸司。舊制，分曹十員，以相防檢。大抵事有所壅，則吏得爲非。四方聞者，或以朝廷爲乏士，要重之司，不宜久廢。」帝曰：「非不知卿之勞，但擇如卿者未得其人耳。」久之，知禮部貢舉，眞拜侍郎。凡三歲，甄品詳諦，所得士相繼爲公卿、宰相。取明經初不限員。

十九年，大旱，德輿因是上陳闕政曰：「陛下齋心減膳，閔惻元元，告于宗廟，禱諸天地，一物可祈，必致其禮，一士有請，必聽其言，憂人之心可謂至已。臣聞銷天災者脩政術，感人心者流惠澤，和氣洽，則祥應至矣。畿甸之內，大率赤地而無所望，轉徙之人，斃踣道路，慮種麥時，種不得下。宜詔在所裁留經用，以種貸民。今茲租賦及宿逋遠貸，一切蠲除。設不蠲除，亦無可斂之理，不如先事圖之，則恩歸於上。去十四年夏旱，吏趣常賦，至縣令爲民毆辱者，不可不察。」又言：「漕運本濟關中，若轉東都以西緣道倉廩，悉入京師，

督江、淮所輸以備常數，然後約太倉一歲計，斥其餘者以糶于民，則時價不踊而蓄藏者出矣。」又言：「大曆中，一縑直錢四千，今止八百，稅入如舊，則出於民者五倍其初。四方鋭於上獻，爲國掊怨，廣軍實之求，而兵有虛籍，剝取多方，雖有心計巧曆，能商功利，其於割股啖口，困人均也。」又言：「比經紬放者，自謂抆拭無期，坐爲匪人，以動和氣。而多薦官踰三年未受命，衣食既空，溘然就斃，此亦窮人之一端也。近陛下洗宥紬放者，或起爲二千石，其徒更相勉，知率復可望。惟因而弘之，使人人自效。」帝頗采用之。

憲宗元和初，歷兵部侍郎，坐累，徙太子賓客，俄還前官。時澤潞盧從史詐傲，寖不制，其父虔卒京師，而成德王承宗父死求襲，德輿諫，以爲：「欲變山東，先擇昭義之帥。從史拔自軍校，偃蹇不法，今可因其喪，選守臣代之。成德習俗既久，當制以漸，許成德之請則可，許昭義則不可。」帝不聽。及王承宗叛，從史乃詭計以橈王師，兵老無功。德輿復請赦承宗，徙從史。後皆略如所料。

會裴垍病，德輿自太常卿拜禮部尚書、同中書門下平章事。王鍔繇河中入朝，求兼宰相，李藩以爲不可，德輿亦奏：「平章事非序進宜得，比方鎭帶宰相，必有大忠若勳，否則彊不制者，不得已與之。今鍔無功，又非姑息時，一假此名，以開後人，不可。」帝乃止。董溪、于皐謩以運糧使盜軍興，流嶺南，帝悔其輕，詔中使半道殺之。德輿諫：「溪等方

山東用兵，乾沒庫財，死不償責。陛下以流斥太輕，當責臣等繆誤，審正其罪，明下詔書，與衆同棄，則人人懼法。臣知已事不諍，然異時或有此比，要須有司論報，罰一勸百，孰不甘心。」帝深然之。嘗問政之寬猛孰先，對曰：「唐家承隋苛虐，以仁厚爲先。太宗皇帝見明堂圖，始禁鞭背，列聖所循，皆尙德教。故天寶大盜竊發，俄而夷滅，蓋本朝之化，感人心之深也。」帝曰：「誠如公言。」

德輿善辨論，開陳古今本末，以覺悟人主。爲輔相，寬和不爲察察名。李吉甫再秉政，帝又自用李絳參贊大機。是時，帝切于治，事鉅細悉責宰相。吉甫、絳議論不能無持異，至帝前遽言亟辯，德輿從容不敢有所輕重，坐是罷爲本官。以檢校吏部尙書留守東都，進扶風郡公。于頔以子殺人，自囚，親戚莫敢過門，朝廷無爲請者。德輿將行，言于帝曰：「頔之罪旣貸不竟，宜因賜寬詔。」帝曰：「然，卿爲吾過諭之。」復拜太常卿，徙刑部尙書。

先是，詔許孟容、蔣乂刊棄格敕，旣成，上之，留禁中；德輿請出其書，與侍郎劉伯芻參復研考，定三十篇奏上。復檢校吏部尙書，出爲山南西道節度使。後二年，以病乞還，卒於道，年六十，贈尙書左僕射，謚曰文。

德輿生三歲，知變四聲，四歲能賦詩，積思經術，無不貫綜。自始學至老，未曾一日去書不觀。嘗著論，辨漢所以亡，西京以張禹，東京以胡廣，大指有補於世。其文雅正贍縟，

當時公卿侯王功德卓異者，皆所銘紀，十常七八。雖動止無外飾，其醞藉風流，自然可慕。貞元、元和間，爲搢紳羽儀云。

子璩，字大圭，元和初，擢進士。歷監察御史，有美稱。宰相李宗閔乃父門生，故薦爲中書舍人。時李訓挾寵，以周易博士在翰林，璩與舍人高元裕、給事中鄭肅韓佽等連章劾訓傾覆陰巧，且亂國，不宜出入禁中。不聽。及宗閔貶，璩屢表辨解，貶閬州刺史。文宗憐其母病，徙鄭州。訓誅，時人多璩明禍福大體，能世其家。

崔羣字敦詩，貝州武城人。未冠，舉進士，陸贄主貢舉，梁肅薦其有公輔才，擢甲科，舉賢良方正，授祕書省校書郎。累遷右補闕、翰林學士、中書舍人。數陳讜言，憲宗嘉納，因詔學士：「凡奏議，待羣署乃得上。」羣以「禁密之言，人人當自陳，一爲故事，後或有惡直醜正，則它學士不得上言矣」，固讓，見聽。惠昭太子薨，是時，遂王嫡，而澧王長，多內助。帝將建東宮，詔羣爲澧王作讓。羣奏：「大凡已當得則讓，不當得之，烏用讓？今遂王嫡，宜爲太子。」帝從其議。魏博田季安以五千縑助營開業佛祠，羣以爲無名之獻，不當受。有詔却之。進戶部侍郎。

元和十二年，以中書侍郎同中書門下平章事。李師道既誅，師古等妻子沒入掖廷，帝疑，以問羣，羣請釋之，并還其奴婢貲產。鹽鐵院官權長孺坐罪抵死，其母耄，丐子以養。帝爽然欲赦之，以問宰相，羣對：「陛下幸憐其老，宜即遣使諭旨，若須出敕，無及矣。」於是免死。羣凡啓奏，平恕如此。帝嘗語宰相：「聽受之際，不亦難乎！比詔學士集前世事，爲辨謗略，以自儆鑒。其要云何？」羣對：「無情，曲直辨之至易；有情，則欺爲難審也。故孔子有衆好衆惡、浸潤膚受之說，以其難辨也。若陛下擇賢而任，待之以誠，糾之以法，則人自歸正，而不敢以欺。」帝韙其言。

處州刺史苗稹進羨錢七百萬，羣以受之失信天下，請還賜其州，以紓下戶之賦。是時，皇甫鎛言利幸於帝，陰藉左右求宰相，羣數言其佞邪不可用。既入對，及開元、天寶事，羣因推言其極曰：「安危在出令，存亡繫所任。昔玄宗少歷屯險，更民間疾苦，故初得姚崇、宋璟、盧懷慎輔以道德，蘇頲、李元紘孜孜守正，則開元爲治。其後安于逸樂，遠正士，昵小人，故宇文融以言利進，李林甫、楊國忠怙寵朋邪，則天寶爲亂。願陛下以開元爲法，以天寶爲戒，社稷之福也。」又言：「世謂祿山反，爲治亂分時。臣謂罷張九齡，相林甫，則治亂固已分矣。」左右爲感動。羣以是諷帝，故鎛銜之。帝卒自相鎛。會羣臣上帝號，鎛欲兼用「孝德」爲號，羣獨以爲有「睿聖」，則「孝德」并見。帝聞不樂。會度支稟賜邊士不時，物多

弊惡，李光顏憂甚，至欲引佩刀自決，中外皆恐。鎛奏：「邊鄙無事，乃羣鼓動，欲以買直，歸怨天子。」於是罷爲湖南觀察使。

穆宗立，以吏部侍郎召之，勞曰：「我爲太子，卿力也。」羣曰：「此先帝意，臣何力焉？且陛下向爲淮西節度使，臣起制草，其言有『能辨南陽之牘，允符東海之貴』，先帝然之，則傳付久矣。」俄拜御史大夫。未幾，檢校兵部尚書，充武寧節度使。羣以其副王智興得士心，不若假以節度，不報。智興討幽、鎮還，藉兵逐羣，羣失守，左還祕書監，分司東都。改華州刺史，歷宣歙池觀察使，進兵部尚書，出爲荊南節度使，召拜吏部尚書。卒，年六十一，贈司空。

贊曰：聖人不畏多難，畏無難。何哉？多難之世，人人長慮而深謀，日惕于中，猶以爲未也，曰：「吾覆亡不暇，又何以安？」故能舉天下付之興，畏之也。禍難已平，上恬下嬉，施施自如曰：「賢難得，雖無賢，尙可治也；佞可去，雖存佞，不遽亂也。」覩漏弗塡，忽傾弗支，偃然自慰曰：「我曷以喪？」故能舉天下付之亡，不畏也。常人所畏，聖人易之；所不畏，聖人難之。觀孝明皇帝本中主，遭變可與謀始，持成不可與共終。崔羣以爲相李林甫則治亂已分，其言信哉！是扁鵲所以誚桓侯也。

唐書卷一百六十六

列傳第九十一

賈耽 杜佑 式方 悰 孺休 慆 牧 顗 令狐楚 緒 綯 滈 定

賈耽字敦詩，滄州南皮人。天寶中舉明經，補臨清尉。上書論事，徙太平。河東節度使王思禮署爲度支判官。累進汾州刺史，治凡七年，政有異績。召授鴻臚卿，兼左右威遠營使。俄爲山南西道節度使。梁崇義反東道，耽進屯穀城，取均州。建中三年，徙東道。德宗在梁，耽使司馬樊澤奏事。澤還，耽大置酒會諸將。俄有急詔至，以澤代耽，召爲工部尚書。耽內詔于懷，飲如故。既罷，召澤曰：「詔以公見代，吾且治行。」敕將吏謁澤。大將張獻甫曰：「天子播越，而行軍以公命問行在，乃規旄鉞，利公土地，可謂事人不忠矣。軍中不平，請爲公殺之。」耽曰：「是何謂邪？朝廷有命，即爲帥矣。吾今趨覲，得以君俱。」乃行，軍中遂安。

俄爲東都留守。故事，居守不出城，以耽善射，優詔許獵近郊。還義成節度使。淄青李納雖削僞號，而陰蓄姦謀，冀有以逞。其兵數千自行營還，道出滑，或請館于外。耽曰：「與我鄰道，奈何疑之，使暴于野？」命館城中，宴廡下，納士皆心服。耽每畋，從數百騎，往往入納境。納大喜，然畏其德，不敢謀。

貞元九年，以尙書右僕射同中書門下平章事，俄封魏國公。常以方鎮帥缺，當自天子命之，若謀之軍中，則下有背向，人固不安。帝然之，不用也。順宗立，進檢校司空、左僕射。時王叔文等干政，耽病之，屢移疾乞骸骨，不許。卒，年七十六，贈太傅，謚曰元靖。

耽嗜觀書，老益勤，尤悉地理。四方之人與使夷狄者見之，必從詢索風俗，故天下地土區產、山川夷岨，必究知之。方吐蕃盛彊，盜有隴西，異時州縣遠近，有司不復傳。耽乃繪布隴右、山南九州，且載河所經受爲圖，又以洮湟甘涼屯鎮額籍、道里廣狹、山險水原爲別錄六篇、河西戎之錄四篇，上之。詔賜幣馬珍器。又圖海內華夷，廣三丈，從三丈三尺，以寸爲百里。并譔古今郡國縣道四夷述，其中國本之禹貢，外夷本班固漢書，古郡國題以墨，今州縣以朱，刊落疏舛，多所釐正。帝善之，賜予加等。或指圖問其邦人，咸得其眞。又著貞元十道錄，以貞觀分天下隸十道，在景雲爲按察，開元爲採訪，廢置升降備焉。至陰陽雜數罔不通。

其器恢然，蓋長者也，不喜臧否人物。爲相十三年，雖安危大事亡所發明，而檢身厲行，自其所長。每歸第，對賓客無少倦，家人近習，不見其喜愠。世謂淳德有常者。

杜佑字君卿，京兆萬年人。

父希望，重然諾，所交游皆一時俊桀。爲安陵令，都督宋慶禮表其異政。坐小累去官。開元中，交河公主嫁突騎施，詔希望爲和親判官。信安郡王禕表署靈州別駕、關內道支度判官。自代州都督召還京師，對邊事，玄宗才之。屬吐蕃攻勃律，勃律乞歸，右相李林甫方領隴西節度，故拜希望鄯州都督，知留後。馳傳度隴，破烏莽衆，斬千餘級，進拔新城，振旅而還。擢鴻臚卿。於是置鎮西軍，希望引師部分塞下，吐蕃懼，遺書求和。希望報曰：「受和非臣下所得專。」虜悉衆爭檀泉，希望大小戰數十，俘其大酋，至莫門，焚積蓄，卒城而還。授二子官。時軍屢興，府庫虛寡，希望居數歲，芻粟金帛豐餘。宦者牛仙童行邊，或勸希望結其驩，答曰：「以貨藩身，吾不忍。」仙童還奏希望不職，下遷恆州刺史，徙西河。而仙童受諸將金事泄，抵死，畀金者皆得罪。希望愛重文學，門下所引如崔顥等皆名重當時。佑以蔭補濟南參軍事、剡縣丞。嘗過潤州刺史韋元甫，元甫以故人子待之，不加禮。它

日，元甫有疑獄不能決，試訊佑，佑爲辨處契要無不盡，元甫奇之，署司法參軍，府徙浙西、淮南，皆表置幕府。入爲工部郎中，充江淮青苗使，再遷容管經略使。楊炎輔政，歷金部郎中，爲水陸轉運使，改度支兼和糴使。於是軍興餽漕，佑得剸決。以戶部侍郎判度支。建中初，河朔兵挐戰，民困，賦無所出。佑以爲救敝莫若省用，省用則省官，乃上議曰：

漢光武建武中廢縣四百，吏率十署一；魏太和時分遣使者省吏員，正始時并郡縣；晉太元省官七百；隋開皇廢郡五百；貞觀初省內官六百員。設官之本，以治衆庶，故古者計人置吏，不肯虛設。自漢至唐，因征戰艱難以省吏員，誠救弊之切也。

昔咎繇作士，今刑部尚書、大理卿，則二咎繇也。垂作共工，今工部尚書、將作監，則二垂也。契作司徒，今司徒、戶部尚書，則二契也。伯夷爲秩宗，今禮部尚書、禮儀使，則二伯夷也。伯益爲虞，今虞部郎中、都水使者，則二伯益也。伯冏爲太僕，今太僕卿、駕部郎中、尚輦奉御、閑廄使，則四伯冏也。古天子有六軍，漢前後左右將軍四人，今十二衞、神策八軍，凡將軍六十員。舊名不廢，新資日加。且漢置別駕，隨刺史巡察，猶今觀察使之有副也。參軍者，參其府軍事，猶今節度判官也。官名職務，直遷易不同爾，詎有事實哉？誠宜斟酌繁省。欲致治者先正名。神龍中，官紀蕩然，有司大集選者，既無闕員，則置員外官二千人，自是以爲常。當開元、天寶中，四方無虞，編戶九百餘萬，帑藏豐溢，雖有浮費，不足爲憂。今黎苗凋瘵，天下戶百三十萬，陛下詔使者按比，纔得三百萬，比天寶三分之一，就中浮寄又五之二，出賦者已耗，而食之者如舊，安可不革？

議者以天下尚有跋扈不廷，一省官吏，被罷者皆往托焉。此常情之說，類非至論。且才者薦用，不才者何患其亡，又況顧姻戚家產哉！建武時公孫述、隗囂未滅，太和、正始、太元時吳、蜀鼎立，開皇時陳尚割據，皆羅取俊乂，猶不慮失人以資敵。今田悅輩繁刑暴賦，惟軍是卹，遇士人如奴，固無范睢業秦、賈季彊狄之患。若以習久不可遽改，且應權省別駕、參軍、司馬，州縣額內官，約戶置尉。當罷者，有行義，在所以聞不如狀，舉者當坐；不爲人舉者，任參常調。亦何患哉？如魏置柱國，當時宿德盛業者居之，貴寵第一，周、隋間授受已多，國家以爲勳級，纔得地三十頃耳。又開府儀同三司、光祿大夫，亦官名，以其太多，回作階級。隨時立制，遇弊則變，何必因循憚改作耶？

議入，不省。

盧杞當國，惡之，出爲蘇州刺史。前刺史母喪解，佑母在，辭不行，改饒州。俄遷嶺南節度使。佑爲開大衢，疏析廛閈，以息火災。朱厓黎民三世保險不賓，佑討平之。召拜尚

書右丞。俄出爲淮南節度使，以母喪解，詔不許。

徐州節度使張建封卒，軍亂，立其子愔，請于朝，帝不許，乃詔佑檢校尚書左僕射、同中書門下平章事，節度徐泗討定之。佑具舠艦，遣屬將孟準度淮擊徐，不克，引還。佑於出師應變非所長，因固境不敢進，乃詔授愔徐州節度使，析濠、泗二州隸淮南。初，佑決雷陂以廣灌溉，斥海瀕棄地爲田，積米至五十萬斛，列營三十區，士馬整飭，四鄰畏之；然寬假佐，故南宮僔、李亞、鄭元均至爭權亂政，帝爲佑斥去之。

十九年，拜檢校司空、同中書門下平章事。德宗崩，詔攝冢宰。進檢校司徒，兼度支鹽鐵使。於是王叔文爲副，佑既以宰相不親事，叔文遂專權。後叔文以母喪還第，佑有所按決；郎中陳諫請須叔文，佑曰：「使不可專耶？」乃出諫爲河中少尹。叔文欲搖東宮，冀佑助，佑不應，乃謀逐之，未決而敗。佑更薦李巽以自副。憲宗在諒闇，復攝冢宰，盡讓度支鹽鐵於巽。始，度支畜用度，多署吏權攝百司，繁而不綱；佑以營繕還將作，木炭歸司農，湅染還少府，職務簡脩。明年，拜司徒，封岐國公。

党項陰導吐蕃爲亂，諸將邀功，請討之，佑以爲無良邊臣，有爲而叛，即上疏曰：

昔周宣中興，獫狁爲害，追之太原，及境而止，不欲弊中國，怒遠夷也。秦恃兵力，北拒匈奴，西逐諸羌，結怨階亂，實生謫戍。蓋聖王之治天下，惟欲綏靜生人，西至于

流沙，東漸于海，在北與南，止存聲敎，豈疲內而事外耶？昔馮奉世矯詔斬莎車王，傳首京師，威震西域，宣帝議加爵土，蕭望之獨謂矯制違命，雖有功不可爲法，恐後奉使者爲國家生事夷狄。比突厥默啜寇害中國，開元初，郝靈佺捕斬之，自謂功莫與二，宋璟慮邊臣由此邀功，但授郎將而已，繇是訖開元之盛，不復議邊，中國遂安。此成敗釁戒之不遠也。

党項小蕃，與中國雜處，間者邊將侵刻，利其善馬子女，歛求繇役，遂致叛亡，與北狄西戎相誘盜邊。傳曰：「遠人不服，則脩文德以來之。」管仲有言：「國家無使勇猛者爲邊境。」此誠聖哲識微知著之略也。今戎醜方疆，邊備未實，誠宜愼擇良將，使之完輯，禁絕誅求，示以信誠，來則懲禦，去則謹備。彼當懷柔，革其姦謀。何必亟興師役，坐取勞費哉？

帝嘉納之。

歲餘，乞致仕，不聽，詔三五日一入中書，平章政事。佑每進見，天子尊禮之，官而不名。後數年，固乞骸骨，帝不得已，許之，仍拜光祿大夫、守太保致仕，俾朝朔望，遣中人錫予備厚。元和七年卒，年七十八，册贈太傅，謚曰安簡。

佑資嗜學，雖貴猶夜分讀書。先是，劉秩摭百家，侔周六官法，爲政典三十五篇，房琯稱

才過劉向。佑以爲未盡，因廣其闕，參益新禮爲二百篇，自號通典，奏之，優詔嘉美，儒者服其書約而詳。

爲人平易遜順，與物不違忤，人皆愛重之，方漢胡廣，然練達文采不及也。朱坡樊川，頗治亭觀林芿，鑿山股泉，與賓客置酒爲樂。子弟皆奉朝請，貴盛爲一時冠。天性精於吏職，爲治不皦察，數斡計賦，相民利病而上下之，議者稱佑治行無缺。惟晚年以妾爲夫人，有所蔽云。

子式方。

式方字考元，以蔭授揚州參軍事。再遷太常寺主簿，考定音律，卿高郢稱之。佑既相，出爲昭應令，遷太僕卿。子悰，尙公主。式方以右戚，輒病不視事。穆宗立，授桂管觀察使。弟從郁痼疾，躬爲營方藥羞膳，及死，朞而泣，世稱其篤行。卒，贈禮部尙書。從郁，元和初爲左補闕，崔羣等以宰相子爲嫌，再徙祕書丞。終駕部員外郎。子牧。

悰字永裕，以門蔭三遷太子司議郎。權德輿爲相，其婿翰林學士獨孤郁以嫌自白。憲宗見郁文雅，歎曰：「德輿有婿乃爾！」時岐陽公主，帝愛女。舊制，選多戚里將家，帝始詔宰

相李吉甫擇大臣子，皆辭疾，唯悰以選召見麟德殿。禮成，授殿中少監、駙馬都尉。大和初，由澧州刺史召爲京兆尹，遷鳳翔忠武節度使。入爲工部尙書，判度支。會公主薨，悰久不謝，文宗怪之。戶部侍郎李珏曰：「比駙馬都尉皆爲公主服斬衰三年，故悰不得謝。」帝矍然，始詔杖而期，著于令。

會昌初，爲淮南節度使。武宗詔揚州監軍取倡家女十七人進禁中，監軍請悰同選，又欲閱良家有姿相者，悰曰：「吾不奉詔而輒與，罪也。」監軍怒，表于帝。帝以悰有大臣體，乃詔罷所進伎，有意倚悰爲相矣。踰年，召拜檢校尙書右僕射、同中書門下平章事，仍判度支。劉稹平，進左僕射、兼門下侍郎。未幾，以本官罷，出爲劍南東川節度使，徙西川，復鎭淮南。時方旱，道路流亡藉藉，民至漉漕渠遺米自給，呼爲「聖米」，取陂澤茭蒲實皆盡，悰更表以爲祥。獄囚積數百千人，而荒湎宴適不能事。罷，兼太子太傅，分司東都。踰歲，起爲留守，復節度劍南西川。召爲右僕射，判度支，進兼門下侍郎同平章事。

始，宣宗世，夔王以下五王處大明宮內院，而鄆王居十六宅。帝大漸，樞密使王歸長、馬公儒等以遺詔立夔王，而左軍中尉王宗實等入殿中，以爲歸長等矯詔，乃迎鄆王立之，是爲懿宗。久之，遣樞密使楊慶詣中書，獨揖悰，它宰相畢諴、杜審權、蔣伸不敢進，乃授悰中人請帝監國奏，因諭悰劾大臣名不在者抵罪。悰遽封授使者復命，謂慶曰：「上踐祚未久，

君等秉權，以愛憎殺大臣，公屬禍無日矣。」慶色沮去，帝怒亦釋，大臣遂安。未幾，册拜司空，封邠國公，以檢校司徒爲鳳翔、荊南節度使，加兼太傅。會黔南觀察使秦匡謀討蠻，兵敗，奔于悰，悰囚之，劾不能伏節，有詔斬之。悰不意其死，駭愕得疾卒，年八十，贈太師。葬日，詔宰相百官臨奠。

悰於大議論往往有所合，然才不周用。雖出入將相，而厚自奉養，未嘗薦進幽隱，佑之素風衰焉，故時號「禿角犀」。

子裔休，懿宗時歷翰林學士、給事中，坐事貶端州司馬。弟孺休，字休之。累擢給事中。大順初，錢鏐遣弟銶率兵擊徐約於蘇州，破之，以海昌都將沈粲行刺史事，而昭宗更命孺休爲之，以粲爲制置指揮使。鏐不悅，密遣粲害焉。始，孺休見攻也，曰：「勿殺我，當與爾金。」粲曰：「殺爾，金焉往？」與兄洮休同死。

悰弟慆。

慆，咸通中爲泗州刺史。會龐勛反，圍城，處士辛讜自廣陵來見慆，勸出家屬，獨以身守。慆曰：「吾出百口求生，衆心搖矣，不如與將士生死共之。」衆聞皆泣下。慆之闢難，完濬城隍，閱器械無不具。

賊將李圓易愔，馳勇士百人欲入封府庫，愔爲好言厚禮迎勞，賊不虞愔之謀也。明日，伏甲士三百，宴毬場，賊皆殲焉。圓怒，傅城戰。愔殺數百人，圓退壁城西。勛聞，益其兵，而以書射城中促降。會夜，愔擊鼓乘城大呼，圓氣奪，奔還徐州。未幾，賊焚淮口，晝夜戰不息，譓乃請救於戍將郭厚本，賊解去。浙西節度使杜審權遣將以兵千人來援，反爲圓軍所包，一軍盡沒。愔使人間道走京師，詔戴可師以沙陀、吐渾兵二萬招討。淮南節度使令狐綯遣牙將李湘屯淮口，與郭厚本合，爲圓所敗，湘等並沒，於是援絕。賊乃以鐵鎖絕淮流，梯衝乘城。糧盡，爲薄饘以給。懿宗遣使加愔檢校右散騎常侍，勉以堅守。勛遣圓入城見愔約降，愔怒殺之。勛復遺之書，愔答書言安祿山、朱泚等終底覆滅者，以陰攜其黨。勛累攻不得志，招討使馬舉率兵至，遂解去。

圍凡十月，愔拊循士，皆殊死奮，而辛讜冒圍出入，糾輯援師，卒完一州，時稱爲難。賊平，愔遷義成軍節度使，檢校兵部尚書，卒。

牧字牧之，善屬文。第進士，復舉賢良方正。沈傳師表爲江西團練府巡官，又爲牛僧孺淮南節度府掌書記。擢監察御史，移疾分司東都，以弟顗病棄官。復爲宣州團練判官，拜殿中侍御史內供奉。

是時，劉從諫守澤潞，何進滔據魏博，頗驕蹇不循法度。牧追咎長慶以來朝廷措置亡術，復失山東，鉅封劇鎮，所以繫天下輕重，不得承襲輕授，皆國家大事，嫌不當位而言，實有罪，故作罪言。其辭曰：

生人常病兵，兵祖於山東，羨於天下。不得山東，兵不可死。山東之地，禹畫九土曰冀州，舜以其分太大，離爲幽州，爲幷州。程其水土，與河南等，常重十一二，故其人沈鷙多材力，重許可，能辛苦。魏、晉以下，工機纖雜，意態百出，俗益卑弊，人益脆弱，唯山東敦五種，本兵矢，他不能蕩而自若也。產健馬，下者日馳二百里，所以兵常當天下。冀州，以其恃彊不循理，冀其必破弱；雖已破，冀其復彊大也。幷州，力足以幷吞也。幽州，幽陰慘殺也。聖人因以爲名。

黃帝時，蚩尤爲兵階，自後帝王多居其地。周劣齊霸，不一世，晉大，常傭役諸侯。至秦萃銳三晉，經六世乃能得韓，遂折天下脊；復得趙，因拾取諸國。韓信聯齊有之，故蒯通知漢、楚輕重在信。光武始於上谷，成於鄗。魏武舉官渡，三分天下有其二。晉亂胡作，至宋武號英雄，得蜀，得關中，盡有河南地，十分天下之八，然不能使一人度河以窺胡。至高齊荒蕩，宇文取之，隋文因以滅陳，五百年間，天下乃一家。隋文非宋武敵也，是宋不得山東，隋得山東，故隋爲王，宋爲霸。由此言之，山東，王者不得不

爲王，霸者不得不爲霸，猾賊得之，足以致天下不安。

天寶末，燕盜起，出入成皋、函、潼間，若涉無人地。郭、李輩兵五十萬，不能過鄴。自爾百餘城，天下力盡，不得尺寸，人望之若回鶻、吐蕃，義無敢窺者。國家因之畦河脩障戍，塞其街蹊。齊、魯、梁、蔡被其風流，因亦爲寇。以裏拓表，以表撐裏，混瀕回轉，顛倒橫邪，未常五年間不戰。生人日頓委，四夷日日熾，天子因之幸陝，幸漢中，焦焦然七十餘年。運遭孝武，澣衣一肉，不畋不樂，自卑冗中拔取將相，凡十三年，乃能盡得河南、山西地，洗削更革，罔不能適。唯山東不服，亦再攻之，皆不利。豈天使生人未至於怗泰邪？豈人謀未至邪？何其艱哉！

今日天子聖明，超出古昔，志於平治。若欲悉使生人無事，其要先去兵。不得山東，兵不可去。今者，上策莫如自治。何者？當貞元時，山東有燕、趙、魏叛，河南有齊、蔡叛，梁、徐、陳、汝、白馬津、盟津、襄、鄧、安、黃、壽春皆戍厚兵，十餘所纔足自護治所，實不輟一人以他使，遂使我力解勢弛，熟視不軌者，無可奈何。階此，蜀亦叛，吳亦叛，其他未叛者，迎時上下，不可保信。自元和初至今二十九年間，得蜀，得吳，得蔡，得齊，收郡縣二百餘城，所未能得，唯山東百城耳。土地人戶，財物甲兵，較之往年，豈不綽綽乎？亦足自以爲治也。法令制度，品式條章，果自治乎？賢才姦惡，搜選

置捨，果自治乎？障戍鎮守，干戈車馬，果自治乎？井閭阡陌，倉廩財賦，果自治乎？如不果自治，是助虜爲虜。環土三千里，植根七十年，復有天下陰爲之助，則安可以取？故曰上策莫如自治。中策莫如取魏。魏於山東最重，於河南亦最重。魏在山東，以其能遮趙也。既不可越魏以取趙，固不可越趙以取燕。是燕、趙常取重於魏，魏常操燕、趙之命。故魏在山東最重。黎陽距白馬津三十里，新鄉距盟津一百五十里，陴壘相望，朝駕暮戰，是二津虜能潰一，則馳入成皋，不數日間。故魏於河南亦最重。元和中，舉天下兵誅蔡，誅齊，頓之五年，無山東憂者，以能得魏也。昨日誅滄，頓之三年，無山東憂，亦以能得魏也。長慶初誅趙，一日五諸侯兵四出潰解，以失魏也。昨日誅趙，罷如長慶時，亦以失魏也。故河南、山東之輕重在魏。非魏彊大，地形使然也。故曰取魏爲中策。最下策爲浪戰，不計地勢，不審攻守是也。兵多粟多，驅人使戰者，便於守；兵少粟少，人不驅自戰者，便於戰。故我常失於戰，虜常困於守。山東叛且三五世，後生所見言語舉止，無非叛也，以爲事理正當如此，沈酣入骨髓，無以爲非者，至有圍急食盡，啖屍以戰。以此爲俗，豈可與決一勝一負哉？自十餘年凡三收趙，食盡且下。郗士美敗，趙復振；杜叔良敗，趙復振；李聽敗，趙復振。故曰不計地勢，不審攻守，爲浪戰，最下策也。

果遷左補闕、史館修撰，改膳部員外郎。宰相李德裕素奇其才。會昌中，黠戛斯破回鶻，回鶻種落潰入漢南，牧說德裕不如遂取之，以爲：「兩漢伐虜，常以秋冬，當匈奴勁弓折膠，重馬免乳，與之相校，故敗多勝少。今若以仲夏發幽、幷突騎及酒泉兵，出其意外，一舉無類矣。」德裕善之。會劉稹拒命，詔諸鎭兵討之，牧復移書於德裕，以「河陽西北去天井關彊百里，用萬人爲壘，窒其口，深壘勿與戰。成德軍世與昭義爲敵，王元逵思一雪以自奮，然不能長驅徑擣上黨，其必取者在西面。今若以忠武、武寧兩軍益青州精甲五千、宣潤弩手二千，道絳而入，不數月必覆賊巢。昭義之食，盡仰山東，常日節度使率留食邢州，山西兵單少，可乘虛襲取。故兵聞拙速，未睹巧之久也」。俄而澤潞平，略如牧策。歷黃、池、睦三州刺史，入爲司勳員外郎，常兼史職。改吏部，復乞爲湖州刺史。踰年，以考功郎中知制誥，遷中書舍人。

牧剛直有奇節，不爲齪齪小謹，敢論列大事，指陳病利尤切至。少與李甘、李中敏、宋邧善，其通古今，善處成敗，甘等不及也。牧亦以疏直，時無右援者。從兄悰更歷將相，而牧困躓不自振，頗怏怏不平。卒，年五十。初，牧夢人告曰：「爾應名畢。」復夢書「皎皎白駒」字，或曰「過隙也」。俄而炊甑裂，牧曰：「不祥也。」乃自爲墓誌，悉取所爲文章焚之。牧於詩，情致豪邁，人號爲「小杜」，以別杜甫云。

顗字勝之，幼病目，母禁其爲學。舉進士，禮部侍郎賈餗語人曰：「得杜顗足敵數百人。」授祕書省正字。李德裕奏爲浙西府賓佐。德裕貴盛，賓客無敢忤，惟顗數諫正之。及謫袁州，歎曰：「門下愛我皆如顗，吾無今日。」大和末，召爲咸陽尉，直史館。常語人曰：「李訓、鄭注必敗。」行未及都，聞難作，卽辭疾歸。顗亦善屬文，與牧相上下。竟以喪明卒。

令狐楚字殼士，德棻之裔也。生五歲，能爲辭章。逮冠，貢進士，京兆尹將薦爲第一，時許正倫輕薄士，有名長安間，能作蜚語，楚嫌其爭，讓而下之。既及第，桂管觀察使王拱愛其材，將辟楚，懼不至，乃先奏而後聘。楚以父官幷州不得奉養，未嘗豫宴樂。滿歲謝歸。李說、嚴綬、鄭儋繼領太原，高其行，引在幕府，由掌書記至判官。德宗喜文，每省太原奏，必能辨楚所爲，數稱之。儋暴死，不及占後事，軍大譟，將爲亂。夜十數騎挺刃邀取楚，使草遺奏，諸將圜視，楚色不變，秉筆輒就，以徧示士，皆感泣，一軍乃安。由是名益重。以親喪解，既除，召授右拾遺。

憲宗時，累擢職方員外郎，知制誥。其爲文，於牋奏制令尤善，每一篇成，人皆傳諷。皇甫鎛以言利幸，與楚、蕭俛皆厚善，故薦于帝。帝亦自聞其名，召爲翰林學士，進中書舍人。方伐蔡，久未下，議者多欲罷兵，帝獨與裴度不肯赦。元和十二年，度以宰相領彰義節度使，楚草制，其辭有所不合，度得其情。時宰相李逢吉與楚善，皆不助度，故帝罷逢吉，停楚學士，但爲中書舍人。俄出爲華州刺史。後它學士比比宣事不切旨，帝抵其草，思楚之才。

鎛既相，擢楚河陽懷節度使，代烏重胤。始，重胤徙滄州，以河陽士三千從，士不樂，半道潰歸，保北城，將轉掠旁州。楚至中潬，以數騎自往勞之。衆甲而出，見楚不疑，乃皆降。楚斬其首惡，衆遂定。度出太原，鎛薦楚爲中書侍郎、同中書門下平章事。穆宗卽位，進門下侍郎。鎛得罪，時謂楚緣鎛以進，且嘗逐裴度，天下所共疾，會蕭俛輔政，乃不敢言。方營景陵，詔楚爲使，而親吏韋正牧、奉天令于翬等不償傭錢十五萬緡，楚獻以爲羨餘，怨訴係路。詔捕翬等下獄誅，出楚爲宣歙觀察使。俄貶衡州刺史，再徙，以太子賓客分司東都。長慶二年，擢陝虢觀察使，諫官論執不置，楚至陝一日，復罷還東都。

會逢吉復相，力起楚，以李紳在翰林沮之，不克。敬宗立，逐出紳，卽拜楚爲河南尹。遷宣武節度使。汴軍以驕故，而韓弘弟兄務以峻法繩治，士偷于安，無革心。楚至，解去酷

烈，以仁惠鐫諭，人人悅喜，遂爲善俗。入爲戶部尚書，俄拜東都留守，徙天平節度使。始，汴、鄆帥每至，以州錢二百萬入私藏，楚獨辭不取。又毀李師古園檻僭制者。久之，徙節河東。召爲吏部尚書，檢校尚書右僕射。故事，檢校官重，則從其班，楚以吏部自有品，固辭，有詔嘉允。俄兼太常卿，進拜左僕射，彭陽郡公。

會李訓亂，將相皆繫神策軍。文宗夜召楚與鄭覃入禁中，楚建言：「外有三司御史，不則大臣雜治，內仗非宰相繫所也。」帝頷之。既草詔，以王涯、賈餗冤，指其罪不切，仇士良等怨之。始，帝許相楚，乃不果，更用李石，而以楚爲鹽鐵轉運使。先是，鄭注奏建榷茶使，王涯又議官自治園植茶，人不便，楚請廢使，如舊法，從之。元和中，出禁兵界左右街使衞宰相入朝，至建福門。及是亂，乃罷。楚卽奏：「鎭帥初拜，必戎服屬仗詣省謁辭，本於鄭注，實爲亂兆，故王璠、郭行餘驅將吏，蹀血京師，所宜停止。」詔可。開成元年上巳，賜羣臣宴曲江。楚以新誅大臣，暴骸未收，怨沴感結，稱疾不出，乃請給衣衾棺櫝，以斂刑骨，順陽氣。是時，政在宦豎，數上疏辭位，拜山南西道節度使。卒，年七十二，贈司空，謚曰文。

楚外嚴重不可犯，而中寬厚，待士有禮。客以星步鬼神進者，一不接。爲政善撫御，治有績，人人得所宜。疾甚，諸子進藥，不肯御，曰：「士固有命，何事此物邪？」自力爲奏謝天子，召門人李商隱曰：「吾氣魄且盡，可助我成之。」其大要以甘露事誅譴者衆，請霽威，普見

中華書局

昭洗。辭致曲盡，無所謬脫。書已，敕諸子曰：「吾生無益於時，無請謚，勿求鼓吹，以布車一乘葬，銘誌無擇高位。」是夕，有大星實寢上，其光燭廷。坐與家人訣，乃終。有詔停鹵簿以申其志。

子緒、綯，顯于時。

緒以蔭仕，歷隋、壽、汝三州刺史，有佳政。汝人請刻石頌德，緒以綯當國，固讓。宣宗嘉其意，乃止。

綯字子直，舉進士，擢累左補闕、右司郎中。出為湖州刺史。大中初，宣宗謂宰相白敏中曰：「憲宗葬，道遇風雨，六宮百官皆避，獨見頎而髯者奉梓宮不去，果誰耶？」敏中言：「山陵使令狐楚。」帝曰：「有子乎？」對曰：「緒少風痹，不勝用。綯今守湖州。」因曰：「其為人，宰相器也。」即召為考功郎中，知制誥。入翰林為學士。它夜，召與論人間疾苦，帝出金鏡書曰：「太宗所著也，卿為我舉其要。」綯擿語曰：「至治未嘗任不肖，至亂未嘗任賢。任賢，享天下之福；任不肖，罹天下之禍。」帝曰：「善，朕讀此常三復乃已。」綯再拜曰：「陛下必欲興王業，捨此孰先？詩曰：『惟其有之，是以似之。』」進中書舍人，

襲彭陽男。遷御史中丞，再遷兵部侍郎。還為翰林承旨。夜對禁中，燭盡，帝以乘輿、金蓮華炬送還，院吏望見，以為天子來。及綯至，皆驚。俄同中書門下平章事，輔政十年。懿宗嗣位，由尚書左僕射、門下侍郎册拜司空。未幾，檢校司徒平章事，為河中節度使。徙宣武，又徙淮南副大使。安南平，以饋運勞，封涼國公。

龐勛自桂州還，道浙西白沙入濁河，剽舟而上。綯聞，遣使慰撫，且餽之。裨將李湘曰：「徐兵擅還，果反矣，雖未有詔，一切制亂，我得專之。今其兵不二千，而廣舟艦，張旗幟，示侈於人，其畏我甚。高郵厓峭水狹，若使荻艚火其前，勁兵乘其後，一舉可覆。不然，使得絕淮泗，合徐之不逞，禍亂滋矣。」綯懦緩不能用，又自以不奉詔，因曰：「彼不為暴，聽其度淮，何豫我哉？」勛還，果盜徐州，其衆六七萬。徐乏食，分兵攻滁、和、楚、壽，陷之，糧盡，啖人以飽。詔綯為徐州南面招討使。賊方攻泗州，杜慆堅守，綯命湘率兵五千救之。勛謾辭謝綯曰：「數蒙赦，所以未即降者，一二將為異耳，願圖去之，以身聽命。」綯喜，即請假勛節，而勑湘曰：「賊已降，弟謹戍淮口，無庸戰。」湘乃徹警釋械，日與勛衆歡言。後賊乘間直襲湘壘，悉俘而食之，醢湘及監軍郗厚本。時浙西杜審權使票將翟行約率千兵與湘會，未至而湘覆，賊僞建淮南旌幟誘之，亦皆陷。

綯既師敗，乃以左衛大將軍馬舉代之。以綯為太子太保，分司東都。僖宗初，拜鳳翔節度使。頃之，就加同平章事，徙封趙。卒，年七十八，贈太尉。

子滈、渙、渢。

滈避嫌不舉進士。綯輔政，而滈與鄭顥為姻家，怙勢驕偃，通賓客，招權，以射取四方貨財，皆側目無敢言。懿宗嗣位，數為人白發其罪，故綯去宰相。因丐滈與羣進士試有司，詔可，是歲及第。諫議大夫崔瑄劾奏綯以十二月去位，而有司解牒盡十月，屈朝廷取士法為滈家事，請委御史按實其罪。不聽。滈乃以長安尉為集賢校理。稍遷右拾遺、史館脩撰。詔下，左拾遺劉蛻、起居郎張雲交疏指其惡，且言：「綯用李琢為安南都護，首亂南方，贓虐流著，使天下兵戈調斂不給。琢本進賂于滈，滈為人子，陷綯於惡，顧可為諫臣乎？」又劾：「綯，大臣，當調護國本，而大中時，乃引諫議大夫豆盧籍、刑部侍郎李鄴為夔王等侍讀，亂長幼序，使先帝貽厥之謀幾不及陛下。且滈居當時，謂之『白衣宰相』。滈未嘗舉進士，而妄言已解，使天下謂無解及第，不已罔乎？」滈亦懼，求換它官，改詹事府司直。綯方守淮南，上奏自治，帝為貶雲為興元少尹，蛻華陰令。滈亦湮沉不振死。

渙、渢皆舉進士，渙終中書舍人。

定字履常，楚弟。及進士第。大和末，以駕部郎中為弘文館直學士。李訓亂，王遐休方以是日就職，定往賀，為神策軍并收，欲殺者屢矣，已而免。終桂管觀察使。

贊曰：耽、佑、楚皆惇儒，大衣高冠，雍容廟堂，道古今，處成務，可也；以大節責之，蓋磻中而玉表歟！悰、綯世當國，亦無足譏。牧論天下兵曰：「上策莫如自治。」賢矣哉！

唐書卷一百六十七

列傳第九十二

白志貞　裴延齡　崔損　韋渠牟　李齊運　李實
皇甫鎛鏞　王播起　龜　式

白志貞者，本名琇珪，故太原史也。事節度使李光弼，硜硜自力，有智數，光弼善之，使與帳下議。代宗素聞，及光弼卒，擢累司農卿。在官十年，德宗以爲敏，遂倚腹心，進授神策軍使，賜今名。有所建白，善窺億帝指，故言無不從。

從狩奉天，以爲行在都知兵馬使。懼李懷光暴其惡，乃與趙贊、盧杞等抑懷光不使朝。懷光反，論斥其姦，貶恩州司馬，贊播州司馬。稍徙閬州別駕。貞元二年，起爲果州刺史，宰相李勉固諫，不許。明年，拜浙西觀察使，死于官。

裴延齡，河中河東人。乾元末，爲汜水尉，賊陷東都，去客江夏。華州刺史董晉表署判官，稍遷太常博士。盧杞秉政，引爲膳部員外郎、集賢院直學士。崔造表知東都度支院。召爲祠部郎中，不待命，輒還集賢院。宰相張延賞疾其易，出爲昭應令。與尉交訴所賕，京兆尹鄭叔則佑尉，而御史中丞竇參善延齡，卒逐尹。德宗用參輔政，即擢延齡司農少卿。

會班宏卒，假領度支。延齡素不善財計，乃廣鉤距，取宿姦老吏與謀，以固帝幸。因建言：「左藏，天下歲入不貲，耗登不可校，請列別舍，以檢盈虛。」於是以天下宿負八百萬緡析爲負庫，抽貫三百萬緡爲賸庫，樣物三十萬緡爲季庫，帛以素出、以色入者爲月庫。帝皆可之。然天下負皆窮人，償入無期，抽貫與給皆盡；樣物與帛固有籍，延齡但多其簿最吏員以詭帝，於財用無所加也。俄以戶部侍郎爲眞。又請以京兆苗錢市草千萬，俾民輸諸苑。宰相陸贄等以爲非是，不從。京右偏故有萑葦地數頃，延齡妄言：「長安、咸陽間，得陂芳數百頃，願以爲內廄牧地，水甘草薦與苑廄等。」帝信之，以問宰相，皆曰：「當無有。」帝遣使按覆，果詐，延齡大慚，帝不責也。

京兆積歲和市不得直，尹李充請之官，延齡誣其妄，反令還輸，號曰「底折錢」。嘗請斂財以實府，帝曰：「安得而實之？」延齡曰：「開元、天寶間，戶口繁息，百司務殷，官且有缺者，比兵興，戶不半在，今一官治數司足矣。請後官闕不即補，收其稟以實帑藏。」

它日，帝謂延齡曰：「朕所居浴堂殿，一棟將壓，念易之，未能也。」延齡曰：「宗廟至重，殿棟微矣。且陛下本分錢，用之亡窮，何所難哉？」帝驚曰：「本分錢奈何？」對曰：「此在經誼，愚儒不能知，臣能言之。按禮，天下賦三之：一以充乾豆，一以事賓客，一君之庖廚。陛下奉宗廟，能竭天下賦三之一乎？鴻臚禮賓，勞予四夷，用十一爲有贏。陛下所御饔餼簡儉，以所餘爲百官稟料殄錢，未盡也，則所不盡者爲本分錢。以治殿數十尚不乏，況一棟哉！」帝頷曰：「人未嘗爲朕言之。」又造神龍佛祠，須材五十尺者。延齡妄奏：「同州得大谷，木數千章，度皆八十尺。」帝曰：「吾聞開元時，近山無巨木，求之嵐、勝間。今何地之近，材之良邪？」延齡曰：「異材瑰產，處處有之，待聖主乃出。今生近輔，豈開元所當得也！」帝悅。

是時，陸贄爲宰相，帝素所信重，極論其譎妄不可任，帝以爲排媢，愈益厚延齡。贄上疏列其狀，具言：「延齡嘗奏句獲乾隱二千萬緡，請舍別庫爲羨餘，供天子私費，故上之興作廣，宣索多矣。延齡欲實其言，乃大搜市廛，奪所入獻，逮捕匠徒，迫脅就功，號曰『敕索』，弗讎其直，名曰『和雇』，弗與之庸。又度支出納，與太府交相關制，出物旬計，見物月計，符按覆覈，有御史以監董之，則財用不得回隱。延齡乃言掊糞土得銀十三萬兩，它貨且百

萬，已棄而獲，皆羨餘也，悉移舍以供別敕。太府卿韋少華劾其妄，陛下縱之不爲治，此乃侵削兆民，爲天子取怨于下。」又引建中橫斂多積致播遷者，其言甚深切。帝得奏不悅。會鹽鐵使張滂、京兆尹李充、司農卿李銛皆指延齡專以險僞罔上，帝怒，乃罷贄宰相，左除滂等官。

時大旱，人情愁惴。延齡言：「贄等失權怨望，顯言歲饑民流、度支糧芻乏以激怒衆士。」它日，帝畋苑中，而神策軍訴度支不賦廄芻者，天子惑延齡言，乃下詔斥逐贄等，朝廷震恐。延齡又捕充所善吏張忠榜掠之，誣充「沒官錢五十萬緡，以餌結權幸，令妻以櫝車載金餉贄」。忠具獄，其母投訴光順門匭，有詔御史審劾，一夕得狀，乃釋忠。延齡不得逞，復奏充妄用京兆錢穀，願下有司比句，以比部郎中崔元翰欲釋憾於贄也。賴刑部侍郎奚陟辨治，充等得不冤。

延齡資苛刻，又劫于利，專剝下附上，肆騁譎怪。其進對，皆他人莫敢言，而延齡言之不疑，亦人之所未聞者。帝頗知其詐，但以其不隱，欲聞外事，故斷用不疑。延齡恃得君，謂必輔政，少所降下，至嫚罵邇臣，時人側目。屬疾臥第，載度支官物輸之家，無敢言。帝念之，使者日三輩往。死，年六十九。人語以相安，唯帝悼不已。冊贈太子太傅、上柱國。永貞初，度支建言：「延齡曩列別庫分藏正物，無實益而有吏文之煩。」乃詔復以還左藏。

元和中，有司謚曰繆。

崔損字至無，系本博陵。大曆末，中進士、博學宏辭，補校書郎、咸陽尉。避親，改大理評事。累勞至右諫議大夫。于時，宰相趙憬卒，盧邁屬疾，裴延齡素善損，薦之德宗。貞元十二年，以本官同中書門下平章事。始，中書虛位十日，議者謂還有德，及用損，中外悵失。而損性齪齪能自將，延英進見，不敢出一言及天下事。踰年，進門下侍郎。嘗以疾臥家久，賜絹三百爲醫藥費。

損無卓卓稱于人者，而歷二省華要至宰相。母殯而不葬，亦不展殯；女兄爲尼，沒不臨喪。建中後，宰相無久任者，損以便柔遜愿中帝意，乃留八年。帝亦知公議病其持祿，然憐遇彌渥。卒，贈太子太傅，謚曰靖。

韋渠牟，京兆萬年人，工部侍郎述從子也。少警悟，工爲詩，李白異之，授以古樂府。去爲道士，不終，更爲浮屠，已而復冠。浙西韓滉表試校書郎，進至四門博士。

貞元十二年，德宗誕日，詔給事中徐岱、兵部郎中趙需、禮部郎中許孟容與渠牟及佛老二師並對麟德殿，質問大趣。渠牟有口辯，雖於三家未究解，然答問鋒生，帝聽之意動。遷祕書郎，進詩七百言，未浹旬，擢右補闕內供奉。始，同列易之，後數遣中人專召渠牟，由是皆屬目。歲中，至諫議大夫。大抵延英對，雖大臣率漏下二三刻止，渠牟每奏事，輒五六刻乃罷，天子歡甚。渠牟爲人佻躁，志向浮淺，不根於道德仁義，特用憸巧中帝意，非有嘉謨正辭感悟得君也。

自陸贄免，帝躬攬庶政，不復委權于下，宰相取充位、行文書而已，至守宰、御史，皆自推簡。然處深宮，所倚而信者裴延齡、李齊運、王紹、李實、韋執誼與渠牟等，其權侔人主。延齡、實皆姦虐，紹無所建明。渠牟後出，望最輕，張恩勢以動天下，召崔芊于茅山，超鄭隨布衣至補闕，引醴泉令馮伉爲給事中、太子侍讀。帝既偏于任聽，士之浮競甘進者爭出其門，赫然勢焰可炙。再擢太常卿。卒，年五十三，贈刑部尚書，謚曰忠。所論著甚多，傳于時。

李齊運者，蔣王惲孫。始補寧王府東閣祭酒，擢累監察御史，復辟江淮都統李峘府。由工部郎中爲長安令，政頗脩辦。宗正少卿李瀚從子有所訟，齊運於瀚爲卑行，而不禮訟者。瀚怒，辱諸朝，齊運以聞，代宗貶瀚。由是稍擢京兆少尹。出爲河中尹、晉絳慈隰觀察使。

德宗出狩，李懷光還兵奔難，晝夜馳，及河中，士罷困，乃休三日。齊運悉所賦勞軍，牛酒豐甘，人人喜悅。及懷光反，還守河中，齊運棄城走。詔拜京兆尹。時李晟壁渭橋，齊運發民築城保，督芻粟以餉晟。賊平，頗有助。萬年丞源邃不事，齊運怒，捽辱之，死於廷。邃家告冤，御史大夫崔縱請窮治，帝不許。御史聯章深劾，齊運訴于帝，言爲朋黨所擠。天子使宰相諭諫官御史，後毋得羣署章以劾，然卒不直邃冤。

久之，大蝗旱，齊運不能政，乃以韓洄代之，改宗正卿、閑廄宮苑使。進至禮部尚書。宰相內殿對已，齊運常次進，帝與參決大事。既無學，暗于大體，第以甘言阿匿而已。嘗薦李錡爲浙西，受賂數十萬，又薦李詞爲湖州刺史，人告其贓，帝置不問。齊運臥疾，滿歲不能謁，每除吏，往往遣使即家咨逮。晚以妾爲妻，具冕服行禮，士人嗤之。卒，年七十二，贈尚書左僕射。

李實，道王元慶四世孫。以蔭仕，嗣曹王皋辟署江西府判官，遷蘄州刺史。皋節度山南東道，復從之。皋卒，實知後務，刻薄軍費，士怨怒，欲殺之，夜縋亡歸京師。

累進司農卿，擢拜京兆尹，封嗣道王。怙寵而愎，不循法度。貞元二十年旱，關輔飢，實方務聚斂以結恩，民訴府上，一不問。德宗訪外疾苦，實詭曰：「歲雖旱，不害有秋。」乃峻責租調，人窮無告，至徹舍鬻苗輸于官。優人成輔端爲俳語諷帝，實怒，奏賤工謗國，帝爲殺之。或言：「古者，瞽誦箴諫，雖詼諧託諭，何誅焉？」帝悔，然不罪實。

故事，京兆避臺官。實嘗與御史王播遇，而騶唱爭道，播鉤責從者，實怒，奏播爲三原令，廷辱之。惡萬年令李衆，誣逐虔州司馬，以所善虞部員外郎房啓代之。其怙權作威若此。公卿爲讒短遷斥者甚衆，專情蓄色見顏閒。權德輿爲禮部，而實私薦士二十人，迫語曰：「應用此第，不爾，君且外遷！」德輿雖拒之，然常憚其誣。吏部每奏科目頗嚴密，以杜請託，實公詣曹劫請趙宗儒，無所畏。

詔書蠲人逋租，實格詔固斂，畿民大困，官吏皆被榜罰，掊取三十萬緡。吏乞貸豪釐，輒死，榜之無罪者，猥曰「死亦非枉」，復殺之。專以殘忍爲政。順宗在諒闇，不踰月，實殺數十人于府。貶通州長史。市人爭懷瓦石邀劫之，實懼，夜遁去，長安中相賀。以赦令內移，死虢州。

皇甫鎛，涇州臨涇人。貞元初，第進士，又擢制科，爲監察御史。居喪游處不度，下除詹事府司直。久之，遷吏部員外郎，典南曹，鈐制吏姦，稍知名。進郎中，遷累司農卿，判度支，改戶部侍郎。憲宗方伐蔡，急於用度，鎛裒會嚴亟，以辦濟師，帝悅，進兼御史大夫。蔡平之明年，遂同中書門下平章事，猶領度支。

鎛以吏道進，旣由聚斂句剝爲宰相，至雖市道皆嗤之。崔羣、裴度以聞，帝怒，不聽。度乃表罷政事，極論鎛姦邪苛刻，天下怨之，將食其肉。且言：「天下安否繫朝廷，朝廷輕重在輔相。今承宗削地，程權赴闕，韓弘輿疾討賊，非力能制之，顧朝廷處置能服其心也。若相鎛，則四方解矣。請授以浙西觀察使。」其辭切至。帝以天下略平，亦欲崇臺沼宮觀自娛樂，鎛與程异知帝意，故數貢羡財，陰佐所欲，又賂吐突承璀爲奧援，故帝排衆論，決任之，反以度爲朋黨，不內其言。

鎛乃益以巧媚自固，建損內外官稟佐國用，給事中崔植上還詔書，乃止。帝斥內帑所餘，詔度支評直，鎛貴售之以給邊兵，故繒陳綵，觸手輒壞，士怨怒，聚焚之。裴度以其事聞，鎛指所著韡曰：「此內府所出，牢韌可服，彼言不可用，詐也。」帝信之。鎛銜度，乃與

李逢吉、令狐楚合擠之，出度太原。又以崔羣有天下重望，勁正敢言，後議帝號，鎛乃譖羣抑損徽稱，帝怒，逐羣湖南。

鎛罷度支，進門下侍郎平章事。嘗與金吾將軍李道古共薦方士柳泌、浮屠大通爲長年藥，帝惑之。穆宗在東宮，聞其姦妄，始聽政，集羣臣於月華門，貶鎛崖州司戶參軍，死其所。

泌者，本楊仁晝也，習方伎。道古薦于鎛，召入禁中，自云能致藥爲不死者，因言：「天台山靈仙所舍，多異草，願官天台，求采之。」起徒步拜台州刺史〔一〕，賜金紫。諫臣固爭，以爲列聖亦有寵方士，未嘗使牧民，帝曰：「煩一州而致長年于君父，何愛哉？」後不敢言。泌驅吏民采藥山谷間，鞭笞苛急，歲餘無所獲。懼詐窮，舉族遁去，浙東觀察使捕得。鎛與道古營解，乃復待詔翰林。帝餌泌藥，寖躁怒不常，宦侍懼，以弑崩。大通自言百五十歲，鎛敗，與泌皆誅。初，吏責泌妄，答曰：「皆道古敎我。」解衣即刑，卒無它異。

鎛之貶，前坊州刺史班肅以嘗僚，獨餞於野，朝廷義之，擢爲司封員外郎。

鎛弟鏞，字𩦎卿，第進士。鎛爲相時，任河南少尹，見權寵太盛，每極言之，鎛不悅，乃求分司爲太子右庶子。鎛敗，朝廷賢之，授國子祭酒。開成初，以太子少保卒。

鏞能屬文，工詩。爲人寡言正色，衣冠甚偉，不屑世務，所交皆知名士。著書數十篇。

王播字明敭，其先太原人，父恕爲揚州倉曹參軍，遂家焉。播，貞元中與弟炎、起皆有名，並擢進士，而播、起舉賢良方正異等。補盩厔尉。以善治獄，御史中丞李汶薦爲監察御史。雲陽丞源咸季坐賕免，略有司復得調，播劾解其官。歷侍御史。李實爲京兆尹，與播遇諸衢。故事，尹當避道揖，實不肯。播移文詆之。實大怒，表播爲三原令，將折之。播受命，趨府謝如禮。邑中豪彊犯法，未嘗輒貸，歲終課最。實重其才，更薦之，德宗將擢以要近，會母喪解。還，除駕部員外郎。長安令于頔奴客與民盜馬，吏繫民而縱奴，播捕取，均其罰。遷工部郎中，知御史雜事。剌舉不阿，有能稱。關中饑，諸鎭或閉糴，播以爲言，三輔不乏。歷虢州刺史。

李巽領鹽鐵，奏以副己。擢御史中丞，歲終，改京兆尹。時禁屯列畿內者，出入屬鞬佩劍，姦人冒之以剽劫，又勳戚家馳獵近郊，播請一切苛止，盜賊不能隱，皆走出境。憲宗以爲能，進刑部侍郎，領諸道鹽鐵轉運使。是時，天下多故，大理議讞，科條叢繁，播悉置格律坐隅，商處重輕，剖決如流，吏不能竄其私。帝討淮西也，切於饋餉，播引程异自副，异尤通

萬貨盈虛，使馳傳江淮，裒財用以給軍興，兵得無乏。帝嘉其功，超拜禮部尙書。稍以貲賄結宦要，中外以爲言。

播薦皇甫鎛，及鎛用事，更忌播，而以异代使，播罷守本官。久之，檢校戶部尙書，爲劍南西川節度使。穆宗立，逐鎛，播求還。長慶初，召爲刑部尙書，復領鹽鐵，進中書侍郎、同中書門下平章事。時權倖競進，播賴其力至宰相，專務將迎，居位無所裨益，復失河北，衆望不厭，乃以檢校尙書右僕射出爲淮南節度使，仍領使職，不肯易印，詔聽自隨。是時，南方旱歉，人相食，播掊斂不少衰，民皆怨之。然浚七里港以便漕引，後賴其利。

敬宗即位，即拜檢校司空，以王涯代使。播失職，見王守澄方得君，厚以金謝，守澄乘間薦之，天子有意復用播。於是諫議大夫獨孤朗張仲方、起居郎孔敏行柳公權宋申錫、補闕韋仁實劉敦儒、拾遺李景讓薛廷老等見延英，言播傾邪關通帝左右狀，帝沖闇，不內其言，遂復領使，天下公議益不與。

文宗立，就進檢校司徒。大和元年，入朝，拜左僕射，復輔政，累封太原郡公。時韋處厚當國，以獻替自任，天子嚮之。播專以錢穀進，不甚與事。居位四年卒，年七十二，贈太尉，謚曰敬。

播少孤貧，自刻苦至成立，居官以彊濟稱。天性勤吏職，每視簿領紛積於前，人所不堪

者，播反用爲樂。所署吏，苟無大罪，以歲勞增秩而已，卒不易所職。雅善占奏，雖數十事，未嘗書于笏。再領鹽鐵，嗜權利，不復初操。重賦取，以正額月進爲羨餘，歲百萬緡。自淮南還，獻玉帶十有三、銀盌數千、綾絹四十萬，遂再得相云。

起字舉之，釋褐校書郎，補藍田尉。李吉甫辟爲淮南掌書記，以殿中侍御史入兼集賢殿直學士。元和末，累遷中書舍人。數上疏諫穆宗畋游事，歲中考第一。錢徽坐貢舉失實貶，詔起覆核，起建言：「以所試送宰相閱可否，然後付有司。」詔可。議者謂起爲失職。

拜禮部侍郎。李岕叛，與播俱上疏請詔王智興討之，卒定其亂。賜金紫，拜河南尹，進吏部侍郎。方播以僕射居相，避選曹，改兵部，爲集賢殿學士。拜陝虢觀察使。時亳州刺史李繁以擅誅賊抵罪，起言：「繁父有功，而二千石不宜償賊死。」不報。

入拜尚書左丞，以戶部尚書判度支。靈武、邠、寧多曠土，奏爲營田，以省餽輓。歷河中節度使。方蝗旱，粟價騰踊，起下令家得儲三十斛，斥其餘以市，否者死。神策士怙勢不從，寘于法。由是廥積咸出，民賴以生。召授兵部尚書。以檢校尚書右僕射爲山南東道節度使。濱漢塘堰聯屬，吏弗完治，起至部，先脩復，與民約爲水令，遂無凶年。

李訓爲宰相，起門生也，欲引與共政，即加銀青光祿大夫，復以兵部尚書召判戶部。訓

敗，起素長厚，人不以訓諉之，止罷其判。俄加皇太子侍讀。文宗上文，好古學。是時，鄭覃以經術進，起以敦博顯，帝數訪逮時政。因積雨，願寬逐臣過惡，又短鮑叔終身不忘人過，以解帝錮人意。俄兼太常卿、禮儀使。帝題詩太子笏以賜，詔畫像便殿，號「當世仲尼」，其寵遇如此。又使廣五位圖，俾太子知古今治亂。開成三年，入翰林爲侍講學士，改太子少師。

起治生無檢，所得祿賜爲僮婢盜有，貧不能自存。帝知之，詔月益仙韶院錢三十萬。議者謂與玩臣分給，可恥也，起賴其入，不克讓。

武宗立，爲章陵鹵簿使、東都留守。召爲吏部尚書，判太常卿。帝患選士不得才，特命起典貢舉。進尚書左僕射，封魏郡公。凡四舉士，皆知名者，人伏其鑒。擢山南西道節度使、同中書門下平章事。以夙儒兼宰相秩，前世所罕。入辭，帝勞曰：「宰相無內外。公，國耆老，朕有闕，當以聞。」宴賜備厚。

宣宗初，檢校司空，以疾願代，不許。卒，年八十八，贈太尉，謚曰文懿。喪還，命使者弔其家，葬及祥亦如之。

起性友悌，播喪，哀戚加於人。嗜學，非寢食不輒廢。天下之書無不讀，一經目，弗忘也。莊恪太子薨，詔爲哀册，詞情悽惋，當世稱之。帝嘗以疑事令使者口質，起具牓子附使者上，凡成十篇，號曰寫宣。它譔集亦多。

炎終太常博士。子鐸、鐐自有傳。

起子龜、式。

龜字大年，性高簡，博知書傳，無貴胄氣。常以光福第賓客多，更住永達里，林木窮僻，構半隱亭以自適。侍父至河中，廬中條山，朔望一歸省，州人號郎君谷。未始以人事自嬰。武宗雅知之，以左拾遺召。入謝，自陳病不任職，詔許。終父喪，召爲右補闕。再擢屯田員外郎，稱疾去。崔璵觀察宣歙，表爲副，龜樂宛陵山水，故從之。

入爲祠部郎中、史館脩撰。咸通中，知制誥。鐸爲相，改太常少卿、同州刺史。牙將白約素暴横，嘗譁言月稟薄，以動士心爲亂，龜捕殺之，人皆震慄。徙浙東觀察使。初，式臨州有惠政，人聞其至，歡迎之。卒，贈工部尚書。

子蕘，力學，有文辭，以鐸當國，不貢進士。終右司員外郎。

式以蔭爲太子正字，擢賢良方正科，累遷殿中侍御史。少節檢，巧于宦，因鄭注以交王守澄，中丞歸融劾之，出爲江陵少尹。

大中中，爲晉州刺史，飾郵傳，器用畢給。會河曲大歉，民流徙，佗州不納，獨式勞卹

之，活數千人。時特峨胡亦饑，將入寇汾、澮，聞式嚴備，不敢道境，報其種落曰：「晉州刺史當避之！」以善最稱。

徙安南都護。故都護田早作木柵，歲率緡錢，既不時完，而所責益急。式取一年賦市芀木，豎周十二里，罷歲賦外率以紓齊人。浚壕繚柵，外植刺竹，寇不可冒。後蠻兵入掠錦田步，式使譯者開諭，一昔去，謝曰：「我自縛叛獠，非爲寇也。」忠武戍卒服短後褐，以黃冒首，南方號「黃頭軍」，天下銳卒也。初，交阯數有變，懼式威，不自安，譁曰：「黃頭軍將度海襲我矣！」相率夜圍城，合譟：「請都護北歸，我當抗黃頭軍。」式徐被甲，引家僮乘城責讓，矢檐交發，叛者走。翌日，盡捕斬之。初，容管災歉，不歲貢，式始上輸，大犒宴軍中。歸質外蕃，而占城、眞臘慕義，悉入獻，亦還所掠王民。

寧國劇賊仇甫亂，明越觀察使鄭祗德不能討，宰相選式往代，詔可，因至京師。懿宗問方略，對曰：「弟假臣兵，寇不足平也。」左右宦要皆曰：「兵衆則餽多，當惜天下費。」式奏：「盜若倡狂，天誅不亟決，東南征賦闕矣，寧得以億萬計之乎？兵多則功速費寡。二者孰利？」帝顧左右曰：「宜與兵。」於是詔益許、滑、淮南兵。式發自光福里第，麾幟皆東靡，獵獵有聲，喜曰：「是謂得天時矣！」聞賊用騎兵，乃閱所部，得吐蕃、回鶻遷隸數百，發龍陂監牧馬起用之，集土團諸兒爲向導，擒甫斬之。加檢校右散騎常侍。餘姚民徐澤專魚鹽之

利，慈溪民陳瑊冒名仕至縣令，皆豪縱，州不能制。式曰：「甫竊發，不足畏；若澤、瑊，乃亘猾也。」窮治其姦，皆榜死。

咸通三年，徐州銀刀軍亂，以式檢校工部尚書，徙武寧節度使，詔許、滑兵自隨。視事三日，悉以計誅亂兵。會詔降武寧爲團練，罷歸。終左金吾大將軍。

贊曰：裴延齡引經誼惑其主，以不忠爲忠。德宗倚延齡、韋渠牟等商天下成敗，自謂明，而卒陷不明。君臣回洑，可不戒哉！憲宗銳於立功，而皇甫鎛以聚斂取宰相。夫宰相者，乃天下選，彼暫勞一功，烏足勝任哉？中興之不終，有爲而然。

校勘記

〔一〕台州刺史　「台州」，各本原作「天台」。按唐無「天台州」而有台州，隸江南東道，天台山在其境。本書卷七及舊書卷一五憲宗紀、舊書卷一三五皇甫鎛傳、通鑑卷二四〇均作「台州」，據改。

唐書卷一百六十八

列傳第九十三

韋執誼　王叔文 王伾　韓曄　陳諫　凌準　韓泰　陸質　劉禹錫
柳宗元　程异

韋執誼，京兆舊族也。幼有才，及進士第，對策異等，授右拾遺。年踰冠，入翰林爲學士，便敏側媚，得幸於德宗。使豫詩歌屬和，被詔稱旨。與裴延齡、韋渠牟等寵相埒，出入備顧問。帝誕日，皇太子獻畫浮屠象，帝使執誼贊之，太子賜以帛，詔執誼到東宮謝太子，卒見無所藉言者，乃曰：「君知王叔文乎？美才也。」執誼由是與叔文善。以母喪解。終喪，爲吏部郎中，數召至禁中。補闕張正一以上書召見，所善王仲舒、韋成季、劉伯芻、裴茝、常仲孺、呂洞往賀之，或謂執誼曰：「彼將論君與叔文鉤黨事。」執誼即白成季等朋比，有所窺望。帝詔金吾伺，得相過食飲狀，悉逐出之。

順宗立，以疾不親政，叔文用事，乃擢執誼爲尚書左丞、同中書門下平章事。叔文與王伾居中竊命，欲執誼据以奉行，因用迷奪朝權。執誼既爲所引，然外迫公議，欲示天下非黨與者，乃時時異論相可否，而密謝叔文曰：「不敢負約，欲共濟國家事爾。」叔文數爲所梗，遂訴怒，反成仇怨。及憲宗受內禪，流叔文、伾，分北支黨，貶執誼爲崖州司戶參軍。帝以宰相杜黃裳之壻，故最後貶。

執誼已失形勢，知禍且及，雖尚在位，而臨事奄奄無氣，聞人足聲輒悸動，至于敗。始未顯時，不喜人言嶺南州縣。既爲郎，嘗詣職方觀圖，至嶺南輒瞑目，命左右徹去。及爲相，所坐堂有圖，不就省。既易旬，試觀之，崖州圖也，以爲不祥，惡之。果貶死。

王叔文，越州山陰人。以棋待詔。頗讀書，班班言治道。德宗詔直東宮，太子引以侍讀，因論政及宮市之弊，太子曰：「寡人見上，將極言之。」坐皆趣贊，叔文獨嘿然。既罷，太子曰：「向君無言，何哉？」叔文曰：「太子之事上，非視膳問安無與也。且陛下在位久，有如小人間之，謂殿下收厥羣情，則安解乎？」太子謝曰：「非先生不聞此言！」由是重之，宮中事咸與參訂。

叔文淺中浮表，遂肆言不疑，曰：「某可爲相，某可爲將，它日幸用之。」陰結天下有名士，而士之欲速進者，率諧附之，若韋執誼、陸質、呂温、李景儉、韓曄、韓泰、陳諫、柳宗元、劉禹錫爲死友，而凌準、程异又因其黨進，出入詭祕，外莫得其端。疆藩劇帥，或陰相賂遺以自結。

順宗立，不能聽政，深居施幄坐，以牛昭容、宦人李忠言侍側，羣臣奏事，從幄中可其奏。王伾密語諸黃門：「陛下素厚叔文。」即繇蘇州司功參軍拜起居郎、翰林學士。大抵叔文因伾，伾因忠言，忠言因昭容，更相依仗。伾主傳受，叔文主裁可，乃授之中書，執誼作詔文施行焉。時景儉居親喪，温使吐蕃，惟質、泰、諫、準、曄、宗元、禹錫等倡譽之，以爲伊、周、管、葛復出，惘然謂天下無人。叔文每言：「錢穀者，國大本，操其柄，可因以市士。」乃白用杜佑領度支、鹽鐵使，已副之，實專其政。不淹時，遷戶部侍郎。

宦人俱文珍忌其權，罷叔文學士，詔出，駭悵曰：「吾當數至此議事，不然，無由入禁中。」伾復力請，乃聽三五日一至翰林，然不得舊職矣。

在省不事所職，日引其黨謀取神策兵，制天下之命。乃以宿將范希朝爲西北諸鎮行營兵馬使，泰爲司馬副之。於是諸將移書中尉，告且去，宦人始悟奪其權，大怒曰：「吾屬必死其手！」乃諭諸鎮，愼毋以兵屬人。希朝、泰到奉天，諸將不至，乃還。

叔文母死，匿不發，置酒翰林，忠言、文珍等皆在，裒金以餉，因揚言曰：「天子適射兔苑中，跨鞍若飛，敢異議者斬。」又自陳：「親疾病，以身任國大事，朝夕不得侍，今當請急，宜聽。然向之悉心戮力，離易亡所避，報天子異知爾。今一去此，則百謗至，孰爲吾助者？」又言：「羊士諤毀短我，我將杖殺之，而執誼懦不果。劉闢來爲韋皋求三川，吾生平不識闢，便欲前執吾手，非凶人邪？掃木場將斬之，而執誼持不可。每念失此二賊，令人悵恨。」又陳領度支所以興利去害者爲己勞。文珍隨語詰折，叔文不得對。左右竊語曰：「母死已腐，方留此，將何爲邪？」明日，乃發喪。執誼益不用其語，乃謀起復，斬執誼與不附己者，聞者恟懼。

廣陵王爲太子，羣臣皆喜，獨叔文有憂色，誦杜甫諸葛祠詩以自況，歔欷泣下。太子已監國，貶渝州司戶參軍，明年，誅死。

王伾者，杭州人。始以書待詔翰林，入太子宮侍書。順宗立，遷左散騎常侍、待詔。伾本闒茸，兒蔑陋，楚語，無它大志，帝褻寵之，不如叔文任氣好言事，爲帝所禮。至出處，又不及伾之無間也，叔文入止翰林，而伾至柿林院，見牛昭容等。當其黨盛，門皆若沸羹，而伾尤通天下賕謝，日月不闋。爲巨匱，裁竅以受珍，使不可出，則寢其上。

叔文既居喪，伾日請中人及杜佑起叔文爲宰相，且總北軍，不許；又請以威遠軍使同中書門下平章事，復不可。乃一日三表，皆不報。憂悸，行且臥，至夕大呼曰：「吾疾作。」輿歸第。貶開州司馬，死其所。支黨皆逐，惟質以前死免。

曄者，滉族子，有俊才。以司封郎中貶饒州司馬。終永州刺史。

諫警敏，嘗覽染署歲簿，悉能言其尺寸。所治，一閱籍，終身不忘。自河中少尹貶台州司馬。終循州刺史。

準字宗一，有史學。自翰林學士貶連州司馬，死于貶。

泰字安平，有籌畫，伾、叔文所倚重，能決大事。以戶部郎中、神策行營節度司馬貶虔州司馬。終湖州刺史。

陸質字伯沖。七代祖澄，仕梁爲名儒。世居吳。明春秋，師事趙匡，匡師啖助，質盡

傳二家學。陳少游鎭淮南，表在幕府，薦之朝，授左拾遺。累遷左司郎中，歷信、台二州刺史。

質素善韋執誼，方執誼附叔文竊威柄，用其力召爲給事中。憲宗爲太子，詔侍讀。質本名淳，避太子名，故改。時執誼懼太子怒已專，故以質侍東宮，陰伺意解釋左右之。質伺間有所言，太子輒怒曰：「陛下命先生爲寡人講學，何可及它？」質惶懼出。

執誼未敗時，質病甚，太子已即位，爲臨問加禮。卒，門人以質能文聖人書，通于後世，私共謚曰文通先生。所著書甚多，行于世。

劉禹錫字夢得，自言系出中山。世爲儒。擢進士第，登博學宏辭科，工文章。淮南杜佑表管書記。入爲監察御史。素善韋執誼。時王叔文得幸太子，禹錫以名重一時，與之交，叔文每稱有宰相器。太子即位，朝廷大議祕策多出叔文，引禹錫及柳宗元與議禁中，所言必從。擢屯田員外郎，判度支、鹽鐵案，頗馮藉其勢，多中傷士。若武元衡不爲柳宗元所喜，自御史中丞下除太子右庶子；御史竇羣劾禹錫挾邪亂政，羣即日罷；韓皋素貴，不肯親叔文等，斥爲湖南觀察使。凡所進退，視愛怒重輕，人不敢指其名，號「二王、劉、柳」。

憲宗立，叔文等敗，禹錫貶連州刺史，未至，斥朗州司馬。州接夜郎諸夷，風俗陋甚，家喜巫鬼，每祠，歌竹枝，鼓吹裴回，其聲傖儜。禹錫謂屈原居沅、湘間作九歌，使楚人以迎送神，乃倚其聲，作竹枝辭十餘篇。於是武陵夷俚悉歌之。

始，坐叔文貶者八人，憲宗欲終斥不復，乃詔雖後更赦令不得原。然宰相哀其才且困，將澡濯用之，會程异復起領運務，乃詔禹錫等悉補遠州刺史。而元衡方執政，諫官頗言不可用，遂罷。

禹錫久落魄，鬱鬱不自聊，其吐辭多諷託幽遠，作問大鈞、謫九年等賦數篇。又敍：「張九齡爲宰相，建言放臣不宜與善地，悉徙五谿不毛處。然九齡自內職出始安，有瘴癘之歎；罷政事守荆州，有拘囚之思。身出遐陬，一失意不能堪，矧華人士族必致醜地，然後快意哉！議者以爲開元良臣，而卒無嗣，豈忮心失恕，陰責最大，雖它美莫贖邪！」欲感諷權近，而憾不釋。久之，召還。宰相欲任南省郎，而禹錫作玄都觀看花君子詩，語譏忿，當路者不喜，出爲播州刺史。詔下，御史中丞裴度爲言：「播極遠，猿狖所宅，禹錫母八十餘，不能往，當與其子死訣，恐傷陛下孝治，請稍內遷。」帝曰：「爲人子者宜慎事，不貽親憂。若禹錫望它人，尤不可赦。」度不敢對，帝改容曰：「朕所言責人子事，終不欲傷其親。」乃易連州，又徙夔州刺史。

禹錫嘗歎天下學校廢，乃奏記宰相曰：

言者謂天下少士，而不知養材之道，鬱堙不揚，非天不生材也。是不耕而歎廩庾之無餘，可乎？貞觀時，學舍千二百區，生徒三千餘，外夷遣子弟入附者五國。今室廬圮廢，生徒衰少，非學官不振，病無貲以給也。

凡學官，春秋釋奠于先師，斯止辟雍、頖宮，非及天下。今州縣咸以春秋上丁有事孔子廟，其禮不應古，甚非孔子意。漢初羣臣起屠販，故孝惠、高后間置原廟於郡國，逮元帝時，韋玄成遂議罷之。夫子孫尚不敢違禮饗其祖，況後學師先聖道而欲違之。傳曰：「祭不欲數。」又曰：「祭神如神在。」與其煩於薦饗，孰若行其教？今教頹靡，而以非禮之祀媚之，儒者所宜疾。竊觀歷代無有是事。

武德初，詔國學立周公、孔子廟，四時祭。貞觀中，詔脩孔子廟兗州。後許敬宗等奏天下州縣置三獻官，其他如立社。玄宗與儒臣議，罷釋奠牲牢，薦酒脯。時王孫林甫爲宰相，不涉學，使御史中丞王敬從以明衣牲牢著爲令，遂無有非之者。今夔四縣歲釋奠費十六萬，舉天下州縣歲凡費四千萬，適資三獻官飾衣裳，飴妻子，於學無補也。

請下禮官博士議，罷天下州縣牲牢衣幣，春秋祭如開元時，籍其資半畀所隸州，使增學校，舉半歸太學，猶不下萬計，可以營學室，具器用，豐餼食，增掌故，以備使令，儒官各加稍食，州縣進士皆立程督，則貞觀之風，粲然可復。

當時不用其言。

由和州刺史入爲主客郎，復作游玄都詩，且言：「始謫十年，還京師，道士植桃，其盛若霞。又十四年過之，無復一存，唯兔葵、燕麥動搖春風耳。」以詆權近，聞者益薄其行。俄分司東都。宰相裴度兼集賢殿大學士，雅知禹錫，薦爲禮部郎中、集賢直學士。度罷，出爲蘇州刺史。以政最，賜金紫服。徙汝、同二州。遷太子賓客，復分司。

禹錫恃才而廢，褊心不能無怨望，年益晏，偃蹇寡所合，乃以文章自適。素善詩，晚節尤精，與白居易酬復頗多。居易以詩自名者，嘗推爲「詩豪」，又言：「其詩在處應有神物護持。」

會昌時，加檢校禮部尚書。卒，年七十二，贈戶部尚書。始疾病，自爲子劉子傳，稱：「漢景帝子勝，封中山，子孫爲中山人。七代祖亮，元魏冀州刺史，遷洛陽，爲北部都昌人，墳墓在洛北山，後其地陿不可依，乃葬滎陽檀山原。德宗棄天下，太子立，時王叔文以善弈得通籍，因間言事，積久，衆未知。至起蘇州掾，超拜起居舍人、翰林學士，陰薦丞相杜佑爲度支、鹽鐵使，翌日，自爲副，貴震一時。叔文，北海人，自言猛之後，有遠祖風，東平呂溫、隴西李景儉、河東柳宗元以爲信然。三子者皆予厚善，日夕過，言其能。叔文實工言治道，

能以口辯移人，既得用，所施爲人不以爲當。太上久疾，宰臣及用事者不得對，宮掖事祕，建桓立順，功歸貴臣，由是及貶。」其自辯解大略如此。

柳宗元字子厚，其先蓋河東人。從曾祖奭爲中書令，得罪武后，死高宗時。父鎭，天寶末遇亂，奉母隱王屋山，常間行求養，後徙於吳。肅宗平賊，鎭上書言事，擢左衞率府兵曹參軍。佐郭子儀朔方府，三遷殿中侍御史。以事觸竇參，貶夔州司馬。還，終侍御史。

宗元少精敏絕倫，爲文章卓偉精緻，一時輩行推仰。第進士、博學宏辭科，授校書郎，調藍田尉。貞元十九年，爲監察御史裏行。善王叔文、韋執誼，二人者奇其才。及得政，引內禁近，與計事，擢禮部員外郎，欲大進用。

俄而叔文敗，貶邵州刺史，不半道，貶永州司馬。既竄斥，地又荒癘，因自放山澤間，其堙厄感鬱，一寓諸文，倣離騷數十篇，讀者咸悲惻。雅善蕭俛，詒書言情曰：

僕嚮者進當臲卼不安之勢，平居閉門，口舌無數，又久與游者，岌岌而操其間。其求進而退者，皆聚爲仇怨，造作粉飾，蔓延益肆。非的然昭晰、自斷于內，孰能了僕於冥冥間哉？僕當時年三十三，自御史裏行得禮部員外郎，超取顯美，欲免世之求進者怪

怒媢疾，可得乎？與罪人交十年，官以是進，辱在附會。聖朝寬大，貶黜甚薄，不塞衆人之怒，謗語轉侈，囂囂嗷嗷，漸成怪人。飾智求仕者，更詈僕以悅仇人之心，日爲新奇，務相悅可，自以速援引之路。僕輩坐益困辱，萬罪橫生，不知其端，悲夫！人生少六七十者，今三十七矣，長來覺日月益促，歲歲更甚，大都不過數十寒暑，無此身矣。是非榮辱，又何足道！云云不已，祇益爲罪。

居蠻夷中久，慣習炎毒，昏眊重膇，意以爲常。忽遇北風晨起，薄寒中體，則肌革慘懍，毛髮蕭條，瞿然注視，怵惕以爲異候，意緒殆非中國人也。楚、越間聲音特異，鴂舌啅譟，今聽之恬然不怪，已與爲類矣。家生小童，皆自然曉曉，晝夜滿耳，聞北人言，則啼呼走匿，雖病夫亦怛然駭之。出門見適州閭市井者，其十八九杖而後興。自料居此尚復幾何，豈可更不知止，言說長短，重爲一世非笑哉？讀易困卦至「有言不信，尚口乃窮」，往復益喜，曰：「嗟乎！余雖家置一喙以自稱道，詬益甚耳。」用是更樂瘖默，與木石爲徒，不復致意。

今天子興教化，定邪正，海內皆欣欣怡愉，而僕與四五子者，淪陷如此，豈非命歟？命乃天也，非云云者所制，又何恨？然居治平之世，終身爲頑人之類，猶有少恥，未能盡忘。儻因賊平慶賞之際，得以見白，使受天澤餘潤，雖朽枿敗腐不能生植，猶

足蒸出芝菌，以爲瑞物。一釋廢錮，移數縣之地，則世必曰罪稍解矣。然後收召魂魄，買土一廛爲耕甿，朝夕歌謠，使成文章，庶木鐸者采取，獻之法宮，增聖唐大雅之什，雖不得位，亦不虛爲太平人矣。

又詒京兆尹許孟容曰：

宗元早歲與負罪者親善，始奇其能，謂可以共立仁義，裨教化。過不自料，勤勤勉勵，唯以忠正信義爲志，興堯、舜、孔子道，利安元元爲務，不知愚陋不可以彊，其素意如此也。末路厄塞臲卼，事既壅隔，狠忤貴近，狂疎繆戾，蹈不測之辜。今其黨與幸獲寬貸，各得善地，無公事，坐食奉祿，德至渥也，尚何敢更俟除棄廢痼，希望外之澤哉？年少氣銳，不識幾微，不知當否，但欲一心直遂，果陷刑法，皆自所求取，又何怪也？

宗元於衆黨人中，罪狀最甚，神理降罰，又不能即死，猶對人語言，飲食自活，迷不知恥，日復一日。然亦有大故。自以得姓來二千五百年，代爲冢嗣，今抱非常之罪，居夷獠之鄉，卑濕昏霧，恐一日塡委溝壑，曠墜先緒，以是怛然痛恨，心骨沸熱。煢煢孤立，未有子息，荒陬中少士人女子，無與爲婚，世亦不肯與罪人親昵。以是嗣續之重，不絕如縷，每春秋時饗，孑立捧奠，顧眄無後繼者，懍懍然歒歔惴惕，恐此事便已，摧心傷骨，若受鋒刃。此誠丈人所共閔惜也。先墓在城南，無異子弟爲主，獨託村鄰。自譴逐來，消息存亡不一至鄉閭，主守固以益怠。晝夜哀憤，懼便毀傷松柏，芻牧不禁，以成大戾。近世禮重拜掃，今闕者四年矣。每遇寒食，則北向長號，以首頓地。想田野道路，士女徧滿，皁隸庸丐，皆得上父母丘墓，馬醫、夏畦之鬼，無不受子孫追養者。然此已息望，又何以云哉？城西有數頃田，樹果數百株，多先人手自封植，今已荒穢，恐便斬伐，無復愛惜。家有賜書三千卷，尚在善和里舊宅，宅今三易主，書存亡不可知。皆付受所重，常繫心腑，然無可爲者。立身一敗，萬事瓦裂，身殘家破，爲世大僇。是以當食不知辛鹹節適，洗沐盥漱，動逾歲時，一搔皮膚，塵垢滿爪，誠憂恐悲傷，無所告愬，以至此也。

自古賢人才士，秉志遵分，被謗議不能自明者，以百數。故有無兄盜嫂，娶孤女撾婦翁者。然賴當世豪桀分明辨列，卒光史册。管仲遇盜，升爲功臣；匡章被不孝名，孟子禮之。今已無古人之實爲而有詬，欲望世人之明己，不可得也。直不疑買金以償同舍；劉寬下車，歸牛鄉人。此誠知疑似之不可辯，非口舌所能勝也。鄭詹束縛於晉，終以無死；鍾儀南音，卒獲返國；叔向囚虜，自期必免；范痤騎危，以生易死；蒯通據鼎耳，爲齊上客；張蒼、韓信伏斧鑕，終取將相；鄒陽獄中，以書自治；賈生斥逐，復召宣室；兒寬擯厄，後至御史大夫；董仲舒、劉向下獄當誅，爲漢儒宗。此皆瓌偉博

辯奇壯之士，能自解脫。今以恇怯湮涊，下才末伎，又嬰痼病，雖欲慷慨攘臂，自同昔人，愈疏闊矣。

賢者不得志於今，必取貴於後，古之著書者皆是也。宗元近欲務此，然力薄志劣，無異能解，欲秉筆覼縷，神志荒耗，前後遺忘，終不能成章。往時讀書，自以不至觝滯，今皆頑然無復省錄。讀古人一傳，數紙後，則再三伸卷，復觀姓氏，旋又廢失。假令萬一除刑部囚籍，復爲士列，亦不堪當世用矣！

伏惟興哀於無用之地，垂德於不報之所，以通家宗祀爲念，有可動心者操之勿失。雖不敢望歸掃塋域，退託先人之廬，以盡餘齒，姑遂少北，益輕瘴癘，就婚娶，求胄嗣，有可付託，即冥然長辭，如得甘寢，無復恨矣！

然衆畏其才高，懲刈復進，故無用力者。

宗元久汩振，其爲文，思益深。嘗著書一篇，號貞符，曰：

臣所貶州流人吳武陵爲臣言：「董仲舒對三代受命之符，誠然？非邪？」臣曰：「非也。何獨仲舒爾，司馬相如、劉向、揚雄、班彪、彪子固皆沿襲嗤嗤，推古瑞物以配受命，其言類淫巫瞽史，誑亂後代，不足以知聖人立極之本，顯至德，揚大功，甚失厥趣。臣爲尚書郎時，嘗著貞符，言唐家正德受命於生人之意、累積厚久宜享無極之

義，本末闕闊。會貶逐中輟，不克備究。」武陵即叩頭邀臣：「此大事，不宜以辱故休缺，使聖王之典不立，無以抑詭類、拔正道、表覈萬代。」臣不勝奮激，即具爲書。念終泯沒蠻夷，不聞于時，獨不爲也。苟一明大道，施于人世，死無所憾，用是自決。臣宗元稽首拜手以聞曰：

孰稱古初朴蒙空侗而無爭，厥流以訛，越乃奮奪鬬怒振動，專肆爲淫威？曰：是不知道。惟人之初，總總而生，林林而羣。雪霜風雨雷雹暴其外，於是乃知架巢空穴，挽草木，取皮革；飢渴牝牡之欲驅其內，於是乃噬禽獸，咀果穀，合偶而居。交焉而爭，睽焉而鬬，力大者搏，齒利者齧，爪剛者決，羣衆者軋，兵良者殺，披披藉藉，草野塗血。然後彊有力者出而治之，往往爲曹於險阻，用號令起，而君臣什伍之法立。德紹者嗣，道怠者奪。於是有聖人焉，曰黃帝，游其兵車，交貫乎其內，一統類，齊制量，然猶大公之道不克建。於是有聖人焉，曰堯，置州牧四岳，持而綱之，立有德有功有能者，參而維之，運臂率指，屈伸把握，莫不統率，年老，舉聖人而禪焉，大公乃克建。由是觀之，厥初罔匪極亂，而後稍可爲也。而非德不樹，故仲尼敍書，於堯曰「克明俊德」，於舜曰「濬哲文明」，於禹曰「文命祗承于帝」，於湯曰「克寬克仁，章信兆民」，於武王曰「有道曾孫」。稽揆典誓，貞哉惟茲德，實受命之符，以奠永祀。後之祆淫囂昏好怪之徒〔一〕，

乃始陳大電、大虹、玄鳥、巨跡、白狼、白魚、流火之烏以爲符，斯皆詭譎闊誕，其可羞也，莫知本于厥貞。

漢用大度，克懷于有氓，登能庸賢，濯痍煦寒，以瘳以熙，茲其爲符也。而其安臣，乃下取虺蛇，上引天光，推類號休，用夸誣于無知氓，增以騶虞、神鼎，脅驅縱踴，俾東之泰山、石閭，作大號謂之「封禪」，皆尚書所無有。莽、述承效，卒奮驁逆。其後有賢帝曰光武，克綏天下，復承舊物，猶崇赤伏，以玷厥德。魏、晉而下，尨亂鉤裂，厥符不貞，邦用不靖，亦罔克久，駁乎無以議爲也。

積大亂至于隋氏，環四海以爲鼎，跨九垠以爲鑪，爨以毒燎，煽以虐焰，其人沸湧灼爛，號呼騰蹈，莫有救止。於是大聖乃起，丕降霖雨，濬滌盪沃，蒸爲清氛，疏爲泠風，人乃漻然休然，相睎以生，相持以成，相彌以寧。琢斮屠剔膏流節離之禍不作，而人乃克完平舒愉，尸其肌膚，以達于夷途。焚坼抵掎奔走轉死之害不起，而人乃克鳩類集族，歌舞悅懌，用祗于元德。徒奮袒呼，犒迎義旅，讙動六合，至于麾下。大盜豪據，阻命遏德，義威殄戮，咸墜厥緒。無劉于虐，人乃並受休嘉，去隋氏，克歸于唐，躑躅謳歌，灝灝和寧。帝庸威栗，惟人之爲。敬奠厥賦，積藏于下，是謂豐國。鄉爲義廩，斂發謹飭，歲丁大侵，人以有年。簡于厥刑，不殘而懲，是謂嚴威。小屬而支，大生而

孥，愷悌祗敬，用底于治。凡其所欲，不謁而獲；凡其所惡，不祈而息。四夷稽服，不作兵革，不竭貨力。丕揚于後嗣，用垂于帝式，十聖濟厥治，孝仁平寬，惟祖之則。澤久而逾深，仁增而益高，人之戴唐，永永無窮。

是故受命不于天，于其人；休符不于祥，于其仁。惟人之仁，匪祥于天。匪祥于天，茲惟貞符哉！未有喪仁而久者也，未有恃祥而壽者也。商之王以桑穀昌，以雉雊大，宋之君以法星壽，鄭以龍衰，魯以麟弱，白雉亡漢，黃犀死莽，惡在其爲符也？不勝唐德之代，光紹明濬，深鴻尨大，保人斯無疆，宜薦于郊廟，文之雅詩，祗告于德之休。帝曰諶哉！乃黜休祥之奏，究貞符之奧，思德之所未大，求仁之所未備，以極于邦治，以敬于人事。其詩曰：

於穆敬德，黎人皇之。惟貞厥符，浩浩將之。仁函于膚，刃莫畢屠。澤熯于爨，灑炎以滸。勃厥凶德，乃驅乃夷。懿其休風，是煦是吹。父子熙熙，相寧以嬉。賦徹而藏，厚我糗粻。刑輕以清，我完靡傷。貽我子孫，百代是康。十聖嗣于治，仁后之子。子思孝父，易患于己。拱之戴之，神其爾宜。載揚于雅，承天之嘏。天之誠神，宜鑒于仁。神之曷依？宜仁之歸。濮鉛于北，祝栗于南，幅員西東，祗一乃心。祝唐之紀，後天罔墜；祝皇之壽，與地咸久。曷徒祝之，心誠篤之。神協人同，道以告之。俾彌億

萬年，不震不危。我代之延，永永毗之。仁增以崇，曷不爾思？有號于天，僉曰嗚呼，咨爾皇靈，無替厥符！

宗元不得召，內閔悼，悔念往吝，作賦自儆曰：

懲咎愆以本始兮，孰非余心之所求？處卑汙以閔世兮，固前志之爲尤。始余學而觀古兮，怪今昔之異謀。惟聰明爲可考兮，追駿步而遐游。絜誠之既信直兮，仁友藹而萃之。日施陳以縶縻兮，邀堯舜與之爲〔二〕。上睢盱而混茫兮，下駁詭而懷私。旁羅列以交貫兮，求大中之所宜。

日道有象兮，而無其形。推變乘時兮，與志相迎。不及則殆兮，過則失貞。謹守而中兮，與時偕行。萬類芸芸兮，率由以寧。剛柔弛張兮，出入綸經。登能抑枉兮，白黑濁清。蹈乎大方兮，物莫能嬰。

奉訐謨以植內兮，欣余志之有獲。再明信乎策書兮，謂耿然而不惑。愚者果於自用兮，惟懼夫誠之不一。不顧慮以周圖兮，專茲道以爲服。讒妬構而不戒兮，猶斷斷於所執。哀吾黨之不淑兮，遭遇任之卒迫。勢危疑而多詐兮，逢天地之否隔。欲圖退而保己兮，悼乖期乎曩昔。欲操術以致忠兮，衆呀然而互嚇。進與退吾無歸兮，甘脂潤兮鼎鑊。幸皇鑒之明宥兮，纍郡印而南適。惟罪大而寵厚兮，宜夫重仍乎禍謫。既明懼乎

天討兮，又幽慄乎鬼責。惶惶乎夜寤而晝駭兮，類麏麚之不息。
淩洞庭之洋洋兮，泝湘流之沄沄。飄風擊以揚波兮，舟摧抑而迴邅。日霾曀以昧幽兮，黝雲湧而上屯。暮屑窣以淫雨兮，聽嗷嗷之哀猿。衆鳥萃而啾號兮，沸洲渚以連山。漂遙逐其詎止兮，逝莫屬余之形魂。攢巒奔以紆委兮，束洶湧之崩湍。畔尺進而尋退兮，盪洄汩乎淪漣。際窮冬而止居兮，羈纍棼以縈纏。
哀吾生之孔艱兮，循凱風之悲詩。罪通天而降酷兮，不亟死而生爲！逾再歲之寒暑兮，猶貿貿而自持。將沈淵而隕命兮，詎蔽罪以塞禍？惟滅身而無後兮，顧前志猶未可。進路呀以劃絕兮，退伏匿又不果。爲孤囚以終世兮，長拘攣而轗軻。
曩余志之脩蹇兮，今何爲此戾也？豈貪食而盜名兮，不混同於世也。將顯身以直遂兮，衆之所宜蔽也。不擇言以危肆兮，固羣禍之際也。
御長轅之無橈兮，行九折之峩峩。却驚棹以橫江兮，泝淩天之騰波。幸余死之已緩兮，完形軀之既多。苟餘齒之有懲兮，蹈前烈而不頗。死蠻夷固吾所兮，雖顯寵其焉加？配大中以爲偶兮，諒天命之謂何！
元和十年，徙柳州刺史。時劉禹錫得播州，宗元曰：「播非人所居，而禹錫親在堂，吾不忍其窮，無辭以白其大人，如不往，便爲母子永決。」即具奏欲以柳州授禹錫而自往播。會

大臣亦爲禹錫請，因改連州。
柳人以男女質錢，過期不贖，子本均，則沒爲奴婢。宗元設方計，悉贖歸之。尤貧者，令書庸，視直足相當，還其質。已沒者，出己錢助贖。南方爲進士者，走數千里從宗元游，經指授者，爲文辭皆有法。世號柳柳州。十四年卒，年四十七。
宗元少時嗜進，謂功業可就。既坐廢，遂不振。然其才實高，名蓋一時。韓愈評其文曰：「雄深雅健，似司馬子長，崔、蔡不足多也。」既沒，柳人懷之，託言降于州之堂，人有慢者輒死。廟於羅池，愈因碑以實之云。
程异字師舉，京兆長安人。居鄉以孝稱。第明經，再補鄭尉。精吏治，爲叔文所引，由監察御史爲鹽鐵揚子院留後。叔文敗，貶郴州司馬。
李巽領鹽鐵，薦异心計可任，請拔擢用之，乃授侍御史，復爲揚子留後。稍遷淮南等道兩稅使。异起痕廢，能厲己竭節，悉矯革征利舊弊。入遷累衞尉卿、鹽鐵轉運副使。方討蔡，异使江表調財用，因行諭諸帥府，以羨贏貢，故异所至不剝下，不加斂，經用以饒。遂兼御史大夫爲鹽鐵使。
元和十三年，以工部侍郎同中書門下平章事，猶領鹽鐵。异以錢穀奮而至宰相，自以非人望，久不敢當印秉筆。明年，西北軍政不治，議置巡邊使，憲宗問孰可者，乃自請行。會卒，贈尚書左僕射，謚曰恭。身歿官第，無留貲，世重其廉云。
贊曰：叔文沾沾小人，竊天下柄，與陽虎取大弓，春秋書爲盜無以異。宗元等橈節從之，徼幸一時，貪帝病昏，抑太子之明，規權遂私。故賢者疾，不肖者娼，一僨而不復，宜哉！彼若不傅匪人，自勵材猷，不失爲名卿才大夫，惜哉！

校勘記

〔一〕後之祆淫囂昏好怪之徒　「囂」，影宋世綵堂本柳河東集及四部叢刊影元本唐柳先生集卷一貞符作「嚚」。
〔二〕邀堯舜與之爲　柳河東集及唐柳先生集卷二懲咎賦「爲」下有「師」字。

唐書卷一百六十九

列傳第九十四

杜黃裳 勝 裴垍 李藩 韋貫之 澳 綬 溫 庸詁

杜黃裳字遵素，京兆萬年人。擢進士第，又中宏辭。郭子儀辟佐朔方府，子儀入朝，使主留事。李懷光與監軍陰謀矯詔誅大將等，以動衆心，欲代子儀。黃裳得詔，判其非，以質懷光，懷光流汗服罪。於是諸將狠驕難制者，黃裳皆以子儀令易置，衆不敢亂。入爲侍御史，爲裴延齡所惡，十期不遷。貞元末，拜太子賓客，居韋曲。時中人欲請其地賜公主，德宗曰：「城南杜氏鄉里，不可易。」遷太常卿。時王叔文用事，黃裳未嘗過其門。壻韋執誼輔政，黃裳勸請太子監國，執誼曰：「公始得一官，遽開口議禁中事！」黃裳怒曰：「吾受恩三朝，豈以一官見賣！」即拂衣出。

皇太子總軍國事，擢黃裳門下侍郎、同中書門下平章事。於是，夏綏銀節度使韓全義憸

佞無功，因其來朝，白罷之。俄而劉闢叛，議者以闢恃險，討之或生事，唯黃裳固勸不赦，因奏罷中人監軍，而專委高崇文。凡兵進退，黃裳自中指授，無不切于機。崇文素憚劉澭，黃裳使人謂曰：「公不奮命者，當以澭代。」崇文懼，一死力縛賊以獻。蜀平，羣臣賀，憲宗目黃裳曰：「時卿之功。」

始，德宗創艾多難，務姑息藩鎭，每帥臣死，遣中人伺其軍，觀衆所欲立者，故大將私金幣結左右，以求節制，晏年尤甚，方鎭還不出朝廷。黃裳每從容具言：「陛下宜鑒貞元之弊，整法度，朘損諸侯，則天下治。」帝嘗問前古王者所以治亂云云，黃裳知帝銳於治，恐不得其要，因推言：「王者之道，在脩己任賢而已。操執綱領，要得其大者，至簿書獄訟，百吏能否，本非人主所自任。昔秦始皇帝親程決事，見嗤前世；魏明帝欲案尙書事，陳矯不從；隋文帝日昃聽政，衞士傳飡，太宗笑之。故王者擇人任而責成，見功必賞，有罪信罰，孰敢不力？孔子之稱帝舜恭己南面，以其能舉十六相，去四凶，而至無爲。豈必刓神疲體，勞耳目之察，然後爲治哉？」帝以黃裳言忠，嘉納之。由是平夏，翦蜀，滅蔡，復兩河，以機秉還宰相，紀律設張，赫然號中興，自黃裳啓之。

元和二年，以檢校司空同中書門下平章事，爲河中、晉絳節度使，俄封邠國公。明年卒，年七十，贈司徒，謚曰宣獻。

黃裳達權變，有王佐大略。性雅澹，未始忤物。初不爲執誼所禮，及敗，悉力營救；既死，表還其柩葬焉。嘗被疾，醫者誤進藥，疾遂甚，終不怒譴。然除吏不甚別流品，通饋謝，無絜白名。當大政未久，不究其才，及處外，天下常所屬意。卒後數年，御史劾奏黃裳納邠寧節度使高崇文錢四萬五千緡，按故吏吳憑及黃裳子載，辭服，帝念舊功，但流憑昭州，原載不問。

載終太僕少卿。

載弟勝，字斌卿，寶曆初擢進士第。楊嗣復數薦材堪諫官，不爲鄭覃所佑。宣宗感章武舊事，元和時大臣子若孫在者，多振拔之。帝嘗問勝，勝具道黃裳首建憲宗監國議，帝嘉歎，拜給事中，遷戶部侍郎判度支，欲倚爲宰相。及蕭鄴罷，爲中人沮毀，而更用蔣伸，以勝檢校禮部尙書，出爲天平節度使，不得意，卒。

裴垍字弘中，絳州聞喜人。擢進士第，以賢良方正對策第一，補美原尉。藩府交辟，不就。四遷考功員外郎。吏部侍郎鄭珣瑜委垍校辭判，研覈精密，皆值才實。

憲宗元和初，召入翰林爲學士，再遷中書舍人。李吉甫始執政，以情謂垍曰：「吾落魄遠裔，更十年，始相天子，比日人物，吾懵不及知；且宰相職當進賢任能，君精鑒，爲我言之。」垍即崖略疏三十許人，吉甫籍以薦于朝，天下翕然稱得人。坐覆視皇甫湜、牛僧孺等對策非是，罷學士，爲戶部侍郎。帝器垍方直，以爲任公卿，薄其過，眷館彌厚。吉甫罷，乃拜垍中書侍郎、同中書門下平章事。加集賢殿大學士，監脩國史。

垍始承旨翰林，天子新翦蜀亂，厲精致治，中外機筦，垍多所參與，以小心愼默稱帝意。既當國，請繩不軌，課吏治，分明淑慝，帝降意順納。吐突承璀自東宮得侍，恩顧親渥，承間欲有關說，帝憚垍，誡使勿言。帝在殿中，常呼垍官而不名。嶺南節度使楊於陵爲監軍許遂振所誣，詔授冗官，垍曰：「以一中人罪藩臣，陛下之法安在？」更授美官。嚴綬守太原，政一出監軍李輔光，垍劾其懦，以李鄘代之。

王承宗擅襲節度，方帝屢剗叛族，意必取之，又吐突承璀每欲橈垍權，因探帝意，自請往。于時澤潞盧從史詭獻征討計，垍固爭，以爲：「從史苞逆節，內連承宗，外請興師，以圖身利。且武俊有功於國，陛下前以地授李師道，而今欲奪承宗地有之，賞罰不一，沮勸廢矣。」帝猶違不能決。久之，卒用承璀謀，會兵討承宗，從史果反覆，兵久暴無功，王師告病。既而從史遣部將王翊元奏事，垍從容以語動之，翊元因言從史惡稔可圖狀，垍比遣往，得其

大將烏重胤等要領。垍乃爲帝陳「從史暴戾不君，視承璀若小兒，往來神策軍不甚戒，可因其機致之，後無興師之勞」。帝矍然，徐乃許之。垍請祕其計，帝曰：「惟李絳、梁守謙知之。」俄而承璀縛從史獻于朝，因班師。垍奏：「承璀首謀無功，陛下雖詘法，人心不厭，請流斥以謝天下。」乃罷所領兵。

先是，天下賦法有三：曰上供，曰送使，曰留州。建中初，釐定常賦，而物重錢輕。其後輕重相反，民輸率一倍其初，而所在以留州、送使之入，捨公估，更實私直以自潤，故賦益苛，齊民重困。垍奏禁之，一以公估準物，觀察使得用所治州租調，至不足，乃取支郡以贍，故送使之財悉爲上供。自是起淮、江而南，民少息矣。

垍器局峻整，持法度，雖宿貴前望造詣，不敢干以私。諫官言得失，大抵執政多忌之，惟垍獎勵使盡言。初，拾遺獨孤郁、李正辭、嚴休復三人皆還，及過謝垍，垍獨讓休復曰：「君異夫二人孜孜獻納者，前日進擬，上固爲疑。」休復大慚。垍爲學士時，引李絳、崔羣與同列。及相，又擢韋貫之、裴度知制誥，李夷簡御史中丞，皆踵躡爲輔相，號名臣。自它選任，罔不精明，人無異言。士大夫不以垍年少柄用爲嫌，故元和之治，百度脩舉，稱朝無幸人。

五年，暴風痺，帝悵惜，遣使致問，藥膳進退輒疏聞。居三月，益痼，乃罷爲兵部尚書。

垍之進，李吉甫薦頗力，及居中，多變更吉甫時約束，吉甫復用，銜之。會垍與史官蔣武等上德宗實錄，吉甫以垍引疾解史任，不宜冒奏，乃徙垍太子賓客，罷武等史官。會卒，不加贈，給事中劉伯芻表其忠，帝乃贈太子太傅。

垍始相，建言：「集賢院官，登朝自五品上爲學士，下爲直學士，餘皆校理，史館以登朝者爲脩撰，否者直史館，以準六典。」遂著于令。

京兆少尹裴武使王承宗還，得德、棣二州，已而地不入。或言：「武還，先見垍，明日乃朝。」帝怒，召學士李絳議斥武，絳言：「垍身備宰相，明練時事，勢不容先見武。」帝悟，釋之。議者謂帝知垍明，倚任方篤，尚不免疑嫌，以信處位之難云。

李藩字叔翰，其先趙州人。父承，仕爲湖南觀察使，有名于時。藩少沈靖有檢局，姿制閑美，敏于學。居父喪，家本饒財，姻屬來弔，有持去者，未嘗問，益務施與，居數年略盡。年四十餘，困廣陵間，不自振，妻子追咎，藩晏如也。杜亞居守東都，表致府中。亞嘗疑牙將令狐運爲盜，掠服之，藩爭不從，輒去，後果獲眞盜，稍知名。徐州張建封辟節度府，未嘗察苛細。建封卒，濠州刺史杜兼疾驅至，陰有覬望，藩泣謂

曰：「公今喪，君宜謹守土，何棄而來？宜速還，否則以法劾君！」兼錯忤去，恨之，因誣奏「建封死，藩撼其軍，有非望」。德宗怒，密詔徐泗節度使杜佑殺之。佑雅器藩，得詔，十日不發，召見藩曰：「世謂生死報應，驗乎？」藩曰：「殆然。」曰：「審若此，君宜遇事無恐。」因出詔示藩，藩色不變，曰：「信乎，杜兼之報也！」佑曰：「愼毋畏，吾以闔門保君矣。」帝未之信，亟追藩。既入，帝望其狀貌，曰：「是豈作亂人邪？」釋之，拜祕書郎。

時王紹得君，邀藩與相見，當郎用，終不詣。王仲舒與同舍郎韋成季、呂洞日置酒邀賓客相樂，慕藩名，彊致之。仲舒等爲俳說廋語相狎昵，藩一見，謝不往，曰：「吾與終日，不曉所語何哉！」後仲舒等果坐斥廢。憲宗爲皇太子，王紹避太子諱，始改名，時議以爲諂。藩曰：「自古故事，由不識體之人敗之，不可復正，雖紹何誅？」累擢吏部郎中。坐小累，左授著作郎，再遷給事中。制有不便，就敕尾批卻之，吏驚，請聯它紙，藩曰：「聯紙是牒，豈曰敕邪？」裴垍白憲宗，謂藩有宰相器。會鄭絪罷，因拜門下侍郎、同中書門下平章事。

藩忠謹，好醜必言，帝以爲無隱。嘗問前世所以家給或國匱乏者何致而然及祈禳之數。藩具對：「儉則足用，敦本則百姓富，反是則匱。」又言：「孔子病，止子路之禱。漢文帝每祭，敕有司敬而不祈。使神無知，則不能降福；有知，固不可私己求媚而悅之也。且義於人者和於神，人乃神之主，人安而福至。」帝悅曰：「當與公等上下相勗，以保此言。」後復

問神仙長年事，藩知帝且有所惑，極陳荒妄謾誕不可信。後入柳泌等語，果爲累云。

河東節度使王鍔賂權近求兼宰相，密詔中書門下曰：「鍔可兼宰相。」藩遽取筆滅「宰相」字，署其左曰：「不可。」還奏之。宰相權德輿失色曰：「有不可，應別爲奏，可以筆塗詔邪？」藩曰：「勢迫矣，出今日便不可止。」既而事得寢。

李吉甫復相，藩頗沮止。會吳少陽襲淮西節度，吉甫已見帝，潛欲中藩，卽奏曰：「道逢中人假印節與吳少陽，臣爲陛下恨之。」帝變色不平。翌日，罷藩爲太子詹事。後數月，帝復思藩，召對殿中，事寖釋。明年，爲華州刺史，未行，卒，年五十八，贈戶部尚書，謚曰貞簡。

藩材能不及韋貫之、裴垍，然人物清整，是其流亞云。

韋貫之名純，避憲宗諱，以字行。後周柱國敻八世孫。

父肇，大曆中爲中書舍人，累上疏言得失，爲元載所惡，左遷京兆少尹。久之，改祕書少監。載曰：「肇若過我，當擇善地處之。」終不肯詣。載誅，除吏部侍郎。代宗欲相之，會卒，謚曰貞。

貫之及進士第，爲校書郎，擢賢良方正異等，補伊闕、渭南尉。河中鄭元、澤潞郗士美以厚幣召，皆不應。居貧，啜豆糜自給。再遷長安丞。或薦之京兆尹李實，實舉笏示所記曰：「此其姓名也，與我同里，素聞其賢，願識之而進於上。」或者喜，以告曰：「子今日詣實，而明日賀者至矣！」貫之唯唯，不往，官亦不遷。

永貞時，始爲監察御史，舉其弟纁自代，及爲右補闕，纁代爲御史，議者不謂之私。宰相杜佑子從郁爲補闕，貫之與崔羣持不可，換左拾遺，復奏：「拾遺、補闕爲諫官等，宰相政有得失，使從郁議，是子而議父，殆不可訓。」卒改它官。遷禮部員外郎。新羅人金忠義以工巧幸，擢少府監，蔭子補齋郎，貫之不與，曰：「是將奉郊廟祠祭，階爲守宰者，安可以賤工子爲之。」又劾忠義不宜汙朝籍，忠義竟罷。於是權幸側目。

進吏部員外郎，坐考賢良方正牛僧孺等策獨署奏，出爲果州刺史，半道貶巴州。久之，召爲都官郎中，知制誥，進中書舍人。宰相裴垍嘗三奏事，憲宗不從。貫之曰：「公亦以進退決請乎？」垍曰：「奉敎。」事果見聽。垍因曰：「君異時當位於此。」改禮部侍郎。所取士，抑浮華，先行實，于時流競爲息。嘗從容奏曰：「禮部侍郎重於宰相。」帝曰：「侍郎是宰相除，安得重？」曰：「然爲陛下柬宰相者，得無重乎？」帝美其言。改尚書右丞，俄同中書門下平章事。遷中書侍郎。

討吳元濟也，貫之請釋鎭州，專力淮西，且言：「陛下豈不知建中事乎？始於蔡急而魏應也，齊、趙同起，德宗引天下兵誅之，物力殫屈，故朱泚乘以爲亂。此非它，速於撲滅也。今陛下獨不能少忍，俟蔡平而誅鎭邪？」時帝業已討鎭，不從。終之，蔡平鎭乃服。初，討蔡，以宣武韓弘爲都統，又詔河陽烏重胤、忠武李光顏合兵以進。貫之諫諸將戰方力，今若置都統，又令二帥連營，則各持重養威，未可歲月下也。亦不從。後四年乃克蔡，皆如貫之策云。

帝以段文昌、張仲素爲翰林學士。貫之謂學士所以備顧問，不宜專取辭藝，奏罷之。皇甫鎛、張宿皆以幸進。宿使淄青，裴度欲爲請銀緋，貫之曰：「宿姦佞，吾等縱不能斥，奈何欲假以寵乎？」由是宿等怨，陰構之，又與度論兵帝前，議頗駁，故罷爲吏部侍郎。於是翰林學士、左拾遺郭求上疏申理，詔免求學士，出貫之爲湖南觀察使。不三日，韋顗、李正辭、薛公幹、李宣、韋處厚、崔韶坐與貫之厚善，悉貶爲州刺史。顗、正辭、處厚皆清正，以鉤黨去，由是中外始大惡宿。

時國用不足，遣鹽鐵副使程异督諸道賦租，异諷州縣厚斂以獻。貫之不忍橫賦，而所獻不中异意，因取屬內六州留錢繼之。左遷太子詹事分司東都。穆宗立，即拜河南尹，以工部尚書召，未行，卒，年六十二，贈尚書右僕射，謚曰貞，後更謚曰文。

貫之沈厚寡言，與人交，終歲無款曲，不爲僞辭以悅人。爲右丞時，內僧造門曰：「君且相。」貫之命左右引出，曰：「此妄人也。」居輔相，嚴身律下，以正議裁物，室居無所改易。裴均子持萬縑請撰先銘，答曰：「吾寧餓死，豈能爲是哉！」生平未嘗通饋遺，故家無羨財。

子澳，字子斐，第進士，復擢宏辭。方靜寡欲，十年不肯調。御史中丞高元裕與其兄溫善，欲薦用之，諷澳謁己。溫歸以告，澳不答，溫曰：「元裕端士，若輕之邪？」澳曰：「然恐無呈身御史。」

周墀節度鄭滑，表署幕府。會墀入相，私謂曰：「何以教我？」澳曰：「願公無權。」墀愕眙，澳曰：「爵賞刑罰，人主之柄，公無以喜怒行之，俾庶官各舉其職，則公斂衽廟堂上，天下治矣，烏用權？」墀歎曰：「吾先居此，得無愧乎！」

擢考功員外郎、史館脩撰。歲中知制誥，召爲翰林學士。累遷兵部侍郎，進學士承旨。與蕭寘皆爲宣宗禮遇，每兩人直，必偕召問政得失。常夜被旨草詔書，事有不安者，即遷延須見帝，開陳可否，未嘗不順納。一日，召入，屏左右問曰：「朕於敕使如何？」澳陳帝威制前世無比。帝搖首曰：「未也。策安出？」澳倉卒答曰：「若謀之外廷，則大和事可用追鑒，不若就擇可任者與計事。」帝曰：「朕固行之矣。自黃至綠，自綠至緋，猶可，衣紫即合爲一

矣。」澳愧汗不能對，乃罷。改京兆尹。

帝舅鄭光主墅吏豪肆，積年不輸官賦，澳逮繫之。它日延英，帝問其故。澳具道姦狀，且言必寘以法。帝曰：「可貸否？」答曰：「陛下自內署擢臣尹京邑，安可使畫一法獨行於貧下乎？」帝入白太后曰：「是不可犯。」后爲輸租，乃免。由是豪右斂跡。

會戶部闕判使，帝以問澳，澳三不對。帝曰：「任卿可乎？」曰：「臣老矣，力疲氣耗，煩劇非所任者。」帝默不樂。出謂其甥柳玭曰：「吾本不爲宰相知，上便委以使務，脫謂吾他岐而得，卒無以自白。今時事寖惡，皆吾輩貪爵位致然。」未幾，授河陽節度使。入辭，帝曰：「卿自便而遠我，非我去卿。」

懿宗立，徙平盧軍，入爲吏部侍郎，復出爲邠寧節度使。宰相杜審權素不悅澳，坐吏部時史盜簿書爲姦，貶祕書監，分司東都。就遷河南尹，辭疾不拜，丐歸樊川。逾年，以吏部侍郎召，不起。卒，贈戶部尚書，謚曰貞。

澳在河陽累年，宣宗遣使至魏博，道出澳所，帝以薄紙手作詔賜澳曰：「密飭裝，秋當見卿。」蓋將以爲相也。因問輔養術，澳具言金石非可御，方士怪妄，宜斥遠之。其八月，帝崩，不果相。

爲學士時，帝嘗曰：「朕每遣方鎭刺史，欲各悉州郡風俗者，卿爲朕撰一書。」澳乃取十

道四方志，手加紬次，題爲處分語。後鄧州刺史薛弘宗中謝，帝敕戒州事，人人驚服。

綬，貫之兄。舉孝廉，又貢進士，禮部侍郎潘炎將以爲舉首，綬以其友楊凝親老，故讓之，不對策輒去，凝遂及第。後擢明經，辟東都幕府。

德宗時，以左補闕爲翰林學士，密政多所參逮。帝嘗幸其院，韋妃從，會綬方寢，學士鄭絪欲馳告之，帝不許，時大寒，以妃蜀襭袍覆而去，其待遇若此。每入直，踰月不得休。以母老，屢丐解職，每請，帝輒不悅。出入八年，而性謹畏甚。晚乃感心疾，罷還第，不極於用。

九月九日，帝爲黃花歌，顧左右曰：「安可不示韋綬！」即遣使持往，綬遽奉和，附使進。帝曰：「爲文不已，豈頤養邪！」敕自今勿復爾。終左散騎常侍。

弟纁，有精識，爲士林器許，兄弟皆名重當時。

綬子温。

温字弘育。方七歲，日誦書數千言。十一，舉兩經及第，以拔萃高等補咸陽尉。父愕然，疑假權謁進，召而試諸廷，文就無留意，喜曰：「兒無愧矣！」入爲監察御史，以臺制苛

嚴，不可以省養，不拜。換著作郎，既謝，輒解歸。侍親疾，調適湯劑，彌二十年，衣不弛帶。既居喪，毀瘠不支。服除，李逢吉辟置宣武府。頻遷右補闕。宰相宋申錫被構，罪不測，温倡曰：「丞相操履有初，不宜反，乃姦人陷之。吾等豈避雷霆，使上蒙霧咎邪！」率同舍伏閤切爭，由是益知名。

大和五年，太廟室漏罅，詔宗正、將作營治，不時畢，文宗怒責卿李銳、監王堪，奪其稟，自敕中人葺之。温諫：「吏舉其職，國以治；事歸於正，法以脩。夫設制度，立官司，度經費，則宗廟最重也。比詔下閱月，有司弛墮不力，正可黜慢官，懲不恪，擇可任者繕完之，則吏舉職，事歸正矣。今慢吏奪稟，而易以中人，是許百司公廢職，以宗廟之重，爲陛下所私，臣竊惜之。請還將作，則官脩業矣。」帝乃罷宦人。會羣臣請上尊號，温固諫：「今河南水，江淮旱歉，京師雪積五尺，老稚凍仆，此非崇飾虛名時。」帝順納，乃謝羣臣。改侍御史。

李德裕入輔，擢禮部員外郎。或言雅爲牛僧孺厚，德裕曰：「是子堅正，可以私廢乎？」鄭注節度鳳翔，表爲副，温曰：「拒則遠黜，從之禍不測，吾焉能爲注起邪？」注誅，由考功員外郎拜諫議大夫。未幾，爲翰林學士。先是，綬在禁廷，積憂畏病廢，故誡温不得任近職，至是固辭。帝怒曰：「寧綬治命邪？」禮部侍郎崔蠡曰：「温用亂命，益所以爲孝。」帝意釋，換知制誥。引疾徙太常少卿。宰相李固言薦温給事中，帝曰：「温素避事，肯爲我論駁乎？

須太子長，以爲賓客。」久之，卒爲給事中。

初，兼莊恪太子侍讀，晨詣宮，日中見太子，諫曰：「殿下盛年，宜鷄鳴蚤作，問安天子，如文王故事。」太子不悅。辭侍讀，見聽。王晏平罷靈武節度使，以馬及鎧仗自隨，貶康州司戶參軍，厚賂貴近，浹日，改撫州司馬，樂工尉遲璋授光州長史，温悉封上詔書。太子得罪，詔諭羣臣，温曰：「陛下訓之不早，非獨太子罪。」時頗直其言。遷尚書右丞。鹽鐵推官姚勗按大獄，帝以爲能，擢職方員外郎，將趨省，温使戶止，即上言：「郎官清選，不可賞能吏。」帝命中人諭迻，温執議不移，詔改勗檢校禮部郎中。帝問故於楊嗣復，對曰：「勗，名臣後，治行無疵。若吏材幹而不入清選，佗日孰肯當劇事者？此衰晉風，不可以法。」帝素重温，出爲陝虢觀察使。民當輸租而麥未熟，吏白督之，温曰：「使民貨田中穗以供賦，可乎？」爲緩期而賦辦。

武宗立，擢吏部侍郎。李德裕欲引同輔政，温苦言李漢可釋，德裕悵然，出宣歙觀察使。池民訟刺史，劾無狀，榜殺之，威行部中。

既疾，召親屬，賦綬詩「在室愧屋漏」，因泣下曰：「今知沒身不負斯誡矣！」卒，年五十八，贈工部尚書，謚曰孝。

温性剛峻，人望見無敢戲慢者。與楊嗣復、李珏善，嘗勸與李德裕平故憾，二人不從，

及皆譴，温歎曰：「用吾言，孰至是邪！」一女，歸薛蒙。女工屬文，續曹大家女訓，行于世。温少合，所善惟蕭祜。

祜者，字祜之，夷澹君子也。少貧窶，隱居，以孝養聞。司農卿李實督官租，祜居喪，未及輸，召至，將責之，會有賜與，倩祜爲奏，實稱善，即薦于朝。終制，以處士拜左拾遺。累遷諫議大夫，終桂州觀察使，贈右散騎常侍。

精畫及書，自鍾、王、蕭、張以來，皆能識其眞贗。然不以塵事自蒙，故温號「山林友」云。

贊曰：杜黃裳善謀，裴垍能持法，李藩鯁挺，韋貫之忠實，皆足穆天綷，經國體，撥衰奮王，菑攘四方。憲宗中興，寧不謂得人而致然邪？昔子貢孔堂高第而貨殖，韓安國漢名宰而資貪，黃裳亦以受餉見疵，至於忠烈巋然，則不可掩已。

唐書卷一百七十

列傳第九十五

高崇文 承簡　伊慎　朱忠亮　劉昌裔　范希朝　王鍔 稷
孟元陽　王栖曜 茂元　劉昌 士涇　趙昌　李景略　任迪簡
張萬福　高固 郝玼　史敬奉　野詩良輔

高崇文字崇文，其先自渤海徙幽州，七世不異居，開元中，再表其閭。崇文性樸重寡言，少籍平盧軍。貞元中，從韓全義鎮長武城，治軍有聲。累官金吾將軍。吐蕃三萬寇寧州，崇文率兵三千往救，戰佛堂原，大破之，封渤海郡王。全義入朝，留知行營節度後務，遷長武城都知兵馬使。

劉闢反，宰相杜黃裳薦其才，詔檢校工部尚書、左神策行營節度使，俾統左右神策、麟游奉天諸屯兵討闢。時顒功宿將，人人自謂當選，及詔出，皆大驚。始，崇文選兵五千，

常若寇至，至是，卯漏受命，辰巳出師，器良械完，無一不具。過興元，士有折逆旅匕箸者，卽斬以徇。乃西自閬中出，卻劍門兵，解梓潼之圍，賊將邢泚退守梓州。詔拜崇文東川節度使。初，闢陷東川，執節度使李康不殺也，至是歸康以丐雪，崇文數康失守罪，斬之。鹿頭山南距成都百五十里，扼二川之要，闢城之，旁連八屯，以拒東兵。崇文始破賊二萬于城下，會雨不克攻。明日，戰萬勝堆，堆直鹿頭左，使驍將高霞寓鼓之，士扳緣上，矢石如雨，募死士奪而有之，盡殺戍者，焚其柵，下瞰鹿頭城，人可頭數。凡八戰皆捷，賊心始搖。大將阿跌光顏與崇文約，後期，懼罪，請深入自贖，乃軍鹿頭西，斷賊糧道。賊大震，其將李文悅以兵三千自歸，仇良輔舉鹿頭城二萬衆降，執闢子方叔、壻蘇彊。遂趣成都，餘兵皆面縛送款。闢走，追禽之，檻送京師。

入成都也，師屯大逵，市井不移，珍貨如山，無秋豪之犯。邢泚已降而貳，斬于軍，衣冠脅汙者詣牙請命，崇文爲條上全活之。進檢校司空、西川節度副大使，南平郡王，實封三百戶，刻石紀功于鹿頭山。

崇文不通書，厭案牘諮判以爲繁，且蜀優富無所事，請扞邊自力，乃詔同中書門下平章事、邠寧慶節度使，爲京西諸軍都統。崇文恃功而侈，舉蜀帑藏百工之巧者皆自隨，又不曉朝廷儀，憚於覲謁，有詔聽便道之屯。居邠三年，戎備整脩。卒，年六十四，贈司徒，謚曰威武。會昌六年，詔配享憲宗廟。

子承簡，少事忠武軍，後更隸神策。以崇文平蜀功，除嘉王傅。裴度征蔡，奏署牙將。蔡平，詔析上蔡、郾城、遂平、西平四縣爲溵州，拜承簡刺史，治郾城。始開屯田，列防庸，瀕溵綿地二百里無復水敗，皆爲腴田。葺儒宮，備俎豆，歲時行禮。野有莩實，民得以食。將吏立石頌功。遷邢州刺史，觀察府責賦尤急，承簡代下戶數百輸租。遷宋州。會宣武將李㝏反，遣使責財于宋，承簡囚之，前後數輩輒繫獄，一日幷出斬于牙門，威震部中。㝏悉兵攻之，宋有三城，南城陷，承簡保北兩城，數爲賊确，會徐州救至，㝏爲李質所執，兵遂潰。拜兗海沂密節度使。遷義成軍，檢校尚書左僕射。入拜右金吾衞大將軍，復節度邠寧。先是，虜多以盛秋犯邊，承簡請屯寧州以制其侵。屬疾還朝，道卒，贈司空，謚曰敬。

崇文孫駢自有傳。

伊愼字寡悔，兗州人。通春秋、戰國策、天官、五行書，用善射爲折衝都尉。喪母，將合葬而不知父墓，晝夜哭，夢若有導者，旣發之，舊志可按也，乃得葬。

江西路嗣恭討哥舒晃，以愼爲先鋒。疾戰破賊，斬首三千級，下韶州。戰把江口，水湍駛，乃爲桴，竇薪焉，乘風縱火，賊焚且溺不可計，與諸將追斬晃泔溪。授連州長史，知團練副使。三遷江州別駕。

討梁崇義也，愼以江西牙兵屬李希烈，希烈署漢南北兵馬使，不受，獨率所部破崇義於蠻水，效俘三萬。襄、漢平，功多。希烈愛其材，數饋遺，欲縻止之，卒以計免。明年，希烈果反。嗣曹王皐至鍾陵，得而壯之，拔爲大將。希烈恐爲皐所任，遺以七屬甲，詐爲愼書，行反間。帝遣使卽軍中斬之，皐表列其誣，未報。賊泝江徇地，皐授愼兵，勞而遣，與賊大戰，破之，收黃梅，次長平，殺賊將，斬級千餘，拔蔡山尤力，遂下蘄州，卽拜刺史，封南充郡王。

天子在梁州，包佶轉東南財糧次蘄口，賊遣驍將杜少誠以兵萬人遏江道，不得西。愼選士七千，列三屯相望，偃旗以待。少誠分圍之，未合，愼自中屯鼓之，諸屯悉出奮擊，賊亂，少誠走，斬別將許少華，封其尸爲京冢，漕無留艱。進圍安州，希烈之甥劉戒虛以兵八千來援，愼逆擊于應山，禽之，示城下，州開門降。以功爲安州刺史，實封百戶。改隋州。戰厲鄉，斬首五千級，喻降李惠登，卽薦惠登爲刺史。拜愼安、黃州節度使。

吳少誠反，詔領步騎五千兼統荆南、湖南、江西兵當一面，遇賊于三州港，營義陽，戰于申，斬首數千，加檢校刑部尚書。貞元末，詔安、黄爲奉義軍，即爲奉義節度。憲宗即位，以兵付其子宥，身入朝，拜尚書右僕射，改金吾衞大將軍。以錢三千萬賂宦人求帥河中，事暴，帝沒其半贓，貶右衞將軍。明年，念舊勞，復檢校右僕射兼右衞上將軍。卒，贈太子太保，謚曰壯繆。乾符中，盜發其墓，賜絹二百脩瘞云。

朱忠亮字仁輔，汴州浚儀人。舉明經不中，往事昭義節度使薛嵩爲裨將，屯普潤，開田峙糧，以功擢太子賓客。朱泚亂，率麾下四十騎至奉天，封東陽郡王，爲「定難功臣」。扈狩梁州，爲賊鈔獲，繫長安獄。賊平，李晟釋之，奏隸本軍，累遷定平軍使。憲宗立，加御史大夫。涇州將楊琦謀拒詔爲亂，方集諸校計事，屋壞，琦壓死，乃授忠亮涇原四鎭節度使。本名士明，至是賜今名。

隱覈軍籍，得竄名者三千人，歲收乾沒十萬緡。吏白耄卒不任戰者可罷，答曰：「古於老馬不棄，況戰士乎？」聞者莫不感奮。涇俗舊多賣子，忠亮以財贖免者前後數百。築潘原城有勞，改封丹楊。卒，贈尚書右僕射，謚曰靈。

劉昌裔字光後，太原陽曲人。幼重遲不好戲，常若有所思度。及壯，策說邊將不售，去入蜀。楊子琳亂〔一〕，昌裔說之。子琳順命，拜瀘州刺史，署昌裔州佐。子琳死，客河朔間。曲環方攻濮州，表爲判官。爲環檄李納，剴曉大誼，環上其稾，德宗異之。環領陳許軍，又從府遷。累進營田副使。

環卒，上官涚知後務，吳少誠引兵薄城，涚欲遁去，昌裔止曰：「受詔而守，死其職也。況士馬完奮，足支賊。若堅壁不戰七日，賊氣必衰，我以全制之可也。」涚許諾。賊攻堞壞，不得脩。昌裔密造飛棚聯栅，即募突將千人鑿城以出，擊賊走之。比還，栅已立，守陴遂安。兵馬使安國寧謀應賊，昌裔以計斬之；召其麾下千人爲饗，人賞二縑，乃伏兵于道，令「持縑者斬」，一不能脫，賊聞解去。以功擢涚陳許節度使，昌裔陳州刺史。

韓全義敗于溵水，引軍走陳，求入保，昌裔登陴揖曰：「天子命君討蔡，何爲來陳？且賊不敢至我城下，君其舍外無恐。」明日，從十餘騎持牛酒抵全義營勞軍，全義不自意，迎拜歎服。

改陳許行軍司馬。涚卒，軍中推昌裔，有詔檢校工部尚書，代節度。命境上吏不得犯蔡人，少誠吏有來犯者，捕得，縛送使自治之。少誠慚，其軍亦禁境上暴掠者。封彭城郡公。

元和八年，大水壞廬舍，溺居人，以檢校尚書左僕射兼左龍武統軍召還京師。始，憲宗惡昌裔自立，欲召之而重生變，宰相李吉甫曰：「陛下乘人心愁苦可召也。」遂以韓皋代之。至長樂驛，知帝意，因稱風眩臥第。歲中卒，贈潞州大都督，謚曰威。

范希朝字致君，河中虞鄉人。初從邠寧軍爲別將，事節度使韓游瓌。德宗在奉天，以戰守功累兼御史中丞。治軍整毅，游瓌畏其才，將伺隙殺之，希朝懼，奔鳳翔。帝聞，召寘左神策軍。貞元四年，以游瓌政無狀，使代之。希朝曰：「始偪而來，終代其任，非所以防覬覦、安反仄也。」固讓左金吾衞將軍張獻甫。軍中憚獻甫嚴，以兵脅監軍使請於帝，必得希朝乃止。詔拜寧州刺史、邠寧節度副使，俾佐獻甫。

俄遷振武節度使。部有党項、室韋雜居，暴掠放肆，日入慝作，謂之「刮城門」。希朝度要害置屯保，斥邏嚴密，鄙民以安。至小竊取亦殺無赦，虜人憚伏，相謂曰：「是必張光晟給

姓名來也！」邊州每長帥至，必效橐它駿馬，雖甚廉者猶受之，以結其歡。希朝一不納。積十四年，虜保塞不敢横。初，單于城地不樹，希朝命蒔柳，數歲成林。

貞元末，請朝。時諸鎭不以事自述職者，希朝而已。帝悅，拜右金吾衞大將軍。王叔文用事，謂其易制，用爲右神策統軍，充左右神策京西諸城鎭行營節度使，屯奉天，以韓泰爲副，因欲使泰代之。會不能得神策軍而罷。

憲宗立，檢校尚書左僕射，復爲右金吾衞大將軍。俄檢校司空，出爲朔方靈鹽節度使。遷河東，率師討王承宗，敗之木刀溝，然老病不能有大功。還朝，改左龍武統軍，以太子太保致仕。卒，贈太子太師，謚忠武，改曰宣武。

希朝號當世善將，或比之趙充國。在朔方時，招突厥別部沙陀千落衆萬餘有之，其後用沙陀戰者，所至有功。

王鍔字昆吾，自言太原人。始隸湖南團練府爲裨將，楊炎道潭，與語，異其才。嗣曹王皋爲團練使，俾鍔誘降武岡叛將王國良，以功擢邵州刺史。

皋之節度江西也，李希烈南侵，皋與鍔兵三千，使屯潯陽，而皋全軍臨九江，襲蘄州，遂

以來濟。表鍔江州刺史兼御史中丞，充都虞候。鍔小心，善刺軍中情僞，事無細大，皐悉知之。因推以腹心，雖家人燕居或預焉。皐攻安州，使伊愼盛兵圍之，而遣鍔入城中約降，使殺不從者。翌日城開，愼以賊降乃己功，不下鍔，鍔稱疾避之。

皐爲荆南節度使，欲署府少尹，而上佐部其人，乃復檄都虞候。從皐朝京師，皐奏鍔文用雖不足，而它可試。德宗擢爲鴻臚少卿。先是，天寶末，西域朝貢酋長及安西、北庭校吏歲集京師者數千人，隴右既陷，不得歸，皆仰稟鴻臚禮賓，月四萬緡，凡四十年，名田養子孫如編民。至是，鍔悉藉名王以下無慮四千人，畜馬二千，奏皆停給。宰相李泌盡以隸左右神策軍，以酋長署牙將，歲省五十萬緡。帝嘉其公，擢容管經略使，凡八年，谿落安之。

遷嶺南節度使。廣人與蠻雜處，地征薄，多牟利於市，鍔租其廛，榷所入與常賦埒，以爲時進，裒其餘悉自入。諸蕃舶至，盡有其稅，於是財蓄不貲，日十餘艘載皆犀象珠琲，與商賈雜出于境。數年，京師權家無不富鍔之財。

召爲刑部尚書。淮南節度使杜佑數請代，乃以鍔檢校兵部尚書爲佑副，厚事佑以悅之，坐必就司馬聽事，不數日，遂代佑。久之，入拜尚書左僕射。又檢校司徒，爲河中節度使。

進兼太子太傅，徙河東。河東自范希朝討鎭無功，兵才三萬，騎六百，府庫殘耗。鍔能

補完畜費，未幾，兵至五萬，騎五千，財用豐餘。會回鶻并摩尼師入朝，鍔欲示威武傾駭之，乃悉軍迎，廷列五十里，旗幟光鮮，戈鎧犀密。回鶻恐，不敢仰視，鍔偃然受其禮。帝聞嘉之，即除檢校司空、同中書門下平章事。鍔自見居財多，且懼謗，納錢二千萬。李絳奏言：「鍔雖有勞，然僉望不屬，恐天下議以爲宰相可市而取。」帝曰：「鍔當太原殘破後，成雄富之治。官爵所以待功，功之不圖，何以爲勸？王播所獻數萬萬，亦可以平章政事乎？」不聽。卒，贈太尉，謚曰魏。

鍔初附太原王翃爲從子，以婚閥自高。翃子弟亦藉鍔多得官。又常讀春秋，自稱儒者，士頗笑之。善任數持下，在淮南時，嘗得無名書，內鞾中，俄取它書焚之，人信其無名者。異日因小罪，并以所告窮驗，示衆以神明。性纖嗇，有所程作，雖碎瑣無所遺。官曹廢壞，吏將易之，鍔取壞者付船坊以鍼箸。每燕饗，輒錄其餘賣之以收利。故鍔家錢偏天下。

子稷，歷鴻臚少卿。鍔在藩，稷常留京師，視勢高下輕重以納貨焉。嘗請籍坊以廣第舍，作複垣洞穴，實金錢其中。鍔卒，奴告稷更遺占，沒所獻，裴度爲言，乃論殺奴。長慶二年，用稷爲德州刺史，悉金寶、媵侍以行。節度使李全略利其貨，因軍亂殺稷，納其女爲媵。

開成中，滄州節度使劉約奏稷子叔泰生五歲，值全略亂，爲郡人匿養，得不死。送叔泰京師，文宗憫焉，詔授九品官，使奉鍔祀。

孟元陽，史失其何所人。起陳許軍中，以嚴整稱。曲環領節度使，時已爲大將，使董作西華屯。盛夏，屬而立于塗，役休乃就舍，故田輒歲稔，而軍食常足。環卒，吳少誠來寇，元陽嬰城守，圍甚急，然終不能傅城。韓全義敗五樓，列將多私去，獨元陽與神策將蘇元策、宣州將王幹以所部屯溵水，破賊二千，詔拜陳州刺史。

憲宗立，遷河陽節度使。五年，盧從史敗，檢校尚書右僕射，徙帥昭義軍。入爲右羽林統軍，封趙國公。改右金吾大將軍，復拜統軍。卒，贈揚州大都督。

王栖曜，濮州濮陽人。安祿山反，尙衡裒義兵討賊，署牙將，徇兗、鄆諸縣下之，進牙前總管。賊將邢超然守曹州，乘城指顧，栖曜曰：「彼可取也。」一矢殪之，遂拔曹州。累授試

金吾衞將軍。

袁晁亂浙東，御史中丞袁傪討之，表爲偏將。與賊戰，日十餘遇，生禽晁，收州縣十六，授常州別駕、浙西都知兵馬使。時江介未定，詔內常侍馬日新以汴滑軍五千鎭之。中人暴橫，賊蕭廷蘭乘衆怨逐日新，劫其衆。栖曜方游弈近郊，賊脅取之，與圍蘇州。栖曜乘賊怠，挺身登城，率城中兵出戰，賊衆大敗，遷試金吾大將軍。

李靈曜反汴州，浙西觀察使李涵使提兵四千爲河南掎角，有功。李希烈陷汴州也，乘勝東略，次寧陵，將襲宋州。浙西節度使韓滉使栖曜以彊弩三千涉水夜入寧陵，希烈不之知。晨朝，矢集帳前，驚曰：「江淮弩士入矣！」遂不敢東。

貞元初，拜左龍武大將軍，出爲鄜坊節度使。十九年，卒，贈尙書右僕射，謚曰威。

栖曜性謹厚，善騎射。始將兵時，涉寇境，遇游騎環合，乃規百步立表而射，每射破的，虜相顧懼，引去。

子茂元，少好學。德宗時上書自薦，擢試校書郎，改太子贊善大夫。呂元膺留守東都，署防禦判官。淄青留邸卒謀亂，元膺率兵圍之，士無敢先者，茂元取一人斬之，衆乃進，賊遂出奔。累遷嶺南節度使，蠻落安之。

家積財，交煽權貴。鄭注用事，遷涇原節度使。注敗，悉出家貲餉兩軍，得不誅，封濮陽郡侯。召爲將作監，領陳許節度使，又徙河陽。

討劉稹也，李德裕以茂元兵寡，詔王宰領陳許合義成兵援之，以河陰所貯兵械、內庫甲弓矢陌刀賜之。會病，以宰兼河陽行營攻討使。卒，贈司徒，謚曰威。

劉昌字公明，汴州開封人。善騎射。天寶末，從河南防禦使張介然討安祿山，授易州遂城府左果毅。史朝義兵圍宋州，城中食盡且降。昌說刺史李岑曰：「李光弼在河陽，江淮足兵，勢必來援。今廩麴尚多，若屑以食，可支二十日，則救至。」岑聽之，昌乃被鎧登城，以忠義諭賊，賊不敢攻。俄而光弼援兵至，賊夜潰。光弼聞其謀，召置軍中，將用之。會光弼卒，還爲宋州牙門將。

李靈曜以汴州反，刺史李僧惠欲應之，昌請見，陳逆順計，且泣。僧惠悟，即馳奏請自將討賊。故靈曜失助，不得逞。汴州平，李忠臣疾僧惠，攻殺之，昌遁去。

劉玄佐領宣武節度使，擢昌左廂兵馬使。李納反，以偏師收考城，充行營諸軍馬步都虞候。玄佐攻濮州，以昌攝刺史。李希烈取汴，玄佐別將高翼提精卒守襄邑，城陷，翼赴水

死，江淮大震。昌以兵三千守寧陵，希烈衆五萬攻之，昌掘塹以遏地道，相拒凡四十餘日，賊數敗，乃解圍去。更攻陳州，昌從玄佐以浙西兵三萬救之。西去陳五十里，昌薄其軍，大戰破之，禽賊將翟暉，希烈奔還蔡州。加檢校工部尚書，累實封二百戶。

貞元三年入朝，詔以宣武兵八千北出五原。士卒有逗留沮事者，斬三百人乃行，舉軍慴伏。尋授京西行營節度使。歲餘，改四鎭、北庭行營兼涇原節度。七年，城平涼，開地二百里，扼彈箏峽。又西築保定，扞靑石嶺，凡七城二堡，旬日就。以功檢校尚書右僕射，累封南川郡王。十四年，歸化堡軍亂，逐大將張國誠，詔昌經略。昌入堡，誅數百人，復使國誠統之。昌在邊凡十五年，身率士墾田，三年而軍有羨食，兵械銳新，邊障安寧。及感疾，詔赴京師，未行，卒，年六十五，贈司空。

初城平涼，當劫盟後，將士骸骨不藏，昌始命瘞之。夕夢若詣昌厚謝者，昌具以聞。德宗下詔哀痛，出衣數百稱，官爲賽具，斂以棺櫬，分建二冢，大將曰旌義冢，士曰懷忠冢，葬淺水原，詔翰林學士爲銘識其所。昌盛陳兵衞，具牢醴，率諸將素服臨之，邊兵莫不感泣。

子士涇，尚雲安公主，拜駙馬都尉，累遷少卿。家積財，內結權近。善胡琴，故得幸於貴人。後遷太僕卿，給事中韋弘景等封還制書，以士涇交通近倖，不當居九卿。憲宗曰：

「昌有功於邊，士涇又尚主，官少卿已十餘年，制書宜下。」弘景等乃奉詔。

贊曰：唐杜牧稱：「寧陵之圍解，劉玄佐召昌問曰：『君以孤城，用一當十，何以能守？』昌泣曰：『始昌令守陴內顧者斬。昌孤甥張俊守西北，未嘗內顧，捽下斬之，士有死志，故能守。』因伏地流涕，玄佐亦泣曰：『國家將富貴汝。』」史臣謂不然，且勒兵乘城與賊抗，所賴惟賞罰耳。今無罪而斬其甥，士心且離，不祥莫大焉，寧好事者傳此以益其美？非昌志也。牧以爲張巡、許遠陷睢陽，其名傳，昌全寧陵而事不得暴于世，寧牧未之思邪？

趙昌字洪祚，天水人。始爲昭義李承昭節度府屬，累遷虔州刺史。安南酋獠杜英翰叛，都護高正平以憂死，拜昌安南都護，夷落嚮化毋敢桀。居十年，足疾，請還朝，以兵部郎中裴泰代之，入爲國子祭酒。未幾，州將逐泰，德宗召昌問狀，時年逾七十，占對精明，帝奇之，復拜安南都護。詔書至，人相賀，叛兵即定。

憲宗初立，檢校戶部尚書，遷嶺南節度使。降輯陬荒，以勞徙節荊南。召入，再遷工部尚書、兼大理卿。出爲華州刺史，對麟德殿，趨拜強駃，帝訪其所以頤養。遷太子少保。卒，

年八十五，贈揚州大都督，謚曰成。

李景略，幽州良鄉人。父承悅，檀州刺史、密雲軍使。景略以蔭補幽州府功曹參軍。大曆末，客河中，闔門讀書。

李懷光爲朔方節度使，署巡官。五原將張光殺其妻，以貲市獄，前後不能決，景略覈實，論殺之。既而有若女厲者進謝廷中，如光妻云。遷大理司直。懷光屯咸陽，將襲東渭橋，召幕府計議。景略曰：「殺朱泚，還軍諸道，杖策詣行在，此轉禍爲福也。」不聽。既出軍門，慟哭曰：「豈意此軍乃陷不義乎！」遂遁歸。

靈武節度使杜希全表置于府，累轉侍御史、豐州刺史。豐州當回紇通道，前刺史軟柔，每虜使至，與抗禮。時梅錄將軍入朝，景略欲折之，因郊勞，前遣人謂曰：「可汗新沒，欲弔使者。」乃坐高壠待之。梅錄俯僂前哭，景略即撫之曰：「可汗棄代，助爾號慕。」於是虜容氣沮索，不敢抗，以父行呼景略。自此回紇使至者，皆拜于廷，威名顯聞。希全忌之，誣奏，貶袁州司馬。

希全死，遷左羽林將軍，對德宗延英殿，論奏衎衎，有大臣風。會河東節度使李說病，

中華書局

以景略爲太原少尹、行軍司馬。時方鎭既重，故少召還者，惟不幸則司馬代之。自說有疾，人心固屬景略矣。會梅錄復入朝，說大會，虜人爭坐，說不敢遏，景略叱之，梅錄識其聲，驚拜曰：「非李豐州邪？」遂就坐。將吏相顧嚴憚，說愈不平，賂中尉竇文場謀毀去之。

歲餘，塞下傳言回紇將南寇，文場方侍帝傍，卽言豐州當得良將，且舉景略，乃拜豐州刺史、天德軍西受降城都防禦使。窮塞苦寒，地瘠鹵，邊戶勞悴。景略至，節用約己，與士同甘蓼，鑿咸應、永清二渠，漑田數百頃，儲稟器械畢具，威令肅然，聲雄北疆，回紇畏之。卒于屯，年五十五。天下惜用景略才有所未盡。贈工部尚書。

任迪簡，京兆萬年人。擢進士第。天德李景略表佐其軍，嘗宴客，而行酒者誤進醯，景略用法嚴，迪簡不忍其死，飲爲釂，徐以它辭請易之，歸皛血，不以聞，軍中悅其長者。景略卒，舉軍請爲帥，監軍使拘迪簡，不聽，衆大呼，破戶出之。德宗遣使者察變，具得所以然，乃授豐州刺史、天德軍使。由殿中侍御史授兼大夫、散騎常侍。入爲太常少卿、太子左庶子。

張茂昭以易定歸，擢迪簡行軍司馬代之。大將楊伯玉據牙不納，衆殺之，別將張佐元

復叛，迪簡斬以徇，乃入，以檢校工部尚書爲節度使。承茂昭奢縱後，公私屈乏，欲饗士，無所給，至與下同糲食，身居戟戶。踰月，軍中感其公，請安臥內，迪簡乃許。三年，上下完充。以疾入，除工部侍郎。不能朝，改太子賓客。卒，贈刑部尚書，謚曰襄。

張萬福，魏州元城人。三世明經，止縣令、州佐。萬福以儒業不顯，乃學騎射，從主斛斯以別校征遼東，有功。

李峘伐劉展，署爲部將，效首萬級。累攝壽州刺史、舒廬壽都團練使。州送租賦詣都，至潁爲盜所奪，萬福領輕兵尾襲，賊倉卒不得戰，悉禽之，盡得所亡，并先掠人妻女、財畜萬計，還其家，不能自致者，給船車以遣。眞拜刺史，兼淮南節度副使。而節度崔圓忌之，失刺史，改鴻臚卿，使將千人鎭壽州，不以爲恨。時許杲以平盧行軍司馬將卒三千駐濠州，陰窺淮南。圓使萬福攝濠州刺史。杲聞，卽移戍當塗。賊陳莊陷舒州，圓又令攝舒州刺史，督淮南盜賊，窮破株黨。

大曆三年召見，代宗曰：「欲一識卿面，且將以許杲累卿。」萬福辭謝，因前曰：「陛下以一許杲召臣，如河北諸將叛，欲屬何人？」帝笑曰：「始爲我了杲事，且當大用。」乃拜和州刺史兼行營防禦使，督盜淮南。萬福至州，杲懼，徙屯上元，過楚州，大掠，節度使韋元甫使萬福追討。未至，杲爲其將康自勸所逐，自勸循淮鈔而東，萬福倍道追殺之，免者十三，盡還所剽於民。元甫將厚賞士，萬福曰：「官健坐仰衣食，無所事，今一小煩之，不足過賞，請用三之一。」帝下詔褒美，賜具衣、宮錦十雙。

久之，詔以本鎭兵千五百人防秋京西。萬福詣揚州還所領兵，會元甫死，諸將願得萬福爲帥，監軍使邀請之，對曰：「我非幸人，勿以此待我。」遂去。以利州刺史鎭咸陽，且留宿衞。

李正己反，屯兵埇橋，江淮漕船積千餘不敢踰渦口。德宗乃以萬福爲濠州刺史，召謂曰：「先帝改爾名正者，所以褒也。朕謂江淮草木亦知爾威名，若從所改，恐賊不曉是卿也。」復賜舊名。萬福因馳至渦口，駐馬于岸，悉發漕船相銜進，賊兵倚岸熟視不敢動。改泗州刺史。魏州饑，父子相賣，萬福曰：「魏州吾鄉里，安忍其困？」令兄子將米百車餽之，贖魏人自賣者，給資遣之。

爲杜亞所忌，召拜右金吾將軍。及見，帝驚曰：「亞乃言爾昏耄，何邪？」詔圖形凌烟閣，數賜與，并敕度支籍口畜給其費。陽城等詣延英門論裴延齡事，伏閤不去，帝震怒，左右懼不測。萬福大言曰：「國有直臣，天下無慮矣。吾年八十，與見盛事。」偏揖城等

勞之，天下益重其名。以工部尚書致仕，卒，年九十。

萬福自始終祿食七十年，未嘗一日言病。涖凡九州，皆有惠愛。初，在泗州，遇李希烈反，陳少游悉以部刺史妻子質揚州，萬福獨不遣。謂使者：「爲我白公，妻老且醜，不足溷公意。」卒不行，人稱其直。

高固，不知何許人，或言四世祖侃，永徽中爲北庭安撫使，禽車鼻可汗，以功爲安東都護。

固生微賤，爲家所賣，轉爲渾瑊童奴，字黃芩。性敏惠，有旅力，善騎射，能讀左氏春秋。瑊愛養之，以齊有高固，因以名，以乳媪女女固。從瑊屯朔方。德宗在奉天，固仍從瑊，賊突入東壅門，固引銳士長刀殺賊數十人，曳車塞闔，賊不能入。封渤海郡王。

李懷光反，使邠寧留後張昕將兵萬人先趣河中，固在行，乃伺間入帳下斬昕首以徇，拜檢校右散騎常侍、前軍兵馬使。貞元十七年，邠寧節度使楊朝晟卒，詔將并邠寧、朔方爲一軍，議以李朝寀爲節度，劉南金副之，以詢邠軍，咸曰：「如詔。」數日復劫固爲帥，固曰：「然能聽吾言，乃可。」衆唯唯。固徇曰：「毋殺人，毋肆掠！」三軍皆順悅。帝亦念固功，乃拜

邠寧節度使。固本宿將，且寬厚，人皆安之。然久在散位，數爲儕類輕笑。及受命，衆多懼，固一釋不問。

憲宗時，檢校尚書右僕射，入爲右羽林統軍。卒，贈陝州大都督。

郝玼，不記其鄉里。貞元中爲臨涇鎮將，嘗從數百騎出野，還，說節度使馬璘曰：「臨涇扼洛口，其川饒衍，利畜牧。其西走戎道，曠數百里皆流沙，無水草。願城之，爲休養便地。」玼出，或謂璘曰：「玼言信然。雖然，公所以蒙恩大幸，以邊防未固也。上心日夜念此，故厚於公。今若用玼言，則邊已安，尚何事爲？」璘遂不聽。

及段佑代節度，玼又說曰：「天寶時，天下以兵爲防，獨西戎耳。而塞至京師且萬里。自祿山反，西陲盡亡，寰內爲邊郡，每虜入寇，驅井閭父子與馬牛，焚積聚，殘室廬，邊人耗盡。今若築臨涇以折虜勢，便甚。」佑唯許，請于朝，卒詔城臨涇，爲行原州，以玼爲刺史，戍之，自是虜不敢過臨涇。

玼在邊積三十年，每討賊，不持糗糧，取之於敵。獲虜必刳剔而歸其屍，虜大畏，道其名以怖啼兒。遷檢校左散騎常侍、涇原行營節度使，封保定郡王。贊普常等玼身鑄金象，令于國曰：「得生玼者，以金玼償之。」朝廷畏失名將，徙爲慶州刺史，卒。

佑，本郭子儀牙將，從征伐有功。貞元末，爲涇原節度使，虜畏憚之。終右神策大將軍。

史敬奉者，靈州人。事朔方軍爲牙將。元和中，吐蕃數犯塞，十四年，敬奉白節度使杜叔良，請兵三千，齎一月糧，深入虜地，分賊勢。叔良以二千兵予之，行十餘日，不聞問，皆謂已歿。敬奉乃由間道繞出虜後，部落奔駭，因大破之，驅其餘衆於瓠蘆河，獲馬牛雜畜迨萬數。賜實封五十戶。

敬奉蘧陋，類不勝衣，其走逐奔馬，挾鞍勒以上，而後羈帶之，矛矢在手，前無彊敵。甥姪部曲二百人，每出輒分其隊爲四五，隨水草，數日不相知，及相遇，已皆有獲。與鳳翔將野詩良輔及郝玼皆以名雄邊。

良輔者，後爲隴州刺史。朝廷遣使至吐蕃，虜輒言：「唐家稱和好豈妄邪！不爾，安得任良輔爲隴州刺史？」

校勘記

〔一〕楊子琳　各本原作「楊惠林」。按本書卷六、舊書卷一一代宗紀及通鑑卷二二四皆作「楊子琳」，據改。參見本書卷一四三校勘記〔三〕。

宋　歐陽修　宋　祁　撰

新唐書

第一七册

卷一七一至卷一九〇（傳）

中華書局

中華書局

唐書卷一百七十一

列傳第九十六

李光進 光顏　烏重胤 石洪 李珙　王沛 逢　楊元卿 延宗　曹華

高瑀　劉沔　石雄

李光進，其先河曲諸部，姓阿跌氏。貞觀中內屬，以其地爲雞田州，世襲刺史，隸朔方軍。

光進與弟光顏少依舍利葛旃，葛旃妻，其女兄也。初，葛旃殺僕固瑒，歸河東辛雲京，遂與光進俱家太原。以沈果稱。從馬燧救臨洺，戰洹水有功。歷前後軍牙門將、兼御史大夫、代州刺史。元和四年，王承宗反，范希朝引師救易定〔一〕，表光進爲都將。時光顏亦至大夫，故軍中呼「大小大夫」。俄檢校工部尚書，爲振武節度使，賜姓以光寵之。別詔光顏拜洺州刺史。弟兄榮冠當時。光進徙靈武，卒，年六十五，贈尚書左僕射。

有至性，居母喪，三年不歸寢。光顏先娶，而母委以家事。及光進娶，母已亡，弟婦籍貲貯、納管鑰於姒，光進命反之，曰：「婦逮事姑，且嘗命主家事，不可改。」因相持泣，乃如初。

光顏字光遠。葛旃少教以騎射，每歎其天資票健，己所不逮。長從河東軍爲裨將，節度使馬燧謂曰：「若有奇相，終必光大。」解所佩劍贈之。討李懷光、楊惠琳，戰有功。從高崇文平劍南，數搴旗蹈軍，出入若神，益知名。進兼御史大夫，歷代、洺二州刺史。

元和九年討蔡，以陳州刺史充忠武軍都知兵馬使。始踰月，擢本軍節度使，詔以其軍當一面。光顏乃壁溵水。明年，大破賊時曲。初，賊晨壓其營以陣，衆不得出，光顏毀其柵，將數騎突入賊中，反往一再，衆識光顏，矢集其身如蝟。子攬馬鞅諫無深入，光顏挺刃叱之，於是士爭奮，賊乃潰北。當此時，諸鎭兵環蔡十餘屯，相顧不肯前，獨光顏先敗賊。始，裴度宣慰諸軍，還爲憲宗言：「光顏勇而義，必立功。」

俄又與烏重胤破賊小溵河。初，都統韓弘約諸軍攻賊，賊先薄重胤壘，重胤中矛創甚，請救於光顏。光顏策賊既出，則小溵橋之堡可乘，且重胤不可破。遣大將田穎、宋朝隱襲其城，夷之，賊失貲聚。弘怒不救重胤，違節度，取穎等將戮之，舉軍惜其材，光顏不敢

拒。會中人景忠信至，知其然，卽矯詔械繫在所，馳以聞，有詔釋之。弘及光顏更以表言，帝譴弘使曰：「違都統令當死，但以功可贖，赦之以爲後圖。」弘不悅。自是與弘有隙。

十一年，屢困賊，遂拔凌雲柵。捷奏入，帝大悅，厚賚其使，進檢校尚書左僕射。十二年四月，敗賊於郾城，死者什三，數其甲凡三萬，悉畫雷公符、斗星，署曰：「破城北軍。」郾守將鄧懷金大恐，其令董昌齡因是勸懷金降，且來請曰：「城中兵父母妻子皆質賊，有如不戰而屈，且赤族。請公攻城，我舉火求援，援至，公迎破之，我以城下。」光顏許之。賊已北，昌齡奉僞印，懷金率諸將素服開門待。光顏入之，城自壞者五十版。

弘素蹇縱，陰挾賊自重，且惡光顏忠力，思有以橈蟣之。乃飭名姝，教歌舞、六博，襦襹珠琲，舉止光麗，費百鉅萬，遣使以遺光顏，曰：「公以君暴露于外，恭進侍者，慰君征行之勤。」光顏約且日納焉。乃大合將校置酒，引使者以侍姝至，秀曼都雅，一軍驚視。光顏徐曰：「我去室家久，以爲公憂，誠無以報德。然戰士皆棄妻子，蹈白刃，柰何獨以女色爲樂？爲我謝公，天子於光顏恩厚，誓不與賊同生！」指心曰：「雖死不貳。」因嗚咽泣下，將卒數萬皆感激流涕，乃厚賂使者還之，於是士氣益勵。

裴度築赫連城於沲口，率輕騎觀之。賊以奇兵自五溝至，大呼薄戰，城爲震壞，度危甚，光顏力戰却之。先是，光顏策賊必至，密遣田布伏精騎溝下，扼其歸。賊敗，棄騎去，

顚死溝中者千餘。由是賊悉銳士當光顏，而李愬得乘虛入蔡矣。董重質棄洄曲軍降愬，光顏躍馬入賊營大呼，衆萬餘人投甲請命。賊平，加檢校司空。入朝，召對麟德殿，賜與蕃渥，命宴其第，歸芻米二十車。

帝討李師道，徙義成節度使，許以忠武兵自隨。不三旬，再敗賊濮陽，拔斗門，斬數千級。上言許、鄭兵合不可用。遂復鎭忠武。吐蕃入寇，徙邠寧軍。時虜毀鹽州城，使光顏復城之，亦以忠武兵從。初，田縉鎭夏州，以叨沓開邊隙，故党項引吐蕃圍涇州，郝玼力戰破之。光顏聞賊至，料兵以赴，邠人慢言恟恟，騰譟不肯行。光顏爲陳說大義，感慨流涕，聞者亦泣下，遽卽路，虜走出塞。

穆宗立，召還，賜開化里第，加同中書門下平章事。還軍，賚况不貲，以寵示羣臣。俄徙鳳翔。帝將伐鎭州，復還忠武，又兼深冀行營節度使。宰相百官班餞，帝御通化門臨送，賜珍器、良馬、玉帶。光顏提軍深入，而餽運不至，有詔以滄、景、德、棣州益之。光顏以宰相處置失宜，辭兼領，亦會赦王廷湊，復所治。李齐亂汴州，詔總軍出討，朝受命，暮卽戎。翌日，拔尉氏。與汴人戰琵琶溝，未陣，薄之，賊走。齐平，進兼侍中。敬宗初，眞拜司徒、河東節度。寶歷二年卒，年六十六，贈太尉，謚曰忠，賻賜良厚。及葬，文宗以其功高，復賜帛二千匹。

光顏性忠義，善撫士，其下樂爲用。

許師勁悍，常爲諸軍鋒，故數立勳。王仙芝、黄巢反，諸道告急，多請以助守。大校曹師翠以千五百人隸招討使宋威，張貫以四千人隸副使曾元裕。僖宗倚許軍以屏蔽東都，有請以爲援，率不報。大將張自勉討雲南、党項，龐勛亂，解圍壽州，戰淮口，以功累擢右威衞上將軍。至是表請討賊，詔乘傳赴軍，解宋州圍。威忌自勉成功，請以隸麾下，且欲殺之。宰相得其謀，不聽，以自勉代元裕。

烏重胤字保君，河東將承玭子也。少爲潞牙將，兼左司馬。節度使盧從史奉詔討王承宗，陰與賊連。吐突承璀將圖之，以告重胤，乃縛從史，帳下士持兵合譟，重胤叱曰：「天子有命，從者賞，違者斬！」士斂手還部無敢動。憲宗嘉其功，擢河陽節度使，封張掖郡公。

帝討淮蔡，詔重胤以兵壓賊境，割汝州隸其軍，與李光顏相掎角。大小百餘戰，凡三年，賊平，再遷檢校司空，進邠國公。徙橫海軍，建言：「河朔能拒朝命者，蓋刺史失權，鎭將領軍能作威福也。使刺史得職，大帥雖有祿山、思明之姦，能據一州爲叛哉？臣所管三州，

輒還刺史職，各主其兵。」因請廢景州。法制脩立，時以爲宜。

討王廷湊也，出屯深州，方朝廷號令乖迕，賊寖不制，重胤久不敢進。穆宗以爲觀望，詔杜叔良代之，以重胤爲太子太保。長慶末，以檢校司徒、同中書門下平章事爲山南西道節度使。召至京師，改節天平軍。文宗初，眞拜司徒。李同捷請襲父位，帝方務靜安，授同捷兗海，以重胤耆將，兼節度滄景，以齊州隸軍。未幾卒，年六十七，贈太尉，謚懿穆。

重胤出行伍，善撫士，與下同甘苦。蔡將李端降重胤，蔡人執其妻殺之，妻呼曰：「善事烏僕射！」得士心大抵如此。待官屬有禮，當時有名士如溫造、石洪皆在幕府。既歿，士二十餘人刲股以祭。

子漢弘嗣爵。居母喪，奪爲左領軍衞將軍，固辭，帝嘉許之。

石洪者，字濬川，其先姓烏石蘭，後獨以石爲氏。有至行，舉明經，爲黄州錄事參軍，罷歸東都，十餘年隱居不出。公卿數薦，皆不答。重胤鎭河陽，求賢者以自重，或薦洪，重胤曰：「彼無求於人，其肯爲我來邪？」乃具書幣邀辟，洪亦謂重胤知己，故欣然戒行。重胤喜其至，禮之。後詔書召爲昭應尉、集賢校理。

又有李珙者，世儒家，珙獨尚材武，有崖岸。嘗至澤潞見李抱眞，欲署牙將，聞其使酒，不用。都將王虔休曰：「珙奇士，不能用卽殺之，無爲它人得也。」抱眞不納。虔休代節度，引爲將。重胤禽從史，珙將救之，既聞謀出朝廷，乃止。重胤愛其才，討淮西也，表爲行營都將。終右武衞上將軍。

王沛，許州許昌人。少勇決，爲節度使上官涗所器，妻以女，署牙門將。涗卒，它壻田偁脅涗子襲領其軍，謀殺監軍。沛知其計，密告之，支黨悉禽。德宗嘉美，卽拜行軍司馬。而劉昌裔領節度，奏沛爲監察御史，有詔護涗喪還京師。帝召見歎息，以爲功異等，嫌昌裔所請薄，謂沛曰：「吾意殊未厭，爾歸矣，方使別奏。」沛未至許，拜兼御史中丞。

李光顏討吳元濟，奇沛風概，署行營兵馬使，使將勁兵別屯，數破賊有功。時詔書趣戰，諸將觀望，不敢度溵以壁。沛引兵五千夜濟合流，扼賊衝，遂城以居。於是河陽、宣武、太原、魏博等軍繼度，圍郾城。沛先結壘與賊對，蔡將鄧懷金遂降。蔡平，加兼大夫。復從光顏定淄青。及光顏鎭邠，詔分許兵往戍，沛又爲都將，救鹽州，敗吐蕃，以功擢寧州刺史。徙陳州。

李岕之亂，以忠武節度副使率師討岕，加檢校右散騎常侍，進拜兗海沂密節度使。是時新建府，俗獷鷙，沛明示法制，蒐閱以時，軍政大治。以檢校工部尚書徙忠武。大和元年卒，贈尙書右僕射。

子逢，從父征伐，累功署忠武都知兵馬使。大和中，入爲諸衞將軍。從劉沔、石雄破回鶻於天德，有士二千人未嘗戰，欲冒常賜，逢不與，或爲請之，答曰：「士奮死取賞，若無功而賞，何哉？」武宗以逢用法嚴，使宰相李德裕讓之，逢曰：「戰者前蹈白刃，不以法，人孰用命？」討劉稹也，爲太原道行營將，領陳許兵七千屯翼城。稹平，加檢校右散騎常侍。後亦至忠武節度使云。

楊元卿，史失其何所人。少孤，慷慨有術略。客江海上，時時高論，人謂狂生。吳少誠跋扈蔡州，元卿以褐衣見，署劇縣，俄召入幕府。又事少陽。每奏事至京師，頗爲宰相李吉甫慰納。元卿還，與少陽言君臣大義以動其心，賊黨惡而共構之，判官蘇肇保救乃免。然元卿陰撓少陽事，而輸款朝廷。及元濟擅襲節度，元卿欲困其財使不振，謬說曰：「先公

吝于財，諸將至寒餒。府之有亡，我具知之。君若大賜將士以自固，又卑辭厚禮邀事諸鎭，則諸將悅，庶幾助我。吾爲君持表見天子，安有不從者？」元濟許之。既至，則具條賊虛實，請敕諸道執元濟誅之。元濟覺，乃殺其妻并四子，圬爲一堋射之，肇亦被害。

憲宗拜元卿岳王府司馬，與李愬議僑置蔡州，以元卿爲刺史，優納降附，壞賊黨與。元卿入見，願假度支錢及它奏請不合旨，又裴度以諸將討蔡三年，功且成，若又以州與元卿，恐觖望生事，議格。更授光祿少卿。蔡平，超拜左金吾衞將軍。建言：「淮西多怪珍寶帶，往取必得。」帝曰：「我討賊，爲人除害。賊平，我求得矣，焉用寶！止勿復言。」出爲汾州刺史，復入爲金吾。

長慶初，鎭、魏易帥，元卿具道所以成敗事，穆宗久乃悟，賜白玉帶，擢涇原渭節度使。元卿墾發屯田五千頃，屯築高垣，牢鍵閉，寇至，耕者保垣以守。居六年，涇人德之。徙節河陽。何進滔亂魏博，元卿請自齎三月糧舉軍出討，文宗嘉美，加檢校司空。獻粟二十萬石，助天子經費。進光祿大夫。徙宣武軍。大和七年，以疾歸東都，授太子太保。卒，贈司徒。然性憸巧，所至聚斂，諸結權近，故累更方任云。

子延宗，開成中爲磁州刺史，與河陽兵謀逐帥自立。事敗，詔以元卿嘗毀家歸忠，全其

宗，杖死延宗於京兆府，賜還田產。

曹華，宋州楚丘人。始從宣武軍，縛亂將李迺送闕下，節度使董晉署爲牙將。後避仇奔東都，會吳少誠叛，留守王翃署華襄城戍將。華浚隍埤堞，日與賊搏，數禽馘，賊憚之。憲宗初，累拜檢校右散騎常侍，召至京師，賜矛甲繒錦，還屯。拜寧州刺史，未行，屬吳元濟不受命，詔河陽懷汝節度使烏重胤討之，重胤請華自副。戰青陵城，賊大奔，拔凌雲栅，以功封陳留郡王。

蔡平，進棣州刺史。州與鄆比，時賊略定滴河，華遽逐賊，斬二千級，復其縣。又募羣盜可用者，貸死，補屯卒，使據孔道。賊至，輒擊卻之，不敢北。擢横海節度副使。時朝廷披鄆爲三鎭。其明年，兗海軍亂，殺觀察使王遂，詔華往代。視事三日，合軍大饗，幕甲士于廡，酒中，令曰：「天子以鄆人參別而戍，有轉徙勞，欲厚賞之。請鄆人右，州兵左。」既而出州兵，乃閤門大言曰：「天子有命，誅殺帥者。」甲起于幕，環之。凡斬千二百人，血流股渠，赤氛冒門高丈餘。海、沂之人，重足屏息。

華惡沂地褊，請治兗，許之。自李正己盜齊、魯，俗益汙驁，華下令曰：「鄒、魯禮義鄉，

不可忘本。」乃身見儒士，春秋祀孔子祠，立學官講誦，斥家貲佐贍給，人乃知教，成就諸生，仕諸朝。

鎭人害田弘正，華亟請以本軍進討，不從。進華檢校工部尚書，就充節度使。李岕叛，以兵取宋州。華不待命，以兵逆擊，破之。岕平，檢校尚書右僕射，徙鎭義成軍。盜殺商賈，吏捕得，乃華孌人。華怒，斷其頸以祭死者。卒，年六十九，贈左僕射。

華雖出戎伍，而動必由禮，愛重士大夫，不以貴倨人，至廝豎必待以誠信，人以爲難。

高瑀，冀州蓨人。少沈邃，喜言兵。釋褐右金吾胄曹參軍，累遷陳、蔡二州刺史，入爲太僕卿。

忠武節度使王沛死，衞軍諸將多自謂得之，宰相裴度、韋處厚以瑀治陳、蔡素有狀，習軍中情僞，欲任之。會其軍表丐瑀，乃檢校左散騎常侍，領忠武節度使。自大曆後，擇帥悉出宦人中尉，所輸貨至鉅萬，貧者假貣富人，既得所欲，則椎斲膏血，倍以酬息，十常六七。及瑀有命，士相告曰：「韋、裴作相，天下無債帥。」州比水旱無年，瑀相地宜，築隄廥百八十里，時其鍾洩，民賴不饑。再加檢校尚書右僕射。六年，徙節武寧軍。以刑部尚書召，辭

疾，拜太子少傅。不閱月，復詔節度忠武，卒于鎭，贈司空。

瑀寬和，居官無赫然譽，所至稱治，士人懷之。

劉沔字子汪，徐州彭城人。父廷珍，以羽林軍扈德宗奉天，以戰功官左驍衞大將軍、東陽郡王。

沔少孤，客振武，節度使范希朝署牙將。軍中大會，沔捉刀立堂下，希朝奇之，召謂曰：「後日必處吾坐。」希朝卒，入爲神策將。大和末，遷累大將軍，擢涇原節度使，徙振武。開成三年，突厥劫營田，沔發吐渾、契苾、沙陀部萬人擊之，賊一轡無返者，悉頒所獲馬羊于戰卒，築都護府西北四壘。進檢校戶部尚書。

武宗立，遷檢校尚書左僕射。回鶻寇天德，詔以兵據雲伽關，虜引去。會昌二年，又掠太原、振武，天子使兵部郎中李拭調兵食，因覘諸將能否，拭獨稱沔，乃拜河東節度兼招撫回鶻使，進屯鴈門關。虜寇雲州，沔擊之，斬七裨將，敗其衆。以還太和公主功，加檢校司空。議者恨其薄，又進金紫光祿大夫，賜一子官。虜殘衆走，詔沔追北，仍錄李靖平頡利事賜之。軍還，次代州，歸義軍降虜三千，使隸食諸道，不受詔，據滹沱河叛，沔悉禽誅之。

劉稹阻命，詔沔南討，屯榆社。沔素與張仲武不協，時方追幽州兵，故徙義成。會王宰逗留，宰相李德裕表沔鎮河陽，以滑兵二千壓萬善，居宰肘腋下，激之俾出軍。稹平，進檢校司徒，徙忠武節度使。以病改太子少保，不任謁，拜太子太傅致仕。卒，年六十五，贈司徒。

石雄，徐州人，系寒，不知其先所來。少爲牙校，敢毅善戰，氣蓋軍中。王智興討李同捷，收棣州，使雄先驅度河，鼓行無前。初，徐軍惡智興苛酷，謀逐之而立雄。智興懼變，因立功奏除州刺史，詔以爲壁州刺史。智興由是殺雄素所善百餘人，誣雄陰結士搖亂，請以軍法論。文宗素知其能，不殺，流白州。徙爲陳州長史。党項擾河西，召雄隸振武劉沔軍，破羌有勞，帝難智興，久不擢。

會昌初，回鶻入寇，連年掠雲、朔，牙五原塞下。詔雄爲天德防禦副使，兼朔州刺史，佐劉沔屯雲州。沔召雄謀曰：「虜離散，當掃除久矣。國家以公主故，不欲亟攻。我若徑趨其牙，彼不及備，必棄公主走，我當迎主歸。有如不捷，吾則死之。」雄曰：「諾。」卽選沙陀李國昌及契苾、拓拔雜虜三千騎，夜發馬邑，旦登振武城望之，見氈車十餘乘，從者朱碧衣，

諜者曰：「公主帳也。」雄潛使喻之曰：「天子取公主，兵合，第無動。」雄穴城夜出，縱牛馬鼓譟，直擣烏介帳。可汗大駭，單騎走，追至殺胡山，斬首萬級，獲馬牛羊不貲，迎公主還。進豐州防禦使。

武寧李彥佐討劉稹，逗留，以雄爲晉絳行營諸軍副使，助彥佐。是時，王宰屯萬善，劉沔屯石會關，顧望莫先進。雄受命，卽勒兵越烏嶺，破賊五壁，斬獲千計，賊大震。雄臨財廉，每朝廷賜與，輒置軍門，自取一匹縑，餘悉分士伍，由是衆感發無不奮。武宗喜曰：「今將帥義而勇罕雄比者。」就拜行營節度使，代彥佐。徙河中。稹危蹙，其大將郭誼密獻款，請斬稹首自歸。衆疑其詐，雄大言曰：「稹之叛，誼爲謀主。今欲殺稹，乃誼自謀，又何疑？」雄以七千人徑薄潞，受誼降。進檢校兵部尚書，徙河陽。初，雄討稹，水次見白鷺，謂衆曰：「使吾射中其目，當成功。」一發如言。帝聞，下詔褒美。

宣宗立，徙鎮鳳翔。雄素爲李德裕識拔。王宰者，智興子，於雄故有隙。潞之役，雄功最多，宰惡之，數欲沮陷。會德裕罷宰相，因代歸。白敏中猥曰：「黑山、天井功，所酬已厭。」拜神武統軍。失勢，怏怏卒。

贊曰：世皆謂李愬提孤旅入蔡縛賊爲奇功，殊未知光顏於平蔡爲多也。是時，賊戰日窘，盡取銳卒抗光顏，瀕空堞以居，故愬能乘一切勢，出賊不意。然則無光顏之勝，愬烏能奮哉？

校勘記

〔一〕元和四年王承宗反范希朝引師救易定　各本原無「反」字。按本書卷七憲宗紀載：元和四年十月，王承宗反，五年四月，范希朝與張茂昭戰承宗於木刀溝，敗之。本書卷一七〇范希朝傳及舊書卷一四一張茂昭傳略同。木刀溝在定州新樂縣，與「救易定」語合。「王承宗」下顯脫「反」字，今補。

唐書卷一百七十二

列傳第九十七

于頔 季友　王智興 晏平 宰　杜兼 羔 中立　杜亞　范傳正

于頔字允元，後周太師謹七世孫。蔭補千牛，調華陰尉，累勞遷侍御史。爲吐蕃計會使，有專對材。擢長安令、駕部郎中。

出爲湖州刺史。部有湖陂，異時溉田三千頃，久廢廢，頔行縣，命脩復隄閼，歲獲秔稻蒲魚無慮萬計。州地庳薄，葬者不掩柩，頔爲坎，瘞枯骨千餘，人賴以安。未幾，改蘇州。罷淫祠，濬溝澮，端路衢，爲政有績。然暴橫少恩，杖前部尉以逞憾，觀察使王緯以聞，德宗不省。俄還大理卿，爲陝虢觀察使，慢言謝緯曰：「始足下劾我，三進官矣！」益自肆。峻罰苛懲，官吏惴恐，皆重足一迹。參軍事姚峴不勝虐，自沈于河。貞元十四年，拜山南東道節度使。是時，吳少誠叛，頔率兵自唐州戰吳房、朗山，取之，

禽其將李璨，又勝之濯神溝。於是請升襄州爲大都督府，廣募戰士，儲良械，搦然有專漢南意，所牾者類治以軍法。帝晚務姑息，頔所奏建，無不開允。公斂私輸，持下益急，而慢於奉上。誣劾鄧州刺史元洪，朝廷重違，爲流端州，命中人護送至棗陽。頔遣兵劫洪還，拘之，表責洪太重，改吉州長史，遣使厚諭乃已。嘗怒判官薛正倫，奏貶陝州長史，比詔下，頔中悔，奏復署舊職。正倫死，以兵圍其居，彊使孽子與婚。昵吏高洪，縱使剝下，別將陳儀不勝忿，刺殺洪，一府驚潰。累遷檢校尙書左僕射、同中書門下平章事，封燕國公。俄擅以兵取鄧州，天子未始誰何。初，襄有髹器，天下以爲法。至頔驕蹇，故方帥不法者號「襄樣節度」。

憲宗立，權綱自出，頔稍懼，願以子尙主，帝許之。遂入朝，拜司空、同中書門下平章事。請準杜佑，月三奉朝，詔可。

時宦者梁守謙幸於帝，頗用事。有梁正言者，與頔子敏善，敏因正言厚賂守謙，求頔出鎭。久不報，敏怒其紿，責所餽，誘正言家奴支解之，棄溷中。家童上變，詔捕頔吏沈壁及它奴送御史獄，命中丞薛存誠、刑部侍郎王播、大理卿武少儀雜問之。頔與諸子素服待罪建福門，門史不內，屛營負牆立，更遣人上章，有司拒不聞。翌日復往，宰相諭使還第。貶爲恩王傅；子敏竄雷州，至商山賜死，次子季友奪二官，正及方免官；流壁封州，正言誅死。

久之，拜戶部尙書。帝討蔡，頔獻家財以助國，帝郤之。又坐季友居喪荒宴，削金紫光祿大夫。帝初欲頔告老，宰相李逢吉謂得謝乃優禮，非所以示責。明年，乃致仕。宰司將以太子少保官之，帝改署賓客。鬱鬱不得意卒，贈太保，太常謚曰厲。

頔嘗制順聖樂舞獻諸朝。又教女伎爲八佾，聲態雄侈，號孫吳順聖樂云。

季友尙憲宗永昌公主，拜駙馬都尉。從穆宗獵苑中，求改頔謚，會徐泗節度使李愬亦爲請，更賜謚曰思。尙書右丞張正甫封還詔書，右補闕高釴、博士王彥威持不可，謂：「頔文吏，倔彊犯命，擅軍襄、鄧，欲脅制朝廷；殺不辜，留制囚，遮使者，僭正樂。勢迫而朝，非其宿心，得全腰領而歿，猶以爲幸，不宜更謚。」帝不從。

方，長慶時以勳家子通豪俠，欲事河朔，以策干宰相元稹。而李逢吉黨謀傾執政，乃告稹結客刺裴度，事下有司，驗無狀，方坐誅。

王智興字匡諫，懷州溫人。少驍銳，爲徐州牙兵，事刺史李洧。洧棄李納，挈州自歸。納怒，急攻洧。智興能駛步，奉表不數日至京師告急，德宗出朔方軍五千擊納，解去，自是

爲徐特將。

討吳元濟也，李師道謀橈王師，數侵徐救蔡。節度使李愿遣智興率步騎拒賊。其將王朝晏方攻沛，智興逆擊，敗之，朝晏脫身保沂州。進破姚海兵五萬於豐北，獲美妾三人，智興曰：「軍中有女子，安得不敗。」卽斬以徇。朝晏自沂以輕兵襲沛，夜戰狄丘，復破之。累遷侍御史。

元和十三年，伐師道，智興以步騎八千攻胡陵，與忠武軍會，以騎畀其子晏平、晏宰爲先鋒，自率軍繼之。壞河橋，收黃隊，攻金鄉，拔魚臺，俘斬萬計。賊平，進御史中丞。明年，召還爲沂州刺史。

長慶初，河朔用兵，加檢校左散騎常侍，充武寧軍副使、河北行營諸軍都知兵馬使，帥兵三千度河。屬朝廷用崔羣爲武寧節度使，羣畏智興難制，密請追還京師，未報。會赦王廷湊，諸節度班師。智興還，羣遣寮屬迎之，令士委甲而入。智興心不悅，因勒兵斬關入，殺異己者十餘輩，然后謁羣謝曰：「此軍情也！」羣乃治裝去，智興以兵衞送還朝，至埇橋，掠鹽鐵院及貢物，劫商旅，逐濠州刺史侯弘度。朝廷甫罷兵，不能討，卽詔檢校工部尙書，充本軍節度使。智興由是擎索財賂，交權幸以賈虛名，用度不足，始稅泗口以佐軍須。

李㝏攻宋州，智興悉銳師出宋西鄙，破之濘口。㝏平，加檢校尙書左僕射。李同捷以

滄德叛，智興請悉師三萬齎五月糧討賊，詔拜檢校司徒、同中書門下平章事、滄德行營招撫使。既戰，降其將十輩、銳士三千，遂拔棣州。諸將聞，戰愈力，遂有功。入朝，燕麟德殿，賜予備厚。册拜太傅，封鴈門郡王，進兼侍中。改忠武、河中、宣武三節度。卒，年七十九，贈太尉。

子九人，晏平、宰知名。

晏平幼從父軍，以討同捷功，檢校右散騎常侍、朔方靈鹽節度使。父喪，擅取馬四百、兵械七千自衞歸洛陽。御史劾之，有詔流康州，不卽行，陰求援於河北三鎭。三鎭表其困，改撫州司馬。給事中韋溫、薛廷老、盧弘宣等還詔不敢下，改永州司戶參軍。溫固執，文宗諭而止。

宰後去「晏」，獨名宰。少拳果，長隸神策軍。甘露之變，以功兼御史大夫爲光州刺史。有美政，觀察使段文昌薦之朝，除鹽州刺史。持法嚴，人不甚便。累擢邠寧慶節度使。回鶻平，徙忠武軍。

討劉稹也，詔宰以兵出魏博，趨磁州。當是時，何弘敬陰首鼠，聞宰至，大懼，卽引軍濟

漳水。宰相李德裕建言：「河陽兵寡，以忠武爲援，旣以捍洛，則幷制魏博。」遂詔宰以兵五千推鋒，兼統河陽行營。進取天井關，賊黨離沮。德裕以宰乘破竹勢不遂取澤州，以其子晏實守磁，爲顧望計，帝有詔切責。宰懼，急攻陵川，破賊石會關，進攻澤州。其將郭誼殺稹降。宰傳稹首京師，遂節度太原。

宣宗初，入朝，厚結權幸求宰相，周墀劾之，乃還軍。吐蕃引党項、回鶻寇河西，詔統代北諸軍進擊。以疾不任事，徙河陽。罷爲太子少保，分司東都。進少傅，卒。

晏實幼機警，智興自養之，故名與諸父齒。稹平，擢淄州刺史，終天雄節度使。

杜兼字處弘，中書令正倫五世孫。初，正倫無子，故以兄子志靜爲後。父廙，爲鄭州錄事參軍事。安祿山亂，逃去，賊桉之急，宋州刺史李岑以兵迎之，爲追騎所害。兼尚幼，逃入終南山。伯父存介爲賊執，臨刑，兼號呼願爲奴以贖，遂皆免。

建中初，進士高第，徐泗節度使張建封表置其府，積勞爲濠州刺史。性浮險，尚豪侈。德宗旣厭兵，大抵刺史重代易，至歷年不徙。兼探帝意，謀自固，卽脩武備，募占勁兵三千。帝以爲才，遂橫恣。僚官韋賞、陸楚皆聞家子，有美譽，論事忤兼，誣劾以罪。帝遣中人至，

兼廷勞畢，出詔執賞等殺之，二人無罪死，衆莫不冤。又妄繫令狐運而陷李藩，欲殺之，不克。

元和初，入爲刑部郎中，改蘇州刺史。比行，上書言李錡必反，留爲吏部郎中。尋擢河南尹。杜佑素善兼，終始倚爲助力。所至大殺戮，裒蓺財貲，極耆欲。適幸其時，未嘗敗。卒，年六十。

家聚書至萬卷，署其末，以墜鬻爲不孝戒子孫云。

從弟羔，貞元初及進士第，有至性。父死河北，母更兵亂，不知所之，羔憂號終日。及兼爲澤潞判官，鞫獄，有媼辨對不凡，乃羔母，因得奉養。而不知父墓區處，晝夜哀慟，它日舍佛祠，觀柱間有文字，乃其父臨死記墓所在。羔奔往，亦有耆老識其壠，因是得葬。元和中，爲萬年令，時許季同爲長安令，京兆尹元義方責租賦不時，繫二縣吏，將罪之。羔等辯列尤苦，尹不爲縱。羔乃謁宰相，請移散官。憲宗遣中使問狀，具對府政苛細，力不堪奉。詔皆免官，奪尹三月俸。議者以羔爲直。未幾，授戶部郎中，後歷振武節度使，以工部尚書致仕。卒，贈尚書右僕射，謚曰敬。

子中立，字無爲，以門蔭歷太子通事舍人。開成初，文宗欲以眞源、臨眞二公主降士

族，謂宰相曰：「民間脩昏姻，不計官品而上閥閱。我家二百年天子，顧不及崔、盧耶？」詔宗正卿取世家子以聞。中立及校書郎衞洙得召見禁中，拜著作郎。月中，遷光祿少卿、駙馬都尉，尚眞源長公主。

中立數求自試，憒憒不樂，因言：「朝廷法令備具，吾若不任事，何賴貴戚橈天下法耶？」帝聞異之，轉太僕、衞尉二少卿，歷左右金吾大將軍。京師惡少優戲道中，具騶唱珂衞，自謂「盧言京兆」，驅放自如。中立部從吏捕繫，立箠死。遷司農卿。繩吏急，反爲中傷，左徙慶王傅。

久之，復拜司農卿，入謝，帝曰：「卿用法深，信乎？」答曰：「轂下百司養名不肯事，如司農尤叢劇。陛下無遽信流言，假臣數月，事可濟。」帝許之。初，度支度六宮飧錢移司農，司農季一出付吏，大吏盡舉所給於人，權其子錢以給之，旣不以時，黃門來督責慢駡。中立取錢納帑舍，率五日一出，吏不得爲姦，後遂以爲法。加檢校右散騎常侍。

京兆尹缺，宣宗將用之，宰相以年少，欲歷試其能，更出爲義武節度使。舊徭車三千乘，歲輓鹽海瀕，民苦之。中立置「飛雪將」數百人，具舟以載，自是民不勞，軍食足矣。大中十二年，大水汎徐、兗、青、鄆，而滄地積卑，中立自按行，引御水入之毛河，東注海，州無水災。卒，年四十八，贈工部尚書。

中立居官精明，吏下寒慄畏伏。中雖坐累免，及復用，亦不爲寬假，其天資所長云。

杜亞字次公，自云本京兆人。肅宗在靈武，上書論當世事，擢校書郎。杜鴻漸節度河西，奏署幕府。入朝，歷吏部員外郎。鴻漸爲山南、劍南副元帥，亞與楊炎並爲判官。再遷諫議大夫。

亞自以當衡柄，悒悒不悅。李栖筠風望高，時謂當宰相，故亞厚結納。元載得罪，亞與劉晏等劾治。載死，遷給事中。常衮惡之，出爲江西觀察使。德宗立，召還。亞意必任台宰，倍道進。與人語，皆天下大政。或以事祈謁，輒相然可。帝知，不悅也。既又建奏疏闕，不稱旨，罷爲陜虢觀察兼轉運使。徙河中。劉晏抵罪，貶睦州刺史。

興元初，入遷刑部侍郎，又拜淮南節度使。至則治漕渠，引湖陂，築防庸，入之渠中，以通大舟，夾隄高卬，田因得溉灌。疏啓道衢，徹壅通堙，人皆悅賴。然承陳少游後，哀率煩重，用度無藝，人冀有所矯革，而亞雅意丞弼，厭外官，往往不親事，日夜召賓客言噱流連。方春，南民爲競度戲，亞欲輕駛，乃髹船底，使篙人衣油綵衣，沒水不濡，觀沼華邃，費皆千萬。隴西李衡在坐曰：「使桀、紂爲之，不是過也！」既泛九曲池，曳繡爲颿，詫曰：「要當稱是林沼。」衡曰：「未有錦纜，云何？」亞大慚。自是府財耗竭。

貞元中，罷歸。宰相竇參憚其宿望，以檢校吏部尚書留守東都。病風痺且廢，猶欲固寵，奏墾苑中爲營田，可減度支歲稟。詔許之。先是，苑地可耕者，皆留司中人及屯士占假。亞計窘，更舉軍帑錢與佃人，至秋取菽粟償息輸軍中，貧不能償者發困窖略盡，流亡過半。又賂中人求兼河南尹。帝審其妄，使禮部尚書董晉代之，賜亞還。病不能謁。卒，年七十四，贈太子少傅，謚曰肅。

范傳正字西老，鄧州順陽人。父愉，爲戶部員外郎，與趙郡李華善，有當世名。

傳正舉進士、宏辭，皆高第，授集賢殿校書郎。歷歙、湖、蘇三州刺史，有殊政，進拜宣歙觀察使。代還，坐治第過制，憲宗薄不用，改光祿卿。以風痺卒，贈左散騎常侍。

傳正好古，性精悍，初自整飭。宦益達，用度益奢侈，傾貲貨市權貴驩，私公府如家帑，亦幸素有名，得不敗云。

唐書卷一百七十三

列傳第九十八

裴度 識 諗

裴度字中立，河東聞喜人。貞元初，擢進士第，以宏辭補校書郎。舉賢良方正異等，調河陰尉。遷監察御史，論權嬖梗切，出爲河南功曹參軍。武元衡帥西川，表掌節度府書記。召爲起居舍人。

元和六年，以司封員外郎知制誥。田弘正效魏、博六州于朝，憲宗遣度宣諭，弘正知度爲帝高選，故郊迎趨跽受命，且請徧至屬州，布揚天子德澤，魏人由是歡服。還，拜中書舍人。久之，進御史中丞。宣徽五坊小使方秋閱鷹狗，所過撓官司，厚得餉謝乃去。下邽令裴寰，才吏也，不爲禮，因構寰出醜言，送詔獄，當大不恭。宰相武元衡婉辭諍，帝怒未置。度見延英，言寰無辜，帝恚曰：「寰誠無罪，杖小使；小使無罪，且杖寰。」度曰：「責若此固宜，第寰爲令，惜陛下百姓，安可罪？」帝色霽，乃釋寰。

王師討蔡，以度視行營諸軍，還，奏攻取策，與帝意合。且問諸將才否，度對：「李光顏義而勇，當有成功。」不三日，光顏破時曲兵，帝歎度知言。進兼刑部侍郎。

王承宗、李師道謀緩蔡兵，乃伏盜京師，刺用事大臣，已害宰相元衡，又擊度，刃三進，斷鞾，剚背裂中單，又傷首，度冒氈，得不死。哄導駭伏，獨騶王義持賊大呼，賊斷義手。度隊溝，賊意已死，因亡去。議者欲罷度，安二鎮反側，帝怒曰：「度得全，天也。若罷之，是賊計適行。吾倚度，足破三賊矣！」度亦以權紀未張，王室陵遲，常憤愧無死所。自行營歸，知賊曲折，帝益信杖。及病創一再旬，分衞兵護第，存候踵路。疾愈，詔毋須宣政衙，即對延英，拜中書侍郎、同中書門下平章事。時方連諸道兵，環挐不解，內外大恐，人累息。及度當國，外內始安。由是討賊益急。

始，德宗時尙何伺，中朝士相過，金吾輒飛啓，宰相至闔門謝賓客。度以時多故，宜延天下髦英咨籌策，乃建請還第與士大夫相見，詔可。會莊憲太后崩，爲禮儀使。帝不聽政，議置冢宰。度曰：「冢宰，商、周六官首，秉統百僚，王者諒闇，有權聽之制。歷世官廢，故國朝置否不常，不宜徇空名，稽樞務。」乃詔百司權聽中書門下處可。

王鍔死，家奴告鍔子稷易父奏末，冒遺獻。帝留奴仗內，遣使者如東都按責其貲。度

諫曰：「自鍔死，數有獻。今因告訐而檢省其私，臣恐天下將帥聞之，有以家爲計者。」帝悟，殺二奴，還使者。

于時，討蔡數不利，羣臣爭請罷兵，錢徽、蕭俛尤確苦。度奏：「病在腹心，不時去，且爲大患。不然，兩河亦將視此爲逆順。」會唐鄧節度使高霞寓戰卻，它相揣帝厭兵，欲赦賊，鉤上指。帝曰：「一勝一負，兵家常勢。若兵常利，則古何憚用兵耶？雖累聖亦不應留賊付朕。今但論帥臣勇怯、兵彊弱、處置何如耳，渠一敗便沮成計乎？」於是左右不能容其間。十二年，宰相逢吉、涯建言：「餉億煩匱，宜休師。」唯度請身督戰，帝獨目度留，曰：「果爲朕行乎？」度俯伏流涕曰：「臣誓不與賊偕存。」卽拜門下侍郎、平章事、彰義軍節度、淮西宣慰招討處置使。

度以韓弘領都統，乃上還招討以避弘，然實行都統事。又制詔有異辭，欲激賊怒弘者，意弘怏怏則度無與共功。度請易其辭，窒疑間之嫌。於是表馬揔爲宣慰副使，韓愈行軍司馬，李正封、馮宿、李宗閔備兩使幕府。入對延英，曰：「主憂臣辱，義在必死。賊未授首，臣無還期。」帝壯之，爲流涕。及行，御通化門臨遣，賜通天御帶，發神策騎三百爲衞。初，逢吉忌度，帝惡居中橈沮，出之外。

度屯郾城，勞諸軍，宣朝廷厚意，士奮于勇。是時，諸道兵悉中官統監，自處進退。度

奏罷之，使將得顓制，號令一，戰氣倍。未幾，李愬夜入懸瓠城，縛吳元濟以報。度遣馬揔先入蔡，明日，統洄曲降卒萬人持節徐進，撫定其人。

初，元濟禁偶語於道，夜不然燭，酒食相饋遺者以軍法論。度視事，下令唯盜賊、鬬死抵法，餘一蠲除，行來不限晝夜，民始知有生之樂。度以蔡牙卒侍帳下，或謂反側未安，不可去備，度笑曰：「吾爲彰義節度，元惡已擒，人皆吾人也！」衆感泣。既而申、光平定，以馬揔爲留後。

度入朝，會帝以二劍付監軍梁守謙，使悉誅賊將。度遇諸郾城，復與入蔡，商罪議誅。守謙請如詔，度固不然，騰奏申解，全宥者甚衆。策勳進金紫光祿大夫、弘文館大學士、上柱國、晉國公，戶三千，復知政事。程异、皇甫鎛以言財賦幸，俄得宰相。度三上書極論不可，帝不納。自上印，又不聽。纖人始得乘罅。

初，蔡平，王承宗懼，度遣辯士柏耆脅說，乃獻德、棣二州，納質子。又諭程權入覲。始判滄、景、德、棣爲一鎭，朝廷命帥，而承宗勢乃離。

李師道怙彊，度密勸帝誅之。乃詔宣武、義成、武寧、橫海四節度會田弘正致討。弘正請自黎陽濟，合諸節度兵，宰相皆謂宜，度曰：「魏博軍度黎陽，卽叩賊境，封畛比聯，易生顧望，是自戰其地。弘正、光顏素少斷，士心盤桓，果不可用。不如養威河北，須霜降水落，絕陽劉，深抵鄆，以營陽穀，則人人殊死，賊勢窮矣。」上曰：「善。」詔弘正如度言。弘正奉詔，師道果禽。

大賈張陟負五坊息錢亡命，坊使楊朝汶收其家簿，閱貸錢雖已償，悉鉤止，根引數十百人，列箠挺脅不承。又獲盧大夫逋券，捕盧坦家客責償，久乃悟盧羣券。坦子上訴，朝汶謾語：「錢入禁中，何可得？」御史中丞蕭俛及諫官列陳中人橫恣，度亦極言之。時方討鄆，帝曰：「姑議東軍，此細事，我自處辦。」度曰：「兵事不理，止山東；中人橫暴，將亂都下。」帝不悅，徐乃悟，讓朝汶曰：「以爾，使我羞見宰相！」命殺之，而原繫者。繇是京師澄肅。

帝嘗語：「臣事君當勵善底公，朕惡夫樹黨者。」度曰：「君子小人以類而聚，未有無徒者。君子之徒同德，小人之徒同惡，外甚類，中實遠，在陛下觀所行則辨。」帝曰：「言者大抵若此，朕豈易辨之？」度退，喜曰：「上以爲難辨則易，以爲易辨則難，君子小人行判矣。」已而卒爲异、鎛所構，以檢校尚書右僕射兼門下侍郎平章事爲河東節度使。

穆宗卽位，進檢校司空。朱克融、王廷湊亂河朔，加度鎭州行營招討使。時帝以李光顏、烏重胤爪牙將，倚以擊賊，兵十餘萬，有所畏，無尺寸功。度既受命，入賊境，數斬將以聞。俄兼押北山諸蕃使。時元稹顯結宦官魏弘簡求執政，憚度復當國，因經制軍事，

數居中持梗，不使有功。度恐亂作，卽上書痛暴稹過惡。帝不得已，罷弘簡、稹近職。俄擢稹宰相，以度守司空、平章事、東都留守。諫官叩延英，言不可罷度兵，搖衆心。帝不召。於是交章極論，未之省。

會中人使幽、鎭還，言：「軍中謂度在朝，而兩河諸侯忠者懷，彊者畏。今居東，人人失望。」帝悟，詔度由太原朝京師。及陛見，始陳二賊畔渙，受命無功，并陳所以入覲意，感概流涕。伏未起，謁者欲宣旨，帝遽曰：「朕當延英待卿！」始，議者謂度無援奧，且久外，爲姦憸抿抑，慮帝未能其忠。及進見，辭切氣怡，卓然當天子意。在位聞者皆竦，毅將貴臣至齎咨出涕。舊儀，閤中羣臣未退，宰相不奏事，稱賀則謁者答。帝以度勳德，故待以殊禮。度之行，移克融、廷湊書，開說諄沓，傅以大誼，二人不敢桀，皆願罷兵。帝方憂深州圍，欲必出牛元翼，更使度騰書布旨。或曰：「賊知度失兵柄，必背約顧望。」帝釋然，乃拜度守司徒、領淮南節度使。

會昭義監軍劉承偕慢劉悟，舉軍譁怒，執承偕，悟拘以聞。帝怒，問度：「何施而可？」度頓首謝：「藩臣不與政。」辭不對。帝彊之，度曰：「臣素知承偕怙寵，悟不能堪，嘗以書訴臣。是時，中人趙弘亮在行營知狀，欲持悟書以奏，陛下亦知之邪？」帝曰：「我不及知。顧悟誠惡之，胡不自聞，何哉？」度曰：「雖悟得聞，恐陛下不必聽。且臣視天顏不咫尺，比尚

未能決，千里單言，可悟聖聽哉？」帝亟曰：「前語姑置，直謂今日奈何？」度曰：「必欲收忠義心，使帥臣死節，獨斬承偕，則四方羣盜隱然破膽矣。」帝曰：「顧太后養爲子，且我何愛？更言其次。」度曰：「投諸荒裔可乎？」帝曰：「可。」悟果出承偕，昭義遂安。

是時，徐州王智興逐崔羣，諸軍盤互河北，進退未一。議者交口請相度，乃以本官兼中書侍郎、平章事。權倖側目，謂李逢吉險賊善謀，可以構度，共諷帝自襄陽召逢吉還，拜兵部尚書。度居位再閱月，果爲逢吉所間，罷爲左僕射。帝暴風眩，中外不聞問者凡三日。度數請到內殿，求立太子，翼日乃見。帝遂立景王爲嗣。逢吉旣代相，思有以牙孽之，引所厚李仲言、張又新、李續、張權輿等，內結宦官，種支黨，醜沮日聞，乃出度山南西道節度使，奪平章事。

長慶四年，王廷湊屠元翼之家，敬宗嗟惋，歎宰輔非其人，使兇賊熾肆。學士韋處厚上疏曰：「臣聞汲黯在朝，淮南寢謀；干木處魏，諸侯息兵。王霸之理，以一士止百萬之師，一賢制千里之難。裴度元勳巨德，文武兼備。若位巖廟，委參決，必使戎虜畏威，幽、鎭自臣。管仲曰：『人離而聽之則愚，合而聽之則聖。』治亂之本，非有他術。陛下當饋而歎，恨無蕭、曹，今一裴度擯棄于外，所以馮唐知漢文帝有頗、牧不能用也。」帝感悟，謂處厚曰：「度果爲宰相，而官無平章事，謂何？」處厚具道其由，帝於是復度兼平章事。帝雖孺蒙，然

注意度，中人至度所，必丁寧慰安，且示召期。寶曆二年，度請入朝，逢吉黨大懼，權輿作僞謠云：「非衣小兒坦其腹，天上有口被驅逐。」以度平元濟也。都城東西岡六，民間以爲乾數，而度第平樂里，直第五岡。權輿乃言：「度名應圖讖，第據岡原，不召而來，其意可見。」欲以傾度。天子獨能明其誣，詔復使輔政。

先是，帝將幸東都，大臣切諫，不納，帝恚曰：「朕意決矣！雖從官宮人自挾糗，無擾百姓。」趣有司檢料行宮，中外莫敢言。度從容奏：「國家建別都，本備巡幸。自艱難以來，宮闕、署屯、百司之區，荒圮弗治，假歲月完新，然後可行。倉卒無備，有司且得罪。」帝悅曰：「羣臣諫朕不及此。如卿言，誠有未便，安用往邪？」因止行。汴宋觀察使令狐楚言亳州聖水出，飲者疾輒愈。度判曰：「妖由人興，水不自作。」命在所禁塞。

朱克融執賜衣使者楊文端，詭言慢己，并訴所賜濫惡，又丐假度支帛三十萬匹，不者，軍必有變；且請遣工五千助治東都，須天子東巡。帝怒，患之，欲遣重臣臨慰。度曰：「克融無恚而悖，是將亡。譬猛虎自哮躍山林，憑窟穴則然，勢不得離其處，人亦不爲懼。陛下無庸遣重使，第以詔書言：『中人倨驕，須還，我自責譴。春服不謹，方詰有司。所上工宜即遣，已詔在所供擬。』此則賊謀窮矣。陛下若未能然，則答：『宮室營繕既有序，毋遣工爲重勞。朝廷緣召發乃有賜與，朕無所愛，獨與范陽，體不可爾。』」帝曰：「善。」用度次策。克融聽命，歸文端。未幾軍亂，殺克融。

帝縱弛，日晏坐朝。度諫曰：「比陛下月率六七臨朝，天下人知勤政，河朔賊臣皆聳畏。近開延英益稀，恐萬機奏稟，有所壅閼。夫頤養之道，當順適時候，則六氣和平，萬壽可保。道家法：春夏蚤起，取鷄鳴時，秋冬晏起，取日出時。蓋在陽，勝之以陰；在陰，勝之以陽。今方居盛夏，謂宜詰旦數坐，廣加延問；漏及巳午，則炎赫可畏，聖躬勞矣。」帝嘉納，爲數視朝。

未幾，判度支。帝崩，定策誅劉克明等，迎立江王，是爲文宗。加門下侍郎。李全略死，子同捷求襲滄景軍。度奏討平之，即陳：「調兵食非宰相事，請罷度支歸有司。」奏可。進階開府儀同三司，賜實封戶三百。度懇讓不得可，乃受實封。

大和四年，數引疾不任機重，願上政事。帝擇上醫護治，中人日勞問相躡，乃詔進司徒、平章軍國重事，須疾已，三日若五日一至中書。度讓免冊禮。度自見功高位極，不能無慮，稍詭迹避禍。於是牛僧孺、李宗閔同輔政，媢度勳業久居上，欲有所逞，乃共訾其跡損短之，因度辭位，即白帝進兼侍中，出爲山南東道節度使。白罷元和所置臨漢監，收千馬納之校，以善田四百頃還襄人。頃之，固請老，不許。

八年，徙東都留守，俄加中書令。李訓之禍，宦官肆威以逞，凡訓、注宗婭賓客悉收逮，訊報苛慘。度上疏申理，全活數十姓。武德縣主藏史盜錢亡命，捕不得。河陽節度使溫造獄其令王賞責負，繫三年，母死弗許喪。度爲帝言之，賞得釋。

時閹豎擅威，天子擁虛器，搢紳道喪，度不復有經濟意，乃治第東都集賢里，沼石林叢，岑繚幽勝。午橋作別墅，具燠館涼臺，號綠野堂，激波其下。度野服蕭散，與白居易、劉禹錫爲文章、把酒，窮晝夜相歡，不問人間事。而帝知度年雖及，神明不衰，每大臣自洛來，必問度安否。

開成二年，復以本官節度河東。度牢辭老疾，帝命吏部郎中盧弘宣諭意曰：「爲朕臥護北門可也。」趣上道，度乃之鎭。易定節度使張璠卒，軍中將立其子元益，度乃遣使曉譬禍福，元益懼，束身歸朝。

三年，以病丐還東都。眞拜中書令，臥家未克謝，有詔先給俸料。上巳宴羣臣曲江，度不赴，帝賜詩曰：「注想待元老，識君恨不早。我家柱石衰，憂來學丘禱。」別詔曰：「方春愼疾爲難，勉醫藥自持。朕集中欲見公詩，故示此，異日可進。」使者及門而度薨，年七十六。帝聞震悼，以詩置靈几。冊贈太傅，謚文忠，賵禮優縟，命京兆尹鄭復護喪。度臨終，自爲銘誌。帝怪無遺奏，敕家人索之，得半藁，以儲貳爲請，無私言。會昌元年，加贈太師。大中

初，詔配享憲宗廟廷。

度退然纔中人，而神觀邁爽，操守堅正，善占對。既有功，名震四夷。使外國者，其君長必問度年今幾，狀貌孰似，天子用否。其威譽德業比郭汾陽，而用不用常爲天下重輕。事四朝，以全德始終。及歿，天下莫不思其風烈。葬管城，逮今廟食。

五子，識、諗知名。

識字通理，性敏悟，凡經目未始忘。推蔭補京兆參軍，擢累大理少卿。王師討劉稹，爲供軍使。稹平，改司農卿，進湖南觀察使。入拜大理卿，襲晉國公半封。爲涇原節度使。時蕃酋尚恐熱上三州七關，列屯分守。宣宗擇名臣，以識帥涇原，畢諴帥邠寧，李福帥夏州，帝親臨遣。

識至，治堡障，整戎器，開屯田。初，將士守邊，或積歲不得還。識與立戍限，滿者代；親七十，近戍。由是人感悅。加檢校刑部尚書，徙鳳翔、忠武、天平、邠寧、靈武等軍。進檢校尚書右僕射。靈武地斥鹵無井，識謩神而鑿之，果得泉。歷六節度，所莅皆有可述。卒，贈司空，謚曰昭。

諗有文，藉蔭累官考功員外郎。宣宗訪元和宰相子，思度勳望，故待諗有加。爲翰林學士，累遷工部侍郎，詔加承旨。適會帝幸其院，諗卽稱謝。帝曰：「可歸與妻子相慶。」取御奩果以賜，諗舉衣跽受。帝顧宮人取巾裹賜之。後爲太子少師，封河東郡公。黃巢盜國，迫以僞官，不從，遇害。

贊曰：憲宗討蔡，出入四年。元濟外連姦臣，刺宰相，反用事者，沮睽朝謀。惟天子赫然排羣議，任度政事，倚以討賊。身督戰，遂平淮西。非度破賊之難，任度之爲難也。韓愈頌其功曰：「凡此蔡功，惟斷乃成。」其知言哉！穆宗不君，憸人腐夫乘釁鐫詆，而度遂無顯功。非前智後愚，用不用，勢當然矣。前史稱度晚沉浮爲自安計，是不然，大雅曰：「既明且哲，以保其身。」度何訿云。

唐書卷一百七十四

列傳第九十九

李逢吉　元稹　牛僧孺

蔚徽叢　李宗閔　楊嗣復授　晪　損

李逢吉字虛舟，系出隴西。父顏〔一〕，有痼疾，逢吉自料醫劑，遂通方書。舉明經，又擢進士第。范希朝表爲振武掌書記，薦之德宗，拜左拾遺。元和時，遷給事中、皇太子侍讀。改中書舍人，知禮部貢舉。未已事，拜門下侍郎、同中書門下平章事。詔禮部尚書王播署榜。

逢吉性忌前，險譎多端。及得位，務償好惡。裴度討淮西，逢吉慮成功，密圖沮止，趣和議者請罷諸道兵。憲宗知而惡之，出爲劍南東川節度使。

穆宗卽位，徙山南東道。緣講侍恩，陰結近倖。長慶二年，召入爲兵部尚書。時度與元稹知政，度嘗條稹憸佞，逢吉以爲其隙易乘，遂幷中之，遣人上變，言：和王傅于方結客，

欲爲稹刺度。帝命尚書左僕射韓皐、給事中鄭覃與逢吉參鞫方，無狀，稹、度坐是皆罷，逢吉代爲門下侍郎、平章事。因以恩爵動詭薄者，更相挻以詆傷度，於是李紳、韋處厚等誦言度爲逢吉排迮，度初得留。時已失河朔，王智興以徐叛，李㝏以汴叛，國威不振，天下延頸俟相度，而中外交章言之，帝訖不省，度遂外遷。㝏平，進尚書右僕射。

帝暴疾，中外阻遏，逢吉因中人梁守謙、劉弘規、王守澄議，請立景王爲皇太子，帝不能言，頷之而已。明日下詔，皇太子遂定。鄭注得幸於王守澄，逢吉遣從子訓賂注，結守澄爲奧援，自是肆志無所憚。其黨有張又新、李續、張權輿、劉栖楚、李虞、程昔範、姜洽及訓八人，而傅會者又八人，皆任要劇，故號「八關十六子」。有所求請，先賂關子，後達於逢吉，無不得所欲。未幾封涼國公。

敬宗新立，度求入覲，逢吉不自安，張權輿爲作讖言以沮度，而韋處厚亟爲帝言之，計卒不行。有武昭者，陳留人，果敢而辯。度之討蔡，遣說吳元濟，元濟臨以兵，辭不橈，厚禮遣還，度署以軍職，從鎭太原，除石州刺史。罷歸不得用，怨望，與太學博士李涉、金吾兵曹參軍茅彙居長安中，以氣俠相許。逢吉與李程同執政，不叶。程族人仍叔謂昭曰：「丞相欲用君，顧逢吉持不可。」昭愈憤，酒所，語其友劉審，欲刺逢吉。審竊語權輿，逢吉因彙召見昭，厚相結納，忿隙得解。逢吉素厚待彙，嘗與書曰：「足下當以『自求』字僕，吾當以『利見』

字君。」辭頗猥昵。及度將還,復命人發昭事。由是昭、彙皆下獄,命御史中丞王播按之。訓諷彙使誣昭與李程同謀,不然且死。彙不可,曰:「誣人以自免,不爲也!」獄成,昭榜死,彙流崖州,涉康州,仍叔貶道州司馬,訓流象州。擢審長壽主簿。而逢吉謀益露。昭死,人皆冤之。

初,逢吉興昭獄以止度入而不果,天子知度忠,卒相之。逢吉於是寖疎,以檢校司空、平章事爲山南東道節度使,表李續自副,張又新行軍司馬。頃之,檢校司徒。初,門下史田伾倚逢吉親信,顧財利,進婢,嬖之。伾坐事匿逢吉家,名捕弗獲。及出鎮,表隨軍,滿歲不敢集,使人僞過門下省,調房州司馬。爲有司所發,卽襄州捕之,詭講不遣。御史劾奏,詔奪一季俸,因是貶續爲涪州刺史,又新汀州刺史。久乃徙宣武,以太子太師爲東都留守。及訓用事,召拜尙書左僕射,足病不能朝,以司徒致仕,卒,年七十八,贈太尉,謚曰成。無子,以從弟子植嗣。

元稹字微之,河南河內人。六代祖巖,爲隋兵部尙書。稹幼孤,母鄭賢而文,親授書傳。九歲工屬文,十五擢明經,判入等,補校書郎。元和元年舉制科,對策第一,拜左拾遺。

性明銳,遇事輒舉。

始,王叔文、王伾蒙幸太子宮,而橈國政,稹謂宜選正人輔導,因獻言曰:

伏見陛下降明詔,脩廢學,增冑子,然而事有先於此,臣敢昧死言之。

賈誼有言:「三代之君仁且久者,敎之然也。」周成王本中才,近管、蔡則讒入,任周、召則善聞。豈天聰明哉?而克終于道者,敎也。始爲太子也,太公爲師,周公爲傅,召公爲保,伯禽、唐叔與游,目不閱淫豔,耳不聞優笑,居不近庸邪,玩不備珍異。及爲君也,血氣既定,游習既成,雖有放心,不能奪已成之性。則彼道德之言,固吾所習聞,陳之者易諭焉;回佞庸違,固吾所積懼,諂之者易辨焉。人之情莫不耀所能,黨所近,苟得志,必快其所蘊。物性亦然,故魚得水而游,鳥乘風而翔,火得薪而熾。夫成王所蘊,道德也;所近,聖賢也。快其蘊,則興禮樂,朝諸侯,措刑罰,敎之至也。

秦則不然,滅先王之學,黜師保之位。胡亥之生也,詩書不得聞,聖賢不得近。彼趙高,刑餘之人,傅之以殘忍戕賊之術,日恣睢,天下之人未盡愚,而亥不能分馬鹿矣;高之威懾天下,而亥自幽深宮矣。若秦亡則有以致之也。

太宗爲太子,選知道德者十八人與之游;卽位後,雖間宴飲食,十八人者皆在。上之失無不言,下之情無不達,不四三年而名高盛古,斯游習之致也。貞觀以來,保、傅皆宰相兼領,餘官亦時重選,故馬周恨位高不爲司議郎,其驗也。

母后臨朝,剪棄王室,中、睿爲太子,雖有骨鯁敢言之士,不得在調護保安職,及讒言中傷,惟樂工剖腹爲證,豈不哀哉!比來茲弊尤甚,師資保傅,不疾廢眊聵,卽休戎罷帥者處之。又以僻滯華首之儒備侍直、侍讀,越月踰時不得召。夫以匹士之愛其子,猶求明哲慈惠之師,豈天下元良而反不及乎?

臣以爲高祖至陛下十一聖,生而神明,長而仁聖,以是爲屑屑者,故不之省。設萬世之後,有周成中才,生於深宮,無保助之敎,則將不能知喜怒哀樂所自,況稼穡艱難乎!願令皇太子洎諸王齒冑講業,行嚴師問道之禮,輟禽色之娛,資游習之善,豈不美哉!

又自以職諫諍,不得數召見,上疏曰:

臣聞治亂之始,各有萌象。容直言,廣視聽,躬勤庶務,委信大臣,使左右近習不得蔽疏遠之人,此治象也。大臣不親,直言不進,抵忌諱者殺,犯左右者刑,與一二近習決事深宮中,羣臣莫與,此亂萌也。人君始卽位,萌象未見,必有狂直敢言者。上或激而進之,則天下君子望風曰:「彼狂而容於上,其欲來天下士乎?吾之道可以行矣!」其小人則竦利曰:「彼之直,得幸於上,吾將直言以徼利乎!」由是天下賢不肖各

以所忠貢於上,上下之志霈然而通。合天下之智,治萬物之心,人人樂得其所,戴其上如赤子之親慈母也,雖欲誘之爲亂,可得乎?及夫進計者入,而直言者戮,則天下君子內謀曰:「與其言不用而身爲戮,吾寧危行言遜以保其終乎!」其小人則擇利曰:「吾君所惡者拂心逆耳,吾將苟順是非以事之。」由是進見者革而不內,言事者寢而不聞,若此則十步之事不得見,況天下四方之遠乎!故曰:聾瞽之君非無耳目,左右前後者屛蔽之,不使視聽,欲不亂可得哉?

太宗初卽位,天下莫有言者,孫伏伽以小事持諫,厚賜以勉之。自是論事者唯懼言不直、諫不極、不能激上之盛意,曾不以忌諱爲虞。於是房、杜、王、魏議可否於前,四方言得失於外,不數年大治。豈文皇獨運聰明於上哉?蓋下盡其言,以宣揚發暢之也。夫樂全安,惡戮辱,古今情一也,豈獨貞觀之人輕犯忌諱而好戮辱哉?蓋上激而進之也。喜順從,怒謇犯,亦古今情一也,豈獨文皇甘逆耳、怒從心哉?蓋以順從之利輕,而危亡之禍大,思爲子孫建永安計也。爲後嗣者,其可順一朝意,而蔑文皇之天下乎?

陛下卽位已一歲,百辟卿士、天下四方之人,曾未有獻一計進一言而受賞者;左右前後拾遺補闕,亦未有奏封執諫而蒙勸者。設諫鼓,置匭函,曾未聞雪冤決事、明察幽

之意者。以陛下睿博洪深，勵精求治，豈言而不用哉？蓋下不能有所發明耳！承顧問者獨一二執政，對不及頃而罷，豈暇陳治安、議教化哉？它有司或時召見，僅能奉簿書計錢穀登降耳。以陛下之政，視貞觀何如哉？貞觀時，尙有房、杜、王、魏輔翊之智，日有獻可替否者。今陛下當致治之初，而言事進計者歲無一人，豈非羣下因循竊位之罪乎？輒昧死條上十事：一、教太子，正邦本；二、封諸王，固磐石；三、出宮人；四、嫁宗女；五、時召宰相講庶政；六、次對羣臣，廣聰明；七、復正衙奏事；八、許方幅糾彈；九、禁非時貢獻；十、省出入游畋。

于時論僇、高弘本、豆盧靖等出爲刺史，閱旬追還詔書，稹諫：「詔令數易，不能信天下。」又陳西北邊事。憲宗悅，召問得失。當路者惡之，出爲河南尉，以母喪解。服除，拜監察御史。按獄東川，因劾奏節度使嚴礪違詔過賦數百萬，沒入塗山甫等八十餘家田產奴婢。時礪已死，七刺史皆奪俸，礪黨怒。俄分司東都。

時浙西觀察使韓皐杖安吉令孫澥，數日死；武寧王紹護送監軍孟昇喪乘驛，內喪郵中，吏不敢止；內園擅繫人踰年，臺不及知；河南尹誣殺諸生尹大階；飛龍使誘亡命奴爲養子；田季安盜取洛陽衣冠女；汴州沒入死賈錢千萬。凡十餘事，悉論奏。會河南尹房式坐罪，稹舉劾，按故事追攝，移書停務。詔薄式罪，召稹還。次敷水驛，中人仇士良夜至，稹

不讓，中人怒，擊稹敗面。宰相以稹年少輕樹威，失憲臣體，貶江陵士曹參軍，而李絳、崔羣、白居易皆論其枉。久乃徙通州司馬，改虢州長史。元和末，召拜膳部員外郎。

稹尤長於詩，與居易名相埒，天下傳諷，號「元和體」，往往播樂府。穆宗在東宮，妃嬪近習皆誦之，宮中呼元才子。稹之謫江陵，善監軍崔潭峻。長慶初，潭峻方親幸，以稹歌詞數十百篇奏御，帝大悅。問稹今安在，曰：「爲南宮散郎。」卽擢祠部郎中，知制誥。變詔書體，務純厚明切，盛傳一時。然其進非公議，爲士類訾薄。稹內不平，因誠風俗詔歷詆羣有司以逞其憾。

俄遷中書舍人、翰林承旨學士。數召入，禮遇益厚，自謂得言天下事。中人爭與稹交，魏弘簡在樞密，尤相善。裴度出屯鎭州，有所論奏，共沮卻之。度三上疏劾弘簡、稹傾亂國政：「陛下欲平賊，當先淸朝廷乃可。」帝迫羣議，乃罷弘簡，而出稹爲工部侍郎。然眷倚不衰，未幾，進同中書門下平章事，朝野雜然輕笑，稹思立奇節報天子以厭人心。時王廷湊方圍牛元翼於深州，稹所善于方言：「王昭、于友明皆豪士，雅游燕、趙閒，能得賊要領，可使反閒而出元翼。願以家貲辦行，得兵部虛告二十，以便宜募士。」稹然之。李逢吉知其謀，陰令李賞訹裴度曰：「于方爲稹結客，將刺公。」度隱不發。神策軍中尉以聞，詔韓皐、鄭覃及逢吉雜治，無刺度狀，而方計暴聞，遂與度偕罷宰相，出爲同州刺史。諫官爭言度不當免，而黜稹輕。帝獨憐稹，但削長春宮使。初，獄未具，京兆劉遵古遣吏羅禁稹第，稹訴之，帝怒，責京兆，免捕賊尉，使使者慰稹。再期，徙浙東觀察使。明州歲貢蚶，役郵子萬人，不勝其疲，稹奏罷之。

大和三年，召爲尙書左丞，務振綱紀，出郞官尤無狀者七人。然稹素無檢，望輕，不爲公議所右。王播卒，謀復輔政甚力，訖不遂。俄拜武昌節度使。卒，年五十三，贈尙書右僕射。

所論著甚多，行于世。在越時，辟竇鞏。鞏，天下工爲詩，與之酬和，故鏡湖、秦望之奇益傳，時號「蘭亭絕唱」。稹始言事峭直，欲以立名，中見斥廢十年，信道不堅，乃喪所守。附宦貴得宰相，居位纔三月罷。晚彌沮喪，加廉節不飾云。

牛僧孺字思黯，隋僕射奇章公弘之裔。幼孤，下杜樊鄉有賜田數頃，依以爲生。工屬文，第進士。元和初，以賢良方正對策，與李宗閔、皇甫湜俱第一，條指失政，其言骾訐，不避宰相。宰相怒，故楊於陵、鄭敬、韋貫之、李益等坐考非其宜，皆謫去。僧孺調伊闕尉，改河南，遷監察御史，進累考工員外郎、集賢殿直學士。

穆宗初，以庫部郞中知制誥。徙御史中丞，按治不法，內外澄肅。宿州刺史李直臣坐賕當死，賂宦侍爲助，具獄上。帝曰：「直臣有才，朕欲貸而用之。」僧孺曰：「彼不才者，持祿取容耳。天子制法，所以束縛有才者。祿山、朱泚以才過人，故亂天下。」帝異其言，乃止。賜金紫服，以戶部侍郎同中書門下平章事。

始，韓弘入朝，其子公武用財賂權貴，杜塞言者。俄而弘、公武卒，孫弱不能事，帝遣使者至其家，悉收貲簿，校計出入。所以餉中朝臣者皆在，至僧孺，獨注其左曰：「某月日，送錢千萬，不納。」帝善之，謂左右曰：「吾不謬知人。」繇是遂以相。尋遷中書侍郎。

敬宗立，進封奇章郡公。是時政出近倖，僧孺數表去位，帝爲於鄂州置武昌軍，授武昌節度使、同平章事。鄂城土惡亟圮，歲增築，賦蓑茅於民，吏倚爲擾。僧孺陶甓以城，五年畢，鄂人無復歲費。又廢沔州以省冗官。

文宗立，李宗閔當國，屢稱僧孺賢，不宜棄外。復以兵部尙書平章事。幽州亂，楊志誠逐李載義，帝不時召宰相問計，僧孺曰：「是不足爲朝廷憂。夫范陽自安、史後，國家無所繫休戚，前日劉總挈境歸國，荒財耗力且百萬，終不得范陽尺帛斗粟入天府，俄復失之。今志誠繇向載義也，第付以節使扞奚、契丹，彼且自力，不足以逆順治也。」帝曰：「吾初不計此，公言是也。」因遣使慰撫之。進門下侍郎、弘文館大學士。

是時，吐蕃請和約弛兵，而大酋悉怛謀舉維州入之劍南，於是李德裕上言：「韋皋經略西山，至死恨不能致，今以生羌二千人燒十三橋，擣虜之虛，可以得志。」帝使羣臣大議，請如德裕策。僧孺持不可，曰：「吐蕃綿地萬里，失一維州無害其彊。今修好使者尚未至，遽反其言。且中國禦戎，守信爲上，應敵次之。彼來責曰：『何故失信？』贊普牧馬蔚茹川，若東襲隴坂，以騎綴回中，不三日抵咸陽橋，則京師戒嚴，雖得百維州何益！」帝然之，遂詔返降者。時皆謂僧孺挾素怨，橫議沮解之，帝亦以爲不直。

會中人王守澄引纖人竊議朝政，它日延英召見宰相曰：「公等有意於太平乎？何道以致之？」僧孺曰：「臣待罪宰相，不能康濟，然太平亦無象。今四夷不內擾，百姓安生業，私室無彊家，上不壅蔽，下不怨讟，雖未及至盛，亦足爲治矣。而更求太平，非臣所及。」退謂它宰相曰：「上責成如是，吾可久處此耶？」固請罷，乃檢校尚書左僕射平章事，爲淮南節度副大使。天子既急於治，故李訓等投隙得售其妄，幾至亡國。

開成初，表解劇鎮，以檢校司空爲東都留守。僧孺治第洛之歸仁里，多致嘉木美石，與賓客相娛樂。三年，召爲尚書左僕射。僧孺入朝，會莊恪太子薨，既見，陳父子君臣人倫大經，以悟帝意，帝泫然流涕。以足疾不任謁，檢校司空、平章事，爲山南東道節度使。賜彝樽、龍勺，詔曰：「精金古器以比況君子，卿宜少留。」僧孺固請，乃行。

會昌元年，漢水溢，壞城郭，坐不謹防，下遷太子少保。進少師。明年，以太子太傅留守東都。劉稹誅，而石雄軍吏得從諫與僧孺、李宗閔交結狀。又河南少尹呂述言：「僧孺聞稹誅，恨歎之。」武宗怒，黜爲太子少保，分司東都，累貶循州長史。宣宗立，徙衡、汝二州，還爲太子少師。卒，贈太尉，年六十九。謚曰文簡。

諸子蔚、叢最顯。

蔚字大章，少擢兩經，又第進士，繇監察御史爲右補闕。大中初，屢條切政，宣宗喜曰：「牛氏果有子，差尉人意。」出金州刺史，遷累吏部郎中。失權倖意，貶國子博士，分司東都。復以吏部召，兼史館修撰。

咸通中，進至戶部侍郎，襲奇章侯。坐累免，未一歲，復官。久之，檢校兵部尚書、山南西道節度使。治梁三年，徐州盜起，神策兩中尉諷諸藩悉財助軍，蔚索府帛三萬以獻，中人嫌其吝，用吳行魯代之。黃巢入京師，遁山南，故吏民喜蔚至，爭迎候。因請老，以尚書右僕射致仕，卒。

子徽。

徽舉進士，累擢吏部員外郎。乾符中選濫，吏多姦，歲調四千員，徽治以剛明，柅杜干請，法度復振。

蔚避地于梁，道病，徽與子扶籃輿，歷閣路，盜擊其首，血流面，持輿不息。盜迫之，徽拜曰：「人皆有父，今親老而疾，幸無駭驚。」盜感之，乃止。及前谷，又逢盜，輒相語曰：「此孝子也！」共舉輿舍之家，進帛裹創，以饘飲奉蔚，留信宿去。抵梁，徽趨蜀謁行在，丐歸侍親疾。會拜諫議大夫，固辭，見宰相杜讓能曰：「上遷幸當從，親有疾當侍，而徽兄在朝廷，身乞還營醫藥。」時兄循已位給事中，許之。父喪，客梁、漢。終喪，以中書舍人召，辭疾，改給事中，留陳倉。

張濬伐太原，引爲判官，敕在所敦遣。徽太息曰：「王室方復，瘡藏殫耗，當協和諸侯以爲藩屏，而又濟以兵，諸侯離心，必有後憂。」不肯起。濬果敗。復召爲給事中。

楊復恭叛山南，李茂貞請假招討節伐之，未報，而與王行瑜輒出兵。昭宗怒，持奏不下。茂貞亟請，帝召羣臣議，無敢言。徽曰：「王室多難，茂貞誠有功。今復恭阻兵而討之，罪在不俟命爾。臣聞兩鎮兵多殺傷，不早有所制，則梁、益之人盡矣。請假以節，明約束，則軍有所畏。」帝曰：「然。」乃以招討使授茂貞，果有功，然益偃蹇，帝使宰相杜讓能將兵誅討，徽諫曰：「岐，國西門。茂貞憝其衆而暴，若令萬分一不利，屈威重奈何？願徐制之。」不

聽。師出，帝復召徽曰：「今伐茂貞，彼衆烏合，取必萬全，卿計何日有捷？」對曰：「臣職諫爭，所言者軍國大體，如索賊平之期，願陛下考蓍龜，責將帥，非臣職也。」既而師果敗，遂殺大臣，王室益弱。

俄繇中書舍人爲刑部侍郎，襲奇章男。崔胤忌徽之正，換左散常侍，徙太子賓客，以刑部尚書致仕，歸樊川。卒，贈吏部尚書。

叢字表齡，第進士，繇藩帥幕府任補闕，數言事。會宰相請廣諫員，宣宗曰：「諫臣惟能舉職爲可，奚用衆耶？今張符、趙璘、牛叢使朕聞所未聞，三人足矣。」以司勳員外郎爲睦州刺史，帝勞曰：「卿非得怨宰相乎？」對曰：「陛下比詔不由刺史縣令不任近臣，宰相以是擢臣，非嫌也。」即賜金紫，謝曰：「臣今衣刺史所假緋，即賜紫，爲越等。」乃賜銀緋。

咸通末，拜劍南西川節度使。時蠻犯邊，抵大渡，進略黎、雅，叩邛崍關，謾書求入朝，且曰假道。叢囚其使四十人，釋二人還之，蠻懼，即引去。僖宗幸蜀，授太常卿。以病求爲巴州刺史，不許。還京，爲吏部尚書。嗣襄王亂，叢客死太原。

李宗閔字損之，鄭王元懿四世孫。擢進士，調華州參軍事。舉賢良方正，與牛僧孺詆切時政，觸宰相，李吉甫惡之，補洛陽尉。久流落不偶，去從藩府辟署。入授監察御史、禮部員外郎。裴度伐蔡，引爲彰義觀察判官。蔡平，遷駕部郎中，知制誥。穆宗卽位，進中書舍人。時翽爲華州刺史，父子同拜，世以爲寵。

長慶初，錢徽典貢舉，宗閔託所親於徽，而李德裕、李紳、元稹在翰林，有寵於帝，共白徽納干丐，取士不以實，宗閔坐貶劍州刺史。由是嫌忌顯結，樹黨相磨軋，凡四十年，搢紳之禍不能解。

俄復爲中書舍人，典貢舉，所取多知名士，若唐沖、薛庠、袁都等，世謂之「玉笋」。寶曆初，累進兵部侍郎，父喪解。大和中，以吏部侍郎同中書門下平章事。時德裕自浙西召，欲以相，而宗閔中助多，先得進，卽引僧孺同秉政，相唱和，去異己者，德裕所善皆逐之。遷中書侍郎。

久之，德裕爲相，與宗閔共當國。德裕入謝，文宗曰：「而知朝廷有朋黨乎？」德裕曰：「今中朝半爲黨人，雖後來者，趍利而靡，往往陷之。陛下能用中立無私者，黨與破矣。」帝曰：「衆以楊虞卿、張元夫、蕭澣爲黨魁。」德裕因請皆出爲刺史，帝然之。卽以虞卿爲常州，

元夫爲汝州，蕭澣爲鄭州。宗閔曰：「虞卿位給事中，州不容在元夫下。德裕居外久，其知黨人不如臣之詳。虞卿日見賓客於第，世號行中書，故臣未嘗與美官。」德裕質之曰：「給事中非美官云何？」宗閔大沮，不得對。俄以同平章事爲山南西道節度使。

李訓、鄭注始用事，疾德裕，共譖短之。乃罷德裕，復召宗閔知政事，進封襄武縣侯，恣肆附託。會虞卿以京兆尹得罪，極言營解，帝怒叱曰：「爾嘗以鄭覃爲妖氣，今自爲妖耶？」卽出爲明州刺史，貶處州長史。訓、注乃劾宗閔異時陰結駙馬都尉沈𡡉、內人宋若憲、宦者韋元素王踐言等求宰相，且言：「頃上有疾，密問術家呂華，迎考命曆，曰：『惡十二月。』而踐言監軍劍南，受德裕賕，復與宗閔交私。」乃貶宗閔潮州司戶參軍事，𡡉逐柳州，元素等悉流嶺南，親信並斥。

時訓、注欲以權市天下，凡不附己者，皆指以二人黨，逐去之。人人駭栗，連月霧晦。帝乃詔宗閔、德裕姻家門生故吏，自今一切不問，所以慰安中外。嘗歎曰：「去河北賊易，去此朋黨難！」

開成初，幽州刺史元忠、河陽李載義累表論洗，乃徙爲衢州司馬。楊嗣復輔政，與宗閔善，欲復用，而畏鄭覃，乃托宦人諷帝。帝因紫宸對覃曰：「朕念宗閔久斥，應授一官。」覃曰：「陛下徙令少近則可，若再用，臣請前免。」陳夷行曰：「宗閔之罪，不卽死爲幸。寶曆時，

李續、張又新等號『八關十六子』，朋比險妄，朝廷幾危。」李珏曰：「此李逢吉罪。今續喪闋，不可不任以官。」夷行曰：「不然，舜逐四凶天下治，朝廷何惜數憸人，使亂紀綱？」嗣復曰：「事當適宜，不可以憎愛奪。」帝曰：「州刺史可乎？」覃請授洪州別駕。夷行曰：「宗閔始庇鄭注，階其禍，幾覆國。」嗣復曰：「陛下向欲官鄭注，而宗閔不奉詔，尙當記之。」覃曰：「嗣復黨宗閔者，彼其惡似李林甫。」嗣復曰：「覃言過矣，林甫妬賢忌功，夷滅十餘族，宗閔固無之。始，宗閔與德裕俱得罪，德裕再徙鎭，而宗閔故在貶地。夫懲勸宜一，不可謂黨。」因折覃曰：「比殷侑爲韓益求官，臣以其昔坐贓，不許。覃託臣勿論，是豈不爲黨乎？」遂擢宗閔杭州刺史。遷太子賓客，分司東都。

既而覃、夷行去位，嗣復謀引宗閔復輔政，未及而文宗崩。會昌中，劉稹以澤潞叛，德裕建言宗閔素厚從諫，今上黨近東都，乃拜宗閔湖州刺史。稹敗，得交通狀，貶漳州長史，流封州。宣宗卽位，徙郴州司馬，卒。

宗閔性機警，始有當世令名，既寖貴，喜權勢。初爲裴度引拔，後度薦德裕可爲相，宗閔遂與爲怨。韓愈爲作南山、猛虎行規之。而宗閔崇私黨，熏熾中外，卒以是敗。

子琨、瓚，皆擢進士。令狐綯作相，而瓚以知制誥歷翰林學士。綯罷，亦爲桂管觀察使。不善禦軍，爲士卒所逐，貶死。

宗閔弟宗冉，其子湯，累官京兆尹，黃巢陷長安，殺之。

楊嗣復字繼之。父於陵，始見識於浙西觀察使韓滉，妻以其女，歸謂妻曰：「吾閱人多矣，後貴且壽無若生者，有子必位宰相。」既而生嗣復，滉撫其頂曰：「名與位皆踰其父，楊氏之慶也。」因字曰慶門。八歲知屬文，後擢進士、博學宏辭，與裴度、柳公綽皆爲武元衡所知，表署劍南幕府。進右拾遺，直史館。尤善禮家學，改太常博士，再遷禮部員外郎。時於陵爲戶部侍郎，嗣復避同省，換它官，有詔：「同司，親大功以上，非聯判句檢官長，皆勿避。官同職異，雖父子兄弟無嫌。」遷累中書舍人。

嗣復與牛僧孺、李宗閔雅相善，二人輔政，引之，然不欲越父當國，故權知禮部侍郎。凡二期，得士六十八人，多顯宦。文宗嗣位，進戶部侍郎。於陵老，求侍不許。喪除，擢尙書左丞。大和中，宗閔罷，嗣復出爲劍南東川節度使。宗閔復相，徙西川。

開成初，以戶部侍郎召，領諸道鹽鐵轉運使。俄與李珏並拜同中書門下平章事，弘農縣伯，仍領鹽鐵。後紫宸奏事，嗣復爲帝言：「陸洿屏居民間，而上書論兵，可勸以官。」珏和曰：「士多趍競，能獎洿，貪夫廉矣。比竇洵直以論事見賞，天下釋然，況官洿耶！」帝曰：

「朕賞洵直，褒其心爾。」鄭覃不平曰：「彼苞藏固未易知。」嗣復曰：「洵直無邪，臣知之。」覃曰：「陛下當察朋黨。」嗣復曰：「覃疑臣黨，臣應免。」卽再拜祈罷。珏見言切，繆曰：「朋黨固少弭。」覃曰：「附離復生。」帝曰：「向所謂黨與不已盡乎？」覃曰：「楊漢公、張又新、李續故在。」珏乃陳邊事，欲絕其語。覃曰：「論邊事安危，臣不如珏；嫉朋比，珏不如臣。」嗣復曰：「臣聞左右佩劍，彼此相笑，未知覃果謂誰爲朋黨邪？」因當香桉頓首曰：「臣位宰相，不能進賢退不肖，以朋黨獲譏，非所以重朝廷。」固乞罷，帝方委以政，故尉安之。

它日，帝問：「符讖可信乎？何從而生？」嗣復曰：「漢光武以讖決事，隋文帝亦喜之，故其書蔓天下。班彪王命論有所引述，特以止賊亂，非重之也。」珏曰：「治亂宜直推人事耳。」帝曰：「然。」又問：「天后時有起布衣爲宰相者，果可用乎？」嗣復曰：「天后重用刑，輕用官，自爲之計耳。必責能否，要待歷試乃可。」

是時延英訪對，史官不及知。嗣復建言：「故事，正衙，起居注在前；便坐，無所紀錄。姚璹、趙璟皆請置時政記，不能行。臣請延英對宰相語關道德刑政者，委中書門下直日紀錄，月付史官。」它宰相議不同，止。久之，帝又問：「延英政事，孰當記之？」珏監修國史，對曰：「臣之職也。」陳夷行曰：「宰相所錄，恐掩蔽聖德，自盜美名。臣向言不欲威權在下者，此也。」珏曰：「夷行疑宰相賣威權，貨刑賞。不然，何自居位而爲此言邪？臣得罷爲幸。」覃

曰：「陛下開成初政甚善，三年後，日不逮前。」嗣復曰：「開成初，覃、夷行當國，三年後，臣與李珏同進。臣不能悉心奉職，使政事日不逮前，臣之罪也。縱陛下不忍加誅，當自殄滅。」卽叩頭請從此辭，不敢更至中書，乃趍出。帝使使者召還，曰：「覃言失，何及此邪？」覃起謝曰：「臣愚不知忌諱，近事雖善，猶未盡公。臣非專斥嗣復，而遽求去，乃不使臣言耳。」嗣復曰：「陛下月費俸稟數十萬，時新異賜必先及，將責臣輔聖功，求至治也。使不及初，豈臣當死，累陛下之德，奈何？惟陛下別求賢以自輔。」帝曰：「覃偶及之，奚執咎？」嗣復闔門不肯起，帝乃免覃、夷行相，而嗣復專天下事。

進門下侍郎。建言：「使府官屬多，宜省。」帝曰：「無反滯才乎？」對曰：「才者自異，汰去粃滓者，菁華乃出。」帝曰：「昔蕭復秉政，難言者必言，卿其志之！」

未幾，帝崩，中尉仇士良廢遺詔，立武宗。帝之立，非宰相意，故內薄執政臣，不加禮，自用李德裕，而罷嗣復爲吏部尙書，出爲湖南觀察使。會誅薛季稜、劉弘逸，中人多言嘗附嗣復、珏，不利於陛下。帝剛急，卽詔中使分道誅嗣復等，德裕與崔鄲、崔珙等詣延英言：「故事，大臣非惡狀明白，未有誅死者。昔太宗、玄宗、德宗三帝，皆嘗用重刑，後無不悔，願徐思其宜，使天下知盛德有所容，不欲人以爲冤。」帝曰：「朕纘嗣之際，宰相何嘗比數！且珏等各有附會，若珏、季稜屬陳王，猶是先帝意。如嗣復、弘逸屬安王，乃內爲楊妃謀。且

其所詒書曰：『姑何不斅天后？』」德裕曰：「飛語難辨。」帝曰：「妃昔有疾，先帝許其弟入侍，得通其謀。禁中證左尤具，我不欲暴于外。使安王立，肯容我耶？」言畢戚然，乃曰：「爲卿赦之！」因追使者還，貶嗣復潮州刺史。

宣宗立，起爲江州刺史。以吏部尙書召，道岳州卒，年六十六，贈尙書左僕射，謚曰孝穆。

嗣復領貢舉時，於陵自洛入朝，乃率門生出迎，置酒第中，於陵坐堂上，嗣復與諸生坐兩序。始於陵在考功，擢浙東觀察使李師稷及第，時亦在焉。人謂楊氏上下門生，世以爲美。

嗣復五子，其顯者：授、損。

授字得符，於昆弟最賢。由進士第遷累戶部侍郎，以母病求爲祕書監。後以刑部尙書從昭宗幸華，徙太子少保，卒，贈尙書左僕射。

子煚，字公隱，累擢左拾遺。昭宗初立，數遊宴，上疏極諫。歷戶部員外郎。崔胤招朱全忠入京師，煚挈族客湖南。終諫議大夫。

損字子默，繇蔭補藍田尉，至殿中侍御史。家新昌里，與路巖第接。巖方爲相，欲易其廄以廣第。損族仕者十餘人，議曰：「家世盛衰，繫權者喜怒，不可拒。」損曰：「今尺寸土皆先人舊貲，非吾等所有，安可奉權臣邪？窮達，命也！」卒不與。巖不悅，使損按獄黔中，踰年還。三遷絳州刺史。巖罷去，召爲給事中，遷京兆尹。與宰相盧攜雅不叶，復除給事中。陝虢軍亂，逐觀察使崔蕘，命損代之，至則盡誅有罪者。拜平盧節度使，徙天平，未赴復留，卒官下。

贊曰：夫口道先王語，行如市人，其名曰「盜儒」。僧孺、宗閔以方正敢言進，既當國，反奮私昵黨，排擊所憎，是時權震天下，人指曰「牛李」，非盜謂何？逢吉險邪，稹浮躁，嗣復辯給，固無足言。幸主孱昏，不底於戮，治世之罪人歟！

校勘記

〔一〕父顏　按本書卷七二上宰相世系表及舊書卷一六七李逢吉傳均謂逢吉父名歸期，祖名顏。

唐書卷一百七十五

列傳第一百

竇羣 常 牟 庠 鞏 劉栖楚 張又新 楊虞卿 漢公 汝士 張宿 熊望 柏耆

竇羣字丹列，京兆金城人。父叔向，以詩自名，代宗時，位左拾遺。羣兄弟皆擢進士第，獨羣以處士客隱毗陵。母卒，齧一指置棺中，廬墓次終喪。從盧庇傳啖助春秋學，著書數十篇。蘇州刺史韋夏卿薦之朝，并表其書，報聞，不召。後夏卿入爲京兆尹，復言之，德宗擢爲左拾遺。時張薦持節使吐蕃，乃遷羣侍御史，爲薦判官。入見帝曰：「陛下即位二十年，始自草茅擢臣爲拾遺，何其難也？以二十年難進之臣爲和蕃判官，一何易？」帝壯其言，不遣。

王叔文黨盛，雅不喜羣，羣亦悻悻不肯附。欲逐之，韋執誼不可，乃止。羣往見叔文

曰：「事有不可知者。」叔文曰：「奈何？」曰：「去年李實伐恩恃權，震赫中外，君此時逡巡路傍，江南一吏耳。今君又處實之勢，豈不思路傍復有如君者乎？」叔文悚然，亦卒不用。

憲宗立，轉膳部員外郎，兼侍御史知雜事。出爲唐州刺史。節度使于頔聞其名，與語，奇之，表以自副。武元衡、李吉甫皆所厚善，故召拜吏部郎中。元衡輔政，薦羣代爲中丞。羣引呂溫、羊士諤爲御史，吉甫以二人躁險，持不下。羣忮很，反怨吉甫。吉甫節度淮南，羣謂失恩，因擠之。陳登者，善術，夜過吉甫家，羣即捕登掠考，上言吉甫陰事。憲宗面覆登，得其情，大怒，將誅羣，吉甫爲救解，乃免，出爲湖南觀察使。改黔中。會水壞城郛，調谿洞羣蠻築作，因是羣蠻亂，貶開州刺史。稍遷容管經略使。召還，卒于行，年五十五，贈左散騎常侍。

羣很自用，果於復怨。始召，將大任之，衆皆懼，及聞其死，乃安。

兄常、牟，弟庠、鞏，皆爲郎，工詞章，爲聯珠集行於時，義取昆弟若五星然。

常字中行，大曆中及進士第，不肯調，客廣陵，多所論著，隱居二十年。鎭州王武俊聞其才，奏辟不應。杜佑鎭淮南，署爲參謀。歷朗夔江撫四州刺史、國子祭酒，致仕。卒，贈越州都督。

牟字貽周，累佐節度府。晚從昭義盧從史，從史寖驕，牟度不可諫，即移疾歸東都，從史敗，不以覺徵避去自賢。位國子司業。

庠字胄卿，終婺州刺史。

鞏字友封，雅裕，有名于時。平居與人言若不出口，世號「囁嚅翁」。元稹節度武昌，奏鞏自副，卒。

劉栖楚，其出寒鄙。爲鎭州小史，王承宗奇之，薦於李逢吉，繇鄧州司倉參軍擢右拾遺。逢吉之罷裴度、逐李紳，皆嗾而爲奸者。敬宗立，視朝常晏，數游畋失德。栖楚諫曰：「惟前世王者初嗣位，皆親庶政，坐以待旦。陛下新即位，安臥寖內，日晏乃作。大行殯宮密邇，鼓吹之聲日聞諸朝。且憲宗及先帝皆長君，朝夕恪勤，四方猶有叛者。陛下以少主，踐祚未幾，惡德流布，恐福祚之不長也。臣以諫爲官，使陛下負天下譏，請碎首以謝。」遂頟叩龍

墀，血被面。李逢吉傳詔：「毋叩頭，待詔旨。」栖楚捧首立，帝動容，揚袂使去。栖楚曰：「不聽臣言，臣請死于此。」有詔尉喻，乃出。遷起居郎，辭疾歸洛。後諫官對延英，帝問：「向廷爭者在邪？」以諫議大夫召。未幾，宜授刑部侍郎。故事，侍郎無宜授者，逢吉喜助己，故不次任之。

數月，改京兆尹，峻誅罰，不避權豪。先是，諸惡少竄名北軍，凌藉衣冠，有罪則逃軍中，無敢捕。栖楚一切窮治，不閱旬，宿姦老蠹爲斂迹。一日，軍士乘醉有所淩突，諸少年從旁譟曰：「癡男子，不記頭上尹邪？」

然其性詭激，敢爲怪行，乘險抵巇，若無顧藉，內實恃權怙寵以干進。詣宰相，厲色慢辭，韋處厚惡之，出爲桂管觀察使。卒，贈左散騎常侍。

張又新字孔昭，工部侍郎薦之子。元和中，及進士高第，歷左右補闕。性傾邪。李逢吉用事，惡李紳，冀得其罪，求中朝凶果敢言者厚之，以危中紳。又新與拾遺李續、劉栖楚等爲逢吉搏吠所憎，故有「八關十六子」之目。

敬宗立，紳貶端州司馬，朝臣過宰相賀，閽者曰：「止，宰相方與補闕語，姑伺之。」及又新

出，流汗撻百官曰：「端溪之事，竊不敢讓。」人皆辟易畏之。尋轉祠部員外郎。嘗買婢遷約，爲牙儈搜索陵突，御史劾舉，逢吉庇之，事不窮治。及逢吉罷，領山南東道節度，表又新爲行軍司馬。坐田伾事，貶汀州刺史。李訓有寵，又新復見用，遷刑部郎中，爲申州刺史。訓死，復坐貶。終左司郎中。

又新善文辭，再以諂附敗，喪其家聲云。

楊虞卿字師皐，虢州弘農人。父寧，有高操，談辯可喜。擢明經，調臨渙主簿，棄官還夏，與陽城爲莫逆交。德宗以諫議大夫召城，城未拜，詔寧卽諭，與俱來。陝虢觀察使李齊運表置幕府。齊運入爲京兆尹，表奉先主簿，拜監察御史，坐累免。順宗初，召爲殿中侍御史，終國子祭酒。

虞卿第進士、博學宏辭，爲校書郎。抵淮南，委婚幣焉，會陳商葬其先，貧不振，虞卿未嘗與游，悉所齎助之。擢累監察御史。

穆宗初立，逸游荒恣，虞卿上疏曰：「烏鳶遭害仁鳥逝，誹謗不誅良臣進。臣敢冒誅獻瞽言。臣聞堯、舜以天下爲憂，不以位爲樂。況今北虜方梗，西戎弗靖，兩河有瘡痏之虞，

五嶺罹氛厲之役。人之疾苦積下，朝之制度莫脩。邊亡見儲，國用寖屈，固未可以高枕而息也。陛下初臨萬幾，宜有憂天下心。當日見輔臣公卿百執事，垂意以問，使四方內外灼有所聞。而聽政六十日，八對延英，獨三數大臣承聖問而已，它內朝臣偕入齊出，無所咨詢。諫臣盈廷，忠言不聞，臣實羞之。蓋主恩疏而正路塞也。公卿大臣宜朝夕燕見，則君臣情接而治道得矣。今宰臣四五人，或頃刻侍坐，鞠躬隕越，隨旨上下，無能往來，此繇君太尊、臣太卑故也。公卿列位，雖陟降清地，曾未奉優睠、承下問。雖陛下神聖如五帝，猶宜周爰顧逮，惠以氣色，使支體相成，君臣昭明。陛下求治於宰相，宰相求治於臣等，進忠若趨利，論政若訴冤，此而不治，無有也。自古天子居危思安之心同，而居安慮危之心則異，故不得皆爲聖明也。」時又有衡山布衣趙知微，亦上書指言帝倡優在側，馳騁無度，內作色荒，外作禽荒。辭頗危切，帝詔宰相尉謝。宰相因是賀天子納諫，然不能用也。

俄詔行勞西北邊。還，遷侍御史，改禮部員外郎，史館脩撰。進吏部。會曹史李賨等鬻僞告，調官六十五員，贓千六百萬以上，虞卿發其姦，賨等繫御史府。而虞卿親吏嘗受二百萬，亡命，私奴受三十萬，虞卿縛奴送獄。三司嚴休復、高釴、韋景休雜推，賨等皆誅死。虞卿坐不檢下免官。

李宗閔、牛僧孺輔政，引爲右司郎中、弘文館學士。再遷給事中。虞卿佞柔，善諧麗權幸，倚爲姦利。歲舉選者，皆走門下，署第注員，無不得所欲，升沈在牙頰間。當時有蘇景胤、張元夫，而虞卿兄弟汝士、漢公爲人所奔向，故語曰：「欲趨舉場，問蘇、張；蘇、張猶可，三楊殺我。」宗閔待之尤厚，就黨中爲最能唱和者，以口語軒輊事機，故時號黨魁。

德裕之相，出爲常州刺史。宗閔復入，以工部侍郎召，遷京兆尹。大和九年，京師訛言鄭注爲帝治丹，剔小兒肝心用之。民相驚，扃護兒曹。帝不悅，注亦內不安，而雅與虞卿有怨，卽約李訓奏言：「語出虞卿家，因京兆騶伍布都下。」御史大夫李固言素嫉虞卿周比，因傅左端倪。帝大怒，下虞卿詔獄。於是諸子弟自囚闕下稱冤，虞卿得釋，貶虔州司戶參軍，死。

子知退、知權、壇、堪、漢公，皆擢進士第，漢公最顯。

漢公字用乂。始辟興元李絳幕府，絳死，不與其禍。還累戶部郎中、史館脩撰，轉司封郎中。坐虞卿，下除舒州刺史，徙湖、亳、蘇三州。擢桂管、浙東觀察使。繇戶部侍郎拜荆南節度使，召爲工部尚書。或劾漢公治荆南有貪贓，降祕書監。稍遷國子祭酒。

宣宗擢爲同州刺史。於是，給事中鄭裔綽、鄭公輿共奏漢公冒猥無廉槩，不可處近輔，三還制書。帝它日凡門下論執駁正未嘗卻。漢公素結左右，有奧助。至是，帝惑不從，制卒行。會寒食宴近臣，帝自擊毬爲樂，巡勞從臣，見裔綽等曰：「省中議無不從，唯漢公事爲

有黨。」裔綽獨對：「同州，太宗興王地，陛下爲人子孫，當精擇守長付之，漢公既以墨敗，陛下容可舉劇部私貪人？」帝恚見顏間。翌日，斥裔綽爲商州刺史。漢公自同州更宣武、天平兩節度使，卒。

子籌、範，仕亦顯。

汝士字慕巢。中進士第，又擢宏辭。牛、李待之善，引爲中書舍人。開成初，繇兵部侍郎爲東川節度使。時嗣復鎭西川，乃族昆弟，對擁旄節，世榮其門。終刑部尙書。

子知溫、知至，悉以進士第入官。知溫終荆南節度使。知至爲宰相劉瞻所善，以比部郎中知制誥。瞻得罪，亦貶瓊州司馬，擢累戶部侍郎。

楊氏自汝士後，貴赫爲冠族。所居靜恭里，兄弟並列門戟。咸通後，在臺省方鎭率十餘人。

張宿者，本寒人，自名諸生。憲宗爲廣陵王時，因張茂宗薦尉，得出入邸中，誕譎敢言。及監撫，自布衣授左拾遺，交通權幸，四方賂遺滿門。數召對，不能愼密，坐漏禁中語，貶郴

丞十餘年。

累遷比部員外郎。宰相李逢吉數言其狡譎不可信，白爲濠州刺史，宿上疏自言，留不遣。帝欲以爲諫議大夫，逢吉曰：「諫議職要重，當待賢者。宿細人，不可使汙是官。陛下必用之，請先去臣乃可。」帝不悅。後逢吉罷，詔權知諫議大夫，宰相崔羣、王涯同議曰：「諫議大夫，前世或自山林、擢行伍任之者，然皆道義卓異於時。今宿望輕，若待以不次，未足以寵，適以累之也。」請授它官，不聽，使中人宣授焉。宿恐執政不與己，乃日肆讒惎，與皇甫鎛相附離，多中傷正人君子。元和末，持節至淄青，李師道願割地遣子入侍。既而悔，復遣宿往，暴卒于道，贈祕書監。

熊望者，字原師，擢進士第。性險躁，以辯說游公卿間。劉栖楚爲京兆尹，樹權勢，望日出入門下，爲刺取事機，陰佐計畫。敬宗喜爲歌詩，議置東頭學士，以備燕狎。栖楚薦望，未及用，帝崩。文宗立，韋處厚秉政，詔望因緣險薄，營密職，圖褻幸，譁沸衆議，貶漳州司戶參軍。

柏耆者，有縱横學。父良器，爲時威名將。耆志健而望高，急于立名。是時，王承宗以常山叛，朝廷厭兵，耆杖策詣淮西行營謁裴度，且言願得天子一節馳入鎭，可掉舌下之。度爲言，乃以左拾遺往。既至，以大誼動承宗，至泣下。乃請獻二州，以二子入質。眞擢耆左拾遺，由是聲震一時。遷起居舍人。

王承元徙義成軍，遣諫議大夫鄭覃往慰成德軍，賚緡錢百萬。賚未至，舉軍諠譁，穆宗遣耆諭天子意，衆乃信悅。轉兵部郎中、諫議大夫。

大和初，李同捷反，詔兩河諸鎭出兵，久無功。乃授耆德州行營諸軍計會使，與判官沈亞之諭旨。會横海節度使李祐平德州，同捷窮，請降，祐使大將萬洪代守滄州，同捷未出也，耆以三百騎馳入滄，以事誅洪，與同捷朝京師。既行，諜言王廷湊欲以奇兵劫同捷，耆遂斬其首以獻。諸將嫉耆功，比奏攢詆，文宗不獲已，貶耆循州司戶參軍，亞之南康尉。官人馬國亮譖耆受同捷先所得王稷女及奴婢珍貨。初，祐聞耆殺洪，大驚，疾遂劇。帝曰：「祐若死，是耆殺之。」至是，積前怒，詔長流愛州，賜死。

贊曰：詩人斥譖人最甚，投之豺虎，有北，不置也。如羣、栖楚輩則然，肆訐以示公，構黨以植私，其言纚纚若可聽，卒而入于敗亂也。孔子所謂「順非而澤」者歟，「利口覆邦家」者歟！耆掩衆取功，自速其死，哀哉！

唐書卷一百七十六

列傳第一百一

韓愈 孟郊 張籍 皇甫湜 盧仝 賈島 劉乂

韓愈字退之，鄧州南陽人。七世祖茂，有功於後魏，封安定王。父仲卿，爲武昌令，有美政，既去，縣人刻石頌德。終祕書郎。

愈生三歲而孤，隨伯兄會貶官嶺表。會卒，嫂鄭鞠之。愈自知讀書，日記數千百言，比長，盡能通六經、百家學。擢進士第。會董晉爲宣武節度使，表署觀察推官。晉卒，愈從喪出，不四日，汴軍亂，乃去依武寧節度使張建封，建封辟府推官。操行堅正，鯁言無所忌。調四門博士，遷監察御史。上疏極論宮市，德宗怒，貶陽山令。有愛在民，民生子多以其姓字之。改江陵法曹參軍。元和初，權知國子博士，分司東都，三歲爲眞。改都官員外郎，即拜河南令。遷職方員外郎。

華陰令柳澗有罪，前刺史劾奏之，未報而刺史罷。澗諷百姓遮索軍頓役直，後刺史惡之，按其獄，貶澗房州司馬。愈過華，以爲刺史陰相黨，上疏治之。既御史覆問，得澗贓，再貶封溪尉。愈坐是復爲博士。既才高數黜，官又下遷，乃作進學解以自諭曰：

國子先生晨入太學，召諸生立館下，誨之曰：「業精于勤，荒于嬉；行成于思，毀于隨。方今聖賢相逢，治具畢張，拔去兇邪，登崇畯良。占小善者率以錄，名一藝者無不庸。爬羅剔抉，刮垢磨光。蓋有幸而獲選，孰云多而不揚？諸生業患不能精，無患有司之不明；行患不能成，無患有司之不公。」

言未既，有笑于列者曰：「先生欺予哉！弟子事先生，于茲有年矣。先生口不絕吟於六藝之文，手不停披於百家之編。記事者必提其要，纂言者必鉤其玄。貪多務得，細大不捐。焚膏油以繼晷，常矻矻以窮年。先生之業，可謂勤矣。觝排異端，攘斥佛老。補苴罅漏，張皇幽眇。尋墜緒之茫茫，獨旁搜而遠紹。障百川而東之，回狂瀾於既倒。先生之於儒，可謂有勞矣。沈浸醲郁，含英咀華。作爲文章，其書滿家。上規姚姒，渾渾亡涯。周誥殷盤，佶屈聱牙。春秋謹嚴，左氏浮夸。易奇而法，詩正而葩。下逮莊騷，太史所錄，子雲相如，同工異曲。先生之於文，可謂閎其中而肆其外矣。少始知學，勇於敢爲。長通於方，左右其宜。先生之於爲人，可謂成矣。然而公不見信於人，私不見助於友。跋前躓後，動輒得咎。暫爲御史，遂竄南夷。三年博士，冗不見治。命與仇謀，取敗幾時。冬煖而兒號寒，年豐而妻啼飢。頭童齒豁，竟死何裨？不知慮此，而反教人爲！」

先生曰：「吁！子來前。夫大木爲杗，細木爲桷，欂櫨侏儒，椳闑扂楔，各得其宜，施以成室者，匠氏之工也。玉札丹砂，赤箭青芝，牛溲馬勃，敗鼓之皮，俱收並蓄，待用無遺者，醫師之良也。登明選公，雜進巧拙，紆餘爲妍，卓犖爲傑，校短量長，唯器是適者，宰相之方也。昔者孟軻好辯，孔道以明，轍環天下，卒老于行。荀卿守正，大論是弘，逃讒于楚，廢死蘭陵。是二儒者，吐辭爲經，舉足爲法，絕類離倫，優入聖域，其遇於世何如也？今先生學雖勤而不繇其統，言雖多而不要其中；文雖奇而不濟於用，行雖脩而不顯於衆。猶且月費俸錢，歲靡廩粟，子不知耕，婦不知織；乘馬從徒，安坐而食；踵常塗之促促，窺陳編以盜竊。然而聖主不加誅，宰臣不見斥。茲非其幸歟？動而得謗，名亦隨之。投閑置散，乃分之宜。若夫商財賄之有亡，計班資之崇庳，忘己量之所稱，指前人之瑕疵，是所謂詰匠氏之不以杙爲楹，而訾醫師以昌陽引年，欲進其豨苓也。」

執政覽之，奇其才，改比部郎中、史館脩撰。轉考功，知制誥，進中書舍人。

初，憲宗將平蔡，命御史中丞裴度使諸軍按視。及還，且言賊可滅，與宰相議不合。愈亦奏言：

淮西連年脩器械防守，金帛糧畜耗於給賞，執兵之卒四向侵掠，農夫織婦餉於其後，得不償費。比聞畜馬皆上槽櫪，此譬有十夫之力，自朝抵夕，跳躍叫呼，勢不支久，必自委頓。當其已衰，三尺童子可制其命。況以三州殘弊困劇之餘而當天下全力，其敗可立而待也。然未可知者，在陛下斷與不斷耳。夫兵不多不足以取勝，必勝之師不在速戰，兵多而戰不速則所費必廣。疆場之上，日相攻劫，近賊州縣，賦役百端，小遇水旱，百姓愁苦。方此時，人人異議以惑陛下，陛下持之不堅，半塗而罷，傷威損費，爲弊必深。所要先決於心，詳度本末，事至不惑，乃可圖功。

又言：「諸道兵羈旅單弱不足用，而界賊州縣，百姓習戰鬬，知賊深淺，若募以內軍，教不三月，一切可用。」又欲「四道置兵，道率三萬，畜力伺利，一日俱縱，則蔡首尾不救，可以責功」。執政不喜。會有人詆愈在江陵時爲裴均所厚，均子鍔素無狀，愈爲文章，字命鍔，謗語囂暴，由是改太子右庶子。及度以宰相節度彰義軍，宣慰淮西，奏愈行軍司馬。愈請乘遽先入汴，說韓弘使叶力。元濟平，遷刑部侍郎。

憲宗遣使者往鳳翔迎佛骨入禁中，三日，乃送佛祠。王公士人奔走膜唄，至爲夷法灼

中華書局

體膚，委珍貝，騰沓係路。愈聞惡之，乃上表曰：

佛者，夷狄之一法耳。自後漢時始入中國，上古未嘗有也。昔黃帝在位百年，年百一十歲；少昊在位八十年，年百歲；顓頊在位七十九年，年九十歲；帝嚳在位七十年，年百五歲；堯在位九十八年，年百一十八歲；帝舜在位及禹年皆百歲。此時天下太平，百姓安樂壽考，然而中國未有佛也。其後，湯亦年百歲，湯孫太戊在位七十五年，武丁在位五十年，書史不言其壽，推其年數，蓋不減百歲。周文王年九十七歲，武王年九十三歲，穆王在位百年。此時佛法亦未至中國，非因事佛而致然也。漢明帝時始有佛法，明帝在位纔十八年。其後亂亡相繼，運祚不長。宋、齊、梁、陳、元魏以下，事佛漸謹，年代尤促。唯梁武帝在位四十八年，前後三捨身施佛，宗廟祭不用牲牢，晝日一食，止於菜果，後爲侯景所逼，餓死臺城，國亦尋滅。事佛求福，乃更得禍。由此觀之，佛不足信，亦可知矣。

高祖始受隋禪，則議除之。當時羣臣識見不遠，不能深究先王之道、古今之宜，推闡聖明，以救斯弊，其事遂止。臣常恨焉！伏惟睿聖文武皇帝陛下，神聖英武，數千百年以來，未有倫比。卽位之初，卽不許度人爲僧尼、道士，又不許別立寺觀。臣當時以爲高祖之志，必行於陛下。今縱未能卽行，豈可恣之令盛也？今陛下令羣僧迎佛骨於

鳳翔，御樓以觀，舁入大內，又令諸寺遞加供養。臣雖至愚，必知陛下不惑於佛，作此崇奉以祈福祥也。直以豐年之樂，徇人之心，爲京都士庶設詭異之觀、戲玩之具耳。安有聖明若此，而肯信此等事哉？然百姓愚冥，易惑難曉，苟見陛下如此，將謂眞心信佛，皆云：「天子大聖，猶一心信向，百姓微賤，於佛豈合更惜身命？」以至灼頂燔指，十百爲羣，解衣散錢，自朝至暮，轉相放效，唯恐後時，老幼奔波，棄其生業。若不卽加禁遏，更歷諸寺，必有斷臂臠身以爲供養者。傷風敗俗，傳笑四方，非細事也。

佛本夷狄之人，與中國言語不通，衣服殊製，口不道先王之法言，身不服先王之法服，不知君臣之義、父子之情。假如其身尚在，奉其國命來朝京師，陛下容而接之，不過宣政一見，禮賓一設，賜衣一襲，衞而出之於境，不令貳於衆也。況其身死已久，枯朽之骨，凶穢之餘，豈宜以入宮禁？孔子曰：「敬鬼神而遠之。」古之諸侯弔於其國，必令巫祝先以桃茢祓除不祥，然後進弔。今無故取朽穢之物，親臨觀之，巫祝不先，桃茢不用，羣臣不言其非，御史不舉其失，臣實恥之。乞以此骨付之水火，永絕根本，斷天下之疑，絕前代之惑，使天下之人知大聖人之所作爲出於尋常萬萬也。佛如有靈，能作禍祟，凡有殃咎，宜加臣身。上天鑒臨，臣不怨悔。

表入，帝大怒，持示宰相，將抵以死。裴度、崔羣曰：「愈言訐牾，罪之誠宜。然非內懷至忠，安能及此？願少寬假，以來諫爭。」帝曰：「愈言我奉佛太過，猶可容；至謂東漢奉佛以後，天子咸夭促，言何乖剌邪？愈，人臣，狂妄敢爾，固不可赦。」於是中外駭懼，雖戚里諸貴，亦爲愈言，乃貶潮州刺史。

既至潮，以表哀謝曰：

臣以狂妄戇愚，不識禮度，陳佛骨事，言涉不恭，正名定罪，萬死莫塞。陛下哀臣愚忠，恕臣狂直，謂言雖可罪，心亦無它，特屈刑章，以臣爲潮州刺史，既免刑誅，又獲祿食，聖恩寬大，天地莫量，破腦刳心，豈足爲謝！

臣所領州，在廣府極東，過海口，下惡水，濤瀧壯猛，難計期程，颶風鱷魚，患禍不測。州南近界，漲海連天，毒霧瘴氛，日夕發作。臣少多病，年纔五十，髮白齒落，理不久長。加以罪犯至重，所處遠惡，憂惶慚悸，死亡無日。單立一身，朝無親黨，居蠻夷之地，與魑魅同羣，苟非陛下哀而念之，誰肯爲臣言者？

臣受性愚陋，人事多所不通，維酷好學問文章，未嘗一日暫廢，實爲時輩所見推許。臣於當時之文，亦未有過人者。至於論述陛下功德，與詩、書相表裏，作爲歌詩，薦之郊廟，紀太山之封，鏤白玉之牒，鋪張對天之宏休，揚厲無前之偉蹟，編於詩、書之策而無愧，措於天地之間而無虧，雖使古人復生，臣未肯讓。

伏以皇唐受命有天下，四海之內，莫不臣妾，南北東西，地各萬里。自天寶以後，政治少懈，文致未優，武剋不剛，孽臣奸隸，蠹居棋處，搖毒自防，外順內悖，父死子代，以祖以孫，如古諸侯，自擅其地，不朝不貢，六七十年。四聖傳序，以至陛下。陛下卽位以來，躬親聽斷，旋乾轉坤，關機闔開，雷厲風飛，日月清照，天戈所麾，無不從順。宜定樂章，以告神明，東巡泰山，奏功皇天，具著顯庸，明示得意，使永永年服我成烈。當此之際，所謂千載一時不可逢之嘉會，而臣負罪嬰釁，自拘海島，戚戚嗟嗟，日與死迫，曾不得奏薄伎於從官之內、隸御之間，窮思畢精，以贖前過。懷痛窮天，死不閉目，伏惟陛下天地父母哀而憐之。

帝得表，頗感悔，欲復用之，持示宰相曰：「愈前所論是天愛朕，然不當言天子事佛乃年促耳。」皇甫鎛素忌愈直，卽奏言：「愈終狂疏，可且內移。」乃改袁州刺史。

初，愈至潮，問民疾苦，皆曰：「惡溪有鱷魚，食民畜產且盡，民以是窮。」數日，愈自往視之，令其屬秦濟以一羊一豚投谿水而祝之曰：

昔先王既有天下，迾山澤，罔繩擉刃以除蟲蛇惡物爲民物害者，驅而出之四海之外。及德薄，不能遠有，則江、漢之間尚皆棄之以與蠻夷楚、越，況潮、嶺之間去京師萬里哉？鱷魚之涵淹卵育於此，亦固其所。

今天子嗣唐位，神聖慈武，四海之外，六合之內，皆撫而有之，況禹跡所揜，揚州之近地，刺史縣令之所治，出貢賦以供天地、宗廟、百神之祀之壤者哉？鱷魚其不可與刺史雜處此土也。刺史受天子命，守此土，治此民，而鱷魚睅然不安溪潭，據處食民畜熊豕鹿麞以肥其身，以種其子孫，與刺史拒爭爲長雄。刺史雖駑弱，亦安肯爲鱷魚低首下心，伈伈睍睍，爲吏民羞，以偷活於此也？承天子命來爲吏，固其勢不得不與鱷魚辨。鱷魚有知，其聽刺史。

潮之州，大海在其南，鯨鵬之大，蝦蟹之細，無不容歸，以生以食，鱷魚朝發而夕至也。今與鱷魚約：「盡三日，其率醜類南徙于海，以避天子之命吏。三日不能，至五日；五日不能，至七日。七日不能，是終不肯徙也，是不有刺史、聽從其言也。不然，則是鱷魚冥頑不靈，刺史雖有言，不聞不知也。夫傲天子之命吏，不聽其言，不徙以避之，與頑不靈而爲民物害者，皆可殺。刺史則選材技民，操彊弓毒矢，以與鱷魚從事，必盡殺乃止，其無悔！」

祝之夕，暴風震電起谿中，數日水盡涸，西徙六十里，自是潮無鱷魚患。

袁人以男女爲隸，過期不贖，則沒入之。愈至，悉計庸得贖所沒，歸之父母七百餘人。因與約，禁其爲隸。召拜國子祭酒，轉兵部侍郎。

鎭州亂，殺田弘正而立王廷湊，詔愈宣撫。既行，衆皆危之。元稹言：「韓愈可惜。」穆宗亦悔，詔愈度事從宜，無必入。愈至，廷湊嚴兵迓之，甲士陳廷。既坐，廷湊曰：「所以紛紛者，乃此士卒也。」愈大聲曰：「天子以公爲有將帥材，故賜以節，豈意同賊反邪？」語未終，士前奮曰：「先太師爲國擊朱滔，血衣猶在，此軍何負，乃以爲賊乎？」愈曰：「以爲爾不記先太師也，若猶記之，固善。天寶以來，安祿山、史思明、李希烈等有子若孫在乎？亦有居官者乎？」衆曰：「無。」愈曰：「田公以魏、博六州歸朝廷，官中書令，父子受旗節，劉悟、李祐皆大鎭，此爾軍所共聞也。」衆曰：「弘正刻，故此軍不安。」愈曰：「然爾曹亦害田公，又殘其家矣，復何道？」衆讙曰：「善。」廷湊慮衆變，疾麾使去。因曰：「今欲廷湊何所爲？」愈曰：「神策六軍將如牛元翼者爲不乏，但朝廷顧大體，不可棄之。公久圍之，何也？」廷湊曰：「即出之。」愈曰：「若爾，則無事矣。」會元翼亦潰圍出，廷湊不追。愈歸奏其語，帝大悅。轉吏部侍郎。

時宰相李逢吉惡李紳，欲逐之，遂以愈爲京兆尹，兼御史大夫，特詔不臺參，而除紳中丞。紳果劾奏愈，愈以詔自解。其後文刺紛然，宰相以臺、府不協，遂罷愈爲兵部侍郎，而出紳江西觀察使。紳見帝，得留，愈亦復爲吏部侍郎。長慶四年卒，年五十七，贈禮部尚書，謚曰文。

愈性明銳，不詭隨。與人交，終始不少變。成就後進士，往往知名。經愈指授，皆稱「韓門弟子」，愈官顯，稍謝遣。凡內外親若交友無後者，爲嫁遣孤女而卹其家。嫂鄭喪，爲服期以報。

每言文章自漢司馬相如、太史公、劉向、揚雄後，作者不世出，故愈深探本元，卓然樹立，成一家言。其原道、原性、師說等數十篇，皆奧衍閎深，與孟軻、揚雄相表裏而佐佑六經云。至它文造端置辭，要爲不襲蹈前人者。然惟愈爲之，沛然若有餘，至其徒李翺、李漢、皇甫湜從而效之，遽不及遠甚。從愈游者，若孟郊、張籍，亦皆自名於時。

孟郊者，字東野，湖州武康人。少隱嵩山，性介，少諧合。愈一見爲忘形交。年五十，得進士第，調溧陽尉。縣有投金瀨、平陵城，林薄蒙翳，下有積水。郊閒往坐水旁，裴回賦詩，而曹務多廢。令白府，以假尉代之，分其半奉。鄭餘慶爲東都留守，署水陸轉運判官。餘慶鎭興元，奏爲參謀。卒，年六十四。張籍謚曰貞曜先生。

郊爲詩有理致，最爲愈所稱，然思苦奇澀。李觀亦論其詩曰：「高處在古無上，平處下顧二謝」云。

張籍者，字文昌，和州烏江人。第進士，爲太常寺太祝。久次，遷祕書郎。愈薦爲國子博士。歷水部員外郎、主客郎中。當時有名士皆與游，而愈賢重之。籍性狷直，嘗責愈喜博簺及爲駁雜之說，論議好勝人，其排釋老不能著書若孟軻、揚雄以垂世者。愈最後答書曰：

吾子不以愈無似，意欲推之納諸聖賢之域，拂其邪心，增其所未高。謂愈之質有可以至於道者，浚其源，道其所歸，溉其根，將食其實。此盛德之所辭讓，況於愈者哉？抑其中有宜復者，故不可遂已。

昔者聖人之作春秋也，既深其文辭矣，然猶不敢公傳道之，口授弟子，至於後世，其書出焉。其所以慮患之道微也。今夫二氏之所宗而事之者，下及公卿輔相，吾豈敢昌言排之哉？擇其可語者誨之，猶時與吾悖，其聲曉曉。若遂成其書，則見而怒之者必多矣，必且以我爲狂爲惑。其身之不能恤，書於何有？夫子，聖人也，而曰：「自吾得子路，而惡聲不入於耳。」其餘輔而相者周天下，猶且絕糧於陳，畏於匡，毀於叔孫，奔走於齊、魯、宋、衞之郊。其道雖尊，其窮亦至矣。賴其徒相與守之，卒有立於天下。嚮使獨言之而獨書之，其存也可冀乎？今夫二氏行乎中土也，蓋六百年有餘矣。其植根固，其流波漫，非所以朝令而夕禁也。自文王沒，武王、周公、成、康相與守之，禮樂皆在，及乎夫子未久也，自夫子而至乎孟子未久也，自孟子而至乎揚雄亦未久也。然

猶其勤若此，其困若此，而后能有所立，吾豈可易而爲之哉？其爲也易，則其傳也不遠，故余所以不敢也。然觀古人，得其時，行其道，則無所爲書。爲書者，皆所爲不行乎今，而行乎後世者也。今吾之得吾志、失吾志未可知，則俟五十、六十爲之，未失也。天不欲使玆人有知乎，則吾之命不可期；如使玆人有知乎，非我其誰哉！其行道，其爲書，其化今，其傳後，必有在矣。吾子其何遽戚戚於吾所爲哉？

前書謂吾與人論不能下氣，若好勝者。雖誠有之，抑非好己勝也，好己之道勝也。非好己之道勝也，己之道乃夫子、孟軻、揚雄之道。傳者若不勝，則無所爲道，吾豈敢避是名哉！夫子之言曰：「吾與回言終日，不違如愚。」則其與衆人辯也有矣。駁雜之譏，前書盡之，吾子其復之。昔者夫子猶有所戲，詩不云乎：「善戲謔兮，不爲虐兮。」記曰：「張而不弛，文武不爲也。」惡害於道哉？吾子其未之思乎？

籍爲詩，長於樂府，多警句。仕終國子司業。

皇甫湜字持正，睦州新安人。擢進士第，爲陸渾尉，仕至工部郎中，辨急使酒，數忤同省，求分司東都。留守裴度辟爲判官。度修福先寺，將立碑，求文於白居易。湜怒曰：「近捨湜而遠取居易，請從此辭。」度謝之。湜卽請斗酒，飲酣，援筆立就。度贈以車馬繒綵甚

厚，湜大怒曰：「自吾爲顧況集序，未常許人。今碑字三千，字三縑，何遇我薄邪？」度笑曰：「不羈之才也。」從而酬之。

湜嘗爲蜂螫指，購小兒斂蜂，擣取其液。一日命其子錄詩，一字誤，詬躍呼杖，杖未至，嚙其臂血流。

盧仝居東都，愈爲河南令，愛其詩，厚禮之。仝自號玉川子，嘗爲月蝕詩以譏切元和逆黨，愈稱其工。

時又有賈島、劉乂，皆韓門弟子。

島字浪仙，范陽人，初爲浮屠，名无本。來東都，時洛陽令禁僧午後不得出，島爲詩自傷。愈憐之，因教其爲文，遂去浮屠，舉進士。當其苦吟，雖逢値公卿貴人，皆不之覺也。一日見京兆尹，跨驢不避，謼詰之，久乃得釋。累舉，不中第。文宗時，坐飛謗，貶長江主簿。會昌初，以普州司倉參軍遷司戶，未受命卒，年六十五。

劉乂者，亦一節士。少放肆爲俠行，因酒殺人亡命。會赦，出，更折節讀書，能爲歌詩。然恃故時所負，不能俛仰貴人，常穿屐、破衣。聞愈接天下士，步歸之，作冰柱、雪車二詩，出盧仝、孟郊右。樊宗師見，爲獨拜。能面道人短長，其服義則又彌縫若親屬然。後以爭語不能下賓客，因持愈金數斤去，曰：「此諛墓中人得耳，不若與劉君爲壽。」愈不能止，歸齊、魯，不知所終。

贊曰：唐興，承五代剖分，王政不綱，文弊質窮，𡸣俚混并。天下已定，治荒剔蠹，討究儒術，以興典憲，薰醲涵浸，殆百餘年，其後文章稍稍可述。至貞元、元和間，愈遂以六經之文爲諸儒倡，障隄末流，反刓以樸，剗僞以眞。然愈之才，自視司馬遷、揚雄，至班固以下不論也。當其所得，粹然一出於正，刊落陳言，橫騖別驅，汪洋大肆，要之無抵捂聖人者。其道蓋自比孟軻，以荀況、揚雄爲未淳，寧不信然？至進諫陳謀，排難卹孤，矯拂媮末，皇皇於仁義，可謂篤道君子矣。自晉汔隋，老佛顯行，聖道不斷如帶。諸儒倚天下正議，助爲怪神。愈獨喟然引聖，爭四海之惑，雖蒙訕笑，跲而復奮，始若未之信，卒大顯於時。昔孟軻拒楊、墨，去孔子才二百年。愈排二家，乃去千餘歲，撥衰反正，功與齊而力倍之，所以過況、雄爲不少矣。自愈沒，其言大行，學者仰之如泰山、北斗云。

唐書卷一百七十七

列傳第一百二

錢徽 珝　崔咸　韋表微　高釴 湜 銖 鍇 湘　馮宿 定 審

李虞仲　李翺　盧簡辭 知猷 弘止 簡求 汝弼　高元裕 少逸 璩

封敖　鄭薰　敬晦　韋博　李景讓 景溫

錢徽字蔚章。父起，附見盧綸傳。徽中進士第，居穀城。穀城令王郢善接僑士游客，以財貸饋，坐是得罪。觀察使樊澤視其簿，獨徽無有，乃表署掌書記。蔡賊方熾，澤多募武士于軍。澤卒，士頗希賞，周澈主留事，重擅發軍庴，不敢給。時大雨雪，士寒凍，徽先多頒衣絮，士乃大悅。又辟宣歙崔衍府。王師討蔡，檄遣采石兵會戰，戍還，頗驕蹇。會衍病亟，徽請召池州刺史李遜署副使，遜至而衍死，一軍賴以安。

入拜左補闕，以祠部員外郎爲翰林學士，三遷中書舍人，加承旨。憲宗嘗獨召徽，從容

言它學士皆高選，宜預聞機密，廣參決，帝稱其長者。是時，內積財，圖復河湟，然禁無名貢獻，而至者不甚却。徽懇諫罷之。帝密戒後有獻毋入右銀臺門，以避學士。梁守謙爲院使，見徽批監軍表語簡約，歎曰：「一字不可益邪！」銜之。以論淮西事忤旨，罷職，徙太子右庶子，出虢州刺史。

入拜禮部侍郎。宰相段文昌以所善楊渾之、學士李紳以周漢賓並諉徽求致第籍。渾之者，憑子也，多納古帖祕畫於文昌，皆世所寶。徽不能如二人請，自取楊殷士、蘇巢。巢者李宗閔壻，殷士者汝士之弟，皆與徽厚。文昌怒，方帥劍南西川，入辭，即奏徽取士以私。訪紳及元稹，時稹與宗閔有隙，因是共擠其非。有詔王起、白居易覆試，而黜者過半，遂貶江州刺史。汝士等勸徽出文昌、紳私書自直，徽曰：「苟無愧於心，安事辨證邪？」敕子弟焚書。

初，州有盜劫貢船，捕吏取濱江惡少年二百人繫訊，徽按其枉，悉縱去。數日，舒州得眞盜。州有牛田錢百萬，刺史以給宴飲贈餉者，徽曰：「此農耕之備，可他用哉！」命代貧民租入。轉湖州。時宣、歙旱，左丞孔戣請徙徽領宣歙，宰相以其本文辭進，不用。戣曰：「相君宜知天下事，徽江、虢之治不及知，況其它邪？」還，遷工部侍郎，出爲華州刺史。

文宗立，召拜尚書左丞。會宣墨麻，羣臣在廷，方大寒，稍稍引避，徽素恭謹，不去位，久而仆。因上疏告老，不許。大和初，復爲華州。俄以吏部尚書致仕。卒，年七十五，贈尚書右僕射。

徽與薛正倫、魏弘簡善，二人前死，徽撫其孤至婚嫁成立。任庶子時，韓公武以賂結公卿，遺徽錢二十萬，不納。或言非當路可無讓，徽曰：「取之在義不在官。」時稱有公望。

子可復、方義。可復死鄭注時。方義終太子賓客，子珝，字瑞文，善文辭，宰相王摶薦知制誥，進中書舍人。摶得罪，珝貶撫州司馬。

崔咸字重易，博州博平人。元和初，擢進士第，又中宏辭。鄭餘慶、李夷簡皆表在幕府，與均禮。入朝爲侍御史，處正特立，風采動一時。

敬宗將幸東都，裴度在興元憂之，自表求覲，與韋偕來。於是李逢吉當國，畏度復相，使京兆尹劉栖楚等十餘人悉力損却之，雖度門下賓客，皆有去就意。它日，度置酒延客，栖楚曲意自解，附耳語。咸嫉其矯，舉酒讓度曰：「丞相乃許所由官囁嚅耳語，願上罰爵。」度笑受而飲。栖楚不自安，趨出，坐上莫不壯之。

累遷陝虢觀察使，日與賓客僚屬痛飲，未嘗醒；夜分輒決事，裁剖精明，無一毫差，吏

稱爲神。入拜右散騎常侍、祕書監。大和八年卒。

咸素有高世志，造詣嶄遠。間游終南山，乘月吟嘯，至感慨泣下。諸文中歌詩最善。

韋表微字子明，隋鄖城公元禮七世孫。羈丱能屬文。母訓諭稍厲，輒不敢食，以是未嘗讓責。

韋皐鎭西川，王緯、司空曙、獨孤良弼、裴況居幕府，皆厚相推挹。況嘗謂表微似衞玠，自以不能及也。擢進士第，數辟諸使府。久之，入授監察御史裏行，不樂，曰「爵祿譬滋味也，人皆欲之，吾年五十，拭鏡攝白，冒游少年間，取一班一級，不見其味也。將爲松菊主人，不愧陶淵明」云。

俄爲翰林學士。是時，李紳忤宰相，貶端州，龐嚴、蔣防皆謫去，學士缺人，人爭薦丞相所善者，表微獨薦韋處厚，人服其公。進知制誥。後與處厚議增選學士，復薦路隋。處厚以諸父事表微，因曰：「隋位崇，入且翁右，奈何？」答曰：「選德進賢，初不計私也。」久之，遷中書舍人。敬宗嘗語左右，欲相二韋，會崩。文宗立，獨相處厚，進表微戶部侍郎。

丌志沼叛，詔李聽率師討之，次河上。天子憂無成功，表微曰：「以聽軍勢，不十五日必

破賊。」及捷書上，止浹日。志沼殘兵六千奔昭義，宰相請推處首惡者誅之，歸脅從者于魏。表徹上言：「逆子降，又殺之，非好生也。請以聽代史憲誠于魏，志沼之徒，可使招納。」不聽。以病痼罷學士。卒，年六十，贈禮部尚書。

始，被病，醫藥不能具，所居堂寢隘陋，既沒，弔客咨嗟。篤故舊，雖庸下，與攜手語笑無間然。尤好春秋，病諸儒執一概，是非紛然，著三傳總例，完會經趣。又以學者薄師道，不如聲樂賤工能尊其師，著九經師授譜詆其違。

高釴字翹之，史失其何所人。與弟銖、鍇俱擢進士第。累遷右補闕、史館脩撰。元和末，以中人為和糴使，釴繼疏論執。轉起居郎，數陳政得失，穆宗嘉之，面賜緋、魚，召入翰林為學士。

張韶變興倉卒，釴從敬宗夜駐左軍。翌日，進知制誥，拜中書舍人。入見帝，因勸躬聽擧以示憂勤，帝納其言，賜錦綵。俄罷學士。累進吏部侍郎，人善其振職。出為同州刺史。卒，贈兵部尚書，遺命薄葬。

釴少孤窶，介然無黨援，以致宦達。諸弟皆檢愿友愛，為搢紳景重。

子湜，字澄之，第進士，累官右諫議大夫。咸通末，為禮部侍郎。時士多繇權要干請，湜不能裁，既而抵帽于地曰：「吾決以至公取之，得譴固吾分！」乃取公乘億、許棠、聶夷中等。以兵部侍郎判度支出為昭義節度使，為下所逐，貶連州司馬。以太子賓客分司東都，卒。

億字壽仙，棠字文化，夷中字坦之，皆有名當時。

銖字權仲，既擢第，署太原張弘靖幕府，入遷監察御史。大和時，擢累給事中。文宗得李訓，驟拜侍講學士，銖率諫官伏閤言訓素行憸邪，不可任，必亂天下。帝遣使者諭曰：「朕留訓時時講繹，前命不可改。」當是時，已旱而水，彗變未息，鄭注權震赫，人情危駭，既銖等弗見省，羣臣失色。明年，訓當國，出銖為浙東觀察使，歷義成節度使。大中初，還禮部尚書判戶部，徙太常卿。嘗罰禮生，博士李慤愠見曰：「故事，禮院不關白太常，故卿莅職，博士不參集。不宜罰小史，隳舊典。」銖歎曰：「吾老不能退，乃為小兒所辱！」卒。

鍇字弱金，連中進士、宏辭科，辟河東府參謀，歷吏部員外郎，遷中書舍人。開成元年，權知貢舉。文宗自以題畀有司，鍇以籍上，帝語侍臣曰：「比年文章卑弱，今所上差勝於前。」鄭覃曰：「陛下矯革近制，以正頹俗，而鍇乃能為陛下得人。」帝曰：「諸鎮表奏太浮華，宜責掌書記，以誠流宕。」李石曰：「古人因事為文，今人以文害事，懲弊抑末，誠如聖訓。」即以鍇為禮部侍郎。閱三歲，頗得才實。始，歲取四十人，才益少，詔減十人，猶不能滿。遷吏部侍郎，出為鄂岳觀察使。卒，贈禮部尚書。

子湘，字濬之，擢進士第，歷長安令、右諫議大夫。從兄湜與路巖親善，而湘厚劉瞻，巖既逐瞻，貶湘高州司馬。僖宗初，召為太子右庶子，終江西觀察使。

馮宿字拱之，婺州東陽人。父子華，廬親墓，有靈芝、白兔，號「孝馮家」。

宿，貞元中與弟定、從弟審寬並擢進士第，徐州張建封表掌書記。建封卒，子愔為軍中脅主留事。李師古將乘喪復故地，愔大懼。於是，王武俊擁兵觀釁，宿以書說曰：「張公與公為兄弟，欲共力驅兩河歸天子，天下莫不知。今張公不幸，幼兒為亂兵所脅，內則誠款隔絕，外則彊寇侵逼，公安得坐視哉？誠能奏天子不忘舊勳，赦愔罪，使束身自歸，則公有靖亂之功、繼絕之德矣。」武俊悅，即以表聞，遂授愔留後。宿不樂佐愔，更從浙東賈全觀察府。愔憾其去，奏貶泉州司戶參軍。

召為太常博士。王士眞死，子承宗阻命，不得謚，宿謂世勞不可遺，乃上佳謚，示不忘忠。再遷都官員外郎。裴度節度彰義軍，表為判官。淮西平，除比部郎中。長慶時，進知制誥。牛元翼徙節山南東道，為王廷湊所圍，以宿總留事。還，進中書舍人，出華州刺史，避諱不拜，徙左散騎常侍、兼集賢殿學士。拜河南尹。洛苑使姚文壽縱部曲奪民田，匿于軍，吏不敢捕。府大集，部曲輒與文壽偕來，宿掩取榜殺之。歷工部、刑部二侍郎。脩格後敕三十篇，行于時。累封長樂縣公。

擢東川節度使，完城郛，增兵械十餘萬，詔分餘甲賜黔巫道。涪水數壞民廬舍，宿脩利防庸，一方便賴。疾革，將斷重刑，家人請宥之，宿曰：「命脩短，天也，撓法以求祐，吾不敢。」卒，年七十，贈吏部尚書，謚曰懿。治命薄葬，悉以平生書納墓中。

子圖，字昌之，連中進士、宏辭科。大中時，終戶部侍郎、判度支。

寬為起居郎。

定字介夫，偉儀觀，與宿齊名，人方漢二馮。于頔素善之。頔在襄陽，定徒步上謁，吏不肯白，乃亟去。頔聞，斥吏，歸錢五十萬，及諸境，定返其遺，以書讓頔不下士，頔大慚。第進士異等，辟浙西薛苹府，以鄠尉為集賢校理。始，定居喪，號毀甚，故數移疾，大學

士疑其簡怠，奪職。三遷祠部員外郎，出爲郢州刺史。吏告定略民妻，乾沒庫錢，御史鞫治無狀。坐游宴不節免官。起爲國子司業，再遷太常少卿。文宗嘗詔開元霓裳羽衣舞參以雲韶，肆于廷。定部諸工立縣間，端凝若植。帝異之，問學士李珏，珏以定對。帝喜曰：「豈非能古章句者邪？」親誦定送客西江詩，召升殿，賜禁中瑞錦，詔悉所著以上。遷諫議大夫。

是歲，訓、注敗，多誅公卿，中外危惴。及改元，天子御前殿，仇士良請以神策仗衞殿門，定力爭罷之。又請許左右史從宰相至延英記所言，執政不悅，改太子詹事。鄭覃兼太子太師，上日欲會尚書省，定據禮當集詹事府，詔可。論者多其正。換衞尉卿，以左散騎常侍致仕。卒，贈工部尚書，謚曰節。

初，源寂使新羅，其國人傳定黑水碑、畫鶴記；韋休符使西蕃，所館寫定商山記於屏。其名播戎夷如此。

審字退思，開成中，爲諫議大夫，拜桂管觀察使，歷國子祭酒。監有孔子碑，武后所立，睿宗署額。審請琢「周」著「唐」。終祕書監。

子緘，字宗之，乾符初，歷京兆、河南尹。

李虞仲字見之。父端，附見文藝傳。虞仲第進士、宏辭，累遷太常博士。建言：「謚者所以表德懲惡，春秋襃貶法也。茆土爵祿，僇辱流放，皆緣一時，非以明示百代，然而後之所以知其行者，惟謚是觀。古者將葬請謚，今近或二三年，遠乃數十年，然後請謚；人歿已久，風績湮歇，採諸傳聞，不可考信，誄狀雖在，言與事浮。臣請凡得謚者，前葬一月，請考功刺太常定議，其不請與請而過時者，聽御史劾舉。居京師不得過半期，居外一期。若善惡著而不請，許考功察行謚之。節行卓異，雖無官及官卑者，在所以聞。」詔可。寶曆初，以兵部郎中知制誥，進中書舍人，出爲華州刺史，歷吏部侍郎。簡儉寡欲，時望歸重。卒，年六十五，贈吏部尚書。

李翺字習之，後魏尚書左僕射沖十世孫。中進士第，始調校書郎，累遷，元和初，爲國子博士、史館脩撰。常謂史官紀事不得實，乃建言：「大氐人之行，非大善大惡暴於世者，皆訪於人。人不周知，故取行狀謚牒。然其爲狀者，皆故吏門生，苟言虛美，溺于文而忘其理。臣請指事載功，則賢不肖易見。如言魏徵，但記其諫爭語，足以爲直言；段秀實，但記倒用司農印追逆兵，笏擊朱泚，足以爲忠烈。不者，願敕考功、太常、史館勿受。如此可以傳信後世矣。」詔可。又條興復太平大略曰：

陛下卽位以來，懷不廷臣，誅畔賊，刷五聖憤恥，自古中興之盛無以加。臣見聖德所不可及者，若淄青生口夏侯澄等四十七人，爲賊逼脅，質其父母妻子而驅之戰，陛下俘之，赦不誅，詔田弘正隨材授職，欲歸者縱之。澄等得生歸，轉以相謂，賊衆莫不懷盛德，無肯拒戰。劉悟所以能一昔斬師道者，以三軍皆苦賊而踴就陛下，故不淹日成大功。一也。今歲關中麥不收，陛下哀民之窮，下明詔蠲賦十萬石，羣臣動色，百姓歌樂遍畎畝。二也。昔齊遺魯以女樂，季桓子受之，君臣共觀，三日不朝，孔子行。今韓弘獻女樂，陛下不受，遂以歸之。三也。又出李宗奭妻女於掖廷，以田宅賜沈遵師，聖明寬恕，億兆欣感。臣愚不能盡識。若它詔令一皆類此，武德、貞觀不難及，太平可覆掌而致。

臣聞定禍亂者，武功也；復制度、興太平者，文德也。今陛下既以武功定海內，若遂革弊事，復高祖、太宗舊制，用忠正而不疑；屏邪佞而不邇；改稅法，不督錢而納布帛；絕進獻，寬百姓租賦；厚邊兵，以制蕃戎侵盜；數引見待制官，問以時事，通壅蔽

之路。此六者政之根本，太平所以興。陛下既已能行其難，若何而不爲其易者乎？以陛下資上聖，如不惑近習容悅之辭，任骨鯁正直，與之脩復故事，以興大化，可不勞而成也。若一日不事，臣恐大功之後，逸樂易生，進言者必曰：「天下既平矣，陛下可以高枕自安逸。」如是，則高祖、太宗之制度不可以復。制度不復，則太平未可以至。臣竊惜陛下當可興之時，而謙讓未爲也。

再遷考功員外郎。初，諫議大夫李景儉表翺自代。景儉斥，翺下除朗州刺史。久之，召爲禮部郎中。翺性峭鯁，論議無所屈，仕不得顯官，怫鬱無所發，見宰相李逢吉，面斥其過失，逢吉詭不校，翺恚懼，卽移病。滿百日，有司白免官，逢吉更表爲廬州刺史。時州旱，遂疫，逋捐係路，亡籍口四萬，權豪賤市田屋牟厚利，而窶戶仍輸賦，翺下敎使以田占租，無得隱，收豪室稅萬二千緡，貧弱以安。

入爲諫議大夫，知制誥，改中書舍人。柏耆使滄州，翺盛言其才。耆得罪，由是左遷少府少監。後歷遷桂管湖南觀察使、山南東道節度使，卒。翺始從昌黎韓愈爲文章，辭致渾厚，見推當時，故有司亦謚曰文。

盧簡辭字子策。父綸，別傳。與兄簡能、弟弘止簡求皆有文，並第進士。歷佐帥府，入遷侍御史，習知法令及臺閣舊事。寶曆中，黎幹子煟詣臺請復葉縣故田，有司莫能知，簡辭獨詰曰：「按幹坐黨魚朝恩誅，貲田皆沒，大曆後數十年，比有赦令，無原洗之言，煟安得冒論？」不爲治。福建鹽鐵院官盧昂坐贓，簡辭窮按，乃得金牀、瑟瑟枕大如斗。敬宗曰：「禁中無此，昂爲吏可知矣。」

李程鎭太原，表爲節度判官。入授考功員外郎，累擢湖南、浙西觀察使，以檢校工部尙書爲忠武節度使。徙山南東道。坐事貶衢州刺史，卒。

簡能，見鄭注傳。其子知猷，字子謩，中進士第，登宏辭，補祕書省正字。蕭鄴鎭荆南、劍南，再辟掌書記。入遷右補闕，出爲饒州刺史，以政最聞。累進中書舍人。朱玫亂，避難不出。僖宗還京，召拜工部侍郎、史館脩撰。歷太常卿、戶部尙書，至太子太師。昭宗爲劉季述所幽，感憤卒，贈太尉。

知猷器量渾厚，世推爲長者。善書，有楷法。文辭贍麗。子文度，亦貴顯。

弘止字子疆，佐劉悟府，累擢監察御史。沈傳師表爲江西團練副使。入拜侍御史。

華州刺史宇文鼎、戶部員外盧允中坐贓，詔弘止按訊。文宗將殺鼎，弘止執據罪由允中，鼎乃連坐，不應死，帝釋之。累遷給事中。

會昌中，詔河北三節度討劉稹。何弘敬、王元逵先取邢、洺、磁三州，宰相李德裕畏諸帥有請地者，乃以弘止爲三州團練觀察留後。制未下，稹平，卽詔爲三州及河北兩鎭宣慰使。還，拜工部侍郎，以戶部領度支。初，兩池鹽法弊，得費不相償，弘止使判官司空輿檢鉤釐正，條上新法，卽表輿兩池使，自是課入歲倍，用度賴之。踰年，出爲武寧節度使。徐自王智興後，吏卒驕沓，銀刀軍尤不法，弘止戮其尤無狀者，終弘止治，不敢譁。優詔褒勞。弘止羸病，丐身還東都，不許。徙宣武，卒于鎭，贈尙書右僕射。

子虔灌，有美才，終祕書監。

簡求字子臧，始從江西王仲舒幕府，兩爲裴度、元稹所辟，又佐牛僧孺鎭襄陽，入遷戶部員外郎。會昌中，討劉稹，以忠武節度使李彥佐爲招討使，客選簡求副之，俾知後務。歷蘇、壽二州刺史。

大中九年，党項擾邊，拜涇原渭武節度使。徙義武、鳳翔、河東三鎭。簡求爲政長權變，文不害，居邊善綏御，人皆安之。太原統退渾、契苾、沙陀三部，難馴制，它帥或與詛盟，質子弟，然寇掠不爲止。簡求歸所質，開示至誠，虜憚其恩信，不敢亂。久之，辭疾，以太子少師致仕，還東都，治園沼林苑，與賓客置酒自娛。卒，年七十六，贈尙書左僕射。

子嗣業、汝弼，皆中進士第。汝弼以祠部員外郎知制誥，從昭宗遷洛。方柳璨斲喪王室，汝弼懼，移疾去，客上黨。後依李克用，克用表爲節度副使。太原府子亭，簡求所署多在，每宴亭中，未嘗居賓位，西向俛首，人美其有禮。

嗣業子文紀，後貴顯。

高元裕字景圭，其先蓋渤海人。第進士，累辟節度府。以右補闕召，道商州，會方士趙歸眞擅乘驛馬，元裕詆曰：「天子置驛，爾敢疾驅邪？」命左右奪之，還，具以聞。敬宗視朝不時，稍稍決事禁中，宦豎恣放，大臣不得進見。元裕諫曰：「今西頭勢乃重南衙，樞密之權過宰相。」帝頗寤而不能有所檢制，人皆危之。俄換侍御史內供奉，士始相賀。

李宗閔高其節，擢諫議大夫，進中書舍人。鄭注入翰林，元裕當書命，乃言「以醫術侍」，注愧憾。及宗閔得罪，元裕坐出餞，貶閬州刺史。注死，復授諫議大夫、翰林侍講學士。莊恪太子立，擇可輔導者，乃兼賓客。進御史中丞。卽建言：「紀綱地官屬須選，有不稱

職者請罷之。」於是監察御史杜宣猷柳瓌崔郢、侍御史魏中庸高弘簡並奪職。故事，三司監院官帶御史者，號「外臺」，得察風俗，舉不法。元和中，李夷簡因請按察本道州縣。後益不職。元裕請監院御史隸本臺，得專督察。詔可。累擢尙書左丞，領吏部選。出爲宣歙觀察使，入授吏部尙書。拜山南東道節度使，封渤海郡公，奏蠲逋賦甚衆。在鎭五年，復以吏部尙書召，卒于道，年七十六，贈尙書右僕射。

元裕性勤約，通經術，敏於爲吏，巖巖有風采，推重于時。自侍講爲中丞，文宗難其代，元裕表言兄少逸才可任，因以命之，世榮其遷。

少逸，長慶末爲侍御史，坐失舉劾，貶贊善大夫，累遷諫議大夫，乃代元裕。稍進給事中，出爲陝虢觀察使。中人責峽石驛吏供餅惡，鞭之，少逸封餅以聞。宣宗怒，召使者責曰：「山谷間是餅豈易具邪？」謫隸恭陵，中人皆斂手。以兵部尙書致仕，卒。

元裕始名允中，大和中改今名。

元裕子璩，字瑩之。第進士，累佐使府。以左拾遺爲翰林學士，擢諫議大夫。近世學士超省郎進官者，惟鄭顥以尙主，而璩以寵升云。懿宗時，拜劍南東川節度使，召拜中書侍郎、同中書門下平章事。閱月卒，贈司空。太常博士曹鄴建言：「璩，宰相，交游醜雜，取多

蹊徑，謚法『不思妄愛曰刺』，請謚爲刺。」從之。

封敖字碩夫，其先蓋冀州蓨人。元和中，署進士第，江西裴堪辟置其府，轉右拾遺，雅爲宰相李德裕所器。會昌初，以左司員外郎召爲翰林學士，三遷工部侍郎。敖屬辭贍敏，不爲奇澀，語切而理勝。武宗使作詔書慰邊將傷夷者，曰：「傷居爾體，痛在朕躬。」帝善其如意出，賜以宮錦。劉稹平，德裕以定策功進太尉，時敖草其制曰：「謀皆予同，言不它惑。」德裕以能明專任己以成功，謂敖曰：「陸生恨文不迨意，如君此等語，豈易得邪？」解所賜玉帶贈之。未幾，拜御史中丞，與宰相盧商廬囚，誤縱死罪，復爲工部侍郎。

大中中，歷平盧、興元節度使。初，鄭涯開新路，水壞其棧，敖更治斜谷道，行者告便。蓬、果賊依雞山，寇三川，敖遣副使王贄捕平之。加檢校吏部尚書。還爲太常卿。始視事，廷設九部樂，敖宴私第，爲御史所劾，徙國子祭酒。復拜太常，進尚書右僕射。然少行檢，士但高其才，故不至宰相，卒。

子彥卿、望卿，從子特卿，皆第進士。

鄭薰字子溥，亡鄉里世系。擢進士第，歷考功郎中、翰林學士。出爲宣歙觀察使。前人不治，薰頗以清力自將。牙將素驕，共謀逐出之，薰奔揚州。貶棣王府長史，分司東都。懿宗立，召爲太常少卿，擢累吏部侍郎。時數大赦，階正議光祿大夫者，得廕一子，門施戟。於是宦人用階請廕子，薰却之不肯敍。宰相杜悰才其人，擬判度支，辭；又擬刑部兼御史中丞，固辭乃免。久之，進左丞。性愛友，糾族百口，稟不充，求外遷。擬華州刺史，輒留中，爲俸侍酬沮。後以太子少師致仕。

薰端勁，再知禮部舉，引寒俊，士類多之。既老，號所居爲隱巖，蒔松于廷，號「七松處士」云。

敬晦字日彰，河中河東人。祖括，字叔弓，進士及第，遷殿中侍御史。楊國忠惡不諧己，外除杲州刺史，進累兵部侍郎。志簡淡，在職不求名。周智光已誅，議者健括才，選爲同州刺史，拜御史大夫。隱然持重，弗以私害公。大曆中卒。

晦進士及第，辟山南東道節度府，與馬曙聯舍。於是，帥不政，法制陵頹，曙引大吏廷責之。吏負兼軍職，不引咎，走訴諸府牙將且十輩，方雜語以申吏枉，晦讓諸將曰：「吏冒軍名，公等不能詰，反引與爲伍，奈何？」衆愧謝，闔府咨美。擢累諫議大夫。武宗時，趙歸眞以詐營罔天子，御史平奐湘獄，得罪宰相。晦上疏極道非是，不少回縱。

大中中，歷御史中丞、刑部侍郎、諸道鹽鐵轉運使、浙西觀察使。時南方連饉，有詔弛榷酒茗，官用告覂，晦處身儉勤，貲力遂充。徙兗州節度使，以太子賓客分司，卒，贈兵部尚書，謚曰肅。

晦兄昕、啅，弟昄、煦，俱第進士籍。昕爲河陽節度使，啅右散騎常侍，世寵其家。

韋博字大業，京兆萬年人。祖黃裳，浙西節度觀察使。博取進士第，寖遷殿中侍御史。開成中，蕭本詐窮得罪，詔與中人籍其財，中人利寶玉，欲竊取去，博奪還，簿無遺貲。回鶻入寇，以苻澈爲河東節度使，拜博爲判官。久之，進主客郎中。時詔毀佛祠，悉浮屠隸主客。博言令太暴，宜近中。宰相李德裕惡之。會羌、渾叛，以何淸朝爲靈武節度使，詔博副之，擢右諫議大夫，召對，賜金紫。因行西北邊，商虜彊弱，還奏有旨，進左大夫，爲京兆尹。與御史中丞鬻競不平，皆得罪，下除博衞尉卿。出爲平盧節度使、檢校禮部尚書，徙昭義。卒，年六十二，贈兵部尚書。

李景讓字後己，贈太尉憕孫也。性方毅有守。寶曆初，遷右拾遺。淮南節度使王播以錢十萬市朝廷歡，求領鹽鐵，景讓詣延英亟論不可，遂知名。沈傳師觀察江西，表以自副。歷中書舍人、禮部侍郎，商華虢三州刺史。

母鄭，治家嚴，身訓勤諸子。始，貧乏時，治牆得積錢，僮婢奔告，母曰：「士不勤而祿，猶菑其身，況無妄而得，我何取？」亟使閉坎。景讓自右散騎常侍出爲浙西觀察使，母問行日，景讓率然對：「有日。」鄭曰：「如是，吾方有事，未及行。」蓋怒其不嘗告也。且曰：「已貴，何庸母行？」景讓重請罪，乃赦。故雖老猶加箠敕，已起，欣欣如初。嘗怒牙將，杖殺之，軍且謀變，母欲息衆讙，召景讓廷責曰：「爾塡撫方面而輕用刑，一夫不寧，豈特上負天子，亦使百歲母銜羞泉下，何面目見先大夫乎？」將鞭其背，吏大將再拜請，不許，皆泣謝，迺罷，一軍遂定。景讓家行脩治，閨門唯謹。

入爲尚書左丞，拜天平節度使，徙山南東道，封酒泉縣男。大中中，進御史大夫，甫視

事，劾免侍御史孫玉汝、監察御史盧栯，威肅當朝。爲大夫三月，蔣伸輔政，景讓名素出伸右，而宣宗擇宰相，盡書羣臣當遷者，以名內器中，禱憲宗神御前射取之，而景讓名不得。世謂除大夫百日，有他官相者，謂之「辱臺」。景讓愧艴不能平，見宰相，自陳考深當代，卽拜西川節度使。以病丐致仕，或諫：「公廉潔亡素儲，不爲諸子謀邪？」景讓笑曰：「兒曹詎餓死乎？」書聞，輒還東都。以太子少保分司。卒，年七十二，贈太子太保，謚曰孝。

性獎士類，拔孤仄，如李蔚、楊知退皆所推引。始爲左丞，蔣伸坐宴所，酌酒語客曰：「有孝於家、忠於國者飲此。」客肅然，景讓起卒爵，伸曰：「無宜於公。」所善蘇滌、裴夷直皆爲李宗閔、楊嗣復所擢，故景讓在會昌時，抑厭不遷。宣宗銜穆宗舊怨，景讓建請遷敬、文、武三主，以猶子行爲嫌，請還代宗以下主復入廟，正昭穆。事下百官議，不然，乃罷，德望稍衰矣。然清素寡欲，門無雜賓。李琢罷浙西，以同里訪之，避不見，及去，命斸其騎石焉。元和後，大臣有德望者，以居里顯，景讓宅東都樂和里，世稱清德者，號「樂和李公」云。

弟景溫，字德己，歷諫議大夫、福建觀察使，徙華州刺史，以美政聞。累遷尙書右丞。盧攜當國，弟隱繇博士遷水部員外郎，材下資淺，人疾其冒，無敢繩，景溫不許赴省。時故事久廢，景溫旣舉職，人皆韙其正。

弟景莊，亦至顯官。

唐書卷一百七十八

列傳第一百三

劉蕡

劉蕡字去華，幽州昌平人，客梁、汴間。明春秋，能言古興亡事，沈健于謀，浩然有捄世意。擢進士第。元和後，權綱弛遷，神策中尉王守澄負弑逆罪，更二帝不能討，天下憤之。文宗卽位，思洗元和宿恥，將翦落支黨。方宦人握兵，橫制海內，號曰「北司」，凶醜朋挻，外脅羣臣，內掣侮天子，蕡常痛疾。

大和二年，舉賢良方正能直言極諫，帝引諸儒百餘人于廷，策曰：

朕聞古先哲王之治也，玄默無爲，端拱司契，陶甿心以居簡，凝日用於不宰，厚下以立本，推誠而建中，繇是天人通，陰陽和，俗躋仁壽，物無疵癘。噫！盛德之所臻，敻乎其不可及已。三代令王，質文迭救，百氏滋熾，風流浸微，自漢以降，足言蓋寡。

朕顧唯昧道，祗荷丕構，奉若謨訓，不敢怠荒，任賢惕厲，宵衣旰食，詎追三五之遐軌，庶紹祖宗之鴻緒。而心有未達，行有未孚，由中及外，闕政斯廣。是以人不率化，氣或堙阨，災旱竟歲，播植愆時。國廩罕蓄，乏九年之儲；吏道多端，微三載之績。京師，諸夏之本也，將以觀治，而豪猾踰檢；太學，明敎之源也，期於變風，而生徒惰業。列郡在乎頒條，而干禁或未絕；百工在乎按度，而淫巧或未息。俗恬風靡，積訛成蠹。其擇官濟治也，聽人以言則枝葉難辨，御下以法則恥格不形。其阜財發號也，生之寡而食之衆，煩於令而鮮於治。思所以究此繆盭，致之治平，茲心浩然，若涉淵水。故前詔有司，博延羣彥，佇啓宿懵，冀臻時雍。

子大夫皆識達古今，志在康濟，造廷待問，副朕虛懷，必當箴治之闕，辨政之疵，明綱條之致紊，稽富庶之所急。何施革於前弊？何澤惠於下土？何脩而治古可近？何道而和氣克充？推之本源，著於條對。至若夷吾輕重之權，孰輔於治？嚴尤底定之策，孰叶於時？元凱之考課何先？叔子之克平何務？惟此龜鑑，擇乎中庸，斯在洽聞，朕將親覽。

蕡對曰：

臣誠不佞，有正國致君之術，無位而不得行；有犯顏敢諫之心，無路而不得達。

懷憤鬱抑，思有時而發。常欲與庶人議于道、商賈謗于市，得通上聽，一悟主心，雖被祆言之罪無所悔。況逢陛下詢求過闕，咨訪嘉謀，制詔中外，舉直言極諫。臣辱斯舉，專承大問，敢不悉意以言。至於上所忌，時所禁，權幸所諱惡，有司所與奪，臣愚不識，伏惟陛下少加優容，不使聖時有讜言受戮者，天下之幸也。謹昧死以對：

伏以聖策有思古先之治，念玄默之化，將欲通天地以濟俗，和陰陽以煦物，見陛下慮道之深也。臣以爲哲王之治，其則不遠，惟致之之道何如耳。伏以聖策有祗荷丕構而不敢荒寧，奉若謨訓而罔有怠忽，見陛下憂勞之至也。若夫任賢惕厲，宵衣旰食，宜細左右之纖佞，進股肱之大臣。若夫追蹤三五，紹復祖宗，宜鑒前古之興亡，明當代之成敗。心有未達，以下情蔽而不得上通；行有未孚，以上澤壅而不得下浹。欲人之化，在脩己以先之；欲氣之和，在遂性以導之。捄災旱在致精誠，廣播殖在視食力。國廩罕畜，本乎冗食尙繁；吏道多端，本乎選用失當。豪猾踰檢，繇中外之法殊；生徒惰業，繇學校之官廢；列郡干禁，繇授任非人；百工淫巧，繇制度不立。伏以聖策有擇官濟治之心，阜財發號之歎，見陛下教化之本也。且進人以行，則枝葉安有難辨乎？防下以禮，則恥格安有不形乎？念生寡而食衆，可罷斥惰游；念令煩而治鮮，要察其行否。博延羣彥，願陛下必納其言；造廷待問，則小臣安敢愛死？伏以聖策有求

賢箴闕之言，審政辨疵之令，見陛下咨訪之勤也。遂小臣斥姦豪之志，則弊革于前；守陛下念康濟之心，則惠敷于下。邪正之道分，而治古可近；禮樂之方著，而和氣克充。至若夷吾之法，非皇王之權；嚴尤所陳，無最上之策；元凱之所先，不若唐堯考績；叔子之所務，不若虞舜舞干。且非大德之中庸、上聖之龜鑒，又何足爲陛下道之哉？或有以繫安危之機、兆存亡之變者，臣請披肝膽爲陛下別白而重言之。

臣前所謂「哲王之治，其則不遠」者，在陛下愼思之、力行之、始終不懈而已。謹按春秋，元者氣之始也，春者歲之元也。春秋以元加于歲，以春加于王，明王者當奉若天道，以謹其始也。又舉時以終歲，舉月以終時，春秋雖無事，必書首月以存時，明王者當承天之道，以謹其終也。王者動作終始必法於天者，以其運行不息也。陛下能謹其始，又能謹其終，懋而脩之，勤而行之，則執契而居簡，無爲而不宰，廣立本之大業，崇建中之盛德，安有三代循環之弊、百僞滋熾之漸乎？臣故曰：「唯致之之道何如耳。」

臣前所謂「若夫任賢惕厲，宵衣旰食，宜細左右之纖佞，進股肱之大臣」，實以陛下憂勞之至也。臣聞不宜憂而憂者，國必衰；宜憂而不憂者，國必危。陛下不以國家存亡、社稷安危之策而降於清問，臣未知陛下以布衣之臣不足與定大計耶？或萬機之勤有所未至也？不然，何宜憂而不憂乎？臣以爲陛下所先憂者，宮闈將變，社稷將危，天下將傾，四海將亂。此四者，國家已然之兆，故臣謂聖慮宜先及之。夫帝業艱難而成之，固不可容易而守之。太祖肇其基，高祖勤其績，太宗定其業，玄宗繼其明，至于陛下，二百餘載，其間聖明相因，擾亂繼作，未有不用賢士、近正人而能興者。或一日不念，則顚覆大器，宗廟之恥，萬古爲恨。臣謹按春秋，人君之道，在體元以居正。昔董仲舒爲漢武帝言之略矣，有未盡者，臣得爲陛下備論之。夫繼故必書卽位，所以正其始也；終必書所終之地，所以正其終也。故爲君者，所發必正言，所履必正道，所居必正位，所近必正人。春秋：「閽弒吳子餘祭。」書其名，譏疏遠賢士，昵刑人，有不君之道。伏惟陛下思祖宗開國之勤，念春秋繼故之誡。明法度之端，則發正言，履正道；杜篡弒之漸，則居正位，近正人。遠刀鋸之殘，親骨鯁之直，輔相得以顓其任，庶寮得以守其官。奈何以褻近五六人總天下大政，外專陛下之命，內竊陛下之權，威懾朝廷，勢傾海內，羣臣莫敢指其狀，天子不得制其心，禍稔蕭牆，姦生帷幄，臣恐曹節、侯覽復生於今日，此宮闈將變也。臣謹按春秋：「定公元年春王。」不言正月者，春秋以爲先君不得正其終，則後君不得正其始，故曰「定無正」也。今忠賢無腹心之寄，閽寺專廢立之權，陷先帝不得正其終，致陛下不得正其始，況太子未立，郊祀未脩，將相之職不歸，名器之宜不定，此社稷將危也。臣謹按春秋：「王札子殺召伯、毛伯。」春秋之義，兩下

相殺不書。此書者，重其顓王命也。夫天之所授者在命，君之所存者在令。操其命而失之者，是不君也；侵其命而專之者，是不臣也。君不君，臣不臣，此天下所以將傾也。臣謹按春秋，晉趙鞅以晉陽之兵叛入于晉，書其歸者，能逐君側之惡以安其君，故春秋善之。今威柄陵夷，藩臣跋扈。有不達人臣大節，而首亂者將以安君爲名；不究春秋之微，稱兵者以逐惡爲義。則典刑不繇天子，征伐必自諸侯，此海內之將亂也。故樊噲排闥而雪涕，袁盎當車而抗辭，京房發憤以殞身，竇武不顧而畢命，此皆陛下明知之矣。臣謹按春秋，晉狐射姑殺陽處父，書襄公殺之者，以其君漏言也。襄公不能固陰重之機，處父所以及殘賊之禍，故春秋非之。夫上漏其情，則下不敢盡意；上泄其事，則下不敢盡言。故傳有造膝詭辭之文，易有失身害成之戒。今公卿大臣，非不欲爲陛下言之，慮陛下不能用也。忽而不用，必泄其言，臣下既言而不行，必嬰其禍，適足鉗直臣之口，而重姦臣之威。是以欲盡其言則有失身之懼，欲盡其意則有害成之憂，裴回鬱塞，以須陛下感悟，然後盡其啓沃。陛下何不聽朝之餘，時御便殿，召當世賢相老臣，訪持變扶危之謀，求定傾捄亂之術，塞陰邪之路，屏褻狎之臣，制侵陵迫脅之心，復門戶掃除之役，戒其所宜戒，憂其所宜憂。既不得治其前，當治於後；不得正其始，當正其終。則可以虔奉典謨，克承丕構，終任賢之效，無宵旰之憂矣。

臣前所謂「追蹤三五，紹復祖宗，宜鑒前古之興亡，明當時之成敗」者，臣聞堯、禹之爲君而天下大治者，以能任九官、四岳、十二牧，不失其舉，不貳其業，不侵其職，居官唯其能，左右唯其賢，元凱在下雖微而必舉，四凶在朝雖彊而必誅，考其安危，明其取捨。至秦二世、漢元成，咸願措國如唐、虞，致身如堯、舜，而終敗亡者，以其不見安危之機，不知取捨之道，不任大臣，不辨姦人，不親忠良，不遠讒佞也。伏惟陛下察唐、虞之所以興，而景行於前；鑒秦、漢之所以亡，而戒懼於後。陛下無謂廟堂無賢相，庶官無賢士。今紀綱未絕，典刑猶在，人誰不欲致身爲王臣，致時爲升平？陛下何忽而不用邪？又有居官非其能，左右非其賢，惡如四凶，詐如趙高，姦如恭、顯，陛下何憚而不去邪？神器固有歸，天命固有分，祖宗固有靈，忠臣固有心，陛下其念之哉！昔秦之亡也，失於彊暴；漢之亡也，失於徵弱。彊暴則姦臣畏死而害上，徵弱則彊臣竊權而震主。臣伏見敬宗不虞亡秦之禍，不翦其萌，伏惟陛下深軫亡漢之憂，以杜其漸，則祖宗之洪業可紹，三五之遐軌可追矣。

臣前所謂陛下「心有所未達，以下情塞而不能上通，行有所未孚，以上澤壅而不得下浹」，且百姓有塗炭之苦，陛下無繇而知，陛下有子惠之心，百姓無繇而信。臣謹按春秋書「梁亡」不書「取」者，梁自亡也，以其思慮昏而耳目塞，上出惡政，人爲寇盜，

皆不知其所以，終自取其滅亡也。臣聞國君之所以尊者，重其社稷也；社稷之所以重者，存其百姓也。苟百姓不存，則雖社稷不得固其重；社稷不重，則人君不得保其尊。故治天下者，不可不知百姓之情。夫百姓者，陛下之赤子，陛下宜令慈仁者視育之，如保傅焉，如乳哺焉，如師之教導焉。故人之於上也，恭之如神明，愛之如父母。今或不然，陛下親近貴倖，分曹建署，補除卒吏，召致賓客，因其貨賄，假以聲勢，大者統藩方，小者爲守牧，居上無清惠之政而有饕餮之害，居下無忠誠之節而有姦欺之罪。故人之於上也，畏之如豺狼，惡之如讎敵。今海內困窮，處處流散，飢者不得食，寒者不得衣，鰥寡孤獨不得存，老幼疾病不得養，加以國權兵柄顓於左右，貪臣聚斂以固寵，姦吏因緣而弄法，冤痛之聲，上達於九天，下入於九泉，鬼神爲之怨怒，陰陽爲之愆錯。君門萬重，不得告訴，士人無所歸化，百姓無所歸命。官亂人貪，盜賊並起，土崩之勢，憂在旦夕。卽不幸因之以病癘，繼之以凶荒，陳勝、吳廣不獨起於秦，赤眉、黃巾不獨生於漢，臣所以爲陛下發憤扼腕，痛心泣血也。如此則百姓有塗炭之苦，陛下何繇而知之乎？陛下有子惠之心，百姓安得而信之乎？使陛下行有所未孚，心有所未達，固其然也。臣聞漢元帝卽位之初，更制七十餘事，其心甚誠，其稱甚美。然紀綱日紊，國祚日衰，姦宄日彊，黎元日困，繇不能擇賢明而任之，失其操柄也。自陛下卽位，憂勤兆庶，屢降德音，四海之內，莫不抗首而長息，自喜復生於死亡之中也。伏惟陛下愼終如始，以塞四方之望。誠能揭國柄以歸于相，持兵柄以歸于將，去貪臣聚斂之政，除姦吏因緣之害，惟忠賢是近，惟正直是用，內寵便僻無所聽焉。選清愼之官，擇仁惠之長，敏之以利，煦之以和，教之以孝慈，導之以德義，去耳目之塞，通上下之情，俾萬國懽康，兆庶蘇息，卽心無不達，行無不孚矣。

臣前所謂「欲人之化也，在脩己以先之」，臣聞德以脩己，教以導人。脩之也，則人不勸而自立；導之也，則人不教而率從。君子欲政之必行也，故以身先之；欲人之從化也，故以道御之。今陛下先之以身而政未必行，御之以道而人未從化，豈立教之旨未盡其方邪？夫立教之方，在乎君以明制之，臣以忠行之。君以知人爲明，臣以正時爲忠。知人則任賢而去邪，正時則固本而守法。賢不任則重賞不足以勸善，邪不去則嚴刑不足以禁非，本不固則人流，法不守則政散，而欲教之必至，化之必行，不可得也。陛下能斥姦邪而不私其左右，舉賢正而不遺其疏遠，則化洽朝廷矣。愛人而敦本，分職而奉法，脩其身以及其人，始於中而成於外，則化行天下矣。

臣前所謂「欲氣之和也，在遂其性以導之」者，當納人於仁壽也。夫欲人之仁壽也，在立制度，修教化。夫制度立則財用省，財用省則賦斂輕，賦斂輕則人富矣。教化

脩則爭競息，爭競息則刑罰清，刑罰清則人安矣。既富矣，則仁義興焉；既安矣，則壽考至焉。仁義之心感於下，和平之氣應於上，故災害不作，休祥荐臻，四方底寧，萬物咸遂矣。

臣前所謂「捄災旱在乎致精誠」者，臣謹按春秋，魯僖公一年之中，三書「不雨」者，以其人君有恤人之志也；文公三年之中，一書「不雨」者，以其人君無閔人之心也。故僖致誠而旱不害物，文無卹閔而變則成災。陛下有閔人之志，則無成災之變矣。

臣前所謂「廣播殖在乎視食力」者，臣謹按春秋：「君人者必時視民之所勤。民勤於力則功築罕，民勤於財則貢賦少，民勤於食則百事廢。」今財食與力皆勤矣，願陛下廢百事之用，以廣三時之務，則播植不愆矣。

臣前所謂「國廩罕蓄，本乎冗食尙繁」者，臣謹按春秋：「臧孫辰告糴于齊。」春秋譏其無九年之蓄，一年不登而百姓飢。臣願斥游惰之人以篤耕殖，省不急之費以贍黎元，則廩蓄不乏矣。

臣前所謂「吏道多端，本乎選用失當」者，繇國家取人不盡其材、任人不明其要故也。今陛下之用人也，求其聲而不求其實，故人之趨進也，務其末而不務其本。臣願覈考課之實，定遷序之制，則多端之吏息矣。

臣前所謂「豪猾踰檢，繇中外之法殊」者，以其官禁不一也。臣謹按春秋，齊桓公盟諸侯不日，而葵丘之盟特以日者，美其能宣明天子之禁，率奉王官之法，故春秋備而書之。然則官者，五帝、三王之所建也；法者，高祖、太宗之所制也。法宜畫一，官宜正名。今又分外官、中官之員，立南司、北司之局，或犯禁於南則亡命于北，或正刑于外則破律於中，法出多門，人無所措，繇兵農勢異，而中外法殊也。臣聞古者因井田以制軍賦，間農事以脩武備，提封約卒乘之數，命將在公卿之列，故兵農一致，而文武同方，以保乂邦家，式遏亂略。太宗置府兵臺省軍衞，文武參掌，閑歲則櫜弓力穡，有事則釋耒荷戈，所以脩復古制，不廢舊物。今則不然。夏官不知兵籍，止於奉朝請；六軍不主武事，止於養階勳。軍容合中官之政，戎律附內臣之職。首一戴武弁，疾文吏如仇讎；足一蹈軍門，視農夫如草芥。謀不足以翦除姦兇，而詐足以抑揚威福；勇不足以鎮衞社稷，而暴足以侵害閭里。羈紲藩臣，干陵宰輔，隳裂王度，汩亂朝經。張武夫之威，上以制君父；假天子之命，下以御英豪。有藏姦觀釁之心，無仗節死難之誼。豈先王經文緯武之旨邪！臣願陛下貫文武之道，均兵農之功，正貴賤之名，一中外之法，還軍衞之職，脩省署之官，近崇貞觀之風，遠復成周之制，自邦畿以形下國，始天子而達諸侯，可以制猾姦之疆，無踰檢之患矣。

臣前所謂「生徒惰業，繇學校之官廢」者，蓋國家貴其祿，賤其能，先其事，後其行，故庶官乏通經之學，諸生無脩業之心矣。

臣前所謂「列郡干禁，繇授任非人」者，臣以爲刺史之任，治亂之根本繫焉，朝廷之法制在焉，權可以御豪彊，恩可以惠孤寡，彊可以禦姦寇，政可以移風俗。其將校曾更戰陣，及功臣子弟，請隨宜酬賞，苟無治人之術者，不當任此官，卽絕干禁之患矣。

臣前所謂「百工淫巧，繇制度不立」者，臣請以官位祿秩制其器用車服，禁以金銀珠玉，錦繡雕鏤不蓄於私室，則無蕩心之巧矣。

臣前所謂「辨枝葉」者，繇考言以詢行也；臣前所謂「形于恥格」者，繇道德而齊禮也。

臣前所謂「念生寡而食衆，可罷斥惰游」者，已備於前矣。

臣前所謂「令煩而治鮮，要察其行否」者，臣聞號令者，治國之具也，君審而出之，臣奉而行之，或虧益止留，罪在不赦。今陛下令煩而治鮮，得非持之者有所蔽欺乎？

臣前謂「博延羣彥，願陛下必納其言；造廷待問，則小臣其敢愛死」者，昔晁錯爲漢削諸侯，非不知禍之將至，忠臣之心，壯夫之節，苟利社稷，死無悔焉。臣非不知言發而禍應，計行而身僇，蓋痛社稷之危，哀生人之悔，豈忍姑息時忌，竊陛下一命之寵哉？昔龍逢死而啓商，比干死而啓周，韓非死而啓漢，陳蕃死而啓魏。今臣之來也，有司或不敢薦臣之言，陛下又無以察臣之心，退必戮於權臣之手，臣幸得從四子游於地下，固臣之願也，所不知殺臣者，臣死之後，將孰爲啓之哉！

至如人主之闕，政教之疵，前日之弊，臣既言之矣。若乃流下土之惠，脩近古之治，而致和平者，在陛下行之而已。然上之所陳者，實以臣親承聖問，敢不條對。雖臣之愚，以爲未極教化之大端、皇王之要道。伏惟陛下事天地以教人恭，奉宗廟以教人孝，養高年以教人悌長，字百姓以教人慈幼，調元氣以煦育，扇大和以仁壽，可以消搖無爲，垂拱成化。至若念陶鈞之道，在擇宰相以任之，使權造化之柄；念保定之功，在擇將帥以任之，使脩閫外之寄；念百度之求正，在擇庶官而任之，使顓職業之守；念百姓之怨痛，在擇良吏以任之，使明惠養之術。自然言足以爲天下教，動足以爲天下法，仁足以勸善，義足以禁非，又何必宵衣旰食，勞神惕慮，然後致治哉！

是時，第策官左散騎常侍馮宿、太常少卿賈餗、庫部郎中龐嚴見蕡對嗟伏，以爲過古晁、董，而畏中官眦睚，不敢取。士人讀其辭，至感槩流涕者。諫官御史交章論其直。於時，被選者二十有三人，所言皆冗齪常務，類得優調。河南府參軍事李郃曰：「蕡逐我留，吾顏其厚邪！」乃上疏曰：「陛下御正殿求直言，使人得自奮。臣才志懦劣，不能質今

古是非，使陛下聞未聞之言，行未行之事，忽忽內思，愧羞神明。今蕡所對，敢空臆盡言，至皇王之成敗，陛下所防閑，時政之安危，不私所料。又引春秋爲據，漢、魏以來，無與蕡比。有司以言涉訐忤，不敢聞。自詔書下，萬口籍籍，歎其誠鯁，至於垂泣，謂蕡指切左右，畏近臣銜怒，變興非常，朝野惴息，誠恐忠良道窮，綱紀遂絕，季漢之亂復興于今。以陛下仁聖，近臣故無害忠良之謀；以宗廟威嚴，近臣故無速敗亡之禍。指事取驗，何懼直言？且陛下以直言召天下士，蕡以直言副陛下所問，雖訐必容，雖過當奬，書于史策，千古光明。使萬有一蕡不幸死，天下必曰陛下陰殺讜直，結讎海內，忠義之士，皆憚誅夷，人心一搖，無以自解。況臣所對，不及蕡遠甚，內懷愧恥，自謂賢良，奈人言何！乞回臣所授，以旌蕡直。臣逃苟且之慚，朝有公正之路，陛下免天下之疑，顧不美哉！」帝不納。郃字子玄，後歷賀州刺史。

蕡對後七年，有甘露之難。令狐楚、牛僧孺節度山南東西道，皆表蕡幕府，授祕書郎，以師禮禮之。而宦人深嫉蕡，誣以罪，貶柳州司戶參軍，卒。

始，帝恭儉求治，志除凶人，然懦而不睿，臣下畏禍不敢言，故蕡對極陳晉襄公殺陽處父以戒帝，又引閽殺吳子，陰贊帝決。帝後與宋申錫謀誅守澄不克，守澄廢帝弟漳王而斥申錫，帝依違其間，不敢主也。賈餗與王涯、李訓、舒元輿位宰相，以謀敗，皆爲中官夷

其宗，而宦者益横，帝以憂崩。

及昭宗誅韓全誨等，左拾遺羅袞上言：「蕡當大和時，宦官始熾，因直言策請奪爵土，復掃除之役，遂罹譴逐，身死異土，六十餘年，正人義夫切齒飲泣。比陛下幽東內，幸西州，王室幾喪。使蕡策早用，則杜漸防萌，逆節可消，寧殷憂多難，遠及聖世耶！今天地反正，枉魄憤鬱，有望於陛下。」帝感悟，贈蕡左諫議大夫，訪子孫授以官云。

贊曰：漢武帝三策董仲舒，仲舒所對，陳天人大槩，緩而不切也。蕡與諸儒偕進，獨譏切宦官，然亦太疏直矣。戒帝漏言，而身諵語于廷，何邪？其後宋申錫以謀泄貶，李訓以計不臧死，宦者遂彊，可不戒哉！意蕡之賢，當先以忠結上，後爲帝謀天下所以安危者，庶其紓患邪！

唐書卷一百七十九

列傳第一百四

李訓 鄭注 王涯 賈餗 舒元輿 王璠 郭行餘 韓約 羅立言
李孝本 顧師邕 李貞素

李訓字子垂，始名仲言，字子訓，故宰相揆族孫。質狀魁梧，敏于辯論，多大言，自標置。擢進士第，補太學助教，辟河陽節度府。從父逢吉爲宰相，以仲言陰險善謀事，厚昵之。坐武昭獄，流象州。文宗嗣位，更赦還，以母喪居東都。鄭注佐昭義府，仲言慨然曰：「當世操權力者皆齪齪，吾聞注好士，有中助，可與共事。」因往見注，相得甚歡。時逢吉方留守，怏怏不樂，思復用，知與注善，付金幣百萬，使西至京師厚結注。注喜，介之謁王守澄。守澄善遇之，即以注術、仲言經義并薦於帝。

仲言持詭辯，激卬可聽，善鉤揣人主意，又以身儒者，海內望族，既見識擢，志望不淺。

始，宋申錫謀誅守澄不克，死，宦尹益横，帝愈憤恥。而憲祖之弒，罪人未得，雖外假借，內不堪，欲夷絕其類，顧在位臣持祿取安，無伏節死難者。注陰知帝指，屢建密計，引仲言叶力。帝外託講勸，又皆以守澄進，故與之謀則其黨不疑。仲言尙縗粗，帝使衣戎服，號「王山人」，與注出入禁中。服除，起爲四門助教，賜緋袍、銀魚，時大和八年也。其十月，遷周易博士兼翰林侍講學士。入院，詔法曲弟子二十人侑宴，示優寵。於是給事中鄭肅、韓佽，諫議大夫李珝、郭承嘏，中書舍人高元裕、權璩等共劾仲言憸人，天下共知，不宜在左右。帝不聽。仲言數進講，至闔寺，必感憤申重，以激帝心。帝見其言縱横，謂果可任，遂不疑，而待遇莫與比，因改名訓。帝猶慮宦人猜忌，乃疏易五義示羣臣，有能異訓意者賞，欲天下知以師臣待訓。

明年秋七月，進翰林學士、兵部郎中，知制誥，居中倚重，實行宰相事。宦人陳弘志時監襄陽軍，訓啓帝召還，至青泥驛，遣使者杖殺之。復以計白罷守澄觀軍容使，賜鴆死。又逐西川監軍楊承和、淮南韋元素、河東王踐言於嶺外，已行，皆賜死。而崔潭峻前物故，詔剖棺鞭尸。元和逆黨幾盡。

訓本挾奇進，及大權在己，銳意去惡，故與帝言天下事，無不如所欲。挾注相朋比，務報恩復讎，素忌李德裕、宗閔之寵，乃因楊虞卿獄，指爲黨人，嘗所惡者，悉陷黨中，遷貶無

閱日，班列幾空，中外震畏。帝爲下詔開諭，羣情稍安。不踰月，以禮部侍郎同中書門下平章事，賜金紫服，仍詔三日一至翰林，以終易義。

訓起流人，一歲至宰相，謂遭時，其志可行。欲先誅宦豎，乃復河、湟，攘夷狄，歸河朔諸鎮。意果而謀淺，天子以爲然。俄賜第勝業里，賞賚旁午。每進見，他宰相備位，天子傾意，宦官衞兵皆慴憚迎拜。天下險怪士徼取富貴，皆憑以爲資。訓時時進賢才偉望，以悅士心，人皆惑之。嘗建言天下浮屠避傜賦，耗國衣食，請行業不如令者還爲民。既執政，自白罷，因以市恩。

始，注先顯，訓藉以進，及勢相埒，賴寵爭功，不兩立。然方事未集，乃出注使鎮鳳翔，外爲助援，內實猜克，待逞，且殺之。擢所厚善分總兵柄，於是王璠爲太原節度使，郭行餘爲邠寧節度使，羅立言權京兆尹，韓約金吾將軍，李孝本權御史中丞。陰許璠、行餘多募士及金吾臺府卒，劫以爲用。

十一月壬戌，帝御紫宸殿，約奏甘露降金吾左仗樹，羣臣賀。訓、元輿奏言：「甘露近在禁中，陛下宜親往以承天祉。」許之。即輦如含元殿，詔宰相羣臣往視，還，訓奏言：「非甘露。」帝曰：「豈約妄邪？」顧中尉仇士良、魚志弘等驗之，訓因欲閉止諸宦人，使無逸者。時璠、行餘皆辭赴鎮，兵列丹鳳門外，敕而待，訓傳呼曰：「兩鎮軍入受詔旨！」聞者趨入，邠寧

軍不至，璠懼，弗能前，獨行餘拜殿下。●宦人至仗所，約流汗不能舉首，士良等怪之曰：「將軍何爲爾？」會風動廡幕，見執兵者，士良等驚，走出，閽者將闔扉，爲宦侍叱爭，不及閉。訓急連呼金吾兵曰：「衞乘輿者，人賜錢百千！」於是有隨訓入者。宦人曰：「急矣，上當還內！」即扶輦決罘罳下殿趨，訓攀輦曰：「陛下不可去！」士良曰：「李訓反！」帝曰：「訓不反。」士良手搏訓而躓，訓壓之，將引刀鞾中，救至，士良免。立言、孝本領衆四百東西來，上殿與金吾士縱擊，宦官死者數十人。訓持輦愈急，至宣政門，宦人郗志榮揕訓仆之，輦入東上閤，即閉，宮中呼萬歲。元輿雖知謀，不以告涯，曰：「上將開延英邪？」而羣臣見宰相問故。會士良遣神策副使劉泰倫、陳君奕等率衞士五百挺兵出，所值輒殺。涯等惶遽易服步出。殺諸司史六七百人，復分兵屯諸宮門，捕訓黨千餘人斬四方館，流血成渠。宦豎知訓事連天子，相與怨嘖，帝懼，僞不語，故宦人得肆志殺戮。俄而元輿、涯皆爲兵所執。涯實不知謀，士良榜笞急，乃自署反狀。詔出衞騎千餘，馳咸陽、奉天捕亡者，大索都城，分掩涯、訓等第，兵遂大掠，入黎埴、羅讓、渾鐬、胡証等家及賈耽廟，貲產一空。兩省印、簿書輒持去，祕館圖籍，蕩然無餘者。

明日，召羣臣朝，至建福門，從者不得入，光範門尙閉，列兵誰何，乃繇金吾右仗至宣政衙，兵皆露持。是時無宰相、御史中丞，久之，閤門使馬元贄啓宣政扉，傳詔張仲方可京兆尹，而吏皆前死，羣臣不能班。帝初未知涯等被繫，猶遲其不朝，既而士良白涯與訓謀逆，將立鄭注。遽召僕射令狐楚、鄭覃、兵部尙書王源中、吏部侍郎李虞仲等至，帝對悲憤，因付涯訊牒曰：「果涯書邪？」楚曰：「然！」「涯誠有謀，罪應死。」

是日，京師兵剽劫未止，民乘亂，往往復私怨相戕擊，人死甚衆。帝遣楊鎭、靳遂良等屯兵大衢，鼓而儆之，兵乃止。帝逼宦官，於是下詔暴訓、涯等罪。孝本易綠衿，猶金帶，以帽障面，奔鄭注，至咸陽，追騎及之。餗匿民間，羸服乘驢自歸。璠聚河東兵環第自衞，弘志使偏將攻之，呼曰：「王涯等得罪，起尙書爲相。」璠喜，啓關納之，既行，知見紿，泣曰：「李訓累我。」俄行餘、立言皆得。自涯十餘族并奴婢悉繫左右軍。璠見涯，恚曰：「公何見引？」涯曰：「君昔漏宋丞相謀於守澄，今焉逃死？」

訓既敗，被綠衣，詭言黜官，走終南山，依浮屠宗密。宗密欲匿之，其徒不可，乃奔鳳翔，爲盩厔將所執，械而東。訓恐爲宦人酷辱，祈監者曰：「得我者有賞，不如持首去。」乃斬之，傳其首，餘黨悉禽。

後一日，兩神策兵將涯等赴郊廟，過兩市，皆腰斬梟首以徇。餗臨刑憤叱，獨元輿曰：「鼂錯、張華尙不免，豈特吾屬哉？」約最後捕得，責以反狀，不服，斬之。殺訓弟仲褒、元皋。始，元皋以屬疏自解，得去，士良訊奴，言事前一昔宿訓第，遣人追斬之。訓死，士良

捕宗密將殺之，怡然曰：「與訓游久，浮屠法遇困則救，死固其分。」乃釋之。是時暴尸旁午，有詔棄都外，男女孩嬰相雜廁。淹旬，許京兆府瘞斂，作二大冢，葬道左右。

它日，帝頗思訓，數爲李石、鄭覃稱其才。而宦豎益熾，帝末以制，居常忽忽不懌，每游燕，雖倡樂雜沓，未嘗歡，顏慘不展，往往瞋目獨語，或裴回眺望，賦詩以見情，自是感疢，至棄天下云。

鄭注，絳州翼城人。世微賤，以方伎游江湖間。元和末，至襄陽，依節度使李愬。爲愬煮黃金餌之，寖親遇，署衙推，從至徐州，稍參處軍政。注多藝，詭譎陰狡，億探人廋隱，輒中所欲。爲愬籌事，未嘗不用，挾邪市權，舉軍患之。監軍王守澄白愬，愬曰：「然彼奇士也，將軍試與語。」守澄始拒不納，既坐，機辯橫生，鉤得其意，守澄大驚，引至後堂，語終夕，恨相見晚。謝愬曰：「誠如公言。」即署巡官。

守澄入總樞密，與俱至京師，厚加贍卹，日夜爲守澄計議，因陰通路遺。初士纖巧者附離，後要官貴人亦趨往。既陷宋申錫，搢紳側目。金吾將軍孟文亮鎭邠寧，取爲司馬，不肯行，御史中丞宇文鼎劾奏，乃上道，過奉天，輒還。御史復言注姦狀，請付有司治罪。始，

王涯用注力再輔政，又憚守澄，遏其奏。更擢通王府司馬、右神策判官，士議讙駭。劉從諫惡其人，欲因斥去之，即表副昭義節度，至府不旬月，文宗暴眩，守澄復薦注，即日召入，對浴堂門，賜賚至渥。是夜，彗出東方，長三尺，芒耀怒急。俄進太僕卿，兼御史大夫。

注貪食沓，既藉權寵，專鬻官射利，貲積鉅萬，不知止。起第善和里，通永巷，飛廡複壁，聚京師輕薄子、方鎮將吏，以煽聲焰。間入神策，與守澄語必終日，或夜艾乃罷。險人躁夫有所干謝，日走門。李訓既附注進，於是兩人權震天下矣。尋擢工部尚書、翰林侍講學士，時訓已在禁中，日日議論帝前，相倡和，謀鉏翦中官，自謂功在晷刻，帝惑之。乘是進退士大夫，撓猷朝法，賢不肖淆亂，以爲弛張當然。衆策其必亂。

帝問富人術，以榷茶對。其法欲置茶官，籍民圃而給其直，工自擷暴，則利悉之官。帝始詔王涯爲榷茶使。又言秦、雍災，當興役厭之。帝嘗詠杜甫曲江辭，有「宮殿千門」語，意天寶時環江有觀榭宮室，聞注言，即詔兩神策治曲江、昆明，作紫雲樓、采霞亭，詔公卿得列舍隄上。

注本姓魚，冒爲鄭，故當時號「魚鄭」，及用事，人廋謂曰「水族」。貌寢陋，不能遠視，常衣粗裘，外示質素。始，李愬病痿，注治之有狀，守澄神其術，故中人皆昵愛。

俄檢校尚書左僕射、鳳翔隴右節度使，詔月入奏事。請寮屬於訓，訓與舒元輿謀終殺

注，慮其豪俊爲助，更擇臺閣長厚者，以錢可復爲副，李敬彝爲司馬，盧簡能、蕭傑爲判官，盧弘茂爲掌書記。舊制，節度使受命，戎服詣兵部謁，後寖廢，注請復之，而王璠、郭行餘皆踵爲常。是日，度支、京兆等供帳。入辭，帝賜通天犀帶。出都門，旗干折，注惡之。

先是，守澄死，以十一月葬滻水，注奏言：「守澄，國勞舊，願身護喪。」因羣宦者臨送，欲以鎮兵悉禽誅之。訓畏注專其功，乃先五日舉事。注率五百騎至扶風，令韓遼知其謀，奔武功。注聞訓敗，乃還。其屬魏弘節勸注殺監軍張仲清及大將賈克中等十餘人，注驚撓不暇聽。仲清與前少尹陸暢用其將李叔和策，訪注計事，斬其首，兵皆潰去。注妻兄魏逢尤恌險，贊注爲姦，數顧眎，爲率更令、鳳翔少尹。遣逢至京師與訓約，被誅。可復等及親卒千餘人皆族矣。擢仲清內常侍，遼咸陽令，叔和檢校太子賓客，賜錢千萬，暢鳳翔行軍司馬。

梟注首光宅坊，三日瘞之，羣臣皆賀，乃夷其家。初，未獲注，京師戒嚴，涇原、鄜坊節度使王茂元、蕭弘皆勒兵備非常。及是人相慶。籍其貲，得絹百萬匹，它物稱是。注敗前，菌生所服帶上，褚中藥化爲蠅數萬飛去。

可復，徽子也，爲禮部郎中。簡能者，簡辭弟，駕部員外郎。傑者，俛弟也，主客員外郎。弘茂，右拾遺。可復將死，女年十四，爲祈免，女曰：「殺我父，何面目以生！」抱可復求死，亦斬之。弘茂妻蕭，臨刑詬曰：「我太后妹，奴輩可來殺！」兵皆斂手，乃免。弘節勇而多謀，始在鄜坊趙儋節度府，爲注所辟。敬彝爲路隋所辟，隋卒，客江淮，以未赴免，因擢兵部員外郎，終衢州刺史。

王涯字廣津，其先本太原人，魏廣陽侯冏之裔。祖祚，武后時諫罷萬象神宮知名，開元時，以大理司直馳傳決獄，所至仁平。父晃，歷左補闕、溫州刺史。

涯博學，工屬文。往見梁肅，肅異其才，薦於陸贄。擢進士，又舉宏辭，再調藍田尉。久之，以左拾遺爲翰林學士，進起居舍人。元和初，會其甥皇甫湜以賢良方正對策異等，忤宰相，涯坐不避嫌，罷學士，再貶虢州司馬，徙爲袁州刺史。憲宗思之，以兵部員外郎召，知制誥，再爲翰林學士，累遷工部侍郎，封清源縣男。

涯文有雅思，永貞、元和間，訓誥溫麗，多所稟定。帝以其孤進自樹立，數訪逮，以私居遠，或召不時至，詔假光宅里官第，諸學士莫敢望。俄拜中書侍郎、同中書門下平章事，坐循默不稱職罷，再還吏部侍郎。

穆宗立，出爲劍南東川節度使。時吐蕃寇邊，西北騷然，又略雅州，涯調兵拒之。上言：「蜀有兩道直擣賊腹，一繇龍州清川以抵松州〔一〕，一繇綿州威蕃柵抵棲雞城，皆虜險要

地。臣願不愛金帛，使信臣持節與北虜約曰：『能發兵深入者，殺某人，取某地，受其賞。』開懷以示之，所以要約諄熟異它日者，則匈奴之銳可出，西戎之力衰矣。」帝不報。

長慶三年，入爲御史大夫，遷戶部尚書、鹽鐵轉運使。寶曆時，復出領山南西道節度使。文宗嗣位，召拜太常卿，以吏部尚書代王播，復統鹽鐵，政益刻急。歲中，進尚書右僕射、代郡公。而御史中丞宇文鼎以涯兼使職，恥爲之屈，奏：「僕射視事日，四品以上官不宜獨拜。」涯怒，即建言：「與其廢禮，不如審官，請避位以存舊典。」帝難之，詔尚書省雜議。工部侍郎李固言謂：「禮，君於士不答拜，非其臣則答，不臣人之臣也；大夫於其臣，雖賤必答拜，避正君也；大夫於獻不親，君有賜不面拜，爲君之答己也。古者列國君猶與大夫答拜，所以尊事天子，別嫌明微也。議者謂『僕射代尚書令，禮當重。凡百司州縣皆有副貳，缺則攝總，至著定之禮，則不可越，僕射由是也』。按令，凡文武三品拜一品，四品拜二品。開元禮，京兆河南牧、州刺史、縣令上日，丞以下答拜。此禮、令相戾，不可獨據。」又言：「受册官始上，無不答拜者，而僕射亦受册，禮不得異。雖相承爲故事，然人情難安者，安得弗改？請如禮便。」帝不能決，涯竟用舊儀。

自李師道平，三道十二州皆有銅鐵官，歲取冶賦百萬，觀察使擅有之，不入公上。涯始建白：「如建中元年九月戊辰詔書，收隸天子鹽鐵。」詔可。久之，以本官同中書門下平章事，

中華書局

合度支，鹽鐵爲一使，兼領之。乃奏罷京畿榷酒錢以悅衆。俄檢校司空，兼門下侍郎。罷度支，眞拜司空。始變茶法，益其稅以濟用度，下益困，而鄭注亦議榷茶，天子命涯爲使，心知不可，不敢爭。李訓敗，乃及禍。初，民怨茶禁苛急，涯就誅，皆羣詬詈，抵以瓦礫。

涯質狀頎省，長上短下，動舉詳華。性嗇儉，不畜妓妾，惡卜祝及它方伎。別墅有佳木流泉，居常書史自怡，使客賀若夷鼓琴娛賓。文宗惡俗侈靡，詔涯懲革。涯條上其制，凡衣服室宇，使略如古，貴戚皆不便，謗訕囂然，議遂格。然涯年過七十，嗜權固位，偷合訓等，不能絜去就，以至覆宗。是時，十一族貲貨悉爲兵掠，而涯居永寧里，乃楊憑故第，財貯鉅萬，取之彌日不盡。家書多與祕府侔，前世名書畫，嘗以厚貨鉤致，或私以官，鑿垣納之，重複祕固，若不可窺者，至是爲人破垣剔取奩軸金玉，而棄其書畫於道。籍田宅入于官。

子孟堅爲工部郎中、集賢殿學士，仲翔太常博士，季琰校書郎，皆死。仲翔始匿侍御史裴鐇家，鐇執以赴軍，仲翔曰：「業不見容，當自求生，奈何反相噬邪？」聞者哀之。後令狐楚見帝從容言：「向與臣並列者，既族滅矣，而露胔不藏，深可悼痛。」帝惻然，詔京兆尹薛元賞葬涯等十一人，各賜襲衣。仇士良使盜竊發其冢，投骨渭水。涯女爲竇紃妻，以瘤病免，家人給告涯當貶，忽夢涯自提首告曰：「族滅矣，惟若存，歲時無忘我。」女驚號墮地，乃以實告。涯從弟沐，客江南，困窮來京師謁涯，二歲乃得見，許以祿仕，難作，亦死。

昭宗天復初，大赦，明涯、訓之冤，追復爵位，官其後裔。

賈餗字子美，河南人。少孤，客江、淮間。從父全觀察浙東，餗往依之，全尤器異，收卹良厚。舉進士高第，聲稱籍甚。又策賢良方正異等，授渭南尉、集賢校理。擢累考功員外郎，知制誥。餗美文辭，開敏有斷，然褊急，氣陵輩行。李渤爲諫議大夫，惡其人，爲宰相言之，而李逢吉、竇易直愛餗才，得不斥。

穆宗崩，告哀江、浙，道拜常州刺史。舊制，兩省官出使，得朱衣吏前導，餗赴州，猶用之，觀察使李德裕敕吏還，怏怏爲憾。入爲太常少卿，復知制誥，歷禮部侍郎，凡三典貢舉，得士七十五人，多名卿宰相。再遷京兆尹、兼御史大夫、姑臧縣男。

大和九年上巳，詔百官會曲江。故事，尹自門步入，揖御史。餗自矜大，不徹扇蓋，騎而入。御史楊儉、蘇特固爭，餗曰：「黃面兒敢爾！」儉曰：「公爲御史，能嘿嘿耶？」大夫溫造以聞。坐奪俸，不勝恚，求出，爲浙西觀察使。未行，拜中書侍郎、同中書門下平章事。俄爲集賢殿大學士、監脩國史。既得位，會李宗閔得罪，而指儉、特爲黨，斥去之。

少與沈傳師善，傳師前死，嘗夢云：「君可休矣！」餗寤而祭諸寢，復夢曰：「事已爾，叵奈何！」劉蕡以賢良方正對策，指中人爲禍亂根本，而餗與馮宿、龐嚴爲考官，畏避不敢聞，竟罹其禍。餗本中立，不肯身犯顏排姦倖以及誅，與王涯實不知謀，人冤之。

舒元輿，婺州東陽人。地寒，不與士齒。始學，即警悟。去客江夏，節度使郗士美異其秀特，數延譽。

元和中，舉進士，見有司鉤校苛切，既試尚書，雖水炭脂炬飡具，皆人自將，吏一倡名乃得入，列棘圍，席坐廡下，因上書言：「古貢士未有輕於此者，且宰相公卿繇此出，夫宰相公卿非賢不在選，而有司以隸人待之，誠非所以下賢意。羅棘遮截疑其姦，又非所以求忠直也。詩賦微藝，斷離經傳，非所以觀人文化成也。臣恐賢者遠辱自引去，而不肖者爲陛下用也。今貢珠貝金玉，有司承以棐笥皮幣，何輕賢者，重金玉邪？」又言：「取士不宜限數，今有司多者三十，少止二十，假令歲有百元凱，而曰吾格取二十，謂求賢可乎？歲有才德纔數人，而曰必取二十，謬進者乃過半，謂合令格可乎？」

俄擢高第，調鄠尉，有能名。裴度表掌興元書記，文檄豪健，一時推許。拜監察御史，劾按深害無所縱。再遷刑部員外郎。

元輿自負才有過人者，銳進取。大和五年，獻文闕下，不得報，上書自言：「馬周、張嘉貞代人作奏，起逆旅，卒爲名臣。今臣備位于朝，自陳文章，凡五晦朔不一報，竊自謂才不後周、嘉貞，而無因入，又不露所緼，是終無振發時也。漢主父偃、徐樂、嚴安以布衣上書，朝奏暮召，而臣所上八萬言，其文鍛鍊精粹，出入今古數千百年，披剔剖抉，有可以輔教化者未始遺，拔犀之角，擢象之齒，豈主父等可比哉？盛時難逢，竊自愛惜。」文宗得書，高其自激卬，出示宰相，李宗閔以浮躁誕肆不可用，改著作郎，分司東都。

時李訓居喪，尤與元輿善。及訓用事，再遷左司郎中。御史大夫李固言表知雜事。固言輔政，權知御史中丞。會帝錄囚，元輿奏辨明審，不三月即眞，兼刑部侍郎。專附鄭注，注所惡，舉繩逐之。月中，以本官同中書門下平章事。詭謀謬算，日與訓比，敗天下事，二人爲之也。然加禮舊臣，外釣人譽。先時，裴度、令狐楚、鄭覃皆爲當路所軋，致閑處，至是悉還高秩。

元輿爲牡丹賦一篇，時稱其工。死後，帝觀牡丹，憑殿闌誦賦，爲泣下。

弟元褒、元肱、元迥，皆第進士。元褒又擢賢良方正，終司封員外郎。餘及誅。

王璠字魯玉。元和初舉進士、宏辭皆中，遷累監察御史。儀宇峻整，著稱于時。以起

居舍人副鄭覃宣慰鎮州。長慶末，擢職方郎中，知制誥。

時李逢吉秉政，特厚璠，驟拜御史中丞。璠挾所恃，頗橫恣，道直左僕射李絳，交騎不避。絳上言：「左右僕射，師長庶官，開元時，名左右丞相，雖去機務，然猶總百司，署位不著姓。上日班見百官，而中丞、御史在廷。元和中，伊愼爲僕射，太常博士韋謙以愼位緣恩進，削其禮，至僕射就臺見中丞，或立廷中，中丞乃至。憲度倒置，不可爲法。」逢吉憚絳正，遏其事不奏，但罷璠爲工部侍郎，而絳亦用太子少師分司東都，議者不直之。初，璠按武昭獄，意逢吉德己，及罷中丞，乃大望。

久之，出爲河南尹。時內廏小兒頗擾民，璠殺其尤暴者，遠近畏伏。入爲尚書右丞，再遷京兆尹。自李諒後，政條隳斁，姦豪寖不戢，璠頗脩舉，政有名。

鄭注姦狀始露，宰相宋申錫、御史中丞宇文鼎密與璠議除之，璠反以告王守澄，而注由是傾心於璠。進左丞，判太常卿事。出爲浙西觀察使。李訓得幸，璠於逢吉舊故，故薦之，復召爲左丞，拜戶部尙書，判度支，封祁縣男。李宗閔得罪，璠亦其黨，見注求解乃免。訓將誅宦人，乃授河東節度使，已而敗。

璠子遐休，直弘文館，所善學士令狐定及劉軻、劉椕、仲無頗、柳喜集其所，皆被縛。定等自解辯，得釋。遐休誅。璠鑿潤州外隍，得石刻曰：「山有石，石有玉，玉有瑕。」術家謂璠

祖名崟，生礎，礎生璠，盡遐休，蓋其應云。

郭行餘者，元和時擢進士。河陽烏重胤表掌書記。重胤葬其先，使誌冢，辭不爲，重胤怒，即解去。

擢累京兆少尹。嘗値尹劉栖楚，不肯避，栖楚捕導從繫之。自言宰相裴度，頗爲諭止。行餘移書曰：「京兆府在漢時有尹，有都尉，有丞，皆詔自除，後循而不改。開元時，諸王爲牧，故尹爲長史，司馬卽都尉、丞耳。今尹總牧務，少尹副焉，未聞道路間有下車望塵避者，故事猶在。」栖楚不能答。

遷楚、汝二州刺史、大理卿，擢邠寧節度使。李訓在東都，與行餘善，故用之。

韓約，朗州武陵人，本名重華。志勇決，略涉書，有吏幹。歷兩池榷鹽使、虔州刺史。交趾叛，領安南都護。再遷太府卿。

大和九年，代崔鄯爲左金吾衞大將軍，居四日，起事。約繇錢穀進，更安南富饒地，聚貲尤多。

羅立言者，宣州人。貞元末擢進士，魏博田弘正表佐其府。改陽武令，以治劇遷河陰。立言始築城郭，地所當者，皆富豪大賈所占，下令使自築其處，吏籍其闊狹，號於衆曰：「有不如約，爲我更完！」民憚其嚴，數旬畢。民無田者，不知有役。設鎖絕汴流，姦盜屛息。河南尹丁公著上狀，加朝散大夫。然倨下傲上，出具弓矢呵道，宴賓客列倡優如大府，人皆惡之，以是稀遷，然自放不衰。

改度支河陰留後，坐平糴非實，沒萬九千緡，鹽鐵使惜其幹，止奏削兼侍御史。繇廬州刺史召爲司農少卿，以財事鄭注，亦與李訓厚善。訓以京兆多吏卒，擢爲少尹，知府事，以就其謀。

李孝本，宗室子。元和時第進士，累遷刑部郎中。依訓得進，於是御史中丞舒元輿引知雜事。元輿入相，擢權知中丞事。

顧師邕字睦之，少連子。性恬約，喜書，寡游合。第進士，累遷監察御史。李訓薦爲水部員外郎、翰林學士。訓遣宦官田全操、劉行深、周元稹、薛士幹、似先義逸、劉英誗按邊，旣行，命師邕爲詔賜六道殺之，會訓敗，不果。師邕流崖州，至藍田賜死。

李貞素，嗣道王實子。性和裕，衣服喜鮮明。漢陽公主妻以季女。累遷宗正少卿，由將作監改左金吾衞將軍。韓約之詐，貞素知之，流儋州，至商山賜死。

贊曰：李訓浮躁寡謀，鄭注斬斬小人，王涯暗沓，舒元輿險而輕，邀幸天功，寧不殆哉！李德裕嘗言天下有常勢，北軍是也。訓因王守澄以進，此時出入北軍，若以上意說諸將，易如靡風，而返以臺、府抱關游徼抗中人以搏精兵，其死宜哉！文宗與宰相李石、李固言、鄭覃稱：「訓稟五常性、服人倫之敎，不如公等，然天下奇才，公等弗及也。」德裕曰：「訓曾不得齒徒隸，尙才之云！」世以德裕言爲然。傳曰：「國將亡，天與之亂人。」若訓等持腐株支大廈之顚，天下爲寒心豎毛，文宗偃然倚之成功，卒爲閽謁所乘，天果厭唐德哉！

校勘記

〔一〕一繇龍州清川以抵松州　「龍州」，各本原作「龍川」，舊書卷一六九王涯傳作「龍州」。按本書卷四二及舊書卷四一地理志、寰宇記卷八四，清川縣屬龍州，隸劍南道。此當作「龍州」，據改。

唐書卷一百八十

列傳第一百五

李德裕 燁 延古 崔鄲 丁柔立

李德裕字文饒，元和宰相吉甫子也。少力于學，既冠，卓犖有大節。不喜與諸生試有司，以蔭補校書郎。河東張弘靖辟爲掌書記。府罷，召拜監察御史。穆宗即位，擢翰林學士。帝爲太子時，已聞吉甫名，由是顧德裕厚，凡號令大典册，皆更其手。數召見，賚獎優華。帝怠荒于政，故戚里多所請丐，挾宦人詗禁中語，關託大臣。德裕建言：「舊制，駙馬都尉與要官禁不往來。開元中，訶督尤切，今乃公至宰相及大臣私第。是等無佗材，直洩漏禁密，交通中外耳。請白事宰相者，聽至中書，無輒詣第。」帝然之。再進中書舍人。未幾，授御史中丞。

始，吉甫相憲宗，牛僧孺、李宗閔對直言策，痛詆當路，條失政。吉甫訴於帝，且泣，有

司皆得罪，遂與爲怨。吉甫又爲帝謀討兩河叛將，李逢吉沮解其言，功未既而吉甫卒，裴度實繼之。逢吉以議不合罷去，故追銜吉甫而怨度，擯德裕不得進。至是，間帝暗庸，訹度使與元稹相怨，奪其宰相而已代之。欲引僧孺益樹黨，乃出德裕爲浙西觀察使。俄而僧孺入相，由是牛、李之憾結矣。

初，潤州承王國清亂，竇易直傾府庫賚軍，貲用空殫，而下益驕。德裕自檢約，以留州財贍兵，雖儉而均，故士無怨。再期，則賦物儲牣。南方信禨巫，雖父母癘疾，子棄不敢養。德裕擇長老可語者，諭以孝慈大倫，患難相收不可棄之義，使歸相曉敕，違約者顯寘以法。數年，惡俗大變。又按屬州非經祠者，毀千餘所，撤私邑山房千四百舍，寇無所廋蔽。天子下詔褒揚。

敬宗立，侈用無度，詔浙西上脂盝粧具，德裕奏：「比年旱災，物力未完。乃三月壬子赦令，『常貢之外，悉罷進獻』。此陛下恐聚斂之吏緣以成姦，彫窶之人不勝其敝也。本道素號富饒，更李錡、薛苹，皆榷酒於民，供有羨財。元和詔書停榷酤，又赦令禁諸州羨餘無送使。今存者惟留使錢五十萬緡，率歲經費常少十三萬，軍用褊急。今所須脂盝粧具，度用銀二萬三千兩，金百三十兩，物非土產，雖力營索，尚恐不逮。願詔宰相議，何以俾臣不違詔旨，不乏軍興，不疲人，不斂怨，則前敕後詔，咸可遵承。」不報。方是時，罷進獻不閟

月，而求貢使者足相接于道，故德裕推一以諷它。

又詔索盤條繚綾千匹，復奏言：「太宗時，使至涼州，見名鷹，諷李大亮獻之，大亮諫止，賜詔嘉歎。玄宗時，使者抵江南捕鵁鶄、翠鳥，汴州刺史倪若水言之，即見褒納。皇甫詢織半臂、造琵琶捍撥、鏤牙筩於益州，蘇頲不奉詔，帝不加罪。夫鵁鶄、鏤牙，微物也。二三臣尚以勞人損德爲言，豈二祖有臣如此，今獨無之？蓋有位者蔽而不聞，非陛下拒不納也。且立鵝天馬，盤條掬豹，文彩怪麗，惟乘輿當御。今廣用千匹，臣所未諭。昔漢文身衣弋綈，元帝罷輕纖服，故仁德慈儉，至今稱之。願陛下師二祖容納，遠思漢家恭約，裁賜節減，則海隅蒼生畢受賜矣。」優詔爲停。

自元和後，天下禁毋私度僧。徐州王智興紿言天子誕月，請築壇度人以資福，詔可。即顯募江淮間，民皆曹輩奔走，因牟擷其財以自入。德裕劾奏：「智興爲壇泗州，募願度者人輸錢二千，則不復勘詰，普加髡落。自淮而右，戶三丁男，必一男剔髮，規影傜賦，所度無算。臣閱度江者日數百，蘇、常齊民，十固八九，若不加禁遏，則前至誕月，江淮失丁男六十萬，不爲細變。」有詔徐州禁止。

時帝昏荒，數游幸，狎比羣小，聽朝簡忽。德裕上丹扆六箴，表言：「『心乎愛矣，遐不謂矣』，此古之賢人篤於事君者也。夫迹疏而言親者危，地遠而意忠者忤。臣竊惟念拔自先

聖，偏徇寵私，不能竭忠，是負靈鑒。臣在先朝，嘗獻大明賦以諷，頗蒙嘉採。今日盡節明主，亦由是也。」其一曰宵衣，諷視朝希晚也；二曰正服，諷服御非法也；三曰罷獻，諷斂求怪珍也；四曰納誨，諷侮棄忠言也；五曰辨邪，諷任羣小也；六曰防微，諷偽游輕出也。辭皆明直婉切。帝雖不能用其言，猶敕韋處厚諄諄作詔，厚謝其意。然爲逢吉排笮，訖不內徙。

時亳州浮屠詭言水可愈疾，號曰「聖水」，轉相流聞，南方之人，率十戶僦一人使往汲。既行若飲，病者不敢近葷血，危老之人率多死。而水斗三十千，取者益它汲轉鬻於道，互相欺訹，往者日數十百人。德裕嚴勒津邏捕絕之，且言：「昔吳有聖水，宋、齊有聖火，皆本妖祥，古人所禁。請下觀察使令狐楚塡塞，以絕妄源。」從之。

帝方惑佛老，禱福祈年，浮屠方士，並出入禁中。狂人杜景先上言，其友周息元壽數百歲，帝遣宦者至浙西迎之，詔在所馳馹敦遣。德裕上疏曰：「道之高者，莫若廣成、玄元；人之聖者，莫若軒轅、孔子。昔軒轅問廣成子治身之要，曰：『無視無聽，抱神以靜，形將自正。無勞子形，無搖子精，乃可長生。愼守其一，以處其和。故我脩身千二百歲矣，形未嘗衰。』又曰：『得吾道者上爲皇，下爲王。』玄元語孔子曰：『去子之驕氣與多欲、態色與淫志，是皆無益於子之身。』陛下脩軒后之術，物色異人，若使廣成、玄元混迹而至，告陛下之言，亦無

出於此。臣慮今所得者，皆迂怪之士，使物淖冰，以小術欺聰明，如文成、五利者也。又前世天子雖好方士，未有御其藥者。故漢人稱黃金可成，以爲飲食器則壽。高宗時劉道合、玄宗時孫甑生皆能作黃金，二祖不之服，豈非以宗廟爲重乎？儻必致眞隱，願止師保和之術，愼毋及藥，則九廟尉悅矣。」息元果誕譎不情，自言與張果、葉靜能游。帝詔畫工肖狀爲圖以觀之，終帝世無它驗。文宗卽位，乃逐之。

大和三年，召拜兵部侍郎。裴度薦材堪宰相，而李宗閔以中人助，先秉政，且得君，出德裕爲鄭滑節度使，引僧孺協力，罷度政事。二怨相濟，凡德裕所善，悉逐之。於是二人權震天下，黨人牢不可破矣。

踰年，徙劍南西川。蜀自南詔入寇，敗杜元穎，而郭釗代之，病不能事，民失職，無聊生。德裕至，則完殘奮怯，皆有條次。成都旣南失姚、協，西亡維、松，由清溪下沬水而左，盡爲蠻有。始，韋皋招來南詔，復嶲州，傾內資結蠻好，示以戰陣文法。德裕以皋啓戎資盜，其策非是，養成癰疽，弟未決耳。至元穎時，遇隙而發，故長驅深入，蹂剔千里，蕩無孑遺。今瘢夷尙新，非痛矯革，不能刷一方恥。乃建籌邊樓，按南道山川險要與蠻相入者圖之左，西道與吐蕃接者圖之右。其部落衆寡，饋餫遠邇，曲折咸具。乃召習邊事者與之指畫商訂，凡虜之情僞盡知之。又料擇伏瘴舊獠與州兵之任戰者，廢遣獰耄什三四，士無敢怨。

又請甲人於安定，弓人河中，弩人浙西。繇是蜀之器械皆犀銳。率戶二百取一人，使習戰，貸勿事，緩則農，急則戰，謂之「雄邊子弟」。其精兵曰南燕保義、保惠、兩河慕義、左右連弩；騎士曰飛星、鷙擊、奇鋒、流電、霆聲、突騎。總十一軍。築杖義城，以制大度、靑溪關之阻；作禦侮城，以控榮經犄角勢；作柔遠城，以阨西山吐蕃；復邛崍關，徙嶲州治臺登，以奪蠻險。

舊制，歲杪運內粟贍黎、嶲州，起嘉、眉，道陽山江，而達大度，乃分餉諸戍。常以盛夏至，地苦瘴毒，輦夫多死。德裕命轉邛、雅粟，以十月爲漕始，先夏而至，以佐陽山之運，饋者不涉炎月，遠民乃安。

蜀人多鬻女爲人妾，德裕爲著科約：凡十三而上，執三年勞；下者，五歲，及期則歸之父母。毀屬下浮屠私廬數千，以地予農。蜀先主祠旁有猱村，其民剔髮若浮屠者，畜妻子自如，德裕下令禁止。蜀風大變。

於是二邊寖懼，南詔請還所俘掠四千人，吐蕃維州將悉怛謀以城降。維距成都四百里，因山爲固，東北繇索叢嶺而下二百里，地無險，走長川不三千里，直吐蕃之牙，異時戍之，以制虜入者也。德裕旣得之，卽發兵以守，且陳出師之利。僧孺居中沮其功，命返悉怛謀於虜，以信所盟，德裕終身以爲恨。會監軍使王踐言入朝，盛言悉怛謀死，拒遠人向化意。帝亦悔之，卽以兵部尙書召，俄拜中書門下平章事，封贊皇縣伯。

故事，丞郎詣宰相，須少間乃敢通，郎官非公事不敢謁。李宗閔時，往往通賓客。李聽爲太子太傅，招所善載酒集宗閔閣，酣醉乃去。至德裕，則喩御史：「有以事見宰相，必先白臺乃聽。凡罷朝，繇龍尾道趨出。」遂無輒至閣者。又罷京兆築沙隄、兩街上朝衞兵。嘗建言：「朝廷惟邪正二途，正必去邪，邪必害正。然其辭皆若可聽，願審所取舍。不然，二者並進，雖聖賢經營，無繇成功。」俄而宗閔罷，德裕代爲中書侍郎、集賢殿大學士。始，二省符江淮大賈，使主堂廚食利，因是挾貲行天下，所至州鎭爲右客，富人倚以自高。德裕一切罷之。

後帝暴感風，害語言。鄭注始因王守澄以藥進，帝少間，又薦李訓使待詔，帝欲授諫官，德裕曰：「昔諸葛亮有言：『親賢臣，遠小人，漢所以興隆也。親小人，遠賢士，後漢所以傾頹也。』今訓小人，頃咎惡暴天下，不宜引致左右。」帝曰：「人誰無過，當容其改。且逢吉嘗言之。」對曰：「聖賢則有改過，若訓天資姦邪，尙何能改？逢吉位宰相，而顧愛兇回，以累陛下，亦罪人也。」帝語王涯別與官，德裕搖手止涯，帝適見，不懌。訓、注皆怨，卽復召宗閔輔政，拜德裕爲興元節度使。入見帝，自陳願留闕下，復拜兵部尙書，宗閔奏：「命已行，不可止。」更徙鎭海軍以代王璠。

先是大和中，漳王養母杜仲陽歸浙西，有詔在所存問。時德裕被召，乃檄留後使如詔書。璠入爲尙書左丞，而漳王以罪廢死，因與戶部侍郎李漢共譖德裕嘗賂仲陽導王爲不軌。帝惑其言，召王涯、李固言、路隋質之。注、璠、漢三人者語益堅，獨隋言：「德裕大臣，不宜有此。」讒焰少衰。遂貶德裕爲太子賓客，分司東都。復貶袁州長史，隋亦免宰相。未幾，宗閔以罪斥，而注、訓等亂敗。帝追悟德裕以誣構逐，乃徙滁州刺史。又以太子賓客分司東都。開成初，帝從容語宰相：「朝廷豈有遺事乎？」衆進以宋申錫對。帝俛首涕數行下，曰：「當此時，兄弟不相保，況申錫邪？有司爲我褒顯之。」又曰：「德裕亦申錫比也。」起爲浙西觀察使。後對學士禁中，黎埴頓首言：「德裕與宗閔皆逐，而獨三進官。」帝曰：「彼嘗進鄭注，而德裕欲殺之，今當以官與何人？」埴懼而出。又指坐扆前示宰相曰：「此德裕爭鄭注處。」

德裕三在浙西，出入十年，遷淮南節度使，代牛僧孺。僧孺聞之，以軍事付其副張鷺，卽馳去。淮南府錢八十萬緡，德裕奏言止四十萬，爲鷺用其半。僧孺訴于帝，而諫官姚合、魏謩等共劾奏德裕挾私怨沮傷僧孺，帝置章不下，詔德裕覆實。德裕上言：「諸鎭更代，例殺半數以備水旱、助軍費。因索王播、段文昌、崔從相授簿最具在。惟從死官下，僧孺代之，其所殺數最多。」卽自劾「始至鎭，失於用例，不敢妄」。遂待罪，有詔釋之。

武宗立，召爲門下侍郎、同中書門下平章事。既入謝，即進戒帝：「辨邪正，專委任，而後朝廷治。臣嘗爲先帝言之，不見用。夫正人既呼小人爲邪，小人亦謂正人爲邪，何以辨之？請借物爲諭，松柏之爲木，孤生勁特，無所因倚。蘿蔦則不然，弱不能立，必附它木。故正人一心事君，無待於助。邪人必更爲黨，以相蔽欺。君人者以是辨之，則無惑矣。」又謂治亂繫信任，引齊桓公問管仲所以害霸者，仲對琴瑟笙竽、弋獵馳騁，非害霸者；惟知人不能舉，舉不能任，任而又雜以小人，害霸也。「太、玄、德、憲四宗皆盛朝，其始臨御，自視若堯、舜，寖久則不及初，陛下知其然乎？始一委輔相，故賢者得盡心。久則小人並進，造黨與，亂視聽，故上疑而不專。政去宰相則不治矣。在德宗最甚，晚節宰相惟奉行詔書，所與圖事者，李齊運、裴延齡、韋渠牟等，訖今謂之亂政。夫輔相有欺罔不忠，當亟免，忠而材者屬任之。政無它門，天下安有不治？先帝任人，始皆回容，積纖微以至誅貶。誠使雖小過必知而改之，君臣無猜，則讒邪不干其間矣。」又言：「開元初，輔相率三考輒去，雖姚崇、宋璟不能逾。至李林甫秉權乃十九年，遂及禍敗。是知亟進罷宰相，使政在中書，誠治本也。」

帝嘗疑楊嗣復、李珏顧望不忠，遣使殺之，德裕知帝性剛而果於斷，即率三宰相見延英，嗚咽流涕曰：「昔太宗、德宗誅大臣，未嘗不悔。臣欲陛下全活之，無異時恨。使二人

罪惡暴著，天下共疾之。」帝不許，德裕伏不起。帝曰：「爲公等赦之。」德裕降拜升坐。帝曰：「如令諫官論爭，雖千疏，我不赦。」德裕重拜。因追還使者，嗣復等乃免。

時帝數出畋游，暮夜乃還，德裕上言：「人君動法於日，故出而視朝，入而燕息。傳曰：『君就房有常節。』惟深察古誼，毋繼以夜。側聞五星失度，恐天以是勤勤儆戒。詩曰：『敬天之渝，不敢馳驅。』願節田游，承天意。」尋册拜司空。

回鶻自開成時爲黠戛斯所破。會昌後，烏介可汗挾公主牙塞下，種族大飢，以弱口、重器易粟於邊。退渾、党項利虜掠，因天德軍使田牟上言，願以部落兵擊之。議者請可其奏。德裕曰：「回鶻於國嘗有功，以窮來歸，未輒擾邊，遽伐之，非漢宣帝待呼韓之義。不如與之食，以待其變。」陳夷行曰：「資盜糧，非計也，不如擊之便。」德裕曰：「沙陀、退渾，不可恃也。夫見利則進，遇敵則走，雜虜之常態，孰肯爲國家用邪？天德兵素弱，以一城與勁虜确，無不敗。請詔牟無聽諸戎計。」帝於是貸粟三萬斛。

會嗢沒斯殺赤心以降，赤心兵潰去。於是回鶻勢窮，數丐羊馬，欲藉兵復故地，又願假天德城以舍公主，帝不許。乃進逼振武保大栅杷頭峯，以略朔川，轉戰雲州，刺史張獻節嬰城不出。回鶻乃大掠，党項、退渾皆保險莫敢拒。帝益知向不許田牟用二部兵之效，乃復問以計，德裕曰：「杷頭峯北皆大磧，利用騎，不可以步當之。今烏介所恃公主爾，得健將出

奇奪還之，王師急擊，彼必走。今銳將無易石雄者，請以藩渾勁卒與漢兵銜枚夜擊之，勢必得。」帝即以方略授劉沔，令雄邀擊可汗於殺胡山，敗之，迎公主還，回鶻遂敗。進位司徒。

黠戛斯遣使來，且言攻取安西、北庭，帝欲從黠戛斯求其地，德裕曰：「不可。安西距京師七千里，北庭五千里。曩時繇河西、隴右抵玉門關，皆我郡縣，往往有兵，故能緩急調發。自河、隴入吐蕃，則道出回鶻。回鶻今破滅，未知黠戛斯果有其地邪？假令安西可得，即復置都護，以萬人往戍，何所興發，何道饋輓？彼天德、振武於京師近，力猶苦不足，況七千里安西哉？臣以爲縱得之，無用也。昔漢魏相請罷田車師，賈捐之請棄珠崖，近狄仁傑亦請棄四鎮及安東，皆不願貪外以耗內。此三臣者，當全盛時，尙欲棄割以肥中國，況久沒甚遠之地乎？是持實費市虛事，滅一回鶻，而又生之。」帝乃止。

澤潞劉從諫死，其從子稹擅留事，以邀節度，德裕曰：「澤潞內地，非河朔比，昔皆儒術大臣守之。李抱眞始建昭義軍，最有功，德宗尙不許其子繼。及劉悟死，敬宗方怠於政，遂以符節付從諫。大和時，擅兵長子，陰連訓、注，外託効忠，請除君側。及有狗馬疾，謝醫拒使，便以兵屬稹。捨而不討，無以示四方。」帝曰：「可勝乎？」對曰：「河朔，稹所恃以脣齒也。如令魏、鎭不與，則破矣。夫三鎭世嗣，列聖許之。請使近臣明告以：『澤潞命帥，不得視三鎭，今朕欲誅稹，其各以兵會。』」帝然之。乃以李回持節諭王元逵、何弘敬，皆聽命。

始議用兵，中外交章固爭，皆曰：「悟功高，不可絕其嗣。又從諫畜兵十萬，粟支十年，未可以破也。」它宰相亦媕婀趨和，德裕獨曰：「諸葛亮言曹操善爲兵，猶五攻昌霸，三越漢，況其下哉。然贏縮勝負，兵家之常，惟陛下聖策先定，不以小利鈍爲浮議所搖，則有功矣。有如不利，臣請以死塞責！」帝忿然曰：「爲我語於朝，有沮吾軍議者，先誅之！」羣論遂息。元逵兵已出，而弘敬逗留持兩端。德裕建遣王宰以陳、許精甲，假道於魏以伐磁。弘敬聞，遽勒兵請自涉漳取磁、洺。

會橫水戍兵叛，入太原，逐其帥李石，奉裨將楊弁主留事。方是時，稹未下，朝廷益爲憂。議者頗言兵皆可罷。帝遣中人馬元實如太原，偵其變。弁厚賄中人，帳飲三日。還，謬曰：「弁兵多，屬明光甲者十五里。」德裕詰曰：「李石以太原無兵，故調橫水卒千五百使戍榆社，弁因以亂，渠能列卒如此多邪？」則曰：「晉人勇，皆兵也，募而得之。」德裕曰：「募士當以財，李石以人欠一縑，故兵亂，石無以案之，弁何得邪？太原一鎧一戟，舉送行營，安致十五里明光乎？」使者語塞。德裕即奏：「弁賤伍，不可赦。如力不足，請捨稹而誅弁。」遽趣王逢起榆社軍，詔元逵趣土門，會太原。河東監軍呂義忠聞，即日召榆社卒入斬弁，獻首京師。

德裕每疾貞元、大和間有所討伐，諸道兵出境，即仰給度支，多遷延以困國力。或與賊

約，令懈守備，得一縣一屯以報天子，故師無大功。因請敕諸將，令直取州，勿攻縣。故元逵等下邢、洺、磁，而稹氣索矣。俄而高文端歸命，稱稹糧乏，皆女子挼穟哺兵。未幾，郭誼持稹首降。帝問：「何以處誼？」德裕曰：「稹豎子，安知反？職誼爲之。今三州已降，而稹窮蹙，又販其族以邀富貴，不誅，後無以懲惡。」帝曰：「朕意亦爾。」因詔石雄入潞，盡取誼等及嘗爲稹用者，悉誅之。策功拜太尉，進封趙國公。德裕固讓，言：「唐興，太尉惟七人，尚父子儀乃不敢拜。近王智興、李載義皆超拜保、傅，蓋重惜此官。裴度爲司徒十年，亦不遷，臣願守舊秩足矣。」帝曰：「吾恨無官酬公，毋固辭。」德裕又陳：「先臣封於趙，冢孫寬中始生，字曰三趙，意將傳嫡，不及支庶。臣前益封，已改中山。臣先世皆嘗居汲，願得封衞。」從之，遂改衞國公。

帝嘗從容謂宰相曰：「有人稱孔子其徒三千亦爲黨，信乎？」德裕曰：「昔劉向云：『孔子與顏回、子貢更相稱譽，不爲朋黨；禹、稷與皋陶轉相汲引，不爲比周。無邪心也。』臣嘗以共、鯀、驩兜與舜、禹雜處堯朝，共工、驩兜則爲黨，舜、禹不爲黨。小人相與比周，迭爲掩蔽也。賢人君子不然，忠於國則同心，聞於義則同志，退而各行其己，不可交以私。趙宣子、隨會繼而納諫，司馬侯、叔向比以事君，不爲黨也。公孫弘每與汲黯請間，黯先發之，弘推其後，武帝所言皆聽。黯、弘雖並進，然廷詰齊人少情，譏其布被爲詐，則先發後繼，不爲黨

也。太宗與房玄齡圖事，則曰非杜如晦莫能籌之。及如晦在焉，亦推玄齡之策。則同心圖國，不爲黨也。漢朱博、陳咸相爲腹心，背公死黨。周福、房植各以其黨相傾，議論相軋，故朋黨始於甘陵二部。及甚也，謂之鉤黨，繼受誅夷。以王制言之，非不幸也。周之衰，列國公子有信陵、平原、孟嘗、春申，游談者以四豪爲稱首，亦各有客三千，務以譎詐勢利相高；仲尼之徒，唯行仁義。今議者欲以比之，罔矣。臣未知所謂黨者爲國乎？爲身乎？誠爲國邪，隨會、叔向、汲黯、房、杜之道可行，不必黨也。今所謂黨者，誣善蔽忠，附下罔上，車馬馳驅，以趨權勢，晝夜合謀，美官要選，悉引其黨爲之，否則抑壓以退。仲尼之徒，有是乎？陛下以是察之，則姦僞見矣。」

時韋弘質建言，宰相不可兼治錢穀，德裕奏言：「管仲明於治國，其語曰：『國之重器，莫重於令。令重君尊，君尊國安。治人之本，莫要於令。』故曰『虧令者死，益令者死，不行令者死，留令者死，不從令者死。五者無赦』。又曰：『令在上而論可否在下，是主威下繫於人也。』大和後，風俗寖敝，令出於上，非之在下。此敝不止，無以治國。匡衡曰：『大臣者，國家股肱，萬姓所瞻仰，明主所慎擇也。』傳曰：『下輕其上爵，賤人圖柄臣，則國家搖動而人不靜。』今弘質爲人所教而言，是圖柄臣者也。且蕭望之漢名儒，爲御史大夫，奏云：『歲首，日月少光，咎在臣等。』宣帝以望之意輕丞相，下有司詰問。貞觀中，監察御史陳師合上言：

『人之思慮有限，一人不可總數職。』太宗曰：『此欲離間我君臣。』斥之嶺外。臣謂宰相有姦謀隱慝，則人人皆得上論。至於制置職業，人主之柄，非小人所得干。古者朝廷之士，各守官業，思不出位。弘質賤臣，豈得以非所宜言妄觸天聽！是輕宰相。陛下照其邪計，從黨人中來，當遏絕之。」德裕大意，欲朝廷尊，臣下肅，而政出宰相，深疾朋黨，故感憤切言之。

又嘗謂：「省事不如省官，省官不如省吏，能簡冗官，誠治本也。」乃請罷郡縣吏凡二千餘員，衣冠去者皆怨。時天下已平，數上疏乞骸骨，而星家言熒惑犯上相，又懇丐去位；皆不許。當國凡六年，方用兵時，決策制勝，它相無與，故威名獨重於時。

宣宗卽位，德裕奉冊太極殿。帝退謂左右曰：「向行事近我者，非太尉邪？每顧我，毛髮爲森竪。」翌日，罷爲檢校司徒、同中書門下平章事，荆南節度使。俄徙東都留守。白敏中、令狐綯、崔鉉皆素仇，大中元年，使黨人李咸斥德裕陰事。故以太子少保分司東都，再貶潮州司馬。明年，又導吳汝納訟李紳殺吳湘事，而大理卿盧言、刑部侍郎馬植、御史中丞魏扶言：「紳殺無罪，德裕徇成其冤，至爲黜御史，罔上不道。」乃貶爲崖州司戶參軍事。明年，卒，年六十三。德裕既沒，見夢令狐綯曰：「公幸哀我，使得歸葬。」綯語其子滈，滈曰：「執政皆其憾，可乎？」既夕，又夢，綯懼曰：「衞公精爽可畏，不言，禍將及。」白于帝，得以喪還。

德裕性孤峭，明辯有風采，善爲文章。雖至大位，猶不去書。其謀議援古爲質，衮衮可喜。常以經綸天下自爲，武宗知而能任之，言從計行，是時王室幾中興。

先是，韓全義敗於蔡，杜叔良敗於深，皆監軍宦人制其權，將不得專進退，詔書一日三四下，宰相不豫。又諸道銳兵票士，皆監軍取以自隨，每督戰，乘高建旗自表，師小不勝，輒卷旗去，大兵隨以北。繇是王師所向多負。至討回鶻、澤潞，德裕建請詔書付宰司乃下，監軍不得干軍要，率兵百人取一以爲衞。自是，號令明壹，將乃有功。

元和後數用兵，宰相不休沐，或繼火乃得罷。德裕在位，雖遽書警奏，皆從容裁決，率午漏下還第，休沐輒如令，沛然若無事時。其處報機急，帝一切令德裕作詔，德裕數辭，帝曰：「學士不能盡吾意。」伐劉稹也，詔王元逵、何弘敬曰：「勿爲子孫之謀，存輔車之勢。」元逵等情得，皆震恐思效。已而三州降，賊遂平。三鎭每奏事，德裕引使者戒敕爲忠義，指意丁寧，使歸各謂其帥道之，故河朔畏威不敢慢。後除浮屠法，僧亡命多趣幽州，德裕召邸吏戒曰：「爲我謝張仲武，劉從諫招納亡命，今視之何益？」仲武懼，以刀授居庸關吏曰：「僧敢入者斬！」

帝既數討叛有功，德裕慮忲于武，不可戢，卽奏言：「曹操破袁紹於官度，不追奔，自謂所獲已多，恐傷威重。養由基古善射者，柳葉雖百步必中，觀者曰：『不如少息，若弓撥矢

鉤，前功皆棄。』陛下征伐無不得所欲，願以兵爲戒，乃可保成功。」帝嘉納其言。

方士趙歸眞以術進，德裕諫曰：「是嘗敬宗時以詭妄出入禁中，人皆不願至陛下前。」帝曰：「歸眞我自識，顧無大過，召與語養生術爾。」對曰：「小人於利，若蛾赴燭。向見歸眞之門，車轍滿矣。」帝不聽。于是挾術詭時者進，帝志衰焉。

所居安邑里第，有院號起草，亭曰精思，每計大事，則處其中，雖左右侍御不得豫。不喜飲酒，後房無聲色娛。生平所論著多行于世云。

子燁，仕汴宋幕府，貶象州立山尉。懿宗時，以赦令徙郴州。餘子皆從死貶所。燁子延古，乾符中，爲集賢校理，擢累司勳員外郎，還居平泉。昭宗東遷，坐不朝謁，貶衞尉主簿。

德裕之斥，中書舍人崔嘏，字乾錫，誼士也。坐書制不深切，貶端州刺史。嘏擧進士，復以制策歷邢州刺史。劉稹叛，使其黨裴問戍于州，嘏說使聽命，改考功郎中，時皆謂遴賞。至是，作詔不肯巧傳以罪。

吳汝納之獄，朝廷公卿無爲辨者，惟淮南府佐魏鉶就逮，吏使誣引德裕，雖痛楚掠，終不從，竟貶死嶺外。

又丁柔立者，德裕當國時，或薦其直清可任諫爭官，不果用。大中初，爲左拾遺。既

德裕被放，柔立內愍傷之，爲上書直其冤，坐阿附，貶南陽尉。

懿宗時，詔追復德裕太子少保、衞國公，贈尙書左僕射，距其沒十年。

贊曰：漢劉向論朋黨，其言明切，可爲流涕，而主不悟，卒陷亡辜。德裕復援向言，指質邪正，再被逐，終嬰大禍。嗟乎，朋黨之興也，殆哉！根夫主威奪者下陵，聽弗明者賢不肖兩進，進必務勝，而後人人引所私，以所私乘狐疑不斷之隙，是引桀、跖、孔、顏相鬨于前，而以衆寡爲勝負矣。欲國不亡，得乎？身爲名宰相，不能損所憎，顯擠以仇，使比周勢成，根株牽連，賢智播奔，而王室亦衰，寧明有未哲歟？不然，功烈光明，佐武中興，與姚、宋等矣。

唐書卷一百八十一

列傳第一百六

陳夷行　李紳　李讓夷　曹確　劉瞻（助）　李蔚

陳夷行字周道，其先江左諸陳也，世客潁川。由進士第，擢累起居郎、史館脩撰。以勞遷司封員外郎，凡再歲，以吏部郎中爲翰林學士。莊恪太子在東宮，夷行兼侍讀，五日一謁，爲太子講說。數遷至工部侍郎。

開成二年，進同中書門下平章事。而楊嗣復、李珏相次輔政，夷行介特，雅不與合，每議論天子前，往往語相侵短。夷行不能堪，輒引疾求去，文宗遣使者尉勞起之。會以王彥威爲忠武節度使，史孝章領邠寧，議皆出嗣復。及夷行對延英，帝問：「除二鎭當否？」對曰：「苟自聖擇，無不當者。」嗣復曰：「若用人盡出上意而當，固善，如小不稱，下安得嘿然？」夷行曰：「比姦臣數千權，願陛下無倒持大阿，以鐏授人。」嗣復曰：「古者任則不疑，齊桓公

器管仲於讎虜，豈有倒持慮邪？」帝以其面相觸，頗不悅。仙韶樂工尉遲璋授王府率，右拾遺竇洵直當衙論奏，鄭覃、嗣復嫌以細故，謂洵直近名。夷行曰：「諫官當衙，正須論宰相得失，彼賤工安足言者？然亦不可置不用。」帝卽徙璋光州長史，以百縑賜洵直。進門下侍郎。

帝常怪天寶政事不善，問：「姚元崇、宋璟于時在否？」李珏曰：「姚亡而宋罷。」珏因推言：「玄宗自謂未嘗殺一不辜，而任李林甫，種夷數十族，不亦惑乎？」夷行曰：「陛下今亦宜戒以權屬人。」嗣復曰：「夷行失言，太宗易暴亂爲仁義，用房玄齡十有六年，任魏徵十有五年，未嘗失道。人主用忠良久益治，用邪佞一日多矣。」時用郭薳爲坊州刺史，右拾遺宋邧論不可，薳果坐贓敗，帝欲賞邧，夷行曰：「諫官論事是其職，若一事善輒進官，恐後不免有私。」夷行蓋專詆嗣復。又素善覃，陰助其力，以排折朋黨。是時，雖天子亦惡其太過，恩禮遂衰，罷爲吏部尙書，尋拜華州刺史。

武宗卽位，召爲御史大夫，俄還門下侍郎平章事，進位尙書左僕射。夷行與崔珙俱拜，乃奏：「僕射始視事，受四品官拜，無著令。比日左右丞、吏部侍郎、御史中丞皆爲僕射拜階下，謂之『隔品致敬』。準禮，皇太子見上臺羣官，羣官先拜而後答，以無二上也。僕射與四品官並列朝廷，不容獨優。前日鄭餘慶著僕射上儀，謂隔品官無亢禮。時竇易直任御史中丞，

議不可。及易直自爲僕射，乃忘前議，當時鄙厭之。臣等不願以失禮速謗於時，且開元元年，以左右僕射爲左右丞相，位次三公，三公上日答拜，而僕射受之，非是。望敕所司約三公上儀，著定令。」詔可。始，累朝紛議不決，至夷行遂定。以足疾乞身，罷爲太子太保，以檢校司空爲河中節度使，卒。

李紳字公垂，中書令敬玄曾孫。世宦南方，客潤州。紳六歲而孤，哀等成人。母盧，躬授之學。爲人短小精悍，於詩最有名，時號「短李」。蘇州刺史韋夏卿數稱之。葬母，有烏銜芝墜輤車。

元和初，擢進士第，補國子助教，不樂，輒去。客金陵，李錡愛其才，辟掌書記。錡寖不法，賓客莫敢言，紳數諫，不入；欲去，不許。會使者召錡，稱疾，留後王澹爲具行，錡怒，陰教士臠食之，卽脅使者爲柬奏天子，幸得留。錡召紳作疏，坐錡前，紳陽怖栗，至不能爲字，下筆輒塗去，盡數紙，錡怒罵曰：「何敢爾，不憚死邪？」對曰：「生未嘗見金革，今得死爲幸。」卽注以刃，令易紙，復然。或言許縱能軍中書，紳不足用。召縱至，操書如所欲，卽囚紳獄中。錡誅乃免。或欲以聞，謝曰：「本激于義，非市名也。」乃止。

久之，從辟山南觀察府。穆宗召爲右拾遺、翰林學士，與李德裕、元稹同時，號「三俊」。累擢中書舍人。稹爲宰相，而李逢吉教人告于方事，稹遂罷；欲引牛僧孺，懼紳等在禁近沮解，乃授德裕浙西觀察使。僧孺輔政，以紳爲御史中丞，顧其氣剛卞，易疵累，而韓愈勁直，乃以愈爲京兆尹，兼御史大夫，免臺參以激紳。紳、愈果不相下，更持臺府故事，論詰往反，詆訐紛然，繇是皆罷之，以紳爲江西觀察使。帝素厚遇紳，遣使者就第勞賜，以爲樂外遷，紳泣言爲逢吉中傷。入謝，又自陳所以然，帝悟，改戶部侍郎。

逢吉終欲陷之。紳族子虞，有文學名，隱居華陽，自言不願仕，時來省紳，雅與柏耆、程昔範善。及耆爲拾遺，虞以書求薦，紳惡其無立操，痛誚之。虞失望，後至京師，悉暴紳所言於逢吉。逢吉滋怒，乃用張又新、李續等計，擢虞、昔範與劉栖楚皆爲拾遺，以伺紳隙，內結中人王守澄自助。會敬宗立，逢吉知紳失勢可乘，使守澄從容奏言：「先帝始議立太子，杜元穎、李紳勸立深王，獨宰相逢吉請立陛下，而李續、李虞助之。」逢吉乘間言紳嘗不利於陛下，請逐之。帝初卽位，不能辨，乃貶紳爲端州司馬。栖楚等怒得善地，皆切齒。詔下，百官賀逢吉，唯右拾遺吳思不往，逢吉斥思，令告大行喪於吐蕃。此時，人無敢言者，惟韋處厚屢言紳枉，折逢吉之姦。後天子於禁中得先帝手緘書一笥，發之，見裴度、元穎、紳三疏請立帝爲嗣，始大感悟，悉焚逢吉黨所上謗書。

始，紳南逐，歷封、康間，湍瀨險澀，惟乘漲流乃濟。康州有媼龍祠，舊傳能致雲雨，紳以書禱，俄而大漲。寶曆赦令不言左降官與量移，處厚執爭，詔爲追定，得徙江州長史，遷滁、壽二州刺史。霍山多虎，擷茶者病之，治機穽，發民跡射，不能止。紳至，盡去之，虎不爲暴。以太子賓客分司東都。大和中，李德裕當國，擢紳浙東觀察使。李宗閔方得君，復以太子賓客分司。開成初，鄭覃以紳爲河南尹。河南多惡少，或危帽散衣，擊大毬，戶官道，車馬不敢前。紳治剛嚴，皆望風遁去。遷宣武節度使。大旱，蝗不入境。武宗卽位，徙淮南，召拜中書侍郎、同中書門下平章事，進尚書右僕射、門下侍郎，封趙郡公。居位四年，以足緩不任朝謁，辭位，以檢校右僕射平章事，復節度淮南。卒，贈太尉，謚文肅。

始，澧人吳汝納者，韶州刺史武陵兄子也。武陵坐贓貶潘州司戶參軍死，汝納家被逐，久不調。時李吉甫任宰相，汝納怨之，後遂附宗閔黨中。會昌時，爲永寧尉，弟湘爲江都尉。部人訟湘受贓狠籍，身娶民顏悅女。紳使觀察判官魏鉶鞫湘，罪明白，論報殺之。時，議者謂吳氏世與宰相有嫌，疑紳內顧望，織成其罪。諫官屢論列，詔遣御史崔元藻覆按，元藻言湘盜用程糧錢有狀，娶部人女不實，按悅嘗爲青州衙推，而妻王故衣冠女，不應坐。德裕惡元藻持兩端，奏貶崖州司戶參軍。宣宗立，德裕去位，紳已卒。崔鉉等久不得志，導汝納使

爲湘訟，言：「湘素直，爲人誣衊，大校重牢，五木被體，吏至以娶妻資媵結贓。」且言：「顏悅故士族，湘罪皆不當死，紳枉殺之。」又言：「湘死，紳令卽瘞，不得歸葬。按紳以舊宰相鎮一方，恣威權。凡戮有罪，猶待秋分；湘無辜，盛夏被殺。」崔元藻銜德裕斥己，卽翻其辭，因言：「御史覆獄還，皆對天子別白是非，德裕權軋天下，使不得對，具獄不付有司，但用紳奏而寘湘死。」是時，德裕已失權，而宗閔故黨令狐綯、崔鉉、白敏中皆當路，因是逞憾，以利誘動元藻等，使三司結紳杖鉞作藩，虐殺良平，準神龍詔書，酷吏歿者官爵皆奪，子孫不得進宦，紳雖亡，請從春秋戮死者之比。詔削紳三官，子孫不得仕。貶德裕等，擢汝納左拾遺，元藻武功令。

始，紳以文藝節操見用，而屢爲怨仇所報却，卒能自伸其才，以名位終。所至務爲威烈，或陷暴刻，故雖沒而坐湘冤云。

李讓夷字達心，系本隴西。擢進士第，辟鎭國李絳府判官。又從西川杜元穎幕府。與宋申錫善，申錫爲翰林學士，薦讓夷右拾遺，俄拜學士。素善薛廷老，廷老不飭細檢，數飲酒不治職，罷去，坐是亦奪職。累進諫議大夫。

中華書局

開成初，起居舍人李褒免，文宗謂李石曰：「褚遂良以諫議大夫兼起居郎，今諫議誰歟？可言其人。」石以馮定、孫簡、蕭俶、李讓夷對，帝曰：「讓夷可也。」李固言請用崔球、張次宗。鄭覃曰：「球故與李宗閔善，且記注操筆在赤墀下，所書爲後世法，不可用黨人。若裴中孺、李讓夷，臣不敢有言。」乃決用讓夷，進中書舍人。既而李玨、楊嗣復以覃之薦，終帝世不得遷。

武宗初，李德裕復入，三遷至尚書右丞，拜中書侍郎、同中書門下平章事。潞州平，檢校尚書右僕射。宣宗立，進司空、門下侍郎，爲大行山陵使。未復土，拜淮南節度使。以疾願還，卒于道，贈司徒。讓夷廉介不妄交，位雖顯劇，以儉約自將，爲世咨美。

曹確字剛中，河南河南人。擢進士第，歷踐中外官，累拜兵部侍郎。懿宗咸通中，以本官同中書門下平章事，俄進中書侍郎。

確邃儒術，器識方重，動循法度。時帝薄於德，昵寵優人李可及。可及者，能新聲，自度曲，辭調悽折，京師媮薄少年爭慕之，號爲「拍彈」。同昌公主喪畢，帝與郭淑妃悼念不已，可及爲帝造曲，曰歎百年，教舞者數百，皆珠翠襐飾，刻畫魚龍地衣，度用繒五千，倚曲作

辭，哀思裴回，聞者皆涕下。舞闋，珠寶覆地，帝以爲天下之至悲，愈寵之。家嘗娶婦，帝曰：「第去，吾當賜酒。」俄而使者負二銀榼與之，皆珠珍也。可及憑恩橫甚，人無敢斥，遂擢爲威衞將軍。確曰：「太宗著令，文武官六百四十三，謂房玄齡曰：『朕設此待天下賢士。工商雜流，假使技出等夷，正當厚給以財，不可假以官，與賢者比肩立、同坐食也。』文宗欲以樂工尉遲璋爲王府率，拾遺竇洵直固爭，卒授光州長史。今而位將軍，不可。」帝不聽。至僖宗立，始貶死。方幸時，惟確屢言之。而神策中尉西門季玄者，亦剛鯁，謂可及曰：「汝以巧佞惑天子，當族滅。」嘗見其受賜，謂曰：「今載以官車，後籍沒亦當爾。」

確居位六年，進尚書右僕射，以同平章事出爲鎮海節度使，徙河中，卒。始，畢諴與確同宰相，俱有雅望，世謂「曹畢」云。

弟汾以忠武軍節度使入爲戶部侍郎，判度支，卒。

劉瞻字幾之，其先出彭城，後徙桂陽。舉進士、博學宏詞，皆中。徐商辟署鹽鐵府，累遷太常博士。劉瑑執政，薦爲翰林學士，拜中書舍人，進承旨。出爲河東節度使。

咸通十一年，以中書侍郎同中書門下平章事。同昌公主薨，懿宗捕太醫韓宗紹等送詔獄，逮繫宗族數百人。瞻喻諫官，皆依違無敢言，即自上疏固爭：「宗紹窮其術不能效，情有可矜。陛下徇愛女，囚平民，忿不顧難，取肆暴不明之謗。」帝大怒，即日賜罷，以檢校刑部尚書、同平章事爲荆南節度使。路巖、韋保衡從爲惡言聞帝，俄斥廉州刺史。於是，翰林學士鄭畋以責詔不深切，御史中丞孫瑝、諫議大夫高湘等坐與瞻善，分貶嶺南。巖等殊未慊，按圖視驩州道萬里，即貶驩州司戶參軍事，命李庾作詔極詆，將遂殺之。天下謂瞻鯁正，特爲讒擠，舉以爲冤。幽州節度使張公素上疏申解，巖等不敢害。

僖宗立，徙康、虢二州刺史，以刑部尚書召，復以中書侍郎平章事，居位三月卒。瞻爲人廉約，所得俸以餘濟親舊之窶困者，家不留儲。無第舍，四方獻饋不及門，行已終始完潔。

弟助，字元德，性仁孝，幼時與諸兄游，至食飲，取最下者。及長，能文辭，喜黃老言。年二十卒。

李蔚字茂休，系本隴西。舉進士、書判拔萃，皆中，拜監察御史，擢累尚書右丞。

懿宗惑浮屠，常飯萬僧禁中，自爲贊唄。蔚上疏切諫，引狄仁傑、姚元崇、辛替否所言，譏病時弊。帝不聽，但以虛禮褒答。俄拜京兆尹、太常卿。出爲宣武節度使，徙淮南。代還，民詣闕請留，詔許一歲。僖宗乾符初，以吏部尚書同中書門下平章事。罷爲東都留守。河東亂，殺其帥崔季康，用邠寧李侃代之，士不附，以蔚嘗在太原府有惠政，爲人所懷，拜河東節度使，同平章事。至鎮三日，卒。

始，懿宗成安國祠，賜寶坐二，度高二丈，構以沈檀，塗髹，鏤龍鳳葩蘤，金釦之，上施複坐，陳經几其前，四隅立瑞鳥神人，高數尺，磴道以升，前被繡囊錦襜，珍麗精絕。咸通十四年春，詔迎佛骨鳳翔，或言：「昔憲宗嘗爲此，俄晏駕。」帝曰：「使朕生見之，死無恨！」乃以金銀爲刹，珠玉爲帳，孔鷸周飾之，小者尋丈，高至倍，刻檀爲檐注，陛墄塗黃金，每一刹，數百人舉之。香輿前後係道，綴珠瑟瑟幡蓋，殘綵以爲幢節，費無貲限。夏四月，至長安，綵觀夾路，其徒導衞。天子御安福樓迎拜，至泣下。詔賜兩街僧金幣，京師耆老及見元和事者，悉厚賜之。不逞小人至斷臂指，流血滿道。所過鄉聚，皆裒土爲刹，相望于塗，爭以金翠抆飾。傳言刹悉震搖，若有光景云。京師高貲相與集大衢，作繒臺縵闕，注水銀爲池，金玉爲樹木，聚桑門羅像，考鼓鳴螺繼日夜，錦車繡輿，載歌舞從之。秋七月，帝崩。方人主甘心篤向，如蔚言者甚多，皆不能救。僖宗立，詔歸其骨，都人耆耋辭餞，或嗚咽流涕。

贊曰：人之惑怪神也，甚哉！若佛者，特西域一槁人耳。裸顛露足，以乞食自資，癯辱其身，屏營山樊，行一槩之苦，本無求于人，徒屬稍稍從之。然其言荒忽漫靡，夷幻變現，善推不驗無實之事，以鬼神死生貫爲一條，據之不疑。掊嗜欲，棄親屬，大抵與黃老相出入。至漢十四葉，書入中國。蹟夫生人之情，以耳目不際爲奇，以不可知爲神，以物理之外爲畏，以變化無方爲聖，以生而死、死復生、回復償報、歆豔其間爲或然，以賤近貴遠爲喜。鞮譯差殊，不可研詰。華人之譎誕者，又攘莊周、列禦寇之說佐其高，層累架騰，直出其表，以無上不可加爲勝，妄相夸脅而倡其風。於是，自天子逮庶人，皆震動而祠奉之。

初，宰相王縉以緣業事佐代宗，於是始作內道場，晝夜梵唄，冀禳寇戎，大作盂蘭，肖祖宗像，分供塔廟，爲賊臣嗤笑。至憲宗世，遂迎佛骨於鳳翔，內之宮中。韓愈指言其弊，帝怒，竄愈瀕死，憲亦弗獲天年。幸福而禍，無亦左乎！懿宗不君，精爽奪迷，復蹈前車而覆之。興哀無知之場，丐庇百解之胔，以死自誓，無有顧藉，流淚拜伏，雖事宗廟上帝，無以進焉。屈萬乘之貴，自等太古胡，數千載而遠，以身爲徇。嗚呼，運痿祚殫，天告之矣！懿不三月而徂，唐德之不競，厥有來哉，悲夫！

唐書卷一百八十二

列傳第一百七

李固言　李珏　崔珙 涓 璵 瀣 遠　蕭鄴　鄭肅 仁表　盧商
盧鈞 盧簡方　韋琮　周墀　裴休　劉瑑 夏侯孜　趙隱　裴坦 贄
鄭延昌　王溥　盧光啓 韋貽範

李固言字仲樞，其先趙人。擢進士甲科，江西裴堪、劍南王播皆表署幕府。累官戶部郎中。溫造爲御史中丞，表知雜事，進給事中。將作監王堪坐治太廟不謹，改太子賓客，固言上還制書曰：「陛下當以名臣左右太子，堪以慢官斥，處調護地非所宜。」詔改它王傅。固言再遷尚書右丞。

李德裕輔政，出固言華州刺史。俄而李宗閔復用，召爲吏部侍郎。州大豪何延慶橫猾，讙衆遮道，使不得去，固言怒，捕取杖殺之，尸諸道。既領選，按籍自擬，先收寒素，柅吏姦。進御史大夫。

大和九年，宗閔得罪，李訓、鄭注用事，訓欲自取宰相，乃先以固言爲門下侍郎、同中書門下平章事。旋坐黨人，出爲山南西道節度使，訓自代其處。訓敗，文宗頗思之，復召爲平章事，仍判戶部。

羣臣請上徽號，帝曰：「今治道猶鬱，羣臣之請謂何？比州縣多不治，信乎？」固言因白鄭州刺史王堪、隋州刺史鄭襄尤無狀。帝曰：「貞元時御史，獨王堪爾。」鄭覃本舉堪，疑固言抵已，卽曰：「臣知堪，故用爲刺史。舉天下不職，何獨二人？」帝識其意，不主前語，因稱：「詩曰『濟濟多士，文王以寧』。聞德宗時多闕官，寧乏才邪？」固言曰：「用人之道，隨所保任，覈稱與否而升黜之，無乏才矣。」帝曰：「宰相用人毋計親疏。竇易直爲宰相，未嘗用姻戚。使己才不足任天下重，自宜引去；苟公舉，雖親何嫌？用所長耳。」帝不欲大臣有黨，故語兩與之。

俄以門下侍郎平章事爲西川節度使，詔雲韶雅樂卽臨臯館送之。讓還門下侍郎，乃檢校尚書左僕射。始置贏軍千四，又募銳士三千，武備雄完。

武宗立，召授右僕射。會崔珙、陳夷行以僕射爲宰相，改檢校司空兼太子少師，領河中節度使。蒲津歲河水壞梁，吏撤笮用舟，邀丐行人。固言至，悉除之。帝伐回鶻，詔方鎭獻

財助軍，上疏固諫，不從。以疾復爲少師，遷東都留守。宣宗初，還右僕射。後以太子太傅分司東都。卒，年七十八，贈太尉。

固言吃，接賓客頗謇緩，然每議論人主前，乃更詳辯。

李珏字待價，其先出趙郡，客居淮陰。幼孤，事母以孝聞。甫冠，舉明經，李絳爲華州刺史，見之，曰：「日角珠廷，非庸人相，明經碌碌，非子所宜。」乃更舉進士高第。河陽烏重胤表置幕府。以拔萃補渭南尉，擢右拾遺。

穆宗即位，荒酒色，景陵始復土，即召李光顏于邠寧，李愬于徐州，期九月九日大宴羣臣。珏與宇文鼎、温畬、韋瓘、馮約同進曰：「道路皆言陛下追光顏等，將與百官高會。且元朔未改，陵土新復，三年之制，天下通喪。今同軌之會適去，遠夷之使未還，遏密弛禁，本爲齊人，鐃鼓合鑾，不施禁內。夫王者之舉，爲天下法，不可不慎。且光顏、愬忠勞之臣，方盛秋屯邊，如令訪謀猷，付疆事，召之可也，豈以酒食之歡爲厚邪？」帝雖置其言，然厚加勞遣。

鹽鐵使王播增茶稅十之五以佐用度。珏上疏謂：「榷率本濟軍興，而稅茶自貞元以來

有之。方天下無事，忽厚斂以傷國體，一不可。茗爲人飲，與鹽粟同資，若重稅之，售必高，其敝先及貧下，二不可。山澤之產無定數，程斤論稅，以售多爲利，若價騰踊，則市者稀，其稅幾何？三不可。陛下初即位，詔懲聚斂，今反增茶賦，必失人心。」帝不納。方是時，禁中造百尺樓，土木費鉅萬，故播亟斂，陰中帝欲。珏以數諫不得留，出爲下邽令。武昌牛僧孺辟署掌書記。還爲殿中侍御史。宰相韋處厚曰：「清廟之器，豈擊搏才乎？」除禮部員外郎。僧孺還相，以司勳員外郎知制誥爲翰林學士，加戶部侍郎。

始，鄭注以醫進，文宗一日語珏曰：「卿亦知有鄭注乎？宜與之言。」珏曰：「臣知之，姦回人也。」帝愕然曰：「朕疾愈，注力也，可不一見之？」注由是怨珏。及李宗閔以罪去，珏爲申辨，貶江州刺史。徙河南尹，復爲戶部侍郎。

開成中，楊嗣復得君，引珏同中書門下平章事，與李固言皆善。三人者居中秉權，乃與鄭覃、陳夷行等更持議，一好惡，相影和，朋黨益熾矣。珏數辭位，不許。帝嘗自謂：「臨天下十四年，雖未至治，然視今日承平亦希矣！」珏曰：「爲國者如治身，及身康寧，調適以自助，如恃安而忽，則疾生。天下當無事，思所闕，禍亂可至哉？」

杜悰領度支有勞，帝欲拜戶部尚書，以問宰相，陳夷行答曰：「恩權予奪，願陛下自斷。」珏曰：「祖宗倚宰相，天下事皆先平章，故官曰平章事。君臣相須，所以致太平也。苟用一吏、處一事皆決於上，將焉用彼相哉？隋文帝勞於小務，以疑待下，故二世而亡。陛下嘗謂臣曰：『竇易直勸我，凡宰相啓擬，五取三，二取一。彼宜勸我擇宰相，不容勸我疑宰相。』」帝曰：「易直此言殊可鄙。」帝又語：「貞元初政事誠善。」珏曰：「德宗晚喜聚財，方鎮以進奉市恩，吏得賦外求索，此其敝也。」帝曰：「人君輕所賦，節所用，可乎？」珏曰：「貞觀時，房、杜、王、魏爲文皇帝謀，固此耳！」帝頗向納。進封贊皇縣男。

始，莊恪太子薨，帝意屬陳王。既而帝崩，中人引宰相議所當立，珏曰：「帝既命陳王矣！」已而武宗即位，人皆爲危之。珏曰：「臣下知奉所言，安與禁中事？」帝新聽政，珏數稱道無逸篇以勸。時潞州劉從諫獻大馬，滄州劉約獻白鷹，珏請却之以示四方。還門下侍郎，爲文宗山陵使。會秋大雨，梓宮至安上門陷于濘，不前，罷爲太常卿。終以議所立，貶江西觀察使，再貶昭州刺史。

宣宗立，內徙郴、舒二州，以太子賓客分司東都。遷河陽節度使，罷橫賦宿逋百餘萬。以吏部尚書召，珏去鎮，而府庫十倍於初。俄檢校尚書右僕射、淮南節度使。珏顧己大臣，誼不以內外自異，表請立皇太子維天下心。江淮旱，發倉廩賑流民，以軍羡儲殺半價與人。卒，年六十九，贈司空，謚曰貞穆。

始，淮南三節度皆卒於鎮，人勸易署寢，珏曰：「上命我守揚州，是實正寢，若何去之？」

及疾亟，官屬見臥內，惟以州有稅酒直而神策軍常爲豪商占利，方論奏，未見報爲恨，一不及家事。性寡欲，早喪妻，不置妾侍，門無餽餉。淮南之人德之，珏已歿，叩闕下，願立碑刻其遺愛云。

贊曰：天子待宰相以不疑，是矣。雖然，於賢不肖當別白分明，乃可與言治。文宗無知人之明，但以不疑責宰相。是時善惡混淆，故黨人成於下，主聽亂於上，王室之衰，由此爲之階。劉向所云「持不斷之慮者，開羣枉之門」，殆文宗爲邪！

崔珙，其先博陵人。父頲，官同州刺史，生八子，皆有才，世以擬漢荀氏「八龍」。珙爲人有威重，精吏治，以拔萃異等，累擢至泗州刺史。由太府卿爲嶺南節度使，入對延英，文宗訪治撫後先，珙對精亮有理趣，帝咨嗟迂久。

時徐州以王智興後，軍驕，數犯法，節度使高瑀未能制。天子思材望威烈者檢革其弊，見珙意慷慨，又知治泗得士心，即謂宰相曰：「欲武寧節度使者，無易珙才。」更詔王茂元帥嶺南，而以珙代瑀。居二歲，徐人戢畏。

入爲右金吾大將軍，遷京兆尹。會大旱，奏析滻入禁中者，取十九溉民田。仇士良使盜擊宰相李石於親仁里，迹出禁軍，珙坐不能捕，以爲負，望少衰。開成末，累進刑部尚書、諸道鹽鐵轉運使。俄同中書門下平章事，仍領鹽鐵，即拜中書侍郎。會昌二年，進位尚書左僕射。明年，以兄琯喪，被疾求解，以所守官罷。

與崔鉉故有怨，及鉉宰相代爲使，即奏珙妄費宋滑院鹽鐵錢九十萬緡，又劾與劉從諫厚，數護其姦。貶澧州刺史，再斥恩州司馬。宣宗立，徙商州刺史，以太子賓客分司東都，起爲鳳翔節度使。鉉復執政，珙懼，以疾自乞。方是時，西戎歸故地，邊奏係驛，議所以綏接，珙坐不自力避事，下除太子少師，分司東都，就拜留守。復節度鳳翔，卒于官。

子涓，性開敏。爲杭州刺史，受署，未盡識卒史，乃以紙各署姓名傅襟上，過前一閱，後數百人呼指無誤。終御史大夫。

琯字從律，珙兄。舉進士、賢良方正，皆高第。累辟諸使府。入朝，稍歷吏部員外郎。李德裕任御史中丞，引知雜事，進給事中。大和初，持節宣慰盧龍，使有指。及興元殺李絳，復往尉撫，軍皆按堵。還，遷工部侍郎、京兆尹。

宋申錫爲讒所危，宦豎切齒，時罕敢辨者。琯與大理卿王正雅固請出獄付外，與衆治之，天下重其賢。以尚書右丞出爲荆南節度使，進左丞。時弟珙任京兆尹，並據顯劇處，世以爲榮。俄判兵部西銓、吏部東銓，徙東都留守。以吏部尚書召，辭疾不拜。會昌中，終山南西道節度使，贈尚書左僕射。琯行方介，有器蘊，人屬以爲相而卒不至，當時共咨云。

弟璪、璵尤顯，璪位刑部尚書，璵河中節度使。

璵子瀣，舉止秀峙，時謂玉而冠者。擢進士第，累進禮部員外郎。當時士大夫以流品相尚，推名德者爲之首。咸通中，世推李都爲大龍甲，涓豪放不得預，雖自抑下，猶不許，而瀣與焉。終吏部侍郎。

子遠，有文而風致整峻，世慕其爲，目曰「飣座梨」，言座所珍也。乾寧中，以兵部侍郎同中書門下平章事，遷中書侍郎。從遷洛，罷爲尚書右僕射。柳璨忌衣冠有望者，貶爲白州長史，被殺於白馬驛，家沒掖庭。

諸崔自咸通後有名，歷臺閣藩鎮者數十人，天下推士族之冠。始，其曾王母長孫春秋高，無齒，祖母唐事姑孝，每旦乳姑。一日病，召長幼言：「吾無以報婦，願後子孫皆若爾孝。」世謂崔氏昌大有所本云。

蕭鄴字啓之，梁長沙宣王懿九世孫。及進士第，累進監察御史、翰林學士，出爲衡州刺史。大中中，召還翰林，拜中書舍人，遷戶部侍郎，判本司，以工部尚書同中書門下平章事。懿宗初，罷爲荆南節度使，仍平章事，進檢校尚書左僕射，徙劍南西川。南詔內寇，不能制，下遷檢校右僕射、山南西道觀察使。歷戶部、吏部二尚書，拜右僕射。還，以平章事節度河東，在官無足稱道，卒。

鄭肅字乂敬，其先滎陽人，以儒世家。肅力于學，有根柢。第進士、書判拔萃，補興平尉。累擢太常少卿，博士有疑議往咨，必據經條答。文宗高擇魯王府屬，肅以諫議大夫兼長史。王爲皇太子，遷給事中，進尚書右丞。出爲陝虢觀察使。

開成二年，召拜吏部侍郎。帝以肅嘗輔導東宮，詔兼賓客，爲太子授經。既而太子母愛弛，爲讒所乘，廢斥有端。肅因入見，言天下大本，不可輕動，意致深切，帝爲動容。然內寵方煽，太子終以憂死。出爲檢校禮部尚書、河中節度使。武宗知太子無罪，特困於讒，而朝

廷謂肅臨義不可奪，侹侹有大臣節，召爲太常卿。遷山南東道節度使。五年，以檢校尚書右僕射同中書門下平章事，與李德裕叶心輔政。宣宗即位，遷中書侍郎，罷爲荆南節度使。卒，贈司空，謚曰文簡。

子洎，仕至州刺史。洎子仁規、仁表，皆豪爽有文。仁規位中書舍人。仁表累擢起居郎。嘗以門閥文章自高，曰：「天瑞有五色雲，人瑞有鄭仁表。」傲縱多所陵藉，人畏薄之。劉鄴未仕，往謁洎，而仁表等鄙訕其文。鄴爲相，因罪貶仁表，死嶺外。

始，肅罷政事，帝以盧商代之。

商字爲臣，蚤孤，家窶困，能以學自奮。舉進士、拔萃，皆中。由校書郎佐宣歙、西川幕府。入朝，累十餘遷，至大理卿。爲蘇州刺史，吏以鹽法求羸貲，民愈困，商令計口售鹽，無常額，人便之，歲貲返增。宰相上其勞，進浙西觀察使，召爲刑部侍郎、京兆尹。

方伐潞，芻糧踰太行餉軍，環六七鎮，詔商以戶部侍郎判度支，又詔杜悰兼鹽鐵、度支，并二使財以贍兵，乃不乏。出爲東川節度使，以兵部侍郎還判度支，擢中書侍郎、同中書門下平章事，范陽郡公。

大中元年春旱，詔商與御史中丞封敖理囚繫於尚書省，誤縱死罪，罷爲武昌軍節度使。以疾解，拜戶部尚書，卒。

盧鈞字子和，系出范陽，徙京兆藍田。舉進士中第，以拔萃補祕書正字。從李絳爲山南府推官，調長安尉。又從裴度爲太原觀察支使，遷監察御史，爭宋申錫獄知名。進吏部郎中，出爲常州刺史。遷給事中，有大詔令，必反覆省審，駁奏無私。拜華州刺史。關輔驛馬疲耗，鈞爲市健馬，率三歲一易，自是無乏事。

擢嶺南節度使。海道商舶始至，異時帥府爭先往，賤售其珍，鈞一不取，時稱絜廉。專以清靜治。蕃獠與華人錯居，相婚嫁，多占田營第舍，吏或橈之，則相挻爲亂，鈞下令蕃華不得通婚，禁名田產，闔部肅壹無敢犯。貞元後流放衣冠，其子姓窮弱不能自還者，爲營棺櫬還葬，有疾若喪則經給醫藥、殯斂，孤女稚兒，爲立夫家，以奉稟資助，凡數百家。南方服其德，不懲而化。又除采金稅。華、蠻數千走闕下，請爲鈞生立祠，刻石頌德，鈞固辭。以戶部侍郎召判戶部。

會昌中，漢水害襄陽，拜鈞山南東道節度使，築隄六千步，以障漢暴。王師伐劉稹，

列傳第一百七　盧鈞　五三六七

唐書卷一百八十二　五三六八

武宗以鈞寬厚能得衆，詔兼節度昭義軍。會稹死，敕乘馹往，進檢校兵部尚書，專領昭義。鈞及潞，石雄兵已入，而稹將白惟信率餘卒三千保潞城，未下。雄召之，使往十餘輩皆死。鈞次高平，惟信獻款，且曰：「不即降者，畏石尚書爾。」鈞與約而遣。方雄欲盡夷潞兵，鈞不聽，坐治堂上，左右皆雄親卒，擊鼓傳漏，鈞自居甚安，雄引去，乃召惟信至，送闕下，餘衆悉原。

俄而興士五千戍代北，鈞坐城門勞遣，帷家人以觀。戍卒驕，顧家屬不欲去，酒酣，反攻城，迫大將李文矩爲帥，鈞倉卒奔潞城。文矩投地偃臥，稍諭叛者，衆乃悔服，卽相與謝鈞，迎還府，斬首惡乃定。詔趣戍者行，密使盡戮之。鈞請徐乘其變，而使者不發，須報。時戍人已去潞一舍，鈞選牙卒五百，壯騎百，以騎載兵夜趨，遲明至太平驛，盡斬之。卽拜檢校尚書左僕射。

宣宗卽位，改吏部尚書。會劉約自天平徙宣武，未至，暴死，家僮五百無所仰衣食，思亂，乃授鈞宣武節度使，人情妥然。召入，復爲吏部尚書，遷檢校司空、太子少師，封范陽郡公，節度河東。

大中九年，召爲左僕射。鈞宿齒，數外遷，而後來多至宰相。始被召，自以當輔政，既失志，故內怨望，數移病不事事，邀遊林墅，累日一還。令狐綯惡之，罷僕射，以檢校司空守太子太師。帝元日大饗含元殿，鈞年八十，升降如儀，音吐鴻暢，舉朝咨歎。以鈞耆碩長者，顧不任職，咎綯爲娼賢。綯聞，言于帝，卽以鈞同中書門下平章事，爲山南西道節度使。俄檢校司徒，爲東都留守。懿宗初，復節度宣武，辭不拜，以太保致仕。卒，年八十七，贈太傅，謚曰元。

鈞與人交，始若澹薄，既久乃益固。所居官必有績，大抵根仁恕至誠而施於事。玩服不爲鮮明，位將相，沒而無贏財。

盧簡方，失其系世，不知所以進。盧鈞鎭太原，表爲節度府判官。會党項羌叛，鈞使簡方督兵乘邊，旁河相險，集樹堡鄣，自神山至鹿泉縣三百里，厪遏其衝，賊不得騁，候邏便之。累遷江州刺史。徙大同軍防禦使，大開屯田，練兵修鬬，沙陀畏附。擢義昌節度使，入拜太僕卿，領大同節度。久之，徙振武軍，道病卒。

韋琮字禮玉，世顯仕。琮進士及第，稍進殿中侍御史。坐訊獄不得實，改太常博士。擢累戶部侍郎、翰林學士承旨。以中書侍郎同中書門下平章事，遷門下侍郎兼禮部尚書，

列傳第一百七　韋琮　周墀　五三六九

唐書卷一百八十二　五三七〇

無功，罷爲太子賓客分司，卒。

周墀字德升，本汝南人。少孤，事母孝。及進士第，辟湖南團練府巡官，入爲監察御史、集賢殿學士。長史學，屬辭高古，文宗雅重之。李宗閔鎭山南，表行軍司馬，閱歲召還。

大和末，訓、注亂政，以黨語汙搢紳有名士，分逐之，獨墀雖嘗爲宗閔所禮，不能以罪誣也。遷起居舍人，改考功員外郎，兼舍人事。帝御紫宸，與宰相語事已，或召左右史咨質所宜，墀最爲天子欽矚。俄知制誥，入翰林爲學士。

武宗卽位，以疾改工部侍郎，出爲華州刺史。徙江西觀察使。劾舉部刺史，翦捕劇賊，出兵戍彭蠡湖，禁止剽劫。進拜義成節度使，封汝南縣男。宿將暴驁不循令者，墀命鞭其背，一軍大治。

以兵部侍郎召判度支，進同中書門下平章事，遷中書侍郎。建言：「故宰相德裕重定元和實錄，竄寄它事，以廣父功。凡人君尙不改史，取必信也。」遂削新書。河東節度使王宰重賂權幸，求同平章事領宣武，墀言：「天下大鎭如幷、汴者纔幾，宰之求何可厭？」

宣宗納之。駙馬都尉韋讓求爲京兆，持不與。繇是妄進者少衰。

會吐蕃微弱，以三州七關自歸。帝召宰相議河湟事，墀對不合旨，罷爲劍南東川節度使。駙馬都尉鄭顥言于帝曰：「世謂墀以直言相，亦以直言免。」帝悟，加拜檢校尚書右僕射，卒，年五十九，贈司徒。

裴休字公美，孟州濟源人。父肅，貞元時爲浙東觀察使，劇賊栗鍠誘山越爲亂，陷州縣，肅引州兵破禽之，自記平賊一篇上之，德宗嘉美。生三子，休，仲子也，操守嚴正。方兒童時，兄弟偕隱家墅，晝講經，夜著書，終年不出戶。有饋鹿者，諸生共薦之，休不食，曰：「疏食猶不足，今一啖肉，後何以繼？」

擢進士第，舉賢良方正異等。歷諸府辟署，入爲監察御史，更內外任。至大中時，以兵部侍郎領諸道鹽鐵轉運使。六年，進同中書門下平章事，即奏言：「宰相論政上前，知印者次爲時政記，所論非一，詳已辭，略它議，事有所缺，史氏莫得詳。請宰相人自爲記，合付史官。」詔可。進中書侍郎。

大和後，歲漕江、淮米四十萬斛，至渭河倉者纔十三，舟檝僨敗，吏乘爲姦，冒沒百端，

劉晏之法盡廢。休分遣官詢按其弊，乃命在所令長兼董漕，褒能者，謫怠者。由江抵渭，舊歲率雇緡二十八萬，休悉歸諸吏，敕巡院不得輒侵牟。著新法十條，又立稅茶十二法，人以爲便。居三年，粟至渭倉者百二十萬斛，無留壅。時方鎭設邸閣居茶取直，因視商人它貨橫賦之，道路苛擾。休建言：「許收邸直，毋擅賦商人。」又：「收山澤寶冶，悉歸鹽鐵。」

秉政凡五歲，罷爲宣武軍節度使，封河東縣子。久之，由太子少保分司東都，復起歷昭義、河東、鳳翔、荆南四節度。卒，年七十四，贈太尉。

休不爲曒察行，所治吏下畏信。能文章，書楷遒媚有體法。爲人醞藉，進止雍閑。宣宗嘗曰：「休眞儒者。」然嗜浮屠法，居常不御酒肉，講求其說，演繹附著數萬言，習歌唄以爲樂。與紇干㮚素善，至爲桑門號以相字，當世嘲薄之，而所好不衰。

劉瑑字子全，高宗宰相仁軌五世孫。第進士，鎭國陳夷行表爲判官。入遷左拾遺，諫罷武宗方士，言多懇愊。大中初，擢翰林學士。宣宗始復關隴，裁處叢繁，書詔夜數十，雖捉筆遽成，辭皆允切。會伐党項，詔爲行營宣慰使。

遷刑部侍郎，乃裒彙敕令可用者，由武德訖大中，凡二千八百六十五事，類而析之，參訂重輕，號大中刑律統類以聞，法家推其詳。

繇河南尹進宣武軍節度使。先時，大饗雜進倡舞，瑑曰：「豈軍中樂邪？」取壯士千人，被鎧擁矛盾，習擊刺，與吏士臨觀。又下令不何止夜行，使民自便，境內以安。徙河東節度使。

未幾，以戶部侍郎召判度支。始，瑑在翰林，帝素器遇，至是，手詔追還，外無知者，既發太原，人方大驚。後請閒，帝視案上曆，謂瑑：「爲朕擇一令日。」瑑跪曰：「某日良。」帝笑曰：「是日卿可遂相。」即詔同中書門下平章事，仍領度支。

嘗與崔愼由議帝前，愼由請甄別流品，瑑質曰：「王夷甫相晉，祟尚浮虛，以逑流品，卒致淪夷。今日不循名責實，使百吏各稱職，而先流品，未知所以致治也。」愼由不得對，繇是罷宰相。俄而瑑大病，加工部尙書，拜臥內，猶手疏陳政事。居位半歲卒，年六十三，贈尙書左僕射。

瑑以名節自將，凡議論處事不私，趨於當乃止，未嘗以言色借貴近。與瑑同知政者夏侯孜。

孜字好學，亳州譙人。累遷婺、絳等州刺史。繇兵部侍郎、諸道鹽鐵轉運使爲同中書

門下平章事，仍領鹽鐵。懿宗立，進門下侍郎、譙郡侯。俄以同平章事出爲西川節度使。召拜尙書左僕射，還執政，進司空，爲貞陵山陵使。坐隧壞，出爲河中節度使，猶同平章事。初，堂史署勑，仆孜懷中，卽死。不數日，孜罷。

咸通時，蠻犯蜀深入，士乏糧，追責孜治蜀無素備，以太子少保分司東都，卒。

趙隱字大隱，京兆奉天人。祖植，當德宗出狩，變倉卒，羽衞單寡，朱泚攻城急，植率家人奴客以死拒守，獻家財勞軍，帝嘉之。賊平，渾瑊引在幕府。累擢鄜州刺史。鄭滑節度使李融奏以自副，融疾病，委以軍政，大將宋朝晏火其營，夜爲亂，植列卒不動須之，遲明而潰，捕斬皆盡，優詔嘉慰。累擢嶺南節度使，終于官。父存約，辟署興元李絳府，値軍亂，方與絳燕間，吏報賊至，絳麾存約使去，對曰：「荷公德厚，誼不當獨免。」卽部勒左右捍之，而同被害。

隱以父死難，與兄騭廬墓幾十年，闔門誦書，不應辟召。親友更敦勉令仕，會昌中，擢進士第，歷州刺史、河南尹。以兵部侍郎領鹽鐵轉運使。咸通末，進同中書門下平章事，遷中書侍郎，封天水縣伯。

性仁悌，不敢以貴權自處。始布衣時，家無貲，與騭同耕以養，雖姻宗之富，未嘗干以財。宦寖顯，還家，易衣侍左右，由布衣也。騭終宣歙觀察使。既輔政，它宰相及百官皆詣第升堂慶母，歲時公卿必參訊。懿宗誕日，宴慈恩寺，隱侍母以安輿臨觀，宰相方率百官拜恩於廷，卽回班候夫人起居，搢紳以爲榮。後崔彥昭、張濬當國，皆有母，遂踵其禮。僖宗初，罷爲鎭海軍節度使。王郢之亂，坐撫御失宜，下除太常卿。廣明初，爲吏部尙書。居母喪，卒。

子光逢、光裔、光胤，皆第進士，歷臺省華劇。光逢尤規矱自持，以中書舍人爲翰林學士。時光裔由膳部郎中知制誥，對掌內外命書，士歆羨之。

裴坦字知進，隋營州都督世節裔孫。父乂，福建觀察使。坦及進士第，沈傳師表置宣州觀察府，召拜左拾遺、史館脩撰。歷楚州刺史。令狐綯當國，薦爲職方郎中，知制誥，而裴休持不可，不能奪。故事，舍人初詣省視事，四丞相送之，施一榻堂上，壓角而坐。坦見休，重愧謝，休勃然曰：「此令狐丞相之舉，休何力？」顧左

右索肩輿亟出，省吏眙駭，以爲唐興無有此辱，人爲坦羞之。再進禮部侍郎，拜江西觀察使、華州刺史。召爲中書侍郎、同中書門下平章事，不數月卒。

坦性簡儉，子娶楊收女，齎具多飾金玉，坦命撤去，曰：「亂我家法。」世淸其概。

從子贄。

贄字敬臣，及進士第，擢累右補闕、御史中丞、刑部尙書。昭宗引拜中書侍郞兼本官、同中書門下平章事，尋兼戶部尙書。

帝疑其外風檢而暱帷薄，逮問翰林學士韓偓，偓曰：「贄，咸通大臣坦從子，內雍友，合疏屬以居，故臧獲猥衆，出入無度，殆此致謗言者。」帝每聞咸通事，必肅然斂衽，故偓稱之爲贄地。

帝幸鳳翔，爲大明宮留守，罷。俄進尙書左僕射，以司空致仕。朱全忠將篡，貶靑州司戶參軍，殺之。

鄭延昌字光遠，咸通末，得進士第，遷監察御史。鄭畋鎭鳳翔，表在其府。黃巢亂京師，畋倚延昌調兵食，且諭慰諸軍。畋再秉政，擢司勳員外郎、翰林學士。進累兵部侍郎，兼京兆尹，判度支。拜戶部尙書，以中書侍郎同中書門下平章事，兼刑部尙書。無它功，以病罷，拜尙書左僕射，卒。

王溥字德潤，失其何所人。第進士，擢累禮部員外郎、史館修撰。崔胤鎭武安，表署觀察府判官。胤不赴鎭，溥留充集賢殿直學士。御史中丞趙光逢奏爲刑部郎中，知雜事。昭宗蒙難東內，溥與胤說衞軍執劉季述等殺之。帝反正，驟拜翰林學士、戶部侍郎，以中書侍郎同中書門下平章事，判戶部。不能有所裨益，罷爲太子賓客，分司東都。未幾，召拜太常卿、工部尙書。會朱溫侵逼，貶淄州司戶參軍，賜自盡，與裴樞等投尸于河。

盧光啓字子忠，不詳何所人。第進士，爲張濬所厚，擢累兵部侍郎。昭宗幸鳳翔，宰相皆不從，以光啓權總中書事，兼判三司，進左諫議大夫，參知機務。復拜兵部侍郎、同中書門下平章事。俄罷爲太子少保，改吏部侍郎。

初，光啓執政，韋眙範、蘇檢相繼爲宰相。眙範字垂憲，以龍州刺史貶通州，檢爲洋州刺史。二人奔行在，眙範遷給事中，用李茂貞薦，閱旬爲工部侍郎、同中書門下平章事，判度支。倚權臣，恣驁不恭。會母喪免，踰月奪服。不數月卒。檢初拜中書舍人，眙範薦於茂貞，卽拜工部侍郎、同中書門下平章事。茂貞與朱全忠通好，乃求尙主，取檢女爲景王妃以固恩。帝還京師，檢長流環州，光啓賜死。

唐書卷一百八十三

列傳第一百八

畢諴　崔彥昭　劉鄴豆盧瑑　陸扆　鄭綮　朱朴孫偓
韓偓儀

畢諴字存之，黃門監構從孫。構弟栩生凌，凌生勻，世失官爲鹽估。勻生諴，蚤孤。夜然薪讀書，母卹其疲，奪火使寐，不肯息，遂通經史，工辭章。性端慤，不妄與人交。

大和中，舉進士、書判拔萃，連中。辟忠武杜悰幕府。悰領度支，表爲巡官，又從辟淮南，入拜侍御史。李德裕始與悰同輔政，不協，故出悰劍南東川節度使。故吏惟諴餞訊如平日，德裕忌之，出爲慈州刺史。累官駕部員外郎、倉部郎中。故事，要家勢人，以倉、駕二曹爲辱，諴沛然如處美官，無異言。宰相知之，以職方郎中兼侍御史知雜事，召入翰林爲學士。

党項擾河西，宣宗嘗召訪邊事，諴援質古今，條破羌狀甚悉，帝悅曰：「吾將擇能帥者，孰謂頗、牧在吾禁署，卿爲朕行乎？」諴唯唯，即拜刑部侍郎，出爲邠寧節度、河西供軍安撫使。諴到軍，遣吏懷諭，羌人皆順向。時戍兵常苦調饟乏，諴募士置屯田，歲收穀三十萬斛，以省度支經費，詔書嘉美。俄徙昭義，又還河東。河東尤近胡，復脩杷頭七十烽，謹候虜，寇不敢入。

懿宗立，遷宣武節度使，召爲戶部尚書，判度支。未幾，以禮部尚書同中書門下平章事。再期，固稱疾，改兵部尚書，罷。旋兼平章事節度河中。卒，年六十二。

諴於吏術尤所長，既貴，所得祿奉，養護宗屬之乏，無間然。始，諴被知於宣宗，嘗許以相。令狐綯忌之，自邠寧凡三徙，不得還。諴思有以結綯，至太原，求麗姝盛飾使獻。綯曰：「太原於我無分，今以是餌，將破吾族矣。」不受。使者留于邸，諴亦放之。太醫李玄伯者，帝所喜，以錢七十萬聘之，夫婦日自進食，得其歡心，乃進之帝，嬖幸冠後宮。玄伯又治丹劑以進，帝餌之，疽生於背。懿宗立，收玄伯及方士王岳、虞紫芝等，俱誅死。

崔彥昭字思文，其先清河人。淹貫儒術，擢進士第。數應帥鎭辟奏，於吏治精明，所至課最。累進戶部侍郎。繇河陽節度使徙河東。先是，沙陀諸部多犯法，彥昭撫循有威惠，三年，境內大治，耆老叩闕願留，詔可。

僖宗立，授兵部侍郎、諸道鹽鐵轉運使。俄同中書門下平章事，仍判度支。初，楊收、路巖、韋保衡皆坐朋比賄賂得罪死，蕭倣秉政，矯革之，而彥昭協力，故百職脩舉，察不至苛。不六月，遷門下侍郎。帝因下詔暴收等過惡，申勵丁寧，以成其美。

彥昭雖宰相，退朝侍母膳，與家人齒，順色柔聲，在左右無違，士人多其孝。與王凝外昆弟也。凝大中初先顯，而彥昭未仕，嘗見凝，凝倨不冠帶，嫚言曰：「不若從明經舉。」彥昭爲憾。至是，凝爲兵部侍郎。母聞彥昭相，敕婢多製履襪，曰：「王氏妹必與子皆逐，吾將共行。」彥昭聞之，泣且拜，不敢爲怨。而凝竟免。

伶人李可及爲懿宗所寵，橫甚，彥昭奏逐，死嶺南。累拜兼尚書右僕射，以疾去位，授太子太傅，卒。

劉鄴字漢藩，潤州句容人。父三復，以善文章知名。少孤，母病廢，三復丐粟以養。李德裕爲浙西觀察使，奇其文，表爲掌書記。德裕三領浙西及劍南、淮南，未嘗不從，會昌

時，位宰相，擢三復刑部侍郎、弘文館學士。

鄴六七歲能屬辭，德裕憐之，使與其子共師學。德裕既斥，鄴無所依，去客江湖間。陝虢高元裕表署推官，高少逸又辟鎭國幕府。咸通初，擢左拾遺，召爲翰林學士，賜進士第。歷中書舍人，遷承旨。鄴傷德裕以朋黨抱誣死海上，令狐綯久當國，更數赦，不爲還官爵，至懿宗立，綯去位，鄴乃申直其冤，復官爵，世高其義。進戶部侍郎、諸道鹽鐵轉運使。以禮部尚書同中書門下平章事，判度支。僖宗嗣位，再遷尚書左僕射。

初，韋保衡、路巖與鄴同秉政，爲迹親，俄而蕭倣、崔彥昭得相，罷鄴爲淮南節度使、同平章事。黃巢方熾，詔高駢代之，徙節度鳳翔，固辭，還左僕射。帝西狩，追乘輿不及，與崔沆、豆盧瑑匿將軍張直方家，賊捕急，三人不肯臣，俱見殺。

豆盧瑑者，字希眞，河南人。仕歷翰林學士、戶部侍郎，與崔沆皆拜同中書門下平章事。是日，宣告于廷，大風雷雨拔樹。未幾，及禍。初，咸通中，有治曆者工言禍福，或問：「比宰相多不至四五，謂何？」答曰：「紫微方災，然其人又將不免。」後楊收、韋保衡、路巖、盧攜、劉鄴、于琮、瑑與沆，皆不得終云。

陸扆字祥文，宰相贄族孫。客於陝，遂爲陝人。光啓二年，從僖宗幸山南，擢進士第，累進翰林學士、中書舍人。扆工屬辭，敏速若注射然，一時書命，同僚自以爲不及，昭宗優遇之。帝嘗作賦，詔學士皆和，獨扆最先就，帝覽之，嘆曰：「貞元時，陸贄、吳通玄兄弟善內廷文書，後無繼者，今朕得之。」始，其舉進士時，方還幸，而六月牓出。至是，每歲署，它學士輒戲曰：「造牓天也。」以譏扆進非其時。累爲尚書左丞，封嘉興縣男。徙戶部侍郎、同中書門下平章事。故事，自三省得宰相，有光署錢，留爲宴賚，學士院未始有，至扆，送光院錢五十萬，以榮近司。進中書侍郎，判戶部。

嗣覃王以兵伐鳳翔，扆諫曰：「國步方安，不宜加兵近輔，必爲它盜所乘，無益也。且親王而屬軍事，必有後害。」帝願軍興，責扆沮撓，貶峽州刺史。師果敗。久之，授工部尚書。從天子自華州還，以兵部尚書復當國，封吳郡公。

天復初，帝密語韓偓曰：「陸扆、裴贄孰忠於我？」偓曰：「扆等皆宰相，安有它腸？」帝曰：「外言扆不喜我復位，元日易服奔啓夏門，信不？」偓曰：「孰爲陛下言此？」曰：「崔胤、令狐渙。」偓曰：「設扆如是，亦不足責。且陛下反正，扆素不知謀，忽聞兵起，欲出奔耳。陛下責其不死難則可，以爲不喜，乃讒言也。」帝遂悟。累兼戶部尚書。

帝至自鳳翔，大赦天下，諸道皆賜詔，獨不及李茂貞。扆曰：「國西，鳳翔爲最近，迹其罪固不可赦。然尙脩職貢，朝廷未之絕，無宜於詔書有以異也。」始，崔胤罷相，扆代之。胤內怨望，及是議以爲陰有黨附，貶沂王傅，分司東都。胤死，復授吏部尚書，從遷洛。柳璨始附朱全忠，謀去朝廷衣冠有望者，貶扆濮州司戶參軍，殺之白馬驛，年五十九。扆初名允迪，後改云。

鄭綮字蘊武。及進士第，歷監察御史，擢累左司郎中。困窶甚，丐補廬州刺史。黃巢掠淮南，綮移檄請無犯州境，巢笑，爲斂兵，州獨完。僖宗嘉之，賜緋魚。歲滿去，贏錢千緡藏州庫。後它盜至，終不犯鄭使君錢。及楊行密爲刺史，送都還綮。王徽爲御史大夫，以兵部郎中表知雜事，遷給事中。杜弘徽任中書舍人，綮以其兄讓能輔政，不宜處禁要，上還制書，不報，輒移病去。召爲右散騎常侍，往往條摘失政，衆讙傳之，宰相怒，改國子祭酒，議者不直，復還常侍。

大順後，王政微，綮每以詩謠託諷，中人有誦之天子前者。昭宗意其有所蘊未盡，因有司上班簿，遂署其側曰：「可禮部侍郎、同中書門下平章事。」綮本善詩，其語多俳諧，故使落調，世共號「鄭五歇後體」。至是，省史走其家上謁，綮笑曰：「諸君誤矣，人皆不識字，宰相亦不及我。」史言不妄。俄聞制詔下，歎曰：「萬一然，笑殺天下人！」既視事，宗戚詣慶，搔首曰：「歇後鄭五作宰相，事可知矣。」固讓，不聽。立朝侃然，無復故態。自以不爲人所瞻望，纔三月，以疾乞骸，拜太子少保致仕，卒。

朱朴，襄州襄陽人。以三史舉，繇荆門令進京兆府司錄參軍，改著作郎。乾寧初，太府少卿李元實欲取中外九品以上官兩月俸助軍興，朴上疏執不可而止。

擢國子毛詩博士。上書言當世事，議遷都曰：「古王者不常厥居，皆觀天地興衰，隨時制事。關中，隋家所都，我實因之，凡三百歲，文物資貨，奢侈僭僞皆極焉。廣明巨盜陷覆宮闕，局署帑藏，里閈井肆，所存十二，比幸石門、華陰，十二之中又亡八九，高祖、太宗之制蕩然矣。夫襄、鄧之西，夷漫數百里，其東，漢輿、鳳林爲之關，南，菊潭環屈而流屬於漢，西有上洛重山之險，北有白崖聯絡，乃形勝之地，沃衍之墟。若廣浚漕渠，運天下之財，可使大集。自古中興之君，去已衰之衰，就未王而王。今南陽，漢光武雖起而未王也。臣視山河壯麗處多，故都已盛而衰，難可興已；江南土薄水淺，人心囂浮輕巧，不可以都；河北土

厚水深，人心彊愎狠戾，不可以都。惟襄、鄧實惟中原，人心質良，去秦咫尺，而有上洛爲之限，永無夷狄侵軼之虞，此建都之極選也。」不報。

朴爲人木彊，無它能。方是時，天子失政，思用特起士，任之以中興，而朴所善方士許巖士得幸，出入禁中，言朴有經濟才，又水部郎中何迎亦表其賢，帝召與語，擢左諫議大夫、同中書門下平章事。以素無聞，人人大驚。俄判戶部，進中書侍郎。帝益治兵，所處可一委朴。朴移檄四方，令近者出甲士，資饋饟；遠者以羨餘上。後數月，巖士爲韓建所殺，朴罷爲祕書監，三貶郴州司戶參軍，卒。

與朴皆相者孫偓，字龍光。父景商，爲天平軍節度使。偓第進士，歷顯官，以戶部侍郎同中書門下平章事，遷門下，爲鳳翔四面行營都統。俄兼禮部尚書、行營節度諸軍都統招討處置等使。始，家第堂柱生槐枝，期而茂，既而偓秉政，封樂安縣侯。與朴皆貶衡州司馬，卒。

偓性通簡，不矯飾，嘗曰：「士苟有行，不必以己長形彼短、己淸彰彼濁。」每對客，奴童相詬曳仆諸前，不之責，曰：「若持怒心，即自撓矣。」

兄儲，歷天雄節度使，終兵部尚書。

韓偓字致光，京兆萬年人。擢進士第，佐河中幕府。召拜左拾遺，以疾解。後遷累左諫議大夫。宰相崔胤判度支，表以自副。王溥薦爲翰林學士，遷中書舍人。偓嘗與胤定策誅劉季述，昭宗反正，爲功臣。帝疾宦人驕橫，欲盡去之。偓曰：「陛下誅季述時，餘皆赦不問，今又誅之，誰不懼死？含垢隱忍，須後可也。天子威柄，今散在方面，若上下同心，攝領權綱，猶冀天下可治。宦人忠厚可任者，假以恩倖，使自翦其黨，蔑有不濟。今食度支者乃八千人，公私牽屬不減二萬，雖誅六七巨魁，未見有益，適固其逆心耳。」帝前膝曰：「此一事終始屬卿。」

中書舍人令狐渙任機巧，帝嘗欲以當國，俄又悔曰：「渙作宰相或誤國，朕當先用卿。」辭曰：「渙再世宰相，練故事，陛下業已許之。若許渙可改，許臣獨不可移乎？」帝曰：「我未嘗面命，亦何憚？」偓因薦御史大夫趙崇勁正雅重，可以準繩中外。帝知偓，崇門生也，嘆其能讓。

初，李繼昭等以功皆進同中書門下平章事，時謂「三使相」，後稍稍更附韓全誨、周敬容，皆忌胤。胤聞，召鳳翔李茂貞入朝，使留族子繼筠宿衞。偓聞，以爲不可，胤不納。偓又語

令狐渙，渙曰：「吾屬不惜宰相邪？無衞軍則爲閹豎所圖矣。」偓曰：「不然。無兵則家與國安，有兵則家與國不可保。」胤聞，憂，未知所出。李彥弼見帝倨甚，帝不平，偓請逐之，赦其黨許自新，則狂謀自破，帝不用。彥弼譖偓及渙漏禁省語，不可與圖政，帝怒曰：「卿有官屬，日夕議事，奈何不欲我見學士邪？」繼昭等飲殿中自如，帝怒，偓曰：「三使相有功，不如厚與金帛官爵，毋使豫政事。今宰相不得顓決事，繼昭輩所奏必聽。它日遽改，則人人生怨。初以衞兵檢中人，今敕使、衞兵爲一，臣竊寒心，願詔茂貞還其衞軍。不然，兩鎭兵鬭闕下，朝廷危矣。」及胤召朱全忠討全誨，汴兵將至，偓勸胤督茂貞還衞卒。又勸表暴內臣罪，因誅全誨等；若茂貞不如詔，即許全忠入朝。未及用，而全誨等已劫帝西幸。偓夜追及鄠，見帝慟哭。至鳳翔，遷兵部侍郎，進承旨。

宰相韋貽範母喪，詔還位，偓當草制，上言：「貽範處喪未數月，遽使視事，傷孝子心。今中書事，一相可辦。陛下誠惜貽範才，俟變縗而召可也，何必使出衰冠廟堂，入泣血柩側，毀瘠則廢務，勤恪則忘哀，此非人情可處也。」學士使馬從皓逼偓求草，偓曰：「腕可斷，麻不可草！」從皓曰：「君求死邪？」偓曰：「吾職內署，可默默乎？」明日，百官至，而麻不出，宦侍合譟。茂貞入見帝曰：「命宰相而學士不草麻，非反邪？」艴然出。姚洎聞曰：「使我當直，亦繼以死。」既而帝畏茂貞，卒詔貽範還相，洎代草麻。自是宦黨怒偓甚。從皓讓偓曰：「南司輕北司甚，君乃崔胤、王溥所薦，今日北司雖殺之可也。兩軍樞密，以君周歲無奉入，吾等議救接，君知之乎？」偓不敢對。

茂貞疑帝間出依全忠，以兵衞行在。帝行武德殿前，因至尙食局，會學士獨在，宮人招偓，偓至，再拜哭曰：「崔胤甚健，全忠軍必濟。」帝喜，偓曰：「願陛下還宮，無爲人知。」帝賜以麫豆而去。全誨誅，宮人多坐死。帝欲盡去餘黨，偓曰：「禮，人臣無將，將必誅。宮婢負恩不可赦，然不三十年不能成人，盡誅則傷仁。願去尤者，自內安外，以靜羣心。」帝曰：「善。」崔胤請以輝王爲元帥，帝問偓：「它日累吾兒否？」偓曰：「陛下在東內時，天陰霽，王聞烏聲曰：『上與后幽困，烏雀聲亦悲。』陛下聞之惻然，有是否？」帝曰：「然。是兒天生忠孝，與人異。」意遂決。偓議附胤類如此。

帝反正，勵精政事，偓處可機密，率與帝意合，欲相者三四，讓不敢當。蘇檢復引同輔政，遂固辭。初，偓侍宴，與京兆鄭元規、威遠使陳班並席，辭曰：「學士不與外班接。」主席者固請，乃坐。既元規、班至，終絕席。全忠、胤臨陛宣事，坐者皆去席，偓不動，曰：「侍宴無輒立，二公將以我爲知禮。」全忠怒偓薄己，悻然出。有譖偓喜侵侮有位，胤亦與偓貳。會逐王溥、陸扆，帝以王贊、趙崇爲相，胤執贊、崇非宰相器，帝不得已而罷。贊、崇皆偓所薦爲宰相者。全忠見帝，斥偓罪，帝數顧胤，胤不爲解。全忠至中書，欲召偓殺之。鄭元規曰：

「偓位侍郎學士承旨，公無遽。」全忠乃止，貶濮州司馬。帝執其手流涕曰：「我左右無人矣。」再貶榮懿尉，徙鄧州司馬。天祐二年，復召爲學士，還故官。偓不敢入朝，挈其族南依王審知而卒。

兄儀，字羽光，亦以翰林學士爲御史中丞。偓貶之明年，帝宴文思毬場，全忠入，百官坐廡下，全忠怒，貶儀棣州司馬，侍御史歸藹登州司戶參軍。

贊曰：懿、僖以來，王道日失厥序，腐尹塞朝，賢人遁逃，四方豪英，各附所合而奮。天子塊然，所與者惟佞愎庸奴，乃欲鄣橫流、支已顚，寧不殆哉！觀綮、朴輩不次而用，捭豚臑拒貙牙，趣亡而已。一韓偓不能容，況賢者乎？

唐書卷一百八十四

列傳第一百九

馬植　楊收 發 嚴 涉　路巖 韋保衡　盧攜

馬植字存之，鳳州刺史勛子也。第進士，又擢制策科，補校書郎。繇壽州團練副使三遷饒州刺史。開成初，爲安南都護。精吏事，以文雅絇飾其政，清淨不煩，洞夷便安。羈縻諸首領皆來納款，遣子弟詣府，請賦租約束。植奏以武陸縣爲陸州〔一〕，即東首領爲刺史。既而州部廢池珠復生。以政最，檢校左散騎常侍，徙黔中觀察使。

會昌中，召拜光祿卿，遷大理。植自以譽望在當時諸公右，久補外，還朝不得要官，爲宰相李德裕所抑，內怨望。宣宗嗣位，白敏中當國，凡德裕所不善，悉不次用之，故植以刑部侍郎領諸道鹽鐵轉運使，遷戶部，俄同中書門下平章事，進中書侍郎。

初，左軍中尉馬元贄最爲帝寵信，賜通天犀帶。而植素與元贄善，至通昭穆，元贄以賜

帶遺之。它日對便殿，帝識其帶，以詰植，植震恐，具言狀，於是罷爲天平軍節度使。既行，詔捕親吏下御史獄，盡得交私狀，貶常州刺史，以太子賓客分司東都。起爲忠武、宣武節度使，卒。

初，植兼集賢殿大學士，校理楊收道與三院御史遇，不肯避，朝長馮緘錄其騶僕辱之。植怒，奏言：「開元中，麗正殿賜酒，大學士張說以下十八人不知先舉者，說以學士德行相先，遂同舉酒。今緘辱收與大學士等，請斥之。」中丞令狐綯援故事論救，宣宗釋不問。因著令「三館學士不避行臺」，自植始。臺制：三院還臺，以一人爲朝長云。

楊收字藏之，自言隋越國公素之裔，世居馮翊。父遺直，德宗時，以上書闕下，仕爲濠州錄事參軍，客死姑蘇。

收七歲而孤，處喪若成人。母長孫親授經，十三通大義。善屬文，所賦輒就，吳人號神童。里人多造門觀賦詩，至厭敗其藩，收嘲之曰：「爾非羸角者，奚用觸吾藩？」切當率類此。及壯，長六尺二寸，廣顙深頤，疏眉目，寡言笑，博學彊記，至它藝無不通解。貧甚，以母奉浮屠法，自幼不食肉，約曰：「爾得進士第，乃可食。」

涔陽耕得古鍾，高尺餘，收扣之，曰：「此姑洗角也。」既劀拭，有刻在兩欒，果然。嘗言：「琴通黃鍾、姑洗、無射三均，側出諸調，由羅蔦附灌木然。」時有安涚者，世稱善琴，且知音。收問：「五弦外，其二云何？」涚曰：「世謂周文、武二王所加者。」收曰：「能爲文王操乎？」涚即以黃鍾爲宮而奏之，以少商應大絃，收曰：「止！如子之言，少商，武絃也。且文世安得武聲乎？」涚大驚，因問樂意，收曰：「樂亡久矣。上古祀天地宗廟，皆不用商。周人歌大呂、舞雲門以俟天神，歌太蔟、舞咸池以俟地祇。大呂、黃鍾之合，陽聲之首。而雲門，黃帝樂也；咸池，堯樂也。不敢用黃鍾，而以太蔟次之。然則祭天者，圜鍾爲宮，黃鍾爲角，太蔟爲徵，姑洗爲羽；祭地者，函鍾爲宮，太蔟爲角，姑洗爲徵，南呂爲羽。訖不用商及二少。蓋商聲剛而二少聲下，所以取其正、裁其繁也。漢祭天則用商，而宗廟不用，謂鬼神畏商之剛。西京諸儒惑圜鍾、函鍾之說，故其自受命，郊祀、宗廟樂，唯用黃鍾一均。章帝時，太常丞鮑業始旋十二宮。夫旋宮以七聲爲均，均言韻也，古無韻字，猶言一韻聲也。始以某律爲宮，某律爲商，某律爲角，某律爲徵，某律爲羽，某律少宮，某律少徵，亦曰『變』，曰『比』。一均成則五聲爲之節族，此旋宮也。」乃取律次之以示涚。涚時七十餘，以爲未始聞，而收未冠也。

以兄假未仕，不肯舉進士。既假褫褐，乃入京師。明年，擢進士，杜悰表署淮南推官。

悰領度支，又節度劍南東西川，輒隨府三遷。宰相馬植表爲渭南尉、集賢校理，議補監察御史。收又以假方外遷，誼不可先，固辭。植嗟美爲止。復爲悰節度府判官。蜀有可縣，直巂州西南，地寬平多水泉，可灌秔稻。或謂悰計興屯田，省轉餽以飽邊士，悰將從之，收曰：「田可致，兵不可得。且地當蠻衝，本非中國。今輟西南屯士往耕，則姚、巂兵少，賊得乘間。若調兵捍賊，則民疲士怨。假令大穰，蠻得長驅，是資賊糧，豈國計耶？」乃止。

始，周墀罷宰相，節度東川，表其弟嚴掌書記，俄而墀卒，悰辟爲觀察使判官，兄弟並在幕府。未幾，假自浙西判官擢監察御史，而收亦自西川遷。兄弟同臺，世榮其友。以詳禮學改太常博士，而嚴亦自揚州召爲監察御史。收因建言：「漢制，總羣官而聽曰省，分務而專治曰寺。太常，分務專治者也，所以藏天子之旂常。今旂常因車飾隸太僕，非是。」未及行，以母喪免。服除，從淮南崔鉉府爲支使。還，拜侍御史。夏侯孜以宰相領度支，引判度支案。遷長安令。

懿宗時，擢累中書舍人、翰林學士承旨，以中書侍郎同中書門下平章事。始，南蠻自大中以來，火邕州，掠交阯，調華人往屯，涉氛瘴死者十七，戰無功，蠻勢益張。收議豫章募士三萬，置鎮南軍以拒蠻。悉教蹋張，戰必注滿，蠻不能支。又峙食汎舟餉南海。天子嘉其功，進尚書右僕射，封晉陽縣男。

既益貴，稍自盛滿，爲夸侈，門吏童客倚爲姦。中尉楊玄价得君，而收與之厚，收之相，玄价實左右之，乃招四方賕餉，數千謏[三]，收不能從，玄价以負己，大恚，陰加毀短。知政凡五年，罷爲宣歙觀察使，不敢當兩使稟料，但受刺史俸，留公藏錢七百萬。韋保衡又劾收前用嚴譔爲江西節度使，受謝百萬，及它隱盜。明年，貶端州司馬。吏具大舟以須，收不從，曰：「方謫去，可乎？」以二小舸趨官。又明年，流驩州，俄詔內養追賜死。收得詔謝曰：「輔政無狀，固宜死。今獨一弟嚴以奉先人之祀，使者能假須臾使秉筆乎？」使者從之。收自作書謝天子，丐弟嚴死，奉先臣後。以書授使者，卽仰鴆死。帝見書惻然，乃宥嚴，坐收流死者十一人。後三年，詔追雪其辜，復官爵。子鉅、鏻。

鉅，乾寧初爲翰林學士，從入洛，終散騎常侍。鏻至戶部尙書。

收兄發，字至之，登進士，又中拔萃，累官左司郎中。宣宗追加順、憲二宗尊號，有司議改造廟主，署新謚，詔百官議。發與都官郎中盧摶以爲改作主，求古無文，執不可。知禮者韙之。改太常少卿，爲蘇州刺史，治以恭長慈幼爲先。徙福建觀察使，又以能政聞。朝廷意有治劇才，拜嶺南節度使。承前寬弛，發操下剛嚴，軍遂怨，起爲亂，囚傳舍，貶婺州刺史。

假字仁之，仕終常州刺史。收與昆弟護喪葬假師，會者千人。

嚴字凜之，舉進士。時王起選士三十人，而楊知至、竇緘、源重、鄭朴及嚴五人皆世冑，起以聞，詔獨收嚴。累遷至工部侍郎、翰林學士。收知政，請補外，拜浙東觀察使。收貶，嚴亦斥爲邵州刺史，徙吉王傅。乾符中，以兵部侍郎判度支，卒。子涉、注。

涉，昭宗時，仕至吏部侍郎，哀帝時，進同中書門下平章事。爲人端重有禮法。方賊臣陵慢，王室殘蕩，賢人多罹患。涉受命，與家人泣，語其子凝式曰：「世道方極，吾嬰網羅不能去，將重不幸，禍且累汝。」然以謙靖，終免于禍。

注爲翰林學士。涉已相，辭內職，爲戶部侍郎。

路巖字魯瞻，魏州冠氏人。父羣，字正夫，通經術，善屬文。性志純絜，親歿，終身不肉食。累官中書舍人、翰林學士承旨，文宗優遇之。居循循謙飭，若不在勢位者。所與交，雖褐衣之賤，待以禮，始終一節。

巖幼惠敏過人，及進士第，父時故人在方鎭者交辟之，久乃答。懿宗咸通初，自屯田員外郎入翰林爲學士，以兵部侍郎同中書門下平章事，年三十六。居位八歲，進至尙書左僕射。

於是王政秕僻，宰相得用事。巖顧天子荒闇，且以政委己，乃通賂遺，奢肆不法。俄與韋保衡同當國，二人勢動天下，時目其黨爲「牛頭阿旁」，言如鬼陰惡可畏也。既權侔則爭，故與保衡還相惡。俄罷巖爲劍南西川節度使，承蠻盜邊後，巖力拊循，置定邊軍於邛州，扼大度，治故關，取壇丁子弟教擊刺，使補屯籍，由是西山八國來朝。以勞遷兼中書令，封魏國公。

始，爲相時，委事親吏邊咸。會至德令陳蟠叟奏書願請間言財利，帝召見，則曰：「臣願破邊咸家，可佐軍興。」帝問：「咸何人？」對曰：「宰相巖親吏也。」帝怒，斥蟠叟，自是人無敢言。咸乃與郭籌者相依倚爲姦，巖不甚制，軍中惟邊將軍、郭司馬爾，妄給與以結士心。嘗閱武都場，咸、籌莅之，其議事以書相示則焚之，軍中驚，以有異圖，恂恂，遂聞京師。巖坐是徙荆南節度使，道貶新州刺史，至江陵，免官，流儋州，籍入其家。巖體貌偉麗，美須髯，至江陵兩昔皆白。捕誅咸、籌等。巖至新州，詔賜死，剔取喉，上有司。或言巖嘗密請「三品以上得罪誅殛，剔取喉驗其已死」。俄而自及。

保衡者，京兆人，字蘊用。父慤，宣宗時，終武昌軍節度使。保衡，咸通中，以右拾遺尙同昌公主，遷起居郎、駙馬都尉。主，郭淑妃所生，懿宗所愛，而妃有寵，故恩禮最異，悉宮中珍玩資予之。俄歷翰林學士承旨，以兵部侍郎同中書門下平章事，自尙主至是裁再期。又進門下侍郎、尙書右僕射。

性浮淺，既恃恩據權，以嫌愛自肆，所悅卽擢，不悅擠之。保衡舉進士王鐸第，于籍、蕭遘與同升，以嘗薄于己，皆見斥。逐楊收，傾路巖，人益畏之。主薨，而寵遇不衰。僖宗立，進司徒。俄爲怨家白發陰罪，貶賀州刺史，再貶澄邁令，遂賜死。

弟保乂，自兵部侍郎貶賓州司戶參軍。而劉瞻等坐主薨見貶者，偕復起。

盧攜字子升，其先本范陽，世居鄭。擢進士第，被辟浙東府。入朝爲右拾遺，歷臺省，累進戶部侍郎、翰林學士承旨。乾符五年，進同中書門下平章事。俄拜中書侍郎、刑部尙書、弘文館大學士。攜姿陋而語不正，與鄭畋俱李翺甥，同位宰相，然所處議多駁。

初，王仙芝起河南，攜表宋威、齊克讓、曾衮皆善將，爲招討使。及威殺尙君長，賊熾結，

益不制，乃以王鐸鎭荆南爲諸道都統。攜不悅。是時，黃巢已破廣州，勢張甚，表求天平節度使，詔宰相百官議。攜素厚高駢，屬令立功，乃固不可巢請，又欲激巢使戰而敗鐸，因授率府率。又徇駢與南詔和親，與畋爭，相恨詈，繇是罷爲太子賓客，分司東都。俄爲兵部尙書。會駢將張璘破賊，帝復召攜，以門下侍郎同平章事。及鐸失守，以駢代之，即按關東諸將爲鐸、畋所任者，悉易置。內倚田令孜，而外寄戎政於駢，與奪惟所愛惡。

後病風足蹇，神智瞑塞，事多決於親吏楊温、李脩，賄賂顯行。及巢破淮南，璘戰死，忠武兵亂，天下危懼，人皆咎攜，始下詔以巢爲天平節度使。詔下，賊已破潼關。明日，以太子賓客罷，分司東都，是夜仰藥死。巢入京師，斲棺磔尸於長安市。

子晏，天祐初爲河南尉，柳璨殺之。

贊曰：盧攜之敗王鐸，私高駢，賊遂卷咸、鎬而西，易若舉毛，可謂朝無人焉。唐將亡，攜爲之鴟梟，宜天之假手於賊而磔其枯胔也。

校勘記

〔一〕以武陸縣爲陸州　「陸州」，本書卷四三下地理志作「武陸州」。

〔二〕乃招四方賕餉數千謟　按文義欠明。舊書卷一七七楊收傳作「招來方鎭之路，屢有請託」，通鑑卷二五〇略同。「千」當是「干」之訛。

唐書卷一百八十五

列傳第一百一十

鄭畋　王鐸 鐐　王徽　韋昭度　張濬

鄭畋字台文，系出滎陽。父亞，字子佐。爽邁有文，舉進士、賢良方正、書判拔萃，三中其科。李德裕爲翰林學士，高其才，及守浙西，辟署幕府。擢監察御史，李回任中丞，薦爲刑部郎中知雜事，拜給事中。德裕罷宰相，出爲桂管觀察使，坐吳湘獄不能直冤，貶循州刺史，死于官。

畋舉進士，時年甚少，有司上第籍，武宗疑，索所試自省，乃可奏。爲宣武推官，以書判拔萃擢渭南尉。父喪免。宣宗時，白敏中、令狐綯繼當國，皆怨德裕，其賓客並廢斥，故畋不調幾十年，外吏帥鎭幕府。綯去位，始爲虞部員外郎。右丞鄭薰誣畋罪，不可任郎官，出之。久乃入爲刑部員外郎。劉瞻爲宰相，薦授戶部郎中，入翰林爲學士，俄知制誥。會討

徐州賊龐勛，書詔紛委，畋思不淹晷，成文粲然，無不切機要，當時推之。勛平，以戶部侍郎進學士承旨。瞻以諫迕懿宗，賜罷，畋草制書多褒言，韋保衡等怨之，以爲附下罔上，貶梧州刺史。

僖宗立，內徙郴、絳二州，以右散騎常侍召還。故事，兩省轉對延英，獨常侍不與。畋建言宜備顧問，詔可，遂著于令。以兵部侍郎進同中書門下平章事。故時，宰相騶哄聯數坊，呵止行人。畋敕導者止百步，禁百官僕史不得擅至宰相府。交、廣、邕南兵，舊取嶺北五道米往餉之，船多敗沒。畋請以嶺南鹽鐵委廣州節度使韋荷，歲貣海取鹽直四十萬緡，市虔、吉米以贍安南，罷荆、洪等漕役，軍食遂饒。後以王師甫爲嶺南供軍副使，師甫請兼總兵，而歲加獻錢二十萬緡。畋曰：「茍且有功，而師甫以利啖朝廷，謀奪其兵，不可。」罷之。再遷門下侍郎，封滎陽郡侯。以星變求去位，不許。

乾符六年，黃巢勢寖盛，據安南，騰書求天平節度使。帝令羣臣議，咸請假節以紓難。畋欲因授嶺南節度使，而盧攜方倚高駢，使立功，乃曰：「駢才略無雙，淮南天下勁兵，又諸道之師方至，蕞爾賊，奈何捨之，令四方解體邪？」畋曰：「不然。巢之亂本於饑，其衆以利合，故能興江、淮，根蔓天下。國家久平，士忘戰，所在閉壘不敢出。如以恩釋罪，使及歲豐，其下思歸，衆一離，即巢机上肉耳，法謂不戰而屈人兵也。今不伐以謀，而怖以兵，恐天

中華書局

下憂未艾也。」僕射于琮言：「南海以寶產富天下，如與賊，國藏竭矣。」天子內亦屬駢，乃然攜議。畋曰：「安危屬吾等，而公倚淮南用兵，吾不知所稅駕。」會駢奏：「南蠻方彊，請如西戎，以公主下嫁。」攜又議從之。畋以爲損國威靈，不可，即抗論，至相詬嫚。攜怒，拂衣去，裾蠛於硯，因抵之。帝以大臣爭口語，無以示百官，乃俱罷，以畋爲太子賓客，分司東都。俄召拜吏部尚書。

明年，爲鳳翔隴西節度使，募銳兵五百，號「疾雷將」，境中盜不敢發，發輒得。會巢陷東都，遣兵戍京師，以家財勞行，妻自紝戎衣給戰士。帝出梁、洋，畋上謁斜谷，泣曰：「將相誤國，臣請死以懲無狀。」帝勞遣之，且曰：「公謹扼賊衝，無令得西向。」畋曰：「方艱虞時，事有機急，不可中覆，請便宜從事，臣當以死報國。」帝曰：「利社稷，無不可。」畋還，蒐士卒，繕器械，濬城隍，使于梁者道相屬。俄而賊使至，諸將皆欲附賊，畋開諭不可，即悉出金帛，請得脫身去，復不聽。而使以僞赦令示軍中乃去。明日，詔使至，畋召監軍袁敬柔以逆順曉諸將，乃聽命，刺血以盟。畋遣子凝績從帝，有詔進同中書門下平章事。賊將又至，畋斬于軍，餘黨數百人皆捕誅之。還檢校尚書右僕射、西面行營都統。軍中承制除拜，乃以前靈武節度使唐弘夫爲行軍司馬。

中和元年，賊將王璠率衆三萬來攻，畋使弘夫設伏以待。璠內輕畋儒柔，縱步騎鼓而

前，畋以銳卒數千當賊，疏陣而多旗幟，乘高伐鼓，賊不測衆寡，陣未整，伏發，衆皆囂。日暮，軍四合，鏖戰龍尾坡，殺賊二萬級，積尸數十里，多獲鎧仗，璠遁去，禽璠子斬之，威動京師。時諸鎮兵在寰內尚數萬，無所歸，畋招來之，厚加慰結。乃與涇原程宗楚、秦州仇公遇、鄜延李孝恭、夏州拓拔思恭約盟，傳檄天下。時王命不出劍門，四方謂王室微，不能復興，及畋檄至，遠近咸聳，各治兵思立功，奔問行在。巢大懼，不敢西謀。當此時，微畋，天子幾殆。帝聞捷曰：「朕知畋不盡，儒者之勇乃爾！」

弘夫取咸陽，以桴濟兵渭水。賊伏甲僞走，弘夫與宗楚乘勝入都門，爲賊所覆。畋數敕無輕進，二人不聽，果敗。以鄜、夏兵屯東渭橋。再進司空、兼門下侍郎、京城四面行營都統，賜御袍犀帶。拜而不賀。

行軍司馬李昌言者屯興平，遣麾下求爲南面都統，輒引兵趨府。畋不意見襲，登城好語曰：「吾方入朝，公能戢兵愛人，爲國滅賊乎？能，則守此矣。」遂委軍去。昌言自爲留後，衞畋出境。既半道，內慚負，即辭疾。詔授太子少傅，分司東都，便醫於興元。

明年，召至行在，以王鐸將兵，復拜畋司空、門下侍郎、平章事，軍務一以咨決。興州戍將孫鄴坐贓抵死，畋奏言：「方關輔失守，鄴護褒斜有功，請免死。陳秋兒保嵯峨山拒賊，農不廢耕，請以檢校散騎常侍隸奉天軍。」制皆可。舊制，使府校書郎以上，滿三歲遷；監察御史裏行至大夫、常侍，滿三十月遷。雖節度兼宰相，亦不敢越。自軍興，有歲內數遷者，畋以爲不可，請：「行營節度，繇裏行至大夫，許滿二十月遷；校書郎以上，滿二歲乃奏。非軍興者如故事。」從之。

時田令孜恃權，有所干請，畋不應。陳敬瑄欲以官品居宰相上，畋曰：「外宰相安得論品乎？」卒不肯處其下。令孜、敬瑄內常銜之。賊平，帝將還，而李昌言自以襲畋而奪之鎮，今畋當國，內不喜。故三人相結，而遣客上畋過咎。帝得其情，不許。畋乃引疾去位，入見帝曰：「乘輿東還，繇大散關幸鳳翔，供張頓峙，一委昌言，乃可安。臣若以宰相從，彼且猜阻，非所以靖反側也。請以散官養疾。或羣臣有疑，願出臣章示之，使知天子於臣無纖芥者。」帝以其誠，乃授檢校司徒、太子太保，罷政事。以凝績爲壁州刺史，留養。徙龍州，卒，年六十三，贈太尉。後帝思畋忠力，又贈太傅。凝績數歲亦卒。始，李茂貞以博野裨將戍奉天，畋召隸麾下，委以游還，厚禮之。茂貞感其飾擢，及畋還葬鄭，表爲請謚曰文昭。天復初，與李思恭配饗僖宗廟廷，又贈宗楚、弘夫官。

畋爲人仁恕，姿采如峙玉。凡與布衣交，至貴無少易。鄭縠者，薰子也。方畋秉政，擢爲給事中，至侍郎。其損怨類如此。巢之難，先諸軍破賊，雖功不終，而還相天子，坐籌帷幄，終能復國云。

王鐸字昭範，宰相播昆弟子也。會昌初，擢進士第，累遷右補闕、集賢殿直學士。白敏中辟署西川幕府。咸通後，仕寖顯，歷中書舍人、禮部侍郎。所取多才實士，爲世稱挹。拜御史中丞，以戶部侍郎判度支。十二年，繇禮部尚書進同中書門下平章事，加門下侍郎、尚書左僕射，超拜司徒。韋保衡緣恩倖輔政，始由鐸得進士，故謹事之。雖竊政權，將大斥不附者，病鐸持其事，不得肆，搢紳賴焉。鐸亦上疏祈解，乃以檢校左僕射，出爲宣武節度使。

僖宗初，以左僕射召。始，鐸當國，練制度，智慮周密，時論推允。會河南盜起，天下跂鐸入輔，又鄭畋數言其賢，復拜門下侍郎、平章事。乾符六年，賊破江陵，宋威無功，諸將觀望不進，天下大震。朝廷議置統帥，鐸因請自率諸將督羣盜。帝即以鐸爲侍中、荊南節度使、諸道行營都統，封晉國公。綏納流亢，益募軍，完器鎧，武備張設。李係者，西平王晟諸孫。敏辨善言兵，然中無有。鐸信之，舉爲將，分精兵使守湖南。俄而賊捨廣州，鼓而北，係望風未戰輒潰，鐸退營襄陽。於是以高駢代之，貶太子賓客，分司東都。

未幾，召拜太子少師，從天子入蜀，拜司徒、門下侍郎、平章事，加侍中。復以太子太保

平章事。是時，誅討大計悉屬駢，駢內幸多難，數偃蹇，而外逗撓。鐸感慨王室，每入對，必嚘噎流涕，固請行。時中和二年也。乃以檢校司徒、中書令爲義成節度使，諸道行營都統，判延資、戶部、租庸等使。於是表崔安潛自副，鄭昌圖、裴贄、裴樞、王摶等在幕府，以周岌、王重榮、諸葛爽、康實、安師儒、時溥六節度爲將佐，而中尉西門思恭爲監軍，率衞兵洎梁、蜀師三萬壁盩厔，移檄天下。先是，諸將雖環賊，莫肯先。及鐸檄至，號令殷然，士氣皆起，爭欲破賊，故巢戰數衄。宦人田令孜策賊必破，欲使功出于己，乃搆鐸於帝，罷爲檢校司徒，以義成節度還屯。鐸功危就，而讒見奪，然卒因其勢困賊。後數月，復京師，策勳居關東諸鎭第一。四年，徙義昌節度使。

鐸世貴，出入裘馬鮮明，妾侍且衆。過魏，樂彥禎子從訓心利之。李山甫者，數舉進士被黜，依魏幕府，內樂禍，且怨中朝大臣，導從訓以詭謀，使伏兵高雞泊劫之，鐸及家屬吏佐三百餘人皆遇害。朝廷微弱，不能治其冤，天下痛之。

弟鐐，累官汝州刺史。乾符中，王仙芝來攻，鐐拒之，自督勇士與別將董漢勳守南、北門。城陷，漢勳力戰死，鐐貶韶州司馬。終太子賓客。

王徽字昭文，京兆人。第進士，授校書郎。沈詢判度支，徐商領鹽鐵，皆辟署使府。始，宣宗詔宰相選可尙主者，或以徽聞。徽本澹聲利，聞不喜，往見宰相劉瑑曰：「徽年過四十，又多病，不應在選。」瑑爲言，乃罷。從令狐綯署宣武、淮南掌書記，召授右拾遺。書二十餘上，言無回忌，公議浩然歸重。徐商罷政事，守江陵，心欲表徽在幕府，恐其不樂外，忍不言。徽自往曰：「公知徽，安得不從？」商大喜，表爲殿中侍御史，署節度府判官。御史中丞高湜薦知雜事，進考功員外郎。故事，考簿以朱注上下爲殿最，歲久易漫，吏輒竄易爲姦。徽始用墨，遂絕妄欺。擢翰林學士。

廣明元年，盧攜罷宰相，以徽爲戶部侍郎、同中書門下平章事。是日，黃巢入關，僖宗西狩，冒夜出。徽與崔沆、豆盧瑑、僕射于琮詰朝乃知，追帝不及，墮崖樾間，爲賊所執，迫還，將汙以官。徽陽瘖不答，以刃環脅，卒不動。賊令歸第，使醫護視。久之，守者懈，乃奔河中，裂縑書章，遣人間走蜀。詔拜兵部尙書、京城四面宣慰催陣使。

昭義高潯與賊戰石橋，敗績。其將劉廣擅還，據潞州。別將孟方立殺廣，因取邢、洺、磁三州貳于己。昭義所隸唯澤一州。帝以兵部侍郎鄭昌圖權守潞，士心多附方立，昌圖不能制。朝議以大臣鎭撫，卽授徽檢校尙書左僕射、同中書門下平章事，領昭義節度使。是

時，李克用亦爭澤、潞，徽商朝廷力未能以兵抗之，奉表固辭，詔可。更爲諸道租庸供軍使。因說行營都監楊復光，請赦沙陀罪，令赴難。其夏，沙陀會諸軍，遂平京師，徽助爲多，遷右僕射。

大亂之後，宮觀焚殘，園陵皆發掘，鞠爲丘莽，乘輿未有東意，詔徽充大明宮留守，京畿安撫制置脩奉使。徽外調兵食，內撫綏流亡，踰年，稍稍完聚，興復殿寢，裁制有宜，卽奉表請帝東還。又進檢校司空、御史大夫，仍權京兆尹。宦要家爭遣人治第，侵冒齊民，訟訴滿前，徽不屈勢倖，一平以法，繇是爲帝左右所憎，以其黨薛杞爲少尹，輕其權。杞方居喪，徽奏止不使到府。衆忿，共譖罷徽，令赴行在。俄授太子少師。徽遂移疾河中，滿百日免。帝還京師，復申前授，稱疾不任奉謁。宰相疾其怨望，貶集州刺史。會帝避沙陀，出次寶雞，帝念徽無罪，拜吏部尙書，封琅邪郡侯。未行而嗣襄王熅作亂，帝進次漢中。熅逼召徽，以尪廢自言。及熅僭號，迫羣臣作誓牒，徽託手弱，卒不肯署。熅平，帝至鳳翔，召徽爲御史大夫，固辭足痺，復拜太子少師。

昭宗立，見便殿，進對詳洽，帝顧宰相曰：「徽神氣尙彊，可用。」乃復授吏部尙書。是時，銓選失序，吏肆爲姦，補調重複不可檢。徽爲手藉，一驗實之，遂無姦滯。進右僕射。大順元年卒，贈司空，謚曰貞。

譜言其先本魏諸公子，秦滅魏，至漢徙關中霸陵，以其故王家，爲王氏。十世祖羆，仕周爲同州刺史，死葬咸陽鳳政原，子孫因家杜陵。曾祖擇從，昆弟四人，曰易從、朋從、言從，皆擢進士第。至鳳閣舍人者三人，故號「鳳閣王氏」。自是訖大中時，登進士者十八人，位臺省牧守者三十餘人。徽有雅望，拜宰相一日而京師亂，故其設施無可道者。

韋昭度字正紀，京兆人。擢進士第，踐歷華近，累遷中書舍人。僖宗西狩，以兵部侍郎、翰林學士承旨從。未幾，同中書門下平章事。還京，授司空。再狩山南，還次鳳翔，李昌符亂興蒼卒，昭度質家族於禁軍，誓共討賊，士感動，乃平昌符。遷太保，兼侍中。昭宗卽位，守中書令，封岐國公。

閬州刺史王建攻陳敬瑄於成都，以昭度爲西川節度使。敬瑄不內，詔東川顧彥朗與建合兵以討，拜昭度兼行營招撫使。乃建幢節行城下，諭其衆曰：「毋久閉壘。」敬瑄遣人詈曰：「鐵券，先帝所命，若何違之？」淹半歲，始拔漢州。建紿昭度曰：「公暴師遠出，事蠻夷地，方山東兵連禍結，朝廷不能治，腹心疾也，宜亟還定之。敬瑄小醜，當責建等可辦。」昭度信之，請還。未半道，建以重兵守劍門，急攻成都，囚敬瑄，自稱留後。罷昭度爲東都

留守。

杜讓能既被害，以司徒、門下侍郎復爲平章事，進太傅。王行瑜求爲尚書令，昭度建言：「太宗由是即位，後人臣無復拜者。郭子儀有大功，嘗授之，固辭免，況行瑜乎？」乃更號尚父。行瑜怨。會用李磎輔政，而崔昭緯密語行瑜曰：「前公已爲尚書令，昭度持不可。今又引磎叶力，此姦人務立黨與，惑上聽，恐事復有如杜太尉時。」行瑜乃與李茂貞數上書譏詆朝政。昭度懼，稱疾，罷爲太傅，致仕。行瑜、茂貞、韓建聯兵至闕下，言昭度伐蜀失謀，請貶之。未及報，而行瑜收昭度於都亭驛殺之。天子不得已，下詔暴其罪。行瑜誅，乃追復官爵，許其家收葬，贈太尉。

張濬字禹川，本河間人。性通脫無檢，汎知書史，喜高論，士友擯薄之。不得志，乃羸服屏居金鳳山，學從橫術，以捭闔干時。樞密使楊復恭遇之，以處士薦爲太常博士，進度支員外郎。黃巢之亂，稱疾，挾其母走商山。僖宗西出，衞士食不給，漢陰令李康獻糗餌數百馱，士皆厭給。帝異之，曰：「爾乃及是乎？」對曰：「臣安知爲此，張濬教臣也。」乃急召濬至行在，再進諫議大夫。宰相王鐸任行營都統，奏署都統判官。

時王敬武在平盧，軍最彊，累召不肯應。濬往說之，而敬武已臣賊，不迎使者。濬責之曰：「公爲天子守藩，今使者齎詔至，不北面俯伏而敢侮慢，公乃未識君臣大分，何以長吏民哉？」敬武愕眙愧謝。濬宣詔已，士按兵默默。濬召將佐至鞠場，倡言：「忠義之士嘗審利害。黃巢，販鹽虜耳，捨天子而臣之，何利邪？今諸侯勤王者踵相接，公等據一州以觀成敗，後賊平，將安往？誠能此時共誅大盜，迎天子，功名富貴可反手而取。吾憐公等捨安而陷危也。」諸將雜然曰：「諫議語是！」敬武即引軍從濬西。擢濬爲會軍使。賊平，以戶部侍郎判度支。後再狩山南，拜同中書門下平章事，仍判度支。

濬始繇復恭進，復恭中失權，更依田令孜，故復恭銜之。及爲中尉，數被離間。昭宗即位，復恭恃援立功，專任事，帝稍不平。當時多言濬有方略，善處大計，乃復見委信，嘗問致治之要，對曰：「在彊兵。兵彊，天下服矣。」天子繇是甘心於武功。後與論古今事，濬輒曰：「漢、晉之遠無可道，陛下春秋鼎富，天資英特，內偪宦臣，外迫彊臣，故不能安。此臣所以痛心而泣血也。」

是時，朱全忠威振關東，而安居受殺李克恭，以潞州歸全忠。全忠乃與幽州李匡威、雲州赫連鐸上言：「先帝幸梁，繇李克用與朱玫連和，請舉兵誅之，願帥兵爲犄角。」帝詔文武四品以上議，皆言：「王室未寧，雖得太原，猶非所有。」濬固爭：「先帝時，身播屯亂，蓋克用、全忠不相下也。請因其弱討之，斷兩雄勢。」帝曰：「平巢，克用功第一。今乘危伐之，天下其謂我何？」久不決。孔緯曰：「濬言萬世之利，陛下所顧一時事爾。臣見師度河，賊必破。今軍中費尚足支數年，幸聽勿疑。」既濬、緯相倡和，帝乃決出師，詔濬爲河東行營兵馬招討制置使，京兆尹孫揆爲昭義節度使副之，韓建爲供軍使，以全忠、匡威、鐸並爲招討使，樞密使駱全諲爲行營都監；以汴甲三千爲帳下；發五十二軍，邠、寧、鄜、夏雜虜合五萬。帝置酒安喜樓臨餞，濬飲酣泣下曰：「陛下偪於賊，臣願以死除之。」復恭聞不懌，率中尉等餞長樂坂，以酒屬濬，濬不肯舉。是役也，濬外幸成功，而內制復恭，故銜之。

先是，汴、華、邠、岐兵絕河會平陽。汴將朱崇節已戍潞，濬慮汴人遂據有之，乃令揆分兵趨潞，以中人韓歸範持節護送至軍。會太原將李存孝方攻潞，揆至長子，爲存孝所禽，汴人亦棄城去。濬次陰地關，諸軍壁平陽。存孝擊之，皆大北，委仗械去。濬斂衆夜遁，比明，軍失太半。存孝進掠晉、絳、慈、隰，其鋒甚盛。濬間道出王屋，奔河清，桴而濟，麾下略盡。全諲飲藥死，建遁去。克用上書請罪，其辭悖慢，因韓歸範以聞。朝廷震動，即日下詔罷濬爲武昌軍節度使，三貶繡州司戶參軍。全忠爲申請，詔聽使便。濬乃至藍田依韓建。及韋昭度死，復用緯爲宰相，故濬亦拜兵部尚書，領天下租庸使。將復用，克用上言：「若朝以濬爲相，暮請以兵見。」乃止。

乾寧中，罷使，拜尚書右僕射。上疏乞骸骨，遷左僕射致仕，居洛長水墅。雖自屏處，然朝廷得失，時時言之。劉季述亂，濬徒步入洛，泣諭張全義，并致書諸藩，請謀王室之難。王師範起兵青州，欲取濬爲謀主，不克。全忠脅帝東遷，濬聞曰：「乘輿卜洛，則大事去矣。」蓋知其將篡也。全忠畏濬構它鎮兵，使全義遣牙將如盜者夜圍墅殺之，屠其家百餘人，實天復二年十二月。

始，濬素厚永寧吏葉彥，彥知其謀，以告濬子格。濬度不免，父子相持泣曰：「留則俱死，不如去以存吾嗣。」格拜而辭，彥率士三十人送之，泝漢入蜀，後事王建。少子播，間道走淮南，依楊行密。時行密得承制除拜，播請每除吏，必紫極宮玄宗像前致制誥于桉，乃出之，示不忘朝廷，且欲雪家冤而不克。終廣陵。

贊曰：唐之季，嗣君暗庸，天穢其德久矣。纖人柄朝，靡謀不乖。如畋、鐸皆社稷之才，當大過之世，爲天下唱。扶支王室，幾致中興。俄而爲孽豎亂宦所乘，功業無所成就。濬以亂止亂，悖謬厥心，悲夫！

唐書卷一百八十六

列傳第一百一十一

周寶　王處存部　鄧處訥雷滿　陳儒　劉巨容馮行襲
趙德諲匡凝　楊守亮　楊晟　顧彥朗彥暉

周寶字上珪，平州盧龍人。曾祖待選，爲魯城令，安祿山反，率縣人拒戰，死之。祖光濟，事平盧節度希逸爲牙將，每戰，得攻魯城者，必手屠之。歷左贊善大夫，從李洧以徐州歸天子。父懷義，通書記，擢累檢校工部尚書、天德西城防禦使，以徙城事不爲宰相李吉甫所助，以憂死。

寶藉廕爲千牛備身。天平節度使殷侑嘗爲懷義參軍，寶從之，爲部將。會昌時，選方鎮才校入宿衛，與高駢皆隸右神策軍，歷良原鎮使，以善擊毬，俱補軍將，駢以兄事寶。寶彊毅，未嘗詘意於人。官不進，自請以毬見，武宗稱其能，擢金吾將軍。以毬喪一目。進檢

校工部尚書、涇原節度使。務耕力，聚糧二十萬斛，號良將。

黃巢據宣、歙，徙寶鎮海軍節度兼南面招討使。巢聞，出采石，略揚州。僖宗入蜀，加檢校司空。時羣盜所在槃結，柳超據常熟，王敖據崑山，王騰據華亭，宋可復據無錫。寶練卒自守，發杭州兵戍縣鎮，判八都：石鏡都，董昌主之；清平都，陳晟主之；於潛都，吳文舉主之；鹽官都，徐及主之；新登都，杜稜主之；唐山都，饒京主之；富春都，文禹主之；龍泉都，凌文舉主之。

中和二年，進同中書門下平章事，兼天下租庸副使，封汝南郡王。寶和裕，喜接士，以京師陷賊，將赴難，益募兵，號「後樓都」。明年，董昌據杭州，柳超自常熟入睦州，刺史韋諸殺之。四年，餘杭鎮使陳晟攻諸，諸以州授晟。寶子璵統後樓都，孱不能馭軍，部伍橫肆。寶亦稍惑色，不卹事，以壻楊茂實爲蘇州刺史，重斂，人不聊。田令孜以趙載代之，茂實不受命。寶表留，不聽。乃殘郛署，汙垣牖去。詔以王蘊代載，載留潤州。

初，鎮海將張郁以擊毬事寶。光啓初，劇賊剽崑山，寶遣郁領兵三百戍海上，郁醉而叛。王蘊謂州兵還休，不設備，郁遂大掠，蘊嬰城守。寶遣將拓拔從討定之。郁保常熟，因攻常州，刺史劉革迎降，衆稍集。寶遣將丁從實督兵攻之，郁走海陵，依鎮遏使高霸，從實遂據常州。及董昌徙義勝軍節度使，寶承制擢杭州都將錢鏐領州事。宣州賊李君旺陷義興

守之。是時，右散騎常侍沈詰使至江南，負田令孜勢，震暴州縣。嗣襄王下令捜令孜黨，寶收詰及趙載殺之。

高駢領鹽鐵，辟寶子佶爲支使，寶亦表駢從子在幕府。駢爲都統，寖不禮寶，寶銜之。帝在蜀，淮南絕貢賦，譖言道浙西爲寶剽阻。帝知其誣，不直駢，自是顯隙。駢出屯東塘，約西定京師，寶喜，將赴之，或曰：「高氏欲圖公地。」寶未信。駢遣人請會金山，謀執寶，寶答曰：「平時且不聞境上會，況上蒙塵，宗廟焚辱，寧高會時耶？我非李康，不能爲人作功勳、欺朝廷也。」駢遣人切讓，寶亦詬絕之。

會部將劉浩、刁頵與度支催勘使、太子左庶子薛朗叛，寶方寢，外兵格鬬，火照城中。寶驚出，諭曰：「爲吾用則吾兵，否則寇也。六州皆我鎮，何往不適？」乃自青陽門出奔，士大掠，官屬崔綰、陸鍔、田倍皆死。浩奉朗領府事。寶至奔牛埭，駢饋以齏葛，諷其且亡也。寶抵于地曰：「公有呂用之，難方作，無誚我！」卽奔常州依丁從實，召後樓都，無一士至者。

錢鏐遣杜稜、成及攻薛朗，稜子建徽攻從實，聲言迎寶，擊破賊君旺，取船八百艘，遂圍常州，從實奔海陵。鏐具櫜鞬迎寶，舍樟亭。未幾，殺之。不淹月，而駢爲畢師鐸所囚。寶死，年七十四，贈太保。鏐以杜稜守常州，文德元年拔潤州，劉浩亡，不知所在，執朗，剖其

心祭寶，使阮結守潤州。楊行密殺高霸，而張郁、丁從實皆死。

初，黃巢平，時溥遣小史李師悅上符璽，拜湖州刺史。昭宗時，遷忠國軍節度使。董昌反，師悅連和，與鏐有隙，而結好於行密，安仁義攻潤州，復助之。乾寧三年卒，子繼徽代，以地附行密，其將沈攸謂不可，繼徽乃奔揚州。

陳晟據睦州十八年死，弟詢代立，畏鏐忌己，因徐綰亂，與田頵通。鏐割桐廬隸杭州，詢遂絕鏐，攻蘭溪，鏐使方永珍擊詢。天祐元年，行密遣將闞晊、陶雅救之，執鏐弟鎰、大將王求顧全武等。未幾，鏐將楊習攻婺州，詢乃奔楊渥，渥以金師會守之。及鏐破衢州，師會走，鏐取其地。

王處存，京兆萬年人。世籍神策軍，家勝業里，爲天下高貲。父宗，巧射利，侈靡自奉，僮千人，以此奮，累除檢校司空、金吾大將軍，遙領興元節度使。

處存自右軍鎮使歷檢校刑部尚書、定州制置使，累遷義武節度使。黃巢陷京師，處存號哭，不俟詔，分麾下兵二千間道至山南衞乘輿。外約王重榮連盟，進屯渭橋，而涇州行軍司馬唐弘夫亦屯渭北。詔處存檢校尚書右僕射督戰，俄拜東南面行營招討使。中和二年，

授京城東面都統。每痛國難未夷，語輒流涕，軍中多處存義，愈爲之用。素善李克用，又故婚好，遣使十輩曉譬迎勸，卒共平京師。王鐸差興復功，以勤王舉義處存爲第一，收城破賊克用爲第一。遷檢校司空。復出兵三千屬大將張公慶會諸軍捕巢泰山，滅之。進檢校司徒、同中書門下平章事。

田令孜討王重榮，徙處存節度河中，上書言：「重榮有大功，不可改易，搖諸侯之心。」不納，趣上道。軍次晉州，刺史冀君武閉門不內，而重榮拒詔。

處存臨事通便宜，有大將風。幽、鎭兵悍馬彊，其地勢也，而易定介於其間，侵軼歲至。及李匡威得志，謀并取之。處存善脩鄰驩，內撫民有恩，痛折節下賢，協穆太原以自助，遠近同心。歲時講兵，與諸鎭抗，無能侵軋者。累加侍中、檢校太尉。卒，年六十五，贈太子太師，謚曰忠肅。

三軍迹河朔舊事，推子郜由副使爲留後，昭宗從之。累拜節度使，加檢校司空、同中書門下平章事，又進太保。

光化三年，朱全忠使張存敬攻幽州，以瓦橋濘潦，道祁溝關。郜方與劉守光厚，乃畀叔處直兵擾其尾，令騎將甄瓊章次義豐，而存敬游奔騎已至，且戰且引十餘里，執瓊章。而

氏叔琮下深澤，執大將馬少安，圍祁州，屠之，斬刺史楊約，休兵十日。處直壁沙河，存敬軍河北，挑戰，處直不出，涉河乃戰，處直大敗，亡大將十五，士死者數萬。存敬收械甲以賦戰士，而焚其餘，遂圍定州。郜斬親吏梁汶，移書存敬，且請盟。俄而外郛陷，郜以其族奔太原，使處直主留後。全忠亦至，處直辭曰：「弊邑事上未嘗不忠，事鄰未嘗不禮，弗虞君之見攻也。」全忠責何故事克用，答曰：「太原藉兄弟之舊，修好往來，常道也。君苟爲罪，請改圖。」全忠許之。處直以從孫爲質，上所持節，卽獻絹三十萬，具牛酒犒師。存敬取成而還。全忠表處直爲節度留後、檢校尙書左僕射。

郜至太原，克用表爲檢校太尉，卒。

處直字允明，天復初爲太原郡王。

鄧處訥字沖韞，邵州龍潭人。少從江西人閔頊防秋安南，中和元年還，道潭州，逐觀察使李裕，召諸州戍校徇曰：「天下未定，今與君等安護州邑，以待天子命，若何？」衆稱善。乃推頊爲留後，請諸朝。僖宗方在蜀，遣使者撫慰。當是時，撫州刺史鍾傳據洪州，議者欲二盜相噬，卽復置鎭南軍，擢頊節度使。頊悟，不受命。更爲檢校尙書右僕射、欽化軍節度使，以處訥爲邵州刺史。

朗州武陵人雷滿者，本漁師，有勇力。時武陵諸蠻數叛，荆南節度使高駢擢滿爲裨將，將鎭蠻軍從駢淮南。逃歸，與里人區景思獵大澤中，嘯亡命少年千人，署伍長，自號「朗團軍」。推滿爲帥，景思爲司馬，襲州，殺刺史崔翥。詔授朗州兵馬留後。歲略江陵，焚廬落，劫居人。俄進武貞軍節度使。先是，陬溪人周岳與滿狎，因獵，宰肉不平而鬭，欲殺滿，不克。見滿已據州，悉衆趨衡州，逐刺史徐顥，詔授衡州刺史。石門峒酋向瓌聞滿得志，亦集夷獠數千屠牛勞衆，操長刀柘弩寇州縣，自稱「朗北團」，陷澧州，殺刺史呂自牧，自稱刺史。

頊既彊大，且治人有恩，哀徐顥窮，率兵納之。向瓌召梅山十峒獠斷邵州道，頊掩其營。周岳嬴軍誘戰，頊墯伏中，故大敗。淮西將黃皓殺頊。岳聞亂，以輕兵入潭州，自稱欽化軍節度使。處訥聞之哭，諸將入弔。處訥曰：「與君等荷僕射恩，若合一州之兵問周岳罪，奈何？」衆曰：「善。」於是礪甲訓兵，積八年，結雷滿爲援，攻岳斬之，自稱留後。昭宗詔拜武安軍節度使。

不三日，會劉建鋒、馬殷兵至，攻澧陵，處訥遣邵州豪桀蔣勛、鄧繼崇率兵三千斷龍回關。勛以牛酒犒師，殷說勛曰：「劉公勇智絕人，術家言當興翼、軫間。今精兵十萬，攻

必下，戰必克，收敗衆以餉軍，公裒鄉兵扞關，殆矣。不如下之，富貴可得也。」勛謂然。又其下畏建鋒虐，夜棄甲走。建鋒至關曰：「此天意也！」盡用邵旗鎧趨潭州。守者以爲勛軍，納之。既入，處訥方宴，執而殺之。建鋒許勛賞，未及行，遣請，弗許，勛怒，率鄧繼崇攻湘鄉，取邵州，進壓定勝、武安。建鋒使殷督諸將擊之，殷大敗，走江湝。鄉人夏侯陟教殷以奇兵出迪田，踰澗山，據江爲壁，伏兵于莽，誘勛度江。勛見士未陣，爭出鬭，殷分兵襲其壁，鏖瀕江軍夾擊，勛大敗，拔定勝一壁，進圍邵州。未下而建鋒死，殷代爲節度使。勛請和，不許，卒禽勛斬之。

是時，道州蠻酋蔡結、何庾，衡人楊師遠各據州叛。宿人魯景仁從黃巢爲盜，至廣州，病不能去，以千騎留連州，衆飢，從蔡結求糧，乃相倚杖，與州戍將黃行存誘工商四五千人據連州。郴人陳彥謙殺刺史董岳，發官帑募士，自稱都統，勝兵四千。零陵人唐行旻乘巢亂，脅衆自防，盜永州，殺刺史鄭蔚，與景仁合從，數遣諜殷虛實，完壘自守。

殷遣將李瓊攻永州，殺行旻。李瑭攻道州，蔡結約峒獠爲援，久不勝，謀曰：「蠻所恃，林藪耳。」乃屯大川，伐山焚林，獠驚走。城陷，執蔡結、何庾，殷斬之。李瓊出耒陽、常寧，攻郴州，陳彥謙出戰，軍亂不能陣，斬彥謙。進圍連州，魯景仁乘城守，三日不下，夜焚其門入之，景仁自刺死。

項字公謹。滿字秉仁。岳字峻昭。行旻字昌圖。

滿不脩飭，每宴使客，抵寶器潭中，曰：「此水府也，蛟龍所憑，吾能沒焉。」乃裸入水，俄取器以出。累遷檢校太尉、同中書門下平章事。天復元年卒。子彥威自立。間荊南節度使成汭兵出，襲江陵，入之，焚樓船，殘墟落，數千里無人跡。弟彥恭，結忠義節度趙匡凝以逐彥威，據江陵。匡凝弟匡明擊之，還走朗州。

陳儒，江陵人。世爲牙右職。廣明元年，以鄭紹業爲荊南節度使，時朗州刺史段彥謩方據荊南，紹業憚之，踰半歲乃至。僖宗入蜀，召紹業還行在，以彥謩代節度。彥謩與監軍朱敬玫不平，謀殺之。敬玫覺，先率兵入其府，彥謩方寢，拔劍縋城奔親軍壘，不得入，彥謩曰：「而等負我！」俄見害，親屬僚佐皆死。敬玫以少尹李燧爲留後，且誣彥謩以罪。帝遣中人似先元錫、王魯琪慰撫，密戒曰：「若敬玫可誅，誅之，以爾代而魯琪爲副。」敬玫盛兵出迎，元錫等不敢發而還。復詔鄭紹業爲節度使，逗留不進。

敬玫署儒領府事。明年，遷檢校工部尚書，爲節度使，進檢校右僕射。敬玫有悍卒三千，號「忠勇軍」，暴甚，儒不能制。初，紹業將申屠琮率兵五千援京師，既歸，儒告以忠勇橈

治，琮請除之。大將程君從聞之，率衆奔澧州，琮追斬百餘人，軍乃潰。已而琮復覊軍。雷滿三以兵薄城，儒厚啖以利，乃去。

淮南將張瓌、韓師德據復、岳二州，自署刺史。儒請瓌攝行軍司馬，師德攝節度副使，共擊滿。師德兵上峽，大略去。瓌引兵逐儒，儒將奔行在，既又劫還，囚之。瓌，滑州人，暴勇而殘，荊故將夷戮幾盡。時以楊玄晦代敬玫監軍，召敬玫還成都，懼帝治前罪，稱疾自解。前此數殺大將富商，故積貲，每曝衣，紈繡不可計。瓌見心動，遣卒賊之。敬玫衣黃衣，盜刺其腹死。

秦宗言來寇，馬步使趙匡欲奉儒出，瓌覺之，殺匡而絕儒食，七日死。瓌固壘二歲，樵蘇皆盡，米斗錢四十千，計抔而食，號爲「通腸」。疫死者，爭啗其尸，縣首于戶以備饌。軍中甲鼓無遺，夜擊闔爲警。宗言不能下，乃解去。二年，宗權遣趙德諲攻瓌，瓌求救於歸州刺史郭禹，禹率峽州刺史潘章解圍。明年，德諲又至，諸將困于戰，城遂陷，瓌死，人無識者，併尸于井。復州長史陳璠從瓌至江陵，密斷瓌首置囊中，走京師獻之，授安州刺史。

劉巨容，徐州人。爲州大將。龐勛之反，自拔歸，授埇橋鎮遏使。浙西突陣將王郢反，攻明州，巨容以筒箭射郢死，拜明州刺史，徙楚州團練使。

黃巢亂江淮，授蘄黃招討副使，徙襄州行軍司馬、檢校右散騎常侍。巢據荊南，俄遷山南東道節度使以扞巢，屯團林。江西招討使曹全晸與巨容守荊門關，與賊戰，巨容僞北，巢追之，伏興林樾間，賊大敗，執賊將十三人，轉鬬一舍，虜獲不可計。巢浮江東奔，巨容追之，率十俘八，以功遷檢校禮部尙書。諸將欲乘勝追斬巢，巨容止曰：「朝家多負人，有危難，不愛惜官賞，事平卽忘之，不如留賊，爲富貴作地。」諸將謂然，故巢復熾。及陷兩京，巨容合諸道兵討之，授南面行營招討使，累兼天下兵馬先鋒開道供軍糧料使、檢校司空，封彭城縣侯。

巨容明吏治。時僖宗在蜀，公卿多因巨容護赴行在。山南西道節度使鹿晏弘爲禁軍所逐，引麾下東出襄、鄧。秦宗權遣趙德諲合晏弘兵攻襄州，巨容不能守，奔成都。

始，揚州人申屠生能化黃金，高駢客之，爲呂用之所譖，亡奔襄、漢，駢遣吏捕得，生見巨容自言其術，巨容留不遣。田令孜之弟遁襄州，巨容出金夸之。及在蜀，匿生，使術不得傳，令孜恨之。龍紀元年，殺巨容，夷其宗，生幷死。

巨容部將馮行襲者，均州武當人，以謀勇稱里中。中和初，鄉豪孫喜聚衆數千人，謀攻

城，行襲伏士江陝，以單舟迎喜曰：「州人思得將軍久矣。顧將軍兵多必剽掠，若留衆江北，以輕騎進，我爲鄉導，城可下。」喜信之，既度江，吏出迎，伏甲興，行襲擊喜，斬之，衆皆潰。行襲乘勝逐刺史呂燁，據均州，巨容因表爲刺史。

帝在蜀，均之右有長山，當襄、漢貢道，有劇賊據險劫獻物，行襲平之。武定節度使楊守忠表爲行軍司馬，使領兵搤谷口以通秦、蜀。鳳翔李茂貞養子繼臻據金州，行襲攻拔之，昭宗卽授金州防禦使。時山南西道節度使楊守亮將襲京師，道金、商，行襲逆戰破之，就擢戎昭軍節度使。朱全忠圍鳳翔，神策中尉韓全誨遣中人二十輩督江、淮兵過其州，行襲方附全忠，盡殺之，收詔書送全忠。

天祐二年，王建遣將王思綰攻行襲，敗其兵，州大將金行全出降，行襲奔均州。建以行全爲子，更名宗朗，授觀察使，以渠、巴、開三州隸之。宗朗不能守，焚郭邑去。全忠以行襲不足禦建，遣別將屯金州。行襲議徙戎昭軍於均州，以金、房爲隸。全忠以金人不樂行襲，以馮恭領州，罷防禦使而廢戎昭軍。

趙德諲，蔡州人。從秦宗權爲右將，以討黃巢功授申州刺史。光啓初，與秦誥、鹿晏弘

合兵攻襄州，節度使劉巨容奔成都。宗權假德諲山南東道節度留後，進攻荆南，悉收寶貨，留裨將王建肇守之，遣人纔數百室。明年，歸州刺史郭禹來討，建肇納之，奔黔州。德諲失荆南，又度宗權必敗，舉地附朱全忠。全忠方爲蔡州四面行營都統，即表以自副，加忠義軍節度使。宗權平，加中書令，封淮安郡王，卒，子匡凝嗣。

匡凝字光儀，由唐州刺史自爲山南東道節度留後，昭宗即授節度使，不三年，以威惠聞。累遷檢校太尉兼中書令。匡凝矜嚴盛飾，前後持鑑自照。全忠之敗淸口，匡凝與奉國節度使崔洪、河東李克用、淮南楊行密約合兵攻全忠。會方城鎮遏使度軫奔全忠，發其謀。全忠移書切責，使氏叔琮攻唐州，刺史趙匡璠降。進圍隨州，執刺史趙匡璘，斬首五千級；拔鄧州，執刺史國湘。匡凝懼，乞盟。全忠使親將陳俊、王紳入叔琮軍，崔洪留之，紳亡歸。洪與行密欲邀友恭軍，不克。會河東客伊超使淮南還，過蔡，洪亦留之，因是幷俊送全忠，以部將苟拘爲解，遣兄賢入質，全忠還之，質洪子於汴。全忠使賢調蔡卒二千出戍。將行，大將崔景思不悅，殺賢，洪懼，驅民趨申州，遂奔行密，靡鼓亙百餘里。武昌杜洪邀之，弗及，蔡士多亡去，從者纔二千人。

天祐元年，封匡凝爲楚王。時諸道不上供，唯匡凝歲貢賦天子。全忠方圖天下，遣人諭止之，匡凝流涕曰：「吾爲國屏翰，渠敢有他志！」副使王鎬勸絕全忠，全忠怒，出兵攻之。弟匡明大破汴軍於鄧州，因勸匡凝與王建連和。及荆南成汭敗，匡凝取江陵，表匡明爲荆南節度留後，有詔拜檢校司徒、荆南節度行軍司馬。

全忠以其兵分可圖也，乃使楊師厚攻匡凝，自將中軍繼之，屯臨漢。匡凝遣客謝，四不遣，敗荆南救兵，俘其將。全忠循江而南，師厚繇陰谷伐木爲梁。匡凝以兵二萬瀕江戰，大敗，乃燔州，單舸夜奔揚州。行密見之曰：「君在鎭，輕車重馬輸於賊，今敗乃歸我邪？」鎬自殺。全忠以師厚爲山南東道節度留後，遂趨江陵。匡明亦謀奔淮南，子承規諫曰：「昔諸葛兄弟分仕二國，若適揚州，是自取疑也。」匡明謂然，乃趨成都，王建待以賓禮，授武信軍節度使，分其衆爲崇義、勇義、順義、廣義四都，全忠遂有荆南。

楊守亮，曹州人，本姓訾，名亮。與弟信俱從王仙芝爲盜。亮身長七尺餘，色如鐵。仙芝死，又事徐唐莒，劫剽洪、饒二州。楊復光平江西，得其兄弟，養爲假子，以信養於弟復恭家，曰守亮、守信。復恭收京師，守亮以戰多，拜山南西道節度使、檢校太保，守信

興平軍節度使，並同中書門下平章事。復恭又以假子守貞爲龍劍節度使，守忠爲武定軍節度使，守厚爲綿州刺史。

初，朱玫取興、鳳州，虢州刺史滿存以兵赴行在，復收二州，昭宗擢爲感義軍節度使，累檢校司徒、同中書門下平章事，與復恭四假子及利閬觀察使席儔等共攻王建。建軍已圍楊晟，分軍逼守厚，軍未成列而敗。先是守貞、守忠闞建兵出，拔衆奔綿州，幷力共攻東川，弗勝。建將華洪以兵萬人壓綿州之郊，敗守忠、守厚，二人分道行，收兵趨閬州。始，復恭敗，依守亮。而鳳翔李茂貞、邠寧王行瑜、鎭國韓建等共劾守亮納叛人，請以鎭兵討之。茂貞自爲興元節度使，以書誚責宰相。帝爲削守亮官爵，因詔茂貞問罪。滿存來救不克，以衆入興元。茂貞拔興、鳳、洋三州，破守亮於西，乘勝入興元。復恭挾諸假子及存奔閬州。洪進圍之。帝以徐彥若帥鳳翔，以興元授茂貞。茂貞不肯拜，帝乃以其子繼密爲興元節度使。

俄而洪拔閬州，守亮等皆挺身走，將北奔太原，趨商山，飢甚，丐食于野，爲邏戍所縛，見韓建。守亮覘建左右八百人皆常隸己，語建曰：「此屬吾養之素厚，無一爲我死。公無費衣食，不如殺之。」建許諾。復曰：「公幸貸我，俾生見天子，陳先人功，萬有一不死。」建檻車送京師，吏縛以帛，內毬于口。帝御延喜樓問反狀，守亮不得語，頷而已。左右白服罪，即

執獻太廟，斬獨柳下，梟于市。守厚死巴州，麾下兵多歸王建。存奔京師，爲左武衞大將軍。

楊晟，不詳宗系。隸鳳翔軍，節度使李昌符畏其勇，欲殺之，妾周擿使亡去，隸神策軍爲都校。僖宗在陳倉，邠寧朱玫遣萬騎合昌符追行在，乃擢晟感義軍節度使、檢校司空，守大散關。玫兵攻關，晟數卻，戰潘氏，遂大敗，內外無固志。帝更徙興元，晟西奔，攻取興、鳳二州。晟襲文州，逐刺史，據成、龍、茂等州。

王建攻成都，田令孜以晟故將，與連和，假威戎軍節度使，守彭州。晟擊建，無功引還。且畏建圖己，乃約山南西道節度使楊守亮兄弟合謀拒建，掠新繁，焚漢州，又攻東川顧彥暉，爲建兵所逐。建使王宗裕率騎五萬圍晟，食四郊麥，掠民資產。晟假子實以騎八千降於建，建以奇兵襲楊守厚等，皆亡去。晟開門決戰，大敗，遂約降。建饋十羊，晟曰：「以我爲机上肉乎？」不出。建築甬道屬陣以入，斬晟首。

晟有仁心，下懷其恩，雖城中食盡，無叛者。初，昌符死，晟得其妾周，母事之，周請爲妻，晟固辭，且夕問省，乃視事。愛將安師建者，勇而有禮，既就執，建顧曰：「爾報楊司徒足

矣，能從我乎？」謝曰：「司徒誓同死生，不忍復戴日月。」三謂不回，乃戮之。

顧彥朗、彥暉者，豐州人，並爲天德軍小校。其使蔡京以兄弟有封侯相，每厚禮之，使子贍賫，稍稍進秩。黃巢亂長安，率軍同復京師。

彥朗遷累右衞大將軍。光啓中，擢拜東川節度使、檢校太保、同中書門下平章事。至劍門，陳敬瑄使吏奪其節，彥朗不得入，保利州。敬瑄誣劾彥朗擅興兵掠西境。僖宗下詔申曉講和，乃得到軍。署彥暉漢州刺史。

初，楊守亮忌壁州刺史王建凶暴，欲逐之。建聞，合溪洞豪酋取閬州，擊利州，刺史走，即據二州，守亮不能制。彥朗與建雅舊，陰助貲饟。建攻成都，彥朗挾故憾，與并力，道路鯁。敬瑄告難于朝，帝詔和解，又敕李茂貞鐫諭。

會彥朗卒，彥暉自知留後。明年爲節度使。中人送節，爲綿州刺史楊守厚所留。守厚發兵攻梓州，彥暉告急于建，建使李簡救之，戒曰：「賊破，并取彥暉，無須再往也。」簡破守厚軍，彥暉辭疾，不克取。建素有吞噬心，以彥朗與婚婭，久未忍。及彥暉，則交好愈疏，而境上關賦相稽詬，建怒。景福元年，遂攻彥暉。彥暉請救於楊守亮，遣楊子彥戍梓，執建

大將王宗弼，彥暉責曰：「王公何以見討？君爲大將，不諫云何？」宗弼謝罪，即解縛，使就館，帟幕衾服皆具，更養爲子，改名琛。明年，建將華洪破綿州，守厚走，得彥暉節。時詔已進彥暉檢校司空、東川節度使矣。

乾寧二年，昭宗在石門，督彥暉、建赴行在。建率兵二十萬次綿州，即劾彥暉劫輜運，回襲之。彥暉不敢出，但遣人塞建舟路，建遂擊取巴、閬、蓬、渠、通、果、龍、利八州。帝遣中人爲兩川宣諭協和使。建奉詔還，而兵不解。彥暉謀窘，因大略漢、眉、資、簡等州。李茂貞亦欲爭其地，使子興元節度使繼密引軍救彥暉，以窺東川。四年，華洪率衆五萬攻彥暉，取渝、昌、普三州，壁梓州南，敗彥暉兵，奪鎧馬八百，凡五十戰，圍遂固。帝仍遣左諫議大夫李洵諭止，建拒命。帝以嗣郯王戒丕鎭鳳翔，徙茂貞代建，皆不奉詔。

梓有鏡堂，世稱其麗，彥暉嘗會諸將堂上，養子瑤尤親信，彥暉以所佩劍號「疥𤺋賓」佩之，使侍左右。嘗語諸將曰：「與公等生死同之，違者先齒疥𤺋賓。」衆曰：「諾。」及圍急，瑤請聚親信飲，得同死。彥暉顧王琛曰：「爾非我舊，可自求生。」指顡垣令逸。彥暉手殺妻子，乃自刎，宗族諸將皆死，麾下兵猶七萬。

初，韋昭度爲招討使，彥暉、建皆爲大校。彥暉詳緩有儒者風。建左右髡髮黥面若鬼，見者皆笑。至是錄笑者皆殺之。私署洪爲東川節度留後。

贊曰：詩云「戎狄是膺，荆舒是懲」，嫉其爲中國之害也。春秋之世，楚滅陳、鄭，而卒復其祀，聖人善之。處存平黃巢，定京師，功冠諸將。昭宗嘗有意都襄陽，依趙凝以自全。大抵唐室屏翰，皆爲朱温所翦覆，過於夷狄、荆舒之爲害也甚矣。

唐書卷一百八十七

列傳第一百一十二

王重榮 珙 珂　諸葛爽　李罕之　王敬武 師範　孟方立 遷

王重榮，太原祁人。父縱，大和末爲河中騎將，從石雄破回鶻，終鹽州刺史。重榮以父任爲列校，與兄重盈皆以毅武冠軍，擢河中牙將，主何察。時兩軍士干夜禁，捕而鞭之。士還，訴於中尉楊玄寔，玄寔怒，執重榮讓曰：「天子爪士，而藩校辱之！」答曰：「夜半執者姦盜，孰知天子爪士？」具言其狀。玄寔嘆曰：「非爾明辨，孰由知之？」更諉於府，擢右署。重榮多權詭，衆所嚴憚，雖主帥莫不下之。稍遷行軍司馬。

黃巢陷長安，分兵略蒲，節度使李都不能支，乃臣賊，然內憚重榮，表以自副。地邇京師，賊調取橫數，使者至百輩，坐傳舍，益發兵，吏不堪命。重榮裔說都曰：「我所詭謀紓難，以外援未至。今賊裒責日急，又收吾兵以困我，則亡無日矣。請絕橋，嬰城自守，不然，變生

何以制之？」都曰：「吾兵寡，謀不足，絕之，禍且至，願以節假公。」遂奔行在。重榮乃悉驅出賊使斬之，因大掠居人以悅其下。天子使前京兆尹竇潏間道慰其軍，因詔代都。重榮率官屬奉迎。潏至，大饗士，倡言曰：「天子以大臣守土，誰得逐之？爲我疏首惡者。」衆無敢對。重榮佩刀歷階曰：「首謀者，我也，尙誰索？」目潏吏，趣具騎，潏卽奔還。重榮遂主留後。

賊使健將朱溫以舟師下馮翊，黃鄴率衆自華陰合攻重榮。重榮感勵士衆，大戰，敗之，賊棄糧仗四十餘艘。卽拜檢校工部尙書，爲節度使。會忠武監軍楊復光率陳、蔡兵萬人屯武功，重榮與連和，擊賊將李詳於華州，執以徇。賊使尙讓來攻，而朱溫將勁兵居前，敗重榮兵於西關門，於是出兵夏陽，掠河中漕米數十艘。重榮選兵三萬攻溫，溫懼，悉鑿舟沈于河，遂舉同州降。復光欲斬之，重榮曰：「今招賊，一切釋罪。且溫武銳可用，殺之不祥。」表爲同華節度使。有詔卽副河中行營招討，賜名全忠。

巢喪二州，怒甚，自將精兵數萬壓梁田。重榮軍華陰，復光軍渭北，掎角攻之，賊大敗，執其將趙璋，巢中流矢走。重榮兵亦死耗相當。懼巢復振，憂之，與復光計，復光曰：「我世與李克用共憂患，其人忠不顧難，死義如己。若乞師焉，事蔑不濟。」乃遣使者約連和。克用使陳景斯總兵自嵐、石赴河中，親率師從之，遂平巢，復京師。以功檢校太尉、同中書門下

平章事，封琅邪郡王。累加檢校太傅。

中人田令孜怒重榮據鹽池之饒。于時巨盜甫定，國用大耎，諸軍無所仰，而令孜爲神策軍使，建請二池領屬鹽鐵，佐軍食。重榮不許，奏言：「故事，歲輸鹽三千乘于有司，則斥所餘以濟軍。」天子遣使者諭旨，不聽。令孜徙重榮兗海節度使，以王處存代之，詔克用將兵援河中。重榮上書劾令孜離間方鎮。令孜遣邠寧朱玫進討，壁沙苑。重榮詒克用書，且言：「奉密詔，須公到，使我圖公。此令孜、朱全忠、朱玫之惑上也。」因示僞詔。克用方與全忠有隙，信之，請討全忠及玫。帝數詔和解。克用合河中兵戰沙苑，玫大敗，奔邠州。神策軍潰還京師，遂大掠。克用乘勝西，天子走鳳翔。

俄嗣襄王熅僭位，重榮不受命，與克用謀定王室。楊復恭代令孜領神策，故與克用善，遣諫議大夫劉崇望齎詔諭天子意，兩人聽命，卽獻縑十萬，願討玫自贖。崇望還，羣臣皆賀。重榮遂斬熅，長安復平。然性悍酷，多殺戮，少縱舍。嘗植大木河上，內設機軸，有忤意者，輒置其上，機發皆溺。嘗辱部將常行儒，行儒怨之，光啓三年，引兵夜攻府，重榮亡出外，詰旦殺之，推立重盈。

重盈前此已歷汾州刺史。黃巢度淮，擢陝虢觀察使，重榮據河中，三遷檢校尙書右僕射，卽拜節度使。未幾，同中書門下平章事。及代重榮，留長子珙領節度事，入殺行儒，軍

復安。昭宗立，進太傅、兼中書令，封琅邪郡王。父子兄弟相繼帥守，而從子瀌亦爲忠武節度使。

乾寧二年，重盈死，軍中以其兄重簡子珂出繼重榮，故推爲留後。珙與弟絳州刺史瑤爭河中，上言：「珂本家蒼頭，請選大臣鎭河中。」又與朱全忠書言之。珂急，乃遣使請婚於李克用。克用薦之天子，許嗣鎭，然猶以崔胤爲河中節度使。珙復構珂於王行瑜、李茂貞，曰：「珂不受代，且晉親也，將不利於公。」行瑜等約韓建共薦珙。詔曰：「吾重已授珂矣。重榮有大功，不可廢。」行瑜怒，使其弟行約攻珂，克用遣李嗣昭援之，敗珙於猗氏，獲其將李璠。

三鎭銜帝之却其請也，連兵犯京師，謀廢帝、誅執政而立吉王，固請授珙河中。克用聞之怒，以師討三鎭，瑤、珙兵引去。克用拔絳州，斬瑤而屯渭北，敗行約於朝邑。行約走京師。弟行實在左軍，共說樞密使駱全瓘，謀挾帝幸邠。右軍李繼鵬以告中尉劉景宣，二人，茂貞黨也，欲以兵劫全瓘等，請帝幸鳳翔。兩軍合譟承天門街，帝登樓喩和之，繼鵬怒，輒射帝，縱火焚門，帝率諸王及衞兵戰，繼鵬矢及帝胄，軍乃退。帝出幸定州將李筠軍，嗣延王戒丕、嗣丹王允以鹽州六都兵從帝出啓夏門，次于郊。兩軍憚鹽州兵銳，各走其軍。帝次莎城，百官繼至，士民從者亦數萬。帝欲入谷中自固，以谷有「沒唐石」，惡

之，徙石門。民匿保山谷間，帝每出，或獻飴漿，帝駐馬爲嘗，民皆流涕。既而遣嗣薛王知柔及劉光裕還京師。

克用遣使者奔問行在，帝因詔克用、珂以兵趨新平，又詔涇州張鐇會克用軍以扼岐陽。克用在河中未出也，帝懼茂貞之逼，復使嗣延王戒丕以御服玉器賜之，督其西，乃壁渭北，進營渭橋。於是行瑜壁興平，茂貞壁鄠。行瑜兵數卻，茂貞懼，斬繼鵬，傳首以謝。繼鵬姓閻名珪，左神策軍拍張人，爲茂貞養子云。詔削行瑜官爵，以克用爲邠寧四面行營都招討使，珂爲糧料使。克用遣子存貞請天子還宮〔一〕。詔以騎三千戍三橋。

帝既還，加珂檢校司空，爲節度使。克用以女妻之，珂親迎太原，以李嗣昭助守河中，因攻珙，珙戰數北。珙任威虐，殺人斷首置前，而顏色泰定，下恐，不敢叛，然稍弱，無鬭志。光化二年，爲部將李璠所殺，自爲留後，詔代珙節度。又失衆，凡五月，爲牙將朱簡所殺，挈其地入朱全忠，表授節度使、同中書門下平章事，更名友謙。

珙殺給事中王柷等十餘人，幕府遭戮辱甚衆，人有罪輒刳斮以逞。柷者，故爲常州刺史，避難江湖，帝聞剛鯁，以給事中召，道出陝，珙謂且柄任，厚禮之。柷鄙其武暴，不降意。既宴，盛列珍器音樂，珙請於柷曰：「僕今日得在子弟列，大賜也。」三請，柷不答。珙勃然曰：「天子召公，公不可留此。」遂罷，遣吏就道殺之，族其家，投諸河，以溺死聞。帝不能詰。

珙死，贈太師。詔陝州冤死者，有司弔祭，存問其家。

始，全忠擊楊行密不能克，諷荆、襄、青、徐等道請己爲都統以討行密，帝猜違未報；而珂與太原、鎭定等道亦請加行密都統，以討全忠。繇是兩罷之，全忠怨珂不忘也。帝爲劉季述所廢，珂憤見言色，屢陳討賊謀。既反正，首獻方物，帝甚倚之。而全忠以克用方彊，不敢加兵。及王鎔詘服，拔定州，而克用兵折，乃謂其將張存敬曰：「珂恃太原侮慢我，爾持一繩縛之。」存敬以兵數萬度河，由含山襲絳州，刺史陶建釗、晉州刺史張漢瑜皆降，以何絪戍之。進攻珂，全忠率師繼進，即劾珂交構克用，爲方鎭生事，不可赦。珂乞師太原，爲絪所迮，不能進。珂急使妻遺克用書曰：「賊攻我，朝夕見俘，乞食大梁矣。」克用答曰：「道且斷，往救必俱亡，不如歸朝廷。」珂窮，遣使告李茂貞曰：「上初反正，詔藩鎭無相疑。而朱公不顧約，以攻弊邑。弊邑亡，則邠、岐非君所保，天子神器斂手付人矣。宜與華州韓公出精銳固潼關，以張兵勢。僕不武，公其惠我西偏地，以爲扞守。蒲，請公自有之。關西安危，國祚長短，繫公此舉也。」茂貞不答。

珂益蹙，會橋毀，潛具舟將遁，夜諭守兵，無肯爲用者。牙將劉訓叩寢門，珂疑有變，叱之，訓自袒其衣曰：「苟有它，請斷臂自明。」珂出，問計所宜，答曰：「若夜出，人將爭舟，一夫鴟張，禍繫其手。如且日，以情諗軍中，宜有樂從者，可則濟，否則召諸將行成以緩敵，徐圖

所向，上策也。」珂然之。明日，登城語存敬曰：「吾於朱公有父子驩，君姑退舍，須公至，吾自聽命。」乃執太原諸將并奉節印內存敬軍，豎大幡城上，遣兄璘與諸將樊洪等見存敬。存敬解圍而戍以兵。

全忠自洛至。全忠，王出也，始背賊事重榮，約爲甥舅，德其全已，指日月曰：「我得志，凡氏王者皆事之。」至是，忘誓言，過重榮墓，僞哭而祭。次虞鄉，珂欲面縛牽羊以見，全忠報曰：「舅之恩，無日可忘。君若以亡國禮見，黃泉其謂我何？」珂出迎，握手泣下，駢轡以入。居旬日，以存敬守河中，舉珂室徙于汴。後令入覲，遣人賊之於華州。

自重榮傳珂，凡二十年。

諸葛爽，青州博昌人。爲縣伍伯，令笞苦之，乃亡命，沈浮里中。龐勛反，入盜中爲小校。勛勢蹙，率百餘人與泗州守將湯羣自歸，累遷汝州防禦使。李琢討沙陀於雲州，表爲北面招討副使。徙夏綏銀節度使，檢校尙書右僕射。

黃巢犯京師，詔率代北行營兵入衞，次同州，降賊，僞署河陽節度使，代羅元杲。元杲者，本神策將，狀短陋，倚中官勢，剽財輸京師，凡鉅萬，人怨之，爽至，募州人戰，衆不從，相

率迎爽，元杲奔行在。爽間道奉表僖宗以自明，詔拜節度使。李克用援陳許，道天井關，爽懼，不肯假道，出屯萬善，克用自河中趨汝、洛。

爽累授京師東南面招討諸行營副都統、左先鋒使，兼中書門下平章事。朱溫爲賊守同州，爽率輕兵入之，溫偃旗設伏以待，爽謂賊遁，士解甲就舍，伏發，爽悉棄鎧馬奔還。至脩武，爲魏博韓簡擊敗之，不敢入。簡留將趙文玣戍河陽，自攻鄆，時中和二年也。河陽人誘爽，自金、商馳，復入之，厚禮文玣及戍人，還之魏。於是爽攻新鄉，簡自鄆來，戰獲嘉西。簡陰窺關中，其下不悅，裨將樂彥禎間衆之隙，引其軍先還，故簡兵八萬自潰，相藉溺淸水至不流。明年，詔爽爲東南面招討使，伐秦宗權，表李罕之自副。

爽雖興庸廝，善吏治，法令澄壹，人無愁咨。擢累檢校司空。光啓二年卒。其將劉經與澤州刺史張言共立爽子仲方爲留後，爲蔡賊孫儒所攻，奔于汴，儒取孟州。

李罕之，陳州項城人。少拳捷。初爲浮屠，行丐市，窮日無得者，抵鉢褫袛袚去，聚衆攻剽五臺下。先是，蒲、絳民壁摩雲山避亂，羣賊往攻不克，罕之以百人徑拔之，衆號「李摩雲」。隨黃巢度江，降于高駢，駢表知光州事。爲秦宗權所迫，奔項城，收餘衆依諸葛

爽，署懷州刺史。爽伐宗權，即表以自副。屯睢陽，無功。又表爲河南尹、東都留守，使捍蔡。

河東李克用脫上源之難，喪氣還，罕之迎謁謹甚，勞餽加等，厚相結。罕之因府爲屯，會孫儒來攻，罕之不出。數月，走保澠池。東都陷，儒焚宮闕，剽居民去。爽遣將收東都，罕之逐出之，爽不能制。俄而爽死，其將劉經、張言共立爽子仲方，欲去罕之。而罕之故與郭璆有隙，擅殺璆，軍中不悅。經間衆怒，襲其壁，罕之退保乾壕，經追擊，反爲所敗，乘勝入屯洛陽苑中。經戰不勝，還河陽。罕之屯鞏，將度汜，經遣張言拒河上，反與罕之合，攻經不克，屯懷州。

孫儒逐仲方，取河陽，自稱節度使。俄而宗權敗，棄河陽走，罕之、言進收其衆，丐援河東，克用遣安金俊率兵助之，得河陽。克用表罕之爲節度使、同中書門下平章事。有詔與屬籍。又表言爲河南尹、東都留守。

罕之與言甚篤，然性猜暴。是時大亂後，野無遺秆，部卒日剽人以食。又攻絳州，下之，復擊晉州，王重盈欲出汴兵救，罕之解圍還。而言善積聚，勸民力耕，儲廥稍集。罕之食乏，士仰以給，求之無厓，言不能厭，罕之拘河南官吏笞督之；又東方貢輸行在者多爲罕之邀頡。重盈反間於言，文德元年，罕之悉兵攻晉州，言夜襲河陽，俘罕之家。罕之

窮，奔河東，克用復表爲澤州刺史，領河陽節度使，遣李存孝、薛阿檀、安休休率師三萬攻言。城中食盡，言納孥於汴求救，全忠遣丁會、葛從周、牛存節來援，戰沇河聚。休休不利，降全忠，存孝還。全忠更以丁會爲河陽節度使，言歸洛陽。

罕之保澤州，數出鈔懷、孟、晉、絳，無休歲，人匿保山谷，出爲樵汲者，罕之俘斬略盡，數百里無舍煙。克用遣罕之、存孝攻孟方立，拔磁州，方立戍將馬溉兵數萬戰琉璃陂，罕之禽溉，敗其衆。大順初，汴將李讜、鄧季筠攻罕之，罕之告急於克用，遣存孝以騎五千救之。汴士呼罕之曰：「公倚沙陀，絕大國。今太原被圍，葛司空入上黨，不旬日，沙陀無穴處矣！」存孝怒，引兵五百薄讜營呼曰：「我，沙陀求穴者，須爾肉以飽吾軍，請肥者出鬭！」季筠引兵決戰，存孝奮矟馳，直取季筠。讜夜走，追至馬牢川，敗之。克用討王行瑜，表罕之副都統，檢校侍中。行瑜誅，封隴西郡王，檢校太尉、兼侍中。

罕之恃功多，嘗私克用愛將蓋寓求一鎮，寓爲請，克用不許，曰：「鷹鸇飽則去矣，我懼其翻覆也。」光化初，昭義節度使薛志勤卒，罕之夜襲潞，入之，自稱留後，報克用曰：「志勤死，懼它盜至，不俟命輒屯于潞。」克用遣李嗣昭先擊澤州，拘罕之家屬送太原。罕之攻沁州，執刺史、守將，遂款于汴，全忠表罕之昭義節度使，命丁會援之，與嗣昭戰含口，嗣昭不利，葛從周取澤州。嗣昭又攻罕之，罕之暴得病，不能事。會代戍，全忠更以罕之節度

河陽三城，卒于行，年五十八。未幾，嗣昭復取澤州，以李存璋爲刺史，進收懷州，攻河陽。汴將閻寶引兵至，嗣昭還。

始，儒去東都也，井閈不滿百室。言治數年，人安賴之，占籍至五六萬，繕池壘，作第署，城闕復完。全忠懼言異己，乃徙節天平，以韋震爲河南尹。爽諸將無傳地者，言後賜名全義。

王敬武，青州人。隸平盧軍爲偏校，事節度使安師儒。中和中，盜發齊、棣間，遣敬武擊定。已還，即逐師儒，自爲留後。時王鐸方督諸道行營軍復京師，因承制授敬武平盧節度使，趣其兵使西。及京師平，進檢校太尉、同中書門下平章事。龍紀元年卒。

子師範，年十六，自稱留後，嗣領軍。昭宗自以太子少師崔安潛領節度，師範拒命。時棣州刺史張蟾迎安潛，師範遣部將盧弘攻之，弘與蟾連和。師範以金啗之，曰：「君若顧先人，使不絕其祀，君之惠也。不然，願死墳墓。」弘少之，不爲備，師範伏兵迎于路，部將劉鄩斬弘，遂攻棣州。蟾請救於朱全忠，全忠馳使諭解，師範拔其城，斬蟾，而安潛不敢入。

師範喜儒學，謹孝，于法無所私。舅醉殺人，其家訴之，師範厚賂謝，訴者不置，師範曰：「法非我敢亂。」乃抵舅罪。母恚之，師範立堂下，日三四至，不得見三年，拜省戶外不敢懈。以青州父母所籍，每縣令至，具威儀入謁，令固辭，師範遣吏挾坐，拜廷中乃出。或諫不可，答曰：「吾恭先世，且示子孫不忘本也。」

全忠已并鄆州，遣兵攻師範，師範下之。會全忠圍鳳翔，昭宗詔方鎮赴難，以師範附全忠，命楊行密部將朱瑾攻青州，且欲代爲平盧節度。師範聞之，哭曰：「吾爲國守藩，君危不持，可乎？」乃與行密連盟。遣將張居厚、李彥威以甲槖二百輿給爲獻者，及華州，先內十輿，閽人覺，衆擐甲譟，殺全忠守將婁敬思。是時崔胤方在華，閉門拒戰，執居厚還全忠。

劉鄩襲兗州，入之；師範亦潛兵入河南，徐、沂、鄆等十餘州同日並發。全忠使從子友寧率軍東討。是時帝還長安，故全忠并魏博軍屯齊州。王茂章方以兵二萬合師範弟師誨攻密州，破之，以張訓爲刺史。進攻沂州，敗其兵，還青州，半舍而屯。友寧方攻博昌，未下，全忠督戰急，友寧驅民十萬，負木石，築山臨城中，城陷，屠老少投尸淸水，遂圍登州。茂章欲啗友寧，不肯救。未幾，城破，友寧負勝攻別屯。茂章度汴軍怠，與師範合擊友寧於石樓，斬其首，傳於行密。

全忠怒，悉軍二十萬倍道至。茂章閉營，伺軍懈，毀壁出鬭，還與諸將飲，訖，復戰。全忠望見，歎曰：「吾有將如是，天下不足平！」於是退屯臨淄。茂章畏全忠，乃斂軍而南，使李虔裕以五百人後拒。茂章解衣寐，虔裕諱曰：「追至，將軍速去！」茂章曰：「吾共決死。」虔裕固請，茂章乃去。已而追至，虔裕一軍覆，茂章免。全忠見虔裕，欲釋之，瞋目大罵而死。張訓召諸將謀曰：「汴人至，師少，何以待之？」衆請焚城而亡，訓曰：「不然。」即封府藏，下縣門，密引兵去。汴軍見府庫完，德之，不追。

全忠留楊師厚圍青州，敗師範兵於臨朐，執諸將，又獲其弟師克。是時，師範衆尚十餘萬，諸將請決戰，而師範以弟故，乃請降。全忠歸其弟，假師範知節度留後事，師範獻錢二十萬緡以謝軍。汴將劉重霸執棣州刺史邵播，得其書八百紙，皆教師範戰守，全忠憚而殺之。

葛從周圍兗州，劉鄩不肯下，從周以師範命招之，乃盡出將士，開門降。從周爲辨裝，使詣汴，鄩但素服乘驢而往。全忠賜冠帶，辭曰：「囚請就縶。」不許。既見，慰之，飲以酒，固辭，全忠笑曰：「取兗州，量何大邪？」擢署都押衙，在諸舊將上。諸將趨入，鄩一無讓，全忠奇之。

歲餘，徙師範于汴，亦縞素請罪。全忠見以禮，表爲河陽節度使。既受唐禪，友寧妻訴

讎人于朝，乃族師範于洛陽。先是，有司坎第左，告之故。師範乃與家人宴，少長列坐，語使者曰：「死固不免，予懼坑之則昭穆失序，不可見先人地下。」酒行，以次受戮者二百人。

孟方立，邢州人。始爲澤州天井戍將，稍遷游弈使。中和元年，昭義節度使高潯擊黃巢，戰石橋，不勝，保華州，爲裨將成鄰所殺，還據潞州。衆怒，方立率兵攻鄰，斬之，自稱留後，擅裂邢、洺、磁爲鎭，治邢爲府，號昭義軍。潞人請監軍使吳全勗知兵馬留後。時王鐸領諸道行營都統，以潞未定，墨制假方立檢校左散騎常侍、兼御史大夫，知邢州事，方立不受，囚全勗，以書請鐸，願得儒臣守潞。鐸使參謀中書舍人鄭昌圖知昭義留事，欲遂爲帥。僖宗自用舊宰相王徽領節度。時天子在西，河、關雲擾，方立擅地而李克用窺潞州，徽度朝廷未能制，乃固讓昌圖。昌圖治不三月，輒去。方立更表李殷銳爲刺史。謂潞險而人悍，數賊大帥爲亂，欲銷懦之，乃徙治龍岡。州豪桀重遷，有懟言。會克用爲河東節度使，昭義監軍祁審誨乞師，求復昭義軍。克用遣賀公雅、李筠、安金俊三部將擊潞州，爲方立所破。又使李克脩攻取之，殺殷銳，遂并潞州，表克脩爲節度留後。初，昭義有潞、邢、洺、磁四州，至是，方立自以山東三州爲昭義，而朝廷亦命克脩，以潞州舊軍畀之，昭義有兩節，自此始。

克脩字崇遠，克用從父弟。精馳射，常從征伐，自左營軍使擢留後，進檢校司空。方立倚朱全忠爲助，故克用擊邢、洺、磁無虛歲，地爲鬭場，人不能稼。光啓二年，克脩擊邢州取故鎭，進攻武安。方立將呂臻、馬爽戰焦岡，爲克脩所破，斬首萬級，執臻等，拔武安、臨洺、邯鄲、沙河。克用以安金俊爲邢州刺史，招撫之。方立丐兵於王鎔，鎔以兵三萬赴之，克脩還。後二年，方立督部將奚忠信兵三萬攻遼州，以金啖赫連鐸與連和。會契丹攻鐸，師失期，忠信三分其兵鼓而行，克用伏兵于險，忠信前軍沒。既戰，大敗，執忠信，餘衆走，脫歸者纔十二。龍紀元年，克用使李罕之、李存孝擊邢，攻磁、洺，方立戰琉璃陂，大敗，禽其二將，被斧鑕，徇邢壘呼曰：「孟公速降，有能斬其首者，假三州節度使！」方立力屈，又屬州殘墮，人心恐。性剛急，持下少恩，夜自行陴，兵皆倨，告勞。自顧不可復振，乃還，引酖自殺。

從弟遷，素得士心，衆推爲節度留後，請援於全忠。全忠方攻時溥，不即至，命王虔裕以精甲數百赴之，假道羅弘信，不許，乃趨間入邢州。大順元年，存孝復攻邢，遷挈邢、洺、磁三州降，執王虔裕三百人獻之，遂遷太原。表安金俊爲邢、洺、磁團練使，以遷爲汾州

刺史。

贊曰：以亂救亂，䟦扈者能之；以亂不能救亂，險賊者能之。蓋救亂似霸，然而似之耳，故不足與共功。觀王重榮寧不信哉！破黃巢，佐李克用平京師，若有爲當世者。俄而奮私隙，逼天子出奔，雖讎朱玫，仆僞襄王，謂曰定王室，實卑之也。身死部將手，救亂而卒于亂，重榮兩得之。不殺朱全忠，而爲全忠誅，絕其嗣，宜矣。餘皆庸奴下材，無所訾責云。

校勘記

〔一〕克用遣子存貞請天子還宮　「存貞」，通鑑卷二六〇作「存勗」，考異云：「實錄作『存貞』。據後唐實錄、舊五代史，莊宗未嘗名存貞。實錄蓋誤。」按通鑑同卷有「克用進軍渭橋，遣其將李存貞爲前鋒」文，疑「存貞」別爲一人，此當是「存勗」。

唐書卷一百八十八

列傳第一百一十三

楊行密　時溥　朱宣　孫儒

楊行密字化源，廬州合淝人。少孤，與羣兒戲，常爲旗幟戰陣狀。年二十，亡入盜中，刺史鄭棨捕得，異其貌，曰：「而且富貴，何爲作賊？」縱之。與里人田頵、陶雅、劉威善。僖宗在蜀，刺史遣通章行在，日走三百里，如約而還。秦宗權寇廬、壽間，刺史募殺賊，差首級爲賞，行密以功補隊長。都將忌之，俾出戍。將行，都將問所乏，對曰：「我須公頭！」即斬之，自爲八營都知兵馬使。刺史走，淮南節度使高駢因表爲廬州刺史。乃以田頵爲八營都將，陶雅爲左衡山將，討定鄉盜。

駢將呂用之恐行密不可制，遣俞公楚以兵五千屯合淝，名討黃巢而陰圖之。行密擊殺公楚。秦宗權遣弟度淮取舒城，行密破走之。時張敖據壽州(一)，許勍據滁州，與行密睾

戰。又舒人陳儒攻刺史高澞，澞來告難，行密未能定。賊吳迴、李本逐澞，據其城，行密虜之，取舒州，爲勍所奪。光啓二年，張敖遣將魏虔攻廬州，大將李神福、田頵破之褚城。

畢師鐸、秦彥攻高駢，呂用之以駢命署行密行軍司馬，督其兵進援。客袁襲說行密曰：「高公耄昏，妖人用權，彥乃以逆除暴，燭其亂。公亟應，必得其地。」行密乃檄部州，裒兵而東，次天長，而揚州陷。行密薄城而屯，用之以兵屬之。彥以騎兵背城戰，行密臥帳中，令曰：「賊近，報我。」俄而陷一屯，別將李宗禮入曰：「兵相百，戰且不利，請堅壁，徐引歸可也。」李濤怒曰：「以順去逆，何衆寡爲！今尙何歸，願以所部前死。」行密喜，益甲出戰，俘殺如藉，彥軍不出。會駢死，襲勸行密舉軍縞素，大臨三日。進攻城，未能下。用之將張審晟詭伏西壕，殺闔者，啓外兵，彥軍疲，守邏皆潰去，行密入據揚州。未閱月，孫儒奄至，兵銳甚。襲見行密曰：「公之入，以少擊衆，室家未完。若外被重圍，情見勢殆，不如避之。」行密執海陵鎭遏使高霸殺之，并其衆，輦所收財歸于廬。於是，朱全忠自爲淮南節度使，遣將張廷範致命，而授行密副使，以行軍司馬李璠知留後。行密大怒，廷範、璠不敢入。全忠更請以行密知觀察留後。

當此時，孫儒彊，赫然有呑吳、越意。行密欲遁保海陵，襲勸還廬州，治兵爲後計，行密乃還。既又謀趨洪州，襲不可，曰：「鍾傳新興，兵附食多，未易圖也。孫端據和州，趙暉屯上元，結此二人以圖宣州，我綽綽有餘力矣。」行密從之。端、暉次采石，行密自滲潭濟，端等戰不勝。襲勸行密「速趨曷山，堅壁以須。宣人求戰，示以弱，待其怠，一舉可禽」。宣將蘇瑭兵二萬對屯，行密不戰，分奇兵伐木開道四出，瑭驚北，遂圍宣州。刺史趙鍠糧盡，親將多出降。

初，行密有銳士五千，衣以黑繒黑甲，號「黑雲都」。又并盱眙、曲溪二屯，籍其士爲「黃頭軍」，以李神福爲左右黃頭都尉，兵銳甚。曲溪將劉金策鍠必遁，紿曰：「將軍若出，願自吾壘而偕。」鍠喜，多遺之金，許妻以女。明日，譟城上曰：「劉郎不爲爾壻！」鍠宵遁，獲之。鍠，全忠故人也，發使求之。襲曰：「斬首送之，無後慮。」乃歸鍠首于汴。昭宗詔行密檢校司徒、宣歙池觀察使。

時韓守威以功拜池州刺史，行密表徙湖州，以兵護送。而李師悅在湖州，與杭州刺史錢鏐戰不解。蘇、湖、常、潤亂甚。行密雖得宣州，而蔡儔爲孫儒所破，以廬州降。儒進攻行密，行密復入揚州，北結時溥扞儒。全忠遣龐師古將兵十萬，自潁度淮助行密，敗於高郵。行密懼，退還宣州，遣安仁義襲成及，取潤州，自將三萬屯丹楊。仁義又取常州，殺錢鏐將杜稜。儒亦使劉建鋒奪潤、常。帝以杭州爲防禦使，授鏐；以宣州號寧國軍，授行密節度使。

大順二年，儒屯溧水，循山構壁。行密遣李神福屯廣德，計曰：「兵倍不戰，當避其銳，驕之。」乃退舍。儒衆以爲怯，守者懈，神福夜襲走之。儒將康旺取和州，安景思取滁州。神福擊降旺，逐景思，攻腰山屯，破之，禽儒將李弘章。俄而田頵、劉威爲儒所敗。行密欲守銅官，神福曰：「儒掃境以來，利速戰，宜堅壁老其師，則我無敵矣。」又出輕騎絕賊糧道，使前不得戰，退無仰儲，不亡何待？」於是，行密以神福爲宣池都游弈使。儒始乏食。常熟名賊陳可兒間儒、行密之鬭，竊入常州，自稱制置使。行密遣陶雅守潤州，張訓入揚州，因執楚州刺史，以輕兵襲常州，斬可兒。

孫儒圍行密宣州，凡五月不解。臺濛作魯陽五堰，拕輕舸餽糧，故行密軍不困，卒破儒。即表田頵守宣城，長驅入揚州。戰凡七年，定八州，生人將盡，行密勞隱休息，其下遂安。議出鹽茗畀民輸帛，幕府高勗曰：「瘡破之餘，不可以加斂。且帑貲何患不足，若悉我所有，易四鄰所無，不積日，財有餘矣。」行密納之，始選吏綏勸所部。

蔡儔以廬州叛附朱全忠，納孫儒將張顥，而倪章據舒州，與儔連和。行密遣李神福攻儔，破其將。儔堅壁不出。顥超堞降，行密以隸袁積軍，積請戮之，行密愛其勇，更置于親軍。未幾，儔自殺。行密先冢皆爲儔發掘，吏請夷發儔世墓，不許。表劉威爲刺史。遣田頵攻歙州，於是，刺史裴樞有美政，民愛之，爲拒戰，頵兵數却。樞，朝廷所命者，食盡欲降，遣

行密書，請還京師。行密以魯郃代樞，州人不肯下，請陶雅代。雅於諸將最寬厚，以禮歸樞于朝。是歲，李神福拔舒州，倪章亡，以神福爲舒州刺史。

乾寧二年，行密襲濠州，李簡重甲絕水緪而入，執刺史張璲，以劉金守之，進取壽州。汴將劉知俊儲穀石碭，將南襲。張訓屯漣水，遣兵浮海掩得其廥。知俊戰不勝，因攻漣水，大敗，身僅免。詔拜行密淮南節度副大使、知節度事，檢校太傅、同中書門下平章事，封弘農郡王。

董昌爲錢鏐所攻，來告窮。行密遣臺濛攻蘇州，安仁義、田頵攻杭州，身督戰。別將張崇爲鏐執，行密欲嫁其妻，答曰：「崇不負公，願少待。」俄而還，自是行密終身倚愛。明年五月，破蘇州，執鏐將成及，以朱黨守之。

朱延壽拔蘄、光二州，行密以霍丘當南北走集，以邑豪朱景爲鎮將。景驍毅絕人，諸盜莫敢犯。汴將寇彥卿以騎三千襲之，致全忠厚意，景不許，苦戰，彥卿敗而去。田頵、魏約、張宣共圍嘉興，鏐大將顧全武救之，執宣、約，逐頵於驛亭埭。未幾，泰寧節度使朱瑾率部將侯瓚來歸，太原將李承嗣、史儼、史建章亦來奔。行密推赤心不疑，皆以爲將。於是，兵銳甚，彊天下。

帝惡武昌節度使杜洪與全忠合，手詔授行密江南諸道行營都統，討洪。汴將朱友恭、

聶金率騎兵萬人與張崇戰泗州，金敗。瞿章守黃州，聞友恭至，南走武昌柵，行密遣將馬珣以樓船精兵助章守。友恭次樊港，章據險，不得前，友恭鑿崖開道，以彊弩叢射，殺章別將，遂圍武昌。章率軍薄戰，不勝。友恭斬章，拔其壁。

全忠率葛從周萬騎攻光州，柴再用遣小校王稔以輕騎覘賊，汴兵圍之。候者請救，再用曰：「稔必殺賊，弟無往。」稔解鞍自如，暮依樾步戰，殺傷多，汴兵乃解。時亡馬法峻，稔追汴軍，得馬乃還。從周涉淮圍壽州，而龐師古、聶金以衆七萬壁清口。朱延壽擊從周軍，敗之。行密欲汴圍解，乃擊師古。李承嗣曰：「公能潛師趨清口，破其衆，則從周不擊而潰。」行密出車西門，繇北門去，以銳士萬二千舵雩馳，迫清口，不進，壅淮上流灌師古軍。張訓自漣水來，行密使將贏兵千人爲前鋒。師古易之，方圍棋軍中，不顧。朱瑾、侯瓚以百騎持汴旗幟，直入師古壘，舞槊而馳。訓亦登岸，超其柵。汴軍大囂，即斬師古，士死十八。全忠聞之，與從周皆遁走，追及壽陽，大破之。叩淠水，方涉，爲瑾所乘，溺死萬餘。瑾徙屯安豐，汴將牛全節苦鬬，後軍乃得度。會大雪，士多凍死。潁州刺史王敬蕘燎薪屬道，汴軍免者數千人。未幾，復圍壽州，七日走。

馬珣收散卒三百，自黃州間道趨分寧，絕山谷，襲撫州。鏐將危全諷列四壁，皆萬人。珣謂諸將曰：「爲諸君擊中壁，食其穀以歸。」乃夜擊之，全諷走。明日，珣高會，廣旗幟，伐鼓循山而下，連營潰。既還，行密罵曰：「豎子，不遂據其城邪！」

光化元年，秦裴取鏐崑山鎮，顧全武圍之。行密諸將數敗，全武遂圍蘇州，臺濛固守，鏐自以舟師至。濛食盡，行密遣李簡、蔣勳迎之，敗全武兵，濛得還。後軍潰，裴援絕，全武勸其降。決水灌城，城壞，裴乃降。鏐喜，具千人食以待。既至，士不及百。鏐曰：「軍寡，何拒之久？」裴曰：「糧盡歸死，非僕素也。」初，成及之執，行密閱其室，唯圖書藥劑，將辟爲行軍司馬，固辭，引刀欲自刺，行密乃止，厚禮而歸之。鏐亦遣魏約等還。

全忠攻蔡州，奉國節度使崔洪來丐師。明年，遣朱瑾率兵萬人攻徐州，屯呂梁，洪遂來奔。會雨霖，瑾引還。行密攻徐州，汴將李禮壁宿州以援，全忠自將次輝州。行密戰不勝，乃解。青州將陳漢賓擁兵送款行密，王綰、張訓、周本率兵迎之，漢賓中悔，綰、訓入見漢賓，約麾下：「饗我不過日中，若不至，可攻城。」漢賓釋甲聽命。光州叛，行密自攻之，汴將朱友裕來救，撤圍還。全忠諭馬殷、成汭、雷滿合兵攻行密，汭、滿猶豫，汭惡殷事全忠，掠其境，滿來結好。行密壁黃、鄂間，杜洪寘鴆于酒、于井，棄城去，行密知，不入。全忠又遣使者督殷、汭、滿連兵解圍，行密還。詔加檢校太尉，兼侍中。

天復元年，傳言盜殺錢鏐，李神福急攻臨安，顧全武列八壁相望，神福伏軍青山，僞若引去，諜奔告，全武悉衆躡之。神福返鬬，與伏夾攻，斬首五千級，執全武。明日，遂圍

臨安，鏐將秦昶以步兵三千降。神福乃令軍中護鏐先墓，禁樵采，鏐遣使者厚謝。神福以鏐不死，臨安未可下，納犒而還。

明年，大將劉存率兵二萬、戰艫七百伐湖南。殷伏軍長磧洲，以樓艓據上流，乘風颺沙，彊弩射之，存軍殲。行密歸顧全武於鏐，鏐亦釋秦裴以報。

帝在鳳翔，以左金吾大將軍李儼爲江淮宣諭使，授行密東面諸道行營都統、檢校太師、守中書令，封吳王，承制封拜，且告難。時已削奪全忠封爵，詔西川、河東、忠義、幽州、保大、橫海、義武、大同八道攻之。詔朱瑾爲平盧節度使，繇海州取青、齊；馮弘鐸爲感化節度使，出漣水，攻徐、宿；使朱延壽圍蔡州；田頵捍錢鏐；行密討杜洪、馬殷，以分全忠勢。

行密乃以李神福爲鄂岳招討使，劉存副之，遣泠業攻馬殷。杜洪戰屢敗，嬰城，請救於全忠。全忠使韓勍率步兵萬人屯灄口，荊南節度使成汭亦悉衆救洪。神福逆戰，敗之，汭溺死，勍引衆走。泠業屯平江，爲三壁。殷將許德勳以銳卒號「定南刀」夜襲業，擊三壁皆破，禽業，掠上高、唐年而去。是時，杜洪困甚，且食。會田頵、安仁義絕行密，行密召神福、存還計事，洪復振。頵之敗，更以臺濛爲宣州觀察使，復遣神福、存攻鄂州。順義軍使汪武與頵連和，歙州刺史陶雅攻鍾傳，兵過武所，迎謁，縛武於軍。

無錫當浙衝，行密使票將張可悰守之。鏐勁兵三千夜襲城，可悰以百騎擊走之，吏皆賀。答曰：「未也，方勞諸軍一戰。」乃蔽火斂旗以須。覘者以告，鏐兵復至，可悰大破之。

臺濛卒，行密以子渥爲宣州觀察使。天祐二年，王茂章〔三〕、李德誠拔潤州，殺安仁義。以王茂章爲潤州團練使。聶彥章等率舟師復伐殷，攻岳州。許德勳、詹佶以舟千二百柁入蛤子湖㻑山之南，爲木龍鎖舟，夜徙三百舸斷楊林岸。彥章入荆江，將趨江陵。佶躡之，德勳以梅花海鶻迅舸進，斷木龍，舟蔽江，車弩亂發，執彥章，溺死萬人。殷釋彥章還，德勳謂曰：「爲我謝吳王，僕等數人在，湖、湘不可冀也。」

行密寬易，善遇下，能得士死力。每宴，使人負劍侍。陳人張洪因以劍擊行密，不中，近將李友禽斬之。佗日，侍劍如故。行密蚤出，有盜斷馬鞅，不之問，以故人人懷恩。始，乘孫儒亂，府庫殫空，能約己省費，不三年而軍富雄。嘗過楚州，臺濛盛供帳待之，行密一夕去，遺衣臥內，皆經補浣。濛還之，行密曰：「吾興細微，不敢忘本，君笑我邪？」濛大慚。登城，見王茂章營第，曰：「天下未定，而茂章居寢鬱然，渠肯爲我忘身乎？」茂章遽毀損。

方帝困鳳翔，再遣使督兵，以爲行密可亢全忠者，然兵至宿州，給言糧盡，乃還。全忠脅帝東遷，行密恥憤被病。全忠亦知天子倚行密爲重，乃弑帝以絕人望。行密聞之，發喪，不視事三日，因是病篤，召將吏付家事，問嗣於其佐。周隱對曰：「宣州司徒易而信讒，唯淫

酗是好，不可以嗣，不如擇賢者。」時劉威以宿將有威名，隱意屬威。行密不答。因以王茂章代渥，使亟還。行密召所親嚴求曰：「我使周隱召吾兒而不至，奈何？」求往見隱，召檄仍在几。始，渥守宣州，押牙徐溫、王令謀約渥曰：「王且疾，而君出外，此殆姦人計。它日有召，非我二人勿應也。」及是，二人以符召渥。渥至，行密承制授檢校太尉、同中書門下平章事、淮南節度留後。行密諗渥曰：「左衙都將張顥、王茂章、李遇皆怙亂，不得爲兒除之。」卒，年五十四。遺令縠葛爲衣，桐瓦爲棺。夜葬山谷，人不知所在。諸將謚曰武忠。

張顥議歸都統印於宣諭使李儼，行節度事。諸將畏顥，無敢對。渥流涕。騎軍都尉李濤曰：「都統印，先帝所以賜王父子，安得授人？」諸將唯唯。顥投袂去，乃共請於儼，承制授渥兼侍中、淮南節度副大使、東面諸道行營都統，封弘農郡王。

渥好騎射。初與許玄膺爲刎頸交，及嗣位，事皆決之，諸將莫敢忤。渥求王茂章親兵不得，及去宣，鞶帷帟以行，茂章嫚罵不與。踰年，遣兵五千襲之，茂章奔杭州。秦裴執鍾匡時，渥授以江西制置使。朱思勍、范師從、陳繙以兵戍洪州，渥爲張顥所制，三人者，渥腹心也。顥脅以爲有異謀，遣陳祐疾馳，懷短兵，微服入秦裴帳中，裴大驚，命飲，召三將入，皆色動，酒行，祐數其罪，皆斬之。渥召周隱曰：「君嘗以孤爲不可嗣，何也？」隱不對，遂殺之。

贊曰：行密興賤微，及得志，仁恕善御衆，治身節儉，無大過失，可謂賢矣。然所據淮、楚，士氣剽而不剛。行密無霸材，不能提兵爲四方倡，以興王室，熟視朱溫劫天子而東，謀窮意沮，憤死牖下，可爲長太息矣！

時溥，徐州彭城人。爲州牙將。黃巢亂京師，節度使支詳遣溥與陳璠率兵五千西討。次河陰，軍亂，剽居人。溥招戢其衆，引還屯境上，疑不敢歸。詳以牛酒犒士，約悉貰其罪，軍乃入，共推溥爲留後，逐詳客館。溥厚具貲裝，遣璠護還京師，夜駐七里亭，璠擅殺詳，屠其家。溥怒，署璠宿州刺史，俄殺之。別遣將引銳兵三千入關，僖宗因以武寧節度命之。

巢敗東走，圍陳州，營溵水。秦宗權方據淮西，相聯結。溥地介於賊，乃悉師討之，軍鋒甚盛，連戰輒克，授東面兵馬都統。遂合許、兗、鄆兵，逐尙讓於太康，斬首數萬級，讓以所部萬人降。溥遣將李師悅等追尾巢至萊蕪，大破之。諸將爭得巢首，而林言斬之，持歸溥，以獻天子，故破賊溥功第一。加檢校司徒、同中書門下平章事，進檢校太尉、兼中書令、鉅鹿郡王。宗權阻兵，拜溥蔡州行營兵馬都統。

賊平，與朱全忠爭功，嫌惎日構。孫儒方與楊行密爭揚州，詔全忠爲淮南節度使平其亂。溥自以先起，功名顯朝廷，位都統，顧不得而全忠得之，頗悵恨。全忠使司馬李璠、郭言等東，兵道宿州，遣溥書請假道。溥辭不可，間其壃，以兵襲之。言戰甚力，解而還。全忠怨，自是連歲略徐、泗，師不弛甲。全忠自將及其郊，未得志，引去。溥窮，乞師於李克用。克用爲攻碭山，朱友裕救之，各亡其大將。友裕進攻宿州，不能拔。時大順元年也。

明年，丁會築堤閼汴水，灌宿郛，三月拔之，使劉瓚守。而溥將劉知俊引兵二千降全忠，軍益不振。民失田作，又大水荐飢，死喪十七以上。乃請和於全忠，全忠約徙地而罷兵。昭宗以宰相劉崇望代之，授溥太子太師。溥慮去徐且見殺，惶惑不受命，諭軍中固留，有詔聽可。泗州刺史張諫聞溥已代，即上書請隸全忠，納質子焉。溥既復留，諫大懼，全忠爲表徙鄭州刺史。諫畏兩怨集己，乃奔楊行密。行密以諫爲楚州刺史，并其民徙之，以兵屯泗。

朱友裕率軍攻溥，嬰城不出。有語全忠曰：「軍行非吉日，故師無功。」全忠遣參謀徐璠至軍責諭，友裕答曰：「溥困且破，乃徇妖辭，士心墮矣。」焚其書，督餫饋，急攻之，溥將徐汶出降。溥求救於朱瑾。全忠自以兵屯曹，將去，留精騎數千授霍存曰：「事急，可倍道

趣之。」瑾兵二萬與溥合攻友裕，存引兵疾戰，瑾、溥還壁。明日復戰，霍存敗，死之。進逼友裕，友裕堅營不出，瑾食盡，還兗州。全忠使龐師古代友裕，溥分兵固保石佛山，師古攻拔之。自是完壘不戰。王重師、牛存節等梯其堞以入，溥徙金玉與妻子登燕子樓，自焚死，實景福二年。全忠遂有其地，私置守焉。

朱宣，宋州下邑人。父以豪猾聞里中，坐鬻鹽抵死。宣亡命去青州，爲王敬武牙軍。黃巢之亂，敬武遣將曹存實率兵西入關，而宣爲軍候，道鄆州。是時，節度使薛崇拒王仙芝戰死，其將崔君裕據州事。存實揣知兵寡，襲殺之，據其地，遂稱留後。以宣功多，署濮州刺史，留總帳下兵。

中和初，魏博韓簡東窺曹、鄆，引兵濟河。存實迎戰，死于陣，宣收殘卒嬰城。簡圍之六月，不能拔，引兵去。僖宗嘉其守，拜宣天平節度使，累加同中書門下平章事。宣有衆三萬，弟瑾勇冠三軍，陰有爭天下心。瑾嗜殘殺，光啓中，求婚於兗州節度使齊克讓，託親迎，載兵竊發，逐克讓，據府自稱留後。天子即授以帥節，兄弟雄張山東。時秦宗權悉兵攻朱全忠，使秦賢列三十六壁，自將督戰。全忠大恐，求救于宣。宣與瑾身率師往擊宗權，

宗權敗走。

全忠厚德宣，兄事之，情好篤密，而內忌其雄，且所據皆勁兵地，欲造怨乃圖之，即聲言宣納汴亡命，移書詆讓。宣以新有恩於全忠，故答檄恚望。全忠由是顯結其隙，使朱珍先攻瑾，取曹州，壁乘氏。宣救曹不克，奔還范。珍圍濮州，宣使弟罕救濮。全忠自將擊罕，斬之，拔濮州。朱裕奔歸鄆，使珍薄鄆挑戰，宣不出。裕爲書給降，導珍入，信之，夜以兵數千傅城。裕開門，軍入，縣門發，死者數千，縱畾石擊未入者，殺裨將百餘人。復取曹，以郭詞爲刺史。大將郭銖斬詞奔全忠。瑾謀悉兵襲汴，全忠乃自攻瑾。瑾以兵掠單父，與全忠將丁會轉戰，不勝，去。

景福初，復伐宣，令從子友裕先驅，自繼之。次衞南，宣以輕兵夜掩友裕軍，走之，據其營。全忠未知，運糧以入，乃覺，走瓠河，與友裕相失，距濮十五里舍。明日，友裕乃至。宣留濮州。全忠令友裕馳壯騎諜鄆虛實，身將而北。會宣引還，縱兵戰，全忠南走，絕塹去，幾不脫，大將多死。乃謀持久徼極取宣，歲一再暴其鄙，奪之食，俘其工織，勵有存者。宣令賀瓌守濮州，爲友裕所攻，委城走。友裕進擊徐州，時溥求援於宣，戰不勝而還，溥遂亡。全忠即遣龐師古攻齊州，宣、瑾皆戍以兵，久不下。乾寧元年，全忠身往，薄清河結壘。宣、瑾三分其兵出擊之，全忠迎戰東阿，南風急，汴軍居下，甚懼。俄而風返，全忠得縱火焚其

旁，燎蕪漲天，宣等大北。是夏，全忠壓曹州南，宣薄戰，禽其將三人，全忠還。

明年，使朱友恭擊兗州，瑾堅壁，乃塹而守。宣饟瑾，友恭奪其糧。全忠自軍單父。會宣求救于李克用，友恭退壁曹南。數月，全忠自伐宣，刈其麥，敗克用將李承嗣等，乃還。宣追之，大鈔曹州。其秋，全忠復攻鄆，壁梁山。宣、克用挑戰，全忠設伏破之，斬首數千級，引而南。克用躡全忠後，至柏和，大寒，全忠軍多死。不閱月，復圍兗州，因略地豐丘。賀瓌以奇兵擊全忠輜重，不及，戰鉅野東，瓌大敗，見禽，師無孑餘。軍道大陂，風暴起，全忠曰：「豈殺人有遺邪？」乃搜軍中，復斬數千人，風亦止，執瓌示城下。

瑾之兄瓊守齊州，見勢屈，以州歸全忠，結同姓歡。全忠許之，輕騎至軍，全忠勞苦加禮，因使招瑾。瑾領精騎爲池笑語如平生歡，乃使將胡規僞送款，欲得瓊躬上符節。全忠不之虞，瑾伏壯士橋下，瓊單騎至，方交語，士突起，挾瓊以入，斬其首棄城下，汴軍大震。全忠恚，數日乃去。

三年，克用使其將李瑭以兵屯莘援宣，爲羅弘信所破。全忠大喜，度宣可困，遣龐師古伐宣，宣逆戰，敗于馬頰河。師古迫其西門，兵不出。

全忠之攻宣，凡十興師，四敗績。宣才將皆盡，益內沮，度不能與全忠确，則固守，增堞深溝爲不可逼。明年，葛從周密造舟于塹，師人踰而升。宣出奔，爲民所縛，追至，執以獻。

全忠斬之而納其妻。使師古攻兗州。二月，食盡，瑾自出督芻粟，轉掠豐、沛間，而子用貞及大將康懷英等舉城降。瑾引麾下走沂州，刺史尹懷賓不納，乃趨海州，刺史朱用芝以其衆與瑾奔楊行密，行密迎之高郵，解玉帶以賜，表領徐州節度使，畀以兵。師古、從周以兵七萬討行密，瑾敗之清口，擊殺師古，而從周還，師至淠水，方涉，瑾追及，殺傷溺死幾盡。瑾事行密尤盡力。

孫儒，河南河南人。以趫卞橫里中，隸忠武軍爲裨校，與劉建鋒善。黃巢亂，以兵屬秦宗權爲都將。光啓初，宗權遣儒攻東都，留守李罕之出奔，儒焚宮闕，屠居人。河陽節度使諸葛爽與儒戰洛水，爽敗，儒亦東圍鄭州。朱全忠屯中牟救之，不敢前。儒衆夜登城，刺史李璠走，儒進拔河橋，遂取河陽，留後諸葛仲方出奔。全忠壓河陰，儒掠汴鄙，全忠兵卻，屯胙城東南，列僞旗鼓疑之，儒乃還。

會全忠與宗權戰，宗權敗走。儒聞，殺孟人，流尸於河，焚井邑乃去。宗權又遣儒鈔淮南，乘高駢之亂，儒留濠州。會楊行密得揚州，宗權使弟宗衡爭淮南，以儒爲副，建鋒爲前鋒。儒嘗曰：「丈夫不能苦戰萬里，賞罰繇己，奈何居人下，生不能富貴，死得廟食乎？」

未幾，汴兵攻蔡，宗權召之，儒稱疾不往，宗衡督之。卽大會帳下，酒酣，斬宗衡，并其衆。與建鋒、許德勳等盟。有騎七千，因略定傍州，不淹旬，兵數萬，號「土團白條軍」。

文德元年，破揚州，自爲淮南節度使，與時溥連和。初，全忠嘗以書招儒，故又納款於汴，且送宗衡、秦彥、畢師鐸首，全忠藉以聞。昭宗授儒檢校司空，全忠署爲招討副使。

龍紀初，悉兵攻宣州，行密取淮南，儒還，行密走，始得潤、常、蘇三州，兵益彊，使建鋒守潤、常。全忠約行密圖之。儒謀定江南，乃北爭天下，畏全忠擣虛，乃遣人卑辭厚賄，全忠薦於朝，詔授淮南節度使。

大順元年，行密取潤州，以安仁義守之；常州以李友守之。儒怒，三分其軍度江，建鋒復拔常、潤，仁義走。全忠遣將龐從等軍十萬掩至高郵，儒悉師禦之，故仁義間取潤州，劉威、田頵等敗建鋒於武進，取常州。杭州錢鏐將沈粲自蘇州奔儒，行密諸將在潤、常者，皆爲建鋒所逐，仁義、頵棄潤州走。

明年，儒引兵自京口轉戰，召建鋒皆行。行密諸將屯險者，聞儒至，皆走。頵、威等合兵三萬，邀儒黃池。儒遣馬殷擊走之。儒營廣德，乘勝至東溪，淮人大恐。行密遣臺濛屯西溪，自引軍逆戰。儒軍圍之數重，黑雲將李簡以騎馳之，行密乃免。儒遂圍宣州，行密乞師於錢鏐。會谿潦暴漲，廣德、黃池諸壁皆沒，儒分兵取和、滁二州。

其秋，儒焚揚州，引而西，傳檄遠近，號五十萬，旌旗相屬數百里，所過燒廬舍，殺老弱以給軍。行密懼，將遁去。戴規曰：「儒軍數敗，今掃地而至，決死於我，若吾遣降者間至揚州，撫尉衣食，使儒軍聞其家尙完，人人思歸，不戰可禽也。」行密乃遣親將入揚州，取儒營糧數十萬斛以稟飢民。儒屯廣德，陶雅以騎軍破儒前鋒，屯嚴公臺。十二月，頵、威與儒決戰，皆大敗。儒連屯稍西，行密使陶雅屯潤州，扼其歸路。

景福元年，儒復圍宣州，屯陵陽。行密戰不利，謀出奔，時劉威方繫獄，且死，行密窮，更召問計，對曰：「儒焚倉積壘以來，糧盡將爲我禽。若勁兵背城，坐制其困。」李神福亦請據險邀儒糧。行密乃分兵攻廣德壁而絕饟道。軍適大疫，儒病痁，遣建鋒、殷鈔諸縣。行密知城下兵寡，乃晨出，率仁義、頵背城決戰，破五十壁。會暴澍且冥，儒軍大敗。儒病甚，股弁不能興。頵執儒獻行密，諸將皆降。儒就刑于市，見劉威曰：「中君之謀。」儒嘗引鑑搔首曰：「此頭不久當入京師。」至是，傳首闕下。建鋒、殷哭之，相語曰：「公常有志廟食，吾等有土，當廟以報德。」及殷據湖南，表儒贈司徒、樂安郡王，立廟以祀。

校勘記

〔一〕時張敫據壽州　「張敫」，九國志卷一李神福傳、卷三田頵傳及通鑑卷二五六均作「張翺」。通鑑考異曰：「妖亂志作『張敫』，吳錄作『張潡』，今從十國紀年。」

〔二〕王茂章　「茂」，各本原作「彥」。本書卷一八九田頵傳、九國志卷三安仁義傳、新五代史卷二三王景仁傳及卷六一楊行密傳、通鑑卷二六四均作「茂」。又本卷下文云「以王茂章爲潤州團練使」，通鑑卷二六五亦載「潤州團練使王茂章」。此當作「茂章」。據改。

唐書卷一百八十九

列傳第一百一十四

高仁厚　趙犨 昶 珝　田頵　朱延壽

高仁厚，亡其系出。初事劍南西川節度使陳敬瑄爲營使。黃巢陷京師，天子出居成都，敬瑄遣黃頭軍部將李鋋、鞏咸以兵萬五千戍興平，數敗巢軍。賊號蜀兵爲「鵶兒」，每戰，輒戒曰：「毋與鵶兒鬬。」敬瑄喜其兵可用，益選卒二千，使仁厚將而東。

先是，京師有不肖子，皆著疊帶冒，持梃剽閭里，號「閑子」。京兆尹始視事，輒殺尤者以怖其餘。竇潏治京兆，至殺數十百人，稍稍憚戢。巢入京師，人多避難寶雞，閑子掠之，吏不能制。仁厚素知狀，下約入邑閭縱擊。軍入，閑子聚觀嗤侮，於是殺數千人，坊門反閉，欲亡不得，故皆死，自是閭里乃安。

會邛州賊阡能衆數萬略諸縣，列壁數十，涪州刺史韓秀昇等亂峽中，韓求反蜀州，諸將

不能定。敬瑄召仁厚還，使督兵四討，屯永安。阡能遣諜者入軍中，吏執以獻，諜自言父母妻子囚於賊，約不得軍虛實且死。仁厚哀之，曰：「爲我報賊，明日我且戰，有能釋甲迎我者，署背曰『歸順』，皆得復農矣。」縱諜去，命諸將毀栅鼓而前。賊渠羅渾擎設伏詐降，仁厚遣將不持兵入諭其衆，皆眞降。渾擎詐窮而逸，吏執之，仁厚曰：「愚人不足語。」降衆署，皆得免，則告諸壁：「大軍至。」賊帥句胡僧大驚，斬之，莫能禁，衆執胡僧以降。韓求知大賊已禽，徇諸壁曰：「敢出者斬！」衆罵之，求赴水死，衆鉤出，斬以徇，餘栅皆下。仁厚按轡徘徊視賊壘，吏請焚之，仁厚命取財糧，乃縱火，尸賊成都。仁厚還，天子御樓勞軍，授仁厚檢校尙書左僕射、眉州刺史。

敬瑄與仁厚謀曰：「秀昇未禽，貢輸梗奪，百官乏奉，民不鹽食。公能破賊，當以東川待公。」仁厚許之。詔拜行軍司馬。仁厚聞賊儲械、子女皆在屯，乃以銳兵泝江，伐木須水礙舟道，負岸而陣。使游軍逼賊，久不戰，則夜以千卒持短刀、彊弩直薄營，火而譟之。秀昇率舟兵救火，仁厚遣人鶩沒鑿舟，皆沉，衆懼，多潰。秀昇斬潰兵，欲脅止之，衆怒，執秀昇以降。仁厚問狀，對曰：「天子蒙塵，反者何獨我？」仁厚檻車送行在，斬於市。

東川節度使楊師立初隸神策軍，累遷檢校司空、同中書門下平章事。聞敬瑄以仁厚代己，有望言。敬瑄諷帝召師立以本官兼尙書右僕射，師立益怒，移檄言敬瑄十罪，殺監軍

田繪，屯涪城，遣兵攻綿州，不克。又檄劍州刺史姚卓文共攻成都，假卓文爲指揮應接使，卓文不應。帝乃下詔削官爵。敬瑄即表仁厚爲東川節度留後，楊茂言爲行軍副使，楊棠爲諸軍都虞候，率兵二萬討之。師立遣大將張士安、鄭君雄守鹿頭關。仁厚次漢州，前軍戰德陽，師立嬰城，閱四旬，夜出兵擾北栅，仁厚設兩翼而伏，披栅門列炬，賊不敢進，伏發，擊走之。楊茂言謂仁厚且敗，引兵走，久乃還。明日，會諸將，仁厚曰：「副使當以死報天子。」斬而徇。於是士安不敢出，師立自督士，十戰皆北。仁厚約城中斬首惡者賞，君雄譟于軍曰：「天子所討，反者耳，吾等何與？」乃與士安譟而進，以仁厚書示師立曰：「請以死謝衆。」自沉于池死。君雄悉誅其家，獻首天子。仁厚入府，縱繫囚，賑貧絕。詔拜劍南東川節度使。

光啓二年，遂據梓州，絕敬瑄。君雄時爲遂州刺史，亦陷漢州，攻成都。敬瑄使部將李順之逆戰，君雄死。又發維、茂州羌軍擊仁厚，斬之。乾寧中，皆追贈司徒。

趙犨，陳州宛丘人，世爲忠武軍牙將。犨夵警健，兒弄時好爲營陣行列，自號令指顧，羣兒無敢亂。父叔文見之曰：「是當大吾門。」稍長，喜書，學擊劍，善射。會昌中，從伐潞州，

收天井關，又從征蠻，忠武軍功多，遷大校。

黃巢入長安，所在盜興，陳人詣節度府，請犨爲刺史，表于朝，授之。既視事，會官屬計曰：「巢若不死長安，必東出關，陳其衝也。」乃培城疏塹，實倉庫，峙藁薪，爲守計。民有貲者悉內之，繕甲兵，募悍勇，悉補子弟領兵。巢敗，果東奔。賊將孟楷以萬人寇項，犨擊禽之。僖宗嘉其功，遷累檢校司空。巢聞楷死，驚且怒，悉軍擄溵水，與秦宗權合兵數十萬，繚長壕五周，百道攻之。州人大恐，犨令曰：「士貴建功立名節，今雖衆寡不敵，男子當死地求生，徒懼無益也。且死國，不愈生爲賊乎？吾家食陳祿，誓破賊以保陳，異議者斬！」衆聽命。引銳士出戰，屢破賊。巢益怒，將必屠之，乃起八仙營於州左，僭象宮闕，列百官曹署，儲糧爲持久計。宗權輸鎧仗軍須，賊益張。犨小大數百戰，勝負相當，故人心固，乃間道乞師於朱全忠。未幾，汴軍至，壁西北，陳人思奮，犨引兵急擊賊，破之。圍凡三百日而解。

中和五年，擢彰義軍節度使。巢雖敗，宗權始熾，略地數千里，屠二十餘州，唯陳賴犨獨完，以功檢校司徒，加泰寧、浙西兩節度，皆在陳幷領之。龍紀初，進同中書門下平章事、忠武軍節度，仍治陳州，流亡踵還。與弟昶至友愛，後將老，悉以軍事付之，乃卒，贈太尉。

犨悉忠力以孤城抗賊，巢卒敗亡。然附全忠，亦賴其力復振，故委輸調發助全忠，常先

它鎭云。

昶字大東，神采軒異，而內沈厚，有法度。破孟楷功多。巢之圍，昶夜搬師，疲而寢，如有神相之者。犂曙決戰，士爭奮死鬭，禽賊酋數人，斬級千餘。犨領泰寧，以昶爲州刺史、檢校尙書右僕射。當時，方鎭言忠壯吏治，舉言犨、昶。犨之老，乃授留後，遷忠武節度使，亦留陳。進檢校司徒。劭勸農桑，於人有恩惠。加同中書門下平章事。乾寧二年卒，年五十三，贈太尉。

犨子珝，字有節。雄毅喜書，善騎射。巢之難，激勵麾下，約皆死。以先冢邇賊，畏見殘齕，即夜縋死士取柩以入。庫有巨弩，機牙壞，不能張，珝以意調治，激矢至五百步，人馬皆洞，賊畏不敢逼。以勞檢校尙書右僕射，遙領處州刺史。

昶帥忠武，珝遷行軍司馬。昶之喪，知忠武留後，政簡濟，上下安之。全忠表爲忠武軍節度使。陳土惡，善圮，珝疊甓表墉，遂無患。三加檢校太保。光化二年，同中書門下平章事，進兼侍中，封天水郡公。按鄧艾故蹟，決翟王渠溉稻以利農。一家三節度，相繼二十餘年，陳人宜之。

天復初，韓建帥忠武，以珝知同州節度留後。昭宗還長安，詔入朝，賜號「迎鑾功臣」。以檢校太傅爲右金吾衞上將軍，從東遷。歲餘，以疾免。卒，年五十五，贈侍中，陳人爲罷市。

田頵字德臣，廬州合肥人。略通書傳，沈果有大志。與楊行密同里，約爲兄弟。應州募屯邊，遷主將。行密據廬州，頵謀爲多。攻趙鍠於宣州，鍠出東溪，乘暴流以逸，阻水解甲，謂追騎不能及。頵乘輕舠追之，鍠驚，遂見禽。行密表頵爲馬步軍都虞候。沙陀叛將安仁義奔淮南，行密大喜，屬以騎兵，使在頵右，兩人名冠軍中，共攻常州，殺刺史杜稜。錢鏐方屯潤州，一夕潰。會孫儒南略，頵等屯丹陽，儒火揚州，壓廣德，頵破其屯。與戰，頵走，行密怒，奪其兵。或諫行密曰：「彊敵傅壘，不用頵，非計也。」行密復將頵。儒詒書仁義通好，以疑行密，行密待益厚，署行軍副使，卒用此二人功禽儒。乃表仁義爲潤州刺史，頵寧國軍節度使。累遷檢校太保、同中書門下平章事。仁義至檢校太保。

頵已平馮弘鐸，至揚州謝行密。左右求賕不已，獄吏亦有請，頵怒曰：「吏覬吾入獄邪！」又求池、歙爲屬州，行密不許，頵始怨。將還，指府門曰：「吾不復入此。」

是時，錢鏐部將徐綰叛，鏐入杭州逐綰，綰屯靈隱山迎頵。頵遣客何曉見鏐曰：「王宜東保會稽，無爲虛屠士衆也。」鏐曰：「軍中小叛常然，公爲人長，何助逆耶？」頵攻北門，鏐登城與語，射中麾下。頵築壘絕往來道，鏐患之，出金幣十輿，募能奪地者。陳璋以死士三百，免胄馳擊，奪其地，鏐授璋衢州刺史。頵攻城未能克，將濟江絕西陵，爲鏐將所却，圍益急。

先是，行密欲女鏐子，鏐急，乃遣元璙迎女，且告行密曰：「頵得志，爲患必大，請以子爲質，願召還頵。」行密使人謂頵曰：「不還，我遣人代守宣州。」頵不從。鏐輸錢二百萬緡犒軍，頵又請鏐子元瓘出質，乃與綰引兵還。然內怨行密與鏐，因移書曰：「侯王守方以奉天子，譬百川不朝于海，雖狂奔澶漫，終爲涸土，不若順流無窮也。東南揚爲大，刀布金玉積如阜，願公上天子常賦，頵請悉儲峙，單車以從。」行密答曰：「貢賦繇汴而達，適足資敵爾。」於是頵絕行密，大募兵。李神福白行密：「頵必叛，宜先圖之。」行密曰：「頵有大功，而反狀未明，殺之，諸將不爲用。」頵遣其佐杜荀鶴至汴通好，全忠喜，屯宿州須變。行密以康儒在頵所，故授廬州刺史以間之。頵怒，族其家，儒曰：「公不用吾謀，死無地矣。」

頵與安仁義連和攻昇州，劫刺史李神福妻息厚養之。神福方與劉存攻鄂州，行密召之。神福謂諸將曰：「頵反，此心腹疾，宜速攻之。」頵遣李阜詒書神福曰：「公家在此，苟從我，當

分地以王。」答曰：「吾以一卒從吳王，任上將，終不以妻子易意。」乃斬阜，破頵兵於曷山。始，頵將王壇等以舟師躡神福後，至吉陽磯，不戰。會日暮，壇掩神福軍半濟，神福反舟順流急擊，大破之，因縱火，士多死。明日，壇復戰，敗於皖口，頵乃自將來戰。神福曰：「賊棄城而來，此天亡也。」乃瀕水堅壁不出，請行密以兵塞頵走道。

仁義焚東塘戰艦，夜攻常州，不克，轉戰至夾岡，立二幟，解甲而息，追兵莫敢嚮。頵陳舟蕪湖。行密遣將王茂章攻潤州。仁義以善射冠軍中，當時稱朱瑾槊、米志誠弩，皆爲第一，仁義常曰：「志誠弩十，不當瑾槊之一；瑾槊十，不當吾弓之一。」人以爲然。又其治軍嚴，善得士心。戰卒數百，濠梁不毀，閉門鬭，先告所當中，然後射之。茂章等不敢與确。行密遣使謂曰：「吾不忘公功，能自歸，當復爲行軍副使，但不可處兵。」仁義欲降，其子固諫，乃止。

行密召其將臺濛泣語曰：「人嘗告頵必反，我不忍負人，頵果負我。吾思爲將者非公莫可。」濛頓首謝，率騎度江，爲陣以行。士笑其法，濛曰：「頵宿將多謀，備之何害？」與王壇等戰廣德，濛以行密書遺壇諸將，皆再拜氣奪。濛麾兵擊之，壇走。神福既以不戰困頵，頵紿言母病，還至蕪湖。聞壇敗，留精兵二萬屬郭行琮，身走城。濛之行，爲狹營小舍，覘者以爲才容二千人，頵輕之，不復召兵。與戰黃池，矢石始交而濛遁，兵爭逐北，遇伏，頵大

敗，召蕪湖兵，不得入。行琮及壇皆歸行密，頵恚，自料死士數百，號「爪牙都」，身薄戰。濛退軍示弱，士超隍，濛殊死戰，軍潰。頵奔城，橋陷，爲亂兵所殺，年四十六。其下猶鬬，示頵首，乃潰。

頵始以元瓘歸，戰不勝，輒欲殺之，頵母護免。及鏐與行密合，頵曰：「今日不勝，必殺元瓘。」已而頵死，傳首至淮南，行密泣下，葬以庶人禮，亦葬康儒，還元瓘於杭。

頵善爲治，資寬厚，通利商賈，民愛之。善遇士，若楊夔、康軿、夏侯淑、殷文圭、王希羽等皆爲上客。文圭有美名，全忠、鏐交辟不應。頵置田宅，迎其母，以甥事之，故文圭爲盡力。夔知頵不足亢行密，著溺賦以戒，頵不用。

行密使王茂章穴地取潤州，安仁義以家屬保城樓，兵不敢登。召李德誠曰：「汝可以委命。」乃抵弓矢就縛，父子斬揚州市。

濛字頂雲，亦合肥人。頵破，行密表爲檢校太保、宣州觀察使。天祐初卒。

朱延壽者，廬州舒城人。事行密，破秦彥、畢師鐸、趙鍠、孫儒，功居多。行密欲以寬恕結人心，而延壽敢殺。時揚州多盜，捕得者，行密輒賜所盜遣之，戒曰：「勿使延壽知。」已而

陰許延壽殺之。

初，壽州刺史高彥温舉州入朱全忠，行密襲之，諸將憚城堅不可拔，延壽鼓之，拔其城，即表爲淮南節度副使。全忠猶屯壽春，延壽以新軍出，每旗五伍爲列，遣李厚以十旗擊西偏，不勝，將斬之，厚請益五旗，殊死戰，全忠引去。於是取黃、蘄、光三州，以功遷壽州團練使。

昭宗在鳳翔，詔延壽圍蔡以披全忠勢，擢奉國軍節度使。全忠兵每至，延壽開門不設備，而不敢逼也。延壽用軍常以寡鬬衆，敗還者盡斬之。

田頵之附全忠，延壽陰約曰：「公有所爲，我願執鞭。」頵喜，二人謀絕行密。行密憂甚，給病目，行觸柱僵。妻，延壽姊也，掖之。行密泣曰：「吾喪明，諸子幼，得舅代我，無憂矣。」遣辯士召之，延壽疑，不肯赴。姊遣婢報故，延壽疾走揚州，拜未訖，士禽殺之，而廢其妻。

贊曰：全忠，唐之盜也，行密志梟其元而後已。田頵使出軍賦而助之，此其謀責難而絕之，非忠於唐也。棄所附而覬尊大，亦已妄矣。孔子稱孟公綽爲趙、魏老則優，不可以爲滕、薛大夫。如仁厚、田、朱，材不足爲吳、蜀之老，可與事天子哉！

唐書卷一百九十

列傳第一百一十五

劉建鋒　成汭　杜洪　鍾傳　劉漢宏　張雄　王潮 審邽 劉知謙 盧光稠

劉建鋒字銳端，蔡州朗山人。爲忠武軍部將，與孫儒、馬殷同事秦宗權。儒之敗，建鋒、殷收散卒，轉寇江西，有衆七千，推建鋒爲主，殷爲前鋒，張佶爲謀主。略洪、虔數州，衆遂十餘萬。乾寧元年，取潭州，殺武安節度使鄧處訥，自稱節度留後，奉表京師，詔即拜檢校尚書左僕射、武安軍節度使。

建鋒已得志，即嗜酒不事事。新息小史陳贍爲建鋒御者，妻美且豔，乃私之。贍怒，袖鐵檛擊建鋒死，斷其喉。衆推張佶爲帥，佶固辭，馬踶傷佶左髀，下令曰：「吾非而主。」時馬殷攻邵州未克，於是遣人迎殷。磔贍于市。

殷至，佶坐受其謁。既而率將吏推殷爲留後。詔即除檢校太傅、潭州刺史。殷以成汭、楊行密、劉隱皆養士以圖王霸，謂其屬高郁曰：「吾欲重幣以奉四鄰而固吾境，計安出？」郁曰：「荆南闇弱，焉能患我？淮南，我讎也，固不吾援。公若置邸京師，歸天子職貢，王人來錫命，四方畏服，然後按兵討不廷，霸業成矣。」殷悟，厚結宣武朱全忠以請于朝，乃拜湖南節度兵馬留後。郁又教殷鑄鉛鐵錢，十當銅錢一；民得自摘山，收茗算，募高戶置邸閣居茗，號「八牀主人」。歲入算數十萬，用度遂饒。

於是收邵、衡、永、道、郴、連六州，進攻桂州，執留後劉士政。諸城望風奔潰，盡得昭、賀、梧、象、柳、宜、蒙等州。又攻容管，執寧遠節度使龐巨曦，虜其衆及貲。昭宗在鳳翔，韃方亟，遣中人間道賜朱書，密詔使殷與楊行密攻汴州，殷兵訖不出。

殷弟賨，沈勇知書史，從孫儒爲盜，晚事楊行密爲黑雲軍使。與錢鏐戰，數有功。夜臥，常有光怪。行密知之，曰：「吾今歸汝于兄。」辭曰：「賨一敗卒，公待以不死。湖南在宇下，朝亡夕至，但誼不忍舍公。」行密具齎以遣曰：「爾還，與兄共食湘、楚，然何以報我？」答曰：「願通二國好，使商賈相資。」行密喜。既至，殷表以自副。每勸殷與行密連和，殷畏全忠，卒不克。

殷與建鋒同里人，凡宗權黨散爲盜者，皆以酷烈相矜，時通名「蔡賊」云。

成汭，青州人。少無行，使酒殺人，亡爲浮屠。後入蔡賊中，爲賊帥假子，更姓名爲郭禹。當戍江陵，亡爲盜，保火門山。後詣荆南節度使陳儒降，署裨校。久之，張瓌囚儒，以禹凶慓，欲殺之。禹結千人奔入峽，夜有蛇環其所，祝曰：「有所負者，死生唯命。」既而蛇亡。禹乃襲歸州，入之，自稱刺史。招還流亡，訓士伍，得勝兵三千。秦宗權故將許存奔禹，禹以青州剽卒三百畀之，使討荆南部將牟權于清江，禽權，取其衆。禹又破其將王建肇，建肇奔黔州。昭宗拜禹荆南節度留後，始改名汭，復故姓。

宗權餘黨常厚攻夔州。是時，西川節度使王建遣將屯忠州，與夔州刺史毛湘相脣齒，厚屯白帝。汭率存乘二軍之間攻之，二軍使人詐辱汭，韓楚言尤劇，汭恥之曰：「有如禽賊，當支解以逞。」會存夜斬營襲厚，破之，厚奔萬州，爲刺史張造所拒，走綿州。存入夔州。楚言妻李語夫曰：「君常辱軍，且支解，不如前死。」楚言不決。李礪刀席下，方共食，復語之，夫曰：「未可知。」李取刀斷其首，并殺三子，乃自剄。汭畏其烈，禮葬之，刻石表曰烈女。卽使司馬劉昌美守夔，率存泝江略雲安，建將皆奔。存按兵渝州，盡下瀕江州縣。

時王建肇據黔州自守，帝以建肇爲武泰軍節度使。汭遣將趙武率存攻之，建肇走，汭

乃以武爲留後，存爲萬州刺史。存不得志，汭遣客伺之，方蹴毬，汭曰：「存必叛，自試其力矣。」遣將襲之。存夜率左右超堞走，與王建肇皆降於王建。

汭頗知吏治，嘗錄囚，盡其情。墊江賊陰殺令，其主簿疑小史導之，訊不承。臨刑曰：「我且訟地下。」踰月，吏暴死。汭聞，益詳於獄。始治州，民版無幾，未再期，自占者萬餘。帝數詔刻石頌功，輒固辭。時鎭國節度使韓建亦以治顯，號「北韓南郭」。汭進累檢校太尉、中書令，上谷郡王。雲安榷鹽，本隸鹽鐵，汭擅取之，故能畜兵五萬。初任賀隱，隱，賢者也，故汭所舉少過。晚得妻父任之，譖害諸子，汭皆手殺之，至絕嗣。澧、朗本荆南隸州，爲雷滿所據，別爲節度，汭數請之，宰相徐彥若不許。及彥若罷，道江陵，汭出怨言，彥若曰：「公專一面，自視桓、文，一賊不能取，而怨朝廷乎？」汭大慚。晚喜術士，餌藥濱死而蘇。

天復三年，帝詔淮南節度使楊行密圍鄂州，朱全忠使韓勍救之，諷汭與馬殷、雷彥威掎角。汭身自將而行，下知汭不足亢行密，無敢諫，唯親吏楊師厚勸之。汭爲巨艦，堂皇悉備，行至公安，卜不吉，欲還，師厚曰：「公舉全軍，中道還，何以見百姓？」汭乃行。彥威潛師略江陵，汭諸將念私，無鬬志。淮南將李神福壁沙橋，望汭軍曰：「戰艦雖盛，首尾斷絕，可取也。」擊汭君山，敗之，火其船，衆大潰，汭投江死，士民皆爲彥威所劫。韓勍走還。王建遂取夔、施、忠、萬四州。天祐中，全忠表汭死國事，請與杜洪皆立廟云。

杜洪，鄂州人。爲里俳兒。乾符末，黃巢亂江南，永興民皆亡爲盜，刺史崔紹募民彊雄者爲土團軍，賊不敢侵，於是人人知兵。杭州刺史路審中爲董昌所拒，走客黃州。中和末，聞紹卒，募士三千入鄂州以守。洪爲州將，有功，亦逐岳州刺史居之。光啓二年，安陸賊周通率兵攻審中，審中亡去，洪乘虛入鄂，自爲節度留後，僖宗卽拜本軍節度使。

是時，永興民吳討據黃州，駱殷據永興，二人皆隸土團者也，故軍剽甚。洪雖得節制，而附朱全忠，絕東南貢路。乾寧初，身自將擊討，乞師淮南，楊行密遣朱延壽助之。洪引還，延壽拔黃州，俘討獻京師。駱殷棄永興走，行密取其地。洪得駱殷，倚爲腹心，間取永興守之。

全忠方圍鳳翔，昭宗遣使者東出，道武昌，洪皆殺之。時行密略光州，詔洪出兵，與忠義趙匡凝、武安馬殷襲安州。行密使李神福、劉存率舟師萬人討洪，駱殷棄永興走，縣民方詔守以待命。神福已得詔，大喜，以永興壯縣，饋餉所仰，既得鄂半矣，遂進圍鄂州。

洪嬰城請救於汴，全忠率兵五萬營雷丘。行密禦之，汴兵不利，引還，使別將吳章以三

千兵解圍，神福迎破之。時全忠方與河東軍薄戰，故不能救洪。洪乃求助於馬殷，殷不答。洪計窮，復走全忠，全忠遣曹延祚合吳章兵萬三千救洪。淮南將劉存濬坎傅城。殷爲洪謀曰：「淮兵深入，仰永興以濟，若奇兵取之，賊不戰而潰。」洪以精兵合汴人間道掩永興，三十里而舍。存以方詔、苗璘當之。汴亡卒走淮壁，言軍虛實曰：「鄆軍懦，可取，開道軍不可當也。」璘曰：「殺彊則弱者橈矣。」乃自擊開道軍，敗之，禽汴士三百人，徇城下。洪軍氣沮，存使辯士臨說，洪恃汴方彊，無降意。或勸存急擊援兵，則城自下，存曰：「擊之，賊入，則城固矣；若縱其遁，城可取也。」俄而汴軍走，是日城陷，執洪及曹延祚，窮斬其餘。行密見洪，責曰：「爾同逆賊弒主，與孤爲仇，吾軍還，而復爲賊後拒，今定何如？」洪謝曰：「不忍負朱公。」與延祚皆斬揚州市。以劉存守鄂州。行密死，馬殷遂取其地。

鍾傳，洪州高安人。以負販自業，或勸其爲盜必大顯。時王仙芝猖狂，江南大亂，衆推傳爲長，乃鳩夷獠，依山爲壁，至萬人，自稱高安鎭撫使。仙芝遣柳彥璋掠撫州，不能守，傳入據之，言諸朝，詔卽拜刺史。中和二年，逐江西觀察使高茂卿，遂有洪州。撫民危全諷間傳之去，竊州以叛，使弟仔昌據信州。僖宗擢傳江西團練使，俄拜鎭南節度使、檢校太保、

中書令，爵潁川郡王，又徙南平。

傳率兵圍撫州，天火其城，士民讙驚，諸將請急攻之，傳曰：「乘人之險，不可。」乃祝曰：「全諷罪，無害民者。」火卽止。全諷聞，謝罪聽命，以女女傳子匡時。傳以匡時爲袁州刺史，擊馬殷。又以彭玕爲吉州刺史。玕，健將也，傳倚以爲重。

廣明後，州縣不鄉貢，惟傳歲薦士，行鄉飮酒禮，率官屬臨觀，資以裝齎，故士不遠千里走傳府。傳少射獵，醉遇虎，與鬭，虎搏其肩，而傳亦持虎不置，會人斬虎，然後免。旣貴，悔之，戒諸子曰：「士處世尚智與謀，勿效吾暴虎也。」乃畫搏虎狀以示子孫。凡出軍攻戰，必禱佛祠，積餌餠爲犀象，高數尋。晚節重斂，商人至棄其貨去。天祐三年卒。

匡時自立爲節度觀察留後。次子匡範爲江州刺史，怨兄立，挈州附淮南，因言兄結汴人圖揚州。楊渥使秦裴攻匡時，圍洪州。匡時城守不出，凡三月，城陷，淮軍大掠三日止，執匡時及司馬陳象歸揚州。渥切責，匡時頓首請死，渥哀赦之，斬象于市。

彭玕既失援，厚結馬殷，且覘虛實，使者還曰：「殷將校輯睦，未可圖也。」遂歸款。玕通左氏春秋，嘗募求西京石經，厚賜以金，揚州人至相語曰：「十金易一筆，百金償一篇，況得士乎？」故士人多往依之。

始，危全諷聞匡時立，喜曰：「聽鍾郎爲節度三年，我自取之。」及渥兵盛，不敢救，潛謀

攻渥。會淮南亡將王茂章過州，請曰：「聞公欲大舉，願見諸將才否。」全諷蒐衆十萬，邀茂章觀之，對曰：「揚州有士三等，公衆正當其下，盍更益之？」全諷不能答。後爲楊氏所并。

劉漢宏，本兗州小史，從大將擊王仙芝，劫輜重叛去。乾符末，略江陵，焚民室廬，廛無完家。於是都統王鐸遣將崔鍇降之，表爲宿州刺史。漢宏恨賞薄，有望言。會浙東觀察使柳瑫得罪，乃授漢宏觀察使，代之。僖宗在蜀，貢輸踵驛而西，帝悅，寵其軍爲義勝軍，卽授節度使。

漢宏既有七州，志侈大，輒曰：「天下方亂，卯金刀非吾尙誰哉？」鴉噪諸廷，命斫樹，或曰：「巨木不可伐。」怒曰：「吾能斬白蛇，何畏一木！」

中和二年，遣弟漢宥率諸將攻杭州，壁西陵，爲董昌所敗。復遣兵七萬瀕江而屯，昌使錢鏐宵濟襲破之。明年，漢宏屯黃嶺，發洞獠同攻昌，鏐出富陽擊諸營，多潰去。漢宏大沮，悉軍十萬列艦西陵，謀宵濟襲昌。禱於江，有一矢墜前，惡之。俄與鏐遇，鏐俘馘五千，漢宏羸服走，或執之，紿而免。明日復戰，鏐斬其弟漢容、將辛約。時鍾季文守明州，盧約處州，蔣瓌婺州，杜雄台州，朱褒温州。褒兵最彊，故漢宏使褒治大艦習戰，以史惠、施堅實、韓公汶將其軍。帝聞杭、越挐戰，遣中人焦居璠持節詔通好，皆不奉詔。

光啓二年，鏐率諸將攻越，自趨導山，破公汶於曹娥埭。與褒戰，燒其艦，進屯豐山。堅實詣鏐降，漢宏率麾下六百人走台州，鏐斬其母妻于屯。杜雄饗其軍，皆醉，執漢宏以見董昌。漢宏曰：「自古豈有不亡國邪？」昌使斬于市，叱刑者曰：「吾節度使，非庸人可殺。我嘗夢持金殺我者，必錢鏐也。」昌命鏐斬之。

張雄，泗州漣水人。與里人馮弘鐸皆爲武寧軍偏將。弘鐸爲吏辱，雄爲辯數，并見疑於節度使時溥。二人懼禍，乃合兵三百度江，壁白下，取蘇州據之。稍稍嘯會，戰艦千餘，兵五萬，乃自號「天成軍」。

鎭海節度使周寶之敗，奔常州，聞高駢將徐約兵銳甚，誘之使擊雄，與之蘇州。雄匿衆海中，使別將趙暉據上元，資以舟械。寶兵散，多降暉，衆數萬。雄卽以上元爲西州。負其才，欲治臺城爲府，旌旗衣服僭王者。

楊行密圍揚州，畢師鐸厚齎寶幣，啖雄連和。雄率軍浮海屯東塘。是時揚州圍久，皮

襄革帶食無餘，軍中殺人代糧，纔千錢。聞雄至，間道挾珍走軍，以銀二斤易斗米，逮糠籺以差爲直。雄軍富過所欲，卽不戰去。暉數剽江道，雄擊殺之，坑其衆，自屯上元。大順初，以上元爲昇州，詔授雄刺史。未幾卒。雄善馭衆，人思之，爲立廟。弘鐸代爲刺史。

弘鐸善騎射，侃侃若儒者。行密已得淮南，弘鐸納好。然倚兵艦完利，謀取潤州，遣客尙公迺進說行密，行密不從。客曰：「公不見聽，未知勝幾樓船？」時行密大將田頵在宣州，陰圖弘鐸，募工治艦。工曰：「上元爲舟，市木遠方，堅緻可勝數十歲。」頵曰：「我爲舟於一用，不計其久，取木於境可也。」弘鐸介宣、揚間，不自安，而州數有怪。天復二年，大風發屋，巨木飛舞，州人駭曰：「州且易主。」大將馮暉等勸弘鐸悉軍南嚮，聲言討鍾傳，實襲頵。行密知之，遣客說止，不聽。頵逆擊於曷山，弘鐸大敗，收殘士欲入海。行密懼復振，遣人迎犒東塘，好謂曰：「兵有勝負，今衆尙彊，乃自棄于海，奈何？吾府雖隘，尙可以居。若欲揚州，我且讓公。」弘鐸舉軍盡哭。行密挐飛艫，不持兵入其軍，執弘鐸手尉勉，遂以歸，表爲淮南節度副使。見尙公迺曰：「頗憶爲馮公求潤州否？何多尙邪？」謝曰：「臣爲君，恨其未遂。」行密笑曰：「吾得君，尙何憂？」

徐約者，曹州人。已得蘇州，有詔授刺史。錢鏐遣弟銶攻之，約驅民墨鑱其耏曰：「願戰南都。」從事或曰：「都者，國稱，杭終有國乎？」約後寖窘，與其下哭而別，入海死。鏐使

沈粲守蘇州。約衆降潤州阮結，結不能定。鏐以成及討之，盡殲其衆。

王潮字信臣，光州固始人。五代祖曄爲固始令，民愛其仁，留之，因家焉。世以貲顯。

僖宗入蜀，盜興江、淮，壽春亡命王緒、劉行全合羣盜據壽州。未幾，衆萬餘，自稱將軍，復取光州，刼豪桀置軍中，潮自縣史署軍正，主稟庾，士推其信。緒提二州籍附秦宗權。它日，賦不如期，宗權切責，緒懼，與行全拔衆南走，略潯陽、贛水，取汀州，自稱刺史，入漳州，皆不能有也。初以糧少，故兼道馳，約軍中曰：「以老孺從者斬。」潮與弟審邽、審知奉母以行，緒切責潮曰：「吾聞軍行有法，無不法之軍。」對曰：「人皆有母，不聞有無母之人。」緒怒，欲斬其母，三子同辭曰：「事母猶事將軍也，殺其母焉用其子？」緒赦之。會母死，不敢哭，夜殯道左。

時望氣者言軍中當有暴興者，緒潛視魁梧雄才，皆以事誅之，衆懼。次南安，潮語行全曰：「子美須眉，才絕衆，吾不知子死所。」而行全怪寤，亦不自安，與左右數十人伏叢翳，狙縛緒以徇。衆呼萬歲，推行全爲將軍，辭曰：「我不及潮，請以爲主。」潮苦讓不克，乃除地剩劍祝曰：「拜而劍三動者，我以爲主。」至審知，劍躍於地，衆以爲神，皆拜之。審知讓潮，自

爲副。緒歎曰：「我不能殺是子，非天乎！」潮令于軍曰：「天子蒙難，今當出交、廣，入巴、蜀，以幹王室。」於是悉師將行，會泉州刺史廖彥若貪暴，聞潮治軍有法，故州人奉牛酒迎潮。乃圍城，歲餘克之，殺彥若，遂有其地。

初，黃巢將竊有福州，王師不能下，建人陳巖率衆拔之，又逐觀察使鄭鎰，自領州，詔卽授刺史。久之，巖卒，其婿范暉擁兵自稱留後。巖舊將多歸潮，言暉可取，潮乃遣從弟彥復將兵，審知監之，攻福州。審知乘白馬履行陣，望者披靡，號「白馬將軍」。暉守彌年不下，潮令曰：「兵盡益兵，將盡益將，兵將盡，則吾至矣。」於是彥復急攻，暉亡入海，追斬之。建、汀二州皆舉籍聽命，潮乃盡有五州地。

昭宗假潮福、建等州團練使，俄遷觀察使。乃作四門義學，還流亡，定賦斂，遣吏勸農，人皆安之。乾寧中，寵福州爲威武軍，卽拜潮節度使、檢校尚書左僕射。卒，贈司空。

潮病，以審知權節度，讓審邽，不許。詔審知檢校刑部尚書、節度觀察留後。厚事朱全忠，全忠薦爲節度使、同中書門下平章事。帝在鳳翔，賜審知朱詔，自三品皆得承制除授。天祐初，進琅邪郡王。

審邽字次都。爲泉州刺史，檢校司徒。喜儒術，通書、春秋。善吏治，流民還者假牛

犂，興完廬舍。中原亂，公卿多來依之，振賦以財，如楊承休、鄭璘、韓偓、歸傳懿、楊贊圖、鄭戩等賴以免禍，審邽遣子延彬作招賢院以禮之。

劉知謙，壽州上蔡人。避亂客封州，爲清海牙將，節度使韋宙以兄女妻之，衆謂不可，宙曰：「若人狀貌非常，吾以子孫託之。」

黃巢自嶺表北還，湖、湘閒羣盜蟻結，知謙因據封州，有詔卽授刺史兼賀水鎭使，以遏梧、桂。知謙撫納流亡，愛嗇用度，養士卒。未幾，得精兵萬人，多具戰艦，境內肅然。久之，疾病，召諸子曰：「今五嶺盜賊方興，吾有精甲犀械，爾勉建功，時哉不可失也！」

知謙卒，共推其子隱爲嗣，清海軍節度使劉崇龜表爲封州刺史。嗣薛王知柔代領節度，未至，而牙將盧琚叛。隱率兵奉迎知柔，直趨廣州，禽琚獻之。於是知柔以聞，昭宗拜隱本軍行軍司馬，俄遷副使。天復初，節度徐彥若死，隱自稱留後。

虔人盧光稠者，有衆數萬，據州自爲留後，又取韶州。隱與爭之，戰不勝，悉師攻虔州。光稠伏軍掉戰，隱縱驅，伏發，挺身免。天祐初，始詔隱權節度留後，乃遣使者入朝，重賂

朱全忠以自固。是歲，光稠死，子延昌自稱刺史，爲其下所殺，更推李圖領州事。圖死，鍾傳盡刼其衆，欲遣子匡時守之。不克，州人自立譚全播爲刺史，附全忠云。

二十四史

新唐書

宋　歐陽修　宋祁　撰

第一八册

卷一九一至卷二〇五(傳)

中華書局

中華書局

唐書卷一百九十一

列傳第一百一十六

忠義上

夏侯端　劉感　常達　敬君弘 謝叔方　呂子臧 馬元規　王行敏

盧士叡　李玄通　羅士信　張道源 楚金　李育德 李公逸　張善相

高叡 仲舒　安金藏　王同晈 潛　周憬　吳保安　李憕 源　彭

盧弈 元輔　張介然 崔無詖

夫有生所甚重者，身也；得輕用者，忠與義也。後身先義，仁也；身可殺，名不可死，志也。大凡捐生以趣義者，寧豫期垂名不朽而爲之？雖一世成敗，亦未必濟也，要爲重所與，終始一操，雖頹嵩、岱，不吾壓也。夷、齊排周存商，商不害亡，而周以興。兩人至餓死

不肯屈，卒之武王蒙慚德，而夷、齊爲得仁，仲尼變色言之，不敢少損焉。故忠義者，眞天下之大閑歟！姦鈇逆鼎，搏人而肆其毒，然殺一義士，則四方解情，故亂臣賊子絶然疑沮而不得逞。何哉？欲所以爲彼者，而爲我也。義在與在，義亡與亡，故王者常推而褒之，所以砥礪生民而窒不軌也。雖然，非烈丈夫，曷克爲之？彼委靡輭熟，偷生自私者，眞畏人也哉！故次敍夏侯端以來凡三十三人于左方。

夏侯端，壽州壽春人，梁尚書左僕射詳孫也。仕隋爲大理司直。高祖微時與相友，大業中討賊河東，表端爲副。端邃數術，密語高祖曰：「玉牀搖，帝坐不安。晉得歲，眞人將興，安天下之亂者，其在公乎！但上性沈忌，內惡諸李，今金才已誅，次且取公，宜蚤爲計。」帝感其言。義師興，端在河東，吏捕送長安。帝入京師，釋囚，引入臥內，擢祕書監。

李密之降，關東地未有所屬，端請假節招諭，乃拜大將軍，爲河南道招慰使。即傳檄州縣，東薄海，南摙淮，二十餘州遣使順附。次譙州，會亳、汴二州刺史已降王世充，道塞，無所歸，計窮彷徨。麾下二千人糧盡不忍委端去，端乃殺馬宴大澤中，謂衆曰：「我奉王命，義無屈。公等有妻子，徒死無益。吾丐若首，持與賊以取富貴。」衆號泣不忍視，端亦泣，欲自

刎，爭持之，乃止。行五日，餓死十四三。遇賊，衆潰，從者纔三十餘人，遂東走，擷豐豆以食。端持節臥起，歎曰：「平生不知死地乃在此！」縱其下令去，毋俱沒。會李公逸守杞州，勒兵迎端。時河南地悉入世充，公逸感端之節，亦固守。世充遣人以淮南郡公、尚書少吏部印綬召端，解所服衣以贈。端曰：「吾，天子使，寧汙賊官邪！非持首去不可見。」即焚書及衣，因解節毛懷之，間道走宜陽，歷崖峭榛莽。比到，其下僅有在者，皆體髮癯焦，人不堪視。端入謁，自謝無功，不及危困狀。帝閔之，復拜祕書監。出爲梓州刺史。散祿稟周孤窮，不爲子孫計。貞觀元年卒。

劉感，岐州鳳泉人，後魏司徒豐生孫也。武德初，以驃騎將軍戍涇州，爲薛仁杲所圍，糧盡，殺所乘馬啖士，而煮骨自飲，至和木屑以食。城垂陷，長平王叔良救之，賊乃解。與叔良出戰，爲賊執，還圍涇州，令感約城中降。感紿諾，至城下大呼曰：「賊大飢，亡在朝暮，秦王數十萬衆且至，勉之無苦。」仁杲怒，執感埋其半土中，馳射之。至死，詈益甚。賊平，高祖購得其尸，祭以少牢，贈瀛州刺史，爵平原郡公，封戶二千，諡忠壯。詔其子嗣封爵，賜田宅焉。

常達，陝州陝人。仕隋爲鷹擊郎將。嘗從高祖征伐，與宋老生戰霍邑，軍敗自匿，帝意已死，久乃自歸。帝大悅，命爲統軍，拜隴州刺史。

時薛舉方彊，達敗其子仁杲，斬首千級。舉遣將仵士政紿降，達不疑，厚加撫接。士政伺隙劫之，幷其衆二千歸賊。舉指其妻謂達曰：「識皇后乎？」答曰：「彼癭老嫗，何所道？」舉奴張貴又曰：「亦識我否？」達瞋目曰：「若乃奴耳。」貴忿，舉笏擊其面，達不爲懾，亦拔刀逐之，趙弘安爲蔽捍，乃免。仁杲平，帝見達，勞曰：「君忠節，正可求之古人。」爲執士政殺之，賜達布帛三百段，以達幷劉感事授史臣令狐德棻云。終隴西刺史。

敬君弘，絳州絳人，北齊尚書右僕射顯儁曾孫也。累功歷驃騎將軍，封黔昌侯。以屯營兵守玄武門。隱太子之死，左右解散。其車騎將軍馮立者，有材武，歎曰：「生賴其寵，死不共難，我無以見士大夫！」乃與巢王親將謝叔方率兵攻玄武門，殊死鬭。君弘挺身出，或曰：「事未可判，當按兵待變，成列而鬭可也。」不從。與中郎將呂世衡呼而進，皆戰歿。立顧其下曰：「足以報太子矣。」遂解兵走。君弘等敗，秦府兵不振。尉遲敬德擲巢王首示叔方，叔方下馬慟，亦出奔。明日自歸，太宗曰：「義士也。」置之。俄而立又至，帝讓曰：「汝離我兄弟，罪一也；殺我將士，罪二也。何所逃死？」答曰：「出身事主，當戰之日，不知其它。」因伏地悲不自勝，帝亦勞遣之。詔贈君弘左屯衞大將軍，世衡右驍衞將軍。

立已蒙貸，歸語人曰：「上赦吾罪，吾當以死報。」未幾，突厥犯便橋，立引數百騎與虜薄，敗之咸陽。帝喜，授廣州都督。前日牧守苛肆，爲蠻夷患，故數叛。立至，不事家產，衣食弗求贏。嘗見貪泉曰：「此豈隱之所酌邪？吾雖日汲，庸易吾性哉？」遂極飲去。在職不三年，有惠愛，卒于官。

叔方歷伊州刺史，善治軍，戎、華愛之。累加銀青光祿大夫，徙洪、廣二州都督。卒，諡曰勤。本萬年人，從巢王征討有功，王表爲屈咥眞府左軍騎云〔一〕。

呂子臧，蒲州河東人。剛直，健于吏。隋大業末爲南陽郡丞，捕擊盜賊有功。高祖入京師，遣馬元規慰輯山南，獨子臧堅守。元規遣士諷曉，子臧殺之。及煬帝已弑，帝更使其壻薛君倩齎詔，言隋所以亡，諭子臧。子臧爲故君發喪訖，即送款，就拜鄧州刺史，封南陽郡公。

武德初，朱粲新衂，子臧率兵與元規幷力。元規軍不進，子臧曰：「乘賊新敗，上下惶沮，一戰可禽；若遷延，其衆稍集，吾食盡，致死於我，不可當也。」不納。子臧請以所部兵獨進，又不許。俄而粲得衆，復張，元規嬰城，子臧扼腕曰：「謀不見用，坐公死矣。」賊圍固。會霖雨，雉堞崩剁，或勸其降，子臧曰：「我，天子方伯，且降賊乎？」乃率麾下數百人赴敵死，城亦陷，元規死之。

元規，安陸人。初以隊正從帝征伐，持節下南陽，得兵萬餘，然無謀，至于敗。

王行敏，幷州樂平人。隋末爲盜長，高祖興，來降，拜潞州刺史，遷屯衞將軍。劉武周入幷州，寇上黨，取長子、壺關。或言刺史郭子武懦不支，且失潞，帝遣行敏馳往。既至，與子武不叶，賊圍急，儲偫空乏，衆恫懼，行敏患之。會有告子武謀反，遂斬之。州民陳正謙者，以信義稱鄉里，出粟千石濟軍，由是人自奮，賊乃去。行敏又敗竇建德兵於武陟。武德四年，督兵徇燕、趙，與劉黑闥戰歷亭，破之。既而釋甲不設備，爲黑闥所掩，縛致麾下。終不屈，賊遂斬之。且死，西向跪曰：「臣之忠，惟陛下知之。」帝聞而悼惜。

黑闥之亂，死事者又有盧士叡、李玄通。

士叡客韓城。隋亂，結納英豪。高祖與之舊，及兵興，率數百人上謁汾陰，又使兄子諭降劇賊孫華，與劉弘基敗隋將桑顯和於飲馬泉。擢累右光祿大夫，為瀛州刺史。黑闥遣輕騎破其郛，拒戰半日，士見親屬係虜，乃潰。士叡為賊擒，欲使說下城堡，不從，見殺。

玄通，藍田人。為隋鷹揚郎將，高祖入關，率所部自歸，拜定州總管。為黑闥所破，愛其才，欲以為將。玄通曰：「吾當守節以報，烏能降志賊邪？」不聽，囚之。故吏有餉飲饌者，玄通曰：「諸君見哀，吾能一醉。」遂縱飲，謂守者曰：「吾能劍舞，可借刀。」守士與之。曲終，仰天太息曰：「大丈夫撫方面，不能保所守，尚何視息邪？」乃潰腹死。帝為流涕，擢其子伏護大將軍。

羅士信，齊州歷城人。隋大業時，長白山賊王薄、左才相、孟讓攻齊郡，通守張須陁率兵擊賊。士信以執衣，年十四，短而悍，請自効。須陁疑其不勝甲，少之。士信怒，被重甲，

左右鞬，上馬顧眄。須陁許之。擊賊濰水上，陣纔列，執長矛馳入賊營，刺殺數人，取一級擲之，承以矛，戴而行，賊皆眙懼無敢亢。須陁乘之，大破賊。士信逐北，每殺一賊，輒劓鼻納諸懷，暨還，驗以代級。須陁歎伏，遺以所乘馬。凡戰，須陁先登，士信副，以為常。煬帝遣使圖須陁、士信陣法上內史。

後須陁為李密所殺，士信與裴仁基歸密，署總管，俾統所部討王世充。身被重創，見獲於世充。世充愛其才，厚遇之，與同寢食。後得密將邴元眞等，故士信稍稍疏斥。士信恥與伍，率所部千餘人來降高祖，拜陝州道行軍總管，因謀世充。

士信行則先鋒，反則殿，有所獲，悉散戲下有功者，或脫衣解馬賜之，士以故用命。然持法嚴，至親舊無少貸，其下亦不甚附。師次洛陽，攻千金堡，有惡言詬軍，士信怒，夜遣百人載嬰兒啼譟堡下，若自東都出奔者，既而陽悟曰：「非也，此千金堡耳。」因散去。堡兵開門追掠，士信伏入，屠之無類。賊平，授絳州總管，封郯國公。

從秦王擊劉黑闥洛水上，得一城，王君廓戍之，賊急攻，潰而出。王語諸將：「孰能守此？」士信曰：「願以守。」乃命之。士信已入，賊悉衆攻，方雨雪，救軍不得進。城陷，黑闥欲用之，不屈而死，年二十八。王隱悼，購其尸以葬，諡曰勇。初，士信為仁基所禮，及東都平，出家財斂葬北邙以報德，且曰：「我死當墓其側。」至是，如所志。

張道源，并州祁人，名河，以字顯。年十四，居父喪，士人賢其孝，縣令郭湛署所居曰復禮鄉至孝里。道源嘗與客夜宿，客暴死，道源恐主人忽怖，臥尸側，至曙乃告，又徒步護送還其家。隋末政亂，辭監察御史，歸閭里。

高祖興，署大將軍府戶曹參軍。至賈胡堡，復使守并州。京師平，遣撫慰山東，下燕、趙。有詔褒美，封累范陽郡公。淮安王神通略定山東，令守趙州，為竇建德所執。會建德寇河南，間遣人詣朝，請乘虛擣賊心脅。即詔諸將率兵影接。俄而賊平，還，拜大理卿。時何稠得罪，籍其家屬賜羣臣。道源曰：「禍福何常，安可利人之亡，取其子女自奉？仁者不為也。」更賚以衣食遣之。天子見其年耆，拜綿州刺史。卒，贈工部尚書，諡曰節。道源雖官九卿，無產貲，比亡，餘粟二斛。詔賜帛三百段。

族孫楚金有至行，與兄越石皆舉進士。州欲獨薦楚金，固辭，請俱罷。都督李勣歎曰：「士求才行者也。既能讓，何嫌皆取乎？」乃並薦之。累進刑部侍郎。儀鳳初，彗見東井，上疏陳得失。高宗欽納，賜物二百段。武后時，歷秋官尚書，爵南陽侯。有清槩，然尚文

刻，當時亦少之。為酷吏所構，流死嶺表。

李育德，趙州人。祖諤，仕隋通州刺史，為名臣。世富于財，家僮百人。天下亂，乃私完械甲，嬰武陟城自保，人多從之，遂為長。劇賊來掠，不能克。隋亡，與柳燮等歸李密，私署總管。密為王世充所破，以郡來降，即拜陟州刺史。

兄厚德，自賊所逃歸，度河復被執。賊使招育德，陽許之，故兄不死。賊帥段大師令裨校以兵守厚德，陰得其驩，乃與州人賈慈行謀逐賊。慈行夜登城呼曰：「唐兵登矣！」厚德自獄擁羣囚譟而出，斬長史，衆不敢動，大師縋城走。即拜殷州刺史。厚德省親，留育德以守，引兵拔賊河內堡三十一所。世充怒，悉銳士攻之，城陷，猶力戰，與三弟皆歿。

時死節者又有李公逸、張善相，凡三人。

公逸者，與族弟善行居雍丘，以材雄，為衆所歸。始附王世充，策其必敗，乃獻款高祖，因其地置杞州，即拜總管，封陽夏郡公。以善行為刺史。世充遣其弟將徐、亳兵攻之，公逸請援，未報，因使善行守，身入朝言狀。至襄城，為賊邏送洛陽。世充曰：「君越鄭臣唐，何

哉？」答曰：「我於天下唯聞有唐。」賊怒斬之。善行亦死。帝悼惜，封其子襄邑縣公。

善相，襄城人。大業末爲里長，督兵迹盜，爲衆附賴，乃據許州奉李密。密敗，挈州以來，詔卽授伊州總管。王世充攻之，屢困賊，遣使三輩請救，朝廷未暇也。會糧盡，衆餓死，善相謂僚屬曰：「吾爲唐臣，當効命。君等無庸死，斬吾首以下賊可也。」衆泣不肯，曰：「與公同死，愈於獨生。」城陷被執，罵賊見殺。高祖歎曰：「吾負善相，善相不負我！」乃封其子襄城郡公。

高叡，京兆萬年人，隋尚書左僕射熲孫也。舉明經，稍遷通義令，有治勞，人刻石載德。歷趙州刺史，平昌縣子。聖曆初，突厥默啜入寇，叡嬰城拒，虜攻益急。長史唐波若度且陷，卽與虜通。叡覺之，力不能制，卽自經。不得死，爲虜執，使降諭諸縣，不肯應，見殺。初，虜至，有爲叡計者：「突厥鋒銳，所向無完，公不能亢，且當下之。」答曰：「我，刺史，不戰而降，罪大矣。」武后歎惜，贈冬官尚書，謚曰節。詔誅波若，籍其家。下制暴叡忠節、波若臣賊，使天下知之。

子仲舒，通故訓學，擢明經，爲相王府文學，王所欽器。開元初，宋璟、蘇頲當柬，多咨訪焉。時舍人崔琳練達政宜，璟等禮異之。常語人曰：「古事問高仲舒，時事問崔琳，何復疑？」終太子右庶子。

安金藏，京兆長安人。在太常工籍。睿宗爲皇嗣，少府監裴匪躬、中官范雲仙坐私謁皇嗣，皆殊死，自是公卿不復見，唯工優給使得進。俄有誣皇嗣異謀者，武后詔來俊臣問狀，左右畏慘楚，欲引服。金藏大呼曰：「公不信我言，請剖心以明皇嗣不反也。」引佩刀自剚腹中，腸出被地，眩而仆。后聞大驚，輿致禁中，命高醫內腸，褫桑紩之，閱夕而蘇。后臨視，歎曰：「吾有子不能自明，不如爾之忠也。」卽詔停獄，睿宗乃安。當是時，朝廷士大夫翕然稱其誼，自以爲弗及也。

神龍初，母喪，葬南闕口，營石墳，晝夜不息。地本印燥，泉忽湧流廬之側，李冬有華，犬鹿相擾。本道使盧懷愼上其事，詔表闕于閭。景雲時，遷右武衞中郎將。玄宗屬其事於史官，擢右驍衞將軍，爵代國公。詔鑱其名於泰、華二山碑以爲榮。卒，配饗睿宗廟廷。大曆中，贈兵部尚書，謚曰忠。以子承恩爲廬州長史。中和中，又擢其遠孫敬則爲太子右諭德。

王同皎，相州安陽人，陳駙馬都尉寬曾孫也。陳亡，徙河北。長安中，尙太子女安定郡主，拜典膳郎。太子，中宗也。桓彥範等誅二張，遣同皎與李湛、李多祚卽東宮迎太子，請至玄武門指授諸將。太子拒不許，同皎進曰：「逆豎反道，顯肆不軌，諸將與南衙執事刻期誅之，須殿下到以係衆望。」太子曰：「上方不豫，得無不可乎？」同皎曰：「將相毀家族以安社稷，奈何欲內之鼎鑊乎？太子能自出諭之，衆乃止。」太子猶豫，同皎卽扶上馬，從至玄武門，斬關入。兵趨長生殿太后所，環侍嚴定，因奏誅易之等狀。帝復位，擢右千牛將軍，封琅邪公，食實戶五百。主進封公主，拜同皎駙馬都尉，遷光祿卿。

神龍後，武三思烝濁王室，同皎惡之，與張仲之、祖延慶、周憬、李悛、冉祖雍謀，須武后靈駕發，伏弩射殺三思。會播州司兵參軍宋之遜以外妹妻延慶，延慶辭，之遜固請，乃成昏。延慶心厚之，不復疑。故之遜子曇得其實。之遜兄之問嘗舍仲之家，亦得其謀。令曇密語三思。三思遣悛上急變，且言同皎欲擁兵闕下廢皇后。帝殊不曉，大怒，斬同皎於

都亭驛，籍其家。同皎且死，神色自如。仲之、延慶皆死。憬遁入比干廟自剄，將死，謂人曰：「比干，古忠臣，神而聰明，其知我乎！后、三思亂朝，虐害忠良，滅亡不久，可干吾頭國門，見其敗也。」憬，壽春人。後太子重俊誅三思，天下共傷同皎之不及見也。睿宗立，詔復官爵，謚曰忠壯。誅祖雍、悛等。

先是，許州司戶參軍燕欽融再上書斥韋后擅政，且逆節已萌。后怒，勸中宗召至廷，撲殺之。宗楚客復私令衞士極力，故死。又博陵人郞岌亦表后及楚客亂，被誅。至是，俱贈諫議大夫，備禮改葬，賜欽融一子官。

同皎子繇尙永穆公主，生子潛，字弘志。生三日，賜緋衣、銀魚。幼莊重，不喜兒弄。以帝外孫，補千牛，復還尙公主，固辭。元和中擢累將作監。吏或籍名北軍，輒驕蹇不事，潛悉奏罷之，故不戒而辨。監無公食，而息錢舊皆私有，至潛，取以具食，遂爲故事。

遷左散騎常侍，拜涇原節度使。憲宗與對，大悅，曰：「吾知而善職，我自用之。」潛至鎭，繕壁壘，積粟，構高屋偫兵，利而嚴。遂引師自原州踰硤石，取虜將一人，斥烽候，築歸化、潘原二壘。請復城原州，度支沮議，故原州復陷。穆宗卽位，封琅邪郡公，更節度荆南。疏吏惡，榜之里閭，殺尤縱者。分射三等，課士習之，不能者罷，故無冗軍。大和初，檢校尙書

左僕射。卒于官，贈司空。

吳保安字永固，魏州人。氣挺特不俗。睿宗時，姚、巂蠻叛，拜李蒙爲姚州都督，宰相郭元振以弟之子仲翔託蒙，蒙表爲判官。時保安罷義安尉，未得調，以仲翔里人也，不介而見曰：「願因子得事李將軍可乎？」仲翔雖無雅故，哀其窮，力薦之。蒙表掌書記。保安後往，蒙已深入，與蠻戰沒，仲翔被執。蠻之俘華人，必厚責財，乃肯贖，聞仲翔貴胄也，求千縑。會元振物故，保安留巂州，營贖仲翔，苦無貲。乃力居貨十年，得縑七百。妻子客遂州，間關求保安所在，困姚州不能進。都督楊安居知狀，異其故，資以行，求保安得之。引與語曰：「子棄家急朋友之患至是乎！吾請貣官貲助子之乏。」保安大喜，即委縑于蠻，得仲翔以歸。始，仲翔爲蠻所奴，三逃三獲，乃轉鬻遠酋，酋嚴遇之，晝役夜囚，沒凡十五年乃還。

安居亦丞相故吏，嘉保安之誼，厚禮仲翔，遺衣服儲用，檄領近縣尉。久乃調蔚州錄事參軍，以優遷代州戶曹。母喪，服除，喟曰：「吾賴吳公生吾死，今親歿，可行其志。」乃求保安。于時，保安以彭山丞客死，其妻亦沒，喪不克歸。仲翔爲服縗絰，囊其骨，徒跣負之，歸葬魏州，廬墓三年乃去。後爲嵐州長史，迎保安子，爲娶而讓以官。

李憕，幷州文水人。言其先出興聖皇帝，譜系疏晦，不復傳。父希倩，神龍初右臺監察御史。憕少秀敏，舉明經高第，授咸安尉。張說罷宰相，爲相州刺史，坐有善相者，說徧問官屬後孰當貴，工指憕及臨河尉鄭巖。說以女妻巖，而歸其甥陰於憕。會母喪免。自武功尉以政尤異遷主簿。說在幷州，引憕置幕府。及執政，爲長安尉。宇文融括天下田，高選官屬，多致賢以重其柄。表假憕監察御史，分道檢覈。以課頁拜御史。坐小累，下除晉陽令。三遷給事中。力于治，有任事稱，明簿最，下無敢紿。失李林甫意，出爲河南少尹。尹蕭炅內倚權，骫法殖私，憕裁抑其謬，吏下賴之。道士孫甑生以左道幸，託祠事往來嵩、少間，干請亂吏治，憕不爲應，故挾炅譖諸朝。天寶初，除清河太守。舉美政，遷廣陵長史，民爲立祠賽祝，歲時不絕。以捕賊負，徙彭城太守。封酒泉縣侯。連徙襄陽、河東，並兼採訪處置使。入爲京兆尹。楊國忠惡之，改光祿卿、東京留守。

安祿山反，玄宗遣封常清募兵東京，憕與留臺御史中丞盧奕、河南尹達奚珣繕城壘，綏勵士卒，將遏賊西鋒。帝聞，擢禮部尚書。祿山度河，號令嚴密，候詗不能知。已陷陳留、滎陽，殺張介然、崔無詖，不數日，薄城下。常清兵皆白徒，戰不勝，輒北。憕收殘士數百，哀斷弦折矢堅守，人不堪鬭。憕約奕：「吾曹荷國重寄，雖力不敵，當死官。」部校皆夜縋去，憕坐留守府，奕守臺。城陷，祿山鼓而入，殺數千人，矢著闕門，執憕、奕及官屬蔣清，害之。有詔贈司徒，謚曰忠懿。河、洛平，再贈太尉，拜一子五品官。

憕通左氏春秋，頗殖產伊川，占膏腴，自都至闕口，疇墅瀰望，時謂「地癖」。巖仕終少府監，產利埒憕云。

憕十餘子，江、涵、渢、瀛等同遇害，唯源、彭脫。

源八歲家覆，俘爲奴，轉側民間。及史朝義敗，故吏識源於洛陽者贖出之，歸其宗屬。代宗聞，授河南府參軍，遷司農主簿。以父死賊手，常悲憤，不仕不娶，絕酒葷。惠林佛祠者，憕舊墅也，源依祠居，闔戶日一食。祠殿，其先寢也，每過必趨，未始踐階。自營墓爲終制，時時偃臥埏中。

長慶初，年八十矣，御史中丞李德裕表薦源，曰：「賈誼稱：守圉扞敵之臣，死城郭封疆。天寶時，士罕伏節，逆羯始興，委符組、棄城郭者不爲恥，而憕約義同列，守位自如，抵刃就終，臣節之光由憕始。而源天與至孝，絕心祿仕五十餘年，常守沈默，理契深要，一辭開析，百慮洗然。抱此眞節，棄於淸世，臣竊爲陛下惜之。」穆宗下詔曰：「昔盜起幽陵，振蕩河、

洛，贈太尉憕處難居首，正色就死，兩河聞風，再固危壁，殊節卓焉，到今稱之。源有曾參之行、巢父之操，泊然無營，汔此高年。夫褒忠，所以勸臣節也；旌孝，所以激人倫也；鎭澆浮，莫如尙義；厚風俗，莫如尊老。舉是四者，大儆于時。其以源守諫議大夫，賜緋魚袋。」河南尹遣官敦諭上道，帝自遣使者持詔書袍笏即賜，又賜絹二百匹。源頓首受詔，謂使者：「伏疾年耄，不堪趨拜。」即附表謝，辭吐哀懇，一無受。尋卒。敬宗時，擢憕孫爲河南兵曹參軍。

彭擢明經第。天寶中，選名臣子可用者，自咸寧丞還右補闕。從天子入蜀。後憕數年卒。有孫景讓、景莊、景温，別傳。

武德功臣十六人，貞觀功臣五十三人，至德功臣二百六十五人。德宗即位，錄武德以來宰相及實封功臣子孫，賜一子正員官。史館考勳名特高者九十二人，以三等條奏。第一等，以其歲授官。第二等，以次年。第三等，子孫數訟於朝，有詔差爲二等，增至百八十七人。每等，武德以來宰相爲首，功臣次之，至德以來將相又次之。大中初，又詔求李峴、

王珪、戴胄、馬周、褚遂良、韓瑗、郝處俊、婁師德、王及善、朱敬則、魏知古、陸象先、張九齡、裴寂、劉文靜、張柬之、袁恕己、崔玄暐、桓彥範、劉幽求、郭元振、房琯、袁履謙、李嗣業、張巡、許遠、盧弈、南霽雲、蕭華、張鎬、李勉、張鎰、蕭復、柳渾、賈耽、馬燧、李憕三十七人畫像，續圖淩煙閣云。

司空、太子太傅、知門下省事、梁國公房玄齡

尙書右僕射、檢校侍中、萊國公杜如晦

太子太保、同中書門下三品、宋國公蕭瑀

開府儀同三司、同中書門下三品、知政事、上柱國、申國公高士廉

太子太師、知政事、特進、鄭國公魏徵

侍中、永寧郡公王珪

吏部尙書、參豫朝政、道國公戴胄

中書令、江陵縣子岑文本

中書令、兼太子左庶子、檢校吏部尙書、高唐縣公馬周

侍中、兼太子左庶子、檢校吏部禮部民部尙書事、淸苑縣男劉洎

尙書右僕射、同中書門下三品、河南郡公褚遂良

太子太師、同中書門下三品、燕國公于志寧

尙書右僕射、同中書門下三品、兼太子少傅、北平縣公張行成

中書令、行侍中、兼太子少保、蓚縣公高季輔

侍中、兼太子賓客、襲潁川縣公韓瑗

中書令、兼太子詹事、南陽縣侯來濟

侍中、兼太子賓客張文瓘

侍中、甑山縣公郝處俊

中書侍郎、同中書門下三品、兼太子右庶子、酒泉縣公李義琰

內史、河東縣侯裴炎

文昌左相、同鳳閣鸞臺三品、溫國公蘇良嗣

內史、梁國公狄仁傑

納言、檢校幷州大都督府長史、天兵軍大總管、隴右諸軍大使、譙縣子婁師德

鳳閣侍郎、同鳳閣鸞臺平章事、石泉縣公王方慶

文昌左相、同鳳閣鸞臺三品、襲邢國公王及善

尙書右僕射、兼中書令、知兵部尙書事、齊國公魏元忠

紫微令、梁國公姚崇

正諫大夫、同鳳閣鸞臺平章事朱敬則

尙書左僕射、同中書門下平章事、許國公蘇瓌

吏部尙書、兼侍中、廣平郡公宋璟

黃門監、梁國公魏知古

中書侍郎、同中書門下平章事、兗國公陸象先

紫微侍郎、同紫微黃門平章事、許國公蘇頲

中書令、河東縣侯張嘉貞

中書侍郎、同中書門下平章事、淸水縣公李元紘

黃門侍郎、同中書門下平章事、宜陽縣子韓休

中書令、始興縣伯張九齡

司空、河東郡公裴寂

納言、上柱國、魯國公劉文靜

太尉、檢校中書令、同中書門下三品、揚州大都督、趙國公長孫无忌

禮部尙書、河間郡王孝恭

尙書右僕射、檢校中書令、行太子左衞率、上柱國、衞國公李靖

司空、兼太子太師、英國公李勣

開府儀同三司、鄜州都督、鄂國公尉遲敬德

左光祿大夫、洛州都督、蔣國公屈突通

陝東道大行臺、吏部尙書、鄖國公殷開山

衞尉卿、夔國公劉弘基

澤州刺史、邳國公長孫順德

民部尙書、上柱國、莒國公唐儉

右驍衞大將軍、駙馬都尉、譙國公柴紹

右驍衞大將軍、褒國公段志玄

洪州都督、渝國公劉政會

左武候將軍、相州都督、郯國公張公謹

右武衞大將軍、盧國公程知節

左武衞大將軍、上柱國、胡國公秦叔寶

弘文館學士、祕書監、永興縣公虞世南

右衞大將軍、兼太子右衞率、工部尚書、武陽縣公李大亮
左武衞大將軍、邢國公蘇定方
夏官尚書、同中書門下三品、清邊道行軍總管、耿國公王孝傑
中書令、漢陽郡公張柬之
中書令、博陵郡公崔玄暐
侍中、平陽郡公敬暉
中書令、南陽郡公袁恕己
侍中、譙國公桓彥範
右武衞大將軍、同中書門下三品、韓國公張仁愿
尚書左丞相、兼黃門監、徐國公劉幽求
黃門侍郎、參知機務、脩文館學士、齊國公崔日用
兵部尚書、同中書門下三品、代國公郭元振
尚書左丞相、兼中書令、集賢院學士、燕國公張說
紫微侍郎、上柱國、趙國公王琚
兵部尚書、同中書門下三品、持節朔方軍節度大使、中山郡公王晙

尚書左僕射、同中書門下平章事、兼河南江淮副元帥、東都留守、冀國公裴冕
文部尚書、同中書門下平章事、清河縣公房琯
門下侍郎、同中書門下平章事、衞國公杜鴻漸
鎭西北庭行營節度使、開府儀同三司、衞尉卿、兼懷州刺史、虢國公李嗣業
平盧軍節度使、柳城郡太守劉正臣
恆州刺史、衞尉少卿、兼御史中丞顏杲卿
常山郡太守袁履謙
河南節度副使、左金吾衞將軍、檢校主客郎中、兼御史中丞張巡
睢陽郡太守、兼御史中丞許遠
御史中丞、留臺東都、知武部選盧弈
睢陽郡太守、特進左金吾衞將軍南霽雲

右第一

內史令、延安郡公竇威
將作大匠、判納言、陳國公竇抗
侍中、兼太子左庶子、江國公陳叔達
納言、觀國公楊恭仁
判吏部尚書、參議朝政、安吉郡公杜淹
中書令、虞國公溫彥博
中書侍郎、檢校刑部尚書、參知機務崔仁師
中書令、兼檢校太子詹事、上柱國、安國公崔敦禮
戶部尚書、平恩縣公許圉師
兵部尚書、同中書門下三品、浿江道行軍總管任雅相
度支尚書、同中書門下三品、范陽郡公盧承慶
西臺侍郎、同東西臺三品、兼弘文館學士、楚國公上官儀
右相、廣平郡公劉祥道
左侍極、兼檢校左相、嘉興縣子陸敦信
文昌左相、同鳳閣鸞臺三品、樂城縣公劉仁軌
荊州大都督府長史、安平郡公李安期
尚書右僕射、同中書門下三品、兼太子賓客、襲道國公戴至德
司列少常伯、太子右中護、兼正諫大夫、同東西臺三品趙仁本

中書令、趙國公李敬玄
中書令、兼太子左庶子薛元超
中書令、同中書門下三品崔知溫
侍中、同中書門下三品、襲廣平郡公劉齊賢
納言、樂平縣男王德眞
地官尚書、檢校納言、鉅鹿縣男魏玄同
文昌左相、同鳳閣鸞臺三品、特進、輔國大將軍、鄧國公岑長倩
鳳閣侍郎、同鳳閣鸞臺三品、臨淮縣男劉禕之
納言、博昌縣男韋思謙
地官尚書、同鳳閣鸞臺平章事格輔元
司禮卿、判納言事、渤海縣子歐陽通
內史李昭德
鸞臺侍郎、同鳳閣鸞臺平章事陸元方
鳳閣侍郎、同鳳閣鸞臺三品杜景佺
尚書右僕射、兼太子賓客、同中書門下三品、鄖國公韋安石

左散騎常侍、同中書門下三品、知東都留守、趙郡公李懷遠
中書令、逍遙公韋嗣立
守侍中、同中書門下三品、兼太子右庶子、常山縣男李日知
檢校黃門監、漁陽縣伯盧懷慎
中書令、左丞相、兼侍中、安陽郡公源乾曜
黃門侍郎、同紫微黃門平章事、魏縣侯杜暹
侍中、趙城侯裴耀卿
特進、太常卿、江夏王道宗
左武衛大將軍、開府儀同三司、淮安王神通
荊州都督、周國公武士彠
右屯衛大將軍、檢校晉州都督總管、譙國公竇琮
少府監、莒國公劉義節
右光祿大夫、羅國公張平高
洛州都督、右衛大將軍、酇國公竇軌
夔州都督、息國公張長遜

金紫光祿大夫、夷國公李子和
左監門衛大將軍、檢校右武候將軍、滎國公樊興
右驍衛大將軍、巢國公錢九隴
右武衛大將軍、申國公安脩仁
殿中監、郢國公宇文士及
右武衛大將軍、汧陽郡公公孫武達
荊州都督、懷寧郡公杜君綽
右驍衛將軍、濮國公龐卿惲
代州都督、同安郡公鄭仁泰
右翊衛將軍、遂安郡公李安遠
幽州都督、歷陽郡公獨孤彥雲
始州刺史、左屯衛大將軍、襄武郡公劉師立
右威衛大將軍、濟東郡公李孟嘗
右監門衛大將軍、河南縣公元仲文

右監門衛將軍、廬陵郡公秦師行
左領軍大將軍、新興公馬三寶
右衛大將軍、駙馬都尉、畢國公阿史那社尒
鎮軍大將軍、虢國公張士貴
左衛大將軍、琅邪郡公牛進達
鎮軍大將軍、嘉川郡公周護
陝州刺史、天水郡公丘行恭
潭州都督、吳興郡公沈叔安
散騎常侍、豐城縣男姚思廉
太子少師、同中書門下三品、特進、朔方道行軍大總管、宋國公唐休璟
左羽林軍大將軍、遼陽郡王李多祚
左領軍大將軍、趙國公李湛
刑部尚書、太子賓客、魏國公楊元琰
殿中監、兼知總監、汝南郡公翟無言
冠軍大將軍、左羽林軍大將軍、光祿卿、天水縣公趙承恩

將作大匠裴思諒
右羽林軍將軍、弘農郡公楊執一
左衛將軍、河東郡公薛思行
光祿卿、駙馬都尉、琅邪郡公王同皎
中書令、越國公鍾紹京
太僕卿、立節郡王薛崇簡
右金吾衛大將軍、涼國公李延昌
太子中允同正、冀國公馮道力
少府監、趙國公崔諤之
左監門衛中候、光祿卿、申國公許輔乾
左金吾大將軍、鄧國公張暐
朔方道行軍大總管、左羽林軍大將軍、平陽郡公薛訥
河南副元帥、太尉兼侍中、臨淮郡王李光弼
河東節度副大使、守司空、兼兵部尚書、霍國公王思禮
左相、豳國公韋見素

太保、韓國公苗晉卿
中書令、趙國公崔圓
太原節度使、檢校尚書左僕射、同中書門下平章事、金城郡王辛雲京
河西隴右副元帥、兵部尚書、同中書門下平章事、涼國公李抱玉
太子太師、檢校尚書右僕射、知省事、信都郡王田神功
四鎭北庭涇原節度使、檢校尚書左僕射、知省事、扶風郡王馬璘
左羽林軍大將軍、檢校戶部尚書、兼御史大夫薛景仙
右散騎常侍、檢校禮部尚書、兼御史大夫尚衡
太原尹、兼御史大夫、北都留守、河東節度副大使、南陽郡公鄧景山
河東節度副使、兼雁門郡太守、光祿卿賈循
禮部尚書、東京留守、酒泉縣侯李憕
東平郡太守姚誾

右第二

盧奕，黃門監懷愼少子也。疏眉目，豐下，謹重寡欲，斤斤自脩。與兄奐名相上下，而剛毅過之。天寶初爲鄠令，所治輒最，積功擢給事中，拜御史中丞。自懷愼、奐及奕，三居其官，清節似之，時傳其美。俄留臺東都，兼知武部選。

安祿山陷東都，吏亡散。奕前遣妻子懷印間道走京師，自朝服坐臺。被執，將殺之，即數祿山罪，徐顧賊徒曰：「爲人臣者當識逆順，我不蹈失節，死何恨？」觀者恐懼。奕臨刑，西向再拜而辭，罵賊不空口，逆黨爲變色。肅宗詔贈禮部尚書，下有司謚。時以爲洛陽亡，操兵者任其咎，執法吏去之可也，委身寇讎，以死誰懟？博士獨孤及曰：「荀息殺身於晉，不食其言也；玄冥勤其官水死，守位忘躬也；伯姬待姆而火死，先禮後身也。彼死之日，皆於事無補。然則祿山亂大於里、丕，奕廉察之任，切於玄冥之官。分命所繫，不啻保姆；逆黨兵威，烈於水火。于斯時也，能與執干戈者同其戮力，挽之不來，推之不去，全操白刃之下，孰與夫懷安偷生者同其風？請謚曰貞烈。」詔可。

子杞，別有傳。杞子元輔。

元輔字子望，少以清行聞。擢進士，補崇文校書郎。杞死，德宗念之不忘，拜元輔左拾遺。厯杭、常、絳三州刺史，課當最，召授吏部郎中，進累兵部侍郎，爲華州刺史，卒。元輔端靜介正，能紹其祖，故厯顯劇，而人不以杞之惡爲累云。

張介然者，猗氏人，本名六朗。性愼愿，長計畫。始爲河、隴支郡太守。王忠嗣、皇甫惟明、哥舒翰踵領節度，並署營田、支度等使。入奏稱旨，賜與良渥。介然啓曰：「臣位三品，當給棨戟。若列於京師，雖富貴，不爲鄉人知，願得列戟故里。」玄宗許之，別賜戟京師第門，仍賜絹五百匹，宴閭里長老。本鄉得列戟，自介然始。翰薦爲少府監，厯衞尉卿。

祿山反，授河南節度採訪使，守陳留。陳留據水陸劇，居民孳夥，而太平久，不知戰。介然到屯不三日，賊已度河。車騎蹂騰，煙塵漫數十里，日爲奪色。士聞鉦鼓聲，皆褫氣不能授甲。凡旬六日，城陷。初，有詔購賊首而暴誅慶宗狀。祿山入陳留，見詔書，拊膺大哭曰：「我何罪！吾子亦何罪，乃殺之！」即大恚憤，殺陳留降者萬人以逞，血流成川；斬介然於軍門。以僞將李廷望爲節度使，守陳留。

祿山已拔陳留，則鼓而前，無敢亢。中宿攻滎陽，太守崔無詖率衆乘城，聞師譟，自隊如雨，無詖與官屬皆死賊手。以僞將武令珣戍焉。

無詖者，本韋后外家，博陵舊望也。始，無詖娶蕭至忠女，至忠敗，被貶。久乃爲益州司馬。素善楊國忠，既用事，引爲少府監，守滎陽。有詔贈禮部尚書，謚曰毅勇。

校勘記

〔一〕王表爲屈晊眞府左軍騎云　「眞」，舊書卷一八七上謝叔方傳及通鑑卷一九一均作「直」。通鑑胡注：「屈晊直，即驅晊直也，屬帳內府。」又「軍」，舊書同，通鑑作「車」。

唐書卷一百九十二

列傳第一百一十七

忠義中

顏杲卿 春卿 賈循 隱林 張巡 許遠 南霽雲 雷萬春 姚誾

顏杲卿字昕，與眞卿同五世祖，以文儒世家。父元孫，有名垂拱間，爲濠州刺史。杲卿以蔭調遂州司法參軍。性剛正，涖事明濟。嘗爲刺史詰讓，正色別白，不爲屈。開元中，與兄春卿、弟曜卿並以書判超等，吏部侍郎席豫咨嗟推伏。再以最遷范陽戶曹參軍。安祿山聞其名，表爲營田判官，假常山太守。

祿山反，杲卿及長史袁履謙謁于道，賜杲卿紫袍，履謙緋袍，令與假子李欽湊以兵七千屯土門。杲卿指所賜衣謂履謙曰：「與公何爲著此？」履謙悟，乃與眞定令賈深、內丘令

張通幽定謀圖賊。杲卿稱疾不視事，使子泉明往返計議，陰結太原尹王承業爲應，使平盧節度副使賈循取幽州。謀泄，祿山殺循，以向潤客、牛廷玠守。杲卿陽不事事，委政履謙，潛召處士權渙、郭仲邕定策。時眞卿在平原，素聞賊逆謀，陰養死士爲拒守計。李憕等死，賊使段子光傳首徇諸郡，眞卿斬子光，遣甥盧逖至常山約起兵，斷賊北道。杲卿大喜，以爲兵犄角可挫賊西鋒。乃矯賊命召欽湊計事，欽湊夜還，杲卿辭城門不可夜開，舍之外郵；使履謙及參軍馮虔、郡豪翟萬德等數人飲勞，既醉，斬之，并殺其將潘惟愼，賊黨殲，投尸滹沱水。履謙以首示杲卿，則喜且泣。

先是，祿山遣將高邈召兵范陽未還，杲卿使槀城尉崔安石圖之。邈至滿城，虔、萬德皆會傳舍，安石紿以置酒，邈捨馬，虔叱吏縛之。而賊將何千年自趙來，虔亦執之。日未中，送二賊。杲卿乃遣萬德、深、通幽傳欽湊首，械兩賊送京師，與泉明偕。至太原，王承業欲自以爲功，厚遣泉明還，陰令壯士翟喬賊於路。喬不平，告之故，乃免。玄宗擢承業大將軍，送吏皆被賞。已而事顯，乃拜杲卿衞尉卿兼御史中丞，履謙常山太守，深司馬。即傳檄河北，言王師二十萬入土門，遣郭仲邕領百騎爲先鋒，馳而南，曳柴揚塵，望者謂大軍至。日中，傳數百里。賊張獻誠方圍饒陽，棄甲走。於是趙、鉅鹿、廣平、河間並斬僞刺史，傳首常山。而樂安、博陵、上谷、文安、信都、魏、鄴諸郡皆自固。杲卿兄弟兵大振。

祿山至陜，聞兵興，大懼。使史思明等率平盧兵度河攻常山，蔡希德自懷會師。不涉旬，賊急攻城。兵少，未及爲守計，求救于河東，承業前已攘殺賊功，兵不出。杲卿晝夜戰，井竭，糧、矢盡，六日而陷，與履謙同執。賊脅使降，不應。取少子季明加刃頸上曰：「降我，當活而子。」杲卿不答。遂并盧逖殺之。杲卿至洛陽，祿山怒曰：「吾擢爾太守，何所負而反？」杲卿瞋目罵曰：「汝營州牧羊羯奴耳，竊荷恩寵，天子負汝何事，而乃反乎？我世唐臣，守忠義，恨不斬汝以謝上，乃從爾反耶？」祿山不勝忿，縛之天津橋柱，節解以肉噉之，詈不絕，賊鉤斷其舌，曰：「復能罵否？」杲卿含胡而絕，年六十五。履謙既斷手足，何千年弟適在傍，咀血噴其面，賊臠之，見者垂泣。杲卿宗子近屬皆被害。杲卿已虜，諸郡復爲賊守。

張通幽以兄相賊，譖杲卿於楊國忠，故不加贈。肅宗在鳳翔，眞卿表其枉，會通幽爲普安太守，上皇杖殺之。李光弼、郭子儀收常山，出杲卿、履謙二家親屬數百人於獄，厚給遺，令行喪。乾元初，贈杲卿太子太保，謚曰忠節，封其妻崔清河郡夫人。初，博士裴郁以杲卿不執政，但謚曰忠，議者不平，故以二惠謚焉。逖、季明及宗子等皆贈五品官。建中中，又贈杲卿司徒。初，杲卿被殺，徇首于衢，莫敢收。有張湊者，得其髮，持謁上皇。是昔見夢，帝寤，爲祭。後湊歸髮于其妻，妻疑之，髮若動云。後泉明購尸將葬，得刑者言，死時

一足先斷，與履謙同坎瘞。指其域得之，乃葬長安鳳栖原。季明、逖同塋。

泉明有孝節，喜振人之急。既爲承業所遣，未至而常山陷，故客壽陽。史思明圍李光弼，獲泉明，裹以革，送幽州，間關得免。思明歸國，而眞卿方爲蒲州刺史，令泉明到河北求宗屬。始，一女及姑女並流離賊中，及是并得之，悉錢三萬贖姑女還，取貲復往，則已女復失之。履謙及父故將妻子奴隸尙三百餘人，轉徙不自存，泉明悉力贍給，分多勻薄，相扶挾度河託眞卿。眞卿隨所歸資送之。泉明之殯父，與履謙分柩，護還長安。履謙妻疑斂具儉狹，發視之，與杲卿等，乃號踊，待泉明如父。肅宗拜泉明郫令，政化清明，誅宿盜，人情翕然。成都尹舉其課第一，遷彭州司馬。家貧，居官廉，而孤藐相從百口，飦鬻不給，無愠歎。居母喪，毀骨立。其行義，當世以爲難。

春卿倜儻美姿儀，通當世務。十六舉明經、拔萃高第，調犀浦主簿。嘗送徒於州，亡其籍，至廷，口記物色，凡千人，無所差。長史陸象先異之，轉蜀尉。蘇頲代爲長史，被譖繫獄，爲檄檻賦自託，頲遽出之。魏徵遠孫瞻罪抵死，春卿爲請玉眞公主，得不死，時人高其節。終偃師丞。臨終，捉眞卿臂曰：「爾當大吾族，顧我不得見，以諸子諉汝。」後眞卿主其昏嫁。

沈盈者，亦杲卿甥，有行義，明黃老學。解褐博野尉，與杲卿同死難，贈大理正，官其二子逵、達。

賈循者，京兆華原人，其先家常山。父會，有高節，嘗稱疾不答辟署，里中號「一龍」。親亡，負土成墓，廬其左，手蒔松柏，時號「關中曾子」。卒，縣人私謚曰廣孝徵君。

循有大略，禮部尚書蘇頲嘗謂今頗、牧，及爲益州，表署列將。敗吐蕃於西山，三遷靜塞軍營田使。張守珪北伐，次灤河，屬凍泮，欲濟無梁。循揣廣狹爲橋以濟，破虜而還，以功擢游擊將軍、榆關守捉使。地南負海，北屬長城，林埌岑嶺，寇所蔽伏。循調士斬木開道，賊遁去。范陽節度使李適之薦爲安東副大都護。安祿山兼平盧節度，表爲副，遷博陵太守。祿山欲擊奚、契丹，復奏循光祿卿自副，使知留後。九姓叛，祿山兼節度河東，而循亦兼鴈門副之。母亡，將葬，宅有枯桑，一夕再生，芝出北墉，人以爲瑞。玄宗以循有功，詔贈其父常山太守。

祿山反，使循守幽州，故杲卿招之，以傾賊巢穴，循許可。爲向潤客等發其謀，賊縊之。建中二年，贈太尉，謚曰忠。

從子隱林，爲永平兵馬使。當入衛，屬朱泚難，率衆扈行在。德宗見隱林，偉其貌，問家世，答曰：「故范陽節度副使循，臣從父也。」帝異之，引至臥內，以手板畫地陳攻守計，即奏曰：「臣嘗夢日墜，以首承之。」帝曰：「非朕邪？」因令糾察行在，遷檢校右散騎常侍，封武威郡王。

賊圍急，隱林與侯仲莊冒矢石死戰。已而解，從臣稱慶，隱林流涕前曰：「泚已奔，羣臣大慶宗社無疆之休，然陛下資性急，不能容掩。若不悛，雖今賊亡，憂未艾也。」帝不以爲忤，拜神策統軍。卒，帝思其質直，贈尚書左僕射，以實戶三百封其家。

張巡字巡，鄧州南陽人。博通羣書，曉戰陣法。氣志高邁，略細節，所交必大人長者，不與庸俗合，時人叵知也。開元末，擢進士第。時兄曉已位監察御史，皆以名稱重一時。巡繇太子通事舍人出爲清河令，治績最，而負節義，或以困阨歸者，傾貲振護無吝。秩滿還都。於是楊國忠方專國，權勢可炙。或勸一見，且顯用，答曰：「是方爲國怪祥，朝官不可爲也。」更調眞源令。土多豪猾，大吏華南金樹威恣肆，邑中語曰：「南金口，明府手。」巡下車，以法誅之，赦餘黨，莫不改行遷善。政簡約，民甚宜之。

安祿山反，天寶十五載正月，賊酋張通晤陷宋、曹等州，譙郡太守楊萬石降賊，逼巡爲長史，使西迎賊軍。巡率吏哭玄元皇帝祠，遂起兵討賊，從者千餘。初，靈昌太守嗣吳王祗受詔合河南兵拒祿山，有單父尉賈賁者，閬州刺史璿之子，率吏稱吳王兵，擊宋州。通晤走襄邑，爲頓丘令盧詵所殺。賁引軍進至雍丘，巡與之合，有衆二千。是時雍丘令令狐潮舉縣附賊，遂自將東敗淮陽兵，虜其衆，反接在廷，將殺之，暫出行部。淮陽囚更解縛，起殺守者，迎賁等入。潮不得歸，巡乃屠其妻子，磔城上。祗聞，承制拜賁監察御史。潮怨賁，還攻雍丘，賁趣門，爲衆躪死。巡馳騎決戰，身被創不顧，士乃奉巡主軍。間道表諸朝，騰牒祗府，祗乃舉兗以東委巡經略。

潮以賊衆四萬薄城，人大恐。巡諭諸將曰：「賊知城中虛實，有輕我心。今出不意，可驚而潰也，乘之，勢必折。」諸將曰：「善。」巡乃分千人乘城，以數隊出，身前驅，直薄潮軍，軍却。明日賊攻城，設百樓，巡柵城上，束芻灌膏以焚焉，賊不敢向，巡伺隙擊之。積六旬，大小數百戰，士帶甲食，裹瘡鬭，潮遂敗走，追之，幾獲。潮怒，復率衆來。然素善巡，至城下，情語巡曰：「本朝危蹙，兵不能出關，天下事去矣。足下以羸兵守危堞，忠無所立，盍相從以苟富貴乎？」巡曰：「古者父死於君，義不報。子乃銜妻孥怨，假力于賊以相圖，吾見君頭干

通衢，爲百世笑，奈何？」潮赧然去。

當此時，王命不復通，大將六人白巡以勢不敵，且上存亡莫知，不如降。六人者，皆官開府、特進。巡陽許諾，明日堂上設天子畫像，率軍士朝，人人盡泣。巡引六將至，責以大誼，斬之。士心益勸。

會糧乏，潮餉賊鹽米數百艘且至，巡夜壓城南，潮悉軍來拒，巡遣勇士銜枚濱河，取鹽米千斛，焚其餘而還。城中矢盡，巡縛藁爲人千餘，被黑衣，夜縋城下，潮兵爭射之，久乃藁人，還，得箭數十萬。其後復夜縋人，賊笑，不設備，乃以死士五百斫潮營，軍大亂，焚壘幕，追奔十餘里。賊慚，益兵圍之。薪水竭，巡紿潮，欲引衆走，請退軍二舍，使我逸。潮不知其謀，許之。遂空城四出三十里，撤屋發木而還爲備。潮怒，圍復合。巡徐謂潮曰：「君須此城，歸馬三十匹，我得馬且出奔，請君取城以藉口。」潮歸馬，巡悉以給驍將，約曰：「賊至，人取一將。」明日，潮責巡，答曰：「吾欲去，將士不從，奈何？」潮怒欲戰，陣未成，三十騎突出，禽將十四，斬百餘級，收器械牛馬。潮遁還陳留，不復出。七月，潮率賊將瞿伯玉攻城，遣僞使者四人傳賊命招巡，巡斬以徇，餘縶送祗所。閱凡四月，賊常數萬，而巡衆纔千餘，每戰輒克。於是河南節度使嗣虢王巨屯彭城，假巡先鋒。

俄而魯、東平陷賊，濟陰太守高承義舉郡叛，巨引兵東走臨淮。賊將楊朝宗謀趨寧陵，

絕巡餉路。巡外失巨依，拔衆保寧陵，馬裁三百，兵三千。至睢陽，與太守許遠、城父令姚誾等合。乃遣將雷萬春、南霽雲等領兵戰寧陵北，斬賊將二十，殺萬餘人，投尸于汴，水爲不流。朝宗夜去。有詔拜巡主客郎中，副河南節度使。巡籍將士有功者請于巨，巨纔授折衝、果毅。巡諫曰：「宗社尙危，園陵孤外，渠可吝賞與貲？」巨不聽。

至德二載，祿山死，慶緒遣其下尹子琦將同羅、突厥、奚勁兵與朝宗合，凡十餘萬，攻睢陽。巡勵士固守，日中二十戰，氣不衰。遠自以材不及巡，請稟軍事而居其下，巡受不辭，遠專治軍糧戰具。前此，遠將李滔救東平，遂叛入賊，大將田秀榮潛與通。或以告遠曰：「晨出戰，以碧帽爲識。」視之如言，盡覆其衆。還輒曰：「我誘之也。」請以精騎往，易錦帽。遠以告巡，巡召登城，讓之，斬首示賊。因出薄戰，子琦敗，獲車馬牛羊，悉分士，秋豪無入其家。有詔拜巡御史中丞，遠侍御史，誾吏部郎中。

巡欲乘勝擊陳留，子琦聞，復圍城。巡語其下曰：「吾蒙上恩，賊若復來，正有死耳。諸君雖捐軀，而賞不直勳，以此痛恨！」聞者感慨。乃椎牛大饗，悉軍戰。賊望兵少，大笑。巡、遠親鼓之，賊潰，追北數十里。其五月，賊刈麥，乃濟師。巡夜鳴鼓嚴隊，若將出。賊申警。俄息鼓，賊覘城上兵休，乃弛備。巡使南霽雲等開門徑抵子琦所，斬將拔旗。有大酋被甲，引拓羯千騎麾幟乘城招巡。巡陰縋勇士數十人隍中，持鉤、陌刀、彊弩，約曰：「聞鼓

聲而奮。」酋恃衆不爲備，城上譟，伏發禽之，弩注矢外向，救兵不能前。俄而縋士復登陴，賊皆愕眙，乃按甲不出。巡欲射子琦，莫能辨，因剡蒿爲矢，中者喜，謂巡矢盡，走白子琦，乃得其狀。使霽雲射，一發中左目，賊還。七月，復圍城。

初，睢陽穀六萬斛，可支一歲，而巨發其半餫濮陽、濟陰，遠固爭，不聽。濟陰得糧卽叛。至是食盡，士日賦米一勺，齕木皮、煮紙而食，才千餘人，皆癯劣不能彀，救兵不至。賊知之，以雲衝傅堞，巡出鉤干拄之，使不得進，篝火焚梯。賊以鉤車、木馬進，巡輒破碎之。賊服其機，不復攻，穿壕立栅以守。巡士多餓死，存者皆痍傷氣乏。巡出愛妾曰：「諸君經年乏食，而忠義不少衰，吾恨不割肌以啖衆，寧惜一妾而坐視士飢？」乃殺以大饗，坐者皆泣。巡彊令食之，遠亦殺奴僮以哺卒，至羅雀掘鼠，煮鎧弩以食。

賊將李懷忠過城下，巡問：「君事胡幾何？」曰：「二期。」巡曰：「君祖、父官乎？」曰：「然。」「君世受官，食天子粟，奈何從賊，關弓與我确？」懷忠曰：「不然，我昔爲將，數死戰，竟歿賊，此殆天也。」巡曰：「自古悖逆終夷滅，一日事平，君父母妻子並誅，何忍爲此？」懷忠掩涕去，俄率其黨數十人降。巡前後說降賊將甚多，皆得其死力。

御史大夫賀蘭進明代巨節度，屯臨淮，許叔冀、尙衡次彭城，皆觀望莫肯救。巡使霽雲如叔冀請師，不應，遺布數千端。霽雲嫚罵馬上，請決死鬬，叔冀不敢應。巡復遣如臨淮告急，引精騎三十冒圍出，賊萬衆遮之，霽雲左右射，皆披靡。既見進明，進明曰：「睢陽存亡已決，兵出何益？」霽雲曰：「城或未下。如已亡，請以死謝大夫。」叔冀者，進明麾下也，房琯本以牽制進明，亦兼御史大夫，勢相埒而兵精。進明懼師出且見襲，又忌巡聲威，恐成功，初無出師意。又愛霽雲壯士，欲留之。爲大饗，樂作，霽雲泣曰：「昨出睢陽時，將士不粒食已彌月。今大夫兵不出，而廣設聲樂，義不忍獨享，雖食，弗下咽。今主將之命不達，霽雲請置一指以示信，歸報中丞也。」因拔佩刀斷指，一座大驚，爲出涕。卒不食去。抽矢回射佛寺浮圖，矢著甎，曰：「吾破賊還，必滅賀蘭，此矢所以志也！」至眞源，李賁遺馬百匹；次寧陵，得城使廉坦兵三千，夜冒圍入。賊覺，拒之，且戰且引，兵多死，所至才千人。方大霧，巡聞戰聲，曰：「此霽雲等聲也。」乃啓門，驅賊牛數百入，將士相持泣。

賊知外援絕，圍益急。衆議東奔，巡、遠議以睢陽江、淮保障也，若棄之，賊乘勝鼓而南，江、淮必亡。且帥飢衆行，必不達。十月癸丑，賊攻城，士病不能戰。巡西向拜曰：「孤城備竭，弗能全。臣生不報陛下，死爲鬼以癘賊。」城遂陷，與遠俱執。巡衆見之，起且哭，巡曰：「安之，勿怖，死乃命也。」衆不能仰視。子琦謂巡曰：「聞公督戰，大呼輒眥裂血面，嚼齒皆碎，何至是？」答曰：「吾欲氣吞逆賊，顧力屈耳。」子琦怒，以刀抉其口，齒存者三四。巡罵曰：「我爲君父死，爾附賊，乃犬彘也，安得久！」子琦服其節，將釋之。或曰：「彼守義者，烏

肯爲我用？且得衆心，不可留。」乃以刃脅降，巡不屈。又降霽雲，未應。巡呼曰：「南八！男兒死爾，不可爲不義屈！」霽雲笑曰：「欲將有爲也，公知我者，敢不死！」亦不肯降。乃與姚誾、雷萬春等三十六人遇害。巡年四十九。初，子琦議生致一人慶緒所，或曰：「用兵拒守者，巡也。」乃送遠洛陽，至偃師，亦以不屈死。巨之走臨淮，巡有姊嫁陸氏，遮王勸勿行，不納，賜百縑，弗受，爲巡補縫行間，軍中號「陸家姑」，先巡被害。

巡長七尺，須髯每怒盡張。讀書不過三復，終身不忘。爲文章不立稾。守睢陽，士卒居人，一見問姓名，其後無不識。更潮及子琦，大小四百戰，斬將三百、卒十餘萬。其用兵未嘗依古法，勒大將教戰，各出其意。或問之，答曰：「古者人情敦樸，故軍有左右前後，大將居中，三軍望之以齊進退。今胡人務馳突，雲合鳥散，變態百出，故吾止使兵識將意，將識士情，上下相習，人自爲戰爾。」其械甲取之於敵，未嘗自脩。每戰，不親臨行陣，有退者，巡已立其所，謂曰：「我不去此，爲我決戰。」士感其誠，皆一當百。待人無所疑，賞罰信，與衆共甘苦寒暑，雖廝養，必整衣見之，下爭致死力，故能以少擊衆，未嘗敗。被圍久，初殺馬食，既盡，而及婦人老弱，凡食三萬口。人知將死，而莫有畔者。城破，遺民止四百而已。

始，肅宗詔中書侍郎張鎬代進明節度河南，率浙東李希言、浙西司空襲禮、淮南高適、青州鄧景山四節度掎角救睢陽，巡亡三日而鎬至，十日而廣平王收東京。鎬命中書舍人

齎昕誄其行。時議者或謂：巡始守睢陽，衆六萬，既糧盡，不持滿按隊出再生之路，與夫食人，寧若全人？於是張澹、李紓、董南史、張建封、樊晃、朱巨川、李翰咸謂巡蔽遮江、淮，沮賊勢，天下不亡，其功也。翰等皆有名士，由是天下無異言。天子下詔，贈巡揚州大都督，遠荊州大都督，霽雲開府儀同三司、再贈揚州大都督，並寵其子孫。睢陽、雍丘賜徭稅三年。巡子亞夫拜金吾大將軍，遠子玫婺州司馬。皆立廟睢陽，歲時致祭。德宗差次至德以來將相功效尤著者，以顏杲卿、袁履謙、盧奕及巡、遠、霽雲爲上。又贈姚誾潞州大都督，官一子。貞元中，復官巡它子去疾、遠子峴。贈巡妻申國夫人，賜帛百。自是訖僖宗，求忠臣後，無不及三人者。大中時，圖巡、遠、霽雲像于淩煙閣。睢陽至今祠享，號「雙廟」云。

許遠者，右相敬宗曾孫。寬厚長者，明吏治。初客河西，章仇兼瓊辟署劍南府，欲以子妻之，固辭。兼瓊怒，以事劾貶高要尉。更赦還。會祿山反，或薦遠於玄宗，召拜睢陽太守。遠與巡同年生而長，故巡呼爲兄。

大曆中，巡子去疾上書曰：「孽胡南侵，父巡與睢陽太守遠各守一面。城陷，賊所入自遠分。尹子琦分郡部曲各一方，巡及將校三十餘皆剚心剖肌，慘毒備盡，而遠與麾下無傷。

巡臨命歎曰：『嗟乎，人有可恨者！』賊曰：『公恨我乎？』答曰：『恨遠心不可得，誤國家事，若死有知，當不赦於地下。』故遠心向背，梁、宋人皆知之。使國威喪衄，巡功業墮敗，則遠於臣不共戴天，請追奪官爵，以刷冤恥。」詔下尚書省，使去疾與許峴及百官議。皆以去疾證狀最明者，城陷而遠獨生也。且遠本守睢陽，凡屠城以生致主將爲功，則遠後巡死不足惑。若曰後死者與賊，其先巡死者謂巡當叛，可乎？當此時去疾尚幼，事未詳知。且艱難以來，忠烈未有先二人者，事載簡書，若日星不可妄輕重。議乃罷。然議者紛紜不齊。

元和時，韓愈讀李翰所爲巡傳，以爲闕遠事非是。其言曰：「二人者，守死成名，先後異耳。二家子弟材下，不能通知其父志，使世疑遠畏死而服賊。遠誠畏死，何苦守尺寸地，食其所愛之肉，抗不降乎？且見援不至，人相食而猶守，雖其愚亦知必死矣，然遠之不畏死甚明。」又言：「城陷自所守，此與兒童之見無異。且人之將死，其臟腑必有先受病者；引繩而絕之，其絕必有處。今從而尤之，亦不達於理矣。」愈於褒貶尤慎，故著之。

南霽雲者，魏州頓丘人。少微賤，爲人操舟。祿山反，鉅野尉張沼起兵討賊，拔以爲將。尚衡擊汴州賊李廷望，以爲先鋒。遣至睢陽，與張巡計事。退謂人曰：「張公開心待人，眞吾所事也。」遂留巡所。巡固勸歸，不去。衡齎金帛迎，霽雲謝不受，乃事巡，巡厚加

禮。始被圍，築臺募萬死一生者，數日無敢應。俄有嗚咽而來者，乃霽雲也。巡對泣下。霽雲善騎射，見賊百步內乃發，無不應弦斃。

子承嗣，歷涪州刺史。劉闢叛，以無備謫永州。

雷萬春者，不詳所來，事巡爲偏將。令狐潮圍雍丘，萬春立城上與潮語，伏弩發六矢著面，萬春不動。潮疑刻木人，諜得其實，乃大驚。遙謂巡曰：「向見雷將軍，知君之令嚴矣。」潮壓雍丘北，謀襲襄邑、寧陵。巡使萬春引騎四百壓潮，先爲賊所包。巡突其圍，大破賊，潮遁去。

萬春將兵，方略不及霽雲，而彊毅用命。每戰，巡任之與霽雲鈞。

姚誾者，開元宰相崇從孫。父弇，楚州刺史。誾性豪蕩，好飲謔，善絲竹。歷壽安尉。素善巡，及爲城父令，遂同守睢陽。累加東平太守。

巡之遺霽雲、萬春敗賊於寧陵也，別將二十有五：石承平、李辭、陸元鍠、朱珪、宋若虛、楊振威、耿慶禮、馬日昇、張惟清、廉坦、張重、孫景趨、趙連城、王森、喬紹俊、張恭默、祝忠、李嘉隱、翟良輔、孫廷晈、馮顏，其後皆死巡難，四人逸其姓名。

贊曰：張巡、許遠，可謂烈丈夫矣。以疲卒數萬，嬰孤墉，抗方張不制之虜，鯁其喉牙，使不得搏食東南，牽掣首尾，豗潰梁、宋間。大小數百戰，雖力盡乃死，而唐全得江、淮財用，以濟中興，引利償害，以百易萬可矣。巡先死不爲遽，遠後死不爲屈。巡死三日而救至，十日而賊亡，天以完節付二人，畀名無窮，不待留生而後顯也。惟宋三葉，章聖皇帝東巡，過其廟，留駕裴回，咨巡等雄挺，盡節異代，著金石刻，贊明厥忠。與夷、齊餓踣西山，孔子稱仁，何以異云。

唐書卷一百九十三

列傳第一百一十八

忠義下

程千里 袁光廷　龐堅 薛愿　張興　蔡廷玉　符令奇 璘　劉迺
孟華　張伾　周曾　張名振　石演芬　吳溆　高沐　賈直言
辛讜　黃碣 孫揆

程千里，京兆萬年人。長七尺，魁岸有力。應募磧西，累官安西副都護。天寶末，兼北庭都護、安西北庭節度使。突厥首領阿布思內附，本隸朔方，賜氏李，名獻忠，度屬幽州，素與安祿山有怨，內懼，故叛還磧外，數盜邊。玄宗患之，詔千里將兵討捕。千里諭葛邏祿，陰令掎角。獻忠果以窮歸葛邏祿，縛之，并妻子帳下數千人送千里所，乃獻俘勤政樓，詔斬

以徇。擢千里右金吾衛大將軍，留宿衛。

祿山反，詔募兵河東，即拜節度副使、雲中太守，遷上黨長史。賊來攻，虜馘多，累加開府儀同三司、禮部尚書。至德二載，賊將蔡希德圍上黨，輕騎挑戰。千里恃勇開縣門，率百騎欲直禽希德，幾得而救至，乃退。會橋壞，馬顚，爲賊執，仰首敕諸騎使還，曰：「爲我報諸將，可失帥，不可失城。」軍中皆爲泣下，增備固守。賊不能下，乃還。囚千里至東都，安慶緒僞署特進，囚客省。慶緒敗，爲嚴莊所害。後赦令數下，追褒死難者，惟千里生見執，不及云。

初，祿山構難，西北戍兵悉入援，故河、隴郡縣皆陷吐蕃，惟河西戍將袁光廷爲伊州刺史，固守歷年，雖游說百緒，終不降，諸下同心無攜畔者。及糧竭，手殺妻子，自焚死。建中初，贈工部尚書。

龐堅，京兆涇陽人。四世祖玉，事隋爲監門直閤。李密據洛口，玉以關中銳兵屬王世充擊之，百戰不衄。世充歸東都，秦王東徇洛，玉率萬騎降，高祖以隋舊臣，禮之。玉魁梧有力，明軍法，久宿衛，習知朝廷制度。帝顧諸將多不閑儀檢，故授玉領軍、武衛二大將軍，使衆觀以爲模矱。出爲梁州總管。巴山獠叛，玉梟其首，餘黨四奔，屬縣獠與反者州里親戚爲賊游說，言不可窮躡。玉不聽，下令軍中曰：「穀熟，吾盡收以饋軍。非盡賊，吾不反。」聞者懼，相謂曰：「軍不止，吾穀盡，且餓死。」乃共入賊營，與所親相結，斬渠長以降，衆遂潰。徙越州都督。召爲監門大將軍。太宗以耆厚，令主東宮兵。雖老不怠，小大之務無不親。卒，帝爲廢朝，贈幽州都督、工部尚書。

堅歷潁川太守。安祿山反，南陽節度使魯炅表堅爲長史兼防禦副使，以薛愿爲潁川太守，共守潁川。時陳留、滎陽已陷賊，南陽被圍，而潁川當往來劇。賊將阿史那承慶悉銳攻之，傅城百里，樹木皆刊。城中士單寡，糧少，而愿、堅晝夜戰，諸郡兵無援者，自正月盡十一月。賊設木鵝、衝車、飛梯薄城，矢如雨，士皆雷譟，夜半踰城入，二人不肯降。賊縛致東京，將磔解之，有說祿山曰：「義士也，彼爲其主，殺之不祥。」乃縛于樹。比且死，見者哭之。

愿，汾陰人。父縚，太常卿。兄崇一，娶惠宣太子女，其女弟爲太子瑛妃。瑛廢，貶愿嶺外，久乃得還。

張興者，東鹿人。長七尺，一飯至斗米，肉十斤。悍趫而辯，爲饒陽裨將。祿山反，攻饒陽。興閑張禍福，譬曉敵人，而嬰城彌年，衆心遂固。滄、趙已陷，史思明引衆傅城，興擐甲持陌刀重十五斤乘城。賊將入，興一舉刀，輒數人死，賊皆氣懾。城破，思明縛之馬前，好謂曰：「將軍壯士，能屈節，當受高爵。」對曰：「昔嚴顏一巴郡將，猶不降張飛。我大郡將，安能委身逆虜？今日幸得死，然願以一言爲誡。」思明曰：「云何？」興曰：「天子遇祿山如父子，今乃反。大丈夫不能爲國掃除，反爲其下，何哉？」思明曰：「將軍不覩天道邪？吾上起兵二十萬，直趣洛陽，天下大定。以偏師叩函谷，守將面縛，唐亡固矣。」興曰：「桀、紂、秦、隋窮人力，舉四海與爲怨，故商、周、漢、唐因得代之而有神器。皇帝無違德，祿山非數帝賢，是苟延歲月，終即禽耳。」思明怒，鋸解之。且死，罵曰：「吾能哀彊死兵敗賊衆！」軍中凜然爲改容。

蔡廷玉，幽州昌平人。事安祿山，未有聞。與朱泚同里閈，少相狎近。泚爲幽州節度使，奏署幕府。

廷玉有沈略，善與人交，內外愛附。泚多所叩咨，數遣至京師。當是時，幽州兵最彊，

財雄，士驕悍，日思吞并，不知有上下禮法。廷玉間語泚曰：「古未有不臣而能推福及子孫者。公南聯趙、魏，北奚虜，兵多地險，然非永安計，一日趙、魏反噬，公乃沸鼎魚耳。不如奉天子，剗多難，可勒勳鼎彝，若何？」泚善之。廷玉陰欲耗其力，則諷泚出金幣禮士，又勸歸貢賦助天子經費，獻牛馬係道，儲廥爲單。因勸泚入朝，泚將聽，諸校怒，縛廷玉辱之，廷玉無橈辭，泚不忍殺，囚歲餘出之，謂曰：「而亦悔乎？」廷玉曰：「導公爲逆卽悔，勉公以義何悔爲？」復縶滿歲，問曰：「能省過否？不爾，且死。」對曰：「不殺我，公得名。殺我，吾得名。」泚不能屈，待如初。

又有朱體微者，亦泚腹心。廷玉有建白，體微輒左右之，故泚愈信，桀傲稍革。廷玉遂蔵朝事。泚乃奏涿州爲永泰軍，薊州靜塞軍，瀛州淸夷軍，莫州唐興軍，置團練使，以支郡隸屬，盧龍軍稍削。而泚內畏弟滔偪己，滔亦勸泚入朝，乃以軍屬滔。廷玉、體微共白泚：「公入朝爲功臣首，後務至重，須誠信者乃可付。滔雖大弟，多變不情，如假以兵，是嫁之禍也。」泚不聽。二人隨泚到朝，德宗爲太子時，知廷玉名，及見，禮眷殊渥。泚統幽州行營爲涇原鳳翔節度使，詔廷玉以大理少卿爲司馬，體微爲要籍。

滔有請於泚，或不順，廷玉必折之，俾循故法。滔已破田悅，寖傲肆自用。左右有惡廷玉者，妄云：「素毀滔，欲四分燕，廷玉倡之，體微和之。」滔表言二人離間骨肉，請殺於有

司。亦遺泚書云云。泚恚滔奪其軍，不從。會滔以幽州叛，帝示滔表，而泚亦白發其書，乃歸罪於二人，貶廷玉柳州司戶參軍、體微南浦尉以慰滔。滔使諜伺諸朝，曰：「上若不殺廷玉，當謫去，得東出洛，我且縛致麾下支解之。」將行，帝勞廷玉曰：「爾姑行，爲國受屈，歲中當還。」廷玉至藍田驛，人白左巡使鄭詹：「商於道險，不可往。」詹追使趨潼關。廷玉告子少誠、少良曰：「我爲天子不血刃下幽十一城，欲裂其壤，使不得桀，而敗於將成，天助逆邪？今吏使我出東都，此殆滔計，吾不可以辱國。」比至靈寶，自投于河。

宰相盧杞方疾御史大夫嚴郢，欲逐之，得廷玉死狀，卽抵詹死，而斥出郢。帝閔廷玉忠，歸其柩，厚賻之。李晟平朱泚，少誠等適終喪，晟表丐追贈廷玉，幷官二子。而帝方招來滔，寢其奏，遂已。

符令奇，沂州臨沂人。初爲盧龍軍裨將。會幽州亂，挈子璘奔昭義，節度使薛嵩署爲軍副。嵩卒，田承嗣盜其地，引令奇爲右職。

田悅拒命，馬燧敗之洹水。令奇密語璘曰：「吾閱世事多矣。自安、史干紀，無噍類。吾觀田氏覆亡無時，安用苟且夕，係纍京師，宗族屠地？汝能委質朝廷，爲唐忠臣，吾亦名揚後世矣。」璘泣曰：「悅，忍人也，近禍可畏。」答曰：「今王師四合，吾屬俎中醢。兒今行，吾死不朽；不行，吾亦死。尸壘逆地云何？」璘俯泣不能對。初，悅與李納會濮陽，因乞師，納分麾下隨之。至是，納兵歸齊，使璘以三百騎護送。璘與父嚙臂別，乃以衆降燧。璘之出，與三子同降。悅怒，引令奇切讓。令奇罵曰：「爾忘義背主，旦夕死。吾敎子以順，殺身庸何悔？鈎死，愈爾遠矣！」悅怒，奮而起。令奇臨刑，色不變，年七十九，夷其家。

燧署璘爲軍副，詔拜特進，封義陽郡王。既聞父見害，號絕泣血，燧表其冤，加檢校左散騎常侍，賜晉陽第一區、祁田五十頃，贈令奇戶部尙書。

璘字元亮。李懷光反，詔燧討之。璘介五千兵先濟河，與西師合。從燧入朝，爲輔國大將軍，賜靖恭里第一區、藍田田四十頃。璘之降，母匿里中獨免，及悅死，詔迎於魏，賜宴別殿。璘居環衞十三年，卒，年六十五，贈越州都督。

劉迺字永夷，河南伊闕人。少警穎，闇誦六經，日數千言。善文詞，爲時推目。天寶中擢進士第。喪父，以孝聞。服終，中書舍人宋昱知銓事，迺方調，因進書曰：「書稱：『知人則

哲，能官人則惠。』此唐虞以爲難。今文部始掄材，終授位，是知人、官人，兩任其責。昔禹、稷、臯陶之聖，猶曰載采有九德，考績以九載。今有司獨委一二小宰，察言於一幅之判，觀行於一揖之內，何其易哉？夫判者，以狹詞短韻爲體，是以小冶鼓衆金，雖欲爲鼎鏞，不可得已。故雖有周公、尼父圖書易象之訓，以判責之，曾不及徐、庾；雖有至德，以喋喋取之，曾不若嗇夫。故干霄蔽日，巨樹也，求尺寸之材，必後於榱杙；龍吟虎嘯，希聲也，尙頰舌之感，必下於蛙黽。豈不悲乎！執事誠能先政事，次文學，退觀其治家，進察其臨節，則龐鴻深沈之事，亦可窺其門閾矣。」昱嘉之，補剡尉。劉晏在江西，奏使巡覆，充留後。

大曆中，召拜司門員外郎。德宗初，進郭子儀爲尙父。時册禮廢，覩詔文者不適所宜，宰相崔祐甫召迺至閣草之，少選成文，詞義典裁。俄擢給事中，權知兵部侍郎。楊炎、盧杞當國，五歲不遷。建中四年，眞拜兵部侍郎。

帝狩奉天，迺臥疾私第，朱泚遣人召之，固稱篤。復遣僞相蔣鎭慰誘，迺佯瘖不答，灸無完膚。鎭再至，知不可脅，乃太息曰：「我嘗忝曹郎，不能死，寧以自辱羶腥，復欲汙賢哲乎？」遂止。迺聞車駕如梁州，自投於牀，搏膺呼天，不食卒，年六十。帝聞其忠，贈禮部尙書，謚曰貞惠。子伯芻，別傳。

孟華，史失其何所人。初事李寶臣爲府官屬，論議婞婞不回，同舍疾之。王武俊斬李惟岳，遣華至京師陳事，德宗問河朔利害，華對稱旨，擢檢校兵部郎中兼侍御史。朱滔與武俊謀解田悅之圍，帝詔華還諭，欲亂其謀。華至，讓武俊曰：「安、史未覆滅時，大夫觀其兵，自謂天下可取，今日何汩汩？且上於大夫恩甚厚，將還康中丞他州，而歸我深、趙。自古忠臣，未有不先大功而後得高官者。大夫何望於失地邪？夫藥苦口者利病，大夫後日思愚言，悔無逮！」或曰：「華入朝私奏便宜，欲傾我，故得顯職。」武俊惑之，然以華舊人，未忍奪其職，卒進援悅。華從至臨清，稱病還恆州。武俊令子察所爲，乃闔門謝賓客。武俊知不足忌，無殺華意。既僭稱王，授禮部侍郎，不肯起，嘔血死。

張伾者，本爲澤潞將，守臨洺，田悅攻之，乘城固守累月，士死，糧且盡，救不至。伾悉召部將立軍門，命女出徧拜，因曰：「諸君戰良苦，吾無貲爲賞，願以是女賣直，爲衆士一日費。」士皆哭曰：「請死戰！」會馬燧自河東將兵擊悅城下，敗之，伾乘勝出戰，無不一當百。以功遷泗州刺史。居州十年，擢右金吾衞大將軍，未拜卒，贈尚書右僕射。

軍中議立其子重政，母徐及兄號訴不肯從，奔告淮南節度使王鍔，乃免。詔嘉其忠，起爲金吾衞大將軍，委鍔處以劇職，封徐魯國夫人。

周曾者，本李希烈部將，與王玢、姚憺、韋清志相善，號四公子。希烈反，曾密得其計，一二以告李勉。玢爲許州鎭遏使。會哥舒曜拔汝州，希烈遣曾往拒。曾欲引軍據蔡，使玢爲應，憺、清居中謀取希烈，密求藥毒希烈，不死。曾之行，希烈使假子十人從。次襄城，知其謀，以告。希烈使李克誠率騾軍千人劫曾殺之，而收其兵，幷殺玢、憺。始，約事覺毋相引。清懼，陽說希烈曰：「今兵寡，恐不能就事，請乞師朱滔。」希烈然之。至襄邑，奔劉洽。德宗贈曾太尉，玢司徒，憺工部尚書，擢清安定郡王，實封戶二百。

又有呂賁、康秀琳、梁興朝、賈樂卿、侯仙欽皆死希烈之難，贈賁、秀琳尚書左右僕射，興朝等皆秩尚書，遣蕭昕致祭境上。命李勉、哥舒曜訪其家子孫，詔雖三世有罪，常降一等。

曾無後，貞元中，女及曾兄子鄴爭襲封，有司奏曾首謀歸順，身死賊手，陛下錫眞食，不幸絕嗣，宜令鄴以五十戶奉祀，女亦封五十戶。

張名振，本事李懷光爲都將。始，懷光已立功，德宗賜鐵券，奉詔倨甚。名振到軍門大言曰：「太尉見賊不擊，使到不迎，將反邪？且安、史、僕固等今皆族滅，公欲何爲？是資忠義士立功耳。」懷光召見，諭以賊彊，須蓄銳俟時，誘爲不反。及引軍入咸陽，又曰：「公不反，來此何邪？不急攻泚收京城，欲以賊誰遺？」懷光怒曰：「病狂人也。」使左右拉殺之。

石演芬者，本西域胡人，事懷光至都將，尤親信，畜爲假子。懷光軍三橋，將與朱泚連和。演芬使客郜成義到行在，言懷光無破賊意，請罷其總統。成義走告懷光子璀，懷光召演芬罵曰：「爾爲我子，奈何欲破吾家？今日負我，宜卽死。」對曰：「天子以公爲股肱，公以我爲腹心；公乃負天子，我何不負公？且我胡人，無異心，惟知事一人，不呼我爲賊，死固吾分。」懷光使士臠食之，皆曰：「烈士也，可令快死。」以刀斷其頸。德宗聞，贈演芬兵部尚書，賜其家錢三百萬，斬成義於朔方。

吳溆者，章敬皇后之弟。代宗立，詔贈后祖神泉爲司徒，父令珪太尉，擢叔父令瑤太子家令、濮陽郡公，令瑜太子諭德、濟陽郡公，溆太子詹事、濮陽郡公，並開府儀同三司。令瑤兄弟故爲縣令、郎將矣，而溆用盛王府參軍進，俄遷鴻臚少卿、金吾將軍。建中初，遷大將軍。

溆循循有禮讓，無倨氣矜色，見重朝廷，時以爲材當所位，不自戚屬者。

朱泚反，盧杞、白志貞皆謂泚有功，不宜首難，得大臣一人持節尉曉，惡且悛。德宗顧左右，無敢行，溆曰：「陛下不以臣亡能，願至賊中諭天子至意。」帝大悅。溆退謂人曰：「吾知死無益而決見賊者，人臣食祿死其難，所也。方危時，安得自計？且不使陛下恨下無犯難者。」卽日齎詔見泚，具道帝待以不疑者。而泚業僭逆，故留溆客省不遣，卒被害。帝悲梗甚，贈太子太保，謚曰忠，賜其家實戶二百，一子五品正員官。京師平，官庀其葬。子士矩，別傳。

高沐者，渤海人。父憑，事宣武李靈耀，假守曹州。靈耀反，憑密遣人奏賊纖悉，有詔卽拜曹州刺史。會李正己盜有曹、濮，憑不能自通朝廷，死官下。

沐，貞元中擢進士第，以家託鄆，故李師古辟署判官。師道叛，沐率其僚郭昈、郭航、李公度引古今成敗，前後鐫說，不能入。師道所厚吏李文會、林英等乘間訴曰：「比悉心憂公家事，而爲沐等所疾，公奈何舉十二州地成沐輩千載名乎？」由是疏斥沐，令守濮州。沐上書盛夸山東貢海之饒，得其地可以富國。師道謀皆露。後英奏事京師，脅邸史言沐以誠款結天子。師道怒，誅沐，而囚昈濮州，守衞苛嚴，凡十年。

吳元濟拒命，師道引兵攻彭城，敗蕭、沛數縣而還，以綴王師。昈爲緡書藏衣絮間，使郭航間道走武寧軍見李愿，請奇兵三千浮海擣萊、淄，賊倚海不爲備，且居皆罪人，無與守。始，昈畏事泄，署師道所信吏劉諒名以遣，愿白諸朝，議者疑師道使爲之，不得報。航不敢循故道，間關回遠還昈所。未幾，師道召航，昈疑事露，欲引決，航曰：「事覺，吾獨死，君無患。」航卒自殺，遂絕。及王師討師道，諸節度兵四入，而彭城兵下魚臺金鄉、李聽軍取海州若拾遺，頗用昈策。

初，淮西平，師道勢蹙，內甚懼。李公度與大將李英曇敎獻三州，使長子入侍。師道然可，俄中悔，欲殺英曇，賈直言諷師道嬖奴曰：「高沐冤氣在天，禍且至。英曇復死，是益其祟也。」乃止。逐于萊州，俄殺之。

又有崔承寵、楊偕、陳佑、崔淸皆抗節忤賊，李文會指爲沐黨，沐之死，皆被囚。劉悟既

平師道，捉昈臂歔欷流涕，辟置義成節度府，亦請公度爲僚屬。元和十四年，贈沐吏部尚書，委馬摠備禮收葬，恤其家。

航，萊州人，以氣聞，師道署右職，與昈世居齊。初，昈舉進士，權德輿將取之，聞其家賊中，乃罷，遂爲賊聘。二人卒能以忠顯。

賈直言，河朔舊族也，史失其地。父道冲，以藝待詔。代宗時，坐事賜鴆，將死，直言紿其父曰：「當謝四方神祇。」使者少怠，輒取鴆代飲，迷而踣。明日，毒潰足而出，久乃蘇。帝憐之，減父死，俱流嶺南。直言由是躄。

後署師道府屬。及師道不軌，提刀負棺入諫曰：「願前死，不見城之破。」又畫縛載檻車狀而妻子係纍者以獻，師道怒，囚之。劉悟既入，釋其禁，辟署義成府。後徙潞，亦隨府遷。

監軍劉承偕與悟不平，陰與慈州刺史張汶謀縛悟送闕下，以汶代節度。事洩，悟以兵圍承偕，殺小使，直言遽入責曰：「司空縱兵脅天子使者，是欲効李司空邪？它日復爲軍中所指笑。」悟聞，感悔，匿承偕於第以免。悟每有過，必爭，故悟能以臣節光明於朝。穆宗召

爲諫議大夫，羣情灑然稱允。而悟固留，得聽。

始，悟子從諫貴甚，見直言輒衣紫擁笏，以兵自衞。直言諫悟曰：「郎少年，毋使褻山東態，朝服可擅著邪？」悟死，從諫不發喪，召大將劉武德等矯悟遺言，與隣道使共表求襲位，直言入讓曰：「父死不哭，何顏面見山東義士乎？」從諫曰：「欲反耳。」直言仰天哭曰：「爾父提十二州地歸朝廷爲功臣。然以張汶故，自謂不絜淋頭，卒羞死。郎今日乃欲反邪？」從諫起抱直言項哭曰：「計窮而然。」直言曰：「君何憂無土地，今脅朝廷，正速死耳。若從武德謀，吾見劉氏爲元濟矣。」從諫拜曰：「唯大夫救之。」直言乃自攝留後，使從諫居喪。初，從諫惟鄆兵二千同謀。直言既折之，軍中遂安。

大和九年卒，贈工部尚書。

辛讜者，太原尹雲京孫也。學詩、書，能擊劍，重然諾，走人所急。初事李嶧，主錢穀。性廉勁，遇事不處文法，皆與之合。罷居揚州，年五十，不肯仕，而慨然常有濟時意。

龐勛反，攻杜慆於泗州。讜聞之，挐舟趨泗口，貫賊柵以入。慆素聞其名，握手曰：「吾僚李延樞嘗爲吾道夫子爲人，何意臨敎？吾無憂矣！」讜亦謂慆可共事，乃請還與妻子決，

同慆生死。時賊張甚，衆皆南走，獨讜北行。讜未至，慆憂之，延樞知必來，曰：「讜至，可表爲判官。」慆許諾。俄而至，慆喜曰：「圍急，飛鳥不敢過，君乃冒白刃入危城，古人所不能。」乃勸解白衣被甲。

賊將李圓焚淮口，讜曰：「事棘矣，獨出可以求援。」乃與楊文播、李行實戍夜踰淮，坎岸登，馳三十里至洪澤，見戍將郭厚本告急。厚本許出兵，大將袁公弁等曰：「賊衆我寡，不可往。」讜拔劍瞋目呼曰：「泗州陷在旦夕，公等被詔來，乃逗留不進，欲何爲？大丈夫孤國恩，雖生可羞。且失泗，則淮南爲寇場，君尚能獨存？吾今斷左臂殺君去。」推劍直前，厚本持之，公弁等僅免。讜望泗慟哭，帳下皆流涕。厚本決許付兵五百，讜曰：「足矣！」徧問士曰：「能行乎？」皆曰：「諾。」讜仆面于地，泣以謝。衆既叩淮，有人語曰：「賊破城矣！」讜將斬之，衆爲請。讜曰：「公等登舟，吾赦其死。」士遽登。已濟，慆亦出兵，表裏擊，賊大敗。讜入，人心遂固。浙西杜審權遣將翟行約赴援，壁蓮塘，慆欲遣人廷勞，諸吏憚不敢出，讜獨往犒而還。

圍三月，救兵外敗，城益危。讜復請乞兵淮南，與壯士徐珍十人持斧夜斬賊柵出，見節度使令狐綯，復詣浙西見審權。時皆傳泗州已陷，疑讜爲賊計，囚之。讜引李嶧自明。嶧時爲大同防禦使，稱其忠可信。審權乃許救，合淮南兵五千，鹽粟具。方淮路梗，不得進。

謙引兵決戰，斬賊六百級，乃克入，城上歡叫，愔與下迎泣，表其功于朝，授監察御史。圍凡十月乃解，卒完一州。

初，謙求救也，過家十餘，未嘗見妻子，得糧累二十萬。謙子及兄子客廣陵，託愔曰：「使先人不乏祀，公之惠也。」後以功第一，拜亳州刺史，徙曹、泗二州。乾符末，終嶺南節度使。

方謙之少，耕于野，有牛鬬，衆畏奔踐，謙直前，兩持其角，牛不能動，久而引觸，竟折其角。里人駭異，屠牛以飯謙。然謙癯短，才及中人。後貴，力亦少衰云。

黃碣，閩人也。初爲閩小將，喜學問，軒然有志向。同列有假其筆者，碣怒曰：「是筆它日斷大事，不可假。」後戰安南有功，高駢表其能，爲漳州刺史，徙婺州，治有績。劉漢宏遣兵攻之，兵寡不可守，棄州去，客蘇州。

董昌爲威勝軍節度使，表碣自副，久乃應。及昌反，碣諫曰：「大王拔田畝，席貢輸之勳，位將相，非有勳業可紀。今不能盡忠王朝，乃自尊大，一日誅滅無種矣。桓、文不侮周室，曹操弗敢危漢。今王僻嬰一城，乃爲大逆，何邪？碣請舉族先死，不能見王之滅。」昌怒

曰：「碣不順我邪？」斥出之。碣移書幕府李滔曰：「『順天』建元，以愚策之，針可爲矟邪？」或竊其書示昌，昌令使者斬之。使以首至，昌詬曰：「賊負我，三公不肯爲，而求死邪？」抵溷中，夷其家百口，坎鏡湖之南同瘞焉。昌敗，有詔贈司徒，求其後不能得。

昌已殺碣，滔亦遇害，乃召會稽令吳鐐問策，鐐曰：「王爲眞諸侯，遺榮子孫而不爲，乃作僞天子，自取滅亡。」昌叱斬之，族其家。又召山陰令張遜知御史臺，固辭曰：「王自棄，爲天下笑。且六州勢不助逆，王據孤州以速死，謂何？遜不敢以身許王也。」昌惡之曰：「遜不知天意，以邪說拒我。」囚之。它日謂人曰：「我無碣、鐐、遜，何乏事？」即害之。

孫揆字聖圭，刑部侍郎逖五世從孫也。第進士，辟戶部巡官。歷中書舍人、刑部侍郎、京兆尹。

昭宗討李克用，以揆爲兵馬招討制置宣慰副使，既而更授昭義軍節度使，以本道兵會戰。克用伏兵刀黃嶺，執揆，厚禮而將用之，曰：「公輩當從容廟堂，何爲自履行陣也？」揆大罵不詘，克用怒，使以鋸解之，鋸齒不行，揆謂曰：「死狗奴，解人當束之以板，汝輩安知？」行刑者如其所言，詈聲不輟至死。昭宗憐之，贈左僕射。

唐書卷一百九十四

列傳第一百一十九

卓行

元德秀 李粤　權皋　甄濟　陽城 何蕃　司空圖

元德秀字紫芝，河南河南人。質厚少緣飾。少孤，事母孝，舉進士，不忍去左右，自負母入京師。既擢第，母亡，廬墓側，食不鹽酪，藉無茵席。服除，以窶困調南和尉，有惠政。黜陟使以聞，擢補龍武軍錄事參軍。

德秀不及親在而娶，不肯婚，人以爲不可絕嗣，答曰：「兄有子，先人得祀，吾何娶爲？」初，兄子襁褓喪親，無資得乳媪，德秀自乳之，數日湩流，能食乃止。既長，將爲娶，家苦貧，乃求爲魯山令。前此墮車足傷，不能趨拜，太守待以客禮。有盜繫獄，會虎爲暴，盜請格虎

自贖，許之。吏白：「彼詭計，且亡去，無乃爲累乎？」德秀曰：「許之矣，不可負約。即有累，吾當坐，不及餘人。」明日盜尸虎還，舉縣嗟歎。

玄宗在東都，酺五鳳樓下，命三百里縣令、刺史各以聲樂集。是時頗言帝且第勝負，加賞黜。河內太守輦優伎數百，被錦繡，或作犀象，瓌譎光麗。德秀惟樂工數十人，聯袂歌于蔿于。于蔿于者，德秀所爲歌也。帝聞，異之，歎曰：「賢人之言哉！」謂宰相曰：「河內人其塗炭乎？」乃黜太守，德秀益知名。

所得奉祿，悉衣食人之孤遺者。歲滿，笥餘一縑，駕柴車去。愛陸渾佳山水，乃定居。不爲牆垣扃鑰，家無僕妾。歲饑，日或不爨。嗜酒，陶然彈琴以自娛。人以酒肴從之，不問賢鄙爲酣飫。是時程休、邢宇、宇弟宙、張茂之、李崿、崿族子丹叔惟岳、喬潭、楊拯、房垂、柳識皆號門弟子。德秀善文辭，作蹇士賦以自況。房琯每見德秀，歎息曰：「見紫芝眉宇，使人名利之心都盡。」蘇源明常語人曰：「吾不幸生衰俗，所不恥者，識元紫芝也。」

天寶十三載卒，家惟枕履箪瓢而已。潭時爲陸渾尉，庀其葬。族弟結哭之慟，或曰：「子哭過哀，禮歟？」結曰：「若知禮之過，而不知情之至。大夫弱無固，性無專，老無在，死無餘，人情所耽溺、喜愛、可惡者，大夫無之。生六十年未嘗識女色、視錦繡，未嘗求足、苟辭、佚色，未嘗有十畝之地、十尺之舍、十歲之僮，未嘗完布帛而衣，具五味而飡。吾哀之，以

戒荒淫貪佞、綺紈粱肉之徒耳。」

李華兄事德秀，而友蕭穎士、劉迅。及卒，華謚曰文行先生。天下高其行，不名，謂之元魯山。華於是作三賢論。或問所長，華曰：「德秀志當以道紀天下，迅當以六經諧人心，穎士當以中古易今世。德秀欲齊愚智，迅感一物不得其正，穎士呼吸折節而獲重祿，不易一刻之安易，於孔子之門，皆達者與！使德秀據師保之位，瞻形容，乃見其仁。迅被卿佐服，居賓友，謀治亂根原，參乎元精，乃見其妙。穎士若百鍊之剛，不可屈，使當廢興去就、一生一死間，而後見其節。德秀以爲王者作樂崇德，天人之極致，而辭章不稱，是無樂也，於是作破陣樂辭以訂商、周。迅世史官，述禮、易、書、春秋、詩爲古五說，條貫源流，備古今之變。穎士尤罪子長不編年而爲列傳，後世因之，非典訓也。自春秋三家後，非訓齊生人不錄。然各有病，元病酒，劉病賞物，蕭病貶惡太亟、奬能太重。若取其節，皆可爲人師也。」世謂篤論。

休字士美，廣平人。宇字紹宗，宙字次宗，河間人。茂之字季豐，南陽人。萼字伯高，丹叔字南誠，惟岳字謨道，趙人。潭字源，梁人。垂字翼明，清河人。拯字齊物，隋觀王雄後，舉進士，終右驍衞騎曹參軍。㬅擢制科，還南華令。大水，它縣飢，人至相屬，㬅爲具饔餼，及去，糗糧送之，吏爲立碑。安祿山亂，㬅客清河，爲乞師平原太守顏眞卿，一郡獲全。

歷盧州刺史。拯與㬅名最著。潭、識以文傳後。

權皐字士繇，秦州略陽人，徙潤州丹徒，晉安丘公翼十二世孫。父倕與席豫、蘇源明以藝文相友，終羽林軍參軍。

皐擢進士第，爲臨淸尉，安祿山藉其名，表爲薊尉，署幕府。皐度祿山且叛，以其猜虐不可諫，欲行，慮禍及親。天寶十四載，使獻俘京師，還過福昌尉仲謩。謩妻，皐妹也。密約以疾召之，謩來，皐陽喑，直視謩而瞑。謩爲盡哀，自含斂之。皐逸去，人無知者。吏以詔書還皐母，母謂實死，慟哭感行路，故祿山不之虞，歸其母。皐潛候於淇門，奉侍晝夜南奔，客臨淮，爲驛亭保以詗北方。既度江而祿山反，天下聞其名，爭取以爲屬。高適表試大理評事、淮南採訪判官。

永王舉兵，脅士大夫，皐詭姓名以免。玄宗在蜀聞之，拜監察御史，會母喪，得風痺疾，客洪州，南北梗否，踰年詔命不至。有中人過州，頗求取無厭，南昌令王遘欲按之，謀於皐。皐良久不答，泣曰：「今何由致天子使，而遽欲治之！」掩面去。遘悟，厚謝。浙西節度使顏眞卿表爲行軍司馬，召拜起居舍人，固辭。嘗曰：「吾潔身亂世，以全吾志，欲持是受名邪？」李季卿爲江淮黜陟使，列其高行，以著作郎召，不就。

自中原亂，士人率度江，李華、柳識、韓洄、王定皆仰皐節，與友善。洄、定常評皐可爲宰輔、師保；華亦以爲分天下善惡，一人而已。卒，年四十六，洄等制服行哭，詔贈祕書少監。元和中，謚爲貞孝。子德輿至宰相，別傳。

甄濟字孟成，定州無極人。叔父爲幽、涼二州都督，家衞州，宗屬以伉俠相矜。濟少孤，獨好學，以文雅稱。居青巖山十餘年，遠近伏其仁，環山不敢畋漁。採訪使苗晉卿表之，諸府五辟，詔十至，堅臥不起。

天寶十載以左拾遺召，未至而安祿山入朝，求濟於玄宗，授范陽掌書記。祿山至衞，使太守鄭遵意致謁山中，濟不得已爲起，祿山下拜鈞禮。居府中，論議正直。久之，察祿山有反謀，不可諫。濟素善衞令齊玘，因謁歸，具告以誠。密置羊血左右，至夜，若歐血狀，陽不支，舁歸舊廬。祿山反，使蔡希德封刀召之，曰：「卽不起，斷其頭見我。」濟色不動，左手書曰：「不可以行。」使者持刀趨前，濟引頸待之，希德歔欷嗟歎，止刀，以實病告。後慶緒復使彊輿至東都安國觀。會廣平王平東都，濟詣軍門上謁泣涕，王爲感動。肅宗詔館之三司

署，使汙賊官羅拜，以愧其心。授祕書郎，或言太薄，更拜太子舍人。

來瑱辟爲陝西襄陽參謀，拜禮部員外郎。宜城楚昭王廟墺地廣九十畝，濟立墅其左。瑱死，屏居七年。大曆初，江西節度使魏少游表爲著作郎，兼侍御史，卒。

濟生子，因其官字曰禮閩、曰憲臺。而禮閩死，憲臺更名逢，幼而孤，及長，耕宜城野，自力讀書，不謁州縣。歲飢，節用以給親里；大穰，則振其餘於鄉黨貧狹者。朋友有緩急，輒出家貲周贍，以義聞。逢常以父名不得在國史，欲詣京師自言。元和中，袁滋表濟節行與權皐同科，宜載國史。有詔贈濟祕書少監。而逢與元稹善，稹移書於史館脩撰韓愈曰：「濟棄去祿山，及其反，有名號，又逼致之，執不起，卒不汙其名。夫辨所從於居易之時，堅直操於利仁之世，而猶選懦者之所不爲，耆怫人之心難，而害己之避深也。至天下大亂，死忠者不必顯，從亂者不必誅，而眷眷本朝，甘心白刃，難矣哉！若甄生，弁冕不加其身，祿食不進其口，直布衣一男子耳。及亂，則延頸受刃，分死不回，不以不必顯而廢忠，不以不必誅而從亂。在古與今，蓋百一焉。」愈答曰：「逢能行身，幸於方州大臣，以標目其先人事，載之天下耳目，徹之天子，追爵其父第四品，赫然驚人，逢與其父俱當得書矣。」由是父子俱顯名。

陽城字亢宗，定州北平人，徙陜州夏縣，世爲官族。資好學，貧不能得書，求爲吏隸集賢院，竊院書讀之，晝夜不出戶，六年，無所不通。及進士第，乃去隱中條山，與弟堦、域常易衣出。年長，不肯娶，謂弟曰：「吾與若孤惸相育，既娶則間外姓，雖共處而益疏，我不忍。」弟義之，亦不娶，遂終身。

城謙恭簡素，遇人長幼如一。遠近慕其行，來學者跡接于道。閭里有爭訟，不詣官而詣城決之。有盜其樹者，城遇之，慮其恥，退自匿。嘗絕糧，遣奴求米；奴以米易酒，醉臥于路。城怪其故，與弟迎之，奴未醒，乃負以歸。及覺，痛咎謝，城曰：「寒而飲，何責焉？」寡妹依城居，其子四十餘，癡不知人，城常負以出入。始，妹之夫客死遠方，城與弟行千里，負其柩歸葬。歲飢，屏跡不過隣里，屑榆爲粥，講論不輟。有奴都兒化其德，亦方介自約。或哀其餒，與之食，不納。後致糠覈數杯，乃受。山東節度府聞城義者，發使遺五百縑，戒使者不令返。城固辭，使者委而去，城置之未嘗發。會里人鄭俶欲葬親，貸於人無得，城知其然，舉縑與之。俶既葬，還曰：「蒙君子之施，願爲奴以償德。」城曰：「吾子非也，能同我爲學乎？」俶泣謝，即教以書，俶不能業，城更徙遠阜，使顓其習。學如初，慚，縊而死。城驚且哭，厚自咎，爲服緦麻瘞之。

陝虢觀察使李泌數禮餉，城受之。泌欲辟致之府，不起，乃薦諸朝，詔以著作佐郎召，并賜緋魚。泌使參軍事韓傑奉詔至其家，城封還詔，自稱「多病老憊，不堪奔奉，惟哀憐」。泌不敢彊。及爲宰相，又言之德宗，於是召拜右諫議大夫，遣長安尉楊寧齎束帛詣其家。城褐衣到闕下辭讓，帝遣中人持緋衣衣之，召見，賜帛五十匹。

初，城未起，搢紳想見風采。既興草茅，處諫諍官，士以爲且死職，天下益憚之。及受命，它諫官論事苛細紛紛，帝厭苦，而城寖聞得失且熟，猶未肯言。韓愈作爭臣論譏切之，城不屑。方與二弟延賓客，日夜劇飲。客欲諫止者，城揣知其情，彊飲客，客辭，即自引滿，客不得已，與酬酢，或醉仆席上，城或先醉臥客懷中，不能聽客語，無得關言。常以木枕布衾質錢，人重其賢，爭售之。每約二弟：「吾所俸入，而可度月食米幾何，薪菜鹽幾錢，先具之，餘送酒家，無留也。」服用無贏副，客或稱其佳可愛，輒喜，舉授之。有陳萇者，候其得俸，常往稱錢之美，月有獲焉。居位八年，人不能窺其際。

及裴延齡誣逐陸贄、張滂、李充等，帝怒甚，無敢言，城聞，曰：「吾諫官，不可令天子殺無罪大臣。」乃約拾遺王仲舒守延英閤上疏極論延齡罪，慷慨引誼，申直贄等，累日不止。聞者寒懼，城愈勵。帝大怒，召宰相抵城罪。順宗方爲皇太子，爲開救，良久得免，敕宰相諭遣。然帝意不已，欲遂相延齡。城顯語曰：「延齡爲相，吾當取白麻壞之，哭於廷。」帝不相延齡，

城力也。坐是下遷國子司業。引諸生告之曰：「凡學者，所以學爲忠與孝也。諸生有久不省親者乎？」明日謁城還養者二十輩，有三年不歸侍者斥之。簡孝秀德行升堂上，沈酗不率教者皆罷。躬講經籍，生徒斤斤皆有法度。

薛約者，狂而直，言事得罪，謫連州。吏捕迹，得之城家。城坐吏於門，引約飲食訖，步至都外與別。帝惡城黨有罪，出爲道州刺史。太學諸生何蕃、季償、王魯卿、李讜等二百人頓首闕下，請留城。柳宗元聞之，遺蕃等書曰：「詔出陽公道州，僕聞悒然。幸生不諱之代，不能論列大體，聞下執事，還陽公之南也。今諸生愛慕陽公德，懇悃乞留，輒用撫手喜甚。昔李膺、嵇康時，太學生徒仰闕執訴，僕謂訖千百年不可復見，乃在今日，誠諸生見賜甚厚，將亦陽公漸漬導訓所致乎！噫！公有博厚恢大之德，并容善僞，來者不拒。有狂惑小生，依託門下，飛文陳愚。論者以爲陽公過於納汙，無人師道。仲尼吾黨狂猖，南郭獻譏；曾參徒七十二人，致禍負芻；孟軻館齊，從者竊屨。彼聖賢猶不免，如之何其拒人也？俞、扁之門，不拒病夫；繩墨之側，不拒枉材；師儒之席，不拒曲士。且陽公在朝，四方聞風，貪冒苟進邪薄之夫沮其志，雖微師尹之位，而人實瞻望焉。與其化一州，其功遠近可量哉！諸生之言，非獨爲己也，於國甚宜。」蕃等守闕下數日，爲吏遮抑不得上。既行，皆泣涕，立石紀德。

至道州，治民如治家，宜罰罰之，宜賞賞之，不以簿書介意。月俸取足則已，官收其餘。日炊米二斛，魚一大鬵，置甌杓道上，人共食之。州產侏儒，歲貢諸朝，城哀其生離，無所進。帝使求之，城奏曰：「州民盡短，若以貢，不知何者可供。」自是罷。州人感之，以「陽」名子。前刺史坐罪下獄，吏有幸於刺史者，拾不法事告城，欲自脫，城輒榜殺之。賦稅不時，觀察使數誚責。州當上考功第，城自署曰：「撫字心勞，追科政拙，考下下。」觀察府遣判官督賦，至州，怪城不迎，以問吏，吏曰：「刺史以爲有罪，自囚於獄。」判官驚，馳入，謁城曰：「使君何罪？我奉命來候安否耳。」留數日，城不敢歸，仆門闔，寢館外以待命。判官遽辭去。府復遣官來按舉，義不欲行，乃載妻子中道逃去。順宗立，召還城，而城已卒，年七十，贈左散騎常侍，賜其家錢二十萬，官護喪歸葬。

蕃，和州人。事父母孝。學太學，歲一歸，父母不許。間二歲乃歸，復不許。凡五歲，慨然以親且老，不自安，揖諸生去，乃共閉蕃空舍中。衆共狀蕃義行，白城請留。會城罷，亦止。初，朱泚反，諸生將從亂，蕃正色叱不聽，故六館士無受汙者。蕃居太學二十年，有死喪無歸者，皆身爲治喪。償，魯人。魯卿，第進士，有名。

司空圖字表聖，河中虞鄉人。父輿，有風幹。當大中時，盧弘止管鹽鐵，表爲安邑兩池榷鹽使。先是，法疏闊，吏輕觸禁，輿爲立約數十條，莫不以爲宜。以勞再遷戶部郎中。

圖，咸通末擢進士，禮部侍郎王凝特所奬待，俄而凝坐法貶商州，圖感知己，往從之。凝起拜宣歙觀察使，乃辟置幕府。召爲殿中侍御史，不忍去凝府，臺劾，左遷光祿寺主簿，分司東都。盧攜以故宰相居洛，嘉圖節，常與游。攜還朝，過陝虢，屬於觀察使盧渥曰：「司空御史，高士也。」渥卽表爲僚佐。會攜復執政，召拜禮部員外郎，尋遷郎中。

黃巢陷長安，將奔，不得前。圖弟有奴段章者，陷賊，執圖手曰：「我所主張將軍喜下士，可往見之，無虛死溝中。」圖不肯往，章泣下。遂奔咸陽，間關至河中。僖宗次鳳翔，卽行在拜知制誥，遷中書舍人。後狩寶鷄，不獲從，又還河中。龍紀初，復拜舊官，以疾解。景福中，拜諫議大夫，不赴。後再以戶部侍郎召，身謝闕下，數日卽引去。昭宗在華，召拜兵部侍郎，以足疾固自乞。會還洛陽，柳璨希賊臣意，誅天下才望，助喪王室，詔圖入朝，圖陽墮笏，趣意野耄。璨知無意於世，乃聽還。

圖本居中條山王官谷，有先人田，遂隱不出。作亭觀素室，悉圖唐興節士文人，名亭曰休休，作文以見志曰：「休，美也，旣休而美具。故量才，一宜休；揣分，二宜休；耄而聵，三宜休；又少也墮，長也率，老也迂，三者非濟時用，則又宜休。」因自目爲耐辱居士。其言詭

激不常，以免當時禍災云。豫爲冢棺，遇勝日，引客坐壙中賦詩，酌酒裴回。客或難之，圖曰：「君何不廣邪？生死一致，吾寧暫游此中哉！」每歲時，祠禱鼓舞，圖與閭里耆老相樂。王重榮父子雅重之，數饋遺，弗受。嘗爲作碑，贈絹數千，圖置虞鄉市，人得取之，一日盡。時寇盜所過殘暴，獨不入王官谷，士人依以避難。朱全忠已篡，召爲禮部尚書，不起。哀帝弒，圖聞，不食而卒，年七十二。圖無子，以甥爲嗣，嘗爲御史所劾，昭宗不責也。

贊曰：節誼爲天下大閑，士不可不勉。觀皐、濟不汙賊，據忠自完，而亂臣爲沮計。天下士知大分所在，故傾朝復支。不有君子，果能國乎？德秀以德，城以鯁峭，圖知命，其志凛凛與秋霜爭嚴，眞丈夫哉！

唐書卷一百九十五

列傳第一百二十

孝友

李知本　張志寬　劉君良　王少玄　任敬臣　支叔才　程袁師
武弘度　宋思禮　鄭潛曜　元讓　裴敬彝　梁文貞　沈季詮
許伯會　陳集原　陸南金　張琇　侯知道 程俱羅　許法愼
林攢　陳饒奴　王博武　萬敬儒　章全益

唐受命二百八十八年，以孝悌名通朝廷者，多閭巷刺草之民，皆得書于史官。萬年王世貴，長安嚴待封，涇陽田伯明，華原韓難陀，華州王瞿曇，鄭縣辛法汪、郭士舉、張長、郭士度、鄭迪、柳仁忠、能君德、劉崇、甘元爽、韓子倘、韓思約，下邽張萬徹，

朝邑申屠思恭、呂昂，鶉觚張元亮，靈臺孫智和，新平馮猛將，宜川司馬芬，洛交周崇俊，洛川何善宜，博陵崔定仁，冀州燕遺倩，貝州馬衡，滄州鄭士才，清池孫楚信、劉賢，渤海邊鳳舉，瀛州朱寶積，樂陵蘇伏念，邯鄲章徵，鷄澤馮仁海、郭守素，文安董相，武邑王逵多、張丘感、張藝朗暨孫師才、張義節，沙河趙君惠，南樂谷感德，魏縣毛仁，武城茹智達，歷亭王師威、李肆仁，臨河李文綱，湯陰后斥奴，鼓城彭思義、陳屺、田堤岳，太原盧遺仁、王知道，蒲州賈孝才，解縣衞玄表，南岳張利見，安邑曹文行、孫懷應、相里志降、楊王操、邵玄同、張衡、曹存勳、李文褎、董文海、李文秀、張仙兒、張公憲，虞鄉董敬直，河東張金城、呂神通、呂雲、呂志挺、呂元光、趙舉、張祐、姚熾、張師德、馮巨源、杜山藏，河西郭文政，伊闕任仲濟、源榮壓，汴州張士嚴，陳留家師諒、董允恭，尉氏楊思貞，中牟潘良瑗暨子季通，陽武時惠珣，封丘楊嵩珪，許田李頤道，胙城蔡洪、石善雄暨孫彥威，朗山胡君才，徐州皇甫恆，彭城尹務榮，荆州劉寶，長壽史摶，益州焦懷肅、郭景華，郪縣曹少徵，涪城趙煙，資陽趙光寓、黃昇，梓潼馬多王、秦舉、王興嗣，依政樊潃，巴西韋士宗、文搏榮暨子詮，南鄭李貞古，巢縣張進昭，萬載廖洪，南陵蘇仲方，鄱陽張讚，樂平謝惟勤、沈晉、姜岵，上饒鮑嘉福、虞鎔眞，句容張常洧，弋陽張球、李營暨子凝孫楚，貴溪黃舟，建昌熊士瞻，臨江袁鳴，贛縣謝俊，餘杭何公弁、章成緬、方宗，建德何起門，桐廬祝希進，諸暨張萬和，蕭山

李渭、許伯會、戴恭、俞僅，信安徐知新、徐惠諲，東陽應先、唐君祜，睦州許利川，建陽劉常，邵武黃亘、張巨籛、吳海，泉山黃嘉猷，永泰王奭，皆事親居喪著至行者。萬年宋興貴，奉先張郛，澧陽張仁興，櫟陽董思寵，湖城閻旻，高平雍仙高，湖城閻酆，正平周思藝、張子英，曲沃張君密、秦德方、馬玄操、李君則，太平趙德儼，隴西陳嗣，北海呂元簡，絳城宋洸之，單父劉九江，無棣徐文亮，樂陵吳正表，河間劉宣、董永，安邑任君義、衞開，龍門梁神義、賀見涉、張奇異，鄭縣王元緒、寇元童，舒城徐行周，睦州方良琨，桐廬戴元益，高安宋練，涇縣萬晏，弋陽李植，繁昌王丕，皆數世同居者。天子皆旌表門閭，賜粟帛，州縣存問，復賦稅，有授以官者。

唐時陳藏器著本草拾遺，謂人肉治羸疾，自是民間以父母疾，多刲股肉而進。又有京兆張阿九、趙言，奉天趙正言、滑清泌，羽林飛騎啖榮祿，鄭縣吳孝友，華陰尹義華，潞州張光玭，解縣南鍛，河東李忠孝、韓放，鄢陵任客奴，絳縣張子英，平原楊仙朝，樂工段日昇，河東將陳涉，襄陽馮子，城固雍孫八，虞鄉張抱玉、骨英秀，榆次馮秀誠，封丘楊嵩珪、劉皓，清池朱庭玉、弟庭金，繁昌朱怡，歙縣黃芮，左千牛薛鋒及河陽劉士約，或給帛，或旌表門閭，皆名在國史。善乎韓愈之論也，曰：「父母疾，亨藥餌，以是爲孝，未聞毀支體者也。苟不傷義，則聖賢先衆而爲之。是不幸因而且死，則毀傷滅絕之罪有歸矣，安可旌其門以表

異之？」雖然，委巷之陋，非有學術禮義之資，能忘身以及其親，出於誠心，亦足稱者。故列十七八焉。廣明後，方鎭淩法，夸地千里，事不上聞，孝悌篤行之士，旌命所不及。載小說者，名字不參見它書，不可錄。若李知本、張志寬之屬，承上順下，有禮讓君子之風，故輯而序之。張士巖父病，藥須鯉魚，冬月冰合，有獺銜魚至前，得以供父，父遂愈。母病癰，士巖吮血。父亡，廬墓，有虎狼依之。焦懷肅母病，每嘗其唾，若味異，輒悲號幾絕。母終，水漿不入口五日，負土成墳，廬守，日一食，杖然後起。繼母沒，亦如之。張進昭，母患狐刺，左手墮而終。及殯，進昭截左腕廬于墓。張公藝九世同居，北齊東安王永樂、隋大使梁子恭躬慰撫，表其門。高宗有事太山，臨幸其居，問本末，書「忍」字以對，天子爲流涕，賜縑帛而去。四人名頗著，詳見于篇。

李知本，趙州元氏人，元魏洛州刺史靈六世孫。父孝端，仕隋爲獲嘉丞。與族弟太沖俱有世閥，而太沖官婚最高，鄉人語曰：「太沖無兄，孝端無弟。」

知本涉經術，事親篤至，與弟知隱雍順，子孫百餘，至貲用僮僕無間也。大業末，盜賊過闔不入，相戒曰：「無犯義門。」往依者五百餘室，皆以免。貞觀初，知隱爲伊闕丞，知本夏津令。開元中，孫瑱爲給事中、揚州長史。知隱孫顒有文辭，至太常少卿。從祖兄弟位給事中凡四人。

張志寬，蒲州安邑人。居父喪而毀，州里稱之。王君廓兵略地，不暴其閭，倚全者百許姓。後爲里正，忽詣縣稱母疾求急，令問狀，對曰：「母有疾，志寬輒病，是以知之。」令謂其妄，繫於獄，馳驗如言，乃慰遣之。母終，負土成墳，手蒔松柏。高祖遣使者就弔，拜員外散騎常侍，賜物四十段，表其閭。

劉君良，瀛州饒陽人。四世同居，族兄弟猶同產也，門內斗粟尺帛無所私。隋大業末，荒饉，妻勸其異居，因易置庭樹鳥雛，令鬬且鳴，家人怪之，妻曰：「天下亂，禽鳥不相容，況人邪！」君良卽與兄弟別處。月餘，密知其計，因斥去妻，曰：「爾破吾家！」召兄弟流涕以告，更復同居。天下亂，鄉人共依之，衆築爲堡，因號義成堡。武德中，深州別駕楊弘業至其居，凡六院共一庖，子弟皆有禮節，歎挹而去。貞觀六年，表異門閭。

王少玄，博州聊城人。父隋末死亂兵，遺腹生少玄。甫十歲，問父所在，母以告，卽哀泣求尸。時野中白骨覆壓，或曰：「以子血漬而滲者，父胔也。」少玄鑱膚，閱旬而獲，遂以

葬。創甚，彌年乃興。貞觀中，州言狀，拜徐王府參軍。

任敬臣字希古，棣州人。五歲喪母，哀毀天至。七歲，問父英曰：「若何可以報母？」英曰：「揚名顯親可也。」乃刻志從學。汝南任處權見其文，驚曰：「孔子稱顏回之賢，以爲弗如也。吾非古人，然見此兒，信不可及。」十六，刺史崔樞欲舉秀才，自以學未廣，遯去。又三年卒業，舉孝廉，授著作局正字。父亡，數殞絕，繼母曰：「而不勝喪，謂孝可乎？」敬臣更進饘粥。服除，遷祕書郎。休沐，闔門誦書。監虞世南器其人，歲終，書上考，固辭。召爲弘文館學士，俄授越王府西閣祭酒。當代，王再表留，進朝請郎。舉制科，擢許王文學。復爲弘文館學士，終太子舍人。

支叔才，定州人。隋末荒饉，夜丐食野中，還進母，爲賊執，欲殺之，告以情，賊閔其孝，爲解縛。母病癰，叔才吮瘡注藥。及亡，廬墓，有白鵲止廬傍。高宗時，表異其家。

至德間，有常州人王遇、弟遐俱爲賊執，將釋一人，兄弟相讓死，賊感其意，盡縱之。

程袁師，宋州人。母病十旬，不褫帶，藥不嘗不進。代弟戍洛州，母終，聞訃，日走二百

里，因負土築墳，號瘞，人不復識。改葬會門以來，閱二十年乃畢。常有白狼、黃蛇馴墓左，每哭，羣鳥鳴翔。永徽中，刺史狀諸朝，詔吏敦駕。既至，不願仕，授儒林郎，還之。

武弘度，士䕶兄之子，補相州司兵參軍。永徽中，父卒，自徐州被髮徒跣趨喪所，負土築塋，晨夕號，日一溢米。素芝產廬前，貍擾其旁。高宗下詔褒美，旌其門。

宋思禮字過庭，事繼母徐爲聞孝。補蕭縣主簿。會大旱，井池涸，母羸疾，非泉水不適口，思禮憂懼且禱，忽有泉出諸庭，味甘寒，日不乏汲。縣人異之，尉柳晃爲刻石頌其感。

鄭潛曜者，父萬鈞，駙馬都尉、滎陽郡公。母，代國長公主。開元中，主寢疾，潛曜侍左右，造次不去，累三月不靧面。主疾侵，刺血爲書請諸神，丐以身代。火書，而「神許」二字獨不化。翌日主愈，戒左右無敢言。後尚臨晉長公主，歷太僕光祿卿。

元讓，雍州武功人。擢明經，以母病不肯調，侍膳不出閭數十年。母終，廬墓次，廢櫛沐，飯菜飲水。咸亨中，太子監國，下令表闕于門。永淳初，巡察使表讓孝悌卓越，擢太子

右內率府長史。歲滿，還鄉里，人有所訟，皆詣讓判。中宗在東宮，召拜司議郎，入謁，武后望謂曰：「卿孝於家，必能忠於國，宜以治道輔吾子。」尋卒。

裴敬彝，絳州聞喜人。曾祖子通，隋開皇中以太中大夫居母喪，哭喪明，有白烏巢冢樾。兄弟八人皆爲名孝，詔表門闕，世謂「義門裴氏」。敬彝七歲能文章，性謹敏，宗族重之，號「甘露頂」。父智周，補臨黃令〔一〕，爲下所訟。敬彝年十四，詣巡察使唐臨直枉，臨奇之，試命作賦，賦工。父罪已釋，表敬彝于朝，補陳王府典籤。一日，忽泣涕謂左右曰：「大人病痛，吾輒然，今心悸而痛，事叵測。」乃請急，倍道歸，而父已卒，羸毀踰禮。乾封初，遷累監察御史。母病，醫許仁則者躄不能乘，敬彝自爲輿往迎。既居喪，詔贈縑帛，官爲作靈輿。終服，以著作郎兼脩國史。歷中書舍人、太子左庶子。武后時，爲酷吏所陷，死嶺南。

梁文貞，虢州閿鄉人。少從軍守邊，逮還，親已亡。自傷不得養，即穿壙爲門，晨夕汛埽，廬墓左，喑默三十年，家人有所問，畫文以對。會官改新道，出文貞廬前，行旅見之，皆爲流涕。有甘露降塋木，白兔馴擾，縣令刊石紀之。開元中，刺史許景先表文貞孝絕倫類，

詔付史官。

沈季詮字子平，洪州豫章人。少孤，事母孝，未嘗與人爭，皆以爲怯，季詮曰：「吾怯乎？爲人子者，可遺憂於親乎哉！」貞觀中，侍母度江，遇暴風，母溺死，季詮號呼投江中，少選，持母臂浮出水上。都督謝叔方具禮祭而葬之。

許伯會，越州蕭山人。或曰玄度十二世孫。舉孝廉。上元中，爲衡陽博士。母喪，負土成墳，不御絮帛、嘗滋味。野火將逮塋樹，悲號于天，俄而雨，火滅。歲旱，泉湧廬前，靈芝生。

陳集原，瀧州開陽人。世爲酋長。父龍樹，爲欽州刺史，有疾，即集原輒不食。及亡，嘔血數升，即塋作廬，盡以田貲讓兄弟，里人高之。武后時，歷右豹韜衞大將軍。

陸南金，蘇州吳人。祖士季，從同郡顧野王學左氏春秋、司馬史、班氏漢書。仕隋爲越王侗記室兼侍讀。侗稱制，擢著作郎。時王世充將篡逆，侗謂士季曰：「隋有天下三十

年，朝果無忠臣乎？」士季對曰：「見危授命，臣宿志也。請因啓事爲陛下殺之。」謀洩，停侍讀，乃不克。貞觀初，終太學博士兼弘文館學士。

南金仕爲太常奉禮郎。開元初，少卿盧崇道抵罪徙嶺南，逃還東都。南金居母喪，崇道僞稱弔客，入而道其情，南金匿之。俄爲讎人跡告，詔侍御史王旭捕按，南金當重法，弟趙璧詣旭自言：「匿崇道者我也，請死。」南金固言弟自誣不情，旭怪之，趙璧曰：「母未葬，妹未歸，兄能辦之，我生無益，不如死。」旭驚，上狀。玄宗皆宥之。南金知書史，履操謹完。張說、陸象先以賢謂之，由庫部員外以痼疾改太子洗馬，卒。

張琇，河中解人。父審素，爲嶲州都督，有陳纂仁者，誣其冒戰級、私庸兵。玄宗疑之，詔監察御史楊汪即按。纂仁復告審素與總管董堂禮謀反。於是汪收審素繫雅州獄，馳至嶲州按反狀。堂禮不勝忿，殺纂仁，以兵七百圍汪，脅使露章雪審素罪。既而吏共斬堂禮，汪得出，遂當審素實反，斬之，沒其家。琇與兄瑝尚幼，徙嶺南。久之，逃還。汪更名萬頃。瑝時年十三，琇少二歲。夜狙萬頃於魏王池，瑝斫其馬，萬頃驚不及鬭，爲琇所殺。條所以殺萬頃狀繫于斧，奔江南，將殺構父罪者，然後詣有司。道汜水，吏捕以聞。中書令張九齡等皆稱其孝烈，宜貸死。侍中裴耀卿等陳不可，帝亦謂然，謂九齡曰：「孝子者，義不顧命。

殺之可成其志，赦之則虧律。凡爲子，孰不願孝？轉相讎殺，遂無已時。」卒用耀卿議，議者以爲冤。帝下詔申諭，乃殺之。臨刑賜食，瑝不能進，琇色自如，曰：「下見先人，復何恨！」人莫不閔之，爲誄揭于道，斂錢爲葬北邙，尚恐仇人發之，作疑冢，使不知其處。

太宗時，有即墨人王君操，父隋末爲鄉人李君則所殺，亡命去，時君操尚幼。至貞觀時，朝世更易，而君操寠孤，仇家無所憚，詣州自言。君操密挾刃殺之，刳其心肝噉立盡，趨告刺史曰：「父死凶手，歷二十年不克報，乃今刷憤，願歸死有司。」州上狀，帝爲貸死。

高宗時，絳州人趙師舉父爲人殺，師舉幼，母改嫁，仇家不疑。師舉長，爲人庸，夜讀書。久之，手殺讎人，詣官自陳，帝原之。

永徽初，同官人同蹄智壽父爲族人所害，智壽與弟智爽候諸塗，擊殺之，相率歸有司爭爲首，有司不能決者三年。或言弟始謀，乃論死，臨刑曰：「讎已報，死不恨。」智壽自投地委頓，身無完膚，舐智爽血盡乃已，見者傷之。

武后時，下邽人徐元慶父爽爲縣尉趙師韞所殺，元慶變姓名爲驛家保。久之，師韞以御史舍亭下，元慶手殺之，自囚詣官。后欲赦死，左拾遺陳子昂議曰：

先王立禮以進人，明罰以齊政。枕干讎敵，人子義也；誅罪禁亂，王政綱也。然無義不可訓人，亂綱不可明法。聖人修禮治內，飭法防外，使守法者不以禮廢刑，居禮

者不以法傷義，然後暴亂銷，廉恥興，天下所以直道而行也。元慶報父讎，束身歸罪，雖古烈士何以加？然殺人者死，畫一之制也，法不可二，元慶宜伏辜。傳曰：「父讎不同天。」勸人之教也。教之不苟，元慶宜赦。

臣聞刑所以生，遏亂也；仁所以利，崇德也。今報父之仇，非亂也；行子之道，仁也。仁而無利，與同亂誅，是曰能刑，未可以訓。然則邪由正生，治必亂作，故禮防不勝，先王以制刑也。今義元慶之節，則廢刑也。跡元慶所以能義動天下，以其忘生而及於德也。若釋罪以利其生，是奪其德，虧其義，非所謂殺身成仁、全死忘生之節。臣謂宜正國之典，寘之以刑，然後旌閭墓可也。

時韙其言。後禮部員外郎柳宗元駁曰：

禮之大本，以防亂也。若曰：無爲賊虐，凡爲子者殺無赦。刑之大本，亦以防亂也。若曰：無爲賊虐，凡爲治者殺無赦。其本則合，其用則異。旌與誅，不得並也。誅其可旌，茲謂濫，黷刑甚矣；旌其可誅，茲謂僭，壞禮甚矣。

若師韞獨以私怨，奮吏氣，虐非辜，州牧不知罪，刑官不知問，上下蒙冒，籲號不聞。而元慶能處心積慮以衡讎人之胸，介然自克，即死無憾，是守禮而行義也。執事者宜有慚色，將謝之不暇，而又何誅焉？

其或父不免於罪，師韞之誅，不愆於法，是非死於吏也，是死於法也。法其可讎乎？讎天子之法，而戕奉法之吏，是悖驁而凌上也。執而誅之，所以正邦典，而又何旌焉？

禮之所謂讎者，冤抑沈痛而號無告也，非謂抵罪觸法，陷于大戮，而曰彼殺之我乃殺之，不議曲直，暴寡脅弱而已。春秋傳曰：「父不受誅，子復讎可也；父受誅，子復讎，此推刃之道。復讎不除害。」今若取此以斷兩下相殺，則合於禮矣。

且夫不忘讎，孝也；不愛死，義也。元慶能不越於禮，服孝死義，是必達理而聞道者也。夫達理聞道之人，豈其以王法爲敵讎者哉！議者反以爲戮，黷刑壞禮，其不可以爲典明矣。請下臣議附于令，有斷斯獄者，不宜以前議從事。

憲宗時，衢州人余常安父、叔皆爲里人謝全所殺。常安八歲，已能謀復仇。十有七年，卒殺全。刺史元錫奏輕比，刑部尚書李鄘執不可，卒抵死。

又富平人梁悅父爲秦果所殺，悅殺仇，詣縣請罪。詔曰：「在禮父讎不同天，而法殺人必死。禮、法，王教大端也，二說異焉。下尚書省議。」職方員外郎韓愈曰：

子復父讎，見于春秋、于禮記、周官、子若史，不勝數，未有非而罪者。最宜詳于律，而律無條，非闕文也。蓋以爲不許復讎，則傷孝子之心；許復讎，則人將倚法顓

殺，無以禁止。夫律雖本於聖人，然執而行之者，有司也。經之所明者，制有司者也。丁寧其義於經而深沒其文於律者，將使法吏一斷於法，而經術之士得引經以議也。

周官曰：「凡殺人而義者，令勿讎，讎之則死。」義者，宜也。明殺人而不得其宜者，子得復讎也。此百姓之相讎者也。公羊子曰：「父不受誅，子復讎可也。」不受誅者，罪不當誅也。誅者，上施下之辭，非百姓相殺也。周官曰：「凡報仇讎者，書於士，殺之無罪。」言將復讎，必先言於官，則無罪也。

復讎之名雖同，而其事各異。或百姓相讎，如周官所稱，可議於今者；或爲官吏所誅，如公羊所稱，不可行於今者。周官所稱將復讎先告於士，若孤稚羸弱，抱微志而伺敵人之便，恐不能自言，未可以爲斷於今也。然則殺之與赦不可一，宜定其制曰：「有復父讎者，事發，具其事下尚書省集議以聞，酌處之。」則經無失指矣。

有詔以悅申冤，請罪詣公門，流循州。

穆宗世，京兆人康買得，年十四，父憲責錢於雲陽張莅，莅醉，拉憲危死。買得以莅趫悍，度救不足解，則舉鍤擊其首，三日莅死。刑部侍郎孫革建言：「買得救父難不爲暴，度不解而擊不爲凶。先王制刑，必先父子之親。春秋原心定罪，周書諸罰有權。買得孝性天至，宜賜矜宥。」有詔減死。

侯知道、程俱羅者，靈州靈武人。居親喪，穿壙作冢，皆身執其勞，鄉人助者，卽哭而卻之。廬壙次，哭泣無節，知道七年、俱羅三年不止。知道垢塵積首，率夜半傳壙，踴而哭，鳥獸爲悲號。李華作二孝贊表其行曰：「厥初生人，有君有親。孝親爲子，忠君爲臣。兆自天命，降及人倫。背死不義，忘生不仁。過及智就，爲之禮文。至哉侯氏，創巨病殷。手足胼胝，以成高墳。夜黑飇勁，如臨鬼神。哭無常聲，迥徹蒼旻。苴斬三年，爾獨終身。嗟嗟程生，其哀也均。顧後絕配，瞻前無鄰。」

又有何澄粹者，池州人。親病日錮，俗尚鬼，病者不進藥。澄粹剔股肉進，親疾爲瘳。後親沒，伏于墓，哭踊無數，以毀卒，當時號「青陽孝子」，士爲作誄甚衆。

壽州安豐李興亦有至行，柳宗元爲作孝門銘曰：「壽州刺史臣承思言：『九月丁亥，安豐令上所部編戶甿興，父被惡疾，歲月就亟，興自刃股肉，假託饋獻，父老病已不能啖，宿而死。興號呼撫臆，口鼻垂血，捧土就墳，沾漬涕洟。墳左作小廬，蒙以苦茨，伏匿其中，扶服頓踊，晝夜哭訴。孝誠幽達，神爲見異，廬上產紫芝、白芝，廬中醴泉湧。此皆陛下孝治神化，陰中其心，而克致斯事。謹按興匹庶賤陋，循習淺下，性非文字所導，生與耨耒爲業，而能鍾彼醇孝，超出古烈，天意神道，猶錫瑞物以表殊異。伏惟陛下有唐堯如神之德，宜加旌

褒，合于上下。請表其里閭，刻石明白，宣延風美，觀示後祀，永永無極。臣昧死請。』制曰可。銘曰：『懿厥孝思，茲惟淑靈。稟承粹和，篤守天經。泣侍羸疾，默禱隱冥。引刃自嚮，殘肌敗形。羞膳奉進，憂勞孝誠。惟時高高，曾不覗聽。創巨痛仍，號于穹旻。捧土濡涕，頓首成墳。搯膺腐眥，寒暑在廬。草木悴死，鳥獸踟躕。殊類異族，亦相其哀。肇有二位，孝道爰興。克修厥猷，載籍是登。在帝有虞，以孝烝烝。仲尼述經，以敎于曾。惟昔魯侯，見命夷宮。亦有考叔，寤莊稱純。顯顯李氏，寔與之倫。哀嗟道路，涕慕里鄰。神錫祕祉，三秀靈泉。帝命孝加，亦表其門。統合上下，交贊天人。建此碑號，億齡揚芬。』」

許法愼，滄州淸池人。甫三歲，已有知，時母病，不飮乳，慘慘有憂色。或以珍餌詭悅之，輒不食，還以進母。後親喪，常廬于塋，有甘露、嘉禾、靈芝、木連理、白兔之祥。天寶中，表異其閭。

林攢，泉州莆田人。貞元初，仕爲福唐尉。母羸老，未及迎而病。攢聞，棄官還。及母亡，水漿不入口五日。自埏甓作冢，廬其右，有白烏來，甘露降。觀察使李若初遣官屬驗實，會露晞，里人失色，攢哭曰：「天所降露，禍我邪？」俄而露復集，烏亦回翔。詔作二闕于母墓前，又表其閭，蠲傜役，時號「闕下林家」。

陳饒奴，饒州人。年十二，親併亡，窶弱居喪，又歲饑，或敎其分弟妹可全性命。饒奴流涕，身丐訴相全養。刺史李復異之，給資儲，署其門曰「孝友童子」。

王博武，許州人。會昌中，侍母至廣州，及沙涌口，暴風，母溺死，博武自投于水。嶺南節度使盧貞俾吏沈罟，獲二屍焉，乃葬之，表其墓曰「孝子墓」。詔爲刻石。

萬敬儒，廬州人。三世同居，喪親廬墓，刺血寫浮屠書，斷手二指，輒復生。州改所居曰成孝鄉廣孝聚。大中時，表其家。

章全益，梓州涪城人。少孤，爲兄全啓所鞠。母病，全啓封股膳母而愈。及全啓亡，全益服斬衰，斷手一指以報。不畜妻，僮僕處一室，賣藥自業，世傳能作黃金。居成都四十年，號章孝子，卒，年九十八。

贊曰：聖人治天下有道，曰「要在孝弟而已」。父父也，子子也，兄兄也，弟弟也，推而之國，國而之天下，建一善而百行從，其失則以法繩之。故曰「孝者天下大本，法其末也」。至匹夫單人，行孝一概，而凶盜不敢凌，天子嘗而旌之者，以其敎孝而求忠也。故哀而著于篇。

校勘記

〔一〕補臨黃令　「臨黃」，舊書卷一八八裴敬彝傳及御覽卷四一三作「內黃」。

唐書卷一百九十六

列傳第一百二十一

隱逸

王績　朱桃椎　孫思邈　田游巖史德義　孟詵　王友貞　王希夷
李元愷　衛大經　武攸緒　白履忠　盧鴻　吳筠潘師正　劉道合
司馬承禎　賀知章　秦系　張志和　孔述睿敬行　陸羽　崔覲
陸龜蒙

古之隱者，大抵有三概：上焉者，身藏而德不晦，故自放草野，而名往從之，雖萬乘之貴，猶尋軌而委聘也；其次，挈治世具弗得伸，或持峭行不可屈于俗，雖有所應，其於爵祿也，汎然受，悠然辭，使人君常有所慕企，怊然如不足，其可貴也；末焉者，資槁薄，樂山林，

內審其才，終不可當世取捨，故逃丘園而不返，使人常高其風而不敢加訾焉。且世未嘗無隱，有之未嘗不旌賁而先焉者，以孔子所謂「舉逸民，天下之人歸焉」。

唐興，賢人在位衆多，其遁戢不出者，纔班班可述，然皆下概者也。雖然，各保其素，非託默于語，足崖壑而志城闕也。然放利之徒，假隱自名，以詭祿仕，肩相摩於道，至號終南、嵩少爲仕塗捷徑，高尚之節喪焉。故裒可喜慕者類于篇。

王績字無功，絳州龍門人。性簡放，不喜拜揖。兄通，隋末大儒也，聚徒河、汾間，倣古作六經，又爲中說以擬論語。不爲諸儒稱道，故書不顯，惟中說獨傳。通知績誕縱，不嬰以家事，鄉族慶弔冠昏，不與也。與李播、呂才善。

大業中，舉孝悌廉絜，授祕書省正字。不樂在朝，求爲六合丞，以嗜酒不任事，時天下亦亂，因劾，遂解去。歎曰：「網羅在天，吾且安之！」乃還鄉里。有田十六頃在河渚間。仲長子光者，亦隱者也，無妻子，結廬北渚，凡三十年，非其力不食。績愛其眞，徙與相近。子光瘖，未嘗交語，與對酌酒懽甚。績有奴婢數人，種黍，春秋釀酒，養鳧鴈，蒔藥草自供。以周易、老子、莊子置牀頭，佗書罕讀也。欲見兄弟，輒度河還家。游北山東皋，著書自號東皋子。乘牛經酒肆，留或數日。

高祖武德初，以前官待詔門下省。故事，官給酒日三升，或問：「待詔何樂邪？」答曰：「良醖可戀耳！」侍中陳叔達聞之，日給一斗，時稱「斗酒學士」。貞觀初，以疾罷。復調有司，時太樂署史焦革家善釀，績求爲丞，吏部以非流不許，績固請曰：「有深意。」竟除之。革死，妻送酒不絕，歲餘，又死。績曰：「天不使我酣美酒邪？」棄官去。自是太樂丞爲淸職。追述革酒法爲經，又采杜康、儀狄以來善酒者爲譜。李淳風曰：「君，酒家南、董也。」所居東南有盤石，立杜康祠祭之，尊爲師，以革配。著醉鄉記以次劉伶酒德頌。其飲至五斗不亂，人有以酒邀者，無貴賤輒往，著五斗先生傳。刺史崔喜悅之，請相見，答曰：「奈何坐召嚴君平邪？」卒不詣。杜之松，故人也，爲刺史，請績講禮，答曰：「吾不能揖讓邦君門，談糟粕，棄醇醪也。」之松歲時贈以酒脯。初，兄凝爲隋著作郎，撰隋書未成死，績續餘功，亦不能成。豫知終日，命薄葬，自誌其墓。

績之仕，以醉失職，鄉人靳之，託無心子以見趣曰：「無心子居越，越王不知其大人也，拘之仕，無喜色。越國法曰：『穢行者不齒。』俄而無心子以穢行聞，王黜之，無慍色。退而適茫蕩之野，過動之邑而見機士，機士撫髀曰：『嘻！子賢者而以罪廢邪？』無心子不應。機士曰：『願見教。』曰：『子聞蜚廉氏馬乎？一者朱鬣白毳，龍骼鳳臆，驟馳如舞，終日不釋轡而

以熱死；一者重頭昂尾，駝頸貉膝，踶齧善蹶，棄諸野，終年而肥。夫鳳不憎山栖，龍不羞泥蟠，君子不苟絜以罹患，不避穢而養精也。』」其自處如此。

朱桃椎，益州成都人。澹泊絕俗，被裘曳索，人莫能測其爲。長史竇軌見之，遺以衣服、鹿幘、麂鞾，逼署鄉正。委之地，不肯服。更結廬山中，夏則贏，冬緝木皮葉自蔽，贈遺無所受。嘗織十芒屩置道上，見者曰：「居士屩也。」爲鬻米茗易之，置其處，輒取去，終不與人接。其爲屩，草柔細，環結促密，人爭躡之。高士廉爲長史，備禮以請，降階與之語，不答，瞪視而出。士廉拜曰：「祭酒其使我以無事治蜀邪？」乃簡條目，薄賦斂，州大治。屢遣人存問，見輒走林草自匿云。

孫思邈，京兆華原人。通百家說，善言老子、莊周。周洛州總管獨孤信見其少，異之，曰：「聖童也，顧器大難爲用爾！」及長，居太白山。隋文帝輔政，以國子博士召，不拜。密語人曰：「後五十年有聖人出，吾且助之。」太宗初，召詣京師，年已老，而聽視聰瞭。帝歎曰：

「有道者！」欲官之，不受。顯慶中，復召見，拜諫議大夫，固辭。上元元年，稱疾還山，高宗賜良馬，假鄱陽公主邑司以居之。

思邈於陰陽、推步、醫藥無不善，孟詵、盧照鄰等師事之。照鄰有惡疾，不可爲，感而問曰：「高醫愈疾，奈何？」答曰：「天有四時五行，寒暑迭居，和爲雨，怒爲風，凝爲雪霜，張爲虹蜺，天常數也。人之四支五藏，一覺一寐，吐納往來，流爲榮衞，章爲氣色，發爲音聲，人常數也。陽用其形，陰用其精，天人所同也。失則蒸生熱，否生寒，結爲瘤贅，陷爲癰疽，奔則喘乏，竭則燋槁，發乎面，動乎形。天地亦然：五緯縮贏，孛彗飛流，其危診也；寒暑不時，其蒸否也；石立土踊，是其瘤贅；山崩土陷，是其癰疽；奔風暴雨其喘乏；川瀆竭涸其燋槁。高醫導以藥石，救以鍼劑，聖人和以至德，輔以人事。故體有可愈之疾，天有可振之災。」

照鄰曰：「人事奈何？」曰：「心爲之君，君尚恭，故欲小。詩曰『如臨深淵，如履薄冰』，小之謂也。膽爲之將，以果決爲務，故欲大。詩曰『赳赳武夫，公侯干城』，大之謂也。仁者靜，地之象，故欲方。傳曰『不爲利回，不爲義疚』，方之謂也。智者動，天之象，故欲圓。易曰『見機而作，不俟終日』，圓之謂也。」

復問養性之要，答曰：「天有盈虛，人有屯危，不自慎，不能濟也。故養性必先知自慎

也。慎以畏爲本，故士無畏則簡仁義，農無畏則墮稼穡，工無畏則慢規矩，商無畏則貨不殖，子無畏則忘孝，父無畏則廢慈，臣無畏則勳不立，君無畏則亂不治。是以太上畏道，其次畏天，其次畏物，其次畏人，其次畏身。憂於身者不拘於人，畏於己者不制於彼，慎於小者不懼於大，戒於近者不侮於遠。知此則人事畢矣。」

初，魏徵等脩齊、梁、周、隋等五家史，屢咨所遺，其傳最詳。永淳初，卒，年百餘歲，遺令薄葬，不藏明器，祭去牲牢。

孫處約嘗以諸子見，思邈曰：「俊先顯，侑晚貴，佺禍在執兵。」後皆驗。太子詹事盧齊卿之少也，思邈曰：「後五十年位方伯，吾孫爲屬吏，願自愛。」時思邈之孫溥尚未生，及溥爲蕭丞，而齊卿徐州刺史。

田游巖，京兆三原人。永徽時，補太學生。罷歸，入太白山。母及妻皆有方外志，與共棲遲山水間。自蜀歷荆、楚，愛夷陵青溪，止廬其側。長史李安期表其才，召赴京師，行及汝，辭疾入箕山，居許由祠旁，自號「由東鄰」，頻召不出。

高宗幸嵩山，遣中書侍郎薛元超就問其母，賜藥物絮帛。帝親至其門，游巖野服出拜，儀止謹樸，帝令左右扶止，謂曰：「先生比佳否？」答曰：「臣所謂泉石膏肓，煙霞痼疾者。」帝曰：「朕得君，何異漢獲四皓乎？」薛元超贊帝曰：「漢欲廢嫡立庶，故四人者爲出，豈如陛下親降巖穴邪？」帝悅，因敕游巖將家屬乘傳赴都，拜崇文館學士。帝營奉天宮，游巖舊宅直宮左，詔不聽毀。天子自書榜其門，曰「隱士田游巖宅」。進太子洗馬。裴炎死，坐素厚善，放還山。竄衣耕食，不交當世，惟與韓法昭、宋之問爲方外友云。

時又有史德義者，崑山人，居虎丘山。騎牛帶瓢，出入廛野。高宗聞其名，召至洛陽，俄稱疾歸。天授初，江南宣勞使周興薦之，復召赴都，擢朝散大夫。興死，免官歸，素譽頓衰。

孟詵，汝州梁人。擢進士第，累遷鳳閣舍人。它日至劉禕之家，見賜金，曰：「此藥金也，燒之，火有五色氣。」試之，驗。武后聞，不悅，出爲台州司馬，頻遷春官侍郎。相王召爲侍讀。拜同州刺史。神龍初，致仕，居伊陽山，治方藥。睿宗召，將用之，以老固辭，賜物百段，詔河南春秋給羊酒糜粥。尹畢構以詵有古人風，名所居爲子平里。開元初，卒，年九

十三。

詵居官頗刻斂，然以治稱。其閑居嘗語人曰：「養性者善言不可離口，善藥不可離手。」當時傳其當。

王友貞，懷州河內人。父知敬，善書隸。武后時，仕爲麟臺少監。友貞少爲司經局正字。母病，醫言得人肉啖良已，友貞剔股以進，母疾愈。詔旌表其門。素好學，訓誨子弟如嚴君。口不語人過，重然諾，時以爲君子。歷長水令，罷歸。中宗在東宮，召爲司議郎，不就。神龍初，以太子中舍人徵，固辭疾。詔致珍餼，給全祿終身，四時送其所，州縣存問。玄宗在東宮，表以蒲車召，不至。卒，年九十九，贈銀青光祿大夫，敕縣令弔祭。

王希夷，徐州滕人。家貧，父母喪，爲人牧羊，取傭以葬。隱嵩山，師黄頤學養生四十年。頤卒，更居兗州徂徠，與劉玄博友善。喜讀周易、老子，餌松柏葉、雜華，年七十餘，筋力柔彊。刺史盧齊卿就謁問政，答曰：「『己所不欲，勿施於人』，此言足矣。」

玄宗東巡狩，詔州縣敦勸見行在，時九十餘，帝令張說訪以政事，宦官扶入宮中，與語甚說，拜國子博士，聽還山。敕州縣春秋致束帛酒肉，仍賜絹百、衣一稱。

李元愷，邢州人。博學，善天步律曆，性恭慎，未嘗敢語人。宋璟嘗師之，既當國，厚遺以束帛，將薦之朝，拒不答。洛州刺史元行沖邀致之，問經義畢，贈衣服，辭曰：「吾軀不可服新麗，懼不稱以速咎也。」行沖垢衊復與之，不獲已而受。俄報身所蠶素絲曰：「義不受無妄財也。」先是，定州崔元鑒善禮學，用張易之力，授朝散大夫，家居給半祿。元愷誚曰：「無功而祿，災也。」卒，年八十餘。

衛大經，蒲州解人。卓然高行，口無二言。武后時，召之，固辭疾。素善魏夏侯乾童，聞其母卒，盛暑步往弔，或止之曰：「方夏，涉遠不如致書。」答曰：「書能盡意邪？」比至，乾童以事行，乃設席行弔禮，不訊其家而還。開元初，畢構爲刺史，使縣令孔慎言就謁，辭不見。

大經邃于易，人謂之「易聖」。豫筮死日，鑿墓自爲誌，如言終。

武攸緒，則天皇后兄惟良子也。恬淡寡欲，好易、莊周書。少變姓名，賣卜長安市，得錢輒委去。後更授太子通事舍人，累遷揚州大都督府長史、鴻臚少卿。后革命，封安平郡王，從封中岳，固辭官，願隱居。后疑其詐，許之，以觀所爲。攸緒廬巖下如素遁者，后遣其兄攸宜敦諭，卒不起，后乃異之。盤桓龍門、少室間，冬蔽茅椒，夏居石室，所賜金銀鐺鬲、野服，王公所遺鹿裘、素障、癭杯，塵皆流積，不御也。市田潁陽，使家奴雜作，自混於民。晚年肌肉銷眚，瞳有紫光，晝能見星。

中宗初，降封巢國公，遣國子司業杜慎盈齎書以安車召，拜太子賓客。苦祈還山，詔可。安樂公主出降，又遣通事舍人李邈以璽書迎之。將至，帝敕有司即兩儀殿設位，行問道禮，詔見日山帔葛巾，不名不拜。攸緒至，更冠帶。仗入，通事舍人贊就位，攸緒趨就常班再拜，帝愕然，禮不及行，朝廷歎息。賜予無所受，親貴來謁，道寒溫外，默無所言。及還，中書、門下、學士、朝官五品以上，并祖城東。

俄而諸韋誅，武氏連禍，唯攸緒不及。睿宗恐其不自安，下詔慰諭，復召拜太子賓客，不就。譙王重福之亂，攸緒以誣被繫，張說表置廬山，中書令姚元崇奏：「攸緒在武后時未嘗輒出，今州縣逼遣，士爲驚嗟。願詔賜嵩山舊居，令州縣存問。」詔可。開元十一年卒。

白履忠，汴州浚儀人。貫知文史，居古大梁城，時號梁丘子。景雲中，召爲校書郎，棄官去。開元十年，刑部尚書王志愔薦履忠博學守操，可代褚无量、馬懷素入閣侍讀，國子祭酒楊瑒又表其賢，召赴京師。辭病老不任職，詔拜朝散大夫。乞還，手詔許游京師，徐返里閭。履忠留數月乃去。

吳兢，其里人也，謂曰：「子素貧，不霑斗米匹帛，雖得五品亦何益？」履忠曰：「往契丹入寇，家取排門夫，吾以讀書，縣爲免。今終身高臥，寬傜役，豈易得哉！」

盧鴻字顥然，其先幽州范陽人，徙洛陽。博學，善書籀。廬嵩山。玄宗開元初，備禮徵再，不至。五年，詔曰：「鴻有泰一之道，中庸之德，鉤深詣微，確乎自高。詔書屢下，每輒辭託，使朕虛心引領，于今數年。雖得素履幽人之介，而失考父滋恭之誼，豈朝廷之故與生

殊趣邪？將縱欲山林，往而不能反乎？禮有大倫，君臣之義不可廢也。今城闕密邇，不足爲勞，有司其齎束帛之具，重宣茲旨，想有以翻然易節，副朕意焉。」

鴻至東都，謁見不拜，宰相遣通事舍人問狀，答曰：「禮者，忠信所薄，臣敢以忠信見。」帝召升內殿，置酒。拜諫議大夫，固辭。復下制，許還山，歲給米百斛、絹五十，府縣爲致其家，朝廷得失，其以狀聞。將行，賜隱居服，官營草堂，恩禮殊渥。鴻到山中，廣學廬，聚徒至五百人。及卒，帝賜萬錢。鴻所居室，自號寧極云。

吳筠字貞節，華州華陰人。通經誼，美文辭，舉進士不中。性高鯁，不耐沈浮於時，去居南陽倚帝山。

天寶初，召至京師，請隸道士籍，乃入嵩山依潘師正，究其術。南游天台，觀滄海，與有名士相娛樂，文辭傳京師。玄宗遣使召見大同殿，與語甚悅，敕待詔翰林，獻玄綱三篇。帝嘗問道，對曰：「深於道者，無如老子五千文，其餘徒喪紙札耳。」復問神仙治鍊法，對曰：「此野人事，積歲月求之，非人主宜留意。」筠每開陳，皆名教世務，以微言諷天子，天子重之。羣沙門嫉其見遇，而高力士素事浮屠，共短筠於帝，筠亦知天下將亂，懇求還嵩山。詔爲立

道館。安祿山欲稱兵，乃還茅山。而兩京陷，江、淮盜賊起，因東入會稽剡中。大曆十三年卒，弟子私謚爲宗元先生。

始，筠見惡於力士而斥，故文章深詆釋氏。筠所善孔巢父、李白，歌詩略相甲乙云。

潘師正者，貝州宗城人。少喪母，廬墓，以孝聞。事王遠知爲道士，得其術，居逍遙谷。高宗幸東都，召見，問所須，對曰：「茂松清泉，臣所須也，既不乏矣。」帝尊異之，詔卽其廬作崇唐觀。及營奉天宮，又敕直逍遙谷作門曰仙游，北曰尋眞。時太常獻新樂，帝更名祈仙、望仙、翹仙曲。卒，年九十八，贈太中大夫，謚體玄先生。

又有劉道合者，亦與師正同居嵩山，帝卽所隱立太一觀使居之。時將封太山，雨不止，帝令道合禳祝，俄而霽，乃令馳傳先行太山祈祓。得賞賜輒散貧乏，無所蓄。咸亨中，爲帝作丹，劑成而卒。帝後營宮，遷道合墓，開其棺，見骸坼若蟬蛻者。帝聞，恨曰：「爲我合丹，而自服去。」然所餘丹無它異。

司馬承禎字子微，洛州溫人。事潘師正，傳辟穀道引術，無不通。師正異之，曰：「我得

陶隱居正一法，逮而四世矣。」因辭去，徧游名山，廬天台不出。武后嘗召之，未幾，去。睿宗復命其兄承禕就起之，既至，引入中掖廷問其術，對曰：「爲道日損，損之又損，以至於無爲。夫心目所知見，每損之尚不能已，況攻異端而增智慮哉？」帝曰：「治身則爾，治國若何？」對曰：「國猶身也，故游心於淡，合氣於漠，與物自然而無私焉，而天下治。」帝嗟味曰：「廣成之言也！」錫寶琴、霞紋帔，還之。

開元中，再被召至都，玄宗詔於王屋山置壇室以居。善篆、隸，帝命以三體寫老子，刊正文句。又命玉眞公主及光祿卿韋縚至所居，按金籙設祠，厚賜焉。卒，年八十九，贈銀青光祿大夫，謚貞一先生，親文其碑。

自師正、道合與承禎等，語言詼譎似方士，剟之不錄，直取其隱概云。

賀知章字季眞，越州永興人。性曠夷，善譚說，與族姑子陸象先善。象先嘗謂人曰：「季眞清譚風流，吾一日不見，則鄙吝生矣。」

證聖初，擢進士、超拔羣類科，累遷太常博士。張說爲麗正殿脩書使，表知章及徐堅、趙冬曦入院，撰六典等書，累年無功。開元十三年，遷禮部侍郎，兼集賢院學士，一日併謝。

宰相源乾曜語說曰：「賀公兩命之榮，足爲光寵，然學士、侍郎孰爲美？」說曰：「侍郎衣冠之選，然要爲具員吏；學士懷先王之道，經緯之文，然後處之。此其爲間也。」玄宗自爲贊賜之。遷太子右庶子，充侍讀。

申王薨，詔選挽郎，而知章取捨不平，蔭子喧訴不能止，知章梯牆出首以決事，人皆靳之，坐徙工部。肅宗爲太子，知章遷賓客，授祕書監，而左補闕薛令之兼侍讀。時東宮官積年不遷，令之書壁，望禮之薄，帝見，復題「聽自安者」。令之卽棄官，徒步歸鄉里。

知章晚節尤誕放，遨嬉里巷，自號「四明狂客」及「祕書外監」。每醉，輒屬辭，筆不停書，咸有可觀，未始刊飭。善草隸，好事者具筆研從之，意有所愜，不復拒，然紙纔十數字，世傳以爲寶。

天寶初，病，夢游帝居，數日寤，乃請爲道士，還鄉里，詔許之，以宅爲千秋觀而居。又求周宮湖數頃爲放生池，有詔賜鏡湖剡川一曲。既行，帝賜詩，皇太子百官餞送。擢其子曾子爲會稽郡司馬，賜緋魚，使侍養，幼子亦聽爲道士。卒，年八十六。肅宗乾元初，以雅舊，贈禮部尚書。

令之，長谿人。肅宗亦以舊恩召，而令之已前卒。

秦系字公緒，越州會稽人。天寶末，避亂剡溪，北都留守薛兼訓奏爲右衞率府倉曹參軍，不就。客泉州，南安有九日山，大松百餘章，俗傳東晉時所植，系結廬其上，穴石爲研，注老子，彌年不出。刺史薛播數往見之，歲時致羊酒，而系未嘗至城門。姜公輔之謫，見系輒窮日不能去，築室與相近，忘流落之苦。公輔卒，妻子在遠，系爲葬山下。張建封聞系之不可致，請就加校書郎。

與劉長卿善，以詩相贈答。權德輿曰：「長卿自以爲五言長城，系用偏師攻之，雖老益壯。」其後東度秣陵，年八十餘卒。南安人思之，爲立子亭，號其山爲高士峯云。

張志和字子同，婺州金華人。始名龜齡。父游朝，通莊、列二子書，爲象罔、白馬證諸篇佐其說。母夢楓生腹上而產志和。十六擢明經，以策干肅宗，特見賞重，命待詔翰林，授左金吾衞錄事參軍，因賜名。後坐事貶南浦尉，會赦還，以親既喪，不復仕，居江湖，自稱煙波釣徒。著玄眞子，亦以自號。有韋詣者，爲撰內解。志和又著太易十五篇，其卦三百六十五。兄鶴齡恐其遁世不還，爲築室越州東郭，茨以生草，椽棟不施斤斧。豹席椶屩，每垂釣

不設餌，志不在魚也。縣令使浚渠，執畚無忤色。嘗欲以大布製裘，嫂爲躬績織，及成，衣之，雖暑不解。觀察使陳少游往見，爲終日留，表其居曰玄眞坊。以門隘，爲買地大其閎，號回軒巷。先是門阻流水，無梁，少游爲構之，人號大夫橋。帝嘗賜奴婢各一，志和配爲夫婦，號漁童、樵青。

陸羽常問：「孰爲往來者？」對曰：「太虛爲室，明月爲燭，與四海諸公共處，未嘗少別也，何有往來？」顏眞卿爲湖州刺史，志和來謁，眞卿以舟敝漏，請更之，志和曰：「願爲浮家泛宅，往來苕、霅間。」辯捷類如此。善圖山水，酒酣，或擊鼓吹笛，舐筆輒成。嘗撰漁歌，憲宗圖眞求其歌，不能致。李德裕稱志和「隱而有名，顯而無事，不窮不達，嚴光之比」云。

孔述睿，越州山陰人。梁侍中休源八世孫。高祖德紹，事竇建德爲中書侍郎，嘗草檄毀薄太宗，賊平，執登汜水樓，責曰：「爾以檄謗我云何？」對曰：「犬吠非其主。」帝怒曰：「賊乃主邪？」命壯士捽殞樓下。曾祖昌寓，字廣成，貞觀中對策高第，歷魏州司馬，有治狀，帝

爲不置刺史。爲政三年，璽書褒美，進膳部郎中。祖祖舜，字奉先，爲監察御史，以累下除成武令，雉馴于廷。

述睿少與兄克符、弟克讓篤孝，已孤，偕隱嵩山。而述睿資嗜學，大曆中，劉晏薦於代宗，以太常寺協律郎召，擢累司勳員外郎、史館脩撰。述睿每一遷，卽至朝謝，俄而辭疾歸，以爲常。

德宗立，拜諫議大夫，命河南尹趙惠伯齎詔書束帛，備禮敦遣。旣至，對別殿，賜第宅，給廏馬，兼皇太子侍讀。固辭，弗許。久乃改祕書少監，兼右庶子，復爲史館脩撰。述睿重次地理志，本末最詳。性退讓，未始忤物，雖親朋燕集，至嚴默終日，人皆畏之。與令狐峘同職，峘數抵侮，然卒不校也，時稱長者。

貞元四年，帝念平涼之難尤惻怛，以述睿精愨而誠，故遣持祠具稱詔臨祭。又以疾乞解，久乃許，以太子賓客還鄉，賜帛五十匹、衣一襲。故事，致仕不給公睭，帝特命給焉。卒，年七十一，贈工部尙書。

子敏行，字至之，元和初，擢進士第。岳鄂呂元膺表在節度府，元膺徙東都、河中，輒隨府遷。入拜右拾遺，四遷司勳郎中、集賢殿學士、諫議大夫。李絳遇害，事本監軍楊叔元，時無敢言，敏行上書極論之，叔元乃得罪。以名臣子，少脩絜，及仕宦，能交當時豪俊，有名一時，而雅操不逮父矣。卒，年三十九，贈工部侍郎。

陸羽字鴻漸，一名疾，字季疵，復州竟陵人。不知所生，或言有僧得諸水濱，畜之。既長，以易自筮，得蹇之漸，曰：「鴻漸于陸，其羽可用爲儀。」乃以陸爲氏，名而字之。

幼時，其師教以旁行書，答曰：「終鮮兄弟，而絕後嗣，得爲孝乎？」師怒，使執糞除圬塓以苦之，又使牧牛三十，羽潛以竹畫牛背爲字。得張衡南都賦，不能讀，危坐效羣兒囁嚅若成誦狀，師拘之，令薙草莽。當其記文字，懵懵若有遺，過日不作，主者鞭苦，因歎曰：「歲月往矣，奈何不知書！」嗚咽不自勝，因亡去，匿爲優人，作詼諧數千言。

天寶中，州人酺，吏署羽伶師，太守李齊物見，異之，授以書，遂廬火門山。貌侻陋，口吃而辯。聞人善，若在己，見有過者，規切至忤人。朋友燕處，意有所行輒去，人疑其多嗔。與人期，雨雪虎狼不避也。上元初，更隱苕溪，自稱桑苧翁，闔門著書。或獨行野中，誦詩擊木，裴回不得意，或慟哭而歸，故時謂今接輿也。久之，詔拜羽太子文學，徙太常寺太祝，不就職。貞元末，卒。

羽嗜茶，著經三篇，言茶之原、之法、之具尤備，天下益知飲茶矣。時鬻茶者，至陶羽形置煬突間，祀爲茶神。有常伯熊者，因羽論復廣著茶之功。御史大夫李季卿宣慰江南，次臨淮，知伯熊善煮茶，召之，伯熊執器前，季卿爲再舉杯。至江南，又有薦羽者，召之，羽衣野服，挈具而入，季卿不爲禮，羽愧之，更著毀茶論。其後尙茶成風，時回紇入朝，始驅馬市茶。

崔覲，梁州城固人。以儒自業，身耕耨取給。老無子，乃以田宅財貲分給奴婢各爲業，而身與妻隱南山，約奴婢過其舍則給酒食，夫婦嘯詠相視爲娛。山南西道節度使鄭餘慶辟爲參謀，敦趣就職，不曉吏事，餘慶稱長者。文宗時，左補闕王直方，其里中人也，上書論事，見便殿，訪遺逸，直方薦覲高行，詔以起居郎召，辭疾不至。

陸龜蒙字魯望，元方七世孫也。父賓虞，以文歷侍御史。龜蒙少高放，通六經大義，尤明春秋。舉進士，一不中，往從湖州刺史張摶游，摶歷湖、蘇二州，辟以自佐。嘗至饒州，三

日無所詣。刺史蔡京率官屬就見之，龜蒙不樂，拂衣去。

居松江甫里，多所論撰，雖幽憂疾痛，貲無十日計，不少輟也。文成，竄稾篋中，或歷年不省，爲好事者盜去。得書熟誦乃錄，讎比勤勤，朱黃不去手，所藏雖少，其精皆可傳。借人書，篇秩壞舛，必爲輯褫刊正。樂聞人學，講論不倦。

有田數百畝，屋三十楹，田苦下，雨潦則與江通，故常苦飢。身畚鍤，茠刺無休時，或譏其勞，答曰：「堯、舜黴瘠，禹胼胝。彼聖人也，吾一褐衣，敢不勤乎？」嗜茶，置園顧渚山下，歲取租茶，自判品第。張又新爲水說七種，其二慧山泉，三虎丘井，六松江。人助其好者，雖百里爲致之。初，病酒，再期乃已，其後客至，絜壺置杯不復飲。不喜與流俗交，雖造門不肯見。不乘馬，升舟設蓬席，齎束書、茶竈、筆牀、釣具往來。時謂江湖散人，或號天隨子、甫里先生，自比涪翁、漁父、江上丈人。後以高士召，不至。李蔚、盧攜素與善，及當國，召拜左拾遺。詔方下，龜蒙卒。光化中，韋莊表龜蒙及孟郊等十人，皆贈右補闕。

陸氏在姑蘇，其門有巨石，遠祖績嘗事吳爲鬱林太守，罷歸無裝，舟輕不可越海，取石爲重，人稱其廉，號「鬱林石」，世保其居云。

唐書卷一百九十七

列傳第一百二十二

循吏

韋仁壽　陳君賓　張允濟 李桐客　李素立 至遠　畬　嚴　薛大鼎
克構　賈敦頤 敦實　楊德幹　田仁會 歸道　裴懷古　韋景駿
李惠登　羅珦 讓　韋丹 宙　岫　盧弘宣　薛元賞　何易于

治者，君也；求所以治者，民也；推君之治而濟之民，吏也。故吏良，則法平政成；不良，則王道弛而敗矣。在堯、舜時，曰「九德咸事」也，「百工惟時」也；在周文、武時，曰「棫樸，能官人也」，「南山有臺，樂得賢也」。是循吏之效也。堯、舜，五帝之盛帝，文、武，三王之顯王，不能去是而治，後世可乎哉？

唐興，承隋亂離，剗祓荒茶，始擇用州刺史、縣令。太宗嘗曰：「朕思天下事，丙夜不安枕，永惟治人之本，莫重刺史，故錄姓名於屏風，臥興對之，得才否狀，輒疏之下方，以擬廢置。」又詔內外官五品以上舉任縣令者。於是官得其人，民去歎愁，就妥安。都督、刺史，其職察州縣。間遣使者循行天下，劾舉不職。始，都督、刺史皆天子臨軒册授。後不復册，然猶受命日對便殿，賜衣物，乃遣。玄宗開元時，已辭，仍詣側門候進止，所以光寵守臣，以責其功。初，刺史準京官得佩魚，品卑者假緋、魚。開元中，又錮廢酷吏，懲無良，羣臣化之，革苛嬈之風，爭以惠利顯。復詔：三省侍郎缺，擇嘗任刺史者；郎官缺，擇嘗任縣令者。至宰相名臣，莫不孜孜言長人不可輕授亟易。是以授受之間，雖不能皆善，而所得十五。故叶氣嘉生，薰爲太平，垂祀三百，與漢相埒。致之之術，非循吏謂何？故條次治宜，以著厥庸。若將相大臣兼以勛閥著者，各見本篇，不列於茲。

韋仁壽，京兆萬年人。隋大業末，爲蜀郡司法書佐，斷獄平，得罪者皆自以韋君所論，死無恨。高祖入關，遣使者徇定蜀，承制擢仁壽巂州都督府長史。南寧州納款，朝廷歲遣使撫接，至率貪沓，邊人苦之，多畔去。帝素聞仁壽治理，詔檢校南寧州都督，寄治越巂，詔

歲一按行尉勞。仁壽將兵五百人循西洱河，開地數千里，稱詔置七州十五縣，酋豪皆來賓見，即授以牧宰，威令簡嚴，人人安悅。將還，酋長泣曰：「天子藉公鎮撫，奈何欲去我？」仁壽以池壁未立爲解，諸酋即相率築城起廨，甫旬略具。仁壽乃告以實曰：「吾奉詔弟撫循，庸敢擅留？」夷夏父老乃悲啼祖行，遣子弟隨貢方物，天子大悅。仁壽請徙治南寧州假兵遂撫定，詔可，敕益州給兵護送。刺史竇軌疾其功，訹言山獠方叛，未可以遠略，不時遣。歲餘，卒。

陳君賓，陳鄱陽王伯山子也。仕隋爲襄國通守。武德初，挈郡聽命，封東陽郡公，遷邢州刺史。貞觀初，徙鄧州，州承喪亂後，百姓流冗，君賓加意勞徠，不期月，皆還自業。明年，四方霜潦，獨君賓所治有年，儲倉充羨，蒲、虞二州民就食其境。太宗下詔勞之曰：「去年關內六州穀不登，糇糧少，令析民房逐食。聞刺史與百姓識朕此懷，務相安養，還有贏糧，出布帛贍遺行者。此知水旱常數，更相拯贍，禮讓興行，海內之人皆爲兄弟，變澆薄之風，朕顧何憂？已命有司錄刺史以下功最；百姓養戶，免今年調物。」是歲，入爲太府少卿，轉少府少監，坐事免。起爲虔州刺史，卒。

張允濟，青州北海人。仕隋爲武陽令，以愛利爲行。元武民以牸牛依婦家者，久之，孳十餘犢，將歸，而婦家不與牛。民訴縣，縣不能決，乃詣允濟，允濟曰：「若自有令，吾何與爲？」民泣訴其抑，允濟因令左右縛民，蒙其首，過婦家，云捕盜牛者，命盡出民家牛，質所來，婦家不知，遽曰：「此婿家牛，我無豫。」即遣左右撤蒙，曰：「可以此牛還婿。」婦家叩頭服罪，元武吏大慚。允濟過道旁，有姥廬守所蒔葱，因敎曰：「弟還舍，脫有盜，當告令。」姥謝歸。俄大亡葱，允濟召十里內男女盡至，物色驗之，果得盜者。有行人夜發，遺袍道中，行十餘里乃寤，人曰：「吾境未嘗拾遺，可還取之。」既而得袍。舉政尤異，遷高陽郡丞，郡缺太守，獨統郡事，吏下畏悅。賊帥王須拔攻郡，於是糧屈，吏食槐葉藁節，無叛者。貞觀初，累遷刑部侍郎，封武城縣男，擢幽州刺史，卒。

時又有李桐客者，亦以治稱。初仕隋，爲門下錄事。煬帝在江都，以四方日亂，謀徙都丹楊，召羣臣議。左右希意，以爲江左且望幸，若巡狩勒石紀功，復禹舊跡，顧不其然。桐客獨曰：「吳會卑濕而陋，不足奉萬乘，給三軍，吳人力屈，無以堪命，且踰越險阻，非社稷福。」御史劾以訕毀，幾得罪而免。爲宇文化及脅，將至黎陽，又陷竇建德。賊平，授秦王府法曹參軍。貞觀初，累爲通、巴二州刺史，治尙清平，民呼爲慈父。桐客，冀州衡水人。

李素立，趙州高邑人。曾祖義深，仕北齊爲梁州刺史。父政藻，爲隋水部郎，使淮南，死于盜。素立仕武德初，擢監察御史。民犯法不及死，高祖欲殺之，素立諫曰：「三尺法，天下所共，有一動搖，則人無以措手足。方大業經始，奈何輦轂下先棄刑書乎？」帝嘉納，由是恩顧特異。以親喪解官，起授七品清要，有司擬雍州司戶參軍，帝曰：「要而不清。」復擬祕書郎，帝曰：「清而不要。」乃授侍御史。貞觀中，轉揚州大都督府司馬。

初，突厥鐵勒部內附，即其地爲瀚海都護府，詔素立領之。於是，闕泥孰別部數梗邊，素立以不足用兵，遣使諭降，夷人感其惠，率馬牛以獻，素立止受酒一杯，歸其餘。乃開屯田，立署次，虜益畏威。歷太僕、鴻臚卿，累封高邑縣侯。出爲綿州刺史。永徽初，徙蒲州，將行，還所餘儲粟并什器于州，齎家書就道。會卒，高宗特廢朝一日，謚曰平。

孫至遠，始名鵬。而素立方奉使，謂家人曰：「古有待事名子，吾此役可命子孫矣。」遂

以名之。少秀晤，能治尙書、左氏春秋，未見杜預釋例而作編記，大趣略同。復撰周書，起后稷至赧，爲傳紀。令狐德棻許其良史。始調蒲州參軍，累補乾封尉。上元時，制策高第，授明堂主簿。以喪解，既除，調鴻臚主簿。奏戎狄簿領，高宗悅，擢監察御史裏行。忤貴倖，外還，久乃歷司勳、吏部員外郎中。遷天官侍郎，知選事，疾令史受賄謝，多所紬易，吏肅然斂手。有王忠者，被放，吏謬書其姓爲「士」，欲擬訖增成之，至遠曰：「調者三萬，無士姓，此必王忠。」吏叩頭服罪。至遠之知選，以內史李昭德進，人或勸其往謝，答曰：「公以公用我，奈何欲謝以私？」卒不詣，故昭德銜之，出爲壁州刺史，卒，年四十八。

至遠父休烈，亦有文，終鄠令，年四十九。世歎其父子材不盡云。至遠見桓彥範，力言其賢。盧從愿尙少，高以許目。許弟從遠且貴，豫言其位，以驗所至。蘇頲，其出也，少失母，至遠愛視甚謹，以女妻之。友兄弟，事寡姊有禮，世稱其德。

從遠清密有學，神龍初，歷中書令、太府卿，累封趙郡公，謚曰懿。兄弟皆德望相埒。又從父游道，武后時冬官尙書，同鳳閣鸞臺三品。

至遠子畬，字玉田，少聰警。初歷汜水主簿，遇事纖銳，雖廝豎，一閱輒記姓名、居業。黜陟使路敬潛薦其淸白，擢右臺監察御史裏行。臺廢，授監察御史，累轉國子司業。事母

謹，累世同居，長幼有禮。奮妻物故，時母病，恐悲傷，約家人無以哭聞母所，朝夕省侍無憂色。母終，毀而卒。

從遠子巖，年十餘歲，會中宗祀明堂，以近臣子弟執籩豆，巖進止中禮，授右宗衞兵曹參軍，歷洛陽尉，累遷兵部郎中。發扶風兵應姚、嶲，稱旨，遷諫議大夫，封贊皇縣伯。終兵部侍郎。巖善草隸。爲參軍時製一裘，服終身。

薛大鼎字重臣，蒲州汾陰人。父粹，爲隋介州長史，與漢王諒同反，誅。大鼎貫爲官奴，流辰州，用戰功得還。高祖兵興，謁見龍門，因說帝絕龍門，軍永豐倉就食，傳檄遠近，據天府，示豪桀，爲拊背扼喉計，帝奇之。時諸將已決策先攻河東，故議置。授大將軍府察非掾。出爲山南道副大使，開屯田以實倉廩。趙郡王孝恭討輔公祏，以大鼎爲饒州道軍師，引兵度彭蠡湖，以功遷浩州刺史。累徙滄州。無棣渠久廞塞，大鼎浚治屬之海，商賈流行，里民歌曰：「新溝通，舟檝利。屬滄海，魚鹽至。昔徒行，今騁駟。美哉薛公德滂被！」又疏長蘆、漳、衡三渠，泄汙潦，水不爲害。是時，鄭德本在瀛州，賈敦頤爲冀州〔一〕，皆有治名，

故河北稱「鐺脚刺史」。永徽中，遷銀青光祿大夫，行荆州大都督長史。卒，諡曰恭。

子克構，有器識，永隆初，歷戶部郎中。族人黃門侍郎顗，以弟紹尚太平公主，問於克構，答曰：「室有傲婦，善士所惡。夫惟淑德，以配君子，無患可矣。」顗不敢沮，而紹卒誅。陳思忠居父喪，詔奪服，客往弔，思忠辭以辰日不見。克構曰：「事親者，避嫌可也；既孤矣，則無不哭。」世服其言。天授中，遷麟臺監。坐弟爲酷吏所陷，流死嶺南。

賈敦頤，曹州冤句人。貞觀時，數歷州刺史，資廉絜。入朝，常盡室行，車一乘，弊甚，羸馬繩羈，道上不知其刺史也。久之，爲洛州司馬，以公累下獄，太宗貰之，有司執不貰，帝曰：「人孰無過，吾去太甚者。若悉繩以法，雖子不得於父，況臣得事其君乎？」遂獲原。徙瀛州刺史，州瀕滹沱、滱二水，歲湓溢，壞室廬，寖洳數百里。敦頤爲立堰庸，水不能暴，百姓利之。時弟敦實爲饒陽令，政清靜，吏民嘉美。舊制，大功之嫌不連官，朝廷以其兄弟治行相高，故不徙以示寵。永徽中，遷洛州。洛多豪右，占田類踰制，敦頤舉沒者三千餘頃，以賦貧民，發姦擿伏，下無能欺。卒于官。

咸亨初，敦實爲洛州長史，亦寬惠，人心懷向。洛陽令楊德幹矜酷烈，杖殺人以立威，敦實喻止，曰：「政在養人，傷生過多，雖能，不足貴也。」德幹爲衰減。始，洛人爲敦頤刻碑大市旁，及敦實入爲太子右庶子，人復爲立碑其側，故號「常棣碑」。歷懷州刺史，有美迹。永淳初致仕，病篤，子孫迎醫，敦實不肯見，曰：「未聞良醫能治老也。」卒，年九十餘。子膺福，左散騎常侍、昭文館學士，以竇懷貞黨誅。

德幹歷澤、齊、汴、相四州刺史，有威嚴，時語曰：「寧食三斗炭，不逢楊德幹。」天授初，子神讓與徐敬業起兵，皆及誅。

田仁會，雍州長安人。祖軌，隋幽州刺史，封信都郡公。父弘襲封，至陵州刺史。仁會擢制舉，仕累左武候中郎將。太宗征遼東，而薛延陀以數萬騎掩河內，詔仁會與執失思力率兵擊敗之，尾逐數百里，延陀幾生得，璽書嘉尉。永徽中，爲平州刺史，歲旱，自暴以祈，而雨大至，穀遂登。人歌曰：「父母育我兮田使君，挺精誠兮上天聞，中田致雨兮山出雲，倉廩實兮禮義申，願君常在兮不患貧。」五遷勝州都督，境有夙賊，依山剽行人，仁會發騎捕格，夷之。城門夜開，道無寇迹。入爲太府少卿，還右金吾將軍。所得祿，估有贏，輒入之

官，人以爲尚名。然資彊鷙疾惡，晝夜循行，有絲毫姦必發，廷中譴罰日數百，京師無貴賤舉憚之。巫傳鬼道惑衆，自言能活死人，市里尊神，仁會劾徙于邊。轉右衞將軍，以年老乞骸骨，卒年七十八，諡曰威。

子歸道，明經及第，累擢通事舍人內供奉、左衞郎將。突厥默啜請和，武后詔將軍閻知微冊可汗號，持節往。默啜又遣使謝，知微遇諸道，即與緋袍銀帶，因表使者即到，請備禮廷賜。歸道諫曰：「虜背惠且積年，今悔過入朝，解辮削衽，宜待天旨。而知微擅賜使，朝廷何以加之？宜敕初服，須天子命。小國使者，不足備禮迓之。」后從焉。默啜將至單于都護府，詔歸道攝司賓卿往勞。默啜請六胡州及都護府地不得，大怨望，執歸道將害之。歸道色不橈，詈且讓，爲陳禍福，默啜亦悔。會有詔賜默啜粟三萬石，綵五萬段，農器三千，且許結婚，於是更以禮遣。歸道既還，具陳默啜不臣狀，請備邊。已而果反，乃擢歸道夏官侍郎，益親信。

還左金吾將軍、司膳卿，押千騎宿衞玄武門。桓彥範等誅二張，而歸道不豫聞，及索騎士，拒不應。事平，彥範欲誅之，以辭直，免還私第。然中宗壯其守，召拜太僕少卿，遷殿中少監、右金吾將軍。卒，贈輔國大將軍，追封原國公，諡曰烈，帝自爲文以祭。

子賓庭，開元時至光祿卿。

裴懷古，壽州壽春人。儀鳳中，上書闕下，補下邽主簿，頻遷監察御史。姚、嶲道蠻反，命懷古馳驛往懷輯之，申明誅賞，歸者日千計。俄縛首惡，遂定南方，蠻夏立石著功。恆州浮屠爲其徒誣告祝詛不道，武后怒，命按誅之。懷古得其枉，爲后申析，不聽，因曰：「陛下法與天下畫一，豈使臣殺無辜以希盛旨哉？即其人有不臣狀，臣何情寬之？」后意解，得不誅。

閻知微之使突厥，懷古監其軍。默啜脅知微稱可汗，又欲官懷古，不肯拜，將殺之。辭曰：「守忠而死與毀節以生孰與？請就斬，不避也。」遂囚軍中，因得亡，而素尫弱，不能騎，宛轉山谷間，僅達并州。時長史武重規縱暴，左右妄殺人取賞，見懷古至，爭執之。有果毅嘗識懷古，疾呼曰：「裴御史也。」遂免。遷祠部員外郎。

姚、嶲酋等叩闕下，願得懷古鎮安遠夷，拜姚州都督，以疾辭。始安賊歐陽倩衆數萬，剽沒州縣，以懷古爲桂州都督招尉討擊使，未踰嶺，逆以書諭禍福，賊迎降，自陳爲吏侵而反。懷古知其誠，以爲示不疑，可破其謀，乃輕騎赴之。或曰：「獠夷難親，備之且不信，況易之哉！」答曰：「忠信可通神明，況裔人邪！」身至壘撫諭，倩等大喜，悉歸所掠出降，雖諸

洞素翻覆者，亦率連根附，嶺外平。

徙相州刺史、并州大都督長史，所至吏民懷愛。神龍中，召爲左羽林大將軍，未至官，還爲并州。人知其還，攜扶老稚出迎。崔宣道始代爲長史，亦野次。懷古不欲厚愧宣道，使人彊迎者還，而來者愈衆，得人心類如此。俄轉幽州都督，綏懷兩蕃，將舉落內屬，會以左威衞大將軍召，而孫佺代之，佺不知兵，遂敗其師。卒于官。

懷古清介審慎，在幽州時，韓琬以監察御史監軍，稱其「敦士信，臨財廉，國名將」云。

韋景駿，司農少卿弘機孫。中明經，神龍中，歷肥鄉令。縣北瀕漳，連年泛溢，人苦之。舊防迫漕渠，雖峭岸，隨即壞決。景駿相地勢，益南千步，因高築鄣，水至堤趾輒去，其北燥爲腴田。又維艚以梁其上，而廢長橋，功少費約，後遂爲法。方河北飢，身巡閭里，勸人通有無，教導撫循，縣民獨免流散。及去，人立石著其功。後爲貴鄉令，有母子相訟者，景駿曰：「令少不天，常自痛。爾幸有親，而忘孝邪？教之不孚，令之罪也。」因嗚咽流涕，付授孝經，使習大義。於是母子感悟，請自新，遂爲孝子。當時治有名者，景駿與清漳令馮元淑、臨洺令楊茂謙三人。

景駿後數年爲趙州長史，道出肥鄉，民喜，爭奏酒食迎犒，有小兒亦在中。景駿曰：「方兒曹未生，而吾去邑，非有舊恩，何故來？」對曰：「耆老爲我言，學廬、館舍、橋鄣皆公所治，意公爲古人，今幸親見，所以來。」景駿爲留終日。後遷房州刺史。州窮險，有蠻夷風，無學校，好祀淫鬼，景駿爲諸生貢舉，通隘道，作傳舍，罷祠房無名者。景駿之治民，求所以便之，類如此。轉奉天令，未行，卒。

景駿子沇，自有傳。

茂謙擢制舉，授左拾遺內供奉，爲吏介而勤，歷祕書郎。始竇懷貞雅重其材，及執政，薦爲大理正、左臺御史中丞。開元初，出爲魏州刺史、河北道按察使。與司馬張懷玉同鄉，長相善，洎晚有隙，掉訐短長，左遷桂州都督。徙廣州，卒。

景駿子逖，自有傳。

李惠登，營州柳城人，爲平盧軍裨將。安祿山亂，從董秦泛海，略定滄、棣等州。輕兵遠鬭，賊不支，戰輒北。史思明反，惠登陷賊，以計挺身走山南，依來瑱，表試金吾衞將軍。李希烈反，屬以兵二千，使屯隋州，惠登挈州以歸，即拜刺史。州數被亂，野如薉，人無處業。惠登雖朴素無學術，而視人所謂利者行之，所謂害者去之，率心所安，暗與古合。政清

靜，居二十年，田畝闢，戶口日增，人歌舞之。於是節度使于頔狀其績，詔加御史大夫，升隋爲上州。俄檢校國子祭酒，卒，贈洪州都督。

羅珦，越州會稽人。寶應初，詣闕上書，授太常寺太祝。曹王皐領江西、荆襄節度使，常署幕府，遷累副使。皐卒，軍亂，劫府庫，珦取首惡十餘人斬以徇，環棘廷中，俾投所劫庫物，一日皆滿，乃貰餘黨。召爲奉天令。中官出入係道，吏緣以犯禁，珦榜笞之，雖死不置，自是屏息。擢廬州刺史。民間病者，捨醫藥，禱淫祀，珦下令止之。脩學官，政教簡易，有芝草、白雀。淮南節度使杜佑上治狀，賜金紫服。再遷京兆尹，請減平糴半，以常賦充之，人賴其利。以老病求解，徙太子賓客，累封襄陽縣男。卒，謚曰夷。

子讓，字景宣，以文學蚤有譽，舉進士、宏辭、賢良方正，皆高第，爲咸陽尉。父喪，幾毀滅。服除，布衣糲飯，不應辟署十餘年。淮南節度使李鄘即所居敦請置幕府，除監察御史，位給事中，累遷福建觀察使，兼御史中丞。有仁惠名。或以婢遺讓者，問所從，答曰：「女兄九人皆爲官所賣，留者獨老母耳。」讓慘然爲燬券，召母歸之。入爲散騎常侍，拜江西觀察

使，卒，年七十一，贈禮部尚書。

韋丹字文明，京兆萬年人，周大司空孝寬六世孫。高祖琨，以洗馬事太子承乾，諫不聽。太宗才之，擢給事中。高宗在東宮，爲中舍人，封武陽縣侯。孝敬爲太子，琨以右中護爲詹事。卒，贈秦州都督，謚曰貞。

丹蚤孤，從外祖顏眞卿學，擢明經，調安遠令，以讓庶兄，入紫閣山事從父能。復舉五經高第，歷咸陽尉，張獻甫表佐邠寧幕府。順宗爲太子，以殿中侍御史召爲舍人。新羅國君死，詔拜司封郎中往弔。故事，使外國，賜州縣十官，賣以取貲，號「私覿官」。丹曰：「使外國，不足于資，宜上請，安有貿官受錢？」卽具疏所宜費，帝命有司與之，因著令。未行，而新羅立君死，還爲容州刺史。敎民耕織，止惰游，興學校，民貧自鬻者，贖歸之，禁吏不得掠爲隸。始城州，周十三里，屯田二十四所，敎種茶、麥，仁化大行。遷河南少尹，未至，徙義成軍司馬。以諫議大夫召，有直名。

劉闢反，議者欲釋不誅，丹上疏，以爲「孝文世，法廢人慢，當濟以威，今不誅闢，則可使者唯兩京耳」。憲宗褒美。會闢圍梓州，乃授丹劍南東川節度使，代李康。至漢中，上言

康守方盡力，不可易。召還議蜀事。闢去梓，因以讓高崇文，乃拜晉慈隰州觀察使，封武陽郡公。閱歲，自陳所治三州，非要害地，不足張職，爲國家費，不如屬之河東，帝從之。

徙爲江南西道觀察使。丹計口受俸，委餘於官，罷八州冗食者，收其財。始，民不知爲瓦屋，草茨竹椽，久燥則戛而焚。丹召工敎爲陶，聚材於場，度其費爲估，不取贏利。人能爲屋者，受材瓦于官，免半賦，徐取其償；逃未復者，官爲爲之；貧不能者，畀以財。身往勸督。置南北市，爲營以舍軍，歲中旱，募人就功，厚與直，給其食。爲衢南北夾兩營，東西七里。以廢倉爲新廄，馬息不死。築堤扞江，長十二里，竇以疏漲。凡爲陂塘五百九十八所，灌田萬二千頃。有吏主倉十年，丹覆其糧，亡三千斛，丹曰：「吏豈自費邪？」籍其家，盡得文記，乃權吏所奪，召諸吏曰：「若恃權取於倉，罪也，與若期一月還之。」皆頓首謝，及期無敢違。有卒違令當死，釋不誅，去，上書告丹不法，詔丹解官待辨。會卒，年五十八。驗卒所告，皆不實，丹治狀愈明。

大和中，裴誼觀察江西，上言爲丹立祠堂，刻石紀功，不報。宣宗讀元和實錄，見丹政事卓然，它日與宰相語：「元和時治民孰第一？」周墀對：「臣嘗守江西，韋丹有大功，德被八州，歿四十年，老幼思之不忘。」乃詔觀察使紇干臮上丹功狀，命刻功于碑。

子宙，推蔭累調河南府司錄參軍，李珏表河陽幕府。宣宗謂宰相墀曰：「丹有子否？」以宙對。帝曰：「與好官。」乃拜侍御史，三遷度支郎中。盧鈞節度太原，表宙爲副。是時，回鶻已破諸部，入塞下，剽殺吏民。鈞欲得信重吏視邊，宙請往。自定襄、鴈門、五原，絕武州塞，略雲中，踰句注，徧見酋豪，鐫諭之。視亭障守卒，增其稟。約吏不得擅以兵侵諸戎，犯者死，於是三部六蕃諸種皆信悅。召拜吏部郎中。出爲永州刺史。州方災歉，乃斥官下什用所以供刺史者，得九十餘萬錢，爲市糧餉。俗不知法，多觸罪，宙爲書制律并種植爲生之宜，戶給之。州負嶺，轉餉艱險，每饑，人輒孥死，宙始築常平倉，收穀羨餘以待乏。罷冗役九百四十四員。縣舊置吏督賦，宙俾民自輸，家十相保，常先期。湘源生零陵香，歲市上供，人苦之，宙爲奏罷。民貧無牛，以力耕，宙爲置社，二十家月會錢若干，探名得者先市牛，以是爲準，久之，牛不乏。立學官，取仕家子弟十五人充之。初，俚民婚，出財會賓客，號「破酒」，晝夜集，多至數百人，貧者猶數十；力不足，則不迎，至淫奔者。宙條約，使略如禮，俗遂改。邑中少年，常以七月擊鼓，羣入民家，號「行盜」，皆迎爲辨具，謂之「起盆」，後爲解素，喧呼狺鬭，宙至，一切禁之。

還爲大理少卿。久之，拜江西觀察使，政簡易，南方以爲世官。遷嶺南節度使。南詔陷交趾，撫兵積備，以幹聞。加檢校尚書左僕射、同中書門下平章事。咸通中卒。

宙弟岫，字伯起，亦有名。宙在嶺南，以從女妻小校劉謙，或諫止之，岫曰：「吾子孫或當依之。」謙後以功爲封州刺史，生二子，卽隱、龔。盧攜舉進士，陋甚，岫獨謂攜必大用。攜執政，岫自泗州刺史擢福建觀察使云。

盧弘宣字子章，元和中，擢進士第。鄭權帥襄陽，辟署幕府。李愬代權，又二人交憾。弘宣始調愬，愬敕左右謹衞，旣與語，見其沖遠，不覺洗然。裴度留守東都，表爲判官，遷累給事中。駙馬都尉韋處仁拜虢州刺史，弘宣謂非所任，還詔不下。開成中，山南、江西大水，詔弘宣與吏部郎中崔瑨分道賑卹，使有指。還，遷京兆尹、刑部侍郎。拜劍南東川節度使。時歲饑，盜贅結，酋豪自王，僞署官吏，發敖廥，招亡命，聯蓬、瀘、嘉、榮諸州，詸蠻落搖亂，根株磐熾。弘宣下檄膂諭，賊黨稍降，其黠彊者署軍中，孱無能還之農。魁長逃入峽中，吏捕誅之。徙義武節度使。弘宣性寬厚，政目簡省，人便安之，然犯者不甚貸。河朔故法，偶語軍中則死，弘宣始除之。初，詔賜其軍粟三十萬斛，貯飛狐，弘宣計輓費不能滿直，敕吏守之。明年春，大旱，敎民隨力往取，時幽、魏饑甚，獨易、

定自如。至秋，悉收所貸，軍食以饒。歷工部尚書、祕書監，以太子少傅致仕。卒年七十七，贈尚書右僕射。弘宣患士庶人家祭無定儀，乃合十二家法，損益其當，次以爲書。子告，字子有，及進士第，終給事中。

薛元賞，亡里系所來。大和初，自司農少卿，出爲漢州刺史。時李德裕爲劍南西川節度使，會維州降，德裕受之以聞，牛僧孺沮其議，執還之。元賞上書極言可因撫之，潰虜腹，不可失。不省。段文昌代德裕，狀元賞治當最。遷累司農卿、京兆尹。出爲武寧節度使，罷泗口猥稅，人以爲便。俄徙邠寧。

會昌中，德裕當國，復拜京兆尹。都市多俠少年，以黛墨鑱膚，夸詭力，剽奪坊閭。元賞到府三日，收惡少，杖死三十餘輩，陳諸市，餘黨懼，爭以火滅其文。元賞長吏事，能推言時弊，件白之。禁屯怙勢擾府縣，元賞數與爭，不少縱，由是軍暴折戢，百姓賴安。就加檢校吏部尚書。閱歲，進工部尚書，領諸道鹽鐵轉運使。德裕用元賞弟元龜爲京兆少尹，知府事。宣宗立，罷德裕，而元龜坐貶崖州司戶參軍，元賞下除袁王傅。久之，復拜昭義節度使，卒。

何易于，不詳何所人及所以進。爲益昌令。縣距州四十里，刺史崔朴常乘春與賓屬汎舟出益昌旁，索民挽紼，易于身引舟，朴驚問狀，易于曰：「方春，百姓耕且蠶，惟令不事，可任其勞。」朴愧，與賓客疾驅去。鹽鐵官榷取茶利，詔下，所在毋敢隱。易于視詔書曰：「益昌人不征茶且不可活，矧厚賦毒之乎？」命吏閣詔，吏曰：「天子詔何敢拒？吏坐死，公得免竄邪？」對曰：「吾敢愛一身，移暴于民乎？亦不使罪爾曹。」卽自焚之。觀察使素賢之，不劾也。民有死喪不能具葬者，以俸敕吏爲辦。召高年坐，以問政得失。凡鬭民在廷，易于丁寧指曉枉直，杖楚遣之，不以付吏，獄三年無囚。督賦役不忍迫下戶，或以俸代輸。饋給往來，傳符外一無所進，故無異稱。以中上考，遷羅江令。刺史裴休嘗至其邑，導侍不過三人，廉約蓋資性云。

校勘記

〔一〕鄭德本在瀛州賈敦頤爲冀州 冊府卷六七七載：「薛大鼎貞觀中爲滄州刺史。大鼎與瀛州刺史賈敦頤、冀州刺史鄭德本俱有美政，河北號『鐺脚刺史』。」本卷及舊書卷一八五上賈敦頤傳均謂賈任瀛州刺史。此處兩州名倒訛。

唐書卷一百九十八

列傳第一百二十三

儒學上

徐文遠 陸德明 曹憲 顏師古 相時 游秦 孔穎達 王恭 馬嘉運
歐陽詢 通 朱子奢 張士衡 賈大隱 張後胤 蓋文達 文懿
谷那律 從政 蕭德言 許叔牙 子儒 敬播 劉伯莊 秦景通 劉訥言
羅道琮

高祖始受命，鉏類夷荒，天下略定，卽詔有司立周公、孔子廟于國學，四時祠。求其後，議加爵土。國學始置生七十二員，取三品以上子、弟若孫爲之；太學百四十員，取五品以上；四門學百三十員，取七品以上。郡縣三等，上郡學置生六十員，中、下以十爲差；上縣

學置生四十員，中、下亦以十爲差。又詔宗室、功臣子孫就祕書外省，別爲小學。

太宗身櫜鞬，風纚露沐，然銳情經術，卽王府開文學館，召名儒十八人爲學士，與議天下事。既卽位，殿左置弘文館，悉引內學士番宿更休，聽朝之閒，則與討古今，道前王所以成敗，或日昃夜艾，未嘗少怠。貞觀六年〔一〕，詔罷周公祠，更以孔子爲先聖，顏氏爲先師，盡召天下惇師老德以爲學官。數臨幸觀釋菜，命祭酒博士講論經義，賜以束帛。生能通一經者，得署吏。廣學舍千二百區，三學益生員，并置書、算二學，皆有博士。大抵諸生員至三千二百。自玄武屯營飛騎，皆給博士受經，能通一經者，聽入貢限。四方秀艾，挾策負素，坌集京師，文治煟然勃興。於是新羅、高昌、百濟、吐蕃、高麗等羣酋長並遣子弟入學，鼓笥踵堂者，凡八千餘人。紆侈袂，曳方履，誾誾秩秩，雖三代之盛，所未聞也。帝又讎正五經繆缺，頒天下示學者，與諸儒粹章句爲義疏，俾久其傳。因詔前代通儒梁皇侃褚仲都、周熊安生沈重、陳沈文阿周弘正張譏、隋何妥劉炫等子孫，並加引擢。二十一年，詔「左丘明、卜子夏、公羊高、穀梁赤、伏勝、高堂生、戴聖、毛萇、孔安國、劉向、鄭衆、杜子春、馬融、盧植、鄭玄、服虔、何休、王肅、王弼、杜預、范甯二十一人，用其書，行其道，宜有以褒大之，自今並配享孔子廟廷」。於是唐三百年之盛，稱貞觀，寧不其然。

高宗尚吏事，武后矜權變，至諸王駙馬皆得領祭酒。初，孔穎達等始署官，發五經題與

諸生酬問，及是，惟判祥瑞案三牒即罷。

玄宗詔羣臣及府郡舉通經士，而褚无量、馬懷素等勸講禁中，天子尊禮，不敢盡臣之。置集賢院部分典籍，乾元殿博彙羣書至六萬卷，經籍大備，又稱開元焉。祿山之禍，兩京所藏，一爲炎埃，官幐私褚，喪脫幾盡，章甫之徒，劫爲縵胡。於是嗣帝區區救亂未之得，安暇語貞觀、開元事哉？自楊綰、鄭餘慶、鄭覃等以大儒輔政，議優學科，先經誼，黜進士，後文辭，亦弗能克也。文宗定五經，鑱之石，張參等是正訛文，寥寥一二可紀。由是觀之，始未嘗不成于艱難，而後敗於易也。

嘗論之，武爲救世砭劑，文其膏粱歟！亂已定，必以文治之。否者，是病損而進砭劑，其傷多矣！然則武得之，武治之，不免霸且盜，聖人反是而王。故曰武創業，文守成，百世不易之道也。若乃舉天下一之於仁義，莫若儒。儒待其人，乃能光明厥功，宰相大臣是已。至專誦習傳授，無它大事業者，則次爲儒學篇。

徐曠字文遠，以字行。南齊司空孝嗣五世孫。父徹，梁祕書郎，尙元帝女安昌公主。江陵陷，俘以西，客偃師，貧不能自給。兄文林鬻書于肆，文遠日閱之，因博通五經，明左氏春秋。時耆儒沈重講太學，授業常千人，文遠從之質問，不數日辭去。或問其故，答曰：「先生所說，紙上語耳。若奧境，彼有所未見者，尙何觀？」重知其語，召與反復研辯，嗟歎其能。性方正，舉動純重，竇威、楊玄感、李密、王世充皆從受學。

隋開皇中，累遷太學博士，詔與漢王諒授經。會諒反，除名爲民。大業初，禮部侍郎許善心薦文遠及包愷、褚徽、陸德明、魯達爲學官，擢國子博士，愷等爲太學博士。世稱左氏有文遠，禮有褚徽，詩有魯達，易有陸德明，皆一時冠云。文遠說經，徧舉先儒異論，分明是非，乃出新意以折衷，聽者忘勞。越王侗署國子祭酒。

時洛陽飢，文遠自出城樵拾，爲李密所得。密使文遠南向坐，備弟子禮拜之，文遠謝曰：「前日以先王之道授將軍，今將軍擁兵百萬，威振四海，猶能屈體老夫，此盛德也，安敢不盡？將軍若欲爲伊、霍，繼絕扶傾，吾雖老，猶願盡力；如爲莽、卓，乘危迫險，則僕耄矣，無能爲也！」密頓首曰：「幸得位上公，思所以竭力，先征化及刷國恥，然後入見天子，請罪于有司，惟先生敎之。」答曰：「將軍，名臣子，累世盡節，前陷玄感黨，迷未遠而復，今若終之以忠，天下之人所望於將軍者。」密頓首曰：「恭聞命。」俄而世充專制，密又問焉，對曰：「彼殘忍而意褊促，必速於亂，將軍非破之不可以朝。」密曰：「常謂先生儒者，不學軍旅，至籌大計，乃明略過人。」

密敗，復入東都。世充給稍異等，而文遠見輒先拜。或問：「君踞見李密而下王公，何邪？」答曰：「密，君子，能受酈生之揖；世充，小人，無容故人義。相時而動可也。」世充僭號，以爲國子博士。子士會奔長安，世充怒絕其稟，文遠餓幾死數矣。身出樵，爲羅士信所獲，送京師，仍爲國子博士。

高祖幸國學觀釋奠，文遠發春秋題，論難鋒生，隨方占對，莫能屈。帝異之，封東莞縣男。卒，年七十四。

孫有功，自有傳。

陸元朗字德明，以字行，蘇州吳人。善名理言，受學於周弘正。陳太建中，後主爲太子，集名儒入講承光殿，德明始冠，與下坐。國子祭酒徐孝克敷經，倚貴縱辯，衆多下之，獨德明申答，屢奪其說，舉坐咨賞。解褐始興國左常侍。陳亡，歸鄉閈。

隋煬帝擢祕書學士。大業間，廣召經明士，四方踵至。於是德明與魯達、孔褒共會門下省相酬難，莫能詘。遷國子助教。越王侗署爲司業，入殿中授經。王世充僭號，封子玄恕爲漢王，以德明爲師，即其廬行束脩禮。德明恥之，服巴豆劑，僵偃東壁下。玄恕入拜牀垂，德明對之遺利，不復開口，遂移病成皋。

世充平，秦王辟爲文學館學士，以經授中山王承乾，補太學博士。高祖已釋奠，召博士徐文遠、浮屠慧乘、道士劉進喜各講經，德明隨方立義，徧析其要。帝大喜曰：「三人者誠辯，然德明一舉輒蔽，可謂賢矣！」賜帛五十匹，遷國子博士，封吳縣男。卒。

論撰甚多，傳于世。後太宗閱其書，嘉德明博辯，以布帛二百段賜其家。

子敦信，麟德中，繇左侍極檢校右相，累封嘉興縣子，以老疾致仕，終大司成。

曹憲，揚州江都人。仕隋爲祕書學士，聚徒敎授凡數百人，公卿多從之游。於小學家尤邃，自漢杜林、衞宏以後，古文亡絕，至憲復興。煬帝令與諸儒譔桂苑珠叢，規正文字。又注廣雅，學者推其該，藏于祕書。

貞觀中，揚州長史李襲譽薦之，以弘文館學士召，不至，即家拜朝散大夫，當世榮之。太宗嘗讀書，有奇難字，輒遣使者問憲，憲具爲音注，援驗詳複，帝咨尙之。卒，年百餘歲。

憲始以梁昭明太子文選授諸生，而同郡魏模、公孫羅、江夏李善相繼傳授，於是其學大興。句容許淹者，自浮屠還爲儒，多識廣聞，精故訓，與羅等並名家。羅官沛王府參軍事、

無錫丞。楧，武后時爲左拾遺，子景倩亦世其學，以拾遺召，後歷度支員外郎。善，見子邕傳。

顏師古字籀，其先琅邪臨沂人。祖之推，自高齊入周，終隋黃門郎，遂居關中，爲京兆萬年人。父思魯，以儒學顯。武德初，爲秦王府記室參軍事。

師古少博覽，精故訓學，善屬文。仁壽中，李綱薦之，授安養尉。尚書左僕射楊素見其年弱，謂曰：「安養，劇縣，子何以治之？」師古曰：「割雞未用牛刀。」素驚其言大，後果以幹治聞。時薛道衡爲襄州總管，與之推舊，佳其才，每作文章，令指摘疵短。俄失職，歸長安，不得調，窶甚，資敎授爲生。

高祖入關，謁見長春宮，授朝散大夫，拜燉煌公府文學，累遷中書舍人，專典機密。師古性敏給，明練治體。方軍國務多，詔令一出其手，冊奏之工，當時未有及者。太宗即位，拜中書侍郎，封琅邪縣男，以母喪解。服除，還官。歲餘，坐公事免。

帝嘗歎五經去聖遠，傳習寖訛，詔師古於祕書省考定，多所釐正。既成，悉詔諸儒議，於是各執所習，共非詰師古。師古輒引晉、宋舊文，隨方曉答，誼據該明，出其悟表，人人歎

服。尋加通直郎、散騎常侍。帝因頒所定書於天下，學者賴之。

俄拜祕書少監，專刊正事，古篇奇字世所惑者，討析申孰，必暢本源。然多引後生與讎校，抑素流，先貴勢，雖商賈富室子，亦竄選中，由是素議薄之，斥爲郴州刺史。未行，帝惜其才，讓曰：「卿之學，信可稱者，而事親居官，朕無聞焉。今日之行，自誰取之？念卿曩經任使，朕不忍棄，後宜自戒。」師古謝罪，復留爲故官。

師古性簡峭，視輩行傲然，罕所推接。既負其才，早見驅策，意望甚高。及是頻被譴，仕益不進，罔然喪沮，乃闔門謝賓客，巾褐褻帔，放情蕭散，爲林墟之適。多藏古圖畫、器物、書帖，亦性所篤愛。與撰五禮成，進爵爲子。又爲太子承乾注班固漢書上之，賜物二百段、良馬一，時人謂杜征南、顏祕書爲左丘明、班孟堅忠臣。

帝將有事泰山，詔公卿博士雜定其儀，而論者爭爲異端，師古奏：「臣撰定封禪儀注書在十一年，于時諸儒謂爲適中。」於是以付有司，多從其說。遷祕書監、弘文館學士。十九年，從征遼，道病卒，年六十五，謚曰戴。

其所注漢書、急就章大顯于時。永徽三年，子揚廷爲符璽郎，表上師古所撰匡謬正俗八篇。

初，思魯與妻不相宜，師古苦諫，父不聽，情有所隔，故帝及之。

師古弟相時，字睿，亦以學聞。爲天策府參軍事。貞觀中，累遷諫議大夫，有爭臣風。轉禮部侍郎。羸瘠多病，師古死，不勝哀而卒。

師古叔游秦，武德初，累遷廉州刺史，封臨沂縣男。時劉黑闥初平，人多彊暴，比游秦至，禮讓大行，邑里歌之，高祖下璽書獎勞。終鄆州刺史。撰漢書決疑，師古多資取其義。

孔穎達字仲達，冀州衡水人。八歲就學，誦記日千餘言，闇記三禮義宗。及長，明服氏春秋傳、鄭氏尚書詩禮記、王氏易，善屬文，通步曆。嘗造同郡劉焯，焯名重海內，初不之禮。及請質所疑，遂大畏服。

隋大業初，舉明經高第，授河內郡博士。煬帝召天下儒官集東都，詔國子祕書學士與論議，穎達爲冠，又年最少，老師宿儒恥出其下，陰遣客刺之，匿楊玄感家得免。補太學助敎。

隋亂，避地虎牢。

太宗平洛，授文學館學士，遷國子博士。貞觀初，封曲阜縣男，轉給事中。時帝新即

位，穎達數以忠言進。帝問：「孔子稱『以能問於不能，以多問於寡，有若無，實若虛』。何謂也？」對曰：「此聖人敎人謙耳。己雖能，仍就不能之人以咨所未能；己雖多，仍就寡少之人更資其多。內有道，外若無；中雖實，容若虛。非特匹夫，君德亦然。故易稱『蒙以養正』，『明夷以莅衆』。若其據尊極之位，衒聰耀明，恃才以肆，則上下不通，君臣道乖。自古滅亡，莫不由此。」帝稱善。除國子司業。歲餘，以太子右庶子兼司業。與諸儒議曆及明堂事，多從其說。以論撰勞，加散騎常侍，爵爲子。

皇太子令穎達撰孝經章句，因文以盡箴諷。帝知數爭太子失，賜黃金一斤、絹百匹。久之，拜祭酒，侍講東宮。帝幸太學觀釋菜，命穎達講經，畢，上釋奠頌，有詔褒美。後太子稍不法，穎達爭不已，乳夫人曰：「太子既長，不宜數面折之。」對曰：「蒙國厚恩，雖死不恨。」剴切愈至。後致仕，卒，陪葬昭陵，贈太常卿，謚曰憲。

初，穎達與顏師古、司馬才章、王恭、王琰受詔撰五經義訓凡百餘篇，號義贊，詔改爲正義云。雖包貫異家爲詳博，然其中不能無謬冗，博士馬嘉運駁正其失，至相譏詆。有詔更令裁定，功未就。永徽二年，詔中書門下與國子三館博士、弘文館學士考正之，於是尚書左僕射于志寧、右僕射張行成、侍中高季輔就加增損，書始布下。

穎達子志，終司業。志子惠元，力學寡言，又爲司業，擢累太子諭德。三世司業，時人

美之。

王恭者，滑州白馬人。少篤學，教授鄉閭，弟子數百人。貞觀初，召拜太學博士，講三禮，別爲義證，甚精博。蓋文懿、文達皆當時大儒，每講徧舉先儒義，而必暢恭所說。

馬嘉運，魏州繁水人。少爲沙門，還治儒學，長論議。貞觀初，累除越王東閤祭酒。退隱白鹿山，諸方來授業至千人。十一年，召拜太學博士、弘文館學士。以孔穎達正義繁釀，故掎摭其疵，當世諸儒服其精。高宗爲太子，引爲崇賢館學士，數與洗馬秦暐侍講宮中，終國子博士。

歐陽詢字信本，潭州臨湘人。父紇，陳廣州刺史，以謀反誅。詢當從坐，匿而免。江總以故人子，私養之。貌寢侻，敏悟絕人。總教以書記，每讀輒數行同盡，遂博貫經史。仕隋，爲太常博士。高祖微時，數與游，既卽位，累擢給事中。詢初倣王羲之書，後險勁過之，因自名其體。尺牘所傳，人以爲法。高麗嘗遣使求之，

帝歎曰：「彼觀其書，固謂形貌魁梧邪？」嘗行見索靖所書碑，觀之，去數步復返，及疲，乃布坐，至宿其傍，三日乃得去。其所嗜類此。貞觀初，歷太子率更令、弘文館學士，封渤海男。卒，年八十五。

子通，儀鳳中累遷中書舍人。居母喪，詔奪哀。每入朝，徒跣及門。夜直，藉藁以寢。非公事不語，還家輒號慟。年饑，未克葬，居廬四年，不釋服。冬月，家人以氈絮潛置席下，通覺，卽徹去。遷累殿中監，封渤海子。天授初，轉司禮卿，判納言事。輔政月餘，會鳳閣舍人張嘉福請以武承嗣爲太子，通與岑長倩等固執，忤諸武意。及長倩下獄，坐大逆死，來俊臣并引通同謀，通雖被慘毒無異詞，俊臣代占，誅之。神龍初，追復官爵。

通蚤孤，母徐教以父書，懼其墯，嘗遺錢使市父遺跡，通乃刻意臨倣以求售，數年，書亞於詢，父子齊名，號「大小歐陽體」。褚遂良亦以書自名，嘗問虞世南曰：「吾書何如智永？」答曰：「吾聞彼一字直五萬，君豈得此？」曰：「孰與詢？」曰：「吾聞詢不擇紙筆，皆得如志，君豈得此？」遂良曰：「然則何如？」世南曰：「君若手和筆調，固可貴尚。」遂良大喜。通晚自矜重，以狸毛爲筆，覆以兔毫，管皆象犀，非是未嘗書。

朱子奢，蘇州吳人，從鄉人顧彪授左氏春秋，善文辭。隋大業中，爲直祕書學士。天下亂，辭疾還鄉里。後從杜伏威入朝，授國子助教。

太宗貞觀初，高麗、百濟同伐新羅，連年兵不解。新羅告急，帝假子奢員外散騎侍郎，持節諭旨，平三國之憾。子奢有儀觀，夷人尊畏之。二國上書謝罪，贈遺甚厚。初，子奢行，帝戒曰：「海夷重學，卿爲講大誼，然勿入其幣，還當以中書舍人處卿。」子奢唯唯。至其國，爲發春秋題，納其美女。帝責違旨，而猶愛其才，以散官直國子學，累轉諫議大夫、弘文館學士。

始，武德時，太廟享止四室，高祖崩，將祔主于廟，帝詔有司詳議。子奢建言：「漢丞相韋玄成奏立五廟，劉歆議當七，鄭玄本玄成，王肅宗歆，於是歷代廟議不能一。且天子七廟，諸侯五，降殺以兩，禮之正也。若天子與子、男同，則間無容等，非德厚游廣、德薄游狹之義。臣請依古爲七廟。若親盡，則以王業所基爲太祖，虛太祖室以俟無疆，迭遷乃處之。」於是尚書共奏：「自春秋以來，言天子七廟，諸侯五，大夫三，士二。推親親，顯尊尊，爲不可易之法，請建親廟六。」詔可。乃祔弘農府君、高祖神主爲六室。及帝崩，禮部尚書許敬宗議：「弘農府君廟應毀。按玄成說，毀廟主當瘞，且四海常所宗享矣，舉而瘞之，非神

理所愜。晉范宣議別廟以奉毀廟之主，或言當藏天府。天府，瑞異所舍也。禮去祧有壇有墠，臣皆所未安。唐家宗廟，共殿異室，以右爲首。若奉遷主納右夾室，而得尊處，祈之禱之未絕也。」有詔如敬宗議。然言七廟者，本之子奢。

帝嘗詔：「起居紀錄臧否，朕欲見之以知得失，若何？」子奢曰：「陛下所舉無過事，雖見無嫌，然以此開後世史官之禍，可懼也。史官全身畏死，則悠悠千載，尙有聞乎？」

池陽令崔文康坐事，櫟陽尉魏禮臣劾治，獄成，御史言其枉。禮臣訴御史阿黨，乞下有司雜訊，不如所言請死。鞫報禮臣不實，詔如請。子奢曰：「在律，上書不實有定罪，今抵以死，死者不可復生，雖欲自新弗可得。且天下惟知上書獲罪，皆懼而不敢申矣。」詔可。

子奢爲人樂易，能劇談，以經誼緣飾。每侍宴，帝令論難羣臣，恩禮甚篤。卒于官。

張士衡，瀛州樂壽人。父文慶，北齊國子助教。士衡九歲居母喪，哀慕過禮，博士劉軌思見之，爲泣下，奇其操，謂文慶曰：「古不親教子，吾爲君成就之。」乃授以詩、禮。又從熊安生、劉焯等受經，貫知大義。仕隋爲餘杭令，以老還家。

大業兵起，諸儒廢學。唐興，士衡復講教鄉里。幽州都督燕王靈夔以禮邀聘，北面事之。太子承乾慕風迎致，謁太宗洛陽宮，帝賜食，擢朝散大夫、崇賢館學士。太子以士衡齊人也，問高氏何以亡？士衡曰：「高阿那瓌之凶險，駱提婆之佞，韓長鸞之虐，皆奴隸才，是信是使，忠良外誅，骨肉內離，剝喪黎元，故周師臨郊，人莫爲之用，此所以亡。」復問：「事佛營福，其應奈何？」對曰：「事佛在清靜仁恕爾，如貪惏驕虐，雖傾財事之，無損於禍。且善惡必報，若影赴形，聖人言之備矣。爲君仁，爲臣忠，爲子孝，則福祚永；反是而殃禍至矣！」時太子以過失聞，士衡因是規之，然不能用也。太子廢，給傳罷歸鄉里，卒。

士衡以禮教諸生，當時顯者永年賈公彥〔二〕、趙李玄植。

公彥終太學博士，撰次章句甚多。子大隱，儀鳳中，爲太常博士。會太常仲春告瑞太廟，高宗問禮官：「何世而然？」大隱對曰：「古者祭以首時，薦以仲月。近世元日奏瑞，則二月告廟。告者必有薦，本于始，不得其時焉。」遷累中書舍人。垂拱中，博士周悰請武氏廟爲七室，唐廟爲五，下比諸侯。大隱奏言：「秦、漢母后稱制，未有戾古越禮者。悰損國廟數，勃大義，不可以訓。」武后不獲已，僞

聽之。時皆服大隱沈正不詭從，有大臣體。終禮部侍郎。

公彥傳業玄植，玄植又受左氏春秋於王德韶，受詩於齊威，該覽百家記書。貞觀間，爲弘文館直學士。高宗時，數召見，與方士、浮屠講說。玄植以帝闇弱，頗箴切其短，帝禮之，不痁。坐事遷巴令，卒。

張後胤字嗣宗，蘇州崑山人。祖僧紹，梁零陵太守。父沖，陳國子博士，入隋爲漢王諒并州博士。

後胤甫冠，以學行禪其家。高祖鎮太原，引爲客，以經授秦王。義寧初，爲齊王文學，封新野縣公。武德中，擢員外散騎侍郎，賜宅一區。初，帝在太原，嘗問：「隋運將終，得天下者何姓？」答曰：「公家德業，天下係心，若順天而動，自河以北，指撝可定。然後長驅關右，帝業可成。」至是自陳所言，帝曰：「是事未始忘之。」乃賜燕月池。帝從容曰：「今日弟子何如？」後胤曰：「昔孔子門人三千，達者無子男之位。臣翼贊一人，乃王天下，計臣之功，過於先聖。」帝爲之笑，令羣臣以春秋酬難。帝曰：「朕昔受大誼于君，今尙記之。」後胤頓首謝曰：「陛下乃生知，臣叨天功爲己力，罪也。」帝大悅，遷燕王府司馬。出爲睦州刺史，乞骸骨，帝見其彊力，問欲何官，因陳謝不敢。帝曰：「朕從卿受經，卿從朕求官，何所疑？」後胤頓首，願得國子祭酒，授之。遷散騎常侍。永徽中致仕，加金紫光祿大夫，朔望，祿賜防閤如舊。卒，年八十三，贈禮部尚書，謚曰康，陪葬昭陵。

孫齊丘，歷監察御史、朔方節度使，終東都留守，謚曰貞獻。子鎰，別有傳。

蓋文達，冀州信都人。博涉前載，尤明春秋三家。刺史竇抗集諸生講論，於是，劉焯、劉軌思、孔穎達並以耆儒開門授業，是日悉至，而文達依經辯舉，皆諸儒意所未叩，一坐厭歎。抗奇之，問：「安所從學？」焯曰：「若人岐嶷，出自天然，以多問寡，則焯爲之師。」抗曰：「冰生於水而寒於水，其謂此邪？」

武德中，授國子助教，爲秦王文學館直學士。貞觀初，擢諫議大夫、兼弘文館學士，爲蜀王師。王有罪，文達免官。拜崇賢館學士，卒。

宗人文懿，亦以儒學稱，當時號「二蓋」。高祖於祕書省置學以教王公子，文懿爲國子助教。既升席，公卿更相質問，文懿讐曉密微，遠近宗仰。終國子博士。

谷那律，魏州昌樂人。貞觀中，累遷國子博士。淹識羣書，褚遂良嘗稱爲「九經庫」。遷諫議大夫，兼弘文館學士。從太宗出獵，遇雨沾漬，因問曰：「油衣若爲而無漏邪？」那律曰：「以瓦爲之，當不漏。」帝悅其直，賜帛二百段，卒。

孫倚相，仕爲祕書省正字，讎覆圖書，多所刊定。子崇義，天寶末爲幽州大將，以雄敢聞。歷左金吾衞大將軍，遂客薊門。生子從政，略涉儒學，有風操。事李寶臣，歷定州刺史，封淸江郡王。寶臣及張孝忠妻，其女兄弟也。寶臣初倚任，晚稍疏忌，從政乃闔門謝交游不事。及惟岳知節度，與田悅謀拒天子命，從政諫曰：「上神斷，絀諸侯，欲致太平。爾考與燕有切骨恨。天子致討，命帥莫先於燕。誅怨復仇，必盡力後已。前日而考誅大將百餘，子弟存者常不平，乘危相覆，誰不能爾？昔魏有洺、相之圍，王師四集，身投零陵，仰天垂泣，不知所出。賴爾考保佑，頓兵不進，而先帝寬厚，廑獲赦貸。不然，田氏尙有種乎？今悅兇獪孰與承嗣？爾又幼富貴，不出戶廷，便欲旅拒？且人心難知，天道難欺，軍中諸將乘危投隙，自古豈少哉！今圖久安計，莫若令而兄

中華書局

惟誠攝留後，爾速入宿衞，則福祿可保矣。」不納。從政塞門移疾不出，惟岳所信王他奴等疑其怨望，日伺之。從政懼，乃吐血，卽仰藥，五日死。曰：「吾不恨死，而痛渠覆宗矣！」後惟岳被殺于王武俊，如其揣云。

蕭德言字文行，陳吏部郎引子也，系出蘭陵。明左氏春秋。甫冠，以國子生爲岳陽王賓客。陳亡，徙關中。詭浮屠服亡歸江南，州縣部送京師。仁壽中，授校書郎。貞觀時，歷著作郎、弘文館學士。

太宗欲知前世得失，詔魏徵、虞世南、褚亮及德言裒次經史百氏帝王所以興衰者上之，帝愛其書博而要，曰：「使我稽古臨事不惑者，公等力也！」賚賜尤渥。德言晚節學愈苦，每開經，輒祓濯束帶危坐，妻子諫曰：「老人何終日自苦？」答曰：「對先聖之言，何復憚勞？」詔以經授晉王。時許叔牙爲侍讀，同勸講。王爲太子，德言兼侍讀，而叔牙亦兼弘文館學士。德言請致仕，太宗不許，下詔敦勉。封武陽縣侯，進祕書少監，久乃得謝。

高宗立，拜銀青光祿大夫，全給其祿，遣通事舍人郎家致問。乘輿至肅章門引見，禮遇

隆重。由是晉府及東宮舊臣子孫，並增秩賜金。卒，年九十七，贈太常卿，謚曰博。

叔牙字延基，句容人。貞觀時，遷晉王府參軍事、弘文館直學士。於詩、禮尤邃，獻詩纂義十篇，太子寫付司經。御史大夫高智周見之曰：「欲明詩者，宜先讀此。」

子子儒，字文舉，高宗時爲奉常博士。初，太尉長孫无忌等議：「祠令及禮用鄭玄六天說，圓丘祀昊天上帝，南郊太微感帝，明堂太微五帝。直據緯爲說，不指蒼旻爲天，而以昊天帝當北辰耀魄寶，郊、明堂當太微五帝。唐家祀圓丘，太史所上圖，昊天上帝外自有北辰。令李淳風曰『昊天上帝位于壇，北辰、斗列第二垓』。與緯書駁異。司馬遷天官書，太微宮五精之神，五星所奉，有人主象，故名曰帝，猶房、心有天王象，安得盡爲天乎？日月麗于天，草木麗于地，以日月爲天，草木爲地，昧者不信也。周官『兆五帝四郊』，又有『祀五帝』，皆不言天。知太微之神，非天也。經稱『郊祀后稷』，王肅以郊、圓丘爲一，玄析而二之，曰圓丘，曰郊，非聖人意。今祠令固守玄說，與著式相違，宜有刊正。且經『嚴父莫大於配天』、『宗祀文王於明堂，以配上帝』。明堂之祀，天也，星不足配之矣。月令『孟春祈穀上帝』、春秋『啓蟄而郊，郊而後耕』，故郊后稷以祈農，詩『春夏祈穀于上帝』，皆祭天也。著之感帝，尤爲不稽。請四郊迎氣祀太微五帝，郊、明堂罷六天說，止祀昊天。方丘既祭地，又祭神州北郊，皆不載經，請止一祠。」詔曰：「可。」

乾封初，帝已封禪，復詔祀感帝、神州，以正月祭北郊。司禮少常伯郝處俊等奏言：「顯慶定禮，廢感帝祀而祈穀昊天，以高祖配。舊祀感帝、神州，以元皇帝配。今改祈穀爲祀感帝，又祀神州，還以高祖配，何升降紛紛焉？虞氏禘黃帝，郊嚳；夏禘黃帝，郊鯀；殷禘嚳，郊冥；周禘嚳，郊稷。玄謂禘者，祭天圓丘；郊者，祭上帝南郊。崔靈恩說夏正郊天，王者各祭所出帝，所謂『王者禘祖之所自出，以其祖配之』。則禘遠祖，郊始祖也。今禘、郊同祖，禮無所歸。神州本祭十月，以方陰用事也。玄說三王之郊，一用夏正。靈恩謂祭神州北郊，以正月。諸儒所言，猥互不明。臣願會奉常、司成、博士普議。」於是，子儒與博士陸遵楷、張統師、權無二等共白：「北郊月不經見，漢光武正月建北郊，咸和中議北郊以正月，武德以來用十月，請循武德詔書。」明年，詔圓方二丘、明堂、感帝、神州宜奉高祖、太宗配，仍祭昊天上帝及五天帝於明堂。

子儒，長壽中，歷天官侍郎、弘文館學士，封潁川縣男。以選事委令史句直，日偃臥不下筆，時人語曰「句直平配」。既而補授失序，傳爲口實。

德言曾孫至忠，自有傳。

敬播，蒲州河東人。貞觀初，擢進士第。時顏師古、孔穎達撰次隋史，詔播詣祕書內省參纂。再遷著作佐郎，兼脩國史。從太宗伐高麗，而帝名所戰山爲駐蹕，播謂人曰：「鑾輿不復東矣，山所以名，蓋天意也！」其後果然。遷太子司議郎。時初置是官，尤淸近，中書令馬周歎曰：「恨資品妄高，不得歷此職！」又與令狐德棻等撰晉書，大抵凡例皆播所發也。

有司建言：「謀反大逆，惟父子坐死，不及兄弟，請更議。」詔羣臣大議，播曰：「兄弟雖孔懷之重，然比於父子則輕，故生有異室，死有別宗。今高官重爵，本蔭唯逮子孫，而不及昆季，烏得榮隔其蔭，而罪均其罰？」詔從播議。

永徽後，仕益貴，歷諫議大夫、給事中。始，播與許敬宗撰高祖實錄，興創業，盡貞觀十四年。至是，又撰太宗實錄，訖二十三年。坐事出爲越州長史，徙安州，卒。

房玄齡嘗稱播：「陳壽之流乎！」玄齡患顏師古注漢書文繁，令掇其要爲四十篇。是時漢書學大興，其章章者若劉伯莊、秦景通兄弟、劉訥言，皆名家。

伯莊者，彭城人，爲弘文館學士，遷國子博士，與許敬宗等論譔甚多，終崇賢館學士。

自所著書亦百餘篇。

子之宏，世其學。武后時，以著作郎兼脩國史，終相王府司馬。睿宗立，贈祕書監。

景通者，晉陵人。與弟暐俱有名，皆精漢書，號「大秦君」、「小秦君」。當時治漢書，非其授者，以爲無法云。景通仕至太子洗馬兼崇賢館學士。暐後復踐其官及職。

訥言，乾封中歷都水監主簿，以漢書授沛王。王爲太子，擢訥言洗馬兼侍讀。嘗集俳諧十五篇，爲太子歡。太子廢，高宗見怒，除名爲民。復坐事流死振州。

羅道琮，蒲州虞鄉人。慷慨尙節義。貞觀末，上書忤旨，徙嶺表。有同斥者死荆、襄間，臨終泣曰：「人生有死，獨委骨異壤邪？」道琮曰：「吾若還，終不使君獨留此。」瘞路左去。歲餘，遇赦歸，方霖潦積水，失其殯處，道琮慟諸野，波中忽若溢沸者，道琮曰：「若屍在，可再沸。」祝已，水復湧，乃得屍，負之還鄉。尋擢明經，仕至太學博士，爲時名儒。

校勘記

〔一〕貞觀六年 舊書卷一八九上儒學傳、唐會要卷三五作「貞觀二年」。

〔二〕當時顯者永年賈公彥 「永年」，各本原作「永平」，舊書卷一八九上賈公彥傳作「洺州永年人」。按本書卷三九地理志，洺州領縣有「永年」，無「永平」。「平」當爲「年」之形訛，據改。

唐書卷一百九十九

列傳第一百二十四

儒學中

郞餘令 餘慶 徐齊聃 堅 嶠 沈伯儀 路敬淳 敬潛 王元感

王紹宗 彭景直 盧粲 尹知章 張齊賢 柳沖 馬懷素

殷踐猷 孔若思 季詡 至

郞餘令，定州新樂人。祖穎，字楚之，與兄蔚之俱有名。隋大業中，爲尙書民曹郎，蔚之位左丞。煬帝語稱「二郞」。武德時，楚之以大理卿封常山郡公，與李綱、陳叔達定律令。持節諭山東，爲竇建德所獲，脅以白刃，終不屈。賊平，以老乞身，謚曰平。

餘令博于學，擢進士第，授霍王元軌府參軍事。從父知年，亦爲王友。元軌每曰：「郞

家二賢皆入府，不意培塿而松柏爲林也。」徙幽州錄事參軍。有爲浮屠者，積薪自焚，長史裴瞑率官屬將觀焉，餘令曰：「人好生惡死，情也。彼違蔑教義，反其所欲，公當察之，毋輕往。」瞑試廉按，果得其姦。

孝敬在東宮，餘令以梁元帝有孝德傳，更撰後傳數十篇獻太子，太子嗟重。改著作佐郎，卒。

兄餘慶，爲吏淸而刻於法。高宗時，爲萬年令，道無掇遺。累還御史中丞，務謙謹下人，引御史坐與論議。吏部侍郎楊思玄倨貴，視選者不以禮，餘慶劾免其官。久之，出爲蘇州刺史。坐累下遷交州都督。

驩州司馬裴敬彝與餘慶雅故，以事笞餘慶婢父，婢方嬖，譖敬彝死獄中。又裒貨無藝，民詣闕訴之，使者十輩臨按，餘慶謾讕，不能得其情。最後，廣州都督陳善弘按之，餘慶自恃在朝廷久，明法令，輕善弘，不置對。善弘怒曰：「舞文弄法，吾不及君；今日以天子命治君，吾力有餘矣。」欲搒械之，餘慶懼，服罪。高宗詔放瓊州。會赦當還，朝廷惡其暴，徙春州。

始，餘慶治萬年，父知運嫌其酷，將杖之，餘慶避免。父歎曰：「國家用之矣，吾尙奈

何！」及爲御史中丞，復歎曰：「郎氏危矣！」以憂死。餘慶卒以貪殘廢。

徐齊聃字將道，湖州長城人，世客馮翊。梁慈源侯整四世孫。八歲能文，太宗召試，賜所佩金削刀。舉弘文生，調曹王府參軍。高宗時，爲潞王府文學、崇文館學士，侍皇太子講，修書于芳林門。時姑爲帝婕妤〔一〕，嫌以恩進，故求出爲桃林令。召爲沛王侍讀，再遷司議郎，皆不就。累進西臺舍人。

咸亨初，詔突厥酋長子弟得事東宮，齊聃上書諫，以爲：「氈裘冒頓之裔，解辮削衽，使在左右，非所謂『恭愼威儀，以近有德』，『任官惟賢才，左右惟其人』之義。」又長孫无忌以讒死，家廟毀頓，齊聃言於帝曰：「齊獻公，陛下外祖，雖後嗣有罪，不宜毀及先廟。今周忠孝公廟反崇飾踰制，恐非所以示海內。」帝寤，有詔復獻公官，以无忌孫延主其祀。

齊聃善文誥，帝愛之，令侍皇太子及諸王屬文，以職樞劇，許間日一至。坐漏禁中事，貶蘄州司馬。又流欽州。卒，年四十四。睿宗時，贈禮部尚書。

子堅。

堅字元固，幼有敏性，沛王聞其名，召見，授紙爲賦，異之。十四而孤，及壯，寬厚長者。舉秀才及第，爲汾州參軍事，遷萬年主簿。

天授三年，上言：「書有五聽，令有三覆，慮失情也。比犯大逆，詔使者勘當，得實輒決。人命至重，萬有一不實，欲訴無由，以就赤族，豈不痛哉！此不足檢下之姦亂，適長使人威福耳。臣請如令覆奏，則死者無恨。又古者罰不逮嗣，故郤芮亂國而缺升諸朝，嵇康蒙戮而紹死于難，則於它親不復致疑。今選部廣責逆人親屬，至無服者尙數十條。且詔書『與逆同堂親不任京畿，緦麻親不得侍衞』，臣請如詔書外，一切不禁，以申曠蕩。」

聖曆中，東都留守楊再思、王方慶共引爲判官。方慶善禮學，嘗就質疑晦，堅爲申釋，常得所未聞。屬文典厚，再思每目爲鳳閣舍人樣。與徐彥伯、劉知幾、張說與脩三教珠英，時張昌宗、李嶠總領，彌年不下筆，堅與說專意撰綜，條彙粗立，諸儒因之乃成書。累遷給事中，封慈源縣子。

中宗怒韋月將，欲即斬之，堅奏盛夏生長，請須秋乃決，時申救者亦衆，得以搒死。俄以禮部侍郎爲脩文館學士。

睿宗卽位，授太子左庶子兼崇文館學士，脩史，進東海郡公，遷黃門侍郎。時監察御史李知古兵擊姚州渳河蠻，降之，又請築城，使輸賦傜。堅議：「蠻夷羈縻以屬，不宜與中國同法，恐勞師遠伐，益不償損。」不聽，詔知古發劍南兵築城堡，列州縣。知古因是欲誅其豪酋，入子女爲奴婢，蠻懼，殺知古，相率潰叛，姚、巂路閉不通者數年。

初，太平公主用事，武攸暨屢邀請堅，堅不許；又以妻岑羲女弟，固辭機密，轉太子詹事，曰：「吾非求高，逃禍耳。」羲敗，不染於惡，出爲絳州刺史。數外徙，久乃遷祕書監、左散騎常侍。

玄宗改麗正書院爲集賢院，以堅充學士，副張說知院事。帝大酺集賢，幔舍在百司上，說令揭大榜以侈其寵，堅見，遽命撤之，曰：「君子烏取多尙人！」從上泰山，以參定儀典，加光祿大夫。堅於典故多所諳識，凡七當譔次高選。卒，年七十餘，帝悼惜，遣使就弔，贈太子少保，謚曰文。

齊聃姑爲太宗充容，仲爲高宗婕妤，皆明圖史，議者以堅父子如漢班氏。

子嶠，字巨山。開元中爲駕部員外郎、集賢院直學士，遷中書舍人、內供奉、河南尹。封慈源縣公。父子相次爲學士，自祖及孫，三世爲中書舍人。

沈伯儀，湖州吳興人。武后時，爲太子右諭德。

初，太常少卿韋萬石議明堂大享事，上言：「鄭玄說祀五天帝，王肅謂祀五行帝。貞觀禮從玄，至顯慶禮祀昊天上帝，乾封詔書祀五天帝兼祀昊天，上元詔書從貞觀禮，儀鳳初詔祀事一用周制。今應何樂？」高宗乃詔尙書省集諸儒議，未能定。於是大享參用貞觀、顯慶二禮。垂拱元年，成均助教孔玄義奏：「嚴父莫大配天，天於萬物爲最大，推父偶天，孝之大，尊之極也。易稱『先王作樂崇德，殷薦之上帝，以配祖、考』。上帝，天也。昊天之祭，宜祖、考並配，請以太宗、高宗配上帝於圜丘，神堯皇帝配感帝南郊。祭法：『祖文王，宗武王。』祖，始也；宗，尊也。一名而有二義。經稱『宗祀文王』，文王當祖而云宗，包武王以言也。知明堂以祖、考配，於二經合。」伯儀曰：「有虞氏禘黃帝而郊嚳，祖顓頊而宗堯；夏后氏禘黃帝而郊鯀，祖顓頊而宗禹；殷人禘嚳而郊冥，祖契而宗湯；周人禘嚳而郊稷，祖文王而宗武王。鄭玄曰：『禘、郊、祖、宗，皆配食也。祭昊天圜丘曰禘，祭上帝南郊曰郊，祭五帝、五神明堂曰祖、宗。』此爲最詳。虞夏退顓頊郊嚳，殷捨契郊冥，去取違舛，惟周得禮之序，至明堂始兩配焉。文王上配五帝，武王下配五神，別父子也。經曰：『嚴父莫大於配天。』又曰：『宗祀文王於明堂，以配上帝。』不言嚴武王以配天，則武王雖在明堂，未齊於配，雖同祭而終爲一主也。緯曰：『后稷爲天地主，文王爲五帝宗。』若一神而兩祭之，則薦獻數瀆，此神無二主也。貞觀、永徽禮實專配，由顯慶後始兼尊焉。今請以高祖配圜丘、方澤，

太宗配南北郊，高宗配五天帝。」鳳閣舍人元萬頃、范履冰等議：「今禮昊天上帝等五祀，咸奉高祖、太宗兼配，以申孝也。詩昊天章『二后受之』，易『薦上帝，配祖、考』，有兼配義。高祖、太宗既先配五祀，當如舊。請奉高宗歷配焉。」自是郊、丘，三帝並配云。

伯儀歷國子祭酒、脩文館學士，卒。

路敬淳，貝州臨清人。父文逸，遇隋季大亂，闔門死於盜。文逸遁免，流離辛苦，自傷家多難，閉口不食，行者哀其窮，彊飲食之，更負以行，乃得脫。貞觀末，官中州司馬。敬淳少志學，足不履門。居親喪，倚廬不出者三年。服除，號慟入門，形容癯毀，妻不之識。後擢進士第。天授中，再遷太子司議郎兼脩國史、崇賢館學士。數受詔纂輯慶卹儀典，武后稱之。尤明姓系，自魏、晉以降，推本其來，皆有條序，著姓略、衣冠系錄等百餘篇。後坐綦連耀交通，下獄死。神龍初，贈祕書少監。

弟敬潛，少與敬淳齊名，歷懷州錄事參軍，亦坐耀事繫獄，免死。後爲遂安令。先是，令多死，敬潛欲辭，妻曰：「君不死獄而得全，非生死有命邪？」從之。到官，有梟嘯其屏，鼠數十走于前，左右驅之，擁杖而號，敬潛不爲懼。久之，遷衞令，位中書舍人。

唐初，姓譜學唯敬淳名家。其後柳沖、韋述、蕭穎士、孔至各有撰次，然皆本之路氏。

王元感，濮州鄄城人。擢明經高第，調博城丞。紀王慎爲兗州都督，厚加禮，敕其子東平王續往受業。天授中，稍遷左衞率府錄事，兼直弘文館。武后時，巳郊，遂享明堂，封嵩山，詔與韋叔夏等草儀具，衆推其練洽。轉四門博士，仍直弘文館。年雖老，讀書不廢夜。所撰書糾謬、春秋振滯、禮繩愆等凡數十百篇，長安時上之，丐官筆楮寫藏祕書。有詔兩館學士、成均博士議可否。祝欽明、郭山惲、李憲等本章句家，見元感詆先儒同異，不懌，數沮詰其言，元感緣罅申釋，竟不詘。魏知古見其書，歎曰：「五經指南也。」而徐堅、劉知幾、張思敬等惜其異聞，每爲助理，聯疏薦之，遂下詔褒美，以爲儒宗。拜太子司議郎兼崇賢館學士。中宗以東宮官屬，加朝散大夫，卒。

元感初著論三年之喪以三十有六月，譏詆諸儒。鳳閣舍人張柬之破其說曰：「三年之喪，二十五月，由古則然。春秋僖公三十三年十二月『乙巳，公薨』。文公二年冬『公子遂如齊納幣』。左氏曰：『禮也。』杜預謂：「僖喪終是年十一月，納幣在十二月。』故謂之禮。公羊傳：『納幣不書，此何以書？譏。何以譏？三年之內不圖婚。』何休曰：『僖以十二月薨，未終二十五月，故譏云。』杜預推曆乙巳乃在十一月，經書十二月爲誤。文公元年四月，葬僖公。傳曰：『緩。』夫諸侯之葬五月，若十二月薨，五月不得云緩，則十一月明甚。然二家所競，乃一月，非一歲，則二十五月，其一驗也。書稱成湯既沒，太甲元年曰：『惟元祀，十有二月，伊尹祀于先王，奉嗣王祗見厥祖。』孔安國曰：『湯以元年十一月崩。』此則明年祥，又明年大祥，故下言『惟三祀，十有二月朔，尹以冕服，奉嗣王歸于亳』。是十一月服除而冕。顧命：『四月哉生魄，王不懌。翌日乙丑，王崩。丁卯，命作册度。越七日癸酉，伯相命士須材。』則成王崩至康王麻冕黼裳凡十日，康王始見廟。明湯崩在十一月。比殯訖，以十二月祗見其祖。顧命見廟訖『諸侯出廟門俟』，伊訓言『祗見厥祖，侯甸羣后咸在』，則崩及見廟，周因於殷也，非元年前復有一歲，此二十五月之二驗。禮：『三年之喪，二十五月而畢，哀痛未盡，然而以是爲斷者，送死有已，服生有節。』又曰：『期而小祥，食菜果；又期而大祥，醯醬；中月而禫，食酒肉。』又曰：『再期之喪，三年；期之喪，二年；九月、七月之喪，三時；五月之喪，二時；三月之喪，一時。』此二十五月之三驗。儀禮：『期而小祥，又期而大祥，中月而禫，是月也，吉祭。』此二十五月之四驗。書、春秋、禮皆周公、尼父所定，敢問此可爲法否？昔鄭玄以中月而禫者，內容一月，自喪至禫，凡二十七月。今既用之，而二十五月初無疑論。大抵子於親喪，有終身之痛，創巨者日久，痛深者愈遲，何歲月而止乎？故練而慨然，悲慕未盡，而踊擗之情差末；祥而廓然，哀傷巳除，而孤藐之懷更劇。此情之所致，寧外飾哉？故先王立其中制，使情文兩稱，是以祥則縞帶素紕，禫則無不佩。夫去衰麻，襲錦縠，行道之人皆不忍，直爲節之以禮，叵如之何。故仲由不能過制爲姊服，孔鯉不能過期哭母，彼詎不懷？畏名教之嚴也。」當世謂柬之言不詭聖人，而元感論遂廢。

王紹宗字承烈，梁左民尚書銓曾孫。系本琅邪，徙江都云。少貧狹，嗜學，工草隸，客居僧坊，寫書取庸自給，凡三十年。庸足給一月卽止，不取贏，人雖厚償，輒拒不受。徐敬業起兵，聞其行，以幣劫之，稱疾篤。復令唐之奇彊遣，不肯赴，敬業怒，將殺之，之奇曰：「彼人望也，殺之沮士心，不可。」由是免。事平，大總管李孝逸表其節，武后召赴東都，謁殿中，褒慰良厚，擢太子文學。累進祕書少監，使侍皇太子。紹宗雅脩飾，當時公卿莫不慕悅其風，張易之兄弟亦頗結納。易之誅，坐廢，卒于家。

嘗與人書曰：「鄙夫書無工者，特由水墨之積習耳。常精心率意，虛神靜思以取之。吳中陸大夫常以余比虞君，以不臨寫故也。聞虞被中晝腹，與余正同。」虞，卽世南也。

紹宗兄玄宗隱嵩山，號太和先生，傳黃老術。

彭景直，瀛州河間人。中宗景龍末，為太常博士。時獻、昭、乾三陵皆日祭，景直上言：

在禮，陵不日祭，宗廟有月祭，故王者設廟、祧、壇、墠，為親疏多少之殺。立七廟、一壇、一墠。曰考廟，曰王考廟，曰皇考廟，曰顯考廟，皆月祭。遠廟為祧，享嘗乃止。去祧為壇，去壇為墠，有禱祭之，無禱乃止。譙周曰：「天子始祖、高祖、曾祖、祖、考之廟，皆朔加薦，以象生時朔食，號月祭〔三〕，二祧廟不月祭。」則古無日祭者。今諸陵朔、望進食，近古之殷事；諸節進食，近古之薦新。鄭玄曰：『殷事，月之朔、半，薦新奠也。』於儀禮，朔、半日，猶常日朝夕也，既大祥，即四時焉，此其祭皆在廟云。近世始以朔、望諸節祭陵寢，唯四時及臘，五享于廟。尋經質禮，無日祭於陵之文。漢時，京師自高祖下至宣帝，與太上皇、悼皇考陵旁立廟。園各有寢、便殿，故日祭諸寢，月祭諸便殿。貢禹以禮節煩數，白元帝願罷郡、國廟。丞相韋玄成等後因議七廟外寢園皆無復脩。議者亦以祭不欲數，宜復古四時祭於廟。劉歆引春秋外傳曰：『祖、禰日祭，曾、高月祀，二祧時享，壇、墠歲貢。』魏、晉以降，不祭墓。唐家擇古作法，臣謂宜罷諸陵日祭，如禮便。

帝不從，因下詔：「有司言諸陵不當日進食。夫禮以人情為之沿革，何專古而泥所聞？乾陵宜朝晡進奠，昭、獻陵日一進，或所司乏于費，可減朕常膳為之。」

帝崩，葬定陵，有司議以和思皇后祔葬，后為武后所殺，不得其喪所，將以招魂合諸梓宮，景直曰：「招魂古無傳，不可。請如橋山藏衣冠故事，納后褘衣，復寢宮，舉衣魂輅，告以太牢，內之方中，奉帝梓棺右，覆以夷衾。」衆當其言，制曰：「可。」景直後歷禮部郎中卒。

盧粲，幽州范陽人，後魏侍中陽烏五世孫。祖彥卿，亦善著書。粲始冠，擢進士第。神龍中，累遷給事中。時節愍太子立，韋后疾之，諷中宗以衛府封物給東宮，粲駁奏：「太子匕鬯主，歲時服用，宜取於百司。周禮，諸用財器，『歲終則會，唯王及太子不會』。今乃與諸王等夷，非所謂憲章古昔者。」詔可。

武崇訓死，詔墓視陵制，粲曰：「凡王、公主墓，無稱陵者，唯永泰公主事出特制，非後人所援比。崇訓塋兆，請視諸王。」詔曰：「安樂公主與永泰不異，崇訓於主當同穴，為陵不疑。」粲固執，以「陵之稱，本施尊極，雖崇訓之親，不及雍王，雍墓不稱陵，崇訓緣主而得假是名哉？」詔可。主大怒，出粲陳州刺史。粲曰：「苟所論得行，雖遠何憚」開元初，為祕書少監。

其從父行嘉，仕為雍王記室，亦以學聞。

粲累封固安縣侯，終邠王傅，謚曰景。

尹知章，絳州翼城人。少雖學，未甚通解，忽夢人持巨鑿破其心，內若劑焉，驚悟，志思開澈，遂徧明六經。諸生嘗講授者，更北面受大義。長安中，擢定王府文學。遷太常博士。中宗時，或建言以涼武昭王為七廟始祖，知章議：「武昭遠世，非王業所因。」乃止。出為陸渾令，坐事，輒棄官去。時散騎常侍解琬亦罷歸，與知章潭思經術，舉訢訢然。張說表諸朝，擢禮部員外郎，轉國子博士。馬懷素緒定祕書，奏知章是正文字。

每休沐，講授未始輟。於易、老、莊書尤縣解。弟子貧者，賙給之。性和厚，人不見有喜慍。未嘗問產業，其子欲廣市樵米為歲中計，知章曰：「如而計，則貧人何以取資？且吾尚應奪民利邪？」卒官。所注傳頗多行於時。門人孫季良等頌其德，刻著東都國子監門外。

季良，偃師人，一名翌，仕歷左拾遺、集賢院直學士。

張齊賢，陝州陝人。聖曆初，為太常奉禮郎。

武后詔百官議告朔于明堂，讀時令，布政事，京官九品以上、四方朝集使皆列於廷。太常博士辟閭仁諝曰：「經無天子月告朔。唯玉藻：『天子聽朔南門之外。』周太宰：『正月之吉，布政於邦國都鄙。』干寶曰：『建子月告朔日也。』此玉藻聽朔同誼。今元日讀時令，合古聽朔事。獨鄭玄以秦制月令有五帝五官，因言『聽朔必以特牲告時帝及神，以文王、武王配』。其言非是。月令曰『其帝太昊，其神句芒』，謂宣令告人，使奉時務業，月皆有令，故云，非天子月朔以配帝祭也。告朔者，諸侯禮也，春秋：『既視朔，遂登臺。』玄又說人君月告朔於廟，其祭為朝享。魯自文公始不視朔，明非天子所行。玄謂告帝即人帝，神即重、黎、五官，不言天子拜祭。臣請罷告朔、月祭，以應古禮。」齊賢不韙其說，質曰：「穀梁氏稱『閏月，天子不告朔』，它月故告朔矣。左氏言魯『不告閏朔，為棄時政』，則諸侯雖閏告朔矣。周太史『頒朔于邦國』，玉藻『閏月，王居門』，是天子雖閏亦告朔。二家去聖不遠，載天子、諸侯告朔事，顯顯弗繆。今議者乃以太宰正月之吉，布治邦國，而言天子元日一告朔，殊失

其旨。一歲之元，六官自布所職之典。干寶謂吉爲朔，故世人繆吉爲告，據繆失經，不得爲法。議者又引左氏說，專在諸侯，不知玉藻與左說正同，而獨於天子言歲首一告，何去取之恣也！又謂時帝，五人帝也。玄於時帝包天人，故以文、武作配，是並告兩五帝爲不疑。諸侯受朔天子，藏於廟。天子受朔于天，宜在明堂，故告時帝，配祖考。議者曰：『天子月告祭頒朔，則諸侯安得藏之？故太宰歲首布一歲事，太史頒之也。』是不然，周太史『頒朔邦國』，是總頒十二朔於諸侯；天子猶月告者，頒官府都鄙也。內外異言之也。禮不可罷。」鳳閣侍郎王方慶又推言：「明堂，布政之宮，所以明天氣，統萬物也。漢儒以明堂、太廟爲一，宗祀其祖，而配上帝。取宗祀曰清廟，正室爲太室，向陽爲明堂，建學爲太學，圜水爲辟雍，異名同事，古之制也。天子以正月上辛總受十二月政於南郊，還藏于祖廟，月取一政，班之明堂。諸侯則受於天子，藏之祖廟，月取一政，行之于國。王者以其禮告廟，謂之告朔；視月之政，謂之視朔。玉藻：『玄冕而朝日東門之外，聽朔南門之外。』鄭玄說：『明堂在國陽，就其時之堂而聽朔焉。卒事，宿路寢。』今元日通天宮受朝，有司遂讀時令、布政，古之禮也。舊說天子歲入明堂者十八：大享，一；月告朔，十二；四時迎氣，四；巡狩之歲，一。今議者唯許歲首一入，不以隘乎？陛下幸建明堂，遵用告朔事，若月一聽，則近于煩，每孟月視朔，惟制定其禮，臣下不敢專。」成均博士吳揚吾等共言：「秦滅學，告朔禮廢。今用四孟月、

季夏，至明堂告五時帝堂上，請兼如齊賢、方慶議。」不數歲，禮亦廢。

久之，齊賢遷博士。時東都置太社，禮部尚書祝欽明問禮官博士：「周家田主用所宜木，今社主石，奈何？」齊賢與太常少卿韋叔夏、國子司業郭山惲、尹知章等議：「春秋：『君以軍行，祓社釁鼓，祝奉以從。』故曰：『不用命，戮于社。』社稷主用石，以可奉而行也。崔靈恩曰：『社主用石，以地產最實歟！』呂氏春秋言『殷人社用石』。後魏天平中，遷太社石主，其來尚矣。周之田主用所宜木，其民間之社歟！非太社也。」於是舊主長尺有六寸，方尺七寸，問博士云何，齊賢等議：「社主之制，禮無傳。天子親征，載以行，則非過重。禮『社祭土，主陰氣』。韓詩外傳：『天子太社方五丈，諸侯半之。』五，土數。社主宜長五尺，以準數五；方二尺，以準陰偶；剡其上，以象物生；方其下，以象地體；埋半土中，本末均也。請度以古尺」云。又問：「社稷壇隨四方用色，而中不數尺，冒黃土，謂何？」齊賢等曰：「天子太社，度廣五丈，分四方，上冒黃土，象王者覆被四方，然則當以黃土覆壇上。舊壇上不數尺，覆被之狹，乖於古。」於是以方色飾壇四面及陛，而黃土全覆上焉。祭牲皆太牢。其後改先農曰「帝社」，又立「帝稷」，皆齊賢等參定。

中宗卽位，因武后東都廟改爲唐廟，議滿七室，以涼武昭王爲始祖。齊賢上議：「禮，天子七廟，尊始封君曰太祖，百代不遷，始祖無聞焉。殷自玄王至湯，周后稷至武王，皆出太祖後，合食有序。景皇帝始封唐，實爲太祖，以世數近，故尚在昭穆。今乃上引武昭王爲始祖，異乎殷、周之本卨、稷也。卨、稷興胙，景皇帝是也。昭王國不世傳，後嗣失守。景帝實始封唐，子孫是承。若近捨唐，遠引涼，不見其可。且魏不祖曹參，晉不祖司馬卬，宋不祖楚元王，齊、梁不祖蕭何，陳、隋不祖胡公、楊震，今謂昭王爲祖，可乎？漢以周郊后稷，議欲郊堯，杜林以爲周興自后稷，漢業特起，功不緣堯，卒不果郊。武德初定，去昭王尤近，不託祖者，不可故也。今而立之，非祖宗意。景皇失位，神弗臨享，殆非詒厥孫謀者。」博士劉承慶、尹知章又言：「受命之君，王迹有淺深，代系有遠邇。祖以功，昭穆以親。有功者不遷，親盡者毀。今不宜以廟數未備，引當遷之主於昭穆上，苟充七室也。景皇帝既號太祖，以世淺猶在六室位，則室未當有七，非天子廟不當七也。大帝神主既祔，宣皇帝當遷。宣非始祖，又無宗號，親盡而遷，不可復立。請仍爲六室。」詔宰相詳裁。於是祝欽明等上言：「博士等三百人爲兩說：齊賢等不祖武昭王，劉承慶等請遷宣皇帝。臣等欲皆可其奏。」詔可。俄以孝敬皇帝爲義宗，列於廟爲七室。西京太廟亦如之。

齊賢遷累諫議大夫，卒。

柳沖，蒲州虞鄉人，隋饒州刺史莊曾孫。父楚賢，大業中爲河北縣長。高祖兵興，堯君素據郡固守，楚賢說曰：「隋之亡，天下共知。唐公名在圖籙，動以誠信，豪英景赴，天所贊也。君子見幾而作，俟終日邪？」君素不從，楚賢潛行自歸，授侍御史。貞觀中，持節冊拜突厥，辭其遺不受。歷交、桂二州都督，杭州刺史，皆有名。

沖好學，多所研總。天授初，爲司府寺主簿，詔遣安撫淮南，使有指，封河東縣男。中宗景龍中，遷左散騎常侍，脩國史。

初，太宗命諸儒撰氏族志，甄差羣姓，其後門胄興替不常，沖請改脩其書，帝詔魏元忠、張錫、蕭至忠、岑羲、崔湜、徐堅、劉憲、吳兢及沖共取德、功、時望、國籍之家，等而次之。夷蕃酋長襲冠帶者，析著別品。會元忠等繼物故，至先天時，復詔沖及堅、兢與魏知古、陸象先、劉子玄等討綴，書乃成，號姓系錄。歷太子賓客、宋王師、昭文館學士，以老致仕。開元初，詔沖與薛南金復加刊竄，乃定。

後柳芳著論甚詳，今刪其要，著之左方。芳之言曰：

> 氏族者，古史官所記也。昔周小史定繫世，辯昭穆，故古有世本，錄黃帝以來至春秋時諸侯、卿、大夫名號繼統。左丘明傳春秋，亦言：「天子建德，因生以賜姓，胙之土，命之氏；諸侯以字爲氏，以謚爲族。」昔堯賜伯禹姓曰姒，氏曰有夏；伯夷姓曰姜，

氏曰有邑。下及三代，官有世功，則有官族，邑亦如之。後世或氏於國，則齊、魯、秦、吳；氏於謚，則文、武、成、宣；氏於官，則司馬、司徒；氏於爵，則王孫、公孫；氏於字，則孟孫、叔孫；氏於居，則東門、北郭；氏於志，則三烏、五鹿；氏於事，則巫、乙、匠、陶。於是受姓命氏，粲然衆矣。

秦既滅學，公侯子孫失其本系。漢興，司馬遷父子乃約世本修史記，因周譜明世家，乃知姓氏之所由出，虞、夏、商、周、昆吾、大彭、豕韋、齊桓、晉文皆同祖也。更王迭霸，多者千祀，少者數十代。先王之封既絕，後嗣蒙其福，猶爲彊家。

漢高帝興徒步，有天下，命官以賢，詔爵以功，誓曰：「非劉氏王、無功侯者，天下共誅之。」先王公卿之胄，才則用，不才棄之，不辨士與庶族，然則始尚官矣。然猶徒山東豪傑以實京師，齊諸田，楚屈、景，皆右姓也。其後進拔豪英，論而錄之，蓋七相、五公之所由興也。

魏氏立九品，置中正，尊世胄，卑寒士，權歸右姓已。其州大中正、主簿，郡中正、功曹，皆取著姓士族爲之，以定門胄，品藻人物。晉、宋因之，始尚姓已。然其別貴賤，分士庶，不可易也。于時有司選舉，必稽譜籍，而考其眞僞。故官有世胄，譜有世官，賈氏、王氏譜學出焉。由是有譜局，令史職皆具。過江則爲「僑姓」，王、謝、袁、蕭

爲大；東南則爲「吳姓」，朱、張、顧、陸爲大；山東則爲「郡姓」，王、崔、盧、李、鄭爲大；關中亦號「郡姓」，韋、裴、柳、薛、楊、杜首之；代北則爲「虜姓」，元、長孫、宇文、于、陸、源、竇首之。「虜姓」者，魏孝文帝遷洛，有八氏十姓，三十六族九十二姓。八氏十姓，出於帝宗屬，或諸國從魏者；三十六族九十二姓，世爲部落大人。並號河南洛陽人。「郡姓」者，以中國士人差第閥閱爲之制，凡三世有三公者曰「膏粱」，有令、僕者曰「華腴」，尚書、領、護而上者爲「甲姓」，九卿若方伯者爲「乙姓」，散騎常侍、太中大夫者爲「丙姓」，吏部正員郎爲「丁姓」。凡得入者，謂之「四姓」。又詔代人諸胄，初無族姓，其穆、陸、奚、于，下吏部勿充猥官，得視「四姓」。北齊因仍，舉秀才、州主簿、郡功曹，非「四姓」不在選。故江左定氏族，凡郡上姓第一，則爲右姓；太和以郡四姓爲右姓；齊浮屠曇剛類例凡甲門爲右姓；周建德氏族以四海通望爲右姓；隋開皇氏族以上品、茂姓則爲右姓；唐貞觀氏族志凡第一等則爲右姓；路氏著姓略，以盛門爲右姓；柳沖姓族系錄凡四海望族則爲右姓。不通歷代之說，不可與言譜也。今流俗獨以崔、盧、李、鄭爲四姓，加太原王氏號五姓，蓋不經也。

夫文之弊，至于尚官；官之弊，至于尚姓；姓之弊，至于尚詐。隋承其弊，不知其所以弊，乃反古道，罷鄉舉，離地著，尊執事之吏。於是乎士無鄉里，里無衣冠，人無廉恥，士族亂而庶人僭矣。故善言譜者，繫之地望而不惑，質之姓氏而無疑，綴之婚姻而有別。山東之人質，故尚婚婭，其信可與也；江左之人文，故尚人物，其智可與也；關中之人雄，故尚冠冕，其達可與也；代北之人武，故尚貴戚，其泰可與也。及其弊，則尚婚婭者先外族、後本宗，尚人物者進庶孽、退嫡長，尚冠冕者略伉儷、慕榮華，尚貴戚者徇勢利、亡禮教。四者俱弊，則失其所尚矣。

人無所守，則士族削；士族削，則國從而衰。管仲曰：「爲國之道，利出一孔者王，二孔者彊，三孔者弱，四孔者亡。」故冠婚者，人道大倫。周、漢之官人，齊其政，一其門，使下知禁，此出一孔也，故王；魏、晉官人，尊中正，立九品，鄉有異政，家有競心，此出二孔也，故彊；江左、代北諸姓，紛亂不一，其要無歸，此出三孔也，故弱；隋氏官人，以吏道治天下，人之行，不本鄉黨，政煩於上，人亂於下，此出四孔也，故亡。唐承隋亂，宜救之以忠，忠厚則鄉黨之行修；鄉黨之行修，則人物之道長；人物之道長，則冠冕之緒崇；冠冕之緒崇，則教化之風美，乃可與古參矣。

晉太元中，散騎常侍河東賈弼譔姓氏簿狀，十八州百十六郡，合七百一十二篇，甄析士庶無所遺。宋王弘、劉湛好其書。弘每日對千客，可不犯一人諱。湛爲選曹，譔百家譜以助銓序，文傷寡省，王儉又廣之，王僧孺演益爲十八篇，東南諸族自爲一篇，

不入百家數。弼傳子匪之，匪之傳子希鏡，希鏡譔姓氏要狀十五篇，尤所諳究。希鏡傳子執，執更作姓氏英賢一百篇，又著百家譜，廣兩王所記。執傳其孫冠，冠撰梁國親皇太子序親簿四篇。王氏之學，本於賈氏。

唐興，言譜者以路敬淳爲宗，柳沖、韋述次之。李守素亦明姓氏，時謂「肉譜」者。後有李公淹、蕭穎士、殷寅、孔至，爲世所稱。

初，漢有鄧氏官譜，應劭有氏族一篇，王符潛夫論亦有姓氏一篇。宋何承天有姓苑二篇。譜學大抵具此。魏太和時，詔諸郡中正，各列本土姓族次第爲舉選格，名曰「方司格」，人到于今稱之。

馬懷素字惟白，潤州丹徒人。客江都，師事李善，貧無資，晝樵，夜輒然以讀書，遂博通經史。擢進士第，又中文學優贍科，補郿尉。積勞，遷左臺監察御史。長安中，大夫魏元忠爲張易之構譖嶺表，太僕崔貞愼、東宮率獨孤禕之祖道，易之怒，使人上急變，告貞愼等與元忠謀反。武后詔懷素按之，使者促迫，懷素執不從，曰：「貞愼餞流人當得罪，以爲謀反，則非。昔彭越以逆誅，欒布奏事尸下，漢不坐罪。今元忠罪非越比，不宜坐餞閼之人。且陛

下操生殺柄，欲加之罪，自當處決聖心，既付臣按狀，惟知守陛下法爾。」后意解，貞愼等乃免。宰相李迥秀藉易之勢，斂賕謾法，懷素劾罷之。轉禮部員外郎。以十道使黜陟江西，處決平恕。遷考功，覈取實才，權貴謁請不能阿橈。擢中書舍人內供奉，爲脩文館直學士。

開元初，爲戶部侍郎，封常山縣公，進兼昭文館學士。篤學，手未嘗廢卷。謙恭愼畏，推爲長者。玄宗詔與褚无量同爲侍讀，更日番入。既叩閤，肩輿以進，或行在遠，聽乘馬。宮中每宴見，帝自送迎以師臣禮。有詔句校祕書。是時，文籍盈漫，皆炱朽蟫斷，籤牓紛舛，懷素建白：「願下紫微、黃門，召宿學巨儒就校繆缺。」又言：「自齊以前舊籍，王儉七志已詳。請採近書篇目及前志遺者，續儉志以藏祕府。」詔可。即拜懷素祕書監。乃召國子博士尹知章、四門助教王直、直國子監趙玄默、陸渾丞吳綽、桑泉尉韋述、扶風丞馬利徵、湖州司功參軍劉彥直、臨汝丞宋辭玉、恭陵令陸紹伯、新鄭尉李子釗、杭州參軍殷踐猷、梓潼尉解崇質、四門直講余欽、進士王愜劉仲丘、右威衞參軍侯行果、邢州司戶參軍袁暉、海州錄事參軍晁良、右率府胄曹參軍毋煚、滎陽主簿王灣、太常寺太祝鄭良金等分部撰次；踐猷從弟祕書丞承業、武陟尉徐楚璧是正文字。懷素奏祕書少監盧俌、崔沔爲脩圖書副使，祕書郎田可封、康子元爲判官。然懷素不善著述，未能有所緒別。會卒，帝舉哀洛陽南城門，

贈潤州刺史，謚曰文，給輿還鄉里，喪事官辦。

懷素卒後，詔祕書官並號脩書學士，草定四部，人人意自出，無所統一，踰年不成。有司疲於供擬，太僕卿王毛仲奏罷內料。又詔右常侍褚无量、大理卿元行沖考絀不應選者，无量等奏：「修撰有條，宜得大儒綜治。」詔委行沖。乃令煚、述、欽總緝部分，踐猷、愜治經，述、欽治史，煚、彥直治子，灣、仲丘治集。八年，四錄成，上之。學士無賞擢者。

行沖知麗正院，又奏紹伯、利徵、彥直、踐猷、行果、子釗、直、煚、述、灣、玄默、欽、良金與朝邑丞馮朝隱、冠氏尉權寅獻、祕書省校書郎孟曉、揚州兵曹參軍韓覃王嗣琳、福昌令張悱、進士崔藏之入校麗正書。由是祕書省罷撰緝，而學士皆在麗正矣。

愜、仲丘老病還鄉里。紹伯卒于官。直終岐王府記室參軍事。玄默，集賢直學士。利徵，出爲山茌令，儒緩無治術，免官，終于家。子釗坐保任非人，終德州長史。欽至太學博士、集賢院學士。灣，洛陽尉。良金，右補闕、京兆府倉曹參軍事。寅獻，臨淮太守。曉，左補闕。覃，萊州別駕，坐誣告刺史，流遠方。藏之，膳部員外郎。明年，以將仕郎梁令瓚文學直書院，後以右率府兵曹參軍而罷，終恆王府司馬。祕書省校書郎源幼良代利徵，後以協律郎罷。

殷踐猷字伯起，陳給事中不害五世從孫。博學，尤通氏族、曆數、醫方。與賀知章、陸象先、韋述最善，知章嘗號爲「五總龜」，謂龜千年五聚，問無不知也。初爲杭州參軍，舉文儒異等科，授祕書省學士，用曹州司法參軍，兼麗正殿學士。以叔父喪，哀慟歐血而卒，年四十八。

少子寅，舉宏辭，爲太子校書，出爲永寧尉。吏侮謾甚，寅怒殺之，貶澄城丞。病且死，以母蕭老，不忍決。及斂，其子亮斷指剪髮置棺中，自誓事祖母如寅在。其後侍蕭疾，不脫衣者數年，有白燕巢其楣。後終給事中、杭州刺史。

踐猷弟季友，歷祕書郎，善書。

從父仲容，終多官郎中，有重名。子承業，以謹樸稱，歷太子左諭德、右威衞將軍。

族子成己，晉州長史。初，母顏叔父吏部郎中敬仲爲酷吏所陷，率二妹割耳訴冤，敬仲得減死。及成己生，而左耳缺云。

孔若思，越州山陰人，陳吏部尚書奐四世孫。祖紹安，與兄紹新早知名。陳亡，客居鄠，勵志于學。外兄虞世南曰：「本朝淪覆，吾分湮滅，有弟若此，知不亡矣。」紹安與孫萬壽

皆以文辭稱，時謂「孫孔」。隋大業末，爲監察御史。高祖討賊河東，紹安與夏侯端同監軍，禮遇尤密。帝受禪，端先歸，拜祕書監。已而紹安間道走長安，帝悅，擢內史舍人，賜宅一區、良馬二匹。

若思早孤，其母躬訓教，長以博學聞。有遺以褚遂良書者，納一卷焉，其人曰：「是書貴千金，何取之廉？」答曰：「審爾，此爲多矣。」更還其半。擢明經，歷庫部郎中，常曰：「仕宦至郎中足矣。」座右置止水一石，明自足意。

中宗初，敬暉、桓彥範當國，以若思多識古今，凡大政事，必咨質後行。三遷禮部侍郎，出爲衞州刺史。故事，以宗室爲州別駕，見刺史，驁放不肯致恭。若思劾奏別駕李道欽，請訊狀。有詔別駕見刺史致恭，自若思始。以清白擢銀青光祿大夫，賜絹百匹，累封梁郡公。開元七年卒，謚曰惠。

從父楨，第進士，歷監察御史，門無賓謁，時譏其介。高宗時，再遷絳州刺史，封武昌縣子，謚曰溫。

子季詡，字季和。永昌初，擢制科，授校書郎。陳子昂常稱其神清韻遠，可比衞玠。終左補闕。

若思子巠，字惟徽。歷著作郎，明氏族學，與韋述、蕭穎士、柳沖齊名。撰百家類例，以張說等爲近世新族，剟去之。說子垍方有寵，怒曰：「天下族姓，何豫若事，而妄紛紛邪？」垍弟素善巠，以實告。初，書成，示韋述，述謂可傳，及聞垍語，懼，欲更增損，述曰：「止！丈夫奮筆成一家書，奈何因人動搖？有死不可改。」遂罷。時述及穎士、沖皆撰類例，而巠書稱工。

校勘記

〔一〕時姑爲帝婕妤　糾謬卷四云：「案后妃傳云：太宗賢妃徐惠，太宗召爲才人，再遷充容，卒贈賢妃，惠之弟齊聃子堅，皆以學聞；女弟爲高宗婕妤。然則徐齊聃在本傳則爲賢妃、婕妤之姪，而堅爲姪孫；在賢妃傳則齊聃乃賢妃、婕妤之弟，而堅乃姪也。未知何者爲是。」

〔二〕號月祭　「月」，各本原作「日」。據本書卷一四禮樂志、唐會要卷二一、冊府卷五八七、全唐文卷二七一彭景直請停諸陵每日奠祭疏改。

唐書卷二百

列傳第一百二十五

儒學下

褚无量 徐安貞　元行沖　陳貞節　施敬本　盧履冰　王仲丘
康子元 侯行果　趙冬曦 尹愔　陸堅　鄭欽說　盧僎　啖助　韋彤
陳京　暢當　林蘊　韋公肅　許康佐

褚无量字弘度，杭州鹽官人。幼授經於沈子正、曹福，刻意墳典。家瀕臨平湖，有龍出，人皆走觀，无量尚幼，讀書若不聞，衆異之。尤精禮、司馬史記。擢明經第，累除國子博士，遷司業兼脩文館學士。

中宗將南郊，詔定儀典。時祝欽明、郭山惲建言皇后爲亞獻，无量與太常博士唐紹、

蔣欽緒固爭，以爲：「郊祀，國大事，其折衷莫如周禮。周禮冬至祭天圓丘，不以地配，唯始祖爲主，亦不以妣配，故后不得與。又大宗伯：『凡大祭祀，王后不與，則攝而薦豆籩，徹。』是后不應助祭。又內宰職『大祭祀，后祼獻則贊瑤爵』。祭天無祼，知此乃宗廟祭耳。巾車、內司服，掌后六服與五路，無后祭天之服與路，是后不助祭天也。惟漢有天地合祭，皇后參享事。末代黷神，事不經見，不可爲法。」時左僕射韋巨源佐欽明，故无量議格。以母老解官。

玄宗爲太子，復拜國子司業兼侍讀，撰翼善記以進，厚被禮答。太子釋奠國學，令講經，建端樹義，博敏而辯，進銀青光祿大夫，錫予蕃渥。及即位，遷左散騎常侍兼國子祭酒，封舒國公。母喪解，詔州刺史薛瑩弔祭，賜物加等。廬墓左，鹿犯所植松柏，无量號訴曰：「山林不乏，忍犯吾塋樹邪？」自是羣鹿馴擾，不復棖觸，无量爲終身不御其肉。喪除，召復故官。以耆老，隨仗聽徐行，又爲設腰輿，許乘入殿中。頻上書陳得失。

開元五年，帝將幸東都而太廟壞，姚崇建言廟本苻堅故殿，不宜罷行。无量鄙其言，以爲不足聽，乃上疏曰：「王者陰盛陽微，則先祖見變。今後宮非御幸者，宜悉出之，以應變異。舉畯良，擯奢靡，輕賦，慎刑，納諫爭，察諂諛，繼絕世，則天人和會，災異訖息。」帝是崇語，車駕遂東。无量又上言：「昔虞舜之狩，秩山川，徧羣神。漢孝景祠黃帝橋山，孝武祠

舜九疑，高祖過魏祭信陵君墓，過趙封樂毅後，孝章祠桓譚冢。願陛下所過名山、大川、丘陵、墳衍，古帝王、賢臣在祀典者，並詔致祭。自古受命之君，必興滅繼絕，崇德報功。故存人之國，大於救人之災；立人之後，重於封人之墓。願到東都，收敍唐初逮今功臣世絕者，雖在支庶，咸得承襲。」帝納其言，即詔无量祠堯平陽，宋璟祠舜蒲坂，蘇頲祠禹安邑，在所刺史參獻。又求武德以來勳臣苗裔，紹續其封。

初，內府舊書，自高宗時藏宮中，甲乙叢倒，无量建請繕錄補第，以廣秘籍。天子詔於東都乾元殿東廂部彙整比，无量爲之使。因表聞喜尉盧僎、江陽尉陸去泰、左監門率府胄曹參軍王擇從、武陟尉徐楚璧分部讎定。衞尉設次，光祿給食。又詔秘書省、司經局、昭文、崇文二館更相檢讎，采天下遺書以益闕文。不數年，四庫完治。帝詔羣臣觀書，賜无量等帛有差。无量又言：「貞觀御書皆宰相署尾，臣位卑不足以辱，請與宰相聯名跋尾。」不從。帝西還，徙書麗正殿，更以脩書學士爲麗正殿直學士，比京官預朝會。復詔无量就麗正纂續前功。皇太子及四王未就學，无量以孝經、論語五通獻帝。帝曰：「朕知之矣。」乃選郗常亭、郭謙光、潘元祚等爲太子、諸王侍讀。七年，太子齒胄于學，詔无量升坐講勸，百官觀禮，厚賚賜。卒，年七十五。病困，語人以麗正書未畢爲恨。帝聞悼痛，詔宰相曰：「无量，朕師，今其永逝，宜用優典。」於是贈禮部尚書，謚曰文，葬事官給。所譔述百餘篇。

歿後，有於書殿得講史記、至言十二篇上之，帝歎息，以絹五百匹賜其家。

始，无量與馬懷素爲侍讀，後祕書少監康子元、國子博士侯行果亦踐其選，雖賞賚亟加，而禮遇衰矣。

陸去泰，歷左右補闕內供奉。

王擇從，京兆人，終汜水令。

徐楚璧，初應制舉，三登甲科，開元時爲中書舍人、集賢院學士，帝屬文多令視草。終中書侍郎，東海縣子。在中書省久，是時李林甫用事，或言計議多所參助。後更名安貞。

元澹字行沖，以字顯，後魏常山王素連之後〔一〕。少孤，養於外祖司農卿韋機。及長，博學，尤通故訓。及進士第，累遷通事舍人。狄仁傑器之。嘗謂仁傑曰：「下之事上，譬富家儲積以自資也，脯腊膎胰以供滋膳，參朮芝桂以防疾疢。門下充旨味者多矣，願以小人備一藥石，可乎？」仁傑笑曰：「君正吾藥籠中物，不可一日無也。」

景雲中，授太常少卿。行沖以系出拓拔，恨史無編年，乃撰魏典三十篇，事詳文約，學者尚之。初，魏明帝時河西柳谷出石，有牛繼馬之象。魏收以晉元帝乃牛氏子冒司馬姓，以著石符。行沖謂昭成皇帝名犍，繼晉受命，獨此可以當之。有人破古冢得銅器似琵琶，身正圓，人莫能辨。行沖曰：「此阮咸所作器也。」命易以木，絃之，其聲亮雅，樂家遂謂之「阮咸」。

開元初，罷太子詹事，出爲岐州刺史，兼關內按察使。自以書生，非彈治才，固辭。入爲右散騎常侍、東都副留守。嗣彭王子志謙坐仇人告變，考訊自誣，株蔓數十人，行沖察其枉，列奏見原。四遷大理卿，不樂法家，固謝所居官，改左散騎常侍，封常山縣公。充使檢校集賢，再遷太子賓客、弘文館學士。先是，馬懷素撰書志，褚无量校麗正四部書，業未卒，相次物故。詔行沖并代之。玄宗自註孝經，詔行沖爲疏，立于學官。以老罷麗正校書事。

初，魏光乘請用魏徵類禮列于經，帝命行沖與諸儒集義作疏，將立之學，乃引國子博士范行恭、四門助教施敬本采獲刊綴爲五十篇，上于官。於是右丞相張說建言：「戴聖所錄，向已千載，與經並立，不可罷。魏孫炎始因舊書擿類相比，有如鈔掇，諸儒共非之。至徵更加整次，乃爲訓注，恐不可用。」帝然之，書留中不出。行沖意諸儒閒己，因著論自辯，名曰釋疑，曰：

客問主人：「小戴之學，康成之注，魏氏乃有刊易，二經孰優？」主人曰：「小戴禮行於漢末，馬融爲傳，盧植合二十九篇而爲之解，世所不傳。鉤黨獄起，康成於窴伏之

中，理紛挐之典，雖存探究，咨謀靡所。具鄭志者百有餘科，章句之徒，曾不是省。王肅因之，或多攻詆。而鄭學有孫炎，雖扶鄭義，條例支分，箴石間起，增革百篇。魏氏病羣言之冗脞，采衆說之精簡，刊正芟礱，書畢以聞，太宗嘉賞，錄賜儲貳。陛下纂業，宜所循襲，乃制諸儒，甄分舊義。豈悟章句之士，堅持昔言，擯壓不申，疑於知新，果於仍故？」

客曰：「當局稱迷，傍觀必審，何所爲疑而不申列？」答曰：「改易章句，是有五難：漢孔安國注古文尚書，族兄臧與書曰：『相如常忿俗儒淫詞冒義〔二〕，欲撥亂反正而未能也。浮學守株，衆非非正，自古而然，恐此道未信，而獨智爲讎。』一也。昔孔季產專古學〔三〕，有孔扶者與俗浮沈，每誡產曰：『今朝廷率章句內學，君獨脩古義。古義非章句內學，危身之道也，獨善不容於世，君其殆哉！』二也。劉歆好左氏，欲建學官，哀帝納之，諸儒遷延不肯置對。歆移書誚讓，諸博士皆忿恨。龔勝時爲光祿大夫，見歆議，乃乞骸骨。司空師丹因大發怒，詆歆改亂前志，非毀先帝所立。歆懼，出爲五原太守。以君賓之學，公仲之博，猶迫同門朋黨之議，卒令子駿負謗。三也。王肅規鄭玄數千百條，鄭學馬昭詆劾肅短。詔遣博士張融按經問詁，融推處是非，而肅酬對疲於歲時。四也。王粲曰：『世稱伊、雒以東，淮、漢以北，康成一人而已。咸言先儒多闕，鄭氏道

備。」粲竊嗟怪，因求所學，得尚書注，退思其意，意皆盡矣，所疑猶未諭焉，凡有二篇。王邵曰：『魏、晉浮華，古道湮替，歷載三百，士大夫恥爲章句，唯草野生專經自許，不能博究，擇從其善，徒欲父康成，兄子慎，寧道孔聖誤，諱言鄭、服非。』然則鄭、服之外，皆讎矣。五也。夫物極則變，比及百年，當有明哲君子，恨不與吾同世者。道之行廢，必有其時者歟？何遽速近名之嫌邪？」

俄丐致仕。十七年卒，年七十七，贈禮部尚書，謚曰獻。

陳貞節，潁川人。開元初，爲右拾遺。初，隱、章懷、懿德、節愍四太子並建陵廟，分八署，置官列吏卒，四時祠官進饗。貞節以爲非是，上言：「王者制祀，以功德者猶親盡而毀；四太子廟皆別祖，無功於人，而園祠時薦，有司守衞，與列帝侔。金奏登歌，所以頌功德，詩曰：『鍾鼓既設，一朝饗之。』使無功而頌，不曰舞詠非度邪？周制：始祖乃稱小廟。未知四廟欲何名乎？請罷卒吏，詔祠官無領屬，以應禮典。古者別子爲祖，故有大、小宗。若謂祀未可絕，宜許所後子孫奉之。」詔有司博議。駕部員外郎裴子餘曰：「四太子皆先帝冢嗣，列聖念懿屬而爲之享。春秋書晉世子曰：『將以晉畀秦，秦將祀予。』此不祀也。又言：『神不歆

非類，君祀無乃殄乎！』此有廟也。魯定公元年，立煬宮。煬，伯禽子，季氏遠祖，尚不爲限，況天子篤親親以及旁朞，誰不曰然？」太常博士段同曰：「四陵廟皆天子睦親繼絕也。逝者錫蘋蘩，猶生者之開茅土。古封建子弟，詎皆有功？生無所議，死乃援禮停祠，人其謂何？隱於上，伯祖也，服緦；章懷，伯父也，服朞；懿德、節愍，堂昆弟也，服大功。親未盡，廟不可廢。」禮部尚書鄭惟忠等二十七人亦附其言。於是四陵廟惟減吏卒半，它如舊。

遷太常博士。玄宗奉昭成皇后祔睿宗室，又欲肅明皇后并升焉。貞節奏言：「廟必有配，一帝一后，禮之正也。昭成皇后有大姒之德，宜升配睿宗；肅明皇后既非子貴，宜在別廟。周人『奏夷則，歌小呂，以享先妣』。先妣，姜嫄也，以生后稷，故特立廟曰閟宮。晉簡文帝鄭宣皇后不配食，築宮於外，以歲時致享。肅明請準周姜嫄、晉宣后，納主別廟，時享如儀。」於是，留主儀坤廟，詔隸太廟，毋置官屬。貞節又與博士蘇獻上言：「睿宗於孝和，弟也。按賀循說，兄弟不相爲後。故殷盤庚不序陽甲，而上繼先君；漢光武不嗣孝成，而上承元帝；晉懷帝繼世祖，不繼惠帝。故陽甲、孝成，出爲別廟。」又言：「兄弟共世，昭穆位同，則不可兼毀二廟〔三〕。有天下者，從禰而上事七廟，尊者所統廣，故及遠祖。若容兄弟，則上毀祖考，天子不得全事七世矣。請以中宗爲別廟，大祫則合食太祖。奉睿宗繼高宗，則禘獻永序。」詔可。乃奉中宗別廟，升睿宗爲第七室。

五年，太廟壞，天子舍神主太極殿，營新廟，素服避正寢，三百不朝，猶幸東都。伊闕男子孫平子上書曰：「乃正月太廟毀，此躋二帝之驗也。春秋：『君薨，卒哭而祔，祔而作主，特祀於主，烝嘗禘於廟。』今皆違之。魯文公之二年，躋僖於閔上。後太室壞，春秋書其災，說曰：『僖雖閔兄，嘗爲之臣，臣居君上，是謂失禮，故太室壞。』且兄臣於弟，猶不可躋；弟嘗臣兄，乃可躋乎？莊公薨，閔公二年而禘，春秋非之。況大行夏崩，而太廟冬禘，不亦亟乎？太室尊所，若曰魯自是陵夷，隳周公之祀。太廟今壞，意者其將陵夷，墮先帝之祀乎？陛下未祭孝和，先祭太上皇，先臣後君。昔躋兄弟上，今弟先兄祭。昔太室壞，今太廟毀，與春秋正同，不可不察。武后篡國，孝和中興有功，今內主別祠，不得列于世，亦已薄矣。夫功不可棄，君不可下，長不可輕。且臣繼君，猶子繼父。故禹不先鯀，周不先不窋，宋、鄭不以帝乙、厲王不肖，猶尊之也，況中興邪？晉太康時，宣帝廟地陷梁折，又三年，太廟殿陷而及泉，更營之，梁又折。天之所譴，非必朽而壞也。晉不承天，故及于亂。臣謂宜遷孝和還廟，何必違禮，下同魯、晉哉？」帝異其言，詔有司復議。貞節、獻與博士馮宗質之曰：「天子七廟，三昭三穆，與太祖而七。父昭子穆，兄弟不與焉。殷自成湯至帝乙十二君，其父子世六。易乾鑿度曰：『殷之帝乙六世王。』則兄弟不爲世矣。殷人六廟：親廟四，并湯而六。殷兄弟四君，若以爲世，方上毀四室，乃無祖禰，是必不然。古者繇禰極祖，雖迭毀迭遷，而三昭

穆未嘗闕也。禮，大宗無子，則立支子。又曰：『爲人後者爲之子。』無兄弟相爲後者，故捨至親，取遠屬。父子曰繼，兄弟曰及，兄弟不相入廟，尚矣。借有兄弟代立承統，告享不得稱嗣子、嗣孫，乃言伯考、伯祖，何統序乎？殷十二君，惟三祖、三宗，明兄弟自爲別廟。漢世祖列七廟，而惠帝不與。文、武子孫昌衍，文爲漢太宗。晉景帝亦文帝兄，景絕世，不列于廟。及告謚世祖，稱景爲從祖。今謂晉武帝越崇其父，而廟毀及亡，何漢出惠帝而享世長久乎？七廟、五廟，明天子、諸侯也；父子相繼，一統也；昭穆列序，重繼也。禮，兄弟相繼，不得稱嗣子，明睿宗不父孝和，必上繼高宗者。偶室於廟，則爲二穆，於禮可乎？禮所不可，而使天子旁紹伯考，棄已親正統哉？孝和中興，別建園寢，百世不毀，尚何議哉？平子猥引僖公逆祀爲比，殊不知孝和升新寢，聖眞方祔廟，則未嘗一日居上也。」帝語宰相召平子與博士詳論。博士護前言，合軋平子。平子援經辯數分明，獻等不能屈。蘇頲右博士，故平子坐貶都城尉。然諸儒以平子孤挺，見迮於禮官，不平。帝亦知其直，久不決，然卒不復中宗於廟。

明年，帝將大享明堂，貞節惡武后所營，非古所謂「木不鏤、土不文」之制，乃與馮宗上言：「明堂必直丙巳，以憲房、心布政，太微上帝之所。武后始以乾元正寢占陽午地，先帝所以聽政，故毀殿作堂。撤之日，有音如雷，庶民讙訕，以爲神靈不悅。堂成，災火從之。后

不脩德，俄復營構，殫用極侈，詭禳厭變，又欲嚴配上帝，神安肯臨？且密邇掖廷，人神雜擾，是謂不可放物者也。二京上都，四方是則。天子聽政，乃居便坐，無以尊示羣臣。願以明堂復爲乾元殿，使人識其舊，不亦愈乎？」詔所司詳議。刑部尚書王志愔等僉謂：「明堂瓌怪不法，天燼之餘，不容大享。請因舊循制，還署乾元正寢。正、至，天子御以朝會。若大享，復寓圓丘。」制曰可。貞節以壽卒。

施敬本，潤州丹陽人。開元中，爲四門助教。玄宗將封禪，詔有司講求典儀。舊制，盥手、洗爵，皆侍中主之；詔祀天神，太祝主之。敬本上言曰：「周制，大宗伯鬱人，下士二，掌祼事。漢無鬱人，用近臣。漢世侍中微甚，籍孺、閎孺等幸臣爲之。後漢邵闓自侍中遷步兵校尉，秩千石，其職省起居，執虎子，蓋褻臣也。今侍中位宰相，非鬱人比。祝者薦主人意於神，非賤職也。古二君相見，卿爲上儐，況天人際哉！周太祝，下大夫二，上士四。下大夫，今郎中、太常丞之比；上士，員外郎、博士之比。漢太祝令秩六百石，今太祝乃下士。以下士接天，以大臣奉天子，輕重不倫，非禮也。舊制，謁者引太尉升壇。謁者位下，升壇禮重。漢尚書御史屬，有謁者僕射一，秩六百石，銅印青綬；謁者三十五，以郎中滿歲稱給

事中，未滿歲稱謁者。光祿勳屬，有謁者，掌賓贊，員七十，秩比六百石。則古謁者名秩差異等，今謁者班微，循空名，忘實事，非所以事天也。」帝詔中書令張說引敬本熟悉其議，故侍中、祝、謁者，視禮輕重，以它官攝領。敬本以太常博士爲集賢院脩撰。踰年，遷右補闕、秘書郎，卒。

盧履冰，幽州范陽人，元魏都官尚書義僖五世孫。開元五年，仕歷右補闕。建言：「古者父在爲母朞，徹靈而心喪。武后始請同父三年，非是，請如禮便。」玄宗疑之，又以舅、嫂叔服未安，并下百官議。刑部郎中田再思曰：「會禮之家比聚訟。循古不必是，而行今未必非。父在爲母三年，高宗實行之，著令已久。何必乖先帝之旨，閡人子之情，愛一朞服於其親，使與伯叔母、姑姊妹同？嫂叔、舅甥服，太宗實制之，閱百年無異論，不可改。」履冰因言：「上元中，父在爲母三年，后雖請，未用也，逮垂拱始行之。至有祖父母在而子孫婦沒，行服再朞，不可謂宜。禮，女子無專道，故曰『家無二尊』。父在爲母服朞，統一尊也。今不正其失，恐後世復有婦奪夫之敗，不可不察。」書留未下。履冰即極陳：「父在爲母立几筵者一朞，心喪者再朞，父必三年而後娶，以達子之志。夫聖人豈蔑情於所生？固有意於天下。

昔武后陰儲篡謀，豫自光崇，升朞齊，抗斬衰，俄而乘陵唐家，以啓釁階。孝和僅得反正，韋氏復出，酖殺天子，幾亡宗社。故臣將以正夫婦之綱，非特母子間也。議者或言：『降母服，非詩所謂罔極者，而又與伯叔母、姑姊妹等。且齊、斬已有升降，則歲月不容異也。』此迂生鄙儒，未習先王之旨，安足議夫禮哉？罔極者，春秋祭祀，以時思之，君子有終身之憂之謂，何限一朞、二朞服哉？聖人之於禮，必建中制，使賢不肖共成文理而後釋，彼伯叔、姑姊，烏有筵杖之制、三年心喪乎？母齊父斬，不易之道也。」左散騎常侍元行沖議曰：「古緣情制服：女天父，妻天夫，斬衰三年，情禮俱盡者，因心立極也。妻喪杖朞，情禮俱殺者，遠嫌疑，尊乾道也。爲嫡子三年斬衰而不去官，尊祖重嫡，崇其禮，殺其情也。孝莫大於嚴父，故父在爲母免官，齋而朞，心喪三年，情已申而禮殺也，自堯、舜、周公、孔子所同。而令捨尊厭之重，虧嚴父之義，謂之禮，可乎？姨衆從母之名，以母之女黨，加於舅服，不爲無理。嫂叔不服，則遠嫌也。請據古爲適。」帝弗報。是時言喪服，各以所見奮，交口紛騰。七年，乃下詔：「服紀一用古制。」自是人間父在爲母服，或朞而禫，禫而釋，心喪三年。或朞而禫，終三年。或齋衰三年。

後履冰以官卒。

王仲丘，沂州琅邪人。祖師順，仕高宗，議漕輸事有名當時，終司門郎中。仲丘開元中歷左補闕內供奉、集賢脩撰、起居舍人。

時典章差駮，仲丘欲合貞觀、顯慶二禮，據「有其舉之，莫可廢之」之誼，即上言：「貞觀禮，正月上辛，祀感帝於南郊。顯慶禮，祀昊天上帝於圓丘以祈穀。臣謂詩『春夏祈穀于上帝』。禮，上辛祈穀于上帝。則上帝當昊天矣。鄭玄曰：『天之五帝遞王，王者必感一以興。故夏正月祭所生於郊，以其祖配之，因以祈穀。』感帝之祀，貞觀用之矣。請因祈穀之壇，偏祭五方帝。五帝者，五行之精，九穀之宗也。請二禮皆用。貞觀禮，雩祀五方上帝、五人帝、五官于南郊。顯慶禮，祀昊天上帝于圓丘。臣謂雩上帝，爲百穀祈甘雨，故月令：『大雩帝，用盛樂。』鄭玄說：『帝，上帝也，乃天別號。祀于圓丘，尊天位也。』顯慶祀昊天，與月令合，而貞觀嘗祀五帝矣，請二禮皆用。貞觀禮，季秋祀五方帝、五官於明堂。顯慶禮，祀昊天上帝於明堂。臣謂周郊祀后稷以配天，宗祀文王於明堂以配上帝。先儒以天爲感帝，引太微五帝，著之上帝，則屬之昊天。鄭玄稱周官旅上帝，祀五帝，各文而異禮，不容并而爲一。故於孝經天、上帝，申之曰：『上帝亦天也。』神無二主，但異其處，以避后稷。今顯慶享上帝，合於經。然貞觀嘗祀五方帝矣。請二禮皆用。」詔可。

遷禮部員外郎。卒，贈秘書少監。

康子元，越州會稽人。仕歷獻陵令。開元初，詔中書令張說舉能治易、老、莊者，集賢直學士侯行果薦子元及平陽敬會眞於說，說藉以聞，並賜衣幣，得侍讀。子元擢累秘書少監，會眞四門博士，俄皆兼集賢侍講學士。

玄宗將東之太山，說引子元、行果、徐堅、韋縚商裁封禪儀。初，高宗之封，中書令許敬宗議：「周人尚臭，故前祭而燔柴。」說、堅、子元白奏：「周官：樂六變，天神降。是降神以樂，非緣燔也。宋、齊以來，皆先嚌福酒，乃燎。請先祭後燔，如貞觀禮便。」行果與趙冬曦議，以爲：「先燎降神，尚矣。若祭已而燔，神無由降。」子元議挺不徙。說曰：「康子獨出蒙輪，以當一隊邪？」議未判，說請決于帝，帝詔後燔。乘輿自岱還，減從官，先次東都，唯子元、毋煚、韋述以學士從。久乃徙宗正少卿，以疾授秘書監，致仕。卒，贈汴州刺史。帝嘗制贊賜說、子元，命工圖其象，詔冬曦、述、煚分爲傳。

行果者，上谷人，歷國子司業，侍皇太子讀。卒，贈慶王傅。始，行果、會眞及長樂馮朝隱同進講，朝隱能推索老、莊秘義，會眞亦善老子，每啓篇，先薰盥乃讀。帝曰「我欲更求善易者，然無賢行果」云。朝隱終太子右諭德，會眞太學博士。

趙冬曦，定州鼓城人。進士擢第，歷左拾遺。神龍初，上書曰：「古律條目千餘。隋時姦臣侮法，著律曰：『律無正條者，出罪舉重以明輕，入罪舉輕以明重。』一辭而廢條目數百。自是輕重沿愛憎，被罰者不知其然，使賈誼見之，慟哭必矣。夫法易知，則下不敢犯而遠機穽；文義深，則吏乘便而朋附盛。律、令、格、式，謂宜刊定科條，直書其事。其以准加減比附、量情及舉輕以明重、不應爲之類皆勿用。使愚夫愚婦相率而遠罪，犯者雖貴必坐。律明則人信，法一則主尊。」當時稱是。

開元初，遷監察御史，坐事流岳州。召還復官，與秘書少監賀知章、校書郎孫季良、大理評事咸廙業入集賢院脩撰。是時，將仕郎王嗣琳、四門助教范仙廈爲校勘，翰林供奉呂向、東方顥爲校理。未幾，冬曦知史官事，遷考功員外郎。踰年，與季良、廙業、知章、

呂向皆爲直學士。冬曦俄遷中書舍人內供奉，以國子祭酒卒。

冬曦性放達，不屑世事。兄夏日，弟和璧、安貞、居貞、頤貞、彙貞，皆擢進士第。安貞給事中，居貞吳郡採訪使，頤貞安西都護。居貞子昌，別傳。

王嗣琳以太子校書郎罷。東方顥上書忤旨，左遷高安丞。廙業亦坐事左遷餘杭令。仙廈善講論，後爲道士。

開元集賢學士，又有尹愔、陸堅、鄭欽說、盧僎名稍著。

尹愔，秦州天水人。父思貞，字季弱。明春秋，擢高第。嘗受學於國子博士王道珪，稱之曰：「吾門人多矣，尹子叵測也。」以親喪哀毀。除喪，不仕。左右史張說、尹元凱薦爲國子大成，每釋奠，講辨三教，聽者皆得所未聞。遷四門助教，撰諸經義樞、續史記皆未就。夢天官、麟臺交辟，寤而會親族敍訣，二日卒，年四十。

愔博學，尤通老子書。初爲道士，玄宗尚玄言，有薦愔者，召對，喜甚，厚禮之，拜諫議大夫、集賢院學士，兼脩國史，固辭不起。有詔以道士服視事，乃就職，顓領集賢、史館圖書。開元末，卒，贈左散騎常侍。

陸堅，河南洛陽人。初爲汝州參軍，以友壻李慈伏誅，貶涪州參軍，再遷通事舍人。有詔起復〔三〕，遣中官敦諭，不就。以給事中兼學士。善書。初名友悌，玄宗嘉其剛正，更賜名。從封泰山，封建安男。帝待之甚厚，圖形禁中，親製贊。以秘書監卒，年七十一，贈吏部尚書，謚曰懿。

鄭欽說，後魏濮陽太守敬叔八世孫。開元初，繇新津丞請試五經，擢第，授鞏縣尉、集賢院校理。歷右補闕內供奉。通曆術，博物。初，梁太常任昉大同四年七月於鍾山壙中得銘曰：「龜言土，著言水，甸服黃鍾啓靈址。瘞在三上庚，墮遇七中巳。六千三百浹辰交，二九重三四百圮。」當時莫能辨者，因藏之，戒諸子曰：「世世以銘訪通人，有知之者，吾死無恨。」昉五世孫升之，隱居商洛，寫以授欽說。欽說出使，得之於長樂驛，至敷水三十里而悟曰：「卜宅者庚葬之歲月，而先識墓圮日辰。甸服，五百也，黃鍾十一也，繇大同四年卻求漢建武四年，凡五百一十一年。葬以三月十日庚寅，三上庚也。圮以七月十二日己巳，七中巳也。浹辰，十二也，建武四年三月至大同四年七月，六千三百一十二月，月一交，故曰六千三百浹辰交。二九，十八也。重三，六也。建武四年三月十日，距大同四年七月十二日，十八萬六千四百日，故曰二九重三四百圮。」升之大驚，服其智。

欽說雅爲李林甫所惡,韋堅死,欽說時位殿中侍御史,常爲堅判官,貶夜郎尉,卒。子克鈞,爲都官郎中。吐蕃圍靈州,軍餉匱竭,德宗以克鈞爲靈、夏二州運糧使,轉米峙塞下,守者遂安。

盧僎,吏部尚書從愿三從父也。自聞喜尉爲學士,終吏部員外郎。兄脩,中宗時歷右補闕。默啜入寇,敗沙吒忠義,詔百官陳破賊勝策,獨脩上疏以爲:「治內可以及外,賞罰明則士盡節。鳴沙之役,主將先遁,中軍猶能死戰。正法紀功,則戎行可勸。若忠義,騎將材,不可當大任。宜因古法,募人徙邊,免行役,次廬伍,明敎令,賞虜獲,近戰則守家,遠戰則利貨。購辯勇,結諸蕃,以圖攻取。擇邊州刺史,蒐乘積粟,謹烽燧以備守。」中宗善其言,然無施行者。脩終祕書少監。

啖助字叔佐,趙州人,後徙關中。淹該經術。天寶末,調臨海尉、丹楊主簿。秩滿,屏居,甘足疏糗。

善爲春秋,考三家短長,縫綻漏闕,號集傳,凡十年乃成,復攝其綱條,爲例統。其言

孔子脩春秋意,以爲:「夏政忠,忠之敝野;商人承之以敬,敬之敝鬼;周人承之以文,文之敝僿。救僿莫若忠。夫文者,忠之末也。設敎於本,其敝且末;設敎於末,敝將奈何?武王、周公承商之敝,不得已用之。周公沒,莫知所以改,故其敝甚於二代。孔子傷之曰:『虞、夏之道,寡怨於民;商、周之道,不勝其敝!』故曰:『後代雖有作者,虞帝不可及已。』蓋言唐、虞之化,難行於季世,而夏之忠,當變而致焉。故春秋以權輔用,以誠斷禮,而以忠道原情云。不拘空名,不尙狷介,從宜捄亂,因時黜陟。古語曰:『商變夏,周變商,春秋變周。』而公羊子亦言:『樂道堯、舜之道,以擬後聖。』是知春秋用二帝、三王法,以夏爲本,不壹守周典明矣。」又言:「幽、厲雖衰,雅未爲風。逮平王之東,人習餘化,苟有善惡,當以周法正之。故斷自平王之季,以隱公爲始,所以拯薄勉善,捄周之弊,革禮之失也。」助愛公、穀二家,以左氏解義多謬,其書乃出於孔氏門人。且論語孔子所引,率前世人老彭、伯夷等,類非同時;而言「左丘明恥之,丘亦恥之」。丘明者,蓋如史佚、遲任者。又左氏傳、國語,屬綴不倫,序事乖剌,非一人所爲。蓋左氏集諸國史以釋春秋,後人謂左氏,便傳著丘明,非也。助之鑿意多此類。

助門人趙匡、陸質,其高第也。助卒,年四十七。質與其子異裒錄助所爲春秋集註總例,請匡損益,質纂會之,號纂例。匡者,字伯循,河東人,歷洋州刺史,質所稱爲趙夫子者。

大曆時,助、匡、質以春秋,施士匄以詩,仲子陵、袁彝、韋彤、韋茝以禮,蔡廣成以易,強蒙以論語,皆自名其學,而士匄、子陵最卓異。

士匄,吳人,兼善左氏春秋,以二經敎授。繇四門助敎爲博士,秩滿當去,諸生封疏乞留,凡十九年,卒于官。弟子共葬之。士匄撰春秋傳,未甚傳。後文宗喜經術,宰相李石因言士匄春秋可讀。帝曰:「朕見之矣,穿鑿之學,徒爲異同,但學者如浚井,得美水而已,何必勞苦旁求,然後爲得邪?」

子陵,蜀人,好古學,舍峨眉山。舉賢良方正,擢太常博士,通后蒼、大小戴禮。有司請正太祖東鄉位,而遷獻、懿二主。子陵議藏主德明、興聖廟,其言典正。後異論紛洄,復爲通難示諸儒,諸儒不能詘。久之,典黔中選補,乘傳過家,西人以爲榮。終司門員外郎。子陵以文義自怡,及亡,其家所存,惟圖書及酒數斛而已。

贊曰:春秋、詩、易、書,由孔子時師弟子相傳,歷暴秦,不斷如系。至漢興,剗挾書令,則儒者肆然講授,經典寖興。左氏與孔子同時,以魯史附春秋作傳,而公羊高、穀梁赤皆出子夏門人。三家言經,各有回舛,然猶悉本之聖人,其得與失蓋十五,義或繆誤,先儒畏聖

人不敢輒改也。啖助在唐,名治春秋,摭詘三家,不本所承,自用名學,憑私臆決,尊之曰「孔子意也」,趙、陸從而唱之,遂顯于時。嗚呼!孔子沒乃數千年,助所推著果其意乎?其未可必也。以未可必而必之,則固;持一己之固而倡茲世,則誣。誣與固,君子所不取。助果謂可乎?徒令後生穿鑿詭辨,詬前人,捨成說,而自爲紛紛,助所階已。

韋彤,京兆人。四世從祖方質爲武后時宰相。彤名治禮,德宗時爲太常博士。先此,天寶中,詔尙食朔望進食太廟,天子使中人侍祠,有司不與也。貞元十二年,帝始詔朔望食,畀宗正、太常合供。於是彤與博士裴堪議曰:「禮,宗廟朔望不祭,園寢則有之。貞觀、開元間,在禮若令,不敢變古。天寶中,始有進食事,殆王璵緣生事亡,用燕具褻饌,參瀆禮薦,不可示遠。傳曰:『祭非外至,生于心者也。』是故聖人等牲牢,布籩豆,昆蟲、草木可薦者,莫不咸在,所以享宗廟,交神明,全孝敬也。絜膳羞,八珍百品,可嗜之饌,美臑甘旨,謂之褻味,所以燕賓客,接人情,示慈惠也。是則薦與宴,聖人判爲二物,不可亂也。今若熟褻而享,非以異爲敬之意。且祭不欲數,亦不欲疏,感時致享,以制中也。今園寢月二祭,不爲疏,廟歲五享,不爲數,有司奉承,得盡其恭。若又加盛饌於朔望,是失禮之中,

有司不得盡其恭也。故王者稽古，弗敢以孝思之極而溢禮，弗敢以肴品之多而黷味。願罷天寶所增，奉園寢以珍，奉宗廟以禮，兩得所宜。」帝曰：「是禮先帝裁定，遽更之，其謂朕何？徐議其可。」而朔望食卒不廢。

會昭陵寢宮爲原火延燔，而客祭瑤臺佛寺。又故宮在山上，乏水泉，作者憚勞，欲即行宮作寢，詔宰相百官議。吏部員外郎楊於陵議曰：「園寢非三代制，自秦、漢以來，附陵置寢，或遠若邇，則無聞焉。韋玄成等議園陵，於興廢初無適語。且寢宮所占，在柏城中，距陵不遠，使諸陵之寢，皆有區限，故不可徙；若止柏城，則故寢已燔，行宮已久，因以治飾，亦復何嫌？或曰：『太宗創業，寢宮不輒易。』是不然。夫陵域宅神，神本靜，今大興荒廢，嚚役密邇，非幽夢所安，改之便。」彤曰：「先王建都立邑，不利則爲之遷，況有故邪？今文寢災，徙而宮之，非無故也。神安于徙，因而建寢，於禮至順。又它陵皆在柏城，隨便營作，不越封兆，力省易從。」帝重改先帝制，還宮山顛。

彤卒後，武宗會昌五年，詔京城不許羣臣作私廟。宰相李德裕等引彤所議：「古制：廟必中門之外，吉凶皆告，以親而尊之，不自專也。今俾立廟京外，不能得其意於禮。宮之南九坊，三坊曰園外，地荒左，立廟無嫌；餘六坊可禁。」詔不許，聽準古卽居所立廟。

陳京字慶復，陳宜都王叔明五世孫。父兼，爲右補闕、翰林學士。京善文辭，常袞稱之，妻以兄子。擢進士第，遷累太常博士。

德宗在奉天，聞段秀實爲賊所害，七日不朝。宰相以爲「方多難時，不宜壅萬機，天下其謂何」？京曰：「丞相之言非也。夫褒大節，卹賢臣，天下所以安，況卓卓特異者乎？」帝曰「善」。還京師，擢左補闕。帝以盧杞爲饒州刺史，京與趙需、裴佶、宇文炫、盧景亮、張薦共劾：「杞輔政要位，大臣踰時月不得對，百官懍懍常若兵在頸。陛下復用之，姦賊唾掌復興。」帝不聽。京等爭尤確，帝大怒，左右辟易，諫者稍引郤。京正色曰：「需等毋遽退！」極道不可；以死請，杞遂廢。帝之立，迎訪太后，久不得，意且怠。京密白：「弟遣使物色以求。」帝大悟，終代不敢置。

初，玄宗、肅宗既祔室，遷獻、懿二祖于西夾室，引太祖位東嚮。禮儀使于休烈議：「獻、懿屬尊於太祖，若合食，則太祖位不得正，請藏二祖神主，以太宗、中宗、睿宗、肅宗從世祖南向，高宗、玄宗從高祖北向。」禘祫不及二祖，凡十八年。建中初，代宗喪畢，當大祫。京以太常博士上言：「春秋之義，毀廟之主陳於太祖，未毀廟之主合食于祖，無毀廟遷主不享之言。唐家祀制與周異，周以后稷爲始封祖，而毀主皆在后稷下，故太祖東向，常統其尊。

司馬晉以高皇、太皇、征西四府君爲別廟，大禘祫則正太祖位，無所屈。別廟祭高、太以降，所以敍親也。唐家宜別爲獻、懿二祖立廟，禘祫則祭，太祖遂正東向位。德明、興聖二帝，向已有廟，則藏祔二祖爲宜。」

詔百官普議。禮儀使、太子少師顏眞卿曰：「今議者有三：一謂獻、懿親遠而遷，不當祫，宜藏主西室；二謂二祖宜祫食，與太祖並昭穆，缺東向位；三謂引二祖祫禘，卽太祖永不得全其始，宜以二主祔德明廟。雖然，於人神未厭也。景帝既受命始封矣，百代不遷矣，而又配天，尊無與上，至禘祫時，暫屈昭穆以申孝尊先，實明神之意，所以敎天下之孝也。況晉蔡謨等有成議，不爲無據。請大祫享奉獻主東向，懿主居昭，景主居穆，重本尙順，爲萬代法。夫祫，合也。有如別享德明，是乃分食，非合食也。」時議者舉然，於是還獻、懿主祫於廟，如眞卿議。

貞元七年，太常卿裴郁上言：「商、周以卨、稷爲祖，上無餘尊，故合食有序。漢受命，祖高皇帝，故太上皇不以昭穆合食。魏祖武帝，晉祖宣帝，故高皇、處士、征西等君，亦不以昭穆合食。景皇帝始封唐，唐推祖焉，而獻、懿親盡廟遷，猶居東向，非禮之祀，神所不享。願下羣臣議。」於是太子左庶子李嶸等上言：「謹按晉孫欽議：『太祖以前，雖有主，禘祫所不及；其所及者，太祖後未毀已升藏於二祧者，故雖百代及之。』獻、懿在始封前，親盡主遷，

上擬三代，則禘祫所不及。太祖而下，若世祖，則春秋所謂『陳於太祖』者。漢議罷郡國廟，丞相韋玄成議：『太上皇、孝惠親盡宜毀。太上主宜瘞于園，惠主遷高廟。』太上皇在太祖前，主瘞於園，不及禘祫，獻、懿比也。惠遷高廟，在太祖後，而及禘祫，世祖比也。魏明帝遷處士主，置園邑，歲時以令丞奉薦；東晉以征西等祖遷入西除，同謂之祧，皆不及祀。故唐初下訖開元，禘祫猶虛東向位。洎立九廟，追祖獻、懿，然祝於三祖不稱臣。至德時，復作九廟，遂不爲弘農府君主，以祀不及也。廣德中，始以景皇帝當東向位，以獻、懿兩主親盡，罷祫而藏。顏眞卿引蔡謨議，復奉獻主東向，懿昭景穆。不記謨義晉未嘗用，而唐一王法容可準乎？臣等謂嘗、禘、郊、社無二尊，瘞、毀、遷、藏，各以義斷。景皇帝已東向，一日改易，不可謂禮，宜復藏獻、懿二主於西室，以本祭法『遠廟爲祧，去祧而壇，去壇而墠，壇、墠，有禱祭，無禱止』之義。太祖得正，無所屈。」

吏部郎中柳冕等十二人議曰：「天子以受命之君爲太祖，諸侯以始封之主爲祖，故自太祖、祖以下，親盡迭毀。洎秦滅學，漢不暇禮，晉失宋因，故有連王廟之制，有虛太祖之位。且不列昭穆，非所謂有序；不建迭毀，非所謂有殺；連王廟，非所謂有別；虛太祖位，非所謂一尊。此禮所由廢也。傳曰：『父爲士，子爲天子，祭以天子，葬以士。』今獻、懿二祖，在唐未受命時，猶士也。故高祖、太宗以天子之禮祭之，而不敢奉以東向位。今而易之，無乃

亂先帝序乎？周有天下，追王太王、王季以天子禮；及其祭，則親盡而毀。漢有天下，尊太上皇以天子之禮；及祭也，親盡而毀。唐家追王獻、懿二祖以天子禮；及其祭也，親盡而毀，復何所疑？周官有先公之祧、先王之祧。先公遷主，藏后稷之廟，其周未受命之祧乎？先王遷主，藏文、武之廟，其周已受命之祧乎？故有二祧，所以異廟也。今自獻而下，猶先公也；自景而下，猶先王也。請別廟以居二祖，則行周道，復古制，便。」

工部郎中張薦等請自獻而降，悉入昭穆，虛東向位。司勳員外郎裴樞曰：「禮：『親親故尊祖，尊祖故敬宗，敬宗故收族，收族故宗廟嚴，宗廟嚴故社稷重。』太祖之上，復追尊焉，則尊祖之義乖。太廟之外，別祭廟焉，則社稷不重。漢韋玄成請瘞主於園，晉虞喜請瘞廟兩階間。喜據左氏自證曰：『先王日祭祖、考，月祀曾、高，時享及二祧，歲祫及壇墠，終禘及郊宗石室，是謂郊宗之祖。』喜請夾室中爲石室以處之，是不然。何者？夾室所以居太祖下〔六〕，非太祖上藏主所居。未有卑處正、尊居傍也。若建石室于園寢，安遷主，采漢、晉舊章，祫禘率一祭，庶乎春秋得變之正。」

是時，京以考功員外郎又言：「興聖皇帝則獻之曾祖，懿之高祖。以曾孫祔曾高之廟，人情大順也。」京兆少尹韋武曰：「祫則大合，禘則序祧。當祫之歲，當以獻東向，率懿而後以昭穆極親親。及禘，則太祖筵于西，列衆主左右，是於太祖不爲降，獻無所厭。」時諸儒以

左氏「子齊聖，不先父食」，請迎獻主權東向，太祖暫還穆位。同官尉仲子陵曰：「所謂不先食者，丘明正文公逆祀。儒者安知夏后世數未足時〔七〕，言禹不先鯀乎？魏、晉始祖率近，始祖上皆有遷主。引閟宮詩，則永閟可也。因虞主，則瘞園可也。緣遠祧，則築宮可也。以太祖實卑，則虛位可也。然永閟與瘞園，臣子所不安。若虛正位，則太祖之尊無時而申。請奉獻、懿二祖遷于德明、興聖廟爲順。或曰二祖別廟，非合食。且德明、興聖二廟禘祫之年，皆有薦饗，是已分食，奚獨疑二祖乎？」

國子四門博士韓愈質衆議，自申其說曰：「一謂獻、懿二主宜永藏夾室，臣不謂可。且禮，祫祭，毀主皆合食。今藏夾室，至祫得不食太廟乎？若二祖不豫，不謂之合矣。二謂兩主宜毀而瘞之，臣不謂可。禮，天子七廟，一壇、一墠，遷主皆藏於祧，雖百代不毀。祫則太廟享焉。魏、晉以來，始有毀瘞之議，不見于經。唐家立九廟，以周制推之，獻、懿猶在壇墠，可毀瘞而不禘祫乎？三謂二祖之主宜各遷諸陵，臣不謂可。二祖享太廟二百年，一日遷之，恐眷顧依違，不卽享於下國。四謂宜奉主祔興聖廟而不禘祫，臣不謂可。禮，『祭如在』。景皇帝雖太祖，於獻、懿，子孫也。今引子東向，廢父之祭，不可爲典。五謂獻、懿宜別立廟京師，臣不謂可。凡禮有降有殺，故去廟爲祧，去祧爲壇，去壇爲墠，去墠爲鬼，漸而遠者，祭益希。昔魯立煬宮，春秋非之，謂不當取已毀之廟、既藏之主，復築宮以祭。今議正

同，故臣皆不謂可。古者殷祖玄王，周祖后稷，太祖之上，皆自爲帝。又世數已遠，不復祭之，故始祖得東向也。景皇帝雖太祖，於獻、懿，子孫也。當禘祫，獻祖居東向位，景從昭若穆，是祖以孫尊，孫以祖屈，神道人情，其不相遠。又常祭衆，合祭寡，則太祖所屈少，而所伸多。與其伸孫尊，廢祖祭，不以順乎？」

晁又上禘祫義證十四篇，帝詔尚書省會百官、國子儒官，明定可否。左司郎中陸淳奏：「按禮及諸儒議復太祖之位，正也。太祖位正，則獻、懿二主宜有所安。今議者有四：曰藏夾室，曰置別廟，曰各遷於園，曰祔興聖廟。臣謂藏夾室，則享獻無期，非周人藏二祧之義；置別廟，論始曹魏，禮無傳焉，司馬晉議而不用；遷諸園，亂宗廟之制。唯祔興聖廟，禘若祫一祭，庶乎得禮。」帝依違未決也。

十九年，將禘祭，京復奏禘祭大合祖宗，必尊太祖位，正昭穆。請詔百官議。尚書左僕射姚南仲等請奉獻、懿主祔德明、興聖廟。鴻臚卿王權申衍之曰：「周人祖文王，宗武王，故詩清廟章曰：『祀文王也。』胡不言太王、王季？則太王、王季而上，皆祔后稷，故清廟得祀文王也。太王、王季之尊，私禮也；祔后稷廟，不敢以私奪公也。古者先王遷廟主，以昭穆合藏于祖廟。獻、懿主宜祔興聖廟，則太祖東向得其尊，獻、懿主歸得其所。」是時，言祔興聖廟什七八，天子尚尤豫未剛定。至是，羣臣稍顯言：二祖本追崇，非有受命開國之鴻

構；又權根援詩、禮明白。帝泮然，於是定遷二祖于興聖廟，凡禘祫一享。詔增廣興聖二室。會祀日薄，廟未成，張縉爲室，內神主廟垣間，奉興聖、德明主居之。廟成而祔。自是景皇帝遂東向。

京自博士獻議，彌二十年乃決，諸儒無後言。帝賜京緋衣、銀魚。昭陵寢占山上，宮侍憚輓汲乏，請更其所，宰相未能抗。京曰：「此太宗之廟，其儉足以爲後世法，不可改。」議者多附宦人，帝曰：「京議善。」卒不徙。帝器京，謂有宰相才，欲用之。會病狂易，自刺弗殊，又言中書舍人崔邠、御史中丞李汶訕己，帝使詰辨無狀，然猶自考功員外再遷給事中，皆兼集賢殿學士。帝疑京爲忌者中傷，中人問賚相繼。後對延英，帝諭遣，京沮駭走出，罷爲秘書少監，卒。

初，帝討李希烈，財用屈，京與戶部侍郎趙贊請稅民屋架，籍賈人貲力，以率貸之。憲宗嘗問宰相李吉甫：「我在藩邸，聞德宗播還梁、漢，久乃復，誰實召亂，爲我言之。」對曰：「德宗始卽位，躬行慈儉，引崔祐甫輔政，四方企望至治。祐甫歿，宰相非其人，姦佞營蠱，謂河北叛臣可以力服，甘語先入，主聽惑焉。而陳京、趙贊爲帝稅屋架，貣賈緡，內怨外忿，身及大亂。咎興信宥人，剝下佐上，賴天之靈，敗不抵亡。」帝恨惋曰：「京與贊，眞賊臣。」

京無子，以從子褒嗣。褒孫伯宣，辭著作佐郎不拜。

贊曰：德宗斂政，稅間架、借商錢、宮市爲最甚。順宗爲太子，欲極陳之，懲王叔文之諫而止，其畏如此。區區之臣，冒顏而關說，難哉！其釁國日淺，志不在民矣。憲宗聞暴斂之令首於賊臣，感憤太息，愛人之至也。及任程异、皇甫鎛，諫者不聽。興利之臣敗君之德，甚矣！

暢當，河東人。父璀，左散騎常侍，代宗時，與裴冕、賈至、王延昌待制集賢院，終戶部尚書。

當進士擢第，貞元初，爲太常博士。昭德皇后崩，中外服除，皇太子、諸王將服三年，詔太常議太子服。當與博士張薦、柳冕、李吉甫曰：「子爲母齊衰三年，蓋通喪也；太子爲皇后服，古無文。晉元皇后崩，亦疑太子服。杜預議：『古天子三年喪，既葬除服，魏亦以既葬爲節。皇太子與國爲體，若不變除，則東宮臣僕亦以衰麻出入殿省。』太子遂以卒哭除服。貞觀十年六月，文德皇后崩，十一月而葬，太子喪服之節，國史不書。至明年正月，以晉王爲并州都督。既命官，當已除矣。今皇太子宜如魏、晉制，既葬而虞，虞而卒哭，卒哭而除，心

喪三年。」宰相劉滋、齊映召問當等：「『子食於有喪者之側，未嘗飽也。』今太子以衰服侍膳至葬，可乎？令：羣臣齊衰三十日公除。宜約以爲服限。」乃請如宋、齊皇后爲其父母服三十日除，入謁則服墨慘，還宮衰麻。右補闕穆質上疏曰：「『三年之喪，自天子達于庶人。』漢文帝以宗廟社稷之重自貶，乃以日易月，後世所不能革。太子，人臣也，不得如人君之制，母喪宜無厭降。惟晉既葬公除，議者詭辭以甘時主，不足師法。今有司之議，虧化敗俗，常情所鬱。夫政以德爲本，德以孝爲大。後世記禮之失，自今而始，顧不重哉！父在爲母朞，古禮也。國朝服之三年，臣謂三年則太重，唯行古爲得禮。」德宗遣內常侍馬欽敍謂質曰：「太子有撫軍、監國、問安、侍膳之事，有司以三十日除，既葬釋服，以墨衰終喪，何疑邪？」質又奏疏曰：「太子於陛下，子道也，臣道也。君臣以義，則撫軍監國，有權奪。父子問安侍膳，固無服衰之嫌，古未有服衰而廢者。舒王以下服三年，將不得問安侍膳邪？太子、舒王，皆臣子也，不宜甚異。且皇后，天下之母，其父母，士庶也，以天下之母，爲士庶降服，可也。太子，臣子也，以臣子爲母降，可乎？公除，非古也。入公門變服，今朞喪以下慘制是也。太子晨昏侍，非公除比。墨衰奪情，事緣金革。今不監國撫軍，何抑奪邪？子之於父母，禮異而情均。太子奉君父之日遠，報母之日少，忍使失令名哉？」乃詔宰臣與有司更議，當等曰：「禮有公門脫齊衰，開元禮，皇后父母服十三月，從朝旨則十三日而除；皇太

子外祖父母服五月，從朝旨則五日而除。恐喪服入侍，傷至尊之意，非特以金革奪也。太子公除，以墨慘奉朝，歸宮衰麻，酌變爲制可也。」宰相乃令太常卿鄭叔則草奏：「既葬卒哭，十一月小祥，十三月大祥，十五月禫，內謁即墨服。」復詔問質，質以爲雖不能循古禮，猶愈於魏、晉之文遠甚。宰相乃言：「太子居皇后喪，至朝則抑哀承慈，實臣子至行。唯心與服，內外宜稱。今質請降詔於外，無害墨衰於內。臣謂言行於外，而服異於內，事非至誠，乖於德教。請下明詔如叔則議。」天子從之。及董晉代叔則爲太常卿，帝曰：「皇太子服朞，繇諫官，初非朕意。」暢當等請循魏、晉故事，至論也。」

當以果州刺史卒。

林蘊字復夢，泉州莆田人。父披，字茂彥，以臨汀多山鬼淫祠，民厭苦之，撰無鬼論。刺史樊晃奏署臨汀令，以治行遷別駕。

蘊世通經，西川節度使韋皐辟推官。劉闢反，蘊曉以逆順，不聽。復遺書切諫，闢怒，械于獄，且殺之，將就刑，大呼曰：「『危邦不入，亂邦不居』，得死爲幸矣！」闢惜其直，陰戒刑人抽劍磨其頸，以脅服之。蘊叱曰：「死即死，我項豈頑奴砥石邪？」闢知不可服，捨之，斥爲

唐昌尉。及闢敗，蘊名重京師。

李吉甫、李絳、武元衡爲相，蘊貽書諷以「國家有西土，猶右臂也。今臂不附體，北彌豳郊，西極汧、隴，不數百里爲外域。涇原、鳳翔、邠寧三鎮皆右臂，大藩擁旄鉞，數十百人，唯李抱玉請復河、湟，命將不得其人，宜拔行伍之長，使守秦、隴。王者功成作樂，治定制禮。有權臣制樂曲，自立喪紀。舜命契：『百姓弗親，五品不遜，汝作司徒。』唐以皐、佑、鍔、季安爲司徒，官不擇人。盧從史、于皐謨罪大而刑輕。農桑無百分之一，農夫一人給百口，蠶婦一人供百身，竭力於下者，飢不得食，寒不得衣。邊兵菜色，而將帥縱侈自養。中人十戶不足以給一無功之卒，百卒不足奉一驕將」。六事皆當時極敝。蘊亦韋皐所引重，嫉其專制，感憤關說。然嗜酒多忤物，宰相置不用也。

滄景程權辟掌書記。既而權上四州版籍請吏，而軍中習熟擅地，畏內屬，挾權拒命，不得出。蘊陳君臣大誼，諭首將，人人釋然，於是權得去。蘊還禮部員外郎。刑部侍郎劉伯芻薦之於朝，出爲邵州刺史。嘗杖殺客陶玄之，投尸江中，藉其妻爲倡，復坐贓，杖流儋州而卒。

蘊辯給，嘗有姓崔者矜氏族，蘊折之曰：「崔杼弑齊君，林放問禮之本，優劣何如邪？」其人俛首不能對。

韋公肅，隋儀同觀城公約七世孫。元和初爲太常博士兼脩撰。憲宗將耕藉，詔公肅草具儀典，容家審之。太子少傅判太常卿事鄭餘慶廟有二祖妣，疑於祔祭，請諸有司。公肅議：「古諸侯一娶九女，故廟無二嫡。自秦以來有再娶，前娶後繼，皆嫡也，兩祔無嫌。晉驃騎大將軍溫嶠繼室三，疑並爲夫人，以問太學博士陳舒，舒曰：『妻雖先沒，榮辱並從夫。禮祔於祖姑，祖姑有三，則各祔舅之所生。是皆夫人也。生以正禮，沒不可貶。』於是遂用舒議。且嫡繼於古有殊制，於今無異等，祔配之典，安得不同？卿士之寢祭二妻，廟享可異乎？古繼以媵妾，今以嫡妻，不宜援一娶爲比，使子孫榮享不逮也。或曰：『春秋，魯惠公元妃孟子卒，繼室以聲子，聲子，孟姪娣也，不入惠廟。宋武公生仲子，歸於魯，生桓公而惠薨，立宮而奉之，不合于惠公，而別宮者何？追父志也。然其比奈何？』曰：晉南昌府君廟有荀、薛兩氏，景帝廟有夏侯、羊兩氏，唐家睿宗室則昭成、肅明二后，故太師顏眞卿祖室有殷、柳兩氏。二夫人並祔，故事則然。」諸儒不能異。

初，睿宗祥月，太常奏朔望弛朝，尙食進蔬具，止樂。餘日御便殿，具供奉仗。中書、門下官得侍，它非奏事毋謁。前忌與晦三日、後三日，皆不聽事。忌晦之明日，百官叩側門通

慰。後遂爲常。及是，公肅上言：「禮，忌日不樂，而無忌月。唯晉穆帝將納后，疑康帝忌月，下其議有司，於是荀訥、王洽等引忌時、忌歲譏破其言。今有司承前所禁，在二十五月限，有弛朝徹樂事。喪除則禮革，王者不以私懷踰禮節，故禫禮徙月樂，漸去其情也，不容追遠，而立禮反重。今茲太常，雖郊廟，樂且停習，是謂反重以慢神也。有司悉禁中外作樂，是謂無故而徹也。願依經誼，裁正其違。」有詔中書門下召禮官、學官議，咸曰宜如公肅所請。制可。以官壽卒。

許康佐，貞元中擧進士、宏辭，連中之。家苦貧，母老，求爲知院官，人譏其不擇祿。及母喪已除，凡辟命皆不答，人乃知其爲親屈，由是有名。

遷侍御史。以中書舍人爲翰林侍講學士，與王起皆爲文宗寵禮。帝讀春秋至「閽弑吳子餘祭」，問：「閽何人邪？」康佐以中官方彊，不敢對，帝嘻笑罷。後觀書蓬萊殿，召李訓問之，對曰：「古閽寺，今宦人也。君不近刑臣，以爲輕死之道，孔子書之以爲戒。」帝曰：「朕邇刑臣多矣，得不慮哉！」訓曰：「列聖知而不能遠，惡而不能去，陛下念之，宗廟福也。」於是內謀翦除矣。康佐知帝指，因辭疾，罷爲兵部侍郎。遷禮部尙書。卒，贈吏部，謚曰懿。

諸弟皆擢進士第，而堯佐最先進，又擧宏辭，爲太子校書郎。八年，康佐繼之。堯佐位諫議大夫。

校勘記

〔一〕後魏常山王素連之後　「素連」，汲、殿、局本作「素蓮」，衲本及舊書卷一〇二元行沖傳作「素連」，魏書卷一五常山王傳無「連」字。

〔二〕相如　全漢文卷一三據孔叢子連叢上作「臧報侍中相知」。

〔三〕昔孔季產專古學　「孔季產」，後漢書卷七九上孔僖傳及孔叢子卷七連叢子均作「孔季彥」。

〔四〕則不可兼毀二廟　「不可兼」，各本脫，據本書卷一三禮樂志、舊書卷二五禮儀志、唐會要卷一二廟制度及文苑英華卷七六三陳貞節等太廟遷祔議補。

〔五〕有詔起復　考異卷五六謂「『有詔』之上，當有『親喪』字」。

〔六〕夾室所以居太祖下　舊書卷二六禮儀志、通典卷五〇及唐會要卷一三「太祖下」有「毀主」二字。

〔七〕儒者安知夏后世數未足時　「世」，舊書卷二六禮儀志、通典卷五〇及唐會要卷一三均作「廟」。

唐書卷二百一

列傳第一百二十六

文藝上

袁朗 誼 承序 利貞　賀德仁 庾抱　蔡允恭　謝偃　崔信明 鄭世翼
劉延祐 藏器 知柔　張昌齡　崔行功 銑　杜審言 易簡 甫　王勃
勔 助 楊烱 盧照鄰 駱賓王　元萬頃 正 義方 季方 范履冰 周思茂
胡楚賓

唐有天下三百年，文章無慮三變。高祖、太宗，大難始夷，沿江左餘風，絺句繪章，揣合低卬，故王、楊爲之伯。玄宗好經術，羣臣稍厭雕瑑，索理致，崇雅黜浮，氣益雄渾，則燕、許擅其宗。是時，唐興已百年，諸儒爭自名家。大曆、貞元間，美才輩出，擩嚌道眞，涵泳聖

涯，於是韓愈倡之，柳宗元、李翺、皇甫湜等和之，排逐百家，法度森嚴，抵轢晉、魏，上軋漢、周，唐之文完然爲一王法，此其極也。若侍從酬奉則李嶠、宋之問、沈佺期、王維，制册則常袞、楊炎、陸贄、權德輿、王仲舒、李德裕，言詩則杜甫、李白、元稹、白居易、劉禹錫，譎怪則李賀、杜牧、李商隱，皆卓然以所長爲一世冠，其可尙已。

然嘗言之，夫子之門以文學爲下科，何哉？蓋天之付與，於君子小人無常分，惟能者得之，故號一藝。自中智以還，恃以取敗者有之，朋姦飾僞者有之，怨望訕國者有之。若君子則不然，自能以功業行實光明于時，亦不一于立言而垂不腐，有如不得試，固且闡繹優游，異不及排，怨不及誹，而不忘納君於善，故可貴也。今但取以文自名者爲文藝篇，若韋應物、沈亞之、閻防、祖詠、薛能、鄭谷等，其類尙多，皆班班有文在人間，史家逸其行事，故弗得而述云。

袁朗，其先雍州長安人。父樞，仕陳爲尙書左僕射。朗在陳爲祕書郎，江總尤器之。後主聞其才，詔爲月賦一篇，洒然無留思，後主曰：「謝莊不得獨美於前矣。」復詔爲芝草、嘉蓮二頌，歎賞尤厚。累遷太子洗馬、德教殿學士。陳亡入隋，歷尙書儀曹郎。

武德初，隱太子與秦王、齊王相傾，爭致名臣以自助。太子有詹事李綱竇軌、庶子裴矩鄭善果、友賀德仁、洗馬魏徵、中舍人王珪、舍人徐師謩、率更令歐陽詢、典膳監任璨、直典書坊唐臨、隴西公府祭酒韋挺、記室參軍事庾抱、左領大都督府長史唐憲；秦王有友于志寧、記室參軍事房玄齡虞世南顏思魯、諮議參軍事竇綸蕭景、兵曹杜如晦、鎧曹褚遂良、士曹戴胄閻立德、參軍事薛元敬、蔡允恭、主簿薛收李道玄、典籤蘇勖〔一〕、文學姚思廉褚亮、敦煌公府文學顏師古、右元帥府司馬蕭瑀、行軍元帥府長史屈突通、司馬竇誕、天策府長史唐儉、司馬封倫、軍諮祭酒蘇世長、兵曹參軍事杜淹、倉曹李守素、參軍事顏相時；齊王有記室參軍事榮九思、戶曹武士逸、典籤裴宣儼，朗爲文學。從父弟承序亦有名，王召爲文學館學士。朗累封汝南縣男，再轉給事中。卒，太宗爲廢朝一日，謂高士廉曰：「朗任淺而性謹厚，使人悼惜。」詔給喪費，存問其家。

朗遠祖滂，爲漢司徒。自滂至朗凡十二世，其間位司徒、司空者四世，淑、顗、粲皆死宋難，昂著節齊、梁時。朗自以中外人物爲海內冠，雖琅邪王氏踵爲公卿，特以累朝佐命有功，鄙不爲伍。

朗孫誼，神功中爲蘇州刺史。司馬張沛者，侍中文瓘子，嘗白誼曰：「州得一長史，隴西

李亶，天下甲門也。」誼曰：「夫門戶者，歷世名節爲天下所高，老夫是也。山東人尙婚媾，求祿利耳，至見危受命，則無人焉，何足尙邪？」沛大慚。

承序爲齊王元吉府學士，府廢，補建昌令。治尙慈簡，吏民懷德。高宗之爲晉王也，太宗崇選僚屬，問梁、陳名臣子弟誰可者。岑文本曰：「昔陳亡，百司奔散，有袁憲者，朝服立後主傍，白刃不避也。王世充篡隋，羣臣表勸進，而憲子給事中承家稱疾不肯署。今其少子承序，風操清亮，無愧先烈。」帝乃召拜晉王友、兼侍讀，加弘文館學士，卒。

朗從祖弟利貞，陳中書令敬孫，高宗時爲太常博士、周王侍讀。及王立爲太子，百官上禮，帝欲大會羣臣、命婦合宴宣政殿，設九部伎、散樂。利貞上疏諫，以爲：「前殿路門，非命婦宴會、倡優進御之所，請從命婦別殿，九部伎從左右門入，罷散樂不進。」帝納之。既會，帝傳詔利貞曰：「卿弈葉忠鯁，能抗疏規朕之失，不厚賜無以勸能者。」乃賜物百段。擢祠部員外郎，卒。中宗立，以舊恩追贈祕書少監。

賀德仁，越州山陰人。父朗，終陳散騎常侍。德仁與從兄德基師事周弘正，以文辭稱，人爲語曰：「學行可師賀德基，文質彬彬賀德仁。」兄弟八人，時比漢荀氏，太守鄱陽王伯山改所居甘滂里爲高陽云。

始，德仁在陳，爲吳興王友。入隋，楊素薦其材，授豫章王記室，王遇之厚；徙封齊，復爲府屬。王廢，官吏抵罪，而德仁以忠謹獲貰，補河東司法參軍。

素與隱太子善，高祖起兵，太子封隴西公，以德仁爲友，庾抱爲記室。俄並遷中舍人。以年耆不更吏職，徙洗馬，與蕭德言、陳子良皆爲東宮學士。貞觀初，遷趙王友，卒。

從子紀、敳亦博學。高宗時，紀爲太子洗馬，豫脩五禮，敳率更令、兼太子侍讀，皆爲崇賢館學士。

抱者，陳御史中丞衆孫。開皇中，爲延州參軍。入調吏部，尚書牛弘給筆札，令自序，援筆而成。爲元德太子學士，會嫡皇孫生，大宴，坐中獻頌，太子嗟賞。及在隴西府，文檄皆出其手。

蔡允恭，荊州江陵人，後梁左民尚書大業子。美姿容，工爲詩。仕隋，歷起居舍人。煬帝有所賦，必令諷誦。遣敎宮人，允恭恥之，數稱疾。授內史舍人，俾入宮，固辭，繇是疏斥。帝遇弒，經事宇文化及、竇建德，歸國爲秦王府參軍、文學館學士。貞觀初，除太子洗馬，卒。著後梁春秋。

謝偃，衞州衞人，本姓直勒氏，祖孝政，仕北齊爲散騎常侍，改姓謝。偃在隋爲散從正員郎。

貞觀初，應詔對策高第，歷高陵主簿。太宗幸東都，方穀、洛壞洛陽宮，詔求直言，偃上書陳得失，帝稱善，引爲弘文館直學士，遷魏王府功曹。嘗爲塵、影賦二篇，帝美其文，召見，欲偃作賦。先爲序一篇，頗言天下乂安、功德茂盛意，授偃使賦。偃緣帝指，名篇曰述聖，帝悅，賜帛數十。

初，帝卽位，直中書省張蘊古上大寶箴，諷帝以民畏而未懷，其辭挺切，擢大理丞。偃又獻惟皇誡德賦，其序大略言：「治忘亂，安忘危，逸忘勞，得忘失，四者人主莫不然。桀以瑤臺爲麗，而不悟南巢之禍；殷辛以象箸爲華，而不知牧野之敗。是以聖人處宮室則思前王所以亡，朝萬國則思己所以尊，巡府庫則思今所以得，視功臣則思其輔佐之始，見名將則思用力之初，如此則人無易心，天下何患乎不化哉？旦行之堯、舜，暮失之桀、紂，豈異人哉？」其賦蓋規帝成功而自處至難云。又撰玉諜眞紀以勸封禪。時李百藥工詩，而偃善賦，時人稱「李詩謝賦」。府廢，終湘潭令。

蘊古，洹水人。敏書傳，曉世務，文擅當時。後坐事誅。

崔信明，青州益都人。高祖光伯，仕後魏爲七兵尚書。信明之生，五月五日日方中，有異雀鳴集庭樹，太史令史良爲占曰：「五月爲火，火主離，離爲文，日中，文之盛也，雀五色而鳴，此兒將以文顯，然雀類微，位殆不高邪。」及長，彊記，美文章。鄉人高孝基嘗語人曰：「崔生才富，爲一時冠，但恨位不到耳。」隋大業中，爲堯城令。竇建德僭號，而信明族弟敬素者，爲賊鴻臚卿，自謂得意，語信明曰：「夏王英武，有舉天下心，士女襁負而至不可數。兄不以此時立功立事，豈所謂見機不俟終日乎？」答曰：「昔申胥海隅釣師，能固其節。爾欲吾屈身賊中求斗筲邪？」遂踰城去，隱太行山。貞觀六年，有詔卽家拜興勢丞。遷秦川令，卒。

信明蹇亢，以門望自負，嘗矜其文，謂過李百藥，議者不許。揚州錄事參軍鄭世翼者，亦驁倨，數恌輕忤物，遇信明江中，謂曰：「聞公有『楓落吳江冷』，願見其餘。」信明欣然多出衆篇，世翼覽未終，曰：「所見不逮所聞！」投諸水，引舟去。

世翼，鄭州滎陽人，周儀同大將軍敬德孫。貞觀時，坐怨謗流死巂州。譔交游傳，行於世。

信明子冬日，武后時位黃門侍郎，爲酷吏誣死。

劉延祐，徐州彭城人。伯父胤之，少志學，與孫萬壽、李百藥相友善。武德中，杜淹薦爲信都令，有惠政。永徽初，以著作郎、弘文館學士與令狐德棻、陽仁卿等撰次國史并實錄，以勞封陽城縣男。終楚州刺史。

延祐擢進士，補渭南尉，有吏能，治第一。李勣戒之曰：「子春秋少而有美名，宜稍自抑，無爲出人上。」延祐欽納。後檢校司賓少卿，封薛縣男。

徐敬業敗，詔延祐持節到軍。時吏議敬業所署五品官殊死，六品流，延祐謂誣脅可察以情，乃論授五品官當流，六品以下除名，全宥甚衆。拜箕州刺史，轉安南都護。舊俚戶歲

半租，延祐責全入，衆始怨，謀亂。延祐誅其渠李嗣仙，而餘黨丁建等遂叛，合衆圍安南府。城中兵少不支，嬰壘待援。廣州大族馮子猷幸立功，按兵不出，延祐遇害。桂州司馬曹玄靜進兵討建，斬之。

延祐從弟藏器，高宗時爲侍御史。衞尉卿尉遲寶琳脅人爲妾，藏器劾還之，寶琳私請帝止其還，凡再劾再止。藏器曰：「法爲天下縣衡，萬民所共，陛下用捨繇情，法何所施？今寶琳私請，陛下從之；臣公劾，陛下亦從之。今日從，明日改，下何所遵？彼匹夫匹婦猶憚失信，況天子乎。」帝乃詔可，然內銜之，不悅也。稍遷比部員外郎。監察御史魏元忠稱其賢，帝欲擢任爲吏部侍郎，魏玄同沮曰：「彼守道不篤者，安用之？」遂出爲宋州司馬，卒。

子知柔，性儉靜，美風儀。居親喪，廬墓側，詔築闕表之。歷國子司業，累遷工部尚書。開元六年，河南大水，詔知柔馳驛察民疾苦及吏善惡，所表陳州刺史韋嗣立、汝州刺史崔日用、兗州刺史韋元珪、符離令綦毋頊等，止二十七人有治狀。久之，遷太子賓客，封彭城縣侯。致仕，給全祿終身。遺令薄葬，祖載服用皆自處其費。贈太子少保，謚曰文。弟知幾別有傳。

張昌齡，冀州南宮人。與兄昌宗皆以文自名，州欲舉秀才，昌齡以科廢久，固讓。更舉進士，與王公治齊名，皆爲考功員外郎王師旦所絀。太宗問其故，答曰：「昌齡等華而少實，其文浮靡，非令器也。取之則後生勸慕，亂陛下風雅。」帝然之。貞觀末，翠微宮成，獻頌闕下，召見，試息兵詔，少選成文。帝大悅，戒之曰：「昔禰衡、潘岳矜己慠物，不得死，卿才不減二人，宜鑒于前，副朕所求。」乃敕於通事舍人裏供奉。俄爲崑山道記室，平龜茲露布爲士所稱。賀蘭敏之奏豫北門脩撰，卒。昌宗官至太子舍人、脩文館學士。撰古文紀年新傳數十篇。

崔行功，恆州井陘人。祖謙之，仕北齊，終鉅鹿太守，徙占鹿泉。少好學，唐儉愛其才，妻以女，因倩作文奏。高宗時，累轉吏部郎中，以善占奏，常兼通事舍人內供奉。坐事貶游安令，又召爲司文郎中，與蘭臺侍郎李懷儼並主朝廷大典册。

初，太宗命祕書監魏徵寫四部羣書，將藏內府，置讎正二十員、書工百員。徵徙職，又詔虞世南、顏師古踵領，功不就。顯慶中，罷讎正員，聽書工寫于家，送官取直，使散官隨番刊正。至是詔東臺侍郎趙仁本、舍人張文瓘及行功、懷儼相次充使檢校，置詳正學士代散官。以勞遷蘭臺侍郎，卒。

孫銑，尚定安公主，爲太府卿。初，主降王同晈，後降銑，主卒，晈子繇請與父合葬。給事中夏侯銛駁奏「主與王氏絕，喪當還崔」，詔可。銛猶出爲瀘州都督。

行功兄子玄暐別有傳。

杜審言字必簡，襄州襄陽人，晉征南將軍預遠裔。擢進士，爲隰城尉，恃才高，以傲世見疾。蘇味道爲天官侍郎，審言集判，出謂人曰：「味道必死。」人驚問故，答曰：「彼見吾判，且羞死。」又嘗語人曰：「吾文章當得屈、宋作衙官，吾筆當得王羲之北面。」其矜誕類此。累遷洛陽丞，坐事貶吉州司戶參軍。司馬周季重、司戶郭若訥構其罪，繫獄，將殺之。季重等酒酣，審言子并年十三，袖刃刺季重於坐，左右殺并。季重將死，曰：「審言有孝子，吾不知，若訥故誤我。」審言免官，還東都。蘇頲傷并孝烈，誌其墓，劉允濟祭以文。後武后召審言，將用之，問曰：「卿喜否？」審言蹈舞謝，后令賦歡喜詩，歎重其文，授著

作佐郎，遷膳部員外郎。神龍初，坐交通張易之，流峯州。入爲國子監主簿、脩文館直學士，卒。大學士李嶠等奏請加贈，詔贈著作郎。

初，審言病甚，宋之問、武平一等省候何如，答曰「甚爲造化小兒相苦，尚何言？然吾在，久壓公等，今且死，固大慰，但恨不見替人」云。少與李嶠、崔融、蘇味道爲文章四友，世號「崔、李、蘇、杜」。融之亡，審言爲服緦云。

從祖兄易簡，九歲能屬文，長博學，爲岑文本所器。擢進士，補渭南尉。咸亨初，歷殿中侍御史。嘗道遇吏部尚書李敬玄，不避，敬玄恨，召爲考功員外郎屈之。而侍郎裴行儉與敬玄不平，故易簡上書言敬玄罪，敬玄曰：「襄陽兒輕薄乃爾。」因奏易簡險躁，高宗怒，貶開州司馬。

審言生子閑，閑生甫。

甫字子美，少貧不自振，客吳越、齊趙間。李邕奇其材，先往見之。舉進士不中第，困長安。

天寶十三載，玄宗朝獻太淸宮，饗廟及郊，甫奏賦三篇。帝奇之，使待制集賢院，命宰相試文章，擢河西尉，不拜，改右衞率府胄曹參軍。數上賦頌，因高自稱道，且言：「先臣

恕、預以來，承儒守官十一世，迨審言，以文章顯中宗時。臣賴緒業，自七歲屬辭，且四十年，然衣不蓋體，常寄食於人，竊恐轉死溝壑，伏惟天子哀憐之。若令執先臣故事，拔泥塗之久辱，則臣之述作雖不足鼓吹六經，至沈鬱頓挫，隨時敏給，揚雄、枚皋可企及也。有臣如此，陛下其忍棄之？」

會祿山亂，天子入蜀，甫避走三川。肅宗立，自鄜州羸服欲奔行在，爲賊所得。至德二年，亡走鳳翔上謁，拜右拾遺。與房琯爲布衣交，琯時敗陳濤斜，又以客董廷蘭，罷宰相。甫上疏言：「罪細，不宜免大臣。」帝怒，詔三司雜問。宰相張鎬曰：「甫若抵罪，絕言者路。」帝乃解。甫謝，且稱：「琯宰相子，少自樹立爲醇儒，有大臣體，時論許琯才堪公輔，陛下果委而相之。觀其深念主憂，義形於色，然性失於簡。酷嗜鼓琴，廷蘭託琯門下，貧疾昏老，依倚爲非，琯愛惜人情，一至玷汙。臣歎其功名未就，志氣挫衄，覬陛下棄細錄大，所以冒死稱述，涉近訐激，違忤聖心。陛下赦臣百死，再賜骸骨，天下之幸，非臣獨蒙。」然帝自是不甚省錄。

時所在寇奪，甫家寓鄜，彌年艱窶，孺弱至餓死，因許甫自往省視。從還京師，出爲華州司功參軍。關輔饑，輒棄官去，客秦州，負薪採橡栗自給。流落劍南，結廬成都西郭。召補京兆功曹參軍，不至。會嚴武節度劍南東、西川，往依焉。武再帥劍南，表爲參謀、檢校

工部員外郎。武以世舊，待甫甚善，親入其家。甫見之，或時不巾，而性褊躁傲誕，嘗醉登武牀，瞪視曰：「嚴挺之乃有此兒！」武亦暴猛，外若不爲忤，中銜之。一日欲殺甫及梓州刺史章彝，集吏於門。武將出，冠鉤于簾三，左右白其母，奔救得止，獨殺彝。武卒，崔旰等亂，甫往來梓、夔間。

大曆中，出瞿唐，下江陵，泝沅、湘以登衡山，因客耒陽。游嶽祠，大水遽至，涉旬不得食，縣令具舟迎之，乃得還。令嘗饋牛炙白酒，大醉，一昔卒，年五十九。

甫曠放不自檢，好論天下大事，高而不切。少與李白齊名，時號「李杜」。嘗從白及高適過汴州，酒酣登吹臺，慷慨懷古，人莫測也。數嘗寇亂，挺節無所汙，爲歌詩，傷時橈弱，情不忘君，人憐其忠云。

贊曰：唐興，詩人承陳、隋風流，浮靡相矜。至宋之問、沈佺期等，研揣聲音，浮切不差，而號「律詩」，競相襲沿。逮開元間，稍裁以雅正，然恃華者質反，好麗者壯違，人得一槩，皆自名所長。至甫，渾涵汪茫，千彙萬狀，兼古今而有之，它人不足，甫乃厭餘，殘膏賸馥，沾丐後人多矣。故元稹謂：「詩人以來，未有如子美者。」甫又善陳時事，律切精深，至千言不少衰，世號「詩史」。昌黎韓愈於文章慎許可，至歌詩，獨推曰：「李、杜文章在，光燄萬丈長。」誠可信云。

王勃字子安，絳州龍門人。六歲善文辭，九歲得顏師古注漢書讀之，作指瑕以擿其失。麟德初，劉祥道巡行關內，勃上書自陳，祥道表于朝，對策高第。年未及冠，授朝散郎，數獻頌闕下。沛王聞其名，召署府脩撰，論次平臺祕略。書成，王愛重之。是時，諸王鬭雞，勃戲爲文檄英王雞，高宗怒曰：「是且交構。」斥出府。勃既廢，客劍南。嘗登葛憒山曠望，慨然思諸葛亮之功，賦詩見情。聞虢州多藥草，求補參軍。倚才陵藉，爲僚吏共嫉。官奴曹達抵罪，匿勃所，懼事洩，輒殺之。事覺當誅，會赦除名。父福畤，繇雍州司功參軍坐勃故左遷交阯令。勃往省，度海溺水，痵而卒，年二十九。

初，道出鍾陵，九月九日都督大宴滕王閣，宿命其婿作序以夸客，因出紙筆偏請客，莫敢當，至勃，汎然不辭。都督怒，起更衣，遣吏伺其文輒報。一再報，語益奇，乃矍然曰：「天才也！」請遂成文，極歡罷。勃屬文，初不精思，先磨墨數升，則酣飲，引被覆面臥，及寤，援筆成篇，不易一字，時人謂勃爲腹稿。尤喜著書。

初，祖通，隋末居白牛溪，教授門人甚衆。嘗起漢、魏盡晉作書百二十篇，以續古尚書，後亡其序，有錄無書者十篇，勃補完缺逸，定著二十五篇。嘗謂人子不可不知醫，時長安曹元有祕術，勃從之游，盡得其要。嘗讀易，夜夢若有告者曰：「易有太極，子勉思之。」寤而作易發揮數篇，至晉卦，會病止。又謂：「王者乘土王，世五十，數盡千年；乘金王，世四十九，數九百年；乘水王，世二十，數六百年；乘木王，世三十，數八百年；乘火王，世二十，數七百年。天地之常也。自黃帝至漢，五運適周，土復歸唐，唐應繼周、漢，不可承周、隋短祚。」乃斥魏、晉以降非眞主正統，皆五行沴氣。遂作唐家千歲曆。武后時，李嗣眞請以周、漢爲二王後，而廢周、隋，中宗復用周、隋。天寶中，太平久，上言者多以詭異進，有崔昌者采勃舊說，上五行應運曆，請承周、漢，廢周、隋爲閏，右相李林甫亦贊佑之。集公卿議可否，集賢學士衞包、起居舍人閻伯璵上表曰：「都堂集議之夕，四星聚於尾，天意昭然矣。」於是玄宗下詔以唐承漢，黜隋以前帝王，廢介、酅公，尊周、漢爲二王後，以商爲三恪，京城起周武王、漢高祖廟。授崔昌太子贊善大夫，衞包司虞員外郎。楊國忠爲右相，自稱隋宗，建議復用魏爲三恪，周、隋爲二王後，酅、介二公復舊封，貶崔昌烏雷尉，衞包夜郎尉，閻伯璵涪川尉。

勃兄勔，弟助，皆第進士。

中華書局

劭，長壽中爲鳳閣舍人，壽春等五王出閤，有司具儀，忘載册文，羣臣已在，乃悟其闕，宰相失色。劭召五吏執筆，分占其辭，粲然皆畢，人人嗟服。尋加弘文館學士，兼知天官侍郎。始，裴行儉典選，見劭與蘇味道，曰：「二子者，皆銓衡才。」至是語驗。劭素善劉思禮，用爲箕州刺史，與綦連耀謀反，劭與兄涇州刺史勔及助皆坐誅。神龍初，詔復官。

助字子功，七歲喪母哀號，隣里爲泣。居父憂，毀骨立。服除，爲監察御史裏行。

初，勔、劭、勃皆著才名，故杜易簡稱「三珠樹」，其後助、劼又以文顯。劼蚤卒。福時少子勸亦有文。福時嘗詑韓思彥，思彥戲曰：「武子有馬癖，君有譽兒癖，王家癖何多邪？」使助出其文，思彥曰：「生子若是，可夸也。」

勃與楊炯、盧照鄰、駱賓王皆以文章齊名，天下稱「王、楊、盧、駱」，號「四傑」。炯嘗曰：「吾愧在盧前，恥居王後。」議者謂然。

炯，華陰人。舉神童，授校書郎。永隆二年，皇太子已釋奠，表豪俊充崇文館學士，中書侍郎薛元超薦炯及鄭祖玄、鄧玄挺、崔融等，詔可。遷詹事司直。俄坐從父弟神讓與徐敬業亂，出爲梓州司法參軍。遷盈川令，張說以箴贈行，戒其苛。至官，果以嚴酷稱，吏稍忤意，搒殺之，不爲人所多。卒官下，中宗時贈著作郎。

照鄰字昇之，范陽人。十歲從曹憲、王義方授蒼、雅。調鄧王府典籤，王愛重，謂人曰：「此吾之相如。」調新都尉，病去官，居太白山，得方士玄明膏餌之，會父喪，號嘔，丹輒出，由是疾益甚。客東龍門山，布衣藜羹，裴瑾之、韋方質、范履冰等時時供衣藥。疾甚，足攣，一手又廢，乃去具茨山下，買園數十畝，疏潁水周舍，復豫爲墓，偃臥其中。照鄰自以當高宗時尚吏，己獨儒；武后尚法，己獨黃老；后封嵩山，屢聘賢士，己已廢。著五悲文以自明。病既久，與親屬訣，自沈潁水。

賓王，義烏人。七歲能賦詩。初爲道王府屬，嘗使自言所能，賓王不答。歷武功主簿。裴行儉爲洮州總管，表掌書奏，不應，調長安主簿。武后時，數上疏言事。下除臨海丞，鞅鞅不得志，棄官去。徐敬業亂，署賓王爲府屬，爲敬業傳檄天下，斥武后罪。后讀，但嘻笑，至「一抔之土未乾，六尺之孤安在」，矍然曰：「誰爲之？」或以賓王對，后曰：「宰相安得失此人！」敬業敗，賓王亡命，不知所之。中宗時，詔求其文，得數百篇。

它日，崔融與張說評勃等曰：「勃文章宏放，非常人所及，炯、照鄰可以企之。」說曰：「不然。盈川文如縣河，酌之不竭，優於盧而不減王。恥居後，信然；愧在前，謙也。」

開元中，說與徐堅論近世文章，說曰：「李嶠、崔融、薛稷、宋之問之文如良金美玉，無施不可。富嘉謨如孤峯絕岸，壁立萬仞，濃雲鬱興，震雷俱發，誠可畏也，若施於廊廟，駭矣。閻朝隱如麗服靚粧，燕歌趙舞，觀者忘疲，若類之風、雅，則罪人矣。」堅問：「今世奈何？」說曰：「韓休之文如大羹玄酒，有典則，薄滋味。許景先如豐肌膩理，雖穠華可愛，而乏風骨。張九齡如輕縑素練，實濟時用，而窘邊幅。王翰如瓊杯玉斝，雖爛然可珍，而多玷缺。」堅謂篤論云。

元萬頃，後魏京兆王子推裔。祖白澤，武德中，仕至梁，利十一州都督，封新安公。萬頃起家爲通事舍人。

從李勣征高麗，管書記。勣命別將郭待封以舟師赴平壤，馮師本載糧繼之，不及期。欲報勣，而恐爲諜所得，萬頃爲作離合詩遺勣。勣怒曰：「軍機切遽，何用詩爲？」欲斬待封，萬頃言狀，乃免。又使萬頃草檄讓高麗，而譏其不知守鴨淥之險，莫離支報曰：「謹聞命。」徙兵固守，軍不得入。高宗聞之，投萬頃嶺外。

會赦還，爲著作郎。武后諷帝召諸儒論譔禁中，萬頃與周王府戶曹參軍范履冰、苗神客、太子舍人周思茂、右史胡楚賓與選，凡撰列女傳、臣軌、百寮新誡、樂書等九千餘篇。至朝廷疑議表疏皆密使參處，以分宰相權，故時謂「北門學士」。思茂、履冰、神客供奉左右，或二十餘年。

萬頃敏文辭，然放達不治細檢，無儒者風。武后時，累遷鳳閣侍郎，坐誅。

履冰者，河內人。垂拱中，歷鸞臺天官二侍郎、春官尚書、同鳳閣鸞臺平章事，兼脩國史。載初初，坐舉逆人被殺。

神客，東光人，終著作郎。

思茂，漳南人，與弟思鈞早知名。累遷麟臺少監、崇文館學士。垂拱中，下獄死。

楚賓，秋浦人。屬文敏甚，必酒中，然後下筆。高宗命作文，常以金銀杯斟酒飲之，文成輒賜焉。家居率沈飲，無留賄，費盡復入，得賜而出，類爲常。性重慎，未嘗語禁中事，人及其醉問之，亦熟視不答。尋兼崇賢直學士，卒。

萬頃孫正，脩名節，擢明經高第，授監門衛兵曹參軍。舅孫逖與譚物理，歎己不逮。肅宗初，吏部尚書崔寓典選，正以書判第一召詣京師，以父詢倩老，辭疾免。河南節度使崔光遠表置其府。史思明陷河、洛，輦父匿山中，賊以名購，正度事急，謂弟曰：「賊祿不可養親，彼利吾名，難免矣，然不汙身而死，吾猶生也。」賊既得，誘以高位，瞋目固拒，兄弟皆遇害，父聞，仰藥死，路人爲哭。事平，詔錄伏節十一姓，而正爲冠。贈祕書少監，以其子義方爲華州參軍。

義方，歷京兆府司錄，韋夏卿、李實繼爲尹，事必咨之。歷虢商二州刺史、福建觀察使。中官吐突承璀，閩人也，義方用其親屬爲右職。李吉甫再當國，陰欲承璀奥助，卽召義方爲京兆尹。李絳惡其黨，出爲鄜坊觀察使，一切辦治，然苛刻，人多怨之。卒，贈左散騎常侍。

弟季方，舉明經，調楚丘尉，歷殿中侍御史。兵部尚書王紹表爲度支員外郎，遷金、膳二部郎中，號能職。王叔文用事，憚季方不爲用，以兵部郎中使新羅。新羅聞中國喪，不時遣，供饋乏，季方正色責之，閉戶絕食待死，夷人悔謝，結驩乃還。卒，年五十一，贈同州刺史。

校勘記

〔一〕典籤蘇勖　「蘇勖」，各本原作「蘇幹」，按本書卷一二五蘇幹傳載，幹父勖「武德中爲秦王諮議典籤、文學館學士」。本書卷一〇二及舊書卷七二褚亮傳、通鑑卷一八九記秦王府十八學士，亦有「典籤蘇勖」而無「蘇幹」。據改。

唐書卷二百二

列傳第一百二十七

文藝中

李適 韋元旦　劉允濟　沈佺期　宋之問　閻朝隱　尹元凱 富嘉謨　劉憲
李邕　呂向　王翰　孫逖 成　簡　李白 張旭　王維　鄭虔
蕭穎士 存　陸據　柳并　皇甫冉　蘇源明 梁肅

李適字子至，京兆萬年人。舉進士，再調猗氏尉。武后脩三教珠英書，以李嶠、張昌宗爲使，取文學士綴集，於是適與王無競、尹元凱、富嘉謨、宋之問、沈佺期、閻朝隱、劉允濟在選。書成，遷戶部員外郎，俄兼脩書學士。景龍初，又擢脩文館學士。睿宗時，待詔宣光閣，再遷工部侍郎。卒，年四十九，贈貝州刺史。

嘗夢與人論大衍數，寤而曰：「吾壽盡此乎！」敕其子曰：「霸陵原西視京師，吾樂之，可營墓，樹十松焉。」及未病時，衣冠往寢石榻上，置所譔九經要句及素琴于前，士貴其達。

子季卿，亦能文，舉明經、博學宏辭，調鄠尉。肅宗時，爲中書舍人，以累貶通州別駕。代宗立，還爲京兆少尹，復授舍人，進吏部侍郎、河南江淮宣慰使。振拔幽滯，號振職。大曆中，終右散騎常侍，遺命以布車一乘葬，贈禮部尚書。季卿在朝，薦進才髦，與人交，有終始，恢博君子也。

初，中宗景龍二年，始於脩文館置大學士四員、學士八員、直學士十二員，象四時、八節、十二月。於是李嶠、宗楚客、趙彥昭、韋嗣立爲大學士，適、劉憲、崔湜、鄭愔、盧藏用、李乂、岑羲、劉子玄爲學士，薛稷、馬懷素、宋之問、武平一、杜審言、沈佺期、閻朝隱爲直學士，又召徐堅、韋元旦、徐彥伯、劉允濟等滿員。其後被選者不一。凡天子饗會游豫，唯宰相及學士得從。春幸梨園，並渭水祓除，則賜細柳圈辟癘；夏宴蒲萄園，賜朱櫻；秋登慈恩浮圖，獻菊花酒稱壽；多幸新豐，歷白鹿觀，上驪山，賜浴湯池，給香粉蘭澤，從行給翔麟馬，品官黃衣各一。帝有所感卽賦詩，學士皆屬和。當時人所歆慕，然皆狎猥佻佞，忘君臣禮法，惟以文華取幸。若韋元旦、劉允濟、沈佺期、宋之問、閻朝隱等無它稱，附篇左方。

韋元旦，京兆萬年人。祖澄，越王府記室，撰女誡傳于時。元旦擢進士第，補東阿尉，遷左臺監察御史。與張易之有姻屬，易之敗，貶感義尉。俄召爲主客員外郎，遷中書舍人。舅陸頌妻，韋后弟也，故元旦憑以復進云。

劉允濟字允濟，河南鞏人，其先出沛國，齊彭城郡丞瓛六世孫。少孤，事母尤孝。工文辭，與王勃齊名。舉進士，補下邽尉，遷累著作佐郎。采魯哀公後十二世接戰國爲魯後春秋獻之，遷左史，兼直弘文館。武后明堂成，奏賦述功德，手詔褒咨，除著作郎。爲來俊臣飛構當死，以母老丐餘年，繫獄，會赦免，貶大庾尉。復爲著作佐郎，脩國史。常曰：「史官善惡必書，使驕主賊臣懼，此權顧輕哉？而班生受金，陳壽求米，僕乃視如浮雲耳。」遷鳳閣舍人，坐二張昵狎，除青州長史，有淸白稱，巡察使路敬潛言狀。以內憂去官。服除，召爲脩文館學士，既久斥，喜甚，與家人樂飲數日，卒。

沈佺期字雲卿，相州內黃人。及進士第，由協律郎累除給事中，考功受賕，劾未究，會張易之敗，遂長流驩州。稍遷台州錄事參軍事。入計，得召見，拜起居郎兼脩文館直學士。

既侍宴，帝詔學士等舞回波，佺期爲弄辭悅帝，還賜牙、緋。尋歷中書舍人、太子少詹事。開元初卒。

弟全交、全宇，皆有才章而不逮佺期。

宋之問字延淸，一名少連，汾州人。父令文，高宗時爲東臺詳正學士。之問偉儀貌，雄于辯。甫冠，武后召與楊烱分直習藝館。累轉尙方監丞、左奉宸內供奉。武后游洛南龍門，詔從臣賦詩，左史東方虯詩先成，后賜錦袍，之問俄頃獻，后覽之嗟賞，更奪袍以賜。

于時張易之等烝昵寵甚，之問與閻朝隱、沈佺期、劉允濟傾心媚附，易之所賦諸篇，盡之問、朝隱所爲，至爲易之奉溺器。及敗，貶瀧州，朝隱崖州，並參軍事。之問逃歸洛陽，匿張仲之家。會武三思復用事，仲之與王同晈謀殺三思安王室，之問得其實，令兄子曇與冉祖雍上急變，因丐贖罪，由是擢鴻臚主簿，天下醜其行。景龍中，遷考功員外郎，諂事太平公主，故見用，及安樂公主權盛，復往諧結，故太平深疾之。中宗將用爲中書舍人，太平發其知貢舉時賕餉狼藉，下遷汴州長史，未行，改越州長史。頗自力爲政。窮歷剡溪山，置酒賦詩，流布京師，人人傳諷。睿宗立，以獪險盈惡詔流欽州。祖雍歷中書舍人、刑部侍郎。倡飲省中，爲御史劾奏，貶蘄州刺史。至是，亦流嶺南，並賜死桂州。之問得詔震汗，東西步，不引決。祖雍請使者曰：「之問有妻子，幸聽訣。」使者許之，而之問荒悸不能處家事。祖雍怒曰：「與公俱負國家當死，奈何遲回邪？」乃飲食洗沐就死。祖雍，江夏王道宗甥，及進士第，有名于時。

魏建安後汔江左，詩律屢變，至沈約、庾信，以音韻相婉附，屬對精密。及之問、沈佺期，又加靡麗，回忌聲病，約句準篇，如錦繡成文。學者宗之，號爲「沈、宋」。語曰「蘇、李居前，沈、宋比肩」，謂蘇武、李陵也。

初，之問父令文，富文辭，且工書，有力絕人，世稱「三絕」。都下有牛善觸，人莫敢嬰，令文直往拔取角，折其頸殺之。既之問以文章起，其弟之悌以驍勇聞，之遜精草隸，世謂皆得父一絕。

之悌，長八尺，開元中，歷劍南節度使、太原尹。嘗坐事流朱鳶，會蠻陷驩州，授總管擊之。募壯士八人，被重甲，大呼薄賊曰：「獠動即死！」賊七百人皆伏不能興，遂平賊。

之遜爲連州參軍，刺史聞其善歌，使教婢，日執笏立簾外，唱吟自如。

閻朝隱字友倩，趙州欒城人，少與兄鏡幾、弟仙舟皆著名。連中進士、孝悌廉讓科，補陽武尉。中宗爲太子，朝隱以舍人幸。性滑稽，屬辭奇詭，爲武后所賞。累遷給事中、仗內

供奉。后有疾，令往禱少室山，乃沐浴，伏身俎盤爲犧，請代后疾。還奏，會后亦愈，大見褒賜。其資佞譎如此。景龍初，自崖州遇赦還，累遷著作郎。先天中，爲祕書少監，坐事貶通州別駕，卒。

尹元凱，瀛州樂壽人。由慈州司倉參軍坐事免，栖遲不出者三十年。與張說、盧藏用厚，詔起爲右補闕。

時又有富嘉謨、吳少微，皆知名。

嘉謨，武功人，舉進士，長安中，累轉晉陽尉；少微，新安人，亦尉晉陽，尤相友善；有魏谷倚者，爲太原主簿。並負文辭，時稱「北京三傑」。天下文章尙徐、庾，浮俚不競，獨嘉謨、少微本經術，雅厚雄邁，人爭慕之，號「吳富體」。豫脩三教珠英。韋嗣立薦嘉謨、少微並爲左臺監察御史。已而嘉謨死，少微方病，聞之爲慟，亦卒。

劉憲字元度，宋州寧陵人。父思立，在高宗時爲名御史，于時河南、北大旱，詔遣御史中丞崔謐等分道賑贍，思立建言：「靈務未畢而遣使撫巡，所至不能無勞餞。又賑給須立簿最，稽出入，往返停滯，妨廢且廣。若無驛處，馬須豫集，以一馬勞數家，今農事待雨興作，輟日役，破歲計，本欲安存，更煩擾之。望且責州縣給貸，須秋遣使便。」詔聽，罷謐等行。遷考功員外郎。始議加明經帖、進士雜文。卒官下。

憲擢進士，調河南尉，累進左臺監察御史。天授中，奉詔按來俊臣罪，憲疾其酷，欲痛繩之，反爲所構，貶潾水令。俊臣死，召爲給事中，轉中書舍人。坐善張易之，出爲渝州刺史。除太僕少卿，脩國史，兼脩文館學士，遷太子詹事。時玄宗在東宮，雅意墳史，憲啓曰：「殿下位副君，有絕人之才，非以尋摘章句，要通大意而已。侍讀褚无量經明行脩，耆年宿望，宜數召問以察其言。」太子順納。會卒，贈兗州都督。

武后時，敕吏部糊名考判，求高才，惟憲與王適、司馬鍠、梁載言入第二等。適，幽州人，終雍州司功參軍。鍠，河南人，神龍初，以中書侍郎卒。事繼母孝，奉祿不入私舍。與弟銓、伯父希象皆歷殿中侍御史。希象，剛直不諂，終主爵員外郎。載言，聊城人，歷鳳閣舍人，專知制誥，終懷州刺史。

李邕字泰和，揚州江都人。父善，有雅行，淹貫古今，不能屬辭，故人號「書簏」。顯慶中，累擢崇賢館直學士兼沛王侍讀。爲文選注，敷析淵洽，表上之，賜賚頗渥。除潞王府記室參軍，爲涇城令，坐與賀蘭敏之善，流姚州，遇赦還。居汴、鄭間講授，諸生四遠至，傳其業，號「文選學」。

邕少知名。始善注文選，釋事而忘意。書成以問邕，邕不敢對，善詰之，邕意欲有所更，善曰：「試爲我補益之。」邕附事見義，善以其不可奪，故兩書並行。既冠，見特進李嶠，自言「讀書未徧，願一見祕書」。嶠曰：「祕閣萬卷，豈時日能習邪？」邕固請，乃假直祕書。未幾辭去，嶠驚，試問奥篇隱帙，了辯如響，嶠歎曰：「子且名家！」

嶠爲內史，與監察御史張廷珪薦邕文高氣方直，才任諫諍，乃召拜左拾遺。御史中丞宋璟劾張昌宗等反狀，武后不應，邕立階下大言曰：「璟所陳社稷大計，陛下當聽。」后色解，即可璟奏。邕出，或讓曰：「子位卑，一忤旨，禍不測。」邕曰：「不如是，名亦不傳。」

中宗立，鄭普思以方伎幸，擢祕書監。邕諫曰：「陛下躬政日淺，有九重之嚴，未聞道路橫議。今藉藉皆言普思凴詭惑，說妖祥，陛下不知，猥見驅使。孔子曰：『詩三百，一言以蔽之，曰：思無邪。』陛下誠以普思術可致長生，則爽鳩氏且因之永有天下，非陛下乃今可得；能致神人邪，秦、漢且因之永有天下，非陛下乃今可得；能致佛法邪，梁武帝且因之永有天下，非陛下乃今可得；能鬼道邪，墨翟、干寶且各獻其主，永有天下，非陛下乃今可得。自古堯、舜稱聖者，臣觀所以行，皆在人事，敦睦九族，平章百姓，不聞以鬼神道治天下，惟陛下省察。」不納。

五王誅，坐善張柬之，出爲南和令，貶富州司戶參軍事。韋氏平，召拜左臺殿中侍御史，彈劾任職，人頗憚之。譙王重福謀反，邕與洛州司馬崔日知捕支黨，遷戶部員外郎。岑羲、崔湜惡日用，而邕與之交，玄宗在東宮，邕及崔隱甫、倪若水同被禮遇，羲等忌之，貶邕舍城丞。玄宗即位，召爲戶部郎中。張廷珪爲黃門侍郎，而姜晈方幸，共援邕爲御史中丞。姚崇疾邕險躁，左遷括州司馬，起爲陳州刺史。

帝封太山還，邕見帝汴州，詔獻辭賦，帝悅。然矜肆，自謂且宰相。邕素輕張說，與相惡。會仇人告邕贓貸枉法，下獄當死。許昌男子孔璋上書天子曰：

明主舉能而捨過，取才而棄行，烈士抗節，勇者不避死，故晉用林父不以過，漢任陳平不以行，禽息殞身不祈生，北郭碎首不愛死。向若林父誅，陳平死，百里不用，晏嬰見逐，是晉無赤狄之土，漢無天子之尊，秦不彊，齊不霸矣。伏見陳州刺史邕，剛毅忠烈，難不苟免。往者折二張之角，挫韋氏之鋒，雖身受謫屈，而姦謀沮解，即邕有功於

國。且邕所能者，拯孤恤窮，救乏賙惠，家無私聚。今聞坐贓下吏，死在旦夕。臣聞生無益於國者，不若殺身以明賢。臣願以六尺之軀膏鈇鉞，以代邕死。臣與邕生平不款曲，臣知有邕，邕不知有臣，臣不逮邕明矣。夫知賢而舉，仁也；任人之患，義也。獲二善以死，臣又何求？伏惟陛下寬邕之死，使率德改行。與林父、曲逆之功，臣得瞑目；附禽息、北郭之迹，大願畢矣。若以陽和方始，重行大戮，則臣請伏劍，不敢煩有司，皇天后土，實聞臣言。昔吳、楚反，漢得劇孟則不憂，夫以一賢而敵七國之衆，伏惟敷含垢之道，棄瑕之義，遠思劇孟，近取於邕。況告成岱宗，天地更新，赦而復論，人誰無罪，惟明主圖之。臣聞士爲知己者死，臣不爲死者所知，而甘之死者，非特惜邕賢，亦以成陛下矜能之慈。

疏奏，邕得減死，貶遵化尉，流璋嶺南。邕妻溫，復爲邕請戍邊自贖，曰：

邕少習文章，疾惡如讎，不容於衆，邪佞切齒，諸儒側目。頻譴遠郡，削跡朝端，不啻十載。歲時歎戀，聞者傷懷。屬國家有事泰山，法駕旋路，邕獻牛酒，例蒙恩私。妾聞正人用則佞人憂，邕之禍端，故自此始。且邕比任外官，卒無一毀，天意暫顧，罪過旋生。諺曰：「士無賢不肖，入朝見疾。」惟陛下明察。邕初蒙訊責，便繫牢戶，水不入口者踰五日，氣息奄奄，惟吏是聽。事生吏口，迫邕手書。貸人蠶種，以爲枉法；市羅

貫奉，指爲姦贓。于時甌使朝堂，守捉嚴固，號天訴地，誰肯爲聞？泣血去國，投骨荒裔，永無還期。妄願使邕得充一卒，効力王事，膏塗朔邊，骨糞沙壤，成邕夙心。

表入不省。

邕後從中人楊思勗討嶺南賊有功，徙澧州司馬。開元二十三年，起爲括州刺史，喜興利除害。復坐誣枉，且得罪，天子識其名，詔勿劾。後歷淄、滑二州刺史，上計京師。始，邕蚤有名，重義愛士，久斥外，不與士大夫接。旣入朝，人間傳其眉目瓌異，至阡陌聚觀，後生望風內謁，門巷塡隘。中人臨問，索所爲文章，且進上。以讒媢不得留，出爲汲郡、北海太守。

天寶中，左驍衞兵曹參軍柳勣有罪下獄，邕嘗遺勣馬，故吉溫使引邕嘗以休咎相語，陰賂遺。宰相李林甫素忌邕，因傅以罪。詔刑部員外郎祁順之、監察御史羅希奭就郡杖殺之，時年七十。代宗時，贈祕書監。

邕之文，於碑頌是所長，人奉金帛請其文，前後所受鉅萬計。邕雖詘不進，而文名天下，時稱李北海。盧藏用嘗謂：「邕如干將、莫邪，難與爭鋒，但虞傷缺耳。」後卒如言。杜甫知邕負謗死，作八哀詩，讀者傷之。邕資豪放，不能治細行，所在賄謝，畋游自肆，終以敗云。

呂向字子回，亡其世貫，或曰涇州人。少孤，託外祖母隱陸渾山。工草隸，能一筆環寫百字，若縈髮然，世號「連錦書」。彊志于學，每賣藥，即市閱書，遂通古今。玄宗開元十年，召入翰林，兼集賢院校理，侍太子及諸王爲文章。時帝歲遣使采擇天下姝好，內之後宮，號「花鳥使」，向因奏美人賦以諷，帝善之，擢左拾遺。天子數校獵渭川，向又獻詩規諷，進左補闕。帝自爲文，勒石西嶽，詔向爲鐫勒使。

以起居舍人從帝東巡，帝引頡利發及蕃夷酋長入仗內，賜弓矢射禽。向上言：「鴟梟不鳴，未爲瑞鳥；豺虎雖伏，弗曰仁獸。況突厥安忍殘賊，莫顧君父，陛下震以武義，來以文德，勢不得不廷，故稽顙稱臣，奔命遣使。陛下引內從官，陪封禪盛禮，使飛鏃於前，同獲獸之樂，是狎昵太過。或荊卿詭動，何羅竊發，逼嚴蹕，冒淸塵，縱醢單于，汙穹廬，何以塞責？」帝順納，詔蕃夷出仗。久之，遷主客郎中，專侍皇太子，眷賚良異。

始，向之生，父岌客遠方不還。少喪母，失墓所在，將葬，巫者求得之。不知父在亡，招魂合諸墓。後有傳父猶在者，訪索累年不獲。它日自朝還，道見一老人，物色問之，果父也。下馬抱父足號慟，行人爲流涕。帝聞，咨歎，官岌朝散大夫，賜錦綵，給內敎坊樂工，娛懌其心。卒，贈東平太守。

向終喪，再遷中書舍人，改工部侍郎，卒，贈華陰太守。嘗以李善釋文選爲繁釀，與呂延濟、劉良、張銑、李周翰等更爲詁解，時號五臣注。

王翰字子羽，并州晉陽人。少豪健恃才，及進士第，然喜蒱酒。張嘉貞爲本州長史，偉其人，厚遇之。翰自歌以舞屬嘉貞，神氣軒舉自如。張說至，禮益加。復舉直言極諫，調昌樂尉，又舉超拔羣類。方說輔政，故召爲祕書正字，擢通事舍人、駕部員外郎。家畜聲伎，目使頤令，自視王侯，人莫不惡之。說罷宰相，翰出爲汝州長史，徙仙州別駕。日與才士豪俠飮樂游畋，伐鼓窮歡，坐貶道州司馬，卒。

孫逖，博州武水人，後魏光祿大夫惠蔚，其先也。祖希莊，爲韓王府典籤，四世傳一子，故無近屬。父嘉之，少孤，依外家，客涉、翟間。垂拱初，詣洛陽獻書，不報。第進士，終襄邑令。

逖幼有文，屬思警敏。年十五，見雍州長史崔日用，令賦土火爐，援筆成篇，理趣不凡，日用駭歎，遂與定交。舉手筆俊拔、哲人奇士隱淪屠釣及文藻宏麗等科。開元十年，又舉賢良方正。玄宗御洛城門引見，命戶部郎中蘇晉等第其文異等，擢左拾遺。張說命子均、垍往拜之；李邕負才，自陳州入計，裒其文示逖。

李暠鎭太原，表置幕府。以起居舍人入爲集賢院脩撰。時海內少事，帝賜羣臣十日一燕，宰相蕭嵩會百官賦天成、玄澤、維南有山、楊之華、三月、英英有蘭、和風、嘉木等詩八篇，繼雅、頌體，使逖序所以然。改考功員外郎，取顏眞卿、李華、蕭穎士、趙驊等，皆海內有名士。俄遷中書舍人。是時，嘉之且八十，猶爲令，逖求降外官，增父秩。帝嘉納，拜嘉之宋州司馬，聽致仕。父喪闋，復拜舍人。開元間，蘇頲、齊澣、蘇晉、賈曾、韓休、許景先及逖典詔誥，爲代言最，而逖尤精密，張九齡視其草，欲易一字，卒不能也。居職八年，判刑部侍郎，以病風乞解，徙太子左庶子，遂廢累年，徙少詹事。上元中卒，贈尚書右僕射，謚曰文。

諸子成最知名。

成字思退，推蔭仕累洛陽、長安令。兄宿爲華州刺史，因悸病瘖，成請告往視，不待報

輒行，代宗嘉其悌，不責也。稍遷倉部郎中、京兆少尹。爲信州刺史，歲大旱，發倉以賤直售民，故飢而不亡。再期增戶五千，詔書褒美。徙蘇州，改桂管觀察使，卒。

成通經術，奏議据正。嘗有期喪，弔者至，成不易縗而見。客疑之，請故，答曰：「縗者，古居喪常服，去之則廢喪也。今而巾幞，失矣。」子公器，亦至邕管經略使。

公器子簡，字樞中，元和初，登進士第，辟鎭國、荆南幕府。累遷左司、吏部二郎中，繇諫議大夫知制誥，進中書舍人。初，逖掌誥，至代宗時，宿又居職，逮簡凡三世。

會昌初，遷尙書左丞，建言：

班位以品秩爲等差，今官兼臺省，位置遷謬，不可爲法。元和元年，御史臺白奏，常參官兼大夫、中丞者，視檢校官，居本品同類官上。其後侍郎兼大夫者皆在左、右丞上。當時侍郎兼大夫少，唯京兆尹兼之。京兆尹從三品，今位乃在本品同類官從三品卿、監上，太常、宗正卿正三品下。左丞乃正四品上，戶部侍郎正四品下，今戶部侍郎兼大夫當在本品同類正四品下，諸曹侍郎上，不宜居正四品丞、郎上。又右丞正四品下，吏部侍郎正四品上，今吏部侍郎位右丞之下。蓋以丞有繩轄之重，雖吏部品高，猶居其下，然則戶部侍郎雖兼大夫，安得居其上哉？今散官自將仕郎至開府、特進，每品正、從有上有下，名級各異，則正從上下不得謂之同品。京兆、河南司錄及諸府州錄事參軍事皆操紀律，正諸曹，與尙書省左、右丞紀綱六曹略等，假使諸曹掾因功勞加臺省官，安得位在司錄、錄事參軍上？且左丞糾射八坐，主省內禁令、宗廟祠祭事，御史不當，得彈奏之，良以臺官所奏拘牽成例，不揣事之輕重。使理可循，雖無往比，自宜行之。否者，雖曰舊章，正可改也。

武宗詔兩省官詳議，皆從簡請。

歷河中、興元、宣武節度使，檢校尙書右僕射、東都留守。而弟範亦爲淄青節度使，世推顯家。

李白字太白，興聖皇帝九世孫。其先隋末以罪徙西域，神龍初，遁還，客巴西。白之生，母夢長庚星，因以命之。十歲通詩書，既長，隱岷山。州舉有道，不應。蘇頲爲益州長史，見白異之，曰：「是子天才英特，少益以學，可比相如。」然喜縱橫術，擊劍，爲任俠，輕財重施。更客任城，與孔巢父、韓準、裴政、張叔明、陶沔居徂來山，日沈飲，號「竹溪六逸」。

天寶初，南入會稽，與吳筠善，筠被召，故白亦至長安。往見賀知章，知章見其文，歎曰：「子，謫仙人也！」言於玄宗，召見金鑾殿，論當世事，奏頌一篇。帝賜食，親爲調羹，有詔供奉翰林。白猶與飲徒醉于市。帝坐沈香子亭，意有所感，欲得白爲樂章，召入，而白已醉，左右以水頮面，稍解，授筆成文，婉麗精切，無留思。帝愛其才，數宴見。白嘗侍帝，醉，使高力士脫鞾。力士素貴，恥之，擿其詩以激楊貴妃，帝欲官白，妃輒沮止。白自知不爲親近所容，益驁放不自脩，與知章、李適之、汝陽王璡、崔宗之、蘇晉、張旭、焦遂爲「酒八仙人」。懇求還山，帝賜金放還。白浮游四方，嘗乘月與崔宗之自采石至金陵，著宮錦袍坐舟中，旁若無人。

安祿山反，轉側宿松、匡廬間，永王璘辟爲府僚佐。璘起兵，逃還彭澤；璘敗，當誅。初，白游并州，見郭子儀，奇之。子儀嘗犯法，白爲救免。至是子儀請解官以贖，有詔長流夜郎。會赦，還尋陽，坐事下獄。時宋若思將吳兵三千赴河南，道尋陽，釋囚辟爲參謀，未幾辭職。李陽冰爲當塗令，白依之。代宗立，以左拾遺召，而白已卒，年六十餘。

白晚好黃老，度牛渚磯至姑孰，悅謝家青山，欲終焉。及卒，葬東麓。元和末，宣歙觀察使范傳正祭其冢，禁樵採。訪後裔，惟二孫女嫁爲民妻，進止仍有風範，因泣曰：「先祖志在青山，頃葬東麓，非本意。」傳正爲改葬，立二碑焉。告二女，將改妻士族，辭以孤窮失身，命也，不願更嫁。傳正嘉歎，復其夫傜役。

文宗時，詔以白歌詩、裴旻劍舞、張旭草書爲「三絕」。

旭，蘇州吳人。嗜酒，每大醉，呼叫狂走，乃下筆，或以頭濡墨而書，既醒自視，以爲神，不可復得也，世呼張顛。

初，仕爲常孰尉，有老人陳牒求判，宿昔又來，旭怒其煩，責之。老人曰：「觀公筆奇妙，欲以藏家爾。」旭因問所藏，盡出其父書，旭視之，天下奇筆也，自是盡其法。旭自言，始見公主擔夫爭道，又聞鼓吹，而得筆法意，觀倡公孫舞劍器，得其神。後人論書，歐、虞、褚、陸皆有異論，至旭，無非短者。傳其法，惟崔邈、顏眞卿云。

旻嘗與幽州都督孫佺北伐，爲奚所圍，旻舞刀立馬上，矢四集，皆迎刃而斷，奚大驚引去。後以龍華軍使守北平。北平多虎，旻善射，一日得虎三十一，休山下，有老父曰：「此彪也。稍北，有眞虎，使將軍遇之，且敗。」旻不信，怒馬趨之。有虎出叢薄中，小而猛，據地大吼，旻馬辟易，弓矢皆墮，自是不復射。

王維字摩詰，九歲知屬辭，與弟縉齊名，資孝友。開元初，擢進士，調太樂丞，坐累爲

濟州司倉參軍。張九齡執政，擢右拾遺。歷監察御史。母喪，毀幾不生。服除，累遷給事中。

安祿山反，玄宗西狩，維爲賊得，以藥下利，陽瘖。祿山素知其才，迎置洛陽，迫爲給事中。祿山大宴凝碧池，悉召梨園諸工合樂，諸工皆泣，維聞悲甚，賦詩悼痛。賊平，皆下獄。或以詩聞行在，時縉位已顯，請削官贖維罪，肅宗亦自憐之，下遷太子中允。久之，遷中庶子，三遷尚書右丞。

縉爲蜀州刺史未還，維自表「己有五短，縉五長，臣在省戶，縉遠方，願歸所任官，放田里，使縉得還京師」。議者不之罪。久乃召縉爲左散騎常侍。上元初卒，年六十一。疾甚，縉在鳳翔，作書與別，又遺親故書數幅，停筆而化。贈祕書監。

維工草隸，善畫，名盛於開元、天寶間，豪英貴人虛左以迎，寧、薛諸王待若師友。畫思入神，至山水平遠，雲勢石色，繪工以爲天機所到，學者不及也。客有以按樂圖示者，無題識，維徐曰：「此霓裳第三疊最初拍也。」客未然，引工按曲，乃信。

兄弟皆篤志奉佛，食不葷，衣不文綵。別墅在輞川，地奇勝，有華子岡、欹湖、竹里館、柳浪、茱萸沜、辛夷塢，與裴迪游其中，賦詩相酬爲樂。喪妻不娶，孤居三十年。母亡，表輞川第爲寺，終葬其西。

寶應中，代宗語縉曰：「朕嘗於諸王座聞維樂章，今傳幾何？」遣中人王承華往取，縉裒集數十百篇上之。

鄭虔，鄭州滎陽人。天寶初，爲協律郎，集綴當世事，著書八十餘篇。有窺其稿者，上書告虔私撰國史，虔蒼黃焚之，坐謫十年。還京師，玄宗愛其才，欲置左右，以不事事，更爲置廣文館，以虔爲博士。虔聞命，不知廣文曹司何在，訴宰相，宰相曰：「上增國學，置廣文館，以居賢者，令後世言廣文博士自君始，不亦美乎？」虔乃就職。久之，雨壞廡舍，有司不復修完，寓治國子館，自是遂廢。

初，虔追紬故書可誌者得四十餘篇，國子司業蘇源明名其書爲會粹。虔善圖山水，好書，常苦無紙，於是慈恩寺貯柿葉數屋，遂往日取葉肄書，歲久殆遍。嘗自寫其詩并畫以獻，帝大署其尾曰：「鄭虔三絕。」遷著作郎。

安祿山反，遣張通儒劫百官置東都，僞授虔水部郎中，因稱風緩，求攝市令，潛以密章達靈武。賊平，與張通、王維並囚宣陽里。三人者，皆善畫，崔圓使繪齋壁，虔等方悸死，即極思祈解於圓，卒免死，貶台州司戶參軍事，維止下遷。後數年卒。

虔學長於地里，山川險易、方隅物產、兵戍衆寡無不詳。嘗爲天寶軍防錄，言典事該。諸儒服其善著書，時號鄭廣文。在官貧約甚，澹如也。杜甫嘗贈以詩曰「才名四十年，坐客寒無氈」云。

有鄭相如者，自滄州來，師事虔，虔未之禮，間問何所業，相如曰：「聞孔子稱『繼周者百世可知』，僕亦能知之。」虔駭然，即曰：「開元盡三十年當改元，盡十五年天下亂，賊臣僭位，公當汙僞官，願守節，可以免。」虔又問：「自謂云何？」答曰：「相如有官三年，死衢州。」是年及進士第，調信安尉。既三年，虔詢吏部，則相如果死，故虔念其言，終不附賊。

蕭穎士字茂挺，梁鄱陽王恢七世孫。祖晶，賢而有謀，任雅相伐高麗，表爲記室。越王貞舉兵，杖策詣之，陳三策，王不用，晶度必敗，乃亡去，客死廣陵。

穎士四歲屬文，十歲補太學生。觀書一覽卽誦，通百家譜系、書籀學。開元二十三年，舉進士，對策第一。父旻，以莒丞抵罪，穎士往訴於府佐張惟一，惟一曰：「旻有佳兒，吾以旻獲譴不憾。」乃平宥之。

天寶初，穎士補祕書正字。于時裴耀卿、席豫、張均、宋遙、韋述皆先進，器其材，與鈞

禮，由是名播天下。奉使括遺書趙、衞間，淹久不報，爲有司劾免，留客濮陽。於是尹徵、王恆、盧異、盧士式、賈邕、趙匡、閻士和、柳并等皆執弟子禮，以次授業，號蕭夫子。召爲集賢校理。宰相李林甫欲見之，穎士方父喪，不詣。林甫嘗至故人舍邀穎士，穎士前往，哭門內以待，林甫不得已，前弔乃去。怒其不下己，調廣陵參軍事，穎士急中不能堪，作伐櫻桃樹賦曰：「擢無庸之瑣質，蒙本枝以自庇。雖先寢而或薦，非和羹之正味。」以譏林甫云。君子恨其褊。會母喪免，流播吳、越。

嘗謂：「仲尼作春秋，爲百王不易法，而司馬遷作本紀、書、表、世家、列傳，敍事依違，失褒貶體，不足以訓。」乃起漢元年訖隋義寧編年，依春秋義類爲傳百篇。在魏書高貴崩，曰：「司馬昭弒帝於南闕。」在梁書陳受禪，曰：「陳霸先反。」又自以梁枝孫，而宣帝逆取順守，故武帝得血食三紀；昔曲沃篡晉，而文公爲五伯，仲尼弗貶也。乃黜陳閏隋，以唐土德承梁火德；皆自斷，諸儒不與論也。有太原王緒者，僧辯裔孫，譔永寧公輔梁書，黜陳不帝，穎士佐之，亦著梁蕭史譜及作梁不禪陳論以發緒義例，使光明云。

史官韋述薦穎士自代，召詣史館待制，穎士乘傳詣京師。而林甫方威福自擅，穎士遂不屈，愈見疾，俄免官，往來鄠、杜間。林甫死，更調河南府參軍事。倭國遣使入朝，自陳國人願得蕭夫子爲師者，中書舍人張漸等諫不可而止。

安祿山寵恣，穎士陰語柳并曰：「胡人負寵而驕，亂不久矣。東京其先陷乎！」即託疾游太室山。已而祿山反，穎士往見河南採訪使郭納，言禦守計，納忽不用，歎曰：「肉食者以兒戲禦劇賊，難矣哉！」聞封常清陳兵東京，往觀之，不宿而還。因藏家書於箕、潁間，身走山南，節度使源洧辟掌書記。賊別校攻南陽，洧懼，欲退保江陵，穎士說曰：「官兵守潼關，財用急，必待江、淮轉餉乃足，餉道由漢、沔，則襄陽乃今天下喉襟，一日不守，則大事去矣。且列郡數十，人百萬，訓兵攘寇，社稷之功也。賊方專崤、陝，公何遽輕土地，欲取笑天下乎？」洧乃按甲不出。亦會祿山死，賊解去。洧卒，往客金陵，永王璘召之，不見。

時盛王爲淮南節度大使，留蜀不遣，副大使李承式玩兵不振。穎士與宰相崔圓書，以爲：「今兵食所資在東南，但楚、越重山複江，自古中原擾，則盜先起，宜時遣王以扞鎮江淮。」俄而劉展果反。賊圍雍丘，脅泗上軍，承式遣兵往救，大宴賓客，陳女樂。穎士曰：「天子暴露，豈臣下盡歡時邪？夫投兵不測，乃使觀聽華麗，一旦思歸，誰致其死哉？」弗納。崔圓聞之，即授揚州功曹參軍。至官，信宿去。後客死汝南逆旅，年五十二，門人共謚曰文元先生。

穎士樂聞人善，以推引後進爲己任，如李陽、李幼卿、皇甫冉、陸渭等數十人，由獎目，皆爲名士。天下推知人，稱蕭功曹。嘗兄事元德秀，而友殷寅、顏眞卿、柳芳、陸據、李華、

邵軫、趙驊，時人語曰「殷、顏、柳、陸，李、蕭、邵、趙」，以能全其交也。所與遊者，孔至、賈至、源行恭、張有略、族弟季遐、劉穎、韓拯、陳晉、孫益、韋建、韋收。獨華與齊名，世號「蕭、李」。嘗與華、據游洛龍門，讀路旁碑，穎士即誦，華再閱，據三乃能盡記。聞者謂三人才高下，此其分也。有奴事穎士十年，笞楚嚴慘，或勸其去，答曰：「非不能，愛其才耳。」穎士數稱班彪、皇甫謐、張華、劉琨、潘尼能尙古，而混流俗不自振，曹植、陸機所不逮也。又言婁子野善著書。所許可當世者，陳子昂、富嘉謨、盧藏用之文辭，董南事、孔述睿之博學而已。

子存，字伯誠，亮直有父風。能文辭，與韓會、沈既濟、梁肅、徐岱等善。浙西觀察使李栖筠表常熟主簿。顏眞卿在湖州，與存及陸鴻漸等討摭古今韻字所原，作書數百篇。建中初，由殿中侍御史四遷比部郎中。張滂主財賦，辟存留務京師。裴延齡與滂不叶，存疾其姦，去官，風痺卒。

韓愈少爲存所知，自袁州還，過存廬山故居，而諸子前死，唯一女在，爲經贍其家。

殷寅者，陳郡人。邵軫者，汝南人。

陸據，河南人，字德鄰，後周上庸公騰六世孫。神宇警邁，善物理。年三十始到京師，公卿愛其文，交譽之。天寶十三載，終司勳員外郎。

柳并者，字伯存。大曆中，辟河東府掌書記，遷殿中侍御史。喪明，終於家。初，并與劉太眞、尹徵、閻士和受業於穎士，而并好黃、老。穎士常曰：「太眞，吾入室者也，斯文不墜，寄是子云。徵博聞彊識，士和鉤深致遠，吾弗逮已。并不受命而尙黃、老，予亦何誅？」并弟談，字中庸，穎士愛其才，以女妻之。

士和字伯均，著蘭陵先生誄、蕭夫子集論，因権歷世文章，而盛推穎士所長，以爲「聞蕭氏風者，五尺童子羞稱曹、陸」。

皇甫冉字茂政，十歲便能屬文，張九齡歎異之。與弟曾皆善詩。天寶中，踵登進士，授無錫尉。王縉爲河南元帥，表掌書記。遷累右補闕，卒。

曾字孝常，歷監察御史。其名與冉相上下，當時比張氏景陽、孟陽云。

蘇源明，京兆武功人，初名預，字弱夫。少孤，寓居徐、兗。工文辭，有名天寶間。及進士第，更試集賢院。累遷太子諭德。出爲東平太守。是時，濟陽郡太守李倰以郡瀕河，請增領宿城，中都二縣以紓民力。二縣，隸東平、魯郡者也。於是源明議廢濟陽，析五縣分隸濟南、東平、濮陽。詔河南採訪使會濮陽太守崔季重、魯郡太守李蘭、濟南太守田琦及源明、倰五太守議于東平，不能決。既而卒廢濟陽，以縣皆隸東平。召源明爲國子司業。

安祿山陷京師，源明以病不受僞署。肅宗復兩京，擢考功郎中知制誥。是時，承大盜之餘，國用覂屈，宰相王璵以祈禬進，禁中禱祀窮日夜，中官用事，給養繁靡，羣臣莫敢切諍。昭應令梁鎮上書勸帝罷淫祀，其它不暇及也。源明數陳政治得失。及史思明陷洛陽，有詔幸東京，將親征。源明因上疏極諫曰：

淫雨積時，道路方梗，甚不可一也。自春大旱，秋苗耗半，斂穫未畢，先之以清道之役，申之以供頓之苦，甚不可二也。每立殿廊，見旌旗之下，餓夫執殳，仆于行間，日見二三；市井餕餌求食，死于路旁，日見四五。甚不可三也。姦夫盜兒，連牆接棟，磨礪以須陛下之出，御史大夫必不能澄清禁止。甚不可四也。聖皇巡蜀之初，都內財貨、吏民資產，糜散于道路之手，至有乘馬馱驢入宣政、紫宸者。況陛下初有四海，威制不及曩時遠矣。今茲東行，殆賊臣誘掖陛下而已。詩曰「三星在霤」，謂危亡在於須臾，臣不勝嗚咽，爲陛下痛之。願速罷幸，不然，窮虻樂禍，已扼腕於下。甚不可五

也。方今河、洛驛騷，江湖叛換，詩曰：「中原有菽，庶民采之。」彼思明、楚元，皆采菽之人也。陛下何遽輕萬乘而速戍之邪？甚不可六也。大河南北，畢爲寇盜，王公以下，廩稍匱絶，將士糧賜，僅支日月，而中官冗食，不減往年，梨園雜伎，愈盛今日，陛下未得穆然高枕，殆繇此也。自非中書指使，太常正樂外，願一切放歸，給長牒勿事，須五六年後，隨事鐲省。今聚而仰給，甚不可七也。李光弼拔河陽，王思禮下晉原，衞伯玉拂焉耆，過析支，不日可至。御史大夫王玄志壓巫閭，臨幽都；汝州刺史田南金踰闞口，過二室；鄧景山凌淮、泗，慨然而西。狂賊失勢，蹩于緱山之下，北不敢逾孟津，東不敢過嬰子，計日反接而至矣。陛下不坐而受之，乃欲親征，徇一朝之怒，甚不可八也。王者之於天地神祇，享之以牲幣而已。記曰：「不祈方士。」彼淫巫愚祝，妄有關說，甚不可九也。天子順動，人皆幸之之謂幸，人皆病之之謂不幸。臣等屢怫視聽，聯伏赤墀之下，頓顙流涕而出，雖陛下優容貸罪，凡百之臣必昌言于朝，萬口謗于外，甚不可十也。臣聞子不諍於父，不孝也；臣不諍於君，不忠也。不孝不忠，爲苟榮冒祿，圈牢之物不若也。臣雖至賤，不能委身圈牢之中，將使樵夫指而笑之。」

帝嘉其切直，遂罷東幸。後以祕書少監卒。

源明雅善杜甫、鄭虔，其最稱者元結、梁肅。

肅字敬之，一字寬中，隋刑部尚書毗五世孫，世居陸渾。建中初，中文辭淸麗科，擢太子校書郎。蕭復薦其材，授右拾遺，脩史，以母羸老不赴。杜佑辟淮南掌書記，召爲監察御史，轉右補闕、翰林學士、皇太子諸王侍讀。卒，年四十一，贈禮部郎中。

唐書卷二百三

列傳第一百二十八

文藝下

李華 翰 觀　孟浩然 王昌齡 崔顥　劉太眞　邵說　于邵　崔元翰
于公異　李益　盧綸　歐陽詹 秬　李賀　吳武陵　李商隱
薛逢　李頻　吳融

李華字遐叔，趙州贊皇人。曾祖太沖，名冠宗族間，鄉人語曰：「太沖無兄。」太宗時，擢祠部郎中。

華少曠達，外若坦蕩，內謹重，尙然許，每慕汲黯爲人。累中進士、宏辭科。天寶十一載，遷監察御史。宰相楊國忠支婭所在橫猾，華出使，劾按不橈，州縣肅然。爲權幸見疾，徙右補闕。安祿山反，上誅守之策，皆留不報。

玄宗入蜀，百官解竄，華母在鄴，欲間行輦母以逃，爲盜所得，僞署鳳閣舍人。賊平，貶杭州司戶參軍。華自傷踐危亂，不能完節，又不能安親，欲終養而母亡，遂屏居江南。上元中，以左補闕、司封員外郎召之。華喟然曰：「烏有隳節危親，欲荷天子寵乎？」稱疾不拜。李峴領選江南，表置幕府，擢檢校吏部員外郎。苦風痺，去官，客隱山陽，勒子弟力農，安於窮槁。晚事浮圖法，不甚著書，惟天下士大夫家傳、墓版及州縣碑頌，時時齎金帛往請，乃彊爲應。大曆初，卒。

初，華作含元殿賦成，以示蕭穎士，穎士曰：「景福之上，靈光之下。」華文辭緜麗，少宏傑氣，穎士健爽自肆，時謂不及穎士，而華自疑過之。因著弔古戰場文，極思研推，已成，汙爲故書，雜置梵書之庋。它日，與穎士讀之，稱工，華問：「今誰可及？」穎士曰：「君加精思，便能至矣。」華愕然而服。

華愛奬士類，名隨以重，若獨孤及、韓雲卿、韓會、李紓、柳識、崔祐甫、皇甫冉、謝良弼、朱巨川，後至執政顯官。華觸禍銜悔，及爲元德秀權皐銘、四皓贊，稱道深婉，讀者憐其志。

宗子翰，從子觀，皆有名。

翰擢進士第，調衞尉。天寶末，房琯、韋陟俱薦爲史官，宰相不肯擬。翰所善張巡死節睢陽，人媢其功，以爲降賊，肅宗未及知，翰傳巡功狀，表上之，曰：

臣聞聖主褒死難之士，養死事之孤，或親推轜車，或追建邑封，厚死以慰生，撫存以答亡，君不遺於臣，臣亦不背其君也。自逆胡構亂，據雒陽，引幽、朔以吞河南，故御史中丞、贈揚州大都督張巡，忠誼奮發，率烏合，守雍丘，潰賊心腹。及魯炅棄甲宛、葉，哥舒翰敗績潼關，賊遂盜神器，鴟峙二京，南臨漢、江，西逼岐、雍，羣帥列城，望風出奔，巡守孤城不爲却。賊欲繞出巡後以擾江淮，巡退軍睢陽，扼東南咽領。自春訖多，大戰數十，小戰數百，以弱制彊，出奇無窮，殺馘兇醜凡十餘萬，賊不敢越睢陽取江淮，江淮以完，巡之力也。城孤糧盡，外救不至，猶奮羸起病，摧鋒陷堅，三軍瞰膚而食，知死不叛。城陷見執，卒無橈詞，慢叱兇徒，精貫白日，雖古忠烈無以加焉。

議者罪巡以食人，愚巡以守死，臣竊痛之。夫忠者，臣之教；恕者，法之情。巡握節而死，非虧教也；析骸以爨，非本情也。春秋以功覆過，書赦過宥刑，在易遏惡揚善，爲國者錄用棄瑕。今者乃欲議巡之罪，是廢教絀節，不以功掩過，不以刑恕情，善可遏，惡可揚，瑕錄而用棄，非所以奬人倫，明勸戒也。且祿山背德，大臣將相比肩從賊，巡官不朝，宴不坐，無一伍之士，一節之權，徒奮身死節，以勸義旅，不謂忠乎？以

數千卒橫挫賊鋒，若無巡則無睢陽，無睢陽則無江淮。有如賊因江淮之資，兵廣而財積，根結盤據，西向以拒，雖終殲滅，其曠日持久必矣。今陝、鄢一戰，犬羊騣北，王師震其西，巡扼其東，此天使巡舉江淮以待陛下，師至而巡死，不謂功乎？古者列國侵伐，猶分災救患，諸將同受國恩，奉辭伐罪，巡固守亦待外援，援不至而食盡，食盡而及人，則巡之情可求矣。假巡守城之初，已計食人，損數百衆以全天下，臣尚謂功過相掩，況非素志乎？夫子制春秋，明褒貶。齊桓公將封禪，略不書；晉文公召王河陽，書而諱之。巡蒼黃之罪，輕於僭禪；興復之功，重於糾合。

今巡子亞夫雖得官，不免飢寒，江淮既巡所保，戶口充完，宜割百戶俾食其子。且彊死爲厲，有所歸則不爲災。巡身首分裂，將士骸骼不掩，宜於睢陽相擇高原，起大冢，招魂而葬，旌善之義也。臣少與巡游，哀巡死難，不覩休明，唯令名其榮祿也。若不時紀錄，日月寖悠，或掩而不傳，或傳而不實，巡生死不遇，誠可悲悼。謹撰傳一篇，昧死上，儻得列于史官，死骨不朽。

帝繇是感悟，而巡大節白於世，義士多之。

翰累遷左補闕、翰林學士。大曆中，病免，客陽翟，卒。

翰爲文精密而思遲，常從令皇甫曾求音樂，思涸則奏之，神逸乃屬文。族弟紓，自有傳。

觀字元賓。貞元中，舉進士、宏辭，連中，授太子校書郎。卒，年二十九。

觀屬文，不旁沿前人，時謂與韓愈相上下。及觀少夭，而愈後文益工，議者以觀文未極，愈老不休，故卒擅名。陸希聲以爲「觀尚辭，故辭勝理；愈尚質，故理勝辭。雖愈窮老，終不能加觀之辭；觀後愈死，亦不能逮愈之質」云。

孟浩然字浩然，襄州襄陽人。少好節義，喜振人患難，隱鹿門山。年四十，乃游京師。嘗於太學賦詩，一座嗟伏，無敢抗。張九齡、王維雅稱道之。維私邀入內署，俄而玄宗至，浩然匿牀下，維以實對，帝喜曰：「朕聞其人而未見也，何懼而匿？」詔浩然出。帝問其詩，浩然再拜，自誦所爲，至「不才明主棄」之句，帝曰：「卿不求仕，而朕未嘗棄卿，奈何誣我？」因放還。採訪使韓朝宗約浩然偕至京師，欲薦諸朝。會故人至，劇飲懽甚，或曰：「君與韓公有期。」浩然叱曰：「業已飲，遑恤他！」卒不赴。朝宗怒，辭行，浩然不悔也。張九齡爲荊州，辟置于府，府罷。開元末，病疽背卒。

後樊澤爲節度使，時浩然墓庳壞，符載以牋叩澤曰：「故處士孟浩然，文質傑美，殞落歲

久，門裔陵遲，丘隴頹沒，永懷若人，行路慨然。前公欲更築大墓，闔州搢紳，聞風竦動。而今外迫軍旅，內勞賓客，牽耗歲時，或有未遑。誠令好事者乘而有之，負公夙志矣。」澤乃更爲刻碑鳳林山南，封寵其墓。

初，王維過郢州，畫浩然像于刺史亭，因曰浩然亭。咸通中，刺史鄭諴謂賢者名不可斥，更署曰孟亭。

開元、天寶間，同知名者王昌齡、崔顥，皆位不顯。

昌齡字少伯，江寧人。第進士，補祕書郎。又中宏辭，遷汜水尉。不護細行，貶龍標尉。以世亂還鄉里，爲刺史閭丘曉所殺。張鎬按軍河南，兵大集，曉最後期，將戮之，辭曰：「有親，乞貸餘命。」鎬曰：「王昌齡之親欲與誰養？」曉默然。

昌齡工詩，緒密而思清，時謂王江寧云。

崔顥者，亦擢進士第，有文無行。好蒱博，嗜酒。娶妻惟擇美者，俄又棄之，凡四五娶。終司勳員外郎。

初，李邕聞其名，虛舍邀之，顥至獻詩，首章曰：「十五嫁王昌。」邕叱曰：「小兒無禮！」

不與接而去。

劉太眞，宣州人。善屬文，師蘭陵蕭穎士。舉高第進士。淮南陳少游表爲掌書記，嘗以少游擬桓、文，爲義士所訾。興元初，爲河東宣慰賑給使，累遷刑部侍郎。德宗以天下平，貞元四年九月，詔羣臣宴曲江，自爲詩，敕宰相擇文人賡和。李泌等請羣臣皆和，帝自第之，以太眞、李紓等爲上，鮑防、于邵等次之，張濛等爲下。與擇者四十一人，惟泌、李晟、馬燧三宰相無所差次。遷禮部，掌貢士，多取大臣貴近子弟，坐貶信州刺史，卒。

邵說，相州安陽人。已擢進士第，未調，陷史思明。逮朝義敗，歸郭子儀，子儀愛其才，留幕府。遷累長安令、秘書少監。大曆末，上言：「天道三十年一小變，六十年一大變。祿山、思明之難，出入二紀，多難漸平，向之亂，今將變而之治。宜建徽號，承天意。而方謁郊廟，大赦各一，誠恐雲雨之施未普，鬱結之氣未除。願因此時脩享獻，款郊廟，襃有德，錄賢人，與天下更始，振災益壽之術也。」不聽。

德宗立，擢吏部侍郎。說因自陳：「家本儒，先祖長白山人貞一，以武后革命，終身不肯仕。先臣殿中侍御史瓊之，逮事玄宗。臣十六即孤，長育母手，天寶中始仕。會喪，客河、洛，祿山亂，喪紀當終，臣不褫衰絰又再期，懼終不免，陰走洺、魏。慶緒遁保西城，搜脅儒者爲己用，以兵迫臣，遂陷醜逆。俄而史思明順附，欲間道歸北闕下，肅宗拜臣左金吾衞騎曹參軍，許留思明所。會烏承恩事，路絕，不得歸。朝義之敗，欲固守河陽，臣知回紇利野戰，陰勸其行，以破賊計。朝義已走，臣西歸獻狀，先帝詔翰林索臣所上言，與王伷偕召。先帝謂誠節白著，故擢伷侍御史，臣爲殿中侍御史，使者宣旨制詔盡言其狀，則疇昔本末，先帝知之。今又擢以不次，雖自天斷，尙恐受謗輿人，傷陛下之明。今吏員未乏而調者多，益以功優，準平格以判留人，去者十七，彼且鼓讒說以投疑于上，此臣所大懼也。」因薦戶部郎中蕭定、司農卿庾準自代，不許。

說在職以才顯，或言且執政，金吾將軍裴儆謂柳載曰：「說事賊爲劇官，掌其兵，大小百戰，掠名家子爲奴婢不可計，得宥死而無厚顏，乃崇第產，附貴倖。欲以相邦，其能久乎！」建中三年逐嚴郢，說與郢善，微諷朱泚訟其冤，爲草奏，貶歸州刺史，卒。

于邵字相門，其先自代來，爲京兆萬年人。天寶末，第進士，以書判超絕，補崇文校書郎。繇比部郎中爲道州刺史，未行，徙巴州。會歲饑，部獠亂，薄城下。邵勵兵拒戰，且遣使諭曉，獠丐降，邵儒服出，賊見皆拜，即引去。節度使李抱玉以聞，遷梓州，辭疾不拜，授兵部郎中。崔寧帥蜀，表爲度支副使。俄以諫議大夫知制誥，進禮部侍郎，朝有大典册，必出其手。爲三司使，治薛邕獄，失德宗旨，貶桂州長史。復爲太子賓客，與宰相陸贄不平，出杭州刺史。久疾求告，貶衢州別駕，徙江州。卒，年八十一。

邵孝悌有行，晚塗益修絜。樊澤始舉賢良，邵望見，曰：「將相材也。」崔元翰舉進士，年五十矣，邵以其文擢異等，曰：「後當司詔令。」已而皆然。獨孤授舉博學宏辭，吏部考當乙，邵覆之，置甲科，人咨其公。

崔元翰名鵬，以字行。父良佐，與齊國公日用從昆弟也。擢明經甲科，補湖城主簿，以母喪，遂不仕。治詩、易、書、春秋，譔演範、忘象、渾天等論數十篇。隱共北白鹿山之陽。卒，門人共謚曰貞文孝父。

元翰舉進士、博學宏辭、賢良方正，皆異等。義成李勉表在幕府，馬燧更表爲太原掌書

記。召拜禮部員外郎。竇參秉政，引知制誥。其訓辭溫厚，有典誥風。然性剛褊，不能取容於時，孤特自恃。掌誥凡再期，不遷，罷爲比部郎中，時已七十餘，卒。

其好學老不倦，用思精緻，馳騁班固、蔡邕間以自名家。怨陸贄、李充，乃附裴延齡，延齡表鉤校京兆妄費，持吏甚急，而充等自無過，訖不能傅致以罪云。

于公異，蘇州吳人。進士擢第，李晟表爲招討府掌書記。朱泚平，露布於德宗曰：「臣旣肅淸宮禁，祇奉寢園，鍾簴不移，廟貌如故。」帝覽泣下，曰：「誰爲之辭？」或以公異對，帝咨歎一再。始，公異與陸贄故有隙，時贄在翰林，聞不喜。世多言公異不能事後母，旣仕不歸省。及贄當政，乃奏其狀，詔賜孝經，罷歸田里。盧邁坐舉非其人，奪俸兩月。時中書舍人高郢，嘗薦御史元敦義，及公異被譴，郢亦劾敦義無美行，詔免敦義官。公異繇是不自振而卒。

李益，故宰相揆族子，於詩尤所長。貞元末，名與宗人賀相埒。每一篇成，樂工爭以賂求取之，被聲歌，供奉天子。至征人、早行等篇，天下皆施之圖繪。

少癡而忌克，防閑妻妾苛嚴，世謂妬爲「李益疾」。同輩行稍稍進顯，益獨不調，鬱鬱去。游燕，劉濟辟置幕府，進爲營田副使。嘗與濟詩，語怨望。憲宗雅知名，召爲祕書少監、集賢殿學士。自負才，凌藉士，衆不能堪，諫官因暴幽州時怨望語，詔降秩。俄復舊官，累遷右散騎常侍。大和初，以禮部尚書致仕，卒。

時又有太子庶子李益同在朝，故世言「文章李益」以辨云。

盧綸字允言，河中蒲人。避天寶亂，客鄱陽。大曆初，數舉進士不入第。元載取綸文以進，補閿鄉尉。累遷監察御史，輒稱疾去。坐與王縉善，久不調。渾瑊鎮河中，辟元帥判官，累遷檢校戶部郎中。嘗朝京師，是時，舅韋渠牟得幸德宗，表其才，召見禁中，帝有所作，輒使賡和。異日問渠牟：「盧綸、李益何在？」答曰：「綸從渾瑊在河中。」驛召之，會卒。綸與吉中孚、韓翃、錢起、司空曙、苗發、崔峒、耿湋、夏侯審、李端皆能詩齊名，號「大曆十才子」。憲宗詔中書舍人張仲素訪集遺文。文宗尤愛其詩，問宰相：「綸文章幾何？亦有子否？」李德裕對：「綸四子：簡能、簡辭、弘止、簡求，皆擢進士第，在臺閣。」帝遣中人悉索家笥，得詩五百篇以聞。

中孚，鄱陽人。官戶部侍郎。

翃字君平，南陽人。侯希逸表佐淄青幕府，府罷，十年不出。李勉在宣武，復辟之。俄以駕部郎中知制誥。時有兩韓翃，其一爲刺史，宰相請孰與，德宗曰：「與詩人韓翃。」終中書舍人。

起，吳興人。天寶中舉進士，與郎士元齊名，時語曰：「前有沈、宋，後有錢、郎。」終考功郎中。

曙字文初，廣平人。從韋臯於劍南，終虞部郎中。

發，晉卿子，終都官員外郎。峒終右補闕，湋右拾遺，審侍御史。

端，趙州人。始，郭曖尙昇平公主，主賢明有才思，尤招納士，故端等多從曖游。曖嘗進官，大集客，端賦詩最工，錢起曰：「素爲之，請賦起姓。」端立獻一章，又工于前，客乃服，主賜帛百。後移疾江南，終杭州司馬。

歐陽詹字行周，泉州晉江人。其先皆爲本州州佐、縣令。閩越地肥衍，有山泉禽魚，雖能通文書吏事，不肯北宦。及常袞罷宰相爲觀察使，始擇縣鄉秀民能文辭者，與爲賓主鈞禮，觀游饗集必與，里人矜耀，故其俗稍相勸仕。初，詹與羅山甫同隱潘湖，往見袞，袞奇之。辭歸，泛舟飲餞。舉進士，與韓愈、李觀、李絳、崔羣、王涯、馮宿、庾承宣聯第，皆天下選，時稱「龍虎榜」。閩人第進士，自詹始。

詹事父母孝，與朋友信義。其文章切深，回復明辯。與愈友善。詹先爲國子監四門助教，率其徒伏闕下，舉愈博士。卒，年四十餘。崔羣哭之甚，愈爲詹哀辭，自書以遺羣。初，徐晦舉進士不中，詹數稱之，明年高第，仕爲福建觀察使。語及詹，必流涕。

從子秬，字降之，亦工爲文。陸洿自右拾遺除司勳郎中，棄官隱吳中，詔召之，既在道，秬遺書讓出處之遽，洿不至，還。秬名益聞。

開成中，擢進士第，而里人蕭本妄言與貞獻太后近屬，恩寵赫然，秬恥之。會澤潞劉從諫表秬在幕府，秬爲辯賀本之僞，本終得罪。其子稹拒命，秬方休假還家，稹表斥損時政，或言秬爲之，詔流崖州，賜死。臨刑，色不撓，爲書徧謝故人，自誌墓，人皆憐之。

李賀字長吉，系出鄭王後。七歲能辭章，韓愈、皇甫湜始聞未信，過其家，使賀賦詩，援

筆輒就如素構，自目曰高軒過，二人大驚，自是有名。爲人纖瘦，通眉，長指爪，能疾書。每旦日出，騎弱馬，從小奚奴，背古錦囊，遇所得，書投囊中。未始先立題然後爲詩，如它人牽合程課者。及暮歸，足成之。非大醉、弔喪日率如此。過亦不甚省。母使婢探囊中，見所書多，卽怒曰：「是兒要嘔出心乃已耳。」以父名晉肅，不肯舉進士，愈爲作諱辨，然卒亦不就舉。

辭尚奇詭，所得皆驚邁，絕去翰墨畦逕，當時無能效者。樂府數十篇，雲韶諸工皆合之絃管。爲協律郎，卒，年二十七。與游者權璩、楊敬之、王恭元，每譔著，時爲所取去。賀亦早世，故其詩歌世傳者鮮焉。

吳武陵，信州人。元和初，擢進士第。淮西吳少陽聞其才，遣客鄭平邀之，將待以賓友，武陵不答。俄而少陽子元濟叛，武陵遺以書，自稱東吳王孫，曰：

夫勢有不必得，事有不必疑，徒取暴逆之名，而殄物敗俗，不可謂智；一日亡破，平生親愛連頭就戮，不可謂仁；支屬繁衍，因緣磨滅，先魂傷餒，不可謂孝；數百里之內，拘若檻穽，常疑死於左右手，低回姑息，不可謂明。且三皇以來，數千萬載，何有勃

理亂常而能自畢者哉？貞元時，德宗以函容御天下，河北諸鎮專地不臣，朝廷賚以爵號，桀黠者自謂得計，以反爲利，於是楊惠琳、劉闢、李錡、盧從史等又亂。皇帝即位，赫然命偏師討之，盡伏其辜，所謂時也。

日者，張太尉厭垣捍之勤，謝易、定爲國老，田尚書知盧絕俗，又以魏博來歸，幽、檀、滄、景皆爲信臣，然而與足下者，獨齊、趙耳。夫齊安可爲恃哉？徐壓其首，梁薄其翼，魏斷其脛，滑鍼其腹，淮南承其衝，分兵不足相救，全舉則曹、魯、東平非其有也。彼何苦而自棄哉？若趙則固豎子耳。前日，主上以澤潞爲之導，既斥從史，姑赦罪，復爵祿之，天下之人欲討者十八，無何，殘丞相御史，朝廷以足下故，未加斧鉞也。然則中山搏藁城之險，太原乘井陘之隘，燕銜樂壽，邢扼臨城，清河絕其南，弓高斷其北，孤雛腐鼠，求責不暇，又曷以救人哉？二鎮不敢動亦明矣，足下何待而竊處邪？

昔僕之師裴道明嘗言：「唐家二百載有中興主，當其時，佷傲者盡滅，河、湟之地復矣。」今天子英武任賢，同符太宗，寬仁厚物，有玄宗之度，罰無貸罪，賞無遺功。諸侯參齊、趙以稔其釁，羣帥築室礪兵，進窺房、蔡，屯田繼漕，前鋒扼喉，後陣撫背，左排右挾，其幾何而不踣邪？

足下勿謂部曲勿我欺，人心與足下一也。足下反天子，人亦欲反足下。易地而

論，則嬰兇橫之命，不若奉大君官守矣。枕戈持矛，死不得地，不若坐兼爵命而保胤嗣矣。足下苟能挺知幾之烈，莫若發一介，籍士馬土疆，歸之有司。上以覆載之仁，必保納足下，滌垢洗瑕，以倡四海，將校官屬不失寵且貴。何哉？爲國者不以纖惡蓋大善也。且貳而伐，服而捨，寵榮可厚，骨肉可保，何獨不爲哉？

三州至狹也，萬國至廣也，力不相侔，判然可知。假使官軍百敗，而行陣未嘗乏，足下一敗則成禽矣。夫一壯士不能當十夫者，以其左右前後咸敵也，矧以一卒欲當百人哉！昏迷不返，諸侯之師集城下，環壘刳塹，灌以流潦，主將怨攜，士卒崩離，田儋、呂興發於肘腋。屍不得裹，宗不得祀，臣僕以爲誡，子孫所不祖，生爲暗愎之人，沒爲幽憂之鬼，何其痛哉！

元濟得書不悟。

會裴度東討，而韓愈爲司馬，武陵勸愈爲度謀：「取中官常所不快者爲監軍，歸素所快者於內，爲吾地以傾諸侯，出帛百萬以給士大夫，則孰不爲丞相之人？然後分三大將環賊而屯，明斥候，牛酒高會，潛以實期授溵蔡諸將，而以三期紿賊，令辯士持尺書劫元濟及將士約降，彼無所竄謀矣。」時度部分已定，故不見用。元濟未破數月，武陵自硤石望東南，氣如旗鼓矛楯，皆顛倒橫斜。少選，黃白氣出西北，盤蜿相交。武陵告愈曰：「今西北王師所在，氣黃白，喜象也。敗氣爲賊，日直木，舉其盈數，不閱六十日，賊必亡。夫天見其祥，宜脩事應之。且洄曲守將急緩不可使，吳城賊將趙曄詐而輕，若以兵誘之，伏以待，一舉可奪其城，則右臂斷矣。」武陵之奇譎類如此。

長慶初，竇易直以戶部侍郎判度支，表武陵主鹽北邊。易直以不職，薄其遇。會表置和糴貯備使，擇郎中爲之。武陵諫曰：「今緣邊膏壤，鞠爲榛杞，父母妻子不相活。前在朔方，度支米價四十，而無踰月積，皆先取商人，而後求牒還都受錢。脫有寇薄城，不三旬便當餓死，何所取財而云和糴哉？天下不治，病權不歸有司也。鹽鐵、度支一戶部郎事，今三分其務，吏萬員，財賦日蹙。西北邊院官，皆御史、員外郎爲之。始命若責可信，今又加使權其務，是御史、員外久於事，返不可信也。今更旬月，又將以郎中之爲不可信。即更時歲，明公之爲，亦又不可信。上下相阻，一國交疑，誰爲可信者？況一使之建，胥徒走卒殆百輩，督責騰呼，數千里爲不寧。誠欲邊隅完實，獨募浮民，徙罪人，發沃土，何必加使而增吏也？」易直不納。

久之，入爲太學博士。大和初，禮部侍郎崔郾試進士東都，公卿咸祖道長樂，武陵最後至，謂郾曰：「君方爲天子求奇材，敢獻所益。」因出袖中書搢笏，郾讀之，乃杜牧所賦阿房宮，辭既警拔，而武陵音吐鴻暢，坐客大驚。武陵請曰：「牧方試有司，請以第一人處之。」郾

謝已得其人。至第五，郾未對，武陵勃然曰：「不爾，宜以賦見還。」郾曰：「如教。」牧果異等。後出爲韶州刺史，以贓貶潘州司戶參軍，卒。

初，柳宗元謫永州，而武陵亦坐事流永州，宗元賢其人。及爲柳州刺史，武陵北還，大爲裴度器遇。每言宗元無子，說度曰：「西原蠻未平，柳州與賊犬牙，宜用武人以代宗元，使得優游江湖。」又遺工部侍郎孟簡書曰：「古稱一世三十年，子厚之斥十二年，殆半世矣。霆砰電射，天怒也，不能終朝。聖人在上，安有畢世而怒人臣邪？且程、劉、二韓皆已拔拭，或處大州劇職，獨子厚與猿鳥爲伍，誠恐霧露所嬰，則柳氏無後矣。」度未及用，而宗元死。始，李愬節度唐、鄧，武陵薦李景儉、王湘健智沈敏，可表以自副，時號知人。

李商隱字義山，懷州河內人。或言英國公世勣之裔孫。令狐楚帥河陽，奇其文，使與諸子游。楚徙天平、宣武，皆表署巡官，歲具資裝使隨計。開成二年，高鍇知貢舉，令狐綯雅善鍇，獎譽甚力，故擢進士第。調弘農尉，以活獄忤觀察使孫簡，將罷去，會姚合代簡，諭使還官。又試拔萃，中選。

王茂元鎮河陽，愛其才，表掌書記，以子妻之，得侍御史。茂元善李德裕，而牛、李黨人

甞譏商隱，以爲詭薄無行，共排笮之。茂元死，來游京師，久不調，更依桂管觀察使鄭亞府爲判官。亞謫循州，商隱從之，凡三年乃歸。亞亦德裕所善，綯以爲忘家恩，放利偷合，謝不通。京兆尹盧弘止表爲府參軍，典箋奏。綯當國，商隱歸窮自解，綯憾不置。弘止鎮徐州，表爲掌書記。久之，還朝，復干綯，乃補太學博士。柳仲郢節度劍南東川，辟判官，檢校工部員外郎。府罷，客滎陽，卒。

商隱初爲文瑰邁奇古，及在令狐楚府，楚本工章奏，因授其學。商隱儷偶長短，而繁縟過之。時溫庭筠、段成式俱用是相夸，號「三十六體」。

薛逢字陶臣，蒲州河東人。會昌初，擢進士第。崔鉉鎮河中，表在幕府。鉉復宰相，引爲萬年尉。直弘文館。歷侍御史、尚書郎。持論鯁切，以謀略高自標顯。

初，與彭城劉瑑交，瑑文辭出逢數人下，常易之。瑑稍親近，逢不得意，遂相忿恨。會瑑當國，有薦逢知制誥者，瑑猥言：「先朝以兩省官給事、舍人先治州縣，乃得除，逢未試州。」執不可。乃出爲巴州刺史。而楊收、王鐸同牒署第，收輔政，逢有詩微辭譏訕，收銜之，復斥逢，歷二州刺史。收罷，以太常少卿召還，歷給事中。鐸爲宰相，逢又以詩譏鐸，鐸怒，中

外亦鄙逢褊傲，故不見齒。遷祕書監，卒。

子廷珪，進士及第。大順初，以司勳員外郎知制誥，遷中書舍人。從昭宗次華州，引拜左散騎常侍，稱疾免，客成都。光化中，復爲舍人，累尚書左丞。朱全忠兼四鎮，廷珪以官告使至汴，客將先見，諷其拜，廷珪佯不曉，曰：「吾何德，敢受令公拜乎？」及見，卒不肯加禮。

李頻字德新，睦州壽昌人。少秀悟，逮長，廬西山，多所記覽。其屬辭，於詩尤長。與里人方干善。給事中姚合名爲詩，士多歸重，頻走千里丐其品，合大加奬挹，以女妻之。大中八年，擢進士第，調祕書郎，爲南陵主簿。判入等，再遷武功令。於是畿民多籍神策軍，吏以其橫，類假借，不敢繩以法。頻至，有神策士尚君慶，逋賦六年不送，畀然出入閭里。頻密擿比伍與競，君慶叩縣廷質，頻即械送獄，盡條宿惡，請於尹殺之，督所負無少貸。豪猾大驚，屏息奉法，縣大治。有六門堰者，廞廢百五十年，方歲饑，頻發官廥庸民浚渠，按故道廝水溉田，穀以大稔。懿宗嘉之，賜緋衣、銀魚。俄擢侍御史，守法不阿徇，遷累都官員外郎。表丐建州刺史。既至，以禮法治下，更布條敎。時朝政亂，盜興，相椎奪，而建賴頻以安。卒官下，喪歸，父老相與扶柩，葬永樂州，爲立廟梨山，歲祠之。天下亂，盜發其冢，壽昌人隨加封掩云。

吳融字子華，越州山陰人。祖翥，有名大中時，觀察府召以署吏，不應，帥高其概，言諸朝，賜號文簡先生。

融學自力，富辭調。龍紀初，及進士第。韋昭度討蜀，表掌書記，遷累侍御史。坐累去官，流浪荊南，依成汭。久之，召爲左補闕，以禮部郎中爲翰林學士，拜中書舍人。昭宗反正，御南闕，羣臣稱賀，融最先至。于時左右歡駭，帝有指授，疊十許稿，融跪作詔，少選成，語當意詳，帝咨賞良厚。進戶部侍郎。鳳翔劫遷，融不克從，去客閿鄉。俄召還翰林，遷承旨，卒官。

唐書卷二百四

列傳第一百二十九

方技

李淳風 甄權 許胤宗 張文仲 袁天綱 客師 張憬藏 乙弗弘禮 金梁鳳
王遠知 薛頤 葉法善 明崇儼 尙獻甫 嚴善思 杜生 張果
邢和璞 師夜光 羅思遠 姜撫 桑道茂

凡推步、卜、相、醫、巧，皆技也。能以技自顯於一世，亦悟之天，非積習致然。然士君子能之，則不迂，不泥，不矜，不神；小人能之，則迂而入諸拘礙，泥而弗通大方，矜以夸衆，神以誣人，故前聖不以爲教，蓋吝之也。若李淳風諫太宗不濫誅，許胤宗不著方劑書，嚴譔諫不合乾陵，乃卓然有益于時者，茲可珍也。至遠知、果、撫等詭行幻怪，又技之下者焉。

李淳風，岐州雍人。父播，仕隋高唐尉，棄官爲道士，號黃冠子，以論譔自見。淳風幼爽秀，通羣書，明步天曆算。貞觀初，與傅仁均爭曆法，議者多附淳風，故以將仕郎直太史局。制渾天儀，詆摭前世得失，著法象書七篇上之。擢承務郎，遷太常博士，改太史丞，與諸儒脩書，遷爲令。太宗得祕讖，言「唐中弱，有女武代王」。以問淳風，對曰：「其兆既成，已在宮中。又四十年而王，王而夷唐子孫且盡。」帝曰：「我求而殺之，奈何？」對曰：「天之所命，不可去也，而王者果不死，徒使疑似之戮淫及無辜。且陛下所親愛，四十年而老，老則仁，雖受終易姓，而不能絕唐。若殺之，復生壯者，多殺而逞，則陛下子孫無遺種矣！」帝采其言，止。

淳風於占候吉凶，若節契然，當世術家意有鬼神相之，非學習可致，終不能測也。以勞封昌樂縣男。奉詔與算博士梁述、助教王眞儒等是正五曹、孫子等書，刊定注解，立於學官。撰麟德曆代戊寅曆，候者推最密。自祕閣郎中復爲太史令，卒。所撰典章文物志、乙巳占等書傳於世。子諺，孫仙宗，並擢太史令。

唐初言曆者惟傅仁均。仁均，滑州人，終太史令。

甄權，許州扶溝人。以母病，與弟立言究習方書，遂爲高醫。仕隋爲祕書省正字，稱疾免。魯州刺史庫狄嶔風痺不得挽弓，權使彀矢鄉堋立，鍼其肩隅，一進，曰：「可以射矣。」果如言。貞觀中，權已百歲，太宗幸其舍，視飲食，訪逮其術，擢朝散大夫，賜几杖衣服。尋卒，年一百三歲。所撰脈經、鍼方、明堂等圖傳于時。

立言仕爲太常丞。杜淹苦流腫，帝遣視，曰：「去此十日，午漏上，且死。」如之。有道人心腹懣煩彌二歲，診曰：「腹有蟲，誤食髮而然。」令餌雄黃一劑，少選，吐一蛇如拇，無目，燒之有髮氣，乃愈。

後以醫顯者，清漳宋俠、義興許胤宗、洛陽張文仲李虔縱、京兆韋慈藏。

俠官朝散大夫、藥藏監。

胤宗仕陳爲新蔡王外兵參軍。王太后病風不能言，脈沈難對，醫家告術窮。胤宗曰：「餌液不可進。」即以黃耆、防風煮湯數十斛，置牀下，氣如霧，熏薄之，是夕語。擢義興太守。武德初，累進散騎侍郎。關中多骨蒸疾，轉相染，得者皆死，胤宗療視必愈。或勸其著書貽

後世者，答曰：「醫特意耳，思慮精則得之。脈之候幽而難明，吾意所解，口莫能宣也。古之上醫，要在視脈，病乃可識。病與藥值，唯用一物攻之，氣純而愈速。今之人不善爲脈，以情度病，多其物以幸有功，譬獵不知兔，廣絡原野，冀一人獲之，術亦疏矣。一藥偶得，它味相制，弗能專力，此難愈之驗也。脈之妙處不可傳，虛著方劑，終無益於世，此吾所以不著書也。」卒年七十餘。

文仲仕武后時，至尙藥奉御。特進蘇良嗣方朝，疾作，仆廷中。文仲診曰：「憂憤而成，若脅痛者，殆未可救。」頃告脅痛。又曰：「及心則殆。」俄心痛而死。文仲論風與氣尤精。后集諸言方者與共著書，詔王方慶監之。文仲曰：「風狀百二十四，氣狀八十，治不以時，則死及之。惟頭風與上氣、足氣，藥可常御。病風之人，春秋末月，可使洞利，乃不困劇，自餘須發則治，以時消息。」乃著四時輕重術凡十八種上之。

虔縱官侍御醫，慈藏光祿卿。

袁天綱，益州成都人。仕隋爲鹽官令〔一〕。在洛陽，與杜淹、王珪、韋挺游，天綱謂淹

曰：「公蘭臺、學堂全且博，將以文章顯。」謂珪「法令成，天地相臨，不十年官五品」；謂挺「面如虎，當以武處官」；「然三君久皆得譴，吾且見之」。淹以侍御史入天策爲學士，珪太子中允，挺善隱太子，薦爲左衞率。武德中，俱以事流巂州，見天綱，曰：「公等終且貴。杜位三品，難與言壽，王、韋亦三品，後於杜而壽過之，但晚節皆困。」見竇軌曰：「君伏犀貫玉枕，輔角完起，十年且顯，立功其在梁、益間邪！」軌後爲益州行臺僕射，天綱復曰：「赤脈干瞳，方語而浮赤入大宅，公爲將必多殺，願自戒。」軌果坐事見召。天綱曰：「公毋憂。右輔澤而動，不久必還。」果還爲都督。

貞觀初，太宗召見曰：「古有君平，朕今得爾，何如？」對曰：「彼不逢時，臣固勝之。」武后之幼，天綱見其母曰：「夫人法生貴子。」乃見二子元慶、元爽，曰：「官三品，保家主也。」見韓國夫人，曰：「此女貴而不利夫。」后最幼，姆抱以見，紿以男，天綱視其步與目，驚曰：「龍瞳鳳頸，極貴驗也；若爲女，當作天子。」帝在九成宮，令視岑文本，曰：「學堂瑩夷，眉過目，故文章振天下。首生骨未成，自前而視，法三品。肉不稱骨，非壽兆也。」張行成、馬周見，曰：「馬君伏犀貫腦，背若有負，貴驗也。近古君臣相遇未有及公者。然面澤赤而耳無根，後骨不隆，壽不長也。張晚得官，終位宰相。」其術精類如此。高士廉曰：「君終作何官？」謝曰：「僕及夏四月，數既盡。」如期以火山令卒〔二〕。

子客師，亦傳其術，爲廩犧令。高宗置一鼠于匳，令術家射，皆曰鼠。客師獨曰：「雖實鼠，然入則一，出則四。」發之，鼠生三子。嘗度江，叩舟而還，左右請故，曰：「舟中人鼻下氣皆墨，不可以濟。」俄有一男子，跛而負，直就舟，客師曰：「貴人在，吾可以濟。」江中風忽起，幾覆而免。跛男子乃婁師德也。

時有長社人張憬藏，技與天綱埒。太子詹事蔣儼有所問，答曰：「公厄在三尺土下，盡六年而貴，六十位蒲州刺史，無有祿矣。」儼使高麗，爲莫離支所囚，居土室六年還。及爲蒲州，歲如期，則召掾史、妻子，告當死，俄詔聽致仕。劉仁軌與鄉人靖賢請占，憬藏答曰：「劉公當五品而譴，終位冠人臣。」謂賢曰：「君法客死。」仁軌爲尚書僕射。賢猥曰：「我三子皆富田宅，吾何客死？」俄喪三子，盡鬻田宅，寄死友家。魏元忠尚少，往見憬藏，問之，久不答，元忠怒曰：「窮通有命，何預君邪？」拂衣去。憬藏遽起曰：「君之相在怒時，位必卿相。」姚崇、李迥秀、杜景佺從之游，憬藏曰：「三人者皆宰相，然姚最貴。」郎中裴珪妻趙見之，憬藏曰：「夫人目修緩，法曰『家視淫』，又曰『目有四白，五夫守宅』，夫人且得罪。」俄坐姦，沒入掖廷。裴光廷當國，憬藏以紙大署「台」字投之，光廷曰：「吾既台司矣，尚何事？」後三日，貶台州刺史。

隋末又有高唐人乙弗弘禮，當煬帝居藩，召見，弘禮賀曰：「大王爲萬乘主，所戒在德而已。」及卽位，悉詔諸術家坊處之，使弘禮總攝。海內寖亂，帝曰：「而昔言朕既驗，然終當奈何？」弘禮逡巡，帝知之，乃曰：「不言，且死！」弘禮曰：「臣觀人臣相與陛下類者不長，然聖人不相，故臣不能知。」由是敕有司監視，毋得與外語。

薛大鼎坐事沒爲奴，及貞觀時，有請於弘禮，答曰：「君，奴也，欲何事？」請解衣視之，弘禮指腰而下曰：「位方岳。」

玄宗時有金梁鳳者，頗言人貴賤夭壽。裴冕爲河西留後，梁鳳輒言：「不半歲兵起，君當以御史中丞除宰相。」又言：「一日向雒，一日向蜀，一日向朔方，此時公當國。」冕妖其言，絕之。俄而祿山反，冕以御史中丞召，因問三日，答曰：「雒日卽滅，蜀日不能久，朔方日愈明。」肅宗卽位，而冕遂相，薦于帝，拜都水使者。梁鳳謂呂諲曰：「君且輔政，須大怖乃得。」諲責驛史，搒之，史突入射諲，兩矢幾中，走而免，明年知政事。李揆、盧允毀服紿謁，梁鳳不許，二人語以情，梁鳳曰：「李自舍人閱歲而相，盧不過郎官。」揆已相，擢允吏部郎中。

王遠知，系本琅邪，後爲揚州人。父曇選，爲陳揚州刺史。母晝寢，夢鳳集其身，因有

娠。浮屠寶誌謂曇選曰：「生子當爲世方士。」遠知少警敏，多通書傳，事陶弘景，傳其術，爲道士。又從臧兢游。陳後主聞其名，召入重陽殿，辯論超詣，甚見咨挹。隋煬帝爲晉王，鎭揚州，使人介以邀見，少選髮白，俄復鬒，帝懼，遣之。後幸涿郡，詔遠知見臨朔宮，帝執弟子禮，咨質仙事，詔京師作玉淸玄壇以處之。及幸揚州，遠知謂帝不宜遠京國，不省。

高祖尚微，遠知密語天命。武德中，平王世充，秦王與房玄齡微服過之，遠知未識，迎語曰：「中有聖人，非王乎？」乃諗以實。遠知曰：「方爲太平天子，願自愛。」太宗立，欲官之，苦辭。貞觀九年，詔潤州卽茆山爲觀，俾居之。璽詔曰：「省所奏，願還舊山，已別詔不違雅素，并敕立祠觀，以伸曩懷。未知先生早晚至江外，祠舍何當就功？令太史令薛頤等往宣朕意。」

遠知多怪言，詫其弟子潘師正曰：「吾少也有累，不得上天，今署少室伯，吾將行。」卽沐浴，加冠衣，若寢者，遂卒。或言壽蓋百二十六歲云。遺命子紹業曰：「爾年六十五見天子，七十見女君。」調露中，紹業表其言，高宗召見，嗟賞，追贈遠知太中大夫，謚升眞先生。武后時復召見，皆如其年。又贈金紫光祿大夫。天授中改謚升玄。

薛頤者，滑州人。當隋大業時爲道士，善天步律曆。武德初，追直秦王府，密語曰：「德星舍秦分，王當帝天下。」王表爲太史丞，稍遷令。貞觀時，太宗將封泰山，彗星見，頤因言：「臣商天意，陛下未可東。」亦會大臣上議，帝遂罷。固丐爲道士，帝爲築觀九嵕山，號曰「紫府」，拜頤太中大夫，往居之。即祠建清臺，候辰次災祥以聞，所上與太史李淳風合。數歲卒。

高宗時，又有葉法善者，括州括蒼人。世爲道士，傳陰陽、占繇、符架之術，能厭劾怪鬼。帝聞之，召詣京師，欲寵以官，不拜。留內齋場，禮賜殊縟。時帝悉召方士，化黃金治丹，法善上言：「丹不可遽就，徒費財與日，請覈眞僞。」帝許之，凡百餘人皆罷。嘗在東都凌空觀爲壇以祭，都人悉往觀，有數十人自奔火中，衆大驚，救而免。法善笑曰：「此爲魅所馮，吾以法攝之耳。」問而信，病亦皆已。其譎幻類若此。

歷高、中二宗朝五十年，往來山中，時時召入禁內。雅不喜浮屠法，常力詆毀，議者淺其好憎，然以術高，卒亡之測。睿宗立，或言陰有助力。先天中，拜鴻臚卿，員外置，封越國公，舍景龍觀，追贈其父歙州刺史，寵映當世。開元八年卒。或言生隋大業丙子，死庚子，蓋百七歲云。玄宗下詔褒悼，贈越州都督。

明崇儼，洛州偃師人，梁國子祭酒山賓五世孫。少隨父恪令安喜，吏有能召鬼神者，盡傳其術。乾封初，應岳牧舉，調黃安丞，以奇技自名。高宗召見，甚悅，擢冀王府文學。試爲窟室，使宮人奏樂其中，召崇儼問：「何祥邪？爲我止之。」崇儼書桃木爲二符，剚室上，樂即止，曰：「向見怪龍，怖而止。」盛夏，帝思雪，崇儼坐頃取以進，自云往陰山取之。四月，帝憶瓜，崇儼索百錢，須臾以瓜獻，曰：「得之緱氏老人圃中。」帝召老人問故，曰：「埋一瓜失之，土中得百錢。」

累遷正諫大夫。帝令入閤供奉，每謁見，陳時政，多託鬼神爲言。至爲武后作厭勝事，又言章懷太子不德。儀鳳四年，爲盜所刺於東都，好事者爲言：「崇儼役鬼勞苦，爲鬼所殺。」而太后疑太子使客殺之，故贈侍中，諡曰莊，擢子珪爲祕書郎。命御史中丞崔謐等雜治，誣服者甚衆。及太子廢，死狀乃明。

尙獻甫，衞州汲人，善占候。武后召見，由道士擢太史令，辭曰：「臣梗野，不可以事官

長。」后改太史局爲渾儀監，以獻甫爲令，不隸祕書省。數問災異，又於上陽宮集術家撰方域等篇。長安二年，熒惑犯五諸侯，獻甫自陳：「五諸侯，太史位；臣命納音，金也；火，金之仇，臣且死。」后曰：「朕爲卿厭之。」遷水衡都尉，謂曰：「水生金，卿無憂。」至秋卒，后嗟異，復以渾儀監爲太史局云。

嚴善思名譔，同州朝邑人，以字行。父延，與河東裴玄證、隴西李眞、蔡靜皆通儒術，該曉圖讖。善思傳延業，褚遂良、上官儀等奇其能。高宗封泰山，舉銷聲幽藪科及第，調襄陽尉。居親喪，廬墓，因隱居十年。武后時擢監察御史，兼右拾遺內供奉，數言天下事。方酷吏構大獄，以善思爲詳審使，平活八百餘人，原千餘姓。長壽中，按囚司刑寺，罷疑不實者百人。來俊臣等疾之，誣以罪，謫交趾，五歲得還。是時李淳風死，候家皆不效，乃詔善思以著作佐郎兼太史令。聖曆二年，熒惑入輿鬼，后問其占，對曰：「大臣當之。」是年王及善卒。長安中，熒惑入月，鎭犯天關，善思曰：「法當亂臣伏罪，而有下謀上之象。」歲餘，張柬之等起兵誅二張。遷給事中。

后崩，將合葬乾陵，善思建言：「尊者先葬，卑者不得入。今啓乾陵，是以卑動尊，術家

所忌。且玄闕石門，冶金錮隙，非攻鑿不能開，神道幽靜，多所驚黷。若別攻隧以入其中，即往昔葬時神位前定，更且有害。曩營乾陵，國有大難，易姓建國二十餘年，今又營之，難且復生。合葬非古也，況事有不安，豈足循據？漢世皇后別起陵墓，魏、晉始合葬。漢積祀四百，魏、晉祚率不長，亦其驗也。今若更擇吉地，附近乾陵，取從葬之義。使神有知，無所不通；若其無知，合亦何益？山川精氣，上爲列星。葬得其所，則神安而後嗣昌；失其宜，則神危而後嗣損。願割私愛，使社稷長久。」中宗不納。

神龍中，武后喪公除，太常請大習樂，供郊廟，詔未許。善思奏曰：「樂者氣化，所以感天地、調五行。漢、魏喪禮，以日易月，蓋三年不爲禮，禮必壞，三年不爲樂，樂必崩。禮，陰也；樂，陽也。樂崩陽伏，禮廢陰慝，故變以適時，孝道之大。安人神，公也；茹哀戚，私也。王者不以私害公，請如太常奏。」帝從之。遷禮部侍郎。表皇后擅政，爲社稷憂，求汝州刺史。嘗語姚崇曰：「韋氏禍且塗地，相王所居有華蓋紫氣，必位九五，公善護之。」及睿宗立，崇以語聞，召拜右散騎常侍。

初，譙王重福徙均州，過汝，善思爲刺史。及謀反，僞除禮部尙書。重福敗，坐關通論死，吏部尙書宋璟、戶部郎中李邕薄其罪，給事中韓思復固請，乃流靜州。始，善思爲御史，中書舍人劉允濟爲酷吏所陷，且死，善思力訟其冤，得免。戶部尙書王本立見之，曰：「祁奚

之救叔向，嚴公有之。」後見允濟，語未嘗及之。思復之解善思也，亦不自德，時稱長者之報。後遇赦還。開元十六年卒。子向，乾元中爲鳳翔尹，三世皆年八十五云。

杜生者，許州人，善易占。有亡奴者問所從追，戒曰：「自此行，逢使者，懇丐其鞭。若不可，則以情告。」其人果值使者於道，如生語，使者異之，曰：「去鞭，吾無以進馬，可折道傍蔞代之。」乃往折蔞，見亡奴伏其下，獲之。它日又有亡奴者，生戒持錢五百伺於道，見進鷂使者，可市其一，必得奴。俄而使至，其人以情告，使者以一與之，忽飛集灌莽上，往取之而得亡奴。衆以爲神。

時有浮屠泓者，黄州人。與天官侍郎張敬之善。敬之以武后在位，常指所服示子冠宗曰：「葬朝服耳。」俄冠宗以父應入三品，詣有司言狀。泓忽曰：「君無須求三品也。」敬之大驚，已而知出冠宗意。敬之弟訥之疾殆，泓曰：「公弟當位三品，不足憂也。」已而愈。嘗爲燕國公張說市宅，戒曰：「無穿東北，王隅也！」它日見說曰：「宅氣索然，云何？」與說共視，隅有三坎丈餘，泓驚曰：「公富貴一世而已，諸子將不終。」說懼，將平之，泓曰：「客土無氣，與地脈不連，譬身瘡痏補它肉，無益也。」說子皆汙賊死斥云。

張果者，晦鄉里世繫以自神，隱中條山，往來汾、晉間，世傳數百歲人。武后時，遣使召之，即死，後人復見居恆州山中。

開元二十一年，刺史韋濟以聞。玄宗令通事舍人裴晤往迎，見晤輒氣絕仆，久乃蘇。晤不敢逼，馳白狀。帝更遣中書舍人徐嶠齎璽書邀禮，乃至東都，舍集賢院，肩輿入宮。帝親問治道神仙事，語祕不傳。果善息氣，能累日不食，數御美酒。嘗云：「我生堯丙子歲，位侍中。」其貌實年六七十。時有邢和璞者，善知人夭壽。師夜光者，善視鬼。帝令和璞推果生死，懵然莫知其端。帝召果密坐，使夜光視之，不見果所在。

帝謂高力士曰：「吾聞飲堇無苦者，奇士也。」時天寒，因取以飲果，三進，頹然曰：「非佳酒也。」乃寢。頃視齒燋縮，顧左右取鐵如意擊墮之，藏帶中，更出藥傅其齗，良久，齒已生，粲然駢絜。帝益神之。欲以玉真公主降果，未言也。果忽謂祕書少監王迥質、太常少卿蕭華曰：「諺謂娶婦得公主，平地生公府，可畏也。」二人怪語不倫。俄有使至，傳詔曰：「玉真公主欲降先生。」果笑，固不奉詔。有詔圖形集賢院，懇辭還山，詔可。擢銀青光祿大夫，號通玄先生，賜帛三百匹，給扶侍二人。至恆山蒲吾縣，未幾卒，或言尸解。帝爲立棲霞觀其所。

夜光者，薊州人，少爲浮屠。至長安，因九仙公主得召見温泉，帝奇其辯，賜冠帶，授四門博士，賜緋衣、銀魚、金繒千數，得侍左右如幸臣。

和璞喜黄老，作潁陽書，世傳之。

天寶中，有孫甑生者，以技聞，能使石自鬭，草爲人騎馳走。楊貴妃喜觀之，數召入宮中。

又有羅思遠，能自隱。帝學，不肯盡其術，試自隱，常餘衣帶，及思遠共試，則驗。厚錫金帛，然卒不得。帝怒，裹以幞，壓殺之。數日，有中使者自蜀還，逢思遠駕而西，笑曰：「上爲戲何虐也！」

姜撫，宋州人。自言通僊人不死術，隱居不出。開元末，太常卿韋縚祭名山，因訪隱民，還白撫已數百歲。召至東都，舍集賢院。因言：「服常春藤，使白髮還鬢，則長生可致。藤生太湖最良，終南往往有之，不及也。」帝遣使者至太湖，多取以賜中朝老臣。因詔天下，使自求之。宰相裴耀卿奉觴上千萬歲壽，帝悅，御花萼樓宴羣臣，出藤百奩，徧賜之。擢撫

銀青光祿大夫，號沖和先生。撫又言：「終南山有旱藕，餌之延年。」狀類葛粉，帝作湯餅賜大臣。右驍衞將軍甘守誠能銘藥石，曰：「常春者，千歲藟也。旱藕，杜蒙也。方家久不用，撫易名以神之。民間以酒漬藤，飲者多暴死。」乃止。撫內慚悸，請求藥牢山，遂逃去。

桑道茂者，寒人，失其系望。善太一遁甲術。乾元初，官軍圍安慶緒於相州，勢危甚，道茂在圍中，密語人曰：「三月壬申西師潰。」至期，九節度兵皆敗。後召待詔翰林。建中初，上言：「國家不出三年有厄會，奉天有王氣，宜高垣堞，爲王者居，使可容萬乘者。」德宗素驗其數，詔京兆尹嚴郢發衆數千及神策兵城之。時盛夏趣功，人莫知其故。及朱泚反，帝蒙難奉天，賴以濟。

李晟爲右金吾大將軍，道茂齎一縑見晟，再拜曰：「公貴盛無比，然我命在公手，能見赦否？」晟大驚，不領其言。道茂出懷中一書，自具姓名，署其左曰：「爲賊逼脅。」固請晟判，晟笑曰：「欲我何語？」道茂曰：「弟言準狀赦之。」晟勉從。已又以縑願易晟衫，請題衿膺曰：「它日爲信。」再拜去。道茂果汙朱泚僞官。晟收長安，與逆徒縛旗下，將就刑，出晟衫及書以示。晟爲奏，原其死。

是時藩鎭擅地無寧時，道茂曰：「年號元和，寇盜翦滅矣。」至憲宗乃驗。道茂居有二柏甚茂，曰：「人居而木蕃者去之，木盛則土衰，土衰則人病。」乃以鐵數十鈞埋其下，復曰：「後有發其地而死者。」大和中，温造居之，發藏鐵而造死。杜佑與楊炎善，盧杞疾之，佑懼，以問道茂，答曰：「君歲中補外，則福壽叵涯矣。」俄拜饒州刺史，後終司徒。李泌病，道茂署於紙曰：「厄三月二日就鑾，國與家吉而身危。」會中和日，泌雖篤，彊入。德宗見泌不能步，詔歸第，卒。是日北軍謀亂，仗士禽斬之。李鵬爲盛唐令，道茂曰：「君位止此，而冢息位宰相，次息亦大鎭，子孫百世。」鵬卒，後石至宰相，福歷七鎭，諸孫通顯云。

校勘記

〔一〕仕隋爲驤官令　舊書卷一九一袁天綱傳及冊府卷八六〇均謂「隋大業中爲資官令」。

〔二〕以火山令卒　按舊書卷一九一袁天綱傳、冊府卷八六〇均謂武德初授火井令，「火山」疑是「火井」之訛。

唐書卷二百五

列傳第一百三十

列女

李德武妻裴淑英　楊慶妻王　房玄齡妻盧　獨孤師仁姆王蘭英
楊三安妻李　樊會仁母敬　衞孝女無忌　鄭義宗妻盧
劉寂妻夏侯碎金　于敏直妻張　楚王靈龜妃上官　楊紹宗妻王
賈孝女　李氏妻王阿足　樊彥琛妻魏　李畬母　汴女李
崔繪妻盧　堅貞節婦李　符鳳妻玉英　高叡妻秦　王琳妻韋
盧惟清妻徐　饒娥　竇伯女仲女　盧甫妻李　鄒待徵妻薄
金節婦　高愍女　楊烈婦　賈直言妻董　李孝女妙法　李湍妻

董昌齡母楊　王孝女和子　段居貞妻謝　楊含妻蕭　韋雍妻蕭
衡方厚妻程　鄭孝女　李廷節妻崔　殷保晦妻封絢　竇烈婦
李拯妻盧　山陽女趙　周迪妻　朱延壽妻王

女子之行，於親也孝，婦也節，母也義而慈，止矣。中古以前，書所載后、妃、夫人事，天下化之。後彤史職廢，婦訓、姆則不及於家，故賢女可紀者千載間寥寥相望。唐興，風化陶淬且數百年，而閨家令姓窈窕淑女，至臨大難，守禮節，白刃不能移，與哲人烈士爭不朽名，寒如霜雪，亦可貴矣。今采獲尤顯行者著之篇，以緒正父父、子子、夫夫、婦婦之懿云。

李德武妻裴，字淑英，安邑公矩之女，以孝聞鄉黨。德武在隋，坐事徙嶺南，時嫁方踰歲，矩表離婚。德武謂裴曰：「我方貶，無還理，君必儷它族，于此長決矣。」答曰：「夫，天也，可背乎？願死無它。」欲割耳誓，保姆持不許。夫姻媦，歲時朔望裴致禮惟謹。居不御薰澤。讀列女傳，見述不更嫁者，謂人曰：「不踐二廷，婦人之常，何異而載之書？」後十年，德武未還，矩決嫁之，斷髮不食，矩知不能奪，聽之。德武更娶尒朱氏，遇赦還，中道聞其完節，乃遣後妻，爲夫婦如初。

楊慶妻王者，世充兄之女。慶以河間王子爲郇王，守滎陽，陷於世充，故世充妻之，用爲管州刺史。太宗攻洛陽，慶謀與王歸唐，謝曰：「鄭以我奉箕帚者，繫公之心，今負恩背義，自爲身謀，可若何？至長安，則公家婢耳，願送我還東都。」慶不聽，王謂左右曰：「唐勝則鄭滅，鄭安則吾夫死，若是，生何益？」乃飲藥死。慶入朝，官宜州刺史。

房玄齡妻盧，失其世。玄齡微時，病且死，諉曰：「吾病革，君年少，不可寡居，善事後人。」盧泣入帷中，剔一目示玄齡，明無它。會玄齡良愈，禮之終身。

王蘭英者，獨孤師仁之姆。師仁父武都謀歸唐，王世充殺之。師仁始三歲，免死禁錮，蘭英請髡鉗得保養，許之。時喪亂，餓死者藉藉，游丐道路以食師仁，身啖土飲水。後詐爲採薪，竊師仁歸京師。高祖嘉其義，詔封蘭英永壽鄉君。

楊三安妻李，京兆高陵人。舅姑亡，三安又死，子幼，孤窶，晝田夜紡，凡三年，葬舅姑及夫兄弟凡七喪，遠近嗟涕。太宗聞而異之，賜帛三百段，遣州縣存問，免其繇役。

樊會仁母敬，蒲州河東人，字象子。笄而生會仁。夫死，事舅姑祥順。家以其少，欲嫁之，潛約婚於里人，至期，陽爲母病，使歸視。敬至，知見紿，乃外爲不知者，私謂會仁曰：「吾孀處不死者，以母老兒幼，今舅將奪吾志，汝云何？」會仁泣，敬曰：「兒毋啼！」乃伺隙遁去，家追及半道，以死自守，乃罷。會仁未冠卒，時敬母又終，既葬，謂所親曰：「母死子亡，何生爲！」不食數日死，聞者憐之。

衞孝女，絳州夏人，字無忌。父爲鄉人衞長則所殺，無忌甫六歲，無兄弟，母改嫁。逮長，志報父仇。會從父大延客，長則在坐，無忌抵以甓，殺之。詣吏稱父冤已報，請就刑。巡察使褚遂良以聞，太宗免其罪，給驛徙雍州，賜田宅。州縣以禮嫁之。

鄭義宗妻盧者，范陽士族也。涉書史，事舅姑恭順。夜有盜持兵劫其家，人皆匿竄，惟姑不能去，盧冒刃立姑側，爲賊捽捶幾死。賊去，人問何爲不懼，答曰：「人所以異鳥獸者，以其有仁義也。今鄰里急難尙相赴，況姑可委棄邪？若百有一危，我不得獨生。」姑曰：「歲寒然後知松柏後凋，吾乃今見婦之心。」

劉寂妻夏侯，滑州胙城人，字碎金。父長雲爲鹽城丞，喪明。時劉已生二女矣，求與劉絕，歸侍父疾。又事後母以孝稱。五年父亡，毀不勝喪，被髮徒跣，身負土作冢，廬其左，寒不緜，日一食者三年。詔賜物二十段、粟十石，表異門閭。後其女居母喪，亦如母行，官又賜粟帛，表其門。

于敏直妻張者，皖城公儉女也。生三歲，每父母病，已能晝夜省侍，顏色如成人。及長，愈恭順仁孝。儉病篤，聞之，號泣幾絕。儉死，一慟遂卒。高宗懿其行，賜物百段，以狀屬史官。

楚王靈龜妃上官者，下邽士族也。靈龜出繼哀王後，而舅姑在，妃朝夕侍奉，謹甚，凡珍美，非經獻不先嘗。靈龜卒，將葬，前妃無近族，議者欲不舉，妃曰：「逝者有知，魂可無託乎？」乃備禮合葬。聞者嘉歎。喪除，兄弟共諭：「妃少，又無子，可不有行。」泣曰：「丈夫以義，婦人以節，我未能殉溝壑，尙可御粧澤、祭他胙乎？」將自劓刵，衆遂不敢彊。

楊紹宗妻王，華州華陰人。在襁而母亡，繼母鞠愛。父征遼歿，繼母又卒，王年十五，乃舉二母柩而立父象，招魂以葬，廬墓左。永徽中，詔：「楊氏婦在隋時，父歿遼西，能招魂克葬。至祖父母塋隧，親服板築，哀感行路。」因賜物段幷粟，以闕表門。

賈孝女，濮州鄄城人。年十五，父爲族人玄基所殺。孝女弟彊仁尙幼，孝女不肯嫁，躬撫育之。彊仁能自樹立，教伺玄基殺之，取其心告父墓。彊仁詣縣言狀，有司論死。孝女詣闕請代弟死，高宗閔歎，詔幷免之，內徙洛陽。

李氏妻王阿足，深州鹿城人。早孤，無兄弟。歸李氏數歲，夫死無子，以養姊高年無供養，乃不忍嫁。晝耕夜織，能辦生事，餘二十年，姊乃亡，葬送如禮。鄉人服其義，爭遣女妻往師其風訓。壽終于家。

樊彥琛妻魏者，揚州人。彥琛病，魏曰：「公病且篤，不忍公獨死。」彥琛曰：「死生，常道也。幸善諸孤使成立，相從而死，非吾取也。」彥琛卒，値徐敬業難，陷兵中。聞其知音，令鼓箏，魏曰：「夫亡不死，而逼我管絃，禍由我發。」引刀斬其指。軍伍欲彊妻之，固拒不從，

中華書局

乃刃擬頸曰：「從我者不死。」魏厲聲曰：「狗盜，乃欲辱人，速死，吾志也！」乃見害，聞者傷之。

李畬母者，失其氏。有淵識。畬爲監察御史，得稟米，量之三斛而贏，問于史，曰：「御史米，不槩也。」又問車庸有幾，曰：「御史不償也。」母怒，敕歸餘米，償其庸，因切責畬。畬乃劾倉官，自言狀，諸御史聞之，有慚色。

汴女李者，年八歲父亡，殯于堂十年，朝夕臨。及笄，母欲嫁之。斷髮，丐終養。居母喪，哀號過人，自庀葬具，州里送葬千餘人。廬于墓，蓬頭，跣而負土，以完園塋，蒔松數百。武后時，按察使薛季昶表之，詔樹闕門閭。

崔繪妻盧者，鸞臺侍郎獻之女。獻有美名。繪喪，盧年少，家欲嫁之，盧稱疾不許。女兄適工部侍郎李思沖，早亡。思沖方顯重，表求繼室，詔許，家內外姻皆然可。思沖歸幣三百輿，盧不可，曰：「吾豈再辱於人乎？寧沒身爲婢。」是夕，出自竇，糞穢蟣面，還崔舍，斷髮自誓。思沖以聞，武后不奪也，詔爲浮屠尼以終。

堅貞節婦李者，年十七，嫁爲鄭廉妻。未踰年，廉死，常布衣蔬食。夜忽夢男子求爲妻，初不許，後數數夢之。李自疑容貌未衰醜所召也，即截髮，麻衣，不薰飾，垢面塵膚，自是不復夢。刺史白大威欽其操，號堅貞節婦，表旌門闕，名所居曰節婦里。

符鳳妻某氏，字玉英，尤姝美。鳳以罪徙儋州，至南海，爲獠賊所殺，脅玉英私之，對曰：「一婦人不足事衆男子，請推一長者。」賊然之。乃請更衣，有頃，盛服立於舟，罵曰：「受賊辱，不如死！」自沈於海。

高叡妻秦。叡爲趙州刺史，爲默啜所攻。州陷，叡仰藥不死，至默啜所，示以寶帶異袍，曰：「降我，賜爾官；不降，且死。」叡視秦，秦曰：「君受天子恩，當以死報，賊一品官安足榮？」自是皆瞑目不語。默啜知不可屈，乃殺之。

王琳妻韋者，士族也。琳爲眉州司功參軍，俗僭侈盛飾，韋不知有簪珥。訓二子堅、冰有法，後皆名聞。琳卒時，韋年二十五，家欲彊嫁之，韋固拒，至不聽音樂，處一室，或終日不食。卒年七十五，著女訓行於世。

盧惟清妻徐，淄州人，世客陳留。惟清仕歷校書郎。徐女兄之夫李宜得以罪斥，惟清坐僚婣，貶播川尉。徐還鄉里，糲食，斥鉛膏，綵絺不御。會大赦，徐間關迎惟清，至荆州，聞惟清死，二髯奴將劫徐歸下江，徐知之，數其罪，奴不敢逼，劫其貲去。徐倍道行至播川，足繭流血，得惟清尸，以喪還，閱歲至洛陽。既葬，以無子，終服還陳留。汴州刺史齊澣高其節，頌而詩之。

饒娥字瓊眞，饒州樂平人。生小家，勤織紝，頗自脩整。父勣，漁于江，遇風濤，舟覆，屍不出。娥年十四，哭水上，不食三日死。俄大震電，水蟲多死，父尸浮出，鄉人異之，歸賵具禮，葬父及娥鄱水之陰。縣令魏仲光碣其墓。建中初，黜陟使鄭淑則表旌其閭，河東柳宗元爲立碑云。

竇伯女、仲女，京兆奉天人。永泰中，遇賊行剽，二女自匿山谷，賊迹而得之，將逼以私。行臨大谷，伯曰：「我豈受汙於賊！」乃自投下，賊大駭。俄而仲亦躍而墜。京兆尹第

五琦表其烈行，詔旌門閭，免其家繇役，官爲庀葬。

盧甫妻李，秦州成紀人。父瀾，永泰初爲蘄令。梁、宋兵興，瀾諭降劇賊數千人。刺史曹昇襲賊，敗之。賊疑瀾賣己，執瀾及其弟渤，兄弟爭相代死，李見父被執，亦請代父，遂皆遇害。

又有王泛妻裴者，亦俘賊中，欲汙之，罵曰：「吾，衣冠子，豈愛生受汙邪！」賊臨以兵，罵不止，乃支解焉。

宣慰使李季卿聞狀，詔贈李孝昌縣君、裴河東縣君，瀾、渤並贈官。

鄒待徵妻薄者，從待徵官江陰。袁晁亂，薄爲賊所掠，將汙之，不從。語家媪使報待徵曰：「我義不辱。」即死於水。賊去，得其尸。義聲動江南，聞人李華作哀節婦賦。

金節婦者，安南賊帥陶齊亮之母也。常以忠義誨齊亮，頑不受，遂絕之。自田而食，紡而衣，州里矜法焉。大曆初，詔賜兩丁侍養，本道使四時存問終身。

高愍女名妹妹，父彥昭事李正己。及納拒命，質其妻子，使守濮陽。建中二年，挈城歸河南都統劉玄佐，納屠其家。時女七歲，母李憐其幼，請免死爲婢，許之。女不肯，曰：「母兄皆不免，何賴而生？」母兄將被刑，徧拜四方。女問故，答曰：「神可祈也。」女曰：「我家以忠義誅，神尚何知而拜之！」問父在所，西嚮哭，再拜就死。德宗駭歎，詔太常謚曰愍。諸儒爭爲之誄。

彥昭從玄佐救寧陵，復汴州，累功授潁州刺史。朝廷錄其忠，居州二十年不徙，卒贈陝州都督。

楊烈婦者，李侃妻也。建中末，李希烈陷汴，謀襲陳州。侃爲項城令，希烈分兵數千略定諸縣，侃以城小賊銳，欲逃去，婦曰：「寇至當守，力不足，則死焉。君而逃，尚誰守？」侃曰：「兵少財乏，若何？」婦曰：「縣不守，則地賊地也，倉廩府庫皆其積也，百姓皆其戰士也，於國家何有？請重賞募死士，尚可濟。」侃乃召吏民入廷中曰：「令誠若主也，然滿歲則去，非如吏民生此土也，墳墓存焉，宜相與死守，忍失身北面奉賊乎？」衆泣，許諾。乃徇曰：「以瓦石擊賊者，賞千錢；以刀矢殺賊者，万錢。」得數百人。侃率以乘城，婦身自爨以享衆。報賊曰：「項城父老義不下賊，得吾城不足爲威，宜亟去；徒失利，無益也。」賊大笑。侃

中流矢，還家，婦責曰：「君不在，人誰肯固？死于外，猶愈於牀也。」侃遽登城。會賊將中矢死，遂引去，縣卒完。詔遷侃太平令。

先是萬歲通天初，契丹寇平州，鄒保英爲刺史，城且陷，妻奚率家僮女丁乘城，不下賊，詔封誠節夫人。默啜攻飛狐，縣令古玄應妻高能固守，虜引去，詔封徇忠縣君。史思明之叛，衞州女子侯、滑州女子唐、青州女子王，相與歃血赴行營討賊，滑濮節度使許叔冀表其忠，皆補果毅。雖敢決不忘於國，然不如楊烈婦忼慷知君臣大義云。

賈直言妻董。直言坐事，貶嶺南，以妻少，乃訣曰：「生死不可期，吾去，可亟嫁，無須也。」董不答，引繩束髮，封以帛，使直言署，曰：「非君手不解。」直言貶二十年乃還，署帛宛然。及湯沐，髮墮無餘。

李孝女者，名妙法，瀛州博野人。安祿山亂，被劫徙它州。聞父亡，欲間道奔喪，一子不忍去，割一乳留以行。既至，父已葬，號踊請開父墓以視，宗族不許。復持刀刺心，乃爲開。見棺，舌去塵，髮治拭之。結廬墓左，手植松柏，有異鳥至。後，母病，或不食飲，女終日未嘗視匕箸，及亡，刺血書于母臂而葬，廬墓終身。

李湍妻某氏。湍籍吳元濟軍，元和中，自拔歸烏重胤，妻爲賊縛而臠食之，將死，猶號湍曰：「善事烏僕射！」觀者歎泣。重胤請以其事屬史官，詔可。

董昌齡母楊，世居蔡。昌齡更事吳少陽，至元濟時，爲吳房令。母常密戒曰：「逆順成敗，兒可圖之。」昌齡未決，徙郾城，楊復曰：「逆賊欺天，神所不福。當逆降，無以我累。兒爲忠臣，吾死不慊。」會王師逼郾城，昌齡乃降。憲宗喜，卽拜郾城令兼監察御史，昌齡謝曰：「母之訓也，臣何能！」帝嗟嘆。元濟囚楊，欲殺者屢矣。蔡平而母在，陳許節度李遜表之，封北平郡太君。

王孝女，徐州人，字和子。元和中，父兄皆防秋屯涇州，吐蕃寇邊，並戰死。和子年十七，單身被髮徒跣縗裳抵涇屯，日丐貸，護二喪還，葬于鄉，植松柏，翦髮壞容，廬墓所。節度使王智興白狀，詔旌其門。

段居貞妻謝，字小娥，洪州豫章人。居貞本歷陽俠少年，重氣決，娶歲餘，與謝父同賈

江湖上，並爲盜所殺。小娥赴江流，傷腦折足，人救以免。轉側丐食至上元，夢父及夫告所殺主名，離析其文爲十二言，持問內外姻，莫能曉。隴西李公佐隱占得其意，曰：「殺若父者必申蘭，若夫必申春，試以是求之。」小娥泣謝。諸申，乃名盜亡命者也。小娥詭服爲男子，與傭保雜。物色歲餘，得蘭于江州，春于獨樹浦。蘭與春，從兄弟也。小娥託傭蘭家，日以謹信自効，蘭寖倚之，雖包苴無不委。小娥見所盜段、謝服用故在，益知所夢不疑。出入二稘，伺其便。它日蘭盡集羣偷釃酒，蘭與春醉，臥廬。小娥閉戶，拔佩刀斬蘭首，因大呼捕賊。鄉人牆救，禽春，得贓千萬，其黨數十。小娥悉疏其人上之官，皆抵死，乃始自言狀。刺史張錫嘉其烈，白觀察使，使不爲請。還豫章，人爭娉之，不許。祝髮事浮屠道，垢衣糲飯終身。

楊含妻蕭，父歷，爲撫州長史，以官卒，母亦亡。蕭年十六，與娟皆韶淑，毀貌，載二喪還鄉里，貧不能給舟庸，次宣州戰鳥山，舟子委柩去。蕭結廬水濱，與婢穿壙納棺成墳，蒔松柏，朝夕臨，有馴鳥、縞兔、菌芝之祥。長老等爲立舍，歲時進粟縑。喪滿不釋縗，人高其行。或請昏，女曰：「我弱不能北還，君誠爲我致二柩葬故里，請事君子。」於是，含以高安尉罷歸，聘之，且請如素。蕭以親未葬，許其載，辭其采。已葬，乃釋服而歸楊云。

韋雍妻蕭。張弘靖鎮幽州也，表雍在幕府。朱克融亂，雍被劫。蕭聞難，與雍皆出，左右格之，不退。雍臨刃，蕭呼曰：「我苟生無益，願今日死君前。」刑者斷其臂，乃殺雍。蕭意象晏然，觀者哀歎。是夕死。大和中，楊志誠表其烈，詔贈蘭陵縣君。

雍字和叔，擢進士第。

衡方厚妻程。大和中，方厚爲邕州錄事參軍。招討使董昌齡治無狀，方厚數爭事，昌齡怒，將執付吏，辭以疾，不免，卽以死告，臥棺中。昌齡知之，使闔棺甚牢。方厚閉久，以爪攫棺，爪盡乃絕。程懼并死，不敢哭。昌齡恬不疑，厚遣其喪。程徒行至闕下，叩右銀臺門，自刵陳冤，下御史鞫治有實，昌齡乃得罪。文宗詔封程武昌縣君，賜一子九品正員官。

鄭孝女，兗州瑕丘人。父神佐，爲官兵，戰死慶州。時母已亡，又無兄弟，女時年二十四，卽鬋髮毀服，身護喪還鄉里，與母合葬。廬墓下，手樹松柏成林。初，許適牙兵李玄慶，至是，謝不嫁。大中中，兗州節度使蕭俶狀于朝，有詔旌表其閭。

李廷節妻崔。乾符中，廷節爲郟城尉。王仙芝攻汝州，廷節被執。賊見崔姝美，將妻之，詬曰：「我，士人妻，死亡有命，柰何受賊汙？」賊怒，刳其心食之。

殷保晦妻封，敖孫也，名絢，字景文。能文章，草隸。保晦歷校書郎。黃巢入長安，共匿蘭陵里。明日，保晦逃。賊悅封色，欲取之，固拒。賊誘說萬詞，不答。賊怒，勃然曰：「從則生，不然，正膏我劍！」封罵曰：「我，公卿子，守正而死，猶生也，終不辱逆賊手！」遂遇害。保晦歸，左右曰：「夫人死矣！」保晦號而絕。

竇烈婦者，河南人，朝邑令畢某妻。初，同州軍亂，逐節度使李璠走河中，令匿望仙里，不知所舍乃仇家也。夜半盜入，捽令首，欲殺之，竇泣蔽捍，苦持賊袂，至中刃不解，令得脫走不死，賊亦去。京兆聞之，歸酒帛醫藥，幾死而愈。

李拯妻盧者，美姿，能屬文。拯字昌時，咸通末擢進士，還累考功郎中。黃巢亂，避地平陽，僖宗召爲翰林學士。帝出寶鷄，陷于嗣襄王煴。煴敗，拯死，盧伏尸哭。王行瑜兵逼之，不從，脅以刃，斷一臂死。

山陽女趙者，父盜鹽，當論死，女詣官訴曰：「迫飢而盜，救死爾，情有可原，能原之邪？否則請俱死。」有司義之，許減父死。女曰：「身今爲官所賜，願毀服依浮屠法以報。」卽截耳自信，侍父疾，卒不嫁。

周迪妻某氏。迪善賈，往來廣陵。會畢師鐸亂，人相掠賣以食。迪飢將絕，妻曰：「今欲歸，不兩全。君親在，不可并死，願見賣以濟君行。」迪不忍，妻固與詣肆，售得數千錢以奉。迪至城門，守者誰何，疑其紿，與迪至肆問狀，見妻首已在枅矣。迪裹餘體歸葬之。

朱延壽妻王者，當楊行密時，延壽事行密爲壽州刺史，惡行密不臣，與寧國節度使田頵謀絕之以歸唐。事泄，行密以計召延壽，欲與揚州，延壽信之。將行，王曰：「今若得揚州，成宿志，是興衰在時，非繫家也，然願日一介爲驗。」許之。及爲行密所殺，介不至，王曰：「事敗矣。」卽部家僕，授兵器。方闔扉而捕騎至，遂出私帑施民，發百燎焚牙居，呼天曰：「我誓不爲讎人辱！」赴火死。

宋 歐陽修 宋祁 撰

新唐書

第一九册

卷二〇六至卷二一七下（傳）

中華書局

唐書卷二百六

列傳第一百三十一

外戚

獨孤懷恩 武士彠 士稜 士逸 承嗣 三思 懿宗 攸曁 韋温

王仁皎 守一 楊國忠 李㑺 鄭光

凡外戚成敗，視主德何如。主賢則共其榮，主否則先受其禍。故太宗檢貴倖，裁賞賜，貞觀時，內里無敗家。高、中二宗，柄移豔私，產亂朝廷，武、韋諸族，耄嬰頸血，一日同汙鈇刃。玄宗初年，法行近親，裏表脩敕。天寶奪明，委政妃宗，階召反虜，遂喪天下。楊氏之誅，噍類不遺，蓋數十年之寵，不償一日之慘，甲第厚貲，無救同坎之悲，寧不哀哉！代、德而降，閹尹參變，後宮雖多，無赫赫顯門，亦無刀鋸大戮。故用福甚者得禍酷，取名少者蒙

責輕，理所固然。若乃長孫无忌之功，武平一之識，吳漵之忠，弗緣內寵者，自見別傳云。

獨孤懷恩，元貞皇后弟之子也〔一〕。父整，仕隋爲涿郡太守。懷恩之幼，隋文帝獻皇后以姪養宮中。逮長，稍學記書，而居財不訾，喜交豪猾博徒。爲鄠令，以疾免。高祖平京師，拜長安令，頗嚴明，如職而辨。帝受禪，擢工部尚書。初，虞州刺史韋義節擊堯君素於蒲州，不克，帝遣懷恩代將。性貪，寡筭略，數戰無功，士喪沮，詔書切責，而懷恩稍怨望。帝嘗與戲曰：「弟姑子悉有天下，次當爾邪？」懷恩內喜，以爲天命。既而居忽忽，咤曰：「我家渠獨女子富貴也？」因謀亂。

是時，虞鄉南山多宿盜，而劉武周使宋金剛略澮州，帝發關中軍屬秦王，屯柏壁。繇是懷恩與麾下元君寶、解令榮靜謀引王行本軍與武周連和，劉河東以啗之，引羣賊取永豐倉，絕秦王餉道，長驅三輔。會君素死，而行本得其兵，部畫已定，而夏人呂崇茂殺縣令應武周。帝敕懷恩與永安王孝基、陝州總管于筠、內史侍郎唐儉擊夏，爲金剛所掩，諸將皆沒于賊。君寶與開府劉讓私侮懷恩曰：「不早舉大事，以及斯辱也。」故謀寖露。及秦王敗武周於美良川，懷恩逃歸，帝命率師攻蒲州。君寶聞曰：「王者不死，果其然！」唐儉知狀。會武

周還劉讓求罷兵，因白發懷恩等姦。于時行本舉蒲州降，懷恩勒兵入城，帝方濟河而讓至，具得反狀。帝召之，懷恩不知也，單舟以來，即縛之，窮索黨與，縊死于獄，以首徇華陰市，籍入其家。

武士彠字信，世殖貲，喜交結。高祖嘗領屯汾、晉，休其家，因被顧接。後留守太原，引爲行軍司鎧參軍。募兵既集，以劉弘基、長孫順德統之。王威、高君雅私謂士彠曰：「弘基等皆背征三衞，罪當死，奈何授之兵？吾且劾繫之。」士彠曰：「此皆唐公客，若爾，必大有嫌。」故威等疑不發。會司兵參軍田德平欲勸威劾募人狀，士彠脅謂曰：「討捕兵悉隸唐公，威、君雅無與，徒寄坐耳，何能爲？」德平亦止。兵起，士彠不與謀也。以大將軍府鎧曹參軍從平京師，爲光祿大夫、義原郡公。自言嘗夢帝騎而上天，帝笑曰：「爾故王威黨也，以能罷繫劉弘基等，其意可錄，且嘗禮我，故酬汝以官。今胡迂妄媚我邪？」累遷工部尚書，進封應國公，歷利、荆二州都督。卒，贈禮部尚書，謚曰定。高宗永徽中，以士彠仲女爲皇后，故崇贈并州都督、司徒、周國公。咸亨中，加贈太尉兼太子太師、太原郡王，配享高祖廟廷，列功臣上。后監朝，尊爲忠孝太皇，建崇先府，置官屬，追王五世。后革命，更於東都立

武氏七廟，追册爲帝，諸妣皆隨帝號曰皇后。先天中，有詔削士彠僞號，仍爲太原王，廟遂廢。

始，士彠娶相里氏，生子元慶、元爽。又娶楊氏，生三女。元女妻賀蘭氏，早寡。季女妻郭氏，不顯。士彠卒後，諸子事楊不盡禮，銜之。后立，封楊代國夫人，進爲榮國，后姊韓國夫人。於時元慶已宗正少卿，元爽少府少監，兄子惟良衞尉少卿。楊諷后上疏出元慶等于外，以示退讓。由是元慶斥龍州，元爽濠州，惟良始州。元慶死，元爽流振州。乾封時，惟良及弟淄州刺史懷運與岳牧集泰山下，於是韓國有女在宮中，帝尤愛幸。后欲并殺之，即導帝幸其母所，惟良等上食，后寘堇焉，賀蘭食之，暴死。后歸罪惟良等，誅之，諷有司改姓「蝮氏」，絕屬籍。元爽緣坐死，家屬投嶺外。

后取賀蘭敏之爲士彠後，賜氏武，襲封，擢累左侍極、蘭臺太史令，與名儒李嗣眞等參與刊撰。敏之韶秀自喜，烝於榮國，挾所愛，佻橫多過失；榮國卒，后出珍幣建佛廬徼福，敏之乾匿自用；司衞少卿楊思儉女選爲太子妃，告婚期矣，敏之聞其美，彊私焉；楊喪未畢，褫衰粗，奏音樂；太平公主往來外家，宮人從者，敏之悉逼亂之。后疊數怒，至此暴其惡，流雷州，表復故姓，道中自經死。乃還元爽之子承嗣奉士彠後，宗屬悉原。

士彠兄士稜、士逸。

士稜字彥威，少柔愿，力于田。官司農少卿，宣城縣公，常主苑囿農稼事。卒，贈潭州都督，陪葬獻陵。

士逸字逖，有戰功，爲齊王府戶曹參軍，六安縣公。從王守太原，爲劉武周所執，嘗遣間人陳破賊計。賊平，擢授益州行臺左丞，數言當世得失，高祖嘉納之。終韶州刺史。

承嗣既還，擢尚輦奉御，襲周國公，遷祕書監、禮部尚書。俄以太常卿同中書門下三品，未幾辭位。垂拱初，以春官尚書同鳳閣鸞臺平章事，改納言，代蘇良嗣爲文昌左相。性暴輕忍禍，聞左司郎中喬知之婢窈娘美，且善歌，奪取之，知之作綠珠篇以諷，婢得詩恨死。承嗣怒，告酷吏殺之，殘其家。

初，后擅政，中宗幽逐，承嗣自謂傳國及己，武氏當有天下，即諷后革命，去唐家子孫，誅大臣不附者，倡議追王先世，立宗廟。又王元慶曰梁王，謚憲；元爽魏王，謚德；后從父士讓楚王，謚僖；士逸蜀王，謚節。又贈兄子承業陳王。而承嗣爲魏王，元慶子三思爲梁王，士讓之孫攸寧爲建昌王、攸歸九江王、攸望會稽王，士逸孫懿宗河內王、嗣宗臨川王、仁

範河間王，仁範子載德潁川王，士稜孫攸暨千乘王，惟良子攸宜建安王、攸緒安平王、從子攸止恆安王、重規高平王，承嗣子延基南陽王、延秀淮陽王，三思子崇訓高陽王、崇烈新安王，承業子延暉嗣陳王、延祚咸安王。承嗣實封千戶，監脩國史。密諭后黨鳳閣舍人張嘉福，使洛州人上書請立己爲皇太子，以覘后意。后問岑長倩、格輔元，皆執不宜。承嗣不得已，奏請責諭嘉福等，不罪也。怨長倩等，皆以罪誅。以特進罷。未幾，復同鳳閣鸞臺三品。承嗣爲左相，而攸寧爲納言，故皆罷。又與三思同三品，不及月俱免，復拜特進。后決意還太子矣。久之，遷太子太保，不得志，鞅鞅憤死，贈太尉、并州牧，謚曰宣。

延基襲爵，后嫌斥其名，更曰繼魏王。長安初，與妻永泰郡主及邵王私語張易之兄弟事，後忿爭，語聞，后怒，令自殺，以延義代王。

中宗復位，侍中敬暉等言諸武不當王，與羣臣白奏：「事不兩大，武家諸王宜皆免。」帝柔昏不斷，又素畏太后，且欲悅安之，更言攸暨、三思皆與去二張功，以折暉等，纔降封一級：三思王德靜郡，攸暨壽春，懿宗爲耿國公，攸寧江國，攸望葉國，嗣宗管國，攸宜息國，重規鄶國，延義魏國，攸緒巢國，崇訓酆國，延祚爲咸安郡公。直臣宋務光、蘇安恆上書言：「武諸王饗封，不厭人心。」帝不悟。

載德終湖州刺史，謚武烈。攸歸歷司屬少卿，至齊州刺史，事母孝，姊亡期，不嘗五辛，

語輒流涕。攸止絳州刺史。三人死太后時，不及削封。

攸宜歷同州刺史，萬歲通天初，爲淸邊道行軍大總管，討契丹，后親餞白馬寺，師無功還，拜左羽林大將軍。景龍時，遷右羽林，卒。總禁兵前後十年。睿宗終司衞卿。

重規爲汴、鄭二州刺史，未至，役人營繕，后怒，貶廬州刺史。自是著令：諸王爲州，不得擅營治。突厥之叛，以重規爲天兵中道大總管，與沙吒忠義、張仁亶引衆三十萬討之。左羽林大將軍閻敬容爲西道後軍，兵十五萬後援。還爲左金吾衞大將軍，終衞尉卿。

延秀母本帶方人，坐其家沒入奚官，以姝惠，賜承嗣，生延秀。突厥默啜薦女和親，后令延秀納之，詔右豹韜大將軍閻知微、右武衞郎將楊鸞莊齎金幣送至突厥所。知微等潛約默啜執延秀進寇嬀、檀，故延秀不得歸。神龍初，默啜請和，因延秀送款，還，封桓國公，左衞中郎將。宗兄崇訓尙安樂公主，數與宴昵，頗通突厥語，倣虜謳舞，姿度閑冶，主愛悅。會崇訓死，遂私侍主，後因尙焉。以太常卿兼右衞將軍，封恆國公。三思死，韋后復私延秀，故延秀益自肆。主府倉曹參軍何鳳說曰：「今天下係心武家，庶幾再興。且讖曰『黑衣神孫被天裳』，神孫非公尙誰哉？」因勸服皁衣惑衆。韋后敗，尙與主居禁中，同斬肅章門。攸望以太府卿貶死春州。諸武屬坐延秀誅徙者略盡，獨載德子平一以文章顯，與攸緒常避盛滿，故免，自有傳。

攸寧，天授中擢累納言。踰年，以左羽林衞大將軍罷，俄還納言。久乃罷爲多官尙書。聖曆初，同鳳閣鸞臺平章事。自承嗣、三思罷政事，閱一年，攸寧、三思復當國，置句使，苛取民貲產，毀族者凡十七八，呼天自冤。築大庫百餘舍聚所得財，一昔火，不遺一錢。以多官尙書罷。神龍初，終岐州刺史，贈尙書右僕射。

三思當太后時，累進夏官、春官尙書，監脩國史，爵爲王。契丹陷營州，以楡關道安撫大使屯邊。還，同鳳閣鸞臺三品，踰月去位。又檢校內史，罷爲太子少保，遷賓客，仍監國史。

三思性傾諛，善迎諧主意，鉤探隱微，故后頗信任，數幸其第，賞予尤渥。薛、二張方烝蠱，三思痛屈節，爲懷義御馬，倡言昌宗爲王子晉後身，引公卿歌咏淫汙，靦然如人而不恥也。后春秋高，厭居宮中，三思欲因此市權，誘脅羣不肖，即建營三陽宮於嵩山，興泰宮於萬壽山，請太后歲臨幸，己與二張扈侍馳騁，竊威福自私云。工役鉅萬萬，百姓愁歎。

崇訓之尙主也，三思方輔政，中宗居東宮，欲寵耀其下，乃令具親迎禮。宰相李嶠、蘇味道等及沈佺期、宋之問諸有名士，造作文辭，慢泄相矜，无復禮法。中宗復位，擢崇訓駙馬都尉、太常卿，兼左衞將軍。三思進位司空、同中書門下三品，加實戶五百。固辭，進開府儀同三司。會降封，裁減實戶。俄以太后遺詔還所減，而封崇訓鎬國公。

初，桓彥範等已誅二張，薛季昶、劉幽求勸幷誅三思等，不從。翌日，三思因韋后潛入宮中，反易國政，數日而彥範等皆失柄，所斥去者悉還。詔羣臣復循太后法。三思建言：「大帝封泰山，則天皇后建明堂，封嵩山，二聖之美不可廢。」帝韙其言，遂更名五縣曰乾封、合宮、永昌、登封、告成云。明年春，大旱，帝遣三思、攸暨禱乾陵而雨，帝悅。三思因主請復崇恩廟，昊、順二陵，皆置令丞。其黨鄭愔上聖感頌，帝爲刻石。補闕張景源建言：「母子承業，不可言中興，所下制書皆除之。」於是天下名祠改唐興、龍興云。補闕權若訥又言：「制詔如貞觀故事。且太后遺訓，母儀也；太宗舊章，祖德也。沿襲當自近者始。」帝褒答。是時，起毬場苑中，詔文武三品分朋爲都，帝與皇后臨觀。崇訓與駙馬都尉楊愼交注膏築場，以利其澤，用功不訾，人苦之。

三思既私韋后，又與上官昭容亂，內忌節愍太子，即與主謀廢之。太子懼，故發羽林兵圍三思第，幷崇訓斬之，殺其黨十餘人。

時疾三思姦亂竊國，比司馬懿。其忌阻正人特甚，嘗曰：「我不知何等名善人，唯與我者殆是哉。」與宗楚客兄弟、紀處訥、崔湜、甘元柬相驅煽，王同晈、周憬、張仲之等不勝憤，謀殺之，爲冉祖雍、宋之遜、李悛所白，皆坐死。因逮染五王，而崔湜遣周利貞就殺之，故祖

雍與御史姚紹之等五人，號「三思五狗」。司農少卿趙履温、中書舍人鄭愔、長安令馬構、司勳郎中崔日用、監察御史李悛，託其權，熏炙中外，其尤干政事者，天下語曰：「崔、冉、鄭，亂時政。」以爵賞自相崇樹，凡構大獄，汙黜善良，破壞其宗，天下爲蕩然。始韋月將、高軫上疏，極言三思過惡，有司殺月將，逐軫惡地。黃門侍郎宋璟執奏，俄見斥。其權大抵如此。

既死，帝爲舉哀，廢朝五日，贈太尉，復封梁王，謚曰宣。追封崇訓魯王，謚曰忠。主以太子首祭三思柩。睿宗立，以父子皆逆節，斲棺暴尸，夷其墓。

懿宗以司農卿爵爲郡王，歷懷、洛二州刺史。神功元年，孫萬榮敗王孝傑兵，詔懿宗爲神兵道大總管討之，而婁師德、沙吒忠義並爲總管，兵凡二十萬，次趙州。懿宗聞賊且至，懼不知所出，欲棄軍走，或勸曰：「賊雖來，無輜載，以鈔剽爲命，若按兵老之，擊其歸，可成大功。」懿宗不暇計，退保相州，賊遂進屠趙州。後萬榮死，懿宗復與婁師德撫循河北，人有自賊中歸者，一切抵死，先剔取膽，乃殺之，血沫前，而舉動自如。始萬榮入寇也，別帥何阿小陷冀州，殺人無餘種，以懿宗暴忍似之，故號稱「兩何」，相語曰：「唯此兩何，殺人最多。」

初，懿宗天授間受詔訊大獄，誅大臣王公，皆深排巧引，內刑塹中，無有脫者。其險酷雖周、來等不能繼也。神龍初，遷太子詹事，終懷州刺史。

攸暨自右衞中郎將尙太平公主，拜駙馬都尉，累遷右衞大將軍。天授中，自千乘郡王進封定王，實封戶六百。遷麟臺監司祀卿。長安中，降王壽春，加特進。中宗時，拜司徒，復王定，加戶千。固辭，進開府儀同三司。延秀之誅，降楚國公。攸暨沈謹和厚，於時無忤，專自奉養而已。景龍中卒，贈太尉、幷州大都督，還定王，謚曰忠簡。坐公主大逆，夷其墓。

韋溫者，中宗廢后庶人從父兄也。后父玄貞，歷普州參軍事，以女爲皇太子妃，故擢累豫州刺史。帝幽廬陵，玄貞流死欽州，妻崔爲蠻首甯承所殺，四子洵、浩、洞、泚同死容州，后二女弟逃還京師。帝復政，是日詔贈玄貞上洛郡王、太師、雍州牧、益州大都督，溫父玄儼魯國公，特進、幷州大都督。遣使者迎玄貞喪，詔廣州都督周仁軌討甯承，斬其首祭崔柩，官仁軌左羽林大將軍，汝南郡公。柩至，帝與后登長樂宮望而哭，贈酆王，謚文獻，號廟曰褒德，陵曰榮先，置令丞，給百戶掃除。贈洵吏部尙書、汝南郡王，浩太常卿、武陵郡，洞衞尉卿、淮陽郡，泚太僕卿、上蔡郡，並葬京師。

溫初試吏，坐臧斥。神龍初，擢宗正卿，遷禮部尙書，封魯國公。弟湑，自洛州戶曹參軍事遷拜左羽林大將軍，曹國公。后大妹嫁陸頌，進國子祭酒。仲妹嫁嗣虢王邕。湑子捷尙成安公主，溫從弟濯尙定安公主，並拜駙馬都尉，捷爲右羽林將軍。景龍三年，溫以太子少保同中書門下三品，遙領揚州大都督。溫旣見天下事在手，欲自殖以牢其權，引用友黨不相一，公卿雖畏伏，然溫無能，不如諸武凶而熾也。

湑初兼脩文館大學士，時熒惑久留羽林，后惡之，方湑從至溫泉，后毒殺之以塞變，厚贈司徒、幷州大都督。湑兄弟頗以文詞進，帝方盛選文章侍從，與賦詩相娛樂，湑雖爲學士，常在北軍，無所造作。

有富商抵罪，萬年令李令質按之。濯馳救，令質不從，毀於帝。帝召令質至，左右爲恐，令質從容曰：「濯於賊非親，但以貨爲請，濯雖勢重，不如守陛下法，死無恨。」帝釋不責。

帝崩，后專政，畏有變，敕溫盡總內外兵，守省中。又以從子播、捷從弟璿、高嵩分領左右羽林軍。溫與宗楚客、武延秀等說后託圖讖，韋氏當受命，謀殺少帝，內憚相王、太平公主屬尊，欲先除之，然後發其謀。而玄宗兵夜起，將軍葛福順攻玄武門，入羽林，斬播、璿、高嵩，梟首以徇，軍中相率而應，無敢後。后死，遲旦斬溫，分捕諸韋子弟，無少長皆斬。

周仁軌者，京兆萬年人，后母族也。方爲幷州長史，殘酷嗜殺戮。異日，見堂下有斷臂，惡之，送于野，數昔往視，故在。是月，韋后敗，使者誅仁軌，刑人舉刀，仁軌承以臂，墮地，乃悟。

睿宗夷玄貞、洵墳墓，民盜取寶玉略盡。天寶九載，復詔發掘，長安尉薛榮先往視，冢銘載葬日月，與發冢日月正同，而陵與尉名合云。

王仁皎字鳴鶴，玄宗廢后父也。景龍中，以將帥舉，授甘泉府果毅，遷左衞中郎將。帝卽位，以后故，擢將作大匠，進累開府儀同三司，封祁國公，食戶三百。仁皎避職不事，委遠名譽，厚奉養，積媵妾貲貨而已。卒，年六十九，贈太尉、益州大都督，謚昭宣。官爲治葬。柩行，帝御望春亭過喪。詔張說文其碑，帝爲題石。

子守一，與后孿生，帝微時與雅舊，後詔尙淸陽公主。從討太平主有功，由尙乘奉御遷殿中少監，晉國公，累進太子少保，襲父爵，被遇良渥。后廢，貶柳州別駕，至藍田，賜死。守一沓墨無顧藉，財畜巨萬，皆籍入于官。

楊國忠，太眞妃之從祖兄，張易之之出也。嗜飲博，數丐貸于人，無行檢，不爲姻族齒。年三十從蜀軍，以屯優當遷，節度使張宥惡其人，笞屈之，然卒以優爲新都尉。罷去，益困。蜀大豪鮮于仲通頗資給之。從父玄琰死蜀州，國忠護視其家，因與妹通，所謂虢國夫人者。裒其貲，至成都摴蒲，一日費輒盡，乃亡去。久之，調扶風尉，不得志。復入蜀，劍南節度使章仇兼瓊與宰相李林甫不平，聞楊氏新有寵，思有以結納之爲奧助，使仲通之長安，仲通辭，以國忠見，幹貌頎峻，口辯給，兼瓊喜，表爲推官，使部春貢長安。將行，告曰：「郫有一日糧，君至，可取之也。」國忠至，乃得蜀貨百萬，卽大喜。至京師，見羣女弟，致贈遺。於時虢國新寡，國忠多分賂，宣淫不止。諸楊日爲兼瓊譽，而言國忠善摴蒲，玄宗引見，擢金吾兵曹參軍、閑廄判官。兼瓊入爲戶部尙書兼御史大夫，用其力也。國忠稍入供奉，常後出，專主蒲簿，計算鉤畫，分銖不誤，帝悅曰：「度支郎才也。」累遷監察御史。

李林甫興韋堅等獄，欲危太子，獄事畏卻，以國忠怙寵，搏鷙可用，倚之使按劾。國忠乃慘文峭詆，逮繫連年，誣蟣被誅者百餘族，度可以危太子者，先林甫意啗之，皆中所欲。林甫方深阻固位，陰爲指嚮，故國忠乘以爲姦，肆意無所憚。虢國居中用事，帝所好惡，國忠必探知其微，帝以爲能，擢兼度支員外郎。遷不淹年，領十五餘使，林甫始惡之。

天寶七載，擢給事中、兼御史中丞，專判度支。會三妹封國夫人，兄銛擢鴻臚卿，與國忠皆列棨戟，而第舍華僭，彌跨都邑。時海內豐熾，州縣粟帛舉巨萬，國忠因言：「古者二十七年耕，餘九年食，今天置太平，請在所出滯積，變輕齎，內富京師。又悉天下義倉及丁租、地課易布帛，以充天子禁藏。明年，帝詔百官觀庫物，積如丘山，賜羣臣各有差，錫國忠紫衣、金魚，知太府卿事。

初，楊慎矜引王鉷爲御史中丞，已而有隙。鉷挾國忠共劾慎矜，抵不道誅。由是權傾中外。吉溫爲國忠謀奪林甫政，國忠卽誣奏京兆尹蕭炅、御史中丞宋渾，逐之，皆林甫所厚善，林甫不能救，遂結怨。鉷寵方渥，位勢在國忠右，國忠忌之，因邢縡事，構鉷誅死，已代爲京兆尹，悉領其使。卽窮劾支黨，引林甫交私狀，牽連左逮，數以聞，帝始厭林甫，疏薄之。

先此，南詔質子閤羅鳳亡去，帝欲討之，國忠薦鮮于仲通爲蜀郡長史，率兵六萬討之。戰瀘川，舉軍沒，獨仲通挺身免。時國忠兼兵部侍郎，素德仲通，爲匿其敗，更敍戰功，使白衣領職。因自請兼領劍南，詔拜劍南節度、支度、營田副大使，知節度事。俄加本道兼山南西道採訪處置使，開幕府，引竇華、張漸、宋昱、鄭昂、魏仲犀等自佐，而留京師。帝再幸左藏庫，班賚百官。出納判官魏仲犀言：「鳳集通訓門。」門直庫西，有詔改爲鳳皇門，進仲犀

殿中侍御史，屬吏率以「鳳凰優」得調。俄拜國忠御史大夫，因引仲通爲京兆尹，已兼領吏部。

國忠恥雲南無功，知爲林甫掎摭，欲自解於帝，乃使麾下請己到屯，外示憂邊，以合上旨，實杜禁言路，林甫果奏遣之。及辭，泣訴爲林甫中傷者，妃又爲言，故帝益親之，豫計召日。然國忠就道，惴惴不自安。帝在華清宮，驛追國忠還。林甫病已困，入見牀下，林甫曰：「死矣，公且入相，以後事累公！」國忠懼其詐，不敢當，流汗被顏。林甫果死，遂拜右相、兼文部尚書、集賢院大學士、監脩國史、崇賢館大學士、太清太微宮使，而節度、採訪等使、判度支，不解也。國忠已得志，則窮擿林甫姦事，碎其家。帝以爲功，封魏國公，固讓魏，徙封衞。

國忠既以宰相領選，始建罷長名，於銓日卽定留放。故事，歲揭版南院爲選式，選者自通，一辭不如式，輒不得調，故有十年不官者。國忠創押例，無賢不肖，用選深者先補官，牒文謬缺得再通，衆議翕然美之。先天以前，諸司官知政事者，午漏盡，還本司視事，兵、吏部尚書、侍郎分案注擬。開元末，宰相員少，任益尊，不復視本司事。吏部銓，故常三注三唱，自春止夏乃訖。而國忠陰使吏到第，預定其員，集百官尚書省注唱，一日畢，以夸神明，厭天下耳目者。自是資格紛謬，無復綱序。虢國居宣陽坊左，國忠在其南，自臺禁還，趣虢國

第，郎官、御史白事者皆隨以至。居同第，出駢騎，相調笑，施施若禽獸然，不以爲羞，道路爲恥駭。明年大選，因就第唱補，帷女兄弟觀之，士之醜野蹇傴者，呼其名，輒笑于堂，聲徹諸外，士大夫詬恥之。先是，有司已定注，則過門下，侍中、給事中按閱，有不可，黜之。國忠則召左相陳希烈偶坐，給事中在旁，既對注，曰：「已過門下矣。」希烈不敢異。侍郎韋見素、張倚與本曹郎趨走堂下，抱案牒，國忠顧女弟曰：「紫袍二主事何如？」皆大噱。鮮于仲通等諷選者鄭岱願立碑省戶下以頌德，詔仲通爲頌，帝爲易數字，因以黃金識其處。

帝常歲十月幸華清宮，春乃還，而諸楊湯沐館在宮東垣，連蔓相照，帝臨幸，必徧五家，賞賚不訾計，出有賜，曰「餞路」，返有勞，曰「軟脚」。遠近饋遺閹稚、歌兒、狗馬、金貝，踵疊其門。

國忠由御史至宰相，凡領四十餘使，而度支、吏部事自叢夥，第署一字不能盡，故吏得輕重，顯賕公謁無所忌。國忠性疏侻捷給，硜硜處決樞務，自任不疑，盛氣驕愎，百僚莫敢相可否，官屬悉苛督句剝相恭。又便佞，專徇帝嗜欲，不顧天下成敗。帝雅意事邊，故身調兵食，取習文簿惡吏任之，軍凡須索，快成其手，又不能省視也。始，李林甫給帝天下無事，請已漏出休，許之。文書塡湊，坐家裁決。既成，敕吏持案詣左相陳希烈聯署，左相不敢詰，署惟謹。至國忠時，韋見素代希烈，循以爲常。它年，大雨敗稼，帝憂之，國忠擇善禾以進，

曰：「雨不爲災。」扶風太守房琯上郡災，國忠怒，遣御史按之。後乃無敢以水旱聞，皆前伺國忠意乃敢啓。子暄舉明經，不中，禮部侍郎達奚珣遣子撫往見國忠，國忠方朝，見撫喜。已而聞暄當黜，詬曰：「生子不富貴耶？豈以一名爲鼠輩所賣！」珣大驚，卽致暄高第。俄與珣同列，猶吒官不進。

國忠雖當國，常領劍南召募使，遣戍瀘南，餉路險乏，舉無還者。舊，勳戶免行，所以寵戰功。國忠令當行者先取勳家，故士無鬬志。凡募法，願奮者則籍之。國忠歲遣宋昱、鄭昂、韋儇以御史迫促，郡縣吏窮無以應，乃詭設餉召貧弱者，密縛置室中，衣絮衣，械而送屯，亡者以送吏代之，人人思亂。尋遣劍南留後李宓率兵十餘萬擊閤羅鳳，敗死西洱河，國忠矯爲捷書上聞。自再興師，傾中國驍卒二十萬，踦屨無遺，天下冤之。

安祿山方有寵，總重兵于邊，偃蹇不奉法，帝護之，下莫敢言。國忠知終不出己下，又恃內援，獨暴發反狀，帝疑以位相媢，不之信。祿山雖逆久，以帝遇之厚，故隱忍，伺帝一晏駕則稱兵。及見帝嬖國忠，甚畏不利己，故謀日急。俄而祿山授尚書右僕射，帝恐國忠不悅，故册拜司空。祿山還幽州，覺國忠圖己，反謀遂決。國忠令客何盈、騫昂刺求反狀，諷京兆尹李峴圍其第，捕祿山所善李超、安岱、李方來、王岻殺之，貶其黨吉溫於合浦。祿山上書自陳，而條上國忠大罪二十，帝歸過於峴，貶零陵太守，以尉祿山意。國忠寡謀矜躁，

謂祿山跋扈不足圖，故激怒之使必反，以取信於帝，帝卒不悟。乃建言：「請以祿山爲平章事，追入輔政，以賈循爲使，節度范陽，呂知誨節度平盧，楊光翽節度河東。」已草詔，帝使謁者輔璆琳覘祿山，未還，帝致詔坐側。而璆琳納金，固言不反。帝謂國忠曰：「祿山無二心，前詔焚之矣。」祿山反，以誅國忠爲名，帝欲自將而東，使皇太子監國，謂左右曰：「我欲行一事。」國忠揣帝且禪太子，歸謂女弟等曰：「太子監國，吾屬誅矣。」因聚泣，入訴于貴妃，妃以死邀帝，遂寢。祿山既發范陽，歎咤曰：「國忠頭來何遲？」

哥舒翰守潼關，按兵守險，國忠聞欲反己，疑之，乃從中督戰，翰不得已出關，遂大敗，降賊。書聞，是日帝自南內移仗未央宮，國忠見百官，鯁咽不自勝。監察御史高適請率百官子弟及募豪桀十萬拒守，衆以爲不可。初，國忠聞難作，自以身帥劍南，豫置腹心梁、益間，爲自完計。至是，帝召宰相計事，國忠曰：「幸蜀便。」帝然之。明日遲昕，帝出延秋門，羣臣不知，猶上朝，唯三衞彍騎立仗，尙聞刻漏聲。國忠與韋見素、高力士及皇太子諸王數百人護帝。右龍武大將軍陳玄禮謀殺國忠，不克。進次馬嵬，將士疲，乏食，玄禮懼亂，召諸將曰：「今天子震蕩，社稷不守，使生人肝腦塗地，豈非國忠所致！欲誅之以謝天下，云何？」衆曰：「念之久矣，事行身死，固所願。」會吐蕃使有請於國忠，衆大呼曰：「國忠與吐蕃謀反！」衞騎合，國忠突出，或射中其頞，殺之，爭啖其肉且盡，梟首以徇。帝驚曰：「國忠遂

反耶？」時吐蕃使亦殲矣。御史大夫魏方進責衆曰：「何故殺宰相？」衆怒，又殺之。

四子：暄、昢、曉、晞。暄位太常卿、戶部侍郎，聞亂，下馬蹶，弩衆射之，身貫百矢，乃踣。昢尙萬春公主，位鴻臚卿，陷賊見殺。曉奔漢中，爲漢中王瑀搒死。晞及國忠妻裴柔同奔陳倉，爲追兵所斬。柔，故蜀倡也，併坎而瘞。其黨翰林學士張漸、竇華，中書舍人宋昱，吏部郎中鄭昂，俱走山谷，民爭其貲，富埒國忠。昱戀貲產，竊入都，爲亂兵所殺；餘坐誅。

國忠本名釗，以圖讖有「卯金刀」，當位御史中丞時，帝爲改今名。

李𠋆字𠋆，起寒賤，繇莊憲太后姻婿得進，歷坊、絳二州刺史。無它才，爲政粗辦。性纖巧，飾廚傳，結納閹寺，求善譽。憲宗以爲才，拜司農卿，進京兆尹，專聚斂以固恩寵，數譖毀近臣，一時側目。

太后崩，詔𠋆爲橋道置頓使，嗇官費，物物裁損爲可喜者。梓宮至灞橋，從官多不得食。始議更造渭城門，計錢三萬，𠋆以爲勞，不聽，使鑿軌道深之，柱危不支，方過喪而門壞，轀輬僅免，徹門乃得行。𠋆妄奏車軸折，山陵使李逢吉劾罔上，請免官。方帝用兵而𠋆屢有所獻，得不坐，纔詔奪稟，逢吉持之，乃削銀青一階。翌日，加賜黃金。帝以浙西富饒，欲掊擿遺利，以𠋆爲觀察使。被疾還京師。元和十四年卒，士有相賀者。

鄭光，孝明皇太后弟也。會昌末，夢御大車載日月行中衢，光輝洪洞照六合，寤而占之，工曰：「君且暴貴。」不閱月，宣宗即位，光興民伍，拜諸衞將軍，遷累平盧軍節度使，徙河中、鳳翔，又賜鄠、雲陽二縣良田。大中四年，詔除其租賦，宰相言：「國常賦，寡人下戶不免，柰何以外戚廢法？」帝悟，追格前詔。俄封其妾爲夫人，光曉帝意，還詔不敢拜，帝嘉之。七年，來朝，對延英，占奏俚近，帝失所望，不悅，留爲右羽林統軍兼太子太保。太后言其家空短，帝厚賜金繒，終不復委方鎭。卒，贈司徒，詔罷三日朝，羣臣奉慰。御史大夫李景讓曰：「禮，外祖父母、舅服小功五月，伯叔父若兄弟齋縗期，所以疏外密內也。王者不可使外戚彊。按王、公主喪不過三日，光宜少降。」詔罷二日。

子漢卿，終義昌軍節度使。

校勘記

〔一〕獨孤懷恩元貞皇后弟之子也　各本原無「之子」兩字。舊書卷一八三獨孤懷恩傳作「元貞皇后弟之子也」，按周書卷一六獨孤信傳：「信長女，周明敬后；第四女，元貞皇后；第七女，隋文獻后。」本卷下文既云懷恩爲文獻后姪，則于元貞后亦當爲姪。又本書及舊書卷一高祖紀並謂文獻后爲高祖從母，本卷下文高祖呼懷恩爲弟，亦足證明懷恩爲元貞后之姪，而不當爲弟。今補正。

唐書卷二百七

列傳第一百三十二

宦者上

楊思勗　高力士　程元振 駱奉先　魚朝恩　竇文場 霍仙鳴
劉貞亮　吐突承璀　馬存亮 嚴遵美　仇士良　楊復光

唐制：內侍省官有內侍四，內常侍六，內謁者監、內給事各十，謁者十二，典引十八，寺伯、寺人各六。又有五局：一曰掖廷，主宮嬪簿最；二曰宮闈，扈門闌；三曰奚官，治宮中疾病死喪；四曰內僕，主供帳鐙燭；五曰內府，主中藏給納。局有令，有丞，皆宦者爲之。

太宗詔內侍省不立三品官，以內侍爲之長，階第四，不任以事，惟門閤守禦、廷內掃除、稟食而已。武后時，稍增其人，至中宗，黃衣乃二千員，七品以上員外置千員，然衣朱紫者

尙少。玄宗承平，財用富足，志大事奢，不愛惜賞賜爵位。開元、天寶中，宮嬪大率至四萬，宦官黃衣以上三千員，衣朱紫千餘人。其稱旨者輒拜三品將軍，列戟于門。其在殿頭供奉，委任華重，持節傳命，光焰殷殷動四方。所至郡縣奔走，獻遺至萬計。脩功德，市禽鳥，一爲之使，猶且數千緡。監軍持權，節度返出其下。於是甲舍、名園、上腴之田爲中人所名者半京畿矣。肅、代庸弱，倚爲扞衞，故輔國以尙父顯，元振以援立奮，朝恩以軍容重，然猶未得常主兵也。德宗懲艾泚賊，故以左右神策、天威等軍委宦者主之，置護軍中尉、中護軍，分提禁兵，是以威柄下遷，政在宦人，舉手伸縮，便有輕重。至慓士奇材，則養以爲子；巨鎭彊藩，則爭出我門。

小人之情，猥險無顧藉，又日夕侍天子，狎則無威，習則不疑，故昏君蔽於所昵，英主禍生所忽。玄宗以遷崩，憲、敬以弒殞，文以憂僨，至昭而天下亡矣。禍始開元，極於天祐，凶愎參會，黨類殲滅，王室從而潰喪，譬猶灼火攻蠹，蠹盡木焚，詎不哀哉！跡其殘氣不剛，柔情易遷，褒則無上，怖則生怨，借之權則專，爲禍則迫而近，緩相攻，急相一，此小人常勢也。噫！梟狐不神，天與之昏，末如亂何。故取中葉以來宦人之大者稡之篇。

楊思勗，羅州石城人。本蘇氏，冒所養姓。少給事內侍省，從玄宗討內難，擢左監門衞將軍，帝倚爲爪牙。開元初，安南蠻渠梅叔鸞叛，號黑帝，舉三十二州之衆，外結林邑、眞臘、金鄰等國，據海南，衆號四十萬。思勗請行，詔募首領子弟十萬，與安南大都護光楚客繇馬援故道出不意，賊駭貽不暇謀，遂大敗，封尸爲京觀而還。十二年，五溪首領覃行章亂，詔思勗爲黔中招討使，率兵六萬往，執行章，斬首三萬級，以功進輔國大將軍，給祿俸、防閤。從封泰山，進驃騎大將軍，封虢國公。邕州封陵獠梁大海反，破賓、橫等州，思勗又平之，禽大海等三千人，討斬支黨皆盡。瀧州蠻陳行範自稱天子，其下何游魯號定國大將軍，馮璘南越王，破州縣四十。詔思勗發永、道、連三州兵，淮南弩士十萬，襲斬游魯、璘於陣。行範走盤遼諸洞，思勗悉衆窮追，生縛之，阬其黨六萬，獲馬金銀鉅萬計。卒，年八十餘。

思勗鷙忍，敢殺戮，所得俘，必剝面、剺腦、褫髮皮以示人，將士憚服，莫敢視，以是能立功。內給事牛仙童納張守珪賂，詔付思勗殺之。思勗縛于格，箠慘不可勝，乃探心，截手足，剔肉以食，肉盡乃得死。

楚客者，樂安人，後歷桂州都督致仕，封松滋縣侯。

高力士，馮盎曾孫也。聖曆初，嶺南討擊使李千里上二閹兒，曰金剛，曰力士，武后以其彊悟，敕給事左右。坐累逐出之，中人高延福養爲子，故冒其姓。善武三思，歲餘，復得入禁中，稟食司宮臺。既壯，長六尺五寸，謹密，善傳詔令，爲宮闈丞。

玄宗在藩，力士傾心附結，已平韋氏，乃啓屬內坊，擢內給事。先天中，以誅蕭、岑等功爲右監門衞將軍，知內侍省事。於是四方奏請皆先省後進，小事即專決，雖洗沐未嘗出，眠息殿帷中，徼倖者願一見如天人然。帝曰：「力士當上，我寢乃安。」當是時，宇文融、李林甫、蓋嘉運、韋堅、楊愼矜、王鉷、楊國忠、安祿山、安思順、高仙芝等雖以才寵進，然皆厚結力士，故能踵至將相，自餘承風附會不可計，皆得所欲。中人若黎敬仁、林昭隱、尹鳳翔、韓莊、牛仙童、劉奉廷、王承恩、張道斌、李大宜、朱光輝、郭全、邊令誠等，並內供奉，或外監節度軍，脩功德，市鳥獸，皆爲之使，使還，所裒獲，動巨萬計，京師甲第池園、良田美產，占者什六，寵與力士略等，然悉藉力士左右輕重乃能然。肅宗在東宮，兄事力士，它王、公主呼爲翁，戚里諸家尊曰爹，帝或不名而呼將軍。

力士幼與母麥相失，後嶺南節度使得之瀧州，迎還，不復記識，母曰：「胷有七黑子在否？」力士袒示之，如言。母出金環，曰「兒所服者」，乃相持號慟。帝爲封越國夫人，而追

中華書局

贈其父廣州大都督。延福與妻，及力士貴時故在，侍養與麥均。金吾大將軍程伯獻約力士爲兄弟，後麥亡，伯獻縗絰受弔。河間男子呂玄晤吏京師，女國姝，力士娶之，玄晤擢刀筆史至少卿，子弟仕皆王傅。玄晤妻死，中外賵賻送葬，自第至墓，車徒背相望不絕。

始，李林甫、牛仙客知帝憚幸東都，而京師漕不給，乃以賦粟助漕，及用和糴法，數年，國用稍充。帝齋大同殿，力士侍，帝曰：「我不出長安且十年，海內無事，朕將吐納導引，以天下事付林甫，若何？」力士對曰：「天子順動，古制也。稅入有常，則人不告勞。今賦粟充漕，臣恐國無旬月蓄；和糴不止，則私藏竭，逐末者衆。又天下柄不可假人，威權旣振，孰敢議者！」帝不悅，力士頓首自陳「心狂易，語謬當死」。帝爲置酒，左右呼萬歲。由是還內宅，不復事。加累驃騎大將軍，封渤海郡公。於來廷坊建佛祠，興寧坊立道士祠，珍樓寶屋，國貲所不逮。鍾成，力士宴公卿，一扣鍾，納禮錢十萬，有佞悅者至二十扣，其少亦不減十。都北堰澧列五磑，日僦三百斛直。

有袁思藝者，帝亦愛幸，然驕倨甚，士大夫疏畏之，而力士陰巧得人譽。帝初置內侍省監二員，秩三品，以力士、思藝爲之。帝幸蜀，思藝逐臣賊，而力士從帝，進齊國公。帝聞肅宗卽位，喜曰：「吾兒應天順人，改元至德，不忘孝乎，尙何憂？」力士曰：「兩京失守，生人流亡，河南漢北爲戰區，天下痛心，而陛下以爲何憂，臣不敢聞。」從上皇還，進開府儀同三司，

實封戶五百。

上皇徙西內，居十日，爲李輔國所誣，除籍，長流巫州。力士方逃瘧功臣閣下，輔國以詔召，力士趨至閣外，遺內養授謫制，因曰：「臣當死已久，天子哀憐至今日，願一見陛下顏色，死不恨。」輔國不許。寶應元年赦還，見二帝遺詔，北向哭歐血，曰：「大行升遐，不得攀梓宮，死有餘恨。」慟而卒，年七十九。代宗以護衞先帝勞，還其官，贈揚州大都督，陪葬泰陵。

初，太子瑛廢，武惠妃方嬖，李林甫等皆屬壽王，帝以肅宗長，意未決，居忽忽不食。力士曰：「大家不食，亦膳羞不具耶？」帝曰：「爾，我家老，揣我何爲而然？」力士曰：「嗣君未定耶？推長而立，孰敢爭？」帝曰：「爾言是也。」儲位遂定。天寶中，邊將爭立功，帝嘗曰：「朕春秋高，朝廷細務付宰相，蕃夷不龔付諸將，寧不暇耶？」對曰：「臣間至閤門，見奏事者言雲南數喪師，又北兵悍且彊，陛下何以制之？臣恐禍成不可禁。」其指蓋謂祿山。帝曰：「卿勿言，朕將圖之。」十三年秋大雨，帝顧左右無人，卽曰：「天方災，卿宜言之。」力士曰：「自陛下以權假宰相，法令不行，陰陽失度，天下事庸可復安？臣之鉗口，其時也。」帝不答。明年祿山反。力士善揣時事勢候相上下，雖親昵，至當覆敗，不肯爲救力，故生平無顯顯大過。議者頗恨宇文融以來權利相賊，階天下之禍，雖有補益，弗相除云。

程元振，京兆三原人。少以宦人直內侍省，遷內射生使、飛龍廏副使。張皇后謀立越王，元振見太子，發其姦，與李輔國助討難，立太子，是爲代宗。拜右監門衞將軍，知內侍省事。帝以藥子昂判元帥行軍司馬，固辭，乃以命元振，封保定縣侯。再遷驃騎大將軍、邠國公，盡總禁兵。不踰歲，權震天下，在輔國右，凶決又過之，軍中呼十郎。

王仲昇者，初爲淮西節度使，與襄州張維瑾部將戰申州，被執。賊平，元振薦爲右羽林大將軍兼御史大夫。將軍兼大夫由仲昇始。裴晃與元振忤，乃擿韓穎等罪貶施州。來瑱守襄、漢有功，元振嘗諉屬，不應，因仲昇共誣殺瑱。同華節度使李懷讓被構，憂甚自殺。素惡李光弼，數媒蝎以疑之。瑱等上將，晃、光弼元勳，旣誅斥，或不自省，方帥繇是攜解。

廣德初，吐蕃、党項內侵，詔集天下兵，無一士奔命者。虜扣便橋，帝倉黃出居陝，京師陷，賊剽府庫，焚閭衖，蕭然爲空。於是太常博士、翰林待詔柳伉上疏曰：「犬戎以數萬衆犯關度隴，歷秦、渭，掠邠、涇，不血刃而入京師，謀臣不奮一言，武士不力一戰，提卒叫呼，劫宮闈，焚陵寢，此將帥叛陛下也。自朝義之滅，陛下以爲智力所能，故疏元功，委近習，日引月長以成大禍，羣臣在廷無一犯顏回慮者，此公卿叛陛下也。陛下始出都，百姓塡然奪府

庫，相殺戮，此三輔叛陛下也。自十月朔召諸道兵，盡四十日，無隻輪入關者，此四方叛陛下也。內外離叛，雖一魚朝恩以陝郡勠力，陛下獨能以此守社稷乎？陛下以今日勢爲安耶？危耶？若以爲危，豈得高枕不爲天下計？臣聞良醫療疾，當病飲藥，藥不當疾，猶無益也。陛下視今日病何繇至此乎？天下之心，乃恨陛下遠賢良，任宦豎，離間將相而幾于亡。必欲存宗廟社稷，獨斬元振首，馳告天下，悉出內使隸諸州，獨留朝恩備左右，陛下持神策兵付大臣，然後削尊號，下詔引咎，率德勵行，屛嬪妃，任將相。若曰『天下其許朕自新改過乎』，宜卽募士西與朝廷會；若以朕惡未悛耶，則帝王大器，敢妨聖賢，其聽天下所往』。如此而兵不至，人不感，天下不服，請赤臣族以謝。」疏聞，帝顧公議不與，乃下詔盡削元振官爵，放歸田里。帝還，元振自三原衣婦衣私入京師，舍司農卿陳景詮家，圖不軌。御史劾按，長流溱州，景詮貶新興尉。元振行至江陵死。

時又有駱奉先者，亦三原人，歷右驍衞大將軍，數從帝討伐，尤見倖，廣德初，監僕固懷恩軍者。奉先恃恩貪甚，懷恩不平，旣而懼其譖，遂叛。事平，擢奉先軍容使，掌畿內兵，權焰熾然。永泰初，以吐蕃數驚京師，始城鄠，以奉先爲使，悉毀縣外廬舍，無尺椽。累封江國公，監鳳翔軍，大曆末卒。

魚朝恩，瀘州瀘川人。天寶末，以品官給事黃門，內陰黠，善宣納詔令。至德初，監李光進軍。京師平，爲三宮檢責使，以左監門衞將軍知內侍省事。九節度圍賊相州，以朝恩爲觀軍容、宣慰、處置使。觀軍容使自朝恩始。史思明攻洛陽，朝恩以神策兵屯陝。洛陽陷，思明長驅至硤石，使子朝義爲游軍。肅宗詔銳兵十萬循渭而東以濟師。朝恩按兵陝東，使神策將衞伯玉與賊將康文景等戰，敗之。洛陽平，徙屯汴州，加開府儀同三司，封馮翊郡公。寶應中，還屯陝。代宗避吐蕃東幸，衞兵離散，朝恩悉軍奉迎華陰，乘輿六師乃振，帝德之，更號天下觀軍容、宣慰、處置使，專領神策軍，賞賜不涯。

朝恩資小人，恃功岸忽無所憚。僕固瑒攻絳州，使姚良據溫，誘回紇陷河陽。朝恩遣李忠誠討瑒，以霍文場監之；王景岑討良，王希遷監之。敗瑒於萬泉，生擒良。高暉等引吐蕃入寇，遣劉德信討斬之。故朝恩因麾下數克獲，竊以自高。是時郭子儀有定天下功，居人臣第一，心娼之，乘相州敗，醜爲詆譖，肅宗不內其語，然猶罷子儀兵，留京師。代宗立，與程元振一口加毀，帝未及寤，子儀憂甚。俄而吐蕃陷京師，卒用其力，王室再安。故朝恩內慚，乃勸帝徙洛陽，欲遠戎狄。百僚在廷，朝恩從十餘人持兵出，曰：「虜數犯都甸，

幸洛，云何？」宰相未對，有近臣折曰：「敕使反耶？今屯兵足以捍寇，何遽脅天子棄宗廟爲？」朝恩色沮，而子儀亦謂不可，乃止。

朝恩好引輕浮後生處門下，講五經大義，作文章，謂才兼文武，徼伺恩寵。永泰中，詔判國子監，兼鴻臚、禮賓、內飛龍、閑廄使，封鄭國公。始詣學，詔宰相、常參官、六軍將軍悉集，京兆設食，內教坊出音樂俳倡侑宴，大臣子弟二百人，朱紫雜然爲附學生，列廡次。又賜錢千萬，取子錢供秩飯。每視學，從神策兵數百，京兆尹黎幹率錢勞從者，一費數十萬，而朝恩色常不足。

凡詔會羣臣計事，朝恩怙貴，誕辭折愧坐人出其上，雖元載辯彊亦拱默，唯禮部郎中相里造、殿中侍御史李衎酬詰往返，未始降屈，朝恩不懌，黜衎以動造。又謀將易執政以震朝廷，乃會百官都堂，且言：「宰相者，和元氣，輯羣生。今水旱不時，屯軍數十萬，饋運困竭，天子臥不安席，宰相何以輔之？不退避賢路，默默尚何賴乎？」宰相俛首，坐皆失色。造徙坐從之，因曰：「陰陽不和，五穀踴貴，皆軍容事，宰相何與哉！且軍拏不散，故天降之沴。今京師無事，六軍可相維鎮，又屯十萬，饋糧所以不足，百司無稍食，軍容爲之，宰相行文書而已，何所歸罪？」朝恩拂衣去，曰：「南衙朋黨，且害我。」會釋菜，執易升坐，百官咸在，言鼎有覆餗象，以侵宰相。王縉怒，元載怡然。朝恩曰：「怒者常情，笑者不可測也。」載銜之，未發。

朝恩有賜墅，觀沼勝爽，表爲佛祠，爲章敬太后薦福，即后謚以名祠，許之。於是用度侈浩，公壞曲江諸館、華淸宮樓榭、百司行署、將相故第，收其材佐興作，費無慮萬億。既數毀郭子儀，不見聽，乃遣盜發其先冢，子儀詭辭自解，以安衆疑。久之，讓判國子監、鴻臚、禮賓等使，加內侍監，徙封韓，增實封百戶。俄兼檢校國子監。

初，神策都虞候劉希暹魁健能騎射，最爲朝恩昵信，以太僕卿封交河郡王。兵馬使王駕鶴獨謹厚，亦封徐國公。希暹諷朝恩置獄北軍，陰縱惡少年橫捕富人付吏考訊，因中以法，錄貲産入之軍，皆誣服冤死，故市人號「入地牢」。又萬年吏賈明觀倚朝恩捕搏恣行，積財鉅萬，人無敢發其姦。朝廷裁決，朝恩或不預者，輒怒曰：「天下事有不由我乎！」帝聞，不喜。養息令徽者，尚幼，爲內給使，服綠，與同列爭忿，歸白朝恩。明日見帝曰：「臣之子位下，願得金紫，在班列上。」帝未答，有司已奉紫服于前，令徽稱謝。帝笑曰：「小兒章服，大稱。」滋不悅。

元載乃用左散騎常侍崔昭尹京兆，厚以財結其黨皇甫溫、周皓。溫方屯陝，而皓射生將。自是朝恩隱謀奧語，悉爲帝知。希暹覺帝指，密白朝恩，朝恩稍懼，然見帝接遇未衰，故自安而潛計不軌。帝遂倚載，決除之，懼不克，載曰：「陛下第專屬臣，必濟。」朝恩入殿

嘗從武士百人自衞，皓統之，而溫握兵在外。載乃徙鳳翔尹李抱玉節度山南西道，以溫代節度鳳翔，陽重其權，實內溫以自助。載又議析鳳翔之郿與京兆，以鄠、盩厔及鳳翔之虢、寶雞與抱玉，而以興平、武功、鳳翔之扶風天興與神策軍，朝恩利其土地，自封殖，不知爲虞也。郭子儀密白「朝恩嘗結周智光爲外應，久領內兵，不早圖，變且大」。載留溫京師，未即遣，約與皓共誅朝恩。謀定，以聞，帝曰：「善圖之，勿反受禍！」方寒食，宴禁中，既罷，將還營，有詔留議事。朝恩素肥，每乘小車入宮省。帝聞車聲，危坐，載守中書省。朝恩至，帝責其異圖，朝恩自辨悖傲，皓與左右禽縊之，死年四十九，外無知者。帝隱之，下詔罷觀軍容等使，增實封戶六百，內侍監如故。外咸言「既奉詔，乃投縊」云。還尸於家，賜錢六百萬以葬。

帝懼軍亂，進劉希暹、王駕鶴並兼御史中丞。又下詔尉曉將士，獨希暹自知同惡，言不遜，駕鶴白發之，遂賜死。而賈明觀兼得幸於載，故載奏隸江西，使立功自贖，路嗣恭搒殺之。所厚禮部尚書、禮儀使裴士淹，戶部侍郎判度支第五琦皆坐貶。

竇文場、霍仙鳴者，始並隸東宮，事德宗，未有名。自魚朝恩死，宦人不復典兵，帝以禁

衞盡委白志貞，志貞多納富人金補軍，止收其庸而身不在軍。及涇師亂，帝召近衞，無一人至者，惟文場等率宦官及親王左右從。至奉天，帝逐志貞，并左右軍付文場主之。興元初，詔監神策左廂兵馬，以王希遷監右，而馬有麟爲左神策軍大將軍，軍額由此始。

帝自山南還，兩軍復完，而帝忌宿將難制，故詔文場、仙鳴分總之，廢天威軍入左右神策。是時，竇、霍權振朝廷，諸方節度大將多出其軍，臺省要官走門下，丐援影者足相躡。衞士朱華以按摩得幸文場，參慮補置，槖賕數萬緡，而藩鎭賄遺累百鉅萬，略士妻女無所憚，詔殺之于軍。其隆赫如此。

久之，置護軍中尉、中護軍各二員，詔文場爲左神策護軍中尉，仙鳴爲右，焦希望爲左神策中護軍，張尙進爲右。中尉、護軍自文場等始。後仙鳴移病，帝賜十馬，令諸祠祈解。後稍愈，已而暴死，帝疑左右進毒，捕詰小使問狀，誅數十人，贈開府儀同三司，以內常侍第五守亮代之。文場擢累驃騎大將軍。時監察御史崔薳行四千軍，吏爲具酒食，薳欲悅媚之，故不拒。文場劾奏，詔流薳遠方。文場年老致仕卒。

其後楊志廉、孫榮義爲左右中尉，招權驕肆，與竇、霍略等。帝晚節聞民間訛語禁中事，而北軍捕太學生何竦、曹壽繫訊，人情大懼，司業武少儀上書「有如罪不測，願明示四方」。俄得釋。是時宦官復盛矣。

希望者，涇陽人，歷明威將軍，贈洪州都督。尙進，河東人，歷忠武將軍，贈開府儀同三司。志廉，弘農人，歷左監門衞大將軍；榮義，涇陽人，歷右武衞大將軍。並贈揚州大都督。

劉貞亮，本俱氏，名文珍，冒所養宦父，故改焉。性忠彊，識義理。平涼之盟，在渾瑊軍中，會虜變，被執且西，俄而得歸。出監宣武軍，自置親兵千人。貞元末，宦人領兵附順者益衆。

會順宗立，淹痼弗能朝，惟李忠言、牛美人侍。美人以帝旨付忠言，忠言授之王叔文，叔文與柳宗元等裁定，然後下中書。然未得縱欲，遂奪神策兵以自彊，卽用范希朝爲京西北禁軍都將，收宦者權。而忠言素懦謹，每見叔文與論事，無敢異同，唯貞亮乃與之爭。又惡朋黨熾結，因與中人劉光琦、薛文珍、尙衍、解玉、呂如全等同勸帝立廣陵王爲太子監國，帝納其奏，貞亮召學士衞次公、鄭絪、李程、王涯至金鑾殿草定制詔。太子已立，盡逐叔文黨，委政大臣，議者美其忠。

高崇文討劉闢，復爲監軍。初，東川節度使李康爲闢所破，囚之。崇文至，闢歸康求雪，貞亮劾以不拒賊，斬之，故以專悍見訾。遷累右衞大將軍，知內侍省事。元和八年卒，贈開府儀同三司。

憲宗之立，貞亮爲有功，然終身無所寵假。呂如全歷內侍省內常侍、翰林使，坐擅取樟材治第，送東都獄，至閿鄉自殺。又郭旻醉觸夜禁，杖殺之。五坊朱超晏、王志忠縱鷹人入民家，搒二百，奪職，繇是莫不慴畏。

吐突承璀字仁貞，閩人也。以黄門直東宮，爲掖廷局博士，察察有才。憲宗立，擢累左監門將軍、左神策護軍中尉、左街功德使，封薊國公。

王承宗叛，承璀揣帝銳征討，因請行。帝見其果敢自喜，謂可任，卽詔承璀爲行營招討處置使，以左右神策及河中、河南、浙西、宣歙兵從之。內寺伯宋惟澄、曹進玉爲館驛使：自河南、陝、河陽，惟澄主之；京、華、河中至太原，進玉主之。又詔內常侍劉國珍、馬朝江分領易、定、幽、滄等州糧料使。於是諫官李鄘、許孟容、李元素、李夷簡、呂元膺、穆質、孟簡、獨孤郁、段平仲、白居易等衆對延英，謂古無中人位大帥，恐爲四方笑。帝乃更爲招討宣慰使，爲御通化門慰其行。承璀御衆無它遠略，爲盧從史侮狎，踰年無功，賴中詔擿使執從史，而間遣人說承宗上書待罪，乃詔班師，還爲中尉。平仲劾承璀輕謀弊賦，損國威，不斬

首無以謝天下。帝不獲已，罷爲軍器莊宅使。尋拜左衞上將軍，知內侍省。

會劉希光納羽林大將軍孫璹錢二十萬緡求方鎭，有詔賜死，跡絓承璀，故令出監淮南軍。繖人太子通事舍人李涉投匭言承璀等冤狀，於是孔戣知匭事，閱其副，不受，卽表其姦，逐爲峽州司倉參軍。然帝於承璀殊厚，會李絳在翰林，苦論其過，故決遣之。帝後欲還承璀，爲罷絳宰相，召爲內弓箭庫使，復左神策中尉。惠昭太子薨，承璀請立澧王，不從。常飾一室藏所賜詔敕，地生毛二尺，惡之，躬糞除瘞之。踰年帝崩，穆宗銜前議，殺之禁中。敬宗時，左神策中尉馬存亮論其冤，詔許子士曄收葬。宣宗時，擢士曄右神策中尉。

是時，諸道歲進閹兒，號「私白」，閩、嶺最多，後皆任事，當時謂閩爲中官區藪。咸通中，杜宣猷爲觀察使，每歲時遣吏致祭其先，時號「敕使墓戶」。宣猷卒用羣宦力徙宣歙觀察使。

馬存亮字季明，河中人。元和時，累擢左神策軍副使、左監門衞將軍，知內侍省事，進左神策中尉。軍所籍凡十餘萬，存亮料柬尤精，伍無罷士，部無冗員。

敬宗初，染署工張韶與卜者蘇玄明善，玄明曰：「我嘗爲子卜，子當御殿食，我與焉。吾

二十四史

中華書局

聞上晝夜獵，出入無度，可圖也。」韶每輸染材入宮，衞士不呵也。乃陰結諸工百餘人，匿兵車中若輸材者，入右銀臺門，約昏夜爲變。有詰其載者，韶謂謀覺，殺其人，出兵大呼成列，浴堂門閉。時帝擊毬清思殿，驚，將幸右神策。或曰：「賊入宮，不知衆寡，道遠可虞，不如入左軍，近且速。」從之。初，帝常寵右軍中尉梁守謙，每游幸，兩軍角戲，帝多欲右勝，而左軍以爲望。至是，存亮出迎，捧帝足泣，負而入。以五百騎往迎二太后，比至，而賊已斬關入清思殿，升御坐，盜乘輿餘膳，揖玄明偶食，且曰「如占」。玄明驚曰：「止此乎！」韶惡之，悉以寶器賜其徒，攻弓箭庫，仗士拒之，不勝。存亮遣左神策大將軍康藝全、將軍何文哲宋叔夜孟文亮，右神策大將軍康志睦、將軍李泳尙國忠，率騎兵討賊，日暮，射韶及玄明皆死。始賊入，中人倉卒繇望仙門出奔，內外不知行在。遲明，盡捕亂黨，左右軍淸宮，車駕還。羣臣詣延英門見天子，然至者不十一二，坐賊所入闌不禁者數十人，杖而不誅，賜存亮實封戶二百，梁守謙進開府儀同三司，它論功賞有差。存亮於一時功最高，乃推委權勢，求監淮南軍。代還，爲內飛龍使。大和中，以右領軍衞上將軍致仕，封岐國公，卒贈揚州大都督。

存亮逮事德宗，更六朝，資端愿，善訓士，始去禁衞，衆皆泣。唐世中人以忠謹稱者，唯存亮、西門季玄、嚴遵美三人而已。

遵美父季寔，爲掖廷局博士。大中時，有宮人謀弑宣宗。是夜，季寔直咸寧門下，聞變，入射殺之。明日，帝勞曰：「非爾，吾危不免。」擢北院副使，終內樞密使。

遵美歷左軍容使，嘗歎曰：「北司供奉官以胯衫給事，今執笏，過矣。樞密使無聽事，唯三楹舍藏書而已，今堂狀帖黃決事，此楊復恭奪宰相權之失也。」蓋疾時中官肆橫云。後從昭宗遷鳳翔，求致仕，隱靑城山，年八十餘卒。

仇士良字匡美，循州興寧人。順宗時得侍東宮。憲宗嗣位，再遷內給事，出監平盧、鳳翔等軍。嘗次敷水驛，與御史元稹爭舍上廳，擊傷稹。中丞王播奏御史、中使以先後至得正寢，請如舊章。帝不直稹，斥其官。元和、大和間，數任內外五坊使，秋按鷹內畿，所至邀吏供餉，暴甚寇盜。

文宗與李訓欲殺王守澄，以士良素與守澄隙，故擢左神策軍中尉兼左街功德使，使相糜肉。已而訓謀悉逐中官，士良悟其謀，與右神策軍中尉魚弘志、大盈庫使宋守義挾帝還宮。王涯、舒元輿已就縛，士良肆脅辱，令自承反，示牒于朝。於時莫能辨其情，皆謂誠反，士良因縱兵捕，無輕重悉鶖兩軍，公卿半空。事平，加特進、右驍衞大將軍，弘志右衞上將軍兼中尉，守義右領軍衞上將軍。

李石輔政，稜稜有風岸，士良與論議數屈，深忌之，使賊刺石於親仁里，馬逸而免。石懼，辭位，士良益無憚。

澤潞劉從諫本與訓約誅鄭注。及訓死，憤士良得志，乃上書言：「王涯等八人皆宿儒大臣，顧保富貴，何苦而反。今大戮所加已不可追，而名之逆賊，含憤九泉。不然，天下義夫節士，畏禍伏身，誰肯與陛下共治耶？」即以訓所移書遣部將陳季卿以聞。季卿至，會石遇盜，京師擾，疑不敢進。從諫大怒，殺季卿，騰書于朝。又言：「臣與訓誅注，以注本宦豎所提挈，不使聞知。今四方共傳宰相欲除內官，而兩軍中尉聞，自救死，妄相殺戮，謂爲反逆。有如大臣挾無將之謀，自宜執付有司，安有縱俘劫，橫尸闕下哉？陛下視不及，聽未聞也。且宦人根黨蔓延在內，臣欲面陳，恐橫遭戮害，謹修封疆，繕甲兵，爲陛下腹心。如姦臣難制，誓以死清君側。」書聞，人人傳覩。士良沮恐，即進從諫檢校司徒，欲弭其言。從諫知可動，復言：「臣所陳繫國大體，可聽，則宜洗宥涯等罪；不可聽，則賞不宜妄出。安有死冤不申，而生者荷祿？」固辭。累上書，暴指士良等罪。帝雖不能去，然倚其言差自彊。自是鬱鬱不樂，兩軍毬獵宴會絕矣。

開成四年，苦風痺，少間，召宰相見延英，退坐思政殿，顧左右曰：「所直學士謂誰？」

曰：「周墀也。」召至，帝曰：「自爾所況，朕何如主？」墀再拜曰：「臣不足以知，然天下言陛下堯、舜主也。」帝曰：「所以問，謂與周赧、漢獻孰愈？」墀惶駭曰：「陛下之德，成、康、文、景未足比，何自方二主哉？」帝曰：「赧、獻受制彊臣，今朕受制家奴，自以不及遠矣！」因泣下，墀伏地流涕。後不復朝，至大漸云。

始，樞密使劉弘逸薛季稜、宰相李玨楊嗣復謀奉太子監國，士良與弘志議更立，玨不從，乃矯詔立潁王爲皇太弟，士良以兵奉迎，而太子還爲陳王。初，莊恪太子薨，楊賢妃謀引安王，不克。武宗已立，士良發其事，勸帝除之以絕人望，故王、妃皆死。士良遷驃騎大將軍，封楚國公，弘志韓國公，實封戶三百。俄而玨、嗣復罷去，弘逸、季稜誅矣。

帝明斷，雖士良有援立功，內實嫌之，陽示尊寵。李德裕得君，士良愈恐。會昌二年，上尊號，士良宣言「宰相作赦書，減禁軍縑糧芻菽」以搖怨，語兩軍曰：「審有是，樓前可爭。」德裕以白帝，命使者諭神策軍曰：「赦令自朕意，宰相何豫？爾渠敢是？」士乃怗然。士良惶惑不自安。明年，進觀軍容使，兼統左右軍，以疾辭，罷爲內侍監，知省事。固請老，詔可。尋卒，贈揚州大都督。

士良之老，中人舉送還第，謝曰：「諸君善事天子，能聽老夫語乎？」衆唯唯。士良曰：「天子不可令閑暇，暇必觀書，見儒臣，則又納諫，智深慮遠，減玩好，省游幸，吾屬恩且薄而

權輕矣。爲諸君計，莫若殖財貨，盛鷹馬，日以毬獵聲色蠱其心，極侈靡，使悅不知息，則必斥經術，闇外事，萬機在我，恩澤權力欲焉往哉？」衆再拜。士良殺二王、一妃、四宰相，貪酷二十餘年，亦有術自將，恩禮不衰云。死之明年，有發其家藏兵數千物，詔削官爵，籍其家。

始，士良、弘志憤文宗與李訓謀，屢欲廢帝。崔愼由爲翰林學士，直夜未半，有中使召入，至祕殿，見士良等坐堂上，帷帳周密，謂愼由曰：「上不豫已久，自即位，政令多荒闕，皇太后有制更立嗣君，學士當作詔。」愼由驚曰：「上高明之德在天下，安可輕議？愼由親族中表千人，兄弟羣從且三百，何可與覆族事？雖死不承命。」士良等默然，久乃啓後戶，引至小殿，帝在焉。士良等歷階數帝過失，帝俛首。既而士良指帝曰：「不爲學士，不得更坐此。」乃送愼由出，戒曰：「毋泄，禍及爾宗。」愼由記其事，藏箱枕間，時人莫知。將沒，以授其子胤，故胤惡中官，終討除之，蓋禍原於士良、弘志云。

楊復光，閩人也，本喬氏。有武力，少養於內常侍楊玄价家，頗以節誼自奮，玄价奇之。宣宗時，玄价監鹽州軍，誣殺刺史劉皐。皐有威名者，世訟其冤。稍遷左神策軍中尉，譖去

宰相楊收，權寵震時。

復光有謀略，累監諸鎭軍。乾符初，佐平盧節度使曾元裕擊賊王仙芝，敗之。招討使宋威擊仙芝於江西，復光在軍，請判官吳彥宏約賊降，仙芝遣將尙君長自縛如約。威疾其功，密請僖宗誅之，故仙芝怨，復引兵叛。後天子寤威階禍，罷之，以兵與復光，乃進禽徐唐莒。王鐸爲招討，復光仍監軍。鐸之棄荊南也，山南東道節度使劉巨容定其地，以忠武別將宋浩領荊南，泰寧將段彥謨佐之。復光父嘗監忠武軍，而浩已爲大將，見復光，少之，不爲禮，彥謨亦耻居浩下，遂有隙。復光曰：「胡不殺之？」彥謨引慓士擊殺浩，復光以客常滋假留後，而奏浩罪，薦彥謨爲朗州刺史。詔鄭紹業爲荊南節度使，以復光監忠武軍，屯鄧州，遏賊右衝。帝西幸，召紹業見行在，復光更引彥謨爲荊南節度使。彥謨給行邊，詣復光，以黃金數百兩爲謝。其後忠武周岌受賊命，嘗夜宴，召復光，左右曰：「彼既附賊，必不利公，不如毋行。」復光固往，酒所語時事，復光泣曰：「丈夫所感，獨恩與義耳，彼不顧恩義、規利害，何丈夫哉！公奮匹夫封侯，乃捐十八葉天子，北面臣賊，何恩義利害昧昧耶？」岌流涕曰：「吾力不足，陽合而陰離之，故召公計。」因持杯盟曰：「有如酒！」即遣子守亮斬賊使于傳舍。秦宗權據蔡州叛，岌、復光以忠武兵三千入見之。宗權即遣部將王淑持兵萬人從。復光定荊、襄，師次鄧，淑逗遛，復光斬之，并其軍爲八，以鹿宴弘、晉暉、張造、李師泰、王建、韓建等爲之將，進攻南陽。賊將朱溫、何勤逆戰，大敗，遂收鄧州，追北藍橋。會母喪，班師。俄起爲天下兵馬都監，總諸軍，與東面招討使王重榮并力定關中。朱溫守同州，復光遣使鐫諭，溫以所部降。方賊之彊，重榮憂不知所出，謂復光曰：「臣賊邪，且負國；拒戰邪，則兵寡，柰何？」復光曰：「李克用與我世共患難，其爲人，奮不顧身，比數召未即至者，由太原道不通耳，非忍禍者。若諭上意，彼宜必來。」重榮曰：「善。」白王鐸以詔使至太原，克用兵乃出。京師平，以功加開府儀同三司、同華制置使，封弘農郡公，賜號「資忠輝武匡國平難功臣」。卒河中，贈觀軍容使，謚曰忠肅。

復光御下有恩，軍中聞其死，皆慟哭，而麾下多立功者。諸子爲將帥數十人，守宗亦爲忠武節度使。

贊曰：楚鄖公辛不敢讎君而忘父冤，昭懿之世，兩軍寵遇有厚薄，而卒用存亮夷難，功莫及者。自古忠臣出於疏斥不用蓋多矣，存亮豈通記書道理之人邪，何其識君臣大誼明甚？不尸大勞，畏權處外，又愈賢矣。與夫書「龍蛇」之詩者，何其小哉！

中華書局

唐書卷二百八

列傳第一百三十三

宦者下

李輔國　王守澄　劉克明　田令孜 楊復恭　劉季述
韓全誨 張彥弘

李輔國本名靜忠，以閹奴爲閑廏小兒。貌儜陋，略通書計。事高力士，年四十餘，使主廏中簿最。王鉷爲使，以典禾豆，能檢擿耗欺，馬以故肥，薦之皇太子，得侍東宮。陳玄禮等誅楊國忠，輔國豫謀，又勸太子分中軍趨朔方，收河、隴兵，圖興復。太子至靈武，愈親近，勸遂卽位係天下心。擢家令，判元帥府行軍司馬。肅宗稍稍任以肱膂事，更名護國，又改今名。凡四方章奏、軍符、禁寶一委之。輔國能隨事齪齪謹密，取人主親信，

而內深賊未敢肆。不啖葷，時時爲浮屠詭行，人以爲柔良，不忌也。

帝還京師，拜殿中監，閑廏、五坊、宮苑、營田、栽接總監使，兼隴右羣牧、京畿鑄錢、長春宮等使，少府、殿中二監，封成國公，實封戶五百。宰相羣臣欲不時見天子，皆因輔國以請，乃得可。常止銀臺門決事。置察事聽兒數十人，吏雖有秋豪過，無不得，得輒推訊。州縣獄訟，三司制劾，有所捕逮流降，皆私判臆處，因稱制敕，然未始聞上也。詔書下，輔國署已乃施行，羣臣無敢議。出則介士三百人爲衞。貴幸至不敢斥官，呼五郎。李揆當國，以子姓事之，號「五父」。帝爲娶元擢女爲妻，擢以故爲梁州長史，弟兄皆位臺省。李峴輔政，叩頭言：「且亂國。」於是詔敕不繇中書出者，峴必審覆，輔國不悅。

時太上皇居興慶宮，帝自複道來起居，太上皇亦間至大明宮，或相逢道中。帝命陳玄禮、高力士、王承恩、魏悅、玉眞公主常在太上皇左右，梨園弟子日奏聲伎爲娛樂。輔國素微賤，雖暴貴，力士等猶不爲禮，怨之，欲立奇功自固。初，太上皇每置酒長慶樓，南俯大道，因裴回觀覽，或父老過之，皆拜舞乃去。上元中，劍南奏事吏過樓下，因上謁，太上皇賜之酒，詔公主及如仙媛主之，又召郭英乂、王銑等飲，賚予頗厚。輔國因妄言於帝曰：「太上皇居近市，交通外人，玄禮、力士等將不利陛下，六軍功臣反側不自安，願徙太上皇入禁中。」帝不寤。先時，興慶宮有馬三百，輔國矯詔取之，裁留十馬。太上皇謂力士曰：「吾兒用輔

國謀，不得終孝矣。」會帝屬疾，輔國卽詐言皇帝請太上皇按行宮中，至睿武門，射生官五百遮道，太上皇驚，幾墜馬，問何爲者，輔國以甲騎數十馳奏曰：「陛下以興慶宮湫陋，奉迎乘輿還宮中。」力士厲聲曰：「五十年太平天子，輔國欲何事？」叱使下馬，輔國失轡，罵力士曰：「翁不解事！」斬一從者。力士呼曰：「太上皇問將士各好在否！」將士納刀嘑萬歲，皆再拜。力士復曰：「輔國可御太上皇馬！」輔國韡而走，與力士對執轡還西內，居甘露殿，侍衞才數十，皆尫老。太上皇執力士手曰：「微將軍，朕且爲兵死鬼。」左右皆流涕。又曰：「興慶，吾王地，數以讓皇帝，帝不受。今之徙，自吾志也。」俄而流承恩播州，魏悅溱州，如仙媛歸州，公主居玉眞觀；更料後宮聲樂百餘，更侍太上皇，備灑掃；詔萬安、咸宜二公主視服膳。自是太上皇怏怏不豫，至棄天下。

輔國以功遷兵部尙書。南省視事，使武士戎裝夾道，陳跳丸舞劍，百騎前驅，御府設食，太常備樂，宰相羣臣畢會。既得志，乃厭然驕觖，求宰相，帝重違曰：「卿勳力何任不可，但羣望未一，如何？」輔國遂諷宰相裴冕使聯表薦己。帝密擿蕭華使喻止冕。

張皇后數疾其顓，帝寢疾，太子監國，后召太子，將誅輔國及程元振，太子不從，更召越王、兗王圖之。元振告輔國，卽伏兵凌霄門，迎太子，伺變，是夜捕二王及中人朱煇光、馬英俊等囚之，而殺后它殿。

代宗立，輔國等以定策功，愈跋扈，至謂帝曰：「大家弟坐宮中，外事聽老奴處決。」帝矍然欲翦除，而憚其握兵，因尊爲尙父，事無大小率關白，羣臣出入皆先詣輔國，輔國頗自安。又册進司空兼中書令，實封戶八百。未幾，以左武衞大將軍彭體盈代爲閑廏、羣牧、苑內、營田、五坊等使，以右武衞大將軍藥子昂代判元帥行軍司馬，賜輔國大第於外。中外聞其失勢，舉相賀。輔國始惘然憂，不知所出，表乞解官。有詔進封博陸郡王，仍爲司空、尙父，許朝朔望。輔國欲入中書作謝表，閽者不內，曰：「尙父罷宰相，不可入。」輔國氣塞，久乃曰：「老奴死罪，事郎君不了，請地下事先帝矣！」帝優辭謚遣。

有韓穎、劉烜善步星，乾元中待詔翰林，穎位司天監，烜起居舍人，與輔國昵甚。輔國領中書，穎進祕書監，烜中書舍人，裴冕引爲山陵使判官，輔國罷，俱流嶺南，賜死。

自輔國徙太上皇，天下疾之，帝在東宮積不平。既嗣位，不欲顯戮，遣俠者夜刺殺之，年五十九，抵其首溷中，殊右臂，告泰陵。然猶祕其事，刻木代首以葬，贈太傅，謚曰醜。後梓州刺史杜濟以武人爲牙門將，自言刺輔國者。

王守澄者，史亡所來。元和中監徐州軍，召還。方憲宗喜方士說，詔天下求其人，宰相

中華書局

皇甫鏄、左金吾將軍李道古等白見楊仁晝、浮屠大通。仁晝更姓名曰柳泌，大通自言壽百五十歲，有不死藥，並待詔翰林。虢人田元佐言有祕方，能化瓦礫爲黃金，詔除虢令，與蘆景珍、李元戢皆介泌、大通薦于天子，天子惑其説。泌以金石進帝餌之，躁甚，數暴怒，恚責左右，踵得罪，禁中累息，帝自是不豫。十五年，罷元會，羣臣危恐。會義成劉悟來朝，賜對麟德殿，悟出曰：「上體平矣。」內外乃安。是夜，守澄與內常侍陳弘志弑帝於中和殿，緣所餌，以暴崩告天下，乃與梁守謙、韋元素等定册立穆宗。俄知樞密事。

文宗嗣位，守澄有助力，進拜驃騎大將軍。帝疾元和逆罪久不討，故以宋申錫爲宰相，謀因事除之，不克，更因其黨鄭注、李訓乘其罅，於是流楊承和於驩州，韋元素象州。遣中人劉忠諒追殺元素于武昌，承和次公安賜死。訓乃脅守澄以軍容使就第，使內養齎酖賜死，事祕，時無知者，贈揚州大都督。其弟守涓自徐州監軍召還，死於中牟。

劉克明亦亡所來，得幸敬宗。敬宗善擊毬，於是陶元皓、靳遂良、趙士則、李公定、石定寬以毬工得見便殿，內籍宣徽院或教坊，然皆出神策隸卒或里閭惡少年，帝與狎息殿中爲戲樂。四方聞之，爭以趫勇進于帝。嘗閱角觝三殿，有碎首斷臂，流血廷中，帝歡甚，厚賜

之，夜分罷。所親近既皆凶不逞，又小過必責辱，自是怨望。帝夜艾自捕狐狸爲樂，謂之「打夜狐」，中人許遂振、李少端、魚志弘侍從不及，皆削秩。帝獵夜還，與克明、田務澄、許文端、石定寬、蘇佐明、王嘉憲、閻惟直等二十有八人羣飲，既酣，帝更衣，燭忽滅，克明與佐明、定寬弑帝更衣室，矯詔召翰林學士路隋作詔書，命絳王領軍國事。明日，下遺詔，絳王即位。克明等恃功，將易置左右，自引支黨顓兵柄。于時，樞密使王守澄楊承和、中尉梁守謙魏從簡與宰相裴度共迎江王，發左、右神策及六軍飛龍兵討之，克明投井死，出其尸戮之。務澄等皆斬首以徇，籍入家貲，又殺其黨數十人。始，克明謀逆，母禁不許。文宗立，嘉母忠，賜錢千緡、絹五百匹，給婢二人。

田令孜字仲則，蜀人也，本陳氏。咸通時，歷小馬坊使。僖宗即位，擢令孜左神策軍中尉，是時西門匡範位右中尉，世號「東軍」、「西軍」。

帝沖騃，喜鬬鵝走馬，數幸六王宅、興慶池與諸王鬬鵝，一鵝至五十萬錢。與內園小兒尤昵狎，倚寵暴橫。始，帝爲王時，與令孜同臥起，至是以其知書能處事，又帝資狂昏，故政事一委之，呼爲「父」。而荒酣無檢，發左藏、齊天諸庫金幣，賜伎子歌兒者日巨萬，國用耗

盡。令孜語內園小兒尹希復、王士成等，勸帝籍京師兩市蕃旅、華商寶貨舉送內庫，使者監闘櫃坊茶閣，有來訴者皆杖死京兆府。

令孜知帝不足憚，則販鬻官爵，除拜不待旨，假賜緋紫不以聞。百度崩弛，內外垢玩。既所在盜起，上下相掩匿，帝不及知。是時賢人無在者，惟佞鄙沓貪相與備員，偷安噤默而已。左拾遺侯昌蒙不勝憤，指言豎尹用權亂天下，疏入，賜死內侍省。

宰相盧攜素事令孜，每建白，必阿邑倡和。初，黃巢求廣州，顧罷兵，攜欲寵高駢，使有功，不聽賊。因又易置關東諸節度，賊乘之，陷東都。令孜急，歸罪攜，奉帝西幸，步出金光門，至咸陽沙野，軍十餘騎呼曰：「巢爲陛下除姦臣，乘輿今西，秦中父老何望？願還宮。」令孜叱之，以羽林騎馳斬，即以羽林白馬載帝，晝夜馳，舍駱谷。時陳敬瑄方節度西川，令孜兄也，故請帝幸蜀。有詔以令孜爲十軍十二衞觀軍容制置左右神策護駕使。至成都，進左金吾衞上將軍，兼判四衞事，封晉國公。帝見蜀陋陋，稍鬱鬱，日與嬪侍博飲，時時攘袂北望，慆然流涕。令孜伺間開釋，呼萬歲，帝爲怡悅，因盛稱鄭畋、王鐸、程宗楚、李鋋、敬瑄方幷力，賊不足虞。帝曰：「善。」

初，成都募陳許兵三千，服黃帽，名「黃頭軍」，以捍蠻。帝至，大勞將士，扈從者已賜，而不及黃頭軍，皆竊怨令孜。令孜置酒會諸將，以黃金樽行酒，即賜之。黃頭將郭琪不肯

飲，曰：「軍容能易偏惠，均衆士，誠大願也。」令孜目曰：「君有功邪？」答曰：「戰党項，薄契丹，數十戰，此琪之功。」令孜嘻怒曰：「知之。」密以酖注酒中，琪飲已，馳歸，殺一婢，吮血得解。因夜燒營，剽城邑，敬瑄討敗之，奔廣都，遂走高駢所。帝聞變，與令孜保東城自守，羣臣不得見。左拾遺孟昭圖請對，不召，因上疏極陳：「君與臣一體相成，安則同寧，危則共難。昔日西幸，不告南司，故宰相、御史中丞、京兆尹悉碎于賊，唯兩軍中尉以扈乘輿得全。今百官之在者，率冒重險出百死者也。昨昔黃頭亂，火照前殿，陛下惟與令孜閉城自守，不召宰相，不謀羣臣，欲入不得，求對不許。且天下者，高祖、太宗之天下，非北司之天下；陛下固九州天子，非北司之天子。北司豈悉忠於南司？廷臣豈無用於敕使？宮中災，左右巡使不到，皆被顯責，安有天子播越，而宰相無所豫，羣司百官棄若路人？已事誠不足諫，而來者冀可追也。」疏入，令孜匿不奏，矯詔貶昭圖嘉州司戶參軍，使人沈于蟆頤津。初，昭圖知正言必見害，謂家隸曰：「大盜未殄，宦豎離間君臣，吾以諫爲官，不可坐觀覆亡，疏入必死，而能收吾骸乎？」隸許諾，卒葬其尸。朝廷痛之。

賊平，令孜以王鐸爲儒臣且無功，而首謀召沙陀者，楊復光也，欲歸重北司，故罷鐸都統，以復光功第一。又忌復光且逼己，故薄其賞。自謂帷幄決勝，繫王室輕重，出入倨甚。會復光死，大喜，即罷復恭樞密使。中人曹知愨者，富家子，頗沈鷙。賊在長安，知愨以清、

獨二谷之人倚山爲屯，不屈賊。陰敎士卒變衣服、言語與賊類者，夜入長安攻賊營，賊大懼。帝聞，賜金紫，擢內常侍。聞帝將還，因大言：「我且擁衆大散關下，閱羣臣可歸者納之。」令孜謂然，密令王行瑜以邠州兵度嵯峨山，襲殺其衆。由是益自肆，禁制天子，不得有所主斷。帝以其專，語左右輒流涕。

復光部將鹿晏弘、王建等，以八都衆二萬取金、洋等州，進攻興元，節度使牛頊奔龍州，晏弘自爲留後，以建及張造、韓建等爲部刺史。帝還，懼見討，引兵走許州。王建率義勇四軍迎帝西縣，復以建及韓建等主之，號「隨駕五都」。令孜以復光故，纔授諸衞將軍，皆養爲子。別募神策新軍，以千人爲都，凡五十四都，分左右爲十軍統之。又遣親信覘諸鎭，不附己者以罪除徙。

養子匡祐宣慰河中，王重榮厚爲禮，匡祐傲甚，舉軍怒，重榮因數令孜罪，責其無禮，監軍和解乃去。匡祐還，訴令孜，且勸圖之。令孜白以兩鹽池歸鹽鐵使，即自兼兩池榷鹽使。重榮不奉詔，表暴令孜十罪。令孜自將討重榮，率邠寧朱玫、鳳翔李昌符，合鄜、延、靈、夏等兵凡三萬，壁沙苑。重榮說太原李克用連和，克用上書請誅令孜、玫，帝和之，不從。大戰沙苑，王師敗。玫走還邠州，與昌符皆恥爲令孜用，還與重榮合。神策兵潰還，略所過皆盡。克用逼京師，令孜計窮，乃焚坊市，劫帝夜啓開遠門出奔。自賊破長安，火宮室、舍廬十

七，後京兆王徽葺復粗完，至是令孜唱曰：「王重榮反。」命火宮城，唯昭陽、蓬萊三宮僅存。王建以義勇四軍扈帝，夜亂牢水，遂次陳倉。克用還河中，玫畏克用且偪，與重榮連章請誅令孜，而駐鳳翔。令孜請帝幸興元，帝不從，令孜以兵入寢，逼帝夜出，羣臣無知者，宰相蕭遘等皆不及從。玫勸興元節度使石君涉焚閣道，絕帝西意。遘惡令孜劫質天子，生方鎭之難，使玫進迎乘輿。玫引兵追行在，敗興鳳楊晟軍，帝次梁、洋，稍引而南，玫兵及中營，左右被剽戮者不勝計。令孜懼人圖己，蒙面以行。使王建長劍五百淸道，囊傳國璽授之。次大散關，道險澀，帝危及難數矣。分軍守靈壁，亢追兵。玫長驅躡帝，帝以閣道毀，走它道，困甚，枕王建膝且寐，覺而飯，僅能至興元。玫、重榮表誅令孜，安尉羣臣。詔以令孜爲劍南監軍使，留不去。重榮請幸河中，令孜沮而止。宰相遘率羣臣在鳳翔者表令孜顓國煽禍，惑小人計，交亂羣帥，請誅之。帝不及省，且詔重榮餉糧十五萬斛給行在，重榮以令孜在，不奉命。玫乃奉嗣襄王熅即僞位。玫敗，帝乃得還京師。

始，帝入蜀，諸王徒步以從，壽王至斜谷不能進，令孜驅使前，王謝足且拘，得馬可濟。令孜怒挾王，彊之行，王恥之。及帝病，中外屬壽王，令孜入候帝曰：「陛下記臣否？」帝直視不能語。令孜自署劍南監軍使，闔拱宸奉鑾軍自衞，晝夜馳入成都，固表解官求醫藥，詔可。俄削官爵，長流儋州，然猶依敬瑄不行。

王卽位，是爲昭宗。楊復恭代爲觀軍容使，出王建爲壁州刺史。建取利州，自署防禦使，因略定閬、邛、蜀、黎、雅等州，詔卽置永平軍，拜建節度使。令孜謀與建連衡亢朝廷，且曰「吾子也」，書召之。建喜，將至，復卻之。建怒，進圍成都。令孜登城謝建曰：「老夫久相厚，何見困？」答曰：「父子恩，何敢忘！顧父自絕朝廷，苟改圖，則父子如初。」令孜曰：「吾欲面計事。」建然許，令孜夜負印節授建，明日入成都，囚令孜碧雞坊。始，右神策統軍宋文通爲諸軍所疾，令孜因事召見，欲殺之。既見，乃欣然更養爲子，名彥賓，卽李茂貞也，故獨上書雪其罪，詔爲湖南監軍。凡二歲，與敬瑄同日死。臨刑，裂帛爲絙，授行刑者曰：「吾嘗位十軍容，殺我庸有禮！」因敎縊人法，既死，而色不變。乾寧中，詔復官爵。

楊復恭字子恪，本林氏子，楊復光從兄也。宦父玄翼，咸通中領樞密，世爲權家。復恭略涉學術，監諸鎭兵。龐勛亂，戰有功，自河陽監軍入拜宣徽使，擢樞密使。黃巢盜京師，令孜顓威福，斲喪天下，中外莫敢亢，惟復恭屢與爭得失，令孜怒，下遷飛龍使，復恭乃臥疾藍田。僖宗出居興元，復爲樞密使，制置經略，多更其手。車駕還，遂代令孜爲左神策中尉、六軍十二衞觀軍容使，封魏國公，實戶八百，賜號「忠貞啓聖定國功臣」。帝崩，定册立昭宗，賜鐵劵，加金吾上將軍，稍攘取朝政。帝嘗曰：「朕不德，爾援立我

矣，當減省侈長示天下。我見故事，尙衣上御服日一襲，太常新曲日一解，今可禁止。」復恭頓首稱善。帝遂問游幸費，對曰：「聞懿宗以來，每行幸無慮用錢十萬，金帛五車，十部樂工五百，犢車、紅網朱網畫香車百乘，諸衞士三千。凡曲江、温湯若畋獵曰大行從，宮中、苑中曰小行從。」帝乃詔類減半。

於是宰相韋昭度、張濬、杜讓能等爲帝言大中故事，抑宦官不假借，帝亦稍厭復恭橫恣。王瓌者，惠安太后弟〔一〕，求節度使，帝問復恭，對曰：「產、祿傾漢，三思危唐，后族不可封拜。陛下誠愛瓌，任以它職可也，不宜假節外藩，恐負勢顓地不可制。」帝乃止。瓌聞，怒甚，至禁中見復恭詬辱之，遂居中任事。復恭不欲分己權，白爲黔南節度使，道興元，而兄子守亮方領節度，陰勸利州刺史覆瓌舟于江，宗屬賓客皆死，以舟自敗聞。帝知復恭謀，繇是深銜之。

復恭以諸子爲州刺史，號「外宅郎君」；又養子六百人，監諸道軍。天下威勢，舉歸其門。守立爲天威軍使，本胡弘立也，勇武冠軍，人畏之。帝欲斥復恭，懼爲亂，乃好謂曰：「卿家胡子安在？吾欲令衞殿內。」復恭以守立見帝，賜姓李，名順節，使掌六軍管鑰，光寵甚。既勢鈞，遂與復恭爭恨相中傷，暴發其私。

復恭常肩輿抵太極殿。宰相對延英，論叛臣事，孔緯曰：「陛下左右有將反者。」帝要

然。縡指復恭。復恭曰：「臣豈負陛下者？」縡曰：「復恭，陛下家奴，而肩輿至前殿。廣樹不逞皆姓楊，非反邪？」復恭曰：「欲收士心輔天子。」帝曰：「誠欲收士心，胡不假李姓乎？」復恭無以對。會縡出守江陵，乃使人劫之長樂坡，斬其旌節，貲貯皆盡，縡僅免。

復恭子守貞爲龍劍節度使，守忠洋州節度使，皆自擅貢賦，上書訕薄朝政。大順二年，罷復恭兵，出爲鳳翔監軍，不肯行，因丐致仕，詔可，遷上將軍，賜几杖。使者還，遣腹心殺使者於道，遁居商山。俄入居昭化坊第，第近玉山營，而子守信爲軍使，數省候出入。或告父子且謀亂，時順節遙領鎭海軍節度使、同中書門下平章事，詔與神策軍使李守節率衞兵攻復恭，治殺使者罪，帝御延喜樓須之。家人拒戰，守信亦率兵至昌化里，陣以待。會日入，復恭與守信舉族出奔，遂走興元。

順節已斥復恭，則橫暴，出入以兵從，兩軍中尉劉景宣、西門重遂察其意非常，以狀聞。有詔召順節，輒以甲士三百入，至銀臺門，何止之，景宣引順節坐殿廡，部將嗣光審出斬之，從者大譟，出延喜門，剽永寧里，盡夕止。賈德晟與順節皆爲天威軍使，順節誅，頗嗟憤，重遂亦奏誅之。

於是鳳翔李茂貞、邠州王行瑜、華州韓建、同州王行約、秦州李茂莊同劾守亮納叛臣，請出兵討罪，軍饟不仰度支。茂貞請假山南招討使。宦尹惜類執不可，帝亦謂茂貞得山南

必難制，詔兩解之。茂貞劾復恭自謂隋諸孫，以恭帝禪唐，故名復恭，逆狀明白，且請削守亮官爵。遂擅與行瑜出討，自號興元節度使，詒宰相書，慢悖不臣。帝爲下詔，令茂貞、行瑜討之。景福元年，破其城，復恭、守亮、守信奔閬州，茂貞以子繼密守興元。詔吏部尚書徐彥若爲鳳翔節度使，而以茂貞帥興元，不拜，請繼密爲留後。帝不得已，授以節度使，自是茂貞始疆大。

復恭與守亮等自閬州將北奔太原，趨商山，至乾元，爲韓建邏士所禽，即斬復恭、守信，檻車送守亮京師，梟首長安市。茂貞上復恭與守亮書曰：「承天門者，隋家舊業也，兒但積粟訓兵，何進奉爲？吾披荆榛立天子，既得位，乃廢定策國老，奈負心門生何！」門生，謂天子也，其不臣類此。假子彥博奔太原收葬其尸，李克用爲申雪，詔復官爵。

劉季述者，本微單，稍顯於僖、昭間，擢累樞密使。楊復恭之斥，帝以西門重遂爲右神策軍中尉、觀軍容使。時李茂貞得興元，愈跋扈不軌，宰相杜讓能與內樞密使李周潼及重遂謀誅之，乃興師，以嗣覃王戒丕爲京西招討使，神策大將軍李鐬副之。茂貞引兵迎壁盩厔，薄興平，王師潰。遂逼臨皋以陣，暴言讓能等罪，京師震恐，帝坐安福門，斬重遂、周潼以謝茂貞，更以賂全瓘、劉景宣代爲兩中尉。乾寧二年，茂貞與王行瑜、韓建以兵入朝，李克用率師討茂貞，次渭北。同州節度使王行實奔京師，謂景宣等曰：「沙陀十萬至矣，請奉天子出幸避其鋒。」景宣方與茂貞睦，故全瓘與鳳翔衞將閻圭共脅帝狩岐，王行實及景宣子繼晟縱火剽東市，帝登承天門，矢著樓闔。帝懼，暮出莎城，士民從者數十萬。至谷口，人暍死十三，夜爲盜掠，哭聲殷山。徙駐石門。茂貞恐，乃殺全瓘、景宣及圭自解。天子還京師，以景務脩、宋道弼代之，俄專國。宰相崔胤惡之，徐彥若、王摶懼禍不解，稍抑胤以和北軍。胤怒，劾摶黨宦豎，不忠，罷去，俄賜死；流道弼驩州，務脩愛州，並死灞橋；逐彥若于南海。乃以季述、王仲先爲左右中尉，疾胤尤甚。

時帝嗜酒，怒責左右不常，季述等愈自危。先是，王子病，季述引內醫工車讓、謝筠，久不出，季述等共白帝，宮中不可妄處人。帝不納，詔著籍不禁。由是疑帝與有謀，乃外約朱全忠爲兄弟，遣從子希正與汴邸官程巖謀廢帝。會全忠遣天平節度副使李振上計京師，巖因曰：「主上嚴急，內外惴恐，左軍中尉欲廢昏立明，若何？」振曰：「百歲奴事三歲郎主，常也。亂國不義，廢君不祥，非吾敢聞。」希正大沮。

帝夜獵苑中，醉殺侍女三人，明日午漏上，門不啓。季述見胤曰：「宮中殆不測。」與仲先率王彥範、薛齊偓、李師虔、徐彥回總衞士千人毀關入，謀所立，未決。是夜，宮監竊取太

子以入，季述等因矯皇后令曰：「車讓、謝筠勸上殺人，禳塞災咎，皆大不道。兩軍軍容知之，今立皇太子，以主社稷。」遲明，陳兵廷中，謂宰相曰：「上所爲如此，非社稷主，今當以太子見羣臣。」即召百官署奏，胤不得對。季述衞皇太子至紫廷院，左右軍及十道邸官俞潭、程巖等詣思玄門請對，士皆呼萬歲。入思政殿，遇者輒殺。帝方坐乞巧樓，見兵入，驚墮於牀，將走，季述、仲先持帝坐，以所持鉀杖畫地責帝曰：「某日某事爾不從我，罪一也。」至數十未止。皇后出徧拜曰：「護宅家，勿使怖，若有罪，惟軍容議。」季述出百官奏，曰：「陛下稽，倦于勤，願奉太子監國，陛下自頤東宮。」帝曰：「昨與而等飲甚樂，何至是？」后曰：「陛下如軍容語。」宮監掖帝出思政殿，后倡言曰：「軍容一心輔持，請上養疾。」帝亦曰：「朕久疾，令太子監國。」巖等皆呼萬歲。后以傳國寶授季述，就帝輦，左右十餘人，入囚少陽院。季述液金以完鐍，師虔以兵守。太子即位於武德殿，帝號太上皇，皇后爲太上皇后，大赦天下，東宮官屬三品賜爵一級，四品以下一階，天下爲父後者爵一級，羣臣加爵秩厚賜，欲媚附上下。改東宮爲問安宮。季述等皆先誅戮以立威，夜鞭笞，晝出尸十輦，凡有寵于帝，悉榜殺之。殺帝弟睦王。師虔尤苛察，左右出入搜索，天子動靜輒白季述。帝衣晝服夜浣，食自竇進，下至筆紙銅鐵，疑作詔書兵器，皆不與。方寒，公主嬪御無衾纊，哀聞外廷。胤告難於朱全忠，使以兵除君側，全忠封胤書與季述曰：「彼翻覆，宜圖之。」季述以責

胤，胤曰：「姦人僞書，從古有之，必以爲罪，請誅不及族。」季述易之，乃與盟。胤謝全忠曰：「左軍與胤盟，不相害，然僕歸心於公，幷送二侍兒。」全忠得書，恚曰：「季述使我爲兩面人。」自是始離。季述子希度至汴，言廢立本計，又遣李奉本齎示太上皇誥，全忠狐疑不決。李振入見曰：「豎刁、伊戾之亂，以資霸者。今閹奴幽劫天子，公不討，無以令諸侯。」乃囚希度、奉本，遣振至京師與胤謀。

是時季述欲盡誅百官，乃弑帝，挾太子令天下。都將孫德昭、董從實盜沒錢五千緡，仲先衆辱之，督其償，株連甚衆。胤間其不逞，曰：「能殺兩中尉，迎太上皇，而立大功，何小罪足羞！」又遣客密告德昭，割帶內蜜丸通意。德昭邀別將周承誨，期十二月晦，伏士安福門待旦。仲先乘肩輿造朝，德昭等劫之，斬東宮門外，叩少陽院呼曰：「逆賊斬矣。」帝疑未信，皇后曰：「可獻賊首。」德昭擲仲先頭以進，宮人毀扉，出御長樂門，羣臣稱賀。承誨馳入左軍，執季述、彥範至樓前，胤先戒京兆尹鄭元規集萬人持大梃，帝詰季述未已，萬梃皆進，二人同死梃下，遂尸之。兩軍支黨死者數十人。中官奉太子遁入左軍，收傳國璽。齊偓死井中，出其尸斬之。全忠檻送巖京師，斬于市。季述等夷三族。以德昭檢校太保、靜海軍節度使，從實檢校司徒、容管節度使，並同中書門下平章事，賜氏李，曰繼昭，曰彥弼。承誨亦檢校司徒、邕管節度使，視宰相秩。皆號「扶傾濟難忠烈功臣」，圖形凌煙閣，留宿衞凡十日

乃休，竭內庫珍寶賜之。當時號「三使相」，人臣無比。

初，延英宰相奏事，帝平可否，樞密使立侍，得與聞，及出，或矯上旨謂未然，數改易橈權。至是，詔如大中故事，對延英，兩中尉先降，樞密使候旨殿西，宰相奏事已畢，案前受事。師虔請於屏風後錄宰相所奏，帝以侵官，不許，下詔與徐彥回同誅。

韓全誨、張彥弘者，皆不知所來，並監鳳翔軍。全誨入爲內樞密使。劉季述之誅，崔胤、陸扆見武德殿右廡，胤曰：「自中人典兵，王室愈亂，臣請主神策左軍，以扆主右，則四方藩臣不敢謀。」昭宗意不決。李茂貞語人曰：「崔胤奪軍權未及手，志滅藩鎮矣。」帝聞，召李繼昭等問以胤所請奈何，對曰：「臣世世在軍，不聞書生主衞兵。且罪人已得，持軍還北司便。」帝謂胤曰：「議者不同，勿庸主軍。」乃以全誨爲左神策中尉，彥弘爲右，皆拜驃騎大將軍，袁易簡、周敬容爲樞密使。胤怒，約京兆鄭元規遣人狙殺之，不克。全誨等知胤必除己乃已，因諷茂貞留選士四千宿衞，以李繼筠、繼徽總之。胤亦諷朱全忠內兵三千居南司，以婁敬思領之。韓偓聞岐、汴交戍，數諫止胤，胤曰：「兵不肯去耳。」偓曰：「初何爲召邪？」胤不對。議者知京師不復安矣。

全誨、彥弘及彥弼合勢恣暴，中官倚以自驕，帝不平，有斥逐者，皆不肯行，胤固請盡誅之。全誨、彥弘見帝祈哀，帝知左右漏言，始詔囊封奏事。宮人更求麗姝知書者數十人，侍帝爲內詗，由是胤計多露。

始，張濬判度支，楊復恭以軍貲乏，奏假鹽麴一歲入以濟用度，遂不復還。至胤，乃白度支財盡，無以稟百官，請如舊制。全誨嗾李繼筠訴軍中匱甚，請割三司隸神策。帝不能卻，詔罷胤領鹽鐵，胤銜之。

全誨等懼帝誅己，與繼誨、彥弼、繼筠交通謀亂。帝問令狐渙，渙請召胤及全誨等宴內殿和解之。韓偓謂：「不如顯斥一二柄臣，許餘人自新，姦謀必息。不然皆自疑，禍且速，雖和解之，凶焰益肆。」帝乃止。

是時，全忠幷河中，胤爲急詔，令入朝，又詒書曰：「上反正，公之力，而鳳翔入朝，引功自歸。今若後至，必先見討。」全忠得詔，還汴，悉師討全誨。帝以爲忠，又欲其與茂貞同功，即詔幷力。令胤詒二鎮書，示帝意。全忠取同州，汴兵凡七萬，威震關中。全誨等泣奏曰：「全忠且至，欲脅陛下幸關東，將謀傳禪。臣不忍見高祖天下移他姓，願至鳳翔，合義兵討元惡。」帝未許，方在乞巧樓，全誨急，即火其下，帝降樓，乃決西幸。彥弼等以帝未即駕，愈詬，宮中禁索苛亟，帝與后相視泣，宮人私逃出都，民崩沸，或奔開化坊依胤第自固，閈無

留家。鳳翔軍與左神策兵陣大衢，長樂門外若丘墟然。於是日南至，百官不朝，帝坐思政殿。時彥弼先入鳳翔，全誨逼帝出，惟皇后、諸王數百騎爲衞，帝繡袍、塗金帽，以右神策軍從，實天復元年十一月壬子。全誨等遂火宮城，繼誨、彥弼欲劫百官從天子，李德昭等按兵衞之，乃得免。茂貞以帝居盩厔。

全忠取華州，下令自釋曰：「吾被詔及得宰相書令入朝，既至，皆僞也。逆臣全誨震驚天子，脅乘輿出還，暴露草莽，吾當入對言狀。」時公卿皆在長安，數日不聞朝廷敕畫。胤使王溥見全忠曰：「上猶在盩厔，公宜亟進。」羣臣盧知猷等奏記全忠，請西迎天子，答曰：「進則似脅君，退則負國，然敢不勉？」胤率百官迎全忠灞橋，入舍長安一昔而西。

茂貞聞全忠至，以帝入鳳翔，從臣纔三四人。全忠遣楊達、裴鑄入鳳翔，奉表天子。汴部將康懷英襲破李繼昭于武功，禽馘六千級。全誨懼，請救於李克用。克用遺全忠書，勸執崔胤，洗海內謗。全忠不答，進屯鳳翔東偏。茂貞登城險語曰：「天子厭災于此，讒人誤公來，公當入覲。」全忠曰：「宦官脅驚乘輿，吾以兵問罪，迎上東還。王非同謀者，尙何所言？」明日，圍鳳翔，茂貞不出。帝遣中人詔全忠班師，不奉詔。使者再往，全忠聽命，引兵攻邠州。李繼徽嬰城三日，乃降。質其妻，復使繼徽守，回壁三原。胤與鄭元規至三原，邀說全忠。全忠亦自聞茂貞將戰，徙營渭北，據高原，戰不勝。全忠夜入盩厔，拔藍田，復屯

三原。

時李克用攻慈、隰，救鳳翔，全忠還河中。克用部將李嗣昭戰數不利，全忠取晉、汾二州，嗣昭遁還河東。全忠曰：「此茂貞所倚，今敗矣，何能久乎？」胤復說全忠曰：「宦豎謀擁帝入蜀。」且泣。全忠執其手，乃定計迎天子。會朱友寧敗岐兵于莫父，居人皆入保。全忠以精甲五萬與茂貞決戰，岐兵敗，仆尸萬餘，茂貞帳下八百人就縛，乃嬰城，自夏訖多，兵連不能解，勝敗略相償。援軍十餘壁，數爲全忠擾襲，不得進，城中日困。全忠由是取鳳、鄜、坊、咸、隴等州，間劫鈔以佐軍餉，故能不乏。

茂貞疑帝與全忠有密約，增甲士守宮殿。初，帝至鳳翔，有鴉數萬棲殿樹，謂之神鴉。俄而鴉不來，人以爲恐。全誨等小人既勢窘，更相怨疾，不復遠慮。時財用寠短，帝輟所御膳賜全誨等，三讓，帝曰：「難得時欲同味耳。」茂貞食飵美，帝曰：「此後池魚。」茂貞曰：「臣養魚以候天子。」聞者皆駭。

於是全忠軍攻東城，焚橋壘戰，部將李繼寵出降，茂貞懼，密圖誅中官以紓難。先遺書曰：「禍亂之生，全誨首之。變興倉卒，故迎天子至此。且公未至，懼它盜馮陵。公既志輔社稷，請奉乘輿還宮，僕願以敝賦從。」全忠然許，然軍稍薄城，大譁者三，岐軍皆投塹，無鬬意。帝召茂貞、全誨、彥弼及宰相蘇檢、李繼岌、繼忠議，和已決，中官復沮罷。

它日，帝召茂貞等曰：「十六宅諸王日奏餒死者十三，王、公主、夫人皆間日食，今又將竭，奈何？」皆不敢對。有衞士十餘人叩左銀臺門，遮全誨罵曰：「破一州，餓死者十萬，徒以軍容數人耳！」全誨詣茂貞叩頭訴，茂貞謝曰：「士伍亦何知？」復訴于帝，帝不許。李繼昭見全誨曰：「昔楊軍容破楊守亮一族，今驃騎復破吾族乎？」罵之，乃出降。宦豎數傳援軍至，皆相賀，百姓笑曰：「給我乎！」

是時，全忠合四鎮兵十餘萬，營壘相屬，晝夜攻。外兵詬守者曰「劫天子賊」，守者亦詬外曰「奪天子賊」。諸鎮見崔胤檄，皆狐疑不出師，唯青州節度使王師範取兗州，襲華州，李克用攻晉州以爲援。全忠懼，圍益急。全誨等素譎險，常爲全忠、胤所憚，乃請先殺之，以迎天子。帝既惡宦人脅遷，而茂貞又其黨，全忠雖外示順，終悖逆，皆不可倚。欲狩襄、漢，依趙匡凝，然不得去，乃定計歸全忠，以紓近禍。

三年正月，茂貞請遣使諭全忠軍，詔崔構挾中人郭遵誨往，既行，又命宮人寵顏馳見全忠，諭密旨，乃以蔣玄暉入衞。二日，茂貞獨見，至日旰，全誨、彥弘恨甚，遠食，不能捉匕，自見勢去，計無所用，垂頭喪氣。帝召韓偓見東横門，執手涕泗，帝曰：「今先去四大惡，餘以次誅矣。」於是內養八輩候廷中授命，每二輩以衞士十人取一首，俄而全誨、彥弘、易簡、敬容皆死。卽詔第五可範爲左軍都尉，王知古、揚虔朗爲樞密使，知古領上院，虔朗領下院。繼筠、繼誨、彥弼皆伏誅，茂貞取其輜重。是夜，誅內諸司使韋處廷等二十二人，悉以首內布囊，詔蔣玄暉、學士薛貽矩送全忠，曰：「是皆不肯使乘輿東者，旣斬之矣。」全忠大喜，徧告軍中，以姚洎爲岐、汴通和使。全忠詒茂貞書曰：「宦者乘陴詈不已，曰『稟王旨』，是乎？」茂貞懼，復誅小使李繼彝等十人，於是開壘門。全忠猶攻北壘，帝遣寵顏賜御巾箱寶器，使罷兵，又捕殺中官七十人，全忠亦使京兆誅黨與百餘人。

天子入全忠軍，全忠泥首素服，待罪客省，傳呼徹三仗，有詔釋全忠罪，使朝服見。全忠伏地泣曰：「老臣位將相，勤王無狀，使陛下及此，臣之罪也。」帝亦嗚咽，命韓偓起之，解玉帶以賜，召之食。帝顧衞兵，或有憤發者，因履係解，目全忠：「爲吾繫之。」全忠跪結履，汗浹于背，而左右莫敢動。是夜，帝三召，皆辭，朱友倫以兵衞帝。

李克用引軍去，帝還京師。胤、全忠議，盡誅第五可範等八百餘人於內侍省，哀號之聲聞于路，留單弱數十人，備宮中灑掃。胤以鎭人性謹厚，卽詔王鎔擇五十人爲敕使，內諸司宦官主領者皆罷。於是追諸道監軍，所在賜死，其財産籍入之。詔以中官脅遷狀及全忠迎乘輿本末告方鎭，罷監軍院，咸視國初故事，以三十人爲員，衣黃衣，不得養子。內諸司皆歸省若寺，兩軍內外八鎭兵悉屬六軍。全忠還汴州，帝以第五可範等無辜，頗悼之，爲文以祭。自是宣傳詔命，皆以宮人。

始，劉季述專廢立，中人皆與聞。帝反正，誅季述及薛齊偓數族而已，餘貸不問；又悔之，後稍稍誅夷，羣宦寖不安。時帝懲幽辱，能勵心庶政，數召見羣臣問治道，有志中興，而全誨、胤爭權，外召彊臣，劫本朝以相吞齧，卒用關東軍窮討暴誅，君側雖淸，而全忠勢遂張，帝卒弑死，唐室以亡，其禍本於全誨、彥弘云。

贊曰：袁紹誅常侍以逞，而曹操移漢；崔丞相血軍容甘心焉，而朱温篡唐。大抵假威柄于外，以內攘姦人，則大臣專，王室卑矣。漢、唐相去五百歲，產亂取亡猶蹈一轍，非天所廢，而人謀洞剌乃然邪！

校勘記

〔一〕王瓌者惠安太后弟　按本書卷七七恭憲皇后傳，王瓌乃恭憲太后弟。又據本書卷九僖宗紀、卷一〇昭宗紀，惠安太后爲唐僖宗母，恭憲太后爲唐昭宗母，王瓌求節度使在唐昭宗時，則此應作「恭憲太后弟」。

唐書卷二百九

列傳第一百三十四

酷吏

索元禮　來俊臣　來子珣　周興　丘神勣　侯思止　王弘義　郭弘霸
姚紹之　周利貞　王旭　吉溫　羅希奭　崔器　毛若虛　敬羽

太宗定天下，留心聽斷，著令：州縣論死三覆奏，京師五覆奏。獄已決，尚芋然爲徹膳止樂。至晚節，天下刑幾措。是時州縣有良吏，無酷吏。

武后乘高、中懦庸，盜攘天權，畏下異己，欲脅制羣臣，椔翦宗支，故縱使上飛變，構大獄。時四方上變事者，皆給公乘，所在護送，至京師，稟於客館，高者蒙封爵，下者被賚賜，以勸天下。於是索元禮、來俊臣之徒，揣后密旨，紛紛並興，澤吻磨牙，噬紳纓若狗豚然，至

鈑齒臭達道路，冤血流離刀鋸，忠鯁貴彊之臣，朝不保昏。而后因以自肆，不出幃闥，而天命已遷，猶慮臣下弗懲，而六道使始出矣。

至載初，右臺御史周矩諫后曰：「囚人告訐，遂以爲常，推劾之吏，以險責痛詆爲功，鑿空投隙，相矜以殘，泥耳籠首，枷楔兼暴，拉脅籤爪，縣髮熏目，號曰『獄持』。晝禁食，夜禁寐，敲撲撼搖，使不得瞑，號曰『宿囚』。人苟賒死，何求不得？陛下不諒，試取告牒判無驗者，使推其情，有司必上下其手，希合盛旨。今舉朝脅息，謂陛下朝與爲密，夕與爲讎，一罹攝逮，便與妻子決。且周用仁昌，秦用刑亡。惟陛下察之。」后寤，獄乃稍息，而酷吏寖寖以罪去。

天寶後至肅、代間，政頹事叢，姦臣作威，渠憸宿狡，頗用慘刻奮，然不得如武后時敢搏擊殺戮矣。

嗚呼！非吏敢酷，時誘之爲酷。覩俊臣輩怵利放命，內懷滔天，又張湯、郅都之土苴云。

索元禮，胡人也，天性殘忍。初，徐敬業兵興，武后患之，見大臣常切齒，欲因大獄去異己者。元禮揣旨，即上書言急變，召對，擢游擊將軍，爲推使。即洛州牧院爲制獄，作鐵籠鞷囚首，加以楔，至腦裂死。又橫木關手足轉之，號「曬翅」。或紡囚梁上，縋石於頭。訊一囚，窮根柢，相牽聯至數百未能訖，衣冠氣褫。后數引見賞賜，以張其威，故論殺最多。是時來俊臣、周興踵而奮，天下謂之「來索」。薛懷義始貴，而元禮養爲假子，故爲后所信。後以苛猛，復受賕，后厭衆望，收下吏，不服，吏曰：「取公鐵籠來！」元禮服罪，死獄中。

來俊臣，京兆萬年人。父操，博徒也，與里人蔡本善。本負博數十萬不能償，操因納其妻，先已娠而生俊臣，冒其姓。

天資殘忍，喜反覆，不事產。客和州爲姦盜，捕送獄，獄中上變，刺史東平王續按訊無狀，杖之百。天授中，續以罪誅，俊臣上書得召見，自陳前上琅邪王沖反狀，爲續所抑。武后以爲諒，擢累侍御史，按詔獄，數稱旨。后陰縱其慘，脅制羣臣，前後夷千餘族。生平有纖介，皆入于死。拜左臺御史中丞，中外累息，至以目語。

俊臣乃引侯思止、王弘義、郭弘霸、李仁敬、康暐、衛遂忠等，陰嘯不逞百輩，使飛語誣蟣公卿，上急變。每擿一事，千里同時輒發，契驗不差，時號爲「羅織」。牒左署曰：「請付來俊臣或侯思止推實必得。」后信之，詔於麗景門別置獄，敕俊臣等顓按事，百不一貸。弘義戲

謂麗景門爲「例竟」，謂入者例皆盡也。俊臣與其屬朱南山、萬國俊作羅織經一篇，具爲支脈綱由，咸有首末，按以從事。俊臣鞫囚，不問輕重皆注醯于鼻，掘地爲牢，或寢以匽溺，或絕其糧，囚至齧衣絮以食，大抵非死終不得出。每赦令下，必先殺重囚乃宣詔。又作大枷，各爲號：一、定百脈，二、喘不得，三、突地吼，四、著即臣，五、失魂膽，六、實同反，七、反是實，八、死豬愁，九、求即死，十、求破家。後以鐵爲冒頭，被枷者宛轉地上，少選而絕。凡囚至，先布械于前示囚，莫不震懼，皆自誣服。

如意初，誣告大臣狄仁傑、任令暉、李游道、袁智弘、崔神基、盧獻等下獄。俊臣顓以夷誅大臣爲功，乃奏囚降制，一問而服者同首，法得減死。仁傑等已論死，待日而決，稍挺之，仁傑乃遣子持帛書稱枉。后見愕然，責謂俊臣，對曰：「是囚不褫巾服，何肯服罪？」后遣通事舍人周綝往視，遽假仁傑襆帶立西廂，綝懼俊臣，東視唯唯去，莫敢聞。先是，宰相樂思晦爲俊臣夷其家，有子九歲隸司農，上變，得召見，言：「俊臣凶慘，罔上不道，若陛下假條反狀付之，無大小皆如詔。臣父死族夷，不求生，但惜陛下法爲俊臣所弄耳！」后意寤，由是仁傑六族皆免。又按大將軍張虔勗、內侍范雲仙，虔勗不堪枉，訟於大理徐有功，俊臣使衛士亂斫之，雲仙自陳事先帝，命截其舌，皆即死，人人脅息。

久之，俊臣納賈人金，爲御史紀履忠所劾，下獄當死。后忠其上變，得不誅，免爲民。

長壽中，還授殿中丞，坐贓貶同州參軍事，暴縱自如，奪同僚妻，又辱其母。俄召爲合宮尉，擢洛陽令，進司僕少卿，賜司農奴婢十人。以官戶無面首，聞吐蕃酋阿史那斛瑟羅有婢善歌舞〔一〕，令其黨告以謀反，而求其婢，諸蕃長數十人，割耳剺面訟冤，僅得解。綦連耀等有異謀，吉頊以白俊臣，殺數十族。既欲擅發姦功，卽中頊以法，頊大懼，求見后自直，乃免。秋官侍郎劉如璿爲流涕，俊臣奏與同惡，如璿自訴年老而涕，吏論以絞，后爲宥死，流瀼州。萬歲通天中，上巳，俊臣誣司刑史樊戩，以謀反誅，其子訴闕下，有司無敢治，因自刳腹。或以告昭德，昭德謀繩其惡，未發。衞遂忠雖無行，頗有辭辯，素與俊臣善。始王慶詵女適段簡而美，俊臣矯詔彊娶之。它日，會妻族，酒酣，遂忠詣之，閽者不肯通，遂忠直入嫚罵，俊臣恥妻見辱，已命驅而縛于廷，既乃釋之，自此有隙，妻亦慚，自殺。簡有妾美，俊臣遣人示風旨，簡懼，以妾歸之。俊臣知羣臣不敢斥己，乃有異圖，常自比石勒，欲告皇嗣及廬陵王與南北衙謀反，因得騁志。遂忠發其謀。初，俊臣屢掎摭諸武、太平公主、張昌宗等過咎，后不發。至是諸武怨，共證其罪。有詔斬於西市，年四十七，人皆相慶，曰：「今得背著牀瞑矣！」爭抉目、擿肝、醢其肉，須臾盡，以馬踐其骨，無孑餘，家屬籍沒。方俊臣用事，託天官得選者二百餘員，及敗，有司自首，后責之，對曰：「臣亂陛下法，身

受戮；忤俊臣，覆臣家。」后赦其罪。

時有來子珣、周興者，皆萬年人。永昌初，子珣上書，擢左臺監察御史，無學術，語言蚩惡，后倚以按獄，多徇后旨，故賜姓武，字家臣。既誣雅州刺史劉行實弟兄謀反，已誅，掘夷先墓，得遷游擊將軍。常衣錦半臂自異，俄流死愛州。

興，少習法律，自尙書史積遷秋官侍郎，屢決制獄，文深峭，妄殺數千人。武后奪政，拜尙書左丞，上疏請去唐宗正屬籍。是時左史江融有美名，興指融與徐敬業同謀，斬于市。臨刑，請得召見，興不許，融叱曰：「吾死無狀，不赦汝。」遂斬之，尸奮而行，刑者蹴之，三仆三作。天授中，人告子珣、興與丘神勣謀反，詔來俊臣鞫狀。初，興未知被告，方對俊臣食，俊臣曰：「囚多不服，柰何？」興曰：「易耳，內之大甕，熾炭周之，何事不承。」俊臣曰：「善。」命取甕且熾火，徐謂興曰：「有詔按君，請嘗之。」興駭汗，叩頭服罪。詔誅神勣而宥興嶺表，在道爲讎人所殺。

神勣者，行恭子，爲左金吾衞將軍。高宗崩，后使害章懷太子於巴州，歸罪神勣，下遷疊州刺史，俄復故官，佐俊臣等爲慘獄，遂見倚愛。博州刺史琅邪王沖起兵，拜神勣淸平道大總管討之。州人殺王，素服出迎，神勣盡殺之，凡千餘族，卽拜大將軍。

侯思止，雍州醴泉人。貧，嬾不治業，爲渤海高元禮奴，詭很無良。恆州刺史裴貞笞吏，吏積怨，教思止告舒王元名與貞謀反，付周興鞫訊，皆夷宗，拜思止游擊將軍。元禮懼，引與同坐，密教曰：「上不次用人，如問君不識字，宜對『獬豸不學而能觸邪，陛下用人安事識字？』」無何，后果問，思止以對，后大悅。天授中，遷左臺侍御史，元禮又教：「上以君無宅，必賜所沒逆人第，宜辭曰：『臣疾逆臣，不願居其地。』」既而果假之，以其教對，后益喜，恩賞良渥。

思止本人奴，言語俚下，嘗按魏元忠，讓曰：「亟承白司馬，不爾受孟靑。」洛陽有白司馬坂，將軍有孟靑棒，卽殺琅邪王沖者。元忠不承，思止曳之。元忠徐起曰：「我如乘驢而墜，足絓鐙，爲所曳者。」思止怒，復曳之曰：「拒制使邪？」欲抵殊死。元忠罵曰：「侯思止，欲得我頭，當鋸截之，無抑我臣反。汝位御史，當曉禮義，而曰『白司馬』、『孟靑』，是何物語？非我，孰教爾邪？」思止驚汗，起謝曰：「幸蒙公教。」乃引登牀。元忠徐就坐，色不變，獄稍挺。思止音吐鄙而訛，人效以爲笑，侍御史霍獻可數嘲靳之 思止怒以聞，后責獻可：「我已用之，何所誚？」獻可具奏鄙語，后亦大笑。

來俊臣棄故妻，逼娶太原王慶詵女，思止亦請娶趙郡李自挹女，事下宰相，李昭德執不可，曰：「俊臣往劫慶詵女，已辱國，此奴復爾邪？」搒殺之。

王弘義，冀州衡水人，以飛變擢游擊將軍，再遷左臺侍御史，與來俊臣競慘刻。暑月繫囚，別爲狹室，積蒿施氈罽其上，俄而死；已自誣，乃舍佗獄。每移檄州縣，所至震慴。弘義輒詫曰：「我文檄如狼毒、野葛矣！」始賤時，求傍舍瓜不與，乃騰文言園有白兔，縣爲集眾捕逐，畦蔬無遺。內史李昭德曰：「昔聞蒼鷹獄吏，今見白兔御史。」延載初，俊臣貶，弘義亦流瓊州。自矯詔追還，事覺，會侍御史胡元禮使嶺南，次襄州，按之，弘義歸窮曰：「與公氣類，持我何急？」元禮怒曰：「吾尉洛陽，而子御史；我今御史，子乃囚。何氣類爲？」杖殺之。

郭弘霸，舒州同安人，仕爲寧陵丞，天授中，由革命擧，得召見，自陳：「往討徐敬業，臣誓抽其筋，食其肉，飲其血，絕其髓。」武后大悅，授左臺監察御史，時號「四其御史」。再遷右臺

侍御史，大夫魏元忠病，僚屬省候，弘霸獨後入，憂見顏間，請視便液，卽染指嘗，驗疾輕重，賀曰：「甘者病不瘳，今味苦，當愈。」喜甚。元忠惡其媚，暴語于朝。

嘗按芳州刺史李思徵，不勝楚毒死。後屢見思徵爲厲，命家人禳解。俄見思徵從數十騎至曰：「汝枉陷我，今取汝！」弘霸懼，援刀自刳腹死，頃而蛆腐。是時大旱，弘霸死而雨。又洛陽橋久壞，至是成。都人喜。后問羣臣：「外有佳事邪？」司勳郎中張元一曰：「比有三慶：旱而雨，洛橋成，弘霸死。」

姚紹之，湖州武康人。初以鸞臺典儀累遷監察御史。中宗時，武三思烝僭不軌，王同皎、張仲之、祖延慶等謀殺之，事覺，捕送新開獄，詔紹之與左臺大夫李承嘉按治。初欲原隷其情，會敕宰相李嶠等同訊，執政畏禍，粗滅無所問。囚嘑曰：「宰相有附三思者。」嶠等數附承嘉耳呫嚅，紹之翻然不復顧，卽引力士十餘曳囚至，築其口，反接送獄中。謂仲之曰：「事不諧矣！」仲之固言三思反狀，紹之怒，擊折其臂，囚呼天曰：「吾雖死，當訴爾於天！」因裂衫束之，卒誣以謀反，皆論族。

囚等已誅，紹之意岸軒傲，朝野注目，擢左臺侍御史。奉使江左，過汴州，廷辱錄事參軍魏傳弓。久之，傳弓爲監察御史，而紹之坐贓，詔傳弓卽按。紹之謂揚州長史盧萬石曰：「我頃辱傳弓，今來按，我死矣。」獄具，得贓五百萬，法當死，韋后女弟救請，故減死，貶瓊山尉。俄逃還京，萬年尉捕繫，折其足。更授南陵令，員外置。開元中，爲括州長史同正，不得與州事，死。

周利貞者，亡其系。武后時調錢塘尉，時禁捕魚，州刺史飯蔬。利貞忽饋佳魚，刺史不受，利貞曰：「此鬬魚，公何疑？」問其故，答曰：「適見漁者，禽不獲，而有魚焉，鬬得之。」刺史大笑。

神龍初，擢累侍御史，諂附權彊，五王等疾之，出爲嘉州司馬。武三思亂禁中，五王謀誅之，私語崔湜，湜反以其計告三思。五王貶，湜勸速殺之以絕人望，問誰可使，以利貞對。利貞，湜內兄也。表攝右臺侍御史馳嶺外，矯殺敬暉、桓彥範、袁恕己，還，拜左臺御史中丞。數爲仇人狙報，幾不免。

先天初，爲廣州都督。湜陷劉幽求謫嶺表，諷利貞殺之。賴桂州都督王晙護而免。利貞顓事剝割，夷獠苦其殘虐，皆起爲寇，詔監察御史李全交按問，得贓狀，貶涪州刺史。

開元初，詔：「利貞及滑州刺史裴談、饒州刺史裴栖貞、大理評事張思敬王承本、華原令康暐、侍御史封詢行、判官張勝之劉暉楊允衞遂忠公孫琰、廉州司馬鍾思廉皆酷吏，宜終身勿齒。」尋復授珍州司馬。明年，授夷州刺史，黃門侍郎張廷珪執奏曰：「陛下英斷聖明，四海心服。所謂英斷，殄凶逆、正朝廷是也；所謂聖明，辨忠邪、信賞罰是也。利貞，宗、武舊黨，鉏僇桓、敬，自陛下登宸極，布新政，奪其班級，遷之遐荒，以允天下之望，義士猶以罰輕爲望。今錫以朱紱，委以藩維，是紬姦不必行也。」疏入，遂寢。未幾，復授黔州都督，加朝散大夫。廷珪又表還制書曰：「利貞險薄小人，附會三思，傾危朝廷，殺害功臣，人神憤惋，痛毒至今。東都搜掩其家，得金銀錦繡，冒違制令，當加重貶。且久據朝廷，捷給便佞，見忠於君者，猶仇讎然。使之入朝則亂國，撫俗則傷人。今擢典要藩，繇六品遷三品，何往日罰之，而今日賞之？」玄宗乃止。

會廷珪罷，起爲辰州長史，朝集京師，與魏州長史敬讓皆奏事。讓，暉之子也，以父冤越次而奏曰：「周利貞希姦臣意，枉殺先臣暉，惟陛下正罰以謝天下。」左臺侍御史翟璋劾讓不待監引，請行法。玄宗曰：「訴父之枉，不可不矜也；朝廷之儀，不可不肅也。」奪讓俸三月，復貶利貞邕州長史。未幾，賜死梧州。

開元中，又有洛陽尉王鈞、河南丞嚴安之，搒人畏不死，視腫潰，復笞之，至血流乃喜。

王旭者，貞觀時侍中珪孫也。神龍初，爲兗州兵曹參軍。時張易之誅，而兄昌儀先貶乾封尉，旭輒斬其首送東都，遷并州錄事參軍。長史周仁軌者，韋后黨也，玄宗平內難，有詔誅之，旭不待覆，斬首齎還京師，遷累左臺侍御史。

崔湜敗，其婦翁盧崇道自嶺外逃歸東都，爲讎家上變，詔旭訊覆。旭廣捕親黨，窮極慘楚，當以重辟，崇道及三子皆死，門生故人，並海內名士，皆絓染流徙，天下咨其冤。旭與大夫李傑不平，更相譖訐，傑坐斥衢州刺史，故旭益橫，殘毒以逞。官數遷，常兼御史。

其爲人苛急，少縱貸，人莫敢與忤。每治獄，囚皆逆服。製獄械，率有名，曰「驢駒拔橛」、「犢子縣」等，以怖下，又縋髮以石，脅臣之。時監察御史李嵩、李全交皆嚴酷，取名與旭埒，京師號「三豹」，嵩爲赤，全交爲白，旭爲黑。里閭至相詛曰：「若違教，值三豹。」

宋王憲官屬紀希虬兄爲劍南令，坐贓，旭奉使臨訊，見其妻美，逼亂之，因殺其夫，而納贓數百萬。希虬使奴爲臺傭事旭，旭不知，頗愛任之，奴盡疏旭請求，積數千以示希虬，希虬泣訴于王，王爲上聞，詔劾治，獲姦贓不貲，貶龍川尉，恚而死。

吉溫，故宰相頊從子也。性陰詭，果于事。諂附貴宦，若子姓奉父兄。天寶初，爲新豐丞。時太子文學薛嶷得倖，引溫入見，玄宗目之曰：「是一不良，我不用。」罷之。

蕭炅爲河南尹，御史遣溫到府有所訊詰，乃并治炅，不爲末撥，右相李林甫善炅，故得免。炅入守京兆尹，而溫方調萬年尉，不辭，人爲寒恐。於是高力士間出就第，炅多私謁，溫乃先往，與力士語，執手歡甚，將出，炅通謁，溫陽惶恐趨避，力士止之，語炅曰：「吾故人也。」炅揖乃去。它日，到炅府，辭曰：「國家法不敢隳，今而後洗心事公，云何？」炅待盡歡。

林甫與李適之、張垍有隙。適之領兵部，而垍兄均爲侍郎，林甫密遣吏擿其銓史僞選六十餘人，帝命京兆與御史雜治，累日情不得。炅使溫佐訊，溫分囚廷左右，中取二重囚訊後舍，楚械搒掠，皆呻呼不勝，曰：「公幸留死，請如牒。」乃挺出。諸史迎懾其酷，及引前，不訊皆服。日中獄具，林甫以爲能。溫嘗曰：「若遇知己，南山白額虎不足縛。」

林甫久當國，權焄天下，陰構大獄，除不附己者。先引溫居門下，與錢塘羅希奭爲奔走，椎鍛詔獄。希奭文深虐，其舅鴻臚少卿張博濟，林甫壻也，以姻家故，自御史臺主簿再遷殿中侍御史。初，溫因中官納其出武敬一女爲盛王妃，擢京兆士曹參軍。

林甫欲搖東宮，左驍衞參軍柳勣影會發杜良娣家陰事。溫按狀，勣以誣誅，因引勣所

善王曾、王脩己、盧寧、徐徵，悉逮縛論死，尸積大理垣下，家屬離竄。初，中書舍人梁涉道遇溫，低帽障面。溫怒，乃諷勣引涉及嗣虢王巨，皆斥逐。

林甫惡楊愼矜，王鉷飛書言圖讖事，委溫以獄。初，愼矜客史敬忠與溫父善，見溫繈葆時。溫馳至東都，捕逮楊氏親屬賓客，取敬忠於汝州，鐵鏁頸，布蒙面，未嘗正視，陰遣吏脅曰：「愼矜獄具，須君一辨，君卽服，罪可貸，卽不服，死不解。」敬忠卽索筆自款，溫陽不見，再三請，乃與之，對如溫所敕。溫謝曰：「丈人毋懼！」乃下拜。愼矜以左證具，欲自誣，而讖不得。御史盧鉉索其家，挾讖以入，於是愼矜兄弟皆賜死，株連數十族。是時，溫與希奭相勗以虐，號「羅鉗吉網」。公卿見者，莫敢耦語。溫推事未窮，而先計贓成奏，乃引囚問，震以烈威，隨問輒承，無敢迕，鞭楚未收于壁，而獄具矣。林甫才其爲，擢戶部郎中兼侍御史。

楊國忠、安祿山方尊寵，高力士居中用事，溫皆媚附之。兄事祿山，嘗密諗曰：「李右相雖厚待公，然不肯引共政；我見遇久，亦不顯以官。公若薦我爲宰相，我處公要任，則右相可擠矣。」祿山大悅，亟稱溫才，天子亦忘前語。於是祿山領河東節度，表溫自副，并知節度營田、管內採訪，總留事，拜鴈門太守，知安邊鑄錢事。以母喪解，祿山表爲魏郡太守。楊國忠當國，引拜御史中丞，兼京畿關內採訪處置使。祿山敕吏設白紬帳于傳以候命，慶緒親

御而餞之，溫銜其德，故朝廷動靜輒報，不淹宿而知。天寶十三載，祿山入朝，領閑廄使，薦溫武部侍郎以爲副。

國忠與祿山爭寵，而溫昵祿山甚，國忠不善也。會河東太守韋陟恐失職，因溫以交祿山，徧饋權近，國忠遣人發其狀，斥溫澧陽長史，其屬員錫及陟皆坐貶。明年，溫仍坐受賕、奪民馬，貶端溪尉。

始，林甫死，希奭出爲始安太守，張博濟、韋陟、韋誠奢、李從一、員錫皆逗留始安，溫既謫，又依希奭以居。國忠奏遣蔣沇臨按，希奭擅稽罪人，貶海康員外尉，俄遣使者殺溫等五人。溫之斥，帝在華淸宮，詔從臣曰：「溫本酷吏子，朕過用之，故屢構大獄，專威福。今既斥，公屬安矣。」

溫死五月而祿山反，卽僞位，求溫子，方十歲，授河南參軍以報之。

崔器，深州安平人。曾祖恭禮，尙眞定公主〔三〕，爲駙馬都尉，貌豐偉，飲酒至斗不亂。器有吏幹，然性陷刻樂禍。天寶中，舉明經，爲萬年尉。踰月，擢監察御史，中丞宋渾爲東畿採訪使，引爲判官。渾坐贓敗，器亦廢，後爲奉先令。

安祿山陷京師，器受賊署，守奉先。頃之，同羅背賊，賊將安守忠、張通儒亡去，渭上義兵且數萬，器大懼，悉毀賊所署符敕，募衆以應之。渭上軍敗，遂走靈武。素善呂諲，得爲御史中丞、戶部侍郎。肅宗至鳳翔，兼禮儀使。二京平，爲三司使。器草定儀典，令王官陷賊者，悉入含元廷中，露首跣足，撫膺頓首請罪，令刀仗環之，以示扈從羣臣。器旣殘忍希帝旨，欲深文繩下，乃建議陳希烈、達奚珣等數百人皆抵死。李峴執奏，乃以六等定罪，多所厚貸。後蕭華自賊中來，因言：「王官重爲安慶緒驅脅，至相州，聞廣平王宣詔釋希烈等，皆相顧愧悔。及聞崔器議刑，衆心復搖。」帝曰：「朕幾爲器所誤。」後爲吏部侍郎、御史大夫。上元元年病亟，叩頭若謝罪狀，家人問之，曰：「達奚尹訴於我。」三日卒。

毛若虛，絳州太平人。眉長覆目，性殘鷙。天寶末爲武功丞，年六十餘。肅宗還京師，擢監察御史，以國用大竭，數請捁天下財，巧傅於法，日月有獻，漸見識用。大抵嚴囚，先收家貲以定贓，有不滿意，攤索保伍姻近，人懼其威，無敢不如約。乾元中，鳳翔七坊士數剽州縣間殺人，尉謝夷甫不勝怒，搒殺之。士妻訴李輔國，輔國請御史孫鎣窮治，獄久不具，詔中丞崔伯陽與三司參訊，未決。乃使若虛按之，卽歸罪夷

甫。伯陽爭甚力，若虛慢拒，伯陽怒，若虛卽馳入白于帝。詔姑出，若虛泥訴曰：「臣出卽死。」因蔽若虛殿中，而召伯陽。伯陽至，具劾若虛罔上，帝主先語，叱伯陽出，幷官屬悉貶嶺外。李峴頗左右鎣等，罷宰相。於是若虛權焰震朝廷，羣臣不舒息。尋擢御史中丞。上元元年，以罪貶賓化尉，死。

敬羽，河中寶鼎人。貌寢甚，性便辟，善候人意。補匡城尉，朔方安思順表爲節度府屬。肅宗初，擢監察御史，以言利幸。京師平，任遇寖顯，凶態不能忍，乃作巨枷，號「鮎尾榆」，囚人多死。又仆囚于地，以門牡轢腹；掘地實棘，席蒙上，瀕坎鞫囚，不服則擠之坎，人多濫死。遷累御史中丞、宗正卿。

鄭國公李遵坐賄下詔獄，羽參按，遵肥而羽瘠，則引遵危坐小牀，痺且仆，遵欲申足，羽曰：「公乃囚，我延公坐，何可慢？」遵仆三四，徐受所言，得贓至數百萬。嗣岐王珍謀反，詔羽窮劾，乃悉召支黨，環以搒具，囚惶怖，一昔獄成。珍賜死，左衞將軍竇如玢等九人皆斬，太子洗馬趙非熊等六七人斃杖下，聞者毛豎。

先是，胡人康謙以買富，楊國忠輔政，納其金，授安南都護，領山南東路驛事，吏疾之，

誣其通史朝義。羽鞫之，謙須長三尺，明日脫盡，膝髁皆碎，人視之，以爲鬼，乃殺之。

羽與毛若虛、裴昇、畢曜同時爲御史，皆暴忍，時稱「毛敬裴畢」。未幾，昇、曜流黔中。寶應初，羽斥道州刺史，詔殺之。羽聞使者至，褫服而逃，吏械之。臨死，袖中出牒數番，乃吏相告訐，咤曰：「不及推，死矣，治州者無宜寢。」

校勘記

〔一〕聞吐蕃會阿史那斛瑟羅有婢善歌舞　「吐蕃」，舊書卷一八六上來俊臣傳作「西蕃」，通鑑卷二〇六作「西突厥」。按據本書卷二一五下及舊書卷一九四下突厥傳，阿史那斛瑟羅爲西突厥步眞子，武后時拜左衞大將軍，封竭忠事主可汗。此當以「西突厥」或「西蕃」爲是。

〔二〕曾祖恭禮尙眞定公主　「眞定」，各本原作「館陶」。按本書卷八三諸帝公主傳、冊府卷三〇〇俱云館陶公主嫁崔宣慶，眞定公主嫁崔恭禮；唐會要卷六亦同，惟「眞」作「貞」。今從諸帝公主傳改。

唐書卷二百一十

列傳第一百三十五

藩鎭魏博

田承嗣 悅 緒 季安 懷諫 緒 史憲誠 何進滔 弘敬 全皥

韓允中 簡 樂彥禎 羅弘信 紹威

安、史亂天下，至肅宗大難略平，君臣皆幸安，故瓜分河北地，付授叛將，護養孽萌，以成禍根。亂人乘之，遂擅署吏，以賦稅自私，不朝獻于廷。效戰國，肱髀相依，以土地傳子孫，脅百姓，加鋸其頸，利怵逆汙，遂使其人自視由羌狄然。一寇死，一賊生，訖唐亡百餘年，卒不爲王土。

當其盛時，蔡附齊連，內裂河南地，爲合從以抗天子。杜牧至以「山東，王不得，不王；

霸不得，不霸；賊得之，故天下不安」。又曰：

厥今天下何如哉？干戈朽，鈇鉞鈍，含引混貸，煦育逆孽〔一〕，殆爲故常。而執事大人曾不歷算周思，以爲宿謀，方且嵬岸抑揚，自以爲廣大繁昌莫己若也。嗚呼！其不知乎，其俟蹇頓顚傾而後爲之支計乎？且天下幾里，列郡幾所，自河以北，蟠城數百，角奔爲寇，伺吾人顯頷，天時不利，則將與其朋伍駭亂吾民於掌股之上。今者及吾之壯，不圖擒取，乃偷處恬逸，以爲後世子孫背脅疽根，此復何也？

議者曰：倔彊之徒，吾以良將勁兵爲銜策，高位美爵充飽其腸，安而不撓，外而不拘，猶豢虎狼而不拂其心，則忿氣不萌，此大曆、貞元所以守邦也。何必疾戰焚煎吾民，然後爲快也。

愚曰：大曆、貞元之間，有城數十，千百卒夫，則朝廷貸以法，故於是闊視大言，自樹一家，破制削法，角爲尊奢。天子不問，有司不呵；王侯通爵，越錄受之；覲聘不來，几杖扶之；逆息虜胤，皇子嬪之。地益廣，兵益彊，僭擬益甚，侈心益昌。土田名器，分劃大盡，而賊夫貪心，未及畔岸，淫名越號，走兵四略，以飽其志。趙、魏、燕、齊同日而起，梁、蔡、吳、蜀，躡而和之，其餘混澒軒囂，欲相效者，往往而是。運遭孝武，前英後傑，夕思朝議，故能大者誅鉏，小者惠來。大抵生人油然多欲，欲而不得則怒，

中華書局

愍則爭亂隨之。是以教笞於家，刑罰於國，征伐於天下，裁其欲而塞其爭也。大曆、貞元之間反此，提區區之有，而塞無涯之爭，是以首尾指支，幾不能相運掉也。凡今者不知非此，而反用以爲經，將見爲盜者非止於河北而已。嗚呼！大曆、貞元守邦之術，永戒之哉！

魏博傳五世，至田弘正入朝，十年復亂，更四姓，傳十世，有州七。成德更二姓，傳五世，至王承元入朝，明年，王廷湊反，傳六世，有州四。盧龍更三姓，傳五世，至劉總入朝，六月，朱克融反，傳十二世，有州九。淄青傳五世而滅，有州十二。滄景傳三世，至程權入朝，十六年而李全略有之，至其子同捷而滅，有州四。宣武傳四世而滅，有州四。彰義傳三世而滅，有州三。澤潞傳三世而滅，有州五。

雖然，迹其由來，事有因藉，地之輕重，視人謀臧否歟！今取擅興若世嗣者，爲藩鎭傳。若田弘正、張孝忠等，暴忠納誠，以屏王室，自如別傳云。

田承嗣字承嗣，平州盧龍人。世事盧龍軍，以豪俠聞。隸安祿山麾下，破奚、契丹，累功至武衞將軍。祿山反，與張忠志爲賊前驅，陷河、洛。嘗大雪，祿山按行諸屯，至其營，若

無人，已而擐甲列卒，閱所籍，不缺一人，祿山異其能，使守潁川。

郭子儀平東都，承嗣以郡降，俄而復叛。安慶緒奔鄴，承嗣自潁川來，與蔡希德、武令珣合兵六萬，慶緒復振，抗王師。歲餘，史思明亂，承嗣又爲賊導，及朝義敗，與共保莫州。僕固瑒追北，承嗣急，乃詐朝義使自求救幽州。承嗣守莫，因執賊妻息降于瑒，厚以金帛反間瑒將士。瑒慮下生變，卽約降。承嗣詐疾不出，瑒欲馳入取之，承嗣列千刀爲備，瑒不得志，承嗣重賂之以免。乃與張忠志、李懷仙、薛嵩皆詣僕固懷恩謝，願備行間。

朝廷以二賊繼亂，州縣殘析，數大赦，凡爲賊詿誤，一切不問。當是時，懷恩功高，亦恐賊平則任不重，因建白承嗣等分帥河北，賜鐵券，誓不死。拜承嗣莫州刺史，三遷至貝博滄瀛等州節度使，檢校太尉。

承嗣沈猜陰賊，不習禮義。既得志，卽計戶口，重賦斂，厲兵繕甲，使老弱耕，壯者在軍，不數年，有衆十萬。又擇趫秀彊力者萬人，號牙兵，自署置官吏，圖版稅入，皆私有之。又求兼宰相，代宗以寇亂甫平，多所含宥，因就加同中書門下平章事，封鴈門郡王，寵其軍曰天雄，以魏州爲大都督府，卽授長史，詔子華尙永樂公主，冀結其心。而性著凶詭，愈不遜。

大曆八年，相衞薛嵩死，弟崿求假節，牙將裴志淸逐崿，崿以衆歸承嗣。而帝自用李承

昭爲相州刺史，未至，承嗣使人訹吏士反，陽言救，實襲取之。帝遣使者諭罷兵，承嗣不奉詔，遣將盧子期取洺州，楊光朝取衞州，脅刺史薛雄亂，不從，屠其家，悉四州兵財以歸，擅置守宰。逼使者行磁、相，遣劉渾從之，陰使從子悅諷諸將詣使者剺面請承嗣爲帥，使人不敢詰，於是厚賞請己者。帝乃下詔貶承嗣永州刺史，許一子從，悅及諸子皆逐惡地。詔河東節度使薛兼訓、成德李寶臣、幽州朱滔、昭義李承昭、淄青李正己、淮西李忠臣、永平李勉、汴宋田神玉等兵六萬掎角進，若承嗣不承命，聽在所討執，以軍法從事。其下霍榮國以磁降。李正己攻拔德州，李忠臣攻衞，築偃月壘河上。承嗣列將往往攜阻，殺數十人乃定。帝又遣御史大夫李涵督諸節度幷力。承嗣遣裴志淸等攻冀州，志淸以兵附成德，承嗣悉衆圍之，爲寶臣所逐，火輜重，歸于貝，計益窮，不知所出，遣其下郝光朝奉表請委身北闕下。又使悅與盧子期將萬人攻磁州，屯東山。宣慰使韓朝彩等固守，兼訓以萬騎屯西山，成德、幽州各遣兵救磁。時承昭以神策射生繼進，入河東壘。諸軍進討，數有功，頗顧賞，天子使中人多出御服、良馬、黃白金萬計勞賚，使人供帳高會。諸軍少懈，而正己、寶臣二軍會棗彊，更相見。會正己軍輒引去，忠臣乃棄月壘，濟河屯陽武。承昭使成德、幽州兵循東山襲子期軍，自閉壁以驕賊。子期分步騎萬人環承昭壁，以兵四千乘高望麾而進。河東將劉文英、辛忠臣等決戰，而成德、幽州兵繞出子期後，於是圍解。更陣高原，諸將與承昭夾攻，大

戰臨水，賊敗，屍旁午數里，斬九千級、馬千匹，執子期及將士二千三百，旗纛器甲鼓角二十萬。諸軍乘勝進，距磁十里，暮而舍。承昭舉燧，朝彩出銳兵鼓譟薄魏營，斬首五百，悅驚，率餘兵夜走，盡棄旗幕鎧仗五千乘。成德將王武俊以子期歸寶臣，寶臣方攻洺州，因以示城下，降之，復徇瀛州，瀛州亦降。得兵萬人，粟二十萬石，獻子期京師，斬之。

天子遣中人勞寶臣，不爲禮，寶臣乃貳，反攻朱滔，與承嗣和，承嗣與之滄州。正己又請天子許承嗣入朝。十一年，帝遣諫議大夫杜亞持節至魏受其降，許闔門還京師，赦魏博所管與更始。承嗣逗留不至。其秋，復略滑州，敗李勉兵。會李靈耀以汴州叛，詔忠臣、勉、河陽馬燧合討。靈耀求救於魏，承嗣使悅將兵三萬赴之，敗勉將杜如江、正己將尹伯良，死者殆半，乘勝屯汴北郛，與靈耀合。燧、忠臣逆擊，破之，悅脫身遁，斬獲數萬。靈耀東走，欲歸承嗣，爲如江所禽，幷魏將常準獻京師。明年，承嗣上書請罪，有詔復官爵，子弟皆仍故官，復賜鐵券。

承嗣盜有貝、博、魏、衞、相、磁、洺七州，而未嘗北面天子。凡再興師，會國威中奪，窮而復縱，故承嗣得肆姦無怖忌。十四年死，年七十五，贈太保。

悅，蚤孤，母更嫁平盧戍卒，悅隨母轉側淄、青間。承嗣得魏，訪獲之，年十三，拜伏有

禮，承嗣異之，委以號令，裁處皆與承嗣意合。及長，剽悍善鬭冠軍中，貌忍狙詐，外飾行義，輕財重施，以鉤美譽，人皆附之。承嗣愛其才，將死，顧諸子弱，乃命悅知節度事，令諸子佐之。帝因詔悅自中軍兵馬使、府左司馬擢留後，俄檢校工部尚書，爲節度使。

悅始招致賢才，開館宇，禮天下士，外示恭順，陰濟其姦。帝晚年尤寬弛，悅所奏請無不從。德宗立，不假借方鎭，諸將稍惕息。會黜陟使洪經綸至河北，聞悅養士七萬，輒下符罷其四萬歸田畝。悅卽奉命，因大集將士，以好言激之曰：「而等籍軍中久，仰縣稟養父母妻子，今罷去，何恃而生？」衆大哭。悅乃悉出家貲給之，各令還部，自此，魏人德悅。

及劉晏死，藩帥益懼，又傳言帝且東封泰山，李勉遂城汴州；而李正己懼，率兵萬人屯曹州，乃遣人說悅同叛。悅因與梁崇義等阻兵違和，以王侑、扈㟃、許士則爲腹心；邢曹俊、孟希祐、李長春、符璘、康愔爲爪牙。建中二年，鎭州李惟岳、淄青李納求襲節度，不許，悅爲請，不答，遂合謀同叛。會于邵、令狐峘等表汰浮圖，悅乃詐其軍曰：「有詔閱軍之老疾疲弱者。」繇是舉軍咨怨。悅與納會濮陽，納分兵佐悅。

會幽州朱滔等奉詔討惟岳，悅乃遣孟希祐以兵五千助惟岳；別遣康愔以兵八千攻邢州；楊朝光以兵五千壁盧疃，絕昭義餉道。悅自將兵數萬繼進，又使朝光攻臨洺將張伾。伾固守，食且盡，賞賜不足，乃飾愛女示衆曰：「庫廩竭矣，願以此女代賞。」士感泣，請死戰，

大破悅軍。有詔河東馬燧、河陽李芃與昭義軍救伾。三節度次狗、明二山間，未進。伾急，以紙爲風鳶，高百餘丈，過悅營上，悅使善射者射之，不能及。燧營譟迎之，得書言「三日不解，臨洺士且爲悅食」。燧乃自壺關鼓而東，破盧疃，戰雙岡，禽賊大將盧子昌而殺朝光，悅遁保洹水。

於是曹俊爲貝州刺史，乃承嗣時舊將，果而謀。悅未得志，召問計安出，對曰：「兵法，十則攻，今公以逆干順，勢不敵也。宜留兵萬人屯崞口，以遏西師，則舉河北二十四州，惟公所命。今攻臨洺，糧竭卒老，不見其可。」悅所昵扈㟃、孟希祐等皆訾短之，故悅不聽其言。燧等距悅軍三十里，築壘相望。悅與納合兵三萬，陣洹水。燧引神策將李晟夾攻悅，悅大敗，死傷二萬計，引壯騎數十夜奔魏，其將李長春拒關不內，以須官軍。而三帥頓不進。明日，悅得入，殺長春，持佩刀立軍門，流涕曰：「悅藉伯父餘業，與君等同休戚。今敗亡及此，不敢圖全。然悅久稽天誅者，特以淄青、恆冀子弟不得承襲，旣弗能報，乃至用兵，使士民塗炭。悅正緣母老不能自剄，願公等斬悅首以取富貴，無庸俱死。」乃自投于地。衆憐，皆抱持之曰：「今士馬之衆，尙可一戰，事脫不濟，死生以之。」悅收淚曰：「諸公不以悅喪敗，誓同存亡，縱身先地下，敢忘厚意乎？」乃斷髮爲誓，將士亦斷髮，約爲兄弟；乃率富民大家財及府庫所有，大行賜與。而李再春及其子瑤以博州降，悅從兄昂以洺州降，燧等受之、

悅皆族昂等家。悅自視兵械乏，衆單耗，懼，不知所出，復召曹俊與之謀。曹俊爲整軍完壘以振士氣，羣心復堅，後十餘日，燧等始進薄城下。

未幾，王武俊殺惟岳，而深州降朱滔，滔分兵守之。天子授武俊恆州刺史，以康日知爲深、趙二州觀察使。武俊恨賞薄，滔怨不得深州，悅知二將可間，乃儳路使王侑、許士則說滔曰：「司徒奉詔討賊，不十日，拔束鹿，下深州，惟岳勢蹙，故王大夫能得逆首。聞出幽州日，有詔破惟岳得其地卽隸麾下，今乃以深州與康日知，是朝廷不信於公也。且上英武獨斷，有秦皇、漢武風，將誅豪桀，埽除河朔，不使父子相襲。又功臣劉晏等皆旋踵破滅，殺梁崇義，誅其口三百餘，血丹漢江。今日破魏，則取燕、趙如牽韝下馬耳。夫魏博全則燕、趙安，鄆州尙書必以死報德。且合從連衡，救災卹患，不朽之業也，尙書願上貝州以廣湯沐，使侑等奉簿最孔目，司徒朝至魏則夕入貝，惟孰計之。」滔心素欲得貝，卽大喜，使侑先還告師期。

先是，詔武俊出恆冀粟三十萬賜滔，使還幽州，以突騎五百助燧軍。武俊懼悅破，將起師北伐，不肯歸粟、馬。滔因使王郅說武俊曰：「天子以君善戰，天下無前，故分散粟、馬以弱君軍。今若舉魏博，則王師北向，漳、滏勢危。誠能連營南旆，解田悅於倒縣，大夫之利也，豈特粟不出窖，馬不離廏，又有排危之義，聲滿天下。大夫親斷逆首，血蠛衣袖，日知不

出趙城，何功於國，而坐兼二州。河北士以不得深州爲大夫恥。」武俊旣得深，亦喜，卽日使使報滔。

於是滔率兵二萬屯寧晉，武俊以兵萬五千會之。悅恃救至，使康愔督兵與王師戰御河上，大敗，棄甲走城。悅怒，閉門不內，蹈藉死塹中者甚衆。其夏，滔、武俊軍至，悅具牛酒迎犒。燧等營魏河西，武俊、滔、悅壁河東，起樓櫓營中，兩軍相持，自秋迄冬。燧遣晟以兵三千，自邢、趙與張孝忠合攻涿、莫二州，以絕幽、薊路。

悅重德滔，欲推爲盟主而臣之。滔不敢當，乃更議如七國故事。悅國號魏，僭稱魏王，以府爲大名府，署子爲府留後；以扈㟃爲留守，許士則爲司武，曾穆司文，裴抗司禮，封演司刑，並爲侍郎；劉士素爲內史舍人，張瑜、孫光佐爲給事中，邢曹俊、孟希祐爲左右僕射，田晁、高緬爲征西節度使，蔡濟、薛有倫爲虎牙將軍，高崇節知軍前兵馬，夏侯禎爲兵馬使。晁以兵數千助李納守鄆。明年夏，滔屯河間，留大將馬寔以兵萬人戍魏。會朱泚亂，帝出奉天，燧還太原，武俊等皆罷，悅餞之，厚遺武俊、寔，官屬皆有贈。

興元元年，滔自將兵欲南度河助泚，使王郅見悅計事曰：「頃大王在重圍，孤與趙剋日赴王難以全魏、貝。今秦帝已據關中，孤以步騎十萬與回紇趨東都相應接，王能從孤濟河，合勢以取大梁，孤得西收鞏、陝，與秦兵會，天下可定也。則王與趙王永無南慮，爲脣齒之

國，幸速許之。」是時，悅聞天子已赦罪，復官爵，心不欲行，重違絕滔，陽遣薛有倫報滔如約。滔大喜，復使舍人李琯申固所言，悅猶豫，許士則諫曰：「冀王勇決權略，一世之雄也，殺懷仙，屠希彩，誅兄使如京師而奪之權，有恩者誅，同謀者覆，彼心腹渠可量哉？今大王之親不加泚，勇不加懷仙、希彩也，而念恩不已，拘攣匹夫義，出且見禽。彼得魏博，北聯幽薊，南入梁、鄭，而與泚合，其理然也。大王不如僞許出迎，遣州縣具牛酒，至則以事自解，不可顧恩取禍也。」悅然之。先是，武俊陰約悅背滔，使相望。及聞滔要悅西，使田秀馳說悅曰：「聞大王欲從滔度河，爲泚掎角，非也。方泚未盜京師時，滔爲列國，且自高，如得東都，與泚連禍，兵多勢張，返制于豎子乎？今日天子復官赦罪，乃王臣，豈捨天子而北面滔、泚耶！願大王閉壘不出，武俊須昭義軍出，爲王討之。」悅因秀還，具道其謀，而遣曾穆報滔。滔喜，自河間悉師而南，踰貝州，次清河，使人報悅，悅不至。進屯永濟，使王郅等督之曰：「王約出館陶與大王會，乃濟河。」悅良久曰：「始約從王，今舉軍持悅曰：『魏比困侵掠，供億屈竭。』以悅日拊循，猶恐人且攜間，一日去城邑，朝出夕變，且何歸？不然，悅不敢背約。今遣孟希祐悉兵五千助王。」因使其屬裴抗、盧南史報命。滔怒罵曰：「逆虜前日求救，許我貝州，我不取；尊我爲天子，我與同爲王；教我遠來而不出。是賊不奪，尙何誅？」乃囚抗等，使馬寔取數縣，已而釋抗還之。悅兵不敢出，遂圍貝州。滔取武城，通德、棣，供軍饋，盡囚諸縣官吏，唯清陽不下，滔圍之。寔拔清平，殺五百人，俘男女貲財去。

於是李抱眞、武俊約出兵救魏。會有詔拜悅檢校尙書右僕射，封濟陽郡王，而給事中孔巢父持節宣勞。始悅阻兵凡四年，狂愎少謀，亟戰數北，死者什八，士苦之，且厭兵。既巢父至，莫不欣然。悅與巢父張飲，門階皆徹衞。至夜分，從弟緒與族人私語曰：「僕射妄起兵，幾赤吾族。以金帛厚天下，而不至兄弟。」或諫止之，緒怒，殺諫者，乃與左右踰垣入。悅方醉，寢酣。緒挺刃升堂，二弟諫止，緒斬之，因手刺悅，并殺其母妻。悅死，年三十四。比明，以悅命召許士則、蔡濟計事，至則殺之。劉忠信者，悅常使防督緒直寢門，緒呼曰：「忠信刺僕射，與扈粵反。」衆執之，語曰：「無之。」支已殊絕。

緒字緒，承嗣第六子。悅待諸弟無所間，使緒主牙軍，而凶險多過，嘗笞易之。悅於飲食衣服，儉嗇有節，緒常苦不足，頗怨望，故作難。悅既死，懼衆不附，以其徒數百將出奔，邢曹俊率衆追還。緒乃下令軍中曰：「我先王子，能立我者賞。」衆乃共推緒爲留後，歸罪扈粵，斬其首以徇。復殺悅親信薛有倫等數十人，因巢父遣使者聽命天子。

滔聞悅死，以兵五千合寔軍，進攻魏州。寔瀕王莽河壁，南距河，東抵博州，殺略甚衆。使人入魏招緒降。緒新纂，而寔圍且急，乃遣使以好言見滔，滔許與盟。會穆勸緒絕滔，而緒部分亦定，乃乘城戰，武俊、抱眞各脩好如悅時。詔即拜緒節度使。寔圍魏凡三月，滔敗走。

貞元元年，以嘉誠公主降緒，拜駙馬都尉。李希烈平，以功賜一子八品官。緒猜忌，殺兄弟姑妹凡數人。

兄朝，仕李納爲齊州刺史。或言納將入之魏以代緒，緒厚賂納，且召朝，朝以死請不行，乃送之京師，過滑，緒將篡取之，賈耽以兵援接，乃免。

累遷檢校尙書左僕射、常山郡王，又徙王鴈門，實封五百戶，加同中書門下平章事。暴疾死，年三十三，贈司空。少子季安嗣。

季安字夔。母微賤，公主命爲己子，寵冠諸兄。數歲，爲左衞胄曹參軍、節度副使。緒死時，年十五，匿喪觀變，軍中推爲留後，因授節度使。除喪，加檢校司空，俄同中書門下平章事。季安畏主之嚴，頗循禮法。及主薨，始自恣，擊鞠從禽，酣嗜欲，軍中事率意輕重，官屬進諫皆不納。

會詔中尉吐突承璀以神策兵討王承宗，季安謀曰：「王師不跨河二十五年，今越魏伐趙，趙誠虜，魏亦虜矣，奈何？」或請以五千騎決除君憂。季安曰：「善，沮軍者斬！」時幽州劉濟將譚忠適使魏，聞之，入見季安曰：「往年王師取蜀取吳，算不失一，是宰相謀也。今伐趙，不使耆臣宿將而付中臣，不起天下甲而出秦甲，君知誰爲之謀？此上自爲謀，以夸服臣下。若師未叩趙，而先碎於魏，是上之謀不及下，且能不恥！既恥且怒，必任智畫，仗猛將，再舉涉河。鑒前之敗，必不越魏誅趙；校罪輕重，必不先趙後魏。是上不上，下不下，當魏而來也。」季安曰：「計安出？」忠曰：「王師入魏，君厚犒之。悉甲伐趙，而陰遺趙書曰：『魏若伐趙，爲賣友；魏若與趙，爲反君。賣友反君，魏不忍受。執事能弛陴鄣，遺一城，魏得持之獻捷天子以爲符，此使魏北得以奉趙，西得以爲臣，不世之利也。』趙不拒君，則魏安矣。」季安然之，遣大將率兵會王師伐承宗，糧餉自辦，取堂陽以報，加太子太保。有丘絳者，父時賓佐，與同府侯臧爭權，季安怒，斥爲下縣尉，俄召還，先坎道左，既至，生瘞之。忍酷無忌憚，大抵如此。死年三十二，贈太尉。

妻元誼女，召諸將立其子懷諫，最幼，不能事，政決於私奴蔣士則，數易置諸將，軍中怒，取田興爲留後，所謂田弘正者，以懷諫歸第，殺士則等十餘人。季安既葬，送懷諫京師，授右監門衞將軍，寵錫蕃渥。

緒弟縉、華顯于朝。

緡字雲長，貞元十年入朝，授左驍衞將軍，封扶風郡公。元和中，拜夏綏銀節度使。始開元時，置宥州，扼寇路，久而廢，緡復城之。王師伐蔡，緡上橐它牛馬助軍。吐蕃寇豐州，緡設伏邀其歸，俘斬過當。入爲左衞大將軍，李聽代之。聽劾緡盜沒軍糧四萬斛，彊取羌人羊馬，故吐蕃得乘隙。貶衡王傅。俄而吐蕃又攻鹽州，貶房州司馬。長慶初，終左領軍衞將軍。

華，太常少卿，尙永樂、新都二公主。

田氏自承嗣至懷諫，四世，凡四十九年。

史憲誠，其先奚也，內徙靈武，爲建康人。三世署魏博將，祖及父爵皆爲王。憲誠始以趫敢從父軍，田弘正討李師道，將先鋒兵四千濟河，拔城栅，師踵進，乘勝逐北，傳鄆堞。師道傳首，以功兼御史中丞。

長慶二年，田布之自殺也，軍亂且囂。時憲誠爲中軍兵馬使，頗言河朔舊事以搖其衆，衆乃逼還府，擅總軍務。穆宗以朱克融、王廷湊方盜幽、鎭，未有以制，卽以節度使授之。憲誠外託王命，而陰結幽、鎭，依以自固。

時李岕方亂，私與交通，數助請旄節，城馬頭，具舟黎陽，示將濟師者。會天子遣司門郎中韋文恪宣慰，憲誠見使者禮倨，言辭悖慢。俄聞斬岕，更恭謹謂文恪曰：「我本奚，如狗也，唯知識主，雖日加箠不忍離。」其譎獪類此。進檢校司空。

與李全略爲婚家，大和中，其子同捷反，潛以粮餉資之。文宗中約，使者相望，因進同中書門下平章事。憲誠使大將至京師偵事，作謾言自大，宰相韋處厚折其詐，遣去。憲誠懼，出兵從王師討之，復遣大將丌志沼率師二萬攻德州。時王廷湊援同捷，陰誘志沼以利。志沼反，屯永濟，兵銳甚，諸鎭共禦之。憲誠告急，天子詔義武李聽進討。於是志沼與廷湊合兵劫貝州，爲聽所敗，奔廷湊。滄景平，憲誠不自安，請納地，進檢校司徒兼侍中，徙河中，封千乘郡公，以李聽代。

初，憲誠將以族行，懼魏軍之留，問策於弟憲忠，憲忠教分相、衞，請置帥，因以弱魏。復請詔聽引軍聲圖志沼而假道清河，帝從之。憲誠因欲倚聽公去魏，及聽次清河，魏人驚。憲忠曰：「彼假道取賊，吾軍無負朝廷，何懼爲？」乃稍安。然魏素聚兵清河，聽至，悉出其甲，將入魏，魏軍聞之懼，明日盡甲而出。聽按軍館陶不進。衆謂憲誠賣己，曰：「給我以沽恩耶？」夜攻殺之，并監軍史良佐，推何進滔爲帥以請，詔贈憲誠太尉。實大和三年。憲誠起，凡七年，死。

何進滔，靈武人，世爲本軍校。少客魏，委質軍中，事田弘正。弘正攻王承宗，夜以兵壓鎭州。承宗使健將以鐵冒面，引精騎千餘馳魏壘。進滔率猛士逐之，幾獲，鎭人大懼。從討李師道，以功兼侍御史。憲誠死，軍中傳譁曰：「得何公事之，軍安矣！」進滔下令曰：「公等旣迫我，當聽吾令。」衆唯唯。「孰殺前使及監軍者，疏出之。」凡斬九十餘人，釋脅從者。素服臨哭，將吏皆入弔。詔拜留後，俄進授節度使。居魏十餘年，民安之。進累檢校司徒、同中書門下平章事。開成五年死，贈太傅，謚曰定。

子重順襲。武宗詔河陽李執方、滄州劉約諭朝京師，或割地自效，不聽命。時帝新卽位，重起兵，乃授福王綰節度大使，以重順自副，賜名弘敬。帝討劉稹，加東面招討使。弘敬倚稹相脣齒，無深入意，詔因稱其事母孝，在軍久，宜亟戰。弘敬亦自如。及王宰踰乾河攻澤州，天子慮稹起山東兵，命弘敬掎角塞其道，不奉詔。王元逵克邢州，攻上黨，弘敬不得已，乃出師。未幾，宰統陳許兵假道收磁州，弘敬懼，乃進戰，拔平恩，詔檢校尙書左僕射。澤潞平，加同中書門下平章事。懿宗初，兼中書令，封楚國公。咸通七年死，贈太師。

子全皞襲，明年，拜節度使。平龐勛，以功遷檢校司空、同中書門下平章事。母喪，納

所賜節，願行喪，詔不許。全皞年少好殺戮，下有小罪，鮮縱貰，人人危懼。後軍中相傳浚減糧帛，衆遂叛，全皞單騎遁，衆推韓君雄以總軍事，而殺全皞，實咸通十一年。詔贈太保。

自進滔至全皞，凡三世，四十二年。

懿宗更以普王爲大使，擢君雄留後。君雄，魏州人。不五月，進副大使，三遷檢校司空。僖宗卽位，進同中書門下平章事，賜名允中。死年六十一，贈太尉。

子簡，襲留後。俄授節度使，進累檢校太尉、同中書門下平章事，封魏郡王。帝在蜀，天下亂，簡恃彊完，欲拓地，覬望非常。時諸葛爽爲黃巢守河陽，簡攻之，爽走，卽戍以兵，北略邢、洺而歸。東攻鄆，鄆將曹存實出戰，敗死，其將朱宣率衆以守，久不下，爽乘其隙，復取河陽。簡還攻之，爽迎擊新鄉，簡大敗，樂彥禎以一軍先還，簡奔歸，疽發背死。彥禎代之。再世，凡十二年。

彥禎者，亦魏人。簡時，歷博州刺史，下河陽有功，遷澶州。魏人立之，詔檢校工部尙書，領留後，進節度使，累加檢校尙書左僕射、同中書門下平章事。

彥禎喜儒術，引公乘億、李山甫皆在幕府。嗣襄王熅之亂，彥禎使山甫往見鎭州王鎔，

欲合幽、邢、滄諸鎮同盟拒賊，鎔厚謝，卒不克。彥禎見王室微，頗驕滿不軌，大興其衆，城魏周八十里，一月畢，人怨其殘。子從訓，資凶悖，劫王鐸，取其家，魏人不直。又聚亡命五百人，號「子將」，出入臥內，軍中藉藉惡之。從訓懼，易服奔近縣，彥禎即以爲六州指揮使、相州刺史，輦兵械泉布，跡接於道，軍中益貳。彥禎嘗夢解佩帶履而行，旣寤曰：「此神告我，下將有背乎？」已而軍亂，果囚彥禎，迫爲桑門，尋殺之，推大將趙文玣總留後。

從訓求救於朱全忠，全忠爲起師，次內黃。從訓自相州以軍三萬傅城，文玣不敢出，衆懼，殺之，更推羅弘信帥軍。弘信出戰，從訓敗，裒餘衆壁洹水，弘信遣將程公佐擊斬之，梟首軍門，實文德元年。彥禎起，凡七年。

羅弘信字德孚，魏州貴鄉人。善騎射，狀貌雄偉。爲裨將，主馬牧。魏有巫告弘信曰：「白頭老人使謝君，君當有是地。」弘信曰：「神欲危我耶？」文玣死，衆曰：「孰願主吾軍者？」弘信輒曰：「神命我矣！」衆環視，以爲宜，遂立之。詔擢知留後，再遷節度使，加檢校司空、同中書門下平章事，豫章郡公。

朱全忠討黃巢，餉粟三萬斛，馬二百匹。秦宗權亂，復詔弘信以粟二萬斛助軍，未輸，

檢校工部尚書雷鄴來責粟，弘信素脅于牙軍，擅殺鄴。全忠以檄譙讓，弘信不敢報。大順初，全忠討太原李克用，遣將趙昌嗣見弘信假糧馬，又議屯邢、洺，假道相、衞，弘信不納。全忠使丁會、龐師古、葛從周、霍存等引萬騎度河，弘信壁內黃，凡五戰皆敗，禽大將馬武等，乃厚幣求和。方全忠圖河北，欲結納弘信，乃還兵。

全忠攻鄆，朱宣求援於克用，遣李存信率兵救之，請道屯莘，其下侵魏芻牧，弘信不平。克用欲合鎮、定兵營河曲，擾魏、滑路，弘信馳告全忠，請禁游舸，絕往來。久之，魏人不至，全忠疑其紿，自將至滑州。弘信來告曰：「魏人未動者，正欲緩圖之。」全忠遂屯曹。太原將李瑭救宣，復壓莘，弘信厭其暴，而瑭溝壘自固。全忠遣使謂曰：「晉人志幷河朔，師還，爲公憂之。」弘信乃攻瑭，告全忠師期，全忠將趣滑爲援，次封丘，而弘信已破瑭。克用怒，以兵掠魏博，全忠將侯言屯洹水，克用兵數求戰，言不敢出，全忠以葛從周代將。從周爲閤竇，每克用兵至，輒出精卒薄戰，必捷。克用踰洹西北挑戰，從周大破之，禽其子落落，乃引去。然侵魏不已，大戰白龍潭，弘信敗，克用追薄魏門而還。弘信乃乞師全忠，全忠遣將壓洹水救魏。克用游兵剽相、魏，民死十九，弘信不堪其偪。光化元年，如全忠告亟。全忠復遣葛從周將兵追躡，拔洺州，執其刺史邢行恭；復攻邢，馬師素自拔走；遂圍磁州，袁奉韜自殺。不五日，取三州，斬首二萬級，禽其將百餘人，自是克用兵不出。

始全忠亟討兗、鄆，懼弘信貳，故歲時賂遺良厚。弘信每有饋答，全忠引其使北面拜受，兄事之，弘信以爲厚已，故推心焉。

進累檢校太師，守侍中，徙臨淸郡王。光化元年死，年六十三，贈太師，追封北平王，謚曰莊肅。子紹威襲。

紹威字端己。少有英氣，性精悍，吏事明辦。旣領留後，昭宗卽詔嗣父節度，加累檢校太尉，號「忠勤宣力致聖功臣」。幽州劉仁恭引兵攻鎮、冀，遂掠魏，紹威告急於全忠，全忠自將與仁恭戰內黃，日中，大破之，斬首三萬級。葛從周方守邢，亦敗其衆於魏縣。仁恭以衆十萬陷貝州，全忠使李思安屯內黃，從周悉軍入魏。仁恭攻魏，從周以五百騎出鬭，謂門者曰：「前有彊敵，不可易。」命闔扉。士死戰，執仁恭將二人。仁恭使別將攻內黃，爲思安所敗。從周乘勝破八壁，追北至臨淸。仁恭乃還滄州，與李克用圖魏。紹威與全忠連兵伐滄州，從周攻拔德州，進薄浮陽。仁恭以兵至，監軍蔣玄暉請須其入壁，食盡可取。從周曰：「兵在機，機在上將，豈監軍所知！」逆戰老鴉堤，破之，斬首五萬，獲其將百餘人。又戰唐昌范橋，六遇輒勝。仁恭約和，乃還。紹威德全忠，故奉事愈固。全忠遷帝洛陽，命諸鎮治宮闕，而紹威營太廟，加侍中，封鄴王。

魏牙軍，起田承嗣募軍中子弟爲之，父子世襲，姻黨盤互，悍驕不顧法令，憲誠等皆所立，有不慊，輒害之無噍類。厚給稟，姑息不能制。時語曰：「長安天子，魏府牙軍。」謂其勢彊也。紹威懲曩禍，雖外示優假，而內不堪。俄而小校李公佺作亂，不克，奔滄州。紹威乃決策屠翦，遣楊利言與全忠謀。全忠乃遣符道昭將兵合魏軍二萬攻滄州，求公佺。又遣李思安助戰，魏軍不之疑。紹威子，全忠婿也，會女卒，使馬嗣勳來助葬，選長直千人納盟器，實甲以入。全忠自滑濟河，聲言督滄景行營。紹威欲出迎，假銳兵以入，軍中勸毋出而止。紹威遣人潛入庫，斷絃解甲，注夜，將奴客數百與嗣勳攻之，軍趣庫得兵，不可戰，因夷滅凡八千族，闤市爲空。

平明，全忠亦至，聞事定，馳入軍。魏兵在行者聞變，於是史仁遇保高唐，李重霸屯宗縣，分據貝、澶、衞等六州。仁遇自稱魏博留後，全忠解滄州兵以攻高唐，仁遇引衆走，爲游騎所獲，支解之，進拔博、澶二州。李重霸走，俄斬其首，相、衞皆降。

紹威雖除其偪，然勢弱，爲全忠牽制，比州刺史矣，內悒悒悔恨。全忠兵在滄州，紹威主饋輓，自鄴至長蘆五百里，不絕于道。全忠還，紹威建元帥行府，極土木壯麗，全忠大悅。紹威間說曰：「邠、岐、太原皆狂譎，以復唐室爲言。王宜自取神器，專天下之望。」全忠歸，乃受禪。

紹威多聚書，至萬卷。江東羅隱工爲詩，紹威厚幣結之，通譜系昭穆，因目己所爲詩爲「偷江東集」云。

贊曰：田承嗣幾禽矣，李寶臣怒承倩而釋魏。建中之際，三將軍持銳蹀血，功無成者。四叛連勢，兵結難作，天子不能守宗廟。傳及弘正，去汙入朝，數年復亂，唐終不得魏。與夫豎刁亂齊，孰爲輕重？

校勘記

〔一〕照育逆孽 「照」，樊川集卷五及文苑英華卷七四三守論並作「煦」。

唐書卷二百一十一

列傳第一百三十六

藩鎮鎮冀

李寶臣 惟岳 惟簡 王武俊 士眞 承宗 王廷湊 元逵 紹鼎 紹懿 景崇 鎔

李寶臣字爲輔，本范陽內屬奚也。善騎射。范陽將張鎖高畜爲假子，故冒其姓，名忠志。爲盧龍府果毅，常覘虜陰山，追騎及，射六人盡殪，乃還。爲安祿山射生，從入朝，留爲射生子弟，出入禁中。祿山反，遁歸，更爲祿山假子，使將驍騎十八人，劫太原尹楊光翽，挾以出，追兵萬餘不敢逼。又督精甲軍土門，以扼井陘。事安慶緒爲恆州刺史。九節度師圍相州也，忠志懼，歸命于朝，肅宗即授故官，封密雲郡公。史思明度河，忠志復叛，勒兵三萬

固守，賊將辛萬寶屯恆州相掎角。

思明死，忠志不肯事朝義，使裨將王武俊殺萬寶，挈恆、趙、深、定、易五州以獻。雍王東討，開土門納王師，助攻莫州。朝義平，擢禮部尚書，封趙國公，名其軍曰成德，即拜節度使，賜鐵券許不死，它賚與不貲，賜姓及名。於是遂有恆、定、易、趙、深、冀六州地，馬五千，步卒五萬，財用豐衍，益招來亡命，雄冠山東。與薛嵩、田承嗣、李正己、梁崇義相姻嫁，急熱爲表裏。先是天寶中，玄宗冶金自爲象，州率置祠，更賊亂，悉毀以爲貲，而恆獨存，故見寵異，加賜實封。

始，寶臣與正己素爲承嗣所易。其弟寶正，承嗣婿也，往依魏，與承嗣子維擊毬，馬駭，觸維死，承嗣怒，囚之，以告寶臣，寶臣謝教不謹，進杖，欲使示責，而承嗣遂鞭殺之，由是交惡。乃與正己共劾承嗣可討狀。代宗欲其自相圖，則勢離易制，即詔寶臣與朱滔及太原兵攻其北，正己與滑亳、河陽、江淮兵攻其南。師會棗彊，椎牛饗軍，寶臣厚賜士，而正己頗觳，軍怨望，正己懼有變，即引去。惟滔、寶臣攻滄州，歷年未下，擊宗城，殘之，斬二千級。承嗣弟廷琳方守貝州，遣高嵩巖將兵三千戍宗城，寶臣使張孝忠攻破之，斬嵩巖，逸所執將四十餘人。會王武俊執賊大將盧子期，遂降洺、瀛。當是時，河南諸將敗田悅於陳留，正己取德州，欲頗窮討。承嗣懼，乃甘言紿正己，正己止屯，諸軍亦莫敢進。

於是天子遣中人馬希倩勞寶臣，寶臣歸使者百縑，使者恚，抵諸道，寶臣顧左右愧甚。諸將已休，獨武俊佩刀立戺下，語之故。武俊計曰：「趙兵有功尙爾，使賊平，天子幅紙召置京師，一匹夫耳。」曰：「奈何？」對曰：「養魏以爲資，上策也。」寶臣曰：「趙、魏有釁，何從而可？」對曰：「勢同患均，轉寇讎爲父子，欬唾間耳。朱滔屯滄州，請禽送魏，可以取信。」寶臣然之。

先是，承嗣知寶臣少長范陽，心常欲得之。乃勒石若讖者瘞之境，敎望氣者云有王氣。寶臣掘得之，文曰：「二帝同功勢萬全，將田作伴入幽燕。」「帝」謂寶臣與正己爲二。而陰使客說曰：「公與滔共攻滄，卽有功，利歸天子，公于何賴？誠能赦承嗣罪，請奉滄州入諸趙，願取范陽以報。公以騎前驅，承嗣以步卒從，此萬全勢也。」寶臣喜得滄州，又見語與讖會，遂陰交承嗣而圖幽州，承嗣陳兵出次以自驗。

寶臣謬謂滔使曰：「吾聞朱公貌若神，願繪而觀可乎？」滔卽圖以示之。寶臣置圖射堂，大會諸將，熟視曰：「信神人也！」密選精卒二千，夜馳三百里欲劫滔，戒曰：「取彼貌如射堂者。」時二軍不相虞，忽聞變，滔大駭，戰瓦橋，敗，衣佗服得脫，禽類滔者以歸承嗣。承嗣知釁成，還軍入堡，使人謝寶臣曰：「河內方有警，未暇從公。石讖，吾戲爲耳！」寶臣慚而還。俄進封隴西郡王，又拜同中書門下平章事。德宗立，拜司空。

寶臣晚節尤猜忌，自顧子惟岳且暗弱，恐下不服，卽殺骨鯁將辛忠義、盧俶、許崇俊、張南容、張彭老等二十餘人，籍入其貲，衆乃攜貳。寶臣旣貯異志，引妖人作讖兆，爲丹書、靈芝、朱草，擠別室，築壇置銀盤、金匜、玉斝，猥曰：「內產甘露神酒。」刻玉印，告其下曰：「天瑞自至。」衆莫敢辨者。妖人復言：「當有玉印自天下，海內不戰而定。」寶臣大悅，厚賚金帛。旣而畏事露且誅，詐曰：「公飮甘露液，可與天神接。」密置堇于液，寶臣已飮卽瘖，三日死，年六十四。惟岳悉誅殺妖人，時建中二年也。遺表請以惟岳領軍，詒書執政諉家事，歸節於朝，詔贈太傅。

惟岳，少爲行軍司馬、恆州刺史。寶臣死，軍中推爲留後，求襲父位，帝不許。趣護喪還京師，以張孝忠代之。田悅爲請，不聽。遂與悅、李正己謀拒命。府小史胡震、私人王他奴等專畫反計。府屬邵眞泣曰：「先公位將相，恩甚厚，而大夫違命縗絰中，愚固惑焉。魏近且與國，不可遽絕，絕之速禍，請厚禮遣其使，徐更圖之；齊遠而交疏，不如械使者送京師，且請致討。上嘉大夫忠，所請宜許。」惟岳瘖，使眞作奏。震與將吏議不可，惟岳又從之。其舅谷從政，豪俊士也，切諫不納。

於是張孝忠以易州歸天子，天子詔朱滔與孝忠合兵討惟岳，盡赦吏士，購惟岳首有賞。惟岳與滔戰束鹿，大奔。遂圍深州。明年正月，率兵萬餘，使王武俊爭束鹿，田悅亦遣孟祐來助。武俊以精兵先啗陣，師卻。滔繢帛爲狻猊，使壯士百人蒙以譟，趣惟岳軍，馬駭軍亂，因大敗，火其營去。於是深州日急，悅亦嬰城矣。惟岳懼，召眞議遣使詣河東馬燧，令其弟惟簡見帝，斬大將謝罪，以兵屬鄭詵，身朝京師。孟祐知其謀，走告悅，悅使扈岌來讓曰：「敝邑暴兵，本爲君索命節，豈爲叛逆耶？雖見破於馬燧，而感激士大夫乘城拒守，以爲後圖。今君信邵眞讒間，欲歸悅之罪，以自湔蕩，何負而然！不則遣祐還軍，無遺王師禽。若能誅眞以徇，請事公如初。」惟岳懦不能決，畢華見曰：「大夫與魏盟未久，魏雖被圍，彼多蓄積，未可下。齊兵勁地廣，裙帶山河，所謂東秦險固之國，與相持維，足以抗天下。夫背義不祥，輕慮生禍。且孟祐驍將，前日逐滔，滔僅免，今合兩將，破滔必矣。惟審圖之！」惟岳見深圍未解，畏祐還，乃斬眞以謝悅。明日復戰，又大敗。而康日知舉趙州聽命，惟岳益困，乃付牙將衞常寧兵五千，而俾王武俊騎八百攻日知。

武俊才雄，素爲惟岳忌，及師行，謂常寧曰：「大夫信讒，吾朝不圖晏，是行勝與否，吾不復入恆矣！將以身託定州張公，安能持頸就刀乎？」常寧與副李獻誠曰：「君不聞詔書乎？斬大夫首以其官畀之。觀大夫勢終爲滔滅，若倒戈還府，事實易圖，有如不捷，張公可歸也。」武俊然之。惟岳使要藉官謝遵至武俊壁議事，武俊與謀，使內應。至期，啓城門，武俊

入，殺人廷中，無亢者。乃傳令曰：「大夫叛命，今且取之，敢拒者族！」士不敢動。武俊使裨校任越牽惟岳出，縊之戟門下，幷殺鄭詵、他奴等數十人，使子士眞傳首京師。帝盡赦其府將士，給部中租役三年。

眞始事寶臣，掌文記，武俊表其忠，贈戶部尙書。其息呂擢冀州長史。常寧在武俊時用事，爲內史監，其後謀亂，誅。

惟岳異母兄惟誠，尙儒術，謙裕，寶臣愛之，使決軍事，以惟岳正嫡，固讓不肯當。其妹妻李納，故寶臣請惟誠復故姓，而仕諸鄆，爲納營田副使，四爲州刺史。

初，惟岳叛，弟惟簡以家僮票士百餘奉母鄭奔京師，帝拘于客省。及出奉天，惟簡將赴難，謀於鄭，鄭曰：「爾父立功河朔，位宰相，身未嘗至京師，兄死於人手。爾入朝，未識天子，不能效忠，吾不子汝矣！」督其行曰：「而能死王事，吾不朽矣！」乃斬關出，道更七戰，得及行在。帝見厚撫之，拜太子諭德，討賊有功。帝徙山南，惟簡以三十騎從，夜失道，馳至盩厔西，聞中人語，問天子所在，密語曰：「上在此。」帝見之流涕，執其手曰：「爾有母，乃能從朕耶？」對曰：「臣誓以死！」比明，北方有塵起，帝憂。惟簡登高曰：「渾瑊以騎來。」瑊至，遂決趣興元，惟簡前導。及帝還，封武安郡王，號元從功臣，圖形淩煙閣，賜鐵券。

憲宗時，爲左金吾衞大將軍，長上萬國俊奪興平民田〔一〕，吏畏不敢治，至是訴於惟簡，卽日廢國俊，以地與民。出爲鳳翔節度使，市耕牛佃具給農，歲增墾數十萬畝。卒，年五十五，贈尙書右僕射。

子元本，輕薄無行。長慶末，與薛渾私侍襄陽公主，事敗，主幽禁中，元本以功臣子，貸死，流嶺南。弟銖，好學多識，有儒者風。

王武俊字元英，本出契丹怒皆部。父路俱，開元中，與饒樂府都督李詩等五千帳求襲冠帶，入居薊。武俊甫十五，善騎射，與張孝忠齊名，隸李寶臣帳下爲裨將。寶應初，王師入井陘，武俊謂寶臣曰：「以寡敵衆，曲遇直，戰則離，守則潰，銳師遠鬬，庸可禦乎！」寶臣遂以恆、定等五州自歸，共平餘賊，武俊謀也。奏兼御史中丞，封維川郡王。其子士眞，亦沈悍有斷，寶臣倚愛，出入帳中，以女妻之。寶臣以疑殺許崇俊等，士眞密結左右，故武俊免於難。

惟岳拒命，或言武俊有他志，武俊知之，出入導從纔一二，未嘗接賓客。惟岳雖內疑，然見其屈損，又惜善鬬，未忍殺。康日知以趙州降，惟岳謀伐之，皆曰：「武俊故心膂，先君命之使佐大夫，而士眞又大夫女弟婿，今事急，宜去猜嫌以任之，不然，尙誰使？」乃遣與衞

常寧將兵往。因謀執惟岳，而日知亦遣人邀說以禍福，武俊乃還兵，使人謂惟岳曰：「大夫與齊、魏同惡，今魏兵已敗，齊爲趙州所限，幽州兵近在定，三軍且救死。聞有詔召大夫，宜亟歸。」惟岳惶遽出，遂縊。卽遣其屬孟華奏天子。華辯對稱旨，德宗擢爲兵部郎中，授武俊檢校祕書監兼御史大夫、恆冀觀察使。

是時，惟岳將楊政義以定降，楊榮國以深降，朱滔受而戍之。帝以定賜張孝忠，而日知爲深趙觀察使。武俊怨不得節度而失趙、定，滔亦怨失深州，二人相結。武俊卽縛使者送滔，與之叛。帝聞，詔華諭解，不聽。

時馬燧、李抱眞、李艽、李晟討田悅，悅方困，武俊、滔救之，屯連篋山。帝詔李懷光督神策兵助討賊，軍就舍，氣銳甚，謂燧曰：「奉詔毋養寇，及壁壘未成擊之，可滅也。」乃縱兵入滔壘，殺千餘人。悅軍既屢北，不能陣。懷光緩轡觀之，武俊乘其怠，使趙萬敵等以二千騎橫突，而滔軍踵馳，王師亂，相蹈藉死，尸梗河爲不流。懷光還走壁。武俊夜決河注王莽渠，斷燧餉路。燧計窮，而與滔素姻家，乃遣使謾謝滔曰：「老夫不自量，與諸君遇。王大夫善戰，天下無前，吾固宜敗，幸公圖之，使老夫得還河東，諸將亦罷兵，吾爲言天子，以河北地付公。」滔亦陰忌武俊勝且不制，卽謂武俊曰：「王師旣敗，馬公卑約如此，不宜迫人以險。」答曰：「燧等皆國名臣，連兵十萬，一戰而北，貽羞國家，不知何面目見天子耶？彼行不五十里，必反拒我。」滔固許之。燧至魏縣，堅壁自固，師復振。滔慚謝，嫌隙始構矣。武俊使張鍾葵攻趙州，日知斬其首以聞。

於是武俊與田悅等擅相王。武俊國號趙，以恆爲眞定府，命士眞留守兼元帥；以畢華、鄭儒爲左右內史，王士良司刑，王佑司文，士清司武，並爲尙書；士則司文侍郎，宋端給事中，王洽內史舍人，張士清執憲大夫，衞常寧內史監，皇甫祝尙書右僕射，餘以次封拜。

建中四年，抱眞使客賈林詐降武俊，旣見，曰：「吾來傳詔，非降也。」武俊色動，林曰：「天子知大夫登壇建國撫膺顧左右曰：『我本忠義，天子不省，故至是。』今諸軍數表大夫至誠，上見表動色曰：『朕前誤無及矣。朋友失意尙可謝，朕四海主，毫芒過失，返不得自新耶！』今大夫親斷逆首，而宰相闇於事宜，國家與大夫烏有細故哉？朱滔以利相動，公何取焉？誠能與昭義同心，曠然改圖，上不失君臣之義，下以爲子孫計。」武俊曰：「僕虜人也，尙知撫百姓，天子固不務殺人以安天下。今山東連兵比戰，骨盡暴野，雖勝尙誰與居？今不憚歸國，業與諸軍盟，虜性樸彊，不欲曲在我，天子若能以恩盪刷之，我首倡歸命，有不從者，奉辭伐之，河北不五十日可定。」會帝出奉天，抱眞將還澤潞，悅說武俊、滔踵襲之。林曰：「夫退軍，前輜重，後銳師，人心固壹，不可圖也。使戰勝得地，利歸於魏，不幸喪師，趙受其災。今滄、趙乃故地，胡不取之？」武俊遂引而北，林復激之曰：「公異邦豪英，不應謀

中夏。燕、魏幽險，彼王室彊則須公之援，削則已欲幷吞。且河北惟有趙、魏、燕耳，滔乃稱冀，心圖公冀州矣。使滔能制山東，大夫當臣事之，否則見攻。能臣滔乎？」武俊投袂曰：「二百年天子猶不能事，安能臣豎子耶！」乃定計通好抱眞，而約馬燧盟。

興元元年赦天下，武俊大集其軍，黜僞號。詔國子祭酒董晉與中人宣慰，拜檢校工部尙書、恆冀深趙節度使，又加檢校司空、同中書門下平章事，兼幽州盧龍節度使、琅邪郡王。

是時，滔悉幽、薊兵與回紇圍貝州，將絕白馬津，南趨洛，李懷光據河中，李希烈陷汴，南略江淮，李納方叛，唯李晟軍渭上。羽書調發天下十之三，人心惴恐。及田緒殺悅，林復說武俊曰：「滔素欲得魏博，會悅死，魏人氣孅，公不救，魏且下。滔益甲數萬，張孝忠將北面事滔，三道連衡，濟以回紇，長驅而南，昭義軍必保山西，則河朔舉入滔矣。今魏尙完，孝忠未附，公與昭義合兵破之，聲振關中，京邑可坐復，天子反正，不朽之業，誰與公參！」武俊大喜，與抱眞相聞，自將屯南宮，抱眞屯經城，兩軍相距十里而舍。武俊潛會抱眞于軍，陳說忼慨，抱眞亦傾意結納，約爲兄弟，遂俱東壁貝州，距城三十里止。滔欲迎戰，武俊戒士飽食曰：「軍未合，毋妄動！」遣趙琳、趙萬敵兵五百蔽林以待。滔使票將馬寔、盧南史陣而西，李少成引回紇翼之。日中兵接，武俊與子士清引精騎望少成軍，抱眞次之，滔馳騎二百

出武俊東南，乘高鼓譟。武俊使步兵決戰，而自以騎當回紇，勒兵避其銳。回紇馬怒突而過，未及返，武俊急擊，琳等兵亦出，回紇驚，中斷，遂先奔。初，滔兵蹙武俊軍，不能傷，回紇既卻，即欲引還，因囂不能止，軍大奔，滔走還壘。武俊中流矢，謂抱眞曰：「士少衰，盍以騎濟師，巢穴可覆也。」抱眞使來希皓率勁騎薄滔營，盧玄眞乘其後，滔懼，引衆去，希皓迫之，武俊邀于隘，滔大敗，免者八千人。會夜，各按屯，武俊營滔東北，抱眞營西北。滔知不支，夜半焚車糧，遁歸幽州，火如晝，師大譟，其聲殷地。抱眞以山東蝗，食少，歸于潞，武俊亦還。

會有詔復滔官爵，武俊上還幽州盧龍節度。又詔以恆州爲大都督府，即授武俊長史，賜德、棣二州，以士眞爲觀察使、淸河郡王。天子至自梁，遇武俊益厚，子弟雖襁褓，悉官之。俄進檢校太尉兼中書令，得建廟京師，有司供擬。

武俊善射，嘗與賓客獵，一日射鷄兔九十五，觀者駭伏。貞元十七年死，年六十七。羣臣奉慰天子，如渾瑊故事，贈太師。有司謚威烈，帝更爲忠烈。士眞襲位。

士眞，其長子也。少佐父立功，更患難。旣得節度，息兵善守，雖擅置吏，私賦入，而歲貢數十萬緡，比燕、魏爲恭。元和初，即拜同中書門下平章事。四年死，贈司徒，謚曰景襄。

軍中推其子承宗爲留後。

始，河北三鎭自置副大使，常處嫡長，故承宗以御史大夫爲之。及總留事，憲宗久不報，伺其變。承宗數上疏自言。帝聞劉濟、田季安俱大病，議更建節度。翰林學士李絳曰：「鎭州世相繼，人所狃習，惟拒命則討之。且諸道之賞饋百萬士，又燕、魏、淄青，勢同必合。方江、淮水潦，財力刓困，宜即詔承宗嗣領。季安等雖病，徐圖所宜。定四方有天時，不可速也。」帝然之，欲析鎭分建節度，使承宗歲輸賦如李師道。絳曰：「假令承宗奉詔，諸道以割地同怨，是官爵虛出而無當也。不如令使者諭之，無出上意。」帝乃詔京兆尹裴武慰撫，承宗奉詔恭甚，請上德、棣二州，遂以檢校工部尚書嗣領節度，而以德州刺史薛昌朝爲保信軍節度使，統德、棣。

昌朝，嵩子也，與承宗故姻家，帝因欲離其親將，故命之。詔未至，承宗馳騎劫而歸，囚之。詔更用棣州刺史田渙爲二州團練守捉使，遣中人傳詔令歸昌朝，承宗拒命，帝怒，詔削官爵，遣中人吐突承璀將左右神策，率河中、河陽、浙西、宣歙兵討之。趙萬敵者，故武俊將，以健鬬聞，士眞時入朝，上言討之必捷，令與承璀偕。有詔：「武俊忠節茂著，其以實封賜子士則，毋毀墳墓。」

承璀至軍，無威略，師不振。神策大將酈定進號驍將，以禽劉闢功，王陽山郡，至是戰北，馳而僨，趙人曰：「酈王也」，害之，師氣益折。及吳少誠死，李絳奏：「蔡無四隣援，攻討勢易，不如赦承宗，專事淮西。」帝不聽。昭義節度使盧從史市承宗，外自固，內實與之。太常卿權德輿諫曰：「神策兵市井屠販，不更戰陣，恐因勞憚遠，潰爲盜賊。恆冀騎壯兵多，攻之必引時月，西戎乘間，則禁衞不可頓虛。山東，疥癬也；京師，心腹也。不可不深念。且師出半年，費緡錢五百萬。方夏甚暑水潦，疾疫且降，誠慮有潰橈之變。」又言：「山東諸侯，皆以息自副，人心不遠，誰肯爲陛下盡力者。又盧從史倚寇爲援，訹承璀邀寵利，宜召行營善將，令倍驛馳，度至半道，授以澤潞，而徙從史它鎭，破其姦圖，然後赦承宗，衆情必服。」帝未許。

五年，河東軍拔其一屯，張茂昭破之木刀溝；帝患從史詐，卒以計縛送京師；劉濟又拔安平。承宗懼，遣其屬崔遂上書謝罪，且言：「往年納地，迫三軍不得專，而爲盧從史賣以求利，願請吏入賦得自新。」是時宿師久無功，餉不屬，帝憂之。而淄青、盧龍數表請赦，乃詔浣雪，盡以故地畀之，罷諸道兵。昌朝歸京師，授右武衞將軍。承宗見兵薄境，已而罷，歸罪從史，得不詰，自謂計得，奮然無顧憚。

七年，軍庫火，器鎧殆盡，殺守吏百餘人，不自安。及吳元濟反，承宗與李師道上書請宥，教其將尹少卿爲蔡游說，見宰相語不遜，武元衡怒，叱遣之。承宗怨甚，與師道謀，遣惡

少年數十曹伏河陰，乘昏射吏，吏奔潰，因火漕院，人趣火所，鬬死者十餘輩，縣大發民捕盜，亡去不獲，凡敗錢三十萬緡、粟數萬斛。未幾，張晏等賊宰相元衡，京師大索，天子爲旰食。承宗嘗疏元衡過咎，留中。至是帝出表示羣臣大議，咸請聲其罪伐之。詔乃絕承宗朝貢，竄其弟承系、承迪、承榮於遠方，以博野、樂壽故范陽地，命歸劉總。而所遣盜處處竊發，斷建陵門戟，燔獻陵寢宮，伏甲欲反洛陽，不克。承宗數出兵掠鄰鄙，田弘正上言承宗宜誅，帝使率師壓境。承宗揣詔旨兵不即進，即肆剽滄、景、易、定間，人苦之。

十一年，詔削爵，以實封賜士平，使奉武俊後。令河東、義武、盧龍、橫海、魏博、昭義六節度兵進討，大抵數十萬，環地數千里，以分其勢。然營屯離置，主約不得一，故士觀望，獨昭義郗士美薄賊境，賊不敢犯。始，承宗不能叶諸父，皆奔京師。士則爲神策大將軍，聞其叛，請占數京兆，裴度請用爲邢州刺史，使隸昭義，以傾趙人。有王怡者，武俊從子，爲承宗守南宮，士則招之，約歸命，謀泄遇害；子元伯奔還，擢監察御史，詔贈怡尚書左僕射。

明年元濟平，承宗大恐，使牙將石汎奉二子至魏博，因田弘正求入侍，且請歸德、棣二州，入租賦，待天子署吏。弘正遣知感、知信詣闕下請命。前此，帝使尚書右丞崔從賜詔書許自新，承宗素服待罪。及是乃詔復官爵，以華州刺史鄭權爲橫海節度使，統德、棣、滄、景等州，復承宗實封戶三百，以所部飢，賜帛萬匹。李師道平，奉法益謹，表所領州錄事、參

軍、判司、縣主簿、令，皆丐王官。

十五年死，贈侍中。軍中推其弟承元爲留後。承元不敢世于鎮，詔用爲義成軍節度使，事見本傳。

王廷湊，本回紇阿布思之族，隸安東都護府。曾祖五哥之，爲李寶臣帳下，驍果善鬭，王武俊養爲子，故冒姓王，世爲裨將。

廷湊生駢脅，沈鷙少言，喜讀鬼谷、兵家諸書。王承宗時，爲兵馬使。田弘正至鎮州，詔以度支緡錢百萬勞軍，不時致，廷湊暴其稽以覩衆心，衆果怨，由是害弘正，自稱留後，脅監軍表請節。又取冀州，殺刺史王進岌。穆宗怒，以弘正子布爲魏博節度使，率軍進討，仍敕橫海、昭義、河東、義武軍并力。於是大將王位等謀執廷湊，不克，死者三千餘人。會朱克融囚張弘靖，以幽州亂，乃合從拒王師。

有詔議攻討先後，劍南東川節度使王涯以爲「范陽亂非宿謀，可先事鎮州，又有魏博之怨，濟以晉陽、滄德，掎角而進。夫用兵若鬬然，先扼喉領。今瀛莫、易定實賊咽喉，宜屯重兵，俾死生不得相聞，間諜不入，此莫勝之策」。帝乃詔義武節度使陳楚閉境，督諸軍三道

攻。而滄德烏重胤最宿將，當一面。裴度以河東節度使兼幽、鎮招撫使，屯承天軍。重胤知時不可，案兵未肯前，帝浮於聽受，銳克伐，更以深冀行營節度使杜叔良代之。叔良素結中人，入見帝，大言曰：「賊不足破！」會度逐廷湊兵於會星，又入元氏，焚壘二十二。叔良率諸道兵救深州，戰博野，大奔，失所持節，以身免，貶歸州刺史。叔良者，將家子，本以附會至靈武節度使，坐不職罷，復階貴近，帥滄景。廷湊知其怯，故先犯之，師由是敗。

當是時，帝賜賚無藝，府帑空，既集諸道兵，調發火馳，民不堪其勞。仰度支者大抵兵十五萬，有司懼不給，置南北供軍院。既薄賊鄙，饟道梗棘，樵蘇不繼，兵番休取芻蒸。廷湊乘間奪轉運車六百乘，食愈困，至所須衣帛，未半道，諸軍彊取之，有司弗能制。其縣師深入者，不得衣食。又監軍宦人，悉取精票士自隨，疲瑣者備行陣，戰輒潰。二賊衆不過萬餘，王師統制不一，訖無功。宰相不知兵，爲異議搖訹，裁報乖戾，深州圍益急。

明年，魏牙將史憲誠叛，田布衆潰于南宮。帝不得已，乃赦廷湊，檢校右散騎常侍、成德軍節度使。會牛元翼出奔，廷湊遂取深州，詔兵部侍郎韓愈慰其軍。

廷湊既原，則稍挺，與克融、憲誠深相結，爲輔車援。滄州李全略死，子同捷求襲，文宗不許，更授兗海節度使。同捷逆命，乃以珍幣子女厚結廷湊，帝虞其變，故授檢校司徒。及幽、魏、徐、兗兵討同捷，廷湊橈魏北鄙以牽制之，而餽滄景鹺糧，因隣道使者不遣。帝怒，詔絕其輸貢。於是易定柳公濟戰新樂，斬首三千級。昭義劉從諫戰臨城，敗之，引滹注深、冀。有詔：「同捷亂，廷湊同惡，宜削官爵，諸道以兵進討，有能斬廷湊者，賜錢二萬緡，優畀之官；以州鎮降者，等差爲比。」公濟再戰行唐，皆克，焚柵十五。廷湊射蠟書求救於幽州，行營李載義獲之；又納魏叛將丌志沼。會同捷平，廷湊稍畏，表上景州，而弓高、樂陵、長河三縣固守，復上書謝。帝方厭兵，赦之，悉復官爵，還所上州。久之，進兼太子太傅、太原郡公。

鎮冀自惟岳以來，拒天子命，然重隣好，畏法，稍屈則祈自新。至廷湊資凶悖，肆毒甘亂，不臣不仁，雖夷狄不若也。大和八年死，贈太尉。軍中以元逵請命，帝聽襲節度。

元逵，其次子也。識禮法，歲時貢獻如職。帝悅，詔尚絳王悟女壽安公主。元逵遣人納聘闕下，進千盤食、良馬、主糚澤奩具、奴婢，議者嘉其恭。其後劉稹叛，武宗詔元逵爲北面招討使。詔下，即日師引道，拔宣務壁，破援軍堯山，攻邢州降之，累遷檢校司徒、同中書門下平章事。稹平，加兼太子太師，封太原郡公，食實封戶二百，進至兼太傅。大中八年死，年四十三，贈太師，謚曰忠。

子紹鼎襲，字嗣先，累擢檢校尚書左僕射。其爲人淫湎自放，性暴，厚哀斂，升樓彈射路人以爲樂。衆忿其虐，欲逐之。會病死，贈司空。

子幼未能事，宣宗以元逵次子紹懿爲留後以嗣，俄爲節度使，累封太原縣伯，加檢校司空。政簡易，咸通七年死，贈司徒。以紹鼎子景崇嗣。初，紹懿病篤，召景崇曰：「先君以政屬我，須爾長，將授之。今疾甚，爾雖少，勉總軍務，禮藩隣，奉朝廷，則家業不墜矣。」監軍上狀，懿宗悅，擢景崇爲留後，尋進節度使。

景崇，字孟安，以公主嫡孫，尤被寵。龐勛反，景崇遣兵會王師平賊，進檢校尚書右僕射。主薨，謚曰章惠，景崇居喪如禮。母張卒，號慕羸毀，當時稱之。以政委賓佐，檢戒親屬不得與。嘗欲引母昆弟爲牙將，其佐張位曰：「軍中用人，有勞有能，若私其人，厚畀田宅祿食可也，何必以官。」景崇謝。進同中書門下平章事、檢校太尉兼中書令，封趙國公。乾符五年，進王常山。

黃巢反，帝西狩，僞使齎詔至，景崇斬以徇，因發兵馳檄諸道，合定州處存連師西入關，問行在，貢輸相踵。每語及宗廟園陵，輒流涕。

蔚州刺史蘇祐爲沙陀所攻，乞師於幽州，屯美女谷，兵不利。祐將出奔，會詔徙濮州刺史，擁兵之官，道于鎮，景崇館于靈壽，肆其下剽奪，景崇殺之。

嗣節度凡十四年，十三遷至檢校太傅。中和三年死，年三十七，贈太傅，謚曰忠穆。

子鎔。

鎔，年十歲，軍中推爲留後，授檢校工部尚書。李克用、楊復光攻黃巢，鎔凡再饋粟以濟師。僖宗還自蜀，獻馬牛戎械萬計。

於是克用方擊孟方立於邢州，鎔歸芻糧。邢州平，克用遂謀山東，屯常山西，引輕騎涉滹沱諜軍，會大澍，平地水出，鎔兵奄至，克用匿林中以免。是時，幽州李匡威亦謀取易、定分其地。王處存方厚事克用，克用寵將李存孝已拔邢，則略鎔南鄙，別將李存信等出井陘會之。鎔侵堯山，存孝擊敗之，遂至深、趙。鎔求救於匡威。存孝方攻臨城等數縣，聞匡威屯鄗，引師去。存信素忌存孝，妄曰：「無擊賊意。」克用信之。存孝，飛狐人，所謂安敬思者，善騎射，攻葛從周，敗張濬、韓建，數有奇功。至是懼讒，挈邢州歸朱全忠，并結鎔爲助。天子詔出鎮、幽、魏兵援之。景福元年，克用假道于鎔，以討存孝，鎔不答，乃與處存連兵侵鎔，拔堅固鎮，攻新市。鎔禽克用將薛萬金。匡威以兵三萬救鎔。克用自攻常山，度滹沱。鎔引騎十萬夜濟磁水，襲敗之，斬二萬級，奪鎧器三百乘，克用退壁欒城。天子有詔和解三鎮，克用還，然未得志，故復伐鎔。匡威以五千騎敗克用於元氏，鎔具牛酒會匡威稾城，餉金二十萬以謝。

俄而匡威爲弟匡籌所逐，鎔德其助己，迎而館之。匡威親忌日，鎔往弔，伏起，殺其府屬楊洽及親吏淡從，有甲者挾鎔袖。匡威曰：「與我四州，可不死！」鎔許之。將鎔入牙城，鎮軍譟而闔左門，坎垣出戰。會大雨風，木拔瓦飛。兵相接，有屠者墨君和袒而薄賊，衆披靡，乃挾鎔踰城入。既免，賞千金，與第一區，約宥十死。匡威走東圃，兵圍之，與從事李抱貞俱死。明日，鎔以禮斂匡威，素服哭諸廷，遣使告匡籌。匡籌怒，移書詰兄所以死狀，表天子請討鎔，詔止之。又詔朱全忠平幽、鎮怨。

克用聞匡威死，自率兵傅城下。鎔大驚，納縑二十萬，乃退。匡籌攻樂壽、武強，克用出縛馬關，敗鎮兵於平山，因進攻鎔外壘。鎔內失幽州助，因乞盟，進幣五十萬，歸糧二十萬，請出兵助討存孝，乃得解。

克用屯欒城，存信屯琉璃陂，爲邢人夜襲其營，存信軍亂，不克追。克用進薄邢，環城爲溝堞，欲示久圍者；城中兵數出，溝壘不可成。裨將袁奉韜紿存孝曰：「君所畏唯王耳，王欲溝堞成則西歸，公何不聽之？」存孝兵不出，壘成，攻益急，城中食盡。存孝登城哭曰：「我誤計，使我生見王，死不恨！」克用遣家媪招之，存孝出，泥首言爲存信誣構，克用曰：「爾與鎔書，罵我多矣！」轘而尸於市。

光化中，全忠討幽州劉仁恭，鎔遣兵屯儋城，俄而仁恭敗，擊其歸，得十八。全忠既取邢、洺、磁，又得潞，因圖河東。使羅紹威諷鎔絕太原，共尊全忠。鎔猶違，全忠不悅。會克用將李嗣昭攻洺州，全忠自將擊走之，得鎔與嗣昭書，全忠怒，引軍攻鎔，次元氏。鎔謂其屬曰：「國危矣，奈何？」周式請見全忠，可以口舌罷也，許之。全忠迎折曰：「爾公朋附太原，今無赦矣！」即出書示式曰：「嗣昭在者，宜速遣。」式曰：「王公所與和者，息人鋒鏑間耳。況繼奉天子詔和解，能無一番紙墜北路乎？太原與趙本無恩，嗣昭庸肯入耶？公爲唐桓、文，方以仁義成霸業，寧困人於險耶？」全忠喜，把式袂曰：「吾特戲耳！」延入帳中，議脩好。鎔以幣二十萬賂師，遣子昭祚質仕全忠府，全忠因妻之。鎔判官張澤謀曰：「失火之家，不可待遠救。今定密邇，與太原親，宜使全忠圖之。」鎔遣式使全忠，全忠乃取定州，王郜遂奔太原。

鎔母何，有婦德，訓鎔嚴。至母亡，鎔始黷貨財，姬侍千人，儀服僭上。又以房山有西王母祠，數游覽，妄求長年事，踰月不還。

始廷湊賤微時，鄰有道士爲卜，得乾之坤，曰：「君將有土。」及得鎮，迎事甚謹。復問壽幾何？子孫幾何？答曰：「公三十年後，當有二王。」已而廷湊立十三年死，蓋庚文也，景崇、鎔皆王。廷湊嘗使至河陽，醉寢於路，有過其所者覘之曰：「非常人也！」從者以告廷湊，馳及之，問其故，曰：「吾見君鼻之息，左若龍，右若虎，子孫當王百年。家有大樹，覆及堂，公興

矣。」及害弘正，而樹適庇寢。自廷湊訖鎔，凡百年。

贊曰：朱滔、王武俊南面稱王，地聯交昵。及泚僭天子，滔將應之，當時危矣。賈林以一語寤武俊，輒兵相仇，折幽、薊之銳，泚失其朋，不出孤城，終底覆夷。用林之功，賞不及身，德宗爲不明哉！

校勘記

〔一〕長上萬國俊奪與平民田 衲本作「長上」，宋十行本、汲、殿、局本作「長史」。

唐書卷二百一十二

列傳第一百三十七

藩鎮盧龍

李懷仙 朱滔 劉怦 濟 總 朱克融 李載義 楊志誠 史元忠
張仲武 直方 張允伸 張公素 李茂勳 可舉 李全忠 匡威 匡籌
劉仁恭

李懷仙，柳城胡也。世事契丹，守營州。善騎射，智數敏給。祿山之反，以爲裨將。史思明盜河南，留女子朝清守幽州，以阿史那玉、高如震輔之。朝義殺立，移檄誅朝清。二將亂，朝義以懷仙爲幽州節度使，督兵馳入。如震欲拒，不及計，乃出迎。懷仙外示寬以安士，居三日，大會，斬如震，州部悉平。朝義敗，將趨范陽。中人駱奉先間遣鵠說，懷仙遂

降，使其將李抱忠以兵三千戍范陽。朝義至，抱忠閉關不內，乃縊死，斬其首，因奉先以獻。僕固懷恩即表懷仙爲幽州盧龍節度使，遷檢校兵部尚書，王武威郡。屬懷恩反，邊羌挐戰不解，朝廷方勤西師，故懷仙與田承嗣、薛嵩、張忠志等得招還散亡，治城邑甲兵，自署文武將吏，私貢賦，天子不能制。

大曆三年，麾下朱希彩、朱泚、泚弟滔，謀殺懷仙，斬關者以入，希彩不至。遲明，泚懼欲亡，滔曰：「謀不成，有死，逃將焉往？」俄希彩至，共斬懷仙，族其家。希彩自稱留後。張忠志以兵討其亂，不克。代宗因赦罪，詔宰相王縉爲節度使，以希彩副之。希彩聞縉至，蒐卒伍，大陳戎備以逆。縉建旌棨徐驅，希彩迎謁恭甚。縉度不可制，勞軍，閱旬乃還。希彩即領節度。五年，封高密郡王。驁恣不軌，人不堪。七年，其下李瑗間衆之怨，殺之，共推朱泚爲留後。泚自有傳。

朱滔，性變詐多端倪。希彩以同宗倚愛之，使主帳下親兵。泚領節度，遣滔將兵三千爲天子西乘塞，爲諸軍倡。始，安、史後，山東雖外臣順，實傲肆不廷。至泚首效款，帝嘉之，召見滔殿中。帝問曰：「卿材孰與泚多？」滔曰：「統御士衆，方略明辨，臣不及泚；臣年二十八，獲謁天子，泚長臣五年，未識朝廷，此不及臣。」帝愈喜，特詔勒兵貫王城而出，屯涇州，置酒開遠門餞之。戍還，乃謀奪泚兵，詭說曰：「天下諸侯未有朝者，先至，可以得天子意，子孫安矣。」泚信之，因入朝。稍不相平，泚遂乞留，西討吐蕃。以滔權知留後，兼御史大夫。滔殺有功者李瑗等二十餘人，威振軍中。

李惟岳拒命，滔與成德張孝忠再破之束鹿，取深州，進檢校司徒，遂領節度，賜德、棣二州。德宗以康日知爲深、趙二州團練使，詔滔還鎮。滔失深州，不平，又請恆、定七州所賦供軍，復不許，愈怨。時馬燧圍田悅，悅窮，間滔與王武俊同叛。滔姑子劉怦爲涿州刺史，以書諫曰：「司徒身節制，太尉位宰相，恩遇極矣。今昌平有太尉鄉、司徒里，不朽業也。能以忠順自將，則無不濟。比忘上樂戰，不顧成敗如安、史者，今復何有？司徒圖之，無貽悔。」滔不從，連兵救悅。又懼張孝忠之襲，使怦壁險而軍。滔激其衆曰：「士蹀血闘，既下堅城，朝廷乃見奪，奏賞不報。君等疾趨，破馬燧軍以取賞糧，可乎？」軍中不應，三號之，乃曰：「幽人死於南者，骸撑不拚，痛藏心髓，奈何復欲暴骨中野乎？司徒兄弟受國寵，士各蒙官賞，願安之，不卹其它。」滔罷，潛殺不可共亂者數十人。日知發其謀於燧，天子聞，以悅未下，重起兩寇，即封滔通義郡王，實戶三百。

滔愈悖，分兵與武俊屯趙州脅日知，矯詔發其糧貯，即引兵救悅，次束鹿。軍大譟曰：

「天子令司徒北還，而南救魏，寧有詔邪？」滔懼，走匿傳舍。裨將蔡雄好諭士曰：「始天子約取成德，所得州縣賜有功者。拔深州者，燕也。本鎮常苦無絲纊，冀得深州以佐調率，今顧不得。又天子以帛賜有功士，爲馬燧掠去，今引而南，非自爲也。」軍中悔謝，復曰：「雖然，司徒南行違詔書，莫如還。」滔回次深州，誅首變者二百人。衆懼，乃率兵南壁寧晉，與武俊合。帝命馬燧、李懷光擊之，滔屬鄭雲逵、田景仙皆奔燧。已而滔破懷光軍，則與王師屯魏橋，久不戰。

悅德滔援，欲尊而臣之，滔讓武俊，曰：「篋山之勝，王大夫力也。」於是，滔、武俊官屬共議：「古有列國連衡共抗秦。今公等在此，李大夫在鄆，請如七國，並建號，用天子正朔。且師在外，其動無名，豈長爲叛臣，士何所歸？宜擇日定約，順人心，不如盟者共伐之。」滔等從之。滔以祿山、思明皆起燕，俄覆滅，惡其名，以冀，堯所都，因號冀，武俊號趙，悅號魏，納號齊。建中三年冬十月庚申，爲壇魏西，祀天，各僭爲王，與武俊等三讓乃就位。滔爲盟主，稱孤；武俊、悅及納稱寡人。是日，三叛軍上有雲氣頗異，燧望笑曰：「是雲無知，乃爲賊瑞邪！」先是，其地土息高三丈，魏人章稔佞悅，以爲益土之兆。後二年，滔等冊壇，正值其所。

滔改幽州爲范陽府，以子爲府留後，稱元帥，用親信爲留守。滔等居室皆曰殿，妻曰妃，

子爲國公，下皆稱臣，謂殿下。上書曰牋，所下曰令。置左右內史，視丞相；內史令、監，視侍中、中書令；東西侍郎，視門下、中書；東曹給事、西曹舍人，視給事中、中書舍人；司議大夫，視諫議大夫；六官省，視尚書；東、西曹僕射，視左右僕射；御史臺曰執憲，置大夫至監察御史；驅使要籍官曰承令；左右將軍曰虎牙、豹略；軍使曰鷹揚、龍驤。以劉怦爲范陽府留守，柳良器、李子千爲左右內史，滔兄瓊瑰、陸慶爲東、西曹僕射，楊犨、馬寔、寇瞻、楊榮國爲司文、司武、司禮、司刑侍郎，李士眞、樊播爲執憲大夫、中丞。其餘以次補署。聘處士張遂、王道爲司諫。

燧遣李晟將兵至易、定，率張茂昭攻涿、莫，以絕滔援。明年，圍清苑，滔將鄭景濟固守。滔使馬寔將兵萬人，與武俊拒燧，自以兵萬餘救清苑，絕晟糧道。兵至定州，晟不知，夜引兵還。滔疑有伏，不敢逼，遽保瀛州。而孝忠、晟合兵千人城淶水，滔驍將烏薩戒以兵七百襲殺城卒數百，晟不出。景濟望滔軍立幟爲應。滔進軍薄晟營，晟戰不利，城中兵亦出，晟大敗，奔易州。茂昭走滿城。滔已破晟，則回屯河間不進。武俊使宋端趣讓，滔怒曰：「孤亟戰且病，就醫藥，而王已復云云。孤南救魏，棄兄背君如脫屣。王必相疑，亦聽所爲！」端還，武俊謂寔曰：「寡人望王速來指蹤，決勝負，復何惡？王異日并天下，寡人得六七城，爲節度足矣。」寔遣具道所以然，武俊亦遣使謝滔，滔悅，亦報謝。然武俊內銜之，滋不懌，與

田悅潛謀絕滔。

及泚反，燧等皆班師，武俊、寔亦還。悅、武俊遣使至河間，賀泚卽位。武俊詭請寔共攻康日知於趙州，謀覆其軍，不克。寔歸，武俊餞之，厚贈遺。泚遣人密召滔，使趣洛陽。滔發書，西向再拜，移檄諸道曰：「今發突騎四十萬走洛陽，與皇帝會上陽宮。」使王郅說悅連和俱西。滔素彊調斂，武俊等不能堪。又令各以兵五千從攻洛，欲僭稱帝，乘輿、法從及赦令皆具。

初，回紇以女妻奚王，大曆末，奚亂，殺王，女逃歸，道平盧，滔以錦繡張道，待其至，請爲婚，女悅，許焉。既而遣使修壻禮於回紇，回紇喜，報以名馬重寶。及僭相王，與武俊、悅、納納四金鑰於回紇，曰：「四國願聽命於可汗，謹上金鑰，啓閉出納，唯所命。」至是，乞師焉。回紇以二千騎從，而武俊亦先乞師，以斷懷光餉路，未至，而王師還。回紇過幽州，滔使說其酋達干曰：「若能同度河而南，玉帛子女不貲，計可得也。」達干許諾，滔啗以金帛，約曰「五十里舍，以須悅軍」。滔兵五萬，車千乘，騎二萬，士私屬萬餘，虜兵三千，馬槖它倍之；過武俊境，武俊勞之，牛酒芻米皆具。然悅已用武俊謀，不肯出，儲峙于野以待。滔至貝州，悅刺史邢曹俊上謁滔，卽歸閉城守，滔疑之，次永濟。武俊陰遣客反間滔曰：「悅有憾，須公南，以兵斷公歸路，宜少備。」滔聞怒，入永濟，執悅吏掠訊，不得其情，殺之。使回紇大掠，南及澶、衞，係執老幼無遺者。悅大恐，闔城自保。滔遣將楊布略定館陶，屯平恩，置官吏。

滔整軍北還，使馬寔屯冠氏，聞悅死，遂攻魏州，圍貝州。於是，武俊、李抱眞合軍擊滔。滔急召寔至貝州，步馬乏頓。明日，輒約戰，寔請休士三日，蔡雄、達干等畏武俊堅壁難圖，請戰。楊布曰：「大王將取東都，逢小敵卽怯，何以長驅天下邪？」術士尹少伯亦言必勝。既戰，爲二軍所乘，大敗，大將朱良祐、李進皆被執，委仗如丘，滔奔入德州。恨少伯、雄、布之謬，殺之。俄而京師平，滔已敗，不能軍，走還幽州，上書待罪。有詔武俊、抱眞開示大信，若誠心審固者，當洗釁錄勳，與更始。

初，滔以劉怦忠力，使留守，及敗，疑圖己，仿徨不敢入。怦聞其至，蒐兵繕鎧，夾道陳二十里迎謁，望滔哭，滔遂入府。氣沮索，日邑邑，被病，政事一委怦。貞元元年死，年四十二，贈司徒。

劉怦，幽州昌平人。少爲范陽裨將，以親老疾宜侍，輒去職。李懷仙爲節度使，檄召不應。朱滔時，積功至雄武軍使，廣墾田，節用度，以辦治稱。稍遷涿州刺史。滔之討田承嗣，

表知府事，和裕得衆心。李寶臣以兵劫滔于瓦橋，滔走，寶臣乘勝欲襲幽州，怦設方略，勒兵完守，寶臣不敢謀，擢御史中丞。滔敗歸，終不貳，益治兵，人嘉怦忠於所奉。及滔死，軍中盡推怦，乃總軍事。俄詔爲節度副大使，彭城郡公。居鎮纔三月死，年五十九，贈兵部尚書，謚曰恭。子濟。

濟，字濟。游學京師，第進士，歷莫州刺史。怦病，詔濟假州事。及怦卒，嗣節度，累遷檢校尚書右僕射、同中書門下平章事。奚數侵邊，濟擊走之，窮追千餘里，至青都山，斬首二萬級。其後又掠檀、薊北鄙，濟率軍會室韋，破之。

王承宗叛，濟合諸將曰：「天子知我怨趙，必命我伐之，趙且大備我，奈何？」裨將譚忠欲激濟伐承宗，疾言曰：「天子不使我伐趙，趙亦不備燕。」濟怒，繫之。使視趙，果不設備。數日，詔書許濟無出師。濟釋忠，謝而問之，忠曰：「昭義盧從史外親燕，內實忌之；外絕趙，內實與之。此爲趙畫曰：『燕倚趙自固，雖甚怨，必不殘趙，故不足虞也。』趙既不備燕，從史則告天子曰：『燕、趙，宿怨也，今趙見伐而不備燕，是燕反與趙。』此所以知天子不使君伐趙，趙亦不備燕。」濟曰：「計安出？」曰：「今天子誅承宗，而燕無一卒濟易水者，正使潞人賣恩於趙，販忠於上，是君貯忠誼心，而染私趙之名，卒不見德於趙，惡聲徒嘈嘈於天下。」濟

然之，以兵七萬先諸軍，斬首數千級，又拔饒陽，屯瀛州。進攻安平，久不拔，濟命次子總以兵八千先登，日中拔其城。會赦承宗，進中書令。

濟之出，以長子緄攝留務，總爲行營都知兵馬使。濟病甚，總與左右張玘、成國寶及帳內親近謀殺濟，乃使人詐從京師來，曰：「朝廷以公前屯瀛州逗留，詔副大使代節度。」明日，復使人曰：「詔節至太原矣。」又使人走呼曰：「過代矣。」舉軍驚。濟憤且怒，不知所爲，誅主兵大將數十人及素與緄厚善者，亟追緄，以玘兄皐代留事。濟自朝至中昃不食，渴索酏漿，總使吏唐弘實寘毒，濟飲而死，年五十四。緄至涿州，總矯濟命殺之。乃發喪，贈太師，謚曰莊武。

總性陰賊，尤險譎，已毒父，即領軍政，朝廷不知其姦，故詔嗣節度，封楚國公，進累檢校司空。承宗再拒命，總遣兵取武彊，按軍兩端，以私饋賚。憲宗知之，外示崇寵，進同中書門下平章事。及與元濟、李師道平，承宗憂死，田弘正入鎮州，總失支助，大恐，謀自安。又數見父兄爲祟，乃衣食浮屠數百人，晝夜祈禳，而總憩祠場則暫安，或居臥內，輒驚不能寐。晚年益慘悸，請剔髮，衣浮屠服，欲祓除之。

譚忠復說總曰：「天地之數，合必離，離必合。河北與天下離六十年，數窮必合。往朱

泚、希烈自立，趙、冀、齊、魏稱王，郡國弄兵，低目相視，可謂危矣，然卒於無事。元和以來，劉闢、李錡、田季安、盧從史、齊、蔡之彊，或首于都市，或身爲逐客，皆君自見。今兵駸駸北來，趙人已獻德、棣十二城，助魏破齊，唯燕無一日勞，後世得無事乎？爲君憂之。」總泣且謝，因上疏願奉朝請，且欲割所治爲三：以幽、涿、營爲一府，請張弘靖治之；瀛、莫爲一府，盧士玫治之；平、薊、嬀、檀爲一府，薛平治之。盡籍宿將薦諸朝。

會穆宗沖逸，宰相崔植、杜元穎無遠謀，欲寵弘靖，重其權，故全付總地，唯分瀛、莫置觀察使。拜總檢校司徒兼侍中、天平節度使。又賜浮屠服，號大覺，榜其第爲佛祠，遣使者以節、印偕來。時總已自髡祝，讓節、印，遂衣浮屠服。行及定州，卒。

始，總請代，獻馬萬五千匹，羣臣或疑其詐，帝獨納之，使給事中薛存慶宣慰，給所部復一歲，緡錢百萬勞軍，高年惸獨不能自存者，官吏就問，賜粟帛。總遂與忠俱行，軍中世懷其惠，擁留不得進。總殺首謀者十人，以節付張皐，夜間道去，遲明，軍中乃知。

詔贈太尉。子礎及弟約至長安者十一人，皆擢州刺史。忠護總喪至，亦卒。忠，絳人，喜兵，善謀事，蓋健男子云。

朱克融，滔孫也。以偏校事劉總。總將入朝，慮後有變，籍其軍材勇與黠暴不制者，悉薦之朝，冀厚與爵位，使北方歆豔，無甘亂心，克融在遣。方是時，執政非其人，既見總納地，謂天下曠然無復事。克融等留京師，久之不得調，數詣宰相求自試，皆不聽，羸色敗服，飢寒無所貣丐，內怨忿。會張弘靖赴鎮，因悉遣還。

俄幽州亂，囚弘靖。時克融父洄，號有智譎，以疾廢臥家，衆往請爲帥。洄辭老且病，因推克融領軍務。詔以劉悟爲節度使馳往，俄而瀛、冀皆附克融，悟不得入。克融縱兵掠易州，敗兩縣；寇蔚州，易州刺史柳公濟戰白石嶺，斬三千級；轉寇定州，節度使陳楚破其兵二萬。會鎮州反，殺田弘正，議者謂二賊均逆，而克融全弘靖不敢害，可悉兵先誅趙，赦燕。朝廷度幽薊未可復取，乃拜克融檢校左散騎常侍，爲幽州盧龍節度使，長慶元年也。

明年，陷弓高，攻下博，與王廷湊共圍深州。裴度以檄譙諭，克融乃還，因進檢校工部尚書，表獻馬萬匹、羊十萬，請直賞軍。敬宗初，遷檢校司空，賜邊屯時服，克融以帛疏惡，囚詔使楊文端以聞。又上言：「聞陛下東幸雒，願率匠丁五千助營宮室，迎乘輿，且請帛三十萬，備一歲費。」帝怒，用裴度謀，忍不問，以好言答之，屈其謀，進爵吳興郡王。

是年，軍亂，殺克融及其子延齡，詔贈司徒。次子延嗣立，領留後，爲大將李載義殺而代之，并族其家。

李載義，自稱恆山愍王之後。性矜蕩，好與豪傑游，力挽彊搏鬭。劉濟在幽州，高其能，引補帳下，從征伐，積多爲牙中兵馬使。朱克融死，子延嗣叛命，殘用其人。載義因衆不忍，殺之，暴其罪于朝。敬宗即授檢校戶部尚書、盧龍軍節度使，封武威郡王。

初，張弘靖之囚，幕府多見害，妻子留不遣。及是，載義悉護送京師，雖僮廝畢行。俄而李同捷據滄、景，邀襲封，載義請討賊自效，文宗嘉之，進檢校尚書右僕射。斬級數有功，賊平，詔同中書門下平章事，賜白玉帶，示殊禮。

大和四年，爲兵馬使楊志誠所逐，奔易州，即上言：「自破滄州賊，屢請朝不許，今願將妻子身入見。」帝令使者抵太原尉迎，賜袍笏裝器；又以其嘗有功，且意恭順，乃册拜太保，仍平章事。俄爲山南西道節度使。徙河東。

始，回鶻使者歲入朝，所過暴慢，吏不敢何禁，但嚴兵自守。虜狃習，益謷悍，至鞭候人，剽突市區。時大酋李暢者，曉華人語，尤凶黠。既就館，橫須索，抶疻郵人。載義召暢語曰：「可汗以舅甥故，使將軍朝貢，誼不容將軍暴也。天子厚饗餼以禮客，有不謹，吏皆論死。若將軍所部不戢，而奪攘自如，我必殺所犯者，將軍其少戒。」因悉罷所防兵，以兩卒護闔。

暢嚴憚之，訖無犯者。進兼侍中。會吏下請立碑紀功，詔李程爲之辭，未有字。帝詔曰：「周書『凡厥正人，既富方穀。』卿宜當之，以方穀爲字。」其寵待如此。開成二年卒，年五十，贈太尉。

初，載義母葬范陽，爲楊志誠掘發。後志誠被逐，道太原，載義奏請剔其心，償母怨，不許。又欲殺之，官屬苦救乃免，然盡戕其妻息士卒，其天資驕暴云，帝屈法弗劾也。

志誠者，事載義爲牙將。載義宴天子使者鞠場，志誠與其黨譟而起，載義走，因自爲都知兵馬使。文宗更以嘉王領節度，用志誠爲留後。俄檢校工部尚書，擢節度副大使。踰年，進檢校吏部。詔下，邸吏白宰相曰：「軍中不識朝廷儀，惟知尚書改僕射爲進秩。今一府盛服以待天子命，如復爲尚書，則舉軍慚，使者勢不得出。」既志誠果怨望，軍有嫚言，囚中人魏寶義及它使焦奉鸞、尹士恭，而遣部將王文穎入謝，讓還所命。帝復賜之，文穎不肯受，輒去。帝忍不責，乃遣使進檢校尚書右僕射。

八年，爲下所逐，推部將史元忠總留後。志誠在鎭，密製天子衮冕，其被服皆擬乘輿。元忠表而暴于朝，詔御史按治，斥嶺南，至商州，誅之，而以通王領節度，授元忠留後。明年，檢校工部尚書，爲副大使。會昌初，爲偏將陳行泰所殺。行泰邀節制，未報。次將張絳殺

行泰，起求帥軍，武宗自用張仲武代之。

張仲武，范陽人。通左氏春秋。會昌初，爲雄武軍使。行泰殺元忠，宰相李德裕計：河朔請帥，皆報下太速，故軍得以安，若少須下，且有變。帝許之，未報，果爲絳所殺，復誘其軍以請，亦置未報。是時，回鶻爲黠戛斯所破，烏介可汗託天德塞上，而仲武遣其屬吳仲舒入朝，請以本軍擊回鶻。德裕因問北方事，仲舒曰：「行泰、絳皆遊客，人心不附。仲武，舊將張光朝子，年五十餘，通書，習戎事，性忠義，願歸款朝廷舊矣。」德裕曰：「即以爲帥，軍得無復亂乎？」答曰：「仲武得士心，受命必有逐絳者。」德裕入白帝曰：「行泰等邀節不可許，仲武求自效，用之有名，軍且無辭。」乃擢兵馬留後，而詔撫王領節度。詔下，絳果爲軍中所逐，即拜仲武副大使、檢校工部尚書、蘭陵郡公。

會回鶻特勒那頡啜擁赤心部七千帳逼漁陽，仲武使其弟仲至與別將游奉寰等率銳兵三萬破之，獲馬、牛、槖它、旗纛不勝計，遣吏獻狀，進檢校兵部尚書。

始，回鶻常有酋長監奚、契丹以督歲貢，因詗刺中國。仲武使裨將石公緒等厚結二部，執諜者八百餘人殺之。回鶻欲入五原，掠保塞雜虜，乃先以宣門將軍四十七人詭好結歡，仲武賂其下，盡得所謀，因逗留不遣，使失師期，回鶻人馬多病死者，由是不敢犯五原塞。烏介失勢，往依康居，盡徙餘種，寄黑車子部。回鶻遂衰，名王貴種相繼降，捕幾千人。仲武表請立石以紀聖功，帝詔德裕爲銘，揭碑盧龍，以告後世。大中初，又破奚北部及山奚，俘獲雜畜不貲。擢累檢校司徒、同中書門下平章事。卒，謚曰莊。

子直方，以右金吾將軍襲節度留後，俄進副大使。舉動多不法，畏下變起，乃託出畋奔京師。軍中以張允伸總後務。直方至，宣宗遣使者郊勞，授金吾大將軍，以其族大，給檢校工部尚書俸。久之，進檢校尚書右僕射。

性暴率，坐以小罪笞殺金吾使，改右羽林統軍。好馳獵，往往設罝罘於道。當宿衞不時入，下遷驍衞將軍。奴婢細過輒殺，積其罪，貶思州司戶參軍。母驚曰：「尚有尊於我子邪？」久乃復授羽林統軍。縱部下爲盜，復貶康州司馬。後居東都，弋獵愈甚，洛陽飛鳥皆識之，見必羣噪。乾符中，累進左驍衞大將軍。時鄭畋輔政，頗言：「仲武會昌時功第一，今直方百口不自存，每內燕，以衣斂惡，辭不赴。陛下錄功念舊，宜少優假。」詔還檢校右僕射，進左金吾衞大將軍。

黃巢犯京師，直方迎灞上，既而納亡命，謀劫巢報天子，公卿多依之。賊覺，屠其族。

張允伸字逢昌，范陽人。世爲軍校。直方出奔，以都知兵馬使爲衆立爲留後，天子報可。未幾，檢校散騎常侍，爲節度使，累進檢校司徒，兼太傅、同中書門下平章事，封燕國公。

龐勛以徐州反，上書欲遣弟允皐領兵討賊，不許。上米五十萬斛、鹽二萬斛佐用度，詔嘉美，賜玉帶、寶器、紈錦，進兼侍中。咸通十二年，以疾甚，上節、印，便醫藥，詔聽許，以子簡會爲副大使。卒，年八十八，贈太尉，謚曰忠烈。

允伸性勤儉，下所安賴，未嘗有邊鄙虞。子十四人。簡會入朝，昆弟多至大將軍、刺史、郡佐者，而軍中推張公素爲留後。

公素，范陽人。以列將事允伸，擢累平州刺史。允伸卒，以兵來會喪，軍士素附其威望，簡會知不可制，即出奔。詔公素爲節度使，進同中書門下平章事。性暴厲，眸子多白，燕人號「白眼相公」。爲李茂勳所襲，奔京師，貶復州司戶參軍。

李茂勳，本回鶻阿布思之裔。張仲武時，與其侯王皆降。資沈勇，善馳射，仲武器之，任以將兵，常乘邊積功，賜姓及名。陳貢言者，燕健將，爲納降軍使，軍中素信服，茂勳襲殺之，因舉兵，紿稱貢言反。公素迎擊不利，走，茂勳入府，衆始悟，因推主州務，以聞，詔即拜節度使。俄以病自上，詔進尚書右僕射致仕。表子可舉代，遂領留後，進爲節度使，擢累檢校太尉。

中和末，太原李克用始彊大，與定州王處存厚相結，可舉惡其窺山東爲己患，乃遣使約吐渾都督赫連鐸、鎭州王鎔聯和，揚言易、定本燕、趙屬，得其地，且參有之。即遣軍司馬韓玄紹擊沙陀藥兒嶺，斬首七千級，殺其將朱耶盡忠等，收牛、馬、器鎧數萬。又戰雄武軍，殺獲萬人。鐸又破沙陀於蔚州，詔以鐸爲雲州刺史，進可舉檢校侍中。乃遣票將李全忠率衆六萬圍易州。鎔以兵攻無極，處存求援太原，克用自將赴之，鎭人懼，退保新城，克用急攻之，鎔引去，追破之九門。易久未下，盧龍將劉仁恭穴地以入，得其城，士卒有驕色；處存以輕兵三千蒙羊皮，夜布之野，以精騎伏它道，全忠軍望爲羣羊，爭趣之，處存伏騎發，大敗之，復取易州。全忠遁還，盡失芻糧仗鎧，懼得罪，乃裒餘衆反攻幽州，可舉度不支，引其族登樓自燔死。

李全忠，范陽人。仕爲棣州司馬。有蘆生其室，一尺三節，怪之，以問別駕張建，建曰：「蘆，茅類，生於澤，公茅土兆也。傳節者其三世乎？」罷歸，事可舉爲牙將。可舉死，衆推爲留後。光啓元年，拜節度使，未幾卒。

子匡威嗣，領留後，進爲使。性豪爽，恃燕、薊勁兵處，軒然有雄天下意。與赫連鐸共攻太原，爭雲、代。李克用使安金俊攻鐸，匡威救鐸，戰蔚州，射金俊殺之，乃共表請討沙陀，而朱全忠亦上言願協力，故張濬因請用兵矣。濬敗，克用攻雲州，以騎將薛阿檀爲前鋒，設伏河上。鐸以精騎追阿檀，抵河而伏起，乃大敗，禽其將賈塞兒，遂圍雲州，塹而守，分兵出井陘，屯常山，大掠深、趙。匡威以步騎萬餘援王鎔，克用還，因急攻鐸。會食盡，鐸棄州奔匡威。克用取雲州，表石善友爲刺史。鐸本吐谷渾部酋也，開成中，其父率種人三千帳自歸，守雲州十五年。至是，失其地。

景福初，鎔誘太原將李存孝降之，克用怒，伐鎔。鎔來求救，匡威遣將赴之，克用去。明年，兵復出井陘，匡威自將援鎔，將行，置酒大會。其弟兵馬留後、檢校司徒匡籌妻張，國豔，匡威酒酣，報之，弟怒，匡威軍次博野，乃據城自爲留後。天子即授檢校太保，爲節度使。

匡威麾下多去，屏營無所歸，留深州，遣其屬李抱貞上書願入朝。時京師數寇難，人人危懼，傳言金頭王且來，皆亡竄山谷。抱貞還，而鎔已迎館于鎭。匡威引抱貞登城西大悲浮屠，顧望流涕，美其山川，乃共圖鎔。陽爲鎔繕甲，治城塹，施授方略，陰施予，以傾士心。鎭軍忠於王氏，皆惡之。匡威親忌日，鎔過慰。匡威士衷甲劫鎔入牙城，戰不勝，鎭人斬匡威以徇。匡籌表訴諸朝，檄暴鎔罪，攻樂壽、武彊以報。

始，匡籌之奪也，燕人不以爲義。劉仁恭出奔太原，克用倚其謀，下武、嬀二州，敗匡籌於居庸關。李存審與戰，匡籌又敗，挈其族奔京師，次景城，滄州節度使盧彥威殺之，掠入車馬僮妓。妻方乳，不能進，仁恭獲之，納于克用爲嬖夫人。始，匡威見逐，嘆曰：「兄失弟得，皆吾之宗，無所悔，然其材恐不足以守。」果亡，而幽州地歸克用，以仁恭爲帥。

劉仁恭，深州人。父晟，客范陽，爲李可舉新興鎭將，故仁恭事軍中。從李全忠攻易州，號「窟頭」，稍遷裨校。爲人豪縱，多智數，有大志，嘗自言：「夢大幡出指端，年四十九，當秉旄節。」李匡威惡之，補景城令。

會瀛州亂，殺守吏，仁恭募士千人定其亂。匡威復使將兵，戍蔚州，踰期未代，士皆怨。會匡籌奪地，故戍卒擁仁恭趨幽州，匡籌逆戰，敗之，遂以族奔太原。李克用待之甚厚，賜田宅，拜壽陽鎭將。數以策干克用，請步騎一萬東取幽州，且爲導。克用攻匡籌，匡籌遁去。仁恭與存審入城，封府庫以待。克用悅，留仁恭守之，以親信分典其兵。

乾寧二年，克用擊王行瑜，表仁恭爲檢校司空、盧龍軍節度使。明年，克用攻魏州，召盧龍兵，仁恭以契丹解。又明年，克用復與其兵救朱瑄，仁恭不答，使者數十往，卒不出。克用以書讓之，仁恭乃慢罵，執其使，盡囚太原士之在燕者。復以厚利誘克用麾下士，多亡歸之。克用怒，自將往擊，不勝，師喪過半。仁恭獻馘於朱全忠，全忠表同中書門下平章事。

既與克用絕，則益募兵。光化初，使其子守文襲滄州，節度使盧彥威棄城走，遂有滄、景、德三州地，用守文爲節度留後，請命於朝。昭宗怒，不與。會中人至，仁恭嫚謂曰：「旄節吾自可爲，要假長安本色耳，何見拒邪？」由是兵益張，顯圖河北。悉幽、滄步騎十萬，聲言三十萬，南徇魏、鎭。次貝州，屠之，清水爲不流。

羅紹威求救於朱全忠，全忠使李思安、葛從周赴之，屯內黃。仁恭負彊，下令曰：「思安懦，當先破之，乃取魏。」守文與單可及精甲五萬，循清水上。思安設伏，自引兵逆戰，僞不

勝。守文踰北至內黃，思安整兵還擊守文，伏發，斬可及，獨守文挺逸，衆無還者。從周與邢、洺兵與魏將賀德倫等出館陶門，夜擊仁恭，破八屯。仁恭走，自魏抵長河數百里，尸蔽道。鎭人邀敗之東境。仁恭遂衰。

三年，葛從周攻滄州，仁恭壁乾寧。從周潛軍戰老鵶隄，仁恭敗，退壁瓦橋，卑辭歸窮於克用求救，克用爲侵邢、洺。俄而全忠取瀛、莫，克用使周德威出飛狐。天祐三年，全忠自將攻滄州，壁長蘆。仁恭悉發男子十五以上爲兵，涅其面曰「定霸都」，士人則涅于臂曰「一心事主」，盧龍閭里爲空，得衆二十萬，屯瓦橋。全忠環滄築而塹之，內外援絕，人相食。仁恭求戰，不許，復從克用乞師，使百輩往，乃許。仁恭以兵三萬合攻潞州，降全忠將丁會，滄州圍乃解。

是時，中原方多故，仁恭得倚燕彊且遠，無所憚，意自滿。從方士王若訥學長年，築館大安山，掠子女充之。又招浮屠，與講法。以堇土爲錢，斂眞錢，穴山藏之，殺匠滅口。禁南方茶，自擷山爲茶，號山曰大恩，以邀利。

子守光烝嬖妾，事覺，仁恭謫之。李思安來攻，屯石子河。仁恭居大安山，城中無備。守光引兵出戰，思安去，因回攻大安，虜仁恭，囚別室，殺左右婢媵，遂有盧龍。

贊曰：朱滔脅其兄泚入朝，及引兵東嚮，稱帝以自尊，名雖助泚，志可知矣。至克融再得幽州，朱氏無遺種，其禍與泚鈞，而族夷有先後爲間也。

唐書卷二百一十三

列傳第一百三十八

藩鎭淄青橫海

李正己 納 師古 師道　程日華 懷直 懷信 權　李全略 同捷

李正己，高麗人。爲營州副將，從侯希逸入青州，希逸母卽其姑，故薦爲折衝都尉。寶應中，以軍候從討史朝義。時回紇恃功橫，諸軍莫敢抗。正己欲以氣折之，與大酋角逐，衆士皆牆立觀，約曰：「後者批之。」旣逐而先，正己批其頰，回紇矢液流離，衆軍哄然笑。酋大慚，自是沮憚不敢暴。

希逸以爲兵馬使，沈毅得衆心，然陰忌之，因事解其職。軍中皆言不當廢，尋逐希逸出之，有詔代爲節度使。本名懷玉，至是賜今名，遂有淄、青、齊、海、登、萊、沂、密、德、棣十

州，與田承嗣、薛嵩、李寶臣、梁崇義輔牙相倚。嵩死，李靈耀反，諸道攻之，共披其地。正己復取曹、濮、徐、兗、鄆，凡十有五州。市渤海名馬，歲不絕，賦繇均約，號最彊大。政令嚴酷，在所不敢偶語，威震鄰境。歷檢校司空，加同中書門下平章事，以司徒兼太子太保，封饒陽郡王。請附屬籍，許之。因徙治鄆，以子納及腹心將守諸州。

建中初，聞城汴州，乃約田悅、梁崇義、李惟岳偕叛。自屯濟陰，陳兵按習，益師徐州以扼江、淮。天子於是改運道，檄天下兵爲守備，河南騷然。會發疽死，年四十九。興元初，納順命，詔贈太尉。

納，少時爲奉禮郎，將兵防秋。代宗召見，擢殿中丞，賜金紫。入朝，擢兼侍御史。正己署爲淄、青二州刺史，又爲行軍司馬，濮徐兗沂海留後，進御史大夫。

正己死，祕喪不發，以兵會田悅于濮陽。馬燧方擊悅，納使大將衞俊救之，爲燧所破略盡，收洹水。德宗詔諸軍合討，其從父洧以徐州歸，大將李士眞以德州、李長卿以棣州送款，納恚洧背己，且徐險集，悉兵攻洧。帝命宣武劉玄佐督諸軍進援，大破其兵。納還濮陽，玄佐進圍之，殘其郛。納登陴見玄佐，泣且悔，遣判官房說與子弟質京師，因玄佐謝罪。時中人宋鳳朝以納窮，欲立功，建不可赦，帝乃械說等禁中。納於是還鄆，與悅、李希烈、

朱滔、王武俊連和，自稱齊王，置百官。

興元初，帝下詔罪己，納復歸命，授檢校工部尚書，復平盧帥節，賜鐵券，又同中書門下平章事，封隴西郡王。希烈圍陳州，納會諸軍破之城下，加檢校司空，實封五百戶，進檢校司徒。死年三十四，贈太傅。子師古、師道。

師古，以蔭累署青州刺史。納死，軍中請嗣帥，詔起爲右金吾衞大將軍、本軍節度使。初，棣州有蛤㻞鹽池，歲產鹽數十萬斛。李長卿以州入朱滔，獨蛤㻞爲納所據以專利。後德、棣入王武俊，納乃築壘德州南，跨河以守蛤㻞，謂之三汊，通魏博以交田緒，盜掠德州，武俊患之。師古始襲，武俊易其弱，且納時將無在，乃率兵取蛤㻞、三汊。師古使趙鎬拒戰，武俊子士淸兵先濟滴河，會營中火起，士大譟不敢前。德宗遣使者諭武俊罷兵。師古亦隳三汊聽命。

嘗怒其僚獨孤造，使奏事京師，遣大將王濟縊殺之。貞元末，與杜佑、李欒皆得封妾媵以國爲夫人，進同中書門下平章事。

德宗崩，哀使未至，義成節度使李元素賸遺詔示之。師古幸國喪，欲攻掠州縣，即集將士告：「元素僞作遺詔，豈欲反邪？不可不討！」執使者，名討元素，勒兵出次，聞順宗立，乃

罷。累加檢校司徒、兼侍中。元和初卒，贈太傅。

師道，異母弟也。師古嘗曰：「是不更民間疾苦，要令知衣食所從。」乃署知密州。師古病，召親近高沐、李公度等曰：「即我不諱，欲以誰嗣？」二人未對。師古曰：「豈以人情屬師道邪？彼不服戎，以技自尙，慮覆吾宗，公等審計之。」及死，沐、公度與家奴卒立之，而請于朝。於是制書久不下，師道謀哀兵守境，沐爭止，更上書奉兩稅，守鹽法，請吏朝廷。宰相杜黃裳欲橈削其權，而憲宗方誅劉闢，未皇東討，故命建王審領節度大使，而以師道知留後。歲中，加檢校工部尙書，爲副大使。自正己以來，雖外奉王命，而嘯引亡叛，有得罪于朝者厚納之。以嚴法持下，凡所付遣，必質其妻子；有謀順者，類夷其家。以故能脅汙士衆，傳三世云。

帝討蔡，詔興諸道兵而不及鄆，師道選卒二千抵壽春，陽言爲王師助，實欲援蔡也。亡命少年爲師道計曰：「河陰者，江、淮委輸，河南，帝都，請燒河陰敖庫，募洛壯士劫宮闕，卽朝廷救腹心疾，此解蔡一奇也。」師道乃遣客燒河陰漕院錢三十萬緡，米數萬斛，倉百餘區。又有說師道曰：「上雖志討蔡，謀皆出宰相，而武元衡得君，願爲袁盎事，後宰相必懼，請罷兵，是不用師，蔡圍解矣。」乃使人殺元衡，傷裴度。

初，師道置邸東都，多買田伊闕、陸渾間，以舍山棚，遣將訾嘉珍、門察部分之，嵩山浮屠圓靜爲之謀。元和十年，大饗士邸中，椎牛釃酒，旣裹甲矣，其徒自官發之。留守呂元膺以兵掩邸，賊突出，轉略畿部，入山中數月，奪山棚所市，山棚怒，道官軍襲擊，盡殺之。圓靜者，年八十餘，嘗爲史思明將，驍悍絕倫。旣執，力士椎其脛，不能折，罵曰：「豎子，折人脚且不能，乃曰健兒！」因自置其足折之。且死，歎曰：「敗吾事，不得見洛城流血！」於時，留守、防禦將、都亭驛史數十人，皆陰受師道署職，使爲諷察，故無知者。及窮治，嘉珍、察乃害武元衡者。

始，師道欲知元濟虛實，使劉晏平間道走淮西。元濟日與宴，厚結歡。晏平歸，以爲元濟暴師數萬，而晏然居內，與妻妾戲博，必敗之道也。師道本倚蔡爲重，聞之怒，乃以它事殺晏平。及聞李光顏拔凌雲栅，始大懼，遣使歸順，帝重分兵支兩寇，故命給事中柳公綽慰撫之，加檢校司空。鹽鐵使王播又得嘉珍所藏弓材五千，幷斷建陵戟四十七。

蔡平，又遣比部員外郎張宿諷令割地質子。宿謂曰：「公今歸國爲宗姓，以尊卑論之，上叔父矣，不屈一也。以十二州事三百餘州天子，北面稱藩，不屈二也。以五十年傳爵，臣二百年天子，不屈三也。今反狀已暴，上猶許內省，宜遣子入宿衞，割地以贖罪。」師道乃納三州，遣子弘方入侍。宿旣還，師道中悔，召諸將議，皆曰：「蔡數州，戰三四年乃克；公今

十二州，何所虞？」大將崔承度獨進曰：「公初不示諸將腹心，而今委以兵，此皆嗜利者，朝廷以一漿十餅誘之去矣。」師道恚，遣承度詣京師，戒候吏時其還斬之。承度待命客省，不敢還。

帝以其負約，用左散騎常侍李遜喩旨。旣至，師道嚴兵以見，遜讓曰：「前已約，而今背之，何也？願得要言奏天子。」師道許之，然懦暗不自決。私奴婢媪爭言：「先司徒土地，奈何一旦割之？今不獻三州，不過戰耳，卽不勝，割地未晚。」師道乃上書，以軍不協爲解。帝怒，下詔削其官，詔諸軍進討。武寧節度使李愿使將王智興破其衆，斬二千級，獲馬牛四千，略地至平陰。橫海節度使鄭權戰福城，斬五百級。武寧將李祐戰魚臺，敗之。宣武節度使韓弘拔考城。淮南節度使李夷簡命李聽趨海州，下沭陽、朐山，進戍東海。魏博節度使田弘正身將兵自陽劉濟河，拒鄆四十里而營，再接戰，破三萬衆，禽三千人。陳許節度使李光顏攻濮陽，收斗門、杜莊二屯。弘正又戰東阿，殘其衆五萬。師道每聞敗，輒悸成疾，及李祐取金鄉，左右莫敢白。

初，遣大將劉悟屯陽穀，當魏博軍，疑其逗留，悟懼不免，引兵反攻城。師道晨起聞之，白其嫂裴曰：「悟兵反，將求爲民，守墳墓。」卽與弘方匿溷間，兵就禽之。師道請見悟，不許，復請送京師，悟使謂曰：「司空今爲囚，何面目見天子！」猶俯仰祈哀，弘方曰：「不若速

死！」乃并斬之，傳首京師。棄其尸，無敢收視者，有士英秀爲殯城左。馬摠至，以士禮更葬。

初，師古見劉悟，曰：「後必貴，然敗吾家者此人也。」田弘正之度河也，禽其將夏侯澄等四十七人，有詔悉赦之，給糧絮，還隸魏博、義成軍，父母在欲還者優遣，賊皆感慰相告，由是悟得行其謀。師道首傳弘正營，召澄驗之，澄舐目中塵，號絕良久。悟素與師道妻魏亂，妄言鄭公徽之裔，不死，沒入掖廷，它宗屬悉遠徙。悟獨表師古子明安爲朗州司戶參軍。親將王承慶，承宗弟也，師道以兄女妻之，潛約左右，欲因肆兵執師道，會悟入，出奔徐州，歸朝。

程日華，定州安喜人，始名華，德宗以其有功，益曰日華。父元皓爲安祿山帳下，僞署定州刺史，故日華籍本軍，爲張孝忠牙將。滄，故成德部州也，孝忠絕李惟岳，德宗以滄畀義武。前刺史李固烈與惟岳姻屬，卽牢守。孝忠令日華往喻之，固烈請還恆州。既治裝，悉帑以行，軍中怒曰：「馬瘠，士飢死，刺史不棄豪髮卹吾急，今刮地以去，吾等何望？」遂共殺固烈，屠其家。日華驚匿牀下，將士迎出之曰：「暴吾軍者已死，何畏而亡？」共逼領州。孝忠亦以日華寬厚，遂假以刺史。

朱滔叛，兵屯河間，以故滄、定道阻不相聞。滔及王武俊皆招日華，不納，卽攻之。日華乘城自固。參軍事李宇謀曰：「城久圍，府兵不爲援。今州十縣瀕海，有魚鹽利自給，此軍本號橫海，將軍能絕易定歸天子，自爲一州，斂甲訓兵，利則出，無利則守，可亢盜喉襟。君能用僕計，請至京師爲天子言之。」日華謂然，乃遣宇西，帝果大喜，拜御史中丞、滄州刺史，復置橫海軍，卽以爲使，時建中三年也。拜檢校工部尙書。詔滄歲饋義武錢十二萬緡，糧數萬斛，以宇爲判官。

武俊欲得滄，遣人說日華歸己，日華紿曰：「敝邑爲賊攻，力屈則下之。願假騎二百以抗賊，賊退，請以地授公。」武俊喜，歸之馬，日華留馬謝其使。武俊大怒，與滔方睦，懼有怨，乃止。久之，武俊歸命，日華乃還馬，以珍幣厚謝，復結好，武俊亦釋然。貞元二年卒，贈兵部尙書。

子懷直擅知留事，帝以日華故，卽拜權知滄州刺史。宇入朝，願析東光、景城二縣置景州，且請刺史。河朔刺史不廷授幾三十年，帝嘉其忠，以徐申爲景州刺史。昇橫海軍爲節度，擢懷直爲留後。明年，爲節度使。九年來朝，寵遇加等，進檢校尙書右僕射，賜大第、宮女。懷直荒田獵，出輒數日不返，帳下程懷信乘衆怒，閉門不納。懷信，其從昆也。於是懷直入朝，帝不之罪，更以虔王爲節度使，擢懷信留後，以懷直兼右龍武軍統軍。明年，懷信爲節度矣。十六年，懷直卒，贈揚州大都督。

後五年，懷信死，子權襲領軍務，詔授留後。元和元年，拜節度使，累進檢校兵部尙書，封邢國公。六年入朝，憲宗寵禮遣還鎭，加檢校尙書右僕射。權始名執恭，嘗夢滄諸門悉署「權」字，乃改名以應之。及淮西平，惕不安，丐入朝。至京師，固辭軍政，乃詔華州刺史鄭權代之。後以檢校司空爲邠寧節度使。卒，贈司徒，宗族奉朝請宿衞者三十餘人。

李全略，本王氏，名日簡，事王武俊爲偏裨。承宗時，虐用其軍，故入朝，授代州刺史。田弘正遇害，穆宗以全略故鎭州將，召問所欲言，全略多陳利害，冀合帝意，且請盡死力以報，遂授德州刺史。是時，杜叔良兵敗博野，故以全略爲橫海軍節度、滄德棣州觀察使，賜今姓名。未幾，貢錢千萬，使子同捷入朝。既還，卽奏同捷爲滄州長史，押中軍兵馬。帝不得已，可其請。全略陰規傳久計，選材武，以所私結士心。棣州刺史王稷善撫衆，而家富于財，全略內忌，以計殺之，族其家。

未幾死，同捷領留後事，重賂鄰藩，求領父節，敬宗持久詔不下。俄而文宗立，同捷以

帝新嗣位，必大開貸示四方，乃遣弟同志、同巽入朝，而使其屬崔長奉表請命，有詔拜兗海節度使，以烏重胤代之。同捷計窮，矯言軍中留己。於是，王智興請以全軍出討，魏博史憲誠令大將傅手詔入于軍，同捷不受，德、棣民多奔入鄆。乃下詔削官爵，命重胤率鄆、齊兵進討。憲誠、智興及汴滑李聽、平盧康志睦、易定張璠、幽州李載義以兵傅境。同捷自以與成德有舊，乃傾玉帛子女市河北三鎭驩。載義不許，絕其交，執使者并所遣奴婢四十七獻諸朝。王廷湊本闚橫海，欲乘其隙取之，引軍來援。智興攻棣州，火譙門，引水灌城，凡七月，其將張叔連降。始，刺史欒濛以同捷叛，密上變，事洩，爲所害，贈工部尙書。智興進圍滄州。

是時，帝絕王廷湊朝貢，且討之，兵須夥繁，調發不時，始置供軍糧料使，以濟兩河，諸將又多張俘首以冒賞。自重胤卒後，李寰、傅良弼不終事，更以左金吾衞大將軍李祐代，而智興將李君謀以輕兵絕河，夜殘無棣，降饒安壘五千兵。明年，祐拔無棣、平原。有詔行營堅壁務農，非被襲，勿決戰。而祐兵已薄德州，帝遣諫議大夫柏耆宣慰。祐攻拔德州，餘卒奔廷湊。同捷益急，乞降，祐疑其詐。耆引兵直入城，取同捷及家屬馳西。祐入滄州，耆至將陵，斬同捷，使其下傳首京師。詔貸四州一年租賦，赦同捷母并妻息，徙湖南。流崔長商州。同巽等以異母貸死，得隨母流所云。

唐書卷二百一十四

列傳第一百三十九

藩鎮宣武彰義澤潞

劉玄佐　鄧惟恭　吳少誠　少陽　元濟　李祐　劉悟　從諫　稹　李佐之　李師晦　李丕

劉玄佐，滑州匡城人。少倜蕩，不自業，爲縣捕盜，犯法，吏笞辱幾死，乃亡命從永平軍，稍爲牙將。大曆中，李靈曜據汴州反，玄佐乘其無備，襲取宋州，有詔以州遂隸其軍，節度使李勉即表署刺史。

德宗建中初，進兼御史中丞，充宋、亳、潁節度使。時李納叛，李洧以徐州歸，納急攻之，詔玄佐援洧，大破納兵，斬首萬餘級，東南饟漕乃通。進圍濮州，徇濮陽，皆下，再降其

守將，遂通濮陽津。遷檢校兵部尚書、兼曹濮觀察、淄青兗鄆招討使、汴滑都統副使。李希烈之反，玄佐與李勉、陳少游、哥舒曜聯兵屯淮、汝，數困賊。帝在奉天，垂意關東，乃詔檢校尚書左僕射、同中書門下平章事。希烈攻陳州，玄佐救之，希烈走，遂進取汴州。詔加汴宋節度使、陳州諸軍行營都統。玄佐本名洽，至是賜名以尊寵之。入朝，復兼涇原、四鎮、北庭兵馬副元帥，檢校司徒。

性豪縱，輕財好厚賞，故下益困。汴自李忠臣以來，士卒驕，不能自還，至玄佐彌甚。其後殺帥長，大鈔劫，狃于利而然也。玄佐貴，母尙在，賢婦人也。常月織絁一端，示不忘本。數教敕玄佐盡臣節。見縣令走廷中白事，退，戒曰：「長吏恐懼卑甚。吾思而父吏於縣，亦當爾。而據案當之，可安乎？」玄佐感悟，故待下益加禮。汴有相國寺，或傳佛軀汗流，玄佐自往大施金帛，於是將吏、商賈奔走輸金錢，惟恐後。十日，玄佐敕止，籍所入得巨萬，因以贍軍。其權譎類若此。初，李納遣使至汴，玄佐盛飾女子進之，厚饋遺，皆得其陰謀，故納最憚之。所寵吏張士南及假子樂士朝貲皆鉅萬，而士朝私玄佐嬖妾，懼事覺，酖玄佐，死，年五十八，贈太傅，謚曰壯武。

軍中匿喪俟代，帝亦爲隱。踰三日乃發喪。使至，帝問所欲立，曰：「陝虢觀察使吳湊可乎？」監軍孟介、行軍盧瑗以爲便，乃拜湊爲節度使。至氾水，玄佐柩將遷，士請具禮，瑗

不許，衆皆怒。陵晨，甲而譟，起玄佐子士寧於喪，使坐重榻，墨其衣，尊爲留後，殺大將曹金岸、浚儀令李邁，臨之，唯瑗、介獲免。士寧乃出貯財分勞吏士。介以聞，帝召宰相計議，竇參曰：「汴人挾李納以邀命，若不許，勢且合，不可解。」遂以士寧爲左金吾衞將軍，嗣節度。

始，玄佐養子士幹與士朝皆來京師，士幹知玄佐死無狀，遣奴持刀紿爲弔，入殺士朝於次。帝惡其專，亦賜士幹死。

士寧未授詔時，私遣人結王武俊、劉濟、田緒等，諸鎮不直之，皆執其使。而士寧忍暴，嘗手殺人杯案間；又彊烝父諸妾，逼吏民妻女亂之，或羸而觀；每畋獵，數日乃還。其下厭苦不服。

大將李萬榮者，故與玄佐同里相善，寬厚得士心。士寧忌之，奪其兵，使攝州事。嘗引衆二萬畋城南，未還，萬榮晨入府，召所留親兵告曰：「天子有詔召大夫，俾我代節度。人賜錢三萬。」士皆拜。於是分兵閉諸門，使告士寧曰：「詔書召大夫，宜速去，不然，事急且傳首以獻。」士寧知衆不與，將五百騎出奔，次中牟，亡者已半，至東都，惟僮妾數十人從之。既至京師，詔就第，禁出入。萬榮斬其支附數十人，以二十萬緡勞軍，詔籍士寧家貲給之。拜萬

榮兵馬留後。於是籍驕兵數百人，悉遣西防秋，當戍者怨之。大校韓惟清、張彥琳等請往，不許，使其子迺將，未行，彥琳等因其怨，誘使反攻萬榮，不勝，劫運財、民貲，殺掠數千人而潰。惟清奔鄭州，彥琳走東都自歸，有詔宥死竄惡地。殘士奔宋州，劉逸淮撫之，萬榮悉誅其妻子，以故衆不安，或呼於市曰：「大軍至，城且破。」萬榮捕按之，或言爲士寧所教，萬榮斬之，以狀聞，故士寧斥置郴州。

俄進萬榮節度使。會病甚，以兵屬鄧惟恭。惟恭者，與萬榮同里閈。而署子迺爲司馬，出大將李湛、張伾、伊婁涗等于外，欲殺之，不果。萬榮死，是夜惟恭與監軍俱文珍執迺送京師，杖死京兆府，以董晉代之。

吳少誠，幽州潞人，以世廕爲諸王府戶曹參軍事。客荆南，節度使庾準器之，留爲牙門將。從入朝，道襄陽，度梁崇義必叛，密畫計，將獻天子，而李希烈以其事聞，有詔嘉美，擢封通義郡王。崇義反，希烈以少誠爲前鋒。事平，賜實封戶五十。希烈叛，少誠爲盡力，及死，推陳仙奇主後務，既又殺之，衆乃共推少誠，德宗因授申、蔡、光等州節度觀察留後。

少誠爲治，能儉損，完軍實。自希烈以來，申、蔡人劫於苛法而忘所歸，及耆長既物故，

中華書局

則壯者習見暴掠，恬於搏鬬。地少馬，乘騾以戰，號「騾子軍」，尤悍銳。甲皆畫雷公星文以厭勝，詛詈王師。其屬鄭常、楊冀欲劫少誠，逐之以聽命，不克，常、冀被害。少誠盡宥諸將，以結衆心。貞元五年，進拜節度使。

久之，曲環卒，少誠間陳許無帥，以兵攻臨潁，戍將韋淸與賊通，留後上官涚遣兵三千救之，悉爲賊俘，遂圍許州。德宗怒，削少誠官爵，合十六道兵進討。于頔以襄陽兵戰吳房、朗山，禽其三將。王宗以壽州兵破賊於秋栅。於時師雖衆，無統帥，而宦人監軍顓進退，互爲異見。既戰小溵河，諸道師未交而潰，棄輜仗不貲。帝乃詔夏州節度使韓全義爲淮蔡招討處置使，上官涚副之，諸將皆受節度。與賊吳少陽等戰廣利城，師復敗，退營五樓，爲賊所乘，遂大潰。全義及監軍賈英秀等夜遯保溵水。汴宋、徐泗、淄靑兵走陳州。少誠薄溵水而營，全義懼，退保陳，而潞、滑、河陽、河中兵逃歸，唯陳許將孟元陽、神策將蘇光榮壁溵水。全義乃斬潞將夏侯仲宣、滑將時昂、河陽將權文度、河中將郭湘，欲以振師，不能也。少誠引兵去。

全義之敗，少誠得帳中諸公書數百番，持以紿衆曰：「朝廷公卿託全義破蔡日掠將士妻女爲婢媵。」以激怒其衆，絕向順意。少誠弱王師，移書於英秀求昭雪。帝召大臣議，宰相賈耽曰：「五樓軍退，而少誠卷甲不追，有自新路。」帝意稍挺，少誠復固巢穴矣。然猶以

宦者監諸道軍。劍南韋皋上言，以爲不如擇重臣爲統帥，因薦渾瑊、賈耽，「陛下若重煩元老，更求其次，則臣請以銳士萬人順流趨荆、楚，可以攘翦元憝。不然，因其請罪，特加原洗，罷兩河諸軍，亦其次也。使少誠禍盈惡周，變生帳下，必其賊黨，又當以官爵與之，則一少誠死，一少誠生，亦何足賴？」帝遂赦少誠，盡還其官爵。

順宗卽位，進同中書門下平章事，檢校司空，徙封濮陽郡王。元和四年死，贈司徒，而吳少陽代之。

少陽者，滄州淸池人。與少誠同在魏博軍，相友善。少誠得淮西，多出金帛邀之，養以爲弟，署右職，親近無間。少陽度少誠猜忍，且畏禍，請爲外捍，少誠乃表爲申州刺史。爲治尙寬易，舉軍附賴。少誠病亟，家奴單于熊兒矯召少陽至，攝副使，總軍事，於是殺少誠子元慶，自稱留後。憲宗以王承宗方叛，故詔遂王爲節度使，以少陽領留後。居三年，進拜節度使。

少陽不立絲役籍，隨日賦斂於人。地多原澤，益畜馬。時時掠壽州茶山，劫商賈，招四方亡命，以實其軍。不肯朝，然屢獻牧馬以自解，帝亦因善之。

九年死，子元濟匿不發喪，以病聞，僞表請元濟主兵。帝遣太醫往視，卽陽言少愈，不得見。

元濟者，其長子也，山首燕頷，垂頤，鼻長六寸。始仕試協律郎，攝蔡州刺史。有董重質者，少誠壻也，勇悍，久將，善爲兵，元濟倚之，因說元濟，請以精兵三千由壽之間道取揚州，東約李師道以舟師襲潤州，據之；遣奇兵掩商、鄧，取嚴綬，進守襄陽，以搖東南，則荆、衡、黔、巫傳一矢可定，五嶺非朝廷所有。又請輕兵五百，自崿領三日襲東都，則天下騷動，可以橫行。元濟猶豫不能用。

先是，其屬蘇兆、楊元卿、侯惟淸嘗勸少陽入朝，或言其有異志，元濟縊兆，歸其屍，而囚惟淸。帝以二人者皆死，故贈惟淸兵部尙書，兆尙書右僕射。時元卿奏事在長安，見宰相李吉甫，具言淮西事，且請蔡使在道者，隨在所縶之。少陽死四十日，帝不爲輟朝，易將增戍以須變。

會傳言重質殺元濟，族其家，吉甫因請爲少陽輟朝，遣使弔賻，贈尙書右僕射。而元濟不得命，乃悉兵四出，焚舞陽及葉，掠襄城、陽翟。時許、汝居人皆竄伏榛莽間，剽係千餘里，關東大恐。弔使至，弗克入而還。乃詔烏重胤兼汝州刺史，引軍壓其境，寧州刺史曹華爲之副，以戍襄城；李光顏爲忠武節度使，總兵臨屯；析山南東道，詔節度使嚴綬爲申、光、蔡等州招撫使，以中人崔潭峻監其軍。下詔奪元濟官爵，趣諸道進討。時大旱，詔既

下，雨雪凡三日。田弘正、韓弘各遣子率兵隸綬、光顏軍。綬屯蔡西鄙，師小勝，不設備，爲賊襲，敗于磁丘，退保唐州。壽州刺史令狐通戰數北，賊乃拔霍丘，屠馬塘，通嬰城不敢出。詔左金吾衛大將軍李文通宣慰，度其至，使代通。

會裴度輔政，賊始懼，而元濟不能有所指授，諸將趙昌、凌朝江、董重質、李祐、李憲、王覽、趙曄、王仁淸等以便宜人自爲戰，抗王師，有少誠、少陽舊風。而李師道餽鹽，出入寧陵、雍丘間，韓弘知而不肯禁。文通引兵與賊將王覽、董重質戰史蔟岡，馘覽首。光顏又大破賊於時曲，復與重胤合擊賊小溵河，敗之，夷其屯塹。天子責綬失律，更以韓弘兼都統，擢高霞寓唐鄧隨節度使。

十一年，諸軍大合。光顏壁掌河；文通敗賊於固始，拔鐵山；霞寓戰朗山，斬首千餘級，焚其壁，次鐵城。賊僞奔，霞寓窮追，伏發，死傷略盡，退保新興，賊圍之，監軍李議誠馳入唐州。以救兵至，圍解，還守唐州。

元濟以霞寓敗，不足虞，併兵以備陳。其秋，文通以兵銜枚夜出九女原，屠保壁三十所，分兵西北並安陽山，破屯邏數百人，降者萬餘，執兩將。光顏敗郾城兵二萬，俘六將，復與重胤合攻凌雲栅，拔之。帝怒諸軍無大功，詔內常侍梁守謙宣慰，因督戰，付詔書五百以待有功，斥金帛募死士。進拜光顏檢校尙書左僕射，重胤右僕射，布御史中丞，公武御史大

夫。詔旨約束，厲賞罰，諸將恐懼。貶霞寓，以袁滋代之。滋儒不能軍，更以李愬爲唐鄧隨節度使。

元濟食盡，士卒食菱芡魚鼈皆竭，至斸草根以給者。民苦飢，相與四潰，元濟亦嗇其食，不復禁，諸將爭納之。帝始僑置郾城、吳房於行營，以綏新附。愬引兵攻其西，破屯柵十餘所，執丁士良、吳秀琳，皆賊票健者。賊帥張伯良以兵三萬與光顏戰郾城，大敗。獲馬千匹、甲三萬首，伯良奔還蔡。曹華取青陵城，斷郾歸路。賊將鄧懷金懼，卽送款，光顏受之。愬又襲破朗山，執戍將梁希果，平汶港等三壁。元濟知衆數潰，而外失秀琳等，因奉表請束身北闕下，帝遣使者許以不死。元濟取行營馬三百，董重質不與，故不果降。愬略興橋，得守將李祐，不殺，引至帳下計議，始謀襲蔡，賊勢益沮。

自少誠盜有蔡四十年，王師未嘗傅城下，又嘗敗韓全義、于頔，以是兵驕無所憚，內恃陂浸重阻，故合天下兵攻之，三年纔克一二縣。帝既責罷霞寓、滋等，諸將乃用命。詔起沙陀梟騎濟師，命裴度爲彰義節度兼申、光、蔡四面行營招撫使。梁守謙與諸將計，先度未至立功，諸將亟戰，不勝。度至，大勞將士，皆感激請戰。間遣士入蔡，約元濟降，爲左右所劫，不得降。光顏每戰冠軍，故元濟悉衆亢時曲。祐爲愬謀曰：「蔡之守者，市人疲卒耳，勁兵皆在外，若直擣縣瓠，賊成禽矣。」愬然之，以精騎夜襲蔡，坎垣入之，戍者不知也。賊恃

董重質兵在洄曲，不虞師之至，及愬攻內城，防卒尙千餘接戰，元濟始驚，被甲乘城以待重質。會重質降愬，而李進誠取賊庫兵，卽攻之。明日，燒其門，民相率抱薪增火，王師縱射，城上鏃可拾也。居二日，門壞，執元濟，舉族傳之長安。申、光戍兵尙三萬，皆降。

帝御興安門受俘，羣臣稱賀，以元濟獻廟社，徇于市斬之，年二十五。夜失其首。妻沈沒入掖庭，二弟、三男子流江陵，皆殺之。斬其屬官劉協庶、趙曄、王仁清等十餘人。度還，以馬揔爲留後，俄拜節度使，析溵州隸陳許。

始度之出，太子右庶子韓愈爲行軍司馬，帝美度功，卽命愈爲平淮西碑，其文曰：

天以唐克肖其德，聖子神孫，繼繼承承，於千萬年，敬戒不怠，全付所覆，四海九州，罔有內外，悉主悉臣。高祖、太宗，既除既治。高宗、中、睿，休養生息。至于玄宗，受報收功，極熾而豐，物衆地大，孽牙其間。肅宗、代宗，德祖、順考，以勤以容。大慝適去，莨莠不薅，相臣將臣，文恬武嬉，習熟見聞，以爲當然。睿聖文武皇帝既受羣臣朝，乃考圖數貢，曰：「嗚呼！天既全付予有家，今傳次在予，予不能事事，其何以見于郊廟！」羣臣震懾走職。明年，平蜀。又明年，平江東。又明年，平澤潞，遂定易定，致魏、博、貝、衞、澶、相，無不從志。皇帝曰：「不可究武，予其少息。」九年，蔡將死，蔡人立其子元濟以請，不許，遂燒舞陽，犯葉、襄城，以動東都，放兵

四劫。皇帝歷問于朝，一二臣外，皆曰：「蔡帥之不廷授，于今五十年，傳三姓四將，其樹本堅，兵利卒頑，不與它等。因撫而有，順且無事。」大官臆決唱聲，萬口和附，并爲一談，牢不可破。皇帝曰：「惟天惟祖宗所以付任予者，庶其在此，予何敢不力！況一二臣同，不爲無助。」曰：「光顏，汝爲陳許帥，維是河東、魏博、郃陽三軍之在行者，汝皆將之。」曰：「重胤，汝故有河陽、懷，今益以汝，維是朔方、義成、陝、益、鳳翔、鄜延、寧慶七軍之在行者，汝皆將之。」曰：「弘，汝以卒萬二千屬而子公武往討之。」曰：「文通，汝守壽，維是宣武、淮南、宣歙、浙西、徐泗五軍之行于壽者，汝皆將之。」曰：「道古，汝其觀察鄂岳。」曰：「愬，汝帥唐鄧隨，各以其兵進戰。」曰：「度，汝長御史，其往視師。」曰：「度，惟汝予同，汝遂相予，以賞罰用命不用命。」曰：「弘，汝其以節都統諸軍。」曰：「守謙，汝出入左右，汝惟近臣，其往撫師。」曰：「度，汝其往，衣服飲食予士，無寒無飢，以既厥事，遂生蔡人。賜汝節斧、通天御帶、衞卒三百。凡茲廷臣，汝擇自從，惟其賢能，無憚大吏。庚申，予其臨門送汝。」曰：「御史，予閔士大夫戰甚苦，自今以往，非郊廟祀，無用樂。」

顏、胤、武合攻其北，大戰十六，得柵城縣二十三，降人卒四萬。道古攻其東南，八戰，降萬三千，再入申，破其外城。文通戰其東，十餘遇，降萬三千。愬入其西，得賊將，

輒釋不殺，用其策，戰比有功。十二年八月，丞相度至師，都統弘責戰益急，顏、胤、武戰益用命。元濟盡并其衆洄曲以備。十月壬申，愬用所得賊將，自文城因天大雪疾馳百二十里，用夜半到蔡，破其門，取元濟以獻，盡得其屬人卒。辛巳，丞相度入蔡，以皇帝命赦其人。淮西平，大饗賚功。師還之日，因以其食賜蔡人。凡蔡卒三萬五千，其不樂爲兵願歸爲農者十九，悉縱之。斬元濟京師。

冊功：弘加侍中；愬爲左僕射，帥山南東道；顏、胤皆加司空；公武以散騎常侍帥鄜坊丹延；道古進大夫；文通加散騎常侍；丞相度朝京師，進封晉國公，進階金紫光祿大夫，以舊官相；而以其副揔爲工部尙書，領蔡任。

既還奏，羣臣請紀聖功，被之金石。皇帝以命臣愈，愈再拜稽首而獻文曰：

唐承天命，遂臣萬方。孰居近土，襲盜以狂？往在玄宗，崇極而圮。河北悍驕，河南附起。四聖不宥，屢興師征。有不能克，益戍以兵。夫耕不食，婦織不裳。輸之以車，爲卒賜糧。外多失朝，曠不岳狩。百隸怠官，事亡其舊。帝時繼位，顧瞻咨嗟：「惟汝文武，孰恤予家？」既斬吳、蜀，旋取山東。魏將首義，六州降從。淮蔡不順，自以爲彊。提兵叫讙，欲事故常。始命討之，遂連姦鄰。陰遣刺客，來賊相臣。方戰未利，內驚京師。羣公上言：「莫若惠來。」帝爲不聞，與神爲謀。及相同德，以訖天誅。乃

中華書局

敕顏、胤、愬、武、古、通：「咸統於弘，各奏汝功。」三方分攻，五萬其師。大兵北乘，厥數倍之。嘗兵時曲，軍士蠢蠢。既翦陵雲，蔡卒大窘。勝之邵陵，郾城來降。自夏及秋，復屯相望。兵頓不勵，告功不時。帝哀征夫，命相往釐。士飽而歌，馬騰於槽。試之新城，賊遇敗逃。盡抽其有，聚以防我。西師躍入，道無留者。頟頟蔡城，其疆千里。既入而有，莫不順俟。帝有恩言，相度來宣：誅止其魁，釋于下人。蔡之卒夫，投甲呼舞。蔡之婦女，迎門笑語。蔡人告飢，船粟往哺。蔡人告寒，賜以繒布。始時蔡人，禁不往來。今相從戲，里門夜開。始時蔡人，進戰退戮。今眠而起，左飧右粥。爲之擇人，以收餘憊。選吏賜牛，教而不稅。蔡人有言：「始迷不知，今乃大覺，羞前之爲。」蔡人有言：「天子明聖，不順族誅，順保性命。汝不吾信，視此蔡方。孰爲不順，往斧其吭。凡叛有數，聲勢相倚。吾彊不支，汝弱奚恃？其告而長，而父而兄；奔走來階，同我太平。」淮蔡爲亂，天子伐之。既伐而飢，天子活之。始議伐蔡，卿士莫隨。既伐四年，小大並疑。不赦不疑，由天子明。凡此蔡功，惟斷乃成。既定淮蔡，四夷畢來。遂開明堂，坐以治之。

愈以元濟之平，繇度能固天子意，得不赦，故諸將不敢首鼠，卒禽之，多歸度功，而愬特以入蔡功居第一。愬妻，唐安公主女也，出入禁中，訴愈文不實。帝亦重牾武臣心，詔斲其文，更

命翰林學士段文昌爲之。

李祐以功遷神武將軍，賜田宅米粟。帝迹董重質敎元濟亂，欲誅之，而李愬先許不死，故貶春州司戶參軍；凌朝江潘州司戶參軍。

是歲，申、蔡州始輸貢物，戶部以其久不至，請元日陳於廷。

祐字慶之，後擢夏綏銀宥節度使，徙涇原。討李同捷也，改滄德景節度，累檢校尚書左僕射。重質之貶，未幾，轉太子少詹事，隸武寧軍，還左神武將軍，賚金幣與功臣等。擢累左右神策劍南西川行營節度使，歷帥夏綏銀宥，訓兵有法，羌戎畏服。終右龍武統軍，贈尚書右僕射。

劉悟，其祖正臣，平盧軍節度使，襲范陽不克，死。叔父全諒，節度宣武，器其敢毅，署牙將，以罪奔潞州。王虔休復署爲將，被病去，還東都，全諒積緡錢數百萬在焉，悟破縢鐍用之。從惡少年殺人屠狗，豪橫犯法，繫河南獄，留守韋夏卿貸免。李師古厚幣迎之，始未甚知，後從擊毬，軒然馳突，撞師古馬仆，師古恚，將斬之，悟盛氣以語觸師古，不懾，師古奇其才，令將後軍，妻以從娟，歷牙門右職。師道以軍用屈，率賈人錢爲助，命悟督之。悟獨寬假，人皆歸賴。師道被討，使將兵屯曹，法一而信，士卒樂爲用，軍中刁斗不鳴。

田弘正兵屯陽穀，悟徙營潭趙，魏師踰河取盧縣，壁阿井，城中飛語以謂馮利涉與悟當爲帥。師道內疑，數召悟計事，悟曰：「今與魏如角力者，勢已交，先退者負。悟還，魏躡薄城下矣。」左右諫曰：「兵成敗未可知，殺大將，孰肯爲用？」師道然之。或言悟且亂，不如速去，師道遣使兩輩來責戰，密語其副張暹使斬悟。使者與暹屏語移時，悟疑之，暹以情告，悟乃斬使者，召諸將議曰：「魏博兵彊，出則敗，不出則死。且天子所誅，司空而已。吾屬爲驅迫就死地，孰若還兵取鄆立大功，轉危亡爲富貴乎？」衆皆唯唯，而別將趙垂棘沮其行，悟因殺之，并殺所惡三十人，尸帳前，衆畏伏。下令曰：「入鄆，人賞錢十萬，聽復私怨，財蓄恣取之，唯完軍帑，違者斬。」因遣報弘正，使進兵潭趙。悟夜半薄西門，遲明啓而入，殺師道并大將魏銑等數十人。即拜悟義成節度使，封彭城郡王，實封戶五百。

元和十五年來朝，進檢校兵部尚書。穆宗立，徙昭義軍。朱克融亂，議者假威名以厭其亂，移守盧龍。至邢州，會王廷湊之變，不得入，還屯。進兼幽、鎭招討使，治邢州。圍臨城，觀望久不拔，與監軍劉承偕不叶，衆辱悟，縱其下亂法，悟不堪其忍。承偕與都將張問謀縛悟送京師，以問代節度事。悟知之，以兵圍監軍，殺小使。其屬賈直言質責悟曰：「李司空死有知，使公所爲至此，軍中將復有如公者矣！」悟遽謝曰：「吾不欲聞李司空字，少選

當定。」即撝兵退，匿承偕囚之。帝重違其心，貶承偕，然悟自是頗專肆，上書言多不恭。天下負罪亡命者多歸之，彊列其冤。累進檢校司徒、同中書門下平章事。

寶曆初，巫者妄言師道以兵屯瑠璃陂，悟惶恐，命禱祭，具千人膳，自往求哀。將易衣，嘔血數斗，卒，贈太尉。表其子從諫嗣。

從諫，母微賤，少狡獪。師道時，使悟出屯，署從諫門下別奏。從諫與師道諸奴日戲博交通，具知其陰密事，悉疏于悟，故悟得立功。悟卒，從諫知留後，持金幣路當權者。朝議謂上黨內鎭，與河朔異，不可許。左僕射李絳奏言：「悟匿死，衆不必同亂，從諫威惠未著，若詔比鎭大將領節度，馳入軍，笮其未備，使軍情有屬，謀自屈矣。有如拒命，三州勢難獨存，數月可覆。」時李逢吉、王守澄納其賂，數爲請，敬宗乃以晉王爲節度大使，詔從諫主留事，起將作監主簿，檢校左散騎常侍。晉王帝所愛，從諫饋獻相望，未幾，拜節度使。大和初，李聽敗館陶，走淺口，從諫引鐵騎黃頭郎救之，聽免。進檢校尚書左僕射，拜司空，封沛國公。

昭義自悟時治邢州，而人思上黨，從諫還治潞。悟苛擾，從諫寬厚，故下益附。方年壯，思立功。六年，請入朝，文宗待遇加等。明年，還藩，進同中書門下平章事。公卿多託以私，

又見事柄不一，遂心輕朝廷，有驕色。李訓約從諫誅鄭注，及甘露事，宰相皆夷族，傳言死非其罪。從諫不平，三上書請王涯等罪，譏切中人。時宦豎得志，天子弱，鄭覃、李石新執政，藉其論執以立權綱，中人憚而怨之。又劾奏蕭本非太后弟。仇士良積怒，倡言從諫志窺伺。從諫亦妄言清君側，因與朝廷猜貳。武宗立，兼太子太師。

性奢侈，飾居室輿馬。無遠略，善貿易之算。徙長子道入潞，歲榷馬征商人，又熬鹽，貨銅鐵，收緡十萬。賈人子獻口馬金幣，即署牙將，使行賈州縣，所在暴橫沓貪，責子貸錢，吏不應命，即愬于從諫。欲論奏，或遣客游刺，故天下怨怒。從諫畜馬高九尺，獻之帝，帝不納，疑士良所沮，怒殺馬，益不平。又聞士良寵方渥，愈憂惑，欲自入朝，恐不脫禍，因被病，卒，年四十一，贈太傅。初，大將李萬江者，本退渾部，李抱玉送回紇，道太原，舉帳從至潞州，牧津梁寺，地美水草，馬如鴨而健，世所謂津梁種者，歲入馬價數百萬。子弟姻婭隸軍者四十八人，從諫徙山東，懼其重遷且生變，而子弟亦豪縱，少從諫，不甚禮，因誣其叛，夷三族，凡三百餘家。姬妾有微過，輒殺之。人皆知其將亡。

從子稹，父從素仕右驍衞將軍。從諫以爲嗣，病甚，與妻裴謀，令主軍事，置大將王協、郭誼、劉武德、劉守義等佐稹。祕不發喪，協謀遣將姜崟請醫於朝。中人與醫至，時從諫死

已再旬，稹曰：「公困革不任受詔，稹請代拜。」中人曰：「臥而視可也。」辭以母夫人侍，不可屏。中人欲直入，武德等戶之，中人恐有變，趣出，貺饋百萬。後使者繼往，爲知從諫已死者，未至數舍，衆懼，武德與將董可武出兵萬人迎勞，至牙門，不得前。諸將乃詣監軍崔士康邀說，請如河朔故事。士康懦，不敢拒，乃至喪次，扶出稹，爲裹絁巾，曰：「毋更欲殺敕使。」諸將哄然笑，遂出見三軍。

帝怒前使者不入，讁隸恭陵；稹所遣姜崟、梁叔文、梁叔明三輩，皆杖死京兆府。詔從素書敕稹護喪還東都，稹不奉詔。詔羣臣議，李德裕建言：「稹所恃者，河朔耳。若遣大臣諭上旨，出山東兵，破之必矣。」有詔奪從諫、稹官，敕諸軍進討。

於是河陽王茂元以兵屯萬善；河東劉沔守昂車關，壁榆社；魏博何弘敬柵肥鄉，侵平恩；成德王元逵次臨洺，略任、堯山、向城；河中陳夷行營冀城，侵冀氏。茂元別遣將營天井關，爲賊將薛茂卿所破，執四將，火十七柵。張巨進攻萬善，不能下。茂元欲走，會日暮，賊自潰去。詔忠武王宰以本軍入懷澤行營，陳許士票武，賊衆素憚畏。而茂卿負戰勝，冀厚賞。或言：「其兵犯王略深，朝廷且怒，節益不可至。」稹然之，故茂卿大望，乃與宰通，即僞挑戰，亟北，委天井關去，左右七營皆潰。茂卿奔澤州，使諜言於宰曰：「澤可取，吾應於內。」宰疑不進，失期，茂卿扼腕悵恨。稹聞其貳，召誅之。宰進破劉公直，拔陵川。劉沔又

取石會關。李石代沔領河東，稹因石兄洺州刺史恬移書乞降，石以聞，右拾遺崔碣表請納之，帝怒，斥碣鄧城令，詔敢言罷兵者戮賊境。上令石答書許稹面縛，石馳往受之，稹不出。俄而太原將楊弁逐李石，與稹連和，稹諸將建議：「我求承襲，彼叛卒，若與之，是與反者。」械其使送京師，使康良佺屯鼓腰嶺，敗太原兵，生禽卒七百。帝猶不赦。

始，從諫將死，命稹無答辱羣奴，故李士貴等與王協尤用事，士戰，有功不賞，下無鬭志。府中財貨尙山積，而協請稅商人，使劉溪等分出檢實，而溪并齊民閱其貲，十取二，百姓始怨。從諫妻弟裴問守邢州，有募兵五百，號「夜飛將」，多豪姓子，其家以輸貲不時，爲溪所囚。問以爲言，溪大怒，問因殺溪，與刺史崔嘏斬大將，自歸成德軍。王釗守洺州，給士帑布一端，稹檄代歲稟。釗謂衆曰：「庫物尙多，欲發以爲賞，可乎？」士皆喜。悉所有給之，送款魏博軍。磁州將高玉、堯山將魏元談等以次降成德，元逵以久爲賊守，殺之。

稹聞三州降，大懼。大將郭誼與王協始議圖稹，使董可武誘稹至北第，置酒，飲酣，即斬首，悉取從諫子在襁褓者二十餘，并從子積、匡周等殺之。誅張谷、張沿、陳揚庭、李仲京、王渥、王羽、韓茂章、茂實、賈庠、郭台、甄戈十一族，夷之，軍中素不附者皆殺。函稹首送王宰，獻京師，告廟社，帝御興安門受之。劉公直亦降於宰。

石雄以兵守境，軍大掠，誼移書責之，雄銜怒。稹之死，誼斥從諫妻伏夾室，收其貲私

於己，建大旆，日望旌節。宰相德裕建言：「稹庸下，亂繇誼始，及軍窮蹙，乃圖稹邀榮，不誅無以懲姦臣。及兵在境，宜悉取逆黨送京師，論如法。」先是有狂人呼於潞市曰：「石雄七千人至矣！」從諫捕誅之，乃請詔雄率兵如數以入。雄至潞，縛誼及王協、劉公直、安全慶、李道德、李佐堯、劉武德、董可武等送京師，並殊死。杖崔士康殺之。白惟信者，潞梟將，數與雄戰，懼不敢降，自武鄉殺都將康良佺，欲降盧鈞；雄遣人召降，惟信殺之，卒降鈞。有詔「從諫且死，乃署稹軍事，宜剖棺暴尸于市三日。」雄發視，面如生，一目尙開，雄三斬之，仇人剔其骨幾盡。

誼者，兗州人。兄岌，事悟爲牙將，常樂潞山秀峻，曰：「我死必葬此。」望氣者言：「其地當三世爲都頭異姓。」河北謂都頭異姓，至貴稱也。「然塋過二丈不利。」誼以岌假刺史，穿三丈，得石蛇并三卵，工破之，皆流血。至是，誼及岌三子同誅。

張谷、張沿、陳揚庭皆有文，時時言古今成敗以佐從諫，故善遇此三人。谷納邯鄲人李嚴女爲侍人，號新聲。當從諫潛圖窺裔，新聲諫谷曰：「始天子以從諫爲節度，非有戰野攻城之功，直以其父挈齊十二州還天子，去就間未能奪其嗣耳。自有澤潞，未聞以一縷一蹄爲天子壽，左右皆無賴。章武朝，數鎮顚覆，皆雄才傑器，尙不能固天子恩，況從諫擢自兒女手中，苟不以法得，亦宜以不法終。君當脫族西去，大丈夫勿顧一飯恩，以骨肉腥健兒

食。」言訖悲涕。谷不決者三月，畏言泄，縊之。

李仲京，訓之兄，爲蕭洪府判官，擢監察御史。王渥，璠之子。王羽，涯族孫。韓茂章、茂實，約之子。賈庠，餗子。郭台，行餘子。甘露難作，皆羸服奔從諫，從諫衣食之。

甄戈者，頗任俠，從諫厚給衈，坐上座，自稱荆卿。從諫與定州戍將有嫌，命戈取之，因爲逆旅上謁，留飲三日，乘間斬其首。它日，又使取仇人，乃引不逞者十餘輩劫之。從諫不悅，號「僞荆卿」。

從諫妻裴，以弟立功，詔欲貸其死。刑部侍郎劉三復執不可，於是賜死，以尸還問。裴父敞，晃之裔，辟悟府，悟奇之，故爲從諫納其女。裴年十五，火光起袿下，家人以爲怪，因許婚。封燕國夫人。寬厚有謀，每勸從諫入朝爲子孫計。從諫有妾韋願封夫人，許之，詔至，裴怒，毀詔不與。從諫它日會裴黨，復出詔，裴抵去，曰：「淄青李師古四世阻命，不聞側室封者。君承朝廷姑息，宜自黜削，求洗濯，顧以婢爲夫人，族不日滅耳！」從諫赧然止。及韋至京師，乃言：「李丕降，裴會大將妻號哭曰：『爲我語若夫，勿忘先公恩，願以子母託。』諸婦亦泣下，故潞諸將叛益堅。」由是及禍。

初，術者李琢能言禍福，從諫以重幣邀，辟署大將。會昌初，謂從諫曰：「往歲長星經斗，公生直之。今鎭復至，當有災。」從諫即徙軍山東，開毬場，鑿柳泉，大興役以厭。及病，有

言琢所興造皆逆歲，疑有異謀，使稹數其罪殺之，府中恟恟，俄而李丕降。

有李佐之者，兼孫也，累調河南尉，號彊直。嘗客潞，爲從諫所禮，留不得去，遂署觀察府支使，因娶其從祖妹。從諫薄疏屬，資媵寒闕，佐之亦薄之，不甚答。從諫病，佐之力諷使還東都，從諫雖不能從，然感服其言。病且革，王協等恐佐之妻母有所關說，卽聾母歸東都。會佐之奴告佐之交通賓客，漏軍中虛實，稹囚之。妻訴不見禮，稹遂殺之。

武鄉令唐漢賓，儉裔孫，以稹拒命，固諫歸朝，不聽，舉族見害。李師晦者，本宗室子，始悟辟致幕府，見從諫稍恣橫，假言求長生術，不與事。從諫使歸東都，師晦懼爲谷、揚庭等所譖，請居涉，從諫不之疑。稹敗，有爲帝言者，擢伊闕令，而贈薛茂卿博州刺史。大中初，又贈漢賓本縣令。

先時，河北諸將死，皆先遣使弔祭，次册贈，次近臣宣慰，度軍便宜乃與節，軍中不許出，乃用兵，大抵不半歲不能定，故謷將逆子皆得爲之備。稹初不意帝怒卽見討，及茂元錄詔示稹，舉族號慟，欲自歸，而愚懦不決云。自悟至稹三世，凡二十六年。

李丕者，善長短術，與從諫厚善，署大將。及稹阻命，軍中疾其才，丕懼，乞爲游弈深入，以圖營壁處，遂自歸。議者疑爲賊遣，德裕奏言：「討賊半年，始有降者，當賞以勸餘。」帝召見，擢忻州刺史。丕請取榆社，東徑武安入討賊，雖邢、洺未下，而兵不得救潞。不聽。楊弁亂，遣人誘丕，丕斬之，以兵扼走集。德裕言于帝曰：「度支戶部物積代州，今丕塞其路，賊破矣。」乃趣丕討弁，兵未至而弁已禽。遷汾、晉二州刺史。大中初，拜振武節度使，檢校刑部尚書。党項叛，徙鄜坊，卒。

贊曰：傳稱：「作易者其知盜乎！」然則盜之情，非聖人不能知。唐中衰，姦雄圜睨而奮，舉魏、趙、燕之地，莽爲盜區，挐叛百年，夷狄其人，而不能復。昏上庸佐，惟不知盜故也。引妖就暝，以奪厥明，寧蕭俛、崔植等謂耶！

唐書卷二百一十五上

列傳第一百四十上

突厥上

夷狄爲中國患，尚矣。在前世者，史家類能言之。唐興，蠻夷更盛衰，嘗與中國亢衡者有四：突厥、吐蕃、回鶻、雲南是也。方其時，羣臣獻議盈廷，或聽或置，班然可睹也。劉昫以爲：

嚴尤辯而未詳，班固詳而未盡，推其至當，周得上策，秦得其中，漢無策。何以言之？荒服之外，聲教所不逮，其叛不爲之勞師，其降不爲之釋備，嚴守禦，險走集，使其爲寇不能也，爲臣不得也。「惠此中夏，以綏四方」，周之道也，故曰周得上策。易稱：「王侯設險以固其國。」築長城，脩障塞，所以設險也。趙簡子起長城備胡，燕、秦亦築長城限中外，益理城塹，城全國滅，人歸咎焉。後魏築長城，議者以爲人治

一步，方千里，役三十萬人，不旬朔而獲久逸，故曰秦得中策。漢以宗女嫁匈奴，而高祖亦審魯元不能止趙王之逆謀，謂能息匈奴之叛，非也。且冒頓手弒其親，而冀其不與外祖爭彊，豈不惑哉？然則知和親非久安計而爲之者，以天下初定，紓歲月之禍耳。武帝時，中國艾安，胡寇益希，疏而絕之，此其時也。方更糜耗華夏，連兵積年，故嚴尤以爲下策。然而漢至昭、宣，武士練習，斥候精明，匈奴收迹遠徙，猶襲奉春之過舉，傾府藏給西北，歲二億七十萬。皇室淑女，嬪於穹廬；掖庭良人，降於沙漠。夫貢子女方物，臣僕之職也。詩曰：「莫敢不來享，莫敢不來王。」荒服稱其來，不言往也。公及吳盟，諱而不書。奈何以天子之尊，與匈奴約爲兄弟，帝女之號，與胡媪並御；蒸母報子，從其汚俗。中國異於蠻夷者，有父子男女之別也。婉冶之姿，毀節異類，垢辱甚矣。漢之君臣，莫之恥也。魏、晉羌狄居塞垣，資奉踰昔。百人之酋，千口之長，賜金印紫綬，食王侯之俸。牧馬之童，乘羊之隸，齎毳氈邀利者，相錯於路。未㝵之利，絲枲所生，散於數萬里之外。胡夷歲驕，華夏日蹙。方其彊也，竭人力以征之；其服也，養之如初。病則受養，彊則內攻，中國爲羌胡服役且千載，可不悲哉！誠能移其財以賞戍卒，則民富；移其爵以餌守臣，則將良。富利歸於我，危亡移於彼，無納女之辱，無傳送之勞。棄此而不爲，故曰漢無策。

嚴尤謂古無上策，謂不能臣妾之也，誠能之而不用耳。秦無策，謂攘狄而亡國也。秦亡，非攘狄也。漢得下策，謂伐胡而人病。人既病矣，又役人而奉之，無策也。故曰嚴尤辯而未詳也。

班固謂「其來慕義，則接以禮讓」。何者？禮讓以交君子，非所以接禽獸夷狄也。纖麗外散，則戎羯之心生；戎羯之心生，則侵盜之本也。聖人飲食聲樂不與之共，來朝坐於門外，舌人體委以食之，不使知馨香嘉味也。漢氏習玩驕虜，使其悅燕、趙之色，甘太官之珍，服以文綺羅紈，供之則增求，絕之則招怨，是飽豺狼以良肉，而縱其獵噬也。華人步卒利險阻，虜人騎兵利平地，堅守無與追奔競逐，來則杜險使不得進，去則閉險使不得還，衝以長戟，臨以彊弩，非求勝也，譬諸蟲豸虺蜴，何禮讓之接哉？故曰班固詳而未盡者，此也。

杜佑謂：

秦以區區關中滅六彊國，今竭萬方之財，上奉京師，外有犬戎憑陵，陷城數百，內有兵革未寧，三紀矣。豈制置異術，古今殊時乎？周制，步百爲畝，畝百給一夫。商鞅佐秦，以爲地利不盡，更以二百四十步爲畝，百畝給一夫。又以秦地曠而人寡，晉地狹而人夥，誘三晉之人耕而優其田宅，復及子孫，使秦人應敵於外，非農與戰不得入官。

大率百人以五十人爲農，五十人習戰，故兵彊國富。其後仕宦途多，末業日滋。今大率百人纔十人爲農，餘皆習伦技。又秦、漢鄭渠溉田四萬頃，白渠溉田四千五百頃，永徽中，兩渠灌寖不過萬頃，大曆初，減至六千畝。畝脧一斛，歲少四五百萬斛。地利耗，人力散，欲求彊富，不可得也。漢時，長安北七百里卽匈奴之地，侵掠未嘗暫息。計其舉國之衆，不過漢一大郡，鼂錯請備障塞，故北邊妥安。今潼關之西，隴山之東，鄜坊之南，終南之北，十餘州之地，已數十萬家。吐蕃緜力薄材，食鮮藝拙，不及中國遠甚，誠能復兩渠之饒，誘農夫趣耕，擇險要，繕城壘，屯田蓄力，河、隴可復，豈唯自守而已。

至佑孫牧亦曰：

天下無事時，大臣偷處榮逸，戰士離落，兵甲鈍弊，車馬刓弱，天下雜然盜發，則疾驅以戰，是謂宿敗之師。此不蒐練之過，其敗一也。百人荷戈，仰食縣官，則挾千夫之名，大將小裨操其餘贏，以虜壯爲幸，執兵者常少，糜食者常多，築壘未乾，公囊已虛。此不責實之過，其敗二也。戰小勝則張皇其功，奔走獻狀以邀賞，或一日再賜，一月累封，凱還未歌，書品已崇，爵命極矣，田宮廣矣，金繒溢矣，子孫官矣，肯外死勤於我哉？此賞厚之過，其敗三也。多喪兵士，顚翻大都，則跳身而來，刺邦而去，迴視刀鋸、

菜色甚安，一歲未更，已立於壇墠之上。此輕罰之過，其敗四也。大將將兵，柄不得專，一日爲偃月，一日爲魚麗，三軍萬夫，環旋翔佯，愰駭之間，虜騎乘之。此不專任之過，其敗五也。元和時，團兵數十萬以誅蔡，天下乾耗，四歲然後能取之，蓋五敗不去也。長慶初，盜子若孫悉來走命，未幾而燕、趙亂，引師起將，五敗益甚，不能加威於反虜。二杜之論如此。

廣德、建中間，吐蕃再飲馬岷江，常以南詔爲前鋒，操倍尋之戟，且戰且進，蜀兵折刃吞鏃，不能斃一戎。戎兵日深，疫死日衆，自度不能留，輒引去。蜀人語曰：「西戎尚可，南蠻殘我。」至韋皋繫青谿道以和羣蠻，使道蜀入貢，擇子弟習書算於成都，業成而去，習知山川要害。文宗時，大入成都，自越巂以北八百里，民畜爲空，又敗卒貧民因緣掠殺，官不能禁。自是羣蠻常有屠蜀之心，蜀民苦於重征者，亦欲啓之以幸非常。歲發戍卒，不習山川之險，緩步一舍，已呵然流汗。爲將者刻薄自入，給帛則以疏易良，賦粟以沙參粒，故邊卒怨望而巴、蜀危憂。孫樵謂：「宜詔嚴道、沈黎、越巂三州，度要害，募卒以守。且兵籍於州則易役，卒出於邊則習險，相地分屯，春耕夏蠶以資衣食，秋冬嚴壁以俟寇。歲遣廉吏視卒之有無，則官無饋運，吏無牟盜。」此其備禦之策可施行者，著之于篇。

凡突厥、吐蕃、迴鶻以盛衰先後爲次；東夷、西域又次之，迹用兵之輕重也；終之以南

蠻，記唐所繇亡云。

突厥阿史那氏，蓋古匈奴北部也。居金山之陽，臣于蠕蠕，種裔繁衍。至吐門，遂彊大，更號可汗，猶單于也，妻曰可敦。其地三垂薄海，南抵大漠。其別部典兵者曰設，子弟曰特勒，大臣曰葉護，曰屈律啜，曰阿波，曰俟利發，曰吐屯，曰俟斤，曰閻洪達，曰頡利發，曰達干，凡二十八等，皆世其官而無員限。衞士曰附離。可汗建廷都斤山，牙門樹金狼頭纛，坐常東響。

隋大業之亂，始畢可汗咄吉嗣立，華人多往依之，契丹、室韋、吐谷渾、高昌皆役屬，竇建德、薛舉、劉武周、梁師都、李軌、王世充等倔起虎視，悉臣尊之。控弦且百萬，戎狄熾彊，古未有也。高祖起太原，遣府司馬劉文靜往聘，與連和，始畢使特勒康稍利獻馬二千、兵五百來會。帝平京師，遂恃功，使者每來多橫驕。武德元年，骨咄祿特勒來朝，帝宴太極殿，爲奏九部樂，引升御坐。是歲，始畢牙帳自破，帝問內史令蕭瑀，瑀曰：「魏文帝幸許，城門無故壞，是年文帝崩，豈其類耶？」二年，始畢自將度河，至夏州，與賊梁師都合，又佐劉武周以五百騎入句注，將侵太原。會病死，帝爲發哀長樂門，詔羣臣卽館弔其使，遣使者持段物三萬賻之。子什鉢苾幼，不克立，以爲泥步設，使居東偏，立其弟俟利弗設，是爲處羅可汗。

處羅復妻隋義成公主，遣使來告，則又潛通王世充，潞州總管李襲譽擊斬其使，取牛羊萬餘。處羅迎隋蕭皇后及齊王暕之子正道於竇建德所，因立正道爲隋王，奉隋後，隋人沒者隸之，行其正朔，置百官，居定襄，衆萬人。秦王討武周也，處羅以弟步利設騎二千會幷州三日，多掠城中婦人女子去，總管李仲文不能制，以俱倫特勒助屯。明年，謀取幷州置楊正道，卜之，不吉，左右諫止，處羅曰：「我先人失國，賴隋以存，今忘之，不祥。卜不吉，神詎無知乎？我自決之。」會天雨血三日，國中犬夜羣號，求之不見，遂有疾，公主餌以五石，俄疽發死。主以子奧射設陋弱，棄不立，更取其弟咄苾嗣，是爲頡利可汗。

頡利始爲莫賀咄設，牙直五原北。薛舉陷平涼，與連和，帝患之，遣光祿卿宇文歆賂頡利，使與舉絕；隋五原太守張長遜以所部五城附虜，歆幷說還五原地。皆見聽，且發兵舉長遜所部會秦王軍。太子建成議廢豐州，幷割楡中地。於是處羅子郁射設以所部萬帳入處河南，以靈州爲塞。

頡利又妻義成，以始畢子什鉢苾爲突利可汗，使居東。義成，楊諧女也，其弟善經亦依

突厥，與王世充使者王文素共說頡利曰：「往啓民兄弟爭國，賴隋得復位，子孫有國。今天子非文帝後，宜立正道以報隋厚德。」頡利然之，故歲入寇。然倚父兄餘貲，兵銳馬多，驁然驕氣，直出百蠻上，視中國爲不足與，書辭悖嫚，多須求。帝方經略天下，故屈禮，多所舍貸，賵賚不貲，然而不厭無厓之求也。

四年，頡利率萬騎與苑君璋合寇鴈門，定襄王李大恩擊却之。頡利執我使者漢陽公瓌、太常卿鄭元璹、左驍衞大將軍長孫順德，帝亦囚其使與相當。由是寇代州，敗行軍總管王孝基〔一〕，略河東，犯原州，穿延州塞，諸將與戰，不能有所俘。

明年，還順德等，且請和，贄魚膠，紿云：「固二國之好也。」帝雖未情，釋其使特勒熱寒等，厚與金還之。大恩上言：「突厥飢，馬邑可圖也。」詔殿中少監獨孤晟共擊之。晟後約，大恩不敢進，屯新城。頡利自將數萬騎與劉黑闥合圍之，大恩沒，士死者數千人。進擊忻州，爲李高遷所破。黑闥以突厥萬人擾山東，又殘定州。頡利未得志，乃率十五萬騎入鴈門，圍幷州，深鈔汾、潞，取男女五千，分數千騎轉掠原、靈間。於是太子建成將兵出豳州道，秦王將兵出蒲州道擊之；李子和以兵趨雲中，掩可汗後；段德操出夏州，狙其歸。幷州總管襄邑王神符戰汾東，斬虜五百首，取馬二千；汾州刺史蕭顗獻俘五千。虜陷大震關，縱兵掠弘州，總管宇文歆、靈州楊師道拒之，獲馬、橐它數千。頡利聞秦王且至，引出塞，王

師還。

又明年，與黑闥、君璋等小小入寇定、匡、原、朔等州，與屯將相勝負。帝遣太子建成復屯北邊、秦王屯并州備虜，久乃罷。俄又破代地一屯，進擊潤、幽二州，取馬邑，不有也，復請和，歸我馬邑。

七年，攻原、朔二州，入代地，不勝，更與君璋合攻隴州及陰槃城，分擊并地，秦王與齊王元吉屯幽州道以備胡。君璋與虜出入原、朔、忻、并地，剽係騷然，數爲諸將驅逐。其八月，頡利與突利兵悉起，自原州連營而南，所在震恐，秦王、齊王拒之。

初，關中霖潦，餽道絕，軍次豳州，可汗萬騎奄至，陣五龍坂，以數百騎挑戰，舉軍失色。秦王馳百騎掠陣，大言曰：「國家於突厥無負，何爲深入？我，秦王也，故來自與可汗決，若固戰，我纔百騎耳，徒廣殺傷，無益也。」頡利笑不答。又馳騎語突利曰：「爾往與我盟，急難相助，今無香火情邪？能一決乎？」突利亦不對。王將絕水前，頡利見兵少，又聞與突利語，陰相忌，即遣使者來曰：「王毋苦，我固不戰，將與王議事耳。」於是引却。秦王縱反間，突利乃歸心，不欲戰，頡利亦無以彊之，乃遣突利及夾畢特勒思摩請和，帝許之。突利遂自託於王爲昆弟。帝見思摩，引升御榻，思摩頓首辭，帝曰：「我見若猶頡利也。」乃聽命。

突厥既歲盜邊，或說帝曰：「虜數內寇者，以府庫子女所在，我能去長安，則戎心止矣。」

帝使中書侍郎宇文士及踰南山，按行樊、鄧，將徙都焉。羣臣贊遷，秦王獨曰：「夷狄自古爲中國患，未聞周、漢爲遷也。願假數年，請取可汗以報。」帝乃止。頡利已和，亦會甚雨，弓矢皆弛惡，遂解而還。帝會羣臣問所以備邊者，將作大匠于筠請五原、靈武置舟師於河，扼其入。中書侍郎溫彥博曰：「魏爲長塹遏匈奴，今可用。」帝使桑顯和塹邊大道，召江南船工大發卒治戰艦。頡利遣使來，願款北樓關請互市，帝不能拒。帝始兼天下，罷十二軍，尙文治，至是以虜患方張，乃復置之，以練卒蒐騎。

八年，頡利攻靈、朔，與代州都督藺謩戰新城，謩敗績。於是張瑾兵屯石嶺，李高遷屯大谷，秦王屯蒲州道。初，帝待突厥用敵國禮，及是，怒曰：「往吾以天下未定，厚於虜以紓吾邊。今卒敗約，朕將擊滅之，毋須姑息。」命有司更所與書爲詔若敕。瑾未至屯，虜已踰石嶺，圍并州，攻靈州，轉擾潞、沁。李靖以兵出潞州道，行軍總管任瓌屯太行。瑾戰大谷，敗績，中書侍郎溫彥博陷于賊，鄆州都督張德政死之。遂攻廣武，爲任城王道宗破。其欲谷設掠綏州，請和去。敗并州數縣，入蘭、鄯、彭州諸屯，或小勝，不能制。俄寇原州，折威將軍楊屯擊之，且發士屯大谷。

九年，攻原、靈，又圍涼州，進犯涇、原，李靖與戰靈州，虜引去。寇西會州，圍烏城，翔徉隴、渭間，平道將軍柴紹破之於秦州，斬一特勒、三大將，虜千級。大抵虜得志則深入，負則請和，不恥也。其七月，頡利自將十萬騎襲武功，京師戒嚴。攻高陵，尉遲敬德與戰涇陽，獲俟斤烏沒啜，斬首千餘級。頡利遣謀臣執失思力入朝以覘我，因夸說曰：「二可汗兵百萬，今至矣！」太宗曰：「我與可汗嘗面約和，爾則背之。且義師之初，爾父子身從我，遺賜玉帛多至不可計，何妄以兵入我都畿，自夸盛彊耶？今我當先戮爾矣！」思力懼，請命，蕭瑀、封德彝諫帝，不如禮遣之，帝不許，縶於門下省。乃與侍中高士廉、中書令房玄齡、將軍周範等馳六騎出玄武門，幸渭上，與可汗隔水語，且責其負約。羣酋見帝，皆驚，下馬拜。俄而衆軍至，旗鎧光明，部隊靜嚴，虜大駭。帝與頡利按轡，即麾軍却而陣焉。蕭瑀以帝輕敵，叩馬諫，帝曰：「我思熟矣，非爾所知也。夫突厥掃地入寇，以我新有內難，謂不能師。我若閉城，彼且大掠吾境，故我獨出，示無所畏，又盛兵使知必戰，不意我能沮其始謀。彼入吾地既深，懼不能返，故與戰則克，和則固，制賊之命，在此舉矣！」是日，頡利果請和，許之。翌日，刑白馬，與頡利盟便橋上，突厥引還。蕭瑀曰：「頡利之來，諸將多請與戰，陛下不聽，既而虜自退，其策奈何？」帝曰：「突厥衆而不整，君臣惟利是視，可汗在水西，而酋帥皆來謁我，我醉而縛之，其勢易甚。又我敕長孫无忌、李靖潛師幽州以須〔三〕，若大軍躡其後，伏邀諸前，取之反覆掌耳。然我新即位，爲國者要在安靜，一與虜校，殺傷必多，彼敗未及亡，懼而脩德，與我爲怨，其可當耶？今仆械卷鎧，啗以玉帛，虜志必驕，驕則亡之端也，

故曰『將欲取之，必固與之』。」瑀再拜曰：「非臣愚所逮也！」乃詔殿中監豆盧寬、將軍趙綽護送突厥，頡利獻馬三千匹、羊萬頭，帝不納，詔歸所俘於我。

貞觀元年，薛延陀、回紇、拔野古諸部皆叛，使突利討之，不勝，輕騎走，頡利怒，囚之，突利由是怨望。是歲大雪，羊馬多凍死，人飢，懼王師乘其敝，即引兵入朔州地，聲言會獵。議者請責其敗約，因伐之，帝曰：「匹夫不可爲不信，況國乎？我既與之盟，豈利其災，邀險以取之耶？須其無禮於我，乃伐之。」

明年，突利自陳爲頡利所攻，求救。帝曰：「朕與頡利盟，又與突利有昆弟約，不可不救，奈何？」兵部尚書杜如晦曰：「夷狄無信，我雖如約，彼常負之，今亂而擊之，侮亡之道也。」乃詔將軍周範壁太原經略之，頡利亦擁兵窺邊。或請築古長城，發民乘塞。帝曰：「突厥盛夏而霜，五日並出，三月連明，赤氣滿野，彼見災而不務德，不畏天也。遷徙無常，六畜多死，不用地也。俗死則焚，今葬皆起墓，背父祖命，嫚鬼神也。與突利不睦，內相攻殘，不和於親也。有是四者，將亡矣，當爲公等取之，安在築障塞乎？」突厥俗素質略，頡利得華士趙德言，才其人，委信之，稍專國；又委政諸胡，斥遠宗族不用，興師歲入邊，下不堪苦。胡性冒沓，數翻覆不信，號令無常。歲大飢，裒斂苛重，諸部愈貳。

又明年，屬部薛延陀自稱可汗，以使來。詔兵部尚書李靖擊虜馬邑，頡利走，九俟斤以

衆降，拔野古僕骨同羅諸部、霫奚渠長皆來朝。於是詔并州都督李世勣出通漠道，李靖出定襄道，左武衞大將軍柴紹出金河道，靈州大都督任城王道宗出大同道，幽州都督衞孝節出恆安道，營州都督薛萬淑出暢武道，凡六總管，師十餘萬，皆授靖節度以討之。道宗戰靈州，俘人畜萬計，突利及郁射設、蔭奈特勒帥所部來奔，捷書日夜至，帝謂羣臣曰：「往國家初定，太上皇以百姓故，奉突厥，詭而臣之，朕常痛心病首，思一刷恥於天下，今天誘諸將，所向輒克，朕其遂有成功乎！」

四年正月，靖進屯惡陽嶺，夜襲頡利，頡利驚，退牙磧口，大酋康蘇蜜等以隋蕭皇后、楊正道降。或言中國人嘗密通書於后，中書舍人楊文瓘請劾治。帝曰：「天下未一，人或當思隋，今反側既安，何足治耶？」置勿劾。頡利窘，走保鐵山，兵猶數萬，令執失思力來，陽爲哀言謝罪，請內屬，帝詔鴻臚卿唐儉、將軍安脩仁等持節慰撫。靖知儉在虜所，虜必安，乃襲擊之，盡獲其衆，頡利得千里馬，獨奔沙鉢羅，行軍副總管張寶相禽之。沙鉢羅設蘇尼失以衆降，其國遂亡，復定襄、恆安地，斥境至大漠矣。

頡利至京師，告俘太廟，帝御順天樓，陳仗衞，士民縱觀，吏執可汗至，帝曰：「而罪有五：而父國破，賴隋以安，不以一鏃力助之，使其廟社不血食，一也；與我鄰而棄信擾邊，二也；恃兵不戢，部落攜怨，三也；賊華民，暴禾稼，四也；許和親而遷延自遁，五也。朕殺

爾非無名，顧渭上盟未之忘，故不窮責也。」乃悉還其家屬，館于太僕，稟食之。

思結俟斤以四萬衆降，可汗弟欲谷設奔高昌，既而亦來降。伊吾城之長素臣突厥，舉七城以獻，因其地爲西伊州。制詔：突厥往逢癘疫，長城之南，暴骨如丘，有司其以酒脯祭，爲瘞藏之。又詔：隋亂，華民多沒于虜，遣使者以金帛贖男女八萬口，還爲平民。

頡利不室處，常設穹廬廷中，久鬱鬱不自憀，與家人悲歌相泣下，狀貌羸省。帝見憐之，以虢州負山多麖麋，有射獵之娛，乃拜爲刺史，辭不往，遂授右衞大將軍，賜美田宅。帝曰：「昔啓民失國，隋文帝不恡粟帛，興士衆，營護而存立之，至始畢稍彊，則以兵圍煬帝鴈門，今其滅者，殆背德忘義致然耶？」頡利子疊羅支，有至性，既舍京師，諸婦得品供，羅支預焉；其母最後至，不得給，羅支不敢嘗品肉。帝聞，歎曰：「天稟仁孝，詎限華夷哉！」厚賜之，遂給母肉。

八年，頡利死，贈歸義王，謚曰荒，詔國人葬之，從其禮，火尸，起冢灞東。其臣胡祿達官吐谷渾邪者，頡利母婆施之媵臣也，頡利始生，以授渾邪，至是哀慟，乃自殺。帝異之，贈中郎將，命葬頡利冢旁，詔中書侍郎岑文本刻其事于頡利、渾邪之墓碑。俄蘇尼失亦以死殉。尼失者，啓民可汗弟也。始畢以爲沙鉢羅設，帳部五萬，牙直靈州西北，姿雄趫，以仁惠御下，人多歸之；頡利政亂，其部獨不貳。突利降，頡利以爲小可汗。頡利已敗，乃舉衆來，漠南地遂空，授北寧州都督、右衞大將軍，封懷德王云。

頡利之亡，其下或走薛延陀，或入西域，而來降者尚十餘萬，詔議所宜，咸言：「突厥擾中國久，今天喪之，非慕義自歸，請悉籍降俘，內兗、豫閑處，使習耕織，百萬之虜，可化爲齊人，是中國有加戶，而漠北遂空也。」中書令溫彥博請：「如漢建武時，置降匈奴留五原塞，全其部落，以爲扞蔽，不革其俗，因而撫之，實空虛之地，且示無所猜。若內兗、豫，則乖本性，非函育之道。」祕書監魏徵建言：「突厥世爲中國仇，今其來降，不即誅滅，當遣還河北。彼鳥獸野心，非我族類，弱則伏，彊則叛，其天性也。且秦、漢以銳師猛將擊取河南地爲郡縣者，以不欲使近中國也。陛下奈何以河南居之？且降者十萬，若令數年，孳息略倍，而近在畿甸，心腹疾也。」彥博曰：「不然，天子於四夷，若天地養萬物，覆載全安之，今突厥破滅，餘種歸命，不加哀憐而棄之，非天地蒙覆之義，而有阻四夷之嫌。臣謂處以河南，蓋死而生之，亡而存之，彼世將懷德，何叛之爲？」徵曰：「魏時有胡落分處近郡，晉已平吳，郭欽、江統勸武帝逐出之，不能用。劉、石之亂，卒傾中夏。陛下必欲引突厥居河南，所謂養虎自遺患者也。」彥博曰：「聖人之道無不通，故曰『有教無類』。彼創殘之餘，以窮歸我，我援護之，收處內地，將教以禮法，職以耕農，又選酋良入宿衞，何患之卹？且光武置南單于，卒無叛亡。」於是中書侍郎顏師古、給事中杜楚客、禮部侍郎李百藥等皆勸帝不如使處河北，樹首長，俾

統部落，視地多少，令不相臣，國小權分，終不得亢衡中國，長轡遠馭之道也。帝主彥博語，卒度朔方地，自幽州屬靈州，建順、祐、化、長四州爲都督府，剖頡利故地，左置定襄都督、右置雲中都督二府統之。擢酋豪爲將軍、郎將者五百人，奉朝請者且百員，入長安自籍者數千戶。乃以突利可汗爲順州都督，令率其下就部。

突利初爲泥步設，得隋淮南公主以爲妻。頡利之立，用次弟爲延陀設，主延陀部，步利設主霫部，統特勒主胡部，斛特勒主斛薛部，以突利可汗主契丹、靺鞨部，樹牙南直幽州，東方之衆皆屬焉。突利斂取無法，下不附，故薛延陀、奚、霫等皆內屬，頡利遣擊之，又大敗，衆騷離，頡利囚捶之，久乃赦。突利嘗自結於太宗，及頡利衰，驟追兵於突利，不肯從，因起相攻。突利請入朝，帝謂左右曰：「古爲國者勞己以憂人，則系祚長；役人以奉己，則亡。今突厥喪亂，由可汗不君，突利雖至親，不自保而來。夷狄弱則邊境安，然觀彼亡，我不可以無懼，有不逮者，禍可紓乎！」突利至，禮見良厚，輟膳以賜之，拜右衞大將軍，封北平郡王，食戶七百。及爲都督，太宗敕曰：「而祖啓民破亡，隋則復之，棄德不報，而父始畢反爲隋敵。爾今窮來歸我，所以不立爾爲可汗，鑒前敗也。我欲中國安，爾宗族不亡，故授爾都督，毋相侵掠，長爲我北藩。」突利頓首聽命。後入朝，死幷州道中，年二十九，帝爲舉哀，亦

詔文本文其墓，子賀邏鶻嗣。

帝幸九成宮，突利弟結社率以郎將宿衞，陰結種人謀反，劫賀邏鶻北還，謂其黨曰：「我聞晉王丁夜得辟仗出，我乘間突進，可犯行在。」是夕，大風冥，王不出，結社率恐謀漏，即射中營，譟而殺人，衞士等共擊之，乃走，殺廄人盜馬，欲度渭，徼邏禽斬之，赦賀邏鶻，投嶺外。於是羣臣更言處突厥中國非是，帝亦患之，乃立阿史那思摩爲乙彌泥孰俟利苾可汗，賜氏李，樹牙河北，悉徙突厥還故地。

思摩，頡利族人也，父曰咄六設。始，啓民奔隋，磧北諸部奉思摩爲可汗，啓民歸國，乃去可汗號。性開敏，善占對，始畢、處羅皆愛之。然以貌似胡，疑非阿史那種，故但爲夾畢特勒，而不得爲設。武德初，數以使者來，高祖嘉其誠，封和順郡王。及諸部納款，思摩獨留，與頡利俱禽，太宗以爲忠，授右武候大將軍、化州都督，統頡利故部居河南，徙懷化郡王。及是將徙，內畏薛延陀，不敢出塞。帝詔司農卿郭嗣本持節賜延陀書，言：「中國禮義，未始滅人國，以頡利暴殘，伐而取之，非貪其地與人也。故處降部於河南，薦草美泉，利其畜牧，衆日孳蕃，今復以思摩爲可汗，還其故疆。延陀受命在前，長於突厥，舉磧以北，延陀主之；其南，突厥保之。各守而境，無相鈔犯，有負約，我自以兵誅之。」思摩乃行，帝爲置

酒，引思摩前曰：「蒔一草一木，見其滋廡以爲喜，況我養爾部人，息爾馬羊，不減昔乎！爾父母墳墓在河北，今復舊廷，故宴以慰行。」思摩泣下，奉觴上萬歲壽，且言：「破亡之餘，陛下使存骨舊鄉，願子孫世世事唐，以報厚德。」於是趙郡王孝恭、鴻臚卿劉善就思摩部〔三〕，築壇場河上，拜受册，賜鼓纛，又詔左屯衞將軍阿史那忠爲左賢王，左武衞將軍阿史那泥孰爲右賢王，相之〔四〕。

薛延陀聞突厥之北，恐其衆奔亡度磧，勒兵以待。及使者至，乃謝曰：「天子詔毋相侵，謹頓首奉詔。然突厥酣亂翻覆，其未亡時殺中國人如麻，陛下滅其國，謂宜收種落皆爲奴婢，以償唐人。乃養之如子，而結社率竟反，此不可信明甚。後有亂，請終爲陛下誅之。」十五年，思摩帥衆十餘萬、勝兵四萬、馬九萬匹始度河，牙於故定襄城，其地南大河，北白道，畜牧廣衍，龍荒之最壤，故突厥爭利之。思摩遣使謝曰：「蒙恩立爲落長，實望世世爲國一犬，守吠天子北門，有如延陀侵逼，願入保長城。」詔許之。

居三年，不能得其衆，下多攜背，思摩慚，因入朝願留宿衞，更拜右武衞將軍。從伐遼，中流矢，帝爲吮血，其顧厚類此。還，卒京師，贈兵部尚書、夏州都督，陪葬昭陵，築墳象白道山，爲刊其勞，碑於化州。

右賢王阿史那泥孰，蘇尼失子也。始歸國，妻以宗女，賜名忠。及從思摩出塞，思慕中國，見使者必流涕求入侍，許之。

思摩既不能國，殘衆稍稍南度河，分處勝、夏二州。帝伐遼，或言突厥處河南，邇京師，請帝無東。帝曰：「夫爲君者，豈有猜貳哉！湯、武化桀、紂之民，無不遷善，有隋無道，舉天下皆叛，非止夷狄也。朕閔突厥之亡，內河南以振贍之，彼不近走延陀而遠歸我，懷我深矣，朕策五十年中國無突厥患。」思摩衆既南，車鼻可汗乃盜有其地。

車鼻，亦阿史那族，而突利部人也，名斛勃，世爲小可汗。頡利敗，諸部欲共君長之，會薛延陀稱可汗，乃往歸焉。其爲人沈果有智數，衆頗便附，延陀畏逼，將殺之，乃率所部遯去，騎數千尾追，不勝。竄金山之北，三垂斗絕，惟一面可容車騎，壤土夷博，即據之，勝兵三萬，自稱乙注車鼻可汗，距長安萬里，西葛邏祿，北結骨，皆幷統之，時時出掠延陀人畜。延陀後衰，車鼻勢益張。

二十一年，遣子沙鉢羅特勒獻方物，且請身入朝。帝遣雲麾將軍安調遮、右屯衞郎將韓華往迎之，至則車鼻偃然無入朝意，華謀與葛邏祿共劫之，車鼻覺，華與車鼻子陟苾特勒鬬死，調遮被殺。帝怒，遣右驍衞郎將高侃發回紇、僕骨兵擊之，其大酋長歌邏祿泥孰闕俟

利發、處木昆莫賀咄俟斤等以次降。侃師攻阿息山，部落不肯戰，車鼻攜愛妾，從數百騎走，追至金山，獲之，獻京師。高宗責曰：「頡利敗，爾不輔，無親也；延陀破，爾遯亡，不忠也。而罪當死，然朕見先帝所獲酋長必宥之，今原而死。」乃釋縛，數俘社廟，又見昭陵。拜左武衞將軍，賜居第，處其衆鬱督軍山，詔建狼山都督府統之。初，其子羯漫陀泣諫車鼻，請歸國，不聽。乃遣子菴鑠入朝，後來降，拜左屯衞將軍，建新黎州，使領其衆。於是突厥盡爲封疆臣矣。始置單于都護府領狼山雲中桑乾三都督、蘇農等二十四州，瀚海都護府領金微新黎等七都督、仙萼賀蘭等八州。即擢領酋爲都督、刺史。麟德初，改燕然爲瀚海都護府，領回紇，徙故瀚海都護府於古雲中城，號雲中都護府，磧以北蕃州悉隸瀚海，南隸雲中。雲中者，義成公主所居也，頡利滅，李靖徙突厥羸破數百帳居之，以阿史德爲之長，衆稍盛，即建言願以諸王爲可汗，遙統之。帝曰：「今可汗，古單于也。」乃改雲中府爲單于大都護府，以殷王旭輪爲單于都護。帝封禪，都督葛邏祿叱利等三十餘人皆從至泰山下，已封，詔勒名於封禪碑云。凡三十年北方無戎馬警。

調露初，單于府大酋溫傅、奉職二部反，立阿史那泥孰匐爲可汗，二十四州酋長皆叛應之。乃以鴻臚卿單于大都護府長史蕭嗣業、左領軍衞將軍苑大智、右千牛衞將軍李景嘉討之，恃勝不設備，會雨雪，士皸寒，反爲虜襲，大敗，殺略萬餘人，大智等收餘卒，行且戰，乃

免。於是嗣業流桂州，餘坐免官。更拜禮部尚書裴行儉爲定襄道行軍大總管，率太僕少卿李思文、營州都督周道務、西軍程務挺、東軍李文暕，士無慮三十萬，捕擊反者。詔右金吾將軍曹懷舜屯井陘，右武衞將軍崔獻屯絳、龍門。明年，行儉戰黑山，大破之，其下斬泥孰匐以首降，禽温傅、奉職以還，餘衆保狼山。始虜未叛，鳴鵽羣飛入塞，吏曰：「所謂突厥雀者，南飛，胡必至。」比春還，悉墮靈、夏間，率無首，泥孰果亡。狼山衆掠雲州，都督竇懷哲、右領軍中郎將程務挺逐出之。

永隆中，温傅部又迎頡利族子伏念於夏州，走度河，立爲可汗，諸部響應。明年，遂寇原、慶二州。復詔行儉爲大總管，以右武衞將軍曹懷舜、幽州都督李文暕副之。諜者紿言伏念、温傅保黑沙，飢甚，可輕騎取也。懷舜獨信之，輕兵倍道至黑沙，乃不見虜，得薛延陀餘部，降之；引還至長城，遇温傅與戰，所殺相當。行儉兵壓代之陘口，縱反間，故伏念、温傅相貳，因遣兵擊伏念，敗之。伏念走，與懷舜遇，行且戰一日，爲伏念所破，棄軍奔雲中，士爲虜所乘，死不可算，皆南首仆。懷舜殺牲與伏念盟，乃免。伏念益北，留輜重妻子保金牙山，以輕騎將襲懷舜，會行儉遣部將掩得其輜重，比還，無所歸，乃北走保細沙。行儉縱單于鎮兵躡之，伏念意王師不能遠，不設備，及兵至，惶駭不得戰，遂遣使間道詣行儉，執温傅降，行儉虜之，送京師，斬東市。

永淳元年，骨咄祿又反。

骨咄祿，頡利族人也，雲中都督舍利元英之部酋，世襲吐屯。伏念敗，乃嘯亡散，保總材山，又治黑沙城，有衆五千，盜九姓畜馬，稍彊大，乃自立爲可汗，以弟默啜爲殺，咄悉匐爲葉護。時單于府檢校降戶部落阿史德元珍者，爲長史王本立所囚。會骨咄祿來寇，元珍請諭還諸部贖罪，許之。至卽降骨咄祿，與爲謀，遂以爲阿波達干，悉屬以兵。乃寇單于府北鄙，遂攻幷州，殺嵐州刺史王德茂，分掠定州，北平刺史霍王元軌擊卻之。又攻嬀州，圍單于都護府，殺司馬張行師，攻蔚州，殺刺史李思儉，執豐州都督崔知辯。詔右武衞將軍程務挺爲單于道安撫大使備邊。

嗣聖、垂拱間，連寇朔、代，掠吏士。左玉鈐衞中郎將淳于處平爲陽曲道總管，將擊賊總材山，至忻州與賊遇，鏖戰不利，死者五千人。更以天官尚書韋待價爲燕然道大總管討之。明年，入昌平，右鷹揚衞大將軍黑齒常之擊卻之。復入朔州地，常之與戰黃花堆，虜敗，追奔四十里，遯過磧。右監門衞中郎將爨寶璧當追，意虜卽破，欲幸取功，乃募謀出塞二千里，間虜無備，趨襲之。將至，漏言于軍，虜得整衆出，皆死戰，大敗，寶璧跳還，舉軍沒。武后怒，誅寶璧，改骨咄祿曰不卒祿。俄而元珍攻突騎施，戰死。天授初，骨咄祿死，其子幼，不得立。

默啜自立爲可汗，篡位數年，始攻靈州，多殺略士民。武后以薛懷義爲朔方道行軍大總管，內史李昭德爲行軍長史，鳳閣鸞臺平章事蘇味道爲司馬，率朔方道總管契苾明、鴈門道總管王孝傑、威化道總管李多祚、豐安道總管陳令英、瀚海道總管田揚名等凡十八將軍兵出塞，繇華耆步騎擊之，不見虜，還。俄詔孝傑爲朔方道行軍總管備邊。

契丹李盡忠等反，默啜請擊賊自效，詔可。授左衞大將軍、歸國公，以左豹韜衞將軍閻知微卽部册拜遷善可汗。默啜乃引兵擊契丹，會盡忠死，襲松漠部落，盡得孫萬榮妻子輜重[五]，酋長崩潰。后美其功，復詔知微持節册默啜爲特進、頡跌利施大單于、立功報國可汗。未及命，俄攻靈、勝二州，縱殺略，爲屯將所敗。又遣使者謝，請爲后子，復言有女，願女諸王，且求六州降戶。初，突厥內屬者分處豐、勝、靈、夏、朔、代間，謂之河曲六州降人。默啜又請粟田種十萬斛，農器三千具，鐵數萬斤，后不許，宰相李嶠亦言不可。默啜怨，爲慢言，執使者司賓卿田歸道。於是納言姚璹等建請與之，乃歸粟、器、降人數千帳，繇是突厥遂彊。

詔淮陽王武延秀聘其女爲妃，詔知微攝春官尚書，與司賓卿楊鸞莊持節護送。默啜猥曰：「我以女嫁唐天子子，今乃后家子乎！且我世附唐，今聞其子孫獨二人在，我當立之。」卽囚延秀等，妄號知微爲可汗，自將十萬騎南向擊靜難、平狄、淸夷等軍，靜難軍使慕容玄崱以兵五千降。虜入圍嬀、檀，后詔司屬卿武重規爲天兵中道大總管，右武威衞將軍沙吒忠義爲天兵西道總管，幽州都督張仁亶爲天兵東道總管，兵凡三十萬擊之；右羽林大將軍閻敬容、李多祚爲天兵西道後軍總管，兵亦十五萬。默啜破蔚州飛狐，進殘定州，殺刺史孫彥高，焚廬舍，鄉聚爲空。后怒，下詔購斬默啜者王之，更號曰斬啜。虜圍趙州，長史唐波若應之，入殺刺史高叡，進攻相州。詔沙吒忠義爲河北道前軍總管，李多祚爲後軍總管，將軍嵎夷公福富順爲奇兵總管，擊虜。時中宗還自房陵，爲皇太子，拜行軍大元帥，以納言狄仁傑爲副，文昌右丞宋玄爽爲長史，左肅政臺御史中丞霍獻可爲司馬，右肅政臺御史中丞吉頊爲監軍使，將軍扶餘文宣等六人爲子總管。未行，默啜聞之，取趙、定所掠男女八九萬悉阬之，出五回道去，所過人畜、金幣、子女盡剽有之，諸將皆顧望不敢戰，獨狄仁傑以兵追之，不及。

默啜負勝輕中國，有驕志，大抵兵與頡利時略等，地縱廣萬里，諸蕃悉往聽命。復立咄悉匐爲左察，骨咄祿子默矩爲右察，皆統兵二萬；子匐俱爲小可汗，位兩察上，典處木昆等十姓兵四萬，號拓西可汗。歲入邊，戍兵不得休，乃高選魏元忠檢校幷州長史爲天兵軍大

總管，婁師德副之，按屯以待。又徙元忠靈武道行軍大總管，備虜。

默啜剽隴右牧馬萬匹去，俄復盜邊，詔安北大都護相王爲天兵道大元帥，率并州長史武攸宜、夏州都督薛訥與元忠擊虜，兵未出，默啜去。明年，寇鹽、夏，掠羊馬十萬，攻石嶺，遂圍并州。以雍州長史薛季昶爲持節山東防禦大使，節度滄、瀛、幽、易、恆、定、嬀、檀、平等九州之軍，以瀛州都督張仁亶統諸州及清夷、障塞軍之兵，與季昶掎角，又以相王爲安北道行軍元帥，監諸將，王留不行。虜入代、忻，仍殺略。

長安三年，遣使者莫賀達干請進女女皇太子子，后使平恩郡王重俊、義興郡王重明盛服立諸朝〔六〕。默啜更遣大酋移力貪汗獻馬千匹，謝許婚，后渥禮其使。中宗始即位，入攻鳴沙，於是靈武軍大總管沙吒忠義與戰，不勝，死者幾萬人，虜遂入原、會，多取牧馬。帝詔絕昏，購斬默啜者王以國、官諸衞大將軍。默啜殺我行人鴻臚卿臧思言，詔左屯衞大將軍張仁亶爲朔方道大總管屯邊，明年，始築三受降城於河外，障絕寇路。久之，以唐休璟代屯。睿宗初立，又請和親，詔取宋王成器女爲金山公主下嫁。會左羽林大將軍孫佺等與奚戰冷陘，爲奚所執，獻諸默啜，默啜殺之，更以刑部尚書郭元振代休璟。

玄宗立，絕和親。默啜乃遣子楊我支特勒入宿衞，固求昏，以蜀王女南和縣主妻之，下書諭尉可汗。明年，使子移涅可汗引同俄特勒、火拔頡利發石失畢精騎攻北庭，都護郭虔

瓘擊之，斬同俄城下，虜奔解。火拔不敢歸，攜妻子來奔，拜左武衞大將軍、燕山郡王，號其妻爲金山公主，賜賚優縟。楊我支死，詔宗親三等以上弔其家。是時突厥再上書求昏，帝未報。

初，景雲中，默啜西滅娑葛，遂役屬契丹、奚，因虐用其下。既年老，愈昏暴，部落怨畔，十姓左五咄陸、右五弩失畢俟斤皆請降，葛邏祿胡屋鼠尼施三姓、大漠都督特進朱斯、陰山都督謀落匐雞、玄池都督蹋實力胡鼻率衆內附，詔處其衆於金山。以右羽林軍大將軍薛訥爲涼州鎮軍大總管，節度赤水、建康、河源等軍，屯涼州，以都督楊執一副之；右衞大將軍郭虔瓘爲朔州鎮軍大總管，節度和戎、大武、并州之北等軍，屯并州，以長史王晙副之。撫新附，檢鈔暴。默啜屢擊葛邏祿等，詔在所都護、總管掎角應援。虜勢寖削。其婿高麗莫離支高文簡，與跌跌都督思太，吐谷渾大酋慕容道奴，郁射施大酋鶻屈頡斤、苾悉頡力，高麗大酋高拱毅，合萬餘帳相踵款邊，詔內之河南；引拜文簡左衞大將軍、遼西郡王，思太特進、右衞大將軍兼跌跌都督、樓煩郡公，道奴左武衞將軍兼刺史、雲中郡公，鶻屈頡斤左驍衞將軍兼刺史、陰山郡公，苾悉頡力左武衞將軍兼刺史、鴈門郡公，拱毅左領軍衞將軍兼刺史、平城郡公，將軍皆員外置，賜各有差。

默啜討九姓，戰磧北，九姓潰，人畜皆死，思結等部來降，帝悉官之。拜薛訥朔方道行軍大總管，太僕卿呂延祚、靈州刺史杜賓客佐之，備邊。詔金山、大漠、陰山、玄池都督等共圖取默啜，班賞格，賜物論之。默啜又討九姓拔野古，戰獨樂河，拔野古大敗，默啜輕歸不爲備，道大林中，拔曳固殘衆突出，擊默啜，斬之，乃與入蕃使郝靈佺傳首京師。骨咄祿子闕特勒合故部，攻殺小可汗及宗族略盡，立其兄默棘連，是爲毗伽可汗。

校勘記

〔一〕敗行軍總管王孝基　各本「王孝基」上原有「永安」二字。按本書卷一高祖紀載：武德四年八月，「突厥寇代州，執行軍總管王孝基」。冊府卷三九三亦記此戰役，稱代州總管李大恩「遣刺史王孝基出戰，一軍皆沒」。突厥集史卷四謂隋、唐往往以刺史充行軍總管。今一日行軍總管，一日刺史，名異實同。考本書卷七八宗室傳，永安王孝基于武德二年戰劉武周被俘，謀亡歸，爲所殺。則此時不得更爲行軍總管，其爲王孝基之誤無疑。「永安」二字衍，今刪。

〔二〕李靖潛師幽州以須　「幽州」，舊書卷一九四上突厥傳同。舊書卷六七李靖傳及冊府卷九九一作「豳州」。按唐幽州治在今北京城西南，豳州治即今陝西彬縣。是役突厥進軍至今陝西西安市北渭水附近，則李靖等不得遠至幽州以待，當以豳州爲是。

〔三〕鴻臚卿劉善就思摩部　通典卷一九九及舊書卷一九四下突厥傳載：貞觀七年遣鴻臚少卿劉善

因冊拜西突厥咄陸可汗。本書卷二一五下突厥傳合。突厥集史卷一三新唐書突厥傳校注又雜考諸碑，謂爲「劉善」乃「劉善因」之奪。

〔四〕又詔左屯衞將軍阿史那忠爲左賢王左武衞將軍阿史那泥孰爲右賢王相之　按阿史那忠與阿史那泥孰本爲一人，據下文阿史那泥孰賜名忠可知。此承舊書突厥傳誤作二人，又於諸夷蕃將傳和突厥傳中各立一傳，更屬大謬。商榷卷九二有詳辨。

〔五〕盡得孫萬榮妻子輜重　「孫」，各本原作「李」。據舊書卷一九四上突厥傳、通典卷一九八、冊府卷九八六及通鑑卷二〇五改。

〔六〕后使平恩郡王重俊義興郡王重明盛服立諸朝　據本書卷八一三宗諸子傳、舊書卷八六高宗中宗諸子傳，平恩郡王爲重福，義興郡王爲重俊。

唐書卷二百一十五下

列傳第一百四十下

突厥下

毗伽可汗默棘連，本謂「小殺」者，性仁友，自以立非己功，讓於闕特勒，特勒不敢受，遂嗣位，實開元四年。以特勒爲左賢王，專制其兵。初，默啜死，闕特勒盡殺其用事臣，惟暾欲谷者以女婆匐爲默棘連可敦〔一〕，獨免，廢歸其部。後突騎施蘇祿自爲可汗，突厥部種多貳，默棘連乃召暾欲谷與謀國，年七十餘，衆尊畏之。

俄而䟦跌思太等自河曲歸之。始，降戶之南也，單于副都護張知運盡斂其兵，戎人怨怒；及姜晦爲巡邊使，遮訴禁弓矢無以射獵爲生，晦悉還之。乃共擊張知運，禽之，將送突厥；朔方行軍總管薛訥、將軍郭知運追之，衆潰，釋知運去。思太等分爲二隊北走，王晙又破其左隊。

默棘連既得降胡，欲南盜塞，暾欲谷曰：「不可，天子英武，人和歲豐，未有間，且我兵新集，不可動也。」默棘連又欲城所都，起佛、老廟，暾欲谷曰：「突厥衆不敵唐百分一，所能與抗者，隨水草射獵，居處無常，習於武事，彊則進取，弱則遁伏，唐兵雖多，無所用也。若城而居，戰一敗，必爲彼禽。且佛、老教人仁弱，非武彊術。」默棘連當其策，卽遣使者請和。帝以不情，答而不許。俄下詔伐之，乃以拔悉蜜右驍衞大將軍金山道總管處木昆執米啜、堅昆都督右武衞大將軍骨篤祿毗伽可汗、契丹都督李失活、奚都督李大酺、突厥默啜子左賢王墨特勒、左威衞將軍右賢王阿史那毗伽特勒、燕山郡王火拔石失畢等蕃漢士悉發，凡三十萬，以御史大夫、朔方道大總管王晙統之，期八年秋並集稽落水上，使拔悉蜜、奚、契丹分道掩其牙，捕默棘連。默棘連大恐，暾欲谷曰：「拔悉蜜在北庭，與二蕃相距遠，必不合。晙與張嘉貞有隙，必相執異，亦必不能來。卽皆能來，我當前三日悉衆北徙，彼糧竭自去。拔悉蜜輕而好利，當先至，擊之可取也。」俄而拔悉蜜果引衆逼突厥牙，知晙等不至，乃引卻，突厥欲擊之，暾欲谷曰：「兵千里遠出，士殊死鬭，鋒不可當也。不如躡之，邀近而取之。」距北庭二百里，乃分兵由它道襲拔其城，卽急擊拔悉蜜，衆走趨北庭，無所歸，悉禽之。還出赤亭，掠涼州，都督楊敬述使官屬盧公利、元澄等勒兵討捕，暾欲谷曰：「敬述若城守，當與和。如兵出，吾且決戰，必有功。」澄令于軍曰：「羸臂持滿外注。」會大寒裂膚，士手不能張

弓矢，由是大敗，元澄走，敬述坐以白衣檢校涼州事，突厥遂大振，盡有默啜餘衆。

明年，固乞和，請父事天子，許之。又連歲遣使獻方物求婚。是時天子東巡泰山，中書令張說謀益屯以備突厥，兵部郎中裴光庭曰：「封禪以告成功，若復調發，不可謂成功者。」說曰：「突厥雖請和，難以信結也。且其可汗仁而愛人，下爲之用，闕特勒善戰，暾欲谷沈雄，愈老而智，李靖、世勣流也，三虜方協，知我舉國東巡，有如乘間，何以禦之？」光庭卽請以使召其大臣入衞，乃遣鴻臚卿袁振往諭帝意。默棘連置酒與可敦、闕特勒、暾欲谷坐帳中，謂振曰：「吐蕃，犬出也，唐與爲昏；奚、契丹，我奴而役也，亦尙主；獨突厥前後請，不許，云何？」振曰：「可汗，天子子也，子而昏，可乎？」默棘連曰：「不然，二蕃皆賜姓，而得尙主，何不可云？且公主亦非帝女，我不敢有所擇，但屢請不得，爲諸國笑。」振許爲請，默棘連遣大臣阿史德頡利發入獻，遂從封禪。有詔四夷諸酋皆入仗佩弓矢，會兔起帝馬前，帝一發斃之，頡利發奉兔頓首賀曰：「陛下神武超絕，若天上則臣不知，人間無有也。」詔問：「飢欲食乎？」對曰：「仰觀弧矢之威，使十日不食猶爲飽。」因令仗內馳射。扈封畢，厚宴賜遣之，然卒不許和親。

自是比年遣大臣入朝，吐蕃以書約與連和鈔邊，默棘連不敢從，封上其書，天子嘉之，引使者梅錄啜宴紫宸殿，詔朔方西受降城許互市，歲賜帛數十萬。十九年，闕特勒死，使金

吾將軍張去逸、都官郎中呂向奉璽詔弔祭，帝爲刻辭于碑，仍立廟像，四垣圖戰陣狀，詔高手工六人往，繪寫精肖，其國以爲未嘗有，默棘連視之，必悲梗。默棘連請昏既勤，帝許可，於是遣哥解栗必來謝，請昏期。俄爲梅錄啜所毒，忍死殺梅錄啜，夷其種，乃卒。帝爲發哀，詔宗正卿李佺弔祭，因立廟，詔史官李融文其碑。國人共立其子爲伊然可汗。

伊然可汗立八年，卒。凡遣使三入朝。其弟嗣立，是爲苾伽骨咄祿可汗，使右金吾衞將軍李質持册爲登利可汗。明年，遣使伊難如朝正月，獻方物，曰「禮天可汗如禮天，今新歲獻月，願以萬壽獻天子」云。可汗幼，其母婆匐與小臣飫斯達干亂，遂預政，諸部不協。登利從父分掌東西兵，號左右殺，士之精勁皆屬。可汗與母誘斬西殺，奪其兵，左殺懼，卽攻登利可汗，殺之。

左殺者，判闕特勒也，遂立毗伽可汗子，俄爲骨咄葉護所殺，立其弟，旋又殺之，葉護乃自爲可汗。天寶初，其大部回紇、葛邏祿、拔悉蜜並起攻葉護，殺之，尊拔悉蜜之長爲頡跌伊施可汗，於是回紇、葛邏祿自爲左右葉護，亦遣使者來告。國人奉判闕特勒子爲烏蘇米施可汗，以其子葛臘哆爲西殺。帝使使者諭令內附，烏蘇不聽，其下不與，拔悉蜜等三部共攻烏蘇米施，米施遁亡。其西葉護阿布思及葛臘哆率五千帳降，以葛臘哆爲懷恩王。

三載，拔悉蜜等殺烏蘇米施，傳首京師，獻太廟。其弟白眉特勒鶻隴匐立，是爲白眉可汗。於是突厥大亂，國人推拔悉蜜酋爲可汗，詔朔方節度使王忠嗣以兵乘其亂，抵薩河內山，擊其左阿波達干十一部，破之，獨其右未下，而回紇、葛邏祿殺拔悉蜜可汗，奉回紇骨力裴羅定其國，是爲骨咄祿毗伽闕可汗。明年，殺白眉可汗，傳首獻。毗伽可汗妻骨咄祿婆匐可敦率衆自歸，天子御花萼樓宴羣臣，賦詩美其事，封可敦爲賓國夫人，歲給粉直二十萬。始突厥國於後魏大統時，至是滅。後或朝貢，皆舊部九姓云，其地盡入回紇。始其族分國於西者，曰西突厥。

西突厥，其先訥都陸之孫吐務，號大葉護。長子曰土門伊利可汗，次子曰室點蜜，亦曰瑟帝米。瑟帝米之子曰達頭可汗，亦曰步迦可汗。始與東突厥分烏孫故地有之，東即突厥，西雷翥海，南疏勒，北瀚海，直京師北七千里，由焉耆西北七日行得南庭，北八日行得北庭，與都陸、弩失畢、歌邏祿、處月、處蜜、伊吾諸種雜。其風俗大抵突厥也，言語少異。

初，東突厥木杆可汗死，舍其子大邏便，而立弟佗鉢可汗。佗鉢死，先令戒其子菴羅必立大邏便，國人以其母賤，不肯立，而卒立菴羅。菴羅後以讓木杆兄子攝圖，是爲沙鉢略可

汗。而大邏便別爲阿波可汗，自臣所部，沙鉢略襲擊之，殺其母，阿波西走達頭。當是時，達頭爲西面可汗，即授阿波兵十萬，使與東突厥戰。而阿波竟爲沙鉢略所禽。及啓民可汗時，達頭可汗歲以兵相加，而隋常助啓民，故達頭敗奔吐谷渾。

始，阿波既禽，國人立鞅素特勒子，是爲泥利可汗。達頭之奔，泥利亦敗，及死，其子達漫立，是爲泥橛處羅可汗，政苛察多忌。大業中，從煬帝征高麗，賜號曷薩那可汗，妻以宗女，留其弟闕達度設畜牧於會寧郡，即自稱闕可汗。江都亂，曷薩那從宇文化及至黎陽，遁歸長安，高祖降榻與共坐，封歸義王，以大珠獻帝，帝不受，曰：「朕所重者王之赤心，是無用也。」闕可汗有馬三千，武德元年內屬，賜號吐烏過拔闕可汗，與李軌連和。隋西戎使者曹瓊據甘州誘之，俄與瓊合，共擊軌，兵不勝，走達斗拔谷，與吐谷渾相輔車，爲軌所滅。

初，曷薩那朝隋，國人皆不欲，既被留不遣，乃共立達頭孫，號射匱可汗，建廷龜茲北之三彌山，玉門以西諸國多役屬，與東突厥亢。射匱死，其弟統葉護嗣，是爲統葉護可汗。

統葉護可汗勇而有謀，戰輒勝，因并鐵勒，下波斯、罽賓，控弦數十萬，徙廷石國北之千泉，遂霸西域諸國，悉授以頡利發，而命一吐屯監統，以督賦入。明年，射匱使使來〔二〕，以曷薩那有世憾，請殺之，帝不許。羣臣曰：「存一人，失一國，後且爲患。」秦王曰：「不然，人來歸我，我殺之不祥。」帝又不聽。宴禁中，酒酣，至中書省，縱使者戕之，不宜也。射匱亦連年係貢條支巨卵〔三〕、師子革等，帝厚申撫結，約與幷力討東突厥。統葉護可汗請期，頡利大懼，乃與和，約毋相伐也。統葉護可汗來請昏，帝與羣臣謀：「西突厥去我遠，緩急不可杖，可與昏乎？」封德彝曰：「計今之便，莫若遠交而近攻，請聽昏以怖北狄，待我既定，而後圖之。」帝乃許昏，詔高平王道立至其國，統葉護可汗喜，遣眞珠統俟斤與道立還，獻萬釘寶鈿金帶、馬五千匹以藉約。會東突厥歲犯邊，西道梗澀，又頡利遣謂曰：「若迎唐公主，必假我道，我且留之。」統葉護可汗病之，未克昏。方負其彊，不以恩結下，衆怨，多叛去，其諸父莫賀咄殺之，帝欲齎玉帛焚祭其國，會亂，不果至。

莫賀咄立，是爲屈利俟毗可汗，遣使者來獻。俟毗可汗初分統突厥爲小可汗，既稱大可汗，國人不附。弩失畢部自推泥孰莫賀設爲可汗，泥孰辭不受。會統葉護可汗子咥力特勒避莫賀咄亂，亡在康居，泥孰迎立之，爲乙毗鉢羅肆葉護可汗，與俟毗可汗分王其國，挐鬭不解，各遣使朝獻。太宗追憐曷薩那死非罪，爲贈上柱國，具禮以葬。貞觀四年，俟毗可汗請昏，不許，詔曰：「突厥方亂，君臣未定，何遽昏爲？各敕其部毋相侵。」由是西域諸國悉叛之，國大虛耗，衆悉附肆葉護可汗，雖俟毗之部亦稍稍去，共以兵擊俟毗，俟毗走保金山，爲泥孰所殺，奉肆葉護爲大可汗。

肆葉護已立，即北討鐵勒、薛延陀，爲延陀所敗。性猜愎，狹於統下。小可汗乙利者，於國最有功，肆葉護聽讒，種夷之，衆皆沮駭。又忌泥孰，陰圖殺之，泥孰亡入焉耆。未幾，沒卑達干與弩失畢部諸豪謀執廢肆葉護，葉護輕騎走康居，憂死。國人迎泥孰於焉耆，立之，是爲咄陸可汗。可汗父莫賀設，本隸統葉護者，武德時來朝，太宗與之盟，約爲昆弟。死而泥孰代之，或曰伽那設。既立，遣使詣闕，不敢當可汗號。帝詔鴻臚少卿劉善因持節册號呑阿婁拔利邲咄陸可汗，賜鼓纛，段綵巨萬。泥孰遣使謝。它日，太上皇宴使者兩儀殿，謂長孫无忌曰：「今蠻夷率服，古亦有乎？」无忌上千萬歲壽，太上皇喜，以酒屬帝，帝頓首謝，亦奉觴上太上皇壽。

咄陸可汗死，弟同俄設立，是爲沙鉢羅咥利失可汗，歲三遣使奉方物，遂請昏，帝慰而不俞。可汗分其國爲十部，部以一人統之，人授一箭，號十設，亦曰十箭。爲左、右：左五咄陸部，置五大啜，居碎葉東；右五弩失畢部，置五大俟斤，居碎葉西。其下稱一箭曰一部落，號十姓部落云。然不爲衆悅賴，其部統吐屯以兵襲之，咥利失率左右戰，統吐屯不勝去。咥利失與其弟步利設奔焉耆。阿悉吉闕俟斤與統吐屯召國人謀立欲谷設爲大可汗，以咥利失爲小可汗。會統吐屯被殺，欲谷設又爲其俟斤所破，咥利失乃復得故地。後西部卒自立欲谷設爲乙毗咄陸可汗，而與咥利失交戰，殺傷不可計，乃因伊列河約諸部：河以西受令

於咄陸，其東咥利失主之。自是西突厥又分二國矣。

咄陸可汗建廷鏃曷山西，謂之「北庭」，駁馬、結骨諸國悉附臣之，陰與咥利失部吐屯俟列發以兵攻咥利失。咥利失援窮，奔拔汗那而死。國人立其子，是爲乙屈利失乙毗可汗，踰年死。弩失畢大酋迎伽那設之子畢賀咄葉護立之，是爲乙毗沙鉢羅葉護可汗。太宗詔左領軍將軍張大師持節册命，賜鼓纛，建庭雖合水北，謂之「南庭」，東薄伊列河，龜茲、鄯善、且末、吐火羅、焉耆、石、史、何、穆、康等國皆隸屬。

是時咄陸兵寖盛，與沙鉢羅葉護數交戰。會二可汗使者皆來，帝敕以敦睦，令各罷兵，咄陸不肯聽，遣石國吐屯攻葉護可汗，殺之，并其國。弩失畢不服，叛去。咄陸又擊吐火羅，取之，乃入寇伊州。安西都護郭孝恪以輕騎二千，自烏骨狙擊，敗之。咄陸以處月、處蜜兵圍天山而不克，孝恪追北，拔處月俟斤之城，抵遏索山，斬千餘級，降處蜜部而歸。咄陸可汗性很傲，留使者元孝友等不遣，妄曰：「我聞唐天子才武，我今討康居，爾視我與天子等否？」遂與共攻康居，道米國，卽襲破之，係虜其人，取貲口不以與下，其將泥孰啜怒，奪取之，咄陸斬以徇。泥孰啜之將胡祿屋舉兵襲咄陸可汗，多殺士，國大亂〔四〕，將歸保吐火羅，大臣勸其返國，不從，率衆去，度葉水，及石國，左右亡去略盡，乃保可賀敦城。自輕出招叛亡，阿悉吉闕俟斤逆擊之，咄陸敗，襲取白水胡城以居。弩失畢不欲咄陸爲可汗，遣使者至

闕下，請所立。帝遣通事舍人温無隱持璽詔與國大臣擇突厥可汗子孫賢者授之，乃立乙屈利失乙毗可汗之子，是爲乙毗射匱可汗。

乙毗射匱既立，改館使者，悉還之長安，使弩失畢將兵攻白水胡城。咄陸勒兵自城出，鳴鼓角薄闘，弩失畢不能軍，殺獲甚多。咄陸因其勝招徠舊部，皆曰：「戰千人，存一人，我猶不從也。」咄陸自知衆怨，乃走吐火羅。乙毗射匱遣使貢方物，且請昏，帝令割龜茲、于闐、疏勒、朱俱波、葱嶺五國爲聘禮，不克昏。於是阿史那賀魯反，盡得可汗部落。

賀魯者，室點蜜可汗五世孫，曳步利設射匱特勒劫越子也。始，阿史那步眞來歸國，咄陸可汗以賀魯爲葉護，代步眞，居多邏斯川，直西州北千五百里，統處月、處蜜、姑蘇、歌邏祿、弩失畢五姓之衆。咄陸之走吐火羅也，乙毗射匱以兵迫逐，賀魯無常居，部多散亡。有執舍地、處木昆、婆鼻三種者，以賀魯無罪，往請可汗，可汗怒，欲誅執舍地等，三種乃舉所部數千帳，與賀魯皆內屬，帝優撫之。會討龜茲，請先馳爲向導，詔授崑丘道行軍總管，宴嘉壽殿，厚賜予，解衣衣之。擢累左驍衞將軍、瑤池都督，處其部於庭州莫賀城，密招攜散，廬幕益衆。

方帝崩，卽謀取西、庭二州，刺史駱弘義以聞，高宗遣通事舍人喬寶明馳撫，因令賀魯

遣子咥運入宿衞。咥運中悔，劫於勢，不得去，拜右驍衞中郎將。帝遣還，咥運卽勸賀魯引而西，取咄陸可汗故地，建牙於千泉，自號沙鉢羅可汗，遂統咄陸、弩失畢十姓。咄陸有五啜，曰處木昆律啜、胡祿屋闕啜、攝舍提暾啜、突騎施賀邏施啜、鼠尼施處半啜。弩失畢有五俟斤，曰阿悉結闕俟斤、哥舒闕俟斤、拔塞幹暾沙鉢俟斤、阿悉結泥孰俟斤、哥舒處半俟斤。而胡祿啜闕〔五〕，賀魯婿也。阿悉結闕俟斤最盛彊，勝兵至數十萬。以咥運爲莫賀咄葉護。遂寇庭州，敗數縣，殺掠數千人去。詔左武衞大將軍梁建方、右驍衞大將軍契苾何力爲弓月道行軍總管，右驍衞將軍高德逸、右武衞將軍薩孤吳仁副之，發府兵三萬，合回紇騎五萬擊之。駱弘義獻計曰：「安中國以信，馭夷狄以權，理有變通也。賀魯保一城，方寒積雪，謂唐兵必不來，宜乘此一舉滅之。遷延及春，且生變，縱不率連諸國，必遠迹遁去。且兵本誅賀魯，而處蜜、處木昆等亦各欲自免，若留不進，彼與賀魯復合矣。今雖嚴冬風勁，兵苦皸墮，又不可久留費邊糧，使賊得堅黨附、賒死期也。請寬處月、處蜜等罪，專誅賀魯，除禍務本，不可先治枝葉也。願發射脾、處月、處蜜、契苾等兵，齎一月食，急趨之，大軍住憑洛水上爲之景助，此驅戎狄攻豺狼也。且戎人藉唐兵爲羽翼，今胡騎出前，唐兵躡後，賀魯窮矣。」天子然其奏，詔弘義佐建方等經略之。處月朱邪孤注者，引兵附賊，據牢山，建方等攻之，衆潰，追行五百里，斬孤注，上首九千級，虜其帥六十，不如弘義所計。

永徽四年，罷瑤池都督府，卽處月置金滿州，又遣左屯衞大將軍程知節爲葱山道行軍大總管，率諸將進討。是歲，咄陸可汗死，其子眞珠葉護請討賀魯自效，爲賀魯所拒，不得前。明年，知節擊歌邏祿、處月，斬千級，收馬萬計。副將周智度擊處木昆城，拔之，斬馘三萬。前軍蘇定方擊賀魯別帳鼠尼施于鷹娑川，斬首虜獲馬甚衆，賊棄鎧仗彌野。會副總管王文度不肯戰，降怛篤城，取其財，屠之，知節不能制。

顯慶初，擢定方伊麗道行軍大總管，率燕然都護任雅相、副都護蕭嗣業、左驍衞大將軍瀚海都督回紇婆閏等窮討。詔右屯衞大將軍阿史那彌射、左屯衞大將軍阿史那步眞爲流沙道安撫大使，分出金山道，俟斤嬾獨祿等萬餘帳迎降。定方以精騎至曳咥河西，擊處木昆，破之。賀魯舉十姓兵十萬騎來拒，定方以萬人當之，虜見兵少，以騎繞唐軍。定方令步卒據原，攢矟外注，自以騎陣於北。賀魯先擊原上軍，三犯，軍不動。定方縱騎乘之，虜大潰，追奔數十里，俘斬三萬人，殺其大酋都搭達干等二百人。明日躡北，五弩失畢皆降。五咄陸聞賀魯敗，趣南道降步眞。定方命嗣業、婆閏趣邪羅斯川追虜，任雅相提降兵躡後。會大雪，軍中請須霽，定方曰：「今霧晦風冽，虜謂我不能師，掩其不虞可也，緩則遠矣，省日兼功，上策也。」於是晝夜進，收所過人畜，至雙河，與彌射、步眞會，軍飽氣張，距賀魯牙二百里，陣而行，抵金牙山。賀魯衆適獵，定方兵縱破其牙，俘數萬人，獲鼓纛器械，賀魯跳度伊

麗水。嗣業次千泉，彌射至伊麗，處月、處蜜諸部皆下。次雙河，賀魯先以步失達干據柵戰，彌射攻之，潰，定方追賀魯至碎葉水，盡奪其衆。賀魯、咥運將奔鼠耨設，至石國蘇咄城，馬不進，衆飢，齎寶入城，且市馬，城主伊涅達干迎之，旣入，拘送石國。會彌射子元爽與嗣業兵至，取之。乃悉散諸部兵，開道置驛，收露胔，問人疾苦，賀魯所掠悉還之民，西域平。

賀魯謂嗣業曰：「我，亡虜也，先帝厚我，我則背之，今天降怒罰，尙何道？且聞漢法殺人必都市，我願就死昭陵，謝罪於先帝也。」帝曰：「先帝賜賀魯二千帳主之，今罪人旣得，獻昭陵其可乎？」許敬宗曰：「古者，軍凱還則飲至于廟。若諸侯獻馘天子，未聞獻于陵。然陛下奉園寢與宗廟等，可行不疑。」於是執而獻昭陵，赦不誅。

賀魯已滅，裂其地爲州縣，以處諸部。木昆部爲匐延都督府，突騎施索葛莫賀部爲嗢鹿都督府，突騎施阿利施部爲絜山都督府，胡祿屋闕部爲鹽泊都督府，攝舍提暾部爲雙河都督府，鼠尼施處半部爲鷹娑都督府，又置崑陵、濛池二都護府以統之。其所役屬諸國皆置州，西盡波斯，並隸安西都護府。以阿史那彌射爲興昔亡可汗，兼驃騎大將軍、崑陵都護，領五咄陸部，阿史那步眞爲繼往絕可汗，兼驃騎大將軍、濛池都護，領五弩失畢部，各賜帛十萬，以光祿卿盧承慶持册命之。賀魯死，詔葬頡利冢旁，紀其槩於石。

阿史那彌射，亦室點蜜可汗五世孫，世爲莫賀咄葉護。貞觀中，遣使者持節立彌射爲奚利邲咄陸可汗，賜鼓纛。族兄步眞謀殺彌射，欲自立，彌射不能國，卽舉所部處月、處蜜等入朝，拜右監門衞大將軍。而步眞遂自爲咄陸葉護，衆不厭，去之，亦與族人來朝，拜左屯衞大將軍。彌射從帝征高麗有功，封平壤縣伯〔六〕，遷右武衞大將軍。及平賀魯，乃與步眞皆爲可汗，得補所部刺史以下。是歲，彌射擊眞珠葉護於雙河，斬之，殺闕啜二人。

彌射、步眞無綏御材，下多怨，於是思結都曼率疏勒、朱俱波、喝槃陀三國叛，擊破于闐，詔左驍衞大將軍蘇定方討之，都曼兵保馬頭川。五年，定方傅其城，擊降之。龍朔二年，彌射、步眞以兵從颶海道總管蘇海政討龜茲，步眞怨彌射，且欲幷其部，乃誣以謀反。海政不能察，卽集軍吏計議先發誅之，因稱詔發所齎賜可汗首領，彌射以麾下至，悉收斬之。其部鼠尼施、拔塞幹叛走，海政追平之。步眞死乾封時。

咸亨二年，以西突厥部酋阿史那都支爲左驍衞大將軍兼匐延都督，以安輯其衆。儀鳳中，都支自號十姓可汗，與吐蕃連和，寇安西。詔吏部侍郞裴行儉討之。行儉請毋發兵，可以計取。卽詔行儉册送波斯王子，幷安撫大食，若道兩蕃者。都支果不疑，率子弟上謁，遂禽之，召執諸部渠長，降別帥李遮匐以歸，調露元年也。

西姓自是益衰，其後二部人日離散。遂擢彌射子元慶爲左玉鈐衞將軍，步眞子步利設斛瑟羅爲右玉鈐衞將軍，襲父所領及可汗號。元慶累拜鎭國大將軍、行左威衞大將軍。武后擅命，率諸蕃長請賜睿宗氏曰武，更號斛瑟羅曰竭忠事主可汗。長壽中，元慶坐謁皇嗣，爲來俊臣所誣，要斬，流其子獻于振州。

其明年，西突厥部立阿史那俀子爲可汗，與吐蕃寇，武威道大總管王孝傑與戰冷泉、大領谷，破之；碎葉鎭守使韓思忠又破泥熟俟斤及突厥施質汗、胡祿等，因拔吐蕃泥熟沒斯城。聖曆二年，以斛瑟羅爲左衞大將軍兼平西軍大總管，令撫鎭國人。是時烏質勒兵張甚，斛瑟羅不敢歸，與其部人六七萬內遷，死長安，擢子懷道爲右武衞將軍。

長安中，以阿史那獻爲右驍衞大將軍，襲興昔亡可汗、安撫招慰十姓大使、北庭大都護。四年，以懷道爲十姓可汗兼濛池都護。未幾，擢獻磧西節度使。十姓部落都擔叛，獻擊斬之，傳首闕下，收碎葉以西帳落三萬內屬，璽書嘉慰。葛邏祿、胡屋、鼠尼施三姓已內屬，爲默啜侵掠，以獻爲定遠道大總管，與北庭都護湯嘉惠等掎角。於是突騎施陰幸邊隙，故獻乞益師，身入朝，玄宗不許。詔左武衞中郞將王惠持節安尉。方册拜突騎施都督車鼻施啜蘇祿爲順國公，而突騎施已圍撥換、大石城，將取四鎭。會嘉惠拜安西副大都護，卽發三姓葛邏祿兵與獻共擊之。帝將詔王惠與相經略，宰相臣璟、臣頲曰：「突騎施叛，葛邏祿攻之，此夷狄自相殘，非朝廷出也。大者傷，小者滅，皆我之利。方王惠往撫慰，不可參以

兵事。」乃止。獻終以娑葛彊狠不能制，亦歸死長安。

突騎施吐火仙之敗，始以懷道子昕爲十姓可汗、開府儀同三司、濛池都護，册其妻涼國夫人李爲交河公主，遣兵護送。昕至碎葉西俱蘭城，爲突騎施莫賀達干所殺，交河公主與其子忠孝亡歸，授左領軍衞員外將軍，西突厥遂亡。

突騎施烏質勒，西突厥別部也。自賀魯破滅，二部可汗皆先入侍，虜無的君。烏質勒隸斛瑟羅，爲莫賀達干。斛瑟羅政殘，衆不悅，而烏質勒能撫下，有威信，諸胡順附，帳落寖盛，乃置二十都督，督兵各七千，屯碎葉西北。稍攻得碎葉，卽徙其牙居之，謂碎葉川爲大牙，弓月城、伊麗水爲小牙，其地東鄰北突厥，西諸胡，東直西、庭州，盡幷斛瑟羅地。

聖曆二年，遣子遮弩來朝，武后厚加尉撫。神龍中，封懷德郡王。是歲，烏質勒死，其子嗢鹿州都督娑葛爲左驍衞大將軍，襲封爵。是時勝兵三十萬，詔十姓可汗阿史那懷道持節册命，賜宮人四。景龍中，遣使者入謝，中宗爲御前殿，列萬騎羽林二仗，引見勞賜。俄與其將闕啜忠節交怨，兵相加暴。娑葛訟忠節罪，請內之京師。忠節以千金賂宰相宗楚客等，願無入朝，請導吐蕃擊娑葛以報。楚客方專國，卽以御史中丞馮嘉賓持節經制。嘉賓與忠節

書疏反復，娑葛邏得之，遂殺嘉賓，使弟遮弩率兵盜塞。安西都護牛師獎與戰火燒城，師獎敗，死之，表索楚客頭以徇。大都護郭元振表娑葛狀直，當見赦，詔許，西土遂定。

既而與遮弩分治其部，遮弩恨衆少，叛歸默啜，請為鄉導反攻其兄。默啜留遮弩，自以兵二萬擊娑葛，禽之。默啜歸語遮弩曰：「汝兄弟不相協，能盡心事我乎？」兩殺之。

突騎施別種車鼻施啜蘇祿者，裒拾餘衆，自為可汗。蘇祿善撫循其下，部種稍合，衆至二十萬，於是復雄西域。開元五年，始來朝，授右武衛大將軍、突騎施都督，却所獻不受。以武衛中郎將王惠持節拜蘇祿左羽林大將軍、順國公，賜錦袍、鈿帶、魚袋七事，為金方道經略大使。然詭猾，不純臣于唐，天子羈係之，進號忠順可汗。其後閱一二歲，使者納贊，帝以阿史那懷道女為交河公主妻之。是歲，突騎施鬻馬於安西，使者致公主教於都護杜暹，暹怒曰：「阿史那女敢宣教邪？」笞其使，不報。蘇祿怒，陰結吐蕃舉兵掠四鎮，圍安西城。暹方入當國，而趙頤貞代為都護，乘城久之，出戰又敗。蘇祿略人畜，發囷貯，徐聞暹已宰相，乃引去；即遣首領葉支阿布思來朝，玄宗召見，饗之。會東突厥使者亦來，與爭長曰：「突騎施國小，且突厥臣，不宜居上。」蘇祿使者曰：「宴乃為我，不可下。」遂設東西幄，而蘇祿使者西席，乃克宴。

始，蘇祿愛治其人，性勤約，每戰有所得，盡以予下，故諸族附悅之，為盡力。又交通吐蕃、突厥，二國皆以女妻之，遂立三國女並為可敦，以數子為葉護。費日廣而無素儲，晚年愁窶不聊，故鹵獲稍留不分，下始貳矣；又病風，一支攣，不事事。於是大首領莫賀達干、都摩支二部方盛，而種人自謂娑葛後者為「黃姓」，蘇祿部為「黑姓」，更相猜讎。

俄而莫賀達干、都摩支夜攻蘇祿，殺之。都摩支又背達干立蘇祿子吐火仙骨啜為可汗，居碎葉城，引黑姓可汗爾微特勒保怛邏斯城，共擊達干。帝使磧西節度使蓋嘉運和撫突騎施、拔汗那西方諸國。莫賀達干與嘉運率石王莫賀咄吐屯、史王斯謹提共擊蘇祿子，破之碎葉城。吐火仙棄旗走，禽之，并其弟葉護頓阿波。疏勒鎮守使夫蒙靈詧挾銳兵與拔汗那王掩怛邏斯城，斬黑姓可汗與其弟撥斯，入曳建城，收交河公主及蘇祿可敦、爾微可敦而還，又料西國散亡數萬人，悉與拔汗那王。諸國皆降。處木昆匐延闕律啜等諸部皆上書謝曰：「生於荒裔，國亂王薨，更相攻屠。賴天子遣嘉運將兵誅暴拯危，願得稽首聖顏，以部落附安西，永為外臣。」許之。明年，擢闕律啜為右驍衛大將軍，册石王為順義王，加拜史王為特進，顯疇其功。嘉運俘吐火仙骨啜獻太廟，天子赦以為左金吾衛員外大將軍、脩義王，頓阿波為右武衛員外將軍。以阿史那懷道子昕為十姓可汗，領突騎施所部，莫賀達干怒曰：「平蘇祿，我功也。今立昕，謂何？」即誘諸落叛。詔嘉運招諭，乃率妻子及纛官首領降，遂命統其衆。後數年，復以昕為可汗，遣兵護送。昕至俱蘭城，為莫賀咄所殺。莫賀咄自為可汗，安西節度使夫蒙靈詧誅斬之，以大纛官都摩支闕頡斤為三姓葉護。

天寶元年，突騎施部更以黑姓伊里底蜜施骨咄祿毗伽為可汗，數通使貢。十二載，黑姓部立登里伊羅蜜施為可汗，亦賜詔册。

至德後，突騎施衰，黃、黑姓皆立可汗相攻，中國方多故，不暇治也。乾元中，黑姓可汗阿多裴羅猶能遣使者入朝。大曆後，葛邏祿盛，徙居碎葉川，二姓微，至臣役於葛祿，斛瑟羅餘部附回鶻。及其破滅，有特龐勒居焉耆城，稱葉護，餘部保金莎領，衆至二十萬。

贊曰：隋季世，虛內以攻外，生者罷道路，死者暴原野，天下盜賊共攻而亡之。當此時，四夷侵，中國微，而突厥最彊，控弦者號百萬，華人之失職不逞皆往從之，惎之謀，導之入邊，故頡利自以為彊大古無有也。高祖初即位，與和，因數出軍助討賊，故詭臣之，贈予不可計。虜見利而動，又與賊連和，殺掠吏民，於是掃國入寇，薄渭橋，騎壒蒙京師。太宗身勒兵，顯責而陰間之，戎始內阻。不三年，縛頡利獻北闕下，霆掃風除，其國遂墟。自詩、書以來，伐暴取亂，蔑如帝神且速也，秦、漢比之，陋矣。然帝數暴師不告勞，料敵無遁情，善任將，必其功，蓋黃帝之兵也。而突厥乃以失德抗有道，寖衰當始興，雖運之盛衰屬于天，而其亡信有由矣！

校勘記

〔一〕以女婆匐為默棘連可敦 「婆匐」，金石萃編卷一〇〇王忠嗣碑、冊府卷九八六作「娑匐」。

〔二〕明年射匱使使來 「射匱」，舊書卷一九四下突厥傳及通典卷一九九作「始畢」，唐會要卷九四及通鑑卷一八七作「北突厥」。按本卷上文既云射匱已死，此當有誤。

〔三〕射匱亦連年係貢條支巨卵 舊書卷一九四下突厥傳及通典卷一九九俱承統葉護事蹟書「武德三年，遣使貢條支巨卵」。據本卷上文，射匱已死。此處「射匱」當為「統葉護」之訛。

〔四〕泥孰啜之將胡祿屋舉兵襲咄陸可汗多殺士國大亂 按舊書卷一九四下突厥傳及通典卷一九九俱云：「（咄陸）尋為泥孰啜部將胡祿屋所襲，衆多亡逸，其國大亂。」則「多殺士，國大亂」者乃咄陸而非胡祿屋。此處「咄陸可汗」下疑有省脫。

〔五〕胡祿啜闕 汲、局本同，殿本「啜」作「屋」。按通典卷一九九及本卷上下文均作「胡祿屋闕啜」，舊書卷一九四下突厥傳及寰宇記卷一九七作「胡祿居闕啜」。

〔六〕封平壤縣伯 「平壤」，舊書卷一九四下突厥傳、通典卷一九九、寰宇記卷一九七均作「平襄」。

唐書卷二百一十六上

列傳第一百四十一上

吐蕃上

吐蕃本西羌屬，蓋百有五十種，散處河、湟、江、岷間，有發羌、唐旄等，然未始與中國通。居析支水西。祖曰鶻提勃悉野，健武多智，稍并諸羌，據其地。蕃、發聲近，故其子孫曰吐蕃，而姓勃窣野。或曰南涼禿髮利鹿孤之後，二子，曰樊尼，曰傉檀。傉檀嗣，爲乞佛熾盤所滅。樊尼挈殘部臣沮渠蒙遜，以爲臨松太守。蒙遜滅，樊尼率兵西濟河，逾積石，遂撫有羣羌云。

其俗謂彊雄曰贊，丈夫曰普，故號君長曰贊普，贊普妻曰末蒙。其官有大相曰論茝，副相曰論茝扈莽，各一人，亦號大論、小論；都護一人，曰悉編掣逋；又有內大相曰曩論掣逋，亦曰論莽熱，副相曰曩論覓零逋，小相曰曩論充，各一人；又有整事大相曰喻寒波掣

逋，副整事曰喻寒覓零逋，小整事曰喻寒波充：皆任國事，總號曰尙論掣逋突瞿。地直京師西八千里，距鄯善五百里，勝兵數十萬。國多霆、電、風、雹，積雪，盛夏如中國春時，山谷常冰。地有寒癘，中人輒痞促而不害。其贊普居跋布川，或邏娑川，有城郭廬舍不肯處，聯毳帳以居，號大拂廬，容數百人。其衞候嚴，而牙甚隘。部人處小拂廬，多老壽至百餘歲者。衣率氈韋，以赭塗面爲好。婦人辮髮而縈之。其器屈木而韋底，或氈爲槃，凝麨爲盌，實羹酪并食之，手捧酒漿以飲。其官之章飾，最上瑟瑟，金次之，金塗銀又次之，銀次之，最下至銅止，差大小，綴臂前以辨貴賤。屋皆平上，高至數丈。其稼有小麥、青麲麥、蕎麥、豋豆。其獸，犛牛、名馬、犬、羊、彘，天鼠之皮可爲裘，獨峯駝日馳千里。其寶，金、銀、錫、銅。其死，葬爲冢，塈塗之。其吏治，無文字，結繩齒木爲約。其刑，雖小罪必抉目，或刖、劓，以皮爲鞭抶之，從喜怒，無常算。其獄，窟地深數丈，內囚于中，二三歲乃出。其宴大賓客，必驅犛牛，使客自射，乃敢饋。其俗，重鬼右巫，事羱羝爲大神。喜浮屠法，習呪詛，國之政事，必以桑門參決。多佩弓刀。飲酒不得及亂。婦人無及政。貴壯賤弱，母拜子，子倨父，出入前少而後老。重兵死，以累世戰沒爲甲門，敗懦者垂狐尾於首示辱，不得列于人。拜必手據地爲犬號，再揖身止。居父母喪，斷髮、黛面、墨衣，既葬而吉。其舉兵，以七寸金箭爲契。百里一驛，有急兵，驛人臆前加銀鶻，甚急，鶻益多。告寇舉烽。其畜牧，逐水草無常所。

其鎧胄精良，衣之周身，竅兩目，勁弓利刃不能甚傷。其兵法嚴，而師無餽糧，以鹵獲爲資。每戰，前隊盡死，後隊乃進。其四時，以麥熟爲歲首。其戲，棊、六博。其樂，吹螺、擊鼓。其君臣自爲友，五六人曰共命。君死，皆自殺以殉，所服玩乘馬皆瘞，起大屋冢顚，樹衆木爲祠所。贊普與其臣歲一小盟，用羊、犬、猴爲牲；三歲一大盟，夜肴諸壇，用人、馬、牛、閭爲牲。凡牲必折足裂腸陳于前，使巫告神曰：「渝盟者有如牲。」

其後有君長曰瘕悉董摩，董摩生佗土度，佗土生揭利失若，揭利生勃弄若，勃弄生詎素若，詎素生論贊索，論贊生棄宗弄贊，亦名棄蘇農，亦號弗夜氏。其爲人慷慨才雄，常驅野馬、犛牛，馳刺之以爲樂，西域諸國共臣之。

太宗貞觀八年，始遣使者來朝，帝遣行人馮德遐下書臨撫。弄贊聞突厥、吐谷渾並得尙公主，乃遣使齎幣求昏，帝不許。使者還，妄語曰：「天子遇我厚，幾得公主，會吐谷渾王入朝，遂不許，殆有以閒我乎？」弄贊怒，率羊同共擊吐谷渾，吐谷渾不能亢，走靑海之陰，盡取其貲畜。又攻党項、白蘭羌，破之。勒兵二十萬入寇松州，命使者貢金甲，且言迎公主，謂左右曰：「公主不至，我且深入。」都督韓威輕出覘賊，反爲所敗，屬羌大擾，皆叛以應賊。乃詔吏部尙書侯君集爲行軍大總管，出當彌道，右領軍大將軍執失思力出白蘭道，右

武衞大將軍牛進達出闊水道，右領軍將軍劉蘭出洮河道，並爲行軍總管，率步騎五萬進討。進達自松州夜壓其營，斬首千級。

初東寇也，連歲不解，其大臣請返國，不聽，自殺者八人。至是弄贊始懼，引而去，以使者來謝罪，固請昏，許之。遣大論薛祿東贊獻黃金五千兩〔一〕，它寶稱是，以爲聘。

十五年，妻以宗女文成公主，詔江夏王道宗持節護送，築館河源王之國。弄贊率兵次柏海親迎，見道宗，執婿禮恭甚，見中國服飾之美，縮縮媿沮。歸國，自以其先未有昏帝女者，乃爲公主築一城以夸後世，遂立宮室以居。公主惡國人赭面，弄贊下令國中禁之。自褫氈罽，襲紈綃，爲華風。遣諸豪子弟入國學，習詩、書。又請儒者典書疏。

帝伐遼還，使祿東贊上書曰：「陛下平定四方，日月所照，並臣治之。高麗恃遠，弗率於禮，天子自將度遼，隳城陷陣，指日凱旋，雖鴈飛于天，無是之速。夫鵝猶鴈也，臣謹冶黃金爲鵝以獻。」其高七尺，中實酒三斛。二十二年，右衞率府長史王玄策使西域，爲中天竺所鈔，弄贊發精兵從玄策討破之，來獻俘。

高宗卽位，擢駙馬都尉、西海郡王。弄贊以書詒長孫无忌曰：「天子初卽位，下有不忠者，願勒兵赴國共討之。」并獻金琲十五種以薦昭陵。進封賨王，賜餉蕃渥。又請蠶種、酒人與碾磑等諸工，詔許。永徽初，死，遣使者弔祠。無子，立其孫，幼不事，故祿東贊相

其國。

顯慶三年，獻金盎、金頗羅等，復請昏。未幾，吐谷渾內附，祿東贊怨忿，率銳兵擊之，而吐谷渾大臣素和貴奔吐蕃，悉以虛實，故吐蕃能破其國。慕容諾曷鉢與弘化公主引殘落走涼州，詔涼州都督鄭仁泰爲青海道行軍大總管，率將軍獨孤卿雲等屯涼、鄯，左武候大將軍蘇定方爲安集大使，爲諸將節度，以定其亂。吐蕃使論仲琮入朝，表吐谷渾罪，帝遣使者譙讓，乃使來請與吐谷渾平憾，求赤水地牧馬，不許。會祿東贊死。

東贊不知書而性明毅，用兵有節制，吐蕃倚之，遂爲彊國。始入朝，占對合旨，太宗擢拜右衞大將軍，以琅邪公主外孫妻之。祿東贊自言：「先臣爲聘婦，不敢奉詔。且贊普未謁公主，陪臣敢辭！」帝異其言，然欲懷以恩，不聽也。有子曰欽陵，曰贊婆，曰悉多于，曰勃論。祿東贊死，而兄弟並當國。自是歲入邊，盡破有諸羌羈縻十二州。

總章中，議徙吐谷渾部于涼州旁南山。帝刈吐蕃之入，召宰相姜恪、閻立本，將軍契苾何力等議先擊吐蕃。立本曰：「民飢未可以師。」何力曰：「吐蕃介在西極，臣恐師到，獸竄山伏，捕討無所得，至春復侵吐谷渾。臣請勿救，使疑吾力困而驕之，一舉可滅也。」恪曰：「不然，吐谷渾方衰，吐蕃負勝，以衰氣拒勝兵，戰必不亢，不救則滅。臣謂王師亟助之，使國幸存，後且徐圖可也。」議不決，亦不克徙。

咸亨元年，入殘羈縻十八州，率于闐取龜茲撥換城，於是安西四鎮並廢。詔右威衞大將軍薛仁貴爲邏娑道行軍大總管，左衞員外大將軍阿史那道眞、左衞將軍郭待封自副，出討吐蕃，并護吐谷渾還國。師凡十餘萬，至大非川，爲欽陵所拒，王師敗績，遂滅吐谷渾而盡有其地。詔司戎太常伯、同東西臺三品姜恪爲涼州道行軍大總管出討，會恪卒，班師。

吐蕃遣大臣仲琮入朝。仲琮少游太學，頗知書。帝召見問曰：「贊普孰與其祖賢？」對曰：「勇果善斷不逮也，然勤以治國，下無敢欺，令主也。且吐蕃居寒露之野，物產寡薄，烏海之陰，盛夏積雪，暑毼冬裘。隨水草以牧，寒則城處，施廬帳。器用不當中國萬分一。但上下一力，議事自下，因人所利而行，是能久而彊也。」帝曰：「吐谷渾與吐蕃本甥舅國，素和貴叛其主，吐蕃任之，奪其土地。薛仁貴等往定慕容氏，又伏擊之，而寇我涼州，何邪？」仲琮頓首曰：「臣奉命來獻，它非所聞。」帝韙其答。然以仲琮非用事臣，故殺其禮。

上元二年，遣大臣論吐渾彌來請和，且求與吐谷渾脩好，帝不聽。明年，攻鄯、廓、河、芳四州，殺略吏及馬牛萬計。乃詔周王顯爲洮州道行軍元帥，率工部尙書劉審禮等十二總管，以相王輪爲涼州道行軍元帥，率左衞大將軍契苾何力、鴻臚卿蕭嗣業等軍討之。二王不克行。吐蕃進攻疊州，破密恭、丹嶺二縣，又攻扶州，敗守將。乃高選尙書左僕射劉仁軌爲洮河鎮守使，久之，無功。

吐蕃與西突厥連兵攻安西，復命中書令李敬玄爲洮河道行軍大總管、西河鎮撫大使、鄯州都督，代仁軌。下詔募猛士，毋限籍役痕負，帝自臨遣。又敕益州長史李孝逸、巂州都督拓王奉益發劍南、山南士。先戰龍支，吐蕃敗。敬玄率劉審禮擊吐蕃青海上，審禮戰沒。敬玄頓承風嶺，礙險不得縱，吐蕃壓王師屯，左領軍將軍黑齒常之率死士五百，夜斧其營，虜驚，自相轥藉而死者甚衆，乃引去。敬玄僅脫。

帝旣儒仁無遠略，見諸將數敗，乃博咨近臣，求所以禦之之術。帝曰：「朕未始擐甲履軍，往者滅高麗、百濟，比歲用師，中國騷然，朕至今悔之。今吐蕃內侵，盍爲我謀？」中書舍人劉禕之等具對，須家給人足可擊也。或言賊險黠不可與和，或言營田嚴守便。惟中書侍郎薛元超謂：「縱敵生患，不如料兵擊之。」帝顧黃門侍郎來恆曰：「自李勣亡，遂無善將。」恆卽言：「向洮河兵足以制敵，但諸將不用命，故無功。」帝殊不悟，因罷議。

儀鳳四年，贊普死，子器弩悉弄立，欽陵復擅政，使大臣來告喪，帝遣使者往會葬。明年，贊婆、素和貴率兵三萬攻河源，屯良非川，敬玄與戰湟川，敗績。左武衞將軍黑齒常之以精騎三千夜擣其營，贊婆懼，引去。遂擢常之爲河源軍經略大使。乃嚴烽邏，開屯田，虜謀稍折。

初，劍南度茂州之西築安戎城，以迮其鄙。俄爲生羌導虜取之以守，因幷西洱河諸

蠻，盡臣羊同、党項諸羌。其地東與松、茂、嶲接，南極婆羅門，西取四鎮，北抵突厥，幅圓餘萬里，漢、魏諸戎所無也。

永隆元年，文成公主薨，遣使者弔祠，又歸我陳行焉之喪。初，行焉使虜，論欽陵欲拜己，臨以兵，不爲屈，留之十年。及是喪還，贈陸州刺史。贊婆復入良非川，常之擊走之。

武后時，與蠻夷同朝賀。永昌元年，詔文昌右相韋待價爲安息道大總管，安西大都護閻溫古副之，以討吐蕃，兵逗留，坐死，徙。明年，復詔文昌右相岑長倩爲武威道行軍大總管討之，兵半道罷。

又明年，大首領曷蘇率貴川部與党項種三十萬降，后以右玉鈐衞將軍張玄遇爲安撫使，率兵二萬迎之，次大度水，吐蕃禽曷蘇去。而它酋昝插又率羌、蠻八千自來，玄遇卽其部置葉州，用昝插爲刺史，刻石大度山以紀功。

是歲，又詔右鷹揚衞將軍王孝傑爲武威道行軍總管，率西州都督唐休璟、左武衞大將軍阿史那忠節擊吐蕃，大破其衆，復取四鎮，更置安西都護府於龜茲，以兵鎮守。議者請廢四鎮勿有也，右史崔融獻議曰：「戎狄爲中國患尙矣，五帝、三王所不臣。漢以百萬衆困平城，其後武帝赫然發憤，甘心四夷，張騫始通西域，列四郡，據兩關，斷匈奴右臂，稍稍度河、湟，築令居，以絕南羌。於是郭侯亭燧出長城數千里，傾府庫，殫士馬，行人使者歲月不絕，至作

皮幣，算緡法，稅舟車，榷酒酤。夫豈不懷，爲長久計然也！匈奴於是孤特遠竄，遂開西域，置使者領護。光武中興，皆復內屬，至於延光，三絕三通。太宗文皇帝踐漢舊跡，並南山抵葱嶺，剖裂府鎮，煙火相望，吐蕃不敢內侮。高宗時，有司無狀，棄四鎮不能有，而吐蕃遂張，入焉耆之西，長鼓右驅，踰高昌，歷車師，鈔常樂，絕莫賀延磧，以臨燉煌。今孝傑一舉而取四鎮，還先帝舊封，若又棄之，是自毀成功而破完策也。夫四鎮無守，胡兵必臨西域，西域震則威懾南羌，南羌連衡，河西必危。且莫賀延磧袤二千里，無水草，若北接虜，唐兵不可度而北，則伊西、北庭、安西諸蕃悉亡。」議乃格。

於是首領勃論贊與突厥僞可汗阿史那俀子南侵，與孝傑戰冷泉，敗走。碎葉鎮守使韓思忠破泥熟沒斯城。證聖元年，欽陵、贊婆攻臨洮，孝傑以肅邊道大總管戰素羅汗山，虜敗還。又攻涼州〔三〕，殺都督。遣使者請和，約罷四鎮兵，求分十姓地。武后詔通泉尉郭元振往使，道與欽陵遇。元振曰：「東贊事朝廷，誓好無窮，今猥自絕，歲擾邊，父通之，子絕之，孝乎？父事之，子叛之，忠乎？」欽陵曰：「然！然天子許和，得罷二國戍，使十姓突厥、四鎮各建君長，俾其國自守若何？」元振曰：「唐以十姓、四鎮撫西土，爲列國主，道非有它，且諸部與吐蕃異，久爲唐編人矣。」欽陵曰：「使者意我規削諸部爲唐邊患邪？我若貪土地財賦，彼青海、湟川近矣，今捨不爭何哉？突厥諸部磧漠廣莽，去中國遠甚，安有爭地萬里外邪？

且四夷唐皆臣并之，雖海外地際，靡不磨滅，吐蕃適獨在者，徒以兄弟小心，得相保耳。十姓五咄陸近安西，於吐蕃遠，俟斤距我裁一磧，騎士騰突，不易旬至，是以爲憂也。烏海、黃河，關源阻奧，多癘毒，唐必不能入；則弱甲孱將易以爲蕃患，故我欲得之，非闚諸部也。甘、涼距積石道二千里，其廣不數百，狹纔百里，我若出張掖、玉門，使大國春不耕，秋不穫，不五六年，可斷其右。今棄不爲，亦無虞于我矣。青海之役，黃仁素約和，邊守不戒，崔知辯徑俟斤掠我牛羊萬計，是以求之。」使使者固請，元振固言不可許，后從之。

欽陵專國久，常居中制事，諸弟皆領方面兵，而贊婆專東境幾三十年，爲邊患。兄弟皆才略沈雄，衆憚之。器弩悉弄既長，欲自得國，漸不平，乃與大臣論巖等圖去之。欽陵方提兵居外，贊普託言獵，卽勒兵執其親黨二千餘人殺之，發使者召欽陵、贊婆，欽陵不受命，贊普自討之。未戰，欽陵兵潰，乃自殺，左右殉而死者百餘人。贊婆以所部及兄子莽布支等款塞，遣羽林飛騎迎勞，擢贊婆特進、輔國大將軍、歸德郡王，莽布支左羽林大將軍、安國公，皆賜鐵券，禮尉良厚。贊婆卽領部兵戍河源，死，贈安西大都護。

又遣左肅政臺御史大夫魏元忠爲隴右諸軍大總管，率隴右諸軍大使唐休璟出討。方虜攻涼州，休璟擊之，斬首二千級。於是論彌薩來朝請和。贊普自將萬騎攻悉州，都督陳大慈四戰皆克。明年，乃獻馬、黃金求昏。而虜南屬帳皆叛，贊普自討，死于軍。

諸子爭立，國人立棄隸蹜贊爲贊普，始七歲，使者來告喪，且求盟。又使大臣悉董熱固求昏，未報。會監察御史李知古建討姚州蠻，削吐蕃向導，詔發劍南募士擊之。蠻酋以情輸虜，殺知古，尸以祭天，進攻蜀漢。詔靈武監軍右臺御史唐九徵爲姚嶲道討擊使，率兵擊之。虜以鐵絙梁漾、濞二水，通西洱蠻，築城戍之。九徵毀絙夷城，建鐵柱於滇池以勒功。

中宗景龍二年，還其昏使。或言彼來逆公主，且習聞華言，宜勿遣，帝以中國當以信結夷狄，不許。明年，吐蕃更遣使者納貢，祖母可敦又遣宗俄請昏。帝以雍王守禮女爲金城公主妻之，吐蕃遣尚贊咄名悉臘等逆公主。帝念主幼，賜錦繒別數萬，雜伎諸工悉從，給龜茲樂。詔左衞大將軍楊矩持節送。帝爲幸始平，帳飲，引羣臣及虜使者宴，酒所，帝悲涕歔欷，爲赦始平縣，罪死皆免，賜民繇賦一年，改縣爲金城，鄉曰鳳池，里曰愴別。公主至吐蕃，自築城以居。拜矩鄯州都督。吐蕃外雖和而陰銜怒，卽厚餉矩，請河西九曲爲公主湯沐，矩表與其地。九曲者，水甘草良，宜畜牧，近與唐接。自是虜益張雄，易入寇。

玄宗開元二年，其相坌達延上書宰相，請載盟文，定境於河源，丐左散騎常侍解琬涖盟。帝令姚崇等報書，命琬持神龍誓往。吐蕃亦遣尚欽藏、御史名悉臘獻載辭。未及定，坌達延將兵十萬寇臨洮，入攻蘭、渭，掠監馬。楊矩懼，自殺。有詔薛訥爲隴右防禦使，與

王晙等并力擊。帝怒，下詔自將討之。會晙等戰武階，斬首萬七千，獲馬羊無慮二十萬。又戰長子，豐安軍使王海賓戰死。乘之，虜大敗，衆奔突不能去，相枕藉死，洮水爲不流。帝乃罷行。詔紫微舍人倪若水臨按軍實戰功，且弔祭戰亡士，敕州縣并瘞吐蕃露胔。

宰相建言：「吐蕃本以河爲境，以公主故，乃橋河築城，置獨山、九曲二軍，距積石二百里。今既負約，請毀橋，復守河如約。」詔可。遣左驍衞郎將尉遲瓌使吐蕃，慰安公主。然小小入犯邊無閑歲，於是郭知運、王君㚟相繼節度隴右、河西，一以扞之。吐蕃遣宗俄因子到洮水祭戰死士，且請和。然恃盛彊，求與天子敵國，語悖傲。使者至臨洮，詔不內。金城公主上書求聽脩好，且言贊普君臣欲與天子共署誓刻。吐蕃又遣使者上書言：「孝和皇帝嘗賜盟，是時唐宰相豆盧欽望、魏元忠、李嶠、紀處訥等凡二十二人及吐蕃君臣同誓。孝和皇帝崩，太上皇嗣位，脩睦如舊。然唐宰相在誓刻者皆歿，今宰相不及前約，故須再盟。比使論乞力等前後七輩往，未蒙開許，且張玄表、李知古將兵侵暴甥國，故違誓而戰。今舅許湔貸前惡，歸於大和，甥既堅定，然不重盟爲未信，要待新誓也。」又言：「舅責乞力徐集兵，且兵以新故相代，非集也。往者疆埸自白水皆爲閑壤，咋郭將軍屯兵而城之，故甥亦城。假令二國和，以迎送；有如不通，因以守境。」又疑與突厥骨咄祿善者，舊與通聘，卽日舅甥如初，不與交

矣。因奉寶瓶、杯以獻。」帝謂昔已和親，有成言，尋前盟可矣，不許復誓。禮其使而遣，且厚賜贊普，自是歲朝貢不犯邊。

十年，攻小勃律國，其王沒謹忙詒書北庭節度使張孝嵩曰：「勃律，唐西門。失之，則西方諸國皆墮吐蕃，都護圖之。」孝嵩聽許，遣疏勒副使張思禮以步騎四千晝夜馳，與謹忙兵夾擊吐蕃，死者數萬，多取鎧仗、馬羊，復九城故地。始勃律王來朝，父事帝。還國，置綏遠軍以扞吐蕃，故歲常戰。吐蕃每曰：「我非利若國，我假道攻四鎮爾。」及是，累歲不出兵。

於是隴右節度使王君㚟請深入取償。十二年，破吐蕃，獻俘。後二年，悉諾邏兵入大斗拔谷，遂攻甘州，火鄉聚。王君㚟勒兵避其銳，不戰。會大雪，吐蕃皸凍如積，乃踰積石軍趨西道以歸。君㚟豫遣諜出塞，燒野草皆盡，悉諾邏頓大非川，無所牧，馬死過半。君㚟率秦州都督張景順約齎窮躡，出青海西，方冰合，師乘而度。于時虜已踰大非山，留輜重疲弱瀕海，君㚟縱兵俘以旋。時中書令張說以吐蕃出入數十年，勝負略相當，甘、涼、河、鄯之人奉調發困甚，願聽其和。帝方寵君㚟，不聽。

未幾，悉諾邏恭祿、燭龍莽布支入陷瓜州，毀其城，執刺史田元獻及君㚟父，遂攻玉門軍，圍常樂，不能拔，回寇安西，副都護趙頤貞擊却之。會君㚟爲回紇所殺，功不遂。帝乃用蕭嵩爲河西節度使，左金吾將軍張守珪瓜州刺史，復城之。嵩縱反間，殺悉諾邏恭祿。明

年，大將悉末朗攻瓜州，守珪擊走之；鄯州都督張志亮又戰青海西，破大莫門城，焚橐它橋；隴右節度使杜賓客以彊弩四千射虜，破之祁連城下，斬副將一，上級五千首。虜敗，慟而走山。又明年，守珪率伊、沙等州兵破虜大同軍；又信安王禕出隴西，拔石堡城，即之置振武軍，獻俘於廟。帝以書賜將軍裴旻曰：「敢有掩戰功不及賞者，士自陳，將吏皆斬。戰有逗留，舉隊如軍法。能禽其王者，授大將軍。」於是士益奮。

吐蕃令曩骨委書塞下，言：「論莽熱、論泣熱皆萬人將，以贊普命，謝都督刺史：二國有舅甥好，昨彌不弄羌、党項交構二國，故失懽，此不聽，唐亦不應聽。」都督遣腹心吏與曩骨還議盟事。曩骨，猶千牛官也。於是忠王友皇甫惟明並言約和便。帝曰：「贊普向上書悖慢，朕必滅之，毋議和！」惟明曰：「昔贊普幼，是必邊將好功之人爲之，以激怒陛下。且二國交惡必興師，師興則隱盜財利，詐功級，希陛下過賞，以甘心焉。今河西、隴右貲耗力窮，陛下幸詔金城公主許贊普約，以紓邊患，息民之上策也。」帝采其言，敕惟明及中人張元方往聘，以書賜公主。惟明見贊普言天子意，贊普大喜，因悉出貞觀以來書詔示惟明，厚饋獻。使名悉臘隨使者入朝，奉表言：「甥，先帝舅顯親也。曩爲張玄表、李知古交鬬，遂成大舋。甥以文成、金城公主，敢失禮乎？特以沖幼，枉爲邊將讒亂。如蒙澄亮，死且萬足，千萬歲不敢先負盟。」且獻怪寶。使者至，帝御前殿，列羽林仗內之。悉臘略通華文，既

宴與語，禮甚厚，賜紫服、金魚。悉臘受服辭魚，曰：「國無是，不敢當。」帝遣御史大夫崔琳報聘。

吐蕃又請交馬於赤嶺，互市於甘松嶺。宰相裴光庭曰：「甘松中國阻，不如許赤嶺。」乃聽以赤嶺爲界，表以大碑，刻約其上。又請五經，敕祕書寫賜，并遣工部尚書李暠往聘，賜物萬計。吐蕃遣使謝，且言：「唐、吐蕃皆大國，今約和爲久長計，恐邊吏有妄意者，請以使人對相曉敕，令昭然具知。」帝又令金吾將軍李佺監赤嶺樹碑，詔張守珪與將軍李行禕、吐蕃使者莽布支分諭劍南、河西州縣曰：「自今二國和好，無相侵暴。」乃使悉諾勃海納貢，并以幣器徧遺執政。明年，上寶器數百具，制冶詭殊，詔置提象門示羣臣。

其後吐蕃西擊勃律，勃律告急，帝諭令罷兵，不聽，卒殘其國。於是崔希逸爲河西節度使，鎮涼州，故時疆畔皆樹壁守捉，希逸謂虜戍將乞力徐曰：「兩國約好，而守備不廢，云何？請皆罷，以便人。」乞力徐曰：「公忠誠，無不可，恐朝廷未皆信，脫掩吾不備，其可悔？」希逸固邀，乃許。即共刑白犬盟，而後悉徹障壁，虜畜牧被野。

明年，傔史孫誨奏事，妄言「虜無備，可取也」。帝采之，詔內豎趙惠琮共往按狀。小人欲徼幸，至涼州，因共矯詔，詔希逸發兵襲破吐蕃青海上，斬獲不貲，乞力徐遁走。吐蕃恚，不朝。二十六年，大入河西，希逸拒破之。鄯州都督杜希望又拔新城，更號威戎軍。希逸顧

失信，悒悒悵恨，召拜河南尹。既而與惠琮俱見犬祟，疑而死，誨亦及它誅。

蕭炅代爲河西節度留後，杜希望隴右節度留後，王昱劍南節度使，分道經略，碎赤嶺碑。希望發鄯州兵奪虜河橋，並河築鹽泉城，號鎮西軍，破吐蕃兵三萬。昱以劍南兵入攻安戎城，築二少壘左右之，兵次蓬婆嶺，輸劍南粟餉軍。吐蕃悉銳來救，昱大敗，少壘皆沒，士死凡數萬。昱貪妄，非將選，故敗，貶死高要。明年，吐蕃攻白草、安人軍〔三〕，詔臨洮、朔方分援。虜絕臨洮道，白水軍使高束于拒守，虜引去。炅遣將追尾，有雲出軍上，白兔舞，大破吐蕃。昱之敗，以張宥代節度劍南，以章仇兼瓊爲益州司馬。宥，文吏，不知兵，委事兼瓊。兼瓊因得入奏，天子果其議，拔兼瓊代宥節度。兼瓊諜誘吐蕃安戎城主爲應，導官軍入，盡殺虜戍，以監察御史許遠守之。吐蕃圍安戎，絕水泉，會石裂泉涌，虜驚引去。復攻維州，不得志。詔乃改安戎曰平戎云。

是歲，金城公主薨。明年，爲發哀，吐蕃使者朝，因請和，不許。虜乃悉衆四十萬攻承風堡，抵河源軍，西入長寧橋、安仁軍，渾崖烽騎將臧希液以銳兵五千破之。吐蕃又襲廓州，敗一縣，屠吏人。攻振武軍石堡城，蓋嘉運不能守。

天寶元年，隴右節度使皇甫惟明破虜大嶺軍；戰青海，破莽布支，斬首三萬級。明年，惟明破洪濟城，戰石堡，不克，副將諸葛詡死之。又明年，惟明破虜，獻俘京師。帝以哥舒翰節

度隴右，翰攻拔石堡，更號神武軍。又禽其相兀論樣郭。

十載，安西節度使高仙芝俘大酋以獻。是時，吐蕃與蠻閣羅鳳聯兵攻瀘南，劍南節度使楊國忠方以姦罔上，自言：「破蠻衆六萬於雲南，拔故洪州等三城，獻俘口。」哥舒翰破洪濟、大莫門諸城，收九曲故地，列郡縣，實天寶十二載。於是置神策軍於臨洮西、澆河郡於積石西，及宛秀軍以實河曲。後二年，蘇毗子悉諾邏來降，封懷義王，賜李氏。蘇毗，彊部也。是歲，贊普乞黎蘇籠獵贊死，子挲悉籠獵贊嗣，遣使者脩好，詔京兆少尹崔光遠持節齎册弔祠。還而安祿山亂，哥舒翰悉河、隴兵東守潼關，而諸將各以所鎭兵討難，始號行營，邊候空虛，故吐蕃得乘隙暴掠。

至德初，取嶲州及威武等諸城，入屯石堡。其明年，使使來請討賊且脩好。肅宗遣給事中南巨川報聘。然歲內侵，取廓、霸、岷等州及河源、莫門軍。使數來請和，帝雖審其譎，姑務紓患，乃詔宰相郭子儀、蕭華、裴遵慶等與盟。

寶應元年，陷臨洮，取秦、成、渭等州。明年，使散騎常侍李之芳、太子左庶子崔倫往聘，吐蕃留不遣。破西山合水城。明年，入大震關，取蘭、河、鄯、洮等州，於是隴右地盡亡。進圍涇州，入之，降刺史高暉。又破邠州，入奉天，副元帥郭子儀禦之。吐蕃以吐谷渾、党項兵二十萬東略武功，渭北行營將呂日將戰盩厔西，破之。又戰終南，日將走。代宗幸陝，

子儀退趨商州。高暉導虜入長安，立廣武王承宏爲帝，改元，擅作赦令，署官吏。衣冠皆南奔荆、襄，或逋棲山谷，亂兵因相攘鈔，道路梗閉。光祿卿殷仲卿率千人壁藍田，選二百騎度滻，或給虜曰：「郭令公軍且來！」吐蕃大震。會少將王甫與惡少年伐鼓譟苑中，虜驚，夜引去。子儀入長安，高暉東奔至潼關，守將李日越殺之。吐蕃留京師十五日乃走，天子還京。

吐蕃退圍鳳翔，節度使孫志直拒守，鎭西節度使馬璘以千騎戰卻之，吐蕃屯原、會、成、渭間，自如也。是歲，南入松、維、保等州及雲山新籠城。明年，還使人李之芳等。劍南嚴武破吐蕃南鄙兵七萬，拔當狗城。會僕固懷恩反，自靈武遣其將范志誠、任敷合吐蕃、吐谷渾兵攻邠州，白孝德、郭晞嬰壘守，乃入居奉天西。子儀入奉天，按軍不戰。郭晞以銳士夜擣其營，斬首數千級，奪馬五百，取四將，吐蕃引去。是時嚴武拔鹽州〔四〕，又戰西山，取其衆八萬。虜圍涼州，河西節度使楊志烈不能守，跳保甘州，而涼州亡。

永泰元年，吐蕃請和，詔宰相元載、杜鴻漸與虜使者同盟。懷恩不得志，導虜與回紇、党項羌、渾、奴剌犯邊，吐蕃大酋尚結息、贊摩、尚悉東贊等衆二十萬至醴泉、奉天，邠將白孝德不能亢，任敷以兵略鳳翔、盩厔，於是京師戒嚴。朔方兵馬使渾日進、孫守亮屯奉天，詔子儀以河中兵屯涇陽，李忠臣屯東渭橋，李光進屯雲陽，馬璘、郝廷玉屯便橋，駱奉先、李日越屯盩厔，李抱玉屯鳳翔，周智光屯同州，杜冕屯坊州，天子自率六軍屯于苑。吐蕃逼奉天，日進以單騎馳之，士二百踵進，左右擊剌，射皆應弦仆，虜大驚辟易。日進挾虜一將躍出，舉軍望而譟，士還，無一矢著身者。明日，虜薄城，日進發機石勁弩，故兵多死。凡三日，虜斂軍入壁，日進知虜曲折，即夜斫其營，斬千餘級，生禽五百。又戰馬嵬，凡七日，破賊萬人，斬首五千，獲馬、橐它、幟械甚衆。帝欲自討賊，下詔大搜馬，京師始置團練，都人震擾，鑿垣亡去者十八，詔中人戶都門，不能止。吐蕃游騎四百略武功，鎭西節度使馬璘使健士五十擊之，殲，士氣益奮。虜徙營九嵕之陰，掠醴泉居人數萬，焚室廬，田皆赤地。周智光與虜戰澄城，破之。吐蕃至邠北，復與回紇合，還攻奉天，抵馬嵬。任敷以兵五千掠白水，殘同州。於是城中渭橋、鄠以屯兵。

會懷恩死，虜謀無主，遂與回紇爭長。回紇怒，詣子儀請擊吐蕃自效，子儀許之，使白元光合兵攻吐蕃於靈臺西，大破之，降僕固名臣，帝乃班師。

校勘記

〔一〕薛祿東贊　通典卷一九〇同。舊書卷一九六上吐蕃傳謂「祿東，姓薛氏」，唐會要卷九七「薛」作「築」。張森楷校勘記疑「薛」爲「葽」之誤，但字書無「葽」字，未知孰是。

〔二〕孝傑以肅邊道大總管戰素羅汗山虜敗還又攻涼州　按本書卷四則天紀及舊書卷一九六上吐蕃傳均謂唐軍敗績，與兩書王孝傑傳及婁師德傳相合。「虜」字疑衍，或當移至「又攻」上。

〔三〕吐蕃攻白草安人軍　「白草」，舊書卷一九六上吐蕃傳及通鑑卷二一一四同。通鑑胡注：「白草軍在原州蕭關縣蔚茹水之西，其時吐蕃兵不能至。今考本書卷四〇地理志、通典卷一七二及元和志卷三九，鄯州有白水軍與安人軍，位河源軍西，覈本卷及舊書吐蕃傳下文接敍白水軍使高東宇拒守，則「白草」當是「白水」之訛。

〔四〕是時嚴武拔鹽州　「鹽州」，本書卷一二九嚴武傳作「鹽川」，卷六代宗紀及舊書卷一一七嚴武傳、通鑑卷二二三均作「鹽川城」。通鑑胡注：「鹽川城在當狗城西北。」按當狗城與鹽川城俱在劍南維州。嚴武傳謂武「破吐蕃七萬衆于當狗城，遂收鹽川」，明鹽川與當狗密近；而鹽州相距千里，豈所易及？「鹽州」當爲「鹽川」之訛。

唐書卷二百一十六下

列傳第一百四十一下

吐蕃下

永泰、大曆間，再遣使者來聘，於是戶部尚書薛景仙往報。詔宰相與吐蕃使者盟。俄寇靈州，掠宜祿，郭子儀精甲三萬戍涇陽，入屯奉天。靈州兵破虜二萬，上級五百首。景仙與倫泣陵偕來，請境鳳林關，而路悉等十五人又來。三年，虜引衆十萬復攻靈州，略邠州。先是，尚悉結自寶應後數入邊，以功高請老，而贊磨代之，爲東面節度使，專河、隴。邠寧馬璘、朔方將白元光再破其衆，獲馬羊數千，劍南亦破虜萬人。尚悉摩復來朝。天子以虜數入塞，詔治守障，徙當、悉、柘、靜、恭五州，皆據險以守。

八年，虜六萬騎侵靈州，敗民稼，進寇涇、邠，渾瑊與戰不利，副將死，略數千戶。瑊整卒夜襲其營；涇原馬璘以兵掩之潘原，射豹皮將死，軍中哭，乃遁去。璘收所俘士及男女

而還。郭子儀又破其衆十萬。

九年，帝遣諫議大夫吳損脩好，虜亦使使者入朝。於是子儀屯邠州，李抱玉屯高壁，馬璘屯原州，李忠臣屯涇州，李忠誠屯鳳翔，臧希讓屯渭北，備虜之入。明年，西川節度使崔寧破虜於西山。虜攻臨涇、隴州，次普潤，焚掠人畜；與抱玉戰義寧，破之；道涇州，璘尾追，敗之於百里。又明年，崔寧破虜故洪節度、氐、蠻、党項等兵，斬首萬級，禽酋領千人，牛羊廩鎧甚衆，獻之朝。吐蕃不得志，入掠黎、雅，於是劍南兵合南詔與戰，破之，禽大籠官論器然。又侵坊州，取党項牧馬。崔寧攻望漢城，破之。山南西道節度使張獻恭戰岷州，吐蕃走。寧破西山三路及邛南兵，斬首八千級。十三年，虜大酋馬重英以四萬騎寇靈州，塞漢、御史、尚書三渠以擾屯田，爲朔方留後常謙光所逐，重英殘鹽、慶而去。乃南合南詔衆二十萬攻茂州，略扶、文，遂侵黎、雅。時天子已發幽州兵馳拒，虜大奔破。

初，虜使數至，留不遣，所俘虜口，悉部送江南。德宗即位，先內靖方鎭，顧歲與虜确，其亡獲相償，欲以德綏懷之，遣太常少卿韋倫持節歸其俘五百，厚給衣褚，切敕邊吏護亭障，無輒侵虜地。吐蕃始聞未信，使者入境，乃皆感畏。

是時，乞立贊爲贊普，姓戶盧提氏，曰：「我乃有三恨：不知天子喪，不及弔，一也；山陵不及賻，二也；不知舅即位，而發兵攻靈州，入扶、文，侵灌口，三也。」即發使者隨倫入朝。

帝又遣倫還蜀俘。虜以倫再至，歡甚，授館，作聲樂，九日留，以論欽明思等五十人從獻方物。

明年，殿中少監崔漢衡往使，贊普猥曰：「我與唐舅甥國，詔書乃用臣禮卑我。」又請雲州西盡賀蘭山爲吐蕃境，邀漢衡奏天子。乃遣入蕃使判官常魯與論悉諾羅入朝，道贊普語，且引景龍詔書曰「唐使至，甥先與盟，蕃使至，舅亦將親盟」；贊普曰「其禮本均。」帝許之，以「獻」爲「進」，「賜」爲「寄」，「領取」爲「領之」。以前宰相楊炎不通故事爲解，并約地於賀蘭。其大相尚悉結嗜殺人，以劍南之敗未報，不助和議，次相尚結贊有謀，固請休息邊人，贊普卒用結贊爲大相，乃講好。

漢衡與其使區頰贊偕來，約盟境上。拜漢衡鴻臚卿，以都官員外郎樊澤爲計會使，與結贊約；且告隴右節度使張鎰同盟。澤與結贊約盟清水，以牛馬爲牲。鎰欲末其禮，乃紿結贊曰：「唐非牛不田，蕃非馬不戰，請用犬、豕、羊。」結贊聽諾。將盟，乃除地爲壇，約二國各以二千士列壇外，冗從立壇下。鎰與幕府齊映齊抗、鴻臚漢衡、計會使于頔及澤、魯皆朝服，結贊與論悉頰藏、論臧熱、論利陀、論力徐等對升壇，刑牲壇北，雜其血以進，約：「唐地涇州右盡彈箏峽，隴州右極清水，鳳州西盡同谷，劍南盡西山、大度水。吐蕃守鎭蘭、渭、原、會，西臨洮，東成州，抵劍南西磨些諸蠻、大度水之西南。盡大河北自新泉軍抵大磧，南

極賀蘭橐它嶺，其間爲閑田。二國所棄戍地毋增兵，毋創城堡，毋耕邊田。」既盟，請鎰詣壇西南隅浮屠幄爲誓。於是升壇大享，獻酬乃還。

帝命宰相、尚書與虜使者盟長安，而清水之約，疆場不定，復令漢衡決於贊普，乃克盟。於是宰相李忠臣盧杞關播崔寧、工部尚書喬琳、御史大夫于頎、太府卿張獻恭、司農卿段秀實、少府監李昌夔、京兆尹王翃、金吾衞大將軍渾瑊與區頰贊等同盟京城之右郊，禮如清水。前二月告廟，齊，三日，關播跪讀載書〔一〕，已盟乃大享。詔左僕射李揆爲入蕃會盟使，還區頰贊等。

朱泚之亂，吐蕃請助討賊，詔右散騎常侍于頎持節慰撫，太常少卿沈房爲安西、北庭宣慰使以報之。渾瑊用論莽羅兵破泚將韓旻於武亭川。初，與虜約，得長安，以涇、靈四州畀之。會大疫，虜輒引去。及泚平，責先約求地。天子薄其勞，第賜詔書，償結贊、莽羅等帛萬匹，於是虜以爲怨。

貞元二年，詔倉部郎中趙建往使〔二〕，而虜已犯涇、隴、邠、寧，掠人畜，敗田稼，內州皆閉壁。游騎至好畤，左金吾將軍張獻甫、神策將李昇曇等屯咸陽，河中渾瑊、華州駱元光援之。以左監門將軍康成使焉。尚結贊屯上砦原，亦令使論乞陀來請盟。鳳翔李晟遣部將王佖以銳兵三千夜入汧陽，明日，薄其中軍，虜驚潰走，結贊僅自脫。虜衆二萬侵鳳翔，李

晟擊卻之，因襲破摧沙堡，燒儲廥，斬守者。吐蕃攻鹽、夏，刺史杜彥光、拓拔乾暉不能守，悉其衆南奔，虜遂有其地。天子以邊人殘沒，下詔避正殿，痛自咎。詔駱元光經略鹽、夏。

三年，命左庶子崔澣、李銛踵使。結贊得鹽、夏，皆戍以兵，乃自屯鳴沙，然饋餉數困。於是駱元光、韓游瓌次塞而屯，馬燧次石州，跨河相掎角。結贊大懼，屢請盟，天子不許。即以貴將論頰熱厚賂乞和於燧，燧以爲情，身入見天子，諸將以燧入，皆守壁不戰。結贊遽還走，馬多死，士不能步，有飢色。澣始至鳴沙，傳詔讓結贊破約陷鹽、夏，對曰：「本以武亭功未償乃來，又候碑仆，疆埸不明，故行境上。涇州乘城自保，鳳翔李令不納吾使，雖康成等來，皆不能致委曲。我日望大臣而卒無至者，我故引還。鹽、夏守將懼吾衆，以城丐我，非我敢攻也。若天子復許盟，虜之願也，唯所命，當以鹽、夏還唐。」又言清水盟，大臣少，故約易壞，請悉遣宰相元帥二十一人會盟。幷言靈鹽節度使杜希全、涇原節度使李觀，外蕃所信，請主盟。帝復使澣報結贊曰：「希全守靈州，有分地，不可以越境；觀既徙官，以渾瑊爲盟會使。」約五月盟清水，使先效二州，以驗虜信。結贊辭清水非吉地，請會原州之土梨樹，乃歸二州。天子從之。

瑊來受命，拜漢衡兵部尚書以副瑊。瑊率師二萬待期，詔駱元光助之。宰相議所盟地，

左神策將馬有鄰建言：「土梨樹林薈巖阻，兵易詭伏，不如平涼夷漫坦直，且近涇，緩急可保也。」乃定盟平涼。瑊約結贊，主客均以兵三千至壇外，譏從四百叩壇，以游軍交邏相入。將盟，結贊伏精騎三萬于西，縱邏騎出入瑊軍，瑊將梁奉貞亦驟馬入虜軍營，陰執之，而瑊不知也。客請瑊等具冠劍，皆就幄更衣，從容胖肆。虜忽三伐鼓，衆譟而興，瑊不知所出，走幄後，得馬不銜而馳，十里始得銜。虜追，矢若雨不傷也，至元光營乃脫。裨將辛榮兵數百據北阜與虜戰，矢盡乃降。判官韓弇、監軍宋鳳朝死之。漢衡與判官鄭叔矩路泌、掌書記袁同直、列將扶餘準馬寧孟日華李至言樂演明范澄馬弇、中人劉延邕俱文珍李朝清等六十人皆被執，士死者五百，生獲者千餘人。漢衡語虜曰：「我，崔尚書也，結贊與我善。若殺我，結贊亦殺若。」乃不死。人負一木，以繩三約之，係其髮縻之；夜則杙地縶而仆，蒙以罽，守者寢其上。始結贊將劫希全、觀，急以銳兵直趣京師，既不克，又欲禽瑊等，擣虛入寇，其謀本然。既引去，至故原州，坐帳中見漢衡等，慢言：「渾瑊戰武功，我力也。許裂地償我，而自食其言。吾既作金枷，將必得瑊以見贊普，乃今失之，徒致公等，無益也。當使人歸報。」

初，漢衡遇亂，從史呂温身蔽兵，温傷而漢衡脫，虜人嘉其義，厚給養之。結贊屯石門，以俱文珍、馬寧、馬弇歸唐，而囚漢衡、叔矩河州，辛榮廓州，扶餘準鄯州。帝猶使中人齎詔書賜結贊，拒不受。虜戍鹽、夏，涉春疫大興，皆思歸。結贊以騎三千迎之，火二州廬舍，頽郛堞而去，杜希全分兵保之。帝哀漢衡等陷辱，下詔賜其子七品官，叔矩、泌、弇、日華、榮、至言(三)、澄、良貢、演明一子八品官，袁同直而下一子九品官。以決勝軍使唐良臣屯潘原，神策將蘇太平屯隴州。結贊召漢衡、日華、延邕至石門，以五騎送境上，遣使者奉表來。李觀曰：「有詔不內吐蕃使者。」受漢衡等，放其使。

結贊以羌、渾衆屯潘口，傍青石嶺，三分其兵趨隴、汧陽間，連營數十里，中軍距鳳翔一舍，詭漢服，號邢君牙兵，入吳山、寶雞，焚聚落，略畜牧、丁壯，殺老孺，斷手剔目，乃去。李晟嘗毀大木塞安化險處，虜過，悉焚之。詔神策將石季章壁武功，良臣移師百里城。虜又剽汧陽、華亭男女萬人以畀羌、渾，將出塞，令東向辭國，衆慟哭，投壍谷死者千數。吐蕃又入豐義，圍華亭，絕汲道。守將王仙鶴請救於隴州，刺史蘇清沔合太平兵赴之，虜逆戰，太平不勝，引還。虜日千騎四掠，隴兵不敢出。虜積薪將焚華亭，仙鶴以衆降。清沔潛兵大象龕，夜半，約城中舉火燭天，虜衆驚，因襲其營，乃去。更攻連雲堡，飛石投中，井皆滿。爲虛梁絕壍而升，守將張明遠降于虜。虜分捕山間亡人及牛羊率萬計，涇、隴、邠之民蕩然盡矣。諸將會不能得一俘，但賀賊出塞而已。連雲堡，涇要地也，三垂峭絕，北據高，虜所進退，候火易通。既失之，城下即虜境，每蓺稼，必陳兵于野，故多失時。是歲，三州不宿麥。虜數千騎犯長武城，城使韓全義拒之。韓游瓌兵不出，於是虜安行邠、涇間，諸屯西門皆

閉，虜治故原州保之。帝取所獲吐蕃生口不二百，徇諸市以安京師。

四年五月，虜三萬騎略涇、邠、寧、慶、鄜五州之鄙，焚吏舍民閭，係執數萬。韓全義以陳許兵戰長武，無功。初，吐蕃盜塞，畏春夏疾疫，常以盛秋。及是得唐俘，多厚給產，質其孥，故盛夏入邊。尙悉董星、論莽羅等又寇寧州，張獻甫拒斬裁百級，轉剽鄜、坊乃去。

五年，韋皋以劍南兵戰臺登，殺虜將乞臧遮遮、悉多楊朱，西南少安。不三年，盡得巂州地。久之，北庭沙陀別部叛，吐蕃因是陷北庭都護府，安西道絕。獨西州人尙爲唐守。

八年，寇靈州，陷水口，塞營田渠。發河東、振武兵，合神策軍擊之，虜引還。又寇涇州，掠田軍千人，守捉使唐朝臣戰不利。山南西道節度使嚴震破虜于芳州，取黑水壘，焚積聚。自虜得鹽州，塞防無以障遏，而靈武單露，鄜、坊侵迫，寇日以驕，數入爲邊患。帝復詔城之，使涇原、劍南、山南深入窮討，分其兵，毋令專向東方。詔朔方河中晉絳邠寧兵馬副元帥渾瑊、朔方靈鹽豐夏綏銀節度都統杜希全、邠寧節度使張獻甫、右神策軍行營節度使邢君牙、夏綏銀節度使韓潭、鄜坊丹延節度使王栖曜、振武麟勝節度使范希朝合兵三萬，以左神策將軍胡堅、右神策將軍張昌爲鹽州行營節度使，板築之，役者六千人，餘皆陣城下。九年始栽，閱二旬訖功，而虜兵不出，遂以兼御史大夫紇干遂與兼中丞杜彥光戍之。當是時，韋皋功最多，破堡壁五十餘所，敗其南道元帥論莽熱沒籠乞悉蓖；又與南詔破之于神川，于鐵

橋，皋俘馘三萬，降首領論乞髯湯沒藏悉諸律。

十二年，寇慶州及華池，殺略吏人。是歲，尙結贊死。明年，贊普死，其子足之煎立。邢君牙築永信城于隴州以備虜，虜使者農桑昔來請脩好，朝廷以其無信，不受。韋皋取新城，虜治劍山、馬嶺，進寇臺登，巂州刺史曹高仕擊卻之，禽籠官，斬級三百，獲馬、糧、械數千。

十四年，韓全義破虜于鹽州。十六年，靈州破虜于烏蘭橋，韋皋拔末恭、顯二城。十七年，寇鹽州，陷麟州，殺刺史郭鋒，湮隍墮陴，係居人，掠党項諸部，屯橫槽烽。虜將徐舍人者，語俘道人延素曰：「我乃司空英公裔孫也。武后時，家祖以兵尊王室不克，子孫奔播絕域，今三世矣。我雖握兵，心未嘗忘歸也，顧不能自拔耳。」陰使延素夜逸。又言：「吾按邊求資糧，至麟而守者無備，遂入之。知郭使君勳臣家，欲全安之，不幸死亂兵。」語方已，會飛鳥使至，召其軍還，遂引去。飛鳥，猶傳騎也。

韋皋出西山與虜戰，破之雅州。籠官馬定德本虜之知兵有策慮者，周知山川險易，每用兵，常馳驛計議，授諸將以行。比年寇黎、巂，皋常折其兵，定德畏得罪，遂來降，因定昆明諸蠻。吐蕃以下屢衂，大侵靈州。時皋圍維州，贊普使論莽熱沒籠乞悉蓖兼松州五道節度兵馬都統、羣牧大使，引兵十萬援維州。皋率南詔兵薄險設伏以待，纔使千人嘗敵。

乞悉蓖見兵寡，悉衆追，墮伏中，兵四合急擊，遂禽之，獻京師。明年，吐蕃使者論頰熱復來，右龍武大將軍薛伾往報。

二十年，贊普死，遣工部侍郎張薦弔祠，其弟嗣立，再使使者入朝。順宗立，以左金吾衞將軍田景度、庫部員外郎熊執易持節往使。永貞元年，論乞縷勃藏歸金幣、馬牛助崇陵，有詔陳太極廷中。

憲宗初，遣使者脩好，且還其俘。又以使告順宗喪，吐蕃亦以論勃藏來。後比年來朝，然以五萬騎入振武拂鵜泉，萬騎至豐州大石谷，鈔回鶻還國者。

五年，以祠部郎中徐復往使，并賜鉢闡布書。鉢闡布者，虜浮屠豫國事者也，亦曰「鉢掣逋」。復至鄯州擅還，其副李逢致命贊普，復坐貶。虜以論思邪熱入謝，且歸鄭叔矩、路泌之柩，因言願歸秦、原、安樂州。詔宰相杜佑等與議中書，論思邪熱拜于廷，佑答拜堂上，復以鴻臚少卿李銛、丹王府長史吳暈報之。自是朝貢歲入。又款隴州塞，丐互市，詔可。

十二年，贊普死，使者論乞髯來，以右衞將軍烏重玘、殿中侍御史段鈞弔祭之。可黎可足立爲贊普，重玘以扶餘準、李驂偕歸。準，東明人，本朔方騎將；驂，隴西人，貞元初戰沒于虜者。使者知不死，求之，乃得還。詔以準爲澧王府司馬，驂嘉王友。

吐蕃使論矩立藏來朝，未出境，吐蕃寇宥州，與靈州兵戰定遠城，虜不勝，斬首二千級。平涼鎮遏使郝玼又破虜兵二萬，夏州節度使田縉破其衆三千，詔留矩立藏等不遣。劍南兵拔峨和、栖雞城。十四年，乃歸矩立藏等。吐蕃節度論三摩、宰相尙塔藏、中書令尙綺心兒總兵十五萬圍鹽州，爲飛梯、鵝車攻城，刺史李文悅拒之，城壞輒補，夜襲其營，晝出戰，破虜萬人，積三旬不能拔。朔方將史敬奉以奇兵繞出虜背，大破之，解圍去。

始，沙州刺史周鼎爲唐固守，贊普徙帳南山，使尙綺心兒攻之。鼎請救回鶻，踰年不至，議焚城郭，引衆東奔，皆以爲不可。鼎遣都知兵馬使閻朝領壯士行視水草，晨入謁辭行，與鼎親吏周沙奴共射，彀弓揖讓，射沙奴即死，執鼎而縊殺之，自領州事。城守者八年，出綾一端募麥一斗，應者甚衆。朝喜曰：「民且有食，可以死守也。」又二歲，糧械皆竭，登城而謼曰：「苟毋徙佗境，請以城降。」綺心兒許諾，於是出降。自攻城至是凡十一年。贊普以綺心兒代守。後疑朝謀變，置毒鞾中而死。州人皆胡服臣虜，每歲時祀父祖，衣中國之服，號慟而藏之。

穆宗卽位，遣祕書少監田洎往告，使者亦來。虜引兵入屯靈武，靈州兵擊却之。又犯靑塞烽，進寇涇州，瀕水而營，縣五十里。始洎至牙，虜欲會盟長武，洎含糊應之。至是顯言：「洎許我盟，我是以來。」逼涇一舍止。詔右軍中尉梁守謙爲左右神策軍、京西北行營都監，

發卒合八鎮兵援涇州，貶洎郴州司戶參軍，以太府少卿邵同持節爲和好使。初，夏州田縉貪沓，党項怨之，導虜入鈔，郝玼與戰，多殺其衆。李光顏又以邠兵至，乃引去。復遣使者來。南略雅州，詔方鎮與虜接者謹備邊。

長慶元年，聞回鶻和親，犯淸塞堡，爲李文悅所逐。乃遣使者尙綺力陀思來朝，且乞盟，詔許之。崔植、杜元穎、王播輔政，議欲告廟。禮官謂：「肅宗、代宗皆嘗與吐蕃盟，不告廟。德宗建中之盟，將重其約，始詔告廟。至會平涼，不復告，殺之也。」乃止。以大理卿劉元鼎爲盟會使，右司郎中劉師老副之，詔宰相與尙書右僕射韓皋、御史中丞牛僧孺、吏部尙書李絳、兵部尙書蕭俛、戶部尙書楊於陵、禮部尙書韋綬、太常卿趙宗儒、司農卿裴武、京兆尹柳公綽、右金吾將軍郭鏦及吐蕃使者論訥羅盟京師西郊。贊普以盟言約：「二國無相寇讎，有禽生問事，給服糧歸之。」詔可。大臣豫盟者悉載名於策。方盟時，吐蕃以壯騎屯魯州，靈州節度使李進誠與戰大石山，破之。虜遣使者趙國章來，且致宰相信幣。

明年，請定疆候，元鼎與論訥羅就盟其國，敕虜大臣亦列名于策。元鼎踰成紀、武川，抵河廣武梁，故時城郭未隳，蘭州地皆秔稻，桃李榆柳岑蔚，戶皆唐人，見使者麾蓋，夾道觀。至龍支城，耋老千人拜且泣，問天子安否，言：「頃從軍沒于此，今子孫未忍忘唐服，朝廷尙念之乎？兵何日來？」言已皆嗚咽。密問之，豐州人也。過石堡城，崖壁峭豎，道回

屈，虜曰鐵刀城。右行數十里，土石皆赤，虜曰赤嶺。而信安王褘、張守珪所定封石皆仆，獨虜所立石猶存。赤嶺距長安三千里而贏，蓋隴右故地也。曰悶怛盧川，直邏娑川之南百里，臧河所流也。河之西南，地如砥，原野秀沃，夾河多檉柳。山多柏，坡皆丘墓，旁作屋，赬塗之，繪白虎，皆虜貴人有戰功者，生衣其皮，死以旌勇，徇死者瘗其旁。度悉結羅嶺，鑿石通車，逆金城公主道也。至麋谷，就館。臧河之北川，贊普之夏牙也。周以槍纍，率十步植百長槊，中剟大幟爲三門，相距皆百步。甲士持門，巫祝鳥冠虎帶擊鼓，凡入者搜索乃進。中有高臺，環以寶楯，贊普坐帳中，以黃金飾蛟螭虎豹，身被素褐，結朝霞冒首，佩金鏤劍。鉢掣逋立于右，宰相列臺下。唐使者始至，給事中論悉答熱來議盟，大享於牙右，飯舉酒行，與華制略等，樂奏秦王破陣曲，又奏涼州、胡渭、錄要、雜曲，百伎皆中國人。盟壇廣十步，高二尺。使者與虜大臣十餘對位，酋長百餘坐壇下，上設巨榻，鉢掣逋升，告盟，一人自旁譯授于下。已歃血，鉢掣逋不歃。盟畢，以浮屠重爲誓，引鬱金水以飲，與使者交慶，乃降。

元鼎還，虜元帥尚塔藏館客大夏川，集東方節度諸將百餘，置盟策臺上，徧曉之，且戒各保境，毋相暴犯。策署彝泰七年。尚塔藏語元鼎曰：「回鶻小國，我嘗討之，距城三日危破，會國有喪乃還，非我敵也。唐何所畏，乃厚之？」元鼎曰：「回鶻有功，且如約，未始妄以

兵取尺寸地，是以厚之。」塔藏默然。元鼎踰湟水，至龍泉谷，西北望殺胡川，哥舒翰故壁多在。湟水出蒙谷，抵龍泉與河合。河之上流，繇洪濟梁西南行二千里，水益狹，春可涉，秋夏乃勝舟。其南三百里三山，中高而四下，曰紫山，直大羊同國，古所謂昆侖者也，虜曰悶摩黎山，東距長安五千里，河源其間，流澄緩下，稍合衆流，色赤，行益遠，它水并注則濁，故世舉謂西戎地曰河湟。河源東北直莫賀延磧尾殆五百里，磧廣五十里，北自沙州，西南入吐谷渾寖狹，故號磧尾。隱測其地，蓋劍南之西。元鼎所經見，大略如此。

虜遣論悉諸息等入謝，天子命左衞大將軍令狐通、太僕少卿杜載答之。是歲，尚綺心兒以兵擊回鶻、党項，小相尚設塔率衆三萬牧馬木蘭梁。比歲，使者獻金盎、銀冶犀、鹿，貢犛牛。

寶曆至大和，再遣使者朝。五年，維州守將悉怛謀挈城以降，劍南西川節度使李德裕受之，收符章仗鎧，更遣將虞藏儉據之。州南抵江陽岷山，西北望隴山，一面崖，三涯江，虜號無憂城，爲西南要扞。會牛僧孺當國，議還悉怛謀，歸其城。吐蕃夷誅無遺種，以怖諸戎。自是比五年虜使來，必報。所貢有玉帶、金皿、獺褐、犛牛尾、霞氎、馬、羊、橐它。

贊普立幾三十年，病不事，委任大臣，故不能抗中國，邊候晏然。死，以弟達磨嗣。達磨嗜酒，好畋獵，喜內，且凶愎少恩，政益亂。開成四年，遣太子詹事李景儒往使，吐蕃以論集熱來朝，獻玉器羊馬。自是國中地震裂，水泉湧，岷山崩；洮水逆流三日，鼠食稼，人飢疫，死者相枕藉。鄯、廓間夜聞鼙鼓聲，人相驚。

會昌二年，贊普死，論贊熱等來告，天子命將作監李璟弔祠。無子，以妃綝兄尚延力子乞離胡爲贊普，始三歲，妃共治其國。大相結都那見乞離胡不肯拜，曰：「贊普支屬尚多，何至立綝氏子邪？」哭而出，用事者共殺之。

別將尚恐熱爲落門川討擊使，姓末，名農力，「熱」猶中國號「郎」也，譎詭善幻，約三部得萬騎，擊鄯州節度使尚婢婢，略地至渭州，與宰相尚與思羅戰薄寒山。思羅敗走松州，合蘇毗、吐渾、羊同兵八萬保洮河自守，恐熱謂蘇毗等曰：「宰相兄弟殺贊普，天神使我舉義兵誅不道，爾屬乃助逆背國耶？」蘇毗等疑而不戰，恐熱麾輕騎涉河，諸部先降，并其衆至十餘萬，禽思羅縊殺之。

婢婢，姓沒盧，名贊心牙，羊同國人，世爲吐蕃貴相，寬厚，略通書記，不喜仕，贊普彊官之。三年，國人以贊普立非是，皆叛去。恐熱自號宰相，以兵二十萬擊婢婢，鼓鞞、牛馬、橐它聯千餘里，至鎮西軍，大風雷電，部將震死者十餘人，羊、馬、橐它亦數百。恐熱惡之，按軍不進。婢婢聞之，厚幣詒書約驩，恐熱大喜曰：「婢婢，書生，焉知軍事。我爲贊普，當以

家居宰相處之。」於是退營大夏川。婢婢遣將厖結心、莽羅薛呂擊恐熱於河州之南，伏兵四萬，結心據山射書極罵，恐熱怒甚，盛兵出鬭。結心僞北，恐熱追至數十里，莽羅薛呂以伏兵衷擊，大風雨，河溢，溺死甚衆，恐熱單騎而逃。既不得志，尤猜忍殺戮，部將岌藏、豐贊皆降，婢婢厚遇之。明年，恐熱復攻鄯州，婢婢分兵五道拒守，恐熱保東谷山，堅壁不出。岌藏繚以重柵，斷汲道，旬日，恐熱走薄寒山，募散卒稍至，得數千人，復戰鶻鷄山，再戰南谷，皆大敗。兵拏仍歲不解。

大中三年，婢婢屯兵河源，聞恐熱謀度河，急擊之，爲恐熱所敗。婢婢統鋭兵扼橋，亦不勝，焚橋而還。恐熱間出鷄頂嶺關，馮硤爲梁攻婢婢，至白土嶺，敗其將尚鐸羅榻藏，進戰犛牛硤。婢婢將燭盧鞏力欲負硤自固以困恐熱，大將磨離羆子不從，乃辭疾先歸。羆子急擊恐熱，一戰而死。婢婢糧盡，引衆趨甘州西境，以拓拔懷光居守，恐熱麾下多歸之。

恐熱大略鄯、廓、瓜、肅、伊、西等州，所過捕戮，積尸狼藉，麾下內怨，皆欲圖之。乃揚聲將請唐兵五十萬共定其亂，保渭州，求册爲贊普，奉表歸唐。宣宗詔太僕卿陸躭持節慰勞，命涇原、靈武、鳳翔、邠寧、振武等兵迎援。恐熱既至，詔尚書左丞李景讓就問所欲。恐熱倨夸自大，且求河渭節度使，帝不許。還過咸陽橋，咄歎曰：「我舉大事，覬得濟此河與唐分

境。」於是復趨落門川收散卒，將寇邊，會久雨糧絕，恐熱還奔廓州。

於是鳳翔節度使李玭復清水；涇原節度使康季榮復原州，取石門等六關，得人畜幾萬；靈武節度使李欽取安樂州，詔爲威州；邠寧節度使張欽緒復蕭關；鳳翔收秦州；山南西道節度使鄭涯得扶州。鳳翔兵與吐蕃戰隴州，斬首五百級。是歲，河、隴高年千餘見闕下，天子爲御延喜樓，賜冠帶，皆爭解辮易服。因詔差賜四道兵，錄有勞者；三州七關地腴衍者，聽民墾蓺，貸五歲賦；温池委度支榷其鹽，以贍邊；四道兵能營田者爲給牛種，戍者倍其資饟，再歲一代；商賈往來於邊者，關鎮毋何留；兵欲墾田，與民同。

初，太宗平薛仁杲，得隴上地；虜李軌，得涼州；破吐谷渾、高昌，開四鎮。玄宗繼收黃河積石、宛秀等軍〔四〕，中國無斥候警者幾四十年。輪臺、伊吾屯田，禾菽彌望。開遠門揭候署曰「西極道九千九百里」，示戍人無萬里行也。乾元後，隴右、劍南西山三州七關軍鎮監牧三百所皆失之。憲宗常覽天下圖，見河湟舊封，赫然思經略之，未暇也。至是羣臣奏言：「王者建功立業，必有以光表於世者。今不勤一卒，血一刃，而河湟自歸，請上天子尊號。」帝曰：「憲宗嘗念河湟，業未就而殂落。今當述祖宗之烈，其議上順、憲二廟謚號，夸顯後世。」又詔：「朕姑息民，其山外諸州，須後經營之。」

明年，沙州首領張義潮奉瓜、沙、伊、肅、甘等十一州地圖以獻。始義潮陰結豪英歸唐，

一日，衆擐甲譟州門，漢人皆助之，虜守者驚走，遂攝州事。繕甲兵，耕且戰，悉復餘州。以部校十輩皆操挺，內表其中，東北走天德城，防禦使李丕以聞。帝嘉其忠，命使者齎詔收慰，擢義潮沙州防禦使，俄號歸義軍，遂爲節度使。其後河、渭州虜將尚延心以國破亡，亦獻款。秦州刺史高駢誘降延心及渾末部萬帳，遂收二州，拜延心武衞將軍。駢收鳳林關，以延心爲河、渭等州都游弈使。

咸通二年，義潮奉涼州來歸。七年，北庭回鶻僕固俊擊取西州，收諸部。鄯州城使張季顒與尚恐熱戰，破之，收器鎧以獻。吐番餘衆犯邠、寧，節度使薛弘宗卻之。會僕固俊與吐蕃大戰，斬恐熱首，傳京師。

八年，義潮入朝，爲右神武統軍，賜第及田，命族子淮深守歸義。十三年卒。沙州以長史曹義金領州務，遂授歸義節度使。後中原多故，王命不及，甘州爲回鶻所并，歸義諸城多沒。

渾末，亦曰嗢末，吐蕃奴部也。虜法，出師必發豪室，皆以奴從，平居散處耕牧。及恐熱亂，無所歸，共相嘯合數千人，以嗢末自號，居甘、肅、瓜、沙、河、渭、岷、廓、疊、宕間，其近蕃牙者最勇，而馬尤良云。

贊曰：唐興，四夷有弗率者，皆利兵移之，蹷其牙，犂其廷而後已。惟吐蕃、回鶻號彊雄，爲中國患最久。贊普遂盡盜河湟，薄王畿爲東境，犯京師，掠近輔，殘馘華人。謀夫虓帥，圜視共計，卒不得要領。晚節二姓自亡，而唐亦衰焉。夫外撫內寧，惟聖人不讓。玄宗有逸德，而拓地太大，務遠功，忽近虞，逆賊一奮，中原封裂，訖二百年不得復完，而至陵夷。然則內先自治，釋四夷爲外懼，守成之良資也。

校勘記

〔一〕前二月告廟齋三日關播跪讀載書　舊書卷一九六下吐蕃傳云：「先盟二日，命有司告太廟，監官致齋。三日，朝服陞壇。」冊府卷九八一同，惟「監官」作「盟官」。按「二日」「三日」，時序甚明。「二月」疑是「二日」之訛。

〔二〕詔倉部郎中趙建往使　「趙建」，舊書卷一九六下吐蕃傳、陸宣公翰苑集卷一〇及文苑英華卷四六九賜吐蕃宰相尚結贊三書均作「趙聿」。

〔三〕至言　各本原作「志信」，據舊書卷一九六下吐蕃傳、冊府卷一三一及本卷上文改。

〔四〕玄宗繼收黃河積石宛秀等軍　「積石」，各本原作「磧石」。按唐無磧石軍。考本書卷四〇及舊書卷三八地理志、通典卷一七二、元和志卷三九，隴右道有積石軍，在廓州。又據唐會要卷七八，宛秀軍在澆河郡（廓州舊稱），本書地理志廓州有宛秀城，當卽其地。「磧石」爲「積石」之訛甚明，今改。

唐書卷二百一十七上

列傳第一百四十二上

回鶻上

回紇，其先匈奴也，俗多乘高輪車，元魏時亦號高車部，或曰敕勒，訛爲鐵勒。其部落曰袁紇、薛延陀、契苾羽、都播、骨利幹、多覽葛、僕骨、拔野古、同羅、渾、思結、斛薛、奚結、阿跌、白霫，凡十有五種，皆散處磧北。

袁紇者，亦曰烏護，曰烏紇，至隋曰韋紇。其人驍彊，初無酋長，逐水草轉徙，善騎射，喜盜鈔，臣于突厥，突厥資其財力雄北荒。大業中，處羅可汗攻脅鐵勒部，裒責其財，既又恐其怨，則集渠豪數百悉阬之，韋紇乃并僕骨、同羅、拔野古叛去，自爲俟斤，稱回紇。

回紇姓藥羅葛氏，居薛延陀北娑陵水上，距京師七千里。衆十萬，勝兵半之。地磧鹵，畜多大足羊。有時健俟斤者，衆始推爲君長。子曰菩薩，材勇有謀，嗜獵射，戰必身先，所

向輒摧破，故下皆畏附，爲時健所逐。時健死，部人賢菩薩，立之。母曰烏羅渾，性嚴明，能決平部事。回紇繇是寖盛。與薛延陀共攻突厥北邊，頡利遣欲谷設領騎十萬討之，菩薩身將五千騎破之馬鬣山，追北至天山，大俘其部人，聲震北方。繇是附薛延陀，相脣齒，號活頡利發，樹牙獨樂水上。

貞觀三年，始來朝，獻方物。突厥已亡，惟回紇與薛延陀爲最雄彊。菩薩死，其酋胡祿俟利發吐迷度與諸部攻薛延陀，殘之，并有其地，遂南踰賀蘭山，境諸河。遣使者獻款，太宗爲幸靈州，次涇陽，受其功。於是鐵勒十一部皆來言：「延陀不事大國，以自取亡，其下麕駭鳥散，不知所之。今各有分地，願歸命天子，請置唐官。」有詔張飮高會，引見渠長等，以唐官官之，凡數千人。

明年復入朝。乃以回紇部爲瀚海，多覽葛部爲燕然，僕骨部爲金微，拔野古部爲幽陵，同羅部爲龜林，思結部爲盧山，皆號都督府；以渾爲皋蘭州，斛薛爲高闕州，阿跌爲雞田州，契苾羽爲榆溪州，奚結爲雞鹿州，思結別部爲蹛林州〔一〕，白霫爲窴顏州；其西北結骨部爲堅昆府，北骨利幹爲玄闕州，東北俱羅勃爲燭龍州；皆以酋領爲都督、刺史、長史、司馬，即故單于臺置燕然都護府統之，六都督、七州皆隸屬，以李素立爲燕然都護。其都督、刺

史給玄金魚符，黃金爲文，天子方招寵遠夷，作絳黃瑞錦文袍、寶刀、珍器賜之。帝坐祕殿，陳十部樂，殿前設高坫，置朱提瓶其上，潛泉浮酒，自左閤通坫趾注之瓶，轉受百斛鐐盎，回紇數千人飮畢，尙不能半。又詔文武五品官以上祖飮尙書省中。渠領共言：「生荒陋地，歸身聖化，天至尊賜官爵，與爲百姓，依唐若父母然。請於回紇、突厥部治大涂，號『參天至尊道』，世爲唐臣。」乃詔磧南鸊鵜泉之陽置過郵六十八所，具羣馬、湩、肉待使客，歲內貂皮爲賦。乃拜吐迷度爲懷化大將軍、瀚海都督；然私自號可汗，署官吏，壹似突厥，有外宰相六、內宰相三，又有都督、將軍、司馬之號。帝更詔時健俟斤它部爲祁連州，隸靈州都督，白霫它部爲居延州。

吐迷度兄子烏紇烝吐迷度之妻，遂與俱陸莫賀達干俱羅勃謀亂而歸車鼻可汗，二人者皆車鼻婿，故烏紇領騎夜刦吐迷度殺之。燕然副都護元禮臣遣使紿烏紇，許白爲都督，烏紇不疑，即往謝，因斬以徇。帝恐諸部攜解，命兵部尙書崔敦禮持節臨撫，贈吐迷度左衞大將軍，賻祭備厚，擢其子婆閏左驍衞大將軍，襲父所領。俱羅勃既入朝，帝不遣。阿史那賀魯之盜北庭，婆閏以騎五萬助契苾何力等破賀魯，收北庭；又從伊麗道行軍總管任雅相等再破賀魯金牙山，遷右衞大將軍，從討高麗有功。

婆閏死，子比粟嗣。龍朔中，以燕然都護府領回紇〔二〕，更號瀚海都護府，以磧爲限，大抵北諸蕃悉隸之。比粟死，子獨解支嗣。武后時，突厥默啜方彊，取鐵勒故地，故回紇與契苾、思結、渾三部度磧，徙甘、涼間，然唐常取其壯騎佐赤水軍云。獨解支死，子伏帝匐立。明年，助唐攻殺默啜，於是別部移健頡利發與同羅、霫等皆來，詔置其部於大武軍北。伏帝匐死，子承宗立，涼州都督王君㚟誣暴其罪，流死瀼州。當此時，回紇稍不循，族子瀚海府司馬護輸乘衆怨，共殺君㚟，梗絕安西諸國朝貢道。久之，奔突厥，死。

子骨力裴羅立。會突厥亂，天寶初，裴羅與葛邏祿自稱左右葉護，助拔悉蜜擊走烏蘇可汗。後三年，襲破拔悉蜜，斬頡跌伊施可汗，遣使上狀，自稱骨咄祿毗伽闕可汗，天子以爲奉義王，南居突厥故地，徙牙烏德鞬山、昆河之間〔三〕，南距西城千七百里，西城，漢高闕塞也，北盡磧口三百里，悉有九姓地。九姓者，曰藥羅葛，曰胡咄葛，曰啒羅勿，曰貊歌息訖，曰阿勿嘀，曰葛薩，曰斛嗢素，曰藥勿葛，曰奚邪勿。藥羅葛，回紇姓也，與僕骨、渾、拔野古、同羅、思結、契苾六種相等夷，不列於數，後破有拔悉蜜、葛邏祿，總十一姓，並置都督，號十一部落。自是，戰常以二客部爲先鋒。有詔拜爲骨咄祿毗伽闕懷仁可汗，前殿列仗，中書令內案授册使者，使者出門升輅，至皇城門，降乘馬，幡節導以行。凡册可汗，率用此禮。明年，裴羅又攻殺突厥白眉可汗，遣頓啜羅達干來上功，拜裴羅左驍衞員外大將軍，

斥地愈廣，東極室韋，西金山，南控大漠，盡得古匈奴地。裴羅死，子磨延啜立，號葛勒可汗，剽悍善用兵，歲遣使者入朝。

肅宗即位，使者來請助討祿山，帝詔燉煌郡王承寀與約，而令僕固懷恩送王，因召其兵。可汗喜，以可敦妹爲女，妻承寀，遣渠領來請和親。帝欲固其心，即封虜女爲毗伽公主。於是可汗自將，與朔方節度使郭子儀合討同羅諸蕃，破之河上。與子儀會呼延谷，可汗恃其彊，陳兵引子儀拜狼纛而後見。帝駐彭原，使者葛羅支見，恥班下，帝不欲使觖觖，引升殿，慰而遣。俄以大將軍多攬等造朝。及太子葉護身將四千騎來，惟所命。帝因冊毗伽公主爲王妃，擢承寀宗正卿；可汗亦封承寀爲葉護，給四節，令與其葉護共將。帝命廣平王見葉護，約爲昆弟，葉護大喜，使首領達干等先到扶風見子儀，子儀犒飲三日。葉護辭曰：「國多難，我助討逆，何敢食！」固命，乃留。既行，日賜牛四十角、羊八百蹄、米四十斛。

香積之戰，陣澧上，賊詭伏騎於王師左，將襲我，僕固懷恩麾回紇馳之，盡翦其伏，乃出賊背，與鎭西、北庭節度使李嗣業夾攻之，賊大敗，進收長安。懷恩率回紇、南蠻、大食衆繚都而南，壁滻東，進次陝西，戰新店。初，回紇至曲沃，葉護使將軍鼻施吐撥裴羅旁南山東

出，搜賊伏谷中，殲之，營山陰。子儀等與賊戰，傾軍逐北，亂而卻，回紇望見，即踰西嶺，曳旗趨賊，出其後，賊反顧，遂大潰，追奔數十里，人馬相騰蹂，死者不可計，收仗械如丘。嚴莊挾安慶緒棄東京北度河，回紇大掠東都三日，姦人導之，府庫窮殫，廣平王欲止不可，而耆老以繒錦萬匹賂回紇，止不剽。葉護還京師，帝遣羣臣勞之長樂，帝坐前殿，召葉護升階，席酋領於下，宴且勞之，人人賜錦繡繒器。葉護頓首言：「留兵沙苑，臣歸料馬，以收范陽，訖除殘盜。」帝曰：「爲朕竭義勇，成大事，卿等力也。」詔進司空，爵忠義王，歲給絹二萬匹，使至朔方軍受賜。

乾元元年，回紇使者多彥阿波與黑衣大食酋閣之等俱朝，爭長，有司使異門並進。又使請昏，許之。帝以幼女寧國公主下嫁，即冊磨延啜爲英武威遠毗伽可汗，詔漢中郡王瑀攝御史大夫爲冊命使，以宗子右司郎中巽兼御史中丞爲禮會使，幷以副瑀，尙書右僕射裴冕送諸境。帝餞公主，因幸咸陽，數尉勉，主泣曰：「國方多事，死不恨。」瑀至虜，而可汗胡帽赭袍坐帳中，儀衞光嚴，引瑀立帳外，問曰：「王，天可汗何屬？」瑀曰：「從昆弟也。」時中人雷靈俊立瑀上，又問：「立王上者爲誰？」瑀曰：「中人也。」可汗曰：「中人奴爾，顧立郞上乎？」靈俊趨下。於是引瑀入，瑀不拜，可汗曰：「見國君，禮無不拜。」瑀曰：「天子顧可汗有功，以愛女結好。比中國與夷狄婚，皆宗室子。今寧國乃帝玉女，有德容，萬里來降，可汗天子婿，當以禮見，安踞受詔邪？」可汗慚，乃起奉詔，拜受冊。翌日，尊主爲可敦。瑀所齎賜物，可汗盡與其牙下酋領。瑀還，獻馬五百匹、貂裘、白氎等。乃使王子骨啜特勒、宰相帝德等率騎三千助討賊，帝因命僕固懷恩總之。又遣大首領蓋將軍與三女子謝婚，并告破堅昆功。明年，骨啜與九節度戰相州，王師潰，帝德等奔京師，帝厚賜尉其意，乃還。俄而可汗死，國人欲以公主殉，主曰：「中國人婿死，朝夕臨，喪期三年，此終禮也。回紇萬里結昏，本慕中國，吾不可以殉。」乃止，然剺面哭，亦從其俗云。後以無子，得還。

始葉護太子前得罪死，故次子移地健立，號牟羽可汗，其妻，僕固懷恩女也。始可汗爲少子請昏，帝以妻之，至是爲可敦。明年，使大臣俱錄莫賀達干等入朝，并問公主起居，使人通謁於延英殿。

代宗即位，以史朝義未滅，復遣中人劉清潭往結好，且發其兵。比使者至，回紇已爲朝義所訹，曰：「唐荐有喪，國無主，且亂，請回紇入收府庫，其富不貲。」可汗即引兵南，寶應元年八月也。清潭齎詔至其帳，可汗曰：「人言唐已亡，安得有使邪？」清潭爲言：「先帝雖棄天下，廣平王已即天子位，其仁聖英武類先帝，故與葉護收二京、破安慶緒者，是與可汗素厚。且唐歲給回紇繒絹，豈忘之邪？」是時，回紇已踰三城，見州縣榛萊，烽障無守，有輕唐

色。乃遣使北收單于府兵、倉庫，數以語凌斬清潭。清潭密白帝：「回紇兵十萬向塞。」朝廷震驚，遣殿中監藥子昂迎勞，且覘軍，遇于太原，密識其兵裁四千，孺弱萬餘，馬四萬，與可敦偕來。帝命懷恩與回紇會。因遣使上書，請助天子討賊。回紇欲入蒲關，經沙苑而東，子昂說曰：「自寇亂來，州縣殘虛，供億無所資，且賊在東京，若入井陘，以取邢、洺、衞、懷，收賊財帑，乃鼓而南，上策也。」不聽。子昂曰：「然則趨懷太行道，南據河陽，扼賊喉衿。」又不聽。曰：「食太原倉粟，右次陝，與澤潞、河南、懷鄭兵合。」回紇從之。

詔以雍王爲天下兵馬元帥，進子昂兼御史中丞，與右羽林衞將軍魏琚爲左右廂兵馬使，中書舍人韋少華爲元帥判官，御史中丞李進爲行軍司馬，東會回紇。敕元帥爲諸軍先鋒，與諸節度會陝州。時可汗壁陝州北，王往見之，可汗責王不蹈舞。子昂辭曰：「王，嫡皇孫，二宮在殯，禮不可以蹈舞。」回紇廷詰曰：「可汗爲唐天子弟，於王，叔父行也，容有不蹈舞乎？」子昂固拒，即言：「元帥，唐太子也，將君中國，而可舞蹈見可汗哉？」回紇君臣度不能屈，即引子昂、進、少華、琚搒之百，少華、琚一夕死，王還營。官軍以王見辱，將合誅回紇，王以賊未滅止之。

於是，懷恩與虜左殺爲先驅，朝義使反間，左殺執以獻，與諸將同擊賊，戰橫水，走之，進收東都。可汗使拔賀那賀天子，獻朝義旗物。雍王還靈寶，可汗屯河陽，留三月，屯旁人

困於剽辱。僕固瑒率回紇兵與朝義殊戰，蹀血二千里，梟其首，河北悉平。懷恩道相州西山崞口還屯，可汗出澤、潞，與懷恩會，道太原去。

初，回紇至東京，放兵攘剽，人皆遁保聖善、白馬二祠浮屠避之，回紇怒，火浮屠，殺萬餘人，及是益横，詬折官吏，至以兵夜斫含光門，入鴻臚寺。方其時，陝州節度使郭英乂留守東都，與魚朝恩及朔方軍驕肆，因回紇爲暴，亦掠汝、鄭間，鄉不完廬，皆蔽紙爲裳，虐于賊矣。

帝念少華等死，故贈少華左散騎常侍，琚揚州大都督，賜一子六品官。於是册可汗曰頡咄登里骨啜蜜施合俱錄英義建功毗伽可汗，可敦曰娑墨光親麗華毗伽可敦，以左散騎常侍王翊使，即其牙命之，自可汗至宰相共賜實封二萬戶。又以左殺爲雄朔王，右殺寧朔王，胡祿都督金河王，拔覽將軍靜漠王，十都督皆國公。

永泰初，懷恩反，誘回紇、吐蕃入寇。俄而懷恩死，二虜爭長，回紇首領潛詣涇陽見郭子儀，請改事。子儀率麾下叩回紇營。回紇曰：「願見令公。」子儀出旗門，回紇曰：「請釋甲。」子儀易服。酋長相顧曰：「眞是公矣！」時李光進、路嗣恭介馬在側，子儀示酋長曰：「此渭北節度使某，朔方軍糧使某。」酋長下馬拜，子儀亦下見之。虜數百環視，子儀麾下亦至，子儀麾左右使却，且命酒與飲，遺以纏頭綵三千，召可汗弟合胡祿等持手，因讓曰：「上

念回紇功，報爾固厚，何負而來？今即與汝戰，何遽降也？我將獨入爾營，雖殺我，吾將士能擊汝。」酋長讋服曰：「懷恩詭我曰『唐天子南走，公見廢』，是以來。今天可汗在，公無恙，吾等願還擊吐蕃以報厚恩。然懷恩子，可敦弟也，願赦死。」於是子儀持酒，胡祿請盟而飲，子儀曰：「唐天子萬歲，回紇可汗亦萬歲，二國將相如之。有如負約，身死行陣，家屠戮。」方時，虜宰相磨咄莫賀達干、頓莫賀達干等聞言皆奪氣[三]，酒至其所，輒曰：「無易公誓。」始，虜有二巫，言「此行必不戰，當見大人而還」；及是相顧笑曰：「巫不吾給也。」朔方先鋒兵馬使白元光合回紇兵於靈臺，會雪霧嚴晦，吐蕃閉營撤備，乃縱擊之，斬首五萬級，生禽萬人，獲馬、橐它、牛、羊，收所俘唐戶五千。僕固名臣降，合胡祿都督等二百人皆來朝，賜與不可計。子儀以名臣見。名臣，懷恩兄子，銳將也。

大曆三年，光親可敦卒，帝遣右散騎常侍蕭昕持節弔祠。明年，以懷恩幼女爲崇徽公主繼室，兵部侍郎李涵持節册拜可敦，賜繒綵二萬。是時，財用屈，稅公卿騾、橐它給行，宰相餞中渭橋。

回紇之留京師者，曹輩掠女子於市，引騎犯含光門，皇城皆闔，詔劉清潭慰止。復出暴市物，奪長安令邵說馬，有司不敢何詰。自乾元後，益負功，每納一馬，取直四十縑，歲以數萬求售，使者相躡，留舍鴻臚，駘弱不可用，帝厚賜欲以愧之，不知也。復以萬馬來，帝不忍

重煩民，爲償六千。十年，回紇殺人横道，京兆尹黎幹捕之，詔貸勿劾。又刺人東市，縛送萬年獄，首領劫取囚，殘獄吏去，都人厭苦。十三年，回紇襲振武，攻東陘，入寇太原。河東節度使鮑防與戰陽曲，防敗績，殘殺萬人。代州都督張光晟又戰羊虎谷，破之，虜乃去。

德宗立，使中人告喪，且脩好。時九姓胡勸可汗入寇，可汗欲悉師向塞，見使者不爲禮。宰相頓莫賀達干曰：「唐，大國，無負於我。前日入太原，取羊馬數萬，比及國，亡耗略盡。今舉國遠鬭，有如不捷，將安歸？」可汗不聽，頓莫賀怒，因擊殺之，并屠其支黨及九姓胡幾二千人，即自立爲合骨咄祿毗伽可汗，使長建達干從使者入朝。建中元年，詔京兆少尹源休持節册頓莫賀爲武義成功可汗。

始回紇至中國，常參以九姓胡，往往留京師，至千人，居貲殖產甚厚。會酋長突董、翳蜜施、大小梅錄等還國，裝橐係道，留振武三月，供擬珍豐，費不貲。軍使張光晟陰伺之，皆盛女子以橐，光晟使驛吏刺以長錐，然後知之。已而聞頓莫賀新立，多殺九姓胡人，懼不敢歸，往往亡去，突董察視嚴亟。羣胡獻計於光晟，請悉斬回紇，光晟許之，即上言：「回紇非素彊，助之者九胡爾。今其國亂，兵方相加，而虜利則往，財則合，無財與利，一亂不振。不

以此時乘之，復歸人與幣，是謂借賊兵，資盜糧也。」乃使裨校陽不禮，突董果怒，鞭之。光晟因勒兵盡殺回紇羣胡，收橐它、馬數千，繒錦十萬，且告曰：「回紇挾大將，謀取振武，謹先誅之。」部送女子還長安。帝召光晟還，以彭令方代之，遣中人與回紇使聿達干往言其端，因欲與虜絕。敕源休俟命太原。明年，乃行，因歸突董等四喪。突董，可汗諸父也。源休至，可汗令大臣具車馬出迎，其大相頡干迦斯踞坐責休等殺突董事，休言：「彼自與張光晟鬭死，非天子命。」又曰：「使者皆負死罪，唐不自戮，何假手于我邪？」良久罷去，休等幾死。留五旬，卒不見可汗。可汗傳謂休曰：「國人皆欲爾死，我獨不然。突董等已亡，今又殺爾，猶以血濯血，徒益汙。吾以水濯血，不亦善乎？爲我言有司，所負馬直一百八十萬，可速償我。」遣散支將軍康赤心等隨休來朝。帝隱忍，賜以金繒。

後三年，使使者獻方物，請和親。帝蓄前恚未平，謂宰相李泌曰：「和親待子孫圖之，朕不能已。」泌曰：「陛下豈以陝州故憾乎？」帝曰：「然。朕方天下多難，未能報，且毋議和。」泌曰：「辱少華等乃牟羽可汗也，知陛下即位必償怨，乃謀先苦邊，然兵未出，爲今可汗所殺矣。今可汗初立，遣使來告，垂髮不翦，待天子命。而張光晟殺突董等，雖幽止使人，然卒完歸，則爲無罪矣。」帝曰：「卿言則然，顧朕不可負少華等，奈何？」泌曰：「臣謂陛下不負少華，少華負陛下。且北虜君長身赴難，陛下在藩，春秋未壯，而輕度河入其營，所

謂冒豺虎之場也。爲少華等計，當先定會見禮，臣猶危之，奈何孑然赴哉？臣昔爲先帝行軍司馬，方葉護來，先帝祇使宴於府。及議征討，則不見也。葉護邀臣至營，帝不許，使好謂曰：『主當勞客，客返勞主邪？』東收京師，約曰：『土地、人衆歸我，玉帛、子女予回紇。』戰勝，葉護欲大掠，代宗下馬拜之，回紇乃東向洛。臣猶恨以元帥拜葉護於馬前，爲左右過，然先帝曰：『王仁孝，足辦朕事。』下詔慰勉。葉護乃牟羽諸父也，牟羽之來，陛下以元子不拜於帳下，而可汗不敢少有失於陛下，則陛下未嘗屈矣。先帝拜葉護，全京城，陛下乃不拜可汗，固伸威於虜，何恨焉？然計香積、陝州事，以屈己爲是乎？伸威爲是乎？藉令少華等以陛下見可汗，閉壁五日，與陛下張飲，天下豈不寒心哉？而天助威神，使豺狼馴服，牟羽母捧陛下以貂裘，叱左右促命騎，躬送出營。此少華等負陛下也。假令牟羽爲有罪，則今可汗已殺之，立者乃牟羽從父兄，是爲有功，渠可忘之邪？且回紇可汗銘石立國門曰：『唐使來，當使知我前後功』云。今請和，必舉部南望，陛下不之答，其怨必深。願聽昏而約用開元故事，如突厥可汗稱臣，使來者不過二百，市馬不過千，不以唐人出塞，亦無不可者。」帝曰：「善。」乃許降公主，回紇亦請如約。詔咸安公主下嫁，又詔使者合闕達干見公主於麟德殿，使中謁者齎公主畫圖賜可汗。

明年，可汗遣宰相跌跌都督等衆千餘，并遣其妹骨咄祿毗伽公主率大酋之妻五十人逆

主，且納聘。跌跌至振武，爲室韋所鈔，戰死。有詔其下七百，皆聽入朝，舍鴻臚，帝御延喜門見使者。是時，可汗上書恭甚，言：「昔爲兄弟，今婿，半子也。陛下若患西戎，子請以兵除之。」又請易回紇曰回鶻，言捷鷙猶鶻然。帝欲饗回鶻公主，問禮於李泌，對曰：「肅宗於敦煌王爲從祖兄，回鶻妻以女，見帝於彭原，獨拜廷下，帝呼曰『婦』而不名『嫂』也。當艱虞時，方藉其用，猶以臣之，況今日乎？」於是引回鶻公主入銀臺門，長公主三人候諸內，譯史傳導，拜必答，揖與進。帝御祕殿，長公主先入侍，回鶻公主入拜謁已，內司賓導至長公主所，又譯史傳問，乃與俱入。至宴所，賢妃降階俟，回鶻公主拜，賢妃答拜。又拜召已，由西階升，乃坐。有賜則降拜，非帝賜則避席拜，妃、公主皆答拜。訖歸，凡再饗。帝又盡建咸安公主官屬，視王府。以嗣滕王湛然爲昏禮使，右僕射關播護送，且將册書拜可汗爲汨咄祿長壽天親毗伽可汗，公主爲智惠端正長壽孝順可敦。

貞元五年，可汗死，子多邏斯立，國人號「泮官特勒」，以鴻臚卿郭鋒持節册拜愛登里邏汨沒蜜施俱錄毗伽忠貞可汗。

初，安西、北庭自天寶末失關、隴，朝貢道隔。伊西北庭節度使李元忠、四鎮節度留後郭昕數遣使奉表，皆不至。貞元二年，元忠等所遣假道回鶻，乃得至長安。帝進元忠爲北庭大都護，昕爲安西大都護。自是，道雖通，而虜求取無涘。沙陀別部六千帳，與北庭相依，亦厭虜裒索，至三葛祿、白眼突厥素臣回鶻者尤怨苦[五]，皆密附吐蕃，故吐蕃因沙陀共寇北庭，頡干迦斯與戰，不勝，北庭陷。於是都護楊襲古引兵奔西州。回鶻以壯卒數萬召襲古，將還取北庭，爲吐蕃所擊，大敗，士死太半，迦斯奔還。襲古挈餘衆將入西州，迦斯紿曰：「弟與我俱歸，當使公還唐。」襲古至帳，殺之。葛祿又取深圖川[六]，回鶻大恐，稍南其部落以避之。

是歲，可汗爲少可敦葉公主所毒死，可敦亦僕固懷恩之孫，懷恩子爲回鶻葉護，故女號葉公主云。可汗之弟乃自立。迦斯方攻吐蕃，其大臣率國人共殺篡者，以可汗幼子阿啜嗣。迦斯還，可汗等出勞，皆俯伏言廢立狀，惟大相生死之。悉發郭鋒所賜器幣餉迦斯。可汗拜且泣曰：「今幸得繼絕，仰食於父也。」迦斯以其柔屈，乃相持哭，遂臣事之，以器幣悉給將士，無所私，其國遂安。遣達北特勒梅錄將軍來告，且聽命。詔鴻臚少卿庾鋌册阿啜爲奉誠可汗。俄以律支達干來告少寧國公主之喪。主，榮王女也。始寧國下嫁，又以媵之。寧國後歸，因留回鶻中爲可敦，號「少寧國」，歷配英武、英義二可汗。至天親可汗時，始居外。其配英義生二子，皆爲天親所殺。是歲，回鶻擊吐蕃、葛祿於北庭，勝之，且獻俘。明年，使藥羅葛炅來朝，炅本唐人呂氏，爲可汗養子，遂從可汗姓。帝以其用事，賜賚殊優，拜檢校尙書右僕射。

十一年，可汗死，無子，國人立其相骨咄祿爲可汗，以使者來，詔祕書監張薦持節册拜愛滕里邏羽錄沒蜜施合胡祿毗伽懷信可汗。骨咄祿本跌跌氏，少孤，爲大首領所養，辯敏材武，當天親時數主兵，諸酋尊畏。至是，以藥羅葛氏世有功，不敢自名其族，而盡取可汗子孫內之朝廷。

永貞元年，可汗死，詔鴻臚少卿孫杲臨弔，册所嗣爲滕里野合俱錄毗伽可汗。

元和初，再朝獻，始以摩尼至。其法日晏食，飲水茹葷，屏湩酪，可汗常與共國者也。摩尼至京師，歲往來西市，商賈頗與囊橐爲姦。三年，來告咸安公主喪。主歷四可汗，居回鶻凡二十一歲。無幾，可汗亦死，憲宗使宗正少卿李孝誠册拜愛登里羅汨蜜施合毗伽保義可汗。閱三歲，使者再朝，遣伊難珠再請昏，未報。可汗以三千騎至鸊鵜泉，於是振武以兵屯黑山，治天德城備虜。禮部尙書李絳奏言：

回鶻盛彊，北邊空虛，一爲風塵，則弱卒非抗敵之夫，孤城爲不守之地。儻陛下懷此，增甲兵，飭城壘，中夏長策，生人大幸也。臣觀今日處置，未得其要。

夫邊憂有五，請歷言之。北狄貪沒，唯利是視，比進馬規直，再歲不至，豈厭繒帛

利哉？殆欲風高馬肥，而肆侵軼。故外攘內備，必煩朝廷。一可憂。兵力未完，斥候未明，戈甲未備，城池未固，飾天德則虜必疑，虛西城則磧道無倚。二可憂。夫城保要害，攻守險易，當謀之邊將。今乃規河塞之外，裁廟堂之上，虜猝犯塞，應接失便。三可憂。自脩好以來，山川形勝，兵戍滿虛，虜皆悉之。賊掠諸州，調發在旬朔外，其係纍人畜在旦夕內，比王師至則虜已歸，寇能久留，役亦轉廣。四可憂。北狄西戎，素相攻討，故邊無虞。今回鶻不市馬，若與吐蕃結約解仇，則將臣閉壁憚戰，邊人拱手受禍。五可憂。又淮西吳少陽垂死，可乘其變，諸道興發，役且十倍。臣謂宜聽其婚，使守蕃禮，所謂三利也。和親則烽燧不驚，城堡可治，盛兵以畜力，積粟以固軍，一也。既無北顧憂，可南事淮右，申令於垂盡之寇，二也。北虜恃我戚，則西戎怨愈深，內不得寧，國家坐受其安，寇掠長息，三也。今捨三利，取五憂，甚非計。或曰降主費多，臣謂不然。我三分天下賦，以一事邊。今東南大縣賦歲二十萬緡，以一縣賦爲婚貲，非損寡得大乎？今惜婚費不與，假如王師北征，兵非三萬、騎五千不能扞且馳也。又如保十全之勝，一歲輒罷，其饋餉供儗，豈止一縣賦哉？」帝不聽。

校勘記

〔一〕思結別部爲蹛林州　各本原無「別部」二字。按唐會要卷七三及通鑑卷一九八俱云：貞觀二十一年正月，以思結置盧山都督府，以思結別部爲蹛林州。與本書卷四三下地理志及舊書卷一九九下鐵勒傳合。本卷上文亦謂「思結部爲盧山」。此當是「思結別部」，據補。

〔二〕燕然都護府　「護」，各本原作「督」。按燕然都護府置於貞觀中。元和志卷四、唐會要卷七三、通鑑卷二〇一、寰宇記卷一九九俱載：龍朔三年，徙燕然都護府於回紇本部，改瀚海都護府。舊書卷四高宗紀略同。此處「護」訛爲「督」，據改。

〔三〕昆河　本書卷四三下地理志作「嗢昆河」。突厥集史卷一四新唐書回鶻傳校注謂「昆」上脫「嗢」字。

〔四〕頓莫賀達干　各本原無「莫賀達干」四字。據舊書卷一九五迴紇傳、冊府卷九八一及本卷下文補。

〔五〕白眼突厥　「眼」，舊書卷一九五迴紇傳、唐會要卷七三及通鑑卷二三三均作「服」。突厥集史卷一〇云：「按今土耳其有所謂黑眼族，余以爲作『白眼』者是也。」

〔六〕深圖川　「深」，舊書卷一九五迴紇傳及通鑑卷二三三均作「浮」。

唐書卷二百一十七下

列傳第一百四十二下

回鶻下

回鶻之請昏，有司度費當五百萬，帝方內討彊節度，故遣宗正少卿李誠、太常博士殷侑往諭不可。穆宗立，回鶻又使合達干等來固求昏，許之。俄而可汗死，使者臨冊所嗣爲登囉羽錄沒蜜施句主毗伽崇德可汗。可汗已立，遣伊難珠、句錄、都督思結等以葉護公主來逆女，部渠二千人，納馬二萬、橐它千。四夷之使中國，其衆未嘗多此。詔許五百人至長安，餘留太原。詔以太和公主下降。主，憲宗女也。帝爲主建府，以左金吾衞大將軍胡証、光祿卿李憲持節護送，太府卿李說爲昏禮使，冊拜主爲仁孝端麗明智上壽可敦，告于廟，天子御通化門餞主，羣臣班辭于道。公主出塞，距回鶻牙百里，可汗欲先與主由間道私見，胡証不可，虜人曰：「昔咸安公主行之。」証曰：「天子詔我送公主授可汗，今未見，不可先也。」乃止。

於是可汗升樓坐，東向，下設毳幔以居公主，請襲胡衣，以一姆侍出，西向拜已，退即次，被可敦服，絳通裾大襦，冠金冠，前後銳，復出拜已，乃升曲輿，九相分負，右旋于廷者九，降輿升樓，與可汗聯坐，東向，羣臣以次謁。可敦亦自建牙，以二相出入帳中。証等歸，可敦大宴，悲啼眷慕。可汗厚贈使者。

是時，裴度方伐幽、鎭，回鶻使渠將李義節以兵三千佐天子平河北，議者懲艾前患，不聽，兵已及豐州，使者厚賜乃去。

敬宗卽位之年，可汗死，其弟曷薩特勒立，遣使者冊爲愛登里囉汨沒蜜施合毗伽昭禮可汗，賜幣十二車。文宗初，又賜馬直絹五十萬。大和六年，可汗爲其下所殺，從子胡特勒立，使者來告。明年，遣左驍衞將軍唐弘實與嗣澤王溶持節冊爲愛登里囉汨沒蜜施合句錄毗伽彰信可汗。開成四年，其相掘羅勿作難，引沙陀共攻可汗，可汗自殺，國人立𩷴馺特勒爲可汗。方歲飢，遂疫，又大雪，羊、馬多死，未及命。

武宗卽位，以嗣澤王溶臨告，乃知其國亂。俄而渠長句錄莫賀與黠戛斯合騎十萬攻回鶻城，殺可汗，誅掘羅勿，焚其牙，諸部潰

其相馺職與厖特勒十五部奔葛邏祿，殘衆入吐蕃、安西。於是，可汗牙部十三姓奉烏介特勒爲可汗，南保錯子山。黠戛斯已破回鶻，得太和公主；又自以李陵後，與唐同宗，故遣使者達干奉主來歸。烏介怒，追擊達干殺之，劫主南度磧，邊人大恐。進攻天德城，振武節度使劉沔屯雲伽關拒卻之。宰相李德裕建言：「回鶻曩有功，今飢且亂，可汗無歸，不可擊，宜遣使者贍安之。」帝用兵部郎中李拭行邊刺狀。於是，其相赤心與王子嗢沒斯、特勒那頡啜將其部欲自歸，而公主亦遣使者來言烏介已立，因請命。又大臣頡干伽思等表假振武居公主、可汗。帝乃詔右金吾衞大將軍王會持節慰撫其衆，輸糧二萬斛，不許借振武，令中人好語開諭；又詔使者持册往，濡稽其行，須變。

明年，回鶻奉主至漠南，入雲、朔，剽橫水，殺掠甚衆，轉側天德、振武間，盜畜牧自如。乃召諸道兵合討。嗢沒斯以赤心奸桀，難得要領，即密約天德戍將田牟，誘赤心斬帳下。那頡啜收赤心衆七千帳東走振武、大同，因室韋、黑沙南闚幽州，節度使張仲武破之，悉得其衆。那頡啜走，烏介執而殺之。然烏介兵尙彊，號十萬，駐牙大同北閭門山。而特勒厖俱遮、阿敦寧等凡四部，及將軍曹磨你衆三萬，因仲武降，嗢沒斯亦附使者送款。帝欲使助可汗復國，而可汗已攻雲州，劉沔與戰，敗績。嗢沒斯率三部及特勒、大酋二千騎詣振武降。詔拜嗢沒斯爲右金吾衞大將軍，爵懷化郡王，以天德爲歸義軍，即拜歸義軍使；阿歷

支寧邊郡公，習勿啜昌化郡公，烏羅思寧朔郡公，並爲冠軍大將軍、左威衞大將軍；愛邪勿寧塞郡公，爲右領軍大將軍。加賜嗢沒斯牙旗、豹尾、刀器諸物，給其屬冠帶。詔宰相德裕采秦、漢以來興殊俗、忠效卓異者凡三十人，爲異域歸忠傳寵賜之。嗢沒斯請留族太原，率昆弟爲天子扞邊，帝命劉沔爲列舍雲、朔間處其家。

可汗遣使者藉兵欲還故廷，且假天德城，帝不許。可汗恚，進略大同川，轉戰攻雲州，刺史嬰壁不敢出。詔益發諸鎭兵屯太原以北。

嗢沒斯等既朝，皆賜李氏，名嗢沒斯曰思忠，阿歷支曰思貞，習勿啜曰思義，烏羅思曰思禮；愛邪勿曰弘順，即拜歸義軍副使。於是，詔劉沔爲回鶻南面招撫使，張仲武東面招撫使，思忠爲河西党項都將〔二〕、西南面招討使，沔營鴈門。又詔銀州刺史何清朝、蔚州刺史契苾通，以蕃、渾兵出振武，與沔、仲武合，稍逼回鶻。思忠數深入諭降其下。沔分沙陀兵益思忠，河中軍以騎五百益弘順。沔進攻雲州，思忠屯保大栅，率河中、陳許兵與回鶻戰，敗之。明年，又爲弘順所破。沔與天德行營副使石雄料勁騎及沙陀、契苾等雜虜，夜出雲州，走馬邑，抵安衆塞逢虜，與戰破之。烏介方薄振武，雄馳入，夜穴壘出塵兵，烏介驚，引去，雄追北至殺胡山，烏介被創走。雄遇公主，奉主還，降特勒以下衆數萬，盡收輜帑及所賜詔書。可汗收所餘往依黑車子，詔弘順、清朝窮躡。弘順厚啗黑車子以利，募殺烏介。

初，從可汗亡者既不能軍，往往詣幽州降，留者皆飢寒痍夷，裁數千。黑車子幸其殘，即殺烏介。其下又奉其弟遏捻特勒爲可汗。帝詔德裕紀功銘石于幽州，以夸後世。

思忠等以國亡，皆願入朝，見聽，遂罷歸義軍，擢思忠左監門衞上將軍兼撫王傅，兩稟其奉，賜第永樂坊，分其兵賜諸節度。虜人憚隸食諸道，據滹沱河叛，劉沔阬殺三千人。詔回鶻營功德使在二京者，悉冠帶之。有司收摩尼書若象燒于道，產貲入之官。

遏捻可汗裒殘部五千，仰食於奚大酋碩舍朗。大中初，仲武討奚，破之，回鶻寖耗滅，所存名王貴臣五百餘，轉依室韋。仲武諭令羈致可汗等，遏捻懼，挾妻葛祿、子特勒毒斯馳九騎夜委衆西走，部人皆慟哭。室韋七姓析回鶻隸之。黠戛斯怒，與其相阿播將兵七萬擊室韋，悉收回鶻還磧北。遺帳伏山林間，狙盜諸蕃自給，稍歸厖特勒。

是時，特勒已自稱可汗，居甘州，有磧西諸城。宣宗務綏柔荒遠，遣使者抵靈州省其酋長，回鶻因遣人隨使者來京師，帝即册拜嗢祿登里邏汨沒蜜施合俱錄毗伽懷建可汗。後十餘年，一再獻方物。

懿宗時，大酋僕固俊自北庭擊吐蕃，斬論尙熱盡取西州、輪臺等城，使達干米懷玉朝

且獻俘，因請命，詔可。其後王室亂，貢會不常，史亡其傳。

昭宗幸鳳翔，靈州節度使韓遜表回鶻請率兵赴難，翰林學士韓偓曰：「虜爲國仇舊矣。自會昌時伺邊，羽翼未成，不得逞。今乘我危以冀幸，不可開也。」遂格不報。然其國卒不振，時時以玉、馬與邊州相市云。

薛延陀者，先與薛種雜居，後滅延陀部有之，號薛延陀，姓一利咥氏。在鐵勒諸部最雄張，風俗大抵與突厥同。

西突厥處羅可汗之殺鐵勒諸酋也，其下往往相率叛去，推契苾哥楞爲易勿眞莫賀可汗，據貪汗山，奉薛延陀乙失鉢爲野咥可汗，保燕末山。而突厥射匱可汗復彊，二部黜可汗號往臣之。回紇、拔野古、阿跌、同羅、僕骨、白霫在鬱督軍山者，東附始畢可汗；乙失鉢在金山者，西役葉護可汗。

貞觀二年，葉護死，其國亂，乙失鉢孫曰夷男，率部帳七萬附頡利可汗。後突厥衰，夷男反攻頡利，弱之，於是諸姓多叛頡利，歸之者共推爲主，夷男不敢當。明年，太宗方圖頡

利，遣游擊將軍喬師望儀路齎詔書、鼓纛，册拜夷男爲眞珠毗伽可汗。夷男已受命，遣使謝，歸方物，乃樹牙鬱督軍山，直京師西北六千里，東靺鞨，西葉護突厥，南沙磧，北俱倫水，地大衆附，於是回紇等諸部莫不伏屬。其弟統特勒入朝，帝以精刀、寶鞭賜之曰：「下有大過者，以吾鞭鞭之。」夷男以爲寵。頡利可汗之滅，塞隧空荒，夷男率其部稍東，保都尉揵山獨邏水之陰，遠京師纔三千里而羸，東室韋，西金山，南突厥，北瀚海，蓋古匈奴地也。勝兵二十萬，以二子大度設、突利失分將之，號南、北部。七年間，使者八朝。帝恐後彊大爲患，欲釜其禍，乃下詔拜其二子皆爲小可汗。

十五年，帝以李思摩爲可汗，始度河，牙於漠南。夷男惡之，未發。方帝幸洛陽，將遂封泰山，夷男與其下謀曰：「天子封泰山，萬國皆助兵，悉會行在，邊鄣空單，思摩可取也。」乃使大度設勒兵二十萬，南絕漠，壓白道川，率一兵得四馬，擊思摩。思摩走朔州，言狀，且請師。於是詔營州都督張儉統所部與奚、霫、契丹乘其東，朔州道行軍總管李勣衆六萬、騎三千，營朔州，靈州道行軍總管李大亮衆四萬、騎五千，屯靈武，慶州道行軍總管張士貴衆萬七千出雲中，涼州道行軍總管李襲譽經略之。帝敕諸將曰：「延陀度漠，馬已疲。夫用兵者，見利疾進，不利亟去。今虜不急擊思摩，又不速還，勢必敗，卿等勿與戰，須其歸，可擊也。」既而延陀使者來，求與突厥平。帝曰：「我約漠以北，延陀制之，漠以南，突厥專之，有

輒相掠，誅不赦。延陀父事我而首違詔，得非亂邪？而曰與突厥和，乃故約也，尙何請？」不報。

大度設次長城，思摩已南走，大度設度不可得，乃遣人乘長城駡之。適會勣兵至，行墋屬天，遽率衆走赤柯，度靑山，然道回遠，勣選敢死士與突騎徑腦河，趣白道，及大度設；尾之不置。大度設顧不脫，度諾眞水，陣以待。先是，延陀擊沙鉢羅及阿史那社尒，皆以徒戰勝，至是却騎不用，率五人爲伍，一執馬，四前鬬，令曰：「勝則騎而逐，負者死，沒其家以償戰士。」及戰，突厥兵迮，延陀騰逐，勣救之，延陀縱射，馬輒死。勣乃以步士百人爲隊，擣其罅，虜潰，部將薛萬徹率勁騎先收執馬者，故延陀不能去，斬首數千級，獲馬萬五千。大度設亡去，萬徹追弗及。殘卒奔漠北，會雪甚，衆皸踣死者十八。始延陀能以術禬神致雪，冀困勣師，及是反自斂云。

勣還入定襄，天子遣使者齎璽書勞問，賞功卹死。延陀之使留待命者，帝悉還之，曰：「歸語爾可汗，爾自負其彊，以突厥爲弱，厚誅斂之，又取首領以爲質，且我爲天下主，渠嘗賦發於爾邪？後有利害，當謹思，毋遽也。」延陀乃遣使謝罪，又遣其仲父沙鉢羅獻馬三千，因請昏。帝曰：「延陀本一俟斤，我則立之，度其力孰與頡利比，而敢橈邊乎？」不許昏。

明年，以使來益獻馬、牛、羊、橐它，固求昏。帝與大臣計曰：「延陀屈彊，朕策顧有二，選士十萬擊之，使無遺種，百年計也；絕昏羈縻，使無邊憂，三十年計也。然則孰利？」房玄齡曰：「今大亂餘氓，痍破未完，戰雖勝，猶危道也。不如和親。」帝曰：「善。」許以新興公主下嫁，召突利失大享，羣臣侍，陳寶器，奏慶善、破陣盛樂及十部伎，突利失頓首上千萬歲壽。詔夷男親迎，帝將幸靈州以成昏事。夷男大喜，詫曰：「我鐵勒部人耳，上以我爲可汗，公主以女我，乘輿爲我幸邊，誰與我榮？」乃搜賦諸下羊馬爲貲。或說夷男曰：「可汗與唐，皆一國主，奈何往朝？有如見款，尙可悔？」夷男曰：「不然。吾聞唐天子有德，四方共臣之，藉獨留我，磧北亦須有主，然捨我而求它，非計也。」下乃不敢言。

時帝詔有司受所獻，延陀無府庫，調斂於下，不亟集，又度磧，水草乏，馬羊多死，納貢後期，帝亦止行。畜口耗死僅半，議者謂：「夷狄嘗爲中國私，今禮不具而與昏，恐後有輕中國心。」乃下詔絕昏，謝其使。或曰：「既許之，信不可失。」帝曰：「公等計非也。昔漢匈奴彊，中國不抗，故飾子女嫁單于。今北狄弱，我能制之，而延陀方謹事我者，顧新立，倚我以服衆。彼同羅、僕骨力足制延陀而不發，懼我也。我又妻之，固中國婿，名重而援堅，諸部將歸之，戎狄野心，能自立則叛矣。今絕昏，使諸姓聞之，將爭擊延陀，亡可待也。」李思摩果侵掠之。延陀遣突利失寇定襄，詔李勣逐出塞。俄遣使請率師助伐高麗，以刺帝意，帝引使者謂曰：「歸語爾可汗，我父子東征，能寇邊者可卽來。」夷男沮縮，不敢謀，以使謝，

固請助軍。帝嘉答。高麗莫離支令靺鞨以厚利啗夷男，欲與連和，夷男氣素索，不發，亦會病死，帝爲祭于行。

始延陀請以庶子曳莽爲突利失可汗，統東方；嫡子拔灼爲肆葉護可汗，統西方。白道之役，曳莽實爲之謀，國人多怨。及會葬，曳莽亟還部，拔灼分兵襲殺之，自立爲頡利俱利失薛沙多彌可汗。方是時，王師猶在遼，因卽寇邊。帝遣江夏王道宗屯朔州，代州都督薛萬徹與左驍衞大將軍阿史那社尒屯勝州，左武候大將軍薩孤吳仁屯靈州，執失思力與突厥掎角塞下，虜知有備，乃去。

拔灼性卞克，多殺父時貴臣而任所親昵，國人不安，而阿波設與唐使者遇於靺鞨東鄙，小戰不利，還怖國人曰：「唐兵至矣！」衆大擾，諸部遂潰。多彌可汗以十餘騎遁去，依阿史那時健，俄爲回紇所殺，盡屠其宗，衆五六萬奔西域〔三〕，立眞珠毗伽可汗昆弟子咄摩支，號伊特勿失可汗，遣使者上言：「願保鬱督軍山。」帝詔兵部尙書崔敦禮與李勣慰安之，俾定其國。

鐵勒諸部素伏延陀，而咄摩支雖衰孑，尙臣畏之。帝恐卒爲患，詔勣等曰：「降則撫之，叛則擊之。」勣至，咄摩支大駭，陰欲拒戰，外好言乞降。勣知之，縱兵擊，斬五千餘級，係老孺三萬，遂滅其國。咄摩支聞天子使者蕭嗣業在回紇，身詣嗣業丐降，入朝，拜右武衞將

軍，賜田宅。

初，延陀將滅，有丐食於其部者，延客帳中，妻視客人而狼首，主不覺，客已食，妻語部人共追之，至鬱督軍山，見二人焉，曰：「我神也，薛延陀且滅。」追者懼，却走，遂失之。至是果敗此山下。

帝以延陀滅，欲并契苾等降之，復遣道宗率阿史那社尒等分部窮討，帝幸靈州，節度諸將。於是鐵勒十一部皆歸命天子，請吏內屬。道宗等徑磧擊延陀餘衆阿波達干，斬首千餘級，逐北二百里。萬徹抵北道，諭降回紇諸酋。虜所遣使踵及帝行在，凡數千人，上言：「天至尊爲可汗，世世以奴事，死不恨。」帝剖其地爲州縣，北荒遂平。諸姓有來朝者，帝勞曰：「爾來，若鼠得穴、魚得泉，我爲爾深廣之。」又曰：「我在，天下四夷有不安安之，不樂樂之，如驥尾受蒼蠅，可使日千里也。」於是告功太廟，賜民三日酺。

後三年，餘部叛，以右領軍大將軍執失思力討平之。至永徽時，延陀部亡散者悉還，高宗爲置嵠彈州處安之。

拔野古一曰拔野固，或爲拔曳固，漫散磧北，地千里，直僕骨東，鄰于靺鞨。帳戶六萬，兵萬人。地有薦草，産良馬、精鐵。有川曰康干河，斷松投之，三年輒化爲石，色蒼緻，然節理猶在，世謂康干石者。俗嗜獵射，少耕穫，乘木逐鹿冰上。風俗大抵鐵勒也，言語少異。

貞觀三年，與僕骨、同羅、奚、霫同入朝。二十一年，大俟利發屈利失舉部內屬，置幽陵都督府，拜屈利失右武衛大將軍，卽爲都督。顯慶時，與思結、僕固、同羅叛，以左武衛大將軍鄭仁泰擊之，斬其渠首。至天寶閒，能自來朝。

僕骨亦曰僕固，在多覽葛之東。帳戶三萬，兵萬人。地最北，俗梗驁，難召率。始臣突厥，後附薛延陀。延陀滅，其酋娑匐俟利發歌濫拔延始內屬〔三〕，以其地爲金徽州，拜歌濫拔延爲右武衛大將軍、州都督。開元初，爲首領僕固所殺，詣朔方降，有司誅之。子曰懷恩，至德時以功至朔方節度使，自有傳。

同羅在薛延陀北，多覽葛之東，距京師七千里而羸，勝兵三萬。貞觀二年，遣使者入朝。久之，請內屬，置龜林都督府，拜酋俟利發時健啜爲左領軍大將軍，卽授都督。安祿山反，劫其兵用之，號「曳落河」者也。曳落河，猶言健兒云。

渾在諸部最南者。突厥頡利敗時，有俟利發阿貪支款塞。薛延陀之滅，大俟利發渾汪舉部內向，以其地爲皋蘭都督府，後分東、西州。太宗以阿貪支於汪屬尊，遣譯者諷汪，汪欣然避位。帝嘉其讓，以阿貪支爲右領軍衛大將軍、皋蘭州刺史，汪雲麾將軍兼俟利發爲之副。阿貪支死，子回貴嗣。回貴死，子大壽嗣。大壽死，子釋之嗣。釋之驚勇不凡，從哥舒翰拔石堡城，遷右武衛大將軍，封汝南郡公。

李光弼保河陽，釋之以朔方都知兵馬使爲裨將，進寧朔郡王，知朔方節度留後。僕固懷恩之走，擊爲歸鎭。釋之曰：「是必衆潰。」將拒之，其甥張韶曰：「彼如悔禍還鎭，渠可不納？」釋之信之，乃納懷恩。懷恩已入，使韶殺釋之，收其軍。已而惡韶，罵曰：「若負舅，肯忠於我？」折其脛，囚死彌峩城。釋之子瑊，建中功臣也，自有傳。

契苾亦曰契苾羽，在焉耆西北鷹娑川，多覽葛之南。其酋哥楞自號易勿眞莫賀可汗，弟莫賀咄特勒，皆有勇。莫賀咄死，子何力尙紐，率其部來歸，時貞觀六年也。詔處之甘、涼閒，以其地爲榆溪州。永徽四年，以其部爲賀蘭都督府，隸燕然都護。何力有戰功，忠節臣也。大和中，其種帳附於振武云。

多覽葛亦曰多濫，在薛延陀東，濱同羅水，勝兵萬人。延陀已滅，其酋俟斤多濫葛末與回紇皆朝，以其地爲燕然都督府，授右衛大將軍，卽爲府都督。死，以多濫葛塞匐爲大俟利發，繼爲都督。

阿跌，亦曰訶咥，或爲𨁂跌。始與拔野古等皆朝，以其地爲雞田州。開元中，𨁂跌思泰自突厥默啜所來降。其後，光進、光顏皆以戰功至大官，賜李氏，附屬籍，自有傳。

葛邏祿本突厥諸族，在北庭西北、金山之西，跨僕固振水，包多怛嶺，與車鼻部接。有三族：一謀落，或爲謀剌；二熾俟，或爲婆匐；三踏實力。永徽初，高偘之伐車鼻可汗，三族皆內屬。顯慶二年，以謀落部爲陰山都督府，熾俟部爲大漠都督府，踏實力部爲玄池都督府，即用其酋長爲都督。後分熾俟部置金附州。三族當東、西突厥間，常視其興衰，附叛不常也。後稍南徙，自號「三姓葉護」，兵疆，甘於鬭，廷州以西諸突厥皆畏之。開元初，再來朝。天寶時，與回紇、拔悉蜜共攻殺烏蘇米施可汗，又與回紇擊拔悉蜜，走其可汗阿史那施於北庭，奔京師。葛祿與九姓復立回紇葉護，所謂懷仁可汗者也。於是葛祿之處烏德犍山者臣回紇，在金山、北庭者自立葉護，歲來朝。久之，葉護頓毗伽縛突厥叛酋阿布思，進封金山郡王。天寶間，凡五朝。

至德後，葛邏祿寖盛，與回紇爭疆，徙十姓可汗故地，盡有碎葉、怛邏斯諸城。然限回紇，故朝會不能自達于朝。

拔悉蜜，貞觀二十三年始來朝。天寶初，與回紇葉護擊殺突厥可汗，立拔悉蜜大酋阿史那施爲賀臘毗伽可汗，遣使者入謝，玄宗賜紫文袍、金鈿帶、魚袋。不三歲，爲葛邏祿、回

紇所破，奔北庭。後朝京師，拜左武衞將軍，地與衆歸回紇。

都播，亦曰都波，其地北瀕小海，西堅昆，南回紇，分三部，皆自統制。其俗無歲時。結草爲廬。無畜牧，不知稼穡，土多百合草，掇其根以飯，捕魚、鳥、獸食之。衣貂鹿皮，貧者緝鳥羽爲服。其昏姻，富者納馬，貧者效鹿皮草根。死以木匱斂置山中，或系于樹，送葬哭泣，與突厥同。無刑罰，盜者倍輸其臧。貞觀二十一年，因骨利幹入朝，亦以使通中國。

骨利幹處瀚海北，勝兵五千。草多百合。產良馬，首似橐它，筋骼壯大，日中馳數百里。其地北距海，去京師最遠，又北度海則晝長夜短，日入亨羊胛，熟，東方已明，蓋近日出處也。

既入朝，詔遣雲麾將軍康蘇蜜勞答，以其地爲玄闕州。其大酋俟斤因使者獻馬，帝取其異者號十驥，皆爲美名：曰「騰霜白」，曰「皎雪驄」，曰「凝露驄」，曰「懸光驄」，曰「決波騟」，曰「飛霞驃」，曰「發電赤」，曰「流金騧」，曰「翔麟紫」，曰「奔虹赤」，厚禮其使。龍朔中，以玄闕州更爲余吾州，隸瀚海都督府。延載初，亦來朝。

白霫居鮮卑故地，直京師東北五千里，與同羅、僕骨接。避薛延陀，保奧支水、冷陘山，南契丹，北烏羅渾，東靺鞨，西拔野古，地圓袤二千里，山繚其外，勝兵萬人。業射獵，以赤皮緣衣，婦貫銅釧，以子鈴綴襟。其部有三：曰居延，曰無若沒，曰潢水。其君長臣突厥頡利可汗爲俟斤。

貞觀中再來朝，後列其地爲寘顏州，以別部爲居延州，即用俟斤爲刺史。顯慶五年，授酋長李含珠爲居延都督。含珠死，弟厥都繼之。後無聞焉。

斛薛處多濫葛北，勝兵萬人。奚結處同羅北，思結在延陀故牙，二部合兵凡二萬。既來朝，列其地州縣之。

太宗時，北狄能自通者，又有烏羅渾，或曰烏洛侯，曰烏羅護，直京師東北六千里而贏，東靺鞨，西突厥，南契丹，北烏丸，大抵風俗皆靺鞨也。烏丸或曰古丸。

又有鞠，或曰祴，居拔野古東北，有木無草，地多苔。無羊馬，人豢鹿若牛馬，惟食苔，俗以駕車。又以鹿皮爲衣，聚木作屋，尊卑共居。

又有俞折者，地差大，俗與拔野古相埒。少羊馬，多貂鼠。

又有駮馬者，或曰弊剌，曰遏羅支，直突厥之北，距京師萬四千里。隨水草，然喜居山，勝兵三萬。地常積雪，木不彫。以馬耕田，馬色皆駮，因以名國云。北極於海，雖畜馬而不乘，資湩酪以食。好與結骨戰，人貌多似結骨，而語不相通。皆劗髮，樺皮帽。構木類井幹，覆樺爲室。各有小君長，不能相臣也。

大漢者，處鞠之北，饒羊馬，人物頎大，故以自名。與鞠俱鄰於黠戛斯劍海之瀕。

此皆古所未賓者，當貞觀逮永徽，率貂馬入朝，或一再至。

黠戛斯，古堅昆國也。地當伊吾之西，焉耆北，白山之旁。或曰居勿，曰結骨。其種雜

丁零，乃匈奴西鄙也。匈奴封漢降將李陵爲右賢王，衞律爲丁零王。後郅支單于破堅昆，于時東距單于廷七千里，南車師五千里，郅支留都之。故後世得其地者訛爲結骨，稍號紇骨，亦曰紇扢斯云。

衆數十萬，勝兵八萬，直回紇西北三千里，南依貪漫山。地夏沮洳，多積雪。人皆長大，赤髮、晳面、綠瞳，以黑髮爲不祥。黑瞳者，必曰陵苗裔也。男少女多，以環貫耳，俗趫伉，男子有勇黥其手，女已嫁黥項。雜居多淫佚。

謂歲首爲茂師哀，以三哀爲一時[四]，以十二物紀年，如歲在寅則曰虎年。氣多寒，雖大河亦半冰。稼有禾、粟、大小麥、青稞，步磑以爲麪糜。穄以三月種，九月穫，以飯，以釀酒，而無果蔬。畜，馬至壯大，以善鬭者爲頭馬，有橐它、牛、羊，牛爲多，富農至數千。其獸有野馬、骨咄、黃羊、羱羝、鹿、黑尾，黑尾者似麞，尾大而黑。魚，有蔑者長七八尺，莫痕者無骨，口出頤下。鳥，鴈、鶩、烏鵲、鷹、隼。木，松、樺、榆、柳、蒲。松高者仰射不能及顚，而樺尤多。有金、鐵、錫，每雨，俗必得鐵，號迦沙，爲兵絕犀利，常以輸突厥。其戰有弓矢、旗幟，其騎士析木爲盾，蔽股足，又以圓盾傅肩，而捍矢刃。

其君曰「阿熱」，遂姓阿熱氏，建一纛，下皆尚赤，餘以部落爲之號。服貴貂、豽，阿熱冬帽貂，夏帽金釦，銳頂而卷末，諸下皆帽白氈，喜佩刀礪，賤者衣皮不帽，女衣毳毲、錦、罽、

綾，蓋安西、北庭、大食所貿售也。阿熱駐牙青山，周栅代垣，聯氈爲帳，號「密的支」，它首領居小帳。凡調兵，諸部役屬者悉行。內貂鼠、青鼠爲賦。其官，宰相、都督、職使、長史、將軍、達干六等。宰相七，都督三，職使十，皆典兵；長史十五，將軍、達干無員。諸部食肉及馬酪，惟阿熱設餅餌。樂有笛、鼓、笙、觱篥、盤鈴。戲有弄駝、師子、馬伎、繩伎。祠神惟主水草，祭無時，呼巫爲「甘」。昏嫁納羊馬以聘，富者或百千計。喪不剺面，三環尸哭，乃火之，收其骨，歲而乃墓，然後哭泣有節。多處室，木皮爲覆。其文字言語，與回鶻正同。法最嚴，臨陣橈、奉使不稱、妄議國若盜者皆斷首；子爲盜，以首着父頸，非死不脫。

阿熱牙至回鶻牙所，橐它四十日行。使者道出天德右二百里許抵西受降城，北三百里許至鸊鵜泉，泉西北至回鶻牙千五百里許，而有東、西二道，泉之北，東道也。回鶻牙北六百里得仙娥河，河東北曰雪山，地多水泉。青山之東，有水曰劍河，偶艇以度，水悉東北流，經其國，合而北入于海。

東至木馬突厥三部落，曰都播、彌列、哥餓支，其酋長皆爲頡斤。樺皮覆室，多善馬，俗乘木馬馳冰上，以板藉足，屈木支腋，蹴輒百步，勢迅激。夜鈔盜，晝伏匿，堅昆之人得以役屬之。

堅昆，本彊國也，地與突厥等，突厥以女妻其酋豪，東至骨利幹，南吐蕃，西南葛邏祿。始隸薛延陀，延陀以頡利發一人監國。其酋長三人，曰訖悉輩，曰居沙波輩，曰阿米輩，共治其國，未始與中國通。貞觀二十二年，聞鐵勒等已入臣，卽遣使者獻方物，其酋長俟利發失鉢屈阿棧身入朝，太宗勞享之，謂羣臣曰：「往渭橋斬三突厥，自謂功多，今俟利發在席，更覺過之。」俟利發酒酣，奏願得持笏，帝以其地爲堅昆府，拜俟利發左屯衞大將軍，卽爲都督，隸燕然都護。高宗世，再來朝。景龍中，獻方物，中宗引使者勞之曰：「而國與我同宗，非它蕃比。」屬以酒，使者頓首。玄宗世，四朝獻。

乾元中，爲回紇所破，自是不能通中國。後狄語訛爲黠戛斯，蓋回鶻謂之，若曰黃赤面云，又訛爲戛戛斯。然常與大食、吐蕃、葛祿相依杖，吐蕃之往來者畏回鶻剽鈔，必住葛祿，以待黠戛斯護送。大食有重錦，其載二十橐它乃勝，既不可兼負，故裁爲二十匹，每三歲一餉黠戛斯。而回鶻授其君長阿熱官爲「毗伽頓頡斤」。

回鶻稍衰，阿熱卽自稱可汗。其母，突騎施女也，爲母可敦；妻葛祿葉護女，爲可敦。回鶻遣宰相伐之，不勝，挐鬭二十年不解。阿熱恃勝，乃肆詈曰：「爾運盡矣！我將收爾金帳，於爾帳前馳我馬，植我旗，爾能抗，亟來，卽不能，當疾去。」回鶻不能討，其將句錄莫賀導阿熱破殺回鶻可汗，諸特勒皆潰。阿熱身自將，焚其牙及公主所廬金帳者，回鶻可汗常

坐也。乃悉收其寶貲，并得太和公主，遂徙牙牢山之南。牢山亦曰睹滿，距回鶻舊牙度馬行十五日。阿熱以公主唐貴女，遣使者衞送公主還朝，爲回鶻烏介可汗邀取之，并殺使者。

會昌中，阿熱以使者見殺，無以通于朝，復遣注吾合素上書言狀。注吾，虜姓也；合，言猛；素者，左也，謂武猛善左射者。行三歲至京師，武宗大悅，班渤海使者上，以其處窮遠，能脩職貢，命太僕卿趙蕃持節臨慰其國，詔宰相卽鴻臚寺見使者，使譯官考山川國風。宰相德裕上言：「貞觀時，遠國皆來，中書侍郎顏師古請如周史臣集四夷朝事爲王會篇。今黠戛斯大通中國，宜爲王會圖以示後世。」有詔以鴻臚所得繢著之。又詔阿熱著宗正屬籍。

是時，烏介可汗餘衆託黑車子，阿熱願乘秋馬肥擊取之，表天子請師。帝令給事中劉濛爲巡邊使，朝廷亦以河、隴四鎭十八州久淪戎狄，幸回鶻破弱，吐蕃亂，相殘齧，可乘其衰。乃以右散騎常侍李拭使黠戛斯，册君長爲宗英雄武誠明可汗。未行，而武宗崩。宣宗嗣位，欲如先帝意，或謂黠戛斯小種，不足與唐抗，詔宰相與臺省四品以上官議，皆曰：「回鶻盛時有册號，今幸衰亡，又加黠戛斯，後且生患。」乃止。至大中元年，卒詔鴻臚卿李業持節册黠戛斯爲英武誠明可汗。逮咸通間，三來朝。然卒不能取回鶻。後之朝聘册命，史臣

失傳。

贊曰：夷狄資悍貪，人外而獸內，惟剽奪是視。故湯、武之興，未嘗與共功，蓋疏而不戚也。太宗初興，嘗用突厥矣，不勝其暴，卒縛而臣之。肅宗用回紇矣，至略華人，辱太子，笞殺近臣，求索無倪。德宗又用吐蕃矣，刦平涼，敗上將，空破西陲。所謂引外禍平內亂者也。夫用之以權，制之以謀，惟太宗能之。若二主懦昏，狃而狎之，烏勝其弊哉！彼親之則責償也多，慊而不滿則滋怨，化以仁義則頑，示以法則忿，孰我險易則爲患也博而慘，瘵餒以洽蔿，何時可哉？故春秋許夷狄者，不一而足，信矣。

校勘記

〔一〕思忠爲河西党項都將　各本原無「河」字。按通鑑卷二四六載：會昌二年九月，「以李思忠爲河西党項都將」。舊書卷一九八党項羌傳、唐會要卷九八俱云：六州党項因永安鎮將阿史那思昧（睐）賦索無厭，已于貞元中自石州逃奔河西。本書卷二二一上党項傳合。通鑑稱「河西党項」是，據補。

〔二〕衆五六萬奔西城　「西城」，各本原作「西域」。舊書卷一九九下鐵勒傳作「西城」。按唐人所謂「西城」，一般指西受降城，是時尚未築。突厥集史卷一四新唐書薛延陀傳校注謂當從舊書。今改。

〔三〕娑匐俟利發歌濫拔延　通典卷一九九作「娑匐俟利發歌藍伏延」。按本卷下文，娑匐爲葛邏祿三姓之一。

〔四〕謂歲首爲茂師哀以三哀爲一時　按寰宇記卷一九九敍黠戛斯之土俗云：「人謂歲首爲茂師，謂月爲哀，每三哀爲一時。」此處文義欠明。

二十四史

新唐書

宋　歐陽修　宋祁　撰

第二〇册

卷二一八至卷二二五下（傳）

中華書局

中華書局

唐書卷二百一十八

列傳第一百四十三

沙陀

沙陀，西突厥別部處月種也。始，突厥東西部分治烏孫故地，與處月、處蜜雜居。貞觀七年，太宗以鼓纛立利邲咄陸可汗，而族人步眞觖望，謀幷其弟彌射乃自立。彌射懼，率處月等入朝。而步眞勢窮亦歸國。其留者，咄陸以射匱特勒劫越之子賀魯統之。

西突厥寖彊，內相攻，其大酋乙毗咄陸可汗建廷鏃曷山之西，號「北庭」，而處月等又隸屬之。處月居金娑山之陽，蒲類之東，有大磧，名沙陀，故號沙陀突厥云。

咄陸寇伊州，引二部兵圍天山，安西都護郭孝恪擊走之，拔處月俟斤之城。後乙毗可汗敗，奔吐火羅。賀魯來降，詔拜瑤池都督，徙其部庭州之莫賀城。處月朱邪闕俟斤阿厥亦請內屬。

永徽初，賀魯反，而朱邪孤注亦殺招慰使連和，引兵據牢山。於是射脾俟斤沙陀那速不肯從，高宗以賀魯所領授之。明年，弓月道總管梁建方、契苾何力引兵斬孤注，俘九千人。又明年，廢瑤池都督府，卽處月地置金滿、沙陀二州，皆領都督。賀魯亡，安撫大使阿史那彌射次伊麗水，而處月來歸。乃置崑陵都護府，統咄陸部，以彌射爲都護。

龍朔初，以處月酋沙陀金山從武衞將軍薛仁貴討鐵勒，授墨離軍討擊使。長安二年，進爲金滿州都督，累封張掖郡公。金山死，子輔國嗣。先天初避吐蕃，徙部北庭，率其下入朝。開元二年，復領金滿州都督，封其母鼠尼施爲鄯國夫人。輔國累爵永壽郡王。死，子骨咄支嗣。

天寶初，回紇內附，以骨咄支兼回紇副都護。從肅宗平安祿山，拜特進、驍衞上將軍。死，子盡忠嗣，累遷金吾衞大將軍、酒泉縣公。至德、寶應間，中國多故，北庭、西州閉不通，朝奏使皆道出回紇，而虜多漁擷，尤苦之，雖沙陀之倚北庭者，亦困其暴歛。

貞元中，沙陀部七千帳附吐蕃，與共寇北庭，陷之。吐蕃徙其部甘州，以盡忠爲軍大論。吐蕃寇邊，常以沙陀爲前鋒。

久之，回鶻取涼州，吐蕃疑盡忠持兩端，議徙沙陀于河外，舉部愁恐。盡忠與朱邪執宜謀，曰：「我世爲唐臣，不幸陷汙，今若走蕭關自歸，不愈於絕種乎？」盡忠曰：「善。」元和三

年，悉衆三萬落循烏德鞬山而東，吐蕃追之，行且戰，旁洮水，奏石門，轉鬭不解，部衆略盡，盡忠死之。執宜裒瘢傷，士裁二千，騎七百，雜畜橐它千計，款靈州塞，節度使范希朝以聞。詔處其部鹽州，置陰山府，以執宜爲府兵馬使。沙陀素健鬭，希朝欲藉以捍虜，爲市牛羊，廣畜牧，休養之。其童耄自鳳翔、興元、太原道歸者，皆還其部。盡忠弟葛勒阿波率殘部七百叩振武降，授左武衞大將軍，兼陰山府都督。

執宜朝長安，賜金幣袍馬萬計，授特進、金吾衞將軍。然議者以靈武迫吐蕃，恐後反覆生變，又濱邊，益口則食翔價。頃之，希朝鎭太原，因詔沙陀舉軍從之。希朝乃料其勁騎千二百，號沙陀軍，置軍使，而處餘衆于定襄川。執宜乃保神武川之黃花堆，更號陰山北沙陀。是時，天子伐鎭州，執宜以軍七百爲前鋒，王承宗衆數萬伏木刀溝，與執宜遇，飛矢雨集。執宜提軍橫貫賊陣鏖鬭，李光顏等乘之，斬首萬級。鎭兵解，進蔚州刺史。王鍔節度太原，建言：「朱邪族孳熾，散居北川，恐啓野心，願析其族隸諸州，勢分易弱也。」遂建十府以處沙陀。八年，回鶻過磧南取西城、柳谷，詔執宜屯天德。明年，伐吳元濟，又詔執宜隸李光顏，破蔡人時曲，拔凌雲柵。元濟平，授檢校刑部尚書，猶隸光顏軍。長慶初，伐鎭州，悉發沙陀，與易定軍掎角，破賊深州。執宜入朝，留宿衞，拜金吾衞將軍。大和中，柳公綽領河東，奏陘北沙陀素爲九姓、六州所畏，請委執宜治雲、朔塞下廢府十一，料部人三千禦

北邊，號代北行營，授執宜陰山府都督、代北行營招撫使，隸河東節度。

執宜死，子赤心嗣。開成四年，回鶻徑磧口，抵榆林塞，宰相掘羅勿以良馬三百遺赤心，約共攻彰信可汗。可汗死，節度使劉沔以沙陀擊回鶻于殺胡山。久之，伐潞，誅劉稹，詔赤心率代北騎軍三千隸石雄爲前軍，破石會關，助王宰下天井，合太原軍，次榆社，與監軍使呂義忠禽楊弁。潞州平，遷朔州刺史，仍爲代北軍使。

大中初，吐蕃合党項及回鶻殘衆寇河西，太原王宰統代北諸軍進討，沙陀常深入，冠諸軍。赤心所向，虜輒披靡，曰：「吾見赤馬將軍火生頭上。」始，沙陀臣吐蕃，其左老右壯，溷男女，略與同，而馳射趫悍過之，虜倚其兵，常苦邊。及歸國，吐蕃繇此亦衰。宣宗已復三州、七關，征西戍皆罷，乃遷赤心蔚州刺史、雲州守捉使。

龐勛亂，詔義成康承訓爲行營招討使，赤心以突騎三千從。承訓兵絕渙水，遇伏，墮圍中幾沒，赤心以騎五百掀出之。勛欲速戰，衆八萬，短兵接，赤心勒勁騎突賊，與官軍夾擊，敗之，其弟赤衷以千騎追之亳東。勛平，進大同軍節度使，賜氏李，名國昌，預鄭王屬籍，賜親仁里甲第。回鶻叩榆林，擾靈、鹽，詔國昌爲鄜延節度使。又寇天德，乃徙節振武，進檢校司徒。王仙芝陷荆、襄，朝廷發諸州兵討捕，國昌遣劉遷統雲中突騎逐賊，數有功。

乾符三年，段文楚爲代北水陸發運、雲州防禦使。是時無年，文楚朘損用度，下皆怨，

邊校程懷信、王行審、蓋寓、李存璋、薛鐵山、康君立等曹議曰：「世多難，丈夫當投鏬立功。段公乃儒者，難共計。沙陀雄勁，李振武父子勇冠軍，我若推之，無不應，則代北唾手可定，拾取富貴若何？」咸曰：「善！」乃夜謁國昌子雲中守捉使克用曰：「歲艱稟食削，吾等不忍餓死，公家威德著聞，請誅虐帥，安部內。」克用許之，募得士萬人，趨雲州，次鬪雞臺，城中執文楚至，殺之，據州以聞，共丐克用爲大同防禦留後。不許，發諸道兵進捕，諸道不甚力，而黃巢方引度江，朝廷度未能制，乃赦之，以國昌爲大同軍防禦使。國昌不受命，詔河東節度使崔彥昭、幽州張公素共擊之，無功。

國昌與党項戰，未決，大同川吐渾赫連鐸襲振武，盡取其貲械，國昌窮，挈騎五百還雲州，州不納，鐸遂取之。克用轉側蔚、朔間，裒兵纔三千，屯新城，鐸引萬人圍之，隧而攻，三日不拔，鐸兵殺傷甚。國昌自蔚州來，鐸引去。僖宗以鐸領大同節度，畀討國昌。六年，詔昭義李鈞爲北面招討使，督潞、太原兵屯代州；幽州李可舉會鐸攻蔚州，國昌以一隊當之。克用分兵抵遮虜城拒鈞，天大雪，士瘴仆，鈞衆潰，還代州，軍遂亂，鈞死于兵。廣明元年，以李琢爲蔚、朔招討都統，率兵數萬屯代州。克用使傅文達調蔚、朔兵，朔州刺史高文集縛以送琢。琢進攻蔚州，國昌敗，與克用舉宗奔達靼。鐸密畀酋長圖之，克用得其計，因豪桀大會馳射，百步外針芒木葉無不中，部人大驚，即倡言：「今黃巢北寇，爲中原患，一日天子

赦我，願與公等南向定天下，庸能終老沙磧哉！」達靼知不留，乃止。

巢攻潼關，入京師，詔河東監軍陳景思發代北軍。時沙陀都督李友金屯興唐軍，薩葛首領米海萬、安慶都督史敬存屯感義軍，克用客塞下，衆數千無所屬。景思聞天子西，乃與友金料騎五千入居絳，兵擅劫帑自私。還代州，益募士三萬，屯崞西，士囂縱，友金不能制，謀曰：「今合大衆，不得威名宿將，且無功。吾兄司徒父子，材而雄，衆所推畏，比得罪于朝，僑戍北部不敢還。今若召之使將兵，代北豪英，一呼可集，整行伍，鼓而南，賊不足平也。」景思曰：「善！」乃丐赦國昌，使討賊贖罪。有詔拜克用代州刺史、忻代兵馬留後，促本軍討賊。克用募達靼萬人，趨代州，將南道太原，節度使鄭從讜塞石嶺關，不得前，克用儳道至太原，營城下五日，邀糧貲，從讜不答，乃大略，還屯代州。

中和二年，蔚州刺史蘇祐會赫連鐸兵將攻代州，克用率騎五百先襲蔚州，下之。祐屯美女谷，鐸與幽州李可舉衆七萬攻蔚州，譙柵相屬。克用直擣營，入蔚州，燔府庫，棄而去，屯鴈門。國昌自達靼率兵歸代州。擾汾、并、樓煩，不釋鎧。帝詔克用還軍朔州。

於是義武節度使王處存、河中節度使王重榮傳詔招克用同討巢。克用喜，即大閱鴈門，得忻、代、蔚、朔、達靼衆三萬、騎五千而南。於是國昌守代州。鄭從讜不肯假道，克用軍傅太原而營，率幣馬遺從讜，身從數騎呼曰：「我且西，願與公一言。」從讜升陴慰勉，歸貨幣

饗餼。克用乃自陰地趨晉，會河中。帝聞，擢克用鴈門節度、神策天寧軍鎮遏、忻代觀察使。明年，宰相王鐸承制，授克用東北面行營都統，河東監軍陳景思爲監軍使。克用使弟克脩領轂騎五百度河，克用自夏陽濟，留薛阿檀扼津口，次同州，壓乾阬，與賊戰梁田坡，敗之。進壓渭橋，遂收京師。功第一，進同中書門下平章事、隴西郡公，國昌爲代北軍節度使。未幾，以克用領河東節度。

黃巢與秦宗權合寇河南。四年，克用率河東、代北兵將自澤、潞下天井關，河陽諸葛爽壍井以拒，克用乃繇河中濟，趨許州，合徐、汴兵破尙讓于太康。戰西華，又破之。賊走，河南平。追北曹州，還過汴，朱全忠邀之，克用留兵于郊，入舍上源館。夜帳飲，全忠自佐饗，進貲寶，握手諄勞。是時，全忠忌克用桀邁難制，則連車外環，陳兵道左右。克用醉，乃攻館，下拒戰，親將郭景銖滅燭扶克用，徐告之，尙被酒，乃引弓射。會煙嚚四合，大震電，克用與薛志勤等閒關升南譙門，縋走營，部下死者數百人，所獲賊乘輿物盡亡之。克用整衆歸太原，益訓兵，將報仇，使弟克勤以萬騎屯河中，乃請擊全忠。使者八返，內外震恐，帝使內謁慰解。尋進位檢校太傅、隴西郡王。

光啓元年，幽州李可舉、鎭州王景崇言〔一〕：「易定故燕、趙境，請取分之。」於是可舉攻易州，下之；景崇攻無極。易定節度使王處存求救於克用，克用自將救無極，敗鎭人，攻馬

頭，固新城，鎭兵走〔二〕，處存復取易州。鳳翔李昌符、邠寧朱玫與全忠連和，觀軍容使田令孜惡克用與王重榮合，建言：「不可處近輔，請授王處存河中，而徙重榮於易定，則克用孤矣。」帝從之。重榮以告，克用怒曰：「我當從公提鼓出汜水關誅全忠，迴殲穴鼠耳。」重榮計曰：「公兵朝出關，則邠、岐兵夕傳吾堞，願先治邠、岐。」克用乃表言：「玫、昌符連全忠爲亂，請以兵十五萬度河梟二豎，然後平汴雪大恥，願陛下戒嚴，無爲賊所搖。」帝遣使慰止，背相望也。克用不奉詔，玫亦引邠、鳳兵營沙苑。克用薄戰，玫敗，夜亡去。克用還河中，天子出趣鳳翔，道傳兵且至，即趣寶雞。克用與重榮聯章請還宮，願留兵衞京師，即還鎭。帝懼，走大散關，駐興元。克用引歸。嗣襄王熅僞詔至太原，克用燔之，執其使，間道奉表興元。始，朝廷意玫結克用迫乘輿，及表至，示羣臣，因騰曉山南諸鎭，行在少安。王行瑜斬玫，克用以千騎經略京畿。三年，國昌卒。俄而昭宗即位，進克用檢校太師兼侍中。

大順初，克用自攻赫連鐸於雲州，拔東郛，幽州李匡威以兵三萬救之，殺其將安金俊，克用走。鐸與匡威共建言：「山南亂，克用實首之。今乘其敗，可伐而取也。」全忠亦請與河北三鎭共討之。宰相張濬是其計，乃下制削克用官爵、屬籍，以濬爲兵馬招討、制置、宣慰使，京兆尹孫揆副之，樞密使駱全諲爲行營都監，華州節度使韓建爲行營馬步都虞候兼供軍糧料使，王鎔領河東東面，全忠南面，李匡威北面，並爲行營招討使。鐸副匡威，先薄戰。

克用追潞兵，不肯行，共殺守將李克恭，送款于汴，獻首闕下。更詔授爲昭義節度使，克用將李存孝邀擊長子殺之。匡威、鐸並吐蕃、黠戛斯衆十萬攻遮虜軍，殺其將劉胡子。克用乃屯渾河川，存孝與鐸戰樂安，鐸敗走。濬入陰地關，壁汾、隰，薛鐵山、李承嗣營洪洞迎戰。存孝攻趙城，韓建夜出壯士三百乘其營，存孝伏以待，建兵大奔。存孝攻絳州，未下，晉州刺史張行恭棄城走，建與濬遁還。明年，克用奉表自陳，乃復拜檢校太師、守中書令、隴西郡王。

克用悉兵攻鐸雲州，以騎將薛阿檀爲前軍，設伏河上，鐸縱騎追阿檀，遇伏而奔，鐸亡入吐渾。克用取雲州，以部將石善友爲刺史、大同軍防禦使。

景福初，鎮州王鎔攻堯山，克用使李嗣勳擊之，斬級三萬，克用遂拔天長，略常山，度滹沱，燔其郛，徇地至趙，取鼓、藁二城。赫連鐸衆八萬攻天成軍，克用飛檄發軍太原，匡威已壁雲州北郊，克用自神堆引軍夜入雲州，死戰，走之。乾寧元年，克用攻新城，鐸膝行詣軍門降，克用鞭而縱之。進下武州，攻新州，李匡籌引步騎七萬救之，克用迎戰，斬首萬級，俘少將三百，徇城下，新州降。取嬀州，匡籌棄幽州走。明年，幽州降，克用以劉仁恭爲留後，乃旋。

王行瑜、韓建、李茂貞連兵南闕下，殺李谿。克用盡調北部兵度河，拔絳州，斬刺史王

瑤。次河中，王珂謁于道。同州王行約奔京師。圍韓建于華州，京師震動，帝爲幸石門、莎城，遣內謁者郗廷昱慰勞，且言茂貞屯盩厔，行瑜屯興平，克用乃進營渭橋。帝以嗣延王戒丕、嗣丹王允詔克用擊邠、鳳。克用奉詔，屯渭北，遣史儼以票騎三千護石門，且令王珂輸河中粟備行在。帝以赤詔嘉答，進克用諸道兵馬都招討使，命二嗣王兄事之，令促討行瑜。克用請帝還京師，以二千騎衞乘輿。時宮室煨殘，駐尚書省，百官喪馬，克用進乘輿金具裝二駟，又上百乘給從官。進太師、兼中書令、邠寧四面行營都統。

行瑜堅壁梨園，茂貞自率師三萬逼咸陽而屯。克用請帝責茂貞罷兵，因削官爵，願與河中共討之。帝詔弟事行瑜，貸茂貞，俾結好。朱詔賜魏國夫人陳氏。陳，襄陽人也，善書，帝所愛，欲急平賊，故予之。茂貞以兵援龍泉，克用使李罕之、李存審夜引兵劫其餉，援兵亡，行瑜潰而走，追殺萬計。行瑜入邠州，丐歸款，克用使史儼入其城。行瑜死慶州，傳首京師。帝悉論幕府官屬及諸子功，封爵之，克用賜號「忠貞平難功臣」，進封晉王。

克用屯雲陽，遣李習吉入朝，且請與王珂悉力討茂貞，帝不許。克用私於使者曰：「鈹根不除，憂未艾也。」天子發度支錢三十萬緡勞其軍。時鄆州朱宣兄弟爲全忠所困，使來告，克用請道于魏救之。兵解復鬬，克用自將而往，使李存信率兵三萬與史儼等次于莘，爲魏兵所破，克用怒，大略相、魏去。

始，茂貞畏克用見討，修貢獻如藩臣。及克用還，絕貢獻，與韓建謀以兵入朝，帝懼，詔克用進衞京師。帝謀度河幸太原，遣延王入克用軍促迎天子。既次渭北，建固請幸華州。克用謂王曰：「患本於不斷，願上自爲之。」李存信攻魏，葛從周引衆三萬來援，戰洹水上，汴人夜坎諸野，鬬合，克用子落落馬陷而顚，克用救之，亦顚，追兵迫，射之乃免。存信已傅魏城，克用并力，羅弘信以捉生逆戰，爲克用所敗，追及邪，叩闔而還。於是陝州王珙攻河中，李嗣昭援珂，再戰再勝，珙圍解。

帝使延王持節至太原，謂克用曰：「不用卿計，故逮此，無可言者。今我寄於華，百司羣官無所託，非卿尙誰與憂？不則不復見宗廟矣！」王至太原，克用留累月，每大張飲，王必以舞屬克用，因陳國事，涕數行下，冀感動之。時劉仁恭據幽州，貳于克用，數召兵不應，克用以書讓之，仁恭得書，抵于地，遂顯絕。故克用內憂幽州，以好辭謝王，不復有西意。俄自將屯蔚州，會晨大霧冥，仁恭來薄戰，克用大敗，走太原，大將多死。

全忠奪邢、磁、洺三州，茂貞度克用沮橈，無能出師，乃與韓建謾好，致書言帝暴露累年，請共治宮室迎天子。初，長安自石門之奔，宮殿焚圮，及岐人再逆，火閭里皆盡，宮城昏夜狐狸鳴啼，無人跡。帝幸華西溪，望舊京必泫然流涕，左右悽塞不得語。王建方盜兩川，茂貞欲披其鄙私之，數南師，不暇東，而全忠繕治洛陽，茂貞因約克用共其勞，克用辭窮，乃

出貲爲助。

光化初，帝還京師，詔克用與全忠解仇，宰相徐彥若、崔胤皆勸之。克用勢已折，然尙以功高位全忠上，恥先下之，時王鎔方睦於汴，乃遺書鎔，使爲己倡。全忠即遣使奉書幣恭甚，克用亦報之。然汴日益張，窮鬬不置。王珙請汴兵攻河中，克用使李嗣昭、張漢瑜援之，汴兵走。葛從周取承天軍，氏叔琮取遼州、樂平，進壓榆次，克用使周德威逐出之。李嗣昭以步騎三萬下太行，略河內，拔懷州，進攻河陽，汴人閻寶救之，嗣昭退保懷。天復元年，全忠取晉、絳，逼河中，王珂告急，使相望，汴人扼空道，晉兵不得前，遂虜珂。珂妻，克用女，不能救，全忠遂有河中，克用朝貢道亦梗。

全忠知克用迮不振，乃大舉攻太原，分遣銳將氏叔琮等率魏博、兗鄆、邢洺、義武、晉絳兵環入之，晉城邑多下。會大雨，汴兵糧乏，士瘧癘，遂解。克用雖內憤悒，憚全忠彊難與爭，乃厚致幣馬謝，復請修好。全忠遂取同、華，屯渭上。帝如鳳翔，李茂貞、韓全誨請召克用入衞，克用間道遣使者奔問，并詒書全忠勸還汴，全忠不答。

克用率兵趨平陽，攻吉上堡，破汴軍於晉州。李嗣昭、周德威下慈、隰，進屯河中。汴將朱友寧以兵十萬壓其南，全忠自屯晉州。晉人聞全忠至，皆失色。時有虹貫德威營，氏叔琮薄壘疾鬬，晉兵大敗，仗械輜儲皆盡。友寧長驅略汾、慈、隰州，皆下，遂圍太原，攻西

門。德威、嗣昭循山挐餘衆得歸，克用大恐，身荷版築，率士拒守，陰於嗣昭、德威謀奔雲州。李存信曰：「不如依北蕃。」國昌妻劉語克用曰：「聞王欲委城入蕃，審乎？計誰出？」曰：「存信等爲此。」劉曰：「彼牧羊奴，安辦遠計。王常笑王行瑜失城走而死，若何效之？且王頃居達靼，危不免。必一朝去此，禍不旋跬，渠能及北虜哉？」克用悟，乃止。居數日，散士復集。嗣昭夜擾友寧營，汴人驚，引去，德威追之，抵白壁關，復收慈、隰、汾三州。三年，克用攻晉州，聞帝自鳳翔還京師，乃去。雲州都將王敬暉殺刺史劉再立，以地予劉仁恭；李嗣昭討之。仁恭援敬暉，嗣昭壁樂安，欲戰，仁恭取敬暉，棄城去。

帝東遷，詔至太原，克用泣謂其下曰：「乘輿不復西矣。」遣使者奔問行在，俄加號「協盟同力功臣」。李茂貞、王建與邠州楊崇本遣使者來約義舉，克用顧藩鎮皆附汴，不可與共功，惟契丹阿保機倘可用，乃卑辭召之。保機身到雲中，與克用會，約爲兄弟，留十日去，遺馬千匹、牛羊萬計，期冬大舉度河，會昭宗弑而止。四年，王建、李茂貞約克用大舉。建將康晏步騎二萬與克用監軍張承業會鳳翔，是時汴將王重師守長安，劉知俊守同州，與戰長安西，建兵敗，遂不振。

唐亡，建與淮南楊渥請克用自王一方，須賊平訪唐宗室立之。建請悉蜀工制乘輿御物。克用答曰：「自王，非吾志也。」建又勸茂貞王岐，茂貞孱褊，亦不敢當，但侈府第，僭宮

禁而已。建、渥乃自王。是歲，克用有疾，城門自壞，明年卒。

贊曰：沙陀始歸命天子，仰哺于邊，世喋血助征討，常爲邊兵雄。至克用逢王室亂，遂有太原。虜性悖固，少它腸，自負材果，欲經營天下而不克也。兵雖勝，然數敗，地雖得，輒復失，故熟視帝劫遷，縮頸羞汗，偷景待僵，不亦鄙乎！賴其子慓銳，抑而復振。是時，提兵託勤王者五族，然卒亡朱氏爲唐滌恥者，沙陀也。使克用稍知古今，能如齊桓、晉文，唐遽亡乎哉？

校勘記

〔一〕光啓元年幽州李可舉鎭州王景崇言　「王景崇」，舊書卷一九下僖宗紀、通鑑卷二五六作「王鎔」。考異卷五六云：「按景崇以中和三年卒，子鎔繼之，光啓改元之際，鎭州帥乃王鎔，非景崇也。」

〔二〕固新城鎭兵走　通鑑卷二五六云：「成德兵退保新城，克用復進擊，大破之，拔新城，成德兵走。」

唐書卷二百一十九

列傳第一百四十四

北狄

契丹　奚　室韋　黑水靺鞨　渤海

契丹，本東胡種，其先爲匈奴所破，保鮮卑山。魏青龍中，部酋比能稍桀驁，爲幽州刺史王雄所殺，衆遂微，逃潢水之南，黃龍之北。至元魏，自號曰契丹。地直京師東北五千里而嬴，東距高麗，西奚，南營州，北靺鞨、室韋，阻冷陘山以自固。射獵居處無常。其君大賀氏，有勝兵四萬，析八部，臣于突厥，以爲俟斤。凡調發攻戰，則諸部畢會；獵則部得自行。與奚不平，每鬬不利，輒遁保鮮卑山。風俗與突厥大抵略侔。死不墓，以馬車載尸入山，置於樹顚。子孫死，父母旦夕哭；父母死則否，亦無喪期。

武德中，其大酋孫敖曹與靺鞨長突地稽俱遣人來朝，而君長或小入寇邊。後二年，君長乃遣使者上名馬、豐貂。貞觀二年，摩會來降。突厥頡利可汗不欲外夷與唐合，乃請以梁師都易契丹。太宗曰：「契丹、突厥不同類，今已降我，尚可索邪？師都，唐編戶，盜我州部，突厥輒爲助，我將禽之，誼不可易降者。」明年，摩會復入朝，賜鼓纛，由是有常貢。帝伐高麗，悉發酋長與奚首領從軍。帝還，過營州，盡召其長窟哥及老人，差賜繒采，以窟哥爲左武衞將軍。

大酋辱紇主曲據又率衆歸，卽其部爲玄州，拜曲據刺史，隸營州都督府。未幾，窟哥舉部內屬，乃置松漠都督府，以窟哥爲使持節十州諸軍事、松漠都督，封無極男，賜氏李；以達稽部爲峭落州，紇便部爲彈汗州，獨活部爲無逢州，芬問部爲羽陵州，突便部爲日連州，芮奚部爲徒河州，墜斤部爲萬丹州，伏部爲匹黎、赤山二州，俱隸松漠府，卽以辱紇主爲之刺史。

窟哥死，與奚連叛，行軍總管阿史德樞賓等執松漠都督阿卜固獻東都。窟哥有二孫：曰枯莫離，爲左衞將軍、彈汗州刺史，封歸順郡王；曰盡忠，爲武衞大將軍、松漠都督。而敖曹有孫曰萬榮，爲歸誠州刺史。於是營州都督趙文翽驕沓，數侵侮其下，盡忠等皆怨望。萬榮本以侍子入朝，知中國險易，挾亂不疑，卽共舉兵，殺文翽，盜營州反。盡忠自號無上

可汗，以萬榮爲將，縱兵四略，所向輒下，不重浹，衆數萬，妄言十萬，攻崇州，執討擊副使許欽寂。武后怒，詔鷹揚將軍曹仁師、金吾大將軍張玄遇、右武威大將軍李多祚、司農少卿麻仁節等二十八將擊之；以梁王武三思爲榆關道安撫大使，納言姚璹爲之副。更號萬榮曰萬斬，盡忠曰盡滅。諸將戰西硤石黃麞谷，王師敗績，玄遇、仁節皆爲虜禽。進攻平州，不克。敗書聞，后乃以右武衞大將軍建安王武攸宜爲清邊道大總管，擊契丹；募天下人奴有勇者，官畀主直，悉發以擊虜。萬榮銜枚夜襲檀州，清邊道副總管張九節募死士數百薄戰，萬榮敗而走山。俄而盡忠死，突厥默啜襲破其部。萬榮收散兵復振，使別將駱務整、何阿小入冀州，殺刺史陸寶積，掠數千人。

武后聞盡忠死，更詔夏官尚書王孝傑、羽林衞將軍蘇宏暉率兵十七萬討契丹，戰東硤石，師敗，孝傑死之。萬榮席已勝，遂屠幽州。攸宜遣將討捕，不能克。乃命右金吾衞大將軍河內郡王武懿宗爲神兵道大總管，右肅政臺御史大夫婁師德爲清邊道大總管，右武威衞大將軍沙吒忠義爲清邊中道前軍總管，兵凡二十萬擊賊。萬榮銳甚，鼓而南，殘瀛州屬縣，恣肆無所憚。於是神兵道總管楊玄基率奚軍掩其尾，契丹大敗，獲何阿小，降別將李楷固、駱務整，收仗械如積。萬榮委軍走，殘隊復合，與奚搏，奚四面攻，乃大潰，萬榮左馳。張九節爲三伏伺之，萬榮窮，與家奴輕騎走潞河東，憊甚，臥林下，奴斬其首，九節傳之東都，餘衆

潰。攸宜凱而還，后喜，爲赦天下，改元爲神功。

契丹不能立，遂附突厥。久視元年，詔左玉鈐衞大將軍李楷固、右武威衞將軍駱務整討契丹，破之。此兩人皆虜善將，嘗犯邊，數窘官軍者也，及是有功。

開元二年，盡忠從父弟都督失活以默啜政衰，率部落與頡利發伊健啜來歸，玄宗賜丹書鐵券。後二年，與奚長李大酺皆來，詔復置松漠府，以失活爲都督，封松漠郡王，授左金吾衞大將軍；仍其府置靜析軍，以失活爲經略大使，所統八部皆擢其酋爲刺史。詔將軍薛泰爲押蕃落使，督軍鎭撫。帝以東平王外孫楊元嗣女爲永樂公主，妻失活。明年，失活死，贈特進，帝遣使弔祠，以其弟中郎將娑固襲封及所領。明年，娑固與公主來朝，宴賚有加。

有可突于者，爲靜析軍副使，悍勇得衆，娑固欲去之，未決。可突于反攻娑固，娑固奔營州。都督許欽澹以州甲五百，合奚君長李大酺兵共攻可突于，不勝，娑固、大酺皆死，欽澹懼，徙軍入榆關。可突于奉娑固從父弟鬱于爲君，遣使者謝罪，有詔卽拜鬱于松漠郡王，而赦可突于。鬱于來朝，授率更令，以宗室所出女慕容爲燕郡公主妻之〔一〕。可突于亦來朝，擢左羽林衞將軍。鬱于死，弟吐于嗣，與可突于有隙，不能定其下，攜公主來奔，封遼陽郡王，留宿衞。可突于奉盡忠弟邵固統衆，詔許襲王。天子封禪，邵固與諸蕃長皆從行在。

明年，拜左羽林衞大將軍，徙王廣化郡，以宗室出女陳爲東華公主，妻邵固，詔官其部酋長百餘人，邵固以子入侍。

可突于復來，不爲宰相李元紘所禮，鞅鞅去。張說曰：「彼獸心者，唯利是向。且方持國，下所附也，不假以禮，不來矣。」後三年，可突于殺邵固，立屈烈爲王，脅奚衆共降突厥，公主走平盧軍。詔幽州長史、知范陽節度事趙含章擊之，遣中書舍人裴寬、給事中薛侃大募壯士，拜忠王浚河北道行軍元帥，以御史大夫李朝隱、京兆尹裴伷先副之，帥程伯獻、張文儼、宋之悌、李東蒙、趙萬功、郭英傑等八總管兵擊契丹。既又以忠王兼河東道諸軍元帥，王不行。以禮部尚書信安郡王禕持節河北道行軍副元帥，與含章出塞捕虜，大破之。可突于走，奚衆降，王以二蕃俘級告諸廟。

明年，可突于盜邊，幽州長史薛楚玉、副總管郭英傑、吳克勤、烏知義、羅守忠率萬騎及奚擊之，戰都山下。可突于以突厥兵來，奚懼，持兩端，衆走險；知義、守忠敗，英傑、克勤死之，殺唐兵萬人。帝擢張守珪爲幽州長史經略之。守珪旣善將，可突于恐，陽請臣而稍趨西北倚突厥。其衙官李過折與可突于內不平，守珪使客王悔陰邀之，以兵圍可突于，過折卽夜斬可突于、屈烈及支黨數十人，自歸。守珪使過折統其部，函可突于等首傳東都。拜過折北平郡王，爲松漠都督。可突于殘黨擊殺過折，屠其家，一子剌乾走安東，拜左驍衞將

軍。二十五年，守珪討契丹，再破之，有詔自今戰有功必告廟。

天寶四載，契丹大酋李懷秀降，拜松漠都督，封崇順王，以宗室出女獨孤爲靜樂公主妻之。是歲，殺公主叛去，范陽節度使安祿山討破之。更封其酋楷落爲恭仁王，代松漠都督。祿山方幸，表討契丹以向帝意。發幽州、雲中、平盧、河東兵十餘萬，以奚爲鄉導，大戰潢水南，祿山敗，死者數千，自是祿山與相侵掠未嘗解，至其反乃已。

契丹在開元、天寶間，使朝獻者無慮二十。故事，以范陽節度爲押奚、契丹使，自至德後，藩鎭擅地務自安，鄣戍斥候益謹，不生事于邊，奚、契丹亦鮮入寇，歲選酋豪數十入長安朝會，每引見，賜與有秩，其下率數百皆駐館幽州。至德、寶應時再朝獻，大曆中十三，貞元間三，元和中七，大和、開成間凡四，然天子惡其外附回鶻，不復官爵渠長。會昌二年，回鶻破，契丹酋屈戍始復內附，拜雲麾將軍、守右武衞將軍。於是幽州節度使張仲武爲易回鶻所與舊印，賜唐新印，曰「奉國契丹之印」。

咸通中，其王習爾之再遣使者入朝，部落寖疆。習爾之死，族人欽德嗣。光啓時，方天下盜興，北疆多故，乃鈔奚、室韋，小小部種皆役服之，因入寇幽、薊。劉仁恭窮師踰摘星山討之，歲燎塞下草，使不得留牧，馬多死，契丹乃乞盟，獻良馬求牧地，仁恭許之。復敗約入寇，劉守光戍平州，契丹以萬騎入，守光僞與和，帳飲具于野，伏發，禽其大將。羣胡慟，願

納馬五千以贖，不許，欽德輸重賂求之，乃與盟，十年不敢近邊。欽德晚節政不競，其八部大人法常三歲代，時耶律阿保機建鼓旗爲一部，不肯代，自號爲王而有國，大賀氏遂亡。

奚亦東胡種，爲匈奴所破，保烏丸山。漢曹操斬其帥蹋頓，蓋其後也。元魏時自號庫眞奚〔二〕，居鮮卑故地，直京師東北四千里。其地東北接契丹，西突厥，南白狼河，北霫。與突厥同俗，逐水草畜牧，居氈廬，環車爲營。其君長常以五百人持兵衞牙中，餘部散山谷間，無賦入，以射獵爲貲。稼多穄，已穫，窖山下。斷木爲臼，瓦鼎爲飦，雜寒水而食。喜戰鬭，兵有五部，部一俟斤主之。其國西抵大洛泊，距回紇牙三千里，多依土護眞水。其馬善登，其羊黑。盛夏必徙保冷陘山，山直嬀州西北。至隋始去「庫眞」，但曰奚。

武德中，高開道借其兵再寇幽州，長史王詵擊破之。太宗貞觀三年始來朝，閱十七歲，凡四朝貢。帝伐高麗，大酋蘇支從戰有功。不數年，其長可度者內附，帝爲置饒樂都督府，拜可度者使持節六州諸軍事、饒樂都督，封樓煩縣公，賜李氏。以阿會部爲弱水州，處和部爲祁黎州，奧失部爲洛瓌州，度稽部爲太魯州，元俟折部爲渴野州，各以酋領辱紇主爲刺

史，隸饒樂府。復置東夷都護府於營州，兼統松漠、饒樂地，置東夷校尉。

顯慶間可度者死，奚遂叛。五年，以定襄都督阿史德樞賓、左武候將軍延陀梯眞、居延州都督李含珠爲冷陘道行軍總管。明年，詔尚書右丞崔餘慶持節總護定襄等三都督討之，奚懼乞降，斬其王匹帝。萬歲通天中，契丹反，奚亦叛，與突厥相表裏，號「兩蕃」。延和元年，以左羽林衞大將軍幽州都督孫佺、左驍衞將軍李楷洛、左威衞將軍周以悌帥兵十二萬，爲三軍，襲擊其部；次冷陘，前軍楷洛與奚酋李大酺戰不利。佺懼，斂軍，詐大酺曰：「我奉詔來慰撫若等，而楷洛違節度輒戰，非天子意，方戮以徇。」大酺曰：「誠慰撫我，有所賜乎？」佺出軍中繒帛、袍帶與之，大酺謝，請佺還師，舉軍得脫，爭先無部伍，大酺兵躡之，遂大敗，殺傷數萬，佺、以悌皆爲虜禽，送默啜害之。朝廷方多故，不暇討。

玄宗開元二年，使奧蘇悔落丐降，封饒樂郡王，左金吾衞大將軍、饒樂都督。詔宗室出女辛爲固安公主，妻大酺。明年，身入朝成昏。始復營州都督府，遣右領軍將軍李濟持節護送。大酺後與契丹可突于鬭，死。弟魯蘇領其部，襲王。詔兼保塞軍經略大使。牙官塞默羯謀叛，公主置酒誘殺之，帝嘉其功，賜主累萬。會與其母相告訐得罪，更以盛安公主女韋爲東光公主妻之〔三〕。後三年，封魯蘇奉誠郡王，右羽林衞將軍，擢其首領無慮二百人，皆位郎將。

久之，契丹可突于反，脅奚衆幷附突厥，魯蘇不能制，奔榆關，公主奔平盧。幽州長史趙含章發淸夷軍討破之，衆稍自歸。明年，信安王禕降其酋李詩鎖高等部落五千帳，以其地爲歸義州，因以王詩，拜左羽林軍大將軍、本州都督，賜帛十萬，置其部幽州之偏。

李詩死，子延寵嗣，與契丹又叛，爲幽州張守珪所困。延寵降，復拜饒樂都督、懷信王，以宗室出女楊爲宜芳公主妻之。延寵殺公主復叛，詔立它酋婆固爲昭信王、饒樂都督，以定其部。安祿山節度范陽，詭邊功，數與鏖鬭，盛飾俘以獻，誅其君李日越，料所俘驍壯戍雲南。終帝世，凡八朝獻，至德、大曆間十二。

貞元四年，與室韋攻振武。後七年，幽州殘其衆六萬。德宗時，兩朝獻。元和元年，君梅落身入朝，拜檢校司空、歸誠郡王。以部酋索氏爲左威衞將軍、檀薊州游弈兵馬使，沒辱孤平州游弈兵馬使，皆賜李氏。然陰結回鶻、室韋兵犯西城、振武。大抵憲宗世四朝獻。

大和四年，復盜邊，盧龍李載義破之，執大將二百餘人，縛其帥茹羯來獻，文宗賜冠帶，授右驍衞將軍。後五年，大首領匿舍朗來朝。大中元年，北部諸山奚悉叛，盧龍張仲武禽酋渠，燒帳落二十萬，取其刺史以下面耳三百，羊牛七萬，輜貯五百乘，獻京師。咸通九年，其王突董蘇使大都督薩葛入朝。

是後契丹方彊，奚不敢亢，而舉部役屬。虜政苛，奚怨之，其酋去諸引別部內附，保嬀

州北山，遂爲東、西奚。

室韋，契丹別種，東胡之北邊，蓋丁零苗裔也。地據黃龍北，傍猺越河，直京師東北七千里，東黑水靺鞨，西突厥，南契丹，北瀕海。其國無君長，惟大酋，皆號「莫賀咄」，攝筦其部而附于突厥。小或千戶，大數千戶，濱散川谷，逐水草而處，不稅斂。每弋獵即相嘯聚，事畢去，不相臣制，故雖猛悍喜戰，而卒不能爲彊國。剡木爲犂，人挽以耕，田穫甚褊。其氣候多寒，夏霧雨，冬霜霰。其俗，富人以五色珠垂領，婚嫁則男先傭女家三歲，而後分以產，與婦共載，鼓舞而還。夫死，不再嫁。每部共構大棚，死者置尸其上，喪期三年。土少金鐵，率資於高麗。器有角弓、楛矢，人尤善射。每溽夏，西保貣勃、次對二山。山多草木鳥獸，然苦飛蚊，則巢居以避。酋帥死，以子弟繼，無則推豪桀立之。率乘牛車，蘧蒢爲室，度水則束薪爲桴，或以皮爲舟。馬皆草韉、繩羈靮。所居或皮蒙室，或屈木以蘧蒢覆，徙則載而行。其畜無羊少馬，有牛不用，有巨豕食之，韋其皮爲服若席。其語言，靺鞨也。分部凡二十餘：曰嶺西部、山北部、黃頭部，彊部也；大如者部、小如者部、婆萵部、訥北部、駱丹部：悉處柳城東北，近者三千，遠六千里而赢。最西有烏素固部，與回紇接，當

俱倫泊之西南。自泊而東有移塞沒部；稍東有塞曷支部，最彊部也，居啜河之陰，亦曰燕支河；益東有和解部、烏羅護部、那禮部、嶺西部，直北曰訥比支部。北有大山，山外曰大室韋，瀕於室建河〔四〕。河出俱倫，迆而東，河南有蒙瓦部，其北落坦部；水東合那河、忽汗河，又東貫黑水靺鞨，故靺鞨跨水有南北部，而東注於海。猺越河東南亦與那河合，其北有東室韋，蓋烏丸東南鄙餘人也。

貞觀五年，始來貢豐貂，後再入朝。長壽二年叛，將軍李多祚擊定之。景龍初，復朝獻，請助討突厥。開元、天寶間，凡十朝獻，大曆中十一。貞元四年，與奚共寇振武，節度使唐朝臣方郊勞天子使者，驚而走軍，室韋執詔使，大殺掠而去。明年，使者來謝。大和中三朝獻，大中中一來，咸通時，大酋怛烈與奚皆遣使至京師，然非顯夷後，史官失傳。

黑水靺鞨居肅慎地，亦曰挹婁，元魏時曰勿吉。直京師東北六千里，東瀕海，西屬突厥，南高麗，北室韋。離爲數十部，酋各自治。其著者曰粟末部，居最南，抵太白山，亦曰徒太山，與高麗接，依粟末水以居，水源於山西，北注它漏河；稍東北曰汨咄部；又次曰安居骨部；益東曰拂涅部；居骨之西北曰黑水部；粟末之東曰白山部。部間遠者三四百里，近

二百里。

白山本臣高麗，王師取平壤，其衆多入唐，汨咄、安居骨等皆奔散，寖微無聞焉，遺人迸入渤海。唯黑水完彊，分十六落，以南北稱，蓋其居最北方者也。人勁健，善步戰，常能患它部。俗編髮，綴野豕牙，插雉尾爲冠飾，自別於諸部。性忍悍，善射獵，無憂戚，貴壯賤老。居無室廬，負山水坎地，梁木其上，覆以土，如丘冢然。夏出隨水草，冬入處。以溺盥面，於夷狄最濁穢。死者埋之，無棺槨，殺所乘馬以祭。其酋曰大莫拂瞞咄，世相承爲長。無書契。其矢石鏃，長二寸，蓋楛砮遺法。畜多豕，無牛羊。有車馬，田耦以耕，車則步推。有粟麥。土多貂鼠、白兔、白鷹。有鹽泉，氣蒸薄，鹽凝樹顚。

武德五年，渠長阿固郎始來。太宗貞觀二年，乃臣附，所獻有常，以其地爲燕州。帝伐高麗，其北部反，與高麗合。高惠眞等率衆援安市，每戰，靺鞨常居前。帝破安市，執惠眞，收靺鞨兵三千餘，悉坑之。

開元十年，其酋倪屬利稽來朝，玄宗卽拜勃利州刺史。於是安東都護薛泰請置黑水府，以部長爲都督、刺史，朝廷爲置長史監之，賜府都督姓李氏，名曰獻誠，以雲麾將軍領黑水經略使，隸幽州都督。訖帝世，朝獻者十五。大曆世凡七，貞元一來，元和中再。

初，黑水西北又有思慕部，益北行十日得郡利部，東北行十日得窟說部，亦號屈設，稍

東南行十日得莫曳皆部，又有拂涅、虞婁、越喜、鐵利等部。其地南距渤海，北、東際於海，西抵室韋，南北袤二千里，東西千里。拂涅、鐵利、虞婁、越喜時時通中國，而郡利、屈設、莫曳皆不能自通。今存其朝京師者附左方。

拂涅，亦稱大拂涅，開元、天寶間八來，獻鯨睛、貂鼠、白兔皮；鐵利，開元中六來；越喜，七來，貞元中一來；虞婁，貞觀間再來，貞元一來。後渤海盛，靺鞨皆役屬之，不復與王會矣。

渤海，本粟末靺鞨附高麗者，姓大氏。高麗滅，率衆保挹婁之東牟山，地直營州東二千里，南比新羅，以泥河爲境，東窮海，西契丹。築城郭以居，高麗逋殘稍歸之。

萬歲通天中，契丹盡忠殺營州都督趙翽反，有舍利乞乞仲象者，與靺鞨酋乞四比羽及高麗餘種東走，度遼水，保太白山之東北，阻奧婁河，樹壁自固。武后封乞四比羽爲許國公，乞乞仲象爲震國公，赦其罪。比羽不受命，后詔玉鈐衞大將軍李楷固、中郎將索仇擊斬之。是時仲象已死，其子祚榮引殘痍遁去，楷固窮躡，度天門嶺，祚榮因高麗、靺鞨兵拒楷固，楷固敗還。於是契丹附突厥，王師道絕，不克討。祚榮即并比羽之衆，恃荒遠，乃建國，自號

震國王，遣使交突厥，地方五千里，戶十餘萬，勝兵數萬，頗知書契，盡得扶餘、沃沮、弁韓、朝鮮海北諸國。中宗時，使侍御史張行岌招慰，祚榮遣子入侍。睿宗先天中〔五〕，遣使拜祚榮爲左驍衞大將軍、渤海郡王，以所統爲忽汗州，領忽汗州都督，自是始去靺鞨號，專稱渤海。

玄宗開元七年，祚榮死，其國私謚爲高王。子武藝立，斥大土宇，東北諸夷畏臣之，私改年曰仁安。帝賜典册襲王并所領。未幾，黑水靺鞨使者入朝，帝以其地建黑水州，置長史臨總。武藝召其下謀曰：「黑水始假道於我與唐通，異時請吐屯於突厥，皆先告我，今請唐官不吾告，是必與唐腹背攻我也。」乃遣弟門藝及舅任雅相發兵擊黑水。門藝嘗質京師，知利害，謂武藝曰：「黑水請吏而我擊之，是背唐也。唐，大國，兵萬倍我，與之產怨，我且亡。昔高麗盛時，士三十萬，抗唐爲敵，可謂雄彊，唐兵一臨，掃地盡矣。今我衆比高麗三之一，王將違之，不可。」武藝不從。兵至境，又以書固諫。武藝怒，遣從兄壹夏代將，召門藝，將殺之。門藝懼，儳路自歸，詔拜左驍衞將軍。武藝使使暴門藝罪惡，請誅之。有詔處之安西，好報曰：「門藝窮來歸我，誼不可殺，已投之惡地。」并留使者不遣，別詔鴻臚少卿李道邃、源復諭旨。武藝知之，上書斥言「陛下不當以妄示天下」，意必殺門藝。帝怒道邃、復漏言國事，皆左除，而陽斥門藝以報。

後十年，武藝遣大將張文休率海賊攻登州，帝馳遣門藝發幽州兵擊之，使太僕卿金思蘭使新羅，督兵攻其南。會大寒，雪袤丈，士凍死過半，無功而還。武藝望其弟不已，募客入東都狙刺於道，門藝格之，得不死。河南捕刺客，悉殺之。

武藝死，其國私謚武王。子欽茂立，改年大興，有詔嗣王及所領，欽茂因是赦境內。天寶末，欽茂徙上京，直舊國三百里忽汗河之東。訖帝世，朝獻者二十九。寶應元年，詔以渤海爲國，欽茂王之，進檢校太尉。大曆中，二十五來，以日本舞女十一獻諸朝。貞元時，東南徙東京。欽茂死，私謚文王。子宏臨早死，族弟元義立一歲，猜虐，國人殺之，推宏臨子華璵爲王，復還上京，改年中興。死，謚曰成王。

欽茂少子嵩鄰立，改年正曆，有詔授右驍衛大將軍，嗣王。建中、貞元間凡四來。死，謚康王。子元瑜立，改年永德。死，謚定王。弟言義立，改年朱雀，並襲王如故事。死，謚僖王。弟明忠立，改年太始，立一歲死，謚簡王。從父仁秀立，改年建興，其四世祖野勃，祚榮弟也。仁秀頗能討伐海北諸部，開大境宇，有功，詔檢校司空、襲王。元和中，凡十六朝獻，長慶四，寶曆凡再。大和四年，仁秀死，謚宣王。子新德蚤死，孫彝震立，改年咸和。明年，詔襲爵。終文宗世來朝十二，會昌凡四。彝震死，弟虔晃立。死，玄錫立。咸通時，三朝獻。

初，其王數遣諸生詣京師太學，習識古今制度，至是遂爲海東盛國，地有五京、十五府、六十二州。以肅愼故地爲上京，曰龍泉府，領龍、湖、渤三州。其南爲中京，曰顯德府，領盧、顯、鐵、湯、榮、興六州。濊貊故地爲東京，曰龍原府，亦曰柵城府，領慶、鹽、穆、賀四州。沃沮故地爲南京，曰南海府，領沃、睛、椒三州。高麗故地爲西京，曰鴨淥府，領神、桓、豐、正四州；曰長嶺府，領瑕、河二州。扶餘故地爲扶餘府，常屯勁兵扞契丹，領扶、仙二州；鄚頡府領鄚、高二州。挹婁故地爲定理府，領定、潘二州；安邊府領安、瓊二州。率賓故地爲率賓府，領華、益、建三州。拂涅故地爲東平府，領伊、蒙、沱、黑、比五州。鐵利故地爲鐵利府，領廣、汾、蒲、海、義、歸六州。越喜故地爲懷遠府，領達、越、懷、紀、富、美、福、邪、芝九州；安遠府領寧、郿、慕、常四州。又郢、銅、涑三州爲獨奏州。涑州以其近涑沫江，蓋所謂粟末水也。龍原東南瀕海，日本道也。南海，新羅道也。鴨淥，朝貢道也。長嶺，營州道也。扶餘，契丹道也。

俗謂王曰「可毒夫」，曰「聖王」，曰「基下」。其命爲「教」。王之父曰「老王」，母「太妃」，妻「貴妃」，長子曰「副王」，諸子曰「王子」。官有宣詔省，左相、左平章事、侍中、左常侍、諫議居之。中臺省，右相、右平章事、內史、詔誥舍人居之。政堂省，大內相一人，居左右相上；左、右司政各一，居左右平章事之下，以比僕射，左、右允比二丞。左六司，忠、仁、義部各一

卿，居司政下，支司爵、倉、膳部，部有郎中、員外；右六司，智、禮、信部，支司戎、計、水部，卿、郎準左：以比六官。中正臺，大中正一，比御史大夫，居司政下；少正一。又有殿中寺、宗屬寺，有大令。文籍院有監。令、監皆有少。太常、司賓、大農寺，寺有卿。司藏、司膳寺，寺有令、丞。胄子監有監長。巷伯局有常侍等官。其武員有左右猛賁、熊衛、羆衛，南左右衛，北左右衛，各大將軍一、將軍一。大抵憲象中國制度如此。以品爲秩，三秩以上服紫，牙笏、金魚。五秩以上服緋，牙笏、銀魚。六秩、七秩淺緋衣，八秩綠衣，皆木笏。

俗所貴者，曰太白山之菟，南海之昆布，柵城之豉，扶餘之鹿，鄚頡之豕，率賓之馬，顯州之布，沃州之緜，龍州之紬，位城之鐵，盧城之稻，湄沱湖之鯽。果有九都之李，樂游之梨〔六〕。餘俗與高麗、契丹略等。幽州節度府與相聘問，自營、平距京師蓋八千里而遠。後朝貢至否，史家失傳，故叛附無考焉。

贊曰：唐之德大矣！際天所覆，悉臣而屬之，薄海內外，無不州縣，遂尊天子曰「天可汗」。三王以來，未有以過之。至荒區君長，待唐璽纛乃能國，一爲不賓，隨輒夷縛，故蠻琛夷寶，踵相逮于廷。極熾而衰，厥禍內移，天寶之後，區夏痍破，王官之戍，北不踰河，西止秦、邠，淩夷百年，逮於亡，顧不痛哉！故曰：治己治人，惟聖人能之。

校勘記

〔一〕鬱于來朝授率更令以宗室所出女慕容爲燕郡公主妻之　舊書卷一九九下契丹傳云：「鬱于入朝請婚，上又封從妹夫率更令慕容嘉賓女爲燕郡公主以妻之。」冊府卷九七九略同。此刪「嘉賓」名而以「率更令」移上，誤。

〔二〕庫眞奚　「眞」，魏書卷一〇〇及周書卷四九庫莫奚傳、隋書卷八四奚傳、通典卷二〇〇均作「莫」。

〔三〕更以盛安公主女韋爲東光公主妻之　「盛安公主女韋」，舊書卷一九九下奚傳及冊府卷九七九作「成安公主之女韋氏」。按成安公主爲中宗女，嫁韋捷，見本書卷八三諸公主傳及唐會要卷六。

〔四〕室建河　「室」，舊書卷一九九下室韋傳作「望」，唐會要卷九六「室」「望」並見。此當從舊書。

〔五〕睿宗先天中　冊府卷九六四作「玄宗先天二年」，通鑑卷二一〇合。此誤。

〔六〕果有九都之李樂游之梨　滿洲源流考卷一九引本書同，注云：「『九都』當是『丸都』，『樂游』當是『樂浪』之訛。」

唐書卷二百二十

列傳第一百四十五

東夷

高麗　百濟　新羅　日本　流鬼

高麗，本扶餘別種也。地東跨海距新羅，南亦跨海距百濟，西北度遼水與營州接，北靺鞨。其君居平壤城，亦謂長安城，漢樂浪郡也，去京師五千里而羸，隨山屈繚爲郛，南涯浿水，王築宮其左。又有國內城、漢城，號別都。水有大遼、少遼：大遼出靺鞨西南山，南歷安市城；少遼出遼山西，亦南流，有梁水出塞外，西行與之合。有馬訾水出靺鞨之白山，色若鴨頭，號鴨淥水，歷國內城西，與鹽難水合，又西南至安市，入于海。而平壤在鴨淥東南，以巨艫濟人，因恃以爲塹。

官凡十二級：曰大對盧，或曰吐捽；曰鬱折，主圖簿者；曰太大使者；曰帛衣頭大兄，所謂帛衣者，先人也，秉國政，三歲一易，善職則否，凡代日，有不服則相攻，王爲閉宮守，勝者聽爲之；曰大使者；曰大兄；曰上位使者；曰諸兄；曰小使者；曰過節；曰先人；曰古鄒大加。其州縣六十。大城置傉薩一，比都督；餘城置處閭近支，亦號道使，比刺史。有參佐，分幹。有大模達，比衞將軍；末客，比中郎將。分五部：曰內部，卽漢桂婁部也，亦號黃部；曰北部，卽絕奴部也，或號後部；曰東部，卽順奴部也，或號左部；曰南部，卽灌奴部也，亦號前部；曰西部，卽消奴部也。

王服五采，以白羅製冠，革帶皆金釦。大臣青羅冠，次絳羅，珥兩鳥羽，金銀雜釦，衫筩袖，袴大口，白韋帶，黃革履。庶人衣褐，戴弁。女子首巾幗。俗喜弈、投壺、蹴鞠。食用籩、豆、簠、簋、罍、洗。居依山谷，以草茨屋，惟王宮、官府、佛廬以瓦。窶民盛冬作長坑，熅火以取煖。其治，峭法以繩下，故少犯。叛者叢炬灼體，乃斬之，籍入其家。降、敗、殺人及剽劫者斬，盜者十倍取償，殺牛馬者沒爲奴婢，故道不掇遺。婚娶不用幣，有受者恥之。服父母喪三年，兄弟踰月除。俗多淫祠，祀靈星及日、箕子、可汗等神。國左有大穴曰神隧，每十月，王皆自祭。人喜學，至窮里廝家，亦相矜勉，衢側悉構嚴屋，號局堂，子弟未婚者曹處，誦經習射。

隋末，其王高元死，異母弟建武嗣。武德初，再遣使入朝。高祖下書脩好，約高麗人在中國者護送，中國人在高麗者敕遣還。於是建武悉搜亡命歸有司，且萬人。後三年，遣使者拜爲上柱國、遼東郡王、高麗王。命道士以像法往，爲講老子，建武大悅，率國人共聽之，日數千人。帝謂左右曰：「名實須相副。高麗雖臣於隋，而終拒煬帝，何臣之爲？朕務安人，何必受其臣？」裴矩、温彥博諫曰：「遼東本箕子國，魏晉時故封內，不可不臣。中國與夷狄，猶太陽於列星，不可以降。」乃止。明年，新羅、百濟上書，言建武閉道，使不得朝，且數侵入。有詔散騎侍郎朱子奢持節諭和，建武謝罪，乃請與二國平。太宗已禽突厥頡利，建武遣使者賀，幷上封域圖。帝詔廣州司馬長孫師臨瘞隋士戰胔，毀高麗所立京觀。建武懼，乃築長城千里，東北首扶餘，西南屬之海。久之，遣太子桓權入朝獻方物，帝厚賜賚，詔使者陳大德持節答勞，且觀釁。大德入其國，厚餉官守，悉得其纖曲。見華人流客者，爲道親戚存亡，人人垂涕，故所至士女夾道觀。建武盛陳兵見使者。大德還奏，帝悅。大德又言：「聞高昌滅，其大對盧三至館，有加禮焉。」帝曰：「高麗地止四郡，我發卒數萬攻遼東，諸城必救，我以舟師自東萊帆海趨平壤，固易。然天下甫平，不欲勞人耳。」

有蓋蘇文者，或號蓋金，姓泉氏，自云生水中以惑衆。性忍暴。父爲東部大人、大對盧，死，蓋蘇文當嗣，國人惡之，不得立，頓首謝衆，請攝職，有不可，雖廢無悔，衆哀之，遂嗣位。

殘凶不道，諸大臣與建武議誅之，蓋蘇文覺，悉召諸部，紿云大閱兵，列饌具請大臣臨視，賓至盡殺之，凡百餘人，馳入宮殺建武，殘其尸投諸溝。更立建武弟之子藏爲王，自爲莫離支，專國，猶唐兵部尚書、中書令職云。貌魁秀，美須髯，冠服皆飾以金，佩五刀，左右莫敢仰視。使貴人伏諸地，踐以升馬。出入陳兵，長呼禁切，行人畏竄，至投坑谷。

帝聞建武爲下所殺，惻然遣使者持節弔祭，或勸帝可遂討之，帝不欲因喪伐罪，乃拜藏爲遼東郡王、高麗王。帝曰：「蓋蘇文殺君攘國，朕取之易耳，不願勞人，若何？」司空房玄齡曰：「陛下士勇而力有餘，戢不用，所謂『止戈爲武』者。」司徒長孫无忌曰：「高麗無一介告難，宜賜書安尉之，隱其患，撫其存，彼當聽命。」帝曰：「善。」

會新羅遣使者上書言：「高麗、百濟聯和，將見討。謹歸命天子。」帝問：「若何而免？」使者曰：「計窮矣，惟陛下哀憐！」帝曰：「我以偏兵率契丹、靺鞨入遼東，而國可紓一歲，一策也。我以絳袍丹幟數千賜而國，至，建以陣，二國見，謂我師至，必走，二策也。百濟恃海，不脩戎械，我以舟師數萬襲之；而國女君，故爲鄰侮，我以宗室主而國，待安則自守之，三策也。使者計孰取？」使者不能對。於是遣司農丞相里玄奬以璽書讓高麗，且使止勿攻。使未至，而蓋蘇文已取新羅二城，玄奬諭帝旨，答曰：「往隋見侵，新羅乘釁奪我地五百里，今非盡反地，兵不止。」玄奬曰：「往事烏足論邪？遼東故中國郡縣，天子且不取，高麗焉

得違詔？」不從。玄奘還奏，帝曰：「莫離支殺君，虐用其下如擭穽，怨痛溢道，我出師無名哉？」諫議大夫褚遂良曰：「陛下之兵度遼而克固善，萬分一不得逞，且再用師，再用師，安危不可億。」兵部尚書李勣曰：「不然。曩薛延陀盜邊，陛下欲追擊，魏徵苦諫而止。向若擊之，一馬不生返。後復畔擾，至今爲恨。」帝曰：「誠然。但一慮之失而尤之，後誰爲我計者？」新羅數請援，乃下吳船四百柁輸糧，詔營州都督張儉等發幽、營兵及契丹、奚、靺鞨等出討。會遼溢，師還。莫離支懼，遣使者內金，帝不納。使者又言：「莫離支遣官五十入宿衞。」帝怒責使者曰：「而等委質高武，而不伏節死義，又爲逆子謀，不可赦。」悉下之獄。

於是帝欲自將討之，召長安耆老勞曰：「遼東故中國地，而莫離支賊殺其主，朕將自行經略之，故與父老約：子若孫從我行者，我能拊循之，毋庸䘏也。」即厚賜布粟。羣臣皆勸帝毋行，帝曰：「吾知之矣，去本而就末，捨高以取下，釋近而之遠，三者爲不祥，伐高麗是也。然蓋蘇文弒君，又戮大臣以逞，一國之人延頸待救，議者顧未亮耳。」於是北輸粟營州，東儲粟古大人城。帝幸洛陽，乃以張亮爲平壤道行軍大總管，常何、左難當副之，冉仁德、劉英行、張文幹、龐孝泰、程名振爲總管，帥江、吳、京、洛募兵凡四萬，吳艘五百，泛海趨平壤。以李勣爲遼東道行軍大總管，江夏王道宗副之，張士貴、張儉、執失思力、契苾何力、阿史那彌射、姜德本、麴智盛、吳黑闥爲行軍總管隸之，帥騎士六萬趨遼東。詔曰：「朕所過，營頓

毋飭，食毋豐怪，水可涉者勿作橋梁，行在非近州縣不得令學生、耆老迎謁。朕昔提戈撥亂，無盈月儲，猶所嚮風靡。今幸家給人足，祗恐勞於轉餉，故驅牛羊以飼軍。且朕必勝有五：以我大擊彼小，以我順討彼逆，以我安乘彼亂，以我逸敵彼勞，以我悅當彼怨，渠憂不克邪！」又發契丹、奚、新羅、百濟諸君長兵悉會。

十九年二月，帝自洛陽次定州，謂左右曰：「今天下大定，唯遼東未賓，後嗣因士馬盛彊，謀臣導以征討，喪亂方始，朕故自取之，不遺後世憂也。」帝坐城門，過兵，人人撫慰，疾病者親視之，敕州縣治療，士大悅。長孫无忌白奏：「天下符魚悉從，而宮官止十人，天下以爲輕神器。」帝曰：「士度遼十萬，皆去家室。朕以十人從，尚恧其多，公止勿言！」帝身屬櫜房，結兩箙於鞍。四月，勣濟遼水，高麗皆嬰城守。帝大饗士，帳幽州之南，詔長孫无忌誓師，乃引而東。

勣攻蓋牟城，拔之，得戶二萬，糧十萬石，以其地爲蓋州。程名振攻沙卑城，夜入其西，城潰，虜其口八千，游兵鴨淥上。勣遂圍遼東城。帝次遼澤，詔瘞隋戰士露骼。高麗發新城、國內城騎四萬救遼東。道宗率張君乂逆戰，君乂却。道宗以騎馳之，虜兵辟易，奪其梁，收散卒，乘高以望，見高麗陣囂，急擊破之，斬首千餘級，誅君乂以徇。帝度遼水，徹杠彴，堅士心。營馬首山，身到城下，見士填塹，分負之，重者馬上持之，羣臣震懼，爭挾塊以

進。城有朱蒙祠，祠有鎖甲、銛矛，妄言前燕世天所降。方圍急，飾美女以婦神，誣言朱蒙悅，城必完。勣列抛車，飛大石過三百步，所當輒潰，虜積木爲樓，結絙罔，不能拒。以衝車撞陴屋，碎之。時百濟上金髹鎧，又以玄金爲山五文鎧，士被以從。帝與勣會，甲光炫日。會南風急，士縱火焚西南，熛延城中，屋幾盡，人死于燎者萬餘。衆登陴，虜蒙盾以拒，士舉長矛舂之，礧石如雨，城遂潰，獲勝兵萬，戶四萬，糧五十萬石。以其地爲遼州。初，帝自太子所屬行在，舍置一烽，約下遼東舉烽，是日傳燎入塞。

進攻白崖城，城負山厓水，險甚。帝壁西北，虜酋孫伐音陰丐降，然城中不能一，帝賜幟曰：「若降，建于堞以信。」俄而舉幟，城人皆以唐兵登矣，乃降。初，伐音中悔，帝怒，約以虜口畀諸將。及是，李勣曰：「士奮而先，貪虜獲也。今城危拔，不可許降以孤士心。」帝曰：「將軍言是也。然縱兵殺戮，略人妻孥，朕不忍。將軍麾下有功者，朕能以庫物賞之，庶因將軍贖一城乎。」獲男女凡萬、兵二千。以其地爲巖州，拜伐音爲刺史。莫離支以加尸人七百戍蓋牟，勣俘之。請自効，帝曰：「而家加尸，乃爲我戰，將盡戮矣。夷一姓求一人力，不可。」稟而縱之。

次安市。於是高麗北部傉薩高延壽、南部傉薩高惠眞引兵及靺鞨衆十五萬來援。帝曰：「彼若勒兵連安市而壁，據高山，取城中粟食之，縱靺鞨略吾牛馬，攻之不可下，此上策

也。拔城夜去，中策也。與吾爭鋒，則禽矣。」有大對盧爲延壽計曰：「吾聞中國亂，豪雄並奮，秦王神武，敵無堅，戰無前，遂定天下，南面而帝，北狄、西戎罔不臣。今埽地而來，謀臣重將皆在，其鋒不可校。今莫若頓兵曠日，陰遣奇兵絕其饟道，不旬月糧盡，欲戰不得，歸則無路，乃可取也。」延壽不從，引軍距安市四十里而屯。帝曰：「虜墮吾策中矣。」命左衞大將軍阿史那社尔以突厥千騎嘗之，虜常以靺鞨銳兵居前，社尔兵接而北。延壽曰：「唐易與耳。」進一舍，倚麓而陣。帝詔延壽曰：「我以爾有彊臣賊殺其主，來問罪，即交戰，非我意。」延壽謂然，按甲俟。帝夜召諸將，使李勣率步騎萬五千陣西嶺當賊，長孫无忌、牛進達精兵萬人出虜背狹谷，帝以騎四千偃幟趨虜北山上，令諸軍曰：「聞鼓聲而縱。」張幄朝堂，曰：「明日日中，納降虜於此。」是夜，流星墮延壽營。旦日，虜視勣軍少，即戰。帝望无忌軍塵上，命鼓角作，兵幟四合，虜惶惑，將分兵禦之，衆已囂。勣以步槊擊敗之，无忌乘其後，帝自山馳下，虜大亂，斬首二萬級。延壽收餘衆負山自固，无忌、勣合圍之，徹川梁，斷歸路。帝按轡觀虜營壘曰：「高麗傾國來，一麾而破，天贊我也。」下馬再拜，謝況于天。延壽等度勢窮，即舉衆降，入轅門，膝而前，拜手請命。帝曰：「後敢與天子戰乎？」惶汗不得對。帝料酋長三千五百人，悉官之，許內徙，餘衆三萬縱還之，誅靺鞨三千餘人，獲馬牛十萬，明光鎧萬領。高麗震駭，后黃、銀二城自拔去，數百里無舍煙。乃驛報太子，并賜諸臣書曰：「朕

自將若此，云何？」因號所幸山爲駐蹕山，圖破陣狀，勒石紀功。拜延壽鴻臚卿，惠眞司農卿。候騎獲覘人，帝解其縛，自言不食且三日，命飼之，賜以屩，遣曰：「歸語莫離支，若須軍中進退，可遣人至吾所。」帝每營不作塹壘，謹斥候而已，而士運糧，雖單騎，虜不敢鈔。

帝與勣議所攻，帝曰：「吾聞安市地險而衆悍，莫離支擊不能下，因與之。建安恃險絕，粟多而士少，若出其不意攻之，不相救矣。建安得，則安市在吾腹中。」勣曰：「不然。積糧遼東，而西擊建安，賊將梗我歸路，不如先攻安市。」帝曰：「善。」遂攻之，未能下。延壽、惠眞謀曰：「烏骨城傉薩已耄，朝攻而夕可下。烏骨拔，則平壤舉矣。」羣臣亦以張亮軍在沙城，召之一昔至，若取烏骨，度鴨淥，迫其腹心，計之善者。无忌曰：「天子行師不徼幸。安市衆十萬在吾後，不如先破之，乃驅而南，萬全勢也。」乃止。城中見帝旌麾，輒乘陴譟，帝怒，勣請破日男子盡誅。虜聞，故死戰。江夏王道宗築距闉攻東南，虜增陴以守。勣攻其西，撞車所壞，隨輒串柵爲樓。帝聞城中鷄彘聲，曰：「圍久，突無黔煙。今鷄彘鳴，必殺以饗士，虜且夜出。」詔嚴兵。丙夜，虜數百人縋而下，悉禽之。道宗以樹枚裹土積之，距闉成，迫城不數丈，果毅都尉傅伏愛守之，自高而排其城，城且頹，伏愛私去所部，虜兵得自頹城出，據而塹斷之，積火縈盾固守。帝怒，斬伏愛，敕諸將擊之，三日不克。

有詔班師，拔遼、蓋二州之人以歸。兵過城下，城中屏息偃旗，酋長登城再拜，帝嘉其

守，賜絹百匹。遼州粟尚十萬斛，士取不能盡。帝至渤錯水，阻淖，八十里車騎不通。長孫无忌、楊師道等率萬人斬樵築道，聯車爲梁，帝負薪馬上助役。十月，兵畢度，雪甚，詔屬燎以待濟。始行，士十萬，馬萬匹；逮還，物故裁千餘，馬死十八。船師七萬，物故亦數百。詔集戰骸葬柳城，祭以太牢，帝臨哭，從臣皆流涕。帝總飛騎入臨渝關，皇太子迎道左。初，帝與太子別，御褐袍，曰：「俟見爾乃更。」袍歷二時弗易，至穿穴。羣臣請更服，帝曰：「士皆敝衣，吾可新服邪？」及是，太子進絜衣，乃御。遼降口萬四千，當沒爲奴婢，前集幽州，將分賞士。帝以父子夫婦離析，詔有司以布帛贖之，原爲民，列拜讙舞，三日不息。延壽既降，以憂死，獨惠眞至長安。

明年春，藏遣使者上方物，且謝罪；獻二姝口，帝敕還之，謂使者曰：「色者人所重，然愍其去親戚以傷乃心，我不取也。」初，師還，帝以弓服賜蓋蘇文，受之，不遣使者謝，於是下詔削棄朝貢。

又明年三月，詔左武衞大將軍牛進達爲青丘道行軍大總管，右武衞將軍李海岸副之，自萊州度海；李勣爲遼東道行軍大總管，右武衞將軍孫貳朗、右屯衞大將軍鄭仁泰副之，率營州都督兵，繇新城道以進。次南蘇、木底，虜兵戰不勝，焚其郛。七月，進達等取石城，進攻積利城，斬級數千，乃皆還。藏遣子莫離支高任武來朝，因謝罪。

二十二年，詔右武衞大將軍薛萬徹爲青丘道行軍大總管，右衞將軍裴行方副之，自海道入。部將古神感與虜戰曷山，虜潰；虜乘暝襲我舟，伏兵破之。萬徹度鴨淥，次泊灼城，拒四十里而舍。虜懼，皆棄邑居去。大酋所夫孫拒戰，萬徹擊斬之，遂圍城，破其援兵三萬，乃還。帝與長孫无忌計曰：「高麗困吾師之入，戶亡耗，田歲不收，蓋蘇文築城增陴，下飢臥死溝壑，不勝敝矣。明年以三十萬衆，公爲大總管，一舉可滅也。」乃詔劍南大治船，蜀人願輸財江南，計直作舟，舟取縑千二百，巴、蜀大騷，邛、眉、雅三州獠皆反，發隴西、峽內兵二萬擊定之。始，帝決取虜，故詔陝州刺史孫伏伽、萊州刺史李道裕儲糧械於三山浦、烏胡島，越州都督治大艎偶舫以待。會帝崩，乃皆罷。藏遣使者奉慰。

永徽五年，藏以靺鞨兵攻契丹，戰新城，大風，矢皆還激，爲契丹所乘，大敗。契丹火野復戰，人死相藉，積尸而冢之。遣使者告捷，高宗爲露布于朝。六年，新羅訴高麗、靺鞨奪三十六城，惟天子哀救。有詔營州都督程名振、左衞中郎將蘇定方率師討之。至新城，敗高麗兵，火外郛及墟落，引還。顯慶三年，復遣名振率薛仁貴攻之，未能克。後二年，天子已平百濟，乃以左驍衞大將軍契苾何力、右武衞大將軍蘇定方、左驍衞將軍劉伯英率諸將出浿江、遼東、平壤道討之。龍朔元年，大募兵，拜置諸將，天子欲自行，蔚州刺史李君球建言：「高麗小醜，何至傾中國事之？有如高麗既滅，必發兵以守，少發則威不振，多發人不

安，是天下疲於轉戍。臣謂征之未如勿征，滅之未如勿滅。」亦會武后苦邀，帝乃止。八月，定方破虜兵於浿江，奪馬邑山，遂圍平壤。明年，龐孝泰以嶺南兵壁蛇水，蓋蘇文攻之，舉軍沒；定方解而歸。

乾封元年，藏遣子男福從天子封泰山，還而蓋蘇文死，子男生代爲莫離支，有弟男建、男產相怨。男生據國內城，遣子獻誠入朝求救，蓋蘇文弟淨土亦請割地降。乃詔契苾何力爲遼東道安撫大使，左金吾衞將軍龐同善、營州都督高侃爲行軍總管，左武衞將軍薛仁貴、左監門將軍李謹行殿而行。九月，同善破高麗兵，男生率師來會。詔拜男生特進、遼東大都督兼平壤道安撫大使，封玄菟郡公〔一〕。又以李勣爲遼東道行軍大總管兼安撫大使，與契苾何力、龐同善并力。詔獨孤卿雲由鴨淥道，郭待封積利道，劉仁願畢列道，金待問海谷道，並爲行軍總管，受勣節度；轉燕、趙食廥遼東。明年正月，勣引道次新城，合諸將謀曰：「新城，賊西鄙，不先圖，餘城未易下。」遂壁西南山臨城，城人縛戍酋出降。勣進拔城十有六。郭待封以舟師濟海，趨平壤。三年二月，勣率仁貴拔扶餘城，它城三十皆納款。同善、侃守新城，男建遣兵襲之，仁貴救侃，戰金山，不勝。高麗鼓而進，銳甚。仁貴橫擊，大破之，斬首五萬級，拔南蘇、木底、蒼岩三城，引兵略地，與勣會。侍御史賈言忠計事還，帝問軍中云何，對曰：「必克。昔先帝問罪，所以不得志者，虜未有釁也。諺曰『軍無媒，中道回』。今

男生兄弟閱很，爲我鄉導，虜之情僞，我盡知之，將忠士力，臣故曰必克。且高麗祕記曰：『不及九百年，當有八十大將滅之。』高氏自漢有國，今九百年，勣年八十矣。虜仍荐饑，人相掠賣，地震裂，狼狐入城，蚡穴於門，人心危駭，是行不再舉矣。」

男建以兵五萬襲扶餘，勣破之薩賀水上，斬首五千級，俘口三萬，器械牛馬稱之。進拔大行城。劉仁願與勣會，後期，召還當誅，赦流姚州。契苾何力會勣軍于鴨淥，拔辱夷城，悉師圍平壤。九月，藏遣男產率首領百人樹素幡降，且請入朝，勣以禮見。而男建猶固守，出戰數北，大將浮屠信誠遣諜約內應。五日，闔啓，兵譟而入，火其門，鬱焰四興，男建窘急，自刺不殊。執藏、男建等，收凡五部百七十六城，戶六十九萬。詔勣便道獻俘昭陵，凱而還。十二月，帝坐含元殿，引見勣等，數俘于廷。以藏素脅制，赦爲司平太常伯，男產司宰少卿；投男建黔州，百濟王扶餘隆嶺外；以獻誠爲司衞卿，信誠爲銀青光祿大夫，男生右衞大將軍，何力行左衞大將軍，勣兼太子太師，仁貴威衞大將軍。剖其地爲都督府者九，州四十二，縣百。復置安東都護府，擢酋豪有功者授都督、刺史、令，與華官參治，仁貴爲都護，總兵鎮之。是歲郊祭，以高麗平，謝成于天。

總章二年，徙高麗民三萬於江淮、山南。大長鉗牟岑率衆反，立藏外孫安舜爲王。詔高偘東州道，李謹行燕山道，並爲行軍總管討之，遣司平太常伯楊昉綏納亡餘。舜殺鉗牟

岑走新羅。偘徙都護府治遼東州，破叛兵於安市，又敗之泉山，俘新羅援兵二千。李謹行破之于發盧河，再戰，俘馘萬計。於是平壤痍殘不能軍，相率奔新羅，凡四年乃平。始，謹行留妻劉守伐奴城，虜攻之，劉擐甲勒兵守，賊引去。帝嘉之，封燕郡夫人。

儀鳳二年，授藏遼東都督，封朝鮮郡王，還遼東以安餘民，先編僑內州者皆原遣，徙安東都護府於新城。藏與靺鞨謀反，未及發，召還放邛州，廝其人于河南、隴右，弱窶者留安東。藏以永淳初死，贈衞尉卿，葬頡利墓左，樹碑其阡。舊城往往入新羅，遺人散奔突厥、靺鞨，由是高氏君長皆絕。垂拱中，以藏孫寶元爲朝鮮郡王。聖曆初，進左鷹揚衞大將軍，更封忠誠國王，使統安東舊部，不行。明年，以藏子德武爲安東都督，後稍自國。至元和末，遣使者獻樂工云。

百濟，扶餘別種也。直京師東六千里而贏，濱海之陽，西界越州，南倭，北高麗，皆踰海乃至，其東，新羅也。王居東、西二城，官有內臣佐平者宣納號令，內頭佐平主帑聚，內法佐平主禮，衞士佐平典衞兵，朝廷佐平主獄，兵官佐平掌外兵。有六方，方統十郡。大姓有八：沙氏，燕氏，劦氏〔二〕，解氏，貞氏，國氏，木氏，苩氏。其法：反逆者誅，籍其家；殺人者，

輸奴婢三贖罪；吏受賕及盜，三倍償，錮終身。俗與高麗同。有三島，生黃漆，六月刺取瀋，色若金。王服大袖紫袍，青錦袴，素皮帶，烏革履，烏羅冠飾以金蘤。羣臣絳衣，飾冠以銀蘤。禁民衣絳紫。有文籍，紀時月如華人。

武德四年，王扶餘璋始遣使獻果下馬，自是數朝貢，高祖册爲帶方郡王、百濟王。後五年，獻明光鎧，且訟高麗梗貢道。太宗貞觀初，詔使者平其怨。又與新羅世仇，數相侵，帝賜璽書曰：「新羅，朕蕃臣，王之鄰國。聞數相侵暴，朕已詔高麗、新羅申和，王宜忘前怨，識朕本懷。」璋奉表謝，然兵亦不止。再遣使朝，上鐵甲雕斧，帝優勞之，賜帛段三千。十五年，璋死，使者素服奉表曰：「君外臣百濟王扶餘璋卒。」帝爲舉哀玄武門，贈光祿大夫，賻賜甚厚。命祠部郎中鄭文表册其子義慈爲柱國，紹王。

義慈事親孝，與兄弟友，時號「海東曾子」。明年，與高麗連和伐新羅，取四十餘城，發兵守之。又謀取棠項城，絕貢道。新羅告急，帝遣司農丞相里玄奬齎詔書諭解。聞帝新討高麗，乃間取新羅七城；久之，又奪十餘城，因不朝貢。高宗立，乃遣使者來，帝詔義慈曰：「海東三國，開基舊矣，地固犬牙。比者隙爭侵校無寧歲，新羅高城重鎮皆爲王并，歸窮于朕，丐王歸地。昔齊桓一諸侯，尚存亡國，況朕萬方主，可不卹其危邪？王所兼城宜還之，新羅所俘亦畀還王。不如詔者，任王決戰，朕將發契丹諸國，度遼深入，王可思之，無後悔！」

永徽六年，新羅訴百濟、高麗、靺鞨取北境三十城。顯慶五年，乃詔左衞大將軍蘇定方爲神丘道行軍大總管，率左衞將軍劉伯英、右武衞將軍馮士貴、左驍衞將軍龐孝泰發新羅兵討之，自城山濟海。百濟守熊津口，定方縱擊，虜大敗，王師乘潮帆以進，趨眞都城一舍止。虜悉衆拒，復破之，斬首萬餘級，拔其城。義慈挾太子隆走北鄙，定方圍之。次子泰自立爲王，率衆固守，義慈孫文思曰：「王、太子固在，叔乃自王，若唐兵解去，如我父子何？」與左右縋而出，民皆從之，泰不能止。定方令士超堞立幟，泰開門降，定方執義慈、隆及小王孝演、酋長五十八人送京師，平其國五部、三十七郡、二百城，戶七十六萬。乃析置熊津、馬韓、東明、金漣、德安五都督府，擢酋渠長治之，命郎將劉仁願守百濟城，左衞郎將王文度爲熊津都督。九月，定方以所俘見，詔釋不誅。義慈病死，贈衞尉卿，許舊臣赴臨，詔葬孫皓、陳叔寶墓左，授隆司稼卿。文度濟海卒，以劉仁軌代之。

璋從子福信嘗將兵，乃與浮屠道琛據周留城反，迎故王子扶餘豐於倭，立爲王，西部皆應，引兵圍仁願。龍朔元年，仁軌發新羅兵往救，道琛立二壁熊津江，仁軌與新羅兵夾擊之，奔入壁，爭梁墮溺者萬人，新羅兵還。道琛保任孝城〔三〕，自稱領軍將軍，福信稱霜岑將軍，告仁軌曰：「聞唐與新羅約，破百濟，無老孺皆殺之，畀以國。我與受死，不若戰。」仁軌遣使齎書答說，道琛倨甚，館使者于外，嫚報曰：「使人官小，我，國大將，禮不當見。」徒遣

之。仁軌以衆少，乃休軍養威，請合新羅圖之。福信俄殺道琛，并其兵，豐不能制。二年七月，仁願等破之熊津，拔支羅城，夜薄眞峴，比明入之，斬首八百級，新羅餉道乃開。仁願請濟師，詔右威衞將軍孫仁師爲熊津道行軍總管，發齊兵七千往。福信顓國，謀殺豐，豐率親信斬福信，與高麗、倭連和。仁願已得齊兵，士氣振，乃與新羅王金法敏率步騎，而遣劉仁軌率舟師，自熊津江偕進，趨周留城。豐衆屯白江口，四遇皆克，火四百艘，豐走，不知所在。僞王子扶餘忠勝、忠志率殘衆及倭人請命，諸城皆復。仁願勒軍還，留仁軌代守。

帝以扶餘隆爲熊津都督，俾歸國，平新羅故憾，招還遺人。麟德二年，與新羅王會熊津城，刑白馬以盟。仁軌爲盟辭曰：「往百濟先王，罔顧逆順，不敦鄰，不睦親，與高麗、倭共侵削新羅，破邑屠城。天子憐百姓無辜，命行人脩好，先王負險恃遐，侮慢弗恭，皇赫斯怒，是伐是夷。但興亡繼絕，王者通制，故立前太子隆爲熊津都督，守其祭祀，附杖新羅，長爲與國，結好除怨，恭天子命，永爲藩服。右威衞將軍魯城縣公仁願，親臨厥盟，有貳其德，興兵動衆，明神監之，百殃是降，子孫不育，社稷無守，世世毋敢犯。」乃作金書鐵契，藏新羅廟中。

仁願等還，隆畏衆攜散，亦歸京師。儀鳳時，進帶方郡王，遣歸藩。是時，新羅彊，隆不敢入舊國，寄治高麗死。武后又以其孫敬襲王，而其地已爲新羅、渤海靺鞨所分，百濟

遂絕。

新羅，弁韓苗裔也。居漢樂浪地，橫千里，縱三千里，東拒長人，東南日本，西百濟，南瀕海，北高麗。而王居金城，環八里所，衞兵三千人。謂城爲侵牟羅，邑在內曰喙評，外曰邑勒。有喙評六，邑勒五十二。朝服尚白，好祠山神。八月望日，大宴賚官吏，射。其建官，以親屬爲上，其族名第一骨、第二骨以自別。兄弟女、姑、姨、從姊妹，皆聘爲妻。王族爲第一骨，妻亦其族，生子皆爲第一骨，不娶第二骨女，雖娶，常爲妾媵。官有宰相、侍中、司農卿、太府令，凡十有七等，第二骨得爲之。事必與衆議，號「和白」，一人異則罷。宰相家不絕祿，奴僮三千人，甲兵牛馬猪稱之。畜牧海中山，須食乃射。息穀米於人，償不滿，庸爲奴婢。王姓金，貴人姓朴，民無氏有名。食用柳杯若銅、瓦。元日相慶，是日拜日月神。男子褐袴。婦長襦，見人必跪，則以手据地爲恭。不粉黛，率美髮以繚首，以珠綵飾之。男子翦髮鬻，冒以黑巾。市皆婦女貿販。冬則作竈堂中，夏以食置冰上。畜無羊，少驢、贏，多馬。馬雖高大，不善行。

長人者，人類長三丈，鋸牙鉤爪，黑毛覆身，不火食，噬禽獸，或搏人以食；得婦人，以

治衣服。其國連山數十里，有峽，固以鐵闔，號關門，新羅常屯弩士數千守之。

初，百濟伐高麗，來請救，悉兵往破之，自是相攻不置。後獲百濟王殺之，滋結怨。武德四年，王眞平遣使者入朝，高祖詔通直散騎侍郎庾文素持節答賚。後三年，拜柱國，封樂浪郡王、新羅王。

貞觀五年，獻女樂二。太宗曰：「比林邑獻鸚鵡，言思鄉，丐還，況於人乎？」付使者歸之。是歲，眞平死，無子，立女善德爲王，大臣乙祭柄國。詔贈眞平左光祿大夫，賻物段二百。九年，遣使者册善德襲父封，國人號聖祖皇姑。十七年，爲高麗、百濟所攻，使者來乞師，亦會帝親伐高麗，詔率兵以披虜勢，善德使兵五萬入高麗南鄙，拔水口城以聞。二十一年，善德死，贈光祿大夫，而妹眞德襲王。明年，遣子文王及弟伊贊子春秋來朝，拜文王左武衞將軍，春秋特進。因請改章服，從中國制，內出珍服賜之。又詣國學觀釋奠、講論，帝賜所製晉書。辭歸，敕三品以上郊餞。

高宗永徽元年，攻百濟，破之，遣春秋子法敏入朝。眞德織錦爲頌以獻，曰：「巨唐開洪業，巍巍皇猷昌。止戈成大定，興文繼百王。統天崇雨施，治物體含章。深仁諧日月，撫運邁時康。幡旗旣赫赫，鉦鼓何鍠鍠。外夷違命者，翦覆被天殃。淳風凝幽顯，遐邇競呈祥。四時和玉燭，七耀巡萬方。維岳降宰輔，維帝任忠良。三五成一德，昭我唐家唐。」帝美其

意，擢法敏太府卿。

五年，眞德死，帝爲舉哀，贈開府儀同三司，賜綵段三百，命太常丞張文收持節弔祭，以春秋襲王。明年，百濟、高麗、靺鞨共伐取其三十城。使者來請救，帝命蘇定方討之，以春秋爲嵎夷道行軍總管，遂平百濟。龍朔元年，死，法敏襲王。以其國爲鷄林州大都督府，授法敏都督。

咸亨五年，納高麗叛衆，略百濟地守之，帝怒，詔削官爵，以其弟右驍衞員外大將軍、臨海郡公仁問爲新羅王，自京師歸國。詔劉仁軌爲鷄林道大總管，衞尉卿李弼、右領軍大將軍李謹行副之，發兵窮討。上元二年二月，仁軌破其衆於七重城，以靺鞨兵浮海略南境，斬獲甚衆。詔李謹行爲安東鎭撫大使，屯買肖城，三戰，虜皆北。法敏遣使入朝謝罪，貢篚相望，仁問乃還，辭王，詔復法敏官爵。然多取百濟地，遂抵高麗南境矣。置尙、良、康、熊、全、武、漢、朔、溟九州，州有都督，統郡十或二十，郡有大守，縣有小守。開耀元年，死，子政明襲王。遣使者朝，丐唐禮及它文辭，武后賜吉凶禮并文詞五十篇。死，子理洪襲王。死，弟興光襲王。

玄宗開元中，數入朝，獻果下馬、朝霞紬、魚牙紬、海豹皮。又獻二女，帝曰：「女皆王姑姊妹，違本俗，別所親，朕不忍留。」厚賜還之。又遣子弟入太學學經術。帝間賜興光瑞文

錦、五色羅、紫繡紋袍、金銀精器，興光亦上異狗馬、黃金、美髢諸物。初，渤海靺鞨掠登州，興光擊走之，帝進興光寧海軍大使，使攻靺鞨。二十五年死，帝尤悼之，贈太子太保，命邢璹以鴻臚少卿弔祭，子承慶襲王，詔璹曰：「新羅號君子國，知詩、書。以卿惇儒，故持節往，宜演經誼，使知大國之盛。」又以國人善棊，詔率府兵曹參軍楊季鷹爲副。國高弈皆出其下，於是厚遺使者金寶。俄冊其妻朴爲妃。承慶死，詔使者臨弔，以其弟憲英嗣王。帝在蜀，遣使泝江至成都朝正月。

大曆初，憲英死，子乾運立，甫丱，遣金隱居入朝待命。詔倉部郎中歸崇敬往弔，監察御史陸珽、顧愔爲副冊授之，并母金爲太妃。會其宰相爭權相攻，國大亂，三歲乃定。於是，歲朝獻。建中四年死，無子，國人共立宰相金良相嗣。貞元元年，遣戶部郎中蓋塤持節命之。是年死，立良相從父弟敬信襲王。十四年，死，無子，立嫡孫俊邕。明年，遣司封郎中韋丹持冊，未至，俊邕死，丹還。子重興立，永貞元年，詔兵部郎中元季方冊命。後三年，使者金力奇來謝，且言：「往歲冊故主俊邕爲王，母申太妃，妻叔妃，而俊邕不幸，冊今留省中，臣請授以歸。」又爲其宰相金彥昇、金仲恭、王之弟蘇金添明丐門戟，詔皆可。凡再朝貢。七年死，彥昇立，來告喪，命職方員外郎崔廷弔，且命新王，以妻貞爲妃。長慶、寶曆間，再遣使者來朝，留宿衞。彥昇死，子景徽立。大和五年，以太子左諭德源寂冊弔如儀。開成

初，遣子義琮謝，願留衞，見聽，明年遣之。五年，鴻臚寺籍質子及學生歲滿者一百五人，皆還之。

有張保皋、鄭年者，皆善鬬戰，工用槍。年復能沒海，履其地五十里不噎，角其勇健，保皋不及也。年以兄呼保皋，保皋以齒，年以藝，常不相下。自其國皆來爲武寧軍小將。後保皋歸新羅，謁其王曰：「遍中國以新羅人爲奴婢，願得鎭清海，使賊不得掠人西去。」清海，海路之要也。王與保皋萬人守之。自大和後，海上無鬻新羅人者。保皋既貴於其國，年飢寒客漣水，一日謂戍主馮元規曰：「我欲東歸，乞食於張保皋。」元規曰：「若與保皋所負何如？奈何取死其手？」年曰：「飢寒死，不如兵死快，況死故鄉邪！」年遂去。至，謁保皋，飲之極歡。飲未卒，聞大臣殺其王，國亂無主。保皋分兵五千人與年，持年泣曰：「非子不能平禍難。」年至其國，誅反者，立王以報。王遂召保皋爲相，以年代守清海。會昌後，朝貢不復至。

贊曰：杜牧稱：「安思順爲朔方節度時，郭汾陽、李臨淮俱爲牙門都將，二人不相能，雖同盤飲食，常睇相視，不交一言。及汾陽代思順，臨淮欲亡去，計未決。旬日，詔臨淮分汾陽半兵東出趙、魏，臨淮入請曰：『一死固甘，乞免妻子。』汾陽趨下，持手上堂，曰：『今國亂主遷，非公不能東伐，豈懷私忿時邪？』及別，執手泣涕，相勉以忠義，訖平劇盜，實二公之力。知其心不叛，知其心，難也；忿必見短，知其材，益難也。此保皋與汾陽之賢等耳。年投保皋必曰：『彼貴我賤，我降下之，不宜以舊忿殺我。』保皋果不殺，人之常情也。臨淮請死於汾陽，亦人之常情也。保皋任年，事出於己，年且寒飢，易爲感動。汾陽、臨淮，平生亢立，臨淮之命，出於天子。榷於保皋，汾陽爲優。此乃聖賢遲疑成敗之際也。世稱周、邵爲百代之師，周公擁孺子而邵公疑之，以周公之聖，邵公之賢，少事文王，老佐武王，能平天下，周公之心，邵公且不知之。苟有仁義之心，不資以明，雖邵公尙爾，況其下哉！」嗟乎，不以怨毒相甚，而先國家之憂，晉有祁奚，唐有汾陽、保皋，孰謂夷無人哉！

日本，古倭奴也。去京師萬四千里，直新羅東南，在海中，島而居，東西五月行，南北三月行。國無城郛，聯木爲柵落，以草茨屋。左右小島五十餘，皆自名國，而臣附之。置本率一人，檢察諸部。其俗多女少男，有文字，尙浮屠法。其官十有二等。其王姓阿每氏，自言初主號天御中主，至彥瀲，凡三十二世，皆以「尊」爲號，居筑紫城。彥瀲子神武立，更以「天皇」爲號，徙治大和州。次曰綏靖，次安寧，次懿德，次孝昭，次天安，次孝靈，次孝元，次開

化，次崇神，次垂仁，次景行，次成務，次仲哀。仲哀死，以開化曾孫女神功爲王。次應神，次仁德，次履中，次反正，次允恭，次安康，次雄略，次清寧，次顯宗，次仁賢，次武烈，次繼體，次安閑，次宣化，次欽明。欽明之十一年，直梁承聖元年。次海達。次用明，亦曰目多利思比孤，直隋開皇末，始與中國通。次崇峻。崇峻死，欽明之孫女雄古〔四〕立。次舒明，次皇極。其俗椎髻，無冠帶，跣以行，幅巾蔽後，貴者冒錦；婦人衣純色裙，長腰襦，結髮于後。至煬帝，賜其民錦綫冠，飾以金玉，文布爲衣，左右佩銀蘤，長八寸，以多少明貴賤。

太宗貞觀五年，遣使者入朝，帝矜其遠，詔有司毋拘歲貢。遣新州刺史高仁表往諭，與王爭禮不平，不肯宣天子命而還。久之，更附新羅使者上書。

永徽初，其王孝德即位，改元曰白雉，獻虎魄大如斗，碼碯若五升器。時新羅爲高麗、百濟所暴，高宗賜璽書，令出兵援新羅。未幾孝德死，其子天豐財立。死，子天智立。明年，使者與蝦蛦人偕朝。蝦蛦亦居海島中，其使者鬚長四尺許，珥箭於首，令人戴瓠立數十步，射無不中。天智死，子天武立。死，子總持立。咸亨元年，遣使賀平高麗。後稍習夏音，惡倭名，更號日本。使者自言，國近日所出，以爲名。或云日本乃小國，爲倭所幷，故冒其號。使者不以情，故疑焉。又妄夸其國都方數千里，南、西盡海，東、北限大山，其外卽毛人云。

長安元年〔五〕，其王文武立，改元曰太寶，遣朝臣眞人粟田貢方物。朝臣眞人者，猶唐

尙書也。冠進德冠，頂有華蕎四披，紫袍帛帶。眞人好學，能屬文，進止有容。武后宴之麟德殿，授司膳卿，還之。文武死，子阿用立。死，子聖武立，改元曰白龜。開元初，粟田復朝，請從諸儒受經，詔四門助教趙玄默卽鴻臚寺爲師，獻大幅布爲贄，悉賞物貿書以歸。其副朝臣仲滿慕華不肯去，易姓名曰朝衡，歷左補闕、儀王友，多所該識，久乃還。聖武死，女孝明立，改元曰天平勝寶。天寶十二載，朝衡復入朝。上元中，擢左散騎常侍、安南都護。新羅梗海道，更繇明、越州朝貢。孝明死，大炊立。死，以聖武女高野姬爲王。死，白壁立。建中元年，使者眞人興能獻方物。眞人，蓋因官而氏者也。興能善書，其紙似繭而澤，人莫識。貞元末，其王曰桓武，遣使者朝。其學子橘免勢、浮屠空海願留肄業，歷二十餘年，使者高階眞人來請免勢等俱還，詔可。次諾樂立，次嵯峨，次浮和，次仁明。仁明直開成四年，復入貢。次文德，次清和，次陽成。次光孝，直光啓元年。

其東海嶼中又有邪古、波邪、多尼三小王，北距新羅，西北百濟，西南直越州，有絲絮、怪珍云。

流鬼去京師萬五千里，直黑水靺鞨東北，少海之北，三面皆阻海，其北莫知所窮。人依

嶼散居，多沮澤，有魚鹽之利。地蚤寒，多霜雪，以木廣六寸、長七尺系其上，以踐冰，逐走獸。土多狗，以皮爲裘。俗被髮。粟似莠而小，無蔬蓏它穀。勝兵萬人。南與莫曳靺鞨鄰，東南航海十五日行，乃至。貞觀十四年，其王遣子可也余莫貂皮更三譯來朝，授騎都尉，遣之。

龍朔初，有儋羅者，其王儒李都羅遣使入朝，國居新羅武州南島上，俗朴陋，衣大豕皮，夏居革屋，冬窟室。地生五穀，耕不知用牛，以鐵齒杷土。初附百濟，麟德中，酋長來朝，從帝至太山，後附新羅。

開元十一年，又有達末婁、達姤二部首領朝貢。達末婁自言北扶餘之裔，高麗滅其國，遺人度那河，因居之，或曰他漏河，東北流入黑水。達姤，室韋種也，在那河陰，涑末河之東，西接黃頭室韋，東北距達末婁云。

校勘記

〔一〕詔拜男生特進遼東大都督兼平壤道安撫大使封玄菟郡公 「男生」，各本原作「同善」。按所授官爵，當是男生，詳本書卷一一〇泉男生傳、舊書卷一九九上高麗傳及王德眞泉君墓誌銘，據改。

〔二〕劦氏 「劦」，十行、汲、殿、局本均作「劦」。通典卷一八五及寰宇記卷一七二作「劦」，注並謂「劦音狹」。

〔三〕任孝城 「孝」，本書卷一〇八劉仁軌傳、舊書卷一九九上百濟傳和通鑑卷二〇〇俱作「存」，通鑑考異云：「實錄或作『任孝城』，未知孰是，今從其多者。」

〔四〕雄古 十行、汲、殿、局本「雄」作「椎」。

〔五〕長安元年 舊書卷一九九上日本傳、唐會要卷一〇〇「元」作「三」，通典卷一八五作「二」。

唐書卷二百二十一上

列傳第一百四十六上

西域上

泥婆羅　党項　東女　高昌　吐谷渾　焉耆　龜茲 跋祿迦
疏勒　于闐　天竺　摩揭陀　罽賓

泥婆羅直吐蕃之西樂陵川。土多赤銅、犛牛。俗翦髮逮眉，穿耳，楦以筩若角，緩至肩者爲姣好。無匕筯，攫而食。其器皆用銅，其居版屋畫壁。俗不知牛耕，故少田作，習商賈。一幅布蔽身，日數盥浴。重博戲，通推步曆術。祀天神，鐫石爲象，日浴之，烹羊以祭。鑄銅爲錢，面文人形，背牛馬形。其君服珠、頗黎、車渠、珊瑚、虎魄垂瓔，耳金鉤玉璫，佩寶伏突，御師子大牀，燎香布花於堂，而大臣坐地不藉，左右持兵，數百列侍。宮中有七重樓，

覆銅瓦，楹極皆大琲雜寶，四隅置銅槽，下有金龍，口激水仰注槽中。

初，王那陵提婆之父爲其叔所殺，提婆出奔，吐蕃納之，遂臣吐蕃。貞觀中，遣使者李義表到天竺，道其國，提婆大喜，延使者同觀阿耆婆沵池。池廣數十丈，水常溢沸，共傳旱潦未始耗溢，或抵以物則生煙，釜其上，少選可熟。二十一年，遣使入獻波稜、酢菜、渾提葱。永徽時，其王尸利那連陀羅又遣使入貢。

党項，漢西羌別種，魏、晉後微甚。周滅宕昌、鄧至，而党項始彊。其地古析支也，東距松州，西葉護，南舂桑、迷桑等羌，北吐谷渾。處山谷崎嶇，大抵三千里。以姓別爲部，一姓又分爲小部落，大者萬騎，小數千，不能相統，故有細封氏、費聽氏、往利氏、頗超氏、野辭氏、房當氏、米禽氏、拓拔氏，而拓拔最彊。土著，有棟宇，織犛尾、羊毛覆屋，歲一易。俗尚武，無法令、賦役，人壽多過百歲，然好爲盜，更相剽奪。尤重復讎，未得所欲者，蓬首垢顏，跣足草食，殺已乃復。男女衣裘褐，被氈。畜犛牛、馬、驢、羊以食，不耕稼。地寒，五月草生，八月霜降。無文字，候草木記歲。三年一相聚，殺牛羊祭天，取麥他國以釀酒。妻其庶母、伯叔母、兄嫂、子弟婦，惟不娶同姓。老而死，子孫不哭；少死，則曰夭枉，乃悲。

貞觀三年，南會州都督鄭元璹鐫諭，其酋細封步賴舉部降，太宗璽詔慰撫，步賴因入朝，宴錫特異，以其地爲軌州，即授刺史；步賴請率兵討吐谷渾。其後諸酋長悉內屬，以其地爲崌、奉、嚴、遠四州，即首領拜刺史。

有拓拔赤辭者，初臣吐谷渾，慕容伏允待之厚，與結婚，諸羌已歸，獨不至。李靖擊吐谷渾，赤辭屯狼道峽抗王師，廓州刺史久且洛生欲諭降之，辭曰：「渾主以腹心待我，不知其佗，若速去，且汙吾刀。」洛生怒，引輕騎破之肅遠山，斬首數百級，虜雜畜六千。帝因其勝又令約降，赤辭從子思頭潛納款，其下拓拔細豆亦降。赤辭知宗族攜沮，稍欲自歸，岷州都督劉師立復誘之，即與思頭俱內屬。以其地爲懿、嵯、麟、可三十二州，以松州爲都督府，擢赤辭西戎州都督，賜氏李，貢職遂不絕。於是自河首積石山而東，皆爲中國地。後吐蕃寖盛，拓拔畏偪，請內徙，始詔慶州置靜邊等州處之。地乃入吐蕃，其處者皆爲吐蕃役屬，更號弭藥。

又有黑党項者，居赤水西。其長號敦善王，慕容伏允之走也，依之。及吐谷渾款附，敦善王亦納貢。居雪山者曰破丑氏。

又有白蘭羌，吐蕃謂之丁零，左屬党項，右與多彌接。勝兵萬人，勇戰鬬，善作兵，俗與党項同。武德六年，使者入朝。明年，以其地爲維、恭二州。貞觀六年，與契苾數十萬內

屬。永徽時，特浪生羌卜樓大首領凍就率衆來屬，以其地爲劍州。

龍朔後，白蘭、舂桑及白狗羌爲吐蕃所臣，籍其兵爲前驅。白狗與東會州接，勝兵纔千人。在西北者，天授中內附，戶凡二十萬，以其地爲朝、吳、浮、歸十州，散居靈、夏間。至德末，爲吐蕃所誘，使爲鄉導鈔邊，俄悔悟，更來朝，願助靈州鑲輓。乾元間，中國數亂，因寇邠、寧二州，肅宗詔郭子儀都統朔方、邠寧、鄜坊節度事，以鄜州刺史杜冕、邠州刺史桑如珪分二隊出討。子儀至，党項潰去。

上元元年，在涇、隴部落十萬衆詣鳳翔節度使崔光遠降。二年，與渾、奴剌連和，寇寶鷄，殺吏民，掠財珍，焚大散關，入鳳州，殺刺史蕭怏，節度使李鼎追擊走之。明年，又攻梁州，刺史李勉走；進寇奉天，大掠華原、同官去。詔臧希讓代勉爲刺史，於是歸順、乾封、歸義、順化、和寧、和義、保善、寧定、羅雲、朝鳳凡十州部落詣希讓獻款，丐節印，詔可。

僕固懷恩之叛，誘党項、渾、奴剌入寇，衆數萬，掠鳳翔、盩厔，大酋鄭廷、郝德入同州，刺史韋勝走，節度使周智光破之澄城。閱月，又入同州，焚官私室廬，壓馬蘭山。郭子儀遣兵襲之，退保三堡，子儀遣慕容休明諭降廷、德。

子儀以党項、吐谷渾部落散處鹽、慶等州，其地與吐蕃濱近，易相脅，即表徙靜邊州都督、夏州、樂容等六府党項于銀州之北、夏州之東，寧朔州吐谷渾住夏西，以離沮之。召靜

邊州大首領左羽林大將軍拓拔朝光等五刺史入朝，厚賜賚，使還綏其部。先是，慶州有破丑氏族三、野利氏族五、把利氏族一，與吐蕃姻援，贊普悉王之，因是擾邊凡十年。子儀表工部尚書路嗣恭爲朔方留後，將作少監梁進用爲押党項部落使，置行慶州。且言：「党項陰結吐蕃爲變，可遣使者招慰，芟其反謀，因令進用爲慶州刺史，嚴邏以絕吐蕃往來道。」代宗然之。又表置靜邊、芳池、相興王州都督、長史〔一〕，永平、旭定、清寧、寧保、忠順、靜塞、萬吉等七州都督府。於是破丑、野利、把利三部及思樂州刺史拓拔乞梅等皆入朝，宜定州刺史折磨布落、芳池州野利部並徙綏、延州。大曆末，野利禿羅都與吐蕃叛，招餘族不應，子儀擊之，斬禿羅都，而野利景庭、野利剛以其部數千人入附雞子川。六州部落，曰：野利越詩、野利龍兒、野利厥律、兒黃、野海、野窣等；居慶州者號東山部，夏州者號平夏部。永泰後稍徙石州，後爲永安將阿史那思暕賦索無極，遂亡走河西。

元和時復置宥州，護党項。至大和中寖疆，數寇掠，然器械鈍苦，畏唐兵精，則以善馬購鎧，善羊貿弓矢。鄜坊道軍糧使李石表禁商人不得以旗幟、甲冑、五兵入部落，告者，舉罪人財畀之。至開成末，種落愈繁，富賈人齎繒寶鬻羊馬，藩鎮乘其利，彊市之，或不得直，部人怨，相率爲亂，至靈、鹽道不通。武宗以侍御史爲使招定，分三印，以邠、寧、延屬崔彥曾，鹽、夏、長澤屬李鄠，靈武、麟、勝屬鄭賀，皆緋衣銀魚，而功不克。

宣宗大中四年，內掠邠、寧，詔鳳翔李業、河東李拭合節度兵討之，宰相白敏中爲都統。帝出近苑，或以竹一箇植舍外，見纔尺許，遠且百步，帝屬二矢曰：「党羌窮寇，仍歲暴吾鄙，今我約，射竹中則彼當自亡，不中，我且索天下兵翦之，終不以此賊遺子孫。」左右注目，帝一發竹分，矢徹諸外，左右呼萬歲。不閱月，羌果破殄，餘種竄南山。

始，天寶末，平夏部有戰功，擢容州刺史、天柱軍使。其裔孫拓拔思恭，咸通末竊據宥州，稱刺史。黃巢入長安，與鄜州李孝昌壇而坎牲，誓討賊，僖宗賢之，以爲左武衞將軍，權知夏綏銀節度事。次王橋，爲巢所敗，更與鄭畋四節度盟，屯渭橋。中和二年，詔爲京城西面都統、檢校司空、同中書門下平章事。俄進四面都統，權知京兆尹。賊平，兼太子太傅，封夏國公，賜姓李。嗣襄王熅之亂，詔思恭討賊，兵不出，卒。以弟思諫代爲定難節度使，思孝爲保大節度、鄜坊丹翟等州觀察使，並檢校司徒、同中書門下平章事。王行瑜反，以思孝爲北面招討使，思諫東北面招討使。思孝亦因亂取鄜州，遂爲節度使，累兼侍中，以老薦弟思敬爲保大軍兵馬留後，俄爲節度使。

東女亦曰蘇伐剌拏瞿咀羅〔二〕，羌別種也，西海亦有女自王，故稱「東」別之。東與吐蕃、党項、茂州接，西屬三波訶，北距于闐，東南屬雅州羅女蠻、白狼夷。東西行盡九日，南北行盡二十日。有八十城。以女爲君，居康延川，巖險四繚，有弱水南流，縫革爲船。戶四萬，勝兵萬人。王號賓就，官曰高霸黎，猶言宰相也。官在外者，率男子爲之。凡號令，女官自內傳，男官受而行。王侍女數百，五日一聽政。王死，國人以金錢數萬納王族，求淑女二立之，次爲小王，王死，因以爲嗣，或姑死婦繼，無篡奪。所居皆重屋，王九層，國人六層。王服青毛綾裙，被青袍，袖委於地，冬羔裘，飾以文錦。爲小鬟髻，耳垂璫。足曳⿰革索⿰革睪。⿰革索⿰革睪，履也。俗輕男子，女貴者咸有侍男，被髮，以青塗面，惟務戰與耕而已。子從母姓。地寒宜麥，畜羊馬，出黃金。風俗大抵與天竺同。以十一月爲正。巫者以十月詣山中，布糟麥，呪呼羣鳥，俄有鳥來如雞狀，剖視之，有穀者歲豐，否即有災，名曰鳥卜。居喪三年，不易服，不櫛沐。貴人死，剝藏其皮，內骨甕中，糅金屑瘞之。王之葬，殉死至數十人。

武德時，王湯滂氏始遣使入貢，高祖厚報，爲突厥所掠不得通。貞觀中，使復至，太宗璽制慰撫。顯慶初，遣使高霸黎文與王子三盧來朝，授右監門中郎將。其王斂臂使大臣來請官號，武后册拜斂臂左玉鈐衞員外將軍，賜瑞錦服。天授、開元間，王及子再來朝，詔與宰相宴曲江，封王曳夫爲歸昌王、左金吾衞大將軍。後乃以男子爲王。

貞元九年，其王湯立悉與白狗君及哥鄰君董臥庭、逋租君鄧吉知、南水君薛尙悉曩、弱

水君董辟和、悉董君湯息贊、清遠君蘇唐磨、咄霸君董藐蓬皆詣劍南韋皋求內附。其種散居西山、弱水，雖自謂王，蓋小小部落耳。自失河、隴，悉爲吐蕃羈屬，部數千戶，輒置令，歲督絲絮。至是猶上天寶所賜詔書。皋處其衆於維、霸等州，賜牛、糧，治生業。立悉等入朝，差賜官祿。於是松州羌二萬口相踵入附。立悉等官刺史，皆得世襲，然陰附吐蕃，故謂「兩面羌」。

高昌直京師西四千里而贏，其横八百里，縱五百里，凡二十一城。王都交河城，漢車師前王廷也。田地城，戊己校尉所治也。勝兵萬人。土沃，麥、禾皆再熟。有草名白疊，擷花可織爲布。俗辮髻垂後。

其王麴伯雅，隋時嘗妻以戚屬宇文氏女，號華容公主。武德初，伯雅死，子文泰立，遣使來告，高祖命使者臨弔。後五年，獻狗高六寸，長尺，能曳馬銜燭，云出拂菻，中國始有拂菻狗。

太宗卽位，獻玄狐裘，帝賜妻宇文華鈿一具，宇文亦上玉盤。凡諸國施爲輒以聞。貞觀四年，文泰遂來朝，禮賜厚甚。宇文求預宗籍，有詔賜氏李，更封常樂公主。

久之，文泰與西突厥通，凡西域朝貢道其國，咸見壅掠。伊吾嘗臣西突厥，至是內屬，文泰與葉護共擊之。帝下詔讓其反覆，召大臣冠軍阿史那矩計事，文泰不遣，使長史麴雍來謝罪。初，大業末，華民多奔突厥，及頡利敗，有逃入高昌者，有詔護送，文泰苛留之。又與西突厥乙毗設破焉耆三城，虜其人，焉耆王訴諸朝。帝遣虞部郎中李道裕問狀，復遣使謝，帝引責曰：「而主數年朝貢不入，無藩臣禮，擅置官，擬效百僚。今歲首萬君長悉來，而主不至。日我使人往，文泰猥曰：『鷹飛于天，雉竄于蒿，貓遊于堂，鼠安于穴，各得其所，豈不快邪！』西域使者入貢，而主悉拘梗之。又諗薛延陀曰：『既自爲可汗，與唐天子等，何事拜謁其使？』明年我當發兵虜而國，歸謂而君善自圖。」時薛延陀可汗請爲軍向導，故民部尚書唐儉至延陀堅約。

帝復下璽書示文泰禍福，促使入朝，文泰遂稱疾不至。乃拜侯君集爲交河道大總管，左屯衞大將軍薛萬均、薩孤吳仁副之，契苾何力爲葱山道副大總管，武衞將軍牛進達爲行軍總管，率突厥、契苾騎數萬討之。羣臣諫以行萬里兵難得志，且天界絕域，雖得之，不可守，帝不聽。文泰謂左右曰：「曩吾入朝，見秦、隴北城邑蕭條，非有隋比。今伐我，兵多則糧輸不逮，若下三萬，我能制之。度磧疲鈍，以逸待勞，臥收其弊耳。」十四年，聞王師至磧口，悸駭無它計，發病死，子智盛立。

君集奄攻田地城，契苾何力以前軍鏖戰，是夜星墜城中，明日拔其城，虜七千餘人。中郎將辛獠兒以勁騎夜逼其都，智盛以書遺君集曰：「得罪於天子者，先王也，咎深譴積，震墜厥命。智盛嗣位未幾，公其見赦。」君集曰：「能悔禍者，當面縛軍門。」智盛不答。軍進，塡隍引衝車，飛石如雨，城中大震。智盛令大將麴士義居守，身與綰曹麴德俊謁軍門，請改事天子。君集諭使降，辭未屈，薛萬均勃然起曰：「當先取城，小兒何與語！」麾而進，智盛流汗伏地曰：「唯公命！」乃降。君集分兵略定，凡三州、五縣、二十二城，戶八千，口三萬，馬四千。先是，其國人謠曰：「高昌兵，如霜雪；唐家兵，如日月。日月照霜雪，幾何自殄滅。」文泰捕謠所發，不能得也。

捷書聞，天子大悅，宴羣臣，班賜策功，赦高昌所部，披其地皆州縣之，號西昌州。特進魏徵諫曰：「陛下卽位，高昌最先朝謁，俄以掠商胡，遏貢獻，故王誅加焉。文泰死，罪止矣，撫其人，立其子，伐罪弔民，道也。今利其土，屯守常千人，屯士數年一易，辦裝資，離親戚，不十年隴右且空。陛下終不得高昌圭粒咫帛助中國費，所謂散有用事無用。」不納。改西昌州曰西州，更置安西都護府，歲調千兵，謫罪人以戍。黃門侍郎褚遂良諫曰：「古者先函夏，後夷狄，務廣德化，不爭荒遐。今高昌誅滅，威動四夷，然自王師始征，河西供役，飛米轉芻，十室九匱，五年未可復。今又歲遣屯戍，行李萬里，去者資裝使自營辦，賣菽粟，傾機杼，道路死亡尚不計。罪人始於犯法，終於惰業，無益於行。所遣復有亡命，官司捕逮，株蔓相牽。有如張掖、酒泉塵飛烽舉，豈得高昌一乘一卒及事乎？必發隴右、河西耳。然則河西爲我腹心，高昌，他人手足也，何必耗中華，事無用？昔陛下平頡利、吐谷渾，皆爲立君，蓋罪而誅之，伏而立之，百蠻所以畏威慕德也。今宜擇高昌可立者立之，召首領悉還本土，長爲藩翰，中國不擾。」書聞不省。

初，文泰以金厚餉西突厥欲谷設，約有急爲表裏；使葉護屯可汗浮圖城。及君集至，懼不敢發，遂來降，以其地爲庭州。焉耆請歸高昌所奪五城，留兵以守。

君集勒石紀功，凱而旋，俘智盛君臣獻觀德殿。行飲至禮，醻三日。徙高昌豪桀於中國，智盛拜左武衞將軍、金城郡公，弟智湛右武衞中郎將、天山郡公。麴氏傳國九世，百三十四年而亡。

智湛，麟德中以左驍衞大將軍爲西州刺史，卒，贈涼州都督。有子昭，好學，有譽異書者，母顧笥中金歎曰：「何愛此，不使子有異聞乎？」盡持易之。昭歷司膳卿，頗能辭章。弟崇裕有武藝，永徽中爲右武衞翊府中郎將，封交河郡王，邑至三千戶。終鎭軍大將軍。武后爲舉哀，襚以美錦，賻賜甚厚，封爵絕。

吐谷渾居甘松山之陽，洮水之西，南抵白蘭，地數千里。有城郭，不居也，隨水草，帳室、肉糧。其官有長史、司馬、將軍、王、公、僕射、尚書、郎中，蓋慕諸華爲之。俗識文字，其王椎髻黑冒，妻錦袍織裙，金蘤飾首。男子服長裙繒冒，或冠羃䍦。婦人辮髮縈後，綴珠貝。婚禮，富家厚納聘，貧者竊妻去。父死妻庶母，兄死妻嫂。喪有服，葬已即除。民無常稅，用不足，乃斂富室商人，足而止。凡殺人若盜馬者死，它罪贖以物。地多寒，宜麥、菽、粟、蕪菁，出小馬、犛牛、銅、鐵、丹砂。有青海者，周八九百里，中有山，須冰合，游牝馬其上，明年生駒，號龍種。嘗得波斯馬，牧于海，生驄駒，日步千里，故世稱「青海驄」。西北有流沙數百里，夏有熱風，傷行人。風將發，老駝引項鳴，埋鼻沙中，人候之，以氈蔽鼻口乃無恙。

隋時，其王慕容伏允號步薩鉢，嘗寇邊，煬帝遣鐵勒敗之，壁西平；復命觀王雄破其衆。伏允以數十騎入泥嶺，亡去，仙頭王率男女十餘萬降。置郡縣鎭戍，以長子順爲質，因王之，統餘衆，俄追還。伏允客党項，隋亂，因得復故地。

高祖受命，順自江都還長安，于時李軌據涼州，帝乃約伏允和，令擊軌自效，當護送順。伏允喜，引兵與軌戰庫門，交綏止，卽遣使請順，帝遣之。順至，號爲大寧王。

太宗時，伏允遣使者入朝，未還，卽寇鄯州。帝遣使者讓，且召伏允，以疾爲解，而爲

子求婚，驗帝意。帝召子親迎，亦稱疾，有詔止婚，遣中郎將康處眞臨諭。又掠岷州，都督李道彥擊走之，執名王二，斬級七百。連歲遣名王朝。俄寇涼州，鄯州刺史李玄運表吐谷渾牧馬青海，輕兵掩之，可盡致。乃命左驍衞大將軍段志玄、左驍衞將軍梁洛仁率契苾、党項兵擊之，未至三十里，志玄等不欲戰，壓而留，虜知之，驅牧馬走。副將李君羨率精騎尾襲懸水上，得牛羊二萬還。

是時，伏允耄不能事，其相天柱王用事，拘天子行人鴻臚丞趙德楷，帝遣使曉敕，十返，無悛言。貞觀九年，詔李靖爲西海道行軍大總管，侯君集積石道，任城王道宗鄯善道，李道彥赤水道，李大亮且末道，高甑生鹽澤道，並爲行軍總管，率突厥、契苾兵擊之。党項內屬羌及洮州羌，皆殺刺史歸伏允。夏四月，道宗破伏允于庫山，俘斬四百。伏允謀入磧疲唐兵，燒野草，故靖馬多飢。道宗曰：「柏海近河源，古未有至者。伏允西走，未知其在，方馬癯糧乏，難遠入，不如按軍鄯州，須馬壯更圖之。」君集曰：「不然。鄉者段志玄至鄯州，吐谷渾兵輒傅城，彼國方完，逆衆用命也。今虜大敗，斥候無在，君臣相失，我乘其困，可以得志。柏海雖遠，可鼓而至也。」靖曰：「善。」分二軍：靖與大亮、薛萬均以一軍趣北，出其右；君集、道宗以一軍趣南，出其左。靖將薩孤吳仁以輕騎戰曼都山，斬名王，獲五百級。諸將戰牛心堆、赤水源，獲虜將南昌王慕容孝儁，收雜畜數萬。君集、道宗登漢哭山，戰烏海，獲

名王梁屈葱。靖破天柱部落於赤海，收雜畜二十萬。大亮俘名王二十，雜畜五萬，次且末之西。伏允走圖倫磧，將託于闐，萬均督銳騎追亡數百里，又破之。士乏水，刺馬飲血。君集、道宗行空荒二千里，盛夏降霜，乏水草，士糜冰，馬秣雪。閱月，次星宿川，達柏海上，望積石山，覽觀河源。執失思力馳破虜車重。兩軍會于大非川、破邏眞谷。

順之質隋，爲金紫光祿大夫，伏允立其弟爲太子。順歸，常鞅鞅，自以失位，欲以功自結天子，乃斬天柱王，舉國降。伏允懼，引千餘騎遁磧中，衆稍亡，從者纔百騎，窮無聊，卽自經死。國人立順爲君，稱臣內附，詔封西平郡王，號趉胡呂烏甘豆可汗。帝恐未能定其國，遣李大亮率精兵鎭援。

順久質華，國人不附，卒爲下所殺，立其子燕王諾曷鉢。諾曷鉢幼，大臣爭權。帝詔侯君集就經紀之，始請頒曆及子弟入侍。詔封諾曷鉢河源郡王，號烏地也拔勤豆可汗，遣淮陽郡王道明持節册命，賜鼓纛。諾曷鉢身入謝，遂請婚，獻馬牛羊萬。比年入朝，乃以宗室女爲弘化公主妻之，詔道明及右武衞將軍慕容寶持節送公主。其相宣王跋扈，謀作亂，欲襲公主，劫諾曷鉢奔吐蕃。諾曷鉢知之，引輕騎走鄯城，威信王以兵迎之，果殺都尉席君買率兵與威信王共討，斬其兄弟三人，國大擾。帝又詔民部尚書唐儉、中書舍人馬周持節撫慰。

高宗立，以主故，拜駙馬都尉。又獻名馬，帝問馬種性，使者曰：「國之最良者。」帝曰：「良馬人所愛。」詔還其馬。公主表請入朝，遣左驍衞將軍鮮于匡濟迎之。十一月，及諾曷鉢至京師，帝又以宗室女金城縣主妻其長子蘇度摸末，拜左領軍衞大將軍。久之，摸末死，主與次子右武衞大將軍梁漢王闥盧摸末來請婚，帝以宗室女金明縣主妻之。既而與吐蕃相攻，上書相曲直，並來請師，天子兩不許。吐谷渾大臣素和貴奔吐蕃，言其情，吐蕃出兵擣虛，破其衆黃河上，諾曷鉢不支，與公主引數千帳走涼州。帝遣左武衞大將軍蘇定方爲安集大使，平兩國怨。吐蕃遂有其地。

諾曷鉢請內徙。乾封初，更封青海國王。帝欲徙其部於涼州之南山，羣臣議不同，帝難之。咸亨元年，乃以右威衞大將軍薛仁貴爲邏娑道行軍大總管，左衞員外大將軍阿史那道眞、左衞將軍郭待封副之，總兵五萬討吐蕃，且納諾曷鉢於故廷。王師敗於大非川，舉吐谷渾地皆陷，諾曷鉢與親近數千帳纔免。三年，乃徙浩亹水南。諾曷鉢以吐蕃盛，勢不抗，而鄯州地狹，又徙靈州，帝爲置安樂州，卽拜刺史，欲其安且樂云。

諾曷鉢死，子忠立。忠死，子宣超立，聖曆三年，拜左豹韜員外大將軍，襲故可汗號，餘部詣涼、甘、肅、瓜、沙等州降。宰相張錫與右武衞大將軍唐休璟議徙其人於秦、隴、豐、靈間，令不得畔去。涼州都督郭元振以爲：「吐谷渾近秦、隴，則與監牧雜處；置豐、靈，又邇默

啜；假在諸華，亦不遽移其性也。前日王孝傑自河源軍徙耽爾乙句貴置靈州，既其叛，乃入牧坊掠羣馬，瘢夷州縣，是則遷中土無益之成驗。往素和貴叛去，於我無損，但失吐谷渾數十部，豈與句貴比邪？今降虜非彊服，皆突矢刃，棄吐蕃而來，宜當循其情，爲之制也。當甘、肅、瓜、沙降者，卽其所置之，因所投而居，情易安，磔數州則勢自分。順其情，分其勢，不擾於人，可謂善奪戎心者也。歲遣鎭遏使者與宣超兄弟撫護之，無令相侵奪，生業固矣。有如叛去，無損中國。」詔可。宣超死，子曦皓立。曦皓死，子兆立。吐蕃復取安樂州，而殘部徙朔方、河東，語謬爲「退渾」。

貞元十四年，以朔方節度副使、左金吾衞大將軍慕容復爲長樂都督、青海國王，襲可汗號。復死，停襲。吐谷渾自晉永嘉時有國，至龍朔三年吐蕃取其地，凡三百五十年，及此封嗣絕矣。

焉耆國直京師西七千里而羸，橫六百里，縱四百里，東高昌，西龜茲，南尉犂，北烏孫。逗渠溉田，土宜黍、蒲陶，有魚鹽利。俗祝髮氈衣。戶四千，勝兵二千，常役屬西突厥。俗尚娛遨，二月朏出野祀，四月望日游林，七月七日祀生祖，十月望日王始出游，至歲盡止。

太宗貞觀六年，其王龍突騎支始遣使來朝。自隋亂，磧路閉，故西域朝貢皆道高昌。突騎支請開大磧道以便行人，帝許之。高昌怒，大掠其邊。西突厥莫賀設與咄陸弩失畢作難，來奔，咄陸弩失畢復攻之，遣使言狀，并貢名馬。咥利失可汗立，素善焉耆，故倚爲援。十二年，處月、處蜜與高昌攻陷其五城，掠千五百人，焚廬舍。侯君集討高昌，遣使與相聞，突騎支喜，引兵佐唐。高昌破，歸向所俘及城，遣使者入謝。

西突厥臣屈利啜爲弟娶突騎支女，遂相約爲輔車勢，不朝貢，安西都護郭孝恪請討之。會王弟頡鼻、栗婆準葉護等三人來降，帝卽命孝恪爲西州道總管，率兵出銀山道，以栗婆準等爲鄉導。初，焉耆所都周三十里，四面大山，海水繚其外，故恃不爲虞。孝恪倍道絕水，夜傅堞，遲曙譟而登，鼓角轟哄，唐兵縱，國人擾敗，斬千餘級，執突騎支，更以栗婆準攝國事。始，帝語近臣曰：「孝恪以八月十一日詣焉耆，閱二旬可至，當以二十二日破之，使者今至矣！」俄而遽人以捷布聞。囚突騎支及妻子送洛陽，有詔赦罪。屈利啜以兵救焉耆，而孝恪還三日矣。屈利啜囚栗婆準，更使吐屯攝王，遣使以告。帝曰：「焉耆我所下，爾乃王之邪？」吐屯懼，不敢王。焉耆立栗婆準，而從兄薛婆阿那支自爲王，號瞎干，執栗婆準獻龜茲，殺之。阿史那社尔討龜茲，阿那支奔之，壁東境抗王師，爲社尔所禽，數其罪，斬以徇。立突騎支弟婆伽利爲王，以其地爲焉耆都督府。

婆伽利死，國人請還前王突騎支，高宗許之，拜左衞大將軍，歸國。死，龍嬾突立。武后長安時，以其國小人寡，過使客不堪其勞，詔四鎭經略使禁止傔使私馬、無品者肉食。開元七年，龍嬾突死，焉吐拂延立。於是十姓可汗請居碎葉，安西節度使湯嘉惠表以焉耆備四鎭。詔焉耆、龜茲、疏勒、于闐征西域賈，各食其征，由北道者輪臺征之。訖天寶常朝賀。

龜茲，一曰丘茲，一曰屈茲，東距京師七千里而羸，自焉耆西南步二百里，度小山，經大河二，又步七百里乃至。橫千里，縱六百里。土宜麻、麥、秔稻、蒲陶，出黃金。俗善歌樂，旁行書，貴浮圖法。產子以木壓首。俗斷髮齊頂，惟君不翦髮。姓白氏。居伊邏盧城，北倚阿羯田山，亦曰白山，常有火。王以錦冒頂，錦袍、寶帶。歲朔，鬭羊馬橐它七日，觀勝負以卜歲盈耗云。葱嶺以東俗喜淫，龜茲、于闐置女肆，征其錢。高祖受禪，王蘇伐勃駃遣使入朝。會死，子蘇伐疊立，號時健莫賀俟利發。貞觀四年獻馬，太宗賜璽書，撫慰加等。後臣西突厥。郭孝恪伐焉耆，乃遣兵與焉耆影援，自是不朝貢。

蘇伐疊死，弟訶黎布失畢立。二十一年，兩遣使朝貢，然帝怒其佐焉耆叛，議討之。是夜月食昴，詔曰：「月陰精，用刑兆也；星胡分，數且終。」乃以阿史那社尔爲崑丘道行軍大總管，契苾何力副之，率安西都護郭孝恪、司農卿楊弘禮、左武衞將軍李海岸等發鐵勒十三部兵十萬討之。社尔分五軍掠其北，執焉耆王阿那支，龜茲大恐，酋長皆棄城走。社尔次磧石，去王城三百里。先遣伊州刺史韓威以千騎居前，右驍衞將軍曹繼叔次之，至多褐，與王遇，其將羯獵顚兵五萬合戰。威僞北，王見威兵少，麾而進，威退與繼叔合，還戰，大破之，追奔八十里。王嬰城，社尔將圍之，王引突騎西走，城遂拔，孝恪居守。沙州刺史蘇海政、行軍長史薛萬備以精騎躡六百里，王計窮，保撥換城，社尔圍之。閱月，執王及羯獵顚。其相那利夜逸，以西突厥幷國人萬餘來戰，孝恪及子死之。王師擾，倉部郎中崔義起募兵戰城中，繼叔、韓威助擊之，斬首三千級。那利敗，裒亡散復振，還襲王師，繼叔乘之，斬八千級。那利走，或執以詣軍。社尔凡破五大城，男女數萬，遣使者諭降小城七百餘，西域震懼，西突厥、安兩國歸軍饟焉。社尔立王弟葉護王其國，勒石紀功。

書聞，帝喜，見羣臣從容曰：「夫樂有幾，朕嘗言之：土城竹馬，童兒樂也；飾金翠羅紈，婦人樂也；貿遷有無，商賈樂也；高官厚秩，士大夫樂也；戰無前敵，將帥樂也；四海寧一，帝王樂也。朕今樂矣！」遂徧觴之。初，孝恪之擊焉耆也，龜茲有浮屠善數，歎曰：「唐家終有西域，不數年吾國亦亡。」社尔執訶黎布失畢、那利、羯獵顚獻太廟，帝受俘紫微殿。

帝責謂，君臣皆頓首伏，詔赦罪，改館鴻臚寺，拜布失畢左武衞中郎將。始徙安西都護於其都，統于闐、碎葉、疏勒，號「四鎭」。

高宗復封訶黎布失畢爲龜茲王，與那利、羯獵顚還國。久之，王來朝。那利烝其妻阿史那，王不能禁，左右請殺之，由是更猜忌。使者言狀，帝幷召至京師，囚那利，護遣王還。羯獵顚拒不內，遣使降賀魯，王不敢進，悒悒死。詔左屯衞大將軍楊胄發兵禽羯獵顚，窮誅部黨，以其地爲龜茲都督府，更立子素稽爲王，授右驍衞大將軍，爲都督。是歲，徙安西都護府於其國，以故安西爲西州都督府，卽拜左驍衞大將軍兼安西都護麴智湛爲都督。西域平。帝遣使者分行諸國風俗物產，詔許敬宗與史官譔西域圖志。上元中，素稽獻銀頗羅、名馬。天授三年，王延田跌來朝。始，儀鳳時，吐蕃攻焉耆以西，四鎭皆沒。長壽元年，武威道總管王孝傑破吐蕃，復四鎭地，置安西都護府於龜茲，以兵三萬鎭守。於是沙磧荒絕，民供貲糧苦甚，議者請棄之，武后不聽。都護以政績稱華狄者，田揚名、郭元振、張孝嵩、杜暹云。開元七年，王白莫苾死，子多帀立，改名孝節。十八年，遣弟孝義來朝。

自龜茲贏六百里，踰小沙磧，有跋祿迦，小國也，一曰亟墨，卽漢姑墨國，橫六百里，縱

三百里。風俗文字與龜茲同，言語少異。出細氈褐。西三百里度石磧至淩山，葱嶺北原也，水東流，春夏山谷積雪。西北五百里至素葉水城，比國商胡雜居。素葉以西數十城，皆立君長，役屬突厥。自素葉水城至羯霜那國，衣氈褐皮氎，以繒繚額。素葉城西四百里至千泉，地贏二百里，南雪山，三垂平陸，多泉池，因名之，突厥可汗歲避暑其中。羣鹿飾鈴鐶，可狎也。西贏百里至呾邏私城〔三〕，亦比國商胡雜居。有小城，三百，本華人〔四〕，爲突厥所掠，羣保此，尚華語。西南贏二百里至白水城，原隰膏腴。南五十里有笯赤建國，廣千里，地沃宜稼，多蒲陶。又二百里卽石國。

疏勒，一曰佉沙，環五千里，距京師九千里而贏。多沙磧，少壤土。俗尚詭詐，生子亦夾頭取褊，其人文身碧瞳。王姓裴氏，自號「阿摩支」，居迦師城，突厥以女妻之。勝兵二千人。俗祠祆神。

貞觀九年，遣使者獻名馬，又四年，與朱俱波、甘棠貢方物。太宗謂房玄齡等曰：「曩之一天下，克勝四夷，惟秦皇、漢武耳。朕提三尺劍定四海，遠夷率服，不減二君者。然彼末路不自保，公等宜相輔弼，毋進諛言，置朕於危亡也。」儀鳳時，吐蕃破其國。開元十六年，

始遣大理正喬夢松攝鴻臚少卿，册其君安定爲疏勒王。天寶十二載，首領裴國良來朝，授折衝都尉，賜紫袍、金魚。

朱俱波亦名朱俱槃，漢子合國也。并有西夜、蒲犂、依耐、得若四種地，直于闐西千里，葱嶺北三百里，西距喝盤陀，北九百里屬疏勒，南三千里女國也。勝兵二千人。尚浮屠法，文字同婆羅門。

甘棠，在海南，崑崙人也。

喝盤陀，或曰漢陀，曰渴館檀，亦謂渴羅陀，由疏勒西南入劍末谷、不忍領六百里，其國也。距瓜州四千五百里，直朱俱波西，南距懸度山，北抵疏勒，西護密，西北判汗國也。治葱嶺中，都城負徙多河〔五〕。勝兵千人。其王本疏勒人，世相承爲之。西南卽頭痛山也。葱嶺俗號極嶷山，環其國。人勁悍，貌、言如于闐。其法，殺人剽劫者死，餘得贖。賦必輸服飾，王坐人牀〔六〕。後魏太延中，始通中國。貞觀九年，遣使者來朝。開元中破平其國，置葱嶺守捉，安西極邊戍也。

于闐，或曰瞿薩旦那，亦曰渙那，曰屈丹，北狄曰于遁，諸胡曰豁旦。距京師九千七百里，瓜州贏四千里，并有漢戎盧、杅彌、渠勒、皮山五國故地。其居曰西山城，勝兵四千人。有玉河，國人夜視月光盛處必得美玉。王居繪室。俗機巧，言迂大，喜事祆神、浮屠法，然貌恭謹，相見皆跪。以木爲筆，玉爲印，凡得問遺書，戴于首乃發之。自漢武帝以來，中國詔書符節，其王傳以相授。人喜歌舞，工紡績。西有沙磧，鼠大如蝟，色類金，出入羣鼠爲從。初無桑蠶，丐鄰國，不肯出，其王卽求婚，許之。將迎，乃告曰：「國無帛，可持蠶自爲衣。」女聞，置蠶帽絮中，關守不敢驗，自是始有蠶。女刻石約無殺蠶，蛾飛盡得治繭。

王姓尉遲氏，名屋密，本臣突厥，貞觀六年，遣使者入獻。後三年，遣子入侍。阿史那社尒之平龜茲也，其王伏闍信大懼，使子獻橐它三百。長史薛萬備謂社尒曰：「公破龜茲，西域皆震恐，願假輕騎羈于闐王獻京師。」社尒許之。至于闐，陳唐威靈，勸入見天子，伏闍信乃隨使者來。會高宗立，授右衞大將軍，子葉護玷爲右驍衞將軍，賜袍帶，布帛六千段，第一區，留數月遣之，請以子弟宿衞。上元初，身率子弟酋領七十人來朝。擊吐蕃有功，帝以其地爲毗沙都督府，析十州，授伏闍雄都督。死，武后立其子璥。開元時獻馬、駝、豽。璥

死，復立尉遲伏師戰爲王。死，伏闍達嗣，并册其妻執失爲妃。死，尉遲珪嗣，妻馬爲妃。珪死，子勝立。至德初，以兵赴難，因請留宿衞。乾元三年，以其弟左監門衞率葉護曜爲大僕員外卿、同四鎭節度副使，權知本國事。勝自有傳。

于闐東三百里有建德力河，七百里有精絕國；河之東有汗彌，居達德力城，亦曰拘彌城，卽寧彌故城。皆小國也。

初，德宗卽位，遣內給事朱如玉之安西，求玉於于闐，得圭一，珂佩五，枕一，帶胯三百，簪四十，奩三十，釧十，杵三，瑟瑟百斤，并它寶等。及還，詐言假道回紇爲所奪。久之事泄，得所市，流死恩州。

天竺國，漢身毒國也，或曰摩伽陀，曰婆羅門。去京師九千六百里，都護治所二千八百里，居葱嶺南，幅圓三萬里，分東、西、南、北、中五天竺，皆城邑數百。南天竺瀕海，出師子、豹、獋、橐它、犀、象、火齊、琅玕、石蜜、黑鹽。北天竺距雪山，圜抱如壁，南有谷，通爲國門。東天竺際海，與扶南、林邑接。西天竺與罽賓、波斯接。中天竺在四天竺之會，都城曰茶鎛和羅城，濱迦毗黎河。有別城數百，皆置長，別國數十，置王。曰舍衞；曰迦沒路，開戶

國亦入獻，言子姓相承十世云。

東安，或曰小國〔三〕，曰喝汗，在那密水之陽，東距何二百里許，西南至大安四百里。治喝汗城，亦曰鞻斤。大城二十，小堡百。顯慶時，以阿濫爲安息州，即以其王昭武殺爲刺史；鞻斤爲木鹿州，以其王昭武閉息爲刺史。開元十四年，其王篤薩波提遣弟阿悉爛達拂耽發黎來朝，納馬豹。後八年，獻波斯𩣡二，拂菻繡氍毬一，鬱金香、石蜜等，其妻可敦獻柘辟大氍毬二、繡氍毬一，丐賜袍帶、鎧仗及可敦袿襹裝澤。

東曹，或曰率都沙那，蘇對沙那，劫布呾那〔三〕，蘇都識匿，凡四名。居波悉山之陰，漢貳師城地也。東北距俱戰提二百里，北至石，西至康，東北寧遠，皆四百里許，南至吐火羅五百里。有野叉城，城有巨窟，嚴以關鑰，歲再祭，人向窟立，中即煙出，先觸者死。武德中，與康同遣使入朝，其使曰：「本國以臣爲健兒，聞秦王神武，欲隸麾下。」高祖大悅。

西曹者，隋時曹也，南接史及波覽，治瑟底痕城。東北越于底城有得悉神祠，國人事之。有金具器，款其左曰：「漢時天子所賜。」武德中入朝。天寶元年，王哥邏僕羅遣使者獻方物，詔封懷德王，即上言：「祖考以來，奉天可汗，願同唐人受調發，佐天子征討。」十一載，東曹王設阿忽與安王請擊黑衣大食，玄宗尉之，不聽。

中曹者，居西曹東，康之北。王治迦底眞城。其人長大，工戰鬭。

石，或曰柘支，曰柘折，曰赭時，漢大宛北鄙也。去京師九千里。東北距西突厥，西北波臘，南二百里所抵俱戰提，西南五百里康也。圓千餘里，右涯素葉河。王姓石，治柘折城，故康居小王窳匿城地。西南有藥殺水，入中國謂之眞珠河，亦曰質河。東南有大山，生瑟瑟。俗善戰，多良馬。隋大業初，西突厥殺其王，以特勒甸職統其國。武德、貞觀間，數獻方物。顯慶三年，以瞰羯城爲大宛都督府，授其王瞰土屯攝舍提於屈昭穆都督。開元初，封其君莫賀咄吐屯，有功，爲石國王。二十八年，又册順義王。明年，王伊捺吐屯屈勒上言：「今突厥已屬天可汗，惟大食爲諸國患，請討之。」天子不許。天寶初，封王子那俱車鼻施爲懷化王，賜鐵券。久之，安西節度使高仙芝劾其無蕃臣禮，請討之。王約降，仙芝遣使者護送至開遠門，俘以獻，斬闕下，於是西域皆怨。王子走大食乞兵，攻怛邏斯城，敗仙芝軍，自是臣大食。寶應時，遣使朝貢。

有碎葉者，出安西西北千里所，得勃達嶺，南抵中國，北突騎施南鄙也，西南直葱嶺贏二千里。水南流者經中國入于海，北流者經胡入于海。北三日行度雪海，春夏常雨雪。繇勃達嶺北行贏千里，得細葉川。東曰熱海，地寒不凍；西有碎葉城，天寶七載，北庭節度使王正見伐安西，毀之。川長千里，有異姓突厥兵數萬，耕者皆擐甲，相掠爲奴婢。西屬怛邏斯城，石常分兵鎭之。自此抵西海矣。三月訖九月，未嘗雨，人以雪水溉田。

石東南千餘里，有悑捍者，山四環之，地膏腴，多馬羊。西千里距堵利瑟那，東臨葉葉水，水出葱嶺北原，色濁，西北流入大磧。無水草，望大山，尋遺胔，知所指，五百餘里即康也。

米，或曰彌末，曰弭秣賀。北百里距康。其君治鉢息德城，永徽時爲大食所破。顯慶三年，以其地爲南謐州，授其君昭武開拙爲刺史，自是朝貢不絕。開元時，獻璧、舞筵、師子、胡旋女。十八年，大首領末野門來朝。天寶初，封其君爲恭順王，母可敦郡夫人。

何，或曰屈霜你迦，曰貴霜匿，即康居小王附墨城故地。城左有重樓，北繪中華古帝，東突厥、婆羅門，西波斯、拂菻等諸王，其君旦詣拜則退。貞觀十五年，遣使者入朝。永徽時上言：「聞唐出師西討，願輸糧于軍。」俄以其地爲貴霜州，授其君昭武婆達地刺史。遣使者鉢底失入謝。

火尋，或曰貨利習彌，曰過利，居烏滸水之陽。東南六百里距戊地，西南與波斯接，西北抵突厥曷薩，乃康居小王奧鞬城故地。其君治急多颶遮城。諸胡惟其國有車牛，商賈乘以行諸國。天寶十載，君稍施芬遣使者朝，獻黑鹽。寶應時復入朝。

史，或曰佉沙，曰羯霜那，居獨莫水南康居小王蘇薤城故地。西百五十里距那色波，北

二百里屬米，南四百里吐火羅也。有鐵門山，左右巉峭，石色如鐵，爲關以限二國，以金錮闔。城有神祠，每祭必千羊，用兵類先禱乃行。國有城五百。隋大業中，其君狄遮始通中國，號最彊盛，築乞史城，地方數千里。貞觀十六年，君沙瑟畢獻方物。顯慶時，以其地爲佉沙州，授君昭武失阿喝刺史。開元十五年，君忽必多獻舞女、文豹。後君長數死、立，然首領時時入朝。天寶中，詔改史爲來威國。

那色波，亦曰小史，蓋爲史所役屬。居吐火羅故地，東阨葱嶺，西接波剌斯，南雪山。

循縛芻水北有咀蜜種〔四〕，亦自國，東西六百里所。又東踰四種，有鑊沙者，廣三百里，長五百里，東界骨咄，接葱嶺有十八種。南有揭職，稍大，幅員準千里，陵阜連屬，多菽麥，氣寒烈。東南抵雪山六百里，道吐火羅，又踰五種至婆羅覩邏。北踰山行六百里，得烏萇種。東北行二百里至河波羅水，水西南流，春夏涸凍。北歷十二種有婆羅吸摩補羅，最大種，繇地四千里，山周其外，土沃，產鍮、水精。北大雪山，即東女也。歷十九種得摩揭陀。又東過四種，踰大河，有迦摩縷波，皆阪險，地接西南夷，其人類蠻獠。行二月，叩蜀南邊，其東南野象羣暴，故戰用象軍。又南歷三十二種有狠揭羅者，地大數千里，其君治窣莬黎濕伐羅城。西北即波剌斯，傳言廣萬里，王治蘇剌薩儻那城。土溫溽，引水爲田，人富饒。

出金、銀、水精。多工巧，織錦、褐、氍毹。產善馬、橐它。人服錦氈。賦稅，口出四銀錢，又以交易。西北距拂菻，西南際海島，有西女種，皆女子，多珍貨，附拂菻，拂菻君長歲遣男子配焉。俗產男不舉。又有臂、多、勢、羅四種，西北踰大山廣川，歷小城聚，行二千里即謝颶也。北五百里有弗栗恃薩儻那，地橫二千里，縱千里。其君突厥種，治護苾那城。東北大雪山，盛夏常凍，鑿冰乃可度。下有安咀羅縛者，地三千里；西北踰嶺四百里有闊悉多，西北三百里有活種，大二千里。此三種皆居吐火羅故地，臣于突厥，君亦突厥種，主鐵門南諸戎，遷徙不常。東又有七種，東南峽道險甚，無盧三百里，得俱蘭。東北山行五百里，即護密，北識匿也。南有商彌，地大二千里而贏，多蒲陶。生雌黃，鑿石乃得。東北踰山七百里至波謎羅川〔五〕，東西千里，南北百里，春夏雨雪。南有鉢露種，多紫金。行五百里有竭盤陀。東行八百里出葱嶺，又八百里至烏鎩，環千里，出白、黶、青三種玉。君長世臣竭盤陀。北徑磧，曠野五百里，得疏勒。東南五百里濟徙多水，踰大沙嶺，有斫句迦種，或曰沮渠，地千里。東踰嶺八百里，即于闐也，東有媲摩川。度磧行二百里，得尼壤城，在大澤中，地墊洳，蘆葦荒茂，行者鑿道趣城通于闐，而于闐以爲東關。又東行入大流沙，人行無跡，故往返輒迷，聚遺骸以識道。無水草，多熱風，觸人及六畜皆迷仆。行四百里至故都邏。又六百里至故折摩馱那，古且末也。又千里至故納縛波，古樓蘭也。

列傳第一百四十六下　西域下　六二四九

唐書卷二百二十一下　六二五〇

自咀蜜以下，諸種相與羣聚，華人皆以國名之，故未嘗與唐通，傳記雜詭，不可得而考，然其地與諸國連屬，粗序其名云。

寧遠者，本拔汗那，或曰鏺汗，元魏時謂破洛那。去京師八千里。居西鞬城，在眞珠河之北。有大城六，小城百。人多壽。其王自魏、晉相承不絕。每元日，王及首領判二朋，朋出一人被甲鬬，衆以瓦石相之，有死者止，以卜歲善惡。

貞觀中，王契苾爲西突厥瞰莫賀咄所殺，阿瑟那鼠匿奪其城。鼠匿死，子遏波之立契苾兄子阿了參爲王，治呼悶城；遏波之治渴塞城。顯慶初，遏波之遣使朝貢，高宗厚慰諭。三年，以渴塞城爲休循州都督，授阿了參刺史，自是歲朝貢。玄宗開元二十七年，王阿悉爛達干助平吐火仙，册拜奉化王。天寶三載，改其國號寧遠，帝以外家姓賜其王曰竇，又封宗室女爲和義公主降之。十三載，王忠節遣子薛裕朝，請留宿衞，習華禮，聽之，授左武衞將軍。其事唐最謹。

大勃律，或曰布露。直吐蕃西，與小勃律接，西鄰北天竺、烏萇。地宜鬱金。役屬吐蕃。萬歲通天逮開元時，三遣使者朝，故册其君蘇弗舍利支離泥爲王。死，又册蘇麟陀逸之嗣王，凡再遣大首領貢方物。

小勃律去京師九千里而贏，東少南三千里距吐蕃贊普牙，東八百里屬烏萇〔六〕，東南三百里大勃律，南五百里箇失蜜，北五百里當護密之娑勒城。王居孽多城，臨娑夷水。其西山顚有大城曰迦布羅。開元初，王沒謹忙來朝，玄宗以兒子畜之，以其地爲綏遠軍。國迫吐蕃，數爲所困，吐蕃曰：「我非謀爾國，假道攻四鎭爾。」久之，吐蕃奪其九城，沒謹忙求救北庭，節度使張孝嵩遣疏勒副使張思禮率銳兵四千倍道往，沒謹忙因出兵，大破吐蕃，殺其衆數萬，復九城。詔册爲小勃律王；遣大首領察卓那斯摩沒勝入謝。

沒謹忙死，子難泥立。死，兄麻來兮立。死，蘇失利之立，爲吐蕃陰誘，妻以女，故西北二十餘國皆臣吐蕃，貢獻不入，安西都護三討之無功。天寶六載，詔副都護高仙芝伐之。前遣將軍席元慶馳千騎見蘇失利之曰：「請假道趨大勃律。」城中大酋五六，皆吐蕃腹心。仙芝約元慶：「吾兵到，必走山。出詔書召慰，賜繒綵。縛酋領待我。」元慶如約。蘇失利之挾妻走，不得其處。仙芝至，斬爲吐蕃者，斷娑夷橋。是暮，吐蕃至，不能救。仙芝約王降，遂

列傳第一百四十六下　西域下　六二五一

唐書卷二百二十一下　六二五二

平其國。於是拂菻、大食諸胡七十二國皆震恐，咸歸附。執小勃律王及妻歸京師，詔改其國號歸仁，置歸仁軍，募千人鎭之。帝赦蘇失利之不誅，授右威衞將軍，賜紫袍、黃金帶，使宿衞。

吐火羅，或曰土豁羅，曰覩貨邏，元魏謂吐呼羅者。居葱嶺西，烏滸河之南，古大夏地。與挹怛雜處。勝兵十萬。國土著，少女多男。北有頗黎山，其陽穴中有神馬，國人游牧牝于側，生駒輒汗血。其王號「葉護」。武德、貞觀時再入獻。

永徽元年，獻大鳥，高七尺，色黑，足類橐駝，翅而行，日三百里，能噉鐵，俗謂駝鳥。顯慶中，以其阿緩城爲月氏都督府，析小城爲二十四州，授王阿史那都督。後二年，遣子來朝，俄又獻碼碯鐙樹，高三尺。神龍元年，王那都泥利遣弟僕羅入朝，留宿衞。開元、天寶間數獻馬、騾、異藥、乾陀婆羅二百品、紅碧玻瓈，乃册其君骨咄祿頓達度爲吐火羅葉護、挹怛王。其後，鄰胡羯師謀引吐蕃攻吐火羅，於是葉護失里忙伽羅丐安西兵助討，帝爲出師破之。

乾元初，與西域九國發兵爲天子討賊，肅宗詔隸朔方行營。

挹怛國，漢大月氏之種。大月氏爲烏孫所奪，西過大宛，擊大夏臣之。治藍氏城。大夏

卽吐火羅也。嚈噠，王姓也，後裔以姓爲國，訛爲挹怛，亦曰挹闐。俗類突厥。天寶中遣使朝貢。

俱蘭，或曰俱羅弩，曰屈浪拏，與吐火羅接，環地三千里，南大雪山，北俱魯河。出金精，琢石取之。貞觀二十年，其王忽提婆遣使者來獻，書辭類浮屠語。

劫者，居葱嶺中，西及南距賒彌，西北挹怛也，去京師萬二千里。氣常熱，有稻、麥、粟、豆。畜羊馬。俗死棄於山。武德二年，遣使者獻寶帶、玻瓈、水精杯。

越底延者，南三千里距天竺，西北千里至賒彌，東北五千里至瓜州，居辛頭水之北。其法不殺人，重罪流，輕罪放。無租稅。俗翦髮，被錦袍，貧者白氎。自澡潔。氣溫，多稻、米、石蜜。

謝䫻居吐火羅西南，本曰漕矩吒，或曰漕矩，顯慶時謂訶達羅支，武后改今號。東距罽賓，東北帆延，皆四百里。南婆羅門，西波斯，北護時健。其王居鶴悉那城，地七千里，亦治阿娑你城。多鬱金、瞿草。瀵泉灌田。國中有突厥、罽賓、吐火羅種人雜居，罽賓取其子弟持兵以禦大食。景雲初，遣使朝貢，後遂臣罽賓。開元八年，天子册葛達羅支頡利發誓屈

爾爲王。至天寶中數朝獻。

帆延者，或曰望衍，曰梵衍那。居斯卑莫運山之旁，西北與護時健接，東南距罽賓，西南訶達羅支，與吐火羅連境。地寒，人穴處。王治羅爛城，有大城四五。水北流入烏滸河。貞觀初，遣使者入朝。顯慶三年，以羅爛城爲寫鳳都督府，縛時城爲悉萬州，授王葛寫鳳州都督，管內五州諸軍事，自是朝貢不絕。

石汗那，或曰斫汗那。自縛底野南入雪山，行四百里得帆延，東臨烏滸河。多赤豹。開元、天寶中，一再朝獻。

識匿，或曰尸棄尼，曰瑟匿。東南直京師九千里，東五百里距葱嶺守捉所，南三百里屬護蜜，西北五百里抵俱蜜。初治苦汗城，後散居山谷。有大谷五，酋長自爲治，謂之五識匿。地二千里，無五穀。人喜攻剽，劫商賈。播蜜川四谷稍不用王號令。俗窟室。貞觀二十年，與似沒、役槃二國使者偕來朝。開元十二年，授王布遮波資金吾衞大將軍。天寶六載，王跌失伽延從討勃律戰死，擢其子都督、左武衞將軍，給祿居蕃。

似沒者，北接石。土俗與康同。

役槃，亦與康鄰。出良馬。

俱蜜者，治山中。在吐火羅東北，南臨黑河。其王突厥延陀種。貞觀十六年，遣使者入朝。開元中，獻胡旋舞女，其王那羅延頗言爲大食暴賦，天子但尉遣而已。天寶時，王伊悉爛俟斤又獻馬。

護蜜者，或曰達摩悉鐵帝，曰鑊侃，元魏所謂鉢和者，亦吐火羅故地。東南直京師九千里而贏，橫千六百里，縱狹纔四五里。王居塞迦審城，北臨烏滸河。地寒沍，堆阜曲折，沙石流漫。有豆、麥，宜木果，出善馬。人碧瞳。顯慶時以地爲鳥飛州，王沙鉢羅頡利發爲刺史。地當四鎭入吐火羅道，故役屬吐蕃。開元八年，册其王羅旅伊陀骨咄祿多毗勒莫賀達摩薩爾爲王。十六年，與米首領米忽汗同獻方物。明年，大酋烏鶻達干復朝。王死，册其從弟護眞檀嗣王。二十九年，身入朝，宴內殿，拜左金吾衞將軍，賜紫袍、金帶。天寶初，王子頡吉匐請絕吐蕃，賜鐵券。八載，眞檀來朝，請宿衞，詔可。授右武衞將軍，久乃遣。又遣首領朝貢。乾元元年，王紇設伊俱鼻施來朝，賜氏李。

箇失蜜，或曰迦濕彌邏。北距勃律五百里，環地四千里，山回繚之，它國無能攻伐。王

治撥邏勿邏布邏城，西瀕彌那悉多大河。地宜稼。多雪不風。出火珠、鬱金、龍種馬。俗毛褐。世傳地本龍池，龍徙水竭，故往居之。開元初，遣使者朝。八年，詔册其王眞陀羅祕利爲王；間獻胡藥。天木死，弟木多筆立，遣使者物理多來朝，且言：「有國以來，並臣天可汗，受調發。國有象、馬、步三種兵，臣身與中天竺王阨吐蕃五大道，禁出入，戰輒勝。有如天可汗兵至勃律者，雖衆二十萬，能輸糧以助。又國有摩訶波多磨龍池，願爲天可汗營祠。」因丐王册，鴻臚譯以聞。詔內物理多宴中殿，賜賚優備，册木多筆爲王，自是職貢有常。

其役屬五種，亦名國。所謂呾叉始羅者〔七〕，地二千里，有都城。東南餘七百里得僧訶補羅，地三千餘里，亦治都城。東南山行五百里得烏剌尸，地二千里，有都城。宜稼穡。東南限山千里即箇失蜜。西南行險七百里得半笯蹉，地一千里。又得曷邏闍補羅者，其大四千里，有都城，多山阜，人驍勇。五種皆無君長云。

骨咄，或曰珂咄羅。廣長皆千里。王治思助建城。多良馬、赤豹。有四大鹽山，山出烏鹽。

開元十七年，王俟斤遣子骨都施來朝。二十一年，王頡利發獻女樂，又遣大首領多博勒達干朝貢。天寶十一載，冊其王羅全節爲葉護。

蘇毗，本西羌族，爲吐蕃所幷，號孫波，在諸部最大。東與多彌接，西距鶻莽硤，戶三萬。天寶中，王沒陵贊欲舉國內附，爲吐蕃所殺，子悉諾率首領奔隴右，節度使哥舒翰護送闕下，玄宗厚禮之。

多彌，亦西羌族，役屬吐蕃，號難磨。濱犂牛河，土多黃金。貞觀六年，遣使者朝貢，賜遣之。

伊吾城者，漢宜禾都尉所治。商胡雜居，勝兵千，附鐵勒。人驍悍，土良沃。隋末內屬，置伊吾郡。天下亂，復臣突厥。貞觀四年，城酋來朝。頡利滅，舉七城降，列其地爲西伊州。

師子，居西南海中，延袤二千餘里，有稜伽山，多奇寶，以寶置洲上，商舶償直輒取去。

後鄰國人稍往居之。能馴養師子，因以名國。

總章三年，遣使者來朝。天寶初，王尸羅迷迦再遣使獻大珠、鈿金、寶瓔、象齒、白氎。

波斯，居達遏水西，距京師萬五千里而嬴，東與吐火羅、康接，北鄰突厥可薩部，西南皆瀕海，西北嬴四千里，拂菻也。人數十萬，其先波斯匿王，大月氏別裔，王因以姓，又爲國號。治二城，有大城十餘。俗尊右下左，祠天地日月水火。祠夕，以麝揉蘇，澤耏顏鼻耳。西域諸胡受其法，以祠祆。拜必交股。俗徒跣，丈夫祝髮，衣不剖襟，青白爲巾帔，緣以錦。婦辮髮著後。戰乘象，一象士百人，負則盡殺。斷罪不爲文書，決於廷。叛者鐵灼其舌，瘡白爲直，黑爲曲。刑有髡、鉗、刖、劓，小罪耏，或系木于頸，以時月而置。劫盜囚終老，偷者輸銀錢。凡死，棄于山，服閱月除。氣常歊熱，地夷漫，知耕種畜牧。有鷲鳥，能啖羊。多善犬、騾、大驢。產珊瑚，高不三尺。

隋末，西突厥葉護可汗討殘其國，殺王庫薩和，其子施利立，葉護使部帥監統。施利死，遂不肯臣。立庫薩和女爲王，突厥又殺之。施利之子單羯方奔拂菻，國人迎立之，是爲伊怛支。死，兄子伊嗣俟立。

貞觀十二年，遣使者沒似半朝貢，又獻活褥蛇，狀類鼠，色正青，長九寸，能捕穴鼠。伊嗣俟不君，爲大酋所逐，奔吐火羅，半道，大食擊殺之。子卑路斯入吐火羅以免。遣使者告難，高宗以遠不可師，謝遣，會大食解而去，吐火羅以兵納之。

龍朔初，又訴爲大食所侵，是時天子方遣使者到西域分置州縣，以疾陵城爲波斯都督府，即拜卑路斯爲都督。俄爲大食所滅，雖不能國，咸亨中猶入朝，授右武衞將軍，死。始，其子泥涅師爲質，調露元年，詔裴行儉將兵護還，將復王其國，以道遠，至安西碎葉，行儉還，泥涅師因客吐火羅二十年，部落益離散。景龍初，復來朝，授左威衞將軍。病死，西部獨存。開元、天寶間，遣使者十輩獻碼碯牀、火毛繡舞筵。乾元初，從大食襲廣州，焚倉庫廬舍，浮海走。大曆時復來獻。

又有陀拔斯單者，或曰陀拔薩憚。其國三面阻山，北瀕小海。居婆里城〔六〕，世爲波斯東大將。波斯滅，不肯臣大食。天寶五載，王忽魯汗遣使入朝，封爲歸信王。後八年，遣子自會羅來朝，拜右武衞員外中郎將，賜紫袍、金魚，留宿衞。爲黑衣大食所滅。

貞觀後，遠小國君遣使者來朝獻，有司未嘗參考本末者，今附之左方。曰火辭彌，與波斯接。貞觀十八年，與摩羅游使者偕朝。二十一年，有健達王獻佛土菜，莖五葉，赤華紫須。

龍朔元年，多福王難婆修彊宜說遣使者來朝。總章元年，有末陀提王，開元五年，有習阿薩般王安殺，並遣使者朝貢。七年，訶毗施王捺塞因吐火羅大酋羅摩獻師子、五色鸚鵡。

天寶時來朝者，曰俱爛那，曰舍摩，曰威遠，曰蘇吉利發屋蘭，曰蘇利悉單，曰建城，曰新城，曰俱位，凡八國。

俱位，或曰商彌。治阿賒颰師多城，在大雪山、勃律河北。地寒，有五穀、蒲陶、若榴，多窟室。國人常助小勃律爲中國候。

新城之國，在石東北嬴百里。有弩室羯城，亦曰新城，曰小石國城，後爲葛邏祿所幷。

拂菻，古大秦也，居西海上，一曰海西國。去京師四萬里，在苫西，北直突厥可薩部，西瀕海，有遲散城，東南接波斯。地方萬里，城四百，勝兵百萬。十里一亭，三亭一置。臣役小國數十，以名通者曰澤散，曰驢分。澤散直東北，不得其道里。東度海二千里至驢分國。

重石爲都城，廣八十里，東門高二十丈，釦以黃金。王宮有三襲門，皆飾異寶。中門中有金巨稱一，作金人立，其端屬十二丸，率時改一丸落。以瑟瑟爲殿柱，水精、琉璃爲棁，香木梁，黃金爲地，象牙闔。有貴臣十二共治國。王出，一人挈囊以從，有訟書投囊中，還省枉

直。國有大災異，輒廢王更立賢者。王冠如鳥翼，綴珠。衣錦繡，前無襟。坐金藤榻，側有鳥如鵝，綠毛，上食有毒輒鳴。無陶瓦，屑白石塈屋，堅潤如玉。盛暑引水上，流氣爲風。男子巔髮、衣繡，右袒而帔，乘輜軿白蓋小車，出入建旌旗，擊鼓。婦人錦巾。家訾億萬者爲上官。

俗喜酒，嗜乾餅。多幻人，能發火于顏，手爲江湖，口幡旄舉，足墮珠玉。有善醫能開腦出蟲以愈目眚。土多金、銀、夜光璧、明月珠、大貝、車渠、碼碯、木難、孔翠、虎魄。織水羊毛爲布，曰海西布。海中有珊瑚洲，海人乘大舶，墮鐵網水底。珊瑚初生磐石上，白如菌，一歲而黃，三歲赤，枝格交錯，高三四尺。鐵發其根，繫網舶上，絞而出之，失時不取即腐。西海有市，貿易不相見，置直物旁，名鬼市。有獸名賨，大如狗，獷惡而力。北邑有羊，生土中，臍屬地，割必死，俗介馬而走，擊鼓以驚之，羔臍絕，即逐水草，不能羣。

貞觀十七年，王波多力遣使獻赤玻瓈、綠金精，下詔答賚。大食稍彊，遣大將軍摩拽伐之，拂菻約和，遂臣屬。乾封至大足，再朝獻。開元七年，因吐火羅大酋獻師子、羚羊。

自拂菻西南度磧二千里，有國曰磨鄰，曰老勃薩。其人黑而性悍。地瘴癘，無草木五穀，飼馬以槁魚，人食鶻莽。鶻莽，波斯棗也。不恥烝報，於夷狄最甚，號曰「尋」。其君臣七日一休，不出納交易，飲以窮夜。

大食，本波斯地。男子鼻高，黑而髯。女子白皙，出輒鄣面。日五拜天神。銀帶，佩銀刀，不飲酒舉樂。有禮堂容數百人，率七日，王高坐爲下說曰：「死敵者生天上，殺敵受福。」故俗勇于鬭。土磽磼不可耕，獵而食肉。剡石蜜爲廬如輿狀，歲獻貴人。蒲陶大者如雞卵。有千里馬，傳爲龍種。

隋大業中，有波斯國人牧于俱紛摩地那山，有獸言曰：「山西三穴，有利兵，黑石而白文，得之者王。」走視，如言。石文言當反，乃詭衆裒亡命於恒曷水，劫商旅，保西鄙自王，移黑石寶之。國人往討之，皆大敗還，於是遂彊。滅波斯，破拂菻，始有粟麥倉庾。南侵婆羅門，并諸國，勝兵至四十萬，康、石皆往臣之。其地廣萬里，東距突騎施，西南屬海。海中有撥拔力種，無所附屬。不生五穀，食肉，刺牛血和乳飲之。俗無衣服，以羊皮自蔽。婦人明晳而麗。多象牙及阿末香，波斯賈人欲往市，必數千人納氎劖血誓，乃交易。兵多牙角，而有弓、矢、鎧、矟，士至二十萬，數爲大食所破略。

永徽二年，大食王豃密莫末膩始遣使者朝貢，自言王大食氏，有國三十四年，傳二世。開元初，復遣使獻馬、鈿帶，謁見不拜，有司將劾之，中書令張說謂殊俗慕義，不可寘于罪，玄宗赦之。使者又來，辭曰：「國人止拜天，見王無拜也。」有司切責，乃拜。十四年，遣使蘇黎滿獻方物，拜果毅，賜緋袍、帶。

或曰大食族中有孤列種，世酋長，號白衣大食。種有二姓，一曰盆尼末換，二曰奚深。有摩訶末者，勇而智，衆立爲王，闢地三千里，克夏臘城。傳十四世，至末換，殺兄伊疾自王，下怨其忍。有呼羅珊木鹿人並波悉林將討之，徇衆曰：「助我者，皆黑衣。」俄而衆數萬，即殺末換，求奚深種孫阿蒲羅拔爲王，更號黑衣大食。蒲羅死，弟阿蒲恭拂立。至德初，遣使者朝貢。代宗取其兵平兩京。阿蒲恭拂死，子迷地立。死，弟訶論立〔九〕。貞元時，與吐蕃相攻，吐蕃歲西師，故鮮盜邊。十四年，遣使者含嵯、烏雞、沙北三人朝，皆拜中郎將，賚遣之。傳言其國西南二千里山谷間，有木生花如人首，與語輒笑，則落。

東有末祿，小國也。治城郭，多木姓。以五月爲歲首，以畫缸相獻。有尋支瓜，大者十人食乃盡。蔬有顆葱、葛藍、軍達、茇薤。

大食之西有苫者，亦自國。北距突厥可薩部，地數千里。有五節度，勝兵萬人。土多禾。有大川，東流入亞俱羅。商賈往來相望云。

自大食西十五日行，得都盤，西距羅利支十五日行；南即大食，二十五日行；北勃達，一月行。

勃達之東距大食二月行；西抵岐蘭二十日行；南都盤，北大食，皆一月行。岐蘭之東南二十日行，得阿沒，或曰阿昧；東南距陀拔斯十五日行；南沙蘭，一月行；北距海二日行。居你訶温多城，宜馬羊，俗柔寬，故大食常游牧於此。沙蘭東距羅利支，北怛滿，皆二十日行；西即大食，二十五日行。羅利支東距都盤，北陀拔斯，皆十五日行；西沙蘭，二十日行；南大食，二十五日行。怛滿，或曰怛沒，東陀拔斯，南大食，皆一月行；北岐蘭，二十日行；西即大食，一月行。居烏滸河北平川中。獸多師子。西北與史接，以鐵關爲限。

天寶六載，都盤等六國皆遣使者入朝，乃封都盤王謀思健摩訶延曰順化王，勃達王摩俱澀斯曰守義王，阿沒王俱那胡設曰恭信王，沙蘭王卑路斯威曰順禮王，羅利支王伊思俱習曰義寧王，怛滿王謝沒曰奉順王。

贊曰：西方之戎，古未嘗通中國，至漢始載烏孫諸國，後以名字見者寖多。唐興，以次脩貢，蓋百餘，皆冒萬里而至，亦已勤矣！然中國有報贈、册弔、程糧、傳驛之費，東至高麗，南至眞臘，西至波斯、吐蕃、堅昆，北至突厥、契丹、靺鞨，謂之「八蕃」，其外謂之「絕域」，視

中華書局

地遠近而給費。開元盛時，稅西域商胡以供四鎮，出北道者納賦輪臺。地廣則費倍，此盛王之鑒也。

校勘記

〔一〕武德十年始遣使來獻　舊書卷一九八康國傳亦云：「武德十年，屈朮支遣使獻名馬。」按武德無十年，冊府卷九七〇繫于武德九年。

〔二〕東安或曰小國　按北史卷九七康國傳有「小安國」。通鑑卷二〇〇載：顯慶四年九月，「詔以石、米、史、大安、小安……等國置州縣府百二十七」。胡注：「小安，一曰東安。」此稱「小國」，疑有脫誤。

〔三〕劫布呾那　「呾」，各本原作「咀」。據大唐西域記卷一改。

〔四〕呾蜜　「呾」，各本原作「咀」。據大唐西域記卷一改。

〔五〕波謎羅川　「謎」，各本原作「讌」，據大唐西域記卷一二改。

〔六〕東八百里屬烏萇　按本書卷二二一上西域傳云烏萇「東距勃律六百里」；本卷上文又云大勃律「與小勃律接，西鄰北天竺、烏萇」。則烏萇當在小勃律之西。

〔七〕呾叉始羅　「呾」，各本原作「咀」，據大唐西域記卷三改。

〔八〕婆里城　中西交通史料匯編第四冊八六頁「婆里城」注：「『婆里城』乃誤刊，其確音應作『娑里城』。元史地理志西北地附錄作『撒里牙』。」

〔九〕子迷地立死弟訶論立　唐會要卷一〇〇、冊府卷九六六、寰宇記卷一八六俱云：迷地死，子牟栖立；牟栖死，弟訶論（冊府無「訶」字）立。

唐書卷二百二十二上

列傳第一百四十七上

南蠻上

南詔上

南詔，或曰鶴拓，曰龍尾，曰苴咩，曰陽劍。本哀牢夷後，烏蠻別種也。夷語王爲「詔」。其先渠帥有六，自號「六詔」，曰蒙嶲詔、越析詔、浪穹詔、邆睒詔、施浪詔、蒙舍詔。兵埒，不能相君，蜀諸葛亮討定之。蒙舍詔在諸部南，故稱南詔。居永昌、姚州之間，鐵橋之南，東距爨，東南屬交趾，西摩伽陀，西北與吐蕃接，南女王，西南驃，北抵益州，東北際黔、巫。王都羊苴咩城，別都曰善闡府。

王坐東鄉，其臣有所陳，以狀言而不稱臣。王自稱曰元，猶朕也；謂其下曰昶，猶卿、爾

也。官曰坦綽、曰布燮、曰久贊，謂之清平官，所以決國事輕重，猶唐宰相也；曰酋望、曰正酋望、曰員外酋望、曰大軍將、曰員外，猶試官也。幕爽主兵，琮爽主戶籍，慈爽主禮，罰爽主刑，勸爽主官人，厥爽主工作，萬爽主財用，引爽主客，禾爽主商賈，皆清平官、酋望、大軍將兼之。爽，猶言省也。督爽，總三省也。乞託主馬，祿託主牛，亘託主倉廩，亦清平官、酋望、大軍將兼之。曰爽酋、曰彌勤、曰勤齊，掌賦稅。曰兵獳司，掌機密。大府主將曰演習，副曰演覽；中府主將曰繕裔，副曰繕覽；下府主將曰澹酋，副曰澹覽；小府主將曰幕撝，副曰幕覽。府有陀酋，若管記；有陀西，若判官。大抵如此。凡調發，下文書聚邑，必占其期。百家有總佐一，千家有治人官一，萬家有都督一。凡田五畝曰雙。上官授田四十雙，上戶三十雙，以是而差。壯者皆爲戰卒，有馬爲騎軍。人歲給韋衫袴。以邑落遠近分四軍，以旗幟別四方，面一將統千人，四軍置一將。凡敵入境，以所入面將禦之。王親兵曰朱弩佉苴。佉苴，韋帶也。擇鄉兵爲四軍羅苴子，戴朱鞮鍪，負犀革銅盾而跣，走險如飛。百人置羅苴子統一人。

望苴蠻者，在蘭蒼江西。男女勇捷，不鞍而騎，善用矛劍，短甲蔽胸腹，鞮鍪皆插貓牛尾，馳突若神。凡兵出，以望苴子前驅。以清平子弟爲羽儀。王左右有羽儀長八人，清平官見王不得佩劍，唯羽儀長佩之爲親信。有六曹長，曹長有功補大軍將。大軍將十二，與

清平官等列，曰議事王所，出治軍壓稱節度，次補清平官。有內算官，代王裁處；外算官，記王所處分，以付六曹。外則有六節度，曰：弄棟、永昌、銀生、劍川、柘東、麗水。有二都督：會川、通海。有十瞼，夷語瞼若州，曰：雲南瞼、白厓瞼亦曰勃弄瞼、品澹瞼、邆川瞼、蒙舍瞼、大釐瞼亦曰史瞼、苴咩瞼亦曰陽瞼、蒙秦瞼、矣和瞼、趙川瞼。

祁鮮山之西多瘴歊，地平，草多不枯。自曲靖州至滇池，人水耕，食蠶以柘，蠶生閱二旬而繭，織錦縑精緻。大和、祁鮮而西，人不蠶，剖波羅樹實，狀若絮，紐縷而幅之[一]。覽瞼井產鹽最鮮白，惟王得食，取足輒滅竈。昆明城諸井皆產鹽，不征，羣蠻食之。永昌之西，野桑生石上，其林上屈兩向而下植，取以爲弓，不筋漆而利，名曰瞑弓。長川諸山，往往有金，或披沙得之。麗水多金麩。越睒之西，多薦草，產善馬，世稱越睒駿。始生若羔，歲中紐莎縻之，飲以米潘，七年可御，日馳數百里。

王出，建八旗，紫若青，白斿；雉翣二；有旄鉞，紫囊之；翠蓋。王母曰信麼，亦曰九麼。妃曰進武。信麼出，亦建八旗，絳斿。自曹長以降，繫金佉苴。尚絳紫。有功加錦，又有功加金波羅。金波羅，虎皮也。功小者，衿背不袖，次止于衿。婦人不粉黛，以蘇澤髮。貴者綾錦裙襦，上施錦一幅。以兩股辮爲鬟髻，耳綴珠貝、瑟瑟、虎魄。女、嫠婦與人亂，不禁，婚夕私相送。已嫁有姦者，皆抵死。俗以寅爲正，四時大抵與中國小差。膾魚寸，以胡

瓜、椒、蘹和之，號鵝闕。吹瓢笙，笙四管，酒至客前，以笙推盞勸釂。以繒帛及貝市易。貝者大若指，十六枚爲一覓。師行，人齎糧斗五升，以二千五百人爲一營。其法，前傷者養治，後傷者斬。犂田以一牛三夫，前挽、中壓、後驅。然專于農，無貴賤皆耕。不繇役，人歲輸米二斗。一藝者給田，二收乃稅。

王蒙氏，父子以名相屬。自舍龍以來，有譜次可考。舍龍生獨邏，亦曰細奴邏，高宗時遣使者入朝，賜錦袍。細奴邏生邏盛炎，邏盛炎生炎閣。武后時，盛炎身入朝，妻方娠，生盛邏皮，喜曰：「我又有子，雖死唐地足矣。」炎閣立，死開元時，弟盛邏皮立，生皮邏閣，授特進，封臺登郡王。炎閣未有子時，以閣羅鳳爲嗣，及生子，還其宗，而名承閣，遂不改。

開元末，皮邏閣逐河蠻，取大和城，又襲大釐城守之，因城龍口，夷語山陂陀爲「和」，故謂「大和」，以處閣羅鳳。天子詔賜皮邏閣名歸義。當是時，五詔微，歸義獨彊，乃厚以利啖劍南節度使王昱，求合六詔爲一，制可。歸義已并羣蠻，遂破吐蕃，寖驕大。入朝，天子亦爲加禮。又以破洱蠻功，馳遣中人册爲雲南王，賜錦袍、金鈿帶七事。於是徙治大和城。天寶初，遣閣羅鳳子鳳迦異入宿衞，拜鴻臚卿，恩賜良異。

七載，歸義死，閣羅鳳立，襲王，以其子鳳迦異爲陽瓜州刺史。初，安寧城有五鹽井，人得煑鬻自給。玄宗詔特進何履光以兵定南詔境，取安寧城及井，復立馬援銅柱，乃還。

鮮于仲通領劍南節度使，卞忿少方略。故事，南詔嘗與妻子謁都督，過雲南，太守張虔陀私之，多所求丐，閣羅鳳不應。虔陀數詬靳之，陰表其罪，由是忿怨，反，發兵攻虔陀，殺之，取姚州及小夷州凡三十二。明年，仲通自將出戎、嶲州，分二道進次曲州、靖州。閣羅鳳遣使者謝罪，願還所虜，得自新，且城姚州；如不聽，則歸命吐蕃，恐雲南非唐有。仲通怒，囚使者，進薄白厓城，大敗引還。閣羅鳳斂戰胔，築京觀，遂北臣吐蕃，吐蕃以爲弟，夷謂弟「鍾」，故稱「贊普鍾」，給金印，號「東帝」。揭碑國門，明不得已而叛，嘗曰：「我上世世奉中國，累封賞，後嗣容歸之。若唐使者至，可指碑澡祓吾罪也。」會楊國忠以劍南節度當國，乃調天下兵凡十萬，使侍御史李宓討之，轝餉者尚不在。涉海而疫死相踵於道，宓敗于大和城，死者十八。亦會安祿山反，閣羅鳳因之取嶲州會同軍，據清溪關，以破越析，梟于贈，西而降尋傳、驃諸國。

尋傳蠻者，俗無絲纊，跣履榛棘不苦也。射豪豬，生食其肉。戰，以竹籠頭如兜鍪。其西有裸蠻，亦曰野蠻，漫散山中，無君長，作檻舍以居。男少女多，無田農，以木皮蔽形，婦或十或五共養一男子。廣德初，鳳迦異築柘東城，諸葛亮石刻故在，文曰：「碑即仆，蠻爲漢奴。」夷畏誓，常以石搘捂。

大曆十四年，閣羅鳳卒，以鳳迦異前死，立其孫異牟尋以嗣[二]。異牟尋有智數，善撫

衆，略知書。母李，獨錦蠻女也。獨錦蠻亦烏蠻種，在秦藏川南。天寶中，命其長爲蹄州刺史。世與南詔婚聘。

異牟尋立，悉衆二十萬入寇，與吐蕃并力。一趨茂州，踰文川，擾灌口；一趨扶、文，掠方維、白坝；一侵黎、雅，叩邛郲關。令其下曰：「爲我取蜀爲東府，工伎悉送邏娑城，歲賦一縑。」於是進陷城聚，人率走山。德宗發禁衞及幽州軍以援東川，與山南兵合，大敗異牟尋衆，斬首六千級，禽生捕傷甚衆，顚踣厓峭且十萬。異牟尋懼，更徙苴咩城，築袤十五里，吐蕃封爲日東王。

然吐蕃責賦重數，悉奪其險立營候，歲索兵助防，異牟尋稍苦之。故西瀘令鄭回者，唐官也，往嶲州破，爲所虜。閣羅鳳重其惇儒，號「蠻利」，俾教子弟，得箠搒，故國中無不憚。後以爲清平官。說異牟尋曰：「中國有禮義，少求責，非若吐蕃惏刻無極也。今棄之復歸唐，無遠戍勞，利莫大此。」異牟尋善之，稍謀內附，然未敢發。亦會節度使韋臯撫諸蠻有威惠，諸蠻頗得異牟尋語，白于臯，時貞元四年也。臯乃遣諜者遺書，吐蕃疑之，因責大臣子爲質，異牟尋愈怨。後五年，乃決策遣使者三人異道同趣成都，遺臯帛書曰：

異牟尋世爲唐臣，曩緣張虔陀志在吞侮，中使者至，不爲澄雪，舉部惶窘，得生異計。鮮于仲通比年舉兵，故自新無繇。代祖棄背，吐蕃欺孤背約。神川都督論訥舌使

浪人利羅式眩惑部姓，發兵無時，今十二年。此一忍也。天禍蕃廷，降釁蕭牆，太子弟兄流竄，近臣橫汙，皆尙結贊陰計，以行屠害，平日功臣，無一二在。訥舌等皆册封王，小國奏請，不令上達。此二忍也。又遣訥舌逼城于鄙，弊邑不堪。利羅式私取重賞，部落皆驚。此三忍也。又利羅式罵使者曰：「滅子之將，非我其誰？子所富當爲我有。」此四忍也。

今吐蕃委利羅式甲士六十侍衞，因知懷惡不謬。此一難忍也。吐蕃陰毒野心，輒懷搏噬。有如媮生，實汙辱先人，辜負部落。此二難忍也。往退渾王爲吐蕃所害，孤遺受欺；西山女王，見奪其位；拓拔首領，並蒙誅刈；僕固志忠，身亦喪亡。每慮一朝亦被此禍。此三難忍也。往朝廷降使招撫，情心無二，詔函信節，皆送蕃廷。雖知中夏至仁，業爲蕃臣，吞聲無訴。此四難忍也。

曾祖有寵先帝，後嗣率蒙襃王，人知禮樂，本唐風化。吐蕃詐給百情，懷惡相戚。異牟尋願竭誠日新，歸款天子。請加戍劍南、西山、涇原等州，安西鎭守，揚兵四臨，委回鶻諸國，所在侵掠，使吐蕃勢分力散，不能爲彊，此西南隅不煩天兵，可以立功云。且贈皋黃金、丹砂。皋護送使者京師，使者奏異牟尋請歸天子，爲唐藩輔。獻金，示順革；丹，赤心也。德宗嘉之，賜以詔書，命皋遣諜往覘。

皋令其屬崔佐時至羊苴咩城。時吐蕃使者多在，陰戒佐時衣牂柯使者服以入。佐時曰：「我乃唐使者，安得從小夷服？」異牟尋夜迎之，設位陳燎，佐時卽宣天子意，異牟尋內畏吐蕃，顧左右失色，流涕再拜受命。使其子閤勸及淸平官與佐時盟點蒼山，載書四：一藏神祠石室，一沈西洱水，一置祖廟，一以進天子。乃發兵攻吐蕃使者殺之，刻金契以獻，遣曹長段南羅、趙迦寬隨佐時入朝。

初，吐蕃與回鶻戰，殺傷甚，乃調南詔萬人。異牟尋欲襲吐蕃，陽示寡弱，以五千人行，許之。卽自將數萬踵後，晝夜行，大破吐蕃於神川，遂斷鐵橋，溺死以萬計，俘其五王。乃遣弟湊羅棟、淸平官尹仇寬等二十七人入獻地圖、方物，請復號南詔。帝賜賚有加，拜仇寬左散騎常侍，封高溪郡王。

明年夏六月，册異牟尋爲南詔王。以祠部郎中袁滋持節領使，成都少尹龐頎副之，崔佐時爲判官；俱文珍爲宣慰使，劉幽巖爲判官。賜黃金印，文曰「貞元册南詔印」。滋至大和城，異牟尋遣兄蒙細羅勿等以良馬六十迎之，金鋑玉珂，兵振鐸夾路陳。異牟尋金甲，蒙虎皮，執雙鐸鞘。執矛千人衞，大象十二引于前，騎軍、徒軍以次列。詰旦，授册，異牟尋率官屬北面立，宣慰使東向，册使南向，乃讀詔册。相者引異牟尋去位，跪受册印，稽首再拜；又受賜服備物，退曰：「開元、天寶中，曾祖及祖皆蒙册襲王，自此五十年。貞元皇帝洗痕錄功，復賜爵命，子子孫孫永爲唐臣。」因大會其下，享使者，出銀平脫馬頭盤二，謂滋曰：「此天寶時先君以鴻臚少卿宿衞，皇帝所賜也。」有笛工、歌女，皆垂白，示滋曰：「此先君歸國時，皇帝賜胡部、龜茲音聲二列，今喪亡略盡，唯二人故在。」酒行，異牟尋坐，奉觴滋前，滋受觴曰：「南詔當深思祖考成業，抱忠竭誠，永爲西南藩屛，使後嗣有以不絕也。」異牟尋拜曰：「敢不承使者所命。」滋還，復遣淸平官尹輔酋等七人謝天子，獻鐸鞘、浪劍、鬱刃、生金、瑟瑟、牛黃、虎珀、氎、紡絲、象、犀、越睒統倫馬。鐸鞘者，狀如殘刃，有孔傍達，出麗水，飾以金，所擊無不洞，夷人尤寶，月以血祭之。鬱刃，鑄時以毒藥幷冶，取迎躍如星者，凡十年乃成，淬以馬血，以金犀飾鐔首，傷人卽死。浪人所鑄，故亦名浪劍，王所佩者，傳七世矣。

異牟尋攻吐蕃，復取昆明城以食鹽池。又破施蠻、順蠻，並虜其王，置白厓城；因定磨些蠻，隸昆山西爨故地；破茫蠻，掠弄棟蠻、漢裳蠻，以實雲南東北。

施蠻者，在鐵橋西北，居大施睒、斂尋睒。男子衣繒布；女分髮直額，爲一髻垂後，跣而衣皮。

順蠻本與施蠻雜居劍、共諸川。咩羅皮、鐸羅望旣失邆川、浪穹，奪劍、共地，由是徙鐵橋，在劍睒西北四百里，號劍羌。

磨蠻、些蠻與施、順二蠻皆烏蠻種，居鐵橋、大婆、小婆、三探覽、昆池等川。土多牛羊，

俗不頮澤，男女衣皮，俗好飲酒歌舞。

茫蠻本關南種〔三〕，茫，其君號也，或呼茫詔。永昌之南有茫天連、茫吐薅、大睒、茫昌、茫鮓、茫施，大抵皆其種。樓居，無城郭。或漆齒，或金齒。衣青布短袴，露骭，以繒布繚腰，出其餘垂後爲飾。婦人披五色娑羅籠。象纔如牛，養以耕。

弄棟蠻，白蠻種也。其部本居弄棟縣鄙地，昔爲褒州，有首領爲刺史，誤殺其參軍，挈族北走，後散居磨些江側，故劍、共諸川亦有之。

漢裳蠻，本漢人部種，在鐵橋。惟以朝霞纏頭，餘尙同漢服。

十五年，異牟尋謀擊吐蕃，以邆川、寧北等城當寇路，乃峭山深塹修戰備，帝許出兵助力。又請以大臣子弟質於皋，皋辭，固請，乃盡舍成都，咸遣就學。且言：「昆明、巂州與吐蕃接，不先加兵，爲虜所脅，反爲我患。」請皋圖之。時唐兵比歲屯京西、朔方，大峙糧，欲南北並攻取故地。然南方轉饟稽期，兵不悉集。是夏，虜麥不熟，疫癘仍興，贊普死，新君立。皋揣虜未敢動，乃勸異牟尋：「緩舉萬全，愈於速而無功。今境上兵十倍往歲，且行營皆在巂州，扼西瀘吐蕃路，昆明、弄棟可以無虞。」異牟尋請期它年。

吐蕃大臣以歲在辰，兵宜出，謀襲南詔，閱衆治道，將以十月圍巂州，軍屯昆明凡八萬，皆命一歲糧。贊普以舅攘都羅爲都統，遣尙乞力、欺徐濫鑠屯西貢川。異牟尋與皋相聞，

皋命部將武免率弩士三千赴之，亢榮朝以萬人屯黎州，韋良金以二萬五千人屯嶲州，約南詔有急，皆進軍，過俄準添城者，南詔供饋。吐蕃引衆五萬自曩貢川分二軍攻雲南，一軍自諾濟城攻嶲州。異牟尋畏東蠻、磨些難測，懼爲吐蕃鄉導，欲先擊之。皋報：「嶲州實往來道，扞蔽數州，虜百計窺之，故嚴兵以守，屯壁相望，糧械處處有之，東蠻庸敢懷貳乎？」異牟尋乃檄東、磨些諸蠻內糧城中，不者悉燒之。吐蕃顚城將楊萬波約降，事洩，吐蕃以兵五千守，皋將擊破之。萬波與籠官拔顚城以來，徙其人二千于宿川。皋將扶忠義又取末恭城，俘係牛羊千計。贊普大將既煎讓律以兵距十貢川一舍而屯，國師馬定德率種落出降。西貢節度監軍野多輸煎者，贊普乞立贊養子，當從先贊普殉，亦詣忠義降。於是虜氣衰，軍不振。欺徐濫鑠至鐵橋，南詔毒其水，人多死，乃徙納川，壁而待。是年，虜霜雪早，兵無功還，期以明年。吐蕃苦唐、詔掎角，亦不敢圖南詔。皋令免按兵嶲州，節級鎭守，雖南詔境亦所在屯戍。吐蕃懲野戰數北，乃屯三瀘水，遣論妄熱誘瀕瀘諸蠻，復城悉攝。悉攝，吐蕃險要也。蠻酋潛導南詔與皋部將杜毗羅狙擊。十七年春，夜絕瀘破虜屯，斬五百級。虜保鹿危山，毗羅伏以待，又戰，虜大奔。於時，康、黑衣大食等兵及吐蕃大酋皆降，獲甲二萬首。又合鬼主破虜于瀘西。

吐蕃君長共計，不得嶲州，患未艾，常爲兩頭蠻挾唐爲輕重，謂南詔也。會虜孝飢，方

葬贊普，調斂煩。至是，大料兵，率三戶出一卒，虜法爲大調集。又聞唐兵三萬入南詔，乃大懼，兵戍納川、故洪、諾濟、臘、聿賚五城，欲悉師出西山、劍山，收嶲州以絕南詔。皋即上言：「京右諸屯宜明斥候，蚤斂田，邠、隴焚萊，可困虜入。」皋遣將邢毗以兵萬人屯南、北路，趙昱萬人戍黎、雅州。異牟尋謂皋曰：「虜聲取嶲州，實窺雲南，請武免督軍進羊苴咩。若虜不出者，請以來年二月深入。」時虜兵三萬攻鹽州，帝以虜多詐，疑繼以大軍，詔皋深鈔賊鄙，分虜勢。皋表「賊精鎧多置南屯，今向鹽、夏非全軍，欲掠河曲党項畜產耳」。俄聞虜破麟州，皋督諸將分道出，或自西山，或由平夷，或下隴陀和、石門，或徑神川、納川，與南詔會。是時，回鶻、太原、邠寧、涇原軍獵其北，劍南東川、山南兵震其東，鳳翔軍當其西；蜀、南詔深入，克城七，焚堡百五十所，斬首萬級，獲鎧械十五萬。圍昆明、維州不能克，乃班師。振武、靈武兵破虜二萬，涇原、鳳翔軍敗虜原州，惟南詔攻其腹心，俘獲最多。帝遣中人尹偕尉異牟尋，而吐蕃盛屯昆明、神川、納川自守。異牟尋比年獻方物，天子禮之。

校勘記

〔一〕剖波羅樹實狀若絮紐縷而幅之　宋續博物志卷七云：「驃國諸蠻並不養蠶，收娑羅木子，破其殼，中如柳絮，細織爲幅服之，謂之娑羅籠段。」新唐書南詔傳箋證謂「婆羅」爲「娑羅」之訛。

〔二〕大曆十四年閤羅鳳卒以鳳迦異前死立其孫異牟尋以嗣　各本原無「卒」字。按通鑑卷二二六載：大曆十四年，「南詔王閤羅鳳卒，子鳳迦異前死，孫異牟尋立」。「閤羅鳳」下顯脫「卒」字，據補。

〔三〕茫蠻本闕南種　蠻書卷四、御覽卷七八九「闕」均作「開」。

唐書卷二百二十二中

列傳第一百四十七中

南蠻中

南詔下　蒙巂詔　越析詔　浪穹詔　邆賧詔　施浪詔

元和三年，異牟尋死，詔太常卿武少儀持節弔祭。子尋閤勸立，或謂夢湊，自稱「驃信」，夷語君也。改賜元和印章。明年死，子勸龍晟立，淫肆不道，上下怨疾。十一年，爲弄棟節度王嵯巔所殺，立其弟勸利。詔少府少監李銑爲册立弔祭使。勸利德嵯巔，賜氏蒙，封「大容」，蠻謂兄爲「容」。長慶三年，始賜印。是歲死，弟豐祐立。豐祐趫敢，善用其下，慕中國，不肯連父名。穆宗使京兆少尹韋審規持節臨册。豐祐遣洪成酋、趙龍些、楊定奇入謝天子。

於是，西川節度使杜元穎治無狀，障候弛沓相蒙，時大和三年也。嵯巔乃悉衆掩邛、戎、巂三州，陷之。入成都，止西郛十日，慰賚居人，市不擾肆。將還，乃掠子女、工技數萬引而南，人懼自殺者不勝計。救兵逐，嵯巔身自殿，至大度河，謂華人曰：「此吾南境〔一〕，爾去國，當哭。」衆號慟，赴水死者十三。南詔自是工文織，與中國埒。明年，上表請罪。比年使者來朝，開成、會昌間再至。

大中時，李琢爲安南經略使，苛墨自私，以斗鹽易一牛，夷人不堪，結南詔將段酋遷陷安南都護府，號「白衣沒命軍」。南詔發朱弩佉苴三千助守。然朝貢猶歲至，從者多。杜悰自西川入朝，表無多內蠻傔，豐祐怒，即慢言索質子。會宣宗崩，使者告哀。是時，豐祐亦死，坦綽酋龍立，恚朝廷不弔卹；又詔書乃賜故王，以草具進使者而遣。遂僭稱皇帝，建元建極，自號大禮國。懿宗以其名近玄宗嫌諱，絕朝貢。乃陷播州。安南都護李鄠屯武州，咸通元年，爲蠻所攻，棄州走，天子斥鄠，以王寬代之。明年，攻邕管，經略使李弘源兵少不能拒，奔巒州〔二〕。南詔亦引去。詔殿中監段文楚爲經略使，數改條約，衆不悅，以胡懷玉代之。南詔知邊人困甚，剽掠無有，不入寇。杜悰當國，爲帝謀，遣使者弔祭示恩信，并詔驃信以名嫌，册命未可舉，必易名乃得封。帝乃命左司郎中孟穆持節往，會南詔陷巂州，穆不行。

安南桃林人者，居林西原，七綰洞首領李由獨主之，歲歲戍邊。李琢之在安南也，奏罷防冬兵六千人，謂由獨可當一隊，遏蠻之入。蠻酋以女妻由獨子，七綰洞舉附蠻，王寬不能制。三年，以湖南觀察使蔡襲代之，發諸道兵二萬屯守，南詔懾畏不敢出。會詔左庶子蔡京經制嶺南，忌襲功，有所欲，沮壞之，乃言：「南方自無虞，武夫倖功，多聚兵耗餽運，請還戍兵惜財用。」襲執不可，願留五千兵，累表不報。即極陳南詔伺隙久，有十必死狀。朝廷昏肆，不省也。京還奏，得意甚，復詔爲宣慰安撫使。即建析廣州爲嶺南東道，邕州爲西道，以龔、象、藤、巖爲隸州。乃拜京西道節度使。京褊忮貪克，峻條令，爲炮熏刳斮法，下愁毒，爲軍中所逐，走藤州，矯制作攻討使印，召鄉兵比道軍攻邕州，不克，衆潰，貶死崖州。以桂管觀察使鄭愚代節度。

南詔攻交州，進略安南，襲請救，發湖、荆、桂兵五千屯邕州，嶺南韋宙奏：「南詔必襲邕管，不先防近而圖遠，恐擣虛絕糧道，且深入。」乃詔襲按軍海門，詔鄭愚分兵禦之。襲請濟師，以山南東道兵千人赴之。南詔酋將楊思縉〔三〕、麻光高以兵六千薄城而屯。四年正月，攻益急，襲錄異牟尋盟言繫矢上射入其營，不答。俄而城陷，襲闔宗死者七十人，幕府樊綽取襲印走度江。荆南兵入東郛苦戰，斬南詔二千級。是夜，蠻遂屠城。有詔諸軍保嶺南，更以秦州經略使高駢爲安南都護。帝見輸發頻，罷遊幸，不奏樂，宰相杜悰以爲非是，止之。

南詔稍逼邕州，鄭愚自陳非將帥才，願更擇人。會康承訓自義成來朝，乃授嶺南西道節度使，發荆、襄、洪、鄂兵萬人從之。承訓辭兵寡，乃大興諸道兵五萬往。六月，置行交州於海門，進爲都護府，調山東兵萬人益戍，以容管經略使張茵鎮之。因命經略安南，茵逗留不敢進。安南之陷，將吏遺人多客伏溪洞，詔所在招還救卹之，免安南賦入二年。

韋宙請分兵屯容、藤扼蠻勢。五年，南詔回掠巂州以搖西南，西川節度使蕭鄴率屬蠻鬼主邀南詔大度河，敗之。明年，復來攻。會刺史喻士珍貪獪，陰掠兩林東蠻口縛賣之，以易蠻金，故開門降，南詔盡殺戍卒，而士珍遂臣于蠻。安南久屯，兩河銳士死瘴毒者十七，宰相楊收議罷北軍，以江西爲鎮南軍，募彊弩二萬建節度，且地便近，易調發。詔可。夏侯孜亦以張茵懦，不足事，悉以兵授高駢。駢以選士五千度江，敗林邑兵於邕州，擊南詔龍州屯，蠻酋燒貲畜走。酋龍遣楊緝思助酋遷共守安南，以范昵些爲安南都統，趙諾眉爲扶邪都統。七年六月，駢次交州，戰數勝，士酣鬬，斬其將張詮，李溠龍舉衆萬人降，拔波風三壁。緝思出戰，敗，還走城，士乘之，超堞入，斬酋遷、昵些、諾眉，上首三萬級，安南平。

初，酋龍遣清平官董成等十九人詣成都，節度使李福將廷見之，成辭曰：「皇帝奉天命改正朔，請以敵國禮見。」福不許。導譯五返，日旰士倦，議不決。福怒，命武士捽辱之，械

繫于館。俄而劉潼代福節度，即挺其縶，表縱還。有詔召成等至京師，見別殿，賜物良厚，慰遣還國。

明年，酋龍使楊酋慶等來謝釋囚。初，李師望建言：「成都經總蠻事，曠日不能決，請析邛、蜀、嘉、眉、黎、雅、巂七州爲定邊軍，建節度制機事，近且速。」天子謂然，即詔師望爲節度使，治邛州。邛距成都才五舍，巂州最南，去邛乃千里，緩急首尾不相副，而師望利專制，諱不言。裒積無厭，私賄以百萬計。又欲激蠻怒，幸有功，乃殺酋慶等。既而戍士怒，將臨師望以湯，會召還，以竇滂代之。滂貪冒尤不法，誅責苛纖甚師望。時蠻役未興，而定邊已困。

酋龍怨殺其使，十年，乃入寇。以軍綴青溪關，密引衆伐木開道，徑雪坡，盛夏，卒凍死者二千人。出沐源，闚嘉州，破屬蠻，遂次沐源。滂遣兗海兵五百往戰，一軍覆。酋龍乃身自將，督衆五萬侵巂州，攻青溪關。屯將杜再榮絕大度河走，諸屯皆退保北涯。蠻攻黎州，詭服漢衣，濟江襲犍爲，破之。裴回陵、榮間，焚廬舍，掠糧畜。薄嘉州，刺史楊忞與南詔夾江而軍，士攢射，蠻不得進，陰自上游濟，背擊王師，殺忠武將顏慶師，忞走，嘉州陷。明年正月，攻杜再榮，滂自勒兵戰。酋龍遣使者十輩請和，滂信之，語未半，蠻桴爭岸，譟而進，滂不知所爲，將自殺，武寧將苗全緒止之，殊死戰，蠻稍卻，滂乃遁，全緒殿而行。黎州陷，

人走匿山谷，蠻掠金帛不勝負。入自邛崍關，圍雅州，遂擊邛州。是多，滂棄州，壁導江，儲貲峙械皆亡矣。

酋龍進攻成都，次眉州，坦綽杜元忠日夜教酋龍取全蜀。於是西川節度使盧耽遣其副王偃、中人張思廣約和，蠻彊之使南面拜，然卒不見酋龍而還。蠻次新津，耽復遣副譚奉祀好言申約，蠻留之。耽見援軍未集，即飛請天子降大使通好，以紓其深入。懿宗馳遣太僕卿支詳爲和蠻使。

蠻本無謀，不能乘機會鼓行亟驅，但蚍結蠅營，忸鹵剽小利，處處留屯，故蜀孺老得扶攜悉入成都。閭里皆滿，戶所占地不得過一牀，雨則冒箕盎自庇。城中井爲竭，則共飲摩訶池，至爭捽溺死者，或笮沙取滴飲之。死不能具棺，即共坎瘞。故瀘州刺史楊慶復爲耽治攻具，藺石，置牢城兵，八將主之，樹笓格，夜列炬照城，守具雄新。又選悍士三千，號「突將」，爲長刀、巨檛斧，分左右番休，日隸于軍，士心侈欲鬬。而酋龍自雙流徐行，內欲報董成之辱，因紿耽請上介至軍議事。耽遣節度副使柳槃往見杜元忠議和，元忠妄言：「帝見耽，請具車蓋葆翣。」槃未能決，還。蠻以三百騎負幄幕來，大言曰：「供帳隋蜀王聽事，爲驃信行在。」耽不許，乃馳去。

蠻稍前，傅外郛。於是游弈使王晝督援兵三千屯毗橋；竇滂亦以其軍自導江來，將與大軍掎角，然戰不甚力，小不勝即保廣漢。自以失定邊，覬成都陷，得薄其罪。會有詔斥徙，軍遂無功。

耽部將李自孝者，與刺史喻士珍善。士珍臣蠻，自孝陰與賊通，乃說耽城下蒔葦稻，瀦水顙城，舉府不之覺。蠻攻城，自孝守陴，樹麾以自表，麾所指，蠻輒攻之，爲下所覺，耽殺自孝以徇。

城左有民樓肆，蠻俯射城中，耽募勇士燒之，器械俱盡。二月，蠻以雲梁、鵝車四面攻，士叫譟，鵝車未至，陴者以巨索鉤係，投膏炬，車焚，箱間蠻卒盡死。耽遣李礴、張察率突將戰城下，俘斬二千級。蠻徹民鄣落爲蓬籠如車蓋，下設枕木，推而前，不及城丈，匿蠻其內以穴墉。楊忞以罌貯糞瀋潑蠻，蠻不能處；注以鐵液，蓬籠皆火。然南詔負衆，益治器械，斧兵晝夜有聲，將擊錦樓，衆失色。耽遣將出，三面苦戰，蠻引卻。蠻利夜晦，輒薄城，聞呼嘯，衆齊奮。城上施鐵籠千炬，賊來不得隱，屯夫終夜哄，蠻不能侵。

支詳遣諜與約好，且謂耽毋多殺以速蠻和。是時，傳言救師至，城中合譟開門，士爭出迎軍，南詔搏戰不解。日入，判官程克裕以北門兵二千乘之，蠻乃走。耽猶遺之書，謝不得已交兵，且請和。士脫鎧迎支詳，詳陳所賚，植二旗，署曰「賜雲南幣物」。謂蠻使者曰：「天子詔雲南和解，而兵薄成都，奈何？請退舍撤警以脩好。」或勸詳：「蠻多詐，毋入死地。」詳

不行。蠻復圍成都，夜穿西北隅，犂旦乃覺，即穎茭火于壖，蠻皆死穴中。以鐵絙曳雲輣仆之，燎作，少選盡，益固守。

是時，帝遣東川節度使顏慶復爲大度河制置、劍南應接使，兵次新都，博野將曾元裕敗蠻兵，斬二千級。南詔騎數萬晨壓官軍以騁，大將宋威以忠武兵戰，斬首五千，獲馬四百尾。南詔退屯星宿山，威進戍沱江。酋龍遣酋望至支詳所請和，詳曰：「今列城固守，北軍望功，歸語而主，審自度。」耽遣銳將趣蠻壁燒攻具，殺二千人，爲南詔所躡，卻而潰。蠻聞鳳翔、山南軍且來，乃迎戰毗橋，不勝，趨沱江，爲伏士所擊，又敗。城中出突將，夜火蠻營，酋龍、坦綽身督戰。後三日，王師奪昇遷梁，蠻大敗，夜燒亭傳，乘火所向，雨矢射王師。威疏軍行，彍矢所發叢射之。兩軍不能決，各解去。酋龍知不敵，夜徹營南奔，至雙流，江無梁，計窮，將赴水死，或止之曰：「今北軍與成都兵合，若來追，我無類矣。不如僞和以紓急；不然，死未晚。」乃來請。三日梁成而濟，即斷梁，按隊緩驅。黎州刺史嚴師本收散卒保邛州，酋龍懼，圍二日去。蠻俘華民，必劓耳鼻已，縱之，既而居人刻木爲耳鼻者什八。

慶復之來，衆以其弟慶師死于蠻，必甘心。及成都不破，以己功輕，乃按軍廣漢〔四〕，縱殘寇，人人切齒。初，成都無隍塹，乃教耽濬隍，廣三丈，作戰棚于埤，列左右屯營，營別五區，區卒五十，蒔皂莢夾壕，後三年合拱。又爲大樐連弩。自是南詔憚之。

酋龍年少嗜殺戮，親戚異己者皆斬，兵出無寧歲，諸國更讎忿，屢覆衆，國耗虛。蜀之役，男子十五以下悉發，婦耕以餉軍。

十四年，坦綽復寇蜀，絙舟大度河以濟，爲刺史黃景復擊却之。衆循河而南，夜桴上流兵，夾攻瀕水諸屯，景復敗，走還黎州，蠻躡追，爲景復所敗。會蠻踵來，還攻大度河，仆旗息鼓，請曰：「坦綽欲上書天子白冤事。」戍兵信之，不戰。橋成而濟，黎州陷，遂攻雅州，擊定邊軍，卒潰入邛州。成都大震，人亡入玉壘關，士乘城。坦綽遣使者王保城等四十人齎驃信書遺節度使牛叢，欲假道入朝，請憩蜀王故殿。叢欲許之，楊慶諫曰[五]：「蠻無信，彼禮屈辭甘，詐我也。請斬其使，留二人還書。」叢因責之曰：「詔王之祖，六詔最小夷也。天子錄其勤，合六詔爲一，俾附庸成都，名之以國，許子弟入太學，使習華風，今乃自絕王命。且雀蛇犬馬，猶能報德，王乃不如蟲鳥乎？比成都以武備未脩，故令爾突我疆場。然毗橋、沱江之敗，積胔附城，不四年復來。今吾有十萬衆，捨其半未用。以千人爲軍，十軍爲部，驍將主之。凡部有彊弩二百，鐏斧輔之；勁弓二百，越銀刀輔之；長戈二百，掇刀輔之；短矛二百，連鎚輔之。又軍四面，面有鐵騎五百。悉收芻薪、米粟、牛馬、犬豕，淸野待爾。吾又能以旁騎略爾樵采。我日出以一部與爾戰，部別二番，日中而代；日昃一部至，以夜屯，月明則戰，黑則休，夜半而代。凡我兵五日一殺敵，爾乃晝夜戰，不十日，懵且死矣。州縣

繕甲厲兵，犄角相從，皆蠻之深讎，雖女子能臠斷蕃賊，況彊夫烈士哉！爾祖嘗奴事西蕃，爲爾仇家，今顧臣之，何恩讎之戾邪？蜀王故殿，先世之寶宮，非邊夷所宜舍，神怒人憤，驃信且死！」叢猶火郊民室廬觀閣，嚴兵爲固守計。坦綽至新津而還，回寇黔中，經略使秦匡謀懼，奔荆南。會僖宗立，遣金吾將軍韓重持節往使。俄攻黎州，景復擊走之。乾符元年，劫略巂、雅間，破黎州，入邛崍關，掠成都，成都閉三日，蠻乃去。

詔徙天平軍高駢領西川節度使，乃奏：「蠻小醜，勢易制。而蜀道險，餽饟窮惡。今左神策所發長武、河東兵多，用度繁廣。且彼皆扼制羌戎，不可以弛備。」詔乃罷長武等兵。駢至不淹月，閱精騎五千，逐蠻至大度河，奪鎧馬，執酋長五十斬之，收邛崍關，復取黎州，南詔遁還。駢召景復責大度河之敗，斬以徇。戍望星、淸溪等關。南詔懼，遣使者詣駢結好，而踵出兵寇邊，駢斬其使。初，安南經略判官杜驤爲蠻所俘，其妻，宗室女也，故酋龍使奉書丐和。駢答曰：「我且將百萬衆至龍尾城問爾罪。」酋龍大震。自南詔叛，天子數遣使至其境，酋龍不肯拜，使者遂絕。駢以其俗尚浮屠法，故遣浮屠景仙攝使往，酋龍與其下迎謁且拜，乃定盟而還。遣淸平官酋望趙宗政、質子三十入朝乞盟，請爲兄弟若舅甥。詔拜景仙鴻臚卿、檢校左散騎常侍。駢結吐蕃尚延心、嗢末魯耨月等爲間，築戎州馬湖、沐源川、大度河三城，列屯拒險，料壯卒爲平夷軍，南詔氣奪。酋龍恚，發疽死，僞謚景莊皇帝。子法

嗣，改元貞明、承智、大同，自號大封人。

法年少，好畋獵酣逸，衣絳紫錦罽，鏤金帶。國事顓決大臣。乾符四年，遣陀西段瑳寶詣邕州節度使辛讜請脩好[六]，詔使者答報。未幾，寇西川，駢奏請與和親，右諫議大夫柳韜、吏部侍郎崔澹醜其事，上言：「遠蠻畔逆，乃因浮屠誘致，入議和親，垂笑後世。駢職上將，謀乖謬，不可從。」遂寢。蠻使者再入朝議和親，而駢徙荆南，持前請不置。宰相鄭畋、盧攜爭不決，皆賜罷。

辛讜遣幕府徐雲虔攝使者往覘。到善闡府，見騎數十，曳長矛，擁絳服少年，朱繒約髮。典客伽陀酋孫慶曰：「此驃信也。」問天子起居，下馬揖客，取使者佩刀視之，自解左右鈕以示。乃除地剸三丈版，命左右馳射。每一人射，法輒馬逐以爲樂，數十發止。引客就幄，倀子捧瓶盂，四女子侍樂飲，夜乃罷。又遣問客春秋大義，遂使者還。

是時，駢徙節鎭海，劾澹等沮議，帝蒙弱不能曉，下詔尉解。西川節度使崔安潛上言：「蠻蓄鳥獸心，不識禮義，安可以賤隸尚貴主，失國家大體？澹等議可用。臣請募義征子，率十戶一保，願發山東銳兵六千戍諸州，比五年，蠻可爲奴。」久之，帝手詔問安潛和親事，答曰：「雲南姚州譽一縣，中國何資於彼而遣重使，加厚禮？彼且妄謂朝廷畏怯無能爲，脫有它請，陛下何以待之？且天宗近屬，不可下小蠻夷。臣比移書，不言舅甥，黜所僭也。有如

蠻使者不復至，當遣諜人伺其隙，可以得志。」

南詔知蜀彊，故襲安南，陷之，都護曾袞奔邕府，戍兵潰。會西川節度使陳敬瑄申和親議，時盧攜復輔政，與豆盧瑑皆厚駢，乃譎說帝曰：「陛下初即位，遣韓重使南詔，將官屬留蜀期年，費不貲，蠻不肯迎。及駢節度西川，招嗢末，繕甲訓兵，蠻夷震動，遣趙宗政入獻，見天子，附驃信再拜；雲虔之使，驃信答拜。其於禮不爲少。宣宗皇帝收三州七關，平江、嶺以南，至大中十四年，內庫貲積如山，戶部延資充滿，故宰相敏中領西川，庫錢至三百萬緡，諸道亦然。咸通以來，蠻始叛命，再入安南、邕管，一破黔州，四盜西川，遂圍盧耽，召兵東方，戍海門，天下騷動，十有五年，賦輸不內京師者過半，中藏空虛，士死瘴癘，燎骨傳灰，人不念家，亡命爲盜，可爲痛心！前年留宗政等，南方無虞，及遣還，彼猶冀望。蒙法立三年，比兵不出要防，其蓄力以間我虞。今朝廷府庫匱，甲兵少，牛叢有北兵七萬，首尾奔衝不能救，況安南客戍單寡，涉多寇禍可虞。誠命使者臨報，縱未稱臣，且伐其謀，外以縻服蠻夷，內得蜀休息也。」帝謂然，乃以宗室女爲安化長公主許婚。拜嗣曹王龜年宗正少卿，爲雲南使，大理司直徐雲虔副之；內常侍劉光裕爲雲南內使，霍承錫副之。及還，具言驃信誠款，以爲敬瑄功，故進檢校司空，賜一子官。

法遣宰相趙隆眉、楊奇混、段義宗朝行在，迎公主，高駢自揚州上言：「三人者，南詔心

腹也，宜止而鴆之，蠻可圖也。」帝從之。隆眉等皆死，自是謀臣盡矣，蠻益衰。中和元年，復遣使者來迎主，獻珍怪氈罽百牀，帝以方議公主車服爲解。後二年，又遣布燮楊奇肱來迎，詔檢校國子祭酒張譙爲禮會五禮使，徐雲虔副之，宗正少卿嗣虢王約爲婚使。未行，而黄巢平，帝東還，乃歸其使。

法死，僞謚聖明文武皇帝。子舜化立，建元中興。遣使款黎州脩好，昭宗不答。後中國亂，不復通。

先是，有時傍、矣川羅識二族〔七〕，通號「八詔」。時傍母，歸義女也。其女復妻閣羅鳳。初，咩羅皮之敗，時傍入居邆川州，誘上浪千餘，勢稍張，爲閣羅所猜，徙置白厓城。後與矣川羅識詣神川都督求自立爲詔，謀洩被殺，矣川羅識奔神川，都督送之羅些城。

蒙嶲詔，最大。其王嶲輔首死，無子，弟佉陽照立。佉陽照死，子照原立，喪明，子原羅質南詔。歸義欲并國，故歸其子原羅，衆果立之。居數月，使人殺照原，逐原羅，遂有其地。

越析詔，或謂磨些詔，居故越析州，西距囊葱山一日行。貞元中，有豪酋張尋求烝其王

列傳第一百四十七中　南蠻中　　六二九三

唐書卷二百二十二中　　六二九四

波衝妻，因殺波衝。劍南節度使召尋求至姚州，殺之，部落無長，以地歸南詔。波衝兄子于贈持王所寶鐸鞘東北度瀘，邑于龍佉河，幾百里，號雙舍。使部會楊墮居河東北。歸義樹壁侵于贈，不克。閣羅鳳自請往擊楊墮，破之，于贈投瀘死。得鐸鞘，故王出軍必雙執之。

浪穹詔，其王豐時死，子羅鐸立。羅鐸死，子鐸羅望立，爲浪穹州刺史，與南詔戰，不勝，挈其部保劍川，更稱劍浪。死，子望偏立。望偏死，子偏羅矣立。偏羅矣死，子羅君立。貞元中，南詔擊破劍川，虜羅君，徙永昌。凡浪穹、邆睒、施浪，總謂之浪人，亦稱「三浪」。

邆睒詔，其王豐咩，初據邆睒，爲御史李知古所殺。子咩羅皮自爲邆川州刺史，治大釐城。歸義襲敗之，復入邆睒，與浪穹、施浪合拒歸義。既戰，大敗，歸義奪邆睒，咩羅皮走保野共川。死，子皮羅鄧立。皮羅鄧死，子鄧羅顛立。鄧羅顛死，子顛文託立。南詔破劍川，虜之，徙永昌。

施浪詔，其王施望欠居矣苴和城。有施各皮者，亦八詔之裔，據石和城。閣羅鳳攻虜之，而施望欠孤立，故與咩羅皮合攻歸義，不勝。歸義以兵脅降其部，施望欠以族走永昌，獻其女遺南詔丏和〔八〕，歸義許之，度蘭江死。弟望千走吐蕃，吐蕃立爲詔，納之劍川，衆數萬。望千死，子千旁羅顛立。南詔破劍川，千旁羅顛走瀘北。三浪悉滅，唯千旁羅顛及矣川羅識子孫在吐蕃。

贊曰：唐之治不能過兩漢，而地廣於三代，勞民費財，禍所繇生。昔獻公殺嫡，賊二公子，號爲闇君。明皇一日殺三庶人，昏蔽甚矣。嗚呼！父子不相信，而遠治閣羅鳳之罪，士死十萬，當時冤之。懿宗任相不明，藩鎮屢畔，南詔內侮，屯戍思亂，龐勛乘之，倡戈橫行。雖凶渠殲夷，兵連不解，唐遂以亡。易曰：「喪牛于易。」有國者知戒西北之虞，而不知患生於無備。漢亡於董卓，而兵兆於冀州；唐亡於黄巢，而禍基於桂林。易之意深矣！

校勘記

〔一〕此吾南境　通鑑卷二四四作「此南吾境」。

〔二〕巒州　各本原作「蠻州」。通鑑卷二五〇作「巒州」。按舊書卷四一地理志，巒州爲邕管十州之一。

列傳第一百四十七中　校勘記　　六二九五

唐書卷二百二十二中　　六二九六

據改。

〔三〕楊思僭　通鑑卷二五〇「僭」作「縉」。通鑑考異云：「楊思僭，蠻書中兩處有之，皆作楊思縉，蓋草書誤爲『僭』耳。」

〔四〕乃按軍廣溪　通鑑卷二五二作「勒歸漢州」。按元和志卷三一，唐漢州爲漢廣漢郡地。本卷上文云「小不勝即保廣漢」，與通鑑正合。疑「溪」乃「漢」之訛。

〔五〕楊慶　通鑑卷二五二作「楊慶復」。又本卷上文稱「故瀘州刺史楊慶復」，與通鑑文亦合。則當以「楊慶復」爲是。

〔六〕段瑳寶　通鑑卷二五三作「段璀寶」。

〔七〕矣川羅識　各本同。蠻書卷三作「劍川矣羅識」。

〔八〕獻其女遺南詔丏和　蠻書卷三云：「望欠計無所出，有女名遺南，以色稱。卻遣使求致遺南於歸義，許之。」是「遺南」爲女名，「詔」字疑衍。

唐書卷二百二十二下

列傳第一百四十七下

南蠻下

環王　盤盤　扶南　眞臘　訶陵　投和　瞻博　室利佛逝
名蔑　單單　驃　兩爨蠻　南平獠　西原蠻

環王，本林邑也，一曰占不勞，亦曰占婆。直交州南，海行三千里。地東西三百里而贏，南北千里。西距眞臘霧温山，南抵奔浪陀州。其南大浦，有五銅柱，山形若倚蓋，西重巖，東涯海，漢馬援所植也。又有西屠夷，蓋援還，留不去者，才十戶，隋末孳衍至三百，皆姓馬，俗以其寓，故號「馬留人」，與林邑分唐南境。其地多温，多霧雨，産虎魄、猩猩獸、結遼鳥。以二月爲歲首，稻歲再熟，取檳榔瀋爲酒，椰葉爲席。俗凶悍，果戰鬬，以麝塗身，日再塗再

澡，拜謁則合爪頓顙。有文字，喜浮屠道，冶金銀像，大或十圍。呼王爲陽蒲逋，王妻爲陀陽阿熊，太子爲阿長逋，宰相爲婆漫地。王所居曰占城，別居曰齊國、曰蓬皮勢。王衣白氎，古貝斜絡臂，飾金琲爲纓，鬈髮，戴金華冠如章甫。妻服朝霞，古貝短裙，冠纓如王。王衞兵五千，戰乘象，藤爲鎧，竹爲弓矢，率象千、馬四百，分前後。不設刑，有罪者使象踐之；或送不勞山，畀自死。

隋仁壽中，遣將軍劉芳伐之，其王范梵志挺走，以其地爲三郡，置守令。道阻不得通，梵志裒遺衆，別建國邑。武德中，再遣使獻方物，高祖爲設九部樂饗之。貞觀時，王頭黎獻馴象、鏐鎖、五色帶、朝霞布、火珠，與婆利、羅刹二國使者偕來。林邑其言不恭，羣臣請問罪，太宗曰：「昔苻堅欲吞晉，衆百萬，一戰而亡。隋取高麗，歲調發，人與爲怨，乃死匹夫手。朕敢妄議發兵邪？」赦不問。又獻五色鸚鵡、白鸚鵡，數訴寒，有詔還之。頭黎死，子鎭龍立，獻通天犀、雜寶。十九年，摩訶慢多伽獨弒鎭龍，滅其宗，范姓絕，國人立頭黎壻婆羅門爲王，大臣共廢之，更立頭黎女爲王。諸葛地者，頭黎之姑子，父得罪，奔眞臘。女之王不能定國，大臣共迎諸葛地爲王，妻以女。永徽至天寶，凡三入獻。至德後，更號環王。元和初不朝獻，安南都護張舟執其僞驩、愛州都統，斬三萬級，虜王子五十九，獲戰象、舠、鎧。

婆利者，直環王東南，自交州汎海，歷赤土、丹丹諸國乃至。地大洲，多馬，亦號馬禮。袤長數千里。多火珠，大者如鷄卵，圓白，照數尺，日中以艾藉珠，輒火出。産瑇瑁、文螺；石坩，初取柔可治，既鐫刻卽堅。有舍利鳥，通人言。俗黑身，朱髮而拳，鷹爪獸牙，穿耳傅璫，以古貝橫一幅繚于腰。古貝，草也，緝其花爲布，粗曰貝，精曰氎。俗以夜爲市，自掩其面。王姓刹利邪伽，名護路那婆，世居位。繚班絲貝，綴珠爲飾。坐金榻，左右持白拂、孔雀翣。出以象駕車，羽蓋珠箔，鳴金、擊鼓、吹蠡爲樂。

其東卽羅刹也，與婆利同俗。隋煬帝遣常駿使赤土，遂通中國。

赤土西南入海，得婆羅。總章二年，其王旃達鉢遣使者與環王使者偕朝。

環王南有殊柰者，汎交趾海三月乃至，與婆羅同俗。貞觀二年，使者上方物。九年，甘棠使者入朝，國居海南。十二年，僧高、武令、迦乍、鳩密四國使者朝貢。僧高直水眞臘西北，與環王同俗。其後鳩密王尸利鳩摩又與富那王尸利提婆跋摩等遣使來貢。僧高等國，永徽後爲眞臘所并。

盤盤，在南海曲，北距環王，限少海，與狼牙脩接，自交州海行四十日乃至。王曰楊粟翨〔一〕。其民瀕水居，比木爲柵，石爲矢鏃。王坐金龍大榻，諸大人見王，交手抱肩以跽。其臣曰勃郎索濫，曰崑崙帝也，曰崑崙勃和，曰崑崙勃諦索甘，亦曰古龍。古龍者，崑崙聲近耳。在外曰那延，猶中國刺史也。有佛、道士祠，僧食肉，不飲酒，道士謂爲貪，不食酒肉。

貞觀中，再遣使朝。

其東南有哥羅，一曰箇羅，亦曰哥羅富沙羅。王姓矢利波羅，名米失鉢羅。累石爲城，樓闕宮室茨以草。州二十四。其兵有弓矢矟殳，以孔雀羽飾纛。每戰，以百象爲一隊，一象百人，鞍若檻，四人執弓矟在中。賦率輸銀二銖。無絲紵，惟古貝。畜多牛少馬。非有官不束髮。凡嫁娶，納檳榔爲禮，多至二百盤。婦已嫁，從夫姓。樂有琵琶、橫笛、銅鈸、鐵鼓、蠡。死者焚之，取燼貯金罌沈之海。

東南有拘蔞蜜，海行一月至。南距婆利，行十日至。東距不述，行五日至。西北距文單，行六日至。與赤土、墮和羅同俗。永徽中，獻五色鸚鵡。

中華書局

扶南，在日南之南七千里，地卑窪，與環王同俗，有城郭宮室。王姓古龍。居重觀，栅城，楛葉以覆屋。王出乘象。其人黑身、鬈髮，倮行，俗不爲寇盜。田一歲種，三歲穫。國出剛金，狀類紫石英，生水底石上，人沒水取之，可以刻玉，扣以羖角，乃泮。人喜鬭鷄及猪。以金、珠、香爲稅。治特牧城，俄爲眞臘所并，益南徙那弗那城。武德、貞觀時，再入朝，又獻白頭人二。白頭者，直扶南西，人皆素首，膚理如脂，居山穴，四面峭絕，人莫得至，與參半國接。

眞臘，一曰吉蔑，本扶南屬國。去京師二萬七百里。東距車渠，西屬驃，南瀕海，北與道明接，東北抵驩州。其王刹利伊金那，貞觀初并扶南有其地。戶皆東嚮，坐上東。客至，屑檳榔、龍腦、香蛤以進。不飲酒，比之淫。與妻飲房中，避尊屬。有戰象五千，良者飼以肉。世與參半、驃通好，與環王乾陀洹數相攻。自武德至聖曆，凡四來朝。神龍後分爲二半：北多山阜，號陸眞臘半；南際海，饒陂澤，號水眞臘半。水眞臘，地八百里，王居婆羅提拔城。陸眞臘或曰文單，曰婆鏤，地七百里，王號「笪屈」。開元、天寶時，王子率其屬二十六來朝，拜果毅都尉。大曆中，副王婆彌及妻來朝，獻馴象十一；擢婆彌試殿中監，賜名賓漢。是時，德宗初卽位，珍禽奇獸悉縱之，蠻夷所獻馴象畜苑中，元會充廷者凡三十二，悉

放荊山之陽。及元和中，水眞臘亦遣使入貢。

文單西北屬國曰參半，武德八年使者來。

道明者，亦屬國，無衣服，見衣服者共笑之。無鹽鐵，以竹弩射鳥獸自給。

訶陵，亦曰社婆，曰闍婆，在南海中。東距婆利，西墮婆登，南瀕海，北眞臘。木爲城，雖大屋亦覆以栟櫚。象牙爲牀若席。出瑇瑁、黃白金、犀、象，國最富。有穴自湧鹽。以柳花、椰子爲酒，飲之輒醉，宿昔壞。有文字，知星曆。食無匕筯。有毒女，與接輒苦瘡，人死尸不腐。王居闍婆城。其祖吉延東遷於婆露伽斯城，旁小國二十八，莫不臣服。其官有三十二大夫，而大坐敢兄爲最貴。山上有郎卑野州，王常登以望海。夏至立八尺表，景在表南二尺四寸。貞觀中，與墮和羅、墮婆登皆遣使者入貢，太宗以璽詔優答。墮和羅丐良馬，帝與之。至上元間，國人推女子爲王，號「悉莫」，威令整肅，道不舉遺。大食君聞之，齎金一囊置其郊，行者輒避，如是三年。太子過，以足躪金，悉莫怒，將斬之，羣臣固請。悉莫曰：「而罪實本於足，可斷趾。」羣臣復爲請，乃斬指以徇。大食聞而畏之，不敢加兵。大曆中，訶陵使者三至。元和八年，獻僧祇奴四、五色鸚鵡、頻伽鳥等。憲宗拜內四門府左果毅，使者讓其弟〔三〕，帝嘉美，並官之。訖大和，再朝貢。咸通中，遣使獻女樂。

墮和羅，亦曰獨和羅，南距盤盤，北迦邏舍弗，西屬海，東眞臘。自廣州行五月乃至。國多美犀，世謂墮和羅犀。有二屬國，曰曇陵、陀洹。

曇陵在海洲中。陀洹，一曰耨陀洹，在環王西南海中，與墮和羅接，自交州行九十日乃至。王姓察失利，名婆那，字婆末。無蠶桑，有稻、麥、麻、豆。畜有白象、牛、羊、豬。俗喜樓居，謂爲干欄。以白氎、朝霞布爲衣。親喪，在室不食，燔屍已，則剔髮浴于池，然後食。貞觀時，並遣使者再入朝，又獻婆律膏；白鸚鵡，首有十紅毛，齊于翅。因丐馬、銅鍾，帝與之。

墮婆登在環王南，行二月乃至。東訶陵，西迷黎車，北屬海。俗與訶陵同。種稻，月一熟。有文字，以貝多葉寫之。死者實金于口，以釧貫其體，加婆律膏、龍腦衆香，積薪燔之。

投和，在眞臘南，自廣州西南海行百日乃至。王姓投和羅，名脯邪迄遙。官有朝請將軍、功曹、主簿、贊理、贊府，分領國事。分州、郡、縣三等。州有參軍，郡有金威將軍，縣有城、有局，長官得選僚屬自助。民居率樓閣，畫壁。王宿衞百人，衣朝霞，耳金鐶，金綖被頸，寶飾革履。頻盜者死，次穿耳及頰而劗其髮，盜鑄者截手。無賦稅，民以地多少自輸。王以農商自業。銀作錢，類榆莢。民乘象及馬，無鞍靮，繩穿頰御之。親喪，斷髮爲孝，焚尸斂灰于罌，沈之水。貞觀中，遣使以黃金函內表，並獻方物。

瞻博，或曰瞻婆。北距兢伽河。多野象羣行。顯慶中，與婆岸、千支弗〔三〕、舍跋若、磨臘四國並遣使者入朝。

千支在西南海中，本南天竺屬國，亦曰半支跋，若唐言五山也，北距多摩萇。

又有哥羅舍分、脩羅分、甘畢三國貢方物。甘畢在南海上，東距環王；王名旃陀越摩，有勝兵五千。哥羅舍分者，在南海南，東墮和羅。脩羅分者，在海北，東距眞臘。其風俗大

略相類，有君長，皆柵郛。二國勝兵二萬，甘畢才五千。

又有多摩萇，東距婆鳳，西多隆，南千支弗，北訶陵。地東西一月行，南北二十五日行。其王名骨利，詭云得大卵，剖之，獲女子，美色，以爲妻。俗無姓，婚姻不別同姓。王坐常東向。勝兵二萬，有弓刀甲矟，無馬。果有波那婆、宅護遮菴摩、石榴。其國經薩盧、都訶盧、君那盧、林邑諸國，乃得交州。顯慶中貢方物。

室利佛逝，一曰尸利佛誓。過軍徒弄山二千里，地東西千里，南北四千里而遠。有城十四，以二國分總。西曰郎婆露斯。多金、汞砂、龍腦。夏至立八尺表，影在表南二尺五寸。國多男子。有橐它，豹文而犀角，以乘且耕，名曰它牛豹。又有獸類野豕，角如山羊，名曰雩，肉味美，以饋膳。其王號「曷蜜多」。咸亨至開元間，數遣使者朝，表爲邊吏侵掠，有詔廣州慰撫。又獻侏儒、僧祇女各二及歌舞，官使者爲折衝，以其王爲左威衞大將軍，賜紫袍、金鈿帶。後遣子入獻，詔宴于曲江，宰相會，册封賓義王，授右金吾衞大將軍，還之。

名蔑，東接眞陀桓，西但游，南屬海，北波剌。其地一月行，有州三十。以十二月爲歲首。王衣朝霞、氈。賦二十取一。交易皆用金準直。其人短小，兄弟共娶一妻，婦總髮爲角，辨夫之多少。王號「斯多題」。龍朔初，使者來貢。

單單，在振州東南，多羅磨之西，亦有州縣。木多白檀。王姓刹利，名尸陵伽，日視事。有八大臣，號八坐。王以香塗身，冠雜寶瓔，近行乘車，遠乘象。戰必吹蠡、擊鼓。盜無輕重皆死。乾封、總章時，獻方物。

羅越者，北距海五千里，西南哥谷羅。商賈往來所湊集，俗與墮羅鉢底同。歲乘舶至廣州，州必以聞。

驃，古朱波也，自號突羅朱，闍婆國人曰徒里拙。在永昌南二千里，去京師萬四千里。東陸眞臘，西接東天竺，西南墮和羅，南屬海，北南詔。地長三千里，廣五千里，東北袤長，屬羊苴咩城。

凡屬國十八：曰迦羅婆提，曰摩禮烏特，曰迦梨迦，曰半地，曰彌臣，曰坤朗，曰偈奴，曰羅聿，曰佛代，曰渠論，曰婆梨，曰偈陀，曰多歸，曰摩曳，餘即舍衞、瞻婆、闍婆也。

凡鎭城九：曰道林王，曰悉利移，曰三陀，曰彌諾道立，曰突旻，曰帝偈，曰達梨謀，曰乾唐，曰末浦。

凡部落二百九十八，以名見者三十二：曰萬公，曰充惹，曰羅君潛，曰彌綽，曰道雙，曰道甕，曰道勿，曰夜半，曰不惡奪，曰莫音，曰伽龍睒，曰阿梨吉，曰阿梨闍，曰阿梨忙，曰達磨，曰求潘，曰僧塔，曰提梨郎，曰望騰，曰擔泊，曰祿烏，曰乏毛，曰僧迦，曰提追，曰阿末邏，曰逝越，曰騰陵，曰歐咩，曰磚羅婆提，曰祿羽，曰陋蠻，曰磨地勃。

繇彌臣至坤朗，又有小崑崙部，王名茫悉越，俗與彌臣同。繇坤朗至祿羽，有大崑崙王國，王名思利泊婆難多珊那。川原大於彌臣。繇崑崙小王所居，半日行至磨地勃柵，海行五月至佛代國。有江，支流三百六十。其王名思利些彌他。有川名思利毗離芮。土多異香。北有市，諸國估舶所湊，越海即闍婆也。十五日行，踰二大山，一曰正迷，一曰射鞮，有國，其王名思利摩訶羅闍，俗與佛代同。經多茸補邏川至闍婆，八日行至婆賄伽盧，國土

熱，衢路植椰子、檳榔，仰不見日。王居以金爲甓，廚覆銀瓦，爨香木，堂飾明珠。有二池，以金爲隄，舟檝皆飾金寶。

驃王姓困沒長，名摩羅惹，其相名曰摩訶思那。王出，輿以金繩牀，遠則乘象。嬪史數百人。青甓爲圓城，周百六十里，有十二門，四隅作浮圖，民皆居中，鉛錫爲瓦，荔支爲材。俗惡殺。拜以手抱臂稽顙爲恭。明天文，喜佛法。有百寺，琉璃爲甓，錯以金銀，丹彩紫鑛塗地，覆以錦罽，王居亦如之。民七歲祝髮止寺，至二十有不達其法，復爲民。衣用白氎、朝霞，以蠶帛傷生不敢衣。戴金花冠、翠冒，絡以雜珠。王宮設金銀二鍾，寇至，焚香擊之，以占吉凶。有巨白象，高百尺，訟者焚香跽象前，自思是非而退。有災疫，王亦焚香對象跽，自咎。無桎梏，有罪者束五竹捶背，重者五、輕者三，殺人則死。土宜菽、粟、稻、粱，蔗大若脛，無麻、麥。以金銀爲錢，形如半月，號登伽佗，亦曰足彈陀。無膏油，以蠟雜香代炷。與諸蠻市，以江猪、白氎、琉璃罌缶相易。婦人當頂作高髻，飾銀珠琲，衣青娑裙，披羅段；行持扇，貴家者傍至五六。近城有沙山不毛，地亦與波斯、婆羅門接，距西舍利城二十日行。西舍利者，中天竺也。南詔以兵彊地接，常羈制之。

貞元中，王雍羌聞南詔歸唐，有內附心，異牟尋遣使楊加明詣劍南西川節度使韋皋請獻夷中歌曲，且令驃國進樂人。於是皐作南詔奉聖樂，用正律黃鍾之均。宮、徵一變，象西

南順也；角，羽終變，象戎夷革心也。舞六成，工六十四人，贊引二人，序曲二十八疊，舞「南詔奉聖樂」字。舞人十六，執羽翟，以四爲列。舞「南」字，歌聖主無爲化；舞「詔」字，歌南詔朝天樂；舞「奉」字，歌海宇脩文化；舞「聖」字，歌雨露覃無外；舞「樂」字，歌闢土丁零塞。皆一章三疊而成。

舞者初定，執羽，簫、鼓等奏散序一疊，次奏第二疊，四行，贊引以序入。將終，雷鼓作於四隅，舞者皆拜，金聲作而起，執羽稽首，以象朝覲。每拜跪，節以鉦鼓。次奏拍序一疊，舞者分左右蹈舞，每四拍，揖羽稽首，拍終，舞者拜，復奏一疊，蹈舞抃揖，以合「南」字。字成徧終，舞者北面跪歌，導以絲竹。歌已，俯伏，鉦作，復揖舞。餘字皆如之，唯「聖」字詞末皆恭揖，以明奉聖。每一字，曲三疊，名爲五成。次急奏一疊，四十八人分行罄折，象將臣禦邊也。字舞畢，舞者十六人爲四列，又舞闢四門之舞。遽舞入徧兩疊，與鼓吹合節，進舞三，退舞三，以象三才、三統。舞終，皆稽首逡巡。又一人舞億萬壽之舞，歌天南滇越俗四章，歌舞七疊六成而終。七者，火之成數，象天子南面生成之恩。六者，坤數，象西南向化。

凡樂三十，工百九十六人，分四部：一、龜茲部，二、大鼓部，三、胡部，四、軍樂部。龜茲部，有羯鼓、揩鼓、腰鼓、鷄婁鼓、短笛、大小觱篥、拍板，皆八；長短簫、橫笛、方響、大銅鈸、貝，皆四。凡工八十八人，分四列，屬舞筵四隅，以合節鼓。大鼓部，以四爲列，凡二十四，

居龜茲部前。胡部，有箏、大小箜篌、五絃琵琶、笙、橫笛、短笛、拍板，皆八；大小觱篥，皆四。工七十二人，分四列，屬舞筵之隅，以導歌詠。軍樂部，金鐃、金鐸，皆二；掆鼓、金鉦，皆四。鉦、鼓，金飾蓋，垂流蘇。工十二人，服南詔服，立闢四門舞筵四隅，節拜合樂。又十六人，畫半臂，執掆鼓，四人爲列。舞人服南詔衣、絳裙襦、黑頭囊、金佉苴、畫皮鞾，首飾袜額，冠金寶花鬘，襦上復加畫半臂。執羽翟舞，俯伏，以象朝拜；裙襦畫鳥獸草木，文以八綵雜華，以象庶物咸遂；羽葆四垂，以象天無不覆；正方布位，以象地無不載；分四列，以象四氣；舞爲五字，以象五行；秉羽翟，以象文德；節鼓，以象號令遠布；振以鐸，明采詩之義；用龜茲等樂，以象遠夷悅服。鉦鼓則古者振旅獻捷之樂也。黃鍾，君聲，配運爲土，明土德常盛。黃鍾得乾初九，自爲其宮，則林鍾四律以正聲應之，象大君南面提天統於上，乾道明也。林鍾得坤初六，其位西南，西南感至化於下，坤體順也。太蔟得乾九二，是爲人統，天地正而三才通，故次應以太蔟。三才既通，南呂復以羽聲應之。南呂，酉，西方金也；羽，北方水也。金、水悅而應乎時，以象西戎、北狄悅服。然後姑洗以角音終之。姑，故也；洗，濯也。以象南詔背吐蕃歸化，洗過日新。

皋以五宮異用，獨唱殊音，復述五均譜，分金石之節奏：

一曰黃鍾，宮之宮，軍士歌奉聖樂者用之。舞人服南詔衣，秉翟俯伏拜抃，合「南詔奉聖樂」五字，倡詞五，舞人乃易南方朝天之服，絳色，七節襦袖，節有青褾排衿，以象鳥翼。樂用龜茲、胡部，金鉦、掆鼓、鐃、貝、大鼓。

二曰太蔟，商之宮，女子歌奉聖樂者用之。合以管絃。若奏庭下，則獨舞一曲。樂用龜茲，鼓、笛各四部，與胡部等合作。琵琶、笙、箜篌，皆八；大小觱篥、箏、絃，五絃琵琶、長笛、短笛、方響，各四。居龜茲部前。次貝一人，大鼓十二分左右，餘皆坐奏。

三曰姑洗，角之宮，應古律林鍾爲徵宮，女子歌奉聖樂者用之。舞者六十四人，飾羅綵襦袖，間以八采，曳雲花履，首飾雙鳳、八卦、綵雲、花鬘，執羽爲拜抃之節。以林鍾當地統，象歲功備、萬物成也。雙鳳，明律呂之和也。八卦，明還相爲用也。綵雲，象氣也。花鬘，象冠也。合「奉聖樂」三字，唱詞三，表天下懷聖也。小女子字舞，則碧色襦袖，象角音主木；首飾巽卦，應姑洗之氣；以六人略後，象六合一心也。樂用龜茲、胡部，其鉦、掆、鐃、鐸，皆覆以綵蓋，飾以花趺，上陳錦綺，垂流蘇。按瑞圖曰：「王者有道，則儀鳳在鼓。」故羽葆鼓栖以鳳凰，鉦棲孔雀，鐃、鐸集以翔鷺，鉦、掆頂足又飾南方鳥獸，明澤及飛走翔伏。鉦、掆、鐃、鐸，皆二人執擊之。貝及大鼓工伎之數，與軍士奉聖樂同，而加鼓、笛四部。

四曰林鍾，徵之宮，斂拍單聲，奏奉聖樂，丈夫一人獨舞，樂用龜茲，鼓、笛每色四人。方響二，置龜茲部前。二隅有金鉦，中植金鐸二、貝二、鈴鈸二、大鼓十二分左右。

五曰南呂，羽之宮，應古律黃鍾爲君之宮。樂用古黃鍾方響一，大琵琶、五絃琵琶、大箜篌倍，黃鍾觱篥、小觱篥、竽、笙、壎、篪、搊箏、軋箏、黃鍾簫、笛倍。笛、節鼓、拍板等工皆一人，坐奏之。絲竹緩作，一人獨唱，歌工復通唱軍士奉聖樂詞。

雍羌亦遣弟悉利移城主舒難陀獻其國樂，至成都，韋皋復譜次其聲。以其舞容、樂器異常，乃圖畫以獻。工器二十有二，其音八：金、貝、絲、竹、匏、革、牙、角。金二、貝一、絲七、竹二、匏二、革二、牙一、角二。鈴鈸四，制如龜茲部，周圓三寸，貫以韋，擊磕應節。鐵板二，長三寸五分，博二寸五分，面平，背有柄，係以韋，與鈴鈸皆飾條紛，以花氎縷爲蘂。螺貝四，大者可受一升，飾條紛。有鳳首箜篌二：其一長二尺，腹廣七寸，鳳首及項長二尺五寸，面飾虺皮，絃一十有四，項有軫，鳳首外向；其一頂有條，軫有鼉首。箏二：其一形如鼉，長四尺，有四足，虛腹，以鼉皮飾背，面及仰肩如琴，廣七寸，腹闊八寸，尾長尺餘，卷上虛中，施關以張九絃，左右一十八柱；其一面飾彩花，傅以虺皮爲別。有龍首琵琶一，如龜茲製，而項長二尺六寸餘，腹廣六寸，二龍相向爲首；有軫柱各三，絃隨其數，兩軫在項，一在頸，其覆形如師子。有雲頭琵琶一，形如前，面飾虺皮，四面有牙釘，以雲爲首，軫上有花象品字，三絃，覆手皆飾虺皮，刻捍撥爲舞昆侖狀而彩飾之。有大匏琴二，覆以半匏，皆彩畫之，上加銅甌。以竹爲琴，作虺文橫其上，長三尺餘，頭曲如拱，長二寸，以條繫腹，穿

甌及匏本，可受二升。大絃應太蔟，次絃應姑洗。有獨絃匏琴，以班竹爲之，不加飾，刻木爲虺首；張絃無軫，以絃繫頂，有四柱如龜茲琵琶，絃應太蔟。有小匏琴二，形如大匏琴，長二尺；大絃應南呂，次應應鍾。有橫笛二：一長尺餘，取其合律，去節無爪，以蠟實首，上加師子頭，以牙爲之，穴六以應黃鍾商，備五音七聲；又一，管唯加象首，律度與荀勗笛譜同，又與清商部鍾聲合。有兩頭笛二，長二尺八寸，中隔一節，節左右開衝氣穴，兩端皆分洞體爲笛量。左端應太蔟，管末三穴：一姑洗，二蕤賓，三夷則。右端應林鍾，管末三穴：一南呂，二應鍾，三大呂。下托指一穴，應清太蔟。兩洞體七穴，共備黃鍾、林鍾兩均。有大匏笙二，皆十六管，左右各八，形如鳳翼，大管長四尺八寸五分，餘管參差相次，製如笙管，形亦類鳳翼，竹爲簧，穿匏達本。上古八音，皆以木漆代之，用金爲簧，無匏音，唯驃國得古製。又有小匏笙二，製如大笙，律應林鍾商。有三面鼓二，形如酒缸，高二尺，首廣下銳，上博七寸，底博四寸，腹廣不過首，冒以虺皮，束三爲一，碧絛約之，下當地則不冒，四面畫驃國工伎執笙鼓以爲飾。有小鼓四，製如腰鼓，長五寸，首廣三寸五分，冒以虺皮，牙釘彩飾，無柄，搖之爲樂節，引贊者皆執之。有牙笙，穿匏達本，漆之，上植二象牙代管，雙簧皆應姑洗。有三角笙，亦穿匏達本，漆之，上植三牛角，一簧應姑洗，餘應南呂，角銳在下，穿匏達本，柄觜皆直。有兩角笙，亦穿匏達本，上植二牛角，簧應姑洗，匏以彩飾。

凡曲名十有二：一曰佛印，驃云沒馱彌，國人及天竺歌以事王也。二曰讚娑羅花，驃云嚨莽第，國人以花爲衣服，能淨其身也。三曰白鴿，驃云荅都，美其飛止遂情也。四曰白鶴游，驃云蘇謾底哩，謂翔則摩空，行則徐步也。五曰鬬羊勝，驃云來乃。昔有人見二羊鬬海岸，彊者則見，弱者入山，時人謂之「來乃」。來乃者，勝勢也。六曰龍首獨琴，驃云彌思彌，此一絃而五音備，象王一德以畜萬邦也。七曰禪定，驃云掣覽詩，謂離俗寂靜也。七曲唱舞，皆律應黃鍾商。八曰甘蔗王，驃云遏思略，謂佛教民如蔗之甘，皆悅其味也。九曰孔雀王，驃云桃臺，謂毛采光華也。十曰野鵝，謂飛止必雙，徒侶畢會也。十一曰宴樂，驃云嚨聽網摩，謂時康宴會嘉也。十二曰滌煩，亦曰笙舞，驃云扈那，謂時滌煩瞀，以此適情也。五曲律應黃鍾兩均：一黃鍾商伊越調，一林鍾商小植調。樂工皆崑崙，衣絳氎，朝霞爲蔽膝，謂之裓襔。兩肩加朝霞，絡腋。足臂有金寶鐶釧。冠金冠，左右珥璫，條貫花鬘，珥雙簪，散以毳。初奏樂，有贊者一人先導樂意，其舞容隨曲。用人或二、或六、或四、或八、至十，皆珠冒，拜首稽首以終節。其樂五譯而至，德宗授舒難陀太僕卿，遣還。開州刺史唐次述驃國獻樂頌以獻。大和六年，南詔掠其民三千，徙之柘東。

兩爨蠻。自曲州、靖州西南昆川、曲軛、晉寧、喩獻、安寧距龍和城，通謂之西爨白蠻；自彌鹿、升麻二川，南至步頭，謂之東爨烏蠻。西爨自云本安邑人，七世祖晉南寧太守，中國亂，遂王蠻中。梁元帝時，南寧州刺史徐文盛召詣荆州，有爨瓚者，據其地，延袤二千餘里。土多駿馬、犀、象、明珠。既死，子震翫分統其衆。隋開皇初，遣使朝貢，命韋世沖以兵戍之，置恭州、協州、昆州。未幾叛，史萬歲擊之，至西洱河、滇池而還。震翫懼而入朝，文帝誅之，諸子沒爲奴。高祖即位，以其子弘達爲昆州刺史，奉父喪歸。而益州刺史段綸遣俞大施至南寧，治共範川，誘諸部皆納款貢方物。太宗遣將擊西爨，開青蛉、弄棟爲縣。

爨蠻之西，有徒莫祗蠻、儉望蠻，貞觀二十三年內屬，以其地爲傍、望、覽、丘、求五州，隸郎州都督府。白水蠻，地與青蛉、弄棟接，亦隸郎州〔四〕。弄棟西有大勃弄、小勃弄二川蠻，其西與黃瓜、葉榆、西洱河接，其衆完富與蜀埒，無酋長，喜相讎怨。

永徽初，大勃弄楊承顚私署將帥，寇麻州，都督任懷玉招之，不聽，高宗以左領軍將軍趙孝祖爲郎州道行軍總管，與懷玉討之。至羅仵侯山，其酋禿磨蒲與大鬼主都干以衆塞菁口，孝祖大破之。夷人尙鬼，謂主祭者爲鬼主，每歲戶出一牛或一羊，就其家祭之。送鬼迎鬼必有兵，因以復仇云。孝祖按軍，多棄城，逐北至周近水，大酋儉彌于、鬼主董朴瀕水爲柵，以輕騎逆戰，孝祖擊斬彌于、禿磨蒲，鬼主十餘級，會大雪，皸凍死者略盡。孝祖上言：「小

勃弄、大勃弄常誘弄棟叛，今因破白水，請遂西討。」詔可。孝祖軍入，夷人皆走險，小勃弄酋長歿盛屯白旗城，率萬騎戰，敗，斬之。進至大勃弄，楊承顚嬰城守，孝祖招之，不從，麾軍進，執承顚，餘屯大者數萬、小數千，皆破降之，西南夷遂定。罷郎州都督，更置戎州都督。

爨弘達既死，以爨歸王爲南寧州都督，居石城，襲殺東爨首領蓋聘及子蓋啓，徙共範川。

有兩爨大鬼主崇道者，與弟日進、日用居安寧城左，聞章仇兼瓊開步頭路，築安寧城，羣蠻震騷，共殺築城使者。玄宗詔蒙歸義討之，師次波州，歸王及崇道兄弟千餘人泥首謝罪，赦之。俄而崇道殺日進及歸王。歸王妻阿妧，烏蠻女也，走父部，乞兵相仇，於是諸爨亂。阿妧遣使詣歸義求殺夫者，書聞，詔以其子守隅爲南寧州都督，歸義以女妻之，又以一女妻崇道子輔朝。然崇道、守隅相攻討不置，阿妧訴歸義，爲興師，營昆川，崇道走黎州，遂虜其族，殺輔朝，收其女，崇道俄亦被殺，諸爨稍離弱。

閤羅鳳立，召守隅并妻歸河睒，不通中國。阿妧自主其部落，歲入朝，恩賞蕃厚。閤羅鳳遣昆川城使楊牟利以兵脅西爨，徙戶二十餘萬於永昌城。東爨以言語不通，多散依林谷，得不徙。自曲靖州、石城、升麻、昆川南北至龍和，皆殘于兵。日進等子孫居永昌城。烏蠻種復振，徙居西爨故地，與峯州爲鄰。貞元中，置都督府，領羈縻州十八。

烏蠻與南詔世昏姻，其種分七部落：一曰阿芋路，居曲州、靖州故地；二曰阿猛；三曰夔山；四曰暴蠻；五曰盧鹿蠻，二部落分保竹子嶺；六曰磨彌斂；七曰勿鄧。土多牛馬，無布帛，男子髽髻，女人被髮，皆衣牛羊皮。俗尚巫鬼，無拜跪之節。其語四譯乃與中國通。大部落有大鬼主，百家則置小鬼主。

勿鄧地方千里，有邛部六姓，一姓白蠻也，五姓烏蠻也。又有初裹五姓，皆烏蠻也，居邛部、臺登之間。婦人衣黑繒，其長曳地。又有東欽蠻二姓，皆白蠻也，居北谷。婦人衣白繒，長不過膝。又有粟蠻二姓、雷蠻三姓、夢蠻三姓，散處黎、巂、戎數州之鄙，皆隸勿鄧。勿鄧南七十里，有兩林部落，有十低三姓、阿屯三姓、虧望三姓隸焉。其南有豐琶部落，阿諾二姓隸焉。兩林地雖陿，而諸部推爲長，號都大鬼主。

勿鄧、豐琶、兩林皆謂之東蠻，天寶中，皆受封爵。及南詔陷巂州，遂羈屬吐蕃。貞元中，復通款，以勿鄧大鬼主苴嵩兼邛部團練使，封長川郡公。及死，子苴驃離幼，以苴夢衝爲大鬼主，數爲吐蕃侵獵。兩林都大鬼主苴那時遺韋皋書，乞兵攻吐蕃，皋遣將劉朝彩出銅山道，吳鳴鶴出清溪關道，鄧英俊出定蕃栅道，進逼臺登城。吐蕃退壁西貢川，據高爲營。苴那時戰甚力，分兵大破吐蕃青海、臘城二節度軍於北谷，青海大兵馬使乞藏遮遮、臘城兵馬使悉多楊朱、節度論東柴、大將論結突梨等皆戰死，執籠官四十五人，鎧仗一萬，牛

馬稱是。進拔于葱栅。乞藏遮遮，尚結贊子也，以尸還。其下曩貢節度蘇論百餘人行哭，使一人立尸左，一人問之曰：「瘡痛乎？」曰「然。」卽傅藥。曰「食乎？」曰「然。」卽進膳。曰「衣乎？」曰「然。」卽命裘。又問「歸乎？」曰「然。」以馬載尸而去。詔封苴那時爲順政郡王，苴夢衝爲懷化郡王，豐琶部落大鬼主驃傍爲和義郡王，給印章、袍帶。三王皆入朝，宴麟德殿，賞賚加等，歲給其部祿鹽衣綵，黎、巂二州吏就賜之。以山阻多爲盜侵，亡失所賜，皋令二州爲築館，有賜，約酋長自至，授賜而遣之。然苴夢衝內附吐蕃，斷南詔使路，皋遣巂州總管蘇嵬以兵三百召夢衝至琵琶川，聲其罪斬之，披其族爲六部，以樣棄主之。及苴驃離長，乃命爲大鬼主。驃傍年少驍敢，數出兵攻吐蕃，吐蕃間道焚其居室、部落，亡所賜印章，皋爲請，復得印。

爨蠻西有昆明蠻，一曰昆彌，以西洱河爲境，卽葉榆河也。距京師九千里。土歊濕，宜秔稻。人辮首、左衽，與突厥同。隨水草畜牧，夏處高山，冬入深谷。尚戰死，惡病亡，勝兵數萬。武德中，巂州治中吉偉使南寧，因至其國，諭使使朝貢，求內屬，發兵戍守，自是歲與牂柯使偕來。龍朔三年，矩州刺史謝法成招慰比樓等七千戶內附。總章三年，置祿州、湯望州。咸亨三年，昆明十四姓率戶二萬內附，析其地爲殷州、揔州、敦州，以安輯之。殷州居

戎州西北，揔州居西南，敦州居南，遠不過五百餘里，近三百里。其後又置盤、麻等四十一州，皆以首領爲刺史。

昆明東九百里，卽牂柯國也。兵數出，侵地數千里。元和八年，上表請盡歸牂柯故地。開成元年，鬼主阿珮內屬。會昌中，封其別帥爲羅殿王，世襲爵。其後又封別帥爲滇王，皆牂柯蠻也。東距辰州二千四百里，其南千五百里卽交州也。無城郭，土熱多霖雨，稻粟再熟。無徭役，戰乃屯聚。刻木爲契，盜者倍三而償，殺人者出牛馬三十。俗與東謝同。首領亦姓謝氏，至龍羽有兵三萬。武德三年，遣使者朝，以其地爲牂州，拜龍羽刺史，封夜郎郡公。其北百五十里，有別部曰充州蠻〔三〕，勝兵二萬，亦來朝貢，以地爲充州。

開元中，牂柯酋長元齊死，孫嘉藝襲官，封其後，乃以趙氏爲酋長。二十五年，趙君道來朝。其裔有趙國珍，天寶中戰有功。閣羅鳳叛，宰相楊國忠兼劍南節度使，以國珍有方略，授黔中都督，屢敗南詔，護五溪十餘年，天下方亂，其部獨寧。終工部尚書。貞元中，官其酋長趙主俗，亦以襃朝貢不絕。至十八年，五遣使朝。元和二年，詔黔南觀察使常以本道將爲押領牂柯、昆明等使，自是數遣使，或朝正月，訖開成不絕。故事，戎夷朝貢，將至都，中官驛勞於郊，既及館，恩禮尤渥。

西爨之南，有東謝蠻，居黔州西三百里，南距守宮獠，西連夷子，地方千里。宜五穀，爲畬田，歲一易之。衆處山，巢居，汲流以飲。無賦稅，刻木爲契。見貴人執鞭而拜。賞有功者以牛馬、銅鼓。犯小罪則杖，大事殺之，盜物者倍償。昏姻以牛酒爲聘。女歸夫家，夫慚澀避之，旬日乃出。會聚，擊銅鼓，吹角。俗椎髻，韜以絳，垂于後。坐必蹲踞，常帶刀劍。男子服衫襖、大口袴，以帶斜馮右肩，以螺殼、虎豹、猨狖、犬羊皮爲飾。有謝氏，世爲酋長，部落畏之。其族不育女，自以姓高不可以嫁人。貞觀三年，其酋元深入朝，冠烏熊皮若注旄，以金銀絡額，被毛帔，韋行縢，著履。中書侍郎顏師古因是上言：「昔周武王時，遠國入朝，太史次爲王會篇，今蠻夷入朝，如元深冠服不同，可寫爲王會圖。」詔可。帝以地爲應州，卽拜元深刺史，隸黔州都督府。又有南謝首領謝彊亦來朝，以其地爲莊州，授彊刺史。建中三年，大酋長檢校蠻州長史、資陽郡公宋鼎與諸謝朝賀，德宗以其國小，不許，訴於黔中觀察使王礎，以州接牂柯，願隨牂柯朝賀，礎奏：「牂、蠻二州，戶繁力彊，爲鄰蕃所憚，請許三年一朝。」詔從之。

元和中，辰、漵蠻酋張伯靖嫉本道督斂苛刻，聚衆叛，侵播、費二州，黔中經略使崔能、荆南節度使嚴綬、湖南觀察使柳公綽討之，三歲不能定。伯靖上表請隸荆南，乃降。崔能

內恨之，更請調荆南、湖南、桂管軍爲援，約西原十洞兵皆出，可以成功。公卿議者皆以爲便，宰相李吉甫曰：「伯靖挾怨而叛，壓以大兵而招之，可不戰自定。」乃命能兵毋出，獨詔嚴綬招伯靖率家屬詣江陵降，授右威衞翊府中郎將。

東謝南有西趙蠻，東距夷子，西屬昆明，南西洱河也。山穴阻深，莫知道里。南北十八日行，東西二十三日行，戶萬餘，俗與東謝同，趙氏世爲酋長。夷子渠帥姓季氏，與西趙皆南蠻別種，勝兵各萬人。自古未嘗通中國，黔州豪帥田康諷之，故貞觀中皆遣使入朝。西趙首領趙酋摩率所部萬餘戶內附，以其地爲明州，授酋摩刺史。

松外蠻尚數十百部，大者五六百戶，小者二三百。凡數十姓，趙、楊、李、董爲貴族，皆擅山川，不能相君長。有城郭、文字，頗知陰陽歷數。自夜郎、滇池以西，皆莊蹻之裔。有稻、麥、粟、豆、絲、麻、薤、蒜、桃、李。以十二月爲歲首。布幅廣七寸。正月蠶生，二月熟。男子氊革爲帔，女衣絁布裙衫，髻盤如鬌。飯用竹筲摶而噉之，烏杯貯羹如鷄彝。徒跣，有舟無車。死則坎地，殯舍左，屋之，三年乃葬，以蠡蚌封棺。父母喪，斬衰布衣不澡者四五年，近者二三年。爲人所殺者，子以麻括髮，墨面，衣不緝。居喪，昏嫁不廢，亦弗避同姓。

婿不親迎。富室娶妻，納金銀牛羊酒，女所齎亦如之。有罪者，樹一長木，擊鼓集衆其下。彊盜殺之，富者貰死，燒屋奪其田；盜者倍九而償贓。姦淫，則彊族輸金銀請和而棄其妻，處女、嫠婦不坐。凡相殺必報，力不能則其部助攻之。祭祀，殺牛馬，親聯畢會，助以牛酒，多至數百人。貞觀中，巂州都督劉伯英上疏：「松外諸蠻，率暫附亟叛，請擊之，西洱河天竺道可通也。」居數歲，太宗以右武候將軍梁建方發蜀十二州兵進討，酋帥雙舍拒戰，敗走，殺獲十餘萬，羣蠻震駭，走保山谷。建方諭降者七十餘部，戶十萬九千，署首領蒙、和爲縣令，餘衆感悅。

西洱河蠻，亦曰河蠻，道繇郎州走三千里，建方遣奇兵自巂州道千五百里掩之，其帥楊盛大駭，欲遁去，使者好語約降，乃遣首領十人納款軍門，建方振旅還。二十二年，西洱河大首領楊同外、東洱河大首領楊斂、松外首領蒙羽皆入朝，授官秩。顯慶元年，西洱河大首領楊棟附顯、和蠻大首領王羅祁、郎昆梨盤四州大首領王伽衝率部落四千人歸附，入朝貢方物。其後茂州西南築安戎城，絕吐蕃通蠻之道，生羌爲吐蕃鄉導，攻拔之，增兵以守，西洱河諸蠻皆臣吐蕃。開元中，首領始入朝，授刺史。會南詔蒙歸義拔大和城，乃北徙，更羈制於浪穹詔。浪穹詔已破，又徙雲南柘城。

黎州，領羈縻奉上等州二十六。開元十七年，又領羈縻夏梁、卜貴等州三十一。南路有廓清道部落主三人，婆鹽鬼主十人。又有阿逼蠻分十四部落：一曰大龍池，二曰小龍池，三曰控，四曰苴質，五曰烏披，六曰苴賃，七曰觱篥水，八曰戎列，九曰婆狄，十曰石地，十一曰羅公，十二曰詵，十三曰離旻，十四曰里漢。

黎、邛二州之東，又有凌蠻。西有三王蠻，蓋莋都夷白馬氏之遺種。楊、劉、郝三姓世爲長，襲封王，謂之「三王」部落。疊甓而居，號雕舍。歲稟節度府帛三千匹，以詗南詔，而南詔亦密賂之，覘成都虛實。每節度使至，酋長來謁，節度使多奏威惠所懷，以罔天子也。前謁必請於都押衙，且聽命，都押衙不令者，輒諷其叛，常倚三王部落求姑息，至唐末益甚。

雅州西有通吐蕃道三：曰夏陽，曰夔松，曰始陽，皆諸蠻錯居。凡部落四十六：距州三百餘里之外有百坡、當品、嚴城、中川、鉗矣、昌逼、鉗井七部落，四百餘里之外有羅巖、當馬、三井、束鋒、名耶、鉗恭、晝重、羅林、籠羊、林波、林燒、龍逢、索古、敢川、驚川、禍眉、不燭十七部落，五百餘里之外有諾祚、三恭、布嵐、欠馬、論川、讓川、遠南、卑盧、夔龍、曜川、金川、東嘉梁、西嘉梁十三部落，六百餘里之外有椎梅、作重、禍林、金林、邏蓬五部落，皆羈縻州也。以首領襲刺史。

巂州新安城傍有六姓蠻：一曰蒙蠻，二曰夷蠻，三曰訛蠻，四曰狼蠻，餘勿鄧及白蠻也。

戎州管內有馴、騁、浪三州大鬼主董嘉慶，累世內附，以忠謹稱，封歸義郡王。貞元中，狼蠻亦請內附，補首領浪沙爲刺史，然卒不出。劍南西川節度使韋皋撫嘉慶兼押狼蠻。又有魯望等部落，徙居戎州馬鞍山，皋以其遠邊徼，戶給米二斛、鹽五斤。北又有浪稽蠻、羅哥谷蠻。東有婆秋蠻、烏皮蠻。南有離東蠻、鍋銼蠻。西有磨些蠻，與南詔、越析相姻婭，自浪稽以下，古滇王、哀牢雜種，其地與吐蕃接。亦有𤞚羌，古白馬氏之裔。

劍山當吐蕃大路，屬石門、柳彊三鎮，置戍、守捉，以招討使領五部落：一曰彌羌，二曰鑠羌，三曰胡叢，其餘東欽、磨些也。又有夷望、鼓路、西望、安樂、湯谷、佛蠻、虧野、阿鹽、阿鶚、鉀蠻、林井、阿異十二鬼主皆隸巂州。又有奉國、苴伽十一部落，春秋受賞於巂州，然挾吐蕃爲輕重。每節度使至，諸部獻馬，酋長衣虎皮，餘皆紅帊束髮，錦緬襖、半臂。既見，請匹錦、斗酒，折草招父祖魂以歸鄉里。及還，裹錦植馬上而去。又有顯養、東魯諸蠻，永徽三年與胡叢皆叛。高宗以右驍衞將軍曹繼叔爲巂州道行軍總管，戰斜山，拔十餘城，斬首七百，獲馬、犛牛萬五千。

姚州境有永昌蠻，居古永昌郡地。咸亨五年叛，高宗以太子右衞副率梁積壽爲姚州道行軍總管討平之。武后天授中，遣御史裴懷古招懷。至長壽時，大首領董期率部落二萬內

驪。其西有撲子蠻，趫悍，以青娑羅爲通身袴，善用竹弓，入林射飛鼠無不中。無食器，以蕉葉藉之。人多長大，負排持矟而鬬。又有望蠻者，用木弓短箭，鏃傅毒藥，中者立死。婦人食乳酪，肥白，跣足；青布爲衫裳，聯貫珂貝珠絡之；髻垂于後，有夫者分兩髻。

羣蠻種類，多不可記。有黑齒、金齒、銀齒三種，見人以漆及鏤金銀飾齒，寢食則去之。直頂爲髻，青布爲通袴。有繡脚種，刻踝至腓爲文。有繡面種，生踰月，涅黛於面。有雕題種，身面涅黛。有穿鼻種，以金鐶徑尺貫其鼻，下垂過頤。君長以絲係鐶，人牽乃行。其次，以二花頭金釘貫鼻下出。又有長鬃種、棟鋒種，皆額前爲長髻，下過臍，行以物舉之，君長則二女在前共舉其髻乃行。

安南有生蠻林覩符部落，大曆中置德化州，戶一萬。又以潘歸國部落置龍武州，戶千五百。詔安南節度使綏定之。貞元七年，始以驩、峯二州爲都督府。驩在安南，限重海，與文單、占婆接。峯統羈縻州十八，與蜀爨蠻接。

南平獠，東距智州，南屬渝州，西接南州，北涪州，戶四千餘。多瘴癘。山有毒草、沙虱、蝮蛇，人樓居，梯而上，名爲干欄。婦人橫布二幅，穿中貫其首，號曰通裙。美髮髻，垂於

後。竹筒三寸，斜穿其耳，貴者飾以珠璫。俗女多男少，婦人任役。昏法，女先以貨求男，貧者無以嫁，則賣爲婢。男子左衽，露髮，徒跣。其王姓朱氏，號劍荔王。貞觀三年，遣使內款，以其地隸渝州。有飛頭獠者，頭欲飛，周項有痕如縷，妻子共守之，及夜如病，頭忽亡，比旦還。又有烏武獠，地多瘴毒，中者不能飲藥，故自鑿齒。

有甯氏，世爲南平渠帥。陳末，以其帥猛力爲寧越太守。陳亡，自以爲與陳叔寶同日而生，當代爲天子，乃不入朝。隋兵阻瘴，不能進。猛力死，子長眞襲刺史。及討林邑，長眞出兵攻其後，又率部落數千從征遼東，煬帝召爲鴻臚卿，授安撫大使，遣還。又以其族人甯宣爲合浦太守。隋亂，皆以地附蕭銑。長眞，部越兵攻丘和於交阯者也，武德初，以寧越、鬱林之地降，自是交、愛數州始通。高祖授長眞欽州都督。甯宣亦遣使請降，未報而卒，以其子純爲廉州刺史，族人道明爲南越州刺史。六年，長眞獻大珠，昆州刺史沈遜、融州刺史歐陽世普、象州刺史秦元覽亦獻筒布，高祖以道遠勞人，皆不受。道明與高州首領馮暄、談殿據南越州反，攻姜州，甯純以兵援之。八年，長眞陷封山縣，昌州刺史龐孝恭掎擊暄等走之。明年，道明爲州人所殺。未幾，長眞死，子據襲刺史。馮暄、談殿阻兵相掠，羣臣請擊之，太宗不許，遣員外散騎常侍韋叔諧、員外散騎侍郎李公淹持節宣諭，暄等與溪洞首領皆降：南方遂定。

大抵劍南諸獠，武德、貞觀間數寇暴州縣者不一。巴州山獠王多馨叛，梁州都督龐玉梟其首，又破餘黨符陽、白石二縣獠。其後眉州獠反，益州行臺郭行方大破之。未幾，又破洪、雅二州獠，俘男女五千口。是歲，益州獠亦反，都督竇軌請擊之，太宗報曰：「獠依山險，當拊以恩信。脅之以兵威，豈爲人父母意耶？」貞觀七年，東、西玉洞獠反，以右屯衞大將軍張士貴爲龔州道行軍總管平之。十二年，巫州獠叛，夔州都督齊善行擊破之，俘男女三千餘口。鈞州獠叛，桂州都督張寶德討平之。明州山獠又叛，交州都督李道彥擊走之。是歲，巴、洋、集、壁四州山獠叛，攻巴州，遣右武候將軍上官懷仁破之于壁州，虜男女萬餘，明年遂平。十四年，羅、竇諸獠叛，以廣州都督党仁弘爲竇州道行軍總管擊之，虜男女七千餘人。太宗再伐高麗，爲舡劍南，諸獠皆半役，雅、邛、眉三州獠不堪其擾，相率叛，詔發隴右、峽兵二萬，以茂州都督張士貴爲雅州道行軍總管，與右衞將軍梁建方平之。

高宗初，琰州獠叛，梓州都督謝萬歲〔六〕、兗州刺史謝法興、黔州都督李孟嘗討之。萬歲、法興入洞招慰，遇害。顯慶三年，羅、竇生獠酋領多胡桑率衆內附。上元末，納州獠叛，寇故茂、都掌二縣，殺吏民，焚廨舍，詔黔州都督發兵擊之。大曆二年，桂州山獠叛，陷州，刺史李良遁去。貞元中，嘉州綏山縣婆籠川生獠首領甫枳兄弟誘生蠻爲亂，剽居人；西川節度使韋皋斬之，招其首領勇于等出降。或請增柵東凌界以守，皋不從，曰：「無戎而城，害

所生也。」獠亦自是不擾境。

戎、瀘間有葛獠，居依山谷林菁，踰數百里。俗喜叛，州縣撫視不至，必合黨數千人，持排而戰。奉酋帥爲王，號曰「婆能」，出入前後植旗。大中末，昌、瀘二州刺史貪沓，以弱繒及羊彊獠市，米麥一斛，得直不及半，羣獠訴曰：「當爲賊取死耳！」刺史召二小吏榜之曰：「皆爾屬爲之，非吾過。」獠相視大笑，遂叛。立酋長始艾爲王，踰梓、潼，所過焚剽，刺史劉成師誘降其黨，斬首領七十餘人。餘衆遁至東川，節度使柳仲郢諭降之。始艾稽首請罪，仲郢貰遣之。

成都西北二千餘里有附國，蓋漢西南夷也。其東部有嘉良夷，無姓氏。地縱八百里，橫四千五百里。無城柵，居川谷，疊石爲巢，高十餘丈，以高下爲差，作狹戶，自內以通上。王酋帥以金飾首，胸垂金花，徑三寸。地高涼，多風少雨，宜小麥，多白雉。嘉良夷有水廣三十步，附國水廣五十步，皆南流，以韋爲舡。附國南有薄緣夷，西接女國。

三濮者，在雲南徼外千五百里。有文面濮，俗鏤面，以青涅之。赤口濮，裸身而折齒，劖其脣使赤。黑僰濮，山居如人，以幅布爲裙，貫頭而繫之。丈夫衣穀皮。多白蹄牛、虎

魄。龍朔中，遣使與千支弗、磨臘同朝貢。

西原蠻，居廣、容之南，邕、桂之西。有甯氏者，相承為豪。又有黃氏，居黃橙洞，其隸也。其地西接南詔。天寶初，黃氏彊，與韋氏、周氏、儂氏相脣齒，為寇害，據十餘州。韋氏、周氏恥不肯附，黃氏攻之，逐于海濱。

至德初，首領黃乾曜、眞崇鬱與陸州〔七〕、武陽、朱蘭洞蠻皆叛，推武承斐、韋敬簡為帥，僭號中越王，廖殿為桂南王，莫淳為拓南王，相支為南越王，梁奉為鎭南王，羅誠為戎成王，莫潯為南海王，合眾二十萬，緜地數千里，署置官吏，攻桂管十八州。所至焚廬舍，掠士女，更四歲不能平。乾元初，遣中使慰曉諸首領，賜詔書赦其罪，約降。於是西原、環、古等州首領方子彈、甘令暉、羅承韋、張九解、宋原五百餘人請出兵討承斐等，歲中戰二百，斬黃乾曜、眞崇鬱、廖殿、莫淳、梁奉、羅誠、莫潯七人。承斐等以餘眾面縛詣桂州降，盡釋其縛，差賜布帛縱之。其種落張侯、夏永與夷獠梁崇牽、覃問及西原酋長吳功曹復合兵內寇，陷道州，據城五十餘日。桂管經略使邢濟擊平之，執吳功曹等。餘眾復圍道州，刺史元結固守不能下，進攻永州，陷邵州，留數日而去。湖南團練使辛京杲遣將王國良戍武岡，嫉京杲貪

暴，亦叛，有眾千人，侵掠州縣，發使招之，且服且叛。建中元年，城敘州以斷西原，國良乃降。

貞元十年，黃洞首領黃少卿者，攻邕管，圍經略使孫公器，請發嶺南兵窮討之，德宗不許，命中人招諭，不從，俄陷欽、橫、潯、貴四州。少卿子昌沔趫勇，前後陷十三州，氣益振。乃以唐州刺史陽旻為容管招討經略使，引師掩賊，一日六七戰，皆破之，侵地悉復。元和初，邕州擒其別帥黃承慶。明年，少卿等歸款，拜歸順州刺史。弟少高為有州刺史。未幾復叛。

又有黃少度、黃昌瓘二部，陷賓、巒二州，據之。十一年，攻欽、橫二州，邕管經略使韋悅破走之，取賓、巒二州。是歲，復屠巖州，桂管觀察使裴行立輕其軍弱，首請發兵盡誅叛者，徼幸有功，憲宗許之。行立兵出擊，彌更二歲，妄奏斬獲二萬，罔天子為解。自是邕、容兩道殺傷疾疫死者十八以上。調費闕亡，繇行立、陽旻二人，當時莫不咎之。及安南兵亂，殺都護李象古，擢唐州刺史桂仲武為都護，逗留不敢進，貶安州刺史，以行立代之。尋召還，卒。

長慶初，以容管經略使留後嚴公素為經略使，復上表請討黃氏。兵部侍郎韓愈建言：「黃賊皆洞獠，無城郭，依山險各治生業，急則屯聚畏死。前日邕管經略使德不能綏懷，威

不能臨制，侵詐係縛，以致憾恨。夷性易動而難安，劫州縣復私讎，貪小利不為大患。自行立、陽旻建征討，生事詭賞，邕、容兩管，日以凋弊，殺傷疾患，十室九空。百姓怨嗟，如出一口，人神共嫉，二將繼死。今嚴公素非撫御之才，復尋往謬，誠恐嶺南未有寧時。昨合邕、容為一道，邕與賊限一江，若經略使居之，兵鎭所處，物力雄完，則敵人不敢輕犯；容州則隔阻已甚，以經略使居之，則邕州兵少情見，易啓蠻心。請以經略使還邕州，容置刺史，便甚。又比發南兵，遠鄉羈旅，疾疫殺傷，續添續死，每發倍難。若募邕、容千人，以給行營，糧不增而兵便習，守則有威，攻則有利。自南討損傷，嶺南人希，賊之所處，洞壘荒僻。假如盡殺其人，得其地，在國計不為有益。容貸羈縻，比之禽獸，來則捍禦，去則不追，未有虧損朝庭。願因改元大慶，普赦其罪，遣郎官、御史以天子意丁寧宣諭，必能讙叫聽命。為選材用威信者，委以經略，處理得方，宜無侵叛事。」不納。

初，邕管既廢，人不謂宜。監察御史杜周士使安南，過邕州，刺史李元宗白狀，周士從事五管，積三十年矣，亦知其不便。嚴公素遣人盜其槁，周士憤死。公素劾元宗擅以羅陽縣還黃少度，元宗懼，引兵一百持印章依少度。穆宗遣監察御史敬僚按之。僚嘗為容州從事，與公素昵，傅致元宗罪，以母老，流驩州，眾以為不直。

黃賊更攻邕州，陷左江鎭；攻欽州，陷千金鎭。刺史楊嶼奔石南柵，邕州刺史崔結擊

破之。明年，又寇欽州，殺將吏。是歲，黃昌瓘遣其黨陳少奇二十人歸款請降，敬宗納之。

黃氏、儂氏據州十八，經略使至，遣一人詣治所，稍不得意，輒侵掠諸州。橫州當邕江官道，嶺南節度使常以兵五百戍守，不能制。大和中，經略使董昌齡遣子蘭討平峒穴，夷其種黨，諸蠻畏服。有違命者，必嚴罰之。十八州歲輸貢賦，道路淸平。其後儂洞最彊，結南詔為助。懿宗與南詔約和，二洞數構敗之。邕管節度使辛讜以從事徐雲虔使南詔結和，齎美貨啖二洞首領、太州刺史黃伯蘊、屯洞首領儂金意、員州首領儂金勒等與之通歡。

員州又有首領儂金澄、儂仲武與金勒襲黃洞首領黃伯善，伯善伏兵瀼水，鷄鳴，候其半濟，擊殺金澄、仲武，唯金勒遁免。後欲興兵報仇，辛讜遣人持牛酒音樂解和，幷遺其母衣服。母，賢者也，讓其子曰：「節度使持物與獠母，非結好也，以汝為吾子。前日兵敗瀼水，士卒略盡，不自悔，復欲勤眾，兵忿者必敗，吾將囚為官老婢矣。」金勒感寤，為罷兵。

贊曰：唐北禽頡利，西滅高昌、焉耆，東破高麗、百濟，威制夷狄，方策所未有也。交州，漢之故封，其外瀕海諸蠻，無廣土堅城可以居守，故中國兵未嘗至。及唐稍弱，西原、黃洞

繼爲邊害，垂百餘年。及其亡也，以南詔。詩曰：「惠此中國，以綏四方。」不以夷狄先諸夏也。

校勘記

〔一〕王日楊栗鬈　「栗」，各本同，御覽卷七八七、通典卷一八八、通考卷三三一均作「粟」。

〔二〕憲宗拜內四門府左果毅使者讓其弟　舊書卷一九七訶陵傳作「以其使李訶內爲果毅，訶內請迴授其弟。」

〔三〕千支弗　「千」，局本同，十行、汲、殿本作「干」。交廣印度兩道考下卷謂「此千支弗爲干支弗之訛，而指南印度昔之建志補羅。」

〔四〕亦隸郎州　各本原作「郎州亦隸」。按通鑑卷一九九有郎州白水蠻，胡注：「白水蠻與青蛉、弄棟接，隸郎州。」「郎州亦隸」係倒文，據改。

〔五〕有別部曰充州蠻　「充」，各本原作「兗」。按本書卷三八地理志，兗州屬河南道，地望不合；又卷四三下地理志諸蠻州有充州，隸黔州都督府，「武德三年以牂牁蠻別部置」。「兗州」當是「充州」之譌，今改。下同。

〔六〕梓州都督謝萬歲　通鑑卷一九九同。按本書卷四三下地理志，黔州都督府領牂州；又據卷四

二地理志，梓州屬劍南道。通鑑胡注：「梓州，當作牂州。」

〔七〕眞崇鬱　下文作「眞鬱崇」，十行、衲、汲、殿本同，局本均作「眞崇鬱」。未知孰是。

唐書卷二百二十三上

列傳第一百四十八上

姦臣上

許敬宗　李義府　傅游藝　李林甫　陳希烈

許敬宗字延族，杭州新城人。父善心，仕隋爲給事中。敬宗幼善屬文，大業中舉秀才中第，調淮陽書佐，俄直謁者臺，奏通事舍人事。善心爲宇文化及所殺，敬宗哀請得不死，去依李密爲記室。武德初，補漣州別駕。太宗聞其名，召署文學館學士。貞觀中，除著作郎，兼修國史，喜謂所親曰：「仕宦不爲著作，無以成門戶。」俄改中書舍人。文德皇后喪，羣臣衰服，率更令歐陽詢貌醜異，敬宗侮笑自如，貶洪州司馬。累轉給事中，復修史，以勞封高陽縣男，檢校黃門侍郎。高宗在東宮，遷太子右庶子。高麗之役，太子監國定州，敬宗與

高士廉典機劇。岑文本卒，帝驛召敬宗，以本官檢校中書侍郎。駐蹕山破賊，命草詔馬前，帝愛其藻警，由是專掌誥令。

初，太子承乾廢，官屬張玄素、令狐德棻、趙弘智、裴宣機、蕭鈞皆除名爲民，不復用。敬宗爲言玄素等以直言被嫌忌，今一槩被罪，疑洗宥有所未至。帝悟，多所甄復。高宗卽位，遷禮部尙書。敬宗饕沓，遂以女嫁蠻酋馮盎子，多私所聘。有司劾舉，下除鄭州刺史，俄復官，爲弘文館學士。

帝將立武昭儀，大臣切諫，而敬宗陰揣帝私，卽妄言曰：「田舍子賸穫十斛麥，尙欲更故婦。天子富有四海，立一后，謂之不可，何哉？」帝意遂定。王后廢，敬宗請削后家官爵，廢太子忠而立代王，遂兼太子賓客。帝得所欲，故詔敬宗待詔武德殿西闥。頃拜侍中，監修國史，爵郡公。

帝嘗幸故長安城，按蹕裴回，視古區處，問侍臣：「秦、漢以來幾君都此？」敬宗曰：「秦居咸陽，漢惠帝始城之。其後苻堅、姚萇、宇文周居之。」帝復問：「漢武開昆明池實何年？」對曰：「元狩三年，將伐昆明，實爲此池以肄戰。」帝乃詔與弘文學士討古宮室故區，具條以聞。進中書令，仍守侍中。敬宗於立后有助力，知后鉗戾，能固主以久己權，乃陰連后謀逐韓瑗、來濟、褚遂良，殺梁王、長孫无忌、上官儀，朝廷重足事之，威寵熾灼，當時莫與比。改

右相，辭疾，拜太子少師、同東西臺三品。年老，不任趨步，特詔與司空李勣朝朔日，聽乘小馬至內省。

帝東封泰山，以敬宗領使。次濮陽，帝問竇德玄：「此謂帝丘，何也？」德玄不對。敬宗儳曰：「臣能知之。昔帝顓頊始居此地，以王天下。其後夏后相因之，爲寒浞所滅。后緡方娠，逃出自竇，在此地也。後昆吾氏因之，而爲夏伯。昆吾既衰，湯滅之。其頌曰：『韋、顧既伐，昆吾、夏桀』是也。至春秋時，衞成公自楚丘徙居之，左氏稱『相奪予享』，以舊地也。由顓頊所居，故曰帝丘。臣聞有德者啓其國土，失道者則喪其疆宇，自古大都美國，居者不一姓，故有國家者不可不慎也。」帝曰：「書稱『浮于濟、漯』，今濟與漯斷不相屬，何故而然？」對曰：「夏禹道沇水東流爲濟，入于河。今自漯至温而入河，水自此洑地過河而南，出爲滎，又洑而至曹、濮，散出於地，合而東，汶水自南入之，所謂『泆爲滎，東出于陶丘北，又東會于汶』是也。古者五行皆有官，水官不失職，則能辨味與色。潛而出，合而更分，皆能識之。」帝曰：「天下洪流巨谷，不載祀典，濟甚細而在四瀆，何哉？」對曰：「瀆之言獨也。不因餘水，獨能赴海者也。且天有五星，運而爲四時；地有五嶽，流而爲四瀆；人有五事，用而爲四支。五，陽數也，四，陰數也，有奇偶、陰陽焉。陽者光曜，陰者晦昧，故辰隱而難見。濟潛流屢絕，狀雖微細，獨而尊也。」帝曰：「善。」敬宗退，矜曰：「大臣不可無學，向德玄不能

對，吾恥之。」德玄聞之，不屑曰：「人各有能，不彊所不知，吾所能也。」李勣曰：「敬宗多聞，美矣；竇之不彊，不亦善乎？」

初，高祖、太宗實錄，敬播所譔，信而詳。及敬宗身爲國史，竄改不平，專出己私。始虞世基與善心同遭賊害，封德彝常曰：「昔吾見世基死，世南匍匐請代；善心死，敬宗蹈舞求生。」世爲口實，敬宗銜憤。至立德彝傳，盛誣以惡。敬宗子娶尉遲敬德女孫，而女嫁錢九隴子。九隴，本高祖隸奴也，爲虛立門閥功狀，至與劉文靜等同傳。太宗賜長孫无忌威鳳賦，敬宗猥稱賜敬德。蠻酋龐孝泰率兵從討高麗，賊笑其懦，襲破之。敬宗受其金，乃稱「屢破賊，唐將言驍勇者唯蘇定方與孝泰，曹繼叔、劉伯英出其下遠甚」。然自貞觀後，論次諸書，自晉盡隋，及東殿新書、西域圖志、姓氏錄、新禮等數十種皆敬宗總知之，賞賚不勝紀。

敬宗營第舍華僭，至造連樓，使諸妓走馬其上，縱酒奏樂自娛。嬖其婢，因以繼室，假姓虞。子昂烝之，敬宗怒黜虞，奏斥昂嶺外，久乃表還。

咸亨初，以特進致仕，仍朝朔望，續其俸祿。卒，年八十一，帝爲舉哀，詔百官哭其第，冊贈開府儀同三司、揚州大都督，陪葬昭陵。太常博士袁思古議：「敬宗棄子荒徼，女嫁蠻落，謚曰繆。」其孫彥伯訴思古有嫌，詔更議。博士王福時曰：「何曾忠而孝，以食日萬錢謚繆醜，況敬宗忠孝兩棄，飲食男女之累過之。」執不改。有詔尚書省雜議，更謚曰恭。

彥伯，昂子也，頗有文。敬宗晚年不復下筆，凡大典冊悉彥伯爲之。嘗戲昂曰：「吾兒不及若兒。」答曰：「渠父不如昂父。」後又納婢譖，奏流彥伯嶺表，遇赦還，累官太子舍人。既與思古有憾，欲邀擊諸路，思古曰：「吾爲先子報仇耳。」彥伯慚而止。

垂拱中，詔敬宗配饗高宗廟廷。

李義府，瀛州饒陽人，其祖嘗爲射洪丞，因客永泰。貞觀中，李大亮巡察劍南，表義府才，對策中第，補門下省典儀。劉洎、馬周更薦之，太宗召見，轉監察御史，詔侍晉王。王爲太子，除舍人、崇賢館直學士，與司議郎來濟俱以文翰顯，時稱「來李」。獻承華箴，末云：「佞諛有類，邪巧多方。其萌不絕，其害必彰。」義府方諂事太子，而文致若讜直者，太子表之，優詔賜帛。

高宗立，遷中書舍人，兼脩國史，進弘文館學士。爲長孫无忌所惡，奏斥壁州司馬，詔未下，義府問計於舍人王德儉。德儉者，許敬宗甥，癭而智，善揣事，因曰：「武昭儀方有寵，上欲立爲后，畏宰相議，未有以發之。君能建白，轉禍於福也。」義府即代德儉直夜，叩閤上

表，請廢后立昭儀。帝悅，召見與語，賜珠一斗，停司馬詔書，留復侍。武后已立，義府與敬宗、德儉及御史大夫崔義玄、中丞袁公瑜、大理正侯善業相推轂，濟其姦，誅棄骨鯁大臣，故后得肆志攘取威柄，天子斂衽矣。

義府貌柔恭，與人言，嬉怡微笑，而陰賊褊忌著于心，凡忤意者，皆中傷之，時號義府「笑中刀」。又以柔而害物，號曰「人貓」。

永徽六年，拜中書侍郎、同中書門下三品，封廣平縣男，又兼太子右庶子，爵爲侯。洛州女子淳于以姦繫大理，義府聞其美，屬丞畢正義出之，納以爲妾，卿段寶玄以狀聞。詔給事中劉仁軌、侍御史張倫鞫治，義府且窮，逼正義縊獄中以絕始謀。侍御史王義方廷劾，義府不引咎，三叱之，然後趨出。義方極陳其惡，帝陰德義府，故貸不問，爲抑義方，逐之。未幾進中書令，檢校御史大夫，加太子賓客，更封河間郡公，詔造私第。諸子雖褓負皆補清官。

初，杜正倫爲黃門侍郎，義府纔典儀。及同輔政，正倫恃先進不相下，密與中書侍郎李友益圖去義府，反爲所誣，交訟帝前。帝兩黜之，正倫爲橫州刺史，義府普州刺史，流友益峯州。明年，召爲吏部尚書、同中書門下三品。母喪免，奪喪爲司列太常伯、同東西臺三品。更葬其先永康陵側，役縣人牛車輸土築墳，助役者凡七縣，高陵令不勝勞而死。公卿

爭賵遺。葬日，詔御史節哭。送車從騎相銜，帷帟奠帳自灞橋屬三原七十里不絕，轜輴芻偶，僭侈不法，人臣送葬之盛無與比者。殷王出閤，又兼府長史，稍遷右相。

義府已貴，乃言系出趙郡，與諸李敍昭穆，嗜進者往往尊爲父兄行。給事中李崇德引與同譜，既謫普州，亟削去，義府銜之，及復當國，傅致其罪，使自殺于獄。貞觀中，高士廉、韋挺、岑文本、令狐德棻脩氏族志，凡升降，天下允其議，於是州藏副本以爲長式。時許敬宗以不載武后本望，義府亦恥先世不見敍，更奏刪正。委孔志約、楊仁卿、史玄道、呂才等定其書，以仕唐官至五品皆昇士流。於是兵卒以軍功進者，悉入書限，更號姓氏錄，搢紳共嗤靳之，號曰「勳格」。義府奏悉收前志燒絕之。自魏太和中定望族，七姓子孫迭爲婚姻，後雖衰，猶相夸尚。義府爲子求婚不得，遂奏一切禁止。

既主選，無品鑒才，而谿壑之欲，惟賄是利，不復銓判，人人咨訕。又母、妻、諸子賣官市獄，門如沸湯。自永徽後，御史多制授，吏部雖有調注，至門下覆不留。義府乃自注御史、員外、通事舍人，有司不敢卻。帝嘗從容戒義府曰：「聞卿兒子女壻橈法多過失，朕爲卿掩覆，可少勗之。」義府內倚后，揣羣臣無敢白其罪者，不虞帝之知，乃勃然變色，徐曰：「誰爲陛下道此？」帝曰：「何用問我所從得邪！」義府謷然不謝，徐引去，帝由是不悅。

會術者杜元紀望義府第有獄氣，曰：「發積錢二千萬，可以厭勝。」義府信之，裒索殊急。

居母喪，朔望給告，卽羸服與元紀出野，馮高窺覘災眚，衆疑其有異謀。又遣子津召長孫延，謂曰：「吾爲子得一官。」居五日，延拜司津監，索謝錢七十萬。右金吾倉曹參軍楊行穎白其贓，詔司刑太常伯劉祥道與三司雜訊，李勣監按，有狀，詔除名，流巂州，子率府長史洽、千牛備身洋及壻少府主簿柳元貞並流廷州，司議郎津流振州，朝野至相賀。三子及壻尤凶肆，既敗，人以爲誅「四凶」。或作河間道元帥劉祥道破銅山大賊李義府露布，榜于衢。乾封元年大赦，獨流人不許還，義府憤恚死，年五十三。自其斥，天下憂且復用，比死，內外乃安。

上元初，赦妻子還洛陽。如意中，贈義府揚州大都督，崔義玄益州大都督，王德儉、袁公瑜魏、相二州刺史，各賜實封。睿宗立，詔停。少子湛，見李多祚傳。

傅游藝，衞州汲人。載初初，由合宮主簿再遷左補闕。武后奪政，卽上書詭說符瑞，勸后當革姓以明受命，后悅，擢給事中。閱三月，進同鳳閣鸞臺平章事，卽拜鸞臺侍郎。后乃黜唐稱周，廢唐宗廟，自稱皇帝，賜游藝姓武氏，以兄神童爲冬官尙書。游藝嘗夢登湛露殿，既寤，以語所親，有告其謀反者，下獄自殺，以五品禮葬之。

初，游藝探后旨，誣殺宗室，復請發六道使，後卒用其言。萬國俊等既出，天下被其酷。游藝起一歲，賜袍自靑及紫，人號「四時仕宦」。然歲中卽敗，前古少其比云。

李林甫，長平肅王叔良曾孫。初爲千牛直長，舅姜皎愛之。開元初，遷太子中允。源乾曜執政，與皎爲姻家，而乾曜子絜爲林甫求司門郎中，乾曜素薄之，曰：「郎官應得才望，哥奴豈郎中材邪？」哥奴，林甫小字也。卽授以諭德，累擢國子司業。宇文融爲御史中丞，引與同列，稍歷刑、吏部侍郎。初，吏部置長名榜，定留放。寧王私謁十人，林甫曰：「願絀一人以示公。」遂榜其一，曰：「坐王所囑，放冬集。」

時武惠妃寵傾後宮，子壽王、盛王尤愛。林甫因中人白妃，願護壽王爲萬歲計，妃德之。侍中裴光庭夫人，武三思女，嘗私林甫，而高力士本出三思家。及光庭卒，武請力士以林甫代爲相。力士未敢發，而帝因蕭嵩言，自用韓休，方具詔，武擿語林甫，使爲休請。休既相，重德林甫，而與嵩有隙，乃薦林甫有宰相才，妃陰助之，卽拜黃門侍郎。尋爲禮部尙書、同中書門下三品，再進兵部尙書。

皇太子、鄂王、光王被譖，帝欲廢之，張九齡切諫，帝不悅。林甫惘然，私語中人曰：「天

子家事，外人何與邪？」二十四年，帝在東都，欲還長安。裴耀卿等建言：「農人場圃未畢，須冬可還。」林甫陽蹇，獨在後，帝問故，對曰：「臣非疾也，願奏事。二都本帝王東西宮，車駕往幸，何所待時？假令妨農，獨赦所過租賦可也。」帝大悅，卽駕而西。始九齡繇文學進，守正持重，而林甫特以便佞，故得大任，每嫉九齡，陰害之。帝欲進朔方節度使牛仙客實封，九齡謂林甫：「封賞待名臣大功，邊將一上最，可遽議？要與公固爭。」林甫然許。及進見，九齡極論，而林甫抑嘿，退又漏其言。仙客明日見帝，泣且辭。帝滋欲賞仙客，九齡持不可，林甫爲人言：「天子用人，何不可者？」帝聞，善林甫不專也。由是益疏薄九齡，俄與耀卿俱罷政事，專任林甫，相仙客矣。初，三宰相就位，二人磬折趨，而林甫在中，軒驁無少讓，喜津津出眉宇間。觀者竊言：「一鵰挾兩兔。」少選，詔書出，耀卿、九齡以左右丞相罷，林甫嘻笑曰：「尙左右丞相邪？」目恚而送乃止，公卿爲戰栗。於是林甫進兼中書令。帝卒用其言，殺三子，天下寃之。大理卿徐嶠妄言：「大理獄殺氣盛，鳥雀不敢棲。今刑部斷死，歲纔五十八，而烏鵲巢獄戶，幾至刑措。」羣臣賀帝，而帝推功大臣，封林甫晉國公，仙客豳國公。

及帝將立太子，林甫探帝意，數稱道壽王，語祕不傳，而帝意自屬忠王，壽王不得立。太子既定，林甫恨謀不行，且畏禍，乃陽善韋堅。堅，太子妃兄也。使任要職，將覆其家，以搖

東宮。乃構堅獄，而太子絕妃自明，林甫計黜。杜良娣之父有鄰與婿柳勣不相中，勣浮險，欲助林甫，乃上有鄰變事，捕送詔獄賜死。逮引裴敦復、李邕等，皆林甫素忌惡者，株連殺之。太子亦出良娣爲庶人。未幾，擿濟陽別駕魏林，使誣河西節度使王忠嗣欲擁兵佐太子，帝不信，然忠嗣猶斥去。林甫數曰：「太子宜知謀。」帝曰：「吾兒在內，安得與外人相聞，此妄耳！」林甫數危太子，未得志，一日從容曰：「古者立儲君必先賢德，非有大勳力於宗稷，則莫若元子。」帝久之曰：「慶王往年獵，爲豽傷面甚。」答曰：「破面不愈於破國乎？」帝頗惑，曰：「朕徐思之。」然太子自以謹孝聞，內外無惎言，故飛語不得入，帝無所發其猜。

林甫善刺上意，時帝春秋高，聽斷稍怠，厭繩檢，重接對大臣，及得林甫，任之不疑。林甫善養君欲，自是帝深居燕適，沈蠱衽席，主德衰矣。林甫每奏請，必先餉遺左右，審伺微旨，以固恩信，至饔夫御婢皆所款厚，故天子動靜必具得之。性陰密，忍誅殺，不見喜怒。面柔令，初若可親，旣崖穽深阻，卒不可得也。公卿不由其門而進，必被罪徙；附離者，雖小人且爲引重。同時相若九齡、李適之皆遭逐；至楊愼矜、張瑄、盧幼臨、柳升等緣坐數百人，並相繼誅。以王鉷、吉溫、羅希奭爲爪牙，數興大獄，衣冠爲累息。適之子霅嘗盛具召賓客，畏林甫，乃終日無一人往者。林甫有堂如偃月，號月堂。每欲排構大臣，卽居之，思所以中傷者。若喜而出，卽其家碎矣。子岫爲將作監，見權勢熏灼，惕然懼，常從游後

園，見輦重者，跪涕曰：「大人居位久，枳棘滿前，一旦禍至，欲比若人可得乎？」林甫不樂曰：「勢已然，可奈何？」

時帝詔天下士有一藝者得詣闕就選，林甫恐士對詔或斥己，卽建言：「士皆草茅，未知禁忌，徒以狂言亂聖聽，請悉委尙書省長官試問。」使御史中丞監總，而無一中程者。林甫因賀上，以爲野無留才。俄兼隴右、河西節度使。改右相，罷節度，加累開府儀同三司，實封戶三百。

咸寧太守趙奉璋得林甫隱惡二十條，將言之。林甫諷御史捕繫奉璋，劾妖言，抵死，著作郎韋子春坐厚善貶。帝嘗大陳樂勤政樓，旣罷，兵部侍郎盧絢按轡絕道去，帝愛其醞藉，稱美之。明日林甫召絢子曰：「尊府素望，上欲任以交、廣，若憚行，且當請老。」絢懼，從之，因出爲華州刺史，俄授太子員外詹事，絢繇是廢。於時有以材譽聞者，林甫護前，皆能得於天子抑遠之，故在位恩寵莫比。凡御府所貢遠方珍鮮，使者傳賜相望。帝食有所甘美，必賜之。嘗詔百僚閱歲貢於尙書省，旣而舉貢物悉賜林甫，輦致其家。從幸華淸宮，給御馬、武士百人、女樂二部。薛王別墅勝麗甲京師，以賜林甫，它邸第、田園、水磑皆便好上腴。車馬衣服侈靡，尤好聲伎。侍姬盈房，男女五十人。故事，宰相皆元功盛德，不務權威，出入騎從簡寡，士庶不甚引避。林甫自見結怨者衆，憂刺客竊發，其出入，廣騶騎，先驅百步，傳呼何衛，金吾爲淸道，公卿辟易趨走。所居重關複壁，絡版甃石，一夕再徙，家人亦莫知也。或帝不朝，羣司要官悉走其門，臺省爲空。左相陳希烈雖坐府，卒無人入謁。

林甫無學術，發言陋鄙，聞者竊笑。善苑咸、郭愼微，使主書記。然練文法，其用人非諂附者一以格令持之，故小小綱目不甚亂，而人憚其威權。久之，又兼安西大都護、朔方節度使。俄兼單于副大都護，以朔方副使李獻忠反，讓還節度。

始厚王鉷，爲盡力，及鉷敗，詔宰相治狀，林甫大懼，不敢面鉷，獄具署名，亦無所申救。因以楊國忠代爲御史大夫，林甫薄國忠材孱，無所畏，又以貴妃故善之。及是權益盛，貴震天下，始交惡若仇敵。然國忠方兼劍南節度使，而南蠻入寇，林甫因建遣之鎭，欲離間之。國忠入辭，帝曰：「處置且訖，亟還，指日待卿。」林甫聞之憂懣。是時已屬疾，稍侵。會帝幸溫湯，詔以馬輿從，御醫珍膳繼至，詔旨存問，中官護起居。病劇，巫者視疾云：「見天子當少閒。」帝欲視之，左右諫止。乃詔林甫出廷中，帝登降聖閣，舉絳巾招之，林甫不能興，左右代拜。俄而國忠至自蜀，謁林甫牀下，垂涕託後事，因不食卒。諸子護還京發喪，贈太尉、揚州大都督。

林甫居相位凡十九年，固寵市權，蔽欺天子耳目，諫官皆持祿養資，無敢正言者。補闕杜璡再上書言政事，斥爲下邽令。因以語動其餘曰：「明主在上，羣臣將順不暇，亦何所論？

君等獨不見立仗馬乎，終日無聲，而飫三品芻豆；一鳴，則黜之矣。後雖欲不鳴，得乎？」由是諫爭路絕。

貞觀以來，任蕃將者如阿史那社尒、契苾何力皆以忠力奮，然猶不爲上將，皆大臣總制之，故上有餘權以制於下。先天、開元中，大臣若薛訥、郭元振、張嘉貞、王晙、張說、蕭嵩、杜暹、李適之等，自節度使入相天子。林甫疾儒臣以方略積邊勞，且大任，欲杜其本，以久己權，卽說帝曰：「以陛下雄材，國家富彊，而夷狄未滅者，繇文吏爲將，憚矢石，不身先。不如用蕃將，彼生而雄，養馬上，長行陣，天性然也。若陛下感而用之，使必死，夷狄不足圖也。」帝然之，因以安思順代林甫領節度，而擢安祿山、高仙芝、哥舒翰等專爲大將。林甫利其虜也，無入相之資，故祿山得專三道勁兵，處十四年不徙，天子安林甫策，不疑也，卒稱兵蕩覆天下，王室遂微。

初，林甫夢人皙而髯，將逼己。寤而物色，得裴寬類所夢，曰：「寬欲代我。」因李適之黨逐之。其後楊國忠代林甫，貌類寬云。國忠素銜林甫，及未葬，陰諷祿山暴其短。祿山使阿布思降將入朝，告林甫與思約爲父子，有異謀。事下有司，其壻楊齊宣懼，妄言林甫厭祝上，國忠劾其姦。帝怒，詔林甫淫祀厭勝，結叛虜，圖危宗社，悉奪官爵，斲棺剔取含珠金紫，更以小槥，用庶人禮葬之；諸子司儲郎中崿、太常少卿嶼及岫等悉徙嶺南、黔中，各給奴婢

三人，籍其家；諸壻若張博濟、鄭平、杜位、元撝，屬子復道、光，皆貶官。博濟亦憸薄自肆，爲戶部郎中，部有考堂，天下歲會計處，博濟廢爲員外郎中聽事，壯偉華敞，供擬豐侈至千品，別取都水監地爲考堂；擅費諸州籍帳錢不貲，有司不敢言。

帝之幸蜀也，給事中裴士淹以辯學得幸。時肅宗在鳳翔，每命宰相，輒啓聞。及房琯爲將，帝曰：「此非破賊才也。若姚元崇在，賊不足滅。」至宋璟，曰：「彼賣直以取名耳。」因歷許十餘人，皆當。至林甫，曰：「是子妬賢疾能，舉無比者。」士淹因曰：「陛下誠知之，何任之久邪？」帝默不應。

至德中，兩京平，大赦，唯祿山支黨及林甫、楊國忠、王鉷子孫不原。天寶時，嘗鏤玉爲玄元皇帝及玄宗、肅宗像於太清宮，復琢林甫、陳希烈像列左右序。代宗時，或言：「林甫陰險，嘗不利先帝，宗廟幾危，奈何留像至今？」有詔瘞宮中。廣明初，盧攜爲太清宮使，發地得其像，聳送京兆毀之云。

陳希烈者，宋州人。博學，尤深黃老，工文章。開元中，帝儲思經義，自褚无量、元行沖卒，而希烈與康子元、馮朝隱進講禁中，其應答詔問，敷盡微隱，皆希烈爲之章句。累遷中

書舍人，十九年爲集賢院學士，進工部侍郎，知院事。帝有所譔述，希烈必助成之，遷門下侍郎。

天寶元年，有神降丹鳳門，以爲老子告錫靈符，希烈因是上言：「臣侍演南華眞經至七篇，陛下顧曰：『此言養生，朕既悟其術，而德充符詎無非常應哉？』臣稽首對：『陛下德充於內，符應於外，必有絕瑞表之。』今靈符降錫，與帝意合，宜示史官，著顯祥，摛照無窮。」其媮佞類如此。俄兼崇玄館大學士，封臨潁侯。

林甫顓朝，苟用可專制者，引與共政。以希烈柔易，且帝眷之厚，乃薦之。五載，進同中書門下平章事，遷左丞相兼兵部尚書，許國公，又兼祕書省圖書使，寵與林甫侔。林甫居位久，其陰詭雖足自固，亦希烈左右焉。楊國忠執政，素忌之，希烈引避，國忠卽薦韋見素代相，罷爲太子太師。希烈失職，內忽忽無所賴。及祿山盜京師，遂與達奚珣等偕相賊。後論罪當斬，肅宗以上皇素所遇，賜死于家。

唐書卷二百二十三下

列傳第一百四十八下

姦臣下

盧杞　崔胤　崔昭緯　柳璨　蔣玄暉　張廷範　氏叔琮　朱友恭

盧杞字子良。父弈，見忠義傳。杞有口才，體陋甚，鬼貌藍色，不恥惡衣菲食，人未悟其不情，咸謂有祖風節。藉蔭爲清道率府兵曹參軍，僕固懷恩辟朔方府掌書記，病免。補鴻臚丞，出爲忠州刺史。上謁節度府衞伯玉，伯玉不喜，乃謝歸。稍遷吏部郎中，爲虢州刺史。奏言虢有官豕三千爲民患，德宗曰：「徙之沙苑。」杞曰：「同州亦陛下百姓，臣謂食之便。」帝曰：「守虢而憂它州，宰相材也。」詔以豕賜貧民，遂有意柄任矣。俄召爲御史中丞，論奏無不合。踰年遷大夫，不閱旬，擢門下侍郎、同中書門下平章事。

既得志，險賊寖露，賢者娼，能者忌，小忤己，不傳死地不止。將大樹威，脅衆市權爲自固者。楊炎與杞俱輔政，炎鄙杞才下，不悅，未半歲，譖罷炎。時大理卿嚴郢與炎有隙，卽擢郢御史大夫以自助，炎卒逐死。張鎰材裕忠懿，帝所倚愛，未有以間。會隴右用兵，杞乃見帝，僞請行，帝不可，卽薦鎰守鳳翔。既又惡郢。時幽州朱滔與泚有違言，誣其軍司馬蔡廷玉間閱，請殺之。俄而滔反，帝欲斥之以悅滔，下御史鄭詹按狀，貶柳州司戶參軍，敕吏護送。廷玉疑送滔所，因自沈于河。杞奏，恐泚疑爲詔所殺，願下詹三司雜治，并劾大夫郢。初，詹善張鎰，每伺杞閒，獨詣鎰，杞知之。它日伺詹來，卽徑至鎰便坐，詹趨避，杞遽及機事，鎰不得已，曰：「鄭侍御在。」杞陽驚曰：「向所言，非外所得聞。」至是并按，有詔詹杖死，流郢費州。杜佑判度支，帝尤寵禮，杞短毀百緒，訖貶蘇州刺史。李希烈反，杞素惡顏眞卿挺正敢言，卽令宣慰其軍，卒爲賊害。故宰相李揆有雅望，畏復用，遣爲吐蕃會盟使，卒于行。李洧以徐州降，有所經略，使人諜先白鎰，杞怒，沮解之，不使有功。其狙害隱毒，天下無不痛憤，以杞得君，故不敢言。

是時兵屯河南、北，挐不解，財用日急。於是度支條軍所仰給，月費緡百餘萬，而藏錢纔支三月。杞乃以戶部侍郎趙贊判度支，其黨韋都賓等建言：「商賈儲錢千萬，聽自業；過千萬者，貣其羸以濟軍。軍罷，約取償于官。」帝許之。京兆暴責其期，校吏頸大搜廛里，疑

占列不盡，則笞掠之，人不勝冤，自殞溝瀆者相望，京師囂然不閲日。然悉田宅奴婢之直，緡止八十萬。又僦匱、質舍、居貿粟者，四貣其一，僅至二百萬。而長安爲閉肆，民皆邀宰相祈訴，杞無以諭，驅而去。帝知民愁忿，而所得不足給師，罷之。贊術窮，於是間架、除陌之暴縱矣。其法：屋二架爲間，差稅之，上者二千，中千，下五百，吏執籌入第室計之，隱不盡，率二架抵罪，告者以錢五萬畀之。凡公私貿易，舊法率千錢算二十，請加五十，主儈注所售，入其算有司；其自相市，爲私籍自言，隱不盡，率千錢沒二萬，告者以萬錢畀之。由是主儈得操其私以爲姦，公上所入常不得半，而恨誹之聲滿天下。及涇師亂，呼於市曰：「不奪而商人僦質矣，不稅而間架、除陌矣！」其倡和造作以召怨擬亂，皆杞爲之。

帝出奉天，杞與關播從。後數日，崔寧自賊中來，以播遷事指杞，杞卽誣寧反，帝殺之。靈武杜希全率鹽、夏二州士六千來赴，帝議所從道，杞請道漠谷。渾瑊曰：「不然，彼多險，且爲賊乘，不如道乾陵北，蹈雞子堆而屯，與爲掎角，賊可破矣。」帝從杞議，賊果拒險，兵不得入，奔還邠州。

李懷光自河北還，數破賊，泚解去。或謂王翃、趙贊曰：「聞懷光嘗斥宰相不能謀，度支賦斂重，而京兆刻損軍賜，宜誅之以謝天下。方懷光有功，上必聽用其言，公等殆矣。」二人以白杞，杞懼，卽諷帝曰：「懷光勳在宗社，賊憚之破膽，今因其威，可一舉而定。若許來

朝，則犒賜留連，賊得哀整殘餘爲完守計，圖之實難，不如席勝使平京師，破竹之勢也。」帝然之。詔懷光無朝，進屯便橋。懷光自以千里勤難，有大功，爲姦臣沮間，不一見天子，內怏怏無所發，遂謀反，因暴言杞等罪惡。士議諠沸，皆指目杞，帝始寤，貶爲新州司馬。

始，帝卽位，以崔祐甫爲相，專以道德導主意，故建中初綱紀張設，赫然有貞觀風。及杞相，乃諷帝以刑名繩天下，亂敗踵及。其陰害矯譎，雖國屯主辱，猶讐然肆爲之。後雖斥，然帝念之不衰。及興元赦令，俄徙吉州長史。杞乃曰：「上必復用我。」貞元元年，詔拜饒州刺史。給事中袁高當行詔書，不肯草，白宰相曰：「杞反易天常，使萬乘播遷，幸赦不誅，又委大州，失天下望。」宰相不悅，乃召它舍人作制，高固執不得下。於是諫臣趙需、裴佶、宇文炫、盧景亮、張薦等衆對，極言杞罪四海共棄，今復用之，忠臣寒膚，良士痛骨，必且階禍。其言懇到。帝語宰相曰：「授杞小州可乎？」李勉曰：「陛下與大州亦無難，如四方之謗何？」乃詔爲澧州別駕。後散騎常侍李泌見，帝曰：「高等論杞事，朕可之矣！」泌頓首賀曰：「比日外謂陛下漢之桓、靈，今乃知堯、舜主也。」帝喜。杞遂死澧州。

初，尙父郭子儀病甚，百官造省，不屏姬侍。及杞至，則屏之，隱几而待。家人怪問其故，子儀曰：「彼外陋內險，左右見必笑，使後得權，吾族無類矣！」

崔胤字垂休，宰相愼由子也。擢進士第，累遷中書舍人、御史中丞。喜陰計，附離權彊，其外自處若簡重，而中險譎可畏。崔昭緯屢薦之，由戶部侍郎同中書門下平章事。方王珙兄弟爭河中，以胤爲節度使，不得赴，半歲，復以中書侍郎留輔政。及昭緯以罪誅，罷爲武安節度使，陸扆當國。時王室不競，南、北司各樹黨結藩鎭，內相凌脅。胤素厚朱全忠，委心結之。全忠爲言胤有功，不宜處外，故還相而逐扆。

光化初，昭宗至自華，務安反側，而胤陰爲全忠地，俾擅兵四討。帝醜其行，罷爲吏部尙書，復倚扆以相。會清海無帥，因拜胤清海節度使。始，昭緯死，皆王摶等白發其姦，胤坐是賜罷，內銜憾。既與摶同宰相，胤議悉去中官，摶不助，請徐圖之。及是不欲外除，卽漏其語於全忠，令露劾摶交敕使共危國，罪當誅。胤次湖南，召還守司空、門下侍郎、平章事，兼領度支、鹽鐵、戶部使，而賜摶死，幷誅中尉宋道弼、景務脩，繇是權震天下，雖宦官亦累息。至是，四拜宰相，世謂「崔四入」。

劉季述幽帝東內，奉德王監國，畏全忠彊，雖深怨胤，不敢殺，止罷政事。胤趣全忠以師西，問所以幽帝狀，全忠乃使張存敬攻河中，掠晉、絳。神策軍大將孫德昭常忿閹尹廢辱天子，胤令判官石戩與游，乘間伺察。德昭飲酣必泣，胤揣得其情，乃使戩說曰：「自季述廢

天子，天下之人未嘗忘，武夫義臣搤手憤惋。今謀反者特季述、仲先耳，它人劫於威，無與也。君能乘此誅二豎，復天子，取功名乎？卽不早計，將有先之者。」德昭感寤，乃告以胤謀，德昭許諾，胤斬帶爲誓。俄而季述、仲先誅，以功進司徒，不就，復輔政，幷還使領。帝德之，延見或不名，以字呼之，寵遇無比。

天復元年，全忠已取河中，進逼同、華。中尉韓全誨以胤與全忠善，恐導之翦除君側，乃白罷政事，未及免，倉卒挾帝幸鳳翔。胤恐帝見廢，不肯從，召全忠以兵迎天子，令太子太師盧渥率羣臣迎全忠。始，全忠至華，遣幕府裴鑄奏事，帝不得已，聽來朝。至是胤爲之謀，乃以兵迫行在。帝下詔趣還鎭，因詔遣渥等俱西。全忠上表具言：「向書詔皆出宰相，乃今知非陛下意，爲所詿誤。師業入關，請得與李茂貞約釋憾以迎乘輿。」茂貞劾奏：「胤畜死士，用度支使權利，令親信陳班與京兆府募兵保所居坊。」天子出次，遣使者五輩往召，安臥不動，一奉表陳謝。時帝見全忠表，亦大恚，因下詔顯責之，以工部尙書罷知政事，胤出居華州。

初，天復後宦官尤屈事胤，事無不咨。每議政禁中，至繼以燭，請盡誅中官，以宮人掌內司事。韓全誨等密知之，共於帝前求哀。乃詔胤後當密封，無口陳。中官益恐，滋欲得其謀，乃求知書美人宗柔等內左右以刺陰事，胤計稍露，宦者或相泣無憀，不自安，劫幸之謀固矣。

居華時，爲全忠數畫醜計。全忠引兵還屯河中，胤迎謁渭橋，奉觴爲全忠壽，自歌以酳酒。會茂貞殺全誨等，與全忠約和。帝急召之，璽詔者四、朱札三，皆辭疾。及帝出鳳翔，幸全忠軍，乃迎謁於道，復拜平章事，進位司徒，兼判六軍諸衞事，詔徙家舍右軍，賜帷帳器用十車。胤遂奏：「高祖、太宗無內侍典軍，天寶後宦人寖盛，德宗分羽林衞爲左右神策軍，令宦者主之，以二千人爲率。其後參掌機密，至內務百司悉歸中人，共相彌縫爲不法，朝廷微弱，禍始于此。請罷左右神策、內諸司使、諸道監軍。」於是中外宦官悉誅，天子傳導詔命，祇用宮人寵顏等。

帝之在鳳翔，以盧光啓、蘇檢爲相，胤皆逐殺之，分斥從幸近臣陸扆等三十餘人，惟裴贄孤立可制，留與偕秉政。帝動靜一決於胤，無敢言者。胤議以皇子爲元帥，全忠副之，示褒崇其功。全忠內利輝王沖幼，故胤藉以請。帝曰：「濮王長，若何？」還禁中，召翰林學士韓偓以謀。偓陰佐胤，卒不能卻。全忠還東，到長樂，羣臣班辭，胤獨至霸橋置酒，乙夜乃還。帝即召問：「全忠安否？」與飲，命宮人爲舞劍曲，戊夜乃出，賜二宮人，固讓乃許。是時天子孤危，威令盡去，胤之劫持類如此。進侍中、魏國公。

自鳳翔還，揣全忠將篡奪，顧己宰相，恐一日及禍，欲握兵自固，謬謂全忠曰：「京師迫茂貞，不可無備，須募軍以守。今左右龍武、羽林、神策，播幸之餘，無見兵。請軍置四步將，

將二百五十人；一騎將，將百人。使番休遞侍。」以京兆尹鄭元規爲六軍諸衞副使，陳班爲威遠軍使，募卒於市。全忠知其意，陽相然許。胤乃毀浮圖，取銅鐵爲兵仗。全忠陰令汴人數百應募，以其子友倫入宿衞。會爲毬戲，墜馬死，全忠疑胤陰計，大怒。時傳胤將挾帝幸荊、襄，而全忠方謀脅乘輿都洛，懼其異議，密表胤專權亂國，請誅之。即罷爲太子少傅。全忠令其子友諒以兵圍開化坊第，殺胤，汴士皆突出，市人爭投瓦礫擊其尸，年五十一，元規、陳班等皆死，實天復四年正月。

胤罷凡三日死，死十日，全忠脅帝遷洛，發長安居人悉東，徹屋木自渭循河下，老幼係路，啼號不絕，皆大罵曰：「國賊崔胤導全忠賣社稷，使我及此！」先是，全忠雖據河南，顧彊諸侯相持，未敢決移國。及胤間內隙，與相結，得梯其禍，取朝權以成彊大，終亡天下，胤身屠宗滅。世言愼由晚無子，遇異浮屠，以術求，乃生胤，字緇郎。及爲相，其季父安潛唶曰：「吾父兄刻苦以持門戶，終爲緇郎壞之！」

崔昭緯字蘊曜，其先清河人。及進士第。至昭宗時，仕寖顯，以戶部侍郎同中書門下平章事，居位凡八年，累進尚書右僕射。性險刻，密結中人，外連彊諸侯，內制天子以固其權。令族人鋋事王行瑜邠寧幕府。每它宰相建議，或詔令有不便於己，必使鋋密告行瑜，使上書訾許，己則陰阿助之。方是時，帝室微，人主若贅斿然。始，帝委杜讓能調兵食以討鳳翔，昭緯方倚李茂貞、行瑜爲重，陰得其計，則走告之，激使稱兵向闕，遂殺讓能。後又導三鎭兵殺韋昭度等。帝性剛明，不堪忍，會誅行瑜，乃罷昭緯爲右僕射。復請朱全忠薦己，又厚賂諸王，爲所奏，貶梧州司馬，下詔條其五罪，賜死。行次江陵，使者至，斬之。鋋亦誅。

柳璨字炤之，公綽族孫也。爲人鄙野，其家不以諸柳齒。少孤貧，好學，晝採薪給費，夜然葉照書，彊記，多所通涉。譏訶劉子玄史通，著析微，時或稱之。顏蕘判史館，引爲直學士，由是益知名。遷左拾遺。昭宗好文，待李磎最厚，磎死，內常求似磎者。或薦璨才高，試文，帝稱善，擢翰林學士。

崔胤死，昭宗密許璨宰相，外無知者。日暮自禁中出，騶士傳呼宰相，人皆大驚。明日，帝謂學士承旨張文蔚曰：「璨材可用，今擢爲相，應授何官？」對曰：「用賢不計資。」帝曰：「諫議大夫可乎？」曰：「唯唯。」遂以諫議大夫同中書門下平章事。起布衣，至是不四歲，其暴貴近世所未有。裴樞、獨孤損、崔遠皆宿望舊臣，與同位，頗輕之，璨內以爲怨。朱全

忠圖篡殺，宿衞士皆汴人，璨一厚結之，與蔣玄暉、張廷範尤相得。既挾全忠，故朝權皆歸之。進中書侍郎、判戶部，封河東縣男。

天祐二年，長星出太微、文昌間，占者曰：「君臣皆不利，宜多殺以塞天變。」玄暉、廷範乃與璨謀殺大臣宿有望者，璨手疏所仇媢若獨孤損等三十餘人，皆誅死，天下以爲冤。全忠聞之，不善也。其後急於九錫，宣徽北院使王殷者構璨等，言其有貳，故禮不至。玄暉懼，自往辨解。全忠怒罵曰：「爾與柳璨輩沮我，不由九錫，作天子不得邪？」璨懼，即脅哀帝曰：「人望歸元帥矣，陛下宜揖讓以授終。」璨請自行，進拜司空，爲册禮使，即日進道。及玄暉死，而全忠恚璨背己，貶登州刺史，俄除名爲民，流崖州，尋斬之。臨刑悔咤曰：「負國賊柳璨，死宜矣！」弟瑀、瑊皆榜死。

玄暉者，少賤，不得其系著。事朱全忠爲腹心。昭宗東遷，玄暉爲樞密使。帝駐陝州，術家言星緯不常，且有大變，宜須冬幸洛。帝度全忠必篡，命衞官高瓌持帛詔賜王建，告以脅遷，且言：「全忠以兵二萬治洛陽，將盡去我左右，君宜與茂貞、克用、行密同盟，傳檄襄、魏、幽、鎭，使各以軍迎我還京師。」又詔全忠：「后方娠，須十月乃東。」全忠知帝有謀，遣寇彥卿趣迫，天子不得已，遂行。抵穀水，全忠盡殺左右黃門、內園小兒五百人，悉以汴兵爲

衞。初，全忠至鳳翔，侵邠州，節度使楊崇本降，質其家。崇本妻美，全忠與亂，故崇本怨。至是遣使者會克用、茂貞，南告趙匡凝及建，同舉兵問劫遷狀，全忠大懼。

帝自出關，畏不測，常默坐流涕。玄暉與張廷範內訶，必以告全忠。全忠恨帝無傳禪意，乃謀弑以絕人望，因令其屬李振諭玄暉。玄暉與龍武統軍朱友恭、氏叔琮夜選勇士百人叩行在，言有急奏，請見帝。宮門開，門留十士以守。至椒蘭院中，夫人裴貞一啓關，殺之，乃趨殿下。玄暉曰：「上安在？」昭儀李漸榮曰：「院使毋傷宅家，寧殺我！」士持劍入，帝聞，遽單衣走，環柱，遂弑之。漸榮以身蔽帝，亦死。復執后，后求哀。玄暉以全忠所弑者帝也，乃釋后。明日，宰相請對，日晏不出，玄暉矯遺詔，言帝夜與昭儀博，爲貞一、漸榮所弑，出二人首。全忠自河中來朝，振曰：「晉文帝殺高貴鄉公，歸罪成濟。今宜誅友恭等，解天下謗。」全忠趨西內臨，對嗣天子自言弑逆非本謀，皆友恭等罪，因泣下，請討罪人。是時洛城旱，米斗直錢六百，軍有掠糴者，都人怨，故因以悅衆，執友恭、叔琮斬之。全忠邀九錫，玄暉自持詔趨汴言之。還洛不淹日，全忠矯詔收付有司車裂之，貶爲兇逆百姓，焚尸都門外。

廷範者，以優人爲全忠所愛，扈東遷爲御營使，進金吾衞將軍、河南尹。全忠欲以爲太

常卿，宰相裴樞持不可，繇是樞罷去。柳璨希旨下詔，責中外不得妄言流品清濁，卒用廷範太常卿。會天子將郊，以爲脩樂縣使，又與蘇楷等駁昭宗謚。全忠恚九錫緩也，王殷譖其與璨等祀天祈延唐祚，及玄暉死、璨誅，即貶廷範萊州司戶參軍，轘于河南市。

叔琮亦汴州人，中和末隸感化軍，以騎士奮，性沈壯有膽力。從全忠擊黃巢陳、許間，名右諸將，得爲親校。與時溥、朱宣戰，以多累表檢校尚書右僕射，爲宿州刺史。攻趙匡凝於襄陽，不克。又與李克用戰洹水，遷曹州刺史。天復初，拔澤、潞，擊太原，授晉慈觀察使。全忠屯鳳翔，克用襲絳州，攻臨汾，叔琮以二壯士類沙陀者牧馬于原，與克用軍偕行，伺隙各禽一虜還。克用大驚，疑有伏，遂退屯蒲。會朱友寧以兵三萬來援，叔琮曰：「賊遁矣，無以立功。」乃潛師夜獵游騎，殺數百，進破其壘，俘斬萬級，收馬三千，遂長驅取汾州，轉戰薄太原而還。遷檢校司空，再進爲保大軍節度使。

全忠欲還帝於洛，表爲右龍武統軍，與弑帝，故全忠請貶白州司戶參軍，斬之。叔琮將死，呼曰：「朱溫賣我以取容天下，神理謂何？」

友恭者，本李彥威也。壽州人，客汴州。殖財任俠，全忠愛而子畜之，領長劍都，積功，表爲檢校尚書左僕射。乾寧中，授汝州刺史，檢校司空。楊行密侵鄂州，友恭將兵萬餘援杜洪，至江州，還攻黃州，入之，獲行密將，俘斬萬計。又襲安州，殺守將。遷潁州刺史、感化軍節度留後。帝東遷，爲左龍武統軍，貶崖州司戶參軍。臨刑曰：「溫殺我，當亦滅族！」又語張廷範曰：「公行及此」云。

贊曰：木將壞，蟲實生之；國將亡，妖實產之。故三宰嘯凶牝奪辰，林甫將蕃黃屋奔，鬼質敗謀興元蹙，崔、柳倒持李宗覆。嗚呼，有國家者，可不戒哉！

唐書卷二百二十四上

列傳第一百四十九上

叛臣上

僕固懷恩　周智光　梁崇義　李懷光　陳少游　李錡

僕固懷恩，鐵勒部人。貞觀二十年，鐵勒九姓大首領率衆降，分置瀚海、燕然、金微、幽陵等九都督府，別爲蕃州，以僕骨歌濫拔延爲右武衞大將軍、金微都督，訛爲僕固氏，生乙李啜，乙李啜生懷恩，世襲都督。

懷恩善戰鬭，曉識戎情，部分謹嚴。安祿山反，從朔方節度使郭子儀討賊雲中，破之；敗薛忠義于背度山，殺七千騎，禽忠義子，下馬邑。進會李光弼，戰常山、趙郡、沙河、嘉山，走史思明。肅宗即位，與子儀赴靈武。時同羅部落叛，祿山北掠朔方，子儀率懷恩迎擊，懷恩

子玢戰敗降虜，已而自拔歸，懷恩怒，叱斬之，將士股栗，皆殊死戰，遂破其衆，收馬、橐它、器械甚衆。帝又詔與燉煌王承寀使回紇請師，回紇聽命。至德二載，從子儀下馮翊、河東，走賊將崔乾祐，襲潼關，破之。賊將安守忠、李歸仁苦戰二日，王師敗績。懷恩至渭水，無舟，抱馬鬣以逸，收散卒還河東。子儀赴鳳翔，歸仁以勁兵邀戰三原，子儀使懷恩與王升、陳回光、渾釋之、李國貞五將軍伏白渠下，賊至遇伏，敗而走。又戰清渠，不利，引還。

時回紇使葉護、帝得以四千騎濟師，南蠻、大食等兵亦踵至。帝乃詔廣平王爲元帥，使懷恩統回紇兵，從王戰香積寺北。賊以一軍伏營左，懷恩馳掩之，戮斬無遺者，賊氣沮。既合戰，以回紇夾攻賊，戰酣，脫甲援矛直擣陣，殺十餘人，衆驚靡，亦會李嗣業麾斸尤力，賊大崩敗。會日暮，懷恩見王曰：「賊必棄城走，願假壯騎二百，縛安守忠、李歸仁等致麾下。」王曰：「將軍戰疲，且休矣，迨明，與將軍圖之。」對曰：「守忠等皆天下驍賊，驟勝而敗，此天與我也，奈何縱之？使復得衆，必爲我患，雖悔無逮。」王不從，固請，通夕四五反。遲明，諜者至，守忠等果遁去。又從王破賊於新店。以復兩京有殊功，詔加開府儀同三司、鴻臚卿，封豐國公，賜封二百戶。

從郭子儀破安太清，下懷、衞二州，攻相州，戰愁思岡，常爲先鋒，勇冠軍中。乾元二年，拜朔方行營節度使，進封大寧郡王。

懷恩爲人雄重寡言，應對舒緩，然剛決犯上；始居偏裨，意有不合，雖主將必折詬。其麾下皆蕃、漢勁卒，恃功多不法，子儀政寬，能優容之。及李光弼代子儀，懷恩仍爲副。光弼守河陽，攻懷州，降安太清。又子瑒，亦善鬭，以儀同三司將兵，每深入多殺，賊憚其勇，號猛將。太清妻有色，瑒劫致于幕，光弼命歸之，不聽，以卒環守。復馳騎趣之，射殺七人，奪妻還太清。懷恩怒曰：「公乃爲賊殺官卒邪？」光弼持法嚴，少假貸。初，會軍氾水，朔方將張用濟後至，斬纛下。懷恩心憚光弼，自用濟誅，常邑邑不樂。及光弼與史思明戰邙山，不用令，以覆王師。帝思其功，召入爲工部尚書，寵以殊禮。代宗立，拜隴右節度使，未行，改朔方行營節度，以副子儀。

初，肅宗以寧國公主下嫁毗伽闕可汗，又爲少子請婚，故以懷恩女妻之。少子立，號登里可汗，而懷恩女爲可敦。寶應元年，帝召兵於回紇，而登里可汗已爲史朝義所誘，引衆十萬盜塞，關中大震。帝遣殿中監藥子昂勞之，可汗因請見懷恩及其母，有詔報可。懷恩避嫌不往，帝賜鐵券，手詔固遣，乃行。與可汗會太原，可汗大悅，遂請和，助討朝義，即引兵屯陝州，待師期。

於是雍王以元帥爲中軍，拜懷恩同中書門下平章事爲之副，乃與左殺爲先鋒。時諸節度皆以兵會，次黃水〔一〕，賊堅壁自固。懷恩陣西原，多張旗旛，使突騎與回紇稍南出築賊

左，舉旗爲應，破賊壁，死者數萬。朝義擁精騎十萬來援，埋根決戰，短兵接，殺獲相當。魚朝恩令射生五百攢矢注射，賊多死，而陣堅不可犯。馬璘怒，單騎援旗直進，奪兩盾，賊辟易，大軍乘以入，衆囂不止，朝義敗，斬首萬六千級，禽四千餘人，降者三萬。轉戰石榴園、老子祠，賊再敗，自相奔蹂死，塡尚書谷幾滿，朝義輕騎走。懷恩進收東都、河陽，封府庫，無所私。釋賊所署許叔冀、王伷等，衆皆按堵。留回紇屯河陽，使瑒及北庭兵馬將高輔成以萬騎逐北，懷恩常壓賊而次。至鄭州，再戰再捷，賊帥張獻誠以汴州降，下滑州。朝義至衞州，與其黨田承嗣、李進超、李達盧合，有衆四萬，據河以戰。瑒濟師登岸薄之，賊黨奔潰。進次昌樂，朝義逸，僞帥達盧降，薛嵩、李寶臣舉相、衞、深、定等九州獻款。朝義至貝州，得其黨薛忠義，引衆三萬拒瑒於臨清。賊氣盛，瑒勒兵挫其鋒，令高彥崇、渾日進、李光逸設三伏以待，賊半度，伏發，擊之，朝義走。會回紇以輕騎至，瑒卷甲馳之，大戰下博，賊背水陣，師奔擊，賊大崩，積尸蔽流而下。朝義退守莫州。於是都知兵馬使薛兼訓、郝廷玉、兗鄆節度使辛雲京會師城下，朝義與田承嗣數挑戰，不勝，臨陣斬僞黨敬榮。朝義懼，率殘衆奔幽州。王師追躡，朝義走平州，自經死，河北平。懷恩與諸將皆罷兵，以功遷尚書左僕射兼中書令、河北副元帥、朔方節度使，加封戶四百。

初，帝有詔但取朝義，其它一切赦之。故薛嵩、張忠志、李懷仙、田承嗣見懷恩皆叩頭，

顯效力行伍。懷恩自見功高，且賊平則勢輕，不能固寵，乃悉請裂河北分大鎭以授之，潛結其心以爲助，嵩等卒據以爲患云。

未幾，加太子少師，增戶五百，第一區，與一子五品官。詔護回紇歸國，道太原，辛雲京內忌懷恩，又以其與回紇親，疑可汗見襲，閉關不敢犒軍。懷恩既父子新立功，舉河朔若拾遺，名出諸將遠甚，而爲雲京所拒，大怒，表上其狀。頓軍汾州，使裨將李光逸以兵守祁，李懷光據晉州，張如岳據沁州，高暉等十餘人自從。會監軍駱奉先自雲京所歸，雲京已厚結其懽，因言懷恩與可汗約反狀明白。奉先過懷恩，升堂拜母，母讓曰：「若與我兒約兄弟，今何自親雲京？然前事勿論，自今宜如初。」酒酣，懷恩舞，奉先厚納以幣。懷恩未及酬，奉先亟辭去，懷恩即遣左右匿其馬，奉先疑圖己，乘夜遁歸，懷恩驚，追與其馬。奉先還，具奏懷恩反狀，懷恩亦請誅雲京、奉先，詔兩解之。懷恩之過潞，李抱玉賂以幣馬，懷恩答之。俄抱玉表懷恩私有所結。

廣德初，進拜太保，與一子三品、一子四品官，增封戶五百。瑒與一子五品官，封戶百。仍賜鐵券，以名藏太廟，畫象凌烟閣。又以瑒檢校兵部尚書、朔方行營節度使。然懷恩怏怏，又性彊固，不肯爲讒毀屈，無以自解，乃上書陳情曰：「臣世本夷人，少蒙上皇驅策。祿山之亂，臣以偏裨決死靜難，杖天威神，克滅彊胡。思明繼逆，先帝委臣以兵，誓雪國讎，攻

城野戰，身先士卒，兄弟死於陣，子姓沒於軍，九族之內，十不一在，而存者創痍滿身。陛下龍潛時，親總師旅，臣事麾下，悉臣之愚。是時數以微功，已爲李輔國讒間，幾至毀家。陛下即位，知臣負謗，遂開獨見之明，杜衆多之口，拔臣於汧、隴，任臣以朔方，游魂反幹，朽骨再肉。前日回紇入塞，士人未曉，京輔震驚，陛下詔臣至太原勞問，許臣一切處置，因得與可汗計議，分道用兵，收復東都，掃蕩燕、薊。時可汗在洛，爲魚朝恩猜阻，已失歡心。及臣護送回紇，雲京閉城不出，潛使攘竊，蕃夷怨怒，彌縫百端，乃得返國。臣還汾州，休息士馬，雲京亦不使一介相聞，畏臣劾奏，故構爲飛謗，以起異端。陛下不垂明察，欲使忠直之臣，陷讒邪之黨，臣所爲拊心泣血者也。然臣之罪有六，無所逃死：往者同羅背逆，以騷河曲，兵連不解，臣不顧老母，從先帝於行在，募兵討賊，同羅奔殄，是臣不忠於國，罪一也；斬子玢以令士衆，捨天性之愛，是臣不忠於國，罪二也；二女遠嫁，爲國和親，合從殄滅，是臣不忠於國，罪三也；又與子瑒躬履行陣，志寧邦家，是臣不忠於國，罪四也；河北新附，諸鎭皆握彊兵，臣之撫綏，反側時定，是臣不忠於國，罪五也；協和回紇，戡定中原，二陵復土，使陛下勤孝兩全，是臣不忠於國，罪六也。」又書：「來瑱之誅，不暴其罪，天下爲疑。四方奏請，陛下皆云與驃騎議之，可否不出宰相。」詞言慢很，帝一不爲慊，且欲其悔過，故推心待之。詔宰相裴遵慶臨諭詔旨，因察其去就。

遵慶至，懷恩抱其足，泣且訴。遵慶道帝所以不疑，即勸入朝，懷恩許諾。副將范志誠諫，以爲「嫌隙成矣，奈何入不測之朝，獨不見來瑱、李光弼乎？二臣功高不賞，瑱已及誅。」懷恩乃止。欲使一子入宿衞，志誠固止。御史大夫王翊使回紇還，懷恩慮洩其交通狀，因留不遣。即使瑒攻雲京，雲京敗，進攻榆次。

初，帝幸陝，顏眞卿請奉詔召懷恩。至是，帝使往，辭曰：「臣往請行，時也，今無及矣！」帝問故，對曰：「頃陛下避狄于陝，臣見懷恩，責以春秋義，不奔問官守，故懷恩來朝，以助討賊，則其辭順。今陛下即宮京邑，懷恩進不勤王，退不釋衆，其辭曲，必不來矣！」「然則奈何？」曰：「今言懷恩反者，獨辛雲京、李抱玉、駱奉先、魚朝恩四人耳，自餘盛言其枉。然懷恩將士，皆郭子儀舊部曲，陛下若以子儀代之，喻以逆順，必相率而歸。」從之。

子儀至河中，瑒攻榆次，未拔，追兵于祁，責其緩，鞭之，衆怒。是夕，偏將焦暉、白玉等斬其首，獻闕下。懷恩聞，以告母，母曰：「我戒汝勿反，國家酬汝不淺，今衆變，禍且及我，奈何？」懷恩再拜出，母提刀逐之曰：「吾爲國殺此賊，取其心以謝軍中。」懷恩走，乃與部曲三百北度河，走靈武，稍稍引亡命，軍復振。帝念舊勳，不加罪，詔輦其母歸京師，厚卹之，以壽終。又下詔拜懷恩太保兼中書令、大寧郡王，罷餘官。

懷恩固惡不能改，遂誘吐蕃十萬入塞，豐州守將戰死。進掠涇、邠，祭來瑱墓。度涇水，

邠寧節度使白孝德禦之，覆其陣，懷恩泣曰：「曩皆爲我子，反爲人致死於我。」入侵奉天，子儀拒退之。永泰元年，帝集天下兵防秋。懷恩誘合諸蕃號二十萬入寇，吐蕃自北道逼醴泉，搖奉天；任敷、鄭廷、郝德自東道寇奉先，以窺同州；羌、渾、奴剌自西道略盩厔，趣鳳翔。京師震駭。詔子儀屯涇陽，渾日進、白元光屯奉天，李光進屯雲陽，馬璘、郝廷玉屯便橋，董秦屯東渭橋，駱奉先、李日越屯盩厔，李抱玉屯鳳翔，周智光屯同州，杜冕屯坊州，帝御六軍屯苑中，下詔親征。懷恩至鳴沙，病甚，還死靈武，部曲焚其尸以葬。部將張韶、徐璜玉不能定其軍，皆前死。范志誠統衆寇涇陽。時諸屯堅壁，大雨，溪圳流潰，賊不得進。吐蕃既持久，又與回紇爭長，更相疑，莫適先進，因焚廬舍，驅男女數萬去。周智光邀戰澄城，破之，收馬牛軍資萬計。回紇乃詣子儀降，請擊吐蕃自效。子儀分兵隨之，破其衆於涇州。任敷走，羌、渾詣李抱玉降。

始，懷恩立功，門內死王事者四十六人。及拒命，士不弛甲凡三年。帝隱忍，數下詔，未嘗斥其反。及死，爲之惻然曰：「懷恩不反，爲左右所誤耳！」俄而從子名臣以千騎降。大曆四年，册懷恩幼女爲崇徽公主，嫁回紇云。

周智光，少賤，失其先系，以騎射從軍，起行間爲裨將。魚朝恩鎭陝州，與相昵款，數稱薦之，累遷同、華二州節度使。

永泰元年，吐蕃、回紇、党項羌、渾、奴剌衆十餘萬寇奉天，智光邀戰澄城，破之，獲駝馬軍貲萬計，逐北至鄜州。素與杜冕仇嫌，時冕屯坊州，家在鄜，智光入殺刺史張麟，害冕宗屬八十人，火民三千舍而去。朝廷召，懼不赴。更詔冕使梁州避讎，冀其來，偃然不聽命，聚不逞數萬，恣剽掠以甘其欲，結固之。殺陝州監軍張志斌及前虢州刺史龐充。初，志斌自陝入奏，智光慢不爲禮，志斌責之，怒曰：「僕固懷恩豈反者邪？皆鼠輩弄威福趣之禍也。我本不反，今爲爾反！」遂叱斬志斌，臠帳下。時崔圓自淮南納方物百萬，盜頡其半；天下貢奉輸漕，劫留之；士沿調當西者懼何詰，間道走同者，遣部將邀捕斬之。代宗未暴其罪，命中使余元仙持詔拜尚書左僕射。旣受詔，恚語曰：「吾有大功，上不與平章事，且同、華地狹，不足申脚；若加陝、虢、商、鄜、坊五州，差可。」因言：「諸子皆彎弓二百斤，有萬人敵，挾天子令諸侯，非智光尚誰可？」即歷詆大臣，元仙震汗。徐遺百縑遺之。自立生祠，俾其下禱賽。

大曆二年，帝詔郭子儀密圖之。同、華路閉，詔書不能通，乃召子儀壻趙縱受口詔，書帛內蠟丸，遣家童走間道傳詔。子儀得詔，聲言討之，未行，其衆大攜，部將李漢惠自同州

降子儀。乃貶智光澧州刺史，聽百人隨身，貸將吏一切不問。尋爲帳下斬其首，并斬子元耀、元幹來獻，詔梟首皇城南街。判官邵賁、別將蔣羅漢並伏誅。敕有司具儀告太淸宮、太廟、七陵。

先是，淮西李忠臣入朝，次潼關，聞智光反，率兵討之。會敗，忠臣因入華大掠，自赤水至潼關畜產財物皆盡，官吏至衣紙自蔽，累日不食者。

梁崇義，京兆長安人。以概量業於市，力能舒鉤。後爲羽林射生，事來瑱。沈默寡言。瑱自襄陽朝京師，分諸將戍福昌、南陽。瑱誅，戍者潰，崇義自南陽勒衆還襄州，與李昭、薛南陽相讓爲長，衆曰：「非梁卿莫可。」遂總其軍，殺昭及南陽，脅制衆心，代宗因卽拜節度使。畢七州兵二萬，與田承嗣、李正己、薛嵩、李寶臣相輔車，根牙槃結。然獨以地褊兵少，法令最治，折節遇士以自振，襄、漢間人識教義。親厚數諷入朝，答曰：「來公有大功，畏閹豎讒，遂逃辭召。至代宗立，不待駕而朝，卽見族。吾釁盈矣，若何欲見上乎？」

建中元年，李希烈請討之，崇義懼，整飭軍旅。男子郭昔上變事，德宗欲示以信，流昔遠方，詔金部員外郎李舟諭旨。初，劉文喜之難，舟奉詔入涇州，俄而帳下斬文喜以聞，四方傳舟能覆軍殺將，反側者皆惡之。舟至，以入朝勸崇義，崇義不悅。明年，遣使尉撫諸道，舟復如崇義所，遂不肯內，請易它使。更命給事中盧翰往，崇義益不安，跋扈甚，諫者多死。朝廷以不疑示天下，乃加同中書門下平章事，妻及子悉封賞，賜鐵券，擢其將藺杲爲鄧州刺史，遣御史張著以手詔召崇義。崇義使卒持滿，乃受命。杲奉詔不敢發，詣崇義自言。崇義對著號哭，遂拒詔。

帝命李希烈率諸道兵進討。崇義先攻江陵，欲通黔、嶺，敗於四望而還。殺希烈臨漢屯兵千餘，希烈怒，引兵循漢而上。崇義使翟崇暉、杜少誠戰蠻水，折北至涑口，大敗，二將降，希烈寵之，使部降兵徇襄陽，約百姓按堵。崇義閉壁，守者斬關出，不可止，乃與妻赴井死，傳首京師。希烈誅其親族及軍從臨漢役者三千人。

崇義孫叔明，養於李納，後從劉悟爲昭義將，從諫死，遣進旄節，有詔誅之。

李懷光，渤海靺鞨人，本姓茹。父常，徙幽州，爲朔方部將，以戰多賜姓，更名嘉慶。懷光在軍，積勞至開府儀同三司，爲都虞候。勇鷙敢誅殺，雖親屬犯法，無所回貸。節度使郭子儀仁厚，不親事，以紀綱委懷光，軍中畏之。會母喪，起兼邠、寧、慶都將。德宗罷

子儀副元帥，以所部兵分諸將，故懷光檢校刑部尙書，爲寧、慶、晉、絳、慈、隰等州節度使。引衆城長武，據原首，臨涇水，以扼吐蕃空道，自是不敢南侵。建中初，楊炎欲城原州，使懷光兼帥涇原，遂其功。原州宿將史抗、溫儒雅等，故子儀麾下，嘗在懷光右，及處其下，意鬱鬱，懷光因罪誅之，由是涇軍迎畏。劉文喜者，因衆懼，遂叛。詔與朱泚討平之，加檢校太子少師。明年，徙朔方節度使，實封戶四百，仍領邠寧。

時馬燧、李抱眞討田悅，未克，詔懷光以朔方兵萬五千幷力。懷光至魏，未及營，與朱滔等戰連篋山，爲賊所敗，悅因決水灌軍，燧等退屯魏縣。尋進同中書門下平章事，益戶二百。與滔等相持，久不戰。

帝狩奉天，懷光率所部奔命，方雨淖，奮厲軍士倍道進，自蒲津絕河，敗泚軍於醴泉。將抵奉天，前遣裨將張韶以蠟韜表，隨賊攻城，叩壘呼曰：「我朔方使也！」縋而上，比登，身被數十矢。時帝被圍急，聞之喜，卽持韶大號城上，人心乃安。又敗賊於魯店，泚解圍去。進加副元帥、中書令。

懷光爲人疏而愎，誦言：「宰相謀議乖剌，度支賦斂重，京兆尹刻薄軍食，天下之亂皆由此。吾見上，且請誅之。」或以告王翃，翃等計：「懷光有大功，上且訪以得失，使其言入，豈不殆哉！」遂告盧杞，杞卽說帝曰：「懷光兵威已振，逆賊破膽，若席勝，可一舉滅賊。今入朝，

則必宴勞留連，賊得從容完備，卒難圖也！」帝不得其情，因然之。乃敕懷光屯便橋，督諸將進討。懷光自以徑千里赴難，爲姦臣拫隔不得朝，頗恚悵，去屯咸陽。明日，李晟會陳濤斜，壁壘未具，賊大至。晟說懷光曰：「賊保宮苑，攻之良難。今敢離窟穴，與公薄戰，此天以賊賜公也。」懷光曰：「吾馬未秣，士未飯，可遽戰哉？姑養吾勇以待之。」晟不得已，閉壁不出。懷光數暴杞等罪，帝爲貶杞與趙贊、白志貞，又劾奏中人翟文秀，亦殺之以尉懷光。然益自疑，堅壁八旬不出戰，屢詔使進軍，以伺釁爲解，陰連朱泚。

初，崔漢衡使吐蕃求助兵，尙結贊曰：「吾法，進軍以本兵大臣爲信。今制書不署懷光，未敢前。」帝乃命翰林學士陸贄詣懷光議事，懷光陳三不可，且言：「吐蕃舍人馬重英陷長安，贊普責其不焚爇，今其來，必肆宿志，一不可。彼云引兵五萬，旣用其人，則同漢士，儻邀我厚賞，何以致之？二不可。虜人雖來，義不先用，勒兵自固，以觀成敗，王師勝則分功，敗則圖變，狡詐多端，不可信，三不可。」卒不肯署。又嫚罵贄曰：「爾何能？」

興元元年，詔加太尉，賜鐵券，懷光赫然怒曰：「凡疑人臣反，則賜券。今授懷光，是使反也！」抵于地。時部將韓游瓌將兵衞奉天，懷光約令爲變；游瓌以聞。數日，又密書趣之，門者捕送。又遣將趙升鸞諜於奉天，升鸞告渾瑊曰：「懷光遣達奚承俊火乾陵，使我爲內應，以脅乘輿。」瑊白發其姦，請帝決幸梁州。帝令瑊戒嚴，未畢，帝自西門出，詔戴休顏

守奉天。懷光遣將孟廷寶、惠靜壽、孫福率輕騎趨南山，糧料使張增遇之。三人計曰：「吾屬以叛聞，不如緩軍，彼怒，不過不吾將耳。」使增紿衆曰：「由此東，吾有見糧可食也。」廷寶等引而東，縱卒大掠，而百官遂入駱谷。追帝不及，還白懷光，懷光怒，悉罷其兵。懷光乃奪李建徽、陽惠元等軍，屯好畤，然其下稍稍攜貳。泚始憚之，至是欲遂臣懷光。懷光怒，告絕，益不安，乃引兵掠涇陽、三原、富平，遂如河中，留張昕守咸陽。而孟涉、段威勇擁兵降李晟，韓游瓌殺昕，以邠州歸。戴休顏自奉天令於軍曰：「懷光反。」乃城守。

有詔以懷光爲太子太保，許其麾下擇功高者一人統其兵。不奉詔。懷光至河中，取同、絳二州，按兵觀望。京師平，命給事中孔巢父、中人啖守盈召之，皆爲懷光帳下所害，於是繕兵嚴守。帝乃遣渾瑊討之。度支欲罷其軍歲中稟賜，帝曰：「朔方軍累有功，豈以懷光拒命而衆不被恩邪？」詔所司別貯縑錢，須事定乃給。瑊破同州，屯軍不得進，數爲懷光所衄。帝以河東節度使馬燧威名白著，乃拜副元帥，與瑊及鎭國駱元光、邠寧韓游瓌、鄜坊唐朝臣會兵進討。燧拔絳州，諸軍遂圍河中。

貞元元年八月，朔方部將牛名俊斬懷光，傳首以獻，年五十七。帝念其功，詔許一子嗣，賜莊、第各一區，聽以禮葬，妻王徙澧州。初，懷光死，其子璀盡殺其弟乃死，故懷光無後。五年，詔曰：「懷舊念功，仁之大也；興滅繼絕，義之至也。昔蔡叔圮族，周封其子；韓信干紀，漢爵其孥；侯君集不率，太宗存其祀。考先王之道，烈祖之訓，皆以刑佐德，俾人嚮方。曩者盜臣竊發，朕狩近郊，懷光夙駕千里，奔命行在，假雷霆之威，破虎狼之衆。守節靡終，潛構禍胎，大戮所加，自貽伊戚，孤魂無歸，懷之悅然。宜以外孫燕賜姓李，名曰承緒，以左衞率府胄曹參軍繼懷光後。」仍賜錢百萬，置田墓側，以備祭享；還妻王，使就養云。

陳少游，博州博平人。幼習老子、莊周書，爲崇玄生，諸儒推爲都講。有媢者欲對廣衆切問以屈少游。及升坐，音吐清辯，據引淹該，問窮而對有餘，大學士陳希烈高其能。旣擢第，補南平令，治有聲。累遷侍御史、回紇糧料使，加檢校職方員外郎充使，檢校郎官自少游始。僕固懷恩表署河北副元帥判官，遷晉、鄭二州刺史。

少游長權變，所至一切幹濟，賄謝權幸，以是數遷。李抱玉表澤潞副使，爲陳鄭留後。永泰中，復奏爲隴右行軍司馬，擢桂管觀察使。少游不樂遠去，規徙近鎭。時宦官董秀有寵，掌樞近；少游乃宿其里，候歸沐，入謁，因鄙語諂謂秀曰：「七郎親屬幾何？月費幾何？」秀謝曰：「族甚大，歲用常過百萬。」少游曰：「審如是，奉入不足爲數日費，當數外營乃辦耳。吾雖不才，請獨取濟，歲輸錢五千萬。今具其半，請先入之。」秀大喜，與厚相結。少游因泣曰：「嶺南瘴癘，恐不得生還見顏色。」秀遽曰：「公美才，不當遠出，請少待。」時少游已納賂元載子仲武，於是內外更薦之，改宣歙池觀察使。大曆五年，徙浙東，封潁川縣子，遷淮南節度使。

喜諂數，行小惠，羣吏任職。三總藩，皆天下富饒處，以是斂求貿易無虛日，積財寶巨億萬。初結元載，賂金帛歲無慮十萬緡；又事宦官駱奉先、劉淸潭、吳承倩及秀，故能久其任。後載以過見疑，少游亦疏之。載子伯和謫揚州，少游陽善之，陰奏其罪，代宗以爲忠。建中初，朝廷經費不充，始請本道稅錢千增二百，鹽斗加百錢，度支因請諸道並增焉。李納拒命，少游出師收徐、海等州，俄棄之，退屯盱眙。累進檢校尙書左僕射，賜封戶三百，加同中書門下平章事。時宰相關播、盧杞與少游有雅故，故驟兼台司。

德宗幸奉天，度支汴東兩稅使包佶寓揚州，所儲財賦八百萬緡將輸京師，少游意朱泚勢盛，不遽平，欲脅取其財，使判官崔頎就佶索文簿，貸二百萬緡，佶以非敕命，拒之。頎怒曰：「君善，得爲劉長卿，不爾，爲崔衆矣！」長卿嘗任租庸使，爲吳仲孺所因，崔衆以倨李光弼被殺，故頎以爲言。佶謁少游，欲諫止，不得語，即遣去，於是財用悉爲少游所掠。佶奔白沙，少游遣幕中房孺復召之，佶驚走度江，伏妻子案牘中以免。佶有槊退兵三千，令高越、元甫將焉，少游奪之。能隨佶者，至上元，復爲韓滉所留。佶但諸史如江、鄂州，以表內蠟丸以聞。會少游使至，帝詰其事，辭以不知。時禍難煽結，帝未能制，乃曰：「少游，國守臣，

取佶之財，防它盜耳，庸何傷！」遠近聞之，咸稱帝得其機云。少游聞之，果自安不疑。

李希烈陷汴，聲言襲江淮，少游懼，遣參謀温述送款曰：「豪、壽、舒、廬，既韜刃卷鎧，惟君命。」又使巡官趙詵如鄆州，厚結李納。希烈僭號，遣將楊豐賫僞赦令送少游。壽州刺史張建封邏得之，斬豐，以僞赦送行在。會佶入朝，具言少游脅財賦狀。少游慙，上表言所取以贍軍興，請償之。而州府殘破，不能償，乃與腹心吏設法重稅，民皆苦之。劉洽取汴州，得希烈僞起居注，書「某月日，陳少游上表歸順」。少游聞，羞悸發病死，年六十一，贈太尉。

贊曰：懷恩與賊百戰，闔宗死事至四十六人，遂汛掃燕、趙無餘埃，功高威重，不能防患，凶德根于心，弗得其所輒發，果於犯上，惜哉！其母拔刀逐賊，烈婦人也。懷光提萬衆，振天子於難，一爲讒人所沮，忿戾不自還，身首殊分，然讒人亦可疾矣，所謂「交亂四國」者也。

李錡，淄川王孝同五世孫。以父國貞蔭調鳳翔府參軍。貞元初，遷至宗正少卿。嘗與

卿李幹爭議，錡以直不坐，德宗兩置之。自雅王傅出爲杭、湖二州刺史。方李齊運用事，錡以賂結其歡，居三歲，遷潤州刺史、浙西觀察、諸道鹽鐵轉運使。多積奇寶，歲時奉獻，德宗昵之。錡因恃恩驁橫，天下攉酒漕運，錡得專之，故朝廷用事臣，錡以利交，餘皆乾沒于私，國計日耗。浙西布衣崔善貞上書闕下暴其罪，帝械以賜錡，錡豫浚大坎，至則并械瘞坎中，聞者切齒。

錡得志，無所憚，圖久安計，乃益募兵，選善射者爲一屯，號「挽硬隨身」，以胡、奚雜類虬須者爲一將，號「蕃落健兒」，皆錡腹心，稟給十倍，使號錡爲假父，故樂爲其用。帝於是復鎮海軍，以錡爲節度使，罷領鹽鐵轉運。錡喜得節，而忘其權去，暴踞日甚，屬吏死不以過甚衆，又逼汙良家，寮佐力諫不能得，遽遁去。

憲宗即位，不假借方鎮，故倔彊者稍稍入朝。錡不自安，亦三請覲。有詔拜尚書左僕射，以御史大夫李元素代之。中使馳驛勞問，兼撫慰其軍。錡署判官王澹爲留後。錡無入朝意，稱疾遷延不即行。澹及中使數趣之，錡不悅，乘澹視事有所變更者，諷親兵圖澹。因給冬服，錡坐幄中，以挽硬、蕃落自衛，澹與中使入謁，既出，衆持刃嫚罵，殺澹食之。監軍使遣牙將趙琦慰諭，又食之。以兵注中使頸，錡陽驚扈解，乃囚別館。蕃落兵，薛頡主之；挽硬兵，李鈞主之。又以公孫玠、韓運分總餘軍。室五劍，授管內鎮將，令殺五州刺史。屬

別將庾伯良兵三千築石頭城，謀據江左。

常州刺史顏防用其客李雲謀，矯詔稱招討副使，殺鎮將李深，傳檄蘇、杭、湖、睦四州同討錡。湖州辛祕亦殺鎮將趙惟忠，而蘇州李素爲鎮將姚志安所執，釘舷上，獻於錡，錡敗而免。

憲宗以淮南節度使王鍔爲諸道行營兵馬招討處置使，中官薛尚衍爲都監招討宣慰使，發宣武、武寧、武昌、淮南、宣歙、江西、浙東兵，自宣、杭、信三州進討。初，錡以宣州富饒，遣四院隨身兵馬使張子良、李奉仙、田少卿領兵三千分下宣、歙、池，錡甥裴行立雖預謀，而欲效順，故相與約還兵執錡，行立應於內。子良等既行，其夕，諭軍中曰：「僕射反矣，精兵四面皆至，常、湖鎮將干首通衢，勢蹙且敗，吾輩徒死，不如轉禍希福。」部衆大悅，遂迴趨城。行立舉火，內外合譟，行立攻牙門。錡大驚，左右曰：「城外兵馬至。」錡曰：「何人邪？」曰：「張中丞也。」錡怒甚，曰：「門外兵何人也？」曰：「裴侍御也。」錡拊膺曰：「行立亦叛吾邪！」跣足逃于女樓下。李鈞引兵三百趨出庭院格鬭，行立兵貫出其中，斬鈞，傳首城下。錡聞之，舉族慟哭。子良以監軍命曉諭城中逆順，且呼錡束身還朝，左右以幕縋而出之。錡以僕射召，數日而反狀至，下詔削官爵，明日而敗，送京師。神策兵自長樂驛護至闕下，帝御興安門問罪，對曰：「張子良教臣反，非臣意也。」帝曰：「爾以宗臣爲節度使，不能斬子

良然後入朝邪？」錡不能對。以其日與子師回腰斬于城西南，年六十七。尸數日，帝出黃衣二襲，葬以庶人禮。

擢子良檢校工部尚書、左金吾將軍，封南陽郡王，賜名奉國；田少卿檢校左散騎常侍、左羽林將軍，代國公；李奉仙檢校右常侍、右羽林將軍，邠國公；裴行立泌州刺史。贈王澹給事中，趙琦和州刺史，崔善貞睦州司馬。削錡屬籍，從弟宋州刺史銛、通事舍人銑、從子師偃流嶺南。

贊曰：語曰「出入之吝，謂之有司」。賤之也。德宗平朱泚，京師府藏耗竭，諸道始有進奉助經費，而詔書亦往往宣索於天下。以人主規規財利，下行有司之事，天下無事，賦取猶不息。劍南、江西有日月之進，杜亞、劉贊、王緯及錡歲時進奉，以固其寵，號稱「賦外羨餘」。又亦託中旨，以盜庫物。然獻纔十二三，餘皆私之。江、淮以南，物力大屈，人人憔然忘生。貞元以後，中官市物都下，謂之「宮市」，不持符牒，口含詔命，取濫縑惡布紅紫之，倍其估，裂以償直。市之良賈精貨，皆逃去不出，列廛閈者，惟粗雜苦窳而已。又有彊驅入禁中，罄所車輦，賣者不平，因共歐笞之。蒼頭女奴，名馬工車，惴惴常畏捕取。而德宗蔽於左右前後，莫知也。故善貞因錡并論其事，卒不知錡顓鹽鐵之利，以養兵圖叛，曾不及庸有

司之吝遠甚。

校勘記

〔二〕黃水　舊書卷一二一僕固懷恩傳同。本書卷六代宗紀、卷二二五上史朝義傳及通鑑卷二二二「黃」均作「橫」。

唐書卷二百二十四下

列傳第一百四十九下

叛臣下

李忠臣　喬琳　高駢　朱玫　王行瑜　陳敬瑄　李巨川

李忠臣，本董秦也，幽州薊人。少籍軍，以材力奮，事節度使薛楚玉、張守珪、安祿山等，甄勞至折衝郎將。平盧軍先鋒使劉正臣殺僞節度呂知晦，擢秦兵馬使，攻長楊，戰獨山，襲榆關、北平，殺賊將申子貢、榮先欽，執周釗送京師。從正臣赴難，復敗李歸仁、李咸、白秀芝等。潼關失守，秦整軍北還。奚王阿篤孤初引衆與正臣合，已而紿約皆攻范陽，至后城，夜乘間襲秦，秦接戰，敗之，追奔至溫泉山，禽首領阿布離，斬以釁鼓。至德二載，節度使王玄志使秦率兵三千自雍奴桴葦絕海，擊賊將石帝廷、烏承洽，轉戰累日，拔魯城、河間、景

城，收糧貲以實軍。又與田神功下平原、樂安，禽僞刺史以獻。於是防河招討使李銑承制假秦德州刺史。

史思明自歸，河南節度使張鎬督秦軍合諸將平河南州縣，與裨將陽惠元破安慶緒將王福德於舒舍，肅宗下詔褒諭，令屯濮州，又徙韋城。從郭子儀圍相州，軍潰，秦至滎陽，破賊將敬釭，取糧艘二百柁以餉汴軍。未幾，授濮州刺史，屯杏園渡。許叔冀以汴下史思明，秦力屈，亦降。思明撫背曰：「始吾有左手，得公今完矣！」與俱寇河陽，秦夜挈五百人冒圍歸李光弼，詔加殿中監，封戶二百，召至京師，賜今氏名，給良馬、甲第。時陝西、神策兩節度使郭英乂、衞伯玉屯陝，故以忠臣爲兩軍兵馬使，戰永寧、莎柵，與賊將李感義等數十遇，皆破之。淮西節度使王仲昇爲賊執，以忠臣爲汝、仙、蔡六州節度使，兼安州。合諸軍平東都，進御史大夫。

回紇可汗既歸，留其下安恪、石帝廷居河陽守貲廥，因是招亡命爲盜，道路畏澀。詔忠臣討定之。吐蕃犯京師，天子追兵，秦方宴鞠場，使者至，卽整師引道。諸將白：「須良日。」忠臣怒曰：「君父在難，方擇日救患乎？」時召兵無先忠臣至者。代宗嘉之，加本道觀察使，賚與倍等。

周智光爲帳下所殺，忠臣提兵入華州，所過大掠，自赤水距潼關二百里無居人。大曆

五年，加蔡州刺史。陝虢李國清爲下所逐，掠府庫，國清徧拜諸將乃免。會忠臣入朝，次陝，詔訊于衆。衆懼忠臣，不敢搖，卽圍棘，約士投所掠物圍中，一日盡獲。

討李靈耀也，戰西梁固，敗之。復與馬燧軍合，敗賊于汴州。田悅以援兵三萬屯汴郛，忠臣勒裨將李重倩夜率百騎襲之，貫其營而還，殺數十百人。悅閒道走，靈耀開城亡去，軍遂潰。以忠臣爲汴州刺史，加檢校司空、同中書門下平章事，封西平郡王。

忠臣資婪沓嗜色，將士婦女逼與亂，所至人苦之。以女弟妻張惠光，用爲牙將，恃勢殘克。或白忠臣，不之信。又以惠光子居牙下，愈橫肆。十四年，大將李希烈因衆怒，與少將丁暠、賈子華等共斬惠光父子，以兵脅逐忠臣。跳奔京師，帝素寵之，不責也。復授檢校司空、同中書門下平章事，奉朝請。

德宗立，散騎常侍張涉以贓得罪，帝怒不赦。涉故侍讀東宮者，忠臣曰：「陛下貴爲天子，先生以乏財觸法，非過也。」帝意解，免涉歸田里。湖南觀察使辛京杲私怒部曲，殺之，有司劾當死。忠臣曰：「京杲應死久矣！」帝問故，對曰：「京杲諸父戰某所死，兄弟戰某所死，渠從行獨得存，以故知之。」帝悽然悟，釋之，下除王傅。

忠臣戇直不通書，帝嘗謂：「卿耳大，眞貴兆。」對曰：「臣聞驢耳大，龍耳小。」帝喜其野而誠。然既失兵，怫鬱不顧藉。朱泚反，僞署司空兼侍中。泚攻奉天，以忠臣居守。泚敗，

繫有司，與其子俱斬。

喬琳，并州太原人。少孤苦志學，擢進士第，性誕蕩無禮檢。郭子儀表爲朔方府掌書記，與聯舍畢曜相掉訐，貶巴州司戶參軍。歷果、綿、遂、懷四州刺史，治寬簡，不親事。嘗謂錄事參軍任紹業曰：「子綱紀一州，能劾刺史乎？」紹業出條所失示之，驚曰：「能知吾失，御史材也。」

琳素善蒲人張涉。涉以國子博士侍太子讀，太子卽位，召訪政事，不淹日，詔入翰林，遷散騎常侍，薦琳任宰相，乃拜御史大夫、同中書門下平章事，天下嬰然駭之。琳年高且聵，每進對失次，所言不厭帝旨，在位閱八旬，以工部尙書罷。帝由是亦疎涉。

琳從幸奉天，再遷太子少師；進幸梁州，次盩厔，詭言馬殆不進。帝素以舊老禮之，給乘輿馬，辭病力，帝賜所執策曰：「勉爲良圖，與卿別矣！」不數日，祝髯髮舍仙游佛廬。泚聞，遣數十騎取之，署吏部尙書，令姻家源休衣以朝服，食以肉，琳亦不辭。士有訴官非便者，琳曰：「子謂此選便乎？」及收京師，李晟憫其老，表貰死。帝曰：「琳，故宰相，失節背義，不可赦。」臨刑歎曰：「我以七月七日生，以此日死，非命耶？」

時又有蔣鎭者，洌子也，與兄鍊俱以文辭顯。擢賢良方正科，累轉諫議大夫。大曆中，涇雨壞河中鹽池，味苦惡。韓滉判度支，慮減常賦，妄言池生瑞鹽，王德之美祥。代宗疑不然，命鎭馳驛按視。鎭內欲結滉，故實其事，表置祠房，號池曰「寶應靈慶」云。再進工部侍郎。妹婿源溥者，休弟也，故鎭與休交。泚叛，竄于鄠，傷足不能進。泚先得鍊，而鎭左右逃歸，語所在，源休聞，白泚，以二百騎求得之。知不免，懷刃將自刺，鍊止之。復謀出奔，懦不決。中朝臣遁伏者，休多所誅殺，賴鎭救原十五。初，洌與弟渙在安史時皆汙僞官，鍊兄弟復屈節于賊云。

高駢字千里，南平郡王崇文孫也。家世禁衞，幼頗脩飭，折節爲文學，與諸儒交，硜硜譚治道。兩軍中人更稱譽之。事朱叔明爲司馬。有二鵰並飛，駢曰：「我且貴，當中之。」一發貫二鵰焉，衆大驚，號「落鵰侍御」。後歷右神策軍都虞候。党項叛，率禁兵萬人戍長武。是時諸將無功，唯駢數用奇，殺獲甚多。懿宗嘉之，徙屯秦州，卽拜刺史兼防禦使。取河、渭二州，略定鳳林關，降虜萬餘人。

咸通中，帝將復安南，拜駢爲都護，召還京師，見靈臺殿。於是容管經略使張茵不討

賊，更以茵兵授駢。駢過江，約監軍李維周繼進。維周擁衆壓海門，駢次峯州，大破南詔蠻，收所獲啗軍，維周忌之，匿捷書不奏。朝廷不知駢問百餘日，詔問狀，維周劾駢玩敵不進，更命右武衞將軍王晏權往代駢。俄而駢拔安南，斬蠻帥段酋遷，降附諸洞二萬計。晏權方挾維周發海門，檄駢北歸。而駢遣王惠贊傳酋遷首京師，見艟艫甚盛，乃晏權等，惠贊懼奪其書，匿島中，間關至京師。天子覽書，御宣政殿，羣臣皆賀，大赦天下。進駢檢校刑部尙書，仍鎭安南，以都護府爲靜海軍，授駢節度，兼諸道行營招討使。始築安南城。由安南至廣州，江漕梗險，多巨石，駢募工劖治，由是舟濟安行，儲餉畢給。又使者歲至，乃鑿道五所，置兵護送。其徑青石者，或傳馬援所不能治。既攻之，有震碎其石，乃得通，因名道曰「天威」云。加檢校尙書右僕射。

駢之戰，其從孫潯常先鋒冒矢石以勸士，駢徙節天平，薦潯自代，詔拜交州節度使。僖宗立，卽其軍加同中書門下平章事。

南詔寇巂州，掠成都，徙駢劍南西川節度，乘傳詣軍。及劍門，下令開城，縱民出入。左右諫：「寇在近，脫大掠，不可悔。」駢曰：「屬吾在安南破賊三十萬，驃信聞我至，尙敢邪！」當是時，蠻攻雅州，壁盧山，聞駢至，亟解去。駢卽移檄驃信，勒兵從之。驃信大懼，遣質子入朝，約不敢寇。

蜀有突將，分左右二廂，廂有虞候，詰火督盜賊，有兵馬虞候，主調發。駢罷其一，各置一虞候。又以蜀兵孱，詔蠻新定，人未安業，罷突將月稟并餐錢，約曰：「府庫完，當如舊。」又團練兵戰者，厚其衣稟；不團練者，但掌文書、倉庫，衣稟減焉。駢曰：「皆王卒，命均之。」戰士大望。于時天平、昭義、義成戍軍合蜀兵凡六萬。駢之自將出屯也，突將亂，乘門以入，駢匿於圊，求不得。天平軍鬬變，其校張桀以士五百格戰，不勝。監軍慰撫之，皆曰：「州雖更蠻亂，戶口尙完，府庫方實，公削軍稟以自養，不堪其虐，故亂。」監軍懼，講解之。取役夫數百，名叛卒，藉斬其首，乃定。駢徐出，以金帛厚賞士，開府庫悉還其衣稟。然密籍所給姓名，夜遣牙將擊殺之，夷其族，雖孕者不貰，投尸于江。有一婦方踞而乳子，將就刑，媼傷之，疑其畏死，謂曰：「以子丐我，一詣曹司也。」婦蹶起曰：「我知之，且飽吾子，不可使以飢就戮也。」見刑者拜曰：「渠有節度使奪戰士食，一日忿怒，淫刑以逞，國家法令何有也？我死當訴于天，使此賊闔門如今日冤也！」逮死，神色晏然。蜀人聞者爲垂泣。駢復錄突將戍還者，丸名貯器中，意不懌，則探之，或十或五，授將李敬全斬決。親吏王殷說駢曰：「突將在行者，初不知謀，公當赦之。」駢悅，投丸池中，人乃安。

蜀之土惡，成都城歲壞，駢易以塼甓，陴堞完新，負城丘陵悉墾平之，以便農桑。訖功，筮之得大畜。駢曰：「畜者，養也。濟以剛健篤實，煇光日新，吉孰大焉。文宜去下存上。」因

名大玄城。進檢校司徒，封燕國公，徙荊南節度。

梁纘者，本以昭義兵西戍，駢表隸麾下。王仙芝之敗，殘黨過江，帝以駢治鄆威化大行，且仙芝黨皆鄆人，故授駢鎭海節度使。駢遣將張潾與纘分兵窮討，降其驍帥畢師鐸數十人，賊走嶺表。帝美其功，加諸道行營都統、鹽鐵轉運等使。又詔駢料官軍義營鄉團，歸其老弱傷夷，裁制軍食；刺史以下小罪輒罰，大罪以聞。賊更推黃巢南陷廣州，駢建遣潾以兵五千屯郴扼賊西路，留後王重任以兵八千並海進援循、潮，自將萬人繇大庾擊賊廣州，且請起荊南王鐸兵三萬壁桂、永，以邕管兵五千壁端州，則賊無遺類。帝納其策，而駢卒不行。

俄徙淮南節度副大使。駢繕完城壘，募軍及土客，得銳士七萬，乃傳檄召天下兵共討賊，威震一時，天子倚以爲重。廣明初，潾破賊大雲倉，詐降巢。巢不意其襲，遂大奔，引殘黨壁上饒，然衆亡幾。會疫癘起，人死亡，潾進擊之，巢大懼，以金啗潾，騰書於駢，丐歸命。駢信之，許爲求節度。當此時，昭義、武寧、義武兵數萬赴淮南，駢欲專己功，卽奏賊已破，不須大兵。有詔班師。巢知兵罷，卽絕駢請戰，擊殺潾，乘勝度江攻天長。

始，巢在廣州，求天平節度，宰相盧攜善駢，以有討賊功，不肯赦巢，與鄭畋爭于朝，故巢怨不得節度。而駢聞議不一，亦不平，至是欲縱賊以聳朝廷，然後立功。畢師鐸諫曰：「朝廷所恃，誰易於公？制賊要害，莫先淮南。今不據要津以滅賊，使得北度，必亂中原。」駢矍然，下令將出師。嬖將呂用之畏師鐸有功，諫曰：「公勳業極矣，賊未殄，朝廷且有口語。況賊平，挾震主之威，安所稅駕？不如觀釁求福，爲不朽資也。」駢入其計，託疾未可以出屯，嚴兵保境。巢據滁、和，去廣陵纔數百里，乃求援陳許。

巢逼揚州，衆十五萬。駢將曹全晸以兵五千戰不利，壁泗州以待援，駢兵終不出。賊北趨河洛，天子遣使者促駢討賊，冠蓋相望也。俄而兩京陷，天子猶冀駢立功，眷寄未衰，詔刺史若諸將有功，自監察御史至常侍，許墨制除授。尋進檢校太尉，東面都統，京西、京北神策軍諸道兵馬等使。會二雉雊署寢，占者曰：「軍府將空。」駢惡之，悉兵出營東塘，舟二千艘，戈鎧完銳，日討金鼓以侈士志。與浙西節度使周寶檄，欲連和而西，寶大喜。有謂寶：「彼欲幷江東爲孫策三分計。」寶未之信。俄而駢請寶至軍議事，寶怒，辭疾不出，釁隙遂構。駢屯東塘百日，託以寶及浙東劉漢宏將爲不利，乃還，以應其變。

帝知駢無出兵意，天下益殆。乃以王鐸代爲都統，以崔安潛副之。詔韋昭度領諸道鹽鐵轉運使，加駢侍中，增實戶一百，封渤海郡王。駢失兵柄利權，攘袂大詬，卽上書謾言不恭，詆鐸乃敗軍將，而安潛猥貪，有如橈敗，詒千古之悔。又引更始刮席、子嬰軹道事以激帝。帝怒，下詔切責。當此時，王室微，不絕如帶。駢都統三年，無尺寸功，幸國顚沛，大料

兵，陰圖割據，一旦失勢，威望頓盡，故肆爲醜悖，脅邀天子，冀復故權。而吳人顧雲以文辭緣澤其姦，偃然無所忌畏。又請帝南幸江淮。會平賊，駢聞，縮氣悵恨，部下多叛去，鬱鬱無聊，乃篤意求神僊，以軍事屬用之。

用之者，鄱陽人，世爲商儈，往來廣陵，得諸賈之驩。既孤，依舅家，盜私其室，亡命九華山，事方士牛弘徽，得役鬼術，賣藥廣陵市。始詣駢親將俞公楚，驗其術，因得見駢，署幕府，稍補右職。用之既少賤，具知閭里利病、吏得失，頗班班言政事，以將左道，駢愈器之。乃廣樹朋黨，刺知駢動息，持金帛還結左右，日爲誕妄以動駢。又薦狂人諸葛殷、張守一爲長年方，並署牙將。初，殷將見，用之紿曰：「上帝以公爲人臣，慮機事應廢，使神人來備羽翼，且當以職縻之。」明日，殷以褐衣見，辯詐無窮，駢大驚，號「葛將軍」。其陰狡過用之遠甚。有大賈居第華壯，殷求之不得，謂駢曰：「城中且有妖，當築壇禳卻之。」因指賈居。駢敕吏卽日驅徙，殷入居之。

駢造迎仙等樓，皆度高八十尺，飾以金珠瑰玉，侍女衣羽衣，新聲度曲，以儗鈞天，薰齋其上，祈與仙接。用之自謂與僊眞通，對駢叱咤風雨，或望空顧揖再拜，語言俚近，左右或竊議，輒殺之，後無敢出口者。蕭勝納賄用之，求鹽城監，駢不肯，用之曰：「仙人言鹽城有寶劍，須眞人取之，唯勝可往。」駢許諾。數月，勝獻銅匕首，用之曰：「此北帝所佩也，得之

者兵不敢犯。」駢寶祕之，常持以坐起。用之憚其術窮且見詰，乃刻青石手板爲龍蛇隱起，文曰：「帝賜駢。」使人潛植机上，駢得之大喜。爲寓鶴廷中，設機關，觸人則飛動，駢衣羽服，乘之作仙去狀。用之懼有擿其姦者，乃曰：「仙人當下，但患學者眞氣虧沮耳。」駢始棄人間事，絕妾媵，雖將吏不得見。客至，先遣薰濯，詣方士祓除，謂之解穢，少選卽引去。自是內外無敢言者，惟梁纘屢爲駢言，駢不聽。纘懼，解所領兵，駢還其軍於昭義，纘不復事矣。

用之既自任，淫刑重賦，人人思亂。乃擢廢吏百餘，號「察子」，厚稟食，令居衢閧閭，凡民私閱隱語莫不知，道路箝口。誅所惡者數百族。又募卒二萬，爲左、右「鏌邪軍」，與守一分總，置官屬如駢府。用之每出入，騶御至千人，建大第，軍胥營署皆備。建百尺樓，託云占星，實窺伺城中之有變者。左右姬侍百餘，皆娟秀光麗，善歌舞，巾幧束帶以侍。月二十宴，其費仰於民，不足，至苛留度支運物。誘人上變，則許入貲產贖罪。俞公楚數規戒其失，不聽。姚歸禮謀殺之，弗克。用之因譖二人於駢，使以驍雄兵三千督盜於外，密使兵襲之，舉師殲焉。駢從子澞密疏用之罪，諫駢曰：「不除之，高氏且無種。」駢怒，命左右扶出，以狀授用之。用之誣澞貪貴不能滿，故妄言。因出澞筆驗之，駢敕吏禁澞出入。俄署舒州刺史，未幾爲下所逐，用之構之也。駢使人殺澞。

嗣襄王煴之亂，駢上書勸進，僞假駢中書令、諸道兵馬都統、江淮鹽鐵轉運使，以用之爲嶺南節度使。駢久觖望，至是大喜，貢賦不絕。用之始開府置官屬，禮與駢均矣。以鄭杞、董僅、吳邁爲腹心，駢之親信皆偪使附己，政事未嘗關決駢。駢內悔，欲收其權，不能也。用之問計於杞、僅，謀請駢齋於其第，密縊之，紿爲昇天，事不克。

光啓三年，蔡賊孫儒兵略定遠，聲言涉淮，壽州刺史張翺奔告駢，命畢師鐸率騎三百戍高郵。師鐸者，故仙芝黨，以善騎射稱。駢敗巢于浙西，用其力，故寵待絕等。用之厚啖以利，欲其諂附，然不肯情。師鐸有妾美，用之請見，不可，狙其出，覻焉，怒而棄之；內忿懼，爲子結婚於高郵將張神劍，陰倚爲援。朱全忠方攻秦宗權，駢慮其奔突，使師鐸率兵蹌都梁山，不見賊還。師鐸見駢府宿將多以譴死，憂甚。用之益加禮，師鐸愈恐，謀於神劍。神劍不然其言，而猜嫌日結。用之亦慮其變，內欲除之，亟請罷屯。其母密擿師鐸使去，曰：「毋顧家室。」師鐸憂，未知所出。而駢子怒用之專恣，覘師鐸與諸將發其姦，遣使謂師鐸曰：「用之欲因此行圖君，既授書神劍矣，君其備之！」師鐸驚，軍中稍稍傳言。諸將介而見，請殺神劍，并其軍，驅市人以濟亂。師鐸曰：「不可，我若重擾百姓，復一用之也。鄭漢璋素與我善，兵精士彊，以用之用事，常不平。今若告之謀，彼必喜，則事濟矣。」衆然之。神劍未知，方椎牛釃酒，且將犒師。師鐸潛師夜出，士皆絳繒抹首，且行且掠。漢璋聞，以麾下出迎，師鐸詒以計，大喜。留其妻守淮口，帥兵及亡命數千至高郵，見神劍，詰其變，神劍辭不知。師鐸語稍侵，神劍瞋目曰：「大夫何晚計！彼一妖人，前假嶺南節，不肯行，志圖淮海，令君既奪魄，彼一日得志，吾能握刀頭北面事之邪！吾前未量君意，故不出口，尙何疑？」漢璋喜，取酒劀臂血而盟，推師鐸爲大丞相，作誓告神，乃移檄州縣，以誅呂用之、張守一、諸葛殷爲名。神劍以高郵兵諸校倪詳、逯並以天長子弟會，唐宏爲先鋒，駱玄眞主騎，趙簡主徒，王朗爲殿，得勝兵三千。將發，神劍中悔，繆曰：「公兵雖精，然城堅，旬日不下則糧乏，衆心搖矣。神劍請按軍高郵，爲公聲援而督糧道。」師鐸曰：「民稟尙多，何患資儲？城中攜離無鬭志，何事聲援？君意不行，孰敢違？」漢璋內忌神劍，恐不爲己下，勸許其計，約城破玉帛子女共之。

其四月，兵傅城，營其下。城中駭亂，用之分兵守，且自督戰。令曰：「斬一級，賞金一餅。」士多山東人，堅悍頗用命。師鐸懼，退舍自固。用之稍堙塞諸門。駢登延和閣，聞囂甚，左右告之故，大驚，召用之問狀，徐曰：「師鐸衆思歸，爲門衞所軋，隨已處置，不爾，煩玄女一符耳！」駢曰：「吾覺爾之誕多矣，善自爲之，勿使吾爲周寶也！」時寶已爲下所逐出奔云。用之慚，不復有言。師鐸見城未下，頗懼，求救於宣州秦彥，約事平迎以代駢。駢數責用之曰：「始吾以心腹任君，君御下無方，卒誤我。今百姓饑饉，不可虐用，當遣

大將齎吾書諭之，使罷兵。」用之疑諸將不爲用，以其黨許戡奉書往。始師鐸意駢令宿將勞軍，因得口陳用之罪。及戡至，大怒曰：「梁纘、韓問安在？若何庸來！」卽斬之。乃繫書射城內，用之不發，卽火之。它日以甲士百人入謁，駢驚匿內寢，少選乃出，叱曰：「得非反邪？」命左右驅出，用之至南門，舉策曰：「吾不復入是矣！」始與駢貳。

師鐸壁揚子，發民廬舍治攻具。用之大索居人馬及丁壯，驍將以長刀擁脅乘城，晝夜不得息。又疑爲間，數易區處，家有饘餉，皆相失，至飢死者相枕藉。駢召大將古鍔齎師鐸母書及其子出諭，師鐸遣子還曰：「不敢負恩，朝斬凶人，夕還屯，願以妻子爲質。」駢恐用之屠其家，乃收置署中。會秦彥遣秦稠率兵與師鐸合，攻益急，守陴者夜焚南柵以應于外，師鐸入，守將張全迺戰死，用之距三橋，殺傷相當。駢從子傑率牙兵將執用之以畀師鐸，左鏌邪兵復斷其後，用之懼，乃出奔。

駢召梁纘謝曰：「初不用子計以及此，庸何追？」授以兵，使保子城。遲明師鐸縱火大掠，駢乃命徹備，改服須其入。師鐸見延和閣，駢待之如賓，卽署師鐸節度副使，漢璋、神劍以次授署，秦稠封府庫以待；師鐸去丞相號。于時何衞未謹，駢愛將申及說駢曰：「逆人兵少弛，願奉公夜出，發諸鎭兵，還刷大恥，賊不足平也。若不決，則及將不得侍公。」因泣下。駢恇怯不能用其策；及乃匿去。

師鐸誅用之支黨數十，使孫約迎秦彥。彥者，徐州人，本名立，隸伍籍。乾符中，以盜繫獄且死，夢謂曰：「秦彥，而從我去！」寤而視械破，因得亡命，即名彥。聚徒百人，殺下邳令，取其貲，入黃巢黨中。既敗，與許勍降駢，累表和州刺史。中和初，宣歙觀察使竇潏病，彥襲而代之。師鐸之召彥也，或計曰：「足下向誅妖人，故下樂從。今軍府已安，宜還政高公，足下身典兵，權在掌握，四隣聞之，不失大義，諸將未敢謀也。若令彥爲帥，兵非足下有也。且秦稠封府庫，勢已相疑。足下如厚德彥，宜以金玉子女報之，勿聽度江。假足下能下彥，楊行密夕聞而朝必至。」師鐸不決，以告漢璋。漢璋曰：「善。」

師鐸出駢，囚南第。稠廛下求無厭，燒貢奉樓數十楹，取珍寶。始駢自乾符以來，貢獻不入天子，貲貨山積，私置郊祀、元會供帳什器，殫極功巧，至是爲亂兵所剽略盡。師鐸徙駢東第。禽諸葛殷，腰下得金數斤，百姓交唾，拔須髮無遺，再縊乃絕，仇家瞎其目云，市人投瓦礫擊尸，俄而成冢。駢出金遺守者，師鐸知之，加兵苛督，復入囚署中，子弟十餘人同幽之。顧雲入見，駢猶自若曰：「吾復居此，天時人事必有在。」意師鐸復推立之。

用之既出，以兵攻淮口未下，鄭漢璋擊之，遂奔天長。初，用之詐爲駢書，召兵於廬、壽，城陷，而楊行密兵萬人次天長，用之自歸。

張神劍求賂於師鐸，辭以彥未至。神劍怒，與別將高霸將攻師鐸。彥之來，召池州刺

史趙鍠守宣，自將入揚州，稱節度使，以師鐸爲行軍司馬，居用之第，不得在牙中。師鐸怏怏失志。行密與神劍等連和，自江北至槐家橋，柵壘相聯。彥登城望之，色沮，乃授鄭漢璋、唐宏等兵屯門，樵蘇道絕，食且乏。稠及師鐸以勁卒八千出戰，大敗，稠死之，士奔溺死者十八。彥大出金求救於張雄，雄引兵至東塘，得金，不戰去。彥使師鐸率兵二萬陣城下，漢璋爲前鋒，宏次之，駱玄眞、樊約又次之，師鐸、王朗以騎爲左右翼。既成列，久之，行密乃出，委輜重于壁，以羸兵守之，伏精卒數千其旁。行密先犯玄眞，短兵接，僞北，師鐸諸軍奔其壁，爭取金玉貲糧。伏譟而出，行密引輕兵躡其尾，俘殺旁午，橫尸十里，師鐸等奔還，玄眞戰死。師鐸雅倚玄眞驍敢能拒敵，既失之，惋沮瀾日，不復議出戰矣。

駢久囚拘，供億窘狹，羣奴徹延和閣闌楯爲薪，煮革帶以食。駢召幕府盧涚曰：「予祖立功，比求清淨，非與此世爭利害，今而及此，神道何望邪？」涕下不能已。師鐸既敗，慮駢內應。有女巫王奉仙謂師鐸曰：「揚州災，有大人死，可以厭。」彥曰：「非高公邪？」命左右陳賞等往殺之。侍者白有賊，駢曰：「此必秦彥來。」正色須之。衆入，駢罵曰：「軍事有監軍及諸將在，何遽爾？」衆辟易，有奮而擊駢者，曳廷下數之曰：「公負天子恩，陷人塗炭，罪多矣，尙何云？」駢未暇答，仰首如有所伺，即斬之。左右奴客遁歸行密，行密舉軍縞素，大臨而祭，獨用之縗服哭三日。

彥屢敗，軍氣摧喪，與師鐸抱膝相視無它略，更問奉仙，賞罰輕重皆自出。彥遣漢璋擊神劍，破之。神劍奔高郵，漢璋欲窮追，會大雨還。行密以城尙堅，師且老，議解去。用之裨將晨伏兵西壕，伺守者休代，引而登，殺數十人于門，以招外兵。守軍亦厭苦，皆委兵潰。師鐸與其家及彥奔東塘，人爭出，相騰藉死，壕塹幾滿，王朗踣而殞。行密既入，殺梁纘于牙門，以不死高氏難。韓問閉之，赴井死。居人癯憊奄奄，兵不忍加暴，反斥餘糧救之。

彥、師鐸與唐宏、倪詳焚白砂，將度江，會秦宗權使孫儒引兵三萬襲揚州，次天長，彥等與之合，還攻行密，取行密輜重牛羊數千計。儒以食乏，乃屠高郵，據之。張神劍奔還，行密授之館，而高郵戍兵七百潰而來，行密疑有謀，悉擊殺之，因殺神劍。用之始詐行密曰：「廡下有瘞金五千斤，事平願備一日乏。」行密掘地無埋金，但得銅人三尺，身桎梏，釘刺其口，刻駢名於背，蓋用蠱厭駢也。行密責其罪，并張守一斬于三橋，妻子皆死，著其罪于路。儒攻城未得志，慮彥、師鐸有異謀，稍并其兵。唐宏度不免，即告儒曰：「師鐸密遣人至汴。」儒大恐。明日，召彥、師鐸、漢璋會軍中，彥、師鐸先至，壯士捽之至儒所，儒質彥反駢罪，斬之。至師鐸，呼曰：「丈夫成則王，敗則虜，君何多責爲？吾嘗將數萬兵，不死常人手，得公之劍，瞑目矣！」儒罵曰：「庸賊欲汚我手邪！」趣斬之。漢璋至，奮臂擊殺數人，乃死，身首糜散。儒使宏主騎兵，厚賜之。文德元年，儒謀知行密糧乏，自高郵襲之。行密拔其

衆還廬州，儒遂據揚州。

駢之死，裹以故氈，與子弟七人一坎而瘞。行密擢駢孫愈爲副使，令主喪事，未克葬，愈暴死，至是故吏鄺師虔收葬之。

揚州雄富冠天下，自師鐸、行密、儒迭攻迭守，焚市落，剽民人，兵飢相仍，其地遂空。

朱玫，邠州人。少以材武爲州戍將。黃巢盜長安，有王玫者爲僞節度使，方調兵，玫陽事之，乘間斬王玫，以留後讓李重古，約合兵討巢。廣明二年，玫襲賊，戰開遠門，槍洞咽，不死。以多擢晉州刺史，進邠寧節度使，合涇、原、岐、隴兵八萬屯興平，號定國砦。戰渭上，敗走邠，詔益靈、鹽軍，拜河南都統。引兵屯中橋，列五壁，進西北面都統。賊平，授同中書門下平章事，封吳興侯。

田令孜議討王重榮，以兵屬玫，合鄜、延、靈、夏軍三萬保沙苑。重榮上疏乞誅玫、令孜。既戰，玫輒北，因縱軍還掠。僖宗蒼黃幸鳳翔避其鋒。玫反與重榮、李克用連和，請誅令孜。宰相蕭遘密召玫迎帝，玫趨鳳翔，令孜劫乘輿走陳倉，遂至興元。玫追不及，劫嗣襄王熅，奉爲帝。玫自號大丞相，專決萬機。

始與李昌符共謀挾熅，至是反爲讎，昌符乃自歸天子，人心寖離。及王行瑜敗於大唐峯，懼歸且見殺，又聞購能得玫者以邠寧節度畀之，行瑜謂其下曰：「今敗歸必以無功死，若斬玫，與北軍迎天子，取富貴，可乎？」衆曰：「諾。」卽勒兵倍道趨長安。玫居孔緯第，方據几署事，聞兵入，趣召行瑜叱曰：「公擅歸，反邪？」行瑜厲聲曰：「我非反者，將得君首爲邠寧節度耳！」玫遽起，左右斬之，殺其徒數百。諸軍遂大亂，燒京師。時盛寒，吏民被剽敓，僵死尸相藉。卽傳首興元，帝爲受俘馘。宦者僞樞密使王能著等皆坐誅。

王行瑜，邠州人。少隸軍，從朱玫爲列校，討黃巢數有功。熅卽位，授行瑜天平節度使，令率兵守大散關，爲李鋋所破，卽奉款行在，還取玫首以獻，擢邠寧節度使。

景福元年，與李茂貞、韓建及弟同州節度使行實請討楊守亮於山南，且言不敢仰度支費，止請假茂貞招討一節。宦官難之，昭宗亦顧茂貞等得山南則益橫，不許。行瑜等因擅興軍擊取之。

後茂貞拒覃王，殺宰相，行瑜參有力，得賜鐵券。稍憑兵跋扈，求爲尚書令，宰相韋昭度執不可，但加號尚父，行瑜望甚。會河中王重榮喪，李克用請以其子珂嗣節度，而行瑜、建、

茂貞請授王珙，因各以兵陳闕下，欲廢天子，不克，卽殺昭度、李磎，留弟行約宿衞。克用悉兵度河問行瑜等罪，行實棄同州趨長安，與行約謀劫乘輿，又不克，皆奔邠州。行瑜屯梨園，克用與戰，破行實等軍，執其母及行瑜子，俘大校。帝下詔削行瑜官爵。行瑜以銳卒五千營龍泉，茂貞壁其西。克用夜發精騎擾餉道，岐軍走，行瑜歸邠州，嬰城守，厚賂克用求自歸。克用軍環其城，行瑜窮，登城哭語克用曰：「我無罪，昨殺大臣，脅天子，岐人也。行實止宿衞，而有司妄以劫遷罪歸之，今公討亂者，當問茂貞，願得束身歸，聽命天子。」克用曰：「尙父何自卑，吾被命討三賊，公其一也。如歸國者，當從中決，老夫敢專之邪？」行瑜度不免，悉族奔慶州，爲麾下斬于路，傳首京師，帝御延喜門納之，於是乾寧二年也。其屬二百人，克用獻于朝。

始，行瑜亂，宗正卿李涪盛陳其忠，必悔過。至是帝怒，放死嶺南。

陳敬瑄，田令孜兄也。少賤，爲餅師，得隸左神策軍。令孜爲護軍中尉，敬瑄緣藉擢左金吾衞將軍、檢校尚書右僕射、西川節度使。性畏慎，善撫士。

黃巢亂，僖宗幸奉天，敬瑄夜召監軍梁處厚，號慟奉表迎帝，繕治行宮，令孜亦倡西幸，敬瑄以兵三千護乘輿。冗從內苑小兒先至，敬瑄知素暴橫，遣邏士伺之。諸兒連臂譟咋行

宮中，士捕繫之，譟曰：「我事天子者！」敬瑄殺五十人，尸諸衢，由是道路不譁。帝次綿州，敬瑄謁于道，進酒，帝三舉觴，進檢校左僕射、同中書門下平章事。時雲南叛，請遣使與和親，乃聽命。敬瑄奉行在百官諸吏無敢乏，帝欲命判度支，固讓，再加檢校司徒兼侍中，封梁國公。以弟敬珣爲閬州刺史。討定邛州首望阡能、涪州叛校韓秀昇，再進兼中書令，封潁川郡王，實封四百戶，賜一歲上輸錢及上都田宅邸磑各十區，鐵券恕十死。巢平，進潁川王，增實戶二百。車駕東，敬瑄供億豐餘，又進檢校太師。

俄而令孜得罪，敬瑄被流端州。會昭宗立，敬瑄拒詔，帝召爲左龍武統軍，以宰相韋昭度代領節度。使者至，敬瑄使百姓遮道勞耳訴己功，且言鐵券恕死。使者馳還。令孜勸敬瑄募黃頭軍爲自守計。

時王建盜據閬、利，故令孜召建。建至綿州，發兵拒之，激建攻諸州，以限朝廷。或言：「建鴟視狼顧，惟利是賴，公何用之？」不聽。建詒顧彥朗書曰：「十軍阿父召我，欲依太師丐一大州。」卽寄孥梓州，身引兵入鹿頭關。敬瑄不納，漢州刺史張頊逆戰，敗，建入漢州。成都嚴守，建走城下遜謝令孜曰：「父召我，及門而拒我，尙誰容？」與諸將斷髮再拜辭曰：「今作賊矣！」因請兵於彥朗，攻成都，殘掠州縣。彥朗亦畏建，表請大臣代敬瑄。建自請討敬瑄贖罪，詔立永平軍，授建節度使，以昭度爲行營招討使，山南西道節度使楊守亮副之，彥

朗爲行軍司馬。有詔暴敬瑄殺孟昭圖罪，削官爵。昭度使建屯學射山，敬瑄迎戰不克；又戰蠶厓，大敗。

龍紀元年，昭度至軍中，持節諭人，約開門。守陴者詬曰：「鐵券在，安得違先帝意！」令孜籍城中戶一人乘城，夜循行，晝濬濠伐薪。敬瑄屯彌牟、德陽，樹二壁拒建。使富人自占貲多少，布巨梃，搒不實者，不三日輸錢如市。建、昭度傅城而壘，簡州刺史張造攻笮橋，大敗，死之。

大順元年，建稍擊降諸州。邛州刺史毛湘本令孜孔目官，謂其下曰：「吾不忍負軍容，以頭見建可也。」乃沐浴以須，吏斬其首降。敬瑄戰浣花，不勝。明日復戰，將士皆爲建俘。城中謀降者，令孜支解之以怖衆。會大疫，死人相藉。

明年三月，詔還敬瑄官爵，召昭度還，諭建罷兵，建不奉詔。帝更以建爲西川行營招討制置使。建知敬瑄可禽，欲遂有蜀地，卽脅說昭度曰：「公以數萬衆討賊，糧數不屬，關東諸節度相吞噬，朝廷危若贅斿，與其勞師遠方，不如先中國，公宜還爲天子謀之。」昭度未決。會吏盜減諸軍稟食，建怒，其衆曰：「招討吏之謀也。」縱士執之，醢食於軍。昭度大駭，是日授建符節，跳馳出劍門。建絕棧梯，東道不通。因急擊敬瑄，分親騎爲十團，所當輒披靡，烽塹相望幾百里，縱諜入城，以搖衆心。建好謂軍中曰：「成都號『花錦城』，玉帛子女，諸兒

可自取。」謂票將韓武等：「城破，吾與公遞爲節度使一日。」下聞之，戰愈力。圍凡三歲，城中糧盡，以筒容米，率寸鬻錢二百。敬瑄出家貲給民，募士出剽麥，收其半。民亦夜至建壘市鹽，不可禁，吏請殺之。敬瑄曰：「民飢無以卹，使求生可也。」人至相暴以相啖，敬瑄不能止，乃行斬、劈二法，亦不爲戢。敬瑄自將出犀浦，列二營邀建，建軍僞遁，遇伏，敬瑄敗，建破斜橋、昝街二屯。明日戰，又破一壘，降其將。建屯七里亭，敬瑄攻之。建將張武馳入城，戰子城下，守陴皆譟，不能克。張勍破浣花營，敬瑄諸將或死或降且盡。凡五十戰，敬瑄皆北，乃上表以病丐還京師。令孜素服至建軍。建入自西門，以張勍爲斬斫使，建徇于軍曰：「與而等累年鬬死，今日如志。若橫恣有犯者，吾能全之；即爲勍所斬，吾不得救也！」軍中肅然。四敬瑄、令孜，建自稱留後，表于朝。詔以建爲西川節度副大使，知節度事。

建以敬瑄居新津，食其租賦，累表請誅，不報。景福二年，陰令左右告敬瑄、令孜養死士，約楊晟等反，於是斬敬瑄於家。初，敬瑄知不免，嘗寘藥于帶，至就刑，視帶，藥已亡矣。自是建盡有兩川、黔中地。

李巨川字下己，逢吉從曾孫。乾符中舉進士。方天下崩騷，乃去京師，河中王重榮辟

爲掌書記。重榮討黃巢，書檄奏請日紛沓，須報趣發，皆屬巨川，神安思敏，言輒中理，隣藩皆驚。會賊走出關，收京師，人言巨川有助力。重榮死于亂，貶爲興元參軍，節度使楊守亮喜曰：「天以生遺我邪！」復管記室。守亮爲韓建所禽，巨川械以從，題木葉遺建祈哀，建動容，因釋縛，置幕府。昭宗幸華，建患一州供億不能濟，使巨川傳檄天下，督轉餉。

初，帝在石門，數遣嗣延王、通王將親軍，大選安聖、奉宸、保寧、安化四軍，又置殿後軍，合士二萬。建惡衞兵彊，不利己，與巨川謀，即上飛變，告八王欲脅帝幸河中，因請四十六宅，選嚴師傅督敎，盡散麾下兵。書再上，帝不得已，詔可。又廢殿後軍，且言「無示天下不廣」。詔留三十人爲控鶴排馬官，隸飛龍坊，自是天子爪牙盡矣。建初懼帝不聽，以兵環宮，請誅定州行營將李筠。帝懼，斬筠，兵乃解。又言：「七國災漢，八王亂晉，永王帥江左謀不軌，吐蕃、朱玫亂，首立宗支搖人望。今王室多故，渠可使諸王將命四方，惑征鎭？」於是詔諸王奉使者，悉赴行在。巨川日夜導建不臣，乃請立德王爲皇太子，文掩其惡。帝還京，拜諫議大夫。

光化初，朱全忠陷河中，將攻潼關，建懼，使巨川往詣軍納款，因言當世利害。全忠屬官敬翔以文翰事左右，疑巨川用則全忠待己或衰，乃詭說曰：「巨川誠奇才，顧不利主人，若何？」是日，全忠殺之。

唐書卷二百二十五上

列傳第一百五十上

逆臣上

安祿山　慶緒　高尙　孫孝哲　史思明　朝義

安祿山，營州柳城胡也，本姓康。母阿史德，爲覡，居突厥中，禱子於軋犖山，虜所謂鬬戰神者，既而妊。及生，有光照穹廬，野獸盡鳴，望氣者言其祥，范陽節度使張仁愿遣搜廬帳，欲盡殺之，匿而免。母以神所命，遂字軋犖山。少孤，隨母嫁虜將安延偃。開元初，偃攜以歸國，與將軍安道買亡子偕來，得依其家，故道買子安節厚德偃，約兩家子爲兄弟，乃冒姓安，更名祿山。及長，忮忍多智，善億測人情，通六蕃語，爲互市郎。

張守珪節度幽州，祿山盜羊而獲，守珪將殺之，呼曰：「公不欲滅兩蕃邪？何殺我？」守

珪壯其語，又見偉而晳，釋之，與史思明俱爲捉生。知山川水泉處，嘗以五騎禽契丹數十人，守珪異之，稍益其兵，有討輒克，拔爲偏將。守珪醜其肥，由是不敢飽，因養爲子。後以平盧兵馬使擢特進、幽州節度副使。

於是御史中丞張利貞採訪河北，祿山百計諛媚，多出金諧結左右爲私恩。利貞入朝，盛言祿山能，乃授營州都督、平盧軍使、順化州刺史。使者往來，陰以賂中其嗜，一口更譽，玄宗始才之。天寶元年，以平盧爲節度，祿山爲之使，兼柳城太守，押兩蕃、渤海、黑水四府經略使。明年，入朝，奏對稱旨，進驃騎大將軍。又明年，代裴寬爲范陽節度、河北採訪使，仍領平盧軍。祿山北還，詔中書門下尙書三省正員長官、御史中丞餞鴻臚亭。

四載，奚、契丹殺公主以叛，祿山幸邀功，肆其侵，於是兩蕃貳。祿山起軍擊契丹，還奏：「夢李靖、李勣求食於臣，乃祠北郡，芝生于梁。」其詭誕敢言不疑如此。席豫爲河北黜陟使，言祿山賢。時宰相李林甫嫌儒臣以戰功進，尊寵間己，乃請顓用蕃將，故帝寵祿山益牢，羣議不能軋，卒亂天下，林甫啓之也。

祿山陽爲愚不敏蓋其姦，承間奏曰：「臣生蕃戎，寵榮過甚，無異材可用，願以身爲陛下死。」天子以爲誠，憐之。令見皇太子，不拜，左右擿語之，祿山曰：「臣不識朝廷儀，皇太子何官也？」帝曰：「吾百歲後付以位。」謝曰：「臣愚，知陛下不知太子，罪萬死。」乃再拜。時

楊貴妃有寵，祿山請爲妃養兒，帝許之。其拜，必先妃後帝，帝怪之，答曰：「蕃人先母後父。」帝大悅，命與楊銛及三夫人約爲兄弟。繇是祿山有亂天下意，令麾下劉駱谷居京師，伺朝廷隙。

六載，進御史大夫，封妻段爲夫人，有國。林甫以宰相貴甚，羣臣無敢鈞禮，惟祿山倚恩，入謁倨。林甫欲諷寤之，使與王鉷偕，鉷亦位大夫，林甫見鉷，鉷趨拜卑約，祿山惕然，不覺自罄折。林甫與語，揣其意，迎剖其端，祿山大駭，以爲神，每見，雖盛寒必流汗。林甫稍厚之，引至中書，覆以己袍。祿山德林甫，呼十郎。駱谷每奏事還，先問：「十郎何如？」有好言輒喜；若謂「大夫好檢校」，則反手據牀曰：「我且死！」優人李龜年爲帝學之，帝以爲樂。

晚益肥，腹緩及膝，奮兩肩若挽牽者乃能行，作胡旋舞帝前，乃疾如風。帝視其腹曰：「胡腹中何有而大？」答曰：「唯赤心耳！」每乘驛入朝，半道必易馬，號「大夫換馬臺」，不爾，馬輒仆，故馬必能負五石馳者乃勝載。帝爲祿山起第京師，以中人督役，戒曰：「善爲部署，祿山眼孔大，毋令笑我。」爲瑣戶交疏，臺觀沼池華僭，帟幕率緹繡，金銀爲筹筐、爪籬，大抵服御雖乘輿不能過。帝登勤政樓，幄坐之左張金雞大障，前置特榻，詔祿山坐，褰其幄，以示尊寵。太子諫曰：「自古幄坐非人臣當得，陛下寵祿山過甚，必驕。」帝曰：「胡有異

相，我欲厭之。」

時太平久，人忘戰，帝春秋高，嬖豔鉗固，李林甫、楊國忠更持權，綱紀大亂。祿山計天下可取，逆謀日熾，每過朝堂龍尾道，南北睥睨，久乃去。更築壘范陽北，號雄武城，峙兵積穀。養同羅、降奚、契丹曳落河八千人爲假子，教家奴善弓矢者數百，畜單于、護眞大馬三萬，牛羊五萬，引張通儒、李廷堅、平冽、李史魚、獨孤問俗署幕府，以高尚典書記，嚴莊掌簿最，阿史那承慶、安太淸、安守忠、李歸仁、孫孝哲、蔡希德、牛廷玠、向潤客、高邈、李欽湊、李立節、崔乾祐、尹子奇、何千年、武令珣、能元晧、田承嗣、田乾眞皆拔行伍，署大將。潛遣賈胡行諸道，歲輸財百萬。至大會，祿山踞重牀，燎香，陳怪珍，胡人數百侍左右，引見諸賈，陳犧牲，女巫鼓舞于前以自神。陰令羣賈市錦綵朱紫服數萬爲叛資。月進牛、橐駝、鷹、狗、奇禽異物，以蠱帝心，而人不聊。自以無功而貴，見天子盛開邊，乃紿契丹諸酋，大置酒，毒焉，旣酣，悉斬其首，先後殺數千人，獻馘闕下。帝不知，賜鐵券，封柳城郡公。又贈延偃范陽大都督，進祿山東平郡王。

九載，兼河北道採訪處置使，賜永寧園爲邸。入朝，楊國忠兄弟姊弟迋之新豐，給玉食；至湯，將校皆賜浴。帝幸望春宮以待，獻俘八千，詔賜永穆公主池觀爲游燕地。徙新第，請墨敕召宰相宴。是日，帝將擊毬，乃罷會，命宰相皆赴。帝獵苑中，獲鮮禽，必馳賜。

詔上谷郡置五鑪，許鑄錢。又求兼河東，遂拜雲中太守、河東節度使。旣兼制三道，意益侈。男子凡十一，帝以慶宗爲太僕卿，慶緒鴻臚卿，慶長祕書監。

十一載，率河東兵討契丹，告奚曰：「彼背盟，我將討之，爾助我乎？」奚爲出徒兵二千鄉導。至土護眞河，祿山計曰：「道雖遠，我疾趨賊，乘其不備，破之固矣。」乃敕人持一繩，欲盡縛契丹，晝夜行三百里，次天門嶺，會雨甚，弓弛矢脫不可用，祿山督戰急，大將何思德曰：「士方疲，宜少息，使使者盛陳利以脅賊，賊必降。」祿山怒，欲斬以令軍，乃請戰。思德貌類祿山，及戰，虜叢矛注矢邀取之，傳言祿山獲矣。奚聞亦叛，夾攻祿山營，士略盡。祿山中流矢，引奚兒數十，棄衆走山而墜，慶緒、孫孝哲掖出之，夜走平盧，部將史定方以兵鏖戰，虜解圍去。

祿山不得志，乃悉兵號二十萬討契丹以報。帝聞，詔朔方節度使阿布思以師會。布思者，九姓首領也，偉貌多權略，開元初，爲默啜所困，內屬，帝寵之。祿山雅忌其才，不相下，欲襲取之，故表請自助。布思懼而叛，轉入漠北，祿山不進，輒班師。會布思爲回紇所掠，奔葛邏祿，祿山厚募其部落降之。葛邏祿懼，執布思送北庭，獻之京師。祿山已得布思衆，則兵雄天下，愈偃肆。皇太子及宰相屢言祿山反，帝不信。是時國忠疑隙已深，建言追還朝，以驗厥狀。祿山揣得其謀，乃馳入謁，帝意遂安，凡國忠所陳，無入者。

十三載，來謁華清宮，對帝泣曰：「臣蕃人，不識文字，陛下擢以不次，國忠必欲殺臣以甘心。」帝慰解之。拜尚書左僕射，賜實封千戶，奴婢第產稱是，詔還鎭。又請爲閑廏、隴右羣牧等使，表吉溫自副。其軍中有功位將軍者五百人，中郎將二千人。祿山之還，帝御望春亭以餞，斥御服賜之。祿山大驚，不自安，疾驅去，至淇門，輕艫循流下，萬夫挽繂而助，日三百里。旣總閑牧，因擇良馬內范陽，又奪張文儼馬牧，反狀明白。人告言者，帝必縛與之。

明年，國忠謀授祿山同中書門下平章事，召還朝。制未下，帝使中官輔璆琳賜大柑，因察非常。祿山厚賂之，還言無它，帝遂不召。未幾事洩，帝託它罪殺之，自是始疑。然祿山亦懼朝廷圖己，每使者至，稱疾不出，嚴衞然後見。黜陟使裴士淹行部至范陽，再旬不見，既而使武士挾引，無復臣禮。士淹宣詔還，不敢言。帝賜慶宗娶宗室女，手詔祿山觀禮，辭疾甚。獻馬三千匹，驧靮自倍，車三百乘，乘三士，因欲襲京師。河南尹達奚珣極言毋內騶兵，詔可。帝賜書曰：「爲卿別治一湯，可會十月，朕待卿華淸宮。」使至，祿山踞牀曰：「天子安穩否？」乃送使者別館。使還，言曰：「臣幾死！」

冬十一月，反范陽，詭言奉密詔討楊國忠，騰榜郡縣，以高尚、嚴莊爲謀主，孫孝哲、高邈、張通儒、通晤爲腹心，兵凡十五萬，號二十萬，師行日六十里。先三日，合大將置酒，觀繪

中華書局

圖，起燕至洛，山川險易攻守悉具，人人賜金帛，幷授圖，約曰：「違者斬！」至是，如所素。祿山從牙門部曲百餘騎次城北，祭先冢而行。使賈循主留務，呂知誨守平盧，高秀巖守大同。燕老人叩馬諫，祿山使嚴莊好謂曰：「吾憂國之危，非私也。」禮遣之。因下令：「有沮軍者夷三族！」凡七日，反書聞，帝方在華清宮，中外失色。車駕還京師，斬慶宗，賜其妻康死，榮義郡主亦死。下詔切責祿山，許自歸。祿山答書慢甚，叵可忍。賊遣高邈、臧均以射生騎二十馳入太原，劫取尹楊光翽殺之，以張獻誠守定州。

祿山謀逆十餘年，凡降蕃夷皆接以恩，有不服者，假兵脅制之，所得士，釋縛給湯沐、衣服，或重譯以達，故蕃夷情僞悉得之。祿山通夷語，躬自尉撫，皆釋俘囚爲戰士，故其下樂輸死，所戰無前。邈最有謀，勸祿山取李光弼爲左司馬，不納，既而悔之，憂見顏色，久而曰：「史思明可當之。」賊之未反，邈爲謀，聲進生口，直取洛陽，無殺光翽，天下當未有知者，賊不從。何千年亦勸賊令高秀巖以兵三萬出振武，下朔方，誘諸蕃，取鹽、夏、鄜、坊，使李歸仁、張通儒以兵二萬道雲中，取太原，團弩士萬五千入蒲關，以動關中；勸祿山自將兵五萬梁河陽，取洛陽，使蔡希德、賈循以兵二萬絕海收淄、青，以搖江淮：則天下無復事矣。祿山弗用。

時兵暴起，州縣發官鎧仗，皆穿朽鈍折不可用，持梃鬭，弗能亢，吏皆棄城匿，或自殺，

不則就禽，日不絕。禁衞皆市井徒，既授甲，不能脫弓韣、劍鞘，乃發左藏庫繒帛大募兵，以封常清爲范陽、平盧節度使，郭子儀爲朔方節度、關內支度副大使，右羽林大將軍王承業爲太原尹，衞尉卿張介然爲汴州刺史，金吾將軍程千里爲潞州長史，以榮王爲元帥，高仙芝副之，馳驛討賊。

祿山至鉅鹿，欲止，驚曰：「鹿，吾名。」去之沙河，或言如漢高祖不宿柏人以佞賊。賊投草潁樹於河，以長繩維舟集槎以結，冰一昔合，遂濟河，陷靈昌郡。又三日，下陳留、滎陽。次罌子谷，將軍荔非守瑜邀之，殺數百人，流矢及祿山輿，乃不敢前，更出谷南。守瑜矢盡，死於河。敗封常清，取東都，常清奔陝。殺留守李憕、御史中丞盧奕。河南尹達奚珣臣于賊。時高仙芝屯陝，聞常清敗，棄甲保潼關，太守竇廷芝奔河東。常山太守顏杲卿殺賊將李欽湊，禽高邈、何千年，於是趙郡、鉅鹿、廣平、清河、河間、景城六郡皆爲國守，祿山所有纔盧龍、密雲、漁陽、汲、鄴、陳留、滎陽、陝郡、臨汝而已。

賊之據東京，見宮闕尊雄，銳情僭號，故兵久不西，而諸道兵得稍集。尹子奇屯陳留，欲東略，會濟南太守李隨、單父尉賈賁、濮陽人尙衡、東平太守嗣吳王祗、眞源令張巡相繼起兵，旬日衆數萬。子奇至襄邑而還。

明年正月，僭稱雄武皇帝，國號燕，建元聖武，子慶緒王晉，慶和王鄭，達奚珣爲左相，張通儒爲右相，嚴莊爲御史大夫，署拜百官。復取常山，殺顏杲卿。安思義屯眞定，會李光弼出土門救常山，思義降，博陵亦拔，唯槀城、九門二縣爲賊守。史思明、李立節、蔡希德圍饒陽，不克，引軍攻石邑，張奉璋固守。朔方節度使郭子儀自雲中引兵與光弼合，敗思明於九門，李立節死，希德奔鉅鹿；思明奔趙郡，自鼓城襲博陵，復據之。光弼拔趙郡，還圍博陵，軍恆陽。希德請濟師於賊，賊以二萬騎涉滹沱入博陵，牛廷玠發嬀、檀等兵萬人來助，思明益彊，與光弼戰，敗于嘉山，光弼收郡十三，河南諸郡皆嚴兵守，潼關不開。

祿山懼，欲還范陽，召嚴莊、高尙責曰：「我起，而曹謂萬全。今四方兵日盛，自關以西，不跬步進，爾謀何在，尙見我爲？」遣尙等出。凡數日，田乾眞自潼關來，勸祿山曰：「自古興王，戰皆有勝負，乃成大業，無一舉而得者。今四方兵雖多，非我敵也。有如事不成，吾擁數萬衆，尙可橫行天下，爲十年計。且高尙、嚴莊，佐命元勳也，陛下何遽絕之，使自爲患邪？」祿山喜，道其小字曰：「阿浩，非汝孰悟我！然則奈何？」乾眞曰：「召而尉安之。」乃內尙等，與欽宴，祿山自歌，君臣如初。即遣孫孝哲、安神威西攻長安。會高仙芝等死，哥舒翰守潼關，爲乾祐所敗，囚之。賊不謂天子能遽去，駐兵潼關，十日乃西。時行在巳至扶風，於是汧、隴以東，皆沒於賊。祿山以張通儒守東京〔二〕，乾眞爲京兆尹，使安守忠屯苑中。

祿山未至長安，士人皆逃入山谷，東西駱驛二百里，宮嬪散匿行哭，將相第家委寶貨不貲，羣不逞爭取之，累日不能盡。又剽左藏大盈庫，百司帑藏竭，乃火其餘。祿山至，怒，乃大索三日，民間財貲盡掠之，府縣因株根牽連，句剝苛急，百姓愈騷。祿山怨慶宗死，乃取帝近屬自霍國長公主、諸王妃妾、子孫姻婿等百餘人害之，以祭慶宗。羣臣從天子者，誅滅其宗。虜性得所欲則肆爲殘虐，人益不附。諸大將欲有咨決，皆因嚴莊以見。御下少恩，雖腹心雅故，皆爲仇敵。郡縣相與殺守將，迎王師，前後反覆十數，城邑墟矣。

肅宗治兵靈武，天下日跂首待，長安相傳太子西來矣，人聞輒東走，閭里至空，都畿豪桀殺賊吏自歸者無虛日，賊斬刈懲之不能止。又賊將類慓勇無遠謀，日縱酒，嗜聲色財利，車駕危得入蜀，終無進躡之患。

帳下李猪兒者，本降豎，幼事祿山謹甚，使爲閹人，愈親信。祿山腹大垂膝，每易衣，左右共舉之，猪兒爲結帶，雖華清賜浴，亦許自隨。及老，愈肥，曲隱常瘡。既叛，不能無恚懼，至是目復盲，俄又得疽疾，尤卞躁，左右給侍，無罪輒死，或箠掠何辱，猪兒尤數，雖嚴莊親倚，時時遭笞靳，故二人深怨祿山。初，慶緒善騎射，未冠爲鴻臚卿。賊僭號，嬖段夫人，愛其子慶恩，欲立之。慶緒懼不立，莊亦疑難作不利己，私語慶緒曰：「君聞大義滅親乎？自古固有不得已而爲者。」慶緒陰曉曰：「唯唯。」又語猪兒曰：「汝事上罪可數乎？不行大

唐書卷二百二十五中

列傳第一百五十中

逆臣中

李希烈　朱泚

李希烈，燕州遼西人。少籍平盧軍，從李忠臣浮海戰河北有勞。及忠臣在淮西，因署偏裨，試光祿卿，軍中藉藉高其才。會忠臣荒縱不事，得間衆怒，逐忠臣聽命。代宗詔忻王爲節度副大使，使希烈專留後事，又詔滑亳節度使李勉兼領汴州。德宗立，加御史大夫，即拜節度使，名其軍曰淮寧以寵之。梁崇義之反，敕諸道進討，詔進希烈南平郡王、漢南北招討處置使，又拜諸軍都統。平崇義功多，擁兵欲有其地，會山南節度使李承至，不克，猶大掠而去，以功檢校尚書右僕射、同中書門下平章事。

李納叛，以檢校司空兼淄青節度使討之。希烈擁衆三萬次許州不進，遣李苣約納爲脣齒，陰計取汴州，即檄李勉假道。勉度所宜，出儲陳留，治梁除道以須。希烈計得，因嫚罵勉，勉嚴備以守。納遣游兵導希烈絕汴餉路，勉治蔡渠，引東南饋。希烈遣使者約河北朱滔、田悅等連和，凶焰熾然。俄而滔等自相王，遣使者來奉牋，希烈亦自號建興王、天下都元帥，五賊株連半天下。

建中四年正月，詔諸節度以兵掎角攻討，唐漢臣、高秉哲以兵萬人屯汝州。未至，賊將乘霧進，王師還，賊取汝州，執李元平，兵西首，東都大震，士皆走河陽、崤、澠。留守鄭叔則壁西苑，賊按兵不進。帝聽盧杞計，詔太子太師顏眞卿諭賊，已行，又遣左龍武大將軍哥舒曜討之。希烈見眞卿，傲桀不臣，敕左右詈侮朝政，即北侵汴州，南略鄂州。有詔江西節度使嗣曹王皋擊之，拔蘄、黃兩州，擊賊將李良、韓霜露於白巖，二將走。

初，希烈自襄陽還，留姚憺戍鄧州，賊又得汝，則武關梗絕。帝使陝虢觀察使姚明敭治上津道，置館通南方貢貨。希烈遣董待名、韓霜露、劉敬宗、陳質、翟崇暉分掠州縣，官軍數奔。曜復取汝州，希烈遣周曾、呂從賁、康琳拒曜，次襄城，與王玢、姚憺、韋淸合謀襲希烈，不克，皆死，淸奔劉洽。希烈懼，還蔡州，上疏歸罪曾等。帝不赦，詔斬希烈者，四品以上得其官，五品以下戶四百，民賜復三年。遣神策將劉德信將節度、觀察、團練子弟兵屯陽翟并力，以李勉爲淮西招討使，曜副之；荆南節度使張伯儀爲淮西應援招討使，山南節度使賈耽與皋副之。德信去陽翟，入汝壁，賊取陽翟，覆伯儀軍。曜戰不利，屯襄城，希烈怙其壯，舉衆三萬圍曜。時帝西狩，師氣殲不能抗，城遂陷，曜奔東都。希烈資慘害，臨戰陣殺人，血流於前，而飲食自若也，以故人畏服，爲盡死。乘襄城之捷，進攻汴州，入之，運土木治道，怒不如程，驅人塡塹，號「溼梢」。勉奔宋州。

希烈已據汴，僭即皇帝位，國號楚，建元武成；以張鸞子、李綬、李元平爲宰相，鄭賁爲侍中，孫廣爲中書令；披其地建四節度，以汴州爲大梁府治，安州爲南關。柒石作璽。又於上蔡、襄城獲折車釭，奉以爲瑞，惑其下。因窺江淮，盛兵攻襄邑，守將高翼死之。於是汴滑副都統劉洽，率曲環、李克信軍十餘萬戰白塔，不利，洽引還，卒柏少淸攬轡曰：「公小不利遽北，奈何？」洽不聽，夜入宋州。

賊驟勝，徑薄寧陵，舟乘銜踵進，亙七十里。時洽將高彥昭、劉昌共嬰壘以守，賊使妖人祈風，火戰棚盡，坎堞欲登。彥昭按劍乘陴，士感奮，風亦反。昌計於衆曰：「軍法，倍不戰。賊很吾寡，不如退以驕賊，自宋出精銳，擣不意，功可成。」彥昭謝曰：「君少待，請盡力。」乃登城誓衆曰：「中丞欲示弱，覆而取之，誠善。然我爲守，得失在主人；今士創重者須供養，有如棄城去，則傷者死內，逃者死外，吾衆盡矣！」士皆泣，且拜曰：「公在是，誰敢

去！」昌大慚。彥昭擊家牛犒軍，士死戰，斬首三千級。請援於洽，其屬作書，言城且危，彥昭視曰：「君輕我耶？」取紙自爲書。洽得書，喜曰：「健將在西，吾何憂？」選兵八百，夜艾而入，賊不知。詰旦傳城，士奮出，希烈大敗，取其旆，斬首萬計，追北至襄邑，收賊貲糧而還。洽表其功，拜彥昭御史大夫，實封百五十戶。

希烈旣沮卻，而壽州刺史張建封亦屯固始，彥其旁。希烈懼，還汴州，遣崇暉以精兵襲陳，復爲洽敗，俘衆三萬，執崇暉，進拔汴州，禽鄭賁、劉敬宗、張伯元、呂子巖、李達干，希烈遁歸蔡。賊戍將孫液挈鄭州降，帝即拜液爲刺史。貞元二年，遣杜文朝寇襄州，爲樊澤所破，獲文朝。會皋、建封、環及李澄四略其地，勢日蹙，希烈縮氣不敢搖。啖牛肉而病，親將陳仙奇陰令醫毒之以死。

始，希烈入汴，聞戶曹參軍竇良女美，彊取之，女顧曰：「愼無戚，我能滅賊。」後有寵，與賊祕謀，能轉移之。嘗稱仙奇忠勇可用，而妻亦竇姓，願如姒娣者，以固其夫，希烈許諾。乘間往謂仙奇妻曰：「賊雖彊，終必敗，云何？」竇久而寤。及希烈死，子不發喪，欲悉誅諸將乃自立，未決。有獻含桃者，竇請分遺仙奇妻，聽之，因蠟帛丸雜果中，出所謀。仙奇大驚，與薛育率兵譟而入。子出徧拜曰：「請去帝號，如淄青故事。」語已，斬之，函希烈并妻子七首獻天子，尸希烈於市。帝以仙奇忠，即拜淮西節度使，百姓給復二年。俄爲吳少誠所殺，

有詔贈太子太保。竇亦死。

朱泚，幽州昌平人。父懷珪，事安、史二賊，僞署柳城使。泚資壯偉，腰腹十圍，外寬和，中實很刻。少推父蔭，籍軍中，與弟滔並爲李懷仙部將。輕財好施，凡戰所得，必分麾下士，以動其心，陰儲凶德。朱希彩爲節度使，頗委信之。

大曆七年，希彩爲下所殺，衆未有屬，泚方外屯，而滔主牙兵，尤狡譎，乃潛諗數十人大呼軍門曰：「帥非朱公莫可！」衆愕眙，因共詣泚，推知留後，遣使至京師聽命。有詔檢校左散騎常侍，卽拜盧龍節度留後。俄遷節度使，封懷寧郡王，實封戶二百。泚上書謝，遣滔將兵西防秋。代宗悅，手詔褒美。

居三年，求入朝。自幽州首爲逆，懷仙以來，雖外臣順，然不朝謁，而泚倡諸鎭，以騎三千身入衞，有詔起第以待。既行，屬疾，或勸還，泚曰：「輿吾尸，猶至京師。」將吏乃不敢言。時四方無事，天子觭日視朝。泚以偶日至，見內殿，賜乘輿馬二、戰馬十、金綵甚厚，士校皆有賜，宴賚隆渥。泚之來，滔攝後務，稍稍翦落泚牙角。泚自知失權，爲滔所賣，不得志，乃請留京師。帝因授滔節度留後，乃分防秋兵，使各有統：河陽、永平兵，郭子儀主之；決勝、

楊猷兵，李抱玉主之；淮西、鳳翔兵，馬璘主之；汴宋、淄青兵，泚主之。進同中書門下平章事，出屯奉天，賜禁中兵以爲寵。遷檢校司空，代李抱玉爲隴右節度副大使，仍知河西、澤潞行營兵馬事。明年，徙王遂寧。德宗立，改鎭鳳翔，進封戶三百。

建中初，以李懷光代段秀實兼節度涇原，徙屯原州。懷光前督作，泚與崔寧領兵繼進。涇士素聞懷光暴，相恟懼，劉文喜因劫衆以亂，請留秀實，又求屬泚。詔泚代懷光。文喜合兵二萬乘城，使裨將劉海賓入陳事。海賓請：「假文喜節，臣當斬其首。」帝曰：「爾誠忠，然我節不可得。」遣還，詔泚、懷光攻之，帝爲減太官膳給軍。文喜猶閉壁求救於吐蕃。吐蕃師興，泚、懷光欲避之，別將韓游瓌曰：「戎若來，涇人必變，誰肯爲反賊沒身于虜者，少須之。」俄吐蕃游騎升高招涇人，衆曰：「始吾屬爲文喜求節度，天子致討則歸罪，安能以赭蠛面爲異俗乎！」海賓果與其徒殺文喜，入泚軍，泚一無所戮，由是涇人德之。詔加中書令，還屯，進拜太尉。

滔合田悅叛，陰遣人與泚相聞，河東馬燧獲其書，帝召泚示之，泚惶懼請死。帝勉曰：「千里不同謀，卿何謝？」更以張鎰節度鳳翔，還泚京師，加實封千戶，不朝請，中人監第。

李希烈圍哥舒曜於襄城，詔涇原節度使姚令言督鎭兵五千東救曜，過闕下，師次滻水，京兆尹王翃使吏供軍，糲飯菜肴，衆怒不肯食，羣譟曰：「吾等棄父母妻子前死敵，而乃食此，庸能持身蹈白刃耶？今瓊林、大盈庫寶貲如山，尙何往？」乃擐甲反旗而鼓。帝聞，命中人持賜往，人二縑。士愈悖，射中人，中人返走。時令言尙論兵禁中，既上變，乃馳至長樂坂，遇兵還，引滿向令言。令言大呼曰：「引而東，富貴可取，何失計爲滅族事？」衆劫令言以西行。帝復遣使者開諭，賊已陣通化門，殺使者。帝遣普王與學士姜公輔載金綵慰撫。賊薄丹鳳門，詔集六軍，無至者。先是，關東、河北戰不利，禁兵悉東，衞士內空，而神策軍使白志貞籍市人隸兵，聽其居肆，私取庸自入，故遽追皆不至。

帝出苑北門，羽衞纔數十，普王前導，皇太子、王韋二妃、唐安公主及中人百餘騎以從，右龍武軍使令狐建以數百人殿。夜至咸陽，飯數匕而去。賊已嚴伺諸門，士人羸衣冒出，盧杞、關播、李竦皆踰垣走，與劉從一、趙贊、王翃、陸贄、吳通微等追及帝咸陽。郭曙與宦奴數十獵苑中，聞蹕，謁道左，帝勞之，懇乞從，許之。遲曉至奉天，吏惶懼謁于門。渾瑊以數十騎自夾城入北內，哀兵欲擊賊，聞乘輿出，遂奔奉天。於是人未知帝所在，踰三日，諸王羣臣稍稍自間道至。

初，令言陣五門，衞兵不出，遂突入含元殿，周呼曰：「天子出矣，今日共可取富貴！」譟而進，掠宜春苑，入諸宮。姦人因亂竊入內府盜貲寶，終夜不絕。道路更剽掠，居人嚴兵自保。賊無屬，畏不能久，以泚昔在涇有恩，且失權久，庸思亂，乃相謀曰：「太尉方囚錮，若迎

之，事可濟。」令言率百餘騎見泚，泚僞讓不答，留使者飲，以觀衆心。夜數百騎復往，泚知不僞，乃擁徒向闕下，炬火竟街，觀者以萬計。舍前殿，總六軍。明日下令曰：「國家有事東方，涇人赴難，不習朝章，驚乘輿，百官三日並赴行在，留者守本司，違令誅。」逆徒居白華殿。或說泚迎天子，泚顧望咢然。光祿卿源休至，請間，教以不臣，詭稱符命，泚悅。張光晟、李忠臣皆新失職怨望，亦勸成之。鳳翔大將張廷芝、涇將段誠諫引潰兵三千自襄城來，泚自謂得人助，逆志堅決。因署休京兆尹、判度支，忠臣皇城使。又以段秀實失軍，疑有怨，起之，委以謀。秀實與劉海賓憤，發挺擊賊，忠臣護泚，纔破面，得不死。

明日，大陳旗章金石于廷，傳言立宗室王監國，士庶競往觀，泚僭卽皇帝位於宣政殿，號大秦，建元應天。侍衞皆卒伍，諸臣在位者纔十餘，逼太常卿樊系爲册，册成，仰藥死。泚下詔稱「幽囚之中，神器自至」，以示受命。卽拜令言侍中、關內副元帥，忠臣司空兼侍中，休中書侍郎，蔣鎭門下侍郎，並同中書門下平章事。以蔣諫爲御史中丞，敬釭御史大夫，許季常京兆尹，洪經綸太常少卿，彭偃中書舍人，裴揆、崔幼眞給事中，廷芝、光晟、誠諫、崔宣、張寶、何望之、杜如江等並僞署節度使。以兄子遂爲太子，以滔爲冀王、太尉、尙書令，號皇太弟。

帝使高重傑屯梁山禦賊，賊將李日月殺之，帝拊尸哭盡哀，結蒲爲首以葬。泚得首，亦

集羣賊哭曰：「忠臣也！」亦用三品葬焉。泚既勝，則令都人曰：「奉天殘黨不終日當平。」日月銳甚，自謂無前，乃燒陵廟，鹵御物，帝患之。渾瑊伏兵漠谷，引數十騎跳攻長安，泚大驚，踣榻前。瑊引卻，日月尾追，遇伏鬭，射日月殺之。泚悵恨。其母不哭，罵曰：「奚奴，天子負而何事？死且晚！」

泚自將偪奉天，竊乘輿物自侈。以令言爲上將，光晟副之，忠臣留守，以蔣鍊、李子平爲宰相。於是瑊率韓游瓌禦泚，泚大敗，死者萬計，退三里而舍。脩攻具，毀廬室爲樓車百尺，下覘城中。會杜希全以兵敗漠谷，賊益張。又劉德信、高秉哲自汝州取沙苑馬五百壓昭應，戰思子陵西，三敗賊，次東渭橋，出游弈軍以逼都城。忠臣兵數衂請救，泚乃急攻城，驅民塡塹，造雲梁，令壯士居上，將傅堞，守者震駭。渾瑊乃使侯仲莊、韓澄穴地道，梁陷，縱火焚之，城上揮膏流數百步，衆亂而囂，城中兵出，皇太子督戰，賊大敗。然賊負其衆，遂長圍，以百弮弩射城中，不及幄坐者三步。城益急，帝召羣臣曰：「朕負宗廟，宜固守。公等家在賊，可先降，以完親族。」衆泣下曰：「臣等死無貳。」帝亦太息噓欷。城圍凡三旬有六日，而李懷光以兵五萬至，敗賊于魯店，遂戰城下，自辰止昏，賊潰。帝下觀戰，傳詔曰：「賊衆亦朕赤子，勿多殺！」聞者感激。是夜，泚引去。初，帝至奉天，或言賊已立泚，必來攻，請治守具。宰相盧杞曰：「泚，大臣，奈何疑其反？」及泚圍城，帝卒不詰其言。

泚之歸，令言方治攻具，忠臣坊坊團結，人皆厭苦。泚悉止之曰：「攻守我自辦。」賊嘗令士馳入曰：「奉天陷矣！」百姓相顧泣，市無留人，臺省吏落落，郎官一二而已。李懷光壁九子澤，李晟自白馬津來，營東渭橋，尚可孤以襄、鄧兵五千次藍田，駱元光守昭應，馬燧使子彙以兵三千屯中渭橋。

始，奉天圍久，食且盡，以蘆秣帝馬，太官糲米止二斛。圍解，父老爭上壺飧餅餌，劍南節度使張延賞獻帛數十馱，諸方貢物踵來，因大賜軍中，詔殿中侍御史万俟著治金、商道，權通轉輸。羣臣家在城者，賊猶給俸，中人朱重曜爲賊謀曰：「執其家以招士大夫，不來者夷之。」孫知古謬曰：「陛下以柔服人，若夷其妻子，是絕嚮化意。且義士殺身，何顧於家？」乃止。

興元元年，泚以本封遂寧，漢地也，更號漢，改元天皇。或曰：「王師欲潛壞京城四隅垣以入。」泚懼，詔金吾布士於衢，吏儲五炬以防夜，城隅率百步建一樓，候望非常。凡祠房廟廬皆帷甲，戒曰：「軍來則四面擊。」太倉糧竭，賊督吏索觀寺餘米萬斛，鞭扑流離，士寖飢，而神策六軍從行在及哥舒曜、李晟兵皆家稟不絕，或請停給，泚曰：「士在外，而弱稚絕食則死，豈吾心哉！」卽厚斂居人。許季常曰：「一旦有急，請籍中人公侯三千族之，貲足矣。」或謂泚：「陛下既受命，而存唐九廟諸陵，不宜。」泚曰：「朕嘗北面事唐，胡忍此！」又

曰：「官多缺，請擇才授之，脅以兵，使不得辭。」泚曰：「彊授則人懼，但欲仕者與之，安能叩戶拜官邪？」奉天所下赦令，凡受賊僞官者，破賊日悉貸不問，官軍密榜諸道。泚方宿未央，涇原士相與謀殺泚，泚知之，輒徙它處，衆謀亦止。

光晟與懷光對壘，李希倩請以精騎五百犯之，光晟不許，曰：「西軍方彊，不可輕以取敗。」日暮，兩軍退。希倩謁泚曰：「光晟有他志，視西軍不戰，臣請擊之。」不許，請斬光晟，又不許，曰：「彼善將，所以不戰，蓋知未可乎！」希倩怒曰：「臣盡心以事君，不見信，願乞要領歸淮西。」泚許諾，以馬十四、繒錦百，曰：「以此東歸。」希倩慚，復入曰：「臣愚褊，罪當死，願死軍前。」泚又許之。光晟見泚曰：「臣不敢反。」因再拜，泚慰勉之。

官軍壞龍首、香積二堨，以決其流，城中水絕，泚役數百人治之。東出灞水，與王師戰，大奔還，闔都門，士皆甲以待，久乃罷。李子平請修攻具襲懷光，取苑中六街大木爲衝車，程役苦甚，人不堪。又禁居人夜行，三人以上不得聚飲食，上下惴恐。賊所用唯盧龍、神策、團練兵，而涇原軍驕不可制，但完守所獲，不出戰，故泚數北，憂甚，欲出走。術家爭曰：「陛下當不出宮，雖西軍入，且自有變。」泚據以自安。

會李懷光貳于帝，不欲泚平，按軍觀望。帝欲幸咸陽，趣諸將捕賊，懷光出醜言，乃詔戴休顏守奉天，尚可孤守灞上，駱元光守渭橋。進狩梁州，次渭陽，太息曰：「朕是行，將有

永嘉事乎？」渾瑊曰：「臨大難無畏者，聖人勇也。陛下何言之過？」懷光遂與泚連和。京師知帝益西，二叛膠固，謂亂且成，出受賊官者十八。始，泚多出金，兄事懷光，約平關中，割地爲隣國，故懷光決反，因幷陽惠元、李建徽軍。泚知懷光反明白，卽賜詔待以臣禮，督其兵入衞。懷光慚見欺，引其軍東保河中。泚數遣人誘涇原馮河清，河清不從，又結其將田希鑒，遂害河清以應賊，泚卽以代河清，使結吐蕃。

李晟等兵寖彊，士益附，而渾瑊又擊破賊將韓旻、宋歸朝於武亭川，斬計萬級，歸朝奔懷光。晟率渾瑊、駱元光、尚可孤悉師攻賊，晟薄光泰門，敗賊將張廷芝、李希倩，賊棄門哭保白華。晟引軍還，居三日復戰，大敗之，乃分道入。泚將段誠伏莽中，爲王佖所禽。姚令言、張廷芝與晟遇，十鬭皆北，遂至白華。

始，張光晟以精兵壁九曲，距東渭橋十里，密約降於晟。晟之入，光晟勸泚等出奔，故泚挾令言、廷芝、休、子平、朱遂引殘軍西走，光晟衞出之，因詣晟降。

泚失道，問野人，答曰：「朱太尉邪？」休曰：「漢皇帝。」曰：「天網恢恢，走將安所？」泚怒，欲殺之，乃亡去。泚至涇州長武城，田希鑒拒之，泚曰：「子之節吾所授，奈何拒我？」火其門，希鑒擲節焰中曰：「歸汝節！」泚舉軍哭，城中人望見其子弟，亦哭。宋膺曰：「某妻哭，斬矣！」衆止哭。泚更舍逆旅，遣梁廷芬入見希鑒曰：「公殺一節度，唐天子必不容，何

不納朱公成大事？」希巖陰可。廷芬出報，泚悅。廷芬請宰相不得，乃不復入。泚猶餘范陽卒三千，北走驛馬關，寧州刺史夏侯英開門陣而待，泚不敢入，因保彭原西城。廷芬與泚腹心朱惟孝夜射泚，墜窖中，韓旻、薛綸、高幽岳、武震、朱進卿、董希芝共斬泚，使宋膺傳首以獻。泚死年四十三。令言走涇州，休、子平走鳳翔，皆斬首。泚壻金吾將軍馬悅走党項，得入幽州。朱重曜者，事泚最親近，泚呼爲兄。會窮冬大雨，泚欲禳變，鴆殺重曜，以王禮葬。賊平，出其尸膊之。李希倩等諸將皆以次夷滅。

初，源休爲京兆尹，使回紇，將還，盧杞畏其辯，能結主恩，次太原，奏爲光祿卿。休怨望，故導泚僭號，爲調兵食，署拜百官，事一咨之。時訂其逆甚於泚，脅辱大臣，多殺宗室子孫幾于盡，每王師不利，喜見眉宇。與姚令言勸泚圍奉天，晝夜爲賊謀，二人爭自比蕭何，休顧令言曰：「成秦之業，無輩我者。我視蕭何，子當曹參可矣。」即收圖籍，貯府庫，効何者，人皆笑謂爲「火迫酇侯」。本相州人。

令言者，河中人。始應募，隸涇原節度使馬璘府。孟暤之爲留後，表其謹肅任將帥，遂爲節度使。既挾泚亂，頗盡力。

彭偃，銳于進，自謂爲宰相所抑，鬱鬱不慊。泚亂，匿田家，既得用，辭令一出其手，故辭尤誖慢。

李晟愛張光晟才，表丐原死，置軍中，駱元光怒曰：「吾不能與反虜同坐。」拂衣去，晟乃殺之。李懷光以宋歸朝獻諸朝，斬之。唯李日月母得貸。泚未敗，號其第爲潛龍宮，徙珍寶實之，人謂「潛龍勿用」，亡兆也。

晟惡田希鑒之逆，欲因事誅之。會吐蕃寇涇州，晟方帥涇原，故希鑒請救，晟遣史萬歲以騎兵三千往，請晟行邊。希鑒來謁，其妻李，父事晟，晟屢入宴，將還師，好謂希鑒曰：「吾久留此，諸將皆故人，吾欲置酒以別，可過營飲也。」希鑒等詣營，酒未行，晟曰：「諸君相過，宜自通姓名爵里。」諸將以次言，無罪者坐自如，有罪者晟質責，一卒引出，斬而瘞之。希鑒坐晟下，未知當死，晟顧曰：「田郎不得無罪。」左右執以下，晟曰：「天子蒙塵，乃殺節度使，受賊節，今日何面目見我乎？」希鑒不能對。晟曰：「田郎老矣，坐於牀置對。」乃縊幕中，以李觀代爲節度使。

唐書卷二百二十五下

列傳第一百五十下

逆臣下

黃巢　秦宗權　董昌

黃巢，曹州冤句人。世鬻鹽，富于貲。善擊劍騎射，稍通書記，辯給，喜養亡命。咸通末，仍歲饑，盜興河南。乾符二年，濮名賊王仙芝亂長垣〔一〕，有衆三千，殘曹、濮二州，俘萬人，勢遂張。仙芝妄號大將軍，檄諸道，言吏貪沓，賦重，賞罰不平。宰相恥之，僖宗不知也。其票帥尚君長、柴存、畢師鐸、曹師雄、柳彥璋、劉漢宏、李重霸等十餘輩，所在肆掠。而巢喜亂，即與羣從八人，募衆得數千人以應仙芝，轉寇河南十五州，衆遂數萬。

帝使平盧節度使宋威與其副曹全晸數擊賊，敗之，拜諸道行營招討使，給衛兵三千、騎

五百，詔河南諸鎮皆受節度，以左散騎常侍曾元裕副焉。仙芝略沂州，威敗賊城下，仙芝亡去。威因奏大渠死，擅縱麾下兵還青州，羣臣皆入賀。居三日，州縣奏賊故在。時兵始休，有詔復遣，士皆忿，思亂。賊間之，趣郟城，不十日破八縣。帝憂迫近東都，督諸道兵檢遏，於是鳳翔、邠寧、涇原兵守陝、潼關，元裕守東都，義成、昭義以兵衞宮。仙芝去攻汝州，殺其將，刺史走，東都大震，百官脫身出奔。賊破陽武，圍鄭州，不克，螘聚鄧、汝間。關以東州縣，大抵皆畏賊，嬰城守，故賊放兵四略，殘郢、復二州，所過焚剽，生人幾盡。官軍急追，則遺貲布路，士爭取之，率逗橈不前。賊轉入申、光，殘隋州，執刺史，據安州自如，分奇兵圍舒，擊廬、壽、光等州。

時威老且闇，不任軍，陰與元裕謀曰：「昔龐勛滅，康承訓即得罪。吾屬雖成功，其免禍乎？不如留賊，不幸爲天子，我不失作功臣。」故躡賊一舍，完軍顧望。帝亦知之，更以陳許節度使崔安潛爲行營都統，以前鴻臚卿李琢代威，右威衞上將軍張自勉代元裕。

賊出入蘄、黃，蘄州刺史裴渥爲賊求官，約罷兵。仙芝與巢等詣渥飲。未幾，詔拜仙芝左神策軍押衙，遣中人慰撫。仙芝喜，巢恨賞不及己，詬曰：「君降，獨得官，五千衆且奈何？丐我兵，無留。」因擊仙芝，傷首。仙芝憚衆怒，即不受命，劫州兵，渥、中人亡去。賊分其衆：尚君長入陳、蔡；巢北掠齊、魯，衆萬人，入鄆州，殺節度使薛崇，進陷沂州，遂至數

萬，繇潁、蔡保嵖岈山。

是時柳彥璋又取江州，執刺史陶祥。巢引兵復與仙芝合，圍宋州。會自勉救兵至，斬賊二千級，仙芝解而南，度漢，攻荆南。於是節度使楊知温嬰城守，賊縱火焚樓堞，知温不出，有詔以高駢代之。駢以蜀兵萬五千齎糒糧，期三十日至，而城已陷，知温走，賊不能守。於是詔左武衞將軍劉秉仁爲江州刺史，勒兵乘單舟入賊柵，賊大駭，相率迎降，遂斬彥璋。

巢攻和州，未克。仙芝自圍洪州，取之，使徐唐莒守。進破朗、岳，遂圍潭州，觀察使崔瑾拒却之，乃向浙西，擾宣、潤，不能得所欲，身留江西，趣別部還入河南。

帝詔崔安潛歸忠武，復起宋威、曾元裕，以招討使還之，而楊復光監軍。復光遣其屬吳彥宏以詔諭賊，仙芝乃遣蔡温球、楚彥威、尙君長來降，欲詣闕請罪，又遺威書求節度。威陽許之，上言「與君長戰，禽之」。復光固言其降。命侍御史與中人馳驛卽訊，不能明。卒斬君長等于狗脊嶺。仙芝怒，還攻洪州，入其郛。威自將往救，敗仙芝於黄梅，斬賊五萬級，獲仙芝，傳首京師。

當此時，巢方圍亳州未下，君長弟讓率仙芝潰黨歸巢，推巢爲王，號「衝天大將軍」，署拜官屬，驅河南、山南之民十餘萬掠淮南，建元王霸。

曾元裕敗賊於申州，死者萬人。帝以威殺尙君長非是，且討賊無功，詔還靑州，以元裕爲招討使，張自勉爲副。巢破考城，取濮州，元裕軍荆、襄，援兵阻，更拜自勉東北面行營招討使，督諸軍急捕。巢方掠襄邑、雍丘，詔滑州節度使李嶧壁原武。巢寇葉、陽翟，欲窺東都。會左神武大將軍劉景仁以兵五千援東都，河陽節度使鄭延休兵三千壁河陰。巢兵在江西者，爲鎭海節度使高駢所破；寇新鄭、郟、襄城、陽翟者，爲崔安潛逐走；在浙西者，爲節度使裴璩斬二長，死者甚衆。巢大沮畏，乃詣天平軍乞降，詔授巢右衞將軍。巢度藩鎭不一，未足制己，卽叛去，轉寇浙東，執觀察使崔璆。於是高駢遣將張潾、梁纘攻賊，破之。賊收衆踰江西，破虔、吉、饒、信等州，因刊山開道七百里，直趨建州。

初，軍中謠曰：「逢儒則肉，師必覆。」巢入閩，俘民紿稱儒者，皆釋，時六年三月也。儳路圍福州，觀察使韋岫戰不勝，棄城遁，賊入之，焚室廬，殺人如蓺。過崇文館校書郎黃璞家，令曰：「此儒者，滅炬弗焚。」又求處士周朴，得之，謂曰：「能從我乎？」答曰：「我尙不仕天子，安能從賊？」巢怒斬朴。是時閩地諸州皆沒，有詔高駢爲諸道行營都統以拒賊。

巢陷桂管，進寇廣州，詒節度使李迢書，求表爲天平節度；又脅崔璆言于朝，宰相鄭畋欲許之，盧攜、田令孜執不可。巢又丐安南都護、廣州節度使，書聞，右僕射于琮議：「南海市舶利不貲，賊得益富，而國用屈。」乃拜巢率府率。巢見詔大詬，急攻廣州，執李迢，自號「義軍都統」，露表告將入關，因詆宦豎柄朝，垢蠹紀綱，指諸臣與中人賂遺交構狀，銓貢失才，禁刺史殖財產，縣令犯贓者族，皆當時極敝。

天子既懲宋威失計，罷之，而宰相王鐸請自行，乃拜鐸荆南節度使、南面行營招討都統，率諸道兵進討。鐸屯江陵，表泰寧節度使李係爲招討副使、湖南觀察使，以先鋒屯潭州，兩屯烽驛相望。會賊中大疫，衆死什四，遂引北還。自桂編大桴，沿湘下衡、永，破潭州，李係走朗州，兵十餘萬熸焉，投胔蔽江。進逼江陵，號五十萬。鐸兵寡，卽乘城。先此，劉漢宏已略地，焚廬廥，人皆竄山谷。俄而係敗問至，鐸棄城走襄陽，官軍乘亂縱掠，會雨雪，人多死溝壑。

其十月，巢據荆南，脅李迢草表報天子，迢曰：「吾腕可斷，表不可爲。」巢怒，殺之。欲進躡鐸，會江西招討使曹全晸與山南東道節度使劉巨容壁荆門，使沙陀以五百騎釘轡藻韉望賊陣縱而遁，賊以爲怯。明日，諸將乘以戰，而馬識沙陀語，呼之輒奔還，莫能禁。官兵伏于林，鬬而北，賊急追，伏發，大敗之，執賊渠十二輩。巢懼，度江東走，師促之，俘什八。鐸招漢宏降之。或勸巨容窮追，答曰：「國家多負人，危難不吝賞，事平則得罪，不如留賊冀後福。」止不追，故巢得復整，攻鄂州，入之。全晸將度江，會有詔以段彥謩代其使，乃止。

巢畏襲，轉掠江西，再入饒、信、杭州，衆至二十萬。攻臨安，戍將董昌兵寡，不敢戰，伏數十騎莽中，賊至，伏弩射殺賊將，下皆走。昌進屯八百里，見舍媼曰：「有追至，告以臨安兵屯八百里矣。」賊駭曰：「向數騎能困我，況軍八百里乎？」乃還，殘宣、歙等十五州。

廣明元年，淮南高駢遣將張潾度江敗王重霸，降之。巢數卻，乃保饒州，衆多疫，別部常宏以衆數萬降，所在戮死。諸軍屢奏破賊，皆不實，朝廷信之，稍自安。巢得計，破殺張潾，陷睦、婺二州，又取宣州，而漢宏殘衆復奮，寇宋州，掠申、光，來與巢合，濟采石，侵揚州。高駢按兵不出。詔兗海節度使齊克讓屯汝州，拜全晸天平節度使兼東面副都統。賊方守滁、和，全晸以天平兵敗于淮上。宰相豆盧瑑計：「救師未至，請假巢天平節度使，使無得西，以精兵戍宣武，塞汝、鄭路，賊首可致矣。」盧攜執不可，請「召諸道兵壁泗上，以宣武節度統之，則巢且還寇東南，徘徊山浙，救死而已」。詔可。前此已詔天下兵屯溵水，禁賊北走。於是徐兵三千道許，其帥薛能館徐衆城中，許人驚謂見襲，部將周岌自溵水還，殺能，自稱留後。徐軍聞亂，列將時溥亦引歸，囚其帥支詳。兗海齊克讓懼下叛，引軍還兗州，溵水屯皆散。

巢聞，悉衆度淮，妄稱「率土大將軍」，整衆不剽掠，所過惟取丁壯益兵。李罕之犯申、光、潁、宋、徐、兗等州，吏皆亡。巢自將攻汝州，欲薄東都。當是時，天子沖弱，怖而流涕；宰相更共建言，悉神策并關內諸節度兵十五萬守潼關。田令孜請自將而東，然內震擾，前

說帝以幸蜀事。帝自幸神策軍，擢左軍騎將張承範爲先鋒，右軍步將王師會督糧道，以飛龍使楊復恭副令孜。於是募兵京師，得數千人。

當是時，巢已陷東都，留守劉允章以百官迎賊，巢入，勞問而已，里閭晏然。帝餞令孜章信門，賚遺豐優。然衞兵皆長安高貲，世籍兩軍，得稟賜，侈服怒馬以誇權豪，初不知戰，聞料選，皆哭于家，陰出貲雇販區病坊以備行陣，不能持兵，觀者寒毛以慄。承範以彊弩三千防關，辭曰：「祿山率兵五萬陷東都，今賊衆六十萬，過祿山遠甚，恐不足守。」帝不許。賊進取陝、虢，檄關戍曰：「吾道淮南，逐高駢如鼠走穴，爾無拒我！」神策兵過華，裹三日糧，不能飽，無鬭志。

十二月，巢攻關，齊克讓以其軍戰關外，賊少卻。俄而巢至，師大譟，川谷皆震。時士飢甚，潛燒克讓營，克讓走入關。承範出金諭軍中曰：「諸君勉報國，救且至。」士感泣，拒戰。賊見師不繼，急攻關，王師矢盡，飛石以射，巢驅民內塹，火關樓皆盡。始，關左有大谷，禁行人，號「禁谷」。賊至，令孜屯關，而忘谷之可入。尚讓引衆趨谷，承範惶遽，使師會以勁弩八百邀之，比至，而賊已入。明日，夾攻關，王師潰。師會欲自殺，承範曰：「吾二人死，孰當辨者？不如見天子以實聞，死未晚。」乃羸服逃。始，博野、鳳翔軍過渭橋，見募軍服鮮燠，怒曰：「是等何功，遽然至是！」更爲賊鄉導，前賊歸，焚西市。帝類郊祈哀。會承範至，

具言不守狀。帝黜宰相盧攜。方朝，而傳言賊至，百官奔，令孜以神策兵五百奉帝趨咸陽，惟福、穆、潭、壽四王與妃御一二從，中人西門匡範統右軍以殿。

巢以尚讓爲平唐大將軍，蓋洪、費全古副之。賊衆皆被髮錦衣，大抵輜重自東都抵京師，千里相屬。金吾大將軍張直方與羣臣迎賊灞上，巢乘黃金輿，衞者皆繡袍、華幘，其黨乘銅輿以從，騎士凡數十萬先後之。陷京師，入自春明門，升太極殿，宮女數千迎拜，稱黃王。巢喜曰：「殆天意歟！」巢舍田令孜第。賊見窮民，抵金帛與之。尚讓卽妄曉人曰：「黃王非如唐家不惜而輩，各安毋恐。」甫數日，因大掠，縛箠居人索財，號「淘物」。富家皆跣而驅，賊酋閱甲第以處，爭取人妻女亂之，捕得官吏悉斬之，火廬舍不可貲，宗室侯王屠之無類矣。

巢齋太清宮，卜日舍含元殿，僭卽位，號大齊。求袞冕不得，繪弋綈爲之；無金石樂，擊大鼓數百，列長劍大刀爲衞。大赦，建元爲金統。王官三品以上停，四品以下還之。因自陳符命，取「廣明」字，判其文曰：「唐去丑口而著黃，明黃當代唐，又黃爲土，金所生，蓋天啓」云。其徒上巢號承天應運啓聖睿文宣武皇帝，以妻曹爲皇后，以尚讓、趙璋、崔璆、楊希古爲宰相，鄭漢璋御史中丞，李儔、黃諤、尚儒爲尚書，方特諫議大夫，皮日休、沈雲翔、裴渥翰林學士，孟楷、蓋洪尚書左右僕射兼軍容使，費傳古樞密使，張直方檢校左僕射，馬祥右

散騎常侍，王璠京兆尹，許建、米實、劉瑭、朱溫、張全、彭攢、李逵等爲諸將軍游弈使，其餘以次封拜。取趫偉五百人號「功臣」，以林言爲之使，比控鶴府。下令軍中禁妄殺人，悉輸兵于官。然其下本盜賊，皆不從。召王官，無有至者，乃大索里閭，豆盧瑑、崔沆等匿永寧里張直方家。直方者，素豪桀，故士多依之。或告賊納亡命者，巢攻之，夷其家，瑑、沆及大臣劉鄴、裴諗、趙濛、李溥、李湯死者百餘人。將作監鄭綦、郎官鄭係舉族縊。

是時，乘輿次興元，詔促諸道兵收京師，遂至成都。巢使朱溫攻鄧州，陷之，以擾荆、襄。遣林言、尚讓寇鳳翔，爲鄭畋將宋文通所破，不得前。畋乃傳檄召天下兵，於是詔涇原節度使程宗楚爲諸軍行營副都統，前朔方節度使唐弘夫爲行營司馬。數攻賊，斬萬級。邠將朱玫陽爲賊將王玫哀兵，俄而殺玫，引軍入于王師。弘夫進屯渭北，河中王重榮營沙苑，易定王處存次渭橋，鄜延李孝昌、夏州拓拔思恭壁武功。弘夫拔咸陽，桴渭水，破尚讓軍，乘勝入京師。巢竊出，至石井。宗楚入自延秋門，弘夫傅城舍，都人共譟曰：「王師至！」處存選銳卒五千以白幘自誌，夜入殺賊，都人傳言巢已走，邠、涇軍爭入京師，諸軍亦解甲休，競掠貨財子女，市少年亦冒作幘，肆爲剽。

巢伏野，使覘城中弛備，則遣孟楷率賊數百掩邠、涇軍，都人猶謂王師，讙迎之。時軍士得珍賄，不勝載，聞賊至，重負不能走，是以甚敗。賊執弘夫害之，處存走營。始，王璠破

奉天，引衆數千隨弘夫，及諸將敗，獨一軍戰尤力。巢復入京師，怒民迎王師，縱擊殺八萬人，血流於路可涉也，謂之「洗城」。諸軍退保武功，於是中和二年二月也。

其五月，昭義高潯攻華州，王重榮與幷力，克之。朱玫以涇、岐、麟、夏兵八萬營興平，巢亦遣王璠營黑水，玫戰未能勝。鄭畋將竇玫夜率士燔都門，殺邏卒，賊震懼。於時畿民柵山谷自保，不得耕，米斗錢三十千，屑樹皮以食，有執柵民鬻賊以爲糧，人獲數十萬錢。士人或賣餅自業，舉奔河中。李孝昌、拓拔思恭徙壁東渭橋，收水北壘。

數月，賊帥朱溫、尚讓涉渭敗孝昌等軍。高潯擊賊李詳，不勝，賊復取華州，巢卽授華州刺史，以溫爲同州刺史。賊又襲孝昌，二軍引去。賊破陳敬瑄兵，走南山。齊克儉營興平，爲賊所圍，決河灌之，不克。有題尚書省戶譏賊且亡，尚讓怒，殺吏，輒剔目縣之，誅郎官門闌卒凡數千人，百司逃，無在者。

天子更以王鐸爲諸道行營都統，崔安潛副之，周岌、王重榮爲左右司馬，諸葛爽、康實爲左右先鋒，平師儒爲後軍，時溥督漕賦，王處存、李孝章、拓拔思恭爲京畿都統，處存直左，孝章在北，思恭直右。西門思恭爲鐸都監，楊復光監行營，中書舍人盧胤征爲克復制置副使。於是鐸以山南、劍南軍營靈感祠，朱玫以岐、夏軍營興平，重榮、處存營渭北，復光以壽、滄、荆南軍合岌營武功，孝章合拓拔思恭營渭橋，程宗楚營京右。

朱温以兵三千掠丹、延南鄙，趣同州，刺史米逢出奔，温據州以守。六月，尙讓寇河中，使朱温攻西關，敗諸葛爽，破重榮數千騎於河上，爽閉關不出，讓遂拔郃陽，攻宜君壘，大雨雪盈尺，兵死什三。七月，賊攻鳳翔，敗節度李昌言於涝水，又遣彊武攻武功、槐里，涇、邠兵卻，獨鳳翔兵固壁。拓拔思恭以銳士萬八千赴難，逗留不進。河中糧艘三十道夏陽，朱温使兵奪艘，重榮以甲士三萬救之，温懼，鑿沈其舟，兵遂圍温。温數困，又度巢勢蹙且敗，而孟楷方專國，温丐師，楷沮不報，即斬賊大將馬恭，降重榮。帝進拓拔思恭爲京四面都統；敕朱玫軍馬嵬。温既降，重榮遇之厚，故李詳亦獻款，賊覺，斬之於赤水，更以黃思鄴爲刺史。

十月，鐸濬壕於興平，左抵馬嵬，使將薛韶董之，由馬嵬、武功入斜谷，以通盩厔；列屯十四，使將梁璩主之，置關於沮水、七盤、三溪、木皮嶺，以遮秦、隴。京左行營都統東方逵禽賊銳將李公迪，破堡三十。華卒逐黃思鄴，巢以王遇爲刺史，遇降河中。

明年正月，王鐸使鴈門節度使李克用破賊于渭南，承制拜東北行營都統。會鐸與安潛皆罷，克用獨引軍自嵐、石出夏陽，屯沙苑，破黃揆軍，遂營乾阬。二月，合河中、易定、忠武等兵擊巢。巢命王璠、林言軍居左，趙璋、尙讓軍居右，衆凡十萬，與王師大戰梁田陂。賊敗，執俘數萬，僵胔三十里，斂爲京觀。璠與黃揆襲華州，據之，遇亡去。克用掘塹環州，分騎屯渭北，命薛志勤、康君立夜襲京師，火廥聚，俘賊而還。

巢戰數不利，軍食竭，下不用命，陰有遁謀，即發兵三萬搤藍田道，使尙讓援華州。克用率重榮迎戰零口，破之，遂拔其城，揆引衆出走。涇原節度使張鈞說蕃、渾與盟，共討賊。是時，諸鎭兵四面至。四月，克用遣部將楊守宗率河中將白志遷、忠武將龐從等最先進，擊賊渭橋，三戰，賊三北。於是諸節度兵皆奮，無敢後，入自光泰門。克用身決戰，呼聲動天，賊崩潰，逐北至望春，入昇陽殿闥。巢夜奔，衆猶十五萬，聲趣徐州，出藍田，入商山，委輜重珍貲於道，諸軍爭取之，不復追，故賊得整軍去。

自祿山陷長安，宮闕完雄，吐蕃所燔，唯衢衖廬舍；朱泚亂定百餘年，治繕神麗如開元時。至巢敗，方鎭兵互入虜掠，火大內，惟含元殿獨存，火所不及者，止西內、南內及光啓宮而已。楊復光獻捷行在，帝詔陳許、延州、鳳翔、博野軍合東西神策二萬人屯京師，命大明宮留守王徽衞諸門，撫定居人。詔尙書右僕射裴璩修復宮省，購鑾輅、仗衞、舊章、祕籍。豫敗巢者：神策將横衝軍使楊守亮、踊雲都將高周彝、忠順都將胡眞、天德將顧彥朗七十人。

巢已東，使孟楷攻蔡州，節度使秦宗權迎戰，大敗，即臣賊，與連和。楷擊陳州，敗死，巢自圍之，略鄧、許、孟、洛，東入徐、兗數十州。人大饑，倚死牆塹，賊俘以食，日數千人，乃辦列百巨碓，糜骨皮於臼，并啖之。時朱全忠爲宣武節度使，與周岌、時溥帥師救陳，趙犨亦乞兵太原。巢遣宗權攻許州，未克。於是糧竭，木皮草根皆盡。

四年二月，李克用率山西兵由陝濟河而東，會關東諸鎭壁汝州。全忠擊賊瓦子堡，斬萬餘級，諸軍破尙讓於太康，亦萬級，獲械鎧馬羊萬計，又敗黃鄴於西華，鄴夜遁。巢大恐，居三日，軍中相驚，棄壁走，巢退營故陽里。其五月，大雨震電，川谿皆暴溢，賊壘壞，衆潰，巢解而去。全忠進戍尉氏，克用追巢，全忠還汴州。

巢取尉氏，攻中牟，兵度水半，克用擊之，賊多溺死。巢引殘衆走封丘，克用追敗之，還營鄭州。巢涉汴北引，夜復大雨，賊驚潰，克用聞之，急擊巢河瀕。巢度河攻汴州，全忠拒守，克用救之，斬賊驍將李周、楊景彪等。巢夜走胙城，入冤句。克用悉軍窮躡，賊將李讜、楊能、霍存、葛從周、張歸霸、張歸厚往降全忠，而尙讓以萬人歸時溥。巢愈猜忿，屢殺大將，引衆奔兗州。克用追至曹，巢兄弟拒戰，不勝，走兗、鄆間，獲男女牛馬萬餘、乘輿器服等，禽巢愛子。克用軍晝夜馳，糧盡不能得巢，乃還。巢衆僅千人，走保太山。

六月，時溥遣將陳景瑜與尙讓追戰狼虎谷，巢計蹙，謂林言曰：「我欲討國姦臣，洗滌朝廷，事成不退，亦誤矣。若取吾首獻天子，可得富貴，毋爲他人利。」言，巢出也，不忍。巢乃自刎，不殊，言因斬之，及兄存、弟鄴、揆、欽、秉、萬通、思厚，并殺其妻子，悉函首，將詣溥。

而太原博野軍殺言，與巢首俱上溥，獻于行在，詔以首獻于廟。徐州小史李師悅得巢僞符璽，上之，拜湖州刺史。

巢從子浩衆七千，爲盜江湖間，自號「浪蕩軍」。天復初，欲據湖南，陷瀏陽，殺略甚衆。湘陰彊家鄧進思率壯士伏山中，擊殺浩。

贊曰：廣明元年，巢始盜京師，自陳「唐去丑口而著黃，明黃且代唐也」。嗚呼，其言妖歟！後巢死，秦宗權始張，株亂徧天下，朱温卒攘神器有之，大氐皆巢黨也，寧天託諸人告亡於下乎！

秦宗權，蔡州上蔡人，爲許牙將。巢涉淮，節度使薛能遣宗權蒐兵淮西，而許軍亂，殺能。宗權外示赴難，因逐刺史，據蔡以叛。周岌代能領節度，即授以州，有兵萬人，乃遣將從諸軍敗賊於汝州。楊復光言之朝，擢防禦使，寵其軍曰奉國，即爲本軍節度使，進檢校司空。

巢走出關，宗權與連和，遂圍陳州，樹壁相望，擾敓梁、宋間。巢死，宗權張甚，嘯會逋

殘，有吞噬四海意。乃遣弟宗言寇荊南；秦誥出山南，攻襄州，陷之，進破東都，圍陝州；使秦彥寇淮、肥；秦賢略江南；宗衡亂岳、鄂。賊渠率票悍，所至屠老孺，焚屋廬，城府窮爲荊萊，自關中薄青、齊，南緣荊、郢，北亙衞、滑，皆麕駭雉伏，至千里無舍煙。惟趙犨保陳，朱全忠保汴，僅自完而已。然無霸王計，惟亂是恃，兵出未始轉糧，指鄉聚曰：「啖其人，可飽吾衆。」官軍追躡，獲鹽尸數十車。

僖宗假朱全忠都統節以討賊。秦賢略宋及曹，全忠好書約和，賢遣張調請分地，自汴以南歸之蔡，全忠陰許，而賢引兵濟汴，肆燔劫無孑餘。全忠大怒，斬調而還，曰：「我出十將，必破此賊。」進與賊戰，殺獲甚衆。宗權急攻許，節度使鹿晏弘乞師於全忠，師未及出，已破晏弘，進攻鄭州，取之。擊河橋，遂守河陽，放兵侵汴西鄙、北鄙。

全忠壁酸棗，戰不克。宗權屯邊村，使秦賢營僂丘，侵板橋，盧瑭引兵進屯萬勝，夾汴而柵，將梁以濟師。全忠詭擊殺瑭，宗權悉軍十五萬列三十六屯，逼汴。全忠懼，求救於兗、鄆，而朱瑾、朱宣皆身自將同拒賊。五月，全忠閉城大會，鼓聞于郊無置聲，陰啓北門擊賊壘，士譁，趨中營，兗、鄆整兵合擊，大敗之。宗權忿，過鄭，焚郛舍，驅民入淮西，全忠遂有鄭、許、河陽、東都。

於是合諸鎭兵會上蔡，分爲五軍入其地。宗權召孫儒，儒不應。宗權素壁上蔡以扼險

要，全忠拔其壁，遂圍蔡州，傅城而壘，以羸兵誘賊，賊出戰，全忠盡斬之。宗權退守中州，未能下，全忠使大將胡元琮圍之，身還汴。宗權間許無備，襲取其州，執守將元琮，引兵復收許。

宗權還，爲愛將申叢所囚，折一足以待命。全忠署叢節度留後，叢中悔，夷其族。宗權至汴，全忠以禮迎勞，且曰：「公昔陷許，能戢兵賜盟，戮力勤王，烏有今日乎？」宗權曰：「英雄不兩立，天亡僕以資公也。」驁然無懼色。全忠以檻車上送京師，兩神策兵縶護。昭宗御延喜樓受俘，京兆尹曳以組練，徇兩市，引頸視車外，呼曰：「宗權豈反者耶？顧輸忠不効耳。」觀者大笑，與妻趙俱斬獨柳下。宗權以中和三年叛，居六年而誅。

董昌，杭州臨安人。始籍土團軍，以功擢累石鏡鎭將。中和三年，刺史路審中臨州，昌率兵拒，不得入，即自領州事。鎭海節度使周寶不能制，因表爲刺史。昌已破劉漢宏，兵益彊，進義勝軍節度使、檢校尚書右僕射。僖宗始還京師，昌取越民裴氏藏書獻之，補祕書之亡，授兼諸道採訪圖籍使。

始，爲治廉平，人頗安之。當是時，天下貢輸不入，獨昌賦外獻常參倍，旬一遣，以五百

人爲率，人給一刀，後期即誅，朝廷賴其入，故累拜檢校太尉、同中書門下平章事，爵隴西郡王。視詔書訖，字償一縑，歸當制官。而小人意足，寖自侈大，託神以詭衆。始立生祠，刳香木爲軀，內金玉紈素爲肺府，冕而坐，妻媵侍別帳，百倡鼓吹於前，屬兵列護門戺。屬州爲土馬獻祠下，列牲牢祈請，或紿言土馬若嘶且汗，皆受賞。昌自言：「有饗者，我必醉。」蝗集祠旁，使人捕沈鏡湖，告曰：「不爲災。」客有言：「嘗游吳隱之祠，止一偶人。」昌聞，怒曰：「我非吳隱之比！」支解客祠前。

始，罷榷鹽以悅人，豐衣食，後稍峭法，笞至千百，或小過輒夷族，血流刑場，地爲之赤。有五千餘姓當族，昌曰：「能孝於我，貸而死。」皆曰：「諾。」昌厚養之，號「感恩都」，刻其臂爲誓，親族至號泣相別者。凡民訟，不視獄，但與擲博齒，不勝者死。用人亦取勝者。

昌得郡王，咤曰：「朝廷負我，吾奉金帛不貲，何惜越王不吾與？吾當自取之！」下厭其虐，乃勸爲帝。近縣舉狂譟譁請，昌令曰：「時至，我當應天順人。」其屬吳繇、秦昌裕、盧勤、朱瓚、董庠、李暢、薛邈與妖人應智王温、巫韓媼皆贊之。昌益兵城四縣自防。山陰老人僞獻謠曰：「欲知天子名，日從日上生。」昌喜，賜百縑，免稅征。命方士朱思遠築壇祠天，詭言天符夜降，碧楮朱文不可識。昌曰：「讖言『兔上金牀』，我生於卯，明年歲旅其次，二月朔之明日，皆卯也，我以其時當即位。」客倪德儒曰：「咸通末，越中祕記言：『有羅平鳥，主越禍

福。』中和時，鳥見吳、越，四目而三足，其鳴曰『羅平天册』，民祀以攘難。今大王署名，文與鳥類。」即圖以示昌，昌大喜。

乾寧二年，即僞位，國號大越羅平，建元曰天册，自稱「聖人」，鑄銀印方四寸，文曰「順天治國之印」。又出細民所上銅鉛石印十牀及它鳥獸龜蛇陳于廷，指曰「天瑞」。其下制詔，皆自署名，或曰帝王無押詔，昌曰：「不親署，何由知我爲天子？」即榜南門曰天册樓。先是，州寢有赤光，長十餘丈；虺長尺餘，金色，見思道亭。昌署寢曰明光殿，亭曰黃龍殿，以自神。以次拜置百官，監軍與官屬皆西北嚮慟哭，乃北面臣昌。或請署近侍，昌曰：「吾假處此位，安得如宮禁？」不許。下書屬州曰：「以某日權即位，然昌荷天子恩，死不敢負國。」

初，官屬不徇昌旨者，節度副使黃碣、山陰令張遜皆誅死。鎭海節度使錢鏐書讓昌曰：「開府領節度，終身富貴，不能守，閉城作天子，滅親族，亦何賴？願王改圖。」昌不聽，鏐悉兵三萬攻之，望城再拜曰：「大王位將相，乃不臣。能改過，請論還諸軍。」昌懼，獻鏐錢二百萬，緡槁軍，執應智、王温、韓媼、吳繇、秦昌裕送於鏐，且待罪。鏐乃還，表於朝，以爲昌不可赦，復討之，傅城而壘。昌又執朱思遠、王守眞、盧勤送鏐軍求解。昭宗遣中人李重密勞師，除昌官爵，授鏐浙東道招討使。昌乃求援於淮南楊行密，行密遣將臺濛圍蘇州，安仁義、田頵攻杭州，以救昌。鏐將顧全武等數敗昌軍，昌將多降，遂進圍越州。

候人言外師彊，輒斬以徇；給告鏐兵老，皆賞。昌身閱兵五雲門，出金帛傾鏐衆。全武等益奮，昌軍大潰，遽還，去僞號，曰：「越人勸我作天子，固無益，今復爲節度使。」全武四面攻，未克，會臺濛取蘇州，鏐召全武還，全武曰：「賊根本在甌、越，今失一州而緩賊，不可。」攻益急。城中以口率錢，雖簪珥皆輸軍。昌從子眞得士心，昌信讒殺之，衆始不用命。又減戰糧欲犒外軍，下愈怨，反攻昌，昌保子城。鏐將駱團入見，紿言：「奉詔迎公居臨安。」昌信之，全武執昌還，及西江，斬之，投尸于江，傳首京師，夷其族。於是斬僞大臣李邈、蔣瓌等百餘人，發昌先墓，火之。昌敗，猶積粽三百萬斛，金幣大抵五百餘帑，而兵不及萬人。鏐遂爲鎮海、鎮東兩軍節度云。

贊曰：唐亡，諸盜皆生於大中之朝，太宗之遺德餘澤去民也久矣，而賢臣斥死，庸儒在位，厚賦深刑，天下愁苦。方是時也，天將去唐，諸盜並出，歷五姓，兵未嘗少解，至宋然後天下復安。漢之亡也，天下大亂，至晉然後稍定；晉之亡也，天下大亂，至唐然後復安。治少而亂多者，古今之勢，盛王業業以求治，可少忽哉！

校勘記

〔一〕乾符二年濮名賊王仙芝亂長垣　「乾符二年」，舊書卷一九下僖宗紀同。通鑑卷二五二繫於乾符元年。通鑑考異云：「按續寶運錄，『濮州賊王仙芝自稱天補平均大將軍，兼海内諸豪都統，傳檄諸道』，檄末稱『乾符一年正月三日』，則仙芝起必在二年前。」

進唐書表

臣公亮言：竊惟唐有天下，幾三百年，其君臣行事之始終，所以治亂興衰之迹，與其典章制度之英，宜其粲然著在簡册。而紀次無法，詳略失中，文采不明，事實零落，蓋又百有五十年，然後得以發揮幽沫，補緝闕亡，黜正僞繆，克備一家之史，以爲萬世之傳。成之至難，理若有待。

臣公亮誠惶誠恐，頓首頓首。伏惟體天法道欽文聰武聖神孝德皇帝陛下，有虞舜之智而好問，躬大禹之聖而克勤，天下和平，民物安樂。而猶垂心積精，以求治要，日與鴻生舊學講誦六經，考覽前古，以謂商、周以來，爲國長久，惟漢與唐，而不幸接乎五代。衰世之士，氣力卑弱，言淺意陋，不足以起其文，而使明君賢臣，儁功偉烈，與夫昏虐賊亂，禍根罪首，皆不得暴其善惡以動人耳目，誠不可以垂勸戒，示久遠，甚可嘆也！乃因邇臣之有言，適契上心之所閔，於是刊脩官翰林學士兼龍圖閣學士、給事中、知制誥臣歐陽脩，端明殿學士兼翰林侍讀學士、龍圖閣學士、尚書吏部侍郎臣宋祁，與編脩官禮部郎中、知制誥臣范鎮，刑部郎中、知制誥臣王疇，太常博士、集賢校理臣宋敏求，祕書丞臣呂夏卿，著作佐

郎臣劉羲叟等，並膺儒學之選，悉發祕府之藏，俾之討論，共加删定，凡十有七年，成二百二十五卷。其事則增於前，其文則省於舊。至於名篇著目，有革有因，立傳紀實，或增或損，義類凡例，皆有據依。纖悉綱條，具載別錄。臣公亮典司事領，徒費日月，誠不足以成大典，稱明詔，無任慚懼戰汗屏營之至。臣公亮誠惶誠懼，頓首頓首謹言。

嘉祐五年六月　日　曾公亮